# भारत के राष्ट्रपति

(खण्ड-1)

# भारत के राष्ट्रपति

## (खण्ड-1)

डॉ॰ सावित्री वशिष्ठ

प्रशांत पब्लिसिंग हाऊस
दिल्ली-110094

प्रथम संस्करण 2008



ISBN 978-81-906344-5-8

*प्रकाशक*

**प्रशांत पब्लिसिंग हाऊस**

सी–34, 28 फुटा रोड, गली नं॰ 3,
वेस्ट करावल नगर, दिल्ली--110094
फोन नं॰ 22963970, 9810396373

---

प्रशांत पब्लिसिंग हाऊस, सी–34, 28 फुटा रोड, गली नं॰ 3, वेस्ट करावल नगर, दिल्ली–110094 द्वारा प्रकाशित तथा हेमा टाईपोग्राफिक्स, नई दिल्ली–02 द्वारा शब्द संयोजन तथा नवभारत प्रिन्टिग प्रेस, दिल्ली द्वारा मुद्रित।

# भूमिका

भारत सरकार का छोटे से छोटा काम भी राष्ट्रपति के नाम से होता है। चाहे कोई नियुक्ति करनी हो चाहे कोई ठेके का काम होना है, राष्ट्रपति के नाम से ही समाचार पत्रों में छपता है।

भारतीय सेना के सर्वोच्च कंमाडर राष्ट्रपति हैं और भारत सरकार उनकी प्रसन्नता पर बनती है तथा बिगड़ती है। जब किसी राज्य में राजनीतिज्ञों का तालमेल बिगड़ जाता है और सरकार बनाने की स्थिति में कोई राजनीतिक दल न हो तो राष्ट्रपति शासन लागू हो जाता है।

संविधान के हिसाब से भारत का राष्ट्रपति बहुत ही शक्तिशाली व्यक्ति होता है। परन्तु वास्तविकता यह है कि भारत के राष्ट्रपति के हाथ में कोई शक्ति नहीं है। उन्हें हर बात में भारत सरकार के गृह मंत्रालय के अनुसार चलना पड़ता है। इसका अर्थ यह हुआ कि वास्तविक सत्ता प्रधानमंत्री के हाथ में है। एक दो बार भारत के राष्ट्रपति की शक्तियों के बारे में प्रश्न उठाए गए परन्तु उसपर कोई गंभीर मंथन नहीं हुआ और न ही राष्ट्रपति की शक्ति को घटाया या बढ़ाया गया।

भारत की वर्तमान राष्ट्रपति श्रीमति प्रतिभा देवी सिंह पाटिल तेरहवीं राष्ट्रपति हैं। उन्हें मुख्यतया कांग्रेस दल का समर्थन प्राप्त था और दूसरे वाम दलों ने भी उनका समर्थन किया जिससे कि वे राष्ट्रपति बन पाई। कुल मिलाकर भारत के राष्ट्रपति के पद पर काफी गंभीर, योग्य और शालीन व्यक्तियों को स्थापित किया गया। इसीलिए भारतीय राष्ट्रपति सभी देश वासियों के लिए आदर के पात्र रहे हैं। सभी राष्ट्रपतियों ने भारत सरकार और देश का गौरव बढ़ाया है।

भारत के प्रथम राष्ट्रपति डॉ॰ राजेन्द्र प्रसाद महान विधि विद्वान थे और एक महान राष्ट्रवादी गांधीवादी थे। वे दो अवधियों के लिए राष्ट्रपति रहे, 1950 से लेकर 1962 तक।

भारत के दूसरे राष्ट्रपति डॉ॰ सर्वपल्ली राधाकृष्णन थे। वे महान विद्वान थे और अन्तर्राष्ट्रीय स्तर के धर्म के विद्वान थे उन्होंने धर्म और दर्शन पर काफी पुस्तकें लिखी। वे सोवियत रूस में भारत के राजदूत भी रहे।

तीसरे राष्ट्रपति डॉ॰ ज़ाकिर हुसैन महान राष्ट्रवादी मुस्लिम राष्ट्रपति थे और वे गांधी जी की बुनियादी तालीम की रूप रेखा तैयार करवाने वाले विद्वान थे।

डॉ॰ ज़ाकिर हुसैन का निधन उनके कार्यकाल में हो गया था। श्री वी॰वी॰ गिरी राजनैतिक उथल-पुथल के बीच राष्ट्रपति बने थे और उससे पहले उपराष्ट्रपति के पद पर थे।

दूसरे मुस्लिम राष्ट्रपति श्री फखरूदीन अली अहमद थे। वे एक महान मुस्लिम नेता के रूप में उभरे थे तथा उनका भी अकस्मात कार्यकाल में निधन हो गया था।

इसके पश्चात् जनता पार्टी के प्रतिनिधि के रूप में डॉ॰ नीलम संजीव रेड्डी अगले राष्ट्रपति बने। डॉ॰ नीलम संजीव रेड्डी आंध्रा प्रदेश के लम्बे काल तक मुख्यमंत्री रह चुके थे।

कांग्रेस के निकटतम सहयोगी ज्ञानी जैलसिंह भी राष्ट्रपति के पद पर 1982 से 1987 तक आसीन रहे। ज्ञानी जैलसिंह के कार्यकाल में प्रधानमंत्री इंदिरा गांधी की हत्या हो थी। ज्ञानी जैलसिंह के पश्चात् 1987 में स्वामी आर॰ वैंकटरामन राष्ट्रपति पद पर आसीन हुए।

डॉ॰ वैंकटरामन के पश्चात् डॉ॰ शंकर दयाल शर्मा राष्ट्रपति बने। वे महान विद्वान थे और कांग्रेस के अध्यक्ष रह चुके थे। डॉ॰ शंकरदयाल शर्मा की अन्तरराष्ट्रीय स्तर की ख्याति थी।

डॉ॰ शंकरदयाल शर्मा के पश्चात् डॉ॰ के॰आर॰ नारायणन् राष्ट्रपति बने। वे एक महान दलित नेता भी थे।

इसके पश्चात् डा॰ ए॰पी॰जे॰ अब्दुल कलाम तीसरे मुस्लिम राष्ट्रपति बने और एक वैज्ञानिक होने के नाते उन्हें अच्छी ख्याति मिली।

वर्तमान राष्ट्रपति श्रीमति प्रतिभा पाटिल हैं। राष्ट्रपतियों की शृंखला में वे पहली महिला हैं। इस प्रकार यह विदित होता है कि भारत गणतंत्र के राष्ट्रपति के पद पर बड़े-बड़े महान योग्य विद्वान और उच्च कोटि के राजनीतिज्ञ आसीन रहे हैं। यह माला राष्ट्रपतियों की जीवनीयों तथा उनके भाषणों पर आधारित है।

*—संपादिका*

# अनुक्रम

## खण्ड 2

# भारत के राष्ट्रपति

अंग्रेजी राज्य की समाप्ति के बाद नये संविधान के अन्तर्गत भारतवर्ष को एक 'सम्पूर्ण प्रभुत्व-सम्पन्न लोकतंत्रात्मक गणराज्य' का रूप प्रदान किया गया। इस रूप में भारत पूरी तरह से एक स्वतन्त्र राष्ट्र बनकर संसार में नये सिरे से प्रस्तुत हुआ। भारत का शासन जनता के हाथों में आ गया, जिससे जनता द्वारा चुने गए प्रतिनिधि संचालित करते हैं। देश का सबसे बड़ा मुखिया 'राष्ट्रपति' होता है। यह पद पैतृक नहीं होता, वरन् पार्लियामेंट तथा राज्य-विधान सभाओं के निर्वाचित सदस्यों के द्वारा इसका चुनाव किया जाता है।

## भारतीय संविधान में राष्ट्रपति की स्थिति

भारतीय संविधान में संघीय कार्यपालिका (Union Executive) की व्यवस्था की गई है। संघीय कार्यपालिका में राष्ट्रपति तथा मन्त्रिपरिषद् सम्मिलित होते हैं। इसमें इंग्लैण्ड तथा अमेरिका की शासन-प्रणालियों का समन्वय किया गया है। अमेरिका में राष्ट्रपति राज्य और सरकार--दोनों का ही प्रमुख होता है, किन्तु भारत में राष्ट्रपति की स्थिति भारतीय गणराज्य के प्रमुख के रूप में होती है। वास्तव में इंग्लैण्ड की महारानी से हमारे राष्ट्रपति की काफी समानता है। हमारे यहाँ राष्ट्रपति के पास नाममात्र की शक्तियाँ होती हैं, केवल राष्ट्रपति के नाम से सभी कार्य सम्पन्न होते हैं। इस देश में 'संसदीय शासन-प्रणाली' प्रचलित है, अध्यक्षात्मक शासन-प्रणाली नहीं।

संवैधानिक दृष्टि से भारत के राष्ट्रपति की स्थिति कैसी है तथा उसका वास्तविक स्वरूप आज क्या है, इस सम्बन्ध में दो आधार ग्रहण किए जा सकते हैं-

अ. सैद्धान्तिक अथवा कानूनी दृष्टि से

आ. व्यावहारिक दृष्टि से

### अ. सैद्धान्तिक अथवा कानूनी दृष्टि से

जहाँ तक राष्ट्रपति की संवैधानिक स्थिति का प्रश्न है, इस पर बहुत वाद-विवाद अथवा मतभेद देखने को मिलता है। कुछ लोगों का विचार है कि संविधान में राष्ट्रपति को जो भी कुछ अधिकार प्रदान किए गए हैं, उनका व्यवहार में विवेक के साथ उपयोग किया जा सकता है। संविधान की धारा 53(1) के अनुसार--

> ''संघ की कार्यपालिका शक्ति राष्ट्रपति में निहित होगी तथा वह इसका प्रयोग इस संविधान के अनुसार या तो स्वयं अथवा अपने अधीनस्थ पदाधिकारियों के द्वारा करेगा।''

इसी प्रकार धारा 74(1) में लिखा गया है कि–

> ''राष्ट्रपति को अपने कृत्यों का सम्पादन करने में सहायता और मंत्रणा देने के लिए एक मंत्रि–परिषद् होगी, जिसका प्रधान, प्रधानमंत्री होगा।''

इन बातों के साथ ही साथ धारा 75(1) के अनुसार इस बात का भी निश्चय किया गया है कि प्रधानमंत्री राष्ट्रपति के द्वारा नियुक्त किया जाएगा तथा अन्य मंत्रियों की नियुक्ति प्रधानमंत्री की सलाह पर राष्ट्रपति के द्वारा ही होगी। कहने का अर्थ यही है कि राष्ट्रपति जब तक चाहेंगे तभी तक मंत्री अपने पद पर बने रह सकते हैं।

इस प्रकार संक्षेप में राष्ट्रपति की कानूनी स्थिति के तीन आधार स्पष्ट रूप से देखे जा सकते हैं--

1. राष्ट्रपति स्वयं अथवा उसके पदाधिकारी कार्यपालिका शक्तियों का उपयोग कर सकते हैं। इस रूप में राष्ट्रपति चाहे तो वास्तविक शासक बन सकता है।
2. राष्ट्रपति की सहायता तथा परामर्श के लिए मंत्रि–परिषद् की स्थापना की जाती है। यहाँ प्रश्न उठता है कि क्या राष्ट्रपति को मंत्रि–परिषद् की सलाह माननी ही होगी? डॉ॰ डी॰एन॰ बनर्जी इसे आवश्यक नहीं मानते। आवश्यक होने पर राष्ट्रपति अपने विवेक का प्रयोग कर सकता है। 44वें संशोधन अधिनियम 1978 के द्वारा राष्ट्रपति आपातकाल की घोषणा हेतु मंत्रि–परिषद् के परामर्श को भी पुनर्विचार के लिए लौटा सकता है।
3. मंत्रि–परिषद् व प्रधानमंत्री की नियुक्ति राष्ट्रपति ही करता है। इन आधारों से स्पष्ट हो जाता है कि हमारे यहाँ संविधान में राष्ट्रपति की जो स्थिति

है, उसके अनुसार वह चाहने पर बिना संविधान का उल्लंघन किए ही तानाशाह बन सकता है। ग्लेडहिल का भी यही विचार है।

संविधान के निर्माताओं का संविधान बनाते समय राष्ट्रपति के विषय में क्या इरादा था, इसे स्पष्टरूप से समझने के लिए हमें उनके विचार जानने होंगे। संविधान की प्रारूप समिति के अध्यक्ष डॉ॰ अम्बेडकर के अनुसार–

> "हमारे देश में राष्ट्रपति का वही स्थान है, जो ब्रिटेन में सम्राट् का है। हमारा राष्ट्रपति राष्ट्र का प्रधान अवश्य है, किन्तु वह कार्यपालिका का प्रधान नहीं है। वह राष्ट्र का प्रतिनिधि है, किन्तु वह देश का शासक नहीं है। इसलिए आमतौर पर उसे मंत्रियों की सलाह माननी होगी। राष्ट्रपति मंत्रियों की इच्छा के विरुद्ध या उनकी इच्छा के बिना कुछ भी नहीं कर सकेगा।"

डॉ॰ राजेन्द्रप्रसाद के शब्दों में–

> "संविधान में ऐसी कोई बात नहीं है, जिसके कारण राष्ट्रपति मंत्रिमण्डल की सलाह को मानने के लिए बँधा हो। यह आशा की जाती है कि जैसे इंग्लैण्ड का राजा हमेशा अपने मंत्रियों की सलाह को मानता है, वैसी ही प्रथाएँ इस देश में उत्पन्न हो जाएँगी और राष्ट्रपति सब बातों में केवल नाममात्र का शासक रहेगा।"

पं॰ नेहरू ने भी इस बात को स्पष्ट करते हुए जो कुछ कहा, वह भी देख लेना आवश्यक प्रतीत होता है–

> "हम सरकार की मंत्रि-मण्डलीय विशेषता पर बल देना चाहते हैं कि वास्तविक शक्ति मंत्रि-मंडल और व्यवस्थापिका में निहित है, न कि राष्ट्रपति में। हमने अपने राष्ट्रपति को वास्तविक शक्ति नहीं दी है, वरन् हमने उनके पद को सत्ता और प्रतिष्ठा से विभूषित किया है।"

इस प्रकार यह स्पष्ट हो जाता है कि संविधान में राष्ट्रपति की वास्तविक प्रधान की स्थिति नहीं बन सकती। राष्ट्रपति तो केवल औपचारिक प्रधान होता है। यों देखने में राष्ट्रपति की स्थिति बहुत शक्तिशाली लगती है, पर वास्तव में वैसी होती नहीं है।

### आ. व्यावहारिक दृष्टि से

भारतीय संविधान में राष्ट्रपति की जो स्थिति है, उसकी तुलना में उसकी व्यावहारिक स्थिति में कुछ अन्तर है। संविधान में राष्ट्रपति को विभिन्न अधिकारों के

द्वारा शक्ति प्रदान की गई है, पर वास्तव में वे शक्तियाँ मंत्रि-परिषद् के पास रहती हैं, राष्ट्रपति के पास नहीं। इसका कारण है—भारत में संसदीय शासन-प्रणाली की व्यवस्था। इस रूप में राष्ट्रपति की स्थिति इंग्लैण्ड के सम्राट् से मिलती-जुलती है। यह एक परम्परा-सी बन गई है। ग्लेडहिल जैसे लोगों की मान्यता है कि संकट की स्थिति में राष्ट्रपति अपने अधिकारों का प्रयोग कर सकता है, किन्तु सच बात तो यह है कि इस समय भी उसे मंत्रि-परिषद् की सलाह पर ही चलना पड़ता है।

यदि राष्ट्रपति और प्रधानमंत्री—दोनों ही समझौते वाली भावनाओं से युक्त हों तो परस्पर बात बढ़ती नहीं, अन्यथा मतभेद होने पर परस्पर तनाव बढ़ सकता है। परम्परा यही रही है कि मतभेद चाहे कितना ही क्यों न हो, पर अन्त में राष्ट्रपति को प्रधानमंत्री की सलाह माननी ही पड़ती है। कारण कि संसद के प्रति प्रधानमंत्री ही उत्तरदायी होता है न कि राष्ट्रपति। यदि ये सारी शक्तियाँ व्यवहार में राष्ट्रपति को दे दी जाएँ तो तानाशाही की प्रवृत्ति उत्पन्न होने का भय होता है।

किन्तु, इसका अर्थ यह नहीं होता कि शक्तिहीन होने के कारण राष्ट्रपति अपने देश की राजनीतिक परिस्थितियों पर अपना प्रभाव नहीं डाल सकता। ब्रिटेन के विभिन्न शासकों (महारानी विक्टोरिया, एडवर्ड सप्तम, जार्ज पंचम) की भाँति भारत के राष्ट्रपति डॉ॰ राजेन्द्र प्रसाद ने चीन के प्रति भारत की नीति, सहकारी खेती आदि विषयों पर अपने प्रभाव का उपयोग किया। सच बात तो यह है कि हमारे यहाँ राष्ट्रपति और प्रधानमंत्री में परस्पर किसी प्रकार की प्रतिस्पर्धा नहीं रही है। इसी कारण अब तक इस सम्बन्ध में कोई विशेष समस्या सामने नहीं आ पाई है। संक्षेप में, हमारे देश में सिद्धान्त रूप में तो शक्तियाँ राष्ट्रपति के पास होती हैं, पर व्यवहार में प्रधानमंत्री के पास ही रहती हैं।

## राष्ट्रपति के अधिकार

विभिन्न परिस्थितियों में राष्ट्रपति के लिए हमारे संविधान में विभिन्न अधिकारों की व्यवस्था की गई है। राष्ट्रपति के अधिकारों को दो भागों में बाँटा जा सकता है—

1. शान्तिकाल में
2. संकटकाल में

### 1. शान्तिकाल में

शान्तिकाल में देश में राजनीतिक व्यवस्था बनी रहती है, अतः इस समय राष्ट्रपति की शक्तियाँ अथवा अधिकार देश के विकास, समृद्धि तथा आर्थिक नीतियों से

सम्बन्धित रहते हैं। शान्तिकाल में राष्ट्रपति के निम्नलिखित अधिकार होते हैं–

अ. कार्यपालिका-सम्बन्धी अधिकार

आ. कानून-सम्बन्धी अधिकार

इ. न्याय-सम्बन्धी अधिकार

ई. वित्तीय अधिकार

उ. अन्य अधिकार

## अ. कार्यपालिका संबंधी अधिकार

राष्ट्रपति को सर्वोच्च कार्यपालिका की शक्तियाँ प्राप्त होती हैं, जिनका प्रयोग या तो वह स्वयं करता है अथवा अपने विभिन्न सहयोगी अधिकारियों के द्वारा करता है। राष्ट्रपति के कार्यपालिका-सम्बन्धी अधिकार इस प्रकार गिनाए जा सकते हैं–

1. राष्ट्रपति सम्पूर्ण भारतीय गणराज्य का प्रमुख होता है, अतः सभी शासन-सम्बन्धी कार्य उसी के नाम से सम्पन्न किए जाते हैं।
2. राष्ट्रपति प्रधानमंत्री को नियुक्त करता है। इस विषय में सामान्यतः उसी दल के नेता को आमन्त्रित किया जाता है, जिसका बहुमत होता है।
3. इसके अतिरिक्त राष्ट्रपति को राज्यपालों, उच्चतम न्यायालय तथा उच्च न्यायालय (हाई कोर्ट) के मुख्य न्यायाधीश व अन्य न्यायाधीशों को नियुक्त करने का अधिकार भी प्राप्त होता है।
4. साथ ही साथ राष्ट्रपति संघीय लोकसेवा आयोग व अन्तर्राज्यीय लोकसेवा आयोग के अध्यक्ष तथा सदस्यों, केन्द्रीय क्षेत्रों के शासन के लिए मुख्य आयुक्त, वित्त आयोग, भाषा आयोग, निर्वाचन आयोग, विदेशों में भारत के राजदूत, वाणिज्यदूत एवं कूटनीतिक प्रतिनिधियों एवं नियन्त्रक महालेखा परीक्षक की नियुक्ति भी करता है।
5. भारत के राष्ट्रपति को प्रतिरक्षा सेनाओं का सर्वोच्च सेनापति होने का अधिकार भी है।
6. इतना ही नहीं, एंग्लो-इण्डियन समुदाय के दो सदस्य वह लोकसभा के लिए मनोनीत कर सकता है तथा राज्यसभा के लिए ऐसे बारह सदस्यों का मनोनयन कर सकता है, जिन्हें साहित्य, समाज-सेवा, विज्ञान आदि विभिन्न क्षेत्रों में विशेष योग्यता प्राप्त हुई हो।

7. अन्तर्राष्ट्रीय जगत् में राष्ट्रपति अपने देश का समुचित प्रतिनिधित्व करता है।
8. राष्ट्रपति को महान्यायवादी (एटॉर्नी जनरल) की नियुक्ति का अधिकार भी होता है।

## आ. कानून-सम्बन्धी अधिकार

राष्ट्रपति को कार्यपालिका के प्रधान के साथ ही साथ भारत की संसद का भी अभिन्न अंग माना गया है, अतः कानूनी दृष्टि से भी उसे कई अधिकार दिए गए हैं, जो अग्रलिखित हैं--

1. राष्ट्रपति संसद का अधिवेशन बुला सकता है तथा स्थगित कर सकता है। इतना ही नही, आवश्यकता पड़ने पर उसे संसद को भंग कर देने का भी अधिकार प्राप्त है, किन्तु राज्यसभा को वह भंग नहीं कर सकता। जहाँ तक लोकसभा को भंग करने का प्रश्न है, इसके लिए उसे प्रधानमंत्री से परामर्श करना होगा।
2. वह दोनों सदनों (लोकसभा व राज्यसभा) के समक्ष उद्घाटन भाषण देता है, जिसमें सरकार की नीतियों एवं कार्यक्रमों का उल्लेख होता है। यह भाषण प्रधानमंत्री के द्वारा तैयार किया जाता है।
3. किसी सामान्य बिल के सम्बन्ध में दोनों सदनों में किसी प्रकार की उलझनें आ जाने पर राष्ट्रपति को दोनों सदनों का सम्मिलित अधिवेशन बुलाने का अधिकार होता है।
4. राष्ट्रपति की स्वीकृति एवं हस्ताक्षरों से ही कोई बिल कानून बन सकता है, अन्यथा नहीं। धन सम्बन्धी बिलों को तो प्रायः राष्ट्रपति स्वीकार कर लेता है, किन्तु अन्य बिलों को आवश्यकता होने पर वह पुनः विचार के लिए संसद में भेज देता है। पुनः संसद की स्वीकृति मिल जाने पर सामान्यतः उसे राष्ट्रपति भी स्वीकार कर लेता है। उसका निषेधाधिकार (वीटो) सामान्य बहुमत से पास कर दिया जाता है। कुछ विशेष बिलों को संसद में प्रस्तुत करने से पूर्व राष्ट्रपति से स्वीकृति लेनी आवश्यक होती है।
5. राष्ट्रपति को संकटकालीन परिस्थितियों का सामना करने के लिए अध्यादेश जारी करने का अधिकार भी होता है, जिसकी अवधि छः सप्ताह होती है। अध्यादेश उसी समय जारी हो सकता है, जब संसद का अधिवेशन न चल रहा हो।

राज्य-विधानसभाओं के प्रति भी राष्ट्रपति के कुछ अधिकार हैं। कोई भी राज्य सम्पत्ति अथवा संविधान के सम्बन्ध में राष्ट्रपति की स्वीकृति के बिना अधिनियम लागू नहीं कर सकता। साथ ही अन्य राज्यों से व्यापार आदि पर प्रतिबन्ध लगाने सम्बन्धी अधिनियम के लिए भी राष्ट्रपति की स्वीकृति आवश्यक है।

### इ. न्याय संबंधी अधिकार

न्याय के क्षेत्र में भी राष्ट्रपति अपने कुछ विशेष अधिकारों का प्रयोग कर सकता है। न्यायिक दृष्टि से राष्ट्रपति को यह अधिकार दिया गया है कि वह किसी भी अपराधी के दण्ड को कम कर सकता है अथवा उचित मानने पर क्षमा भी कर सकता है। यहाँ तक कि वह मृत्युदण्ड को भी क्षमा करने का अधिकारी होता है। यहाँ एक बात स्पष्ट कर देना आवश्यक है कि राष्ट्रपति अपराधी को क्षमादान करने से पूर्व अपने मंत्रियों से परामर्श अवश्य करता है। राष्ट्रपति का यह अधिकार संघीय शक्तियों से सम्बन्धित अपराध के मामलों पर ही लागू होगा। राज्य सम्बन्धी अपराधों के विषय में राज्यपालों अथवा सैनिक न्यायालयों के अधिकारियों के क्षमादान-सम्बन्धी अधिकारों पर इसका प्रभाव नहीं पड़ेगा। इंग्लैण्ड में भी सम्राट् अथवा महारानी को क्षमा करने का परमाधिकार प्राप्त है, किन्तु ऐसा गृहसचिव की सलाह पर ही होता है। किन्तु, अमेरिका के राष्ट्रपति के इस अधिकार में ऐसा कोई बन्धन नहीं है।

इसके अतिरिक्त भारतीय संविधान में राष्ट्रपति को यह भी अधिकार दिया गया है कि वह सार्वजनिक महत्त्व के किसी भी विषय पर उच्चतम न्यायालय से सलाह माँग सकता है। वह किसी भी प्रस्तावित विधेयक को उच्च न्यायालय के पास भेजकर उसका परामर्श ले सकता है। उसकी सलाह मिल जाने पर उसे मानना राष्ट्रपति के विवेक पर निर्भर करता है।

### ई. वित्तीय अधिकार

भारत के राष्ट्रपति को वित्तीय क्षेत्र में भी कुछ अधिकार प्रदान किये गये हैं। वह प्रत्येक वित्तीय वर्ष के प्रारम्भ में वित्त मंत्री के द्वारा संसद के दोनों सदनों के सामने भारत सरकार का उस वर्ष के आय-व्यय का बजट प्रस्तुत करवाएगा। इतना ही नहीं, राष्ट्रपति की अनुमति के बिना कोई भी धन-सम्बन्धी अथवा वित्त-विधेयक एवं अनुदान की माँगों का लोकसभा में प्रस्ताव नहीं किया जा सकता है।

भारत सरकार के पास आकस्मिक व्यय को पूरा करने के लिए आकस्मिकता-निधि होती है, जिस पर राष्ट्रपति का नियंत्रण होता है। इस सम्बन्ध

में राष्ट्रपति को यह अधिकार होता है कि वह आकस्मिक व्यय के लिए संसद की अनुमति से पहले धनराशि दे सकता है।

### उ. अन्य अधिकार

उक्त अधिकारों के अतिरिक्त भी राष्ट्रपति को अन्य कई अधिकार प्राप्त होते हैं, जिनका प्रयोग वह समयानुसार अपने विवेक से करता रहता है। यह अधिकार निम्नलिखित है–

1. शासन-सम्बन्धी कार्यों को भली-भाँति एवं सुविधापूर्वक चलाने तथा मंत्रियों के कार्य को बाँटने के लिए राष्ट्रपति नियम बनाता है।
2. सुप्रीमकोर्ट अपने कार्यों को संचालित करने के लिए जो भी नियम बनाती है, उसके लिए राष्ट्रपति से स्वीकृति ली जाती है।
3. राष्ट्रपति वित्त आयोग, नियंत्रक महालेखा परीक्षक, भाषा आयोग, संघीय लोकसेवा आयोग एवं चुनाव आयोग की रिपोर्ट को संसद के सामने प्रस्तुत करता है।
4. संघीय लोकसेवा आयोग के सदस्यों की संख्या, सेवा की शर्तों तथा अवधि आदि के विषय में नियम बनाने का भी राष्ट्रपति को अधिकार होता है।
5. राष्ट्रपति को यह भी अधिकार प्राप्त होता है कि वह किसी भी विषय पर उच्चतम न्यायालय से सलाह मांग सकता है, तथा वह इस बारे में भी स्वतंत्र होता है कि वह उच्चतम न्यायालय के परामर्श को चाहे तो माने, चाहे न माने, उसे बाध्य नहीं किया जा सकता।

### 2. संकटकाल में

शासन के क्षेत्र में संकटकाल में अधिक जिम्मेदारियाँ हो जाती हैं। ऐसे समय में एकता अत्यन्त आवश्यक है। इसे बनाये रखने के लिए भारतीय संविधान में राष्ट्रपति को कुछ संकटकालीन अधिकार भी प्रदान किए गए हैं, जो इस प्रकार हैं–

अ. युद्ध, बाहरी आक्रमण तथा आन्तरिक अशान्ति के समय

आ. राज्यों में संवैधानिक यन्त्र की विफलता के समय

इ. वित्तीय संकट के समय

### अ. युद्ध, बाहरी आक्रमण तथा आन्तरिक अशान्ति के समय

भारतीय संविधान की धारा 352(1) में युद्ध, आक्रमण अथवा आन्तरिक अशान्ति की सम्भावना होने पर राष्ट्रपति को संकटकाल की घोषणा करने का अधिकार प्रदान किया गया है। ऐसी घोषणा को स्वयं राष्ट्रपति ही चाहे तो नई घोषणा के द्वारा रद्द कर सकता है। संकटकाल की ऐसी घोषणा के लिए वह किसी के प्रति उत्तरदायी नहीं होता। राष्ट्रपति के लिए यह आवश्यक है कि वह ऐसी घोषणा संसद के दोनों सदनों के सामने करे। इसकी अवधि दो महीने की होती है। यदि लोकसभा घोषणा के समर्थन में प्रस्ताव पास कर देती है तो ऐसी स्थिति में इस घोषणा को छह माह से तीन वर्ष तक बढ़ाया जा सकता है।

राष्ट्रपति द्वारा संकटकाल की घोषणा कर दिए जाने का संवैधानिक दृष्टि से बहुत व्यापक प्रभाव होता है। वे सभी प्रभाव इस प्रकार हैं–

1. राष्ट्रपति के हाथ में सारे देश का शासन आ जाता है। ऐसी स्थिति में वह राज्यों को कार्यपालिका शक्तियों के प्रयोग के सम्बन्ध में आदेश जारी कर सकता है।
2. संसद को समूचे देश अथवा उसके किसी भी भाग-विशेष के लिए विभिन्न विषयों पर कानून बनाने का अधिकार मिल जाता है। इतना ही नहीं, किसी भी राज्य का कोई भी कानून यदि केन्द्र के विरुद्ध हो तो वह गैर-कानूनी घोषित कर दिया जा सकता है।
3. संकटकाल में राष्ट्रपति चाहे तो मौलिक अधिकारों को भी स्थगित कर सकता है। इस सम्बन्ध में कोई भी न्यायालय की शरण नहीं ले सकता।
4. इस घोषणा से राज्यों की स्वायत्तता समाप्त हो जाती है तथा राष्ट्रपति केन्द्र तथा राज्यों के बीच राजस्व का विभाजन करने का सम्बन्ध में इच्छानुसार आदेश दे सकता है।

हमारे देश में इस प्रकार के संकटकाल की घोषणा अब तक केवल एक बार अर्थात् 26 अक्टूबर, 1962 को नेफा व लद्दाख क्षेत्रों में चीनी आक्रमण के समय की गई। इसी दिन भारतीय प्रतिरक्षा अध्यादेश भी जारी किया गया। आज भी यह स्थिति सीमितरूप में बनी हुई है, क्योंकि चीन के साथ ही साथ पाकिस्तान के आक्रमण की आशंका अभी भी है।

## आ. राज्यों में संवैधानिक यन्त्र की विफलता के समय

भारतीय संविधान की धारा 356 के अन्तर्गत राष्ट्रपति को राज्यों की शान्ति और सुरक्षा के सम्बन्ध में भी अधिकार दिए गए हैं। राज्यपाल को रिपोर्ट अथवा अन्य साधनों से यदि राष्ट्रपति को यह विश्वास हो जाए कि किसी राज्य का कार्य-संचालन संविधान के अनुसार नहीं किया जा सकता तो ऐसी स्थिति में राष्ट्रपति को संकटकाल की घोषणा करने का अधिकार है।

इस प्रकार के वैधानिक संकट की घोषणा करने की विधि वही है, जो युद्ध अथवा आन्तरिक अशान्ति से उत्पन्न संकट की घोषणा की है। इसके लिए भी संसद से दी माह के भीतर स्वीकृति लेनी आवश्यक होती है तथा संसद इसकी अवधि एक बार में 6 माह तक बढ़ा सकती है। ऐसी स्थिति में राष्ट्रपति राज्य सरकार के अथवा राज्यपाल के सभी अधिकार स्वयं ले सकता है, किन्तु राज्य के विधानमण्डल की शक्तियाँ धारा 356(अ) के अनुसार नहीं ली जा सकतीं। वे शक्तियाँ या तो संसद के द्वारा अथवा संसद के अधीन काम में ली जा सकती हैं। यदि ऐसे समय लोकसभा नहीं चल रही हो तो राष्ट्रपति को राज्य की संचित निधि से व्यय के लिए राशि देने का अधिकार होता है। ऐसी स्थिति में राष्ट्रपति आवश्यकता अनुभव होने पर संविधान की धारा 19 के अन्तर्गत दी गई स्वतन्त्रताओं पर रोक लगा सकता है। भारत के विभिन्न राज्यों में संवैधानिक संकटों एवं अस्थिरता की स्थिति में अब तक अनेक बार राष्ट्रपति अपने इन अधिकारों का प्रयोग कर चुका है।

## इ. वित्तीय संकट के समय

भारतीय संविधान की धारा 307 के अनुसार राष्ट्रपति को यह अधिकार दिया गया है कि यदि वह यह अनुभव करें कि देश को वित्तीय स्थिति अथवा साख के लिए संकट उपस्थित हो गया है तो वह ऐसी स्थिति में 'वित्तीय संकट' की घोषणा कर सकता है। इस प्रकार की घोषणा के लिए भी राष्ट्रपति को अन्य संकटकालीन घोषणाओं की भाँति ही संसद से दो महीने के भीतर स्वीकृति लेनी होती है। संसद चाहे तो इस घोषणा को दो माह से पहले भी समाप्त कर सकती है–

राष्ट्रपति द्वारा वित्तीय संकट की घोषणा कर दिये जाने के कई प्रभाव होते हैं, जिनमें कुछ प्रमुख प्रभाव इस प्रकार गिनाये जा सकते हैं–

1. ऐसी स्थिति में राष्ट्रपति किसी भी राज्य को 'अर्थ' के सम्बन्ध में कैसा भी आदेश दे सकता है।

2. वित्तीय संकट में राष्ट्रपति केन्द्र अथवा राज्य के किसी भी उच्चाधिकारी, जिनमें उच्च तथा उच्चतम न्यायालयों के न्यायाधीश भी सम्मिलित हैं, के वेतन में कमी कर सकता है।
3. राष्ट्रपति को ऐसी स्थिति में सभी राज्यों की सरकारों को यह आदेश देने का भी अधिकार होता है कि वे सभी आर्थिक विधेयकों के लिए उसकी स्वीकृति लें।
4. ऐसी स्थिति में राष्ट्रपति संविधान की धारा 19 के अन्तर्गत दी गई स्वतन्त्रताओं पर आवश्यकता होने पर रोक लगा सकता है।
5. राष्ट्रपति केन्द्र व राज्य के धन-सम्बन्धी बँटवारों के विषयों में यथोचित संशोधन भी कर सकता है।

इस सम्बन्ध में यह उल्लेखनीय है कि देश में 'वित्तीय संकट' की ऐसी स्थिति अब तक नहीं आई है।

## राष्ट्रपति के अभाव में राष्ट्रपति-पद

यदि किन्हीं विशेष कारणोंवश भारत के राष्ट्रपति का पद रिक्त हो जाता है तो ऐसी स्थिति में वह पद रिक्त नहीं रखा जा सकता। उसके लिए तत्काल कोई न कोई कार्यवाही करनी आवश्यक होती है। अब तक राष्ट्रपति के विदेश जाने पर अथवा बीमारी के कारण अवकाश पर रहने से, त्यागपत्र दे देने पर अथवा महाभियोग द्वारा हटा दिए जाने पर अथवा मृत्यु हो जाने की स्थिति में राष्ट्रपति का पद रिक्त नहीं रहता, वरन् उस स्थान पर उपराष्ट्रपति राष्ट्रपति के सभी कार्यों को सम्पन्न करता है। ऐसी स्थिति में राष्ट्रपति का कार्य करनेवाले उपराष्ट्रपति को राष्ट्रपति का वेतन, भत्ते, सभी सुविधाएँ व सभी शक्तियाँ प्राप्त होती हैं। उपराष्ट्रपति राज्यसभा का अध्यक्ष होता है, किन्तु राष्ट्रपति के कार्य को सम्पन्न करते समय वह राज्यसभा के अध्यक्ष-पद पर नहीं बना रह सकता वरन् उसके स्थान पर राज्यसभा का उपाध्यक्ष उस कार्य को पूरा करता है।

यदि राष्ट्रपति विदेश गया हो अथवा किन्हीं विशेष कारणों से छुट्टी पर हो तो उसके पुनः कार्य-भार ग्रहण करने तक की अवधि में उपराष्ट्रपति ही राष्ट्रपति का कार्य करता रहता है, किन्तु यदि राष्ट्रपति को महाभियोग द्वारा हटा दिया गया हो अथवा उसकी मृत्यु के कारण राष्ट्रपति-पद स्थायी रूप से खाली हो गया हो तो उस पद को उपराष्ट्रपति ही भरता रहा है, किन्तु ऐसी स्थिति में उसके लिए 6 माह की अवधि में राष्ट्रपति का चुनाव करवाना आवश्यक होता है।

किन्तु, इधर डॉ॰ ज़ाकिर हुसैन की मृत्यु के उपरान्त इस प्रश्न को लेकर अनेक विवाद उठ खड़े हुए। उनकी मृत्यु के तुरन्त बाद ही यद्यपि तत्कालीन उपराष्ट्रपति श्री वी॰वी॰ गिरि को राष्ट्रपति की शपथ ग्रहण कराई गई, किन्तु कुछ लोगों ने उन्हें संसद में राष्ट्रपति कहने में आपत्ति प्रकट की। काफी बहस के बाद यह निश्चय हुआ कि ऐसी स्थिति में राष्ट्रपति का कार्य करने वाले व्यक्ति को राष्ट्रपति न कहकर 'कार्यवाहक राष्ट्रपति' कहा जाना चाहिए।

इसी प्रकार यह समस्या भी सामने आई कि राष्ट्रपति का पद स्थायीरूप से रिक्त हो जाने पर उपराष्ट्रपति छह माह तक राष्ट्रपति का कार्य सम्पन्न करता है, ऐसी स्थिति में राज्यसभा के अध्यक्ष का पद भी उतने समय तक खाली रहेगा, जिस पर तत्कालीन उपाध्यक्ष काम करेगा तो उपाध्यक्ष का पद खाली रहेगा। क्या यह संवैधानिक दृष्टि से उचित होगा? इस समस्या पर संसद में काफी विचार-विमर्श हुआ। अन्त में यही निर्णय लिया गया कि अब इस परम्परा को बदल दिया जाय अर्थात् राष्ट्रपति को अनुपस्थिति में तत्कालीन सर्वोच्च न्यायालय का मुख्य न्यायाधीश स्वयमेव राष्ट्रपति हो जाएगा। इस रूप में इस बार कार्यवाहक राष्ट्रपति श्री वी॰वी॰ गिरि ने राष्ट्रपति चुनाव में भाग लेने के कारण जब उपराष्ट्रपति-पद से त्यागपत्र दिया तो तत्कालीन सर्वोच्च न्यायालय के मुख्य न्यायाधीश श्री मोहम्मद हिदायतुल्ला को कार्यवाहक राष्ट्रपति बनाया गया। अतः यह स्पष्ट है कि राष्ट्रपति के अभाव में भी राष्ट्रपति का पद कभी रिक्त नहीं रहता।

## राष्ट्रपति को पद से हटाने की विधि

भारतीय संविधान में राष्ट्रपति की विशेष स्थिति होती है। वह जो भी कुछ कार्य अपने अधिकारों अथवा अपनी शक्तियों के प्रयोग से करता है, उसके लिए उस पर न्यायालय की सहायता से कोई कार्यवाही नहीं की जा सकती। न उसके विरुद्ध कोई वारण्ट जारी किया जा सकता है और न ही उसे कैद किया जा सकता है। यदि किसी को उसके विरुद्ध कुछ कार्यवाही करनी भी है तो उसके लिए उसे दो माह का नोटिस देना होगा। इतना ही नहीं, यद्यपि भारत संघ के सभी कार्य राष्ट्रपति के नाम से ही होते हैं, किन्तु वह उनमें से किसी भी कार्य के लिए व्यक्तिगतरूप से जिम्मेदार नहीं होता।

भारत के राष्ट्रपति का कार्यकाल पाँच वर्ष का होता है, किन्तु यदि राष्ट्रपति के कार्य संविधान के विरुद्ध हों तथा उसके आचरण में अनुचित तरीके आ गए हों तो उसे महाभियोग (Impeachment) लगाकर उसके पद से हटाया जा सकता है। इसकी विधि भारतीय संविधान की धारा 61 में विस्तार से बतलाई गई

है। राष्ट्रपति के विरुद्ध जो भी आरोप हो, वह प्रस्ताव के रूप में ही प्रस्तुत किया जा सकता है तथा उस पर अभियोग चलाने का अधिकार संसद के दोनों सदनों को प्राप्त है। प्रस्ताव के रूप में राष्ट्रपति के विरुद्ध कोई भी आरोप तभी लगाया जा सकता है, जबकि उस प्रस्ताव के पक्ष में सदन के एक चौथाई सदस्यों के हस्ताक्षर हों। ऐसे प्रस्ताव को सदन में प्रस्तुत करने के लिए पहले 14 दिन की पूर्वसूचना देनी आवश्यक है। यदि उस सदन के दो तिहाई (2/3) सदस्य उस आरोप को स्वीकार कर लेते हैं तो उसे संसद के दूसरे सदन में स्वीकृति के लिए भेज दिया जाता है। दूसरा सदन या तो उन आरोपों की जाँच स्वयं करता है अथवा इसके लिए कोई समिति नियुक्त कर सकता है। राष्ट्रपति को अधिकार होता है कि वह आरोपों की जाँच के सम्बन्ध में होने वाली प्रत्येक कार्यवाही के समय स्वयं उपस्थित रहे अथवा अपने प्रतिनिधि को भेज दे। यदि दूसरा सदन भी दो तिहाई के बहुमत से आरोप स्वीकार कर लेता है तो राष्ट्रपति के विरुद्ध महाभियोग स्वीकृत समझ लिया जाता है तथा उसी दिन से राष्ट्रपति को उसके पद से मुक्त माना जाएगा। इस जाँच के दौरान भी राष्ट्रपति अपने पद पर बना रहकर सदा की भाँति अपने सभी कार्य सम्पन्न करता है।

## भारत के राष्ट्रपति तथा अन्य देशों के प्रमुख

भारत के संविधान में राष्ट्रपति की स्थिति निश्चित करते समय अमेरिका तथा इंग्लैण्ड–दोनों की ही शासन-प्रणालियों को ध्यान में रखा गया था। इनमें भी हमारे देश का राष्ट्रपति इंग्लैण्ड की महारानी अथवा सम्राट् से अमेरिका की अपेक्षा कहीं अधिक मिलता-जुलता है। यहाँ हम भारत के राष्ट्रपति की तुलना इंग्लैण्ड तथा अमेरिका के प्रमुखों से करेंगे।

### 1. भारत तथा अमेरिका के राष्ट्रपति

भारत में प्रधान-पद राष्ट्रपति का होता है तथा अमेरिका में भी सर्वोच्च पद राष्ट्रपति का ही है। इस रूप में नाम की दृष्टि से भारत तथा अमेरिका के शासनाध्यक्षों में समानता है, पर वास्तव में उनके कार्यों और अधिकारों में काफी अन्तर देखने को मिलता है। यह अन्तर इतना है कि उनमें सामान्यरूप से तुलना अथवा समानता नहीं की जा सकती।

अमेरिका में राष्ट्रपति राज्य का ही नहीं, वरन् सरकार का भी प्रमुख होता है, अत: उसके पास जो भी शक्तियाँ अथवा अधिकार होते हैं, उनका प्रयोग वह स्वतन्त्रता के साथ कर सकता है। अमेरिका में प्रधानमंत्री का पद नहीं होता, किन्तु

हमारे देश में राष्ट्रपति के पास अधिकार तो होते हैं, पर वास्तव में उनका प्रयोग प्रधानमंत्री के द्वारा ही होता है। अमेरिका में 'अध्यक्षात्मक सरकार' है, जबकि भारत में 'संसदीय सरकार' है। अमेरिका में प्रधानमंत्री न होने के कारण वास्तविक शक्तियाँ राष्ट्रपति के पास ही रहती हैं। इसके अतिरिक्त अमेरिकी राष्ट्रपति कांग्रेस (पार्लियामेंट) के प्रति जिम्मेदार नहीं होता। कांग्रेस राष्ट्रपति को 'अविश्वास प्रस्ताव', 'निन्दा-प्रस्ताव' अथवा 'कामरोको प्रस्ताव' के द्वारा नहीं हटा सकती तथा उसे राष्ट्रपति से शासन-सम्बन्धी प्रश्न पूछने का भी अधिकार नहीं होता। संकट के समय भी अमेरिका के राष्ट्रपति को असाधारण शक्तियाँ प्राप्त हो जाती हैं। दूसरे शब्दों में, वह एक प्रकार से तानाशाह बन जाता है, जबकि भारत के राष्ट्रपति के पास शक्तियाँ अथवा अधिकार नाममात्र के ही होते हैं। वास्तव में उनका प्रयोग प्रधानमंत्री के द्वारा किया जाता है। इसी कारण भारत का राष्ट्रपति अमेरिकी राष्ट्रपति की तरह शक्तिशाली नहीं हो।

इतना ही नहीं, अमेरिकी राष्ट्रपति अपनी इच्छा के अनुसार मंत्रियों की नियुक्ति कर सकता है तथा आवश्यकता पड़ने पर उन्हें हटा भी सकता है तथा उन पर पूर्ण नियन्त्रण रख सकता है। उसे इस बात का पूरा अधिकार होता है कि वह मंत्रियों की सलाह को माने या न माने। किन्तु, इसके विपरीत भारत के राष्ट्रपति को मन्त्रियों की नियुक्ति की स्वतन्त्रता नहीं होती। वह उसी व्यक्ति को प्रधानमंत्री बना सकता है, जिसका लोकसभा में बहुतमत हो। उसे राष्ट्रपति अपनी इच्छानुसार नहीं हटा सकता। मंत्रि-मण्डल के अन्य सदस्यों की नियुक्ति भी राष्ट्रपति अपनी इच्छा से नहीं कर सकता, वरन् इसके लिए उसे प्रधानमंत्री की सलाह से ही सब कुछ करना पड़ता है। संकट के समय में भी हमारे राष्ट्रपति अमेरिकी राष्ट्रपति की तरह तानाशाह नहीं बन सकते, क्योंकि उन पर मंत्रिमण्डल तथा संसद, दोनों का नियन्त्रण रहता है। भारत का राष्ट्रपति संसद के प्रति जिम्मेदार होता है। इतना ही नहीं, संकटकाल की घोषणा के लिए भी हमारे राष्ट्रपति को प्रधानमंत्री से परामर्श करना पड़ता है। कहने का अर्थ यही है कि राष्ट्रपति अपनी सभी राजनीतिक शक्तियों का प्रयोग प्रधानमंत्री की सलाह से ही कर सकता है।

अमेरिका में सभी राजनीतिक नियुक्तियों का अधिकार राष्ट्रपति को ही होता है तथा वैदेशिक सम्बन्धों व युद्ध का संचालन भी वही करता है, किन्तु हमारे देश में यह सबकुछ प्रधानमंत्री की सलाह से ही होता है। अत: स्पष्ट है कि भारत तथा अमेरिका के राष्ट्रपति में पर्याप्त अन्तर होता है अर्थात् अमेरिका का राष्ट्रपति भारत के राष्ट्रपति की अपेक्षा कहीं अधिक मजबूत होता है।

## 2. भारत के राष्ट्रपति तथा इंग्लैण्ड की महारानी

भारत और इंग्लैण्ड-दोनों ही देशों में संसदीय सरकार है, अतः अमेरिका के राष्ट्रपति की अपेक्षा भारत के राष्ट्रपति की इंग्लैण्ड की महारानी की स्थिति से काफी समानता है। किन्तु जहाँ तक पद धारण करने का प्रश्न है, यह विधि भिन्न है। इंग्लैण्ड में यह पद पैतृक होता है तथा सम्राट् अथवा महारानी आजीवन अपने पद पर बने रहते हैं, जबकि भारत में राष्ट्रपति का पद पैतृक नहीं होता, वरन् चुनाव के द्वारा व्यक्ति को यह पद मिलता है। इतना ही नहीं, हमारे यहाँ राष्ट्रपति का कार्यकाल आजीवन न होकर 5 वर्ष का होता है।

जहाँ तब अधिकारों का प्रश्न है–दोनों में अवश्य काफी समानता है। भारत का राष्ट्रपति तथा इंग्लैण्ड की महारानी अपने देश के वैधानिक प्रधान मात्र हैं। इंग्लैण्ड की महारानी के अधिकारों का प्रयोग वास्तव में उसका मंत्रिमण्डल करता है, ठीक इसी प्रकार भारत में भी राष्ट्रपति के अधिकारों का वास्तव में प्रयोग प्रधानमंत्री ही करता है। भारत के राष्ट्रपति की भाँति ही इंग्लैण्ड की महारानी भी अपनी इच्छानुसार न तो मंत्रिमण्डल की नियुक्ति कर सकती है और न ही उन्हें पद से हटा सकती है। इंग्लैण्ड की महारानी मंत्रियों को सलाह दे सकती है तथा आवश्यकतानुसार उनसे शासन-सम्बन्धी जानकारी प्राप्त कर सकती है। संकटकाल में भी इंग्लैण्ड की महारानी तानाशाह नहीं बन सकती। ठीक ऐसी ही स्थिति भारत के राष्ट्रपति की भी होती है। अतः स्पष्ट है कि भारत के राष्ट्रपति तथा इंग्लैण्ड की महारानी नाममात्र के प्रधान होते हैं तथा वे अपनी इच्छानुसार अपने अधिकारों का उपयोग नहीं कर सकते, वरन् इसके लिए उन्हें मंत्रिमण्डल अथवा प्रधानमंत्री से परामर्श करना होता है।

इस प्रकार यह कहना अनुचित न होगा कि भारत का राष्ट्रपति देश का सर्वोच्च पदधारी होता है, जिसके नाम से देश का शासन चलता है। वह एक प्रकार से पद की शोभा बढ़ाता है, इससे अधिक कुछ नहीं।

❑❑❑

# 1

# देशरत्न डॉ॰ राजेन्द्र प्रसाद

## जन्म, शिक्षा और बापू के कदमों में

देशरत्न डा॰ राजेन्द्र प्रसाद ने बिहार ज़िला सारन के प्रसिद्ध जीरादेई नामक ग्राम में कायस्थ कुटुम्ब में श्री महादेव सहाय जी के घर 3 दिसम्बर, सन् 1884 को जन्म लिया। राजेन्द्र बाबू के दादा दो भाई थे। एक का नाम मिश्रीलाल था। इनके बड़े भाई थे श्री चौधुरलाल। मिश्रीलाल जी के एक पुत्र हुए जिनका नाम महादेव सहाय था और जो राजेन्द्र बाबू के पिता थे। चौधुरलाल जी की अल्पावस्था में मृत्यु हो जाने के कारण इनके पिता पर चौधुरलाल जी का बड़ा ही ममत्व हो गया और उन्होंने अपने पुत्र जगदेव सहाय के साथ महादेव सहाय को भी पुत्रवत् पाला-पोसा और बड़ा किया। जगदेव सहाय बड़े थे और उनकी एकमात्र सन्तान एक पुत्री हुई जो बाद में जाती रही। महादेव सहाय के तीन लड़कियां और दो लड़के हुए। एक लड़की तो बचपन में ही स्वर्ग सिधार गई, दो की शादी हुई जिनमें बड़ी भागवती देवी थोड़े ही दिनों बाद विधवा हो गई, जो बाद में राजेन्द्र बाबू के साथ अपने मायके में ही रही और दूसरी बहन भी, जो दोनों भाइयों से बड़ी थी, बिना किसी सन्तान के जीती रही। इसके बाद बड़े भाई महेन्द्र प्रसाद हुए और सबसे छोटे स्वयं राजेन्द्र बाबू।

श्री चौधुरलाल जी बिहार के हथुवा राज में महाराज छत्रसाही के दीवान थे, जो लगभग 25–30 वर्षों तक इस पद पर रहे। श्री चौधुरलाल जी अपनी योग्यता, कर्मठता और ईमानदारी से महाराज छत्रसाही के स्नेह-भाजन और विश्वासपात्र तो थे ही, सारे हथुवा राज में इनकी बड़ी प्रतिष्ठा और प्रसिद्धि थी।

राजेन्द्र बाबू के पिता श्री महादेव सहाय जी घर पर ही रहा करते थे। ये फारसी के अच्छे विद्वान थे, कुछ-कुछ संस्कृत भी जानते थे। आयुर्वेद में

इनकी गहरी रुचि थी और आयुर्वेदिक पुस्तकों का इन्होंने गहरा अध्ययन कर एक सुदक्ष वैद्य का ज्ञान प्राप्त कर लिया था। इनके पास बहुत बड़ी तादाद में रोगी आते और उनके रोगोपचार में ये अपना अधिकांश समय लगाते। एक प्रसिद्ध वैद्य के रूप में इन्होंने पर्याप्त ख्याति प्राप्त कर ली थी।

पांच-छः वर्ष की अवस्था में राजेन्द्र बाबू को अक्षरारम्भ कराया गया। यह अक्षरारम्भ उस समय की प्रचलित प्रथा के अनुसार एक मौलवी साहब ने कराया। जिस दिन अक्षरारम्भ हुआ, मौलवी साहब आए, बिसमिल्लाह के साथ अक्षरारम्भ हुआ, शीरनी बांटी गई और उनको रुपये भी दिए गए। इस अक्षरारम्भ में तीन विद्यार्थी मौलवी साहब के सुपुर्द किए गए। इनमें दो इनके कुटुम्ब के ही चचेरे भाई थे–एक यमुना प्रसाद जी सबसे बड़े और दूसरे भी जो राजेन्द्र बाबू से बड़े थे।

मौलवी साहब बड़े मज़ेदार और मज़ाक पसन्द आदमी थे। उनका बहुत बातों पर दावा था। किसी बात को न जानना या उससे अपनी अनभिज्ञता प्रकट करना मौलवी साहब की शान के खिलाफ था। फल यह होता कि राजेन्द्र बाबू और उनके नटखट सहपाठी उनको खूब बनाते रहते। कभी-कभी बड़े-बूढ़े भी उनके इस मजाक में शरीक हो जाते। उदाहरण के लिए, एक बार एक सांड को देखते ही जब लोगों ने मौलवी साहब से कहा कि यह सांड मारता है, तो मौलवी साहब डींग मारते हुए बोले–देखूं, मुझे कैसे मारता है, और ज्योंही वे उसकी ओर लपके सांड ने मौलवी साहब को दे पटका। इसी प्रकार एक बार मौलवी साहब से जब बन्दूक चलाने की बात पूछी गई तो झट जवाब दिया कि चलाने की क़ौन कहे, वे एक अच्छे निशानेबाज़ हैं। बन्दूक लाई गई। उस वक्त पुराने किस्म की बारूद वाली टोपीदार बन्दूकें होती थीं। एक ऊंचे दरख्त पर एक गिद्ध बैठा था जिस पर मौलवी साहब को निशाना लगाना था। मौलवी साहब ने पहले कभी बन्दूक नहीं चलाई थी; यही नहीं, शायद उठाई भी न हो। उन्होंने ज्योंही बन्दूक हाथ में ले उसे ऊपर की ओर उठा निशाना साध घोड़ा दबाया, घोड़ा चटका, आवाज़ हुई और उधर सब लोग गिद्ध का गिरना देख ही रहे थे कि इधर एक और बन्दूक और एक और मौलवी साहब ज़मीन पर चित्त नज़र आए। लोगों ने झट उनको उठाया, लड़के पानी लेने दौड़े, उनके मुंह पर छिड़का और किसी तरह घर लाए।

इस प्रकार के आमोद-प्रमोद में मौलवी साहब फारसी पढ़ाते रहे। छः-आठ महीने बाद मौलवी साहब चले गए। दूसरे मौलवी साहब आए और ये पढ़ाने

लगे। इन मौलवी साहब का पढ़ाने का एक तरीका था। बड़े तड़के राजेन्द्र बाबू उठकर मकतब में चले आते। मकतब उनके पक्के मकान से अलग एक दूसरे मकान के औसारे में था। एक कोठरी में मौलवी साहब रहा करते थे और कोठरी के सामने औसारे में तख्तपोश पर बैठकर लड़के पढ़ा करते थे। मौलवी साहब कभी अपनी चारपाई पर और कभी तख्तपोश पर ही बैठकर पढ़ाया करते थे। राजेन्द्र बाबू को फारसी का जो कुछ भी ज्ञान रहा उसका श्रेय इन्हीं दो मौलवी साहबों को है।

राजेन्द्र प्रसाद जी का व्यवस्थित और वास्तविक विद्यार्थी जीवन छपरा पहुँचने पर प्रारम्भ हुआ। छपरा के ज़िला स्कूल के आठवें दर्जे में, जो उन दिनों सबसे आरम्भिक दर्जा माना जाता था, इनका नाम लिखाया गया। यहीं ए बी सी और नागरी के अ आ इ ई की शिक्षा आरम्भ हुई। इसी स्कूल में राजेन्द्र प्रसाद जी के भाई महेन्द्र प्रसाद जी एण्ट्रेन्स क्लास में पढ़ते थे। राजेन्द्र बाबू की पढ़ाई आरम्भ हुई और इन्होंने अपनी लगन, प्रतिभा और परिश्रम से वार्षिक परीक्षा में प्रथम स्थान प्राप्त किया। परिणामस्वरूप आठवें से सातवें दर्जे में तरक्की मिल गई। उन दिनों छपरा हाई स्कूल के हेडमास्टर श्री क्षीरोदचन्द्रराय चौधरी थे। राजेन्द्र बाबू की प्रतिभा, परिश्रमवृत्ति और परीक्षा परिणाम से प्रभावित हो श्री चौधरी ने राजेन्द्र बाबू को तुरन्त बुलाकर डबल तरक्की देकर सातवें के बदले छठे क्लास में प्रवेश दे दिया। इन दिनों राजेन्द्र बाबू की अवस्था लगभग दस-ग्यारह वर्ष की थी।

भाई के एण्ट्रेन्स पास होने पर जब वे पटना कालेज में पढ़ने गए तो राजेन्द्र बाबू भी उनके कारण ही पटना चले गए और पटना के टी॰ के॰ घोष एकेडेमी स्कूल में पढ़ने लगे। पटना में दो वर्ष विद्याध्ययन में बिताए और इस अवधि में वार्षिक परीक्षाओं में पूर्व की भांति प्रथम श्रेणी में स्थान पाकर चौथे दर्जे में पहुँच गए।

जब राजेन्द्र बाबू छपरा में पढ़ते थे तो इनके दादा चौधुरलाल जी और दादी का देहावसान हो गया। उक्त दम्पति थोड़े ही दिनों के अन्तर से चल बसे। अब राजेन्द्र बाबू के पिता महादेव सहाय जी ही घर के मालिक और सर्वेसर्वा थे। उन दिनों बाल विवाह का न केवल किसी कौम-विशेष में वरन् सम्पूर्ण भारतीय समाज में एक आम रिवाज था। फिर देहातों में तो वयस्क होने के पूर्व ही विवाह कर देना बालक-बालिकाओं के वारिस अपना एक कर्त्तव्य मानते थे। महादेव सहाय जी को भी राजेन्द्र बाबू के विवाह की चिन्ता

हुई और उन्होंने इस संबंध में पहल की। शादी की बातचीत चली। राजेन्द्र बाबू के होने वाले ससुर अपने छोटे भाई सहित स्वयं लड़के को देखने आए और वर को पसन्द कर विवाह की बात पक्की कर गए।

शादी बलिया ज़िले के दलन-छपरा स्थान में जीरादेई से 18-20 कोस की दूरी पर होने वाली थी। दो दिन का रास्ता था उन दिनों, और उन दिनों क्या आज भी, ग्रामीण जीवन में हैसियत के अनुसार हाथी, घोड़े, ऊंट, बैलगाड़ी और पालकी का बारात के लिए उपयोग होता है। राजेन्द्र बाबू की बारात में भी यह सब हुआ। एक पालकी में दूल्हा राजेन्द्र बाबू और शेष बाराती बैलगाड़ियों में रवाना हुए। दूल्हे के पिता महादेव सहाय जी स्वयं भी एक पालकी पर रवाना हुए। बैलगाड़ियों के अलावा बारात में एक हाथी और दो-चार घोड़े भी थे।

पालकी जिस पर वर (दूल्हा) बारात में जाया करता है एक खास किस्म की होती है। इसी आगे-पीछे दो-दो, चार कहार उठाकर चलते हैं। इसमें ऊपर छत नहीं होती, कपड़े की छहियां बाघ दी जाती हैं जो चलती हुई हवा में उघड़ते-ढकते रहने के कारण दूल्हे को धूप-छांह का मज़ा बराबर देती रहती हैं। राजेन्द्र बाबू की शादी ज्येष्ठ के महीने में हुई। तेज़ धूप और खूब गरमी इन दिनों पड़ती है। जब बारात जा रही थी तो धूप तेज़ थी ही, हवा खूब चल रही थी। राजेन्द्र बाबू की पालकी की वह छहियां इस तेज़ हवा में उड़-उड़ जाती थीं। पालकी चांदी की थी, इसलिए काफी वज़नदार थी, कहारों को वज़न संभालना कठिन हो रहा था और उस पर हवा के मारे छहियां बैलून का काम करतीं। कहार बड़ी मुश्किल में थे ही और दूल्हा हवा और धूप दोनों में परेशान था। किसी प्रकार दिन कटा, रात आई। बीच में सरजू पार करना था, इसलिए सरजू के किनारे के गाँव में बारात ने डेरा डाल दिया। रात्रि विश्राम कर सवेरे सरजू पार करने का काम शुरू हुआ। नदी में पानी अधिक था। कोई पुल आदि न होने से बारात नावों से पार होने लगी। सामान, सवार, गाड़ी आदि तो नाव से पार हो गए तथा बैल, घोड़ा आदि तैराकर पार करा दिए गए, किन्तु हाथी अड़ गया। अनेक प्रयत्न किए गए, किन्तु हाथी पानी में पैर ही नहीं बढ़ाता था। बड़ी मुश्किल से वह कुछ पग डग धरता, फिर वापस आ जाता। वह नदी पार करना ही नहीं चाहता था। अतः विवश हो हाथी को वापस कर बारात बिना हाथी के ही रवाना हो गई। महादेव सहाय जी को हाथी के

इस प्रकार बिछुड़ने का बड़ा अफसोस रहा। यह इसलिए भी कि उनकी स्वयं की शादी में अनेक हाथी बारात में गए थे। वे अपने लड़के की शादी की बारात में एक भी हाथी न ले जा सके। इसी बीच एक घटना घटी। बारात जब गाँव से दो-चार मील पर थी तो दो-तीन हाथी आते हुए नज़र आए। वे किसी दूसरी बारात में गए थे और उसकी रस्म पूरी करके शायद वापस लौट रहे थे। हाथी वालों से बात हुई, कुछ रुपये देने पर वे राज़ी हो गए और इस प्रकार महादेव सहाय जी का अपने बेटे की बारात में हाथी ले जाने का वही हौसला जो वे चाहते थे पूरा हो गया। बारात पहुँचते-पहुँचते रात के ग्यारह बज गए। बारात पहुँचने में काफी विलम्ब हो चुका था अतः कन्या पक्ष में बड़ी बेचैनी थी। जब बारात पहुँची तो उनकी यह चिन्ता दूर हुई। बारात की अगवानी की गई और परिछावन की रस्म अदा करने के लिए जब दूल्हे की आवश्यकता हुई तो देखा दूल्हा पालकी में सो रहा है। अल्प वय, फिर गरमी में दो दिन का सफर, और वह भी पालकी में। एक तो संध्या को ही सोने की आदत, उस पर इतनी थकावट। किसी तरह दूल्हे को जगाया गया, पर राजेन्द्र बाबू का जागते रहना एक कठिन समस्या थी। किसी तरह परिछावन की रस्में अदा की गईं, शादी की दूसरी रस्में भी एक-एक करके पूरी की गईं और उसी रात शुभ मुहूर्त में यानी जून 1896 में लगभग बारह वर्ष की अवस्था में विवाह भी सम्पन्न हो गया।

राजेन्द्र बाबू के वयस्क होने पर और उसके बाद भी, अपनी शादी में उन्होंने क्या-क्या रस्में अदा कीं यह उन्हें याद नहीं आया। उनके स्वयं के विवाह की यह घटना बचपन में गुड़ियों के विवाह के सदृश ही उन्हें भी स्मरण रही। उन्होंने अपने विवाह के समय न तो अपनी कोई जवाबदारी समझी, न उसका कोई महत्त्व समझा और न ही विवाह के इस प्रसंग अथवा निश्चय में उनका कोई दायित्व या निश्चय रहा। जिस प्रकार विवाह का निश्चय करने में दूसरों का हाथ था उसी प्रकार विवाह की सारी रस्में जो उन्हें करनी पड़ीं, घर के बड़े-बूढ़े, पंडित अथवा नाई के कहने से वे बराबर करते रहे। विवाह कब सम्पन्न हुआ और कैसे हुआ, यह भी उनकी समझ में नहीं आया। हाँ, एक बात उस समय उन्हें बराबर स्मरण आई और वह यह कि जिस तरह उनकी भौजाई उनके बड़े भाई के विवाह की धूम-धाम के बाद एक दिन उनके घर में आ गई थी, उसी प्रकार एक दिन कोई उनकी बहू भी उनके घर में आ जाएगी।

देहातों में उस समय एक प्रथा थी–शादी के बाद दुल्हन को न ला, केवल वर को लेकर बारात वापस लौटती थी और कुछ समय बाद फिर एक छोटी-मोटी बारात, जिसे 'दुरागमन' (द्विरागमन) कहते हैं, कन्या पक्ष के यहाँ जाती और तब वधू को विदा करा लाती। राजेन्द्र बाबू की शादी में भी यही बात हुई। बारात खाली लौटी और एक वर्ष बाद दुरागमन हुआ तो वधू की विदा हुई।

उस काल में पर्दे का आम रिवाज था। ग्रामीण जीवन में इसका सख्ती से पालन किया जाता था। राजेन्द्र बाबू का कुटुम्ब भी इसका अपवाद कैसे रहता। छोटी-छोटी बहू-बेटियों से लेकर बड़ी-बूढ़ी औरतें भी पर्दे के अन्दर रहतीं। जब कभी अपने कमरे से बाहर निकलना होता तो वही हाथ-भर का घूंघट! इस परदे के साथ, पति-पत्नी को मिलने में भी बड़ी सख्त मर्यादाओं के बीच से गुजरना पड़ता। राजेन्द्र बाबू अल्पवय होने के नाते ही नहीं, अपने परिवार की परिपाटी और पर्दे की इस सख्ती के कारण अपनी पत्नी के साथ रहने की तो कौन कहे, वक्त-बेवक्त उससे बात करने अथवा उसे देखने तक का अवसर नहीं पा सकते थे। अपनी भौजाई के विवाह के बाद के अपने भाई और भौजाई के व्यवहार का वे अनुभव कर रहे थे और उसी का अनुकरण करने के अभ्यासी भी बन चुके थे। राजेन्द्र बाबू जब छुट्टियों में घर आते तो बाहर ही सोते। रात के समय जब सब लोग सो जाते तो उनकी मां दाई को भेजती कि जगा लाओ, और वह उन्हें जगाकर ले जाती और उस कमरे में छोड़ देती जिसमें उनकी पत्नी रहती। राजेन्द्र बाबू की आदत संध्या को ही सो जाने की थी ही, अतः अपनी पत्नी के कमरे में जाने पर भी गहरी नींद में सो जाते। कितनी ही कोशिश होती राजेन्द्र बाबू की निद्रा भंग नहीं होती। प्रातः बड़े तड़के नींद टूट जाती और किसी को यह पता न चले कि वे रात को कहीं और सोए थे इस भय से चुपचाप उठकर बाहर की चारपाई पर सो जाते। सवेरे उनकी मां या चाची उन्हें रात को न जागने, जल्दी सो जाने और बुलवाने पर न आने के लिए डांटतीं पर राजेन्द्र बाबू के मन में भय भले ही हो, कोई कौतूहल नहीं होता था।

बाल विवाह और पर्दे की इस प्रथा के बीच राजेन्द्र बाबू का पारिवारिक और दाम्पत्य जीवन चला। बचपन से ही प्रायः घर से बाहर रहने के कारण जब कभी छुट्टियों में घर आना होता, तभी पत्नी से मुलाकात होती; वह भी उक्त मर्यादाओं के मध्य। परिणाम यह हुआ कि पारिवारिक मर्यादाओं के कारण

अपने जीवन के लगभग पचास वर्ष राजेन्द्र बाबू, जब तक के विद्याध्ययन, जीविकोपार्जन और जीवन के अन्य ध्येयों की प्राप्ति के लिए प्रयत्नशील रहे, अपनी पत्नी से पृथक् ही रहे और इस बीच मुश्किल से उनका सहजीवन पचास महीने का भी न रहा होगा।

विवाह के उपरान्त भाई के एफ॰ ए॰ की परीक्षा पास कर आगे की पढ़ाई के लिए उनके कलकत्ता जाने के निश्चय के कारण राजेन्द्र बाबू को भी पटना छोड़ना पड़ा। भाई की और परिवार के लोगों की राय हुई कि राजेन्द्र बाबू को हथुवा स्कूल में भर्ती किया जाएँ और ऐसा ही किया गया। प्रथम तो यहाँ नाम लिखाने में ही कुछ दिक्कत हुई। जैसे-तैसे नाम लिखा गया, पर यहाँ की पढ़ाई की पद्धति बड़ी विचित्र थी। तरीका यह था कि जो सबक दिया जाए उसे दूसरे दिन कंठस्थ करके आना चाहिए। क्लास-में जब शिक्षक विद्यार्थी से सबक सुनता तो किताब बन्द करके पूरा ज्यों-का-त्यों सुनाना होता। राजेन्द्र बाबू की आदत किसी भी बात को बिना समझे-बूझे ज़बानी रटने की नहीं थी। उन्होंने इसके लिए बहुतेरे प्रयास भी किया। किसी सहपाठी ने उनसे कह दिया कि एक सौ बीस बार दुहरा लेने से सबक याद हो जाता है। राजेन्द्र बाबू ने यह भी किया और इसके लिए वे प्रायः नित्य ही रात के डेढ़-दो बजे उठ जाते और एक सौ बीस बार दुहराने के इस अभ्यास को करते। किन्तु अन्ततोगत्वा इस अभ्यास में भी असफल रहे। स्कूल में शिक्षक उनकी इस अयोग्यता से खीझकर कभी-कभी कुढ़कर यह कह बैठते कि यह चौथे दर्जे में भर्ती करने लायक नहीं था। साथ ही धमकी भी देते कि तुमको पांचवें क्लास में वापस कर दिया जाएगा। यह सब विद्यार्थी राजेन्द्र के लिए बड़ा कष्टप्रद होता अन्त में वे बहुत बीमार भी पड़ गए और वार्षिक परीक्षा में भाग भी नहीं ले सके। आखिर में इस विपरीत अवस्था से ऊबकर हथुवा स्कूल से नाम कटा पुनः छपरा स्कूल के चौथे दर्जे में नाम लिखाया गया। छपरा स्कूल में राजेन्द्र बाबू पढ़ चुके थे अतः यहाँ की पढ़ाई, वातावरण सभी कुछ उनके मनोनुकूल था। वे अपने अध्ययन में जुट गए और थोड़े ही समय में अपने सहपाठियों और शिक्षकों की दृष्टि में एक प्रतिभाशील और तेज विद्यार्थी माने जाने लगे।

छपरा स्कूल में अपने अध्ययन-अध्यवसाय से राजेन्द्र बाबू ने प्रतिवर्ष पूर्ववत् सफलताएँ प्राप्त कीं। यही नहीं एण्ट्रेन्स की परीक्षा में यूनिवर्सिटी-भर में प्रथम स्थान प्राप्त किया। यूनिवर्सिटी के इतिहास में यह प्रथम अवसर था जब कोई बिहारी विद्यार्थी अव्वल आया हो।

एण्ट्रेन्स पार कर कालेज की पढ़ाई के लिए राजेन्द्र बाबू कलकत्ता आए और यहाँ के प्रेज़ीडेन्सी कालेज में अपना नाम लिखाया।

बिहार से बंगाल में जाने का राजेन्द्र बाबू का यह प्रथम अवसर था। ज्योंही वे क्लास में पहुँचे तो सिर खुले, कोट-पतलून और हैट लगाए विद्यार्थियों को जब देखा तो कुछ भौचक्के रह गए। मन में सोचा ये लोग एंग्लो-इण्डियन हैं। पर जब हाज़िरी ली गई तब राजेन्द्र बाबू को मालूम हुआ कि ये सब हिन्दुस्तानी हैं। इसी समय एक घटना घटी। हाज़िरी के समय सब विद्यार्थियों को पुकारा गया पर राजेन्द्र बाबू का नाम ही हाज़िरी रजिस्टर से नदारद! अत: जब शिक्षक सबकी हाज़िरी लेकर रजिस्टर बन्द करने लगा तो राजेन्द्र बाबू ने अपने स्थान पर खड़े हो कहा : मैं अपना नम्बर नहीं जानता हूँ। शिक्षक ने आँख उठाकर उनकी ओर देखा और कहा : ठहरो मैंने मदरसा के लड़कों की हाज़िरी नहीं ली है! और यह कहकर झट दूसरा रजिस्टर उठाया। राजेन्द्र बाबू जो पाजामा-टोपी पहने थे झट समझ गए कि उनकी इस वेशभूषा के कारण शिक्षक ने उन्हें मुसलमान समझ लिया है। उन्होंने जवाब दिया : मैं मदरसा में नहीं पढ़ता हूँ। प्रेज़ीडेन्सी कालेज में आज ही दाखिल हुआ हूँ, इसलिए नम्बर नहीं मिला। शिक्षक ने नाम पूछा और जब राजेन्द्र बाबू ने अपना नाम बताया, पूरी क्लास मुड़कर उन्हें देखने लगी, क्योंकि सभी विद्यार्थियों को मालूम था कि इस नाम का कोई विद्यार्थी इस वर्ष यूनिवर्सिटी में फर्स्ट आया है। शिक्षक ने कहा : अभी नाम दर्ज नहीं है, जब दर्ज हो जाएगा तो आज की हाज़िरी भी पीछे लिख दूंगा।

आखिर राजेन्द्र बाबू की कालेज की पढ़ाई प्रारम्भ हुई और वे अपने उसी उत्साह और लगन से, जो अंत तक रही थी, अपनी पढ़ाई में तत्पर हो गए। एण्ट्रेन्स की परीक्षा में प्रथम स्थान प्राप्त करने के कारण तीस रुपये मासिक की छात्रवृत्ति भी राजेन्द्र बाबू को मिल रही थी। अत: एफ०ए० में भी यह स्थान बना रहे, इस दृष्टि से भी वे पूरी मेहनत करके पढ़ने लगे। आखिर एफ०ए० की परीक्षा भी दी। एफ०ए० का परीक्षा-फल जब घोषित हुआ, एक रोचक घटना घटी। परीक्षा-फल सुनाने के लिए एक अंग्रेज़ अफसर आए। सब विद्यार्थी जमा थे। एक-एक कर ज्योंही उत्तीर्ण विद्यार्थियों के नाम घोषित कर वे मौन हुए, राजेन्द्र बाबू ने देखा उनका नाम ही नदारद है। वे प्रत्येक विषय में अव्वल आए थे, यह न केवल राजेन्द्र बाबू को ज्ञात था वरन् कालेज के प्राय: सभी विद्यार्थी जानते थे। अपना नाम न पुकारे जाने पर राजेन्द्र बाबू घबरा गए। साथियों को भी आश्चर्य था। जब राजेन्द्र बाबू ने कहा : मेरा नाम नहीं पढ़ा गया, तो प्रिंसिपल ने झट उत्तर दिया: तुमने पास नहीं किया, इसलिए तुम्हारा नाम नहीं आया। राजेन्द्र बाबू ने कहा : ऐसा नहीं हो सकता, मैंने

ज़रूर पास किया है। उत्तर मिला : ऐसा नहीं हो सकता, अगर पास किया होता तो जरूर नाम आता। जब राजेन्द्र बाबू फिर कुछ कहने को उद्यत हुए, प्रिंसिपल बिगड़ गए और बोले : चुप रहो, नहीं तो जुर्माना करूंगा। उन्होंने हिम्मत कर फिर कुछ कहना चाहा। उत्तर मिला–तुमको पाँच रुपया जुर्माना करता हूँ। वे फिर कुछ बोले कि उत्तर मिला–दस रुपया जुर्माना! इस प्रकार प्रत्येक आवाज़ पर नीलाम की बोली के सदृश पाँच-पाँच रुपये बढ़कर पच्चीस तक पहुँच गए। राजेन्द्र बाबू की समझ में नहीं आ रहा था कि क्या किया जाएँ इतने में कालेज के हेडक्लर्क ने, जो उन्हें जानता था, पीछे से इशारा किया कि चुप रहो, सब ठीक हो जायेगा। बात असल में यह हुई थी कि हेडक्लर्क ने उत्तीर्ण विद्यार्थियों की जो फेहरिस्त तैयार की थी उसमें राजेन्द्र बाबू का नाम भूल से छूट गया था, और प्रिंसिपल साहब नये आए थे, अतः उन्हें न राजेन्द्र बाबू का कोई परिचय था, न कोई व्यक्तिगत जानकारी। आखिर भूल सुधार ली गई और राजेन्द्र बाबू का भी परीक्षा-फल घोषित हो गया। एफ० ए० की परीक्षा के लिए राजेन्द्र बाबू ने खूब परिश्रम किया था अतः इस बार भी अव्वल आए और एण्ट्रेन्स परीक्षा से भी अधिक नम्बर पाने के कारण सरकार की ओर से पचास रुपये मासिक की दो वर्ष के लिए छात्रवृत्ति मिली। पुस्तकें भी इनाम में दी गईं।

बी० ए० क्लास में पहुँचकर राजेन्द्र बाबू के सामने प्रश्न यह उठा कि वे किस विषय में आनर्स लें। उन दिनों बी० ए० में तीन विषय पढ़ने होते थे, जिनमें अंग्रेज़ी और फिलासफी अनिवार्य थे और तीसरा विषय ऐसा था जिसको चुन लेने का अधिकार विद्यार्थी को था। पर चुन लेने के पश्चात् अन्य दो अनिवार्य विषयों की तरह ही उसे पढ़ना होता और उसमें भी परीक्षा पास करनी होती। राजेन्द्र बाबू ने हिस्ट्री (इतिहास) और एकनोमिकस (अर्थशास्त्र) चुन लिए। उन दिनों आनर्स के लिए 'पास' के अतिरिक्त कुछ और पुस्तकें पढ़नी होती थीं और इन पुस्तकों की परीक्षा भी अलग होती। इस प्रकार आनर्स के विषय की परीक्षा अधिक कड़ी होती और क्लास लेक्चर भी अधिक होते। राजेन्द्र बाबू के सामने प्रश्न यह था कि वे किस विषय में आनर्स लें–दो विषयों में या तीनों में। अन्त में, निश्चय किया कि अंग्रेज़ी, हिस्ट्री और एकनोमिक्स तीनों विषय में आनर्स लिया जाएँ इससे एक लाभ और था, बी० ए० परीक्षा के फलस्वरूप दो छात्रवृत्तियां, एक पचास रुपये मासिक और दूसरी चालीस रुपये मासिक की मिलती थीं। ये छात्रवृत्तियां केवल आनर्स के नम्बर जोड़कर ही मिला करती थीं। सारे कालेज में राजेन्द्र बाबू के साथी श्री रामानुग्रह और राजेन्द्र बाबू केवल दो ही ऐसे छात्र थे जिन्होंने तीन विषयों में आनर्स ले रखा था।

इन्हीं दिनों कलकत्ता में श्री सतीशचन्द्र मुखर्जी ने 'डान सोसाइटी' नामक एक संस्था कायम की थी। इसमें विद्यार्थियों को निःशुल्क सदस्यता प्राप्त होती थी। इसका उद्देश्य विद्यार्थियों की पढ़ाई में सहायता देना, उनका चरित्र निर्माण करना तथा देश की गतिविधि से परिचित कराना था। विद्यार्थियों से कुछ सेवा का काम भी लिया जाता जो इस संस्था की शिक्षा का एक प्रधान अंग था। सोसाइटी की ओर से प्रति सप्ताह दो क्लास किए जाते और इनमें दो लेक्चर होते। इनमें एक तो विविध विषयों पर होता और दूसरा गीता पर। गीता क्लास एक पण्डित लेते और बड़ी सहज रीति से गीता समझाते। दूसरी क्लास को कालेज के प्रिंसिपल एन॰ एन॰ घोष, कभी सतीश बाबू, कभी सिस्टर निवेदिता और कभी दूसरे लोग लेक्चर दिया करते। लेक्चर के विषय बड़े सारगर्भित होते, इनसे देश और दुनिया की जानकारी मिलती। इन लेक्चर्स से यूनिवर्सिटी की परीक्षा में भी बड़ी सहायता मिली। संस्था की ओर से क्रियात्मक रूप से सेवा करने की शिक्षा के लिए एक छोटी-सी स्वदेशी कपड़ों और दूसरी चीज़ों की दुकान खोली गई जिसकी देखरेख और संचालन मेम्बरों के ज़िम्मे रहा। इसका सामान बेचने, हिसाब आदि रखने का सारा काम सदस्यों को करना पड़ता। दुकान सायंकाल केवल दो घंटे के लिए ही खुलती। इस प्रकार राजेन्द्र बाबू ने इस संस्था के सदस्य बन सर्वप्रथम सेवा की दीक्षा ली।

श्री सतीशचन्द्र मुखर्जी स्वयं एक प्रतिभाशाली छात्र थे। ये आशुतोष मुखर्जी और स्वामी विवेकानन्द के साथी थे। इस सोसाइटी को जिन महत्जनों की सहायता, सहयोग और सहानुभूति प्राप्त थी इनमें मि॰ एन॰ एन॰ घोष, सिस्टर निवेदिता, सर गुरुदास बनर्जी आदि प्रमुख थे। संस्था की ओर से योग्य और प्रतिभाशाली विद्यार्थियों को छात्रवृत्तियां और इनाम भी वितरित किए जाते, जो राजेन्द्र बाबू को भी प्राप्त हुए।

सोसाइटी में जाने से राजेन्द्र बाबू के हृदय में विचार-मंथन बढ़ा और अभी तक जो सारा ध्यान परीक्षा-फल पर केन्द्रित था वह सार्वजनिक बातों की ओर भी बढ़ गया। अपने सहयोगियों के साथ इन्हीं दिनों कलकत्ता में 'बिहारी क्लब' की स्थापना भी राजेन्द्र बाबू ने की, जिसमें प्रति रविवार अपने सहपाठियों के साथ मिलकर विचार-विमर्श और भाषण आदि का कार्यक्रम होने लगा। इनके अलावा कालेज की यूनियन में भी राजेन्द्र बाबू बराबर भाग लेने लगे और एक बार स्वयं उसके मंत्री भी बने।

सन् 1904 में राजेन्द्र बाबू ने एम॰ ए॰ परीक्षा पास की। 1905 में बंग-भंग का आन्दोलन प्रारम्भ हुआ। यह वर्ष एक प्रकार से बड़े आन्दोलन के प्रारम्भ और

जागृति का साल था। विशेषकर विद्यार्थियों में इस आन्दोलन ने एक नये जीवन का संचार कर लिया। राजेन्द्र बाबू सार्वजनिक सभाओं में प्राय: प्रारम्भ से ही जाते थे। कांग्रेस के नाम और काम से भी परिचित थे। जब कांग्रेस का वार्षिक अधिवेशन होता तो उसके अध्यक्षीय भाषण को वे बड़े चाव से पढ़ते। 7 अगस्त, 1905 को कलकत्ता की एक बड़ी सभा में, जिसमें विदेशी वस्तुओं के बायकाट और स्वदेशी के प्रचार का निश्चय हुआ, राजेन्द्र बाबू गए। लोगों ने बड़े उत्साह से व्रत लिया कि वे स्वदेशी का ही व्यवहार करेंगे। आन्दोलन जोरों से चला और प्राय: प्रतिदिन यत्र-तत्र सार्वजनिक सभाएँ होतीं। उन सभाओं में कहीं सुरेन्द्र बाबू, कहीं विपिनचन्द्र पाल, कहीं ए॰ चौधरी और कहीं अरविन्द घोष के भाषण होते। कालेज के विद्यार्थियों में भी बड़ी हलचल थी। जो विद्यार्थी कभी स्वदेशी वस्तुओं का व्यवहार नहीं करते थे उन्होंने भी विदेशी वस्तु के परित्याग का निश्चय किया। इस प्रकार विद्यार्थियों में एक नया उत्साह और जोश पैदा हो गया। इसी समय कालेज के होस्टल में एक छोटी-सी किन्तु महत्त्वपूर्ण घटना घट गई।

राजेन्द्र बाबू का एक तो ग्रामीण जीवन के अभ्यासी होने के कारण तथा अपने भाई की प्रेरणा से बहुत पहले से ही स्वदेशी वस्तुओं की ओर ही झुकाव था, फिर इन दिनों तो और अधिक। राजेन्द्र बाबू, अपनी क्लास में जो लेक्चर होते, उनके नोट पेन्सिल से ले लिया करते थे। पेन्सिल के नोट कभी-कभी मिट भी जाते अत: वे कलम-दवात ले जाने लगे, इससे शीघ्र लेखन में उन्हें कुछ असुविधा होती। एक दिन बाजार में उन्होंने देखा कि स्टाइलपेन निकला है जिसमें रोशनाई भरी रहती है और दवात की जरूरत नहीं रहती। यह विदेशी था। अत: उन्होंने इसे खरीद लिया। होस्टल में उनके साथियों को भी यह मालूम था। साथी बहुत बिगड़े और राजेन्द्र बाबू से उनकी इस कृति के लिए झगड़ने लगे। इनमें कुछ ऐसे भी थे जिनके पास विदेशी कागज, विदेशी वस्त्र आदि बहुत-सी वस्तुएं थीं। सब लोगों ने निश्चय किया कि एक दिन विदेशी कपड़ों की होली जलाई जाए और उसी में सभी विदेशी वस्तुओं को जला दिया जाएँ यद्यपि सभी चाहते थे कि विदेशी कपड़े जला दिए जाएँ पर प्राय: सभी यह भी नहीं चाहते थे कि उनकी सभी विदेशी वस्तुएं जल जाएँ। जब विवाद बढ़ा तो राजेन्द्र बाबू ने कहा कि अब अपने-अपने ट्रंक खोलो, जिसके पास जितना विदेशी कपड़ा हो होली में आज ही जला दो, तो मैं भी अपना ट्रंक खोलता हूँ और मेरे पास जो कुछ विदेशी होगा उसे अभी अग्नि की भेंट कर दूँगा। सब चौकन्ने हो गए। प्राय: सभी जानते थे कि राजेन्द्र बाबू के पास उस कलम के सिवा विदेशी कुछ नहीं है। राजेन्द्र बाबू ने अपना ट्रक खोल दिया और एक-एक कर सब चीजें बिखेर दीं। विद्यार्थियों की

भीड़ हट गई और फिर किसी ने कभी उन पर इस प्रकार का कोई आक्षेप नहीं किया। कुछ ने विदेशी कागज आदि तो जला दिए, पर जो कीमती कोट आदि थे जल्दी में उन्हें जलाना उचित न समझा। हाँ, उसके बाद उन दिनों उन वस्त्रों का उपयोग करना विद्यार्थियों ने अवश्य छोड़ दिया।

सदा की भांति बी॰ ए॰ की परीक्षा में भी राजेन्द्र बाबू ने अभूतपूर्व सफलता प्राप्त की और विश्वविद्यालय में अव्वल स्थान प्राप्त कर दोनों छात्रवृत्तियां–एक पचास की और दूसरी चालीस की–उन्हें फिर मिलने लगीं।

बी॰ ए॰ पास कर कलकत्ता में ही एम॰ ए॰ और बी॰ एल॰ की पढ़ाई आरम्भ की। इन्हीं दिनों कलकत्ता में बिहार के छात्रों का एक सम्मेलन राजेन्द्र बाबू ने आयोजित किया। इस समय तक भारतवर्ष में कहीं भी कोई छात्र-सम्मेलन नहीं हुआ था। इससे बिहारी छात्रों का एक बहुत बड़ा संगठन हो गया। कलकत्ता में बिहारी क्लब इसकी शाखा बन गया और प्राय: सभी शहरों में इसकी शाखाएँ स्थापित हो गईं। इस सम्मेलन की सन् 1906 में स्थापना हुई और 1920 के असहयोग आन्दोलन शुरू होने तक इनका वार्षिक अधिवेशन नियमित रूप से होने लगा और इसके सभापतिपद को बिहार और बाहर की जिन विभूतियों ने सुशोभित किया उनमें मिस्टर शेफुद्दीन, मिस्टर हसन इमाम, डाक्टर सच्चिदानन्द सिन्हा, बाबू परमेश्वरलाल, बाबू दीपनारायण सिंह, बाबू ब्रजकिशोर प्रसाद प्रभृति बिहार के, तथा बाहर के लोगों में श्रीमती एनीबेसेण्ट, श्रीमती सरोजनी नायडू, महात्मा गांधी, मिस्टर एण्डरूज आदि प्रमुख हैं।

सन् 1906 के दिसम्बर में कांग्रेस का वार्षिक अधिवेशन कलकत्ता में हुआ। इसमें सर्वप्रथम एक स्वयंसेवक (वालंटियर) के रूप में राजेन्द्र बाबू ने भाग लिया। अधिवेशन का वातावरण बड़ा उत्साहपूर्ण रहा। इस समय गरम दल और नरम दल का आविर्भाव हो चुका था। गरम दल के नेता समझे जाते थे लोकमान्य तिलक, लाला लाजपतराय, विपिनचन्द्र पाल, अरविन्द घोष प्रभृति। श्री सुरेन्द्रनाथ बनर्जी और पंडित मदनमोहन मालवीय बीच के व्यक्ति माने जाते थे। इस झगड़े को मिटाने के लिए दादाभाई नौरोजी विलायत से बुलाकर सभापति बनाए गए थे। इस अधिवेशन में स्वयंसेवक के रूप में राजेन्द्र बाबू की ड्यूटी कांग्रेस पंडाल में थी। अत: विषय निर्धारिणी समिति की बहसें आदि सुनने का इन्हें भरपूर अवसर मिला। इसी अधिवेशन में राजेन्द्र बाबू ने सरोजनी नायडू, मालवीयजी और मिस्टर जिन्ना के भाषण पहले-पहल सुने। इस अधिवेशन की कार्यवाही और विचारों के निरीक्षण-परीक्षण से राजेन्द्र बाबू के मन में कांग्रेस के प्रति श्रद्धा बढ़ गई।

सन् 1910 ईस्वी में जब राजेन्द्र बाबू वकालत पढ़ रहे थे सर्वप्रथम कलकत्ता में माननीय गोखले से मिले। थोड़े ही समय पूर्व माननीय गोखले ने 'सर्वेण्ट आफ इंडिया सोसाइटी' की स्थापना की थी। गोखले साहब को राजेन्द्र बाबू की प्रतिभा और बुद्धिमत्ता का परिचय मिल चुका था। अतः उन्होंने राजेन्द्र बाबू से, देशसेवा की भावना से, उक्त सोसाइटी में शामिल होने का आग्रह किया। उन्होंने इस वक्त जो शब्द राजेन्द्र बाबू से कहे वे उल्लेखनीय हैं। उन्होंने कहा–"हो सकता है तुम्हारी वकालत खूब चले, बहुत रुपये तुम पैदा कर सको, बहुत आराम और ऐश-इशरत में दिन बिताओ। बड़ी कोठी, घोड़ागाड़ी, नौकर इत्यादि दिखावट के सामान, जो अमीरों के हुआ करते हैं, तुमको सब मयस्सर हों। पर मुल्क का भी दावा कुछ लड़कों पर होता है, और चूंकि तुम पढ़ने में अच्छे हो इसलिए तुम पर यह दावा और भी अधिक है।" अपना स्वयं का हवाला देते हुए गोखले ने कहा–"हो सकता है तुम्हारे पारिवारिक जन नाराज़ हों और दुःखी हों, पर यह विश्वास रखो, सब लोग अन्त में तुम्हारी पूजा करेंगे। लोगों की सब उम्मीदें तुम पर बंधी हैं, पर कौन जानता है, अगर तुम्हारी मृत्यु हो गई, तो उसे तो वे लोग बर्दाश्त कर ही लेंगे।"

माननीय गोखले के उक्त कथन का राजेन्द्र बाबू के मन पर गहरा और स्थायी प्रभाव पड़ा। इसका कारण था—देश सेवा की भावना के जब-तब जाग्रत् होने पर भी किसी महापुरुष द्वारा देशसेवा के लिए आह्वान और वह भी इन मार्मिक शब्दों में, यह राजेन्द्र बाबू के अब तक के जीवन में अपूर्व ही था। गोखले के इन शब्दों को सुनने के बाद राजेन्द्र बाबू का हृदय-मंथन शुरू हुआ। एक ओर पारिवारिक जिम्मेदारियाँ, पिताजी का स्वर्गवास हो चुका था, परिवार की सारी जवाबदारी भाई पर थी, मां अभी जीवित थीं। राजेन्द्र बाबू ने एम॰ ए॰ और बी॰ एल॰ की परीक्षा भी पास कर ली थी और वकालत की तैयारी कर रहे थे। एक ओर पारिवारिक भरण-पोषण, धन-वैभव का आकर्षण और दूसरी ओर देश-सेवा का दुष्कर व्रत। इस मानसिक संघर्ष की स्थिति में अनेक दिनों विचार-मंथन में बिता पारिवारिक संघर्ष का सामना करते हुए, अन्त में माननीय गोखले की बात मान उनकी सोसाइटी में शरीक हो गए। अब राजेन्द्र बाबू कलकत्ता में वकालत करने लगे थे। इसी बीच एम॰ एल॰ परीक्षा देने की भी तैयारी की और इसमें भी अव्वल स्थान पाया। इसके बाद डी॰ एल॰ की उपाधि के लिए, जिसके मिलने पर आदमी कानून का डाक्टर माना जाता है, प्रयत्नशील हो गए।

1911 के दिसम्बर में शाही दरबार के वक्त बिहार सूबे के जो अब तक बंगाल का ही एक हिस्सा था, अलग होने की घोषणा हुई और सन् 1912

के अप्रैल से बिहार एक नया सूबा बन गया। सन् 1916 के मार्च में पटना में बिहार का हाईकोर्ट खुला और हाईकोर्ट के पटना आने पर सभी बिहारी वकीलों के साथ राजेन्द्र बाबू भी कलकत्ता से पटना आकर वकालत करने लगे। राजेन्द्र बाबू अपने पेशे में यद्यपि कलकत्ता में ही काफी दक्ष और प्रसिद्ध हो गए थे और अनेक बड़े मामलों में यश और धन दोनों ही कमाया था, किन्तु पटना पहुँचने पर यह प्रसिद्धि और प्रतिष्ठा बहुत बढ़ गई।

कलकत्ता से पटना आने के पूर्व राजेन्द्र बाबू छात्र-सम्मेलन के मुंगेर अधिवेशन के सभापति निर्वाचित हुए। इन्हीं दिनों हिन्दी के प्रति प्रेम जाग्रत् हुआ। कलकत्ता की हिन्दी साहित्य परिषद् से भी राजेन्द्र बाबू का निकट का सम्बन्ध रहा और अपने योगदान से वे सदा उसकी सेवा-सहायता करते रहे। इन्हीं दिनों राजेन्द्र बाबू ने अपने मित्रों के साथ पत्रों में कुछ लेख आदि लिखे जिनमें अखिल भारतीय हिन्दी साहित्य सम्मेलन की आवश्यकता पर बल दिया। इस विचार को हिन्दी-सेवियों ने बहुत पसन्द किया और काशी में सम्मेलन का पहला अधिवेशन महामना मालवीयजी के सभापतित्व में सम्पन्न हुआ। तभी से राजेन्द्र बाबू हिन्दी और हिन्दी साहित्य सम्मेलन के हितैषी हो गए और आगे चलकर सन् 1912 के दिसम्बर में सम्मेलन के तृतीय अधिवेशन की स्वागतकारिणी के प्रधानमंत्री तथा सन् 1924 में सम्मेलन के अखिल भारतीय कोकोनाडा अधिवेशन के अध्यक्ष भी बने।

1916 में लखनऊ कांग्रेस बड़े समारोह के साथ हुई। 1907 से कांग्रेस में जो दो दल हो गए थे और गरम पार्टी कांग्रेस से पृथक् हो गई थी तब से कांग्रेस की लोकप्रियता घट गई थी और इसके वार्षिक अधिवेशनों में लोगों की उपस्थिति कम होने लगी थी। देश के हितैषियों की इच्छा थी कि दोनों दल आपस में फिर मिल जाएँ जिससे कांग्रेस पुनः देश की एक सबल शक्ति बन जाएँ यह प्रयत्न 1916 की लखनऊ कांग्रेस में सफल हुआ। इसमें एक तरफ लोकमान्य तिलक अपने दल-बल के साथ आए थे, दूसरी तरफ नरम दल के भी प्रायः सभी नेतागण पधारे थे। इसी वर्ष मुस्लिम लीग के साथ भी समझौता हो गया था। महात्मा गांधी भी, जो 1915 में ही दक्षिण अफ्रीका से लौटे थे, सारे देश का दौरा कर, इस अधिवेशन में शामिल हुए थे।

दक्षिण अफ्रीका में गांधीजी ने जो काम किया उससे सारा देश परिचित हो गया था और भारत के लोग भी उनके इस कार्य से प्रभावित हो उनकी सहायता और सहयोग को अनुभव करने लगे थे। यद्यपि राजेन्द्र बाबू को यह तो मालूम

था कि दक्षिण अफ्रीका में गांधीजी कोई बड़ा काम करके स्वदेश लौटे हैं, तथापि वे यह नहीं जानते थे कि देश के अन्य नेताओं की तरह वे भी एक बड़े नेता हैं। बिहार के राजकुमार शुक्ल गांधीजी से लखनऊ कांग्रेस में मिले और उनसे बिहार में नीलवरों के अत्याचारों से पीड़ित किसानों की सहायता के लिए चम्पारन आने की प्रार्थना की। गांधीजी लखनऊ कांग्रेस से कलकत्ता चले आए और कलकत्ता से श्री शुक्ल को पत्र लिखा कि वे अखिल भारतीय कांग्रेस कमेटी की बैठक के समय कलकत्ता में उनसे मिलें। कलकत्ते की इस बैठक में राजेन्द्र बाबू भी उपस्थित थे और इत्तफाक से गांधीजी के बगल में ही बैठे थे। राजेन्द्र बाबू स्वभाव से ही संकोची और आगे बढ़कर स्वयं किसी से मेल-मुलाकात न करने के अभ्यासी थे। अतः गांधीजी के निकट रहने पर भी उनसे भेंट नहीं कर सके। कमेटी उठने पर गांधीजी उठे और राजकुमार शुक्ल, उन्हें लेकर सीधे पटना रवाना हो गए। गांधीजी पटना आ गए और राजकुमार शुक्ल उनको राजेन्द्र बाबू के घर ले गए, पर वहाँ राजेन्द्र बाबू के नौकर के सिवा और कोई था नहीं। नौकर ने समझा कोई देहाती मुवक्किल आए हैं इसलिए उसने कुछ उपेक्षाभाव से बात कर उन्हें बाहर बरामदे में ही छोड़ दिया। गांधीजी कुछ देर ही रुके थे कि इतने में मजहरुलहक साहब आए और गांधीजी को अपने घर ले गए। संध्या को गांधीजी मुजफ्फरपुर पहुँचे। वहाँ आचार्य कृपलानी के साथ ठहरे। यहाँ से गांधीजी का चम्पारन जाने का विचार बना। चम्पारन जिले का सदर मोतीहारी है, पहले गांधीजी यहाँ आए। यहाँ पहुँचने पर एक गाँव से कुछ प्रतिष्ठित किसान आकर उनसे मिले जिनका घर दो-चार दिन पहले ही नीलवरों ने लूट लिया था। रैयत ने सारा किस्सा गांधीजी को सुनाया। गांधीजी वहाँ जाकर स्वयं सारा हाल जानना चाहते थे। इसी बीच गांधीजी के पास कलेक्टर का हुक्म पहुँचा कि आप जिला छोड़कर चले जाइए। गांधीजी ने जिला छोड़ने से इन्कार कर दिया। गांधीजी को मालूम था कि हुक्मउदूली के लिए उनपर मुकदमा चलाया जाएगा और वह उसका इन्तजार करने लगे। राजेन्द्र बाबू इस समय पटना में थे। गांधीजी ने राजेन्द्र बाबू को सारी बातें तार द्वारा पटना लिख भेजीं।

यह प्रथम अवसर था जब गांधीजी-राजेन्द्र बाबू का किसी प्रकार का सम्पर्क हुआ। राजेन्द्र बाबू ब्रजकिशोर, अनुग्रह नारायण और शम्भू शरण के साथ मोतीहारी रवाना हो गए। राजेन्द्र बाबू के मोतीहारी पहुँचने के पूर्व मुकदमा अदालत में पेश हो चुका था और सुनवाई के बाद हुक्म के लिए तीन-चार दिनों के लिए मुलतवी कर दिया गया था। मोतीहारी में गांधीजी बाबू गोरख प्रसाद के मकान

पर ठहरे थे। अपने साथियों के साथ राजेन्द्र बाबू जब पहुँचे तो गांधीजी एक कुर्ता पहने बैठे थे। जब गांधीजी से राजेन्द्र बाबू का परिचय कराया गया तो हंसते हुए उन्होंने कहा–"आप आ गए? आपके घर पर तो मैं गया था।" राजेन्द्र बाबू ने गांधीजी का पटना में उनके घर जाना और नौकर ने जो व्यवहार किया यह सुन रखा था। अत: वे गांधीजी की इस बात पर कुछ शर्मिन्दा भी हुए। बाद में कचहरी में जो कुछ हुआ गांधीजी ने विस्तार से सब वृत्त कह सुनाया।

राजेन्द्र बाबू की गांधीजी से यह प्रथम भेंट थी। इस मुलाकात का गांधीजी की वेशभूषा और बातचीत से राजेन्द्र बाबू के मन पर कोई खास प्रभाव नहीं पड़ा। कुछ देर बात करने के बाद गांधीजी ने राजेन्द्र बाबू से कहा कि वे शेष बातों की जानकारी बाबू धरनीधर और बाबू रामनौमी से ले लें। गांधीजी ने रात-भर जागकर वाइसराय तथा अन्य नेताओं को पत्र आदि लिखे थे तथा अपने मुकदमे का बयान भी उन्होंने रात ही में तैयार कर लिया था। गांधीजी ने इस बीच राजेन्द्र बाबू और उनके साथियों से प्रश्न किया कि उनके जेल चले जाने पर वे क्या करेंगे? इस प्रश्न के उत्तर में राजेन्द्र बाबू के साथी बाबू धरनीधर ने मजाक में कह दिया कि आपके कैद हो जाने पर हमारा भी काम खत्म हो जाएगा और हम लोग अपने-अपने घर चले जाएँगे। यह सुनकर गांधीजी ने कुछ आश्चर्य के साथ पूछा–और हाथ में लिया हुआ काम ऐसे ही छोड़ देंगे? इस पर कुछ सोचकर बाबू धरनीधर ने उत्तर दिया–"जाँच का काम जारी रखेंगे। और जब उनपर भी सरकार की ओर से नोटिस मिल जाएगा तो चूंकि यह जेल जाने को तैयार नहीं हैं अत: दूसरे आदमी को भेजेंगे जो जाँच का काम जारी रखेगा और जब उसको नोटिस मिलेगा तो तीसरे आदमी को भेजा जाएगा। इस प्रकार बारी-बारी नये आदमी को भेजने की व्यवस्था कर काम जारी रखा जाएगा।"

यह सुनकर गांधीजी को कुछ सन्तोष तो हुआ, पर पूरा नहीं। राजेन्द्र बाबू भी अपने साथियों सहित इस मानसिक उथल-पुथल में थे कि यह आदमी (गांधीजी) न मालूम क्यों और कहां से आकर यहाँ की रैयतों का कष्ट दूर करने के लिए जेल जा रहा है और हम लोग जो यहाँ के बाशिन्दा हैं और रैयतों की सहायता का दम भरते हैं, इस प्रकार अपने-अपने घर चले जाएँ–यह कहां तक उचित है!

जेल की बात किसी ने कभी मन में सोची नहीं थी। जेल जो केवल जुर्मी के लिए होती है और जिसकी भयंकरता से बचने के लिए जुर्मी व्यक्ति भी

हजारों रुपये खर्च कर उससे बचना चाहता है और स्वयं एक वकील होने के नाते जेल की जिस भयावह स्थिति का राजेन्द्र बाबू और उनके साथियों को जो अनुमान था सहज ही ऐसे जेल जाने की बात सोच सकना भी बहुत मुश्किल था। किन्तु बार-बार मन में यही प्रश्न उठता कि जिस जेल से अपराधी व्यक्ति भी घबराता है और यदि जाना भी पड़ता है तो हजारों रुपये खर्च कर उससे बचने अथवा वहाँ आराम पाने की जो कोशिशें होती हैं उस जेल-जीवन के कष्ट उठाने को आखिर गांधीजी क्यों तैयार हैं? परोपकार और दूसरों के हित की दृष्टि से जब गांधीजी का अनुकरण करने के बात मन में आती तो घर-परिवार और बाल-बच्चों की चिन्ता चित्त में उमड़ पड़ती। आखिर रात्रि-भर विचार-विमर्श कर दूसरे दिन जब सब लोग गांधीजी के साथ कचहरी जा रहे थे सब लोगों की भावनाएँ उमड़ पड़ीं और सभी ने साफ-साफ कह दिया कि अगर आवश्यकता हुई तो हम लोग भी जेल जाएँगे।

यह सुनते ही गांधीजी का चेहरा दमक उठा और वे प्रसन्न हो बोले, "अब मामला फतह हो जाएगा।"

जैसा गांधीजी को वचन दिया तदनुसार राजेन्द्र बाबू ने अपने साथियों सहित जाँच का काम जारी रखने के लिए अपना कार्यक्रम भी बना लिया और इस प्रकार कुछ व्यक्तियों की अनेक टोलियां बनाईं कि ये टोलियां जेल जाने की नौबत आने पर बारी-बारी से काम करती रहें और यह सिलसिला जारी रहे।

चम्पारन जिले में प्रायः एक सौ बरस से अंग्रेज नील की खेती करते थे और कराते थे। सारे जिले में जहां-जहाँ नील हो सकती थी उन्होंने नील बनाने के कारखाने स्थापित कर दिए थे। इस काम के लिए वे गांवों में रहनेवाली रैयतों से बेगार लेते और उन्हें इस बात के लिए मजबूर करते कि वे भी अपने खेतों में नील बोया करें। एक तरह से उन्होंने इसे एक कानून का रूप दे दिया था। जो रैयत हिम्मत कर उनकी आज्ञा मानने से इन्कार करती उसके ऊपर हजार तरह के जुल्म कर उसे मजबूर किया जाता। उसका घर-खेत लूट लिया जाता, खेत-मवेशियों से चरा दिया जाता। झूठे मुकदमे चला दिए जाते, जुर्माना किया जाता, उसे पीटा जाता, यानी तरह-तरह के अत्याचार रैयतों पर किए जाते। सरकार भी इन्हीं गोरों की सहायता करती थी।

गांधीजी के चम्पारन पहुँचने पर रैयतों में, जो नीलवरों के अत्याचार और उत्पीड़न से कराह रही थीं, एक नई जान आ गई। गांधीजी ने चम्पारन की जाँच शुरू की। गांव-गाँव जाकर स्वयं रैयतों से मिले, हजारों की संख्या में

उनके बयान लिखवाए। गांधीजी का यह जाँच-कार्य बराबर चलता रहा। उधर उनपर चल रहा मुकदमा फैसले के लिए मुलतवी था, जिस दिन अदालत में गांधीजी का बयान हुआ दूर-दूर के गांवों से हजारों रैयतों की इतनी भीड़ हुई कि अदालत के दरवाजे टूट गए। आखिर मुकदमा समाप्त हुआ और गांधीजी को मजिस्ट्रेट का हुक्म मिला कि सरकार ने उनपर जो मुकदमा चलाया था वह वापस ले लिया गया और उन्हें जाँच करने की आजादी है।

इस बीच राजेन्द्र बाबू चम्पारन के पूरे दौरे में गांधीजी के साथ रहे और गांधीजी के कार्य, उनकी कार्य-पद्धति, विचार और उसका पक्ष और विपक्ष पर पड़ने वाला जो प्रभाव उन्होंने देखा उससे उनके प्रति प्रेम तो बढ़ा ही, उनकी कार्य-पद्धति और दूरगामी परिणामों पर भी पक्का भरोसा हो गया और यहीं चम्पारन कांड समाप्त होते-होते राजेन्द्र बाबू ने अपने आपको पूर्णरूप से बापू के कदमों में समर्पित कर दिया।

## स्वतन्त्रता-आन्दोलन में

सन् 1917 से ही भारतवर्ष में राजनीतिक जागृति की लहर फैल गई थी। सन् 1918 के नवम्बर में यूरोप का प्रथम महायुद्ध समाप्त हो चुका था। सन् 1917 में श्रीमती एनीबेसेण्ट ने 'होम रूल लीग' कायम करके सारे देश में हलचल मचा दी थी। प्राय: सभी प्रान्तों में इसकी शाखाएं स्थापित हो चुकी थीं। लोगों में बड़ा उत्साह था और सरकार कुछ घबराई हुई थी। सरकार ने श्रीमती एनीबेसेण्ट को उनके दो साथियों सहित नजरबन्द कर दिया जिससे लोगों में और जोश उमड़ पड़ा था। उन्हीं दिनों पार्लियामेण्ट से भारत-मन्त्री श्री मांटेगू ने एक एलान किया जिसमें वायदा किया कि भारत को आहिस्ता-आहिस्ता शासन के अधिकार दिए जाएँगे। श्री मांटेगू भारत आए और उन्होंने यहाँ के वाइसराय लार्ड चेम्सफोर्ड के साथ भारतीय नेताओं से बातचीत की। दोनों ने मिलकर एक रिपोर्ट तैयार की और उसके आधार पर पार्लियामेण्ट ने 1920 में एक कानून पास किया। इस बीच में श्रीमती एनीबेसेण्ट छोड़ दी गई थीं और 1917 में होने वाली कलकत्ता कांग्रेस की सभानेत्री चुनी गईं। राजेन्द्र बाबू इस अधिवेशन में भाग लेने गांधीजी के साथ ही कलकत्ता गए थे।

जर्मनी से युद्ध के समय भारत ने ब्रिटिश सरकार की भरपूर सहायता की थी। एक ओर यह सहायता स्वेच्छा से की गई थी, दूसरी ओर सरकार ने ज़ोर-ज़बरदस्ती से भी काम लिया था। विशेषकर पंजाब में अधिक ज़ोर-ज़बरदस्ती की गई थी

और पंजाब पर इसका बहुत बुरा असर पड़ा था। पंजाब के अतिरिक्त देश के अन्य भागों में भी असन्तोष कम नहीं था। इस प्रकार पंजाब कै और देश के अन्य भागों में कुल मिलाकर हिन्दू, मुसलमान और सिक्ख सभी बहुत दुखी थे। सरकार इस स्थिति से परिचित थी। लड़ाई के समय जो भारत रक्षा कानून लागू था और जो नियमानुसार लड़ाई के छः महीने बाद समाप्त हो जाता है, यदि वह न रहा तो मुमकिन है यह असन्तोष उमड़ पड़े। इसके साथ ही इस बीच जो लोग नजरबन्द थे इस कानून के उठते ही सरकार को उन्हें भी छोड़ना पड़ता। अतः इन सभी दृष्टियों से सरकार ने दुरंगी नीति अपनाई। सरकार ने एक कमेटी की स्थापना की और इसका प्रधान सर सिडनी रौलट, जो लंदन हाईकोर्ट के एक जज थे, को बनाया। इस कमेटी ने एक रिपोर्ट तैयार की जिसने भारतीय षड्यन्त्रों का हवाला देते हुए इस बात की सिफारिश की कि एक ऐसे कानून की जरूरत है जिसके द्वारा सरकार षड्यन्त्रकारियों को उपद्रव करने से रोकने और हिन्दुस्तान को क्रान्ति से बचाने में समर्थ रहे। अर्थात् प्रायः वे सभी अधिकार सरकार के पास रहें जो लड़ाई की नाजुक स्थिति में भारत रक्षा कानून के अन्तर्गत सरकार को प्राप्त रहे। इस प्रकार एक तरफ तो मांटेगू चेम्सफोर्ड (शासन सुधार योजना) स्कीम 1918 के बीच में निकली और दूसरी ओर रौलट रिपोर्ट भी 1918 के अन्त में निकल गई।

रौलट रिपोर्ट ने सारे देश में व्याप्त असन्तोष की आग में घी की आहुति का काम किया। इन दिनों राजेन्द्र बाबू की वकालत यद्यपि जोरों पर थी किन्तु इससे भी अधिक गांधीजी का सम्पर्क और असर उनके ऊपर था। रिपोर्ट के निकलते ही देश में एक कड़ा आन्दोलन उठ खड़ा हुआ और इसका नेतृत्व गांधीजी ने अपने हाथ में ले लिया। गांधीजी ने स्पष्ट घोषणा कर दी कि यदि ये काले कानून हमारे ऊपर लादे गए तो हम इन्हें नहीं मानेंगे और सत्याग्रह करेंगे।

देश-भर में कोने-कोने में सभाएँ की गईं जिनमें विरोध प्रदर्शित किया गया। यह उस काल के भारत की जागृति और नवजीवन का एक अपूर्व उदाहरण था। बड़ी-बड़ी सभाएँ होतीं जिनमें सब वर्ग, जाति और धर्मों के जो बेशुमार लोग शामिल होते, वह दृश्य भारतीय इतिहास का एक अपूर्व अवसर था। गांधीजी ने बिल पास होते ही अपने वायदे के अनुसार सत्याग्रह का कार्यक्रम बनाया।

गांधीजी ने उसी समय 'यंग इंडिया' नामक एक पत्र निकाला जिसमें प्रति सप्ताह सनसनी पैदा करने वाले लेख वे लिखा करते थे। इस पत्र से सारे देश के लोंगों को संगठित कर सत्याग्रह और अन्य बातों की जानकारी देने में गांधीजी को बड़ी सहायता मिलती थी। बापू ने विधिवत् अहिंसात्मक सत्याग्रह

की घोषणा कर दी और इसके लिए समय भी निश्चित कर दिया। सत्याग्रह के अन्तर्गत प्रथम दिन उपवास, मन्दिरों और मस्जिदों में प्रार्थना व जुलूस निकालकर संध्या समय सार्वजनिक आम सभा द्वारा इन काले कानूनों के प्रति विरोध करने का कार्यक्रम था। सारे देश में सरकार-विरोधी सभाएँ हुईं। हड़ताल भी इतनी जबर्दस्त हुई कि नगरों की तो कहे कौन, ग्रामों में किसानों तक ने उस दिन बैलगाड़ी और हल जोतना बन्द रखा। यद्यपि उस समय कांग्रेस का इतना व्यापक संगठन नहीं था, किन्तु सुदूरवर्ती गांवों तक सत्याग्रह का यह जो संदेश पहुँचा यह उस काल के भारतीय इतिहास में एक अद्भुत घटना हुई।

इस सत्याग्रह के कार्यक्रम को सफल बनाने के लिए बिहार का नेतृत्व राजेन्द्र बाबू करते रहे। राजेन्द्र बाबू की श्री मजहरुलहक साहब और सैयद हसन इमाम संगठन आदि में सहायता करते रहे। गांधीजी ने सत्याग्रह के कुछ सख्त नियम बनाए थे जिनके अनुसार प्रत्येक सत्याग्रही को एक प्रतिज्ञा-पत्र पर इस बात के लिए हस्ताक्षर करने होते थे कि पूर्णतः अहिंसा का पालन करते हुए सरकार के ऐसे कानूनों को न मानेंगे जिन्हें तोड़ने की आज्ञा एक मनोनीत कमेटी देगी और इसके लिए जो सजा होगी उसे खुशी के साथ भोगने के लिए तैयार होंगे। बिहार के लिए यह प्रतिज्ञा-पत्र सर्वप्रथम राजेन्द्र बाबू के पास आया और इस पर राजेन्द्र बाबू ने तत्काल हस्ताक्षर कर दूसरे लोगों से भी हस्ताक्षर कराए।

सारे देश में सत्याग्रह का दौर-दौरा था। पंजाब का जलियांवाला हत्याकाण्ड भी इसी बीच हो चुका था जिससे पंजाब की स्थिति बड़ी भयावह थी। गांधीजी इन समाचारों से दुःखी व चिन्तित थे। उन्होंने इस अवस्था में सत्याग्रह स्थगित करना उचित समझा और उसे वापस ले लिया। सत्याग्रह तो बन्द हो गया किन्तु पंजाब के काण्ड में लोगों पर जो जुल्म-ज्यादतियां हुई थीं उससे सारे देश में जो उत्तेजना का वातावरण था, वह कम नहीं हुआ। कांग्रेस ने इस वर्ष अपना वार्षिक अधिवेशन अमृतसर में उस जगह, जहाँ जलियांवाला काण्ड हुआ था, करना तय किया और दिसम्बर के अन्तिम सप्ताह में पण्डित मोतीलाल नेहरू के सभापतित्व में कांग्रेस का यह अधिवेशन बड़ी शान से हुआ भी।

सन् 1920 की नागपुर कांग्रेस में गांधीजी के असहयोग कार्यक्रम को अन्तिम रूप दिया गया। असहयोग कार्यक्रम के अन्तर्गत गांधीजी ने जो बातें देश के सामने रखी थीं उनमें सरकारी खिताबों का त्याग, कौन्सिल-बहिष्कार, सरकारी शिक्षालयों से सम्बन्ध-विच्छेद, अदालतों का बहिष्कार आदि प्रमुख थीं।

उसके बाद क्रमशः सरकारी नौकरी छोड़ना तथा कर-बन्दी आदि के कार्यक्रम लागू किए गए। इसके साथ ही शिक्षा के लिए गैर-सरकारी राष्ट्रीय शिक्षालयों की स्थापना, आपसी झगड़ों के निपटारे के लिए पंचायतों की स्थापना, चर्खा-प्रचार और विदेशी वस्त्र बहिष्कार के कार्यक्रम अपनाए गए। असहयोग के इस समूचे कार्यक्रम में हिन्दू-मुस्लिम संगठन और अहिंसा पर सर्वाधिक जोर दिया गया।

एक ओर सारे देश में असहयोग का कार्यक्रम पूरे ज़ोर-शोर से चल पड़ा। राजेन्द्र बाबू के नेतृत्व में बिहार के असंख्य कार्यकर्ता स्वराज्य और असहयोग के संदेश को गाँव-गाँव पहुँचाने में जुट गए। सारे बिहार में थोड़े ही दिनों में एक अपूर्व जागृति की लहर दौड़ गई। एक ओर असहयोग का यह कार्यक्रम ज़ोर पकड़ रहा था और दूसरी ओर सरकार का दमन चक्र भी पूरी तेजी के साथ चल रहा था। यद्यपि कांग्रेस की ओर से कार्यकर्ताओं को स्पष्ट आदेश दिए गए थे कि आन्दोलन पूर्णतः शान्तिमय और अहिंसात्मक रहे, किन्तु इसके बावजूद जहाँ-तहाँ उत्तेजना को बढ़ाने में सरकार का ही प्रमुख हाथ रहता। राजेन्द्र बाबू ने बिहार में इन दिनों एक तूफानी दौरा किया और यत्र-तत्र सार्वजनिक सभाएँ कर उक्त आन्दोलन का सफल संचालन किया। गांधीजी भी इस बीच बिहार आए और बिहार के इस दौरे में उन्होंने खादी-प्रचार, शराबबन्दी तथा शिक्षा-प्रसार के कार्यक्रम को तेजी से लागू करने पर बल दिया।

जब देश में असहयोग का दौरा चल रहा था ब्रिटिश सरकार ने युवराज के भारत आगमन का कार्यक्रम घोषित कर दिया। नवम्बर के मध्य में युवराज बम्बई पहुँच भी गए। एक ओर सरकार की ओर से उनके स्वागत की तैयारियां की गईं तो दूसरी ओर जनता की ओर से उनके बहिष्कार की। स्वागत तो सरकारी तौर पर हुआ ही, कुछ पारसियों ने भी इसमें भाग लिया, पर बहिष्कार जिसमें देश के हिन्दू और मुसलमान दोनों शामिल थे, बड़ा सफल रहा। इस बीच बम्बई में कुछ झगड़ा भी हुआ जिसने एक बलवे का रूप धारण कर लिया और जिसमें कोई 50-60 आदमी मारे गए और लगभग 300 से अधिक घायल भी हुए।

युवराज के भारत आगमन पर सारे देश में बड़ी खलबली मच गई। सरकार ने भी अपनी दमन नीति से काम लेने का निश्चय कर लिया था। और इसके परिणामस्वरूप चन्द दिनों के भीतर ही दिसम्बर में ही प्रायः देश के सभी भागों में कांग्रेस के बड़े-बड़े नेताओं को गिरफ्तार कर लिया गया। इनमें देशबन्धु दास, पण्डित मोतीलाल नेहरू और पं॰ जवाहरलाल नेहरू, लाला लाजपत राय, मौलाना आजाद, श्री राजगोपालाचार्य आदि प्रमुख थे। इनके अलावा प्रादेशिक स्तर के अन्य

हजारों नेता और कांग्रेस कार्यकर्ता भी गिरफ्तार किए गए। बिहार में भी गिरफ्तारियां हुईं। पटना में मौलवी खुरशैद हसनैन, बाबू जगत नारायण लाल और कृष्ण प्रकाश सेनसिंह गिरफ्तार हुए और स्थानों से मौलवी मुहम्मद शफी, बाबू श्रीकृष्णसिंह, बाबू विन्ध्येश्वरी वर्मा, बाबू राम नारायण सिंह इत्यादि गिरफ्तार कर जेल भेज दिए गए। राजेन्द्र बाबू यद्यपि अपनी गिरफ्तारी का इन्तजार कर रहे थे पर वे नहीं हुए और गिरफ्तारियां बन्द हो गईं।

इस बीच राजेन्द्र बाबू अपना अखिल भारतीय महत्त्व का स्थान तो बना ही चुके थे; चम्पारन में गांधीजी के साथ रहने व रैयतों को नीलवरों के अत्याचारों से मुक्ति दिलाने के अपने पुरजोश प्रयत्नों के कारण बिहार के गांधी बन चुके थे। इसी समय राजेन्द्र बाबू ने सन् 1918 में बिहार के प्रसिद्ध अंग्रेजी दैनिक 'सर्चलाइट' की स्थापना की, एक हिन्दी साप्ताहिक 'देश' का प्रकाशन किया तथा बिहार विद्यापीठ की स्थापना की। वे गया कांग्रेस अधिवेशन के स्वागतमन्त्री बने तथा गंगा की भयंकर बाढ़ में जो सहायता आदि कार्य किए उनके कारण अपनी लोकप्रियता का सिक्का जमा लिया था।

राजेन्द्र बाबू हिन्दी प्रेम के लिए प्रारम्भ से ही प्रसिद्ध थे अत: अखिल भारतीय हिन्दी साहित्य सम्मेलन ने 1924 में अपने कोकोनाडा अधिवेशन में उन्हें सभापति बनाया। इसके बाद भी वह सन् 1926 में बिहार प्रांतीय हिन्दी साहित्य सम्मेलन दरभंगा के तथा 1927 में संयुक्त प्रान्त (उत्तर प्रदेश) हिन्दी साहित्य सम्मेलन के कांगड़ी अधिवेशन के सभापति बने। सन् 1927 में राजेन्द्र बाबू ने श्रीलंका की यात्रा की और इसके बाद सन् 1928 में इंग्लैंड तथा यूरोप के अन्य देशों का एक व्यापक भ्रमण कर युद्ध के विरुद्ध शान्ति-प्रचार किया।

राजेन्द्र बाबू गांधीजी के अन्यतम शिष्यों में से प्रथम थे। वे गांधीजी के किसी कार्यक्रम अथवा आदेश का बिना नुक्ताचीनी अथवा तर्क-वितर्क के एक सैनिक की भांति अनुसरण करते थे और उसे मूर्त्त रूप देने में जी-जान से जुट जाते थे। राजेन्द्र बाबू की यह आस्था कोई अन्धानुकरण नहीं थी, अपितु अनेक बार के प्रयोगों के बाद वे इसी निष्कर्ष पर पहुँचे थे कि गांधीजी के अधिकांश निर्णय दूरगामी दृष्टिकोण से प्रेरित होते थे और अन्ततोगत्वा उनके निर्णयों का परिणाम कल्याणदायी ही होता था। उदाहरण के लिए सत्याग्रह के समय 'चौरी-चौरी' गाँव में जनता और पुलिस के बीच जो मुठभेड़ हुई और जिसमें जनता ने आवेश में आकर पुलिस थाने को जला दिया और कुछ पुलिस कर्मचारियों को भी मार डाला इससे गांधीजी को जो पीड़ा हुई, उसके परिणामस्वरूप उन्होंने सत्याग्रह

स्थगित करने की जो घोषणा की, उसे प्रायः कांग्रेस के उस काल के चोटी के नेताओं ने भी पसन्द नहीं किया था। बहुतों ने सत्याग्रह स्थगित किए जाने के गांधीजी के निर्णय का विरोध किया था, और इसके विरोध में गांधीजी को पत्र भी लिखे थे। राजेन्द्र बाबू यह निर्णय किए जाने के समय गांधीजी के पास ही थे। जब गांधीजी ने इस सम्बन्ध में राजेन्द्र बाबू की राय मांगी तो पहले तो राजेन्द्र बाबू चुप हो गए परन्तु जब गांधीजी ने सत्याग्रह स्थगित किए जाने का कारण और उसके कुछ दूरगामी परिणामों की जानकारी उन्हें दी तो राजेन्द्र बाबू ने दृढ़तापूर्वक गांधीजी के निर्णय का समर्थन किया।

सन् 1930 के नमक सत्याग्रह में राजेन्द्र बाबू ने बिहार में पण्डित जवाहरलाल जी का एक व्यापक दौरा करवाया। इसके बाद स्वयं भी नमक सत्याग्रह के लिए सारे बिहार में पुरजोश प्रयत्न कर आन्दोलन को सफल बनाया। नमक सत्याग्रह के अलावा मद्य निषेध और विदेशी वस्त्र-बहिष्कार के कार्यक्रम भी इस सत्याग्रह के अंग थे। इनके क्रियान्वयन में राजेन्द्र बाबू ने देश के अन्य भागों की भांति अपने प्रदेश में भी अभूतपूर्व सफलता प्राप्त की। इस सत्याग्रह में अपने अन्य साथियों के साथ राजेन्द्र बाबू भी सर्वप्रथम गिरफ्तार किए गए। बीहपुर के सत्याग्रह में तो पुलिस के एक जत्थे द्वारा, जो सत्याग्रहियों पर लाठी चार्ज करता आगे बढ़ रहा था, राजेन्द्र बाबू बुरी तरह पीटे गए जिससे वे घायल हो गए।

गांधीजी के गोलमेज कान्फ्रेंस, लन्दन से बम्बई वापस पहुँचने पर सरकार का दमन चक्र फिर तेजी से चल पड़ा। राजेन्द्र बाबू भी इस समय गांधीजी से मिलने बम्बई गए थे। बम्बई में गांधीजी के स्वागत की अभूतपूर्व तैयारी थी। जिन रास्तों से उनको निकलना था, वे रास्ते और उनके सब मकान जनसमूह से भरे हुए थे। पं० जवाहरलाल जी, जो गांधीजी से मिलने बम्बई आ रहे थे, प्रयाग स्टेशन से थोड़ी ही दूरी पर उतारकर गिरफ्तार कर लिए गए थे। अन्य प्रदेशों में भी जोर-शोर से गिरफ्तारियां शुरू हो गईं। राजेन्द्र बाबू बम्बई में गांधीजी से भेंट कर पटना लौटे और यहाँ पहुँचते ही कांग्रेस वर्किंग कमेटी की बैठक की।

बैठक सदाकत आश्रम में हो रही थी। बैठक समाप्त होने के कुछ देर बाद ही पुलिस सुपरिण्टेण्डेण्ट कई सशस्त्र सिपाहियों के साथ आ धमके और आश्रम को घेर लिया। उन्होंने राजेन्द्र बाबू और उनके साथियों को सरकारी विज्ञप्ति दिखाई और राजेन्द्र बाबू को उनके साथियों सहित गिरफ्तार कर लिया गया और बांकीपुर जेल ले जाया गया।

राजेन्द्र बाबू के गिरफ्तार होने से यद्यपि बिहार का आन्दोलन कुछ धीमा पड़ गया फिर भी कानून भंग का कार्यक्रम चलता ही रहा। सरकार की ओर से जुलूस और सभाओं आदि की मनाही थी, अतः कानून भंग की लोगों की प्रतिज्ञा और प्रवृत्ति के कारण जहाँ-तहाँ जुलूस निकलते और सभाओं का आयोजन किया जाता, परिणामस्वरूप लोगों पर लाठियां चलतीं और यत्र-तत्र गोलियां भी चलीं। सरकार का दमन चक्र ज्यों-ज्यों बढ़ा, आन्दोलन उतना ही गतिशील और प्रभावशाली होता गया। सभी कांग्रेस कमेटियों के मकानों पर सरकार ने कब्ज़ा कर लिया था, लोग उन पर धावा बोलते, सदाकत आश्रम पर भी रोज़ धावे होते रहे। यहाँ लगे यूनियन जैक को लोगों ने झुका दिया। सरकार के इस दमन में मुंगेर जिले के तारापुर और बेगुसराय में बहुत लोग पुलिस की गोलियों के शिकार हुए। एक विद्यार्थी ने गोली से घायल हो मरते वक्त ये शब्द कहे–"मैं स्वराज्य के लिए मर रहा हूँ, लोकमान्य तिलक के पास पहुँचकर संदेश कहूंगा।"

राजेन्द्र बाबू और उनके साथियों पर जेल में ही मुकदमा चलाया गया और छः-छः महीने की सजा दी गई। कुछ देर बाद बांकीपुर से हज़ारीबाग जेल में ले जाया गया जहाँ राजेन्द्र बाबू ने अपनी मियाद पूरी की। अपने छः माह के इस जीवन में राजेन्द्र बाबू चर्खा चलाते तथा रामायण, कुरान शरीफ, बौद्ध धर्म की पुस्तकें तथा बाइबिल आदि धर्म-ग्रन्थ पढ़ते रहे।

राजेन्द्र बाबू को जेल से छूटे छः महीने ही बीते थे कि पुनः जेलयात्रा करनी पड़ी। इस समय राजेन्द्र बाबू कांग्रेस के डिक्टेटर (सभापति) समझे जाते थे। इस बार की जेलयात्रा में राजेन्द्र बाबू के साथ आचार्य कृपलानी और राजेन्द्र बाबू के साथी बाबू मथुराप्रसादजी थे। इस बार राजेन्द्र बाबू को पन्द्रह महीने की, कृपलानीजी को अठारह महीने की और मथुरा बाबू को छः महीने की सज़ा हुई।

राजेन्द्र बाबू दमे के रोगी थे और जीवनपर्यन्त इस व्याधि से ग्रसित रहे। इस बार के उनके जेल-जीवन में यह व्याधि बढ़ गई और इसने एक सख्त बीमारी का रूप धारण कर लिया। दमे-खांसी के साथ दस्तों की शिकायत बढ़ गई। शरीर इतना निर्बल हो गया कि अनेक बार तो शरीरान्त तक की आशंका हो जाती। इस बार अपेक्षाकृत पहले के जेल से सख्ती भी थी। नियम कड़े कर दिए गए थे। सरकार की ओर से पटना अस्पताल में इलाज की व्यवस्था हुई और पुलिस के पहरे में इलाज होने लगा। कुछ दिनों बाद बड़ी मुश्किल से स्वास्थ्य में सुधार आरम्भ हुआ और स्वास्थ्य लाभ हो ही रहा था कि अचानक सरकार ने पुनः बांकीपुर जेल में वापस भेज दिया। बांकीपुर जेल

में आने पर कुछ दिनों बाद राजेन्द्र बाबू की बीमारी फिर बढ़ने लगी और एक दिन तो अचानक इतनी बढ़ गई कि प्राण संकट में पड़ गए। जेल सुपरिण्टेण्डेण्ट और सिविल सर्जन को फोन किया गया। उसने आकर दवा आदि दी। कुछ सुधार तो हुआ पर स्थायी नहीं, अतः सिविल सर्जन की राय के मुताबिक राजेन्द्र बाबू ने अपना मन्तव्य प्रकट करते हुए कहा कि इस प्रकार जेल से अस्पताल और अस्पताल से जेल आना-जाना मैं बर्दाशत नहीं कर सकता, जो होना होगा यहीं होगा। स्मरण रहे, पटना अस्पताल से बिना पूर्ण स्वस्थ हुए ही सरकार ने उन्हें पुनः बांकीपुर जेल में भेज दिया था। अतः इस बार राजेन्द्र बाबू को सरकार की ओर से यह आश्वासन मिल गया कि जब तक उन्हें पूर्ण आराम न हो जाए और डाक्टर लोग राय न दे दें, उन्हें अस्पताल में ही रखा जाएगा। इस प्रकार बीमारी की भयंकर स्थिति में राजेन्द्र बाबू को पुनः अस्पताल भेजा गया। अस्पताल में इलाज प्रारम्भ हुआ और शनैः-शनैः स्वास्थ्य लाभ होने लगा। जैसा कि ऊपर कहा गया है, इस बार राजेन्द्र बाबू को पन्द्रह महीने की कैद थी, कोई एक बरस से ऊपर हो चुका था, डेढ़-दो महीने बाकी रह रहे थे, कुछ-कुछ कानाफूसी भी इस प्रकार की चली कि बीमारी की इस हालत में उन्हें सरकार रिहा कर देने की सोच रही है। राजेन्द्र बाबू को भी यह बात मालूम हुई। बीमारी की भयंकर स्थिति में राजेन्द्र बाबू के मन में जेल से रिहा होने की बात नहीं उठी थी और उस हालत में भी सरकार ने उनके पारिवारिकों और मित्रों आदि से मिलने में जो सख्ती बरती थी उसका ख्याल कर राजेन्द्र बाबू मन ही मन विचार करने लगे कि अब जब उन्हें स्वास्थ्य लाभ हो रहा है तब सरकार का यह मुफ्त का एहसान लेने का क्या फायदा। राजेन्द्र बाबू अभी यह विचार कर ही रहे थे कि अचानक उनकी चारपाई ज़ोरों से हिलने लगी, तत्क्षण ही उन्हें मालूम हो गया कि यह भूकम्प है। राजेन्द्र बाबू तत्काल अपनी चारपाई से उठे और बाहर मैदान में जाकर खड़े हो गए। बाहर भी धरती इतनी ज़ोर से डोल रही थी कि आदमी का स्थिर रहना कठिन था। आवाज़ भी इतने ज़ोर की और भयानक थी कि जान पड़ता जमीन के नीचे एक साथ कई रेलगाडियां दौड़ रही हैं। राजेन्द्र बाबू के पास अब तक अस्पताल के कुछ अन्य मरीज़ भी आकर खड़े हो चुके थे। मैदान में चरते पशु भी भूकम्प की आवाज़ों और ज़मीन के हिलने के कारण शरणागत भाव से पूंछ उठा-उठा दौड़कर इन लोगों के पास आकर खड़े हो गए, पर ज़मीन तो अभी हिल ही रही थी और आवाज़ें भी वही हो रही थीं अतः उक्त पशु इस प्राकृतिक प्रकोप से इस तरह यहाँ से वहाँ और वहाँ

से यहाँ पूंछ उठा-उठाकर दौड़ते-भागते थे कि वह दृश्य देखते ही बनता। इसी बीच नर्सों के रहने का एक दुमंज़िला मकान धड़ाम से गिरा तथा अस्पताल के कुछ हिस्से भी इस भूकम्प के कारण धराशायी हो गए। लगभग साढ़े चार मिनट तक भूकम्प जारी रहा। इसके बाद रात में भी दो बार फिर भूकम्प आया, उसी प्रकार ज़ोर का।

इस भूकम्प ने न केवल पटना, बिहार के एक विस्तृत क्षेत्र में विप्लव की स्थिति ला दी थी। राजेन्द्र बाबू को सरकार ने रिहा कर दिया और उनके ऊपर से सारी पाबन्दियां हटा लीं। किन्तु अस्वस्थता के कारण राजेन्द्र बाबू लगभग दस दिन तक और अस्पताल में ही रहे।

राजेन्द्र बाबू को अस्पताल में ही जो समाचार मालूम हुए उनसे यह उन्हें भली-भांति ज्ञात हो गया कि भूकम्प के इस प्रकोप से बिहार में जन-धन की अपार क्षति हुई है। राजेन्द्र बाबू, जो यद्यपि शारीरिक दृष्टि से अशक्त थे, मानवता की इस व्यथा से बुरी तरह व्यथित हो गए और इस अकस्मात् आ पड़ी विपत्ति के समय अपनी सेवाएं अर्पित करने को तड़प उठे। उन्होंने तत्काल अस्पताल से ही अपने मित्रों के सहयोग से भूकम्प-पीड़ितों की सहायतार्थ कार्यारम्भ किया, जिसे प्रदेश और देश का व्यापक समर्थन मिला। कुछ समय बाद जब वे कुछ स्वास्थ्य लाभ कर अस्पताल से लौटे, भूकम्प पीड़ित सारे क्षेत्र का दौरा किया और पीड़ितों को सहायता और सांत्वना दी। उन्होंने अपने अधीन 'बिहार सेण्ट्रल रिलीफ कमेटी' की स्थापना की जिसके जरिये धन-संग्रह तथा उसके सदुपयोग की एक व्यापक योजना बनाई गई। इस अवसर पर सरकार ने भी धन-संग्रह के लिए एक अपील निकाली, किन्तु राजेन्द्र बाबू की कमेटी ने व्यवस्थित और व्यापक स्तर पर इस समय पीड़ितों की जो सेवा और सहायता की वह उनके सार्वजनिक जीवन की एक बेजोड़ कहानी बन गई। इस अवसर पर महात्मा गांधी, सेठ जमनालाल बजाज, पंडित जवाहरलाल नेहरू तथा आचार्य कृपलानी आदि अनेक नेताओं ने भी बिहार आकर भूकम्प क्षेत्र का निरीक्षण किया और सहायतार्थ-कार्य को आगे बढ़ाया।

बिहार सदा से ही देश का एक गरीब प्रदेश माना जाता रहा है। इस गरीबी के साथ प्राय: जब-तब बाढ़ और भूकम्प आदि के प्राकृतिक प्रकोप भी होते रहे हैं। किन्तु 1934 के इस प्रलयकारी भूकम्प ने तो मानो बिहार के आर्थिक और सामाजिक ढांचे को तहस-नहस ही कर डाला। इसका असर सारे देश पर पड़ा और बिहार तो इस बुरी तरह बर्बाद हुआ कि इसे पनपने में वर्षों लग गए।

1934 में कांग्रेस का वार्षिक अधिवेशन बम्बई में होने वाला था। राजेन्द्र बाबू ही इसके अध्यक्ष चुने गए थे। इस बीच राजेन्द्र बाबू के भाई महेन्द्र प्रसाद जी का देहावसान हो चुका था जिसके कारण राजेन्द्र बाबू बहुत दुखी थे और उनके ऊपर सीधे पारिवारिक ज़िम्मेदारी भी आ पड़ी थी। इस ज़िम्मेदारी में सबसे चिन्तनीय स्थिति राजेन्द्र बाबू की आर्थिक स्थिति बिगड़ गई थी और परिवार पर कर्ज़ हो गया था। यद्यपि भाई के रहते वे इस स्थिति से बेखबर ही रहे, यह कर्ज़भार भी सीधा उनके ऊपर आ पड़ा। इस सब स्थिति से राजेन्द्र बाबू बहुत परेशान थे और इन दिनों केवल एक ही चिन्ता सता रही थी कि किसी तरह साहूकारों के कर्ज़ से मुक्ति मिल जाएँ कर्ज़ इतना अधिक था कि यदि अपनी सारी ज़मींदारी भी उस कर्ज़ के बदले में वे साहूकारों को दे दें तो भी पूरा कर्ज़ पट जाना सम्भव नहीं दीखता था। यद्यपि वे चाहते यही थे कि यदि सारी जायदाद देने पर भी कर्ज़ से मुक्ति मिल सकती हो तो वह उन्हें हितकर और स्वीकार्य था। राजेन्द्र बाबू ने अपने साहूकारों से यह प्रस्ताव किया भी, किन्तु राजेन्द्र बाबू के परिवार की, उनके बड़े भाई की तथा उनका स्वयं का व्यक्तित्व और प्रतिष्ठा ऐसी थी कि साहूकार लोग पूरी जायदाद लेकर कर्ज़ वसूल करना अनुचित समझते थे और एक ऐसे मार्ग की तलाश में थे जिसमें उनका रुपया भी वसूल हो जाए और राजेन्द्र बाबू के साथ भी अन्याय न हो।

राजेन्द्र बाबू अपनी इन पारिवारिक परेशानियों के कारण कांग्रेस-अध्यक्षता का भार उठाने में कुछ आगा-पीछा कर रहे थे कि गांधीजी ने महादेव देसाई से एक पत्र लिखवाया कि बिहार के भूकम्प के समय उन्होंने जो सेवाएं की हैं उनका सारे देश पर बहुत असर पड़ा है और उनकी इस सेवा के काम से सन्तुष्ट होकर कांग्रेस और देश की जनता उन्हें सभापति बनाकर अपना आदर, विश्वास और सम्मान व्यक्त करना चाहती है, अतः उन्हें यह भार उठाना ही चाहिए। कर्ज़ के सम्बन्ध में भी कोई मार्ग खोजने की बात राजेन्द्र बाबू को गांधीजी ने लिखवाई। अन्ततोगत्वा गांधीजी की आज्ञानुसार राजेन्द्र बाबू ने कांग्रेस अध्यक्ष होना स्वीकार कर लिया।

राजेन्द्र बाबू का पारिवारिक जीवन बड़ा ही मर्यादित और पारिवारिक-जीवन की परम्परा के अनुसार प्रथम पंक्ति का जीवन रहा है। क्या स्त्री और क्या पुरुष, क्या बच्चे और क्या बूढ़े, सभी पारिवारिक जीवन के उच्चादर्श और मान्यताओं में बंधे रहे हैं। इसका श्रेय राजेन्द्र बाबू के दादा चौधुरलाल जी, राजेन्द्र बाबू के पिता महादेव सहाय जी, भाई महेन्द्र प्रसादजी, स्वयं राजेन्द्र बाबू,

परिवार की महिलाओं और राजेन्द्र बाबू के लड़कों को है। अच्छे और बुरे सभी दिन राजेन्द्र बाबू के परिवार को देखने पड़े, पर पारिवारिक मर्यादाओं का उल्लंघन परिवार के किसी भी बड़े-बूढ़े, स्त्री, पुरुष अथवा बच्चे ने भी कभी नहीं किया। यही परम्परा जारी रही और इस परम्परा के कारण ही राजेन्द्र बाबू कर्ज़भार से मुक्त होने में समर्थ हुए और अपनी प्रतिष्ठा को अक्षुण्ण रख सके।

आखिर अक्तूबर 1934 में कांग्रेस का बम्बई अधिवेशन हुआ। इस अधिवेशन के सभापति के रूप में बम्बई की जनता ने राजेन्द्र बाबू का अभूतपूर्व स्वागत किया। एक चार घोड़ी की गाड़ी पर सभापति का जुलूस निकाला गया, जो लगभग तीन घण्टे तक शहर के विभिन्न प्रमुख मार्गों से घूमकर कांग्रेस नगर में जाकर समाप्त हुआ। इस अवसर पर शहर खूब सजाया गया था और अपार जन-समूह, जो मार्गों के दोनों और तथा मकानों और ऊंची-ऊंची अट्टालिकाओं से सभापति के प्रति अपनी श्रद्धा ओर सम्मान व्यक्त कर रहा था, राजेन्द्र बाबू के व्यक्तित्व के साथ ही उस काल की जन-जागृति का प्रतीक बन गया था।

अधिवेशन बहुत सफल रहा। इस अधिवेशन में एक विशेष बात यह हुई कि गांधीजी ने अधिवेशन के कुछ समय पूर्व जो एक वक्तव्य दिया था कि वे कांग्रेस से अलग हो जाएँगे और उसकी जो सेवा-सहायता वे कर सकते हैं, अलग रहकर करेंगे, गांधीजी का कांग्रेस से पृथक् होने का यह प्रश्न सारे अधिवेशन में चिन्ता और चर्चा का विषय बना रहा। सारे देश में गांधीजी के कांग्रेस से अलग होने के इस विचार से खलबली मची हुई थी। एक ओर कुछ लोग उनके निर्णय के इसलिए पक्ष में थे कि उनके कांग्रेस से हट जाने पर जो कांग्रेस के दूसरे नेता हैं उन्हें राष्ट्रीय समस्याओं के बारे में सोचने, समझने और स्वयं निर्णय करने का अवसर मिलेगा और उनकी क्षमता बढ़ेगी। चूंकि, गांधीजी के रहते लोग उनकी सूझ-बूझ, दूरदर्शिता और समस्याओं के समाधान के लिए उन्हें एकमात्र अवलम्ब के रूप में देखने के अभ्यस्त हो चुके थे अत: उनका कांग्रेस से हटना कांग्रेस और देशहित दोनों ही दृष्टियों से लाभदायी होगा। फिर आवश्यकता पड़ने पर अपने पथ--प्रदर्शन, सहयोग और सहायता का आश्वासन गांधीजी दे चुके थे, इससे उनका कांग्रेस से अलग होने पर भी अभाव नहीं खटकेगा। इन विचारों के विपरीत ऐसे लोगों की संख्या भी कम नहीं थी जो गांधीजी को पूर्ववत् कांग्रेस से सम्बन्ध बनाए रखने के लिए उनपर दबाव डालते रहे और उनके अलग होने का निर्णय कांग्रेस और

देश के हित के लिए अनिष्टकर मानते थे। ऐसे लोगों का विचार था कि गांधीजी ने रुष्ट होकर ही यह निर्णय लिया है। इस पक्ष-विपक्ष की चर्चा और दबाव के बावजूद गांधीजी अपने निर्णय पर अडिग रहे और राजेन्द्र बाबू ने, जो गांधीजी की विचारधारा से भली-भांति परिचित थे, गांधीजी के उक्त निर्णय का इसी विचार से समर्थन भी किया कि गांधीजी के कांग्रेस से अलग होने से, ऐसी हालत में जबकि वे पूर्ववत् सहायता का वचन भी दे रहे हैं, कांग्रेस और देश को लाभ मिलेगा, शक्ति बढ़ेगी। ऐसा ही हुआ भी। राजेन्द्र बाबू ने अपने सभापतित्व-काल में गांधीजी को कांग्रेस के प्रतिदिन के काम से प्रायः मुक्त कर दिया और वर्किंग कमेटी तथा अखिल भारतीय कमेटी की बैठकों में भी आने का उन्हें कष्ट नहीं दिया। जब-जब किसी बात पर गांधीजी की सलाह और सहायता की आवश्यकता हुई राजेन्द्र बाबू ने वर्धा जाकर उनसे राय-सलाह ली और सदा की भांति गांधीजी ने भी अपनी राय-सलाह द्वारा उन्हें लाभान्वित किया।

उल्लेखनीय है कि कांग्रेस अध्यक्ष होने के बाद हिन्दू-मुस्लिम साम्प्रदायिक समस्या पर दिल्ली में मुस्लिम लीग और कांग्रेस के बीच समझौते के लिए श्री जिन्ना से राजेन्द्र बाबू की बातचीत आरम्भ हुई। यद्यपि यह बातचीत काफी समय तक चली और अन्ततोगत्वा असफल हुई, किन्तु उस काल के अग्रगण्य नेताओं में राजेन्द्र बाबू ही ऐसे व्यक्ति थे जिनसे श्री जिन्ना ने बातचीत करना पसन्द किया।

राजेन्द्र बाबू ने अपने सभापतित्व के इस काल में समूचे देश का एक व्यापक दौरा किया, जो अब तक किसी पूर्व सभापति ने नहीं किया था। राजेन्द्र बाबू द्वारा कायम की गई इस परम्परा को पं० जवाहरलाल नेहरू ने, जो राजेन्द्र बाबू के बाद दूसरी बार कांग्रेस के सभापति चुने गए, कायम ही नहीं रखा, अपनी शक्ति और कार्यक्षमता से इसे और भी आगे बढ़ाया।

राजेन्द्र बाबू के सभापतित्व काल में ही कांग्रेस की स्वर्ण जयन्ती मनाई गई। जयन्ती यद्यपि देश-भर में मनाई गई पर प्रधान आयोजन बम्बई में हुआ। बम्बई में यह आयोजन उस स्थल पर किया गया जहाँ कांग्रेस का पहला अधिवेशन सन् 1885 के दिसम्बर में हुआ था। उस समय बम्बई के सर दिनसा वाचा, जिन्होंने कांग्रेस के इस प्रथम अधिवेशन में भाग लिया था। और बाद में जो स्वयं कांग्रेस के सभापति भी बने, जीवित थे। राजेन्द्र बाबू ने सर्वप्रथम सर दिनसा के, जो उस समय बीमार थे, उनकी बेहोशी की हालत में ही दर्शन

किये। बम्बई में और देश में सर्वत्र ही कांग्रेस की यह स्वर्ण जयन्ती बड़ी धूमधाम और उत्साह के साथ मनाई गई। इसी वर्ष ब्रिटिश बादशाह जार्ज पंचम के भी शासन के पच्चीस वर्ष पूरे हुए थे और उसके लिए अंग्रेज सरकार की ओर से रजत जयन्ती मनाई गई थी, अतः कांग्रेस और देशवासियों के दिल में एक स्पर्द्धा की भावना भी थी कि राष्ट्रीय महासभा की स्वर्ण जयन्ती अपेक्षाकृत अंग्रेज सरकार की रजत जयन्ती के खूब शान-शौकत से मनाई जाएँ स्पर्द्धा की इसी भावना के कारण देश ने कांग्रेस की स्वर्ण जयन्ती बड़ी धूम-धाम से मनाकर एक बार फिर अंग्रेज सरकार को यह साबित कर दिया कि देश में जनता का प्रेम और श्रद्धा कांग्रेस के साथ है।

दो साल बाद सन् 1936 में कांग्रेस का लखनऊ अधिवेशन हुआ जिसके सभापति पं० जवाहरलाल ज़ी चुने गए। अनेक दृष्टियों से लखनऊ कांग्रेस बहुत महत्त्वपूर्ण रही। देश में कांग्रेस के भीतर ही समाजवादी पार्टी का जन्म हो गया था। जवाहरलाल जी की भी सहानुभूति समाजवादी पार्टी को प्राप्त थी। लखनऊ कांग्रेस के पूर्व दिल्ली में कांग्रेस वर्किंग कमेटी की बैठक हुई थी जिसमें अनेक बातों में राजेन्द्र बाबू और जवाहरलाल जी का मतभेद हो गया था। पंडितजी के साथ अपने मतभेद का जिक्र करते हुए स्वयं राजेन्द्र बाबू ने अपनी आत्मकथा में लिखा है–

> ''दिल्ली की बैठक में हमने देखा कि कई विषयों पर उनका और मेरा मतभेद है। यह मतभेद कार्यक्रम के सम्बन्ध में उतना नहीं होता जितना दृष्टिकोण के सम्बन्ध में। हम दोनों यदि किसी कार्यक्रम के सम्बन्ध में एक राय भी रखते तो उस नतीजे पर हम दो रास्तों से पहुँचे होते। यदि एक ही बात को कहना भी चाहते तो उसे दो प्रकार की भाषा में कहते। यदि एक ही रास्ते पर चलना भी चाहते तो दो प्रकार की सवारियों पर चलना चाहते। यदि एक ही प्रस्ताव करना चाहते तो उसकी अलग-अलग भूमिका बनाते।''

लखनऊ कांग्रेस के समय अनेक राष्ट्रीय और अन्तर्राष्ट्रीय समस्याएं उपस्थित हुईं। इनमें कांग्रेस के कौंसिल प्रवेश का एक महत्त्वपूर्ण प्रश्न उठा। कुछ लोग कौंसिल प्रवेश के पक्ष में थे, कुछ इसके विपक्ष में। यदि कांग्रेस सुधार सम्बन्धी ब्रिटिश कानून के अनुसार कौंसिल में न जाए तो प्रश्न यह उठता था कि क्या वह दूसरों को भी चुनाव में भाग लेने अथवा कौंसिल में जाने से रोकेगी? अथवा किसी दूसरे प्रश्न से अड़ंगा नीति अपनाकर उस विधान को बेकार करेगी? दूसरा

महत्त्वपूर्ण प्रश्न जो उठा वह था लड़ाई के समय ब्रिटिश सरकार की सहायता करना अथवा उसके विरुद्ध अपना मत प्रदर्शित करना। स्मरण रहे, इस अवसर पर यूरोप में युद्ध का वातावरण पैदा हो गया था और इटली ने अबीसीनिया पर चढ़ाई करके उसे हड़पने का प्रयत्न आरम्भ कर दिया था। इंग्लैंड की सहानुभूति अबीसीनिया के साथ थी और उसने इटली की आर्थिक नाकेबन्दी करना आरम्भ कर दिया था। युद्ध के इस वातावरण में कांग्रेस में इन विचारों में काफी मतभेद था। यह मतभेद स्पष्टतया किसी बात के पक्ष-विपक्ष में न होकर अनेक बातों में दृष्टिकोण के सम्बन्ध में होता। राजेन्द्र बाबू का और जवाहरलाल जी का भी उक्त बातों में कुछ इसी प्रकार का मतभेद था, जो आगे भी रहा, किन्तु यह मतभेद ऐसा नहीं था जिसके कारण साथ काम करना सम्भव न हो। जवाहरलाल जी और अपने मतभेद का उल्लेख करते हुए राजेन्द्र बाबू ने अपनी आत्मकथा में लिखा है–

> "जो हो, पं॰ जवाहरलाल जी की राय हमारी राय से नहीं मिलती थी। पर अन्तर्राष्ट्रीय विषयों में हम मानते थे कि वह हमसे कहीं अधिक जानकारी रखते हैं और उनके विचारों की हम बहुत कद्र करते थे। इसी लिए उनकी ही बात मान लेते।···
>
> "हम लोग जवाहरलाल जी की कार्यदक्षता, त्याग, परिश्रम और विचार-गाम्भीर्य के कायल थे, जिनसे अलग होना हम हरगिज़ किसी तरह पसन्द नहीं करते थे। वह भी समझते थे कि सूबों में काम करने वालों और असर रखने वालों में शायद हम लोग ज़्यादा ज़बरदस्त थे, इसलिए वह भी हमको अलग करना या हमसे अलग होना नहीं चाहते थे। बात यह थी कि दोनों पक्ष परस्पर पूरा सम्मान का भाव रखते थे और जानते थे कि देश के लिए आपस की जुदाई हितकर नहीं होगी। शायद हम यह भी जानते और समझते थे कि हम एक-दूसरे की त्रुटियों को पूरा करते थे। हम यह भी समझते थे कि चाहे हममें कितना भी मतभेद हो, देश यह नहीं बर्दाश्त करेगा कि हम एक-दूसरे से अलग हो जाएँ।"

आगे राजेन्द्र बाबू ने जवाहरलाल जी और गांधीजी के बीच मतभेद का जिक्र करते हुए जो विचार व्यक्त किये हैं उनका उल्लेख भी यहाँ अप्रासंगिक न होगा। वे लिखते हैं–

> "···बहुत-सी बातों में गांधीजी से मतभेद होने पर भी वह (जवाहरलाल जी) उनके नेतृत्व के महत्त्व को जानते और मानते थे, उसे किसी तरह कमज़ोर करना नहीं चाहते थे। यह बात दूसरों में नहीं थी। यही कारण था

कि मतभेद होते हुए भी हम जवाहरलाल जी के साथ काम कर सकते थे और दूसरों के साथ चलना कठिन हो जाता था···।''

लखनऊ कांग्रेस के समाप्त होते ही राजेन्द्र बाबू अखिल भारतीय हिन्दी साहित्य सम्मेलन की, जो नागपुर में हो रहा था, अध्यक्षता करने रवाना हो गए। अखिल भारतीय हिन्दी साहित्य सम्मेलन के सभापति पद के लिए राजेन्द्र बाबू का यह निर्वाचन दूसरी बार हुआ था। नागपुर के इस सम्मेलन में राजेन्द्र बाबू ने हिन्दी के प्रचार और विकास के लिए एक महत्त्वपूर्ण प्रेरक भाषण दिया। अपने इस भाषण में उन्होंने कहा कि हिन्दी को विदेशी शब्द ग्रहण करने में हिचकना नहीं चाहिए, भले ही ये शब्द फारसी, अरबी अथवा अंग्रेजी के हों, जो हिन्दी में आए वह उन्हें आत्मसात् कर लें; यानी उन्हें हिन्दी बन जाना चाहिए। राजेन्द्र बाबू का मत था कि ऐसे शब्द हिन्दी में आकर अपने साथ अरबी-फारसी या अंग्रेजी का व्याकरण न लाएँ बल्कि हिन्दी के व्याकरण के अधीन हो जाएँ। उनका मत रहा कि हिन्दी को राष्ट्रभाषा बनते-बनते बहुतेरे ग्रामीण शब्दों को भी ग्रहण करना होगा और जो देश की प्रान्तीय भाषाएं हैं उनकी शब्दावली के भी बहुतेरे शब्द लेने होंगे। राजेन्द्र बाबू का यह मत आज भी अपना स्थान रखता है और भाषा-समस्या के हल के लिए हमारा पथ-प्रदर्शन करता है।

नागपुर सम्मेलन के बाद सम्मेलन ने राष्ट्रभाषा प्रचार समिति की स्थापना की जिसके सभापति राजेन्द्र बाबू चुने गए। राजेन्द्र बाबू के सभापतित्व में और महात्मा गांधी के नीति-निर्देशन में राष्ट्रभाषा प्रचार समिति ने एक ओर राष्ट्र-भाषा के प्रचार तो दूसरी ओर हिन्दी साहित्य की श्रीवृद्धि के लिए उस काल में बड़ा उपयोगी कार्य किया।

कांग्रेस के शीर्षस्थ नेताओं में राजेन्द्र बाबू अब प्रथम पंक्ति के नेता माने जाने लगे थे, फिर गांधीजी के अत्यन्त निकटतम साथियों और अनुयायियों में तो प्रथम कोटि के। अतः कांग्रेस के और देश के ऐसे किसी भी मसले से जिसका राष्ट्रीय महत्त्व हो, राजेन्द्र बाबू का निर्णायक सम्बन्ध रहता। सन् 1939 की बड़ी कशमकश और उग्र वातावरण में त्रिपुरी कांग्रेस हुई। सुभाष बाबू अपने प्रतिद्वन्द्वी डा० पट्टाभि सीतारमैया को पराजित कर सभापति चुने गए। अनेक बातों में सुभाष बाबू के साथ बहुमत न होने से विवश हो उन्हें कांग्रेस अध्यक्ष-पद से त्यागपत्र देना पड़ा। सुभाष बाबू के सभापति पद से हटने के बाद गांधीजी की आज्ञानुसार राजेन्द्र बाबू ने इस पद-भार को संभालने की स्वीकृति दी और अखिल भारतीय कांग्रेस कमेटी ने उन्हें एकमत से सभापति चुन लिया।

राजेन्द्र बाबू के सभापति चुने जाने के बाद उनके सभापतित्व-काल में जो एक महान घटना घटी और जिससे कांग्रेस, राजेन्द्र बाबू और सुभाष बाबू तीनों की प्रतिष्ठा का सम्बन्ध है, उसका यहाँ उल्लेख करना अनावश्यक न होगा।

जैसा कि ऊपर कहा जा चुका है, त्रिपुरी कांग्रेस से ही कांग्रेस वर्किंग कमेटी में मतभेद काफी बढ़ गया था और अन्ततः उसका परिणाम सुभाष बाबू का पदत्याग हुआ। इस मतभेद का इतिहास यहीं खत्म नहीं हुआ, बल्कि आगे भी बढ़ा। अखिल भारतीय कांग्रेस कमेटी ने अपने एक निर्णय द्वारा समस्त कांग्रेस जनों को निर्देश दिया था कि कोई भी कांग्रेस जन किसी ऐसे क्रियात्मक कार्य में भाग न ले जिससे कांग्रेस तथा मन्त्रिमण्डलों की प्रतिष्ठा को ठेस लगे। श्री सुभाषचन्द्र बोस ने कमेटी के इस निर्णय के विरुद्ध सारे देश में जबर्दस्त प्रदर्शन करने का आह्वान किया। यद्यपि कमेटी का उक्त निर्णय बहुत बड़े बहुमत से हुआ, किन्तु सुभाष बाबू उस निर्णय की अवहेलना करने पर तुल गए। सुभाष बाबू की उक्त घोषणा जब राजेन्द्र बाबू ने समस्त पत्रों में पढ़ी तो कांग्रेस के सभापति की हैसियत से श्री सुभाष बाबू को उन्होंने तार देकर अपना वक्तव्य और मन्तव्य वापस लेने के लिए कहा। सुभाष बाबू ने अपना मन्तव्य बदलने से इन्कार कर दिया। अब इस प्रश्न ने गम्भीर रूप धारण कर लिया। एक ओर कांग्रेस संस्था का हित, मर्यादा और प्रतिष्ठा, दूसरी ओर सुभाष बाबू जैसा महान् व्यक्तित्व, जिनकी देशसेवा, निर्भीकता और त्याग के सभी कायल थे और तीसरी ओर राजेन्द्र बाबू स्वयं के दिल में उनके लिए प्रेम। ऐसे मामलों में सामान्य कांग्रेस जन पर साधारणतया अनुशासन की कार्यवाही करने का निर्णय किया जाता है, यही बात सुभाष बाबू पर भी लागू होती थी, किन्तु सुभाष बाबू का जैसी प्रभावी और त्यागपूर्ण व्यक्तित्व था उस कारण उनपर अनुशासन की कार्यवाही किए जाने की बात सभी को खटकती थी। इस त्रिकोण संघर्ष में कांग्रेस सभापति की हैसियत से राजेन्द्र बाबू और उनके अन्य साथी पड़े हुए थे। सुभाष बाबू की उक्त कार्यवाही से एकबारगी यह प्रश्न उठ खड़ा हुआ कि क्या कांग्रेस के सारे संगठन को इस प्रकास से क्षति पहुँचाने देना उचित है? और क्या अपनी व्यक्तिगत भावनाओं के कारण कांग्रेस जैसी सार्वजनिक और सार्वदेशिक संस्था की प्रतिष्ठा पर चोट करने वाले पर अनुशासन की कार्यवाही न की जाए? अन्ततोगत्वा निर्णय लिया गया और सभी ने अपनी व्यक्तिगत भावनाओं को दबाकर कर्तव्य भाव से प्रेरित हो संस्था के हित की दृष्टि से बड़े दुःख के साथ सुभाष बाबू पर अनुशासन की कार्यवाही करने का निर्णय किया और उन्हें एक अवधि के लिए कमेटी से निलंबित कर दिया। इस निर्णय में कांग्रेस सभापति की हैसियत से राजेन्द्र बाबू का प्रमुख हाथ रहा।

यूरोप का द्वितीय महायुद्ध प्रारम्भ होते ही एक बार फिर कांग्रेस के सामने यह प्रश्न उपस्थित हुआ कि युद्ध की इस स्थिति में कांग्रेस का रुख क्या होगा। पं० जवाहरलाल नेहरू इस समय चीन गए हुए थे। गांधीजी वायसराय से मिले और बाद में कांग्रेस वर्किंग कमेटी की बैठक वर्धा में बुलाई गई जो कई दिनों तक चली। राजेन्द्र बाबू बीमार थे। गांधीजी ने महादेवभाई देसाई को भेजा और जिस तरह भी हो राजेन्द्र बाबू को वर्धा लाने के लिए कहा। राजेन्द्र बाबू वर्धा पहुँचे। इसी बीच जवाहरलाल जी भी आ गए। गांधीजी ने वायसराय से मुलाकात के बाद एक वक्तव्य दिया जिसमें उन्होंने इस युद्ध में इंग्लैंड के साथ अपनी सहानुभूति प्रदर्शित कर बिना किसी शर्त इंग्लैंड की सहायता करने की बात कही। गांधीजी का यही वक्तव्य वर्किंग कमेटी के विचार का एक विशेष मुद्दा बन गया। प्रश्न उठा, यह सहायता किस प्रकार की होगी? एक हिंसात्मक युद्ध में एक अहिंसात्मक संस्था किस प्रकार सहायता करेगी? बहुत विचार-विनिमय के बाद कमेटी ने एक प्रस्ताव बहुत ही संयत, सुन्दर और भावपूर्ण भाषा में, जिसका मसौदा पं० जवाहरलाल नेहरू ने तैयार किया था, पास किया जिसमें कहा गया कि यदि ब्रिटिश सरकार युद्ध-सम्बन्धी अपने उद्देश्यों को स्पष्ट कर दे तो कांग्रेस युद्ध के इस अवसर पर हर प्रकार से इंग्लैंड की सहायता करेगी। इस प्रस्ताव के बाद कांग्रेस अध्यक्ष की हैसियत से राजेन्द्र बाबू गांधीजी, जवाहरलाल जी और श्री जिन्ना के साथ उस समय के वायसराय लार्ड लिनलिथगो से मिले भी। इस समय सन् 1935 में निर्मित एक विधान के अनुसार देश के सभी प्रांतों में मन्त्रिमण्डल काम कर रहे थे, इनमें ग्यारह में से आठ प्रदेशों में कांग्रेसी मन्त्रिमण्डल थे। यद्यपि कांग्रेस वर्किंग कमेटी ने उक्त स्पष्टीकरण के साथ युद्ध में अंग्रेजों की सहायता करने का निर्णय किया था किन्तु अंग्रेजों ने बिना उक्त स्पष्टीकरण दिए और बिना कांग्रेस के प्रांतीय मन्त्रिमण्डलों और देश की अन्य किसी भी संस्था और व्यक्ति से बिना पूछे ही हिन्दुस्तान को भी इस लड़ाई की लपटों में ले लिया। और इस प्रकार हिन्दुस्तान एक युद्धक्षेत्र बनता जा रहा था। कांग्रेस की मांग थी कि ब्रिटिश साम्राज्य परिवर्तित होकर एक सच्चे प्रजातन्त्र का रूप धारण कर ले और भारत तथा उन सभी देशों में प्रजातन्त्र की स्थापना कर दे जो ब्रिटिश साम्राज्य के पंजे में फंसे हैं। अंग्रेज कांग्रेस की इस मांग से इन्कार नहीं करते थे, वरन् उसका समर्थन भी करते थे, किन्तु उनका तर्क था कि भारत तथा दूसरे देश, जो उनके अधिकार में हैं, अभी इस योग्य नहीं हैं कि उन्हें स्वतन्त्रता दी जा सके। और अंग्रेज़ उनकी इस अयोग्यता के कारण अपना यह कर्तव्य समझते थे कि यह योग्यता आने तक शासन का भार अपने ऊपर रखें।

भारतवासी और विशेषकर कांग्रेस अंग्रेज़ों की इस बात से सहमत नहीं थी, अतः उसने ब्रिटिश सरकार से स्पष्ट शब्दों में लड़ाई के उद्देश्य के साथ ही भारत की स्वतन्त्रता के सम्बन्ध में एक निश्चित और स्पष्ट योजना की मांग की जिसके अनुसार भारत को स्वतन्त्रता दी जा सके। अंग्रेज़ों की बहुत समय से चल रही इस चाल और बहानेबाज़ी का भण्डाफोड़ एक प्रकार से कांग्रेस की इस मांग से हो गया।

सन् 1939 से नवम्बर 1942 तक ब्रिटिश सरकार की ओर से कांग्रेस को इस प्रश्न का कोई संतोषजनक उत्तर नहीं मिला। अंग्रेज़ों का तो मकसद ब्रिटिश साम्राज्य को अक्षुण्ण बनाए रखना था, अतः कांग्रेस की इस मांग को वह क्योंकर पूरा करते? अन्ततोगत्वा कांग्रेस ने निश्चय लिया कि ऐसी हालत में जबकि उसकी मर्ज़ी के विरुद्ध बिना किसी आश्वासन के सरकार देश को ज़बर्दस्ती युद्ध में होम रही है, वह प्रदेशों में काम कर रहे अपने मन्त्रिमण्डलों को वापस बुला ले। अतः कांग्रेसी मन्त्रिमण्डलों ने कांग्रेस के इस निर्णय के अनुसार त्यागपत्र दे दिए।

उधर युद्ध में जर्मनी एक पर एक देश हड़पता हुआ एक प्रभावी ढंग से चारों ओर अपना आतंक बढ़ा रहा था। इसी बीच जापान भी युद्ध में कूद पड़ा। ब्रिटेन यद्यपि युद्ध का बहादुरी से मुकाबला कर रहा था, किन्तु हालत दिन-ब-दिन बदतर होती जा रही थी।

गांधीजी ने इंग्लैंड की सहायता की जो बात कही थी वह नैतिक रूप में ही, क्रियात्मक नहीं। क्रियात्मक रूप से कुछ करना कांग्रेस के अपने अहिंसात्मक ध्येय के विपरीत था। यद्यपि कुछ लोग अहिंसा के सिद्धांत को सीमित और मर्यादित कर ब्रिटिश सरकार की सहायता करने के पक्ष में भी थे, किन्तु अधिकांश अहिंसा के सिद्धांत को कायम रखने के ही पक्षपाती थे। गांधीजी और राजेन्द्र बाबू अहिंसा के सिद्धांत को अक्षुण्ण रखना न केवल भारत वरन् संसार के लिए आवश्यक और हितकारी समझते थे। इसी बीच जब दिल्ली में वर्किंग कमेटी ने यह तय कर लिया कि यदि सरकार भारत की आज़ादी की घोषणा कर दे और तत्काल एक ऐसा कार्यक्रम लागू कर दे जिससे भारतीय नेताओं के हाथ में अधिकार आ जाए तो कांग्रेस सरकार की सक्रिय सहायता कर लड़ाई में मदद देगी—कमेटी के इस निर्णय से असहमति व्यक्त करते हुए जिन व्यक्तियों ने उस वक्त वर्किंग कमेटी से त्यागपत्र दिया उनमें खान अब्दुल गफ्फार और डाक्टर राजेन्द्र प्रसाद मुख्य थे। राजेन्द्र बाबू के और भी कई साथी इसी प्रश्न पर कमेटी से अलग हो गए।

कांग्रेस और सरकार के साथ समझौते के कोई आसार न देख गांधीजी ने व्यक्तिगत सत्याग्रह का कार्यक्रम बनाया और एक निश्चित कार्यक्रम के अन्दर उसे देशव्यापी स्तर पर आरम्भ कर दिया। पूर्व के सत्याग्रहों और इसमें एक विशेष अंतर था। वह यह कि सत्याग्रही का नाम गांधीजी की नज़रों से गुज़रता था और बिना उनकी स्वीकृति के कोई भी व्यक्ति सत्याग्रह नहीं कर सकता था। राजेन्द्र बाबू इन दिनों फिर अस्वस्थ हो गए थे, तो भी उन्होंने बिहार प्रान्त के सत्याग्रह का संचालन बड़ी कुशलता से किया और सारे प्रान्त में गांधीजी के नियम और निर्देशन के अनुसार सत्याग्रह चलता रहा।

युद्धस्थिति उत्तरोत्तर भयंकर होती चली गई। उधर जर्मनी रूस के साथ भिड़ गया और जापान भी चीन के एक बहुत बड़े हिस्से को अपने काबू में कर दिन-प्रतिदिन आगे बढ़ता जा रहा था। अमरीका यद्यपि खुले रूप से मैदान में नहीं उतरा था किन्तु वह हथियारों और जहाज़ों आदि से इंग्लैंड की सहायता करता था। इसी बीच इंग्लैंड के प्रधानमंत्री चर्चिल ने रूस से, जिसके अब तक वे बड़े विरोधी थे, दोस्ती कर ली।

युद्ध की इस भयंकर स्थिति में इंग्लैंड ने हिन्दुस्तान के साथ कुछ तय करने की नीयत से सर स्टैफोर्ड क्रिप्स को जो इंग्लैंड के राजदूत बनकर रूस गए थे और रूस को जर्मनी से भिड़ाने के अपने प्रयत्न में सफल हो पर्याप्त कीर्ति कमा चुके थे, अंग्रेज़ सरकार ने एक योजना के साथ भारत भेजा। दिल्ली में सर क्रिप्स ने गांधीजी, कांग्रेस अध्यक्ष मौलाना आज़ाद तथा पं० जवाहरलाल नेहरू आदि नेताओं से इस योजना पर बातचीत की। गांधीजी को क्रिप्स योजना से सन्तोष नहीं हुआ और उन्होंने सर स्टैफोर्ड से ऐसा कह भी दिया। इस बातचीत में मुस्लिम लीग भी शामिल रही और बहुत वाद-विवाद तथा विचार-विमर्श के बाद अन्त में कांग्रेस और मुस्लिम लीग दोनों ने क्रिप्स योजना को अस्वीकृत कर दिया।

क्रिप्स योजना के नाकाम होने से अंग्रेज़ों के साथ कांग्रेस के सम्बन्ध और बिगड़ गए। फिर युद्धकालीन परिस्थिति में देश की स्थिति भी दिनों-दिन बिगड़ती जा रही थी। अंग्रेज़ सरकार युद्ध में भारत का भरपूर उपयोग कर रही थी। और उसे एक सैनिक अड्डे का स्वरूप दे रही थी। ऐसी स्थिति में कांग्रेस के नेताओं के सामने अंग्रेज़ी साम्राज्य से मुक्ति के पूर्व वर्तमान युद्ध में, जिसमें जापान बराबर भारत की और बढ़ता आ रहा था, देश की रक्षा का प्रश्न उठ खड़ा हुआ।

देश की और युद्ध की इस भयानक स्थिति के सन्दर्भ में 8 अगस्त 1942 की रात में 10 बजे कांग्रेस ने एक प्रस्ताव स्वीकृत किया जिसमें गांधीजी के 'करो या मरो' मन्त्र के साथ देश को आह्वान किया गया।

कांग्रेस के इस निर्णय के साथ ही गांधीजी तथा वर्किंग कमेटी के अन्य सदस्यों को गिरफ्तार कर लिया गया। इधर पटना में सदाकत आश्रम से अस्वस्थ अवस्था में राजेन्द्र बाबू को गिरफ्तार कर बांकीपुर जेल पहुँचवाया गया। राजेन्द्र बाबू के गिरफ्तार होते ही बिहार में क्रान्ति की लहर दौड़ गई। पटना में ज़ोरों से प्रदर्शन होने लगा और बड़े-बड़े जुलूस निकलने लगे। कचहरियां बंद हो गईं। एक बहुत बड़ा जुलूस सेक्रेटेरिएट पर झण्डा चढ़ाने पहुँचा। सरकार का दमनचक्र तेज़ी के साथ चल पड़ा। लाठी चार्ज और गोली भी चली जिसमें आठ-नौ युवक शहीद हो गए। इससे उत्तेजना और बढ़ी जिसके परिणामस्वरूप टेलीफोन आदि काटने का काम ज़ोरों से शुरू हो गया। सरकार की ओर से गिरफ्तारियां भी तेज़ी से हुईं जिससे जेलें ठसाठस भर गईं। इस बार राजेन्द्र बाबू लगभग तीन वर्ष जेल में रहे।

अनेक राजनैतिक उलट-फेर और परिवर्तनों के बाद 2 सितम्बर 1946 को भारत में अन्तरिम सरकार की स्थापना हुई। इसमें 12 मन्त्री मनोनीत किए गए। डा॰ राजेन्द्र प्रसाद जी भी इनमें से एक थे और वह कृषि और खाद्यमंत्री बनाए गए। इन दिनों देश में अन्न-संकट था। राजेन्द्र बाबू ने बड़ी कुशलता से देश को दुर्भिक्ष से बचा लिया और वह अन्न-संकट भी जाता रहा।

अन्तरिम सरकार कायम होने पर विधान-परिषद् की स्थापना हुई और सर्वसम्मति से इसके राजेन्द्र बाबू ही अध्यक्ष चुने गए।

## प्रथम राष्ट्रपति

भारत में गणतंत्र की स्थापना हमारे लिए कोई नया विचार नहीं था, अपितु प्राचीन काल में गणतंत्र होते हुए भी प्रजा की अनुमति से ही रामायण-काल के रामराज्य और महाभारत-काल के कौरव-पांडवों के राज्य चलते थे और इस अनुमति को प्राप्त करने के लिए अनेक मार्ग निश्चित हुए थे। आगे चलकर बौद्धकाल में लिच्छिवियों, मद्रकों और वज्जियों आदि के गणतंत्रों में तो राजा का अस्तित्व ही नहीं रह गया था और इन गणतंत्रों में प्रजा की मतगणना जिस पद्धति से होती थी उस पर न जाने कितना लिखा जा चुका है। इसके बाद राजतंत्र का युग आया। सिकंदर के हमले के समय चाणक्य ने इन छोटे-छोटे

गणराज्यों को समाप्त कर भारत को एक सूत्र में बांधकर चन्द्रगुप्त मौर्य को भारतीय सम्राट् बना एक विशाल साम्राज्य की स्थापना की। राजतंत्र का युग शताब्दियों तक चला। चन्द्रगुप्त मौर्य के बाद प्रियदर्शी अशोक का साम्राज्य आया। मौर्यवंश की समाप्ति के पश्चात् अनेक राजवंशों ने राज्य किया। मुस्लिम आक्रमणों के पश्चात् पठानों और मुगलों का राज्य चला और इसके बाद अंग्रेजी राज्य के समय भारत पुनः एक विशाल राज्य के रूप में संगठित हुआ। परन्तु चाणक्य के पश्चात् अंग्रेज़ी राज्य की स्थापना तक फिर इस देश ने गणतन्त्र नहीं देखा था। ब्रिटिश राज्य से छुटकारा मिलने पर हम इस देश में पुनः गणतंत्र की स्थापना करेंगे यह महात्मा गांधी के नेतृत्व में कांग्रेस ने घोषणा कर दी थी। 15 अगस्त, 1947 को स्वतंत्र होने के पश्चात् जब गणतंत्र के आधार पर नवीन स्वतन्त्र भारत का संविधान बनाने के लिए संविधान परिषद् स्थापित हुई उस समय यह जानते हुए भी कि शताब्दियों से भारत को गणतंत्र पद्धति का अनुभव नहीं है और न यहाँ की जनता शिक्षित ही है, हम अपने वचनानुसार भारत में गणतंत्र की स्थापना के अपने संकल्प-पूर्ति की ओर सचेष्ट हुए। ब्रिटिश काल में यद्यपि समूचे भारत पर ब्रिटिश साम्राज्य का ही एकछत्र आधिपत्य था किन्तु इसके भी दो रूप थे।

देश का एक क्षेत्र जो ब्रिटिश भारत के नाम से जाना जाता था, दूसरा देशी रियासतों वाला क्षेत्र जा स्थानीय नरेशों के अधीन था और ये नरेशगण बहुत मामलों में यद्यपि अपने-आपमें स्वतंत्र भी थे तथापि इनके भी निर्देशक ब्रिटिश शासक (वायसराय) ही थे जो इन पर अपना स्वामित्वपूर्ण अंकुश जमाए हुए थे।

ब्रिटिश शासन ने पराधीनता के अगणित अभिशापों के साथ यहाँ से विदा होते-होते अपनी विदाई में हमें दो उपहार और दिए। एक देश का बंटवारा जो पाकिस्तान के नाम से हुआ, दूसरा छः सौ देशी रियासतों की स्वतंत्र सत्ता। पाकिस्तान का बंटवारा तो हमने स्वयं स्वीकार कर लिया, रियासतों के अस्तित्व के संबंध में हमने अपनी पूर्व घोषित नीति का अनुसरण किया और हमारे यशस्वी नेता लौहपुरुष सरदार पटेल के हाथों इन रियासतों का भी अस्तित्व समाप्त हो भारतमाता के विकृत चित्र का साज-शृंगार कर दिया गया। राष्ट्रीय एकता, उसकी एकरूपता का यह श्रेय राष्ट्रीयता के शिल्पी सरदार पटेल को ही है।

इस प्रकार सार्वभौम सत्तासम्पन्न एक बृहद गणराज्य की स्थापना और उसका राष्ट्रपति चुना जाना, जिसको विधान ने सर्वोच्च सत्ता सम्पन्न गणराज्य का एकमात्र

प्रधान माना हो, इतिहास का यह अभूतपूर्व गौरव भारत और उसके एक ऐसे प्रधान नागरिक को मिलना था जिसका नाम देशरत्न राजेन्द्र प्रसाद है। इतना विशाल और ऐसी विपुल जनसंख्या वाला कोई गणतंत्र इसके पूर्व संसार के मानव-इतिहास में किसी स्थान और काल में स्थापित नहीं हुआ था। संविधान-निर्माण के पश्चात् सारे देश में बालिग-मताधिकार के आधार पर आम चुनाव हुए और इन चुने हुए प्रतिनिधियों ने भी अपना प्रथम राष्ट्रपति डॉ० राजेन्द्र प्रसाद को ही चुना। इस चुनाव के पूर्व संविधान सभा के निर्णय के अनुसार दो वर्ष राजेन्द्र बाबू, जो संविधान सभा के अध्यक्ष थे, राष्ट्रपति के पद पर प्रतिष्ठित रह चुके थे, परन्तु विधिवत् नवनिर्वाचित राष्ट्रपति के रूप में वे सन् 1952 में ही भारत गणतंत्र के प्रथम राष्ट्रपति बने।

यह देश का बड़ा सौभाग्य रहा कि इस देश को उसकी स्वाधीनता के बाद प्रथम बार प्रजातांत्रिक पद्धति की शुरुआत में पं० जवाहरलाल नेहरू के रूप में प्रधानमंत्री और डॉक्टर राजेन्द्र प्रसाद के रूप में राष्ट्रपति ऐसे दो व्यक्ति मिले जिन्होंने पिछली अर्द्ध शताब्दी से आधुनिक काल में संसार के सर्वोत्तम महापुरुष महात्मा गांधी की छत्रछाया में साथ-साथ काम किया था और जो उस महापुरुष की विचारशैली, काम करने की पद्धति तथा संयमशील और शांति के साथ मिलकर कार्य करने के आदर्श से न केवल पूर्णरूपेण परिचित थे अपितु उसके अभ्यस्त बन चुके थे। अपने नेता गांधीजी के इस प्रभाव के अतिरिक्त इस दीर्घकालावधि में साथ-साथ काम करने के कारण दोनों ही एक-दूसरे की विचारधारा तथा स्वभाव से पूर्णतया परिचित थे। फिर स्वातंत्र्य आन्दोलन के दिनों में देश को जागृत करने, उसमें नवजीवन का संचार करने एवं स्वाधीनता की मंजिल तक पहुँचाने में भी दोनों का समान योग रहा। मतभेदों के रहते हुए भी दोनों ने किस प्रकार स्वतन्त्रता के युद्ध में और उसके पश्चात् भी एक-दूसरे से मिलकर काम किया इसका मुझे व्यक्तिगत अनुभव है।

राजेन्द्र बाबू के राष्ट्रपतित्व-काल में भारत बड़े ही कठिन और संक्रमण-काल से गुज़रा। पौने दो-सौ वर्षों की पराधीनता के अभिशाप के कारण जिस देश को रूढ़ियों, असंगतियों, अंधविश्वासों ने जकड़ रखा था, उसे जागृत कर गणतांत्रिक तरीकों एवं अधिकारों से देश को दुःख-दारिद्रय, दीन भाव, अशिक्षा, बेरोजगारी आदि सहस्रों बुराइयों से निकालकर आगे बढ़ाने का गुरुतर भार जो हमारे संविधान का लक्ष्य था उसे व्यवहृत कर दिखाना राजेन्द्र बाबू के राष्ट्रपति-पद और उनकी प्रतिष्ठा की कसौटी बन गया। फिर नवजात स्वाधीनता और देश के विभाजन के

भयंकर परिणामों से जो विषम स्थिति उन दिनों देश में उत्पन्न हो गई थी उस असाधारण परिस्थिति में तथा शासन और समस्याओं की अनुभवहीनता में भी अपने दायित्व-भार को वहन करना कम कठिन काम नहीं था। एक और बात हुई। अनेक विषयों पर राजेन्द्र बाबू और जवाहरलालजी में मतभेद उपस्थिति होते थे। दृष्टांत के लिए हिन्दू कोड बिल, स्वतंत्र भारत के संविधान के मूल रूप हिन्दी में हो या अंग्रेजी में इत्यादि। और ऐसे अवसरों पर पंडितजी से अपनी भिन्न राय रखते हुए भी किसी प्रकार पटरी बिठाकर काम चलाना कम कठिन काम नहीं था। किन्तु राजेन्द्र बाबू ने अपने इस पद-गौरव को जिस धीरता, गंभीरता और दूरदर्शिता से निभाया वह राजेन्द्र बाबू जैसे विलक्षण बुद्धि-सम्पन्न चरित्रवान व्यक्ति और मेधावी व्यक्तित्व का ही काम था।

राष्ट्रपति बनने के बाद उन्होंने जो कुछ किया उसका ठीक-ठीक, मूल्यांकन करना अभी सम्भव नहीं है। हमारे गणतंत्र के शैशव-काल में नवीन परम्पराओं को चालित कर उन्होंने हर दिशा को आलोकित किया। राष्ट्रपति-भवन के कोने-कोने में नई हवाओं का संचार होने लगा। विदेशी कपड़ों का स्थान खद्दर ने ले लिया। अलंकरण की सामग्री में भी भारतीयता की सुगंधि आने लगी। मुगल उद्यान में भी बसंत की बहार आई। नृत्यशाला, अशोककक्ष में साहित्यिक और सांस्कृतिक समारोह सम्पन्न होने लगे। राष्ट्रपति कव्वाली और हिन्दी छन्दों एवं भजनों के रसास्वादन का आनन्द साथ-साथ लेते थे। संगीत की स्वर-लहरियों में वह झूम जाते थे और सन्त तुकड़ोजी के भजनों को सुनकर वह सुधबुध भूल जाते थे। गीता और रामायण के प्रवचनों के समय वह मौन तपस्वी की भांति बैठे अपने अंतरंग का परिशीलन करते रहते, पर आप उनकी असली एकाग्रता को उस वक्त देख सकते थे, जब वह चर्खा चलाते हों। मजाल है कि एक धागा भी टूट जाएँ इस प्रकार शासन के अधिकारों और कर्त्तव्यभार वहन के साथ ही भारत और भारतीयता के आधारभूत उन सभी कर्त्तव्यों का पालन उसी प्रकार करते रहे जैसा कि अपने सार्वजनिक जीवन के प्रारम्भिक दिनों से करते आए थे।

यथार्थ में किसी भी गणतन्त्र में, जहाँ का शासन संसदीय प्रणाली के अनुरूप चलता हो, राष्ट्रपति व्यक्तिगत रूप से बहिरंग में कुछ कार्य कर नहीं सकते। पर फिर भी, पर्दे के पीछे शासन में स्थिरता लाने की दिशा में वह एक बहुत बड़े पात्र का अभिनय पूरा करते हैं। अपने महत्त्व व उदात्त व्यक्तित्व का प्रभाव मंत्रिमंडल पर अवश्य डालते हैं। वे न केवल मंत्रिमंडल को अपने अमूल्य सुझाव ही देते, अपितु आवश्यकता पड़ने पर उसे सचेत भी करते। राजेन्द्र बाबू अपने इस

दायित्व के प्रति सदा सचेष्ट रहे। यही नहीं, वे अपने इन वैधानिक कर्त्तव्यों के निर्वाह में कभी नहीं चूके।

राष्ट्रपति के वैधानिक दायित्व वहन के साथ राजेन्द्र बाबू ने राष्ट्रपति के पद, उसके दायित्व एवं कर्त्तव्य निर्वाह की दृष्टि से ऐसी अनेक परम्पराएं अपने कार्यकाल में स्थापित कीं जिनसे आगे आने वाली अनेक पीढ़ियों को प्रेरणा एवं प्रकाश मिलेगा। इनमें राष्ट्रपति पद की भव्यता को कायम रखते हुए राष्ट्रपति-भवन में भारतीयता और उसके अनुरूप सादगी एवं स्वदेशी वस्तुओं का व्यवहार उनकी सबसे बड़ी देन है। वे स्वयं भी संविधान में निर्दिष्ट राष्ट्रपति के दस हजार रुपया मासिक वेतन में स्वैच्छिक रूप से चालीस प्रतिशत कटौती कर लगभग छः हजार मासिक वेतन लेते रहे, जो उनकी इस विचारधारा का परिचय था कि इस गरीब देश की गरीब जनता के प्रथम नागरिक और राष्ट्रपति को आर्थिक दृष्टि से भी देश के जनजीवन से सदा सामंजस्य बनाए रखना चाहिए।

उनकी यात्राएं, जो अक्सर रेलगाड़ी से हुआ करती थीं, लोगों में उत्सुकता और जागृति लाने वाली होतीं। छोटे-छोटे स्टेशन पर भी जब सैकड़ों लोग इकट्‌ठे हो जाते सुबह हो या दोपहर, शाम हो या रात, वह अपने वातानुकूलित डिब्बे से बाहर आते और जनता से दो-चार प्रेम-भरी बातें करते। इतने में 'जय-जय' के निनादों को चीरती हुई उनकी गाड़ी धक-धक आगे बढ़ जाती। राजधानी की विशाल वीथियों में ही नहीं, अपितु पिछड़े हुए गांवों में भी, जहाँ के लोगों के गाल धंसे हुए हों और वन्य प्रान्तों में भी, जहाँ के लोग अभी भी अधनंगे हों, उनके ज़माने में राष्ट्रपति का झण्डा फहरा। वे मंदिनों में भी गए और मस्जिदों में भी, गुरुद्वारों में भी और गिरजों में भी। यही नहीं, भारत के उत्तरी क्षेत्र बद्रीविशाल के पावन चरणों में तथा दक्षिण में रामेश्वरम् के पास प्रभात की सुनहरी किरण-कांति में सागर की लहरों में उन्हें डुबकियां लेते देख उनकी धार्मिक और सांस्कृतिक आस्था पर लोग मुग्ध हो जाते थे।

आन्ध्र की राजधानी हैदराबाद में 'राष्ट्रपति निलयम्' की स्थापना और दक्षिण की राजधानियों में बारी-बारी से स्वतंत्रता दिवस मनाने की परिपाटी जो उन्होंने डाली उसके पीछे उनकी बड़ी दूरदृष्टि थी। देश की भावात्मक एकता की ओर ये उनके रचनात्मक प्रयास थे।

राजेन्द्र बाबू की यह नम्रता, सहिष्णुता, सहृदयता और उदारता धर्मभीरुता नहीं थी वरन् भारत की सनातन संस्कृति का वह सर्वोत्कृष्ट स्वरूप थी जिसके कारण

भारत अतीत काल से ही और आज भी अपनी सांस्कृतिक प्रभुसत्ता का अक्षय प्रतिनिधित्व करता आ रहा है। राजेन्द्र बाबू इसी संस्कृति के न केवल मात्र प्रतिनिधि थे वरन् राष्ट्र के प्रधान नागरिक के नाते उसके प्रतीक बन गए थे। उनके इस प्रतिनिधि रूप से देशवासी तो परिचित थे ही विदेशों में भी उनकी, उनके इसी रूप-स्वरूप के कारण बड़ी प्रसिद्धि हो गई थी। प्रायः जो भी विदेशी अतिथि, राष्ट्रनायक, नेता, प्रतिनिधि, साहित्यकार, कवि, कलाकार, वैज्ञानिक और नागरिक भारत आते थे वे इस देश की विशिष्ट बातों के साथ राजेन्द्र बाबू के भव्य व्यक्तित्व की भी एक अमिट छाप अपने साथ ले जाते थे। एक बार जिनेवा विश्व पार्लियामेंट्री सम्मेलन के महामन्त्री श्री आन्द्रेनोन राजेन्द्र बाबू से मिले और इस मुलाकात का उनके मन पर जो असर पड़ा उसे उनके ही शब्दों में सुनिए:

> "आपके प्रेसीडेण्ट अत्यन्त विनम्र व्यक्ति हैं। उनकी विनम्रता उनकी आकृति पर स्पष्ट अंकित रहती है। किन्तु जब मैं उनसे हाथ मिला रहा था तब ही मुझे मालूम हो गया कि यह कितनी बड़ी शक्ति है, जो राख में ढकी आग जैसी लगी और लगा कि उनकी विनम्रता के भीतर से कोई अप्रतिम महत्ता मुझे झाँक रही हो। मैंने अनेक महापुरुषों से हाथ मिलाया है पर डॉ० राजेन्द्र प्रसाद से हाथ मिलाने की बात तो मैं कभी भूल ही नहीं सकता।"

पंडित जवाहरलाल नेहरू ने राजेन्द्र बाबू के संबंध में अपने जो विचार व्यक्त किए हैं उनसे न केवल राजेन्द्र बाबू के राष्ट्रपतित्व-काल वरन् समग्र जीवन पर अच्छा प्रकाश पड़ता है। अतः पंडितजी के इन विचारों के साथ यह राष्ट्रपति अध्याय समाप्त करना उचित होगा। पंडितजी कहते हैं:

> "राजेन्द्र बाबू का और मेरा पैंतालीस बरस का साथ रहा। कम से कम चालीस साल तक तो हम साथ-साथ काम करते रहे। पहलें तो हम आजादी की लड़ाई में साथ रहे, उसके बाद वह राष्ट्रपति बने और मैं उनका मंत्री रहा। इस लम्बे अरसे में मैंने उनको बहुत देखा और बहुत कुछ सीखा। हजारों तस्वीरें आज मेरे सामने से गुज़र जाती हैं।
>
> "हल्के-हल्के इस युग के बड़े-बड़े नेता गुज़रते चले गए, लेकिन खुशनसीबी यह थी कि यह सिलसला टूटा नहीं और उसको जारी रखने में राजेन्द्र बाबू का बहुत बड़ा हाथ था। एक मामूली हैसियत से वे भारत के ऊंचे ओहदे पर पहुँचे। फिर भी उन्होंने अपना तर्ज नहीं बदला। हिन्दुस्तानियत

उनमें सोलहों आने थी। व्यक्तित्व की महानता के साथ-साथ उनकी सरलता और नम्रता बराबर बनी रही। उन्होंने ऐसी मिसाल कायम की जिससे भारत की शान और इज्ज़त बढ़ी। वह इस बात के नमूने बनकर रहे कि भारत की भारतीयता को कायम रखना और नई बातों को सीखना है। वास्तव में वह भारत के प्रतीक हो गए। आज का भारत भारत है और भारत ही रहेगा, वह किसी की नकल नहीं करेगा।

"उनके राष्ट्रपति के पद पर रहने के बारह सालों का ज़माना भारत का अच्छा ज़माना गिना जाएगा। इस ज़माने में हमने जो कुछ किया, उनकी निगहबानी में किया और शान से किया। हम यदि गलती करते थे तो वह हमें संभालते थे। यह बारह साल का ज़माना तो उनका ज़माना समझा जाएगा। जो ज़िन्दा कौम होती है, वह जब मौका आता है, कोई न कोई बुलन्द इन्सान पैदा कर देती है। राजेन्द्र बाबू ने अपना सिक्का इस ज़माने पर डाला और उससे हमारा सिर ऊँचा हुआ। हिन्दुस्तान की आज़ादी मज़बूती से जमी जबकि और देशों में, खासतौर से पड़ोसी देशों में, कितनी बार उलट-फेर हुई है, हिन्दुस्तान और मुल्कों के मुकाबिले किसी कदर मज़बूती से चला है। उस पर चीन का हमला हुआ और हमने उसका मुकाबला किया, फिर भी किसी तरह की अदल-बदल नहीं हुई। यह उसी गांधी युग की देन है जिसने न सिर्फ आज़ादी और एकता दी, बल्कि ऐसी परम्पराएं भी पैदा कीं जिनसे आज़ादी की जड़ें बहुत गहराई से जम गईं। राजेन्द्र बाबू इस युग की बहुत मज़बूत कड़ी थे।

"उनकी मुद्रा और आंखें भुलाई नही जा सकतीं, क्योंकि उनसे सचाई झलकती थी। उनकी काबलियत, उनके दिल की सफाई और अपने मुल्क के लिए उनकी मुहब्बत ने उनके लिए हर भारतवासी के दिल में गहरी जगह पैदा कर दी।"

इस प्रकार राजेन्द्र बाबू बारह वर्ष के एक पूरे युग तक राष्ट्रपति-पद पर रहे। जैसे कि राष्ट्रपति पद के अधिकार हैं वे अपना कोई स्वतंत्र दर्शन या संदेश देश और नई पीढ़ी को नहीं दे सके, तो भी उनका जैसा विमल चरित्र और भव्य महान् व्यक्तित्व था उसके कारण न केवल उन्हें यह राष्ट्रपति-पद प्राप्त हुआ वरन् उन्होंने राष्ट्रपति-पद की गुण-गरिमा को भी बढ़ाया। राजेन्द्र बाबू जैसे उदारमना और महापुरुष को इस पद से कुछ मिला हो बनिस्बत इसके उन्होंने ही इसे शोभित और अलंकृत किया। वे इस पद से कहीं बड़े थे। उनके संतों जैसे निर्लिप्त, निर्दोष

और निरभिमानी जीवन के संबंध में राष्ट्रपति डॉ० राधाकृष्णन् के शब्दों में "उनमें जनक, बुद्ध और गांधी की छाप थी।" एक शब्द में वह भारतीयता के प्रतिरूप थे और तभी वह कोटि-कोटि हृदयों के राजेन्द्र बन गए।

## व्यक्तित्व

व्यक्तित्व व्यक्ति का भाववाचक शब्द है जिससे व्यक्ति के गुण, धर्म, कार्य, और व्यापार का परिचय मिलता है। व्यक्ति का, उसके गुण, धर्म, कार्य एवं व्यापार के कारण समाज में जो स्वरूप बनता है, उसकी मुखर एवं अन्तःप्रवृत्तियों का जो प्रभाव निर्मित होता है, यही पुंजीभूत प्रभाव और स्वरूप व्यक्तित्व की संज्ञा में आता है। व्यक्तित्व के दो पक्ष हैं, एक व्यष्टि दूसरा समष्टि। व्यष्टि-हित किए जाने वाले मानवी प्रयत्न एवं कार्य व्यष्टिमूलक व्यक्तित्व-क्षेत्र में आते हैं जबकि समाज और राष्ट्रहित के लिए किए जाने वाले प्रयत्न एवं कार्य समाज और राष्ट्रीय व्यक्तित्व के निर्माण में सहायक होते हैं। व्यक्तित्व की इन दो सीमाओं में बंधा मानव अपने प्रयत्न, पराक्रम और पुरुषोचित प्रवृत्ति के कारण आरम्भ से ही कर्त्तव्य-क्षेत्र में अग्रसर रहा है। कर्त्तव्य-क्षेत्र की इस परिधि में जहाँ एक ओर अगणित लोग हमें ऐसे मिलते हैं जो अपने और अपने पारिवारिकों के लिए कार्यरत रह अपने विचार और व्यक्तित्व का सृजन-संपादन करते हैं, तो इन अगणितों में एक ऐसा भी होता है जो अपनी निजता भुला एवं परिवार की परम्परागत निर्दिष्ट सीमाओं के संकोच से बाहर निकल अपने व्यष्टिरूप को समष्टि-हित अर्पित कर देता है। ऐसा मानव अपने गुण, धर्म, कार्य और व्यापार के कारण समाज के स्वत्वों की संपूर्ति का साधन बन जाता है और उसके प्रयत्न एवं कार्यों से समाज का जो स्वरूप बनता है वह है उसके व्यष्टिरूप की प्रतिच्छाया। अतीत काल में और आधुनिक युग में भी ऐसे अनेक महानुभाव हुए हैं जिन्होंने अपने 'व्यष्टिरूप को समष्टि-हित अर्पित कर उसका साज-शृंगार किया है और उनके इस अर्पण-समर्पण के कारण ही उनका समकालीन समाज उन्हीं के रूप-स्वरूपों में प्रतिबिम्बित और प्रतिभासित हुआ है।

देशरत्न डॉ० राजेन्द्र प्रसाद ऐसे पुरुषों में प्रधान थे तथा व्यक्तित्व की दृष्टि से भी प्रथम कोटि के, जिन्होंने अपनी आन्तरिक और बाह्य प्रवृत्तियों एवं कर्म-धर्म के अभेद आचरण से अपने व्यष्टिरूप को समष्टि-हित अर्पित कर व्यक्ति और व्यक्तित्व के मर्म-धर्म की ¯¯र्यादाओं का पालन कर उस पर अपनी छाप लगा दी।

सांवला रंग, ऊंचा कद, कभी का बहुत दुबला शरीर जो बाद में भर गया था और उसी के अनुरूप चेहरा भी राजेन्द्र बाबू के व्यक्तित्व का शरीरिक पक्ष था। वेशभूषा की दृष्टि से यद्यपि अपने राष्ट्रपतित्व-काल में विदेशी-मेहमानों से मुलाकात के कारण तथा राष्ट्रपति की संविधान में निर्दिष्ट पोशाक की नियमपूर्ति के लिए शेरवानी और चूड़ीदार पाजामा पहनते रहे, किन्तु स्वभावतः उन्हें शायद अधिक आराम अपने कुरते, धोती और टोपी की उसी पोशाक से मिलता था। जो वे कांग्रेस कार्यकर्ता की हैसियत से प्रारम्भ में पहनते रहे थे और जिसके अभ्यस्त भी बन चुके थे। अपने इस रूप-स्वरूप और पोशाक से राजेन्द्र बाबू का व्यक्तित्व जरा भी आकर्षक नहीं था। फिर निसर्ग प्रदत्त शारीरिक अरूपता के साथ पोशाक की अरूपता उन्होंने इस पर और लाद दी थी। उनके कपड़े कभी व्यवस्थित नहीं रहे। यही नहीं, सिर की टोपी से लेकर नीचे धोती तक सभी कुछ सदा ही अव्यवस्थित रहता था। धोती एक ओर एक घुटने तक ऊंची तो दूसरी ओर दूसरे पैर की एड़ी में फंसने अथवा ज़मीन में कुढ़रने जैसी रहती, कुरता अथवा जाकेट का कभी कोई बटन खुला होता, कभी कोई तथा यही हाल टोपी का होता, कभी एक ओर, कभी दूसरी ओर और कभी किसी ओर झुकी हुई रहती। लाख प्रयत्न करने पर भी टोपी व्यवस्थित रहती ही नहीं। सभा-सम्मेलनों और राजकीय भोजों के अवसरा पर जब वह थोड़ी देर के लिए उसे निकालकर सामने की मेज पर रख देते तो उनके पके बाल और हिलती-डुलती छोटी-सी चुटिया नजर आती। बालों को संवारने की कला किस चिड़िया का नाम है वह नहीं जानते थे। उनकी इसी बेढंगी और बेपरवाह पोशाक को देखकर एक बार पंडित मोतीलाल जी ने उनसे पूछा—"आप कपड़े पहनते ही क्यों हैं?" इस पर राजेन्द्र बाबू ने तपाक से उत्तर दिया—"शरीर ढंकने और बचाने के लिए।"

यथार्थ में राजेन्द्र बाबू एक किसान थे, ऐसे किसान जिसका संबंध उसके कृषि कर्म से रहता है, तड़क-भड़क वाली वेशभूषा से नहीं। मैक्सिको में स्वतंत्र भारत के राजदूत की हैसियत से अपना परिचय-पत्र प्रस्तुत करते हुए श्रीमती विजयलक्ष्मी पंडित ने राष्ट्रपति राजेन्द्र प्रसाद का जब फोटो पेश किया तो वह एक-एक करके हाथों से गुजरते हुए आकर्षण का केन्द्र-बिन्दु बन गया। मैक्सिको के राष्ट्रपति ने उसकी ओर गौर से देखकर कहा : "अरे, यह तो मैक्सिको के किसान का चेहरा है। टोपी की जगह सोबेरारो को रखें तो यह हूबहू मैक्सिको के किसान लगते हैं।"

इसी प्रकार स्वाधीनता के पूर्व बात-ही-बात में एक बार लार्ड वेवेल ने राजेन्द्र बाबू से कहा कि यदि आपसे पूछा जाए कि आप कौन-सा विभाग लेंगे तो आपका क्या उत्तर होगा? राजेन्द्र बाबू ने कहा, ''खाद्य और कृषि, क्योंकि ये मेरे लिए बिलकुल अपने हैं।'' इस प्रकार राजेन्द्र बाबू न केवल वेशभूषा वरन् तन और मन दोनों ही दृष्टियों से किसान थे।

फिर राजेन्द्र बाबू ने जीवनपर्यन्त वेशभूषा या ठाट-बाट की ओर कभी कोई ध्यान दिया ही नहीं। उनकी इस पोशाक के साथ उनके सिर के व मूंछों के बाल भी बड़े बेतरतीब रहते थे। जब वह राष्ट्रपति-भवन आए उनकी मोटी-मोटी मूंछों की कांट-छांट भी होने लगी। पितृ-पक्ष में दाढ़ी न बनवाने की पूर्व परिपाटी को तोड़कर वह नित्य दाढ़ी बनवाने के अभ्यस्त भी हो गए, किन्तु नीम की दातौन को छोड़कर वह टूथ-ब्रुश की ओर कभी झुके नहीं। और यही वजह हुई कि उनके सभी दांत अंत तक सुरक्षित और मजबूत रहे। एक बार उनकी सेवा करनेवाली नर्स ने उनकी स्वस्थ दंत-पंक्ति को देखकर पूछा–''श्रीमान्, क्या ये नकली दांत हैं?'' मुस्कराते हुए राजेन्द्र बाबू ने उत्तर दिया–''मेरी कोई चीज़ नकली नहीं है।'' उनके खाने-पीने में भी कोई बहुत बड़ा अन्तर नहीं आया। चपाती, दाल-भात, साग-सब्ज़ी और साथ में 'संदेश' का एक टुकड़ा और अन्त में एक आम मिल जाए तो वही उनके लिए सर्वोत्कृष्ट भोजन बन जाता। आम तो उनका इष्ट फल था ही, भुट्टा भी उन्हें बहुत प्रिय था। चाय पीने की आदत उन्होंने अनिच्छापूर्वक ही डाली और उससे कोई लगाव न होने के कारण वे उसके जायके से भी अनभिज्ञ ही रहे। उनके प्याले में कितनी चीनी डाली जाए, जब कोई उनसे यह पूछता तो वह ताबड़तोड़ उत्तर देते, ''आपकी मर्ज़ी।'' इस प्रकार चाय के अभ्यस्त हो जाने पर भी वे उसके जायके से उदासीन ही रहे। वह जीवन-भर शाकाहारी रहे, हालांकि उनके परिवार या उनके इर्द-गिर्द के उनके साथी सब कसौटी पर खरे उतरे हों, ऐसी बात नहीं। पर स्वयं उन्होंने तो अहिंसा का व्रत ही धारण कर लिया था। उनकी यह मान्यता थी कि मांसाहार दया और सहानुभूति के मार्ग में एक बड़ा व्यवधान है। विश्व शाकाहारी सम्मेलन के अवसर पर एक पत्र-प्रतिनिधि ने उनसे प्रश्न किया–''अब भी राष्ट्रपति-भवन में मांस क्यों परोसा जाता है?'' तो उन्होंने हँसी के बीच उत्तर दिया–''मैं तो शाकाहारी हूँ लेकिन मेरी सरकार नहीं।'' इस प्रकार राजेन्द्र बाबू की वेशभूषा और मनोभावों को देखकर अनुमान हो उठता मानो निसर्ग द्वारा प्रदत्त अपने अरूप को वे वस्त्राभरणों से छिपाकर उसे और कुरूप नहीं बनाना चाहते। वह जैसा है उनके अनुरूप उसका संरक्षण कर अपने अरूप

और अनाकर्षक स्वरूप की ओर से उदासीन रह वे जीवन के स्वरूप के प्रति सतर्क और सचेष्ट बनने के पोषक थे। यही वजह हुई कि अपने रूप-स्वरूप से अनाकर्षक होने पर भी अपने अन्तरंग और अन्तः प्रेरित अपने आचार-धर्म के कारण वे इतने आकर्षक बने कि उनका वह अरूप और वह अनाकर्षक व्यक्तित्व एक आभाशील और आकर्षक दिव्य तेज में परिणत हो गया।

उनके अन्तरंग और आचार-धर्म के जो अलंकार थे, जिन्हें धारण कर राजेन्द्र बाबू ओजस्वी, आकर्षक और दिव्यतापूर्ण बने, उनमें प्रधान थे उसकी सरलता, सौम्यता, सिद्धान्तवादिता, निस्पृहता, निश्छलता, निरः अहंकारिता और जीवन-भर की अटूट सेवा। फिर इस सबके साथ था उनके निष्ठा, लगन और त्यागपूर्ण कर्ममय जीवन का अपूर्व अवदान जिसने राजेन्द्र बाबू को न केवल उनके व्यक्तिगत, पारिवारिक अथवा सार्वजनिक जीवन में अपितु राष्ट्रीय जीवन में एक अजातशत्रु के रूप में खड़ा कर दिया।

राजेन्द्र बाबू के व्यक्तित्व के इस पक्ष पर बोलते हुए एक बार श्रीमती सरोजिनी नायडू ने ठीक ही कहा था:

> ''बाबू राजेन्द्र प्रसाद के भव्य व्यक्तित्व के बारे में स्वर्ण-लेखनी को मधु में डुबोकर लिखना होगा। उनकी असाधारण प्रतिभा, उनके स्वभाव का अनोखा माधुर्य, उनके चरित्र की विशालता और आत्मत्याग के उनके महान्गुणों ने सम्भवतः उन्हें हमारे सभी नेताओं से अधिक व्यापक और व्यक्तिगत रूप से प्रिय बना दिया है। सच्ची श्रद्धाञ्जलि के रूप में मैं इससे अधिक क्या कह सकती हूँ कि गांधीजी के निकटतम शिष्यों में उनकी वही स्थान है जो ईसा मसीह के निकट सेंट जॉन का था।''

राजेन्द्र बाबू गांधीजी के एक अन्यतम अनुयायी और साथी थे। गांधीजी के सत्य, अहिंसा के सिद्धांतों को उन्होंने वैचारिक दृष्टि से नहीं अपितु आचार रूप में जीवन में उतारा था। सर तेजबहादुर संप्रू ने राजेन्द्र बाबू के एकनिष्ठ गांधीवादी रूप के सम्बन्ध में विचार व्यक्त करते हुए कहा था–''गांधीजी की अहिंसा 'एक्वायर्ड' यानी बुद्धि द्वारा निर्धारित है, जबकि राजेन्द्र बाबू की सर्वथा स्वाभाविक।'' राजेन्द्र बाबू के इस अहिंसक रूप के उनके जीवन में अनेक प्रमाण मिलते हैं जो उनके स्वातंत्र्य आंदोलन और उसके बाद भी उनके वैयक्तिक जीवन के विभिन्न अवसरों पर हुई घटनाओं से सिद्ध हुए। यहाँ केवल एक-दो ही उदाहरण देना पर्याप्त होगा। बात बहुत पुरानी है, जब राजेन्द्र बाबू बिहार

प्रादेशिक कांग्रेस के प्रधानमंत्री थे और बिहार के ही श्री मौलाना मजहरुलहक़ साहिब सभापति। वहाँ के एक प्रमुख कांग्रेसी थे मौलाना फजुलरहमान। वह बड़े ही उग्र स्वभाव के व्यक्ति थे। उन्हें कुछ शिकायत थी जिसे लेकर वे राजेन्द्र बाबू के पास पहुँचे। राजेन्द्र बाबू सदाकत आश्रम में जमीन पर बैठे चर्खा कात रहे थे। मौलाना ने वहाँ पहुँचकर, किसी बात का ज़िक्र किए बग़ैर ही राजेन्द्र बाबू को अनाप-शनाप गालियां सुनानी शुरू कीं। राजेन्द्र बाबू पूर्ववत्–

"बूंद अघात सहें गिरि कैसे,
खल के बचन संत सह जैसे।"

की उक्ति के अनुरूप चर्खा कातते रहे। कोई पांच मिनट तक मौलाना साहब की गालियों की बौछार के बीच ही राजेन्द्र बाबू उठकर लघुशंका के लिए बाहर गए और लौटकर फिर चर्खा कातने में जुट गए। मौलाना इस बीच चुप हो गए थे। राजेन्द्र बाबू ने उन्हें चुप देखकर पूछा–"क्यों मौलाना साहब! आपकी गालियां क्या खतम हो गईं?" इसका मौलाना पर इतना असर हुआ कि उनकी आँखें भर आईं और दौड़कर उन्होंने राजेन्द्र बाबू के पांव पकड़ लिए। आधुनिक युग में अहिंसा के व्यावहारिक पक्ष का इससे बड़ा उदाहरण और क्या हो सकता है।

फिर उनकी यह अहिंसक प्रवृत्ति उनके व्यक्तित्व-विकास के साथ बढ़ती ही गई। रामायण में कहा गया है–"प्रभुता पाय काह मद नाहीं।" गोस्वामी तुलसीदासजी ने अपने इस कथन में मानव-स्वभाव की एक साधारण प्रवृत्ति की पुष्टि की है। स्वभाव से ही अधिकारों की प्राप्ति पर आदमी अहं के वशीभूत हो ही जाता है और उसका यह अहं वक्त-बेवक्त काम, क्रोध, लोभ, मोह, मद, मत्सर आदि कुभावनाओं के द्वारा उस अधिकार-भाव का प्रदर्शन भी कर ही बैठता है। इसके विपरीत अधिकार-भाव से सम्पन्न होने पर भी जो इन रागद्वेषादि अवगुणों से मुक्त और अप्रभावित रहते हैं ऐसे मानव ही मानव-स्वभाव की असाधारण स्थिति के अधिकारी बनते हैं। राजेन्द्र बाबू के राष्टपतित्व-काल की एक घटना का, जो उनके स्वभाव की असाधारणता का प्रतीक है, यहाँ इसी संदर्भ में उल्लेख करना अनावश्यक न होगा।

राजेन्द्र बाबू का एक पुराना परिचारक, जिसका नाम तुलसी था, कुछ स्वभाव से ही लापरवाह था। यद्यपि तुलसी राजेन्द्र बाबू की सेवा-सम्हाल बड़े अनुराग-भाव से करता था और राजेन्द्र बाबू और तुलसी में स्वामी और सेवक भाव का संबंध बन चुका था, किन्तु कुछ स्वभावगत असावधानियां जब-तब तुलसी कर

बैठता था। एक दिन तुलसी ने राष्ट्रपति-भवन में राजेन्द्र बाबू की मेज साफ करते वक्त एक हाथीदांत का बना कलम (फाउण्टेन पेन), जो उन्हें कहीं से उपहार में मिला था और जो राजेन्द्र बाबू को बहुत प्रिय था तथा जिससे वे हमेशा काम करते थे, कपड़े की फटकार में नीचे गिराकर तोड़ दिया। कलम के टूटने से उसकी स्याही भी नीचे बिछे कालीन पर फैल गई, जिससे कालीन खराब हो गया। राजेन्द्र बाबू जब अपने दफ्तर में आए और जब यह दृश्य देखा तो उन्होंने, चूंकि तुलसी को उसकी इसी प्रकार की अनेक असावधानियों के लिए पहले भी ताकीद कर चुके थे, अपनी नाराजगी जाहिर कर उसके अपने पास से हटा राष्ट्रपति-भवन में ही दूसरी जगह स्थानान्तरित करने का हुक्म दे दिया। राष्ट्रपति के सचिव ने तुरन्त तुलसी को स्थानान्तरित भी कर दिया। राजेन्द्र बाबू दफ्तर में आते ही विदेशी अतिथियों, आगन्तुकों और अनेक मिलने आने वालों से मुलाकात लेते थे, उस दिन मुलाकातों का यह कार्यक्रम अपेक्षाकृत अन्य दिनों से कुछ अधिक था। इन मुलाकातियों में अनेक प्रतिष्ठित विदेशी अधिकारी भी थे। राजेन्द्र बाबू की अतिथियों, अधिकारियों और आगन्तुकों से मुलाकात आरम्भ हुई, पर आज की घटना जो उनके दफ्तर-प्रवेश के साथ ही घट गई तथा जिसके कारण उन्हें तुलसी को स्थानांतरित करना पड़ा, भीतर ही भीतर उन्हें कचोटने लगी। उन्हें लगा कि तुलसी के प्रति उनका यह आचरण उनके अनुरूप नहीं हुआ। जब तक आगन्तुकों से उनकी मुलाकात चलती रही राजेन्द्र बाबू बड़े अन्यमनस्क भाव से एक रस्मअदाई-सी करते रहे। ज्योंही मुलाकात समाप्त हुई, वे उठे और तत्काल अपने निजी सचिव से कहा, तुलसी को बुलाओ। तुलसी बुलाया गया। बेचारा बड़ा घबराया-सा, इस भय से कि न मालूम अब और क्या आफत आने वाली है, राजेन्द्र बाबू के सम्मुख उपस्थित हुआ। राजेन्द्र बाबू ने अपराधी भाव से तुलसी के सामने खड़े हो हाथ जोड़े दीन भाव से कहा–''तुलसी, तुम मुझे माफ कर दो।'' तुलसी की हैरानी बढ़ी और राजेन्द्र बाबू के इस भाव, व्यवहार और मुद्रा से उसकी घिग्घी बंध गई। वह कुछ बोल सके इसके लिए साहस बटोरने का प्रयास करता पर मुँह से शब्द ही न निकलते। राजेन्द्र बाबू पूर्ववत् मुद्रा में, 'तुलसी माफ कर दो', ये शब्द दोहराने लगे। दृश्य ऐसा अजीबोगरीब था कि यह निर्णय करना कठिन हो गया कि अपराधी कौन है। एक ओर हाथ जोड़े राजेन्द्र बाबू खड़े, दूसरी ओर उनके सामने ही हाथ जोड़े खड़ा उनका सेवक तुलसी। राजेन्द्र बाबू बराबर उससे कहते रहे कि तुलसी, तुम मुझे माफ कर दो, पर तुलसी बेचारा इस पशोपेश में पड़ा, भाव-विचारों में खो गया था कि आज यह क्या हो गया जो बाबू जी, उसके

स्वामी और भारत के राष्ट्रपति, इस प्रकार उसके सामने अपराधी भाव से खड़े हैं। वह हतप्रभ था। किन्तु जब तक तुलसी की ओर से राजेन्द्र बाबू को उसकी क्षमाशीलता का आश्वासन न मिल जाए उन्हें कब संतोष होने वाला था! आखिर जब तुलसी ने साहस बटोर कर कुछ सांत्वनात्मक शब्द उनसे कहे तो राजेन्द्र बाबू को शांति मिली और उन्होंने पुनः अपनी जगह आकर काम करने के लिए भी उससे कहा। जब तुलसी ने पूर्ववत् अपना काम सम्भाल लिया तो राजेन्द्र बाबू को संतोष हो गया।

इस छोटी-सी घटना में राजेन्द्र बाबू के व्यक्तित्व के दर्शन किए जा सकते हैं। रामायण में राम-वन-गमन के समय दास-दासियों के प्रति कर्त्तव्य-भाव का गोस्वामी तुलसीदासजी के निम्न कथन में परिचय मिलता है:

"दासी दास बुलाइ बहोरी, गुरुहि सौंपि बोले कर जोरी।
सबकी सार संभार गुसाईं, करहु जनक-जननी की नाईं।"

राजेन्द्र बाबू का अपने सेवक तुलसी पर यह अनुराग-भाव रामचन्द्रजी के उक्त आदर्श भाव से क्या कम है? आदर्श को अपना लेना आसान है, उसकी साधना भी की जा सकती है, किन्तु उसे आत्मसात् कर जीवन में उतार लेना एक असाधारण बात है जो राजेन्द्र बाबू ने जीवन के हर क्षेत्र में कर दिखाई है।

राजेन्द्र बाबू की इस सरल, सद्भावमूलक, सहिष्णु एवं क्षमाशील चित्तवृत्ति की अनेक घटनाएँ हमारे जन-जीवन में कथा-गाथाओं का रूप ले चुकी हैं और लोग जब-तब राजेन्द्र बाबू के व्यक्तित्व और विचार-प्रसंग में इन घटनाओं का स्मरण-वर्णन करते रहते हैं।

अंग्रेज़ी में एक उक्ति है–"Some are born great, some achieve greatness and some greatness is thrust." यह उक्ति जवाहरलाल जी पर खरी उतरती है, वे मोतीलाल जी के सदृश बड़े बाप के बेटे थे, फिर उन्होंने अपने प्रयत्न से भी महानता प्राप्त की। इसके साथ ही महात्मा गांधी द्वारा उन्हें अपना उत्तराधिकारी घोषित किए जाने से महानता उन पर लादी भी गई। किन्तु राजेन्द्र बाबू के संबंध में यह बात नहीं कही जा सकती। उनका तो समस्त जीवन व्यक्ति और उसके व्यक्तित्व के क्रमिक विकास की एक कहानी रहा है। फिर कुछ व्यक्ति ऐसे होते हैं जो अपनी पैतृक परम्परा से, उसके प्रभाव और प्रतिष्ठा से, तथा कुछ किसी पद अथवा अधिकार-विशेष से समाज में परिचित और प्रतिष्ठित

होते हैं, किन्तु राजेन्द्र बाबू दोनों ही दृष्टियों से परे अपने निज के बलबूते पर परिचित और प्रतिष्ठित हुए। यही नहीं, उन्होंने अपने कृतित्व से व्यक्ति के परिचय, प्रभाव और प्रतिष्ठा की प्राण-प्रतिष्ठा और अभिवृद्धि की। पद-प्रतिष्ठा और प्रशस्ति व्यक्ति को ऊपर उठाते हैं, उसे समाज में सम्मान दिलाते हैं, पर ऊपर उठने के इस क्रम में समाज में सम्मिलित होने वाले ऐसे कितने व्यक्ति होते हैं जो अपने-आपकी दृष्टि में प्रतिष्ठित और सम्मानित होते हैं? फिर पद-प्रतिष्ठाजनित सम्मान बाह्याडंबर हो सकता है, जो समय के साथ जाता रहता है, किन्तु अपने-आपकी दृष्टि में सम्मानित व्यक्ति एक स्थायी और स्तुत्य सम्मान का हेतु होता है। बहुतों के जीवन में अनेक बार ऐसे अवसर आते देखे गए हैं जो बाह्याडंबर के कारण समाज में तो सम्मानित बने रहते हैं, किन्तु अपनी ही नजरों में गिर जाने के कारण जीवन से दुखी और बोझिल हो जाते हैं। अतः अपनी दृष्टि में सम्मानित बने रहना, दूसरों की दृष्टि की अपेक्षा ज्यादा आवश्यक होता है।

सम्मान की दृष्टि से राजेन्द्र बाबू का जीवनपर्यन्त यही द्वितीय प्रकार का दृष्टिकोण रहा। वे विद्यार्थी-जीवन से लेकर भारत की सर्वोच्च सत्ता राष्ट्रपति पद-प्राप्ति तक अपने इसी सम्मान के कायल रहे। जीवन में कभी उन्होंने आडम्बर, पद-प्रतिष्ठा और प्रचार-प्रशस्ति को अपने पास फटकने भी नहीं दिया। अपने चरित्र और बुद्धिबल से वे सदा पदों से घिरे रहे, एक के बाद एक अनेक उच्च पदों पर कार्य कर उन्होंने देश-हित और यश-वर्धन किया, किन्तु उनके मानस में पद-प्रभाव के दर्शन की तो कौन कहे, उसके प्रति कभी कोई आसक्ति भाव भी देखने को नहीं मिला। पंडित जवाहरलाल नेहरू ने उनके इस दृष्टिकोण के सम्बन्ध में अपने विचार व्यक्त करते हुए अपनी आत्मकथा में लिखा है:

> ''डॉ० राजेन्द्र प्रसाद बहुत अच्छे साथी हैं, उनके साथ रहकर आप सदैव ईमानदारी से भरी सहायता और सहयोग प्राप्त कर सकते हैं। उनके मुख पर कुछ ऐसी आध्यात्मिक कांति है, जो प्रेरणा और सहायता प्रदान करती है। वह कभी भी पदों के इच्छुक नहीं रहे, परन्तु ऊंचे पद उनके चरणों पर गिरते हैं और वह कर्त्तव्य समझकर उनको संभालते हैं। वह अत्यन्त उदार हृदय और क्षमाशील हैं और विश्वास की ज्योति सदैव उनके हृदय में जलती रहती है। उन्होंने अपने गुरु महात्मा गांधी का पूर्ण रूप से अनुसरण किया है और जब कभी उनसे मतभेद भी हुआ जब राजेन्द्र बाबू ने उनकी बात को ही स्वीकार किया, क्योंकि उनको यह विश्वास था कि बापू को गलती न करने की आदत है।''

डा० राजेन्द्र प्रसाद जी देशरत्न थे, गांधीजी की परम्परा के प्रथम अनुयायी और उन इने-गिने सत्याग्रहियों में प्रथम जिन्होंने गांधीजी के आदर्श–साधन और साध्य की पवित्रता–को अपने जीवन में उतारा था। साधन और साध्य की पवित्रता पर विश्वास और आचरण वाला आदर्श अपनी नजरों में अपने-आपका सम्मान बनाए रखने की प्रेरणा देता है और ऐसा व्यक्ति प्रशंसा, प्रशस्ति और पदप्रतिष्ठा से अप्रभावित और परे रह सदा अपनी ही दृष्टि में अपने सम्मान वाले आदर्श के अनुसरण में दत्तचित्त बना रहता है। राजेन्द्र बाबू इस आदर्श के मूर्तिमंत रूप थे। फिर ऊँचे आदर्शों की प्राप्ति ही जिनका जीवन-लक्ष्य होता है, ऐसे व्यक्ति ही महत् और महापुरुष कहलाते हैं और ऐसे मेधावी तथा बलिदानी ही समाज और देश के आदर्श बन सकते हैं।

स्वातंत्र्य-युद्ध के शंखनाद से लेकर स्वतंत्रता-प्राप्ति तक देश के नेता और उसके नायक के रूप में राजेन्द्र बाबू सदा जनता के निकट बने रहे। फिर स्वाधीनता के बाद जब भारतीय गणतंत्र की स्थापना हुई और वह उसके प्रथम राष्ट्रपति बने, तब राष्ट्रपति-पद-रूपी पादपीठ पद बैठकर भी वह जितने अधिक जनता के निकट आए, उतने कदाचित् उसके पूर्व नहीं। इसका स्पष्ट कारण था। मानव-जीवन में निहित सद्गुणों का विकास और प्रकाश उसके जीवन के उन विपरीत क्षणों में होता है जब वह अपने स्वभाव, अभ्यास और वृत्ति के विपरीत किसी ऐसे वातावरण, कार्य अथवा प्रयोग में प्रवृत्त होता है जिसकी अनुभूति उसके जीवन में नई हो। उदाहरण के लिए, यदि किसी भोगी को योगाश्रम में अथवा किसी योगी को भोगाश्रम में प्रवृत्त करा दिया जाए, तो उनकी जीवन-प्रवृत्तियां पथ-विमुख अथवा पथ-भ्रष्ट हुए बिना न रहेंगी। सदाकत के संत राजेन्द्र बाबू के लिए जो गांधीजी के स्वातंत्र्य-आंदोलन में आने के कारण सत्याग्रही और स्वभाव के संतहृदय बने रहे, राष्ट्रपति-पद-प्राप्ति और राष्ट्रपति-भवन में अपने निवास का प्रसंग उनके जीवन का एक ऐसा ही प्रकरण था, जिस प्रकार किसी अनासक्त योगी को किसी भोग-भवन में लाकर कसौटी पर कसा जाएँ गोस्वामी तुलसीदास ने स्पष्ट ही कहा है–''प्रभुता पाय काह मद नाहीं।'' और तुलसीदासजी के इस कथन के अनुरूप देश के स्वातंत्र्य-युद्ध और उसके बाद पद-प्रतिष्ठा और यशवृद्धि की प्रभुता से देश में अनेक ही नेता और महज्जन विभूषित हुए और बौराये भी, किन्तु भारतीय गणतंत्र के प्रथम राष्ट्रपति बनने और उसके बाद स्वैच्छिक रूप से अपने पद-त्याग तक के इन बारह वर्षों में जो पद-प्रतिष्ठा और यश अर्जन राजेन्द्र बाबू ने किया और उसमें एक अनासक्त

और निष्काम कर्मयोगी की भांति उनका जो अविचल और समभाव बना रहा, वह गोस्वामी तुलसीदासजी के उक्त कथन के विपरीत भरत के सम्बन्ध में कहे गए–

"भरतहिं होइ न राजु मद,
विधि हरिहर पद पाइ।"

इस कथन को पुष्ट करता है।

इस प्रसंग में यहाँ एक घटना स्मरण हो आई, जिसका उल्लेख उपयुक्त होगा। राजेन्द्र बाबू प्रथम राष्ट्रपति की हैसियत से जब राष्ट्रपति भवन में पधारे और जब उन्हें उस कक्ष में जहाँ कि उन्हें निवास करना था, ले जाया गया, तो उन्होंने स्थान आदि का निरीक्षण कर अपने उपयोग की वस्तुओं को भी देखा। इनमें एक पलंग भी था। इस पलंग पर ब्रिटिश भारत के गर्वनर जनरल (वायसराय) शयन करते थे। राजेन्द्र बाबू पलंग के निकट पहुँचे और अपने दाहिने हाथ से ज्योंही पलंग को दबाया तो पलंग के स्प्रिंगदार होने के कारण काफी नीचे तक हाथ चला गया। राजेन्द्र बाबू कुछ आश्चर्य से बोले, "मेरे लिए यह पलंग? नहीं, इस पर सोने वाले की तो वही हालत होगी जो घी भरे कनस्तर में कटोरी छोड़ देने पर कटोरी की होती है। इस पर जो सोएगा वह कटोरी की तरह नीचे चला जाएगा।" और उन्होंने अपने लिए तत्काल एक लकड़ी के तख्त की व्यवस्था करवाई जिसपर वे अपने पूरे राष्ट्रपतित्व-काल में सोते रहे। सचमुच जिस त्याग, तपस्या, निस्पृहता और सेवा-भाव से उन्होंने अपना इतना बड़ा स्थान बनाया था कि एक साधारण हैसियत से भारत की सर्वोच्च सत्ता के अधिकारी बने, उसकी रक्षा भी भरत के सदृश भगवान राम की चरण-पादुकाओं रूपी प्रजातंत्र की इस पादपीठ के पूजाभाव से ही की जा सकती थी।

राजेन्द्र बाबू की सरलता, सहृदयता और सज्जनता बेजोड़ थी। उनके समूचे व्यक्तित्व में साधुभाव समाया हुआ था। जो भी उनके सम्पर्क में आता, उनके इन सद्‌गुणों की एक ऐसी अमिट याद अपने साथ ले जाता जिसका नाता जीवन के साथ बंध जाता। फिर जो उनके सम्पर्क, सान्निध्य में आते वे ही उन्हें न भुला पाते; यही नहीं, राजेन्द्र बाबू भी अपनी स्वाभाविक शुचिता के कारण अपने निकटवर्तियों, साथियों और सेवकों के साथ छोटे-बड़े उन सभी लोगों का सदा स्मरण रखते जो कुछ कम-अधिक समय उनके साथ रह चुके हों। यहाँ इस सम्बन्ध में उनके राष्ट्रपतित्व-काल का एक ही उदाहरण देना पर्याप्त होगा।

राजेन्द्र बाबू अक्सर पिलानी जाया करते थे। जब वे राष्ट्रपति बने तो उन्होंने राष्ट्रपति-भवन में अपने काम के लिए पिलानी के शंकरिया कुम्हार को, जिसके काम से वे बड़े प्रसन्न थे, बुला लिया। शंकरिया कुम्हार काफी दिनों तक राष्ट्रपति भवन में राजेन्द्र बाबू की सेवा में रहा। कुछ समय बाद वह राष्ट्रपतिजी की ही आज्ञा से पुनः पिलानी वापस आ गया और पूर्ववत् अपनी आजीविका में जुट गया। इसके बाद राष्ट्रपतिजी पिलानी पधारे तो उन्होंने अपने निजी सेवकों को आदेश दिया कि वे देख आएं शंकरिया कैसा है और क्या करता रहता है तथा उससे कह दें कि मैं उससे मिलना चाहता हूँ। राष्ट्रपति के निजी सेवकों ने आकर सूचित किया कि वह अपने काम में लगा हुआ है। गधों से इधर-उधर मिट्टी ढोता है और उनकी देखरेख में लगा रहता है। इस संवाद पर राष्ट्रपतिजी बहुत हंसे और जब शंकरिया उनसे मिलने आया तो उन्होंने उससे कहा, ''अरे शंकरिया, तूने तो मेरी गधों के बराबर भी कदर नहीं की।''

इस प्रकार राजेन्द्र बाबू के हृदय में सहृदयता और महानता का जो सागर भरा रहता था वह जब-तब उनके विनोदी उलाहनों में भी छलक उठता था।

स्वातंत्र्य-आंदोलन के दिनों में ही राजेन्द्र बाबू का व्यक्तित्व किस कोटि का निर्मित हो चुका था, इस संबंध में बारडोली सत्याग्रह के समय के कुछ घटना-संस्मरणों से अच्छा प्रकाश पड़ता है।

राजेन्द्र बाबू सरदार वल्लभभाई पटेल के साथ बारडोली में थे। इस समय भाई शंकर पंड्या नामक एक सज्जन, जिनसे राजेन्द्र बाबू के ये संस्मरण ज्ञात हुए, राजेन्द्र बाबू की सेवा-सुश्रूषा में रहते थे। भाई शंकर पंड्या राजेन्द्र बाबू के सरल-सहिष्णु भाव का गुणगान करते हुए प्रायः उनके एक क्रोध-प्रसंग का भी जिक्र किया करते हैं। एक बार किसी त्यौहार के दिन खीर-पूरी का भोजन बना। राजेन्द्र बाबू भोजन करके बाहर बरामदे में टहल रहे थे। सहसा उनकी निगाह बर्तन मांजने वाले उस कहार पर पड़ी जो पत्तल में बचा भोजन खा रहा था। पत्तल में परोसे भोजन को वह एकटक देखते रहे। फिर गरजकर भाई शंकरजी को बुलाया। भाई शंकरजी ने राजेन्द्र बाबू का यह रौद्र रूप न कभी देखा था, न कभी उसकी कल्पना ही उन्होंने की थी।

भाई शंकरजी के पहुँचते-पहुँचते राजेन्द्र बाबू ने कहार की पत्तल को स्वयं उठाकर पास ही खड़े कुत्तों को फेंक दिया था। भाई शंकरजी को देखते ही बोले, ''खीर-पूरी की पत्तल लाओ। किसने परोसे इसे रात के बासी चावल?''

जब तक कहार की पत्तल नहीं आ गई, राजेन्द्र बाबू की भृकुटि तनी रही। फिर वह बहुत खिन्न-उदास बाहर निकल गए। जब यह वृत्त सरदार पटेल को ज्ञात हुआ तो वह मुस्करा दिए और बोले–"ज़रा इस पर नज़र रखो, बापू स्वराज्य लेकर इसे ही सौंपेंगे।"

साधारण व्यंग्य में कितनी बड़ी भविष्यवाणी कर गए थे सरदार पटेल! इसी प्रकार एक बार बारडोली संग्राम के अपने लेफ्टिनेंट श्री कुंवरजी भाई से सरदार ने कहा था–"जानते हो, यह बुद्ध जैसा आदमी यहाँ क्यों है? बापू का खुफिया है। हम सबपर नज़र रखने के लिए उन्होंने इसे यहाँ तैनात किया है।" इस पर कुंवरजी भाई ने प्रश्न किया–"भाईजी, यह सीधी-सादी गाय क्या जासूसी करेगी?"

सरदार व्यंग्य में फिर बोले–"गाय नहीं, बापू की कामधेनु है यह। दूध पिलाकर हम सबको अहिंसक बना देगी।"

इसी प्रकार एक और रोचक संस्मरण कुंवरजी भाई ने सुनाया था। राजेन्द्र बाबू दमे से पीड़ित थे। कभी-कभी रात-रात भर खांसते रहते थे। सरदार बहुत चिंतित हो जाते थे। एक दिन कुंवरजी भाई से सरदार ने कहा–"बापू का पत्र आया है। राजेन्द्र बाबू खांसते यहाँ हैं, और नींद हराम होती है वहाँ बापू की। किसी वैद्य को बुलाओ।"

वैद्य के उपचार की प्रतिक्रिया में खांसी और बढ़ गई तो सरदार ने कुंवरजी भाई से कहा–"बापू को चिट्ठी लिख दो कि राजेन्द्र बाबू की खांसी का इलाज वैद्यों के पास नहीं है, आप ही के पास है। स्वराज्य मिलते ही इनकी खांसी मिट जाएगी।"

इस प्रकार हम देखते हैं कि स्वातंत्र्य-आंदोलन के दिनों में ही व्यक्तित्व की दृष्टि से राजेन्द्र बाबू कितने महान् बन चुके थे। साथ ही, स्वतंत्र भारत के प्रथम राष्ट्रपति के रूप में भी उनके व्यक्तित्व और बड़प्पन की परिकल्पना उन्हीं दिनों की जा चुकी थी।

जैसे मैंने ऊपर कहा है, परिचय, प्रशस्ति, प्रचार और प्रतिष्ठा से परे राजेन्द्र बाबू के जीवन में मानवता का ऐसा सुन्दर और सांगोपांग प्रतिनिधित्व और विकास हुआ है कि लेखक को, विचारक को ऐसे व्यक्ति के सम्बन्ध में लिखते हुए यह कठिनाई सामने आती है कि वह ऐसे व्यक्ति के जीवन की अनन्त घटनाओं में से कौन-सी घटना चुने, किसका उल्लेख करे। जिसका समस्त जीवन ही प्रकाशमान

हो, एक जाज्वल्यमान नक्षत्र ही नहीं, आभाशील शशि-सा शीतल तथा आलोकपुंज रवि-सा प्रखर और तेजोमय हो, उसके विषय में उसकी किसी कलाविशेष का उल्लेख कठिन ही होता है। ऐसे ही व्यक्ति इतिहास के निर्माता होते हैं। सृष्टि में सुन्दरता की तुलना में अनेक वस्तुएं आती हैं, इनमें नारी-सौन्दर्य कदाचित् सबसे आगे है, किन्तु इन्सानियत से भरे इन्सान से और कौन वस्तु सुन्दर हो सकती है? विधाता की इस सृष्टि में राजेन्द्र बाबू एक ऐसे ही सुन्दर रत्न थे। जैसा कि पीछे उल्लेख हुआ है, वह बाहर से अपनी आकृति में अस्त-व्यस्त, आड़ी-टेढ़ी, उल्टी-सीधी वेशभूषा के कारण असुन्दर ही दीखते थे, किन्तु उनका आन्तरिक सौन्दर्य! कौन पा सकता है उसे? दोनों हाथ जोड़कर हृदयपूर्वक जब वह नमस्ते करते भीड़ के बीच चलते तो स्त्री-पुरुष, बच्चे-बूढ़े सभी उनकी इस हद दर्जे की शालीनता, शिष्टता और नम्रता पर दंग रह जाते। उस समय उनकी शोभाश्री देखते ही बनती। फिर इस सौन्दर्य के शृंगार में उनकी बाल-सुलभ चित्त-वृत्ति वाली निर्मलता और इस निर्मलता के साथ हृदय की भावुकता! सोने में सुगंध का मिलन हो गया था। वह अपनी इस भावुकता के बहाव में सेवाग्राम या साबरमती आश्रम में प्रवेश करते ही बहे बिना न रहते और बापू की पुण्यस्मृति से जब उनकी आंखें डबडबा आतीं तो दूसरे दिन अखबारों में मोटे अक्षरों में छपता, ''राष्ट्रपति रो पड़े।'' इस प्रकार उनके भावुकता-भरे इन प्रसंगों से सारा देश भली-भांति परिचित है। किन्तु इस भावुकता के बावजूद राजेन्द्र बाबू भगवान रामचन्द्र के सम्बन्ध में कहे गए-''वज्रादपि कठोराणि मृदूनि कुसुमादपि' कथन के सर्वथा अनुरूप बने रहे। जो वस्तु उन्हें प्रिय होती उसके बिछोह-वियोग के संताप या उसकी अनिष्ट अथवा अमांगलिक कल्पना से वह रो तो लेते, पर अपनी निस्पृहता वाले उच्चादर्श से तिल-मात्र डिगे बिना ही उनकी यह भावुकता अपना काम कर जाती थी। फिर भावुक हृदय होते हुए भी वह वाणी के ऐसे संयमी और धनी थे कि उनका प्रत्येक मत लोक कल्याण और लोकहित की दृष्टि से ही निकलता था। लोकहित की दृष्टि से ही वह लिखते थे, लोकहित की दृष्टि से ही वह बोलते थे और लोकहित के लिए एक साधक की भांति चुप रहना भी वह अच्छी तरह जानते थे। जवाहरलाल जी अक्सर कहा करते थे कि ''राजेन्द्र बाबू का अपनी ज़बान, दिल और कलम तीनों पर काबू है, जबकि मेरा इन तीनों में से किसी पर भी नहीं।'' हिन्दी के वे इतने समर्थक थे, यह उनके संविधान सभा के अध्यक्ष पद से दिए गए भाषण के इस कथन से ही सिद्ध हो जाता है कि भारत का संविधान हिन्दी में ही बने, यह उनकी इच्छा थी जो पूरी न हो सकी और यही उनका संयम भी था, अन्यथा राजेन्द्र बाबू की इच्छापूर्ति उस समय असम्भव न थी।

इस प्रकार राजेन्द्र बाबू का समूचा जीवन सफलता, सिद्धि और प्रसिद्धि की एक ऐसी कहानी बन गया है जिसके नायक और निर्माता राजेन्द्र बाबू ही थे। एक साधारण स्तर से अपनी प्रखर प्रतिभा, कर्मठता और त्याग-बल पर यह एक ऐसी उपलब्धि थी, जो नत से उन्नत अथवा समतल से जीवन के सर्वोच्च शिखर की यात्रा का एक सुन्दर और समुज्ज्वल पक्ष प्रस्तुत करती है। उनका सीधा-सादा समग्र जीवन मानव-जीवन के बड़े आदर्शों का एक ऐसा विनम्र साक्षी था जिस पर आज हर भारतीय गर्व करता है और भविष्य में करता रहेगा। भारत का आधुनिक इतिहास बापू के बाद राजेन्द्र बाबू के इस व्यक्तित्व और कृतित्व की आभा से ही आलोकित होगा, इसमें दो मत नहीं हो सकते। आदर्श और आचरण की एकरूपता में तो उन्होंने जो आदर्श और मान्यताएं स्थापित की हैं, वे भारतीय गणतन्त्र के इतिहास में राष्ट्रपति-पद पर आने वाली भावी पीढ़ियों का सदा पथ-प्रदर्शन करती रहेंगी।

## विदा

लगभग बारह वर्ष भारतीय गणराज्य के प्रथम राष्ट्रपति रहने के बाद राजेन्द्र बाबू स्वैच्छिक रूप से जब इस पद से मुक्त हो रहे थे तो सारे देश के लिए उनकी पद-निवृत्ति का यह प्रसंग चर्चा का विषय बन गया। दिल्ली में आए दिनों राष्ट्रपति-भवन में सांस्कृतिक और धार्मिक संस्थाओं की ओर से उन दिनों राजेन्द्र बाबू के अभिनन्दन के जो आयोजन हुए उनसे राजेन्द्र बाबू के प्रति देश के प्रेम और ममता का परिचय मिलता था। सभी वर्गों, धर्मों, संप्रदायों और संस्थाओं की ओर से राष्ट्रपतिजी को विदा किया जा रहा था और इस विदा-बेला में इन आयोजनों के माध्यम से जो भाव व्यक्त किए जाते उनमें ममता और करुणा का ऐसा विचित्र योग रहता कि दर्शकों का दिल भर आता, नेत्रों से अश्रुप्रवाह ही उठता। इस प्रसंग में दिल्ली में कुछ मित्रों की राय से राजधानी की ओर से एक व्यापक विदा-आयोजन करने की बात सोची गई। प्रधानमंत्री पं॰ जवाहरलाल नेहरू से राय और अनुमति लेने का कार्य मुझे सौंपा गया। मैं पंडितजी से मिला और उनसे राय मांगी। उन्हें यह विचार बहुत पसन्द आया और उन्होंने स्वेच्छा से राष्ट्रपतिजी की विदाई के लिए दिल्ली में जो समिति बनी उसमें एक सदस्य के रूप में रहने के लिए अपना नाम दे दिया। डा॰ राधाकृष्णन् जो उपराष्ट्रपति थे, इस समिति के प्रधान बने। और भी सारे मंत्रिगण, अधिकारी, सर्वदलीय नेता, नागरिक इस समिति में थे। मैं इसका संयोजक था।

10 मई, 1962 को आयोजन दिल्ली के उस प्रसिद्ध रामलीला मैदान में होने जा रहा था जहाँ राजेन्द्र बाबू के बारह वर्ष के राष्ट्रपतित्व-काल में विश्व की सभी बड़ी विभूतियों का आतिथ्य-सत्कार किया गया था और जिसमें दिल्ली के लाखों लोगों ने राजेन्द्र बाबू के भी अनेक बार दर्शन किए थे, भाषण सुने थे, एवं प्रेरणा ग्रहण की थी। आज दिल्ली की वही जनता अपने उसी नेता को अपने बीच से विदा करने उपस्थित हो रही थी। अजीब दृश्य था! राष्ट्रीय समस्याओं के सन्दर्भ में जब-जब जनता से सम्पर्क की आवश्यकता पड़ती, पं० जवाहरलाल नेहरू, सरदार पटेल, राजेन्द्र बाबू आदि हमारे राष्ट्रीय नेता जनता को आह्वान करते और वह लाखों की संख्या में निश्चित समय पर एकत्र हो जाती। हमारे उक्त नेताओं ने जब-जब जनता का आह्वान किया, उसने सदा अपने अपूर्व उत्साह से हमारे नेताओं का अनुसरण किया है, कभी उनकी अवज्ञा नहीं की। यह गांधी-युग की एक महान देन थी। किन्तु दस मई का यह आयोजन, जिसमें लाखों लोग रामलीला मैदान में उपस्थित थे, किसी नेता का आह्वान न होकर स्वयं जनता द्वारा उसके नेता का आह्वान था, उसे विदा देने को। राष्ट्रपति-पद से अवकाश ग्रहण करने पर तो शासकीय स्तर पर विदाई की व्यवस्था हो ही रही थी, दिल्ली की जनता तो अपने नेता अजातशत्रु देशरत्न राजेन्द्र प्रसाद का इस विदा-बेला में वन्दन-अभिवादन करना चाहती थी।

संध्या समय लगभग छः बजे रामलीला मैदान लाखों के आलम से भर गया। देश के चोटी के नेतागण, जिनमें केन्द्रीय सरकार के अधिकारी, साहित्यकार व विभिन्न दलों के लोग भी शामिल थे, तथा विदेशी अतिथिगण सब एकत्र हो गए। पं० जवाहरलाल नेहरू लगभग बीस मिनट पूर्व स्वागत-व्यवस्था का निरीक्षण करने सभास्थल पर पहुँच गए। पंडितजी ने अपनी बाल-सुलभ चंचलता से रेलिंग पर चढ़ चतुर्दिक दृष्टि दौड़ाई, उन्होंने जनता को देखा और जनता ने उन्हें। आंखों से आँखें लड़ीं और फिर क्या था, 'जवाहरलाल नेहरू की जय' के जयकारों से गगन गूंज उठा। एक क्षण बाद वे ऊपर मंच पर पहुँच व्यवस्था का निरीक्षण करने लगे। इसी बीच ज़ोर से आंधी-तूफान के साथ बारिश आ गई। यह दृश्य देखने काबिल था। ओसधार पानी बरस रहा था, किन्तु एक भी आदमी जनसमूह की इस भीड़ से हटा नहीं, सभी लोग अपने-अपने स्थान पर खड़े उत्सुकता-भरी दृष्टि से राजेन्द्र बाबू के आगमन की प्रतीक्षा कर रहे थे। सभा-मंच के सामने कुछ दूर तक जो बिछायत थी उसे लोगों ने उठाकर अपने सिर पर तान लिया था, बरसते पानी में इस बिछायत ने जो राऊटी का

काम किया उससे झोंपड़ियों का-सा दृश्य सामने आ गया। जिसे देख याद आया दीन-दुखियों और झोंपड़ियों के प्रतिनिधि राजेन्द्र बाबू के आगमन और स्वागत की उत्सुकता में दिल्लीवासी नगरवासियों के रूप में मानो गृह-घर विहीन और झोंपड़ी वाले वे करोड़ों भारतीय आज यहाँ इकट्ठे हुए हैं जिनके सच्चे नेता और रहनुमा अजातशत्रु राजेन्द्र बाबू ही हैं।

राजेन्द्र बाबू के आगमन का समय तेज़ी से गुज़रने लगा। पानी रुकने का नाम नहीं ले रहा था। भय हो रहा था कि अब क्या होगा। किन्तु एक क्षण में पलक मारते ही देखा, इधर अचानक पानी बरसना बन्द हो गया और उधर राष्ट्रपतिजी के आगमन के सन्देशवाहक उनके पायलटों की मोटर-साइकिलों की आवाज सुनाई दी। क्षण-भर में राष्ट्रपतिजी सभास्थल पर पहुँच गए, जहाँ पं॰ जवाहरलाल नेहरू ने उनकी आगवानी कर स्वागत किया। सभामंच पर राष्ट्रपतिजी के साथ उपराष्ट्रपति डा॰ राधाकृष्णन्, डॉ॰ जाकिर हुसैन, राष्ट्रकवि मैथिलीशरण गुप्त, श्री रामधारीसिंह दिनकर, दिल्ली नगर निगम के महापौर नूरुद्दीन साहब तथा मैं भी उपस्थित था। राष्ट्रपतिजी के पदार्पण के साथ ही कार्यवाही आरम्भ हुई और दिल्ली नगर-निवासियों, नगर निगम तथा विभिन्न संस्थाओं की ओर से उनके अभिनन्दन-स्वरूप उन्हें एक बृहद मानपत्र इस अवसर पर समर्पित किया गया। इस अवसर पर कुछ भाषण भी हुए जिनमें डॉ॰ राधाकृष्णन् और पं॰ जवाहरलाल नेहरू के भाषण तथा राष्ट्रकवि मैथिलीशरण गुप्त का कविता पाठ मर्मस्पर्शी था। पं॰ जवाहरलाल नेहरू ने अपने भाषण में भावपूर्ण शब्दों में कहा: "यह बारह साल का जमाना तो डा॰ राजेन्द्र प्रसाद का जमाना कहलाएगा।" डॉ॰ राजेन्द्र प्रसादजी ने भी इस अवसर पर अपना आभार भाषण दिया जिसमें उन्होंने अपना हृदय रख दिया। उन्होंने कहा: "मैं इस पद से मुक्त होते हुए ऐसा अनुभव कर रहा हूँ जैसे पाठशाला से छुट्टी मिलने पर बालक को प्रसन्नता होती है। अब मैं आज़ादी से अपनी बात कह सकूंगा।"

अपने को एक बालक और राष्ट्रपति भवन को पाठशाला कहकर राजेन्द्र बाबू ने अपने इस छोटे-से कथन में न केवल अपनी विनम्रता, सहृदयता और उदारता का ही परिचय दिया, अपितु राष्ट्रपति-भवन और राष्ट्रपति-पद की एक गम्भीर और दार्शनिक व्याख्या भी कर दी। अपने उक्त कथन के साथ ही राजेन्द्र बाबू ने अपने कार्यकाल में हुई त्रुटियों के लिए क्षमा-याचना करते हुए जो शब्द कहे वे मार्मिक तो थे ही, एक महान् सांस्कृतिक और सन्त पुरुष का हृदय भी इन शब्दों में प्रतिबिम्बित हो उठा था। उन्होंने कहा: "मुझसे यदि कुछ त्रुटियां हुई

हों तो उनके लिए परमात्मा से और आप सबसे क्षमा चाहता हूँ।'' त्रुटियां हों या न हों, त्रुटियों का होना तो स्वाभाविक है, फिर स्वाभाविक बात को सीधे-सादे शब्दों में स्वीकार कर लेना और अस्वाभाविक तथा अनहोनी बातों को प्रयत्न और पुरुषार्थ से प्राप्त करना ही राजेन्द्र बाबू का दर्शन था। उनके जीवन की यही असाधारणता थी। फिर विदा अथवा कार्य-परिणति के प्रसंगों पर क्षमा-याचना हमारी परम्परा का एक पावन गुणधर्म है, हमारी संस्कृति का भूषण है। भला राजेन्द्र बाबू, जो आधुनिक प्रगति के पोषक होते हुए भी परम्पराप्रिय थे, अपनी परम्परा के इस विशिष्ट गुणधर्म के निर्वाह से कैसे चूक सकते थे! उनके इन शब्दों में 'सरल स्वभाव छुवा छल नाहीं' वाला उनका मानस और समग्र जीवन पूर्णतया अभिव्यक्त हो उठा था। राजेन्द्र बाबू के इस कथन के साथ ही 'राजेन्द्र बाबू' के जयघोष से सारा वातावरण निनादित हो उठा। मेरी आंखों में आंसू उमड़ आए और क्षण-भर के लिए मैं राजेन्द्र बाबू के निस्पृह और नरश्रेष्ठ रूप की झांकियों में खो गया।

राजेन्द्र बाबू की विदाई का यह समारोह क्या था, जीवन का एक ऐसा मार्मिक प्रसंग था जो क्वचित् ही ऐतिहासिक पुरुषों के जीवन में आता है। उस दिन का वह दृश्य और उसमें हुई बातें अनेक बार मुझे बेचैन करती रहीं और राजेन्द्र बाबू के जाने के बाद तो और अधिक।

इसके बाद शासकीय स्तर पर जब डॉ॰ राधाकृष्णन् ने राष्ट्रपति का पद-भार संभाला और संसद् भवन के एक भव्य समारोह में उन्होंने भारत के प्रथम भद्र पुरुष अजातशत्रु डा॰ राजेन्द्र प्रसाद को 'भारतरत्न' की उपाधि से विभूषित किया, उस समय का दृश्य बड़ा ही मार्मिक और हृदयग्राही था। दिनांक 13 मई को डॉ॰ राजेन्द्र प्रसादजी एक विशेष ट्रेन से पटना प्रस्थान कर रहे थे। ट्रेन नई दिल्ली स्टेशन पर लगी थी। राष्ट्रपति-भवन से डॉ॰ राजेन्द्र प्रसादजी छः घोड़ों की राजकीय सवारी में राष्ट्रपति डॉ॰ राधाकृष्णन् के साथ स्टेशन पहुँचे। राष्ट्रपति भवन से स्टेशन तक मार्ग में दोनों और हज़ारों की संख्या में जनसमूह अपने प्रिय नेता और राष्ट्रपति को विदा करने मौजूद था। राजेन्द्र बाबू बग्घी में बैठे-बैठे ही दोनों हाथ जोड़े मार्ग के दोनों ओर खड़ी जनता का अभिवादन स्वीकार करते जाते। जनता राजेन्द्र बाबू का जयघोष कर उन पर पुष्प-वृष्टि करती। यह दृश्य देखते ही बनता। नई दिल्ली स्टेशन पर ज्योंही राजेन्द्र बाबू पहुँचे, जनता का आलम बढ़ गया। सुरक्षा की दृष्टि से प्लेटफार्म पर केवल उन्हीं लोगों को जाने की इजाज़त थी जिसके पास प्रवेशपत्र थे। इनमें केन्द्रीय सरकार के मन्त्रिगण, संसद सदस्य, अधिकारी,

विदेशी लोग, पत्रकार और नागरिकों का स्टेशन पर ही ऐसा आलम जमा हो गया था कि पैर रखने की जगह नहीं थी। राजेन्द्र बाबू विशेष ट्रेन में अपने वातानुकूलित डिब्बे में आराम से बैठे हुए थे और लोग बारी-बारी से जाकर उनसे मिल आते थे। मुलाकात का यह क्रम काफी देर तक चलता रहा। जब ट्रेन के जाने का समय हुआ तो प्रधानमन्त्री पं॰ जवाहरलालजी जो यद्यपि स्टेशन पर काफी देर से पहुँचे थे और राजेन्द्र बाबू से मिल भी चुके थे, किन्तु ट्रेन रवाना होने के कुछ ही पूर्व राजेन्द्र बाबू के डिब्बे में घुसे और उनके गले में बांहें डालकर, लिपटकर रो पड़े। राजेन्द्र बाबू और पं॰ जवाहरलाल नेहरू राष्ट्र के दो नायकों की यह मार्मिक भेंट जहाज के उन दो पतवारों की भांति थी जिन्होंने सर्वाधिक रूप से राष्ट्र के जहाज को स्वाधीनता प्राप्ति के बाद, विशेष रूप से गणतन्त्र के इन बारह वर्षों में, खेकर आगे बढ़ाया है। आज राजेन्द्र बाबू रूपी एक पतवार अलग हो रही थी, इसी भावपूर्ण वेदना के वशीभूत हो पं॰ जवाहरलालजी करुणा से भर उठे।

राष्ट्रपतिजी की विशेष ट्रेन ने ज्योंही सीटी दी, प्लेटमफार्म के बाहर खड़ी जनता का आलम बेचैन हो उठा। सुरक्षा-प्रबन्ध के कारण प्लेटफार्म पर लोगों को जाने से रोक रखा था, गाड़ी आहिस्ता-आहिस्ता नई दिल्ली स्टेशन का प्लेटफार्म छोड़ने लगी और बाहर जनता इधर-उधर दौड़कर उस विशेष ट्रेन से जाने वाले अपने प्रियतम राजेन्द्र बाबू के दर्शनों की उत्कण्ठा में यहाँ से वहाँ दौड़-भाग करने लगी। जनता की दौड़-भाग का यह दृश्य बड़ा ही मार्मिक था। यह दृश्य देख मुझे गोस्वामी तुलसीदासजी का "एक मिलत दारुण दुःख देहीं, बिछुरत एक प्रान हर लेहीं।" कथन बरबस याद आ गया। राजेन्द्र बाबू के इस विदा-प्रसंग में लोगों के दिल में उनके प्रति जो ममता, प्यार और मुहब्बत थी वह उन्हें बरबस राजेन्द्र बाबू की ओर खींच रही थी, और इस खिंचाव में मुहब्बत का जो एक दर्द होता है, एक कसक, एक पीड़ा होती है, उसके वशीभूत हो दिल्ली का यह नर-समूह, जैसे-जैसे ट्रेन आगे बढ़ती, उसकी ओर भाग रहा था–अपने नेता, नायक, रहनुमा और प्रियतम के अन्तिम दर्शनों के लिए।

हमारे यहाँ एक आम कहावत है कि 'डूबते सूरज को कौन पूजता है।' सचमुच कोई नहीं पूजता। पूजने से अभिप्राय भी क्या! हम तो उस नवोदित सूर्य के पूजक, प्रशंसक और उपासक हैं जो हमें रोशनी देता है, यही नहीं, हमारा जीवनदाता है। किन्तु राजेन्द्र बाबू के इस विदा-प्रसंग ने हमारे इस विश्वास को, हमारी इस मान्यता अथवा कहावत को सर्वथा बदल दिया था। पिछले कुछ दिनों

से राष्ट्रपति-भवन और नई दिल्ली का जो वातावरण बन गया था तथा उसके बाद विशेष रूप से दस मई से तेरह मई तब इन तीन दिनों में जैसा अभूतपूर्व, ममत्वपूर्ण और कारुणिक दृश्य राजेन्द्र बाबू की विदाई के इस अवसर पर उपस्थित हुआ उसे देख जान पड़ता, देश की हृदयगत करुणा जो देशरत्न के प्रति उसने अपने हृदय में संजो रखी थी, दिल्ली के गली-कूंचे और सड़कों से सरिता-सी प्रवाहित हो रामलीला मैदान, संसद भवन और अन्तिम दिन नई दिल्ली स्टेशन पर समुद्र की तरह उमड़ रही थी। स्वाभाविक ही था, आज न केवल भारत की कोटि-कोटि जनता का नेता और रहनुमा अपने पद-भार से विदा हो रहा था। वरन् समुद्र की भांति मर्यादित उसकी परम्परा, संस्कृति और सामर्थ्य का प्रतीक भारत का वह सिंधुराज विदा हो रहा था, जो अपने शील, शौर्य, धीरता और गम्भीरता में अब तक भारत-सिंधु का प्रतिनिधित्व करता रहा है। राजेन्द्र बाबू अपने सैलून में समुद्र की भांति ही धीर, गम्भीर और शांत बैठे थे। प्लेटफार्म और उसके बाहर ऊर्मियों और लहरों की भांति जन-समूह लहलहा रहा था। जान पड़ता, समुद्र की काया रेल के डिब्बे में थी और उसकी आत्मा बाहर स्पन्दन कर रही हो। ठीक ही तो है, समुद्र से ही सूर्योदय होता है और उसी में सूर्यास्त भी। दोनों का अन्योन्य सम्बन्ध है, आत्मीय सम्बन्ध है, और इसीलिए जिस जनता के लिए आज पर्यन्त राजेन्द्र बाबू अविराम श्रम करते रहे और उसके दु:ख से दु:खी तथा उसे समुन्नत एवं सुखी बनाने को विकल रहे, वही जनता आज उनके लिए विकल हो तो आश्चर्य की बात ही क्या है!

राजेन्द्र बाबू की विदाई का यह प्रसंग, इस अवसर पर उनका स्वागत-वन्दन-अभिनन्दन सभी कुछ जैसा करुणा-प्रेरित और ममत्व की पीड़ा से भरा हुआ था उसे देख जान पड़ता यह डूबते हुए सूरज की पूजा नहीं है वरन् उस सूरज की पूजा है जो अपने उदय के साथ आज पर्यन्त अपने निष्काम सेवामय कर्मशील सार्वजनिक जीवन के पचास वर्षों में एक क्षण को भी डूबने की तो कौन कहे भारतीय गगन से ओझल नहीं हुआ है।

## जीवन-दर्शन

'जीवन-दर्शन' शब्द ही व्यक्ति के जीवन के एक विशिष्ट पक्ष का निर्देशक है। दृष्टिकोण अथवा उद्देश्यहीन न कोई व्यक्ति होता है और अपवाद रूप ऐसे हुए भी तो फिर उनका कोई जीवन नहीं होता। जीवन का अर्थ जिस प्रकार एक गतिशील ज्वलन्त स्थिति है उसी प्रकार दर्शन भी एक परिपक्व और परिपुष्ट तथा स्पष्ट

उद्देश्यपूर्ण स्थिति का परिचायक होता है। एक निश्चित अवस्था पर यह स्थिति सभी व्यक्तियों के सम्मुख आती है और सभी को जीवन के चौराहे पर खड़े हो अपना एक निश्चित और स्पष्ट दृष्टिकोण, लक्ष्य अथवा जिसे जीवन-दर्शन कहें, निश्चित करना होता है। जीवन के ऊबड़-खाबड़ धरातल पर अनेक लोगों को अपने निश्चित दृष्टिकोण, लक्ष्य अथवा दर्शन में परिस्थितिवशात् परिवर्तन करने को भी बाध्य होना पड़ता है और इस परिवर्तन के अनेक बार बड़े व्यापक और दूरगामी परिणाम देखने में आते हैं। व्यक्ति का जीवन-दर्शन दो दृष्टियों से, दो क्षेत्रों में प्रेरित और प्रभावित होता है, एक व्यष्टि से दूसरा समष्टि से।

इस निरवधि काल में विपुल पृथ्वी पर कभी-कभी ऐसे महापुरुष भी आ जाते हैं जिनका दिक्काल से अविच्छिन्न प्रभाव लोकमात्र के लिए एक अनन्त आलोक की सृष्टि कर जाता है। राजेन्द्र बाबू ऐसे ही विश्व-बन्धु युगपुरुषों में थे। वे सारे संसार और अखण्डकाल के लिए कुछ अनुपम, अखण्ड और अमिट आभा छोड़ गए हैं।

जैसाकि पुस्तक के व्यक्तित्व अध्याय में सरोजिनी नायडू का यह कथन कि 'बाबू राजेन्द्र प्रसाद के भव्य व्यक्तित्व के बारे में स्वर्ण लेखनी को मधु में डुबोकर लिखना होगा' आया है; अनेक विद्वानों ने अनेक जगह इसे उद्धृत किया है क्योंकि इसमें काव्य के चमत्कार के अतिरिक्त यथार्थ का आकर्षण भी है। राजेन्द्र बाबू के स्वभाव में सचमुच ही मधु की मिठास और उनके त्याग-तप में सोने को भी मात करने वाली चमक थी—कुछ ऐसी चमक थी जो धूल पर भी पड़े तो उसमें सोने का रंग भर दे।

यही कारण है कि आधुनिक भारत के मनीषी और तत्त्व-चिंतकों में डॉ० राजेन्द्र प्रसाद का प्रथम स्थान है। उनके जीवन का अधिकांश भाग या तो राष्ट्र के लिए संघर्ष करने में बीता है या राष्ट्र-निर्माण में लगा है। पश्चिमी विचारों का भारतीय संस्कृति की पृष्ठभूमि में जो समन्वय राजेन्द्र बाबू के जीवन में दिखाई देता है वह अन्यत्र मिलना कठिन है।

आज से लगभग पचास वर्ष पहले राजेन्द्र बाबू ने गांधी मार्ग का जो रास्ता पकड़ा था, अन्त तक वे इसी पथ के पथिक रहे। यह बड़ी बात न होकर बड़ी बात तो यह है कि उनका सम्पूर्ण जीवन उसी से ओत-प्रोत रहा। यही कारण है कि उनके सामाजिक और व्यक्तिगत जीवन में कहीं कोई व्यवधान नहीं रहा और अपने सभी कामों को उन्होंने इसी पैमाने से नापा और उनके मन में देश का हित

ही सर्वोपरि रहा। मन, वचन और कर्म से वे अहिंसा को अपना मूल-मन्त्र मानते रहे, पर राष्ट्रीय एकीकरण के लिए जनमानस के आग्रह पर उन्होंने विष का पान किया, जिसके कारण राष्ट्रपति-पद के बारह वर्षों तक हिंसा और अहिंसा का अन्तर्द्वन्द्व उनमें बराबर छिड़ा रहा। इस बात का स्पष्ट आभास तब मिला जब उन्होंने राष्ट्रपति-पद से अवकाश ग्रहण करने के कुछ दिन बाद ही निःशस्त्रीकरण सम्मेलन के अध्यक्ष-पद से यह घोषणा की कि सम्पूर्ण संसार में शांति के लिए प्रयत्नशील भारत सबसे पहले निःशस्त्रीकरण करके इस दिशा में एक आदर्श उपस्थित कर सकता है।

राजेन्द्र बाबू अहिंसा के प्राण-तत्त्व 'अभय' के मूर्तिमान रूप थे। यही वजह थी कि उन्होंने मन, वचन और कर्म से अहिंसा का वरण किया था। वे व्यक्ति को भौतिक सम्पत्ति और शक्ति के स्थान पर आत्म-शक्ति से समृद्ध करने के पक्षपाती थे। उनका मत था कि आत्म-शक्ति से सशक्त और सुदृढ़ व्यक्ति, समाज और राष्ट्र ही अक्षय और अजेय हो सकता है, मात्र भौतिक शक्ति से नहीं। राजेन्द्र बाबू सच्चे अहिंसावादी थे क्योंकि उनमें अपार आत्मबल था। वे शांतिवादी थे क्योंकि उनके भीतर शक्ति विराज रही थी।

अक्तूबर 1962 में जब चीन ने भारत पर आक्रमण किया जो राजेन्द्र बाबू ने, जो अब राष्ट्रपति-पद से अवकाश ग्रहण कर चुके थे, पटना में एक सार्वजनिक सभा में बड़े ही सारगर्भित और मार्मिक शब्दों में आज़ादी की रक्षा के लिए जनता से अपील की। चीनी आक्रमण की चुनौती का सामना करने के लिए पटना में बांकीपुर के उस पुराने लान और आज़ादी के बाद के गांधी मैदान में राजेन्द्र बाबू के आह्वान पर जो यह सभा हुई, कहते हैं इतनी बड़ी आम सभा कभी नहीं हुई, जब गोलघर के भूरे मुंडेरों को भी रंग देने वाली उस ढलती संध्या में राजेन्द्र बाबू ने तालियों की गड़गड़ाहट के बीच घोषणा की:

> "हमने अहिंसा के द्वारा एक ऐसी ताकत से आज़ादी ली जो दुनिया की सबसे बड़ी ताकतों में गिनी जाती थी। आज दूसरा समय आया है और अहिंसा से महात्मा गांधी ने जो आजादी प्राप्त की उसे आवश्यकतानुसार हिंसा और अहिंसा, दोनों ही तरीकों से बचाना है। जो हिंसा के रास्ते से चलकर देश को बचाना चाहते हैं, वे उस रास्ते आगे बढ़ें। जो अहिंसा से ही आजादी की रक्षा करना चाहते हैं, वे उस रास्ते से आगे बढ़ें। पर आज यह सोचने का समय नहीं है कि कौन रास्ता अच्छा है और कौन बुरा। मूल बात यह है कि हमें हर स्थिति में भारत को स्वतन्त्र रखना है।"

राजेन्द्र बाबू के स्वर में उस दिन वैसी ही आंच थी जैसी 'भारत छोड़ो' का उद्घोष करते समय महात्मा गांधी की वाणी में थी।

मूलतः शांतिवादी राजेन्द्र बाबू ने देशवासियों का आह्वान करते हुए कहाः "संसार इस बात का साक्षी है कि भारतीय गणराज्य ने किसी भी देश की ओर बुरी नजर से नहीं देखा है। पर लड़ाई के समय हमारी कोशिश होनी चाहिए कि हम आवश्यकतानुसार कहीं भी जाकर शत्रु का मुकाबला करें। चीन जहाँ से चोरों की तरह हमारी भूमि में घुसा, वहीं से उसके पांव उलट देने चाहिए। यदि चोरी-चुपके दो-चार चीनी आक्रमक हमारे गाँव में पहुँच जाएँ तो हमें देखना है कि उन्हें खाने-पीने और रहने के लिए जगह न मिले और यदि वे मर जाएँ तो हमें यह देखना चाहिए कि उनकी लाशें गाड़ने के लिए जगह न मिले।"

इस प्रकार हम देखते हैं कि राजेन्द्र बाबू नई पीढ़ी के लोगों के लिए राष्ट्रपति-भवन से ज्यादा सदाकत आश्रम आकर राष्ट्र के सर्वोच्च प्रेरणा-स्रोत बन गए थे।

उपनिषद् में उल्लेख आया है कि-"विश्व का अस्तित्व स्वतन्त्रता में है, उसी में इसका उदय है, उसी में इसका लय।" अतः लोकमान्य के शब्दों में स्वाभाविक ही स्वाधीनता मानव का जन्मसिद्ध अधिकार है। मानव के इस अधिकार पर जब भी और जहाँ भी कुठाराघात हो अथवा उसका अपहरण होता है, कोई भी विचारक, मनीषी और सद्पुरुष उसे सहन नहीं करेगा, उसका विरोध करेगा और प्रतिरोध करेगा। तिब्बत पर चीन का आधिपत्य स्वीकार किए जाने के प्रश्न पर उस वक्त राजेन्द्र बाबू ही मात्र एक ऐसे व्यक्ति थे जिन्होंने इसे अनुचित ठहराया था और बाद में उन्होंने अपना यह मत व्यक्त भी किया।

गांधीजी ने कहा था कि यदि मेरा वश चले तो भारत का राजा किसान हो, क्योंकि इस देश का वही प्रतिनिधित्व करता है। भारत के प्रथम राष्ट्रपति देशरत्न राजेन्द्र प्रसाद के बारे में गांधीजी का यह विचार पूरा उतरता है। सचमुच वे सच्चे किसान थे। उनके खान-पान उनके रहन-सहन, उनके व्यवहार, उनके आचार-विचार से वे सभी बातें झलकती हैं जो हमारे देश के सीधे-सादे किसान से सम्बन्धित हैं। हमारे देश में पश्चिमी दर्शन के प्रभाव के कारण आधुनिक पढ़े-लिखे लोग यह समझने लगे थे कि जीवन की सारी भूमि धर्म की भूमि नहीं है। उपनिषद् काल में और बौद्ध तथा जैन युगों में धर्म को वरण करने वाला व्यक्ति गृहस्थी छोड़कर संन्यास ले लेता था, क्योंकि उस समय यह समझा जाता था कि गृहस्थी और धर्म साथ-साथ नहीं चल सकते। धर्म तो एक विशेष

प्रकार की साधना है। इसका सहारा मोक्ष-प्राप्ति के लिए लिया जाता है। संसार के सभी देशों में किसी समय किसी सुधारक ने धर्म को अपने समस्त जीवन पर लागू करने का प्रयत्न किया था या नहीं, यह नहीं कहा जा सकता। राजेन्द्र बाबू का महत्त्व इस बात में है कि उन्होंने गांधीजी के धर्म को जीवनव्यापी बनाने के दुस्साहसी प्रयोग को अपने व्यक्तिगत गृहस्थ और सामाजिक जीवन पर किया। अरविन्द को वे अत्यधिक श्रद्धा की दृष्टि से देखते थे, पर गांधी को वे इसीलिए अपना गुरु मानते थे क्योंकि अरविंद ने मानव-समाज की समस्याओं का यह निदान किया कि ये समस्याएं मनुष्य की बुद्धि से निकली हैं और उनका समाधान यह है कि मानव-समाज बुद्धि के स्तर से उठकर अतिमानस की अवस्था में पहुँच जाएँ निदान तो गांधीजी का भी बहुत कुछ वही था, किन्तु समाधान में दोनों महात्माओं में भेद था। गांधीजी मनुष्य में धर्म की भावनाएं जगाकर उसकी पीड़ाएं दूर करना चाहते थे और गांधीजी के विचार को यदि किसी एक व्यक्ति ने साकार रूप प्रदान किया तो वे राजेन्द्र बाबू थे। उन्होंने अपने जीवन के प्रत्येक क्षेत्र में इस बात का बड़ी निष्ठापूर्वक लागू किया कि मानवता से एकाकार हुए बिना धर्म का पालन नहीं हो सकता इसीलिए उन्होंने राजनीति का क्षेत्र चुना। क्योंकि इस क्षेत्र में साधारण जन से एकाकार होने की सम्भावना अत्यधिक है। उन्होंने अनेक बार कहा भी था कि ऐसे धर्म से मेरा परिचय नहीं है जो मनुष्य के दैनिक कार्यों से अलग होता है। उन्होंने अपने आचरण से यह सिद्ध कर दिया कि धर्म किसी खास दिन या लग्न-विशेष का कृत्य नहीं है।

राजेन्द्र बाबू शिक्षा, संस्कृति और कला के संगम थे। विवेकानन्द, अरविन्द और गांधी के समान वह यह मानते थे कि केवल आधिभौतिक विजयों और उपलब्धियों पर आश्रित अथवा अवस्थित सभ्यता न तो शान्तिदायिनी हो सकती है और न उसमें स्थायित्व ही आ सकता है। वह तभी आएगा जब वह धर्म से पूर्णरूपेण व्याप्त हो जाएँ उनका मानना था कि जीवन धर्म से अलग होकर नीचे गिर जाता है और धर्म से मिलकर ऊपर उठने लगता है। ज्ञान के स्तर पर रामकृष्ण परमहंस, विवेकानन्द, लोकमान्य, अरविन्द और गांधी ने जो दर्शन तैयार किया था, कर्मक्षेत्र में उनको उतारने का भार राजेन्द्र बाबू जैसे विनम्र सेवक पर पड़ा।

चाणक्य और मेकियावली जैसे पंडितों की राजनीति से राजेन्द्र बाबू मुक्त थे। उनमें राजनीति के लिए छल, प्रपंच, मिथ्याचार और दांव-पेच मौजूद नहीं थे। वे मानते थे कि जिस राजनीति के हाथों प्रत्येक देश की जनता का भाग्य

निर्णीत हो रहा है यदि वह ईर्ष्या, द्वेष, छल, प्रपंच और असत्य पर आधारित हो जाए तो विश्व-एकता की कल्पना कोरी कल्पना ही रहेगी और विज्ञान की शक्तियों का प्रयोग मनुष्य की हानि के लिए होता ही जाएगा।

राजेन्द्र बाबू ने अहिंसा को नीति मानकर नहीं सिद्धान्त मानकर जीवन में उतारा था। जिस समय गांधीजी के अहिंसा के प्रयोग पर सारा संसार हंसता था और बड़े-बड़े लोग यह कहकर शंका से सिर हिलाया करते थे कि इतिहास में कभी भी अहिंसक क्रांति नहीं हुई, उस समय अहिंसा में जो शक्ति छिपी है उसको राजेन्द्र बाबू ने भांप लिया था और उन्होंने यह भी समझ लिया था कि सच्ची अहिंसा भय नहीं प्रेम से जन्म लेती है, निःसहायता नहीं, सामर्थ्य से उत्पन्न होती है। राजेन्द्र बाबू ने अपने जीवन में सदैव एक सच्चे सत्याग्रही के विचार को साकार रूप दिया। उन्होंने सदैव ही इस बात का प्रयत्न किया कि प्रतिपक्षी के हृदय की कटुता को उसके भीतर की सद्भावना से स्थानान्तरित किया जाएँ जैसा कि पहले कहा गया है, राजेन्द्र बाबू के इस अन्तरभाव का ही प्रभाव था कि गांधीजी के सत्य-अहिंसा के प्रयोग-काल में ही हठवादी और ईर्ष्यालु कायदेआज़म जिन्ना ने, जब कांग्रेस और मुस्लिम लीग के बीच स्वाधीनता के प्रश्न पर गतिरोध उत्पन्न हुआ तो मात्र राजेन्द्र बाबू ही ऐसे व्यक्ति थे जिनसे बातचीत करना मंजूर किया। अनेक दिनों तक कांग्रेस की ओर से राजेन्द्र बाबू और मुस्लिम लीग की ओर से कायदेआज़म जिन्ना की यह बातचीत सौहार्द्रपूर्ण वातावरण में चली थी। इस प्रकार हम देखते हैं कि किस प्रकार राजेन्द्र बाबू गांधीजी के सत्य-अहिंसा के प्रारंभिक दिनों और प्रयोग-काल में ही उनके सच्चे एकमात्र उत्तराधिकारी और देश के अजातशत्रु बन चुके थे।

राजेन्द्र बाबू महान् आस्तिक और वैष्णव श्रेणी के भक्त थे। सर्वोत्तमवादी साधक परमात्मा को शैलों, पहाड़ों, तालों और समुद्रों में देखता है। रहस्यवाद अपने-आपमें अमूर्त वास्तविकता का दर्शन करता है और मूर्तिपूजक भक्त पत्थर की मूर्ति में ईश्वर की प्रतीति करता है। इन सबमें तो राजेन्द्र बाबू को परमात्मा की झलक मिलती ही थी, किन्तु उनके साथ उन्होंने परमात्मा के दर्शन सदाचार में किए। उनके लिए ईश्वर सत्य और प्रेम, नैतिकता और सदाचार था। आधुनिक युग में भक्ति और रहस्यवाद में कोई विशेष श्रद्धा नहीं रह गई है। ऐसे शंकालु युग में राजेन्द्र बाबू पैदा हुए। वे मानते थे कि धर्म का वास्तविक अनुसरण नैतिकता के पालन में है। वे प्रार्थना में पूरा विश्वास रखते थे। उनका सारा जीवन ही प्रार्थनामय था और आत्मनिवेदन के भाव से भरपूर था। वे कहते

थे कि प्रार्थना आत्मशुद्धि का आवाहन है। वह विनम्रता को निमन्त्रण देती है। राजेन्द्र बाबू इतने अधिक विकसित हुए कि अन्त में वे ऐसी जगह पहुँच गए जहाँ सभी धर्म मनुष्य को ले जाना चाहते हैं। वे अच्छे हिन्दू भी थे, अच्छे मुसलमान भी थे और अच्छे ईसाई भी।

किन्तु इसका अर्थ यह नहीं कि वे धर्मान्ध थे। सचमुच में वे विवेकी थे और प्रत्येक बात को धर्म की कसौटी पर, उस धर्म की जिसमें मानवजाति के अधिकारों और उपलब्धियों के लिए अवसर, साधन और स्वतंत्रता समान स्तर पर सुलभ हो, कसना उनकी आदत बन चुकी थी। रूढ़ियों और अंधविश्वासों की वे बड़ी निन्दा करते थे।

राजेन्द्र बाबू वैरागी के वैरागी और गृहस्थ के गृहस्थ थे। वे क्रान्तिकारी थे किन्तु क्रान्ति के पक्ष में वे जिन शक्तियों को जागृत करते थे, उन्हें अपने नियंत्रण में ही रखने की कोशिश करते थे। वे प्रतिमापूजक थे, किंतु वे आराधकों को ऊंचे स्तर पर ले जाकर प्रतिमाओं के दर्शन करने की शिक्षा भी देते थे। वे वर्णाश्रम के विश्वासी थे, किन्तु जाति-प्रथा को अभिशाप मानते थे। वे काम-भावना को मनुष्य की नैतिक प्रगति में बाधक मानते थे, किन्तु नारी-जाति के प्रति उनके मन में अत्यधिक आदर और कोमलता का भाव था। राजेन्द्र बाबू की सबसे बड़ी विशेषता यह थी कि जो सुधार वे दूसरों को सिखाना चाहते थे उन सुधारों को पहले वे अपने जीवन में उतार लेते थे। गांधीजी के अन्य गुण-धर्मों के साथ उन्होंने इसे भी सर्वोपरि रूप से अपने जीवन में उतारा जो जीवनपर्यन्त उनमें विद्यमान रहा।

उदाहरण के लिए, गांधीजी के सिद्धांतों के प्रचार के लिए तथा सर्वोदय सिद्धांतों में निष्ठा रखने के लिए जब आचार्य विनोबा भावे ने सर्वोदय पात्र की योजना का विचार जनसाधारण को दिया तो राष्ट्रपति होते हुए भी राजेन्द्र बाबू प्रथम व्यक्ति थे जिन्होंने सबसे पहले राष्ट्रपति-भवन में सर्वोदय पात्र रखा और जब तक वे राष्ट्रपति रहे तब तक नित्य ही मुट्ठीभर अन्न सर्वोदय पात्र में डालते रहे।

उनका सारा दृष्टिकोण सदाचार का और पवित्रतावादी था। यह कोई उनका प्रयोग नहीं था वरन् ये सिद्धान्त उनके जीवन से निकले थे।

राजनीति राजेन्द्र बाबू को अपने में आत्मसात् नहीं कर सकी, वह तो उनके लिए मातृभूमि की मुक्ति और मानवता की सेवा का एक साधन-मात्र रही।

वस्तुतः राजेन्द्र बाबू राजनीति के पुरुष नहीं थे, वे तो धार्मिक नेता भी थे। लेकिन उनका धर्म किसी गुरुमुख से लिया हुआ धर्म नहीं था, न उन्होंने सम्प्रदाय-विशेष के धर्म को अपना धर्म माना। वे तो 'वसुधैव कुटुम्बकम्' और 'सर्व धर्म समभाव' वाले धर्म के अनुवर्ती थे।

राजेन्द्र बाबू कला को कौतुहल या मनोरंजन की वस्तु नहीं मानते थे। उनका कहना था कि वह वर्तमान और भावी जीवन की आवश्यकता तो है ही, हमारे गौरवपूर्ण अतीत का भी वह प्रतिनिधित्व करती है। वे मानते थे कि कला व्यक्ति के कल्याण का साधन है और सौन्दर्य के बारे में उनका मत था कि मूर्त वस्तुओं में सौन्दर्य को साक्षात् देखना और जीवन में उसे लाना, यही मानव की स्वाभाविक प्रवृत्ति है और आवश्यकता है। लौकिक उपकरणों को वे जीवन का साधन मानते थे, साध्य नहीं। शांतिमय साधनों और आनन्दमय सार्थकता में ही वे शाश्वत जीवन का दर्शन करते थे।

अनेक व्यक्तियों का विचार है कि वे विज्ञान के विरोधी थे, किन्तु उन्होंने इसके बारे में अनेक बार कहा कि वास्तव में कोई व्यक्ति कभी विज्ञान के विरुद्ध नहीं हो सकता, क्योंकि ऐसा होने से वह स्वयं ही प्रतिगामी बनता है। उनका मत था कि विज्ञान जब तक जन-कल्याण की भावना से विकसित होता रहा तब तक उससे मानव-समाज का हित ही होता रहा है और इसलिए यह समाज विज्ञान का विकास करते हुए भी धर्म की छत्रछाया में रहकर दृश्य साधनों का साधन बना रहा। आज भी हमें वैज्ञानिक विकास के साथ-साथ धर्म का सम्बल प्राप्त होना चाहिए। कुछ ऐसी मर्यादाएं होनी चाहिए जिनका पालन हमारे लिए अनिवार्य हो। इन मर्यादाओं से ही विज्ञान की आत्मरक्षा हो सकेगी।

उनका दृष्टिकोण मानवीय था इसलिए वे प्रत्येक विचार को उसी की कसौटी पर कसते थे। यन्त्रों के बारे में उनका कहना था कि मनुष्य यन्त्रों के लिए नहीं है यन्त्र उसके लिए हैं। यही नहीं, विज्ञान की शक्तियों भी मानव-कल्याण के लिए ही हैं, मानव उन शक्तियों के लिए नहीं। उनका मत था कि भौतिक विज्ञान भले ही अपने तीव्र प्रकाश से मनुष्य को कुछ समय के लिए चकाचौंध कर दे, किन्तु सभ्यता और संस्कृति को चिरस्थायी बनाने के लिए धार्मिक और नैतिक शक्तियां आवश्यक हैं और इनके लिए बलिदान और त्याग की आवश्यकता है जो अटूट विश्वास और चिन्तन द्वारा प्राप्त होता है और राजेन्द्र बाबू इसी जीवन-शक्ति को प्राप्त करके प्रथम सत्य, सौन्दर्य और कला की

अनुभूति करना चाहते थे, जिसको जीवन का प्रथम उद्देश्य कहा है। यही कारण है कि वे ऐसे वैभव को दूर से ही नमस्कार करते थे जो मनुष्य को धर्म-विमुख कर अनैतिकता की ओर ले जाएँ वे वस्तुतः स्वतन्त्रता को प्राप्त करने के लिए मृत्यु का वरण करना भी पसन्द करते थे।

राजेन्द्र बाबू मात्र नेता अथवा शासक नहीं थे, वह तो राष्ट्रपुरुष भी थे। ऐसे राष्ट्रपुरुष जिनके मन, वचन और कर्मों में समग्र राष्ट्र की आत्मा निवास करती थी। उनके सब विचार और कार्य समग्र राष्ट्रहित की दृष्टि से प्रेरित होते थे। उनके जीवन में ऐसे भी अनेक प्रसंग उपस्थित हुए जो उनके विचारों से मेल नहीं खाते थे, किंतु उन्होंने उन्हें राष्ट्र-हित में बर्दाश्त किया और कभी व्यवधान नहीं बने। राष्ट्रभाषा का प्रश्न उनके लिए एक ऐसा ही प्रसंग था। वे हिन्दी के न केवल प्रबल समर्थक थे अपितु, जैसाकि पीछे उल्लेख हुआ है, वे भारतीय संविधान तक मूल रूप से हिन्दी में बनाने के पक्षपाती थे। इसके बाद शासन-क्षेत्र में उसे समग्र देश के राजकाज की भाषा के रूप में व्यवहृत करने के वे स्वाभाविक रूप से ही पक्षपाती थे, किन्तु राष्ट्रीय एकता और राष्ट्र-हित की दृष्टि से भगवान् शंकर की तरह वे इस प्रश्न पर मौन रहे और गरल पान कर गए।

राजेन्द्र बाबू कितने बड़े राष्ट्रीयतावादी थे इस सम्बन्ध में यहाँ एक उदाहरण देना अनुपयुक्त न होगा।

राष्ट्रपति-पद से अवकाश ग्रहण करने के बाद वे पटना आ गए। इन दिनों देश में कुछ आन्तरिक संकट उभर रहे थे। इन्हीं दिनों राजेन्द्र बाबू की धर्मपत्नी श्रीमती राजवंशी देवी का निधन हो गया था। अर्धांगिनी के वियोग की पीड़ा से व्यथित हृदय राजेन्द्र बाबू ने छज्जू बाग स्थित अपने अस्थायी आवास में राष्ट्रीय एकता पर विचार करने के लिए गोष्ठी बुलाई। इस गोष्ठी में उन्होंने जो भाषण दिया उससे उनके मन की वेदना का पता लगता है।

उन्होंने कहा: "स्वराज्य के पन्द्रह साल बाद भी हमें राष्ट्रीय एकता कायम रखने की बात सोचनी पड़ती है, पर यह असलियत है कि हम अपने मुल्क के लम्बे इतिहास में कई बार आपस की फूट से विदेशियों के शिकार बने। जिस स्वराज्य को सारे देश ने मिल-जुलकर हासिल किया उसे हम मिल-जुलकर ही कायम रख सकते हैं।"

इस प्रकार हम देखते हैं कि उनके मन में जीवन के अन्तिम दिनों तक राष्ट्रीय एकता की बात सर्वोपरि रूप में समाई हुई थी।

राजेन्द्र बाबू एक सर्वांगीण युगपुरुष थे और वे राजनीति, धर्म और संस्कृति के समन्वयकारी रूप का विकास चाहते थे। यही कारण है कि जहाँ वे पश्चिम की जनकल्याणकारी श्रेयस्कर उपलब्धियों को अपनाने से बिलकुल भी नहीं हिचकिचाते थे, वहाँ उसके साथ ही वे प्राचीन भारत के सांस्कृतिक मूल्यों को भी उतना ही अधिक प्रोत्साहित करना चाहते थे। इसलिए वे जीवन को सर्वोत्तम कला मानते थे। क्योंकि वे समझते थे कि प्रकृति ने स्वयं मानव में कला की आत्मा को फूंका है और मानव स्वयं कला का जीता-जागता प्रत्यक्ष स्वरूप है जिसमें कला मृत्यु को प्राप्त न होकर जीवन के रूप में विकसित हुई।

इस प्रकार जीवन की समग्र आवश्यकताओं और पूर्णताओं के प्रतिनिधि राजेन्द्र बाबू भारत और भारतीय जनता के प्रथम प्रतिनिधि और भारत राष्ट्र के प्रथम नागरिक थे। उन्होंने अपने आचार और विचारों से अपने को भारतीय जनता की सेवा में पूर्णतया अर्पित कर दिया था। यहाँ तक कि सेवाभाव के इस सर्व-समर्पण में उनका अपना कुछ भी न रह गया था। इस सम्बन्ध में यहाँ एक घटना स्मरण हो आई। संविधान सभा का कार्य करते समय एक ऐसा प्रसंग आया कि राजेन्द्र बाबू ने त्यागपत्र देना चाहा और वे गांधीजी के पास गए। गांधीजी ने उनसे कहा, "और कोई आदमी ऐसा करे तो मैं समझ सकता हूँ, लेकिन तुम कर रहे हो यह उचित नहीं। सार्वजनिक कार्य में व्यक्तिगत अपमान अगर कोई माने तो वह एक दोष है।" राजेन्द्र बाबू ने इस्तीफा देने का विचार छोड़ दिया और इस प्रकार आगे के अपने सम्पूर्ण सार्वजनिक जीवन में अपनी निजता के भाव को फिर कभी पनपने भी नहीं दिया। किन्तु इस निजता के परित्याग का यह अर्थ कदापि नहीं कि वे अपनी निज की मान्यताओं और विश्वासों से भी विमुख हो गए थे। विपरीत इसके और पूरी निष्ठा एवं लगन से अपने विश्वासों और अनुभवों तथा मान्यताओं के आधार पर देश और सर्वसाधारण के लिए वे जो शुभ और कल्याणकारी समझते थे उस पर बिना किसी प्रभाव, संकोच और विचारसंकीर्णता के अन्त तक अडिग बने रहते थे। उनके राष्ट्रपतित्व काल में हमें ऐसे उदाहरण कम नहीं मिलते जब राजेन्द्र बाबू ने अपनी दृष्टि और विचार से बेमेल विधि और बातों को, भले ही वे उनके मंत्रीमण्डल और उनके प्रधानमन्त्री पं० जवाहरलाल नेहरू के प्रभाव से प्रेरित होतीं, दृढ़तापूर्वक अस्वीकार न किया हो। 'हिन्दु कोड बिल' के सम्बन्ध में राजेन्द्र बाबू का यह स्पष्ट अभिमत कि मैं अपने राष्ट्रपति रहते इस पर कभी हस्ताक्षर नहीं करूंगा, जनसाधारण की जानकारी का विषय बना रहा है और अन्ततोगत्वा राजेन्द्र बाबू की इस दृढ़ता के परिणामस्वरूप पं० नेहरू को उसे स्थगित ही करना पड़ा था।

इस प्रकार हम देखते हैं कि परहित के लिए जन्म लेने और परहित हेतु ही जन्म वारनेवाले–'तुलसी सन्त सुअंब तरु, फूलि फरहिं पर हेतु।' की भांति उन्होंने मन, वचन और कर्म से अपने-अपने भारतीय आत्मा के अर्पित कर दिया था। इस अर्पण-समर्पण में एक साधु के चरित्र की निस्पृहता और पवित्रता थी। रामायण में उल्लेख हुआ है:

'साधु ते होइ न कारज हानी।'

राजेन्द्र बाबू गोस्वामी तुलसीदासजी के इस कथन की कसौटी पर खरे उतरते थे। उनके शैक्षणिक जीवन के आरम्भिक दिनों से लेकर सार्वजनिक विशेषकर राष्ट्रपतित्व-काल में तथा उसके बाद उनके निर्वाण तक राजेन्द्र बाबू के चरित्र को देखा जाए, उनके सम्पर्क में आए साथियों, सहयोगियों, सार्वजनिक कार्यकर्ताओं, अनुयायियों और शासन-काल में उनके अधीनस्थ अधिकारियों और कर्मचारियों से पूछा जाए कि क्या किसी भी समय, किसी भी कार्य या प्रसंगवश राजेन्द्र बाबू ने किसी को क्षति पहुँचाने की तो कहे कौन किसी के मन को दुःखी किया है? मैं अपने अटूट विश्वास और पूर्ण दावे के साथ कह सकता हूँ कि सभी का एक उत्तर होगा और वह यही होगा–'साधु ते होइ न कारज हानी।' वे साधु थे, सन्तहृदय थे, अतः उनसे अनजाने में भी कभी किसी का अहित और अमंगल नहीं हुआ।

संस्कृत में एक उक्ति है–'आत्मनः प्रतिकूलानि परेषां न समाचरेत्।' जिस प्रकार के व्यवहार को तुम अपने प्रति किया जाना प्रतिकूल समझते हो, वैसा व्यवहार दूसरों के प्रति मत करो। यह आदर्श वचन राजेन्द्र बाबू के जीवन का मूल मन्त्र था और यही था उनका जीवन-दर्शन भी।

## सिंहावलोकन

पंडित जवाहरलाल नेहरू ने एक बार कहा था, "व्यक्ति आते हैं, चले जाते हैं, पर राष्ट्र बना रहता है।" यह सत्य है, किन्तु राष्ट्र बना रहना मात्र काफी नहीं है। राष्ट्र की आत्मा, उसका गौरव, उसका स्वाभिमान, उसकी संस्कृति और उसकी राष्ट्रीयता यदि बनी रहे तो सचमुच ऐसा राष्ट्र, चाहे वह भारत हो अथवा विश्व का अन्य राष्ट्र, भाग्यशाली होता है। भारत को यह गौरव मिला कि इस देश की आत्मा को जाग्रत् और सशक्त बनाए रखने को जहाँ अतीत काल में राम, कृष्ण, महावीर, गौतम बुद्ध, शंकराचार्य आदि हुए तो आधुनिक काल में उसने गांधी को जन्म दिया। अतीत के उक्त अवतारों अथवा महापुरुषों की भांति गांधी ने भी अपने सहयोगियों और सहकर्मियों के साथ मातृभूमि को मुक्त किया।

युगपुरुष अपने समकालीन समाज की परिस्थिति के अनुसार अपने आदर्श और सिद्धान्तों का निर्माण करते हैं। राम ने अपने युग की आवश्यकताओं के अनुरूप जीवन में सत्य का, कृष्ण ने कर्म का तथा महावीर, बुद्ध एवं शंकराचार्य ने एक विशिष्ट दर्शन अहिंसा का आदर्श प्रतिपादित किया। गांधी ने अपने जीवन में इन सभी की धारा प्रवाहित की। फिर किसी युगपुरुष के आदर्श और सिद्धान्तों का निर्धारण उसके युग-विशेष के लिए न होकर युग-युगों के लिए होता है। गांधीजी ने भी अपने आदर्श और सिद्धांत निर्धारण में इसी भावना से काम लिया। भारत की स्वाधीनता उनके आदर्श अथवा सिद्धान्त का गन्तव्य नहीं था, वह तो उनके निर्धारण का एक हेतुमात्र था। गन्तव्य तो बहुत दूर होता है जिसे आदर्श और सिद्धान्तों का आविष्कर्ता भी क्वचित् बार ही देख पाता है। हाँ, अपनी मंज़िल के प्रारम्भ के कुछ पड़ाव तक पहुँचने में उसे अवश्य कामयाबी मिल जाती है और मिलने वाली यह कामयाबी ही उसके आदर्श और सिद्धान्तों की कसौटी बनती है। हम इतिहास पर नजर डालें तो हमें ज्ञात होगा कि सभी महापुरुषों के प्रयत्न और पुरुषार्थों की प्रथम सफलताएं, उनकी कार्य-परिणति अथवा उसके परिणाम, उनके आदर्श और सिद्धान्तों के व्यावहारिक पक्ष के प्रथम पड़ाव-मात्र ही रहे हैं। उनकी वास्तविक मंजिल तो बाद में शुरू होती है जिस पर उनके अनुयायियों अथवा उन अगणित लोगों को चलना होता है जो उनमें आस्था और विश्वास रखते हैं।

महात्मा गांधी के सम्बन्ध में भी यही बात हुई। उनके आदर्श और सिद्धान्त के व्यावहारिक पक्ष का प्रथम पड़ाव उन्हें भारतीय स्वाधीनता के रूप में देखने को मिला। वे इस पड़ाव पर पहुँचे ही थे कि उनकी जीवन-लीला समाप्त हो गई। अब उनके कार्य, उनके विचार, उनके आदर्श और सिद्धान्तों को मूर्त्तरूप देने का दायित्व उनके अनुयायियों पर पड़ा।

उपनिषद् में एक स्थान पर उल्लेख आया है कि 'चाहे कोई कितना ही बडा पंडित हो पर उसकी चतुराई उसके शिष्यों का कर्तृत्व देखकर ही जानी जा सकती है।' दूसरे शब्दों में, किसी भी युगपुरुष, नेता अथवा नायक के आदर्श, सिद्धान्त और विचारों की प्रामाणिकता तो उसके बाद उसके शिष्यों के आचरण और व्यवहार से सिद्ध होती है। इस दृष्टि से महात्मा गांधी के बाद उनके जो सर्वमान्य उत्तराधिकारी थे उनमें पंडित जवाहरलाल नेहरू, सरदार पटेल, राजेन्द्र बाबू और विनोबा भावे के नाम आते हैं। विनोबाजी का कार्य एक भिन्न क्षेत्र में, जिसे गांधीजी की रचनात्मक प्रवृत्तियां कह सकते हैं, उनके जीवन-काल से ही चल

रहा था। अब शेष उनके तीन अनुयायियों के रूप में पं० नेहरू, सरदार पटेल और राजेन्द्र बाबू हमारे सामने आते हैं। पंडित नेहरू गांधीजी के राजनैतिक उत्तराधिकारी थे, उनके समग्र जीवन दर्शन के नहीं। सरदार पटेल गांधीजी के संगठन-चातुर्य के अनुयायी थे। राजेन्द्र बाबू मात्र अकेले ऐसे व्यक्ति थे जो राजनैतिक मंच पर काम करते हुए भी गांधीजी की सभी रचनात्मक प्रवृत्तियों और उनके जीवन-दर्शन का पूरा-पूरा प्रतिनिधित्व करते रहे। बापू के सत्य, अहिंसा और कर्मवाद का जैसा अभूतपूर्व सम्मिलन राजेन्द्र बाबू ने अपने व्यक्तित्व में किया था वैसा उनके किसी अन्य अनुयायी ने नहीं। राजेन्द्र बाबू के गांधीवादी व्यक्तित्व की प्रामाणिकता पंडित नेहरू और स्वयं गांधीजी के इन शब्दों में हो जाती है। पंडितजी कहते हैं–"राजेन्द्र बाबू के अतिरिक्त ऐसे बहुत ही कम व्यक्ति हैं जिनके बारे में यह कहा जाता है कि गांधीजी के संदेश को उन्होंने पूर्ण रूप से अपनाया है।"

जब गांधीजी कहते हैं: "राजेन्द्र बाबू ने प्रेम से मुझे ऐसा अपंग बना दिया है कि मैं उनके बिना एक कदम भी आगे नहीं रख सकता। मेरे साथ काम करने वालों में राजेन्द्र बाबू सबसे अच्छों में एक हैं। राजेन्द्र बाबू का त्याग हमारे देश के लिए गौरव की वस्तु है। नेतृत्व के लिए इन्हीं के समान आचरण चाहिए। राजेन्द्र बाबू का जैसा विनम्रतापूर्ण व्यवहार और स्वभाव है वैसा कहीं भी किसी भी नेता का नहीं है।…"

इतना ही नहीं, बापू आगे कहते हैं, "कम-से-कम राजेन्द्र बाबू एक ऐसे व्यक्ति हैं जिन्हें मैं ज़हर का प्याला दूं तो वह उसे निस्संकोच पी जाएँगे।"

पंडित नेहरू और महात्मा गांधी के उक्त कथन से राजेन्द्र बाबू के चरित्र पर पूरा प्रकाश पड़ जाता है। देश की स्वाधीनता के बाद जब एक ओर चतुर्दिक राष्ट्र आन्तरिक और बाहरी संकटों से घिरा था, ऐसे समय में नवजात स्वाधीनता की रक्षा और देश के बँटवारे के परिणामस्वरूप उत्पन्न भीषण समस्याओं के समाधान का प्रश्न राष्ट्र के कर्णधारों के कंधों पर आया। तब राजेन्द्र बाबू ने पंडित जवाहरलाल नेहरू, सरदार पटेल और अपने अन्य सहकर्मियों के साथ जिस लगन, तत्परता और योग्यता से कार्य संचालन किया उस पर कोई इतिहासकार ही प्रकाश डालेगा। फिर सत्ता की परिभाषा में जो बातें आती हैं उनमें न केवल उसका सफल संचालन ही व्यक्ति की योग्यता की कसौटी बना है वरन् सत्ता-संघर्ष का भी सामना करना पड़ता है। राजेन्द्र बाबू को सत्ता के लिए कभी संघर्ष नहीं करना पड़ा।

यही नहीं, निर्विवाद रूप से सत्ता को जो संघर्ष उनके कार्यकाल में नहीं हुआ उसका श्रेय बहुत दूर तक राजेन्द्र बाबू को ही है। अपनी योग्यता, नम्रता, सचाई, सरलता और निस्पृहता से उन्होंने अपने कार्यकाल में ऐसी मान्यताएं और स्थापनाएं कीं कि संघर्ष की स्थिति उनके निस्पृह और त्यागपूर्ण व्यक्तित्व के कारण बन ही नही पाती थी। गणतंत्र की स्थापना के बाद राष्ट्रीय एकता और विदेशों में उसकी प्रतिष्ठा तथा देश की शान्ति और सुरक्षा की दृष्टि से भारत राजेन्द्र बाबू के इन बारह वर्षों में एक नेतृत्व के अधीन जिस एकाग्रता से रहा उसे देखने पर जहाँ हमें पंडित नेहरू की कार्यकुशलता और नेतृत्व-शक्ति का बोध होता है, वहीं राजेन्द्र बाबू के निस्पृह और तपःपूर्ण व्यक्तित्व के प्रभाव को भी स्वीकार करना पड़ता है।

किसी भी सरकार के सुशासन, सुव्यवस्था एवं एकता का मूल्यांकन तो उसके बाद वाले शासन के काल में ही हो सकता है। स्वाधीनता के बाद जिस एकता और मज़बूती से स्वाधीनता के इन सत्रह-अठारह वर्षों में हमारी सरकार चली उसके मुकाबिले और देशों में विशेषकर पड़ोसी मुल्कों में जो सरकारें बदलीं उनके संदर्भ में भी सरकार की इस एकता का श्रेय, जैसाकि पंडित जवाहरलाल नेहरू के उस कथन के अनुसार, जो हमने पुस्तक के राष्ट्रपति अध्याय में दिया है, राजेन्द्र बाबू को ही मिलता है।

महात्मा गांधी के कुशल नेतृत्व, संगठन-चातुर्य और योजना तथा सौजन्य, संयम और सभ्यता ने देश को ब्रिटिश साम्राज्य के शिकंजे से छुड़ाया। और बाद में अपनी यह विरासत उन्होंने अपने जिन निकटतम अनुयायियों को सौंपी उनमें सर्वप्रधान पंडित जवाहरलाल नेहरू, सरदार वल्लभभाई पटेल और देशरत्न डॉ॰ राजेन्द्र प्रसाद ही थे। गांधीजी की यह विरासत तीन धाराओं के रूप में हमारे उक्त तीनों नेताओं के जीवनों में हमें देखने को मिलती है। नेतृत्व की विरासत तो स्वयं बापू ने अपने जीवन-काल में भी नेहरू जी को सौंप दी थी, संगठन-चातुर्य और योजना की सरदार पटेल ने संभाली और सौजन्य, संयम, सभ्यता एवं सहिष्णुता की राजेन्द्र बाबू ने अपने आचरण में उतार ली। इस प्रकार राष्ट्र के इन कर्णधारों ने राष्ट्र-नौका को आगे बढ़ाया। प्रश्न उठता है, यदि राजेन्द्र बाबू नवजात स्वाधीनता के दिनों में सौजन्य, संयम, सभ्यता एवं सहिष्णुता के इन संस्करणों से प्रेरित न होते तो क्या स्थिति होती? कल्पना की जा सकती है। संगठन के स्थान पर विघटन, सहयोग की जगह असहयोग और शान्ति की जगह संघर्ष अवश्यम्भावी था। किन्दु राजेन्द्र बाबू तो ऐसे चरित्रनायक थे जिनके आदर्श भरत थे।

गोस्वामी तुलसीदासजी ने चरित्रनायक भरत के संबंध में कहा है:

"जो न होत जग जनम भरत को।
सकल धरम धुर धरनि धरत को।"

यदि राजेन्द्र बाबू के सदृश गांधीजी के आदर्शों का निष्ठावान चरित्रनायक इस युग में न होता तो कठिन है संयम, शील, सदाचार और सज्जनता की यह धुरी जो गांधी-युग की सर्वप्रधान देन थी, कौन धारण करता।

इस प्रकार भारतीय स्वातंत्र्य-संग्राम, स्वाधीनता की प्राप्ति, गणराज्य की स्थापना और उसके बाद के बारह वर्षों के अपने राष्ट्रपतित्व-काल में राजेन्द्र बाबू ने अपने जिन भाव-विचार, आदर्श और सिद्धान्तों को अपने व्यवहार और आचरण में मूर्त्तरूप दिया उनके द्वारा उन्होंने न केवल इस काल के भारतीय शासन को सुयोग्य एवं सुदक्षता प्रदान की वरन् भारत की पुरातन सभ्यता, संस्कृति और उसकी सनातन मान्यताओं की परिपुष्टि के साथ राष्ट्र के जनजीवन में अपने चरित्र-बल से उसकी प्राण-प्रतिष्ठा भी की है। वे अपने काल में भारतीय सभ्यता, भारतीय संस्कृति, भारतीय नागरिक और भारतीय चरित्र के प्रतीक बने हुए थे। विचार, स्वरूप और आदर्श सभी दृष्टियों से उनमें भारतीयता की स्पष्ट प्रतिच्छवि देखी जा सकती थी। उन्होंने अपने कार्य-काल में ऐसी परम्पराओं और मान्यताओं की स्थापना की है जिनसे न केवल शासन-सूत्र को ही वरन् भारत के प्रत्येक जन को युग-युगों तक बल, प्रेरणा और प्रकाश मिलता रहेगा। उनका त्याग, उनकी कर्मठता, उनकी सेवा-भावना, व्यक्तित्व की भव्यता, विचारों की शालीनता और अधिकारों के प्रति निस्पृहता सभी आगे आने वाली अनेक पीढ़ियों तक आलोक की रश्मियां बिखेरती रहेंगी।

## महाप्रयाण

"धरा को प्रमान यही तुलसी जो फरा सो झरा,
जो बरा सो बुताना।"

इस पृथ्वी पर जो आएगा वह जाएगा, यह एक नैतिक नियम और निर्णायक सत्य है। प्रकृति सतत् परिवर्तनशील है। धरा, गगन, सूर्य, चंद्र, ग्रह, नक्षत्र, तारे सभी चलायमान रहते हैं। छोटे-बड़े नद-नाले और सरिताएं प्रवाहित होती हैं। समुद्र उमड़ते, लहराते और आन्दोलित होते हैं। घन-घटाएं फिरती-उमड़तीं, ग्रीष्म, वर्षा, शिशिर, हेमन्त और बसन्त सभी ऋतुएं आती और जाती हैं। चिर-स्थिर कहीं कुछ

दिखाई नहीं देता। हाँ, हर वस्तु का, हर बात का एक समय होता है; वह समय ही समाज के हित-अहित, कल्याण-अकल्याण का साधन बन जाता है। लाभ और हानि की, हित और अहित की, कल्याण और अकल्याण की दृष्टि से जो भावना किसी वस्तु या पदार्थ-विशेष के साथ जुड़ी होती है वही व्यक्ति विशेष के साथ भी। यों तो इस जड़-जंगम सृष्टि में कुछ भी निरर्थक नहीं है। जहाँ एक छोटे-से तिनके और अणु-परमाणु रजकण का भी समाज-हित में उपयोग और महत्त्व है, वहाँ मानव तो एक सर्वोपरि सत्ता और विधायक रूप में हमारे सामने आता है। फिर हित-उपयोग की दृष्टि से मानव ही वह सर्वोपरि साधन है जो सृष्टि के समस्त साधनों का सृजेता, संरक्षक और स्वामी है। जिस प्रकार नेत्रहीन अथवा विवेकहीन व्यक्ति के बिना सुन्दर व्यक्तित्व की कल्पना नहीं की जा सकती उसी प्रकार व्यक्तिहीन समाज अथवा सृष्टि के स्वरूप की कल्पना ही दुरूह है। अतः व्यक्ति की गरिमा, उसका महत्त्व-महात्म्य अपरिहार्य है। किन्तु इस गरिमा और महत्त्व-महात्म्य से युक्त होना ही हमारे लिए श्रेयस्कर नहीं है, वरन् श्रेयस्कर है इससे परिचित होना। इस अनन्त और अगणित-रूपा सृष्टि में पल-पल जन्म लेने वाले और मृत्यु को प्राप्त होने वाले मानवों में ऐसे कितने होते हैं जो मानव-जीवन के इस गुण-धर्म से परिचित रहते हैं, कहना कठिन है, किन्तु निर्विवाद रूप से जो इस जीवन-सत्य से परिचित हो जाते हैं वे तो धन्य होते ही हैं, उनके कारण वह धरा, उस धरा की सीमाएं, उसका गगन, पवन, पावक और वरुण तक धन्य और पावन बन जाते हैं।

देश रत्न डॉ० राजेन्द्र प्रसाद ऐसे ही तपोपूत ज्योतिर्मय पुरुष थे। उन्होंने अपनी तपश्चर्या और पूततम दिनचर्या से भारत राष्ट्र की चतुर्दिक् सीमाओं से लेकर उसकी समग्र आत्मा को न केवल सदा अक्षय और आलोकित रखा वरन् उसमें नवजागरण और नवजीवन के संदेशवाहक सूर्योदय का नित नव नूतन प्रकाश भरा। जीवन-भर एक ऐसे प्रकाश-पुंज के रूप में, जिसकी किरणें मात्र अंधेरे में ही नहीं वरन् स्पष्ट रूप से उजाले में भी लोगों को रोशनी दें, वे आलोकित रहे। उनका यह प्रकाश ऊंचे-ऊंचे महलों से लेकर नीचे बसने वाले निर्धन नर-कंकालों की झोंपड़ियों तक एक-सा पहुँचा, बिना किसी भेदभाव और विघ्न-बाधा के।

राजेन्द्र बाबू का समग्र जीवन, जीवन के इस प्राणतत्त्व का जिससे जगती का निकट का संबंध होता है, जाज्वल्यमान प्रमाण रहा है। वे उन अगणितों में एक थे जिनका जीवन अपने और अपने परिवार से परे समग्र राष्ट्र के जीवन

की धरोहर होता है। अपने सुख-साधन और सम्पन्नता बढ़ाने वाले उन असंख्य लोगों में राजेन्द्र बाबू एक और प्रथम थे जिनका सुख-साधन और सम्पन्नता समग्र राष्ट्र और मानव-जाति की सुख-साधना और सम्पन्नता बढ़ने में होती है।

दिनांक 28 फरवरी, 1963 को सदाकत आश्रम में स्वाधीनता के इस साधक ने, भारत के इस सन्त ने जैसे समाधि ले ली। सारा राष्ट्र स्वतन्त्रता के इस अमर सेनानी की, स्वाधीनता के सजग साधक की ओर उसके संरक्षक, सृजेता और विधायक की समाधि पर, चिरनिद्रा पर स्तब्ध रह गया। शोकाकुल राष्ट्र ने श्रद्धावनत सजल नेत्रों से सदाकत के इस संत को जो श्रद्धांजलि अर्पित की उसे देख कविवर चकबस्त की ये पंक्तियां याद आ गईं–

"एक वे हैं कि जिन्हें भाई-बहन रोते हैं।
मौत तेरी है, तुझे अहले-वतन रोते हैं।"

राजेन्द्र बाबू सांस्कृतिक पुरुष थे। हमारी संस्कृति में वर्णाश्रम का बड़ा महत्त्व है। ब्रह्मचर्य, गृहस्थ, वानप्रस्थ और संन्यास ये चारों आश्रम और अवस्थाएं भारतीय संस्कृति में विशेष महत्त्व रखती हैं। राजेन्द्र बाबू का विवाह यद्यपि बाल्यकाल में ही हो गया था किन्तु वह एक पवित्र बन्धन के अतिरिक्त पति-पत्नी के सम्बन्धों की दृष्टि से बिलकुल अछूता रहा। पर्दा और कड़े पारिवारिक नियम-बन्धनों एवं विद्याध्ययन के लिए पटना और बाद में कलकत्ता रहने के कारण बहुत वर्षों तक राजेन्द्र बाबू का पत्नी के साथ सहजीवन नहीं हुआ। अत: वर्णाश्रम धर्म की प्रथम अवस्था ब्रह्मचर्य आश्रम में वे पूर्णतया प्रवृत्त रहे। इसके बाद वे गृहस्थ बने। सन्तानोत्पत्ति जो गृहस्थ धर्म का लक्ष्य माना गया है उसका भी पूर्णतया निर्वाह कर वे सार्वजनिक जीवन में प्रवेश के साथ ही वानप्रस्थी हो गए और जीवन की अन्तिम अवस्था संन्यास आश्रम तो जैसे उनका सहज और जीवन-गुणधर्म ही था। वे अपनी पत्नी और परिवार से सदा विरत, समग्र राष्ट्र को ही अपना परिवार मान एक सन्त के समान सभी में और सभी-से निर्लिप्त ही रहे। इस प्रकार अखण्ड जीवन की पूर्ण पवित्रता और दायित्व-निर्वाह के बाद जब वे जीवन मुक्त हुए तो उन्हें हमारी संस्कृति का वह निर्वाण प्राप्त हुआ जिसे सुगति और मुक्ति कहा गया है। राजेन्द्र बाबू लगभग अस्सी के पहुँच रहे थे। इस अवस्था तक पुत्र-कलत्र, पत्नी और पारिवारिकों से घिरे, सभी सिद्धियों उपलब्धियों से भरे-पूरे जब राजेन्द्र बाबू के निर्वाण का समय आया तो कुछ महीने पूर्व ही सर्वप्रथम अपनी उपस्थिति में अपने ही सामने पुत्र, पौत्र और पारिवारिकों के सम्मुख अपनी पत्नी को विदा

दी। पत्नी के निधन के बाद भी वे एक कर्मशील योगी की भांति देशसेवा के अपने पावनव्रत में तल्लीन रहे और जब राजेन्द्र बाबू के देहावसान का समय आया तो वे एक सार्वजनिक सभा में भाषण करने जा रहे थे। अन्तिम समय आ पहुँचा और उनके वे पग जो सार्वजनिक सेवा के लिए बढ़ रहे थे रुक गए, एकाएक वे कुछ अस्वस्थ हुए और उनके प्राण-पखेरू उड़ गए। आयोजन में वे न जा सके पर उनका वह भाषण जो उन्होंने उस सभा के लिए लिख रखा था, सन्देश रूप में उस आयोजन में पढ़ा गया। इस प्रकार जीवन की जो पवित्रता जीवन में नहीं, अन्त में देखने का सन्देश हमारी सनातन संस्कृति देती है उसके प्राणवन्त प्रमाण बन राजेन्द्र बाबू ने हमारे इस सांस्कृतिक विश्वास की भी पुष्टि और प्राण-प्रतिष्ठा कर दी।

# परिशिष्ट-1

**महापुरुषों की दृष्टि में**

(1) राजेन्द्र बाबू एक महान् और दिव्यात्मा पुरुष थे। राष्ट्र उनके त्यागमय जीवन को सदा याद रखेगा। उनका जीवन सदा हमारा मार्गदर्शन करता रहेगा। उनपर जनक, बुद्ध और गांधी की छाप थी।

*–सर्वपल्ली डॉ० राधाकृष्णन्*

(2) उनके प्रति मेरे दिल में जो आकर्षण उत्पन्न हुआ और हम दोनों के बीच प्रेम की जो गांठ बंधी वह अब तक बनी हुई है। राजेन्द्र बाबू को देखते ही उनकी सरलता और नम्रता की छाप हमारे दिल पर पड़ती है।

*–सरदार वल्लभभाई पटेल*

(3) डॉ० राजेन्द्र प्रसाद ने भारत के प्रथम राष्ट्रपति के रूप में अपने उच्चपद का महान् दायित्व बड़ी योग्यतापूर्वक निबाहा और उन्हें भारत की जनता का अनन्त प्रेम प्राप्त रहा। सन् 1961 में मैं कुछ दिन अपने पति सहित उनकी अतिथि रही थी। इस समय मुझे उनका हार्दिक आतिथ्य स्मरण हो रहा है।

*–रानी एलिज़ाबेथ*

(4) डा० राजेन्द्र प्रसाद ने एकनिष्ठा भाव से भारत की बड़ी सेवाएं कीं। वह सदा याद रहेंगी। मैं जब अपनी पत्नी सहित भारत में था, उन दिनों की उनकी हार्दिकता मुझे याद आती है।

*–हेरल्ड मैकमिलन*

(5) डा० राजेन्द्र प्रसाद बेर, बादाम और अंगूर में से अंगूरों के बने हैं। न वह बेर की तरह ऊपर से मृदु और अंदर से कठोर हैं, न बादाम की तरह ऊपर से कठोर, अन्दर से मृदु हैं, वह तो भीतर-बाहर दोनों ही ओर मृदु हैं–अंगूर की भांति मीठे और रसपूर्ण।

*–लार्ड लिनलिथगो*

(6) राजेन्द्र बाबू इस युग की मजबूत कड़ी थे। उनकी मुद्रा और आंखें भुलाई नहीं जा सकतीं, क्योंकि उनसे सचाई झलकती थी। उनकी काबलियत उनके दिल की सफाई और अपने मुल्क के लिए उनकी मुहब्बत ने उनके लिए हर भारतवासी के दिल में गहरी जगह पैदा कर दी।

*–पं० जवाहरलाल नेहरू*

(7) जो ऋषि होते हैं वे मुख्यत: उष्णता देते हैं। राजेन्द्र बाबू प्रधानत: हमारे पारिवारिक प्रेम के पितृ-समान थे। इसलिए उन्होंने हमें अग्नि समान उष्णता दी है। हम समझते हैं उनके गुणों का संग्रह करेंगे और उनके स्मरण से अपने दोषों को जलाएंगे और उन्होंने जो काम किया है उसको आगे बढ़ाएंगे।

*—विनोबा*

(8) राजेन्द्र बाबू ने प्रेम से मुझे ऐसा अपंग बना दिया था कि मैं उनके बिना एक कदम भी आगे नहीं रख सकता था।

*—मो० क० गांधी*

□□□

**2**

# डॉ॰ सर्वपल्ली राधाकृष्णन्

## बाल्यकाल शिक्षा-दीक्षा

मद्रास के क्रिश्चियन कालेज में एक युवक बी॰ए॰ में भर्ती होने के लिये आया। कालेज में पांच विषयों में कुछ विषय लेना अनिवार्य था। युवक यह निर्णय नहीं कर सका कि वह कौन सा विषय ले। इसी उधेड़ बुन में वह कई दिन तक लगा रहा। रात को न तो नींद आती थी और न किसी काम में मन लगता था। अचानक युवक के चचेरे भाई ने कुछ पुस्तकें पढ़ने के लिये भेजीं। इन पुस्तकों को पढ़ कर युवक को ऐसा लगा जैसे उसकी कठिनाई का हल निकल आया हो और भविष्य के लिये निर्णय करने में आसानी पैदा हो गई हो। युवक ने दर्शन शास्त्र जैसा गूढ़ विषय चुना। यह युवक और कोई नहीं भारत के महान् दार्शनिक डॉ॰ सर्वपल्ली राधाकृष्णन् थे। जो भारत के द्वितीय राष्ट्रपति बने। दक्षिण भारत में मद्रास एक प्रसिद्ध राज्य है। मद्रास से कोई पचास मील दूर पश्चिम में एक छोटा सा गाँव है, जिसका नाम तिरुतनी है। सैकड़ों वर्षों से यह स्थान हिन्दुओं के लिये धार्मिक स्थान का महत्त्व रखता चला आ रहा है। इसी गांव में एक साधारण श्रेणी का ब्राह्मण परिवार रहता था। ब्राह्मण महाशय गांव के जमींदार के यहाँ मामूली सी नौकरी करते थे और अपने परिवार का पालन-पोषण कर रहे थे। घर की हालत कोई बहुत अच्छी नहीं थी। किसी प्रकार गुजर-बसर हो रही थी। किन्तु घर का रहन-सहन पूरी तरह से धार्मिक था। पति-पत्नी दोनों ईश्वर की पूजा पाठ में लगे रहते थे। स्वभाव में दोनों मृदुल और उदार थे। अतिथि सेवी और सादगी के प्रतीक थे। किन्तु कट्टर-पंथी विचारों से कोसों दूर थे।

सन् 1888 ईसवी की 5 सितम्बर को इसी ब्राह्मण परिवार में एक पुत्र का जन्म हुआ। यह बालक अपने माँ-बाप की दूसरी सन्तान थी। चूंकि माता-पिता वैष्णव सम्प्रदाय के थे इसीलिये माता-पिता के बालक का नाम राधाकृष्णन् रखा। माता-पिता के धार्मिक होने के कारण बालक राधाकृष्णन को जन्म से ही धर्म की शिक्षा मिलने लगी। इस प्रकार राधाकृष्णन् के स्वभाव में अनायास धार्मिक कृति के साथ-साथ अकेले रहने की आदत पड़ने लगी। राधाकृष्णन् अकेले घन्टों बैठे रहा करते थे, और न जाने क्या सोचते रहते थे। माँ-बाप को बालक के इस स्वभाव पर कुछ चिन्ता हुई, विशेष कर उनमें बाल-सुलभ चंचलता न देखकर पहले वे घबरा गये। आरम्भ में ही राधाकृष्णन् संकोची स्वभाव के थे। राधाकृष्णन् की आरम्भिक शिक्षा तिरुपति गांव में हुई। आठ वर्ष की अवस्था में बालक को लूथरन (Lutheran) मिशन हाई स्कूल में भर्ती किया गया जहाँ वह चार वर्ष तक पढ़ते रहे। इसके बाद राधाकृष्णन् को मद्रास के क्रिश्चियन कॉलेज में भर्ती किया गया। इसी कॉलेज में पढ़ते हुए एम०ए० की उपाधि के लिये इन्होंने जो प्रबन्ध लिखा वह वेदान्त से सम्बन्धित था। प्रोफेसर ए०जी० होग ने राधाकृष्णन् के लिखे हुए प्रबन्ध को देखा। डॉ० होग अपने समय के बहुत बड़े विद्वान् और सुप्रसिद्ध वेदान्ती समझे जाते थे। इस प्रबन्ध को देखने के बाद डॉ० होग ने राधाकृष्णन् के सम्बन्ध में जो मत व्यक्त था वह इनके लिये भविष्य में होने वाले एक महान दार्शनिक का प्रमाणपत्र था। ''डॉ० होग ने राधाकृष्णन् के सम्बन्ध में भविष्यवाणी की थी कि ''यह विद्यार्थी दर्शन शास्त्र को बहुत अच्छी तरह समझता है। और दार्शनिक समस्याओं में गहरी सूझ-बूझ से काम लेता है। किसी उलझन पैदा करने वाले तर्कों को सुलझाने में विद्यार्थी की प्रतिभा प्रशंसनीय है। इसके अतिरिक्त विद्यार्थी को अंग्रेजी भाषा का अच्छा ज्ञान भी है।'' ईश्वर को जिन आदमियों से बड़े-बड़े काम कराने होते हैं उनमें वह शुरू से ही एक प्रतिभा भर देता है।

इन्हीं दिनों स्वामी विवेकानंद विश्व का भ्रमण कर रहे थे तथा अमेरिका में हिन्दू धर्म पर विद्वतापूर्ण भाषण की सर्वत्र चर्चा हो रही थी। बाद में स्वामी जी जहाँ भी गये उन्होंने हिन्दू धर्म के वास्तविक रूप को लोगों के सामने रखा। इससे उनका बड़ा सम्मान हुआ और विदेशों में हिन्दू धर्म के प्रति विशेष आकर्षण भी हुआ। इस प्रकार जब चारों ओर स्वामी विवेकानन्द की कीर्ति फैल रही थी तब भारत में भी बहुत से हिन्दू नौजवानों में उनके भाषण को सुनकर प्रेरणा का स्रोत फूट रहा था। यह उन दिनों की बात है जब राधाकृष्णन् ईसाई कॉलेज में शिक्षा प्राप्त कर रहे थे। और वहाँ पर ईसाई मिशनरियों की तरफ

से हिन्दू धर्म की बुराईयों को बढ़ा-चढ़ा कर प्रचार किया जा रहा था। युवक राधाकृष्णन् के सामने एक तरफ स्वामी विवेकानन्द का हिन्दू धर्म के ऊपर दिया हुआ महत्त्वपूर्ण भाषण था और दूसरी तरफ हिन्दू धर्म के खिलाफ ईसाई मिशनरियों का प्रचार था। दोनों को राधाकृष्णन् ने बहुत ध्यान से देखा और समझा, अन्त में उन्होंने निर्णय किया कि हिन्दू धर्म श्रेष्ठ है। ईसाई लोग हिन्दू धर्म की वास्तविकता को समझते ही नहीं। अन्त में उन्होंने निर्णय किया कि हिन्दू धर्म का वास्तविक स्वरूप वे संसार के सामने रखेंगे।

राधाकृष्णन् का ब्याह छोटी आयु में ही हो गया था। उस समय बालक-बालिकाओं का ब्याह छोटी उम्र में ही करने का रिवाज था। राधाकृष्णन् का वैवाहिक जीवन बहुत अच्छा और आदर्श रहा है। उनकी पत्नी सच्चे अर्थों में हिन्दू पत्नी और योग्य गृहणी थीं।

डॉ॰ राधाकृष्णन् के 6 संतान हुईं–एक पुत्र और पाँच पुत्रियाँ-पुत्र का नाम डॉ॰ गोपाल है। उन्होंने आक्सफोर्ड विश्वविद्यालय लन्दन से एम॰ए॰ और पी॰एच॰डी॰ की उपाधियाँ प्राप्त की हैं। आजकल आप भारत सरकार के पुरातत्व विभाग में एक उच्च पद पर प्रतिष्ठित हैं।

## शिक्षा के क्षेत्र में

डॉ॰ राधाकृष्णन् ने लगभग 30 वर्षों तक विभिन्न विश्वविद्यालयों में अध्यापक के पद पर कार्य किया और प्रोफेसर के रूप में उन्होंने देशव्यापी ही नहीं बल्कि विश्व-व्यापी ख्याति प्राप्त की। 7 वर्ष तक वे मद्रास प्रेसिडेन्सी कॉलेज में दर्शन-शास्त्र के पद पर कार्य करते रहे। इस पद का भार उन्होंने बहुत ही योग्यता के साथ निभाया। इसके बाद मोदी विश्वविद्यालय में दर्शन शास्त्र के अध्यक्ष पद पर रहे। बाद में कलकत्ता विश्वविद्यालय में और बाद में आन्ध्र विश्वविद्यालय के उपकुलपति पद पर नियुक्त हुए।

कलकत्ता विश्वविद्यालय में ही कार्य करते हुए दो बार राधाकृष्णन् को इंग्लैण्ड निमंत्रित किया गया। यहाँ पर भारतीय दर्शन के सम्बन्ध में बड़ा विद्वतापूर्ण भाषण दिया। उनके भाषण से इंग्लैण्ड के लोग बहुत प्रभावित हुए।

सन् 1939 ई॰ में महामना पंडित मदनमोहन मालवीय सख्त बीमार हो गये थे। उस समय उन्हें अपने हिन्दू विश्वविद्यालय बनारस की चिन्ता ने घेर लिया था। मालवीय जी को इस बात की बड़ी चिन्ता थी कि विश्वविद्यालय का

प्रबन्ध किसी सुयोग्य हाथों में सौंप दें। उन्हें श्री राधाकृष्णन् का ध्यान आया। राधाकृष्णन् से अधिक योग्य और क्षमतावान् व्यक्ति उन्हें कहाँ मिल सकता था? उन्होंने शीघ्र ही राधाकृष्णन् के पास सन्देश भेजा और किसी प्रकार हिन्दू-विश्वविद्यालय के उपकुलपति के पद के लिए राजी कर लिया। इस महत्त्वपूर्ण उत्तरदायित्व को 9 वर्षों तक वे बड़ी सफलता के साथ निभाते रहे।

## सफल अध्यापक

डॉ॰ राधाकृष्णन् को अँगरेजी भाषा पर पूरी तरह अधिकार था। जब भी वे बोलते थे तो धारा-प्रवाह रूप में उनके मुंह से झरना बहता प्रतीत होता। कठिन से कठिन और नीरस विषय को इतनी खूबी के साथ अपने विद्यार्थियों को समझाते थे कि विद्यार्थियों को दर्शन-शास्त्र जैसा विषय रुचिकर और हृदय ग्राही बन जाता था। कठिन से कठिन बात भी वह इतने सीधे-सादे शब्दों में कहते थे कि सबकी समझ में आ जाती थी। अध्यापक के रूप में राधाकृष्णन् की सफलता की सबसे बड़ी वजह यह थी कि वे अपने शिष्यों के साथ बहुत प्रेमपूर्वक व्यवहार करते थे। जिस प्रकार प्राचीन समय में गुरु शिष्य का सम्बन्ध रहा करता था। शिष्य एक निश्चित आदर्श के लिए अपने घर से दूर गुरु के आश्रम में रहकर शिक्षा प्राप्त करता था। यथार्थ अँगरेजी ढंग की शिक्षा ने भारत के गुरुकुलों और आश्रमों की शिक्षा-पद्धति का बिल्कुल ध्वंस कर दिया था; अब केवल अध्यापक अपने विद्यार्थियों को तत्सम्बन्धी विषय पढ़ा कर ही निश्चिन्त हो जाते हैं।

राधाकृष्णन् को शिक्षा का यह वर्तमान स्वरूप पसन्द नहीं आया और न गुरु शिष्य के मौजूदा सम्बन्ध ही उन्हें पसन्द आए। वह अपने विद्यार्थियों को अपने बच्चों की तरह मानते थे, उनसे केवल कक्षा तक में ही सम्बन्ध नहीं रखते थे बल्कि वे इस बात के लिये हमेशा अपने विद्यार्थियों को प्रोत्साहित करते थे कि वे उनके निकट सम्पर्क में आएँ। यही कारण है कि डॉ॰ राधाकृष्णन् के शिष्य उनको अपना गुरु ही नहीं बल्कि एक सच्चा मित्र भी मानते थे। छात्रों में उनकी बड़ी इज्जत थी।

## अन्य क्षेत्रों में सफलता

शिक्षा क्षेत्र के अतिरिक्त भी डॉ॰ राधाकृष्णन् अनेक महत्त्वपूर्ण पदों पर काम करते रहे। अनेक महत्त्वपूर्ण पदों पर रह कर समाज और संसार को उन्होंने बहुत ही महत्त्वपूर्ण और उपयोगी सेवा की।

भारत की ओर से संयुक्त राष्ट्र संघ की शिक्षा, सामाजिक एवं सांस्कृतिक परिषद् के अध्यक्ष के रूप में न्यूयार्क गए थे। भारत सरकार ने विश्वविद्यालयों की दशा सुधारने के लिए एक आयोग की नियुक्ति की थी। डॉ॰ राधाकृष्णन् ने इस आयोग के अध्यक्ष पद का काम बड़ी योग्यता से पूरा किया और सरकार को अपनी जो रिपोर्ट दी वह बड़ी उपयोगी और महत्त्वपूर्ण समझी गई।

देश के विधान बनाने में भी डॉ॰ राधाकृष्णन् का योगदान रहा है। वह विधान सभा के सदस्य भी थे।

सन् 1949 में वह भारत के राजदूत के रूप में रूस गए थे। वहाँ अपने कार्यकाल में डॉ॰ राधाकृष्णन् को जो सफलता मिली वह किसी भी देश के राजदूत को नहीं मिल सकी। स्वर्गीय श्री स्टैलिन से मिलना उस समय बहुत बड़े सम्मान और यश की बात समझी जाती थी। डॉ॰ राधाकृष्णन् से पहले श्रीमती विजयलक्ष्मी पंडित रूस में राजदूत बनकर गई थीं किन्तु उनके प्रयत्न के बावजूद भी स्वर्गीय स्टैलिन से मिलना उनके लिये सम्भव नहीं हो सका। किन्तु जब डॉ॰ राधाकृष्णन् रूस में राजदूत होकर पहुँचे, तो स्वर्गीय स्टैलिन ने इनका दो बार स्वागत किया था। यह सौभाग्य केवल राधाकृष्णन् को ही मिला था, किसी दूसरे देश के राजदूत को न तो इसके पहले और न इसके बाद में यह गौरव मिल सका।

सन् 1952 में सर्वसम्मति से डॉ॰ राधाकृष्णन् को भारत का उपराष्ट्रपति चुना गया। मई सन् 1962 को उन्हें राष्ट्रपति के पद पर नियुक्त कर उनका उचित सम्मान किया गया।

## महान् व्यक्तित्व

डॉ॰ राधाकृष्णन् स्वभाव के संकोची और अध्ययनशील व्यक्ति थे। उन्हें पढ़ने लिखने में बहुत दिलचस्पी थी। लेकिन इसका अर्थ यह नहीं है कि वे लोगों के सम्पर्क में आते ही नहीं थे। जैसे ही राष्ट्रपति के पद पर डॉ॰ राधाकृष्णन् की नियुक्ति हुई, उन्होंने दो महत्त्वपूर्ण निर्णय किये। प्रथम यह कि–

## सादगी का आदर्श

राष्ट्रपति को दस हजार रुपया मासिक वेतन मिलता था। लेकिन राष्ट्रपति होते ही डॉ॰ साहब ने अपना वेतन केवल ढाई हजार रुपया रखा। यह बहुत बड़े त्याग और सादगी की मिसाल है। अपने वेतन से पूरे साढ़े सात हजार रुपया देश के विकास कार्यों में प्रतिमाह अर्पित कर देना असाधारण घटना थी।

डॉ॰ राधाकृष्णन् ने दूसरा महत्त्वपूर्ण निर्णय यह किया कि अभी तक राष्ट्रपति भवन में कोई भी व्यक्ति स्वीकृति के बिना नहीं जा सकता था। जैसे ही डॉ॰ राधाकृष्णन् राष्ट्रपति हुए उन्होंने सर्व-साधारण के लिए सप्ताह में दो बार मिलने की छूट दे दी। भारत का कोई भी व्यक्ति चाहे वह अमीर हो या गरीब, राष्ट्रपति भवन में जाकर देश के जनप्रिय राष्ट्रपति से मिल सकता था। मिलने में कोई प्रतिबन्ध नहीं, किसी प्रकार की झंझट और परेशानी नहीं। एक साधारण-सा गरीब किसान, मजदूर भी जाकर राष्ट्रपति से अपने सुख-दु:ख का वर्णन कर सकता था।

डॉ॰ राधाकृष्णन् को जहाँ एकान्त जीवन पसन्द था वहीं वे मिलनसार और खुश-मिजाज व्यक्ति भी थे। जो कोई भी उनसे एक बार मिल लेता वह कभी भी उनकी भलमनसाहत और सादगी को भुला नहीं सकता था। एक महान् व्यक्ति में जो गुण होने चाहिये वे सभी उनमें मौजूद थे, किन्तु घमंड उनको छू तक नहीं गया था न तो अपनी विद्वता का और न राष्ट्रपति के पद का।

कहा जाता है कि डॉ॰ राधाकृष्णन् के स्वभाव में रोब-दाब और दूसरों पर अपनी हुकूमत का असर जमाने की भावना छू तक नहीं गई थी।

डॉ॰ राधाकृष्णन् सच्चे अर्थों में धार्मिक पुरुष थे। उनका धार्मिक दृष्टिकोण कट्टर पंथी नहीं थे, बल्कि उदार और सहिष्णु थे। हिन्दू धर्म के सम्बन्ध में उनके विचार बड़े परिपक्व एवं उच्च आदर्शों से प्रेरित थे। उनका कहना था कि एक सच्चा हिन्दू अपने परिवार व समाज का उपयोगी सदस्य बन सकता है, इसके लिये न तो उसे संन्यासी बनने की आवश्यकता है और न समाज से अलग-अलग रहने की। हिन्दू धर्म के सम्बन्ध में डॉ॰ साहब का स्पष्ट मत था कि जो कोई भी अपने परिवार वालों का पालन-पोषण करता है, उनके साथ सुखपूर्वक जीवन व्यतीत करने के लिये साधन जुटाता है वह सचमुच आदर्श हिन्दू धर्म को मानने वाला और सच्चा मानव है।

डॉ॰ साहब के मत में हिन्दू धर्म स्वार्थ से दूर रहने, शुद्ध मन से दूसरों के प्रति छल-कपट से दूर रहकर जीवन यापन की शिक्षा देता है।

एक बार जब डॉ॰ राधाकृष्णन् उपराष्ट्रपति की हैसियत से देश-विदेश का भ्रमण कर वापस अपने देश में आ गए थे। इस विदेश यात्रा में डॉ॰ साहब को अभूतपूर्व सम्मान मिला था, इससे न केवल डॉ॰ साहब का बल्कि भारत का भी विदेशों में गौरव बढ़ा था। उनकी वापसी पर नागरिक अभिनन्दन के

समय दिल्ली की एक सभा में भाषण करते हुए एक सज्जन ने भाववश यह कह डाला कि डॉ॰ राधाकृष्णन् जहाँ महान् वक्ता, दार्शनिक एवं विद्वान हैं वहीं एक महान् सन्त भी हैं। डॉ॰ राधाकृष्णन् को अपने आपको सन्त कहलाना पसन्द नहीं था, इसीलिए उन्होंने अपने अभिनन्दन के उत्तर में कहा कि मैं सन्त नहीं हूँ। सन्त बनना मुझे पसन्द भी नहीं है। मैं एक सांसारिक व्यक्ति हूँ और जीवन में हर क्षेत्र में रस लेना चाहता हूँ।''

## उन्नति के शिखर पर

यह आवश्यक नहीं है कि महान् व्यक्ति बनने के लिये बहुत ऊँचा खानदान धन-दौलत या मान-मर्यादा ही हो। विपरीत परिस्थितियों में जन्म लेकर न जाने कितने ऐसे महान् व्यक्ति हो गए हैं जो अपने सुकर्मों से अमर हैं।

राधाकृष्णन् ने जैसे ही एम॰ए॰ पास किया मद्रास के प्रेसिडेन्सी कॉलेज में दर्शन शास्त्र के अध्यापक नियुक्त हो गए। राधाकृष्णन् का विद्यार्थी जीवन बड़ा ही शानदार रहा है। उन्होंने अध्यापन क्षेत्र में भी अपनी प्रतिभा का परिचय दिया और शीघ्र ही वे एक सफल अध्यापक के रूप में विख्यात होने लगे।

जिस समय राधाकृष्णन् प्रेसिडेन्सी कॉलेज में अध्यापन का कार्य कर रहे थे, उसी समय उन्होंने रवीन्द्रनाथ टैगोर की रचनाओं को पढ़ा। टैगोर की कविता में उन्हें अपने विचारों की झलक दिखाई पड़ी। बड़े चाव से कई बार उन्होंने रवीन्द्र की कविताओं को पढ़ा और उनसे अत्यधिक प्रभावित हुए। दर्शन शास्त्र की बारीकियों को टैगोर ने अपनी कविताओं में किस खूबी के साथ दिखाया था, राधाकृष्णन् ने टैगोर की इन कविताओं के ऊपर पुस्तक लिखने का निर्णय कर लिया और शीघ्र ही ''दि फिलासफी ऑफ रवीन्द्रनाथ टैगोर'' नामक पुस्तक का प्रकाशन कराया। यह पुस्तक राधाकृष्णन् की प्रथम कृति थी फिर भी इसका खूब स्वागत हुआ। सबों ने मुक्त कण्ठ से इसकी प्रशंसा की। स्वयं रवीन्द्रनाथ टैगार ने अपने एक पत्र में राधाकृष्णन् की सराहना करते हुए लिखा था-''यदि ऐसी पुस्तक कोई भी दूसरा लिखने का प्रयास करता तो मैं समझता हूँ कि वह हरगिज नहीं लिख पाता।''

मद्रास के बाद राधाकृष्णन्, मैसूर विश्वविद्यालय में दर्शन शास्त्र के अध्यापक नियुक्त हुए। अध्यापन के क्षेत्र में यहाँ भी उन्हें काफी यश मिला। छात्रों के प्रेम पूर्वक व्यवहार से और राधाकृष्णन् की उन पर सदैव बच्चों जैसी कृपा-दृष्टि रहने से मैसूर में उनका अभूत-पूर्व आदर होने लगा। इसी अवधि में उन्होंने

एक दूसरी पुस्तक जिसका नाम "ब्रिटेन ऑफ रिलीजन इन कंटेम्परटी फिलॉसफी", अर्थात् "समकालीन दर्शन शास्त्र में धर्म का आधिपत्य।"

इस पुस्तक के प्रकाशित होते ही राधाकृष्णन् की विद्वता व दर्शन शास्त्र की गहरी सूझ-बूझ की प्रशंसा चारों तरफ होने लगी। इस पुस्तक की विशेषता यह थी कि इसमें भारतीय दर्शन की ही नहीं, बल्कि पाश्चात्य दर्शन शास्त्रों की भी विवेचना की गई थी। पुस्तक के पढ़ने वालों ने एक स्वर से इस बात को स्वीकार किया कि राधाकृष्णन् केवल भारतीय दर्शन के ही ज्ञाता नहीं हैं, बल्कि पाश्चात्य देशों के दार्शनिक विचारों को भी वह अच्छी तरह समझते हैं और उनकी मीमांसा करने के योग्य अधिकारी हैं।

इंग्लैण्ड और अमरीका में इस पुस्तक का बड़ा सम्मान हुआ। उस समय राधाकृष्णन् की आयु केवल 32 वर्ष की थी। ऐसी महत्त्वपूर्ण पुस्तक को पढ़कर विदेशों में राधाकृष्णन् के अंग्रेजी ज्ञान की तारीफ तो होती ही रही, साथ ही उनके सम्मान में अमरीका और इंग्लैण्ड में अनेक सभाएँ और गोष्ठियों का आयोजन हुआ। यहाँ तक कि अमरीका के एक प्रसिद्ध प्रोफेसर ने अपने भाषण माला में राधाकृष्णन् को ही अपना विषय बनाया। यह एक बहुत बड़ा सम्मान था जो उन्हें उस समय मिला।

इसी समय मद्रास सरकार ने राधाकृष्णन् को अपने राज्य में शिक्षा सेवा का सब से ऊंचा पद प्रदान किया।

इसके पश्चात् राधाकृष्णन् को कलकत्ता विश्वविद्यालय में सन् 1921 ई० में किंग जार्ज पंचम प्रोफेसर ऑफ मेंटल एण्ड मॉरल साइंस का पद प्रदान किया गया। यह उन दिनों की बात है जब कि कलकत्ता विश्वविद्यालय के उपकुलपति के स्थान में सर आयुतोष मुखर्जी थे। उन्होंने राधाकृष्णन् की योग्यता एवं कार्यक्षमता का सही अन्दाजा लगा लिया था अस्तु राधाकृष्णन् की इस पद पर नियुक्ति से कलकत्ता विश्वविद्यालय में एक नए वातावरण की सृष्टि हुई। कलकत्ता में रहते हुए इंग्लैण्ड के एक प्रोफेसर श्री म्योरहेड ने डॉ० राधाकृष्णन् से "भारतीय दर्शन का इतिहास" अंग्रेजी भाषा में लिखने के लिए कहा। बहुत दिनों से इस विषय पर राधाकृष्णन् को लिखने की इच्छा हो रही थी, अब जब प्रोफेसर 'म्योरहेड' का प्रस्ताव आया तो उन्होंने सहर्ष इसे स्वीकार कर लिया। पुस्तक दो खंडों में प्रकाशित हुई। इस पुस्तक को राधाकृष्णन् ने बड़ी लगन और मेहनत के साथ लिखा। वास्तव में यह पुस्तक भारतीय दर्शन पर बहुत सरल भाषा में बिलकुल नए ढंग से लिखी गई थी।

इस पुस्तक के प्रकाशित होते ही पाश्चात्य जगत् में एक हलचल सी मच गई। प्रथम बार भारतीय दर्शन का सही दृष्टिकोण संसार के सामने आया। इसका नतीजा यह हुआ कि भारतीय दर्शन के अध्ययन की दिलचस्पी बाहरी लोगों में पैदा हुई। इतना ही नहीं भारत के सम्बन्ध में अभी तक तो अनेक प्रकार की भ्रांतियाँ फैली हुई थीं इस पुस्तक के प्रकाशन से उनका निराकरण भी हो गया। इसी समय सन् 1926 ई० में कैम्ब्रिज इंग्लैण्ड में एक बहुत बड़ा सम्मेलन हुआ। इस सम्मेलन में सभी विश्वविद्यालय के प्रतिनिधि बुलाए गए। कलकत्ता विश्वविद्यालय से राधाकृष्णन् को भेजा गया।

अब तक राधाकृष्णन् का नाम इंग्लैण्ड में अच्छी तरह प्रसिद्ध हो गया था। भारतीय दर्शन पर प्रकाशित उनकी पुस्तक से लोग विशेष प्रभावित थे और लेखक की विद्वता का लोहा मानते थे।

जैसे ही इंग्लैण्ड वासियों को राधाकृष्णन् के लन्दन आने की बात मालूम हुई, वहाँ के लोगों ने राधाकृष्णन् के विचार सुनने के लिए बहुत सी संस्थाओं के द्वारा निमन्त्रण दिया किन्तु हर स्थान में भाषण देना उनके लिए सम्भव नहीं था इसलिए केवल ऑक्सफोर्ड के मेनचेस्टर कॉलिज का ही निमन्त्रण स्वीकार किया; यहाँ पर राधाकृष्णन् ने हिन्दू धर्म और जीवन पर बड़ा प्रभावशाली भाषण दिया।

इंग्लैण्ड के बाद राधाकृष्णन् अमेरिका गये। अमेरिका में होने वाले दर्शन सम्मेलन में भाग लिया। यहाँ उन्होंने कई भाषण दिये जिसे अमेरिका वासियों ने बहुत अधिक पसन्द किया। राधाकृष्णन् की यह पहली विदेश यात्रा थी। इसमें उन्होंने इंग्लैण्ड, अमेरिका तथा योरुप के कई देशों में भाषण दिया। जहाँ उनका बहुत अच्छा सम्मान किया गया। अमेरिकावासियों ने खुले दिल से यह कहना प्रारम्भ किया कि हमें किसी धर्म प्रचारक की आवश्यकता नहीं है बल्कि एक ऐसे ज्ञानी गुरु की आवश्यकता है जो हमें हमारे धार्मिक विश्वासों को बदलने की कोशिश न करे बल्कि धर्म के सम्बन्ध में सच्चा ज्ञान दे सके।

इसी अवधि में राधाकृष्णन् ने एक और महत्त्वपूर्ण पुस्तक लिखी, जिसका शीर्षक था "कल्कि और फ्यूचर ऑफ सिविलाइजेशन, (कल्कि एवं मानव सभ्यता का भविष्य) इस पुस्तक में उन्होंने विज्ञान की उन्नति के बारे में भी बहुत सी बातें बताईं। साथ ही यह भी बताया कि विज्ञान की तरक्की से मनुष्य की बौद्धिक भूख पूरी नहीं होती। इस प्रकार राधाकृष्णन् ने अपनी पुस्तक में इस मत का समर्थन किया कि देखने में तो हम बहुत सुखी प्रतीत होते हैं किन्तु वास्तव में देखा जाय तो हमारे मन में शान्ति और सन्तोष नहीं है।

थोड़े दिनों के बाद जब राधाकृष्णन् विदेश से अपने देश में वापस आये तो जगह-जगह पर उनका बड़ा स्वागत किया गया। उनके इस स्वागत में यह भाव स्पष्टतया झलक रहा था कि राधाकृष्णन् द्वारा विदेशों में भारत का जो गौरव बढ़ा है उससे भारतवासी अत्यन्त प्रभावित हुए हैं।

कुछ दिनों के बाद बनारस हिन्दू विश्वविद्यालय में पंडित मदनमोहन मालवीय को एक योग्य व्यक्ति की जरूरत महसूस हुई। शीघ्र ही उनका ध्यान डॉ० राधाकृष्णन् की तरफ गया। मालवीय जी ने राधाकृष्णन् को बनारस हिन्दू विश्वविद्यालय के उपकुलपति के पद पर बैठाकर सन्तोष की सांस ली। इसके बाद अनेक वर्ष तक बड़ी योग्यता के साथ बनारस हिन्दू विश्वविद्यालय के उपकुलपति की जिम्मेदारी निभाते रहे।

भारत के स्वतन्त्र होने पर पहले उपराष्ट्रपति और बाद में राष्ट्रपति के पद पर आसीन हुए।

इस प्रकार हम देखते हैं कि यदि किसी भी व्यक्ति में काम करने की लगन हो और आगे बढ़ने की आकांक्षा हो तो उसके सामने किसी प्रकार की बाधायें नहीं आ सकतीं।

वह अपने लक्ष्य को अवश्य प्राप्त करता है। यही कारण है कि एक मामूली से गरीब परिवार में जन्म लेकर राधाकृष्णन् ने अपने कठिन परिश्रम और सतत् अध्यव्यवसाय से शिक्षक के पद से ऊँचे उठते हुए भारत के राष्ट्रपति के पद तक पहुंच गये।

## देश प्रेम

डॉ० राधाकृष्णन् के मन में जाति जीवन की ज्योति और अपने देश का गौरव कूट-कूटकर भरा हुआ है। इन्होंने अपने देशवासियों को अपने भाषणों से अपनी पुस्तकों के सतत् प्रयत्नों से जगाया है। डॉ० साहब को भारत के प्राचीन गौरव के प्रति प्रेम है। जब वे अपने देश की प्राचीन संस्कृति की चर्चा करते हैं तब उनका शरीर पुलकित हो उठता है। उनका प्रत्येक रोम प्रसन्नता का अनुभव करने लगता है। उनके शरीर का प्रत्येक कण भारतीय है।

अपने आरम्भिक जीवन में जब वे ईसाइयों के स्कूल में पढ़ते थे तो जैसा कि ईसाइयों का स्वभाव होता है। वे भारत के प्रति बहुत सी गलत बातें करते थे। डॉ० साहब को उनकी बातें प्राय: खटकने लगती थीं–उन्होंने स्वामी विवेकानन्द के व्याख्यान सुने, तब तो मानों वह एक प्रकार से विचलित हो उठे थे जैसे किसी

ने उनको नीचे से ऊपर तक झकझोर दिया हो। उन्होंने अपनी पुस्तक में स्पष्ट लिखा है कि "मेरे लिये यह विश्वास करना कठिन था कि हिन्दू ऋषि-मुनि जिनका जीवन के साथ इतना निकट सम्पर्क था, तथा जो हमारी इस विशाल संस्कृति के निर्माता थे, वास्तव में धार्मिक नहीं थे। मेरे विचार से तो हमारे देश के गांवों के अशिक्षित लोग तथा गरीब आदमी भी जो अपने पारिवारिक रीति-रिवाजों से बंधे हुए थे और धर्म के नाम पर कुछ रस्म-अदायगी भी कर लेते थे अथवा कुछ तीज-त्योहार भी मना लेते थे, धर्म से काफी परिचित थे। इतना ही नहीं, मेरे विचार से तो वे लोग इन आराम तलब बुद्धिवादी पादरियों की अपेक्षा, आत्मा और ईश्वर से कहीं अधिक परिचित थे। इन ईसाई पादरियों के लिए परमात्मा चाहे बौद्धिक विलास भर की वस्तु हो, परन्तु हमारे देश के ये अपढ़ एवं गरीब भाई यह बात भली प्रकार जानते हैं कि कोई अलौकिक एवं अदृश्य शक्ति समस्त विश्व में व्याप्त है और विश्व के समस्त कार्यों का संचालन कर रही है।

अपने देशवासियों में प्रचलित भाँति-भाँति के तथाकथित अन्ध-विश्वासों के प्रति भी उनके हृदय में सम्मान था। डॉ॰ साहब उनका भी मूल्य मानते थे। उनके विचार से वे केवल ढकोसले नहीं थे, जीवन में उनका भी स्थान था। उनका विचार था कि हमारा नारी-वर्ग अनेक अन्ध-विश्वासों एवं टोटकाओं को मानता है। हम इन बातों को बुरा बताते हैं, परन्तु यह भूल जाते हैं कि इन्हीं के आधार पर शताब्दियों से चली आई इन परम्पराओं के पालन के फलस्वरूप ही हमारी नारियाँ आज दिन तक इतनी पवित्र, शालीन एवं कोमल हृदय बनी हुई हैं। एक पात्री जो गंगा में एक गोता लगाने के लिए अपनी सब पूँजी, जिन्दगी भर की कमाई खर्च कर देता है, जो जगन्नाथपुरी तक पहुँचने के लिये अपने गांठ की पाई-पाई खर्च कर डालता है, जो बनारस अथवा कैलाश पहुँच कर शिवजी के दर्शन करने के पीछे अनेक कष्ट उठाता है, और मुसीबतें झेलता है आदि। ऊपरी तौर पर केवल वह एक मूर्ति के दर्शन भी करता है अथवा बहते हुए पानी की एक धार में डुबकी भी लगाता है, परन्तु उसके इन कार्यों के पीछे एक प्रबल विश्वास रहता है, और वह यह कि मनुष्य केवल रोटी के लिए ही जीवित नहीं रहता है। यह विचारधारा कि रोटी ही हमारे जीवन का सर्वस्व नहीं है, मनुष्य जीवन का लक्ष्य ये भीं लेना नहीं है। उसका लक्ष्य इसकी अपेक्षा कहीं अधिक महान् है।

हमारे देश का बच्चा जिसे आप गँवार कहते हैं, उत्तम सिद्धान्त की बौद्धिक व्याख्या भले ही न कर सकता हो, परन्तु वह उसे अपने जीवन में व्यवहृत

करना अवश्य ही जानता है। वह भगवान् के नाम पर अपना सर्वस्व स्वाहा करने को लालायित बना रहता है उसके नाम पर अपने पास फूटी कौड़ी भी न रखना उसको जरा भी नहीं अखरता है।

उपर्युक्त शब्द उसी व्यक्ति के मुख से निकल सकते हैं जिसकी नस-नस में भारतीय रक्त हो, जिसके प्रत्येक श्वास में भारतीय आत्मा का स्पन्दन हो, जिसके हृदय की प्रत्येक धड़कन में देश और जाति के गौरव की आत्मा चमकती हो।

अपनी इस विचार धारा के फलस्वरूप डॉ० साहब बड़े से बड़े आदमी के सामने बड़े से बड़े जन समुदाय में, डंके की चोट पर यह बात कह सकते थे कि "यद्यपि हमारे देश में अनेक अन्धविश्वास हैं और उन अन्धविश्वासों ने हमारे देश का बहुत अहित भी किया है तथापि यह नहीं कहा जा सकता है कि हमारे देशवासियों में धर्म भावना का अभाव है।" हमारे देश में प्रत्येक मां अपने बच्चे को यही सीख देती है कि अगर तू धार्मिक बनना चाहता है तो परमात्मा से प्रेम करना, पाप मत करना, सब के प्रति संवेदनशील रहना तथा जो लोग मुसीबतों में हों उनकी सहायता करना आदि।

डॉ० राधाकृष्णन् को अपने देश की सभ्यता और संस्कृति की मान्यताओं एवं परम्पराओं पर ही नहीं बल्कि उसकी प्राचीनता पर गर्व था। उनका कहना था कि पिछले पाँच हजार वर्षों में संसार की न मालूम कितनी सभ्यताएँ एवं संस्कृतियां मिट गईं। परन्तु हमारे देश की संस्कृति का बाल-बाँका भी नहीं हुआ। मेरे विचार से तो भारतवर्ष की संस्कृति कहीं अधिक पुरानी है। परन्तु आजकल के विद्वान उसको पांच हजार वर्ष पुरानी मानते हैं और उनके मतानुसार भारत की सभ्यता मिस्र और बेबीलोनिया की सभ्यताओं के समकालीन थी। थोड़ी देर के लिए हम यही बात मान लेते हैं कि भारतवर्ष की सभ्यता मिस्र और बेबीलोनिया की सभ्यताओं जितनी पुरानी है, परन्तु विचारणीय प्रश्न यह है कि क्या कारण है कि वे सभ्यताएँ नष्ट हो गईं और भारत की सभ्यता आज तक कायम है? उसकी यह प्राचीनता उसकी शक्ति, उसके आन्तरिक बल की द्योतक है।

इन पाँच हजार वर्षों में भारत के ऊपर विदेशियों के न जाने कितने संकट आए। परन्तु फिर भी हमारे देश की सभ्यता अपनी उसी प्राचीन शक्ति को लिये हुए आज भी जीवित है। ऐसे देश में जहाँ सभ्यता की दीवालें इतनी ठोस और मजबूत नींव के ऊपर खड़ी हुई हों जन्म लेना कुछ कम गौरव की बात नहीं है।

भारत की सभ्यता के अन्तर्गत सामाजिक व्यवस्था में कौन सी ऐसी चीज़ है, जिसके द्वारा वह अपने विजेताओं को सदा से अपने में मिलाती चली आई है। अपनी पुस्तक "सोसायटी और रिलीजन" में डॉ० राधाकृष्णन् ने लिखा है कि..... "यहा बड़े बड़े बली और विजेता आए। उन लोगों ने यहाँ लूट-मार की भाँति-भाँति के अनाचार एवं अत्याचार किये, यहाँ के निवासियों के ऊपर शासन किया, अपनी भाषा को राजभाषा बनाया, अपने पहनावे के हाथ में तलवार भी दे दी, किन्तु वे यहाँ की मूल मान्यताओं को न बदल सके उन्होंने अपनी भाषा, अपने साहित्य, अपने विचार, अपने रीति-रिवाज आदि सभी कुछ हमारे ऊपर लादने की चेष्टा की, अपने प्रयत्न में वे कुछ समय के लिए सफ़ल होते हुए भी दिखाई दिए—परन्तु आश्चर्य की बात यह रही कि वह समस्त प्रभाव ऊपरी सतह पर ही रह गये—नीचे की तह तक न जा पाए। फलत: भारत की सभ्यता की मौलिक परम्पराएँ आज भी ज्यों की त्यों बनी हुई हैं। इतनी उथल-पुथल और इतने दिनों की विदेशी दासता के बाद, आज भी भारतवासी राम राम एवं जय श्री कृष्ण द्वारा एक दूसरे का अभिवादन करते हैं, राम और भरत के भ्रातृ-प्रेम पर आज भी पुलकित हो उठते हैं, राम की कथा सुनकर झूम उठते हैं। कृष्ण की गीता के वाक्यों को धर्म-वाक्य एवं ब्रह्म वाक्य समझे हैं तथा इस विज्ञान एवं युद्ध विग्रह के युग में अहिंसा द्वारा शान्ति के साम्राज्य को स्थापित करने का सुख स्वप्न देखते हैं यह कोई कम बड़ी बात नहीं है।

डॉ० राधाकृष्णन् को ऐसी शक्तिशाली एवं अक्षय सभ्यता का निर्माण करने वाले अपने देश भारतवर्ष पर पूरा गर्व था। अन्धकार के इस वातावरण के बीच डॉ० राधाकृष्णन् के विचार प्रकाश स्तम्भ की तरह प्रतीत होते थे।

## धार्मिक विचार

धर्म के सम्बन्ध में आज सारी दुनिया में अनेक तरह की बातें फैली हुई हैं। धर्म को एक मनुष्य जिस रूप में देखता और समझता है दूसरा ठीक उसके विपरीत रूप में देखता है।

धर्म के सम्बन्ध में डॉ० राधाकृष्णन् के विचार बड़े सीधे-सादे थे। धर्म को डॉ० साहब एक सर्वोपरि अनुभव बताते थे। उनका कहना था कि धर्म बाहर ही से लादने की वस्तु नहीं है बल्कि अनुभव करने की चीज़ है। इस मत को स्पष्ट करते हुए उन्होंने लिखा है कि धर्म न तो एकान्त में बैठकर साधना

के फलस्वरूप प्राप्त होने वाली व्यक्तिगत सम्पति है और न सरकार के द्वारा लादा जाने वाला कोई कानून।

अपनी पुस्तक "ईस्ट एण्ड वेस्ट इन रिलीज़न" में डॉ॰ साहब ने लिखा है कि "न्याय करना, दया करना और अपने सार्थक प्राणियों को सुखी बनाना, धर्म का मुख्य लक्षण है। साधु वही है जो अपने साथियों की सेवा करता है और आपस में प्रेम सम्बन्ध स्थापित करता है। हम को चाहिए कि हम प्रत्येक मनुष्य की बराबरी और एकता में विश्वास रखें।"

डॉ॰ राधाकृष्णन् ने अपने उपर्युक्त कथन द्वारा वस्तुतः संसार में फैल रही विश्व-बन्धुत्व की चर्चा के ऊपर भी चोट की है। वे कहते हैं:–हम देखते हैं कि आजकल विश्व बन्धुत्व की चर्चा चारों ओर सुनाई देती है। उसके प्रचार के लिए अनेक संस्थाएँ भी स्थापित की जा रही हैं। परन्तु इसके साथ हम यह भी देखते हैं कि प्रत्येक देश स्वार्थ-भावना में लिप्त है, अन्य देशों का शोषण करना चाहता है तथा युद्ध की तैयारियों में व्यस्त है। युद्ध के साधनों द्वारा हम शान्ति-स्थापना की बात करते हैं विश्व-बन्धुत्व की चर्चा ही आज सबसे बड़ी विडम्बना है। परमात्मा की दुहाई देकर हम परमात्मा के बालकों का संहार करना चाहते हैं, धर्म भावना का यह सबसे भयंकर उपहास है। यदि हम सचमुच धर्म को जीवन का एक महत्त्वपूर्ण अंग मानते हैं तो हमारा कर्तव्य है कि हम धर्म के अनुरूप आचरण करने की बात पर भी सोचें।

डॉ॰ साहब के मत में परहित का नाम ही धर्म है। अर्थात् दूसरों की भलाई करना सबसे बड़ा धर्म है। सदाचार को ही धर्म का प्रमुख अंग बताते हुए उन्होंने कहा था कि न्याय युक्त व्यवहार करना, सौन्दर्य से प्रेम करना तथा सत्य की भावना को हृदय में धारण करके विनयशील बने रहना ही सबसे बड़ा धर्म है।

भारतवर्ष के इतिहास से उदाहरण देकर डॉ॰ साहब ने यह प्रमाणित किया था कि हिन्दू धर्म में सदा से उदारता मौजूद रही है। याज्ञवलक्य ने सम्राटों को स्पष्ट चेतावनी दी थी कि प्रत्येक वर्ग के मनुष्यों की रक्षा करना तुम्हारा परमधर्म है। सम्राट अशोक की सहनशीलता धर्म का एक आदर्श स्वरूप है। क्षत्रपति शिवाजी यद्यपि मुसलमानों के महाशत्रु थे, तथापि उन्होंने उनके धर्मग्रन्थ कुरान शरीफ को सदैव अपनी आँखों से ही लगाया था।

डॉ॰ साहब का मत था कि सच्च प्रजातंत्रात्मक शासन-प्रणाली भी धर्म-भावना के ऊपर ही आधारित हो सकती है। उनका कहना था कि विश्व-बन्धुत्व का

स्वप्न उस समय तक चरितार्थ नहीं हो सकेगा जब तक कि हम सारे संसार को एक परिवार के रूप में नहीं देखते। इस सम्बन्ध में वे आगे कहते हैं कि धर्म भावना सार का पुनर्निर्माण कर सकती है, शान्तपूर्ण क्रान्ति पैदा कर सकती है, परन्तु शर्त यही है कि उसको ठीक तरह से आचारण किया जाए।

संसार की राजनीति एवं शासन व्यवस्था के सम्बन्ध में विचार प्रकट करते हुए डॉ॰ साहब ने लिखा है कि किसी देश की सभ्यता का मुख्य आधार यह होता है कि उस देश के विचारक मानव जीवन को किस रूप में देखते हैं तथा मानव-जीवन का क्या लक्ष्य मानते हैं। मेरे विचार से धर्म-भावना के अभाव के कारण ही संसार एक दूसरे के प्रति इतने क्रूर और कुटिल हो गये हैं। शासन-व्यवस्था यदि धर्म-भावना पर आधारित हो, तो हमारे वर्तमान युग के अनेक अभिशाप एवं अवगुण स्वतः मिट जाएँगे।

भारत के धर्म निरपेक्ष राज्य के बारे में उनका कहना था कि विश्व में धर्म तथा दर्शन का सर्वोत्कृष्ट अंश है।

## दार्शनिक विचार

दर्शन शब्द का अर्थ है देखना एवं 'देखने के साधन'। डॉ॰ राधाकृष्णन् का मत था कि जहाँ विज्ञान हमें बाहरी दुनिया के निर्माण में सहायता करता है वहीं दर्शन हमारे नैतिक और आध्यात्मिक जीवन का निर्माण करता है।

हमारे समाज के नवनिर्माण के लिए भी डॉ॰ साहब दर्शन की आवश्यकता को सर्वोपरि बताते हैं। आज समाज का जो दोषपूर्ण गठन है उसे दूर करने के लिए तथा व्यक्ति को आत्म बल कैसे प्राप्त हो इसके लिए आवश्यक है कि दार्शनिक विचार लोगों के दिल और दिमाग़ में पैदा हो। इससे जरूरी है कि लोग दूने उत्साह के साथ कर्मक्षेत्र में कूद पड़ें, स्वार्थ भावना से दुःखी व्यक्ति तो असफलता मिलने पर हाथ में हाथ रखकर बैठ जाता है किन्तु जो व्यक्ति निःस्वार्थी है जो हानि-लाभ के प्रति सभी प्रकार की चिन्ता से दूर है उसके लिए निराशा का प्रश्न ही नहीं उठता।

जो व्यक्ति समाज के दुःखों की ओर से उदासीन है, वह कैसे कह सकता है कि संसार के कण-कण में उसको परमात्मा के स्वरूप का दर्शन होता है? अस्तु डॉ॰ साहब के मतानुसार समाज का विकास करना उसको दोष मुक्त करना ज्ञानी लोगों का परम कर्तव्य है।

जीवन और दर्शन के सम्बन्ध में डॉ॰ साहब का कहना था कि "अपने अध्यापक-जीवन में अनेक नवयुवकों और नवयुवतियों के सम्पर्क में आया हूँ। अपने अनुभव के आधार पर मैं कह सकता हूँ कि जो लोग भाग्यशाली हैं और जिन्हें कम मुसीबतों का सामना करना पड़ता है, उन्हें यह न समझ लेना चाहिये कि वे सदैव ऐसे ही बने रहेंगे। हमको यदि सुख और चैन का जीवन व्यतीत करने का अवसर मिलता है, तो हमारा कर्तव्य है कि हम अपने उन अभागे भाई-बहनों का दुःख दूर करने की बात सोचा करें जो हमारी अपेक्षा कम भाग्यशाली हैं तथा जिनको अनेक प्रकार की कठिनाइयों के बीच जीवन बिताना पड़ रहा है।

उनके विचार से दर्शन का जीवन में सबसे बड़ा प्रयोग यह है कि हम प्रतिदिन एक दो घंटे शान्तिपूर्वक एकान्त में अपने कार्यों एवं अपने कर्तव्यों पर विचार करें। अपने ऊपर मनन करने की शिक्षा देना 'दर्शन' का सर्वप्रथम उद्देश्य होना चाहिये। प्रत्येक व्यक्ति के मन में एक पूजा-गृह होता है, वहां हम जब चाहें जा सकते हैं और जितनी देर चाहें बैठ सकते हैं। वहीं हमको यह विदित होता है कि हम वास्तव में कैसे हैं, बाहरी दुनिया कैसी है और हम उसमें किस प्रकार घुलमिल जाते हैं। हम देखेंगे कि हममें अधिकांश व्यक्ति स्वयं अपने आपको धोखा देते रहते हैं। केवल आत्मनिरीक्षण ही हमारी रक्षा कर सकता है। और इसी के द्वारा हम सत्य के निकट पहुँच सकते हैं। उसी समय तुमको यह ज्ञात हो जायेगा कि हम परमात्मा के प्यारे किस प्रकार बन गए।

डॉ॰ साहब का मत था कि उपवास करना और ज़ोर-ज़ोर से चिल्ला कर प्रार्थना अथवा कीर्तन करने का नाम ही पूजा नहीं है। हृदय का निवेदन ही सच्ची पूजा है। मृग की नाभि में कस्तूरी रहती है परन्तु वह समझता है उसकी सुगन्ध कहीं बाहर से किसी लता, वृक्ष से आ रही है और वह उसकी खोज में चारों ओर मारा-मारा फिरता रहता है। इसी प्रकार, परमात्मा तो हमारे मन मन्दिर में निवास करता है, उसको प्राप्त करने के लिए हमें केवल भीतर की ओर मुड़ना है बाहर संसार में खोजने के स्थान पर, उसको अपने भीतर मन-मन्दिर में देखने की कोशिश करें।

जीवन के सम्बन्ध में डॉ॰ साहब का कहना था कि वही व्यक्ति महान् है जो शान्त-चित्त होकर और धैर्यपूर्वक कार्य करता है। मन की शान्ति का मूल्य जीवन में बहुत है सम्पत्ति एवं स्वास्थ्य से भी अधिक है। जिनके पास सम्पत्ति

है अथवा जिनको अधिक शिक्षा मिलती है, वही वस्तुतः महान् नहीं हैं। परमात्मा को गरीबों और अशिक्षितों का भी उतना ही ध्यान रहता है।

कष्ट सहन के फलस्वरूप ही हमें बुद्धि विवेक की प्राप्ति होती है। दुःख प्रायः दण्ड न होकर एक प्रकार की साधना के रूप में आता है। आनन्द का मार्ग दुःख-दर्द में होकर जाता है। मानव जब दुःख-दर्द का इच्छापूर्वक अपने ऊपर ले लेता है, तभी उसके सम्मुख आनन्द का मार्ग खुल जाता है। इस सम्बन्ध में डॉ॰ साहब का कहना था कि यदि हम राम, कृष्ण, बुद्ध, ईसा और मुहम्मद आदि अपने इष्ट देवों, प्रति सच्ची श्रद्धा रखते हैं तथा उनके पदचिह्नों पर चलना चाहते हैं तो हमको चाहिए कि उनकी भांति निर्बलों की सहायता करें तथा दीन-दुखियों को धैर्य बंधाएँ। जीवन का सबसे बड़ा अभिशाप ही यह है कि हम संसार के सुख को बँटा नहीं सकते हैं। इस तरह के विचार डॉ॰ राधाकृष्णन् के थे। इससे पता चलता है कि ये विचार कितने ऊँचे और सर्व-साधारण के मानने व जानने योग्य हैं। ये विचार व्यावहारिक हैं। और हमें जीवन के कर्म-क्षेत्र का सौन्दर्य दिखाने वाले हैं।

## युद्ध और शान्ति पर विचार

जैसा कि ऊपर कहा जा चुका है कि डॉ॰ राधाकृष्णन् के विचार में विश्व के कण-कण में एक परम सत्ता का ही अनुभव होता है। उनका कहना था कि विश्व के प्रत्येक पदार्थ में उसी चरम सत्ता का ही वास है। इसलिये परस्पर युद्ध करना परमात्मा के खिलाफ उसकी सत्ता के खिलाफ एक संगठित प्रयत्न है। युद्ध के सम्बन्ध में बहुत दिनों से यह धारणा चली आ रही थी कि युद्ध सामाजिक आवश्यकता के लिए आवश्यक है। लोग प्रायः यही कहते हुए देखे हैं कि मानव-समाज की भलाई के लिये ही युद्ध हुआ करते हैं।

डॉ॰ साहब का मत था कि सामूहिक हत्या का ही नाम युद्ध है। यदि सामूहिक हत्याएँ हमारे हित में होतीं तो फिर पारस्परिक सद्भावना कायम करने की कोशिश, पंचशील के सिद्धान्त का सम्मान आदि सब बातें व्यर्थ होतीं। हम जानवरों जैसी घृणा को हृदय में लेकर युद्ध करते हैं। छल-फरेब के द्वारा अपनी रक्षा करते हैं। हम यदि चाहते हैं कि सामाजिक अवस्था में आवश्यक परिवर्तन हो, विश्व बन्धुत्व का आदर्श प्रकट हो, तो हमको धर्म-भावना की शरण में जाना होगा। सारांश यह कि डॉ॰ साहब के मतानुसार युद्ध में शामिल होना धर्म के विरुद्ध आचरण करना था। हम यदि धर्म के अनुसार जीना व मरना चाहते हैं तो हमारा सबसे पहला कर्तव्य यह होगा कि लड़ाई-झगड़ों और खून--खराबी से दूर रहें।

हिन्दुओं के धर्म-ग्रन्थों में अहिंसा को सर्वोच्च गुण माना गया है। हिंसा का त्याग अहिंसा है। हिंसा का अर्थ किसी भी प्राणी को किसी प्रकार का कष्ट पहुँचाना है। यह 'कष्ट' शरीर मन या अन्य प्रकार से भी हो सकता है। इस प्रकार किसी भी प्रकार से कष्ट न पहुँचाना अहिंसा है। हम किसी के प्रति बुरे शब्दों का प्रयोग न करें, किसी का नुकसान न करें तथा किसी के शरीर को कष्ट न पहुँचाएँ तभी हम अहिंसक कहे जा सकते हैं।

हिन्दुओं के विभिन्न धर्म-ग्रन्थों की चर्चा करते हुए आप ने लिखा है—इन धर्म ग्रन्थों ने खुले दिल से अहिंसा की प्रशंसा की है परन्तु इसके साथ ही, समाज की व्यवस्था को लगाए रखने के लिए उन ग्रन्थों में उन स्थितियों का वर्णन किया गया है जबकि किसी विशेष स्थिति में हिंसा अथवा शक्ति का प्रयोग किया जा सकता है।

पूर्ण अहिंसा हम सबके जीवन का पवित्र आदर्श होना चाहिए इसी सम्बन्ध में डॉ० साहब ने लिखा है कि ईसाई धर्म के अन्दर भी "अहिंसा" को बहुत कुछ हिन्दुओं के धर्म ग्रन्थों की ही तरह प्रतिपादित किया गया है। महात्मा ईसा ने युद्ध को हर हालत में बुरा बताया है और उसको रोकने की शिक्षा दी है।

डॉ० राधाकृष्णन् ने ईसा मसीह की शिक्षाओं, ईसाई पादरियों द्वारा की गई व्याख्याओं तथा ईसाई राज्यों के निर्दयतापूर्ण व्यवहारों के ऊपर प्रत्येक दृष्टिकोण से विचार किया है। अन्त में वे जो नतीजा निकालते हैं वह इस प्रकार है "ईसाइयों के विवेक का विकास हो रहा है अर्थात् ईसाई धर्मावलम्बियों में पहले की अपेक्षा अधिक बुद्धि आ गई है। हम लोग अब यह अनुभव करने लगे हैं कि यदि हम सभ्य कहलाना चाहते हैं तो हमें युद्धों का सर्वथा त्याग करना होगा। युद्धों का बहिष्कार किए बिना हम सभ्य कहे जाने के अधिकारी नहीं हैं।

## युद्ध के सम्बन्ध में

जैसा कि ऊपर कहा जा चुका है कि यूरोप के अनेक विचारकों ने युद्ध को उपयोगी बताया है। हमारे डॉ० साहब इस विचार-धारा के विरोधी थे। उनका कहना है कि "हमारी उन कार्यों से अधिक हानि होती है वे बहुत कम हमारी हानि कर पाते हैं। भले आदमी कहे जाने वाले लोग ही युद्धों को चलाते हैं, तथा बुरे कहे जाने वाले लोग लूट-मार करते हैं और डाके डालते हैं। इस सम्बन्ध में डॉ० साहब का कहना था कि दूसरी श्रेणी के बुरे लोगों की बनिस्बत पहली श्रेणी के भले कहे जाने वाले अधिक खतरनाक हैं।

सभ्य कहे जाने वाले इन लोगों के कारनामों का उल्लेख करते हुए उन्होंने लिखा है कि "अपराधियों को न्याय के अनुसार अनेक प्रकार की शारीरिक तकलीफें पहुँचाई जाती हैं, बच्चों से कस कर काम लेना और आदमियों को गुलाम बना कर रखना सर्वथा उपयुक्त बताया गया। हम जितनी ही जल्दी लोगों की भावनाओं का अनुमान लगा सकें उतना ही दुनिया की भलाई के लिए एक अच्छा काम होगा।

समाज के अन्दर जब किसी बात की गहरी नींव हो जाती है तो उसको निकाल फेंकना बहुत ही कठिन हो जाता है। युद्ध सम्बन्धी विचारधारा एक ऐसी ही सामाजिक बुराई है। अतः हमें दृढ़तापूर्वक समाज की ऐसी व्यवस्था करनी चाहिए जिससे लड़ाई झगड़े की बात समाप्त हो जाये। और ऐसे समाज का निर्माण करना आसान हो जाये जिसमें युद्ध की बात ही न हो। हम आज युद्धों की बुराइयों का अनुभव करने लगे हैं क्योंकि इनके कारण दुनिया में आग की लपटें आज भी दिखाई दे रही हैं।

डॉ० राधाकृष्णन् को इस सम्बन्ध में भविष्य स्पष्ट दिखाई दे रहा था। उनका विचार था कि भविष्य में युद्ध हो ही नहीं सकते यदि विनाशकारी हथियारों का निर्माण बन्द कर दिया जाये। डॉ० राधाकृष्णन् का कहना था मनुष्य एक ऐसा शिकारी जानवर नहीं है जो हमेशा अपने कमजोर पड़ोसियों को हड़प कर जाता है! मनुष्य की आदतें पैदायशी नहीं होती हैं अनेक तरह के अनुभवों से वह तैयार होती हैं। हमारे व्यवहार चीटियों अथवा मक्खियों की तरह नहीं होते। हम उड़ने के लिए अथवा पानी में पार पाने के लिए पंख नहीं लगाते, बल्कि जहाज बनाते हैं मनुष्य की यही वह खूबी है जिसके कारण वह दूसरे जीवधारियों से अच्छा समझा जाता है। लड़ाई-झगड़े करना उसकी बुनियादी आदत नहीं है। यह आदत भी उसमें अनेक प्रकार के अनुभवों के स्वरूप बन गई है। जिस प्रकार बहुत से आदमी जगन्नाथपुरी में रथ के पहिये के नीचे मरना चाहते हैं। उसी प्रकार आज बहुत से आदमी लड़ाई के मैदान में चाहते हैं। हमारे दिमागों के ऊपर पर्दा सा पड़ा रहता है। हम समाज से जितना डरते हैं उतना बमों से नहीं डरते। इस भय से छुटकारा पाने के लिए हमको अपने सामाजिक परम्परा से बाहर आना होगा। हमने अपने आपको अनेक तरह के बन्धनों में जकड़ रखा है। यही कारण है कि हम बहुत से अनुचित कार्यों को भयवश उचित बताते रहते हैं। स्वतन्त्र विचारों के पनपने के लिए हमको एक अच्छा वातावरण तैयार करना होगा।

इस प्रकार डॉ॰ राधाकृष्णन् साफ़ शब्दों में यह कहते थे कि फौजों और हथियारों की शक्ति पर विश्वास करना एक बहुत बड़ा रोग है। इस रोग ने संसार को बहुत कष्ट पहुँचाया है और लोगों को भयभीत कर दिया है। सच बात तो यह है कि युद्ध हमसे हमारी इन्सानियत को ही छीन लेता है। युद्ध के जहरीले वातावरण को फैलाता है और उसी तरह का ज़हरीला चक्र चलाता रहता है। युद्ध में जीतने वाले मनमाने ढंग पर बदला लेते हैं और उसी भावना से सन्धि करते हैं हारने वाला मजबूरी के कारण दब जाता है। और बदला लेने की ताक में रहता है। इसलिए हमको किसी ऐसे तरीके को ढूंढ निकालना चाहिए जिससे हमारे उन बुनियादी परम्पराओं में आमूल्य परिवर्तन हो जाये जो युद्ध के लिए हमें मजबूर करती हैं। युद्ध की प्रणाली को हमेशा के लिये खत्म कर देना सभ्य मानव का उद्देश्य होना चाहिये, डॉ॰ राधाकृष्णन् का यही सन्देश था।

## अहिंसा के सम्बन्ध में विचार

डॉ॰ राधाकृष्णन् ने महात्मा गांधी द्वारा प्रतिपादित अहिंसा का बड़ा सुन्दर वर्णन किया। अहिंसा के सम्बन्ध में उनके विचार इस प्रकार थे:–

> ''यदि हमें सच्चाई का अनुभव करना है तो हमारे साधन श्रेष्ठ होने चाहिये। इस बात को हमें अच्छी तरह जान लेना चाहिये कि हमें सत्य का अनुभव करने के लिए यदि हम जल्दबाजी में पशु बल अथवा बुरे तरीकों का उपयोग करते हैं तो हमें निराश होना होगा।''

अहिंसा कायरता अथवा दुर्बलता की निशानी नहीं है। अपनी कमजोरी को छिपाने के लिए हम अहिंसा का बहाना नहीं करते। अहिंसा वास्तविक शक्ति का प्रतीक है। जो लोग वास्तव में बहादुर हैं जो कष्टों को हँसते-हँसते झेल सकते हैं, तथा जिनमें बलिदान की भावना भरी हुई है वही व्यक्ति अहिंसक बन सकते हैं। भय के कारण अहिंसक होना उससे भी बुरी बात है। यदि कोई आदमी यह सोचकर कि हिंसा के परिणाम बुरे होते हैं अहिंसा का रास्ता अपनाता है तो उसको समझ लेना चाहिए कि वह अपने आप को बहुत बड़े खतरे में डाल रहा है। जो लोग यह सोचते हैं कि गांधी जी जीवन को आज़ादी की अपेक्षा अधिक श्रेष्ठ समझते हैं वे गलती करते हैं। गांधी जी यह निश्चित रूप से मानते थे कि शारीरिक कष्ट और जीवन-मरण यह इस संसार की बुराइयाँ हैं। यदि हम इनके बदले कोई अच्छा काम कर सकते हैं तो शारीरिक कष्ट का और मौत का हमें स्वागत करना चाहिए। इन्सान को मारने से कोई

काम नहीं होगा बल्कि उनके अन्दर समाये हुए बुरे विचारों को नष्ट करना चाहिए। युद्ध में जाकर लड़ना कोई बहुत बड़ा पाप नहीं है। वास्तव में पाप है हमारे समाज की वे बातें जिनके कारण युद्ध होते हैं। ताकतवर कमजोर को खा जाने को तैयार हो जाता है। यदि हम चाहते हैं कि समाज सुरक्षित रहे तो हमें समाज के प्रबन्ध में परिवर्तन करना होगा। हमें चाहिए कि हम असत्य और बेईमानी का विरोध करें, उनके खिलाफ मोर्चा तैयार करें।

डॉ॰ राधाकृष्णन् के मत के अनुसार संसार के विभिन्न देशों के निवासियों में कोई भेद नहीं है उनके बीच फैले हुए ऊँच नीच के विचार, छोटे-बड़े का फर्क उचित नहीं है। जब यह फर्क मिट जायेंगे और लोगों में एक दूसरे के प्रति नफरत का भाव नहीं रह जायेगा तो हमेशा प्रेम का वातावरण पैदा होगा। इस प्रकार डॉ॰ राधाकृष्णन् समाज से उन मूलभूत बुनियादी बुराइयों को दूर करने की सलाह देते थे जिनसे परस्पर कलह और द्वेष पैदा होता है।

इन्हीं छोटी-छोटी बातों से विकराल युद्ध आरम्भ हो जाते हैं। वह एक ऐसे अहिंसक समाज की कल्पना करते थे, जिसमें परस्पर प्रेम हो। एक दूसरे के प्रति आदर और सम्मान हो। ऐसा समाज युद्ध से दूर रहेगा और अहिंसक बनकर अत्यधिक शक्तिशाली हो जायेगा।

डॉ॰ राधाकृष्णन् समाज के किसी वर्ग विशेष को दूसरे से अधिक शक्तिशाली या महत्त्वपूर्ण बनने की हिमायत नहीं करते थे। उनका कहना था कि समाज का प्रत्येक अंग अपने उचित अधिकारों का उपयोग करते हुए दूसरे के प्रति निष्ठा एवं प्रेम का वातावरण पैदा कर सके। यही अहिंसक समाज की पहचान होगी।

## आदर्श समाज पर विचार

आदर्श समाज के सम्बन्ध में डॉ॰ राधाकृष्णन् ने लिखा है कि हमारा आदर्श वास्तविकता की अपेक्षा कुछ और अधिक ऊँचा होना चाहिए। परन्तु इतना ध्यान रहे कि आदर्श हकीकत को न छोड़ दे। तात्पर्य यह है कि डॉ॰ राधाकृष्णन् को वास्तविकता से प्रेम था वे किसी कल्पना में या और ऐसे ही किसी बनावटी समाज में विश्वास नहीं करते थे। वह ऊपर की ओर आँख उठाकर देखते हैं परन्तु साथ ही इस बात का ध्यान रखते हैं कि उनके पैर जमीन पर ही बने रहें, कहीं ऐसा न हो कि उन्हें अपनी वास्तविकता का ध्यान ही न रहे और उनके पैर उखड़ जायें।

उनका स्पष्ट कहना था कि हम इस संसार को एकबारगी प्रेम की दुनिया नहीं बना सकते हैं। युद्ध कोई एक बैक घट जाने वाली घटना नहीं है वह भी किसी विशेष कारण से होता है। हिटलर के विषय में भी उनका ऐसा ही विचार था। उन्होंने लिखा है हिटलर कार्य है, कारण नहीं। हमारे समाज में फैले हुए अनेक प्रकार के अवगुणों के फलस्वरूप असन्तोष एवं ईर्ष्या की भावना का जन्म होता है। हिटलर का उठ खड़ा होना उसका आवश्यक परिणाम था। इसलिए हिटलर को हम यदि व्यक्ति विशेष मानकर समाज की कुछ बुराइयों का प्रतीक मानें तो अधिक अच्छा होगा। यदि हम वास्तव में चाहते हैं कि हिटलर पैदा न हों, हिटलरशाही का नाश हो जाये, तो हमें यह निश्चय करना होगा कि आज से प्रत्येक मनुष्य को बिना भेदभाव के काम करने और अपनी जीविका कमाने का समान अधिकार होना चाहिए। हमारे समाज की वर्तमान आर्थिक व्यवस्था के अन्तर्गत एक ओर अनाज के ढेर के ढेर सड़ते हैं और दूसरी ओर लोग भूखों मरते हैं। इस व्यवस्था का अन्त होना चाहिए। हम एक दूसरे के प्रति लापरवाह हैं, हमारे भीतर गलत भावनायें काम करती हैं जिसका नतीजा यह होता है कि एक दूसरे के ऊपर अधिकार करने का सवाल सामने आ जाता है। इसलिए ताकतवर आदमी को चाहिए कि वे निर्बलों की सहायता करने की बात सोचें उनके ऊपर हुकूमत करने की नहीं।

डॉ० साहब का स्पष्ट मत था कि हमें अधिक झंझट में नहीं पड़ना चाहिये केवल अपने ऊपर ध्यान देना चाहिये। युद्ध क्यों होते हैं उनके मूल में धर्म है अथवा राजनीति या अर्थ। हमको इन सबके पचड़े में नहीं पड़ना चाहिए। हमारे विचार से जनमत का प्रभाव सरकार पर गहरा पड़ता है। हमें चाहिए कि ऐसे वातावरण को बनायें कि जससे युद्ध न हों। जनमत का दबाव ही सरकार को युद्ध क्षेत्र से विमुख कर सकता है। हमको ऐसी संस्थाओं की स्थापना करनी चाहिये जिसके द्वारा शान्ति और अच्छी बातों का प्रचार हो सके। डॉ० साहब के विचार से अन्याय एवं अत्याचार ही युद्ध को जन्म देते हैं। हमें ऐसी सामाजिक व्यवस्था बनाने के लिए कोशिश करना चाहिये जिसके अन्तर्गत प्रत्येक व्यक्ति और देश के प्रति न्यायपूर्ण व्यवहार किया जा सके। किसी को सताया नहीं जाये। किसी का शोषण नहीं किया जाये तथा प्रत्येक को यह विश्वास हो कि उसके प्रति न्याय न होने की कोई सम्भावना ही न हो।

जिस समाज का एकमात्र लक्ष्य न्याय होगा वही समाज आदर्श समाज कहलायेगा। न्याय एक बहुत ही व्यापक शब्द है। उसके प्रति सतर्कता और देख रेख से ही समाज की उन्नति के रास्ते तैयार होते हैं।

डॉ॰ साहब साम्राज्यवादी शासन व्यवस्था तथा शोषण के घोर विरोधी हैं। उनका स्पष्ट मत यह था कि हिटलरों का पैदा होना तथा देशों की पराधीनता अराजकता की निशानी है। हम यह चाहते हैं कि संसार में व्यवस्था रहे, अमन चैन रहे तो हमको चाहिए कि अन्य लोगों के ऊपर शासन करने का विचार छोड़ दें। पारस्परिक सहयोग एवं शान्ति के साथ समाज का निर्माण हो सकता है। यदि सचमुच संसार में शान्ति और सहयोग के साथ समाज का निर्माण करना है तो ऐसे देश जो दूसरे देशों पर हुकूमत करते हैं, उन्हें कुछ त्याग के लिये तैयार रहना चाहिये।

आपने पारस्परिक सहयोग और सद्भावना पर आधारित समाज की व्यवस्था के अनेक साधनों की भी चर्चा की है। आपने यह लिखा है कि अन्तर्राष्ट्रीय न्यायालय किस प्रकार प्रत्येक राष्ट्र के प्रति न्याय की व्यवस्था कर सकता है और अन्तर्राष्ट्रीय सैनिक संगठन किस प्रकार युद्धों को रोक सकता है। अन्त में निष्कर्ष के रूप में आपने हिन्दू धर्म ग्रन्थों का उदाहरण दिया है जिसमें शासन व्यवस्था के चार भाग साम, दाम, दण्ड तथा भेद की ओर संकेत किया है। आगे वह कहते हैं कि समाज एक झटके में अहिंसक नहीं हो सकता है। परन्तु यह अवश्य है कि हम यदि इस ओर गम्भीरतापूर्वक प्रयत्न करेंगे तो जरूरी है कि एक आदर्श सामाजिक व्यवस्था कायम कर सकें।

डॉ॰ राधाकृष्णन् का आदर्श समाज वही जिसमें प्रत्येक व्यक्ति सुखी रहे, सुरक्षित रहे, न्यायप्रिय रहे, तथा स्वतन्त्रतापूर्वक अपने-अपने कर्तव्यों का पालन कर सके। ऐसा आदर्श राज्य शत-प्रतिशत 'सुराज' ही होगा। इस सुराज का पारिभाषिक नाम राम राज्य है। हमारे आर्य ऋषियों ने बहुत पुराने जमाने में इसकी कल्पना की थी। मध्यकाल में महात्मा ईसा ने खुदा की सल्तनत कह कर इसकी ओर संकेत किया। और आधुनिक काल में महात्मा गान्धी ने इसी की स्थापना का सुख स्वप्न देखा।

## नारी के सम्बन्ध में

डॉ॰ राधाकृष्णन् के विचार से नारी नर की चिर सहचरी, उनके धर्म की रक्षक, उसकी गृह लक्ष्मी तथा उसे देवत्व तक पहुँचाने वाली साधिका है। डॉ॰ राधाकृष्णन् ने स्पष्ट लिखा है कि यदि किसी को उसकी इच्छा अनुसार कार्य और वैसी ही पत्नी मिल जाये तो समझ लीजिये कि उसका जीवन सार्थक है। उनके विचार से नारियाँ इस सभ्यता के चकाचौंध से दूर रहती हैं। उनका मधुर सम्पर्क पुरुष को जीवन के संघर्ष में एक प्रकार का रस प्रदान करता है।

वह नारी को भारतीय आदर्श की कुलांगना के रूप में देखते थे। उनका कहना था कि भारतवर्ष की गृह लक्ष्मियाँ ही हमारी प्राचीन परम्पराओं एवं मान्यताओं को सुरक्षित रखे हुए हैं। वे पूर्णतः पतिव्रता और पति परायण हैं। उनका स्पष्ट मत है कि यदि पति विश्वासघात करता है तो मुझे विश्वासपात्र बना रहना चाहिये। वह यदि इधर-उधर चला गया है तो मुझे उसके लौटने की प्रतीक्षा करनी चाहिये। पत्नी के इस अनन्य प्रेम में डॉ० साहब परमात्मा के दर्शन करते थे।

इसी के आधार पर उनका स्पष्ट मत था कि भारतीय दाम्पत्य जीवन कोमलता एवं प्रगाढ़ प्रेम से परिपूर्ण जीवन है। मानव की समस्त दुर्बलताओं पर विजय प्राप्त करने वाला अमोघ पदार्थ, प्रेम मेरे विचार से परमात्मा की सबसे बड़ी देन है। वह तो इस देश के दाम्पत्य जीवन के प्रेमादर्श से प्रभावित होकर बाल विवाह की प्रथा तक का समर्थन करते थे। उन्होंने स्पष्ट लिखा है कि पश्चिम के देशों को देखते हुए हमारी उम्र एवं श्रेणी के लोगों की शादी बहुत कम अवस्था में हो गई थीं परन्तु ये शादियाँ असफल नहीं रहीं।

भारत के परिवारों एवं स्त्रियों की दशा देखते हुए उनका यह कहना अवश्य था कि हमारे समाज के रीति-रिवाजों में कुछ सुधार करने की आवश्यकता है। सच बात तो यह है कि पति की सद्भावना ही हमारी नारियों का एक मात्र आधार है। उसी के ऊपर उनका सब कुछ निर्भर है। मौजूदा समय में यह काफी नहीं है, इसमें सुधार करने के लिए कुछ-न-कुछ करना चाहिए।

डॉ० राधाकृष्णन् ने नारियों के सम्बन्ध में अपनी पुस्तक ''रिलीजन एण्ड सोसाइटी'' में लिखा है कि पुरुष और स्त्री के सम्बन्धों पर हमको सच्चे हृदय से विचार करना चाहिए। पुरुषों ने ही प्रायः अनेक प्रकार की भावनाएँ बनाई हैं। उन्होंने नारी स्वभाव के सम्बन्ध तथा नारी की अपेक्षा नर की श्रेष्ठता बताने के लिए अनेक ऊलजलूल के किस्से गढ़ रखे हैं।

''प्राचीन भारतवर्ष में नारियाँ, शीर्षक के अन्तर्गत उन्होंने लिखा है कि हम नर और नारी को क्रमशः पुरुष और प्रकृति कहते हैं। इसका तात्पर्य ही यह है कि वे एक दूसरे के पूरक हैं। मानव जाति का दो श्रेणियों में विभाजन मानव के श्रम विभाजन की ओर संकेत करता है। कुछ कार्य ऐसे हैं कि जिन्हें मर्द नहीं कर सकते हैं परन्तु न तो इसका यही अर्थ है कि नारियाँ अपना नारीत्व छोड़ दें और न इसका यही परिणाम होना चाहिए कि आदमी और औरतों के स्वाभाविक पारस्परिक सम्बन्धों में कोई अन्तर पड़े।

संसार में बड़े से बड़े कार्यों की प्रेरणा नारी प्रेम के द्वारा प्राप्त हुई है। हिन्दुओं का विवाह मुख्यत: एक सहयोगी भावना का आदर्श है।

पति-पत्नी पक्के और सच्चे साथी हैं। वे दोनों धर्म, अर्थ, काम और मोक्ष इन चारों पुरुषार्थों की प्राप्ति के लिए सामूहिक प्रयत्न करते हैं।

माताएँ होने के कारण स्त्रियाँ अधिक समझदार होती हैं। वही वर्तमान सामाजिक व्यवस्था में परिवर्तन कर सकती हैं। तभी हमारे जीवन का मौजूदा रूप बदल सकता है और तभी नए इन्सान का जन्म होगा।

## सभ्यता और समाज पर विचार

समाज की प्रस्तुत व्यवस्था में कुछ न कुछ मौलिक दोष हैं। डॉ० राधाकृष्णन् ने स्पष्ट लिखा है कि आजकल प्रजातंत्रात्मक शासन व्यवस्था केवल आंशिक रूप में ही है। प्रजातंत्रात्मक प्रणाली का पहला लक्ष्य है मान का सम्मान। इस प्रणाली का पहला सिद्धान्त यह है कि कोई व्यक्ति इतना योग्य नहीं है कि उसके हाथों पूरी शासन सत्ता सौंप दी जाये तथा किसी राष्ट्र को अन्य किसी राष्ट्र के ऊपर शासन करने का अधिकार नहीं है परन्तु हम आजकल जो कुछ भी देखते हैं वह ठीक इसका उल्टा है। शक्तिशाली व्यक्ति एवं राष्ट्र अपनी मनमानी करते हैं। वे जो चाहते हैं सो करते हैं। कमजोर, नीचे दबे हुए और गरीब समुदाय के लोगों को इस बात का ज्ञान हो गया है कि उनके ऊपर अत्याचार हो रहा है और वे अपने अधिकारों को पूरी तरह से प्राप्त करने के लिए उठ खड़े हुए हैं। इसके बाद संयुक्त राष्ट्र संघ की चर्चा करते हुए डॉ० साहब ने लिखा है कि हम केवल बाहरी सहानुभूति दिखलाते हैं। हम अन्तर्राष्ट्रीय एवं विश्व शान्ति की चर्चा भर करते हैं। हमारा ध्यान राष्ट्र हित में सीमित है तथा हम युद्ध का वातावरण बनाए हुए हैं। जिन देशों के पास उपनिवेश हैं वे अपने उपनिवेशों को छोड़ना नहीं चाहते और उन्हें अपने पास ही रखना चाहते हैं।

अब समय आ गया है जब हम विवेक से काम करने का विचार करें न्याय और अन्याय के भेद को ठीक-ठीक समझें और उसी के आधार पर अपनी समाज की व्यवस्था को न्याय के आधार पर की गई सामाजिक व्यवस्था ही स्थाई शान्ति का कारण बन सकती है। सभ्यता के विषय में भी डॉ० साहब का अपना विशेष दृष्टिकोण था। वह जब भी किसी बात या विषय पर विचार करते तो यह सदैव ध्यान में रखते कि इस शरीर के अतिरिक्त भी कुछ और

है। सभ्यता के विषय में विचार करते हुए उन्होंने लिखा है कि सभ्यता का सम्बन्ध न आत्मा से है न शरीर से और न मस्तिष्क से।

मानव को समझ लेना चाहिए कि उसके जीवन का क्या उद्देश्य है और साथ ही इस लक्ष्य की प्रगति के लिए प्रयत्नशील होना चाहिए। उसको यह भूल जाना चाहिए कि वह अपने आप उन्नति करता चला जाएगा। उसको यह समझ लेना चाहिए कि उसके आदर्शों एवं समय के आधार पर ही उसका विकास होता है। मानव अपने आदर्शों के अनुरूप ही विश्व का निर्माण करता है। हम आज तक जो इतनी उन्नति कर चुके हैं यह उन्हीं महापुरुषों के प्रयत्नों का फल है जिन्होंने अपने सम्मुख उच्चादर्श रखे थे और फिर उसी के अनुसार समाज का संगठन करने के लिए प्रयत्नशील हुए थे। हमारी आजकल की सभ्यता का सबसे बड़ा दोष यह है कि हम अपनी नाक के आगे नहीं देखते हम केवल आज की बात सोचते हैं कल का हमको ध्यान नहीं है। हम वे ही काम करते हैं जिनके कारण हमें इसी समय लाभ हो जाये। हम वे काम नहीं करते जो स्थाई रहे और भविष्य में भी हमारे लिए लाभकारी सिद्ध हो। इस सांसारिक उन्नति में ही मानव की समस्त शक्तियाँ व्यय नहीं हो जानी चाहिएं। यदि मानव ने अपने जीवन का यही लक्ष्य बना लिया तो समझ लीजिए उसने अपने आपको बहुत छोटा समझ लिया। मानव जीवन का उद्देश्य इससे कहीं महान् है। सांसारिक उन्नति से सन्तोष न करके मानव को स्थाई मान्यताओं की स्थापना करनी चाहिए। हमारा कर्तव्य है कि हमें पारस्परिक सहयोग एवं भ्रातृ- भावना के आधार पर समाज का निर्माण करना चाहिए। वास्तविकता, सच्चाई और स्वार्थ-त्याग सभ्यता के विकास के मूलाधार होना चाहिए। जब तक हमारे मन में ईमानदारी कर्तव्यनिष्ठा एवं आत्म-त्याग के भाव जागृत नहीं होते हैं तब तक हम कैसे कह सकते हैं कि हम अधिक सभ्य हो गये हैं। नैतिक और आध्यात्मिक आदर्शों को लेकर चलने वाला समाज ही विज्ञान द्वारा उपलब्ध ज्ञान एवं साधनों के सम्पर्क उपयोग द्वारा सभ्यता का सच्चा एवं वास्तविक विकास कर सकता है।

## ग्रहण करने की शक्ति

डॉ॰ राधाकृष्णन् की विचारधारा की सबसे बड़ी खूबी यह थी कि वह "स्वार्थ" को अर्थात् मतलब की चीज़ को ले लेते थे और बाकी की चीज़ को छोड़ देते थे। कैसा भी प्रसंग हो वह अपने मतलब की बात खोज लेते थे। खोज ही नहीं लेते थे पकड़ भी लेते थे।

अपनी चीन यात्रा के संस्मरणों में उन्होंने लिखा है कि "सांस्कृतिक सहयोग में उन्होंने जो प्रयत्न किये थे वही आज हमारे लिये प्रेरणा दे रहे हैं इसीलिये मैंने यह यात्रा की थी कि चीन के विश्वविद्यालयों की यह मेरी प्रदक्षिणा हमारे दोनों देशों के बीच सांस्कृतिक सम्बन्धों को और अधिक मजबूत बनाने में सहायता दे"। डॉ॰ साहब का देश प्रेम एक कठमुल्ले का देश प्रेम नहीं था वह देश की सीमाओं का उल्लंघन करके देश प्रेम को पुष्ट करने वाले तत्वों का संग्रह करने वाला विश्वव्यापी देश प्रेम था। शिक्षा और शिक्षकों के सम्बन्ध में डॉ॰ साहब के विचार हमारी आँखें खोल देते हैं। वह देखते थे कि हमारे देश में शिक्षा एवं शिक्षा के केन्द्र प्रायः उपेक्षित हैं। उनका कहना था कि विश्वविद्यालय ही देश के महापुरुषों का निर्माण करने वाला कारखाना है। तथा अध्यापक उन्हें बनाने वाले कारीगर हैं।

विश्वविद्यालयों द्वारा प्रसारित राष्ट्रीय शक्ति एवं जीवन के द्वारा ही सच्ची राष्ट्रीयता का निर्माण सम्भव है। क्योंकि राष्ट्रीयता की वह अमूल्य निधि है जो एक राज्य को अपने विकास के लिए प्रेरित करती है।

डॉ॰ राधाकृष्णन् भारत के बाहर जो कुछ भी अच्छी बातें देखते और पाते थे उन्हें अपने विचारों में प्रमुख स्थान देते थे। उनके स्वभाव में यह बड़ी खूबी थी कि अनेक प्रकार के अच्छे तथा जनोपयोगी मतों को सन्तुलित मस्तिष्क से देखते थे। बिना किसी भेदभाव के वे सभी धर्मों के प्रति निष्ठा एवं प्रेम रखते थे। धर्म सम्बन्धी उनके विचार बहुत ही जनोपयोगी हैं। उनका कहना था कि धर्म हमारे जीवन का पथ प्रदर्शक है। संसार के सभी धर्मों की यही सीख है।

यद्यपि डॉ॰ राधाकृष्णन् राजनीति व्यक्ति नहीं थे और न ही राजनीतिक जिन्दगी से उन्हें कोई लगाव था फिर भी भारत के राष्ट्रपति होने के नाते उनका राजनीति से सीधा सम्बन्ध था। एक अध्यापक की जिन्दगी से जब वे रूस में भारत के राजदूत बनकर भेजे गये तभी उनके राजनीतिक विचारों की छाप भारत पर और सारी दुनिया पर पड़ी। धर्म को डॉ॰ साहब राजनीति से बड़ा समझते थे और अपने प्रत्येक राजकारी कार्यों में वे धर्म के अनुसार ही आचरण करते थे। यही कारण है कि उनके राजनीतिक विचार शुद्ध और परस्पर ईर्ष्या से मुक्त रहते थे।

डॉ॰ राधाकृष्णन् जब भी किसी राजनीतिक मामले में सोचते थे तो उनका मानव पक्ष प्रमुख रूप से सामने आ जाता था। यही कारण है कि वे दलगत राजनीति के वर्तमान पचड़ों से सर्वथा दूर थे। भारत के राष्ट्रपति की हैसियत

से जब कभी उन्हें किसी सार्वजनिक सभा समारोहों में सम्मिलित होना पड़ता तो वहाँ वे स्पष्ट रूप से बिना किसी पक्षपात के अपने मत को प्रगट करते। एक बार दक्षिण भारत के एक ऐसे ही समारोह में उन्होंने कांग्रेस सरकार के अन्दर फैले हुए भ्रष्टाचार तथा भाई-भतीजेवाद की कटु आलोचना की थी। इससे उनकी स्पष्टवादिता तथा निर्भीकता का ज्वलन्त प्रमाण मिलता है। अनेक अवसरों पर डॉ॰ राधाकृष्णन् ने अपनी इस आदर्श राजनीति का प्रमाण दिया है यही कारण है कि भारत के सभी लोग उनसे प्यार करते थे।

## महानता का रहस्य

संसार में कोई भी व्यक्ति महान् बन सकता है इसके लिए न तो किसी प्रकार के भौतिक साधनों की आवश्यकता है और न किसी अन्य साधनों की अपेक्षा है। महान् बनने के लिए सदन एवं निष्ठा के साथ कर्तव्य पथ पर बढ़ते रहने से ही मनुष्य महान् बन सकता है।

हम देखते हैं कि राधाकृष्णन् ने एक साधारण श्रेणी के परिवार में जन्म लेकर उच्च शिक्षा प्राप्त की और फिर अपनी लगन से शिक्षा को ही अपने जीवन का ध्येय बनाया। अनेक प्रकार की रुकावटें और कठिनाइयाँ डॉ॰ साहब के सामने आईं किन्तु वे अपने पक्ष से विचलित नहीं हुए और लक्ष्य की प्राप्ति के लिए अबाध गति से आगे बढ़ते रहे। एक वक्त ऐसा भी आया जब उन्हें अपने पथ के निर्णय में कठिनाई आई किन्तु जैसे ही उन्हें मार्गदर्शन हुआ वे पूरे उत्साह के साथ अपने भविष्य को बनाने में लग गये। जैसा कि आरम्भ में उनकी शिक्षा-दीक्षा की अवधि में कहा जा चुका है कि डॉ॰ राधाकृष्णन् जब बी॰ए॰ के विद्यार्थी थे तो उनके सामने यह समस्या आई थी कि वे कुछ वैकल्पिक विषय में किसे चुनें और हम देखते हैं कि उनकी इस समस्या का समाधान अनायास ही हो गया।

डॉ॰ राधाकृष्णन् अपने विद्यार्थी जीवन में किसी विषय को पास करने के लिए नहीं पढ़ते थे बल्कि वे गम्भीरतापूर्वक अपनी पढ़ी हुई किताबों पर मनन भी किया करते थे। आज कितने ऐसे लोग हैं जो किसी पुस्तक को पढ़ कर अपने भविष्य का निर्णय करते हैं। दर्शन-शास्त्र जैसे गूढ़ विषय को अपना मुख्य विषय बनाकर डॉ॰ राधाकृष्णन् ने यह सिद्ध कर दिया, गूढ़ विषय में भी रस पैदा किया जा सकता है और उसकी सरलता से प्रभावित किया जा सकता है। शिक्षक की हैसियत से डॉ॰ राधाकृष्णन् ने जो कीर्ति अर्जित की उसकी

दूसरी कोई मिसाल नहीं। शिक्षक कर्त्तव्य का जैसा सुन्दर आदर्श डॉ० राधाकृष्णन् ने रखा वह शिक्षा जगत् के लिए आदर्श है। शिक्षकों और विद्यार्थियों में कैसा सम्बन्ध होना चाहिए इसके लिए डॉ० साहब स्वयं एक मिसाल हैं। आज जब कि शिक्षा संस्थाओं में शिक्षकों का कर्त्तव्य केवल कुछ घन्टे अपने विषय पढ़ा देने से समाप्त हो जाता है और बाद में वे विद्यार्थियों से किसी प्रकार का सम्बन्ध नहीं रखते। डॉ० राधाकृष्णन् अपने श्रेष्ठ आचरण से विद्यार्थियों का हृदय हमेशा मोहित करते रहे उनके स्वभाव में, उनके विचार में विद्यार्थी केवल विद्यार्थी ही नहीं बल्कि और कुछ भी हैं और इस 'और कुछ' को बनाने के लिए वे हमेशा अपने विद्यार्थियों को शिक्षक संस्थाओं के बाहर भी अपने सम्पर्क में रखते थे और उनकी शैक्षणिक तथा व्यक्तिगत समस्याओं को उदारतापूर्वक सुलझाते थे। इस प्रकार हम देखते हैं कि राधाकृष्णन् जहाँ एक योग्य अध्यापक थे वहीं वे एक सुयोग्य अभिभावक भी थे। यही कारण है कि आज उनके अनेक शिष्य ऐसे हैं जो उनका सम्मान करते हैं। जब डॉ० राधाकृष्णन् भारत के उपराष्ट्रपति थे और इस हैसियत से उन्हें राज्य सभा की अध्यक्षता करनी पड़ती थी तो अक्सर राज्य सभा के विरोधी कम्युनिष्ट सदस्य श्री भूपेश गुप्त जो कटु आलोचना के कारण सारे भारत में प्रसिद्ध थे उनको भी डॉ० राधाकृष्णन् के सम्मान और श्रद्धा में कभी भी कमी होते नहीं पाया गया। चूंकि श्री भूपेश गुप्त डॉ० राधाकृष्णन् के कलकत्ता विश्वविद्यालय के शिष्य रह चुके थे और उसी हैसियत से वे राज्य सभा में भी अपने गुरु को आदर की दृष्टि से देखते थे। किसी भी विवादाग्रस्त मसले पर डॉ० राधाकृष्णन् की बात न केवल सम्मान की दृष्टि से देखते थे बल्कि उसका समुचित पालन भी करते थे। आज कितने ऐसे शिक्षक हैं जो अपने विद्यार्थियों में डॉ० राधाकृष्णन् जैसी श्रद्धा की भावना पैदा करा सके हों।''

## भारत की अन्तरात्मा

### (अ) आत्मा का धर्म

डॉ० राधाकृष्णन् के दर्शन का सारा लक्ष्य मनुष्य को यह विश्वास दिलाता है कि वह केवल शरीर ही नहीं, आत्मा भी थे; बल्कि शरीर की सबसे बड़ी सफलता वे यह मानते थे कि उसकी क्रियाओं और भाषाओं के द्वारा आत्मा की अभिव्यक्ति हो। अतएव धर्म उनके दर्शन का केन्द्र-बिन्दु बन गया है। किन्तु राधाकृष्णन् का उद्देश्य मनुष्य को उस धर्म की शिक्षा देना नहीं था जो धर्मग्रंथों

में लिखा है अथवा जिसे लेकर सम्प्रदाय खड़ा किया जाता है अथवा जो धर्म गुरु विशेष के उद्‌गारों से सीमित होता है। वेद, कुरान, बाइबिल, जेन्दावस्था और त्रिपटकों के जो अलग-अलग धार्मिक पंथ बताए गए हैं, उनमें से कोई भी पंथ राधाकृष्णन् का प्रतिपाद्य नहीं था। प्रत्युत, वे उस धर्म पर जोर देते थे जो इन सभी धर्मों के मूल में निर्हित है, जिसे लेकर सच्चे ईसाई, सच्चे हिन्दू और सच्चे मुसलमान पर स्पष्ट विवाद नहीं करके, धार्मिकता के कम ध्येय के सामने एक समान अवनत हो जाते हैं।

स्वामी रामकृष्ण और अरविन्द ने धर्मों की जिस एकता की अनुभूति की थी, वह राधाकृष्णन् के दर्शन में अनेक तर्कों से भलीभाँति पुष्ट होकर प्रत्यक्ष हो गयी थी। सच पूछिए तो राधाकृष्णन् दार्शनिक से अधिक धर्मप्रवर्तक थे, क्योंकि दर्शनों का तो उन्होंने इतिहास ही लिखा है। उनके अपने विचारों से एक नवीन धर्म की स्थापना का बोध होता था जिसे वे धर्म ग्रंथों का धर्म नहीं कहते बल्कि आत्मा का धर्म कहते थे।

यह आत्मा का धर्म क्या है? प्रत्येक धर्म में सत्य का शोध करते-करते हमें जब और कुछ नहीं सूझता तब बाइबिल या कुरान अथवा गीता या वेद से एक वाक्य उठा कर हम कह बैठते हैं कि जो कहना चाहते हैं उसका प्रमाण यह है। यह ढंग प्रमाणवादी धर्म का है। जिसके उज्ज्वलतम उदाहरण ईसाईमत और इस्लाम हैं। धर्मग्रंथों से प्रमाण उद्‌धृत करके सत्य को जबर्दस्ती मनवाने की प्रवृत्ति हिन्दुत्व और बौद्धमत में भी है; किन्तु हिन्दुत्व में इस प्रवृत्ति का प्राबल्य नहीं है।

अनेक वादों, मत-मतान्तरों एवं पंथों का जन्मदाता होने के कारण हिन्दुत्व प्रमाणों पर कम भरोसा करता है वह मुख्यतः मुक्त चिन्तकों का धर्म है, इसीलिए, हिन्दुत्व राधाकृष्णन् के आत्मा के धर्म की कल्पना का ही पर्याय है। आत्मा के धर्म की आवश्यकता, कदाचित् इस कारण अनुभूति हुई कि पैगम्बरों और धर्म-प्रवर्त्तकों का प्रत्येक उक्ति को स्वतः प्रमाण मानकर चलने से मनुष्य की बुद्धि कुण्ठित होती है। जैसे इतिहास, विज्ञान आदि विधाओं में कोई भी बात इसलिए सत्य नहीं मानी जाती कि किसी महाविद्वान् ने उसे कहा है, उसी प्रकार धर्म में भी कोई बात केवल इसीलिए सत्य नहीं मानी जानी चाहिए कि वह वेद, कुरान या बाइबिल में लिखी हुई है। धर्म का भी एक पक्ष बुद्धि और विचार का विषय है तथा जो बात बुद्धि में नहीं आती हो, उसे नहीं मानना ही धर्म है। अन्धा होकर किसी विचार से चिपके रहने की अपेक्षा

शंकालु होकर धार्मिक सत्यों का शोध करने को राधाकृष्णन् अधिक श्रेष्ठ मानते हैं उन्होंने कई स्थानों पर महात्मा बुद्ध के इस वचन को दोहराया है कि मेरे वचनों को इसलिए मत मानो के उन्हें मैंने कहा है, बल्कि इसलिए कि वे तुम्हारी बुद्धि से भी मान्य हैं।

इससे यह प्रश्न उठता है कि तब धार्मिक सम्प्रदाय जो यह दावा करते हैं कि उनका धर्म ईश्वर के द्वारा कहा गया है तथा उनके धर्म ग्रंथ को ईश्वर ने बनाया है, यह बात सत्य है या नहीं। राधाकृष्णन् यह नहीं कहते कि धर्म ईश्वर की देन नहीं है अथवा धर्म ग्रंथों का परोक्ष सत्ता से कोई सम्बन्ध नहीं है। समाधि या ईश्वर की याद में मग्न होकर ही उससे मनुष्य साक्षात्कार करता है और ऐसे ही व्यक्तियों की अनुभूतियाँ धर्म ग्रंथ का आधार हैं।

संसार में जितने भी धर्म या धर्मशास्त्र हैं, उनका एकमात्र उद्देश्य मनुष्य को मानसिक संतुलन देना है, दुविधा, द्वंद्व, वेदना और शोक से उसे मुक्त करना है, मनुष्य के भीतर एक ऐसी शांति को उत्पन्न करना है, जिसे संदेह विचलित न कर सके, जिसे शंकाएँ हिला नहीं सकें। अपने आध्यात्मिक-धर्म के द्वारा राधाकृष्णन् कर्म को इसी लक्ष्य की ओर प्रेरित करना चाहते थे। "धर्म को पकड़ कर रहो, धर्मों को आने दो" यह शिक्षा राधाकृष्णन् ने रवीन्द्रनाथ के दर्शन से निकाली थी, किन्तु यही शिक्षा उनके अपने दर्शन से भी उद्भूत होती है।

भारत के प्रमुख विभिन्न धर्मों के सम्बन्ध में राधाकृष्णन् के विचार क्या थे? सब धर्मों की एकता का रहस्य क्या है? यहाँ पर अलग-अलग वर्णन करना उपयोगी होगा। राधाकृष्णन् के धार्मिक एकता सम्बन्धी विचार अभूतपूर्व थे। उदारवादी दृष्टिकोण से उन्होंने प्रत्येक धर्म को देखा था और उनकी व्याख्या में वैज्ञानिक पुट ही था। धार्मिक मामलों में राधाकृष्णन् के विचार रूढ़िवादी नहीं थे। नीचे हम उनकी प्रसिद्ध पुस्तक (Heart of Hindusthan) से धार्मिक एकता सम्बन्धी तथ्य प्रस्तुत कर रहे हैं। प्रत्येक धर्म की व्याख्या में राधाकृष्णन् का दृष्टिकोण कितना यथार्थवादी एवं वैज्ञानिक था इसे पाठक स्वयं देखेंगे।

### (ब) हिन्दू धर्म

आर्यों के भारत में प्रवेश करने के दिन से आज तक, गम्भीर जातीय एवं धार्मिक विप्लवों का निरन्तर सामना करते रहने का गौरव अथवा दुर्भाग्य भारत का सदा ही रहा है। एक दूसरे अर्थ में भारतवर्ष संसार का एक छोटा संस्करण है। वह एक 'लेबोट्री' है जहाँ संसार की समस्याओं से संबंधित जातीय अथवा

धार्मिक बातों के प्रयोग लिए गए हैं। यदि यह ठीक है कि प्रत्येक जाति की एक विशेषता होती है और वह ईश्वराभिव्यक्ति के किसी विशेष रूप को ही हमारे सम्मुख उपस्थित करती है, तो मालूम होता है जातीय एवं धार्मिक संघर्षों का समाधान करने के लिए भारत चुना गया है।

हिन्दू धर्म की प्रचण्ड-तरंगों तथा शान्ति जल-राशि के लम्बे इतिहास में, इस सरिता के टेढ़े-मेढ़े रास्तों एवं विस्तृत तटों में एक साधारण वृत्ति को, एक आध्यात्मिक उद्देश्य को खोज लेना सम्भव है। जो नित्य परिवर्तनशील रूपों के भीतर भी स्थिर रहा है। प्राचीन हिन्दू-धर्म के मुख्य सिद्धान्त जीवित शक्तियाँ हैं मृत-प्राय वस्तु नहीं।

धर्म शब्द का अर्थ काफी जटिल है। यह उन सभी आदर्शों तथा उद्देश्यों को, प्रभावों तथा संस्थाओं को व्यक्त करता है, जो मनुष्य के व्यक्तिगत एवं सामाजिक चरित्र का निर्माण करते हैं। यह उस आचार-शास्त्र का नाम है, जिसके पालन से ऐहिक सुख तथा मोक्ष दोनों की ही प्राप्ती होती है। यह आचार शास्त्र तथा धर्म दोनों का समुच्चय है। धर्म नियमों से हिन्दू जीवन पूर्णतः नियन्त्रित है। उसके उपवास तथा उत्सव उसके पारिवारिक तथा सामाजिक बन्धन, उसकी रुचि तथा स्वभाव सबका मूलाधार धर्म ही है।

मानव जीवन का लक्ष्य मोक्ष है। आत्म शिखर पर चढ़कर अमरत्व लाभ करना मनुष्य के लिए निश्चित है। मानव हृदय का अमर स्वप्न, जीव के आत्मज्ञान के लिए तीव्र उत्कण्ठा ही हिन्दू धर्म का आधार है। वह मानता है कि आत्मा ही अन्तिम सत्य है। हृदय की सब कामनाएँ, न्याय के सारे विवाद, आत्मा के अस्तित्व को मानकर ही चलते हैं। इसे तर्क के द्वारा सिद्ध नहीं किया जा सकता यद्यपि इसके बिना प्रमाण की ही सम्भावना नहीं हो सकती। यह केवल श्रद्धा का विषय नहीं है क्योंकि वही श्रद्धा है जो तर्क का भी मूल है। यदि मनुष्य की आत्मा के सम्बन्ध में भी सन्देह सम्भव है तो सन्देह ही संसार से मिट जाएगा। यदि कुछ भी है तो आत्मा भी है। यह वह चरम सत्य है जो परिवर्तन से परे है, वह अदृश्य वास्तविकता है जो समस्त जीवन एवं तर्क का आधार है। यह वह रहस्य है जो अज्ञात है। "हम हैं" यह एक ऐसा सत्य है जिसकी तुलना में हमारे विचारों का कोई महत्त्व नहीं। मनुष्य की वे दुर्बलताएँ ही जो उसके मार्ग में बाधक होती हैं, उसके भय का कारण बनती हैं, वह अन्धकार है जो अन्तर के प्रकाश को छिपाए है। यदि हम अपने जीवन के एक मात्र निश्चित बिन्दु अपनी आत्मा की शरण में पहुँच जायें तो हम

अनुभव करेंगे कि संसार रूपी अन्तहीन प्रतीत होने वाले पथ में हम अकेले नहीं हैं और तब हम संसार पर विजय पा सकते हैं तथा मृत्यु को ललकार सकते हैं। ''जो तुम्हारे भीतर है, वह उससे बड़ा है जो संसार में है।''

यद्यपि सम्पूर्ण प्रयत्न का उद्देश्य मनुष्य की आध्यात्मिक पूर्णता है, पर हिन्दू धर्म किसी भी धार्मिक विश्वास अथवा उपासना के स्वरूप पर जोर नहीं देता। मनुष्य की प्रार्थना करने अथवा उस तक पहुँचने के मार्ग-चयन में लोगों को पूर्ण स्वतन्त्रता है। हिन्दू विद्वान् मानव-जाति विज्ञान तथा दर्शन के पंडित थे अतएव उन्होंने धार्मिक विश्वास के सम्बन्ध में कभी बल प्रयोग नहीं करना चाहा। धर्म सम्बन्धी शत्रु अथवा मनोमालिन्य तभी शुरू होता है जब हम ईश्वर सम्बन्धी अपनी कल्पना को विशेष महत्त्व देने लगते हैं।

इसके अतिरिक्त धर्म स्वतंत्रता का समर्थक है एवं मनुष्य पर सबसे बड़ा अत्याचार यही है कि हम उसे समझ में न आने वाली बात में विश्वास करने को विवश करें। दूसरे व्यक्ति तथा ईश्वर के सम्बन्ध का वर्गीकरण बहुत कठित है। मनुष्य का हृदय अपने रक्त से अपनी भक्ति पद्धति का रूप अंकित करता है एक संस्कृत श्लोक है:–

''जिस प्रकार पक्षी आकाश में उड़ते समय और मछलियाँ समुद्र में तैरते समय अपने पीछे कोई चिह्न नहीं छोड़तीं वही दशा भगवद्भक्त की है।'' ईसा ने दिव्य जीवन के रहस्य के सीमित मानव-हृदय में व्यक्त होने की बात की थी, ''हवा जहाँ चाहती है, जाती है। तुम उसका शब्द तो सुनते हो। पर यह नहीं बता सकते कि वह कहाँ से आती है और किधर जायेगी; ठीक यही बात भगवान के भक्तों की है।'' ईश्वर अपने को कभी तो बिजली की चमक में और कभी हृदय के स्पन्दन में प्रकट करता है। जो हिन्दू अपने धर्म के भाव को समझता है वह सभी धर्मों का सम्मान करता है। बालपुर में रवीन्द्रनाथ के स्कूल में एक निराकार परमात्मा की उपासना की जाती है पर दूसरे मतों की निन्दा करने का वहां निषेध है।

इसका यह अर्थ कदापि नहीं कि हिन्दू दार्शनिकों को ईश्वर का सम्पूर्ण ज्ञान नहीं है तथा वे सब धर्मों को समान रूप से ठीक मानते हैं। उन्हें ऊँचे से ऊँचे सत्य का यथार्थ अनुभव है, यद्यपि वे यह नहीं चाहते कि सब उनके ही अनुभवों को स्वीकार कर लें उनका ख्याल है कि यदि मस्तिष्क संस्कृत है तो सत्य का प्रत्यक्ष स्वतः हो जाएगा। प्रत्येक धर्म अपने अनुयायियों के मानसिक एवं सामाजिक विकास का प्रकाश होता है। इसलिए उपलब्ध मतों के स्थान

में बिल्कुल नए मतों को स्थापित करना धृष्टतापूर्ण है। निम्न श्रेणी के विचार बढ़ती हुई विवेचना के सम्मुख ठहर नहीं सकते तथा सच्चा सुधारक मनुष्य की मानसिक एवं चारित्रिक उन्नति करने का यत्न करता है। सत्य का ज्ञान धार्मिक विश्वास का परिणाम नहीं होता वरन् गम्भीर नैतिक आचरण का अनुभव होता है। इसीलिए हिन्दू दार्शनिक सिद्धांतों की अपेक्षा आचार को अधिक महत्त्व देते हैं। हिन्दुओं के धर्म को धर्म-शास्त्र न कह कर जीवन योजना कहना अधिक उपयुक्त होगा। कोई दृढ़ हिन्दू है अथवा नहीं यह बात इस पर इतना निर्भर नहीं करती कि वह किसी विशेष सिद्धान्त को मानता है अथवा नहीं जितना इस बात पर कि वह धर्म को मानकर चलता है कि नहीं।

ईश्वर के अस्तित्व में दृढ़ विश्वास होने से जो आचरण स्वभावतः होने लगता है, धर्म उसी को जीवन का आदर्श बनाने की आज्ञा देता है। यदि सबसे बड़ा सत्य यही है कि ईश्वर मनुष्य के हृदय में निवास करता है, तो इस विश्वास को कार्यान्वित करने वाला आचरण ही आदर्श आचरण होगा। भिन्न-भिन्न सद्‌गुण सत्य के ही विभिन्न रूप हैं। सत्य, सौंदर्य एवं शील आदर्श पुरुष के जीवन के लक्षण हैं, उसका आवश्यक अंग हैं। वह आत्मत्याग विनम्रता, वात्सल्य एवं पवित्रता आदि सद्‌गुणों का व्यक्त स्वरूप ही होगा। वासना पर आत्मा की विजय होने से घृणा के मेघ एवं विषय-वासना की चिनगारियाँ विनष्ट हो जाती हैं और उसका हृदय शान्ति से भर उठता है और तब महान् संकट के अवसरों पर व्यक्तिगत हानि अथवा सामाजिक संकट में वह विचलित नहीं होता। शान्त-चित्त, दृढ़ निश्चय तथा प्रमाद रहित दृष्टि से वह समयोचित व्यवहार किया करता है। वह किसी एक देश का नहीं बल्कि सच्चे अर्थ में संसार का नागरिक बन जाता है। शक्ति की इच्छा एवं अहंकार उत्पन्न करने वाले रजोगुण तथा आलस्य एवं निष्क्रियता-जनक तमोगुण पर आनन्द एवं प्रेम व्यंजक सत्त्व गुण का प्राधान्य हो जाता है। महात्मा के लिए धर्म अन्तःप्रेरणा बन जाता है; दूसरों के लिए वह बाह्य-नियंत्रण है, सामाजिक रीति अथवा लोकमत का अनुरोध है।

जो आदर्श हमें क्रोध एवं मोह से बचने को कहता है, मनसा, वाचा, कर्मणा पवित्र बनने को कहता है, वह पाप एवं दुख से पूर्ण जीवन के थपेड़ों से व्यग्र मानव के लिए असम्भव आदर्श है। वह जीवन से ऐसी चीज मांगता है, जिसका देना जीवन के लिए सम्भव नहीं। वह जीवन के समस्त आधारों को नष्ट कर देना चाहता है। यदि मोक्ष के लिए सर्वस्व त्याग आवश्यक है तो बहुत से लोग मोक्ष के विचार को ही त्याग देंगे। संसार का कुछ ऐसा नियम है कि जो

आध्यात्मिक मर्यादा का पालन करना चाहते हैं, उनको सफलता मिलने की आशा बहुत कम ही होती है। हम सभी जानते हैं कि ''पर्वत के उपदेश'' को किस प्रकार असम्भव आदर्श कह कर उड़ा दिया जाता है। हम हमेशा एक गाल पर थप्पड़ खाकर मारने वाले के सामने दूसरा गाल थप्पड़ खाने के लिए नहीं कर सकते, जब हमारा अनुभव है कि दोनों गालों पर चपत लगाने की इच्छा में केवल आकर्षण है। कष्टों में भी आनन्द का अनुभव करना दिव्य गुण हो सकता है पर मनुष्य तो बड़ा दुर्बल प्राणी है। ईसाई-संसार तो यह कह कर सन्तोष कर लेती है कि ईसा भी एक आध बार दुःख से व्याकुल हो उठे थे।

आधुनिक सांसारिक सुधारक कहता है "तुमने प्राचीन उपदेशकों को यह कहते सुना है कि "हिंसा मत करो" पर मैं तुम से कहता हूँ कि भोजन के लिए पशु शिकार के लिए पक्षी तथा युद्ध में मनुष्यों को छोड़ कर तुम किसी की हिंसा न करना। कहा गया है। "लालच न करो" पर मेरा आदेश है कि तुम बड़े पैमाने पर उद्योग और साम्राजवाद को छोड़ कर और कहीं लालच मत करना। तुमने पुराने लोगों को यह कहते सुना होगा कि "घृणा मत करो" मैं तुमसे कहता हूँ कि "तुम पिछड़ी हुई जातियों, अपने शत्रुओं तथा निर्बलों को छोड़कर अन्य किसी से भी घृणा न करना।"" उस त्यागपूर्ण धार्मिक जीवन से घबरा कर जिसका सिद्धान्त है कि आनन्द की प्राप्ति शक्ति तथा सम्पत्ति से नहीं, शान्ति एवं प्रेम से होती है, हमारे प्रगतिशील सुधारक धर्म-नियमों में इतने अपवाद जोड़ देते हैं कि उनकी आत्मा की हत्या हो जाती है तथा हिंसा, धन-राशि एवं शस्त्रास्त्रप्रचुर अर्वाचीन व्यवहार को ही मनुष्य जीवन का चरम उद्देश्य मानने वाले सिद्धान्त की पुष्टि हो जाती है। वे अनायास ही उस मनुष्य की कहानी को भुला देते हैं, जिसने अनेक वर्षों के लिए पर्याप्त अन्न संग्रह करने के लिए बड़ी-बड़ी खत्तियों के निर्माण करने की योजना तैयार की थी किन्तु उसी रात को मृत्यु का शिकार हो जाने के कारण उस योजना का कार्यान्वित करने का अवसर ही जिसे नहीं मिल सका था।

हिन्दू दार्शनिकों को अच्छी तरह मालूम है कि मनुष्य की वास्तविक प्रकृति में, जो काफी-खराब है तथा असम्भव प्रतीत होने वाले आदर्श में बहुत बड़ा अन्तर है। यथार्थ तथा आदर्श के महान अन्तर का ज्ञान उन्हें आदर्श को नीचे गिराने की प्रवृत्ति नहीं देता। वैसा करना उन्हें अपनी आत्मा के प्रति अक्षम्य अपराध करना प्रतीत होता है। मनुष्य का स्वभाव तथा उसकी नैतिक रुचि धीरे-धीरे ही बदलती है। यदि हम पूर्णता की ओर बढ़ना चाहते हैं तो हमें

धैर्य से काम लेना होगा। विचारों को आदर्श भूमि तक पहुंचाने के लिये अनेक कष्टों का सामना करना होगा। अपने हृदय को आनन्द से भरने के लिए असंख्य हृदयों को कुचलना होता है। पवित्र भाव के उत्पादन के लिए अनेक त्यागपूर्ण प्रयासों की आवश्यकता होती है। अधिकांश लोग आध्यात्मिक शिखर पर एक-एक सीढ़ी करके ही चढ़ पाते हैं। एक छलांग में चोटी पर पहुंचने वाले उंगलियों पर गिने जा सकते हैं। वर्णाश्रम धर्म ही वह उपाय है जिसे हिन्दुओं ने क्रमिक विकास के लिए ढूंढ निकाला है। उसका उद्देश्य है कि साधारण से साधारण व्यक्ति भी महात्मा बन जाए। उसके नियम भौतिक नहीं आध्यात्मिक राज्य के नियम हैं वे किसी राष्ट्र विशेष के लिए नहीं बल्कि सार्वभौमिक हैं।

जीवन तथा विश्व की उत्पत्ति का कुछ भी कारण क्यों न हो, नैतिक उद्देश्य की महत्ता को सभी स्वीकार करते हैं। हिन्दू दर्शन के अनुसार मनुष्य का जन्म एक दिव्य उद्देश्य का परिणाम है। हमारे विगत जीवन की अतृप्त वासनाएं ही इस जन्म का कारण हैं। तप के द्वारा ही हमारी दुर्बलता शक्ति में एवं अविद्या ज्ञान में परिणत हो सकती है। 'आश्रम' शब्द की व्युत्पत्ति जिस धातु से है उसका अर्थ कष्ट उठाना है। बिना कष्ट के उन्नति नहीं हो सकती, बिना मृत्यु के पुनर्जीवन कैसे सम्भव हो सकता है, आदि से लेकर अन्त तक हमारा जीवन एक प्रकार की मृत्यु है जिसका अर्थ है—अधिक विशाल जीवन।

पहला आश्रम यज्ञोपवीत संस्कार से आरंभ होता है जो आध्यात्मिक जीवन में दीक्षित होने का सूचक है। इसका उद्देश्य मनुष्य के शारीरिक एवं मानसिक पुष्टता का विधान करना है। इस आश्रम का मुख्य लक्ष्य स्वास्थ्यवर्द्धन एवं मानसिक विकास है। छात्र को निर्मलता, ब्रह्मचर्य, शिष्टाचार एवं आस्तिकतापूर्ण जीवन की शिक्षा दी जाती है। सब विद्यार्थियों को चाहे वे राजपूत हों अथवा कृषक सन्तान, दरिद्र जीवन बिता कर सामाजिक सहानुभूति का अभ्यास करना पड़ता है। प्रत्येक छात्र को जीवन धारण के लिए भिक्षा मांगनी पड़ती है और दरिद्रता का अभ्यास विद्यार्थी को यह बुद्धि देता है कि साधु जीवन के लिए समाधि आवश्यक नहीं होती। विद्यार्थियों को स्वच्छन्द नहीं छोड़ा जाता है। न तो उन्हें स्वकल्पना प्रसूत प्रतिमाओं का निर्माण करने का अधिकार रहता है और न वे अन्ध-विश्वास तथा साम्प्रदायिक संकीर्णता के ही शिकार बनने दिये जाते हैं। विद्यार्थियों की क्षमता एवं आवश्यकता के अनुसार ही शिक्षा का प्रबन्ध किया जाता है। तब समस्या इतनी जटिल नहीं थी जैसी आज है क्योंकि बालकों का भावी व्यवसाय प्राय: निश्चित रहता था।

शिक्षा काल समाप्त होने पर विद्यार्थी को पारस्परिक उत्तरदायित्व ग्रहण करना पड़ता था। पुरुष अकेला नहीं होता उसके ऊपर स्त्री एवं बच्चों का भी भार होता है। वह कुटुम्ब का भरण-पोषण करने वाला तथा समाज का आश्रयदाता बन जाता है। वर्ण-धर्म, जिसका उपयोग गृहस्थ-आश्रम से आरम्भ होता था। मनुष्य मात्र की एकता वं अन्योन्याश्रम सम्बन्ध को मानकर ही चलता है। वह सामाजिक तथा वैज्ञानिक आवश्यकता का ध्यान रख कर चलता है। वह व्यक्तित्व की रक्षा करता है क्योंकि वह अपने से श्रेष्ठ सत्ता की सेवा करके अपने को ऊपर उठा देता है। वर्ण-व्यवस्था का मूल सिद्धान्त अकेले व्यक्ति का कल्याण अथवा अकेले समाज का हित नहीं है किन्तु उनसे भी श्रेष्ठ उद्देश्य की कल्पना है जिसकी प्राप्ति में सतत् आत्म-संस्कार एवं समाज के साधन बन जाते हैं। आधुनिक ज्ञान-मंच से जो हम व्यवस्था की प्रतिमूल आलोचना करते हैं वे भूल जाते हैं कि किसी अन्य देश में इतने भिन्न मानसिक एवं सांस्कृतिक स्तरों के लोग एक ही समाज का अंग कभी नहीं बने। वेदपूर्ण काल के निवासी जिनसे आर्यगण आकर मिल गए। निम्न कोटि की सभ्यता एवं संस्कृति से युक्त थे। उन्हें एक 'जाति' कहलाने वाले चतुर्थ वर्ण में स्थान दिया गया क्योंकि उनमें मस्तिष्क हृदय अथवा चेष्टा के किसी भी विशिष्ट गुण का विकास नहीं पाया जाता था, शुद्धि सम्पन्न द्विजाति मस्तिष्क, हृदय एवं चेष्टा के उत्कर्ष के अनुसार तीन श्रेणियों में विभाजित कर दिये गए। जिनमें बुद्धि का विशेष उत्कर्ष पाया जाता है वे ब्राह्मण हैं, जिनमें प्रेम तथा पराक्रम का उत्कर्ष है वे क्षेत्रीय हैं, जिनकी रुचि व्यावहारिक जीवन में ही विशेष है वे वैश्य हैं। ये चारों वर्ण क्रमशः बौद्धिक, सैनिक, व्यावसायिक तथा शारीरिक श्रमजीवियों के समानार्थक हैं। अब अपनी-अपनी शक्ति के अनुसार संसार की सेवा करते हैं।

भारत में मुसलमानों के आगमन से पूर्व जाति-भेद इतना जटिल नहीं था। सामाजिक नियमों में तरलता थी तथा विकास के लिए आवश्यक परिवर्तन को किसी कठोर नियम के अनुरोध से बलिदान नहीं कर दिया जाता था। पुराणों में ऐसे पुरुषों तथा परिवारों की कथाएँ हैं जिन्हें हीन वर्ण से उच्च वर्ण प्राप्त हो गया था। उत्थान तथा पतन की सम्भावना मनु को भी स्वीकार है। पुण्य करके निम्न कोटि से ऊपर उठना सम्भव था। जब भारत में हिन्दुओं का राजनैतिक प्रभुत्व लुप्त हो गया और यहाँ के नए शासकों ने बलात् धर्म परिवर्तन की नीति को अपना लिया तो सामाजिक भावना गायब हो गई तथा धर्म नियम और रीतियाँ अन्ध-विश्वास बन गईं, जिसका राष्ट्रीय संगठन पर बड़ा ही भयंकर

परिणाम हुआ। हमें धर्म की उस मूल भावना को पुनः प्राप्त करना होगा जो कुछ विशेष रूपों तक ही सीमित नहीं थी, बल्कि जो पुराने रूपों को बदल कर तथा नए-नए रूपों का विकास करके नित्य नए रूपों में व्याप्त हुआ करती थी। राजनीतिक संकट के समय जाति-व्यवस्था को जो विशेष महत्त्व प्राप्त हो गया था अब उसकी कोई आवश्यकता नहीं रही। भविष्य में वर्ण तभी रह सकेगा, जब उसे सामाजिक सम्बन्धों तक ही सीमित रखा जाये प्रत्येक समाज का नियम है कि ब्याह सम्बन्ध लोग उन्हीं लोगों से करते हैं जो समान स्वभाव तथा आचार रखते हैं। चूंकि एक ही व्यवसाय के लोगों में सामान्य सांस्कृतिक परम्परा का विकास आधी सम्भव है अतः समान व्यवसाय के लोगों में ब्याह सम्बन्ध का एक नियम सा हो जाता है।

जाति-भेद यदि निकट सामाजिक सम्बन्ध का ही आधार रहे तो वह राष्ट्रीय जीवन में बड़े क्षेत्र में बाधक नहीं हो सकता। सम्राट् अशोक ने अपने हिन्दू मंत्री से कहा था "विवाह तथा निमंत्रण के समय वर्ण का विचार करना चाहिए, धर्म के प्रश्न में नहीं, क्योंकि धर्म का सम्बन्ध सद्गुणों से होता है और सद्गुणों एवं वर्णों में कोई सम्बन्ध नहीं है।"

वानप्रस्थ तथा संन्यास नामक अन्तिम दोनों आश्रम, जिनको सुविधा के लिए हम एक ही समझ सकते हैं उन लोगों के लिए हैं जो प्रतियोगितापूर्ण जीवन संघर्ष से अवसर ग्रहण कर चुके हैं। भारतीय पुरुषों का सर्वश्रेष्ठ उदाहरण संन्यासी है। पक्ष-पात, घृणा एवं वासना का पूर्ण विनाश करके व्यक्ति स्वार्थ परायणता की निम्न कोटि से आत्म विसर्जन की उच्चता तक जा पहुँचा है। वह सब संस्थाओं में रह चुका है और अब उन सबसे परे है। अब उसका भावुक जीवन भगवत भजन अथवा ईश्वर प्रेम में प्रकट होता है।

संन्यासी मानवता के उपकारक एवं सहायक होते हैं। उनमें जो सर्वश्रेष्ठ हैं जैसे शंकर तथा रामानुज, रामानन्द और कबीर, वे जाति के रक्त में भिंद गए हैं उन्होंने ही उसके धर्म की नींव डाली है। यह सच है कि मध्यकालीन यूरोप की ही भांति भारत में भी बहुतेरे संन्यासियों ने सांसारिक चिन्ताओं से बचने के लिए समाज से भाग जाने की गलती की। संन्यासी तो लोक कल्याण के लिए परप विनम्रता, अटल, विश्वास एवं निश्चल प्रेम के साथ सब कुछ सहन करने को सदा तैयार रहता है।

जीवन से विरक्त वयोवृद्ध तथा सांसारिक सफलता के लिए उत्सुक-युवा आदि सभी प्रकार के लोगों के लिए हिन्दू धर्म में स्थान है। चारों वर्ण कुछ

ऐसे विशिष्ट वर्ग नहीं हैं जिनमें हिन्दुओं को ही विभक्त किया जा सकता है बल्कि वह तो एक ऐसा वर्गीकरण है जिसमें सम्पूर्ण संसार का समावेश हो सकता है। बिना शक्ति प्रयोग के एवं बिना शोषण की भावना के एशिया के एक बहुत बड़े भाग को हिन्दू-धर्म ने सभ्य बना दिया है। यह काम उसने साम्राज्य-विस्तार के प्रलोभन में आकर नहीं किया है। बल्कि सांस्कृतिक विजय की भावना से, अपनी आध्यात्मिकता से लोगों के विचारों एवं हृदयों को प्रभावित करके किया है। हिन्दू प्रतिमा की रचनात्मक प्रवृत्ति मध्य एशिया में स्थित खोतान से लेकर भारत एवं आस्ट्रेलिया के बीच में स्थित जावा द्वीप तक सर्वत्र कला एवं जीवन में फैल गई। ईसा की दूसरी शताब्दी में जावा एक हिन्दू उपनिवेश था और तब से वह बराबर हिन्दू अथवा बौद्ध रहा है। आज जापान, चीन तथा बर्मा भारत को अपनी आध्यात्मिक मातृ-भूमि मानते हैं वैसे ही जैसे ईसाई फिलस्तीन को। रूस से चीन तक समरकन्द, तिब्बत आदि जहाँ भी हम जायें, हमें हिन्दू सभ्यता का प्रभुत्व मिलेगा। यह सब बिलकुल साधारण प्रतीत होता है जब हम यह याद करते हैं कि भारतीय सभ्यता के चिह्न पश्चिमी एशिया में दजला एवं फरात नदियों से सिंचित मेसोपोटामिया के दोआबे में भी पाये जाते हैं। भारतवर्ष का यह इतना बड़ा प्रभाव इसलिए नहीं है कि उसका धर्म इतना प्राचीन अथवा उसका साम्राज्य इतना बड़ा है, इसलिए भी नहीं कि उसने संहारक शस्त्रास्त्रों का निर्माण किया है अथवा उसने बहुत बड़ी मात्रा में बल प्रयोग किया है, वरन् इसलिए कि इस अनेकता के नीचे एकत्व का ज्ञान उसे था। जहाँ भी भारतवासी गए वहाँ सब पदार्थों की एकता भगवान् में कर लेने की भावना भी उनके साथ गई। जितने महान् विचार भारत में आए उन सबका संश्लेषण इसी रूप में किया गया। उसने सभी धर्मों का स्वागत किया। क्योंकि ध्यान की नमस्पर्शी उच्चता से उसने यह अनुभव कर लिया कि पर्वत शिखर पर का आध्यात्मिक प्रदेश एक ही है यद्यपि घाटियों से उस तक पहुँचने के भाग भिन्न-भिन्न हैं। जो लोग बिना यह जाने कि सब रास्ते एक ही चोटी तक पहुँचने के विविध मार्ग हैं, मैदान भटकते फिरते थे, उनको उसने बताया कि "आँखें खोलो।" घाटी की वस्तुएँ हमें अलग किये हुए हैं चोटी पर हम सब एक हैं। किन्तु अगर हमें इस बात का ज्ञान हो जाय कि हिमाच्छित शिखरों पर उसका क्या महत्त्व है तो हमें पता चलेगा कि वे सब एक ही परमात्मा तक पहुँचने के भिन्न-भिन्न रास्ते हैं।" सम्भव है कि अपनी समन्वय शक्ति के कारण भारतवर्ष एक बार फिर संसार के उन प्रबल धार्मिक प्रवाहों में सामंजस्य स्थापित कर सके जिनका सम्मिलन उसी अन्तरात्मा में हुआ है।

## (स) इस्लाम और भारतीय विचारधारा

किसी धर्म का किसी देश विशेष में क्या रूप होगा, यह उसकी सांस्कृतिक परम्परा और राष्ट्रीय विशिष्टता पर निर्भर करता है। अरब में इस्लाम केवल एक सरल किन्तु उच्च ईश्वरवादी धर्म था, जिसमें आगे आने वाली शताब्दियों में उत्पन्न हुई बारीकियों के लिए कोई स्थान नहीं था। जब इसने फारस के लोगों पर अधिकार जमाया तब सेमिटिक भावनाओं ने रहस्यवादी भावनाओं के सामने मस्तक टेका। आदिम अरब परम्परा की अनुपम सुन्दरता का स्थान एक गहन दर्शन तथा आकर्षक धर्म कथाओं ने ले लिया, जिनमें मुहम्मद एक रहस्यपूर्ण व्यक्ति बन गए जो पूर्णत: इस लोक के थे और न स्वर्ग के। भारतीय जनता में जो करोड़ों मुसलमान हैं उनमें से अधिकांश उसी नस्ल के हैं जिसमें हिन्दू। यह स्वाभाविक है कि भारतीय इस्लाम की अपनी विशेषताएं हैं। अभी कल तक भारतीय मुसलमान इस्लाम की व्याख्या करने में अपने आध्यात्मिक ज्ञान का उपयोग करना अपने लिए गौरव की बात समझता था। परन्तु इधर, आश्चर्य है कि हमारे कुछ शिक्षित मुसलमान माहमों के हृदय में एक विचित्र भ्रम घर करता जा रहा है कि चूंकि उन्होंने इस्लाम धर्म स्वीकार कर लिया है इसीलिए वे स्पेन के मूरों और बगदाद के खलीफाओं के वंशज हो गए हैं। वे सांस्कृतिक और सामाजिक दृष्टि से अपने को अपने हिन्दू पड़ोसियों से भिन्न मानते हैं। अपने धार्मिक विश्वास अथवा बौद्धिक विचारों को बदल कर हम अपनी सम्पूर्ण मानसिक दशा को तो नहीं बदल देते। धर्म परिवर्तन का अर्थ यह तो नहीं होता कि हम अपने देश के इतिहास अथवा उसके आदर्शों से विलग हो जायें।

हमारा धर्म चाहे जो हो परन्तु हमारी रगों में एक ही खून प्रवाहित हो रहा है और हमारी आध्यात्मिक परम्परा एक ही है। हज़रत मुहम्मद के जीवन के जिस पहलू का भारतीयों पर सबसे अधिक प्रभाव पड़ा है, वह है उनकी गहन धार्मिक भावना। सृष्टि के रहस्योद्घाटन के प्रयत्न में मुहम्मद प्रार्थना और मनन के लिए हीरा पर्वत की एक कन्दरा में विचार विमग्न और समधिस्थ रात-रात बैठे रहते थे। उनकी दृष्टि में धर्म का अर्थ था 'सत्य' को पहचानना एवं जीवन में उसे मूर्त रूप देना। धर्म और जीवन को परिमार्थ बताने का अर्थ यह होता है कि एक धार्मिक विश्वासी और रूढ़ियों के प्रति भी वैसी ही धारणा बना लेते हैं। धार्मिक विश्वास उसी सीमा तक ठीक होते हैं जहाँ तक उनमें और जीवन की घटनाओं में साम्य होता है। अनुभव धार्मिक विश्वासों की कसौटी है। और यह प्रत्येक युग का कर्त्तव्य है कि वह अनुभव के अनुरूप

धार्मिक विश्वासों की नूतन व्याख्या करता जाये। सर अहमद हुसेन ने इस्लाम की जो नई व्याख्या प्रस्तुत की है वह न तो पूर्णतः प्राचीन विश्वास के अनुरूप है और न पूर्णतः उसकी विरोधी। वरन् वह इन दोनों के बीच की वस्तु है। लेखक कुरान के शब्दों की कुछ शाब्दिक व्याख्या को ईश्वर वाक्य मानने के लिए तैयार नहीं है जो मुल्लाओं तथा मौलवियों ने प्रस्तुत की है। वरन् उसने उनका वह अर्थ लगाने में जो उसका युक्ति संगत मालूम होता है अपने को पूर्ण अधिकारी माना है। ऐसा करने में उन्होंने हज़रत मुहम्मद की शिक्षा के प्राण का अनुगमन किया है। क्योंकि उन्होंने कहीं भी ऐसे बन्धन नहीं लगाए हैं जिनके कारण भावी मनुष्य जाति की आत्मा पर प्रतिबन्ध लगे। ईश्वर का ज्ञान मनुष्य आत्मा के द्वारा ही सम्भव है। और यह विश्वास करने के लिए विवश नहीं है कि जिनका ऐसा ज्ञान हुआ था उनमें से बुद्धिमान से बुद्धिमान व्यक्ति भी अपनी युग की भूलों और भ्रमों से पूर्णतया मुक्त था। कुरान में ऐसी अनेक स्थानीय और आत्मकालीन महत्त्व की बातें हैं जो धर्म के शुद्ध अर्थ में बिलकुल अनावश्यक हैं। सभी धर्मों के कट्टर और अनुदार अनुयायी भूल जाते हैं कि धर्म की शुष्क अस्थियाँ सारहीन हैं। महत्त्व तो केवल उस भावना का है जो उन अस्थियों द्वारा प्रतिष्ठा करती है।'' सर अहमद हुसेन के हस्तमय और उस धर्म का अन्तर प्रकट करने का उपयोग किया है जिसे हमारे कुछ मौलवी कट्टरता के साथ प्रतिपादित करते हैं। मैं इस्लाम को मोहम्मद धर्म से पृथक मानता हूँ। मोहम्मदीय धर्म वास्तविक और शुद्ध इस्लाम की आत्मा को भूल गया है और केवल उसके नियमों के शब्दावली को याद किए है।

जब हम धर्म के अनुभव गम्य पहलू पर विचार करते हैं तो हम देखते हैं कि सभी मतों के सचमुच धार्मिक व्यक्ति एक दूसरे के उससे कहीं अधिक निकट हैं जितना कि वे समझते हैं। हिन्दू धर्म की उदारता के अनुरूप हमारे लेखक ने स्वीकार किया है कि सभी धर्मों का आधार सत्य एक है और उसने जलालुद्दीन रूमी के इस वाक्य को अपने मत की पुष्टि में उद्धृत किया है ''सभी धर्मों में मौलिक एकता है।'' भारतीय मुसलमान के लिए पृथक्करण की भावना को हृदयंगम करना असम्भव है। यद्यपि सेमिटिक धर्मों की यह एक प्रमुख विशिष्टता है। भारतवर्ष अपने इतिहास के आदि काल से धार्मिक स्वतन्त्रता और धार्मिक सद्भावना का समर्थक रहा है। इसी भावना के अनुरूप अकबर महान् ने सभी भारतीयों को एक ऐसे धर्म के रूप में बाँध कर जिसकी क्रियाओं में मुसलमान और हिन्दू एक दूसरे से सहयोग कर सकें, एक सुसंगठित राष्ट्र

में परिणत करने का उद्योग किया था। यद्यपि उस समय की स्थिति की प्रतिमूलता के कारण वह अपने उद्देश्य में सफल नहीं हो सका।

उपनिषदों की आदर्शवादिता से प्रभावित होकर जिसमें मूर्ति पूजा और अन्धविश्वास के लिये कोई स्थान नहीं है और जो इसी कारण संसार के सभी लोगों को स्वीकार ही सकती है। अकबर के प्रपौत्र दाराशिकोह ने 'मजमूए बहरैन'(अर्थात् इस्लाम और हिन्दू धर्म के सागरों का सम्मिलन) नामक पुस्तक की रचना की है। उसने स्वीकार किया कि दोनों ही धर्म उच्च जीवन का मार्ग दिखाने की पूरी क्षमता रखते हैं। सर अहमद हुसेन का विश्वास है कि हम विभिन्न मार्गों का अनुकरण करते हुए भी समान मुक्ति पद को प्राप्त कर सकते हैं। कृपया यह न भूलिए कि मनुष्य अनेक हैं और मस्तिष्क भी अनेक हैं अतः जितने विचारशील मस्तिष्क हैं उतने ही विभिन्न धर्म ईश्वर सम्बन्धी विभिन्न मत। उसके गुणों की विभिन्न कल्पनाएँ और सृष्टि तथा प्रलय की उतनी ही धारणाएँ सम्भव हैं। जो लोग मुसलमान के आचारों से परिचित हैं उनके लिए शायद यह विश्वास करना कम कठिन होगा कि उपर्युक्त मत कुरान की शिक्षाओं के अनुकूल है। किन्तु यह ठोस सत्य है यह भ्रान्तिमूलक विश्वास है कि इस्लाम के अतिरिक्त कोई सच्चा धर्म नहीं है, कट्टर असहनशीलता और धर्मान्धता का सृजन करता है। और कुरान की शिक्षाओं के विरुद्ध है, कुरान की दूसरी सूरा का पहला खण्ड हमें स्पष्ट आदेश देता है कि "न केवल उसमें विश्वास करो जो मुहम्मद को व्यक्त किया गया था बल्कि उसमें भी विश्वास करो जो पूर्ववर्ती सन्तों के द्वारा प्रकट किया गया है। यह स्पष्टता इस बात का प्रमाण है कि आज भी कई सच्चे धर्म हैं और भविष्य में भी अनेक सच्चे धर्म रहेंगे, जिनमें इस्लाम केवल एक होगा और है।

जलालुद्दीन रूमी की मानवी पक्तियों का निम्नांकित सारांश व्यक्त करता हैं कि "हमें निम्नकोटि की उपासना विधियों से क्यों सहानुभूति रखनी चाहिये और उनकी सदाशयता में विश्वास करना चाहिए।"

मूसा ने एक दिन ग्रीष्म ऋतु में एक विक्षिप्त गड़ेरिये को ईश्वर की प्रतिष्ठा पर आक्षेप करते हुए प्रार्थना करते सुना और वह घबरा उठा। क्योंकि गड़ेरिया कह रहा था परमात्मा कैसा अच्छा होता कि मैं जान जाता कि तू कहाँ हैं? ताकि मैं तेरी सेवा कर सकता। तेरे बालों की कंघी कर देता। तेरे जूते की मिट्टी साफ कर देता। तेरे कमरे में झाड़ू लगा देता और प्रातःकाल दूध और शहद ले आया करता। मूसा ने कहा—ओ अधर्मी बाण धारा को रोक। तू किससे

बातें कर रहा है? क्या तू सर्व शक्तिमान परमेश्वर अल्लाह के प्रति यह कहता है! क्या तू समझता है कि उसे तेरी मूर्खतापूर्ण सेवा की आवश्यकता है। क्या तू सभी सीमाओं का उल्लंघन कर जाएगा? कुकर्मी चेत जा! ताकि बिजली न फटे और हम सब तेरे कारण विनाश को प्राप्त न हों। वह तो बिना आँखों के देखता है बिना कानों के सुनता है न कोई उसके बेटा है और न स्त्री! न वह किसी स्थान में बन्द है और न वह किसी समय के अन्तर्गत है। उस पर यदि कोई सीमाएँ प्रमाण रखती हैं तो वे हैं प्रकाश और प्रेम! लज्जित हो कर बेचारे गड़ेरिये ने अपना कपड़ा फाड़ दिया उसका सभी धर्मावेश नष्ट हो गया और वह हिम्मत हार कर चल दिया। तब ईश्वर ने मूसा से कहा तूने मेरी प्रतिष्ठा की रक्षा करने के बहाने मेरे एक सेवक को दु:खी करके क्यों भगा दिया है? ऐ जल्दबाज! मैंने तुझे लोगों को अलग करने वाली नहीं, बल्कि मिलाने वाली शिक्षा देने के लिए भेजा था। मुझे जो सबसे अधिक ना पसन्द है वह है विलगाव! और परित्याग! सबसे बुरी बात है किसी को बलपूर्वक किसी मार्ग पर चलवाना। मैंने व्यक्तिगत लाभ के लिए सृष्टि नहीं की थी, वरन् मेरा उद्देश्य यह था कि जीव मुझसे मिलने की महत्त्व को समझ सके। यदि कोई बचपन की बात करे तो इससे क्या होता है मैं तो केवल हृदय की परख करता हूँ कि उसमें मेरे लिए विशुद्ध प्रेम है कि नहीं।''

हज़रत मुहम्मद की धार्मिक प्रतिभा इसी से स्पष्ट है कि उन्होंने कोई सैद्धान्तिक परीक्षण नहीं रखा। उनके वाक्यों के संग्रह में प्राय: सर्वप्रथम वाक्य है, ''जो व्यक्ति कहता है कि अल्लाह के अतिरिक्त कोई दूसरा देवता नहीं है वह निश्चय ही मोक्ष प्राप्त करेगा।'' मुहम्मद साहब ने ईसाई और यहूदी-धर्मों के पृथक्त्व की नीति का विरोध किया है और कहा है कि वे सभी लोग मोक्ष के अधिकारी हैं जो ईश्वर में विश्वास करते हैं और उसी की आज्ञाओं को पालन करते हैं। ''यहूदी और ईसाई कहते हैं कि उनके सिवा कोई भी स्वर्ग में प्रवेश न पा सकेगा। यदि सच है तो इसका प्रमाण दीजिए। नहीं वह जो ईश्वर की ओर आकृष्ट होता है और उचित कार्य करता है ईश्वर की कृपा प्राप्त करेगा।'' (सुरा पंचम 105-106)। ''सचमुच मुसलमान और वे जो यहूदी, ईसाई अथवा सबाई हैं अथवा जो भी ईश्वर में अन्तिम दिन में विश्वास करता है और वह कार्य करता है जो ठीक है······उनको ईश्वर की कृपा प्राप्त होगी, उनको न किसी वस्तु का भय होगा और न उनको कोई दु:ख होगा। (सुरा पंचम 69) विमल अन्तर्दृष्टि के कारण हज़रत मुहम्मद ने आचार को विचार की अपेक्षा

अधिक महत्त्व दिया है। प्रत्येक धर्म जो नेकी के बढ़ाने में सहायक होता है, उसके सिद्धान्त चाहे जो हों, स्वीकार करने योग्य है क्योंकि यदि हम ईश्वरेच्छा का पालन करेंगे तो हमें धर्म के सिद्धान्त भी मालूम हो जायेंगे।

"हमने प्रत्येक को एक नियम और एक मार्ग बताया है। और यदि ईश्वर की इच्छा होती तो वह सबको एक धर्म का अनुयायी बना सकता था। परन्तु उसने ऐसा नहीं किया ताकि वह तुम सब की उस मार्ग में परीक्षा कर सके, जो उसने अलग-अलग तुम सब को बताया है। इसलिए अच्छे कार्यों में निष्ठा बढ़ाओ। तुम्हें ईश्वर के पास लौट कर जाना है और वह तुम्हें उसका ज्ञान प्रदान करेगा जिसके विषय में तुममें मतभेद है (सुरा पंचम 48) कुरान के अनुसार मुसलमान वे हैं जो नैतिक आचरण में विश्वास रखते हैं और अपने जीवन में नैतिक आचरण रखते हैं और अपने जीवन में नैतिक आचरण का पालन करते हैं।" वे सब लोग मुसलमान हैं, जो ईश्वर में आस्था रखते हैं और अच्छे काम करते हैं।" इसी दृष्टिकोण से स्वर्गीय आगा खां ने कहा था कि महात्मा गांधी मुसलमान हैं। ईसा ने भी यह नहीं कहा था कि "तुम उनकी पहचान उनके विश्वासों से कर सकोगे।" बल्कि यह कि तुम उनके कार्यों से उनकी पहचान कर सकोगे। और पीटर ने भी ठीक ही कहा था कि "मुझे यह सत्य प्रतीत होता है कि ईश्वर व्यक्ति विशेष की चाह नहीं करता वरन् प्रत्येक राष्ट्र और जाति में जो उससे डरता है और आचरण शुद्ध रखता है उसे स्वीकार करता है।"

इस्लाम के पक्ष में यह बात कहनी ही पड़ेगी कि उसमें मुहम्मद के विषय में जो कहा गया है वह अधिक युक्तिसंगत प्रतीत होता है। वह उसे ईश्वर का दूत मानता है, जिसने मनुष्य-मात्र के एक बड़े भाग के धर्म का संशोधन किया। इन सब के होते हुए भी वे केवल मनुष्य के समान पाप कर सकते थे और अल्लाह की दया के उतने ही भूखे थे। "यह न इस्लाम है और न ईमान कि मुहम्मद साहब ईश्वर थे अथवा ईश्वर के समान थे। यद्यपि कुछ मौलवियों ने यह सिद्ध करने का प्रयत्न किया है और कहा है कि अहमद के स्वरूप में वह अहद (अर्थात् एक) है। हमारे पैगम्बर ने खुद कभी अपने को मनुष्य से बढ़ा कर नहीं बताया। हज़रत ने कहा है "ईश्वर ने मुझे चमत्कार दिखाने के लिए नहीं भेजा है। उसने मुझे तुम्हें धर्म की शिक्षा देने के लिए भेजा है। मैंने यह कभी नहीं कहा कि अल्लाह की देनें मेरे हाथ में हैं अथवा गुप्त बातों को जानता हूँ। या मैं कोई फरिश्ता हूँ। मैं तो एक ऐसा व्यक्ति

हूँ जो बिना अल्लाह की मर्जी के न अपनी मदद कर सकता है और न अपने ऊपर भरोसा कर सकता है।'' (सुरा सत्रहवीं 95-98 बहत्तरवीं 21-24)।

हज़रत मुहम्मद जैसे महान् आत्मा के लिए बलपूर्वक मत-परिवर्तन कराने की शिक्षा देना असम्भव है। हम मनुष्यों को अपने विचार बदलने के लिए विवश नहीं कर सकते। ''धर्म के मामले में कोई जबर्दस्ती न करो। (सुरा द्वितीय 257)। यह जानते हुए भी कि ईमान ईश्वर की कृपा से ही प्राप्त होता है क्या तू किसी को ईमान लाने के लिए विवश करेगा।'' यह सन्देहपूर्ण है कि हज़रत मुहम्मद का विचार अरब के अतिरिक्त अन्य लोगों का धर्म परिवर्तन कराने का भी था। धार्मिक अत्याचार और बलपूर्वक मुसलमान बनाना इस्लाम की सच्ची शिक्षाओं के प्रतिकूल है।

अब हम इस्लाम के सिद्धान्तों पर विचार करके देखें कि क्या ईश्वर की कल्पना हिन्दू-दृष्टिकोण से मौलिक रूप से भिन्न है। यद्यपि सभी धर्म ईश्वर की सत्ता में विश्वास करते हैं तो भी जिस रूप में ईश्वर की पूजा की जाती है, उसी के आधार पर धर्मों में विभिन्नता आ जाती है। हिन्दुओं के अनुसर ईश्वर की रहस्यमयी सत्ता का आभास किन्हीं शब्दों से व्यक्त नहीं किया जा सकता। ईश्वर की कोई बौद्धिक परिभाषा नहीं दी जा सकती; हाँ उसका आत्मा के सहारे अनुभव किया जा सकता है। यदि परिभाषा देना ही पड़े तो हम उन साधनों का उपयोग किये बिना नहीं रह सकते जो हमें उपलब्ध हैं। हम अपनी चेतना शक्ति से परिचित हैं। इसलिए हम ईश्वर की प्रवृत्ति की व्याख्या, इसी की समानता के सहारे करते हैं। ईश्वर दैवी सत्ता है; जिसमें सत्य, स्नेह और पूर्णता अथवा ज्ञान, सौन्दर्य और शक्ति के तीनों गुण वर्तमान हैं। अथवा यों कहिए कि उसमें चेतन जगत् की ज्ञान, भावना तथा चेष्टा से सम्बन्धित निःसीमता, सौन्दर्य और राजसत्ता नामक गुण विद्यमान हैं। हिन्दुओं की, त्रिमूर्ती की कल्पना ईश्वर की वे इन्हें तीनों पक्षों को व्यक्त करती है। ब्रह्मा के स्वरूप में ईश्वर सृजन करता है, विष्णु के रूप में पालता है और शिव के रूप में न्याय करता है।

ईश्वर की सर्वोपरिता और सीमित-मस्तिष्क-अग्राह्यता कुरान के कई स्थलों में वर्णित है। पहली ही पदावली में कहा गया है:-''कहो, वही केवल अल्लाह है, अनादि ईश्वर है। वह न तो किसी को जन्म देता है और न किसी ने उसको जन्म दिया है। उसके समान कोई दूसरा नहीं है।'' संसार में सभी कुछ परिवर्तनशील और नाशवान् है; केवल ईश्वर इससे मुक्त है।

कुरान की पहली पदावली में कहा है "उस ईश्वर की स्तुति करनी चाहिए जो समस्त संसारों का चालक दयालु-उदार और अन्तिम निर्णय के समय का न्यायाधीश है।" वैष्णव धर्म और ईसाई धर्म ईश्वर की प्रेममयी कल्पना पर सबसे अधिक बल देते हैं परन्तु यहूदी और इस्लाम धर्मों में ईश्वर की शक्ति को बहुत महत्त्व दिया है। ईश्वर सर्वोत्तम शक्ति और सर्वकालीन न्यायाधीश है। हज़रत मुहम्मद अन्तिम निर्णय के दिन का बहुधा जिक्र करते हैं जबकि आकाश और पृथ्वी मोड़ दी जाएगी; ईश्वर के अतिरिक्त कोई पास नहीं होगा और प्रत्येक व्यक्ति के पाप-पुण्यों का लेखा-जोखा प्रधान न्यायाधीश ईश्वर के सम्मुख होगा। ईश्वर की दूसरी विशेषताओं की आलोचना नहीं की गई। ईश्वर केवल न्याय ही नहीं वरन् वह "पापों को क्षमा करने वाला भी और प्रायश्चित को स्वीकार करने वाला भी है। (सुरा चालीसवीं 1-2) वह भूले हुओं का पथ-प्रदर्शक और सभी सन्तापों से मुक्ति देने वाला है। जिसका स्नेह पक्षी के अपने बच्चे के प्रति स्नेह से भी अधिक कोमल है।" इस भाँति कर्त्ता, पालक और न्यायी के गुण ईश्वर में प्रतिपादित हैं और उसको त्रिमूर्ति की कल्पना से बचाने वाली बात केवल यही है कि उसकी एकता पर सभी स्थलों में बल दिया गया है।

जीवात्मा का निर्माता ईश्वर है और जब तक वह पुनः ईश्वर में लीन नहीं हो जाती तब तक इसे विश्राम नहीं मिलता। उस जटिल प्रकृति को ईश्वर की भेंट कर देना चाहिए। हमें अपनी बुद्धि का इस प्रकार उपयोग करना चाहिए जिससे हम सभी वस्तुओं में ईश्वर की सत्ता का अनुभव कर सकें। परमेश्वर को विद्यमान मान लेने से ईश्वर के भरोसे हो जाने की बात स्वाभाविक रीति से आ जाती है। हम ईश्वर की प्रार्थना करते हैं और विनम्रतापूर्वक अपनी कृतज्ञता प्रकट करते हैं सभी प्रार्थनाओं का केन्द्रीय विषय यही रहता है कि व्यक्ति विनम्र है, सभी अच्छे पदार्थों के देने वाले ईश्वर का यश महान् है और ईश्वर की कृपा ही भक्त का अवलम्ब है। हम प्रार्थना के द्वारा अपने हृदय की कृतज्ञता को प्रकट करते हैं और इसके लिए पृथ्वी का प्रत्येक स्थल उपयुक्त है। हम दैनिक जीवन में उसके पथ-प्रदर्शन पर आश्रित रहते हैं और उसके आदर्श के अनुकूल अपने जीवन को बनाने के लिए सचेष्ट रहतें हैं। चाहे हर-ज्ञान-मार्ग का सहारा लें, चाहे भक्ति का, और चाहे कर्म-मार्ग का किन्तु उद्देश्य और परिणाम एक ही रहता है।

इस्लाम में नैतिकता का आदर्श काफी ऊँचा है। यदि हमें कोई जन्नत में रहने वाले पिता के योग्य बनना है तो हमें कोई ऐसा कार्य नहीं करना चाहिए,

जिससे मनुष्य की दवी उत्पत्ति पर शंका उत्पन्न हो! सच्ची धार्मिकता के विकास के लिए हज़रत मुहम्मद ने रोज़ा, नमाज़, ज़मात, हज्ज और आचरण की शुद्धता पर बल दिया है। दान देना सभी के लिए अनिवार्य है। अतिथि-सेवा धर्म का अंग बन गया है। अव्यभिचार को एक विशेष गुण माना गया है। शराब के नशे में मस्त हो जाना, जुआ खेलना तथा अनुचित कार्यों की भर्त्सना की गई है। धर्म का सार नैतिक आचरण है। "जो भोग-वासनाओं और दिखावे से बचते हैं, दान देते हैं, प्रार्थना करते हैं, अपने वादों और उत्तरदायित्व को निभाते हैं वे सनातन सुख के अधिकारी होंगे।" (सुरा तेईसवीं 8) जो मुसलमान नंगों को कपड़ा देता है उसे ईश्वर जन्नत में हरे वस्त्र पहनाएगा। साधारण मुसलमान चाहे जो कुछ करता हो परन्तु इस्लाम धर्म जीवधारियों की ओर से उदासीन नहीं है। वरन् वह उनके जीवन की पवित्रता पर बल देता है। जानवरों को कुर्बानी के सम्बन्ध में भारतीय मुसलमानों को कुरान की ये पंक्तियाँ स्मरण रखनी चाहिए: "ईश्वर उस जीव के खून अथवा मांस से सन्तुष्ट नहीं होता, जिसको तुम कुर्बानी कहते हो, वरन्, वह तुम्हारी धर्म-निष्ठा से सन्तुष्ट होता है।" (सुरा बाईसवीं 37)

भोजन, तलाक आदि से सम्बन्ध रखने वाली छोटी-छोटी बातों का इस्लाम धर्म से कोई सीधा सम्बन्ध नहीं है। यथार्थ मुहम्मद साहब ने अपने समय को ध्यान में रखते हुए उनके विषय में भी कुछ आदेश दिये हैं लेकिन उनमें कोई विशेष धार्मिकता का पुट नहीं है। जैसा कि श्री अमीर अली ने अपनी पुस्तक में लिखा है कि "खाने पीने से सम्बन्ध रखने वाली आज्ञाएँ अर्थात् विधि-निषेध मुहम्मद साहब ने प्रचारित अवश्य किए हैं। किन्तु इस बात का स्मरण रखना चाहिए कि वे उस समय की अस्थाई स्थिति के अनुकूल था। उन परिस्थितियों के न रहने पर उन नियमों की आवश्यकता भी नष्ट हो गई है। इसलिए यह धारणा बनाना कि इस्लाम की प्रत्येक शिक्षा अनिवार्यत: अपरिवर्तनीय है; मनुष्य की बुद्धि के विकास और इतिहास के साथ अन्याय करना है।"

पैगम्बर साहब ने मनुष्य की बुद्धि को अन्धाधुन्ध आदेशों की चेरी बनाने की शिक्षा नहीं दी। जो कार्य साधारण बुद्धि के आधार पर सभी दिशाओं में प्रमाणित हुआ है, वह आज कल की दुनिया में अमानुषिक कार्यों का समर्थक नहीं बनाया जा सकता।

इस्लाम रहस्य विहीन धर्म है। इसकी सादगी में ही इसकी शक्ति है और सभ्यता है। यहाँ न तो वे बारीकियाँ हैं। जिनमें धर्म-पोपों की विशेष रुचि होती है, न वे उलटवाजियाँ हैं जिनको दैविकता का लक्षण माना जाता है और न

अध्यात्म की डींगें ही हैं। यह एक प्रकृति के सहारे चलने वाला धर्म है जिसका मूल सिद्धान्त यह है कि ईश्वर सभी वस्तुओं को बनाता, पालता, बस में रखता और पूर्णता प्रदान करता है। यह उच्च ईश्वरवादी-धर्म सरल चित्त और सीधे-सादे व्यक्तियों के लिए बहुत ही उपयुक्त है। जहाँ तक संस्थाओं का सम्बन्ध है, यह पूर्णतः युक्ति-युक्त है। इसमें न जाति है न पुरोहित। इसमें न बलिदान की आवश्यकता है न किसी पद्धति विशेष की और न किसी रूढ़ि प्राप्त उपासना विधि की। जो मन को एक ईश्वर की कल्पना से विचलित है। व्यवहार क्षेत्र में इस्लाम की विशेषता उसका प्रजातन्त्रवाद है। यही उसके धर्म परिवर्तन कराने के प्रचार में सफलता की कुंजी है। यह अपने विस्तृत प्रांगण में प्रत्येक रंग और जाति के व्यक्ति को आमन्त्रित करता है, उसका विश्वास है कि ईश्वर के सेवक बनने की क्षमता सभी में है।

मुसलमान 'तत्त्वमसि' के निष्कर्ष को निर्भय होकर स्वीकार करता है और कम से कम मस्जिद में मनुष्य-मनुष्य में कोई भेदभाव नहीं रहता। ईश्वर की दृष्टि में मनुष्य मात्र की समानता के सिद्धान्त की दुहाई देते रहने पर भी यह बात हिन्दू मन्दिरों और ईसाई गिरिजाघरों के विषय में नहीं कही जा सकती। हम सब ईश्वर की सन्तान हैं और इसलिए आपस में भाई-भाई हैं। इन्हीं सिद्धान्तों का ध्यान रखते हुए इस्लाम की सरल शिक्षा, संसार के अनेक अन्धकारपूर्ण स्थलों से बर्बर क्रियाओं का हटाने और करोड़ों व्यक्तियों को उच्चतर जीवन बिताने की प्रेरणा देने की शक्ति का प्रदर्शन कर चुकी है। इससे पिछड़ी हुई जातियों को वासनात्मक अनेकेश्वरवाद की भूल-भुलैयों से निकल आने और शैतान की उपासना, बाल-हत्या, नर-बलि, जादू-तंत्र आदि से बचने में सहायता दी है। इसका भविष्य भी विशाल होगा। परन्तु वह तब जब कि यह निःसंकोच और निर्मम भाव से सभी नये विषैले पोधों को काट दे और दैनिक जीवन में अपने मौलिक सिद्धान्तों पर आचरण करे।

इस्लाम के सम्पर्क से हिन्दू धर्म ने समुचित लाभ नहीं उठाया। यह सत्य है कि चैतन्य, कबीर, नानक आदि संतों द्वारा संचालित सुधारवादी आन्दोलन, इस्लाम की अन्तरात्मा से काफी प्रभावित हुए हैं। हिन्दू धर्म की अद्वैत धारा इस्लाम के प्रचार के बाद और पुष्ट हो गयी है। परन्तु हिन्दू धर्म सुगमता से काफी और सीख सकता था। दूसरों के धर्म का ज्ञान न होना अन्याय और भूल का स्रोत है। कतिपय असभ्य मुसलमानों के कार्यों ने हिन्दुओं के लिये इस्लाम को आदर्शों का समझ सकना असम्भव कर दिया है। यह इस्लाम धर्म हिन्दू धर्म की

सहानुभूतिपूर्ण जानकारी द्वारा बहुत कुछ सीख सकता है, वहीं हिन्दू धर्म भी इस्लाम से बहुत कुछ पा सकता है। एक बात तो यही है कि हिन्दू धर्म को हीनता सम्बन्धी अपूर्ण धारणाओं एवं निम्न कोटि की उपासना विधियों के प्रति कम सहृदय होना चाहिए। हिन्दू धर्म ने यह मानने की मूर्खता की कि सत्य धीरे-धीरे प्रकट होकर रहेगा और निम्न कोटि की शिक्षाएँ अपने आप छोड़ दी जायेंगी। हिन्दू धर्म का विश्वास था कि जिस प्रकार सूर्य के प्रकाश के सामने अन्धकार विलीन हो जाता है उसी प्रकार सत्य के सम्पर्क में आकर असत्य स्वयं ही नष्ट हो जायगा। यह आत्मा आत्मा ही रह गई है। वे भी जो ईश्वर के सम्बन्ध में उच्चतम विचारों से अवगत हैं, बर्बरता की जघन्यतम क्रियाओं में लिप्त देखे जाते हैं। जो बड़ी सफाई के साथ अद्धांश्व की बात करते हैं वे ही बलि देने को प्रोत्साहित करते दिखाई देते हैं। हिन्दू धर्म को अपनी उदारता छोड़ देने की आवश्यकता नहीं है परन्तु उसे इसका ध्यान अवश्य रखना चाहिए और अच्छे बुरे का आधार स्पष्ट बना रहे और उत्तरोत्तर उन्नति होती रहे। हमें अपनी संस्थाओं को अधिक प्रजातंत्रात्मक बनाना चाहिए और विरोधी मतों के झगड़ों, दुरूह सिद्धान्तों और उन अत्याचारपूर्ण संस्थाओं को जिनके कारण मनुष्य की आत्मा सचमुच पीसी जा रही है, नष्ट कर देना चाहिए। इस्लाम और हिन्दू धर्म अपने उच्चतम स्वरूप में यही शिक्षा देते हैं कि ईश्वर की सत्य और पवित्रता के साथ सेवा करना और जीवन की सभी घटनाओं में उसकी आज्ञाओं को श्रद्धा के साथ पालन करना ही यथार्थ धर्म है।

## हिंदू मत और ईसाई धर्म

हिन्दू मत से ईश्वर का रहस्य समझने में मनुष्य की बुद्धि अक्षम्य है। अनेक शास्त्र वचनों में इस बात पर जोर दिया गया है कि मनुष्य की स्थूल बुद्धि ईश्वर के सूक्ष्म स्वरूप को समझने में अशक्त है। परमात्मा के अनन्त गुण तथा रूप हैं। जिनका ज्ञान हम मनुष्यों को नहीं है। परन्तु कोई भी हिन्दू इस विवेचनात्मक निर्णय से संतुष्ट नहीं होता। वह अपने स्वरूप के उपमान के आधार पर, जो ज्ञान भावना एवं इच्छाओं का समुच्चय है, ईश्वर की व्याख्या करना चाहता है। वह ईश्वर को शरीर युक्त पुरुष कहता है और उसमें विचार शक्ति एवं स्नेह आदि गुणों का सन्निवेष करता है। वह बराबर यह जानता रहता है कि ईश्वर का नाम केवल एक परदा है, इस रूप में किसी उच्चतर वस्तु की अभिव्यक्ति हो रही है। ईश्वर का व्यक्तित्व मनुष्य के व्यक्तित्व की तरह सीमित तथा बद्ध नहीं है क्योंकि हमारी गति एवं जीवन ईश्वर में ही सम्भव है।

जब हम परमात्मा को सृष्टिकर्त्ता, उसका रक्षक तथा न्यायकर्त्ता की दृष्टि से ईश्वरीय आत्मचेतना के तीन रूपों का समुच्चय मानते हैं तो हमें मानना पड़ेगा कि वह विश्व जिसके सम्बन्ध से ही इन कर्मों का कोई अर्थ हो सकता है, ईश्वर से अविभक्त रूप में सम्बन्धित है। कुछ उपनिषदों, भगवद्गीता तथा आस्तिक वेदान्त के मत से यह संसार भगवान का शरीर है। हिन्दू शास्त्र प्रत्येक पदार्थ में ईश्वर की सत्ता स्वीकार करने से डरता नहीं। वह संसार से परे अपने ही एकान्त में रहने वाले किसी अलौकिक परमात्मा में विश्वास नहीं करता। गीता में कृष्ण ने कहा है कि संसार का समस्त सौन्दर्य, उसका सम्पूर्ण सत्य, उसका अखिल मंगल ईश्वर की अभिव्यक्ति के विविध रूप हैं। प्रकृति उसकी महत्ता का आवरण उसके शब्द का व्यक्त स्वरूप एवं उसके विचारों की मूर्ति है। वह निम्न कोटि का सर्ववान् नहीं है। यथार्थ और आदर्श में उत्कृष्ट और निकृष्ट में, भेद किया गया है। हिन्दू धर्म इस बात पर जोर देता है कि मनुष्य अपौरुषेयता की उपलब्धि करे। इसका अर्थ है कि वस्तु जगत् के परे भी कुछ है, जिस तक पहुँचने का प्रयास मनुष्य बराबर किया करता है। मुक्ति का अर्थ यह है कि ऐसा भी कुछ है कि जिससे छुटकारा पाने की आवश्यकता है। यदि सब ब्रह्म ही हैं तो मुक्ति की, ईश्वर के अनुग्रह की आवश्यकता ही केसी? ईश्वर प्रकृति का प्राण मात्र ही नहीं है वह तो उसके परे उसका सृष्टा, उसका स्वामी भी है।

नदी का जल उद्गम स्थान पर ही सबसे अधिक निर्मल होता है। यह लोकोक्ति ईसाई धर्म पर सर्वथा चरितार्थ होती है। यदि हम ईसा के जीवन तथा उनकी शिक्षा पर दृष्टिपात करें तो उस धर्म के मुख्य सिद्धान्तों का हमें स्पष्ट ज्ञान हो जायगा। ''प्राचीन धर्म पुराण का 'जहोवा' प्रधानतः जातीय देवता ही था। यथार्थ में 'होशा' तथा 'इशाया' आदि कुछ महात्मा उसे समस्त संसार का ईश्वर कहते थे। पर वे भी संकीर्ण प्राचीन भावना से सर्वथा मुक्त नहीं रह सके। उनकी दृष्टि में भी यहूदी ही परमात्मा की विशिष्ट प्रजा के तथा वह गैर यहूदी जातियाँ जो 'जहोवा' की महत्ता को स्वीकार कर लेती थीं तथा जिआन में आकर उसकी उपासना करती थीं, हीन समझी जाती थीं। ईसा ने ईश्वर की कल्पना से सब प्रकार की परिच्छिन्नता को दूर कर दिया। उसे ईश्वर के निरपेक्ष रूप में खास दिलचस्पी नहीं थी, उसने बड़े ही समुत्य ढंग से उसके उस रूप का दर्शन कराया, जिसमें वह मनुष्य तथा संसार से जोड़ते हैं। यद्यपि उसने ईश्वर के ज्ञान स्नेह एवं शक्ति तीनों रूपों की चर्चा की है। पर परिस्थितियों के अनुरोध से ईश्वर

के प्रेम पर ही विशेष बल देना पड़ा। यहूदी महात्माओं में से जो अपेक्षाकृत श्रेष्ठ थे, उन्होंने भी ईश्वर के क्रोध एवं न्याय पर खास जोर दिया था।

उनका विचार था "जब ईश्वर पृथ्वी को प्रबल वेग से हिला डालने को उठेगा तो उसकी महत्ता तथा आक्रोश से भयभीत होकर मनुष्य गिरि-कंदराओं तथा भू-छिद्रों में जा छुपेंगे।" इसके विपरीत ईसा ने ईश्वर के पिता रूप तथा हमारे प्रति उसके वात्सल्य स्नेह की कल्पना पर विशेष बल दिया है। परमात्मा सबसे पहले प्रेम है, वह हमारा रक्षक है। ईसा ने ईश्वर के दूसरे रूपों की भी उपेक्षा नहीं की। संसार की सुव्यवस्था उसका ज्ञान प्रकट करती है। बिना किसी पक्षपात के न्यायी तथा अन्यायी सबको ही सूर्य का प्रकाश प्राप्त है और यही बात जलवृष्टि के सम्बन्ध में भी सच है। वह उस क्षुद्र स्वार्थ-परायणता को फटकारता है जो समझती है कि पापियों को कठोर दण्ड देने के लिए अथवा पुण्यात्माओं को भली भाँति पुरस्कृत करने के लिए ईश्वर सृष्टि के स्वाभाविक नियमों में उलट-फेर कर दिया करता है। पत्थरों को रोटियों में परिणत कर देने के प्रलोभन में वह नहीं फँसा। शारीरिक रोगों को जो उसने दूर किया, वह सब नियम-सम्मत ही था एवं जहाँ विश्वास का अभाव था, वह स्वास्थ्य देने में असमर्थ ही रहा। ईश्वर अचल सत्य है और उसका विश्व कभी अराजक नहीं हो सकता। ईश्वर न्यायकर्त्ता भी है। ईश्वर का न्याय बाइबिल का प्रधान विषय है। आदम तथा हौआ के शाम तथा केन के प्रत्याख्यान से आरम्भ कर के सेण्ट जान के संदिग्ध प्रमाण 'दर्शन' तक ईश्वर की प्रभुता तथा न्याय पर जोर दिया गया है। अन्त में ईश्वर के उद्देश्य पर ही विजय होगी।

जब ईसा के अनुयायियों ने उसे ईश्वर की पदवी पर पहुँचा दिया तो ब्रह्मा, विष्णु तथा शिव तीनों रूप, अनन्यता, करुणा तथा प्रभुता, ज्ञान, प्रेम तथा शक्ति का उसमें आरोप कर दिया गया। वह ईश्वर का शब्द अथवा ज्ञान है, जो इब्राहीम से पहले भी था। वह रक्षक है जिसने कलवरी की शूली पर अपना स्नेह-सिक्त हृदय खोला था। वह न्यायकर्ता है जो उन सब लोगों को दण्ड देता है जो उसे रुष्ट कर देते हैं। ब्यतिस्मा देने वाले जॉन का कथन है: "मेरे पश्चात् आने वाला वह (ईसा) अपने गेहूँ को तो बटोर कर कोठरी में सुरक्षित रख छोड़ेगा परन्तु भूसे को वह प्रज्ज्वलित वह्नि में जला डालेगा।" वह भेड़ों को बकरियों से चुनकर अलग कर डालेगा।"

त्रिमूर्ती के सिद्धान्त ने केवल ईसा को ही ईश्वरता नहीं प्रदान की प्रत्युत प्राचीन धर्म पुस्तक, में ईश्वर का जो एकांकी रूप स्वीकृत किया गया था, उसमें

भी सुधार किया। ईश्वर स्वर्ग में स्थित केवल अनन्त शक्ति (पिता) ही नहीं है वरन् वह प्रेमपूर्ण हृदय (पुत्र भी) है, तथा अखिल विश्व व्यापी दिव्य सत्ता (पवित्र आत्मा) भी है, परमात्मा संख्या से परे कोई दिव्य सत्ता नहीं है वरन् वह अनन्त प्रेम है, जिसकी धारा विश्व-कल्याण के लिए नित्य प्रभावित हो रही है।

प्राय: कहा जाता है कि हिन्दू धर्म में ईश्वर के न्याय पर जोर दिया जाता है एवं ईसाई धर्म में उसके प्रेम पर। यह धारणा अक्षरश: सत्य नहीं है। इस प्रश्न पर दोनों मतों में विशेष अन्तर नहीं है। प्रेम देव विष्णु हमारी सहायता करने को सदा तैयार रहता है, वह तो केवल हमारे प्रयत्न की प्रतीक्षा किया करता है। वह हमारी इच्छा के विरुद्ध हमारी सहायता नहीं करता। हमारे पाप करने पर भी वह हमारा उद्धार तभी कर सकता है, जब हम आत्मग्लानि का अनुभव करते हैं।

ईश्वर हमारे लिए सब कुछ करने को तैयार रहता है पर यदि हम पापाचरण एवं स्वार्थपरायणता में ही रत रहें, तथा उससे दया-याचना न करें तो न्यायानुसोदित दण्ड का विधान होगा ही। ईश्वर स्वयं अपनी उपेक्षा नहीं कर सकता। वह सब को क्षमा कर देना चाहता है परन्तु कुछ ऐसे भी दुष्कर्म हैं जिनके लिए क्षमा न तो इस लोक में न परलोक में ही मिल सकती है। ईश्वर के प्रेम की भी एक प्रणाली है जिसके अनुसार उसका प्रकाशन होता है। ईसा को भी मान्य है कि अध्यात्म जगत् के भी नियम हैं। तुच्छ तृण, चोर, गुप्त धन, मोती, पथ भ्रष्ट भेड़, मुद्रा आदि की दृष्टान्त कथाओं का यही संकेत है कि हमारी मुक्ति अपने ही कर्मों से हो सकती है।

पाश्चात्य ईसाई धर्म अनेक प्रभावों का परिमाण ही यूनान विरोधी यहूदी धर्म वैसे उद्भव होने के कारण उसका झुकाव ईश्वर के दिव्य अलौकिक स्वरूप की कल्पना के समर्थन की ओर है। अरब तथा यहूदी दोनों को ही प्रकृति शुष्क तथा नीरस प्रतीत होती थी, यूनानी एवं भारतीय को वह जीवित तथा दिव्य मालूम पड़ती थी। अतएव इन लोगों के आध्यात्मिक तथा लौकिक में प्राकृतिक तथा परलौकिक में आत्मा तथा शरीर में बहुत अधिक भेद नहीं माना। हिन्दू-कल्पना की पुष्टि विज्ञान करता है जो प्रकृति की तात्त्विक एकता पर जोर देता है। सर्वव्यापी नियम प्रधान्य मनावस्था को पास नहीं फटकने देता। लोकोत्तर की सत्ता लोक के हृदय में ही है।

किसी न किसी मात्रा में सभी मनुष्य ईश्वर के स्वरूप के उसकी शक्ति, प्रेम और सत्य के प्रतिबिम्ब होते हैं, पर जिन्हें अवतार कहते हैं वे अधिक मात्रा में विशेष तथा उसे प्रतिबिम्बित होते हैं। राम, कृष्ण तथा बुद्ध के सम्बन्ध में भी

यही सच है। ईसा भी एक अवतार है क्योंकि शूली पर लटके हुए भी उसने पापियों के लिए जो प्रार्थना की थी पिता, इन्हें क्षमा कर दो क्योंकि इन्हें नहीं मालूम कि ये क्या कर रहे हैं।'' वह अपने बच्चों के लिये प्रेम का प्रतीक है। किन्तु यह कहना कि उसका ईश्वर से कोई विशेष सम्बन्ध था, जिसकी प्राप्ति दूसरों के लिए असम्भव है, एक ऐसी बात कहना है, जिसका समर्थन करना कठिन है। और मैं दावे क साथ कह सकता हूँ कि संक्षिप्त 'समाचारों' में इसका कोई प्रामाणिक साक्ष्य भी नहीं है। हाँ ईसा के पूर्ववर्ती तथा परवर्ती युगों के अन्य लोगों की भाँति उसके सम्बन्ध में भी कुछ कथाएँ प्रचलित हैं।

ईसा का जीवन हमारे लिए निरर्थक होगा यदि उसमें कुछ अपौरुषेय गुणों की सत्ता भी स्वीकार कर ली जाय, जिनकी सहायता से वह पूर्णता तक पहुँच सका है। ईश्वर के पितृत्व में विश्वास हमें यह स्वीकार करने पर विवश करता है कि जो कार्य ईसा के लिए सम्भव हो सका है वह दूसरों के लिए भी सम्भव है। ईश्वर की जो शक्ति उसे प्रदान थी, हमारे लिए भी सुलभ है और यदि उसी की तरह हम भी प्रयत्नशील बन सकें तो हम भी अपने अन्तर्निहित परमात्मा का विकास कर सकते हैं। हम सभी ईश्वरीय गुणों से युक्त हैं तथा ईसा की ही भाँति उसके प्रेम को बिम्बित कर सकते हैं; यदि हम भी उसकी-सी दृढ़ ईश्वर निष्ठा अपने में भर सकें। अधिक से अधिक ईसा को अनेक भाइयों में ज्येष्ठ समझा जा सकता है। ईसा में ईश्वर की अभिव्यक्ति ठीक वैसी ही है जैसे संसार के अन्य महात्माओं में। जो देवत्व उसमें प्रकट हुआ है वह बीज रूप से हम सब में विद्यमान है। यह समझना कि ईसा को छोड़ कर और किसी ने भी ईश्वर से उस तादात्म्य भाव की अनुभूति नहीं की, शुद्ध भ्रम है। हिन्दू-धर्म के इतिहास में अनेक उदाहरण ऐसे साधु पुरुषों के भरे पड़े हैं जो स्वयं मुक्त हो गए थे, जिन्होंने 'मैं' तथा 'मेरे' पिता, की एकता का अनुभव कर लिया था, जिन्होंने दिव्य चक्षुओं से महान् ईश्वर का दर्शन किया था, केवल इन्द्रिय जगत् के घोर अन्धकार के पटल को भेद कर कभी-कभी चमकने वाली क्षणिक ज्योति रेखाओं को ही नहीं, तथा वे सदा के लिए उसके आनन्द में निमग्न हो गए। हम जितना ही ईश्वर के समीप पहुँचते जाते हैं, उतना ही मनुष्य एवं ईश्वर के स्वरूप में एकरूपता बढ़ती जाती है और जो व्यक्ति; यदा-कदा नहीं निरन्तर ब्रह्म में ही निवास करता है वह कह सकता है, ''मैं वही हूँ।'' ऋषियों एवं उपनिषदों के साक्ष्य की सत्यता को ईसा एवं संसार के अन्य प्रतिभाशाली साधु पुरुषों का अनुभव प्रभावित करता है। धर्म पर बलि हो जाने वाला अल हज़ाज कहता है ''मैं ही सत्य हूँ, मैं ही अपना

प्रियतम हूँ, अपना प्रेमी भी मैं ही हूँ। हम एक ही शरीर में निवास करने वाली दो आत्माएँ हैं।''

ईसा की श्रद्धा और भक्ति में बहकर हम कह सकते हैं कि ईसा में ईश्वर पूर्णरूप से व्यक्त हुआ है तथा इतिहास में उसका व्यक्तित्व अद्वितीय है। कभी-कभी बड़ी अनिच्छापूर्वक इतना स्वीकार किया जाता है कि कुछ अन्य महात्माओं में भी ईश्वर की ज्योति का स्पष्ट दर्शन हुआ है पर इतनी प्रभावपूर्ण ज्योति और कमी, और कहीं नहीं दिखाई पड़ी जितनी ईसा में। हो सकता है यह सच हो परन्तु यदि बुद्ध एवं कन्फ़्यूसस के अनुयायी अपने-अपने आदर्श पुरुषों के सम्बन्ध में ऐसा ही दावा कर लें तो हमें आपत्ति करने का कोई अधिकार नहीं है।

पश्चिम के ईसाई धर्माचार्यों में अब एक अधिक विवेचनात्मक दृष्टिकोण जागृत हो रहा है और वे ईसा की मानवता पर अधिक ज़ोर देने लगे हैं। उसकी सर्वज्ञता तथा सृष्टि-रचना चेतना पर अब अधिक ज़ोर नहीं दिया जाता। दूसरी ओर इस तरह के वाक्यों पर विशेष ध्यान दिया जा रहा है कि उसका 'ज्ञान बढ़ा' कष्ट झेलना ईश्वर की आज्ञा का पालन करना सीखा इत्यादि, इत्यादि।

कर्म तथा पुनर्जन्म का सिद्धान्त जो हिन्दू धर्म की विशेषता है, स्पष्टतः अधिकांश ईसाई विद्वानों को नापसन्द है। मुझे भय है कि इस सम्बन्ध में उन्हें मिथ्या प्रचार का शिकार होना पड़ा है। मोक्ष अथवा तल्लीनता तब तक सम्भव नहीं, जब तक वे अपने संकीर्ण व्यक्तित्व से चिपटे हैं। जब तक इस भेद-प्रकृति का आमूल विनाश नहीं होता, ब्रह्मात्मैक्य की अनुभूति नहीं हो सकती। जब तक हम समय पर विजय प्राप्त कर के पूर्ण नहीं बन जाते, हम इसी संसार के आवागमन के चक्कर में पड़े रहेंगे। यह मत उतना उपाहासास्पद नहीं है, जितना इस सामान्यतः बताया जाता है। यदि मोक्ष संसार से परे की स्थिति है तो जब तक हम संसार से चिपटे रहेंगे काल में ही सीमित रहेंगे, तब तक हम उस अमरता को नहीं प्राप्त कर सकेंगे। जब तक हम वैयक्तिक दृष्टिकोण से ऊपर उठ कर सार्वलौकिक दृष्टिकोण को नहीं अपनाते तब तक हम सत्य तक नहीं पहुँच सकते।

संसार में सर्वत्र कर्म नियम पाया जाता है। यह धर्म के कभी नाश न होने का नियम है, जिसके होने से श्रम तथा कष्ट उठा कर हम जो कुछ प्राप्त करते हैं वह हमारे लिए सुरक्षित रहता है तथा हम जिस चरित्र का निर्माण करते हैं वह संचित रहता है जिससे हमें पुराना रास्ता फिर न चलना पड़े और हम सदा आगे

की ओर, अपनी दृष्टि रख सकें। कर्म-नियम यह है कि प्रत्येक व्यक्ति को जब तक वह अपने निश्चित-लक्ष्य तक नहीं पहुँचता बराबर अवसर मिलता रहे।

भारतीय ईसाई जो उसी वातावरण में रहते हैं जिसमें हिन्दू रहते हैं तथा जो भारत के अतीत से सुवासित हैं ईश्वर की सर्व व्यापकता में भरे हैं। उनके लिए इस संदिग्ध सिद्धान्त को मानना दिन-दिन कठिन होता जा रहा है कि ईश्वर बड़ा कठोर है तथा उसमें अलौकिक शक्ति है, जिससे वह अपनी अवज्ञा करने वालों को घोर दण्ड देता है, जिस सिद्धान्त के अनुसार ईसा परमात्मा का भी परमात्मा है जो मनुष्य जाति की पाप-शान्ति के लिए शूली पर चढ़ा एवं जो मर कर जी उठने की चमत्कारी घटना को एक बहुत बड़े पैमाने पर दोहराने वाला है, जब वह फिर शान के साथ उस संसार में अवतरित होगा, जिसने पहली बार उसकी अवहेलना की थी। विचारशील, विशेषतया नई पीढ़ी के भारतीय ईसाई मानते हैं कि ईश्वर सब मनुष्यों में तथा समस्त संसार में मौजूद है। भारतीय ईसाई विश्वासपूर्वक आशा करते हैं कि भद्रता तथा ईसाई धर्म सम्मत प्रेम–ईसाई धर्म-सिद्धान्त के क्रमिक प्रसार से पृथ्वी पर सत्युग अवश्य आएगा। उन्हें बहुत बुरा मालूम होता है जब उनके विदेशी सहधर्मी, जिन्हें परम्परा प्राप्त नियमों में शिथिलता आ जाने के दुष्परिणामों का कोई ज्ञान नहीं, हिन्दुओं के अमूल्य सिद्धान्तों, जैसे ईश्वर की सर्व व्यापकता, अहिंसा, कर्म तथा पुनर्जन्म के सम्बन्ध में झूठा प्रचार करके उनका उपहास करते हैं। आज भारत का ईसाई धर्म हिन्दू सिद्धान्तों से प्रभावित हो रहा है। वह हिन्दू सिद्धान्तों को सुन तथा समझकर उसका अनुकरण कर सकता है अथवा उसकी बातों को अनसुनी करके उससे दूर रह सकता है। परन्तु लक्षणों से तो यही प्रतीत होता है कि वह ठीक ही पथ चुन रहा है। वह यह प्रयास कर रहा है कि हिन्दु धर्म के उत्तम सिद्धान्त तथा ईसाई धर्म के अच्छे तत्वों को मिला दिया जाय और यदि वह इसमें सफल होता है तो वह इस हिन्दू प्रभावित ईसाई-धर्म से केवल भारतवर्ष का ही लाभ नहीं होगा वरन् विश्व का भी कल्याण हो सकेगा।

## बौद्ध धर्म

बौद्ध धर्म के संस्थापक गौतम बुद्ध की गणना संसार के महापुरुषों में की जाती है। बुद्ध भोग-विलास के वातावरण में जन्म लेने वाले एक राजकुमार थे, जिन्होंने यौवन में ही संसार छोड़कर एकान्तवास अपना लिया था तथा ध्यान एवं चिन्तन के द्वारा ज्ञान प्राप्त करने का प्रयास किया था। वह बौद्धिक संशोभ का युग था। प्रचारकों की बौद्धिक विलक्षणता एवं प्रवृत्ति से उत्पन्न अनेक सिद्धान्तों

तथा कल्पनाओं से वातावरण पूर्ण था। कुछ उन्हें स्वीकार करते थे, कुछ उनका प्रतिवाद करते थे। इस संघर्षपूर्ण उत्साह एवं विरोधी दर्शनों को देखकर बुद्ध ने निश्चय कर लिया कि दार्शनिक गवेषणा व्यर्थ है। उन्होंने देखा कि आचरण क्षेत्र में कर्म-कांड की संख्या पद्धति ने नैतिक कर्त्तव्य पालन का स्थान ले लिया है। धार्मिक क्षेत्र में भी असभ्यता-युग के अन्धविश्वास फिर से सर उठा रहे थे एवं स्वार्थपरायण पुरुष अपने हित-साधन में उनका उपयोग कर रहे थे। बुद्ध ने बताया कि बिना पुजारियों की मध्यस्थता अथवा ईश्वर की चर्चा के भी हम मुक्ति प्राप्त कर सकते हैं। लोक-कल्याण साधन अथवा शुद्ध आचरण से मोक्ष मिलता है, अनिश्चित फल पाने वाले दुराग्रहों को मानने अथवा क्रुद्ध देवताओं को रोष शान्ति के उद्देश्य से रहस्यपूर्ण क्रियाओं के सम्पादन से नहीं। दार्शनिक चिन्तन की ओर से विरक्ति, धर्म शास्त्र में अनास्था तथा नैतिक आचरण में अनुरक्ति ही बुद्ध के उपदेशों की विशेषता है।

जिन चार आर्य सत्यों का बुद्ध ने उपदेश दिया है वे हैं दु:ख का कारण, दु:ख का विरोध किया जा सकता है। दु:ख निवृत्ति का मार्ग है। दु:ख का कारण यह है कि संसार क्षणभंगुर है। सब पदार्थ अपने को व्यक्त करने के प्रयत्न में सदा लगे रहते हैं। इसी उद्‌भव एवं लय का नाम संसार है। पदार्थ की प्रत्येक दशा, वह चाहे एक क्षण तक रहे और चाहे एक हजार वर्ष तक, उद्‌भव कहलाती है। बुद्ध ने मनोव्यापार को क्षणिक एवं अनभिज्ञ वस्तुजगत् को अनित्य बताकर उनमें भेद किया है। प्रत्येक व्यापार श्रृंखला की एक कड़ी है, विकास प्रवाह की एक क्षणिक दशा है, और इस प्रकार की सब कड़ियां मिलकर ही जगत् का निर्माण होता है। वस्तुएँ तथा आत्माएँ परिणाम एवं व्यापार कहलाती हैं।

आत्मा की कल्पना में पुनर्जन्म को सार्थक बनाने के लिए पर्याप्त स्थान है। व्यक्ति असम्बद्ध घटनाओं की अस्त-व्यस्त श्रृंखला नहीं है परन्तु वह एक सजीव निरन्तरता है। दुबारा जन्म लेने वाला मनुष्य वही मृत मनुष्य नहीं होता पर वह उससे सर्वथा भिन्न भी नहीं होगा। न तो वे पूर्णत: एक ही हैं एवं न सर्वथा भिन्न। निरन्तरता भी है तथा उसके साथ ही नित्य परिवर्तन भी है। हमारा प्रत्येक अनुभव उसे दूसरे अनुभव क्षय अथवा दशा की ओर ले जाता है, उसमें परिणमित अथवा समाप्त हो जाता है, जिसमें सम्पूर्ण अतीत सम्मिलित रहता है।

जीवन का लक्ष्य निर्वाण प्राप्त करना है। जो कर्म इसमें सहायक हैं वे अच्छे समझे जाते हैं। बौद्धों का आचरण शास्त्र आदि अष्टांगिक मार्ग कहलाता है जिसके आठ अंग ये हैं: सम्यग् दृष्टि, सम्यक् संकल्प, सम्यक् वचन, सम्यक् कर्मान्त,

सम्यक् आर्जव, सम्यक् व्यायाम, सम्यक् स्मृति एवं सम्यक् समाधि। यह मध्यमागीय धर्म कहलाता है इसमें अत्यधिक तप तथा अत्यधिक योग दोनों का ही परित्याग करके बीच का रास्ता मध्यमार्ग स्वीकृत हुआ है। इसका उद्देश्य मनुष्य के सम्पूर्ण मानसिक जीवन को रूपान्तरित कर देना है।

बुद्ध के समय में वर्ण व्यवस्था में काफी अव्यवस्था उत्पन्न हो गई थी। उन्होंने ब्रह्मणत्व को जाति के स्थान में कर्म पर आचरण पर निर्भर बताकर इस संस्था को काफी दुर्बल बनाया परन्तु वे समाज सुधारक नहीं थे। उनका मुख्य उद्देश्य धर्म था। यद्यपि नियमित उसमें सभी सम्मिलित हो सकते थे परन्तु यथार्थतः उच्च वर्णों तक ही उनका धर्म सीमित था। उन्होंने गुप्त-संस्कार-पद्धति में कोई हस्तक्षेप नहीं किया और वे वैदिक पद्धति के अनुसार बराबर चलते रहे। बुद्ध को आनन्दोपलब्धि के रहस्य का उद्घाटन नहीं करना था बल्कि लोगों को उस अनुभव में लगा देना था। निर्वाण शब्द का अर्थ 'बुझना' अथवा 'शान्त' होना है। अतः उष्ण वासना के बुझने को, वासना घृणा एवं अविद्या की अग्नि के शान्त होने को, निर्वाण प्राप्त करना कहते हैं। हमें निर्वाण को शून्य नैश अन्धकार नहीं समझना चाहिए। वह तो विश्वास, शान्ति, उद्वेगाभाव, आनन्द, सुख, मृदुता, पवित्रता तथा उत्साह से पूर्ण एक नित्य जीवन का नाम है।

हमें बुद्ध धर्म को बिलकुल नवीन, अतीत आधार रहित मानने की आवश्यकता नहीं। यह तो उसी विचार धारा का बाद का रूप है जिसका पूर्व रूप उपनिषदों में प्रतिपादित हुआ है। परमसत्य, मोक्ष का स्वरूप तथा आत्मा की नित्यता आदि प्रश्नों का उतर बुद्ध ने नहीं दिया है। वे ऐसे विषय हैं जिन्हें स्थापित कर दिया गया है तथा जिन पर विचार करने की अनुमति बुद्ध नहीं देते।

दार्शनिक प्रश्नों पर उनके मौन-साधन के भाँति-भाँति के अर्थ लगाए जाते हैं। कुछ उनके प्राचीन अनुयायी एवं आधुनिक व्याख्याकार इसे निषेध सूचक मानते हैं। उनका कहना है कि बुद्ध किसी भी भौतिक अथवा समष्टि विषयक चरमसत्ता का अस्तित्व नहीं मानते थे। इस विचार के अनुसार निर्वाण शून्य है। कभी-कभी कहा जाता है कि बुद्ध ने इस विचार को पल्लवित शून्य करके इसलिए लोगों के समक्ष नहीं रखा कि इससे कहीं वे भड़क न जायें। यह विचार बुद्ध के दर्शन को असम्बद्ध तथा उनके चरित्र को सन्देहजनक बना देता है। बुद्ध के विधि-सूचक कुछ ऐसे वचन भी हैं, जिनकी संगति इस निषेध मूलक बुद्धिवाद से नहीं बैठती। बुद्ध का अपना दृढ़ विश्वास था कि उन्हें सत्य का पता है और उसे वे दूसरों तक पहुँचा सकते हैं। यह कहना अधिक युक्तिपूर्ण प्रतीत होता है

कि बुद्ध उपनिषदों से मिलते-जुलते किसी भावनात्मक आदर्श को मानते थे, जिसका प्रचार उन्होंने केवल इसलिए नहीं किया कि वे चाहते थे कि प्रत्येक पुरुष उसका आविष्कार अपने अनुभव से करे। उन्होंने दार्शनिक प्रश्नों को उपेक्षा की दृष्टि से देखा क्योंकि दार्शनिक वितंडा जीवन के प्रधान लक्ष्य नैतिक आचरण में अड़चन डालती है। पवित्रता प्राप्ति से उसका कोई सम्बन्ध नहीं। यदि हम इस मत को नहीं मानते तो बुद्धकृत निर्वाण के भावात्मक वर्णनों तथा परिणामी जगत से परे की नित्य सत्ता को निषेध करने से दृढ़तापूर्वक इन्कार करने की संगति नहीं बैठ सकती। उनके काशी के उपदेश में एक निरपेक्ष सत्ता के अस्तित्व का स्पष्ट आभास मिलता है। उपनिषद् समस्त मस्तिष्क की परिमित क्षमता को ध्यान में रखकर ही बुद्ध ने उसका स्पष्ट भावात्मक वर्णन नहीं किया है। परन्तु न्याय की सीमा के भीतर जितना सम्भव है, उन्होंने उस चरमतत्त्व को धर्म कह कर वर्णित किया है। उपनिषदों में धर्म एवं सत्य को एक ही माना गया है। चूंकि बुद्ध नैतिक आचरण को ही मुख्य मानते थे। अतएव उन्होंने उस निरपेक्ष सत्ता के नैतिक स्वरूप पर ही विशेष बल दिया है। उनके उपदेशों में ब्रह्म का स्थान धर्म ने ही तो लिया है।

## भारत की अन्तरात्मा

डॉ० राधाकृष्णन् ने जिस धर्म का आख्यान किया है, वह ब्रह्माचारों से कोई समझ नहीं रखता। वह एक साथ हिन्दुत्व भी है, ईसाइयत भी और इस्लाम भी। सत्य, शिव और सुन्दर ये तीन गुण मनुष्य में नहीं, ईश्वर में ही होते हैं। संसार में तो हम यही देखते हैं कि कुनैन शिव होने पर भी सुन्दर नहीं होती, न मरीचिका सुन्दर होते हुए भी सत्य कही जा सकती है। किन्तु ईश्वर के सभी गुण एक साथ, सुन्दर और शिव होते हैं। मनुष्य जब शुद्ध होकर ईश्वर का सामीप्य प्राप्त करता है, तब उसमें भी सत्य, शिव और सुन्दर का संयोग हो जाता है। राधाकृष्णन् मनुष्य के इसी रूप के वाचक थे और शुद्धि का मार्ग वे यह बताते थे कि मनुष्य अपने आप में प्रवेश करे। मनुष्य जब तक अपने आप तक नहीं पहुँचता, ईश्वर तक पहुँचने की उसकी कल्पना ही व्यर्थ है। ईश्वर सभी स्थानों पर है, किन्तु सभी स्थान मनुष्य के भीतर नहीं हैं। मनुष्य के भीतर तो केवल एक ही बिन्दु है जहाँ पर ईश्वर उससे बात कर सकता है और यह बिन्दु उसकी आत्मा के केन्द्र में अवस्थित है। इसी बिन्दु पर ईश्वर हमारी प्रतीक्षा करता है, हमें अपने दर्शन देता और हमसे खुलकर बातें करता है। इस बिन्दु पर अधिक से अधिक काल तक उतरने को राधाकृष्णन् ने आत्मा का धर्म कहा है। व्यक्ति अपने

एकान्त, अपनी निस्संगता से जो बर्ताव करता है, वही उसका धर्म है। यदि तुम भी कभी एकान्त या निस्संग नहीं रहते तो तुम कभी भी धार्मिक नहीं होते हो। एकान्त ही तो वह स्थान है जहाँ हम ईश्वरीय ज्योति जगाने को वर्तिका रचते हैं।

आज संसार के बड़े-बड़े धर्मों तथा विचारधाराओं का भारत में सम्मिलन हो गया है। पाश्चात्य विचारों के सम्पर्क से पिछले युग के आत्म-सन्तोष में कुछ क्षोभ उत्पन्न हो गया है। एक भिन्न संस्कृति को स्वीकार कर लेने का एक फल यह हुआ है कि लोगों की यह धारणा बन गई है कि चरम प्रश्नों का कोई आधिकारिक समाधान नहीं हो सकता। परम्परा प्राप्त समाधानों में विश्वास नहीं रहा और किसी हद तक विचारों में कुछ अधिक स्वतन्त्रता एवं अधिक परिवर्तनशीलता को श्रय मिल गया है। प्रथाएं फिर तरल हो गई हैं और यद्यपि कुछ लोग प्राचीन नींव पर नहीं पुनर्निर्माण करना चाहते हैं पर कुछ ऐसे भी लोग हैं, जो उस नींव को ही हटा देने के पक्ष में हैं। यह परिवर्तनकालीन युग काफी मनोरंजक तथा चिन्तापूर्ण है।

तर्क प्रेम हिन्दू धर्म की विशेषता है। भारतीय विद्वान् ने अपनी स्वप्निल आशाओं एवं व्यावहारिक आत्म-विसर्जन में सरलतम दुराग्रह एवं उच्चतम काल्पनिक उड़ान में, चार-पाँच हजार वर्ष के अनवरत दार्शनिक एवं धार्मिक प्रयत्न में सत्य, भक्ति तथा यथार्थ-प्रेम की भावना से प्रेरित होकर चरम समस्याओं को सुलझाने के प्रयत्न किया है। इसे ब्राह्मण सभ्यता कहते हैं क्योंकि इसका संचालन उन ब्राह्मणों के हाथ में था जो किसी बात का निर्णय करते समय मनःक्षोभों से विचलित नहीं होते थे एवं जिनके सिद्धान्तों की आधारशिला सच्ची अनुभूति होती थी।

जगत् की जिस विशेषता ने हिन्दू दार्शनिकों को सत्य के अनुसन्धान की ओर आकृष्ट किया, वह इसकी अनित्यता थी। उन्होंने देखा कि दृश्य जगत् विरामहीन, विनश्वरता ही चरम-सत्य है अथवा इस विनाश की भी कोई सीमा कहीं है? उन्हें उत्तर मिला, जगत् में एक ऐसी वस्तु भी है, वह है अविनाशी अन्य अपेक्षा-रहित परब्रह्म। हम सब के जीवन में ऐसे क्षण आते हैं जब इस अनन्यता की अनुभूति हम करते हैं, जब हमें इस महान् रहस्य का आभास मिलता है, और हम उस परमात्मा के सान्निध्य का बोध करते हैं जो अपनी महत्ता से हमें आछन्न किए है। जीवन की उन शोकपूर्ण घड़ियों में भी जब हमें प्रतीत होता है कि हम एकान्तहीन, परम अनाथ हैं, हमारे हृदय में स्थित परमात्मा हमें बराबर यह अनुभव कराता रहता है कि सांसारिक दुःख देना तो उस बड़े नाटक की छुद्र घटनाएँ हैं

जिसका अन्त शक्ति, सौन्दर्य एवं प्रेम में होगा। उपनिषद चिल्ला-चिल्ला कर कहते हैं:– "यदि इस विश्व में आनन्द न होता तो यहाँ कोई जीव प्राण धारण ही कैसे करता?" तात्त्विक दृष्टि से देखने पर यह व्यक्त जगत् उसी एक अविभक्त ब्रह्म की नाना रूपों में अभिव्यक्ति है, उस ब्रह्म की अभिव्यक्ति है जो समस्त सृष्टि के उद्भव तथा लय से युक्त है। उसके सम्पूर्ण दीर्घ जीवन में एकेश्वरवाद ही हिन्दू धर्म का प्रमुख आदर्श रहा है। ऋग्वेद उस एक ही परमात्मा की बात करता है–एकम् सत्–जिसका वर्णन पंडित लोग नाना रूपों में किया करते हैं। उपनिषदों का कहना है कि अभिव्यक्ति के सार के अनुसार एक ही ब्रह्म को भिन्न-भिन्न नामों से आपेक्षित किया जाता है। त्रिमूर्ति की कल्पना का उदय महाकाव्य काल में हुआ और पुराण काल तक वह भली भाँति प्रतिष्ठित हो गई। मानव चेतना के ज्ञान, मनःक्षोभ एवं चेष्टा व्यंजन तीन गुणों का ही सूचक सत् चित आनन्द परमात्मा का नाम रखा गया है। सत्य अथवा ज्ञान जात अव्यग्रता, रजस् अथवा वह शक्ति जो उत्साह से उत्पन्न होती है; तमस् अथवा वह शैथिल्य जो ज्ञान अथवा संयम के अभाव का फल है। यही वे तीन गुण हैं जो समस्त सृष्टि में पाये जाते हैं। और सर्व वस्तु व्यापक इन तीन गुणों से ईश्वर भी मुक्त नहीं समझा जाता। सृष्टि, स्थित एवं लय की तीनों क्रियाएं रजस, सत्य एवं तमस् के ही कारण होती हैं। विश्व के रक्षक विष्णु परमात्मा का ही सत्य प्रधान रूप है। सृष्टिकर्ता ब्रह्मा उसी ईश्वर के रजः प्रधान, एवं सृष्टि संहारक शिव उसी ईश्वर के तमः प्रधान रूप के द्योतक हैं। एक ही ईश्वर के तीन गुणों को विकसित करने वाले तीन भिन्न-भिन्न व्यक्ति बना दिये गए हैं। और इनमें से प्रत्येक अपनी ही विशिष्ट शक्ति से काम करता है, अतएव ब्रह्मा, विष्णु एवं शिव के ही समान सरस्वती, लक्ष्मी, उमा तथा उनकी शक्तियों की कल्पना कर ली गई। सच तो यह है कि ये सभी गुण एवं कार्य एक ही परमात्मा में इस प्रकार समादित हैं कि यह भी कहा जा सकता है कि उसमें कोई गुण ही नहीं है। वह निर्गुण है। एक ही अज्ञेय ईश्वर जो सर्वविद, सर्वव्यापक, एवं सर्वशक्तिमान है। नाना जनों को नाना प्रकार का प्रतीत होता है। एक प्राचीन धर्मवाक्य का कथन है कि साधकों की सुविधा के लिए ही निराकार परमात्मा को साकार कल्पित कर लिया गया है।

भावुक पुरुष ईश्वर को पूर्ण सौन्दर्य अथवा प्रेम मानते हैं तथा उसके सहचर्य-जनित आनंद में डूब जाने की कल्पना करते हैं। प्रेम तथा सौन्दर्य रूपी भगवान के प्रतीक कृष्ण हैं। एवं सहृदय, भावुक पुरुषों, विशेषतया स्त्रियों के लिए उनमे प्रबल आकर्षण है। सौन्दर्य प्रेमी को प्रबल भावुकता में ही पूर्ण सन्तोष प्राप्त

हो जाता है। सौन्दर्य का अस्तित्व ही सौन्दर्य का समर्थन है। भक्त तो भगवान के चरणों में लोट जाता है और संसार का कोई आकर्षण उसे वहाँ से हटाने की क्षमता नहीं रखता।

हिन्दू दार्शनिकों ने सदा से ही यह प्रयत्न किया है कि निर्मल चरित्र का अभ्यास एवं सत्य प्रेम धार्मिक भक्ति से दब न जाये। उन्हें अच्छी तरह मालूम है कि हमारी भावनायें शेष जीवन से अलग, अन्य अपेक्षारहित नहीं होतीं। अलग से देखने पर उनका कोई नैतिक महत्त्व नहीं। किसी भी भावना का महत्त्व तो उसकी मूल प्रेरणा पर निर्भर करता है, हमें यह देखना होता है कि वह उच्च आध्यात्मिक भक्ति का फल है अथवा नीच विषय वासना का परिणाम है। भक्ति मार्ग का यह सिद्धान्त नहीं है कि सभी भावनाएँ पवित्र होती हैं। सच्ची धार्मिक भावना तो उस विवेक जात विनम्रता को कहते हैं जो सब कुछ ईश्वर के सहारे छोड़ देने पर उत्पन्न होती है। ज्ञान सूचक इस भावना के फलस्वरूप भक्त मानव सेवा में जीवन उत्सर्ग कर देता है। उपासना संगीत एवं कला भक्ति के विकासक हैं।

सभी हिन्दू वेदों का सर्वोपरि धार्मिक प्रमाण स्वीकार करते हैं। उनमें जीवन तथा विश्व के तत्त्व का निरूपण है। वेदों का प्रधान अंग उपनिषद् है जो उस स्वतंत्र आध्यात्मिक प्रगति का परिणाम है जिसने अज्ञान रूप से वेदों के अपरिष्कृत अंशों को दबा दिया। हिन्दू धर्म का परवर्ती इतिहास इसी औपनिषदिक सुदृढ़ आधार या निर्मित एक भव्य भवन का इतिहास है। यद्यपि धार्मिक विचारों ने अनेक क्रान्तियाँ कीं, अनेक बार महान विजयें प्राप्त कीं, फिर भी लगभग पाँच हजार वर्षों से उसके मुख्य सिद्धान्त उसी रूप में चले आ रहे हैं। जब-जब दुराग्रह के विकास से धर्म को संकीर्ण साम्प्रदायिकता में अवरुद्ध कर दिया है तब-तब सच्चे महात्माओं ने जन्म लेकर आध्यात्मिक नवजागरण का उपदेश दिया है। उपनिषदों का प्रवाह जब दुराग्रहपूर्ण विवाद में लुप्त हो गया। जब शुष्क शास्त्रार्थ के ज्वर ने धार्मिक चेतना को बेसुध कर दिया। तब भगवान बुद्ध ने सत्य की सरलता एवं आचरण की विशुद्धता पर जोर दिया। जब शास्त्रीय संस्कृति एवं निरर्थक पाण्डित्य ने धर्म को अमानुषिक शस्त्रवाद बनाकर इस दुर्बोध व्यर्थता में निष्णात पण्डितों को हास्यास्पद अहंकार से भर दिया था, सम्भवतः तभी शंकर का उदय हुआ और उन्होंने उद्धार का कार्य किया। रामानुज तथा माधव, कबीर तथा नानक, हिन्दू धर्म पर अमिट छाप छोड़ गए हैं। यह स्पष्ट है कि हिन्दू धर्म एक प्रणाली है, परिणाम नहीं, एक परम्परा है, अटल

दिव्य प्रकाशन नहीं। किसी ओर से भी आने वाले ज्ञान पर इसने कोई प्रतिबन्ध नहीं लगाया क्योंकि आत्मरश्मि में मेरे और तेरे का भेद नहीं है।

## दार्शनिक शासक

यूनान में एक बहुत प्रसिद्ध दार्शनिक हो गया है जिसका नाम प्लेटो था। उसने अपनी सुप्रसिद्ध पुस्तक ''रिपब्लिक'' में लिखा है कि ''यदि संसार में शान्ति और अमन की इच्छा है तो दार्शनिक शासक के हाथों में राज्य सत्ता को सौंप दो।'' प्लेटो के उपरोक्त कथन में एक ऐसा सत्य छिपा हुआ है जो शान्ति और सच्चाई की तरफ इंगित करता है। दार्शनिक शासक में हिंसा और अन्याय की तरफ सम्मान नहीं होता। वह हर मसले को मानवता की भलाई की दृष्टि से देखता है। उसका निर्णय न्यायोचित और समाज के कल्याण के लिए होता है।

डॉ० राधाकृष्णन् एक दार्शनिक शासक थे। भारत के राष्ट्रपति की हैसियत से वे देश के भाग्य निर्णायक थे। उनके निर्णय में शान्ति और युद्ध की परिस्थिति आ सकती थी। जब वे भारत के राष्ट्रपति के पद पर आसीन हुए उन्होंने अपने आपको जनता के समक्ष एक साधारण से नागरिक की भाँति पेश किया। अन्य देशों के राज्याध्यक्षों की भाँति डॉ० राधाकृष्णन् फौज और पुलिस के पहरे में अपने आपको रखना पसन्द नहीं करते थे।

सादगी में डॉ० राधाकृष्णन् से बढ़कर दूसरा कोई व्यक्ति नहीं था। यह सादगी उनके व्यक्तिगत जीवन तक ही सीमित नहीं बल्कि जैसे ही वह राष्ट्रपति के पद पर आसीन हुए थे अपने दस हजार मासिक वेतन में से साढ़े सात हजार रुपया छोड़ दिया केवल ढाई हजार रुपये से ही वह अपना खर्च चलाते थे। राष्ट्रपति के पद पर रहते हुए उन्होंने किफायतसारी और सादगी की जैसी मिसाल भारत जैसे गरीब देश के सामने रखी वह उन व्यक्तियों के लिए जो सरकारी ओहदे पर हैं और लम्बी-लम्बी तनख्वाहें लेते हैं प्रेरणा की चीज़ हैं।

डॉ० राधाकृष्णन् अपने देश के सच्चे प्रतिनिधि थे। वे केवल भारत का ही प्रतिनिधित्व नहीं करते थे बल्कि उस प्राचीन भारत के भी प्रतीक थे जिसकी गरिमा से किसी समय सारा संसार प्रभावित था और भारत को अपना गुरु समझता था।

दार्शनिक शासक अपने देश की नब्ज को पहचानता था। वह जानता के प्राचीन तथा अर्वाचीन विचारों को मोड़ देता था उसमें नई क्रान्ति के बीज अंकुरित करता

और उसे राष्ट्रव्यापी चेतना प्रदान करता था। डॉ॰ राधाकृष्णन् का जीवन देश के लिए एक बहुमूल्य निधि था।

डॉ॰ साहब के रहन-सहन और पहनावे में हम वास्तविक भारत की संस्कृति के दर्शन करते थे। जब वे धोती और लम्बी अचकन तथा सिर पर पगड़ी बाँध कर जनता के समक्ष आते तो ऐसा प्रतीत होता है कि जैसे कोई प्राचीन ऋषि वर्तमान भारत में एक सुथरे वेश में अवतीर्ण हो गया हो।

यद्यपि डॉ॰ साहब को राष्ट्रभाषा हिन्दी बोलने की आदत नहीं थी फिर भी वे अंग्रेजी तथा अपनी मातृभाषा तमिल के प्रकाण्ड पंडित थे। अंग्रेजी में जब वे बोलने लगते तो ऐसा प्रतीत होता कि जैसे वाणी में कोई आश्चर्यजनक शक्ति आ गई हो शब्दों का ऐसा अजस्र स्रोत प्रवाहित होता कि जिसे सुनकर बड़े-बड़े अंग्रेज विद्वानों को आश्चर्य चकित रह जाना पड़ता।

सचमुच भारत दार्शनिक शासक को पाकर गौरवान्वित हुआ था।

❑❑❑

# 3

# डॉ॰ ज़ाकिर हुसैन

## महान देशभक्त

यह प्रसन्नता का विषय है कि स्व॰ डॉ॰ ज़ाकिर हुसैन साहब के देहावसान के पश्चात् उनके प्रथम जन्म-दिवस के उपलक्ष्य में चित्र कला संगम द्वारा एक संस्मरण-संग्रह प्रकाशित किया जा रहा है और इस अवसर पर स्व॰ ज़ाकिरसाहब की कांस्य-प्रतिमा भी भारत को राष्ट्रपति को भेंट की जा रही है।

डॉ॰ ज़ाकिर हुसैन साहब एक महान देशभक्त प्रकाण्ड विद्वान् एवं प्रख्यात शिक्षा-शास्त्री थे। वह भारत की एकता राष्ट्रीयता एवं धर्म-निरपेक्षता के सच्चे प्रतीक थे। देश के राजनैतिक, सामाजिक एवं शैक्षणिक क्षेत्र में और बाद में देश के सर्वोच्च पद राष्ट्रपति के रूप में उन्होंने देश की मूल्यावान सेवाएँ कीं। उनका जीवन प्रत्येक देशवासी के लिए प्रेरणा का अटूट स्रोत है। आशा है, चित्र कला संगम द्वारा प्रकाशित किये जाने वाले संस्मरण-संग्रह में स्व॰ ज़ाकिरसाहब के जीवन के प्रेरणाप्रद प्रसंगों एवं उनकी विचारधाराओं का चयन प्रस्तुत किया जाएगा।

इस अवसर पर मैं स्व॰ डॉक्टर ज़ाकिर हुसैन को अपनी श्रद्धांजलि अर्पित करता हूँ तथा प्रकाशन की सफलता के लिए अपनी शुभ कामनाएं प्रकट करता हूँ।

*—मोहनलाल सुखाड़िया*
(मुख्यमंत्री, राजस्थान)

## मानवीय भावनाओं के धनी

लखनऊ,
उत्तर प्रदेश

मुझे यह जानकर प्रसन्नता हुई है कि चित्र कला संगम भारत के भूतपूर्व राष्ट्रपति डॉ॰ ज़ाकिर हुसैन के जीवन से संबंधित एक स्मारिका प्रकाशित कर रहा है।

डॉ॰ ज़ाकिर हुसैन का जीवन, उनका व्यक्तित्व और उनके कार्य सबके लिए प्रेरक, पथ-प्रदर्शक और आदर्श के रूप में रहे हैं। जिसे भी उनके निकट सम्पर्क में आने या साथ काम करने का अवसर मिला, वह इनसे प्रभावित हुए बिना न रहा। उच्चकोटि के शिक्षा-शास्त्री, राजनीतिज्ञ तथा विद्वान् होने के अतिरिक्त वह जिज्ञासु भी थे तथा प्रत्येक बात को बड़ी सजगता के साथ देखते-समझते थे।

डॉ॰ ज़ाकिर हुसैन सहज मानवीय भावनाओं के धनी थे। मानव-मात्र के प्रति उनके हृदय में करुणा थी। ऊँच-नीच, धनी-निर्धन तथा जाति-धर्म के भेद-भाव से परे डॉ॰ ज़ाकिर हुसैन का जीवन भारतीयता की गरिमा का प्रतीक है।

मुझे विश्वास है कि आप अपनी स्मारिका में डॉ॰ साहब के विशिष्ट गुणों पर प्रकाश डालने का प्रयास करेंगे, जिससे पाठक उनके व्यक्तित्व से अनुप्रावित हो सकें।

**–चन्द्रभानु गुप्त**

I am happy to know that Chitra Kala Sangam has planned to bring out a collection of reminiscences to commemorate the first birth anniversary of late. President Dr. Zakir Husain, after his death.

Chitra Kala Sangam has already made a commendable work in the field of art, literature and culture for the last 19 years.

I wish your endeavours all success.

—*Gurnam Singh*
Chandigarh,
Punjab.

## शुद्ध समन्वयवादी राष्ट्रपति

**–काकासाहेब कालेलकर**

यह तो हमारे सौभाग्य की बात है कि स्वराज्य-प्राप्ति के बाद हमें एक के बाद एक तीन उच्च कोटि के राष्ट्रपति मिले। डॉ॰ राजेन्द्र प्रसाद कुशल राष्ट्रनेता तो थे ही, किन्तु उनकी खास इज्जत उनकी असाधारण सात्विकता के लिए थी। गांधीजी ने देश के सामने जो रचनात्मक कार्य रखा उसके वह पूरे कायल थे। डॉ॰ राधाकृष्णन् अन्तर्राष्ट्रीय ख्याति के फिलसूफ, विद्वान् होने के उपरान्त मानवहित की मंत्रणा में भी उन्होंने अच्छा स्थान पाया है।

उनका कार्य-काल पूरा होने पर उनका स्थान लिया डॉ॰ ज़ाकिर हुसैन ने। ये तो उच्च कोटि के विद्वान् और शिक्षा-शास्त्री थे। मैं तो यही कहूँगा कि इनका राष्ट्रपति बनना गांधीजी के रचनात्मक कार्यक्रम का गौरव है।

स्वराज्य-प्राप्ति के आंदोलन में शुरू से राष्ट्र-हित-चिंतकों का ध्यान राष्ट्रीय शिक्षा की ओर गया था। फलस्वरूप अंग्रेज सरकार की शिक्षा के प्रति असंतोष व्यक्त करने वाली और राष्ट्रीय संस्कृति को पोषण देने वाली अनेक संस्थाएं देश में खड़ी की गयीं। असहयोग के दिनों में जो खास संस्थाएं इस तरह स्थापित हुईं उनमें डाक्टर साहब की 'जामिया मिलिया इस्लामिया' का स्थान है। महात्माजी की राष्ट्रीय नीति के साथ एकरूप बने हुए राष्ट्रपुरुषों में ज़ाकिरसाहब का ऊँचा स्थान था।

जब स्वराज्य नजदीक आया और राष्ट्रीय शिक्षा को राष्ट्रव्यापी बुनियादी स्वरूप देने की जरूरत देश-हित-चिंतकों ने महसूस की तब उन्होंने गांधीजी के पास ऐसी योजना की मांग पेश की।

सब लोगों की अपेक्षा थी कि 'भारतीय संगम-संस्कृति का आदर-युक्त अध्ययन' जिसमें प्रधान है ऐसी कोई योजना गांधीजी देंगे। 'भारत का अध्यात्म, भारत की इतिहास-सिद्ध समन्वित संस्कृति, भारत का संगीत, नाट्य, नृत्य, स्थापत्य, चित्रकला' आदि कलात्मक जीवन को प्रोत्साहन देने वाली योजना गांधीजी से मिलेगी, ऐसी सबकी अपेक्षा थी। बंगाल, पंजाब, बिहार, संयुक्त प्रांत, महाराष्ट्र, आंध्र, मद्रास आदि प्रदेशों में ऐसे प्रयत्न अच्छे पैमाने पर चालू भी थे।

लेकिन गांधीजी ने इन सब प्रयत्नों के प्रति आदर रखते हुए इनको गौण स्थान पर रखा। धर्म-संस्कृतियाँ अपने-अपने काल में मानवता की उच्च सेवा

कर चुकी हैं। मेजिनी के काल से 'राष्ट्रीयता' के आदर्श का बोलबाला सारी दुनिया में था। लेकिन गांधीजी को भूतकाल की उपासना करनी नहीं थी, भविष्यकाल की नींव डालनी थी। 'नवयुग की अपनी सार्वभौम अहिंसा' समझाते उन्होंने कई बार कहा था–"मैं युद्ध-विरोधी हूँ। हिंसात्मक संघर्ष टालने के युग-कार्य का पुरस्कार करता आया हूँ। लेकिन युद्धों से इतना नहीं डरता, जितना मनुष्य-जाति में सर्वत्र जो शोषण चल रहा है उससे डरता हूँ। सत्य, अहिंसा, संयम और सेवा ही मानवीय संस्कृति की चतुर्विध बुनियाद है। युद्ध तो एक रोग है। बीच-बीच में प्रकट होता है लेकिन दिन-रात अखंड चलने वाले सार्वभौम शोषण से बढ़कर दूसरी कोई हिंसा है नहीं।" पुरुष-जाति स्त्री-जाति का शोषण करती है। ज्ञानी, चालाक और चतुर लोग अज्ञानी, भोले और असहाय लोगों का शोषण करते हैं। आजकल के करीब-करीब सब संगठन तो शोषण को पूरी सफलता प्राप्त कराने के लिए ही खड़े किये गए हैं। जो भी लोग असंगठित हैं, उनको तो जीवन-संग्राम में परास्त ही होना है।

ऐसे-ऐसे शोषण का इलाज करना अहिंसक धर्म का प्रधान कार्य है। वह अगर अहिंसक ढंग से नहीं किया तो हिंसा बढ़ती ही जायेगी। इसलिए राष्ट्रव्यापी प्राथमिक शिक्षा के द्वारा नये जमाने का मानस ही बदलना आवश्यक है। यह मानस-परिवर्तन धर्मोपदेश से नहीं होगा, जीवन-परिवर्तन से ही हो सकता है।

यह समझ कर गांधीजी ने कौशल्य-युक्त परिश्रम को प्रधानता देने वाली और उसी के आधार पर शिक्षा का पूर्ण तंत्र खड़ा करने की योजना राष्ट्र के सामने रखी।

जिसमें सब तरह के पाप और अन्याय भरे हुए हैं ऐसे शोषण का क्योंकर मनुष्य कायल बनता है? 'मनुष्य को परिश्रम टालना है और आराम से विलासी जीवन व्यतीत करना है। दूसरे के परिश्रम का गैरलाभ उठाकर स्वयं धनी बनना है और दूसरे व्यक्ति के, समाज के और राष्ट्र के सिर पर गरीबी, बेकारी और असहाय स्थिति मढ़नी है।' यही है पापमूलक शोषण का आकर्षण। ऐसे आकर्षण से एक भी राष्ट्र मुक्त नहीं है। ऐसे अन्याय को दूर करने का अहिंसक इलाज एक ही है, समाजव्यापी शिक्षा में परिवर्तन।

गांधी-संस्कृति को मानवताव्यापी करने का, इससे भिन्न, क्या उपाय हो सकता है? इस बुनियादी शिक्षा को व्यावहारिक रूप देने का भार गांधीजी ने एक समिति पर सौंपा, जिसके अध्यक्ष डॉ॰ जाकिर हुसैन थे। उन्होंने अपनी पूरी शक्ति लगाकर

बुनियादी तालीम को अमल में लाने की कोशिश की। 'सरकार की ओर से यह प्रयोग प्रामाणिकता से नहीं हो रहा है', ऐसी घोषणा भी ज़ाकिरसाहब ने किसी समय की, लेकिन राष्ट्र-मानस ऐसी आत्म-शुद्धि के लिए तैयार नहीं हुआ। गांधीजी की नसीहत अगर मान्य न करनी हो तो उसका इलाज यही है कि गांधीजी के नाम का जय-जयकार किया जाय उनको राष्ट्रपिता का विरद दिया जाय।

बुनियादी तालीम की योजना बनाने के दिनों में ज़ाकिरसाहब से हमारा परिचय बढ़ा। गांधीजी की बनाई हुई समिति में हम साथ थे। उसमें हम उनकी आदर्श-निष्ठा और व्यवहार-चतुरता दोनों का अच्छा समन्वय देख सके।

बाद में ज़ाकिरसाहब की दूसरी बाजू का परिचय तब हुआ जब वह उप-राष्ट्रपति की हैसियत से राज्यसभा के सभापति थे। राज्यसभा के एक सदस्य के नाते मैं उनकी कार्य-कुशलता और तटस्थता की कदर कर सका था। सब पक्षों के लोग उनकी आत्मीयता महसूस कर सकते थे। गरमागरम चर्चा होने पर भी वह अपनी खुश-मिजाजी खोते नहीं थे।

सब पक्षों के लोगों की बातें सहानुभूति से सुनने के और सब लोगों को राजी रखने के उनके स्वभाव के बारे में बिहार के स्नेहियों से मैंने काफी सुना था, जब ज़ाकिरसाहब बिहार के राज्यपाल थे।

गांधीजी के मन में ज़ाकिरसाहब के बारे में काफी आदर था, क्योंकि उनकी राष्ट्रीयता कभी भी साम्प्रदायिकता से मलिन नहीं हुई थी। और तो भी ज़ाकिरसाहब आदर्श-निष्ठा और व्यवहार का अच्छा समन्वय कर सकते थे। डॉ० ज़ाकिरसाहब जैसे थोड़े लोगों की ऐसी समन्वय-शक्ति देख कर मेरे मन में एक उपमा हमेशा जाग्रत होती है।

सब जानते हैं कि गांधीजी सत्य के उपासक होने से सौ प्रतिशत आदर्शवादी थे, लेकिन उनका आदर्श केवल तार्किक अथवा हवा में रहने वाला नहीं था। अनेक बार उन्होंने कहा है कि जो धर्म व्यवहार में मदद नहीं दे सकता, वह सचमुच धर्म ही नहीं है। आदर्श-व्यवहार ही धर्म की सच्ची कसौटी है।

अगर आदर्श को हम शुद्ध सुवर्ण की उपमा दें तो व्यवहार में आने वाले आदर्श को गिनी गोल्ड कहना चाहिए। आजकल की मक्कार दुनिया सुवर्ण की जगह पीले रंग का पीतल ही बहुत दफे आगे करके धोखा देना चाहती है। गिनी गोल्ड का ऐसा नहीं है। गिनी गोल्ड में अधिकांश तो सोना ही होता है। उसके अंदर व्यवहार-दृष्टि का मिलान करने से उसकी उपयोगिता घटती नहीं, बढ़ती ही

है। सब लोग जानते हैं कि गिनी गोल्ड की चमक असली सुवर्ण से ज्यादा अच्छी और तेज होती है, उसकी आवाज की खनक भी ज्यादा अच्छी होती है और सोने की मुहर की अपेक्षा गिनी की मुहर ज्यादा मजबूत और टिकाऊ भी होती है। सौ नंबर के सुवर्ण की मुहर जल्दी घिस जाती है। गिनी गोल्ड की कभी भी घिस नहीं पाती। सौ नंबर के सुवर्ण के चाहे हम जितने कायल रहें, दुनिया तो गिनी गोल्ड से ही काम लेती है और सफलता भी उसे उसी में मिलती है। सुवर्ण के नाम से पीतल को चलाने वालों की बात अलग है। गिनी गोल्ड का अंतिम आग्रह तो सुवर्ण का ही रहता है।

डॉ॰ ज़ाकिरसाहब की पूरी-पूरी राष्ट्रीयता देखकर मैं तो मुसलमान समाज के प्रति अपनी कृतज्ञता व्यक्त करूंगा कि उसने हमें ज़ाकिरसाहब के जैसे राष्ट्रपति दे दिये।

## शील और सज्जनता की मूर्त्ति

**रामधारी सिंह 'दिनकर'**

जब से गांधीजी ने बुनियादी तालीम का आन्दोलन आरम्भ किया, डॉ॰ ज़ाकिर हुसैन का नाम हम लोग ज्यादा सुनने लगे। बुनियादी तालीम के मामले में डॉ॰ ज़ाकिर हुसैन गांधीजी के खास सलाहकार थे। गांधीजी ने सूत्र के रूप में जो कुछ कहा था, ज़ाकिरसाहब ने उसकी व्याख्या इतनी सफाई से की कि वह नयी तालीम के नेता हो गये। उन दिनों ज़ाकिरसाहब के जो भी बयान अखबारों में आते थे, उन्हें हम लोग बड़े ही चाव से पढ़ते थे। उनके बयानों में दलीलें तो होती ही थीं, उनकी भाषा भी चुस्त और साफ होती थी और हम पर यह प्रभाव पड़ता था कि इस विचारक का चरित्र ठोस होगा, तभी उसकी उक्तियों में उलझन का नाम नहीं है।

ज़ाकिरसाहब से मेरी पहली मुलाकात भी बुनियादी तालीम संघ के जलसे में हुई थी, जो शायद 1948 या 49 ईस्वी में पटना के पास बिहटा या विक्रम में हुआ था। ज़ाकिरसाहब के भाषण की खूबी यह थी कि उनके वाक्य व्याकरण-सम्मत, सुलझे और साफ होते थे, मानों वे पहले से ही सजे-सजाये धरे रहे हों। मौलाना आजाद नबी या पैगम्बर के ठाट से बोलते थे, मगर वाक्यों की चुस्ती और सफाई वाला गुण उनमें भी था।

ज़ाकिरसाहब से मेरी दूसरी मुलाकात तब हुई, जब सन् 1952 में हम दोनों राज्य-सभा के सदस्य हुए–वह राष्ट्रपति के द्वारा नामित होकर और मैं कांग्रेस

दल के द्वारा चुना जाकर। राज्य-सभा के सदस्य ज़ाकिरसाहब पांच वर्ष रहे थे, किन्तु इस अरसे में मेरा उनके साथ कोई खास मेल-जोल नहीं बढ़ा। सभा में वह पिछली बेंच पर बैठते थे और सीधे अध्यक्ष की ओर ताकते रहते थे। अपनी पांच वर्ष की सदस्यता में उन्होंने सभा में कभी भी मुंह खोला हो, ऐसा मुझे याद नहीं आता है। वह बोलने वाले नहीं, सुनने वाले सदस्य थे। उनका विश्वास कर्म में था और जो कुछ जीवन में वह कर पाये थे, उससे वह भली-भांति भरे-पूरे और संतुष्ट थे।

संयोग ऐसा हुआ कि सन् 1957 ई० में ज़ाकिरसाहब बिहार के राज्यपाल नियुक्त हो गये। राज्यपाल का पद ऐसा है कि उस पर काम करने वाले आदमी को सीधी कार्रवाई नहीं करनी पड़ती। उसके पद का प्रभाव उसके मिलने-जुलने, ढब-ढांचे और तौर-तरीकों से आँका जाता है। बिहार में राज्यपाल डाक्टर ज़ाकिर हुसैन ने जो प्रभाव उत्पन्न किया, वह बेजोड़ था। अफसर उनके पास से उठना नहीं चाहते थे, क्योंकि ज़ाकिरसाहब केवल राजकाज की ही बातें नहीं करते थे, बल्कि ताजे और अनूठे विचार भी उनके मुख से झरते रहते थे, जिन्हें सुनने में अफसर गर्क हो जाते थे। यह गनीमत बात थी। अफसर तो मेधावी लोग ही बनते हैं, किन्तु सचिवालय के नीरस वातावरण में उन्हें विचारों की ताजगी बहुत कम मिल पाती है। इस ताजगी का मज़ा वे ज़ाकिरसाहब की संगति में लेते थे।

जिस साल राहुलजी को, शिवपूजन सहायजी को, जयप्रकाशजी तथा सुधांशुजी को एवं मुझे, भागलपुर विश्वविद्यालय ने डॉक्टरेट की उपाधि दी, उस साल के दीक्षान्त समारोह की अध्यक्षता, कुलाधिपति की हैसियत से, डॉ० ज़ाकिर हुसैन ने की थी। उस दिन सारे कार्यक्रम का संचालन ज़ाकिरसाहब ने शुद्ध हिन्दी में किया था। यह ध्यान खींचने वाली बात थी। जब समारोह समाप्त हुआ, मैंने ज़ाकिरसाहब को बधाई दी कि आपकी हिन्दी तो बिल्कुल पंडिताऊ है। आपने हिन्दी पर यह स्वामित्व कैसे प्राप्त किया? वह बोले, "आपको मालूम नहीं है। मैंने एक बार संस्कृत विश्वविद्यालय के दीक्षान्त समारोह का संचालन संस्कृत में किया था।" मेरे यह पूछने पर कि यह दुष्कर कार्य आपने कैसे किया, उन्होंने कहा, "यह काम मुश्किल कहाँ, बिल्कुल आसान है। मैं संस्कृत के वाक्य उर्दू में लिखकर उन्हें रट जाता हूँ और तब संस्कृत में सभा-संचालन करता हूँ।"

संसद के सम्मिलित सत्र में भी राष्ट्रपति की हैसियत से ज़ाकिरसाहब अपना भाषण पहले हिन्दी में पढ़ते थे और पीछे अंग्रेजी में। पिछली बार तो उन्होंने

अंग्रेजी का भाषण पढ़ा ही नहीं। यह काम उन्होंने उपराष्ट्रपति के जिम्मे लगा दिया था।

ज़ाकिरसाहब का अटल विश्वास था कि यह देश शिक्षा के क्षेत्र में तभी आगे बढ़ेगा जब अपनी सारी पढ़ाई और सारा चिन्तन वह अपनी भाषाओं में करे। लेकिन देश में ऐसे शिक्षा-शास्त्री आज भी मौजूद हैं जो माध्यम-परिवर्तन की बात को शंका से देखते हैं। दिल्ली में गुजराती साहित्य सम्मेलन का उद्घाटन करते हुए राष्ट्रपति डॉ॰ ज़ाकिर हुसैन ने इन्हीं शंकालु शिक्षा-शास्त्रियों को लक्ष्य करके कहा था, ''मुश्किलें कहाँ नहीं हैं? मगर खुदा के वास्ते आप माध्यम-परिवर्तन का काम तो शुरू कीजिये। धीरे-धीरे आपकी सारी मुश्किलें आसान हो जाएंगी।''

जैसे जवाहरलालजी का जीवन राजनीतिज्ञ का जीवन था, उसी प्रकार डॉ॰ ज़ाकिर हुसैन का जीवन शिक्षक और शिक्षा-शास्त्री का जीवन था। प्राथमिक से लेकर विश्वविद्यालय स्तर तक शिक्षा की जितनी भी समस्याएं हैं, ज़ाकिरसाहब को उन सबकी जानकारी थी, उन सबका प्रत्यक्ष ज्ञान था। शिक्षा के बारे में वह जो बात नहीं जानते थे, वह किसी के भी जानने लायक नहीं रही होगी, और शिक्षक होने पर उन्हें सबसे ज्यादा नाज भी था। सन् 1962 में जब वह उप-राष्ट्रपति चुने गये और अध्यक्ष की हैसियत से राज्य-सभा में पहले-पहल आये, सभी दलों के सदस्यों ने उनका अभिनन्दन खुले कंठ से किया। मुझे याद है कि जब वह अभिनन्दन का उत्तर देने को खड़े हुए, उन्होंने कहा, ''मेरा सत्कार असल में एक शिक्षक का सत्कार है। बधाईयां मुझे सभी तबकों के लोगों ने भेजी हैं, मगर मुझे इस बात की खास खुशी है कि सबसे ज्यादा बधाइयाँ शिक्षकों के यहाँ से आयी हैं। मैं यह सोच कर गौरव का अनुभव करता हूँ कि देश के असंख्य शिक्षक मुझे अपने में से एक समझते हैं।''

और राष्ट्रपति बनने के बाद उन्होंने राष्ट्र के नाम जो संदेश दिया था, उसमें भी उन्होंने अपने शिक्षक होने की बात का उल्लेख काफी गौरव के साथ किया था।

पंडित जवाहरलालजी के साथ मेरा अच्छा परिचय था। मुझे उन्होंने इस बात की खुली छूट दे रखी थी कि राज-काज के बारे में कच्ची-पक्की जो भी बातें मुझे सूझें, मैं उन्हें लिख दिया करूं। सो जब मौलाना आजाद का देहान्त हुआ, मैंने पंडितजी को एक गोपनीय पत्र लिखा कि संसद के बहुत से सदस्यों का ख्याल है कि स्वर्गीय मौलानासाहब के स्थान पर डॉ॰ ज़ाकिर हुसैन साहब

को शिक्षा-मंत्री नियुक्त किया जाय, क्योंकि शिक्षा के मामले में ज़ाकिर हुसैन साहब से ज़्यादा तैयार और कोई भी व्यक्ति नहीं है।

पंडितजी ने मेरे पत्र का कोई उत्तर नहीं दिया, न भेंट होने पर उस विषय की कोई चर्चा ही चलायी। पीछे अफवाह उड़ी कि ज़ाकिरसाहब से इस बारे में पूछताछ की गयी थी, किन्तु उन्होंने स्वास्थ्य कमजोर होने के कारण मंत्री बनने से इन्कार कर दिया है। मैं मन-ही-मन निराश हो गया। ज़ाकिरसाहब शैक्षणिक समस्याओं के सबसे बड़े विशेषज्ञ थे। उनके विचारों पर गांधीजी का पूरा प्रभाव था। मेरी प्रबल इच्छा थी कि एक बार उन्हें भारत का शिक्षा-मंत्री अवश्य बनना चाहिए। किन्तु यह जो होने लायक बात थी, होने से रह गयी। बाद में मेरी मुलाकात कर्नल ज़ैदी से हुई और उनसे मैंने पूछा कि ज़ाकिरसाहब ने शिक्षा-मंत्री बनने से इन्कार क्यों कर दिया? ज़ैदीसाहब मुझे एकान्त में ले गये और बोले, ''यही बात मैंने ज़ाकिरसाहब से पूछी थी। उन्होंने कहा कि 'मुझसे तो ऐसा प्रस्ताव किसी ने कभी किया ही नहीं, और अगर पंडितजी की बात हो तो मौलाना की मृत्यु के बाद मैं तो पंडितजी के पास ही था। उन्होंने ऐसा कोई भी इशारा मुझे नहीं किया।''

अपने देश की जो स्थिति है, उसमें उस व्यक्ति की पूजा की जानी चाहिए, जो आज भी गांधीजी की राह पर हैं। राष्ट्रपति डॉ॰ ज़ाकिर हुसैन सच्चे अर्थों में गांधीवादी थे। हिन्दु-मुस्लिम-एकता का भाव उनके भीतर कूट-कूट कर भरा हुआ था। विषम-से-विषम परिस्थिति में भी एकता के प्रति उनकी आस्था अडिग रहीं। सच तो यह है कि उनके चरित्र में सम्राट् के पद पर आसीन हुए, उन दिनों श्रृंगेरी के शंकराचार्य दिल्ली में ही विराजमान थे। राष्ट्रपति डॉ॰ ज़ाकिर हुसैन उनकी सेवा में उपस्थित हुए और स्वामीजी से उन्होंने आशीर्वाद प्राप्त किया। इसे ही मैं अकबरी गुणों का स्पर्श कहता हूँ।

ज़ाकिरसाहब गांधीवादी थे, देशभक्त थे, बेजोड़ शिक्षा-शास्त्री और विद्वान् थे। लेकिन इन सबसे बढ़कर वह सभी दृष्टियों से भलेमानस और सज्जन पुरुष थे। उन्होंने अनेक ओहदों पर काम किया, लेकिन उनको लेकर कभी कोई विवाद खड़ा नहीं हुआ। अलीगढ़ के मुस्लिम विश्वविद्यालय के उपकुलपति वह काफी दिनों तक रहे थे, लेकिन उनके समस्त कार्य-काल में एक भी मौका ऐसा नहीं आया जब कोई निर्णय सर्व-सम्मति से न हुआ हो।

उनका चरित्र साधु का चरित्र था। दुखियों का दुःख बंटाने में उन्हें संतोष मिलता था। वह एक आदमी को बड़ा और दूसरे को छोटा नहीं समझते थे।

जब मैं अपने जीवन की सब से बड़ी विपत्ति पुत्र-शोक में पड़ा, राष्ट्रपति डॉ॰ ज़ाकिर हुसैन दिल्ली में मुझ अपदार्थ के घर आये थे। मैं जब तक नमस्कार करूं तब तक उन्होंने मुझे आने आलिंगन में बांध लिया और बोले, "भाई दिनकर, कुछ भी कहने-सुनने नहीं आया हूँ। यह भी परमात्मा की देन है और उसी रूप में इसे बर्दाश्त करना है।"

मेरी जो घनिष्ठता राजेन्द्रबाबू और डॉ॰ राधाकृष्णन के साथ बढ़ी थी, वह घनिष्ठता डॉ॰ ज़ाकिर हुसैन के साथ नहीं हो सकी। फिर भी मैं ज़ाकिरसाहब का इतना विश्वास करता था कि अपनी गुप्त-से-गुप्त कठिनाई भी उनके सामने खोल कर रख सकता था। मेरा ख्याल है, देश में ऐसे अनेक व्यक्ति होंगे जो घनिष्ट न होने पर भी डॉ॰ ज़ाकिर हुसैन का ऐसा ही विश्वास करते होंगे। वह शील की प्रतिमा और सज्जनता की मूर्त्ति थे।

## आदर्श शिक्षक

**–के॰के॰ शाह**

*(केन्द्रीय स्वास्थ्य, परिवार नियोजन, निर्माण-आवास एवं नगरीय विकास मन्त्री)*

डॉ॰ ज़ाकिर हुसैन के साथ मेरा वर्षों पुराना सम्बन्ध था। वह शिक्षा के क्षेत्र में सक्रिय रूप से रुचि लेते थे। मेरे लिए वह आदर्श शिक्षक और दार्शनिक के मूर्तिमान स्वरूप थे। शिक्षा के क्षेत्र में काम करने के साथ-ही-साथ उन्होंने विदेशी दासता से मुक्ति पाने के महान् राष्ट्रीय संघर्ष में भी भाग लिया, क्योंकि विदेशी प्रभुत्व के कारण शिक्षा और संस्कृति के क्षेत्रों में बहुत हानि हुई थी। देशवासी ऐसी शिक्षा चाहते थे, जिसका मूल भारत की समृद्ध सांस्कृतिक और आध्यात्मिक परम्परा में निहित हो और साथ ही वह वर्तमान काल की आवश्यकताओं के अनुरूप भी हो। डॉ॰ ज़ाकिर हुसैन की शिक्षा-योजना, जो बाद में वर्धा-योजना कहलाई, गांधीवादी आदर्शों को क्रियात्मक रूप देने की दिशा में साहसिक परीक्षण था। उन्होंने जामिया मिलिया में इस परीक्षण पर अमल किया और दिखाया कि यह शिक्षा-योजना व्यावहारिक है।

डॉ॰ ज़ाकिर हुसैन के उप-राष्ट्रपति और राष्ट्रपति बनने पर मुझे उनके निकट परिचय में आने का सौभाग्य प्राप्त हुआ। इस दौरान मुझे उनके महान जीवन के विभिन्न पहलुओं को समझने का अवसर मिला। उनमें राष्ट्रीयता, दूरदर्शिता,

गरीबों और पद-दलितों के प्रति हार्दिक सहानुभूति और उदार दृष्टिकोण का अनुपम समन्वय था।

शिक्षा और राजनीति के अलावा साहित्य और ललित कलाओं में भी उनकी बहुत दिलचस्पी थी। साहित्य और ललित कलाओं के प्रायः प्रत्येक क्षेत्र में उनकी गहरी अभिरुचि थी। उप-राष्ट्रपति और राष्ट्रपति की हैसियत से उन्होंने ललित कलाओं के प्रोत्साहन और सम्बर्धन के लिए महान प्रयत्न किया। इसलिए यह उचित ही है कि चित्रकला संगम डॉ० ज़ाकिर हुसैन की स्मृति में ग्रन्थ प्रकाशित कर रहा है। मैं इस सत्प्रयत्न की हृदय से सफलता चाहता हूँ।

## स्वतन्त्रता-संग्राम के प्रमुख सेनानी

**–त्रिगुण सेन**

*(केन्द्रीय पैट्रोलियम तथा रसायन और खान तथा धातु मन्त्री)*

स्वर्गीय डॉ० ज़ाकिर हुसैन साहब भारत के स्वतन्त्रता-संग्राम के 'असहयोग आन्दोलन' के प्रमुख सेनानियों में से थे। अलीगढ़ के एम० ए० ओ० कालेज से शिक्षा समाप्ति के उपरान्त राष्ट्रीय नवजागरण को सांस्कृतिक धरातल शिक्षा के प्रसार हेतु ज़ाकिरसाहब ने जामिया मिलिया को जन्म दिया। विदेशों में रहकर अन्तर्राष्ट्रीय ख्यातिप्राप्त श्री वर्नरसोम्बार्त जैसे इतिहासवादी अर्थशास्त्री का शिष्यत्व ग्रहण करने के पश्चात् स्वदेश लौटने पर जामिया मिलिया में सौ रुपये मासिक पर अध्यापन-कार्य किया। 29 वर्ष की अल्पायु में जामिया मिलिया के ही उप-कुलपति के पद पर आसीन हुए। यह सब उनकी चहुँमुखी प्रतिभा और विलक्षण बुद्धि का परिचायक था।

डॉ० साहब ने भारतीय बौद्धिकता के विकास के लिए अंग्रेजी के स्थान पर भारतीय भाषाओं को प्रतिष्ठित करने पर बल दिया। यही कारण हो सकता है, जिसकी वजह से राष्ट्रपिता गांधीजी ने अपने बुनियादी तालीम के विचार को साकार करने के लिए जो समिति बनाई थी, उसकी अध्यक्षता डॉ० ज़ाकिर हुसैन साहब को ही सौंपी गई थी।

एक अध्यापक से राष्ट्रपति के पद तक पहुँचने वाले डॉ० ज़ाकिर हुसैन साहब ने अपने जीवन और व्यक्तित्व को सोद्देश्य और लक्ष्य प्रप्ति हेतु अर्पित कर दिया। राष्ट्रपति पद ग्रहण करने पर डॉ० साहब ने कहा था, "भारतवर्ष

मेरा घर है और मैं इसका चुना हुआ मुखिया। अतः मैं ईमानदारी से इस कुटुम्ब की उन्नति और मजबूती और खुशहाली के लिए भरसक काम करूंगा।''

अपने जीवन के अन्तिम क्षण तक उन्होंने राष्ट्र की सेवा में अपने को रत रखा। उनके निधन के साथ ही गांधी-युग का एक अन्य विशिष्ट व्यक्तित्व वर्त्तमान के मंच से हट कर अतीत का अंग बन गया।

जाने वाला तो चला जाता है, पर अपने पीछे स्मृतियों का एक पूरा संसार छोड़ जाता है। डॉ॰ साहब तो चले गये, लेकिन अपने पीछे स्मृतियों का एक पूरा संसार छोड़ गये हैं, जिन्हें हम सबको चिरस्मरणीय करना है। उनको सर्वोत्तम-श्रद्धांजलि यही हो सकती है कि हम उनके बनाए हुए सिद्धान्तों को अपनाएं, तभी राष्ट्र विशाल और समृद्धशाली बन सकेगा।

## गांधीवाद के प्रतीक

**–ललिता लाल बहादुर शास्त्री**

इंसान चला जाता है, मगर उसकी याद बनी रह जाती है। कुछ ऐसे महान लोग होते हैं, जिनके न रहने के बाद भी लागे उनके नाम को श्रद्धा से याद करते हैं और उनके गुणो को तथा विचारों को अपने जीवन का लक्ष्य बनाकर अपने जीवन का रास्ता बनाते हैं। संसार का यह नियम आज से नहीं, पता नहीं कब से योंही चला आ रहा है। डॉ॰ ज़ाकिर हुसैन का नाम इसी श्रेणी के लोगों में आता है। वह आज हम लोगों के बीच नहीं हैं, लेकिन उनके विचार और आदर्श हमारे सामने हैं, जो निरन्तर उनकी याद को ताजा बनाये रखते हैं।

मेरी मुलाकात ज़ाकिरसाहब से सबसे पहले उस समय हुई, जब मैं शास्त्रीजी के साथ पटना गई थी। उन दिनों वह बिहार के गवर्नर थे। जिस समय मैंने उन्हें देखा, वह मुझे एक सरल, सहज और विनम्र इन्सान लगे। ऐसा महसूस हुआ कि यह इन्सान सांसारिक रस्मों और रिवाजों से ऊपर है और मैं उनके व्यक्तित्व से प्रभावित हुई। उसके बाद वह तब मेरे सामने आये जब मेरे सुख का संसार उजड़ चुका था। उस समय उन्होंने सहानुभूति के शब्दों में मुझ से कहा, ''आप मुझे अपना भाई समझें और जो भी खिदमत मेरे लायक हो, बतायें। मैं हमेशा आपका हुक्म बजा लाऊँगा।'' उस समय ऐसा लगा जैसे सचमुच मेरे बड़े भाई मेरे सामने हैं। उस वक्त वह उप-राष्ट्रपति थे, बाद में राष्ट्र के राष्ट्रपति बने,

लेकिन उनका व्यवहार और सम्बन्ध शास्त्रीजी के परिवार के साथ सदा सहानुभूति-पूर्ण रहा।

ज़ाकिरसाहब मूलत: धार्मिक इन्सान थे, लेकिन उनका विश्वास उस धर्म से सम्बन्धित था, जिसे हम इन्सानियत के नाम से कह सकते हैं। वह अपने धर्म में विश्वास रखते थे, लेकिन उनकी दृष्टि व्यापक थी। अत: सब धर्म उनके लिए एक समान थे। वह कोई भेद-भाव नहीं रखते थे। उनके लिए धर्म का अर्थ था, वे उच्च आदर्श, जो इन्सान की आत्मा को बुलन्द बनाते हैं। उनकी आन्तरिक इच्छा रही, कि देश एक ऐसा खुशनुमा बाग हो, जिसमें हर धर्म के फूल खिलें और उसकी मिली-जुली महक सारे देश को एकता और प्रेम में भिगो दे। वह "वसुधैव कुटुम्बकम्" के सिद्धान्त में विश्वास रखते थे। उनका सबसे बड़ा गुण उनकी विनम्रता थी। राष्ट्र के इतने बड़े पद पर आसीन होकर भी उन्हें कभी अभिमान नहीं हुआ। जो भी उनसे मिलता था, कभी भी उसे यह आभास नहीं होने देते थे कि वह उनसे छोटा है। यह विनम्रता उनकी रग-रग में व्याप्त थी। वह सही माने में गांधीवाद के प्रतीक थे।

वह अपने पीछे अपने महान गुणों को छोड़ गये हैं। उन्हें ही अपनाकर हम उनके प्रति सच्ची श्रद्धांजलि अर्पित कर सकते हैं।

## Great Creative Thinker

**—K.C. Pant**
*(Minister of State for Steel & Heavy Engineering)*

"The whole of Bharat is my home and its people my family," said Dr. Zakir Husain in his first address to the Nation after assuming office as the President of India. These words are still ringing in our ears, and serve as a beacon-light in an year which saw cases of violence, regional and communal, taking place in many parts of our country in the Gandhi Centenary Year.

Zakir Saheb was first and foremost a teacher and he always felt proud of being called so. He was an outstanding educationist with deep insight into the problems of academic life, both inside and outside the campus. He had always considered education as "prime instrument of national purpose" and the quality of education, he felt, is inescapably involved in the quality of the nation. He was a true nationalist, always ready to serve and sacrifice for the nation. His life is full of glorious examples of true dedication and devotion to public duty. His was a many-sides personality, but above all, no one who came in contact with him could have failed to notice in him a "gentlemen" in the true sense of the word. In his death, we lost an ardent nationalist, a lover of nature and a great creative thinker.

I pay my humble tributes to the sacred memory of this great son of India.

## धर्म-निरपेक्ष भारत के सच्चे प्रतीक

**—कर्ण सिंह**

*(केन्द्रीय पर्यटन तथा नागर विमानन मंत्री)*

मुझे यह जानकर खुशी हुई कि 'चित्र कला संगम' स्व० डॉ० ज़ाकिर हुसैन के सम्मान मे एक संस्मरणात्मक ग्रन्थ प्रकाशित करने जा रहा है। शिक्षा के क्षेत्र में ज़ाकिरसाहब ने जो अहम भाग अदा किया वह सर्वविदित ही है। अत: उसकी चर्चा करने की जरूरत नहीं। उन्होंने सादा जीवन और उच्च विचार का एक उदाहरण पेश किया तथा अपने जीवन में आदर्श को आचरण में उतार कर बहुत ही अनुकरणीय सबक सिखाया। वह धर्म-निरपेक्ष भारत के एक सच्चे प्रतीक थे। दिलोदिमाग की खूबियों और गहन पाण्डित्य व शराफत की वजह से वह देशवासियों के अज़ीज हो गये, साथ ही उन्होंने राष्ट्रपति पद की शान को बढ़ाया।

इस संस्मरणात्मक ग्रन्थ के साथ अपने आपको सम्बन्धित करना मैं एक विशेषाधिकार मानता हूँ और करोड़ों देशवासियों के साथ उनको श्रद्धांजलि अर्पित करता हूँ।

## सीख

मैं हैदराबाद में पैदा हुआ। पिता प्रसिद्ध वकील थे। उनकी वकालत खूब चलती थी। मेरी मां धार्मिक विचारों की थीं। हम सात भाई थे। सब पर मां एक जैसी दृष्टि रखतीं। मेरी प्रारम्भ की पढ़ाई हैदराबाद में ही हुई। वे दिन

आज भी मुझे अच्छी तरह याद हैं। समय ने पलटा खाया। पिताजी लम्बी बीमारी के बाद चल बसे। उनकी मृत्यु के बाद हम सभी अपने पूर्वजों के स्थान कायमगंज आ गये। उन दिनों कायमगंज में कोई स्कूल नहीं था। मां ने मेरी पढ़ाई के लिए एक मामूली शिक्षक रख दिया था। मैं उस समय आठ-नौ साल का था। कायमगंज में हमें किसी चीज की कमी नहीं थी। पर कभी-कभी मेरी मां सूने में जोरों से रो पड़ती। साथ की औरतें भी रोने लगतीं। उन्हें पिताजी की याद आ जाती थी। रोना मैं भी चाहता, पर मेरे आंसू नहीं आते थे।

मां बहुत पढ़ी-लिखी तो नहीं थीं, पर थीं बहुत समझदार। उन्होंने देखा कि हमारी पढ़ाई कायमगंज में ठीक-ठीक नहीं चल रही है। उन्होंने मुझे इटावा भेज दिया। इटावा में ही मैंने स्कूली परीक्षाएं उत्तीर्ण कीं। उन दिनों हाईस्कूल स्कॉलरशिप की परीक्षा होती थी। मुझे उस परीक्षा में बैठने के लिए आगरा जाना पड़ा। कड़े-से-कड़ा परिश्रम करने वाले छात्र ही इस परीक्षा में बैठ सकते थे। मैं आगरा पहुंच कर अपनी पढ़ाई में पहले की ही तरह जुट गया।

उन्हीं दिनों कायमगंज में प्लेग का भयंकर प्रकोप हुआ। लोग धड़ाधड़ मरने लगे। मेरे घर की सभी औरतें मर गयीं। घर में कोई आदमी नहीं था। मेरा एक छोटा भाई और मेरी प्यारी मां भी इसकी लपेट में आ गये। उन दिनों मैं आगरे में परीक्षा दे रहा था। मुझे उस समय गांव वालों ने ऐसी कोई खबर नहीं दी। मैं पढ़ाई में डटा रहा।

घर पर खबर देकर मैं परीक्षा के बाद कायमगंज लौटा। घर से मेरे लिए इस बार कोई छकड़ा भी नहीं आया। घर स्टेशन से काफी दूर था। पैदल चलकर ही गांव पहुंचा। रास्ते में सब कुछ उजाड़ था। पूरा कायमगंज सुनसान लग रहा था। कहीं-कहीं से चीख मारकर रोने की आवाज भी सुनायी पड़ रही थी। घर आने पर सभी दरवाजे बंद मिले। मैं चौंक उठा। तभी एक बूढ़ा व्यक्ति मेरे पास आया। मुझे उसने सारी बातें बतायीं। उसकी आँखें गीली थीं। मेरे सिर से मां की छाया उठ गयी थी। मैंने अपने को असहाय पाया। जब वह जीवित थीं तो हम सभी भाई निश्ंचित थे। सब काम अकेली मां ही करती थीं। लेकिन अब किस पर छोड़ा जा सकता था! तभी से हम सभी भाईयों ने अपने पैरों पर खड़ा होना सीखा। मेरी मां जब-तब प्यार से कहा करती थीं, "अपने आप काम करो, पुरखों का नाम करो।" वह घटना मुझे आज भी बल देती हैं।

## महान नेता और पथ-प्रदर्शक

**–भक्त दर्शन**
*(केन्द्रीय राज्य मंत्री, शिक्षा मंत्रालय)*

स्वर्गीय ज़ाकिर हुसैन साहब एक महान नेता, प्रशासक और प्रगाढ़ शिक्षाशास्त्री थे। उनका पूरा जीवन राष्ट्र-सेवा के लिए समर्पित था। भारतीय स्वातंत्र्य-संग्राम में उन्होंने जो महत्त्वपूर्ण भूमिका निभाई और शिक्षा-शास्त्री के रूप में जो आदर्श हमारे सामने रखे तथा भारतीय गणतन्त्र के एक आदर्श राष्ट्रपति के रूप में इस स्वतन्त्र राष्ट्र की जो सेवाएँ कीं, उसके लिए वह हमारे बीच सदा-सदा के लिए अमर हैं।

इस महान नेता और पथप्रदर्शक के प्रति आपके साथ ही मैं भी अपनी श्रद्धांजलि अर्पित करता हूँ और इस आयोजन की हृदय से सफलता चाहता हूँ।

## उनका अविस्मरणीय उदाहरण

**–शेर सिंह**
*(केन्द्रीय राज्य मंत्री, सूचना और प्रसारण मंत्रालय)*

यह जानकर बहुत हर्ष हुआ कि आप स्वर्गीय डॉक्टर ज़ाकिर हुसैन जी से सम्बन्धित संस्मरणों का संग्रह प्रकाशित करने जा रहे हैं। यह बहुत ही उचित और समयानुकूल विचार है और इसकी सफलता निश्चित हैं। डॉ॰ ज़ाकिर हुसैनजी हमारे देश की उन विभूतियों में से थे, जिन्होंने हमारे देश और समाज को ठीक दिशा में चलाने का प्रयत्न किया था। उन्होंने बड़ी नम्रता तथा आत्मविश्वास के साथ शिक्षा के क्षेत्र में कार्य किया और उसी का यह परिणाम हुआ कि भारत की कृतज्ञ जनता ने उन्हें राष्ट्रपति के सर्वोच्च पद पर निर्वाचित करके स्वयं अपने को गौरवान्वित किया था। उन्हें जिस पद पर भी नियुक्त किया गया अथवा निर्वाचित किया गया, उस पर उन्होंने बहुत ही योग्यता के साथ अपने कर्तव्य का संपादन किया। यह हम सबके लिए बड़े दुर्भाग्य की बात है कि वह पूरे कार्यकाल तक राष्ट्रपति के पद से भारत की सेवा नहीं कर सके। फिर भी उन्होंने हम सबके लिए जो उदाहरण छोड़ा है, वह अविस्मरणीय है और अनेक युगों तक भारतवासियों को अनुप्राणित करता रहेगा।

मुझे विश्वास है कि इस संस्मरण-संग्रह के प्रकाशित होने से जहाँ उनकी जीवनी और उनके कार्यों पर प्रचुर प्रकाश पड़ेगा, वहां सभी पाठकों को अपने कर्त्तव्य-पालन करने के लिए नई प्रेरणा भी मिलेगी।

मैं आपके आयोजन की पूर्ण सफलता के लिए एक बार फिर अपनी मंगल कामनाएं अंकित करता हूँ।

## सच्चे लोकतंत्रवादी और विशाल-हृदय मानव

**अटल बिहारी वाजपेयी**

डॉ॰ ज़ाकिर हुसैन को निकट से देखने का मुझे उस समय अवसर मिला जब वह उप-राष्ट्रपति के नाते राज्य-सभा के अध्यक्ष बने। एक शिक्षा-शास्त्री के रूप में ज़ाकिरसाहब पहले ही ख्याति अर्जित कर चुके थे, अब उप-राष्ट्रपति के पद पर उन्हें अपने दायित्व का निर्वाह करना था।

राज्य-सभा में अनेक अवसर ऐसे उपस्थित होते थे जब किसी भी अध्यक्ष के लिए अपने धैर्य को कायम रखना एक कठिन बात थी, किन्तु ज़ाकिरसाहब उत्तेजना को वश में करके सदैव ही स्थिति को नियंत्रण में लाने में सफल होते थे। फिर भी मुझे लगता था कि उन जैसे भले आदमी के लिए राज्य-सभा की अध्यक्षता कोई बड़ा मन-पसन्द काम नहीं था। उनका सारा जीवन अध्ययन और अध्यापन में बीता था। उन्हें फूलों, पत्थरों और सबसे बढ़कर इंसानों से प्यार था। वे जिस किसी के सम्पर्क में आते, उस पर अपने बड़प्पन की छाप डालने में कामयाब होते। सदन में और उसके बाहर उनका व्यवहार सदैव ही सरल, स्नेहपूर्ण तथा आत्मीयता से भरा हुआ होता था। अभियान उन्हें छू तक नहीं गया था। राष्ट्रपति भवन में पहुंचकर भी वह अपनी सादगी तथा सरलता को बनाये रखने में सफल हुए।

डॉ॰ ज़ाकिर हुसैन को भारत का राष्ट्रपति निर्वाचित करके देश ने उन्हें सबसे बड़े सम्मान के पद पर प्रतिष्ठित किया था। चुनाव में मेरे दल ने और मैंने उनका डटकर विरोध किया था, उनके खिलाफ कुछ अप्रिय बातें भी कही गई थीं, किन्तु उन्होंने कभी उन बातों को मन में नहीं रखा और न इस बात का ख्याल किया कि हम चुनाव में उनके विरोधी थे। एक बार राष्ट्रपति चुन जाने के बाद वह स्वयं को सम्पूर्ण देश का समझते थे और हर व्यक्ति और दल के प्रति अपनेपन का भाव रखते थे। इस दृष्टि से डॉ॰ ज़ाकिर हुसैन को सच्चा लोकतंत्रवादी तथा विशाल-हृदय मानव कहा जा सकता है।

राष्ट्रपति के रूप में उनसे मुझे कई बार मिलने का मौका मिला था। संविधान की मर्यादा उन्हें मुँह खोलने से रोकती थी, किन्तु उनके स्वर, हावभाव तथा संकेतों से कई बार मुझे यह लगा कि ज़ाकिरसाहब राष्ट्रपति भवन में प्रसन्न नहीं हैं। संभव

है, उस प्रासाद में बैठकर भी वह उन झोपड़ियों का सपना देखते हों, जिनमें रहने वाले बच्चे बुनियादी तालीम से वंचित रह जाते हैं।

ज़ाकिरसाहब बोलने में कम और काम करने में ज़्यादा विश्वास करते थे। जब कभी उन्हें जनता को सम्बोधित करने का मौका मिलता तो वह यही कहा करते थे कि बिना मेहनत के कोई देश आगे नहीं बढ़ सकता। उन्हें लम्बे-लम्बे भाषण देने की आदत नहीं थी। थोड़े से शब्दों में अपनी बात किसी के गले के नीचे उतारना उन्हें अच्छी तरह आता था। मज़ाक-मज़ाक में वह ऐसी बात कह जाते, जो दिल को छू जाती और ढेरों उपदेशों का काम करने में कामयाब होती।

ज़ाकिरसाहब की अचानक मृत्यु से राष्ट्र-जीवन में जो रिक्तता आई थी वह संवैधानिक दृष्टि से भर गई, किन्तु कभी-कभी यह विचार आता है कि यदि ज़ाकिरसाहब बने रहते तो न तो कांग्रेस बंटती और न अनुशासनहीनता का अध्याय आरम्भ होता। आज जबकि देश संक्रमण के काल में से गुजर रहा है, डॉ० ज़ाकिर हुसैन का इंसानियत, भलमनसाहत तथा मेहनत का आदर्श हमारा सदैव मार्गदर्शन करता रहेगा।

## धर्मनिरपेक्षता के प्रतीक

**–प्रकाशवीर शास्त्री**

मुझे डॉ० ज़ाकिर हुसैन के निकट सम्पर्क में रहकर कार्य करने का अवसर तो नहीं मिला, परन्तु दूर से मैं उनकी गतिविधियों और विचारों से बराबर प्रेरणा प्राप्त करता रहा हूँ। सबसे पहले मुझे उनके विचारों को निकट से 1961 में दिल्ली में हुई राष्ट्रीय एकता परिषद् में सुनने का अवसर मिला। मैं भी परिषद् में तत्कालीन प्रधानमंत्री श्री जवाहरलाल नेहरू द्वारा मनोनीत एक सदस्य के रूप में सम्मिलित हुआ था। देश के सभी सम्प्रदायों और वर्गों में कैसे एकता बढ़ सकती है, इस विषय पर चर्चा चल रही थी। उस समय ज़ाकिरसाहब बिहार के राज्यपाल थे। वहीं से वह इस परिषद् में भाग लेने आये थे। अपने भाषण में जब उन्होंने यह कहा कि मौलाना आज़ाद जैसी हस्ती को भी संसद में निर्वाचित करने के लिए जब रामपुर और गुड़गांवा के मुस्लिम बहुल क्षेत्र ही खोजने पड़ते हैं, तब कैसे माना जाय कि यह देश एकता की ओर बढ़ रहा है? क्यों नहीं, हिन्द बहुल क्षेत्रों से उन्हें निर्वाचित कर एक आदर्श उपस्थित किया गया।

मजहब के तंग दायरों से वह बहुत ऊपर उठे हुए थे। यों अपने जीवन में वह एक कट्टर धार्मिक स्वभाव के व्यक्ति थे, परन्तु इसका यह अभिप्राय कदापि नहीं था, कि

वह दूसरों के धर्म और मतों से नाक-भों सिकोड़ें। राष्ट्रपति बनने पर दिल्ली के रामलीला मैदान में जब राम-लक्ष्मण का तिलक करने के लिए उन्हें आमन्त्रित किया गया तो वह उसी उत्साह से गये जैसे किसी मुस्लिम समारोह में सम्मिलित होते थे। कुछ मुस्लिम अखबारों ने उनके इस व्यवहार पर टीका-टिप्पणी भी की। परन्तु उन्होंने हंसते हुए यही कहा, ''ये नादान यह क्यों भूल जाते हैं कि मैं भारत का राष्ट्रपति हूँ?''

राष्ट्रपति बनने के बाद भी ज़ाकिरसाहब ने अपनी सरलता और सादगी ज्यों-की-त्यों बनाये रखी। छोटे-से-छोटे व्यक्ति भी जब उनसे मिलने जाते थे तब उसे छोड़ने के लिए वह दरवाजे तक आते थे। कभी-कभी तो दरवाजे की चटकनी भी स्वयं खोलने लगते थे। बड़ी शर्म-सी महसूस होती थी उस समय, जब वह अपने इस व्यवहार का बोझ दूसरों पर लादते थे। कई बार मेरे जैसे व्यक्ति जब उनसे कहते, आप इतनी अधिक शिष्टाचार की मर्यादा क्यों लांघते हैं? तब वह कहते, आदतें जिन्दगी भर मुझे आगे बढ़ाने में मदद देती रही हैं, उन्हें राष्ट्रपति भवन में आकर कैसे छोड़ूं।'' पर विधाता ने राष्ट्रपति भवन छोड़कर आराम से घर जाकर रहने की उनकी इच्छा पूरी न होने दी और सरलता, सादगी तथा धर्मनिरपेक्षता का वह प्रतीक समय से पहले ही विदा लेकर इस दुनिया से चला गया। शयाद इसलिए भी कि उनके जाने के बाद जो हालात तेज़ी से बिगड़ रहे हैं, उन्हें देखकर उनको और भी ज़्यादा तकलीफ होती।

I welcome your proposal for bronze statue and publication of a commemoration volume in honour of late Dr. Zakir Husain.

I congratulate your institution upon your commendable decision and wish it the best of success.

—**Uma Shankar Dikshit**
(M.P.)
*8, Dr. Rajendra Prasad Road,*
*New Delhi.*

मुझे यह जान कर बड़ी प्रसन्नता हुई कि चित्र कला संगम ज़ाकिरसाहब की प्रतिमा माननीय राष्ट्रपति को भेंट कर रहा है। ज़ाकिरसाहब जैसे योग्य और लगनशील नेता को हम जितना याद रखें, देश के लिए लाभदायक है। मेरी इस भले कार्य के लिए शुभकामनाएँ स्वीकार करें।

**–सुचेता कृपलानी**
(संसद-सदस्य)
7, त्यागराजा मार्ग, नई दिल्ली.

## अंतःकरण पर अंकित वे यादें

–श्री चन्द्र छाबड़ा
(अध्यक्ष, नई दिल्ली म्यूनिसिपल कमेटी)

डॉ॰ ज़ाकिर हुसैन का व्यक्तित्व इतना महान था कि वह जिसके सम्पर्क में भी एक बार आते थे, उसके हृदय पर अपनी अमिट छाप छोड़ देते थे।

जीवन में कुछ पल ऐसे भी आते हैं, जो कभी भूले नहीं जा सकते। अन्तःकरण पर अंकित ये यादें काल की गति के साथ भी बिसर नहीं पातीं। याद आते ही ये स्मृतियां मन में फूलों के समान महकने लगती हैं। मन की गहराइयों में सतत प्रज्ज्वलित रहकर ये यादें जीवन को सदा प्रकाशित करती हैं। आज डॉ॰ ज़ाकिर हुसैन का ध्यान आते ही उस समय की स्मृतियां मेरे मन में ताज़ा हो उठी हैं और उनके साथ बीते ऐसे ही कुछ क्षण आज आँखों के सामने मंडराने लगे हैं।

वैसे तो कई बार मुझे उनसे मिलने का अवसर मिला, किन्तु राष्ट्रपति-भवन के उनके कक्ष में एक बैठक में हुई मुलाकात भुलाये नहीं भूलती। उस बैठक में उन्होंने एक पब्लिक स्कूल के छोटे-छोटे बच्चों द्वारा गाये गये सामूहिक राष्ट्रगीत का मनोहारी वर्णन किया। मुझे ऐसा अनुभव हुआ कि राष्ट्रपति महोदय पर बच्चों के सामूहिक राष्ट्रगान का बड़ा मार्मिक प्रभाव पड़ा है। मैंने वहीं अपने मन में संकल्प किया कि हम भी पालिका के स्कूल के नन्हें-मुन्हें बच्चों को सामूहिक राष्ट्रगान का प्रशिक्षण देंगे।

वह महान् अवसर 25 अक्तूबर, 1968 को आया, जबकि हमने डॉ॰ ज़ाकिर हुसैन को बच्चों के बीच लोदी गार्डन में पाया। उन्होंने अत्यन्त व्यस्त होते हुए भी तत्काल हमारी प्रार्थना को स्वीकार कर हमें अनुग्रहीत किया। लोदी गार्डन में रंग-बिरंगी पोशाकें पहने नन्हीं-मुन्हीं कलियां थिरक रही थीं। अजीब समां बंधा था। डॉ॰ ज़ाकिर हुसैन कितने प्रफुल्ल थे, उनके मुख की मधुर मुस्कान से यह स्पष्ट था।

डॉ॰ ज़ाकिर हुसैन बोलते कम थे, किन्तु कार्य पर अधिक विश्वास करते थे। लोदी गार्डन का वह दृश्य अब भी आंखों के सामने घूम रहा है जब बच्चों ने राष्ट्रीय गीत गाया तो वह पहले स्वयं खड़े हुए तथा अन्य लोगों से भी खड़े होने का अनुरोध किया। उनके व्यक्तित्व का कितना गहन प्रभाव उपस्थित समुदाय पर पड़ा, भुलाये नहीं भूलता। बच्चों ने जब पास्ट-मार्च (पथ-संचालन) किया तो ज़ाकिर हुसैन साहब मंच से नीचे उतर कर आगे बढ़े। उनकी उस समय की क्रियाशीलता एवं सजगता दर्शनीय थी।

भारत जैसे विशाल देश के महान् राष्ट्रपति एवं प्रथम नागरिक होते हुए भी वह अपने आपको साधारण नागरिक से अधिक नहीं समझते थे। उनका यह कथन कि पूरा भारत मेरा घर है और इसके सब निवासी मेरे परिवार के सदस्य हैं, कितना महान् अपनापन छिपाये हुए है। मनुष्यमात्र के लिए असीम करुणा, समाज के शोषित वर्ग के लिए अपार सहानुभूति उनके जीवन का स्थायीभाव था। शिक्षा के सम्बन्ध में उन्होंने क्रांतिकारी प्रयत्न किये थे और शिक्षकों तथा छात्रों से निकट सम्पर्क होने के कारण उनके लिए उनके हृदय का प्यार उमड़ पड़ता था।

छोटी-से-छोटी बात को भी उन्होंने महान् महत्त्व दिया। लोदी गार्डन में छोटे-छोटे बच्चों से हँस-हँस कर बातें कीं, उन्हें पुष्पहार पहनाये। एक छोटे-से बालक को, जो उनकी ओर आने से झिझक रहा था, उन्होंने लपक कर अपनी गोद में उठा लिया, उस बच्चे पर उन्होंने प्यार की ऐसी वर्षा की कि हम सब भाव-विभोर हो उठे। बच्चे का मन-सुमन खिल उठा, मानों उसे एक बड़ा खज़ाना मिल गया हो।

भारत का यह अहोभाग्य रहा है कि स्वतन्त्रता-प्राप्ति के पश्चात् हमारे प्रजातन्त्र के राष्ट्रपति पद को भारत-रत्न, जन-हृदय-सम्राट् डॉ॰ राजेन्द्र प्रसाद, महान् दार्शनिक डॉ॰ सर्वपल्ली राधाकृष्णन् एवं महान शिक्षाविद् डॉ॰ ज़ाकिर हुसैन जैसी विभूतियों ने गौरवान्वित किया और इन महानुभावों ने जो भी परम्पराएं स्थापित कीं, उन्हीं का अनुगमन व अनुसरण करते हुए इस समय श्री व॰ वैं॰ गिरि इस पद को सुशोभित कर रहे हैं। वास्तव में ऐसे सपूतों को पाकर मां भारती धन्य हो उठी है।

मैं आपके सभी कार्यक्रमों की सफलता की हृदय से मंगल कामना करता हूँ और आशा करता हूँ कि भविष्य में भी समय-समय पर आप देश के महान् पुरुषों के प्रति इसी प्रकार की श्रद्धांजलियां अर्पित करते रहेंगे।

## योग्य नायक

**–हरिकृष्ण**
(संसद सदस्य)
1, मोतीलाल नेहरू प्लेस, नई दिल्ली

मुझे यह जानकर प्रसन्नता हुई कि स्वर्गीय राष्ट्रपति डॉक्टर ज़ाकिर हुसैन की एक कांस्य प्रतिमा और एक संस्मरण ग्रंथ राष्ट्रपति महोदय को राष्ट्रपति भवन में प्रतिष्ठित करने का आयोजन चित्र कला संगम की ओर से किया

जा रहा है। डॉ॰ ज़ाकिर हुसैन हमारी राष्ट्रीय भावनाओं के प्रतीक थे। धार्मिक संकीर्ण विचारों से ऊपर उठकर एक योग्य नायक की तरह उन्होंने राष्ट्रपति के कार्यभार को निभाया। उनकी कांस्य प्रतिमा को राष्ट्रपति भवन में प्रतिष्ठित करना तथा संस्मरण ग्रंथ निकलना उनके प्रति योग्य श्रद्धांजलि होगी।

## उनकी प्रेरणा

**—तारकेश्वरी सिन्हा**

उनके देहान्त के कुछ दिन पहले मैं डॉ॰ ज़ाकिर हुसैन से मिलने के लिए गई थी। बैठे-बैठे गांधी शताब्दी और उसके मनानें के बारे में कुछ चर्चा चल पड़ी। उन्होंने उसी बातचीत के सिलसिले में एक घटना का उल्लेख किया, जो मैं कभी नहीं भूल सकती। इसमें गांधीजी का वह रूप मैंने देखा था, जिसमें न सिर्फ मानवता कूट-कूट कर भरी हुई थी, बल्कि उनके हृदय की धड़कनें एक की भावनाओं को दूसरे तक पहुँचाने का काम करती थीं।

घटना इस प्रकार है—डॉ॰ साहब कहने लगे कि सन् 1926 में जब वह जामिया मिलिया में पढ़ाया करते थे, कुछ साथियों को साथ लेकर गांधीजी से मिलने के लिए साबरमती आश्रम में पहुंचे। वह काफी रात बीते वहां पहुंचे थे, इसलिए रात को जल्दी-जल्दी उनके रहने का प्रबन्ध किया गया था और उन्हें यह सूचना दी गयी थी कि गांधीजी जिस कुटिया में रहते थे उसमें सुबह जामिया मिलिया के सभी शिक्षक नाश्ता करेंगे और वहीं गांधीजी से मुलाकात हो जायगी। डॉ॰ साहब और उनके साथी रसोईघर में बैठे हुए थे। कस्तूरबा नाश्ता परोस रही थीं कि पीछे से आवाज सुनाई दी ''बहुत अच्छा, मैं यह सब क्या देख रहा हूँ।'' सबकी आंखें गांधीजी की तरफ मुड़ गयीं। गांधीजी आकर सामने पड़े एक छोटे-से आसन पर बैठ गए और हंसते-हंसते बातें करने लगे। डॉ॰ साहब ने कहा कि मुझे ऐसा लगा, जैसे मैं वर्षों से गांधीजी को जानता हूँ जब मैंने डॉ॰ साहब के मुँह से यह घटना सुनी तो मुझे एकदम ऐसा महसूस हुआ कि 1926 का वह क्षण ऐसा क्षण था, जबकि हृदय की कल्पना, कल्पना न रहकर जीवित और मूर्त रूप में साकार हो चुकी थी। गांधीजी का हृदय-परिवर्तन में जो अटूट विश्वास था उसका अहसास, जो उनसे मिले उनको तो उन्होंने कराया ही, जो नहीं मिले, उनको भी कराया। गांधीजी की ही प्रेरणा से डॉ॰ ज़ाकिर हुसैन का भी अटूट विश्वास मानवता पर था और एक महान मानव होने के कारण उन्होंने दूसरे हर

एक व्यक्ति को एक महान मानव के रूप में देखा। उनके हृदय की हर धड़कन बराबर बच्चनजी के शब्दों में यह कहती थीं:

दलित आ़जा, पतित आजा, तृषित आजा, थकित आजा
मिल न पाया प्यार जिनको, आज उनको प्यार मिला।

और चूंकि उनका मानवता पर उतना विश्वास था, डॉ० साहब ने गांधीजी के हृदय-परिवर्तन को साकार माना।

हिन्दू-मुसलमान एकता के बारे में उनका कहना था कि हिन्दू-मुसलमान की एकता का अर्थ यह नहीं कि हिन्दू-मुसलमान-समाज के एक रूप हैं, बल्कि उसका यह अर्थ था कि वह जो भी है, भारत उसका घर है और घर और परिवार का कोई भी व्यक्ति चाहे उम्र में वह छोटा हो, पारिवारिक व्यक्ति की तरह उसका महत्त्व कम नहीं होता। इसी तरह जहां इस देश में हिन्दुओं की संख्या अधिक है और मुसलमानों, ईसाइयों की संख्या कम है। इससे हिन्दुओं का महत्त्व अधिक और मुसलमानों का महत्त्व कम नहीं होता। यही प्यार और मित्रता की मुख्य प्रेरणा है। डॉ० साहब कहते थे कि मैं अपने हिन्दू साथी से इसलिए दोस्ती का हाथ बढाता हूँ चूंकि उसके प्यार पर मेरा हक है और मेरे प्यार पर उसका हक। यदि यह प्यार इकतरफा भी एक समुदाय में हो तो उससे वह दूसरे समुदाय के व्यक्ति को अलग रख ही नहीं सकता। उन्होंने कहा था कि हो सकता है कि यह हृदय-परिवर्तन मेरे जीवन-काल में पूरा नहीं हो, पर मैं उसी विश्वास को लेकर इस दुनिया से जाने की आकांक्षा रखता हूँ। मेरी आगे आने वाली पीढ़ी इस प्यार का ही संबंध बना कर अपने जीने का सा़मान तैयार करेगी। चूंकि सभी मनुष्य हैं, सभी मनुष्यों के शरीर में एक हृदय है, जो भावनाओं को संजो कर रखता है इसलिए मानव की उन भावनाओं को सिर्फ गुदगुदा देने की जरूरत है। उन्होंने इसीलिए कहा था कि मैं अपने संबंधियों, अपने पड़ोसियों और अनजाने व्यक्तियों में कोई फर्क नहीं मानता, वैसे ही जैसे नागरिक और विदेशी पर्यटक, सफेद या काली चमड़ी, हिन्दू मुसलमान, पारसी, ईसाई और यहूदियों में कोई फर्क नहीं मानता। मैं इसलिए दोनों में कोई अंतर नहीं मानता क्योंकि मेरा हृदय इसे मानने के लिए तैयार नहीं होता। मैं यह भी नहीं समझता कि मेरा हृदय एक महामानव का हृदय है, बल्कि एक साधारण मानव का हृदय है, जिसने अहिंसा और अपरिग्रह में विश्वास किया है। इसलिए हृदय-परिवर्तन पर सिर्फ मेरा ही विश्वास नहीं, बल्कि किसी भी मानव का विश्वास रहेगा।

ये शब्द डॉ॰ साहब के थे। वर्तमान परिस्थिति में ज़ाकिरसाहब को याद करने वाला हर व्यक्ति अपने आपमें यह सोचता है कि क्या डॉ॰ साहब का यह विश्वास कि हृदय-परिवर्तन हो सकता है, सच है। काफी संख्या में लोग ऐसा कहते हुए पाये जाते हैं कि उनकी हृदय-परिवर्तन की कल्पना एक आदर्श जीवन की कल्पना थी। अपने यथार्थ में वह केवल कल्पना थी, वास्तविक जीवन में वह कभी नहीं दिखाई पड़ती। पर डॉ॰ साहब ने तो कई बार स्वयं कहा था कि हृदय-परिवर्तन मूल तत्त्व है। उसको पाना, उसकी खोज करना, मानव का गुण है। सबको प्राप्त हो जाना यह शायद संभव नहीं, क्योंकि हम ऐसे युग में रह रहे हैं, जहाँ जीवन के सिद्धान्त बहुत तेजी से बदल रहे हैं। इंसान यदि विश्व की खोज कर रहा है, तो अपने आपकी खोज उसकी बन्द नहीं हुई है। व्यक्ति के जीवन में या सामाजिक जीवन में अथवा राजनीतिक-आर्थिक जीवन में जो समस्याएं पैदा होती हैं या दिखायी देती हैं, वे न निराकरण कर पाती हैं, न उनकी गुत्थी ही सुलझती है। एक खास समस्या का समाधान हो भी जाय तो न जाने कितनी और समस्याएं उठ खड़ी होती हैं। शायद यही संतोष का मार्ग है। उस परिवर्तन की खोज में मनुष्य सतत् प्रयत्नशील रहना चाहता है। गांधीजी की तरह डॉ॰ साहब का यह अटूट विश्वास उनके जीवन-काल में उनके लिये ही सहारा नहीं बना, बल्कि भारत में रहने वाले लाखों-करोड़ों भारतीयों के लिए सहारा है और रहेगा। भारत के गांव, जो अज्ञानता और विदेशी साम्राज्य के शिकंजे में घुट कर सहम गये थे, उन सहमे हृदयों में स्पन्दन लाना, सहलाकर, दुलारकर उनको जगाना उनके मरे हुए स्वाभिमान को पुनर्जीवित करना; इस हृदय-परिवर्तन के काम को डॉ॰ साहब ने बड़ी निष्ठा से किया।

एक बार उन्होंने कहा था कि गांव के किसी अनपढ़ ग्रामीण से भी बातचीत करता हूँ तो जैसे ही वह मुँह खोलता है, ऐसा लगता है मानो मानवता और ज्ञान की बूंदें उसके ओठों से गिरती हैं।

उस मानव ने शायद दुनिया के विस्तार और फैलाव को नहीं देखा। भौतिक सुख की शायद उसे बहुत कल्पना नहीं, पर जो कुछ उसके मुंह से निकलता है, वह उसके अन्दर के ज्ञान-चक्षु का आभास देता है, जिसकी धारा उसके हृदय के स्पन्दनों से प्रवाह लेती है। यह उन्होंने माना था कि उसकी कई भावनाएं सीमित वातावरण में रहने से सिकुड़ गयी हैं, पर ऊपर के बैठे हुए मैल को अगर हटाने का प्रयत्न किया जाय, अगर उसकी गरीबी, उसकी निराशा

और उसकी ऊपरी अज्ञानता को निकाल कर अलग कर दिया जाय, तो उसका आत्मीय रूप ज्वलन्त होकर सामने आ जायगा। आज भी इन्सान उस रूप की कल्पना करता है। यदि उस रूप की कल्पना नहीं करता तो आज के नौजवानों का हृदय परिवर्तन के अरमानों को लेकर चेकोस्लोवाकिया में क्यों शहीद होता! भारत के विश्वविद्यालयों में ही नहीं, अमेरिका, फ्रांस, जर्मनी, ब्रिटेन तथा वर्तमान में जो मानवता बुरी तरह रौंद डाली गई है, विश्व के नौजवानों के अरमान उससे उठकर नई जिन्दगी पाने के लिए आशा बन गए हैं। वे अपने विचित्र कपड़ों में, अपने अनिश्चित वातावरण में, जो संतोष पाते हैं, उस संतोष की भावना से वे सराबोर हो गए हैं। क्या यह इस बात की तरफ संकेत नहीं करता कि वे ही आज की इन परेशानियों से कल कुछ मार्ग दे सकेंगे? आज के नौजवान का असंतोष, जिसमें वह अपने आपको सोने के उस पिंजड़े में बन्द देखता है जिसे औद्योगिक और वैज्ञानिक विकास ने तैयार किया है, उसकी तड़प उसके लिये युद्ध की पगडंडी तैयार कर रही है। आज के उस नौजवान ने शायद नवयुवक दुनिया का सब भौतिक सुख पा लिया है। हो सकता है कि यूरोप के नौजवान के सामने बेरोजगारी की समस्या नहीं। उसके शारीरिक सुख को बढ़ाने वाली सभी कल्पनाएं साकार हो चुकी हैं। फिर भी वह बेचैन है, उसकी बेचैनी बढ़ती जा रही है। वह रंगभेद को लेकर बड़े देशों के छोटे देशों पर अत्याचार के दर्शन कराता है, उसके खिलाफ मानसिक घुटन, जिसका आज का मानव बुरी तरह से शिकार होता जा रहा है, उसके विरोध में उसका असंतोष फूट निकला है। भारत वर्ष का नौजवान भी उससे अलग नहीं।

चेकोस्लोवाकिया के यान पालाक की खुदकुशी क्या इस बात का संकेत नहीं करती कि इंसान हर घुटन, हर बंदिश को तोड़ कर स्वतंत्र होने के लिये बेचैन हो उठा है। 18 से 22 साल की सुकुमार उम्र के नौजवान लड़के-लड़कियों ने प्राणों की आहुति देकर उस इन्सान के हृदय की धड़कनों को चाहा है, जो कि आज के तथाकथित विचारों और सिद्धान्तों में बन्द कर दी गई है। इन्सान की यह खोज इस बात का संकेत कर रही है कि हृदय-परिवर्तन की चाह अमिट है। निराशा के बीच आशा का संचार वही धड़कनें करती हैं जो बाज़ारों में नहीं बिकती, जिनका सौदा नहीं किया जाता पर शायद जो मुफ्त ही बांटी जा सकती हैं, और जितनी ही बांटी जाती हैं, उतनी ही वे बढ़ती हैं। आज की परिस्थितियों में जो धुंधलापन छा गया है, उसमें डॉ॰ साहब का स्वच्छ जीवन, थके-हारे नौजवान पथिक के लिए कर्मठता की प्रेरणा देता है।

## कोटि-कोटि व्यक्तियों के आदर के पात्र

**—अक्षय कुमार जैन**

बात छोटी-सी है, किन्तु उसका मतलब बहुत बड़ा और गंभीर निकलता है। एक बार की बात है कि डॉ॰ ज़ाकिर हुसैन ने गांधीजी के संबंध में एक संस्मरण सुनाते हुए कहा, "मेरे परिवार की किसी बच्ची ने बापू से ऑटोग्राफ मांगा तो उन्होंने उर्दू में दस्तखत किये, तभी से मैंने निश्चय कर लिया कि हिन्दी-भाषियों को अपने हस्ताक्षर हिन्दी में ही दिया करूंगा।"

एक दूसरे की भाषा का इतना ख्याल रखना निश्चय ही देश की भाषा-समस्या को हल करना है। इसका यह अर्थ नहीं कि डॉ॰ साहब मात्र हस्ताक्षर के लिए ही हिन्दी का ज्ञान रखते थे। राष्ट्रपति पद की शपथ लेते समय उन्होंने जो प्रथम भाषण किया था उसे सुनने वालों को यह भ्रांति नहीं हो सकती कि वह सुसंस्कृत-हिन्दी नहीं जानते थे।

डॉ॰ साहब का जन्म चाहे हैदराबाद में हुआ हो और चाहे उनका घर फर्रुखाबाद में रहा हो, किन्तु उन्हीं के शब्दों में "भारत मेरा घर है। सभी भारतवासी मेरे भाई हैं।" घर के मुखिया (राष्ट्रपति) पद पर आसीन होने के समय उन्होंने उपयुक्त शब्द कहे थे और सचमुच वह ऐसा मानते थे और उस पर अमल भी करते थे।

1946 के दिनों में जब साम्प्रदायिक उन्माद हमारे देश में छाया हुआ था, कुछ ऐसे व्यक्तियों ने उन्हें भी घेर लिया। यदि ऐन वक्त पर उनके एक परिचित न आ जाते तो डॉ॰ ज़ाकिर हुसैन की गर्दन कट गयी होती। उस अग्निकुण्ड में से निकल कर डॉ॰ साहब शुद्ध सोना बन गये थे और सारे भारतवासी उन्हें अपना बड़ा मानते थे।

चौथे आम चुनाव हो चुके थे और राष्ट्रपति पद के लिए नामों की चर्चाएं चल रही थीं। डॉ॰ साहब उस समय उप-राष्ट्रपति थे। एक काम के सिलसिले में उनके दर्शन करने गया तो देखा कि घर का सामान बांधा जा रहा है और जामिया मिलिया में जाकर रहने की तैयारी हो रही है।

उस समय स्थिति कुछ विचित्र-सी थी। कई राज्यों में कांग्रेस दल बहुमत खो चुका था और कांग्रेसी नेता भौच्चके रह गये थे। कोशिश यह की जा रही थी कि राष्ट्रपति और उप-राष्ट्रपति का चुनाव सर्वसम्मति से हो जाय। जब

मैंने डॉ॰ साहब से इन पदों के लिए कुछ विकल्पों की चर्चा की, तो उन्होंने उस समय जो कुछ कहा उसे मैं कभी भूल नहीं सकता। वह बोले, "शिक्षा मेरा विषय रहा है। उसे छोड़कर राजनीति में कदम रखना कुछ अक्लमंदी की बात नहीं हुई। जिन्दगी के आखिरी साल मुझे शांति के साथ गुजारने चाहिए थे। आप मेरे प्रति स्नेह रखते हैं। इसलिए इस प्रकार की चर्चा कर रहा हूँ। अगर मेरे लिए आपके मन में इज्ज़त है तो आपको यही दुआ करनी चाहिए कि मैं अब सिर्फ अपनी भलाई के लिए ज्यादा काम करूं।" ऊँचे पदों पर पहुंच कर आदमी को अध्यात्म की तरफ सोचने का मौका भी कहाँ मिलता है!

उस समय तो मैंने केवल इतना ही कहा था कि आपकी योग्यता और हुस्ने-अखलाक का फायदा अगर देश को मिलता है तो इससे अच्छी बात और क्या हो सकती है? देश में तो आप भी आते हैं। यदि देश का उत्कर्ष होता है तो निश्चय ही उसमें आपका भी उत्कर्ष होगा। आपने ही एक बार कहा था कि व्यक्ति से समाज और समाज से भी देश ब़ड़ा होता है। अब आप अपनी ही बात कैसे इन्कार कर सकते हैं। डॉ॰ साहब तब सिर्फ मुस्करा दिये थे, बोले कुछ भी नहीं थे।

आज उनकी यह बात याद हो आती है कि मनुष्य को अपने अंतिम समय में अध्यात्म की ओर भी ध्यान देना चाहिए अपने राष्ट्रपतित्व काल में उन्होंने भारतीय जनता का जिस प्रकार दिल जीता, उससे वह देश के करोड़ों व्यक्तियों के आदर के पात्र बन गये। वह गांधीजी के अनन्य भक्त और अनुयायी थे। उनका मत था कि देश गांधीजी के बताये हुए रास्ते पर चल कर ही तरक्की कर सकता है।

## भारत के महान सपूत

**–सुरेन्द्र सैनी**

*(वरिष्ठ उपाध्यक्ष, नई दिल्ली म्यूनिसिपल कमेटी)*

डॉ॰ ज़ाकिर हुसैन की कला में बेहद रुचि थी। वह कला को अत्यन्त आवश्यक मानते थे, कला को पोषण देने वाली संस्थाओं और प्रवृत्तियों में वह हमेशा रस लेते थे। चित्र कला संगम भारत की राजधानी की प्रमुख कला-संस्था है, जिसके सम्पर्क में आने का और कार्य करने का मुझे काफी समय से

अवसर मिल रहा है। मैं तो यही कहूँगी कि डॉ॰ हुसैन हमारी चित्र कला संगम संस्था के प्रमुख स्तम्भ थे और उनके लिए किये जाने वाला कार्यक्रम इस संस्था का ही गौरव बढ़ायेगा।

मुझे डॉ॰ साहब के यहाँ अनेक बार जाने का अवसर मिला। जब-जब वे स्मृतियां उभरती हैं, मेरा शरीर रोमांचित हो उठता है। कला के प्रति उनका लगाव बेहद गहरा था। उन्होंने अपने यहाँ अनेक प्रकार के पत्थरों का और चित्रों का बड़ा ही मनभावन म्यूजियम लगा रखा था। जब भी मैं जाती थी, उनकी कला-स्थलियों को अवश्य देखकर आती थी।

प्रकृति के सौंदर्य की वह दिल से आराधना करते थे। उनकी बगिया के फूल देख कर मेरा हृदय महकने लगता था। फूलों के लिए उनके हृदय में प्रारम्भ से ही गहरा प्रेम था। वह जहां भी रहे, फूलों की बहार देखते ही बनती थी। गुलाब से तो उनका खास संबंध था। एक बार उनके बाग में साथ टहलते हुए उनकी मुख की फूल-सी प्रफुल्लता को देख कर मैं अवाक् रह गयी। मैंने अनुभव किया कि उनकी काया में एक महान व्यक्तित्व छिपा है। फूलों और आदमियों से उन्हें समान रूप से प्यार था। उनके अन्दर फूल जैसी एक ऐसी सुगंध विद्यमान थी, जिसने राष्ट्र भर को सौरभ से भर दिया था।

भारत के महान सपूत डॉ॰ हुसैन सौम्य, शालीन एवं गरिमामयी थे। वह 'बोलो कम और कार्य अधिक करो', पर विश्वास करते थे। बोलने की उनकी शैली सरल थी, जो सीधी हृदय पर प्रभाव डालती थी। उनका अन्तर-मन फूल से भी कोमल था–ऐसा मेरे हृदय पर अनेक बार प्रभाव पड़ा। मुझसे जितनी बार वह मिले, मुझे यह कभी अनुभव ही नहीं होने दिया कि मैं भारत के राष्ट्रपति से बात कर रही हूँ। उनके इसी सरल स्वभाव के कारण जो भी उनके सम्पर्क में आया, वह उनका बन गया। गरीबों, अपंगों, दीनों, दुखियों के तो वह मसीहा थे। इन लोगों के बारे में बातें करते-करते कई बार उनकी आँखें आंसुओं से डबडबा आती थीं और गला भर आता था। गूंगे, बहरों, अंधों एवं असहायों के लिए उनके हृदय का करुणा-स्रोत आंसुओं के रूप में अनेक बार मैंने भरते देखा।

उन्होंने महान् राष्ट्र की पतवार अपने सबल हाथों में संभाल कर देश के गौरव की रक्षा की। छोटी-सी-छोटी बात को वह अधिक-से-अधिक महत्त्व देते थे। मेरे जीवन के तो वह प्रेरणा-स्रोत थे, पालिका जैसी नागरिक संस्था के कार्य में उन्होंने बेहद रुचि ली। एक बार मुझसे बातचीत करते हुए उन्होंने बताया

कि सुन्दर जीवन के अनुरूप सुन्दर समाज के निर्माण करने का प्रयत्न हमें करना चाहिए, हरेक नागरिक को कम-से-कम वे चीजें तो हासिल होनी ही चाहिए, जो सुन्दर मानव-जीवन के लिए जरूरी हैं। नई दिल्ली के सौन्दर्यमय रूप की वह बहुत प्रशंसा करते थे। सौंदर्य के वह सच्चे उपासक थे।

हौसला देने में तो वह माहिर थे। एक दिन जब मैं उनसे मिलने गई तो मुझसे यकायक पूछने लगे, ''क्या आप बहुत मसरूफ़ रहती हैं? अच्छा है, काम करते रहना चाहिए। अखबार में कभी-कभी कमेटी के काम की टिप्पणी पढ़ता रहता हूँ, मगर घबराना नहीं चाहिए। बदकिस्मती यह है कि जो कल्पना से काम करता है, अक्सर हमारे लोग उसको समझने की कोशिश नहीं करते। मगर काम करते जाओ, घबराना नहीं चाहिए।'' यह सुन कर कितना उत्साह जागा मेरे दिल में, इसकी कल्पना करना कठिन है। आज भी मैं उनके ये शब्द याद कर गद्‌गद् हो उठती हूँ, साथ ही उत्साहित भी।

डॉ॰ साहब ने हिन्दुस्तान के लोगों के दिलों में आस्था के बीज बोये थे और अपने आप को विनम्रता से जनता की सेवा में समर्पित कर दिया था। विनम्रता तो उनके रक्त में घुल-मिल गयी थी। एक बार मैं जब उनसे गंदी बस्तियों के सुधार के संबंध में बातचीत करके लौटने लगी तो वह मेरे साथ दरवाजे तक आये, दरवाजा खोला और हाथ जोड़कर मुझसे नमस्कार किया। मैं बाहर आकर कितनी अभिभूत हुई, मेरा रोम-रोम कितना प्रफुल्लित हुआ, उनकी शालीनता एवं विनम्रता के प्रभाव से, मैं जीवन भर भूल नहीं पाऊंगी।

धर्म-निरपेक्षतावाद के वह जीते-जागते उदाहरण थे। अपने राष्ट्रपतित्व काल में भारत की कोटि-कोटि जनता का उन्होंने जिस प्रकार दिल जीता, वह भुलाये नहीं भूलता।

वह सच्चे शिक्षक थे, सच्चे देशभक्त थे और सच्चे इन्सान थे।

## मेरे पिता

**–बेगम सईदा खुर्शीद**

''भारत मेरा देश है और इसमें बसी हुई समस्त जनता मेरा परिवार है।'' यह भावना मेरे पिता डॉ॰ ज़ाकिर हुसैन ने भारत संघ के राष्ट्रपति का दायित्व सम्भालते समय एक शपथ-ग्रहण-समारोह में प्रकट की थी। उन्होंने इस भावना का अक्षरशः

पालन किया और मुझे स्मरण है कि अपने निधन से कुछ ही दिन पूर्व तक उन्हें मुख्यत: हमारे राष्ट्र और इसके भविष्य की चिन्ता थी। वह विघटन की उभरती हुई शक्तियों से अत्यन्त क्षुब्ध हो गये थे, जो अपने कुत्सित सिर उठाकर हमारे राष्ट्र के भविष्य पर आने लगी थीं, परन्तु वह इससे निराश नहीं हुए थे। वह सोचते थे कि जो भी विकार हमारे राष्ट्र को आक्रान्त करता है, उसका कोई तात्कालिक उपचार नहीं होता, फिर भी इस पर धैर्य खोने की आवश्यकता नहीं। वह कहते थे कि आवश्यकता संकल्प की है, ताकि निर्भीक और नि:संकोच भाव से इस बुराई को जड़ से उखाड़ने का प्रयास किया जाय तथा इस दिशा में अटूट निष्ठा एवं अदम्य उत्साहपूर्वक अनवरत रूप से कार्य किया जाए।

मनुष्य को मनुष्य से घृणा करते हुए देखकर उन्हें वेदना होती थी, परन्तु ऐसे व्यक्ति के लिए वह मन में कोई घृणा का भाव नहीं रखते थे। वह उसे जीर्ण-शीर्ण रोगी समझते थे, जिसके पूर्ण उपचार के लिए दीर्घकालीन इलाज की आवश्यकता होती है। इस सन्दर्भ में वह महात्मा गांधी के कथनों और लेखों को प्राय: उद्धृत करते थे। वह कहा करते थे, ''यदि कोई मनुष्य अन्य मनुष्य से घृणा करता है तो उसे इन्सान कैसे कहा जा सकता है।? परन्तु ऐसा व्यक्ति एक प्रकार का रोगी है, जो उपचार का पात्र है।'' साम्प्रदायिकता तथा ऐसे अन्य रोगों के इलाज के लिए वह अचूक औषधि के रूप में अच्छी शिक्षा पर बल देते थे तथा इस उपचार की प्रभावशीलता में दृढ़ आस्था रखने की सलाह देते थे। उन्होंने स्वयं में भी ऐसा विश्वास जागृत कर लिया था तथा वह जिस बात का प्रचार करते, उस पर आचरण भी करते थे।

वह मुझसे अत्यधिक स्नेह रखते थे, परन्तु हमारे परिवार का शायद प्रत्येक सदस्य ऐसी ही भावना रखता है। शायद वह प्रेम और दुलार के वितरण में भी इतने न्यायी थे। बच्चों के प्रति स्नेह अभिव्यक्ति का उनका तरीका यह था कि वह उसका मस्तक चूम लेते थे और यदि वह एक बालक का चुम्बन करते तो उस समय अन्य जो भी बालक उनके पास आते, उनके प्रति वह इसी प्रकार स्नेह प्रदर्शित करते थे। मेरे चारों बच्चों को उनसे ऐसा ही स्नेह मिला तथा एक ने भी यह अनुभव नहीं किया कि शीघ्रता अथवा उदासीनता के कारण उसकी उपेक्षा कर दी गई है।

बच्चों के प्रति उनका दृष्टिकोण बड़ा रुचिकर एवं प्रेरक था। वह कहा करते थे कि बच्चों का अपना व्यक्तित्व होता है तथा इसका हमें न तो अतिक्रमण करना चाहिए और न इसके महत्त्व को घटाने का प्रयास करना चाहिए। हमें उनका

समुचित आदर करना चाहिए तथा उनकी अपनी पसन्द और रुझान के अनुसार उनके विकास में सहायक होना चाहिए। वह कहते थे कि बच्चे जैसा बनना चाहते हैं, वैसा बनने से उन्हें कोई भी रोक नहीं सकता। उनकी शिक्षण संस्था जामिया मिलिया का समस्त ढांचा उनके इसी आधार पर निर्मित था। इस प्रकार वह जो कुछ कहते तथा अन्यों को सलाह देते, उस पर स्वयं भी आचरण करते थे। उनका विद्यार्थियों को पढ़ाने का ढंग अनुपम था। जामिया मिलिया में वह स्वयं घूमकर यह जानने का प्रयत्न करते थे कि इस संस्था में बच्चे अपना जीवन किस प्रकार बिता रहे हैं। उन्हें भोजनशाला में भोजन की मेज पर खाना परोसा जाता था तथा मेज पर एक फालतू बड़ी प्लेट हुआ करती थी तथा सब्जी की बची हुई हड्डियां मेज पर फैलाने की बजाय वे इस प्लेट में डाल दिया करते थे। एक दिन मेरे पिता ने भोजनशाला का निरीक्षण किया जब कि बच्चे अपना आहार ग्रहण करने में व्यस्त थे। उन्होंने देखा कि ऐसी एक फालतू प्लेट में बच्चे ने सूप उंडेल दिया था, जिसे शायद उसने पसन्द नहीं किया। मेरे पिता चुपचाप उस बच्चे की बगल में जाकर बैठ गये और यह अवशिष्ट खाद्य वस्तु उन्होंने स्वयं ग्रहण कर ली। बच्चे को सबक मिला। वह बालक अब बड़ा होकर वयस्क पुरुष बन गया है तथा इस बात का आदतन ख्याल रखता है कि कोई भी वस्तु बेकार न जाय। उस छोटी-सी घटना का उस पर इतना अधिक प्रभाव हुआ।

अलीगढ़ यूनिवर्सिटी में जब वह देखते थे कि किसी युवक ने अपनी कमीज या शेरवानी के बटन खोल रखे हैं तो वह स्वयं उसके पास जाकर उसके ये बटन बन्द करने लगते थे। एक बार एक छात्र जो अपनी शेरवानी के प्रायः सभी बटन खुले रखने का आदी था, उनसे मिलने चला गया। तब उसका केवल एक ही बटन बन्द था। जब मुलाकात के बाद वह लौट गया तो डॉ० साहब ने मुस्कुराते हुए अपने घनिष्ठ मित्र श्री रशीद अहमद सिद्दीकी से कहा, "यह बालक कैसे विचित्र स्वभाव का प्रतीत होता है! उसका काम सारी शेरवानी का केवल एक ही बटन बन्द करने से चल जाता है।"

उनमें ज्ञान प्राप्ति की असीम चाह थी और वह किसी भी सुविज्ञ स्रोत से किसी भी प्रकार का ज्ञान प्राप्त करने के लिए सदा उद्यत रहते थे। उनकी जिज्ञासा का क्षेत्र इतना व्यापक था कि पशु-पक्षियों से लेकर, घरेलू उपयोग तथा विभिन्न प्रकार के भोजन बनाने की विधि आदि सभी प्रकार के विषयों में वह पूर्ण रुचि रखते थे। अनेक अवसरों पर वह मेरे पास आते, मुझे कोई विशिष्ट भोग बनाने के लिए कहते और उसके लिए अपनी नोट बुक से नुस्खा पढ़कर मुझे बताते थे।

हमारे सम्बन्धियों और मित्रों के दायरे से जब वह सीधी-सादी महिलाओं से भी ऐसी घरेलू आहार योग्य वस्तुओं के नुस्खे पूछ कर अपनी नोट बुक में लिखने लगते थे तो हमें बड़ा आश्चर्य होता तथा हम इस पर हंसते भी थे।

अपने जीवन के अन्तिम चरण में, अपनी मृत्यु से कुछ ही वर्ष पूर्व, उन्होंने फारसी का अपना ज्ञान बढ़ाने का निश्चय किया था। यद्यपि वह पहले से भी अच्छी फारसी जानते थे, तथापि उस पर उन्हें सन्तोष नहीं था तथा इस विषय में अपनी ज्ञान-वृद्धि के लिए वह अत्यधिक उत्सुक थे। इस उद्देश्य से विशेष रूप से एक शिक्षक रखा गया तथा उन्होंने नियमित रूप से उससे सबक लेने प्रारम्भ कर दिये। जब वह रांची में थे तो उन्होंने आदिवासियों की भाषा सीखनी शुरू कर दी थी। उनकी उत्कट इच्छा थी कि वह आदिवासियों को उनकी अपनी ही भाषा में सम्बोधित करें।

उन्होंने अपने निजी और सार्वजनिक जीवन को अलग-अलग रखने की अद्भुत विधि निकाल ली थी तथा इस अन्तर को उन्होंने आजीवन निभाया। परिवार और घर-बार मेरी माता के अधिकार-क्षेत्र में था। इसमें उन्हें पूर्ण स्वायत्तता प्राप्त थी, जिसमें मेरे पिता ने कभी किसी प्रकार का हस्तक्षेप नहीं किया। इसी प्रकार मेरी माता उनके सार्वजनिक जीवन और उत्तरदायित्वों में कभी हस्तक्षेप नहीं करती थीं। आम तौर पर हमारे परिवारजन किसी ऐसे सार्वजनिक समारोहों में नहीं देखे जाते थे, जिनमें मेरे पिता भाग लेते थे। वह अपने सार्वजनिक कर्त्तव्यों तथा अपने देश एवं देशवासियों सम्बन्धी चिन्तन में इतने अधिक व्यस्त रहते थे कि उनके पास परिवार की आर्थिक चिन्तायें और अपने बच्चों के सम्बन्ध में सोचने के लिए समय नहीं रह जाता था। फिर भी एक पारिवारिक प्रमुख के रूप में हमें उनका भरपूर स्नेह प्राप्त हुआ। वह हमें अपनी समस्त सलाह सुझाव के रूप में देते थे और यदि हम उन बातों की उपेक्षा करते तो वह हमें हमारी मर्जी पर ही छोड़ देते थे। वह व्ययसाध्य और भड़कीले वस्त्र कभी पसन्द नहीं करते थे। स्वदेशी आन्दोलन के दौरान एक बार उन्होंने हमारे समस्त रेशमी वस्त्र एकत्र करके उनकी होली जलाई थी। परन्तु रेशमी वस्त्र पहनने की मेरी रुचि मन्द नहीं पड़ी। अत: उन्होंने मुझे स्वेच्छानुसार वस्त्र धारण करने की छूट दे दी। फिर भी वह मुझे यह सलाह दिया करते थे, ''यदि तुम कीमती वस्त्र पहनकर किसी समारोह में जाओगी तो कोई तुम्हारी ओर ध्यान नहीं देगा। वहाँ अन्य अनेक महिलाएं भी होंगी, जो तुमसे कहीं अधिक मूल्यवान वस्त्र प्रदर्शित कर सकती हैं। परन्तु यदि तुम निर्मल और उज्ज्वल खादी

पहनकर जाओगी तो तुम प्रायः अपवाद बन जा़ओगी। तुम्हारी जैसी अन्य महिलाएं वहाँ अधिक नहीं होंगी और तुम विशेष आकर्षण का केन्द्र हो जाओगी।'' इस प्रकार वह मृदुभाषा और प्रेरक शैली में अन्य व्यक्तियों में अच्छे विचार फूंकने का प्रयत्न करते थे।

वेशभूषा और शिष्टाचार की दृष्टि से मेरे पिता पर्याप्त सादगी बरतते थे फिर भी वह शालीनता, सौजन्यता और शिष्टता बरतने के प्रति विशेष आग्रह रखते थे। राष्ट्रपति भवन में शेरवानी और टोपी के बिना उन्हें देखना सम्भव नहीं था। यदि वह एक से दूसरे कमरे में जाते तब भी वह टोपी धारण कर लेते थे, अपने कमरे में कुरता-पायजामा पहने हुए वह शायद ही कभी देखे जाते थे। परन्तु मेरी माँ की कुर्ती, पायजामा और दुपट्टे की सादी परम्परागत वेशभूषा उन्हें पसन्द थी। उन्होंने पर्दे पर कभी जोर नहीं दिया और न कभी पर्दा न करने की सलाह ही दी। मेरी माता पर्दा करती थीं, परन्तु मैं नहीं करती थी। इस मामले में हमें स्वेच्छानुसार आचरण करने की पूरी-पूरी छूट थी।

मैंने एक मनुष्य के रूप में, परिवार के मुखिया के रूप में तथा राज्य प्रमुख के रूप में उन्हें देखा। मैंने सदा यह अनुभव किया कि उनका समस्त दृष्टिकोण इतना मानवीय और ऐसा सौजन्यपूर्ण था कि वह अपने सम्पर्क में आने वाले प्रत्येक व्यक्ति के प्रिय बन गये। चण्डीगढ़ में पंजाब यूनिवर्सिटी के गुरु गोविन्दसिंह भवन का उद्‌घाटन करते हुए उन्होंने जो शब्द कहे, उनमें उनका समग्र दृष्टिकोण व्यक्त हो जाता है। उन्होंने तब कहा था, ''मनुष्य का प्रथम घर माँ की गोद है। वह जैसे-जैसे बड़ा होता है, उसके घर का क्षेत्र भी उसी प्रकार विस्तृत होता जाता है और अन्ततः वह समग्र विश्व को समेट लेता है। इस प्रकार सारा संसार मनुष्य का बसेरा बन जाता है।'' यह उक्ति उनके विश्व-बन्धुत्व के विचार का साररूप है।

## ऐसे शागिर्दों पर हजार-हजार उस्ताद कुर्बान

–सत्यानन्द जावा

मार्च 1967 की बात है। मुझे प्रसिद्ध इतिहासकार और राज्य-सभा के सदस्य डॉ॰ ताराचन्द का टेलीफोन मिला। उन्होंने मुझसे मिलने का अनुरोध किया। उनकी बुज़ुर्गी का आदर करते हुए मैंने जवाब दिया कि मैं स्वयं आपके बंगले पर हाजिर हो जाऊंगा। वह उन दिनों देहली में तुगलक रोड पर रहते थे। नियत

समय पर मैं उनके पास पहुंच गया। उन्होंने बड़े प्रेम से मेरा आदर सत्कार किया। कुछ देर चाय के साथ-साथ साहित्यिक और इतिहास संबंधी बातें होती रहीं। फिर वह बोले, "डॉ॰ ज़ाकिर हुसैन साहब फारसी पढ़ना चाहते हैं और मैं चाहता हूँ कि यह जिम्मेदारी आप अपने ऊपर ले लें।" इनकार की गुंजाइश ही नहीं थी। सो मैंने बड़ी नम्रता के साथ ज़ाकिरसाहब को फारसी पढ़ाने की हामी भर ली।

8 अप्रैल 1967 के दिन मैं नं॰ 6 मौलाना आज़ाद रोड पर ज़ाकिरसाहब के बंगले पर हाज़िर हुआ। मुझे उनके ड्राईंग रूम में बैठा दिया गया। जब तक वह स्वयं नहीं आए, मैं यही सोचता रहा कि वह खुद एक प्रसिद्ध अध्यापक और लेखक हैं। फारसी उन्हें आती है। फिर क्या कारण है कि मुझे बुलाया है? कुछ क्षणों बाद ज़ाकिरसाहब अपनी सफेद पोशाक पहने मुस्कराहटें बिखेरते हुए आए। मैं उठ खड़ा हुआ। उन्हें सलाम किया। उन्होंने आगे बढ़कर मुझसे हाथ मिलाया और हम दोनों बातें करने के लिए बैठ गए।

उनके फारसी सीखने का विषय शुरू हुआ। उन्होंने पूछा, "आप किस इलाके के हैं?" मैंने उत्तर दिया, "वास्तव में मैं उत्तर-पश्चिमी सरहदी प्रान्त का हूँ। पंजाब और सिन्ध में शिक्षा पाई और साल भर ईरान में भारतीय दूतावास में अनुवादक का काम करता रहा।" ज़ाकिरसाहब ने फरमाया, "वास्तव में मैं भी पठान हूँ। मेरे खानदान के बुजुर्ग भी वहीं से आकर हिन्दुस्तान में आबाद हुए थे।" मैंने झिझकते हुए कहा, "हजूर, आपको फारसी आती है और यूं भी फारसी के बड़े-बड़े विद्वान् दिल्ली में मौजूद हैं। मेरी समझ में नहीं आता कि आपको मेरी क्या जरूतर है।" उन्होंने मुस्कराते हुए फरमाया, "फारसी के प्रसिद्ध कवियों हाफिज और रूमी के कलाम को तो मैं समझ लेता हूँ। पुरानी फारसी की किताबें भी पढ़ लेता हूँ, लेकिन आजकल की फारसी के ग्रन्थ और अखबार नहीं पढ़ सकता और जब मैं अफगानिस्तान गया तो शाहे-अफगानिस्तान ने मुझे फारसी में 'खुशामदीद' कहा। मैं फारसी में उनका शुक्रिया भी अदा न कर सका। इसी तरह शाहन-शाहे ईरान के साथ भी फारसी में बातचीत न कर सका। साहब, बड़ी शर्मिन्दगी महसूस होती है, जब यह ख्याल होता है कि हाफिज और रूमी को तो हम समझ लेते हैं, दो शब्द शुक्रिया के नहीं कह सकते। जावासाहब, उलमा में भी आजकल की फारसी कोई-कोई जानता है, मुझे भी नहीं आती। आप इस काबिल बना दीजिए कि फारसी बोल सकूँ और फारसी भाषा के अखबार पढ़ सकूं।"

खैर, तो ज़ाकिरसाहब का फारसी सीखने का सिलसिला राष्ट्रपति-चुनाव से दो दिन पहले तक जारी रहा। वह बहुत अच्छे शागिर्द थे। जो कुछ मुझसे एक दिन सीखते, दूसरे दिन तक उसे याद कर लेते और मुझे सुना देते। मैं हर रोज सुबह पौने आठ बजे उनकी कोठी पर पहुंच जाता था और वह पांच मिनट के बाद ड्राईंग रूम में दाखिल हो जाते थे। वह सोफे पर बैठते और मैं उनकी दाईं ओर उसी सोफे की साथ की कुर्सी पर बैठता था। मेरे कहने पर उन्होंने एक कापी पर फारसी के नए शब्द लिखने शुरू कर दिए थे। जब कापी पर लिखे शब्दों की संख्या काफी हो गई तो एक दिन कहने लगे, "यह अगर इसी तरह बढ़ती गई तो एक दिन डिक्शनरी हो जायगी। मेरे पास साद करने का वक्त भी होगा या नहीं।"

पढ़ाई के बीच ही कुछ-न-कुछ जलपान भी हो जाता था। वह आमतौर पर चाय की एक प्याली बिना चीनी के या नींबू-पानी पीते थे। मेरे लिए कभी-कभी चाय खुद अपने हाथ से बनाते थे। साथ-साथ फरसी में बातचीत भी होती रहती थी। हर रोज जब नौ सवा नौ बजे पढ़ाई खत्म होती, मुझे दरवाजे तक छोड़ने आते और कहते, "अच्छा जावासाहब, खुदा हाफिज।"

मेरे हर रोज ठीक समय पर पहुंचने से बड़े खुश होते। एक दिन मुस्करा कर बोले, "आप वक्त के बड़े पाबन्द हैं। जब आपकी छोटी-सी कार कोठी के बड़े दरवाजे से अन्दर दाखिल होती है, हम समझ लेते हैं पौने आठ बज गए।"

राष्ट्रपति चुने जाने से तीन दिन पहले फरमाने लगे, "मेरे ख्याल में अब इस सिलसिले को खत्म कर दें तो अच्छा है।" मैंने अर्ज किया, "जो हुक्म।" मैं अपनी एक किताब उनके पास ही छोड़ आया ताकि जब भी वक्त मिले, उसे पढ़ते रहें। वह किताब उन्होंने बाद में मुझे एक पत्र के साथ वापस भेज दी। चलने से पहले मैंने कहा, "हुजूर, अब आप राष्ट्रपति बन जायेंगे, इस सेवक को भूलियेगा नहीं।" मुस्करा कर बोले, "अपने उस्ताद को भूलने का तो सवाल ही नहीं उठता, लेकिन चुनाव होने से पहले ही आपने फैसला दे दिया, होता तो वही जो खुदा को मंजूर होगा।"

जब चुनाव के नतीजे का ऐलान हुआ, मैं अपने दफ्तर में बैठा था। मैंने बड़ी कोशिश से टेलीफोन मिलाया। उस तरफ से किसी गार्ड या सिपाही की आवाज सुनाई दी. जिसने पूछा आप कौन साहब बोल रहे हैं? राष्ट्रपतिजी फोन पर बात नहीं कर सकते, क्योंकि यहाँ तो बड़े-बड़े नेता वज़ीर-सफीर और

सभी लोग आ रहे हैं और उन्हें बधाई दे रहे हैं।'' मैंने जवाब दिया, ''भाईसाहब मैं भी उन्हें मुकारकबादी देना चाहता हूँ। मैं उन्हें हर रोज फारसी पढ़ाने आया करता था।'' उधर से वही साहब जोर से बोले, ''आ हा मास्टरजी। आप देर न कीजिए। तुरन्त चले आइए। हम आपको राष्ट्रपतिजी से मिलवा देंगे।'' मैं फौरन उनकी कोठी पर पहुंचा। अभी लोगों की भीड़ बहुत ज्यादा नहीं थी। एक बावर्दी पुलिस इन्स्पेक्टर ने हम लोगों को बताया कि राष्ट्रपतिजी बहुत थक गए हैं और डाक्टरों ने उन्हें आराम करने की सलाह दी है। वह इस वक्त कुछ मिनटों के लिए लेटे हुए हैं। आप लोग कोठी की बाईं ओर जो हाल है उसमें इन्तजार करें। वह वहीं दर्शन देंगे।''

हम लोग हाल में बैठ गए। बड़े जोर की गर्मी थी और एयर कण्डीशनर भी काम नहीं कर रहा था। इतने में ज़ाकिरसाहब के पर्सनल असिस्टेंट की निगाह मुझ पर पड़ी। वह आए और मुझे अपने साथ बगल के एक छोटे कमरे में ले गए। वहां मेज पर मिठाई और शर्बत के गिलास पड़े थे। कहने लगे, आप राजगुरु हैं। राष्ट्रपतिजी को बधाई देने आए हैं, मुँह तो मीठा कीजिए। मैंने बर्फी का एक टुकड़ा खाया। शर्बत का गिलास पीया और उनसे अनुरोध किया कि मुझे ज़ाकिरसाहब से जरूर मिलवाइयेगा। उन्होंने कहा, आप कोई चिन्ता न करें। आप जरूर उनसे मिलेंगे। मैं वापस हाल में आ गया तब तक हाल खचाखच भर गया था। जिन लोगों को बैठने की जगह न मिली थी, वे पीछे खड़े थे। मैं भी एक कोने में सबसे पीछे खड़ा हो गया।

थोड़ी देर में पर्सनल असिस्टेंट फिर आए और मुझे खींचते हुए सबसे अगली लाइन में ले गए, जहां नेता लोग बैठे थे। ज़ाकिरसाहब के आने पर सब लोग खामोशी और आदर के साथ खड़े हो गए। ज़ाकिरसाहब ने अगली लाइन के सब लोगों से हाथ मिलाया और बधाई स्वीकार की। मैं उस लाईन में सबसे आखिर में था। मेरी बारी आई तो मैंने फारसी में मुबारकबादी दी। ज़ाकिरसाहब ने फारसी में ही शुक्रिया कहते हुए मुझे गले लगा लिया।

आज ज़ाकिरसाहब नहीं हैं, पर मुझे उनका वह बड़प्पन याद आता है, जो किताब लौटाते हुए उनके खत में था। उसकी आखिरी लाइन तो जैसे दिल में गड़ गई हो। 50 करोड़ को आबादी के मुल्क के सबसे बड़े नेता, राष्ट्रपति ज़ाकिर हुसैन, इस छोटे से इन्सान से बड़ी आत्मीयता के साथ मिले! खत के आखिर में लिखा था: 'आपका शागिर्द जाकिर हुसैन।' ऐसे शागिर्दों पर हजार-हजार उस्ताद कुर्बान हैं।

# एक निकटवर्ती की श्रद्धांजलि

**–विनायक फड़के**

एक सेवक के नाते मुझे डॉ॰ ज़ाकिरसाहब के अत्यन्त निकट सान्निध्य में आने का मौका मिला। अंग्रेजी में एक कहावत है कि 'नो मैन इज़ ए हीरो टू हिज़ वेले', जिसका भावार्थ यह है कि किसी भी व्यक्ति का असली अंतरंग उसके निकटवर्ती व्यक्ति ही पहचान सकते हैं। जनता के सामने उनकी प्रतिभा जो प्रतिबिंबित होती है, वह कुछ रंग-रूप बदल कर आती है।

यह एक परिपाटी-सी बन गई है कि किसी व्यक्ति के बारे में जब कोई ग्रन्थ, चाहे वह अभिनन्दन-ग्रन्थ हो या स्मृति-ग्रन्थ, निकाला जाता है तो साधारणतया उस व्यक्ति के न केवल गुणों की, जो उसमें थे, बल्कि काल्पनिक गुणों की भी, जो उसमें नहीं थे, प्रतिमा बनाई जाती है और इस तरह स्तुतिप्रिय वह उत्सवप्रिय हम स्वयं अपनी वंचना कर लेते हैं और समाधान मान लेते हैं।

प्रश्न यह है कि अगर हमारे देश में यद्यपि इतनी सर्वगुणसम्पन्न विभूतियां हो गई हैं तो भी जन-साधारण की नैतिक या बौद्धिक ऊंचाई में तनिक भी वृद्धि क्यों नहीं दिखाई देती? इसका उत्तर यह है कि या तो व्यक्ति केवल स्वतः के बड़े बनाने में सदा-सर्वदा लगे रहते हैं या वे जो दिखाये गए, वे नहीं थे।

ज़ाकिरसाहब के प्रति मेरी अत्यन्त गाढ़ी श्रद्धा-सी हो गई थी और मैं उन्हें एक ईश्वरावतार मानने लगा। यह जो मैं कर रहा हूँ, वह कोई अंधश्रद्धालु के नाते या भावना के वशीभूत होकर नहीं कह रहा हूँ। उनके अत्यन्त निकट सम्पर्क-सान्निध्य में उनका निरीक्षण करने के बाद ही मेरा यह मत बना है। मैं जानता हूँ कि यह मत अत्यन्त धृष्टतापूर्ण है और इस विषय पर मेरे जो विचार हैं उनसे वे विपरीत भी मालूम होते होंगे, परन्तु मैंने अनेक प्रकार की कसौटियां लगाई और सभी में शत-प्रतिशत सुवर्ण जैसा ही ज़ाकिरसाहब का व्यक्तित्व चमक उठा।

मैं यह नहीं जानता कि ज़ाकिरसाहब बचपन से ही एक गुणवान व्यक्ति थे। जहां तक मैंने पढ़ा-सुना है, वह भी एक साधारण-से विद्यार्थी थे, परन्तु इसमें कोई सन्देह नहीं कि उनके ऊपर यौवन से ही कुछ अच्छे व्यक्तियों का प्रभाव पड़ा, जिसके कारण वह अपने आपको प्रौढ़ जीवन में असामान्य

बना सके। मुझे उनके छोटे भाई डॉ॰ यूसुफ हुसैन साहब के उन शब्दों की याद आती है, जो उन्होंने ज़ाकिरसाहब की मृत्यु के पश्चात् उनके फोटो को देखकर कहे थे, "ज़ाकिरसाहब हमेशा अपने आपको एक अच्छा आदमी बनाने के प्रयत्न में लगे रहते थे। इसमें उन्हें अनेक कठिनाइयाँ आती थीं, मानसिक क्लेश होते थे, पीड़ा होती थी, फिर भी यह सब उन्होंने हँसते-हँसते स्वेच्छा से किया। ऐसा करने में उनके ऊपर किसी का अंकुश नहीं था।" क्या यह विचार मेरे विचारों को पुष्टि नहीं देते कि भगवान ने मनुष्य को मनुष्यता सिखलाने के लिए मानव-रूप धारण कर लिया था?

मैंने ऐसे अनेक प्रसंग यहाँ उद्धृत करना नहीं चाहा, जो उनकी श्रेष्ठता या मनुष्यता के द्योतक हैं, क्योंकि ऐसा अन्य लोगों ने किया है और ज़ाकिरसाहब के देहान्त के पश्चात् ऐसा तभी करना चाहिए जबकि हम उससे कुछ सीख सकें। जब सामाजिक रूप से ऐसे अवसर मनाए जाते हैं, तब समष्टि जीवन को क्या लाभ हो सकता है, यह हमें देखना है।

भारत एक बहु-भाषीय देश है। यहाँ अनेक धर्म के, भिन्न-भिन्न रीति-रिवाज वाले, लोग रहते हैं। यह सब होते हुए भी हम एक राष्ट्र हैं, यह भारत की विशेषता है। लोकतंत्रीय राज्य-पद्धति हमने अपनाई है और हम अपनी राज्य-पद्धति को धर्मातीत रखने का दावा करते हैं। इसका मतलब यह है कि किसी भी व्यक्ति की चाहे वह किसी धर्म का भी हो, अपनी प्रगति में किसी भी प्रकार की रुकावटें नहीं होनी चाहिए, परन्तु व्यवहार में, अन्तिम ध्येय व वास्तविकता में बहुत अंतर होता है। उदाहरणार्थ, जब ज़ाकिरसाहब का नाम राष्ट्रपति पद के लिए सुझाया गया था तो किस प्रकार के वाद-विवाद, शंका-कुशंकाएं व्यक्त की गई थीं। इन सब कठिनाइयों के बावजूद ज़ाकिरसाहब देश के महान पद पर पहुंच गए। यह बात उनके व्यक्तित्व की श्रेष्ठता की द्योतक है, ऐसा मैं जानता हूँ। जिन लोगों ने उनका विरोध किया, वे भी उनके मित्र बन गए।

ज़ाकिरसाहब के साथ रहते समय मेरा और भी दूसरे इस्लामधर्मीय व्यक्तियों से सम्बन्ध आया। थोड़ा-सा हिन्दुत्व-निष्ठ होने के कारण–मैं जानता हूँ, यह एक मूर्खता है–मैंने पहले-पहल चिकित्सक बुद्धि अपनाई थी, परन्तु मुझे बहुत खुशी है कि इस समाज में अनेक त्यागी तपस्वी व्यक्ति आज भी मौजूद हैं, जो केवल 'परहित सुखाय' ही अपना जीवन व्यतीत करते हैं। मेरी अब यह धारणा हो गई है कि हमारे संबंध हमारे मुस्लिम भाइयों से और भी बढ़वाने चाहिए, ताकि उनमें ढके हुए अनेक मानक-मोती फिर से अपनी चमक दिखाएं।

ज़ाकिरसाहब को सच्ची श्रद्धांजलि तो यही होगी कि हम प्रण करें कि हम अपने आपको एक अच्छा आदमी बनाने के प्रयत्न में सदा-सर्वदा लगे रहें।

## वह खरे इन्सान थे

**–यशपाल जैन**

जीवन का अन्तिम पड़ाव इस तरह अचानक आ जाएगा, इसकी कल्पना नहीं की थी। स्वयं उन्हें भी कल्पना कहाँ रही होगी! रोज की तरह दिन उगा, वह उठे, निवृत्त हुए, जलपान किया, कुछ और काम निबटाये और उसके बाद चंद मिनटों में जिन्दगी का सफर खत्म हो गया।

जीवन और मृत्यु के बीच कितनी पतली रेखा है, इसकी अनुभूति ऐसे अवसरों पर ही होती है। इस रेखा के किनारे खड़े होते हुए भी मनुष्य के पैर उसे लांघने में प्राय: हिचकते हैं। आगे बढ़ते हैं कि फिर पीछे को खिंच जाते हैं। पर उन्होंने तो ऐसी हिचक एक क्षण को भी नहीं दिखाई। एक शिकन तक उनके चेहरे पर नहीं आई और कबीर के शब्दों में जतन से ओढ़ी चदरिया को ज्यों-का-त्यों रख दिया।

अपने 72 वर्ष के जीवन में डॉ॰ ज़ाकिर हुसैन ने कितने उतार-चढाव देखे। जन्मे हैदराबाद में, शिक्षा पाई उत्तर प्रदेश में, डॉक्टरेट ली बर्लिन में और कर्मक्षेत्र बनी दिल्ली। होश संभाला तब राजनीति का स्वर प्रखर हो उठा था पर वह स्वर उनकी प्रबुद्ध चेतना को विचलित न कर सका। उनकी अभिरुचि थी सेवा में, रचनात्मक कार्यों में। गांधीजी की भांति वह जानते थे कि किसी भी राष्ट्र को विदेशी सत्ता सदा-सदा के लिए दासता की जंज़ीर में जकड़ कर नहीं रख सकती और भारत एक-न-एक दिन स्वतन्त्र होगा ही; लेकिन स्वतन्त्रता का भवन बिना मजबूत नींव के टिक नहीं सकेगा। इसलिए उन्होंने आरम्भ से ही अपना ध्यान इस बुनियाद को पक्का करने पर लगाया। शिक्षा उनका प्रिय विषय था। वह मानते थे कि बिना शिक्षा के कोई भी राष्ट्र ऊपर नहीं उठ सकता। अत: उन्होंने सेवाभावी शिक्षकों की टोली इकट्ठी की और जामिया मिलिया के द्वारा उस शिक्षा को प्रचारित और प्रसारित किया, जो स्वतन्त्र राष्ट्र के नागरिकों के स्वस्थ विकास के लिए आवश्यक थी। वह जमाना बड़ी कठिनाई का था। विदेशी सत्ता देश के अभिक्रम को कुण्ठित करके देशवासियों को परावलम्बी बनाने पर तुली थी। उसी को सामने रख कर उसने नई शिक्षा-पद्धति चालू

की थी और उसका जाल सारे देश में बिछाया था। उस शिक्षा-पद्धति के उद्दाम प्रवाह के विरुद्ध ज़ाकिरसाहब और उनके सहयोगी डटकर खड़े हो गये। न इस बात की चिन्ता की कि पैसा सरकार नहीं देगी तो संस्था कैसे चलेगी, न यह सोचा कि उनकी परीक्षाओं को राजकीय मान्यता नहीं मिलेगी तो कौन पढ़ने आएगा। उनके सम्मुख ऊँचा आदर्श था, भारत के उस गरिमा-मंडित स्वरूप का चित्र था, जिसने किसी युग में अपनी लोक हितकारी संस्कृति से विश्व को अपनी ओर आकर्षित किया था। लगभग 29 वर्ष की अवस्था में वह जामिया मिलिया के उपकुलपति बने और 22 वर्ष (1926-48) तक उस पद पर रह कर निष्ठापूर्वक संस्था का संचालन करते रहे। भारत के स्वतन्त्र होने पर अलीगढ़ विश्वविद्यालय को उनकी सेवाओं की आवश्यकता हुई। सन् 48 में वह अलीगढ़ चले गये और 1956 तक वहाँ उपकुलपति के पद पर आसीन रहे।

गांधीजी की नई शिक्षा-पद्धति 'बुनियादी तालीम' के वह शुरू में आलोचक थे। लेकिन जब उसका मर्म अच्छी तरह से उनकी समझ में आ गया तो उस शिक्षा-प्रणाली को जितना प्रोत्साहन उन्होंने दिया, उतना शायद ही किसी ने दिया हो। सन् 1935 से 1950 तक वह हिन्दुस्तानी तालीमी संघ के अध्यक्ष रहे और बड़ी लगन तथा अध्यवसाय से उस शिक्षा का देशव्यापी प्रचार किया।

सेवा का जो भी और जहां भी अवसर आया, ज़ाकिरसाहब सदा आगे रहे, लेकिन नाम की और पद की उन्होंने कभी आकांक्षा नहीं की। जाने कितनी कमेटियों और कमीशनों के वह अध्यक्ष बने, सन् 1957 से 1962 तक बिहार के राज्यपाल रहे, सन् 1962 से 1967 तक भारत के उप-राष्ट्रपति के पद को सुशोभित किया और सन् 1967 से लेकर जीवन के अन्तिम क्षण तक राष्ट्रपति के सर्वोच्च गौरव से मंडित रहे, लेकिन अपने दीर्घकालीन संपर्क के आधार पर मैं कह सकता हूँ कि ऊँचे-से-ऊँचा पद भी सादगी, सेवा-परायणता और इन्सानियत से उन्हें डिगा नहीं सका। वस्तुतः वह खरे इन्सान थे। पदों का महत्त्व यदि उनके लिए कुछ था तो केवल इतना कि वे सेवा का अवसर प्रदान करते थे। उन्हें बड़े-से-बड़ा पद और सम्मान मिला, लेकिन उन्होंने उसे पाने के लिए कभी इच्छा या प्रयत्न नहीं किया।

भारत के स्वतन्त्र होने के उपरान्त देश में सत्ता और पदों के लिए जो होड़ लगी उससे उनका मन अत्यन्त खिन्न था। लम्बे-चौड़े भाषणों के तो वह बहुत ही विरोधी थे। मुझे कई घटनाएं याद आती हैं। स्व० लाल बहादुर शास्त्री की पहली बरसी पर 'चित्र कला संगम' की ओर से हम लोगों ने शास्त्रीजी के निवास-स्थान

पर एक आयोजन किया था। उसमें आमन्त्रित करने के लिए जब हम उनके पास गये तो उन्होंने कहा, "ऐसे मौकों पर आप उन लोगों को बुलाइये, ज़ो राजनीति के न हों, रूहानी निगाह से ऊंचे दर्जे के हों, जिनका इखलाक बुलन्द हो।" हमने उनसे बहुत तर्क किया कि हम लोग आपको राजनीति का आदमी नहीं मानते और नैतिक दृष्टि से आपका बहुत ऊँचा स्थान है, पर वह एकदम राजी नहीं हुए। बोले, "अच्छा, मैं सोच कर बताऊँगा।"

बाद में उन्होंने आना स्वीकार कर लिया, लेकिन इस शर्त पर कि सारे आयोजन को हम प्रार्थना-सभा का रूप देंगे और उनसे बोलने का अनुरोध नहीं करेंगे।

वह आये और भक्ति के गीतों को सुनकर इतने गद्गद् हुए कि कई बार उनकी आँखें डबडबा आईं। पूरे एक घण्टे बैठे और आयोजन की समाप्ति पर गये।

एक और अवसर पर उन्होंने अपना सात्विक आक्रोश प्रकट करते हुए कहा, "समारोह में सियासी नेताओं को पकड़ कर लाना मैं सख्त नापसन्द करता हूँ। साहित्य और संस्कृति के क्षेत्र में सियासी नेताओं की कोई जगह नहीं होनी चाहिए।"

सभा-सोसाइटियों में यों जाने को वह जाते थे, बोलने के लिए भी उन्हें प्रायः विवश किया जाता था, लेकिन सच यह है कि वह आडम्बर-युक्त भाषणों से यथासंभव बचते थे। अपनी बात वह नपे-तुले शब्दों में कहते थे और जो शब्द उनके मुँह से निकलते थे, वे उनके अंतर से उठ कर आते थे।

उनके बोलने का ढंग निराला था। वह कभी जोशीली बातें कहकर लोगों की भावना को उभारने का प्रयास नहीं करते थे। उन्हें जो कहना होता था, बिना किसी आडम्बर के, सरल शब्दों में, कह देते थे, पर उनका शब्दों का चुनाव बड़ा प्रभावशाली होता था। वह लोगों के दिलों को हिला देते थे। गांधीजी, राजेन्द्रबाबू, नेहरूजी आदि के मानवीय गुणों पर बोलते हुए उनका कण्ठ कई बार अवरुद्ध हो गया था, श्रोताओं की आँखें गीली हो आई थीं।

उनमें मानवता ऊँचे दर्जे की थी। वह मुस्लिम कुल में जन्मे थे, अपने धर्म को प्यार करते थे, लेकिन दूसरे धर्मों के प्रति भी उनका उतना ही प्यार और आदर था। दुर्भाग्य से आज धर्मनिरपेक्षता का अर्थ अधिकांश व्यक्ति धर्म-विहीनता करते हैं, लेकिन ज़ाकिरसाहब ने अपने आचरण से स्पष्ट कर दिया कि धर्म-निरपेक्षता का अर्थ 'सर्वधर्म समभाव' है। अपने जीवन में उन्होंने कभी किसी

धर्म की उपेक्षा की हो, ऐसा एक भी अवसर मुझे याद नहीं आता। हम कह सकते हैं कि धर्म के प्रति उनकी आस्था का मूलाधार मानव था और उन्होंने मानवता को सदा धर्म की आधार-शिला माना।

उनकी रुचि वैसे बहुत व्यापक थी, लेकिन उन्हें तीन विषय विशेष प्रिय थे–शिक्षा, कला और संस्कृति। हम बता चुके हैं कि उनके जीवन का अधिकांश भाग शिक्षा के प्रचार और प्रसार में व्यतीत हुआ, लेकिन कला और संस्कृति की अभिवृद्धि में भी उन्होंने पूरा योगदान दिया। उन्होंने भारतीय कला का गहराई से अध्ययन किया था। विदेशों की कला में भी उनकी बड़ी रुचि थी। आदमी की ज़िन्दगी को सुन्दर और निगाह को ऊँचा बनाने के लिए वह कला को आवश्यक मानते थे और इसलिए कला को प्रोत्साहन देने वाली संस्था 'चित्र कला संगम' तथा अन्य कला-संस्थाओं के प्रमुख स्तम्भ रहे।

संस्कृति के प्रेम से तो उनका जीवन ओतप्रोत था। वह स्वयं भी बड़े ही सुसंस्कृत व्यक्ति थे। जब-जब सांस्कृतिक विषयों पर बोलते थे, ऐसा लगता था, मानो संस्कृति की धारा प्रवाहित हो रही है।

प्रकृति के वह परम उपासक थे। फूलों के लिए उनका प्रेम सर्वविदित था। गुलाब उनका बहुत ही प्रिय पुष्प था। वह जहाँ कहीं रहे, वहीं उन्होंने फूलों की शोभा और सुरभि से वहाँ के वातावरण को स्निग्ध बना दिया।

विनम्रता में तो कोई भी उनका मुकाबला नहीं कर सकता था। वह छोटे-से-छोटे व्यक्ति के साथ भी ऐसा व्यवहार करते थे कि उसे अपने छोटेपन का आभास नहीं होता था। उनकी सरलता और आत्मीयता से उसका मन भीग उठता था। एक बार 'चित्र कला संगम' के एक समारोह का संचालन बच्चे कर रहे थे। उन्होंने अपने प्यारे नेता ज़ाकिरसाहब से मंच पर आने का अनुरोध किया और उनका अभिनन्दन करते हुए आशीर्वाद देने का निवेदन किया। ज़ाकिरसाहब मंच पर आये और बच्चों के बीच ऐसे खड़े हो गये, जैसे वह स्वयं बच्चे हों, फिर बाल-अध्यक्ष के आगे झुक कर बड़े विनम्र भाव से बोले, "अगर इजाज़त हो तो मैं कुछ अर्ज़ करूं?" सप्रू हाउस खचाखच भरा था। उनके इन शब्दों को सुन कर दर्शकों के हृदय भाव-विह्वल हो उठे।

उनकी तमन्ना थी कि भारत एक ऐसा उद्यान बने, जिसकी महक अपने देश में ही नहीं, सारे संसार में फैले। उनकी दृष्टि में ऐसा तभी संभव हो सकता था जबकि यहाँ के सारे निवासी प्रेम से रहें, एक दूसरे के सुख-दुःख

में काम आयें और निजी स्वार्थों को छोड़ कर अपने कर्तव्य का पूरी सच्चाई और ईमानदारी से पालन करें।

ज़ाकिरसाहब अपना पार्ट बड़ी खूबी से अदा करके चले गये, लेकिन उनके पीछे अभी बहुत कुछ करने को शेष रह गया है। भारत राजनैतिक दृष्टि से स्वतन्त्र हो गया है, लेकिन सामाजिक, सांस्कृतिक तथा आर्थिक दृष्टि से उसे अभी स्वतन्त्र होना है। ज़ाकिरसाहब का समूचा जीवन इसी दिशा में साधना करते बीता था। उनके प्रति सर्वोत्तम श्रद्धाञ्जलि यही होगी कि हम सब मिल कर उनकी साधना को आगे बढ़ायें, उनकी आकांक्षा की पूर्ति करें। राष्ट्रपति के पद पर आसीन होते समय उन्होंने कहा था, "यह देश मेरा घर है और यहाँ के निवासी मेरा कुटुम्ब।" इन शब्दों में उन्होंने हमें एक ऐसा मूलमंत्र दिया है, जिसे प्रत्येक भारतवासी को सदा अपने सामने रखना चाहिए।

ऐसी विभूति को खोकर आज बड़ी रिक्तता अनुभव हो रही है। लगता है, अभी उनको जाना नहीं चाहिए था, लेकिन होनी को कौन रोक सकता है। ज़ाकिरसाहब की भौतिक काया चली गयी है, पर वह जिन मूल्यों के प्रतीक थे, वे आज भी हमारे सामने हैं। उन मूल्यों में हमारी आस्था सुदृढ़ होगी तो उन्हें बड़ा संतोष होगा।

## विदेशों की श्रद्धांजलियाँ

"मैं और मेरे पति को महामहिम डॉ० ज़ाकिर हुसैन की मृत्यु का समाचार सुन कर अत्यन्त दुःख हुआ। इस दुःखद हानि के समय हम आपके और भारतीय जनता के साथ हैं।"

**–एलिजाबेथ**
(ब्रिटेन की महारानी)

"डॉ० ज़ाकिर हुसैन की एक महान् विद्वान, प्रामाणिक व्यक्ति और भारतीय जनता के हितचिंतक के रूप में ब्रिटेन में काफी प्रशंसा होती है। अत्यन्त दुःख के साथ आज मैंने उनके निधन का दुःखद समाचार सुना। ब्रिटिश सरकार की ओर से मैं आपके और आपके सहयोगियों के प्रति गहन संवेदना व्यक्त करता हूँ।"

**–हेरल्ड विल्सन**
(ब्रिटेन के प्रधानमंत्री)

"डॉ० ज़ाकिर हुसैन की मृत्यु से भारत ने एक प्रतिष्ठित नेता खो दिया है। मैं अपनी, पाकिस्तान सरकार एवं पाकिस्तानी जनता की ओर से आपके, भारतीय जनता के एवं शोकग्रस्त परिवार के प्रति अपना गहरा शोक व्यक्त करता हूँ।"

**–याह्या खां**
(पाकिस्तान के राष्ट्रपति)

"हम आपके, आपकी सरकार और भारत की प्रिय जनता के प्रति राष्ट्रपति डॉ० ज़ाकिर हुसैन के आकस्मिक निधन पर गहरा शोक व्यक्त करते हैं और समवेदना प्रकट करते हैं। डॉ० हुसैन एक प्रतिष्ठित राष्ट्राध्यक्ष थे।"

**–पोप पाल षष्ठ**
(बैटिकन सिटी से)

"स्व० राष्ट्रपति डॉ० ज़ाकिर हुसैन एक प्रमुख नेता थे, जिनके आकस्मिक निध न से गहरा सदमा पहुंचा है।"

**–हाइले सेलामी**
(इथियोपिया के सम्राट्)

"डॉ० ज़ाकिर हुसैन की मृत्यु से भारत ने एक बुद्धिमान और निष्ठावान राजनीतिज्ञ खो दिया है, जो शांति, सद्भाव और संसार के सभी प्राणियों की उन्नति एवं कल्याण के लिए स्वयं को अर्पित किए हुए थे।"

**–प्रधानमंत्री**
(इथियोपिया)

"वह एक दूरदर्शी राजनीतिज्ञ थे और मानवता के कल्याण के लिए उनके द्वारा किये गए कार्यों के लिए उन्हें सदा स्मरण किया जायगा।"

**–फर्डिनेंड मारकोस**
(फिलिपाइन के राष्ट्रपति)

"राष्ट्रपति डॉ० ज़ाकिर हुसैन की मृत्यु सभी शांतिप्रिय देशों के लिए गहरा धक्का है। डॉ० हुसैन एक मित्रतापूर्ण, शांतिप्रिय और सद्भावपूर्ण नेता थे। वह हमारे निकट के मित्र थे। हम भारत की जनता एवं सरकार के प्रति अपना शोक व्यक्त करते हैं।"

**–तुन अब्दुल रज्जाक**
(मलयेशिया के उप-प्रधानमंत्री)

"मुझे डॉ॰ हुसैन की अचानक मृत्यु का समाचार सुनकर गहरा दुःख हुआ है। मैं शोकग्रस्त परिवार के साथ समवेदना प्रकट करता हूँ।"

**–सर पाल हैसलक**
(आस्ट्रेलिया के गर्वनर जनरल)

"डॉ॰ ज़ाकिर हुसैन की मृत्यु के समाचार से हमें गहरा दुःख हुआ है। इस महान् राजनीतिज्ञ और प्रमुख विद्वान् की मृत्यु पर जापान को शोक है।"

**–इसाकु सातो**
(जापान के प्रधानमंत्री)

## सारा भारत जिनका घर था

### डॉ॰ ज़ाकिर हुसैन (8 फरवरी, 1897–3 मई, 1969)

राष्ट्रपति डॉ॰ ज़ाकिर हुसैन का जन्म हैदराबाद रियासत (वर्तमान आंध्र) में 8 फरवरी, 1897 में हुआ था। उन्होंने अपनी प्रारम्भिक शिक्षा इटावा में प्राप्त की। उन्होंने अपनी स्नातक परीक्षा मुस्लिम विश्वविद्यालय अलीगढ़ से उत्तीण की और वे आगे उच्च अध्ययन के लिए जर्मनी गए जहां उन्होंने बर्लिन विश्वविद्यालय से पी-एच॰डी॰ की उपाधि प्राप्त की।

डॉ॰ ज़ाकिर हुसैन एक महान शिक्षाविद् थे। वर्धा की बुनियादी शिक्षा कमेटी के वे अध्यक्ष थे तथा इस योजना का सारा श्रेय उन्हीं को प्राप्त है। वे 1926 से 1948 तक जामिया मिलिया के उपकुलपति रहे तथा उन्होंने इस योजना को वहाँ लागू किया। उन्हीं के प्रयत्नों से जामिया मिलिया देश की अपने ढंग की एक शिक्षण संस्था बन सकी। 1948 से 1956 तक के अलीगढ़ विश्वविद्यालय के उपकुलपति रहे। वे 1938 से 1950 तक हिन्दुस्तानी तालीमी संघ सेवाग्राम के अध्यक्ष रहे। एक शिक्षा विशेषज्ञ के नाते वे शिक्षा सम्बन्धी अनेक संस्थाओं एवं समितियों से सम्बद्ध थे। इनमें बिहार, उत्तरप्रदेश और मध्यप्रदेश की शिक्षा पुनर्गठन समितियां, विश्वविद्यालय अनुदान आयोग, (1957 तक) केन्द्रीय शिक्षा बोर्ड और बुनियादी राष्ट्रीय शिक्षा समिति भी हैं।

डॉ॰ ज़ाकिर हुसैन ने अनेक पुस्तकें लिखी हैं। इनमें कैपिटलिज़्म, शिक्षा (हिन्दी में), प्लेटो के 'रिपब्लिक' का उर्दू अनुवाद, और लिस्ट और एडविन कैनन की अर्थशास्त्र की पुस्तकों का अनुवाद है।

डॉ॰ ज़ाकिर हुसैन भारतीय प्रतिनिधि के रूप में 'यूनेस्को' से भी सम्बद्ध थे। वे यूनेस्को की प्रबन्ध समिति के 1956-58 में निर्वाचित सदस्य रहे। वे अन्तर्राष्ट्रीय छात्र सेवा की भारतीय समिति के (1955 तक) और जेनेवा स्थित विश्वविद्यालय सेवा के 1955-57 तक अध्यक्ष रहे। संस्कृति और शिक्षा के क्षेत्र में उनकी विशिष्ट सेवाओं के उपलक्ष्य में उन्हें 1954 में पद्मविभूषण की उपाधि से अलंकृत किया गया।

डॉ॰ ज़ाकिर हुसैन 1952 में शिक्षा, विज्ञान, कला और समाज सेवा के क्षेत्र में विशिष्ट एवं असाधारण प्रतिभावान व्यक्तियों के लिए निर्धारित कोटे से राज्यसभा के सदस्य मनोनीत किए गए। अप्रैल 1956 में वे पुनः राज्य सभा के सदस्य मनोनीत किए गए तथा 6 जुलाई, 1957 को बिहार के राज्यपाल बनने तक इस पद पर बने रहे।

मई 1962 में वे उपराष्ट्रपति चुने गए थे।

डॉ॰ ज़ाकिर हुसैन को 1963 में भारत रत्न उपाधि से अलंकृत किया गया था।

1967 में राष्ट्रपति बनने के बाद उन्होंने जो भाषण दिया था, वह सदा स्मरणीय रहेगा। उन्होंने कहा था–"सारा भारत मेरा घर है और उसके लोग मेरा परिवार। मैं सच्ची लगन से इस घर को सुन्दर और मजबूत बनाने की कोशिश करूँगा ताकि वह मेरे महान् देशवासियों का उपयुक्त घर बन सके।"

❑❑❑

# 4

# श्री वराहगिरि वैंकटगिरि

जीवन संघर्षों का नाम है। संघर्षों के झटके तथा उतार-चढ़ाव के बीच ही तो जीवन आगे बढ़ता है। वास्तव में ऐसे संघर्ष व्यक्तित्व की परीक्षा लेते हैं, जिन पर खरा उतरकर व्यक्ति का व्यक्तित्व निखर उठता है। यह सत्य है कि संघर्षों का तेज आग में तपकर ही मनुष्य महान् बनता है। महानता का इतिहास संघर्षों को आग से भरा होता है। हमारे देश के चौथे राष्ट्रपति श्री वराहगिरि वैंकटगिरि के जीवन की कहानी भी संघर्षों की ऐसी विषमताओं का लम्बा इतिहास है, जो हमारे लिए एक महान् आदर्श प्रस्तुत करता है।

श्री गिरि का व्यक्तित्व ऐसा है, जो कल्पना के ऊँचे और रंगीन आकाश में विचरण करने में विश्वास नहीं रखता, वरन् धरती के ऊबड़-खाबड़पन तथा उसकी कठोरता को हृदय से प्यार करता है। यह व्यक्ति सदैव गली के ठुकराए जानेवाले पत्थरों का-सा जीवन बिताकर तिल-तिलकर मरनेवाले श्रमिकों को उठाने के लिए जीवनभर लड़ता रहा। जो दुखियों का सहारा, गरीबों का समर्थक तथा आत्म-विश्वास का दृढ़ स्तम्भ बनकर रहा।

**जीवन-परिचय**

श्री वराहगिरि वैंकटगिरि के जीवन का इतिहास दृढ़ता, आत्म-विश्वास, कर्मठता एवं मानवतावादी भावनाओं की एक लम्बी कहानी है। राष्ट्रपति के पाँचवें निर्वाचन ने हमारे सामने श्री गिरि के व्यक्तित्व को पूर्णरूप से स्पष्ट कर दिया तथा सिद्ध कर दिया कि यह व्यक्ति अपने लक्ष्य के प्रति कितना दृढ़ है, निष्ठावान है। ऐसे व्यक्ति को राष्ट्रपति के रूप में पाना देश का बड़ा सौभाग्य था।

## जन्म और शिक्षा

हमारे नये राष्ट्रपति श्री वराहगिरि वेंकटगिरि का जन्म वर्तमान उड़ीसा राज्य के बरहामपुर नामक स्थान पर 10 अगस्त, सन् 1894 को हुआ था। आपके पिता का नाम जोगिया पानतुलू था। वे अपने पुत्र को बहुत प्यार करते थे।

आपकी शिक्षा अधिकतर कालीकट में ही हुई। काल्लिकोटा कॉलेज से आपने स्नातक परीक्षा पास कर अपनी डिग्री प्राप्त की। छोटी आयु से हो श्री गिरि के मन में समाज के दलितवर्ग के प्रति अत्यधिक प्यार था। अपने शिक्षाकाल में भी वे श्रम-कल्याण के कार्यों में लगे रहते थे। स्नातक परीक्षा उतीर्ण कर लेने के उपरान्त आपने नेशनल यूनिवर्सिटी ऑफ आयरलैण्ड, डबलिन में वकालत की शिक्षा के लिए प्रवेश ले लिया तथा सफलतापूर्वक उन्हें 'बैरिस्टर एट-ला' की उपाधि प्रदान की गई।

वास्तव में श्रम-कल्याण की आपकी बाल्यावस्था की भावनाओं को आयरलैण्ड में पर्याप्त प्रोत्साहन मिला। डबलिन के राष्ट्रीय विश्वविद्यालय में पढ़ते हुए भी आपने मज़दूर आन्दोलनों में सक्रिय रूप से भाग लिया। मज़दूरों के प्रति सहानुभूति तथा उनके कल्याण के लिए सक्रिय सहयोग करने की भावना का विकास वास्तव में यहीं पर हुआ। इसी कारण आपको वहाँ और अधिक समय तक नहीं रुकने दिया गया और भारत भेज दिया गया।

## कार्यक्षेत्र में

श्री गिरि सदैव कर्मठ व्यक्ति रहे। कर्म से उन्होंने कभी भी जी नहीं चुराया। आयरलैण्ड से भारत लौटकर वे तुरन्त भारतीय राष्ट्रीय कांग्रेस में सम्मिलित हो गए तथा शीघ्र ही उन्होंने मज़दूर संघों को अपना कार्यक्षेत्र बनाया। भारत लौटते ही श्री गिरि ने सर्वप्रथम 'यातायात मज़दूर संघ' की नींव डाली। रेलवे कर्मचारी संघ के आप लगभग 7 वर्ष तक सेक्रेटरी रहे तथा उसके बाद लगभग 7 वर्षों तक आपने उस संगठन के अध्यक्ष-पद का कार्यभार भी उठाया। इस अवधि में आपने अत्यन्त कुशलता और ईमानदारी के साथ मज़दूरों से सम्बन्धित अनेक महत्त्वपूर्ण समस्याओं को सुलझाया तथा अनुकूल वातावरण बनाने के प्रयत्न किए। 'रेलवे कर्मचारी संघ' को मज़बूत करने का श्रेय वास्तव में श्री गिरि को ही है।

इतना ही नहीं, श्री गिरि उन व्यक्तियों में हैं, जिन्होंने 'इन्टक' को जन्म दिया। आप इस संस्था के दो बार अध्यक्ष भी चुने गए। आपने अनुभवों का व्यापक और सही उपयोग मज़दूरों के कल्याण के लिए किया।

सन् 1927 में जिनेवा में होने वाले अन्तर्राष्ट्रीय मज़दूर संगठन सम्मेलन में श्री वी०वी० गिरि ने 'आल इण्डिया ट्रेड यूनियन कांग्रेस' के प्रतिनिधि के रूप में भाग लिया। इसके अतिरिक्त चार वर्ष बाद सन् 1931 में जब लंदन में दूसरी राउण्ड टेबल कॉन्फ्रेंस आयोजित की गई तो वहाँ पर भी आपने भारतीय मज़दूरों का प्रतिनिधित्व किया।

मज़दूर-कल्याण के कार्य करते समय श्री गिरि भारतीय स्वतन्त्रता-आन्दोलन के प्रति भी उदासीन नहीं थे। वे चाहते थे स्वतन्त्रता-आन्दोलन की नींवों को इस तरह मजबूत बनाया जाय कि इससे व्यापक कल्याणकारी परिणाम सामने आएँ। इसके लिए उन्होंने यह अनुभव किया कि देश में होने वाले इस स्वतन्त्रता-संग्राम की वास्तविक सफलता के लिए यह आवश्यक है कि मज़दूरों की आर्थिक स्थिति को सुधारा जाय। इसी उद्देश्य को लेकर आपने एक नए मज़दूर आन्दोलन का श्रीगणेश किया। इस कार्य में भी आपने पूर्ण रुचि और उत्साह के साथ भाग लिया।

## राजनीति में प्रवेश

यों तो श्री गिरि मज़दूर-कल्याण के कार्यों को पूरा करने के लिए राजनीतिक क्षेत्र में उतर चुके थे, किन्तु संसदीय राजनीति में आप सन् 1935 में उतरे। उस अवधि में भी आपने अपनी प्रतिभा का व्यापक प्रभाव दिखलाया। सन् 1937 में आप मद्रास विधानसभा के लिए चुने गए तथा मद्रास के प्रथम मंत्रिमण्डल में आप सन् 1937 से 1939 तक श्रम व उद्योंग मंत्री के रूप में कार्य करते रहे। एक साथ विभिन्न क्षेत्रों में कार्य करते हुए भी श्री गिरि अपने कर्तव्यों के प्रति सदैव ईमानदार बने रहे, वह बहुत बड़ी बात थी।

जब सन् 1946 में आम चुनाव हुए तो आप इस बार फिर मद्रास विधानसभा के लिए चुन लिए गए। इस समय आप प्रकाशम् मंत्रिमण्डल में लगभग एक वर्ष तक श्रममंत्री के पद पर रहे। इसके उपरान्त सन् 1947 में मद्रास मंत्रिमण्डल द्वारा त्यागपत्र दे दिए जाने के कारण आपको भी अपना यह पद त्याग देना पड़ा। त्यागपत्र देने के बाद ही आपको श्रीलंका में भारत के उच्चायुक्त के पद पर नियुक्त कर दिया गया। इस पद पर आपने सन् 1950 तक कार्य किया। वास्तव में राजनीतिक क्षेत्र में कूटनीतिक पद पर कार्य करने का यह पहला अवसर था। इतना ही नहीं, इससे पूर्व सन् 1937 में पं० जवाहरलाल नेहरू की अध्यक्षता में गठित राष्ट्रीय योजना समिति में आपने संयोजक के रूप में अपना कार्य कुशलतापूर्वक पूरा किया।

अपने सार्वजनिक क्षेत्र के कार्यों में श्री गिरि कभी भी हाथ पर हाथ धरे नहीं बैठे रहे, वरन् वे निरन्तर आगे–और-आगे बढ़ने का प्रयत्न करते रहे। दो बार विधानसभा के चुनावों में जीत चुकने पर सन् 1952 के आम चुनावों में आपने संसद के चुनावों में खड़े होने का निश्चय कर लिया। इस बार आप पथपतनम क्षेत्र से संसद के लिए चुन लिए गए। इस आधार पर आपने केन्द्रीय मंत्रिमण्डल में सन् 1952 में ही श्रममंत्री का कार्यभार सम्भाला। इस पद पर आप सन् 1954 तक बने रहे। सन् 1954 में आपने बैंक-विवाद के प्रश्न को लेकर बैंक-पंच-न्यायालय के निर्णय से अपने श्रममंत्री के पद से त्यागपत्र दे दिया।

सन् 1956 तक आप इसी प्रकार राजनीतिक क्षेत्र में अपना कार्य करते रहे। सन् 1957 का वर्ष आपके राजनीतिक जीवन में एक नया मोड़ लेकर आया। अब तक के कार्यों के अनुभव से आप एक अच्छे प्रशासक बन चुके थे। 1957 में आपको उत्तरप्रदेश का राज्यपाल बना दिया गया। यहाँ भी वे अपने अधिकारों और जिम्मेदारियों के प्रति पूरी तरह जागरूक रहकर कार्य करते रहे। उत्तरप्रदेश के राज्यपाल के पद पर कार्य करते हुए एक बार आपने वहाँ के विश्वविद्यालयों के प्रति काफी रुचि दिखलाई। उन्हीं दिनों आपने वहाँ के मुख्यमंत्री को इच्छा के विरुद्ध एक प्रोफेसर को विश्वविद्यालय की कार्यकारिणी समिति का सदस्य नियुक्त कर दिया था। इस बात को लेकर काफी कुछ कहा-सुना गया तो श्री गिरि ने स्पष्ट शब्दों में कह दिया कि ‘‘मैं उत्तरप्रदेश का ‘स्लीपिंग पार्टनर’ नहीं हूँ’’ इस प्रकार आपने यह सिद्ध करने का प्रयत्न किया कि राज्यपाल कठपुतली नहीं होता, बल्कि अपना स्वतन्त्र अस्तित्व भी रखता है। आपने संविधान से प्राप्त अधिकारों का समुचित उपयोग किया। उत्तरप्रदेश के राज्यपाल के रूप में श्री गिरि ने सन् 1957 से 1961 तक कार्य किया।

## उपराष्ट्रपति के रूप में

सन् 1967 के आम चुनाव में आप कांग्रेस उम्मीदवार के रूप में भारत के उपराष्ट्रपति निर्वाचित हुए। आपकी जीवनभर की कठिन साधना के लिए यह सम्मान सर्वथा उचित ही था। ऐसे उच्च सम्मान का पद पाकर भी श्री गिरि को कभी अभिमान नहीं हुआ, प्रत्युत् वे अत्यन्त विनम्रभाव से अपने सभी काम सच्चाई के साथ निभाते रहे। आपने सब कार्य अपना कर्त्तव्य मानकर ही किए। काम करने के पीछे कभी भी यश प्राप्त करने की आपकी लालसा नहीं रही।

श्री गिरि सदा स्पष्टवादी रहे। उनके इस खरेपन से कभी-कभी कुछ लोग नाराज भी हो जाते थे। वे सदा अनुशासनप्रिय रहे। अनुशासनहीनता को वे कभी भी बर्दाश्त नहीं कर पाए। उपराष्ट्रपति के पद पर कार्य करते हुए आपने राष्ट्रपति डॉ॰ ज़ाकिर हुसैन के कार्यों में यथाशक्ति सहयोग प्रदान किया। सन् 1969 के अप्रैल माह तक आप उपराष्ट्रपति पद पर कार्य करते रहे।

## राष्ट्रपति के पद पर

सहसा तत्कालीन राष्ट्रपति डॉ॰ ज़ाकिर हुसैन के आकस्मिक निधन के कारण आपके कंधों पर राष्ट्रपति-पद का कार्यभार आ पड़ा। 3 मई, सन् 1969 को आपको कार्यवाहक राष्ट्रपति के रूप में शपथ दिलाई गई। शोक के ऐसे क्षणों में भी श्री गिरि ने जिस सूझ-बूझ और धैर्य के साथ अपने उत्तरदायित्वों को निभाया, वह सचमुच सराहनीय है।

राजनीतिक क्षेत्र में आपके बढ़ते हुए प्रभाव को कुछ लोग पसन्द नहीं करते थे, अतः परम्परा के विरुद्ध कांग्रेस ने आपको राष्ट्रपति-पद के चुनाव के लिए अपना उम्मीदवार नहीं बनया। वास्तव में अब तक परम्परा यही रही कि राष्ट्रपति के बाद उपराष्ट्रपति को ही कांग्रेस राष्ट्रपति के लिए अपना उम्मीदवार बनाती थी। किन्तु इस बार जब कांग्रेस के कुछ गिरि-विरोधी लोगों ने अपने छल-बल से तत्कालीन लोकसभा के अध्यक्ष श्री नीलम संजीव रेड्डी को दल का उम्मीदवार घोषित किया तो श्री गिरि के स्वाभिमान को बहुत धक्का लगा, पर उन्होंने धैर्य और साहस नहीं त्यागा।

श्री गिरि ने सदैव अपनी अन्तरात्मा की आवाज को सुनकर तथा समझकर उसी के अनुसार कार्य किया। यही कारण है कि आप सदा अपने लक्ष्य में सफलता प्राप्त करते रहे। इस बार भी यही हुआ। आपने जब अपनी अन्तरात्मा की आवाज सुनकर निर्दलीय उम्मीदवार के रूप में राष्ट्रपति-पद का चुनाव लड़ने की घोषणा की तो भारत के राजनीतिक जगत् में सहसा सनसनी फैल गई। इतने उच्च पद के लिए सत्ताधारी कांग्रेस पार्टी के विरुद्ध चुनाव लड़ने की घोषणा करना स्पष्ट रूप से एक बहुत बड़ी चुनौती थी, जिसकी सफलता पर सहसा विश्वास कर लेना किसी के लिए भी सम्भव न था।

श्री गिरि को पद का मोह कभी भी न रहा। वे एक बार जिसे उचित मान लेते थे, उसे वे दृढ़ता से पा लेते थे। आपने राष्ट्रपति-पद के चुनाव में भाग लेने के उद्देश्य से 19 जुलाई, 1969 को कार्यवाहक राष्ट्रपति तथा उपराष्ट्रपति के पद

से त्यागपत्र दे दिया। चुनाव-अभियान में श्री गिरि ने अनुचितरूप से कहीं भी किसी भी रूप में समर्थन प्राप्त करने की चेष्टा नहीं की, वरन् सभी को केवल एक ही बात विशेषरूप से कही थी कि 'आप अपनी अन्तरात्मा के आदेश पर ही किसी को अपना मत दें।'

75 वर्ष की आयु में भी श्री गिरि का मनोबल बहुत ऊँचा रहा। चुनाव-अभियान के दौरान जब आपसे बम्बई में कुछ पत्रकारों ने आपकी इतनी अधिक आयु की बात कही तो उन्होंने साहसपूर्वक उत्तर दिया-"जो लोग मेरी उम्र का तकाज़ा करते हैं, वे मेरे सामने आकर मेरी शक्ति को परखें-यदि मर जाऊँ तो क्या हुआ! सभी को एक दिन मरना पड़ता है। यदि मैं राष्ट्रपति के रूप में मरा तो वह एक बड़ा राष्ट्रीय-पर्व होगा एवं एक शानदार जनाज़ा रहेगा।"

आपकी शक्ति को राष्ट्रपति-पद के चुनाव में सचमुच सारे भारत की जनता ने देखा। सारी जनता राष्ट्रपति-पद के चुनाव की उत्सुकता से प्रतीक्षा कर रही थी। 16 अगस्त, 1969 को चुनाव सम्पन्न हो गया। श्री गिरि का मुकाबला श्री संजीव रेड्डी तथा श्री चिन्तामणि देशमुख से था। 20 अगस्त, 1969 को जब श्री वराहगिरि वैंकटगिरि को भारत के चौथे राष्ट्रपति के रूप में निर्वाचित घोषित किया गया तो भारत की जनता 75 वर्ष के इस बूढ़े का उत्कट आत्म-विश्वास देखकर दंग रह गई। भारतीय राजनीति के इतिहास में सम्भवत: पहली बार इतने ऊँचे पद पर बहुमत वाले कांग्रेस दल के उम्मीदवार को पराजित कर कोई निर्दलीय उम्मीदवार आ बैठा!

इस उच्च तथा गौरवशाली पद पर प्रतिष्ठा प्राप्त करने का गौरव श्री गिरि को जीवनभर की कड़ी तपस्या के लिए कोई बहुत बड़ा पुरस्कार न था। श्री गिरि के रूप में देश को जनता का, मज़दूरों का सच्चा नेता प्राप्त हुआ। आपने 24 अगस्त, सन् 1969 को विधिवत् राष्ट्रपति-पर का कार्य-भार तत्कालीन कार्यवाहक राष्ट्रपति श्री मोहम्मद हिदायतुल्ला से ग्रहण किया।

राष्ट्रपति बन जाने पर भी श्री गिरि में कोई अन्तर नहीं आया। वे उसी प्रकार मिलनसार, कर्तव्यनिष्ठ, कर्मठ, सरल एवं सच्चे हृदय से मुक्त रहे। देश श्री गिरि के कुशल नेतृत्व में प्रगति की ओर नये उत्साह के साथ बढ़ता रहा।

## श्री गिरि : एक बहुमुखी व्यक्तित्व

श्री वराहगिरि वैंकटगिरि बहुमुखी प्रतिभा वाले व्यक्ति थे। अपने व्यक्तिगत् जीवन में वे बहुत विनम्र, मिलनसार और सेवाभावी थे। जब वे उत्तरप्रदेश के

राज्यपाल थे, तब श्री पुरुषोत्तमदास टण्डन एक बार उनसे मिलने गए तो फौरन ही उन्होंने चाय-नाश्ते के लिए कहा। श्री टण्डन के मना करने पर श्री गिरि ने कहा–"यहाँ आने पर हर आदमी को कुछ न कुछ खाने की सज़ा मिलती है। तुम बिना चाय पिए नहीं जा सकते। मैं तुम्हारे साथ बैठकर अब चौथी बार चाय पीऊँगा।"

अतिथि-सत्कार में श्री गिरि बहुत प्रसिद्ध रहे हैं। कोई भी व्यक्ति उनके यहाँ से बिना खाए-पीए नहीं लौटा। वे विनम्र होने के साथ ही साथ बड़े विनोदी स्वभाव के भी थे। एक बार जब उनसे परिवार-नियोजन के अभियान का उद्घाटन करने के लिए कहा गया तो हँसते हुए श्री गिरि ने कहा–"मैं सोलह लड़के-लड़कियों का पिता हूँ। अब आप ही बताइए कि मैं किस मुँह से परिवार नियोजन की वकालत करूँ?"

निराश होना तो श्री गिरि ने जैसे सीखा ही नहीं था। जब वे उत्तरप्रदेश के राज्यपाल थे तो नेहरूजी रुढ़की गए। उन्होंने गिरिजी से कहा–"सुना है तुम बहुत तेज चलते हो।" श्री गिरि ने उस बात को टालना चाहा, पर नेहरूजी ने जब उनसे दौड़ करने का अनुरोध किया तो विवश हो उन्हें मानना पड़ा। राजभवन से लेकर 180 फुट ऊँचे जलकल तक की आधा मील दौड़ हुई तो श्री गिरि जीत गए।

श्री गिरि बहुत परिश्रमी तथा अच्छे खिलाड़ी भी रहे हैं। 65 वर्ष की आयु तक वे टेनिस खेलते थे। उनका परिवार काफी बड़ा था, फिर भी वे सभी की उचित देखभाल करते रहे।

**महाप्रयाण**

दि॰ 24 जून, सन् 1980 मंगलवार को प्रातः श्री वराहगिरि वैंकटगिरि का उनके दक्षिण मद्रास स्थित टी॰ नगर निवास स्थान पर अचानक हृदयगति रुक जाने से 85 वर्ष की आयु में निधन हो गया। कहा जाता है कि इस दिन वे सदा की भाँति प्रातः साढ़े पाँच बजे जग गए। अपने प्रातःकालीन नित्यकर्मों से निवृत्त होकर उन्होंने कुछ खजूर खाए तथा दूध भी माँगा। जब दूध लाया गया तो वे नेत्र बंद किए अपने बिस्तर पर पड़े मिले। झकझोरने से भी जब वे नहीं जागे तो उनके निजी चिकित्सक को बुलाया गया, जिसने उन्हें मृत घोषित कर दिया।

अपनी मृत्यु से एक दिन पूर्व सांयकाल तक श्री गिरि पूर्णतः सक्रिय थे। उन्होंने पिछले दिन मध्यानोत्तर श्री संजय गाँधी की दुखद मृत्यु पर टी॰वी॰ तथा आकाशवाणी के लिए संवेदना संदेश रेकॉर्ड करवाया तथा सांयकाल अपने पुत्र से

नेशनल लेबर पार्टी को सुदृढ़ बनाने पर विचार-विमर्श भी किया, जिसकी स्थापना उन्होंने पिछले वर्ष ही की थी। इससे यह भलीभाँति स्पष्ट हो जाता है कि पचासी वर्ष की आयु में भी श्री गिरि देश तथा समाज-विशेषतः मजदूरवर्ग के प्रति बहुत चिन्तित थे तथा उनके कल्याणकार्यों में निरन्तर लगे रहे।

आपकी मृत्यु के समाचार ने सारे देश को शोकाभिभूत कर दिया। आपके निवास पर संवेदना व्यक्त करने तथा दर्शन करनेवालों का तांता लग गया। वे अपने पीछे चार पुत्र तथा सात पुत्रियां छोड़ गए। उनकी पत्नी श्रीमती सरस्वती गिरि का अगस्त, 1978 में पहले ही देहान्त हो चुका था। आपके निधन पर समूचे राष्ट्र ने सात दिवसीय राजकीय शोक मनाया। देश-विदेश के शीर्षस्थ नेताओं ने उन्हें भावपूर्ण श्रद्धांजलि अर्पित की।

दि॰ 25 जून, 1980 को मद्रास में ही विद्युत शवदाहगृह में पूर्ण राजकीय और सैनिक सम्मान के साथ आपका अन्तिम संस्कार कर दिया गया। उनके पुत्र श्री शंकर गिरि ने वैदिक मंत्रोच्चार के बीच शव को मुखाग्नि दी तथा विधिवत् उनकी देह अग्नि को समर्पित कर दी गई। यह वही शवदाहगृह था, जहां लगभग 7 वर्ष पूर्व हमारे द्वितीय राष्ट्रपति डॉ॰ राधाकृष्णन् का अन्तिम संस्कार सम्पन्न हुआ था।

श्री गिरि कर्मठ, कर्तव्यपरायण, सेवाभावी, विनम्र, मिलनसार तथा दूसरों के कल्याण की हर समय कामना रखने वाले व्यक्ति थे। वे अदम्य साहस, दृढ़ इच्छाशक्ति, स्पष्टवादिता के धनी थे। अपने चौथे राष्ट्रपति के रूप में श्री गिरि को पाकर भारत की कोटि-कोटि जनता ने अपने भाग्य की सराहना की थी। गरीबों और मजदूरों के तो वे सच्चे मसीहा ही थे।

□□□

# भारत के राष्ट्रपति

## (खण्ड–2)

# भारत के राष्ट्रपति

## (खण्ड–2)

डॉ॰ सावित्री वशिष्ठ

प्रशांत पब्लिसिंग हाऊस
दिल्ली–110094

प्रथम संस्करण 2008

ISBN 978-81-906344-5-8

*प्रकाशक*

**प्रशांत पब्लिसिंग हाऊस**

सी-34, 28 फुटा रोड, गली नं॰ 3,
वेस्ट करावल नगर, दिल्ली-110094
फोन नं॰ 22963970, 9810396373

---

प्रशांत पब्लिसिंग हाऊस, सी-34, 28 फुटा रोड, गली नं॰ 3, वेस्ट करावल नगर, दिल्ली-110094 द्वारा प्रकाशित तथा हेमा टाईपोग्राफिक्स, नई दिल्ली-02 द्वारा शब्द संयोजन तथा नवभारत प्रिन्टिग प्रेस, दिल्ली द्वारा मुद्रित।

# भूमिका

भारत सरकार का छोटे से छोटा काम भी राष्ट्रपति के नाम से होता है। चाहे कोई नियुक्ति करनी हो चाहे कोई ठेके का काम होना है, राष्ट्रपति के नाम से ही समाचार पत्रों में छपता है।

भारतीय सेना के सर्वोच्च कमांडर राष्ट्रपति हैं और भारत सरकार उनकी प्रसन्नता पर बनती है तथा बिगड़ती है। जब किसी राज्य में राजनीतिज्ञों का तालमेल बिगड़ जाता है और सरकार बनाने की स्थिति में कोई राजनीतिक दल न हो तो राष्ट्रपति शासन लागू हो जाता है।

संविधान के हिसाब से भारत का राष्ट्रपति बहुत ही शक्तिशाली व्यक्ति होता है। परन्तु वास्तविकता यह है कि भारत के राष्ट्रपति के हाथ में कोई शक्ति नहीं है। उन्हें हर बात में भारत सरकार के गृह मंत्रालय के अनुसार चलना पड़ता है। इसका अर्थ यह हुआ कि वास्तविक सत्ता प्रधानमंत्री के हाथ में है। एक दो बार भारत के राष्ट्रपति की शक्तियों के बारे में प्रश्न उठाए गए परन्तु उसपर कोई गंभीर मंथन नहीं हुआ और न ही राष्ट्रपति की शक्ति को घटाया या बढ़ाया गया।

भारत की वर्तमान राष्ट्रपति श्रीमति प्रतिभा देवी सिंह पाटिल तेरहवीं राष्ट्रपति हैं। उन्हें मुख्यतया कांग्रेस दल का समर्थन प्राप्त था और दूसरे वाम दलों ने भी उनका समर्थन किया जिससे कि वे राष्ट्रपति बन पाई। कुल मिलाकर भारत के राष्ट्रपति के पद पर काफी गंभीर, योग्य और शालीन व्यक्तियों को स्थापित किया गया। इसीलिए भारतीय राष्ट्रपति सभी देश वासियों के लिए आदर के पात्र रहे हैं। सभी राष्ट्रपतियों ने भारत सरकार और देश का गौरव बढ़ाया है।

भारत के प्रथम राष्ट्रपति डॉ० राजेन्द्र प्रसाद महान विधि विद्वान थे और एक महान राष्ट्रवादी गांधीवादी थे। वे दो अवधियों के लिए राष्ट्रपति रहे, 1950 से लेकर 1962 तक।

भारत के दूसरे राष्ट्रपति डॉ॰ सर्वपल्ली राधाकृष्णन थे। वे महान विद्वान थे और अन्तर्राष्ट्रीय स्तर के धर्म के विद्वान थे उन्होंने धर्म और दर्शन पर काफी पुस्तकें लिखी। वे सोवियत रूस में भारत के राजदूत भी रहे।

तीसरे राष्ट्रपति डॉ॰ ज़ाकिर हुसैन महान राष्ट्रवादी मुस्लिम राष्ट्रपति थे और वे गांधी जी की बुनियादी तालीम की रूप रेखा तैयार करवाने वाले विद्वान थे।

डॉ॰ ज़ाकिर हुसैन का निधन उनके कार्यकाल में हो गया था। श्री वी॰वी॰ गिरी राजनैतिक उथल-पुथल के बीच राष्ट्रपति बने थे और उससे पहले उपराष्ट्रपति के पद पर थे।

दूसरे मुस्लिम राष्ट्रपति श्री फखरूदीन अली अहमद थे। वे एक महान मुस्लिम नेता के रूप में उभरे थे तथा उनका भी अकस्मात कार्यकाल में निधन हो गया था।

इसके पश्चात् जनता पार्टी के प्रतिनिधि के रूप में डॉ॰ नीलम संजीव रेड्डी अगले राष्ट्रपति बने। डॉ॰ नीलम संजीव रेड्डी आंध्रा प्रदेश के लम्बे काल तक मुख्यमंत्री रह चुके थे।

कांग्रेस के निकटतम सहयोगी ज्ञानी जैलसिंह भी राष्ट्रपति के पद पर 1982 से 1987 तक आसीन रहे। ज्ञानी जैलसिंह के कार्यकाल में प्रधानमंत्री इंदिरा गांधी की हत्या हो थी। ज्ञानी जैलसिंह के पश्चात् 1987 में स्वामी आर॰ वैंकटरामन राष्ट्रपति पद पर आसीन हुए।

डॉ॰ वैंकटरामन के पश्चात् डॉ॰ शंकर दयाल शर्मा राष्ट्रपति बने। वे महान विद्वान थे और कांग्रेस के अध्यक्ष रह चुके थे। डॉ॰ शंकरदयाल शर्मा की अन्तरराष्ट्रीय स्तर की ख्याति थी।

डॉ॰ शंकरदयाल शर्मा के पश्चात् डॉ॰ के॰आर॰ नारायणन् राष्ट्रपति बने। वे एक महान दलित नेता भी थे।

इसके पश्चात् डा॰ ए॰पी॰जे॰ अब्दुल कलाम तीसरे मुस्लिम राष्ट्रपति बने और एक वैज्ञानिक होने के नाते उन्हें अच्छी ख्याति मिली।

वर्तमान राष्ट्रपति श्रीमति प्रतिभा पाटिल हैं। राष्ट्रपतियों की शृंखला में वे पहली महिला हैं। इस प्रकार यह विदित होता है कि भारत गणतंत्र के राष्ट्रपति के पद पर बड़े-बड़े महान योग्य विद्वान और उच्च कोटि के राजनीतिज्ञ आसीन रहे हैं। यह माला राष्ट्रपतियों की जीवनीयों तथा उनके भाषणों पर आधारित है।

*—संपादिका*

# अनुक्रम

# 5

# फ़खरुद्दीन अली अहमद

भारतीय गणतंत्र के पांचवें राष्ट्रपति फ़खरुद्दीन अली अहमद बने। उनका जन्म 13 मई, 1905 में हौजकाजी, पुरानी दिल्ली में हुआ था। इनकी ज़िन्दगी का सफर जे. ए. अहमद के घर से शुरू हुआ और राष्ट्रपति भवन में जाकर समाप्त हुआ। इनका जीवन संघर्षपूर्ण सफर और शिखर छूती सफलता की कहानी है।

फ़खरुद्दीन अली अहमद का जन्म एक सेना अधिकारी के यहाँ हुआ। इनके पिता जलनार अली सेना में भारतीय चिकित्सा सेवा के एक अधिकारी थे जिनका विवाह राकिया सुल्तान के साथ सन 1900 में हुआ था, फ़खरुद्दीन अली अहमद के बाबा मियां खलालुद्दीन अली असम के शिवसागर जिले के कचरिहट, गोलघार उपक्षेत्र में 'काजी' थे। प्रारम्भिक दिनों में जलनार असम में ही रहा करते थे और चिकित्सा का कार्य करते थे। लेकिन कुछ दिनों बाद वह दिल्ली आकर रहने लगे। लोहारू स्टेट, जो आजकल हरियाणा राज्य में पड़ता है, के नवाब जियाउद्दीन अहमद की प्रपौत्री राकिया सुल्तान से जलनार अली ने अपनी शादी दिल्ली में कर ली। धर्म निरपेक्ष, राष्ट्रीयता को प्रथम महत्त्व देने वाले परिवार की राकिया सुल्तान बहुत ही सुशील और सभ्य महिला थीं। उनका जीवन भारतीयता से ओत-प्रोत था। वह गंगा-जमुना संस्कृति को विकसित करने की पक्षधर थीं। ऐसे विशिष्ट गुणों से भरी-पूरी महिला के साथ जलनार ने शादी की थी।

मानव जन्म पाने पर मनुष्यता उसे अच्छे आचरण, सुन्दर वातावरण तथा शिक्षा-दीक्षा से मिलती है। अच्छी बुनियाद के लिए यह तीनों आवश्यक है। उस

जमाने में सभी वर्ग के लोग तो शिक्षा नहीं ले पाते थे लेकिन जो भी परिवार थोड़ा शिक्षा का महत्त्व जान चुका था वह अपने बच्चे को अच्छी से अच्छी शिक्षा दिलाना चाहता था। जलनार अली अच्छे विद्वान् थे, डाक्टर थे। जब गोण्डा में उनका स्थानान्तरण हो गया तो अपने बच्चे की प्रारम्भिक शिक्षा के लिए राजकीय प्राइमरी पाठशाला, गोण्डा में दाखिला करा दिया। प्राथमिक शिक्षा पूरी करने के बाद गवर्मेण्ट हाई स्कूल, गोण्डा में प्रवेश लेकर सातवीं तक पढ़े। जलनार अली का स्थानांतरण 1918 में दिल्ली के लिए हो गया। कर्नल जलनार अली ने परिवार सहित गोण्डा छोड़ दिया और फ़खरुद्दीन को गवर्मेण्ट हाई स्कूल दिल्ली में आठवीं में प्रवेश नहीं दिलाया बल्कि आगे की पढ़ाई के लिए लाहौर भेज दिया। सन् 1921 में हाई स्कूल (मैट्रिक) उन्होंने पंजाब यूनिवर्सिटी लाहौर से की। मैट्रिक करने के बाद उन्होंने सेंट स्टीफेन्स कॉलेज, दिल्ली में आगे की शिक्षा लेने के लिए दाखिला लिया। फ़खरुद्दीन यदि अपने जमाने में बहुत अच्छे छात्रों में नहीं रहे तो उनका प्रदर्शन बुरा भी न था।

जवानी के दिन होते कुछ स्वप्न भरे, इसमें जो दिमाग में नये-नये सपने जवां दिलों में आते हैं उसे वह साकार करना चाहता है। फ़खरुद्दीन अली के जवानी के दिन भी कुछ अनूठे थे। कुछ दोस्त उनको यूं पसन्द नहीं करते थे क्योंकि वह किसी भी विषय पर चर्चा करते-करते उस विषय में डूब जाया करते थे। वह चर्चाएँ करने में जितनी रुचि लेते थे उतनी ही रुचि खेलने में भी लेते थे। क्रिकेट व अन्य कई खेलों में उनकी विशेष रुची थी। जब कभी उनका पढ़ने से दिमाग उबता, वह खेलने में नहीं जुट जाया करते थे बल्कि खेलने की उनकी एक समय-सारणी होती थी। निश्चित समय पर अपने दोस्तों के साथ खेल मैदान में जाते थे और खेल से वापस आने पर कुछ नाश्ता करके पुनः पढ़ाई में जुट जाते थे। टेनिस, फुटबाल, गोल्फ के वह कॉलेज के दिनों में अच्छे दोस्तों के साथ खेल मैदान में जाते थे और खेल से वापस आने पर कुछ नाश्ता करके पुनः पढ़ाई में जुट जाते थे। टेनिस, फुटबाल, गोल्फ के वह कॉलेज के दिनों में अच्छे खिलाड़ी थे। फ़खरुद्दीन अली सन 1925 में उच्च शिक्षा (स्नातक) के लिए इंग्लैंड चले गये हालाँकि उनकी माँ उन्हें बहुत प्यार करती थीं, वह कभी अपने से जुदा नहीं देखना चाहती थीं लेकिन जलनार अली के अनुरोध पर फ़खरुद्दीन ब्रिटेन के लिए भेज दिये गये।

सेण्ट केथरिन, कॉलेज, केम्ब्रिज यूनिवर्सिटी में 1927 में उन्होंने प्रवेश लिया। सन् 1928 में उन्होंने इतिहास से स्नातक किया था कि उन्हें इनर टेम्पुल लंदन में कानून की शिक्षा के लिए आमंत्रित किया गया। वह स्वीकार करते हुए कानून में बैरिस्टर डिग्री प्राप्त कर भारत वापस आए। यद्यपि वह आई. सी. एस. परीक्षा भी उतीर्ण करना चाहते थे। उन्होंने कई वर्ष तक कानून की प्रैक्टिस न करके आई. सी. एस. पास करने के लिए प्रयास किया किन्तु दुर्भाग्य से वह बीमार पड़ गये और उन्हें आई. सी. एस. के सपने से मुख़ मोड़ना पड़ा। अन्ततः वह पंजाब हाई कोर्ट आकर मोहम्मद साफी, जो उनके पिता के अन्तरंग मित्रों में थे, के साथ प्रैक्टिस करने लगे। कर्नल जलनार अली ने कुछ दिन बाद फ़खरुद्दीन अली को असम जाकर अपनी पैतृक सम्पत्ति देखभाल करने की सलाह दी। असम आकर वे गोहाटी के असम हाईकोर्ट में स्वतः प्रैक्टिस करने लगे। वह यहाँ एक सफल वकील के रूप में स्थापित हुए। कुछ अरसा असम में गुजारने के बाद सर्वोच्च न्यायालय में भी उन्होंने कुछ साल बिताए।

सन 1925 में ज़ब वे इंग्लैण्ड प्रवास में रहकर शिक्षा ले रहे थे, तभी उनकी मुलाकात पं. जवाहर लाल नेहरू से हुई। नेहरू से उन दिनों की मुलाकात व विचारों ने उन पर गहरा प्रभाव डाला था। सन् 1931 में उन्होंने कांग्रेस कमेटी की सदस्यता ले ली। पहले वह साधारण कार्यकर्ता रहे किन्तु साधारण सदस्य होते हुए भी एक सक्रिय कार्यकर्ता का रोल अदा करते थे। लार्ड बटलर जो फ़खरुद्दीन अली अहमद के अच्छे दोस्तें में से थे, वे भी जवाहर लाल से प्रभावित होकर कांग्रेस कमेटी की सदस्यता लेने का निर्णय लिया। जवाहर लाल से तो पहले से परिचय था लेकिन ज़नाब अहमद के कार्य इतने प्रभावी थे कि जल्द ही वह सुभाष चन्द्र बोस और अन्य कई शीर्ष नेताओं के दिलों में बस गये। पं. नेहरू की सलाह पर असम की विधान सभा में मुस्लिम सीट (सुरक्षित) पर वह चुनाव लड़े। सन् 1938 में 33 वर्ष की उम्र में उन्हें मुख्यमंत्री बारदोलोई की सरकार में वित्त मंत्री बनाया गया। वित्त मंत्री जैसे महत्त्वपूर्ण पद पर रहकर उन्होंने असम की जनता की सेवा की। वह 1936 से प्रदेश कांग्रेस कमेटी के (मात्र कुछ दिन छोड़कर) सदस्य रहे। वह मानव थे, उनमें मानवता का बास था, वह हिन्दू मुस्लिम में भेद नहीं समझते थे। मुस्लिम लीग के सहधर्मियों ने उन्हें अपना अनुसरण करने को कहा लेकिन उन्होंने मात्र इन्सानियत की परिभाषा सीखी थी। उनके पिता से उन्हें राष्ट्रीयता को सर्वोच्च स्थान देने की सीख मिली थी।

भारतीय राष्ट्रीय कांग्रेस की उन्हें सदस्यता बाद में मिली। पं. जवाहर लाल नेहरू ने फ़खरुद्दीन अली अहमद को केन्द्रीय लोक सभा की कार्यकारी परिषद के लिए नामित किया। इस प्रकार फ़खरुद्दीन अली अहमद पढ़ाई के दिनों से कांग्रेस से जुड़े और कांग्रेस के विभिन्न दायित्वों को प्रदेश व देश स्तर पर एक साधारण कार्यकर्ता से महत्त्वपूर्ण पदों पर आसीन होकर संचालित व प्रतिपादित किया।

जीवन में एक जीवन साथी के न होने से जीवन कुछ अधूरा-सा लगता है। समय पर जीवन साथी का मिलन निश्चय ही कुछ विशिष्टता प्रदान करता है। फ़खरुद्दीन अली अहमद 40 वर्ष की उम्र पर पहुँच चुके थे। 9 नवम्बर, 1945 को उन्होंने अपना जीवन साथी आविदा हैदर को चुना। आविदा हैदर मो. सुल्तान हैदर 'जोश', जो सिविल सेवा के सदस्य थे, की बेटी थीं। उनका जन्म हरदोई में हुआ था जो उ. प्र. राज्य में पड़ता था जो यू. पी. का एक जिला है। 17 जुलाई, 1923 को जन्मी बेगम आबिदा अलीगढ़ मुस्लिम विश्वविद्यालय से स्नातक थीं। जनाब फ़खरुद्दीन अली अहमद और बेगम आबिदा ने अपने जीवन में प्रेम से रहकर भारतीय दम्पति के आदर्श को दिखाया। इनके तीन बच्चे भी पैदा हुए–परवेज अहमद, बंदर दुरेज़ अहमद और एक पुत्री समीना। बेगम कलाप्रेमी थीं। बेगम व मियां की खूब पटती थी। यदि पत्नी भी अपने पति के कार्यों में सहयोग करती है तो पति को अबाध रूप में सफलताओं की सरबुलन्दी मिलती है। बेगम आबिदा उनको अत्यन्त प्रिय थीं क्योंकि वह केवल बीवी ही नहीं थी बल्कि वह दोस्त थीं सचेतक थीं, सहयोगी थीं, अच्छे-बुरे में सलाहकार थीं।

उन्होंने गोपीनाथ बारदोलोई सरकार में वित्त मंत्रालय के साथ राजस्व एवं श्रम मंत्रालय का भी दायित्व संभाला था। उन्होंने अपने मंत्रित्व काल में जादुई करिश्मा दिखाया था। लोगों के हितों को सर्वोपरि रखकर कार्य किया। करों में भारी छूट की जगह कारखानों पर कर, चाय-बागान पर कर तथा आम हड़ताल पर रोक, आदि कार्यों से असम प्रदेश की स्थिति काफी सुधर गयी। बारदोलोई सरकार में उन्हें बहुत ही ख्याति मिली। सन 1939 में आन्तरिक भेद व मशक्कत के कारण बारदोलाई ने त्याग-पत्र दे दिया। उस समय वह मुख्यमंत्री पद पर आसीन हुए। सन 1946 में विधान सभा के आम चुनाव में उन्हें हार का मुँह देखना पड़ा। किन्तु उनकी योग्यता को देखते हुए उनको वारदोलोई, जो उस

समय पुनः मुख्यमंत्री बनाए गए थे, ने महाधिवक्ता पद पर नियुक्त किया जहाँ उन्होंने सन 1952 तक कार्य किया। महाधिवक्ता पद से मुक्त होने के बाद उन्हें राज्य सभा के लिए चुन लिया गया। सन् 1955 में वकीलों के भारतीय संघ ने नेता के रूप में यू. एस. एस. आर. (U.S.S.R.) प्रतिनिधिमण्डल में गए। इसी प्रकार वह सन 1957 में संयुक्त राष्ट्र संगठन के कार्यक्रम में भाग लेने के लिए प्रतिनिधिमण्डल में सम्मिलित हुए।

फ़खरुद्दीन अली अहमद का जीवन काफी उतार-चढ़ाव का रहा। उन्होंने 1957 में पुनः असम राज्य की राजनीति करनी शुरू कर दी। वह इस बार भी केबिनेट में चुन लिए गये और उन्हें वित्त, कानून, एकता निर्माण, पंचायत और अन्य कुछ महत्त्वपूर्ण विभाग सौंपे गये। सन् 1962 में भी कुछ इसी तरह हुआ। सन् 1964 में उन्होंने हांगकांग, यू. एस.ए. और जापान आदि देशों की मंत्री के रूप में यात्राएं भी की। उनका नेहरू से अच्छा खासा संबंध था, उनके परिवार से प्रारम्भिक दिनों से ही नेहरू परिवार की अन्तरंगता थी। श्रीमती इन्दिरा गांधी खुद अली अहमद और बेगम आबिदा को बहुत पसन्द करती थी। वह केन्द्रीय कैबिनेट मंत्री बने। उस समय वह किसी भी सदन के सदस्य नहीं थे। उन्हें यह विश्वास था कि वह छः महीने में लोक सभा अथवा राज्य सभा, किसी न किसी सदन के सदस्य अवश्य चुन लिये जाएँगे। 14 नवम्बर, 1966 से 12 मार्च, 1967 तक वह शिक्षा मंत्रालय से संबद्ध रहे।

सन 1967 में लोकसभा का आम चुनाव हुआ। फ़खरुद्दीन अली अहमद ने असम की बारपेटा लोकसभा सीट से अपना परचा दाखिल किया। कांग्रेस पार्टी के ये उम्मीदवार रिकार्ड जीत दर्ज करके लोक सभा पहुँचे। श्रीमती इन्दिरा गांधी ने फ़खरुद्दीन अली अहमद को केबिनेट स्तर का मंत्री बनाया। इन्हें कम्पनी मामले का मंत्रालय मिला। उनकी इंदिरा व नेहरू में अद्भुत निष्ठा थी। अपने कर्त्तव्यों को निर्वहन करने की उनमें व्यापक क्षमता थी। इसलिए 24 जून, 1970 को एक मामूली फेरबदल में उन्हें औद्योगिक व कम्पनी कानून मामले से हटाकर कृषि और अन्य (भोजन) विभाग सौंपा गया। देश उन दिनों बहुत ही गरीबी में था और कारखानों के मामले में तो बहुत ही गरीब था। फ़खरुद्दीन अली अहमद ने अपने कार्यकाल के दौरान कम्पनी व औद्योगिक विकास में लचीले कानून बनाये जिससे देश में इंडस्ट्रीयल विकास तेज गति से हो सके और देश की

गरीबी दूर हो सके। जब वे कृषि मंत्री बने, तो उन्होंने खेत-खलिहान की बुनियादी जरूरतों का ध्यान आकृष्ट किया। देश उन दिनों गरीबी और भुखमरी से जूझ रहा था लेकिन कुशल प्रशासक के पद ग्रहण करने के बाद देश में कुछ अच्छा महसूस किया जाने लगा।

भारतीय संविधान में प्रत्येक पाँच वर्ष पर नये चुनाव कराने व नई सरकार बनाने का प्रावधान है जिसके अनुसार सन 1971 में पुनः चुनाव हुआ। वह पुनः बारपेटा से चुनाव में भारी मतों से जीतकर लोकसभा पहुँचे। यहां पर वे सन 1974 तक केन्द्रीय कैबिनेट मंत्री रहे। सन् 1969 में तो कांग्रेस में विघटन पैदा हो गया। वी.वी. गिरी के चुनाव को लेकर कांग्रेस में दो भाग होने के आसार हो गए। इस समय फ़खरुद्दीन साहब इंदिरा जी के साथ रहे। वह इंदिरा गांधी को एक पिता की हैसियत से सहयोग व संरक्षण देने के लिए कटिबद्ध थे। इसलिए उन्होंने कभी इन्दिरा जी का साथ नहीं छोड़ा। सन् 1969 से लेकर सन् 1973 तक विभिन्न देशों की यात्राएँ करके भारत को मजबूत बनाया। वह सन् 1970 में विश्व खाद्य संरक्षण संगठन (F.A.O.) की कांफ्रेस में विशेष अतिथि के रूप में आस्ट्रेलिया गए। उस समय वे खाद्य एवं कृषि मंत्री थे। उन्होंने 1971 व 1973 में भी रोम में खाद्य संरक्षण सत्र में प्रतिनिधिमण्डल का नेतृत्व किया। फ़खरुद्दीन साहब को गालिब की शायरी से बहुत प्रेम था। वह 'गालिब एसोसिएशन' से संबद्ध रहे। ज़नाब फखरुद्दीन अली उर्दू भाषा से अत्यंत प्यार करते थे। उन्हें गालिब बहुत पसंद थे। वह स्पष्टवादी थे। वह साफ शब्दों में कहते थे कि उर्दू केवल मियां की (मुस्लिम) जुबान नहीं है। इसे विश्व के विभिन्न भागों में जाना व समझा जाता है। उनका मत था कि उर्दू को भले ही मुस्लिम भाषा समझा जाए लेकिन विभिन्न देशों में बसे मुस्लिमों की भाषा अलग-अलग है। वह 'हिन्दुस्तानी' भाषा के समर्थक थे जिसमें हिन्दुस्तान के उत्थान की गुंजाइश हो। इसकी पहले ही चर्चा की जा चुकी है कि वह खेल प्रेमी थे, सच है। वह आसाम फुटबाल एसोसिएशन और आसाम क्रिकेट एसोसिएशन के उपाध्यक्ष और आल इण्डिया लॉन टेनिस एसोसिएशन के अध्यक्ष रहे। वह सामाजिक कार्यों में भी रुचि रखते थे। इसलिए बहुत से सामाजिक, सांस्कृतिक संगठनों से सम्बद्ध रहे।

सन् 1974 में वी.वी गिरि का कार्यकाल समाप्त हो रहा था। राष्ट्रपति भवन में नये राष्ट्रपति के रूप में कौन स्थापित हो, पूरे देश में राजनैतिक व आम जनता

में प्रश्न गूंजने लगा। श्रीमती इंदिरा गांधी ने जनाब फ़खरुद्दीन अली अहमद का राष्ट्रपति पद के लिए प्रस्ताव रखा। जीवन के हर पड़ाव पर जनाब अहमद सबके प्रिय थे। किसी ने इंदिरा जी के प्रस्ताव का विरोध नहीं किया। सर्वसम्मति से वह राष्ट्रपति पद के उम्मीदवार घोषित हुए। सन 1969 की बात थी। आज फ़खरुद्दीन साहब के लिए एक राय थी, एक स्वर था। जनाब अहमद के खिलाफ चुनाव मैदान में त्रिदेव चौधरी उतरे। चुनाव हुआ। त्रिदेव चौधरी ने 1,89, 196 मत प्राप्त किये जबकि फ़खरुद्दीन अली अहमद को 7,65,587 मत प्राप्त हुए। रिकार्ड जीत हासिल कर 20 अगस्त, 1974 को राष्ट्रपति भवन पहुँचे। फ़खरुद्दीन अली अहमद ने देश के शिखर पर पर आसीन होकर भी सादगी और ईमानदारी से अपने आपको बांधे रखा। वह राष्ट्रपति भवन में सबके लिए दरवाजे खुले रखने के पक्षधर थे। उन्होंने अपने राष्ट्रपतित्व काल में विभिन्न जलसों व विदेश से आये राजनीतिज्ञों, राजनयिकों से देश के सामूहिक विकास में योगदान देने का आह्वान किया। उन्होंने 1975 में इण्डोनेशिया, यूगोस्लाविया, इजिप्ट और सूडान की यात्राएं कीं और देश के कूटनीतिक व सामरिक महत्त्व को ध्यान में रखकर विदेशों में अपना पक्ष रखा। किंग फैसल, सऊदी अरब निवासियों के बीच वह उसी वर्ष गये। सन 1967 में वह ईरान और यू. ए. ई. पहुँचे। कुछ ही दिनों बाद मलेशिया फिलीपीन्स और बर्मा की भी उन्होंने यात्रा की। क्वालालंपुर (बर्मा) में वह बीमार हो गये और कुछ दिन वहाँ आराम व उपचार किया।

इनका राष्ट्रपतित्व काल काफी ऐतिहासिक रहा, चुनौतियाँ ही चुनौतियाँ सामने आती गईं। देश के ऊपर जब भीषण संकट मंडारने लगे तो ऐसे में प्रथम नागरिक होने के नाते सूझ-बूझ व निज विवेक से काम लेना पड़ता है। देश पर युद्ध थोप दिया गया था। संकटकालीन स्थिति में श्रीमती इंदिरा गांधी ने उन्हें इमरजेंसी लगाने का कैबिनेट से पारित प्रस्ताव सौंप दिया। फ़खरुदीन अली इस इमरजेंसी को लगाना नहीं चाहते थे किंतु न चाहते हुए भी 26 जून, 1975 को 354 पृष्ठों का (इमरजेंसी) आपातकालीन स्थिति का प्रस्ताव लागू करना पड़ा।

क्वालालंपुर (म्यांमार) में बीमार पड़ने पर वह अपनी सभी यात्राओं पर विराम लगाते हुए 10 फरवरी, 1977 को स्वदेश लौट आए। 11 फरवरी, 1977 को सुबह 8.52 बजे थे कि उन्हें धड़कनें कुछ बढ़ती सी लगीं। वह बाथरूम गए, वहीं हृदयगति रुकने से उनकी मृत्यु हो गई। हृदयगति अवरुद्ध होने से उनके

असमय अवसान से राष्ट्रपति भवन 1969 की भाँति पुनः चीत्कार व आँसुओं से भीग गया। राष्ट्रपति का शव राष्ट्रपति भवन में रखा गया था। हजारों की भीड़ जुटी। उनकी मृत्यु के बाद उनका हँसता हुआ शरीर मानो किसी शायर की यह पंक्तियाँ कह रहा हो–

"अब तुमसे रुख्सत होता हूँ, आओ अपने अमन को संभालो,
नए तराने छेड़ो, मेरे संघर्ष को अब नींद आती है।"

गमहीन आँसुओं में तत्कालीन प्रधान मंत्री श्रीमती इंदिरा गांधी ने उस पल कुछ भी कहने से इंकार कर दिया। फ़िराक 'गोरखपुरी' ने अपने बयां में कहा–

"हमसे क्या हो सका मोहब्बत में,
खैर तुमने तो बेवफाई की।"

फ़खरुद्दीन साहब का लोक-जीवन समाज में सम्मानित था; उनके संघर्ष और जनता के अगाध प्रेम इसके खुद गवाह हैं। बारपेटा लोक सभा क्षेत्र में इनकी मृत्यु से लोग गमगीन हो उठे। विभिन्न राजनेताओं ने इन्हें समवेत स्वरों में याद करते हुए सच्चे समाज सेवक, श्रेष्ठ स्वाधीनता सेनानी, सच्चे राष्ट्रभक्त, सादगी और सरलता की प्रतिमूर्ति, धर्मनिरपेक्ष शासन के पक्षधर, भारतीय गंगा-जमुना संस्कृति के पोषक, महान राजनीतिज्ञ, गरीबों व शोषितों का मसीहा तक सम्मान यात्रा निकाली गई और इस महान फरिश्ते का शरीर दफना दिया गया। इस अवसर पर 27 देशों के प्रतिनिधियों, फखरुद्दीन साहब के दोनों पुत्रों तथा देश के गणमान्य व्यक्तियों ने उपस्थित होकर उन्हें अंतिम विदाई दी।

फ़खरुद्दीन साहब का शरीर छूट गया लेकिन उनके विचार, उद्‌गार, आज भी ताजे हैं क्योंकि उनका विचार जनता की समस्याओं व उनके समाधान की तलाश के लिए मुखरित होते थे यथा संसद भवन में "गरीबी का हल थोड़े अर्से में नहीं निकाला जा सकता, लगातार कड़ी मेहनत और ज़िन्दगी के सभी शोबों में डिस्पिलिन से ही इसमें तब्दीली लाई जा सकती है।"

फ़खरुद्दीन अली अहमद का जीवन-चरित्र किसी आईने में हम देखते हैं कि उनका सम्पूर्ण जीवन दूसरों व देश की खातिर समर्पित रहा। व्यापकता को पाने वाला व्यक्ति हमेशा से ऊँची सोच व जन-सेवा में विश्वास करता था। बेगम आविदा हैदर, जो उनकी पत्नी थी, ने भी अपने जीवन का अमूल्य समय राष्ट्र

निर्माण में लगाया। उन्हें उनकी मृत्यु के पाँच साल बाद बरेली लोकसभा में पहुँचने का अवसर मिला। इस प्रकार उनकी जीवन संगिनी ने राष्ट्र-निर्माण में उनके अधूरे पड़े कार्यों को आगे बढ़ाया।

फ़खरुद्दीन के जीवन की कहानी निःसंदेह सबके लिए प्रेरणा स्रोत है। ऐसे जीवन व्यापक सपने संजोने, संघर्ष में साहस व आत्मबल दिखाने का प्रेरक संदेश देते हैं।

# 6

# डॉ. नीलम संजीव रेड्डी

हम सभी जानते हैं कि उत्थान और पतन शाश्वत प्रक्रिया है। एक समाप्त होता है तो उसी के साथ दूसरे का प्रारम्भ होता है। जैसे दिन के बाद रात और रात के बाद दिन। कभी भी किसी एक का अस्तित्व इतिहास में नहीं मिलता। भारतीय इतिहास के पन्ने भी कुछ ऐसे ही परिदृश्य प्रस्तुत करते हैं। फ़खरुद्दीन अली अहमद के अवसान के बाद संजीव रेड्डी भारतीय गणराज्य के छठे राष्ट्रपति के रूप में स्थापित हुए। प्रकृति के शाश्वत नियम 'परिवर्तन' के अनुसार ही फखरुद्दीन अली अहमद द्वारा राष्ट्रपति स्थान रिक्त करने के बाद इस नए चेहरे ने स्थान लिया।

डॉ. नीलम संजीव रेड्डी का जन्म एक किसान परिवार में 19 मई, 1913 को हुआ। आंध्र प्रदेश के अनन्तपुर जनपद के इल्लूर गाँव को ऐसे उच्च नसीब वाले बालक को प्राप्त करने का सौभाग्य प्राप्त हुआ जिसने अपनी ज़िन्दगी में तमाम नाम, शोहरत को हासिल करके अपनी माटी की महत्ता को बढ़ाया। इनके पिता श्री चिनप्सा रेड्डी मूलतः किसान थे। खेती उनका प्रथम व्यवसाय था; ऐसा नहीं है कि उनकी पाविारिक स्थिति बहुत बुरी थी, उनके पास पैतृक सम्पत्ति थी। वह एक स्वाधीनता सेनानी थे। डॉ. रेड्डी की प्रारम्भिक शिक्षा पास के एक प्राथमिक विद्यालय से शुरू हुई। उन्होंने मैट्रिक थियोसोफिकल स्कूल, आड्यार से उत्तीर्ण की। इन्होंने आर्ट कॉलेज अनन्तपुर में आगे की शिक्षा ग्रहण की। डॉ. रेड्डी युवावस्था में ही बहुत ही क्रांतिकारी दिमाग के व्यक्ति थे। उनकी बचपन की नटखटता बहुत ही रचनात्मक थी जो युवापन में ऐसे निखरी

की वह परिवार, समाज व स्कूल कॉलेज में अपनी विशिष्ट छवि के रूप में जानी गई।

गुलाम भारतमाता के दर्द को उन दिनों कोई बच्चा सहन नहीं कर सकता था। सन 1931 में 18 वर्ष की आयु में भारत माता की आज़ादी का नशा रेड्डी के ज़ेहन में प्रवेश कर गया और पढ़ाई-लिखाई छोड़कर देश की आन-मान की रक्षा तथा पूर्ण स्वतंत्रता के लिए आज़ादी के आंदोलन में कूद पड़े। देश के स्वतंत्रता आंदोलन में सक्रिय भूमिका निभाने की उनमें अदम्य इच्छा थी। उन्होंने अपने ही क्षेत्र के कुछ नवयुवकों की क्रांतिकारी टीम बनाई और संघर्ष में जुट गए। वह सम्मान के भूखे नहीं थे किंतु सम्मान को खोना एक जुर्म भी समझते थे। उन्होंने टीम का कोई महत्त्वपूर्ण पद नहीं लिया लेकिन टीम के सम्मानित सदस्य बनकर आजादी की लड़ाई लड़ी। 'सत्याग्रह आंदोलन' जब शुरू हुआ तो वह खुलकर अंग्रेजों की ख़िलाफ़त करने लगे। उनकी सक्रिय भागीदारी ने गांधी और सरदार पटेल जैसे लोगों को आकर्षित किया। 'सत्याग्रह आंदोलन' में जब वे जेल भेज दिए गए तो वहाँ के अखबरों ने उन्हें 'एक सशक्त राष्ट्रभक्त' करार दिया जिससे उन्होंने बड़े नेताओं की नज़रों में जगह बना ली और अपनी सक्रियता से अंग्रेजों की नजरों में किरकिरी भी बन गए। इनकी सक्रिय भागीदारी ओर कर्तव्यपरायणता में निष्ठा को देखकर गांधी जी ने 'भारतीय राष्ट्रीय कांग्रेस' में सम्मिलित होने का सुझाव एक पत्र के माध्यम से दिया। गांधी जी के सुझाव को उन्होंने तहेदिल से स्वीकार किया और गांधी जी को पत्र लिखकर यह विश्वास जताया कि हम अपनी समस्त ऊर्जा को भारतीय राष्ट्रीय कांग्रेस और उसके उददेश्यों को प्राप्त करने हेतु लगाने के लिए कृतसंकल्प हैं।

सन 1938 में डॉ. नीलम संजीव रेड्डी अपनी वाक्पटुता और मिलनसार गुणों के कारण अच्छी पहचान बना चुके थे। पच्चीस वर्ष में अपने आपको एक सक्षम नेतृत्व कर्ता के रूप में प्रस्तुत कर देना मायने रखता है। सन 1938 में उन्हें कांग्रेस कमेटी का प्रांतीय महासचिव बनाया गया। वे कांग्रेस कमेटी के लोकप्रिय नेता थे। उनके साफ-सुथरे व्यक्तित्व ने कांग्रेस को मजबूती प्रदान की। महासचिव पद पर रहकर डॉ. रेड्डी ने कांग्रेस का चप्पे-चप्पे में इस प्रकार प्रभाव बनाकर स्थान दिलाया कि अंग्रेजों के रोंगटे खड़े हो गए। सन 1940 में एक आम जनसभा को संबोधित कर रहे थे कि उनको गिरफ्तार कर लिया गया। जेल में

भी वे शांत नहीं बैठे रहे। अपने साथी के गिरफ्तार साथियों से मीटिंग करते और आज़ादी को किसी भी तरह हासिल करने की तरकीबें ढूंढते रहते। कारागर से मुक्त होते ही उन्होंने अपना आंदोलन और तेज कर दिया और भारतमाता की मुक्ति के लिए नए दल तैयार करने के लिए गाँव-गाँव भ्रमण करने लगे।

भारतीय इतिहास में 'असहयोग आंदोलन' की एक अलग मिसाल रही है। इस देशव्यापी आंदोलन में अंग्रेजी सरकार ऐसे सक्रिय व्यक्ति को कैसे छोड़ सकती थी। उसे यह शक था कि यदि डॉ. रेड्डी को कहीं मुक्त रखा गया तो अनन्तपुर में आंदोलन जोर पकड़ लेगा। उनके निवास पर अंग्रेज सैनिकों ने रातों-रात घेरा डाल दिया। अंतत: वह पकड़े गए और उन्हें कारागार भेज दिया गया। डॉ. रेड्डी ने कहा–"मुझे अकेले बन्द करके तुम हमारा कुछ नहीं बिगाड़ पाओगे क्योंकि राष्ट्र में अब आजादी मिलने के बाद ही शान्ति होगी।" उनकी जुबान से निकलती आवाज को कुचलने के लिए जब अंग्रेजों ने प्रयास किया तो पूरे अनन्तपुर में आग भड़क उठी। इस घटना पर कई जगह लाठी चार्ज हुए। उनको चाहने वाले बहुत से लोग बुरी तरह घायल हुए और कुछ ने अपनी जान तक गंवा दी। जब आन्दोलन कुछ ठंडा हुआ तो उन्हें छोड़ दिया गया।

अगस्त, 1942 में ही गुजरात में वह पार्टी के एक आन्दोलन में हिस्सा लेने पहुँचे। उन्हें पुन: गिरफ्तार कर कारागार भेज दिया गया। डॉ. रेड्डी ने अब यह महसूस कर लिया था कि बिना किराये का मकान हम बार-बार देखने जाते हैं। इस जेल में उनके साथ मद्रास के तत्कालीन मुख्यमंत्री व जाने-माने अधिवक्ता टी. प्रकाशम्, श्री सत्यमूर्ति, के. कामराज और वी.वी. गिरि भी उसी बंदीगृह में सन 1945 तक बंद रहे। यह अवसर उनके जीवन का श्रेष्ठ अवसर था जब उनको एक से बढ़कर एक दिग्गजों के साथ रहने का अवसर मिला। अमरावती बंदीगृह के यह कैदी चुप नहीं बैठते थे, यह सभी भारत में अमन-चैन और शान्ति की बात सोचते थे। के. कामराज ने डॉ. रेड्डी को एक बार जेल से भागने की सलाह दी लेकिन उनके सभी उपक्रम समाप्त हो गये जब जेलर ने इनकी बात का सुन लिया। डॉ. रेड्डी का अमरावती जेल के दिन बहुत ही हँसी-ठहाकों में गुजरे। अमरावती जेल में रहकर भी यह वरिष्ठ नेता गप्पें मारते, चुटकुले, हंसी-मजाक तथा शेरो-शायरी करते रहते थे। इतना ही नहीं नई-नई तरकीबें बनाते थे और आन्दोलन चलाने के लिए स्वतंत्रता सेनानियों को भेजा करते थे। सन 1946 में धीरे-धीरे सभी नेता छोड़ दिये गये।

सन 1946 में डॉ. रेड्डी मद्रास विधान सभा के लिए सदस्य चुने गये। सन 1946 के प्रथम चयन पर ही उनको विधान सभा का सचिव जैसा महत्त्वपूर्ण पद मिला। उन्होंने पूरे मनोयोग से अपने कार्यों को इस प्रकार निपटाया कि सदन में उनके कार्यों की प्रशंसा कांग्रेस कमेटी के लोगों ने तो की ही, भारतीय राष्ट्रीय कांग्रेस में भी उनका नाम लिया जाने लगा।

पूरे भारत के लिए 1947 का वर्ष अपार खुशियाँ लेकर आया। भारत ने कितनी कठिनाइयों, बलिदान व त्याग के बाद स्वतंत्र होने का सपना साकार होते देखा। ठीक वैसे ही जो अंग्रेजी कवि जॉन मैसीफील्ड ने अपनी कविता में व्यक्त किया था–

"मैंने देखा है:
पथरीली धरती पर फूल खिला करता है।"

आजाद भारत में पुनः सभी कांग्रेस शासित सरकारों को भंग कर पूरे देश में आम चुनाव की घोषणा हुई। डॉ. नीलम संजीव रेड्डी भी चुनाव लड़े और भारी मतों से जीत हासिल कर विधानसभा पहुँचे। वह अप्रैल, 1949 से 1951 तक संयुक्त प्रांत में मादक पदार्थ निषेध, आवास और वन विभाग के मंत्री रहे। जब आंध्र प्रदेश कांग्रेस कमेटी के अध्यक्ष पद के चुनाव की सरगरमी बढ़ी, तो श्री रेड्डी अध्यक्ष पद की होड़ से सम्मिलित हुए। विभिन्न विभागों में कैबिनेट मंत्री के रूप में उनके द्वारा समाजोत्थान के कई कार्य हुए। पूरे संयुक्त प्रांत में उनकी अमिट पहचान बनी किन्तु लोकप्रियता व पदलोलुपता को ध्यान में न रखकर कांग्रेस के अध्यक्ष पद के लिए प्रयास किया और मंत्री पद से त्याग-पत्र दे दिया। अन्ततः उन्होंने संयुक्त प्रांत के कांग्रेस कमेटी अध्यक्ष पद को सुशोभित किया। उन्होंने अध्यक्ष पद पर आसीन होते ही कांग्रेस के अंदर की खामियों को दूर करने के लिए कठोर कदम उठाए और पार्टी के साधारण कार्यकर्ता के सम्मान के लिए आवाज उठाई। उनके अध्यक्ष पद पर आसीन होने के बाद आंध्र में कांग्रेस की हालत बहुत ही अच्छी हो गयी।

मनुष्य को कितने पल का सुख मिला है, कोई नहीं जानता। अक्सर यही होता है। मनुष्य सुख की केवल अभिलाषा रखता है, दुःख को दूरस्थ रखना चाहता है। मनुष्य को ज़बकि दुःख व सुख में एक-सा होना चाहिए क्योंकि श्रीरामचरितमानस में गोस्वामी तुलसीदास ने स्पष्ट कहा है–"लाभ, हानि,

जीवन-मरण, यश-अपयश विधि हाथ'' लेकिन सुखमय व प्रसन्नचित दिन काटने वाले डॉ. नीलम संजीव रेड्डी के ऊपर जब दु:ख के दिन आए तो उसे रामचरितमानस के महामंत्र का ध्यान न रहा। हुआ यह था कि उनकी आँखों का एक ही तारा, तारा अर्थात् उनका पाँच वर्षीय पुत्र, एक मोटर दुर्घटना में मारा गया। पुत्र वियोग की यह घड़ी इनके राजनैतिक कैरियर के लिए विषयम थी। उन्होंने भगवान को अपने सारे सत्कर्मों के बाद भी इस तरह की चोट के लिए बहुत दोषी ठहराया। वे उसके गम में बहुत परेशान होकर एक टूटे हुए व्यक्ति बन चुके थे। वह मानसिक रूप से इतना परेशान हुए कि उन्होंने आंध्र प्रदेश कांग्रेस कमेटी के अध्यक्ष पद से त्याग पत्र दे दिया। पार्टी के भीतर भी लोग काफी दुखी थे। बहुत की कोशिशों के बाद उन्होंने अपना त्यागपत्र वापस लिया और सन 1952 में जब कुछ मन शांत हुआ तो पुन: राजनीति में सामान्य हुए।

वह सन 1952 में राज्य सभा के सदस्य बने किंतु सन 1953 में उन्होंने राज्य सभा से त्याग-पत्र देकर मद्रास में स्थापित टी. प्रकाशम् के नेतृत्व वाली सरकार में उप-मुख्यमंत्रा का दायित्व संभाला। उन्हें राज्य सभा के सदस्य के रूप में यह लगा कि मैं इस उच्च सदन का सदस्य बनकर संकीर्णता में गोते लगाता रहूँगा। वह यह समझते थे कि इससे भी कहीं ज्यादा संयुक्त प्रांत मद्रास को मेरी आवश्यकता है। वह संयुक्त प्रांत में कांग्रेस विधायी दल के उपनेता भी रहे। उन्होंने अपने उप-मुख्यमंत्रा पद के दायित्व के साथ कई विभागों में रचनात्मक कार्य किए। उन्होंने टी. प्रकाशम् का कदम-कदम पर साथ व सलाह दी। टी. प्रकाशम् के मुख्यमंत्री रहने बावजूद उनका पूरे सदन में अलग स्थान रहा वह सबको साथ लेकर चलते थे तथा नीतियाँ चाहे छोटी बननी हों या बड़ी, सबकी सलाह लेते थे। सन 1955 में विधान सभा का दुबारा चुनाव लड़कर विधान सभा में पहुँचे। इस बार वह फिर एक बार उप-मुख्यमंत्री बने। इस बार टी. प्रकाशम् के त्यागपत्र के बाद गोपाल रेड्डी के नेतृत्व में सरकार बनी थी। इनके भी नाम की चर्चा ने तूल पकड़ा लेकिन डॉ. रेड्डी ने कोई खास दिलचस्पी नहीं दिखाई। वह पूर्व की भाँति उप-मुख्यमंत्री बनकर संयुक्त प्रांत मद्रास के लोगों का दिल जीतने में सफल रहे।

राज्य पुनर्गठन अधिनियम के तहत आंध्र प्रदेश संयुक्त प्रांत मद्रास से अलग हो गया। नए राज्य की स्थापना के बाद डॉ. नीलम संजीव रेड्डी प्रथम मुख्यमंत्री

हुए। नया-नया बना था, चुनौतियाँ बहुत-सी थीं लेकिन डॉ. रेड्डी चुनौतियों का सामना करना बखबूी जानते थे। राज्य को विकास देना उनकी सर्वोच्च प्राथमिकता थी। नए उद्योग व नई नीतियों का निर्माण कर सबको संतुष्ट करना आसान बात न थी। वे आंध्र प्रदेश के सम्पूर्ण विकास में समर्पित हुए और राज्य को एक ही वर्ष में चमका दिया। सन 1959 तक वे सम्पूर्ण विकास में सतत प्रयासरत रहे लेकिन सन 1959 में ही एक बड़े दायित्व को संभालना आवश्यक हो गया। पं. जवाहरलाल नेहरू ने डॉ. रेड्डी को भारतीय राष्ट्रीय कांग्रेस का अध्यक्ष बनाना चाहा। उन्होंने स्वीकार कर लिया और मुख्यमंत्री पद से त्याग-पत्र दे दिया। उनके जीवन में एक व्यापक जिम्मेदारी आई। उन्होंने राष्ट्र निर्माण को सर्वोपरि रखते हुए अपना योगदान देना शुरू किया। डॉ. रेड्डी और पं. नेहरू ने समय-समय पर देश के विकास के लिए पार्टी व सरकार के बीच तालमेल करके भारतीय गणराज्य की लोकतांत्रिक परम्परा को सजीवता प्रदान की।

"चरन वै मधु विदन्ति अर्थात् केवल गतिशील रहने से ही, आगे बढ़ते रहने से ही हम जीवन में माधुर्यता ला सकते हैं। रचनात्मक प्रतिभा वाले व्यक्ति अपने पूर्वकाल से प्राप्त परम्परा को रूपान्तरित कर देते हैं। परम्परा कभी समाप्त नहीं होती, न उसका विकास कभी रुकता। वह परिवर्तन के लिए प्रस्तुत रहती है और उसका निर्माण सदा जारी रहता है-"भारतीय गणतंत्र के द्वितीय राष्ट्रपति डॉ. सर्वपल्ली राधाकृष्णन के शब्द। इन्हीं परम्पराओं के वाहक डॉ. नीलम संजीव रेड्डी भी थे। उन्होंने अध्यक्ष पद छोड़ कर गृह नगर वापस लौटते ही आंध्र प्रदेश के मुख्यमंत्री पद के दायित्व को पुनः संभाला। सन 1964 में आम चुनाव हुए। इस बार भी उन्हें राज्यपाल ने दो तिहाई बहुमत होने के कारण सरकार बनाने के लिए आमंत्रित किया उस समय वह विधान सभा में बहुमत दल के नेता थे। किंतु तत्कालीन लोक सभा के चुनाव से बनने वाली लालबहादुर शास्त्री सरकार ने उन्हें अपनी कैबिनेट में रखना चाहा। डॉ. रेड्डी ने अपने सहयोगी, योग्य एवं कर्मठ नेता को नई सरकार का दायित्व संभालने का जिम्मा सौंपा और विधायक दलन के नेता चयनित होने के बावजूद श्री ब्रह्मानन्द रेड्डी को नया नेता चुनवाकर मुख्यमंत्री बना दिया। डॉ. रेड्डी के मुख्यमंत्री काल में जनता ने गरीबी, बेरोजगारी और अन्य समस्या से निजात पाई। जिसका शासन अच्छा होता है, उसे लोकप्रियता भीख में नहीं मांगनी पड़ती। अतः अच्छे, स्वच्छ व भयमुक्त शासन के कारण उन्हें अच्छे लोकप्रियता भी मिली।

जून, 1964 में जब लालबहादुर शास्त्री भारत के प्रधानमंत्री बने तो डॉ. नीलम संजीव रेड्डी को स्टील एवं खनन मंत्री बनाया। डॉ. नीलम संजीव रेड्डी का पुरुषार्थ बहुत ही प्रभावी था। उन्होंने पुरुषार्थ को जिंदगी में सर्वोच्च माना इसलिए हमेशा आगे बढ़ते रहे। उन्होनें अपने कार्यकाल में खनन मजदूरों का पूरा ख्याल रखा। वह चाहते थे कि जो मेहनत करे उसे मजदूरी भी उचित मिलनी चाहिए। उन्होंने इस प्रस्ताव का कानून भी सदन में प्रस्तुत कर पास कराया। वह मंत्री अवश्य थे लेकिन किसी भी सदन की सदस्यता न रहने के कारण उन्हें छः माह में ही किसी न किसी सदन का सदस्य अवश्य बनना था। संयोगवश नवम्बर 1964 में राज्य सभा के मनोनीत सदस्य हो गए और तब स्वतंत्र रूप से देश के विकास व विस्तार में अपने मंत्रालय का चतुर्दिक विकास करते हुए योगदान देने लगे। सन 1966 में कांग्रेस का प्रतिनिधित्व लाल बहादुर शास्त्री की मृत्यु के बाद इंदिरा गांधी के हाथों में आया।

जब देश की बागडोर इंदिरा जी के हाथों में गई तो श्रीमती गांधी ने मंत्रिमण्डल में भारी फेरबदल किया। किंतु श्री रेड्डी को कैबिनेट मंत्री के रूप में कुछ और महत्त्वपूर्ण विभागों की जिम्मेदारियाँ सौंपी गई जिसमें यातायात, टूरिज़्म, जहाजरानी और उड्डयन विभाग सम्मिलित थे। सन 1967 में देश के अंदर पुनः लोकसभा का आम चुनाव हुआ। उन्होंने कांग्रेस के टिकट पर हिन्दूपुर लोक सभा सीट से अपना परचा दाखिल किया। लोक सभा में वे भारी मतों की रिकार्ड जीत से पहुँचे।। मार्च, 1967 में लोक सभा की सदस्यता ग्रहण करने के बाद, लोक सभा अध्यक्ष के चुनाव की बारी आई। डॉ. रेड्डी के आकर्षक व्यक्तित्व ने सबका ध्यान अपनी तरफ खींचा। मार्च, 1967 में उन्हें सर्वसम्मति से लोकसभा अध्यक्ष चुन लिया गया।

भारतीय लोकतंत्र में लोक सभा अध्यक्ष का स्थान बहुत की महत्त्वपूर्ण है। सदन की सारी गतिविधियों का सुचारु ढंग से संचालन करने की जिम्मेदारी उसी पर होती है। सारे विधेयकों पर ठीक ढंग से चर्चा कराना और आरोप-प्रत्यारोपों का सही मूल्यांकन करना/कराना लोक सभा के अध्यक्ष के लिए एक चुनौतीपूर्ण कार्य होता है। डॉ. रेड्डी बहुत ही योग्य, कर्मठ एवं अपने कार्यों को संचालित करने में प्रवीण थे। लोक सभा अध्यक्ष पद पर आसीन होने के बाद उन्होंने सदन की कार्यवाही निर्भीकरता से, पूरे साहस के साथ द्रुतगति से चलाई। प्रत्येक सत्र

में उनको बहुत ही झंझावातों का सामना करना पड़ा लेकिन उनकी मधुर व नम्र सभ्यता ने सबको सदन की गरिमा को बनाए रखन के लिए बाध्य किया। लोक सभा अध्यक्ष श्री रेड्डी के कार्यकाल में बहुत से विधेयक आए और समुचित चर्चा के बाद पास हुए। देश के विकास में निःसंदेह उनका महान योगदान रहा है। सदन की कार्यवाही की उनकी संचालन शैली से प्रभावित होने पर अमरीकी राष्ट्रपति रिचर्ड निक्सन से सन 1969 में भारत प्रवास के दौरान श्रीमती इंदिरा गांधी से कहा–"श्री नीलम संजीव रेड्डी वास्तव में योग्य व्यक्ति हैं। उन्होंने भारतीय सदन में अपनी योग्यता के बल पर शांतिपूर्ण ढंग से जो कार्यवाही पूर्ण की है, उसी की देन है कि लोकतांत्रिक परम्परा को प्रगति मिली है। मैंने यह देखा और महसूस किया।"

सन 1969 के मई महीने में भारतीय गणतंत्र ने अपने तीसरे राष्ट्रपति डॉ. ज़ाकिर हुसैन को खो दिया था। देश में नए राष्ट्रपति की तलाश शुरू हो गई। उस समय श्री वी.वी. गिरि भारतीय गणराज्य के उप-राष्ट्रपति थे। वी.वी गिरि चाहते थे कि उन्हें राष्ट्रपति पद पर चयनित कर लिया जाएँ वह राष्ट्रपति पद के सशक्त दावेदार थे। भारतीय राष्ट्रीय कांग्रेस में राष्ट्रपति पद के चयन के लिए बहुत बड़ा बवाल हो गया। पार्टी अंतर्द्वन्द्व की स्थिति में आ गई। भारतीय राष्ट्रीय कांग्रेस के राष्ट्रीय अध्यक्ष ने इंदिरा जी की ही सलाह पर नीलाम संजीव रेड्डी के नाम का चयन किया। किंतु श्रीमती गांधी को यह डर था कि कहीं यह व्यक्ति हमारे रास्ते में कोई अड़चन न पैदा कर दे इसलिए श्रीमती गांधी ने अपने विवेक व आत्मा की आवाज पर लोगों को मतदान करने का आह्वान कर दिया। वी.वी. गिरि निर्दलीय उम्मीदवार थे। कांग्रेस के अधिकांश सदस्यों ने श्री गिरि के पक्ष में मतदान कर दिया जिससे डॉ. नीलम संजीव रेड्डी को भारी हार का सामना करना पड़ा। वह श्री वी. वी. गिरी के 4,01,515 मतों के मुकाबले मात्र 3,13,548 मत हासिल कर सके। उनकी इस पराजय ने उनके दिल पर करारी चोटी दी। श्रीमती इंदिरा गांधी ने उन्हें लोक सभा अध्यक्ष पद के लिए पुनः नामित किया किंतु वह स्वाभिमानी थे। स्वाभिमान से वह बदले में कोई समझौता नहीं करते थे। उन्होंने लोक सभा अध्यक्ष बनने से इनकार कर दिया। इतना ही नहीं, उन्होंने राजनीति से सन्यास लेकर अपने गृहनगर आकर अपने खेत-खलिहान से जुड़ना बेहतर समझा। वे सपरिवार अनन्तपुर आकर रहने लगे।

जीवन के हर कदम पर मोड़ आते हैं। उनके जीवन का यह भी एक मोड़ था जो डॉ. रेड्डी देश की राजनीति और देश सेवा में गहन रुचि रखते थे। वही उससे नाता तोड़ कर बैठ गए। जरूर उनको किसी भारी सदमें ने ऐसा करने को बाध्य कर दिया होगा। एक बार पुत्र मोह था लेकिन इस बार कोई पारिवारिक मोह न था। इस बार स्वाभिमान पर अपने ही साथियों द्वारा किया गया प्रहार था।

जेहि अंचल दीपक दुरयौ, हन्यौ सो ताही गात:।
रहिमन अवसर के परै, मित्र शत्रु ह्वै जात।।

(रहिम)

उन्हें रहीम की उपर्युक्त उक्ति बहुत ही सच साबित हो रही थी। वह अपने परिवार में श्रीमती नागरथनम्मा तथा चारों बच्चों के साथ रहने लगे। यद्यपि जीवनभर सक्रिय रहा व्यक्ति कभी बैठ नहीं सकता लेकिन सब कुछ के बाद भी डॉ. रेड्डी अपने आपको एक परिवार की चारदीवारी में बांध चुके थे। वह संघर्ष की लम्बी कड़ी को अपनी जीवन शृंखला में बांधकर उच्च पद पर रहकर पुनः अपने गृहनगर वापस आ थे लेकिन अब उनका जीवन बिल्कुल साधारण बन गया था। भले ही राजा कुटी में जाकर रहने लगे, नीतिज्ञ दूरदेश में वास करे तथा पंडित एकांत में रहे लेकिन जिसको उस वट रूपी वृक्ष से छाया व खुशी मिली होगी, वह उससे मिलने के लिए उस तक अवश्य पहुँचेगा। डॉ. रेड्डी से भी लोग गृहनगर में प्रायः जाया करते थे। डॉ. रेड्डी उनसे बहुत ही साधारण रूप में मिलते और उनको संतुष्ट करने का भरसक प्रयास भी किया करते थे। ये उनमें विशेष गुण थे।

सन 1975 में अनन्तपुर में ही जनता पार्टी की तरफ से एक जलसा था। डॉ. रेड्डी उन दिनों अपने घर पर ही थे। जनता पार्टी के कार्यक्रम में जयप्रकाश नारायण जैसे लोग भाग लेने आ रहे थे। जनता पार्टी के वरिष्ठ नेताओं ने डॉ. रे्डी से भी इसमें भाग लेने का अनुरोध किया। पहले तो उन्होंने इन्कार किया किंतु अपने चहेतों का मान रखने के लिए उनके आमंत्रण को स्वीकार कर लिया। उसी सभा में जयप्रकाश नारायण के साथ सभा-संबोधन के बाद जनता पार्टी में सम्मिलित हो गए।

मार्च, 1977 के आम चुनाव की घोषणा हुई। देश में जनता पार्टी की लहर ऐसी आई कि देश की राजनीति के इतिहास-भूगोल बदल गए। कांग्रेस पार्टी को

बुरी तरह पराजय का सामना करना पड़ा। जनता पार्टी के टिकट पर वह नाडियाल से लोक सभा चुनाव लड़े। वहाँ की जनता ने उन्हें अपना भारी समर्थन देकर सांसद के रूप में चुना। आंध्र प्रदेश से कांग्रेस के प्रतिनिधि जीत रहे थे, वही एक ऐसे व्यक्ति थे जो जनता पार्टी के टिकट से जीतकर लोक सभा पहुँचे। डॉ. रेड्डी के जनता पार्टी के टिकट से जीतकर लोक सभा पहुँचे। डॉ. रेड्डी के जनता पार्टी में सम्मिलित होने पर कांग्रेस खेमे में अवश्य ही दु:ख हुआ लेकिन जहाँ पर सम्मान न हो वहाँ पर अपमानित सदस्य होकर गिनती नहीं करानी चाहिए, ऐसा डॉ. रेड्डी का मानना था और तभी वह जनता पार्टी से जुड़े। सन 1977 में जब वह पुन: सर्व सम्मति से लोक सभा अध्यक्ष चुने गए और अपने पद पर आसीन हो सदन ही कार्यवाही का संचालन करने लगे तो लोक सभा सदस्यों में खुशी की कोई सीमा नहीं थी। उन्होंने पुन: अपनी मर्यादाओं के साथ सदन की श्रेष्ठ अध्यक्षता की और सबके द्वारा सराहे गए।

ऊँट किस करवट बैठे, कौन जानता है। जिस राष्ट्र ने दस वर्ष पहले राष्ट्रपति पद के उम्मीदवार को राष्ट्रपति पद पर पहुँचने से रोक दिया हो, वही राष्ट्र डॉ. नीलम संजीव रेड्डी को सर्वसम्मति से राष्ट्रपति पद के लिए चुनकर सम्मान सहित राष्ट्रपति भवन भेजेगा, अकल्पनीय था, कोई सोच भी नहीं सकता था। सन 1977 में डॉ. रेड्डी भारतीय गणराज्य के छठे राष्ट्रपति चुने गए। इस बार उनके खिलाफ कोई सदस्य चुनाव मैदान में नहीं था। अत: वह भारतीय गणराज्य के राष्ट्रपति पद पर निर्विरोध प्रतिस्थापित हुए।

25 जुलाई, 1977 की शुभ घड़ी आई। उन्होंने तत्कालीन मुख्य न्यायाधीश श्री एम. एच. बेग से पद व गोपनीयता की शपथ ग्रहण की तथा जनाब फ़खरुद्दीन अली अहमद की मृत्यु से खाली हुई सीट पर कार्यरत कार्यवाहक राष्ट्रपति तथा भारतीय गणराज्य के पांचवें उप-राष्ट्रपति श्री बसप्पा दसप्पा जत्ती (बी. डी. जत्ती) से कार्यभार ग्रहण किया। तोपों की सलामी व अन्य गारद के सम्मान के साथ उनका राष्ट्रपतित्व काल शुरू हुआ। भारतीय गणराज्य के इस राष्ट्रपति ने कई वर्ष पहले राष्ट्रपति भवन में पहुँचने का सपना सजाया था किंतु 25 जुलाई, 1977 को ही वह उस सर्वोच्च भवन में जाकर भारतीय गणराज्य के प्रथम नागरिक होने का गौरव प्राप्त कर सके।

लम्बे संघर्ष में इनकी जिंदगी को बहुत सारे मुकामों पर इन्हें परखा किंतु डॉ. रेडडी अपने असीम उत्साह एवं आत्मबल के साथ हर पायदान पर परीक्षा

उत्तीर्ण होते गए। उनका निखरा व्यक्तित्व सम्पूर्ण भारत में उनकी कर्त्तव्यपरायणता और देशभक्ति के लिए जाना गया। लोगों में उनका अटूट विश्वास था। उनके यशस्वी गुणों ने ही उन्हें महानता की पराकाष्ठा तक पहुँचाया। रेड्डी युवापन से ही सशक्त व्यक्तित्व के स्वामी थे।

जीवन में जब मनुष्य मुश्किलों व कठिनाइयों से गुजरता रहता है तो उसे बड़े पद पर आसीन होने का घमण्ड नहीं होता, वह और सरल हो जाता है। वह किसान परिवार से, गरीबी एवं विभिन्न खट्टी-मीठी परिस्थितियों के अनुभव से निकले व्यक्ति थे, इसलिए उनके अंदर सभी वर्गों के प्रति प्यार था। डॉ. रेड्डी को वैंकटेश्वर विश्वविद्यालय ने उनकी विद्वता पर डाक्टरेट की मानद उपाधि दी। यह उपाधि कानून विषय पर प्राप्त हुई थी। अपने जीवन में उन्होंने आत्मानुशासन, गुरुपूजा तथा आत्मसंयम का बहुत ही ख्याल रखा। यही कारण था कि उनकी विद्वता सम्पूर्ण जीवन में अच्छी बुनियाद पर महल की भांति स्थापित हुई। वह सर्वधर्म समभाव में विश्वास करते थे। यथा उनके भाषण का एक अंश–"न हम हिन्दू हैं न मुसलमान, हम इन्सान हैं। फिर हम में यह भेद क्यों कभी-कभी जागृत हो उठते हैं, चिंतन की बात है। जब हम चिंतन करेंगे और इन्सानियत की निगाह से इन्सान को ढूंढ़ेंगे तो यह भेद हमसे कोसों दूर जाता रहेगा।"

डॉ. रेड्डी के पास समय का अभाव सारी जिंदगी रहा लेकिन जब उन्हें समय मिलता तो वह अपने पुत्र व पुत्रियों में रम जाते थे। प्रथम पुत्र की मृत्यु के बाद उनको भगवत् कृपा से एक पुत्र और तीन पुत्रियाँ प्राप्त हुए। उनमें यह खासियत थी कि उन्होंने कभी भी पुत्र व पुत्रियों में भेद नहीं रखा। वह 'लड़की-लड़का एक समान' के पोषक थे। उन्होंने सबकी शिक्षा-दीक्षा के लिए समान व्यवस्था कर रखी थी। इनकी शादी 22 वर्ष की अवस्था में हुई थी। श्रीमती नागरथनम्मा एक कुशल गृहिणी, पतिव्रता तथा शिक्षित महिला थीं जिन्होंने डॉ. रेड्डी को सैदव सहयोग किया। डॉ. रेड्डी के विकास की वह धुरी थीं। जब उनके जीवन में दुखद अवसर आए तो उस समय श्रीमती नागरथनम्मा ने डॉ. रेड्डी को ज़िन्दगी जीने में बहुत ही सहयोग दिया। यद्यपि वह स्वयं दुःख में डूबी एक महिला थीं। श्रीमती नागरथनम्मा के साथ डॉ. रेड्डी ने जीवन के कई पतझड़ एवं बसंत देखे और एक सफल जीवन-यापन किया। एक लम्बी बीमारी के बाद डॉ. रेड्डी इक्कीसवीं सदी की दहलीज पर खड़े

भारत को छोड़कर जब हमसे बिछुड़े तो सारा देश उनके गम में डूब गया। उनकी मृत्यु पर राष्ट्रपति डॉ. शंकर दयाल शर्मा ने उनके व्यक्तित्व-कृतित्व को याद करते हुए कहा–"वे हमारे बीच से उठ गए लेकिन उनका कृत्य हमारा मार्गदर्शन करता रहेगा। आज से हम उनके अभाव का अहसास करेंगे। वे एक सच्चे देशभक्त, राष्ट्र निर्माता और स्वाधीनता सेनानी थे।"

डॉ. रेड्डी राष्ट्र सेवा में रुचि लेते थे, यह जगजाहिर है किंतु खेल व संगीत तथा लेखन भी उनकी विशेष रुचियों में रहा है। अमरावती जेल में के. कामराज, वी.वी. गिरि व सत्यमूर्ति आदि दिग्गजों के साथ उनके हंसने व लिखने के गुणों को विशेष रूप से देखा जा सकता है। मुस्कुराहट मनुष्य के व्यक्तित्व में चार-चांद लगा देती है, स्वभावतः वह एक प्रसन्नमुख व्यक्ति थे। साहित्य, संस्कृति और सभ्यता से अपार प्रेम था। वह आंचलिक भाषाओं की कद्र करते थे किंतु हिन्दी के सम्मान का उन्होंने सदा विशेष ध्यान दिया।

डॉ. रेड्डी अति विशिष्ट गुणों के स्वामी थे जो सम्पूर्ण मानव जगत को लम्बे समय तक सद्मार्ग दिखाते रहेंगे। यह कोई अतिश्योक्ति वाक्य नहीं लिखा गया है। यह परमसत्य शब्दों से बना वाक्य है। उनकी ही कलम से--

"आपरेशन से पहले मैं धूम्रपान का अभ्यस्त था, बहुत अधिक आदी। मैंने अपनी अंतिम सिगरेट उस समय पी जब मैं आपरेशन थियेटर ले जाया जा रहा था और तब से मैंने सिगरेट को स्पर्श नहीं किया है। मैं बिना किसी कठिनाई के अपनी आदत छोड़ सकता था। मुझे कभी-कभी आश्चर्य होता है कि मैं पहले धूम्रपान करता ही क्यों था। मैं अपने धूम्रपान-प्रेमी मित्रों को बताना चाहता हूँ कि यदि वे सचमुच इस हानिकारक और खर्चीली आदत को त्यागना चाहें तो ऐसा सरलता से कर सकते हैं।"

उन्होंने यह सीख तो राष्ट्रपति पद से मुक्त होने के कुछ वर्ष बाद सार्वजनिक की थी। वह आस्तिक थे। वह अपने गृह नगर के सुप्रसिद्ध वैंकटेशनाथ के पुजारी थे। 25 जुलाई, 1977 को जब वे राष्ट्रपति बने, उसके बाद जब उनका दिल्ली से बाहर का यात्राक्रम शुरू हुआ, तो वह था मद्रास (चेन्नई), जहाँ वह भगवान बैंकटेश्वर की अर्चना के लिए गए। यूँ तो उन्होंने राष्ट्रपति भवन से विदेशों की बहुत सी यात्राएं कीं लेकिन उनकी दूसरी यात्रा का पड़ाव था न्यूयार्क, जहाँ से

उनकी धूम्रपान जैसी बुरी आदत का त्याग हुआ। मोरारजी देसाई की समस्या से वह बहुत परेशान हुए लेकिन लोकनायक जयप्रकाश नारायण के वह बहुत ही प्रशंसक रहे। 24 जुलाई, 1982 को ज्ञानी जैल सिंह को अपनी जिम्मेदारी सौंपकर उन्होंने माननीय सांसदों से विदाई ली।

सादगी एवं संस्कृति के संरक्षक डॉ. रेड्डी के व्यक्तित्व एवं कृतित्व को हमारा नमन!

## राष्ट्रपति के पद पर

फ़खरुद्दीन अली अहमद जो कि अगस्त 1974 में भारत के राष्ट्रपति निर्वाचित हुए थे, उनका स्वर्गवास सामान्य पांच वर्ष की अवधि समाप्त हाने से बहुत पहले फरवरी 1977 में हो गया। इसके पश्चात बी. डी. जत्ती, उपराष्ट्रपति ने कार्यकारी राष्ट्रपति का पद सम्भाला। केन्द्र में नवनिर्वाचित जनता सरकार को जिन समस्याओं को हल करना था, उनमें से एक राष्ट्रपति का निर्वाचन भी था।

मार्च 1977 में लोकसभा के लिए हुए निर्वाचन में, आंध्र प्रदेश से मैं एकमात्र विजयी उम्मीदवार था जो जनता दल के चिह्न पर जीता था। अपने चुनाव के कुछ दिनों बाद मैं सर्वसम्मति से लोक सभा का स्पीकर चुन लिया गया। मैं कांग्रेस पार्टी से अपना सम्बन्ध तोड़ चुका था और जनता पार्टी उस समय तक औपचारिक रूप से बन नहीं पाई थी। वह 1 मई 1977 को ही विधिवत बन पाई। इस प्रकार उस समय मुझे किसी पार्टी से अपना संबंध विच्छेद करने की आवश्यकता नहीं थी।

अप्रैल 1977 के प्रारम्भ में, जबकि भारत के राष्ट्रपति का निर्वाचन करने का प्रश्न सरकार के सामने था, मुझे हैदराबाद जाने का अवसर मिला। कुछ पत्रकारों ने मुझसे पूछा कि क्या मैं अपने को उस पद की उम्मीदवारी के लिए प्रस्तुत करूंगा। शायद प्रेस तथा जनता के लिए सन् 1969 के जग जाहिर विश्वासघात को दृष्टि में रखते हुए मेरे बारे में उस प्रकार विचार करना अस्वाभाविक नहीं था। तथापि मैंने यह स्पष्ट कर दिया कि मैं चुनाव नहीं लड़ूँगा। इसके साथ ही मैंने यह आशा प्रकट की कि जनता पार्टी, कांग्रेस और अन्य पार्टियां भारत के राष्ट्रपति पद के लिए सर्वसम्मति से उम्मीदवार चुनने में सफल होंगी।

जनता तथा कांग्रेस दोनों प्रमुख पार्टियों में से किसी का भी बहुमत राष्ट्रपति का निर्वाचन करने वाले मतदाताओं जो कि संसद के दोनों और राज्य की विधान सभाओं के सदस्य होते हैं, में नहीं था। जिन राज्यों में मार्च, 1977 के लोकसभा चुनावों में कांग्रेस पार्टी पराजित हो चुकी थी, उन राज्य विधान सभाओं को भंग कर दिया गया था और नये निर्वाचन जून 1977 में हुए थे। भंग होने से पूर्व इन विधान सभाओं में काँग्रेस पार्टी का भारी बहुमत था लेकिन जून 1977 के चुनावों में जनता पार्टी करीब उतने ही अधिक बहुमत से आयी। शासक जनता पार्टी के पक्ष में होते इस विकास के कारण वह कांग्रेस से अधिक मत पाने की शक्ति रखती थी तथापि राष्ट्रपति चुनाव में भाग लेने वाले मतदाताओं में उसका बहुमत नहीं था। जनता पार्टी तथा कांग्रेस के बाद, दो सबसे अधिक महत्त्वपूर्ण पार्टियां थीं–ऑल इंडिया अन्ना द्रविड़ मुनेत्र कज़गम (ए आई ए डी एम के) और कम्युनिस्ट पार्टी ऑफ इंडिया मार्क्ससिस्ट (सी पी आई एम)। उनके पास पर्याप्त मतदान शक्ति थी। केन्द्र में जनता पार्टी कांग्रेस की सहायता की चिन्ता किए बिना अपने सहयोगी अकाली दल की मदद पर अपना उम्मीदवार खड़ा कर सकती थी। परंतु इस प्रकार की क्रिया खतरों से भरी थी। इसलिए बुद्धिमानीपूर्ण सलाह मशविरे के बाद यह तय पाया गया कि कांग्रेस तथा अन्य पार्टियों के साथ मिल बैठ कर सर्वसम्मति से निर्णय लिया जाय। उस समय भी जब शासक दल का निर्वाचक गणों में पर्याप्त बहुमत हो और उसके उम्मीदवार की सफलता निश्चित हो, यह बेहतर होता है कि वह मुख्य विरोधी पार्टियों और समूहों से सलाह लेकर उम्मीदवार चुने ताकि राष्ट्रपति जो कि पूरे राष्ट्र की चेतना का प्रतीक होता है, यदि सभी पाटियों और समूहों द्वारा सर्वसम्मति से नहीं तो कम से कम देश के अधिक से अधिक सम्भावित लोगों द्वारा चुना जा सके।

निजलिंगप्पा, कांग्रेस पार्टी में मेरे पूर्व सहकर्मी और जनता पार्टी की नींव डालने वालों में से एक, भारत के राष्ट्रपति पद के लिए होने वाले निर्वाचन में उम्मीदवार बनना चाहते थे। उन्होंने प्रधानमंत्री मोरारजी देसाई से इस संबंध में बातचीत की। तथापि प्रधानमंत्री ने उनको बताया कि चूंकि उपराष्ट्रपति के पद पर उसी राज्य और उसी समुदाय का व्यक्ति बी. डी. जत्ती पहले से है जिसके निजलिंगप्पा हैं, जनता पार्टी के लिए उनको अपना उम्मीदवार बनाना संभव नहीं होगा। इसके बाद निजलिंगप्पा मुझसे मिलने आये, जो कुछ घटित हुआ था मुझे

बताया और बंगलौर चले गए।

जुलाई 1977 की शुरूआत में प्रधानमंत्री मोरारजी देसाई ने राष्ट्रपति पद के लिए योग्य उम्मीदवार की खोज करना प्रारम्भ की। जनता पार्टी के पार्लियामेन्ट्री बोर्ड से विचार विमर्श करने के बाद ऐसा प्रतीत होता है कि उन्होंने कांग्रेस पार्टी और लोक सभा में विरोधी दल के नेता वाई. बी. चह्वाण से भी नामों की एक सूची पर, जिसमें श्रीमती रुक्मिणि अरुण्डेल का नाम सबसे ऊपर था सलाह की। सम्भवतया मोराजी देसाई और चह्वाण में श्रीमती अरुनडेल के नाम के चुनाव पर सहमति थी। जब उनकी पसंदगी के बारे में सभी को पता चला, दूसरों की प्रतिक्रिया उनसे बहुत विपरीत थी। दोनों नेताओं द्वारा चुने गए नामों से उत्पन्न असंतोष पार्टी की सीमाओं को पार कर गया। शासन करने वाली जनता पार्टी और विरोधी कांग्रेस पार्टी के सदस्यों ने अपनी भावनाओं को खुले-आम प्रकट किया।

सी पी आई एम ने भी अपनी अप्रसन्नता प्रकट की, उसने महसूस किया कि प्रधानमंत्री को जनता और कांग्रेस की सहमति से की गई पसन्द उसके सामने रखने के बजाय, उसे सलाह में शामिल करना चाहिए था। उसने स्पष्ट कर दिया कि अगर शासक दल ने आगे कारवाई की और श्रीमती अरुण्डेल को अपना उम्मीदवार बनाया, वह अपना उम्मीदवार खड़ा करने में संकोच नहीं करेगी। द्रविड़ मुनेत्र कजगम (डी एम के) और ए आई डी एम के ने भी प्रधान मंत्री द्वारा चुने उम्मीदवार के प्रति अपनी उत्साहहीनता दिखाई। अनेकों के विचार से केवल राष्ट्रीय महत्त्व का ऐसा व्यक्ति जिसे सार्वजनिक जीवन का बहुत लम्बा अनुभव हो राष्ट्रपति के उच्च पद के लिए चुना जाना चाहिए। उन्होंने महसूस किया कि श्रीमती अरुण्डेल इस आवश्यकता की पूर्ति नहीं करतीं।

अतः प्रधानमंत्री के लिए इस समस्या पर नए सिरे से विचार करना आवश्यक हो गया। यद्यपि जनता पार्टी के नेताओं द्वारा प्रारम्भ में दिए गए सुझावों में मेरा नाम नहीं आया था तथापि संसद के अनेकों सदस्यों, जनता पार्टी और कांग्रेस तथा अन्य विरोधी पार्टियों और समूहों के मन में मेरा नाम सर्वोपरि था। इस स्थिति में मैंने दोबारा एक प्रेस बयान जारी किया कि मैं उस समय तक निर्वाचन के लिए खड़ा नहीं होऊँगा जब तक कि मैं सभी पार्टियों द्वारा एक सर्वमान्य उम्मीदवार नहीं माना जाता। यह पूरी तरह स्पष्ट हो चुका था कि श्रीमती

रुक्मिणि अरुण्डेल का पक्ष लेने वालों का अभाव है और शासक दल के लिए उनकी उम्मीदवारी का समर्थन करते रहना बुद्धिमता नहीं होगी। मोरारजी ने श्रीमती अरुण्डेल का नाम प्रस्तावित करने से पूर्व उनकी सहमति ले ली थी जो कि उस समय यूरोप में कहीं थीं, लेकिन जब उनके नाम का विरोध बढ़ता गया, ऐसा जताया गया कि वह उम्मीदवार बनने की इच्छुक नहीं थीं। इस प्रश्न पर विस्तृत सहमति पाने की सम्भावना के लिए विभिन्न स्तरों पर विचार विनिमय किया गया।

प्रधानमंत्री ने नए सिरे से अपनी पार्टी के पार्लियामेन्ट्री बोर्ड से सलाह की। आम भावना यह थी कि मैं सबसे अधिक सहमति पाने वाला उम्मीदवार हूँगा, तथापि एक दूसरा नाम भी शामिल कर लिया गया। उसके बाद उन्होंने विरोधी पक्ष के नेता चह्वाण से विचार विमर्श किया। चह्वाण ने कहा कि उन्हें कांग्रेस पार्टी के सदस्यों की राय जानने के लिए कुछ और समय चाहिए।

कांग्रेस के कुछ प्रभावशाली सदस्य (जिनमें से अनेक संसद सदस्य नहीं थे।) सर्व सम्मति से राष्ट्रपति पद के लिए जनता पार्टी द्वारा समर्थित उम्मीदवार खड़ा करने के विचार से विरोध रखते थे। उनका तर्क ऐसा प्रतीत होता था कि कांग्रेस को अपनी स्वतंत्रता और अस्मिता पर बल देने के लिए अपना उम्मीदवार खड़ा करना चाहिए, चाहे उसके चुनाव जीतने की आशा कितनी ही कम हो। लेकिन इस दृष्टिकोण को सामान्य स्वीकृति नहीं मिली।

जब मैं 7 जुलाई 1977 को लोकसभा की अध्यक्षता कर रहा था, के. सी. पंत जो कि उस समय लोक सभा के सदस्य नहीं थे, ने कागज की एक पर्ची मेरे पास भेजी, जिसमें सूचित किया गया था कि कांग्रेस मेरी उम्मीदवारी के लिए सहमत हो गई है। जम्मू और काश्मीर के कर्णसिंह, जो कि विरोधी पार्टी के सामने वाली बेंच पर बैठे थे, उन्होंने भी इसी आशय की एक पर्ची मेरे पास भेजी। प्रधानमंत्री इन गतिविधियों को देख रहे थे और उन्होंने भी सूचना भेजी कि मेरा नाम जनता पार्टी के उम्मीदवार के रूप में उक्त पद के लिए चुना गया है। उसी दिन जनता पार्टी के जनरल सेक्रेटरी ने घोषणा की कि प्रधानमंत्री द्वारा जनता पार्टी के नेताओं से ली गयी सलाह में सभी नेताओं की सम्मति मेरे लिए थी। प्रधानमंत्री ने कांग्रेस, ए आई ए डी एम के, कम्युनिस्ट पार्टी ऑफ इंडिया,

फारवर्ड ब्लाक, अकाली दल, रेवोल्यूशनरी सोशलिस्ट पार्टी और मुस्लिम लीग के नेताओं से भी सलाह कर ली थी। संसद की इन सभी पार्टियों द्वारा मेरा पक्ष लेने की सम्मति से, राष्ट्रपति पद के लिए मेरा निर्वाचन वास्तव में निश्चित हो चुका था। मैंने टेलीफोन से डी एम के नेता एम. करुणानिधि से बात की और उन्होंने अपनी पार्टी द्वारा समर्थन देने का आश्वासन दिया।

उस दिन मध्याह्न भोजन की अवधि में, मैं मोरारजी देसाई से मिला और उन्हें अपना नाम राष्ट्रपति पद के उम्मीदवारों की सूची में शामिल करने के लिए धन्यवाद दिया। मैंने उन्हें बताया कि मैं अपने गृह नगर जाना चाहता हूँ और अपनी माँ का आशीर्वाद लेना चाहता हूँ। इस विचार से वह बहुत प्रसन्न हुए। बाद में, मैंने शाम को विरोधी पार्टी के अन्य नेताओं को भी उनके पूर्ण समर्थन के लिए धन्यवाद दिया। उसके बाद मैं अनन्तपुर अपनी माँ के दर्शन करने के लिए चल पड़ा। उनके साथ एक दिन व्यतीत करने के पश्चात मैं दिल्ली लौट आया। राष्ट्रपति पद के लिए कोई प्रतिद्वन्द्वी नहीं था, अतः मैं भारत के राष्ट्रपति पद के लिए निर्वाचित घोषित कर दिया गया।

मैंने भारत के राष्ट्रपति पद की अपनी शपथ 25 जुलाई 1977 को संसद के सेन्ट्रल हॉल में ली। भारत के मुख्य न्यायाधीश एम. एच. बेग द्वारा संविधान की धारा 60 के अन्तर्गत मुझे शपथ दिलाई गयी। मैंने अपने उद्घाटन भाषण में इस विषय पर प्रकाश डाला कि किस प्रकार जनता के विचार की शांतिपूर्ण पुष्टि द्वारा देश में एक परिवर्तन आया है जो कि मात्र राजनैतिक रूपान्तरण नहीं वरन् एक मौन क्रांति है। इस प्रकार उसने एक नए युग का प्रारम्भ किया है तथा शांतिपूर्ण परिवर्तन के पथ और अपनी प्रजातांत्रिक प्रणाली प्रति विश्वास के समर्पण को पुनः पुष्ट किया है। उसे आवश्यकता है एक नवी संतुलन की, आपसी समझौते की नयी भावना की जो कि केवल सच्ची समानता, और अधिक अवसरों की उपलब्धता तथा जनता के कमजोर वर्ग के लिए पहले से अधिक सहानुभूति की नई सीमाओं का अधिक विस्तार करने से ही लाई जा सकती है। देश की क्षेत्रीय, धार्मिक और भाषाई विभिन्नताओं के बीच एक आधारभूत एकता स्थित है। हमारा पूरा प्रयत्न होना चाहिए कि विभाजन करने वाली राजनीति से स्पष्ट रूप से दूर रहें और राष्ट्रीय ऊर्जा का उपयोग जनता का अधिक से अधिक कल्याण करने के लिए करें।

## तिरुपति और मद्रास यात्रा

पद ग्रहण करने के बाद मैं शीघ्र से शीघ्र तिरुपति जाने और भगवान वेंकटेश्वर की पूजा करने का बहुत इच्छुक था लेकिन वह मैं स्वतंत्रता दिवस से पूर्व नहीं कर सकता। कुछ भी हो राष्ट्रपति बनने के बाद मेरी प्रथम यात्रा तिरुपति की थी।

तिरुमालाई और तिरुचनूर में परिवार सहित अपनी प्रार्थना भेंट करने के बाद मैं 18 अगस्त को मद्रास गया। वहां मैंने कामराज की प्रतिमा का अनावरण किया जो कि पैंतीस वर्षों से भी अधिक तमिलनाडु की विधान सभा कक्ष (चैम्बर) में मेरे मित्र और सहकर्मी रहे थे। कामराज से मेरा संबंध इतना लंबा रहा था और उनके प्रति मेरा स्नेह इतना महान था कि यह मेरे लिए बहुत सन्तोष की बात थी कि राष्ट्रपति बनने के बाद प्रथम जनसभा जिसमें मैंने भाग लिया उनकी स्मृति में आयोजित हुई थी। मैंने कामराज की राष्ट्र के लिए की गई निस्वार्थ और लंबी देशसेवा के प्रति श्रद्धांजलि अर्पित की। उनमें धन और सत्ता के लिए कोई आकर्षण नहीं था। उन्होंने एक स्वच्छ और सादा जीवन व्यतीत किया और अपने पीछे किसी प्रकार की भौतिक संपत्ति नहीं छोड़ गए। मद्रास का मुख्यमंत्री बनने के बाद भी उनकी जीवन शैली में कोई परिवर्तन नहीं आया था। जवाहरलाल नेहरू तथा दूसरों द्वारा कामराज को इंडियन नेशनल कांग्रेस का प्रेसीडेन्ट चुनना उनकी आन्तरिक अच्छाइयों और राष्ट्र के प्रति सेवा भावना से समर्पित होने का प्रमाण है। कामराज एक विनम्र व्यक्ति थे और अपनी सीमाओं को जानते थे। नेहरू जी के स्वर्गवास के बाद उन्होंने कुछ नेताओं के इस सुझाव को कि उन्हें प्रधानमंत्री बनना चाहिए, विनम्रतापूर्वक अस्वीकार कर दिया था। मुझे उस सभा में याद आया कि किसी प्रकार हमारे राजनैतिक कैरियर समानान्तर रूप से आगे बढ़े। जब वह तमिलानाडु कांग्रेस कमेटी के प्रेसीडेण्ट थे, मैं आंध्र प्रदेश कांग्रेस कमेटी का प्रेसीडेण्ट था। मेरा प्रथम बार आंध्र प्रदेश का मुख्य मंत्री बनना और उनका मद्रास का मुख्यमंत्री बनना लगभग साथ-साथ घटित हुआ। हम दोनों ही इंडियन नेशनल कांग्रेस के प्रेसीडेण्ट रहे थे। अपने भाषण में, मैंने इस बात का भी उल्लेख किया कि किस प्रकार हम दोनों बिना किसी तर्क वितर्क और कटुता के मद्रास तथा आंध्र प्रदेश के तिरुत्तानी और अन्य सीमा क्षेत्रों की समस्या को हल करने में सफल हुए थे। हम दोनों द्वारा प्रस्तावित समझौता दोनों राज्यों की

विधान सभाओं ने सर्वसम्मति से स्वीकार कर लिया था। कामराज और मैं अक्सर तिरुमलाई में मिला करते थे। दुर्भाग्यवश कुछ नेताओं को इन मुलाकातों के बारे में गलतफहमी हो गई। हमारी इन मुलाकातों का उद्देश्य राष्ट्रीय मुद्दों पर एक दूसरे के विचारों को जानना-समझना होता था। मैंने सभा में बताया कि किस प्रकार कामराज के जीवन के अन्तिम तीन महीनों में मैं उनसे कई बार मिला और वह देश की स्थिति से कितने दुखी थे। उनके स्वर्गवास के समय भी देश 'आपातस्थिति' (इमर्जेन्सी) लगी हुई थी। मैंने बताया कि किस प्रकार निषेधाज्ञा की अवहेलना करते हुए मैंने कामराज के निधन का समाचार सुनकर अनन्तपुर में शोकसभा आयोजित की और किस प्रकार इस सभा का समाचार किसी भी समाचार पत्र द्वारा प्रकाशित नहीं किया गया।

उसी दिन मद्रास में मेरा दूसरा कार्यक्रम था, ऐसा जिसमें भाग लेते हुए मैंने अपने को सम्मानित अनुभव किया। यह गांधी जी के पूर्णाकार चित्र का अनावरण करना था। मैंने सभा में बताया कि किस प्रकार देश को एक दूसरे महात्मा गांधी की आवश्यकता है जो हमारे अंदर स्वतंत्रता संग्राम के दिनों की स्वार्थहीन त्याग की भावना को पुनः प्रज्वलित कर सके।

## अमरीका में मेरी अन्तिम सिगरेट

28 अगस्त 1977 को मद्रास और तिरूपति से वापस आने के बाद शीघ्र मैं ऑल इंडिया इंस्टीट्यूट ऑफ मेडिकल साइंसेज में,कुछ दांत औषधिजन्य मूर्छा (एनेस्थेसिया) में निकलवाने की प्राथमिकता पूरी करने के लिए अपना मेडिकल चेकअप करवाने गया। इस अवसर पर डाक्टरों ने बाएं फेंफड़े के ऊपरी भाग में एक सिक्के के गोलाकार रूप पर घाव पाया। डॉक्टरों के एक पेनल ने जिसमें डॉ० वी० रामालिंगास्वामी, डॉ० जे एस बजाज, डा० बी० भार्गव, डा० एन० गोपीनाथ, डा० डी० जे जस्सावाला और डॉ० ए० एस० रामकृष्णन थे, विस्तृत जांच पडताल तथा अध्ययन किया। पहले चार डाक्टर ऑल इंडिया इंस्टीट्यूट ऑफ मेडिकल साइंसेज के थे और भारत तथा विदेशों में अपने अपने क्षेत्र के विशेष के रूप में प्रख्यात थे। पांचवे बम्बई के प्रसिद्ध कैंसर विशेषज्ञ थे जिन्हें विशेष रूप से प्रधानमंत्री मोरारजी देसाई के स्पष्ट सुझाव पर बुलाया गया था। पेनल के अन्तिम सदस्य मद्रास के प्रतिष्ठित सर्जन थे जो कि तीस वर्ष से भी अधिक से मेरे डाक्टर रहे थे। विस्तृत अध्ययन के बाद पेनल

का यह विचार बना कि घाव की सर्जरी करने के उदेश्य से तत्काल जांच करने के लिए थेराकट्रॉमी की जाये। सारी परिस्थितियों को ध्यान में रखते हुए पेनल इस निष्कर्ष पर आया कि न्यूयार्क का मेमोरियल हास्पिटल और सोलन केटेरिंग इंस्टीट्यूट इस केस को पूरी तरह संभालने के लिए सबसे उपयुक्त रहेगा।

मैंने डॉ० जस्सावाला से जानना चाहा कि क्या आवश्यक सर्जरी बम्बई में ही नहीं हो सकती1 उन्होंने उतर दिया कि भारत में सर्जरी सम्भव है लेकिन ऑपरेशन के बाद दी जाने वाली जो रेडियेशन सुविधायें भारत में उपलब्ध हैं वे उस दशा में पर्याप्त नहीं होंगी। यदि घाव कैंसरयुक्त और अधिक फैल चुका हुआ। पेनल के सभी डाक्टरों का यही मत था। वे सभी अनुभव करते थे कि मुझे सर्जरी तथा उसके बाद के आवश्यक उपचार के लिए अमरीका जाना चाहिए। उन्होंने इसी आशय की एक रिपोर्ट भी प्रस्तुत की।

इस रिपोर्ट के आधार पर सरकार ने वह समस्त प्रबन्ध करने का निर्णय लिया जो कि राष्ट्रपति के उपचार के लिए आवश्यक है। कैबिनेट सेक्रेटेरियेट द्वारा 30 अगस्त 1977 को जारी एक प्रेस विज्ञप्ति में मेडिकल रिपोर्ट का सारांश देते हुए कहा गया कि राष्ट्रपति जितना शीघ्र होगा भारत से चले जायेंगे और देश के लगभग एक माह तक बाहर रहेंगे।

उस दिन और उसके बाद वाले दिनों भी मैं पहले से निश्चित अपने सभी कार्यों को बाहर जाने से पूर्व तक पूरा करता रहा। मेरे द्वारा ऐसा न करने का कोई कारण नहीं था क्योंकि मुझे कोई भी शारीरिक कष्ट अनुभव नहीं हुआ था। सरकार ने शीघ्र मेरी अमरीका यात्रा तथा डाक्टरों के पेनल द्वारा अनुमोदित इंस्टीट्यूट में मेरा उपचार करवाने के सभी प्रबंध कर दिए। मैं चार सितम्बर, 1977 को अमरीका के लिए रवाना हुआ। मेरे साथ मेरी पत्नी तथा मेरा पुत्र डॉ० सुधीर रेड्डी, (जो कि कुछ सप्ताह पहले ही सर्जन का उच्च प्रशिक्षण लेकर अमरीका से आया था) थे। विमान पर चढ़ने से पूर्व मैंने अनेकों मित्रों और रिश्तेदारों से जो मुझे विदाई देने के लिए एयरपोर्ट पर एकत्रित हो गए थे, विदा ली। मुझे उस ऑपरेशन और उपचार के परिणाम की जो मैं शीघ्र लेने को बाध्य था, कतई चिन्ता नहीं थी। जिस समय मैंने देश से विदा ली, मैं हसंमुख और प्रसन्न मनोस्थिति में था। ऑपरेशन सफल रहा तथा पन्द्रह दिन के अंदर मुझे डाक्टरों से भारत वापस लौटने की अनुमति मिल गई। तब से मैं निरन्तर स्वस्थ

हूं। मोरारजी देसाई ने जिस समय मैं विदेश में था, मुझे लिखा था कि किसी भी अन्य वस्तु से अधिक यह मेरा साहस था जिसने मुझे इतना शीघ्र स्वास्थ्य लाभ करा दिया था। ऑपरेशन से पहले मैं धूम्रपान का अभ्यस्त था, बहुत अधिक आदी। मैंने अपनी अन्तिम सिगरेट उस समय पी जब मैं आपरेशन थियेटर ले जाया जा रहा था और तब से मैंने सिगरेट को स्पर्श नहीं किया है। मैं बिना किसी कठिनाई के अपनी आदत छोड़ सकता था। मुझे कभी-कभी आश्चर्य होता है कि मैं पहले धूम्रपान करता ही क्यों था? मैं अपने धूम्रपान प्रेमी मित्रों को बताना चाहता हूँ कि यदि वे सचमुच इस हानिकारक और खर्चीली आदत को त्यागना चाहें तो वे ऐसा सरलता से कर सकते हैं।

## राष्ट्रपति भवन इतना विशाल क्यों?

राष्ट्र के नाम स्वतंत्रता दिवस के अपने प्रथम संदेश में मैंने भद्दे दिखावे और अनावश्यक तड़क-भड़क को हटाने पर बल दिया। मैंने कहा कि मैंने निश्चय किया है कि "राष्ट्रपति भवन को छोड़कर किसी सादा भवन में रहूं जो कि भारत के राष्ट्रपति के उच्च पद तथा सम्मान के विरुद्ध या निषिद्ध नहीं होगा।" मेरे निर्णय के अनुसार सरकार तथा मेरे सचिवालय के संबंधित अधिकारियों ने हैदराबाद हाउस को राष्ट्रपति निवास के रूप में प्रयोग करने की सम्भावना का परीक्षण किया। तथापि उन्होंने पाया कि वह भवन कस्तूरबा गांधी मार्ग की ऊँची इमारतों के बहुत निकट है तथा भारी आवागमन से भी दूर नहीं है और इसलिए किसी भी प्रकार उपयुक्त नहीं है। तब उन्होंने राष्ट्रपति इस्टेट के अंदर भवन सं० 1 और 2 बिलिंगडन क्रिसेन्ट पर विचार किया। यहाँ भी उन्होंने अनुभव किया कि अनेकों अतिरिक्त निर्माण तथा परिवर्तन करने होंगे उसके बाद ही वह राष्ट्रपति, उसके निजी स्टाफ और उसके ए डी सी आदि के रहने योग्य बन सकेगा। इसमें 1,25,00,000 रु० से अधिक का अनापरावर्ती व्यय तथा लगभग 10,00,000 रु० का वार्षिक परावर्ती व्यय आयेगा। राजकोष पर इतना भारी खर्च डालने की सम्भावना को देखते हुए मैंने यह विचार त्याग दिया। किसी साधारण भवन में जाने का मेरा एकमात्र उद्देश्य सादा जीवन व्यतीत करने का उदाहरण प्रस्तुत करने का था परन्तु यदि उसका परिणाम भरी अतिरिक्त व्यय आता था तो वह अपनाने योग्य नहीं था। इस सदंर्भ में सरोजनी नायडू द्वारा हंसी में कही गयी उक्ति किसी को भी स्मरण आ सकती है–कि गांधी जी को गरीब रखने के लिए राष्ट्र को काफी पैसा चुकाना पड़ता है।

इसके अतिरिक्त विलिंगडन क्रिसेन्ट एक व्यस्त मार्ग था जिस पर भारी आवागमन होता रहता था और ठीक सड़क के पार 'रिजं' था जिस पर घने वृक्ष लगे थे। यद्यपि वहाँ ऐसी कोई बात नहीं थी जिससे राष्ट्रपति के जीवन को खतरा हो सके तथापि शरारती तत्त्व राष्ट्रपति के लिए गलत स्थिति उत्पन्न कर सरकार को उलझन में डाल सकते थे। इन परिस्थितियों में यह विचार कि राष्ट्रपति भवन से किसी छोटे भवन में स्थानान्तरित हो जाये, त्याग दिया गया।

इस सदंर्भ में, यह संक्षेप में बताना उपयोगी होगा कि राष्ट्रपति भवन का कैसे और किन उद्देश्यों के लिए उपयोग होता है। यह एक विशाल भवन है। यह शायद अनेकों देशों के राज्याध्यक्षों के भवनों से भी बड़ा है। तथापि राष्ट्रपति अपने और परिवार के सदस्यों के लिए केवल कुछ यह छह कक्षों (कमरों) का उपयोग करता है, जिन्हें (फेमिली विंग) परिवार खंड कहते हैं। भवन का शेष भाग कार्यालय के विभिन्न कार्यों के लिए उपयोग में लाया जाता है। पहले, विभिन्न प्रकार के कक्ष विदेशों से आने वाले राज्याध्यक्षों, शासनाध्यक्षों और उनकी सहायक मंडली के सदस्यों के उपयोग के लिए अलग रखे जाते हैं। जैसा कि सभी जानते हैं विदेशी उच्च अधिकारियों का आगमन एक सामान्य बात है, विशेष रूप से अक्तूबर से मार्च माह तक। दूसरे, वहाँ विशाल कक्ष हैं जो कि विशेष अतिथियों के मनोरंजन कार्यक्रमों, औपचारिक सरकारी समारोहों जैसे नागरिक और सैनिक पद ग्रहण आयोजनों, राजदूतों द्वारा अपने अधिकृत सरकारी परिचय पत्र देने, मंत्रियों द्वारा शपथ ग्रहण का आयोजन करने हेतु संरक्षित हैं। राष्ट्रपति द्वारा सरकारी तथा गैर सरकारी प्रतिनिधि मंडलों से भेंट करने के लिए भी अलग कक्ष हैं। प्राय: भारतीय तथा विदेशी प्रतिनिधियों के मध्य होने वाले संधियों पर राष्ट्रपति भवन में ही हस्ताक्षर होते हैं। भारत आने वाले विदेशी राज्याध्यक्षों से भेंट करने के लिए प्रधानमंत्री भी राष्ट्रपति भवन आते हैं, इसके लिए भी कमरे सुरक्षित हैं। इसके अतिरिक्त राष्ट्रपति भवन में कैबिनेट सेक्रेटेरियेट, राष्ट्रपति का अपना कार्यालय और सेक्रेटेरियेट, राष्ट्रपति भवन के उपवनों तथा अचल संपत्ति की देखभाल रखने वाले विभाग भी स्थित हैं। यदि राष्ट्रपति दूसरे भवन में चला भी जाये तो व्यय में कोई कमी नहीं होगी क्योंकि राष्ट्रपति भवन को इन समस्त कार्यों के लिए बनाये रखना होगा।

इस प्रकार राष्ट्रपति भवन जनता का भवन है जिसे अच्छी दशा में बनाए रखना चाहिए। इसे जिन विभिन्न कार्यों के लिए प्रयोग में लाया जाता है, उसे

दृष्टि में रखते हुए इसको सुरुचिपूर्वक सुसज्जित करना चाहिए। इसमें मूलतः प्रश्न राज्य की गरिमा का है तथा इसे अच्छी दशा में रखने के विषय में किफायतशारी करना बुद्धिमानी नहीं होगी। इस भवन की अनेकों 'फिटिंग्स', गलीचे, फर्नीचर आदि पुराने हो चुके हैं और उनकी मरम्मत या नवीनीकरण करने की आवश्यकता है। अच्छा हो, यदि हम यह कार्य बिना देर किए प्रारम्भ कर दें, साथ ही इस भवन की आन्तरिक और बाहरी दशा इसकी फिटिंग्स, फर्नीचर और सजा-सज्जा पर भी निरन्तर ध्यान देते रहने की आवश्यकता है ताकि यह भवन उन सभी समारोहों के अनुरूप बन सके जो इसमें आयोजित होते हैं। मैं यहाँ जो विचार प्रकट कर रहा हूँ, वह आवश्यक परिवर्तनों सहित विभिन्न राज भवनों पर भी लागू होता है और इसके लिए पर्याप्त धनराशि की व्यवस्था करनी होगी।

विदेशों में राज्यकीय यात्राओं के दौरान, मुझे अनेकों देशों में इसी प्रकार के भवनों को अत्यन्त भव्य स्थिति में देखने का अवसर मिला है। समाजवादी देशों में भी भवनों के फर्नीचर, फिटिंग्स, साज-सज्जा और उनके रख-रखाव में किसी प्रकार की वांछित कमी नहीं छोड़ी जाती। विदेशी अतिथियों के रहने के लिए भवन कक्ष अलग रखे जाते हैं और सरकारी स्वागत के लिए प्रयोग किये जाने वाले विशाल कक्ष सर्वोत्तम रूप से 'फर्निश्ड' और सजे होते हैं; स्पष्ट है सार्वजनिक भवनों के रख-रखाव पर खर्चे में किसी प्रकार की कमी नहीं रखी जाती है।

## जयप्रकाश नारायण से प्रेरणापूर्ण संपर्क

कभी सन् 1975 में, आपात स्थिति की घोषणा से कुछ पूर्व, जयप्रकाश नारायण ने हैदराबाद में एक सार्वजनिक सभा में भाषण दिया था। मैं उस समय हैदराबाद नगर में था। इसलिए मैं उस सभा में शामिल होने गया। मैं भीड़ में बैठा हुआ था कि मंच पर जे० पी० तथा अन्य लोगों के साथ बैठे हुए किसी व्यक्ति ने मुझे पहचान लिया और मेरी उपस्थिति के बारे में जे०पी० के कान में फुसफुसाया। वह मेरी ओर घूमे और मुस्कराते हुए मुझे मंच पर आने का आमंत्रण दिया। दूसरों की भी यही इच्छा मालूम पड़ रही थी इसलिए मैं वहां चला गया। तब जे० पी० ने मुझसे सभा को संबोधित करने के लिए कहा। यद्यपि मैंने कभी यह आशा नहीं की थी कि ऐसा करने के लिए कहा जायेगा, मैंने उनके अनुरोध का पालन किया। मैं मुख्य रूप से सार्वजनिक जीवन में जो पतन आ गया है उस पर बोला। मेरे भाषण को भली प्रकार सुना गया।

उस समय जे० पी० जिसे वह 'संपूर्ण क्रांति' कहा करते थे, के संबंध में अक्सर बोला करते थे। मुझे यह अवश्य स्वीकार करना चाहिए कि उनका इससे क्या आशय था, मैं पूरी तरह नहीं समझता था। जनता में विभिन्न अवसरों पर कहे गये उनके कथनों से मुझे यह ज्ञात होता था कि वे देश के राजनैतिक, सामाजिक और आर्थिक जीवन में दूरगामी प्रभाव डालने वाले परिवर्तन लाना चाहते थे। उन्होंने कहा था कि वे अधिक स्वच्छ राजनैतिक जीवन लाना चाहते थे। स्पष्ट था कि उन्होंने चुनाव प्रणाली में ऐसे सुधार करने का निश्चय कर लिया था जो हमारी विधान सभाओं को सच्चे रूप में जनता के दृष्टिकोण का प्रतिनिधित्व करने वाली बना सके। उनका विचार था कि विधायकों को मतदाताओं से धनिष्ठ संबंध बनाये रखने चाहिए और उनकी आवश्यकताओं तथा दृष्टिकोणों के प्रति अधिक उत्तरदायी होनी चाहिए। उनकी इच्छा थी कि कुछ परिस्थितियों में उन्हें विधान सभाओं से वापस बुला लेने की व्यवस्था होनी चाहिए। उन्होंने एक ऐसे सच्चे समानतावादी समाज की स्थापना के लिए आह्वान किया जिसमें जाति, समुदाय जैसी बातों पर आधारित अन्तर और ऊंच-नीच न हो और सभी को आर्थिक लाभों में समान भागीदारी मिले।

अपने भाषणों में दूसरे जिस विषय की वह प्राय: चर्चा करते थे, वह था दलहीन प्रजातंत्र।

मैं नहीं जानता कि कभी उन्होंने इस विषय पर अपने विचार विस्तार से रखे हों। तथापि कोई भी सैद्धांतिक रूप से उस रूपांतर का विरोध नहीं कर सकता था जिसे लाने का प्रयत्न वे कर रहे थे। मुझे प्राय: आश्चर्य होता था कि उनके मन में जिन सामाजिक और आर्थिक परिवर्तनों को लाने की इच्छा है, उनका स्वीकार करने तथा उनके लिए कार्य करने को क्या जनता वास्तव में तत्पर है।

उन्होंने मार्च 1977 के चुनावों में विरोधी पार्टियों को एकजुट संगठित कर कांग्रेस के विरुद्ध लोकसभा चुनाव लड़ने में जो एतिहासिक भूमिका निभायी वह लम्बे समय तक याद की जाती रहेगी। देश के इतिहास में उस क्षण एक ऐसी पार्टी की आवश्यकता थी जो कांग्रेस को सफलतापूर्वक चुनौती दे सके क्योंकि यदि इंदिरा गांधी के नेतृत्व में कांग्रेस पार्टी केन्द्र में सत्ताधीश हो जाती, वह और उनकी पार्टी यह दावा करती कि देश ने जून 1975 में लगाई गई आपातस्थिति

की स्वीकृति दे दी है। अपने कमजोर स्वास्थ्य पर ध्यान न देते हुए, उन्होंने विस्तृत यात्राएं कीं और आपातकाल के अंधकार पूर्ण दिनों के लिए उत्तरदायी लोगों के विरुद्ध जनमत को संगठित किया। यद्यपि जिस जनता पार्टी की उन्होंने नींव डाली थी वह अंत में बिखर गई तथापि इससे देश के संकटपूर्ण ऐतिहासिक क्षण में राजनैतिक जीवन को उनके द्वारा दिया गया योगदान धूमिल नहीं पड़ता।

जून 1977 या उसके आस-पास जबकि मैं लोकसभा का अध्यक्ष था, मैं एक सप्ताह के मध्यावकाश में जयप्रकाश नारायण से मिलने बम्बई जाना चाहता था जो कि अमरीका से अपना उपचार करवाने के बाद वापिस आये थे। मैंने विचार किया कि यह मुझे प्रधानमंत्री मोरारजी देसाई को सूचित कर देना चाहिए। उनकी प्रतिक्रिया जयप्रकाश नारायण के प्रति उतनी ही अनुदार थी जितनी कि उनके स्वयं के अनुपयुक्त। उन्होंने पूछा कि क्या जे०पी० को इतना अधिक महत्त्व देना मेरे लिये वास्तव में आवश्यक है। विरोधी पार्टियों को एक झंडे के नीचे लाने में जे०पी० की प्रमुख भूमिका को सभी मान चुके थे। यह भी सर्वविदित था कि देसाई को प्रधानमंत्री बनाने में जे०पी० का हाथ था। तथापि तीन महीने से भी कम की अल्प अवधि में, देसाई यह भूल चुके थे कि देश और वह स्वयं जे०पी० के कितने ऋणी हैं।

बार-बार दी जाने वाली 'डाइलिसस' से जे०पी० को अत्यधिक कष्ट होता था। उनके साथ बम्बई में हुई अपनी भेंट की अवधि में मुझे ऐसा अनुभव हुआ कि वे जीवित रहने की इच्छा त्याग चुके हैं। वास्तव में उन्होंने मुझ से कहा कि वे नहीं जानते कि परमात्मा ने उन्हें उस दशा में क्यों जीवित रखा हुआ है।

सन् 1979 के मध्य में जनता सरकार पर आये राजनैतिक संकट के समय जबकि जनता पार्टी के अनेकों सदस्य अनुभव करते थे कि उनकी (जे०पी०) सलाह उपयोगी हो सकती है, पार्टी के उच्च नेता ऐसा व्यवहार कर रहे थे मानो वह उनके किसी काम की नहीं।

कभी-कभी मैं यह अनुभव करता हूँ कि जे० पी० की राष्ट्र के लिए की गई निस्वार्थ और समर्पित सेवा को पर्याप्त मान्यता नहीं दी गयी। मुझे भली-भांति ज्ञात है कि प्रधानमंत्री की अध्यक्षता में एक जयप्रकाश नारायण स्मृति समिति है। मुझे उसकी गतिविधियों के बारे में कोई जानकारी नहीं लेकिन मैं आशा

करता हूं कि वह ऐसे साधन और रीतियां निकालेगी जिससे उनकी स्मृति को उचित रूप से निरन्तर बनाये रखा जाएँ

सन् 1978 के प्रथम छह माहों की अवधि में राष्ट्रपति के रूप में दो बार पटना जाने और वहाँ जे०पी० से भेंट करने का स्मरण कर मुझे प्रसन्नता होती है। इनमें से एक भेंट के दौरान उन्होंने मुझे अपने साथ रात्रि भोज के लिए आमंत्रित किया। उनके साथ कुछ समय व्यतीत करने को मै इतना उत्सुक था कि मैंने उनका आमंत्रण स्वीकार कर लिया और राज्यपाल से, जिन्होंने मेरे सम्मान में एक भोज का आयोजन किया था, अनुरोध किया कि वे मुझे भोज के बजाय सायं जलपान पार्टी दे। जे०पी० ने मुझ से एक अस्पताल की नींव रखने के लिए कहा जिसका नाम उनकी पत्नी और उनके नाम पर 'जयप्रभा' रखा गया था। मैंने अपनी पटना यात्रा के दौरान मई 1978 में यह कार्य सम्पन्न कर दिया। मुझे यह भी स्मरण आता है कि उनके जन्म दिवस पर 80,00,000 रु० की राशि एकत्रित पर पटना में उनको भेंट की गई थी। यह धनराशि कुछ संगठनों को वितरित कर दी गई थी। मैं नहीं जानता कि उसका उपयोग किस प्रकार हुआ। यदि वह पूरी राशि या उसका कुछ भाग अब भी बिना किसी उपयोग के शेष पड़ा है तो उसे अस्पताल की योजना पर समुचित रूप से खर्च किया जा सकता है।

## राजा जी के आदर्श

दिसम्बर 1978 के प्रारम्भ में मद्रास में आयोजित सी० राजगोपालाचारी की जन्म शताब्दी समारोह में मैंने बिना किसी पूर्व तैयारी के आशु भाषण दिया। अपने भाषण में, मैंने राजनीतिज्ञों से, विशेष रूप से जो उच्च पदों पर हैं यह अपील की कि वे सार्वजनिक जीवन में नैतिक मूल्यों को बनाये रखने के लिए राजा जी के उदाहरण का अनुकरण करें। मैंने बताया कि किस प्रकार राजाजी ने अपने पुत्र-पुत्रियों को सदैव अपने सार्वजनिक जीवन से दूर रखा तथा किस भांति उन्होंने जनता का सेवक होने के नाते किये जाने वाले अपने कर्तव्यों को प्रभावित करने के लिए अपने बच्चों को कभी अनुमति नहीं दी। मैंने यह भी संकेत किया कि किस प्रकार राजाजी ने पद पाने के लिए अपने सिद्धान्तों से कभी समझौता नहीं किया। मैंने कहा कि यद्यपि सार्वजनिक जीवन में मैं अनेकों से आयु में छोटा हूं तथापि मैं उनसे राजाजी के उदाहरण का अनुसरण करने की अपील करने की

स्वतन्त्रता ले रहा हूं। मैंने आगे कहा कि हम सभी को यह निश्चित कर लेना चाहिए कि हमारे बच्चे हमारे सार्वजनिक जीवन से अलग रहें। वास्तव में, मैं स्वतंत्र और स्पष्ट रूप से बोला परन्तु मेरा इरादा किसी पर लांछन लगाना नहीं था।

प्रधानमंत्री मोरारजी देसाई ने मेरे कथन पर अप्रसन्नता प्रकट की। उन्हें आश्चर्य हुआ कि देश में उस समय उच्च पदासीन व्यक्तियों के पुत्रों और रिश्तेदारों की गतिविधियों पर चल रहे विवाद के संदर्भ में, क्या इस प्रकार की उक्तियों की कोई आवश्यकता थी? उन्होंने अनुभव किया कि यदि मेरे मन में किसी विशेष का नाम नहीं था फिर भी लोग अपने तरीके से अर्थ निकालेंगे। उनका निश्चित मत था कि मेरा भाषण भारत के उस राष्ट्रपति पद के योग्य नहीं था। जिस पर मैं आसीन था।

मैंने उनको स्वतंत्रता संग्राम के दौरान अपने दोनों के लम्बे साथ और उसके बाद भी किस प्रकार मैं उन्हें सदैव बड़े भाई की भांति मानता रहा का स्मरण दिलाया। तथापि मैंने यह भी स्पष्ट किया कि राष्ट्रीय हित में व्यक्तिगत सम्बन्धों और कर्तव्यों का पालन करने में जनता के प्रति उत्तरदायित्व के मध्य अन्तर रखना आवश्यक होता है। मैंने जनता के बढ़ते हुए मोह भंग और भ्रम भंग का उल्लेख किया। हमने उनको दिये गये अपने वायदे पूरे करने और जनता की आशाओं के अनुरूप बनने में अयोग्यता दिखाई है। हमारे आदर्शों और कर्मों के बीच बहुत अन्तर है। यद्यपि यह अन्तर भूतकाल में भी था और यह मेरे विशिष्ट पूर्ववर्तियों को कष्टदायी हुआ था।

मैनें अपने पद के उत्तरदायित्वों और कर्तव्यों को पूरा करने के निश्चय की पुनः पुष्टि करते हुए कहा कि मैं सदैव प्रधानमंत्री को उनके कर्त्तव्यों का पालन करने में उत्साहित करता, सलाह देता तथा सावधान करता रहा हूं। मैंने उन्हें स्मरण दिलाया कि किस प्रकार मैं उनका ध्यान बार-बार उनके कुछ निकटवर्ती लोगों के व्यवहार की ओर तथा उनके कार्यो द्वारा प्रधान मंत्री की छवि और प्रतिष्ठा को होने वाली क्षति की ओर दिलाता रहा हूँ।

मैंने उन्हें देश के शासन प्रबन्ध की दिशाहीनता और जनता के कल्याणकारी कार्यक्रमों के कार्यान्वियन में होने वाली देरी को स्पष्ट किया। मैंने उन्हें याद दिलाया कि किस भांति मैंने अपने-आप संवैधानिक उत्तरदायित्व को दृष्टि में

रखते हुए विभिन्न महत्वपूर्ण विषयें पर अपनी सलाह दी। यह दुर्भाग्यपूर्ण था कि उन्होंने महत्वपूर्ण विषयों पर मुझे विचार विमर्श करना आवश्यक नहीं समझा और न उन्होंने उन विषयों के प्रगति के बारे में बाद में सूचित किया जिनके बारे में मैंने उनको पहले बताया अथवा ध्यान दिलाया था। मैंने उनसे कहा कि भारत के राष्ट्रपति और उसके प्रधान मंत्री के मध्य यह एक असामान्य सम्बन्धों की स्थिति है।

मैंने कुछ विशेष विषयों के संबंध में उन्हें पुनः स्मरण दिलाया जिनके अन्तर्गत मैंने उन्हें वी० शंकर एक रिटायर्ड ऑफीसर को अपना प्रधान सचिव (प्रिंसिपल सेक्रेटरी) नियुक्त करने से सावधान किया था। शंकर ने अपने रिटार्यमेण्ट के बाद दस वर्षों में अनेकों व्यापारिक हितों के साथ संबंध बना लिए थे। यद्यपि प्रधान मंत्री का प्रधान सचिव बनने के उपरान्त उन्होंने उन हितों से अपने औपचारिक संबंध वास्तव में तोड़ दिये थे तथापि जनता के मन में उनका लंबी अवधि तक व्यापारिक हितों से संबंध रखने की स्मृति शेष थी।

मैंने देसाई का ध्यान शंकर की ईरान यात्रा तथा विभिन्न मंत्रालयों से संबंधित विषयों में हस्तक्षेप करने से उत्पन्न विवादों की ओर दिलाया।

दूसरा विषय ईरान के शाह की भारत यात्रा थी। शाह ने अपनी यात्रा के दौरान व्यापारियों के एक समूह को विशेष महत्त्व देने का प्रयत्न किया था। उसके बाद शीध्र शाह की बहन भारत आयी। उन्होंने यह जिद्द की कि उन्हें और उनके दल को राष्ट्रपति भवन में स्थान दिया जाय। तब प्रधान मंत्री के पुत्र कांति देसाई ने असाधारण परिस्थितियों में तेहरान की यात्रा की थी। इन सबसे प्रेस, संसद तथा अन्य स्थानों पर केवल आलोचना ही हो सकती थी। जब मोराजी देसाई स्वयं अमरीका की यात्रा पर जाते हुए दोबारा तेहरान जाने का विचार कर रहे थे मैंने इन ईरानी संबंधों पर अपनी अप्रसन्नता से उन्हें अवगत करा दिया था। मैंने उनसे इसके बाद कहा था कि अगर ईरान के शाह, अफगान की स्थिति पर उनसे वार्तालाप करने के इच्छुक हैं तो शाह को दिल्ली आना चाहिए। एक वर्ष से भी कम अवधि में भारत के प्रधान मंत्री द्वारा ईरान की दो बार यात्रा करना उनकी अपनी तथा भारत की महत्ता के अनुकूल नहीं है। इससे केवल उन विवादों को बल मिलेगा जो उनके प्रधान सचिव वी० शंकर और कांति देसाई की ईरान यात्राओं से उत्पन्न हुए हैं।

प्रधानमंत्री मरोरजी देसाई ने जुलाई 1977 अथवा उसके आस-पास आंध्र प्रदेश के मुख्यमंत्री वेंगला राव को एक पत्र लिखा था जिसमें उन्होंने चल्लापल्ली के राजा की कुछ भूमि को भूमि परिसीमन अधिनियम (लैंड सीलिंग एक्ट) से मुक्त करने के दावे का पक्ष लिया था। यह विषय पूर्ण रूप से राज्य सरकार के अधिकारों के अंतर्गत था। इसलिए मैंने देसाई को स्पष्ट किया कि प्रधानमंत्री के लिए वेंगला राव को इस बारे में पत्र लिखना उचित नहीं था। यह देखने पर कि वेंगला राव को राजा का अनुरोध मानने में संकोच था, देसाई ने कुछ समय बाद डॉ० चेन्ना रेड्डी को जो कि वेंगला राव के बाद मुख्यमंत्री बने थे, पत्र लिखा। मैंने देसाई से इस पत्र व्यवहार के बारे में कहा और उसे देखना चाहा। देसाई उन पत्रों को मुझे भेजने के अनिच्छुक थे। यद्यपि मैं इन कागजातों को मंगाकर देखने और अपने अनुरोध का उनसे पालन करवाने पर दृढ़ रहने में अपने संवैधानिक अधिकारों की सीमा में था, मैंने ऐसा नहीं किया क्योंकि मैं इसको विवाद का विषय नहीं बनाना चाहता था। बाद में डॉ० चेन्ना रेड्डी ने स्वयं उन कागजातों को राज्य विधान सभा में प्रस्तुत किया। उस स्थिति में, जब कि पत्र जनता के समुख लाये जा चुके थे, मैंने मोरारजी देसाई से उन्हें मंगवाया, उस समय उन्होंने मेरे अनुरोध का पालन किया।

एक बार आंध्र प्रदेश के मुख्यमंत्री वेंगला राव प्रधान मंत्री भवन में कांति देसाई से मिलने के बाद मुझसे भेंट करने आये। वेंगला राव के अनुसार कांति देसाई ने उनको सुझाव दिया था कि यदि वह उनके द्वारा बताये गए व्यक्ति को खदान का पट्टा दे दें, वह व्यक्ति उचित राशि देगा। जब मैंने मोरारजी देसाई को इस संबंध में बताया, उन्होंने यह कहते हुए कि वेंगला राव ने मुझसे अवश्य झूठ बोला होगा, इस विषय पर कोई ध्यान नहीं दिया। मैं स्वीकार करता हूँ कि मैं क्रोधित हो उठा, यहाँ तक कि मैंने उनसे कुछ उत्तेजना से पूछा कि क्या उनके विचार से केवल कांति देसाई एकमात्र सत्यवादी व्यक्ति है। घर जाने के बाद प्रधानमंत्री ने अवश्य अपने पुत्र से यह प्रश्न पूछा होगा क्योंकि उन्होंने यह बताने के लिए फोन किया कि मैंने जो कुछ कहा सत्य था।

अब मैंने उनको उस घटना की याद दिलायी। मैंने उनको यह भी बताया कि एक से अधिक अवसरों पर किस प्रकार मैंने यह स्पष्ट किया था कि उनके पुत्र के व्यापारिक सम्बन्धों और प्रधान मंत्री के सरकारी निवास पर दूसरे

व्यापारियों से भेंट करने से सरकार तथा उनकी प्रतिष्ठा को क्षति पहुंच रही है। मैंने अपने द्वारा उन्हें बार-बार दी गई चेतावनियों का ध्यान दिलाया कि उनके पुत्र के निकट और निरंतर व्यापारिक संबंध धीमे-धीमे राजनैतिक विवाद का मुख्य विषय बनता जा रहा है। मैंने अनुभव किया कि इन विषयों के बारे में उन्हें सावधान करके मैंने अपना संवैधानिक उत्तरदायित्व पूरा कर दिया था।

देसाई के निरस्त्रीकरण सम्मेलन के विशेष सत्र में जाने से ठीक पहले, मुझे उस वक्तव्य की एक प्रति मिली जिसे उस कांफ्रेस में देने का उन्होंने निर्णय लिया था। इस वक्तव्य में यह घोषणा भी सम्मिलित थी कि भारत परमाणु परीक्षणों को कभी नहीं करेगा। मैंने अनुभव किया कि हम आने वाले पूरे समय के लिए अपना अधिकार त्याग दें इसकी आवश्यकता नहीं थी। ऐसी घोषणा भावी सरकारों को ही केवल उलझन में नहीं डाल सकती वरन् देश के हितों को भी हानि पहुंचा सकती है। इसलिए मैंने उनको लंदन संदेश भिजवाया कि वह इस विषय पर पुनर्विचार करें। उन्होंने तथापि वापस लौटने पर इस विषय में मुझ से बातचीत करने का कष्ट नहीं किया और न अपने वक्तव्य में किसी प्रकार का परिवर्तन किया। मैंने उनको दोबारा अमरीकी दूतावास के एक अधिकारी द्वारा भारत द्वारा ब्रिटेन से 'जगुआर्स' (विमानों) को खरीदने के निर्णय की निन्दापूर्ण आलोचना के बारे में लिखा था, परंतु उन्होंने उसका उत्तर देने की परवाह नहीं की। मैनें उनका ध्यान इन सभी भूलों की ओर आकर्षित किया।

यह दिखाने के लिए कि किस प्रकार केवल उनके और देश के हित में पूरे विश्वास के साथ दी गयी सार्थक सलाहों की वह निरंतर उपेक्षा करते रहे मैंने उपर्युक्त सभी उदाहरणों को संक्षेप में दोहराया। मैंने उन्हें बताया कि जनता के सम्मुख दिए गए भाषण में मैंने तेजी के साथ गिरते और मिटते हुए नैतिक मूल्यों से उत्पन्न अपने मानसिक दुख को अभिव्यक्त किया था। उनको मैंने यह भी स्पष्ट कर दिया कि किसी प्रकार की राजनैतिक भूमिका निबाहने का मेरा कोई विचार नहीं है।

मोरारजी के प्रति निष्पक्षता रखते हुए मेरे लिए यह आवश्यक है कि पहले वर्णन किए गए सभी विषयों पर उनके दृष्टिकोण प्रस्तुत करूं।

देसाई का अपने प्रधान सचिव (प्रिंसिपल सेक्रेटरी) के पद पर ऐसे व्यक्ति को चाहना पूर्णतः उचित था जिसको वह एक लंबी अवधि से जानते थे, जिस

पर वह निर्भर कर सकते थे, एक ऐसा व्यक्ति जो अपनी योग्यता के लिए जाना जाता था और जिसकी योग्यता तथा स्तर ऐसा था जो प्रधान मंत्री के सचिवालय में आने वाली पेंचीदा समस्याओं को निपटा सकता था। शंकर में यह योग्यतायें थीं, उन्होंने उसका चयन कर लिया। नियुक्त होते ही शंकर ने उद्योग और व्यापार से अपने पूर्ववर्ती संबंध त्याग दिये, और उनके चयन पर कोई आपत्ति नहीं की जा सकती थी। मोरारजी जब प्रधान मंत्री बने उनके पुत्र कान्ति देसाई ने भी सभी व्यापारिक संबंध त्याग दिए थे और तभी वह उनके साथ रहने आये थे। उनका पुत्र निजी रूप से एक नागरिक था और जब तक वह अपने पिता की शासकीय स्थिति से कोई गैरकानूनी लाभ नहीं उठाता, उसे अपना जीवन अपनी रीति से व्यतीत करने का अधिकार था। उन्होंने याद दिलाया कि इस सिद्धांत की रूपरेखा दस वर्ष पूर्व श्रीमती इन्दिरा गांधी द्वारा लोकसभा में उस समय प्रस्तुत की गई थी जब यह प्रथम बार विचार के लिए उठा था। सदन ने इसको सही माना था, जो कि उनकी दृष्टि से उचित था। जहाँ तक वेंगला और कांति की आपसी बातचीत का प्रश्न है, मोरारजी देसाई ने बताया कि उस समय वह एक गंभीर दुर्घटना के बाद स्वास्थ्य लाभ कर रहे थे और उस समय की बात का बतंगड़ बनाना उचित नहीं। इसके अतिरिक्त उस समय अन्य लोग भी उपस्थित थे और कांति उनके सामने इस विषय की चर्चा नहीं छेड़ सकते थे। ईरान के संबंध में देसाई का तर्क था कि ईरान के शाह को अपने पक्ष में करने के लिए विशेष प्रयत्नों की, उनको भारत का समर्थन करने के लिए सहमत करने की, और पाकिस्तान के पक्षधर सलाहकारों के प्रभाव को निष्क्रीय करने की आवश्यकता है। उनका लक्ष्य भारत के आर्थिक और राजनैतिक लाभ के लिए शाह की मित्रता पाना था। पूर्ववर्ती सरकारों ने भी हक्सर और धर को ईरान के शाह को अपना मित्र बनाने के लिए भेजा था।

देसाई का तर्क था कि उन्होंने सरकार के परमाणु परीक्षण से संबंधित दृष्टिकोण की संसद के सम्मुख व्याख्या कर दी है। उस विषय पर उन्हें और कुछ नहीं कहना। उन्होंने बताया कि किस प्रकार विदेश मंत्रालय ने अमरीकी काउंसिल जनरल के 'जगुआर्स' की खरीद की आलोचना के मसले को निपटाया और कैसे राजनयिक ने उन शब्दों को जो उनके द्वारा कहे बताये गए थे, अस्वीकार कर दिया। उन्होंने मेरे भाषण पर अपनी अप्रसन्नता को पुनः प्रकट किया।

मुझे मोरारजी देसाई के उत्तर से कोई संतोष नहीं हुआ लेकिन इस विषय को आगे बढ़ाने में किसी प्रकार की बुद्धिमानी नहीं थी। यह कहा जाता है कि न्याय केवल किया ही नहीं जाना चाहिए वरन् न्याय होता हुआ भी दिखाई पड़ना चाहिए। इसी प्रकार सार्वजनिक जीवन में एक व्यक्ति को, विशेष रूप से उच्च पदासीन व्यक्ति और उसके निकटवर्ती साथियों को ईमानदार ही नहीं होना चाहिए वरन् उन्हें सभी के द्वारा ईमानदार माना जाना चाहिए। उस पर किसी प्रकार के संदेह का रंच मात्र दाग नहीं होना चाहिए।

वास्तव में मोरारजी देसाई अंग्रेज़ी की इस लोकोक्ति से अपरिचित थे–सीजर की पत्नी का सन्देह से परे होना आवश्यक है।

## सन् 1989 का संवैधानिक संकट

सन् 1979 का अंतिम आधा वर्ष मेरे पांच वर्षीय राष्ट्रपति काल का सबसे महत्वपूर्ण समय था। 5 जुलाई 1979 से 14 जनवरी 1980 की अवधि में देश ने अनेकों महत्वपूर्ण घटनाओं का क्रम देखा; जनता सरकार का पतन, लोकदल नेता चरणसिंह के नेतृत्व में सरकार बनना (जो एक बार भी संसद के सम्मुख आये बिना इस्तीफा देने के लिए विवश हो गई थी), लोकसभा का भंग होना, लोकसभा के लिए मध्यावधि निर्वाचन होना और इन्दिरा गांधी का सत्ता में पुनः आना। मुझे ऐसे संवैधानिक प्रश्नों के परीक्षण का सामना और निर्णय करने पड़े थे जो मेरे पूर्ववर्तियों में से किसी को नहीं करने पड़े।

इस काल की घटनाओं का वर्णन करने से पूर्व क्या मैं विषयान्तर कर उन घटनाओं पर प्रकाश डाल सकता हूँ जो 1977 के आम चुनावों के बाद घटित हुई। उत्तरी राज्यों और दक्षिणी राज्यों के मतदाताओं के निर्णयों में आश्चर्यजनक अन्तर था। कांग्रेस पार्टी को उत्तर में पूरी तरह पराजय मिली। यद्यपि दक्षिण में सब कुछ मिलाकर उसकी स्थिति अच्छी रही। जनता पार्टी को लोकसभा में जबर्दस्त बहुमत प्राप्त हुआ और उसने जनता की लोकप्रियता प्राप्त करते हुए सत्ता ग्रहण की।

देश के लिए सन् 1978 का वर्ष सभी प्रकार से अच्छा प्रारम्भ हुआ। सरकार भाग्यशाली थी क्योंकि सन् 1977 में अच्छी मानसूनी वर्षा हुई थी और पर्याप्त खाद्यान्न था। सन् 1977-78 में विदेशी विनिमय की सुरक्षित राशि की स्थिति

बहुत ठीक थी और आर्थिक स्थिति ऊपर उठती दिखाई दे रही थी। देश में चारों ओर दिखाई देने वाली संतोषजनक स्थिति ने संभवतया शासक दल में आत्मसंतोष की मनोदशा उत्पन्न कर दी और उसके विभिन्न गुटों के अन्तर्विरोध अपने को प्रकट करने लगे। आंध्र प्रेदश और कर्नाटक की विधान सभाओं के आम चुनावों में, जो प्राय: कांग्रेस के मजबूत गढ़ समझे जाते हैं, पार्टी ने एक बार पुन: फरवरी 1978 में उल्लेखनीय सफलता का रिकार्ड बनाया और केन्द्र में जनता पार्टी के शासन के बावजूद पूर्ण बहुमत प्राप्त कर दिखा दिया कि जनता उन राज्यों में अपना प्रभाव बनाने में असफल रही है। उत्तरी राज्यों में सन् 1978 में हुए लोकसभा के तीन उपचुनावों में, केन्द्र में शासित जनता पार्टी की हार हुई। इससे यह दिखाई देने लगा कि जिस पार्टी ने लोकसभा के सन् 1977 में हुए आम चुनावों में पूर्ण विजय प्राप्त की थी, जब मतदाताओं पर उसका प्रभाव कम होना प्रारम्भ हो गया है। दक्षिण में कोई प्रगति न करने और उत्तर में अपना प्रभाव कम होने की चेतावनी पर जनता पार्टी ने कोई ध्यान नहीं दिया।

मोरारजी देसाई, जगजीवन राम और चरणसिंह जनता पार्टी के प्रमुख नेता थे जो लोकसभा में आम चुनाव जीतकर दोबारा आये। तीनों, संसद में जनता पार्टी के नेता और भारत के प्रधान मंत्री बनने के आकांक्षी थे। तथापि जयप्रकाश नारायण और जे०पी० कृपलानी के प्रयत्नों से मोरारजी देसाई को इसके योग्य समझा गया। देश के तत्कालीन वातावरण में जयप्रकाश नारायण की सलाह के विरुद्ध कोई खुलेआम नहीं जा सकता था। अत: मोरारजी देसाई जो कि संसद में जनता पार्टी के निर्वाचित नेता थे, सर्वसम्मति से प्रधान मंत्री चुने गये। मंत्रिमंडल तक बनाने में अवरोध आए, जगजीवन राम और उनके एक दो अनुयायियों ने प्रारम्भ में सरकार में सम्मिलित होने से मना कर दिया था। जगजीवन राम को अपने निर्णय पर पुन: विचार करने और अपने साथियों सहित सरकार में सम्मिलित होने के लिए जय प्रकाश नारायण के सशक्त निवेदन की आवश्यकता पड़ी। यह घटना पार्टी के उच्च नेताओं के उन खराब आपसी संबंधों का पूर्व प्रकटीकरण थी जो उसके शासनकाल में प्राय: बराबर रहे। उच्च नेताओं में आपसी कलह, चरणसिंह का मंत्रिमंडल से त्यागपत्र देना और उनके उसमें पुन: प्रवेश करने की रीति, तथा राजनारायण का मंत्रिमंडल से त्याग पत्र देना आदि से यह बहुत स्पष्ट हो चुका था कि जनता सरकार अपना पूरा कार्यकाल नहीं गुजार पायेगी। जनता पार्टी उन शक्तियों का सफलता से शिकार हो गई जो उसके विरुद्ध कार्य कर रही थीं।

भारत का राष्ट्रपति होने के नाते मेरा उपर्युक्त विवादों से कोई संबंध नहीं था। इन विषयों के बारे में मेरी सूचना के एकमात्र स्रोत समाचार-पत्र थे।

जब लोकसभा ने अपना मानसून सत्र प्रारम्भ किया। मैं उस समय भी हैदराबाद में था, लेकिन 10 जुलाई 1979 को दिल्ली लौट आया। विरोधी दल के नेता वाई०बी०चह्वाण ने 11 जुलाई को मोरारजी देसाई के नेतृत्व वाले मंत्रिमंडल के विरुद्ध अविश्वास का प्रस्ताव प्रस्तुत किया। राष्ट्रपति भवन के अध्ययन कक्ष (स्टडी) में बैठे हुए मैंने उनका भाषण सुना। वह मुझे पारम्परिकता से अधिक कुछ नहीं लगा। जनता का लोकसभा में पूर्ण बहुमत होने से उसे इस प्रस्ताव को मतों द्वारा गिराने में कोई कठिनाई नहीं होनी चाहिए थी। तथापि पार्टी में फूट डालने वाली शक्तियाँ क्रियाशील हो उठीं और राजनारायण द्वारा दिये गये नेतृत्व में उनके बाद सदस्यों का एक के बाद दूसरा समूह दल-बदल करने लगा। यह उल्लेख करना रोचक होगा कि कैबिनेट मिनिस्टर जार्ज फर्नांडीज ने, जिन्होनें 12 जुलाई को अविश्वास प्रस्ताव की बहस में हस्तक्षेप कर सरकार के पक्ष में लम्बा भाषण दिया और उसकी उपलब्धियों की सराहना की, उन्होंने दो दिन बाद अर्थात् 14 जुलाई को सरकार से इस्तीफा दे दिया।

15 जुलाई की देर शाम को प्रधान मंत्री मोरारजी देसाई मेरे पास आये और दो पत्र दिये। अपने प्रथम पत्र में उन्होंने कहा कि चार दिन पूर्व जिस समय लोक सभा में अविश्वास प्रस्ताव रखा गया था, सदन में जनता पार्टी का पूर्ण बहुमत था परन्तु अब ऐसा नहीं है। यद्यपि अब भी वह लोकसभा में एकमात्र सबसे बड़ी पार्टी है, देसाई ने आगे कहा कि वह अपना और अपने मंत्रिमंडल का त्यागपत्र देना उचित समझते हैं। उत्तर में मैंने कहा कि मैं त्यागपत्र स्वीकार कर रहा हूं परंतु उनसे और उनके सहकर्मियों से मेरा अनुरोध है कि जब तक नई सरकार नहीं बन जाती, वे अपने पद पर रहें।

अपने दूसरे पत्र में मोरारजी देसाई ने कहा था कि सदन में किसी भी पार्टी का बहुमत नहीं है और जिसको भी नई सरकार बनाने का कार्य दिया जाएगा उसे दूसरों का सहयोग लेना पड़ेगा। जिस जनता पार्टी के वह नेता हैं, वह अब भी लोक सभा में एकमात्र सबसे बड़ी पार्टी है और उसे स्थानापन्न मंत्रिमंडल को बनाने की संभावना के लिए प्रयत्न करने का अधिकार है। उन्होंने आगे जोड़ा ''इसलिए, मैं सलाह दूंगा कि उसे ऐसा करने के योग्य समझा जाएँ पार्टी का

नेता होने के नाते मैं अपने प्रयत्नों के परिणाम से आपको शीघ्र-से-शीघ्र सूचित करूंगा।'' मैंने उन्हें तभी उत्तर दिया कि यदि उन्हें बहुमत की सहायता पाने का विश्वास है तो वैसा करने के लिए वह जो भी कार्य करना आवश्यक समझते हैं उसे करने और अविश्वास प्रस्ताव को हराने को स्वतंत्र है तथा उन्हें त्यागपत्र देने का कोई कारण नहीं। उनके त्यागपत्र से अविश्वास प्रस्ताव व्यर्थ हो जायेगा और वे लोकसभा में शक्ति परीक्षण से मुक्त हो जायेंगे। त्यागपत्र देने के तत्काल बाद सरकार बनाने के लिए आमंत्रण मांग कर वह समय और सहायता पाना चाहते थे। मैंने यह विचार किया कि जिस व्यक्ति ने सदन में अविश्वास प्रस्ताव का सामना करने के बजाय अभी-अभी अपना त्यागपत्र दिया है उसे दोबारा सरकार बनाने के लिए आमंत्रित करना अनुचित होगा।

आगामी दो दिनों में देश की सभी राजनैतिक विचारधाराओं और सम्मतियों का प्रतिनिधित्व करने वाले राजनैतिक पार्टियों के नेतागण मुझसे मिलने आये। मैंने उनके दृष्टिकोण और सलाहें सुनी। कुछ दूसरों से जो मुझसे व्यक्तिगत रूप से नहीं मिले उनके भी मुझे पत्र मिले।

हमारी संसद में इस प्रकार की स्थिति पहले कभी नहीं पैदा हुई थी और मेरे पास अनुकरण करने के लिए पूर्ववर्ती उदाहरण नहीं था। दूसरा कदम उठाने का निश्चय करने से पूर्व मैंने इस विषय पर अत्यन्त गहराई से विचार किया।

मोरारजी देसाई के नेतृत्ववाली जनता पार्टी उनकी अपनी स्वीकृति के अनुसार जिस समय 11 जुलाई को अविश्वास प्रस्ताव प्रस्तुत हुआ पूर्ण बहुमत में थी परन्तु जब 15 जुलाई को मोराजी देसाई ने त्यागपत्र दिया उस समय तक वह अपनी पहली वाली स्थिति खो चुकी थी। उत्तेजना के कोई भी कारण हों, पार्टी से बड़ी संख्या में सदस्यों ने दल-बदल कर लिया था जिससे वह सदन में अल्पसंख्यक में रह गई थी, यद्यपि वह जैसा कि देसाई का दावा था अब भी अकेली बहुमत वाली पार्टी हो सकती थी। जिस समय सदन में अविश्वास प्रस्ताव पर बहस चल रही थी, अनेकों सदस्यों ने जो अभी तक जनता पार्टी के सदस्य थे उससे त्यागपत्र ने दिया, इससे यह निष्कर्ष निकालना स्वाभाविक और उचित था कि अगर उस प्रस्ताव पर मतदान होता, वे सब सरकार के विरुद्ध अविश्वास प्रस्ताव के पक्ष में मतदान करते। मत्रिमंडल के त्यागपत्र के कारण प्रस्ताव पर मतदान होने की स्थिति नहीं आ पाई थी। यदि वह स्थिति आ जाती,

सरकार हरा दी जाती। वास्तव में यह स्थिति बहुत ही स्पष्ट हो चुकी थी और यही कारण था जिसने मोरारजी देसाई को त्यागपत्र देने के लिए प्रेरित किया। दूसरे शब्दों में जहाँ तक अविश्वास प्रस्ताव का संबंध है, सदन का बहुमत विरोधी पार्टी के नेता वाई०बी० चह्वाण का समर्थन करता और सरकार के विरुद्ध मतदान करता।

इन परिस्थितियों में, मैंने विचार किया कि विपक्ष के नेता वाई० बी० चह्वाण से सरकार बनाने के लिए कहा जाना चाहिए। अत: मैंने उन्हं 18 जुलाई की सांय को ऐसा करने के लिए निम्नलिखित शैली में आमंत्रित किया:

जैस कि आप जानते हैं पिछले कुछ दिनों मैंने आपसे तथा देश की सभी राजनैतिक विचारधाराओं का प्रतिनिधित्व करने वाली राजनैतिक पाटियों के नेताओं से विचार विनिमय किया। मेरी भली प्रकार विचार की गई सम्मति जोकि दूसरों के साथ हुई बातचीत से और भी पुष्टि हुई, वह यह है कि लोकसभा में प्रस्तुत किया और वही मोरारजी देसाई और उनके मंत्रिमंडल के त्यागपत्र का कारण बना, अत: यह आपका नैतिक कर्त्तव्य है कि वर्तमान काम चलाऊ (केयर टेकर) सरकार का स्थान लेने के लिए शीघ्र-से-शीघ्र एक सुगठित और स्थायी सरकार बनाने की सम्भावनाओं को खोजें। लोकसभा में मंत्रिमंडल के विरुद्ध अविश्वास का प्रस्ताव प्रस्तुत करते हुए आपके भाषण में राष्ट्र के प्रति आपकी कर्त्तव्य भावना का उल्लेख था। इसी कृतज्ञता को आगे निबाहने के लिए आप से अनुरोध करता हूँ कि विषय को उसके तर्क संगत निष्कर्ष पर लाने का प्रयत्न करें। निस्संदेह इस सम्भावना के लिए प्रयत्न करते हुए आप किसी-न-किसी रीति से उन सहकर्मियों और साथियों को अपने साथ लेने का ध्यान रखेंगे जो हमारी जनता के कल्याण और सुख से संबंधित राष्ट्रीय लक्ष्य और पृष्ठभूमि रखते हैं।

जब वे 18 जुलाई संध्या को मुझसे भेंट करने आये सरकार बनाने का प्रयत्न करने के लिए आमंत्रित करने का औपचारिक पत्र उनको दे दिया गया।

यह सामान्य रूप से एक नियम की भांति स्वीकार किया जाता है कि एक सरकार की हार और उसके त्यागपत्र पर विरोधी पार्टी को सरकार बनाने के लिए आमंत्रित किया जाता है। बहुत समय से यह परम्परा रही है और अब एक नियम

की भांति समझी जाती है। वर्तमान दृष्टान्त में यद्यपि सरकार को इस प्रकार से हराया नहीं गया था परन्तु मोरारजी देसाई के त्यागपत्र से ही यह स्पष्ट था कि यदि सरकार इस्तीफा नहीं देती, वह हरा दी जाती। यह स्थिति वास्तव में पार्टी की आन्तरिक फूट से उत्पन्न हुई थी न कि किसी सैद्धान्तिक नीति पर विवाद के कारण। इसके बावजूद मेरे मस्तिष्क में स्पष्ट था कि सर्वोत्तम उपयोगी तरीका विरोधी पार्टी के नेता को सरकार बनाने की सम्भावनाओं के प्रयत्न हेतु आमंत्रित करना था।

उस समय मोरारजी देसाई को उनकी सरकार के कुछ सदस्यों ने जो पत्र लिखे उनसे ऐसा प्रकट होता है कि यदि उन्होंने जनता पार्टी के नेता पद से त्याग पत्र दे दिया होता और उनके स्थान पर जगजीवनराम नेता बन जाते तो वह सदन में बहुमत पाने में सफल होते। इससे वे लोग भी पार्टी में वापस आ जाते जो उसे पहले छोड़कर चले गये थे। मैं महसूस करता हूं कि मेरा पार्टी के आन्तरिक मामलों में हस्तक्षेप करना उचित नहीं था और न मेरा इस अनुमान के आधार पर कार्य करना उचित था कि यदि दूसरा आदमी पार्टी का नेतृत्व सम्भालेगा तो वह बहुमत प्राप्त कर लेगी।

श्री वाई० बी० चह्वाण ने 22 जुलाई 1979 को मुझे पत्र द्वारा सूचित किया कि उन्होंने अपने विचारोंवाली पार्टियों को मिलाकर सरकार बनाने का प्रयत्न किया था परन्तु सफलता नहीं मिली। उन्होंने आगे लिखा कि तथापि हमारे प्रयत्नों के फलस्वरूप कुछ पार्टियों और समूहों में सामंजस्य उत्पन्न हो गया है जो मेरे विचार से एक स्थायी और मजबूत सरकार बनाने में समर्थ होगा। मुझे विश्वास है कि आप इसी नयी स्थिति पर विचार करेंगे और अपनी बुद्धिमत्तता से जो उचित समझेंगे वैसा करेंगे।

इसी बीच चरणसिंह ने मुझे लिखा कि वह एक स्थायी सरकार बनाने की स्थिति में हैं। उनको जनता (एस), कांग्रेस, बहुगुणा दल और समाजवादियों का एक दल अपना समर्थन देगा। उन्होंने आगे लिखा कि वामपंथी विरोधी दलों, अकाली पार्टी, और दूसरों ने अपना समर्थन देने का आश्वासन दिया है। उन्हें ऑल इंडिया अन्ना द्रविड़ मुनेत्र कज़गम से भी समर्थन मिलने की आशा है। उन्होंने कांग्रेस (आई) द्वारा जनता के सम्मुख स्पष्ट की गई स्थिति का भी संदर्भ दिया जिसके अनुसार वह किसी ऐसी सरकार का समर्थन नहीं करेगी जिसके

घटक आर० एस० एस० या जनसंघ हों। उन्होंने यह विश्वास प्रकट किया कि उनकी सरकार मजबूत और स्थायी होगी। उसी दिन चरणसिंह का दूसरा पत्र आया जिसमें वाई० बी० चह्वाण का पत्र संलग्न था। इस पत्र में चव्हाण ने उन्हें अपनी पार्टी का समर्थन देने का वायदा किया था। यह वायदा पार्टी की वर्किंग कमेटी में पारित प्रस्ताव के अनुसार था।

मैंने 18 जुलाई से 23 जुलाई की अवधि में संसद सदस्यों तथा अन्य लोगों के भी पत्र प्राप्त किये जिनमें तरह-तरह के सुझाव दिये गये थे।

इस स्थिति में एक ओर मेरे सम्मुख मोरारजी देसाई का दावा था कि जनता पार्टी अकेली सबसे बड़ी पार्टी है और उस पार्टी का नेता होने के नाते उन्हें ही सरकार बनाने के लिए आमन्त्रित किया जाना चाहिए। दूसरी ओर दूसरे दलों से टूटकर बनी नयी पार्टी जनता (एस) के नेता चरणसिंह थे जिन्हें कांग्रेस (एस) का लिखित में दिया गया समर्थन प्राप्त था। बहुगुणा दल ने अपने पत्र में मुझे लिखित रूप से चरणसिंह को अपना समर्थन देने की सूचना भेजी थी। इसके अतिरिक्त संसद के कुछ सदस्यों ने भी मुझे लिखा था कि वे चरणसिंह को समर्थन देंगे।

लेकिन इन सबसे यह स्पष्ट नहीं होता था कि उनमें से किसको लोकसभा में बहुमत मिलेगा और वह एक स्थायी सरकार निर्मित करने में सफल होगा। इसलिए मैंने उन दोनों से लिखित रूप में अपने समर्थकों के नामों की सूची देने को कहने का निर्णय किया। मैंने प्रत्येक को बता दिया कि मैं दूसरे से भी उसके समर्थकों की सूची मंगा रहा हूं। मैंने 23 जुलाई को उन दोनों को इस आशय के पत्र लिखे और दो दिन का समय दिया।

लगभग इसी समय एक राजनैतिक दल, कांग्रेस (आई) के नेता ने मुझे लिखा कि कुछ संविधान विशेषज्ञों के अनुसार अगर इंग्लैण्ड में मान्यता प्राप्त विरोधी पार्टी सरकार को हराने में सफल हो जाती है और फलस्वरूप सरकार को इस्तीफा देना पड़ता है तब विरोधी दल का यह कर्त्तव्य होता है। कि वह सरकार बनाये या महारानी को उसका कोई विकल्प बताये। चूंकि विरोधी पार्टी का नेता सरकार बनाने में अपनी असमर्थता प्रकट कर चुका था परन्तु उसने एक विकल्प सुझाया था,इसलिए मेरे लिए उस विकल्प को अपनाना आवश्यक था।

उसने आगे यह तर्क रखा था कि मोरारजी देसाई को जिन्हें अविश्वास प्रस्ताव के कारण त्यागपत्र देना पड़ा है, किसी भी परिस्थिति में सरकार बनाने का अवसर नहीं दिया जाना चाहिए क्योंकि यह एक ऐसे व्यक्ति को जो मतदान में हार चुका और पद से हट चुका है दोबारा प्रधानमंत्री बनाकर संसद में भेजने के समान होगा। यद्यपि कोई भी अपने पक्ष की पुष्टि के लिए संवैधानिक विशेषज्ञों की उक्ति को उद्धृत कर सकता है परन्तु उस समय ऐसा कुछ प्रतीत नहीं हो रहा था कि विरोधी नेता द्वारा जो विकल्प रखा गया है उससे एक स्थायी सरकार बन सकेगी और सदन में बहुमत का समर्थन प्राप्त कर सकेगी। परिस्थिति ऐसी थी कि दोनों नेताओं से अपने समर्थकों की विस्तृत सूचना प्राप्त किये बिना कोई निर्णय नहीं लिया जा सकता था।

एक भिन्न संदेश में 24 जुलाई को संसद के कांग्रेस (आई) नेता ने मुझे सूचित किया कि उनकी पार्टी ने चरणसिंह के नेतृत्व में बनने वाली सरकार को समर्थन देने का निर्णय लिया है।

जैसा कि पहले कहा जा चुका है, मैंने चरणसिंह और मोरारजी देसाई को दो दिन के अंदर अर्थात् 25 जुलाई तक अपने समर्थकों की सूची भेजन के लिए कहा था। यद्यपि मैंने अपने पत्र में समय के बारे में नहीं लिखा था, आपसी समझ यह थी कि वे 25 जुलाई को 4 बजे सायं तक अपनी सूचियां दे देंगे। 24 जुलाई की रात को मोरारजी देसाई ने मुझे फोन किया और मुझ से एक दिन के लिए समय बढ़ाने को कहा। मैंने उनको बताया कि मुझे समय बढ़ाने की स्वीकृति देना अनुचित होगा। 25 जुलाई की सुबह प्रधानमंत्री मोरारजी देसाई के विशेष सचिव (स्पेशल सेक्रेटरी) टोनपे ने मेरे सचिव माडप्पा को मोरारजी देसाई की ओर से टेलीफोन पर समय सीमा बढ़ाने का अनुरोध किया। मेरे निर्देशानुसार मेरे सचिव ने उसको सूचित किया कि पहले बताये गये कारणों के फलस्वरूप यह सम्भव नहीं होगा और मोरारजी देसाई को पूर्व निश्चित समय सीमा का पालन करना चाहिए। इसलिए यह कहना सही नहीं है कि मैं मोरारजी देसाई को अपने समर्थकों की सूची प्रस्तुत करने के लिए और अधिक समय देने के अपने आश्वासन से मुकर गया। मैंने मोरारजी देसाई को पहले से स्पष्ट कर दिया था कि मैं समय सीमा बढ़ाने के लिए उसी दशा में सहमत हूंगा जबकि दूसरी पार्टी भी यह चाहे अन्यथा नहीं। इन परिस्थितियों में किसी का यह शिकायत करना

कि इस विषय में मोरारजी देसाई को मैंने जो आश्वासन दिया था। उसका मैंने पालन नहीं किया निराधार होगा।

25 जुलाई को 4.05 बजे सायं राजनारायण अपने दो साथियों सहित आए और उन्होंने मेरे सचिव माडप्पा को चरणसिंह के समर्थकों की सूची दी, जबकि टोनपे, मोरारजी देसाई के विशेष सचिव ने 4.25 सांय को मोरारजी देसाई के समर्थकों की सूची दी। राजनारायण ने कुछ विषयों पर मुझसे मौखिक रूप से बातचीत की। उन्होंने एक पत्र भी दिया जिसमें उन बातों का सारांश था जो उन्होंने मुझसे की थी। उसके बाद चरणसिंह का पत्र आया जिसमें कहा गया था कि राष्ट्रपति के सचिव को मोरारजी देसाई द्वारा दी गई सूची में पुष्टि करने वाला कोई प्रमाण नहीं है। दोनों सूचियां दिये जाने के बाद उनकी पुष्टि में किसी भी प्रमाण को स्वीकृत नहीं किया जाना चाहिए। इस नियम का पालन न करने पर अनेकों गम्भीर उलझनें उत्पन्न हो जाएगी। दूसरे दिन यानी 26 जुलाई को मोरारजी देसाई ने मुझे एक पत्र लिखा जिसमें उन्होंने निम्नलिखित विषयों का उल्लेख किया था–

(अ) भारत की कम्युनिस्ट पार्टी ने कांग्रेस और जनता (एस) द्वारा बनाई जाने वाली किसी भी सरकार को पूरा समर्थन देने का वायदा नहीं किया है और वह संसद में विरोधी पार्टी के रूप में रहेगी और अपना रवैया नई सरकार की नीतियों तथा कार्यक्रमों के आधार पर निश्चित करेगी।

(ब) कांग्रेस (आई) ने चरणसिंह को केवल तत्कालीन समर्थन देने का वायदा किया है, स्थायी नहीं। इसके अर्थ यह हुए कि वह चरणसिंह की सरकार को प्रत्येक विषय के गुणों के आधार पर समर्थन देगी।

(स) चरणसिंह द्वारा कांग्रेस के पूरे समर्थन का दावा सही नहीं है क्योंकि जैसा कि समाचार-पत्रों में प्रकाशित हुआ है, पार्टी के केरल प्रदेश के सदस्य चरण सिंह को समर्थन नहीं देंगे।

(द) अकाली दल ने निष्पक्ष रहने का निर्णय लिया है। अत: यह नहीं सोचा जा सकता कि वे चरणसिंह का समर्थन करेंगे।

वह चाहते थे कि मैं अपना निर्णय लेने से पूर्व उपर्युक्त बातों को ध्यान में रखूं।

इसी दौरान संसद के कुछ सदस्यों ने मुझे लिखित रूप में सूचित किया कि उनकी इच्छा के विरुद्ध उनके नाम मोरारजी देसाई द्वारा प्रस्तुत की गई सूची में सम्मिलित किये गये हैं और उन्होंने वास्तव में चरणसिंह को समर्थन देने का निर्णय लिया है। इसी प्रकार कांग्रेस के पांच सदस्यों ने मुझे लिखकर सूचित किया कि उनकी पार्टी द्वारा चरणसिंह को समर्थन देने का निर्णय लिया है। एच०वी० कामथ तथा तीन अन्य ने एक सम्मिलित पत्र मुझे लिखा। इसमें उन्होंने यह तर्क प्रस्तुत किया कि चरणसिंह को समर्थन देने वालों में उन व्यक्तियों के बजाय जो एक सामान्य कार्यक्रम या नीति पर चलते हैं, दस विभिन्न मत वाले समूह हैं और ऐसे गठबन्धन से कोई भी मजबूत या स्थायी सरकार नहीं बन सकती। इसके विपरीत जनता पार्टी द्वारा दी गई सूची में 219 ऐसे सदस्य सम्मिलित हैं जो संसद के अंदर और बाहर एक गुट के रूप में एक समान नीति तथा कार्यक्रम के आधार पर कार्य करते हैं और पार्टी चरणसिंह की तुलना में कहीं कम बाहरी समर्थन पर आधारित है। उनकी मान्यता थी कि इन परिस्थितियों में सरकार बनाने के लिए जनता पार्टी को आमन्त्रित करना चाहिए। अन्य लोगों ने भी इसी प्रकार के विचार लिखे थे। मधु लिमये ने 26 जुलाई को मुझे लिखा कि कुछ लोगों ने पहले जनता पार्लियामेन्ट्री पार्टी से इस्तीफा दे दिया था पर बाद में उनको अपना निर्णय और समर्थन बदल कर मोरारजी को देने के लिये मना लिया गया। उन्होंने "संसद सदस्यों द्वारा अपना समर्थन एक के बाद दूसरे को, दोनों पक्षों को देने" और "राष्ट्रपति द्वारा उनको यह जानने के लिए बुलाना कि वे वास्तव में किस पक्ष की ओर है" पर अपना दुख प्रकट किया। उन्होंने आग्रह किया कि मैं शीघ्र से शीघ्र अपना निर्णय किसी पक्ष में ले लूं।

मैं भी चाहता था कि दोनों पक्षों द्वारा प्रस्तुत की गई सामग्री की शीघ्र से शीघ्र जांच कर ली जाये। राजनारायण ने सुझाव दिया कि दोनों पक्षों को एक दूसरे के समर्थकों की सूची दे दी जाये। मोरारजी देसाई के प्रतिनिधि ने भी इस सुझाव का समर्थन किया। मैंने वैसा ही किया। पुनः दोनों पक्षों के प्रतिनिधियों की स्वीकृति से मैंने उन लोगों के नाम काट दिये जो दोनों सूचियों में थे। मेरे सचिवालय तथा लोक सभा अधिकारियों की सहायता से दोनों सूचियों का सावधानी से निरीक्षण करने के उपरान्त मैं इस निष्कर्ष पर पहुंचा कि चरणसिंह की सूची में 24 का बहुमत है।

यह सुझाव भी दिया गया कि सदस्यों की बदलती हुई पार्टी भक्ति को दृष्टि में रखते हुए राष्ट्रपति के लिए यह उचित होगा कि वह यह निर्णय करने के लिए कि कौन सा सदस्य बहुमत रखता है, खुद लोकसभा के नाम अपना संदेश भेजें। लेकिन इस सुझाव में यह ठीक से नहीं बताया गया कि यह किस प्रकार किया जाय। यदि उक्त प्रक्रिया अपनाई जाती तो संसद सदस्यों के सम्मुख यह प्रश्न स्वाभाविक रूप से उठ खड़ा होता कि उनकी पसंद केवल चरणसिंह और मोरारजी तक ही सीमित है अथवा किसी तीसरे व्यक्ति द्वारा दावा करने पर उसे भी इसमें सम्मिलित कर लिया जायेगा। इस प्रकार की प्रक्रिया इससे पूर्व कभी नहीं अपनाई गई थी। मैं इस बात से पूरी तरह संतुष्ट था कि यह प्रक्रिया अनदेखी उलझनों को उत्पन्न कर सकती थी और इसीलिए मैं इस पर कोई विचार करने के लिए तैयार नहीं था।

उस समय कुछ आलोचकों ने यह तर्क दिया था कि दोनों नेताओं से अपने-अपने समर्थकों की सूचनी मांगने की प्रक्रिया को अपना कर, मैंने अपने उस सिद्धान्त को त्याग दिया जो सन् 1967-69 की अवधि में लोक सभा के अध्यक्ष (स्पीकर) रूप में मैंने पुष्ट किया था। स्मरणीय है कि उस समय कुछ राज्यों की सरकारों में बहुत अस्थायीत्व चल रहा था, विधान सभा के सदस्य प्राय: अपने दल बदल लिया करते थे। फलस्वरूप अनेकों अवसर ऐसे आते थे जब यह सन्देह उठता था कि कोई मुख्य मंत्री विधान सभा में बहुमत रखता है या खो चुका है। राज्यों के राज्यपाल (गवर्नर) को प्राय: ऐसे प्रश्नों का सामना करना पड़ता था। इसी पृष्ठभूमि में प्रिसाइडिंग ऑफीसर्स की तैतीसवीं कांफ्रेस अप्रैल, 1968 में हुई थी। लोकसभा का अध्यक्ष (स्पीकर) होने के नाते मैंने इस सभा की अध्यक्षता की थी। अपने अध्यक्षीय भाषण में मैंने कहा था:-

किसी भी परिस्थिति में यह निर्णय राज्यपाल (गर्वनर) पर नहीं छोड़ा जाना चाहिए कि कोई मुख्य मंत्री विधान सभा में बहुमत रखता है या नहीं, चाहे विधान सभा के सदस्य राज्यपाल को लिखकर ही क्यों न दें। इस विषय में निर्णय करने का परम अधिकार विधान सभा का ही है।

यह दोष लगाया जाता है कि मैंने भारत के राष्ट्रपति के रूप में जुलाई 1979 में, उन्हीं सिद्धान्तों की पूरी तरह उपेक्षा कर दी जिनकी मैंने लोकसभा के अध्यक्ष के रूप में सन् 1968 में तर्क द्वारा पुष्टि की थी। यह आलोचना स्थितियों के

उस स्पष्ट विभाजन पर ध्यान नहीं देती जिन पर मैंने सन् 1968 की कांफ्रेस में अपने अध्यक्षीय भाषण में प्रकाश डाला था और जिनका मुझे भारत का राष्ट्रपति होने के नाते सन् 1979 में सामना करना पड़ा। अपने अध्यक्षीय भाषण में मैं एक ऐसी स्थिति के बारे में विचार प्रकट कर रहा था जिसमें पहले से ही एक मुख्य मंत्री पद पर आसीन था। यदि उसके पद पर बने रहने के दावे को चुनौती इस तर्क पर दी जाती है कि वह विधान सभा में अपना बहुमत खो चुका है और राज्यपाल (गवर्नर) के सम्मुख यह मांग आती है कि वह उसे त्यागपत्र देने के लिए विवश करे अथवा त्यागपत्र देने से इंकार करने पर उसे हटा दे तो ऐसी स्थिति (गवर्नर) में राज्यपाल को क्या करना चाहिए? मैंने कहा था कि राज्यपाल को राज्य का सर्वोच्च पदाधिकारी होने के नाते अपने ऊपर यह निर्णय करने का उत्तरदायित्व नहीं लेना चाहिए कि वास्तव में मुख्यमंत्री राज्य विधान सभा में अपना बहुमत खो चुका है। मैंने सुझाव दिया था कि राज्यपाल को यह प्रश्न विधान सभा में ही हल होने के लिए छोड़ देना चाहिए। मेरा अब भी वही मत है लेकिन सन् 1979 में जो समस्या उठी वह भिन्न थी। मंत्रिमंडल त्यागपत्र दे चुका था और विरोधी नेता जिससे सरकार बनाने का प्रयत्न करने के लिए कहा गया था, उसने कुछ समय बाद ऐसा करने में अपनी असमर्थता प्रकट कर दी थी। उसने ऐसा करते हुए जिस विकल्प का संकेत दिया था, वह चाहे जिस भाषा शैली में था उसका अर्थ चरणसिंह को सरकार बनाने के लिए आमंत्रित करना था। दूसरी ओर त्यागपत्र दे चुका प्रधान मंत्री था जो सबसे बड़ी पार्टी का नेता होने के रूप में सरकार बनाने के अधिकार का दावा कर रहा था। संवैधानिक रूप से सरकार बनवाना मेरा कर्त्तव्य था। यह हर प्रकार से पूरी तरह मेरी जिम्मेवारी थी कि मैं उन दो विकल्पों में से किसको चुनूं, यह एक ऐसा उत्तरदायित्व था जो मैं संविधान द्वारा बनायी किसी संस्था को नहीं दे सकता था। मेरे द्वारा किया जाने वाला ऐसा कोई भी प्रयत्न अपने उत्तरदायित्व की अवहेलना करना होता।

अपने इस निर्णय के संबंध में मैंने एक बार कहा था कि मैंने अपनी अन्तात्मा के निर्देश अनुसार कार्य किया था। कुछ लोगों ने मेरे इस वक्तव्य की आलोचना की और कहा कि मेरे निर्णय को मेरी अन्तात्मा से नहीं वरन् संविधान से निर्देशित होना चाहिए था। मेरे वक्तव्य का अर्थ था कि निर्णय लेते हुए मैंने स्थिति पर निष्पक्ष और वस्तुगत दृष्टिकोण से विचार किया था और मेरे

ऊपर जो कर्त्तव्य छोड़ा गया था उसे मैंने अपनी सम्पूर्ण योग्यता और न्याय के साथ किया। उस समय भी और अब भी मै नहीं समझता कि मैंने कोई संविधान के विरुद्ध किया।

जैसा कि पहले कहा, मैंने पाया कि चरणसिंह को लोकसभा में मोरारजी देसाई से अधिक बहुमत प्राप्त था। इसलिए मैंने उन्हें सरकार बनाने के लिए 26 जुलाई को अपराह्न आने का संदेश भेजा। मैंने अपने संदेश में आगे लिखा–मुझे विश्वास है कि सर्वोच्च जनतांत्रिक परम्पराओं और स्वस्थ सहमति की स्थापना के हितों के अनुसार आप शीघ्रातिशीघ्र प्राप्त अवसर पर लोक सभा में अगस्त 1979 के तीसरे सप्ताह तक विश्वास मत प्राप्त करेंगे। इसके साथ ही मैंने मोरारजी देसाई को अपने निर्णय की सूचा दे दी।

28 जुलाई को मैंने चरणसिंह को प्रधानमंत्री पद तथा अन्य मंत्री को पद और गोपनीयता की शपथ दिलवाई। चह्वाण को छोड़कर कांग्रेस पार्टी के जो सदस्य शपथ ग्रहण समारोह में आने थे पार्टी में वैचारिक अन्तर पड़ जाने के कारण नहीं आये। पार्टी के मनोनीत सदस्यों को दूसरे दिन मंत्रिपद की शपथ दिलवाई गई। प्रधान मंत्री ने शीघ्र ही अपने मंत्रि मंडल का विस्तार करने की आवश्यकता अनुभव की और बाद में अतिरिक्त सदस्य मंत्रिमंडल में नियुक्ति किये गये। मंत्रिमंडल की सलाह पर मैंने 6 अगस्त को एक आदेश जारी कर संसद के दोनों सदनों को 20 अगस्त को आमंत्रित किया।

20 अगस्त और उसके बाद की घटनाओं का वर्णन करने से पूर्व मुझे उस विषय के बारे में बताना है जिसकी उस समय आलोचना की गई थी। जब मैंने चरणसिंह को सरकार बनाने के लिए आमंत्रित किया था, मैंने उनसे लोक सभा का सत्र शीघ्र बुलवाने की आवश्यकता पर बल दिया था ताकि चरणसिंह की सरकार विश्वास मत प्राप्त करे। मैं इससे पूर्व ही संदर्भित अंश दे चुका हूं। चरणसिंह को लोकसभा का सत्र शीघ्र बुलाने की सलाह को उनके द्वारा सरकार बनाने की एक शर्त का रूप माना और कुछ आलोचकों ने खुले आम मेरी इस सलाह देने के औचित्य पर अपना संदेह प्रकट किया। मेरा कथन है कि कोई भी शर्त थोपी नहीं जा सकती और वास्तव में उस सलाह का अर्थ किसी भी तरह शर्त नहीं था। संविधान के अनुसार मंत्रिमंडल केन्द्र में, सामूहिक रूप से लोक सभा के प्रति उत्तरदायी है, और राज्यों में विधान सभा के प्रति। राष्ट्रपति या राज्यपाल का किसी को सरकार बनाने के लिए आमंत्रित करते समय कुछ

भी अनुमान हो, प्रधानमंत्री या मुख्यमंत्री और उनके साथी अपने पद पर तभी तक रहने की आशा कर सकते हैं जब तक वे लोक सभा या विधान सभा में जैसा भी उदाहरण हो, बहुमत रखते हों। जब आम चुनावों के परिणाम स्वरूप कोई एक पार्टी अथवा पाटियों का गठबंधन बहुमत प्राप्त करता है और उसका नेता प्रधानमंत्री या मुख्यमंत्री का पद धारण करता है तथा सरकार बनाता है, ऐसे में उसका सदन में बहुमत होने पर संदेह करने की, गंजाइश नहीं होती और स्थिति स्पष्ट होती है। तथापि चरणसिंह ने जिस परिस्थितियों में अपना पद ग्रहण किया और अपना जो भारी समर्थन दिखलाया उसको ध्यान में रखते हुए यह जानना आवश्यक था कि क्या वह लोकसभा में अपना बहुमत रखने में समर्थ रहेंगे। इसलिए मैंने उन्हें प्रारम्भ में ही लोकसभा का सत्र शीघ्र आमंत्रित करने की सलाह देना आवश्यक तथा उचित समझा।

लोक सभा सत्र के पहले दिन ही कांग्रेस (आई) ने, जो चरणसिंह के नेतृत्व में बनने वाली सरकार को समर्थन देने के लिए सहमत हो गई थी अपना समर्थन वापस लेने का निर्णय कर लिया। उसके बाद चरणसिंह ने विचारा कि अब सदन में बहुमत पाने की कोई आशा नहीं है। 20 अगस्त की सुबह हुई बैठक में चरण सिंह और उनकी कैबिनेट ने राष्ट्रपति को अपने त्यागपत्र देने तथा ''जनता से नया आदेश प्राप्त करने'' की सलाह देने का निर्णय लिया। इस प्रकार चरणसिंह और उनके मंत्रिमंडल ने संसद का एक बार भी सामना किए बिना त्यागपत्र दे दिया।

उसके बाद दो दिन तक मुझे अनेकों व्यक्ति भेंट करने आए। इनमें संसद के व्यक्तिगत सदस्यों और समूहों के नेताओं ने आगामी कदम उठाने के बादे में अपने अपने दृष्टिकोण और सलाहें प्रस्तुत कीं। इस विषय पर राजनीतिक पार्टियों के नेता और समूहों ने, वकीलों और पत्रकारों ने मुझे अपने विचार भेजे। मेरे सम्मुख सम्भावित विकल्प थे (अ) लोकसभा को भंग कर नये आम चुनावों का प्रबंध करूं (ब) विरोधी दल के नेता जगजीवन राम की सहायता से नयी सरकार बनवाने का प्रयत्न करूं।

इससे आगे का प्रश्न यह था कि यदि लोकसभा भंग कर दी जाती है और नये चुनाव करने का आदेश दिया जाता है तो उस संबंध में सरकार चलाने के लिए क्या प्रबंध किया जाय।

चरणसिंह के त्यागपत्र और आम चुनाव द्वारा जनादेश पाने का समाचार फैला, जगजीवन राम ने जो उस समय जनतापार्टी और लोक सभा में विरोधी दल के नेता बन गए थे मुझे 20 अगस्त को लिखा कि वह लोकसभा के बहुमत से समर्थित स्थायी सरकार बनाने की स्थिति में हैं और उन्हें सरकार बनाने के लिए आमंत्रित किया जाना चाहिए। उन्होंने लिखा कि यह प्रश्न कि चरणसिंह को लोक सभा में बहुमत प्राप्त था, सदैव संदेह युक्त रहा था और वास्तव में इसी कारण उन्हें मेरे द्वारा विश्वास मत प्राप्त करने की सलाह दी गई थी। उन्होंने स्पष्ट किया कि किस प्रकार चरणसिंह लोकसभा का एक बार भी सामना किए बिना बहुमत न होने के कारण त्यागपत्र देने को विवश हुए थे। उन्होंने तर्क दिया कि केवल वही मंत्रि मंडल जो लोक सभा में अपना बहुमत रखता हो, राष्ट्रपति को सलाह दे सकता है जिसका पालन करने के लिए राष्ट्रपति बाध्य होता है। चरणसिंह और उनके मंत्रियों द्वारा राष्ट्रपति को दी गई सलाह कि वे नए चुनाव करवाने का आदेश दें कोई महत्त्व नहीं रखती और उसकी उपेक्षा की जानी चाहिए। अन्त में उन्होंने अनुरोध किया कि उन्हें सरकार बनाने की अनुमति दी जानी चाहिए।

जनता पार्टी के प्रेसीडेण्ट चन्द्रशेखर, मोरारजी देसाई की मन्त्रिपरिषद (केबिनेट) के सदस्य मोहन धारिया तथा अन्य लोगों ने इस दृष्टिकोण के समर्थन में लिखा। लोकसभा के स्वतंत्र सदस्य मावलंकर, कांग्रेस पाटी के कुछ नेता जो चरणसिंह को समर्थन देने की अपनी पार्टी की नीति से असहमत थे और उसी विचार के पत्रकारों ने भी उसी दृष्टिकोण के अनुसार मुझे लियाा। उनका तर्क था कि उचित कार्य विधि यह होनी चाहिए थी कि मैं सरकार बनाने के लिए तत्कालीन विरोधी पक्ष के नेता जगजीवन राम को आमंत्रित करता जो लोकसभा में 200 से भी अधिक संख्या वाली सबसे बड़ी पार्टी के नेता थे क्योंकि जब मोरारजी देसाई ने 15 जुलाई को त्याग-पत्र दिया था उस समय विरोधी पक्ष के नेता चव्हाण को जिनके दल की सदस्य संख्या 75 थी, सरकार निर्माण करने के हेतु बुलाया गया था। लोकसभा के 102 सदस्यों के साथ कृष्णकांत ने जगजीवन राम के समर्थन में मुझे लियाा। अन्य तर्कों के अतिरिक्त उन्होंने लिखा था कि अगर जगजीवन राम को सरकार बनाने के लिए आमंत्रित किया गया तो देश के सभी पिछड़े वर्गों और अनुसूचित जातियों को महान् प्रसन्नता होगी।

जो लोग मेरे द्वारा दूसरा विकल्प अपनाने का आग्रह कर रहे थे उनके तर्कों को मैं क्रमशः दे चुका हूँ। अब मैं क्रमशः उन लोगों के तर्क दूंगा जिन्होंने दूसरा विकल्प प्रस्तुत किया था।

ऐसा करने से पूर्व में कुछ नए विकास पर प्रकाश डालना चाहता हूं जिसका वर्तमान संदर्भ में वर्णन करना रोचक रहेगा। एक राष्ट्रपति के नाते विकल्प सरकार बनाने की सम्भावना के लिए प्रयत्न करना मेरा कर्त्तव्य था। जगजीवनराम द्वारा कांग्रेस (आई) से समर्थन लेकर एक स्थायी सरकार बनाना सम्भव था। वास्तव में कांग्रेस (आई) ने कुछ शर्तों के साथ जगजीवन राम को समर्थन देने को कहा था। परंतु यह माना जाता है कि जगजीवन राम ने उन शर्तों को अस्वीकार कर दिया था। इसलिए वह विचार त्याग दिया गया था और कांग्रेस (आई) के नेता जब मुझसे मिले उन्होंने मुझसे लोकसभा भंग करने के लिए कहा। मैंने उनसे अपना दृष्टिकोण निम्नलिखत रूप में भेजने का आग्रह किया।

चरणसिंह की मंत्रिपरिषद के विधि मंत्री ने मुझे 20 अगस्त को ही बता दिया था कि लोकसभा के 532 सदस्यों में से 291 का बहुमत लोकसभा भंग करने के पक्ष में है; जिसमें जनता (एस) के 97 सदस्य, कांग्रेस (एस) के 75 कांग्रेस (आई) के 73 और कम्युनिस्ट पार्टी ऑफ इंडिया (मार्क्सवादी) के 22, ऑल इंडिया अन्ना द्रविड़ मुनेत्र कज़घम के 17 सदस्य सम्मिलित थे। उसी दिन मुझे कम्युनिस्ट पार्टी ऑफ इंडिया के महामंत्री (जनरल सेक्रेटरी) द्वारा भेजी गयी उनकी पार्टी द्वारा पारित प्रस्ताव की एक प्रति मिली जिसमें लोकसभा भंग कर नए मध्यावधि चुनाव करवाने का पक्ष लिया गया था। कम्युनिस्ट पार्टी ऑफ इंडिया (मार्क्सवादी) के महामंत्री ने भी मुझे अपनी पार्टी द्वारा पारित नए चुनाव करवाने का पक्ष लेने वाले प्रस्ताव की प्रति भेजी। संसद में कांग्रेस (आई) पार्टी के नेता ने 22 अगस्त को मुझे अन्य बातों के साथ यह भी सुझाव लिखा कि राष्ट्रपति को अपने विशेषाधिकार का प्रयोग करते हुए लोकसभा भंग कर देनी चाहिए। चरणसिंह स्वयं जनता (एस) के नेता थे। उनकी पार्टी की सहमति का इस संबंध में स्पष्ट रूप से अनुमान लगाया जा सकता था। कांग्रेस (एस) के प्रतिनिधि जो चरण सिंह के मंत्रीमंडल में थे उनकी सहमति उस सलाह में शामिल थी जो राष्ट्रपति को लोकसभा भंग करने हेतु दी गई थी। कांग्रेस (एस) के उन सदस्यों को छोड़कर जो पार्टी द्वारा चरणसिंह को समर्थन देने के प्रस्ताव

में शामिल नहीं हुए थे, शेष सबके द्वारा लोकसभा भंग करने की सहमति स्वत: स्वीकृत थी। ऑल इंडिया अन्ना द्रविड़ मुनेत्र कज़घम जो कि मंत्रिमंडल में शामिल थी, उसकी भी स्वीकृति लोकसभा भंग करने के पक्ष में स्वत: मानी जाने योग्य थी! इसके अतिरिक्त संसद के कुछ सदस्यों द्वारा भी सदन भंग करने के लिए पत्र भेजे गए थे। संसद के कुछ सदस्यों द्वारा हस्ताक्षरित साइक्लोस्टाइल्ड प्रतियां जिनमें लोकसभा भंग न करने का संदेश था भी प्राप्त हुई।

प्राप्त होने वाले विभिन्न विचारों और सम्मितियों से यह प्रकट होता था कि लोकसभा सदस्यों का बहुमत उसे भंग करने के पक्ष में था।

राजनीतिक पार्टियों और संसद सदस्यों के अतिरिक्त जनता के कुछ लोगों द्वारा भी सुझाव तथा सम्मितियां भेजी गयी थीं। इनके अनुसार जनता कुछ जन प्रतिनिधियों द्वारा पिछले सप्ताहों बार-बार अपनी पार्टी बदलने से दुखी थी। इसलिए वे चाहते थे कि चुनाव फिर से कराये जाएँ।

मुझे जनता पार्टी के नए नेता जगजीवनराम के इस दावे का परीक्षण करना था कि वह लोकसभा में बहुमत प्राप्त करने में सफल होंगे और उन्हें सरकार बनाने के लिए आमंत्रित किया जाना चाहिए। उस समय उनकी पार्टी की शक्ति कुल 538 सदस्यों में केवल 200 से कुछ ऊपर थी। कांग्रेस (आई) और जनता (एस) ने स्पष्ट रूप से जनता पार्टी द्वारा सरकार बनाये जाने का विरोध किया था। कांग्रेस (एस) भी इसी दृष्टिकोण की थी। दोनों कम्युनिस्ट पार्टियों द्वारा जनता पार्टी की सरकार का विरोध करते हुए लोकसभा भंग करने का आग्रह किया गया था। ऑल इंडिया अन्ना द्रविड़ मुनेत्र कज़घम और मुस्लिम लीग भी इसी दृष्टिकोण की थी। इसके अतिरिक्त संसद के कुछ सदस्यों ने मुझे लोकसभा भंग करने का सुझाव लिखकर भेजा था। इस तथ्यों और संख्याओं को दृष्टि में रखते हुए मैं इस निष्कर्ष पर पहुंचा कि दो सौ से कुछ अधिक के अपनी पार्टी सदस्यों की शक्ति से जगजीवनराम बहुमत समर्थित सरकार कठिनाई से भी नहीं बना सकते।

दूसरी महत्त्वपूर्ण बात यह थी कि एक माह से भी कम समय पूर्व जनता पार्टी ने स्पष्ट रूप से दिखा दिया था कि वह लोकसभा में बहुमत रखने का दावा नहीं कर सकती। यह सत्य था कि इस बीच एक भिन्न व्यक्ति ने पार्टी

का नेतृत्व संभाल लिया था परन्तु मैं अपने आपको इस बात से सन्तुष्ट नहीं कर सकता था कि नया नेता भी बहुमत का समर्थन जुटा पायेगा।

जब मोरारजी देसाई के द्वारा जुलाई में त्यागपत्र देने पर विरोध के नेता चह्वाण को सरकार बनाने के लिए आमंत्रित किया गया था, कुछ लोगों ने तर्क दिया था कि उसी के अनुरूप विरोधी पक्ष के नेता जगजीवनराम को चरणसिंह मंत्रिमंडल के द्वारा इस्तीफा देने पर सरकार बनाने के लिए आमंत्रित किया जाना चाहिए था। इस तर्क का सामना करने के लिए मुझे परिस्थितियों के एक पहलू पर ध्यान देना पड़ेगा। मान लीजिए कि अगर जगजीवनराम को सरकार बनाने के लिए आमंत्रित किया जाता और उनकी सरकार भी बहुमत प्राप्त न करने के कारण त्यागपत्र देने को विवश होती, जैसा की पूरी तरह सम्भव था, तो वैसी परिस्थिति में क्या कदम उठाया जाता है? क्या उस समय भी यह आवश्यक नहीं होता कि तत्कालीन विरोधी पक्ष के नेता को सरकार बनाने के लिए आमंत्रित किया जाय? स्पष्ट है कि यह एक कभी समाप्त न होने वाली प्रक्रिया होती।

मेरे सामने जितने विकल्प थे, उनके गुण दोषों के बारे में मैंने सावधानी पूर्वक विचार किया। स्थिति की वास्तविकता के केन्द्रीय तत्वों को मैं संक्षिप्त में प्रस्तुत करूंगा। सदस्यों द्वारा बड़ी संख्या में दल-बदल किए जाने के कारण जनता पार्टी अल्पमत में रह गयी थी और मोरारजी देसाई को त्यागपत्र देने के लिए विवश होना पड़ा था। आमंत्रित किए जाने पर विरोध पक्ष के नेता ने सरकार बनाने का प्रयत्न किया था पर असफल रहा था; तथापि उसने सलाह दी थी कि पार्टियों का ऐसा गुट उभर रहा था जो चरणसिंह के नेतृत्व में सरकार बना सकता है। मैंने त्यागपत्र दे चुके प्रधानमंत्री मोरारजी देसाई और चरणसिंह द्वारा प्रस्तुत प्रमाणों से अपने को संतुष्ट कर लिया कि चरणसिंह को बहुमत प्राप्त है। इसी के अनुसार मैंने चरणसिंह को सरकार बनाने के लिए आमंत्रित किया जो उन्होंने बनाई। वह शीघ्र ही त्यागपत्र देने को विवश हो गए क्योंकि एक महत्वपूर्ण समूह ने जिसने उन्हें समर्थन देने का वायदा किया था, अपना इरादा बदल दिया और एक माह से कम समय के अंदर उनका विरोध करना उचित समझने लगे। त्यागपत्र देते हुए चरणसिंह ने लोकसभा भंग करने की सलाह दी। इस प्रकार वे मुझे ऐसी स्थिति में छोड़ गए जिसमें मुझे पहले बनाए गए विकल्पों में से किसी एक को चुनना था।

जगजीवनराम को सरकार बनाने के विरोध में जो तर्क थे, उन्हें मैं पहले बता चुका हूँ। चरणसिंह सरकार द्वारा दी गई सलाह से स्पष्ट था कि जनता पार्टी को छोड़ सभी राजनैतिक पार्टियां लोकसभा को भंग करवाना चाहती थीं। इन परिस्थितियों में, मैं इस निर्णय पर पहुंचा कि देश के राजनैतिक गतिरोध को समाप्त करने का एकमात्र उपाय लोकसभा भंग करने के पक्ष में बहुमत द्वारा स्पष्ट रूप से प्रकट किए गए विचार को स्वीकार कर लेना है।

इसी के अनुसार मेरे आदेश पर 22 अगस्त की सुबह राष्ट्रपति भवन में कैबिनेट सेक्रेटरी, प्रधानमंत्री का सेक्रेटरी, राष्ट्रपति का सेक्रेटरी और अन्य उच्च अधिकारी लोकसभा भंग करने के आदेश का आवश्यक प्रारूप तैयार करने और इसके फलस्वरूप उत्पन्न होने वाली परिस्थितियों का प्रबंध करने हेतु एकत्रित हुए।

जिस समय उपर्युक्त अधिकारी कार्य में व्यस्त थे। मेरे आमंत्रण पर जनता पार्टी के जगजीवनराम और चन्द्रशेखर मुझसे मध्याह्न 11.30 बजे भेंट करने आए। मेरा विचार उनसे देश में चल रही राजनैतिक स्थिति पर बातचीत करने का था। वार्तालाप के दौरान जब दोनों नेताओं ने जगजीवनराम के सरकार बनाने के दावे पर बल दिया, मैंने उनसे पूछा कि क्या किसी दूसरी राजनैतिक पार्टी ने जगजीवनराम को समर्थन देने का वायदा किया है। जगजीवनराम ने उत्तर दिया अब कोई पार्टी शेष नहीं रही है, सब टूट चुकी हैं। अगर उन्हें सरकार बनाने के लिए आमंत्रित किया जाएगा, वह अपने समर्थकों की सूची प्रस्तुत करेंगे। मैंने उन्हें बताया कि क्या यही विधि नहीं थी जो मैंने इससे पूर्व अपनाई थी। मैंने उन्हें स्पष्ट रूप से बता दिया कि जनता पार्टी को छोड़कर शेष समस्त प्रमुख पार्टियों ने लिखित रूप में लोकसभा भंग कर नए निर्वाचन करवाने का आग्रह किया है। यह भेंट लगभग पन्द्रह मिनट तक चली। जगजीवनराम के पास मुझे बताने के लिए कोई नई बात नहीं थी। मैंने अनुभव किया कि मेरे जिस निर्णय के फलस्वरूप कार्यवाही प्रारम्भ हो चुकी है उसमें परिवर्तन की कोई आवश्यकता नहीं है। जब वे जा रहे थे, चन्द्रशेखर ने कहा कि वह मुझसे भेंट करने दोबारा आएंगे। मैंने उत्तर दिया कि जल्दी करने की कोई आवश्यकता नहीं है और उनका सदैव स्वागत है। ये शब्द जो मैंने सही भावना से कहे थे इनका अर्थ यह था कि उन्हें मुझसे दोबारा भेंट करने के लिए शीघ्रता करने की आवश्यकता नहीं

तथापि उनका सदैव स्वागत है। इससे मेरा आशय यह कदापि नहीं था कि मैं उस समय की राजनैतिक स्थिति पर कोई निर्णय लेने की जल्दी में नहीं हूं। दुर्भाग्यवश मेरे शब्दों का अर्थ गलत लगाया गया, जैसा कि भावी घटनाओं से ज्ञात होता है। मैं उन शब्दों से वैसा अर्थ निकालने की कभी कामना नहीं कर सकता था, जबकि मैंने पहले ही निर्णय ले लिया था और इससे भी आगे जबकि मैंने उच्च अधिकारियों को अपने निर्णय को कार्यान्वित करने का आदेश दे दिया था और वे आवश्यक 'नोटिफिकेशन्स्', प्रेस विज्ञप्ति और दूसरी सामग्री बनाना प्रारम्भ कर चुके थे।

अब उन घटनाओं पर विचार करते हुए आश्चर्य करता हूँ कि मैंने उन्हें आमंत्रित ही क्यों किया। सही भावना से कहे गए मेरे कुछ शब्दों को जो रूप दिया गया वह वास्तव में दुर्भाग्यपूर्ण था।

अपराह्न में एक प्रेस विज्ञप्ति प्रसारित की गई जिसमें बताया गया था कि भारत के राष्ट्रपति ने भारतीय संविधान की धारा 85 के खंड (क्लाज ii) के उपखंड (बी) के अन्तर्गत लोकसभा को भंग कर दिया है। इसमें यह भी बताया गया था कि नवम्बर-दिसम्बर 1979 की अवधि में निर्वाचन होंगे। चुनावों के लिए प्रस्तावित समय कार्यक्रम में यह ध्यान रखा जाएगा कि वे संविधान में अनुसूचित जातियों, अनुसूचित जनजातियों और एंग्लो-इंडियन समुदायों के लिए सुरक्षित 'सीट्स' के प्रावधानों की अवधि समाप्त होने से पूर्व किए जाएँ। जब तक चुनाव नहीं हो जाते और उनके आधार पर नई सरकार नहीं बन जाती चरणसिंह का मंत्रिमंडल अपना पद भार संभाले रहेगा। इस अवधि में सरकार ऐसे कोई निर्णय नहीं लेगी जो नवीन नीतियां शुरू करे या महत्त्वपूर्ण अंश में कोई नया व्यय करे अथवा मुख्य शासन या कार्यकारिणी संबंधी निर्णय ले। राष्ट्रीय हित में नियमित रूप से होने वाले कार्य को रुकने नहीं दिया जाएगा।

उस समय चरणसिंह मंत्रिमण्डल को चुनाव होने तक अपने पद पर बने रहने के संबंध में कुछ संशय प्रकट किया गया। संविधान के अनुसार राष्ट्रपति को उसके कार्यों में सलाह तथा सहायता देने के लिये एक मंत्रिमण्डल का होना आवश्यक है। संविधान के अनुसार राष्ट्रपति अन्य रीति से कार्य नहीं कर सकता। सबसे स्पष्ट बात उस समय तत्कालीन मंत्रिमण्डल को सरकार चलाने के लिये पद पर बनाये रखना था। मंत्रिमण्डल ने मुझे आश्वासन दिया कि चुनाव स्वतन्त्र,

सही और शांतिपूर्वक होंगे और मुझे आश्वासन पर सन्देह करने का कोई कारण नहीं दिखा।

मुझे विश्वास था चुनाव कमीशन तथा केन्द्र और राज्यों का शासन सभी स्तरों पर चुनावों को अनुशासित, शांतिपूर्ण और उचित रीति से करवाने का ध्यान रखेगा। इस घटना में यह विश्वास पूरी तरह न्यायुक्त था और लोक सभा के लिये 1979-80 शरद ऋतु में होने वाले चुनाव इतने अनुशासित, स्वतन्त्र, शांतिपूर्ण तथा उचित रीति से हुये जितने कि इससे पूर्व कभी हुए नही थे।

चुनावों के बाद जनवरी 1980 में इन्दिरा गांधी के प्रधान मंत्रित्व में नयी सरकार बनी। इससे वह राजनैतिक अस्थिरता जो देश में 1978 के अन्तिम आधे वर्ष में व्याप्त थी, समाप्त हो गई।

**चरणसिंह से मतभेद**

सन् 1979 अगस्त से दिसम्बर तक की अवधि में जबकि लोकसभा भंग कर दी गई और चरणसिंह अभिरक्षक (केयर टेकर) सरकार के प्रधान मंत्री थे, मेरे लिये यह आवश्यक था कि मैं सरकार को समय-समय पर नीतियों में कोई महत्त्वपूर्ण परिवर्तन न करने के लिये सलाह देता रहूं। यह सत्य है कि संविधान में किसी अभिरक्षक (केयरटेकर) सरकार का संदर्भ नहीं है, न वह पदभार संभालने वाली सरकार की शक्तियों पर चुनाव होने और उनके परिणामों के आधार पर सरकार बनने तक कोई पांबदियाँ लगाता है। जब अगस्त 1979 के अन्त में, मैंने लोक संभा भंग करने और चरणसिंह को अपने पद पर उस समय तक बने रहने का आदेश दिया था जब तक चुनाव होकर उनके आधार पर नई सरकार नहीं बन जाती, यह स्पष्ट रूप से समझ लिया गया था कि चरणसिंह की सरकार कोई ऐसा निर्णय नहीं लेगी जो नयी नीतियों का प्रारम्भ करे या जिन पर महत्त्वपूर्ण धनराशि व्यय हो अथवा जो महत्त्वपूर्ण शासकीय या कार्यकारिणी परिवर्तन से संबंधित हों। इसके अतिरिक्त वैसे भी एक बार जब संसद भंग हो जाती है, चुनाव आयोजित होने वाले होते हैं और चुनावों के बाद विधिवत सरकार बनने वाली होती है, यह एक स्थापित रीति है कि इस अवधि में कोई महत्त्वपूर्ण परिवर्तन नहीं किये जाते। नीतियों में ऐसे परिवर्तन जिनके दूरगामी परिणाम हों, चुनाव घोषणा पत्र का अंश होना चाहिये और उनके अनुसार जनता का आदेश प्राप्त करने के बाद ही कार्य किया जाना चाहिए।

इस विषय में चरणसिंह मंत्रिमण्डल द्वारा संघीय सरकार के नियंत्रण में होने वाली सेवाओं में पिछड़ी जातियों को संरक्षण देने का विचार एक महत्त्वपूर्ण नीति परिवर्तन का था। चुनावों द्वारा जनता का आदेश पाने से पूर्व इसे क्रियान्वित करने का कोई प्रयत्न नहीं किया जाना चाहिए था, यद्यपि एक संवैधानिक प्रावधान द्वारा सरकार को इस प्रकार का संरक्षण देने का अधिकार प्राप्त है। इस प्रकार का संरक्षण कुछ राज्यों में भी प्राप्त किया गया। परंतु इस विचार को शायद सरकार की अन्दरूनी विचार भिन्नता के कारण आगे नहीं बढ़ाया गया।

समय-समय पर चुनावों में सुधार करने के संबंध में जो विचार रखे गये हैं, उनमें से एक सरकारी कोष द्वारा उम्मीदवारों को चुनाव लड़ने के लिए आर्थिक सहायता देना है। यहाँ इस विचार के गुणों पर प्रकाश डालने का मेरा कोई विचार नहीं है। मैं यहाँ केवल इतना कहना चाहता हूं कि वह देश के निर्वाचन संबंधी कानून में एक मुख्य परिवर्तन था और उस पर जनता द्वारा पूरी तरह वाद-विवाद हो जाने के बाद उसे निर्वाचन कानून और प्रणाली के सम्पूर्ण सुधार के एक अंश रूप में लिया जाना चाहिए था। इसलिये जब चरणसिंह ने अध्यादेश जारी करवा कर यह विचार क्रियान्वित करवाना चाहा और वह भी जबकि चुनाव आयोग द्वारा चुनाव प्रक्रिया को प्रारम्भ किया जा चुका था और उम्मीदवारों के नाम आ चुके थे, मैंने उनकी नाराज़गी की हद तक प्रतिवाद किया। उन्होंने तर्क दिया कि उनकी सरकार विभिन्न कार्यों के लिये इस विशेष उद्देश्य की तुलना से कहीं अधिक बड़ी धनराशि खर्च कर रही है और उनकी इस पहल पर कोई आपत्ति नहीं होनी चाहिये। मैंने उनको समझाया कि इसमें व्यय की मात्रा का नहीं वरन् देश के निर्वाचन कानून में मुख्य परिवर्तन करने का प्रश्न महत्त्वपूर्ण है। उनकी सरकार को इसे नहीं लाना चाहिये और वह भी जबकि चुनाव प्रक्रिया प्रारम्भ हो चुकी हो। मैंने आगे कहा कि यदि उनकी सरकार नहीं मानी, मुझे सरकारी आदेश को रद्द ही नहीं करना पड़ेगा वरन् अन्य कठोर कार्यवाही भी करनी पड़ेगी। उन्होंने देख लिया कि उनके सामने उस विचार को त्यागने के अतिरिक्त कोई विकल्प नहीं है।

उस अवधि में दूसरा उदाहरण जिसमें मैंने दृढ़ता अपनायी, एक विदेशी पार्टी के साथ लम्बी अवधि का वाणिज्य संबंधी अनुबंध था। मैंने संबंधित मंत्री को सलाह दी कि वह चुनाव तक कोई निर्णय न लें।

एक दूसरा प्रस्ताव जिसके विरुद्ध उस अवधि में मैंने सलाह दी, न्यायिक नियुक्तियों से संबंधित था। दिसम्बर 1979 के अन्त में, वास्तव में माह के अंतिम सप्ताह में मुझ से उच्च न्यायाधीशों की नियुक्तियों पर अपनी सहमति देने के लिये कहा गया। जैसा कि सभी जानते हैं, जनवरी 1980 के प्रथम सप्ताह में देश में चुनाव होने वाले थे और चुनावों के परिणामों के आधार पर महीने के मध्य तक नई सरकार पदासीन होने वाली थी। उन परिस्थितियों में कोई भी नियुक्ति करना विरोधी आलोचना को आकर्षित करना था। अत: मैंने सरकार को उसके विरुद्ध अपनी सलाह दी। मेरी सलाह स्वीकार कर ली गई और वह प्रस्ताव त्याग दिया गया।

## विदेश यात्राओं के प्रसंग

### सोवियत रूस और बुलगेरिया में

राष्ट्रपति के पद पर तीन वर्ष कार्य करने के उपरान्त ही मैंने अपनी प्रथम सरकारी विदेश यात्रा की। मैं सितम्बर सन् 1977 में अमरीका अपना ऑपरेशन द्वारा उपचार करवाने गया था। सितम्बर 1980 के अन्त में, राष्ट्रपति पद धारण करने के तीन वर्ष से कुछ अधिक समय बाद मैं सोवियत यूनियन और बुलगेरिया की दो सप्ताह की राजकीय यात्रा पर चल दिया। इससे पूर्व मैंने दो बार केन्द्रीय सरकार के इस्पात मंत्रालय के कैबिनेट मंत्री के रूप में सन् 1965 में और लोक सभा अध्यक्ष रूप में सन् 1968 में यात्राएं की थीं और उस विशाल देश को कुछ देखा था। इससे दस वर्ष पूर्व सन् 1970 में वी०वी० गिरि ने राष्ट्रपति के नाते यात्रा की थी। यह सत्य है कि राष्ट्रपति के रूप में मेरी प्रथम विदेश यात्रा सोवियत यूनियन की थी, उस महत्व को दर्शाता है जो दोनों देश पारस्परिक मित्रता को देते हैं। यात्रा में अन्य लोगों के अतिरिक्त मेरी पत्नी तथा पेट्रोलियम मंत्रालय के केन्द्रीय मंत्री वीरेन्द्र पाटिल मेरे साथ थे। हम 29 सितम्बर 1980 को स्थानीय समय के अनुसार सायं 6 बजे मास्को पहुंचे (भारतीय मानक समय से लगभग ढाई घंटे पूर्व), हवाई अड्डे पर सोवियत प्रेसीडेण्ट लेयनाइड ब्रेझनेव, प्रधानमंत्री तिरवोनोव, विदेश मंत्री ए० ग्रोमीकोव और उनके उच्च साथियों ने हमारा स्वागत किया। हम क्रेमलिन में ठहरे।

दूसरी सुबह मैंने वी० आई० लेनिन के स्मारक और अज्ञात सिपाहियों के स्मारक पर पुष्पहार अर्पित किया। इसके पश्चात् सोवियत प्रेसीडेण्ट के साथ मेरी

लगभग सौ मिनटों तक विस्तृत वार्ता हुई। यह वार्ता झाड़-फानूसों और चमक-दमक से सुशोभित क्रेमलिन के विशाल कक्ष (हॉल) में हुई थी। दोनों पक्षों ने भारत सोवियत संबंधों के पहले से अधिक मजबूत हाने पर प्रसन्नता प्रकट की और सहमति प्रकट की कि दोनों पक्षों को अपने सौहार्दपूर्ण संबंधों का उपयोग विश्व शांति की बुद्धि में करना चाहिए। सोवियत पक्ष ने अपनी अफगानिस्तान संबंधी सर्वविदित स्थिति की पुष्टि की और दक्षिण तथा दक्षिण पश्चिमी एशिया से संबंधित विकास पर भारत की स्थिति और समझदारी की सराहना की। ब्रेझनेव ने भारत की तटस्थता नीति की बहुत प्रशंसा की।

सायं एक भोज में सोवियत प्रेसीडेण्ट ने कहा कि ईरान और ईराक को अपने विवाद मित्रता की भावना से हल करने चाहिए और जो विषय समझौते से शीघ्र हल न हो पाएं, उन्हें बाद में और अधिक उचित दिन हल करने के लिए छोड़ देना चाहिए। उन्होंने बिगड़ती हुई अन्तर्राष्ट्रीय स्थिति का भी जिक्र किया।

मैंने अपने उत्तर में बताया कि किस प्रकार विज्ञान और टेकनॉलाजी से एक एक ओर मानव जाति को अपार लाभ पहुँच रहा है, वहीं दूसरी ओर किस प्रकार इसने कुछ देशों को अपार विनाश करने वाले नए अस्त्रों का निर्माण करने की शक्ति प्रदान की है। मैंने कहा कि मुझे भय है कि विश्व शीतयुद्ध के नए युग की ओर बढ़ रहा है। मैंने आगे बताया कि इसके बावजूद भी भारत आशा करता है कि सद्बुद्धि की विजय होगी और वह मानवता की रक्षा करेगी। मैंने ब्रेझनेव द्वारा यूरोप में तनाव कम करने के प्रयत्नों की प्रशंसा की। मैंने बताया कि सोवियत यूनियन ने जिसे कठिनाई से एक पीढ़ी पूर्व द्वितीय विश्व युद्ध के दौरान बहुत अधिक कष्टों का सामान करना पड़ा था, आज देश के आर्थिक और सामाजिक पुनर्निर्माण के लिए अपने को समर्पित कर दिया है और इसलिए विश्वशान्ति के प्रति उसकी आस्था स्वाभाविक है। अन्त में मैंने भारत द्वारा यूनियन के साथ अपने सम्बन्धों को दिए जाने वाले महत्त्व पर बल दिया।

मास्को यात्रा के अन्त में, मैंने सोवियत वासियों को टेलीविजन के माध्यम से सम्बोधित किया। इसमें मैंने बताया कि सोवियत यूनियन के प्रेसीडेण्ट से हुई मेरी वार्ता सौहार्दपूर्ण तथा उन घनिष्ट संबंधों की विशेषताओं से पूर्णरही जो भारत और सोवियत संघ के मध्य हैं। मैंने घोषित किया कि दोनों देशों की आपसी मित्रता किसी के भी विरुद्ध नहीं हैं। हमारी सामाजिक और आर्थिक प्रणाली में

अन्तर होने के बावजूद, हमारे दोनों देशों में घनिष्ट सहयोग से कार्य करने की इच्छा है और इसमें हम विश्वशान्ति के महान और समान लक्ष्य से प्रेरित हुए हैं।

मैं यहाँ एक घटना का वर्णन करना चाहूँगा जिसने हमारी मास्को यात्रा के आनन्द को कम कर दिया। यह मेरे द्वारा प्रथम अक्तूबर को ब्रेझनेव के सम्मान में दिए जाने वाले रात्रि प्रीति भोजन में उनकी अनुपस्थिति से संबंधित थी। दूसरे दिन सोवियत विदेश मंत्री मुझसे भेंट करने आए और मेरे साथ करीब आधा घंटा गुजारा, और ब्रेझनेव की अनुपस्थिति के कारण बताते रहे। लेनिनग्राड को विदा होते समय प्रातःकाल ब्रेझनेव ने बिना पूर्व निश्चित कार्यक्रम के मेरे साथ लगभग चौथाई घंटे तक भेंट वार्ता की। वास्तव में, वह मुझे शान्त करने के लिए मेरे साथ हवाई अड्डे तक आए। रात्रि भोज में अपनी अनुपस्थिति के कारणों पर प्रकाश डालते हुए उन्होंने बताया कि उनको कुछ पूर्व निश्चित आवश्यक कार्य करने थे और उनके एक घनिष्ठ मित्र और सहकर्मी के यहाँ मृत्यु शोक हो गया था जिसमें उन्हें व्यस्त होना पड़ा। यह कारण सन्तोषजनक नहीं लगते थे। कुछ स्रोतों ने बताया कि सोवियत प्रेसीडेण्ट प्रायः आने वाले विदेशी अतिथियों द्वारा दी गई दावतों में उपस्थित नहीं होते। यह भी मुझे स्वीकार योग्य नहीं लगा क्योंकि अगर ऐसा होता, मास्को में स्थित हमारे दूतावास को इसकी जानकारी अवश्य होती और उसने मुझको सूचित कर दिया होता है। दूसरा कारण यह बताया गया था कि सोवियत नेता हमारी सरकारी वार्ता में मेरे इस कथन "अफगानिस्तान की बलशाली स्वतन्त्र जनता के प्रति हमारी मित्रता की भावना" पर नाराज हो गए थे। मुझे संदेह है कि अफगानिस्तान से संबंधित मेरे कथन में कोई ऐसी बात रही हो जो पहले ही सरकारी रूप से इस समस्या के प्रति भारतीय दृष्टिकोण में नहीं कहीं गई हो। विशेष रूप से उद्धृत उपर्युक्त शब्दों द्वारा कोई नाराजगी नहीं हो सकती।

सोवियत प्रसीडेण्ट ने जिन्हें रात्रि भोज में मुख्य अतिथि होना था, यह संदेश भिजवा दिया था कि वह नहीं आ सकेंगे, मैंने रात्रि भोजन में नहीं जाने का निर्णय किया। केन्द्रीय कैबिनेट मंत्री जो मेरे साथ गए थे, उन्होंने रात्रि भोज में आतिथेय की भूमिका निभाई।

तथापि इस घटना से हमारे दोनों देशों के आपसी संबंधों पर कोई प्रभावी नहीं पड़ा।

सोवियत राजधानी में अपने ठहरने की अवधि में मुझे मास्को राज्य विश्व विद्यालय ने डाक्टरेट की उपाधि से सम्मानित किया।

मैं 3 अक्तूबर को मास्को से लेनिनग्राड के लिए विदा हुआ। मास्को हवाई अड्डे पर ब्रेझनेव, ग्रोमीकोव और अन्य लोगों ने मुझे विदाई दी। लेनिनग्राड में, मेरा स्वागत लेनिनग्राड कम्युनिस्ट पार्टी के प्रथम सचिव तथा केन्द्रीय पोलितब्यूरो के सदस्य, गिओग्री रोमानोव ने किया। यहाँ के कार्यक्रम में अन्य कार्यों के अतिरिक्त लेनिनग्राड की रक्षा करने वालों के स्मृति स्थल पर पुष्पमाला अर्पित करना, स्मोलनी जाना जहाँ से लेनिन ने अपनी 1917 की क्रांति का प्रारम्भ किया था, लेनिन स्मृति संग्रहालय देखना था। रोमानोव ने मुझे यह स्थल दिखलाए।

मैं 5 अक्तूबर को वोल्गोग्राड (पहले स्टालिनग्राड) देखा। वहाँ लड़ी हुई भयानक लड़ाइयों और वहां के लोगों के वीरतापूर्ण बलिदान ने द्वितीय विश्व युद्ध का नक्शा बदल दिया था और नाज़ियों की पराजय का प्रारम्भ किया था। मैंने नगर के पांच लाख लोगों के वीरतापूर्ण युद्ध और अपनी मातृभूमि की रक्षा में उनके अनुपम बलिदान के प्रति अपनी श्रद्धांजलि अर्पित की। मैंने इससे पूर्व इस नगर का दर्शन यूनियन कैबिनेट मंत्री के रूप में किया था। मैंने ऐतिहासिक स्थलों को, जिनमें नगर के मध्य में स्थित स्तम्भ है, भी देखे। बाद में, मैं जियोजिया के तिविलिसी नगर गया, स्टालिन इसी रिपब्लिक का निवासी था।

मेरे सम्मान में 6 अक्तूबर को जियोजिया की संसद और मंत्रिपरिषद् ने एक रात्रि भोज दिया। रिपब्लिक की कम्युनस्टि पार्टी के प्रथम सचिव, प्रेसीडेण्ट तथा प्रधानमंत्री सहित अन्य नेताओं से भी मेरी भेंट हुई। मैंने जब एक सप्ताह अवधि की अपनी यात्रा समाप्त की उस समय देश के जन प्रचार माध्यमों द्वारा मेरे आगमन की दो भिन्न सामाजिक व्यवस्था और दृष्टिकोण वाले देशों के मध्य आपसी संबंधों तथा सहयोग के 'उज्ज्वल उदाहरण' के रूप में सराहना की गई।

7 अक्तूबर को मैं तिबलिसि से बुलगारिया की राजकीय यात्रा पर चल दिया। जैसे ही हम उस देश में पहुंचे, राष्ट्रपति के विमान की रक्षा के लिए बुलगारिया की वायु सेना के जेट्स विमान कुछ दूर तक चले। राजधानी नगर सोफिया पहुंचने पर मेरा स्वागत बुलगारिया के प्रेसीडेण्ट टोडोर झिवकोव, प्रधानमंत्री टोडोरोव तथा अन्य राज्यकीय अधिकारियों ने किया। हवाई अड्डे से

बोयाना, स्टेट रजिडेन्स तक के बीस मील लम्बे मार्ग में असाधारण संख्या में लोग हमारा हर्षपूर्ण स्वागत करने के लिए आए थे। स्टेट रजिडेन्स जाने के मार्ग में (मेयर) नगर महापार्षद ने नगर निवासियों तथा नगर शासन की ओर से मेरा स्वागत किया। सदभावना और स्वागत के प्रतीक रूप में मुझे नमक और मिर्च के चूर्ण के साथ रोटी का एक टुकड़ा खाने के लिए भेंट किया गया। किसी के साथ मिलकर रोटी खाना अच्छे साथी होने का पारम्परिक प्रतीक है।

बाद में मैंने झिवकोव और बुलगारिया के अन्य नेताओं के साथ अन्तर्राष्ट्रीय स्थिति तथा आपसी संबंधों पर एक घंटे से ऊपर तक वार्तालाप किया। दोनों पक्ष दूसरे युद्ध को छिड़ने से रोकने की परम आवश्यकता पर सहमत थे। उन्होंने कहा कि पूरे विश्व के लिए शान्ति एक अनिवार्य और तत्कालिक आवश्यक आवश्यकता है। बुलगारिया के नेताओं ने भारत की तटस्थ विदेश नीति की प्रशंसा की।

मैंने अपने सम्मान में दिए गए एक भोज में, संसार के लोगों से आर्थिक असमानता की समस्या को और अधिक राजनैतिक इच्छा शक्ति से हल करने का आग्रह किया।

दूसरे दिन मैंने गिओरगी दिमित्रोव का स्मारक देखा और पुष्पहार अर्पित किया। मैं राजनयिक मिशन के उच्च अधिकारियों से भी मिला और बुलगारिया में स्थित भारतीय राजदूत द्वारा दिए गए स्वागत समारोह में सम्मिलित हुआ। इसके बाद मैंने बुलगारिया के प्रेसीडेण्ट के सम्मान में एक रात्रि प्रीतिभोज दिया। इसके बाद के तीन दिनों की अवधि में मुझे स्टारा जागोरा और वर्ना के अनेकों दर्शनीय स्थल दिखलाए गए। मैं रविवार, 12 अक्तूबर को नई दिल्ली वापस लौट आया।

## केन्या और ज़ाम्बिया यात्रा

नई दिल्ली से मैं केन्या और जाम्बिया की राजकीय यात्रा पर शनिवार 30 मई, 1981 को रवाना हुआ। इस बार मेरे साथ अन्य लोगों के अतिरिक्त रेलवे के केन्द्रीय मंत्री केदार पाण्डेय थे। मेरा स्वागत नैरोबी में जोमो केन्याटा अन्तर्राष्ट्रीय हवाई अड्डे पर केन्या के प्रेसीडेण्ट डेनियल अरप मोइ ने किया। हवाई अड्डे पर दिए गए अपने भाषण में मैंने कहा कि इस क्षेत्र के निरन्तर विकास के लिए पहली आवश्यकता सर्वोच्च स्तर पर दृष्टिकोणों का आपसी विनिमय करके तनाव कम करने की है। मैंने आगे कहा कि भारत और केन्या

राष्ट्र निर्माण के कार्य में एक दूसरे के अनुभवों से काफी लाभ उठा सकते हैं। विज्ञान और टेकनालॉजी के क्षेत्र में दोनों देशों के मध्य और अधिक सहयोग बढ़ाने का मैंने आग्रह किया।

बाद में, मैंने केन्या के प्रेसीडेण्ट के साथ आधे घंटे से भी अधिक समय तक वार्तालाप किया। प्रेसीडेण्ट मोइ ने भारत की तकनीकी प्रगति की प्रशंसा करते हुए अनुभव किया कि केन्या जैसा विकासोन्मुख देश आत्मनिर्भर होने के प्रयत्नों में भारत के अनुभव से लाभ उठा सकता है।

शाम को प्रेसीडेण्ट मोइ ने मेरे सम्मान में भोज दिया। इस अवसर पर अपने भाषण में उन्होंने सुझाव दिया कि तीसरी दुनिया के देशों को अपने स्रोतों को मानव उन्नति के लिए एक जुट करना चाहिए। उन्होंने आशा व्यक्त की कि दोनों देश अपने किसानों, अधिकारियों, व्यापारियों, वैज्ञानिकों और अन्य लोगों को एक दूसरे के देश में भेजेंगे ताकि दोनों देश अधिक निकट आ सकें जिससे टेकनालॉजी और व्यापारिक निवेश का स्थानान्तरण हो सके। उनके भाषण के उत्तर में, मैंने दोनों देशों के लिए विशेष महत्त्व के विभिन्न विषयों पर प्रकाश डाला। सन 1971 के संयुक्त राष्ट्र संघ (UN) के प्रस्ताव के बाद भी भारतीय सागर शांति क्षेत्र बनने से बहुत दूर है। इसके विपरीत, समुद्रतटवर्ती तथा पश्च स्थित राज्यों की घोषित इच्छाओं के विरुद्ध महाशक्तियों की सैन्यशक्तियों में वृद्धि हो रही है। मैंने संसार के विभिन्न भागों में बढ़ते हुए विश्वव्यापी आपसी विरोध के प्रति भारत की चिन्ता प्रकट की। मैंने कहा कि इस आपसी विरोध का प्रभाव भारतीय सागर और दक्षिणी पश्चिमी एशिया में भी अनुभव किया जा सकता है। दक्षिणी अफ्रीका के स्वतंत्रता आंदोलन, नामिबिया की स्वतन्त्रता तथा रंग भेद की अमानवीय प्रणाली के विरुद्ध संघर्ष करने के प्रति मैंने भारत के पूर्ण समर्थन को दोहराया। मैंने अफगानिस्तान की क्षेत्रीय अखंडता, प्रभुसत्ता और तटस्थ स्थिति को पूरा सम्मान दिये जाने का भी समर्थन किया। जहाँ तक पश्चिम एशिया का संबंध है, मैंने यह स्पष्ट कर दिया कि जब तक इज़रायल को समस्त अरब क्षेत्र से पीछे जाने के लिए विवश नहीं किया जाता, तब तक उचित और स्थायी शान्ति की कोई सम्भावना नहीं है।

दूसरे दिन रविवार था, मैं प्रसिद्ध मसाई मारा अभय वन देखने गया। यह नैरोबी के पश्चिम में 270 किलोमीटर दूर स्थित है। हम वन्य जीवन को देख

सके इसलिए हमारी मोटरकारों का दल सूखी लंबी घास से गुजरा। शेरों, हाथियों, जेबरा, जिर्राफ, जंगली भैंसों, दरियाइ घोड़ों का पता लगाने के लिए केन्या वायु सेना का एक विमान हमारे ऊपर नीचे उड़ान भर रहा था और ऊपर से रेडियो द्वारा हमारे मोटकार दल को दिशा निर्देशन दे रहा था।

इस प्रकार हमने वन्य जीवन को बहुत निकट से देखा और मैंने अपने मेजवान को इसके लिए धन्यवाद दिया। मुझे एक ही निराशा थी कि मैं चीता नहीं देख सका जिसके लिए वह प्रदेश पूरे विश्व में विख्यात है।

सोमवार पहली जून को मैं केन्या के स्वशासन वार्षिक मदाराका दिवस समारोह का विशेष अतिथि बना। केन्या के राष्ट्रपति ने संस्कृति, प्रतिभा और कुशलता के क्षेत्र में भारत और कन्या के मध्य सार्थक तथा क्रियात्मक सहयोग विकसित करने का निश्चय प्रकट किया। अधिकारिक औपचारिकता की चिन्ता न करते हुए उन्होंने मुझे वहां विशाल संख्या में उपस्थिति श्रोताओं को भाषण देने के लिए मंच पर आमंत्रित किया। हमने अपने भाषणों में नामिबिया से दक्षिणी अफ्रीका की तत्काल वापसी की और उस देश को स्वतंत्रता प्रदान करने की मांग की। हमने यह भी दोहराया कि किस प्रकार हमारे दोनों देशों ने रंग भेद की अमानवीय प्रणाली के विरुद्ध संघर्ष में साथ-साथ काम किया ताकि दक्षिणी अफ्रीका की जनता अपने मानवीय और राजनैतिक अधिकार प्राप्त कर सके।

उस दिन बाद में, भारतीय मूल के निवासियों द्वारा आयोजित एक कार्यक्रम में शामिल हुआ। मैंने उनको केन्या निवासियों की महत्त्वाकांक्षाओं और इच्छाओं के साथ एकात्म होने की सलाह दी।

मैंने 2 जून, मंगलवार को नैरोबी से ज़ाम्बिया की चार दिवसीय राज्यकीय यात्रा के लिए लुसाका प्रस्थान किया। विमान पर चढ़ने से पूर्व हवाई अड्डे पर दिए अपने संक्षिप्त भाषण में मैंने कहा कि स्वतंत्रता प्राप्ति के बाद केन्या द्वारा की गई औद्योगिक प्रगति से मैं प्रभावित हुआ हूं और हमारे दो देशों के बीच बढ़ता हुआ आर्थिक और तकनीकी सहयोग दोनों के लिए लाभदायक होगा।

ज़ाम्बिया की राजधानी पहुंचने पर मेरी अगवानी वहां के प्रेसीडेण्ट केनेथकुआन्डा, पार्टी के जनरल सेक्रेटरी हम्फ्री मुलेम्बा, प्रधानमंत्री नालूमिनो मुंडिया तथा अन्य ने की।

उस दिन सरकारी वार्तालाप से पूर्व मैंने उन लोगों के सम्मान में जिन्होंने ज़ाम्बिया के स्वतंत्रता संग्राम में अपना जीवन त्याग दिया था, स्वतंत्रता की मूर्ति पर पुष्पहार अर्पित किया।

सरकारी वार्तालाप के दौरान एक घंटे से भी अधिक समय तक आर्थिक विषय से संबंधी विस्तृत विनिमय हुआ। मैंने प्रेसीडेण्ट कॉण्डा (Kaunda) को बताया कि दक्षिणी अफ्रीका के पिउपिल्स ऑरगनाइजेशन (स्वापो) को दिल्ली में अपना कार्यालय स्थापित करने की अनुमति देना भारत की दक्षिणी अफ्रीका के स्वतंत्रता आन्दोलन को सहायता देने की नीति के अनुरूप है। मैंने ज़ाम्बिया के प्रेसीडेण्ट को आश्वासन दिया कि भारत उन सभी ठोस प्रस्तावों पर ध्यान देगा जो ज़ाम्बिया कृषि और ग्रामीण विकास तथा औद्योगिक विकास के क्षेत्र में करेगा। लगभग पांच हजार भारतीय विशेषज्ञ ज़ाम्बिया में पहले से ही कार्य कर रहे हैं। उस समय भी भारतीय रेलवे मंत्रालय का प्रतिनिधिमंडल वहाँ पर यह पता लगाने के लिए है कि ज़ाम्बिया में रेलवे के विकास में भारत किस प्रकार सर्वोत्तम रीति से सहायता कर सकता है। भारत और ज़ाम्बिया आर्थिक विकास में सहयोग के लिए एक ज्वाइन्ट कमीशन बनायेंगे।

दूसरे दिन मैं लुसाका से लगभग 350 किलोमीटर दूर किटबे की सम्पन्न तांबा खानों को देखने गया। किटवे में भारतीय मूल के अनेकों लोग हैं। नगर की लगभग सारी जनता हमारे स्वागत के लिए आई। वहाँ पहुँचने पर अपने स्वागत तथा मध्याह्न भोज में भाषण देते हुए मैंने दोनों देशों की आपसी और अन्तर्राष्ट्रीय विषयों की समानता के बारे में बताया। मैंने ज़ाम्बियावासियों को आश्वासन दिया कि जब भी आवश्यकता होगी उन्हें भारतीय विशेषज्ञ उनकी सम्पन्न धातुओं की संपत्ति का सदुपयोग करने में सहायता देने के लिए उपलब्ध रहेंगे।

भारतीय लोगों को संबोधित करते हुए मैंने कहा कि अन्तर्राष्ट्रीय समझदारी के लिए 1979 का जवाहरलाल नेहरू पुरस्कार अफ्रीका के स्वतंत्रता सेनानी नेल्सन मंडेला को प्रदान करना भारत का दक्षिणी अफ्रीका की जनता के उद्देश्य के प्रति दृढ़ वचनबद्धता का प्रतीक है। अनेकों वर्षों पूर्व महात्मा गांधी द्वारा उनके लिए संघर्ष करने का मैंने वर्णन किया। मैंने कहा कि भारत और ज़ाम्बिया दोनों के आदर्शों की समानता के कारण वे एक दूसरे के निकट हैं; दोनों देशों ने साम्राज्यवाद, उपनिवेशवाद और जाति भेदवाद के विरुद्ध संघर्ष किया और वे एक

ऐसे समाज की स्थापना का प्रयत्न करने में जुटे हैं जिसमें मनुष्य का मनुष्य द्वारा शोषण न हो और जो समानता तथा व्यक्ति की गरिमा पर आधारित हो। मैंने बताया कि गुटनिरपेक्षता की नीति विश्वशांति के लिए एक स्वतंत्र और सक्रिय शक्ति है। मैंने भारतीय मूल के निवासियों से आग्रह किया कि जिस देश को उन्होंने अपना लिया है उसके साथ एकात्मकता का भाव रखें और ज़ाम्बिया के राष्ट्रीय जीवन की मुख्य धारा में शामिल हो; उनकी सम्पन्नता जाम्बिया की सम्पन्नता से जुड़ी है। यह देखकर कि उनमें से अधिकांश व्यापार अथवा सार्वजनिक सेवा में लगे हैं, मैंने सुझाव दिया कि वे कृषि भी शुरू करें क्योंकि ज़ाम्बिया में कृषि विकास की विशाल संभावना है।

उसी दिन स्वापो (SWAPO) के प्रेसीडेण्ट मुझसे भेंट करने आए।

बृहस्पतिवार 4 जून को मैं लिविंगस्टन में 'विक्टोरिया फाल' देखने गया। यह लुसाका से 475 किलोमीटर दूर एक पर्यटन केन्द्र है। 'विक्टोरिया फाल' संसार के आश्चर्यों में से एक माना जाता है, यहाँ जाम्बेजी नदी का 1600 मीटर चौड़ा मुहाना सीधे सौ मीटर नीचे भूमि पर गिरता है।

शुक्रवार 5 जून को प्रेसीडेण्ट कॉण्डा ने मेरे सम्मान में रात्रि भोज दिया। मैंने इस अवसर पर कहा कि पूरे अन्तर्राष्ट्रीय समुदाय के लिए यह गहना चिन्ता का एक विषय है कि जिम्बावे में स्वतंत्रता का आलोक हो जाने के बाद भी दक्षिणी अफ्रीका के जातिभेद से शासित शेष क्षेत्रों में स्वतंत्रता की आशाओं को बुझाने के घृणित प्रयत्न किए जा रहे हैं। मैंने ज़ाम्बिया तथा दक्षिणी अफ्रीका का सामना करने वाले अन्य राज्यों और मुक्ति आंदोलनों को भारतीय जनता और सरकार द्वारा दिये जाने वाले समर्थन को दोहराया ताकि दक्षिण अफ्रीका और नामीबिया की बहुत समय से दमित जनता को स्वतंत्रता और मानव अधिकारों की प्राप्ति हो सके। मैंने इस विषय में संतोष प्रकट किया कि दोनों देश राष्ट्रमंडल, गुटनिरपेक्ष आंदोलन, संयुक्त राष्ट्र संघ और अन्य मंचों में घनिष्ठ सहयोग से कार्य कर रहे हैं, तथा आज की मुख्य आर्थिक, सामाजिक और राजनैतिक समस्याओं को हल करने एवम् विश्व तनाव को कम करने में अपना योगदान कर रहे हैं। जहाँ तक आपसी संबंधों का प्रश्न है, मैंने कहा कि भारत ज़ाम्बिया के हित से संबंधित प्रत्येक क्षेत्र उद्योग, कृषि, शिक्षा और कार्मिक प्रशिक्षण में अपने अनुभव और विशिष्ट ज्ञान का सहयोग देने के लिए तत्पर है।

शनिवार 6 जून को मैं घर वापिस चल दिया।

## इंग्लैण्ड के प्रिन्स चार्ल्स का विवाहोत्सव

जून 1981 में विदेश मंत्रालय के माध्यम द्वारा मुझे 29 जुलाई 1981 को प्रिंस चार्ल्स के विवाह में सम्मिलित होने का निमंत्रण मिला। चूंकि यह निमंत्रण राज्य की अध्यक्षा इंग्लैंड की महारानी की ओर से सिंहासन के स्पष्ट उत्तराधिकारी अपने पुत्र के विवाह में भारत के राष्ट्राध्यक्ष को आमंत्रित करने के लिए था, मैंने सोचा कि मेरे लिये निमंत्रण स्वीकार करना और विवाह में सम्मिलित होने के लिए लंदन जाना उचित होगा।

इसी बीच मुझे अनौपचारिक रूप से यह सूचना मिली कि प्रधानमंत्री इंदिरा गांधी और उनके परिवार ने विवाह में सम्मिलित होने के लिए लंदन जाने की तैयारियां प्रारम्भ कर दी हैं। समाचार पत्रों में भी यह समाचार प्रकाशित हुआ। एक समाचार पत्र की रिपोर्ट में प्रधान मंत्री और उनके पारिवारिक सदस्यों की प्रस्तावित यात्रा के बारे में लिखते हुए जोड़ा गया था कि राष्ट्रपति को 'भी' आमंत्रित किया गया है।

यह विचित्र प्रतीत होता है कि मुझे भेजे गये निमंत्रण के संबंध में मुझसे बिल्कुल बातचीत नहीं की गई। उसे प्राप्त करने के बाद मैं पर्याप्त समय तक दिल्ली में था। मैं जब हैदराबाद में जून के माह में था, यह खबर समाचार पत्रों में प्रकाशित हुई थी। तब मैंने अपने सेक्रेटरी को आदेश दिया कि वह तत्काल दिल्ली जाये और सरकार के संबंधित अधिकारियों द्वारा मेरे शाही विवाह में सम्मिलित होने के लिए इंग्लैण्ड जाने का प्रबंध करवाये।

इस स्थिति में, विदेश मंत्रालय के मंत्री पी० वी० नरसिंहा राव हैदराबाद मुझसे मिलने आये। उनका उद्देश्य मुझे विवाह में शामिल न होने के लिए राजी करना था। जब उन्होंने बताया कि प्रधान मंत्री जाने का निश्चय कर चुकी हैं और सुझाव दिया कि मैं विवाह में सम्मिलित होने का अपना विचार त्याग दूं। मैंने उनको स्पष्ट रूप से बता दिया कि भारत में राज्य का अध्यक्ष होने के नाते मेरे लिए दूसरे राज्याध्यक्ष द्वारा भेजे अपने पुत्र के विवाह के निमंत्रण पर जाना सर्वथा उचित है। मैंने उन्हें बताया कि यह मात्र एक समारोह अवसर है जब प्रधानमंत्री को इंग्लैण्ड की सरकार के सदस्यों तथा अन्य राज्याध्यक्षों से कोई सार्थक वार्ता

करने का अवसर नहीं मिल पायेगा। इन परिस्थितियों में, मैंने कहा, प्रधान मंत्री का यूनाइटेड किंगडम (इंग्लैण्ड) जाने का वास्तव में कोई लाभ नहीं है। इसके बावजूद भी यदि वह जाना चाहती हैं तो वह भी जा सकती हैं। मैंने आगे बताया कि क्योंकि मैं पहले से जाने का निश्चय कर चुका था इसलिए मैंने अपने सेक्रेटरी को अपनी यात्रा के आवश्यक प्रबन्ध करने के लिए दिल्ली भेज दिया है।

तब मंत्री ने कहा कि प्रधानमंत्री और राष्ट्रपति का एक ही समय देश से बाहर रहना अनुचित होगा। मैंने उत्तर दिया कि लंदन जाने का मेरा निर्णय निश्चित है और जब मेरे लिए निमंत्रण भेज गया था, सरकार को मुझसे सलाह लेकर मेरी इंग्लैण्ड यात्रा के लिए प्रबंध करने चाहिए थे। यदि किसी कारणवश, यह विचार बन गया था कि मुझे इंग्लैण्ड नहीं जाना है, प्रधान मंत्री को इस विषय पर मुझ से व्यक्तिगत बातचीत करनी चाहिए थी। लेकिन सरकार ने पहले कोई कार्यवाही नहीं की थी और काफी समय बाद विदेश मंत्री मुझे जाने से रोकने का आग्रह करने आये थे। मैं इससे पूर्व कई बार इंग्लैण्ड हो आया था और मेरी दो या तीन दिन के लिए लंदन जाने की कोई बड़ी इच्छा नहीं है। मुझे दिए गए निमंत्रण को सरकार ने जिस साधारण रीति से लिया था, उसने मुझे दृढ़ स्थिति लेने के लिए विवश किया। यहाँ यह उल्लेख करना उचित होगा कि आस्ट्रेलिया के प्रधानमंत्री तथा गर्वनर जनरल दोनों ही इस विवाह में सम्मिलित होने के लिए काफी समय तक अपने देश से बाहर रहे।

सोमवार 27 जुलाई को मैं विवाह तथा अन्य समारोहों में शामिल होने के लिए लंदन गया और 1 अगस्त को भारत वापस आ गया।

मेरे लौटन के शीघ्र बाद एक समाचार पत्र में एक पक्षपातपूर्ण रिपोर्ट मेरी इंग्लैण्ड यात्रा को गलत रूप में प्रस्तुत करने के लिए प्रकाशित हुई। इस रिपोर्ट में बताया गया कि मेरी यात्रा पर सरकारी कोश से 50,00,000 रुपयों की राशि व्यय हुई और राष्ट्रपति पर सरकारी अधिकारियों तथा जन प्रचार माध्यमों द्वारा बहुत कम ध्यान दिया गया। अपनी यात्रा की पृष्ठभूमि जानने के कारण यह स्वाभाविक था कि यह मुझे किसी के द्वारा प्रेरित की गई रिपोर्ट लगी। मैंने अनुभव किया कि इस रिपोर्ट को सही करवाना आवश्यक है। अधिकांश धन एयरइंडिया के चार्टर्ड विमान पर हुआ था, जिसे मेरे लंदन में ठहरने के दौरान

कुछ दिनों के लिए वहां रुकना स्वाभाविक था। विमान को सुरक्षा की आवश्यकताओं के अनुसार रोका गया था। मैं अपने साथ न्यूनतम कर्मचारी ले गया था। अपने स्टाफ के उच्च सदस्यों सहित में लंदन के भारतीय उच्चायुक्त भवन में ठहरा था। हमारे ठहरने पर जो व्यय हुआ था वह किसी तरह से अधिक नहीं था। सरकार द्वारा मुझे उचित सम्मान दिया गया था और विवाह समारोह, महारानी द्वारा दिये भोज और प्रधान मंत्री द्वारा दिये मध्याह्न भोज पर मेरे साथ उचित एवं सम्मानपूर्ण व्यवहार किया गया था। यह कहना बिलकुल सच नहीं है कि जन प्रचार माध्यमों द्वारा मेरी उपेक्षा की गयी थी। मेरे संबंध में समाचार पत्रों, अन्य प्रचार माध्यमों में लिखा गया था और मेरा फोटोग्राफ कुछ दैनिक पत्रों में भी प्रकाशित हुआ था। मेरा इस प्रकार लिखना अहंकार प्रतीत हो सकता है परंतु गलत तथ्य को सही लिखने के लिए मैं विवश हूँ।

तथापि यह विदेश मंत्रालय ही था जिसने अनिच्छा से मेरी यात्रा का प्रबंध किया था, जैस कि वह राष्ट्रपति की सभी विदेश यात्राओं का प्रबंध करता है। अतः यह उस मंत्रालय का कार्य था कि वह इस बारे में सही स्थिति प्रेस को बताये या प्रेस नोट जारी करे। तथापि उसने क्योंकि ऐसा कोई कदम नहीं उठाया, मैंने अपने अधिकारियों को आदेश दिया कि वह तत्काल विदेश सचिव से इस संबंध में बात करें। फलस्वरूप उस मंत्रालय के एक प्रवक्ता ने अपनी दैनिक प्रेस बैठकों में शीघ्र ही स्थिति को स्पष्ट कर दिया। अन्य विषयों के साथ उसने यह भी स्पष्ट कर दिया कि उक्त प्रेस रिपोर्ट में यात्रा पर हुए व्यय को बहुत अधिक बताया गया था।

## इण्डोनेशिया और श्रीलंका की राजकीय यात्राओं का स्थगन

अगस्त 1981 में मेरी इण्डोनेशिया और श्रीलंका की राजकीय यात्राओं की योजना उन दोनों देशों की सरकारों से सलाह लेकर बनाई गई थी, परन्तु यह बाद में विचित्र परिस्थितियों में स्थगित कर दी गई। इण्डोनेशिया की यात्रा के साथ ही उसके बाद मेरी श्रीलंका की यात्रा होनी थी।

सन् 1981 के जून माह में जबकि मैं हैदराबाद में था, प्रधानमंत्री ने मुझ-से फोन पर बात की और मुझे अपनी श्रीलंका यात्रा स्थगित करने की सलाह दी। उन्होंने मुझे बताया कि वह 'ऊर्जा के वैकल्पिक स्रोतों' पर आयोजित एक

अन्तर्राष्ट्रीय सम्मेलन में जाने का निर्णय कर चुकी हैं जो कि उसी अवधि में है जब कि मेरी प्रस्तावित श्रीलंका यात्रा है और उन्हें सलाह दी गई है कि परम्परा अनुसार राष्ट्रपति तथा प्रधानमंत्री दोनों एक ही समय में देश से बाहर नहीं रह सकते हैं। मैंने उन्हें बताया कि वह जिस परम्परा की बात कर रही हैं उसकी मुझे जानकारी नहीं है और हमारे लिए यह उचित नहीं होगा कि बहुत पहले से अतिथेय देश के साथ निश्चित की गयी यात्रा को स्थगित या रद्द कर दिया जाये। यदि कोई ऐसी परिस्थिति उत्पन्न होती है जिसमें मेरा स्वदेश लौटना आवश्यक हो जाये तो मैं श्रीलंका से विमान द्वारा एक घंटे के अंदर भारत लौट सकता हूं तथा मेरे द्वारा अपने कार्यक्रम के अनुसार चलने में कोई बड़ी आपत्ति नहीं उठायी जा सकती। इस पर प्रधानमंत्री बोलीं कि तामिलनाडु के एक संसद सदस्य ने उन्हें सलाह दी है कि ऐसे समय में जब उस देश में तमिल विरोधी दंगे हो रहे हैं राष्ट्रपति द्वारा श्रीलंका की यात्रा करना उचित नहीं होगा। मैंने उत्तर दिया कि उस संसद सदस्य को बहुत पहले से जानता हूं, कि मैं उसे सही निर्णय लेने वाला व्यक्ति नहीं समझता और उसने चाहे कितने सही इरादे से सलाह दी हो, हमें उस पर अधिक ध्यान देने की आवश्यकता नहीं। तथापि प्रधानमंत्री अपनी बात पर दृढ़ दिखाई दीं। अतः मैंने उनकी बात स्वीकार कर ली परन्तु मैंने यह भी साफ-साफ कह दिया कि यदि मेरी श्रीलंका यात्रा स्थगित होती है तो मैं इण्डोनेशिया भी नहीं जाऊंगा। मैंने तर्क दिया कि दोनों देशों की यात्रा एक समय में ही निश्चित हुई थी और एक के बाद दूसरे देश जाना था। यदि मेरी इण्डोनेशिया की यात्रा पूर्व कार्यक्रमानुसार होती है और उसके तत्काल बाद होने वाली श्रीलंका यात्रा नहीं होती, दूसरे देश को शिकायत करने का कारण मिल जायेगा। इसके अनुसार ही अगस्त 1981 में होने वाली मेरी इण्डोनेशिया और श्रीलंका की यात्रायें, दोनों ही स्थगित कर दी गईं।

विदेश मंत्रालय ने दोनों देशों की मेरी यात्राएं उस समय से बहुत पहले निश्चित की थीं, जबकि प्रधानमंत्री ने नैरोबी सम्मेलन में जाने का विचार भी नहीं किया था। नैरोबी सम्मेलन का विषय महत्त्वपूर्ण था, वह विशेष रूप से तकनीकी वाद-विवाद के उद्देश्य से था। सरकार के शीर्षस्थ अधिकारियों की उपस्थित की वहां आवश्यकता नहीं थी और यह इस तथ्य से स्पष्ट हो जाता है कि वहां केवल एक अन्य देश के शीर्षस्थ अधिकारी ही उपस्थित थे। मैं अब एक ऐसी उलझन भरी घटना का वर्णन करने जा रहा हूं जो मेरी श्री लंका यात्रा

स्थगन के फलस्वरूप उत्पन्न हो गई थी। जैसा कि मैंने पहले उल्लेख किया है कि मैं जुलाई 1981 के अंत में लंदन में प्रिंस चार्ल्स के विवाह समारोह में सम्मिलित होने गया था। श्रीलंका के राष्ट्रपति जयवर्धने भी वहीं थे। जब हम एक दूसरे से मिले उन्होंने मेरी श्रीलंका यात्रा के स्थगित किये जाने पर निराशा प्रकट की। मैंने उनको समझाया कि ऐसा इसलिए करना पड़ा क्योंकि प्रधानमंत्री को भी उसी समय देश से बाहर जाना था और हम दोनों एक ही समय में देश से बाहर नहीं रह सकते हैं अतः यह निर्णय लिया गया कि मैं देश में ही रहूं। मैंने उनको आश्वासन दिया कि मैं शीघ्र अवसर मिलते ही श्रीलंका यात्रा पर आऊंगा। दुर्भाग्यवश जबकि हम दोनों लंदन में ही थे, प्रधानमंत्री श्रीमती इन्दिरा गांधी ने श्रीनगर में कहा कि श्रीलंका में कुछ स्थानों पर तमिल विरोधी दंगों के कारण मेरी श्री लंका यात्रा को स्थगित करने का निर्णय लिया गया। कुछ समाचार पत्रों में प्रकाशित उनका यह वक्तव्य श्रीलंका के राष्ट्रपति को कहे गये कथन से इतना भिन्न था कि उसने मुझे बड़ी बेढंगी स्थिति में डाल दिया। मैं उनसे यही कह सकता था कि जहाँ तक मेरा संबंध है, मेरी यात्रा स्थगित होने का कारण वही है जो मैंने उन्हें पहले बताया था।

जब दोनों देशों की यात्रा स्थगित की गई थी, विदेश मंत्रालय के सेक्रेटरी गोनासाल्वस को उन देशों को इसका कारण बताने के लिए भेजा गया था। वह श्रीलंका के राष्ट्रपति से मिले थे और उनको बताया था कि मुझे अपनी यात्रा इसलिए स्थगित करनी पड़ी क्योंकि प्रधानमंत्री को भी उस समय एक आवश्यक सम्मेलन में जाना था और हम दोनों एक ही समय देश से बाहर नहीं रह सकते। इस प्रकार सरकारी स्पष्टीकरण भी मेरे द्वारा बताये गए कारण के अनुरूप ही था।

हमारे देश में यह दुर्भाग्य की बात है कि समय-समय पर हिन्दू-मुस्लिम दंगे होते रहते हैं। क्या हम किसी मुस्लिम देश के शीर्षस्थ अधिकारी का इन दंगों के आधार पर भारत यात्रा स्थगित करना उचित और सही कारण समझेंगे? इसका उत्तर स्पष्ट रूप से नकारात्मक है। प्रधानमंत्री का बयान वास्तव में दुर्भाग्यपूर्ण और दोनों देशों के बीच अच्छे संबंध बनाने वाला नहीं था। ठीक इसके बाद 1981 के अगस्त-अक्टूबर में, विदेश मंत्रालय ने मुझे शीघ्र नेपाल यात्रा पर जाने के लिए सहमत करने का प्रयत्न किया। उनका तर्क था कि नेपाल नरेश ने इस बात पर अपनी अप्रसन्नता प्रकट की है कि यद्यपि वे कई बार हाल

ही में भारत आये हैं, भारत के राष्ट्रपति इसके बदले में कभी नेपाल नहीं गये। मैंने विदेश मंत्रालय को कहा कि इण्डोनेशिया और श्रीलंका की यात्राएँ क्योंकि पहले स्थगित कर दी गई थीं, अतः अब मंत्रालय को तीनों देशों की यात्राओं का एक विस्तृत कार्यक्रम मेरे विचारार्थ बनाना चाहिए। इस सुझाव के फलस्वरूप ही मेरी दिसम्बर 1981 में इण्डोनेशिया और नेपाल की यात्राएं और फरवरी 1982 में श्री लंका की यात्रा हुई।

### इण्डोनेशिया और नेपाल में

3 दिसम्बर 1981 की सुबह मैं इण्डोनेशिया के राष्ट्रपति के निमंत्रण पर वहां की राजकीय यात्रा के लिए चल दिया। मेरे साथ धर्मपत्नी के अतिरिक्त केन्द्रीय स्वास्थ्य मंत्री शंकरानन्द थे। प्रधानमंत्री उस देश की यात्रा सितम्बर 1981 में जब वह आस्ट्रेलिया जा रही थीं थोड़े समय के लिए कर चुकी थीं। मेरी यात्रा का उद्देश्य दोनों देशों के पारम्परिक और घनिष्ठ संबंधों को दृढ़ करना था। मुझसे पूर्व सन् 1976 में भारत के राष्ट्रपति इण्डोनेशिया की यात्रा पर गए थे।

जाकार्ता में हवाई अड्डे पर हमारी अगवानी राष्ट्रपति सुहार्तो और उनकी पत्नी ने की। यद्यपि आकाश पर बादल छाये थे फिर भी हमारे स्वागत के लिए भारी संख्या में लोग हवाई अड्डे पर उपस्थित थे। वहां पर पारंपरिक स्वागत करने के बाद हमें राज्यकीय अतिथि भवन में ले जाया गया।

मेरे सम्मान में ऐतिहासिक 'मेरदेका' महल में दिए गए भोज में राष्ट्रपति सुहार्तो ने कहा कि मेरी यात्रा भारत तथा इण्डोनेशिया की जनता के बीच स्थित मित्रता को प्रतिबिम्बित करती है। उन्होंने इसके बाद यह बताया कि हमारा संसार विभिन्न प्रकार की अनिश्चितताओं से भरा है और निर्गुट आन्दोलन के सिद्धांतों एवं आदर्शों को आगे बढ़ाना व पुनः मजबूत बनाना आवश्यक है। उन्होंने इस ओर भी ध्यान दिलाया कि किस प्रकार उस समय कुछ देश निर्गुटता के सिद्धांतों और आदर्शों से विचलित हो रहे हैं और किस प्रकार इसके फलस्वरूप निर्गुट आन्दोलन के सदस्य देशों के विचारों में मतभेद उत्पन्न होने से एकता के लिए संकट उत्पन्न हो रहा है। उन्होंने संतोष प्रकट किया भारत, इण्डोनेशिया तथा कुछ अन्य सदस्य देश निर्गुट आन्दोलन के मूल सिद्धांतों को साकार करने के लिए

प्रयत्न कर रहे हैं। उन्होंने कहा कि कुछ महीनों पूर्व भारत के प्रधानमंत्री की यात्रा तथा मेरी यात्रा इण्डोनेशिया और भारत के मध्य विभिन्न क्षेत्रों में आपसी सहयोग को और अधिक बढ़ाएगी। इण्डोनेशिया में सीमेंट और चीनी उद्योगों के निर्माण में भारत सरकार तथा भारत के निजी क्षेत्रों की भागीदारी आर्थिक क्षेत्रों में दोनों देशों के बढ़ते हुए अत्यन्त सक्रिय सहयोग का ठोस उदाहरण है।

उत्तर में, मैंने कहा कि महाशक्तियों की प्रतिद्वंद्विता के कारण हमारे क्षेत्र में नवीनतम अस्त्रों के भंडार बनने की संभावना है। मैंने अपने पड़ोसी देशों में नौसेना के जमाव की ओर संकेत करते हुए कहा कि हमारे क्षेत्र के देशों में सार्थक विचार-विमर्श और सहयोग ही सर्वोत्तम तरीका है जिससे इनको प्रभावहीन बनाया जा सकता है। हमारे दोनों देश अपने समीपस्थ सागरों में एक ही प्रकार की भूकेन्द्रिक समस्याओं का सामना कर रहे हैं। आपसी सहायता तथा घनिष्ठ आर्थिक सहयोग के संबंध में मैंने कहा–हमारे बढ़ते हुए द्विपक्षीय सहयोग से हमारे दोनों देश अब एक-दूसरे से ऊँची आशाएँ रखने के युग में आ गए हैं। वास्तव में हम प्रसन्न हैं कि आर्थिक और औद्योगिक विषयों में एक विस्तृत समझदारी हमारे दोनों देशों के बीच आ चुकी है और हमारे विशेषज्ञों ने उन क्षेत्रों का पता लगा लिया है जिनमें आपसी सहयोग की बहुत अच्छी संभावनाएं हैं।

दूसरे दिन इण्डोनेशिया के विदेश मंत्री से विभिन्न विषयों पर विचार-विमर्श हुआ। हमारे दोनों देश कंपूचिया के संबंध में मत विभिन्नता रखते थे, यह सभी को पता था। तथापि उन्होनें उचित ही कहा कि कुछ प्रश्नों पर हमारा मत वैभिन्नय होने से कोई हानि नहीं है। इससे हमारे आपसी मित्रतापूर्ण संबंधों में कोई अन्तर नहीं पड़ता।

भारतीय समुदाय के सदस्यों की एक सभा को सम्बोधित करते हुए मैंने बिगड़ती हुई अन्तर्राष्ट्रीय स्थिति और भारत के पड़ोस में शीत युद्ध के पुनः शुरू होने पर अपनी चिन्ता प्रकट की। हथियारों की होड़ को बढ़ने से रोकने और तनाव कम करने के लिए भारत द्वारा किए गए प्रयत्नों का उल्लेख किया। मैंने दोनों देशों के बीच वर्षों पुराने और विभिन्न संबंधों का स्मरण कराया, अनेकों भारतीयों ने इण्डोनेशिया को अपना घर बना लिया है और वहां की पत्र-पुष्पों से युक्त सुंदर संस्कृति को बनाने में अपना योग दिया है। इस संदर्भ में, मैंने इण्डोनेशिया में भारतीय लोगों की उपस्थिति और उनके द्वारा राष्ट्रीय

गतिविधियों के प्रत्येक क्षेत्र में भाग लेकर देश की उन्नति में सहयोग करने का भी उल्लेख किया।

अपने सम्मान में आयोजित एक नागरिक अभिनन्दन में मैं उन प्रयत्नों के बारे में बोला जो भारत और इण्डोनेशिया के मध्य सहयोग को बढ़ाने के लिए किए जा रहे थे। मैंने राष्ट्रपति सोहार्तो की भारत यात्रा को दोनों देशों के मध्य बढ़ते हुए मित्रतापूर्ण संबंधों का एक महान चिह्न बताया। मैंने इण्डोनेशिया की राजधानी जाकार्ता को शिक्षा, उद्योग और कला का एक स्पंदनशील केन्द्र बताया और कहा कि जिस गर्मजोशी से मेरा स्वागत और आतिथ्य हुआ है, वह इण्डोनेशिया की भारत मैत्री का एक प्रतीक है।

राष्ट्रपति सोहार्तो के साथ मैं तामान लघु इण्डोनेशिया इंडाह देखने गया। यह सुंदर इण्डोनेशिया को अत्यन्त लघु रूप में दिखलाने वाली स्थायी प्रदर्शनी है।

उस दिन प्रातःकाल मैंने कालिबाटा सैनिक समाधि पर युद्ध वीरों की स्मृति में पुष्पमाला अर्पित की।

5 दिसम्बर को मैंने बाली द्वीप प्रस्थान किया। मार्ग में, मैं प्रसिद्ध बोरोबुदुर मंदिर देखने के लिए जोगजाकार्ता गया। यह मंदिर बौद्ध स्थापत्य और मूर्तिकला के चमत्कार है। संसार को सैकड़ों वर्षों तक इनकी जानकारी नहीं हुई थी, परन्तु पिछली शताब्दी में इनको पुनः खोज निकाला गया। मुझे इस मंदिर की एक अनुकृति भेंट की गई।

बाली में, मेरा स्वागत गवर्नर तथा अन्य सरकारी अधिकारियों ने किया। इस टापू के दृश्यों के सौंदर्य से आकर्षित होकर दूर-दूर के पर्यटक यहाँ आते हैं, इसमें आश्चर्य नहीं। मैं भारत का दूसरा राष्ट्रपति था जिसने इस द्वीप की यात्रा की।

जब हम द्वीप के सबसे प्राचीन मंदिर पुरातामानाआयून मेनगुरी, जो कि हमारे ठहरने के स्थाम, पेरतामनिआ सागर तट कुटीर से 25 किलोमीटर दूर था पहुंचे, आस-पास के शहरों और गाँवों के हजारों लोग अपनी रंग-बिरंगी पोशाकों में मंदिर में हमारा स्वागत करने के लिए आए। उन्होंने मेरा इस प्रकार स्वागत किया जैसे मैं एक प्राचीन हिन्दू राजा हूं जो मंदिर तथा द्वीप की तीर्थ यात्रा पर आया है।

इण्डोनेशिया के द्वीपों में बाली एक ऐसा द्वीप है जिसमें सबसे अधिक जनसंख्या है। यद्यपि यह आकार में छोटा है, इसकी जनसंख्या लगभग 25 लाख है जो कि पूरी तरह हिन्दू है। यह जानना रुचिकर होगा कि इण्डोनेशिया की 90 प्रतिशत जनसंख्या इस्लाम धर्म को मानने वाली है। यह लोग हिन्दू तथा बौद्ध धर्म से और कुछ प्राचीन धार्मिक परम्पराओं एवं विश्वासों से अत्यधिक प्रभावित कहे जाते हैं।

भारत वापस आने पर मैंने हिन्दू संस्कृति पर कुछ पुस्तकें द्वीप के एक विश्वविद्यालय को जहाँ हिन्दू धर्म के बारे में अध्ययन किया जाता है भिजवा दीं।

दूसरे दिन मैं इण्डोनेशिया से नेपाल को रवाना हुआ। मुझे जाकार्ता हवाई अड्डे पर राष्ट्रपति सोहार्तो और उनकी पत्नी विदा देने आए। मैंने उन दोनों को भारत आने का आमंत्रण दिया जो उन्होंने स्वीकार कर लिया।

सोमवार 7 दिसम्बर को काठमांडु के त्रिभुवन हवाई अड्डे पहुंचने पर महाराजा वीरेन्द्र और महारानी ऐश्वर्या ने हमारी अगवानी की। हमारे विदेश मंत्री द्वारा उस देश की यात्रा करने के दस दिन के अंदर मेरे वहां जाने का उद्देश्य नेपालियों को भारत की उनके प्रति सदेच्छा और स्नेह की भावना से और अधिक आश्वस्त करना था। हवाई अड्डे से हमारे ठहराने के स्थान तक 6 किलोमीटर के मार्ग पर हर्ष से भरी हुई भीड़ थी।

हमारे पहुँचने के तत्काल बाद मैं पत्नी सहित महाराज और महारानी के साथ चाय-पान किया। इसके पश्चात् प्रधानमंत्री सूर्य बहादुर थापा से हमारी बातचीत हुई। इस वार्ता में हमारे दोनों देशों के राजदूतों और राजनयिकों ने हमें सहायता दी। रात में महाराजा वीरेन्द्र तथा महारानी ऐश्वर्या ने हमारे सम्मान में रात्रि भोज दिया।

इस रात्रि भोज में महाराजा वीरेन्द्र ने कहा कि प्राकृतिक साधनों से सम्पन्न होने के बावजूद भी भारत और नेपाल अपने को गरीबी के पंजे से मुक्त नहीं कर पाए हैं। उन्होंने आगे कहा कि किसी भी दूसरे देश की भांति नेपाल सम्मान और गौरव से रहना चाहता है और इसी लक्ष्य की पूर्ति के लिए उसने अपना मित्रता का हाथ सभी देशों की ओर बढ़ाया है, विशेष रूप से उनकी ओर जो

उसके क्षेत्र एवं पड़ोस में हैं। उन्होंने घोषित किया कि उनका देश ऐसा सहयोग चाहता है जिससे वह अपने साधनों का उपयोग करने की क्षमता प्राप्त कर सके। उन्होंने आगे कहा कि इस प्रयास में नेपाल को सहायता देने के लिए अनेकों देश आगे आए हैं, जिनमें से भारत अग्रणी है। उन्होंने बताया कि नेपाल और भारत के संबंधों की विशेषता आपस में अत्यधिक सद्‌भावना और सम्मान होना है और इसको दृष्टि में रखते हुए उन्हें अपने वर्तमान सहयोग के बंधनों को और अधिक मजबूत करना चाहिए। उन्होंने कहा कि कोई भी देश जिसने पंचशील की महान परंपराओं में अपने को विकसित किया है, इस विश्वास का नहीं हो सकता कि एक ही सम्पन्नता दूसरे की गरीबी के शोषण पर आधारित हो। तब उन्होंने अपने शांति क्षेत्र के विचार के बारे में बताय और कहा कि जहाँ तक पूरे एशिया और दक्षिणी एशिया के समीपवर्ती स्थानों का संबंध है, नेपाल जिस भी योगदान के योग्य था उसने दिया है। नेपाल किसी भी मूल्य पर अपने क्षेत्र में शांति रखने के लिए दृढ़ है और नेपाली जनता की यह हार्दिक इच्छा है जो नेपाल को एक शांति क्षेत्र की मान्यता से संबंधित प्रस्ताव में अभिव्यक्त हुई है।

मैंने अपने उत्तर में यह स्पष्ट कर दिया कि भारत नेपाल के विकास के लिये प्रतिबद्ध है और नेपाली जनता के कल्याण के प्रति उसका ध्यान उतना ही दढ़ है जितना कभी था। मैंने कहा कि यह सन्तोष का विषय है कि दोनों पक्षों ने जन साधनों का उद्देश्यपूर्ण उपयोग करने के लिए आपसी सहयोग की आवश्यकता का अनुभव किया है जो कि दोनों के हित में है। करनाली और पंचेश्वर जैसी परियोजनाओं से इस दिशा में एक अच्छी शुरूआत हो चुकी है। यह सही समय है जब हमें नेपाल से बहकर भारत जाने वाली मुख्य नदियों के जल का सदुपयोग करना चाहिये। ये परियोजनायें बाढ़ नियंत्रण, भूमि संरक्षण, सिंचाई और ऊर्जा उत्पादन के क्षेत्रों में अत्यधिक लाभ देने के अतिरिक्त उन क्षेत्रों के विकास का भी परिवर्तन स्रोत होंगी जो इनकी सीमा से बाहर हैं। मैंने आगे कहा कि राष्ट्रीय चेतना के अनुसार प्रत्येक देश को अपनी सरकार का रूप विकसित करना होता है और यह देखना होता है कि स्थायित्व तथा उन्नति करने का सबसे सही मार्ग क्या होगा। मैंने नेपाल के शांति क्षेत्र प्रस्ताव का जिक्र नहीं किया। दूसरे दिन पशुपतिनाथ मंदिर में पूजा करने और शहीदों की समाधि पर माल्यार्पण करने के बाद मैं 'सिटी हॉल' पहुँचा, जहाँ नागरिकों द्वारा स्वागत होना था। काठमांडु नगर पंचायत के महापौर (चेयरमेन) प्रेम बहादुर शाक्य ने बताया

कि ढाई हजार वर्ष पूर्व भगवान् बुद्ध का जन्म नेपाल में हुआ था। बुद्ध ने भारत में ज्ञान आलोक उपलब्ध किया और भारत को अपना कार्यक्षेत्र चुना।

मैंने अपने उत्तर में कहा कि भारत और नेपाल की जनता के मध्य मित्रता तथा बंधुत्व के बंधन सदैव से चले आ रहे हैं। यह बंधन भूगोल और इतिहास द्वारा निर्मित हुए हैं। भारत और नेपाल की जनता के बीच विस्तत आपसी संबंध है। दोनों देशों को मिली सांस्कृतिक विरासत भी समान है और उसने भारत और नेपाल के बीच अटूट मित्रता स्थापित की है। मैंने आगे बताया कि रामेश्वरम नेपाल का है और पशुपतिनाथ भारत का, तथा मैंने सुबह पशुपति नाथ मंदिर में दोनों देशों तथा उसके लोगों के लिए मित्रता तथा सम्पन्नता की प्रार्थना की है। हिमालय की नदियों का सदुपयोग करने पर मैंने बल दिया। ये नदियां प्रतिवर्ष लाखों लोगों की हानि तथा नाश करती है। इन्हें दोनों देशों की जनता की सम्पन्नता तथा संपत्ति के स्रोत के रूप में परिवर्तित किया जा सकता है। दोनों देशों का प्रमुख कार्य गरीबी तथा भूख को मिटाना और लोगों के जीवन स्तर में सुधार करना है। मैंने एकत्रित जन समुदाय को आश्वासन दिया कि दोनों देशों के बीच कभी कोई संघर्ष नहीं होगा और न इससे पहले भी कोई हुआ है।

नागरिक अभिनंदन में, प्रधानमंत्री सूर्य बहादुर थापा उपस्थित थे। इसके अतिरिक्त अनेक दूसरे देशों के राजनयिक तथा विशिष्ट नागरिक भी थे।

प्रधानमंत्री ने बाद में मेरे सम्मान में मध्याह्न भोज दिया।

नेपाल भारत मैत्री संघ ने 9 दिसम्बर को जनकपुर में मेरे सम्मान में एक स्वागत समारोह आयोजित किया। मैंने अपने भाषण में कहा कि भारत युद्ध का विचार तक नहीं कर सकता है क्योंकि सरकार तथा जनता द्वारा आर्थिक उन्नति के लिए पिछले पैंतीस वर्षों में किया गया कठोर परिश्रम का फल युद्ध होने पर उतने ही मिनटों में नष्ट हो जायेगा। भारत यह देखने का इच्छुक है कि उसके नेपाली भाई भी किसी संघर्ष में न पड़ें। अपने तैयार किये गये भाषण से हटकर मैंने आगे कहा कि मैं सुना है कि कुछ ऐसे विषय हैं जिनके संबंध में दोनों देशों के बीच विचार विमर्श होना चाहिये, ऐसा ही एक प्रस्ताव नेपाल को शांति क्षेत्र घोषित करने का है। मैंने महाराजा वीरेन्द्र और नेपाल के प्रधानमंत्री को भारत आने का आमंत्रण दिया है ताकि वे हमारे प्रधानमंत्री के साथ इस प्रस्ताव पर वार्तालाप कर सकें और सभी विषयों को संतोषजनक रूप से हल कर सकें।

इससे पूर्व पोखरा में 'एक्स सर्विस मेन' के सम्मेलन को संबोधित करते हुए मैंने कहा कि भारतीय सेना में गोरखाओं की सेवायें अमूल्य हैं। मैंने उनके उस उच्च युद्ध कौशल, वफादारी तथा कर्त्तव्य भक्ति की जिसके फलस्वरूप वह भारतीय सेनाओं में रहते हुए युद्ध करते हैं, प्रशंसा की। मैंने उन्हें विश्वास दिलाया कि हमारी सरकार हृदय से 'एक्स सर्विसमेन' और उन पर निर्भर रहने वालों का कल्याण चाहती है।

जनकपुर को जानकी की जन्मभूमि माना जाता है। यह भारतीय सीमा से आठ किलोमीटर दूर है। मैं इस नगर में गया और जानकी मंदिर में पूजा की। जनकपुर की मेरी यात्रा का हंसी में राजा दशरथ के बाद किसी भारतीय राज्याध्यक्ष की प्रथम यात्रा के रूप में वर्णन किया गया। राजा दशरथ वहां सीता को अपने पुत्र राम की वधू के रूप में लेने गये थे।

मैंने दस दिसम्बर को काठमाण्डु से नई दिल्ली प्रस्थान किया। मुझे विदाई देने के लिए हवाई अड्डे पर महाराजा वीरेन्द्र, महारानी ऐश्वर्या, प्रधान मंत्री तथा अन्य उच्च अधिकारी आये। उड़ान के दौरान मौसम इतना स्वच्छ और चमकीला था कि नई दिल्ली लौटने से पूर्व हमें मानसरोवर और कैलास पर्वत की शानदार झलक देखने को मिल गयी।

**लंका का लावण्य**

मंगलवार दो फरवरी 1982 को मैं दिल्ली से श्रीलंका की राजकीय यात्रा के लिए चला। मेरे साथ अन्य लोगों के अतिरिक्त मेरी पत्नी और केन्द्रीय सूचना तथा प्रसारण मंत्री वसंतसाठे थे। श्रीलंका की सरकार ने मुझे 4 फरवरी को अनुराधापुर में अपने राष्ट्रीय दिवस समारोह के मुख्य अतिथि रूप में आमंत्रित किया था। हम उस दिन मध्याह्न में पहुँचे। श्रीलंका के राष्ट्रपति जयवर्धने तथा उनकी पत्नी, उनके मंत्रिमण्डल और अन्य लोगों ने हमारी अगवानी की। मुगलबेरा नगाड़े बजाये गये और स्वागत के प्रतीक रूप में शंख ध्वनि की गई। हम हवाई अड्डे से बीस किलो मीटर दूर कोलम्बो में स्थिति राष्ट्रपति भवन पहुंचे। कहा जाता है कि उपनिवेशवादी दिनों में इस महल में ब्रिटिश गर्वनर जनरल निवास करता था। कोलम्बो में हमें यहीं ठहराया गया।

अपराह्न में श्रीलंका के राष्ट्रपति अनौपचारिक रूप से मिलने आये। मैंने बिना पूर्व कार्यक्रम के नगर का तथा कोलम्बो से कुछ मील दूर स्थिति जयवर्धनपुरा

का भ्रमण किया। जयवर्धनपुरा में एक नया शानदार भवन संसद के लिये बना है। परन्तु उसका औपचारिक रूप से उद्घाटन नहीं हुआ था।

राष्ट्रपति जयवर्धने ने मेरे स्वागत में एक भोज दिया। इस अवसर पर बोलते हुए उन्होंने कहा कि भारत ने श्रीलंका को जो सबसे बड़ा कोश दिया है, वह महात्मा गौतम बुद्ध का दर्शन है। भारत का सबसे महान पुत्र और उसका दर्शन आज तक श्रीलंका के अधिकांश लोगों के जीवन को प्रभावित कर रहा है। उन्होंने ध्यान दिलाया कि भारत और श्रीलंका की निकटता केवल एक भौगोलिक विषय नहीं है; यह इतिहास, संस्कृति और आध्यात्मिक मूल्यों की निकटता है। यह भूतकाल का सत्य था और वर्तमान का भी है। और तब उन्होंने कहा कि यह उचित ही है कि भारत के राष्ट्रपति उनके देश की स्वतंत्रता के वार्षिकोत्सव पर उपस्थित हुए है। श्रीलंका के स्वतंत्रता आंदोलन ने अंग्रेजी शासन के विरुद्ध छेड़े जाने वाल भारत के ऐतिहासिक स्वाधीनता संग्राम से प्रेरणा ली थी। राष्ट्रपति ने मेरे युवाकाल और उस समय मेरे द्वारा स्वतंत्रता आन्दोलन में निभायी गयी भूमिका तथा स्वतंत्रता के बाद मेरे द्वारा ग्रहण किये गए अनेक पदों का उल्लेख करके अपनी सदाशयता दिखलाई। उन्होंने कहा कि भारत की तरह उनके देश में उनकी पीढ़ी का शायद ही कोई ऐसा व्यक्ति हो जो महात्मा गांधी, जवाहरलाल नेहरू और भारतीय स्वतन्त्रता संग्राम के अन्य नेताओं से प्रभावित नहीं हुआ हो। उन्होंने प्रसन्नता के साथ उन महान पुत्रों के साथ अपने सम्पर्क और व्यक्तिगत संबंधों से उठाये गये लाभों का स्मरण किया। उन्होंने बतलाया कि किस प्रकार आकार और विस्तार में भारत से भिन्न होते हुए भी श्रीलंका और भारत अनेकों बातों में समान हैं जिसमें प्रजातंत्र प्रणली की सरकार के प्रति वचनबद्धता भी शामिल है। जबकि तीसरी दुनिया में जनतंत्र का प्रकाश एक के बाद दूसरे देश में बुझता जा रहा है, श्रीलंका और भारत जो कि अनेकों सामाजिक और सांस्कृतिक मूल्यों के सहभागी हैं अपनी स्वतंत्रता और प्रजातांत्रिक सर्वोच्च सत्ता बनाये हुए हैं। अन्तर्राष्ट्रीय स्थिति पर बोलते हुए उन्होंने कहा कि भारत और लंका की अनेकों समस्याओं के प्रति समान दृष्टि है। यह निर्गुट आन्दोलन को सफल बनाने के समान प्रयत्नों में प्रकट होती है। उन्होंने 1954 के कोलम्बो सम्मेलन का जिसमें उन्होंने भाग लिया था स्मरण किया। वह वास्तव में निर्गुट आन्दोलन राजनीतिक शब्दावली में आया। उन्होंने आगे कहा कि

भारत ने इस आंदोलन में सदैव महत्त्वपूर्ण भूमिका निभायी है और श्रीलंका की यह कामना है कि भारत को यह भूमिका निभाते रहना चाहिए।

उसके पश्चात बोलने के लिए मैं उठा। मैंने उन बंधनों का उल्लेख किया जो हमारे दोनों देशों के इतिहास, हमारी संस्कृति और वास्तव में हमारी जीवन पद्धति तक को प्रभावित करते हैं। मैंने कहा कि इस क्षेत्र में हमारे दोनों देशों ने जनतंत्र प्रणाली को अपनाया और लागू किया है; जनता जो कि अंततः सबसे शक्तिशाली है समय-समय पर अपनी सरकार निर्वाचित करती है और हम दोनों को अपने-अपने विभिन्न मत वाले समाज पर गर्व करना चाहिए। हमारे लोगों की विभिन्नता ने हमारी संस्कृति तथा परंपरा को सम्पन्न बनाया है। श्री लंका की राजनीतिक काया भारत से आने वाले लोगों द्वारा संपन्न बनी है। इन लोगों ने देश की आर्थिक उन्नति में सहयोग दिया है, इन्होंने देश की संपूर्ण सांस्कृतिक संपन्नता में अपना योग दिया। मैंने श्रोताओं को स्मरण दिलाया कि युद्ध की शिक्षाओं में निहित मूल सत्य हमारे दोनों देशों को कुछ सहनशीलता, कुछ अंश तक आपसी समझदारी और बुद्धिमत्तता सिखाता है जिससे हमें अपने समय की पेंचीदा समस्याओं को हल करने में अधिक सरलता होती है। उसके बाद मैंने सन् 1954 के कोलम्बो सम्मेलन में राष्ट्रपति जयवर्धने के संग का उल्लेख करते हुए कहा कि निर्गुट आंदोलन में श्रीलंका का योगदान अद्वितीय है। भारत तथा श्रीलंका को पहले से और अधिक घनिष्ठता के साथ निर्गुट आंदोलन के उद्देश्यों को पाने हेतु कार्य करना चाहिए, विशेष रूप से अपने पड़ोसी देशों में। मैंने आगे कहा कि इस वर्ष से भी पूर्व यह श्रीलंका था जिसने भारतीय सागर को शांति क्षेत्र स्वीकार करवाने में प्रमुख भूमिका निभाई थी। इस क्षेत्र में रहने वाले हम लोगों के लिए सागर में महाशक्तियों की बढ़ती हुई उपस्थिति स्पष्ट रूप से ऐसा विकास है जो संकट का सूचक है क्योंकि इससे दो महाशक्तियों के मध्य संघर्ष छिड़ने की स्थिति में हम उसके बीच पीसे जा सकते हैं। इन परिस्थितियों में सभी सागर तटीय राज्यों का स्पष्ट कर्तव्य है कि वे संयुक्त राष्ट्र संघ के हिन्द महासागर को शांति क्षेत्र मानने के प्रस्ताव की पालना पर अत्यधिक बल दें। क्षेत्रीय सहयोग के प्रश्न के संबंध में मैंने कहा कि यह कोई आकस्मिक नहीं था कि इस विषय पर प्रथम बैठक श्रीलंका की राजधानी में हुई। मैंने श्रोताओं को आश्वासन दिया कि हमारी सरकार दृढ़तापूर्वक और पूरी तरह क्षेत्रीय सहयोग के लिए वचनबद्ध है। इसमें हमारा यह विश्वास निहित है कि हममें से प्रत्येक

के कल्याण में सभी का कल्याण निहित है और हम केवल अपने ज्ञान, साधनों एवं विशिष्टताओं में परस्पर भागीदार बनकर अपने लोगों के उज्जवल भविष्य को निश्चित कर सकते हैं। मैंने ध्यान दिलाया कि भारत और श्रीलंका के संबंध अच्छे पड़ोसी होने का एक उदाहरण है। जिस रीति से हमने विभिन्न समस्याओं का सामना तथा हल करने का निश्चय किया वह हमारे दोनों देशों द्वारा द्विपक्षी संबंधों को रचनात्मक रीति से हल करने की वचनबद्धता का प्रमाण है। मैंने विश्वास प्रकट किया कि हमारे दोनों देश आपसी लाभ के लिए साथ-साथ कार्य करते रहेंगे और राष्ट्रपति जयवर्धने के नेतृत्व में भारत और श्रीलंका के संबंधों में निरंतर अभिवृद्धि होगी।

दूसरे दिन मैं एक स्पेशल ट्रेन द्वारा अनुराधापुर गया। यह सिलवेन खनिज के गांवों से गुजरती हुई 200 किलोमीटर से अधिक दूरी की यात्रा थी। अनुराधापुर सिंहल के बौद्धवाद की प्रथम राजधानी थी। श्रीलंका की अधिकांश भवन निर्माण कला के महत्वपूर्ण स्थान अपना विशिष्ट स्थान रखते हैं और भारत तथा श्रीलंका की युगों पुरानी मित्रता के प्रमाण हैं। मुझे सर्वप्रथम एक वृक्ष के समीप ले जाया गया जो कि सर्वाधिक पवित्र समझा जाता है। इसके चारों ओर रेलिंग लगी हुई थी। ऐसा विश्वास किया जाता है कि यह उत्तरी भारत के बोध गया में स्थित उस बोधि वृक्ष की शाखा से उगा है, जिस वृक्ष के नीचे बुद्ध ने ज्ञान प्राप्त किया था। यह भी विश्वास किया जाता है कि यह शाखा सम्राट अशोक की पुत्री लंका लाई थी। मैंने उपवनों, झीलों और प्रभावपूर्ण स्तूपों के इस नगर के अनेकों ऐतिहासिक स्थानों के दर्शन किए।

दूसरी सुबह मैं श्री लंका की स्वतंत्रता के चौंतीसवें वार्षिक समारोह में सम्मिलित हुआ और प्रभावोत्पादक सैनिक परेड देखी। सायं काल में एक सांस्कृतिक कार्यक्रम हुआ जिसमें देश की अनेकों प्रसिद्ध कला मंडलियों ने भाग लिया। अनुराधा पुर के छोटे से नगर में चारों ओर उत्सव के चिह्न दृष्टिगोचर हो रहे थे। देश के सभी भागों से लोग इस भव्य समारोह की धूमधाम को देखने के लिए एकत्रित हो गए थे।

5 फरवरी को मैं हेलीकॉप्टर से केन्डी नगर गया। उड़ते हुए मैंने उस समय निर्मित होते विक्टोरिया बांध को देखा। केन्डी पहुंचने पर मुझे रॉयल बोटेनिकल गार्डन, पेराडेनोवा में एक वृक्ष का पौधा लगाने के लिए आमंत्रित किया गया जो

मैंने सहर्ष आरोपित किया। उसके पश्चात् मेरा नागरिक अभिनंदन किया गया। इसके बाद भारतीय मूल के निवासियों द्वारा मेरा तथा पत्नी का 'क्वीन्स होटल' में स्वागत हुआ। केन्डी उस स्थान के रूप में प्रसिद्ध है जहाँ बुद्ध का दांत सुरक्षित रखा गया है। अपराह्न में श्री लंका के प्रेसीडेण्ट के साथ मैंने पवित्र पुरातन चिह्न के विशेष दर्शन के लिए डालाडा मालिगावा देखा। (देश भ्रमण पर आने वाले महत्त्वपूर्ण राज्याध्यक्षों के लिए पुरातन चिह्न को विशेष रूप से प्रदर्शित किया जाता है।) एक तीर्थयात्री के रूप में अपनी श्रद्धांजलि बुद्ध को भेंट करते हुए मुझे प्रसन्नता हुई और मैंने बौद्धमत तथा हिन्दूमत के बीच स्थित संबंधों का उल्लेख करते हुए एक संक्षिप्त भाषण दिया। शाम को मैं हेलीकॉप्टर से कोलम्बो लौट आया।

6 फरवरी को भारत श्रीलंका व्यापार, सांस्कृतिक और मैत्री संघ द्वारा मेरे सम्मान में स्वागत समारोह का आयोजन किया गया। इस अवसर पर अपने विचार प्रकट करते हुए मैंने कहा कि भारत और श्रीलंका दोनों अपने आर्थिक विकास के लिए अंतर्राष्ट्रीय शांति की अत्यधिक आवश्यकता अनुभव करते हैं और इसलिए उन्हें यह सुरक्षित करने के लिए कि वे हिन्द महासागर में उत्पन्न होने वाले किसी संघर्ष या तनाव के शिकार नहीं बने, साथ-साथ कार्य करना चाहिए। मैंने आगे कहा कि हिन्द महासागर को वास्तव में शांति क्षेत्र के रूप में मान्यता मिलनी चाहिए।

सायं काल मै कोलम्बो कार्पोरेशन, उसके सदस्यों और मेयर द्वारा दिए गए नागरिक अभिनंदन समारोह में बोलते हुए मैंने घोषणा की कि भारत जितना तकनीकी ज्ञान देने की क्षमता रखता है, उसे श्रीलंका को देने के लिए सदैव तैयार और इच्छुक रहेगा।

उसी संध्या को बाद में राष्ट्रपति जयवर्धने और उसकी पत्नी के साथ मैंने सपत्नीक नवम महापेराहेरा देखा। एक जुलूस निकाला गया जिसमें रथ पर बुद्ध की मूर्ति थी, इसमें देश के सैकड़ों नर्तकों ने भाग लिया।

तत्पश्चात् मैंने श्रीलंका के राष्ट्रपति के सम्मान में एक प्रीतिभोज होटल ओबेराय में दिया। वास्तव में यह मेरी लंका की राजकीय यात्रा की समाप्ति का चिह्न था। सात फरवरी की सुबह हमने दिल्ली प्रस्थान किया।

मेरी श्रीलंका की यात्रा से उत्पन्न दो मुख्य बातें हैं। जिनका यहाँ वर्णन करना आवश्यक है।

प्रथम श्रीलंका द्वारा अपनाई गई यह परंपरा है कि वहाँ देश में राष्ट्रीय दिवस समारोह क्रमशः विभिन्न स्थानों पर होता है। ऐसा करने के पीछे यह विचार है कि विभिन्न स्थानों की जनता को एक बार परेड देखने को मिल जाती है और उन्हें समारोहों के कार्यक्रमों में सम्मिलित होने के अवसर मिल जाते हैं।

श्रीलंका एक छोटा देश हे और राजधानी कोलम्बो देश के दूसरे छोर पर स्थित भाग से भी अधिक दूर नहीं है। इसके बावजूद वहाँ की सरकार ने ऐसी परंपरा का विकास किया है जिससे जनता को राष्ट्रीय दिवस समारोह देखने और उसमें शामिल होने का संतोष प्राप्त होता है। भारत श्रीलंका से कई गुना विशाल देश है, राजधानी किसी भी दृष्टि से केन्द्र में स्थित नहीं है। देश के अनेकों भागों के निवासियों को राजधानी देखने के लिए पर्याप्त धन और समय खर्च करना पड़ता है। इस प्रकार राजधानी में आयोजित होने वाले गणतंत्र दिवस समारोह की शोभा और दूर-दूर तक प्रसिद्ध प्रदर्शन को देखने का आनंद हमारी जनता के अधिकांश लोगों को नहीं मिल पाता। केवल वे लोग जो दिल्ली अथवा उसके आस पास रहते हैं, साल-दर-साल यह समारोह देखने की सुख सुविधा का लाभ उठाते हैं। निस्संदेह विभिन्न राज्यों में भी गणतंत्र दिवस समारोह आयोजित होते हैं परन्तु उनमें वह शान और शैली नहीं होती जो दिल्ली के समारोह में होती है। इसलिए मेरे दृष्टिकोण से यह समारोह विभिन्न राज्यों में क्रमशः आयोजित किया जा सकता है जिससे देश के भिन्न-भिन्न स्थानों के निवासियों को इसे देखने का अवसर मिल सके और राष्ट्रीय उत्सव में शामिल होने की भावना उत्पन्न हो सके। यह एक महत्वहीन विषय प्रतीत हो सकता है परन्तु इस प्रकार के छोटे-छोटे कार्य लोगों में राष्ट्रीय एकता की भावना उत्पन्न करने में अवश्य सहायता देते हैं।

दूसरा विषय मेरे विचार से श्रीलंका सरकार द्वारा भाषा के प्रश्न को महत्त्व देना है। मैंने पाया कि अनुराधापुर के सांस्कृतिक प्रदर्शन में सभी घोषणायें तीन भाषाओं–अंग्रेजी, सिंहली और तमिल में हो रही थीं। इसी प्रकार सरकार द्वारा मेरी यात्रा के बारे में जारी किये गये निर्देश और दूसरे पर्चे आदि सभी, जिन्हें देखने का अवसर मुझे मिला तीनों भाषाओं में मुद्रित थे। देश के किसी भी भाषा समूह

की उपेक्षा नहीं की गयी थी। इससे मैं अपने देश के तीन भाषा फार्मूले के बारे में घोषित उदासीनता के बारे में विचार करने लगा। काफी वाद-विवाद के बाद, जवाहर लाल नेहरू के समय में ही हमने निर्णय किया था कि बच्चों को उनकी मातृ भाषा, हिन्दी और अंग्रेजी पढ़ाई जानी चाहिए। हिन्दी भाषी राज्यों के बच्चों जिनकी मातृ भाषा हिन्दी है, से आशा की गई थी कि वे एक दूसरी आधुनिक भारतीय भाषा सीखेंगे। दुर्भाग्यवश यह फार्मूला कार्यान्वित नहीं हुआ। हिन्दी भाषी क्षेत्रों में बच्चे दसवीं कक्षा या उससे ऊपर तक भी केवल हिन्दी और थोड़ी सी अंग्रेजी सीखते हैं अथवा अंग्रेजी बिल्कुल नहीं सीखते। वे उन केन्द्रीय सेवाओं की प्रतियोगिताओं में जिनमें दसवी कक्षा न्यूनतम शिक्षा योग्यता है, बैठ सकते हैं। इसके विपरीत दक्षिणी राज्यों के बच्चों को हिन्दी और अंग्रेजी सीखनी पड़ती है, जिनमें से एक भी उनकी मातृ भाषा नहीं। वे हिन्दी भाषी राज्यों के उम्मीदवारों से समान धरातल पर प्रतियोगिता नहीं कर सकते। तीन भाषाई फार्मूले का पूरे देश में सफल क्रियान्वयन, हिन्दी को प्रयोग में लाने की कपटपूर्ण कोशिश किए बिना शासन में अंग्रेजी के उपयोग को जारी रखना, और केन्द्रीय तथा अखिल भारतीय सेवाओं में सभी स्तरों पर भर्ती होने के अवसरों की पूर्ण समानता होना राष्ट्रीय एकता को सुरक्षित रखने के लिए आवश्यक है। इस प्रकार का कोई संदेह होने की भावना नहीं होनी चाहिए कि हिन्दी बोलने वाले लोगों को भर्ती होने के स्तर पर कोई सुविधा होती है। इस भावना के लिए भी कोई गुंजाइश नहीं होनी चाहिए कि केन्द्रीय सरकार शासन में अंग्रेज़ी के स्थान पर हिन्दी बहुत शीघ्रता से ला रही है।

केन्द्रीय तथा राज्य सरकारों द्वारा माता-पिता की इस इच्छा पूर्ति को कि उनके बच्चे अंग्रेजी का व्यवहार करने का अच्छा ज्ञान प्राप्त कर लें, मान्यता न देना भी बुद्धिमानी नहीं होगी। यह इच्छा किसी मिथ्या अभिमान के कारण नहीं वरन इस वास्तविकता के कारण है कि अंग्रेजी का ज्ञान व्यक्ति को देश या विदेश में नौकरी पाने में अधिक सहायक होता है। भाषाई समस्या का कल्पनाहीन रीति से हल करने के दूरगामी परिणाम हो सकते हैं और अंततः यह देश की अखंडता के लिए संकट उत्पन्न कर सकती है।

## आयरलैंड और यूगोस्लाविया में

3 मई, 1982 को मैं एक सप्ताह के लिए आयरलैंड और यूगोस्लाविया के

सरकारी दौरे पर गया। मेरे साथ जाने वाले अन्य व्यक्तियों के साथ जहाजरानी मंत्री वीरेन्द्र पाटिल भी थे। आयरलैंड के सरकारी दौरे पर जाने वाला मैं दूसरा भारतीय राष्ट्रपति था। मेरे से पहले सितम्बर, 1964 में डॉ० राधाकृष्णन् जा चुके थे। जब हमारा विमान आयरलैंड की सीमा पर पहुंचा तो वहाँ की वायुसेना के विमानों ने हमें संरक्षण दिया। हवाई अड्डे पर उतरने पर आयरलैंड के राष्ट्रपति डॉ० पैट्रिक हिलेरी ने हमारा स्वागत किया। प्रधानमंत्री चार्ल्स हेगे मंत्रिमंडल के अन्य सदस्य तथा डबिल्न नगर के मेयर भी वहाँ मौजूद थे। औपचारिक समारोह के बाद मैं आयरलैंड के राष्ट्रपति के साथ नगर की खूबसूरत सड़कों पर से एक लम्बे-चौड़े उद्यान में स्थित राष्ट्रपति के महल की ओर चला। उद्यान में मुझे एक पौधा लगाने के लिए आमंत्रित किया गया। आयरलैंड के राष्ट्रपति के साथ कुछ समय बिताने के बाद मैं अपने सहकारी दल के साथ बर्कले होटल चला गया, जहाँ हमारे ठहरने का प्रबंध किया गया था।

आयरलैंड के राष्ट्रपति ने उसी शाम मेरे सम्मान में सहभोज का आयोजन किया। उसमें केवल उच्च अधिकारी ही नहीं, भारी मात्रा में वे आयरलैंड वासी भी थे जो किसी समय भारत में रहकर विभिन्न क्षेत्रों में काम करते रहे थे। उनसे मिलकर मुझे प्रसन्नता हुई। उन लोगों में एक मिशनरी दम्पति भी थे जिन्होंने 25 वर्ष से अधिक मेरे प्रदेश आंध्र क्षेत्र में कार्य किया था। आयरलैंड के राष्ट्रपति ने अपने भाषण में दोनों देशों के युगों पुराने सहयोग का उल्लेख किया। उन्होंने कहा कि हमारे दोनों देशों के लोग स्वतंत्रता, लोकतंत्र और पूर्ण आजादी में आस्था रखते हैं। उन्होंने कहा कि आयरलैंड सदा से भारत से मैत्री बनाये रखेगा। सत्कार के लिए मैंने उनका धन्यवाद किया और दोनों देशों के बीच ऐतिहासिक और भावनात्मक मैत्रीपूर्ण संबंधों का उल्लेख किया और कहा कि हमारे दोनों देशों ने लगभग एक ही समय तक औपनिवेशिक शासन से मुक्ति के लिए संघर्ष किया है। मैंने इस बात का स्मरण कराया कि स्वतंत्रता के लिए सभी स्थानों पर संघर्ष करने वालों के लिए किस प्रकार आयरलैंड के देशभक्त एमन दी वेलरा प्रेरणा के स्रोत रहे। मैंने अन्तर्राष्ट्रीय स्थिति और आपसी सहयोग की प्रक्रिया के बिगड़ने के संबंध में चिंता प्रकट की। मैंने हिन्दमहासागर में तनाव बढ़ने की स्थिति पर भी प्रकाश डाला और यह आशा प्रकट की कि अन्य देश युद्ध की संभावनाओं को दूर करने और शांति क्षेत्र को बढ़ने में सहयोग देंगे। इसके साथ मैंने अन्तर्राष्ट्रीय आर्थिक व्यवस्था के संबंध में भी प्रकाश डाला। अन्तत: मैंने

इस बात पर विश्वास प्रकट किया कि भारत और आयरलैंड इन महत्वपूर्ण विषयों पर सहयोग करते रहेंगे।

अगले दिन शहीदों के स्मारक पर जाने का मेरा कार्यक्रम था। वहां आयरलैंड के रक्षामंत्री ने मेरी अगवानी की। मैंने आयरलैंड के देश-भक्तों, जिन्होंने देश की स्वतंत्रता के लिए अपना जीवन कुर्बान कर दिया था, के सम्मान में पुष्पांजलि अर्पित की।

मेरा दूसरा कार्यक्रम वहां के चैस्टर बैढी पुस्तकालय का दौरा था। मेरे साथ आयरलैंड की शिक्षामंत्री थीं। वह एक महिला ही थीं। उस समय भारत में भी एक महिला ही शिक्षामंत्री थी। कहा जाता है कि प्राचीन पांडुलिपियों का यह बहुत ही महत्वपूर्ण संग्रह है। इसलिए भी यह अद्‌भुत है कि यह सारा संग्रह एक अकेले व्यक्ति ने ही किया है।

मेरे सम्मान में दोपहर का भोज आयरलैंड के प्रधानमंत्री चार्ल्स हॉगी ने आयोजित किया। उस अवसर पर भाषण करते हुए आयरलैंड के प्रधानमंत्री ने तटस्थ आंदोलन की आधारशिला रखने वाले सदस्य के रूप में भारत की प्रशंसा की और कहा कि उनका देश भी न्यायपूर्ण अन्तर्राष्ट्रीय अर्थव्यवस्था स्थापित करने के प्रयत्न में भारत की सहायता के लिए तैयार है। उन्होंने कहा कि आयरलैंड के नेता और भारत के राष्ट्रपति ने विश्वव्यापी ज्वलंत विषयों पर जो विचार किया है उनमें दोनों के एक से विचार हैं। अपने उत्तर में मैंने आयरलैंड और भारत के संबंधों और भारतीय स्वतंत्रता आंदोलन में औपनिवेशिक शासन के प्रति संघर्ष में आयरलैंड के प्रभाव का उल्लेख किया। मैंने इस बात का भी उल्लेख किया कि अंग्रेजी भाषा जानने वाले भारतीयों को बर्नार्ड शॉ, जैम्सजायस, सैमुअलबेकर तथा अन्य आयरिश लेखकों की पुस्तकों में बहुत रुचि है। मैंने इस बात का उल्लेख किया कि स्वतंत्र होने पर भारत के सामने कितनी कठिनाईयां थीं, जिन्हें हमने किस प्रकार सुनियोजित ढंग से हल किया और उन्नति की। मैंने अपने देश को स्वतंत्रता, विकास और लोकतंत्र की दिशा में विश्वास के साथ आगे बढ़ने के लक्ष्य को दोहराया।

आयरलैंड निवास में अन्य कार्यक्रमों के साथ आयरलैंड विश्वविद्यालय द्वारा दीक्षांत समारोह का आयोजन करके मुझे डॉ० ऑफ लॉ की जो मानद डिग्री दी

गई उसका उल्लेख भी करना चाहूँगा। इस प्रकार का सम्मान प्राप्त करने वाला मैं तीसरा भारतीय था। मुझसे पहले जवाहरलाल नेहरू और डॉ० राधाकृष्णन को यह सम्मान दिया जा चुका था। मुझे इस बात की प्रसन्नता हुई की इन दो महान् व्यक्तियों के समान मुझे भी सम्मानित किया गया। इस संक्षिप्त समारोह में आयरलैंड के राष्ट्रपति भी उपस्थित थे।

डब्लिन के मेयर तथा नगरपालिका के सदस्यों ने दो शताब्दियों से चले आ रहे मेयर के सरकारी आवास में मेरा स्वागत किया।

मेरा एक और कार्यक्रम वहाँ के वसंतोत्सव में शामिल होना था जिसे डब्लिन की रॉयल सोसायटी प्रतिवर्ष आयोजित करती है। यह समारोह वहां के लोगों में बहुत लोकप्रिय है। जिस दिन प्रात:काल मैं वहां गया, हजारों नर-नारी और बच्चे वहां घूम रहे थे और विभिन्न दुकानों पर चक्कर लगाते हुए आनन्द ले रहे थे। इस समारोह में मुख्य रूप से कृषि, बागवानी और पशुओं के विकास पर बल दिया गया था। इस भीड़-भड़ाके में मैंने बहुत आनन्द अनुभव किया। हमारा यह दौरा समाज के अतीत और वर्तमान के महत्वपूर्ण व्यक्तियों के साथ एक सहभोज के साथ समाप्त हुआ।

आयरलैंड के दौरे के पहले तीन दिन डब्लिन नगर में बीते। मेरे दौरे के अंतिम दिन अर्थात् 9 मई को यूगोस्लाविया से रवाना होने से पहले मुझे आयरलैंड के सुंदर और शांत देहात को देखने का अवसर भी मिला। मुझे बोयन घाटी के निकट न्यू ग्रोज नामक स्थान पर पुरातत्व संबंधी खुदाई देखने का अवसर भी मिला। यह स्थान डब्लिन से मोटर द्वारा एक घंटे की दूरी पर है। मैं ऐतिहासिक महत्व के सुप्रसिद्ध स्थान शिन्य महल भी गया। शियां पहाड़ी यहाँ से निकट ही है और प्राय: जिसके संबंध में कहा जाता है कि संत पैट्रिक ने पांचवीं शताब्दी में ईसाई मत की घोषणा इसी पहाड़ी से की थी। महत्वपूर्ण स्थानों को देखने के अतिरिक्त मुझे इस बात की प्रसन्नता है कि मेरे आयरिश मेहमान नवाजों ने उस दिन प्रात: काल का जो कार्यक्रम बनाया था। वह बहुत ही सोच-समझकर बनाया गया था जिससे मुझे डब्लिन के आसपास के सुंदर देहात को देखने का अवसर मिला।

मेरे इस दौरे को स्थानीय समाचारपत्रों ने प्रमुख स्थान दिया। वहाँ के सबसे अधिक छपने वाले दैनिक समाचार पत्र 'आयरिश टाइम्स' ने भारत और आयरलैंड के आपसी सदभावनापूर्ण संबंधों पर सम्पादकीय लिखा।

बृहस्पतिवार 6 मई की दोपहर बाद मैं बेलग्राड पहुंचा। वहां यूगोस्लाविया के राष्ट्रपति तथा उनके उच्च अधिकारी साथियों ने हमारा स्वागत किया। उसके बाद मैं उस व्हाइट पैलेस के लिए चला जहाँ किसी समय मार्शल टीटो रहा करते थे। यूगोस्लाविया दौरे का यह समय बहुत उपयुक्त था क्योंकि बसंत का आगमन हो चुका था। हमारी यात्रा के अंतिम दिन को छोड़कर मौसम बहुत अच्छा रहा और धूप निकली हुई थी। व्हाइट पैलेस के आसपास का दृश्य भी अच्छा था और वृक्ष, पौधे अपनी पूरी बहार में थे।

यूगोस्लाविया पहुँचने के फौरन बाद मैं मार्शल टीटो की समाधि पर पुष्पांजलि अर्पित करने गया। मेरा दूसरा कार्यक्रम यूगोस्लाविया के राष्ट्रपति तथा उनके सहायकों के साथ अन्तर्राष्ट्रीय स्थिति और गुटनिरपेक्ष आंदोलन की भूमिका के संबंध में विचार करना था। उसके बाद यूगोस्लाविया के राष्ट्रपति ने मेरे सम्मान में एक भोज का आयोजन किया। यूगोस्लाविया के राष्ट्रपति ने वहाँ भाषण में कहा कि फौरन ऐसे प्रयत्न किये जाने चाहिए कि तटस्थ राष्ट्रों के आपसी संघर्ष समाप्त हो और उनकी समस्याओं का समाधान पूर्णतः शांतिपूर्ण ढंग से करने के उपाय खोजे जायें। उन्होंने विशेष रूप से ईरान और इराक के आपसी युद्ध का उल्लेख किया। उन्होंने कहा कि आगामी सितम्बर मास में बगदाद में होने वाले तटस्थ राष्ट्रों के शिखर सम्मेलन को ध्यान में रखते हुए यह युद्ध फौरन बंद होना चाहिए। मैंने अपने उत्तर में उनकी बात से सहमति प्रकट की कि तटस्थ राष्ट्रों के आपसी संघर्ष समाप्त होने चाहिए। मैंने अपनी बात को अधिक जोर देते हुए कहा कि किसी भी समझौते के लिए पूर्णतः शांतिपूर्ण बातचीत होनी चाहिए। मैंने इस बात की ओर ध्यान दिलाया कि विभिन्न शक्ति गुटों में जो अन्तर्राष्ट्रीय तनाव और संघर्ष बढ़ रहा है इससे विश्व को आणविक सर्वनाश का खतरा है। इसलिए मैं चाहता हूँ कि तटस्थ राष्ट्रों के नेता सद्‌बुद्धि का प्रचार करें। मैंने यह स्पष्ट किया कि तटस्थ आंदोलन को प्रारम्भ करने वाले भारत और यूगोस्लाविया ने सदैव आपसी सहयोग और सद्‌भावना बढ़ाने का पक्ष लिया है। तटस्थ राष्ट्रों का यह कर्त्तव्य हो जाता है कि वे विकसित और विकासशील देशों को आपस में एक-दूसरे पर आश्रित रहने का विश्वास दिलायें। मैंने वस्तुओं और सेवाओं के आदान-प्रदान के संबंध में स्पष्ट और पक्षपातपूर्ण भेदभाव का उल्लेख किया और यह कहा कि इस प्रकार की बातें मानव समाज की शांति और प्रगति के मार्ग में रुकावट हैं। मैंने जवाहरलाल नेहरू और मार्शल टीटो के आपसी सहयोग और

तटस्थ आंदोलन के निर्माण में उनकी योगदान का स्मरण करवाया। मैंने स्पष्ट कहा कि भारत और यूगोस्लाविया में उनके बाद के नेताओं ने भी दोनों देशों की मैत्री के उन सूत्रों को दृढ़ किया है। मैंने यूगोस्लाविया की इस बात के लिए प्रशंसा की कि उसने आर्थिक और औद्योगिक संस्थानों में काम करने वालों को भागीदारी की भावना और उनके द्वारा प्रबंध संभालने की व्यवस्था की है। मैंने यह कहकर अपना भाषण समाप्त किया कि राष्ट्रपति टीटो ने अपने पीछे जो एक समृद्ध परम्परा छोड़ी है वह यूगोस्लाविया के नेताओं और जनता का हर क्षेत्र में मार्ग दर्शन करती रहेगी।

अगले दिन प्रात: काल मैं माउंट अवाला पर अज्ञात सैनिकों की समाधि पर फूल चढ़ाने गया। यह स्थान बेलग्राड से लगभग 16 किलोमीटर दूर है। यह समाधि पहाड़ी की चोटी पर स्थित है और वहां से नगर का सुंदर दृश्य देखा जा सकता है। उसके बाद बेलग्राड के मेयर तथा नगर-सभा ने मेरा नागरिक अभिनन्दन किया और नगर का एक स्वर्ण चिह्न भेंट किया। यह मेरे लिए एक और अवसर था जब मैंने मार्शल टीटो और जवाहरलाल नेहरू के तटस्थ राष्ट्रों और विश्व शांति के लिए किये गये योगदान की प्रशंसा की। मुझे इस बात का सौभाग्य प्राप्त हुआ था कि 1950 में मार्शल टीटो जब भारत के दौरे पर आये थे, तो हैदराबाद में आंध्र प्रदेश के मुख्यमंत्री के रूप में मैंने उनकी अगवानी की थी और मैंने उस प्रसन्नता का भी जिक्र किया कि यूगोस्लाविया के पहले दौरे में मैं मार्शल टीटो से मिला भी था। मैंने बेलग्राड और नई दिल्ली नगरों की समानता का भी जिक्र किया जहाँ पर पुरातन ऐतिहासिक स्मारक और आधुनिक भवन साथ-साथ दिखाई देते हैं जिनसे हमें एक नजर में सदियों पुरानी ऐतिहासिक परम्परा का ज्ञान होता है। मैंने द्वितीय विश्व युद्ध में बेलग्राड में हुए विनाश का भी जिक्र किया और कहा कि उसका आधुनिक राजधानी के रूप में पुनर्निर्माण यहाँ के निवासियों के उत्साह और दृढ़ धारणा का प्रतीक है।

मैंने नगर के फ्रैंडशिप पार्क में लाल ओक वृक्ष का पौधा भी लगाया। यह पार्क 14 हैक्टेयर में फैला हुआ है। विभिन्न देशों के महत्वपूर्ण व्यक्तियों ने यहाँ वृक्षारोपण किया है। शाम के समय यूगोस्लाविया के राष्ट्रपति से और आगे विचार-विमर्श हुआ और रात्रि भोज का आयोजन किया गया।

8 मई की प्रात: काल में बेलग्राड से बोसनिया हर्जेगोविना गणतंत्र की राजधानी सेराजीवो के लिए चला। राष्ट्रपति ने वहाँ पहुँचने पर मेरी अगवानी की। सेराजीवो अपने शीतकालीन खेलों के लिए प्रसिद्ध है और 1984 के ओलम्पिक के शीत ऋतु से संबंधित खेल वहाँ आयोजित होने वाले थे। मुझे वहां महत्वपूर्ण इंजीनियरिंग से संबंधित उद्योग दिखाए गए, जहाँ बहुत ही सूक्ष्म चीजों का निर्माण रूस तथा अन्य देशों को निर्यात के लिए किया जाता है।

यहाँ के विश्वविद्यालय ने मुझे डॉक्टर ऑफ साइंस की मानद डिग्री दी। कुछ समय पूर्व यह सम्मान मार्शल टीटो को दिया गया था। मुझे इस बात की प्रसन्नता हुई कि वही सम्मान जो एक सुप्रसिद्ध देश-भक्त स्वतंत्रता सेनानी और विश्व प्रसिद्ध कूटनीतिज्ञ को दिया गया था, उससे मुझे भी सम्मानित किया गया। जिस सभा में यह समारोह हुआ वह बहुत ही बढ़िया ढंग से सज्जित था। इस अवसर पर भाषण करते हुए मैंने भारत तथा अन्य विकासशील देशों से विज्ञान तथा तकनीकी क्षेत्र में प्रतिभा-पलायन का उल्लेख किया। मैंने यूगोस्लाविया की इस बात के लिए प्रशंसा की कि उसने शिक्षा प्रक्रिया को समाजवादी विकास की व्यापक प्रक्रिया से जोड़ दिया है। मैंने यूगोस्लाविया की प्रारंभिक शिक्षा व्यवस्था की भी प्रशंसा की जिससे बच्चों में अपने कर्त्तव्य और दायित्व को समझने की भावना उत्पन्न होती है। यह बात अनुकरणीय है। मैंने इस बात का भी उल्लेख किया कि वर्तमान की यह महत्वपूर्ण आवश्यकता है कि प्रत्येक व्यक्ति और देश को विश्वभर में फैले विज्ञान संबंधी उन्नत ज्ञान का पूर्ण लाभ प्राप्त हो।

मैंने राष्ट्रपति तथा वहाँ के अन्य महत्वपूर्ण प्रमुख अधिकारियों से अनेक विषयों पर विचार-विमर्श किया। उसके बाद मेरे सम्मान में दोपहर के भोजन का आयोजन किया गया।

दोपहर बाद मैं वहाँ के क्रांतिकारियों से संबंधित सुप्रसिद्ध भवन गया। वहां आस्ट्रो-हंगेरियन शासन के विरुद्ध प्रयुक्त की गई वस्तुओं का प्रदर्शन किया गया था। प्रथम विश्वयुद्ध के मूल में यहाँ की घटनाएं थीं। उसके भवन के पास ही बनी एक सौ साल पुरानी मस्जिद भी मैंने देखी। नगर की सड़कों पर दोनों ओर प्रसन्न भीड़ खड़ी थी। इस भीड़ से यह स्पष्ट दिखाई देता था कि यह पूर्व और पश्चिम का एक सुंदर मिश्रण है। उसके बाद हम एड्रियाटिक समुद्र तट पर बसे क्रोशिया गणतंत्र के स्पलित नगर के लिए विमान से रवाना हुए।

स्पलित में, मैं समुद्रतट स्थित उस मकान में गया जहाँ प्रायः मार्शल टीटो ठहरा करते थे। स्पति समुद्र तट बहुत प्रसिद्ध और लोकप्रिय है। नगर में अन्य दर्शनीय स्थान भी हैं। इनमें यूगोस्लाविया के सुप्रसिद्ध मूर्तिकार मैसतरोवीक द्वारा बनाई गई मूर्तियों की प्रदर्शनी और एक पुरातत्त्व संग्रहालय हैं।

अगले दिन नाव द्वारा स्थित त्रोगिर द्वीप नगर में जाने का कार्यक्रम था परंतु बादलों और वर्षा के कारण इसे छोड़ देना पड़ा। शाम को क्रोशियन राष्ट्रपति जिन्होंने मार्शल टीटो के साथ एकजुट होकर आक्रांताओं के विरुद्ध संघर्ष किया था–ने मेरे सम्मान में भोज का आयोजन किया। दोनों ओर से मार्शल टीटो और पंडित जवाहरलाल नेहरू की श्रद्धांजलि अर्पित की गई जिनकी दूर दृष्टि और कूटनीति के कारण गुटनिरपेक्ष आंदोलन की आधारशिला रखी जा सकी थी।

सोमवार 10 मई को मैं भारत के लिए रवाना हुआ।

## सार्वजनिक समारोहः कुछ विचारणीय प्रश्न

मैं अगस्त 1981 के अन्त की अवधि में, सरदार वल्लभभाई पटेल की स्मृति में 31 अक्तूबर को 'सिटीजन काउन्सिल' नामक एक संस्था द्वारा आयोजित समारोह में भाग लेने तथा राष्ट्रीय एकता पर सरदार पटेल मेमोरियल लेक्चर देने के लिए सहमत हो गया। 'सिटीजन काउन्सिल' एक विशाल संस्था थी जिसमें दिल्ली के अनेकों प्रसिद्ध व्यक्ति शामिल थे। 31 अक्तूबर को होने वाला समारोह 'सिटीजन काउन्सिल' के एक छोटे से समूह 'सेलीब्रेशन कमेटी, सरदार पटेल जयन्ती समारोह' द्वारा आयोजित किया जाने वाला था। इसमें धर्मवीर, कंवर लाल गुप्ता और एक अन्य व्यक्ति थे। धर्मवीर जैसा कि सभी जानते हैं 'इंडियन सिविल सर्विस' के एक विशिष्ट सदस्य थे और अपनी लम्बी सेवा अवधि में वे अनेकों महत्त्वपूर्ण पदों, कैबिनेट सेक्रेटरी के पद पर भी रहे थे। वह उस समय पश्चिमी बंगाल के (गर्वनर) राज्यपाल थे जबकि राज्य एक राजनैतिक उथल-पुथल से गुजर रहा था और नाजुक संवैधानिक एवम् राजनैतिक विषयों पर निर्णय लेने थे। वह राज्य उनके राज्यपाल की अवधि के एक भाग में राष्ट्रपति शासन के अधीन था। कंवरलाल गुप्ता भारतीय जनता पार्टी के सदस्य थे और यह मैं जानता था।

अक्तूबर के मध्य या उसके आस-पास एक सर्वोच्च सरकारी अधिकारी ने मेरे प्रिंसिपल सेक्रेटरी से टेलीफोन पर बात की और जानकारी के लिए पूछा कि

क्या मैं उक्त समारोह में सम्मिलित होने के लिए सहमत हो गया हूँ। उसने आगे कहा कि समारोह में मेरे शामिल होने से उत्पन्न राजनैतिक उलझनों से सरकारी क्षेत्रों में कुछ अप्रसन्नता है। मेरे प्रिंसिपल सेक्रेटरी ने उसको बताया कि मैंने लगभग दो माह पूर्व उक्त समारोह में शामिल होना स्वीकार किया था, कि आयोजकों के राजनैतिक पार्टियों से संबंध राष्ट्रपति को समारोह में जाने से रोकने का कारण नहीं बनने चाहिए; कि समारोह का आयोजन राष्ट्र के एक विशिष्ट पुत्र सरदार पटेल के सम्मान में हो रहा है: कि धर्मवीर जैसे सेवा निवृत्त कैबिनेट सेक्रेटरी और पूर्ववर्ती राज्यपाल द्वारा समारोह को दिये जाने वाले सहयोग से यह पता चलता है कि समारोह राष्ट्रपति के स्तर योग्य होगा; और राष्ट्रपति के उसमें सम्मिलित होने से किसी प्रकार की आलोचना नहीं होनी चाहिए। उसने आगे कहा कि राष्ट्रपति कभी ऐसे समारोह में सम्मिलित होने को सहमत नहीं होंगे जब तक कि उन्हें यह विश्वास न हो कि इससे उनके पद की गरिमा कम नहीं होगी।

कुछ दिनों बाद कैबिनेट मिनिस्टर पी० शिवशंकर ने मेरे प्रिंसिपल सेक्रेटरी से उक्त विषय पर बात-चीत की। पहले अवसर की भांति उनको भी सारी पृष्ठ भूमि समझा दी गई। उनको सूचित किया गया कि क्योंकि यह कार्यक्रम लगभग दो माह पूर्व स्वीकार किया गया था, इस संबंध में इससे अधिक कहने के लिए कुछ नहीं था। मेरे प्रिंसिपल सेक्रेटरी ने बाद में मुझे सूचित किया कि कैबिनेट मिनिस्टर ने इस विषय पर अपनी आपत्ति तथा अप्रसन्नता प्रकट की है।

मैं नहीं जानता कि किसके कहने पर पहले उच्च अधिकारी ने और बाद में कैबिनेट मिनिस्टर ने मेरे प्रिंसिपल सेक्रेटरी से मुझे समारोह में भाग न लेने की कोशिश करने के स्पष्ट उद्देश्य से बातें की। यदि किसी का यह विचार था कि मुझे अपने कार्यक्रम को रद्द करने के लिए मनाया जा सकता है तो वह गलती कर रहा था। मैं नहीं सोचता कि इस विषय में प्रधानमंत्री किसी प्रकार से संबंधित रही हो। यह विचार जरूर उनकी व्यवस्था के किसी अत्यधिक द्वेषपूर्ण कार्यकर्ता आ रहा होगा जिसे यह नासमझी भरा विश्वास होगा कि समारोह के आयोजकों में से एक जो जनता पार्टी का था, वह इस आयोजन से राजनैतिक लाभ उठा सकता है। उन्होंने शायद यह विचार होगा कि यदि मेरा उसमें जाना रुकवा दिया जाय तो उन्हें प्रशंसा मिलेगी। यह धारणा पूर्णतः मूर्खता भरी थी। मेरे समारोह में भाग लेने में गलत या असाधारण क्या था? स्वतंत्रता संग्राम में

सरदार पटेल का योग और भारत को शक्तिशाली बनाने के उनके प्रयत्न निश्चित रूप से हमें उनके जन्मदिवस पर श्रद्धांजलि देने की आवश्यकता पर बल देते हैं। वह केवल एक सम्मेलन था जिसमें पार्टी की वफादारी से ऊपर उठ कर सारे राष्ट्र को उन्हें और उनकी देश सेवा को स्मरण करना चाहिए था। यदि सत्ताधारी पार्टी और सरकार में स्वयं कोई समारोह आयोजित करने की कल्पना शक्ति नहीं थी तो इसके लिए वे स्वयं दोषी थे। एक राष्ट्रपति के रूप में, मुझे कोई संदेह नहीं कि उस समारोह में जाना स्वीकार कर मैंने उसी प्रकार सही कार्य किया जिस प्रकार मुझसे पूर्ववर्ती राष्ट्रपतियों ने 'सिटीजन काउन्सिल' द्वारा आयोजित सरदार पटेल के जन्म दिवसों पर जाकर किया था।

मेरे भाषण का विषय राष्ट्रीय एकता था। इस अवसर पर मैंने जो भाषण दिया उसने बहुत ध्यान आकर्षित किया। यद्यपि इसे अधिकांश ने सराहा, कुछ आलोचना भी हुई। आलोचकों में सत्ताधारी पार्टी के कुछ सदस्य भी सम्मिलित थे। यह दूसरे दिन पूर्ण विस्तार से समाचार पत्रों में प्रकाशित हुआ और अंग्रेजी भाषा के अधिकांश राष्ट्रीय दैनिकों और कुछ साप्ताहिकों ने अपने संपादकीय में इस पर अपने विचार प्रकट किये। विषय के महत्व तथा इसने उस समय जो ध्यान आकर्षित किया दोनों ही कारणों से मैं उस पर यहाँ संक्षेप में लिखना उचित समझता हूँ।

मैंने अपने भाषण के परिचय वाले अंश में सरदार पटेल के साथ अपने संपर्कों का तथा राष्ट्र के प्रति उनकी स्वतंत्रता सेनानी और कैबिनेट मंत्री के रूप में की गई सेवाओं का वर्णन किया। मुझसे क्योंकि राष्ट्रीय एकता पर बोलने के लिए कहा गया था, मैंने कहा कि इस विषय पर सार्थक विचार करने के लिए, मेरे लिए राज्य-केन्द्र के संबंधों की समस्या की जांच करना आवश्यक है। इस विषय पर मैंने जो विचार प्रकट किए उन्होंने ही विरोध पूर्ण आलोचना को आकर्षित किया। मैंने बहुत अधिक फैली हुई इस भावना को प्रकट किया कि राज्य सरकारों को सामाजिक सेवाओं और विकास के विषयों पर जो उत्तरदायित्व दिए गए हैं उनके अनुरूप विस्तृत और लचीले राज्य कर के साधन उनके पास नहीं। मैंने यह भी कहा कि केन्द्र की रुझान विकास और शासन के अधिक से अधिक विषयों का उत्तरदायित्व स्वयं लेने की है जो कि विकेन्द्रीकरण के स्वीकृत सिद्धान्त के प्रभाव को घटाती है। केन्द्र के पास राज्य में उपलब्ध

सरकारी तंत्र से अधिक कुशल और भिन्न तंत्र नहीं है और न अनुभव यह बताता है कि केन्द्र ने राज्यों की तुलना में अधिक बुद्धिमानी, योग्यता या बाह्य तत्वों के प्रभाव से स्वतंत्रता प्रदर्शित की हो। राज्यों ने केन्द्र की इस प्रवृत्ति को कभी पसंद नहीं किया है कि वह अधिक से अधिक शक्ति लेता जाता है तथापि राजनैतिक और अन्य कारणों से उन्होंने अपनी इस भावना को प्रकट नहीं किया है। यदि इस प्रवृति को रोका नहीं गया तो राज्यों द्वारा अधिक स्वायत्तता और स्वतंत्रता की मांग कटुता के साथ उठायी जा सकती है। यह एक अवांच्छित विकास होगा। इसलिये मैंने तर्क दिया कि केन्द्र राज्यों के संबंधों की पूरी समस्या का नये सिरे से पिछले तीस वर्षों के अनुभवों के प्रकाश में अध्ययन होना चाहिए। प्रारम्भ में मैंने संविधान निर्मात्री सभा के वाद विवादों और केन्द्र तथा राज्यों के संबंधों पर राजामन्नार कमेटी रिपोर्ट का उल्लेख कर दिया था। स्वतंत्रता के बाद से देश को अपनी एकता से जो लाभ हुए हैं उनको बताने से भी मैं चूका नहीं था। देश में विभाजन करने वाली शक्तियों के विकास पर मैंने गंभीर अप्रसन्नता प्रकट की थी। मैंने जो कुछ कहा था उसमें वास्तव में नया कुछ नहीं था। मैंने स्वयं उन बातों को उससे पूर्व भी कहा था और वैसा ही दूसरों ने भी। इंडियन नेशनल कांग्रेस के प्रेसीडेण्ट रूप में, सन् 1960 के प्रारम्भ में कांग्रेस के 'प्लेनरी' सेशन में दिए गए मेरे भाषण का निम्नलिखित अंश मेरी पुष्टि करेगा:

एक प्रजातांत्रिक प्रणाली की प्राथमिक आवश्यकता यह है कि सरकार जनता की और जनता के लिए ही नहीं वरन् जनता के द्वारा भी होनी चाहिए। दूसरे शब्दों में, जनता जिसें सर्वोच्च सत्ता निहित है उसको अवश्य ही ऐसी स्थिति में होना चाहिए कि वह अपने आपको शासित कर सके।

सन्देह नहीं कि हमारे गांव में लड़ाई-झगड़े और विवाद होते हैं लेकिन लड़ाई-झगड़े और विवाद केवल गांवों में ही सामान्य नहीं।

एक बार जब जनता को बिना किसी प्रतिबंध के उत्तरदायित्व दे दिया जाता है, वह प्राय: अपने को उसके अनुकूल बना लेती है और मुझे विश्वास है कि वह अपने कर्तव्यों का पूरी तरह भली प्रकार पालन करेगी। और तभी हम इस देश में पूर्ण स्वतंत्रता ला सकते हैं। मुझे खुशी है कि आंध्र और राजस्थान ने यह महान प्रयोग प्रारम्भ कर दिया है जो कि अब एक वर्ष पुराना है और जो एक

उल्लेखनीय सफलता प्रमाणित हुआ है। मैं अवश्य आशा करता हूँ कि देश के दूसरे राज्य भी उनका अनुकरण करेंगे।

इस संबंध में कुछ दृष्टिकोण प्रकट किये गये हैं कि शक्ति के विकेन्द्रीकरण का अर्थ केवल राज्य से जिले और ग्राम स्तर तक नहीं परन्तु उसके अनुसार ही दिल्ली और राज्यों के मध्य भी होना चाहिए। हाल ही में वर्धा में हुए सर्वोदय सम्मेलन में कहा गया था कि जो स्वतंत्रता हमारे देश में आयी है वह नई दिल्ली में उसी प्रकार अटक कर रह गयी है जिस प्रकार गंगाजी भागीरथ के महान् प्रयत्नों से नीचे आने पर शिवजी की जटाओं में रह गयीं थीं और यह आवश्यक है कि शिवजी पुनः इस गंगा को अपने कानों से निकलने की अनुमति दें और उसे कुंआरी भूमि को उपजाऊ बनाने की आज्ञा दें। यह एक महत्त्वपूर्ण विषय है और यह सत्य है कि इस प्रकार के दृष्टिकोण प्रकट किये जा चुके हैं, यह बताता है कि लोगों के मस्तिष्क उस दिशा में विचार करने लगे हैं।

मेरे आलोचकों ने मेरे द्वारा अनुचित समय पर राज्यों को अधिक स्वायत्तता देने का तर्क दिये जाने का आरोप लगाया, एक ऐसे समय जबकि भारत सरकार के हाथों में आसाम में विदेशियों को लेकर उठे आंदोलन से बनी समस्या और खालिस्तान की मांग से निपटने की समस्या है। उन्हें यह विचित्र लगा कि मैंने राज्यों के लिए अधिक स्वायत्तता का तर्क ऐसे समारोह में दिया जो शक्तिशाली केन्द्र के समर्थक सरदार पटेल की स्मृति में मनाया जा रहा था। उन्होंने गलत रीति से यह धारणा बना ली थी कि शक्तिशाली केन्द्र का अर्थ दिल्ली में शक्ति का केन्द्रीकरण करने से है और राज्यों को अधिक स्वायत्तता देना केन्द्र को कमजोर करना होगा। उसके विपरीत मेरा विश्वास है कि केन्द्र राज्यों से उनकी पहल करने और निर्णय करने की शक्ति लेकर शक्तिशाली नहीं बनता; वह केवल तभी शक्तिशाली होता है जब राज्यों को अपनी प्रशासनिक और विकास की समस्याओं को स्वयं हल करने की क्षमता और स्वतंत्रता प्राप्त होती है। केन्द्र को मुख्य रूप से अपना समय तथा ध्यान अखिल भारतीय समस्याओं को हल करने में लगाना चाहिए।

उस समय जो दूसरी घटना हुई उसका वर्णन करने की भी आवश्यकता यहाँ है–

सरकार के उच्च अधिकारी ने (जिसके संबंध में पहले जिक्र आ चुका है) मेरे प्रिंसिपल सेक्रेटरी को बताया कि कुछ क्षेत्रों में मेरे द्वारा मध्य प्रदेश की बार-बार यात्रा करने पर कुछ बेचैनी है। वह जानना चाहता था कि क्या मैंने शीघ्र ही ग्वालियर यात्रा करने की योजना बनाई है और उसके तीन सप्ताह के अंदर रायपुर दोबारा जाने की? उसको बताया गया कि मैं नवम्बर के अंत में ग्वालियर जाने और वहाँ के स्थानीय बालिका स्कूल के रजत-जयंती समारोह में भाग लेने के लिए सहमत हो चुका हूँ। ग्वालियर का स्कूल ग्वालियर की राजमाता से संबंधित था। वह एक बहुत प्रतिष्ठित संस्था है और उसकी नींव का पत्थर भारत के प्रथम राष्ट्रपति डॉ० राजेन्द्र प्रसाद द्वारा रखा गया था और उसका उद्‌घाटन श्रीमति इन्दिरा गांधी द्वारा हुआ था। अपने राष्ट्रपति कार्यकाल में मेरी परंपरा प्रायः उन्हीं कार्यक्रमों में भाग लेने की सहमति देने की थी जिन्हें राज्य सरकार राष्ट्रपति के भाग लेने योग्य समझती थी। ऐसे सभी कार्यक्रमों में प्रायः राज्यपाल या मुख्यमंत्री अथवा दोनों ही सम्मिलित होते थे। इस घटना में मध्यप्रदेश के राज्यपाल और मुख्यमंत्री दोनों ने ग्वालियर स्कूल समारोह में भाग लिया और स्कूल की प्रशंसा में बोले। ग्वालियर की राजमाता के राजनैतिक संबंधों से मुझे कोई मतलब नहीं था। मेरे लिए उनका विरोधी दल का सदस्य होना ऐसा पर्याप्त कारण नहीं था जिसके आधार पर मैं एक ऐसे स्कूल के रजत जयंती समारोह में जाने से इंकार कर देता जिसका प्रारम्भ अच्छे तत्वाधान में हुआ था और जो अच्छी नीतियों पर चलने के लिए प्रसिद्ध था। ऐसे स्कूल के समारोह में मेरी उपस्थिति से किसी को गलतफहमी में पड़ने की आवश्यकता नहीं थी।

यह घटना महत्वहीन प्रतीत हो सकती है परन्तु मैंने यहाँ इसका वर्णन यह दिखलाने के लिए किया कि किस प्रकार प्रधानमंत्री कार्यालय के कुछ अधिकारियों ने स्पष्ट रूप से स्वयं अपने निर्णय के आधार पर मेरे सार्वजनिक कार्यक्रमों को नियंत्रित करने का प्रयत्न किया। यह कोशिश पूर्णतः गलत रीति से विचारी गई थी और मैं केवल यह आशा कर सकता हूँ कि यह प्रधानमंत्री की जानकारी अथवा सहमति से नहीं की गई थी। राष्ट्रपति किसी पार्टी का नहीं होता। किसी का यह विचारना कि राष्ट्रपति को केवल सत्ताधारी पार्टी द्वारा आयोजित समारोहों में ही भाग लेना चाहिए केवल बचपना मात्र है। यह अपनी इच्छानुसार किसी भी समारोह में जाने के लिए स्वतंत्र है और होना चाहिये। उसको केवल इस आधार पर निर्णय लेना चाहिए कि क्या समारोह उसके पद की गरिमा के अनुकूल है।

केन्द्र में सत्ता और निर्णय लेने की शक्ति के एकत्रीकरण हो जाने से राज्यों को जो क्षति हुई है वह केन्द्र और अधिकांश राज्यों में सत्तासीन कांग्रेस (आई) पार्टी की कार्य प्रणाली द्वारा देखी जा सकती है। राज्य की विधान सभापार्टी का नेता विधान सभा पार्टी के सदस्यों द्वारा नहीं वरन् हाई कमाण्ड या पार्टी नेता द्वारा चुना जाता है। जब इच्छानुकूल व्यक्ति मिल जाता है तब कुछ समय के लिए छांटे हुए ऐसे व्यक्ति का सदस्यों द्वारा चुनाव करने का आडम्बर किया जाता है। इससे कोई धोखे में नहीं आता, चुना गया प्रतिनिधि तक नहीं। इस प्रकार चुना व्यक्ति मुख्यमंत्री बनता है और राज्य में सरकार बनाता है। उसे न तो अपने मंत्रिमंडल (कैबिनेट) की शक्ति या निर्माण के संबंध में कोई स्वतन्त्रता होती और न मंत्रियों को विभाग देने के बारे में ही। यह रीति जनतांत्रिक प्रणाली के सभी विचारों के इतने प्रतिकूल है कि मैं अपने एक भाषण में उन्हें 'मनोनीत मुख्यमंत्री' कहने से स्वयं को रोक नहीं सका। (आशा के अनुरूप मेरी स्पष्ट आलोचना ने सत्ताधारी पार्टी के सदस्यों को नाराज कर दिया) उनमें से कुछ जनता में यह घोषित करते हुए लज्जित नहीं होते कि उनका पदासीन बने रहना पार्टी के विधान सभा सदस्यों या विधान सभा के विश्वास पर नहीं वरन् पार्टी प्रमुख पर निर्भर करता है। जनतंत्र की क्या विडंबना है! पार्टी अवश्य ही अपने विधायकों पर यह विश्वास कर सकती है कि वे अपने में सबसे उपयुक्त व्यक्ति को अपना नेता चुनेंगे। यदि वह उन पर विश्वास नहीं कर सकती तो यह उसके द्वारा चुनाव के लिए खड़े किये जाने वालों को मनोनीत करने की प्रणाली पर शंका उठाता है।

पहले जो कुछ होता था यह सब दुखद रूप से उसके विपरीत है। मुझे स्मरण आता है कि सन् 1946 में किस प्रकार टी० प्रकाशम ने मद्रास में कांग्रेस विधान सभा पार्टी का नेता बनने के लिए महात्मा गांधी तक की इच्छा के विरुद्ध, जो कि उस पद के लिए राजगोपालाचारी के पक्ष में थे, चुनाव लड़ा और जीता था। संयुक्त मद्रास राज्य से आंध्र के अलग होने के तुरंत बाद शेष बचे मद्रास राज्य की कांग्रेस विधान सभा पार्टी के नेतृत्व के लिए के० कामराज और सी० सुब्रामनियम के बीच निर्वाचन हुआ था। दिल्ली में पार्टी नेताओं द्वारा इस निर्वाचन को रोकने के लिए कोई प्रयत्न नहीं किया गया था। कामराज विजयी हुए और मुख्यमंत्री बने। उन्होंने अपनी मंत्रिपरिषद में सुब्रामनियम को ही नहीं

वरन् अन्य अनुभवी व्यक्तियों को भी लिया। आंध्र प्रदेश बनने पर मैंने स्वयं बी० गोपाल रेड्डी के विरुद्ध विधान सभा पार्टी के नेतृत्व के लिए चुनाव लड़ा और जीता था तथा मैं राज्य का प्रथम मुख्यमंत्री बना था। दिल्ली में पार्टी के नेताओं द्वारा इस चुनाव के प्रति किसी प्रकार की आपत्ति नहीं उठाई गई थी। जवाहरलाल नेहरू ने कहा था, 'जो भी निर्वाचित हुआ है, वह मेरा आदमी है।' चुनाव के बावजूद भी मैंने अपने मंत्रिमंडल में ऐसे कुछ लोगों को शामिल किया जिनके बारे में मुझे पता था कि उन्होंने मेरे विरुद्ध मतदान किया था। मुझे पार्टी को संगठित रखने में कोई कठिनाई नहीं हुई थी। जब मैंने गोपाल रेड्डी से मंत्रिपरिषद में शामिल होने का अनुरोध किया तो वह मान गये थे।

आज हम देखते हैं कि कांग्रेस (आई) के मनोनीत मुख्यमंत्री पार्टी को एकजुट रखने में कठिनाई अनुभव करते हैं। यह आश्चर्यजनक नहीं क्योंकि उन्हें पार्टी विधायकों का विश्वास पाने के कारण नहीं वरन् दिल्ली स्थिति पार्टी हाईकमांड का विश्वासपात्र होने के कारण अपना पद प्राप्त होता है। ये मुख्यमंत्री प्रशासन कार्य करने के लिए बैठा नहीं पाते क्योंकि मंत्रिमण्डल बनाना अपने आप में एक लम्बा कार्य है। मुख्यमंत्री के पदासीन होने के कुछ सप्ताहों के अंदर ही विरोधी अपना सिर उठाने लगते हैं और यह स्वाभाविक है कि मुख्यमंत्री का सारा समय अपने पद को बनाये रखने के प्रयत्नों में व्यतीत हो जाता है। पार्टी के छोटे-छोटे झगड़ों तथा पेंचीदा विवादों के बारे में, तथाकथित पार्टी हाई कमाण्ड अर्थात पार्टी नेता से बात करने हेतु जनता के खर्चे पर अनगिनत दिल्ली यात्राएं करनी पड़ती हैं। पार्टी नेता के रूप में प्रधानमंत्री का मुख्यमंत्रियों के चुनाव में गहरा लगाव और उन लोगों का अपने पद पर बने रहने के लिए प्रधानमंत्री पर पूरी तरह निर्भर रहना केवल उनकी निर्णय लेने की शक्ति और आत्मिक प्रेरणा को रोकता ही है।

मैं पार्टी की कार्य प्रणाली के संबंध में और अधिक कह सकता था परन्तु राष्ट्रपति के रूप में इससे मेरा कोई संबंध नहीं था। सामान्यत: यह जानना कि पार्टी किस प्रकार कार्य करती है जनता की रुचि का विषय नहीं होता। तथापि पार्टी की कार्य प्रणाली के विचित्र तरीकों और सब निर्णयों को करने की शक्ति का एक व्यक्ति के हाथों में एकत्रीकरण होने से प्रशासन को इतनी हानि हो चुकी है कि जनता को सत्ताधारी पार्टी के कार्यों पर ध्यान देना ही पड़ेगा। यह अत्यन्त

दुख का विषय है कि प्रधानमंत्री जिसको अपना ध्यान और समय देश की पेंचीदा आर्थिक स्थिति, कानून तथा व्यवस्था की गम्भीर समस्याओं और बाधाएँ डालने वाली अन्तर्राष्ट्रीय स्थितियों पर देना चाहिए, उसे पार्टी के छोटे-छोटे झगड़ों को निपटाने के लिए कहा जाये। यह कल्पना करना अवास्तविकता की अति है कि एक व्यक्ति चाहे वह कितना भी परिश्रमी तथा योग्य हो विभिन्न प्रकार की समस्याओं से पूर्ण भारत जैसे विशाल एवम् भिन्नतापूर्ण देश का प्रशासन चला सकता है। प्रशासन और पार्टी विषयों में विकेन्द्रीकरण तथा सच्ची जनतांत्रिक कार्यप्रणाली--केवल इनसे ही जनता को संतोष प्राप्त हो सकता है।

## असम और दिल्ली दोहरे मानदण्ड

दिसम्बर 1979 में यह आवश्यक हो गया कि असम में राष्ट्रपति शासन लागू किया जाए क्योंकि मंत्रिमंडल अपना बहुमत खो चुका था। राष्ट्रपति शासन दिसम्बर, 1980 तक रहा और जब राष्ट्रपति शासन समाप्त किया गया तो श्रीमती तैमूर के नेतृत्व में कांग्रेस (आई) ने मंत्रिमंडल बनाया। यह मंत्रिमंडल जून, 1981 तक रहा फिर राज्य में दुबारा राष्ट्रपति शासन लागू किया गया। 30 जून, 1981 को हुई उस समय की घटनाओं के संबंध में यहाँ विचार की आवश्यकता नहीं है।

अक्तूबर, 1981 में मैं असम राज्य के दौर पर गया। शनिवार 24 अक्तूबर को मैं काजीरंगा में था और असम के राज्यपाल भी मेरे साथ थे। उस शाम को असम विधानसभा के सदस्यों का एक दल, जिसे वामपक्षी और लोकतांत्रिक संयुक्त दल कहा जाता था मुझसे मिला और मुझे एक मांग-पत्र दिया, जिसमें उन्होंने कहा था कि विधानसभा में उनका बहुमत है और वे सरकार बनाने की स्थिति में हैं। उन्होंने इस बात का भय प्रकट किया था कि उनके बहुमत में होने पर भी इस बात की संभावना है कि अल्पमत सरकार बनाई जाएगी। उसी शाम श्रीमती तैमूर भी मुझसे मिलीं और उन्होंने भी मुझे मांग-पत्र पेश किया जिसमें उन्होंने मांग की कि वे सबसे बड़ी पार्टी की नेता हैं इसलिए उन्हें मंत्रिमंडल बनाने का निमंत्रण दिया जाना चाहिए। इस सारे घटनाक्रम में असम के राज्यपाल मेरे साथ थे। इस मांग पत्र पेश करने वालों से मैंने कहा था कि संविधान अनुसार यह राज्यपाल का अधिकार होता है कि वह स्थिति का जायजा ले और विभिन्न दलों तथा संयुक्त पार्टियों की स्थिति का पता लगाए कि बहुमत का समर्थन

किसे प्राप्त है और किसके नेतृत्व में सरकार बनाने का अवसर दिया जाए, राज्यपाल ही स्थिति के अनुरूप इस बात की सिफारिश कर सकते हैं कि राष्ट्रपति शासन समाप्त किया जाएँ

13 जनवरी, 1982 के राज्यपाल की सिफारिश का राष्ट्रपति शासन समाप्त किया गया। उसी दिन केशवचन्द्र गोगोई के नेतृत्व में कांग्रेस (आई) मंत्रिमंडल बना। 17 फरवरी को वामपंथी और लोकतांत्रिक संयुक्त दल, जिसमें असम के दो पूर्व मुख्यमंत्री, शरतचन्द्र सिन्हा और गोपाल बारबोरा थे, मुझसे नई दिल्ली में मिले और मुझे एक स्मरण-पत्र दिया। जिसमें उन्होंने कहा था कि गर्वनर ने 119 सदस्यों वाले सदन में 62 सदस्यों के बहुमत वाले एक दल की उपेक्षा की है और उसे मंत्रिमंडल बनाने का अवसर न दे करके अल्पमत को मंत्रिमंडल बनाने का अवसर दिया है। उन्होंने शतरचन्द्र सिन्हा और राज्यपाल के मध्य हुए पत्र व्यवहार की प्रतियां भी मुझे दीं।

मेरे आदेश के अनुरूप मेरे सचिवालय ने यह सारे कागजात प्रधानमंत्री के सचिवालय को भेज दिए। उस समय इस बात का कोई लक्षण दिखाई नहीं देता था कि असम विधान सभा का अधिवेशन निकट भविष्य में बुलाया जाएगा। प्रधानमंत्री के सचिवालय को कागजात भेजते हुए मेरे आदेश के अनुरूप मेरे सचिवालय ने 18 फरवरी, 1982 को यह लिखा:

राष्ट्रपति की धारणा है कि मैमोरैंडम में किए गए दोषारोपणों पर विचार करने से कोई लाभ न होगा परन्तु यह उचित होगा कि विधानसभा का अधिवेशन जितनी जल्द संभव हो बुलाया जाए ताकि इस प्रश्न का निर्णय हो सकें कि जो मंत्रिमंडल बना है, बहुमत उसके साथ है या नहीं। इसके अतिरिक्त आगामी वर्ष का बजट भी शीघ्र पेश किया जाना है। इसलिए आवश्यक है कि अनुदान व एप्रोप्रियेशन आदि बिल मार्च की समाप्ति से पूर्व पारित कर दिए जायें। संवैधानिक आवश्यकता और सरकारी कार्य की पूर्ति के लिए यह आवश्यक है कि विधानसभा का सत्र जल्द-से-जल्द इस महीने के अंत तक अथवा अगले महीने के प्रारंभ में बुलाया जाएँ

8 मार्च को गृह मंत्रालय ने मेरे सचिवालय को यह सूचना दी कि असम विधानसभा की बैठक 17 मार्च को होगी और इस बात की सूचना प्रसारित कर दी गई है।

17 मार्च को विधानसभा का सामना किए बिना ही उस मंत्रिमंडल ने त्याग पत्र दे दिया। अगले दिन राज्यपाल ने मुझे एक रिपोर्ट भेजी और मुझे यह सुझाव दिया कि विधानसभा भंग करके राज्य में फिर से राष्ट्रपति शासन लागू किया जाएँ उनका तर्क था कि विधानसभा सदस्यों की अपनी पार्टी के प्रति आस्था बदल चुकी है और बहुत से सदस्यों का रुख बहुत ही लचीला अथवा अस्थिर है। इसलिए शासक दल और विपक्षी सदस्यों के संयुक्त दल के बहुमत का पता लगाना कठिन और बेइमानी होगा। इसलिए राज्य में किसी स्थाई सरकार के बनने की संभावना नहीं है।

केन्द्रीय सरकार ने असम राज्यपाल की सिफारिशों को स्वीकार कर लिया और धारा 356 के अनुसार राज्य में राष्ट्रपति शासन लागू करने का निर्णय ले लिया। उसने राज्य विधानसभा को भी भंग कर दिया।

मेरे विचार में गोगोई मंत्रिमंडल त्यागपत्र के बाद वामपंथी संयुक्त विधायक दल अथवा विपक्ष को सरकार बनाने का अवसर न देना गलती थी। विपक्ष के बहुमत के दावे का परीक्षण उन्हें मंत्रिमंडल बनाने का अवसर देकर ही किया जा सकता था। यह विधान सभा पर छोड़ दिया जाना चाहिए था कि वही इस बात का निर्णय करें कि उनका बहुमत है अथवा नहीं, या उनकी बात में कोई दम है या नहीं। यदि विपक्षी दल विधानसभा में अपना बहुमत सिद्ध न कर पाता तभी राज्यपाल को विधानसभा भंग करने की सिफारिश करनी चाहिए थी। विपक्ष को सरकार बनाने का अवसर न देना मेरे विचार में भयंकर गलती थी।

राज्यपाल की सिफारिशों को केन्द्रीय मंत्रिमंडल द्वारा स्वीकार किए जाने और राष्ट्रपति शासन लागू करने की सूचना 18 मार्च की शाम को मेरे सचिवालय पहुँची और अगले दिन प्रातःकाल यह कागजात मेरे सामने रखे गए। अत्यन्त अनिच्छापूर्वक मैंने राष्ट्रपति शासन घोषणा पर हस्ताक्षर कर दिए।

प्रातः काल प्रधानमंत्री को मुझसे मिलना था। मैंने इस अवसर का लाभ उठा कर बहुत स्पष्ट शब्दों के संबंध में अपने विचार उनके सामने प्रकट कर दिए। कांग्रेस (आई) को दो बार सरकार बनाने का अवसर दिया गया जब कि विधानसभा में वह बहुमत सिद्ध नहीं कर पाया। यह बात पहले प्रकट हो चुकी थी। विपक्षी दलों ने बहुमत दर्शाते हुए अपने समर्थकों की एक सूची पेश की

थी, उसे यह तर्क देकर रद्द कर दिया गया कि विधानसभा के सदस्य अपनी वफादारी बदलते रहते हैं। इससे मुझे इस बात का निश्चय हो गया कि यह घटना दोहरे मापदण्डों का उपयोग करने की सुनिश्चित प्रमाण थी। इसलिए मैंने असम की राजनैतिक गतिविधियों और दिल्ली मैट्रोपोलिटन कौंसिल के चुनावों के बार-बार स्थगित करने के प्रति अपनी अप्रसन्नता प्रकट कर दी (इस विषय के संबंध में इस पुस्तक में मैंने अन्य स्थान पर भी उल्लेख किया है)।

मैं चाहता तो इन दोनों मामलों के कागजात प्रधानमंत्री को यह कहकर लौटा देता कि मंत्रि-परिषद इस पर पुनः विचार करे, परंतु मैंने ऐसा नहीं किया क्योंकि मैं जानता था कि मंत्रिपरिषद् अपने पूर्व निर्णय पर स्थिर रहेगी और उस समय मंत्रिपरिषद की सलाह मानने के अतिरिक्त मेरे सामने कोई विकल्प न रहेगा। इसलिए पुनः विचार के लिए कागजात वापस भेजने से कोई लाभ न होता। इसके बदले मैंने यह सोचा कि यह अचछा है कि मैं अपने विचार और भावनाओं से व्यक्तिगत रूप में प्रधानमंत्री को अवगत करा दूं और ऐसा मैंने किया।

असम में विदेशियों के मामले का प्रश्न चार साल से हमारे सामने था। परंतु इसका कोई संतोषप्रद हल नहीं निकल रहा था। प्रधानमंत्री बार-बार इस समस्या के हल की खोज के लिए विपक्षी दलों से सहयोग की मांग कर रही थीं। संयुक्त विपक्षी दल को असम में सरकार बनाने का अवसर न देकर उनसे सहयोग की कामना केसे की जा सकती थी।

मार्च, 1980 में दिल्ली के उपराज्यपाल ने मुझे एक रिपोर्ट भेजी कि दिल्ली प्रशासनिक धारा 1966 के अधीन केन्द्र शासित प्रदेश दिल्ली में शासन चलाना असंभव है इसलिए उनका मत है कि दिल्ली मैट्रोपोलिटन कौंसिल को भंग कर दिया जाए और दिल्ली एडमिनिस्ट्रेशन एक्ट की कुछ धाराएँ स्थगित कर दी जाएँ। उनके अनुसार रिपोर्ट भेजने से पहले 33 महीने के समय में दिल्ली प्रशासन एक्ट की धाराओं का उल्लंघन किया गया है। उन्होंने यह भी कहा कि कार्यकारी कौंसिल ने अपना कार्य योग्यतापूर्वक पूरा नहीं किया और उसने अपने अधिकारों का प्रयोग प्रशासनिक तौर-तरीकों की अवहेलना द्वारा किया है। उन्होंने आगे कहा कि 1980 में दिल्ली मैट्रोपोलिटन क्षेत्र में हुए लोकसभा चुनावों ने यह दर्शा दिया है कि कार्यकारी परिषद में लोगों को विश्वास नहीं रहा है। उन्होंने इस बात की सिफारिश की कि लोगों को अपने नये प्रतिनिधि चुनने का अवसर

दिया जाएँ उपराज्यपाल की सिफारिशों का मुख्य कारण संभवत: अंतिम ही था, क्योंकि इस समय जिन राज्यों में जनता-पार्टी की सरकारें थीं वहाँ विधान सभाएं भंग कर दी गई थीं जबकि उन राज्यों में मध्यावधि चुनाव करवाए गए, परंतु दिल्ली मैट्रोपोलिटन के चुनाव नहीं हुए थे।

उपराज्यपाल की रिपोर्ट पर सरकार ने 21 मार्च, 1980 से 6 मास के लिए दिल्ली मैट्रोपोलिटन कौंसिल को भंग करने का निर्णय लिया। मैंने भी उसके अनुरूप आज्ञा दे दी। सितम्बर, 1980 में दूसरी बार 6 महीने के लिए राष्ट्रपति शासन की अवधि बढ़ाने के लिए कहा गया जिसके लिए तर्क यह दिया गया कि दस साल बाद होने वाली जनगणना में प्रशासन का ध्यान और समय लगेगा और इसलिए मैट्रोपोलिटन क्षेत्र की मतदाता सूचियों का भी संशोधन करना होगा। इसके साथ यह भी कहा गया कि दिल्ली के प्रशासन को सुचारू बनाने के प्रयत्न किए जा रहे हैं। फिर सरकार ने 6 महीने के लिए राष्ट्रपति शासन की अवधि बढ़ाई (20 सितम्बर, 1981 तक)। अगस्त 1981 में उपराज्यपाल ने राष्ट्रपति शासन की अवधि बढ़ाने की सिफारिश दोहराई, (20 मार्च, 1982 तक), उन्होंने इस बार यह तर्क दिया था कि केन्द्र शासित प्रदेश दिल्ली में सितम्बर और अक्तूबर में बाढ़ें आने की संभावना रहती हैं और अक्तूबर-नवम्बर में हिन्दू और मुसलमानों के बहुत से त्योहार भी पड़ते हैं, इसलिए सांप्रदायिक तनाव की संभावना भी हो सकती है। मैं समझता हूँ कि दिल्ली में प्राय: हर साल बाढ़ें आती हैं, त्योहार भी हर साल आते हैं और यह भी नहीं कहा जा सकता कि उनके कारण हर वर्ष अथवा हर स्थान पर सांप्रदायिक दंगे होते हैं। इस प्रकार की अशांति तो त्योहारों के अतिरिक्त भी हो सकती है। फरवरी 1981 में दिए गए तर्क भी बेबुनियाद थे। प्रशासन को यह पता था कि फरवरी, मार्च 1981 तक जनगणना होगी। इसलिए चुनाव या तो उससे पहले हो सकते थे या बाद में। मतदाता सूचियों का संशोधन एक स्थाई प्रक्रिया है, इस प्रकार राष्ट्रपति शासन की अवधि बढ़ाने के लिए दिए गए तर्क आधारहीन थे। केन्द्र सरकार ने उपराज्यपाल की सिफारिशों को स्वीकार कर लिया और 20 मार्च, 1982 तक राष्ट्रपति शासन बढ़ाने का निर्णय कर लिया। उन्हीं दिनों समाचार-पत्रों में यह समाचार छपा कि गृहमंत्रालय दिल्ली में जल्दी ही चुनाव कराने की योजना बना रही है। इन समाचारों को ध्यान में रखते हुए और यह सोचकर कि यह राष्ट्रपति

अवधि बढ़ाने का आखिरी अवसर होगा, मैंने इसे स्वीकार कर लिया। मेरी स्वीकृति की सूचना देते हुए मेरे सचिव ने गृहमंत्रालय को यह निर्देश भी दिया।

"अपनी सहमति व्यक्त करते हुए राष्ट्रपति का विचार है कि समाचार-पत्रों की रिपोर्ट के अनुसार गृह मंत्रालय जल्द ही चुनाव करवाना चाहता है, उनका यह विश्वास है कि चुनाव राष्ट्रपति शासन की इस अवधि से पूर्व हो जाने चाहिए और इस संबंध में आदेश जारी किया जाएँ"

मझे आश्चर्य और निराशा हुई कि उपराज्यपाल ने मार्च 1982 में 6 महीने के लिए राष्ट्रपति शासन की अवधि बढ़ाने के लिए फिर सुझाव भेजा। इस बार यह तर्क दिया गया था कि मतदाता सूचियों का संशोधन बड़े पैमाने पर चुनाव आयुक्त के आदेश पर इसलिए किया जा रहा है कि अनेक नई बस्तियां बनी हैं और लोग भारी तादाद में अपने पूर्व स्थानों से वहाँ चले गए हैं। इसके साथ ही केन्द्रीय शासित प्रदेश दिल्ली के प्रशासनिक ढांचे के निर्धारण के लिए कुछ योजनाओं पर विचार किया जा रहा है ताकि प्रशासन अधिक सुगठित रहे और अनेक प्रक्रियाएं बार-बार न दोहरानी पड़ें जिसके कारण इस केन्द्र शासित प्रदेश में अनेक विभागों का निर्माण करना पड़ा है। सरकार ने इस सुझाव को स्वीकार कर लिया और मेरे लिए इसे स्वीकार करने के अतिरिक्त कोई और चारा न था।

इस बात पर पुनः विचार किया जाए तो ऐसा प्रतीत होता है कि गृह मंत्रालय द्वारा सितम्बर 1981 तक चुनावों की आशा की झलक दी गई थी उसे उस रूप में नहीं मानना चाहिए था। उसका अभिप्राय केवल सरकार के मार्च 1982 तक राष्ट्रपति शासन की अवधि को बढ़ाने के प्रति की जा रही आलोचना को नरम करना था। इस बात पर विश्वास नहीं किया जा सकता कि मार्च 1980 से लेकर 1982 तक तो दो साल की अवधि में परिस्थितियाँ कभी भी चुनाव करवाने के उपयुक्त नहीं हुई। इसलिए यह आश्चर्य की बात नहीं है कि विपक्ष के राजनैतिक दल आक्रोश से भर उठे।

## राष्ट्रपति, प्रधानमंत्री और विरोधी दल

प्रधानमंत्री और राष्ट्रपति को निश्चित अवधि पर आपसी विचार-विमर्श के लिए मिलना एक स्वस्थ परम्परा है, जिसमें प्रधानमंत्री राष्ट्रपति को देश की राजनैतिक और आर्थिक स्थिति के अतिरिक्त अन्य घटनाओं से परिचित कराते

हैं। मेरा विश्वास है कि ब्रिटेन के प्रधानमंत्री सप्ताह में एक बार वहाँ के शासक से नियमित रूप से मिलते हैं आपसी बातचीत का स्थान नोट या चिट्ठी-पत्री नहीं ले सकती। मोरारजी देसाई और इन्दिरा गांधी प्राय: मुझसे भेंट करते रहते थे। इन्दिरा जी की बजाय मोरारजी भेंट के लिए अधिक आते हैं। मैं यह समझता हूँ कि प्रधानमंत्री को नियमित रूप से राष्ट्रपति से मिलना एक परम्परा बन चुकी है ताकि सरकार और राष्ट्र के मुखिया में पूर्ण स्वतंत्र रूप से विचारों का आदान प्रदान हो सके। मुझे याद है इस तरह की भेंट-मुलाकातों में मैं मोरारजी देसाई पर यह बात प्रकट करता रहा कि असम और उत्तर-पूर्वी क्षेत्र के बीच में संचार साधनों को जल्दी-से-जल्दी विकसित किया जाये ताकि उस क्षेत्र को आने वाली बाढ़ों से होने वाली हानि से बचाया जा सके। मैं प्रशासनिक मामलों तथा हाई कोर्ट में रिक्त स्थानों को भरने, राज्यपालों की नियुक्ति तथा कानून और व्यवस्था की स्थिति आदि पर भी विचार-विमर्श करता रहा हूँ। मैं उनसे विदेश मेहमानों के दौरों और राष्ट्रपति तथा प्रधानमंत्री की विदेश यात्राओं के संबंध में भी विचार करता रहा।

इन्दिरा जी के काल में इस तरह को भेंट वार्ताओं में काफी कमी आई। इससे देश तथा विदेश में होने वाली महत्वपूर्ण घटनाओं का ज्ञान मुझे केवल समाचार पत्रों से ही हो पाता था। उदाहरण के रूप में विदेश मंत्रालय के सचिव के चीन दौरे का ज्ञान मुझे समाचार-पत्रों से ही हुआ और मुझे इस बात का भी पता नहीं लगा कि इस भेंट का क्या परिणाम निकला। इसमें संदेह नहीं कि प्रध ानमंत्री और मंत्रिपरिषद नीतियों का निर्धारण करते हैं और निर्णय लेते हैं, परन्तु यह भी आवश्यक है कि महत्वपूर्ण घटनाओं का विवरण राष्ट्रपति को दिया जाय ताकि, उन्हें उनका ज्ञान हो। इसलिए मैंने अपने प्रथम सचिव को दिसम्बर, 1981 में प्रधानमंत्री के मुख्य सचिव को एक पत्र लिखने के लिए कहा कि प्रधानमंत्री महत्वपूर्ण घटनाओं और उनके संबंध में सरकार के विचार से राष्ट्रपति को यथाशीघ्र कैसे सूचित कर सकते हैं। मैं समझता हूँ कि इस पत्र के बाद भारत-सरकार के कुछ मंत्री और सचिव महत्वपूर्ण विषयों की जानकारी के लिए मेरे पास आने लगे, परंतु यह प्रक्रिया बहुत थोड़े समय तक चली। परन्तु मैं यह कहूँगा कि प्रधानमंत्री कुछ समय बाद मुझसे भेंट करने आए। मेरा यह विचार है कि प्रमुख घटनाओं और उनके प्रति सरकार के दृष्टिकोण से राष्ट्रपति को अवगत कराना प्रधानमंत्री का कर्त्तव्य है। इसके लिए प्रधानमंत्री को राष्ट्रपति से

विचार-विमर्श के लिए उसी प्रकार मिलते रहना चाहिए जिस प्रकार ब्रिटेन के शासक से वहाँ के प्रधानमंत्री मिलते रहते हैं।

अपने राष्ट्रपति काल में, विशेष रूप से जनवरी 1980 में इन्दिरा जी के लौटने के बाद, मैंने विपक्ष और प्रधानमंत्री के बीच सम्पर्क बनाये रखने का प्रयत्न किया। मैंने कभी भी विपक्ष के सदस्यों को राष्ट्रहित के मामलों पर अपने विचार प्रकट करने के लिए भेंटवार्ता से इन्कार नहीं किया, उन्हें सदा मिलने का अवसर दिया। राज्य विधान सभाओं के विपक्षी सदस्य भी अनेक बार मुझसे मिलते रहे। मैंने इस पुस्तक में किसी अन्य स्थान पर असंख्य विपक्षी सदस्यों के मुझसे भेंट करने और सरकार बनाने के दावे का उल्लेख किया है। विपक्षी दलों के सदस्य दिल्ली मैट्रोपोलिटन कौंसिल के चुनावों के बार-बार स्थगित किए जाने के संबंध में भी मुझसे मिलते रहे और इस बात की ओर मेरा ध्यान दिलाते रहे।

नवम्बर, 1981 में गढ़वाल लोकसभा सीट का चुनाव स्थगित किए जाने से भी विपक्षी दलों में असंतोष था और इस संबंध में उनके प्रतिनिधियों ने मुझसे मुलाकात भी की। मेरा कहना है कि इस चुनाव के स्थगित किए जाने पर मुझे भी अप्रसन्नता अनुभव हुई। इसलिए मैंने इस संबंध में अपने विचार प्रधानमंत्री को पत्र द्वारा सूचित किए। इस पत्र में मैंने उनका ध्यान उन बातों और उनके परिणामों की ओर दिलाया जो उत्तर प्रदेश की राज्य सरकार कर रही थी।

मई, 1982 में चुनावों के संबंध में हरियाणा के राज्यपाल ने राज्य विधान सभा के संबंध में जो कुछ किया मेरे विचार में वह जल्दबाजी में उठाया गया गलत कदम था। इस संबंध में भी विपक्षी दलों के सदस्य मुझसे मिले और हस्तक्षेप के लिये प्रार्थना की। मैंने उन्हें अपने विचार प्रकट करने का पूर्ण अवसर दिया और अपने विचार भी उनको बताये परन्तु साथ ही मैंने अपनी सीमाओं का भी उल्लेख किया। उसके बाद मैंने इस संबंध में प्रधानमंत्री को पत्र लिखा और विचार करने के लिए आमंत्रित किया। मैंने इस संबंध में सही कदम उठाने और कार्यवाही करने का सुझाव भी दिया।

इन उदाहरणों से यह प्रकट होता है कि सत्ता दल का विपक्षी दलों के प्रति अनुचित असहिष्णुतापूर्ण रवैया था। सत्ता दल द्वारा प्रत्येक संभव उपायों से उन्हें सत्ता में आने से वंचित रखना यह प्रकट करता है कि लोकतांत्रिक मान्यताओं

के प्रति उनमें आदर की भावना नहीं रह गई और भविष्य में इससे हानि की संभावना है।

मुझे इस बात का अहसास था कि विपक्षी दलों के नेताओं से मेरा मिलना विशेष रूप से सत्ता पक्ष गलत समझ सकता है। समाचार पत्रों में भी इस बात का अनुमान लगाया जाने लगा था कि विभक्त विपक्ष को एकत्र करने का मैं केन्द्र बिन्दु बन जाऊंगा। निस्संदेह यह संभावनायें अवांछित थीं क्योंकि मैं राष्ट्रपति काल के अंतिम समय में दलगत राजनीति में नहीं पड़ना चाहता था। यदि मैं विपक्षी दलों से मिलकर सामयिक विषयों पर उनके विचार सुनना और जानना चाहता था तो ऐसा मैं इसलिए करता था कि मैं इसे लाभदायक समझता। मैं वे विचार प्रधानमंत्री तक पहुँचाना चाहता था और उसके साथ उनके संबंध में अपने विचार भी। इसमें संदेह नहीं कि विपक्षी सदस्य अपनी शिकायतें और विचार राज्य विधानसभाओं में प्रकट कर सकते थे और सुझाव दे सकते थे। ऐसा नहीं कि वे यह न समझते हों कि मैं उनकी शिकायतें दूर कर सकूँगा। उन्हें राष्ट्रपति के अधिकारों और सीमाओं का अच्छी तरह ज्ञान है परन्तु उनके लिए राष्ट्रपति एक ऐसा अधिकारी है जिसके समक्ष वे अपने विचार प्रकट कर सकें और इस प्रकार निराशा से बच सकें।

**सार्वजनिक जीवन में भ्रष्टाचार**

सामान्य जन-जीवन में भ्रष्टाचार की समस्या देश के अनेक लोगों के लिए चिन्ता का विषय रही है। मैं लम्बे अर्से तक कांग्रेस में रहा हूँ और अत्यन्त सामान्य स्थिति से दल की उच्चतम स्थिति तक पहुंचा हूँ। ग्रामीण कांग्रेस समिति के साधारण सदस्य से अखिल भारतीय कांग्रेस कमेटी के अध्यक्ष पद तक अनेक अवसरों पर चुनावों के लिए पार्टी को तैयार करने और संगठित करने के लिए मैं उत्तरदायी भी रहा हूँ। ऐसा राज्य स्तर और अखिल भारतीय स्तर तक करना पड़ा है। इसलिए मैं पूर्णतया परिचित हूँ कि चुनाव लड़ने के लिए धन की आवश्यकता होती है। कांग्रेस पार्टी से मेरे सहयोग के समय तक कुछ ही व्यक्ति थे जिन्हें पार्टी के लिए धन इकट्ठा करने का अधिकार दिया गया था। जितना धन इकट्ठा किया जाता था, वह विश्वसनीय रूप से पार्टी के हिसाब में जमा करवा दिया जाता था। पार्टी के दो प्रमुख अधिकारी संयुक्त रूप से बैंक से

संबंधित काम करते थे। धन संग्रह का कार्य पार्टी अथवा अध्यक्ष के नाम से सभी व्यक्ति नहीं कर सकते थे।

गत कुछ वर्षों में ऐसे कुछ उदाहरण देखने में आये हैं कि उच्च पदों के अधिकार सम्पन्न नेता मनमाने ढंग से धन इकट्ठा करने के लिए अपनी शक्ति का दुरुपयोग करते रहे हैं। इतना ही नहीं उन्होंने सरकारी मशीनरी का भी इस कार्य के लिए दुरुपयोग किया है। इस बात के लिए उन्होंने कई बार यह सफाई दी है कि व्यापारिक संघों, उद्योगों और दानियों से दान इकट्ठा किया है और यह धन स्वेच्छापूर्वक दिया गया है। अनेक बार उन्होंने इन बातों को भी अनावश्यक समझा और उन्होंने व्यापारियों, ठेकेदारों तथा अन्य लोगों से धन इकट्ठा किया और उसके बदले में इन 'दानियों' को सरकारी संरक्षण दिया गया। स्थिति यहाँ तक पहुंची कि पार्टी के लिए इस प्रकार धन इकट्ठा करना एक सामान्य बात समझी जाने लगी। इस बात का अनुमान कोई भी नहीं लगा सकता कि किस व्यक्ति ने किससे कितना धन एकत्रित किया। और इस बात के लिए भी आश्वस्त नहीं किया जा सकता कि वह रुपया जिस बात के लिए इकट्ठा किया गया उस ध्येय के लिए खर्च भी हुआ है या नहीं। वास्तव में जिस व्यक्ति और संगठन के लिए यह रुपया इकट्ठा किया गया है, वह धन संग्रह करने वालों पर किसी प्रकार का प्रतिबंध या दायित्व नहीं लगा सकता। इस प्रकार जनता का यह सोचना कि यह अधिकारों का दुरुपयोग है और इस बात को प्रत्येक व्यक्ति जानता है कि प्रमुख नेताओं को भी इन सब बातों का ज्ञान होता है, वे सब कुछ जानते हैं क्योंकि अनेक खुफिया एजेंसियों द्वारा उन्हें इन सब बातों का पता लगता रहता है। जब इस प्रकार की बातों पर कोई नियंत्रण नहीं रह पाता तो किसी को भी दोष देने का कोई लाभ नहीं रहता।

कुछ लोग इस बात का तर्क दे सकते हैं कि इस तरह के समाचार अतिशयोक्तिपूर्ण हैं और स्थिति इतनी भयावह नहीं है। वे यह भी कह सकते हैं कि विरोधी समाचार-पत्र एक सामान्य सी भूल को पार्टी और सरकार को बदनाम करने के लिए इतना अधिक उछालते हैं। यह भी कहा जाता है कि अनुत्तरदायी तत्त्व जनता में असंतोष फैलाने के लिए ऐसा करते हैं। कुछ लोग इससे आगे चलकर यह तर्क दे सकते हैं कि गैर-कानूनी ढंग से पैसा देने के लिए विवश किए जाने वाले व्यक्ति इस संबंध में शिकायत कर सकते हैं, परन्तु

ऐसा क्यों नहीं करते। प्रथम बात से स्पष्ट यह है कि उन्हें इस कार्य से कुछ नाम हुआ है। इसलिए वे संरक्षण देने वालों के विरुद्ध कोई शिकायत नहीं करना चाहते। दूसरी बात यह कि यदि वे उनके विरुद्ध शिकायत दर्ज कराते हैं तो भविष्य में उनके व्यापार के प्रति दुर्व्यवहार किए जाने की संभावना रहती है। वे इस बात की उचित ढंग से शिकायत तो नहीं करते परन्तु वे व्यक्तिगत रूप से एकांत में इन मामलों पर बात करने के हिचकिचाते भी नहीं। इस प्रकार जनता तथ्यों से परिचित हो सकती है। सामान्य जग-जीवन में भ्रष्टाचार इतने व्यापक रूप में है जिसके संबंध में सब जानते हैं। इस बात की उपेक्षा नहीं की जा सकती।

कुछ लोग ऐसे भी हैं जो यह तर्क देते हैं कि सत्ता पक्ष के लोग ही ऐसा नहीं करते वरन् विपक्षी भी अवसर प्राप्त होने पर इसी प्रकार का व्यवहार करते हैं। इस प्रकार की बातें व्यर्थ हैं। इन पर ध्यान देने की आवश्यकता नहीं। इस प्रकार के तर्क से मेरे इस सिद्धांत की पुष्टि ही होती है कि हमारे देश का राजनैतिक तानाबाना भ्रष्ट हो चुका है। देश को इस बात में कोई रुचि नहीं है कि सत्ता पक्ष और विपक्षी एक दूसरे पर दोषारोपण द्वारा कीचड़ उछालते रहें। देश के प्रबुद्ध व्यक्ति राजनीति के इन कारनामों को घृणा की दृष्टि से देखते हैं।

जनवरी, 1980 में इंदिरा जी द्वारा सत्ता संभालने के फौरन बाद मैंने इस विषय पर उनसे बातचीत की। मैंने पार्टी के कामों के लिए, विशेष रूप से धन के अनियंत्रित संग्रह पर रोक लगाने के लिए कहा। सत्ता में उनकी पार्टी का बहुमत था। अधिकांश राज्य विधानसभाओं में भी उनके दल का बहुमत था और उनकी सरकारें थी। इस प्रकार वह एक सुदृढ़ स्थिति में थी। मैंने उनसे कहा कि वे इस स्थिति का लाभ उठाकर इस बुराई से छुटकारा पाने का प्रयत्न कर सकती हैं। मुझे आशा थी कि वे अपनी सुदृढ़ स्थिति का उपयोग राजनीति को स्वच्छ बनाने में करेंगी। परंतु इस संबंध में कोई विशेष प्रगति नहीं हुई। स्पष्ट है उन्होंने इस बुराई की रोकथाम के लिए कोई प्रयत्न नहीं किया।

देशवासी इस बात से पूर्ण परिचित हैं कि ए० आर० अंतुले ने महाराष्ट्र के मुख्यमंत्री होते समय दो ट्रस्ट बनाये और उनके लिए धन इकट्ठा करने के लिए क्या-क्या तरीके अपनाये। इन बातों को याद करने में मुख्य मुद्दा इन ट्रस्टों का नियंत्रण व्यक्तिगत रूप से उनके हाथ में था, मुख्यमंत्री के रूप में सरकारी ढंग

पर नहीं। जब किसी उपभोक्ता वस्तु की कमी होती है तो उसके वितरण पर नियंत्रण करना ही पड़ता है। जबकि ये नियंत्रण भ्रष्टाचार के मुख्य कारण होते हैं। ऐसी स्थिति में सरकार का कर्त्तव्य होता है कि संबद्ध अधिकारियों के लिए निर्देशक सिद्धांत बनाये जायें और उन निर्देशक सिद्धांतों को लागू करने और उनकी देखभाल के लिए उच्चाधिकारी नियमित किए जाएँ। उच्च प्रशासनिक अधिकारियों तथा मंत्रियों के लिए सीमेंट अथवा कमी वाली उपभोक्ता वस्तुओं का वितरण स्वयं करना इतना आवश्यक नहीं जितना अन्य महत्वपूर्ण कार्यों की तरफ ध्यान देना। मुख्यमंत्री के लिए अपनी इच्छा से वितरण करने के लिए किसी चीज का कोटा निर्धारित करना, किसी सही सोच वाले व्यक्ति को उचित प्रतीत नहीं हो सकता। मुख्यमंत्री को भी ऐसी चीज के वितरण के लिए किसी उचित कसौटी का पालन करना आवश्यक है, केवल एक तरफा निर्णय करना उसके लिए उचित नहीं।

यदि इस सिद्धांत को स्वीकार किया जाता है तो मुख्यमंत्री के लिए अलग कोटा निर्धारित करने का कोई अर्थ नहीं रह जाता। मुख्यमंत्री द्वारा अपनी इच्छा से सीमेंट वितरण करने के लिए अलग कोटा निर्धारित करना उचित नहीं था। बम्बई उच्च न्यायालय का यह निष्कर्ष था कि सीमेंट की आपूर्ति और ट्रस्टों के लिए दान देने में कोई आपसी संबध है। ट्रस्ट का ध्येय कितना भी उच्च और आदर्श पूर्ण हो परन्तु सीमेंट वितरण करके ट्रस्टों के लिए धन इकट्ठा करना स्पष्ट रूप से अधिकारों का दुरुपयोग था। साध्य और साधनों के बीच की मर्यादा को हम व्यक्तिगत और जन-जीवन में उपेक्षित नहीं कर सकते।

मैं चीनी मिलों द्वारा इस शर्त पर रुपया इकट्ठा करने पर अधिक कुछ नहीं कहूँगा कि यह कारखाने गन्ने की आपूर्ति करने वाले लोगों को कम पेमेंट करके अपनी पूर्ति कर लेंगे। यह बात आपत्तिजनक थी। समाचार पत्रों से पता चला कि कारखाने को जो गन्ना दिया गया, कई मामलों में उसके दाम कम दिए गए। सीमेंट के बदले में धन प्राप्त करने की ओर लोगों का ध्यान गया और इस बात की आलोचना हुई। मुख्यमंत्री के रूप में अंतुले ने प्रदेश सरकार से दो करोड़ रुपया ट्रस्टों के लिए दिए जाने की बात अपने आप में अपूर्व है और इसका कोई उदाहरण नहीं, कठोर से कठोर शब्दों में इसकी आलोचना की जानी चाहिए। यदि यह बात चुनौती दिए बगैर चली जाती तो अन्य प्रदेशों के मुख्य मंत्रियों को जनता

के कोष से व्यक्तिगत ट्रस्टों के लिए रुपया हड़पने के लिए कैसे रोका जा सकता था। जब कि वह रुपया व्यक्तिगत ट्रस्ट में होने पर उनका मुख्यमंत्री न रहने पर भी उनके अधीन रहता। ऐसी स्थिति में यह सही उत्तर नहीं है कि इन ट्रस्टों का ध्येय बहुत महान् था और इनके ट्रस्टी सुप्रसिद्ध व्यक्ति थे। सरकार जो रुपया खर्च करती है उसके लिए जनता के प्रतिनिधि उत्तरदायी होते हैं और वह सही ढंग से खर्च करना पड़ता है परन्तु यह बात इस प्रकार के ट्रस्टों के लिए कोई अर्थ नहीं रखती।

यह दुर्भाग्यपूर्ण है कि इस स्थिति से छुटकारा पाने के लिए और इन ट्रस्टों के नियंत्रण से अंतुले को अलग करने के लिए कोई कदम नहीं उठाया गया। मैंने इस सारी बात पर प्रधानमंत्री का ध्यान आकर्षित किया। परंतु मुझे दुख है कि स्थिति सुधारने के लिए कोई कदम नहीं उठाये गये।

## स्वतंत्रता संग्राम के सेनानी

गांधी जी के दक्षिण अफ्रीका से लौटने के बाद कुछ वर्षों में ही देश की राजनीतिक गतिविधियों में महान् परिवर्तन आया। इससे पहले भारत की जनता राजनीतिक रूप से जागृत नहीं थी। गांधीजी ने भारतीय राष्ट्रीय कांग्रेस को देश की राष्ट्रीयता का एक प्रभावपूर्ण राजनीतिक साधन बनाया। वे राजनीतिक क्षितिज पर छा गये और उनके नेतृत्व में विदेशी शासन से मुक्ति की मांग जन आन्दोलन में बदल गई।

भारत के कोने-कोने से लाखों नर-नारियों ने गांधीजी द्वारा चलाये गये असहयोग, नमक सत्याग्रह तथा अन्य आन्दोलनों में भाग लिया। अनेक छात्रों ने अपनी पढ़ाई त्याग दी, अनेक व्यवसायियों ने उज्ज्वल भविष्य की ओर ध्यान न देकर गांधी जी के आंदोलन में भाग लेने के लिए सब कुछ त्याग दिया और लम्बी अवधि तक जेलों में बन्दी रहे। उनके पीछे उनके परिवारों की देखभाल के लिए कोई नहीं था। उनके बच्चे उपेक्षित रहे। अपना काम धन्धा छोड़ देने के कारण लोगों को केवल पैतृक आय से ही काम चलाना पड़ा। इस प्रक्रिया में अनेक परिवार निर्धन हो गये, परन्तु उन्हें इस बात का संतोष था कि उन्होंने देश की स्वाधीनता के लिए सब कुछ बलिदान करने के लिए देश के महान् नेता के आह्वान को स्वीकार किया है। जब वे लोग गांधी जी के सहयोग में आये उन्हें किसी प्रकार के पुरस्कार पाने का विचार नहीं था। उन्हें यह भी आशा नहीं

थी कि देश उनके जीवन काल में ही स्वतंत्र हो पायेगा। इनमें से अधिक व्यक्ति भारत के स्वतंत्र होने से पूर्व ही स्वर्ग सिधार गये और जो बहुत से भारत को स्वतंत्र देखने के लिए बचे वे बिना किसी मान्यता, पुरस्कार, सम्मान अथवा किसी प्रकार के पद की प्राप्ति के बिना स्वतंत्र भारत में रह रहे हैं। उन्हें जो पुरस्कार देश की स्वतंत्रता की रजत जयंती के अवसर पर दिये गये वह था एक ताम्र-पत्र और पेंशन।

मैं यह अनुभव करता हूँ कि जिन सब लोगों ने स्वाधीनता आंदोलन में भाग लिया और जो भारत के स्वतंत्र होने के समय जीवित थे, उन सबने किसी सत्ता अधिकार या कोई पद प्राप्त करने की इच्छा नहीं की। इन सबमें 1947 अथवा उसके बाद किसी पद को संभालने की न योग्यता थी और न साधन। हममें से कुछ लोगों का यह सौभाग्य भी था कि देश के स्वाधीन होने के समय हम जीवित थे और कुछ दशकों के बाद देश के शासन में हमें महत्व प्राप्त हुआ और उच्च पदों पर पहुंचे। हम स्वतंत्रता आंदोलन के अज्ञात देश-भक्तों के प्रति अकृतज्ञता के दोषी होंगे, यदि हम उनकी इस निस्वार्थ देश सेवा की भूरि-भूरि प्रशंसा अथवा सराहना न करें।

यहाँ मैं टी॰ प्रकाशम का उल्लेख किए बिना नहीं रह सकता जिन्हें तेलुगु भाषी लोग सम्मान से 'आंध्र केसरी' कहकर पुकारते थे। वे बैरिस्टर थे और उनकी प्रैक्टिस मद्रास में बहुत अच्छी चल रही थी। वे अपने व्यवसाय की उस स्थिति तक पहुंच गए थे जब उन्हें न्यायाधीश बनाये जाने की संभावनाएं हो गई थी। वे गांधी जी के आह्वान पर अपने उज्ज्वल भविष्य का बलिदान करके स्वतंत्रता आंदोलन में कूद पड़े। मद्रास में साइमन कमीशन के बहिष्कार के समय पुलिस की गोलियों के सामने उन्होंने अपना सीना अड़ा दिया था। उन्होंने मद्रास की अपनी सम्पत्ति से होने वाली आय से अंग्रेजी में 'स्वराज्य' नामक एक दैनिक निकाला। उन्होंने अपने परिवार के प्रति अपने उत्तरदायित्व का ध्यान न देकर अपना सारा समय, शक्ति और धन स्वतंत्रता के लक्ष्य के लिए अर्पित कर दिया। अविभक्त मद्रास और आंध्र में बहुत थोड़े समय के लिए वे रेवेन्यू मंत्री तथा मुख्यमंत्री रहे। इसके अतिरिक्त उन्होंने कभी कोई पद नहीं संभाला। 1957 में उनकी मृत्यु के समय उनके पास ऐसी कोई वस्तु नहीं थी, जिसे वह अपनी कह सकें। अपनी मृत्यु से लम्बे समय पूर्व से वे अपने मित्रों और प्रशंसकों द्वारा

की गयी सहायता से ही काम चलाते रहे। मैं उनके परिवार के अनेक सदस्यों को जानता हूँ जो आज भी बड़ी कठिन परिस्थितियों में से गुजर रहे हैं। उनके संबंध में यह कहना सही है कि उन्होंने स्वतंत्रता की वेदी पर अपने आपको पूर्ण रूप से कुर्बान कर दिया।

मैं पहले ही निवेदन कर चुका हूँ कि इसी प्रकार का बलिदान करने वाले अन्य हजारों व्यक्ति होंगे जिन्हें हम नहीं जानते।

हम ऐसे अनेक व्यक्तियों के नाम जानते हैं जिन्होंने अपना उज्ज्वल भविष्य बलिदान करके बिना किसी पुरस्कार की आशा के स्वतन्त्रता आंदोलन में सहयोग दिया। आज भी उनके परिवार के सदस्यों को कठिन परिस्थितियों में देखा जा सकता है। इन्हें किसी प्रकार का कोई लाभ नहीं मिला, यद्यपि वे स्वतंत्रता आंदोलन में भाग लेने वाले प्रमुख व्यक्तियों के वंशज हैं।

जैसा कि पहले मैंने जिक्र किया है एक अर्सा पहले मैंने प्रधानमंत्री इन्दिरा गांधी को जन-जीवन में भ्रष्टाचार के संबंध में लिखा था कि किस प्रकार नेता लोग गलत ढंग से धन इकट्ठा करने के लिए अपनी स्थिति का दुरुपयोग करते हैं। और किस प्रकार हमारे प्रशासन में जनता का विश्वास कम होता जा रहा है। उन्होंने अपने उत्तर में लिखा था कि उनका परिवार सदा से भ्रष्टाचार के विरुद्ध रहा है और अपनी सांसारिक सम्पत्ति के बारे में उनके विचार सारे संसार को ज्ञात हैं। उनके पिता और दादा ने अपनी शानदार वकालत, अपना पुराना घर, सम्पत्ति और कोठ सब कुछ दान कर दिया था। प्रधानमंत्री ने लिखा था कि "यह बताना कोई आवश्यक नहीं कि मैंने अपना घर जिसे मैं बहुत प्यार करती थी, उसके आसपास की भूमि, पुस्तकें, कागज़ात तथा अन्य वस्तुओं के अमूल्य संग्रह को भी दान कर दिया है।" उन्होंने इस बात पर जोर दिया था कि मेरे पिछले रिकार्ड से भ्रष्टाचार के संबंध में मेरे विचार पूर्णतया स्पष्ट हैं। इसके उत्तर में मैंने लिखा कि मैं उनके पिता और दादा के भारतीय स्वतंत्रता आंदोलन में सहयोग से पूर्ण परिचित हूँ। मैंने उसके साथ यह भी लिखा कि महात्मा गांधी के नेतृत्व में सरदार बल्लभ भाई पटेल, राजाजी, राजेन्द्र बाबू और सुभाषचन्द्र बोस आदि ने स्वतन्त्रता आंदोलन में सम्मिलित होने के लिए अपना सब कुछ बलिदान कर दिया। जबकि उनके (इन्दिराजी) परिवार का देश के

वर्तमान इतिहास में प्रमुख स्थान है। हमें टी० प्रकाशम तथा अन्य देश के हजारों नर-नारियों को भी नहीं भूलना चाहिए और उसके बलिदान के लिए हमें उनका कृतज्ञ होना चाहिए ।मैंने यह भी लिखा कि इनलोगों के सम्पूर्ण रूप से स्वतन्त्रता आंदोलन में भाग लिए बिना देश स्वतंत्र नहीं हो सकता था। मैंने उन्हें स्मरण कराया कि उनमें से कितने लोगों ने अपनी सम्पत्ति बेचकर अपने परिवार का पालन किया है। केवल इतना ही नहीं कि वे अपने जीवन में कष्ट उठाते रहे परन्तु उनके परिवार के लोग आज भी भयंकर निर्धनता में जीवन बिता रहे हैं। मैंने उन्हें स्मरण कराया कि उन्हीं में से कुछ हम लोग आज भी जीवित हैं और उनके बलिदानों के कारण ही लाभ उठा रहे हैं।

जब मैंने देश में व्याप्त भ्रष्टाचार के संबंध में इन्दिराजी को लिखा तो वस्तुतः उस समय उनके दादा, पिता अथवा उनके द्वारा की गयी कुर्बानी को याद करवाने का कोई अवसर नहीं था। उनके परिवार अथवा किसी अन्य व्यक्ति द्वारा की गई कुर्बानियों का भ्रष्टाचार के प्रश्नों से कोई संबंध नहीं। वे प्रायः भारतीय स्वतंत्रता आन्दोलन में अपने परिवार द्वारा की गई कुर्बानियों का उल्लेख किया करती थीं। यह तो उनके लिए ही विचार की बात थी कि वे देश के लिए की गई उनके अथवा उनके परिवार द्वारा की गई कुर्बानी का जिक्र करें परन्तु उन्हें इस बात का भी स्मरण रखना चाहिए था कि उन्होंने अथवा उनके परिवार के अन्य सदस्यों ने केवल अपनी कुर्बानियों का ही नहीं वरन् हजारों अन्य व्यक्तियों की कुर्बानियों का भी प्रचुर लाभ उठाया है।

मैं बार-बार यह बात कह चुका हूँ कि मैंने अपने जीवन में जो भी सफलता प्राप्त की उसका कारण महात्मा जी का नेतृत्व था जिसमें यह योग्यता थी कि वे किसी को भी धूल से उड़ाकर एक मानव बना सकते ये। मुझे अपनी जवानी के दिनों में जवाहरलालजी की इस उक्ति से भी प्रेरणा मिली है कि, सफलता उन्हीं व्यक्तियों को मिलती है जो हौसला करके आगे बढ़ते हैं और काम करते हैं। वस्तुतः यह उक्ति मेरे जीवन के लिए आदर्श वाक्य रही है। मैं जवाहरलाल जी की दूर दृष्टि और भारत की समृद्धि के लिए उन्होंने जो सुदृढ़ आधार बनाए, मैं उनका बहुत प्रशंसक हूँ। परन्तु हमारे लिए ज्ञात और अज्ञात व्यक्तियों द्वारा भारत की स्वतंत्रता और आर्थिक प्रगति के लिए किए गए योगदान को भूल जाना अथवा कम करके देखना गलत होगा।

## राष्ट्रपति और भारतीय रेडक्रास

भारतीय रेडक्रास सोसायटी अन्तर्राष्ट्रीय महत्त्व की एक प्रमुख संस्था है। संस्था के ध्येय काफी व्यापक है। इसके ध्येय में भारत तथा किसी भी अन्य देशों में युद्ध के कारण बीमार अथवा घायल हुए व्यक्तियों को सहायता पहुंचाना, सेना की सहायता लिए रेडक्रास डिपो की स्थापना, गर्भवती महिलाओं और बाल कल्याण के लिए भी कार्य करना, महामारियों, भूचालों, अकालों, बाढ़ों तथा अन्य विपदाओं में ग्रस्त लोगों के लिए अन्य सुविधाएं मुहैया करने के साथ-साथ कपड़े आदि देना भी है। यह अस्पतालों तथा अन्य स्वास्थ्य केन्द्रों की भी सहायता करता है। इस सोसायटी के कार्यो का निष्पादन इंडियन रेडक्रास सोसायटी नियम 20 के अधीन बनाए गए नियमों के अनुसार किया गया है। इन नियमों का निर्धारण रेडक्रास सोसायटी की व्यवस्थापक समिति करती है। भारत का राष्ट्रपति इस सोसायटी का अध्यक्ष होता है। वार्षिक जनरल मीटिंग में वही अन्य सदस्यों के अतिरिक्त सोसायटी के चेयरमैन को नामजद करता है।

सोसायटी की आम सभा की बैठक वार्षिक 1978 की 5-6 अप्रैल को होनी थी। 30 मार्च अर्थात् इस बैठक के एक सप्ताह पूर्व प्रधानमंत्री मोरारजी देसाई ने मुझे एक पत्र लिखा–

भारतीय रेडक्रास सोसायटी की संसद में तथा बाहर काफी आलोचना हुई है। हमें इस बात की काफी चिन्ता है। मैं समझता हूँ कि इसके कार्य को ठीक दिशा देने के लिए किसी हाईकोर्ट से सेवानिवृत्त न्यायाधीश के स्तर के एक स्वतंत्र व्यक्ति को जो यह उत्तरदायित्व संभाल सके, नियुक्त किया जाय। मैं वी० एम० श्री तारकुंडे, जिन्हें संभवत: आप भी जानते हैं–भारतीय रेडक्रास सोसायटी के अध्यक्ष के रूप में नियुक्ति की सिफारिश करता हूँ। श्री रंगनाथन ने अभी इस पद से त्यागपत्र दिया है।

न्यायाधीश तारकुंडे के संबंध में सिफारिश को स्वीकार करते हुए 3 अप्रैल को मैंने प्रधानमंत्री को लिखा कि मैंने इस विचार से इंडियन रेडक्रास सोसायटी के संविधान को देखने के लिए मंगाया है ताकि भारत के राष्ट्रपति को उससे अलग रखा जा सके। मैंने प्रधानमंत्री से प्रार्थना की कि वे इस विषय में अपनी राय मुझे दें।

प्रधानमंत्री ने 5 अप्रैल को अपना उत्तर मुझे भेजा। उन्होंने मेरे सुझाव का उत्तर देते हुए कहा कि भारत के राष्ट्रपति को सोसायटी के अध्यक्ष पद से अलग रहना चाहिए। उन्होंने यह भी लिखा कि सोसायटी की प्रबंध समिति को चाहिए कि वह रेडक्रास सोसायटी एक्ट 1920 की धारा 5 के नियमों को संशोधित करे। उन्होंने संभावना के अनुरूप यह भी कहा कि मैं नहीं चाहता कि आपकी पत्नी सोसायटी की महिला अध्यक्ष हो, ऐसी स्थिति में यह करना भी आवश्यक होगा। उनका विचार था कि चूंकि इस संस्था का प्रमुख व्यक्ति अध्यक्ष होता है, इसलिए उसकी नामजदगी सोसायटी के प्रेजिडेंट द्वारा होनी चाहिए और यह नियुक्ति सरकार के अधीन रहनी चाहिए। यदि आप सोसायटी के प्रेजिडेंट पद से मुक्त होना चाहते हैं तो सरकार को यह सोचना पड़ेगा कि मंत्रिमंडल का कौन-सा सदस्य अध्यक्ष की नामजदगी करे।

सोसायटी की प्रबंध समिति के अध्यक्ष बांग्लादेश के शरणार्थियों से संबंधित सहायता कार्यक्रमों पर संसद और समाचार-पत्रों में लगाए गए दोषारोपणों से बहुत चिन्तित थे। प्रबंध समिति ने निश्चय किया कि भारत सरकार के प्रमुख सतर्कता आयुक्त एम० जी० पिमपुटकर से यह प्रार्थना की जाए कि सोसायटी की कार्य पद्धति के संबंध में जो गंभीर आरोप लगाए गए हैं, उनकी छानबीन करें। पिमपुटकर ने रैडक्रास सोसायटी के विरुद्ध लगाए गए दोषारोपणों के संबंध में अपनी रिपोर्ट 9 अगस्त, 1979 को प्रधानमंत्री को दी।

जनवरी 1980 में केन्द्रीय सरकार के बदल जाने पर राष्ट्रपति ने प्रधानमंत्री के परामर्श पर 29 अप्रैल, 1980 को आम समिति की सभा में स्वास्थ्य और परिवार कल्याण मन्त्रालय के राज्यमंत्री एन० आर० लस्कर को रेडक्रास सोसायटी का अध्यक्ष नामजद कर दिया। एक नई प्रबंध समिति का निर्माण किया गया। इस समिति ने सोसायटी की कार्यप्रणाली पर लगाए गए आरोपों के संबंध में पिमपुटकर की रिपोर्ट पर विचार करने के लिए तीन सदस्यों की एक समिति नियुक्त की। तीन सदस्यीय इस समिति का निष्कर्ष था कि सोसायटी के विरुद्ध लगाए गए आरोप निराधार हैं। 17 फरवरी, 1981 को हुई बैठक में समिति की इस रिपोर्ट को कुछ स्पष्टीकरणों के साथ स्वीकार कर लिया। इस संबंध में एक विस्तृत प्रस्ताव भी पारित किया गया।

सोसायटी के प्रेजिडेंट के नाते राष्ट्रपति ने अपने सचिव को सोसायटी की प्रबंध समिति के लिए नामजद किया। 17 फरवरी, 1981 को हुई प्रबंध समिति

की बैठक में राष्ट्रपति के सचिव ने कहा कि तीन सदस्यीय समिति ने जो रिपोर्ट तैयार की है, वह अभी प्राप्त हुई है। उस पर अंतिम निर्णय लेने से पहले सदस्य रिपोर्ट का अध्ययन कर सकें, इसलिए प्रबंध समिति की बैठक एक सप्ताह बाद बुलाई जाएँ उन्होंने यह भी सुझाव दिया कि उस बैठक में वित्त सचिव (प्रबंध समिति के लिए राष्ट्रपति द्वारा नामजद एक और व्यक्ति जो सोसायटी का कोषाध्यक्ष भी होता था) भी उस बैठक में उपस्थित रहें ताकि उस पर विचार के लिए उनकी सहायता प्राप्त हो सके। उनका यह भी विचार था कि प्रस्ताव का जो विस्तृत मसौदा स्वीकार करने के लिए प्रचारित किया गया है, उसमें सोसायटी के पूर्व प्रेजिडेंट और प्रधानमंत्री का उल्लेख उचित नहीं। परंतु उनके यह सुझाव स्वीकृत नहीं हुए। राष्ट्रपति के सचिव द्वारा प्रार्थना करने पर भी इन बातों को रिकार्ड में भी सम्मिलित नहीं किया गया।

बाद में राष्ट्रपति के सचिव ने वित्त सचिव से इस बात पर विचार किया। वित्त सचिव इस बात से सहमत थे कि प्रबंध समिति ने जो प्रस्ताव स्वीकार किया वह उचित नहीं। उनका विचार था कि एक संक्षिप्त प्रस्ताव किसी भी संबद्ध व्यक्ति के उल्लेख के बिना तैयार किया जाएँ इस प्रस्ताव तथा 17 जनवरी, 1981 को हुई बैठक की कार्यवाही पर भी विचार किया जाएँ उनका विचार था कि अध्यक्ष प्रबंध समिति के सदस्यों को पूर्व प्रस्ताव के स्थान पर इस संक्षिप्त प्रस्ताव पर विचार के लिए परामर्श दें। मेरे सचिव ने इन सब बातों से मुझे सूचित किया और वित्त सचिव द्वारा सुझाए गए संक्षिप्त प्रस्ताव का मसौदा भी मुझे दिखाया। इस प्रस्तावित कार्यवाही पर मैंने अपनी सहमति प्रकट की।

इसके बाद मेरे सचिव सोसायटी के अध्यक्ष (राज्यमंत्री एन० आर० लस्कर) से मिले और उन्हें संशोधित प्रस्ताव का मसौदा दिया तथा उसे स्वीकार करने के लिए कहा।

श्री लस्कर 18 अप्रैल, 1981 को मुझसे मिले। मैंने उन्हें वित्त सचिव के संक्षिप्त प्रस्ताव के मसौदे को स्वीकार करने की आवश्यकता बताई। मेरा यह भी विचार था कि मंत्री महोदय इस मामले पर 24 अप्रैल, 1981 को होने वाली प्रबंध समिति की बैठक में विचार करें। परंतु वित्त सचिव द्वारा सुझाए गए संशोधित मसौदा पर विचार किये बिना ही प्रबंध समिति ने पूर्व पारित विस्तृत प्रस्ताव की ही पुष्टि कर दी।

मैं तो दो वर्ष पूर्व से इस निर्णय पर पहुँच चुका था कि मुझे इंडियन रेडक्रास सोसायटी तथा अन्य संबद्ध हिन्दू कुष्ठ निवारण संघ आदि संस्थाओं का अध्यक्ष नहीं रहना चाहिए। इंडियन रैडक्रास सोसायटी तथा उससे संबद्ध संस्थाओं से मेरे संबंध न रखने के निर्णय की सूचना सोसायटी के महामंत्री को 8 जून, 1981 को दे दी गयी थी। उन्होंने इसकी सूचना सोसायटी के अध्यक्ष को भेज दी। 10 जून, 1981 की शाम को सोसायटी के अध्यक्ष मुझसे मिलने आये। मैंने उनके सामने भी अपना निर्णय दोहराया। अगले दिन 11 जून 1981 को इंडियन रेडक्रास सोसायटी के महामंत्री को लिखित रूप में यह सूचना भेज दी गई कि सोसायटी के निरंतर असंतोषजनक ढंग से कार्य करने के कारण राष्ट्रपति सोसायटी तथा उससे संबद्ध संस्थाओं से किसी भी प्रकार का संबंध नहीं रखना चाहते। उनसे इसी बात की प्रार्थना की गई कि वे सोसायटी के नियमों में ऐसा आवश्यक संशोधन करें ताकि राष्ट्रपति और उनकी पत्नी का सोसायटी से किसी प्रकार का संबंध न रहे। नियम संबंधी किसी समस्या से बचने के लिए राष्ट्रपति ने इस बात की सूचना भी भेज दी कि चालू समय के लिए एन० आर० लस्कर सोसायटी के अध्यक्ष रह सकते हैं।

इस सूचना से इंडियन रेडक्रास सोसायटी के लिए यह संभव हो गया कि 11 जून, 1981 के लिए निश्चित की गई आम समिति की वार्षिक बैठक कर सके। मैंने प्रबंध समिति के सदस्यों को भी नामजद नहीं किया, जिनके नाम प्रधानमंत्री ने 10 जून, 1981 के अपने पत्र में मुझे सुझाये थे। 30 जून को प्रधानमंत्री मुझसे मिलीं। विचार के दौरान प्रधानमंत्री ने मुझसे कहा कि नामजद सदस्यों के बिना प्रबंध समिति काम करने में असमर्थ रहेगी। इसलिए मैंने उनके द्वारा सुझाये गये नामों की 1981-82 की प्रबंध समिति के लिए स्वीकृत दे दी।

इंडियन रेडक्रास सोसायटी के कार्यकारी महामंत्री ने अगले वर्ष के प्रारंभ में मेरे सचिव को यह सूचना दी कि मेरी इच्छाओं के अनुरूप तथा अन्य औपचारिकताएं पूरी करके नियमों में संशोधन कर दिया गया। उपराष्ट्रपति को सोसायटी का अध्यक्ष और उनकी पत्नी को सोसायटी की महिला अध्यक्ष बनाया गया।

इंडियन रेडक्रास सोसायटी स्वायत्त संस्था है। सरकार का इसके कार्य पर कोई विशेष नियंत्रण नहीं। यह ठीक है कि सोसायटी के अध्यक्ष (जो भी हाल

के समय तक भारत के राष्ट्रपति हुआ करते थे) प्रबंध समिति के सदस्यों और चेयरमैन को नामजद करते थे। इतने पर भी इसके प्रबंध समिति के सदस्यों और चेयरमैन को नामजद करते थे। इतने पर भी इसके प्रबंध में सरकार का कोई विशेष महत्त्व नहीं था। सरकार उसके कार्यों की देखभाल करने की स्थिति में भी न थी। इस स्थिति में राष्ट्रपति का सोसायटी का अध्यक्ष बने रहने में कोई तुक न थी क्योंकि उनके पास ऐसा कोई साधन नहीं था कि वे उसके संबंध में प्राप्त शिकायतों की जांच करवा सकें अथवा कोई आवश्यक सुधारात्मक कदम उठा सकें।

भारत के राष्ट्रपति का रेडक्रास सोसायटी के अध्यक्ष के नाते कर्त्तव्य के संबंध में भी मैं सहमत नहीं था। नियमों के अधीन सोसायटी का प्रेजीडेंट अध्यक्ष और प्रबंध समिति के कुछ सदस्यों की नामजदगी करता है। क्या ऐसी स्थिति में राष्ट्रपति को यह अधिकार है कि वह सोसायटी को नियुक्तियों और नामजदगियों के संबंध में अपने मंत्रिमंडल के परामर्श को स्वीकार करने के लिए कहा सकता है। इस संबंध में स्थिति अस्पष्ट है। परंतु निश्चय ही मैं समझा हूँ कि इस बात का उत्तर नकारात्मक है।इन्हीं सब बातों के कारण मैंने इंडियन रेडक्रास सोसायटी तथा उससे संबंधित संस्थाओं से अपने आपको अलग करने का निश्चय किया था।

## विश्वविद्यालय और भारत का राष्ट्रपति

विश्वविद्यालयों से संबद्ध नियमों के अनुरूप भारत का राष्ट्रपति केन्द्र के अधीन विश्वविद्यालयों का 'विजिटर' होता है और राज्यपाल अपने प्रदेश में स्थित विश्वविद्यालयों के कुलपति होते हैं।

प्रश्न यह है कि क्या कोई राज्यपाल जो किसी विश्वविद्यालय का कुलपति भी है, जिसे संविधान की धारा 163 के अनुरूप अपने मंत्रिमंडल के परामर्श और सहायता से कार्य करना होता है, क्या वह कोई स्वतंत्र निर्णय भी ले सकता अथवा कार्य कर सकता है। इस प्रकार का प्रश्न पहली बार पूना और आंध्र विश्वविद्यालयों के संबंध में उठा। उस समय के महान्यायवादी का मत था कि कुलपति राज्यपाल की स्थिति में काम नहीं कर सकता, भले ही वह उस प्रदेश का राज्यपाल होता है। वह कुलपति के रूप में ही विश्वविद्यालयों के संबंध

में कोई निर्णय ले सकता है, राज्यपाल के रूप में नहीं। यही प्रश्न 1964 में सामने आया। इस अवसर पर महान्यायवादी ने देश के कुछ विश्वविद्यालयों पर लागू नियमों पर विचार का परामर्श दिया। इन नियमों में एक सामान्य बात का उन्होंने उल्लेख किया और कहा कि इन नियमों में कुलपति और सरकार पर काम का दायित्व सौंपा गया है। कुलपति विश्वविद्यालय का एक भाग होता है जब वह उसके संबंध में अपने कार्यों का पालन कर रहा होता है तो वह सरकार के मुखिया के रूप में नहीं, परंतु अपने दायित्व पर काम करता है।

कई बार यह विचार भी प्रकट किया गया है कि राज्यपाल को कुलपति इसलिए बनाया जाता है कि सरकारी नियंत्रण रहेगा। ऐसा असंभव है क्योंकि इस स्थिति में कुछ कार्यों के लिये प्रदेश सरकार को उत्तरदायी नहीं ठहराया जा सकता। राज्यपाल सामान्य रूप से विश्वविद्यालय का कुलपति होता है। वह उस पर सरकारी नियंत्रण को सुरक्षित रखने के लिये नहीं वरन् उसे सम्मान प्रदान के लिए है। इसलिए ऐसा विश्वास किया जाता है कि कुलपति अपने मंत्रियों और मंत्रियों के परामर्श और सहायता से काम करने के लिए बाध्य नहीं है क्योंकि विश्वविद्यालय को अपना प्रबंध करने के संबंध में स्वायत्त संस्था माना जाता है। और यदि कहीं सरकार को कुलपति के माध्यम से परोक्ष रूप से कुछ विश्वविद्यालयों पर अपना नियंत्रण रखने की चाह होती तो उसके लिए विशेष नियम की व्यवस्था की गई होती।

इलाहाबाद उच्च न्यायालय के समान बनारस हिन्दू विश्वविद्यालय के 'विजिटर' के कार्यों पर विचार का अवसर आया क्योंकि विश्वविद्यालय के एक कर्मचारी ने इस संबंध में अपील की थी। इलाहाबाद उच्च न्यायालय का कहना था कि भारत के राष्ट्रपति और 'विजिटर' का पद एक व्यक्ति में समाहित हो गया। भारत के राष्ट्रपति के रूप में वह अपने मंत्रियों के परामर्श को मानने के लिए बाध्य है और विश्वविद्यालय के 'विजिटर' के रूप में वह मंत्रियों के परामर्श को मानने के लिए बाध्य नहीं।

इस निर्णय के प्रभावों पर विचार करने की आवश्यकता है। राष्ट्रपति के रूप में मंत्रियों द्वारा दिए गए परामर्श पर जब वह कार्य करता है तो उसके कार्यों के प्रति दायित्व सरकार का होता है। अपने मंत्रियों के परामर्श पर कार्य करने की आवश्यकता न समझी जाए तो उसका दायित्व क्या होगा। ऐसी स्थिति में उसके

विवाद में फंस जाने की संभावना को भी ध्यान में रखना चाहिए। यह वांछनीय नहीं कि भारत के राष्ट्रपति को विश्वविद्यालय के 'विजिटर' के रूप में भी किसी भी विवाद में फंसाया जाएँ राष्ट्रपति के विश्वविद्यालय के 'विजिटर' के रूप में और अपनी सरकार से स्वतंत्र रहकर काम करने के कानूनी परिणामों पर सावधानी से विचार किया जाना चाहिए। इस संबंध में अधिकारिक निर्णय ही सदा के लिए इस विवाद को समाप्त कर सकती है।

# 7

# ज्ञानी जैल सिंह

स्वभाव से सरल, व्यवहार से विनयशील, गुणों की खान तथा मानवता की प्रतिमूर्ति ज्ञानी जैल सिंह एक सच्चे राष्ट्र सेवक थे। लोक जीवन में स्वाधीनता सेनानी, पद दलितों के मसीहा, कांग्रेस के कुशल कार्यकर्ता एवं इन सबके साथ एक किसान के बेटा थे। समय की गति को पहचानने की उनमें दूरदर्शिता थी। ज्ञानी जी वाकई ज्ञानी थे। वह गुरुग्रंथ साहिब के साथ सभी धर्मों व धर्मशास्त्रों का आदर करते थे। इसलिए उनके बारे में यह स्पष्ट कहा जा सकता है कि वह सर्वधर्म स्वभाव में विश्वास करने वाले व्यक्ति थे। साधारण परिवार में जन्म लेकर भी असाधारण क्षमता से युक्त व्यक्ति विरले होते हैं। यह सत्य है कि धान की उपज पुवाल से आँकी जाती है किंतु मानव की असाधारण क्षमता का आकलन किसी ऐसे उपक्रम या युक्तियों से नहीं किया जा सकता कि उसकी सामर्थ्य थोड़ी है तो वह थोड़ा ही कुछ करने में सक्षम है। यथा ज्ञानी जैल सिंह को ही लें, उनके जीवन की कथा प्रेरणाप्रद है।

ज्ञानी जैल सिंह का जन्म पंजाब राज्य के फरीदकोट जनपद में स्थित संधवां नामक गांव में भाई किशन सिंह के घर में 5 मई, 1916 को हुआ। उनके पिता सरदार किशन सिंह 56 एकड़ जमीन के मालिक और अच्छे जमींदार थे। ज्ञानी जैल सिंह भाई किशन सिंह के सबसे छोटे बालक थे। इनके बड़े भाई जागीर सिंह व बीर सिंह थे तथा एक बहन जागीर कौर थी जो ज्ञानी जी से बड़ी थीं। परिवार में सबसे छोटा होना बहुत ही अच्छा होता है क्योंकि छोटे को सभी प्यार करते हैं, सभी दुलारते हैं। बवचन में इनका नाम जरनैल था। इनका

नामकरण पंजाबी पद्धति, गुरुग्रंथ साहिब के आधार पर रखा गया था। इनके जरनैल से जैल की कहानी कुछ इस तरह है।

जननी जनेषु एक जन पर उसे सुख कहाँ नसीब था। वास्तव में जो नसीब वाले होते हैं उन्हीं को अपने पूत के फलने-फलने देखने का अवसर मिलता है। ज्ञानी जी के जन्म के अभी मात्र नौ महीने हुए थे कि उनकी माँ इन्दी कौर इस दुनिया से विदा हो गई। इनका लालन-पालन दया कौर ने किया। यह दयाकौर सरदार किशन सिंह की प्रथम पत्नी थीं। किशन सिंह के तीन विवाह हुए थे। इसके पीछे भी तथ्य जुड़े हैं। किशन सिंह की प्रथम शादी दया कौर से हुई। काफी दिनों तक दया कौर को कोई संतान न हुई। दूसरी शादी उन्होंने पुत्र प्राप्ति की इच्छा से मरिया से की किंतु गौने (विदायी) से पूर्व उसका इंतकाल हो गया। तीसरी शादी उन्होंने तब इंदी कौर से की, जिससे चार बच्चे हुए। यह तीनों दया, मरिया और इन्दी सगी बहनें थीं। पंजाब की उन दिनों की परम्परा के अनुसार यदि लड़की शादी के बाद बच्चे नहीं जनती तो यदि उस परिवार में कोई अन्य लड़की हो तो उसकी शादी उसके पति के साथ कर दी जाती थी। सरदार पंजाब सिंह ने इन्हीं परम्पराओं के अनुसार किशन सिंह की बार-बार शादियाँ कीं। दया कौर ने जरनैल सिंह को इतना लाड़-प्यार दिया कि उन्हें माँ की कमी महसूस न हुई।

गाँव में शिक्षा का कोई प्रबंध नहीं था। कोट-कपूरा गाँव छः कोस दूर था जहाँ प्राथमिक विद्यालय था। छोटेपन में वह कैसे पढ़ने जाते। उनके पिता भाई किशन सिंह ने गुरुद्वारे में ही तालीम दिलानी शुरू कर दी। 'पूत के पांव पालने में ही दीख जाते हैं' कहावत कोई गलत नहीं है; उन्होंने चंद दिनों में जपुजी जान लिया और कुछेक साल में उनको ग्ररुग्रंथ साहिब भी पढ़ना आ गया। भाई किशन सिंह, विचित्र क्षमता वाले बालक से अत्यंत प्रसन्न थे। कुशाग्र बुद्धि के बालक जरनैल को इतने से संतोष न था। अधिक से अधिक ज्ञानार्जन की ललक उनके मन को चंचल रखती। जिसे आवश्यकता होती है वह तलाश करता है। जरनैल ने गांव के पंडितों का साथ करना शुरू किया। जब यह महसूस होता है कि यह बालक वास्तव में कुछ अधिक जानने की इच्छा रखता है तो उसके सहयोग में भगवान भी आ पहुँचता है। ब्राह्मणों को यह लगा कि जरनैल सच में कुछ प्राप्त करना चाहता है, उनको सहयोग देना शुरू कर दिया। जरनैल ने गांव के पंडितों

से हिन्दी का अध्ययन किया। बाद में कुछ बड़ा होने पर सरदार किशन सिंह ने कोटकपूरा के मदरसे में दाखिला दिला दिया। यहाँ से उन्होंने उर्दू का अध्ययन किया।

'जैसे खाए अन्न, वैसा रहे मन।' जब वातावरण और अन्न धार्मिक होंगे तो संसर्ग में पलने वाला बच्चा अवश्य ही आध्यात्मिक होगा। बचपन से ही पिता के बहुत से गुणों से युक्त हुए जैसे गुरु ग्रंथ साहिब का नियमित अध्ययन कीर्तन, भजन वह बड़ों-बुजुर्गो का अभिवादन व सेवा। बचपन में उनको गीत-संगीत से अत्यंत लगाव था। उनका स्वभाव ही संगीत एवं सुर लहरियों में जैसे डुबकियां लगाकर जन्मा हो, अपने संगीत के लिए कम उम्र में ही उन्हें नाम व शोहरत हासिल हो गई थी। ऐसा नहीं था कि उनमें केवल फक्कड़पन हो और कुछ भी नहीं बल्कि उनको फावड़ा, हल चलाने से भी परहेज नहीं था। उन्हें बढ़ईगीरी और राजगीरी का भी अच्छा ज्ञान था वह पन्द्रह वर्ष की ही आयु में अपने खर्च के लिए अपने आपको सक्षम बनाने वाले बालक थे। उनको किसी के कन्धे पर बोझ बनकर रहना कतई पसन्द न था।

ज्ञानी जैल सिंह ने फरीदकोट से मिडिल सन 1930 में पास किया। उनको विशेष रुचि थी अपने धर्म के व्यापक प्रचार-प्रसार में। उन्होंने अपनी रुचि को जीवित ही नहीं किया बल्कि उसको शिखर पर पहुँचाने के लिए प्रवचन आदि करना भी प्रारम्भ कर दिया। धीरे-धीरे उनकी कद्र विशेष गुरुओं में होने लगी क्योंकि इनकी जुबान से निकलने प्रवचन के अमर शब्द लोगों के दिल जीतने में सक्षम थे। वे आंचलिक भाषा के मर्मज्ञ थे, साथ ही छूने की ललक सदैव थी। कहते हैं-'यत्नेन सिद्धिः' यत्न करने पर सिद्धि मिलती है। उन्होंने मनोयोग से गुरु ग्रंथ साहिब के अलौकिक तत्त्वों को जानने की कोशिश की जिससे वह आत्म परीक्षण कर तत्वक ज्ञानी बन गए।

23 मार्च, 1931 को भगत सिंह, राजगुरु तथा सुखदेव को फांसी हो गई। देश का इतिहास बलिदान से रंग जाने पर किसको नहीं झकझोर देगा। 16 वर्ष की अवस्था थी, नया खून फाँसी पर निर्ममता से लटकाए जाने की बात पर बौखला उठा। फिर क्या था, एक जवां दिल जहां अपने देश को समृद्ध करने के लिए खेती में पैदावार कई गुना बढ़ाता, अपने नए रोजगार व व्यवसाय को विकसित करता, वह क्रांति में कूद पड़ा। क्योंकि वह जान चुका था कि यह

मुल्क भी मेरा नहीं है, हम तो गुलाम हैं, इसलिए ज्ञानी जी ने स्वयं को सबसे पहले भारतमाता की आजादी के लिए समर्पित कर दिया।

सन 1932 में प्रधान कौर से श्री ज्ञानी जैल सिंह का विवाह हुआ। प्रधान कौर खमालसरा निवासी सरदार बुद्ध सिंह की पुत्री थी। सन 1936 में ज्ञानी जी को एक पुत्ररत्न की प्राप्ति हुई जिसका नाम जोगिन्दर सिंह रखा। सन 1938 में एक पुत्री भी हुई जिसका नाम जोगिन्दर कौर था। ज्ञानी जी शादी करने से दूर भाग रहे थे किंतु उनकी माँ दयाकौर ने उन्हें किसी तरह राजी करके विवाह कराया और ज्ञानी जी के जीवन को प्रधान कौर के साथ जोड़कर कुल को आगे बढ़ाया। दो बच्चों के पिता बनने के बाद जरनैल सिंह की पारिवारिक जिम्मेदारी बढ़ गई थी। परन्तु पत्नी प्रधान कौर ने अपने हिस्से की जिम्मेदारी अपने हिस्से रख ली। प्रधान कौर के असहयोग से इस क्रांतिकारी जरनैल सिंह का पैर पीछे नहीं हटा और उन्होंने जिम्मेदारीपूर्वक भारतीय क्रांति का पंजाब प्रांत के फरीदकोट क्षेत्र का अगुआ बनाकर स्वाधीनता का आंदोलन चलाया।

जरनैल सिंह धार्मिक प्रवृत्ति के आदमी थे। वह धर्म के प्रचार-प्रसार के लिए भी जाने जाते थे। धार्मिक मण्डलियों में अब यह जाकर नित नए क्रांतिकारी भी पैदा करने लगे। सन 1938 में ही कांग्रेस कमेटी की फरीदकोट शाखा की स्थापना हुई। इस शाखा के गठन में ज्ञानी जी की महत्त्वपूर्ण भूमिका होने के कारण वहां का राजा इन्हें अपना प्रधान शत्रु मानने लगा। इनकी बढ़ती लोकप्रियता ने स्थानीय प्रशासन को बहुत प्रभावित किया। फरीदकोट कांग्रेस कमेटी के अध्यक्ष बने जंगा सिंह तथा ज्ञानी जी सचिव। काजी अब्दुल्लाह तथा अमर सिंह क्रमशः उपाध्यक्ष और कोषाध्यक्ष थे।

क्रांति की लहर जब बिजली की भांति शरीर में दौड़ती है तो उस समय क्रांतिमन कुछ भी करने से थकता नहीं, हारता नहीं। एक मजेदार बात, सरकार ने कांग्रेस कमेटी को बैठकों व अन्य गतिविधियां चलाने पर रोक लगा दी। फरीदकोट रियासत को राजा से मुक्त कराने के उद्देश्य से जंगा सिंह एक बैठक करने वाले थे। बैठक हो तो केसे हो? कोई रास्ता नहीं था। ज्ञानी जी व जंगा सिंह बैठकर सोच ही रहे थे कि बैठक केसे हो? तब तक एक विचार आया। क्यों न एक अर्थी बनाई जाए और उस अर्थी को जलाने के बहाने नदी के तट पर मीटिंग कर ली जाए? विचार जच गया। अगले दिन ऐसा ही हुआ। एक

नकली अर्थी बनी, चार लोग उसे लेकर नदी की ओर चले। उस अर्थी के पीछे लगभग साठ-पैंसठ क्रांतिकारी। अरथी जब नदी पहुंची, सबने पहले चिता सजायी और उसमें आग लगाकर दो चार लोग अर्थी रस्म का ड्रामा करने लगे और विशिष्ट लोग बैठकर क्रांति में नई आग लगाने व अन्य मुद्दों पर बातचीत करने लगे। इस प्रकार मीटिंग सम्पन्न हुई और क्रांतिकारी अपना उद्देश्य पाने में सफल हुए।

पंडित जवाहर लाल नेहरू उन दिनों भारत के विभिन्न अंचलों में जाकर कांग्रेस को मजबूत करने में जुटे थे। सन 1939 में लुधियाना में भारतीय कांग्रेस के वरिष्ट नेता की हैसियत से आल इंडिया पीपुल्स कांफ्रेस के अधिवेशन में भाग लेने पहुंचे। जरनैल सिंह एवं उनके साथियों ने भी उस अधिवेशन में भाग लिया। फरीदकोट रियासत ने इसे गंभीरता से लिया। राजा ने मुख्य सचिव इन्दर सिंह को जरनैल पर कड़ी नजर रखने का आदेश दिया। सन 1939 में जून में फरीदकोट कांग्रेस कमेटी की बैठक हुई। बैठक की अध्यक्षता जरनैल सिंह का रहे थे। राजा ने हर सप्ताह बैठकें हुआ करेंगी।'' पुनः बैठक हुई तो ज्ञानी और उनके साथियों को गिरफ्तार का जेल भेज दिया गया। विरोध प्रदर्शन और प्रतिरोध क नारों से फरीदकोट रियासत गूंज उठी। जरनैल सिंह के घर की कुर्की की गई। परिवार को यातनाएं दी जाने लगीं। उनके लिए यह एक कठिन समय था लेकिन कहा गया है 'हिम्मते मर्दां, मर्दे खुदा।' जैल सिंह ने हंसते-हंसते सब कुछ स्वीकार कर लिया। जरनैल सिंह को काल-कोठरी में डाल दिया गया। उनकी माँ से मुलाकात हुई तो वह फूट-फूटकर रो पड़ीं। किंतु उन्हें अपने हिम्मती पुत्र पर फ़ख्र था। जरनैल सिंह ने अपनी माँ को पत्र लिखा। वह पत्र किसी तरह जेलर को मिल गया। उसको बहुत गुस्सा आया। जरनैल सिंह ने जेलर ने नाम पूछा, जवाब था–'जेल सिंह।'

''क्या मतलब?''
''मतलब जेल का शेर।''

डंडों की पिटाई जारी थी और इनका अक्खड़पन भी बौना न था। वह कहे जा रहे थे–''मैं शेर हूँ, शेर ही रहूंगा और शेर कभी गीदड़ों से नहीं डरते, चाहे वह जेल में ही क्यों न हों।''

शरीर लहू-लुहान था किंतु रोब बिलकुल शेर-सा, जेलर हारकर चला गया। यहीं से इनका नाम 'जरनैल' से 'जेल' हो गया। कालान्तर में इन्हें 'जैल' के नाम से जाना गया।

चार साल से भी अधिक दिनों का कारावास उनके स्वास्थ्य को लील गया। बाहर आने पर भी पुलिस की निगरानी में जीवन जी पाना कठिन हो गया। जैल सिंह ने बाबा नन्द सिंह की सहायता से अमृतसर के शहीद सिख मिशनरी में आगे की शिक्षा के लिए दाखिला ले लिया। पाठ्यक्रम को पूर्ण करने पर 'ज्ञानी' उपाधि से विभूषित हुए। यूँ तो ज्ञानी शब्द से शिक्षा का कोई भाष्य नहीं होता लेकिन दर्शन की विधिवत जानकारी रखने वाले को यह उपाधि ही जाती थी। 'ज्ञानी' डिग्री प्राप्त करने पर पुलिस की भी नजर कम हो गई।

8 अप्रैल, 1946 को पहली बार तिरंगा झण्डा फरीदकोट रियासत के एक नीम के पेड़ पर फहराने वाला था एक 12 वर्षीय किशोर चन्द्रशेखर और उसके कुछ साथी। पुलिस ने तुरंत चन्द्रशेखर को गिरफ्तार कर जेल भेज दिया। किंतु अगले दिन राजा के विरोध में एक भारी जुलूस निकला। जिसके संचालक थे ज्ञानी जैल सिंह। राजा ने चन्द्रशेखर को छोड़ने की जगह लाठी चार्ज करवाया जिससे आग भड़क उठी। राजा हरिन्दर सिंह के विरुद्ध वर्षों से जो अभियान चल रहा था, वह सफल हुआ। 27 मई, 1946 को नेहरू जी स्वयं फरीदकोट पहुँचे। नेहरू को राजा ने सीमा से बाहर रहने का ओदश दिया। ज्ञानी जैल सिंह ने अपने हजारों समर्थकों को वहीं रुकने का आदेश दिया और नेहरू जी को घोड़े पर बैठाकर राजा के दरबार में पहुंचे। राजा और नेहरू के बीच समझौता हुआ। समझौते में क्रांतिकारी कैदियों को रिहा करने का भी प्रस्ताव था। फरीदकोट की जनता के लिए यह समझौता सबसे बड़ी विजय थी। पं. नेहरू ने ज्ञानी जी के साहस और पराक्रम भरे व्यक्तित्व की प्रशंसा की।

सन 1947 में 15 अगस्त को देश स्वतंत्र हो गया किंतु फरीदकोट परतंत्रता की जंजीरों में जकड़ा रहा। ज्ञानी जैल सिंह कुछ राष्ट्रीय नेताओं से मिलने व अन्य कार्यों से दिल्ली आ गए। 30 जनवरी, 1948 को बिड़ला हाउस में जब महात्मा गांधी को गोली मारी गई तो ज्ञानी जी वहीं उपस्थित थे। प्रार्थना सभा से कुछ ही पल पहले महात्मा गांधी से पंजाब समस्या और फरीदकोट पर बात की थी। ज्ञानी जी गांधी जी को मरते देख बहुत दुखी हुए। फरीदकोट पहुँचते ही उन्होंने

जनता के सहयोग से समानान्तर सरकार की घोषणा की। ज्ञानी जैल सिंह इस सरकार के गवर्नर बने। गुरुबख्श की कैबिनेट में अरमनाथ, चेतन देव व जंगा सिंह शामिल हुए। गुरुबख्श सिंह सरकार ने सचिवालय पर कब्जा कर लिया। राजा ने अपनी सेना को आदेश दे दिया, लाठी चार्ज में कोई सौ लोग घायल हुए। 20 मार्च, 1948 को ज्ञानी जी जब जेल से छोड़े गए तो वे दिल्ली पहुँचे।

फरीदकोट की समानान्तरीय सरकार को व्यवस्थित करना ज्ञानी जैल सिंह के जीवन का सबसे खतरनाक साहस था। स्थिति और समय सापेक्ष नहीं थे। ऐसे समय में अधिकारों का पाना, दिलाना बहुत ही कठिन काम था। ज्ञानी जैल सिंह यह चाहते थे कि फरीदकोट के सामंती शासन का अंत हो। राजशाही व्यवस्था ध्वस्त हो। जनता का राज स्थापित हो, इसके लिए ज्ञानी जी पं. जवाहर लाल नेहरू व डॉ. पट्टाभि सीतारमैय्या से मिले। सरदार वल्लभभाई पटेल उस समय गृहमंत्री थे। रियासतों का सारा कार्य, गतिविधियों की सारी जानकारी पटेल के जिम्मे थी। ज्ञानी जी ने पटेल के समक्ष फरीदकोट की सारी स्थितियों का रखा। पटेल ने डॉ. पट्टाभि सीतारमैय्या को 27 मार्च, 1948 को फरीदकोट जांच के लिए भेजा। रिपोर्ट गृह मंत्रालय को मिली तो लार्ड माउण्ट बेटन ने यह सलाह दी कि देश में अन्य रियासतों के राजाओं से सलाह लेनी चाहिए। रियासती राजाओं की बैठक हुई। इसमें नवानगर, ग्वालियर, जाम साहिब और पटियाला के राजा सम्मिलित थे। अन्ततोगत्वा फरीदकोट रियासत की राजशाही समाप्त हो गई। यह विजय ज्ञानी जैल सिंह की नहीं थी, वह लोकतंत्र की विजय थी, मानवाधिकार की विजय थी।

सामंती साम्राज्य का अंत हो गया। जनता का राज्य स्थापित हुआ। जागीरों का विलय और कृषि मजदूरों की सामाजिक, आर्थिक अन्याय से भुक्ति अभियान में ज्ञानी जैल सिंह ने ऐतिहासिक सहयोग दिलवाया। अगस्त, 1948 में ज्ञान सिंह शेरवाला के मुख्यमंत्रित्व काल में कार्यकारी सरकार का गठन हुआ। ज्ञानी जैल सिंह कैबिनेट में शामिल हुए। 13 जनवरी, 1949 को पुनः सरकार बनी तो ज्ञानी जी आयकर और उत्पादन मंत्री बने।

भारत देश के प्रत्येक कोने में 1952 में नई सरकार के लिए आम चुनाव की घोषणा हुई। ज्ञानी जैल सिंह कृषि मंत्री बनाए गए किंतु आंतरिक मतभेदों के कारण कुछ ही दिनों में अपने पद से त्यागपत्र दे दिया। 5 मार्च, 1952 को पंजाब

में राष्ट्रपति शासन लागू हुआ। सन 1954 में मध्यावधि चुनाव हुए परन्तु ज्ञानी जी ने इस चुनाव में कोई दिलचस्पी नहीं दिखाई। 'खालसा सेवक' अमृतसर का दैनिक पत्र, जिसे ज्ञानी जी ने खरीद लिया और पत्रकारिता में उतर आए किंतु यह व्यवसाय उन्हें अच्छा न लगा। नेहरू जी ने इसी बीच पटियाला का दौरा किया और एक फेरबदल में 'पेप्सू' का अध्यक्ष ज्ञानी जैल सिंह को बना दिया। पेप्सू के अध्यक्ष के रूप में उन्होंने संगठन को मजबूत बनाया। 1 नवम्बर, 1956 को जब पेप्सू को एकीकृत किया गया तो ज्ञानी जी ने सभी किसानों और कार्यकर्ताओं के जीवन में एक नया अध्याय जोड़ा था।

सन 1956 में ज्ञानी जी राज्य सभा के लिए मनोनीत हुए। वह राज्य सभा के सदस्य के साथ पंजाब राज्य की कांग्रेस कमेटी के उपाध्यक्ष भी रहे। उन्होंने पार्टी के लोगों में सदा उत्साह भरा। पंजाब प्रांत में आम चुनाव हुआ तो ज्ञानी जी ने जी-तोड़ मेहनत करके पूरे कांग्रेस कार्यकर्ताओं के एकजुटता ऐसे प्रस्तुत की कि पंजाब में कांग्रेस पार्टी को भारी समर्थन मिला। सरदार केरा सिंह की सरकार गठित हुई। मंत्रिमण्डल में महत्त्वपूर्ण पद मिला। किंतु सन 1962 में भारत-चीन युद्ध हुआ तो त्याग-पत्र देकर वह देश की आन-बान की रक्षा के लिए जुट गए। सन 1962 से 1972 तक, 10 वर्षों का जीवन शोषण और अन्याय के खिलाफ समर्पित किया। सन 1972 के आम चुनाव में भारी विषमताओं के बीच कांग्रेस से दो तिहाई बहुमत के साथ सबसे बड़ी पार्टी रही। पंजाब के बच्चे-बच्चे की यह चाह थी कि ज्ञानी जी मुख्यमंत्री बने। विधानमंडल में भी यही निर्णय हुआ। सर्वसम्मति से ज्ञानी जैल सिंह को कांग्रेस विधायकों ने विधान मंडल दल का नेता चुना। ज्ञानी जी मुख्य मंत्री बन गए। काफी लोकप्रिय मुख्यमंत्री के रूप में प्रदेश का सामाजिक, राजनैतिक, सांस्कृतिक एवं आर्थिक विकास और संवर्धन किया। उनका कार्यकाल भयमुक्त शासन के लिए लोकप्रिय हुआ और गरीबों, दलितों, शोषितों तथा प्रत्येक वर्ग की सुरक्षा और संरक्षा के लिए समर्पित था। कृषि, धर्मनिरपेक्षता, औद्योगीकरण, लोक निर्माण, गरीबी उन्मूलन तथा महिलाओं की शिक्षा पर आधारित इनकी सरकार की नीतियाँ सबके हित के लिए तैयार की गई थीं। अपने मुख्यमंत्रित्व काल में ज्ञानी जी ने प्रदेश में तो लोकप्रियता हासिल कर ही ली, इसके साथ वह संजय गांधी व श्रीमती इंदिरा गांधी के भी चहेते बन गए थे।

देश में सन 1975 में आपातकाल लागू हुआ। देश में आपातकाल के बाद जनता पार्टी को अप्रत्याशित विजय मिली। पंजाब चुनाव से मुक्त था। ज्ञानी जी से मोरारजी देसाई सरकार ने त्याग-पत्र मांगा और पंजाब में चुनाव कराने के लिए कहाँ मुख्यमंत्री ज्ञानी जैल सिंह ने सीधे साफ शब्दों में ऐसा करने से इन्कार कर दिया। बी.डी. जत्ती कार्यवाहक राष्ट्रपति ने एक आदेश के तहत नौ राज्यों की कांग्रेस सरकार भंग की। इस प्रकार जब वहाँ राष्ट्रपति शासन लागू हो गया तो ज्ञानी जी विवश हो गए।

पंजाब प्रांत में नए चुनाव के बाद अकाली जनता संयुक्त मोर्चे की सरकार बनी। ज्ञानी जी ने इस हार की जिम्मेदारी अपने ऊपर ले ली। जनता संयुक्त मोर्चा ने उन पर कई मुकदमे किए और जेल भेजा। जाँच हुई, आदेश यह हुआ कि ज्ञानी जी की जमानत इसलिए मंजूर की जा रही है क्योंकि उन्होंने अपनी अर्जी में स्पष्ट किया है कि जाँच दल का वह साथ देंगे और जब तक उन पर से सारे मुकदमें हट नहीं जाते, वह देश से बाहर पलायन नहीं करेंगे। सन 1977 में ज्ञानी जी सारे आरोपों से मुक्त हो गए।

सन 1980 के चुनाव में कांग्रेस को दो तिहाई बहुमत के साथ केन्द्र में फिर वापस आई। 14 जनवरी, 1980 को ज्ञानी जी कांग्रेस सरकार के मंत्रिमंडल में गृह मंत्री बने। उन्होंने गृह मंत्रालय का कार्य बहुत ही अच्छे ढंग से किया। पूर्वोत्तर का आतंकवाद, जम्मू-कश्मीर का आतंकवाद तथा पंजाब के आतंकवाद को कुचलने में उनकी अहम भूमिका रही।

डॉ. नीलम संजीव रेड्डी. महामहिम राष्ट्रपति, भारत गणतंत्र का कार्यकाल समाप्त हो रहा था। देश में नए राष्ट्रपति की तलाश शुरू हुई। श्रीमती इंदिरा गांधी ने ज्ञानी जी का नाम प्रस्तावित किया। कांग्रेस में कुछ विरोधी स्वरों की सुगबुगाहट हुई, फिर आम सहमति प्रकट हुई। सन 1982 के इस चुनाव में ज्ञानी जी के मुख्य प्रतिद्वन्द्वी श्री हंसराज खन्ना थे। 2, 82, 665 के मुकाबले 7,54,113 मत हासिल कर श्री जैल सिंह विजयी हुई। इक्कीस तोपों की सलामी और गारद सम्मान के साथ ज्ञानी जी ने राष्ट्रपति पद की शपथ ली और डॉ. नीलम संजीव रेड्डी से कार्यभार ग्रहण किया।

ज्ञानी जैल सिंह को राष्ट्रपति पद पर नामित किए जाने के बाद से ही संधवा गांव में हर्ष व रौनक के झण्डे फहरने लगे थे। ज्ञानी जी के राष्ट्रपति पद

पर चयनित होने पर लोगों में तरह-तरह की प्रतिक्रियाएं हुई। कुछ लोगों ने उन्हें प्रधानमंत्री श्रीमती इंदिरा गांधी जी 'रबर स्टैम्प' की संज्ञा दे डाली किंतु ऐसा नहीं था, वह मंजे हुए राजनीतिक पंडित थे। उन्होंने अपने जीवन के 66 बसंत देखे थे, उन्हें जीवन का पर्याप्त अनुभव था।

राष्ट्रपतित्व काल में ज्ञानी जैल सिंह दो बार असमंजस में पड़े। एक, 31 अक्तूबर, 1984 को श्रीमती इंदिरा गांधी की हत्या के बाद उनके उतराधिकारी का चयन तथा दूसरा, 1984 की ही घटना 'आपरेशन ब्लू स्टार।' ज्ञानी जी ने श्री राजीव गांधी को प्रधानमंत्री की शपथ दिलाई। कांग्रेस में आंतरिक नाराजगी थी किंतु ज्ञानी जी के इस निर्णय को जनता ने सही कदम ठहराया। ठीक उसी प्रकार 'आपरेशन ब्लू स्टार' में भी वह सफल रहे। कुछ ने तो ज्ञानी जी से त्याग पत्र मांगना शुरू किया था लेकिन ज्ञानी जी अपने निर्णय पर अडिग रहे।

कालांतर में ज्ञानी जी और राजीव जी में मतभेद पैदा हो गए। ज्ञानी जी ने कुछ महीने तनाव में व्यतीत किए किंतु उन्हें कोई महाभियोग लगाकर पद से हटा नहीं सका। उमको सबसे प्यार मिला और उन्होंने भी पांच वर्ष का कार्यकाल भारत को बहुमुखी विकास करते हुए अपनी सूझ-बूझ के साथ पूरा कर लिया।

राष्ट्र के हितैषी ज्ञानी जैल सिंह को सन 1987 में ससम्मान राष्ट्रपति भवन से विदाई दी गई। उन्होंने अपने दायित्व को श्री रामास्वामी वेंकटरमण को सौंप कर 4, संर्कुलर रोड, नई दिल्ली के लिए प्रस्थान किया।

ज्ञानी जी और उनके पत्नी प्रधानकौर अपने सरकारी बंगले में रहते हुए समय-समय पर विभिन्न संस्थाओं व सरकार द्वारा आयोजित कार्यक्रमों में हिस्सा लेकर कार्यक्रमों की शोभा बढ़ाते रहे। सपरिवार रहते हुए ज्ञानी जैल सिंह ने भारत की दिशा व दशा सुधारने के लिए समय-समय पर सरकार को अपने विचारों से अवगत कराया। ऐसे सिद्ध पुरुष, सत्कर्म व धर्म को धारण करने वाले का नब्बे के दशक में जब इंतकाल हुआ तो सारा देश उनके गम में डूब गया। सन 2002 के मई माह में उनकी पत्नी भी इस जहां से विदा हो गई। प्रधान कौर की मृत्यु पर राष्ट्रपति एवं प्रधानमंत्री ने उन्हें श्रद्धांजलि दी।

व्यक्ति मर जाता है लेकिन व्यक्तित्व व कृतित्व नहीं मरते। बचपन से कुछ सीखने व पढ़ने की ललक थी, योग्यता के अभाव में भी उनके अभूतपूर्व

योगदान को सराहते हुए पंजाबी यूनीवर्सिटी ने ज्ञानी जैल सिंह को 17 जुलाई, 1987 को डी. लिट. से विभूषित किया। नश्वर संसार त्याग देने के बाद भी ज्ञानी जी का सतह से शिखर तक का व्यक्ति और कृतत्व आज भी लोगों के लिए प्रेरणादायक है।

**इंसान**

वैसे जीवन एक कला है–जो केवल जीने के लिए आते हैं, जीते हैं, चले जाते हैं। परन्तु यहाँ कुछ हस्तियाँ ऐसी भी आती हैं जो जाकर भी नहीं जातीं। उनका जीवन उनके लिए नहीं होता। वे दूसरों के लिए जीते हैं–दूसरों के लिए खाते जिंदा हैं, रहते हैं दूसरों के लिए। अपना उनका कुछ नहीं। कुछ नहीं होता उनका अपना।

परिवार में रहकर भी वे, अपने परिवार के लिए इतना कुछ नहीं करते। दूसरे उनके अपने होते हैं–उनके लिए वे कुछ करने को हर प्रकार से तैयार रहते हैं। उनका विश्वास दूसरों के लिए कुछ करना होता है। अपने लिए वह कुछ नहीं करना चाहते। परमार्थ में जितना उनका यकीन होता है, उतना खुदगर्जी और स्वार्थ में नहीं। वे दूसरों का कुछ करने में मजा लेते हैं।

परन्तु वे किसी को ग़ैर नहीं समझते। हर एक उनका अपना है। यह सब कुछ तब ही होता है जब उसमें त्याग की भावना हो। कुछ देने का पवित्र ख्याल हो–लेने का कुछ नहीं।

ऐसी विभूतियां ही व्यक्ति, समाज, देश और विश्व के लिए कुछ कर बैठती हैं। फिर वे ही महान कहलाने लगते हैं। उन पर ही महानता की छाप लग जाती है। उनका अपना फिर कुछ नहीं रह जाता। वे ग़ैरों के लिए जीते हैं–ग़ैरों के लिए मरते हैं। फिर उनके लिए कोई ग़ैर भी तो नहीं रह जाता। सब में उसको अपनापन दिखाई देता है। वह अपनापन ही उनको ऊँचे विचारों का इंसान बना देता है।

आज हर इंसान, इंसान नहीं। इंसान कभी-कभी पैदा होता है–हर बार नहीं। जब उसमें इंसानियत के गुण होते हैं, वह देवता होता है–पैग़म्बर होता है–मसीहा होता है।

जिस युग को इंसान की जरूरत होती है। इंसान खुद आ जाता है। उसी की लोग पूजा करने लगते हैं। इज्जत करने लगते हैं। सर पर उठा लेते हैं। उसके चरण चूमने लगते हैं। लेकिन वास्तव में इंसान हो।

आजादी लेने वालों ने आज़ादी ली। वे लोगों के हाथों में सौंप कर चले गए। इसको बनाए रखना या बिगाड़ देना उनके अपने बूते ही बात है। बलिदान और त्याग को खो देंगे, तो देश की स्वतन्त्रता उसके हाथ से खिसक जाएगी। इसको कायम रखने के लिए अपने को कुर्बान करना होगा। अपनी सभी स्वार्थी इच्छाओं को मारकर दूरों की इच्छा पूर्ति का ध्यान रखना होगा।

देश सेवा, समाज सेवा और व्यक्ति सेवा दरअसल ये सब तपस्या का एक ऐसा रूप है, जो अकेले एक शख्स को नहीं, जो इस तरफ लग जाता है, उन सबको फल देता है।

दाना खाक़ में मिलकर,
गुले गुजार होता है।

इंसान बनने के लिए अभिमान, घमण्ड और ग़रूर का त्याग करना पड़ता है। जिसमें जरा-भी दिखावापन होता है, उसका भेद बहुत जल्दी खुल जाता है। वह सफेद पोश अन्दर से नहीं होता, सिर्फ बाहर से—अंदर तो उसके स्याही है।

दिखावे से उसकी असलियत खत्म हो जाती है, जाहिरा: दिखावा रह जाता है। जो धोखा, छल और प्रवंचना है। इनसे बचाने के लिए, बहुत कुछ खोना पड़ता है। क्योंकि खोकर ही कुछ मिलता है। छीन कर नहीं।

जीवन के सौदे में देना ज्यादा: फायदेमन्द है, लेना कम। जो देने से पहले लेने की लालसा करते हैं, उन्हें मिलता कहाँ है? किसी वस्तु के लिए इच्छा मत करो—वह स्वयं तुम्हारे पास आ जाएगी। तुम कुछ लेने के लिए आगे बढ़ो, वह पीछे हट जाएगी।

माँग मत करो। खुद मिल जाएगा। मगर कुछ तो तुम्हें बलिदान करना ही होगा। बलिदान ही बड़ी भारी तपस्या है।

झोंपड़ी में रहने वाला व्यक्ति—ऊँचे विचार रखे यह बहुत बड़ी बात है। फिर

गर्ज को मन से निकाल देना कोई मामूली बात नहीं। इसके लिए भी बहुत कुछ बलिदान करना पड़ता है। ज्ञानी जैलसिंह इस पक्ष को लेकर आगे बढ़े।

देश के दीवानों-मस्तानों से प्रेरणा लेकर ज्ञानी जी ने उनके चरण चिह्नों पर चलकर आज़ादी का सफ़र शुरू किया। समाज-सेवा और देश सेवा का व्रत लेकर स्वतंत्रता संग्राम में कूद पड़े। जेल गए। जेल की तकलीफ़ें हँसते-हँसते सहीं। अंग्रेजों के जमाने में होने वाले हर जुल्म और शीतम को बर्दाश्त किया।

लेकिन वाह रे, ज्ञानी जी! आप ज़रा भी विचलित न हुए। देश भक्तों के साथ कंधे से कंधा मिलाकर गुलामी से लड़े। आपके आजादी के संकल्प ने विदेशियों को आखिर विदेश में भेज ही दिया। और देश में से गुलामी भाग गई—आजादी आ गई।

फरीदकोट की महाराजाशाही का आपने डटकर मुकाबला किया और अन्त में आजादी हासिल करके इंसानियत का सबूत दिया।

देश में होने वाले सुधारों पर आपकी नजर गई। समस्याएँ और मसले-आपने नज़दीक से देखे। इनको सुलझाने के लिए ज्ञानी जी बचकर केसे रह सकते थे। मैदान में कूदकर इनका हल करना शुरू कर दिया। हर परेशानी का हल आपने ढूंढना ही शुरू नहीं किया, बल्कि पूरी तरह उसका समाधान भी करने लगे।

ऐसे जुट गए इस सब के काम में, कि तन-मन और धन सब कुछ अर्पण कर दिया। धीरे-धीरे देश के सेवक से स्वामी बन गए। मंत्री से मुख्य मंत्री—और अब राष्ट्रपति।

संविधान की सुरक्षा आपका धर्म बन गया—

- सामाजिक असमानता का पाप—
- अछूत कहना एक कानूनी अपराध और दण्ड—
- प्रत्येक नागरिक को जीने का हक़—
- हरिजनों को हर प्रकार से समान-अधिकार—
- शिक्षा का हर वर्ग को समान-अधिकार—
- देश की आर्थिक-स्थिति में सुधार करना—
- बलात्कार का विनाश करने का निर्णय—

ज्ञानी जी के जीवनवृत्त से हमें जो शिक्षा मिलेगी, वह देश और समाज के हित के लिए होगी–ऐसी हमें आशा है।

**प्रवेश**

ज़िन्दगी का जिनको मिलता है सवाब,
मालिक उनका करता है पूरा ख्वाब...

भारत के राष्ट्रपति कार्यालय को सबसे पहले आज़ादी के बाद डॉ० राजेन्द्र प्रसाद ने संभाला। फिर तो परम्परा के नाते, डॉ० राधाकृष्णन, डॉ० ज़ाकिर हुसैन, वी०वी० गिरि, फख़रुद्दीन अली अहमद, संजीव रेड्डी आदि सँभालते रहे–और सातवां स्थान प्राप्त हुआ है ज्ञानी जैलसिंह को–

पैदा होता है कोई नूरे नज़र,
समझो पैग़म्बर कोई जनमा ग़रीब।

गरीब घर में ग़रीब बच्चे ने जन्म लिया सन् 1916 में। जन्म के साथ ही साथ उसको सख्त परिश्रम की आदत भी मिली। बढ़ा तो उसके कान में आज़ादी के अंकुरों ने जन्म लिया। देश की स्वतन्त्रता के लिए विद्रोह का क्रोध उसको बपौती में मिला। मन की आसा के संकल्प ने उसको साहस ही नहीं विश्वास भी दे दिया।

देश–भक्ति ने उसे चूमा कि,
भारत–मात ने सीना दे दिया।
भगतसिंह की मौत क्या आई,
इसे सब कुछ ही मिल गया।

देशभक्त भगतसिंह की मृत्यु के बालक जैलसिंह को देश की आज़ादी के लिए एक दिलदार पैग़ाम दे दिया। देश और समाज के लिए वफ़ादारी का परचम हृदय, हाथ और सिर पर जमा लिया।

बा़लक ने देश सेवा के सामने शिक्षा को एक जंजाल समझा। और इस दिखावट को उठाकर एक तरफ़ फेंक दिया।

आग न हो देश भक्ति की जहां,
ख़ाली इल्मो हुनू सब बेकार है।

उनके सामने कई प्रकार के व्यापार और कार्यों के लालच आए–कभी उसका मोह देश की उन्नति, देश की आज़ादी और देश की बहबूदी को छोड़कर कहीं भी नहीं गया। रात-दिन देश के लिए कुछ करने की धुन उसके दिमाग में कुलबुलाया करती थी। वह देश का मसीहा होने के साथ ही देश का पागल बालक भी था।

धन को इस बालक ने कभी महत्त्व नहीं दिया।

नेहरू और केरो के संपर्क में रहकर उनको अपने वर्ग का अगुवा समझा आपने। क्योंकि ये दोनों सुलझे हुए, अनुभवी और अच्छे मार्गदर्शक थे। उनकी शिक्षा-दीक्षा से आपने बहुत कुछ सीखा। इन दोनों नेताओं के स्कूल में रहकर अपने स्वभाव, मूड और बर्ताव को समाज के, देश के अनुकूल बना लिया। आपको ज्ञान और बुद्धि दोनों का भण्डार इन्हीं बुद्धिजीवियों से प्राप्त हुआ।

विद्वानों और शिक्षाशास्त्रियों की सोहबत ने आपको अशिक्षित नहीं रहने दिया। आपकी विद्वत्ता की कुण्डलिनी ऐसी जागृत हुई कि आप वास्तव में ज्ञानी बन गए। फरीदकोट राज्य में आपके सभी साथी मित्र आपकी इस सच्ची-शिक्षा के क़ायल हो गए–और दिन पर दिन आपकी प्रतिभा में चार चाँद लगने लगे। इतना होने पर भी आपको अपनी प्रशंसा और तारीफ़ से चिढ़ थी। वह झूठी चम्चेबाज़ी के हमेशा ख़िलाफ रहे। धीरे-धीरे आपकी नम्रता और मिलनसारी ने आपको राष्ट्र हितैषी बना दिया।

हर वक्त थी दिमाग़ में,
बस देश की लगन।
देश के हो प्यार में–
वह रहते थे मगन।

धीरे-धीरे उनको देश और समाज का भूत ऐसा सवार हुआ कि परिवार और घर के किसी काम में उनका मन नहीं लगता था। देशभक्ति की माला जपना ही आपका ध्येय बन गया था।

देश और जाति का प्रेम आपके हृदय में कूट-कूटकर भरा है। उर्दू और पंजाबी भाषाओं में देशभक्ति के दोहे और शेर कहकर अच्छे-से-अच्छे विरोधियों और दूसरी पार्टी के लोगों को चकित कर देते हैं–

जिसके दिल में देश का न प्यार हो,
केसे हो सकता किसी का यार वो।

किसी भी विरोधी या अपवादी को अपने मीठे प्यार भरे शब्द शायरी के रूप में सुनाकर अपना बना लेते हैं आप।

ज्ञानी जी 1947 अर्थात् आज़ादी के बाद कांग्रेस के विश्वास में आ गए और इसी संस्था के सदस्य रहकर जनता की सेवा में लग गए। इन्होंने लोगों की कष्टमय समस्यायें देखकर तन-मन से सेवा की।

अपने जीवन में इन्होंने अनेक प्रकार की हानियाँ ही नहीं, अपमान भी सहे—परन्तु लौह पुरुष की भाँति वह अडिग रहे। घबराकर सेवा-कार्य से भागे नहीं। चाहे लोगों ने आपको काफी हतोत्साहित किया, परंतु—

रंज का खूँगर हुआ इंसाँ,
तो मिट जाता हैं रंज।
मुश्किलें इतनी पड़ीं कि,
मुझ पे आसां हो गईं।

सबसे पहले आप अपने परिश्रम और विकट साहस—तथा जनता के सहयोग से विधान सभा के सदस्य चुने गए। इस नियुक्ति के पश्चात् आपने असहाय और गरीबों की अथक सेवा की। इससे आपके जीवन का विकास बहुत अधिक बढ़ गया। लोगों में वह एक विश्वसनीय नेता के रूप में जम गए। क्योंकि आपका उद्देश्य रहा है कि छोटा-बड़ा, ऊँच-नीच का विचार रखना मानव की कमजोरियाँ हैं। इस संसार में छोटा-सा बड़ा या ऊँच-नीच, अमीर-गरीब का ख्याल ही इंसान को इंसान नहीं रहने देता—

न कोई ऊँचा, न कोई नीचा,
हैं ये झूटे ढोंग।
इन लफड़ों में जो नहीं पड़ते,
वे हैं सच्चे सोंन।।

ज्ञानी जी के शुद्ध विचारों और पवित्र भावनाओं ने उनके हौसले को उन्नत किया। और वह अपने दृढ़ संकल्प को लेकर मंत्री के पद पर पहुँच गए।

उनके अभिभावकों और सहायकों ने उनको और भी आगे देखना पसंद किया और वह पंजाब के मुख्यमंत्री के पद पर आसीन हो गए। मोहताजों, गरीबों-निर्धनों के लिए उनके दरवाज़े हमेशा खुले रहते थे। वह किसी भी छोटे-बड़े व्यक्ति से हर समय मिलने के लिए तैयार रहते थे। उनके प्रदेश में यदि कोई संयोगवश घटना घटती तो आप तुरंत उसके लिए सतर्क हो जाते थे।

न्याय और इंसाफ आपकी छुट्टी में पड़े थे। वह अपने कार्यालय को अचानक छोड़कर चाहे जिस विभाग में जा धमकते थे। वह निर्भीक शासक थे।

किसी प्रकार का भ्रष्टाचार अपने राज्य में नहीं देख सकते थे। अपने अन्य मंत्रियों को भेजकर उनके विभागों के लिए उनको समय-समय पर उन्हें सतर्क करते थे। छोटी-से-छोटी ग़लती को बहुत बड़ा अपराध मानते थे ज्ञानी जी। यदि कोई जनता का व्यक्ति उनको टेलीफोन द्वारा उन्हें किसी प्रकार की घूस या रिश्वत की सूचना देता, तो आप तुरंत उसकी अपने अधिकारियों द्वारा छान-बीन कराते थे।

किसी भी छोटे-से-छोटे अपराधी, भ्रष्टाचारी या मुजरिम को बिना सज़ा या जुर्माने के नहीं छोड़ने देते थे। उनको इस बात से चिढ़ रही है कि वह किसी की सिफ़ारिश मानें। चाहे कोई उनका निजी रिश्तेदार हो या कोई गहरा मित्र। उनके सामने जाकर किसी की यह हिम्मत नहीं होती थी कि किसी दोषी की सिफारिश करके उसको नाजायज़ तौर से मुक्ति दिला दें।

इनके कार्यालय में विरोधी लोगों ने उनको हिलाने की काफ़ी कोशिश की और आपके ख़िलाफ़ काफ़ी ग़लत प्रचार किया। मगर आप तो इतने सख़्त शासक थे कि इनको नीचा दिखाना कोई ख़ाला जी का घर नहीं था।

इनके इतने शिक्षित न होने के चैलेंज, बड़े-से-बड़े बुद्धिजीवी भी नहीं दे सके। जब भी उनके सामने कोई महान मसला आ जाता, तो ज्ञानी जी कभी उससे विचलित न होते—न उनको इस पर अधिक सोच-विचार करना पड़ा। आनन-फानन में आप बड़ी-से-बड़ी समस्या को हल करके अपना फैसला दे देते थे। इनको कभी किसी अपने मंत्री या सचिव की सहायता लेने की आवश्यकता भी नहीं पड़ी।

ज्ञानीजी के अन्य कर्मचारियों तथा सहयोगियों को बड़ा आश्चर्य होता था, जब किसी भी बात को दो टूक फ़ैसला सुना देते वह–

यकहीं के सहारे चले वह हमेशा,
यकीं पर यकीं हो, था उनका मक़ौला।

किसी भी गहरे मामले पर ज्ञानी जी बहुत गहरा सोचते थे।

उन्होंने देखा कि इतने बड़े पंजाब में केवल एक विश्वविद्यालय पर्याप्त नहीं, तो आपने लोगों का परामर्श लेकर दूसरा 'गुरु नानक विश्वविद्यालय' कायम कराया। इससे पंजाब की जनता को काफ़ी लाभ पहुँचा। लोगों को इस नए रूप ने काफ़ी विकसित होने के लिए प्रेरित किया। विद्या के क्षेत्र में यह एक नवीन प्रयोग और उपयोग था।

सिख धर्म का आनन्द साहब एक पवित्र स्थान है। वहाँ तक पहुंचने के लिए कोई सुविधापूर्ण मार्ग नहीं था। धार्मिक लोगों ने आकर आपको एक सुझाव दिया–"अगर आनन्द साहब और स्वर्ण मन्दिर के बीच ऐसी सड़क बनवा दी जाए, कि दोनों पवित्र स्थानों पर जाने वाले यात्री आसानी से उन स्थानों पर यात्रा करने का लाभ उठा सकें।"

ज्ञानी जी को यह परामर्श बहुत ही उत्तम लगा और उन्होंने दोनों धार्मिक स्थानों के बीच सड़क बनवा दी। अकाली लोगों को यह सुविधा बहुत अच्छी लगी।

मज़हब नहीं सिखाता,
आपस में बैर करना।

वास्तव में यदि मनुष्य किसी के जीवन में उतर उसका सद्अध्ययन करे, तो इसमें दो राय नहीं कि उसके जीवन में अवश्य ही परिवर्तन आने लगता है। सहज से समर्पण को भी उन्नत मार्ग पर चलने के लिए प्रेरित करता है। लघु प्रारम्भ भी कभी-कभी महान अन्त बन जाता है। यही बात हमारे ज्ञानी जी पर लागू होती है–

न मशक़्क़त बुरी है,
न मेहनत बुरी है,
बुरे हैं वही–
जिनकी आदत बुरी है।

हर भारतीय को यह जानना ज़रूरी है, कि सच्ची देशभक्ति और सच्ची लगन मनुष्य को कहाँ से कहाँ पहुँचा देती है।

चाहे सुमेरु कू छार करे,
और छार कू चाहे सुमेरु बनाए।
दृढ़ संकल्प को माया अपरम्परा है...

## जन्म-स्थान

होड़ जिसने की है इस ज़िन्दगी से,
उसी को पाया है हमने ज़िन्दा दिल।

ज्ञानी जैलसिंह का जन्म 5 मई सन् 1916 को संधवान ग्राम, जिला फरीदकोट में हुआ। आप सरदार किशनसिंह के कनिष्ठ पुत्र हैं। आप किसान के बेटे किसान हैं। पचास एकड़ ज़मीन को आप स्वयं जोतते थे।

उन दिनों पंजाब में उर्दू भाषा पढ़ाई जाती थी। स्कूल में तो आपको भेज दिया गया। परन्तु आपके मन में बचपन से भारत-माता के प्यार ने जन्म ले लिया था। देशभक्ति ने आपको स्कूल जाने से रोक दिया—कुछ दिन अक्षर ज्ञान होते-होते ही आपके मन में शिक्षा की ओर से अरुचि हो गई और देश, समाज और राष्ट्र-प्रेम की तालीम आपने ग्रहण करनी शुरू कर दी।

संभव है ज्ञानी जी के पिता सरदार जी ने पढ़ाई के लिए ज़ोर दिया हो, परन्तु देश-कल्याण की चाट लग गई हो, उसको इस रस को कौन दूर कर सकता था।

देश के इस इश्क ने, माशूक़ इसको दे दिया।
मातृभमि के लिए ही जिसका सब-कुछ लुट गया।

## शिक्षा-दीक्षा

ज्ञानी जी निर्धन और पिछड़ी जाति के उच्च-विचारक व्यक्ति हैं। इनके पिता देहाती जनसंख्या में एक सीधे दस्तकार थे—परंतु अपनी ईमानदारी और नेकनीयती के बल पर पचास बीघे के ज़मींदार बने। गरीबों में रहते हुए वह खुश और आत्म संतोषी थे। इतना होने पर भी परोपकार की भावना से वह सम्पन्न थे। किसी ग्रामीण को अप्रसन्न करके अपना मनोरथ उन्होंने कभी सिद्ध नहीं किया।

**माता-पिता**

सरदार किशन सिंह की मृत्यु शीघ्र तब हो गई थी, जब ज्ञानी जी की आयु केवल छः वर्ष की थी। सरदार जी के मन में यह थोड़ा पश्चात्ताप रहा कि वह अपने होनहार पुत्र ज़ैलसिंह को इतना शिक्षित न बना सके। किन्तु ज्ञानी जी को छत्रपति शिवाजी की भांति उनकी माता जी से पूर्ण शिक्षा मिली। नैतिक बल धार्मिक विचार, सामाजिक रहन-सहन एवं सेवा के व्रत उनको माताजी से ही मिले। उन्होंने अपने साक्षात्कार में स्वयं यह स्वीकार किया है–"कि जो कुछ भी आज मेरे पास शिक्षा-कला की धरोहर है, उसका सारा श्रेय मेरी पूज्या माँ को है। जितना भी मुझे उपदेश, नसीहत और सबक़ मिला है, वह सब उसी की मेहरबानी है।

मेरा मुझ में कुछ नहीं,  
जो कुछ है सब तोर।

मैं जनता में जितना आगे आया हूँ या मुझे जितनी मशहूरी मिली है अथवा इस राजनीति में जो कुछ मुझे खींचकर लाया है वह सब इसी मातेश्वरी की कृपा है। सिर्फ़ उसका शुक्रिया अदा करने से इसका बदला नहीं उतर सकता। मैं अपने जिस्म की जूतियाँ बनाकर उस माँ को पहना दूँ, तब भी उसका अहसान मैं नहीं चुका सकता।

उसने मुझे–मेरे चरित्र, मेरे भविष्य को बनाने के लिए जो भी कुर्बानियां दी हैं, मैं सारी उम्र भी उसकी खिदमत करके उस कर्ज़ से मुक्त नहीं हो सकता।

मुझे अफ़सोस है–मेरी माँ बीमार थी। मैं पाँच वर्ष तक के लिए देश के शहीदों के साथ जेल में था। मैंने माँ की आख़िरी सेवा के लिए–उसके दर्शन के लिए पैरौल पर छूटने के लिए प्रार्थना की। परन्तु ज़ालिम अंग्रेज सरकार ने मुझे इजाजत नहीं दी। मेरी जेल अवधि पूरी होने में तीन महीने बाकी थे।

फ़रीदकोट के हाकिमों ने मुझे बार-बार अर्ज़ करने, दरख्वास्त देने पर भी पैरौल पर नहीं छोड़ा। वह मुझे इस शर्त पर छोड़ने को तैयार थे कि मैं उनसे माफ़ी मांगू। लेकिन–

एहसान नाखुदा का–
उठाए मेरी बला।
कश्ती खुदा पै छोड़ दूँ–
लगर को तोड़ दूँ।

मैं बज़िद हो गया। मरना मंजूर। मगर झुक कर मुल्क की, देश की, भारत माता की बेइज़्ज़ती बर्दाश्त केसे की जा सकती थी। मैंने साफ़ इंकार कर दिया। एक माँ जा रही है–लाखों, करोड़ें की माँ तो है,

"जान जाए, पर मान न जाए!"

इस घटना ने ज्ञानी जी की देशभक्ति के प्रति और भी दृढ़ और मज़बूत इरादा बना दिया। उनकी इस त्याग-तपस्या ने देश सेवा में उनको और भी संलग्न कर दिया। देश के गर्म नेताओं की चेष्टाओं और उनके दृढ़ संकल्पों ने ज्ञानी जी को और भी अधिक विद्रोही बना दिया।

**देश की ओर**

शहीद भगतसिंह, बी० के० दत्त, चन्द्रशेखर आज़ाद और विद्यार्थी जी के चरित्रों ने उनको ऐसा सचेत किया कि सोलह-सत्रह वर्ष की आयु होते हुए भी–वह विद्रोही बन गए। शहीदों की जीवनियों ने उनके चरित्र पर ऐसा प्रभाव डाला कि वह अपनी जन्मभूमि छोड़कर, अन्य देशभक्तों से मिलकर, देश स्वतन्त्रता की योजना में शामिल होने लगे।

बालक ज्ञानसिंह ने लाहौर के लाला लाजपतराय को अपना अगुवा नेता माना और उनके नक्शे-क़दम पर चलने के लिए--बाबा आत्मसिंह और बाबा ईश्वरसिंह के सम्पर्क में आए। उन्होंने मिलकर सारे पंजाब में आज़ादी के प्रचार और प्रसार के लिए एक बड़ी भारी मुहिम चलाई। इस लहर ने पंजाब में एक कोने से लेकर दूसरे कोने तक स्वतन्त्र होने के लिए आग लगा दी–और ये नारा गूँज उठा--

"...इन्क़लाब-ज़िंदाबाद,
ग़ैर सरकार हो बर्बाद।"

सन् 1937 में आज़ादी के दीवाने गाँव-गाँव, शहर-शहर में जाकर विदेशी वस्तुओं की होली जलाने लगे। ज्ञानी जी इन भड़कते हुए शोलों से दूर न रहे।

शहीदों के प्रति आपकी आँखों में आँसू आते रहे–शहीदों के माता-पिता के प्रति आपकी इतनी सहानुभूति उमड़ आई थी कि देश-प्रेमियों के पास जाकर उनसे तन-मन-धन की भीख मांगते और उनकी आदरपूर्वक सेवा करते।

ज्ञानी जी की स्थिति उन दिनों एक पागल दीवाने की तरह थीं। उनका मन और किसी काम में नहीं लगता था। चाहे उनके विरोधी लोग उनको नीचा दिखाने की कोशिश करते। बदनाम करते। मगर आपने कभी किसी की ज़रा भी परवाह नहीं की। वह देश के लिए ऊँचे ह्दय से, गर्वपूर्वक, निडर होकर अपनी आज़ादी का उद्देश्य पूरा करने में लगे हुए थे।

## परिवार

ज्ञानी जी की पत्नी एक साधारण किसान की बेटी थीं। उन्होंने अपने साथ जीवन में अनके प्रकार की कठिनाइयों और परेशानियों का सामना किया था। शायद ही भारत को किसी और नारी ने इतने कष्ट झेले हो। गरीबी उनके पचास वर्ष तक के जीवन में रही। परन्तु देशभक्ति पति के साथ परिवार में कंधे से कंधा मिलाकर रही! किसी कष्ट के लिए उसने उफ़ तक नहीं की। उसके मुखमण्डल पर आज भी झेली मुसीबतों के चिह्न अंकित हैं। जिन परिस्थितियों में उसने स्वयं को निकाला है, उसने कभी किसी के सामने प्रकट नहीं किया–वह स्वयं ही इस सब को झेलती रही।

ज्ञानी जी का एक पुत्र है–उसका नाम जोगिन्दर सिंह है। उसकी उम्र चव्वालीस-पैंतालीस वर्ष की है। अपने देशभक्त बाप को सहयोग देन की गर्ज़ से धरती की देख-भाल वही करता है।

उनकी तीन पुत्रियाँ हैं। सबसे बड़ी जोगिन्दर कौर, उससे छोटी का नाम है गुरदीप कौर और सबसे छोटी मंजीत कौर हैं।

सबसे बड़ी जोगिन्दर कौर अक्सर गाँव में ही रहना पसन्द करती है। उससे दो छोटी गुरदीप कौर और मंजीत कौर डॉक्टर हैं–ये दोनों समाज सेवा में यक़ीन रखती हैं। ज्ञानी जी का स्वयं का अपना अलग से अछूता व्यक्तित्व है। ऊँचा, क़द, भरा-पूरा चेहरा, उभरा शरीर, सुन्दर नम्र और मृदु भाषा। मिलनसारी स्वभाव। समय के पाबन्द। हँस मुख। अचकन-पायजामा धारी। पगड़ी बाँधे हुए चुस्त, हाज़िर जवाब।

शेरो-शायरी का इतना शौक़ कि किसी भी बात से पहले—आपके मुख से शायरी फूट पड़ती है। हर मौके़ महल को शेरों से खाली नहीं छोड़ते हैं आप। फिर हर मौक़ा आपके शेरों—लतिफ़ों का इन्तज़ार करता रहता है। उनके मित्र आपके बड़े भक्त हैं। शायद उन्होंने अपनी ज़िन्दगी में किसी को अपना दुश्मन नहीं बनाया।

वैसे अच्छा काम करने वाले लोगों के खिलाफ़ लोग बहुत जल्दी हो जाते हैं। या तो इसको वैमनस्य कहो, या जलोका वृत्ति। कुछ का शेवा ही खिलाफ़त करना बन जाता है। कुछ दूसरों को उन्नति करते देख नहीं सकते। कुछ हैं जिनकी आदत किसी की भी आलोचना या तंकीद करना हो जाती है।

**धार्मिक भावना**

ज्ञानी जी की आयु अठारह-बीस वर्ष की ही रही होगी। देश प्रेम के साथ-साथ उनमें धार्मिक विचार भी उमड़ने लगे। गुरुद्वारे तो जाते ही थे—सिक्ख धर्म, उसका इतिहास, उसकी संस्कृति, उसकी भाषा से शीघ्र ही परिचित हो गए। इतना ही नहीं, उन्होंने कु़रान शरीफ़ का दो बार पाठ कर डाला और पाक उसूलों को दिल में उतारा। साथ में गीता के अठारह अध्यायों को हृदयंगम किया। कर्मयोग पर आपकी अधिक आस्था रही, गीता की रीति-नीति को आपने बड़े करीब से पढ़ा। रामायण की अनेकों दोहे-चौपाइयाँ आपको कण्ठस्थ है। राम और भरत के चरित्रों ने आपको काफ़ी प्रभावित किया है।

आपके सामाजिक जीवन पर धार्मिक ग्रंथों और चर्चाओं ने बहुत असर डाला है। बात-बात पर धर्म और मज़हब की टिप्पणियाँ देकर अपने मित्रों को मंत्रमुग्ध कर देते हैं। इनको धर्म स्नातक कहा जाए तो शायद अत्युक्ति नहीं। इनकी पूज्य माता की कृपा इन पर बचपन से ही रही और उन्होंने ही आपको धर्म और समाज से परिचित कराया।

आप धर्म और जाति को भिन्न मानते हैं। जाति-पाँति के भेदभाव से नफ़रत करते हैं। उनका विश्वास है कि इंसान-इंसान में कोई अन्तर नहीं। चाहे वह भारत का रहने वाला हो या किसी विदेश का। हिन्दू, मुस्लिम-ईसाई या पारसी कोई और नहीं। सब एक ईश्वर-अल्लाह-गॉड की औलाद हैं। मालिक ने किसी को किसी जाति-मज़हब में बाँट कर नहीं भेजा। उसने सबको अशरफ़-उल

मख़लूकात के घेरे में बांधा है। ये सब मज़हबाज़ी हमलोगों ने--खुदगर्जी के साए मैं तैयार की हैं। जो हमारे देश के लिए ख़तरनाक हैं–

जात-पाँत पूछै ना कोई।
हर को भजै सो हर को होई।

उनका कहना है कि "मैं उन बन्दों को प्यार करता हूँ, जो बन्दों को प्यार करते हैं।"

ज्ञानी जी को मौजूदा सामाजिक-जीवन पसंद है। त्रह गरीब और गिरे हुए तिनके को सबसे ज्यादा प्यार करते हैं। उनका अपना विचार है–"मैं खुद एक गरीब परिवार से ताल्लुक़ रखता हूँ। मुझे छोटे वर्ग के भाइयों से ज़्यादा लगाव है। मैं किसान का बेटा हूँ।"

**पत्रकारः व्याख्याता**

ज्ञानी जी, बहुत सुन्दर प्रवक्ता हैं। उनकी वाणी में रस है। किसी भी विषय पर जब बोलना प्रारम्भ करते हैं तो उस विषय की पूरी तरह से व्याख्या करके छोड़ते हैं। लिखे हुए प्रस्ताव को पढ़कर सुनाने में भी उनकी अलग से एक कला है। एक-एक शब्द, एक-एक वाक्य को तोड़कर इस प्रकार बोलते हैं कि साधारण-से-साधारण पढ़ा-लिखा भी उसको भली प्रकार समझ सकता है।

आपके बोलने की भाषा, बड़ी सरल और सर्व साधारण होती है। चाहे वह उर्दू ही क्यों न हो! अंग्रेजी भाषा जानते हुए भी–उसमें उनका पूरी तरह लगाव नहीं रहा। पंजाबी के पंडित हैं।

ज्ञानी जी, पत्रकार होने के नाते--पंजाबी भाषा में कलम के धनी रहे हैं। 'खालसा सेवक' साप्ताहिक पत्र के आपस सिद्धहस्त सम्पादक रहे हैं। कई वर्ष तक अपनी लेखनी से पत्र को जीवन देते रहे।

इस क्षेत्र में आप सम्पादक होने के साथ जोरदार सम्पादकीय लिखते, प्रफ़ शोधन करते, मौक़ा पड़ने पर विज्ञापन प्राप्त करने के लिए भी दौड़-धूप करते।

आप स्वयं अकेले ही यह सब कार्य पत्र को चलाने के लिए किया करते थे। फिर भी आप दो जून की रोटी नहीं जुटा पाते थे इसके द्वारा।

इतना सब कुछ झेलते-सहते, बर्दाश्त करते हुए भी देश भक्ति की लगन आपके साथ थी। इससे थककर कभी आप थके नहीं-घबराए नहीं-भागे नहीं।

**गरीबी की घटना**

सन् 1985 में, ज्ञानी जी को, काँग्रेस हाई कमांड ने किसी विशेष मन्त्रणा के लिए बुलाया था नई दिल्ली। उस समय भी आपकी गरीबी, आपकी आर्थिक दशा पर हावी थी।

एकदम दिल्ली में नए आदमी का आना। उसके ठहरने की व्यवस्था। शायद एकदम कठिन हो सकती है। जबकि कोई जान-पहचान न हो। यही बात आपके साथ भी घटी। तलाश करते हुए आपको स्टेशन के पास चाँदनी चौक में कहते हैं, छुन्ना मल की धर्मशाला में ठहरने का स्थान मिला।

सरदार पटेल गृह मंत्री से आपको मिलना था। फतेहपुरी से औरंगजेब रोड (सरदार पटेल का निवास स्थान) जाना था। इस युवक के पास टैक्सी में बैठकर जाने के पैसे कहाँ थे। येन केन प्रकारेण ज्ञानी जी ताँगा लेकर सरदार साहब के स्थान पर पहुँचे।

जब ज्ञानी जी पहुँचे, इनके मिलने का निश्चित समय निकल चुका था। सरदार पटेल समय की पाबंदी के मामले में अंग्रेजों से भी अधिक कड़े थे। दूसरे मिलने वाले उनसे मिलने अन्दर चले गए।

ज्ञानी जी, असमंजस में पड़ गए। पटेल जी से एकदम मिलने का समय प्राप्त करना कोई आसान काम नहीं था। खै़र, ज्यूँ-त्यूँ करके ज्ञानी जो को पाँच दिन बाद का समय मिलने के लिए नियत हुआ। न मालूम केसे ये पाँच दिन ज्ञानी जी ने काटे?

अपने समाज सेवा के लिए पद यात्रा को ही तरजीह दी। क्योंकि टैक्सी का किराया देना किसी छोटे से छोटे परिवहन को पैसे देना आपकी सामर्थ्य के बहार था उस समय आपके पास आर्थिक संकट इतना भारी था कि अपने बच्चों की शिक्षा को पूरी तरह नहीं चला सकते थे। ज्ञानी जी के कुछ रिश्तेदार-मित्र ही उनके बच्चों की शिक्षा का खर्च चलाते थे।

अपने साधारण जीवन में, चाहे उन्होंने कितने दु:खों को झेला! कितनी ही मुसीबतों का सामना करना पड़ा! कितने ही अपमानों को सहा। आपके ऊपर कितनी ही बुराइयाँ आईं। लोगों ने, साथियों ने, विरोधियों ने इलज़ामात लगाए–मगर आपने इन सबको हंसते-हंसते, दिल पर बिना किसी असर के, बेपरवाही के साथ उड़ा दिया। क्योंकि आपने इनकी बेकार की बातों पर कभी ध्यान ही नहीं दिया है।

आप कितने बड़े अपराध पर, दोष पर हँसते रहे आपका स्वभाव बड़ा विनोदी और व्यंग्यात्मक है। गहरी से गहरी, बड़ी से बड़ी बात को आप मज़ाक में टाल देते हैं–

कितना कोई बुरा कहे,
बुरा न मानिए–
कितनी ही बड़ी उलझन को–
उलझन न जानिए।

किसी भी बात को ज़्यादा सोचना, एक बीमारी है।

## स्वभाव: मिलन सारी

ज्ञानी जी का स्वभाव बचपन से ही बड़ा मिलनसार और हरदिल अज़ीज़ है। कोई कितना ही कड़ा बोले-सख्त बोले, मगर आप हैं कि अपनी मीठे स्वभाव और लतीफ आदत से किसी को भी अपना बना लेते हैं। आप जब पंजाब में मंत्री पद पर थे, एक मिलिट्री के जनरल आप से मिलने के लिए आए। बोले–"आप यहाँ मंत्री बने बैठे हैं। आपके इस राज्य में कितना भ्रष्टाचार हो रहा है इसको रोकते क्यों नहीं? इसका मतलब है आप खुद इसमें शामिल हैं।" ज्ञानी जी ने मुस्कराकर मीठे शब्दों में जबाव दिया–"चौधरी साहब! इस भ्रष्टाचार में कोई बाहर का आदमी नहीं। हमारे भाई ही तो हैं। आपस के सहयोग से ही ये सब कुछ दूर हो सकता है।' वह जनरल साहब इस उत्तर से खुश नहीं हुए। उनको ज़रा क्रोध आ गया।

ज्ञानी जी ने उनको हाथ जोड़कर खामोश किया और बोले–

यही है फल्सफा आवागवन का,
जहाँ अजाम भी है, आग़ाज़ भी है।

इसी तरह जब आप जेल में थे तो वहाँ के जेलर ने बहुत केदियों को बुरा-भला कहा और सख्ती के साथ पीटा भी। ज्ञानी जी को इस घटना का पता चला। वह भी मौके पर पहुँच गए। विचारे कैदी गुम-सुम खड़े थे। कई उनमें से बड़बड़ा भी रहे थे। ज्ञानी जी ने उनसे कहा–

बरादर न घबराओ, इस जोर जुल्म से,
कुछ ही दिन और हैं, जालिम के क़हर के।

पंजाब की पंचायतों में एक बार आपसी विरोध हो गया। गांव की जनता में इस विरोध से खलबली मच गई। पंचायत के प्रति लोगों में अविश्वास फैलने की संभावना हो गई। गाँव के लोग घबराने लगे। ज्ञानी जी को इस बात का पता चला तो पंचायत अधिकारियों को बुलाकर इस झगड़े की पूरी रिपोर्ट ली। फिर बात की असलियत पर पहुँचकर उन्होंने सरपंचों से सम्पर्क स्थापित किया। उनसे उनकी बात ध्यानपूर्वक सुनी। फिर पंचायत और उसके सभी अधिकारियों के बीच मिलनसारी का व्यवहार स्थापित कराकर पंचायत को ठीक ढंग से जमाया। उसके पश्चात् पंचायत में कभी कोई गड़बड़ नहीं हुई। लोगों ने इस बिगड़ी हुई दशा को सुधरा हुआ जानकर ज्ञानी जी की मुक्त कण्ठ से प्रशंसा की।

देश की सेवा के लिए, हर तरह कुर्बान हो,
यही व्रत लेकर चलो तो देश का कल्याण हो।

### हरिजन समस्या और अन्य वर्ग

पंजाब में कई बार हरिजन समस्या का भयंकर तूफान आया और जनता उससे परेशान हो गई। पंजाब के मंत्रीगण भी इस समस्या से विचलित हो गए। परंतु जब ज्ञानी जी ने इस पर ध्यान दिया तो वह कमर कसकर खड़े हो गए। हरिजन और दूसरे लोगों को अपने सामने बिठाया और उनको पूरी तरह समझाकर उनके इस कठिन प्रश्न को हल करके दोनों पक्षों को शांत कर दिया।

कुछ विरोधी पार्टी के लोगों ने हिन्दू, सिक्ख और हरिजनों में परस्पर तनाव पैदा करके पंजाब को बदनाम करने का प्रयत्न किया, परन्तु ज्ञानी जी की सद्व्यवहार नीति ने विरोधियों के दाँत खट्टे कर दिए। तीनों वर्गों के मन-मुटाव और तनाव को बड़ी बुद्धिमानी और चतुरता से हल कर दिया।

## साहित्य में अभिरुचि

बचपन से ही ज्ञानी जी को साहित्य से प्यार था। इन्होंने जब अपनी पाठशालीय-शिक्षा समाप्त कर ली–तो उस समय से ही आपको फने-शायरी से लगाव हो गया। उर्दू भाषा आपको विरासत में मिली थी, क्योंकि वह दौर उर्दू-फारसी का था। आपके आस-पास विशेषकर फरीदकोट में उर्दू के काफी आलम फाज़िल उलमा रहते थे। उनकी सोहबत में बैठना कुदरतन था। आपकी कुशाग्र बुद्धि और उलुलज़्मी ने आपको उर्दू का आशिक बना दिया। बिला तकुल्ललुपू आप उर्दू को शायरी की तरफ रागिब हो गए।

जिसको चलने की रहे झौंक,
उसको कोई फिर रहे...टौंक?

ज्ञानी जी गुरुमुखी भाषा में सिक्ख धर्म, सिक्ख-इतिहास और सिक्ख साहित्य के माहिर हो गए। आप यह सब कुछ अध्ययन करने के पश्चात् 'ज्ञानी' अर्थात् स्नातक बन गए।

सिख धर्म का ज्ञान ज्ञानी जी को इतना वृहद हो गया कि यदि कोई भी महापंडित इस संदर्भ में चर्चा करें तो आप उसको उसी की रीति-नीति राजनीति के दायरे में समझा सकते हैं।

आप धर्मज्ञाता अवश्य हैं, परन्तु कट्टरता के विरोधी हैं। आपका कहना है सब धर्म और सब भाषाएँ अपने-अपने स्थानों पर महान हैं। किसी दूसरे धर्म का विरोध करना या उस पर टीका-टिप्पणी करना, नीचता का काम है। ईश्वर एक है और वह सब जगह मौजूद है।

## भावात्मक एकता

ज्ञानी जी का कथन है कि मिलकर प्यार से रहना ही मनुष्यता है। जो आदमी प्यार और मोहब्बत से नहीं जीता, वह इंसान कहलाने का अधिकारी नहीं। हमें किसी को छोटा या नीच कहकर, उसे ठुकराना नहीं चाहिए। सब के साथ नम्रता और प्रेम का व्यवहार करना चाहिए।

बड़ा हुआ तो क्या हुआ, जैसे पेड़ खजूर।
पंछी को छाया नहीं, फल लागे अति दूर।

हमारे दिल में जब तक भावात्मक एकता, सबको बराबर समझना, सबके साथ एक सा बर्ताव करना, छोटे-बड़े का भाव मन से निकाल देना नहीं आएगा, हम कभी उपकारी या नेता नहीं बन सकते।

ठोकर अगर लग जाए किसी को,
उठाकर गले से लगा लो उसी को।

अगर परेशानियों, मुसीबतों से किसी का दिल नाउम्मीद हो चुका है—निराशा से उसको तोड़ दिया या उसमें सहनशीलता, और ताकते बर्दाश्त नहीं रही है, तो उसको हौसला दो, हिम्मत बंधाओ और उसको साहस रखने के लिए कहो।

गिरते हैं सहसवार ही,
मैदाने जंग में—
वह तिफ्ल क्या गिरेगा—
जो घुटनों के बल चले।

सदैव ऊँचे विचार रखना, आपका उद्देश्य और उसूल रहा है। आपके पास कोई विद्यार्थी परीक्षा में फेल होकर आया। आपने उसको हर तरह का हौसला देकर आगे बढ़ने के लिए उत्साहित किया। आपके साथी ज़मींदार या खेतिहर भाई भी निराश होकर, घबराकर ना उम्मीद होकर आए, तो उनकी भी हिम्मत बढ़ाकर उनकी हर प्रकार से सहायता की।

ज्ञानी जी खुद अपनी मेहनत और मशक्कत के बल-बूते पर ही ऊँचे रहे और दूसरों को भी हिम्मत दिलाकर, साहस दिखाकर आगे बढ़ने के लिए हौसला-अफ़ज़ाई की।

ज्ञानी जी पुराने विचारों को साथ लेकर, उनमें आधुनिकता का रंग भरने वाले व्यक्ति हैं। वह पुराने विचारों को साथ लेकर, आगे बढ़कर समाज सेवा करने में विश्वास रखते हैं।

### फरीदकोट में कांग्रेस की स्थापना

ज्ञानी जी ने सन् 1938 में ऑल इंडिया कांग्रेस की स्थापना फरीदकोट में की। यद्यपि महाराज फरीदकोट ने अंग्रेजों से डर कर अपनी रियासत में कांग्रेस की स्थापना पर पाबन्दी लगाई। ज्ञानी जी को नोटिस दिया। जेल भेजा। परंतु ज्ञानी

जी जैसे लौह-पुरुष ने अपनी हठधर्मी और हिम्मत के बल पर कांग्रेस वहां कायम कर दी। उन्होंने अपनी ताकत और हिम्मत से महाराजा का चैलैंज स्वीकार किया। चाहे ज्ञानी जी के साथ महाराज ने एक दुश्मनी का बर्ताव भी किया, आपको हर तरह की तकलीफ़ें दीं, परन्तु आप अपने प्रोग्राम के अनुसार कांग्रेस की मोटिंग करते। बेशक उनकी सभा या मीटिंग में काफ़ी गड़बड़ मचाई जाती, मगर आपने हर परेशानी और मुसीबत का सामना किया और कांग्रेस के हर कार्यक्रम को कामयाब बनाया।

महाराजा ने ज्ञानी जी को जेल में रखकर बहुत तंग किया। एकांत में रखा। (Condemned cell) गंदी से गंदी कोठरी में आप को रखा गया।

**जेल में**

जेल में आपको 14 घण्टे, 18 घण्टे काम पर लगाया जाता था। डण्डा बेड़ी से आपको अंधेरी तंग कोठरी में रखा गया। आपको कातने के लिए खद्दर दिया गया था। आटा पीसने के लिए 17 किलो ग्राम गेहूँ दिए जाते थे। जब भी आप चक्की पीसते-पीसते पसीनों से तर हो जाते, थक जाते, जमीन पर गिर जाते, तो फिर भी आपके हाथ-पाँवों में डण्डा-बेड़ी और लोहे की हथकड़ी-बेड़ी डाल दी जाती थी। होश आने पर फिर आपको चक्की पीसने और खड्डी पर कपड़ा कातने के लिए भेज दिया जाता था। आपको ज़रा भी चैन से नहीं बैठने दिया जाता था।

महाराजा फरीदकोट ज्ञानी जी को एक बहुत बड़ा अपराधी मानते थे। आपके ऊपर बीसों धाराएँ लगाई हुई थीं। न तो आप दिन में आराम से बैठ सकते थे, न रात को चैन से सो सकते थे। कितने ही कष्ट और दुःख पड़ने पर भी ज्ञानी जी ने न तो जेलर से न जेल के किसी अधिकारी से अपने बुरे बर्ताव की शिकायत की हर तकलीफ को आप हंसते-हंसते सहते रहे। महाराज ने आप को विद्रोही ठहराया! आपके साथ बुरे से बुरा बर्ताव किया, परन्तु खूबी यह कि ज्ञानी जी ने जरा उफ़ तक भी की हो। न आपने कभी भी अपने मिलने वाले इष्ट मित्रों, साथियों, दोस्तों से कोई अपनी परेशानी की बात कही, उनका कहना है–

मुश्किलों को झेल कर
आसान कर दो,
फिर तो वे मुश्किलें
मुश्किल नहीं।

जब महाराज, या जेल के ऑफीसर आप पर नाराज होते तो ज़्यादा से ज़्यादा सख्त काम ज्ञानो जी को देते थे। मारपीट के साथ-साथ, बुरी तरह धमकियां भी देते हैं। आपके साथ और भी राजनैतिक कैदी थे, उनके साथ इन्हें भी कोल्हू में जोत दिया जाता था। इन चार-पांचों को मिलकर चार-पांच घानी तेल निकालना पड़ता था। यदि तेल निकालते समय आप थक जाते तो वहां के सिपाही इनमें कोड़ों-डण्डों की मार लगाते थे। लेकिन ज्ञानी जी जरा भी आह नहीं भरते थे। प्रतिदिन आप मशक्कत का काम बड़ी खुशी से करते थे। आपके और साथी अगर जेल में कोई शरारत करते तो उसकी सजा ज्ञानी जी को भी उनके साथ भुगतनी पड़ती थी।

## जेल में कु़रान

ज्ञानी जी को किसी धर्म-सम्प्रदाय या भाषा से कोई नफ़रत नहीं। आप सब धर्मों सब धर्मों और भाषाओं का श्रद्धापूर्वक आदर करते हैं। आप जेल में जब कभी फुर्सत पाते तो आप वेदान्त की पुस्तक का अध्ययन करते या विचार सागर नामक धर्मग्रन्थ को पढ़ते और इन पर अपने जेल के कैदी साथियों से विचार-विमर्श के साथ, चर्चा भी करते। क्योंकि राष्ट्रीयता और धर्म चर्चा आपकी छुट्टी में पड़े थे। आपके पिताजी धार्मिक व्यक्ति थे।

आपके साथ जेल में एक मौलवी साहब थे, जो बुनकर कैदी थे। आप उर्दू जानते तो थे, मगर उसमें अधिक जानकारी प्राप्त करने के लिए आपने उन मौलवी साहब का सहारा लिया। फिर उन से ज़्यादा रस्मो-रिवाज बढ़ जाने पर आपने उनसे कु़रान पढ़नी शुरू की। कु़रान पढ़ते-पढ़ते इस पर आपका काफी उबूर हासिल हो गया।

## गांधी जी से प्रभावित

भारत में स्वतंत्रता आंदोलन बड़े जोरों पर था। सारे देश में आग लगी हुई थी। चूंची-बच्चा अंग्रेजी हुकूमत के खिलाफ था। देश की गली-गली, कूंचे-कूंचे में इंकलाब जिन्दाबाद' का नारा तिरंगे झण्डे के साथ गूंज रहा था। भारत की नारी भी आज़ादी के मैदान में आ चुकी थीं। दक्षिण भारत की कोकिला सरोजनी नायडू, दिल्ली सत्यवती, भीमो बाई कमला नेहरू, प्रियदर्शिनी इंदिरा आदि उस आग-धुएँ के दिनों में अपनी जानें हथेली पर लिए देश के लोगों को जगाने के लिए घूम रही थीं।

गाँव, नगर, शहर में गांधी जी का आंदोलन बड़े जोरों में चल रहा था। 1942 सत्याग्रह का जमाना था। ''अंग्रेजो भारत छोड़ो'' का नारा गांधी जी के मुँह से निकल कर देश के लिए वरदान बन चुका था। ज्ञानी जी उन दिनों जेल में पड़े हुए भी इन सब खबरों से परिचित थे। उनके मन में देश के लिए (जेल में पड़े हुए भी) आग भड़क रही थी। गांधी जी के सत्याग्रह आंदोलन में कूदने के लिए उनका दिल फड़फड़ा रहा था। जेलों में कई बार भूख हड़ताल आंदोलन सफल हो चुका था–क्योंकि जेलों में गंदे से गंदा, खराब से खराब रेत मिट्टी मिला सड़ा खाना दिया जाता था। बहुत जेलों में तो स्लो पॉयजन के रूप में पिसा हुआ शीशा राजनैतिक केदियों की रोटियों में मिलाया जाता था।

जब ज्ञानी जी 1943 में फरीदकोट जेल से मुक्त किए गए, तो आपके दिल में गांधी जी के प्रति बड़ी सहानुभूति और प्रेम था। आप इससे प्रभावित हुए बिना न रह सके और आंदोलन में कूद पड़े। ज्ञानी जी ने सत्याग्रह आंदोलन का पवित्र कार्य अपने रियासत में शुरू किया। महाराजा ज्ञानी जी से और भी अधिक नाराज हो गया। और आप पर काफी पाबन्दियां लगा दीं। मगर ज्ञानी जी इन झूठी बातों में कब आने वाले थे। वह सत्याग्रह करने के लिए फरीदकोट में अग्रणीय होकर खड़े हो गए। कितनी ही यातनाएं सही परन्तु गांधी जी का प्रभाव उन पर काफी पड़ चुका था।

## जवाहरलाल नहेरू से भेंट

अब ज्ञानी जी महात्मा गांधी की योजना से पूरी तरह परिचित हो चुके थे। साथ में उन पर देश भक्ति का रंग भी पूरी तरह से चढ़ चुका था। हर कीमत पर वह देश के लिए मर मिटने के लिए आमादा थे। सन् 1913 में जब यह अमृतसर गए तो वहाँ सिख धर्म के प्रचारक रूप में कार्यरत रहे। परंतु जलियाँ-वाले बाग की दिल दहलाने वाली घटना उनके दिल में घर कर चुकी थी। यह बात ज्ञानी जी के मन में इतनी घर कर गई कि वहाँ से खालसा-सेवक के सम्पादन का कार्य छोड़ कर फिर अपनी रियासत फरीदकोट को देश भक्ति के रंग में रंगने के लिए पहुँच गए। वहाँ जनता पर अंग्रेजों और अंग्रेजों के पिट्ठुओं द्वारा किया गया अत्याचार और जुल्म उनसे सहन न हो सका।

आपने देश भक्ति का आंदोलन फिर चलाना शुरू कर दिया। महात्मा गांधी का सत्याग्रह उनके मन का एक टीस बन गया। बहुत सफलता और ज़ोरों

के साथ आपने यह आंदोलन फरीदकोट में चलाया। महाराज इस असह्य आंदोलन से घबरा गए परंतु ज्ञानी जी ने जनता की नस-नस में 'भारत छोड़ो' की फूंक भर दी थी।

रियासत के एजेन्ट ने महाराज को बहुत दबाया। और साथ ही गांधी जी के इस सत्याग्रह को असफल बनाने के लिए काफी प्रयत्न किए लेकिन ज्ञानी जी का वह कुछ न बिगाड़ सके। सारी जनता तिरंगे झण्डे के नीचे आ गई। महाराज ने अपना जुल्म-सितम जनता पर पूरी तरह ढाना शुरू किया-मगर

मर्ज़ बढ़ता गया,
ज्यूँ-ज्यूँ दवा की।

ज्ञानी जी ने महाराज के इस अत्याचार की ज़रा भी परवाह नहीं की। तिरंगा घर-घर, दुकान और सरकारी भवनों पर लगाने का निश्चय कर लिया-और इसकी तरकीब को पूरा करने के लिए अपने साथ पंडित जवाहर लाल नेहरू को रियासत में बुलाकर इसकी रस्म बड़ी शानो-शौकत से पूरी की। इससे ज्ञानी जी नेहरू जी के अधिक सम्पर्क में आ गए।

**नारी-बलात्कार: हरिजन समया**

ज्ञानी जी 1979-90 में जब यूनियन होम मिनिस्टर थे तो उनके सामने पहले तो हरिजनों पर देश में हुए अत्याचार की समस्या आई, इसके लिए आपने गांव-नगर शहर की पुलिस को दोषी ठहराया। उन्होंने कहा, जितना अत्याचार लोग हरिजनों पर नहीं करते, उतना पुलिस और अखबार वाले अपने प्रचार के द्वारा उनके इस मसले को उठाकर करते हैं।

सबसे ज्यादा हमारी पुलिस इसलिए दोषी है, कि वह साधारण से मामले को स्वयं हल कर सकती है। जब किसी गांव के हरिजनों पर वहाँ के लोग जुल्म करें जैसे अपने कुओं पर पानी न भरने दें या छुआछूत को लेकर झगड़ा करें। इन बातों को दो पक्षों को सामने बिठाकर, प्यार से, या धमका कर दूर कर सकते हैं।

अगर पुलिस चाहे तो अपराधों को पूरी तरह दण्ड दिला सकती है क्योंकि कोई भी गांव या शहर का व्यक्ति अपराधी करार दिए जाने के पश्चात् इतनी हिम्मत नहीं कर सकता, कि बार-बार हरिजनों के साथ छेड़खानी करे।

साथ में प्रेस को भी यह चाहिए कि वह साधारण-सी बात को बढ़ा-चढ़ा कर अखबारों में प्रकाशित न करें, इससे पब्लिक में भ्रामक प्रचार होता है।

ज्ञानी जी ने दोनों भवनों के सदस्यों के सामने ये समस्या रखते हुए कहा कि हमें शर्म आनी चाहिए। जिस हरिजन जाति से हम इतना घनिष्ट सम्पर्क रखते हैं, वह हमारे कितने काम आती है यह जाति-मगर हम हैं कि आए दिन कोई न कोई नई समस्या हरिजनों के साथ कर बैठते हैं। हरिजन कोई गैर नहीं हमारे ही भारत देश की एक जाति विशेष है। इस जाति के बिना हमारी खेती, हमारी दस्तकारी, हमारे और बहुतेरे परिश्रम से किए जाने वाले काम नहीं हो सकते। और हम इस जाति के साथ अन्याय करते हैं। इस जाति पर अत्याचार करते हैं। हमको धिक्कार है।

बलात्कार की घटनाओं से ज्ञानी जी का मन विचलित हो गया। वह समझते थे कि देश में इस तरह की वारदातों से भारत के माथे पर कलंक का टीका लगता था। वह फ़रीदकोट से अमृतसर तक इस बलात्कार की समस्या के उन्मूलन में लग गए। प्रदेश के हजारों लोग आपके सहयोगी और कन्धे से कन्धा मिला कर काम करने के लिए तैयार हो गए, आप उच्चाधिकारी होने के नाते, आपने कानून का आश्रय भी लिया और साथ में समाज की भिन्न संस्थाओं ने भी आपको पूरा समर्थन दिया।

बलात्कार के साथ ही उस क्षेत्र में हरिजन समस्या भी उनके सामने आई। आपने इस प्रश्न को भी देश और समाज के लिए एक अभिशाप समझ कर इधर भी आपने अपनी पूरी शक्ति लगाई। हरिजन और अनुसूचित जाति के लोगों के घर जाकर उनकी तकलीफों को स्वयं जाकर सुना और प्रयोगात्मक दृष्टि से आपने उसको असलीजामा पहनाया।

जहाँ जिस गांव या नगर में हरिजनों के साथ कोई अनुचित व्यवहार होता या उनको गलत तरीके से दबाया जाता अथवा उनको हेय दृष्टि से देख कर उसके साथ दुर्व्यवहार किया जाता, ज्ञानी जी दूसरे पक्ष के लोगों को जाकर समझाते और उनका आपस में सद्भावना के साथ फैसला कराते।

ज्ञानी जी पर हरिजन सेवा का इतना ऊँचा प्रभाव पड़ चुका था कि वह ज़रा भी किसी कमज़ोर वर्ग पर कोई अत्याचारों की बात सुनते तो खुद उस मौके पर

जाकर उसका पूरी तरह अध्ययन करते, उस घटना या दुर्घटना का समाधान कराते। अपने साथी अधिकारियों को भी यह परामर्श देते रहते थे कि वर्ग या जाति पर कोई किसी प्रकार का बुरा बर्ताव न होने पाए। न कोई जाति या वर्ग दूसरे पर किसी प्रकार का दबाव डाल कर ग़लत तरह बर्ताव करे।

**राजा को शिकस्त**

जब ज्ञानी जी राजा सरकार के विरुद्ध होकर फरीदकोट में 1000 स्वयंसेवकों को साथ लेकर आंदोलन करने पर उतारू हो गए, तो राजा सरकार ने ज्ञानी जी को दोषी ठहरा दिया और इनको धमकी दी कि उनको जीप से बाँध कर कुचल दिया जाएगा। वास्तव में दृढ़ विश्वासी ज्ञानी जी ने अपना आंदोलन यह सुनकर और भी तेज कर दिया। राजा के जुल्म और शीतम की परवाह न करके अपने संकल्प पर डटे रहे। उनके साथियों ने भी उनको पूरी तन्देही से सहयोग दिया। ज्ञानी जी के इस कठोर संकल्प से राजा झुक गए और अपनी धमकी और ज्ञानी जी को गलियों में जीप द्वारा घसीटने और उनके हर प्रकार के कष्टों से हैरानी करने की धारणा राजा ने त्याग दी और उनका हृदय पिघल गया। इस प्रकार राजा को अपने किए पर पछताना पड़ा और उसकी शिकस्त हुई।

**ज्ञानी जी कैबिनेट के मेम्बर**

सन् 1947 के बाद फरीदकोट रियासत को पैप्सू में मिला दिया गया। इस क्षेत्र को पटियाला और ईस्ट पंजाब यूनियन में मिला दिया गया। ज्ञानी जी फिर इस कैबिनेट के सदस्य नियुक्त कर दिए गए।

जब आपने मज़दूरों, छोटे ज़मींदारों और किराएदारों के साथ होते हुए जुल्म बेइंसाफ की नज़दीक से देखा तो आपको बड़ा दुःख हुआ...और आपने माल और कृषि विभागों के मंत्री बनकर उनमें सामाजिक और आर्थिक सुधार किए।

उन दिनो जों किसान या ज़मींदार जिस भूमि को बोता या जोतता था, उसको ही हिस्सेदार बनाने का कार्य भी आपने ही उस क्षेत्र में लागू कराया। साथ में जो अत्याचार किराएदारों के साथ मालिक करते थे, उनमें भी सुधार आपने ही कराए।

भूमि संरक्षण और बिस्वेदारी का आंदोलन सबसे पहले भारत में ज्ञानी जी ने पैप्सू में ही शुरू कराया था। भूमि मालिकों को बेदखल कराने का कार्य भी सबसे पहले इस इलाके में ही हुआ।

पैप्सू को पंजाब प्रान्त में मिलाने का महत्त्वपूर्ण कार्य ज्ञानी जी ने सन् 1956 में बड़ी दरियादिली से कराया। उन्हीं दिनों चुनाव में आप राज्य-सभा के सदस्य बनाए गए। साथ में पंजाब प्रदेश कमेटी के वरिष्ठ उप-प्रधान भी चुने गए।

सन् 1962 के विधान और राज्य सभाओं के चुनाव में कांग्रेस के आम चुनावों में आपने बड़े संघर्षों का सामना किया। उन दिनों चीन ने भारत पर धोखे के साथ आक्रमण किया। प्रतापसिंह केरो उन दिनों मुख्यमंत्री थे। उनकी मृत्यु हुई तब ज्ञानी जी वहाँ के मंत्री थे।

## ज्ञानी जी का स्वर्ण अवसर आरम्भ

सन् 1972 में कांग्रेस की कार्यकारिणी कमेटी ने ज्ञानी जी को एक योग्य और ईमानदार शासक समझ कर पंजाब के मुख्यमंत्री के पद पर आसीन कर दिया। आपने अपने इस काल में पंजाब को सम्पन्न, स्थिर, शक्तिशाली, ऐक्या और मजबूत प्रदेश बना दिया। उन दिनों पंजाब को जिन संघर्षों और समस्याओं का सामना करना पड़ रहा था, ज्ञानी जी ने अपनी कुशलता और गम्भीरता के बल पर पंजाब को शान्तिमय बना दिया। वहाँ के लोग जिस स्वप्न को लेकर आशा बांध बैठे थे, उससे भी अधिक कार्य ज्ञानी जी जैसे शासक ने अपने समय में लोगों के लिए कर दिखाया। पंजाबियों के लिए यह समर्पण कार्य जिस आत्मीयता से ज्ञानी जी ने किया था, वह भुलाया नहीं जा सकता। इसके होते हुए, पंजाब में किसी प्रकार की अराजकता नहीं आ पाई।

## सुधार-कार्य

ज्ञानी जी ने अपने मुख्य मंत्री काल में सन् 1972 से 1977 तक जो सुधार तथा कल्याण कार्य किए, वे अत्यन्त महत्त्वपूर्ण होने के साथ-साथ उल्लेखनीय भी हैं–

- उखड़े हुए और असंतुष्ट सिखों को आश्वासन और सहानुभूति के साथ प्रसन्न रखा।
- साथ ही अन्य धर्मावलम्बी तथा अन्य जाति के लोगों के साथ पूर्ण सहयोग और संतोष का व्यवहार।

- अमृतसर में गुरु नानक देव विश्वविद्यालय की स्थापना।
- 400 किलो मीटर में स्थिति सभी गुरुद्वारों को एक शृंखला में बाँधकर हाईवे को गुरु गोविन्द सिंह मार्ग का नाम दिया।
- पंजाब में एक दर्जन से भी अधिक बसें, अस्पतालों को रजिस्टर्ड कराकर सिख संतों के नाम पर चालू कराया।
- चण्डीगढ़ के बाहर एक छोटे से नगर को गुरु गोविन्दसिंह के पुत्र के नाम से अंकित कराया।
- पंजाब को हरा-भरा बनाने के साथ ही आपने वहाँ हजारों उद्योगों से इस प्रदेश को सम्पन्न करा दिया।
- पंजाब में हुए शहीदों और देशभक्तों के स्मृति चिह्न बनाए रखे-तथा उनके लिए पेंशन का प्रबंध कराया।
- पंजाब के सभी लोगों को एकता और देशभक्ति की माला में पिरोए रखा।
- सभी स्वतंत्रता सेनानियों को आदर दिए जाने की परम्परा आपने डाली।
- छोटी सड़कें जी०टी० रोड़ से मिलाई गईं।
- आपके समय में जितने लोग समाजसेवी, देशभक्त, विद्वान, कवि (शायर) साहित्यिक, आचार्य, प्रसिद्ध गायक, ज्योतिषी, वैद्य, धर्मावलम्बी बिना किसी रंग, जाति-पाँति के भेद के उनको सम्मान दिया गया।

पंजाब में कवि सम्मेलनों, मुशायरों और साहित्यिक सांस्कृतिक समारोहों के अलावा जितने धार्मिक और सामाजिक उत्सव होते थे, ज्ञानी जी उन सब में लोगों के साथ मिलकर उनको संयुक्त रूप से मनाते थे। आपने कभी अपने को पंजाब का मुख्य मंत्री समझ कर किसी पर न तो रौब ही झाड़ा, न कभी अनुचित रूप से किसी पर कोई धौंस ही जमाई। जनता के एक साधारण व्यक्ति की भाँति उनके साथ कंधे से कंधा मिलाकर पूरी तरह मदद की। ज्ञानी जी ने कभी अपने आपको महान या बड़ा समझ कर किसी के दिल को ठेस नहीं पहुँचाई। किसी व्यक्ति की किसी भी समय कोई समस्या आई, उसी समय आपने उस पर

विचार करके, उसको सुलझाने का प्रयत्न किया। किसी को भी कोई परामर्श उनसे लेना होता, बिना किसी झिझक के उनसे मिलने के लिए चला जाता। कोई रोक-टोक उनसे मिलने के लिए नहीं थी।

उनका दरवाजा हर गरीब, अमीर, मोहताज, दुःखी के लिए खुला था।

बड़े आदमी वाली बू ज्ञानी जी में कभी भी नहीं रही। वह हर छोटे-बड़े के साथ बड़े प्यार और तपाक के साथ मिलते थे। किसी से घृणा या नफ़रत करने का प्रश्न ही नहीं आता।

एक बार उनके दरबान ने एक गरीब किसान को उनसे मिलने के लिए मना कर दिया। ज्ञानी जी किसी काम से बाहर निकले। उन्होंने अपने दरवाजे पर उसको खड़ा देखकर पूछा–'आप किसलिए खड़े हैं?''

उस किसान ने कहा–''मैं आपसे मिलना चाहता हूँ। लेकिन आपके चौकीदार ने मुझे आपसे मिलने के लिए घुसने नहीं दिया। मुझ पर एक ज़मींदार ने जुल्म किया है। मुझसे सौ की जगह पर एक हजार रुपए पर अंगूठा धोखे से लगवा लिया।

ज्ञानी जी ने पहले तो अपने चौकीदार को धमकाया। फिर उस ज़मींदार को अपने सामने बुलाकर सच-सच पूछा, तो उसने हाथ जोड़कर अपनी ग़लती स्वीकार की।

**पंजाब में अधिक उपज**

ज्ञानी जी के 1972 के समय में, पंजाब की उपज बहुत ही प्रभावशाली हुई–इसको हम यदि हरा-भरा आंदोलन कहें, तो कोई आश्चर्य को बात नहीं। क्योंकि उस समय--

- गेहूँ बाजरा, जौ, चना, मकई, गन्ना, तिलहन (दालें) कृषि तकनीक की दृष्टि से इतनी उन्नति हुई कि हैरानी है।
- लाखों आदमियों को सहूलियत के साथ दूध मिला। वहाँ दूध की डेयरी स्थापना ने छोटे-छोटे बच्चों को दूध उपलब्ध कराया। रोगियों, बीमारों तथा अस्पतालों में पूरी तरह से दूध पहुँचाया गया।

- जिन पिछड़ी जाति, अनुसूचित जाति के लोगों को रोजगार नहीं मिलता था, उनके लिए मुर्गाखाना पिगरी (सूअर पालना) मत्स्य पालन (मछली पालन (का कार्य शुरू हुए)।
- छोटे जमींदार, या हरिजनों को मुफ्त गाय, भैंस, बकरी आदि देकर उन्हें काम पर लगाया गया।
- जिन गाँव के लोगों के पास, न तो धरती थी न कोई मज़दूरी का काम ही था, उनको आर्थिक सहायता देकर उनके लिए छोटे-छोटे रोज़गार शुरू कराए।
- जो लोग गांव में रहते, शराब, गांजा, सुल्फा, चरस पीते अर्थात् जो किन्हीं सोहबतों से खराब हो गए थे, उनमें सुधार लाने के लिए उनके स्वास्थ्य को कायम रखने के लिए कल्याण केन्द्रों में भेजकर उनके सुधार कराए गए, उनकी नशीली चीजें छुड़ाने के प्रयत्न किए गए।
- विशेष कर अल्पसंख्यक सिपाही, नौकरी से अवकाश प्राप्त युद्ध से लौटे, बूढ़े अपाहिज बच्चों, स्त्रियों (विधवाओं) को यथावत-सहायता देकर, उन्हें काम पर लगाया गया उनके लिए समाज शिक्षा केन्द्र खुलवाए गए। जैसे–

  (i) प्रौढ़ शिक्षा।

  (ii) समाज कल्याण।

  (iii) समाज-शिक्षा केन्द्र।

  (iv) स्त्री शिक्षा तथा शिल्प, दस्तकारी केन्द्र।

  (v) बच्चों के लिए प्राथमिक शिक्षा विद्यालय।

- खेतों में डालने के लिए खादों के स्टोर, कोआपरेटिव संस्थाएँ स्थापित कीं।
- उपज को बढ़ाने के लिए उन्नत बीजों का प्रबन्ध किया गया।
- हरिजनों के लिए कानूनी परामर्शदाता समिति बनाई गई।

## विरोधी पक्ष से निडर

केन्द्र में ज्ञानी जी तीस महीने तक विरोधी दल के बीच एक वीर और निर्भीक नेता की भाँति कार्य करते रहे। आपने कभी अपने विरोध को महत्त्व नहीं दिया। अपने मन में जरा भी किसी के बुरा-भला कहने से, ग्लानि न आने दी।

आपका जीवन का उद्देश्य रहा है "जितना एक सख्श खिलाफत के बीच रहकर ही खुशी-खुर्रम रह सकता है, उतना अपने खुशामदी या तारीफ करने वाले दोस्तों के साथ रहकर नहीं। जिन्दगी मुश्किलों में रहकर ही सुनहरी बनती है। जो मुसीबतों को मुसीबत समझेगा वह कभी अपनी जिन्दगी में कामयाब नहीं हो सकता। सोना आग में रहकर ही परखा जाता है।"

ज्ञानी जी ने कठिनाइयों, तकलीफों, परेशानियों और मुसीबतों को कभी अपने सामने नहीं आने दिया। न वह इनसे घबरा कर इनके आगे झुके बल्कि हँसते-हँसते इन्हें अपनी आगोश में जगह दी। 1977 के मध्य में पंजाब से एक चुनाव लड़ा। जो केन्द्रीय सरकार के अधीन था। आपके अनेक विपक्षी (आपके विरोध में) ग़लत प्रचार और प्रसार करते रहे-मगर क्या मजाल कि ज्ञानी जी ज़रा भी हिलें।

यह चुनाव होशियारपुर क्षेत्र से था। ज्ञानी जी इसमें विजयी हुए-इसमें आपको 125000 वोट प्राप्त हुए-और 1980 में यूनियन होम मिनिस्टर बन गए। आपने बड़ी निडरता से कार्य भार संभाला।

ज़िन्दगी ज़िन्दादिली का नाम है।
मुर्दादिल क्या ख़ाक जिया करते हैं।।

हर मामले में ज्ञानी जी ने अपने क़दम आगे बढ़ाए। कभी पीछे क़दम हटाना उन्होंने सीखा नहीं। आपके साथी भी आपके लिए भी यही कहा करते हैं-

जो भी क़दम बढ़ा लिया,
बढ़ा लिया-बढ़ा लिया।

## असम समस्या और ज्ञानी जी

असम में, बाहर से आए लोगों को लेकर एक संघर्ष है। यह बात एक बहुत बड़ी समस्या का रूप ले चुकी है। असम के लोग नहीं चाहते कि वहाँ बाहर

से आए व्यक्ति रह कर उनकी आर्थिक, सामाजिक और सांस्कृतिक स्थितियों को कमजोर बना दें। उनका यह विश्वास है कि जो असम के मूल निवासी हैं, वे ही यहाँ रहें। वे ही यहाँ के सुख का सुख उठाएँ। अधिक लोग जो असम में आ बसे हैं, वे हैं पड़ोसी पश्चिम बंगाल के लोग। इन्हीं लोगों को असम वाले विदेशी कहते हैं। वैसे भारत सबकी भूमि है। भारत की भूमि का कोई भी अंश किसी भी भारतीय के लिए हक़ीकी है। परन्तु असम के भाई, इसको परमार्थ की दृष्टि से न देखकर स्वार्थ की दृष्टि से देखते हैं।

इस संघर्ष को मिटाने के लिए असम सरकार ने स्वयं बड़े प्रयत्न किए हैं, कि यहाँ पूरी तरह शान्ति और सुरक्षा रहे–जो बाहर से आए व्यक्ति हैं उनकी हिफाज़त के लिए भी सरकार ने काफी प्रयत्न किए हैं। परन्तु कुछ मूल असम के निवासी अपने स्वार्थ को मूल में रखकर इतने जुनूनी बन गए हैं कि वह अपनी हठ को नहीं छोड़ना चाहते।

चाहे इस जद्दोजेहद में हज़ारों व्यक्ति मर चुके, हजारों घर बारी, बेघर-बार के हो चुके। जान माल की काफी हानि हो चुकी। विद्यार्थीगण तो इस में इतने अग्रसर और अग्रणी हो चुके हैं, कि अपनी शिक्षा-दीक्षा को तिलाञ्जलि दे चुके हैं। असम की शिक्षा-संस्थाएँ, कॉलेज विश्वविद्यालय आदि सब तहस-नहस हो गए हैं।

मई-जून 1980 में ज्ञानी जी को असम की समस्या सुलझाने का भार सौंपा गया। क्योंकि श्रीमती इन्दिरा गांधी ने इनको निष्पक्ष जानकर यह काभ सौंपा।

आपने असम की समस्या का पहले नज़दीक से अध्ययन किया।

ज्ञानी जी ने असम के उत्तेजित लोगों से जाकर वार्ता की और उनसे कहा–"भारत सरकार आपकी इस बाहर से आई जनता के संबंध में वार्तालाप करने को तैयार है।"

परंतु असम के कुछ ज़िद्दी टाइप लोगों ने इस राय पर ज़रा भी ध्यान नहीं दिया। अपनी हठ पर जमे रहे क्योंकि उनका काम केवल हिंसक है। उसका निश्चय और विश्वास मार-धाड़, तोड़-फोड़ और सरकारी, ग़ैर सरकारी भवनों सामानों को हानि पहुँचाना है। यदि वे लोग शान्तिपूर्वक इस संघर्ष का हल करना चाहें, तो कोई भी कठिन कार्य नहीं–

रखते हैं जो यक़ीन सिर्फ
क़तल गिरी पर,
अमन से उनका है वास्ता क्या!

ज्ञानी जी अपने जीवन में शांत और अमन से रहे हैं। वह इस हिंसा के मामले में न तो विश्वास रखते हैं, न इसको सुलझाने पर यक़ीन है। फिर असम की रिपोर्ट दें तो क्या! फिर भी उन्होंने इस समस्या को हल करने के लिए अपने कई सुझाव दिए–

(i) सरकारी नौकर इस आंदोलन में भाग न लें।

(ii) वहाँ का शासन भी वहाँ के आंदोलनकारी लोगों के हाथ में है, जो वहाँ के शासक हैं।

(iii) राष्ट्रपति की आज्ञा का उल्लंघन करने वाले सरकारी नौकरों को नौकरियों से अलग कर दिया जाए।

(iv) जितने भी विरोधी पक्ष वाले उन्हें समर्थन दे रहे हैं, या देते हैं उन्हें अपराधी ठहरा कर असम से निकाल दिया जाए।

(v) विद्यार्थियों को इस आंदोलन में भाग न लेने के लिए घोषणा कीजिए।

(vi) सरकार को चाहिए कि जिन असमी लोगों को बंद किया हुआ है, उनमें से आंदोलनकारियों को छोड़कर सबको मुक्त कर दिया जाए।

(vii) इनमें जो सरकारी नौकर हैं उनके खिलाफ कार्यवाही की जाए।

(viii) अन्य अर्ध-सरकारी संस्थाओं के कर्मचारियों पर भी मुकद्दमा चलाया जाए।

परन्तु इन सब लोगों के साथ सहानुभूति का व्यवहार किया जाए।

ज्ञानी जी का कहना है कि असम के इस जहद पर देश का लाखों रुपया खर्च हो रहा है–जिसका कोई महत्त्व नहीं।

ज्ञानी जी ने असम की सारी स्थिति को ध्यान में रखते हुए कहा–"मिज़ोरम नेशनल फ्रंट के लीडर कहते हैं कि असम को काट कर अलग कर दें। इससे वहाँ की समस्या खत्म हो जाएगी परंतु यह भारत के लिए असम्भव है।

## ज्ञानी जी की शंका-समाधान में रुचि

देश में, जिन समस्याओं को लेकर, विरोधी दलों द्वारा शंकाएँ उठाई जा रही हैं, उन सबके प्रति ज्ञानी जी जागरूक हैं–खालिस्तान बनाने के लिए सिखों का मुतालबा–ज्ञानी जी ने अनेक भाषणों में यह सिद्ध किया है कि सिखों ने जो यह मांग की है, यह एक भ्रम है। देश के हित में यह प्रश्न हानि का द्योतक है। उन्होंने अपने अनेक वक्तव्यों में यह साफ बता दिया है कि इस आंदोलन से देश में अनेक उठी समस्याओं का समाधान होना कठिन हो जाएगा। अतः इस जरा से प्रश्न को आंदोलन का रुप देकर देश को कमज़ोर न बनाया जाए।

आज हम जातिवाद सम्प्रदाय और भाषावाद को लेकर अनेक प्रकार के जहाद उठाते हैं। लोगों में भ्रम फैलाकर उनको प्रगति और प्रयास से विलग करते हैं। सब ही एक ईश्वर, एक करतार की औलाद हैं–भिन्नता हमने पैदा की है। हम अलग-अलग सम्प्रदाय में बँटते हैं। मालिक ने स्त्री और पुरुष दो ही जातियाँ उत्पन्न की हैं। इसी प्रकार भाषा का विवाद लेकर हम आपस में विरोध उत्पन्न करते हैं। किसी भी भाषा को लिखने-पढ़ने, बोलने का सबको अधिकार है। कोई भाषा किसी की थाती नहीं। विरासत नहीं।

चीन के तेंतीसवें स्थापना दिवस पर वहाँ की पीपल्स रिपब्लिक पार्टी को सन् 1982 में ज्ञानी जी ने एक शुभकामना में ये शब्द अंकित किए थे–"भारत और चीन को अपने आपसी संबंध मानवीय ढंग से सतत बनाए रखना चाहिए। फिर अपने-अपने देशों को उन्नत और प्रगतिशील बनाने के लिए, प्रयत्नशील रहना चाहिए। हम दो सरकार अलग अवश्य हैं, किन्तु हमारे मैत्री संबंधों में किसी प्रकार प्रत्यान्तर नहीं आना चाहिए। हमें प्रत्येक दिशा में मिल-जुलकर, आगे बढ़ना है। भावी प्रगति ही हमारे उद्देश्यों को सफलता प्रदान करेगी। हम भारत की जनता की ओर से चीन के इस पवित्र अवसर पर अपनी शुभकामनाएँ अर्पित करते हैं। साथ में गर्मजोशी के साथ आपकी सहनुभूति और मैत्री की कद्र करते हैं। साथ में हम आशा करते हैं कि ये संबंध सदैव बने रहें।

ज्ञानी जी जब अपनी स्वास्थ्य-चिकित्सा और चैक-अप के लिए यू. एस. गए तो आपके साथ आपके पुत्र जागीरसिंह, पुत्री मनजीत कौर, भतीजा मनमोहनसिंह उनके निजी मंत्री ए. सी. बन्धोपाध्याय और विशेष लेखक आई. एस. बिन्द्रा थे। यू. एस. के राष्ट्रपति श्री रोनल्ड रीगन ने आपका बड़ा भव्य स्वागत किया। ज्ञानी जी ने वहां के वरिष्ठ नागरिकों से मिल कर भारत के संबंध में परिचय दिया। भारत की साहित्य, संस्कृति, उद्योगों, प्रगतियों के विषय में पूर्ण रूप से चर्चा की।

सन् 1979-80 में गृहमंत्री के पद पर रहते हुए, अपने रहस्यमय विश्वास के प्रति अडिग रहे। ज्ञानी जी इन्टैलिजैंस ब्यूरो, सी. बी. आई. को बड़ी तन्मयता से संभाले रहे। पर्सनल डिपार्टमेंट को भी आप ने इस खुश असलूबी से निभाया कि आज तक उनकी प्रशंसा हो रही है। इस सेवा के अन्तर्गत भी आपके सामने बहुत ही भयंकर समस्याएं आईं। परन्तु आपने किसी शंका को बढ़ने नहीं दिया, बल्कि उसके समाधान करने में आपने अपने सहयोगियों को पूरा समर्थन दिया।

कश्मीर समस्या को लेकर भी कुछ लोगों की ओर से आपके सामने चर्चाएं आई। ज्ञानी जी ने अपने सुझाव में बताया कि वहाँ के लोगों को शान्ति बनाए रखना चाहिए। यदि संयोगवश कोई बात शंका के रूप में आएगी, तो बड़ी सुविधापूर्वक इसका समाधान कर लिया जाएगा। हमारा देश शांतिप्रिय है।

मणिपुर के मुख्यमंत्री की ओर से भी असम के बारे में चर्चा आई। ज्ञानी जी ने अपने शान्तिप्रिय स्वभाव को जरा भी विचालित नहीं होने दिया। अपितु उन्होंने मुख्यमंत्री जी को यह कहकर आश्वासन दिया कि श्रीमती इन्दिरा गांधी की आँखों से देश की कोई बात छुपी नहीं है। वह यहाँ की प्रत्येक शंका का समाधान बड़े शान्तिप्रिय ढंग से कर सकेंगी। हमें अपने-अपने प्रदेशों में शान्ति बनाए रखना चाहिए। असम की घटनाएँ अप्रिय हैं। उनका आन्दोलन स्वस्थ नहीं है।

असम में दो आन्दोलनकारी संस्थाएँ ए. ए. जी. एस. पी. (ऑल-असम गण संग्राम परिषद) और ए. ए. एस. यू. (ऑल असम स्टूडेंट्स-यूनियन हैं-जिनमें असम में बसे बाहर के लोगों के प्रति आक्रोश हैं। ज्ञानी जी के अनुसार भारत सरकार इसका शीघ्र ही फैसला करेगी।

पिछड़ी जाति के अल्पसंख्यक लोगों पर भी देश में रोष चलते देखकर ज्ञानी जी के मन में क्षोभ है। उनका कहना है कि भारत मैत्री और शान्ति का देश है। यहाँ चींटी से हाथी तक प्रत्येक जीवन को रहने का अधिकार है। बहुसंख्यक सुख शान्ति से रहते हैं, वहाँ कम संख्या के लोगों को भी रहने का हक़ है। उनको भी हर प्रकार की सुख-सुविधा मिलनी चाहिए। यह नहीं होना चाहिए कि देश में जो बड़ी-संख्या में रहने वाले लोग हैं, वे उन पर अत्याचार करें। उनको कष्ट दें। ये अत्याचार होना भारत देश की नीति के विरुद्ध है।

ज्ञानी जी के जीवन का यह महत्त्वपूर्ण उद्देश्य रहा है कि वह अन्याय और अत्याचार दोनों सहन नहीं करते। वे इसी रीति नीति के बल पर राजनीति में कूद पड़े। चाहे इस आग-धुएँ के संघर्ष में उन्हें काफी कष्ट उठाने पड़े। परन्तु आपने इस राजनीति के आन्दोलन को अपने जीवन का एक मोटो बना लिया।

> संघर्ष नहीं यदि जीवन में,
> वह जीवन निश्चय-नीरस है।

(i) सबसे अधिक महत्त्वपूर्ण कार्य तो ज्ञानी जी ने यह किया कि अपने परामर्श द्वारा असम के लोगों पर जो जुर्माने किए गए थे या उनके माल को जब्त कर लिया गया था या कुछ आन्दोलनकारियों ने उनको लूट-पाटकर हानि पहुँचाई थी, वह सब कुछ आपने उन्हें वापस कराने के लिए सिफारिश की।

(ii) जो लोग व्यर्थ में अपराधी ठहरा दिए गए थे, उन पर लगाए गए दोष, अपराध या केस चाल थे, उन सबको भी मुक्त कराने का समर्थन किया। असम के निरपराधी सरकारी नौकर–जिनको वहाँ के आंदोलन में–अनुचित रूप में पकड़ लिया गया थ या उन पर आरोप लगाकर, उनकी नौकरियाँ छूट गई थीं। निश्चय रूप से जो भी सरकारी कर्मचारी असम-आंदोलन से दूर रहे थे, उन्हें अपराधों से मुक्त कराने के लॉ और ऑर्डर के अधीन निरपराधी करार देकर, फिर से उन्हें सरकारी नौकरियाँ मिल जाने के लिए ज्ञानी जी ने सिफारिश की।

पैप्सू और पंजाब में जब भूमिधरों (जमींदारों) ने कब्जा किया हुआ था। गरीब लोगों के हित मृतक हो रहे थे। ज्ञानी जी ने कहा–"उन दिनों मैं यूनियन

होम-मिनिस्टर था। उस समय का महाराजा फरीदकोट बहुत ही जालिम और हठी था। उसने भूमि सुधार के नाम से एक नया झगड़ा मेरी जान को खड़ा कर दिया परन्तु मैं जेल गया। मार सही, परेशानियाँ उठाईं। लेकिन मैं अपने काम से हिला नहीं। साथ में यह कहना भी मैं भूलूंगा नहीं कि, उस समय की दूसरी रियासतें भी भूमि सुधार को लागू करने को तैयार नहीं थी। अनुसूचित या गरीब हरिजनों के पास लड़ने के लिए पैसा नहीं। धन कहाँ से आता। न मालूम कैसे फण्ड इकट्ठे किए गए। परन्तु मैं कहने से नहीं चूकूँगा कि जनता ने मेरा बहुत साथ दिया। अगर उन लोगों का मुझे समर्थन नहीं मिलता तो मैं कुछ भी नहीं कर सकता था।

ज्ञानी जी का कहना था–"स्वतन्त्रता के बाद देश में तीन प्रकार की शंकाएँ उठी हैं–(i) शिक्षा के क्षेत्र में कुछ जवानों का ग्रुप ऐसा है, जो वास्तव में देश में वास्तविक-शिक्षा का हामी है जो कि चाहता है कि देश में ऐसी शिक्षा हो, जिसको ग्रहण करने के पश्चात् नौकरी की ओर भागना न पड़े। चाहे वह सहकारी संस्था के रूप में कार्य-प्रणाली हो। (ii) तीस वर्ष की आजादी में नया प्रगतिशील पक्ष कहता है, देश को उन्नत करने के लिए यहाँ की जनता को अपने सामाजिक, आर्थिक, औद्योगिक स्तर को उन्नत करना होगा। इससे ही देश में प्रगति आ सकती है। (iii) युवकों का तीसरा पक्ष अपने निश्चय को इस प्रकार व्यक्त करता है कि केवल आर्थिक स्तर के बढ़ने से ही देश की सब समस्याएं-शंकाएँ और अभाव दूर किए जा सकते हैं। इस विषय में आपका कहना है, तब तक हम इन तीनों कठिनाइयों को एक जगह लेकर, इन पर विचार नहीं करेंगे, हम अपने कर्त्तव्य को सफल करने में असमर्थ रहेंगे। क्योंकि सबसे पहले देश में बिखरी हुई एकता को एकजुट नहीं कर लेंगे, हम आगे बढ़ने में कामयाब हो ही नहीं सकते। संघ में शक्ति है।

## ज्ञानी जी की पत्रकारों से बातचीत

एक पत्रकार के पूछने पर ज्ञानी जी ने कहा–मैं एक गाँव का रहने वाला देहाती हूँ। मैं पूरी तरह से बहुत शिक्षित भी नहीं हूँ। न मुझमें शिक्षा-दीक्षा का ज्ञान ही है। हाँ, मैं गीता, रामायण, कुरान, बाइबिल आदि धार्मिक पुस्तकें पढ़ता रहता हूँ। इन्हीं में मेरा बहुत विश्वास है। मैं शहर और शहर के वातावरण से बहुत कुछ परिचित नहीं हूँ–

खुद इल्मदार नहीं,
मगर आलिमों की कद्र करता हूँ।
आदमी हूँ, आदमी को प्यार करता हूँ।

मेरा देश एक पिछड़ा देश था, मगर कुछ पिछले नेताओं की मेहनत, बलिदानी और रहबरी से यह आगे बढ़ रहा है। तीस बरस से इसमें दूसरे देशों के साथ बराबरी करने का हौसला आया है। हमारे देश का हरेक बच्चा गर्व करता है कि वह एक स्वतंत्र देश का निवासी है। अंग्रेजों के शासन ने हमें अपाहिज बना दिया था। मगर अब हम अपनी हिम्मत के बल पर उन्नति की तरफ बढ़े चले जा रहे हैं।

हम अपने संविधान पर विश्वास रखते हुए, कह सकते हैं, अपने संविधान का विश्वास ही हमें भविष्य में प्रगतिशील बना देगा। हम आर्थिक और सामाजिक दिशा में दिनों-दिन उन्नति करेंगे।

सैंकड़ों वर्षों की गुलामी कोई एकदम थोड़े ही दूर हो सकती है–वैसे पिछले तीस वर्षों में हमने बहुत सी बड़ी--बड़ी समस्याओं को हल कर लिया है। फिर भी हमारे देश में बहुत ऐसे संघर्ष हैं, जिनको सुलझाने के लिए कमर कसकर तैयार रहना होगा। भारत में अभी बहुत कुछ ऐसी चर्चाएं हैं, जिनको हल करने में हमें बड़ी कठिनाइयों का सामना करना है, करेंगे।

पत्रकार ने देशभक्ति के लिए लाने पर पूछा तो ज्ञानी जी ने बताया–"देश भक्ति केवल जबान से कहने पर नहीं करी जा सकती। हमारे बुजुर्ग साथी महात्मा गांधी, जवाहरलाल नेहरू, पटेल तथा मेरे पीछे हुए छः राष्ट्रपति आदि एक एकता के उदाहरण हैं जिन्होंने इस आज़ादी को लाने के लिए कितनी यातनाएँ, कितने कष्ट, कितनी परेशानियां उठाई। और आज हम आजाद हैं। चाहे सरदार भगतसिंह, सुखदेव, बी० के० दत्त, बिस्मिल गर्म दल के नेता थे। शहीद हुए मगर उनका भी बड़ा योगदान है हमारी आज़ादी को लाने में।

अब आपके प्रश्न का उत्तर थोड़े शब्दों में यही है कि हम चाहे भारत में अलग-अलग पक्ष के हैं, अलग-अलग पार्टियों में बँटे–परन्तु जहाँ देशभक्ति की एकता का प्रश्न आता है, हम एक रहेंगे तब ही हमारा देश एकता में बँधकर हर प्रकार की समस्याओं को चुटकियों में हल कर लेगा। फिर उन कठिन प्रश्नों के

सुलझाने में हमें कोई दिक्कत भी नहीं आएगी। हम हर मुसीबत को हंसते-हंसते सहन करके, हल कर लेंगे।

देश में होने वाली हर भलाई के लिए विरोध बुरा नहीं। वह विरोध सुधार का एक साधन है परन्तु केवल विरोध के लिए विरोध करना देश के हित के लिए खतरनाक और हानिकारक है। हमें इसी बात को मद्देनजर रखते हुए अपने देश में एकता लानी है।

देश में एकता का न होना सबसे बड़ा युद्ध है। सबसे बड़ी लड़ाई है। हमारे विपक्ष के नेता जो हमें विरोधी दिखाई देते हैं, वे हमारे हितैषी हैं। हमारे मार्ग दर्शक साथी हैं। हमें उन पर स्वाभिमान है।

पत्रकार के अगले प्रश्न का उत्तर देते हुए ज्ञानी जी ने बताया–

"देश में शान्ति बनाए रखना सबसे बड़ा कार्य है। जिस देश में या उसकी जनता में संतोष और शान्ति नहीं–तो यह समझना चाहिए कि वह देश युद्धपूर्ण है। घर की लड़ाई है।

बाहर के युद्ध को तो येन केन प्रकारेण समाप्त किया जा सकता है–उसमें जन-धन की ही हानि होती है, किन्तु देश में अशान्ति हो तो वह देश, वह घर बर्बाद हो जाता है–ये सब विनाश के संयोग हैं।

यदि देश में शान्ति होगी तो हम दूसरे देशों में अपना महान अस्तित्व स्थापित कर सकते हैं। दूसरे देश हमारे व्यापार में विश्वास रखेंगे। हमारी एकता और शान्ति से सारे राष्ट्र में सुख शान्ति क़ायम रहेगी।

भारत महात्मा गांधी और महात्मा बुद्ध का देश है–यहाँ शान्ति से ही देश में सम्पन्नता विराजेगी।"

पत्रकार के अगले प्रश्न के उत्तर में ज्ञानी जी ने कहा–

"ठीक है विदेशी नीतियाँ कहीं-कहीं की स्वतन्त्रता में बाधक पड़ती हैं, किन्तु जब हम अपने संविधान और उसके अनुसार चलने में समर्थ हैं, तो दूसरी नीतियां हमें अपने निश्चय से डिगा नहीं सकती। ठीक़ है देश में कुछ विद्रोही भावनाएँ इससे पनपने का भय है लेकिन देशभक्ति में जब एकता है और जनता

का इस एकता में अटूट विश्वास है, तो फिर विदेशी विरोधी नीतियाँ हमारा कुछ नहीं बिगाड़ सकती।

विदेश में हमारा कोई विरोधी नहीं है। फिर हम किसी से व्यर्थ में विरोध करना अच्छा भी नहीं समझते।''

मुसख्खर करो प्यार से हर इक को,
तो फिर अख तिलाफी रहेगी कहाँ?

मेल-मिलाप और प्यार इतने बड़े हथियार हैं कि इनके होते हुए कोई हमलावर हो ही नहीं सकता।

सबसे ज़्यादा हमें अपने आर्थिक स्वतन्त्रता को मजबूत बनाना है। उसके लिए हमें नई-नई योजनाएँ और नए उद्देश्य और धारणाएँ मजबूत करनी होंगी। इसके लिए हमारे प्रिय नेता जवाहरलाल नेहरू ने एक बार कहा था कि सामाजिक और आर्थिक प्रगतियों को बलशाली बनाने के लिए अपने देश में ईमानदारी, मेहनत और विश्वास को लाना होगा। उन्होंने पंचवर्षीय योजना बनाकर हमरी अनेक समस्याओं को हल किया। उन्होंने बताया कि हमें देश को उन्नत करने के लिए कई ऐसे मार्ग हैं, जिन पर चलकर गरीबी, भुखमरी, बेरोजगारी और बीमारी तथा अपने रहन-सहन के ढंग को बदल सकते हैं। हमें भोजन, कपड़े, मकान, शिक्षा और स्वास्थ्य प्राप्त करने के लिए बहुत कुछ बलिदानियाँ देनी होंगी।

ज्ञानी जी ने हमारे देश की तरक्की के लिए बताया–

राष्ट्र को मजबूत बनने के लिए सबसे पहले जनता के स्वास्थ्य के लिए बढ़िया चिकित्सा का प्रबंध कराओ।

किसी भी देश में जितनी अधिक से अधिक दस्तकारियाँ, रोजगार होंगे, वह देश उतना ही स्वावलम्बी होगा।

ज्ञानी जी ने अपने एक भाषण में कहा–

भारत की संस्कृति और सभ्यता संसार में सबसे उत्तम और मानने योग्य है। हमारी प्राचीन सभ्यता के बल पर ही, नवीन सभ्यता ने जन्म लिया है।

हमारे पूर्वजों ने हमें अपने अनुभव, त्याग-तपस्या आदि दान में दी हैं–उन्हीं के सहारे आज हम सारी दुनिया में ऊँचे और महान कहलाते हैं।

भारत की संस्कृति और सभ्यता के साथ हमारे धर्म और जातियाँ जुड़ी हैं। इसी आधार पर हमारी भाषाएँ हैं। हमें चाहिए कि शुद्ध संस्कृति अपनाकर–न तो जाति धर्म पर हमें लड़ना चाहिए और न इनके साथ भाषाओं का विरोध ही करना चाहिए।

जाति-धर्म और सम्प्रदाय हमारी विरोधी जड़ें हैं इन्हीं के कारण हम आपस में लड़ते-झगड़ते हैं। इसीलिए हमें धर्म निरपेक्ष रहना चाहिए।

हमारा राष्ट्र स्वयं में एक ज्वलन्त उदाहरण है एकता का। हमें अपने देश के इस गौरव को नहीं खोना चाहिए। हमारी यह पवित्र धारणा होनी चाहिए कि भारतीय-संस्कृति और सभ्यता को बल देकर इसको उन्नत करना चाहिए।

सारे भारत में रहने वालों को मिलकर त्योहार उत्सव मनाने चाहिए। इनके लिए हमें कोई जाति भेदभाव नहीं रखना चाहिए। हमें अपने को और आगे लाने के लिए अध्यात्मक और सांस्कृतिक विषयों पर अध्ययन करके आदर्श बनाना चाहिए। इससे हमारे राष्ट्र की जड़ें मजबूत होंगी। हमारी नींव में राष्ट्रीयता की भावनाएं जागृत होंगी। फिर हममें देशभक्ति की एकता व्याप्त होगी। हमें अपने मन से संकोच की वृत्ति को निकाल देना चाहिए।

## ज्ञानी जी की अपाहिजों के लिए सहानुभूति

ज्ञानी जी को अब अंधे-अपाहिजों को पीटने की सूचना मिली, उनको बहुत ही दु:ख हुआ। क्योंकि आपने गृहमंत्री होते हुए हरिजनों, अनुसूचित जाति तथा पिछड़े वर्ग पर किए गये अत्याचार पर भी भारी क्षोभ प्रकट किया था। बल्कि आपने उन पर आर्डर और लॉ के अधीन एक्शन लेने के लिए जोर दिया था। यहाँ तक कि गाँवों या नगरों में जो इसके अपराधी पाए गये थे, उन्हें सजा देने के लिए भी दोषी ठहराया गया था।

इसी प्रकार अंधे या अपाहिजों के लिए भी आपने निजी तौर पर उनके प्रति सहानुभूति ही प्रकट नहीं की अपितु उनको आर्थिक सहायता देने के लिए भी आपने पूरी तरह सिफारिश की। और कहा कि भविष्य में किसी अपाहिज के साथ कोई अनुचित व्यवहार न किया जाए। जिन सिपाहियों या व्यक्तियों ने उनके साथ ऐसा दुर्व्यवहार किया उनको क्षमा न करने के लिए भी घोषणा करा दी।

ज्ञानी जी को गरीब वर्ग के लोगों से विशेषकर बहुत ही हमदर्दी और प्यार है। आप जनता के किसी भी पिछड़ी जाति के व्यक्ति को दुःखी और कष्ट में नहीं देख सकते। यही आपकी प्रकृति और स्वभाव है।

यदि कोई परेशान आदमी आपके पास आकर अपने दुःख-दर्द की कहानी सुनाता है या चर्चा करने लगता है, आपका मोम सा दिल तुरंत पिघल जाता है।

अगर आपको किसी स्त्री जाति पर किए गये अत्याचार या जुल्म का जरा भी पता चल जाए तो आपका दिल फौरन क्रोध से उबल जाता है। स्त्री या कोई युवती या किसी असहाय अनाथ पर कोई जुल्म या अत्याचार की बात हो, तो आपको ज़रा भी सहन नहीं। आपमें देशभक्ति और समाज के प्रति अहसास कूट-कूट कर भरा है। अत्याचार बर्दाश्त करने का आप में माद्दाह नहीं।

**प्रभाव घटना**

इसमें दो राय नहीं कि ज्ञानी जी के जीवन पर बहुत से लोगों का प्रभाव पड़ा–

- सन् 1937 में सरदार भगतसिंह भारत के शहीदे महान।
- बी० के० दत्त बंगाल का देशभक्त युवक।
- दो क्रांतिकारी, जिन्होंने अंग्रेजों के दिलों को हिला दिया था–बाबा ईशरसिंह तथा बाबा आत्मसिंह।
- रामायण, गीता, गुरुग्रंथ साहब, कुरान आदि धार्मिक ग्रन्थों ने आप पर काफी गहरा प्रभाव डाला।
- ऑल इण्डिया कांग्रेस के उद्देश्यों द्वारा।
- अत्याचारी अधिकारियों से।
- जेल को यातनाओं और दुर्व्यवस्था द्वारा।
- पैप्सू को घटनाएं।
- किसानों-मजदूरों के तनाव।

- 1956 में पैप्सू पंजाब के साथ मिल जाने पर।
- ज्ञानी जी का सबसे पहले राजनीति में स्वर्ण युग चीफ मिनिस्टर पंजाब बनने के साथ हुआ।
- आप देशभक्त होने के साथ कृषि और व्यापार के कुशल व्यक्ति हैं।
- किसी की जाति-धर्म में हस्तक्षेप न करना आपकी नीति है।
- ज्ञानी जी के पंजाब विकास के संबंध में यह कहा जा सकता है, कि आपने पंजाब को सम्पन्न किया, एकता में बांध कर शक्ति और सद्गति प्रदान कराने में पूरी तरह सहयोग किया।
- अकालियों की बड़ी से बड़ी समस्या को सादे ढंग से सुलझाने में काफी प्रयत्नशील रहे।
- 1972 में पंजाब की हर प्रकार से विकसित उन्नति हुई और पंजाब में बहुत प्रकार के रोजगार स्थापित हो गए।
- हरिजन समस्या का आप पर इतना गहरा असर पड़ा है कि इनको जितना अधिक से अधिक सुविधा दिलाई जा सकती थी, आपने किया।
- विशेषकर गाँव या नगर में अल्पसंख्यक, सिपाही, रिटायर्ड, जो काम छोड़कर धर बैठे हैं, युद्ध से प्रभावित लोग, बूढ़े आयु के, अपाहिज बच्चे-स्त्रियों को पूरी तरह मदद की।
- पंजाब के किसी जिले में कोई तकलीफ होती या कहीं कोई ग़लत बात पर झगड़ा हो, या कोई घरेलू या बाहर की समस्या हों, आपने अपने प्यार से सबका समाधान किया।

## ज्ञानी जी की विदेश यात्रा

1. ज्ञानी जी राष्ट्रपति बन जाने के पश्चात् 30 सितम्बर सन् 1982 को यू० एस० के अस्पताल टैक्सा हाई इंस्टीट्यूट में चैक अप कराने गए।
2. ज्ञानी जी जेनेवा में लगभग एक रात रुके। फिर न्यूयार्क के लिए प्रातःकाल चलकर हाउस्टन में दोपहर पहुँच गए। वहाँ जाकर चाय-नाश्ता लिया।
3. आप टैक्सा इंस्टीट्यट में दूसरे दिन ही मुआयने के लिए दाखिल हो गए।

4. वहाँ के विशेषज्ञ डाक्टरों की काफी जांच के बाद आपका ऑपरेशन हो गया।

- डाक्टर डेंटन कूले (विश्व प्रसिद्ध) सर्जन ने ज्ञानी जी को पूरी देख भाल के साथ रखा। ऑप्रेशन के बाद एक और स्पेशल कक्ष है, जहाँ दूसरी हर तरह की जांच और देखभाल की जाती है।
- वहाँ के डॉल्स एम० डो० एस० ने ज्ञानी जी को थोड़े समय के लिए वहाँ का नागरिक क़रार दे दिया गया था।
- टैक्सा के अन्य महान नागरिक तथा प्रसिद्ध रईस ज्ञानी जी से मिलने आए। उनको शीघ्र स्वस्थ हो जाने की शुभकामनाएं अर्पित कीं। वहाँ के ले० गवर्नर ने भी ज्ञानी जी को बड़े विशाल हृदय के साथ विदाई दी।
- ज्ञानी जी ने अपने यात्रा के अन्तर्गत अनेक नेताओं और राजनीतिज्ञों से मिले।
- आपने परिवार के लोगों के साथ सुरक्षित भारत लौट कर चले आए।

### राष्ट्रपति

महान व्यक्तियों के संस्कार महान होते हैं। कमल कीचड़ में उत्पन्न होकर कितना आदर-सम्मान पाता है। जीवन की सारी कष्टमयी थकावट उनकी सेवा में निहित रहती है।

मुझको मेरा कुछ नहीं
जो सब कुछ है तोर।

महान लोग अपनी जीत को भी हार मानते हैं और हार को भी जीत। उनके भाग्य उनके सत्कर्मों से बदलते हैं। उनको कोई कितना ही बुरा-भला कहे, उन पर दोष लगाए, बदनाम करे परंतु महान बनने वाले व्यक्ति अपनी धुन के पक्का होते हैं। उनका अपनी सेवा, अपना संकल्प, अपना ध्येय पूरा करने की लगन लगी रहती है।

आपने अपनी बल-बुद्धि के आधार पर राष्ट्रपति का पद प्राप्त किया। जब 25 जुलाई 1982 को आपने राष्ट्रपति पद के लिए शपथ ग्रहण की तब आपने बड़े नम्र और मधुर स्वर में यह कहा था–"मुझे संदेह है कि मैं इतने बड़े राष्ट्र

का राष्ट्रपति बनकर इसकी सेवा निभा भी सकूंगा कि नहीं? यह बहुत ही महान कार्य है!''

इंदिरा गांधी ने आपको बहुत ही भावभीनी शुभकामनाएं भेजी थीं। उन्होंने आपके संबंध में बताया था कि–''ज्ञानी जी अपने जीवन के अधिक काल तक देश भवत, समाज भक्त और सच्चे साथी रहे हैं। वह भारत के संविधान में दी गई, हमारी विकास और प्रयत्नपूर्ण समस्याओं का समाधान और इनको हल करने में हमारे पूर्ण रूप से पथ प्रदर्शक बनकर हमें देश को उन्नत करने के जो उपाय होंगे, वे अपने अनुभव के आधार पर हमें बताएंगे।''

ज्ञानी जी ने शपथ के पश्चात हमें आश्वासन दिया था–''मैं देश की सेवा के लिए अपने को अर्पित करता हूँ। अपना फर्ज और धर्म समझ कर ही भारत और भारत में रहने वाले जितने भी सम्प्रदाय हैं, सबको एक समझूंगा। मेरी तरफ से कोई भेद-भाव नहीं होगा।

उन्होंने राष्ट्रपति बन जाने के बाद कहा था–''मैं नहीं समझता कि मुझसे पहले छः और राष्ट्रपति जितना अच्छा कार्य करके चले गए–मैं उतना भी कर सकूंगा या नहीं।'' बाद में उन्होंने बताया–''यह मेरी जीत नहीं, यह सब लोगों की जीत है। क्योंकि मैं उनमें से एक नागरिक हूँ।''

आपने राष्ट्रपति बन जाने के बाद ही, वास्तव में धर्म निरपेक्षता दिखाई–पहले तो वह बंगला साहब गुरुद्वारा गए, बाद में गोल मार्कीट के गिरिजा घर में, उसके बाद निजामुद्दीन मस्जिद में–अंत में हनुमान मंदिर में धार्मिक श्रद्धा के साथ गए।

ज्ञानी जी के प्रति लोगों ने काफी आदर सूचित बातें कहीं मगर उन्होंने हाथ जोड़ कर कहा–''यह सब मालिक की कृपा है। मैं तो बन्दों का सेवक हूँ। मैं अपनी जनता का बहुत-बहुत आभारी हूँ। जिन्होंने चुनकर मुझे राष्ट्रपति बना दिया। मैं उस ईश्वर से प्रार्थना करता हूँ और उससे मांगता हूँ–मुझे कार्य करने की शक्ति दे। मुझमें बुद्धि दे–मैं महान कार्य करने में समर्थ बन सकूँ।'' आगे आपने सीधे शब्दों में बताया–''मैं एक छोटे से देहात का रहने वाला हूँ। मैं शहरी वातावरण में नहीं पला हूँ। मेरा रहना-सहना, खाना-पीना, सब कुछ ही तो साधारण है। अंग्रेज जब भारत को छोड़ कर गए तो उस समय हम हर प्रकार से लुटे-पिटे गुलाम थे। उनके जाने के बाद तीस वर्षों में हमने अपने देश के विकास के लिए शिक्षा, कृषि, शिल्प, व्यापार, दस्तकारी आदि में काफी उन्नति

की है।'' आगे ज्ञानी जी ने कहा हमारा देश पिछड़ा हुआ कहलाता था। संसार के और देशों में हमारा कोई अस्तित्व नहीं था।

भारतीय लोगों को विदेश में जाने के बाद अब बड़े आदर और सम्मान की दृष्टि से देखा जाता है। पहले हम परतंत्र थे और अब हम स्वतंत्र हैं। बाहर के देशों में हमारी आवाज़ सुनी जाती है।

''माना हमारे देश में आर्थिक, सामाजिक, सांस्कृतिक, बेरोजगारी आदि समस्या इतनी प्रबल है कि उसके बिना हल हुए हम अपना स्तर विदेशों की भांति ऊँचा नहीं कर सकते। हमारे देश में सच्चे देशभक्त बहुत कम हैं। देश संभालने के लिए नवयुवकों को आगे आना चाहिए। मैं समझता हूँ–हमने जितनी बलिदानियां देश को आजाद कराने में दी थीं, उनसे भी कहीं अधिक देश को बनाने में खर्च होंगी। तब कहीं हमारा देश अन्य देशों के समान बनने में समर्थ होगा।''

अपने विचारों को प्रकट करते समय आपने इस बात पर सबसे अधिक बल दिया–

''हमारे देश के नेताओं या देशभक्तों में एकता नाम की चीज नहीं है। भारत में स्वतंत्रता को बनाए रखने वाले नेताओं की बड़ी आवश्यकता है। हमें राजनैतिक वातावरण बनाने के लिए भारत के घर-घर में जाकर उन्हें देश के लिए तैयार करना होगा। जब तक हमारे समाज में परिवर्तन नहीं लाया जाएगा, लोगों का विश्वास हमारी नेतागिरी में बिलकुल नहीं होगा। यदि कहीं हमारे संविधान में कोई ऐसी त्रुटि हो, तो महान नेताओं को इस ओर तुरंत ध्यान देना चाहिए। हमारे देश के आचार्य, विद्वान-शिक्षक, वैज्ञानिक आदि को चाहिए कि वे अपने देश के लिए ऐसा परिवेश तैयार करें, जिससे हमारे देश की कमियाँ, त्रुटियाँ, समस्याओं को बैठकर हल कर लें।''

किसी के पूछने पर ज्ञानी जी ने उत्तर दिया–''जनता में देशभक्ति लाने के नए प्रकार की जागृति, नए प्रकार की चेतना के साथ, आपस में मिल बैठ कर एकता के साथ अपने विचारों को स्थिर करें। यदि कोई बात आलोचना की है, उस पर पूर्ण रूप से विचार किया जाए। जब तक हमारे साथ जनता का 60 % प्रतिशत परिवेश नहीं होगा, हममें न तो विकास आएगा, न चेतना के साथ हम

किसी कार्य को सम्पूर्णता के साथ समाप्त कर सकेंगे। हमारा सबसे बड़ा कर्त्तव्य, धर्म या लक्ष्य कमजोर वर्ग को उन्नत करना है।''

जनता के लोगों ने जब ज्ञानी जी को रोका तो उनको 71428 के अंतर से वोट प्राप्त हुए। ज्ञानी ने सुनकर कहा–''मैं जनता के लोगों को किन शब्दों में धन्यवाद दूँ। उनका आभार मानूँ मुझ जैसे व्यक्ति को इतने अधिक वोटो से जिताना उन्हीं का काम है। मुझे कहाँ संयोग था कि मैं भारत जैसे देश का, उसके गणतंत्र का राष्ट्रपति बन सकूंगा। मैं भारत का आज सातवां राष्ट्रपति चुना गया हूँ।

''मैं चाहता हूँ कि मैं जनता के दिलोदिमाग में देशभक्ति के साथ, उनके देश के विकास और उन्नति की भावना भर दूँ। दूसरी रियासतों के लोग, उनके धर्म, उनकी जातियाँ उनकी विभिन्न भाषाएँ–एकता धारण करके देश को ऊँचा उठाकर, इनमें स्नेह, प्यार, सहानुभूति और एकता पैदा करें। हमें चाहिए राष्ट्र के निर्माणों के कार्यों में पूरी तरह योग देकर देश से बेरोजगारी, गरीबी और आर्थिक अभाव को दूर करें।

हमें जो काम दूसरों से मिलकर कराने हैं या जिन कामों में जनता के कुशल कार्यकर्त्ताओं की जरूरत है, हमें प्यार मोहब्बत से उनसे काम करा लेने जरूरी हैं।

वह काम क्या,
होके अधूरा रह जाए,
हिम्मत करे इंसां तो,
क्या हो न जाए।

परंतु हिम्मत और हौसला पक्का लेकर चलें, तो आप यकीन रखिए हम कभी किसी के न तो मोहताज रहेंगे, न किसी देश के सामने हाथ पसारेंगे।'

देश में तो भ्रातृत्व होना ही चाहिए–इसके अतिरिक्त हमें विदेशों में जाकर भी पड़ोसियों के साथ-साथ भाईपन का होना अत्यन्त आवश्यक है।

भारत और भारत के नेताओं में आपाधापी नहीं। न तो हम अपने देश में किसी को घुसने देंगे–और न हम और दूसरे देश पर व्यर्थ हमला करें। हम तो शान्तिप्रिय देश के वासी हैं। देश की इज्जत हमारी इज्जत है–

मुल्क के लिए जियो,
मुल्क के लिए मरो।
जितना जो भी कर सको,
मुल्क के लिए करो।

अंग्रजों के समय की जनता और आज की जनता में पर्याप्त अन्तर हो गया है। यह मानना ग़लत नहीं है, कि पहले हममें गुलामी या परतंत्रता के भाव थे। हममें नीचे झुकने-दूसरों की हाँ में हाँ मिलाने और स्वार्थ रखने के सिवा कुछ नहीं रहा है।

हमको नए तरह का वातावरण स्थापित करके नए विचार से जनता को नई प्रणाली से परिचित कराना होगा। विकास के लिए काम है, वे सब जनता की ओर से जनता के लिए उभरने चाहिए।

देश की योजनाएं—सरकारी कर्मचारी करेगा, तो उसमें उसका अपना अहम और स्वार्थ छुपा होगा फिर योजना को समय पर पूरी न कर कोई न कोई ही बहाना लगाकर आगे के लिए उसकी तिथि बढ़ा दी जाएगी। वह छोटी सी योजना खत्म न होकर, वह आगे बढ़ने का नाम नहीं लेती।

आप काज-महाकाज वाली लोकोक्ति को जब तक हम कार्यान्वित नहीं करेंगे, तो उस योजना को ठीक समय तक केसे पूरा कर सकते हैं।

किसी नई योजना, परिवेश को साथ में ले चलने के लिए, हमें कठिनाइयाँ तो बहुत उठानी पड़ती हैं परन्तु यह आवश्यक है कि जनता के और लोगों के लिए यह एक ठोस योजना के रूप में आगे आ जाती है और उससे लाभ ही लाभ मिलते हैं।

फिर इससे अधिक गिरी हुई दशा तो हमारे अन्तर्राष्ट्रीय देशों की हैं। वहाँ तो स्वार्थ ने उन्हें इतना घेर लिया है कि पानी, बिजली पेट्रोल की समस्यायें उन्हें हर वक्त घेरे रहती है। हमारे भारत में, कुछ भी हो, सब प्रकार से शान्ति है--और आत्म विश्वास है।

बेशक, आज हमारे देश की परीक्षा है। देश में किसी प्रकार की वस्तुओं की उपज में कोई कमी नहीं। हाँ, यह जरूरी है कि सरकार और जनता, जब तक सहयोग के साथ कार्य नहीं करेंगे देश में साधारण उन्नति भी नहीं आ सकती।

हमारी सीमाओं पर हमारी रक्षक-फौजों ने पूरी तरह से कब्जा जमाया हुआ है। हमारी सीमा ढीली नहीं। कोई भी देशद्रोही हमारी सीमा को खराब नहीं कर सकता। यह बात जरूर प्रश्न उठाने योग्य है कि एकता का भाव हमारे देश में कम है।

हमारे देश में उद्योगों का विकास इतनी तेजी से बढ़ रहा है कि दिन पर दिन उन्नति होती जा रही है। उद्देश्य की पूर्ति के लिए हमारे देश के बड़े से बड़े नेता अपने कार्यों में संलग्न हैं।

हम चाहते हैं कि विदेश के मुल्क जब मित्रता का हाथ बढ़ाते हैं, तो उनको भारत को पूरी तरह से साथ देना चाहिए। भारत में नई से नई स्फूर्ति, नई से नई योजना राज बन रही है– और वे सब कार्यान्वित हो रही हैं। ऐसा हमें आशा है, थोड़े दिनो में ही देश उन्नत होकर आगे बढ़ेगा।

**हमारी अन्तर्जातीय संबंध**

भारतीय शांति में विश्वास करने वाले लोग हैं। हम दूसरे देश के लोगों से भी यह आशा रखते हैं कि वे भी मिलजुल कर शांति और संतोष के साथ अपने विकास की ओर बढते जाएं भारत में घर की फूट के कारण एकता नहीं हो पाती–

हमें ऐसे ठोस मार्गों को अपनाना चाहिए, जिससे हमारा राष्ट्र किसी प्रकार के विरोधी मामले में न पड़े। अगर हम अपने उद्देश्यों, अपने संकल्पों से हट जाएँगे तो फिर अपने देश के लिए कुछ नहीं कर सकते।

आपस के सहयोग और कार्यशीलता के कारण ही हम अपनी कार्यप्रणाली को शक्तिशाली बना सकते हैं।

देश में प्रतिदिन मारधाड़, तोड़-फोड़ और लड़ाई-झगड़ा और हड़ताल का वातावरण बना रहेगा, तो इनसे देश में न तो शासन न्यायकारी होगा, न प्रशासन को ही बन मिलेगा। यदि देश के किसी भी क्षेत्र में जरा अराजकता फैली तो देश का ढांचा बिगड़ना शुरू हो जाता है।

**एक इन्सानः एक राष्ट्रपति**

ज्ञानी जी जैलसिंह पीछे हैं–पहले वह एक इन्सान हैं। आप सबसे बेहतर इन्सान, सबसे बेहतर नेकनियत–सबसे बेहतर आदर्शवान् मानव हैं।

आपको चरित्र की सीमा में आँका जाए, तो सहनशील, सत्यवादी विश्वप्रिय, समानता का पुजारी, स्वतन्त्रता का सेवक, बलिदानी का हामी, विश्व मैत्री प्रिय और भाग्यशाली हैं।

जहाँ आप एक सफल राजनीतिज्ञ, सम्पादक, स्वतन्त्रता सेनानी और योद्धा हैं, वहाँ आप एक व्यंग्यप्रिय और त्यागी हैं। परन्तु जितने आप प्रसन्न बदन और हँसोकड़े हैं, उतने आप कुशल शासक और कड़े न्यायाधीश भी हैं।

आप 66 वर्ष के प्रौढ़ होते हुए भी प्यार की गर्मी भरे युवक भी हैं।

यह ज्ञानी जी में एक विशेष गुण है कि किसी भी क्षेत्र में आपका विरोधी कुछ भी कहे–परन्तु आप पहले तो उनकी बातों को हंसकर उड़ा देते हैं। अगर विरोधी और अधिक उबल जाए तो आप उसको स्नेह से गले लगा लेते हैं।

इतनी ही नहीं, कभी-कभी आपके मित्र और साथी आपसे किसी विषय पर बातचीत करते हैं, तो ज्ञानी जी उनमें से किसी को नीचा दिखाना पसंद नहीं करते–न किसी को मुँह पर, या पीठ पीछे ही विरोधी चर्चा को बनाए रखते–बल्कि हर टॉपिक को बदलकर, उन्हें किसी तरह भी नाराज करना पसंद नहीं करते। जहाँ जरा भी माहौल बिगड़ने को हुआ कि आप अपने मज़ाकिया स्वभाव से वातावरण को खुशगवार और आनन्दमय बना लेते हैं।

किसी को नाराज करना आपकी आदत में शामिल नहीं। अपने किसी भी हमजोली को हमेशा खशोखुर्रम बनाए रखना आपकी खसलत है–

उनको आता है प्यार पर गुस्सा,<br>
हमको गुस्से पे प्यार आता है।

घर या बाहर आपसे कोई नाराज़ नहीं होता। खुश रहना आपका जादू है।

ज्ञानी जी जेल में रहे। वहाँ के सभी कर्मचारी जिनमें वहाँ के जेलर तथा और अधिकारी भी शामिल थे–और कैदियों की तरह रहते हुए भी आपसे किसी ने अशोभनीय बर्ताव नहीं किया। वहाँ के परिवेश में भी आपका मिजाज हंसी-मजाक का रहा।

बात-बात में आप नए से नए और कठिन से कठिन मसले को चुटकियों में हल कर देते हैं। कितनी ही बड़ी राजनैतिक समस्या को ज्ञानी जी पल भर में हल करने की क्षमता रखते हैं।

वह कौन-सा उकदा है–
जो वा हो नहीं सकता।
हिम्मत करे इन्सान तो,
क्या हो नहीं सकता।।

आप जिस पद पर भी रहे–आपके सहयोगी, साथी या मित्र आपसे प्रसन्न रहे। क्योंकि आपको शेरोशायरी का काफी शौक़ है। आप बात-बात में शेरों की बौछार कर देते हैं। किसी भी माहौल को बिगड़ने नहीं देते। हरदिलअजीज की आपका स्वभाव है। जीवन में जिसके पास हरेक की खुश रखने का जादू होता है, वह न तो कभी उदास रह सकता है, न कभी उसके पास गमो आलम आ सकते हैं।

खुश नसीबी, नसीब से मिलती,
न नसीबी खुश, तो खुश नसीब कहाँ।

ज्ञानी जो पहले अपनी सिक्खजाति के बहुत बड़े और प्रसिद्ध प्रचारक थे। उन्होंने ही यह नारा बुलन्द किया था–

राज करेगा खालसा,
केसरिया के नीचे।

परंतु देश की बदलती हुई हालत को ज्ञानी जी ने पढ़ कर, जाति या सम्प्रदायवाद को छोड़कर देशवाद की प्रधानता दी। आप उस हवा को छोड़कर कांग्रेसी तिरंगे के नीचे आ खड़े हुए। आपके विचारों में भारतीयता के साथ-साथ विश्व-मैत्री पथ आ समाया।

ज्ञानी जी के गांव के अनेक साथियों ने आपके भविष्य के लिए शुभकामनायें की थीं। एक बड़ी आयु की सिख स्त्री ने आपके लिए कहा था–"ज्ञानी! तुम दुनिया के एक बहुत बड़े आदमी होंगे। लेकिन उस वक्त हमको भूल जाओगे!"

इस पर ज्ञानी जी ने उस आदरणीय गाँव की भोली बुढ़िया को उत्तर दिया था–

''बेबे जी! आप यह सपने में भी न सोचना। तुम्हारा ज्ञानी ऐसा बच्चा नहीं है। आपने मुझे प्यार दिया है। यह आपका प्यार बड़ा अनमोल और बेशकीमती है इसे भुलाया नहीं जा सकता।

एक पुराना सिख साधु–जो गाँव के बाहर पीपल के पेड़ के नीचे बैठा रहता था। वह ज्ञानी जी को आता देखकर चिल्ला कर कहता था:

''इक दिन तुसी बादशाहों दे बादशाह बणनगे।''

वास्तव में आज ज्ञानी जी महान व्यक्तियों की गणना में हैं। दुनिया में आपको लोग समय पुत्र के नाम से पुकारते हैं।

आपके कुछ विरोधी आपको कम्युनिस्ट के नाम से बुलाते थे, मगर आपका ध्येय कुछ और ही था–अन्त में आपने देश की सबसे बड़ी संस्था में प्रवेश ले लिया। और इसी के माध्यम से आपको राष्ट्रपति पद पर सुभोभित किया गया है।

जब कभी ज्ञानी जी अपने परिवार में बैठते हैं तो वह कहा करते हैं–''जिन्दगी के मोड़ों पर कुछ पता नहीं कब -किधर कहाँ मुड़ जाए! क्या जीवन में उस व्यक्ति को वह सब मिल जाता है जिसकी लालसा कभी सच्चे मन से करता है। मैंने तो गुरु के नाम पर कभी अरदास की थी।

क्या पता किस लम्हे,
क्या कुछ हो गया।
ख्वाब में भी न था, पता–
क्या कुछ हो गया।।

ज्ञानी जी के होते हुए, एक ऐसा पक्ष पंजाब में उभरकर आया था जो देश में अशान्ति भड़काकर, भारत के टुकड़े करने पर उतारू हुआ–वह खालिस्तान के नाम से सिक्खों को साथ लेकर चला। सिक्ख ऐजूकेशनल कान्फ्रेंस एक तार्किक राजनीतिक पार्टी चण्डीगढ़ में स्थापित होकर, अमेरिकी नागरिकों ने इसको पोषित करने का विचार किया। इसके लिए अनेक प्रस्ताव पास किए गए।

इन समारोहों में यह कहा गया कि सिख जाति सबसे अलग एक जाति है। इसको भी अलग से एक राज्य (प्रदेश) सौंप दिया जाए। एस० जी० पी० सी० सभा शिरोमणि अकाली दल ने सिर्फ सिख धर्म के प्रसार और प्रचार के लिए बनाई थी।

विदेशी पक्ष ने ही सिक्खों में खालिस्तान मांगने की फूँक भरी। ज्ञानी जी ने अपने विचारों को स्पष्टता देते हुए कहा–

''मैं इस प्रकार के राजनैतिक पचड़े में पड़ने के लिए तैयार नहीं। क्योंकि इस नारे में देशभक्ति नहीं है, यह केवल स्वार्थ से ओतप्रोत है। मैं इस एस० जी० पी० सी० को बड़ी इज्जत की दृष्टि से देखता हूँ–मैं इस संस्था के साथ था। हमें अपने देश के पिछले इतिहास को देखकर, यह सोचना चाहिए कि भारत में अब ग़ैर शासक नहीं। अपने भाई ही भारत की देखभाल करने वाले हैं। आज सिक्ख धर्म का बोलबाला सारे संसार में एक वीर जाति के रूप में है। साथ में यह बात किसी से छुपी नहीं कि इस जाति के शहीदों ने देश के लिए क्या नहीं किया। अपना घर फूंका। अपना घर बर्बाद किया। जो कठिनाइयाँ देशभक्तों को उठानी पड़ती हैं, उनमें से लगभग सभी कठिनाइयां भारत की और जातियों के साथ सिखों ने भी तो उठाई है।

अब अलग पार्टी खड़ी करके देश को दूसरी ओर ले जाने की चेष्टा करने के बजाय–यदि यह पार्टी संकल्प के साथ, यहाँ की आर्थिक, सामाजिक और नैतिक समस्याओं को सुलझाने में देश के सहायक बन जाए, तो देश का कितना बड़ा काम पूरा हो सकता है।

आज समय की समस्या सबसे बड़ी समस्या हमारे सामने खड़ी है। यदि यह एस० जी० पी० सी॰ पार्टी पूरे सहयोग के साथ काम करे तो देश का एक बहुत बड़ा काम हो जाय। देश में कुछ गद्दारों और देशद्रोहियों के द्वारा महंगाई कमर तोड़ रही है। गरीब तबका भूखों मर रहा है। मध्यवर्ग भी रुक-रुक कर सांस ले रहा है, इस महंगाई के कारण आशा है यह पार्टी देश की बढ़ती हुई समस्याओं को सुलझाने में हमारे नेताओं का हाथ बटाएगी।''

सिख अकाली दल को धार्मिक व्यवस्था से आगे नहीं बढ़ना चाहिए। राष्ट्र के हित के लिए ही खालसा पंथ अपना बलिदान देता आया है, भारत के

निवासियों के लिए।

सिख विचार धारा के अनुसार

- गुरुद्वारों की देखभाल करना–
- गुरु-पूजा करना–
- गुरु के उपदेशों पर चलना–
- प्राणिमात्र की सेवा करना–
- धर्म से पीछे न हटना–

धर्म और राजनीति को मिला देने से किसी जाति-धर्म का उद्देश्य बदल जाता है। धर्म के लिए पवित्र विचार रख कर ही कोई उद्देश्य की पूर्ति कर सकता है।

धार्मिक संस्था राजनीति में प्रवेश उसके अन्तर्राष्ट्रीय स्तर में बाधक होता है। क्योंकि धर्म निश्चित रूप से एक पवित्र और पावन जन्म है, उसको राजनीति के साथ रखने से तंग विचारधारा का द्योतक बन जाता है। फिर सिख धर्म भारत के वीरों की एक ऐसी सुदृढ़-सुव्यवस्थित टोली है, जो समय-समय पर, पीड़ित-दुखित या जिन पर जुल्म-सितम और अन्याय किया गया हो, उनकी यह रक्षक है।

इसमें कोई दो राय नहीं कि पंजाब और पंजाब के नागरिक भारत से अलग नहीं हैं। कोई धर्म किसी भी सीमा से बंधा नहीं है। धर्म एक ऐसी स्वतन्त्र धारा है, जो देश-विदेशों के किसी कोने में जाकर बढ़ सकता है। चाहे वह गाँव है, नगर है, शहर है, देश है, राष्ट्र है, विश्व है। धर्म को जो लोग एक सीमा में बांधकर रखते हैं, उनके विचार संकुचित हैं।

सिख धर्म गुरुओं की देन है। गुरु नानक अकेले सिखों के नहीं थे। उनकी आध्यात्मिक शक्ति एक कोठरी में बन्द नहीं हो सकती--वह तो संसार के चप्पे-चप्पे पर विद्यमान है–फैली हुई है।

हमें यह भी नहीं समझ लेना चाहिए कि उनका धर्मज्ञान केवल भारतीयों के लिए ही सुरक्षित है–नहीं। वह धर्म संसार की सभी जातियों सम्प्रदायों में

समाया हुआ है। परंतु सिख धर्म में किसी प्रकार का भी भेदभाव नहीं। इसके दरवाजे सबके लिए खुले हैं–गुरु गोविन्द सिंह ने प्यार किया था पांच प्यारों (पंज प्यारे) को ही देखिए–

(i) भाई दयासिंह-लाहौर से आए

(ii) भाई धर्मसिंह-हस्तिनापुर से

- भाई मखनसिंह-बिदर से (कर्नाटक)
- भाई हिम्मतसिंह-जगन्नाथपुरी (उड़ीसा) से

गुरु हरगोविन्द ने तख्त (शासन) संभाला, परंतु हरमंदिर स्वर्ण गुरुद्वारे के बाहर–इसका नाम रखा गया अकाल तख्त (जिसकी कभी मृत्यु) न हो।

ज्ञानी जी भारत के प्रथम पंजाबी राष्ट्रपति हैं–जिन्होंने अपनी जिन्दगी में देश सेवा के लिए बहुत काफी कुर्बानियाँ दी हैं। पिछले 35 सालों में आपने अपनी बलिदानी और देशभक्ति की बुनियाद पर ही, यह राष्ट्रपति का पद हासिल किया है। उन्होंने एक बार पत्रकारों के बीच में खड़े होकर कहा था–"यह ईश्वर का दिया वरदान है।" इसके साथ आपने अपने मित्रों, साथियों का सहयोग लेने के लिए सबको विश्वास दिलाया–

"मैं अपना फर्ज अपना लक्ष्य, जो मुझे दिया गया है भारतीय संविधान के अनुसार देश के यश, मान और गौरव को बनाए रखूंगा। मैं जानता हूँ, आज मेरे देश को जो गौरव प्राप्त है वे मेरे पिछले साथी राष्ट्रपतियों तथा देश के पिता महात्मा गांधी, जवाहरलाल नेहरू, सरदार पटेल, मौलाना अब्दुल कलाम आज़ाद, लाल बहादुर शास्त्री आदि महान नेताओं की देन है । मेरी देश के प्रति श्रद्धा और निष्ठा है।"

रहे हैं बल्कि एक बड़ी साज़िश के तहत जन-जन को भुलाया भी जा रहा है।

### अल्लाह करे! लड़कियों को यह बरकत नसीब हो!
### हैदराबाद : कुल हिंद उर्दू-तालीमी कमेटी : इंदिरा प्रियदर्शनी कालेज के अध्यापकों का सम्मान : सायं : 22 जुलाई 1985

कालेज के द्वार पर राष्ट्रपति जी का भव्य स्वागत हुआ है। मुख्य द्वार से अंदर हाल तक का सारा ही मार्ग रंग-बिरंगे चौकों से सजाया गया है।

हाल के भीतरी द्वार पर कालेज की छात्राएँ विभिन्न प्रांतीय वेशों में सुसज्जित खड़ी हैं। हाथों में गुलाब-गेंदे की मालाएँ! उल्लासपूर्ण स्वागत की तैयारी में! उत्सुकता में! कार्यक्रम आरंभ हुआ।

कौमी तराना : सारे जहाँ से अच्छा हिंदुस्तां हमारा...

आज बहुत से लोग एक ही जुबान से जिन्नाह को कोसते हैं और इकबाल की तारीफ करते हैं।

कितना ना-मुनासिब है! गैर-वाजिब है!

अपने जीवन के आरंभ में इकबाल कितने ही मुल्कपरस्त रहे हों! पर पाकिस्तान की पैदाइश में उनकी तहरीरों का कितना हाथ रहा है? यह सब जानते हैं। उसके इस तराने को आज कौमी तराना कहना वाजिब होगा? इससे बदबू आती है उसकी तंग, जहनीयत की। उसकी फिरकापरस्ती की। उसकी हिंदुस्तान-द्रोही भूमिका की। उस हिंदुस्तान की तकसीम में उसका पूरा हाथ रहा है जिसके उसने तराने गाए हैं।

पाशा ने जो स्वागती तकरीर की है उसमें मुल्कपरस्ती की नहीं उर्दू-परस्ती की बू आ रही है। वह बार-बार एक ही बात को दोहरा रहा है : हम सभी जुबानों का अहतराम करते हैं।

पर हिंदी का एक शब्द भी कहीं दिखाई नहीं पड़ रहा। जबकि अँग्रेज़ी, तेलगू के साथ-साथ उर्दू का ही वहाँ पर बोलबाला है।

वहाँ भी गुलाब-गेंदे की नुमाईश थी। ज्ञानी जी आज फिर प्रदर्शन के लिए, फूलों के यूं ज़िबह किए जाने पर मन ही मन पशेमान हो रहे हैं। यह मैं जान गया हूँ। उन्हें गुलाब के लिए उठ पड़े हैं : उन्होंने वहाँ की अध्यापिकाओं को सम्मानित किया। फिर बोले—परिवार में एक लड़की भी पढ़ जाए तो सारा परिवार पढ़ जाता है। एक पूरी पीढ़ी पढ़ जाती है। बच्चे माँ से ज़्यादा सीखते हैं। एक माँ बड़ा उस्ताद साबित होती है, बाप की निस्बत। बेशक शिक्षा का स्तर गिरा हो। पर लड़कियों में यह स्तर बढ़ा है। वे आगे आ रही हैं। हर मैदान में बाजी मार रही हैं। मरहले पार कर रही हैं। ऐसे ही होता रहा तो एक दिन आएगा, सीटें लड़कों के लिए रिज़र्व करनी पड़ेंगी :

## अल्लाह करे! लड़कियों को यह बरकत नसीब हो! अपने हिंदी का गौरव बढ़ाया है : हिंदी आवश्यक है देश की एकता के लिए

**हैदराबाद : राज भवन : हिंदी लेखक मंडल : सायं : 22 जुलाई, 1985**

दोपहर ही डॉ. 'कमल' का फोन आया।

–"हम सायं राष्ट्रपति जी से मिलने आ रहे हैं। आप हमारे साथ रहें।"

शाम को वे निश्चित समय पर आ गए।

साथ थे :

श्री सत्यनारायण गुप्त, सदस्य राजभाषा समिति।

श्री हरनामसिंह 'प्रवासी'।

श्री पांडुरंग दुलगे।

डॉ. सलीम।

उन्होंने ज्ञानी जी के आगे आंध्र में हिंदी अध्ययन-अध्यापन की समस्याएँ रखीं।

वर्तमान सरकार हिंदी के प्रति जो अनुचित रवैया अपना रही है, अपनी नीतियों में जो परिवर्तन कर रही है तथा उनसे हिंदी के बारे में जो व्यावहारिक कठिनाइयाँ संभावित हैं–इन सबके बारे में सविस्तार बातें होती रहीं।

ज्ञानी जी बोले :

–"यह ठीक है कि केंद्र हिंदी को किसी पर उसकी इच्छा के विरुद्ध आरोपित नहीं करना चाहता। परंतु साथ-साथ हम सबको यह वास्तविकता नहीं भूलनी चाहिए कि हिंदी के बिना यह देश जुड़ नहीं सकता। हिंदी राष्ट्रीय अखंडता और विकास के लिए निहायत ही ज़रूरी है।

यह गलतफहमी भी दूर करनी होगी कि हिंदी के विकास से प्रांतीय भाषाओं का विकास रुक जाएगा।

हिंदी-उर्दू में क्या अंतर है! यह रेखा खींचना मुश्किल है। हिंदी कहाँ उर्दू होने लगती है! और उर्दू कहाँ हिंदी बनने लगती है! यह बताना कठिन काम है। फर्क है तो इनके हिमायतियों के दिलों में है।

लिपि का अंतर तो है। पर उसे विशेष अंतर नहीं पड़ता है।

पंजाबी के लिए गुरुमुखी-लिपि तो है ही, परशियन का इस्तेमाल भी होता है। देवनागरी का प्रयोग भी होता है। इससे पंजाबी के विकास में तो कोई अंतर नहीं आया है। हाँ भाषा के नाम पर कमाई करने वालों की तजारत में अवश्य अंतर आया होगा।''

इस बिंदु पर मैंने कहा :

–अपने एक उपन्यास : 'बयान एक गधे का' में यही बात रखा है। मैंने बारहा कहा है कि उर्दू हिंदी की ही एक शैली है। इस पर हिंदी वालों ने मेरा विरोध ही नहीं किया, बल्कि फतवा दे डाला कि मुझे हिंदी आती ही नहीं है।

–हिंदी के विकास से उर्दू का विकास अपने आप हो जाएगा। ऐसे ही उर्दू की तरक्की हिंदी की ही तरक्की है। जब तक ऐसा नहीं सोचेंगे, तब तक ऐसे भाषाई मसले दरपेश आते ही रहेंगे।

डॉ. पांचाल ने अपनी बात को दक्किनी के संदर्भ में स्पष्ट किया :

–अ़ब आप इसे हिंदी कहें! उर्दू कहें! कुछ भी कहें! वह दक्किनी ही रहेगी।

डॉ. कमल बोले:

–हैदराबाद में दोनों जबानें एक नेक हमसाये की तरह फलफूल रही हैं।

--बोलने वाला केवल दक्किनी बोलता है। दक्किनी लिखता है। लिपि से कोई खास फर्क नहीं पड़ता है :

मैंने स्थिति को और स्पष्ट किया :

–पंजाब में मध्ययुग का सारा हिंदी साहित्य, क्या गुरु काव्य, क्या राम-कृष्ण काव्य, क्या रीति-नीति काव्य, क्या वीर-काव्य और प्रशस्तिमूलक काव्य–सब का सब गुरुमुखी लिपि में लिखा गया है।

जायसी की अवधी! उसकी लिपि परशियन रही है। क्या वह हिंदी नहीं रही है? हम उसे हिंदी नहीं मानेंगे?

बात घूम कर पुनः वर्तमान प्रांतीय सरकार की हिंदी-विरोधी नीति के बारे में होने लगी :

ज्ञानी जी बोले :

–आप कोई मैमोरेंडम लाए हैं तो दे जाइए! मैं इस बारे में पूरे कंसर्न से बात करूँगा। एक बात के बारे में आप यकीन रखें–यह देश ज़्यादा देर तक हिंदी की उपेक्षा नहीं कर सकता है। हिंदी इस देश की गंगाधारा है। गंगाजल है! मैं अपनी हर बात में, अपनी तकरीरों में हिंदी बोलता हूँ!

–आपने राष्ट्रपति पद से हिंदी का गौरव बढ़ाया है। हिंदी-अहिंदी भाषी प्रदेशों में, और देश से बाहर हिंदी में बोल कर हिंदी का माथा ऊँचा किया है। बीच में एक सवाल उठा :

–यह कहना, रोज़मर्राह बोलना–हिंदी भाषी-अहिंदी भाषी, मेरे ख्याल में न केवल गलत ही है बल्कि देश की एकता के हित में भी नहीं जाता है। इससे रोज़ हमें गलत संस्कार मिल रहे हैं। हिंदी-विरोध बढ़ रहा है।

–तमिल भाषी, तेलगू भाषी...अहिंदी भाषी करार देकर हमने देश के एक हिस्से को हमेशा के लिए हिंदी से दूर किया है। उसके विरोध में खड़ा किया है। राष्ट्रीय एकता की नीतियाँ बनाते समय ऐसी बातों का विशेष ध्यान रखना चाहिए था...

ज्ञानी जी ने बात को समापन दिया :

–कुछ दिन पहले मैंने कहा है–भाषा का जुनून, धर्म के जुनून और ज़हर से कहीं ज्यादा खतरनाक है। हमें इसके बारे में सावधान रहना होगा।

## मेरे करतार! मैं शामिल नहीं हूँ इस गुनाह में मुझे मुआफ करना!

### हैदराबाद : राज भवन : सायं की सैर : 22 जुलाई, 1985

सायं की सैर।

वही लान। राज्यपाल निवास के सामने वाले, वही बारादरी।

चारों ओर देव-मूर्तियाँ! देव-प्रतिमाएँ!

ज्ञानी जी प्रातः हुए सूफी-सम्मेलन के बारे में बात कर रहे थे। मैंने पूछा:

–क्या ऐसे आयोजन वाकई कौमी एकता लाने में मददगार साबित हो सकते हैं! आम आदमी को इनसे क्या दिशा मिल सकती है? सिवाय इसके कि यह सम्मेलन अखबारों की चंद छोटी-बड़ी सुर्खियों में सिमट कर रह जाएँगे!

—तालाब में एक कंकरी भी फेंको! असर तो होगा ही! कुछ पानी हिलेगा! लहरें उठेंगी।

—और कंकर पानी की तह में डूब कर बैठ जाएगा...

—ऐसे ही एक दिन जब पानी में उबाल आएगा तो ये कंकर! संस्कार रूप में बैठे कंकर बाहर आएँगे! सो इनका असर यूँ ही मायल तो नहीं हो जाता! हाँ इनके पीछे ईमानदारी का जज़बा होना लाज़मी है।

—मैं सोचता हूँ! इस सम्मेलन में हिंदी की उपेक्षा जानबूझ कर की गई है। वह इरादतन और शरारतन की गई है...कौमी एकता की बात हो! और हिंदी गायब हो!

—मेरा हिंदी में बोलना भी चंद लोगों को अखरता रहा है...

पर मैं समझता हूँ कि अगर इस देश के साथ बात करनी है तो वह हिंदी में होगी। अँग्रेज़ी में बात तो हम करते हैं। पर तब क्या हम पूरे देश से संवाद जोड़ पाते हैं? हाँ मीडियास पर हमारी तस्वीर रहती है, यह आवाज़ गूँजती रहती है। बस और कुछ नहीं। तुम्हारी नागार्जुन की यात्रा कैसी रही?

मैंने अपने अनुभव सुनाए : म्यूज़ियम की मूर्तियों को छूकर ऐसे लगा जैसे मैं उन रचनाकारों के हाथों को छू रहा हूँ। वे हाथ! जो छैनी-हथोड़ा लिए शिलाएँ तराश रहे थे। मुझमें उनकी वह रचनात्मक संवेदना साकार होने लगी थी जिसमें उन मूर्तियों के रूप-रंग-आकार की कल्पना साकार हुई होगी...मेरे कानों में अनगढ़ शिलाएँ तराशने की आवाज़ें आ रही थीं। मैं देख रहा था कि उन शिलाओं में से धीरे-धीरे मूर्तियों का जन्म हो रहा है। उनका आकार प्रकट हो रहा है। बड़ा ही दिव्य अनुभव था।

ज्ञानी जी पास ही लान की एक मूर्ति की ओर देखने लगे थे। उसे छूआ। एक क्षण के लिए आँखें बंद कर लीं। फिर बोले :

—वाकई! मैं एक पल के लिए एक हो गया था इस मूर्ति के अनाम रचनाकार से! बड़ा सुख मिल रहा था। लग रहा था कि मैं रचना के उस पल का कोई चश्मदीदगवाह हूँ। मूर्ति के चरणों में कोई श्रद्धालु गुलाब का फूल चढ़ा गया था। ज्ञानी जी ने उसे उठाया। पंखुड़ियों को सहलाया : बोले :

—आज सुबह के सम्मेलन में इतने फूलों को ज़िबह किया गया!

वह भी सूफी सम्मेलन में। मंच पर जैसे गेंदा-गुलाब के मुर्दा जिस्म पड़े थे। वह तौहीन थी फूलों की। मैं तो इनकी इबादत करता हूँ! कैसे रखता इन पर पैर! तब दिल में दुआ कर रहा था—मेरे करतार! मुझे बख्शना इस गुनाह के लिए। मैं शामिल नहीं हूँ इसमें।

**इसे माशूका बना कर सर न चढ़ाओ!**
**बीवी बनाकर वश में रखो**
**हैदराबाद : सिकंदराबाद क्लाथ-मर्चेन्ट-एसोशिएशन समारोह :**
**सायं : 23 जुलाई, 1985**

सिकंदराबाद क्लाथ-मार्केट—एसोशिएशन, सिकंदराबाद।

एसोसिएशन के प्रधान श्री सोम वेंक्टेश्वर का सम्मान समारोह।

भयंकर बारिश के कारण कार्यक्रम आधा घंटा देर से आरंभ हुआ।

नगर का वासुकी हाल :

फूल मालाओं से संपूर्ण मंच, उसका अग्र भाग, पूरी की पूरी पीठिका, पार्श्व—सब के सब लदे पड़े थे। द्वार पर फूल-मालाएँ। हाथों में फूल-मालाएँ। हाथों में फूल-मालाएँ। दीवारों पर फूल-मालाएँ। सर्वत्र मालाएँ ही मालाएँ!

कहीं सुना था :
कितने गुलशन वीरान हुए होंगे
यह महफिल सजाने को!

ज्ञानी जी आए। साथ में डॉ. शंकरदयाल शर्मा राज्यपाल थे। आज वे धोती-कुर्ते में थे। इसमें वे अधिक मौलिक और शालीन लग रहे थे।

दोनों को विपुलाकार मालाएँ भेंट की गईं। वे गले-गले तक गोया डूब रहे हों।

गुलाब-गेंदा-मौल श्री-कलियाँ ही कलियाँ!

मैं ज्ञानी जी की मनःस्थिति समझ रहा था।

फूलों का दिलदार! और सामने फूलों की लाशें! मुर्दा जिस्म!

निर्जीव बदन! प्राण-शून्य देहें!

कहर का आलम था एक गुल-परस्त के लिए! गुलदादा के लिए।
एक दिन वे एक गुलाब को तोड़ते-तोड़ते रुक गए थे। बोले!
—गुलों पै हक्क तो गुलची का है। हम तो बागबानी को रह गए।
वही बागबां देख रहा है अपने सामने उजड़े हुए बागों को।
यह नज़ाराए कयामत था उनके लिए।
इससे बढ़कर कयामत का दिन और क्या होगा?
राज्यपाल राष्ट्रपति जी का स्वागत कर रहे हैं :

मैं इस राज्य का प्रथम नागरिक होने के नाते भारत के प्रथम नागरिक का स्वागत करता हूँ...ब्राह्मण हूँ। सो याचना करता हूँ! अपने लिए नहीं! सब के लिए! आज किसी सार्वजनिक कल्याण के प्रोजेक्ट की घोषणा हो जाए इस क्लाथ एसोशिएशन की ओर से।

डॉ. पांचाल मेरे पास बैठे थे। मैंने उनके कान में कहा :

—बस इतना ही एलान कर दें कि हम कपड़ा-फरोश आज से अपनी दुकानों पर ग्राहकों के कपड़े नहीं उतारा करेंगे! हम कपड़ा फरोख्त ही करेंगे! हज्जाम नहीं बनेंगे!

स्वागत भाषण हुए। एक दूसरे के अभिनंदन किए गए। तालियाँ पिटीं। और आरंभ हुआ ज्ञानी जी का भाषण :

—माया संतन की बैरिन है। इसे माशूका बनाकर सर न चढ़ाओ! बीवी बनाकर वश में रखो! माया का बंटवारा हो बारिश की तरह, चांदनी की तरह, हवा पानी की तरह।

## वह अपने वक्त का कारूं बादशाह था। बड़ा ही कंजूस
## हैदराबाद : निजाम का महल : फलकनुमा : सायं की सैर : 23 जुलाई, 1985

निज़ाम का महल : फलाकनुमा :
इससे पहले—सालारजंग म्यूज़ियम : एक व्यक्ति द्वारा किया गया ज़खीरा।
दुर्लभ, वेश-कीमती, नायाब, बेनज़ीर, लासानी चीज़ों का एक अमर ज़खीरा।

रंग-चित्र, तैल-चित्र, संगमरमर की तराशी हुई महीन कला की मूर्तियाँ। मूर्तिकला के बेहतरीन नमूने। पुराने बिल्लौरी बर्तन, हथियार, औज़ार। और न जाने क्या क्या? ऐसा ही कुछ निज़ाम के महल में था।

हम चले राजभवन से। मूसा नदी के पार किया। बड़ा बाज़ार जाता है चार मीनार की बगल से। शुरू मे बाज़ार सुंदर है। पर आगे चलकर निहायत ही गंदा हो उठा है। तंग। नाहमवार। और महल के करीब तो कच्चा हो गया है। अपने पटियाला का मोती महल, शीशमहल—ये सब कई हज़ार गुना बेहतर हैं इससे! सुंदर और विशाल हैं इससे रजवाड़ाशाली समाप्त होने के कई सालों बाद भी उनकी राजन्य गरिमा बनी हुई हैं। महल में वहीं अय्याशी का समान! ऐशो-इशरत की चीज़ों की भरमार।

विलास के विपुल साधन।

संगमरमर की सीढ़ियों पर औरतों के नग्न बुत! उनके सर पर रोशन होने वाली शमाएँ।

रंग-कक्ष विदेशी चित्रकारों की नंगी पेंटिंग से भरे पड़े।

अपनी देशी रियासतें अच्छी मंडी रही हैं ऐसी कला की।

एक कक्ष में एक बड़ी पेंटिंग। एक महिला खड़ी है। आप जिस भी कोण से उसे देखें, लगेगा कि वह एकटक आपका ही दीदार कर रही है। शर्बत पी रही है आपके हुस्न का। आप झट शर्मा जाएँगे। पर चित्र की वह महिला! जी! नहीं! वह नहीं शर्माएगी! पुराने पर्दे, बैड, पलंग, दस्तरखान, मेज़, क्राकरी, दीवान, कुर्सियाँ, और जंगली पशुओं के सर, खालें।

किसी और द्वारा मारे गए शेर पर खड़े निज़ाम की फोटो। वह बड़े ही रोब से बहादुरी की मुद्रा में खड़ा है, शेर पर एक टांग रखकर। हाथ में बंदूक लिए हुए।

मैंने सरकारी गाइड से पूछा :

—क्या सचमुच निज़ाम इतना बहादुर था यह शेर वाकई उसने मारा होगा?

—जी! जी!

वह मुस्कुरा कर रह गया।

मुझे जवाब मिल गया था।

शाम की सैर के वक्त ज्ञानी जी से बात हुई, बोले :

—निज़ाम तो बहुत ही कंजूस माना जाता था। कहते हैं वह अपने वक्त का दूसरा कंजूस था।

—पर यह अपना गुज़र टोपियाँ बना कर नहीं किया करता था।

—केसे बादशाह रहे होंगे वे! सरकारी खज़ाने से एक टका तक नहीं लेते थे अपने खर्च के लिए।

—फिर भी आवाम का खून चूसने से बाज़ नहीं आते थे। मासूमों की खून-रेज़ियाँ। सरेआम कत्ल। दूसरे धर्मों के लोगों की बेरहम सरकशी। अपने खुदा के नाम पर यह केसी इबादत थी?

## बिरला मंदिर : भगवान वेंकटेश्वर का : चट्टानों पर खिला एक श्वेत कमल

## हैदराबाद : दूरदर्शन-आकाशवाणी में : तथा...पूरा दिन : 23 जुलाई, 1985

कल को प्रस्थान है देहली के लिए : 10-15 : प्रातः की।

मि. चटर्जी का फोन आ गया है :

—कल सुबह आठ बजे लगेज-कलैक्शन होगा सर!

आज सारा दिन व्यस्तता का है।

डॉ. पांचाल आए : बोले :

—न तो कोई आकाशवाणी से ही आया है और न दूरदर्शन से ही। आए हैं तो कुछ रिकार्डिंग हो जाती।

झट दूरदर्शन और आकाशवाणी निदेशकों से फोन पर संपर्क किया। और रिकार्डिंग तय हो गई।

—अब आप यहीं बैठकर अपने आलेख तैयार कर लें।

—आप!

—मैं तो सब जमा-खर्च जुआनी ही करता आया हूँ। आप ठहरे बड़े साहित्यकार। आपको तो वहाँ आलेख देने होंगे।

डॉ. पांचाल की शराफत! झट अपने को बड़ा साहित्यकार मानकर आलेख तैयार करने में जुट गए। डॉ. कमल भी साथ थे। मैं उनसे बतियाता रहा।

—आप भी चलिएगा हमारे साथ दूरदर्शन केंद्र में।

—मैं क्या करूँगा वहाँ!

—आपसे प्रोग्राम कंपियर करवा लेंगे!

–बात हो गई है!

–और कमल जी! बोल देंगे कंपियर हमारा होगा।

तय वक्त पर हम दूरदर्शन केंद्र पहुँच गए।

निदेशक अतीव सज्जन पुरुष थे। मैंने फोन पर ही कह दिया था–हमारे पास समय नहीं के बराबर है। तुरंत बाद हमें आकाशवाणी जाना है।

हम वहाँ गए। निदेशक महोदय ने सामने वाले कमरे में पहले से ही सेट तैयार करवा छोड़ा था। लाइट, कैमरा मैन, सब व्यवस्थित था। हमें जाकर केवल बैठना ही था। रिकार्डिंग में देर नहीं लगी। डॉ. कमल ने कंपियरिंग की। मैंने आंध्र प्रदेश, नागार्जुन, विशाखापतनम के बारे में अपने प्रभाव प्रस्तुत किए। डॉ. पांचाल ने अपना आलेख प्रस्तुत किया दक्किनी हिंदी के बारे में।

दोपहर का भोजन हमने एक साथ किया।

फिर गए आकाशवाणी-केंद्र में।

वहाँ हिंदी के प्रोड्यूसर तैयार बैठे थे।

मैंने कविता-पाठ किया।

डॉ. पांचाल ने अपना आलेख प्रस्तुत किया।

बड़े साहित्यकारों की बड़ी बातें।

हिंदी प्रोड्यूसर की एक समस्या थी। वे संभवत: बंगाली थे। इससे पूर्व बस्तर के आस-पास आकाशवाणी के किसी केंद्र में थे। उन्होंने वहाँ शायद किसी निम्नवर्ग की स्थानीय महिला से विवाह कर लिया। बस इसी बात पर उनका तबादला हो गया। बीवी वहीं पर। मियाँ यहाँ।

डॉ. कमल के वे परिचित थे। वे बोले :

–''इनका कुछ करवाइए! राष्ट्रपति जी से कहकर इनकी बीवी का तबादला करवाएँ!''

–मैंने डॉ. पांचाल की ओर इशारा किया :

–''तरीका मैं बताए देता हूँ। अमल डॉ. पांचाल करवा दें। बात बन जाएगी। फौरन से पेश्तर।

ज्ञानी जी जब पंजाब के मुख्य मंत्री थे तब उन्होंने अंतर्जातीय विवाहों को बड़ा प्रोत्साहन दिया था। कई हजार नकद के इनाम, साथ-साथ या एक ही जगह पर नौकरी का इंतज़ाम।

उन दिनों कुछ ऐसे विवाह हुए थे जिनमें लड़कियाँ तो उच्च वर्ग की थीं और लड़के निम्न वर्ग के।

यही हवाला देकर राष्ट्रपति के नाम उनसे हमने एक अर्ज़ी ले ली। शाम को उन्हें राजभवन के हाल में एक सांस्कृतिक कार्यक्रम आयोजित किया जाने वाला था।

'नटराज नृत्य निकेतन'
रंगारंग कार्यक्रम प्रस्तुत करने वाला था।
इधर बारिश का भी ज़ोर था।
पर वह दंपति आ गई।

ज्ञानी जी कार्यक्रम देखने के लिए जा ह। रहे थे कि हमने उस दंपत्ति को उनके आगे खड़ा कर दिया।

मैंने कहा :

–काश, आप आज राष्ट्रपति के साथ-साथ इस प्रांत के मुख्यमंत्री भी होते।
–यह केसे होता?
–नहीं हुआ है तभी तो यह गजब हो गया है।
–क्या हुआ है! आसमान वहीं नज़र आ रहा है! ज़मीन में कोई हरकत नहीं लग रही है। फिर ऐसा क्या हो गया है?

अब माजरा बयान करने के लिए डॉ. पांचाल ने उस नवल जोड़ी को आगे कर दिया। ज्ञानी जी ने सब सुना। बोले :

–अच्छा होता आपने यह विवाह पंजाब में किया होता! मेरे मुख्यमंत्री होते किया होता?

–मैं भी तो यही कह रहा था।

–हाँ!

–और उन्होंने फौरन ही उस पर कारवाई करने के आर्डर कर दिए। कुछ दिनों बाद पत्र आया कि उस 'कपल' का काम हो गया है। वे आभारी हैं।
हमने विदा ली उस शाम के कार्यक्रम से।
हमें अभी कई काम करने थे।
आंध्र की हिंदी साहित्य अकादमी जाना था।
विरला द्वारा बनाया गया भगवान वैंकटेश्वर का मंदिर पुनः देखना था।

एक बार नगर की परिक्रमा लेनी थी।

तीनों ही एक ही गाड़ी में निकल पड़े।

बिरला मंदिर!

हैदराबादी चट्टानों पर खिला हुआ श्वेत कमल!

काली नीली चट्टानें। सागर की लहरों जैसी उठती-बैठती चट्टानें!

नील लहरों से खिल उठा श्वेत-शुभ्र कमल!

भगवान वेंकटेश्वर का शयन कमल!

श्वेत संगमरमर का एक भव्यातिभव्य मंदिर।

कई सौ सीढ़ियाँ चढ़कर! मंडपों, द्वारों को पार कर मुख्य मंदिर का रूप अतीव महिमावान है। जैसे हैदराबाद की किसी एक चोटी पर स्थाई रूप में श्वेत बादलों की बस्ती बस गई हो!

रात के समय जब उसमें दिव्य प्रकाश व्यवस्था होती है तब मानो कोई इंद्रपुरी! नहीं! नहीं साक्षात बैकुंठ अवतरित हो जाता है वहाँ पर।

मानो हैदराबाद अपनी धर्मांध कट्टरता पर पश्चाताप कर रहा हो!

हैदराबाद का उदरामना शासन!

कहीं पर कोई प्राचीन मंदिर नहीं मिलेगा आपको!

हमने आचमन लिया! पंच-गव्य का आचमन! कर्पूर-केशर-चंदन-मिश्री-मिश्रित आचमन!

तुलसीदल से युक्त आचमन!

मन में मंत्र गूंजने लगा है!

—अकाल मृत्यु सर्व-व्याधि हरणं...विष्णु चरणोदकं पीत्वा पुनर्जन्में न विद्यते. ..नारियल का प्रसाद! माथे से लगाकर स्वीकार किया।

यह प्रसाद नहीं! संस्कृति का, दर्शन का अनुदान है मेरे लिए...

हम सीढ़ियाँ उतरकर आ गए हैं कार के पास :

डॉ. पांचाल ने अनुरोध किया है :

—सीधे अकादमी जाना है।

कुछ मोड़ और कुछ लंबी सड़कें पार कर कार पार्क हो गई अकादमी के कार्यालय के आगे?

अकादमी की चेयरमैन! नहीं! नहीं! वह महिला कुर्सी पर ही मौन हो गई?
कैसी विसंगति है इन पद-नामों की?
महिला और चेयरमैन!
चेयरमैन श्रीमती इंदिरा देवी धनराज।
और डायरेक्टर श्री ओमप्रकाश निर्मल!

जब वे 'कल्पना' के संपादकीय में थे, तब से ही परिचित रहे हैं। मिले अभी हैं इन्हीं दिनों।

श्रीमती धनराज हमें अकादमी के महत्त्वपूर्ण प्रकाशनों की प्रतियाँ भेंट कर रही हैं। गर्मागर्म कॉफी और फिर उनसे विदा!

डॉ. कमल बोले :

—अब कहाँ!

—केवल एक चक्कर उस्मानिया विश्वविद्यालय का। साथ ही नगर-परिक्रमा हो जाएगी आती बार...

ऐसे ही हुआ। वापसी में हुसैन सागर के तट पर रुके थोड़ी देर के लिए। फिर डॉ. कमल को छोड़ा आकाशवाणी केंद्र में। वे अपना स्कूटर वहीं छोड़ आए थे।

रात काफी गहरा चुकी थी। यातायात कम हो रहा था। वे अपना स्कूटर बाहर ले आ थे।

वे भावभीनी विदा दे रहे थे हमें...हम दक्किन वाले दिल बिछाते हैं...
मैं भी भाव-विगलित हो रहा था। केवल इतना ही कह पाया।
अनुबंध होगी औरों के लिए! दोस्ती अपने लिए संबंध होती है...
और विदा! हैदराबाद को! इन सुनसान सड़कों को! भवनों को!
कल प्रातः ही चले जाएँगे! फिर आने का स्वप्न लेकर!

**अब हम जा सकते हैं न एक घर से दूसरे घर जा रहा हूँ।**
**हैदराबाद : राज भवन : देहली के लिए प्रस्थान : प्रातः 9 बजे**
24 जुलाई, 1985

हैदराबाद। राष्ट्रपति का दूसरा निवास स्थान माना जाता है।
दस दिन का प्रवास। देहली जाने की तैयारियाँ हो रही हैं।
सामान तो बहुत पहले ही एयरपोर्ट चला गया।

फिर भी अभी बहुत कुछ है समेटने को। सभी व्यस्त हैं अपने-अपने में। कोई रह न जाए! कुछ छूट न जाए!

दस दिन तक जो सेवक दिन-रात हमारी सुविधाओं का ध्यान रखते रहे हैं, वे सबके सब उदास लग रहे हैं। इतने दिन रहे! तो उत्सव रहा। अब जा रहे हैं तो सब सूना-सा हो जाएगा।

उन सबसे भावभीनी विदा लेकर मैं नीचे आ गया हूँ!

अभी नीचे आया ही था कि कार ड्राइवर राजेश्वर आ गया। उसने नमस्कार किया। इतने दिन, केवल दिन ही नहीं रात भी, रात-रात भर वह मेरे साथ रहा। आपने असुविधा में रहकर भी मुझे सुविधा में रखा। वह भी उदास हो रहा है।

—साहिब जी! कोई भूल-चूक हो गई हो! कमी रह गई हो! तो माफ करना हमारे कूं!

मेरा दिल भारी हो रहा है। बस आगे बढ़कर उसका कंधा थपथपा रहा हूँ।

राजेश्वर जाने लगा तो मुहम्मद इकबाल आ गया। वह मेरे साथ नागार्जुन गया था गाड़ी लेकर।

—सलाम बोलने कूं आया हूँ! बड़ी इज्जत दी हमें! बड़ा प्यार दिया हमारे कूं!

—उमर दराज़ हो! खुदा तुम्हें आसूदगी बख़्शें!

—हमारे कूं याद रखिएगा साहिब!

—अल्लाहताला सलामत रखें आप दोनों कूं!

मेरे 'कूं' बोलने पर वे मंद-मंद मुस्कुराने लगते हैं। दिलों का बोझ कुछ हल्का होने लगता है।

कारें अपने-अपने क्रम के अनुसार लग चुकी हैं।

ज्ञानी जी बाहर बरामदे में आकर वहाँ के अधिकारियों से मिल रहे हैं।

कैबिनेट की एक महिला-मंत्री और हैदराबाद की महिला कलक्टर आ गई हैं। वे इस निवास के दौरान ज्ञानी जी के परिवार के साथ रही हैं।

—अब हम जा सकते हैं न?

राष्ट्रपति स्वयं आज्ञा ले रहे हैं।

—मैं जा कहाँ रहा हूँ। केवल कुछ दिनों के लिए दूसरे घर में जा रहा हूँ। फिर आ जाऊँगा तब तक के लिए यह घर आपके हवाले।

सभी संवेदित हो रहे हैं।

ज्ञानी जी कार में बैठने से पहले सभी परिचारकों, सेवकों से मिल रहे हैं।

लॉन में कुछ ग्रुप बना कर उन्हें बिठा दिया गया। राष्ट्रपति उनमें बारी-बारी जाकर बठ रहे हैं, और फोटो खिंचवा रहे हैं।

अब वे सभी से मिल रहे हैं। उनकी पीठ थपथपा रहे हैं।

यही उनका पुरस्करण है। वे प्रसन्न हैं। इससे बढ़कर और पुरस्कार क्या होगा?

अब कारें वहीं आ रही हैं। ज्ञानी जी अपनी कार में बैठ गए हैं।

धूप चमकने लगी है। और कारें सरक कर राजभवन के गेट से बाहर आ रही हैं।

अब कारों का कारवां हैदराबाद की सड़कों पर दौड़ा जा रहा है।

हैदराबाद का एयरपोर्ट!

यान तैयार खड़ा है।

उसमें सीढ़ी पहले से ही लगी हुई है।

सब अपने-अपने स्थान पर विराज रहे हैं।

मैंने गेस्ट-कक्ष में इस बार अपनी सीट बदल ली है। अब की इस ओर से अपनी पुण्यधरा का दर्शन करूँगा।

इस बार साथ में राज्यपाल शंकर दयाल शर्मा और उनकी सुपुत्री तथा दामाद भी जा रहे हैं। साथ में उनकी एक प्यारी सी बिटिया भी है।

यान उड़ने लगा है।

हैदराबाद! उसके चट्टानी फैलाव! हुसैन सागर, बिरला मंदिर, सबके सब धरती में अपना-अपना आकार खोने लगे हैं।

लगभग उन्हीं दृश्यों-परिदृश्यों की आवृत्ति होने लगी है।

जैसे वी.सी.आर. में कोई रील रिवाइंड की जा रही हो।

नीचे के बादल देहली की ओर जा रहे हैं।

ऊपर वाले देहली से सागर की ओर जा रहे हैं।

गोया चारों ओर आग लगी हो और दमकल के दस्ते आपाधापी में इधर-उधर बेतहाशा भागे जा रहे हों!

बादल का एक टुकड़ा! सागर की ओर जा रहा टुकड़ा यान में मेरी खिड़की को थपथपा रहा है। मैं उससे संवाद रचना करने लगा हूँ :

—कहो भाई! सुरखरू हो आए!

पंजाब के मैंदानों में, पहाड़ों पर इतना पानी उंड़ेल आए!

बाढ़ ही बाढ़! पानी ही पानी!

भइया जी! विवेक से काम लो!

बादल गहरा रहे हैं। चारों ओर फैल रहे हैं।

मुझे पंत की बादल कविता का स्मरण होने लगा है।

धीरे-धीरे संशय से उठ! बढ़ अपयश से चारों ओर!

बादल गहरा रहे हैं। संशय से गहरा रहे हैं।

पर यान! संधान-निष्ठ यान उन्हें चीरता हुआ! रुई की तरह धुनता हुआ अंततः उनसे बाहर निकल आया है।

देहली आने वाली है।

लैंडिंग के लिए यान विराम में आने लगा है।

एम. आई. जी. की कालोनियाँ! डिब्बेनुमा मकानात! उनके उभार धरती में से उगने लगे हैं।

गोया देहली की ज़मीन में ऐसे मकानात की फसल उग आई हो।

यान नीचे! और नीचे होने लगा है। आहिस्ता-आहिस्ता जैसे वह सीढ़ियाँ उतर रहा हो?

वृक्षों में से उनके आकार निकलने लग पड़े हैं। रेखाओं सी सड़कों में जान आ रही है।

बिखरे शीशे के टुकड़ों से जलाशयों की नीलिमा स्पष्ट होने लगी है।

एक ही झटके में यान पालम की पट्टी पर भागने लगा है।

दिल्ली की ज़मीन!

कितना आकर्षण है दिल्ली में!

ज्ञानी जी यान से उतर कर सबका स्वागत ले रहे हैं।

राष्ट्रपति भवन की कारें! पूरा अमला खड़ा है प्रतीक्षा में।

पालम से बाहर निकलकर हम राष्ट्रपति भवन की ओर आ रहे हैं।

वहाँ पहुँचकर मैं अपने रूम में आता हूँ।

टाइगर-गैस्ट-रूम!

एक तरह से लग रहा है घर ही लौट आया हूँ।

तुरंत पटियाला फोन करता हूँ घर में।

—हलो! हाँ! आ गया हूँ। रात ही चल पड़ूंगा। सुबह आप सबके जगने से पहले घर में हूँगा।

ज्ञानी जी से विदा लेने गया।

बोले :

—तुम्हारा काम काफी हो गया होगा।

अब 14 अगस्त के समारोह में आ जाना। और मैटर मिल जाएगा।

—अब तो कई बार आना होगा! बहती धारा से पानी लेने के लिए।

मैं रात ही जा रहा हूँ।

—ठीक है।

अभिवादन दिया! आज्ञा ली!

बस स्टैंड जाने के लिए गाड़ी आ गई थी नार्थ कोर्ट में।

जा रहा हूँ। रात के सूने में देहली की सड़कों को लंबी-लंबी सांसों से सर करती कार जा रही है मुख्य बस स्टैंड की ओर।

सोच रहा हूँ :

—दक्किन घूमकर दिल्ली आए!

पर इतना सहेज लिया है ज्ञानी जी की अंतरंगता को कि उसे अब अपनी रचनाशीलता में रूपांतरित करने के लिए कई-कई प्राणायामिक समाधियों की आवश्यकता पड़ेगी। चाहता हूँ मेरे ये साक्षात्कार मेरी रचना-प्रक्रिया का हिस्सा बन जाएँ!

तभी यह अनुष्ठान पूर्ण हो सकेगा।

नहीं चाहता संस्मरणों का तथ्यात्मक निरूपण!

उन्हें जीवंत प्रस्तुति देनी है!

एक प्राणवान रंग-रूपांतरण देना है।

तभी ये संस्मरण उनके जीवन के आंतरिक वर्चस्व को रूपायित कर पाएँगे!

यह एक कठिन चुनौती है मेरे रचनाधर्म के लिए।

**लक्षद्वीप के निमंत्रण :**
**सागर में फैले छोटे-छोटे भारत बुला रहे हैं मुझे**
**राष्ट्रपति भवन : देहली से प्रस्थान : कोचीन के लिए : 17 अक्तूबर, 1985, प्रात: 9 बजे**

राष्ट्रपति-भवन के नार्थ-कोर्ट से कारों का कारवां चल पड़ा है।

राष्ट्रपति केरल-कोचीन, बंगलोर, मैसूर तथा लक्ष्य द्वीपों की यात्रा पर जा रहे हैं।

यान ने पालम हवाई रन-वे से ठीक सवा-नौ पर उड़ान भरी।

देखते ही देखते यान हवा में हवा होने लगा है।

आज आकाश स्वच्छ नील-निर्मल है।

आषाढ़ी आकाश! भाद्रपदी आकाश!

विद्रोही और आतंकवादी था।

परंतु

आश्विनी आकाश नील सागर सा प्रशांत है।

जैसे अब उनसे कोई शांति अनुबंध हस्ताक्षरित हो गया हो!

दूर क्षितिजकारों में श्वेतिमा है।

श्वेत सांपों सी क्षीर-दुग्ध-धाराएँ!

तरल-रजत स्रोत-प्रवाह हो जैसे!

नीचे जलकुण्ड, जलाशय पिघली चांदी के लबालब भरे पात्र से लग रहे हैं! बेशुमान श्यामधाराएँ! सूखे नदी-नाले! जगह--जगह सूख परतें, असंख्य दरारें! गर्मी में तपा धरती का गोलक अब आश्विनी शीत के पहले ही स्पर्श से दरक गया है जगह-जगह से। तरेरें पड़ गई हैं यहाँ, वहाँ। गर्जे कि जगह-जगह।

कांस्य कुंभ सी धरा! कांच पात्र सी धरती! चटख गई है!

सूखे-अधसूखे जलाशय!

रिस रहे सैपटिक से। बरसाती मच्छरों ने ज़मीन को काट खाया है।

जगह-जगह उसके जिस्म पर चगत्ते उभर आए हैं।

घाटियों की अंधेरी वादियों से बह रहीं बेशुमार छोटी-बड़ी सर्पीली श्याम-धाराएँ नागिन से केंडुली मारकर पसर रही वह एक बड़ी जलधारा!

किसी चट्टान की ओट में जैसे अभी-अभी उस नागिन ने अपने अण्डे फोड़े हों!

सपोलियों सी अति क्षीण चंचल धाराएँ कुलबुला रही हों!

क्षितिज की हेमिल श्वेतिमा! सूर्य रश्मियों से चमक रहे स्वर्ण-हिम-श्रृंग!

पूरे का पूरा प्राच्य दिदत! पूर्वी आंचल!

अनंत क्षीर सागर सा लगने लगा है!

अनंत शेष-शायी भगवान का मुकुट प्रदीप्त होने लगा है।

असंख्या वैदूर्य मणियों! कौसतुभ मणियों की दिव्य तरल-आभा फैल रही हो!

बड़े-बड़े जलाशयों में विसर्जन पा रही हैं छोटी-छोटी जल-धाराएँ!

विलय के पर्व पर वे असंख्य लघु धाराओं में बंट गई हैं!

उनका प्रसार बढ़ गया है!

मानो शेषनाग ने अपना फन तान लिया हो!

अब यह जलाशय वसुधा सा लग रहा है!

शेष ने अपने फण पर वसुधा को! पुण्य धरा को धारण कर लिया हो!
अपने प्रत्येक फण पर उसका बोझ ले लिया हो!

यान दक्किन के पठारों को पारकर अब पश्चिमी घाट की ओर बढ़ रहा है।

दूर से लग रहा यह श्यामल पठार!
किसी क्लिनिक में लाइट के आगे कोई 'एक्सरे-शीट' हो!
'रिब्स' सी हरी-हरी काली काली और गहरी नील धाराएँ!
'गिल्टस' से धरती के बड़े-बड़े उभार!
बादलों के छोटे-छोटे श्वेत खंड!
गोया पड़ गया हो जगह-जगह 'स्पाट्स' किसी बुरी बीमारी के।
उस ओर पतंगों से उड़ रहे बाल-मेघ-खण्ड!
बाल-मेघों के समूह जैसे एक टांग पर 'लेज़ियम' प्रदर्शन कर रहे हों!
बरसात के बाद काई के जंगल उग आए हों!
श्वेत-शैवाल लहलहा रहे हों!
रूई के अंबारों से यहाँ वहाँ धरे बादल!
सूरत की बंदरगाह सा लग रहा है आकाश का वह कोना!
बादल फैल रहे हैं तीनों ही आयामों में!
नीचे ज़मीन की गहराईयाँ! समतल सी हो रही उठाने टीलों की।
गोलाईयाँ चोटियों की, चट्टानों की।
दिशाओं का अनंत प्रसार!
ऊपर आकाश की नीलाईयाँ!
यान से बाहर का परिदृश्य!
गोया देख रहा हूँ कोई 3-डाइमैनशन-मूवी
सारा ही क्षेत्र एक कोलाज़ पेंटिंग सा बन गया है!
काली अंधेरी गहरायाँ! उजली-पीली चट्टानें! मटमैली उठानें!

नीले हरे-गहरे में डूबे वृक्षों के झुंडों के झुंड!
वादियों के भूरे-भूरे सलेटी, बादामी फैलाव!
जलाशयों के ताज़ा ताज़ा तैल-स्पाट्स!
जल-रंगों के गहरे स्पर्श!
'कोलाज़-पेंटिंग' का केनवस टंगा है स्टैंड पर।
बनकर अभी अभी!...
कोचीन पर उड़ रहा है यान!
जलधाराओं की सीधी, लंबी, समानांतर पट्टियाँ!
हरे पीले चावल के खेतों में झूम रहे नारियल के पेड़!
स्वागत के लिए बिछे हैं पलक-पांवड़े केरल के!
साथ-साथ सजा दिए गए हैं बेशुमार गमले छोटे-छोटे पौधों के!
केरल का यह हरित भू-खंड!
फैला है मघई पान के पत्ते सा! हो रहा है पीला! ज़रद कोनों से!
हल्की-हल्की धूप लग रही है!
कटी सुपारी से पड़े हैं वे चट्टानी भू-खण्ड! शैल शिला-खण्ड!
हरे खेत! कथई रंगी छत्तों मकानों की!
ज़रदे से फैले बादलों के टुकड़े ही टुकड़े!
पश्चिमी तट की श्रृंखलाओं में बसा केरल भू-खंड!
मघई-पान का एक बीड़ा सा लग रहा है!
चारों ही ओर सागर-नीलिमा प्रसार!
पूर्व में सिमट रहे हैं उजले-उनसे बादल!
झांक रहा सुबह का सूर्य बिंब!
जैसे जंगी जहाज़ी बेड़ा जा रहा हो मार पर!
नौ-सेना की टुकड़ियाँ खड़ी हैं दक्ष-सावधान मुद्रा में!
आकाश में हो रहा है ध्वजारोहण!

केरल-कोचीन! हवाई पट्टी!

यान लैण्ड होने को है! लगा है नीचे उतरने!

यकायक मानसून का रोमिल-स्नेहिल बादलों का समूह घेर रहा है यान को!

दे रहे हों एक प्यार भरा गर्मागर्म कंठाश्लेष

श्वेत गणवेशधारी बादलों का एक दल खड़ा है पोर्ट पर

पेश करने को 'गार्ड-आव-आनर।'

तराशे नारियलों के छितरा रहे झुंड के झुंड।

पंक्तियों में खड़े हैं स्कूल के शिशु!

पहने हरी वर्दियाँ! हाथों के लिए झंडियाँ!

हिला रहे हैं स्वागत को!

केरल! कोचीन! एरनकुलम! अरण्यकुलम!

पश्चिमी तट की श्यामल शिलाएँ! हरित नीले शैल!

हरे पीले खेत, सघन नारियल कुंज! नील जल-धाराएँ!

अंधेरी चोटियों पर टिके, थकेहारे, उत्तर से लौटे श्वेत मानसूनी जैन-मुनियों से—बादल!

चतुर्मासी एकांत—विश्राम कर रहे हों शैल निर्जनों में!

यान ठीक साढ़े बारह बजे कोचीन में लैण्ड किया।

कोचीन! अरण्यकुलम!

कुलम! अर्थात तालाब! बड़ा जलाशय!

कोचीन! कुचिन! टापू! व्यापार केंद्र!

यहाँ एक महाबली-वामन-मंदिर है।

त्रिलोकी—त्रिविक्रम वामन का। संपूर्ण पृथ्वी को तीन पगों में मापने वाले भगवान वामन का! बलि राजा! असुरराज का भगवान वामन के साथ प्रतिष्ठापन! पूजन! यही है भारतीय संस्कृति की महिमावान मुद्रा!

विजयदशमी के दिन राम के साथ-साथ रावण का पूजन भी होता है।

सप्त चिरंजीवों में बलि, अश्वत्थामा, विभीषण की वंदना भी होता है।

चिर वंदनीय है मेरे देश की संस्कृति!

मानव की पूर्ण गरिमा का सम्मान करने वाली संस्कृति!

कोचीन में ही प्रथम शताब्दी में सैंट टाम्स-संत थाम्स आए थे।

भगवान ईसा मसीह का करुणा का संदेश देने के लिए।

प्रणम्या हो गई है यह पुण्य धरा भगवान श्री शंकराचार्य के अवतरण से।

पास ही पिरया नदी के किनारे! इला नदी के किनारे एक ग्राम के कालड़ी। यहीं भगवान श्री शंकर का जन्म हुआ था।

यहीं से उस मंत्र-द्रष्टा ने राष्ट्र की एकता का संकल्प धारण किया था।

समग्र देश को एकात्मता के सूत्र में पिरो डाला था। उसे उसकी मूल अस्मिता से सम्पन्न किया था!

यहीं उस संन्यासी ने अपनी माँ के पुनीत शरीर को अग्निदाह दिया था।

चिता में नहीं।

पूरे घर को ही अग्नि दे दी थी। और ऐसे कर दिया था माँ का संस्कार!

वह राष्ट्र सेवी संपूर्ण राष्ट्र से ही एक प्राण हो गया था!

स्वयं राष्ट्र हो गया था!

यान से नीचे उतरते ही इस पुनीत धरा की रज का माथे पर अनुलेपन करता हूँ!

मस्तक में समग्र देश की एकता का चिंतन स्फुरण पाने लगता है!

केसे होगा दमन इस राष्ट्रघाती, विद्रोही, विघटनवादी, पृथ्वकतावादी गुटों का!

जगद्‌गुरु शंकर पुनः आओ! इस देश को एक कर जाओ!

हमें बोध दे जाओ! यह देश एक है! आसेतु हिमाचल एक है!

काश्मीर से! अमरनाथ से लक्ष्यद्वीप तक एक है! कन्याकुमारी तक एक है।

कोचीन एयर पोर्ट पर राष्ट्रपति का भव्य स्वागत हुआ।

हम कारों से सर्किट हाउस जा रहे हैं।

सर्किट हाउस! वहाँ लंच! थोड़ा विश्राम!

लक्षद्वीप के लिए यहाँ दो दल बन गए हैं।

कोचीन बंदरगाह से तमीन जंगी जहाज़ जा रहे हैं।

तारा गिरि! विद्या गिरि! शक्ति!

एक जहाज़ है सुरक्षा के लिए! एक अन्य है मार्ग दर्शक के लिए।

राष्ट्रपति तारा गिरि में जाएँगे!

प्रेस वाले शक्ति में रहेंगे!

और विद्या गिरि में प्रोटोकल के अन्य सदस्य रहेंगे!

मुझे स्थान मिला है शक्ति में।

यहाँ दो दल बन गए हैं।

एक अभी जाएगा नौसेना के जहाज़ों से!

तीनों ही शिप एक साथ रवाना होने वाले हैं।

परंतु राष्ट्रपति विश्राम करेंगे!

वे दो घण्टे बाद आएँगे! उड़ाने लेंगे हैलिकोप्टर से और ड्राप किया जाएगा उनके शिप पर। वे विश्राम भी कर लेंगे और बाद में कुछ समय पूर्व चल चुके शिप को भी हैलीकोप्टर द्वारा पकड़ लेंगे!

लंच के बाद हम कारों से जेटी पर आ रहे हैं।

सागर तट से एक लंबा पुल पार किया है। हमने शिप तक जाने के लिए।

शक्ति शिप इस समय मुख्य सागर में नहीं है। वह झील में है। पर वह है तो सागर का ही भाग। पानी कम गहरा है।

शिप में मुझे कमांडर अपने केबिन में बड़े ही आदर और आत्मीयता से ठहराता है।

सामान वहाँ जा रहा है। मैं डैक पर आ जाता हूँ।

शिप चल पड़ा है। बहुत ही धीमे धीमे!

पीला पानी गहरा होने लगा है।

बंदरगाहों की अपनी हदबंदियाँ! निशानेदेहियाँ!

शिप उन्हें पार कर रहा है।

पीला पानी हरा और फिर नीला होने लगा है। और अब वह काला पड़ने लगा है।

सूर्यास्त होने को है।

मैं डैक पर आ गया हूँ। मेरे साथ कोचीन विश्वविद्यालय के हिंदी के प्रोफेसर डॉ. श्री रमण नायर हैं।

सामने से हैलिकाप्टर आ रहा है। रूस का बना हुआ किश्तीनुमा हैलिकाप्टर!

इस हैलिकाप्टर में राष्ट्रपति आ रहे हैं।

कितनी सावधानी से तारागिरि शिप पर लैण्ड कर गया है।

सूर्य बिंब अपनी अरुणिमा छोड़ रहा है। वह धीरे-धीरे मद्धिम पड़ने लगा है।

सोनिल पानी काला हो रहा है!

जैसे पिघले सोने में सिक्के का खोट मिला हुआ हो!

चतुर्थी का बांका चंद्रमा उदित हो रहा है।

आकाश नीला-धुला हुआ सा है। उग रहे तारे! नील मणियों से तारे!

चंद्रकांत मणियों से उज्वल तारागण! प्रदीप्त नक्षत्र!

कोचीन का तट बहुत दूर पड़ गया है! नारियल वृक्षों के झुण्ड लुप्त हो गए हैं।

डॉ. रमण नायर से बातें होने लगी हैं कोचीन के मंदिरों के बारे में। वे बोले :

–यहाँ कोचीन में एक देव-साधना है! एकाकी!

–मैं समझा नहीं!

–यहाँ केरल के मंदिरों में कृष्ण सर्वथा अकेले हैं। शिव भी, राम भी! उनके संग न राधा हैं, न पार्वती हैं और न सीता ही हैं!

—तो क्या यहाँ युगलोपासना बिल्कुल ही नहीं है?

—हाँ! युगलोपासना तो नहीं है पर...

—पर क्या?

—राधा, पार्वती, सीता को वैसे पूर्ण मान्यता है! मंदिरों में प्रतिष्ठापना नहीं।

डिनर लेकर पुनः डैक पर आ गया हूँ।

रात का गर्जता चीखता, चिघाड़ता सागर!

वक्ष-विदीर्ण करता हुआ सागर!

ऊपर तारक-जड़ित आकाश ! उनके ऊपर काला गहरा आकाश।

अंधेरी दिशाएँ ! ऐसी दिशाएँ जिनका कोई बोध नहीं है इस समय!

सागर की खारी, प्रिय लावणी हवाएँ!

शक्ति-शिप के एक ओर विंध्य गिरि! दूसरी ओर तारा गिरि!

उनमें से छन छनकर आ रही मंद-मंद लौ!

पर एक संकल्प है!

अंधकार में निरंतर ही बढ़ते रहने का!

बहुत पहले सुने एक गीत की पंक्ति रह रहकर गंध सी गमक रही है :

**पथ भूल न जाना पथिक कहीं!**
**इस घोर अंधेरी वेला में! जब दिशा बोध मिट जाएगा!**
**पथ भूल न जाना पथिक कहीं!**

प्रणाम बंधु! अब सोना है! जाता हूँ!

रात को आँख खुली। समय देखा। तीन बजे हैं।

कैसा होगा सागर इस समय! चलकर देखा जाए!

बड़े सम्मोहन भरे हैं सागर के निमंत्रण! आज लहरों में निमंत्रण!

केबिन से बाहर आ गया हूँ।

बाहर सब शांत है।

ऊपर डैक पर आ गया हूँ। वहीं कुर्सी पड़ी है। उसे खेंच लेता हूँ।

वैसे ही दिशाओं के सागर का आर्तनाद! लहरों का रुदन!

अंधकार से आतंकित लहरें! चीत्कार कर रही हैं।

–सोए नहीं बंधु!

हल्की-हल्की किरणें! मचल रही लहरें! 'प्रसाद' का 'आंसू' अपने छात्रकाल के वे दिन-दिन, रात रात भर हास्टल की छत्त पर 'आँसू' के पदों का गायन! रतजगा! तब न तो सागर देखा था, न उसकी ऐसे मचलती लहरें ही। फिर भी मन के पटल पर एक सागर बिंब प्रत्यक्ष हो जाया करता था :

**परिचय राका जल निधि का जैसे होता हिमकर से!**
**ऊपर से किरणें आतीं मिलती हैं गले लहर से!**

दूर अन्य जहाज़ों के द्वीप! जैसे सागर में मसालें जल रही हों!

नमकीन हवाएँ अलसाने लगी हैं। नींद का झोंका आने लगा है।

लौट आता हूँ अपने केबिन में।

अब जाग खुली तो जाना कि पाँच बज चुके हैं।

पुनः बाहर आ गया हूँ डैक पर।

अंधकार के छंटने का आभास होने लगा है।

आतंकित लहरों में विजय का संगीत है।

आज के कार्यक्रम में समय निकालकर राष्ट्रपति जी को ये अनुभव सुनाऊँगा।

'कामायनी' की यह पंक्तियाँ बिंबवान बन रही हैं :

...उधर पराजित काल रात्रि भी जल में अंतर्निहित हुई...वह दूर 'कवरत्तिद्वीप' है।

रात भर पानी में चले। प्रातः हुआ अपने ही देश में आ गए।

अपने देश से अपने ही देश में। सागर के बीच अपने देश के द्वीपों में?

मुख्य लैंड और इन द्वीपों के बीच सागर है तो क्या?

परसों मुगल गार्डन के सायं की सैर के समय ज्ञानी जी से इस यात्रा के बारे में बात हुई :

बोले :

–वहाँ जरूर जाना है। राष्ट्रपति वहाँ न आए! तो कैसा राष्ट्रपति। वे राष्ट्र के अभिन्न अंग हैं। मुझे वहाँ के जन-जन से मिलना है जाकर। वे समझे कि

वे भी मुख्य-लैंड का हिस्सा हैं। बीच में छोटा सा सागर का भाग है तो क्या? पानी आदमी की तकसीम नहीं करता! जल देवता है! देवता सबको जोड़ता है। मैंने कई बार ख्वावों में देखा! मैं वहाँ जा रहा हूँ। वहाँ के वासी मुझे निमंत्रण भेज रहे हैं। तट पर खड़े स्वागत को बाँहे फैलाएँ...''

सो अब हम जा रहे हैं। जल देवता के माध्यम से अपने ही देश में।

**इस ताल का पानी पीकर आपकी बिरादरी में शामिल हो गया हूँ। कवरत्ति द्वीप जाते हुए : सागर में सूर्योदय : 18 अक्तूबर, 1985**

सूर्योदय होने लगा है।

सागर के भीतर ही संवेदना के लाल लाल कनेर-पुष्प खिल रहे हों जैसे!

पूर्व में एक काला मेघ-खण्ड छाया हुआ था। जैसे ग्रहण वेला हो! वह गहराता गया।

परंतु सहसा वे काले स्तंभ चीर कर एक स्वर्णिम अग्नि गोलक प्रकट हुआ है।

हिरण्यगर्भ से हिरण्य-पिंड उदित हुआ है!

अनंत भगवान की अनंत शयन-शैया!

अदृश्य अनंत का दृश्य आसन!

कमल-पुष्पों का आसन! कोटि कमल-पांखुड़ियों का आसन!

मन में उत्प्रेक्षण होने लगा है :

नहीं! नहीं! यह सागर नहीं है!

यह कमल-सागर है! स्वर्णकांत गैरिक विभा से प्रदीप्त सागर!

मैं किरणपान करने लगा हूँ! किरणों का अंजुलिपान!

किरणों की अंजुलियाँ भर-भर अर्ध्यदान दे रहा हूँ!

—त्वदीयं! तुभ्यं! समर्पये!

दोपहर में सागर सागर नहीं रह जाता है!

आकाश के मध्य में सूर्य का रथ!

पूर्ण सूर्य-बिंब है अब सागर!

सूर्य के आकार का सागर!

सूर्य उतर आया है सागर में स्नान के लिए! निर्वस्त्र सूर्य!

जैसे हम सागर में नहीं!

सूर्य पर उतर आए हों!

लहरों पर आँख नहीं जमती! वे चुंधियाने लगी हैं!

अरे! रेरेरे! क्या कर रहे हो!

सूर्य स्नान कर रहा है! उसे ऐसे मत देखो! आंखे जल जाएँगी! दृष्टि जाती रहेगी। लहर लहर में सूर्य है! जैसे प्रत्येक घट में सूर्य प्रतिबिंबित होता है! ऐसे ही प्रत्येक लहर में सूर्य उतर आया है! प्रत्येक लहर अपने में एक पूर्ण सूर्य है।

जैसे रश्मियों का रास-मंडल हो!

इक इक लहर! इक इक सूर्य!

यह जानना कठिन है! सूर्य आकाश में है या सागर में! असली सूर्य कौन सा है?

क्षीर सागर! परंतु उबलता हुआ क्षीर-सागर! दुग्ध-सागर!

जिस मार्ग से पोत जा रहा है, वहाँ सागर फटा फटा जा रहा है।

पानी उबल उबल कर! उफन उफन कर उठ रहा है पूरे वेग से!

शिप कवरत्ति-द्वीप पहुँच गया है।

कवरत्ति! लक्षद्वीप-समूह का एक द्वीप!

परंतु वहाँ के उथले तट पर वह नहीं जाएगा।

अब वह उस द्वीप की परिक्रमाएँ लेने लगा है। शिप से उतरकर हम जाएँगे "हैलिकोप्टर" से सभास्थल में।

राष्ट्रपति के शिप से हैलिकाप्टर उड़ने लगे हैं। अग्रिम पार्टियाँ जा रही हैं।

हम भी अपनी शिप के "हैली-पैड" पर जा गए हैं।

बासंती रंग की 'सेफ्टी-बैल्ट' ही हमें पहना दी गई है। जैसे केसरी-बाणा हो बलिदानियों का। वाकई सागर के ऊपर आकाश में उड़ना, हथेली पर सर

रख कर जाने के बराबर है। अभी हाल ही में 'कनिष्क-यान' के क्रैश से उतर कर यान-यात्राएँ आतंकमय होने लगी हैं!

'गैरकि-सेफ्टी बेल्ट' पहने हम गेरवे-चीवरधारी बौद्ध-भिक्षुओं से लग रहे हैं। जैसे हम अशोक के पुत्र महेन्द्र के साथ जल-पोत में आए हों 'धम्य-प्रचार' के लिए! 'शांति-विटप' साथ में लिए! आरोपित करेंगे उसे इन द्वीपों में, उसकी शाखाएँ प्रशाखाएँ! भारत ने ऐसी ही दिग्-विजय की है। हाथ में शस्त्र लेकर नहीं। शांति-विटप लेकर! करुणा-कलश लेकर!

हैलीकाप्टर का 'रोटर' गर्ज उठा है! हम बंध चुके हैं अपनी सीटों से।

हैली-पैड से उठते ही 'रोटर' ने बादलों के एक लघु-खंड को रुई सा धुन दिया है!

उसकी चिंदियाँ सागर के तट पर छितरा रही हैं।

नीचे सागर है! नीले ईरानी कालीन सा!

या मखमली दूब है हरी-हरी नीली-नीली! एक विशाल सब्ज़ाज़ार!

हम उड़ने लगे हैं 'कवरत्ति-द्वीप' पर। वह एक हरे स्टाप सा लग रहा था।

अब उसका आकार उभर रहा है।

श्वेत कोरल-रेत का एक गोलाकार हाशिया खिंचा है द्वीप के चारों ओर।

सागर की 'ग्रीन-बैल्ट' ने उसे हरा-हरा शेड दे दिया है।

सागर तट पर, 'कवरत्ति' के तट पर हैलीकाप्टर उतर आया है।

धरती का रेतीला सोना कण कण हो उड़ा जा रहा है।

स्वागत के लिए द्वीप-वासियों का समूह जमा हो चुका है।

एक 'नट-मंडल' है तैयार है स्वागत गान के लिए।

काले शरीर! किंतु उनमें ग़ज़ब की फुर्ती! सर पर गुलाबी पटके! तन पर सफेद बुनाइनें! घुटनों तक भगवे रंगों की धोतियाँ। हाथों में नकली खड़्ग-ढाल। इनके परिचालन से वे नृत्य प्रस्तुत करेंगे :

–'परिचाकली–नृत्य।'–'खड़्ग-ढाल-नृत्य।'

पेय! विशुद्ध नारियल जल का। एक कोने में स्वागत-कक्ष बना है। वहाँ

एक मेज पर सजे हैं तराशे हुए कच्चे नारियल। हरे-पीले-गेरवे रंगों के। राष्ट्रपति जैसे ही अपने 'हैलिकाप्टर' से नीचे आए उनके स्वागत में 'खड़ग-ढाल' नृत्य आरंभ हो गया है।

एक समताल पर अद्‌भुत लोक-नृत्य ! नर्तन-कला श्रछजु-सहज स्वरूप।

कवरत्ति-द्वीप।

सागर-तट से सभास्थल तक दोनों ओर तोरण मालाएँ! नारियल-पत्रों के बंदनवार। और लगे हुए हैं नारियल के पेड़! वे चिर-स्थाई मुद्रा में स्कूल के बच्चों से खड़े हैं सबका स्वागत-कराने के लिए।

सभा स्थल : पूरा द्वीप जमा हो गया है। छोटा सा द्वीप। कुछ हज़ार की आबादी। मुख्य सड़कें पक्की।

सभा-स्थल में स्वागत के लिए नृत्य होने लगा है :

–'कोलकली-नृत्य'–।

गीत के बोल हैं :

–स्वागतं! ओतुने स्वागतं! स्वागतं ओतुने!

संपूज्य इंडिने प्रेसिडैंटिने! स्वागतं! स्वागतं!

ओतुने स्वागतं! स्वागतं ओतुने!...

'कोल-कली' में डंडा-छड़ी का नृत्य है। 'परिचा-कली' में खड़गढाल का। राष्ट्रपति ने अपने भाषण में स्थानीय बोली का रंग दिया। सभाजन ने तालियों से आकाश को हिला दिया। सागर लहरों ने अपनी भाषा के संबोधन से अपने को जुड़ा हुआ अनुभव किया होगा।

बोली : अपने मछुआरों की! जन जन की! सागर-गीतों की! सागर-गीतों की! नित्य के संवादों की राष्ट्रपति जन जन को संबोधित कर रहे हैं।

–प्रियपटा! सहोदरी मारे! सहोदरन मारे!

प्यारी बहनो! प्यारे भाईयो!

'सहोदर' कैसा प्रिय संबोधन है! सगे भाई-बहनों!

संस्कृत-संस्कृति का प्रभाव कहाँ कहाँ तक फैला है?

राष्ट्रपति का भाषण चल रहा है...

–यह कितनी खुशी की बात है। यहाँ कोई चोरी चकारी नहीं। कोई क्राइम नहीं! मुख्यलैंड के वासियों को यह बात इस लैंड के, इस द्वीप के लोगों से सीखनी चाहिए...करतल-निनाद में कार्यक्रम का समापन होता है।

'इंदिरा गांधी साहित्य कला अकादमी'

वहाँ 'कवरतित' की महिलाएँ आई हैं। प्रमुख महिला मंडल की सदस्याएँ।

मुसलिम महिलाएँ। विशुद्ध भारतीय वेश-भूषा। धोती-टीका। उनमें से एक राष्ट्रपति जी से अपने स्थानीय समस्याओं पर चर्चा कर रही है :

–हमारे यहाँ मुख्य लैंड का कलचर ही है ज्यादातर। बहुत पहले, आरंभ में यहाँ मुख्यलैंड की महिलाएँ आई थीं। उनके साथ ही मुख्यलैंड का कलचर भी आ गया था। तब से उसका प्रचार-प्रसार हो रहा है यहाँ पर।

–आप कैसे अनुभव करती हैं यहाँ...

–हर वक्त अपने देश की मुख्य-धरती से जुड़ा हुआ!

एक पत्रकार ने उन दिनों बहुचलित पर्सनस-ला के संदर्भ में पूछा :

–सुप्रीमकोर्ट का फैसला, जो हाल ही में शाहबानों के केस में हुआ है, उसके बारे में आपके महिला-मंडल की क्या प्रतिक्रिया है?

–नो प्राब्लम! एकदम कोई समस्या नहीं!

राष्ट्रपति वापस आ रहे हैं। सागर-तट के हैली-पैड की ओर।

कारों का, अधिकांशतः जीपों का फ्लीट सहसा रुक जाता है।

राष्ट्रपति अपनी कार से उतर कर नारियल झोंपड़ों में जा रहे हैं।

बच्चों से हिल-मिल रहे हैं। एक को उठाकर उनसे संबोधन जोड़ रहे हैं। भाषा का संबोधन नहीं! आँखों में उमड़ आई संवेदना की भाषा का संबोधन।

जिन बाहों ने उसे उठाया है, उनमें जग आया ममता का संबोधन। बच्चा जान गया है उसे। मन ही मन पढ़ चुका है उसे। और एकदम आत्मीय अनुभव कर रहा है उस ममतामती गोद में।

राष्ट्र का धन! देश का सरमाया! राष्ट्रपति की झोली में।

हम कितने मालामाल हैं! कितने समृद्ध हैं! वृद्धों-वृद्धाओं से मिल रहे हैं जो उनकी सभा में नहीं आ सके थे।

–मैं आप आया हूँ आपसे मिलने! आपसे मिले बिना मेरी यात्रा पूर्ण नहीं होने की।

स्थानीय एम.पी. इस संवाद को उनकी भाषा में समझा रहा है।

वह रहा एक कच्चा ताल।

यहीं से इन घरों के वासी जल लेते हैं।

राष्ट्रपति उनकी कच्ची सीढ़ियाँ उतर गए हैं। स्वयं अंजुली भरकर पानी पी रहे हैं।

–पानी का रिश्ता सब से बड़ा रिश्ता! किसी को बिरादरी से निकालना हो तो दे दो सज़ा उसे हुक्का पानी बंद करने की।

इस ताल का पानी पी कर मैं हमेशा की लिए यहाँ के जन जन से जुड़ गया हूँ।

यहाँ की बिरादरी में शामिल हो गया हूँ!

राष्ट्रपति एक पल के लिए आँखें बंद कर खड़े रहते हैं।

मानों उनके भीतर 'यक्ष-युधिष्ठिर-संवाद' चल रहा हो!

पानी जीवन है एक अंजुलि स्वच्छ जल पीने का अधिकार सबका है। उन्होंने आदेश दिया :

–ताल पक्का हो।

कारों का कारवां पुनः चल पड़ता है। वैसे ही हम अपने अपने-अपने शिप पर हैलिकाप्टर से लौट आते हैं।

शिप परिक्रमा ले रहे हैं कवरत्ती द्वीप की। चलते शिप पर हमारा हैलिकाप्टर लैंड कर गया है। और वह अपनी पूर्ण गति से चल पड़ा है अगले पड़ाव के लिए।

आज रात वैसे ही शिप में।

कल प्रातः ही अगले द्वीप : 'अंदरोट' पहुँच जाएँगे।

सूर्यास्त होने को है।

–रवि हुआ अस्त...

और अभी बाकी है अपनी यात्रा के कई पड़ाव।
सूर्य को विसर्जन दे रहा हूँ :

### बेटी। नमाज़ पढ़ लेती हो?
### हज़रत कितने निकाह किए हैं आपने?
### अंदरोट द्वीप : 19 अक्तूबर, 1985

रात भर शिप चलता रहा।

प्रातः ही हम 'अंदरोट' द्वीप के निकट पहुँच गए थे।

डॉ. नायर ने जगाया : अनुरोध था एक बार, बार-बार सागर में सूर्योदय दर्शन का।

उनके साथ बाहर आया। डेक पर हम आसन जमा कर बैठ गए।

सूर्योदय में अभी देर है। पर उसके क्षिप्र रथ की आहट सुनाई पड़ रही है।

आकाश मार्ग रथाश्वों के खुरों और तीव्रगामी रथ-चक्रों से कांप रहा है। पूर्व में लाल-धूलि उड़ रही है।

दूर 'अंदरोट' इस प्रातःकालीन विभा में दीप्त हो रहा है।

जैसे स्वर्ण लंका हो!

आज पुनः आकाश में एक बड़ा काला बादल आ गया है। सूर्योदय तो हो चुका है, परंतु उसका हमें पता नहीं चल सका। बस जान गए हैं कि इस काले बादल के पीछे एक लाल गोला है।

सूर्योदय नहीं देख पाए।

कोई बात नहीं, अभी कई प्रातःकाल देखने हैं सागर के।

पूरे साढ़े सात बजे हमें आना है 'हैली-पैड' पर। वैसे ही 'हैलीकाप्टर' से उड़ान लेनी है 'अंदरोट' के लिए।

ऐसे ही हुआ।

हम 'हेलीकाप्टर' पर केसरी बाना पहने उड़े जा रहे हैं।

—'अंदरोट'—के चारों ओर वैसा ही एक श्वेत गोल-चक्र है, कोरल-रेत का।

वैसी ही एक 'ग्रीन-बैल्ट' है, 'लागून' की।

'अंदरोट' के घरों पर से 'हैलीकाप्टर' उड़ा जा रहा है।

यहाँ के नारियल के पेड़ अधिक हरे–ताज़ा और सघन लग रहे हैं।

सागर तट के 'हैली-पैड' के निकट ही लाल-टाट बिछाया गया है। वह सीधा स्वागतकक्ष में जाता है। वहाँ ताज़ा नारियलों के ढेर के ढेर। तराशे हुए।

जैसे उनके आधे सर कलम किए हुए हों!

राष्ट्रपति का विशेष हैलीकाप्टर 'सी-किंग' उतर रहा है।

इस द्वीप के नट तैयार खड़े हैं स्वागत–नृत्य के लिए।

–'परिचाकली-नृत्य'–

नर्तकों की तिरंगी वेश-भूषा।

केसरी पटके। सफेद बनियान, और हरी धोती।

हाथों पर गुलाबी रिबन, और लाल बाने।

हाथों में नकली तलवारें और ढालें।

नर्तक नृत्य प्रस्तुत कर रहे हैं। गीत-गायन भी कर रहे हैं :

: भारत नारिल-यंगम, भासुर पारिल-तिङ्म...

–पूर्ण भारत में! सारे ही देश में शांति-गान हो!

राष्ट्रपति उन नर्तकों में चले जाते हैं। एक से तलवार-ढाल लेकर आप भी उनके साथ वैसी ही नृत्य-मुद्राएँ बनाने लगते हैं।

नर्तक जैसे पुरस्कृत हो गए हों राष्ट्रपति की इस साझेदारी से।

वहाँ से सभा-स्थल की ओर जा रहे हैं।

वैसे ही नारियल के पत्तों के तोरण-बंदनवार, मालाएँ।

भाषण-स्थल के आगे वैसे ही नर्तक जुड़े हैं। राष्ट्रपति के आगमन पर वे अपना नर्तन-गायन आरंभ कर देते हैं।

यह है :

–'डंडा–नृत्य'।

गीत हिंदी में है :

**—भारत जननी एक है! सारी जनता एक है!**
**भारत देश हमारा है! यही हमारा नारा है!**

राष्ट्रपति जी ने मुझे संकेत किया :

—इसे नोट कर लो!

फिर वे उन नर्तकों में चले गए। डंडे लेकर बजाने लगे। साथ में वहाँ के एम.पी. मिस्टर सैयद थे। राष्ट्रपति उनसे बोले :

—ऐसे डंडे तुम भी बजा लेते हो!

—नहीं सर!

—कैसे एम.पी. हो! यहाँ की जनता के! राजनीति के डंडे बजाते हो! उनकी मार बुरी...

—डरता हूँ। उनकी पिटाई से। बड़ी सख्त मार होती है उनकी...

औपचारिक स्वागत गानों और परिचयों के बाद राष्ट्रपति जी ने अपना भाषण दिया। शुरू में तो वे आलेख से बोले, परंतु कुछ समय बाद आरंभ हो गया खुला भाषण। अपने भाषण का समारंभ उन्होंने स्थानीय बोली में किया :

—प्रिय पटा नाटू गारे . प्रिय देशवासियों :

आपका यह द्वीप भले ही मुख्यलैंड से दूर हो। परंतु हमारे दिलों से दूर नहीं। मैं जानता हूँ आपकी आबादी बढ़ रही है। इस जज़ीरे की जगह कम पड़ने लगी है। मत समझना कि स्थान कम पड़ गया है। सारा भारत आपका घर है.

तालियों का ज्वार आ गया था उस द्वीप में!

अवश्य ही सागर ने एकबार तो सोचा होगा—कहाँ से आया है यह ज्वार?

—अंदरोट के गैस्ट हाउस में ही कुछ महिलाएँ आ गई थीं मिलने के लिए। भारतीय वेश-भूषा। माथे पर टीके। कानों में बाले और अन्य भारतीय आभूषण। राष्ट्रपति जी ने एक से पूछा :

—बेटी! नमाज़ पढ़ती हो?

—हाँ!

—सूरा फातहा पढ़ लेती हो!

—जी!

—सुनाओ तो!

वह सुनाने लगती है।

—शाबाश बेटी! खुदा तुम्हें बरकत दे! नियामतों से दामन भर दे!

उन्होंने एक और महिला से पूछा :

—बेटी! कितने बच्चे हैं तुम्हारे?

वह तो शर्मा गई। एक ने कहा :

—पाँच...

—अल्लाह! उमर दराज़ करे सब की!

वहीं गेस्ट हाउस में भेंट के लिए आ गई—'शरीअत समारक्षण समिति'।

उन दिनों बड़ा शोर था शाहबानों के केस में सुप्रीमकोर्ट के फैसले के बारे में! यह समिति उस निर्णय के विरुद्ध अपना रोष व्यक्त करने आई थी। उनके दुभाषिये ने उनके विचार प्रस्तुत किए। राष्ट्रपति जी ने सब गौर से सुनने के बाद अपना संवाद जोड़ा :

—कुरान! पाक कुरान में चार शादियों तक की इजाज़त है। बशर्ते कि आदमी में तौफीक हो! हैसियत हो! कुव्वत हो! सब को बराबर का इंसाफ देने की नेक-नियती हो! और खानगी जरूरत हो!

आपमें से कितने हैं जिन्होंने पाक कुरान का वह सूरा पढ़ा है?

इस सवाल पर खामोशी छा गई।

—कितने हैं जो मुकद्दस कुरान और इस शरह को जानते हैं।

सब की गर्दनें झुक रही थीं।

राष्ट्रपति जी ने एक बुजुर्ग से सवाल किया :

—हज़रत आपकी उमर क्या है?

—जनाब बहत्तर साल।

—'कितने निकाह किए हैं?'

—'चार!'

—पहला कब किया था?

—पंद्रह साल की उमर में।

—चौथा निकाह कब किया था?

—जी सत्तर साल की उमर में।

—चारों बीवियों ज़िंदा हैं?

—खुदा के फज़्ल से सब ज़िंदा हैं।

—किसी को तलाक तो नहीं दिया है?

—जी नहीं!

—सत्तर साल की उमर में जिस नेक खातून से निकाह किया है उसकी उमर?

—जी बाईस साल!

—खुदा की रहमत से बच्चे कितने हैं?

—सत्रह लड़के और नौ लड़कियाँ!

—खुदाबंद करीम की निआमतों का सब मज़ा ले रहे हैं न?

--जी! मेहर है उस परवरदिगार की! सब ज़िंदा हैं! खुदा उन्हें ता-कयामत ज़िंदगी अता फरमाए!

—उमरदराज हो उन सब की। तूल उमर हो आपकी भी!

—हरेक के हिस्से में जायदाद कितनी आई है?

—जी हर फरजन्द के नाम तीन पेड़ नारियल के और हर दुखतर के नाम एक पेड़...

—अब हज़रत! आप फैसला आप पर!

आपकी न हैसियत है! न खानगी ज़रूरत है! न जिस्मानी कुव्वत है आपमें!

न आप में सब को बराबरी का इन्साफ देने की नेकनियती है!

पाक कुर्आन की खिलाफवर्जी कौन कर रहा है?

दुभाषिया बोला:

—हज़रत फरमा रहे हैं कि हमें इन बातों का इल्म नहीं! चार शादियाँ करना जायज़ है हमारे लिए! इस पर कोई भी पाबंदी या इसमें कोई भी मुदाखलत शरह के खिलाफ है! हम इसे बरदाश्त नहीं करेंगे!

राष्ट्रपति जी ने हँसते हुए कहा :

मियाँ! खातिरजमा रखें! इत्मिनान से रहें। आपकी अर्ज़ी हमारे पास आ गई है। हम हमदर्दी से गौर करेंगे! हिदायत कर देंगे सरकार को। आइंदा ऐसा कोई कानून न बनाए!... जो आप जैसे बुजुर्ग को परेशान करे, आपके शादी के हक में मुदाखलत करे!

—इंशा-अल्ला! आपको खुशियाँ ही खुशियाँ मिलें!

वह वफद हँसी-हँसी गया।

अंदरोट में एक कदीम टांब है :

—'अब्दुल्ला-टांब'—

राष्ट्रपतिजी अपना खिराजे—अकीदत पेश करने के लिए वहाँ जा रहे हैं।

रास्ते में 'अंदरोट यूथ क्लब' के मेंबर स्वागत करते हैं। उनसे बे-तक्कलुत बातें होने लगती हैं।

—कोई लेडी मैंबर है आपके क्लब की!

—नहीं जी।

—तो कैसा यूथ क्लब है आपका यह?

—'अब्दुल्ल टांब'—

अब्दुल्ला नाम का कोई खुदा-दोस्त फकीर, दरवेश आया था इस जज़ीरे में।

यह सात सौ साल पहले की बात है।

उसने इस द्वीप में इस्लाम का प्रचार किया था।

उसकी आमद की याद में! मुतबर्रक याद में यह मकबरा बनाया गया है।

इसमें ज्यादातर काम लकड़ी का है। वह भी सात सौ साल पुरानी बताई जाती है। राष्ट्रपति जी मकबरे के अंदर जाते हैं। वहाँ अपनी अकीदत के फूल चढ़ाते हैं।

मकबरे के साथ ही ईदगाह भी है।

वहाँ हर जुमे को नमाज़ अदा होती है। जज़ीरे के ज्यादातर मुसलमान बिरादर यहाँ आते हैं। एकसाथ मिलकर पाक नमाज़ अदा करते हैं।

इमाम बता रहे हैं :

—इस मकबरे की लकड़ी तो मेर-लैंड से आई थी। पर कारीगर इसी जज़ीरे के थे। इस्लाम कुल-मखलूकात की बहबूदगी का सबक देता है! खुदा से दुआ करो!

दुनिया में अमन कायम रहे! हिंदुस्तान में, अपने मुल्क में अमन रहे!

वह है तो हम सब हैं! उसकी बेहतरी में हम सब की बेहतरी है...

वापिस आ रहे हैं सागर तट के 'हैलीपैड' की ओर।

रास्ते में कारें रुक जाती हैं।

राष्ट्रपति अपनी कार से उतर कर सड़क के एक ओर बने कच्चे मकानों की ओर आ रहे हैं। वहाँ एक कुएँ पर जाकर रुक गए हैं। पुरानी बावली पर कुँआ उठाया गया है। साथ ही पंप भी लगा हुआ है।

राष्ट्रपति जी उस पर हाथ आज़माते हैं। वह कई दिनों से इस्तेमाल नहीं हुआ होगा। पानी नहीं आ रहा है उसमें :

साथ ही रस्सी बाल्टी भी पड़ी है।

राष्ट्रपति उसे उठाकर कुँए में डालने लगते हैं।

इतने में एक सेवक पंप में पानी डालकर उसे चलाने लगता है। कुछ ही हाथ मारने के बाद उसमें पानी आने लगता है। पर राष्ट्रपति जी कुएँ से बाल्टी में पानी निकाल चुके हैं। अब पीने को हैं। कैसे पीएँ? कुछ लोग गिलास लेने के लिए इधर-उधर भाग उठे हैं :

पर राष्ट्रपति जी अपनी ओक से (अंजुली से) ही पानी पीने लगे हैं।

जा भरकर पीने के बाद एक सांस! तृप्ति की सांस ले कर बोले :

—यह है असला पानी! यहाँ का खाया है तो पानी भी यहाँ का ही पीओ!

अभी तक नकली पानी पीते रहे! जो इस ज़मीन का नहीं था।

अन्न यहाँ का और जल कहीं और का! भला यह क्या बात हुई! अन्न-जल एक ही जगह का होना चाहिए!

राष्ट्रपति जी सामने एक बूढ़े के पास जा रहे हैं। उसकी बीनाई कमज़ोर है।

दुभाषिया उसे बता रहा है।

—सदरे हिंद आए हैं तेरे दरवाज़े पर! तुम्हारी खैरियत जानने!

राष्ट्रपति जी पूछते हैं :

—कितने बच्चे हैं?

—जी सोलह!

—सोलह!

—हाँ! दस लड़के। छह लड़कियाँ।

—इतना कुनबा! गुज़र केसे होती है?

—खुदा की बरकत से!

—एम. पी. साहब! आबादी कम करें!

मि. सैयद, एम.पी. हँस रहे हैं। आँखें बोल रही हैं :

—क्यों कम करें साहिब। यह तो हमारा वोट-बैंक है!

राष्ट्रपति जी कई घरों में गए : सब को हाथ जोड़े। दुआ-सलाम किया। जैसे वह एक-एक व्यक्ति में संपूर्ण राष्ट्र के दर्शन कर रहा हो!

हैलीकाप्टर से हम अपने शिप पर आ गए हैं।

शिप चला जा रहा है अगले द्वीप की ओर।

**दुआ की कोई भाषा नहीं होती : वह दिलों की बोली होती है।**
**कदामथ द्वीप : सायं 4 बजे : 19.10.85**

अंदरोट से चला शिप 'कदामथ' में साढ़े-तीन बजे बाद दोपहर पहुँच गया है।

शिप गहरे सागर में ही द्वीप परिक्रमाएँ ले रहा है।

अब वैसे ही 'हैलीकाप्टर' से द्वीप में जाएँगे।

शिप के 'हैलीपैड' पर हम आ गए हैं। केसरी सुरक्षा-पेटी पहन ली है। एक ही मिनट में गुर्रा कर 'हैलीकाप्टर' उड़न छू होने लगा है :

नीचे सागर की लहरों का काश्मीरी कालीन बिछा है।

'कदामथ-द्वीप' पर उड़ रहे हैं हम लोग।

मयूर! मोर जैसा यह द्वीप।

पूर्वी तट पर कोई सौ फुट की हरी बेल्ट है लागून की...उसके साथ ही कोरल की सफेद रेत का एक दायरा है द्वीप के चारों ओर।

जैसे दोनों ही द्वीप कवच-कुंडल! उसे सागर की थपेड़ों से बचाए हुए हों उसके पीछे अपनी मर्यादा में चिघाड़ता सागर। नील सागर। बीच-बीच में नील-हरित छायाएँ। एक और सर्पाकार जलधारा। जैसे मोर नर्तन कर रहा हो पैरों में नाग दबोचे हुए। और अहने चंद्रिल पंख फैलाए हुए। पंख! नारियल की लहराती शाखाओं के पंख। मन में एक अस्वीकार उठने लगा है।

नहीं! नहीं! नहीं!

यह 'कदामथ' द्वीप नहीं है!

यह कार्तिकेय का वाहन मोर है!

लगता है अपने विवाह के प्रसंग में वह भगवान शंकर-पार्वती से रूठ कर यहीं कहीं नारियल के सघन-कुंजों में छिप बैठा है।

-'कदामथ' के सागरतट के निकट बने 'हैलीपैड' पर हमारा हैलीकाप्टर लैंड कर रहा है। साथ ही स्वागत के लिए कक्ष बना हुआ है। निकट ही सभा-मंच भी है। मुख्य द्वार पर भव्य तैलचित्र लगे हैं। रक्त-कमल और विशाल नील मत्स्य। यहाँ तीन नृत्य-गायन प्रस्तुत किए गए।

नर्तकों का वैसा ही पारंपरिक वेश। वैसी ही भूषा।

राष्ट्रपति जी के आगमन पर एक-एक कर ये नृत्य प्रस्तुत किए जा रहे हैं।

परिचाकली-नृत्य :

नर्तकों के हाथों में खड़ग-ढाल हैं। उन्हें लहराते हुए वे गा रहे हैं :

-सुआगतं! सुआगतं! औतुनयंङल।

आपका मधुर मधुर स्वागत है! शुभागमन हो आपका।

आटमकली-नृत्य :

नर्तकों का एक दल आगे आकर अपना नृत्य प्रस्तुत कर रहा है। साथ में डंडावादन और गीत-गायन भी होने लगा है :

–कनेकनीय कौदुग मणिये! काडगमे पोकावेंडे!

चिंगार! पुंकाविले! त्रिवर्ण पूविले!

: ओ सुंदर प्रिय! मधुर प्रिय!

जंगल में मत जाओ प्रिय! मत जाओ!

ईश्वर की मंगलशीषों से है प्रिय!

तुम्हारे सभी काम सफलता का अभिषेक पाएँ!

प्रिय मत जाओ! मधुर प्रिय मत जाओ!

सफलता तुम्हें यही तिलक देगी!

नर्तकों का दूसरा दल मंच के आगे आ गया है। वह भी एक साथ डंडा वादन और गीत-गायन कर रहा है।

–चिंगार पुंकाविले त्रिवर्ण पूतविले!

–आदि पोटियवन! एकल अरू लाले!

पुगल पैंटावर ओवोलामा!

: प्रिय! मधुर! सुंदर! मत जाओ! मत जाओ प्राण!

मेरी देह के उपवन में कमल-केशर महक रहे हैं!

प्राण मत जाओ!

मेरी देह का रोम रोम अग्नि-स्फुलिंग बन आया है!

प्रिय! प्राण! प्राणों के चिर प्राण मत जाओ!

त्रिवर्णी पुष्प! तीन रंगों के देह-कुसुम खिल आए हैं!

तुम्हें निमंत्रण दे रहे हैं! आओ प्रिय! आओ प्राण!

इस रम्य देह-वाटिका में रमण करो!

मैं अभिसारों के लिए निमंत्रित करती हूँ! प्राण मत जाओ

ईश्वर की अपारदया से तुम्हें सार सफलता मिले!

प्राण प्रिय! सुंदर! मधुर मत जाओ!

मैंने बाद में डॉ. नायर से इन गीतों का जब अर्थ जाना तो रोम-रोम संवेदित हो उठा। एक मैथिली कोकिल है इन गीतों में! कोई जयदेव-विद्यापति है इनमें!

कोई अनाम सुंदर अपनी विरह-व्यथा भर रही है इनमें।

उस समय भले ही गीत के बोल सुने थे, परंतु तब भी उनमें इतना सम्मोहन था कि प्राणों में एक 'रणन-क्वणन' होने लगा था।

भाषा में कुछ ऐसे शब्द थे जो ऐसे लग रहा था कि किसी कांस्य कटोरे में स्वर्ण-मुद्राएँ रणन कर रही हों!

राष्ट्रपति जी ने अपने भाषण का समारंभ वैसे ही स्थानीय भाषा के संबोधन से किया। अपार करतल ध्वनियों से पंडाल गूंज उठा।

–आप सागर के मध्य में रहते हैं। आपका हृदय भी वैसा विशाल है।

दुनिया में एक ही धर्म के पैरोकार कभी नहीं हो सकते।

अल्ला की इबादत के रास्ते मुख्तलिफ रहे हैं।

अल्लाताला के वली-पीर-पैगंबर आते हैं। उसी स्थान की बोली में, वहाँ के जन-जन की बोली में अल्ला का पैगाम दे जाते हैं।

भाषा इन्सान का इन्सान से जोड़ती है, तोड़ती नहीं। जज़बात को कुचलती नहीं याद रखिए! दुआ की कोई भाषा नहीं होती। कोई जुबान नहीं होती। दिल का सच्चा जज़बा ही दुआ की बोली है। प्रार्थना की भाषा है।

भाषण के बाद राष्ट्रपति जन सभा में लोगों से मिलने चले गए।

प्रेस वालों के कैमरे राष्ट्रपति पर ही फोकस हो रहे थे। इस पर उन्होंने आपत्ति की।

–अरे भई! मेरी फोटो की खींचोगे या इनकी भी।

सच्चा राष्ट्र तो इन सब से बनता है।

–कदामथ–द्वीप से विदा लेकर हैलिकाप्टर द्वारा हम सब अपने शिप पर लौट आए। और शिप रवाना हो रहा है। अगले पड़ाव के लिए।

## 'सलामवालेकुम! वालेकुल्लसलाम
## बाप नहीं माँ का नाम दर्ज है कागज़ों पर
## मिन्नीकाय द्वीप : प्रातः 20 अक्तूबर, 1985

मिन्नीकाय द्वीप!

कदामथ द्वीप के बाद अगला द्वीप।

वहाँ से रात के चले हुए हम बीस की प्रातः 'मिन्नीकाय' पहुँचे।

रात शिप-मार्ग से चंद कि.मी. दूरी पर 'आमीन-द्वीप' था। शिप उसके पास से गुजर गया। हमने केवल इतना ही जाना। रात के गहरी तारीकी में एक बड़ा स्याह धब्बा दिखाई पड़ रहा है। कहीं-कहीं कोई विरल द्वीप-लौ टिमटिमा जाती है।

प्रातः उठा मन ललचा उठा। सागर-दर्शन और सूर्योदय-दर्शन के लिए।

डैक पर चला आया।

प्राची में केशरीवन खिल आए थे।

किंशुक-पलाश-वन रंग बिखेर रहे थे।

सूर्यागमन के लिए गंध-पराग-पुष्पों की भव्य चौक-रचना हो चुकी थी।

आओ! देवता! आओ!

आवाह्यामी! आवाह्यामी! आवाह्यामी! आवाहनं न जानामि!

सूर्यदेव प्रकट हो रहे हैं! किरण-मुकुट! अरुण-मुख! रश्मि-रंजित भाल! किरण-कवच! किरण-कुंडल! किरण-मालाएँ! किरण-पट! किरण-वेश-भूषा!

सब किरण ही किरण!

किरण-पुंज! किरण-कलश! किरण-घट!

इस किरण-बिंब में सूर्यदेव को प्रत्यक्ष अनुभव कर रहा हूँ!

मेरे ऊपर किरणें पड़ रही हैं। किरण-स्नान कर रहा हूँ!

जैसे सूर्य अपने किरण कमण्डल से मुझे किरणासंचित कर रहा हो!

मैं किरण हो रहा हूँ! रोम-रोम किरण होने लगे हैं!

शिरा-शिरा, पोर-पोर में किरण-ज्वार जगने लगा है।

एक किरण-ऊर्जा जग गई है।

मेरा रचनाधर्म किरणोष्म हो गया है!

सूर्यदेव! नमामीहं! नमामीहं! नमामीहं!

प्रणमोतस्मि दिवाकरः!

शिप के 'हैलीपैड' से 'हैलीकाप्टर' एक ही झटके में उड़ा है। दूसरे ही क्षण वह आकाश में ऊँचा उठ गया।

नीचे 'मिन्नीकाय' का नील सागर!

चुभ रही किरणों के सरकंडे! वन्य-घास के नुकीले स्पर्श!

सागर के हरे-नीले ईरानी कालीन पर आज नए-नए डिज़ाइन बन रहे हैं।

सागर के अपने रंग!

हैलीकाप्टर 'मिन्नीकाय' द्वीप पर उड़ रहा है।

—मिन्नीकाय!

एक लंबा तन्वांग द्वीप।

शिरो भाग, द्वीप की मुख्य धरा से कटा हुआ लग रहा है।

चरण भाग ऐसे मानो दो युगल चरण विश्राम मुद्रा में एक दूसरे पर पड़े हों!

कटि भाग! जिम्ह, विरल, क्षीण!

कोरल-राक्स, चट्टानों का एक लंबा-'रीफ'-एक तरह की हद्दबंदी!

उसके साथ-साथ, हरा, साफ, पारदर्शी लागून! एक किलोमीटर की चौड़ाई का।

कोरल रेत के, दूधिया हाशिये पर हरे, तोतई रंगों का लागून!

मानो हरितांचल अस्त-व्यस्त दशा में मंद समीरण से उड़ रहा हो!

मन में पुनः उत्प्रेक्षाएँ जगने लगी हैं!

नहीं! नहीं! नहीं! यह 'मिन्नीकाय-द्वीप' नहीं है!

जैसे कोई गौरांग सुंदरी सोई हो!

अलस, रति-श्रांत, भुज-निपीलित, परिरंभ-चूर!

अर्ध-विवृत मुख! निष्कांत सा! निष्प्रभ सा!

और वह रेशमी, कौशेय आंचल! हरा तोतई आंचल सरक-सरक जा रहा हो अन्य अंगों से! माथे से, चरणों से, देह-अंगों से! देह-पुष्पों से! वक्ष-विल्वों से!

कितनी स्वच्छ संवेदनाएँ जगा गया है यह द्वीपदर्शन!

कितना समृद्ध कर गया है मेरे साक्षात्कारों को!

द्वीप तट पर स्वागत द्वार बने हैं।

मत्स्य युगलों के तैल चित्र!

सागरपुत्रों के! धीवरों के! मछुआरों के चित्र! कांधे पर जाल! मछलियाँ!

सागर-कन्याओं के सरों पर नारियल की टोकरियाँ।

मन में महाभारत के पन्ने उड़ने लगते हैं। पर्व के पर्व! उनके पृष्ठ खुलने लगते हैं।

ऐसे ही किसी सागर के निर्जन में भगवान पराशर ने धीवर सुंदरी सत्यवती का साक्षात्कार किया होगा। उसकी देह-गंध से नासिक-रंध्र मचल उठे होंगे।

उनका रोम रोम खिल आया होगा। पुकार उठा होगा :

—मत्स्त्यगंधा! मत्स्त्यगंधा! कहाँ हो! कहाँ हो!

ऐसे ही सागर के किसी रेतीले तट पर उस मत्स्त्यगंधा ने समर्पण किया होगा!

और इस देश की रचनाशीलता को एक 'व्यास' मिला होगा!

किसी द्वीप में विसर्जित व्यास! कृष्णवर्णी बालक! कृष्ण-द्वीपायन! पराशर-पुत्र!

इस मत्स्यगंधा, धीवर-बालिका ने कितना दिया भारतीय वाङमय को!

यह रेत कितना सरस हो उठा है !

इस मिट्टी ने कितना उर्वरशील बनाया है मेरे देश की अक्षय-परंपरा को!

इस द्वीप में वन्य शोभा को एक और सम्मोहक मुद्रा ने कील दिया।

कवरत्ती, अंदरोट, कदामथ, सभी द्वीपों में नारियल का ही एकछत्र साम्राज्य

देखा है। परंतु इस द्वीप में मुख्य लैंड के कुछ अन्य पेड़-पौधे मिले हैं देखने को! उन्हें देख कर जैसे अपनी पुण्य-भूमि के प्रमुख भाग के दर्शन कर लिए हों! वह सामने झूम रहा है नीम का पेड़ सागर तट पर! खारे जल के निकट नीम का पेड़!

—बंधु! तुम यहाँ! सागर की खारी हवाओं से तेरा कड़वा कसैला मिज़ाज कुछ दुरुस्त हुआ है मेरे यार!

देखा! निबोलियों का रंग-काला। जैसे काले काले अंगूरों के गुच्छे लटक रहे हों। एक निंबोला तोड़ी! मुँह में डोली। ओह! कड़वी!

जैसे नीम का पेड़ कह रहा हो :

—दोस्त! रंग बदल गया है! पर तबीयत वही है!

वह सामने केले का पेड़ बाहें उछाल-उछाल कर बुला रहा है।

जैसे आत्मीय बंधु हो!

साथ ही सोनजूही खिली है।

—अरी! तू! यहाँ! कब आना हुआ? कहीं अपहरण तो नहीं हुआ है? पर प्रसन्न लग रही हो! बहिना! रसो-बसो! इस मिट्टी में अपने को रोप दो! मुख्य धरा के रंग उसकी गंध यहाँ खिला दो!

प्रसन्न रहो!

—अरे पपीते! बच्चा जी! आप कब आ गए यहाँ? शायद सोनजूही के साथ आए हो! अब स्थाई रूप में बस जाओ यहाँ पर। अपने और संगी-साथियों को भी बुला लो यहाँ! पूरी बिरादरी बस जाए तो कहना ही क्या!

एक क्यारे में नीम, केला, सोनजूही और पपीता!

मन में पुनः उत्प्रेक्षा कौंध गई हैं। छोड़ गई अपने शत-शत बिंब!

एक मंगल वेदिका सजी है।

कोरल के श्वेत-शुभ्र रेत के चौक! पूजन स्थलियाँ! नवग्रह मंडप! हवन-मंडप! केले खड़े हैं वेदिका स्तंभों से! तोरण-द्वारों से!

परिणय की भांवरें पड़ रही हैं।

नारियल! विष्णु रूप वर के साथ!

वधु! सोनजूही! परिणीता! सोनजूही!

पपीता-भाई परिणय संस्कार संपन्न करवा रहा है। लाजाहोम के साथ बहना को सप्तपदियाँ दिला रहा है!

पूरा मंडप भरा है। वन्य संपदाओं से! वनस्पतियों से।

कैसे है यह परिणय संस्कार! मंगल गठ-बंधन! भांवर-उत्सव! आनंद पूर्व! मित्रो! बंधु! कहना! शुभाशीष! मंगलाशीष! अभिषेक स्वीकार करो! मेरी यह पुष्प-वर्षा तुम्हें प्रलयान्त सौभाग्यवती रहने का आशीर्वाद दे रही है।

आप मुख्यधरा के प्रतिनिधि हैं इस द्वीप में? समृद्ध कर दो इसे!

मैं संवेदित हो उठा हूँ! जैसे अभी-अभी एक कन्यादान किया हो!

अपनी दुहित्री को विदा किया हो!

इस द्वीप का यह साक्षात्कार!

एक ही पल में

कितना कुछ उंडेल गया है मुझमें!

कितना कुछ उलीच कर ले गया है मुझसे!

मेरे साथी नहीं जान पा रहे हैं!

मैंने एक कन्या को विदा किया है!

उऋण हुआ अनुभव कर रहा हूँ।

पर एक ऋण शेष है अभी!

राष्ट्रपति के हेलीकाप्टर के आने में अभी देर है।

क्यों न ऋण-मुक्त हो लूँ।

दूर चला जा रहा हूँ सागर तट के साथ-साथ। किसी एकांत की खोज में हूँ।

असंख्य शल-शिलाएँ।

एक वस्त्र हो जाता हूँ।

सागर के लावणी जल का आचमन कर रहा हूँ।

जलांजलियाँ दे रहा हूँ। पितुश्री को! मातुश्री को! पितामह को! प्रपितामह को!

महा-प्रपितामह को! उनसे भी आगे तक! अन्य बंधुओं को।

सागर में उनके साक्षात्कार कर रहा हूँ!

जैसे अपने छोटे-छोटे जलयानों में वे आ गया हों!

कितनी दिव्य-शक्ति है मंत्रों के आवाहन में!

एक मंत्रोच्चार! और प्रत्यक्ष हो जाते हैं पितृदेव! कुलदेव!

राष्ट्रपति जा रहे हैं सभा मंडप की ओर।

मैं अपने इस पितृ-तर्पण से! यज्ञ-कर्म से मुक्त होकर वहाँ आ गया हूँ।

राष्ट्रपति सभा को संबोधित कर रहे हैं।

—आपके इस जज़ीरे का तारीखी महत्व है। यहाँ कभी मारकोपोलो आए थे। इब्त भी आए थे।

मुझे बताया गया है यह महिला प्रधान द्वीप है। पिता से बढ़कर माँ का दर्जा है। सब जायदाद-मकान, वगैरह उस के नाम रहते हैं। बाप की जगह माँ का नाम रहता है कागजों में। आपने औरत को उसका सही मुकाम दिया है। यह आदर्श महान है। आपके चारों ओर एक खारा सागर है। पर एक मीठा सागर भी है। वह है आपके अंदर! आपके दिलों में। आप अपने देश की मुख्य लैंड पर आएँ! सबको सिखाएँ केसे रहा जाता है प्यार-मुहब्बत से!...

सलामालेकुम!

आपने जवाब नहीं दिया। सब बोलो वालेकुल्लसलाम!

सभा के प्रत्येक कंठ से एक निनाद गूंज उठा :

—वालेकुल्लसलाम!

राष्ट्रपति समापन के बाद पुनः लोगों की भीड़ में चले जाते हैं। उनसे मिल रहे हैं जैसे सारा ही राष्ट्र उनमें विलय पा रहा हो!

एक बच्चा उठा लिया है। उससे संवाद जोड़ा जा रहा है :

—क्या नाम है तुम्हारा?

—यूसुफ।

—पिता का नाम?

—इब्राहीम।

—माँ का नाम?

—फातिमा।

लिख कर दिखाओ! बालक फौरन ही ज़मीन पर बैठ गया। वहीं मेटा डाला। लिख डाला :

—यूसुफ वालिदा फातिमा...

एक विकलांग युवक आ गया है।

इसी साल उसे राष्ट्रीय पुरस्कार मिला है। उसकी एक टांग बिल्कुल बेकार है।

पिछले साल देहली में उसे बुलाया गया था पुरस्कार के लिए।

—मैंने आपके हाथों इनाम लिया था।

वह अपना चित्र दिखा रहा है।

—अब कैसा महसूस करते हो!

—एक टांग नहीं तो क्या! दो हाथ हैं! इन से चलूँगा। मैं समुद्र में दूर-दूर तक तैर आता हूँ! इन दो हाथों से! इस एक टांग से!

—तुम एक दिन आसमान की बुलंदियों को छूओगे!

पहाड़ों की चोटियाँ सर कर लोगे! धरती पर मंज़िलों पर मंज़िलें! कामयाबी की मंज़िलें तय कर लोगे! बस हिम्मत न हारना!

हिम्मते मरदां! मदद खुदा!

'मिन्नीकाय' का 'लाइट हाउस'।

—कुतुबमीनार से भी ऊँचा है यह।

डॉ. पांचाल ने बताया।

दोनों और गर्जता चिंघाड़ता सागर! फेनिल लहरों का आर्त-क्रंदन!

भयंकर चट्टानें!

जलपोतों के मार्गदर्शन के लिए इसका निर्माण ई. सन् 1885 में हुआ :

वह समय जब देश गुलामी के अंधकार में मार्ग खोज रहा था। इसी साल देव में आज़ादी के जागरण का जयघोष हुआ था। कितना साम्य है। इस द्वीप-स्तंभ की रचना और इस जयघोष उद्घोषणा में।

'मिन्नीकाय द्वीप' की ओर से एक रंगारंग कार्यक्रम राष्ट्रपति के स्वागत में–

नर्तक, संख्या में तेरह। वेश पूर्व द्वीपों के नर्तकों से भिन्न।

लाल-लाल सुथनियाँ, पहुँचे ज़रीदार, सफेद कमर-वस्त्र ज़रीदार। केश सुगंधित, हरे, लाल परांदों में। सफेद बनियानें, सर पर सुनहरी झालरों वाले रेशमी रूमान। उनमें सजी नाज़बों की कलगियाँ, नारियल के मुकुटनुमा पत्ते।

ढोल पर एक ज़ोर की थाप पड़ी। कई मृदंग एक साथ ही धमक उठे।

और नर्तन आरंभ हो गया।

–चंडाकली-नृत्य।

नृत्य में एक सहजता है। लोकजीव की सहजता! कहीं कोई बनावटीपन नहीं। जैसे यह नृत्य लोकजीवन का एक उल्लासमय सद्य विकसित पुष्प हो!

यह एक न्यौता था।

सुर-ताल और अंग-मुद्राओं के रंगमय प्रदर्शन का।

एक-एक चरण ताल पर मन में कई-कई रंगों के वन्य-कुसुम खिल खिल जाते थे।

एक दिव्य वानस्पतिक गंध!

एक सजह रंग-गंध!

एक सहज रंग-गंध!

जैसे किसी रंगोत्सव से रंगों की धूलि उड़ रही हो।

रंग-पर्व समाप्त हुआ।

राष्ट्रपति अपने स्थान से उठकर सभाजन के पास जा रहे हैं। बड़े बुज़ुर्गों से बाहें खोलकर मिल रहे हैं।

–मैं यहाँ बोलने के लिए नहीं आप से मिलने आया हूँ!

हम सब अपने-अपने शिप पर लौट आते हैं।

सांझ उतरने वाली है। हम लौट रहे हैं अब कोचीन की ओर। कल सवेरे पहुँच पाएँगे

वहाँ रात भर का सफर।

सागर में इस समय पाँच जलपोत तैर रहे हैं :

–ब्रह्मपुत्र, विजय, विंध्य गिरि, तारा गिरि, शक्ति।

मनोरम परिदृश्य है।

पीछे लहलहा रहा नील सागर! प्रशांत सागर।

अस्त्यमान सूर्य। अरुणिम विभा से प्रदीप्त, किंतु पल पल बुझ रहा, मंद पड़ रहा सूर्य!

जल सेना, स्थल सेना, नभ सेना के सर्वोच्च कमांडर : राष्ट्रपति।

उन्हें सागर-लहरों के आंगन से सैनिक-अभिवादन देने की तैयारी हो रही है। जलपोतों पर सभी अधिकारी, सैनिक, कर्मचारी अपने-अपने श्वेत गणवेश में 'आराम' मुद्रा में खड़े हैं।

शिप-कमांडर लाउडस्पीकर से आदेश दे रहे हैं।

चारों ही शिप एक पंक्ति में तैरने लगे हैं। उनके डैक पर सैनिक गणवेश में खड़े हैं।

सामने से राष्ट्रपति का शिप जा रहा है। वे अपने शिप में एक ऊँचे मंच पर सलामी लेने की मुद्रा में खड़े हैं।

लाउडस्पीकर से आदेश हो रहे हैं। जिस भी शिप के आगे से राष्ट्रपति का शिप गुज़र रहा है, उसके सैनिक आदेश मिलते ही 'दक्ष' मुद्रा में आकर सलामी दे रहे हैं। अब जलपोत अपनी पूर्व फारमेशन में आने लगे हैं।

तीन जलपोत समानांतर चले जा रहे हैं।

जल को चीरते हुए। जैसे वे लहरों को रुई की तरह धुन रहे हों!

उनके पीछे झाग ही झाग! फेनिल लहरें! जल्द ही अपने पूर्व नील रंगों में बदलती हुई।

लग रहा है जैसे तारकोल की ताजा बनी हुई सड़कें हों। समतल! हमवार!

ऐसे भी लग रहा है, नीले-हरे मखमली घास पर बड़े कट्टर चल रहे हों!

उनके पीछे साफ-साफ रास्ता बनता चला जा रहा है।

परिदृश्य अंधकार में डूबने की तैयारी में है।

सूर्यास्त हो रहा है।

हेम-कुंभ सागर में ही लीन हो रहा है।

अब केवल डूब चुके सूर्य की लालिमा ही है।

जैसे अभी-अभी सूर्य की हत्या हो गई हो! पश्चिम रक्त-रंजित हो उठा हो!

रात देर तक डॉ. नागर के साथ डैक पर बैठा रहा।

—आप तो सागर में ही रहते हैं। इधर भारत के प्रांतों की यात्रा में कैसा अनुभव करते हैं आप?

—जो नहीं देख है, उसका एक आकर्षण तो रहता ही है।

—हमें धरती का आकर्षण रहता है। अपनी रेल यात्राओं में मैं ऐसे ही प्रफुल्ल अनुभव करता हूँ, जैसे आप इस सागर यात्रा में कर रहे हैं।

फिर कविता गायन होता रहा।

उधर शिप में एक कार्यक्रम चल रहा है।

रंगारंग कार्यक्रम!

शिप के अधिकारी, अन्य सैनिक अपने अतिथियों के मनोरंजन के लिए इसे प्रस्तुत कर रहे हैं। एक नाटिका-'मुत्तू स्वामी' देख हर आए हैं यहाँ।

हास्य, कहकहों से भरपूर आयोजन।

पर मैं विदा लेना चाहता हूँ सागर पर उतर आई इस रात्रि से, इन लहरों से, इस सागर संगीत से।

लहरों का सामूहिक गायन, एकांत गायन!

कई रातें बिताई हैं सागर-बंधु तेरे साथ।

पूर्व जन्मों के पुण्य!

पुनः मिलेंगे, पुण्य शेष रहे तो!

अब विदा दो!

पर, सागर तो मेरी अंतिम नियति है। सब की ही, सिर्फ मेरे अकेले की ही क्या?

इसी में विलय पाना है। कहीं भी समाऊँ मिट्टी में। कुछ अंश तो बहेगा किसी न किसी नदी में। उसकी लहरों पर गाता हुआ आऊँगा तुम्हारे पास सागर बंधु! गीता का एक श्लोक मन के किसी कोने में सोए दार्शनिक को जगा रहा है–

**यथा नदीनां बहवोअम्ब वेगाः**
**समुद्रमेवाभिमुखा द्रवन्ति...**

सार धरती एक है। रज-कण एक समान हैं।

कहीं मिलें! क्या अंतर पड़ता है?

पर कहीं इन श्वेत कोरल-कणों में मिल जाएँ! कोरल-रेत में विलय पा जाएँ!

सागर में आएँ! और उसकी सफेद रेत में एक प्राण हो जाएँ!

कल ही की तो बात है।

ज्ञानी जी का साथ--'अंदरोट' के बीच पर घूम रहा था।

वहाँ के रेस्ट हाउस में भोजन के बाद दोपहर में ही हम निकल आए थे बीच की ओर।

वे बोले :

–चलो! चुपके से हो आते हैं। फिर समय नहीं मिलेगा! मैं तरस जाता हूँ अकेले घूमने के लिए! सुना है यहाँ का सागर तट बड़ा ही मनभावन है!

–जी...

और हम आ गए। चुपके चुपके पीछे चल पड़े 'प्रोटोकल' के सदस्य एक दूरी बनाए हुए।

सागर के किनारे कोरल-पत्थरों के ढेर! चट्टानों के अवशेष!

जैसे एक-एक पत्थर किसी-न-किसी कलाकृति का अनुपम नमूना हो!

इन्हें तराशा है सागर की लहरों ने।

ज्ञानी जी ने कई पत्थरों का उठाया। दो चार हाथ में ले लिए।

हम सफेद रेत पर, गीली-ठंडी नमकीन रेत पर, नंगे पैर चले जा रहे थे। ज्ञानी जी ने मुट्ठी भर सूखी रेत उठाई। बोले :

–प्रकृति का करिश्मा देखो! यहाँ के लोगों का रंग कितना काला है। परंतु दिल उतना ही उजला, साफ और कोरल रेत की तरह सफेद है।

–इधर अपने बंबई, कलकत्ता के बीच की रेत काली है।

–महानगरों की माया! बनावटीपन! वहाँ रेत काली है। लोगों के खून का रंग सफेद हो रहा है। यह भी कुदरत का ही एक करिश्मा है!

यही दर्शन इस समय मुझ पर सवार है।

धरती माँ की उजली गोद! बड़े उजले कर्मों से मिलती है!

सागर बंधु! आऊँगा तेरी गोद में आऊँगा!

स्वयं आऊँ! या माँ गंगा लाए!

तू मेरी अंतिम नियति है।

### 'इंदिरम्मा के बाद आप ही हैं राजीव के पिता : उस पर ऐसे ही कृपा बनाए रहिएगा

### लघु-द्वीप से कोचीन : आगे बंगलूर : 21 अक्तूबर, 1985

रात भर शिप चलता रहा।

प्रातः सवा छह बजे उठे। डॉ. नायर बोले :

–कोचीन आने वाला है। चलो सूर्य-दर्शन कर आएँ!

हम बाहर आए। अभी सूर्योदय में देर थी। परंतु उसके स्वागत में सागर पर पावड़े बिछने लगे थे। जैसे उसे 'रेडकारपैट-वैलकम' दिया जाने वाला हो!

–वह देख रहे हैं न! कोचीन का तट है वह!

–हाँ! कुछ धुंधले धब्बे उभरने लगे हैं।

हम आठ बजे तक किनारे लग जाएँगे।

अचानक पूर्व में काले-काले बादल घिर आए।

–अब संभवतः हम सूर्योदय नहीं देख पाएँगे!

–सागर दर्शन तो कर ही रहे हैं। और सूर्योदय तो होगा ही। हम न देख पाएँ तो अलग बात है...

वापिस केबिन में आ गए।

सामान पैक करने में लग गए।

पुनः बाहर आए। अब कोचीन का तट, दृश्य-परिदृश्य साफ नज़र आने लगे थे।

अपनी धरती! देश की मुख्य-धरा! कितना आकर्षण है उसमें?

ठीक आठ बजे शक्ति जलपोत कोचीन के तट पर लग गया।

नौ-सैनिकों को एक पूरा दल उसे बांधने में लग गया है।

लेडर गिराई जाने लगी है। सामान उतारने की पूरी व्यवस्था हो चुकी है। पोत से उतर कर हम जेटी पर आए हैं। वहाँ से पुनः वही काठ का लंबा पुल पार कर बंदरगाह-एरिया से बाहर आ रहे हैं।

वहाँ कारों का एक लंबा फ्लीट हमारी प्रतीक्षा में है।

सीधे कोचीन ऐयरपोर्ट आते हैं।

हवाई-यान तैयार खड़ा है।

पर अभी देर है राष्ट्रपति जी के पहुँचने में।

ठीक दस-पैंतालीस पर राष्ट्रपति आए।

यान ने उड़ान भर ली बंगलूर की दिशा में केरल-कोचीन के रम्य दृश्यों को पार कर यान अब बंगलूर-कर्नाटक के आकाश में हवा से बातें कर रहा था। बातें क्या? एक लंबा संवाद! परिसंवाद! एक लंबी कविता। अपने मित्र डॉ. नरेन्द्रमोहन की एक कविता-पुस्तक : 'कविता कहीं खत्म नहीं होती, आज बड़ी सार्थक लग रही है।

एक कविता मेरे अंदर जन्म ले रही है।

—कविता जन्म लेती है? कविता आती है? कविता होती है?

इस पर विवाद हो सकता है। पर यह निर्विवाद है कि मेरे अंदर कुछ होने लगा है।

चारों ओर काली श्याम तिकोनी बौनी पहाड़ियाँ!

दाएँ-बाएँ, आगे-पीछे, समानांतर!

एक लंबा सिलसिला!

कहीं-कहीं, बीच-बीच में हमवार! समतल सी!

जलाशयों के मटमैले धब्बे!

नंगी, गरीब, फटेहाल चोटियाँ!

दूर नीचे बहुत नीचे नई-नई आबादियाँ!

जैसे माचिसों के ढेर के ढेर!

सूखने डाले हों धूप में!

सरकारी कोठियाँ! उजली काली, लाल-पीली बस्तियाँ!

जैसे चीटियों के दल के दल निकल आए हों!

मुँह में चावल के कण लिए जा रहे हों कतारों में!

यान उतर रहा है बंगलूर एयरपोर्ट के रन-वे पर।

वहाँ राज्यपाल और मुख्यमंत्री ने भव्य स्वागत किया।

और सीधे पहुँच गए हम राजभवन में।

दोपहर का भोजन और विश्राम।

सायं राष्ट्रपति जी तैयार होकर आ गए हैं बाहर। मिलने वाले आ रहे हैं।

एक सरदार जी और उनकी श्रीमती जी, साथ में एक कर्नाटकी कपल आए हैं।

कर्नाटकी महिला निवेदन कर रही है :

—दुर्गा पूजा का प्रसाद लें!

—दुर्गा-पूजा शुभ हो आपके लिए!

आप ही हैं राजीव के पिता...इंदिरम्मा के बाद...

राष्ट्रपति चुपचाप सुन रहे हैं।

–संकट की घड़ियों में आपने उसके सर पर हाथ रखा है। हाथ पकड़ा है। अब ऐसे ही कृपा बनाए रखें!

--आप बे-फिक्र रहें!

आज सायं ही एक संगीत भवन में कार्यक्रम है।

'चौवढेयाहाल'–(चौविधियाँ हाल)

वहाँ पहुँचते ही मुख्य द्वार वेद-मंत्रीच्चार से राष्ट्रपति जी का स्वागत होने लगा है। ग्यारह वेद-पाठी। शिखा-सूत्रधारी। चंदन-अनुलिप्त दिव्य ललाट। अधो-वस्त्रधारी।

शुद्ध-शाश्वत ब्राह्मणत्व!

स्वागत के लिए हाथों में पीपल–कांस्य कलश, रजत-थाल। पूजन सामग्री से भरे। कर्नाटक संगीत। शहनाई वादन हो रहा है।

अंग-अंग दीप्त गोरांग कन्याएँ! अप्सराएँ उतर आई हों आकाश से!

पर्वतों से गंधर्व-सुंदरियाँ आ गई हों हाथों में कलश लिए।

आ गई हों सर्वांग सुंदर किन्नरियाँ! यक्षिणियाँ!

चंदन की अगरु-गंध, दीप, रूप-शिखाएँ या दीप शिखाएँ!

कोरे कोरे कलशों सा कोरा कौमार्य!

अक्षत सौंदर्य!

माल्यार्पण! दीपार्चन!

गणनायक का! गणपति का! गण-देवता का!

यही है तो अपनी संस्कृति की गरिमा।

कोई भी मांगलिक अनुष्ठान हो!

सर्व प्रथम पूजन!

गणाधिपति का! गणदेवता का!

एक गौर कन्या ने राष्ट्रपति जी पर रजत गुलाबदानी से जल-गंध-वर्षा की है।

गुलाबप्रिय ज्ञानी जी गुलाब गंध-वर्षा में गुलाब से प्रफुल्ल हो उठे हैं।

मंच रचना अतीव अभिजात प्रकार की है।

पार्श्व में विशाल कमल की तेलानुकृति।

दोनों ही ओर लंबे-लंबे पीतल के स्वर्णिम दीपाधार!

एक मंच के मध्य में। ज्योति-प्रज्वलन के लिए।

स्वागत-स्तवन हो रहा है :

—सर्व कलयाणकरं शिवं! सर्व मंगलकरं! सर्व शिवमंय!

राष्ट्रपति जी ने दीप-प्रज्वलन के बाद पुरस्कार वितरण किया।

अपने भाषण को उन्होंने जीवंत बना दिया। वे अपने आलेख से हट कर वैसे ही खुलकर जन-जन से संवद-रचना करने लग पड़े :

आपके नगर का यह 'वायलनाकार' भवन, शिल्प की एक सुंदर रचना है।

इस संगीत की सेवा होगी। उसका प्रचार-प्रसार होगा!

वायलन भले ही विदेशी वाद्य-यंत्र है। पर हमने उसे संगीत के अनुसार ढाल लिया है। इस देश की यही विशेषता है। हमने अपने रोशनदान-खिड़कियाँ खुली रखी है। हर दिशा से सेहतमन्द हवा आए।

संगीत शास्त्र है। इसमें गज़ब का जादू है।

अकबर बादशाह की बेटी हुस्नबानो संगीतकार तानसेन के इश्क में मुबतिला हो गई। वह उसके हुस्न और इल्मे मौसीकी के फन की दीवानी थी।

बादशाह सलामत को पता चला। तानसेन को तलब किया गया। उसने अपने इश्क को कबूल कर लिया।

और उसे मिली सज़ाए मौत।

शाही हुकुम हो गया :

इसे हाथी के पैरों तले रौंदवाया जाए! ता मौत! जब तक इसकी मौत वाकिआ नहीं हो जाती।

उससे आखिरी ख्वाहिश पूछी गई।

मैं मौत से पहले गाना चाहता हूँ।

उसने क्या सम्मोहन भरा गायन किया। हाथी मस्त हो गया। भूल गया कि उसे रौदना है तानसेन को।

मौत टल गई।

मगर हुस्नबानो!

वह इससे पहले ही खुदकुशी कर चुकी थी। उसका हलफ था :

मैं अपने महबूब से पहले ही मौत को गले लगा लूँगी।

पंजाब में इसी बानो के नाम पर एक कस्बा है आज भी।

बानू–बानौर–बानूर–बनूड़।

पटियाला से चंडीगढ़ रोड पर।

पर बहुत कम लोग जानते हैं तारीख और संगीत के इस वाकये को।

संगीत, गायन, नर्तन, इससे प्रभु-चरणों में लगन लगती है।

तुलसी, सूर, मीरा, कबीर, नानक सब के सब संगीत के ज़रिए अपने-अपने इष्टदेव से जुड़े हैं।

आप इस संस्था को पालिटिक्स से बचाएँ।

ये अहले सियासत! न तेरे न मेरे!

एक बात से दुःख हुआ है। आप सब हिंदी जानते हैं। समझते हैं।

फिर यह अंग्रेज़ी किसके लिए बोली गई!

किसके लिए उसका इस्तेमाल किया गया?

कार्यक्रम का समापन हो रहा था।

इस पर तुर्रा यह कि राष्ट्रपति जी के इतना कहने के बावजूद भी बाकी का कार्यक्रम अँग्रेज़ी में ही संपन्न हुआ।

हाय रे मेरे गूंगे देश! कब तू गौरव अनुभव करेगा अपनी बोलियाँ बोलने में!

हिंदी हो! प्रांतीय भाषाएँ हों!

ये हमारे गौरव के मानबिंदु हैं।

सायं बंगलूर के राज भवन के लान में घूमते हुए पुनः इसी विषय पर चर्चा होने लगी :

–हम अँग्रेज़ी के इतने गुलाम क्यों बन गए हैं। दुनिया के ज्यादातर मुल्क अपनी-अपनी ज़बानों मे तरक्की कर रहे हैं। साइंस, टैक्नालोजी, मेडिकल साइंस! कानून, सब में उन्होंने बिना अँग्रेज़ी के उन्नति की है :

न तो हम हिंदी को ही उसका आदर दे पाए हैं। न सूबाई भाषाओं को उनका सही दर्जा ही दिला सकें।

अब इस मसले को भी राजनीति के साथ हमेशा के लिए बांध दिया गया है।

–हिंदी का जितना समर्थन राष्ट्रपति के रूप में आपने किया है, वह हिंदी के लिए गौरव की बात है। सारा ही हिंदी-जगत आपके प्रति इस सेवा के लिए श्रद्धानत है! आपने हिंदी के सर्वत्र प्रयोग से इसकी गौरव-गरिमा को बढ़ाया है।

**देश की असली संस्कृति दक्षिण में है : दिल्ली और आगरा में नहीं**

**बंगलूर से मैसूर को : 22 अक्तूबर, 1985**

प्रातः साढ़े-छह बजे ज्ञानी जी बंगलूर राज भवन के लान में सैर के लिए गए।

लान के भीतरी द्वार पर सिंहों की दो पूर्णाकार आकृतियाँ, रजत-रंगी प्रतिमाएँ पुराकालीन अवशेषों से मिली भित्तियों को सजाया गया है। उन पर कोई-न-कोई देव प्रतिमा बनी हुई है।

लान की ओर जाते हुए पोर्च में यक्ष-यक्षिणी और गणेश की! काले पत्थरों में बनी प्रतिमाएँ। बात होने लगी है संगीत के बारे में। वे बोले :

–सुना गया है संगीत से। खास-खास रागों से ला-इलाज बीमारियों तक का इलाज होता आया है।

–उनका आज वैज्ञानिक परीक्षा ज़रूरी है।

–ठीक है! होना चाहिए! एक बात और पता चली है। सांप पर संगीत का कोई असर नहीं होता! किसी ने बताया कि सांप का बीन पर मस्त होना गलत है। उसके कान ही नही होते!

—साँप के कान नहीं होते! कोई आज तो पता नहीं चला यह! उसे तो सदियों पहले ही घोषित किया गया है कि वह 'चक्षु-श्रवा' है। यानी कि वह आँखों से सुनता है।

—इस बात पर तो कोई बहस नहीं कि संगीत से बिलों में छिपे साँप मर जाते हैं या काबू में आ जाते हैं। मन के रोग ठीक हो जाते हैं।

इसीलिए धर्म में संगीत की महिमा रही है।

मैसूर जाने का समय होने लगा था।

राष्ट्रपति तो कुछ देर बाद हैलीकॉप्टर से जाएँगे वहाँ।

परंतु अन्य सभी कारों से जा रहे हैं।

मुझे पूछा गया। मैंने कार से जाना ही प्रिय समझा। सुना था बंगलूर से मैसूर तक का मार्ग बड़ा ही मोहक है। रास्ते में प्राचीन मंदिर और कई अन्य स्थल हैं। 'हैलीकॉप्टर' से जाने पर इन सब को कहाँ देख पाऊँगा! उसकी नीलाईयाँ। बहुत देख ली हैं। उड़ने पर सारे ही आकाश एक जैसे।

ये दुर्गा-पूजन के दिन थे।

बंगलूर! सारा ही कर्नाटक पूजन में समर्पित था।

नगर की सज्जा अतीव भव्य, मनोरम, सम्मोहन-पूर्ण होने लगी थी।

बसों, कारों को डोलियों की तरह सजाया गया था।

हर बस एक पालकी लग रही थी।

हर कार एक डोली लग रही थी। 'उत्सव-शिविका' लग रही थी।

फूल ही फूल! गेंदा-गुलाब, मोतिया।

मालाएँ ही मालाएँ! केले के पत्ते! नारियल के पत्ते!

जैसे मैसूर तक का सारा मार्ग देव-बारात के स्वागत में खड़ा हो!

मार्ग में एक स्थान पर हम कोक लेने के लिए रुके।

हरे-हरे, पीले-पीले नारियलों के ढेर के ढेर।

पास ही एक आधा कच्चा-पक्का सिनेमाहाल था।

पिक्चर लगी थी—'शोले' : शोलापुरी ड्राइवर बोला :

—साहिब! यह पिक्चर यहाँ कई सालों से लगी है।

—कई सालों से? ऐसी क्या बात है?

—साहिब! इसकी शूटिंग यहीं हुई थी। वह देख रहे हैं आप चट्टानों के घेरे।

वहीं सैट लगा था पूरा का पूरा। वहीं आसपास गाँव बना था। वह ऊँची मस्जिद की मीनारें! हमने खुद उसमें काम किया है।

—अच्छा क्या रोल था तुम्हारा?

—साहिब जी! जब गब्बर अपने पिटे हुए साथियों को एक-एक कर मारता है, तब हम भी पीछे की कतार में खड़े थे।

—दर्शक बन कर!

—नहीं साहिब जी! डाकू बन कर।

'तेरा क्या होगा कालिया?' उसी सीन का संवाद था।

कैसे यह एक पिक्चर यहाँ के जनमानस में बस गई है!

आगे एक विशाल बुर्ज खड़ा था लाट के रूप में।

कार रुकवाई।

यह हनुमान बुर्ज था। पास ही उनकी एक विशाल मूर्ति भी मन्दिर में।

इधर के मंदिरों की शुचिता, स्वच्छता मन में स्वत: ही पावनता का संचार कर जाती है। मन में श्रद्धा के अंकुर उगने लगते हैं।

नत शिर हुआ देव-प्रतिमा के आगे :

—मनोजव मारुततुल्य वेगं! जितेन्द्रिय...वातात्मजं वानर-यूथ मुख्यं!

श्री रामदूत शिरसं नमामी!...शरणं प्रपद्ये!

हे सूर्यव्रती! सूर्यमुखी! मैं आज तक इस मिथ को नहीं जान पाया। यह कौन सा सूर्य था! तुम्हारा! जटायु का! संपाती का, वह सूर्यव्रत कौन सा था?

क्यों कटी तुम्हारी हनु! जले जटायु के पंख! भस्म हुआ संपाती?

कैसा था तुम्हारा वह सूर्य-साक्षात्कार? तुम्हारी सूर्य-यात्रा?

हे मृत्युंजयी! मुझे दृष्टि दो! तुम्हारी सूर्य-यात्राओं का मर्म जान सकूँ! उसे

अपने रचनाधर्म से जोड़ सकूँ।

मार्ग में और कई ऐतिहासिक स्थान आए।

श्रीरंगपुरम का मंदिर, टीपू सुल्तान का किला, टीपू-मस्जिद, साई बाबा का एक आश्रम।

—साहिब! यह रोड गई है वृंदावन गार्डन को।

—कितनी दूर होगी यहाँ से?

—कोई तीस किलोमीटर।

—मैसूर के अपने आवास से?

—कोई तीस के लगभग।

मैसूर में हमारे आवास की व्यवस्था की गई थी—

"ललिता पैलेस" में।

यहाँ पहले वायसराय का निवास था।

महल में राजन्य वैभव अब भी वैसे ही बना हुआ था। उसकी सज्जा। प्रबंध, व्यवस्था में वही तौर-तरीके थे।

'आरकिआलोजी-म्यूज़ियम सेंटिनरी सैलिबरेशन'

'पुरातत्व-संग्राहलय का शताब्दी समारोह।'

आयोजन स्थल था—"क्राफोर्ड-हाल।"

एक छतरीनुमा गुंबद वाला विशाल हाल।

यहाँ मुख्य द्वार पर विभाग के पंडित वर्ग ने अपनी पारंपरिक वेश-भूषा वेद-मंत्रोच्चार से राष्ट्रपति जी का स्वागत किया।

गौरांग कन्याओं ने! गज-दंत सी कन्याओं ने पुष्पार्चना की!

माल्यार्पण किया! दीपार्चन किया।

मंच पर कर्नाटक संगीत का गायन-वादन हो रहा था।

दो कन्याओं ने मंगल गायन से स्वागत किया :

—पीतांबरं कर विराजित शंख-चक्रं!...

हे मुरली! जय मुरली! श्री धर-वर-मुरली! मनमोहन मुरली!...

दीप प्रज्वलन!

कैसी सांस्कृतिक गंध-गरिमा हैं इधर के आयोजनों में।

कोई भी आयोजन हो!

वह एक मांगलिक अनुष्ठान की शुचित लिए रहता है।

आयोजन मन में आस्था-निष्ठा के अक्षत चढ़ा जाता है।

राष्ट्रपति जी ने अपने भाषण में यहाँ भी पूर्व लिखित आलेख को एक ओर कर दिया। वे हिंदी में बोले :

—हम अपनी सांस्कृतिक विरासत को न भूलें। पर उस पर दंभ कर अपने को अकर्मण्य भी न बना लें! बीते की खोज करें! वर्तमान में उसे स्थान दें। भविष्य के लिए उससे प्रेरणा लें!

बस खोज में लगे रहें। अपने अतीत की खोज! अपने आप की खोज!

और अपने को नई पीढ़ी से जोड़े रहें! यह 'गैप'—अंतराल नहीं आना चाहिए!

एक बार यह पुल टूट गया तो बड़ी गहरी खाई पड़ जाएगी। सदियों तक उसे भरा नहीं जाएगा!

—भारत की असली संस्कृति आपके प्रदेश में है। इधर दक्षिण के प्रदेशों में है। वह दिल्ली और आगरा में नहीं है!

—यही हैं हमारे प्रेरणा-केंद्र! प्रेरणा-स्त्रोत!

—शाम को मैसूर सिंह-सभा के कुछ सदस्य आ गए। वे बता रहे थे :

—यहाँ कुल तीस सिख परिवार हैं। सिंधियों का गुरुद्वारा है। पंजाबी सिखों का नहीं है।

—यहाँ सब शांत रहा न?

—एकदम शांत! कोई ट्रबल नहीं हुई।

—यह अच्छी बात है...

—जी! मेरा एक साढू मारा गया दिल्ली में। उसकी बरसी आने वाली है...

—कितने मासूमों की बरसी मनाओगे! पंजाब में! पंजाब से बाहर! अब भी

यह सिलसिला बंद नहीं हो रहा है पंजाब में! कोई खुलकर उसकी निंदा करने का साहस नहीं कर पा रहा है। बरसियाँ मनाने से क्या मासूमों की हत्याएँ रुक जाएँगी? यह दुर्भाग्यपूर्ण है...आप खुलकर निंदा करें!

—जी! यह प्रार्थनापत्र हैं गुरुद्वारे के प्लाट के लिए। आप गवर्नर के पास भेजने की मेहरबानी करें!

—मैं सिफारिश तो कर दूँगा। एक शर्त है।

—जी क्या!

—आप गुरुद्वारों में किसी जाहिल-जनूनी-बेवकूफ को डेरा नहीं देंगे!

पंजाब में डेरे दिए गए। क्या हाल हो गया वहाँ पर! आप गुरु सिख बनें।

अपने को कुल मुल्क से जोड़ें! अलग होकर हम सब दुःख पाएँगे!

—जी...

हमारी आबादी कितनी है! पर हम उसके अनुपात से कहीं ज्यादा पाए हुए हैं। हम कहाँ नहीं हैं?

—जी! बजा फरमाया आपने।

—आज हम डेमोक्रेसी में रह रहे हैं। इसमें किसी के खून-खराबे का क्या काम!

आज रात को मैसूर के राजमहल में संगीत का कार्यक्रम है।

राजमहल!

जैसे कोई देव-नगरी हो! एक-एक अंगुल पर बिजली के दीप!

जैसे आज की रात के लिए आकाश के सारे ही तारे इस महल के मुंडेरों। गुंबदों। गुमटियों, प्राचीरों पर उतर आए हों सुर-किन्नरियों का श्रवण करने के लिए।

संगीत के इस उत्सव में जैसे सब देवगण आमंत्रित हों!

राजमहल!

जैसे पूर्ण चंद्र को तराश कर बनाया गया हो!

राजमहल के प्रांगण में एक ओर गायत्री मंदिर है, दूसरी ओर भगवान नृसिंह का मंदिर है। उनके कलश और संपूर्ण रचना भी दीपोत्सव में सम्मिलित हैं।

राजमहल!

भीतरी भाग! राजन्य वैभव की साकार सज्जा हुई है।

स्वर्ण-स्तंभ! स्वर्ण सिंहासन! स्वर्ण-रंगों की चित्र-रचना, भित्ति-अलंकरण, अंदर की दीवारों, छतों का अलंकरण!

यह स्तंभ-रचना विभिन्न प्रकार के धातुओं से हुई है।

स्तंभों को भिन्न-भिन्न स्थानों पर बजाने से संगीत के सुर गुँजने लगते हैं। सुरों के सप्तक मुखरित होने लगते हैं।

बाहर सारा ही नगर उमड़ आया है।

पर अंदर मंच पर जो हो रहा है वह सब के लिए कैसे दर्शनीय हो पाए?

रात का समय! आयोजन महल के अंदर हो रहा है। सामने केवल बरामदा खुला है।

वहाँ से कितना कुछ देखा जा सकता है?

इसके लिए विशेष व्यवस्था की गई है।

यह संगीतोत्सव! दीपोत्सव! सब देख सकें।

बाहर अनेकों स्तंभों पर टी.वी. सैट्स लगा दिए हैं। हजारों की संख्या में।

अब सब कोई बराबर देख सकता है। इस उत्सव में बराबर का भागीदार बन सकता है।

संगीत का निर्बाध स्त्रोत प्रवाहित होगा। सब अंजुली-भर पान करें! जी भर ग्रहण करें!

राष्ट्रपति जी का वहाँ राजन्य-गौरव से स्वागत किया गया।

वे बोले :

—संगीत तो जन-मानस की गंगा है।

वह जनता की धरोहर है। आपने उसे राजमहल से निकालकर जन-जन तक पहुँचाने की सुंदर व्यवस्था की है! यह आनंद की बात है।

जन-जन की धरोहर जन-जन के पास पहुँचे! यह आपके राज्य का दायित्व है।

तभी कलाओं का विकास होगा!

ऐसे आयोजनों के लिए मेरी हार्दिक शुभकामनाएँ।

यहाँ की जनता की ओर से मैं यहाँ के प्रबंधकों को बधाई देता हूँ। आज का यह संगीत उत्सव सब के लिए खुला है!

रात को कर्नाटक के मुख्यमंत्री की ओर से "ललिता-पैलेस" में ही भोज हो रहा है।

राष्ट्रपति उसमें मुख्य अतिथि रहेंगे।

इसमें मंत्रिमंडल के सदस्यों के अलावा नगर के अन्य गण्यमान्य व्यक्ति और अधिकारी भी आमंत्रित हैं।

"डाइनिंग हाल" की आंतरिक सज्जा निमंत्रणपूर्ण है। साथ ही दीर्घा में मधुर-मधुर संगीतवादन हो रहा है।

भोज के उपरांत राष्ट्रपतिजी ने मुख्यमंत्री के प्रति आभार व्यक्त किया:

–इतना अच्छा भोजन! आपने पूरा मीनू हमें पहले क्यों नहीं बताया? उसी हिसाब से हम अपने को तैयार करते!

आपने यह बड़ा अच्छा किया। साथ में संगीत चलता रहा। हम बड़े लाभ में रहे। संगीत से भूख तेज होती गई। जो खाते गए। साथ-साथ हज्म होता गया।

शहनाई ने चूर्ण का काम किया।

जितने दिन हम यहाँ रहें! यह बराबर ही बजती रहे तो कितना अच्छा हो!

हम सब आपके इस "डाइनिंग हाल" में ही बैठे रहें!

दोपहर को पता चला :

–राष्ट्रपति जी का वृंदावन-गार्डन जाने का कार्यक्रम स्थगित हो गया है।

उनका शिड्यूल बड़ा ही भरा-भरा था। उसमें गुंजाइश नहीं रही होगी।

सो मैंने दोपहर को ही गाड़ी मंगवा ली।

–अभी चलना है वृंदावन गार्डन।

–सर! रात में चलते!

–बड़ा हैवी है आज! किसे फुर्सत होगी रात में भी जाने की।

—सर! रात में तो वह स्वर्ण है! दिन में तो...

—बस एक बार आँख से निकालना है! आए हैं तो...रात में न सही दिन में ही हो आएँ! बस अब चल पड़ो। जल्द आना भी तो है।

रिसेप्शन से वृंदावन गार्डन के अधिकारियों को पूर्व सूचना भिजवा दी थी।

वहाँ पहुँचे। अंदर जाने से कोई दिक्कत नहीं हुई।

ललिता पैलेस से वृंदावन गार्डन तक का रास्ता!

मैं एक-एक दृश्य को आँखों में भर रहा हूँ। असली कर्नाटक तो इन्हीं खेतों में है। इन्हीं राहों में है। अन्यथा राजकीय आयोजनों में हम जन-जन को देख तो लेते हैं। पर जुड़ कहाँ पाते हैं उनसे?

मैं इस भूमि के कुछ दृश्यों-पदृिश्यों से स्वतंत्र रूप में जुड़ना चाह रहा था। अपने पैरों चल कर। अपने सर पर वहाँ की धूप लेकर। अपने शरीर पर वहाँ की खुली हवा के हस्ताक्षर लेना चाह रहा था।

वृंदावन गार्डन का मुख्य द्वार!

ऊपर भगवान श्री कृष्ण! अकेले! हाथ में बाँसुरी लिए हुए। वही त्रिभंगी मुद्रा! चित्त-चोर की भंगिमा! वेणु गोपाल!

कर्नाटक में श्री कृष्ण का यही रूप संपूजित हैं।

एकोपासना!

द्वार पर ही गाड़ी रुकवा दी!

साथ ही कावेरी पर बना हुआ डैम।

माँ कावेरी! गंगा माँ! तू किन-किन रूपों में इस देश के जन-जन की प्यास बुझा रही है! माँ! सहस्रधारा! क्षीरधारा!

मन में एक गीत पंक्ति चमक उठी है।

—ब्रह्मपुत्र गोमती नर्वदा! कावेरी की धारा कल कल!

सतलुज, कृष्णा और विपाशा! सब में बहता है गंगाजल!

द्वार से सीधे प्रवेश निषिद्ध है। पर ड्राइवर ने अनुमति ले ली है। कार सीधे अंदर जा सकती है। पर मैंने मना कर दिया है।

मैं सब के साथ जन-जन के साथ। पूरी भीड़ के साथ कावेरी दर्शन करना चाहता हूँ।

मैं दर्शक नहीं! यात्रा पर हूँ!

कोई दो-अढ़ाई कि. मी. डैम के साथ-साथ चलने पर प्रवेश द्वार आया।

वहाँ से नीचे उतरा हूँ।

उद्यान वन्य झरनों, संगीतमय फव्वारों, नहरों, बारादरियों,

सुंदर क्यारियों से भरा पड़ा है।

रात में! रंगारंग रोशनी में यह कितना मन-भावन हो सकता है। मैं इसका साक्षात्कार अपने अंदर ही अंदर कर रहा हूँ।

कोई दो घंटे मैं निरंतर चलता ही रहा। चाहा कि मुख्य वृक्षों से, स्थानों से, निर्झरों जलाशयों से आत्मीय परिचय पा लूँ। कड़कती धूप और मैं नंगे पैर नंगे सर, एक-एक से परिचय करता घूमता! पर लगा बहुत कुछ पा लिया है। यात्रा सार्थक रही है।

**जयतु! जयतु! श्री दुर्गा भवानी! जयतु! जयतु!**
**श्री रामचंद्र! श्री रामभद्रं!**

मैसूर : विजय दशमी : दुर्गा-पूजन : चामूंडी-यात्रा : 23 अक्तूबर, 1985

विजय दशमी!

विजय पर्व...! भारत का सर्वोच्च राष्ट्रीय पर्व!

राष्ट्रीय-अंतर्राष्ट्रीय जगत में सर्वथा नए कीर्तिमानों की रचना का पर्व!

सर्वथा अविजेय! दुर्जेय भारत की गौरव-गरिमा का पुनीत पर्व!

दुर्गा! अष्टदश-भुजा दुर्गा के पूजन अर्चन का पर्व!

मैसूर का ललिता पैलेस।

सामने के गिरि-श्रृंगों पर एक भव्य मंदिर। दुर्गा-मंदिर।

चामुंडा-महिषासुर-मर्दिनी का मंदिर।

दुर्गा पूजन के पुण्य अवसर पर यहाँ के पूजन का विशेष महात्म्य हैं।

कारें जा रही हैं। पहाड़ी मार्ग पर गुर्राती हुई। कोई लंबा मार्ग नहीं है! यही कोई आठ-दस कि.मी. रहा होगा।

मंदिर के पास जाते ही पहले एक विशाल रंगीन प्रस्तर प्रतिमा है महिषासुर की।

महिषासुर अपनी प्रचंड मुद्रा में। उसमें राक्षसीयता का विकराल गौरव है! पूर्ण भयंकरता साकार हुई उसमें!

एक हाथ में खांडा और दूसरे में सर्प!

दोनों ही विनाश के प्रतीक।

दुर्गा ने इन्हीं राक्षसी शक्तियों का संहार किया था।

मानवहन्ता। काली ताकतें! जनघातिनी शक्तियाँ! विघटनकारी दानवी शक्तियाँ!

माँ! अष्टदश भुजा; माँ ने ऐसी दुष्ट शक्तियों का दमन किया था।

इसीलिए उसकी संपूर्ण देश में पूजा है आज।

समग्र देश एक पुनीत व्रत लेकर समर्पित हो रहा है अपने जीवन में ऐसी काली ताकतों से संहार के लिए।

दुर्गा पूजन!

किंतु साथ ही...

दानव-पूजन भी, महिषासूर का पूजन भी। उसका स्मरण भी।

राम के साथ रावण पूजन भी!

दशर्कंधराय नमः दशग्रीवाय नमः! दशशीराय नमः!

उत्तरी भारत में घर-घर प्रातः ही श्री राम की पूजा से पूर्व रावण-पूजन भी।

यही तो है भारतीय संस्कृति की विशेषता! शिव के साथ अशिव पूजन भी, अशिव से ही महिमा है, रेखांकन है शिव का।

एक विशेष पर्व पर यहाँ तो नाग पूजन भी होता है!

नाग-यज्ञ होते हैं तो नाग-पूजन भी होता है!

हम मंदिर के मुख्य द्वार पर पहुँच गए हैं।

दक्षणात्य शिल्प का! स्थापत्य का! रचना कौशल का एक अद्‌भुत प्रतीक।

वेद मंत्रोच्चार कर रहे पंडित।

लाल ऊनी पटके। श्वेत चंदन कर अनुलेपन गो-पुच्छ जैसी शिखाएँ।

गौर वर्ण। चिंतनशील ललाट!

हाथों में रजत-कुंभ, मंगल-कलश, पूजा थाल, अर्चना सामग्री।

साथ में दो अग्निदीप दंड-धारी!

मंदिर में प्रवेश करते ही भगवान गणपति की प्रतिमा!

श्री गणपति गणाधिराजय नमः...नमामि विघ्नेश्वर पाद पंकज...

केसी कमनीय संकल्पना रही भगवान गणपति की।

समग्र राष्ट्र और राष्ट्रपति के संदर्भ में।

महामना राष्ट्रपतिजी से इस बारे में हैदराबाद प्रवास के समय चर्चा हो चुकी है।

महाराष्ट्र में गणपति-विसर्जन-पर्व के प्रसंग में आज पुनः चर्चा करूँगा।

राष्ट्रपति जी ने गणेश-पूजन किया। अक्षत-तिलक दिया। नमन किया।

अंदर मुख्य मंदिर के स्वर्ण द्वार। स्वर्ण शिल्प की छत्तें।

राष्ट्रपति आचमन कर रहे हैं।

--ओं! केशवाय नमः! माधवाय नमः! गोबिंदाय नमः!

हाथ धो लें जी...

उन्हें मंगल-सूत्र बाँधा जा रहा है :

—ओं! येन बद्धो बलिराजा दानवेन्द्रो महाबलि...

विधिवत पूजन, माल्यार्पण, दीपार्चन, परिक्रमण! और फिर चरणामृत!

राष्ट्रपति जी को मंदिर परिसर में एक आसन पर बिठाया गया। उन्हें तिलक दिया गया। मैसूरी पगड़ी पहनाई गई।

राष्ट्रपतिजी ने बड़ी विनम्र शालीनता से वह पगड़ी पहन ली। पीत पट अपने गले में धारण कर लिया। पीतांबरं! पीतवसनं!

बाहर आए!

—कैसा अनुभव कर रहे हैं पूजन के उपरांत...!

–मैंने व्रत रखा है। पूजन के बाद ही अल्पहार लूँगा।

–इस वेश में कैसा लग रहा है आपको!

–मैं कई प्रांत में गया हूँ। हर साल जाता रहता हूँ। वहाँ के उत्सवों में शामिल होता हूँ। वहाँ के पहनावे पहनता रहता हूँ! हर प्रांत का पहनावा कौमी पहनावा है। मेरा पहनावा है। यह पगड़ी पहनकर जैसे मैंने दुर्गा का प्रसाद सर पर धारण कर लिया हो। मैं जूड़ा-जुड़ा महसूस कर रहा हूँ इस क्षेत्र के जन-जन से। जैसे मेरा स्वरूप विराट हो गया हो!...

मंदिर से लौटे तो मार्ग में ब्रह्मकुमारियों का भवन आ गया।

वहाँ रुके। उनके भवन में अनुपम और भव्य चित्र-प्रदर्शनी आयोजित हुई थी।

राष्ट्रपति जी ने सभी दीर्घाओं में चित्रों का दर्शन किया।

धूप काफी चढ़ आई थी। राष्ट्रपति जी ने अभी प्रातः का अल्पाहार भी नहीं लिया था।

सो अब जल्दी ही लौटने की मनः स्थिति में थे।

पूर्वान्ह में ही शिलान्यास कार्यक्रम।

जे. एस. एस. कालेज के रजत जयंती समारोह के अवसर पर एक अस्पताल का शिलान्यास राष्ट्रपति जी के कर-कमलों द्वारा हो रहा है।

मुख्य द्वार पर ही ब्राह्मणों ने वेद-मंत्रोच्चार से स्वागत किया।

नवीनता यह थी कि यहाँ पर स्वागतगान के समय शंखवादन और शृंगी-वादन भी हो रहा था।

सभा-मंडप में अपने विशेष पीठ पर जगदगुरु भगवान श्री शंकराचार्य विराज रहे थे। इस देश की राजनीति ने सदा ही धर्म और संस्कृति के प्रतीकों को नमन किया है। राष्ट्रपति जी ने शंकराचार्य को नमन किया। उन्होंने बैठे-बैठे ही आशीर्वाद दिया, माला भेंट की। मंच पर शंकराचार्य के साथ संन्यासियों का एक पूरा दल विराज रहा था। परिव्रजित साधु। गेरुवे वस्त्र, चीवर, पट, शिखा-सूत्र, चंदन-अनुलेपन। मानों वे समर्पित हों मनप्राण से अपने सामाजिक दायित्वों के प्रति। समर्पित हों देश की अखंडता को अक्षुण्ण बनाए रखने के लिए। काश्मीर से लक्षद्वीप तक पले देश की एकात्म बनाए रखने के लिए।

मंच पर मंगलाचरण हो रहा है।

–लंबोदरं!...विशालाक्षं...वंदे गणनायाक...

भगवान श्री शंकराचार्य ने भी मदभगवद्गीता का एक श्लोक पढ़ा।

शांतिपाठ किया : ''ओ! शांतिः! शांति!...

वेद-मंत्रों से राष्ट्रपतिजी ने शिलान्यास किया।

अपने भाषण में एक मर्म पर प्रहार किया :

–आप प्रवेश केवल योग्य छात्रों को ही दें। अधिक दान देने वालों को नहीं।

ऐसे नीम हकीम पैदा होंगे! उनके हाथों जिन बेकसूरों की मौत होगी उसका पाप आप को लगेगा। ऐसे कालेज जन्म देते हैं कातिलों को। क्रिमिनल्स को। लाइसेंसशुदा कातिल : दवाइयों को ब्लैक में बेचने वाले। अपने ही चहेतों में तकसीम करने वाले। इनके बारे में किसी ने कहा है:

**अहबाब में बँट जाती हैं पेटेंट दवाएँ।**

फिर वे भगवान श्री शंकराचार्य जी से संबोधित हुए:

''चिन्ता से रोग लगते हैं। बढ़ते हैं। फैलते हैं। शांति के अमृत वचनों से प्राणी रोग-मुक्त होते हैं। आपके आशीर्वाद से यहाँ हास्पीटल से संजीवनी जैसी दवाईयों के साथ साथ अमृत वचन भी मिलेंगे...यह आप सब के लिए सौभाग्य की बात है।

मेरी बधाई स्वीकार करें!

इसके तुरंत बाद ही एक और आयोजन था।

मैसूर सिटी कारपोरेशन :

एक विशाल मैदान में भव्य मंच-रचना। राष्ट्रपति उस पर विराज रहे हैं।

दो महिलाएँ स्वागत गान प्रस्तुत कर रही हैं :

–जय हे! जय जय हे! जय जय जय हे!

जय हे! महिषासुर मर्दिनी! रम्यं–कपद्दिनी शैल-सुते–

राष्ट्रपति जी ने शिलान्यास किया :

'मैसूर शापिंग सेंटर' का।

अपने भाषण में बोले :

ऐसे केंद्र खरीददारी के मरकज ही नहीं होते हैं। यहाँ सिर्फ सौदेबाजी ही नहीं होती है।

ये बेचने वाले और खरीदने वाले के कल्चरल-सेंटर होते हैं।

लेनेवाले, देनेवाले के बीच एक पवित्र रिश्ता होता है। आप उसे कायम रखें। जायज मुनाफा हो! कीमतें फिक्स हों!

आज दुकानदार ज्यादातर हजाम हो रहे हैं। वे मूंडते हैं खरीददारों को बिना कैंची-उस्तरे के...

आप अपनी कारपोरेशन को अपने नगर की जनता का सेवा केंद्र बनाएँ।

इसमें कई राजनैतिक पार्टियों के मेंबर होंगे। उनसे प्रार्थना है। वे अपने-अपने सियासी संबंध भूल कर केवल सेवा को याद रखें। असेंबलियों में जंगें होती हैं, एक दूसरे का तख्ता उलटने के लिए। पर कारपोरेशन में केवल सेवा होनी चाहिए जनता की। आप खिदमतगार बनकर जनता के पास जाएँ मुख्तलिक पार्टियों के मेंबर बन कर नहीं...करतली-निनाद में कार्यक्रम का समापन हुआ।

आज सायं राष्ट्रपति जी मैसूर का दशहरा समारोह देखने जाएँगे।

वहाँ जाने की तैयारियाँ हो रही हैं।

इसी समय एक बफद आ जाता है उर्दू प्रेमियों का। वे सब के सब कर्नाटक निवासी हैं।

वे राष्ट्रपतिजी से अपने प्रांत में उर्दू के अध्ययन अध्यापन की समस्याओं पर विचार कर रहे हैं। राष्ट्रपति जी उनसे पूछते हैं :

–आपकी मादरी जुबान कौन सी है?

–उर्दू।

–वह कैसे? कर्नाटक के मूल निवासी हो! हो कि नहीं?

–जी हैं।

–तो कन्नड़ क्यों नहीं आपकी मादरीजबान?

आप अपनी मादरी-जुबान को नकारें नहीं! उर्दू प्रेम अपनी जगह पर हैं मातृ-भाषा का अपना मुकाम है। लासानी दर्जा है।

हिंदी-उर्दू इसी सरजमीन की जुबानें हैं। उन्हें कोई नहीं मार सकता।

आपके प्रांत में उर्दू की क्या प्राबलेम है?

हम चाहते हैं उसे और खास दर्जा मिले!

—आप एक बात याद रखें! प्रांतीय भाषा के मुकाबले में लाकर आप दो जुबानों में कशमकश पैदा न करें।

उर्दू को खतरा है उर्दू के जुनून से! आप जानते हैं जुबान का जनून मज़हबी जनून से ज्यादा खतरनाक होता है।

हिंदी उर्दू को अवाम ने अपने खून से पाला है।

हजरत आप बताएँगे! पानी में लकड़ी क्यों नहीं डूबती?

इसलिए कि उसने बचपन से पाला है उसे। परवरिश की है उसकी।

अवाम नें परवरिश की है हिंदी-उर्दू की। उसे मारने की कोई भी कोशिश खुदकुशी के बराबर होगी।

आप का उर्दू प्रेम काबिले रुश्क है। आप उसके साथ-साथ कन्नड़ और हिंदी से भी उतनी ही मुहब्बत करें!

हिंदी मुल्क की रूह है। जंगे-आज़ादी की जंग हमने हिंदी और उर्दू से जीती है।

—हम आपके मशवरे की तहे दिल से कदर करते हैं। मशकूर हैं इसके लिए।

—अमल भी करें इस पर अगर मुफीद लगे।

खुदा आपको बहबूदगी दे! खुदा रखे!

आमीन! आमीन! आमीन!

एक मुसलिम डैलिगेशन आ गया।

मसला है सुप्रीमकोर्ट का फैसला। जो उसने मुसम्मात शाहबानों के केस में दिया है। वे उसके खिलाफ राष्ट्रपति जी को मैमोरैंडम देने आए हैं।

—कुर्रान शरीफ एक मुतबरक किताब है! मुकद्दस ग्रंथ है। उसमें जो तहफ्ज़्ज़ आपको मिला है। जो हकूक हैं आपके, उनमें सरकार कोई मुदाखलत नहीं करेगी।

बहस की गुंजाइश तब होती है जब एक ही तहरीर के दो या दो से ज्यादा माइने निकाले जाते हैं। तब झगड़ा तहरीर का नहीं, हमारे बाहमी मुफादों का होता है।

आप सुप्रीमकोर्ट के लिए आलम-फाज़िल वकील करें। वह कोर्ट को बताए कि पाक कुर्राअन असल में क्या आदेश देता है।

—जी! ऐसा ही करेंगे! आप हमारा प्रोटेस्ट सरकार तक पहुँचाने की इनायत करें।

—ऐसा ही होगा। आप मुतमइयन रहें!

एक बात का ख्याल रखें! मज़हबी हद्दबन्दियाँ इंसान को तकसीम करती हैं।

जिस इबादतगाह में हर बशर नहीं जा सकता! खुदा का हर बंदा नहीं जा सकता, वह खुदा का घर नहीं है। वहाँ कमअज़ कम खुदा नहीं रहता है।

आपने बजा फरमाया...

मैंने सऊदी अरब की सरकार को लिखा है कि मैं मक्का शरीफ की जयारत करना चाहता हूँ। वहाँ गैर-मुसलमान का दाखला मननूअ है। उस पर सख्त पाबंदी है।

—खुदा का करम हो!...

—मैं कन्याकुमारी में एक गिरजाघर में गया। वहाँ असूल है इबादत नंगे सर करने का। मुझे ऐसा करने के लिए कहा गया। और मैंने किया ऐसे ही। तब मैं उनके प्रार्थना में शामिल हुआ!

मैंने महसूस किया कि उनकी इस इबादत में शामिल हो कर मैं अपने खुदा के करीब होने का अहसास पा गया था।

मैसूर का राज-प्रसाद! उसका भव्य विशाल प्रांगण! मैसूर का दशहरा!

बड़ी शोभा सुन रखी थी इस पर्व की। बड़े-बड़े विज्ञापन! प्रचार! आज उसे देखने का मंगलमुहूर्त आ ही गया।

महामहिम राष्ट्रपति एक सुंदर पीठ पर आसीन हैं।

एक दंत-धारी हाथी आ रहा है। श्याम वर्ण। एक दंत पर स्वर्ण चढ़ा है।

ऐसा ही एक-दंत धरायश्च! नमो ईश्वर-पुत्राय श्री गणेशाय नमोनमः

ऐसा ही एक-दंत हाथी। स्वर्ण-भूषित दंत!

भाल पर स्वर्णाभरण। कानों में स्वर्णालंकरण!

सुनहरी हौदा। उस पर एक भव्य पालकी और उसमें विराजित है एक प्रतिमा! माता दुर्गा की! अष्ट--दश-भुजा माता की!

महावत ने अंकुश से हाथी को कोई संकेत किया। वह झट राष्ट्रपति जी के आगे आकर रुक गया। तुरंत एक छोटी सी सीढ़ीनुमा कुर्सी उसके साथ लगा दी गई। उस पर चढ़कर सर्वप्रथम राष्ट्रपतिजी ने दुर्गा-पूजन किया। पुष्पार्चन! दीपार्चन!

माल्यार्पण! धूप-दीप नैवेद्य का विसर्जन!

पुनः माता को जलाभिसिंचन!

इसी प्रकार कर्नाटक के गवर्नर और मुख्य मंत्री ने दुर्गा पूजन किया।

पूजन के बाद दशहरा का समारोह आरंभ होता है।

अनेक शोभा यात्राएँ आने लगी हैं।

दो तीन हाथी आ रहे हैं। स्वर्णाभरण से सुसज्जित! सु-अलंकृत!

उसके बाद के रंग फीके थे। पुरानी वेश-भूषा, मद्धिम रंग, कहीं पर भी किसी परिष्कृत सौंदर्य बोध की अभिव्यक्ति नहीं। किसी अभिजात कला-चेतना का प्रदर्शन नहीं। किसी लोक-रग संस्कार की शालीन सहजता नहीं।

नर्तक आ रहे हैं। बैल, घोड़े, रंग-बिरंगे ध्वज, पुनः कई सुसज्जित हाथी।

कीर्तन मंडलियाँ, विविधा पौराणिक झाँकियाँ, लोक-नृत्यों के विविधा नमूने विविध युद्ध मंडलियाँ, मुखौटाधारी...

जैसा कि कहा सब अतीव फीका लग रहा था। अब इन आयोजन में कोई व्यक्तिगत रुचि तो लेता नही। अतः सब प्राण-शून्य सा लग रहा था।

पर वातावरण में कार्यक्रम से कहीं अधिक उल्लास था।

यह लोकपर्व है। दुर्गा पूजन जन मानस में कमल बन कर खिल रहा है।

विजय दशमी!

भगवान श्री राम की विजय! संपूर्ण राष्ट्र की विजय!

–देहली की रामलीला इससे कहीं बढ़ कर सुंदर होती है। सारा ही पर्यावरण नवरात्रों में सर्वांशतः राम मय हो जाता है।

मैं राष्ट्रपतिजी के साथ ही उठ रहा हूँ! वे बोल उठे श्री गुरु गोबिंदसिंह की वाणी का एक अंश :

–राम कथा जुग जुग अटल! बस कोई भाखत नेत!

मैं बोल उठा :

"जयतु! जयतु! श्री राम चंद्रं! जयतु! श्री राम भद्रं! नमामि रामं रघुवंशनाथम्! नमामि रामं रघुवंशनाथम्!

विजया दशमी का समारोह संपन्न हो रहा है।

हम सब उठ कर ललिता पैलेस आ रहे हैं।

रास्ते में श्री देवराज अर्स का मकान था।

कर्नाटक के भूतपूर्व मुख्य मंत्री। जो प्रदेश और देश की राजनीति पर प्रभावी रूप से छाए रहे। उनका स्वर्गवास हुए कुछ ही महीने हुए थे।

पैलेस जाते हुए राष्ट्रपति सीधे उनके निवास पर गए।

उनकी पत्नी बच्चे, सब से पूर्ण आत्मीयता से मिले। सान्त्वना दी।

श्री अर्स की फोटो पर माल्यार्पण किया। उसके सामने कुछ समय मौन खड़े रहे। जैसे उस आत्मा से एक संवाद-रचना कर रहे हों!

मैसूर के सब कार्यक्रम आज समाप्त हो गए हैं।

कल प्रस्थान है दिल्ली के लिए।

मित्रों ने अनुरोध किया :

–क्यों न वृंदावन गार्डन देखा जाए।

यह कोरा प्रस्ताव नहीं था। एक निमंत्रण था। मैं एक खंडित निमंत्रण का आनंद ले चुका था। कड़ी दोपहर में नंगे सर, नंगे पैर परिक्रमा ले आया था वृंदावन गार्डन की। पर उसका रात्रि दर्शन ही तो वास्तविक दर्शन है।

कई साथी थे। सो कई गाड़ियाँ बुला ली गईं।

रात में सचमुच ही वृंदावन गार्डन वह नहीं था जिसे मैंने दो दिन पूर्व दोपहर के समय देखा था।

रंगीन फव्वारे! रंगीन निर्झर! रंगीन जलाशय! रंगीन पुष्प-वाटिकाएँ! बस रंग ही रंग! सर्वत्र रंग-वर्षा!

सम्मोहन था संगीतमय फव्वारे के नृत्य-गीतों में।

कोई धुन रिकार्ड पर बजती थी। उसी की लय-तान गति पर फव्वारा चलता था। विभिन्न जल-धाराएँ आरोहण-अवरोहण पाती थीं।

यह था रंग-गीत-नाद-नर्तन-वादन का आनंदोत्सव!

कावेरी की जलधाराओं में भरे रंग उग आए थे। लहरों में रंग उनकी उछालों में हिल्लोल, नर्तन में विविध रंग घुल रहे थे।

हम आकंठ तृप्त हो कर लौट रहे थे।

अगली सुबह हम वैसे ही अग्रिम पार्टी में कारों से चल पड़े बंगलूर के लिए। वहाँ से मार्ग में कुछ विशेष स्थान पड़ते थे।

श्री रंगपुरम! अतीव भव्य शिल्परचना मंदिर की!

वह स्थान देखा जहाँ सुलतान टीपू का शव मिला था।

उसकी संभाल उस गरिमा से नहीं हो रही है जिसका कि वह अधिकारी है।

यह दुर्नियति तो अपने अधिकांश इतिहास पुरुषों के साथ हो रही है।

बंगलूर हम यान के चलने से काफी समय पूर्व पहुँच गए।

रास्तें में बंगलूर विश्वविद्यालय पड़ता था।

क्यों न इस समय का उपयोग कर लिया जाए?

मैं चल पड़ा वहाँ के हिंदी विभाग की ओर। वहाँ डॉ. श्री सरगूकृष्णमूर्ति से मिला।

उन्होंने अपनी एक रचना दी। एक प्रति राष्ट्रपतिजी के लिए भी।

रचना की विशेष बात यह कि उसमें भगवान श्री कृष्ण और गाँधी जी के जीवन चरित्र के अर्थ एक साथ ही अभिव्यंजित होते हैं।

वहाँ से सीधे बंगलूर एयरपोर्ट।

कुछ ही देर में महामहिम राष्ट्रपतिजी का हैलीकाप्टर आ गया।
तुरंत सब यान में सवार हुए। यान उड़ चला दिल्ली की ओर।
मैं आँखें बंद किए बैठा हूँ।

राष्ट्रपतिजी के संस्मरणों का कैसे लेखन, संपादन, संचयन करना है?

बस इसी बीच आँख लग जाती है।

सहसा जगता हूँ!

आवाज़ें आ रही हैं। :–

–दिल्ली आ गई है! दिल्ली आ गई है!

–यान लैंड कर रहा है!

सचमुच ही दिल्ली आ गई थी।

यान दिल्ली की बस्तियों पर मंडरा रहा था। संभवतः हम मुनीरका पर से उड़ रहे थे। यान नीचे उतर रहा है।

नीचे दिल्ली! दिल्ली की कालोनीज!
तारों के जंक्शनपोल! रेल की पटरियाँ!
तारकोल की सड़कें! कच्चे, हमवार रास्ते!
पगडंडियाँ ही पगडंडियाँ!
पूरा एक जाल तना है! यान और दिल्ली के बीच!
यान नीचे उतर रहा है।
जाल काँपने का आभास दे रहा है।
सारी की सारी दिल्ली तड़प रही है।
अपने ही बुने इस मकड़ी के जाले में।

यान लैंड कर गया है। कारों का कारवाँ रवाना हो रहा है राष्ट्रपति भवन की ओर।

## कृष्ण गोविंद हरे मुरारे : चैतन्य महाप्रभु की पुण्य जयंती
## 26 मार्च, 1986 : कलकत्ता : रवींद्र सरोवर

राष्ट्रपति जा रहे हैं कलकत्ता।

वहाँ रवींद्र सरोवर में महाप्रभु चैतन्य की पाँच-सौ वीं पुण्य जयंती का उद्घाटन करना है। आज प्रातः जब वे मुगल गार्डन में सैर के लिए आए तो बुलावा आ गया।

शर्मा जी फोन पर बोले :

—जी हाँ! जी हाँ! वे अभी पहुँचे हैं गार्डन में! आपको बुला रहे हैं।

मैंने तुरंत ही अपना केमरा यानी कि कलम-पेन और फाइल उठाई और चल दिया गार्डन की ओर।

आज होली है।

कल सायं उनके साथ गार्डन की सैर करते समय देर हो गई। आकाश में फागुनी चांद आ गया था। हवा में गंध का उल्लास था। मीठी-मीठी छुअन, रंगों में, रक्त में हल्का-हल्का उबाल आने लगा था। मदन-ज्वर! काम-शर!

रक्त में संवेदना की रेशमी मछलियाँ मचलने लगी थीं। रंगीन मछलियाँ! काम-गंधा! मत्स्यगंधा!

ज्ञानी जी ने होली और होले के, होला मुहल्ला के संदर्भ में बातचीत आरंभ की।

बोले :

—होली रंगीन भावनाओं का त्योहार है और होला! जोश का मर्दाना त्योहार है, जंगजू बहादुरों का खून का उत्सव है। बब्बरसिंहों, निहंगासिहों के खौलते खून का त्योहार है।

—यह तो ठीक है। गुरु जी ने इस त्योहार के मीठे रंगों में शौर्य के रंग भरे हैं। पर बुनियादी तौर पर होली कहीं हमारे समाजवाद की सतह से जुड़ी है। यह कीचड़ नहीं! अबीर ही नहीं! रंग ही नहीं! ये तो हैं हमारे संकल्पों के हस्ताक्षर। सब भूलकर एक होने के! ऊँच-नीच की खाइयों को भरने के। सब के गले लगने के! सब को गले लगाने के!...

—पर कुछ लोग तो गले पड़ जाते हैं।

और एक लंबा ठहाका लगाया ज्ञानी जी ने। मैं बे-साख्ता शामिल हो गया उसमें।

होली की उस पूर्व संध्या में भूल गया कि मैं कहाँ हूँ। किसके साथ हूँ! मैंने कहा :

—अब ज़ोर-ज़ोर का ठहाका! अपने आप गूँजा है अंदर से! दनदना कर बाहर आया है! फुदकता-कूदता, उछलता-फलांगता! बेरोक-टोक!

यह तो होली का रंग है! वरना आपके साथ ज़ोरदार हँसी में शामिल होने के लिए कोई व्यक्ति सौ बार सोचेगा। काँप-काँप जाएगा!

मुझे आज एक और हक मिल गया है। आपके साथ ठहाका लगाने का। यह किसने दिया है? न आपने दिया है! न मैंने माँगा है! यह मौसम का तोहफा है! एक बेनज़ीर तोहफा।" ज्ञानी जी फिर हँस पड़े।

गोया इस तोहफे पर अपने "आटोग्राफ" दे रहे हों!

यह कल शाम की बात है।

और आज प्रातः जब गया तो ज्ञानी जी मुगल गार्डन में टहल रहे थे।

सिक्योरिटी के श्री शर्मा ने मेरे आने की खबर दी और बुलावा मिल गया।

एक सेवक गुलदस्ता लिए जा रहा था। वह मैंने ले लिया। जब ज्ञानी जी के पास गया तो उन्हें अभिवादन के साथ साथ पुष्प-पराग का तिलक दे दिया। गुलदस्ता छिटक कर उन पर रंग-गंध की बरखा कर दी। वे मुस्करा पड़े :

यह हुई न साफ स्वच्छ होली!

उन्होंने वह गुलदस्ता मेरे पर छिटक दिया। बोले :

—आज कलकत्ता जाना है। चले चलो! रात को ही लौट आएँगे!

—आपको और निकट से जानने का यह नायाब मौका भला मैं क्यों जाने दूँगा और अब हम कलकत्ता जा रहे थे।

गुर्राता हुआ यान लगा है सरकने पालम से।

रेंगता हुआ आ रहा है "मेन-रन-वे" पर।

गुस्से में दहाड़ता हुआ लगा है सरपट भागने।

हो गया है उड़न-छू आन की आन में।

देहली की बस्तियों पर उमड़ आई है एक आवारा बादल की फागुनी टुकड़ी होली की हुड़दंग! रंग-गंध में डूबी दिल्ली!

यान से लग रहा था दिल्ली गोया इस फुलेल में तर-बतर रुई का एक फाहा है! उठ रहा है यान ऊँचा! दूर होने लगी है दिल्ली!

चितकबरी छींट-रंगी धरती।

कोने में दुबकी हुई जैसे एक बिल्ली!

सड़कें, फुटपाथ, वृक्षों की कतारें, और रेल-पटरियाँ

बदलने लगी हैं काले, पीले, हरे, भूरे धागों में।

लग रहा है महरौली के चट्टानी वीराने में

कोई भूखी छींबा सर्पिणी तोड़ रही हो अपने अंडे।

बेशुमार, छोटे-छोटे, बारीक, काले-काले अपोलिए निकल भागे हैं इधर-उधर।

दिल्ली के आसमान में उड़ रहा यान। आबादियों से दूर।

तिकोने, चौकोर आयताकार खेत!

और बेतरतीब पगडंडियाँ।

गोया हरी भूरी मटमैली टायलों के ताज़ा फर्श पर क्रेक्स उभर आए हों!

उत्तर-प्रदेश के सर-सब्जों पर उड़ा जा रहा है यान।

बेशुमार नदियों की नील, गीली, रेतिल रेखाएँ रेल-पटरियों की सीधी लकीरें! तारकोल की, बल खाती सड़कें!

अपने में सिमट रहे। ज़मीन में गड़े जा रहे पर्वत टीले!

रेखाएँ ही रेखाएँ हैं।

धरती पर मानो धरती का ही एक मानचित्र छप गया हो!

मथुरा पर उड़ा जा रहा है यान।

महिमा है काल की! माया नंदलाल की! धरती गोपाल की!

हाथी है, न घोड़ा और नहीं पालकी।

ऐसे में सुध किसे तुक और ताल की! सेंसत है रोटी और दाल की!

बोलो सब प्रेम से जय कन्हैयालाल की!

सूखे बंजर, परती पड़े वीराने।

जगह-जगह चटख गई है धरती। गोया! सिमेंट में ताजा फर्श वक्त पर पानी न लगने से दरक गया है जगह-जगह!

हल्के नीले, पारदर्शी फागुनी बादल।

एक मलमली आवरण फैला है यान और धरती के बीच।
बंजर वीरान धरती के खसराए जिस्म पर
उभर आए है चगत्ते
या खाली कप में शेप हों चाय के पत्ते!
वह दूर वृक्षों का झुरमुट एक छोटी द्वीप सा।

नीली गहरी सुरमई महीन जल-धाराएँ। बरेती के रेतिल किनारे चौड़े-चौड़े पसारों के।

फहरा रहे हों सुचिक्कन काम-कुंतल, शैंपू किए हो केश।
किसी सद्य:स्नाता की गौर गंदमी गीली नंगी पीठ पर
और कहीं एक लट में टंका हो एक बैजनी फूल!

बिहार की खाकी ऊबड़-खाबड़ों में फैली सलोनी, सँवलाई प्रलयकालीन आदिम चट्टानें। गोया! भूरे, सलेटी, गत्तों की बेशुमार शीट्स सूखने के लिए डाली हों किसी कुटीर उद्योग ने। भूरे-भूरे आकारहीन बे-तरतीब खेत ही खेत। छोटी-बड़ी-सूखी अधसूखी जलधाराएँ।

वह दूर नीचे, दो समानांतर बनीं बिल्डिंगें शायद किसी गोदाम की।
जैसे दो कबरें हों। तामीर हुई शांन-बशाना किसी नवाब बेगम की।
या मर कर बगलगीर हुए हों कोई गुमनाम आशिक-माशूक!
या मजार हों किसी मुर्राद मुरीद के!
धान की भूसी के भूरे-भूरे ढेर मलेशियाई रंग के।
हरे-गहरे, नीले कहीं लाल-पीले श्यामल खेत
यान से लग रही है या "बंग-भूमि"
"वाटरकलर" के खुले हुए डिब्बे सी।

एक ही साँस में गंगा के सर-सब्जों को लांघ, बेतहाशा हाँफता हुआ यान मंडराने लगा है दमदम पर।

फुल्ल-कुसमित बंग-भूमि के रंग-गंध बीने चीवर
मेचकई रंगों के शोभित द्रुमदल। नारियल की छतरियों के नीचे।

कत्थई रंग की डिब्बियों से घर। गोया खुफिया अड्डे हों "आनंदमठ" के।

यह प्रणम्य क्रांति-भूमि। रक्त लिप्त बंग-भूमि।

मानो एक ताजा आलेख हो "वंदे मातरम" का।

ताल-तलैया, पोखर, सरवर कितनी रम्य है सोनार भूमि! बलिदान भूमि!

नमस्तुभ्यं! नमस्तुभ्यं! नमस्तुभ्यं!

कोटि-कोटि बंग-बंधु भ्रातरम! वंदे मातरम! वंदे मातरम! वंदे मातरम!

दिल्ली नहीं दूर!

अलबत्ता! दिल्ली से दूर नहीं रहा अब कलकत्ता।

पालम से यान में कब चढ़े! कब बैठे! और कब उतरे दमदम में आन की आन में।

जब तक थे यान में लगता था जान नहीं जान में।

दमदम में उतरे तो लगा। अब जान आई जान में।

आ गए हैं दमदम! और आया दम में है दम! ऐ मेरे हमदम!

दमदम में उतरे तो गर्म हवा का एक झोंका आया। कानों में कह गया:

—बंधु! यह कलकत्ता है! दिल्ली नहीं! सागर की गर्म खारी हवाएँ फागुनी हवाओं में नमक घोल गई है। यहाँ सरसों की गंध नहीं! बाथू की महक नहीं। गंदम चने की आशनाई की खूशबू नहीं।

राष्ट्रपति तो दमदम से ही राजभवन चले गए, हैलीकाप्टर द्वारा।

और हम कारों द्वारा ले जाए गए सीधे रवींद्र सरोवर।

कलकत्ता अब भी होली के रंगों में नहा रहा है। भले ही शाम होने को है।

पर बंगाली मोशाय होली के उल्लास में डूबे हैं। सड़कें, बाज़ार, गलियाँ जैसे अब कोई रंग भरी पिचकारी आई कि आई!

दिन भर के रंग-वर्षा के बाद अब सब कहीं उजला, साफ-सुथरा और धुला-धुला है।

बंग-बाबू उजले कपड़ों में, कुर्ता और धोती। अब केवल रंग भरे हैं उनके मुँह में। जरदे का।

कत्थे और पान के रंग। वे जगह-जगह पान पिचकारियाँ छोड़ रहे हैं।

कहीं से धुन आ रही है।

—पान खाए सैयाँ हमार।

और इसकी पैरोडी अपने आप ही कानों में गूँजने लगी।

—कान खाए सैयाँ हमार!

अब यह निर्णय कर पाना मुश्किल हो रहा है पैरोडी कौन सी है। पहले वाली या बाद की।

कलकत्ता में कहीं-कहीं ट्राम के दर्शन भी हो गए। दिल्ली में तो अब ट्राम की बातें लोक कथाओं सी हो गई हैं।

रवींद्र सरोवर।

एक भव्य विशाल खुला आकाशमंच हो मानो!

पर अस्वच्छता और अशुचिता ने उसे बदरंग कर दिया था।

पंडाल में प्रवेश करते ही दो मंच बने थे।

पहले मंच में महाप्रभु चैतन्य की कीर्तन मुद्रा में एक बड़ी प्रतिमा थी।

विधिवत पूजित अर्चित, चंदन चर्चित!

''दिव्य माल्यांबरधरं दिव्यगंधानुलेपनम्...''

मंच के अग्र भाग में कीर्तन हो रहा था। एक कीर्तनिया नाच रहा था।

भाव-भीनी तन्मय मुद्राएँ। रोम रोम जैसे कीर्तन कर रहा हो।

दूसरा मंच अपेक्षाकृत बड़ा था। बीच में भगवान श्री कृष्ण की भव्य विराट प्रतिमा।

साथ ही चैतन्य की प्रतिमा। भगवान श्री कृष्ण से एकरूप! एकात्मक! एकधार! कीर्तन चल रहा था।

—मन्दारमूले वदनाशभिरामं, बिंबाधरे पूरित वेणुनादं।
गोगोपगोपीजनमध्यसंस्थं, गोविन्द दामोदर माधवेती।

**श्री कृष्ण विष्णो मधुकेंटभारे, भक्तानुकंपिन भगवन मुरारे।**
**त्रायस्व मां केशव लोकनाथ गोविन्द दामोदर माधवेति...।**

दोनों ही पंडालों की रचना केशरी, भगवे और श्वेत रंग के वस्त्रों से हुई है।

गेरुवे रंग का वैभव! श्वेत रंग का वैभव!

उनकी क्रांति की मिलीजुली आभा! जीवन के दो रंग एकात्मक हो उठे थे।

होली की संध्या उतर रही थी। लाल सी, गेरुवी सी, भगवी सी।

सामने श्वेतांबर बंग जनता! और पीछे ऊँचे-ऊँचे, कई-कई मंजिलों के मकानात। कहीं कहीं झूम रहे नारियल के पेड़। वातावरण में एक गंध है। रह-रह कर गमक रही है।

होली की अबीर सी चांदनी छिटकने लगी है। सरोवर में चांदनी ही चांदनी

चांदनी से सराबोर हो उठा है और कमल ही कमल खिल उठे हैं सरोवर में। शुभ्र, श्वेत, धवल कमल।

क्षितिज कोनों से ज्योत्स्ना झरने लगी है। रात का पहला चरण है।

सर्वत्र पुलकन की पुलकन। रोम-रोम संवेदित होने लगा है।

बंकिम बाबू की अमर रचना पूर्ण पर्यावरण में अमर गंध सी फैलने लगी है।

**शुभ्र ज्योत्सना! पुलकित यामिनी!...**

राष्ट्रपति जी आ रहे हैं।

श्वेत परिधान! शुभ्र वेश। अचकन! चूड़ीदार पायजामा और बटनहोल में टंका हुआ लाल गुलाब का फूल।

शुभ्र कमलों से भरे रवींद्र सरोवर में जैसे एक राजहंस आ रहा हो अपने पंख फैलाए!

तैरता हुआ।

संस्था के सदस्यों ने ज्ञानी जी का भव्य स्वागत किया।

माल्यार्पण! चीवरार्पण! दीपार्चन! धूपार्चन!

ज्ञानी जी को तिलक दिया गया।

वे दोनों ही मंचों के आगे गए। प्रणाम किया। प्रसाद लिया। पुनः प्रणाम।

और मुख्य मंच पर आ गए।

लोकमानस का कमल! जनमानस के मध्य!

मानो रवींद्र सरोवर के मध्य में एक और विराट कमल खिल आया हो!

लोकमानस का कमल! जन मानस का कमल!

कार्यक्रम आरंभ हुआ।

मंगलाचरण :

**पूर्ण मदः पूर्ण मिदं, पूर्णात पूर्ण मुदच्यते।**
**पूर्णस्य पूर्णमादाय पूर्णमेवावशिष्यते।**

गौरांग शिष्य श्री जयपादुका स्वामी का स्वागत भाषण।

मंचाग्रभाग में विदेशी शिष्य। गौरांग ही गौरांग! जन्म से गौरांग! तीक्षा से गौरांग।

गौरांग महिलाएँ। गौर-मुख-मंडल, गो-पुच्छ जितनी चोटियाँ। महिलाएँ, गेरुई साड़ियाँ। खुले अनबंधे फहरा रहे केश। हाथों में खरतालें। कुछ पुरुषों के हाथों में मृदंग, वीणाएँ, शंख, चिमटे, बाँसुरियाँ।

जब कीर्तन आरंभ हुआ तो सम्मोहन छा गया पूरे सरोवर में।

जैसे एक-एक कमल के सामगान के स्वर निसृत हो रहे हों! पांखुड़ी-पांखुड़ी से गायन के स्वर फूट रहे हों!

हे कृष्ण गोविंद हरे मुरारे! हरे मुरारे! हरे मुरारे!...

सब नाच उठे। जैसे हर व्यक्ति में चैतन्य साकार हो रहे हों!

सब में कृष्ण की छाया आ रही हो!

भगवान श्री कृष्ण का अवतरण हो रहा हो!

सब नृत्य मग्न हैं। ताल पर ताल दे रहे हैं।

गौरांग शिष्य! पुरुष, महिलाएँ, बालक, शिशु...

बाँसुरी बजा रहे। मृदंग बजा रहे। शंखवादन कर रहे। खरतालें, चिमटे बजा रहे हैं!

हाथों को उछाल-उछाल कर मूर्च्छा की मुद्राओं में आ रहे।

जैसे महर्षि नारद आ रहे हों वीणावादन करते हुए : नारायण! नारायण! नारायण!

देवगण अवतरित हो रहे हों! देवांगनाएँ उतर आई हों!

यक्ष-यक्षणियों, किन्नर-किन्नरियों, गंधर्व-गंधर्वियों समूह के समूह गान कर रहे हों!

नाच रहे हों!

और वे गौरांग बालक!

जैसे सनक, सनन्दन, सनत, सनातन! देवकुमार नृत्य कर रहे हों!

हम किसी दिव्यलोक में आ गए हों

समय का रथ रुक गया हो! स्थान का भेद मिट गया हो!

एक तुरीया थी। तुरीया ही तुरीया!

कीर्तन रुका।

पर एक कीर्तन भीतर ही भीतर निरंतर चलता ही रहा! शंखवादन होता रहा! मृदंग बजता ही रहा।

जब राष्ट्रपति संबोधन के लिए उठे तो उनका कंठ आनंद से रुद्ध था। सर्वशितः भाव-विभोर। आकंठ संद्रवित, विगलित।

वे हिंदी में बोल रहे थे, विशुद्ध भावना के धरातल से!

सब भेद मिट चुके थे। सब हिंदी जान रहे थे। समझ रहे थे सुन-सुन कर झूम रहे थे।

वह राष्ट्रवाणी थी। जन-जन की वाणी। सब राजनीतियों से ऊपर। राष्ट्र की आत्मा हिंदी में मुखर हो रही थी।

वह संशोधन था आत्मा का आत्मा के साथ। प्राणों का प्राणों के साथ।

वह एक संवाद था। एक लंबा संवाद! एकांत का संवाद!

वे बोल रहे थे : पूर्व प्रेषित, मुद्रित आलेख से हटकर :

...कृष्ण! भगवान श्री कृष्ण और चैतन्य एक रूप हो गए। भक्ति से। भावना से।

वह प्रेम का धरातल था। जहाँ जब वे विरोध, द्वैत अपने आप ही मिट जाते हैं।

चैतन्य की हमें, बंगाल को, पूरे देश को, सारी ही दुनिया की आवश्यकता है।

वह प्रेम के गायक थे। आज देश को इसी बांसुरी से एक करना है। हम सब बेसुरे हो रहे हैं। क्या व्यक्ति, क्या समाज, क्या प्रांत–क्या देश। सब एक सुर में गाएँ। एक होकर गाएँ! मिलकर गाएँ! मूर्च्छित हो जाएँ! भूल जाएँ सब भेद। बोली के, पहनावे के, सूबे के। तभी विश्व मानवता की नींव रखी जाएगी...

जब राष्ट्रपति जी ने भाषण पूर्ण किया तो मानो एक कीर्तन पूर्ण हुआ।

एक शब्दगायन पूर्ण हुआ हो!

जब रवींद्र सरोवर से चले तो लग रहा था हम सब कीर्तन करते हुए जा रहे थे।

एक अनहृद! दिव्य शब्द! अमृत वर्षा!

जैसे कहीं भीतर कुंडलिनी जाग गई हो!

हम दमदम की ओर जा रहे थे।

अब वातावरण में फागुन की गंध आ गई थी। रोम-रोम को अपनी मीठी छुअन से पुलका रही थी।

यान जाने लगा है दिल्ली की ओर।

दमदम की हवाई पट्टी। उठ रहा है यान। ऊपर और ऊपर।

नीचे मंद पड़ने लगी हैं नीली-पीली लाल बत्तियाँ।

कलकत्ता के ऊपर गंगा के साथ-साथ, आरपार उड़ रहा है यान।

पकड़ रहा है रफ्तार दिल्ली की ओर।

होली का फाल्गुनी चाँद, उड़ रहा है किरण-केशर।

चाँदनी की अबरकी गुलाल। कुंकुम रंजित हैं दिशाएँ!

बरजोरी पर उतर गई, चुटकियाँ काटतीं, मुँहज़ोर चाँदनी समीर।
रोम-रोम प्रफुल्ल है। देह हो रही है अबीर।
साँस-साँस हो रही है रंग का निबंध! गंध का प्रबंध!
हस्ताक्षरित हो गया है रंग गंध का अनुबंध।
आकाश को है दे रही धरती गंधांजलि।
यान की यह यात्रा हो रही गीतांजलि।
सोनारबंगाल के खेतों को फलांगता, दिल्ली को छूने एक ही साँस में।
उड़ा जा रहा है यान।
यान के पंखों से बुरी तरह कटी-पिटी चाँदनी हो रही है शर्मशार।
नीचे गहरा रहे प्रकाश में दूर-दूर तक डूबे खेत, वन्य प्रांत।
टिमटिमा रही बत्तियाँ।
सब रेडियम डॉयल सा लगने लगा है।
अँधेरे के लिहाफों में ऊँघते नगरों में से उड़ा जा रहा है यान।
नीचे मानो रसातल में जल बुझ रही बत्तियाँ।
जैसे किसी गहरी गार में उठ गया हो दफीने का ढक्कन!
मोती, नगीने जड़े जेवर लगे हैं दमकने।
यान जैसे अपने से ही खुल खुल कर उड़ा जा रहा हो।
ऊपर लहलहाती नीलिमा। टिमटिमाते तारों के दल के दल।
अंधकार में दिपदिपा रहे रंग-बिरंगे बल्ब।

नीचे जगमगा रही नगरों की बत्तियाँ ही बत्तियाँ। आकाश ऊपर है या नीचे! यान उड़ा जा रहा हो मानो दो आकाशों के बीच।

किसी योगी की तरह अपने से ही भागा जा रहा यान!
नीचे अँधेरे के रसातल! अतल, वितल, सुतल, पाताल।
नीले सागर के अतलांत में हीरों से चमकते-दमकते नगर।
बस्तियाँ ही बस्तियाँ! सोती, ऊँघ रही बस्तियाँ।

जैसे शेषनाग के प्रत्येक फण पर मणि दीप दीप्त हो उठे हों!

या गिरे पड़े हों किष्किधा की गिरी-घाटियों में

माता जानकी के जेवर, अलंकार, आभूषण।

पालम आ रहा है।

नींद में दुबकी दिल्ली दूसरे पहर की तारीकियों में।

एक साथ ही चमक उठी हैं बेशुमार रंग-बिरंगी बत्तियाँ।

मानो, दिल्ली के नाग खेल रहे अपनी-अपनी मणियों से।

नागलोक लग रही है दिल्ली।

मायावी दिल्ली आ गई है रात के इस सूने पहर में अपने असली रूप में।

नए-नए बिंब उभरने लगे हैं दिल्ली के।

बत्तियाँ ही बत्तियाँ।

काली शटन पर महीन काम हुआ है सुनहली-रुपहली ज़री का।

दिल्ली के सर पर मंडराने लगा है यान।

बत्तियों की कतार की कतारें। लड़ियाँ ही लड़ियाँ एक साथ दिपदिपा उठी हों।

उनसे अँधेरा और गहरा होने लगा है। अँधेरा श्यामल-पीला, लाल-नीला।

जैसे दूरदर्शन के रंगीन समाचार प्रसारण से पूर्व नीले काले पीले-स्क्रीन पर वक्त के ''डिजिटल-नंबर'' बादल रहे हों।

पालम में उतरते ही लगा एक रंगोत्सव में भाग लेकर आ रहे हैं।

रंगलीला के रंगनायक से राष्ट्रपति जा रहे हैं राष्ट्रपति भवन की ओर।

श्री चैतन्य के माध्यम से देश को प्रेम के सूत्र में एक प्राण होने का संदेश देकर।

अगले रोज़ मुगल गार्डन की सैर के समय वे बोले :

--होली का न केवल सामाजिक पक्ष ही है बल्कि सारे ही देश को जोड़ने का एक राष्ट्रीय धरातल भी है।

## शंकरं पशुपति शरणं व्रजामि : नेपाल-भारत मैत्री अमर रहोस

### 21 जुलाई, 1986 : प्रातः 6-45

एक लंबे अंतराल के बाद राष्ट्रपति जी की विदेश-यात्रा।

नेपाल-यात्रा।

पालम-एयरपोर्ट पर उन्हें प्रधानमंत्री और अन्य गण्यमान्य व्यक्तियों ने भाव-भीनी विदाई दी।

और यान उड़ चला नेपाल की तराईयों, पर्वतमालाओं को लाँधने के लिए।

यान देहली पर उड़ रहा है।

इधर-उधर फैली तारकोल की सड़कें। रेल की पटरियाँ, मैदानें, बेतरतीब खेतों में से निकल-निकल कर उनमें ही समा रही बेशुमार कच्ची पगडंडियाँ।

देहली के आकाश में उमड़ रहे मानसूनी बादलों ने, तेज आँधी बारिश ने जैसे दिल्ली के सर पर तने हुए छाते को उतार दिया हो!

वह दूर नीचे एक जलाशय।

पास कुछ डिब्बीनुमा मकानात। जैसे जल उतरने पर सफेद-मटमैली चट्टानें, पत्थर निकल आए हों!

उड़ रहे हैं लघु रोमिल, ऊनिल मेघ-शिशु!

जैसे टिन-शैड्स से बाहर निकल आए हों छोटे-छोटे चूज़े!

चुनने को दाना-दुनका!

आकाश और दिल्ली के बीच छाया है रोमिल बादलों का एक पारदर्शी, झीना, मलमली आवरण। धुँधलाए दृश्य उभर रहे हैं बार-बार।

जैसे एंटीना खराब होने पर टी.वी. स्क्रीन में "स्नो" गिरने लगी हो!

गोया टीवी। स्क्रीन पर लो-वोल्टेज के कारण हल्के-हल्के दृश्य उभर रहे हों! अब बादलों की धुँध है चारों ओर।

जैसे वी. सी. आर. पर कोई "बलैंक-केसेट" चल रही हो!

जैसे टी. वी. स्क्रीन पर कोई दृश्य न आ रहा हो "ट्रांसमीशन" में खराबी के कारण नीचे बहुत नीचे!

नदियाँ! नाले! उफनते हुए! बाढ़ से उबलते हुए!
खेतों, मैदानों में पानी! बाढ़ का मटमैला पानी!
जैसे "ट्रे" में चाय का कप उलट गया हो!
वे सामने चौकोर खेत! लबालब पानी से भरे!
हदें, खेतों की मेड़ें पानी ही पानी!
जैसे फ्रिज की "आइस-ट्रे" हो!
और मुँहोंमुँह भरा हो पानी उसमें!
नीचे सैलाब भरी काली ज़मीन।
आकाश में उमड़ रहे श्वेत बादल!
कपास के! धुनी हुई कपास के ही गोलों के अबार!
जैसे दलदली ज़मीन में श्वेत-शैवाल उग आए हों!
कोई ही कोई फूल उठी हो
उफनती नदियाँ! दरिया! नद! स्त्रोत!
जैसे कोई नाग-वादी हो! सर्पों की घाटी हो!
साँप ही साँप कुलबुला रहे हों!
अपनी-अपनी केंचुलों से बाहर आ रहे हों!
चारों ओर अब पानी ही पानी है!
उसमें घिरे हुए मकानात! छोटी-बड़ी आबादियाँ!
कस्बे! गाँव! घरों के टोले! टोले ही टोले!
जैसे सागर में उभर आए हों निर्जन द्वीप!
सुनसान टापू!
यान उड़ा जा रहा है सीमा की तराईयों पर से!
हरे-भरे खेत! चमकती गीली पंगडंडियाँ!

हरे तोतिये आँचल में साड़ी के पल्लू पर गोटे की किनारीदार झालर लगी हो! या कर्नाटक की कच्ची सिल्क की साड़ी पर फाल लगी हो!

ज़री के काम से सारा ही आँचल दमक-दमक जा रहा हो!
यान के ऊपर नीलांबरि नीलाकाश! नील गगन!
नीली-नीली दिशाएँ। नीले नीले कोण!
और उन अनंत नीलिमा में तैर रहे बादलों के श्वेत टुकड़े!
जैस लक्षद्वीप के सागरों में!
श्वेत-शुभ्र ''कोरल-कमल'' खिल आए हों!
यान उड़ा जा रहा है नेपाल की पहाड़ियों पर से!
वह दूर पर्वत की एक ऊँची, नीली नंगी चोटी!
दोनों ही ओर हरी-हरी निचानें! स्याह ढलानें! एक लंबी रेंज!
जैसे निचुड़ा गीला-गीला हरा रुमाल
बिना ही छिटके तार पर सूखना डाल दिया हो!
पर्वतों की मालाओं पर हल्की-गहरी छायाएँ! रंग-रूप बदलती छायाएँ!
बेशुमार श्वेत जलधाराएँ! सूखे-अध-सूखे नदियों के रेतीले मार्ग!
कंदरा-वासिनी वन-कन्या ने जैसे ऋतु-स्नान किया हो!
यान उड़ा जा रहा है दो समानांतर फैली पर्वत-मालाओं पर से!
बीच में दिख रही एक बहती बरसाती नदी!
सफेद सर्पणी सरपट भागी चली आ रही हो ज़हर उगलती हुई!
नेपाल! काठमांडु की वादी! स्वप्न-सुंदर वादी!
यान उड़ा जा रहा है! करने लगा है लैंड!
सरसब्ज़ वादी! गतिवान हो रहे नदी-नाले!
जीवित हो रही सड़कें! आइस-क्यूब्स से छोटे-छोटे मकानात!
चारों ही ओर सब्जा ही सब्जा!
जैसे स्वागत के लिए ''ग्रीन-कार्पेट'' बिछी हो!
यान के काठमांडू की स्वप्न-सुंदर धरती पर लैंड किया।
नहीं लगा एक क्षण के लिए भी कि हम विदेश में आए हैं।

संपूर्ण दृश्य-परिदृश्य आत्मीय! भारतीय! अपने ही बंधुजन!

अपना ही वेष! अपनी ही भाषा! सब के चेहरों पर सरल, सहज अपनापन!

अपने ही घर से उड़े और अपने ही घर में आ गए!

सामने नेपाल के पाँच बड़े महाराज और पाँच बड़ी महारानी आए हैं स्वागत के लिए।

पाँच कन्याओं ने स्वागत किया।

पारंपरिक स्वागत् किंतु उससे भी अधिक। आँख-आँख में स्वागत के ''स्वस्तिगान''।

''स्वस्तिगान'' चेहरों पर मौन अभिवादन! मूक निमंत्रण!

काठमुडू!

काष्ठ-मंडप! काठ के घर! काठ के भवन!

सड़कों। बाज़ारों में जगह-जगह तोरण। स्वागत द्वार।

–हाम्रा विशिष्ट पाहुना हुरलाई अमर रहोस।

–हाम्रा विशिष्ट पाहुना हुरलाई स्वागत गर्दछे।

–हाम्रा विशिष्ट पाहनारू को नेपालयात्रा शुभ रहोस!

–नेपाल, भारत मैत्री अमर रहोस!

सायं में अकेला ही नगर दर्शन के लिए निकल गया।

बाज़ारों गलियों में मंदिर ही मंदिर।

किंतु सर्वथा अस्वच्छंद अपावन, अपुनीत, जर्जर, आलसी पुजारी, परिक्रमाएँ कच्ची, खंडहर हो रही प्राचीरें।

अरे हिंदू देश! तू भी अपनी संपदा को संभाल नहीं पा रहा है! तू स्वयं बन रहा है मूर्ति भंजक! और जनमानस में बनी आस्था की प्रतिमाओं को कह रहा है चूर-चूर!

मन में हाहाकार भरा जा रहा है!

नगर-दर्शन से खिन्न लौट रहा हूँ ''डी-अन्नपूर्णा'' की ओर।

## आप हमें हिंदू मानते हैं न?
## आप तो सर्वश्रेष्ठ हिंदू हैं
## ओं नमः शिवाय : भगवान पशुपतिनाथ के ज्योतिर्लिंग का पूजन
## 22 जुलाई, 1986

प्रातः ही राजमहल से फोन आ गया।

–फौरन चले आइए! साहब याद कर रहे हैं!

नेपाल नरेश के राजमहल में जाने के लिए दो देशों के प्रोटोकल की औपचारिकताओं को पूरा करना अतीव दुशवार काम है। परंतु मुझे लेने के लिए तो स्वयं मेजर जनरल आए थे। सो कोई दिक्कत नहीं हुई।

यह नया राजमहल था। पुराना राजमहल हनुमान ढोका में था।

नए स्थापत्य का अद्भुत नमूना।

राष्ट्रपति ज्ञानी जैलसिंह नेपाल नरेश के विशेष अतिथि कक्ष में रुके थे वहीं ले जाया गया मुझे।

अभिवादन किया। उस समय कोई भारतीय अधिकारी उनसे शिकायत कर रहा था :

–यहाँ पैलेस में आने में बड़ी दिक्कतें आ रही हैं। उसको रोक दिया। उसे गेट पर खड़े रखा।

–यह किंग का पैलेस है, आपका राष्ट्रपति भवन नहीं जो खुला है जन जन के लिए।

मुझे आया जान वे साथ वाले मीटिंग-रूम में चले आए। बोले :

–आज़ादी से पहले की बात है। मैं पटियाला में राजा का मोती महल देखने चला गया। मुझे रोक दिया गेट पर ही। दरबान बोला आप अंदर नहीं जा सकते! मैंने भी उसी समय तय कर लिया। अब राजसी ताकत लेकर ही यहाँ आऊँगा।

–फिर कब जाना हुआ?

–जब देश आज़ाद हो गया। देसी रियासतें भारत में मिल गई। तब मैं पैप्सू की वज़ारत में ले लिया गया। फिर गया मैं उसी मोतीमहल में । स्वागत को, इस्तकबाल को राजा आप चल कर आया!

ए. डी. सी. ने बताया :

–भगवान पशुपतिनाथ जाने के लिए गाड़ियाँ लग गई हैं। दो मिनट में हमें चलना है। ज्ञानी जी ने मेरी ओर देखा। बोले :

अब वहीं बात करेंगे।

ए. डी. सी. ने मुझे नेपाल के भारत में स्थित राजदूत के हवाले कर दिया।

–ये राष्ट्रपति जी के विशेष अतिथि हैं! और अब आपके भी।

वे, नेपाल–राज्य वंश के संभ्रांत व्यक्ति थे। अतीव आदर और आत्मीयता से उन्होंने मुझे अपनी गाड़ी में बिठाया।

एक पूरा फ्लीट जा रहा है भगवान पशुपतिनाथ के दर्शन के लिए।

राजदूत बताते जा रहे थे:

–यह लाजिमपेट है। अब हम पानी–पोहरी के पास से गुजर रहे हैं। यहाँ पीछे की ओर मेरा आवास है। जी हाँ! यह बौद्ध मंदिर है!...वह रहा संस्कृत विद्यालय। वेद–वेदांग का यहाँ अध्ययन–अध्यापन होता है...जूता आप कार में ही उतार लें। आप पहले कभी आए हैं नेपाल?

–आया हूँ। पर चल कर नहीं। नेपाल देखा है। एक उपन्यास है–''नेपालेश्वर''–उसके माध्यम से। उसमें नेपाल के राजाओं के अंतरंग संघर्ष और दुरभिसंधियाँ हैं। बहुत से स्थानों का भी उसमें जिक्र है। बस इतना ही जानता हूँ नेपाल के बारे में। कारें रुक रही थीं। ज्ञानी जी उतर कर नंगे पैर ही मंदिर में जा रहे हैं। सब उनके पीछे भाग उठे हैं। द्वार पर ही उन्हें कपड़े के स्लीपर पहना दिए गए हैं।

मुख्य द्वार पर भगवान शंकर की एक विशाल प्रतिमा। यह कोई प्राचीन रचना नहीं है। अंदर गए। सामने विशालकाय नंदी बैल। सामान्य आकृति के साँड से कई गुना बड़ा पीतल से बना है। उस पर चढ़ा सोने का पानी उतर रहा है। आस्था का पानी उतर रहा है।

मुख्य मंदिर। लकड़ी का बना हुआ ऊँचा, विशाल। स्थापत्य का पूर्ण वैभव, गरिमा। साथ–साथ चाँदी का शिल्प भी दर्शनीय था। मंदिर के चारों ओर दोहरें दीपाधार। एक समय, में कई सौ दीपक जगमगाते हैं।

मंदिर के भीतर शिवलिंग। द्वादश लिंगों में से! स्वयंभू ज्योतिर्लिंगों से अलग भगवान पशुपतिनाथ का चतुरमुखी लिंग। नीचे चाँदी की जलहरी। ऊपर पीतल का कलश। एक-एक बूंद पानी निरंतर भगवान के लिंग पर विसर्जित होता रहता है। हर पल लिंग का स्नान होता रहता है। अंदर की परिक्रमा में विशाल घंटे।

बाहर की परिक्रमा में कई विशाल मिश्रित-धातु के घंटे एक विशाल त्रिशूल, साथ में लटक रहा एक बड़ा "डमरू"। साथ में ही विशालकाय परशु। दोमुखी-ध्वज और अन्य अनेक देवी-देवता।

ज्ञानी जी मंदिर के मुख्य द्वार पर गए। पुजारी ने उनका भव्य स्वागत किया।

पूजन सामग्री का थाल आ गया।

पूजन, अर्चन, वंदन, स्तवन आरंभ हुआ।

परिक्रमा के एक भाग में वेदपाठी सस्वर मंत्रोच्चार करने लगे हैं।

ज्ञानी जी शिवलिंग का दूध-स्नान करवा चुके है। अब विल्वपत्र हो रहा है। पुष्पाहार। नैवेद्य। धूप-दीप आदि-आदि।

पुजारी ने ज्ञानी जी को एकमुखी रुद्राक्ष के दर्शन करवाए। उन्हें लिंग पर समर्पित रुद्राक्ष की मालाएँ प्रदान कीं।

–यहाँ भगवान पूजन चारों पीठों, चारों धामों के पुण्य के बराबर है।

–आप कहाँ के हैं?

–हम कर्नाटक के हैं। हज़ारों वर्षों से भगवान के पूजन का अधिकार हमारे ही वंश में चला आ रहा है।

–चार पीठ, चारों धाम तो भारत में हैं। एक है नेपाल में। है न?

–जी! उन चारों का महातम्य यहाँ के पीठ में है।

–यही तो है हमारी मैत्री का सांस्कृतिक-अनुबंध! जो सदा ही कालजयी रहेगा।

ज्ञानी जी का गला हारों से, मालाओं से भरा जा रहा था। वे उन्हें उतारने को हुए तो पुजारी ने टोक दिया:

–इन्हें पहने रहें! यह पासपोर्ट है यहाँ का...

ज्ञानी जी बाहरी परिक्रमा में आ गए हैं। मंदिर के सामने वाले कक्ष में बहुत से भक्तगण हैं। वहाँ से शिवस्त्रोत अनुगूँजित हो रहे हैं।

—कर्पूर गौरं करुणावतारं! संसार सारं भुजगेंद्र हारं...

—नमामि शमीशान निर्वाण रूपं...

—जटाकटा हसंभ्रमं भ्रमंनिलिंप निर्झरी...

—ओं नमः शिवाय! ओं नमः शिवाय!...

परिक्रमा में महाकाल-भैरव का मंदिर और उसकी मूर्ति अतीव प्रभावी थी। परंतु इससे भी कहीं अधिक अप्रभावी थी वहाँ की अशुचितापूर्ण व्यवस्था।

एक व्यक्ति बता रहा था :

—आज तो यहाँ विशेष सफाई हुई है।

मैंने माथा पकड़ लिया।

—हे भोलेशंकर! अगर आज विशेष सफाई हुई है तो आम दिनों में यहाँ की क्या हालत होती होगी। प्रभु! दुष्टदष्यु ने तो एक बार अपने गुर्ज-प्रहार से प्रतिमा को ध्वस्त किया था। हम तो नित्य ही उसे जनमानस में ध्वस्त करते आ रहे हैं।

राष्ट्रपति परिक्रमा के उस भाग में आ गए हैं जहाँ वागमती की पुनीत जलधारा के दर्शन होते हैं, वागमती का पुण्य प्रवाह! क्षिप्र गतिमय प्रवाह!

जैसे हरिद्वार में हरि की पौड़ी में गंगा-स्नान हो!

पक्के घाट! दो पुल। पुराने। दूसरी ओर कई मंदिर एक साथ एक पंक्ति में बने हुए।

वह रहीं सीढ़ियाँ। ऊपर की ओर जाती हुई। उस पर्वतमाला के पीछे को।

ज्ञानी जी नंदी बैल के पास आकर रुक गए।

—नंदी बैल की यह दशा! कहाँ उड़ गया इसका सोने का पानी! कौन पी गया उसे? सब चुप थे। प्रबंधक, पुजारी। किसी को कोई ठीक जवाब नहीं सूझ रहा था।

—कौन है प्रबंधक यहाँ का?

—एक व्यक्ति आगे आया।

—यह क्या हालत बना रखी है यहाँ की? मंदिर में सफाई नहीं। सोने-चाँदी की कला नष्ट हो रही है।

जी! जी वह! वही जी! वास्तव में यहाँ इतनी भीड़ रहती है कि सफाई करने का समय ही नहीं मिलता!

–यह कोई ठीक कारण नहीं....

बातें करते हुए ज्ञानी जी मंदिर के मुख्य द्वार पर आकर रुक गए। वहाँ एक संतरी खड़ा था। वे उससे पूछने लगे :

–तुम्हारी ड्यूटी आज ही लगी है या रोज़ आते हो!

–जी! रोज़ कोई न कोई आता है। ड्यूटी बदलती है।

एक प्रबंधक बोला :

–सर! यहाँ केवल हिंदू ही प्रवेश कर सकता है। गैर-हिंदू का प्रवेश वर्जित है यहाँ।

–तो आप हमें हिंदू मानते हैं न?

–सर्वश्रेष्ठ हिंदू हैंआप! उसके रक्षकों के वंशजों में से हैं...

ज्ञानी जी ने मुख्य द्वार से पुनः पशुपतिनाथ को नमस्कार किया और अपनी कार की ओर बढ़ गए।

वातावरण में पदम् पुराण, सृष्टि-रचना खंड के श्लोक गूँज रहे थे। वे अगरू धूम की तरह उसे सुगंधित और सुवासित कर रहे थे।

–शंकरं पशुपतिं शरणं व्रजामी।...

## नाग ही नाग! कैसा है यह नाग-लोक?

## हनुमान ढोका : कुमारी दर्शन : 22 जुलाई, 1986

भगवान पशुपतिनाथ के मंदिर से सीधे हनुमान ढोका।

मैंने नेपाल के भारत स्थित राजदूत से कहा :

–जिस उपन्या, ''नेपालेश्वर'' की चर्चा की है आपसे, उस पर हनुमान ढोका का चित्र है।...

–ढोका का अर्थ है द्वार। यह पुराना राजमहल है।

काठमांडू के चारों ओर देहली जैसी 'रिंग रोड' बनी है। उसी पर कारों का कारवाँ भागा जा रहा था। राजदूत बतला रहे थे :

—नया काठमांडू इसके साथ-साथ विस्तार पर रहा है। यह रूट है बिजली की मोटरों का। भारत की 'इलैक्ट्रिक-ट्रेन' जैसा।

हनुमान ढोका आ रहा था।

एक विशाल परिसर। पुरानी ईंट की दीवारों के साथ लड़की का काम। अतीव भव्य विस्मयकारी भवन। कई-कई मंज़िलों के। काष्ट-शिल्प का सूक्ष्म काम।

पत्थर पर लोक-शैली के चित्र। पौराणिक कथाएँ।

परंतु सब जीर्ण हो रहा है। लगता है कुछ खंड अब गिरे कि कब गिरे। पता नहीं किस दिन यह अनुपम कला-भंडार ध्वस्त होकर खंडहर बन जाएगा। लकड़ी-ईंटों का एक ढेर बन जाएगा।

ज्ञानी जी इस स्थिति से चिंतित हो रहे थे। वे अधिकारियों से बोले:

—यह आपकी राष्ट्रीय संपदा है। इसकी रक्षा क्यों नहीं हो रही है। लकड़ी पर ऐसे केमिकल-पालिश हो सकते हैं जिनसे इनकी उमर बढ़ सकती है :

—जी! एक कमेटी बनाई गई है। वह इस बारे में...

—यह तबाह हो गया तो नेपाल के पास क्या रह जाएगा गर्व करने के लिए?

यह केवल कला ही नहीं है। इसमें आपका धर्म, संस्कृति, इतिहास सब हैं। प्रायः दीवारों, द्वारों पर नाग बने हुए थे। ज्ञानी जी ने पूछा:

—यह नाग-लोक लग रहा है। इतने नाग!

—जी हमारे देश में राजा को भगवान विष्णु का अवतार मांना गया है। नाग, शैया है उनकी।

--शेषनाग!

ज्ञानी जी मेरी ओर मुखातिब हुए। बोले:

—तुमने हैदराबाद में बताया था शेषनाग के बारे में...

—जी हाँ! राजनीति दूध का सागर लगती है दूर से! क्षीर सागर। पर है यह नाग-शैया।

हज़ारों फणों वा़ले नाग की सेज...

नेपाल के राजदूत मुझसे इस प्रतीक का अर्थ पूछ रहे हैं। बोले :

—व्याख्या तो बड़ी मन को छूने वाली है। ऐसा ही कुछ रहा होगा इनके पीछे। तभी तो इनकी जन-जन में पूजा हो रही है...

उस परिसर में काठ में अनेक विशाल भवन हैं। जहाँ जहाँ पल दो पल के लिए रुकते, अधिकारी उसके बारे में सूचनाएँ देने लगते।

—यह कुमारी भवन है...

भवन के द्वार पर दही से भरे कलशों पर मांगलिक रचनाएँ हुई थीं। स्वास्तिक चिन्ह बने थे। गेरुए पीले रंगों के चित्र बने थे और सामने तीसरी मंज़िल की खिड़की में एक बालिका, देव-वेश में खड़ी है। साथ कई परिचारिकाएँ।

सब उसे नमस्कार कर रहे हैं।

—यह देव कन्या है। कुमार! इसे प्रत्यक्ष देवी माना जाता है।

ज्ञानी जी ने देवी को श्रद्धापूर्वक प्रणाम किया। बोले :

—हमारे देश में कंजका-पूजन होता है। नवरात्रों में घर-घर में कंजका-पूजा होती है। भारत, नेपाल में किसी न किसी रूप में ऐसा पूजन होता है। कितनी महिमा है इसकी। पूरा परिसर घूमने में काफी समय लग गया।

अब हम लौट रहे हैं नेपाल नरेश के राजमहल की ओर।

गाड़ी में राजदूत बता रहे हैं :

—आम जनता में से कुमारी का चयन होता है।

—क्या प्रक्रिया है इस चयन की?

—एक विशेष पर्व पर कुमारी कन्याओं को निमंत्रित किया जाता है। पुजारी उनमें से एक का चयन करते हैं।

—चयन के समय किन बातों का ध्यान रखा जाता है?

—बड़ी कठिन परीक्षा होती है। मुख्यतः उसमें साहस निर्भीकता हो। चयन के बाद उसका विधिवत् संस्कार होता है। तब उसे यह पावन रूप मिलता है।

—एक कुमारी कब तक इस पद पर बनी रहती है?

–प्रथम रजो-दर्शन तक। प्रायः ग्यारह साल की आयु तक।

–उसके बाद!

–वह अपनी पसंद का जीवन व्यतीत करने के लिए स्वतंत्र है।

–गृहस्थ जीवन...

–हाँ! कोई भी! केसा भी! परंतु जन विश्वास है कि कुमारी विवाहोपरांत विधवा हो जाती है। सो कोई उससे विवाह करने के लिए तैयार नहीं होता है।

–तो फिर?

–तब वे कुमारिकाएँ इसी भवन में रह जाती हैं। नई कुमारी की सेवा में लग जाती हैं।

बस ऐसे ही उनका जीवन कट जाता है।

हम नेपाल नरेश के राजमहल में आ गए हैं। राजदूत चले गए हैं।

पर...!

पर मेरे मन में ऐसी असंख्य त्रासदियाँ प्रत्यक्ष हो रही हैं। हज़ारों सालों की इस कुमारी प्रथा में कितने जीवन आहुतियों से विसर्जित हुए हैं! अविवाहित कौमार्य! अभिशप्त कौमार्य! अर्थहीन कौमार्य! देवार्चना में समर्पित पुष्पों सा! जन-जीवन की गंगाधारा में त्यक्त पुष्पों का कौमार्य! ओह! कितनी संभावनाएँ हैं इस प्रथा में, मानव जीवन के निरंतर दुःखांत को रचनाशीलता से जोड़ कर प्रस्तुत करने की।

## हम तो अपने ननिहाल आए हैं! माँ के मायके आए हैं!
## जनकपुर : 23 जुलाई, 1986

राष्ट्रपति आए हैं जनकपुर में।

महाराजा जनक! विदेह जनक!

दसों गुरु जिन महाराजा जनक के अवतार माने जाते हैं, वे हैं महाराज जनक!

जल में कमल की भाँति निर्लिप्त! राजनीति में पद्म की तरह! पद्म-पत्र की तरह निर्लिप्त!

पूर्ण ब्रह्मज्ञानी महाराजा जनक की पुरी:

–जनकस्य पुरी शुभ्राम्।

जनकपुरी! माता जानकी की जन्मभूमि।

माँ जानकी का अमल-धवल पावन चरित। उसकी यशोगाथा! उसका अति पुनीत शुचि चरित मन में श्रद्धा के दूर्वांकुर लहलहाने लगे हैं। मचलने लगे हैं माँ के चरणों में समर्पित होने के लिए रह-रहकर उसके दुग्ध-धवल चरित के गान गंध से गमकने लगे हैं :

–आदौ सीता पदं पुरायं परमानंददायकम्...

–काव्यं रामायणं कृत्स्तं सीतायाश्चरितं महत्...

–उद्भव स्थिति संहारकारिणी...क्लेशहारिणी सर्व श्रेयस्कारी सीतां नतो हं राम-वल्लभाम्...

–सती शिरोमणि सिय सुन गाथा...

जनकपुर!

महाराजा जनक का प्राचीन दुर्ग! उसके ध्वंसावशेष। दुर्ग आवास का स्थल रहा है उनका। ज्ञानी जी ने राम मंदिर में, श्री रामपंचायतन मंदिर में भगवान राम की पूजा की। माता जानकी की पूजा की।

पुजारी इन मंदिरों की महिमा बता रहे हैं। प्राचीन मूर्तियों का परिचय दे रहे हैं।

–यह श्री राम हैं....

–आप हमें क्या बताएँगे! ये तो हमारे मन में हैं। घट-घट में हैं। बड़ी महिमा है दो आखर के नाम की।

–ये माता जानकी जी हैं।

–पुजारी जी! हम तो अपनी माँ के पीहर आए हैं। अपने ननिहाल आए हैं।

ज्ञानीजी का यह वक्तव्य जन-जन को गहरे में छू गया है। संबंधों की किस सशक्त कड़ी को पकड़ा है इस ज्ञानी ने। वह ज्ञानी जो आया है राष्ट्रपति के रूप में दोनों ही देशों की सांस्कृतिक कड़ियों को सुगठित करने के लिए।

भगवान राम का अर्चन हो रहा है।

राम सीता!

नहीं नहीं!

सीता नाम! माँ पहले। पिता बाद में। माँ तो धरती है। पिता धरती नहीं हो सकता।

वह तो आकाश है। जो धारण करता है! वही महान है। सर्व प्रथम है।

सीता-राम! दोनों एक प्राण! एक रूप! उद्वै! अभेद!

पुनः मत में सीता-राम महिमा की गंध उड़ने लगती है।

–राम मंत्रे स्थित सीता! सीमा मंत्रे रघुत्तमः

–सीता रामं विना नैव! रामः सीतां विना नैव...

–श्री सीता राम यो रेषः संबंध शाश्वतोमतः...

पूजन-अर्चन पूर्ण हुआ।

यह रहा माता जानकी का विवाह मंडप।

मेरी भावभीनी कल्पना अनेक चित्र खींच रही है।

पुण्य वेदिका। लग्न मंडप। एक ही विशाल वेदिका में चार लग्न मंडप।

कन्यादान के लिए हाथ में अर्घ्यपात्र लिए बैठे हैं महाराज जनक! माता सुनयना।

एक-एक लग्न मंडप में विराज रहे हैं : राम, लक्ष्मण, भरत, शत्रुघ्न।

और संग में।

सीता, उर्मिला, श्रुतिकीर्ति, मांडवी।

दूल्हा-वेश में राम!

दूल्हन-वेश में सीता।

–दुलहू राम सीता दुलहनिया...भाँवर पड़ रही हैं : सप्तपदियाँ हो रही हैं। संकल्प विनियोग-संपन्न हो रहा है :

कोऽअदात्! कस्माऽअदात्! कामोऽदात्! कामायाऽदात्! कामोऽदात्!

कामः प्रतिग्रहीता! कामैत्तत्ते!...

यहीं कहीं आसपास धनुष-यज्ञशाला रही होगी।

वह वाटिका होगी। प्रथम दर्शन की वाटिका। गौरी-पूजन की वाटिका।

जब सखी दौड़ी-दौड़ी आई होगी। सीता के कान में कुछ कहा होगा। सीता ने पूछा होगा।

–सलज्ज वाणी में :

–केसे हैं वे राजकुमार?

–सखी ने कहा होगा :

स्याम गौर किमि कहाँ बखानी, गिरा अनयन, नयन बिनु वानी...

तब सीता का रोम-रोम दिव्य चक्षु बन गया होगा। उसने साक्षात्कार किया होगा अपने ध्यान में उन राजकुमारों का। राम अर्चन से बंदी हो गए होंगे उन दो पलकों में।

प्राणायामिनी सीता। ध्यानलीना सीता!

–निरखि निरखि रघुवीर छवि बाढ़ी प्रीति न थोरी...

ज्ञानीजी श्रीगुरु गोविंदसिंह रचित रामावतार से राम-सीता विवाह के प्रसंग सुना रहे हैं।

बारात का वर्णन कर रहे हैं।

मैं जनकपुर के खेतों की ओर देख रहा हूँ।

उनसे भी दूर उन खेतों की ओर जहाँ सीता का जन्म हुआ था :

बंजर-वीरान खेत। ऋषियों के रक्त में रंजित खेत। उनके कंकालों से भरे खेत। उनकी अस्थियों से भरे खेत। जहाँ महाराजा जनक ने स्वयं हल चलाया था। घोर दुर्भिक्ष के समय अधिक से अधिक भूमि जोतने का अभियान आरंभ किया था। अपनी पत्नी, सुनयना के साथ हल चलाया था उस अभिशप्त बंजर धरती पर।

महाराजा जनक! सीर-धवज जनक!

सीर! अर्थात् हल! हल ही उनके मुकुट का चिन्ह था। राज्य चिन्ह था।

हल-वाहक हलधर महाराजा जनक!

स्वयं हल धारण कर आए हैं बंजर भूमि में हल जोतने के लिए।

कठिन-कठोर बंध्या धरती! कड़ाका ग्रीष्म! अंगार उगलती दिशाएँ। आकाश।

एक तैल थककर गिर जाता है।

अब क्या हो!

हल-वाहन तो एक यज्ञ है! उसे साधना के रूप में पूरा करना है बिना किसी विघ्न-बाधा के।

विकल्प मिल गया। महाराजा जनक स्वयं लग गए एक बैल के स्थान पर।

सुनयना हल संभाले हैं। बैल को हाँक रही हैं।

तभी गर्भवती सुनयना प्रसूता बनती है। बालिका हल की सीड़ में! सीता धरती का पहला स्पर्श करती है। जनक धन्य हो उठते हैं।

—इस पुण्य साधना में! पुनीत व्रत के पालन में! जन-जन पालन अभियान में बालिका का जन्म हुआ है। सुनयना ने इस यज्ञवेदी में, खेतों की यजन-वेदिका में कन्या को जन्म दिया है। वह पड़ी है हल के अग्रभाग से बने 'सीड़' में।

तू सीता है! मेरी सीता है! ऋषियों के रक्त से रंजित धरती का, माँ की गोद से पूर्व स्पर्श किया है! कन्ये! धन्ये! तू ऋषि-रक्त से जन्मी है! उनके रक्त की बेटी है...

तू समर्पित होगी लोक कल्याण को! जन मंगल को!

उसी मुहूर्त में महाराज जनक ने संकल्प धारण किया होगा।

—संकल्प! शिव संकल्प! शिव-संकल्पधारी व्यक्ति ही सीता का वरण करेगा!

नेपाल नरेश के राजमहल में जब ज्ञानी जी को सीताजन्म की यह व्याख्या सुनाई तो वे बड़े प्रसन्न हुए थे।

इस समय मेरे साक्षात्कारों में सीता की जन्मभूमि के विविध रूप उभर रहे हैं।

—तस्य पुत्रार्थ यजन भुवंकृषतः सीरे सीता दुहिता सुमुत्पन्नाः विष्णु पुराणः

—भूतले हलाग्रे सुमुत्पन्ना : श्री सीतापनिषद :

अथये कृषता क्षेत्रं लाँगला दुत्थिताततः—क्षेत्रं शोधयतः ताम्रा सीतेत विश्रुताः वाल्मीकीय।

रामायणंः

जनकभूमि की दिव्य छवियाँ मेरे मन-मस्तिष्क में उभर-उभर कर मंद पड़ने लगी हैं।

मन में असंख्य प्रणाम उमड़ आए हैं अभिव्यक्ति के लिए :

—इस रत्नगर्भा मिथिला-भूमि ने कितना अनुपम-नारी-रत्न दिया है भारत को।

प्रणाम! माँ प्रणाम! नेपाल की मिथिला भूमि प्रणाम लो!

जनकपुर नंदिनी माँ प्रणाम लो!

—सर्व श्रेयस्करी सीतां न मोहं राम वल्लभां...

जनकपुर से लौट रहे हैं।

जनकपुर के बारे में महान जैन पंडित मैथिल विद्वान शंकर मिश्र, 16वीं शताब्दी, का वक्तव्य कानों में अनुध्वनित रहा है:

—तीर मुक्तिरिति यश्च विदेहः प्रोच्यते जनकभू मिथिलाख्यः...

परंतु इधर कुछ प्रतिबद्ध और बाहरी विघटनकारी प्रलोभनों से प्रेरित शोधकर्ता अब जी जान से यह सिद्ध करने पर तुले हैं कि यह जनकपुर वह जनकपुर नहीं है जिसका संबंध भारत के राम-सीता से है। इस प्रकार वे नेपाल और भारत के बीच वज्र से अधिक सशक्त इस सेतु को ध्वस्त करने की दुरभि संधि कर रहे हैं।

मैं मानों चिल्ला-चिल्ला कर कह रहा हूँ।

—सावधान! खबरदार! भारत-नेपाल के सांस्कृतिक प्रहरुओं, सावधान!

## हिंदी यहाँ भी मार खा गई

## त्रिभुवन विश्वविद्यालय : 23 जुलाई, 1986

डॉ. पाँचाल आए। बोले :

—आपके भाषण की व्यवस्था की है विश्वविद्यालय में। बस अभी चलना है। अपनी गाड़ी मँगवा लो!

—वह तो आ जाएगी। पर यह एकदम भाषण! पहले कहा होता!

—आप चलिए! रास्ते में सोच लेना। जो जी में आए बोल देना।

मैंने श्रीमती की ओर देखा। उसे अपनी ओर देखते हुए पाया। जब भी मैं उसकी ओर देखता हूँ, उसे हमेशा अपनी ओर निहारते ही पाता हूँ!

कई बार कहा भी : अब यह देखने-दिखाने के चोंचले छोड़ो! चंद्र-चकोर की प्रीति के अपने दिन लद-फद गए हैं। पर वे नहीं मानतीं। मैंने कहा।

—बीवीजान! दो मिनट का अल्टीमेटम है। तैयार हो जाएँ!

वह कुनमुनाने को हुई तो मैंने मौका संभाला:

—आपको याद है! मैंने पहले ही कहा था कि मेरे संग का मतलब है फौज में भर्ती होना!

—फौज में होती तो अब तक कई कमीशन मिल गए होते! और आपकी रोज़ ही कवायदा होती...

खैर हम चल पड़े विश्वविद्यालय की ओर।

आधे नगर की परिक्रमा लेकर हम नगर से बाहर आए। कच्ची पक्की सड़कें पार कीं।

चाइना हाई-वे होते हुए वागमती का पुल पार किया। कुछ दूर नदी के साथ-साथ चले।

फिर एक लंबी ड्राइव।

एक द्वार से कार अंदर दाखिल होने लगी है। गेट के साथ लिखा है:

त्रिभुवन विश्वविद्यालय: भारत की ओर से नेपाल को भेंट किया गया विश्वविद्यालय।

हम पार्वती आँचल में आ गए हैं।

विश्वविद्यालय का परिसर अतीव मनोरम! भव्य! निमंत्रण देता हुआ।

कहीं ऊँचाईयाँ। कहीं निचाईयाँ! दूर-दूर बने विभिन्न कला-संकायों के भवन।

बड़े-बड़े हास्टल! अन्य इमारतें।

हिंदी विभाग में गए। विभागाध्यक्ष डॉ. मिश्र बड़े ही सज्जन! हिंदी के प्रति समर्पित और संकल्पित। बोले :

–विभाग में कुल सात प्राध्यापक हैं।

–और छात्र?

–वे भी सात।

–सुंदर अनुपात है।

–अनुपात केसा। हिंदी की घोर उपेक्षा हो रही है।

–कोई हैरानी की बात नहीं। भारत में भी तो दुर्र-दुर्र हो रही है हिंदी की!

–पहले ऐसा नहीं था यहाँ। हिंदी शिक्षा का माध्यम थी। एक विषय के रूप में उसका अध्ययन-अध्यापन भी होता था। अब सब समाप्त कर दिया गया है।

पीछे तो विभाग ही बंद होने को था।

–कितने शोध हो चुके हैं!

–अभी तक एक भी नहीं।

–और पुस्तकालय?

डॉ. मिश्र उठे। एक छोटी सी स्टील-अलमारी खोली। बोले :

–बस इतनी सी हैं मुट्ठी भर पुस्तकें।

मैं उछल पड़ा। मेरे एक नाटक-संग्रह ''पाँचवा टायर'' की एक प्रति वहाँ पड़ी थी।

–अरे! डॉ. मिश्र! यह रही मेरी एक रचना आपके इस पुस्तकालय में।

–आप पहले से ही उपस्थित हैं हमारे विभाग में।

–नहीं! बंदी हूँ आपकी इस अलमारी में!

वह रचना कई बार इशू हो चुकी थी। सो लग रहा था मैं यहाँ मात्र कैदी ही नहीं रहा हूँ बल्कि बीच-बीच में पैरोल पर रिहा होता रहा हूँ। मैंने कहा:

–वही रहे होंगे मेरे मुक्ति के क्षण।

इतने में एक विद्यार्थी आ गया। उसने अपनी समस्याएँ बताईं।

–सर! हम हिंदी का अध्ययन केवल आस्था के धरातल पर कर रहे हैं। हिंदी से हमें यहाँ कोई रोज़गार नहीं मिलने वाला। फिर भी भारत की ओर

से हमें पाठ्यक्रम तक की पुस्तकें भी नहीं मिलती हैं। साल-साल तक उनकी व्यवस्था नहीं हो पाती है।

आप राष्ट्रपति जी से इस बारे में बात करें! वे तो महान हिंदी प्रेमी हैं।

हिंदी में ही अपने भाषण देते हैं। हमारी नेपाल सरकार हिंदी जानती हैं फिर भी अपने हिंदी-भाषी मित्र देश के राष्ट्रपति का स्वागत अंग्रेज़ी में करती है...

डॉ. पाँचाल बोले :

–मैं यह स्थिति अपने यहाँ के राजदूत के ध्यान में लाऊँगा!

डॉ. मिश्र! आप अपने पूर्व पत्र की प्रति मुझे दीजिएगा...

किसी भाषण का तो समय नहीं था। परंतु विश्वविद्यालय में जाकर एक मोह-भंग अवश्य ही हुआ। अपनी सरकार हिंदी के प्रति अपने दायित्व को कब समझेगी?

विदेशों के विश्वविद्यालयों में पहले धड़ाधड़ हिंदी विभाग खुले। परंतु अब बंद हो रहे हैं। हिंदी की भारत में ही कोई उपयोगिता नहीं। हिंदी क्यों पढ़ी जाए! हिंदी पढ़कर भी अगर उनके विदेश मंत्रालयों को भारत के साथ-साथ काम अंग्रेज़ी में ही करना है तो क्या उन्हें पागल कुत्ते ने काट खाया है कि अपने विद्यार्थियों को रटाते फिरें : अ : अनार, इ : इमली, ई : ईख.

हिंदी अब सौ बीमारों को देने वाला एक अनार नहीं है!

वह तो अब एक सड़ा हुआ अनार है! सूखा हुआ अनार है!

विभाग से आए। हिंदी के संदर्भ में मन भारी था। हम सब शामिल हैं हिंदी की इस हत्या में। मुझे अपनी एक कविता का अंश स्मरण हो आया:

**–सौ काम अधूरे पड़े अभी! सौ काम अभी तक अटके हैं।**
**हिंदी के बड़े-बड़े बेटे अपने वचनों से भटके हैं!**

डॉ. पाँचाल ने ड्राइवर से कहा :

–हमें दूर आगे तक पहाड़ी पर ले चलो। काठमांडू का दर्शन तभी हो पाएगा! उसकी सहज निसर्ग छवि तो वही मिलेगी!

कार काफी दूर तक आगे निकल आई थी।

लौटे तब मन कुछ हल्का था।

## हमारा आपका तो समधियाने का संबंध है

### काठमांडू : नेपाल-भारत मैत्रीसंघ : शंकर होटल : 23 जुलाई, 1986:साय

नेपाल-मैत्री-संघ काठमांडू।

दोनों देशों के संबंधों की कड़ियों को सशक्त बनाने के लिए संकल्पित एक संस्था।

''शंकर होटल''-में उसने आयोजन किया है राष्ट्रपति के स्वागत का।

नेपाल के विशिष्ट गणमान्य व्यक्ति वहाँ आ रहे हैं।

सुरक्षा की पूर्ण व्यवस्था। अतिथियों की तलाशी ली जा रही है।

कहीं मैत्री कलंकित न हो जाए!

कहीं कोई विश्वासघात न कर दे!

ऐसा हुआ है! हमने किया है ऐसा! और दूषित हो गया है हमारा आचरण!

विश्व में खंडित हुआ है हमारे प्रति बना चला आ रहा विश्वास।

हाल अतीव भव्य। सामने मंच में माथे पर राक्षसी आकृतियाँ। उनके मुखों से निकल रहे सर्प।

बीच में एक विशाल नागाकृति।

राष्ट्रपति जी आ गए हैं।

पारंपरिक स्वागत। पुष्पवर्षा! माल्यार्पण!

अब बालोद्यान प्राथमिक विद्यालय की बालिकाएँ स्वागतगान प्रस्तुत कर रही हैं।

**—भारतवर्ष विशाल चित्र! महान मित्र!**
**महान मित्र! अतिथि मित्र! स्वागत! स्वागत!**
**राम र सीता, धर्म र कर्म वेद र ध्यान को!**
**एउटे चिन्तन, मोक्ष र तप गीता र ज्ञान को!**
**संस्कृति एउटे, समाज एउटे, नेपाल भारत!**
**प्रकृति एउटे, शाश्वत मैत्री! स्वागत! स्वागत!**

**शांति गीत, नेपाली हित बुद्ध को भावना!**
**मैत्री का प्रीत लाउंछौ, हामी पवित्र पावना!**
**शिव का देश! पार्वती वेश! स्वतंत्र नेपाल!**
**अतिथि लाई स्वागत गर्छ, हृदय विशाल!**
**भारतवर्ष विशाल मित्र! महान भारत!**
**महान मित्र! अतिथि मित्र! स्वागत! स्वागत!**

श्री इंदुकांत शर्मा के इस गीत ने मानो टोना कर दिया। सब सम्मोहन से कीले गए हों जैसे। सब मिलकर भारत-नेपाल-मैत्री के अनुबंध-पत्र पर हस्ताक्षर कर रहे हों!

नेपाल-भारत-मैत्री-संघ के अध्यक्ष ने राष्ट्रपति जी को अभिनंदन पत्र दिया: वे संबोधित कर रहे थे:

—नेपाल और भारत में संबंधों की महान कड़ियाँ हैं। एक संस्कृति, एक इतिहास, एक धर्म, एक विश्वास, एक परंपरा, एक ही भूगोल..

कितना बंधे हैं हम आपस में!...

नेपाल की सारी नदियाँ भारत की धरती को सींचती हैं। वे यहाँ के जन-जन की दूत हैं। शाश्वत दूत हैं भारत में। वे मात्र नदियाँ ही नहीं हैं। उनके माध्यम से यहाँ का लोक मानस भारत के जन-मानस में विलय पाता है...उसमें समर्पित होता है।

यह भावभीनी संबोधन! अभिनंदन!

इससे पूर्व हृदय द्रवित कर देने वाला वह मधुर-मधुर गीत!

और अब राष्ट्रपति जी का इन संबंधों पर पक्की मोहर लगा देने वाला भाषण।

वे बोलते रहे हैं। आरंभ में लिखित भाषण से। परंतु सदा की तरह अब उन्होंने वह आलेख एक ओर सरका दिया है। वे हृदय से बोलने लगे हैं। शब्द नहीं झर रहे। संस्कृति के गधमादन से गंध-वर्षा हो रही है :

—श्री पाँच महाराजाधिराज सरकार!

श्री पाँच बड़ी महारानी सरकार!

दाजू भाई! दीदी बहिनी!

तपाईहरू को उपस्थिति को लागी धन्यवाद गर्दछु...!

इस नेपाली संबोधन पर जन-जन हर्षोल्लास होने की प्रसन्नता से सब नाच उठे हों।

राष्ट्रपति ज्ञानी जैलसिंह का भाषण जारी था...

–दुनिया की सारी ताकतें मिलकर भी हमारे मैत्री के संबंधों को तोड़ नहीं सकती हैं।

आप और हम इन अटूट रिश्तों को नहीं झूठला सकते।

माता सीता जी नेपाल की! जनकपुर की!

भगवान राम भारत के! अयोध्या के!

हमारा आपका तो समधियाने का संबंध है!

एक समधियाना नहीं! चार-चार समधियाने। राम, लक्ष्मण, भरत, शत्रुघ्न।

हम अपने राम का नाम बाद में लेते हैं। माता सीता जी का स्मरण पहले करते हैं। अपने राम से भी पहले। सीता राम!

कोई मिलता है तो झट बोल उठते हैं : जय सीताराम!

हम अपनी बेटियों को कहते हैं : तुम्हारा आदर्श हैं माता सीता!

आप अयोध्या को नहीं भूल सकते और हम जनकपुर को नहीं!

वे हमारे लिए पुण्य तीर्थ हैं।

हर भारतवासी के लिए माता सीता आदर्श हैं। वह हम सबकी माता हैं।

इस नाते से जनकपुर-नेपाल में हमारे ननिहाल हैं।

कैसे विचित्र संयोग हैं!

हमारे ननिहाल नेपाल में और भगवान राम के ननिहाल पंजाब में।

यह दो ननिहालों का मेल है।

पंजाब में ग्राम 'धुड़ाम' की थीं माता कौशल्या जी! वहीं भगवान श्री राम का ननिहाल।

इतना ही नहीं। माता जानकी जी ने अपनी अंतिम तपस्या भी पंजाब में ही की। राम-तीर्थ में उनका तपस्या-स्थान है। भगवान वाल्मीकि जी का आश्रम

है। वह पंजाब में है अमृतसर के पास। इन संबंधों को कौन चुनौती दे सकता है।

भगवान बुद्ध की जन्म भूमि! कपिलवस्तु! आपकी ही तराइयों में है।

विश्व-करुणा का वह अवतार! हमारे संबंधों की जड़ें पाताल तक फैली हुई हैं।

आपकी आज की यह सभा इन संबंधों को और पक्का बनाएगी। जय नेपाल! जय हिंद!

## राजकीय सहायता से कलाएँ कम पनपती हैं

## आस्था में खंडित शालिग्राम

**भक्तपुर : प्राचीन मंदिरों का परिसर : 24 जुलाई, 1986 : प्रातः**

कल रात कला-संस्कृति का रंगारंग कार्यक्रम था।

रंग-गंध का आनंद पर्व था। नयनों का रंगोत्सव था। एक चाक्षुष यज्ञ था।

आयोजन किया था :

नेपाल रायल अकादमी ने।

भव्य रंगमंच। विशाल रंगशाला। नया स्थापत्य।

मंच रचना अतीव सरल और सहज। शालीन और ऋजु प्रकाश-व्यवस्था कई रंगों की।

नेपाल की सांस्कृतिक लोक संपदा को विभिन्न लोकगानों और नृत्यों द्वारा प्रस्तुत किया गया था। विशिष्ट अतिथि थे भारत के राष्ट्रपति, नेपाल नरेश और महारानी। नेपाल के विविध क्षेत्रों के नृत्यों का सम्मोहन सब पर था परंतु जब नेपाल के एक लोक-नृत्य से पंजाब के भांगड़ा का सामंजस्य कर प्रस्तुत किया गया तब दर्शकों की रंग-संवेदनाएँ थिरक उठीं।

और अब हम जा रहे हैं भक्तपुर की ओर।

प्रातः के दस बज रहे हैं। कारों का एक पूरा कारवाँ राजन्य गरिमा के साथ जा रहा है मंदिर दर्शन के लिए।

चाइना हाई-वे से होकर हम एक और सड़क पर आ गए हैं।

संभवत: काठमांडू की यह सबसे सुंदर सड़क रही होगी। वृक्षों पर हरीतिमा का पूर्ण वैभव के साथ धान के लहलहाते खेत। मक्के! युवा गोरखाओं की तरह सन्नद्ध मुद्रा में सैलूट मारते हुए।

सचमुच हम एक नए लोक में जा रहे थे। पुराकालीन लोक!

भक्तपुर! प्राचीन मंदिरों का एक विशाल परिसर।

लकड़ी का भव्यशिल्प।

यहाँ एक मंदिर के आगे पारंपरिक मंच की रचना हुई है। वहाँ मुखौटा नृत्य और डंडा नृत्य चल रहा है। उसमें चकाचौंध तो नहीं। परंतु सहजता का आभिजात्य है। लोक मानस की गंध है। लोक की 'क्लासिकी' है।

एक अधिकारी राष्ट्रपति जी को बता रहा है :

–यह नंदी बैल है! प्रत्येक शिव मंदिर के आगे इसकी अनिवार्य स्थापना रहती है।

–हमारे शिव मंदिरों में भी नंदी बैल होता है।

–हमारे काठमांडू में सारी खेती किसान अपने हाथों से करता है। बैल नहीं जोड़ता हल में। बैल भगवान शिव का वाहन है। संपूज्य है। यह हिंदू देश है न।

भक्तपुर में प्राचीन चित्रकला की परंपराएँ आज भी सुरक्षित हैं। राष्ट्रपति जी उन कलाकारों से बातों में लग गए।

–एक चित्र से कितना बन जाता है।

–जी! यह तो पारखी-पारखी पर है। वह कितना देता है!

–एक चित्र कितने दिन में तैयार हो जाता है!

–जी! यह भी चित्र-चित्र पर निर्भर करता है। काम चलाऊ चित्र तो एक सप्ताह में बन जाता है।

–और अच्छा चित्र कितने दिन में बन जाता है?

–एक पखवाड़े से एक महीना में।

–कोई राजकीय सहायता मिलती है? हालाँकि उससे कलाएँ कम पनपती हैं।

—बहुत कम।

—सेल के लिए बीच के एजेंट की जरूरत पड़ती है?

—कई बार दलाल आते हैं। साथ में उनके विदेशी होते हैं। वे उनसे बड़ी रकमें ऐंठ लेते हैं।

—इस काम के लिए आपको अपनी ही एक सहकारी संस्था बनानी चाहिए।

सामने एक बालक आ गया। राष्ट्रपति जी ने उसे उठा लिया। वह भी एक रंगकर्मी बना हुआ था। हाथ में एक डंडा और चेहरे पर एक छोटा-सा मुखौटा।

परिसर में स्वच्छता नहीं थी। राष्ट्रपति इससे चिंतित थे।

हर स्थान पर उन्होंने अधिकारियों से कहा :

—आप अपने इन पवित्र स्थानों की पवित्रता के बारे में इतने सजग क्यों नहीं हैं?

स्थान-स्थान पर गंदगी के ढेर! मंदिरों में उग आई घास! निठल्ले पुजारी! मंदिरों की अशुचि परिक्रमाएँ!

मैं सोच रहा था : क्या हम सचमुच ही देवताओं की वादी में आए हैं?

सामने के एक घर से बालक झाँक रहा था। वह हाथ हिला-हिलाकर अभिवादन कर रहा था। राष्ट्रपति एक क्षण के लिए रुके। उसका अभिवादन स्वीकार किया और आगे बढ़ गए।

हम लौट रहे थे पैलेस में। परंतु मंदिरों के दर्शन से हमें कोई प्रेरणा क्यों नहीं मिल रही है। कहीं कुछ हमारे अंदर ही तो घटित नहीं हो गया? या फिर ये मंदिर ही खंडित कर रहे हैं हमारे आस्था के शालिग्रामों को? दोष कहाँ है?

## बाज़ आए हम सात जन्मों तक साथ रहने से!
## आस्था की व्यथा-कथा
### पुनः पशुपतिनाथ दर्शन : 24 जुलाई, 1986 : दोपहर

समूह में! भीड़ के साथ देव दर्शन का पुण्य होता होगा!

परंतु एकांत में देव दर्शन का महत्त्व मेरे लिए अधिक है।

तब कहीं आप अपनी आस्था को एकाग्र कर पाते हैं। जुड़ने लगते हैं अपने ध्यान में।

एक समाधि में आने लगते हैं।

जैसे ही भक्तपुर से लौटा, मन किया है, क्यों न भगवान पशुपतिनाथ के दर्शन कर आऊँ।

अब भीड़ भी नहीं होगी।

जिस मार्ग से हम मंदिर के निकट पहुँचे वह बहुत ही अपावन था।

प्रत्येक सीढ़ी पर गंदगी ही गंदगी!

हे मेरे नाथ! कहाँ आ गया हूँ!

मंदिर के द्वार पर गया। बीवी बोलीं:

–अपनी चमड़े की बेल्ट उतार लो!

मैंने उसे उतार कर पास ही एक दुकान पर रख दिया।

द्वार पर संतरी तैनात था। शुचिता का प्रहरी।

और उसके पास ही द्वार पर गोबर का ढेर लगा था। बकरियों की मींगनें बिखरी पड़ी थीं। परंतु वह इन सबसे बेखबर अपनी ड्यूटी पर मन-प्राण से खड़ा था। सर्वथा दक्ष और सतर्क मुद्रा में।

मंदिर में गए। वहाँ आज भी वैसी अस्वस्थता। मन में श्रद्धा को जैसे-तैसे संजोकर मूर्ति दर्शन किए : मन बार-बार पूछ रहा था :

–भोले भंडारी! प्रभु! यह तेरी कैसी माया है! बड़ी महिमा सुनी थी। पर यह सब क्या है स्वामी!

प्रसाद आचमन लेकर आए। शिव का आचमन वर्जित है। फिर भी भक्तजन उसे पान करते हैं यहाँ, पता नहीं क्यों? न केवल आचमन ही वर्जित है प्रत्युत पूर्ण परिक्रमा भी निषिद्ध है। परंतु यहाँ सब चलता है।

हम वागमती की ओर आ गए। यह चंचल पुनीत धारा हमें बुला रही थी। कई सीढ़ियाँ उतरे। बीवी बोलीं :

–बड़ा पुण्य है यहाँ साथ स्नान करने में। एक बार स्नान करने से सात जन्म तक पति-पत्नी बने रहते हैं। आओ स्नान कर लें!

–हे शौभाग्यशालिनी! शुभे! कल्याणी! मंगले! अब अपना ऐसा कोई इरादा नहीं।

मैं ऐ ही जन्म में सात जन्मों का आनंद पा चुका हूँ। अब बाज़ आए हम!

–कैसी बातें करते हैं जी आप?

–सचमुच मैं अब सात जन्म के किसी अनुबंध-पत्र पर हस्ताक्षर करने वाला नहीं!

हमेशा की तरह अब भी अपनी नहीं चली। डुबकी लगा ली और हम अनुबंधित हो गए, गले पड़ा ढोल बजाने के लिए। एक नहीं सात-सात जन्मों तक के लिए।

वहीं जल में खड़े-खड़े पितृ तर्पण किया। जलांजलियाँ दीं।

अपनी कुलवंती कुलभूषण का हाथ पकड़ा और जल से बाहर आ गया! इच्छा थी, गहरे जल के गहरे में पैठ कर मोती निकालने की। पर वह तो मेरे हाथ में था। केसा नालायक हूँ मैं?

वापिस आ रहे थे तो ड्राइवर बोला :

–आप सब वे से आए हैं। पास ही भगवान विष्णु का मंदिर है। वहाँ लिए चलता हूँ।

हमने हाँ भर दी।

रिंग-रोड से हट कर कई किलो-मीटर पहाड़ के आँचल में है यह मंदिर।

वहाँ गए। बार-बार एक ही अनुभव व्यक्ति को तोड़ देता है।

मंदिर प्रवेश और देवदर्शन से पूर्व ही अशुचिता!

मन काँप उठा!

अंदर गए। एक पोखर में एक बड़ा शेषनाग बना है। उस पर भगवान विष्णु की एक विशालकाय मूर्ति है शयन मुद्रा में।

–अनंत शेषशायी भगवान विष्णु!

बीवी को कुछ याद आया। बोलीं :

–कुशीनगर में ऐसी ही मूर्ति है भगवान बुद्ध की। गोरखपुर में भी ऐसी ही मूर्ति है भीमसेन की।

पुजारी का लड़का मूर्ति पर नंगे पैर इधर से उधर घूम रहा था। दर्शनार्थियों से पत्र-पुष्प लेकर मूर्ति के शीष पर चढ़ा रहा था।

–जी! नहीं! आप इस पर नहीं आ सकते। दूर रहें। जी मैं! मैं तो पुजारी हूँ।

पुजारी को अधिकार है मूर्ति पर नंगे पैर जाने का...

नहीं! उसे अपावन करने का! अपनी दुकानदारी चलाने का...

मैंने वहीं खड़े-खड़े मूर्ति के चरणों में जल-मिश्रित दूध समर्पित किया। मन में ध्यान धर स्त्रोतगान किया :

–ओं शांताकारं भुज शयनं पद्मनाभं सुरेश...सर्वलोकेक नाथम्।

एक बार पुनः यातना सहन करनी पड़ी। अपनी आस्था को खंडित होने से बचाने की।

ज्ञानी जी पूछेंगे आज दिन भर का हाल तो यह व्यथा-कथा सच-सच बयान करनी पड़ेगी।

मुड़ने को हुआ तो एक नज़र पड़ गई सामने के पर्वत पर।

ड्राइवर बोला :

यह पार्वती पर्वत है।

पार्वती पर्वत! हरीतिमा का शुचि प्रसार। देव दर्शन करने हों तो यहाँ के पर्वतों को निरंतर निहारते रहो! एक क्षण ऐसा आएगा आप अनुभव करेंगे कि देवता प्रकट हो रहे हैं भीतर अवतरण ले रहे हैं। प्रत्यक्ष हो रहे हैं।

सामने पार्वती पर्वत है।

उसमें कई निर्झर बह रहे हैं। उनकी क्षीण दुग्ध-धाराएँ!

मैं उसे एकटक निहार रहा हूँ। निर्निमेष! निष्पलक!

मुझमें देवता अवतरण ले रहे हैं। वह पर्वत नहीं है!

तापसी पार्वती है! उमा है! दक्ष-पुत्री उमा! हिमालय कन्या पार्वती है!

शंकर के ध्यान में लीन! हरितांचल से उस तापसी की श्वेतकेश-राशि झलक रही है!

शुभ्र लटें! कठिन-कठोर तपस्या के कीर्तिमान फहरा रहे हैं।

माँ! पार्वती माँ! तेरा यह दिव्य साक्षात्कार मेरी आस्था को नई शक्ति दे गया है!

माँ! तुममें अपनी माँ का साक्षात्कार कर रहा हूँ! माँ का! पार्वती माँ का। साध्वी माँ का।

### मैं एक छोटे भारत का दर्शन कर रहा हूँ!

**काठमांडू : भारतीय दूतावास : 24 जुलाई, 1986 : सायं सात बजे**

कल राष्ट्रपति जी का प्रस्थान है भारत के लिए।

इतने दिन आतिथ्य ग्रहण किया। नेपाल की जनता का।

आभार प्रदर्शन करने के लिए स्वागत आयोजन।

राष्ट्रपति जी की ओर से भारतीय दूतावास कर रहा है यह आयोजन।

नेपाल में भारतीय दूतावास!

एक रम्य स्थल। ऊँचे गगनचुंबी वृक्षों में घिरा!

एक-एक वृक्ष भारतीय संस्कृति के शुचि कीर्तिमानों सा! गर्व से सर ऊँचा किए। माथा उठाए और सीना ताने!

एक-एक वृक्ष अपनी मौन वाणी में मुखर हो रहा है।

–मैं भारत हूँ! अहं भारतस्मि! अहं भारतस्मि! अहं भारतस्मि!

राष्ट्रपति जी की एक संध्या भारतीय कर्मचारियों के साथ। उनके परिवारों के साथ।

एक बड़े शामियाने में यह समागम हो रहा है।

राष्ट्रपति एक-एक कर्मचारी से मिल रहे हैं। कुशलक्षेम पूछ रहे हैं। बच्चों को दुलार रहे हैं। अपनी समस्त संवेदना, ममता, वात्सल्य, आत्मीयता–इन सबके कलश के कलश उन पर उंडेल रहे हैं। उनके संबोधन में प्यार है :

–आप सबमें एक छोटे भारत दर्शन कर रहा हूँ। विभिन्न प्रांतों के भारतीय। इन सबसे मिल कर ही तो एक पूरा भारत बनता है। आज की इस संध्या में आप सब में एक भारत साकार हो उठा है...

बाहर हल्की-हल्की फुहार थी। अंदर बैठे सब के सब इस नेह-भरी फुहार में स्नान कर रहे थे।

नेपाल नरेश और महारानी नेपाल के आने का समय हो गया था।

राष्ट्रपति बाहर आए।

इतने में नेपाल नरेश की कारें आ गईं।

नेपाल नरेश, महारानी नेपाल।

और दोनों ही देशों के राष्ट्रीय गीतों की धुनें निनादित हो उठीं।

आरंभ हो गया प्रीति-जलपान।

देर रात तक चलता रहा आयोजन।

वह समापन के बिंदु पर था, राष्ट्रपति, नेपाल नरेश और महारानी के साथ आमंत्रित विशिष्ट अतिथियों से मिलने आए। कुछ देर परिचय लिया। बातें हुईं। इसके साथ ही आयोजन समाप्त होने लगा।

एक बार पुनः राष्ट्रीय धुनें गुंजित हो उठीं।

ढल रही रात नेपाल और भारत की शाश्वती मैत्री की साक्षी भर रही थी।

चँवर से हिल रहे देवदारु! करताल दे रहीं शाखाएँ-प्रशाखाएँ!

**कहा कहौं छवि आज की...भगवान कृष्ण : संग में राधिका और रुक्मिनी**

**काठमांडू : पाटण : ललितपुर : मंदिरों का परिसर : 25 जुलाई, 1986 : प्रात :**

नेपाल में आज अंतिम दिन है राष्ट्रपति के प्रवास का।

जाने की तैयारियाँ चल रही हैं।

आज भी एक कार्यक्रम है।

पाटण में मंदिरों के दर्शन का। हम वहीं जा रहे हैं।

ड्राइवर ने बताया:

वागमती के इस पार से पाटण आरंभ हो जाता है। उस पार काठमांडू रह जाता है।

मैं गौर से एक-एक दृश्य देख रहा हूँ। उनका अक्स मन में बैठा रहा हूँ। निगेटिव ले रहा हूँ!

प्रामाणिक होंगे, तभी तो प्रिंट्स अच्छे बन पाएँगे।

पुराना नगर। तंग गलियाँ बाज़ार।

रात बारिश हुई थी। सो गंदगी और फैल गई है।

मंदिर का परिसर। नगरपालिका के कर्मचारी लगे हैं सफाई में।

पर सालों से मंदिरों के चारों ओर ढेर बन चुकी गंदगी एक ही दिन में केसे उठ सकती है? बस केवल लीपापोती हो रही है।

अनेक जर्जर हो रहे मंदिर। ध्वस्त मंदिर। जगह-जगह उनमें बरसाती घास उग आई है।

परिक्रमा में ही शौच की दुर्गंध फैल रही है।

नाक पर रूमाल रखकर मन मारकर परिक्रमाएँ ले रहा हूँ।

मध्य में कृष्ण मंदिर है। बुरा हाल है उसका।

राष्ट्रपतिजी अधिकारियों के साथ एक-एक मंदिर के बारे में पूछ रहे हैं। जानकारी ले रहे हैं।

–जी! यह कृष्ण मंदिर है!

वे एक क्षण के लिए उसके आगे झुकते हैं। तंग सीढ़ियों से उनके लिए ऊपर जा पाना संभव नहीं। मैं ऊपर चला जाता हूँ।

भगवान श्री कृष्ण!

एक अचरज! कृष्ण अकेले नहीं हैं। उत्तर प्रदेश में वे राधिका के संग हैं।

आंध्र में रुक्मिणी के संग हैं। उड़िया में सुभद्रा के संग हैं परंतु कर्नाटक में वे अकेले ही हैं। केवल वेणुगोपाल और यहाँ!

यहाँ वे न अकेले और न राधिका, रुक्मिणी, सुभद्रा, में से अलग-अलग के संग हैं।

यहाँ तो मेरे गोपाल की लीला ही विचित्र है।

एक ओर विराज रही हैं राधिका जी!

दूसरी ओर विराज रही हैं रुक्मिणी जी!

मन में जयकारे गूँजने लगे हैं।

–बोल राधिकारमण की जै! बोल रुक्मिणीवल्लभ की जै!

ज्ञानी जी को जब यह सुनाया तो वह मुस्करा उठे, इस नंदलाल की लीलाओं पर!

मंदिर में काष्ठ पर बड़ा ही महत्त्वपूर्ण कार्य हुआ है। संपूर्ण महाभारत और रामायण के चित्र बनाए गए हैं। परंतु अब तो ये नष्ट हो रहे हैं।

पत्रकार राष्ट्रपतिजी से उनकी प्रतिक्रिया पूछ रहे हैं।

कुछ देर तो वे मौन बने रहते हैं। फिर एक-एक शब्द तोल-तोल कर कहने लगे हैं:

–नेपाल ने अगर अपनी यह संपदा न संभाली तो एक दिन वह गरीब हो जाएगा।

देवताओं की वादी अपनी महिमा खो बैठेगी।

नेपाल टूरिस्ट-कंट्री नहीं है हमारे लिए। हमारे लिए तो यह तीर्थ है। पुण्यधाम है। इसीलिए हमारी चिंता है इस बारे में। इन मंदिरों की पवित्रता, सफाई केवल सरकार का ही ज़िम्मा नहीं है। वह जनता का दायित्व है। इन्हें गंदा करने के लिए सरकार तो नहीं आ रही है। जनता का ही काम है यह जो जगह-जगह दिखाई पड़ रहा है। अब उसकी सफाई और चौकसी। सब जनता का काम है।

पाटण की जनता से! नेपाल की जनता से मेरी यही प्रार्थना है...

**यात्रा की अगरु गंध शेष है : शंकर पशुपतिं शरणं व्रजामि**
**काठमांडू : देहली के लिए प्रस्थान : 25 जुलाई, 1986 : सायं 5 बजे**

काठमांडू का एयरपोर्ट।

भारतीय सेना का बोइंग-यान तैयार खड़ा है।

नेपाल नरेश अपने विशिष्ट पाहुन को विदा देने के लिए आए हैं। साथ में हैं वहाँ के प्रधानमंत्री।

अन्य गण्यमान्य अधिकारी।

पाँच दिन का यह यात्रा प्रवास भारत-नेपाल संबंधों में मैत्री के नए अध्याय खोलेगा।

यह सद्भावना दोनों ही पक्षों में है। युगों से चली आ रही मैत्री, आत्मीयता के और गहरे रंगों से रेखांकित होगी। यह विश्वास है दोनों ही पक्षों में!

–अच्छा! तो हमें आज्ञा है!

राष्ट्रपति पूछ रहे हैं।

नेपाल नरेश से कह रहे हैं :

–अपने ही घर से जाने में कैसी आज्ञा?

–सचमुच ही मैं अपने ही घर में आया था। दिल्ली से बाहर हूँ! ऐसा आपने महसूस ही नहीं होने दिया। मैं आपके देश के लिए, जनता के लिए, नेपाल नरेश के परिवार के लिए अपनी शुभकामनाएँ व्यक्त करता हूँ! हार्दिक आभार व्यक्त करता हूँ।

–मैं आपके देश के लिए, संपूर्ण भारतीय जनता के लिए, आपके युवा प्रधानमंत्री के लिए, अपनी ओर से, नेपाल राज्य की ओर से, नेपाल की जनता की ओर से सब की हार्दिक मंगलकामनाएँ प्रस्तुत करता हूँ।

और अब पारंपरिक विदा :

हृदय बोल उठे हैं : विदा मित्र देश! विदा! आभारी हूँ आतिथ्य के लिए।

हृदय बोल उठे हैं : मित्र! पुनः आना! ऐसे ही हमारे दिल बिछे होंगे स्वागत के लिए!

राष्ट्रपति सीढ़ियाँ चढ़ कर एक क्षण के लिए रुके। पीछे की ओर देखा। सब को हाथ हिला कर अभिवादन दिया। आभार व्यक्त किया।

नीचे ग्राउंड पर खड़े बंधु भी हाथ हिला रहे हैं : आपकी यात्रा मंगलमय हो! शुभास्तेपंथानम्!! यान का द्वार बंद हुआ। सीढ़ी हट रही है और यान सरकने लगा है।

अब वह मेन रन-वे की ओर जा रहा है। कुछ दूर जा रहा वह मुड़ता है।

एक तेज़ गुर्राहट! गुस्सैल आवाज़! क्षिप्र दौड़!

और आन की आन में वह आकाश में उठा! सामने पहाड़ी को फलाँग कर दिल्ली की ओर उड़न छू हो गया।

पास ही एक और यान तैयार है।

–एवरो यान : एक छोटा यान। कभी-कभी जब कम लोगों के साथ जाना हो तो राष्ट्रपति इसमें यात्रा करते हैं।

हम इसमें जा रहे हैं। यह साढ़े पाँच बजे उड़ान भरेगा। आधा घंटा बाद। सामान लादा जा रहा है। हम समय काटने के लिए नीचे खड़े बतिया रहे हैं।

मैं सब से हटकर एक ओर हो जाता हूँ। चाहता हूँ एक बार पुनः आँखों में इस वादी के दृश्य को बंद कर लेना। एक नीलमणि-प्याले सी यह वादी! चारों ओर पर्वत-मालाएँ! बीच में बसी यह देव-नगरी।

हरी-भरी शस्य श्यामला वादी! कहीं काली! कहीं गहरी हरी! कहीं नील हरी! ऊँची-ऊँची पर्वतमालाएँ!

बीच में काठमांडू, पाटण, के नगर। उनके सफेद डिब्बियों से मकानात।

मध्य में बह रही वागमती की पुण्य-धारा।

अचानक मेरे भीतर कुछ बिंब कौंधने लगते हैं।

कल्पना "फ्लैश-गन" चला रही है। रह-रह कर उत्प्रेक्षण की लाइट दमक रही है। काठमांडू की वादी!

—जैसे एक सौभाग्यशाली हथेली हो! मध्य में भाग्य-रेखा सी वागमती की धारा हो।

—जैसे किसी किसान-मेहनतकश के हाथ में उसके दसों नाखूनों, खून पसीने की कमाई से उगे वासमती चावलों का बुक्क हो! वह अपनी अंजुली में चावल भर कर अपनी नेक कमाई को सब्र-संतोष से देख रहा हो!

सब साथी यान में जा रहे हैं।

वह रहा स्वयंभू मंदिर! बुद्ध स्तूप!

थापा की मीनार! शाही मस्जिद के कंगूरे! क्लाक टावर!

लक्ष्मण रेखा सी काठमांडू के चारों ओर खिची हुई रिंग-रोड नीलमणि चमक सी वादी में काठमांडू-पाटण-ललितापुर के मकानात, हल्के पारदर्शी बादल!

जैसे बिना दूध की चाय के कप की सतह में अनधुली चीनी के क्यूब्स पड़े हों!

यान उड़ा जा रहा है भारत-नेपाल-सीमा के पर्वतों पर से!

कहीं-कहीं दूर कोई बस्ती! कच्चे मकान!

गहरा रही संध्या में अपने रंग खो रहे हैं।

जैसे धीरे-धीरे बाल्व मंद पड़ रहे हों

पावर सप्लाई कम होने पर।
हो रहा है सूर्यास्त!
मद्धिम पड़ रहा है, वह जलता हुआ आग का गोला
पश्चिम में नारंगी हो उठे हैं श्वेत बादल
गोया सफेद राख उड़ रही हो! दमक रहे हों अंगारे!
डूब रहा सूर्य यान की खिड़की से झाँक रहा है।
जैसे कोई कस्टम अधिकारी।
सब की तलाशी लेने लगा हो टॉर्च-लाइट से।
नीचे गंगाधारा!
नेपाल की तराईयों से उमड़ती आ रही नदियाँ,
पीहर से आ रही हों उमंग उल्लास भरी अपने ससुराल को!
सूर्यास्त!
किरणों का सैलाब ही सैलाब!
बादलों में किरण-दीप जल उठे हैं।
यान के तेज़ पंखों की हवा कहीं बुझा न दे उन्हें।
बादलों ने अपने-अपने आँचल में छिपा लिए हैं अपने-अपने किरण-दीप!
ग्राम्यांचलों पर उतर रहा है अँधेरा!
गोधुलि से उड़ रहे बादलों ने
ढाँप लिया है खेतों-खलिहानों को, चरागाहों, मैदानों को!!
तेज यान से बादल बिदक उठे हैं।
जैसे दरियाई घोड़े भाग उठे हों बेतहाशा इधर-उधर बल्गाएँ तुड़वा कर!
और वह सामने उमड़ रहा सफेद बादलों का एक झुंड!!
नंदन से ऐरावत आ रहा है अपने दलबल के साथ।
ग्रे-केशमिलोन के गोलों से ढेर के ढेर बादल!
जैसे फैस्टिवल-डिसकाउंट पर।
लगी हो क्लियरैंस-सेल।

बादल ही बादल!

रुई के फहों से बादल!

जैसे धुनी हुई रुई की चंगेर भर कर रखी हो

अब बूढ़ी माई कातना बंद कर रही है।

उठा रही है अपना चर्खा।

वर्तुलाकार बादल उमड़-घुमड़ रहे हैं इधर-उधर! जैसे ग्राइंडर में दाल पिस रही हो!

मंडराने लगा है यान दिल्ली के सर पर।

लैंड करने लगा है पालम में।

रात का पहला प्रहर है। चारों ओर जगमगाती बत्तियाँ ही बत्तियाँ!

नीली तेज़ लाइट की कतारें ही कतारें!

जगमगाती सड़कें!! चुंधिया रही बस्तियाँ!

सर्च-लाइट्स फेंक रही कारें-मोटरें!

अग्नि रेखाएँ खिंच आई हैं।

लाक्षागा सी जल रही है दिल्ली अपनी ही आग में!

यान लैंड कर रहा है।

रन-वे की लाल-पीली-नीली बत्तियाँ! रंग-बिरंगे निशानात!

यान धीरे-धीरे सकते में आ कर रुक गया है।

कारें खड़ी हैं! सब उतर कर अपनी-अपनी गाड़ी में बैठ रहे हैं अपने-अपने स्थान जाने लगे हैं। मैं जा रहा हूँ राष्ट्रपति भवन की ओर। प्रताप-गैस्ट-रूम में।

मन में नेपाल की यात्रा की गंध है। अगरू गंध! केशरी कर्पूरी सुवास!

—शंकरं पशुपतिं शरणं व्रजामि!!...

मन में स्तोत्रगायन हो रहा है! बिल्वपत्र से श्रद्धाभिसिंचित भाव विसर्जित हो रहे हैं।

—शंकर पशुपतिं शरणं व्रजामि!! शरणंव्रजामि! शरणंव्रजामि!

## वंश वृक्ष : ज्ञानी जैलसिंह

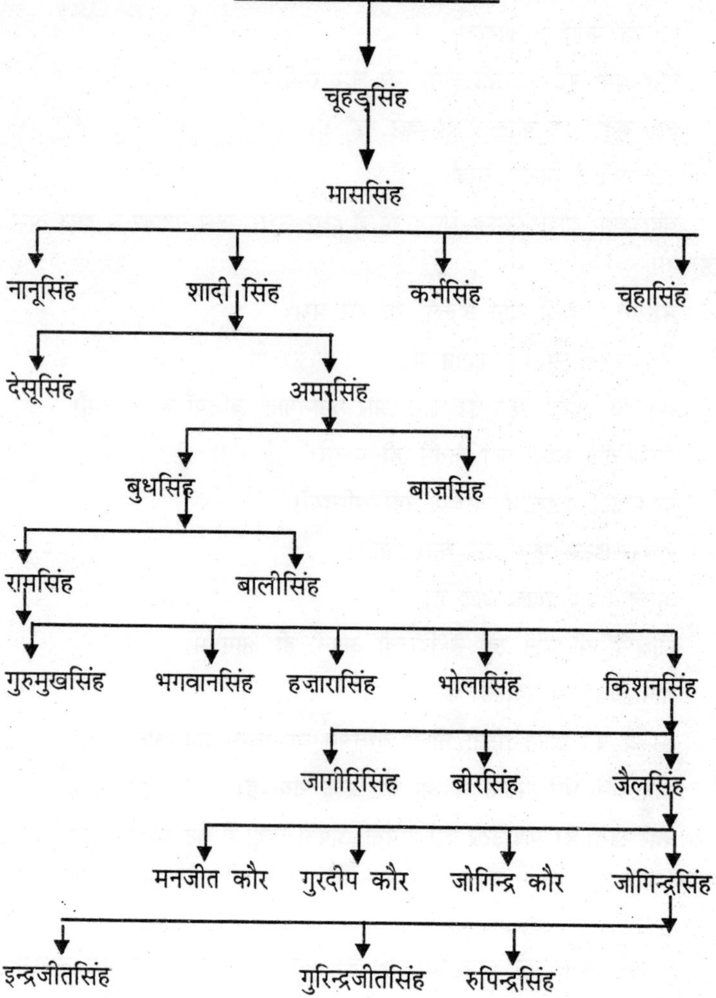


**सूचना-स्त्रोत :** पं. बाबूराम तथा पंडित रौशनलाल पेहेवा तीर्थ के पंडे : वही : पृ. 337-40। डॉ. रामप्रकाश कृत ''ज्ञानी जैलसिंह'' से साभार उद्धृत।

## जीवन क्रम

5 मई, 1916–जन्म।

1928–पंजाब रियासत प्रजा-मंडल की स्थापना।

1932–उप-प्रधान, रियासती अकाली जथा।

1934–फरीदकोट के राजा हरीन्द्रसिंह के विरुद्ध संघर्ष का समारंभ।

6 अगस्त, 1934–विवाह।

1936–पहली गिरफ्तारी।

1937–पिताजी का स्वर्गवास।

अगस्त, 1837–सेक्रेटरी, जिला फरीदकोट अकालीजथा।

2 सितंबर, 1937–स्वर्गपुरी कोटकपूरा में एक विशाल सभा का आयोजन।

24 जुलाई, 1938–ज्ञानी जी द्वारा ज़मींदार-सभा की स्थापना।

1938–ज्ञानी जी द्वारा कांग्रेस-कमेटी की स्थापना और उसका सेक्रेटरी बनना।

1938–दूसरी गिरफ्तारी।

1938-43–कठोर कारावास।

1943–जेल से रिहाई।

1943–अमृतसर-लाहौर-पंजासाहिब की यात्रा।

1943-46–मिशनरी के रूप में प्रचार कार्य।

1946–पुनः रियासत फरीदकोट में आना।

1946–प्रधान रियासत प्रजा-मंडल।

8 अप्रैल, 1946–राष्ट्रध्वजारोहण के लिए विशाल सभा का आयोजन।

8 मई, 1946–फरीदकोट में रोष-दिवस का आयोजन : पं. नेहरू को सभा में भाग लेने का निमंत्रण।

27 मई, 1946–पं. नेहरू का फरीदकोट में आगमन।

28 मई, 1946–फरीदकोट में झंडा सत्याग्रह का प्रवर्तन।

1947–"हम क्या चाहते हैं।"--पुस्तक का प्रकाशन जिसके ज्ञानी जी सह-लेखक थे।

अक्तूबर, 1947–राजा फरीदकोट के विरुद्ध एक विशेष इश्तिहार का प्रकाशन।

30 जनवरी, 1948–महात्मा गाँधी से उनके बलिदान से कुछ ही समय पूर्व–अंतिम भेंट। साथ में सेठ रामनाथ, बाबू वृषभान, इंद्रसिंह चक्रवर्ती।

29 फरवरी, 1948–राजा के विरुद्ध फरीदकोट में एक विशाल सभा एवं जलूस का ज्ञानी जी द्वारा समायोजन।

1 मार्च, 1948–ऐतिहासिक बलिदान दिवस : समानांतर सरकार की स्थापना।

15 जुलाई, 1948–पैप्सू राज्य का गठन।

20 जनवरी–श्री ज्ञानसिंह राड़ेवाला के मंत्रिमंडल में मंत्री बने।

23 मई, 1951–श्री रघुबीर सिंह के मंत्रिमंडल में मंत्री बने।

1954-56–प्रधान पैप्सू कांग्रेस कमेटी।

1956-58–उप-प्रधान, पंजाब प्रदेश कांग्रेस कमेटी।

1956-62–सदस्य राज्य-सभा।

1962–सदस्य पंजाब विधान सभा। श्री प्रतापसिंह केरो मंत्रिमंडल में मंत्री।

15 मार्च, 1972–नेता-कांग्रेस विधान-सभा पार्टी।

17 मार्च, 1972–मुख्य-मंत्री, पंजाब सरकार।

10 अप्रैल, 1973–गुरु गोबिंदसिंह मार्ग–यात्रा की अगवाई।

8 सितंबर, 1974–स्वामी रामतीर्थ स्मारक स्थाना।

1 जनवरी, 1975–शहीद भगतसिंह की मातु-श्री का पंजाब माता के रूप में सम्मान।

2 अक्तूबर, 1975–अमर वीर हकीकतराय की मूर्ति का पटियाला में अनावरण।

4 दिसम्बर, 1975–श्री गुरु तेगबहादुर जी की शहीदी यात्रा का प्रवर्तन।

14 जनवरी, 1978–आपातकाल और जनता सरकार के शासनकाल में पुलिस यंत्रणा।

24 जनवरी, 1978–रिटायर्ड जस्टिस गुरुदेवसिंह कमीशन के रूबरू पेशी।

8 अगस्त, 1978–गुरुदेवसिंह कमीशन की वैधता को पंजाब हाई कोर्ट में चुनौती।

5 अक्तूबर, 1978–गुरुदेवसिंह कमीशन द्वारा गैर-ज़मानती वारंट जारी।

9 अक्तूबर–गिरफ्तारी और पेशगी ज़मानत।

जनवरी, 1980–सदस्य लोक-सभा।

14 जनवरी, 1980–भारत सरकार के गृह-मंत्री।

12 जुलाई, 1982–चुनाव राष्ट्रपतिपद के लिए प्रत्याशी के रूप में।

15 जुलाई, 1982–राष्ट्रपति पद के लिए निर्वाचित घोषित।

25 जुलाई, 1982– राष्ट्रपति पद के लिए शपथ-ग्रहण समारोह

30 सितंबर-31 अक्तूबर, 1982–दिल का आप्रेशन करवाने के लिए अमेरिका प्रस्थान। टैक्सास हार्ट इन्स्टीटयूट, हास्टन, में सफल आप्रेशन।

17 अक्तूबर, 1985–लक्षद्वीप यात्रा।

21 जुलाई, 1986–नेपाल यात्रा।

30 अक्तूबर–पुनः विदेश

# 8

# डॉ. रामास्वामी वेंकटरमण

4 दिसंबर, 1910 को तंजूर जनपद (तमिलनाडु) के राजामंदम गाँव में हमारे आठवें राष्ट्रपति रामास्वामी वेंकटरमण का जन्म हुआ। उनके पाँच लोगों के परिवार में उनकी धर्मपत्नी श्रीमती जानकी देवी और तीन पुत्रियाँ हैं।

डॉ. वेंकटरमण की प्रारंभिक शिक्षा पास के गाँव में हुई। स्थानीय स्कूल व कॉलेज से हाई सकूल व अन्य डिग्रियाँ लेते हुए उच्च शिक्षा के लिए मद्रास (चेन्नई) पहुँचे जहाँ से स्नातक की उपाधि प्राप्त की। उन्हें मद्रास विश्वविद्यालय से अर्थशास्त्र में परास्नातक (एम.ए.) प्राप्त हुई। डॉ. वेंकटरमण अपने छात्र-जीवन में तीव्र मेधा से युक्त अद्वितीय विद्यार्थी थे। उन्हें किसी भी विषय-वस्तु को समझने में ज्यादा समय नहीं लगता था। इसी कारण विद्यालय में उनको अपार आदर मिलता था। उन्होंने परास्नातक तक अच्छे अंक प्राप्त करने का सिलसिला जारी रखा। सन 1935 में कानून की डिग्री प्राप्त कर उन्होंने वकालत के लिए स्वयं को तैयार कर लिया।

उपर्युक्त कविता में यह कहा गया है–"इस रहस्यमय संसार में प्रकृति रूपी पौधे पर सभी पलते हैं, चाँद और सूरज उन पर दृष्टि एक-सी रखते हैं। परंतु हरेक फूल (मानव) के रंग, गंध और संरचना में विभेद होता है।" यह सत्य प्रतीत होता है, तब जब हम भिन्न-भिन्न महापुरुषों के जीवन संदर्भों का अवलोकन, मनन करते हैं। डॉ. रामास्वामी वेंकटरमण के जीवन में भी काफी भिन्नता देखते हुए, उक्त कविता समीचीन है।

सन 1935 में डॉ. वेंकटरमण ने अपना व्यवसाय शुरू किया। उन्होंने वकालत को अपना मुख्य पेशा बनाया। कुछ ही दिन बाद उन्होंने मद्रास उच्च न्यायालय में अपना नामांकन करा लिया। यदि वकील दक्काक हो, दक्काक का अर्थ वाक्‌पटुता, तर्कशक्ति का धनी...आदि है, तो उसे अपनी धाक जमाने में कोई देर नहीं लगती।

जब देश में स्वाधीनता आंदोलन की आग लगी हो तो डॉ. वेंकटरमण अछूते कैसे रह जाते। वह कानूनी व्यवसाय में सफलतापूर्वक संलग्न थे। किंतु संवेदनशील मस्तिष्क भारत माँ को गुलामी की बेड़ियों में कैसे देख सकता है? डॉ. वेंकटरमण आजाद भारत का स्वप्न अपने अंदर संजोकर स्वतंत्रता संघर्ष में जुट गए। वे भारतीय राष्ट्रीय कांग्रेस में सम्मिलित होकर एक सक्रिय कार्यकर्ता की तरह आंदोलन में जुट गए। सन् 1942 का 'भारत छोड़ो आंदोलन' उनके लिए अत्यंत ऐतिहासिक आंदोलन रहा। उन्होंने अंग्रेजों की खिलाफत की, जेल गए। उन्होंने दो वर्ष तक विरोध जारी रखने पर कांग्रेस के वरिष्ठ नेताओं के हृदय में अपना मुकम्मल स्थान बना लिया। डॉ. आर. वेंकटरमण ने अपनी कानून की प्रैक्टिस को जारी रखते हुए स्वाधीनता आंदोलन में अपनी जगह बनाई। सन 1946 में इन्हें सरकार ने एक सशक्त अधिवक्ता की हैसियत से मलाया और सिंगापुर भेजा क्योंकि उनका साहसिक कार्य, संघर्षों में अद्‌भुतता अपने आप में निराली थी। अधिवक्ताओं में उनकी इज्जत थी। फिराक गोरखपुरी ने लिखा था–

"माँगे भीख नहीं मिलती,
लेने से मिलता है तख्त और ताज।"

किसी को नाम और शोहरत, इज्जत और स्थान यूँ ही नहीं मिलते बल्कि कठिन परिश्रम से सब कुछ संभव है। सन 1947 में डॉ. वेकटरमण मद्रास प्रांत के अधिवक्ता संघ के सचिव चुने गए। यह पद उनकी क्षमता की दक्षता ने दिया था। सन 1950 तक वह अधिवक्ता संघ के सचिव बने रहे और अधिवक्ताओं के हितों की लड़ाई में सक्रिय रहे।

सन 1950 तक वह उच्च न्यायालय, मद्रास में कार्याभ्यास में समर्पित रहे लेकिन एक बात यह है कि व्यापक सोचने व समझने में क्षमता रखने वाला व्यक्ति कभी खुद को संकीर्णता में नहीं रख सकता। डॉ. वेंकटरमण ने सन 1950 में उच्चतम न्यायालय, नई दिल्ली की तरफ प्रस्थान किया। सफलता

के लिए कठिन परिश्रम व साहस के साथ देर रात तक अपने मुकदमों के लिए दलीलें जुटाते। इस तरह के व्यक्ति निःसंदेह हरेक स्थान पर अपना नाम व शोहरत तैयार करते हैं। न्यायाधीश व मुख्य न्यायाधीशों ने डॉ. वेंकटरमण से कुछ मुद्दों पर सलाह लेनी शुरू की तथा समय-समय पर उनकी सफलता को सराहा।

दर्पण, दर्पण होता है। दर्पण का कार्य है दर्शक को सत्य का दर्शन करा देना। जब भारतीय इतिहास के दर्पण में हम डॉ. आर. वेंकटरमण की पृष्ठभूमि का दर्शन करते हैं तो यही पाते हैं कि वह श्रमिकों, किसानों, मजदूरों व पिछड़े वर्गों की लड़ाई लड़ने में सदा रूचि लेते थे। 'भारत छोड़ो आंदोलन' के दौरान जेल में जब बंद कर दिए गए तो उनकी सारी सक्रियता शांत हो गई थी लेकिन सन 1944 में जब वे जेल से बाहर आए तो पूरे मनोयोग से व्यापार संघ में जुट गए। श्रम कानून के लिए उन्होंने जोरदार वकालत की। 'श्रम कानून जर्नल' के प्रकाशन में उन्होंने महत्त्वपूर्ण भूमिका निभाई जो श्रम कानून के निर्माण में सहायक सिद्ध हुआ। वी.वी. गिरि उस समय मद्रास प्रांत में श्रम मंत्री थे। चक्रवर्ती राजगोपालाचारी की सरकार में वी.वी. गिरी एक सशक्त श्रम नेता के रूप में जाने जाते थे। आर. वेंकटरमण ने गिरि को बहुत ही रचनात्मक सुझाव दिए जो जर्नल में प्रकाशित हुए। वह व्यापार संघ के सक्रिय सहयोगी रहे। उन्होंने जिन वर्गों को दबा-कुचला देखा, आंदोलन के लिए प्रेरित किया और उनके अधिकारों को दिलाया। उन्होंने जहाजों में काम करने वालों, रेलवे व डाक कर्मचारियों की लड़ाई-लड़ी। वी.वी. गिरि इनसे अत्यंत प्रभावित थे। सर्वहारा वर्ग के वेतन और श्रम में सामंजस्य स्थापित करने के कार्य किए। वे चाहते थे कि हमारा गरीब मजदूर खुशहाल रहे। जब वह उचित पारिश्रमिक पाएगा तो उसे सुख व प्रसन्नता मिलेगी। जब उसे खुशहाली मिलेगी तो वह परिश्रम करेगा। देश के विकास में खून व पसीना बहाएगा।

कानून, श्रम और व्यापार संघ की सक्रिय भूमिकाओं ने इनके राजनैतिक जीवन में सदा सहयोग किया। डॉ. वेंकटरमण सन 1950 में सांसद चुने गए। सन 1950 में वे प्रांतीय आम चुनाव के लिए चुने गए थे किंतु सन 1952 में डॉ. वेंकटरमण का प्रथम संसद सभा में सदस्यता के लिए नामांकन हुआ और 1952 से 1957 तक वह संसद सदस्य रहे। जब वह सांसद थे तो उन्होंने कांग्रेस पार्टी के सचिव का भी दायित्व संभाला था। वह कामनवेल्थ संसदीय

कांफ्रेंस में न्यूजीलैण्ड भी गए; वह उस कांफ्रेंस में शिष्टमण्डल के सदस्य के रूप में गए थे। पं. जवाहरलाल नेहरू के निकट उन्होंने अपनी जगह बनाकर पं. नेहरू व कांग्रेस कमेटी दोनों को सहयोग प्रदान किया। कांग्रेस के विकास में उन्होंने अपनी पूरी ताकत लगाई जिससे वह कांग्रेस अध्यक्ष द्वारा सराहे गए।

सन 1957 में डॉ. वेंकटरमण पुन: लोक सभा के लिए चुन लिए गए किंतु उन्होंने त्याग-पत्र दे दिया। वे अपने गृह राज्य वापस आए और मद्रास में अखिल भारतीय कांग्रेस कमेटी द्वारा आयोजित एक बैठक में भाग लिया। तमिलनाडु में स्थापित नई सरकार में उनसे मंत्री बनने का आमंत्रण मिला। उन्होंने सहर्ष स्वीकार कर वाणिज्य, श्रम, सहयोग, यातायात तथा उद्योग मंत्रालय की जिम्मेदारी अपने कंधों पर ले ली। वह किसी भी सदन के सदस्य नहीं थे। 1957 में ही वह एम.एल.सी. (मद्रास लेजिस्लेटिव असेम्बली) में मनोनीत हो गए। डॉ. वेंकटरमण ने अपने मंत्रित्व काल में रोजगार के लिए नए-नए उद्योग-धंधों को विकसित किया जिससे उनको तमिलनाडु में 'औद्योगीकरण का जनक' कहा जाता है। डॉ. वेंकटरमण अपनी ऐतिहासिक कृति से एक ऐतिहासिक मंत्री कहलाए। उनका त्याग, समर्पण और तमिलनाडु के विकास में उनकी पहल आज भी आदर के साथ सराही जाती है। सन 1957 से 1967 तक उनका सफर राज्य के विकास को समर्पित रहा।

भारत सरकार ने डॉ. आर. वेंकटरमण को सन 1967 में योजना आयोग का सदस्य बनाया। डॉ. वेंकटरमण की रूचि के अनुसार उन्हें उद्योग, श्रम, बिजली, यातायात और रेलवे की योजनाएँ तैयार करने का जिम्मा सौंपा गया। चूँकि वे अच्छे कानूनविद और अर्थशास्त्री थे, इसलिए उन्होंने जो भी जिम्मेदारी पाई, उसको सरकारी तंत्र व समाज दोनों के हित में बनाया। उनमें नीति निर्धारण, संचालन, दिशा निर्देशन व नई नीतियों के संवर्धन की अपार क्षमता थी। वे योजना आयोग से सन 1971 तक सम्बद्ध रहे और देश की प्रगति एवं विकास के लिए तमाम नीतियाँ, सफलतापूर्वक बनाईं। भारत सरकार ने उनकी नीतियों को सराहा। सन 1977 में श्री वेंकटरमण एक बार फिर दक्षिणी मद्रास लोक सभा सीट से निर्वाचित होकर संसद पहुँचे। सन 1977 का वर्ष चुनौतीपूर्ण बना और देश में संयुक्त मोर्चे की सरकार बनी। श्री आर. वेंकटरमण कांग्रेस के साथ विपक्ष में बैठे और पब्लिक एकाउण्ट कमेटी के अध्यक्ष की हैसियत से कार्य किया।

संयुक्त मोर्चे की सरकार अल्पावधि में गिर गई। सन 1980 में देश को पुनः चुनाव की त्रासदी झेलनीं पड़ी। इस तरह से बार-बार चुनाव से देश पर पड़ रहे आर्थिक बोझ से वह काफी चिंतित थे। उन्होंने सन 1980 के चुनाव में मामूली खर्च से चुनाव लड़ा और लोक सभा पहुँचे। योग्य एवं अनुभवी नेता होने के कारण डॉ. आर. वेंकटरमण की श्रीमती इंदिरा गाँधी ने वित्त मंत्री बनाया। उस समय देश में आर्थिक स्थिति काफी चरमरा चुकी थी लेकिन वह भयभीत नहीं हुए। उन्होंने एक वर्ष पार करते-करते मुद्रा-स्फीति की दर को सुधारा। देश को स्थिरता प्रदान की। श्रीमती इंदिरा गाँधी ने मंत्रिमंडल में मामूली सा फेर-बदल किया और डॉ. वेंकटरमण को प्रतिरक्षा मंत्रालय की जिम्मेदारी सौंपी। वे असम में फैले उग्रवाद, पंजाब समस्या और अन्य कई मुद्दों पर तत्कालीन गृह मंत्री ज्ञानी जैल सिंह के साथ रहे। उन्होंने प्रतिरक्षा मंत्रालय में गुणात्मक सुधार किया। वे श्रीमती गाँधी के प्रबल समर्थक ज्ञानी जैल सिंह के अच्छे मित्रों में से थे। वे किसी भी कार्य को निपटाने में मंत्रीगण को मित्र रूप में आमंत्रित किया करते थे और मामले को सुलझाने में रास्ते तलाशते थे। प्रतिरक्षा और वित्त मंत्री रहकर उन्होंने अपने कार्यों का निष्पादन किया ही, साथ ही बहुत सी जाँच समितियों व राजनैतिक समितियों के कार्यों में भी योगदान दिया।

आर्थिक दशा की सुधार में वह गरीबी, भुखमरी, बेरोजगारी, हिंसा और अन्य समस्या का समाधान देखते थे, इसलिए उन्होंने देश के समक्ष समय-समय पर आर्थिक सुधार की योजना, एजेंडा और सुझाव प्रस्तुत किए। इतना ही नहीं, उन्होंने स्वयं तत्पर होकर माननीया प्रधान मंत्री से आर्थिक सुधार पर कई व्यक्तिगत बैठकें भी कीं और देश को आर्थिक रूप से मजबूत बनाने का कार्य किया। क्योंकि वह जानते थे कि जहाँ धन-धान्य से लोग सुखी होते हैं, वह देश तरक्की करता है। उनकी छवि पुरी दुनिया में पहचानी जाने लगी थी। अपने गुणों वह अच्छे कार्यों के कारण वे अंतर्राष्ट्रीय मुद्राकोष, पुनर्निर्माण और विकास के लिए अंतर्राष्ट्रीय बैंक तथा एशिया विकास बैंक के गवर्नर बने और वहाँ के दायित्वों को भी उन्होंने निर्भरता व कुशलता के साथ निभाया।

यात्राएँ नई चीजों की जानकारी देती हैं। राहुल देव सांकृत्यायन ने घुमक्कड़ी को दुनिया का श्रेष्ठ कार्य बताया। वास्तव में सांस्कृत्यायन का कथन सही है क्योंकि घुमक्कड़ी से न केवल वातावरण और सामाजिक मूल्यों का एहसास होता है बल्कि घुमक्कड़ी से राजनैतिक, आर्थिक, सामाजिक मूल्यों का एहसास

होता है। जानकारी से जीवन में नवीनता लाई जाती है। डॉ. आर. वेंकटरमण ने भी भारतीय जन-जीवन के बहुमुखी विकास व नवीनता के लिए बहुत से देशों की घुमक्कड़ी की। वह पूर्वी-पश्चिमी यूरोप, सोवियत संघ, संयुक्त राज्य अमेरिका, दक्षिण-पूर्व एशिया, जापान, आस्ट्रेलिया, न्यूजीलैण्ड, युगोस्लाविया, मारीशस तथा बहुत से देशों में गए जिनसे भारत को सामाजिक, राजनैतिक, आर्थिक, सामाजिक तथा कूटनीतिक लाभ मिला। देश में नवीन योजनाएँ विकसित हुईं। उन्होंने यात्राओं में शिष्टमण्डल का नेतृत्व किया, सदस्य के रूप में सम्मिलित हुए और भारतीय पक्ष तथा भारतीय नीतियों को अंतर्राष्ट्रीय जगत में बिखेरा। वे संयुक्त राष्ट्र महासभा में भारतीय शिष्टमण्डल के साथ सन 1953, 1955, 1956, 1958, 1959, 1960 और 1961 में शामिल हुए और सर्वधर्म समभाव, वसुधैव कुटुम्बकम्, आतंकवाद की चिंता, विकासशील देशों की कुछ समस्याओं के प्रति भारतीय दृष्टिकोण प्रस्तुत किया।

डॉ. वेंकटरमण सन 1958 में जेनेवा अंतर्राष्ट्रीय श्रम कांफ्रेंस में शिष्ट मण्डल का नेतृत्व करते हुए शामिल हुए। सन 1958 के बाद 1978 में वियना में आयोजित अंतर्राष्ट्रीय संसदीय कांफ्रेंस में सम्मिलित हुए। वह सन 1955 से 1979 तक संयुक्त राष्ट्र में न्यायालय प्रशासन के सदस्य रहकर अंतर्राष्ट्रीय कानून निर्माण में सक्रिय रहे। उच्चतम न्यायालय में ख्यातिपूर्ण वकालत ने डॉ. वेंकटरमण को संयुक्त राष्ट्र न्याय परिषद में स्थापित किया जहाँ उन्होंने ऐतिहासिक व्यक्ति होने का गौरव पाया। सन 1968 से 1979 तक उन्हें संयुक्त राष्ट्र न्याय प्रशासन के अध्यक्ष का दायित्व मिला। यह पद उन्हें अनायास ही नहीं मिल गया बल्कि उनके कुशल परामर्श ने संयुक्त राष्ट्र को प्रभावित किया उससे वह प्रशासनिक न्याय व्यवस्था के अध्यक्ष बने।

प्रसिद्ध समाज सेवी गाँधीवादी बाबा आम्टे ने कहा है–"हाथ लगे निर्माण में, नहीं माँगने।" बाबा आम्टे ने जिस भी भाव में लिखा हो, लेकिन भारतीय समाज में युवाओं ने भीख नहीं माँगी है बल्कि निर्माण किया है। यदि निर्माण किया है तो उनका सम्मान होना चाहिए। युवा किसी के समक्ष हाथ न फैलाएँ ठीक है, लेकिन जहाँ पर राष्ट्र निर्माण में माँगना आवश्यक हो तो चूकना भी नहीं चाहिए। अपना अधिकार समझकर माँगना चाहिए। डॉ. आर. वेंकटरमण बाबा आम्टे के सपने के अनुकूल थे। उन्होंने किसी से कुछ भी नहीं माँगा, फिर भी वह स्कूल, कॉलेज व विश्वविद्यालय ने भी सम्मानित हुए। उन्हें जीवन के

विभिन्न पड़ावों पर अन्य कई विश्वविद्यालय ने भी सम्मान दिया। मद्रास विश्वविद्यालय से डॉक्टर ऑफ लॉ, रुड़की विश्वविद्यालय से डॉक्टर ऑफ सोशल साइंस, वर्धमान विश्वविद्यालय से डॉ. लॉफ लॉ से विभूषित हुए। मद्रास मेडिकल कॉलेज, मद्रास (तमिलनाडु) के फैलो भी रहे। उन्हें एक अच्छे स्वाधीनता सेनानी सम्मान समारोह में प्रदान किया गया। इसके अलावा देश के बहुत से प्रतिष्ठानों, संस्थानों व संगठनों ने डॉ. वेंकटरमण को सम्मानित कर स्वयं सम्मान अर्जित किया।

22 अगस्त, 1984 को डॉ. आर. वेंकटरमण भारतीय गणतंत्र के उपराष्ट्रपति बनने से पूर्व वह प्रतिरक्षा मंत्री थे। जब श्रीमती इंदिरा गाँधी ने डॉ. वेंकटरमण को भारत के द्वितीय नागरिक के रूप में प्रस्तावित किया तो उन्होंने प्रतिरक्षा मंत्री पद से त्याग-पद दे दिया। उप-राष्ट्रपति पद के लिए इनके विपक्ष में बी. सी. कुम्बले खड़े हुए, जिन्हें हार का मुँह देखना पड़ा। 31 अगस्त, 1984 को उप-राष्ट्रपति पद की शपथ लेकर उन्होंने अपना दायित्व संभाला। लंबे संघर्ष और सांसदों में लोकप्रियता ने इन्हें इस महत्त्वपूर्ण पद पर ला खड़ा किया था। डॉ. वेंकटरमण ने अभी मात्र दो माह अपने पद पर कार्य किया कि देश ने भारतीय लोकतंत्र की गरिमा व सशक्त दिशादात्री महिला श्रीमती इंदिरा गाँधी को 31 अक्तूबर, 1984 को खो दिया। उन्हें गहरा सदमा पहुँचा। ऐसे समय में वह राजीव गाँधी के साथ रहे। उस समय तत्कालीन राष्ट्रपति ने राजीव जी को प्रधानमंत्री पद की शपथ दिलाई जिसमें उनकी पहली सहमति रही। उपराष्ट्रपति रहकर उन्होंने देश को उच्च सदन की गतिविधियों को गति प्रदान की और पूर्व की प्रतिस्थापित मर्यादाओं को कायम रखा अपनी जिम्मेदारी समझी। उन्होंने राज्य सभा के सभापति तथा उप-राष्ट्रपति के रूप में नायाब रोल अदा किया।

सन 1986 के अंतिम चरण में तत्कालीन राष्ट्रपति ज्ञानी जैल सिंह ने राजीव गाँधी, प्रधानमंत्री से अपने आतंरिक मतभेद के कारण राजीव गाँधी को हटाकर तत्कालीन उपराष्ट्रपति आर. वेंकटरमण को भारत के प्रधानमंत्री के रूप में प्रतिस्थापित करना चाहा लेकिन उन्होंने इस पद को आत्मा से स्वीकार न करते हुए अपना नकारात्मक निर्णय सुना दिया। इससे देश में अस्थिरता का अवसर नहीं आया और कांग्रेस पार्टी में उनकी छवि और पुख्ता बन गई। उन्होंने ज्ञानी जी की योजनाओं पर पानी फेर दिया और प्रधानमंत्री राजीव गाँधी में आस्था स्थापित की।

जब सन 1987 में भारतीय गणतंत्र के राष्ट्रपति ज्ञानी जैल सिंह का कार्यकाल समाप्त होने के कगार पर पहुँचा तो देश में पुनः नए राष्ट्रपति के लिए तलाश शुरू हुई। लेकिन यह तलाश विरोधी खेमे में थी, कांग्रेस में नहीं क्योंकि कांग्रेस ने पहले ही डॉ. वेंकटरमण को पदोन्नति देने का निर्णय ले लिया था। सन 1987 में चुनाव की घोषणा हुई। चुनाव आयोग द्वारा सात नामांकन स्वीकृत हुए लेकिन अंतिम क्षण में इस पद के तीन उम्मीदवार थे। डॉ. आर. वेंकटरमण, कृष्ण अय्यर रामा अय्यर तथा मिथिलेश कुमार। चुनाव काफी गहमा गहमी में सम्पन्न हुआ। इस चुनाव में प्रत्याशियों को प्राप्त मतों की संख्या इस प्रकार थी–मिथिलेश कुमार 2,223 श्री कृष्ण अय्यर रामा अय्यर 2,81,550 तथा डॉ. आर. वेंकटरमण 7,40,148। इस प्रकार डॉ. वेंकटरमण ने अपने निकटतम प्रतिद्वन्द्वी श्री कृष्ण अय्यर रामा अय्यर को लगभग चार लाख से अधिक मतों से पराजित किया। 25 जुलाई 1987 को डॉ. वेंकटरमण ने तत्कालीन मुख्य न्यायाधीश श्री आर. एस. पाठक से पद एवं गोपनीयता की शपथ दिलायी और उन्होंने महामहिम ज्ञानी जैल सिंह से कार्यभार ग्रहण किया।

भारतीय गणतंत्र के राष्ट्रपति पद पर आसीन होकर उन्होंने देश की लोकतांत्रिक व संवैधानिक मर्यादाओं का संरक्षण बहुत ही अच्छी तरह से किया। समता और समदर्शिता, शांति एवं सदभाव की तरफ सरकार एवं समाज को उन्होंनें खींचा। अपने दीर्घ जीवन के अनुभव, कार्यकुशलता एवं धर्मपरायणता से देश को आलोकित कर अंधकार से प्रकाश की ओर ले जाने में उनका सदैव ध्यान रहा। सन 1989 के आम चुनाव की घोषणा हुई। सन 1977 की घटना की पुनर्रावृति से देश को वी.पी. सिंह की सरकार मिली। सन 1989 में विश्वनाथ प्रताप सिंह सरकार ने 'मण्डल-कमण्डल' और आरक्षण जैसे मुद्दों को देश में लाकर एक तुफान-सा खड़ा कर दिया। देश के विभिन्न कोनों में आरक्षण का विरोध होने लगा। देश के बहुत से नवयुवकों ने विरोध में आत्महत्या कर ली। आरक्षण का मुद्दा जोर पकड़ता गया, ऐसी परिस्थिति में महामहिम डॉ. आर. वेंकटरमण ने चिंता जाहिर करते हुए कहा–"देश में आरक्षण के कारण हो रही आत्महत्याएँ चिंता का विषय हैं। हमारी संसद को इस तरह के कानून बनाने में दूरगामी परिणामों को ध्यान में रखना चाहिए।" उन्होंने संसद को आड़े हाथ लेकर निंदा की। ब्राह्मणों के अधिकांश बच्चों द्वारा तेल छिड़ककर की जा रही

आत्महत्या ने उन्हें पीड़ा पहुँचाई। देश का, उन्होंने इस समय पर धैर्य रखकर स्थिति का मुकाबला करने का आह्वान किया।

उप-प्रधानमंत्री देवीलाल को पद से हटाया जाना, गृहमंत्री की लड़की का अपहरण...आदि घटनाएँ उनके कार्यकाल में हुईं। उन्हें लोकतंत्र का खतरा महसूस हुआ लेकिन कठिन परिस्थितियों में भी महापुरुष घबराते नहीं। उन्होंने पूरे देश से शांति, सद्भाव व साहस रखने का आह्वान किया। विश्वनाथ प्रताप सिंह से मोर्चे में खिन्नता आई, नेतृत्व परिवर्तन हुआ, चंद्रशेखर प्रधानमंत्री बने। चार माह तक चंद्रशेखर की सरकार चली। मोर्चे की सरकार का हाल यही कुछ हुआ जब भी गैर कांग्रेस सरकारों का आगमन हुआ। जून, 1990 में आम चुनाव की घोषण हुई। कांग्रेस ने तो शुरू में ही सरकार नहीं बनाई, विपक्ष में रहना स्वीकार किया क्योंकि राजीव गाँधी ने बहुमत न रहने पर खिचड़ी सरकार बनाना उचित नहीं समझा जबकि कांग्रेस सन 1989 के आम चुनाव में सबसे बड़ी पार्टी थी।

महामहिम वेंकटरमण चंद्रशेखर की सरकार के पतन से खामोश थे। उन्होंने चिंता व्यक्त की–''देश में इस तरह की अस्थिरता लोकतंत्र के लिए खतरा है। राजनीतिक अस्थिरता देश को कोई विकास नहीं दे सकता। गरीबी, महँगाई और अन्य समस्याओं को समाप्त करने के लिए निजी स्वार्थ से ऊपर उठकर राष्ट्रहित में सोचना होगा।'' उन्होंने चंद्रशेखर को कार्यवाहक प्रधानमंत्री का दायित्व संभालने की सलाह दी। 20 मई, 1990 की अर्ध रात्रि में पूरे देश को चुनाव के दौरान एक बड़ा झटका लगा जब राजीव गाँधी को आम चुनावी सभा को संबोधित करते समय माला में बम छुपाकर उड़ा दिया गया। इस घटना से महामहिम को बहुत ही कष्ट हुआ। जब वे उपराष्ट्रपति थे तो श्रीमती इंदिरा गाँधी को गोलियों से छलनी कर दिया गया और नवोदित राजीव को भी उनके राष्ट्रपति काल में देश के उग्रवादियों ने लील लिया। उन्होंने आतंकी घटनाओं पर रोष जताते हुए करुण शब्दों में कहा–''एक दशक में हमसे दो विशिष्ट नेताओं को छीना गया। देश में आतंकवाद का बढ़ता वर्चस्व चिंताजनक हैं। यह एक घिनौना कार्य है। आतंकवाद व उग्रवाद के खिलाफ हमें जंग छेड़ने की आवश्यकता है।'' उन्होंने बहुत ही दु:खी भाव से राजीव गाँधी को अंतिम विदाई देते हुए कहा–''आज हमने युवा राजनीतिज्ञ को खो दिया। विश्व में जो सपना राजीव

जी ने भारत के लिए संजोया, उसकी हम प्रशंसा मात्र कर सकते हैं। उनके न रहने के बाद हमें उनके महत्त्व का एहसास होगा।''

उन्होंने राष्ट्रपति भवन के मुगल गार्डन की सुंदरता को और अधिक खूबसूरत करने का यत्न किया। आर. वेंकटरमण ने प्रकृति, संस्कृति, सर्वधर्म समभाव, सभ्यता से कभी अपने को दूर नहीं किया। मानव के प्रति अप्रतिम लगाव था। विभिन्न स्वैच्छिक एवं स्वयंसेवी संगठनों, सांस्कृतिक प्रतिष्ठानों व धर्मालयों में उन्होंने अपनी उपस्थिति दर्ज कराई तथा पाँच साल के राष्ट्रपतित्व काल में लगभग दस बार राष्ट्र के नाम संबोधन में देश की बिगड़ती दशा के प्रति संसद, जनता का ध्यान आकर्षित किया।

25 जून, 1992 में वह राष्ट्रपति भवन की बागडोर डॉ. शंकर दयाल शर्मा के हाथों सौंपकर अपने सफदरजंग स्थित सरकारी निवास की तरफ कूच कर गए। ऐसा नहीं कि उन्होंने पद से मुक्त होने पर अपने आपको समाज से ही अलग कर लिया हो बल्कि वह सदैव समाज के लिए समर्पित व्यक्ति हैं। 11 सितंबर, 2001 को अमरीका में डब्ल्यू.टी.सी. व पेंटागन पर हुए आत्मघाती आतंकवादी हमलों से डॉ. वेंकटरमण काफी आहत हुए तथा विश्व के विभिन्न पत्रों में अपने लेखों के माध्यम से अपने विचार व्यक्त किए। विभिन्न सांस्कृतिक व सामाजिक गतिविधियों में अभिरूचि कर्मशील व्यक्ति को सदैव खींच लेती है। हाल ही में अपने राष्ट्रपतित्व काल के संस्मरण को उन्होंने पुस्तकाकार 'जब मैं राष्ट्रपति था' शीर्षक से दिया है।, जिसमें उनके जीवन के खट्टे-मीठे अनुभव व राष्ट्रपति काल की विशिष्ट गतिविधियों का संकलन है। महापुरुषों का सतह से शिखर तक का सफर युगों-युगों तक अपने व्यक्तित्व-कृतित्व से जन-जन को आलोकित करने में समर्थ बना रहता है और युवा पीढ़ी को संघर्ष और सफलता प्राप्त करने की प्रेरणा प्रदान कर समाज की दशा और दिशा बदल सकता है।

### राष्ट्रपति भवन में प्रवेश

जिस विशाल प्रासाद को राष्ट्रपति भवन कहा जाता है उसमें पैर रखनेवाले सबसे बड़े मनुष्य मेरे ख्याल से, मोहनदास करमचंद गाँधी थे। मुझे याद आता है कि पहली बार वे लार्ड इरविन से मिलने तब गए थे, जब वायसराय हाउस (पहले इसका यही नाम था) को आम जनता के लिए खुले दो दिन हो गए

थे। इस पर विंस्टन चर्चिल की वह टिप्पणी अब सभी को मालूम है, जिसमें उन्होंने कहा था, ''यह चिंताजनक और उबकाई लानेवाली बात है कि फकीर के भेष में अधनंगे श्री गाँधी वायसराय हाउस की सीढ़ियों पर चल रहे हैं, जबकि वे अब भी सिविल नाफरमानी का आंदोलन चलाए हुए हैं, ताकि ब्रिटिश सम्राट के प्रतिनिधि से बराबरी के स्तर पर बातचीत कर सकें।''

बाद में ब्रिटिश सम्राट ने खुद वायसराय को लिखी एक चिट्ठी में इस बात को नामंजूर किया कि एक ''अधनंगे धार्मिक मतांध को उनके खूबसूरत नए मकान में'' प्रवेश मिले। भारत के स्वाधीनता-आंदोलन में मशगूल रहे हम सब लोगों के लिए इस घटना की याद गर्व का विषय है। अपने जीवन के इस विशेष दिन पर मुझे गाँधी जी की बहुत याद आई।

25 जुलाई, 1987 को मैं भारत का राष्ट्रपति बना। उनके बाद मैंने जो पहला काम किया वह था राष्ट्रपति महात्मा गाँधी को श्रद्धांजलि देना और राजघाट (उनकी समाधि) पर प्रार्थना करना। मैंने अपने परिवार सहित एक मिनट का मौन रखा और पूरे मन से महात्माजी से प्रार्थना की कि मुझे जो विस्मयकारी और दूभर जिम्मेदारी सँभालनी है, उसमें मेरा मार्गदर्शन करें। आगंतुक पुस्तिका में मैंने लिखा, ''गाँधी जी का उद्देश्य सफल हो।''

इस शुभ दिन काँची कामकोटि पीठाधीश ने मठ के एक प्रतिनिधि से मेरे लिए खासतौर से मंगलकामनाएँ भिजवाईं। अपने विशाल राष्ट्रीय और अंतर्राष्ट्रीय शिष्य-समुदाय के लिए परमाचार्य अपने सदगुणों के कारण सादगी, विवेक, करुणा और उपकार के जीवंत रूप थे। उन्हें एक जीवंत देवता, एक जीवनमुक्त माना जाता है। उनके आशीर्वाद से मेरा उत्साह तो बढ़ा ही, उनके आचरण की ऊँचाई को पाने और उसे बनाए रखने की अपनी जिम्मेदारियों का एहसास भी मुझे हुआ।

भारत के राष्ट्रीय इतिहास में राष्ट्रपति का शपथ-ग्रहण समारोह एक बड़ी घटना है। इसका आयोजन पूरी धूम-धाम से हुआ। शपथ-ग्रहण के लिए दोपहर बाद सवा बारह बजे का समय तय हुआ था और यह समारोह संसद के सेंट्रल का सत्र नहीं चल रहा होता तो शपथ-ग्रहण समारोह दरबार हॉल में ही होता। इस ऊँचे गुंबदवाले विशाल गोलाकार हॉल के बारे में कहा जाता है कि यह विश्व की भव्यतम इमारतों में से एक है। मंच के सामने महात्मा गाँधी और

दूसरे राष्ट्रीय नेताओं की तस्वीर टँगी हैं। शपथ-ग्रहण समारोह के एक-एक मिनट का हिसाब रहता है। बहुत ढंग से पूर्वाभ्यास करके इसका आयोजन ऐसे किया जाता है, जैसे सारे काम घड़ी की सुई के साथ हो रहे हों। अलबत्ता, औपचारिकताओं के मामले में की गई सख्ती मुझे थोड़ी कष्टप्रद और कई बार थकानेवाली लगी। पर मुझे लगता है कि ये सारी चीजें ठीक ढंग से ही की जानी चाहिए।

शपथ-ग्रहण समारोह में जाने के लिए मैं दोपहर बारह बजे से कुछ पहले राष्ट्रपति भवन पहुँचा। दक्षिण भारतीय होने के नाते मैं उन कपड़ों को पहनने का आदी नहीं था, जो मुझे इस मौके पर पहनने पड़े। पर भारत के उपराष्ट्रपति के अपने कार्यकाल में मैं ऐसे कपड़े पहनने लगा था। सिल्क की काली शेरवानी और सफेद चूड़ीदार पाजामे में मुझे बिल्कुल आराम था। ज्ञानी जैलसिंह भी ऐसे ही कपड़ों में थे, पर उनका रंग झक सफेद था। आनुष्ठानिक शोभायात्रा दरबार हॉल से शुरू हुई। भव्य पोशाक में दो ए. ड़ी. सी. आगे-आगे चल रहे थे और मैं जैलसिंह के साथ उनके पीछे। हमारे पीछे सैन्य सचिव और उनके डिप्टी थे।

पृष्ठभूमि में गुंबददार विशाल भवन था। मुझे लगता है, इसकी भव्यता ऊँचाई की अपेक्षा इसके क्षैतिज विस्तार के कारण अधिक है। आहिस्ता-आहिस्ता हम लाल कालीन पर पहुँच गए और इकतीस कदम चलकर हम सबसे निचले छोर पर पहुँच गए। राष्ट्रपति के अंगरक्षक दोनों ओर कदम से कदम मिलाकर चल रहे थे। यहाँ पहुँचकर वे इस मौके पर खास तौर से रखे गए विशेष गमलों के उत्कृष्ट फूलों के पीछे खड़े रहे। मैं राष्ट्रपति के साथ नपे-तुले कदमों से चलता हुआ सामने के बरामदे में पहुँच गया। हमारे आगे-आगे दोनों ए. डी. सी. चल रहे थे। इसके बाद ज्ञानी जैलसिंह एक छोटे मंच पर चढ़ गए, जिस पर लाल कालीन बिछा हुआ था। अब वे राष्ट्रपति के अंगरक्षकों के सामने खड़े थे। जैलसिंह के सामने खड़े सभी अफ़सर छह फीट और उससे ज्यादा लंबे थे। वे गर्मियों की अनुष्ठानिक वर्दी में थे। इसमें नीला और सुनहरा साफ, सफेद लंबा कोट जिसमें सुनहरी पेटी बँधी थी, सफेद दस्ताने, सफेद जाँघिए और चमकदार एड़ियोंवाले काले नेपोलियन बूट शामिल हैं। घुड़सवार फ़ौज की लाल एवं सफेद पताकाओं के साथ उनके भाले और तलवार तेज धूप में चमक रहे थे। उनके बेहतरीन अरबी घोड़ों का रंग एक था और वे अपने सवारों से कम विशिष्ट नहीं थे। ये सब कम से कम पंद्रह हाथ से ज्यादा ऊँचे थे। अंगरक्षकों

की प्रतिष्ठा के अनुरूप ये घोड़े, भेंड़ और तेंदुए की खाल वाली जीन, चेन, लगाम, सफेद रस्सियों, गर्दन के साज-सामान आदि से सजे होते हैं। निस्संदेह यह एक शानदार समारोह था और मैं उसे कभी नहीं भूलूँगा।

असल में, मैंने सुना है कि उपराष्ट्रपति भवन की योजना बनाते समय वास्तुकार-डिजाइनर लुटियन ने अंगरक्षकों का भी ख्याल रखा था। तोरण द्वार, दरवाजे, झाड़-फानूस और ऐसी ही चीजों की योजना बनाते समय उनके कद का ध्यान रखा गया था। अंगरक्षकों की वर्दी उसकी पूरी रंग-योजना में शामिल थी। प्रेसिडेंट्स इस्टेट में घोड़ों के रख-रखाव के लिए कई कमांडेंट, पशु चिकित्सक और अन्य कर्मचारी हैं। घोड़े इनकी विशेष देख-रेख में रहते हैं। मुझे यहाँ यह भी बताना चाहिए कि अंगरक्षक की भूमिका सिर्फ आनुष्ठानिक नहीं है। इनमें शामिल अधिकारी और लोग न सिर्फ उत्कृष्ट घुड़सवार होते हैं, बल्कि बेहतरीन सैनिक होते हैं। इसमें सख्त शारीरिक और मनोवैज्ञानिक जाँच के बाद ही नियुक्त की जाती है। इन लोगों की युद्ध में सक्रिय भागीदारी रही है और श्रीलंका में भारतीय शांति सेना में भी ये शामिल रहे हैं।

बिगुल की आवाज पर राष्ट्रपति जैलसिंह ने सलामी ली और मैं नवनिर्वाचित राष्ट्रपति, उनसे थोड़ा पीछे उनकी बाईं ओर खड़ा था। इसके बाद हम छह दरवाजों वाली चमचमाती भव्य कार में सवार हुए और संसद भवन की अपनी यात्रा शुरू की। हमारे आगे-आगे राष्ट्रपति के अंगरक्षकों में से चुनिंदा सवारों की शोभायात्रा गतिमान थी। शुरुआती वर्षों में राष्ट्रपति संसद या गणतंत्र-दिवस परेड में छह घोड़ोंवाली खुली शाही बग्गी में जाते थे। वह पिछले कुछ वर्षों से सुरक्षा-कारणों से राष्ट्रपति आनुष्ठानिक मौकों पर भी बुलेट प्रूफ कारों में यात्रा करते हैं। संसद मार्ग के रास्ते में ज्ञानी जैलसिंह ने कहा कि इस मौके पर शाही बग्गी का इस्तेमाल किया जाना चाहिए था। पर मैंने उन्हें याद दिलाया कि अब ऐसे फैसले सुरक्षा अधिकारी लेते हैं।

आनुष्ठानिक जुलूस संसद भवन के गेट नंबर 5 पर पहुँचा। संसद भवन एक गोलाकार इमारत है और अपने आकर्षक स्तंभों के कारण न सिर्फ एकता की प्रेरणा देता है, बल्कि शाश्वतता के एक संकेत-रूप में भी देखा जाता है। राज्यसभा के अध्यक्ष, उपाध्यक्ष और लोकसभा व राज्यसभा के सेक्रेट्री जनरल ने हम लोगों का स्वागत किया। राष्ट्रपति के अंगरक्षक फिर लाइन में खड़े हुए

और राष्ट्रपति को सलामी दी, जबकि मैं उनसे थोड़ा पीछे बाईं ओर खड़ा था। फिर, दोनों सेक्रेट्री जनरल सबसे आगे, उनके पीछे राष्ट्रपति और फिर मैं एक दूसरे से पंक्तिबद्ध होकर पैदल चलते हुए सेंट्रल हॉल के प्रवेश-द्वार पर पहुँचे। प्रवेशक ने बुलंद आवाज में एलान किया, 'महामहिम राष्ट्रपति जी' और हाल में इकट्ठे सभी सदस्य खड़े हो गए। मुझे बहुत तीव्रता से यह अहसास हुआ कि माहौल में इतिहास घुल गया है। आखिर इसी महान हॉल में 14 अगस्त, 1947 की आधी रात को भारत का सपने सौभाग्य से मिलन हुआ था। यहीं पर भारतीय आजादी के योद्धाओं ने संविधान के अनुच्छेदों पर चर्चा की थी और अंततः भारत की जनता के घोषणापत्र पर अपने दस्तखत किए थे।

मैंने देखा कि हॉल में मेरे सामने प्रधानमंत्री, उनका मंत्रिपरिषद, राज्यपाल, राजनयिक वर्ग, राजनीतिक दलों के नेता और सांसद सब बैठे हुए थे। बाईं ओर मो और निवर्तमान राष्ट्रपति का परिवार बैठा था। मुझे यह अलौकिक अहसास हो रहा था कि गाँधी जी का जो चित्र दीवार पर टँगा है, उससे वे हम लोगों की ओर सद्‌भावपूर्ण दृष्टि से देख रहे हैं! मंच पर हम लोगों के साथ भारत के तत्कालीन मुख्य न्यायाधीश, आर. एस. पाठक, लोकसभा अध्यक्ष और राज्यसभा के उपाध्यक्ष मौजूद थे। राष्ट्रगान बजाया गया। फिर गृह सचिव आगे आए और निवर्तमान राष्ट्रपति से कार्यवाही शुरू करने की आज्ञा माँगी। इसके बाद उन्होंने चुनाव आयोग की अधिसूचना, पढ़ी, जिसमें घोषित किया गया था कि रामास्वामी वेंकटरमण भारत के विधिवत् चुने गए राष्ट्रपति हैं।

ठीक सवा बारह बजे, शपथ-ग्रहण (धारा 60) का शुभ मुहूर्त था, मुख्य न्यायाधीश ने शपथ-पत्र का मूल पाठ पढ़ा! अब शपथ दिलाई जा रही थी तो ज्ञानी जैलसिंह मेरी कुर्सी पर आ गए और शपथ लेकर मैं उनकी कुर्सी पर बैठ गया। भारी जनसमूह की तालियों का तुमुल नाद कई मिनट तक सुनाई देता रहा।

अपने अनुमोदन भाषण में मैंने भारत के महान दिवंगत नेताओं को श्रद्धांजलि दी और कहा कि मैं इस ऊँचे पद से जुड़े दायित्वों और कर्तव्यों का पालन करने में न तो असफल होऊँगा और न ही राष्ट्र-निर्माताओं द्वारा संविधान में दिए गए अधिकारों से भटकूँगा। जब मैंने कहा कि मैं डॉ. राजेंद्र प्रसाद, डॉ. राधाकृष्णन और डॉ. ज़ाकिर हुसैन की उच्च परंपराओं को कायम रखने की

कोशिश करूँगा, तो लोगों ने करतल ध्वनि से इसका स्वागत किया। मैंने महान तमिल कवि को उद्धृत किया, जिन्होंने कहा था, ''स्वाधीनता के बिरवे की सिंचाई पानी से नहीं, बल्कि आँसुओं से की गई थी।'' मैं जाने-माने हिंदी कवि मैथिलीशरण गुप्त को भी उद्धृत किया : सबके हृदय में सर्वदा संवेदना की दाह हो/हमको तुम्हारी चाह हो, तुमको हमारी चाह हो।

अपना संबोधन मैंने गाँधी जी की प्रार्थना-''सबको सन्मति दे भगवान'' से समाप्त किया। राज्यसभा की उपाध्यक्ष प्रतिभा पाटिल ने मेरे भाषण का हिंदी अनुवाद बहुत प्रभावशाली ढंग से पढ़ा।

इसके बाद गृह सचिव आगे आए, झुके और नए राष्ट्रपति से समारोह के समापन की इजाज़त माँगी। मैंने अपनी सहमति दे दी। राष्ट्रगान बजाया गया और आनुष्ठानिक जुलूस गेट नं. पाँच की ओर बढ़ने लगा। इस बार राष्ट्रपति के अंगरक्षक ने नए राष्ट्रपति के रूप में मुझे सलामी दी, जबकि पूर्व राष्ट्रपति मुझसे थोड़ा पीछे बाईं ओर खड़े थे। प्रधानमंत्री और संसद के अधिकारियों से इजाज़त लेकर हम लोगों ने फिर शानदार काली बुलेटप्रूफ कार में सवार होकर राष्ट्रपति भवन की ओर यात्रा शुरू की। भारत के राष्ट्रपति के रूप में मुझे जो सम्मान दिया गया था, उससे मैं सचमुच अभिभूत था।

राष्ट्रपति भवन में आने के बाद मुझे अध्ययन-कक्ष में ले जाया गया, जबकि ज्ञानी जैलसिंह अपने कक्ष में जा लेटे। फिर मुझे राष्ट्रपति के सचिव श्री वर्दन (आई.ए.एस.) ने हस्ताक्षर के लिए एक रजिस्टर और शपथ-पत्र दिया; और इस तरह भारत के राष्ट्रपति का पद सँभालने की औपचारिकताएँ पूरी हुईं। थोड़ी देर बाद कई अश्वोंवाली बग्गी लाई गई और मैं अंतर सेवा-सम्मान (इंटर सर्विसेज़ गार्ड ऑफ ऑनर) लेने के लिए बरामदे की ओर चला। तीनों सेनाओं (थल सेना, जल सेना और वायु सेना) के सैनिक अपनी भव्य वर्दियों में राष्ट्रपति भवन के शानदार अहाते में खड़े किए गए थे। यहाँ भी राष्ट्रगान बजाया गया और परेड कमांडर ने मुझे सलामी गारद के निरीक्षण का न्यौता दिया, जिसे मैंने सेना के बैंड की धुन पर पूरा किया। समारोह के बाद प्रधानमंत्री और अन्य उपस्थित उच्चाधिकारियों से मिलना-जुलना हुआ।

पूर्व राष्ट्रपति एक कार से आए। रक्षामंत्री और तीनों सेनाओं के प्रमुखों ने उनका स्वागत किया। इसके बाद जैलसिंह ने सलामी ली और निवर्तमान राष्ट्रपति की विदाई स्वरूप अंतर सेवा परेड का निरीक्षण किया।

अब पूर्व राष्ट्रपति से विदा लेने का समय आ गया था। आमतौर पर राष्ट्रपति और सरकार के वरिष्ठ सदस्य उन्हें हवाई अड्डे या रेलवे स्टेशन पर विदाद करने जाते हैं। पर ज्ञानी जैलसिंह दिल्ली में ही रह रहे थे। बतौर विशेष सदभावना मैं अपनी पत्नी समेत उन्हें और उनकी बेटी को उनके नए घर नंबर-4, सर्कुलर रोड, नई दिल्ली तक छोड़ने गया। इस सद्भावना की सभी ने तारीफ की, खासकर ज्ञानी जी ने। जब हम लोग गाड़ी के साथ जा रहे थे तो उन्होंने मेरा हाथ अपने हाथ में ले लिया और कहा, "आपने अपने संबोधन और अब मुझे नए घर में ले जाकर बहुत स्नेह दिया है।"

ज्ञानी जैलसिंह के लिए उपयुक्त घर के चयन में थोड़ी देरी हुई थी, इसलिए उनका निजी सामान मेरे पद-भार सँभालने से एक ही दिन पहले ले जाया गया था। चूँकि राष्ट्रपति भवन को परिवार के उपयोग लायक बनाने के लिए काफी सफाई और रख-रखाव की जरूरत थी, इसलिए मैंने तय किया कि मेहमानों के कमरों में रहा जाए और मेरा परिवार उपराष्ट्रपति निवास में अस्थायी तौर पर रहे।

दोपहर में प्रधानमंत्री अपनी पत्नी के साथ औपचारिक मुलाकात के लिए आए। हमने हँसी-मजाक किया। थोड़ी देर बाद मैंने मंत्रिपरिषद से मुलाकात की और उनके साथ आराम से, अनौपचारिक भाव से आधा घंटा बिताया। वे चाय और आधिकारिक फोटो-सत्र के बाद प्राय: आते रहने का वायदा करके चले गए।

शाम को छह बजे तीनों सेनाओं के प्रमुख मेरे पास आनुष्ठानिक मुलाकात के लिए आए, क्योंकि संविधान के अनुसार अब मैं सशस्त्र सेना का सर्वोच्च सेनापति था। वे लोग इस बात से खुश थे कि पहली बार कोई पूर्व रक्षामंत्री सर्वोच्च सेनापति बना था। मैं भी उन्हें बहुत अच्छी तरह से जानता था और हम लोगों की भेंट बहुत सुखद रही।

इसके बाद, प्रधानमंत्री राजीव गाँधी ने मुझसे पूछा कि उनके राजनीतिक सचिव माखनलाल फोतेदार को उसी दिन कैबिनेट मंत्री-पद की शपथ दिलाई जा सकती है या नहीं? मैंने सकारात्मक जवाब दिया, क्योंकि प्रधानमंत्री ऐसा चाहते थे। पिछले कुछ महीनों की राजनीतिक हलचल के कारण वे अपनी इच्छा अनुसार, यह काम नहीं कर पाए थे। इसलिए मैंने कैबिनेट मंत्री के रूप में

फोतेदार के शपथ-ग्रहण के लिए उसी दिन शाम साढ़े सात बजे का समय निश्चित कर दिया। यह एक बहुत संक्षिप्त समारोह था और ऐसे समारोहों से आमतौर पर जुड़े ताम-झाम भी इसमें नहीं थे। बहुत कम समय होने के कारण इसमें बहुत से लोग शामिल भी नहीं हो पाए।

इस तरह मेरे जीवन का सबसे महत्त्वपूर्ण और कोलाहल-भरा दिन समाप्त हुआ। मैं अपने राजनीतिक केरियर के शिखर पर पहुँच गया था। मैं जिन पदों पर रहा, उनमें से किसी की भी अभिलाषा मैंने नहीं की, लालायित भी नहीं रहा और न किसी पद के लिए पक्ष-प्रचार किया। इनमें से प्रत्येक-वित्त मंत्रालय से रक्षा, रक्षा से उपराष्ट्रपतित्व और वहाँ से राष्ट्रपति का यह पद मुझे अपने-आप मिला था और इसके लिए मैंने खासतौर से इच्छा नहीं जताई थी। अब इससे ऊँचा कोई पद नहीं था, जिसकी मैं अभिलाषा रखता। मैं बस यही चाहता था कि ईमानदारी, परिश्रम और प्रभावशाली ढंग से देश की सेवा करूँ। जब सी. राजगोपालाचारी ने भारत के अंतिम गवर्नर जनरल का पद छोड़ा तो पंडित नेहरू ने उनके बारे में कहा कि वे एक ऐसे व्यक्ति हैं, जिन्होंने महल को कुटिया की तरह और कुटिया को महल की तरह देखा! मैं इस उदाहरण की बराबरी और अपने लिए आवश्यक एक ऐसी विनम्रता बनाए रखने के लिए दृढ़ था, जिस पर राष्ट्रपति भवन में रहने के आडंबर और कवचन का प्रभाव न पड़े।

### राष्ट्रपति भवन में

राष्ट्रपति भवन जैसे भव्य प्रासाद में भारतीय राष्ट्रपति जितनी शान से रहते हैं, वैसी शान से दुनिया में शायद ही कहीं किसी देश का प्रमुख रहता हो। यही नहीं, यह भवन विश्व के सबसे बड़े लोकतंत्र-प्रमुख के अधिकारों का भी प्रतीक है। लेकिन राष्ट्रपति भवन से ऐतिहासिक विरोधाभास-जैसा भी कुछ जुड़ गया है। इसका निर्माण यह घोषणा करने के लिए हुआ था कि अंग्रेज भारत पहुँच गए हैं और उनका यहीं रहने का इरादा है। पर, अंग्रेजों का शासन 1947 में खत्म हो गया और यह भवन नवोदित लोकतंत्र के राष्ट्रपति का घर बन गया। इसका डिजाइन एडविन लैंडसियर लुटियन ने अपने राजा के सम्मान में बनाया था, क्योंकि उसे नार्थकोट पार्किंसन की उक्ति को चरितार्थ करना था। पार्किंसन ने कहा था, ''नियोजित अभिन्यास की पूर्ण संस्थाओं द्वारा तभी प्राप्त की जाती है, जब उनका अंत निकट होता है!''

25 जुलाई को, जिस दिन मुझे शपथ दिलाई गई थी, एकदम सवेरे से आधी रात तक की व्यस्त गतिविधियों के बाद मैं राष्ट्रपति भवन के राष्ट्रपतिवाले सूट में आराम से सोया। दूसरे दिन सवेरे 6.30 बजे मेरी नींद खुली। यह मेरे जागने के सामान्य समय से आधा घंटा ज्यादा है। क्षण-भर के लिए मुझे समझ में नहीं आया कि मैं कहाँ हूँ, क्योंकि आस-पास की चीजें वैसी जानी-पहचानी नहीं थीं, जैसी उपराष्ट्रपति निवास में हुआ करती थीं।

सहसा मुझे राष्ट्रपति भवन के ऐश्वर्य का अहसास हुआ। इसकी प्रभावशाली संरचना, असाधारण रूप से ऊँची छतें और लंबे घुमावदार बरामदे। मुझे लगा जैसे मेरा कद घट गया है। अपेक्षाकृत मेरी छोटी काया इसकी विशालता में लगभग गुम हो गई।

मैंने अलंकृत खिड़की के बाहर देखा। वहाँ शानदार ढंग से कटे-छँटे पौधे और हरा-भरा मैदान देखा। वह भी तब जब यह दिल्ली का सबसे गर्म मौसम था। बाद में मुझे पता चला कि वहाँ छह सौ से भी ज्यादा किस्मों के पेड़ हैं। इनमें आम, नीम, जामुन, पीपल और बरगद शामिल थे। इन वृक्षों पर पक्षियों का भी बसेरा था, जिनमें मोर से लेकर साधारण गौरैया तक थी। मेरा मन हुआ कि टहलता हुआ बलुआ पत्थर के गुलाबी मंडप तक जाऊँ। विख्यात मुगल गार्डन में भी टहलने में मेरी इच्छा हुई। वहाँ नाना प्रकार के गुलाब हैं। बताया जाता है कि यहाँ ढाई सौ से भी ज्यादा किस्मों के गुलाब हैं। इनमें एक किस्म ऐसी भी है, जिसके बारे में कहा जाता है कि वह गुलाबों के समुचे वंश की जनक है। इस उद्यान में बोगेनवेलिया की 101 ज्ञात किस्मों में से 60 से भी ज्यादा मौजूद हैं।

मैं ज्यादा देर वहाँ नहीं ठहर सका, क्योंकि मुझसे औपचारिकतावश मिलने आए लोगों का ताँता लग चुका था। राष्ट्रपति के रूप में यह मेरा पहला दिन था। मुझे इन लोगों से येलो ड्राइंग रूप (पीला बैठक कक्ष, यह नाम अंग्रेजों के जमाने से चला आ रहा है) में मिलना था। भारतीय गणतंत्र के राष्ट्रपति के रूप में मेरे पहले दिन-26 जुलाई, 1987 की शुरुआत हो चुकी थी।

येलो ड्राइंग रूप भूतल पर है। इसके एक ओर अध्ययन-कक्ष और दूसरी ओर ग्रे डाइनिंग रूप (भोजन-कक्ष) है। इस भोजन-कक्ष का इस्तेमाल तब होता है जब राष्ट्रपति राष्ट्राध्यक्षों के अलावा विशिष्ट लोगों को खाने पर बुलाते हैं।

यहाँ आमंत्रितों का विशिष्ट मेहमानों से औपचारिक परिचय कराया जाता है और इसके बाद वे अतिथियों के प्रतिनिधिमंडल के सदस्यों से घुल-मिल जाते हैं। यहाँ उन्हें शीतल पेय पेश किए जाते हैं। इसके बाद वे खाने के लिए ग्रे भोजन-कक्ष में चले जाते हैं। इसमें 60 व्यक्ति बैठ सकते हैं। इस कक्ष का इस्तेमाल मैंने उन आम लोगों से भेंट के लिए किया, जो हर हफ्ते नियत समय पर सामूहिक तौर से मिलने आते थे।

मुख्यमंत्रियों और अन्य विशिष्ट लोगों से मैं अध्ययन-कक्ष में मिलता था। यह एक सुरुचिपूर्ण कक्ष है, जिसमें करीने से अलमारियाँ लगी हैं। इनमें साहित्य, दर्शनशास्त्र और कला विषयक सजिल्द पुस्तकें रखी हैं। मुझसे पहले डॉ. राजेंद्र प्रसाद, डॉ. ज़ाकिर हुसैन, श्री. वी. वी. गिरि और अन्य राष्ट्रपतियों ने इस कक्ष का इस्तेमाल किया था। मैंने इस कक्ष में नए फर्नीचर लगवाए। चमड़े के सोफे रखवाए, बैठक को फिर से व्यवस्थित किया और इसे खूबसूरत बनाया। यह बहुत जरूरी था। इस अध्ययन-कक्ष में बाईं ओर एक कोने में एक बड़ी-सी मेज और एक ऊँची पीठवाली कुर्सी है। यह राष्ट्रपति का आधिकारिक आसन है।

डॉ. राधाकृष्णन की आदत कुछ अलग थी। वे ज्यादातर पहली मंजिल पर अपने कमरे में बिस्तर पर लेटकर पढ़ते थे। उनके चारों ओर दर्जन-भर किताबें पड़ी रहती थीं। मित्रों और सहयोगियों से उनकी सारी औपचारिक मुलाकातें इसी कक्ष में होती थीं। यहाँ उन्होंने आगंतुकों के लिए छोटी कुर्सियाँ रखी थीं। इसी कमरे में मेरी उनकी कई बार मुलाकात हुई थी। एक बाद मैंने डॉ. राधाकृष्णन से पूछा कि वे अपने आस-पास दर्जन-भर किताबे क्यों रखते हैं? क्यों नहीं वे जरूरत पड़ने पर संबंधित किताब मँगाते हैं? उन्होंने कहा था कि वे कोई किताब लेकर उसके कुछ पन्ने पढ़ते हैं। अगर उन्हें लगता है कि पुस्तक में वही विचार हैं जिनसे वे पहले से परिचित हैं, तो उस पुस्तक को एक तरफ रखकर दूसरी किताब देखने लगते हैं, ताकि बोरियत से बच सकें। कई लोग किसी किताब को इसलिए पंसद करते हैं कि उनमें उनके विचार परिलक्षित होते हैं पर राधाकृष्णन की पसंद इसके विपरीत थी।

संयोगवश, उस पर मुझे जो बात सबसे पहले खटकी, वह यह कि यहाँ राष्ट्रपति के कार्यालय-जैसा कोई कमरा नहीं है। पहले राष्ट्रपति उन कागजों

पर दस्तखत कर दिया करते थे, जिन्हें लेकर उनका कर्मचारी उनके पास आता था। पर मैं शुरू से ही एक अलग कार्यालय का अभ्यस्त था, जहाँ मैं अपने काम पर एकाग्र हो सकता था। इसलिए मैंने अपने सचिव वर्दन से कहा कि मेरे लिए भूतल पर एक कार्यालय बनाया जाना चाहिए, जिसमें सभी संदर्भ पुस्तकों को रखने के लिए शेल्फ बने हों। मैंने उन्हें यह भी बताया कि मैं इस कमरे में नियमित रूप से सवेरे 10.00 बजे आऊँगा और डेढ़ बजे तक रहूँगा। फिर दोपहर बाद चार बजे लौटूँगा और तब तक रहूँगा जब तक जरूरत होगी। मैंने फाइलों और राष्ट्रपति भवन-प्रशासन से संबंधित मामलों से निपटने की प्रक्रिया का एक खाका भी बना दिया। मैंने रोज सवा दस बजे सैनिक सचिव, राष्ट्रपति-सचिव, संयुक्त सचिव और प्रेस-सचिव (जब आवश्यक हो की बैठक की व्यवस्था कर दी। हालाँकि इसे ठीक-ठाक चल निकलने में कुछ हफ्ते का समय लग गया।

शाम को राजीव गाँधी और उनकी पत्नी सोनिया अपने दोनों बच्चों राहुल और प्रियंका के साथ पारिवारिक मुलाकात के लिए आए। हमारी ओर से मेरी पत्नी, मेरी बेटियाँ-पद्मा और लक्ष्मी, दामाद के. वेंकटरमन तथा नाती सिद्धार्थ और नतनी शोभा मौजूद थे। यह बहुत ही सुखद और उल्लास-भरा अवसर था, जिसमें खूब हँसी-मजाक हुआ और मित्रवत् चुटकुले सुने-सुनाए गए।

चाय के बाद परिवार के लोग दूसरे कमरे में आराम करने चले गए। मैंने और राजीव गाँधी ने बातें कीं। उन्होंने श्रीलंका की ताजा स्थिति को सामने रखा। कहा कि श्रीलंका के उत्तर में जाफना क्षेत्र में तो तमिलों की आबादी घनी है, पर पूर्वी प्रांत में वे बहुसंख्यक नहीं हैं। फिर भी, श्रीलंका के सभी जातीय तमिल गुट उत्तरी और पूर्वी प्रांतों के विलय पर जोर दे रहे हैं। श्रीलंका सरकार का कहना है कि वह उत्तरी और पूर्वी प्रांतों में दो पृथक् सत्ताएँ बना देगी और इन दोनों इलाकों को मिला भी देगी, बशर्ते पूर्वी प्रांत लोकतांत्रिक ढंग से जनमत-संग्रह या चुने हुए प्रतिनिधियों के जरिए अपनी इच्छा व्यक्त करे। राजीव गाँधी ने बताया कि तमिल गुटों को यह मंजूर नहीं है और वे श्रीलंका सरकार को इस बात पर राजी करने की कोशिश कर रहे हैं कि पहले दोनों इलाकों का विलय कर दिया जाए और फिर पूर्वी क्षेत्र के लोगों को लोकतांत्रिक प्रक्रिया के तहत उस विलय से मुक्त होने की इजाजत दी जाए। मूलतः वे यह सुझाव दे रहे थे कि पूर्वी प्रांत को लोकतांत्रिक प्रक्रिया से इच्छानुसार अलग कर दिया

जाए। मैंने उन्हें बताया कि श्रीलंका के मंत्रियों से मुझे जो पता चला है, उसके मद्देनजर उन्हें श्रीलंका को इस पर राजी करने में बहुत कठिनाई होगी।

बोफोर्स तोप-सौदे में दलाली के आरोपों की जाँच के लिए संयुक्त संसदीय समिति बनाने की माँ के बारे में मैंने उन्हें सलाह दी कि वे इस माँग को मंजूर कर सकते हैं और दोनों सदनों को 15 सदस्यों की सीमित सदस्यता से समिति की नियुक्ति का काम शुरू कर सकते हैं। राजीव ने कहा कि विपक्ष 21 सदस्यों की समिति बनाने की माँग कर रहा है। मैंने उनसे कहा कि विपक्ष की छोटी समिति के लाभ के बारे में बताएँ, क्योंकि छोटी समिति जाँच के लिए ज्यादा प्रभावशाली होगी। फिर भी अगर वे ज्यादा सदस्य संख्या पर अड़े रहें तो उन्हें विरोध नहीं करना चाहिए।

इसके बाद हम लोगों ने उन उपायों पर चर्चा की, जिनकी जरूरत गोपनीय सूचनाओं को बाहर जाने से रोकने के लिए थी। मैंने सुझाव दिया कि गोपनीय सूचनाएँ एक ऐसी पेटी में भेजी जाएँ, जिसमें ताला लगा हो और जिसकी चाबी हम दोनों के पास हो। इस तरह इस पेटी को सिर्फ प्रधानमंत्री और राष्ट्रपति खोल पाएँगे। वे इस सुझाव को तुरंत मान गए और अगले ही दिन उन्होंने मेरे लिए एक चाबी के साथ एक लाल पेटी भेजी। इस व्यवस्था के कारण पूरे पाँच वर्षों तक, जिस दौरान मैं राष्ट्रपति रहा, मेरे और प्रधानमंत्री के बीच हुआ कोई भी गोपनीय पत्राचार लीक नहीं हुआ।

अगले दिन मैं पहली बार परिजनों के कमरे देखने गया। ये राष्ट्रपति भवन के उत्तरी हिस्से में हैं, जबकि मेहमानों के कमरे दक्षिणी हिस्से में। इन दोनों के बीच में अशोक हॉल, दरबार हॉल, भोजन कक्ष (बैंक्वेट रूम), सम्मेलन कक्ष वगैरह हैं। इनमें से अशोक हॉल में स्वागत-समारोह होते हैं। दरबार हॉल में नागरिक व सैनिक पुरस्कारों से संबद्ध समारोह होते हैं।

मेरा अनुमान था कि परिजनों के कक्ष उन सुरुचिपूर्ण पश्चिमी गेस्ट हाउसों-जैसे होंगे, जिनमें मैं सरकारी मेहमान की तरह ठहरा था। पर यह देखकर मुझे आश्चर्य हुआ कि रहने के वे कमरे बस कामचलाऊ ही थे। ये जिस जमाने मे बने थे, उन दिनों फ्लश आदि नहीं होते थे। शौचालय पास में थे, पर कमरों से जुड़े हुए नहीं थे। इसके अलावा इस जगह को सुव्यवस्थित करने के लिए काफी काम को जरूरत थी। कालीनों को सफाई हेतु हटाने के लिए ही ढेरों

मजदूरों की जरूरत थी। दीवारों की रंगाई और छोटी-मोटी मरम्मत किए बिना इन कमरों का हॉल सुधारा नहीं जा सकता था। यह सब देखकर मेरी नतनी ने मजाक में कहा कि मुझे राष्ट्रपति पद छोड़कर मौलाना आजाद रोड स्थित उपराष्ट्रपति-निवास में ही चला जाना चाहिए, जो दिल्ली के सबसे आरामदेह घरों में से एक है।

मैंने यह स्पष्ट कर दिया कि कोई संरचनात्मक बदलाव नहीं किया जाना चाहिए और इमारत जैसी है, उसी में रहेंगे। मेरा शपथ-ग्रहण समारोह देखने के लिए मेरे सभी बच्चे आए थे। पर जिन लोगों को मेरे साथ रहना था, उनकी संख्या केवल तीन थी। इनमें मेरी पत्नी और दो नातिनें शामिल थीं। तीन साल बाद विदेश में रह रही मेरी एक बेटी भी आ गई और जब-जब आई दो-तीन महीनों तक हमारे साथ रही। इसलिए हम लोगों ने अपना ध्यान उन्हीं कमरों पर लगाया, जिन्हें तुरंत तैयार किया जाना था।

राष्ट्रपति से जुड़े कर्मचारियों के दो वर्ग होते हैं। एक, राष्ट्रपति-कार्यालय से संबद्ध स्थायी कर्मचारियों का और दूसरा, निजी कर्मचारियों का, जिनका कार्यकाल पद पर बने रहने से जुड़ा होता है। मैंने पिछले राष्ट्रपति के सभी निजी कर्मचारियों का कार्यकाल खत्म हो जाने दिया। इनका कार्यकाल राष्ट्रपति के कार्यकाल से जुड़ा था और मैंने उनमें से किसी के भी कार्यकाल का नवीकरण नहीं किया। मैं ज्ञानी जैलसिंह की बात भी नहीं मान पाया। उन्होंने एक अफसर को बनाए रखने के लिए कहा था, पर मुझे सलाह दी गई कि मैं ऐसा न करूँ।

उपराष्ट्रपति-कार्यालय से मैं अपने साथ उपराष्ट्रपति के सचिव गोपाल गाँधी (आई. ए. एस.), सूचना अधिकारी भटनागर, अपने निजी सचिव रामनाथन और कुछ आशुलिपिक व निजी सहायकों को ले आया। मुझे बताया गया कि कर्मचारियों की संख्या में कटौती के कारण हर माह 15 हजार रुपए की शुद्ध बचत हो रही थी।

राष्ट्रपति भवन में चूँकि मेरा शयन-कक्ष पहली मंजिल पर था, इसलिए रोज सुबह नीचे आना मुझे मुश्किल लगा। मैंने अपने टहलने का समय सुबह की बजाए शाम को कर दिया। मुगल गार्डन में जब मैं पहली बार टहलने गया तो मेरे साथ बराबर कई लोग रहे और यह सब मेरे लिए बहुत हद तक संत्रास और विरक्ति पैदा करनेवाला था। सुरक्षा अधिकारी, ए. डी. सी., कई चपरासी-कुल

मिलाकर दर्जन-भर से ज्यादा लोग मुझे घेरे हुए थे! मैं अकेले शांतिपूर्वक टहलना चाहता था और यह नहीं चाहता था कि मेरे पीछे अफसर चलें या सुरक्षा गार्ड मेरे कंधे से कंधा मिलाए रहें। मैंने उनसे नम्रतापूर्वक कहा कि उन्हें मेरे साथ चलने की जरूरत नहीं है और मुगल गार्डन में मुझे यों भी पर्याप्त सुरक्षित होना चाहिए। पर ए. डी. सी. ने कहा कि राष्ट्रपति के साथ चलनेवाले कर्मचारियों की संख्या न्यूनतम है और उनके लिए यह आवश्यक है कि राष्ट्रपति के साथ चलें।

इस तरह मुझे समझ में आया कि राष्ट्रपति के रूप में मनुष्य सबसे पहले अपना एकांत खोता है। सुबह उठने से लेकर रात को सोने जाने तक सुरक्षा-कर्मचारियों, ए. डी. सी. और विभिन्न श्रेणियों के कई सेवक-समूह हर क्षण राष्ट्रपति की प्रत्येक गतिविधि पर आँख गड़ाए लगातार देखते रहते हैं और सदैव चौकस बने रहते हैं।

बचपन से ही अपने कपड़े मैं खुद सँभालता रहा हूँ। स्वयं जूते साफ करने और उन पर पालिश लगाने से लेकर अपने सारे निजी काम खुद निपटाता हूँ। यहाँ तक कि मद्रास में मंत्री बनने के बाद भी मेरा अपना नौकर नहीं था। बाहर जाता था तो भी अपने कपड़े खुद सँभालता था। मेरे साथ रहनेवाला चपरासी छोटे-मोटे कामों से इधर-उधर दौड़ता रहता था। जैसे मेरे लिए कॉफी वगैरह लाता था। पर मूलत: मैं अपनी निजी जरूरतों के लिए पूरी तरह आत्मनिर्भर था। अब मैंने देखा कि मेरे कर्मचारी राष्ट्रपति के रूप में मुझे खुद करने ही न दें। मुझे डर था कि पाँच साल तक अगर यही हाल रहा तो मेरे हाथ-पाँव अकड़कर कड़े हो जाएँगे! प्राकृतिक रूप से देह में क्षीणता घुस आएगी। इसलिए मैंने कोशिश की और इसमें काफी हद तक सफल भी रहा। कुछ 'सामान्य' कार्य, जैसे शेल्फ से किताबें और रैक से फाइलें निकालना मैं खुद करने लगा। मुझे यह सब करते हुए देखकर मेरे अफसर कई बार मदद के लिए भागते। मैं उनसे कहा था, ''कृपया मुझे थोड़ी कसरत कर लेने दें!''

28 जुलाई को रात नौ बजे प्रधानमंत्री मेरे पास आए। वे अगली सुबह श्रीलंका के राष्ट्रपति जयवर्द्धने के निमंत्रण पर कोलम्बो जा रहे थे। राजीव ने मुझे बताया कि राष्ट्रपति जयवर्द्धने उत्तरी और पूर्वी प्रांतों को मिलाने पर राजी हो गए हैं, जिसमें यह प्रावधान है कि एक साल बाद यदि पूर्वी क्षेत्र जनमत-संग्रह के

जरिए तय करे तो उसे संघ से बाहर निकलने का अधिकार होगा। राजीव ने यह भी कहा कि राष्ट्रपति जयवर्द्धने ने उन्हें संकेत दिया है कि पूर्वी प्रांत में चुनाव कराने की एक साल की अवधि बढ़-घट सकती है, हालाँकि यह अनिवार्य नहीं है। राजीव की राय में श्रीलंका द्वारा दी गई यह छूट काफी हद तक तमिल गुटों की उत्तरी और पूर्वी प्रांतों के विलय की माँग को पूरी करती थी और उग्रवादी गुट, एल. टी. टी. ई, को इस मौके को हाथ से नहीं जाने देना चाहिए। राजीव ने कहा कि इस काम के लिए वे तमिलनाडु के मुख्यमंत्री एम. जी. रामचंद्रन की मदद ले रहे हैं।

मैंने जब उनसे उत्तरी और पूर्वी प्रांतों के विलय के खिलाफ श्रीलंका के कठोर रुख में बदलाव के बारे में पूछा तो राजीव ने कहा कि उन्हें लग रहा है कि राष्ट्रपति जयवर्द्धने देश के दक्षिण में जनता विमुक्ति पेरामुना के उग्रवादियों के (जे. वी. पी.) भारी दबाव में हैं और चाहते हैं कि श्रीलंकाई सेना जाफना से मुक्त हो, ताकि उसे दक्षिण में तैनात किया जा सके।

उन्होंने कहा, राष्ट्रपति जयवर्द्धने चाहते हैं कि एक भारतीय शांति-सेना जाफना-क्षेत्र में कानून और व्यवस्था बनाए रखने की जिम्मेदारी ले। मैंने प्रधानमंत्री को सतर्क किया कि ऐसा करने से उन पर दूसरे देश के अंदरूनी मामले में हस्तक्षेप का आरोप लग सकता है। इसलिए, मैं चाहता था कि वे श्रीलंकाई राष्ट्रपति से एक समुचित लिखित आवेदन लें, जिसकी मदद से वे ऐसे आरोपों से अपना बचाव कर पाएँ।

इसके बाद मैंने राजीव से एल. टी. टी. ई. और उसके नेता प्रभाकरण द्वारा इन प्रस्तावों को स्वीकार किए जाने की संभावनाओं के बारे में पूछा। प्रधानमंत्री ने कहा कि उनके अफसर, खासकर विदेश सचिव के. पी. एस. मेनन और कोलंबो में भारतीय उच्चयुक्त जे, एन. दीक्षित इस मामले को देख रहे हैं। उन्हें यह भी लगता था कि इस मामले में एम. जी. रामचंद्रन भी मदद की कोशिश कर रहे हैं। रामचंद्रन प्रभाकरण के काफी मददगार थे और कहते हैं कि उस पर उनकी थोड़ी पकड़ भी थी। इसके बाद राजीव ने एक महत्त्वपूर्ण बयान दिया, ''हम लोग समझौते पर दस्तखत करेंगे और इसे जनता के समक्ष रखेंगे। अगर तमिल पक्ष इसे खारिज करेगा तो हम इस मसले से अलग हो जाएँगे। अपनी तरफ से हमने सर्वश्रेष्ठ किया है।''

29 जुलाई को खबर आई कि राष्ट्रपति जयवर्द्धने और प्रधानमंत्री राजीव गाँधी ने ऐतिहासिक समझौते पर दस्तखत किए हैं। समझौते और अनुलग्नकों की खास बातें इस प्रकार थीं :

(1) उत्तरी और पूर्वी प्रांतों का एक प्रशासनिक इकाई में विलय, बशर्ते पूर्वी प्रांत 31 दिसंबर, 1988 को या उससे पहले होनेवाले जनमत-संग्रह में एकीकृत प्रांत से अलग होने का फैसला करे। श्रीलंकाई राष्ट्रपति ने जनमत-संग्रह को अपनी इच्छानुसार टालने का अधिकार सुरक्षित रखा।

(2) श्रीलंका सरकार के आग्रह पर जाफना क्षेत्र में एक भारतीय शांति सेना रखी जाएगी जो वहाँ कानून-व्यवस्था की रक्षा करेगी।

(3) श्रीलंका सभी विदेशी सैनिकों और खुफिया कर्मचारियों को उनके देश वापस भेज देगा।

(4) श्रीलंका त्रिंकोमाली या किसी अन्य बंदरगाह को किसी और देश के सैनिक उपयोग के लिए उपलब्ध नहीं कराएगा, जिससे भारत पर प्रतिकूल असर पड़े।

(5) एकीकृत उत्तरी और पूर्वी प्रांतों में चुनाव से पहले एक अंतरिम सरकार बनाई जाएगी।

भारत में लोगों को यह जानकर आश्चर्य हुआ कि जो राष्ट्रपति जयवर्द्धने पहले जाफना के तमिल क्षेत्र को जिला परिषद से ऊपर का दर्जा देने को तैयार नहीं थे, वे अब इतने आगे बढ़ गए कि एकीकृत उत्तरी और पूर्वी प्रांतों में अंतरिम सरकार बनने देने के लिए तैयार है! भारत में इस समझौते का उत्साहजनक स्वागत हुआ। अंतर्राष्ट्रीय स्तर पर इन दोनों नेताओं के राजनीतिक कौशल का अद्भुत प्रदर्शन कहा गया और इसकी प्रशंसा की गई। एक अमेरिकी सीनेटर ने तो इसके लिए यहाँ तक कहा कि राजीव गाँधी और जयवर्द्धने को नोबल शांति पुरस्कार दिया जाना चाहिए।

30 जुलाई को दिन में करीब ग्यारह बजे मुझे खबर मिली की सलामी गारद का निरीक्षण करते समय एक श्रीलंकाई नौसैनिक ने राजीव गाँधी पर अपने राइफल की बट्ट से प्रहार किया है। पर राजीव गाँधी इस दुर्दम्य हमले में

बाल-बाल बच गए हैं, क्योंकि बट्ट सिर के बजाए उनके कंधे पर लगा है। इससे भारत-श्रीलंका समझौते के खिलाफ सिंहलियों के गुस्से का इजहार हुआ। श्रीलंका के प्रधानमंत्री आर. प्रेमदास ने राष्ट्रपति जयवर्द्धने और राजीव गाँधी के समझौते के प्रति अपनी नाराजगी बिल्कुल नहीं छुपाई थी।

मैंने जब इस सूचना की जाँच की तो मुझे आश्वस्त किया गया कि राजीव गाँधी गंभीर रूप से जख्मी नहीं हुए हैं और उन्होंने समारोह को सामान्य ढंग से पूरा किया। मुझे यह भी बताया गया कि वे श्रीलंका से विमान से वापस आ रह हैं। मैंने उन्हें विमान में यह संदेश भिजवाया, "आप पर हुए शारीरिक हमले की बात सुनकर मैं स्तब्ध हूँ; ईश्वर की कृपा है कि आप घायल नहीं हुए। शांति के पक्ष में खड़े होने के ऐसे ही खतरे होते हैं।"

मुझे सूचना मिली थी कि राजीव गाँधी सवा बारह बजे दिन में पहुँच रहे हैं। मुझे इस बारे में कोई हिचक नहीं थी कि इस हमले पर देश की चिंता जताई जानी चाहिए और इसे व्यक्त करने के लिए प्रधानमंत्री से विमानतल पर मिलने जाने और उनके बाल-बाल बचने पर देश को जो राहत मिली है, उसे व्यक्त करने का और कोई बेहतर तरीका नहीं है। राष्ट्रपति भवन के प्रतिष्ठान का दृढ़ विश्वास था कि राष्ट्रपति का प्रधानमंत्री की अगवानी करने जाना प्रोटोकल के खिलाफ है। मैंने उन लोगों को चुपचाप सुना और उनसे बहस नहीं की। मैंने उन्हें बस अपना फैसला सुनाया कि मैं राजीव गाँधी से मिलने विमानतल पर जाऊँगा। राष्ट्रपति भवन-प्रतिष्ठान को यह अहसास हुआ कि मैं दृढ़ हो सकता हूँ और यह भी कि वे हर मामले में प्रोटोकोल का बंधन नहीं लगा सकते।

विमानतल पर मेरी उपस्थिति से राजीव गाँधी को थोड़ा ताज्जुब हुआ और वे भौंचक रह गए। वहाँ कई मंत्री, अधिकारी और सांसद मौजूद थे। मैंने संभावित अंदरूनी चोटों के बारे में जिज्ञासा प्रकट की और उन्हें सलाह दी कि वे फौरन जाँच करा लें। राजीव ने बताया कि जब वे नौसैनिक टुकड़ी के सामने से गुजर रहे थे, तभी उन्हें लगा कि उनके पीछे कुछ हिला है। उसी क्षण तत्काल उन्होंने सिर झुका लिया, जिससे सिर में चोट नहीं लगी।

इसके बाद मैंने सोनिया को नमस्ते कहा। उनके चहरे पर घबराहट या चिंता का कोई भाव नहीं था। जो लोग अगवानी करने आए थे, उनसे इंतजार करने को कहकर राजीव गाँधी मेरी कार के पास आए और मुझे विदा किया। उन्होंने

संक्षेप में बताया कि समझौते पर दस्तखत होने से वे काफी खुश हैं और यह भी कि इस बारे में वे विस्तार से बातचीत करने मेरे पास आएँगे।

हवाई अड्डे की अपनी प्रेस कांफ्रेंस में राजीव गाँधी वैसे ही थे, जैसे आमतौर पर रहते थे और उन्होंने सभी सवालों का फटा-फट जवाब दिया। उन्होंने राष्ट्रपति जयवर्द्धने की अत्यंत साहसी और राजनीति कुशल व्यक्ति कहकर तारीफ की। उन्होंने उम्मीद जताई कि भारत-श्रीलंका समझौते में मित्रता और सहयोग का एक नया युग शुरू होगा। इस पर कुछ अखबारवालों ने समझौते के खिलाफ श्रीलंका में व्याप्त गुस्से का जिक्र किया और उसे लागू करने में राष्ट्रपति जयवर्द्धने की क्षमताओं पर संदेह जताया। राजीव गाँधी ने कहा, "कुछ प्रधानमंत्रियों को अपने राष्ट्रपतियों से दिक्कत होती है (राष्ट्रपति जैलसिंह की ओर इशारा) और कुछ राष्ट्रपतियों को अपने प्रधानमंत्रियों से मुश्किल होती है।" (जयवर्द्धने और प्रेमदास के मतभेदों की ओर इशारा)।

हवाई अड्डे पर राजीव गाँधी की अगवानी के लिए जाने की मेरी सद्भावनापूर्ण कार्रवाई की मंत्रियों, सांसदों, प्रमुख नागरिकों और मीडिया ने बहुत तारीफ की। एक अखबार की टिप्पणी थी, "चिंता किस हद तक थी, यह इस बात से स्पष्ट है कि राष्ट्रपति रामस्वामी वेंकटरमन प्रोटोकोल के विरुद्ध जाकर प्रधानमंत्री से हवाई अड्डे पर मिलने गए।" एक और अखबार का शीर्षक था, 'आर. वेंकटरमन द्वारा प्रोटोकाल को किनारे कर प्रधानमंत्री का हवाई अड्डे पर अभिवादन।' कई और लोगों ने भी कमोबेश ऐसी ही टिप्पणी की। राष्ट्रपति जयवर्द्धने ने सार्वजनिक तौर पर प्रधानमंत्री और भारत की जनता से क्षमा-याचना की। ऐसा करके उन्होंने देशवासियों का दिल जीत लिया। उन्होंने कहा, "आज सवेरे उनका (प्रधानमंत्री का) जो अपमान हुआ, उसके लिए मैं भारत के प्रधानमंत्री, श्रीमती गाँधी, दोनों बच्चों, भारत सरकार तथा भारतीय जनता से खेद प्रकट करता हूँ।"

31 जुलाई को चीन के नए राजदूत ने मुझे अपना परिचय-पत्र दिया। परिचय-पत्र सौंपे जाने का मेरे लिए यह पहला मौका था। मुझे खुशी हुई है कि यह एक ऐसे देश के राजदूत का परिचय-पत्र है, जो प्रमुख है और हमारा पड़ोसी है। राजदूतों द्वारा परिचय-पत्र देने वाला भारतीय समारोह बहुत आकर्षक होता है, विश्व में शायद ही एक-दो जगह ऐसा समारोह होता हो। नियत तारीख

को भारत के प्रमुख प्रोटोकोल अधिकारी नवनियुक्त राजदूत के पास जाते हैं और फिर वाहनों के काफिले में साथ-साथ चलते हैं। उनके पीछे राजदूत की पत्नी और दूतावास के अधिकारी हाते हैं। राष्ट्रपति भवन के गेट पर एक राजदूत अपनी गाड़ी से उतरते हैं और प्रमुख प्रोटोकोल अधिकारी के साथ राजकीय बग्गी में बैठते हैं। इसे घोड़े खींचते हैं। इसके आगे-पीछे राष्ट्रपति के अंगरक्षक चलते हैं। राजकीय बग्गी राष्ट्रपति भवन के बाहर बरामदे में पहुँचती है। यहाँ नए राजदूत तीनों सेनाओं द्वारा पेश गार्ड ऑफ ऑनर का निरीक्षण करते हैं। नवनियुक्त राजदूत का राष्ट्रगान बजाया जाता है और फिर हमारा अपना राष्ट्रगान होता है। इसके बाद नए राजदूत का हमारे विदेश सचिव या उनके प्रतिनिधि से परिचय करवाया जाता है। वे नए राजदूत का परिचय दूसरे लोगों से कराते हैं। राष्ट्रपति के सैनिक सचिव की अगुआई में नए राजदूत, उनके अफसर और विदेश सचिव तथा दूसरे अधिकारी अशोक हॉल के पास ऊपरी हिस्से में पहुँचते हैं। इस बीच राजदूत की पत्नी अगर मौजूद हों-और राष्ट्रपति की पत्नी दूतावास के अन्य अधिकारियों के साथ अशोक हॉल में बैठ जाती हैं।

इसके बाद राष्ट्रपति को अशोक हॉल में ले जाया जाता है। वहाँ वे चाँदी की एक कुर्सी पर बैठते हैं। चाँदी की कुर्सी का वजन करीब 640 किलोग्राम है और इसका इस्तेमाल ब्रिटिश सम्राट जार्ज पंचम ने 1911-12 में हुए दिल्ली-दरबार में किया था। स्वतंत्रता के बाद भारत के राष्ट्रपति इस कुर्सी का इस्तेमाल तब करते थे, जब वे भारत से जुड़े मिशन-प्रमुखों के परिचय-पत्र प्राप्त करते थे। कुछ समय बाद जब मैंने राष्ट्रपति भवन की यादगार चीजों और कलात्मक वस्तुओं का संग्रहालय बनाया तो इस कुर्सी को वहाँ स्थानांतरित कर दिया, ताकि भावी पीढ़ियों के लिए इसे सुरक्षित रखा जा सके। तय समय पर, आमतौर से सवेरे 10.00 बजे सैनिक सचिव के नेतृत्व में शोभायात्रा धीरे-धीरे राष्ट्रपति की सीट की ओर बढ़ती है। सैनिक सचिव के पीछे मुख्य प्रोटोकोल अधिकारी और फिर नवनियुक्त राजदूत होते हैं। ये अपना परिचय-पत्र और लिखित भाषण राष्ट्रपति को सौंपते हैं। राष्ट्रपति परिचय-पत्र लेकर अपने बाईं ओर खड़े सहायक द्वारा थामे हुए पात्र में रख देते हैं। इसके बाद राष्ट्रपति राजदूत को अपने भाषण की प्रति सौंपते हैं और दोनों ओर के मौजूद लोगों से हाथ मिलाते हैं।

पहले भाषण को समारोह के दौरान पढ़ा जाता था। इसमें काफी समय लगता था। अब उसे पढ़ा गया मान लिया जाता है। मैंने देखा कि विदेश मंत्रालय से भाषण का जो मसौदा मुझे मिला था, वह नीरस है। शायद इन मसौदों पर बहुत ध्यान नहीं दिया जाता था, क्योंकि इन्हें भी एक नियमित काम माना जाता था। पर चूँकि मुझे तैयारी में एक सीमा तक संपूर्णता की आदत थी, इसलिए मैंने कहा कि मसौदे को और सावधानी से तैयार किया जाना चाहिए। विदेश सचिव के. पी. एस. मेनन स्वयं चीन में राजदूत रह चुके थें उन्हें यह बात समझ में आई। मुझे एक बेहतर एवजी दिया गया। तब से कुल मिलाकर एकाध अपवादों को छोड़कर ज्यादातर मामलों में राष्ट्रपति के भाषण के मसौदे सावधानीपूर्वक तैयार किए हुए होते थे। इसके बाद राष्ट्रपति के भाषण के मसौदे सावधानीपूर्वक तैयार किए हुए होते थे। इसके बाद राष्ट्रपति और राजदूत अधिकारियों के साथ फोटो-पत्र के लिए तैयार हो जाते हैं। इस मौके पर दोनों देशों के अधिकारियो के साथ राष्ट्रपति और राजूदत की आधिकारिक तस्वीर खींची जाती है। आधिकारिक तस्वीर में न तो राष्ट्रपति की पत्नी होती हैं और न राजदूत की।

इसके बाद राष्ट्रपति राजदूत का औपचारिक स्वागत करते हैं और उम्मीद जताते हैं कि नवनियुक्त राजदूत के कार्यकाल में दोनों देशों के संबंध मजबूत होंगे।

फिर राजदूत और राष्ट्रपति परस्पर आर्थिक सहयोग और दोनों देशों के बीच व्यापार बढ़ाए जाने की संभावनाओं पर चर्चा करते हैं। इस मौके पर मैंने उम्मीद जताई कि भारत और चीन के बीच बेहतर संबंध स्थापित होंगे और दोनों देशों के बीच विश्वास बनाने के उपायों को और मजबूत किया जाएगा।

एक अगस्त को दोपहर से पहले श्रीलंका के नरमपंथी तमिल यूनाइटेड लिब्रेशन फ्रंट (टी. यू. एल. एफ.) के नेता अमृतलिंगम और सिवसिंदवरभ् ने मुझसे मुलाकात की और दो दिन पूर्व श्रीलंका व भारत के बीच हुए ऐतिहासिक समझौते के लिए भारत सरकार और प्रधानमंत्री राजीव गाँधी के प्रति अपना गहरा आभार जताया। अमृतलिंगम को भरोसा था कि श्रीलंका और तमिलों में शांति लौट आएगी। वे चाहते थे कि अंतरिम परिषद जल्दी बनाई जाए और इसमें एल. टी. टी. ई. से इतरन तमिल गुटों, जैसे उनके अपने गुट का उपयुक्त प्रतिनिधित्व हो। दोपहर बाद राजीव गाँधी मुझसे मिले और राष्ट्रपति जयवर्द्धने के साथ हुए समझौते का विस्तृत विवरण दिया। उन्होंने एल. टी. टी. ई. जैसे

उग्रवादियों की मौन सहमति और समझौते को लागू करने में उनके सहयोग के वायदे की अच्छी खबर भी सुनाई। उन्हें यकीन था कि श्रीलंका और तमिल गुट-दोनों समझौते की शर्तों को लागू करेंगे। इस समय वे एक ऐसी स्कूली बच्चे की तरह मुस्कुरा रहे थे, जैसे उसने कोई पुरस्कार जीता हो।

इसके बाद राजीव ने मुझसे कहा कि भारत-श्रीलंका समझौते पर खुशी मनाने के लिए कांग्रेस पार्टी ने दो अगस्त को मद्रास में एक रैली का आयोजन किया है। उनहोंने यह भी कहा कि एल. टी. टी. ई. के रुख को नरम बनाने में एम. जी. रामचंद्रन ने जो सहयोग किया है, उसके लिए डी. एम. के. के हमले का खामियाजा भी उठाया है। इसलिए एम. जी. रामचंद्रन के बिना यह रैली अनुचित होगी। उन्होंने कहा, ''हमारी पार्टी के कुछ जूनियर लोग चाहते हैं कि समझौते का सारा श्रेय वे स्वयं ले लें।'' उन्होंने यह भी कहा कि जब उन्हें यह पता चला तो उन्होंने एम. जी. रामचंद्रन से आग्रह किया कि वे चिकित्सीय जाँच के लिए अमेरिका की यात्रा को एक दिन के लिए टाल दें और रैली में उनके साथ शामिल हों।

रामचंद्रन-मंत्रिमंडल के वित्तमंत्री वी. आर. नेंदुचेझियन ने शाम को मुझसे मुलाकात की। उन्हें रामचंद्रन से राजीव के आग्रह और उनके द्वारा इसे स्वीकार कर लिए जाने की जानकारी नहीं थी।

भारत का उपराष्ट्रपति बनने के फौरन बाद इंदिरा गाँधी ने मुझे आई. सी. सी. आर. का अध्यक्ष बनने के लिए आमंत्रित किया था। उस समय तक विदेश मंत्री आई. सी. सी. आर. के अध्यक्ष हुआ करते थे। पर विदेशमंत्री चूँकि दूसरे कामों में हमेशा व्यस्त रहते थे, इसलिए आई. सी. सी. आर. पर बहुत कम ध्यान दे पाते थे और विदेश मंत्रालय के एक अधिकारी जो आई. सी. सी. आर. के महानिदेशक होते थे, वही सर्वेसर्वा थे। कलाकारों का समुदाय आई. सी. सी. आर. के काम-काज के काफी आलोचना करता था। आई. सी. सी. सी. आर. के अध्यक्ष के रूप में अपने कार्यकाल के दौरान मैंने इसकी गतिविधियों को काफी व्यापक किया था, प्रक्रियाओं को भी दुरुस्त किया था और कलाकारों के चुनाव को काफी हद तक विषयनिष्ठ बनाया था। नई प्रतिभाओं को भी मैंने मौका दिया। जब मैंने आई. सी. सी. आर. की अध्यक्षता छोड़ी तो कलाकारों ने एक समारोह आयोजित किया और मेरे प्रोत्साहन के लिए मुझे धन्यवाद दिया।

इन कलाकारों में मास्कों में आयोजित भारत-महोत्सव में भाग लेकर लौटे कलाकार भी थे। इनमें रविशंकर और अमजद अली जैसे संगीताचार्य, यामिनी कृष्णमूर्ति, सोनल मानसिंह, सुधारानी रघुपति जैसी नृत्यांगनाएँ, हिंदुस्तानी व कर्नाटक शैली के कई संगीतज्ञ तथा आई. सी. सी. आर. के समिति-सदस्य, जैसे-पुपुल जयकर, कपिला वात्स्यायन और एच. वाई. शारदाप्रसाद शामिल थे। उस समय आई. सी. सी. आर. के महानिदेशक ने एक घटना का वर्णन किया। उन्होंने कहा कि मैंने आई. सी. सी. आर. से कहा था कि करीब दस साल की एक कलाकार को आई. सी. सी. आर. के तहत भरतनाट्यम् करने का मौका दिया जाए। इससे उन्होंने समझा कि उपराष्ट्रपति लड़की को जानते हैं और इसमें उनकी दिलचस्पी है। प्रदर्शन के बाद मानसिंह ने लड़की से पूछा कि वह उपराष्ट्रपति को केसे जानती है। लड़की के अभिभावकों ने उनसे कहा कि वे उपराष्ट्रपति को बिल्कुल नहीं जानते और आई. सी. सी. आर. से नृत्य-प्रदर्शन के लिए चिट्ठी पाकर उन्हें ताज्जुब हुआ था। मैंने उन लोगों को बताया कि उस छोटी लड़की के प्रदर्शन की भारी प्रशंसापूर्ण समीक्षा मैंने एक साप्ताहिक सांस्कृतिक कॉलम में पढ़ी थी। उस लड़की की सिफारिश का यही आधार था।

उसी शाम मुझे खबर मिली कि मद्रास-रैली जबरदस्त तरीके से सफल रही है और राजीव गाँधी ने नए समझौते के लिए उग्रवादियों का सहयोग पाने में एम. जी. रामचंद्रन के मूल्यवान सहयोग की यथोचित प्रशंसा की है।

जब मैं उपराष्ट्रपति था, तो राजीव गाँधी ने कवियों समेत जाने-माने लोगों के जन्मशती-समारोह मनाने के लिए कई राष्ट्रीय समितियाँ बनाई थीं। उन्होंने मुझसे मैथिलीशरण गुप्त-शताब्दी समारोह समिति का अध्यक्ष बनने का आग्रह किया था। मैथिलीशरण गुप्त हिंदी के जाने-माने कवि हैं और अन्य बातों के अलावा उन्होंने सुब्रह्मण्यम भारती की तरह राष्ट्रवाद और देशभक्ति की भावना को जगाया था। मैंने इस महान कवि के जन्मस्थान झाँसी के पास चिरगाँव में 3 अगस्त को उनकी प्रतिमा का अनावरण करने की सहमति दी थी। मैं सवेरे गाँव में पहुँच गया। राष्ट्रपति के रूप में दिल्ली से बाहर यह मेरी पहली यात्रा थी। करीब एक लाख लोगों का हुजूम वहाँ इकट्ठा था और लोग अपने नए राष्ट्रपति को देखने के ज्यादा इच्छुक हैं, यह स्पष्ट था। राज्यपाल मोहम्मद उस्मान आरिफ, उत्तर प्रदेश के मुख्यमंत्री वीरबहादुर सिंह, मध्यप्रदेश के मुख्यमंत्री

मोतीलाल वोरा और कई मंत्री व विधायक इस समारोह में शामिल हुए। मैंने हिंदी में सावधानी से तैयार किया गया एक लिखित भाषण पढ़ा। हालाँकि मैं हिंदी पढ़ और समझ सकता हूँ, फिर भी सार्वजनिक भाषण या सामान्य बातचीत में मैं कभी हिंदी नहीं बोल पाया। हिंदी शब्दों का लिंग आदि मैं कभी अच्छी तरह नहीं जान पाया और प्रायः पुल्लिंग की जगह स्त्रीलिंग और स्त्रीलिंग की जगह पुल्लिंग का प्रयोग करने की गलतियाँ करता रहा हूँ।

हिंदी में बोलना शुरू करते ही जन समूह काफी उत्साहित हो उठा और लोगों ने शुरू में ही खुशी जताई। भाषा की भावनात्मक अपील कुछ असाधारण होती है। जब दूसरे लोग, खासकर विदेशी और दूसरे राज्यों के लोग उनकी भाषा में बोलते हैं तो जनता हर्षोन्माद में बहने लगती है। मैं हमेशा अपने सार्वजनिक भाषण की शुरुआत उन लोगों की भाषा में करता हूँ, जिनके बीच बोलता हूँ। इस पर लोग जो खुशी जताते हैं, उससे मेरी शुरुआत अच्छी हो जाती है। जब कई बाहरी व्यक्ति उनकी भाषा में बोलता है, तो यूरोप-फ्रांस, जर्मनीवालों के साथ दूसरों को भी यह अच्छा लगता है, भले ही उस भाषा पर वक्ता का बहुत अच्छा अधिकार न हो। एक बार जापान के एक उच्चाधिकारी को विदा करते हुए मैंने सायोनारा कहा। वे रुके, मुस्कुराते हुए पीछे मुड़े और कहा कि मैं सही जापानी बोल रहा हूँ। इसके बाद एक या दो मिनट और हँसी-मजाक हुआ था।

अपने भाषण में मैंने मैथिलीशरण गुप्त की साहित्यिक कुशलता के साथ-साथ उनकी राष्ट्रवादिता और देशभक्ति की तारीफ की। मैंने हिंसा की निंदा की और लोगों से अपील की कि वे विचार, शब्द और व्यवहार में इससे परहेज करें। मैंने लोगों से कहा कि वे मैथिलीशरण गुप्त के दिखाए रास्ते पर चलें, जो राष्ट्रीय एकता और अखंडता के प्रतीक थे। इस महान कवि के एक पद्यांश का उल्लेख करते हुए मैंने विभिन्न धर्म, विश्वास और दर्शन को मानने वाले लोगों में आपसी सद्भाव और सम्मान-भावना की जरूरत पर बल दिया। मैं उसी शाम दिल्ली लौट आया।

फिलीस्तीनी मुक्ति संगठन (पी. एल. ओ) के अध्यक्ष यासर अराफात मुझसे औपचारिक मुलाकात करने आए। मैं उन्हें कई वर्षों से जानता था और मेरा उनसे अच्छा निजी संबंध बन गया था। पी. एल. ओ. के विभिन्न गुटों में आई एकता

और उनके अध्यक्ष चुने जाने पर मैंने उन्हें बधाई दी। मैंने फिलीस्तीनी होमलैंड के लिए भारत के पूरे समर्थन की बात दुहराई। अराफात चाहते थे कि मध्य-पूर्व पर संयुक्त राष्ट्र के तत्त्वावधान में एक अंतर्राष्ट्रीय सम्मेलन कराया जाए। पर इसकी संभावना कम थी, क्योंकि अमेरिका इसके पक्ष में नहीं था। मैंने अराफात के लिए एक भोज का आयोजन किया। इसमें प्रधानमंत्री, मंत्रिमंडल के सदस्य और प्रमुख लोग शामिल हुए। राष्ट्रपति बनने के बाद से ही मैंने शैक्षिक जगत, कला, उद्योग और मीडिया के प्रतिनिधियों को मंत्रियों, सांसदों और अधिकारियों के साथ न्यौत देने की परंपरा शुरू कर दी थी। जब तक मैं राष्ट्रपति रहा, ऐसा होता रहा।

जब मैं उपराष्ट्रपति था, तब मैंने प्रधानमंत्री से कहा था कि संसद में बोफर्स मामले पर चर्चा के दौरान किसी उपयुक्त समय पर उन्हें एक बयान देकर अपने और सोनिया गाँधी के नाम पर सफाई दे देनी चाहिए। उन्होंने इसे सुन तो लिया, पर कुछ और नहीं कहा। 5 अगस्त को केंद्रीय मंत्री माखनलाल फोतेदार और प्रधानमंत्री के विशेष सचिव गोपी अरोड़ा मेरे पास आए। इन लोगों ने कहा कि प्रधानमंत्री मेरे सुझाव से प्रभावित हैं और जानना चाहते हैं कि बयान का उपयुक्त प्रारूप क्या हो। मैंने कहा कि एक संक्षिप्त बयान दिया जा सकता है, जिसमें साधारणतया इस बात का खंडन हो कि प्रधानमंत्री या उनके परिवार के किसी सदस्य को कोई लाभ हुआ है, और यह कि अगर किसी व्यक्ति द्वारा रिश्वत लेने की बात साबित हुई तो प्रधानमंत्री ऐसे लोगों के खिलाफ सख्त कार्रवाई करेंगे। इसके बाद दोनों दूत यह कहकर चले गए कि वे प्रधानमंत्री से सलाह करके बयान तैयार करेंगे।

देश के विभिन्न हिस्सों से काफी लोग रोज राष्ट्रपति भवन आते थे और राष्ट्रपति से मिलने की इजाजत माँगते थे। इसलिए मैंने यह व्यवस्था बनाई कि सामान्य मुलाकात हफ्ते में एक या दो बार करूँगा। लोग समूह में आते थे और भूतल पर येलो ड्राइंग रूम (बैठक कक्ष) में इंतजार करते थे। सामान्यतया दोपहर में मैं इस कमरे में पहुँचता था। मेरे साथ ए. डी. सी. और निजी सहायक होते थे। मैं प्रत्येक व्यक्ति या समूह के पास जाता था और उनका कुशल-क्षेम पूछता था। ऐसे लोगों में से ज्यादातर का यहाँ आने का कोई खास मकसद नहीं होता था। एक बार जब मैंने उनसे पूछा कि पैसे खर्च करके और तकलीफ उठाकर

वे क्यों राष्ट्रपति भवन आए तो उन्होंने हिंदी में एकदम सामान्य ढंग से जवाब दिया, "हम देखने के लिए आए हैं।" कभी-कभी वे चाहते थे कि राष्ट्रपति के साथ उनकी तस्वीर खींची जाए। बहुत कम लोगों ने सरकार या स्थानीय अधिकारियों से राहत दिलाने के लिए आवेदन दिया। मेरा कार्यालय इनकी प्राप्ति-रसीद देता था और इन्हें राष्ट्रपति-सचिवालय द्वारा संबंधित अधिकारियों को भेजा जाता था। जब-जब मुझे कोई चिट्ठी भी मिलती थी, जिसमें प्राप्त राहत के लिए मुझे धन्यवाद दिया जाता था। पर ऐसी चिट्ठियाँ कम और यदा-कदा ही आती थीं। आगंतुकों से मिलने की यह कार्रवाई आधे से पौन घंटे तक चलती थी। पाँच वर्ष के अपने पूरे कार्यकाल के दौरान मैंने इस व्यवस्था को बनाए रखा।

मुख्यमंत्री एम. जी. रामचंद्रन 5 अगस्त को अपनी चिकित्सा के लिए अमेरिका जाने से पहले मुझसे मिलने आए। श्रीलंका-समझौते में उनकी भूमिका और समझौते को लागू करने में एल. टी. टी. ई. को सहयोग के लिए राजी करने पर मैंने उन्हें बधाई दी। मैंने उनके सुखद आरामदायक प्रवास तथा बीमारी से पूरी तरह मुक्त हो जाने की कामना की। उन्होंने कहा कि वे मद्रास में मेरे भव्य स्वागत का आयोजन करना चाहते हैं, क्योंकि सर्वोच्च पद पर पहुँचनेवाला मैं पहला तमिल हूँ। उन्होंने यह भी कहा कि उनकी गैरमौजूदगी में मैं मद्रास न जाऊँ।

इसी दिन प्रधानमंत्री ने लोकसभा में बोफर्स मामले पर चर्चा के दौरान एक बयान दिया। सदन आश्चर्यचकित रह गया और देश के सबसे ऊँचे मंच से प्रधानमंत्री के स्पष्ट बयान पर किसी प्रतिक्रिया के लिए विपक्ष को थोड़ी देर सोचना पड़ा। लोगों पर इसका भारी प्रभाव पड़ा और कइयों ने मुझसे कहा कि यह बयान बहुत पहले दिया जाना चाहिए था।

परंपरा है कि पद-भार सँभालने के बाद नए राष्ट्रपति भारत सरकार से मान्यताप्राप्त दूतावासों के प्रमुखों के लिए स्वागत-समारोह का आयोजन करते हैं। राजनयिकों के लिए मैंने 7 अगस्त को स्वागत-समारोह रखा। मैं लगभग सभी देशों के दूतावासों के प्रमुखों को निजी तौर पर जानता था, क्योंकि उपराष्ट्रपति के रूप में मैं उन देशों के राष्ट्र दिवस समारोहों में जाया करता था। इस समारोह में प्रधानमंत्री, उनकी पत्नी, विदेश मंत्री और विदेशी मंत्री और विदेश मंत्रालय के अधिकारी शामिल हुए और यह समय बहुत प्रसन्नतापूर्वक गुजरा।

समारोह के दौरान राजीव गाँधी ने मुझसे कहा कि वे दिल्ली के अखिल भारतीय आयुर्विज्ञान संस्थान में बेहोश पड़े सीमांत गाँधी खान अब्दुल गफ्फार खान को 'भारत रत्न' देना चाहते हैं। गफ्फार खान उत्तर-पूर्व सीमांत प्रांत के थे, जो अब पाकिस्तान में हैं। मैंने राजीव से कहा कि मैं दो बार अस्पताल में बादशाह खान के पास गया, पर वे किसी को पहचान पाने में सक्षम नहीं हैं। मैंने कहा कि बादशाह खान महात्मा गाँधी के सबसे विश्वस्त लेफ्टिनेंट और अहिंसा के समर्थक रहे हैं। आज जब हम स्वतंत्रता की 40वीं वर्षगाँठ मना रहे हैं तो उन्हें 'भारत रत्न' से सम्मानित करना उपयुक्त ही होगा। मैंने यह भी कहा कि मैं चाहता हूँ, यह सम्मान उन्हें जल्द से जल्द उनके जीवित रहते ही दिया जाए।

मैक्सिको की राजदूत मैडम ग्रेसिया डी ला लामा एक दिन मेरे पास आईं और मुझे अपने देश के राष्ट्रपति मिगुड डे ला मैड्रिड की शुभकामनाएँ दीं। उन्हें मैं निजी तौर पर जानता था। शांति-योजना बनानेवाला छह देशों के प्रमुखों की बातचीत में मैक्सिको के राष्ट्रपति ने गहरी दिलचस्पी ली थी। मैडम ग्रेसिया सात या आठ साल से भारत में थीं और इस देश और इसकी संस्कृति से उनका गहरा जुड़ाव हो गया था। उन्होंने भारत के विभिन्न हिस्सों की कला और संस्कृति की सापेक्ष उत्कृष्टता तथा मैक्सिकी कला-संस्कृति से कुछ समानताओं की चर्चा की। मैंने उनसे कहा कि संयुक्त राष्ट्र समिति में मैक्सिको के मेरे एक सहयोगी ने मुझसे कहा था कि लाल मिर्च मैक्सिको से फिलीपींस ले जाई गई थी और वहाँ से यह भारत आई। इसलिए लाल मिर्च भारत का अपना पौध नहीं है। मैडम ग्रेसिया ने कहा कि वे इसकी पुष्टि नहीं कर सकतीं, पर उन्हें ऐसी संभावना पर विश्वास है।

मैक्सिकोवाले जिस ढंग से तीखी लाल मिर्च खाते हैं, उससे मुझे इस कहानी पर पूरा यकीन है। 50 के दशक में जब मैं संयुक्त राष्ट्र की जनरल असेंबली में प्रतिनिधि था, तो मैंने एक भारतीय रेस्त्राँ में मैक्सिको के प्रतिनिधिमंडल को रात्रि-भोज पर आमंत्रित किया था। मैंने रसोइए से कहा था कि मैक्सिकी मेहमानों की पसंद का खाना बनाने में वह कोई कसर न छोड़े। मेज पर जब खाना आया, तो मैंने देखा कि कई छोटी तश्तरियों में भुनी हुई मिर्च काजू की तरह सजा कर रखी गई थी। यह देखकर मैं घबरा गया और रसोइए से कहा

कि लाल मिर्च की जगह काजू या बादाम जैसी कोई चीज रखी जाए। लेकिन रसोइए ने मेरे इस सुझाव को खारिज कर दिया और मुझसे कहा कि मेहमानों को लाल मिर्च सबसे ज्यादा पसंद आएगी और सचमुच, मेहमानों ने लाल मिर्चों को खूब पसंद किया और मैक्सिको जैसा खाना खिलाने के लिए बधाई दी।

जे. आर. डी. टाटा मुझसे औपचारिक मुलाकात करने आए। हम दोनों एक दूसरे को तब से जानते थे, जब मैं योजना आयोग में था। हम लोगों में एक दूसरे के लिए सम्मान-भाव भी विकसित हो गया था। संसद में बोफर्स मामले में राजीव के बयान पर टिप्पणी करते हुए टाटा ने कहा कि तोप और दूसरे रक्षा-सौदों में राजीव गाँधी या उनके परिवार को कोई लाभ न हुआ हो, पर इस बात को नकारना मुश्किल होगा कि कांग्रेस पार्टी को कोई कमीशन नहीं मिला। उन्हें लगता था कि 1980 के बाद से उद्योगपतियों से चंदा नहीं माँगा गया है और पार्टी का खर्चा ऐसे सौदों पर मिलनेवाले कमीशन से चलता है।

8 अगस्त को देर शाम केंद्रीय पी. वी. नरसिम्हा राव ने खान अब्दुल गफ्फार खान का 'भारत रत्न' दिए जाने को राजीव गाँधी द्वारा घोषण किए जाने की इजाजत माँगी। यह घोषण 9 अगस्त, 1942 को भारत छोड़ो आंदोलन की चालीसवीं वर्षगाँठ मनाने के लिए बंबई में बुलाई गई रैली में की जानी थी। सामान्यतया 'भारत रत्न' दिए जाने की घोषणा राष्ट्रपति भवन से की जाती है। पर चूँकि खान अब्दुल गफ्फार खान एक बहादुर स्वतंत्रता सेनानी थे और 9 अगस्त, 1942 के भारत छोड़ो प्रस्ताव में शामिल हुए थे, इसलिए आजादी की 40वीं सालगिरह पर प्रधानमंत्री द्वारा घोषण किए जाने के लिए मैं खुशी से सहमत हो गया। इस मामले में राजीव गाँधी द्वारा परंपरा के उल्लंघन करने जैसी टिप्पणी सूचना की कमी के कारण की गई।

अगस्त में हिंदुओं का रक्षाबंधन का त्योहार राष्ट्रपति भवन के समारोहों में एक महत्त्वपूर्ण त्योहार का महत्त्व रखता है। बच्चे-बड़े, सभी राष्ट्रपति भवन आते हैं और परंपरागत रूप से राखी बाँधते हैं, यह भाई-बहन के रिश्ते का प्रतीक है और जरूरत पड़ने पर भाई द्वारा बहन की रक्षा का आश्वासन देता है। इस दिन काफी तादाद में बच्चे-खासकर विकलांग, नेत्रहीन और मंदबुद्धि-आते हैं और राखी बाँधते हैं। राष्ट्रपति पद सँभालने के बाद यह पहला राखी का त्योहार था, जिसमें मैं शामिल हुआ।

10 अगस्त को पी. वी. नरसिम्हा राव मेरे पास आए। वे कमजोर और थके हुए लगे। मैंने उनसे उनके स्वास्थ्य के बारे में पूछताछ की। असल में वे प्रशासनिक और राजनीतिक-दोनों कारणों से तनावग्रस्त थे। उन्होंने कहा कि वे रविवार को काम से संबंधित मुलाकात खत्म करने जा रहे हैं। सिर्फ कैबिनेट से जुड़े और वैसे काम करेंगे जिन्हें टाला नहीं जा सकेगा। आज प्रधानमंत्री के रूप में नरसिम्हा राव को चौकस और चुस्त देखकर मैं काफी खुश हूँ। वे प्रधानमंत्री-कार्यालय से जुड़ी जिम्मेदारियों को बहुत उत्साह से पूरा करते हैं। स्पष्ट है कि खुशी और सफलता मनुष्य का कायाकल्प कर देती है।

जापान के विदेशमंत्री तदाशी कुरानरी मुझसे मिलने आए। उन्होंने राजकुमार नारूहितों का आभार मुझ तक पहुँचाया। जब मैं उपराष्ट्रपति था तब वे भारत आए थे और यहाँ उनका गर्मजोशी से भव्य स्वागत किया गया था। उन्होंने इसी के लिए आभार व्यक्त किया था। राजकुमार नारूहितों एक सौम्य युवा हैं और उनका सामान्य ज्ञान बहुत विस्मृत है। वे भारत आने से पहले ही भारत के बारे में बहुत कुछ जानते थे। विदेशमंत्री ने विश्वास जताया कि भारत और जापान के बीच संबंध विकसित और मजबूत होंगे। उन्होंने बताया कि भारत के आर्थिक विकास में सहयोग के लिए जापान तैयार है। मैंने जापान से भारत के व्यापार-संतुलन की बेहद खराब स्थिति की ओर विदेश मंत्री का ध्यान खींचा और सुझाव दिया कि जापान भारत के लिए कम परिष्कृत कार्य-जैसे भारी कास्टिंग और भारी उपकरणों की मशीनिंग छाँट सकता है और परिष्कृत कार्य को अपने लिए रिजर्व रख सकता है। विदेशमंत्री ने कहा कि यह ऐसा क्षेत्र है, जिसकी पड़ताल की जा सकती है।

मद्रास की कलाक्षेत्र मंडली के 35 सदस्यों का एक दल शाम को मुझसे मिला। यह दल भारत-महोत्सव में भाग लेने मास्को जा रहा था और वहाँ पौराणिक प्रकरणों पर भारतीय नृत्य-नाटक मंचित करनेवाला था। सोवियत संघ में कलाक्षेत्र दल खूब जाना-पहचाना है। भरतनाट्यम् की महानतम प्रतिनिधि के रूप में रुक्मिणी अरुणदले वहाँ कई शानदार प्रदर्शन कर चुकी थीं। मैंने इस दस को सुझाव दिया कि वह न केवल उच्च स्तर बनाए रखे, बल्कि उसे और बेहतर बनाने की कोशिश करे।

राजीव गाँधी ने एक पारिवारिक रात्रिभोज का आयोजन किया, जिसमें हम दोनों के परिजन शामिल हुए। राजीव एक सौम्य और जीवंत मेजबान थे और

चुटकुलों, किस्सों-कहानियों से वहाँ उपस्थित सभी लोगों को खुश रख सकते थे। भोजन के बाद महिलाएँ दूसरे कमरे में आराम करने चली गईं और मेरी व राजीव की एकांत में बातचीत हुई। हम लोगों ने डाक विधेयक के बारे में बातचीत की। मैंने राजीव से कहा कि इस विधेयक पर महाधिवक्ता की राय ली जाए और उसी के अनुसार काम किया जाए। राजीव ने कहा कि मैं अगर बिल को देखकर परिवर्तन के सुझाव दूँ तो वे उन्हें मान लेंगे। मैंने उन्हें अपनी यह राय बता दी कि विधेयक की कोई जरूरत नहीं है।

इसके बाद मैंने उनसे पूछा कि स्वतंत्रता की 40वीं वर्षगाँठ पर स्वतंत्रता सेनानियों के साथ संविधान सभा के जीवित सदस्यों का भी सम्मान किए जाने की अफवाह में कोई दम है या नहीं? राजीव ने कहा कि इस बारे में उन्होंने भी सुना है, पर यह उन्हें बहुत जम नहीं रहा, क्योंकि संविधान सभा के कुछ सदस्य आजादी की लड़ाई में शामिल नहीं हुए थे।

12 अगस्त को मैंने स्वतंत्रता-दिवस की पूर्व संध्या पर प्रसारित करने के लिए अपना पहला स्वतंत्रता-दिवस संदेश रिकार्ड कराया। संसद के दोनों सदनों के लिए राष्ट्रपति का संबोधन मंत्रिमंडल द्वारा तैयार और मंजूर किया जाता है। पर स्वतंत्रता-दिवस और गणतंत्र-दिवस के मौके पर देश के नाम राष्ट्रपति का संदेश राष्ट्रपति और उनके सचिवालय द्वारा तैयार किया जाता है। इसमें राष्ट्रपति के विचार होते हैं, सरकार के नहीं। शिष्टाचारवश इन्हें प्रधानमंत्री को पढ़ने और उनकी टिप्पणी के लिए पहले ही भेज दिया जाता है। कर्मचारियों ने संदेश का मूल पाठ तैयार किया, पर मैंने अवसर के उपयुक्त बातों पर जोर देते हुए उसे दुबारा लिखा।

महाराष्ट्र के तत्कालीन राज्यपाल डॉ. शंकरदयाल शर्मा और उनकी पत्नी विमला मुझसे एवं मेरी पत्नी से मिलने राष्ट्रपति भवन आए। वे लोग भारतीय स्वतंत्रता की 40वीं वर्षगाँठ पर सोवियत संघ में होनेवाले समारोह में भाग लेने मास्को जा रहे थे। मैंने डॉ. शर्मा से पहले कहा था कि भारत के उपराष्ट्रपति पद के लिए मैंने उनका नाम प्रस्तावित किया है। डॉ. शर्मा को लग रहा था कि भारत में उनकी गैरमौजूदगी से उनकी संभावनाएँ क्षीण हो सकती हैं। उन्होंने यह भी कहा कि उन्हें कांग्रेस-अध्यक्ष बनाने की बात भी चल रही है। मैंने उनकी आशंका का शमन किया और इस मामले में अपने पूरे सहयोग का आश्वासन दिया।

भारत स्काउट्स एंड गाइड्स का एक प्रतिनिधिमंडल उसके राष्ट्रीय आयुक्त सरदार लक्ष्मण सिंह के नेतृत्व में मुझसे मिलने आया और मेरे सामने संयुक्त राष्ट्र संघ से प्राप्त 'शांति दूत' का पुरस्कार प्रदर्शित किया। मैंने उन्हें बताया कि मैं स्वयं अपने स्कूली दिनों में एक ब्वाय स्काउट और पैट्रोल लीडर रह चुका हूँ। यह भी कहा कि उन दिनों मैंने स्काउट की गतिविधियों में सक्रियता से भाग लिया था। इससे राष्ट्रीय आयुक्त और अन्य पदाधिकारियों के साथ मेरा एक निजी संबंध स्थापित हो गया। हर साल मैं दिल्ली आनेवाले देश-भर के स्काउट्स एंड गाइड्स के लिए मुगल गार्डन में एक समारोह आयोजित करता था। राष्ट्रीय आयुक्त ने बताया कि अकेले पंजाब में 40 हजार स्काउट और गाइड है और उनकी लोगों से नियमित बातचीत होती है।

एक साल से थोड़ा पहले प्रधानमंत्री राजीव गाँधी ने स्वतंत्रता की 40वीं सालगिरह मनाने के लिए एक राष्ट्रीय समिति बनाई थी। वे चाहते थे कि स्वतंत्रता-पूर्व लोगों के मन में देशभक्ति और राष्ट्रवाद की जो भावना जीवित थी, उसे पुनर्जाग्रत किया जाना चाहिए और देश के लिए उद्देश्यपूर्ण कार्यों में लगाया जाना चाहिए। तब उन्होंने (जब मैं उपराष्ट्रपति था) मुझसे इस राष्ट्रीय अध्यक्षता स्वीकार करने का आग्रह किया था। मेरे राष्ट्रपति चुने जाने के बाद प्रधानमंत्री और राष्ट्रपति ने मुझसे अध्यक्ष बने रहने का आग्रह किया। समिति में जीवन के हर क्षेत्र के प्रमुख लोग, जैसे-सांसद, प्रशासक, साहित्यकार, कलाकार, वैज्ञानिक और दूसरे लोग थे। समिति की गतिविधियों की रूपरेखा बनाने के लिए एक बैठक हुई थी और उसी में मुझसे यह आग्रह किया गया था।

स्वतंत्रता की 40वीं वर्षगाँठ मनाने के लिए संसद के दोनों सदनों की एक साझी बैठक 30 अगस्त को हुई थी। संसद के सेंट्रल हॉल में हुआ घंटे-भर का यह समारोह भव्य और आकर्षक था। कार्यवाही की शुरुआत पंडित जवाहरलाल नेहरू के ऐतिहासिक भाषण 'नियति से मिलन' (ट्रिस्ट विद डेस्टिनी) का टेप बजाकर हुई। यह भाषण 14 अगस्त, 1947 की आधी रात को इसी हॉल में दिया गया था। इसके बाद ढोल बजाने की आवाज गूँजी और वहाँ उपस्थित लोग खड़े हो गए। फिर देश की आजादी के लिए प्राण न्योछावर करनेवाले शहीदों की याद में दो मिनट का मौन रखा गया। उपस्थित लोगों में संसद-सदस्य, कुछ राज्यपाल, राजनयिक और विशिष्ट अतिथियों की बड़ी तादाद थी। राष्ट्रपति

के वर्दीधारी रक्षकों, धूमधाम और ढोल की गमक ने अवसर की महत्ता को और अधिक बढ़ा दिया तथा उस स्मरणीय सत्र को सचमुच ही अविस्मरणीय बना दिया।

अपने संबोधन में मैंने 1857 के ऐतिहासिक स्वतंत्रता-संग्राम से लेकर महात्मा गाँधी की शहादत तक के सभी बहादुर स्वतंत्रता सेनानियों को श्रद्धांजलि दी। मैंने कहा, "भारत ने महज राजनीतिक स्वतंत्रता के लिए संघर्ष नहीं किया, न ही वह संघर्ष गोरे शासकों की जगह भूरों को लाने या देशवासियों को विदेशियों जैसा आडंबरपूर्ण ठाट-बाट दिलाने के लिए किया गया था। हमने लोगों से वायदा किया था कि स्वतत्रंता आम लोगों की स्थिति सुधारने का एक औजार मात्र है और अपने-आप में अंतिम नहीं है।"

इसके बाद मैंने देश में घर कर चुकी सांप्रदायिक हिंसा और राजनीतिक आतंकवाद का जिक्र किया और भारतीय जनता से अपील की कि जाति, मत, धर्म, क्षेत्र और भाषाई पूर्वाग्रहों से ऊपर उठें और दुबारा वह साहस दिखाएँ, जिससे स्वतंत्रता-आंदोलन ऊर्जावान हो उठा था। मैंने यह कहकर अपने संबोधन का उपसंहार किया कि "हमने केवल एक उद्देश्य प्राप्त किया है और वह है स्वतंत्रता। आम लोगों की संपन्नता का दूसरा उद्देश्य अभी प्राप्त करना है। इस मायने में हमारा संघर्ष अब भी अधूरा है। इसलिए, आइए हम सब अपने आपको इस महान और उत्कृष्ट कार्य में फिर से समर्पित करें।" प्रधानमंत्री ने अपने जोशीले भाषण में लोगों का ध्यान उन गंभीर सामाजिक अन्यायों और अयोग्यताओं की ओर आकर्षित किया, जिनका सामना आम लोगों को करना पड़ता है। उन्होंने लोकतांत्रिक व्यवस्था में लेने-देने के सिद्धांत पर आधारित आपसी समायोजन की जरूरत पर भी जोर दिया।

इस औपचारिक समारोह ने न सिर्फ उपस्थित लोगों में, बल्कि देश-भर की जनता में राष्ट्रवादी उत्साह की नई तरंगों का संचार किया। 14 अगस्त को दरबार हॉल में एक अत्यंत साधारण, पर औपचारिक प्रतिष्ठापन समारोह हुआ, जिसमें बहादुर स्वतंत्रता सेनानी और महात्मा गाँधी के निकट सहयोगी सीमांत गाँधी को, जिन्हें खान अब्दुल गफ्फार खान या बादशाह खान भी कहा जाता था, देश के सर्वोच्च सम्मान 'भारत रत्न' से सम्मानित किया गया। इस समारोह में प्रधानमंत्री कैबिनेट मंत्री, कुछ जज, सांसद और विशिष्ट अतिथि शामिल हुए। खान अब्दुल गफ्फार खान के बेटे खान अब्दुल वली खान ने अपने पिता

की ओर से यह सम्मान प्राप्त किया, क्योंकि गफ्फार खान तब भी अस्पताल में थे।

समारोह के बाद चाय-पान के दौरान वली खान ने याद किया कि कैसे उनके पिता ने 1947 में भारत के बँटवारे का विरोधा किया था और केसे बादशाह खान को स्वतंत्रता के बाद पाकिस्तानी जेलों में करीब 27 साल काटने पड़े। अपनी सारी जिंदगी बादशाह खान मुसलिम लीग और उसके दो देशों के सिद्धांत के खिलाफ रहे। मैंने वली खान से कहा कि सांप्रदायिक सद्‌भाव और राष्ट्रीय एकता में अब्दुल गफ्फार खान के महान योगदान को हम लोगों ने हमेशा याद किया है और उन्हें 'भारत रत्न' देना उस महान नेता के प्रति अपने गहरे सम्मान-भाव की महज छोटी-सी अभिव्यक्ति है।

शुरू में मैंने सोचा था कि 'भारत रत्न' देनेवाला समारोह 15 अगस्त को लाल किले पर ध्वजारोहण-समारोह के बाद किया जाए। पर राजीव गाँधी ने मुझे याद दिलाया कि बादशाह खान ने देश के बँटवारे को कभी स्वीकार नहीं किया और 15 अगस्त वाले समारोह के प्रति वे बहुत कटु थे। उनका मानना था कि सीमांत प्रांत के लोगों के लिए इस स्वतंत्रता का कोई अर्थ नहीं है। मैंने उनके इस सूक्ष्मदृष्टि-संपन्न सुझाव की वास्तव में तारीफ की।

14 अगस्त की शाम मैंने स्वतंत्रता-सेनानियों लिए परंपरागत स्वागत-समारोह का आयोजन किया। पहले 15 अगस्त को केवल एक स्वागत-समारोह होता था, जिसमें स्वतंत्रता-सेनानी भी बुला लिए जाते थे। चूँकि सभी स्वतंत्रता-सेनानियों को स्वतंत्रता-दिवस-समारोह में शामिल नहीं किया जा सकता था, इसलिए उनकी शिकायत थी कि संघर्ष में उनकी सेवाओं को नजरअंदाज किया गया है। अत: 14 अगस्त को उनके लिए एक अलग स्वागत-समारोह का आयोजन किया गया। स्वतंत्रता-सेनानियों को संसद सदस्यों की तरह मुफ्त रेल-यात्रा की सुविधा प्राप्त है, क्योंकि वे देश के विभिन्न हिस्सों के रहनेवाले हैं। तमिलनाडु से बड़ी संख्या में स्वतंत्रता-समारोह में इन लोगों ने अपने लिए ज्यादा सुविधाओं के आग्रह के साथ प्रधानमंत्री को घेर लिया। राजीव गाँधी सब को सब कुछ देने का वायदा करने में सफल रहे।

15 अगस्त को मैंने लालकिले की प्राचीर से राजीव गाँधी का भाषण टी. वी. पर देखा। वे अच्छे वक्ता की तरह बोले और सांप्रदायिकता, हिंसा, उग्रवाद,

गरीबी और सूखे-जैसी समस्याओं का जिक्र आया। अपराह्न तीन बजे पाकिस्तानी राष्ट्रपति जिया-उल-हक ने मुझे फोन किया और स्वतंत्रता-दिवस के मौके पर अपनी व्यक्तिगत बधाई दी। मैंने उनकी कृपापूर्ण भावनाओं के लिए उन्हें बार-बार धन्यवाद दिया और पाकिस्तान की सफलता व संपन्नता के लिए अपनी शुभकामनाएँ दीं।

शाम को मुगल गार्डन में स्वतंत्रता-दिवस स्वागत-समारोह था। उपराष्ट्रीय प्रधानमंत्री, राजनयिक, न्यायाधीश समेत दूसरे मेहमान लाल कालीन से ढँके मंच के सामने अंग्रेजी का यू आकर बनाकर इंतजार करते हैं। राष्ट्रपति धूम-धाम से ए. डी. सी., सैनिक सचिव और अधिकारियों सहित मंच की ओर पैदल चलते हैं। राष्ट्रगान की धुन बजायी जाती है। इसके बाद राष्ट्रपति घूमकर विशिष्ट अतिथियों से मिलते हैं। सामान्यतया राजनयिक मिशनों के प्रतिनिधि आते हैं और अपने-अपने देशों की शुभकामनाएँ राष्ट्रपति व प्रधानमंत्री को देते हैं। इस मौके पर सोवियत संघ की प्रभारी राजदूत मेरे पास आईं और बोलना शुरू कर दिया, हालाँकि दूसरों ने बीच में कई बार व्यवधान डाला। शायद रूसी राजनयिक को लगा कि वे अपनी पूरी बात नहीं कह पाई हैं। स्वागत-समारोह के लिए साढ़े तीन हजार निमंत्रण पत्र भेजे गए थे और इसमें से तीन हजार लोग समारोह में शामिल हुए थे। समारोह में काफी उल्लास, दोस्ती और मेल-मलाप का माहौल था।

यह समारोह आमतौर पर 45 मिनट चलता है और इसके अंत में राष्ट्रगान बजाया जाता है। इसके बाद राष्ट्रपति उसी तरह वापस जाते हैं, जैसे पहले आए थे।

स्वतंत्रता की 40वीं वर्षगाँठ के एक भाग के रूप में इस बात की व्यवस्था की गई थी कि जिस पवित्र मिट्टी पर शहीदों की मृत्यु हुई या स्वतंत्रता संघर्ष से जुड़ी कोई बड़ी घटना हुई थी, वहाँ की मिट्टी गाँधीजी की समाधि राजघाट पर लाई जाए और सांकेतिक तौर पर एक कर दी जाए। गुजरात के डांडी और तमिलनाडु के वेदअरण्यम्-जैसे स्मरणीय स्थानों की मिट्टी एकत्र करने में हरेक राज्य ने उत्साह दिखाया था। कार्यकर्ता राजघाट पहुँच गए थे और उन्हें राज्यवार अंग्रेजी वर्णमाला के अनुसार व्यवस्थित किया गया था।

16 अगस्त को मैं अपनी पत्नी सहित सवेरे 7 बजे देश-भर की पवित्र मिट्टी के मिश्रण-समारोह में भाग लेने के लिए राजघाट पहुँच गया। 'वंदे मातरम्'

और गाँधी जी का पसंदीदा गीत 'वैष्णव जन तो' गाने के बाद प्रत्येक राज्य से कहा गया कि विशेष मंच पर रखे उस पात्र में मिट्टी रखें। कार्यकर्ताओं को इस कार्य के लिए गर्व के साथ जाते हुए देखना सुखद था। जब सभी राज्यों ने लाई गई मिट्टी पात्र में डाल दी गई तो मैंने मिट्टी को एक साथ मिलाकर भारत की एकता का प्रदर्शन किया। इस तरह मिलाई गई मिट्टी का एक अंश एक गड्ढे में भरा गया, जिसमें मैंने 'आजादी का बिरवा' लगाया। मेरे मन में विचार आया कि एक सदी बाद शायद यह पौधा भारत की शाश्वत एकता के एक प्रतीक के रूप में पहचाना जाएगा।

बादशाह खान की स्थिति नाजुक हो गई थी और उनके परिजन चाहते थे कि उन्हें वापस उनके मूल निवास स्थान ले जाया जाए। इसलिए उन्हें और उनके साथवालों को उनके घर ले जाने के लिए एक विशेष विमान का प्रबंध किया गया। कई मंत्री और डॉक्टर बीमार नेता के साथ गए। सवेरे 10.00 बजे मैं बादशाह खान, उनके बेटे वाली खान और उनके परिवार के सदस्यों को विदा करने अखिल भारतीय आयुर्विज्ञान संस्थान गया। वे बहुत प्रभावित हुए। उन लोगों ने बादशाह खान की देख-भाल, आदर-सत्कार और उन्हें दिए गए सम्मान के लिए मुझे और भारत सरकार को बहुत धन्यवाद दिया। मैंने उनसे कहा कि भारत हमेशा बादशाह खान को महान नेता की तरह याद करेगा और उनकी स्मृति को दिल में बसाए रखेगा। उन लोगों ने बादशाह खान के अस्पताल में रहने के दौरान डॉक्टरों द्वारा की गई सेवाओं के लिए उन्हें भी धन्यवाद दिया।

17 अगस्त को रात में करीब 8.00 बजे प्रधानमंत्री ने मुझे फोन किया और कहा कि उपराष्ट्रपति-पद के लिए डॉ. शंकरदयाल शर्मा के नाम पर विपक्ष से सहमति हो गई है और वे कांग्रेस संसदीय बोर्ड के सामने यह नाम रख रहे हैं। मैंने फैसले का पूर्ण समर्थन किया और उम्मीद जताई कि चुनाव आम राय से हो जाएगा।

18 अगस्त को कई लोग मुझसे मिलने आए। इनमें कपड़ा-उद्योगपति अरविंद लालभाई भी थे। उन्होंने अर्थ-व्यवस्था की बहुत धुँधली तस्वीर पेश की और कहा कि सूखा और मूल्य वृद्धि सरकार के लिए सबसे बड़ी चुनौती है। उन्होंने वस्त्र-उद्योग में गतिहीनता और लोगों में क्रयशक्ति के अभाव का रोना रोया। उन्होंने हथकरघा उद्योग को बनाए रखने और उस क्षेत्र के लिए कुछ उत्पादों

को आरक्षित रखने के लिए सरकार की निंदा की और भविष्यवाणी की कि कपड़ा-उद्योग बर्बाद हो जाएगा। वे कपड़ा-उद्योग की पूर्ण स्वायत्तता के पक्ष में थे, ताकि यह विश्व बाजार में प्रतिस्पर्द्धा करके विदेशी मुद्रा कमा सके। मैं कई दशकों से इस कहानी का यह पक्ष सुना रहा हूँ, पर मुझे इन लोगों में किसी से कभी इस सवाल का जवाब नहीं मिला कि हमारे यहाँ मौजूद भारी बेरोजगारी की समस्या केसे दूर की जाए। खादी और हथकरघा क्षेत्र के पाँच करोड़ लोगों को प्रत्यक्ष और परोक्ष रूप से रोजगार मिल रहा है। किसी भी बाजारोन्मुख अर्थशास्त्री ने इन लोगों को फिर से किसी और काम में लगाने के बारे में कोई ठोस सुझाव नहीं दिया है। वैसे, मैंने अपने विचार लालभाई को नहीं बताए, वरना उन्हें जितना समय दिया गया था, उसका दूना वे ले लेते।

दक्षिण अफ्रीका में व्यवहार में लाई जाने वाली रंगभेद की घातक नीति को खत्म करने के लिए प्रतिबद्ध दुनिया-भर के सांसदों का एक सक्रिय समूह है-'पार्लियामेंट्रियंस फॉर ग्लोबल एक्शन अगेंस्ट अपार्थाइड' (रंगभेद के खिलाफ अंतर्राष्ट्रीय कार्रवाई के समर्थक सांसद)। इस संगठन का एक छोटा समूह मुझसे मिलने आया। इसमें यूरोप, राष्ट्रकुल और दूसरे देशों के सांसद शामिल थे, जो मेरे साथ विचारों का आदान-प्रदान करना चाहते थे। बातचीत के दौरान मैंने उन लोगों से कहा कि जो देश अंतर्राष्ट्रीय शांति और सद्भाव के पालन का दिखावा करते हैं, अगर उन देशों ने युद्धग्रस्त देशों को हथियारों की आपूर्ति नहीं कि होती, तो ईरान और इराक के बीच चल रहा युद्ध बहुत पहले खत्म हो गया होता। जबकि कुछ देशों ने तो एक ही साथ दोनों देशों को हथियार बेचे थे। जहाँ तक ब्रिटेन और यूरोप के कुछ दूसरे देशों की यह दलील थी कि दक्षिण अफ्रीका के खिलाफ आर्थिक प्रतिबंध उठाने से उसके मुकाबले दूसरे अफ्रीकी देशों को ज्यादा नुकसान होगा, इसके जवाब में मैंने कहा कि स्वतंत्रता के तमाम संघर्षों में अपने देश के बेहतर भविष्य के लिए मौजूदा पीढ़ी को त्याग करना पड़ता है, और यह भी कि जब अफ्रीकी देश स्वयं अपनी फौरी मुश्किलों का सामना करने के लिए तैयार हैं, तो दूसरों को घड़ियाली आँसू बहाने की कोई जरूरत नहीं है। इंग्लैंड और यूरोप के अन्य देशों के सांसदों ने इस विचार का पूर्णतः समर्थन किया।

उपराष्ट्रपति-पद के लिए अपना नामांकन दाखिल करने के बाद डॉ. शंकरदयाल शर्मा मुझसे मिलने आए। उन्होंने मुझे बहुत धन्यवाद दिया और

पारंपरिक उत्तर भारतीय ढंग से मुझे प्रणाम किया। हमने उपराष्ट्रपति और खासकर राज्यसभा अध्यक्ष के रूप में उनके कामों पर सामान्य चर्चा की।

इस अध्याय में मैंने यह बताने की कोशिश की है कि भारत के राष्ट्रपति की दैनिक दिनचर्या कैसी होती है। इसमें राज्यों के गंभीर मामलों से लेकर लोगों से सामान्य मुलाकात और घटनाएँ शामिल हैं। ये आदमी के दिमाग में दर्ज हो जाती हैं और घटना बहुत व्यस्त समय-सारिणी के बावजूद अपनी जगह बनी रहती है। अगर यह अध्याय पढ़ने में अलग-अलग घटनाओं की शृंखला-जैसा लगता है तो इसका कारण यही है कि राष्ट्रपति की समय-सारिणी वास्तविक जीवन में भी बहुत-कुछ ऐसी ही है, जिसमें उसे एक ही दिन में विदेश नीति जैसे मुद्दे से लेकर किसी देसी राजनीतिक जिज्ञासु से पाक-प्रणाली पर शिष्ट बातचीत के साथ-साथ सांस्कृतिक संबंध और आनुष्ठानिक समारोहों पर भी ध्यान देना पड़ता है। राष्ट्रपति भवन में रहने वाले व्यक्ति का जीवन मुझे जैसा लगा, यह वैसा ही है।

## मेरे काम का तरीका

राष्ट्रपति को कैसे काम करना चाहिए, इसे लेकर कर्मचारियों के रूढ़ नजरिए से मेरा सामना सदैव होता रहा। जब कभी मैं प्रत्यक्ष या परोक्ष रूप से यह जताने की कोशिश करता था कि मैं, मैं हूँ, सिर्फ राष्ट्रपति ही नहीं, तो कर्मचारी प्राय: इसका विरोध करते थे। ज्यादातर मामलों में मुझे हार मान लेनी पड़ती थी, क्योंकि 'सुरक्षा-व्यवहारों या राष्ट्रपति के प्रोटोकोल के अन्य मामलों को त्यागना आसान नहीं है।

जब मैंने अपनी दिनचर्या व्यवस्थित की उसके फौरन बाद ऐसी ही एक घटना घटी। सुबह कॉफी पीने के बाद मैं अखबार पढ़ने और बरामदे में टहलने का आनंद लेता था। वहाँ से नार्थ गार्डन दिखाई देता है। इस हिस्से से पेड़ों के पार नार्थ एवेन्यू दिखता है, जहाँ सांसदों के घर हैं। लेकिन कुछ दिनों बाद मैंने देखा कि बीच में तार की एक जाली लग गई है, जिससे मुझे देखने में व्यवधान होने लगा। मैंने सैनिक सचिव से इस एकदम अनावश्यक अड़ंगे का कारण पूछा। उन्होंने बताया कि चूँकि नार्थ एवेन्यू के फ्लैट से कोई भी मुझे आसानी से देख सकता था, और उतनी दूर से भी कोई मुझे आसानी से अपनी गोलियों का निशाना बना सकता था, इसीलिए सुरक्षा कारणों से तार की यह

जाली लगानी पड़ी है। मैं इस बारे में कुछ नही कर पाया पर मुझे विश्वास है कि आप यह समझेंगे कि क्योंकि एक राष्ट्रपति अपने आपको घिरा हुआ महसूस करता है–अक्षरशः और लाक्षणिक रूप से भी।

मैंने राष्ट्रपति भवन के अधिकारियों से इस बात पर चर्चा की थी कि राष्ट्रपति अपनी निजी रसोई रख सकते हैं या उनके परिवार को राष्ट्रपति भवन की रसोई से ही खाना खाकर उसका भुगतान करना होगा। मैंने अपनी निजी रसोई बनाने और राष्ट्रपति भवन के भंडार से लिए गए सामान का भुगतान करने का फैसला किया। मैं सरकारी खर्च पर रियायती खाने के एकदम यकीन नहीं रखता।

नौ बजे सवेरे नाश्ते के बाद मैं अपने विशेष कार्यालय में चला जाता था, जिसे 'शांति निकेतन' कहा जाता था। अपने लिए इसकी व्यवस्था मैंने भूतल पर की थी। इस सुरुचिपूर्ण कार्यालय में पुस्तकों की अलमारियाँ करीने से लगी थीं, जिसमें भारत के संविधान और ब्रिटिश संसदीय व्यवहार से संबंधित सारी प्रमुख किताबें थीं। भारतीय और विश्व-अर्थव्यवस्था, राजनीति, संस्कृति, साहित्य और पूर्वी तथा पश्चिमी दर्शन पर सभी आवश्यक किताबें भी इसमें थीं। मैं हर दिन की शुरुआत सैनिक, सचिव, राष्ट्रपति के सचिव और संयुक्त सचिव से मुलाकात के साथ करता था।

सैनिक सचिव मुझे विभिन्न समारोहों के लिए प्राप्त निमंत्रणों के बारे में बताते थे। साथ ही देश के भीतर और बाहर की जानेवाली सरकारी यात्राओं की सूचना देते थे। हम इस बात पर चर्चा करते थे कि किस निमंत्रण को स्वीकार किया जाना चाहिए। साथ ही हम दूसरे कामों के लिए उपयुक्त तारीखें भी तय करते थे। मेरे राष्ट्रपति बनने के फौरन बाद सैनिक सचिव ने प्रस्ताव रखा कि नए राष्ट्रपति के रूप में मुझे सभी राज्यों की परंपरागत औपचारिक यात्रा करनी चाहिए। मैंने खर्च का ख्याल करके इस विचार को खारिज कर दिया और यह सलाह भी दी की जब कभी किसी राज्य के दौरे की जरूरत हो तो उसे ही औपचारिक यात्रा मान लिया जाए। सैनिक सचिव अमूमन इन यात्राओं और कार्यक्रमों की तारीख और समय तय करने के बाद मीटिंग से चले जाते थे।

राष्ट्रपति के सचिव को मैंने यह भी सूचित किया कि अधिकारीगण हस्ताक्षर के लिए मेरे पास फाइलें लेकर न आएँ। मैं इस आम परिपाटी को बदलना चाहता था। मैं चाहता था कि मेरे पास सभी कागज ऐसी पेटियों में भेजे जाएँ,

जिसमें ताला लगा हो। मैं फाइलों पर आर्डर लिखकर उन्हें उन्हीं बंद पेटियों में वापस कर दूँगा।

मेरी आदत है कि मैं सभी फाइलों को खुद पढ़ता हूँ। तीन दशक पहले जब मैं मद्रास में मंत्री था, तभी से ऐसा है। मैं चाहता था कि मेरी यही आदत बनी रहे। पर बहुत जल्दी मैंने देखा कि मेरे पास जितने कागज आते हैं, उन्हें पढ़ने के लिए दिन के चौबीस घंटे भी कम हैं मैंने देखा कि मेरे पास जितनी फाइलें आती हैं, उन पर अगर मैं सिर्फ दस्तखत भी करता और उनमें लिखी बातों को मुझे मेरे स्टाफ का कोई आदमी बता देता, तो सिर्फ एक घंटा काम करने की जरूरत होती। पर अगर मैं सभी कागजों को पढ़ता तो पूरा दिन भी पर्याप्त नहीं होता। इसके बावजूद मैं हमेशा खुद काम करना पसंद करता था और शार्ट कट में यकीन नहीं रखता था। इसलिए स्वभावतः मैंने सभी फाइलों को पढ़ना पसंद किया।

मैंने अपने कार्यों को विभिन्न श्रेणियों में वर्गीकृत किया :

(1) जो मंत्रिमंडल से संबंधित थे, मसलन, मंत्रिमंडल की बैठक की कार्यसूची के विषय। ये (अ) मंत्रिमंडल के फैसले (ब) बिलों पर सहमति की दो श्रेणियों के तहत आते आते थे।

(2) जजों, राज्यपालों और अन्य वैधानिक अधिकारियों की नियुक्ति से संबंधित मामले।

(3) केंद्रीय विश्वविद्यालयों से संबंधित मामले, क्योंकि राष्ट्रपति इन विश्वविद्यालयों का विजिटर होता है। इनके अधिनियमों में संशोधन, चुनाव और अन्य समितियों में सदस्यों की नियुक्ति तथा कुलपति से संबंधित मामले।

(4) राष्ट्रपति भवन-प्रशासन से संबंधित विविध विषय, उद्यान, गैरेज वगैरह के मामले।

मैं पहले तीन विषयों पर खास ध्यान देता था। विश्वविद्यालयों से संबंधित मामलों में मैं सामान्यतया शिक्षा मंत्रालय की सिफारिशों को मान लेता था। जहाँ तक राष्ट्रपति भवन-प्रशासन, उद्यान का रख-रखाव और ऐसे दूसरे कामों का सवाल है, इनकी चर्चा सुबह की बैठक में होती थी और फैसले तभी ले लिए

जाते थे। अधिकारियों के साथ होनेवाली सुबह की बैठक का कार्यवृत्त पूरी तरह नियमित था।

मैं केंद्रीय लोक निर्माण विभाग के अधिकारियों और अपने कर्मचारियों के साथ राष्ट्रपति भवन के नियमित दौरे करता था, ताकि 340 कक्षों वाले इस विस्तृत भवन से अपने-आपको परिचित रखूँ। ऐसे ही एक दौरे में मैं यह देखकर दंग रह गया कि वाइस रीगल पैलेस के कई शानदार कक्षों का इस्तेमाल गोदाम के रूप में किया जा रहा था, जिसमें हर तरह का-उपयोगी और बेकार सामान रखा जाता था। उदाहरण के लिए अशोक हॉल या दरबार हॉल में ले जाने में दिक्कत न हो। इस अत्यंत समृद्ध कक्ष का इस्तेमाल पहले वायसराय की पत्नी स्वागत-समारोह वगैरह आयोजित करने के लिए करती थीं। यह कक्ष सुनहरे फ्रेमवाले आईनों से सजा था, पर अब इस शाही हॉल को ये निर्जीव कुर्सियाँ घेरे रहती थीं। मैंने निद्रेश दिया कि इस कक्ष को फिर से ठीक किया जाए और इसका इस्तेमाल विशेष सम्मेलन-कक्ष के रूप में किया जाए, जिसमें राज्यपालों के सम्मेलन, विदेशी प्रतिनिधिमंडलों से बातचीत के अलावा अन्य महत्त्वपूर्ण आनुष्ठानिक कार्य किए जाएँ। राष्ट्रपति भवन में उपलब्ध फर्नीचर में से एक-विशिष्ट सम्मेलनवाली मेज, आरामदायक कुर्सियाँ, कागज रखने वाले कुछ रैक वगैरह यहाँ रख दिए गए। इसी तरह माइक्रोफोन की व्यवस्था और अनुवाद की सुविधा का प्रावधान किया गया। मेरे पद सँभालने के बाद राज्यपालों के सम्मेलन इसी सुरुचिपूर्ण और उत्कृष्ट फर्नीचर से सजे शाही कमरे में हुए। साइप्रस के राष्ट्रपति, उनके प्रतिनिधिमंडल तथा प्रधानमंत्री राजीव गाँधी और उनके प्रतिनिधिमंडल में चर्चा यहीं हुई थी। इस भव्य सम्मेलन-कक्ष से साइप्रस के राष्ट्रपति इतने प्रभावित हुए कि राजीव गाँधी से उन्होंने कहा कि अंग्रेज इसका इस्तेमाल प्रतिष्ठापूर्ण मौकों पर ही करते होंगे। उस रात राजकीय भोज के दौरान राजीव गाँधी ने मुझे यह बात बताई और शरारती मुस्कान के साथ कहा-उनके मन में आया था कि राष्ट्रपति को बता दें कि अभी हाल तक इसका उपयोग कबाड़खाने के रूप में हो रहा था।

सम्मेलन-कक्ष के सामने और विशिष्ट अतिथियोंवाले सूट के पास के दो और राजकीय कक्षों की हालत भी ऐसी ही थी। एक में फालतू कारपेट भरे हुए थे और दूसरे में कुछ पुराने फर्नीचर। मैंने इन दोनों कमरों को भी फिर से काम लायक बनाने का इंतजाम किया और तय किया कि सम्मेलन-कक्ष

के सामनेवाले नार्थ ड्राइंग रूम का इस्तेमाल राष्ट्राध्यक्षों और परिचय-पत्र देने के बाद राजदूतों की अगवानी के लिए किया जाएगा। मैंने आदेश दिया कि साउथ ड्राइंग रूम का इस्तेमाल विशिष्ट अतिथियों द्वारा भारतीय मेहमानों का स्वागत करने के लिए किया जाएगा। इनमें उपराष्ट्रपति, प्रधानमंत्री, कैबिनेट मंत्री, विपक्ष के नेता वगैरह शामिल हैं। केंद्रीय लोक निर्माण विभाग ने सम्मेलन-कक्ष और दोनों बैठकों का अविश्वसनीय ढंग से, बहुत कम समय में पुनरुद्धार कर दिया। मुझे लगता है मेरा अपना उत्साह ही सबके उत्साह का कारण बना। अंग्रेजों के जमाने में सिंहासन-कक्ष के नाम से सुपरिचित दरबार हॉल को भी मरम्मत की खासी जरूरत थी। यहाँ सैनिक और नागरिक पुरस्कारों से संबंधित सम्मान-समारोह होते हैं। इसे भी ठीक कराया गया। मुझे लगा, बुद्ध की मूर्ति के दोनों और दो पट्ट लगा दिए जाएँ और उन पर हिंदी-अंग्रेजी में संविधान की प्रस्तावना लिख दी जाए, तो दरबार हॉल का गौरव कुछ और बढ़ जाएगा, साथ ही सदैव सरकार को संविधान के तहत उसकी जिम्मेदारियाँ याद दिलाने का काम करेगा।

मुझे यह भी ज्ञात हुआ कि राष्ट्रपति भवन-प्रतिष्ठान में हालाँकि पाँच दिन का सप्ताह था, फिर भी काम करने के लिए समय और छुट्टियों की परवाह नहीं की जाती थी। आवश्यक फाइलें आधी रात को भी पहुँच जाती थीं और मैं प्रायः चुटकी लेता था कि राष्ट्रपति शायद नींद में ही उन पर दस्तखत करते रहे होंगे।

इसके अलावा ज्यादातर आगंतुक राष्ट्रपति से शनिवार को ही मिलना पसंद करते थे, जबकि तात्कालिक या आवश्यक कामों के लिए कोई कर्मचारी वहाँ नहीं होता था। दरअसल राष्ट्रपति के रूप में शपथ भी मुझे शनिवार को ही दिलाई गई थी और उसी शाम मुझे भी माखनलाल फोतेदार को मंत्री पद की शपथ दिलानी पड़ी थी। पर जरूरी काम के लिए कोई कर्मचारी मौजूद नहीं था, क्योंकि वह साप्ताहिक अवकाश का दिन था। मैंने अपने अफसरों के साथ सुबह की बैठक में इस समस्या पर चर्चा की और छह दिन के हफ्ते की पुरानी प्रणाली अपनाने का सुझाव दिया। सचिव और दूसरे अफसर शांत हो गए, क्योंकि उन्हें लगता था कि ऐसे किसी कदम से कर्मचारियों में असंतोष पनप सकता है। आगे और बातचीत करने के बाद आखिरकार मैंने तय किया कि राष्ट्रपति भवन-प्रतिष्ठान के आधे कर्मचारी एक-एक शनिवार छोड़कर काम पर आएँगे। यह ऐसा उपाय था जो हरेक को अच्छा लगा। निजी कर्मचारी रविवार और अन्य

छुट्टियों समेत हर दिन कार्यालय का रूटीन काम करते रहने की व्यवस्था आपस में ही कर लेते थे। सुबह की बैठक 45 मिनट से 1 घंटे तक चला करती थी। इसके बाद मैं उस दिन की महत्त्वपूर्ण फाइलें निपटाता था। मैं दोपहर बारह बजे से एक बजे के बीच उन लोगों से मिलता था, जिनसे गंभीर बातचीत करनी होती थी। अन्य लोगों से मैं शाम 4.00 बजे से 6.00 बजे के बीच मिलता था।

दोपहर के हल्के खाने के लिए मैं डेढ़ बजे चला आता था और साढ़े तीन बजे वापस आफिस पहुँच जाता था। शाम को मैं प्राय: स्फूर्तिप्रद सैर पर निकल जाता था, कभी बैडमिंटन खेलता था या फिर कभी-कभी गोल्फ। रात को 11.00 बजे बिस्तर पर जाने से पहले मैं कुछ समय पत्रिकाएँ और विविध प्रकाशनों को पढ़ने में लगाता था। मैं गीता पढ़ता था या कविता और दर्शन में डूब जाता था।

सौभाग्य से मुझे नींद न आने की बीमारी कभी नहीं रही और सदा ही अच्छी नींद आती रही है। इससे दिन-भर की थान और तनाव दूर हो जाता है और अगले दिन मैं बिल्कुल नई शक्ति से बैठता हूँ।

राष्ट्रपति के रूप में काम करने के मेरे तरीके पर प्रेस की टिप्पणी इस प्रकार थी, ''जानकारों का कहना है कि रामस्वामी वेंकटरमन ऐसे राष्ट्रपति हैं जो कुछ भी निरर्थक नहीं होने देते और वे अपने दैनिक काम-काज को एकदम किसी सरकारी विभाग के सचिव की तरह करते हैं। हाल में जब सैनिक सचिव देश के विभिन्न राज्यों में राष्ट्रपति की पहली यात्रा की व्यवस्था के लिए गए तो उनसे कहा गया कि तत्काल यात्रा की कोई जरूरत नहीं है! सामान्यतया राष्ट्रपति पद सँभालने के बाद पहले दो महीनों में ही देश की यात्रा कर लेते हैं। पर नए राष्ट्रपति स्थिर ही रहे। नए राष्ट्रपति का यह कदम बहुत ही तर्क संगत था। उन्होंने देश की आर्थिक स्थिति के प्रति अपनी जागरूकता दिखाई है। इसलिए औपचारिक आनुष्ठानिक यात्राएँ वेंकटरमन को कभी नहीं रुचीं। ऐसी यात्राएँ सामान्यतया भारत-दर्शन जैसी होती हैं और इनसे कुछ और बहुत कम प्राप्त होता है।''

### श्रीलंका एवं अन्य मामले

कितने ही लोग ऐसे हैं जो राष्ट्रपति की भूमिका को बहुत कुछ आलंकारिक

मानते हैं और समझते हैं कि वे मुख्य रूप से समारोहों की अध्यक्षता और ऐसे ही अन्य काम करते हैं। मैं आपको आश्वस्त कर दूँ कि यह एकदम गलत धारणा है। बेशक आलंकारिक समारोहों में भाग लेना या उसकी अध्यक्षता करना राष्ट्रपति की जिम्मेदारियों का महत्त्वपूर्ण पहलू है, पर राष्ट्रपति को और भी बहुत काम करने होते हैं। बहुत महत्त्वपूर्ण राजनीतिक घटनाएँ राष्ट्रपति का ध्यान आकर्षित करती रहती हैं। इनमें राष्ट्रीय और अंतर्राष्ट्रीय दोनों ही तरह की घटनाएँ होती हैं। उदाहरण के लिए श्रीलंका की घटनाओं का भारत पर गंभीर प्रभाव पड़ सकता है।

18 अगस्त को श्रीलंकाई संसद में बम-विस्फोट हुआ था। उस समय राष्ट्रपति जयवर्द्धने संसद सत्र से पहले यूनाइटेड नेशनल पार्टी के संसदीय समूह की एक बैठक की अध्यक्षता कर रहे थे। इस घटना में एक सदस्य की मृत्यु हो गई थी और प्रधानमंत्री प्रेमदास व उनके सात मंत्रिमंडलीय सहयोगियों समेत 14 लोग घायल हो गए थे। अपने आपको 'देशभक्त लोगों का आंदोलन' (पैट्रियाटिक पीपुल्स मूवमेंट) कहने वाले एक समूह ने विस्फोट की जिम्मेदारी ली। इन लोगों का मानना था कि श्रीलंका सरकार ने भारत से समझौता करके अपने लोगों के साथ छल किया है। इस घटना में राष्ट्रपति जयवर्द्धने खुद घायल नहीं हुए थे और उन्होंने जोर देकर कहा था कि उनकी सरकार भारत से हुए समझौते की शर्तों को लागू करेगी, भले ही 'दुष्ट ताकतें' उनके खिलाफ काम करती रहें। प्रधानमंत्री राजीव गाँधी ने इस घटना पर चर्चा करने के लिए मुझे फोन किया और भारत-श्रीलंका समझौते को लागू करने के मामले में अपनी चिंता जताई। हम दोनों ने राष्ट्रपति जयवर्द्धने को संदेश भेजे, जिनमें हमले की निंदा की गई और मंत्रियों के घायल होने पर उद्विग्नता जतलाई गई।

यहाँ मैं यह बताना चाहूँगा कि इससे पहले श्रीलंका-यात्रा के दौरान कोलम्बो में गार्ड ऑफ ऑनर का निरीक्षण करते हुए राजीव गाँधी पर एक नौसेनिक के हाथों हमला हो चुका था। इसके बाद मुझे ऐसे मौकों पर वी.आई.पी. सुरक्षा को लेकर चिंता हुई। मैंने स्टाफ कमेटी के तत्कालीन प्रमुखों के अध्यक्ष एडमिरल ताहिलयानी को चर्चा के लिए बुलाया। मैं जानना चाहता था कि आनुष्ठानिक स्वागत-समारोहों में सिर्फ सैल्यूट से काम चल सकता है या नहीं, और निरीक्षण परेड को हटाने के लिए वे तैयार हैं या नहीं। उन्होंने इस विचार का विरोध

किया। उन्होंने कहा कि यह एक अंतर्राष्ट्रीय प्रथा है और गार्ड ऑफ आनर का निरीक्षण खत्म करना विशिष्ट मेहमान के प्रति अशिष्टता दिखाने-जैसा होगा।

इस समस्या का हल निकालने के लिए उन्होंनें सुझाव दिया कि जिस लाल कालीन पर विशिष्ट मेहमान चलते हैं, वह लाइन से दो मीटर दूर बिछाई जा सकती है। इससे हमले की आशंका को बड़ी हद तक कम किया जा सकता है। मैंने नौसेना-प्रमुख से कहा कि वे दूसरे प्रमुखों से सलाह कर लें और इस मामले पर मुझे उनकी राय से अवगत कराएँ। विशिष्ट मेहमानों की अगवानी पालम हवाई अड्डे की वायुसेना-शाखा में करने का चलन है, जिसे 'टेकनिकल एरिया' कहा जाता है। इस काम के लिए काफी लोगों को हवाई अड्डे जाना पड़ता है, ताकि विशिष्ट अतिथि की अगवानी की जा सके। इसके लिए काफी देर तक यातायात रोकना पड़ता है, जिसमें जनता को बहुत असुविधा होती है।

रक्षामंत्री के रूप में मैंने इंदिरा गाँधी को सलाह दी थी कि आनुष्ठानिक स्वागत-समारोह हवाई अड्डे की बजाय राष्ट्रपति भवन में स्थानांतरित कर दिया जाए, ताकि ढेरों लोगों के हवाई अड्डे तक जाने-आने से बचा जा सके। मैंने राजीव गाँधी को भी यही सुझाव दिया। उन्होंन इस विचार को गंभीरता से लिया और मुझसे इसकी रूपात्मकता की चर्चा की। जब एडमिरल ताहिलियानी मेरे पास आए तो मैंने उन्हें आनुष्ठानिक स्वागत-समारोहों को राष्ट्रपति भवन परिसर में स्थानांतरित करने के प्रस्थाव के बारे में बताया। मैंने उनसे कहा कि राष्ट्रपति राष्ट्राध्यक्षों का स्वागत राष्ट्रपति-भवन में करेंगे, जबकि सरकारों के प्रमुखों का स्वागत राष्ट्रपति भवन में ही प्रधानमंत्री किया करेंगे।

हवाई अड्डे पर विशिष्ट अतिथि की अगवानी एक मंत्री और चीफ ऑफ प्रोटोकोल करेंगे और आनुष्ठानिक स्वागत-समारोह के लिए उन्हें राष्ट्रपति भवन लिवा ले जाएँगे। मैंने एडमिरल ताहिलियानी से कहा कि दूसरी सेनाओं के प्रमुखों से भी इस विषय में सलाह कर लें। इस परिवर्तन को लेकर सब ओर सहमति थी और जल्दी ही इसे अमल में ले आया गया।

25 अगस्त की शाम को श्रीलंका के परिवहन मंत्री एम.एच. मोहम्मद श्रीलंकाई उच्चायुक्त के साथ मुझसे मिलने आए। सामान्य शुभकामनाओं के बाद मैंने भारतीय प्रधानमंत्री और श्रीलंकाई राष्ट्रपति के बीच हुए समझौते का स्वागत किया और उम्मीद जताई कि कलह ग्रस्त देश में शांति बहाल होगी।

हालाँकि मंत्री ने एक महत्त्वपूर्ण मुद्दा उठाया। उन्होंने कहा कि वे श्रीलंका के उत्तरी और पूर्वी प्रांतों के विलय के खिलाफ हैं, पर उन्होंने इसे स्वीकार कर लिया है, क्योंकि पूर्वी क्षेत्र के पास जनमत-संग्रह जैसी लोकतांत्रिक प्रक्रिया के द्वारा उत्तरी क्षेत्र से अलग होने का विकल्प है। उन्होंने कहा कि पूर्वी क्षेत्र में किसी मुसलिम को प्रांतीय सभा का मुख्यमंत्रित्व मिल जाने की संभावना है। उनकी राय में पृथक पूर्वी प्रांत के पक्ष में सिसली और मुसलिम वोट एक साथ पड़ते। श्रीलंका के मंत्री के रुख से मैं बेहद परेशान हुआ। असल में राजीव गाँधी की बातचीत में जो संतोष दिखा था, यह उससे बिल्कुल अलग था। मैंने राजीव गाँधी को तत्काल एक चिट्ठी भेजी, जिसमें श्रीलंकाई परिवहन मंत्री के रुख और विलय पर उनकी राय का जिक्र किया। कुछ दिनों बाद राजीव गाँधी ने जवाब भेजा। इसके मुताबिक, ''हमें उत्तरी और पूर्वी प्रांत के विलय के विरोध से निपटने का कोई रास्ता ढूँढ़ना होगा। पर महत्त्वपूर्ण है कि पूर्वी प्रांत में तमिल मुसलमानों से संबंध बनाएँ।''

4 सितंबर को श्रीलंका में अपने उच्चायुक्त जे.एन. दीक्षित ने मुझे वहाँ की बदलती परिस्थितियों के बारे में बताया। उन्होंने कहा कि तमिल मुक्तिचीते पूरे मन से सहयोग नहीं कर रहे हैं और समझौते को लेकर उनके मन में कई बातें हैं। उन्होंने कहा कि अंतरिम प्रशासनिक परिषद में मुक्तिचीते चाहते हैं कि उन्हें पूरा नियंत्रण मिल जाए। मैंने श्री दीक्षित से कहा कि भारत-श्रीलंका समझौते को लागू करवाने के लिए वे जो कर सकते हैं, करें, क्योंकि मेरी राय में यह सर्वश्रेष्ठ समझौता है और इससे बेहतर की गुंजाइश नहीं है। मैंने उनसे यह भी कहा कि अंतरिम परिषद में मुक्तिचीतों को बहुमत देने की संभावनाओं के बारे में मैं प्रधानमंत्री से बात करूँगा। श्री दीक्षित ने राष्ट्रपति जयवर्द्धने की प्रशंसा की, क्योंकि उन्होंने बौद्ध भिक्षुओं और अपनी ही पार्टी के नेताओं के विरोध के बावजूद समझौते पर दस्तखत करने का साहस किया था।

जब मुझसे प्रधानमंत्री की मुलाकात हुई तो उन्होंने श्रीलंका की स्थिति और वहाँ की मुश्किलों का जिक्र किया। वे दूसरे तमिल गुटों के प्रति मुक्तिचीतों के रुख को लेकर चिंतित थे। उनका मानना था कि अगर सभी तमिल गुट मिले हुए उत्तरी और पूर्वी प्रांतों को चलाने में एक-दूसरे का सहयोग नहीं करेंगे तो अंतरिम परिषद का पूरा प्रयोग नाकाम हो जाएगा। मैंने प्रधानमंत्री के मूड में काफी बदलाव देखा। पहले उनमें उल्लास था, पर बाद में निराशा छा गई।

7 सितंबर को श्रीलंका के वित्तमंत्री रोनी डी मेल और उनकी पत्नी मेरे पास आईं। फंड-बैंक और एशियन डेवलपमेंट बैंक की विभिन्न बैठकों की यात्राओं के दौरान हम लोग अच्छे मित्र हो गए थे। मैं भारत-श्रीलंका आर्थिक सहयोग की बैठकों में भाग लेने के लिए प्रतिनिधिमंडल के नेता के रूप में श्रीलंका गया था। इसके बाद वे मेरे पास आए थे। बातचीत के दौरान उन्होंने यह आशंका जताई कि मुक्तिचीतों के नेता भारत-श्रीलंका समझौते को बिगाड़ रहे हैं और इससे राष्ट्रपति जयवर्द्धने की स्थिति खतरे में पड़ जाएगी। उन्होंने कहा कि राष्ट्रपति जयवर्द्धने ने अपनी प्रतिष्ठा को जोखिम में डालकर जबरदस्त विरोध के बावजूद यह समझौता किया था। अगर यह नाकाम हो गया तो उनकी साख खराब हो जाएगी। वे चाहते थे कि भारत मुक्तिचीतों को नियंत्रित करे और उन तक हथियार न पहुँचने दे।

मैंने उन्हें आश्वस्त किया कि राजीव गाँधी समझौते की कामयाबी के लिए कोई कसर नहीं उठा रखेंगे। और यह भी कि वे चाहते हैं, समझौता सहयोग की भावना से लागू हो। रोनी डी मेल की बातों से यह साफ था कि समझौते के लागू होने को लेकर उन्हें शक होने लगा है।

12 सितंबर को प्रधानमंत्री एक बार फिर पाक्षिक मुलाकात के लिए राष्ट्रपति भवन आए। उन्होंने कहा कि मुक्तिचीतों ने सहयोग का अपना वायदा तोड़ दिया है, बल्कि सच तो यह है कि श्रीलंकाई तमिल गुटों के प्रति शत्रुतापूर्ण रुख अख्तियार कर लिया है। यह भी कहा कि इस संहारक लड़ाई ने भारतीय शांति सेना के लिए मुश्किलें खड़ी कर दी हैं। इसके बाद उन्होंने अपनी भावी विदेश यात्रा की चर्चा की। उन्होंने बताया कि उन्हें संयुक्त राष्ट्र महासभा की बैठक में भाषण देने अमेरिका जाना है। इसके अलावा स्पेन और एक-दो अन्य यूरोपीय देशों की यात्रा करनी हैं। उन्होंने यह भी कहा कि उनके ऊपर कई और देशों की यात्रा करने के काफी दबाव है। मैंने उन्हें सलाह दी कि वे हफ्ता-दस दिन ही देश से बाहर रहें। मैंने कहाँ कि भारत की समस्याओं पर प्रधानमंत्री को स्वयं ध्यान देने की जरूरत है। मैंने यह भी कहा कि इस देश में रिमोट कंट्रोलवाले तरीके कारगर ढंग से काम नहीं कर सकते।

इस अवधि में राष्ट्रपति भवन की सुरक्षा-व्यवस्था की ओर मेरा फिर ध्यान गया। केंद्रीय मंत्रिपरिषद के मेरे एक पूर्व सहयोगी और पहले संसद-काल से

ही नजदीकी रखनेवाले भागवत झा आजाद मुझसे मिलने आए। पर राष्ट्रपति भवन के सुरक्षा-कर्मचारियों ने उनकी कार को रोक दिया और कहा कि एक किलोमीटर दूर मुख्य प्रवेश-द्वार तक पैदल जाएँ! सौभाग्य से भागवत झा ने इसके लिए मुझे जिम्मेदार नहीं माना, बल्कि मेरे संयुक्त सचिव को बुलवाया जिसने उनकी कार के लिए प्रवेश-पत्र बनवाया। इस कठोर सुरक्षा-व्यवस्था से मुझे फिर एक बार परेशानी हुई, इसलिए अगले ही दिन अफसरों की बैठक के दौराने मैंने तय किया कि कैबिनेट मंत्री, विदेशी विशिष्ट अतिथि और विशेष आमंत्रित सीधे राष्ट्रपति भवन के नार्थ कोर्ट प्रवेश-द्वार पर पहुँचेंगे, जबकि सांसद, वरिष्ठ अधिकारी और ऐसे दूसरे आगंतुक साउथ कोर्ट प्रवेश द्वार पर पहुँचेंगे। यह व्यवस्था सभी संबंधित लोगों के लिए बहुत संतोषजनक सिद्ध हुई।

राष्ट्रपति भवन के तलघर में एक छोटा-सा थियटर है। सामान्यतया इसमें राष्ट्रपति के परिवार और इस्टेट के निवासियों के लिए फिल्में दिखाई जाती हैं। शास्त्रीय संगीत और नृत्य में अपनी रुचि के कारण मैंने थियटर की ध्वनि एवं प्रकाश-व्यवस्था को बेहतर बनवाया। यहाँ संगीत-समारोह तथा नृत्य-प्रदर्शन की श्रृंखला आयोजित की। जब-तब मैं यहाँ पुरस्कृत फिल्मों का भी प्रदर्शन करवाता था। संगीत-कार्यक्रमों में सबसे पहले वॉयलिन-वादक टी.एन. कृष्णन ने अपने बेटे और बेटी की संगत में संगीत पेश किया। इसमें प्रधानमंत्री, सोनिया गाँधी, मुख्य न्यायाधीश, मंत्रीगण और तीनों सेनाओं के प्रमुख शामिल हुए। स्थायी आमंत्रितों की एक सूची बना ली गई थी और उन्हें निमंत्रण भेज दिए जाते थे।

दरबार हॉल में मंच पर राष्ट्रपति की चमकती कुर्सी के पीछे बुद्ध की एक खड़ी मूर्ति लगा दी गई थी। मैंने पूछा कि जब किसी हॉल में कोई मूर्ति नहीं है, तो यह यहाँ केसे लग गई। मुझे बताया गया कि यह एडविन लुटियन की डिजाइन में नहीं थी, बल्कि वहाँ बाद में लगाई गई थी। यह मूर्ति यहाँ केसे लगी, इसका विवरण राष्ट्रपति भवन के बारे में लिखी गई शारदा प्रसाद की किताब के एक आकर्षक खण्ड में है। मैंने अपना कार्यकाल समाप्त होने से पहले उन्हें इसे लिखने के लिए प्रेरित किया था। लगता है, जैसे लंदन में 1947-48 में भारतीय कला की एक प्रदर्शनी थी और वहाँ प्रदर्शित की गई मूल्यवान चीजें यहाँ राष्ट्रीय संग्रहालय में रखने के लिए भारत लाई गई थीं। इनमें से बुद्ध और वृषभ को संग्रहालय में स्थानांतरित करने के बजाय राष्ट्रपति

भवन में रख लिया गया। वृषभ को दरबार हॉल के बाहर रखा गया था। मैं यह अवश्य कहूँगा कि ये दोनों राष्ट्रपति भवन के लिए मूल्यवान धरोहर हैं। जिस हॉल में श्रेष्ठ और महान लोग सम्मान देने और पाने के लिए इकट्ठे होते हैं, उसमें त्याग करने वाले एक राजकुँवर की मूर्ति का होना अच्छी बात है। बुद्ध की मूर्ति हमें भौतिक सुखों की क्षण-भंगुरता का अहसास कराती है।

दरबार हॉल यदि राजसी है, तो अशोक हॉल मोहक। इसका इस्तेमाल विदेशी राजनयिक प्रतिनिधियों का परिचय-पत्र प्राप्त करने, विशिष्ट अतिथियों के लिए सांस्कृतिक कार्यक्रमों का आयोजन करने और राजकीय भोज के पहले स्वागत-कक्ष के रूप में किया जाता है। अंग्रेजों के जमाने में यह डांस हॉल था। इसलिए इसकी सतह लकड़ी की है। छत बहुत खूबसूरत रंगी हुई है। यहाँ ऊँट के चमड़े पर शिकार करने और अदालत के दृश्य बने हुए हैं। उपराष्ट्रपति के रूप में ही जब मैं भोज में शामिल होता था, तभी स्पष्ट दिखाई देता था कि चित्रकारी पुरानी और खराब हो रही है तथा उन्हें ठीक करने की जरूरत है। इसलिए मैंने पेंटिंग को हटवाया और उन्हें ठीक करवाकर दुबारा टंगवा दिया। मैं इन कलाकृतियों को विशिष्ट विदेशी अतिथियों को खासे गर्व के साथ दिखाता था।

20 अगस्त को मैं अपनी पत्नी के साथ राजीव और सोनिया से मिलने गया, और राजीव के जन्मदिन पर अपनी बधाई दी। उन्होंने मुझसे कहा कि उन्हें खबर मिली है कि पाकिस्तान सियाचिन क्षेत्र में आक्रमण की तैयारी कर रहा है। वे राष्ट्रपति जिया-उल-हक को संदेश भेज रहे थे, ताकि स्थिति खराब न हो। उन्होंने कहा कि वे पाकिस्तानी राष्ट्रपति की प्रतिक्रिया का इंतजार करेंगे।

राजीव ने कहा कि वे मंत्रिमंडल में राज्यपालों को शामिल करना चाहते हैं। मैंने उन्हें सलाह दी की वे ऐसा तभी करें, जब उन्हें किसी खास विभाग में मंत्रिमंडल को मजबूत करना हो। मैंने कहा कि उस समय के राज्यपालों में असम के राज्यपाल भीष्म नारायण सिंह संसदीय मामलों के अच्छे मंत्री हो सकते हैं और उन पर विचार किया जा सकता है। इसके बाद राजीव ने कहा कि वे कुछ कैबिनेट मंत्रियों को राज्यपाल बनाना चाहते हैं। मैंने उन्हें चेतावनी दी कि लोकसभा के लिए उपचुनाव की स्थिति न बनाएँ तथा राज्यपाल पद के लिए गुजरात के पूर्व मुख्यमंत्री हितेंद्र देसाई और पूर्व स्पीकर बलिराम भगत के नामों का जिक्र किया।

21 अगस्त को मिजोरम के मुख्यमंत्री ललदेंगा जो अब नहीं रहे, ने मुझसे औपचारिक मुलाकात की और राष्ट्रपति चुने जाने पर मुझे बधाई दी। उन्होंने माना कि गत 20 वर्षों में जब तक वे बागी रहे, अपने लोगों के लिए कुछ नहीं कर पाए। अब जब वे मुख्यमंत्री हैं और रचानात्मक ढंग से लोगों की सेवा करने में सक्षम हैं, तो उन्हें यह अहसास भी हुआ कि टकराव व्यर्थ है। उन्होंने उम्मीद जताई कि देश के अन्य अलगाववादी गुट उनके अनुभव से सीखेंगे और टकराव का निरर्थक रास्ता छोड़ देंगे। मैं उनकी बातों से सहमत था, फिर भी मुझे आश्चर्य हो रहा था, क्योंकि ये वही ललदेंगा थे जिन्होंने एक जामने में यह कहा था कि उनके लोगों को स्वतंत्र मिजोरम से कम कुछ भी स्वीकार नहीं होगा।

ब्रिटेन में यह रिवाज है कि प्रधानमंत्री सम्राट से हर हफ्ते मंगलवार, शाम को बातचीत के लिए मिलता है। प्रधानमंत्री और मेरे बीच यह तय हुआ था कि वे राष्ट्रपति से मिलने पखवाड़े में एक बार शनिवार को सवेरे 10 बजे आएँगे, भले ही इस बीच आवश्यकतानुसार हमारी मुलाकात हो गई हो। इसके बाद प्रधानमंत्री विस्तृत नोट बनाते थे और मुझसे करीब एक घंटे तक कई मामलों पर चर्चा करते थे।

22 अगस्त को प्रधानमंत्री ने मुझे (1) सूखे की स्थिति, (2) श्रीलंका, (3) बोफर्स और (4) राज्यपालों के मामलों में पूरी रिपोट दी।

पहले मुद्दे पर उन्होंने कहा कि देश का लगभग 80 प्रतिशत हिस्सा सूखे से प्रभावित हुआ है और कैबिनेट कमेटी का विभिन्न कदम उठाने का प्रस्ताव हैं। मैंने उन्हें नीचे लिखे सुझाव दिए।

सबसे पहले दुर्लभता का डर खत्म किया जाना चाहिए और इस बात का अविलम्ब प्रचार किया जाना चाहिए कि देश में अनाज का पर्याप्त भंडार है। मैंने कहा कि लोगों को विश्वास में लिया जाना चाहिए और उनसे कहा जाना चाहिए कि 150 लाख टन की भरपाई 260 लाख टन के प्रतिरोधक भण्डार से की जा सकती है।

मैंने यह भी कहा कि खाने की चीजें और खाद्य तेल गाँवों के गरीबों को निःशुल्क उपलब्ध करवाए जाने चाहिए। मैंने आगे कहा कि मुद्रास्फीति चूँकि माँग बढ़ाएगी, इसलिए सरकार को मुद्रास्फीति रोकने की नीति अपनानी चाहिए

और बेकार के खर्चों से बचना चाहिए। मैंने सुझाव दिया कि इस साल आयोजित होने वाले भारत-महोत्सव अगले साल तक के लिए टाले जा सकते हैं। राजीव गाँधी तुरन्त राजी हो गए और कहा कि उन्होंने खुद इस बारे में सोचा था। मुद्रास्फीति रोकने वाली नति के बारे में उन्होंने कहा कि वे वित्तमंत्री नारायणदत्त तिवारी से कहेंगे कि मुझसे मिलकर चर्चा कर लें।

बोफर्स मामले में उन्होंने कहा कि वे भारतीय नागरिकों को हुए भुगतान का पूरा विवरण पाने के लिए काफी उत्सुक हैं, पर बोफोर्स कम्पनी अपनी व्यावसायिक गोपनीयता को भंग करना नहीं चाहती, क्योंकि इससे आगे के सौदों में उसकी साख पर असर पड़ेगा। मैंने राजीव से कहा कि रक्षामंत्री के रूप में मुझे पता है कि सभी हथियार-निर्माता एजेंट रखते हैं और उन्हें विभिन्न नामों से पैसे देते हैं। इसलिए यह सोचना ठीक नहीं होगा कि विदेशी हथियार-वितरक का कोई एजेंट नहीं है। पर इस बात का पूरा ख्याल रखा जाना चाहिए कि वे हमारे फैसलों को प्रभावित न करें।

मेरा सदा से दृढ़ विश्वास रहा है कि राज्यपालों की नियुक्ति उन राज्यों की देखभाल के लिए की जाती है, जिसके वे इंचार्ज हैं। इसलिए उन्हें अपना सारा समय राज्यों के कामों में लगाना चाहिए। शुरुआती वर्षों में राज्यपालों के अपने गृहराज्य के दौरों को लेकर कठोर नियम हुआ करते थे, वह भी 10 दिन से ज्यादा के लिए नहीं। पर बाद में, जब कुछ पूर्व कैबिनेट मंत्री राज्यपाल बना दिए गए, तो उन्होंने अपने राज्य के खर्च पर स्थानीय कार्यक्रमों में शामिल होने का बहाना बनाकर पूरे देश का दौरा शुरू कर दिया। मुझे बताया गया था कि वे दूसरे राज्यों से निमन्त्रण का जुगाड़ भी लगाते हैं। इन निमन्त्रणों में कुछ तो बहुत छोटे समारोहों के होते थे जैसे कि फिल्म कलाकार के प्रशंसकों के संगठन की अध्यक्षता। इन दौरों की जाँच करने पर मैंने पाया कि कुछ राज्यपाल साल-भर में अपने राज्य से सौ दिनों तक भी बाहर रहे हैं। मैंने राजीव गाँधी से यह सब बताया।

राजीव गाँधी ने मुझसे कहा कि राज्यपालों के अपने राज्यों से बाहर के दौरों के कार्यक्रमों से वे थोड़े ताज्जुब में हैं और चाहते हैं कि मैं इस मामले में राज्यपालों को उचित परामर्श दूँ। उन्होंने यह भी कहा कि हरियाणा, कर्नाटक, तमिलनाडु और केरल के राज्यपालों के पद जल्दी भरे जाने हैं।

मैंने कुछ केंद्र शासित क्षेत्रों के लिए ब्रिटेन में भारत के पूर्व उच्चायुक्त सैयद मोहम्मद, गुजरात के पूर्व मुख्यमंत्री हितेंद्र देसाई और राष्ट्रपति के पूर्व सैनिक सचिव एयर मार्शल नाडयू के नाम सुझाए। राजीव गाँधी ने इन नामों को अपनी पाकेट बुक में नोट कर लिया। वे एकदम निश्चिंत थे और ऐसा लगा, जैसे बोफोर्स और अन्य मामलों पर संसद के हंगामें से उनके धैर्य पर खास प्रभाव नहीं पड़ा है।

रविवार को मेरी दिनचर्या सामान्यतया इस तरह होती थी। मैं शाम 4.00 बजे तक न तो नीचे दफ्तर में जाता था और न किसी आगंतुक से मिलता था–सिर्फ उन्हीं लोगों से मुलाकात करता था जिन्हें टाला नहीं जा सकता था। आमतौर पर मैं रविवार की शाम राष्ट्रपति भवन के हरे-भरे और बेहतर ढंग से रखे गए गोल्फ कोर्स में गोल्फ खेलता था।

रविवार, 23 अगस्त को अरुण नेहरू मुझे मिलने आए थे। उन्हें और उनके परिवारवालों को उपलब्ध सुरक्षा में की गई कटौती पर उन्होंने बहुत सख्त शिकायत की। इससे पहले उत्तर प्रदेश के कुछ विधायकों ने मुझसे और राजीव गाँधी से शिकायत की थी कि वी.पी. सिंह एवं अरुण नेहरू के लिए एस्कार्ट वाहन और हथियारबंद गार्ड जैसी उच्च सुरक्षा-सुविधाएँ उपलब्ध होने से लोगों को लगता है कि ये अब भी सत्ता में हैं या सरकार इनकी इज्जत करती है। शायद इसी कारण इन लोगों की सुरक्षा-व्यवस्था में कटौती हुई थी।

अरुण नेहरू ने कहा कि राजीव गाँधी को संसद में बयान देने की सलाह गलत थी, जिसमें उन्होनें कहा कि उन्होंने या उनके परिवार के किसी सदस्य को रक्षा-सौदों में कोई लाभ नहीं मिला है। मैंने उनसे कहा कि जब संसद में सदस्यों ने प्रधानमंत्री पर आरोप लगाए थे, तो यह उनकी जिम्मेदारी थी कि वे मामले में स्पष्टीकरण देते। वरना यह समझा जाता कि आरोप को मान लिया गया है। देश के प्रधानमंत्री जैसे ऊँचे पद पर बैठे व्यक्ति पर लगाए गए आरोप का खण्डन न करने का तो यही मतलब होता।

अरुण नेहरू ने कहा कि 'राजीव भाई' के लिए उनके मन में भारी प्यार और सम्मान है और उन दोनों के बीच टकराव एकदम अनावश्यक है। पर, उन्होंने यह भी कहा कि उन्हें उम्मीद है कि राजीव या प्रशासन उन्हें कोई नुकसान नहीं पहुँचाएगा। मुझे लगा कि यह मेल-मिलाप का अप्रत्यक्ष प्रस्ताव है। पर मैंने

कोई प्रतिक्रिया नहीं जताई, क्योंकि उनके आपसी झगड़े में मेरी कोई दिलचस्पी नहीं थी। उन्होंने राजीव गाँधी के कुछ नजदीकी सहयोगियों की निंदा की और कहा कि उन्हें इन्हीं लोगों ने भ्रमित किया था। करीब एक घण्टे तक अपना गुस्सा निकालने के बाद वे फिर आने का वायदा करके चले गए।

इसके बाद 27 अगस्त की शाम माखनलाल फोतेदार मेरे पास आए और कहा कि पिछले रविवार (23 अमस्त) को जिस अरुण नेहरू से मेरी लंबी बात हुई थी, वे यह अफवाह फैला रहे हैं कि राष्ट्रपति से उनकी अंतरंग बातचीत हुई है और पार्टी के असंतुष्टों के प्रति राष्ट्रपति की बहुत हमदर्दी है। अपनी ओर से मैंने फोतेदार को संक्षेप में बता दिया कि अरुण नेहरू से मेरी क्या बातचीत हुई थी। साथ ही मैंने उन्हें अपनी यह राय भी बताई कि अरुण नेहरू राजीव गाँध से मेल-मिलाप के इच्छुक हैं। इसके अगले दिन 28 अगस्त को सांसद रंगराजन कुमारमंगलम् ने मुझसे कहा कि संसद के सेंट्रल हॉल में जबरदस्त अफवाह है कि मैंने राजीव गाँधी से इस्तीफा माँगा है! उन्होंने संकेत दिया कि अफवाह के स्रोत अरुण नेहरू हो सकते हैं, जिनसे कुछ दिन पहले मेरी बातचीत हुई थी। मुझे इस बात पर हँसी आई और यह नहीं समझ सका कि लोग क्यों अफवाहों पर कान देते हैं और फिर उन्हें दुहराकर आगे फैलाते हैं। मैंने उनसे कहा कि हम लोगों में गप को सुखद समाचार मानने की कमजोरी है।

इसी शाम मेरे संयुक्त सचिव गोपाल गाँधी ने मुझसे कहा कि समाचार एजेंसी यू.एन.आई. के रंगराजन और मेरे उप प्रेस सचिव भटनागर ने उन्हें यह सूचना दी थी कि कमलापति त्रिपाठी ने एक इस्तीफा देने के लिए कहा है। मैंने तत्काल कमलापति को फोन किया और यह बात बताई। उन्होंने ऐसी कोई बात कहने से एकदम इनकार किया। इसके बाद मैंने गोपाल गाँधी से कहा कि अगर यह खबर टेलीप्रिंट पर हो तो इसका खंडन किया जाए। सौभाग्य से कुछ नहीं दिखा। मैं सामान्यतया दिल्ली की गप को नजरअंदाज कर देता हूँ, घर इस मामले में शरारत की सम्भावना थी, क्योंकि यह सबसे सम्मानित स्रोत (त्रिपाठी जी) से आया था और प्रधानमंत्री एवं राष्ट्रपति के संबंधों से जुड़ा था।

पूर्व केंद्रीय वाणिज्य मंत्री मनुभाई शाह मेरे पास औपचारिक मुलाकात के लिए आए। इस दौरान उन्होंने कहा कि लोगों में यह शक घर कर गया है कि बोफर्स सौदे में सरकार को दलाली मिली हैं। उन्होंने कहा कि सरकार अगर अपने-आपको निर्दोष साबित नहीं करेगी तो अगले चुनावों में उसका असर पड़ेगा।

उनकी राय थी कि राजीव गाँधी को बोफर्स से उन लोगों का नाम माँगना चाहिए जिन्हें दलाली दी गई है। अगर कम्पनीवाले इस माँग को नहीं मानते हैं तो राजीव गाँधी को ठेका रद्‌द करने की चेतावनी देनी चाहिए। जहाँ तक मेरा सवाल है, मुझे पक्का पता नहीं था कि इस धमकी का असर होगा या नहीं, पर मैंने उनसे कहा कि वे अपने विचार प्रधानमंत्री को बता सकते हैं।

राजनीतिज्ञों पर बिना पुष्टि किए कीचड़ उछालना मीडिया का पसंदीदी मनोरंजन हो गया है। असल में एक पत्रिका ने उस समय के रेलमंत्री माधव राव सिंधिया पर विदेशी मुद्रा-विनिमय कानून (फेरा) के उल्लंघन का आरोप लगाया था। सिंधिया मेरे पास आए। वे थोड़ा गुस्से में थे। उन्होंने कहा कि ऐसी खबरें उनके राजनीतिक विरोधी छपवाते हैं। उन्होंने मुझे बताया कि 1973 में फेरा कानून बनने से भी पहले वे तीन विदेशी कम्पनियों में निदेशक रहे हैं और जब यह कानून लागू हुआ तो उन्होंने वित्त मंत्रालय को तथ्य बताते हुए पत्र लिखा था और निदेशक के रूप में काम करते रहने की इजाजत माँगी थी। वे बेहद परेशान थे। उन्होंने कहा कि एक सामान्य सांसद के रूप में भी वे खुश रहेंगे और अपनी कई सामाजिक व दूसरी गतिविधियाँ चलाते रहेंगे। मैंने उन्हें यह कहकर शांत किया कि राजनीति में रहने के यही नुकसान हैं, और कई साल पहले आधुनिक लोकतंत्र पर लिखते हुए अपनी पुस्तक में ब्राइस ने कहा था कि सार्वजनिक जीवन में व्यक्ति को प्रशंसा और निंदा-दोनों को स्वीकार करना पड़ता है। उसे घटनाओं के अपने पक्ष या विपक्ष में हो जाने से न तो खुश होना चाहिए, न दुखी; अलबत्ता उसे ईमानदार अवश्य होना चाहिए। इससे वे काफी हल्के हुए और जब गए तो लगा जैसे उनका चित्त एकदम शान्त है।

सोमनाथ चटर्जी, मधु दंडवते, इंद्रजीत गुप्त और दो-एक अन्य सांसदों ने मुझे एक ज्ञापन दिया, जिसमें कहा गया था कि दूरदर्शन टेलीविजन का जो दूसरा चैनल शुरू कर रहा है, उस पर राज्यों को विशिष्ट अधिकार दिए जाएँ। उनकी दलील यह थी कि क्षेत्रीय गतिविधियाँ टी.वी. पर पूरी नहीं दिखाई जाती हैं और दूसरे चैनल को पहले चैनल जैसे नहीं होना चाहिए। स्पष्टतया उनका मुख्य उद्‌देश्य राज्य सरकारों के लिए पर्याप्त प्रचार सुनिश्चित करना था। मैंने उन लोगों से कहा कि प्रशासन के मामले में मेरी दखलंदाजी ठीक नहीं है, फिर भी मैं उनके ज्ञापन को सरकार के पास विचारार्थ भेज दूँगा।

मानव संसाधन विकास मंत्री पी.वी. नरसिम्हा राव ने मुझे 5 सितम्बर, शिक्षा-दिवस पर पुरस्कार बाँटने के लिए आमंत्रित किया था। उन्होंने मुझसे इस मौके पर दिल्ली में नहीं रहने के लिए क्षमा माँगी। दरअसल उन्हें महासागर-समारोह में भाग लेने मारिशस जाना था। हालाँकि मुझे उनकी गैरहाजिरी नहीं खटकी, फिर भी लगा कि राष्ट्रपति के लिए तय कार्यक्रम को विदेश में होनेवाले महासागर-समारोह से ज्यादा महत्ता मिलनी चाहिए थी और वे विदेश मंत्रालय या किसी अन्य विभाग से अपनी जगह किसी और मन्त्री को भेज सकते थे। अलबत्ता, मैंने इसे मुद्दा नहीं बनाया।

पी.वी. नरसिम्हा राव ने सेंट्रल हॉल की उस अफवाह का जिक्र किया, जिसके अनुसार अरुण नेहरू ने मुझे कुछ दस्तावेज़ दिखाए थे, जिनके आधार पर मैंने राजीव से इस्तीफे की माँग की थी। उन्होंने कहा कि अफवाह यह भी थी कि मेरे दफ्तर ने प्रेस को ऐसी कोई रपट न छापने की चेतावनी दी थी। मैं इन खबरों पर हँसा और कहा कि दुहराने से अफवाह मजबूत होती जाती है और हर कोई उस कहानी में अपनी ओर से कुछ न कुछ जोड़ देता है। इसके बाद मैंने नरसिम्हा राव को वह पूरी घटना बताई, जिसमें कमलापति त्रिपाठी के बारे में कहा गया था कि उन्होंने 'ऑफ द रिकार्ड' कहा है कि राष्ट्रपति ने प्रधानमंत्री से इस्तीफा माँगा है और फिर कैसे उन्होंने साफ मना कर दिया कि उन्होंने ऐसी कोई बात नहीं कही है। मैंने नरसिम्हा राव से कहा कि दिल्ली अफवाहों की सबसे बड़ी खान है।

31 अगस्त को मणिपुर के विक्षुब्धों ने टोम्पक सिंह के नेतृत्व में मुझसे रीशांग कीशिंग के खिलाफ कड़वी शिकायतें कीं। इन लोगों ने आरोप लगाया कि उनकी बागी घुसपैठियों से मिलीभगत है। इन लोगों ने यह भी कहा कि वहाँ की आबादी में मेईतियों का बहुमत है और नगाओं की तादाद केवल 20 प्रतिशत है। ऐसे में नगा मुख्यमंत्री स्वीकार्य नहीं हैं। रक्षामंत्री के रूप में बागियों के प्रति उनकी गुप्त सहानुभूति का अहसास मुझे हुआ था। मणिपुर के ऊखौल में काम्बिंग अभियान के दौरान 19 सैनिकों पर अचानक हमला कर दिया गया था। इसके बाद मुख्यमंत्री आए और उन्होंने मुझसे सेना की शिकायत की, जबकि हमला सेना पर किया गया था। मणिपुर के कई और अफसरों ने खुलकर उन गाँववालों का पक्ष लिया, जिन्होंने सेना पर हमला किया था। मैंने उनसे कई बार बात की और कहा कि शांति और सुरक्षा बनाए रखने में सेना की मदद

करें। इसके बावजूद उन्होंने मदद के लिए कुछ खास नहीं किया। उस समय प्रधानमंत्री इंदिरा गांधी को मैंने जो रपट भेजी थी, उसका कोई खास असर नहीं हुआ। राष्ट्रपति बातें तो सुन सकता है, पर अपनी राय नहीं जता सकता। अगर वह ठंडी साँस भी ले लें, तो इसका मतलब ज्ञापन को समर्थन लगाया जाएगा! इसलिए जब तक बात खत्म नहीं हुई, मैं चुप रहा। अंत में मैंने अपना वही फार्मूला दुहराया, ''मैं इस मामले को देखूँगा।''

3 सितंबर को डॉक्टर शंकरदयाल शर्मा को दिल्ली में भारत के उपराष्ट्रपति-पद की शपथ दिलाई गई। मैंने उन्हें हिन्दी में शपथ दिलवाई। शपथ ग्रहण-समारोह औपचारिक और आडम्बरहीन था। डॉ. शर्मा ने मेहमानों से आराम से बातचीत की और उनमें घुल-मिल गए।

भारतीय सेना का एक मुखिया नहीं होता है, बल्कि तीनों सेनाओं के अलग-अलग प्रमुख होते हैं जो रक्षामंत्री के निर्देशों के तहत स्वतन्त्र रूप से काम करते हैं। हालाँकि संयोजन के लिए एक चीफ ऑफ स्टाफ कमेटी होती है और इनमें जो सबसे वरिष्ठ होता है, वही अध्यक्ष के रूप में काम करता है।

5 सितम्बर को प्रधानमंत्री अपनी पाक्षिक भेंट के लिए आए और करीब घंटे-भर साथ रहे। उन्होंने कहा कि कमलापति त्रिपाठी की उस 'ऑफ द रिकार्ड' खबर को उन्होंने गम्भीरता से नहीं लिया था, जिसमें उन्होंने कहा था कि राष्ट्रपति ने प्रधानमंत्री के इस्तीफे की माँग की है। उन्होंने इसे सेंट्रल हॉल की गप कहकर खारिज कर दिया था। मैंने उनसे कहा कि यह अफवाह कहाँ से शुरू हुई, इसका पता लगाया जाए। अपनी आदत के अनुसार उन्होंने अपनी पॉकेट बुक बाहर निकाली और इसे नोट कर लिया। मुझे याद आया कि उनकी माँ का तरीका कितना भिन्न था। इंदिरा गाँधी को कुदरत ने ऐसी याददाश्त दी थी कि वे छोटे-छोटे मामले भी याद रखती थीं और अगर उनकी इच्छा होती थी तो उस पर कार्रवाई करती थीं। उनकी यह भी खासियत थी कि वे उतनी ही बात करती थीं, जितनी जरूरी होती थी।

जी.एस. ढिल्लो को महाराष्ट्र और पी.सी. अलेक्जेंडर को काश्मीर का राज्यपाल बनाने के लिए राजीव गाँधी ने मुझसे फिर बात की। मैंने उनसे कहा कि राज्यपालों की नियुक्ति के बारे में फैसले कार्यकाल खत्म होने के एक

महीने पहले के लिए नहीं रखा जाना चाहिए। मैंने कहा कि यह बहुत मुश्किल नहीं होना चाहिए, क्योंकि सरकार को राज्यपालों के रिटायर होने की तारीख उसी दिन मालूम होती है, जिस दिन उनकी नियुक्ति होती है। मैंने उच्च न्यायालयों में खाली पड़े कई पदों की ओर उनका ध्यान खींचा और बताया कि इससे बार व बेंच के सदस्यों तथा आम लोगों को काफी तकलीफ होती है। मैंने उनसे कहा कि अगर वे कानूनमंत्री की किसी जाँच के बगैर भारत के मुख्य न्यायधीश की सिफारिश को मान लें तो यह काम आसान हो जाएगा। इसके बाद मैंने कहा कि स्वतंत्र न्यायपालिका सरकार के लिए एक बड़ी आवश्यकता है, क्योंकि एक आज्ञाकारी न्यायपालिका विपक्ष के सत्ता में आने पर उसकी भी आज्ञाकारी हो जाएगी।

9 सितंबर को रक्षामंत्री के वैज्ञानिक सलाहकार डॉ. वी.एस. अरुणाचलम् ने अर्जुन टैंक, टी-72 टैंक और मिसाइल-कार्यक्रम के मामले में प्रगति का विस्तृत विवरण दिया। रक्षामंत्री के रूप में मैंने ही इन कार्यक्रमों की शुरुआत की थी। इसके बाद उन्होंने मुझे याद दिलाया कि रक्षामंत्री के रूप में मैंने पूछा था कि 155 मि.मी. बोफोर्स तोप की जगह ग्रैड 22 या सोवियत 152 मि.मी. बोफोर्स तोप की जगह ग्रैड 22 या सोवियत 152 मि.मी. तोप से काम चल जाएगा या नहीं। उन्होंने कहा कि भारत ने अगर इनमें से किसी का चुनाव किया होता तो वह बोफोर्स घोटाले से बच जाता। मैंने उन्हें यह भी याद दिलाया कि उस समय हमारे रक्षा-विशेषज्ञों की साफ पसंद फ्रेंच या स्वीडिश 155 मि.मी. तोप थीं और यह भी कि स्वभावतः मैं विशेषज्ञ की राय को न तो काटता हूँ और न उस पर अपना फैसला थोपता हूँ।

उस दिन बाद मैं आंध्र प्रदेश की राज्यपाल कुमुद बेन जोशी ने मुझसे मुलाकात की। उन्होंने मुख्यमंत्री नंदमूरी तारक रामराव की मनमानी और आंध्र सरकार के भ्रष्टाचार की शिकायत की। मैंने उन्हें सलाह दी कि राज्यपाल की भूमिका मुख्यमंत्री के निरीक्षण की नहीं है, पर अगर आरोप गंभीर हैं और इनमें वाकई दम हो तो वह प्रधानमंत्री को गोपनीय रपट भेज सकता है। मुझे लगता था कि मुख्यमंत्रियों से रिश्ते बनाने के लिए राज्यपालों को दिशा-निर्देश देना मेरी जिम्मेदारी है।

जाने-माने संपादक और कॉलम लेखक इंदर मल्होत्रा बातचीत के लिए आए। मैं उन्हें 1950 से ही जानता था। उस समय मैं अंतरिम संसद का सदस्य

बना था। इस दौरान उन्होंने काफी ख्याति प्राप्त कर ली थी और ऐसे पत्रकार के रूप में जाने जाते थे, जिनमें दुर्लभ बौद्धिक ईमानदार थी। उन्होंने संसदीय बहसों के गिरते स्तर पर दुख जताया। उन्होंने याद दिलाया कि पहले किस तरह विधेयकों की एक-एक धारा पर बहस होती थी, कैसे संशोधन पेश किए जाते थे और उन पर चर्चा होती थी। उन्होंने दिवंगत एच.वी. कामथ का भी जिक्र किया। वे एक आदर्श सांसद थे, जो विधेयक की प्रत्येक धारा की जाँच करते थे।

उन दिनों मैं संसद में शुरू से अंत तक नियमित छात्र की तरह बैठता था और जब कभी कोई गलती या चूक होती थी, तो दखल देता था।

उदाहरण के लिए अपराध-प्रक्रिया-संहिता में संशोधनों पर चर्चा के दौरान उपाध्यक्ष अनंतशयनम् आयंगर चाहते थे कि गृहमंत्री राजगोपालाचारी एक संशोधन पेश करें, जिसमें केंद्र सरकार को यह अधिकार दिया जाए कि वह किसी मामले को एक राज्य से दूसरे में स्थानांतरित कर सके। अनंतशयनम् आयंगर ने तर्क दिया कि 1941 के पहले गवर्नर जनरल को यह अधिकार अब केंद्र सरकार को मिल जाए। तदनुसार गृहमंत्री ने इस आशय का संशोधन पेश किया।

हालाँकि, इस मामले में मेरी खास दिलचस्पी नहीं थी और मैं बस कार्यवाही देख रहा था। मुझे लगा कि मामलों को एक राज्य से दूसरे में स्थानांतरित करने का अधिकार केंद्र सरकार को देना ठीक नहीं है। मैंने तुरन्त एक संशोधन पेश किया कि 'केंद्र सरकार' की जगह 'सुप्रीम कोर्ट' लिख दिया जाए। मैंने कहा कि न्यायपालिका को कार्यपालिका से अलग करना हमारी सरकारी नीतियों का एक अंग है और अगर मुकदमे एक से दूसरे राज्य में स्थानांतरित किए जाने हैं, तो इस पर फैसले के लिए सुप्रीम कोर्ट उपयुक्त है, न कि केंद्र सरकार। मेरे इस विचार का प्रमुख सांसदों, जैसे-पंडित ठाकुरदास भार्गव और डॉक्टर टेकचंद व अन्य ने समर्थन किया। केंद्र सरकार को मुकदमों के स्थानांतरण का अधिकार देने के खिलाफ इतनी जबरदस्त राय थी कि गृहमंत्री स्वयं अपना संशोधन वापस लेना चाहते थे। चूँकि सदन ने संशोधन वापस लेने की इजाजत नहीं दी, इसलिए उस पर मतदान हुआ और वह गिर गया। गृहमंत्री ने खुद इसके खिलाफ वोट दिया। इसका जिक्र मैं एक उदाहरण के रूप में कर रहा हूँ, ताकि यह बताया जा सके कि सांसद किस प्रकार विधायी कार्यों में सहयोग कर

सकते हैं। यह जरूरी नहीं कि संसद में नाटक करने या ऊँची आवाज में कुछ कहने की योग्यता हो तो अंततः वैसा हो ही जाता है। आमतौर पर लोग यही मानते हैं, जबकि यह गलत है। सच तो यह है कि मानसिक दक्षता, सावधानीपूर्वक की गई पूर्व तैयारी का ही ज्यादा योगदान होता है।

11 सितम्बर को राजीव गाँधी और सोनिया गाँधी ने मुझे और मेरे परिवार को अंतरंग रात्रिभोज पर आमंत्रित किया। हमने चुटकुले सुनाए और सोनिया भी खुशी-खुशी इसमें शामिल हुई, जबकि आमतौर पर उनकी अभिव्यक्ति गंभीर होती है। खाना भारतीय ढंग से थालियों में परोसा गया। हम लोगों के लिए कुछ विशेष दक्षिण भारतीय व्यंजन भी थे। हमने देखा कि दोनों बच्चे-राहुल और प्रियंका--बहुत तनाव में थे। सुरक्षा कारणों से वे स्कूल नहीं जा पाते थे, अपने हमउम्र बच्चों से मिल-जुल नहीं सकते थे और न ही उन्हें बचपन से जुड़ी खुशियाँ हासिल हो रही थीं। दोनों बच्चों ने हम लोगों से कहा कि इस कमी को वे दोस्तों से फोन पर बतियाकर पूरा करते हैं। उन लोगों को टेनिस खेलने के लिए राष्ट्रपति भवन जाने की भी इजाजत नहीं थी। मैंने उनसे कहा कि मुझे मुगल गार्डन से आगे जाने की इजाजत नहीं है, न ही मैं पेड़ों के बीच टहलने का आनंद ले सकता हूँ। इन वृक्षों पर मोर और दूसरे पक्षी रहते हैं। मैंने यह भी कहा कि मेरे चारों ओर दर्जन-भर लोगों के चलने से मुझे काफी असुविधा होती है। शाम को जब मैं टहलता हूँ, तब भी वे मेरे साथ होते हैं। यह सब सुनने के बाद अब बच्चे मुझसे सहानुभूति जताने लगे।

13 सितंबर को दलाई लामा मुझसे मिलने आए। राष्ट्रपति चुने जाने पर मुझे बधाई देने के बाद उन्होंने कहा कि तिब्बत में बहुत उत्तेजना है। यह भी कहा कि तिब्बती लोगों को भारी दमन का सामना करना पड़ रहा है और वे अनेक मुश्किलों से जूझ रहे हैं। वे चाहते थे कि विश्व-जनमत तिब्बत को चीनी नियंत्रण से मुझे होने में मदद करे। उन्होंने कहा कि वे यूरोप जा रहे हैं, ताकि तिब्बतियों के लिए सद्भावना और समर्थन जुटा सकें। इससे मैं मुश्किल में पड़ गया। तिब्बत पर चीनी अधिराज्य को माननेवाला भारत पहला देश था। संयुक्त राष्ट्र में हमने कुओमिंतांग शासन की जगह चीन के बैठने का बहुत उत्साह से समर्थन किया था। इसलिए मैंने अपने चेहरे को रहस्यमय बनाए रखा और एकदम चुप रहा। दलाई लामा मेरी स्थिति भाँप गए और उन्होंने अपनी बात की दिशा बदल दी। उन्होंने तिब्बतीय शरणार्थियों को शरण देने और खुद उन्हें

जो सुविधाएँ और सौजन्य मिला था, उसके लिए भारत को धन्यवाद दिया। जिस व्यक्ति को ईश्वर का अवतार माना जाता है, उसे अपनी उद्देश्य-प्राप्ति के लिए भिक्षुक की तरह एक देश से दूसर देश जाना पड़ रहा था!

पूर्वी नौसेना कमांड के उपप्रमुख एडमिरल राय ने 14 सितम्बर को मुझे एक खुशखबरी दी कि अंततः सरकार ने सोवियत संघ से पहली नाभिकीय पनडुब्बी पट्टे पर लेने का फैसला कर लिया है। ऐसी पनडुब्बी प्राप्त करने का विचार रक्षामंत्री के रूप में मेरा था। महीनों लंबी सौदेबाजी के बाद सोवियत वाले राजी हो गए थे। भारतीय नाविकों के लिए एक प्रशिक्षण-कार्यक्रम की व्यवस्था की गई। लेनिनग्राद और रीगा में मैं प्रशिक्षणार्थियों के पास गया था। मैं इस बात से भी काफी खुश था कि सोवियत संघ ने पट्टे की जो राशि ली है, वह ठीक ही है। इस पनडुब्बी की खासियत है कि परंपरागत पनडुब्बियों के मुकाबले यह ज्यादा समय तक पानी में रह सकती है।

उस समय यह प्रस्ताव किया गया कि ऐसी दूसरी पनडुब्बी भारत में बनाई जाएगी। परमाणु ऊर्जा आयोग, खासकर उसके प्रमुख डॉ. राजा रमन्ना का दृढ़ विश्वास था कि वे पनडुबबी के लिए परमाणु ऊर्जा पैक बना लेंगे। अपनी प्रिय परियोजनाओं में से एक के पूरे हो जाने पर मुझे गर्व हुआ।

19 सितम्बर को जब प्रधानमंत्री ने अपनी नियमित पाक्षिक मुलाकात की तो उन्होंने कहा कि सियाचिन ग्लेशियर के आस-पास तनाव बढ़ रहा है। उन्हें विश्वास था कि हमारी सेना वहाँ किसी भी चुनौती का सामना करने में सक्षम है। इसके बाद हम लोगों ने महाराष्ट्र की विक्षुब्ध गतिविधियों पर चर्चा की। प्रधानमंत्री ने महाराष्ट्र के तत्कालीन मुख्यमंत्री शंकरराव चव्हाण की तारीफ की, क्योंकि उन्होंने सिद्ध कर दिया था कि वे एक योग्य प्रशासक और उच्च सत्यनिष्ठा वाले व्यक्ति हैं। हालाँकि उन्होंने यह महसूस किया कि मुख्यमंत्री पार्टी को एक रखने में सक्षम नहीं हैं। उन्हें इस बात की चिंता थी कि महाराष्ट्र में किसी तरह के परिवर्तन से स्थिति और खराब हो जाएगी। मैंने प्रधानमंत्री को सुझाव दिया कि वे मुख्यमंत्री के साथ-साथ विक्षुब्धों से भी बात करके मेल-मिलाप करा सकते हैं। मैंने यह भी कहा कि यद्यपि ऐसा कहना करने से आसान है।

उपराष्ट्रपति ने एक पखवाड़े में एक बार मुझसे मिलने की परंपरा बनाई। इससे मैं उन्हें राष्ट्रीय महत्व की घटनाएँ बता देता था और कई महत्वपूर्ण मुद्दों

पर उनके विचार लेता था। उपराष्ट्रपति ने मेरी कई जिम्मेदारियाँ ले ली थीं। जैसे आई.सी.सी.आर. की अध्यक्षता और गाँधी ग्राम, पांडिचेरी, पंजाब एवं दिल्ली विश्वविद्यालयों के कुलाधिपति का काम। चूँकि कई मामलों में हम लोगों की राय एक-सी थी, इसलिए बातचीत हमेशा सुखद और मैत्रीपूर्ण होती थी।

22 सितम्बर को कांग्रेस के अनुभवी नेता कमलापति त्रिपाठी ने मुझसे मिलने की जिद की। मैंने उनसे कहा कि उनके स्वास्थ्य का हालचाल जानने मैं खुद उनके पास आना चाहता हूँ और उन्हें मेरे पास आने की तकलीफ नहीं उठानी चाहिए। पर उन्होंने एक न सुनी। उन्होंने जोर देकर कहा कि राष्ट्रपति से पहले मिलने आना उनकी जिम्मेदारी है। यह पुराने समय के शिष्टाचार का नमूना है। कमलापति त्रिपाठी ने उस समय के कांग्रेसियों के स्तर में आई गिरावट पर प्रकाश डाला और कहा कि पुराने मूल्यों की बहाली के लिए कुछ किया जाना चाहिए। उन्होंने यह भी महसूस किया कि कांग्रेस संगठन का लोगों से संपर्क एकदम टूट गया है और महात्मा गाँधी के जनसंपर्क-अभियान को फिर से शुरू किया जाना चाहिए।

इसके बाद उन्होंने मुझसे अखबारों में छपी एक खबर के बारे में पूछा, जिसमें कहा गया था कि प्रधानमंत्री और राष्ट्रपति में मतभेद शुरू हो गए थे और राष्ट्रपति ने प्रधानमंत्री से इस्तीफा देने के लिए कहा था। मैंने उनसे कहा कि "रोज एक आदमी एक कुत्ते को न काटे" तो कुछ अखबार चल ही नहीं सकते। मैंने उन्हें प्रधानमंत्री और अपने मधुर संबंधों और उन विषयों के बारे में बताया, जिन पर हम पाक्षिक भेंट के दौरान चर्चा करते थे। मैंने यह भी कहा कि सभी मामलों में अपने विचार मैं स्पष्ट रूप से रख देता हूँ। पर कभी इस बात की चिंता नहीं करता कि मेरे सुझाव पर कार्रवाई हुई या नहीं। आखिरकार सलाह देना निर्देश देना नहीं है और राष्ट्रपति के रिश्ते पर मेरे विचार से प्रसन्नतापूर्वक सहमति जताई और कहा कि इस स्थिति की वे कभी कल्पना भी नहीं कर सकते कि मुझमें और प्रधानमंत्री में टकराव होगा।

एक तमिल पत्रकार मेरे निजी जीवन और मेरी दिनचर्या के बारे में मुझसे बातचीत करना चाहता था। मैंने उसे विनम्रता-पूर्वक मना कर दिया। कहा कि मैं कभी अपने आपको प्रोजेक्ट नहीं करता और न अपने निजी जीवन के बारे में बताता हूँ।

उस समय वित्त-सचिव एस. वेंकिटरमनन और बैंकिंग सचिव बिमल जालान ने मुझे संसाधनों की कमी के बारे में बताया और कहा कि प्रधानमंत्री ने उनसे इनमें से कुछ मामलों पर मुझसे चर्चा करने के लिए कहा था। हम लोगों ने कुछ उपायों पर चर्चा की और कुछ सुझाव दिए। इस संस्मरण में उनका खुलासा करना ठीक नहीं है, पर मैं यहाँ इसका उल्लेख यह बताने के लिए कर रहा हूँ कि प्रधानमंत्री और मुझमें फिर स्तर पर मंत्रण होती थी।

27 सितंबर को मैंने जम्मू और काश्मीर की आधिकारिक यात्रा की। राष्ट्रपति के रूप में मेरी यह पहली यात्रा थी, इसलिए आनुष्ठानिक गार्ड ऑफ आनर दिया गया। राज्यपाल जगमोहन, मुख्यमंत्री फारूक अब्दुल्ला, कैबिनेट मंत्री और अन्य महत्त्वपूर्ण नेता मौजूद थे। श्रीनगर में राजभवन एक पहाड़ की ढलान पर अवस्थित है और यह देवदार के पेड़ों तथा खूबसूरत एवं खुशबूदार फूलों की जितनी भी कल्पना की जा सकती है, ऐसे फूलों भरे पौधों से घिरा हुआ है। दोपहर में शालीमार बाग में नागरिक अभिनंदन था। काश्मीर में शरद ऋतु (अउतुम्न) का मौसम वाकई सबसे अच्छा समय होता हैं चीड़ के पत्ते रंग बदलते हैं और पूरे खिले ढेरों फूलों के रंगों से प्रतिस्पर्द्धा करते हैं। वहाँ का दृश्य वाकई दिल थामकर देखने योगय था। मैंने इस धरती को और काश्मीर के लोगों को शुभकामनाएँ दीं। मुझे काश्मीर पर सर फ्रैंसिस यंगहसबंड की लाइनें याद आईं, जिन्हें हिंदी में लिखें तो कुछ इस तरह होंगी–

जिस किसी ने इसके बारे में सुना  
वह क्या वहाँ जाने को लालायित नहीं हुआ?  
जो वहाँ गया। वह क्या  
हमेशा वहाँ रहने को लालायित नहीं हुआ?

मैंने हिमाच्छादित अमरनाथ गुफा की खूबसूरती का भी जिक्र किया। यह ऐसा पूजा-स्थल (शिवलिंग) है जो गुफा के अंदर है और आदि शंकर ने इसे स्वयं प्रतिष्ठापित किया था। भारतीय एकता के बारे में बात करते हुए मैंने कहा कि शेष समूचा भारत काश्मीर की सराहना इसके प्राकृतिक सौंदर्य के लिए ही नहीं करता, बल्कि इसके आश्चर्यजनक कला-कौशल के लिए भी करता है। संगीत, काव्य और रुचिकर भोजन के तो कहने ही क्या! मैंने लोगों से कहा कि वे हिंसा का सहारा न लें और उस एकता तथा राष्ट्रीय उत्साह को फिर से जीवित करने की अपील की, जो हमारे महान स्वतंत्रता-संग्राम की पहचान

है। मुझे याद आया कि कैसे आदि शंकराचार्य ने केरल से काश्मीर तक की यात्रा की और कैसे मंडन मिश्र जैसे संस्कृत के महान विद्वान के साथ ब्रह्मवैज्ञानिक शास्त्रार्थ किया। श्रीनगर में शंकराचार्य पहाड़ी पर बना मंदिर भारत की सांस्कृतिक एकता का साक्षी है। अंत में मैंने भारत के विकास में काश्मीरियों के महान योगदान की चर्चा की और कहा कि नेहरू, सप्रू, काटजू इनमें सबसे महत्त्वपूर्ण हैं। मैंने राष्ट्रीय एकता के लिए शेख मोहम्मद अब्दुल्ला के महान् योगदान की भी चर्चा की।

28 सितंबर को मैं लेह गया। मैंने वहाँ तैनात सैनिकों के बीच भाषण दिया। कहा कि वे राष्ट्रीय एकता के चमचमाते प्रतीक हैं। यहाँ विभिन्न हिस्सों से आए जवानों की भिन्न-भिन्न परंपराएँ हैं और वे अलग-अलग भाषाएँ बोलते हैं, फिर भी एक साथ एक परिवार की तरह रहते हैं। इस सबको एक विचार से प्रेरणा मिलती है और वह है–देश की रक्षा। मैंने वहाँ के मौसम में लगातार चौकसी बनाए रखने के लिए उनकी देशभक्ति की प्रशंसा की। याद दिलाया कि भारत पराए क्षेत्र पर आँखें नहीं गड़ाता, न ही पड़ोसी देशों के नेतृत्व की उसकी इच्छा है। बल्कि भारत तो शांतिपूर्ण बातचीत से सभी अंतर्राष्ट्रीय विवादों का हल निकालने के लिए प्रतिबद्ध है। पर भारत इसके साथ-साथ न तो आत्म संतुष्ट हो सकता है और न अपनी चौकसी कम कर सकता है।

भाषण के बाद मैंने जवानों के साथ चाय पी। सभी जवान मुझसे हाथ मिलाना चाहते थे। डेढ़ हजार जवानों से हाथ मिलाना साधारण काम नहीं था तभी मुझे लगा कि हमारे पूर्वज कितने बुद्धिमान थे कि उन्होंने हाथ मिलाने के पश्चिमी तरीके के बजाय हाथ जोड़कर नमस्ते करने का तरीका स्वीकार किया।

दोपहर बाद लद्दाखी लोगों ने एक नागरिक अभिनंदन का आयोजन किया, जिसमें उनके प्रतिनिधियों ने लद्दाखियों को अनुसूचित जनजाति की सूची में रखने की माँग की। मुझे लगा कि उनकी माँग न्यायोचित है। लद्दाखी न तो घाटी के लोगों जैसे होते हैं और न जम्मू के लोगों जैसे। मुझे लगा कि केंद्र शासित क्षेत्र या पहाड़ी क्षेत्र का पृथक अधिकार माँगने का उनके पास अच्छा दावा है। दिल्ली लौटकर मैंने राजीव गाँधी से उनकी इच्छाओं का उल्लेख किया।

हम लोग 29 सितम्बर को श्रीनगर लौटे। जगमोहन ने हमारे लिए रात्रिभोज का आयोजन किया, जिसमें श्रीनगर के सभी प्रतिष्ठित लोग मौजूद थे। पर हम

लोगों की बातचीत बहुत सामान्य रही, क्योंकि सभी लोग यही दिखाना चाह रहे थे कि राज्य में सब कुछ सामान्य है। लोगों ने कोशिश की कि हिंसा और उग्रवाद के प्रभाव तथा लोगों के असंतोष पर चर्चा से बचा जाए।

30 सितंबर को मैंने कश्मीर विश्वविद्यालय में दीक्षांत भाषण दिया। यह एक रंगारंग समारोह था और प्रत्येक प्रतिष्ठित व्यक्ति को साफा पहनना था। अपने दीक्षांत भाषण में मैंने कहा कि देश की विविधता एक अच्छाई है, कोई बोझ नहीं। मैंने यह भी कहा कि विभिन्न धार्मिक मतों, अलग-अलग रीति-रिवाजों के साथ-साथ भाषा व सांस्कृतिक बहुलता के सहअस्तित्व से भारत की सुंदरता और बढ़ जाती है। मैंने स्वतंत्रता के बाद हुए आर्थिक विकास का भी जिक्र किया और कहा कि यह आकर्षक है, पर बढ़ती आबादी के हिसाब से पर्याप्त नहीं है। अंत में मैंने छात्रों से अपील की कि वे अपने-अपने क्षेत्रों में उत्कृष्टता हासिल करें।

वापस दिल्ली आकर 2 अक्तूबर को मैं अपने परिजनों के साथ राजघाट गया और राष्ट्रपिता को श्रद्धांजलि दी। 2 अक्तूबर भारत के एक और सपूत लालबहादुर शास्त्री का भी जन्मदिवस है। हम लोगों ने उनकी समाधि पर भी फूलमालाएँ चढ़ाईं। यह अजीब बात है कि 2 अक्तूबर देश के महान राष्ट्रभक्तों में से एक के.कामराज की पुण्य तिथि भी है। कामराज के बारे में पंडित जवाहरलाल नेहरू ने एक बार कहा था, "यह भारतीय लोकतंत्र की ही विशेषता है कि जन्म, सम्पत्ति और शिखा के क्षेत्र में कोई विशिष्ट स्थान न होने के बावजूद वे एक राष्ट्रीय नेता की हैसियत पा सके।" कामराज से मेरा बहुत गहरा लगाव था और आज भी मैं उन्हें याद करता हूँ तो मेरा गला भर आता है। हम लोगों ने डुप्ले रोड स्थित उनकी मूर्ति पर माल्यार्पण किया। इस सड़क का नाम अब कामराज मार्ग कर दिया गया है।

3 अक्तूबर की प्रधानमंत्री पाक्षिक मुलाकात के लिए आए। उन्होंने मुझे बताया कि सूखे से उत्पन्न मुश्किलों को कम करने के लिए क्या कदम उठाए गए हैं और श्रीलंका की ताजा स्थिति क्या है। संयुक्त संसदीय समिति द्वारा की जा रही बोफोर्स-जाँच की चर्चा करते हुए मैंने सुझाव दिया कि एक सार्वजनिक सूचना प्रकाशित कर भारतीय और वदेशी स्रोतों से सौदे से जुड़े सबूत माँगे जा सकते हैं, ताकि स्वीडिश रेडियो और वकील राम जेठमलानी के पास इस मामले में जो भी सबूत हैं, उन्हें वे सामने रख सकें।

4 अक्तूबर को उपराष्ट्रपति डॉ. शंकरदयाल शर्मा पाक्षिक गुलाकात के लिए आए। राज्यसभा के सभापति के रूप में मैंने बजट के मौके पर जारी कुछ उत्पाद और सीमा-शुल्क अधिसूचनाओं की उपयुक्तता का मामला लोक लेखासमिति के पास भेजा था। वे इस विषय पर मेरे विचार जानना चाहते थे। मैंने उनसे कहा–हमें इस स्थापित स्थिति पर कायम रहना चाहिए कि ये अधिसूचनाएँ अवैध नहीं हैं, फिर भी बजट के मौके पर इससे बचा जाना चाहिए। हमने राज्यसभा की कार्यवाही से संबंधित कुछ सामान्य मामलों पर चर्चा भी की।

वरिष्ठ कांग्रेस नेता उमाशंकर दीक्षित एक दिन बातचीत करने आए। यह मेरे लिए सम्मान की बात थी। राष्ट्रपति चुने जाने पर बधाई देने के बाद उन्होंने मुझे दस साल पहले की एक घटना की याद दिलाई। वह घटना तमिलनाडु कांग्रेस समिति और कांग्रेस (ई) के विलय से संबंधित थी। असल में मैं मद्रास में उनसे मिलने गया था और विलय का समर्थन किया था। उन्होंने याद दिलाया कि उन्होंने मुझसे पूछा था कि मैं कांग्रेस संगठन में कोई पद लूँगा या सरकार में। इस पर मैंने कहा था, ''मैं चाहूँगा कि कुछ भी न लूँ, क्योंकि ऐसा करने पर यह गलत अर्थ लगाया जाएगा कि मैंने निजी लाभ के लिए विलय का समर्थन किया है।'' श्री दीक्षित ने कहा कि मेरे उस फैसले ने मुझे सर्वोच्च पद पर पहुँचा दिया है और इसी कारण अब मैं राष्ट्रपति भवन में रह रहा हूँ। उन्होंने कहा कि जब इस घटना की सूचना इंदिरा गांधी को दी थी तो वे मेरे रुख से बहुत प्रभावित हुई थीं।

श्री दीक्षित करीब दो घंटे मेरे साथ रहे। लेकिन घर पर उनकी बहू शीला दीक्षित परेशान हो गईं, क्योंकि वे वापस नहीं पहुँचे थे। जब उन्होंने राष्ट्रपति भवन फोन किया तो उनसे कह दिया गया था कि राष्ट्रपति के साथ कोई नहीं था और सब लोग जा चुके हैं। इससे राष्ट्रपति भवन के कर्मचारियों की कार्यकुशलता का संकेत मिलता है। मैंने महसूस किया है कि कार्य-दिवसों में काम का समय खत्म होने और छुट्टियाँ मनाने में राष्ट्रपति भवन के कर्मचारी बहुत कार्यकुशल हैं।

स्वीडिश राजदूत एडलस्टम विदा होने से पहले मुझसे मिलने आए। मैं उन्हें कुछ वर्षों से जानता था। उन्होंने कहा कि अंतर्राष्ट्रीय लेन-देन को पूरा करने के लिए एक संपर्क-कार्यालय रखना जरूरी है, ताकि संबंधित पार्टियों को

स्पष्टीकरण और जवाबी प्रस्ताव दिए जा सकें। उन्होंने कहा कि किसी एक देश के लिए जो राशि बड़ी लगती हो, वह करोड़ों डालर का व्यापार करने वाले देश के लिए भी बड़ी ही हो, यह जरूरी नहीं है। उन्होंने बोफोर्स-सौदे या उसमें कंपनी द्वारा दलाली देने के आरोपों के बारे में कोई चर्चा नहीं की।

महत्त्वपूर्ण रक्षा-मामलों के बारे में जानकारी देनेवाले रक्षामंत्री कृष्णचंद्र पंत एक महत्वपूर्ण आगंतुक थे। उन्होंने कहा कि रक्षामंत्री रहते हुए मैंने जिन चीजों के आदेश दिए थे, वे अब प्राप्त हो रहे हैं। उन्होंने आई.ई. पैट्रोलबोट, एम.आई. –26 हेलीकॉप्टर, एम.आई.जी. 29 लड़ाकू विमान और कुछ अन्य उपकरणों की आपूर्ति की सूचना दी। इनमें एम.आई. 26 हेलीकॉप्टर की क्षमता दो टैंकों को ढोने और अच्छी ऊँचाई पर उड़ने की थी। श्री पंत ने कहा कि एम.आई. 29 का प्राप्त होना बहुत ही महत्वपूर्ण है, क्योंकि इसकी टेकनालॉजी गजब की है। इसके बाद मैंने उन्हें सोवियत संघ द्वारा एम.आई. 29 की आपूर्ति की कहानी सुनाई। ब्रेझनेव की अंतिम यात्रा में शामिल होने के लिए जब इंदिरा गाँधी मास्को गईं थीं, तो उन्होंने मुझसे पूछा था कि सोवियत संघ से चर्चा के लिए क्या कोई महत्वपूर्ण मामला है। मैंने उनसे कहा कि वे एम.आई.जी. 29 की माँग कर सकती हैं। इसके बारे में प्राप्त रपटों में कहा गया था कि यह एफ-16 विमानों के विकल्प से बेहतर है। इंदिरा गाँधी ने जब सोवियत संघ के रक्षामंत्री मार्शल स्तीनोव के साथ यह मामला उठाया तो उन्होंने इसे यह कहकर रद्द कर दिया–"मैडम, आप सभी पश्चिमी पत्रिकाओं को पढ़िए और मुझसे ये लड़ाकू विमान बनाने के लिए कहिए।" इसके बाद दिसंबर 1983 के शुरू में मुझे फ्रांसीसी लाइसेंस के तहत मिराज-2000 के निर्माण के विकल्प के बारे में फैसला करना था। मैंने सोवियत राजदूत यूरी वोरनोत्सोव से बात की और उनसे कहा कि अगर सोवियत संघ के पास एम.आई.जी. 29 न हो तो हमें दूसरे आपूर्तिकर्ताओं से बात करनी पड़ेगी पर एम.आई.जी. 29 मिल जाए तो भारत उसे प्राथमिकता देगा। तीन हफ्ते बाद वोरनोत्सोव फिर आए। उनके पास एक टंकित बयान था, जिसके अनुसार वे भारत और सोवियत संघ की गहरी दोस्ती के मद्देनजर इस बात के लिए तैयार थे कि भारत सोवियत संघ के लाइसेंस के तहत एम.आई.जी. 29 का निर्माण करे। मैं रोमांचित हो उठा और इस चिट्ठी को लेकर तुरंत इंदिरा गांधी के पास पहुँचा। उन्होंने मुझसे कहा, "ये सोवियत संघवाले कैसे लोग हैं कि अक्तूबर में इन्होंने कहा कि इनके

पास एम.आई.जी. 29 जैसी कोई चीज नहीं है और फिर उसी साल दिसंबर में इस बात के लिए तैयार हो गए कि भारत में इसका निर्माण हो।''

इसके बाद हम लोगों ने भारत में मिसाइल बनाने के काम में हुई प्रगति की चर्चा की। इसके लिए मैंने एक विशेष प्रकोष्ठ बनाया था। के.सी.पंत ने कहा कि यह काम बहुत संतोषजनक ढंग से चल रहा था। बालासोर में फायरिंग रेंज की स्थापना के खिलाफ उन्हें वहाँ के विपक्षी दलों के नेताओं के जबरदस्त विरोध का सामना करना पड़ रहा था।

18 अक्तूबर को उपराष्ट्रपति पाक्षिक मुलाकात के लिए आए। उन्होंने कहा कि हल्ला-गुल्ला और शून्य काल फिर शुरू हो गया है और इस कारण सदन में शिष्टाचार में कमी आई है। इस पर मैंने उनसे कहा कि सदन में सभी पक्षों से उनके अच्छे सम्बन्ध हैं, इसलिए उन्हें पार्टी-नेताओं को इस बात के लिए राजी करना चाहिए कि वे राज्यसभा की मर्यादा बनाए रखने में उन्हें सहयोग दें।

21 अक्तूबर को हरियाणा के पूर्व मुख्यमंत्री भजनलाल मुझसे मिले और शिकायत की कि उनके बाद मुख्यमंत्री बने देवीलाल उनके खिलाफ आपराधिक मुकदमे दर्ज करवाने के लिए लोगों को उकसा रहे हैं, जबकि पूर्व मुख्यमंत्री को कोई सुरक्षा नहीं मिली है। प्रत्येक सरकार द्वारा अपने पूर्व मुख्यमंत्री के खिलाफ जाँच आयोग बैठाना लोकतंत्रीय प्रवृत्ति के खिलाफ है। इसके तहत मुख्यमंत्री समेत किसी भी व्यक्ति पर आरोप तो लगाए जा सकते हैं, पर किसी पूर्व मुख्मंत्री के खिलाफ आरोप लगते रहने से लोकतंत्र के कामकाज में ही कटुता और असंगति आती है। दुर्भाग्यवश पार्टी-विवादों के कारण भारतीय लोकतंत्र का ह्रास होता जा रहा है। स्वस्थ लोकतंत्र के लिए प्रत्येक मंत्रिमंडल को समझना चाहिए कि सरकार अखंड है और पूर्ववर्ती सरकार के लोगों के हिसाब बराबर करने का सिलसिला शुरू नहीं होना चाहिए। हाँ, राष्ट्रीय महत्व के मामले इससे जुड़े हों तो बात अलग है।

राजीव गाँधी के दुलारे समझे जानेवाले परिवहन मंत्री राजेश पायलट 21 अक्तूबर को मुझसे मिलने आए। एक ही आयुवर्ग का होने के नाते ये लोग आपस में ज्यादा खुलकर चर्चा करते थे और राजीव गाँधी से मैं उतना खुलकर बात नहीं कर सकता था। राजीव गाँधी उन्हें काश्मीर, नागालैंड और मिजोरम

के अभियान पर भेजा करते थे। राजेश पायलट ईमानदार तथा निष्कपट हैं और दिए गए उत्तरदायित्व को पूरी क्षमता से निभाते हैं। अगर कभी-कभी वे राजीव गाँधी को नहीं मना पाते थे तो इसका कारण यह था कि वे पृष्ठभूमि में रहने वालों से भी काम करवाते थे और ऐसे लोग पायलट से अधिक प्रभावशाली थे। इस बार वे पार्टी-संगठन को मजबूत करने के लिए मुझसे सलाह करने आए थे। मैंने उनसे कहा कि पार्टी और सरकार के बीच मेल-जोल को मजबूत किया जाना चाहिए, कार्यसमिति की बैठक हर महीने होनी चाहिए, जिसमें राष्ट्रीय मुद्दों पर चर्चा हो। अखिल भारतीय कांग्रेस कमेटी की बैठक हर छह महीने में एक बार होनी चाहिए। इसमें उपदेश देने की बजाय गैर आधिकारिक विचारों को सुना जाना चाहिए। साथ ही मैंने यह भी कहा कि कांग्रेस का साधारण अधिवेशन साल में एक बार होना चाहिए, जैसा कि स्वतंत्रता से पहले होता था। मैंने यह भी कहा कि अखिल भारतीय कांग्रेस कमेटी के अधिवेशनों में सदस्यों को एक-दूसरे से मिलने और उन्हें जानने का मौका मिलता है, थोड़े अंतराल पर संपर्क और मेलजोल का मौका न मिलने से देश के दूसरे हिस्सों के पार्टी कार्यकर्ता अलग-थलग पड़ गए हैं। मैंने यह भी याद दिलाया कि कैसे पंडित जवाहरलाल नेहरू इन अधिवेशनों में युवा वर्ग को प्रोत्साहित करते थे।

इस साल प्रकाश का त्योहार दीपावली 22 अक्तूबर को पड़ा। आम तौर पर इस दिन राष्ट्रपति भवन के कर्मचारी अपने परिवार के साथ राष्ट्रपति और उनकी पत्नी को शुभकामनाएँ देते हैं। फिर अलग-अलग समूहों में विभिन्न संगठनों के लोग लॉन में इकट्ठे होते हैं और बधाइयाँ देते हैं। कई आम लोग भी आते हैं और राष्ट्रपति को शुभकामनाएँ देते हैं। लेकिन इस बार आतंकवादियों ने दिल्ली में गोलियाँ चलाकर नौ व्यक्तियों की हत्या कर दी थी, इसलिए मैंने मनोरंजन और स्वागत-समारोह के सभी कार्यक्रम रद्द कर दिए। इस मौके पर एक संदेश में मैंने कहा, ''पूजा करनेवाले लोगों की अकारण हत्या एक ऐसा अपराध है जो जीवन की सभी पवित्र चीजों के खिलाफ है।...मैं मूल्यवान जीवन बर्बाद होने और निर्दोष लोगों का खून बहने पर तमाम नागरिकों के साथ शोक-संतप्त हूँ। आइए, हम इस अत्याचार का जवाब भावावेश या प्रत्यारोप से देने के बजाय अनुशासन से दें, जो सभ्यता की पहचान है।'' राजनीतिक दलों के प्रायः सभी

नेताओं ने इस गोलीकांड की निंदा की। मैंने दीपोत्सव को रद्द करके जो सद्भावना दिखाई थी, उसकी बहुत तारीफ हुई।

23 अक्तूबर को पारसी समुदाय के कुछ लोगों ने राष्ट्रपति भवन में मेरे साथ चाय पी। मैं समझता था कि पारसी समुदाय बहुत अमीर होता है और इस समुदाय के सभी लोग टाटा की तरह उद्योगपति हैं। जब इन लोगों ने मुझे बताया कि कई पारसी गरीब हैं और दान पर जी रहे हैं तो मुझे करारा झटका लगा। इन लोगों ने इस बात पर दुख जताया कि स्वतन्त्रता के पहले इन्हें नियुक्तियों में जो प्राथमिकता मिलती थी, वह अब खत्म हो गई है और इनमें से अनेक लोग अस्तित्व के लिए संघर्ष कर रहे हैं। मैंने इन लोगों से कहा कि समुदाय के अमीर लोगो को गरीबों की मदद करनी चाहिए, ताकि वे अपने छोटे-छोटे उद्योग लगा सकें और उन्हें स्वरोजगार मिल जाए।

इस समय तक मैं यह सोचने लगा था कि विवादास्पद डाक विधेयक पर क्या कार्रवाई की जाए। पूर्व राष्ट्रपति ज्ञानी जैलसिंह ने सार्वजनिक तौर पर उम्मीद जताई थी कि उनके उत्तराधिकारी इस विवादास्पद विधेयक पर सहमति नहीं देंगे। हालाँकि जैलसिंह अपने कार्यकाल के दौरान खुद भी इस विधेयक पर सहमति दे सकते थे या पुनर्विचार के लिए इसे लौटा सकते थे। मैंने सोचा कि सबसे अच्छा तरीका यह होगा कि पूरे विधेयक पर महाधिवक्ता की राय ली जाए।

वैंकूवर के राष्ट्रमंडल शिखर सम्मेलन से लौटकर राजीव गाँधी 26 अक्तूबर को मेरे पास आए और अपनी यात्रा के बारे में मुझे जानकारी दी उन्होंने कहा कि राष्ट्रमंडल-नेताओं से उनकी लाभदायक बातचीत हुई है। इन नेताओं में कनाडा के प्रधानमंत्री ब्रेयन मुलरूनी, ब्रिटेन की प्रधानमंत्री मारग्रेट थैचर, जिंबाब्वे के राष्ट्रपति रॉबर्ट मुगाबे शामिल हैं। उन्होंने यह भी कहा कि जापान के प्रधानमंत्री नाकासोने और डच प्रधानमंत्री लुब्बर्स से उनकी मुलाकत का विषय दोनों देशों के बीच आर्थिक सहयोग-सुधार था। उन्हें इस बात की खुशी थी कि अंतर्राष्ट्रीय मंच पर भारत की बात सम्मानपूर्वक सुनी गई और कई मसलों पर भारत की राय माँगी गई।

## राज्यपाल-सम्मेलन

राष्ट्रपति भवन में आयोजित होने वाला राज्यपाल-सम्मेलन वहाँ के प्रमुख

आनुष्ठानिक घटनाओं में से एक है। राज्यपाल और उपराज्यपाल इसे ऐसा अवसर मानते हैं, जब वे एक-दूसरे से मिल पाते हैं और अपने-अपने राज्यों और संघ शासित क्षेत्रों की स्थिति पर अपना आकलन पेश कर सकते हैं, साथ ही अपने कार्यालय से संबंधित दूसरे मुद्दे उपस्थित लोगों के ध्यान में ला सकते हैं। पहले राज्यपालों का सम्मेलन साल में एक बार हुआ करता था, पर बाद में, इंदिरा गाँधी के सुझाव पर, इन सम्मेलनों को दो साल में एक बार किया जाने लगा।

सम्मेलन की शुरुआत राष्ट्रपति, उपराष्ट्रपति और प्रधानमंत्री के साथ राज्यपालों के फ़ोटो-सत्र से होती है। इसकी सभी कार्यवाहियों में पद में वरिष्ठता के सिद्धांत का कड़ाई से पालन किया जाता है। वरिष्ठतम राज्यपाल ज्येष्ठ सदस्य के रूप में काम करते हैं और सामान्य राज्यपालों के कार्यालय या परिलब्धियों से संबंधित मामलों में राज्यपालों का प्रतिनिधित्व एक समूह के रूप में करते हैं।

राज्यपालों का अंतिम सम्मेलन 1985 में हुआ था। इसलिए मैं चाहता था कि दो वर्षों पर होनेवाला सम्मेलन 1987 खत्म होने से पहले आयोजित हो जाए। इसलिए मैंने सम्मेलन के आयोजन के लिए अक्तूबर 1987 में काम शुरू कर दिया।

राष्ट्रपति के परंपरागत संबोधन में मैंने कहा, "राज्यपाल अपने-अपने राज्यों के मामले में महत्त्वपूर्ण भूमिका निभाते हैं। राज्य के जहाज को तूफानी झंझावातों से गुजरना पड़ता है। ऐसे में राज्य के कर्णधार और सरकार-प्रमुख की जिम्मेदारी है कि वह इसे मजबूत करे। राज्य-सरकारों से उनके सम्बन्धों के बारे में मैंने कहा कि राज्यपालों को यह बुनियादी सच्चाई याद रखनी चाहिए कि वे न सिर्फ सांविधानिक प्रमुख हैं, बल्कि उनसे यह भी अपेक्षा की जाती है कि वे मंत्रीमंडल के ऐसे दूरदर्शी सलाहकार हों, जो कठिन समय में स्थिति को शांत कर सकें।

कानून व्यवस्था की स्थिति के संदर्भ में मैंने कहा, "आप सब जानते हैं कि कानून-व्यवस्था राज्य का विषय है। इसके बावजूद केंद्र की जिम्मेदारी है कि वह राज्यों को आवश्यक और उपयुक्त मदद पहुँचाये। इसलिए बृहत्तर पारस्परिकता की स्पष्ट तौर पर जरूरत है।" इसके बाद मैंने सामाजिक-आर्थिक क्षेत्र में राज्यपाल की मदद की विस्तृत सम्भावनाओं जैसे—समाज के पिछड़े

वर्ग के लोगों के लाभ की योजनाओं को लागू करने, जनसंख्या-नियंत्रण, व्यस्क शिक्षा और साक्षरता-योजना तथा रोजगारोन्मुख कार्यक्रमों में मदद का जिक्र किया।

मैंने भारत-श्रीलंका में हुए ऐतिहासिक समझौते की चर्चा की, जिसमें श्रीलंका की सीमाई एकता और अखंडता के प्रति प्रतिबद्धता जताई गई थी, लेकिन साथ ही उत्तरी-पूर्वी प्रांतो में तमिल हितों की रक्षा की भी बात थी, ताकि कानून और व्यवस्था, भूमि, शिक्षा और संस्कृति जैसे क्षेत्रों में पर्याप्त स्वायत्तता रहे।

मैं इस बात से अप्रसन्न था कि राज्यपाल बार-बार दिल्ली आएँ। ऊपरी तौर पर तो उनकी यात्रा का मकसद सार्वजनिक होता था, पर असल में वे निजी कामों से आते थे या उनका इरादा प्रभावशाली लोगों से मिलने का होता था। प्रायः इन लोगों को प्रधानमंत्री-जैसे विशिष्ट लोगों से मिले बगैर लौटना पड़ता था। मैंने यह भी देखा था कि राज्यपाल प्रायः दूसरे राज्यों की भी यात्रा करते हैं और ऐसी यात्राओं का उद्देश्य छोटे या महत्वहीन समारोहों में शामिल होना-भर होता था। मैंने इन यात्राओं पर थोड़ा नियंत्रण रखने की जरूरत की और राज्यपालों का ध्यान आकर्षित किया। अपने संबोधन में मैंने इस मामले में पूर्व राष्ट्रपति नीलम संजीव रेड्डी के विचारों की भी चर्चा की, जो मेरे विचारों जैसे ही थे। मैंने उन लोगों को इस बात के लिए प्रोत्साहित किया कि वे अपने ही राज्यों का सघन दौरा करें और दूसरे राज्यों की यात्राएँ कम कर दें। हालाँकि मैंने यह बात साफ-साफ नहीं कही, पर मैं चाहता था कि राज्यपाल अपने गृहराज्यों की यात्राएँ बार-बार न करें और स्थानीय राजनीति में भी कम दिलचस्पी लें। मैं यह भी सुनिश्चित करना चाहता था की किसी सार्वजनिक समारोह की अध्यक्षता के लिए दूसरे राज्य के राज्यपाल को न्यौता देकर संबद्ध राज्य के राज्यपाल की अवमानना न की जाए।

संबोधन के लिए राष्ट्रपति को धन्यवाद देने के बाद राज्यपालों में वरिष्ठ एस.एम.एच. बनी ने विचार-विमर्श की शुरुआत की। पंजाब की कानून-व्यवस्था की स्थिति की समीक्षा के बाद उन्होंने कहा कि राज्यपालों का सम्मेलन द्विवार्षिक की बजाय हर वर्ष होना चाहिए।

राज्यपालों के सम्मेलन में बैठने की व्यवस्था वरिष्ठता के सिद्धांत के अनुसार होती है और राज्यपालों-उपराज्यपालों को इसी वरिष्ठता-क्रम में बोलना होता है। विभिन्न राज्यों के राज्यपालों ने अपने-अपने राज्यों की कानून-व्यवस्था की

स्थिति, अनुसूचित जाति और जनजाति की समस्याओं और राज्यों से जुड़ी खास बातों का जिक्र करने में पूरा दिन लगा दिया। सम्मेलन में पूरे दिन उपराष्ट्रपति, प्रधानमंत्री, गृहमंत्री, कृषिमंत्री और अनेक नौकरशाह उपस्थित रहे। इससे सम्मेलन को महत्त्व और गरिमा प्राप्त हुई। उस रात मैंने राज्यपालों और उनके पति या पत्नी के लिए भोज का आयोजन किया। इसमें उपराष्ट्रपति, प्रधानमंत्री और उनके मंत्रिमंडल के सहयोगी भी शामिल हुए। इसका माहौल सामान्य राजकीय भोज से अलग काफी अपनत्व-भरा था।

राज्यपालों का सम्मेलन अगले दिन भी जारी रहा। दूसरे दिन प्रधानमंत्री ने सम्मेलन को संबोधित किया। उन्होंने कहा कि केंद्र-राज्य-संबंधों पर सरकारिया आयोग की रपट का अध्ययन पूरी सावधानी से किया जाएगा और पूरे देश को मजबूत करने की कोशिश की जाएग। विभिन्न राज्यों को साम्प्रदायिक हिंसा का जिक्र करते हुए राजीव गाँधी ने हिंसा फैलने के शुरुआती दौर में ही प्रभावी ढंग से दखल देने तथा राजनीतिक मंचों और संगठनों का दुरुपयोग रोकने की जरूरत पर बल दिया। भारतीय अर्थव्यवस्था का आशावादी दृश्य पेश करते हुए उन्होंने राज्यपालों को आत्मतुष्ट हो जाने के खिलाफ चेतावनी दी। राज्यपालों के भाषणों का मुख्य लक्ष्य धार्मिक कट्टरवाद के दुखद विस्तार और सामाजिक-सांस्कृतिक मुद्दों की ओर लोगों का ध्यान खींचना था।

सम्मेलन की कार्यवाहियों का मूल्यांकर करते हुए मैंने राज्यपालों से अपील की कि वे पड़ोसी राज्यों को सहयोग दें, राज्यों के बीच भाषाई मुद्दों से जुड़े विवादों पर सतर्कता बरतें और बाढ़ एवं सूखा-राहत के मामलों में स्वयं ध्यान दें। मैंने राज्यपालों का यह सुझाव भी मान लिया कि राज्यपाल-सम्मेलन साल में एक बार हो। इससे उन्हें काफी संतोष हुआ। इस तरह राज्यपालों का सम्मेलन बहुत सुखद और सद्भावपूर्ण माहौला में खत्म हुआ।

31 अक्तूबर, 1987 इंदिरा गाँधी की शहादत की तीसरी पुण्य तिथि थी। मैं अपनी पत्नी के साथ शक्तिस्थल गया और दिवंगत नेता को श्रद्धांजलि दी। इसके बाद हम लोग नंबर एक, सफदरजंग रोड की ओर चले, जिसे इंदिरा गाँधी-स्मारक के रूप में तब्दील कर दिया गया है। वहाँ हम लोग भजन-कार्यक्रम में शामिल हुए। इंदिरा गाँधी भारत के सभी प्रधानमंत्रियों में सबसे सक्रिय प्रधानमंत्री थीं। उनका व्यक्तित्व बेजोड़ था। वे पूर्णतावादी थीं और सर्वश्रेष्ठ के अलावा

कुछ भी स्वीकार नहीं करती थीं। सामान्य योग्यता उन्हें अधीर बना देती थी। वे न सिर्फ उत्कृष्टता का प्रचार करती थीं, बल्कि जो भी करती थीं उसमें उसका व्यवहार भी करती थीं। बांग्लादेश संकट के समय उन्होंने जो साहसिक कार्रवाई की, उससे वे अपने राजनीतिक जीवन के शीर्ष पर पहुँच गई थीं। एक ही झटके में उन्होंने 1962 की हार का बदला ले लिया और विश्व में भारत की प्रतिष्ठा बढ़ाई। इमरजेंसी की अराजकता ने उनकी छवि खबरा की। इससे उनकी छवि तानाशाह की बनी। उनके निकट सलाहकारों ने उन्हें भ्रमित करके एक बिल्कुल अनावश्यक और पूरी तरह अनुचित कार्रवाई करा ली थी। हालाँकि मैं इमरजेंसी के विरोधियों में था, पर किसी विपक्षी दल में शामिल नहीं हुआ, भले ही राजनीतिक रूप में निष्क्रिय रहना पसंद किया।

## प्रशासनिक मामले : एक

लंबे समय तक विभिन्न सरकारी पदों पर रहते हुए मेरे विचारों पर कभी भी क्षेत्र, धर्म, समाज, जाति या भाषा का प्रभाव नहीं पड़ा। अफसरों का चुनाव मैंने हमेशा उनकी योग्यता, कार्यकुशलता और ईमानदारी के लिए किया है। हालाँकि एक पत्रकार ने अपनी रपट में यह संकेत दिया कि राष्ट्रपति-सचिवालय में मैं एक महत्वपूर्ण पद पर अपने पसंदीदा व्यक्ति की नियुक्ति चाहता हूँ और यह भी कि पूर्व राष्ट्रपति ज्ञानी जैलसिंह के सचिव एस. वर्दन (आई.ए.एस) ज्ञानी जी के आदमी के रूप में 'शक के घेरे में' आ गए हैं।

जब मैं राष्ट्रपति बना तो वर्दन राष्ट्रपति के सचिव थे। मेरे पूर्ववर्ती ज्ञानी जैलसिंह ने उन्हें इस पद पर नियुक्त किया था। वे एक बहुत योग्य और कार्यकुशल अधिकारी थे और चूँकि वे इससे पहले गृहमंत्रालय में रह चुके थे, इसलिए राष्ट्रपति-कार्यालय से जुड़े कामों से भी वाकिफ थे। उनका कार्यकाल नवंबर 1987 में पूरा हुआ। मैंने उनसे पद पर बने रहने का आग्रह किया पर वे वापस किसी प्रशासनिक मंत्रालय में जाना चाहते थे। इसलिए मैंने विकल्प की तलाश की। पहले जब मैं मंत्री था तो प्रेमकुमार (आई.ए.एस.) प्रधानमंत्री के सचिवालय में काम करते थे और मुझसे उनकी कई बार मुलाकात और कई मसलों पर चर्चा हो चुकी थी। बाद में प्रेमकुमार वाणिज्य मंत्रालय में सचिव हो गए। उनका आचरण अच्छा था और वे प्रोटोकोल, नियमों-अधिनियमों के आग्रही थे। मैंने राजीव गाँधी से उनके नाम की सिफारिश राष्ट्रपति के सचिव-पद के लिए की, जिसे उन्होंने स्वीकार कर लिया।

राष्ट्रपति भवन के वार्षिक समारोहों में एक है यूनीसेफ के शुभकामना-संदेशवाले कार्डों और केलेंडरों की बिक्री का उद्घाटन। इनकी बिक्री से हुई आय का इस्तेमाल दुनिया-भर के पिछड़े और जरूरतमंद बच्चों की स्थिति सुधारने के लिए किया जाता है। इस उद्घाटन में महिला-कल्याण और खेल मंत्री सरोज खापर्डे ने एक संक्षिप्त भाषण दिया, जिसमें पिछड़े बच्चों की मदद की जरूरत पर जोर दिया गया था।

जब मैं उपराष्ट्रपति था, तब मैंने स्वास्थ्य मंत्रालय को सुझाव दिया था कि यूनिसेफ द्वारा प्रवर्तित टीकाकरण-कार्यक्रम को मंजूर कर लिया जाए और शिशुओं को टीकाकरण की सुविधाएँ मुहैया कराई जाएँ। उस समय की स्वास्थ्य मंत्री मोहसिना किदवई ने इसे मंजूर कर लिया था। अपने उद्घाटन-भाषण में मैंने टीकाकरण-कार्यक्रम का जिक्र किया और देश-भर में इसके विस्तार का अनुरोध किया। मैंने विकलांग बच्चों की विशेष देखभाल की अपील भी की। इस समारोह से होने वाले प्रचार के कारण भारत में शुभकामना-संदेश-कार्डों की बिक्री हमेशा बढ़ जाती है। मुझे बताया गया है कि कार्डों की बिक्री अच्छी-खासी होती है।

6 नवम्बर को विश्व बैंक के अध्यक्ष कोनेबल मुझसे मिलने आए। उन्होंने फंड-बैंक से मेरे संबंध और भारत के लिए पाँच अरब के एस.डी.आर. कर्ज की बातचीत की चर्चा की। उन्होंने कहा कि वे भारत सरकार की कर्ज लेनेवाली विवेकपूर्ण नीति और देश में औद्योगिक विकास तेज करने के लिए उठाए गए हाल ही के उपायों से बहुत प्रभावित हैं। मेरा सदा से यह मानना रहा है कि विकसित देशों का निर्यात बढ़ाने में बहुपक्षीय वित्तीय संस्थाएँ मदद करती हैं। इसलिए कोनेबल ने जब भारत के लिए आयात को उदार बनाने की जरूरत पर जोर दिया तो मुझे ताज्जुब नहीं हुआ। मैंने कभी नहीं सुना कि इन देशों ने किसी विकसित देश को ऐसी राय दी हो। मैंने कोनेबल से कहा कि विकसित देशों के बढ़ते संरक्षणवाद ने दरअसल विकासशील देशों की समस्याओं को और अधिक बढ़ा दिया है।

मैंने सभी विकासशील देशों के बढ़ते कर्ज-भार और सेवा-शुल्क तक के भुगतान में उनकी असमर्थता का जिक्र किया। कोनेबल ने कहा कि यह पहलू उनके सामने है और इसे फंड-बैंक की चर्चा में उठाया जाएगा।

अलीगढ़ मुसलिम विश्वविद्यालय के संस्थापक सर सैयद अहमद खाँ के सम्मान में वहाँ की ओल्ड ब्वायज़ एसोसिएशन आमतौर पर चर्चा और रात्रिभोज का आयोजन करती है। मुझे यह स्मारक व्याख्यान देने के लिए आमंत्रित किया गया था। मैंने सर सैयद अहमद खाँ की भरपूर प्रशंसा की और राष्ट्रीय एकता को कमजोर करने की कोशिश करनेवाली साम्प्रदायिक और फूटपरस्त ताकतों से सावधान रहने के लिए कहा।

वैसे, इस समारोह से कुछ अप्रिय बातें भी जुड़ी हुई थीं। मैंने जब रात्रिभोज में शामिल होने की स्वीकृति दे दी, तो मुझे कई चिट्ठियाँ मिलीं, जिनमें कहा गया था कि मुझे निमंत्रित करने वाला ग्रुप संगठन का प्रतिनिधित्व नहीं करता और यह कि मुझे समारोह में नहीं जाना चाहिए। मैंने विश्वविद्यालय के कुलपति डॉ. किदवई से राय ली। उन्होंने कहा कि सामान्य तौर पर तो वे यही चाहेंगे कि मैं समारोह से अलग रहूँ। पर, अगर मैंने निमंत्रण स्वीकार कर लिया है तो मुझे अपने वचन का पालन करना चाहिए। उन्होंने कहा कि वे भी समारोह में मौजूद रहेंगे।

आयोजन-तिथि से दो दिन पहले सुरक्षा-अधिकारियों ने आयोजकों से कहा कि जिस परिसर में व्याख्यान और भोज का आयोजन किया गया है, सुरक्षा की दृष्टि से वह उपयुक्त नहीं है और आयोजन-स्थल को बदला जाना चाहिए। कल्पना कीजिए कि आयोजकों की क्या हालत हुई होगी। जब मुझे इसके बारे में बताया गया तो मैंने आयोजकों से कहा कि मैं अपने भाषण का मूल इसके बारे में बताया गया तो मैं आयोजकों से कहा कि मैं अपने भाषण का मूल पाठ उन्हें भेज दूँगा, जिसे समारोह में कोई अन्य पढ़ सकता है। इस तरह आयोजक संकट से उबर जाएँगे। लेकिन आयोजक नहीं माने। उन्हें लगता था कि यदि ऐसा हुआ तो विरोधी गुट समारोह को पूरी तरह नाकाम मान लेगा। आयोजकों ने जोर-शोर से उपयुक्त स्थल की तलाश शुरू की। उन्हें पता चला कि उस दिन इंडिया इंटरनेशनल सेंटर, नई दिल्ली में होनेवाली एक बैठक रात आठ बजे खत्म होनेवाली है और रात साढ़े आठ बजे से वहीं सर सैयद स्मृति-व्याख्यान शुरू हो सकता है। इसलिए मैं रात साढ़े आठ बजे इस समारोह में पहुँचा और अपना व्याख्यान दिया। मैंने यह कहकर सर सैयद अहमत खाँ को श्रद्धांजति दी कि वे अपने समय के श्रेष्ठ समाज-सुधारक थे और उनमें पुरानी परम्पराओं एवं आधुनिकता-दोनों के श्रेष्ठ तत्वों का संगम था। मैंने उनके इस विश्वास

पर बल दिया कि भारत के दो प्रमुख सम्प्रदाय-हिंदू और मुसलिम-मित्रता से ही साथ रह सकते हैं, टकराव से नहीं।

बाद में मुझे यह जानकार निराशा हुई कि सुरक्षावालों ने आधे घंटे तक आवाजाही रोक दी थी और लोगों को अनावश्यक असुविधा हुई थी। दरअसल एक व्यक्ति ने मुझे लिखा कि वह इंडिया इंटरनेशनल सेंटर से नहीं निकल पाया, क्योंकि सुरक्षावालों ने केन्द्र में सारी गतिविधियाँ ठप कर दी थीं। मुझे बहुत परेशानी हुई, पर मैं कुछ नहीं कर सकता था। इसके बाद मैंने इंडिया इंटरनेशनल सेंटर में होनेवाले सभी समारोहों के न्यौते जान-बूझकर नामंजूर कर दिए। तीनमूर्ति भवन में होनेवाले कार्यक्रमों के मामले में भी मैंने यही किया। मैंने इस मामले में कई बार सैनिक सचिव से बातचीत की थी, पर मुझे हमेशा ब्लू बुक के नियमों का हवाला दे दिया गया था। इसके बाद मैंने दिल्ली में अपना आना-जाना कम कर दिया और सिर्फ सरकारी या सरकार द्वारा प्रवर्तित समारोहों में ही जाता था।

पाँच नवंबर को श्रीलंका के राष्ट्रपति जयवर्द्धने अपनी पत्नी सहित राष्ट्रपति भवन में हमारे साथ ठहरने आए। वे काठमांडु से सार्क सम्मेलन में भाग लेकर लौट रहे थे। राष्ट्रपति जयवर्द्धने ने प्रधानमंत्री से बातचीत की ही थी, मेरे साथ भी उनकी आधे घंटे तक खुलकर बातचीत हुई। राजीव-जयवर्द्धने समझौते के बाद श्रीलंका ने नए उत्तर-पूर्वी प्रांतों को सत्ता-हस्तांतरण की पेशकश की, जिसे स्पष्टत: ही श्रीलंका के मध्यमार्गी भी अपर्याप्त मानते थे।

तमिल यूनाइटेड लिबरेशन फ्रंट के अमृतलिंगम् और शिवचिदम्बरम् ने पहले मुझसे और फिर प्रधानमंत्री और दूसरे अफसरों से मुलाकात की थी और श्रीलंका के प्रस्तावों पर निराशा जताई थी। जब मैंने राष्ट्रपति जयवर्द्धने से यह बात बताई तो उन्होंने कहा कि इन मुद्दों पर आगे भी चर्चा हो सकती है, पर सबसे पहले इलाके में शांति स्थापित करने की जरूरत है। मैंने उन्हें बताया कि भारत पहले ही अपनी स्थिति साफ कर चुका है और वह चाहता है कि मुक्तिचीते हथियार डालें, हिंसा छोड़ें और भारत-श्रीलंका के बीच हुए शांति-समझौते को लागू करने के लिए राजी हों।

बाद में मुझे राजीव गाँधी से पता चला कि यही बातें उन्होंने उनसे भी कही थीं और जब तक मुक्तिचीते हथियार नहीं डालते, तब तक भारत सरकार

किसी शांति या युद्ध-विराम पर विचार नहीं करेगी। मैंने पाया कि इन नेताओं में से ज्यादातर की यात्रा हालाँकि आनुष्ठानिक होती थी, फिर भी इससे दोनों पक्षों को एक-दूसरे को समझने और गलतफहमियाँ दूर करने में मदद मिलती थी।

राज्यों के राज्यापालों से दलगत राजनीति से ऊपर उठने और अपने गृहराज्यों की जल्दी-जल्दी यात्रा न करने के बार-बार के मेरे आग्रह के बावजूद महाराष्ट्र के पूर्व मुख्यमंत्री वसंतराव पाटील ने यह बात नहीं मानी। वे 8 अक्तूबर से तीन हफ्ते की छुट्टी पर बंबई चले गए और फिर खबर मिली कि शंकरराव चव्हाण-मंत्रिमंडल को अस्थिर करने के लिए उन्होंने विधायकों से मुलाकात की है। इसके बाद उन्होंने एक हफ्ते की और छुट्टी बढ़ाने का फैसला कर लिया। हालाँकि मेरा मन उनकी खिंचाई करने का हुआ, पर उनके भावी इस्तीफे के मद्देनजर मैंने ऐसा कुछ नहीं किया।

भारत के मुख्य न्यायाधीश न्यायमूर्ति पाठक एक शाम अपनी पत्नी के साथ चाय पर आए। डॉ. पाठक एक गंभीर, निष्पक्ष और नरम तौर-तरीकोंवाले भले व्यक्ति हैं। वे प्रतिष्ठापूर्वक अपने दायित्वों का निर्वाह करते हैं। उन्होंने न्यायपालिका से संबंधित कई मुद्दों, जैसे—अदालतों में बढ़ते मामले, जजों की नियुक्ति में देरी और रिट याचिकाओं के बढ़ते दायरे पर निष्पक्ष चर्चा की। मैंने कहा कि वैकल्पिक तरीके उपलब्ध होने के बावजूद रिट याचिकाओं को उदारपूर्वक मंजूर किया जाने से उच्च न्यायपालिका का काम अस्त-व्यस्त होता जा रहा है। मैंने जनहित याचिकाओं के उदार इस्तेमाल पर भी अपने विचार रखे। न्यायमूर्ति पाठक मुझसे इस बात पर सहमत थे कि याचिकाएँ स्वीकार करने में और अधिक चयनात्मकता की जरूरत है। उन्होंने यह भी स्वीकार किया कि जनहित-याचिकाओं की बाढ़ से वे स्वंय भी खुश नहीं हैं।

आंध्र प्रदेश की राज्यपाल कुमुंदबेन जोशी इसी समय मेरे पास आई और मुख्यमंत्री के खिलाफ खूब गुस्सा निकाला। नंदमूरि तारक रामराव से उनका टकराव चल रहा था। असल में, सांसद और तेलुगूदेशम पार्टी के नेता पी. उपेंद्र पार्टी के तीन अन्य नेताओं के साथ मेरे पास आए और शिकायत की कि कुमुदबेन जोशी मुख्यमंत्री के साथ टकराव के रास्ते पर चल रही हैं और वे राज्यपाल के मुकाबले विपक्ष के कांग्रेसी नेता के रूप में ज्यादा काम करती हैं। यह

ठीक है कि कुमुदबेन जोशी ने राज्य का सघन दौरा किया था और रेडक्रॉस या महिला सभा या ऐसी ही किसी अन्य संस्था के नाम पर समाज-कल्याण के कार्यों में शामिल थीं। पर मुझे पक्की जानकारी नहीं थी कि वे मुख्यमंत्री के खिलाफ कोई सीधी कार्रवाई कर रही हैं। फिर भी मैंने उन्हें सलाह दी कि मुख्यमंत्री और मंत्रिमंडल से बेहतर संबंध बनाकर रखें।

लॉर्ड माउंटबैटन की बेटी कौंटेस पैट्रिसिया अपने बेटों-फिलिप और तिमोथी तथा अपनी भतीजी सहित राष्ट्रपति भवन के विशिष्ट मेहमान थे। पैट्रिसिया की बेटी का नाम इंडिया हिक्स है। इन लोगों ने प्रेसिडेंट्स इस्टेट, देदीप्यमान हॉल और मुगल गार्डन को देखा तथा सम्मोहित कहोकर लौटे। चाय के दौरान इन लोगों ने वाइस रीगल लॉज से जुड़े दिनों के बारे में व्यंग्यपूर्ण बातें कीं और इस बात की भी चर्चा की कि सत्ता-हस्तांतरण में माउंटबैटन की भूमिका कितनी महान थी। इन लोगों ने कहा कि हमें इस बात की खुशी है कि पुरानी इमारत को नहीं बदला गया है और कमोबेस इसे पहले जैसा ही रखा गया है।

कुछ ही समय बाद राज्यसभा के सभापति बनने पर डॉ. शंकरदयाल शर्मा का सम्मान किया गया। उनकी विद्वता, विषयनिष्ठता और ईमानदारी की भूरि-भूरि प्रशंसा की गई। टाइम्स ऑफ इंडिया में एक रपट छपी, जिसका एक अंश मैं यहाँ उद्धृत कर रहा हूँ, 'कई सदस्यों ने इस मौके पर डॉ. शर्मा के पूर्ववर्ती आर. वेंकटरमन की फिर से तारीफ की। इन लोगों ने दक्षतापूर्वक सदन की कार्यवाही चलाने के लिए उनकी प्रशंसा की। पी. उपेन्द्र (तेलुगूदेशम) राज की कुछ बातें बताने के लिए उत्सुक थे। विपक्षी नेताओं ने उनसे (आर. वेंकटरमन) इतना अच्छा तालमेल बना लिया था कि सदन से वाकआउट या हंगामों के बारे में वे उन्हें पहले ही बता देते थे!' यह सही है कि विपक्षी नेताओं के साथ मेरे संबंधों के कारण राज्यसभा में कई बार खराब और अशोभनीय स्थिति नहीं बनी।

8 नवंबर को उपराष्ट्रपति सामान्य पाक्षिक भेंट के लिए आए। जवाहरलाल नेहरू और इंदिरा गाँधी पुरस्कारों की निर्णायक समिति के अध्यक्ष की मेरी जगह उन्होंने ली थी। वे जानना चाहते थे कि इन पुरस्कारों के लिए कोई प्रस्ताव किया गया है या नहीं! मैंने उन्हें बताया कि सोवियत संघ के जनरल सेक्रेट्री गोर्बाचेव का नाम 1988 के इंदिरा गाँधी पुरस्कार के लिए सबसे ऊपर है और

जर्मनी के विल्ली ब्रांड्ट तथा भारत के पुराने मित्र ब्रिटेन के फेन्नर ब्रॉकवे के नामों पर जवाहरलाल नेहरू पुरस्कार के लिए विचार चल रहा है। डॉ. शर्मा ने माना कि सुझाए गए नामों का जनता स्वागत करेगी।

पी. उपेंद्र और तेलुगु देशम पार्टी के कुछ सदस्य मेरे पास आए। वे चाहते थे कि राजनीतिक उद्देश्यों के लिए हाईकोर्ट और सुप्रीम कोर्ट के अधिकार क्षेत्रों का गलत इस्तेमाल न हो, इसे मैं अपने अधिकारों से सुनिश्चित करूँ। ऐसी जरूरत पड़ने का कारण यह था कि आंध्र प्रदेश हाईकोर्ट ने कांग्रेस के संगठन–सचिव द्वारा दायर दो रिट याचिकाएँ मंजूर कर ली थीं। इन याचिकाओं में माँग की गई थी कि :

(1) मुख्यमंत्री नंदमूरि तारक रामराव द्वारा अधिकारों के गलत इस्तेमाल और भ्रष्टाचार के आरोपों की जाँच के लिए केंद्र सरकार को जाँच आयोग कानून के तहत उच्चाधिकार प्राप्त न्यायिक समिति बनाने का निर्देश जारी किया जाए।

(2) विदेशी मुद्रा विनिमय कानून (फेरा) और अन्य कर–कानूनों का उल्लंघन करने के लिए एन.टी. रामराव के खिलाफ मुकदमा चलाया जाए।

इन रिट याचिकाओं के मंजूर हो जाने से मुख्यमंत्री और उनकी तेलुगु देशम पार्टी निश्चय ही हिला गई थी। श्री उपेन्द्र ने कहा कि कांग्रेस को यह लड़ाई राजनीतिक ढंग से लड़नी चाहिए, न कि वैधानिक चालों का सहारा लेकर। मैंने बस उनकी बातें सुनीं और वही तैयार जवाब दिया, 'मैं इसे देखूँगा।' हम दोनों को पता था कि जो मामले न्यायपालिका की सीमा में हैं, उनमें दखल देने का राष्ट्रपति को कोई अधिकार नहीं है।

14 नवम्बर नेहरू जी का जन्मदिन है। इस दिन जब मैं सवेरे के कामों के लिए तैयार हो रहा था तो मेरा मन उन एहसानों से दबा हुआ था, जो नेहरू जी ने मुझ पर किए थे। 1950 से 1957 के बीच, जब मैं सांसद था, नेहरू जी की नीतियों और कार्यक्रमों का कट्टर समर्थक था। विभिन्न योजनाओं के बारे में जब अन्य लोग नेहरू जी के तौर–तरीकों की निंदा करते थे, तो भी मैं उनसे सहमत नहीं होता था। नेहरू जी 1954 के विशेष विवाह विधेयक को पास करवाकर कानून बनाना चाहते थे। इसमें मैंने भी महत्त्वपूर्ण भूमिका

निभाई थी। मैंने विधेयक में एक संशोधन पेश किया जो जिला अदालत में पेश याचिका पर आपसी सहमति से तलाक के प्रावधान से संबंधित था। जिला अदालत को यह अधिकार दिया जाना था कि वह विवाह को एक नियत अवधि के बाद विघटित या समाप्त घोषित कर सकती है। इस विषय पर अच्छी-खासी चर्चा हुई थी। इस प्रस्ताव पर पंडितजी ने कहा था (और उसे मैं उद्धृत कर रहा हूँ) : 'आखिरकार जो सवाल उठता है वह यह कि जब दो लोगों के लिए, किसी भी कारण से, साथ रहना असंभव हो जाए, तो क्या किया जाना चाहिए? अगर मैं ऐसा कह सकूँ तो मैं इस बात के लिए तैयार हूँ कि एक नहीं, कई गलतियों को माफ कर दिया जाए पर मैं दो लोगों को इस असहनीय स्थिति में छोड़ने के लिए तैयार नहीं हूँ कि जो एक-दूसरे से घृणा करते हों, तो भी वे एक-दूसरे से बंधे रहने के लिए मजबूर हों। इसलिए, मैं यहाँ इस धारा का स्वागत करता हूँ। मैं, खासकर उस संशोधन का स्वागत करता हूँ जिसे मेरे साथी वेंकटरमन आपसी सहमति से तलाक के मामले में पेश कर रहे हैं।'

हिंदू कानून के सुधार और हिंदू कोड बिल को पास करने के मामले में मैं पूरी तरह उनके साथ था। मैं उनका ऐसा समर्थक था कि उन दिनों मुझे नेहरूवादी माना जाता था।

नेहरूजी ने 1953 से 1961 तक-आठ वर्षों के लिए मुझे संयुक्त राष्ट्र की जनरल असेम्बली के लिए डेलीगेट बनाकर भेजा। मैंने वहाँ जाना तभी बंद किया, जब मेरे लिए लंबे समय तक राज्य सरकार से अलग रहना संभव नहीं था। जब कभी मेरी औद्योगीकरण की योजनाओं में कोई बाधा आती थी, मैं नौकरशाहों को छोड़कर सीधे उनके पास चला जाता था और अपनी योजनाएँ मंजूर करा लेता था। मद्रास राज्य के उद्योगमंत्री के रूप में मैंने एक बार जर्मन लोकतांत्रिक गणराज्य (जी.डी.आर.) के विशेषज्ञों को सलेम और नेवली लिग्नाइट क्षेत्रों से लौह अयस्क को पिघलाने की व्यवहार्यता की जाँच के लिए मद्रास बुलाया था। इससे पहले मैंने नेहरू जी को लिखा था कि संयुक्त राष्ट्र महासभा की एक बैठक में भाग लेकर लौटते वक्त मैं जी.डी.आ. सरकार के न्यौते पर वहाँ जा रहा हूँ। नेहरूजी ने इसकी मंजूरी दे दी थी। पर केंद्र में इस्पात मंत्रालय को इस बात से चिढ़ हो गई कि किसी राज्य का एक मंत्री संबंधित केंद्रीय विभाग से पूछे बगैर विदेशी विशेषज्ञ समिति को अपने यहाँ बुलाए। इसलिए मंत्रालय ने विशेषज्ञों को वीज़ा देने का मामला लटका दिया। कुछ समय तो

देरी के कारणों को लेकर मैं उलझन में रहा, पर बाद में जी.डी.आर. के एक प्रतिनिधि ने मुझे स्थिति की जानकारी दी। तब मैंने नेहरू जी को लिखा कि मैं व्यवहार्यता का अध्ययन कराना चाहता हूँ, विदेशी सरकार से सीधे कार्य सौदा नहीं कर रहा। मैंने यह भी स्पष्ट किया कि इस मामले में विदेशी मुद्रा भी खर्च नहीं हो रही, क्यों मद्रास सरकार सिर्फ स्थानीय मेज़बानी का खर्च उठा रही है। मुझे लगता है कि तमिलनाडु सरकार की फाइलों में यह चिट्ठी अब भी होगी। नेहरू जी ने तत्काल जवाब दिया और मुझसे कहा कि मैं उनसे मिलूँ। इसके बाद अगली बार जब मैं नई दिल्ली गया तो नेहरू जी के यहाँ दोपहर के खाने से थोड़ी देर पहले उनसे मुलाकात हुई। मैंने उन्हें पूरी स्थिति बताई। वे तुरंत मामला समझ गए और कहा कि इस बारे में ध्यान देंगे। वे तमिलनाडु के औद्योगिक विकास के प्रति मेरे उत्साह और समर्पण से प्रभावित हुए थे। मैं तमिलनाडु हाउस में ठहरा था और अभी वहाँ पहुँचा ही था कि प्रधानमंत्री-कार्यालय से मेरे पास फोन आया और बताया गया कि वीज़ा का मामला निपट गया है। इस घटना का नई दिल्ली सचिवालय में गहरा असर पड़ा और इसके बाद से उनकी प्रतिक्रिया हमेशा सकारात्मक रही।

14 नवंबर को सवेरे सबसे पहले मैं नेहरू जी के जन्म दिन पर उन्हें श्रद्धांजलि देने शांति वन के लिए निकला। दोपहर में मैंने अंतर्राष्ट्रीय बैलून मेले में शामिल होने की सहमति दे दी। इसमें कई अंतर्राष्ट्रीय बैलून उड़ाने वालों के शामिल होने की उम्मीद थी। यह शहर की एक प्रमुख आकर्षक घटना थी और बैलून मेला-स्थल-सफदरजंग हवाई अड्डे तक जाने वाली सभी सड़कों पर गाड़ियों की जबरदस्त भीड़ थी। सुरक्षा गार्डों ने सड़क खाली कराने की कोशिश की, पर यह बहुत मुश्किल था। जब मुझे इस बारे में पता चला तो मैंने कहा कि लोगों को असुविधा नहीं होनी चाहिए, भले ही मुझे अपना जाना रद्द करना पड़े। लेकिन मेला-आयोजक इसके लिए तैयार नहीं थे और उन्होंने ट्रैफिक पुलिस से गुजारिश की कि किसी तरह कोशिश करके रास्ता खुलवा दें। इसके बाद मैंने दृढ़ता से मना कर दिया और साफ-साफ कहा कि सड़क खाली भी हो गई तो मैं समारोह में नहीं जाऊँगा। इस तरह मैंने अपना यह कार्यक्रम रद्द कर दिया। समारोहों के स्वार्थी आयोजक बड़े लोगों को अपनी ऐसी ही कार्रवाइयों से अलोकप्रिय बना देते हैं। खेद का विषय है कि सुरक्षा के नाम पर लोगों को काफी असुविधा और परेशानियों का सामना करने के लिए मजबूर किया

जाता है। सुरक्षा-इंतजामों के कारण लोगों को होनेवाली असुविधाओं के कारण ही शहर में होने वाले समारोहों का निमंत्रण मैं प्राय: स्वीकार नहीं कर पाता था।

16 नवम्बर को कई लोग आए। इनमें दिनेश सिंह भी एक थे। एक समय दिनेश सिंह इंदिरा गाँधी के विश्वासपात्र और नजदीकी सलाहकार थे। बहुत बाद में वे जनता पार्टी में चले गए थे और राजीव गाँधी ने उन्हें कोई पद या जिम्मेदारी नहीं दी थी। दिनेश सिंह की क्षमता पहल-शक्ति, और ऊर्जस्विता के बारे में मेरी राय हमेशा अच्छी रही है। इसलिए जब दिनेश सिंह ने कहा कि उनके पुनर्वास के लिए मैं अपने प्रभाव का इस्तेमाल करूँ तो मैंने सहानुभूतिपूर्वक जवाब दिया।

इसके बाद आनेवाले डॉ. कर्णसिंह थे। वे इमरजेंसी के दौरान इंदिरा गाँधी के पसंदीदा थे। पर इमरजेंसी के बाद चुनावों में हार हुई। इसी के बाद वे उनसे अलग हो गए थे। 1980 में वे एक गैर-कांग्रेसी सदस्य के रूप में सांसद चुने गए थे और जब मैं वित्तमंत्री तथा बाद में रक्षामंत्री था तो वे विपक्ष की सीट पर बैठते थे। 1984 में वे चुनाव हार गए और फिर कांग्रेस में शामिल हो गए। वे लंदन में भारत के उच्चारयुक्त या वाशिंगटन में भारतीय राजदूत बनना चाहते थे। वे चाहते थे कि दार्शनिक संत आदि शंकराचार्य की 12 सौवीं जयंती-समारोह की अध्यक्षता मैं करूँ। मैंने उनसे कहा—मैं नहीं मानता कि आदि शंकराचार्य का जन्म 788 ई. में हुई था। यह भी कहा कि कांची कामकोटि पीठ के शंकराचार्यों के अनुसार उनका जन्म ईसा मसीह के जन्म से पहले हुआ था। मैंने कहा कि डॉ. कर्णसिंह को यह समारोह करने से पहले कांची के परमाचार्य के लिए उनके मन में बहुत आदर-सम्मान है, फिर भी वे वहाँ नहीं जाना चाहते। उन्हें लगता था कि उन्हें इस प्रोजेक्ट का नाम 'आदि शंकराचार्य की 12 सौंवी जंयती' रखने से रोका जाएगा। वैसे, मैं यह जानकर खुश हुआ कि आखिरकार जब समारोह का आयोजन हुआ तो तारीख के पचड़े में पड़े बिना इसे सिर्फ 'शंकराचार्य की जयंती' कहा गया।

पंजाब के पूर्व मुख्यमंत्री सुरजीतसिंह बरनाला एक प्रतिनिधिमंडल लेकर मुझसे मिलने आए। वे चाहते थे कि–

(1) जोधपुर के कैदियों को रिहा किया जाए और जिन लोगों के खिलाफ पक्का सबूत हो, उन पर मुकदमा चलाया जाए–उन्हें यों ही पकड़कर नहीं रखना चाहिए;

(2) लोंगोवाल समझौते के अनुपालन में चंडीगढ़ पंजाब को हस्तांतरित कर दिया जाए, और

(3) 1984 में इंदिरा गाँधी की हत्या के बाद हुए दंगों के जिम्मेदार लोगों के खिलाफ कार्रवाई की जाए और इसमें जिन लोगों का नुकसान हुआ था, उन्हें मुआवजा देने का काम निपटाया जाए।

मैंने उनसे विनम्रतापूर्वक पूछा कि यदि इन माँगों को पूरा कर दिया जाए तो क्या कोई पंजाब में आतंकवाद कम करने और सामान्य स्थिति बहाल करने की जिम्मेदारी ले सकता है। बरनाला का कहना था कि आतंकवाद पर नियंत्रण की जिम्मेदारी कोई नहीं ले सकता, पर अगर इन माँगों को पूरा कर दिया जाए तो आतंकवाद कम होगा। स्पष्ट था कि पंजाब के नेता न सिर्फ निर्दोषों की हत्याएँ रोकने में अक्षम थे, बल्कि वे अपनी कमजोरियों के बारे में जानते भी थे।

19 नवंबर इंदिरा गाँधी का जन्मदिन है। मैंने अपनी पत्नी के साथ शक्तिस्थल पर श्रद्धांजलि अर्पित की और फिर सफदरजंग रोड पर इंदिरा गाँधी स्मारक पर भी गया और भजन-कार्यक्रम में शामिल हुआ। मैंने संसद भवन के केंद्रीय कक्ष में इंदिरा गाँधी के एक आदमकद चित्र का अनावरण किया। उपराष्ट्रपति डॉ. शंकरदयाल शर्मा और प्रधानमंत्री भी इससमें शामिल हुए। जाने-माने रूसी कलाकार स्वेतस्लाव रोयरिक ने उनकी यह प्रतिकृति बनाई है। तालियों के बीच मैंने कहा, "संसद की ऐतिहासिक प्रतिकृति-गैलरी में आज हम एक और सुविख्यात व्यक्तित्व को शामिल कर रहे हैं, जो भारत के राजनीतिक आकाश पर चौथाई सदी से भी ज्यादा समय तक छाया रहा।"

मैंने एक विशेष संकटकाल में उनके असाधारण साहस की तारीफ की और बांग्लादेश को अलग कराने में उनके निर्भीक रुख का खासतौर से जिक्र किया। उन दिनों यह अफवाह थी कि अमेरिका अपने जाने-पहचाने सातवें बेड़े से दखल देगा। मैंने बैंकों के राष्ट्रीयकरण, 20 सूत्रीय कार्यक्रम और ग्रामीणों

के लिए कर्ज की सुविधा जैसी उनकी आर्थिक नीतियों की प्रशंसा की। निरस्त्रीकरण और नई विश्व अर्थव्यवस्था के लिए उनकी अंतर्राष्ट्रीय पहल की तारीफ करते हुए मैंने कहा कि समकालीन विश्व-इतिहास में इंदिरा गाँधी ने अपने लिए विशेष जगह बनाई है। मैंने कहा कि उन्हें समाज के कमजोर वर्ग के अल्पसंख्यकों और दूसरे पिछड़े वर्गों–जैसे नेत्रहीनों, मंदबुद्धि और विकलांगों के अभिभावक के रूप में देखा जाता था।

दोपहर बाद मैंने अशोक हॉल में आयोजित एक शानदार समारोह में शांति, निरस्त्रीकरण और विकास के लिए इंदिरा गाँध पुरस्कार बाँटे। यह पुरस्कार पार्लियामेंट्रियंस फॉर ग्लोबल एक्शन को मिला। यह सांसदों की अंतर्राष्ट्रीय अर्थव्यवस्था की खोज के लिए प्रतिबद्ध है। 36 देशों के विभिन्न राजनीतिक दलों के 600 से भी ज्यादा सांसद इसके सदस्य हैं। इसी संगठन ने दोनों महाशक्तियों के बीच परमाणु-गतिरोध खत्म करने के लिए पाँच उपमहाद्वीपों की शांति-प्रक्रिया शुरू की थी। पुरस्कार का फैसला करनेवाले निर्णायक मंडल में उपराष्ट्रपति और प्रमुख अंतर्राष्ट्रीय हस्तियाँ शामिल थीं। इसमें तंजानिया के डॉ. न्येरेरे और मिस्र के पूर्व विदेशमंत्री डॉ. एल-जयात शामिल थे।

इस पुरस्कार के लिए जब पार्लियामेंट्रियंस फॉर ग्लोबल एक्शन का चुनाव हुआ था, तो मैं उपराष्ट्रपति और निर्णायक मंडल का अध्यक्ष था। पुरस्कार देने के मौके पर मैंने कहा, ''आइए, हम सब इस धरती से युद्ध खत्म करने के महान प्रयास में जाति, धर्म, रंग या देश का भंद भुलाकर शामिल हो जाएँ।''

पार्लियामेंट्रियंस फॉर ग्लोबल एक्शन के तत्कालीन अध्यक्ष आयरलैंड के आर.क्रिमसन ने पुरस्कार प्राप्त किया।

20 नमंबर को मैं दक्षिण एशियाई फेडरेशन खेलों का उद्घाटन करने कलकत्ता गया। दिल्ली में हुए एशियाई खेलों के बाद अंतर्राष्ट्रीय खेलों का यह सबसे बड़ा आयोजन था। विभिन्न प्रतियोगिताओं में बांग्लादेश, भूटान, मालदीव, श्रीलंका और भारत शामिल हुए। यह एक भव्य रंगारंग कार्यक्रम था, जिसमें स्कूली बच्चों ने नृत्य, संगीत और ड्रिल का प्रदर्शन किया।

मुख्यमंत्री ज्योति बसु ने मौजूद लोगों का स्वागत किया और मैंने खेल-समारोह शुरू होने की औपचारिक घोषणा की। जब मैं स्टेडियम से हवाई अड्डे जा

रहा था तो मुझे सड़क के किनारे बड़ी संख्या में खड़े लोगों को देखकर ताज्जुब हुआ, क्योंकि राष्ट्रपति के रूप में यह मेरी पहली यात्रा थी और ये लोग मुझे देखने आए थे। आज जब नेताओं का स्वागत करने के लिए लोगों को गाड़ियों में भरकर लाया जाता है, तो यह बिल्कुल उल्टा दिखाई पड़ता है।

अगले दिन बंगाल के एक संसद सदस्य ने मुझसे कहा कि इतनी भीड़ कलकत्ता में हाल के दिनों में अपने आप नहीं जुटी थी।

21 नवंबर को दिन में 11.00 बजे रूसी प्रधानमंत्री रिझकोव, जिन्हें उनके देश में मंत्रिपरिषद का अध्यक्ष कहा जाता है, हमसे मिलने आए। उनकी पत्नी भी उनके साथ आईं। रिझकोव एक प्रीतिकर और खूबसूरत व्यक्ति थे और बिना हिचक के फर्राटेदार अंग्रेजी बोलते थे। उन्होंने मुझसे कहा कि सोवियत संघ वाकई निरस्त्रीकरण का इच्छुक है और शांति-स्थापना का काम अकेले भी चलाता रहेगा। उन्होंने गुटनिरपेक्ष आंदोलन के जरिए परमाणु निरस्त्रीकरण का माहौल बनाने में भारत की भूमिका की प्रशंसा की। हमारे युवा प्रधानमंत्री के बारे में रिझकोव ने कहा कि राजीव गाँधी में काफी ऊर्जा और पहल शक्ति है और विश्व-मामलों में उन्होंने अपने लिए जगह बना ली है।

रिझकोव रूसी सांस्कृतिक समारोह का उद्घाटन करने भारत आए थे। राष्ट्रपति भवन और फिर जवाहरलाल नेहरू स्टेडियम में स्वागत-समारोह के बाद रूस समारोह की भव्य शुरुआत हुई। मैंने श्री और श्रीमती रिझकोव के लिए दोपहर के भोज का आयोजन किया। इसमें उपराष्ट्रपति, प्रधानमंत्री, उनके मंत्रिमंडलीय सहयोगी, संसद सदस्यों के प्रतिनिधि, पत्रकार और कलाकार शामिल हुए।

मेरे दाईं ओर बैठी श्रीमती रिझकोव ने राष्ट्रीय या अंतर्राष्ट्रीय मुद्दों से ज्यादा दिलचस्पी परोसे गए विभिन्न व्यंजनों में दिखाई। उन्हें इडली खासतौर से पसंद आई। मैंने राष्ट्रपति भवन के मीनू में नियमित आयटम के रूप में इसे शामिल करवाया था। उन्हें फूल भी पसंद थे और राष्ट्रपति भवन के मुगल गार्डन से लाए गए गुलाब उन्हें प्यारे लगे।

23 नवम्बर को मैंने एडमिरल ताहिलियानी के लिए रात्रिभोज का आयोजन किया। वे नौसेना-प्रमुख के पद से रिटायर होनेवाले थे। मैंने रक्षा-सेवाओं के रिटायर होने वाले प्रमुखों के लिए रात्रिभोज का आयोजन करने की परंपरा शुरू

की थी। इन मौकों पर मैं न सिर्फ दूसरी सेनाओं के प्रमुखों को भी आमंत्रित करता था, बल्कि नए प्रमुख और रक्षा-सेवाओं के रिटायर प्रमुखों को भी बुलाता था। यह एक पारिवारिक भोज होता था और इसमें रक्षा कर्मचारियों के अलावा उनके पति/पत्नी भी शामिल होते थे। नौसेना कर्मचारियों के नए प्रमुख एडमिरल नाडकर्णी भी उपस्थित थे। इस भोज में मुझे कई मौजूदा समस्याओं पर पूर्व सेना-प्रमुखों के विचार जानने का एक मौका मिला।

राष्ट्रपति भवन के तलघर के छोटे थिएटर में तमिल नायकन दिखाई गई। यह फ्रैंसिस फोर्ड कोपोला की फिल्म गॉड फादर की हल्की नकल है। इस मौके पर लोकप्रिय दक्षिण भारतीय कलाकार कमल हासन भी मौजूद थे। इस फिल्म में कमल हासन की भूमिका बहुत अच्छी थी, पर फिल्मों में हिंसा मुझे पसंद नहीं है, क्योंकि वास्तविक जीवन में ही पर्याप्त हिंसा है।

24 नवंबर को पश्चिम जर्मनी की एक संघीय इकाई के प्रधानमंत्री–डॉ. जोहांस राव औपचारिक मुलाकात के लिए आए। मैंने उनका ध्यान भारत और उनके देश में राव उपनाम की समानता की ओर खींचा। मुझे यह भी याद आया कि करीब 25 साल पहले तत्कालीन मद्रास राज्य के उद्योगमंत्री के रूप में मैंने जी.डी.आर. के हेनरिच राव को आमंत्रित किया था और उनसे पूछा था कि जर्मनों द्वारा राव उपनाम के इस्तेमाल की कोई खास वजह तो नहीं है? डॉ. राव ने कहा था कि इसमें कोई खास बात नहीं है।

शाम को मैं सिरी फोर्ट आडिटोरियम में सोवियत बैलेट में शामिल हुआ। यह सोवियत समारोह का एक हिस्सा था। सोवियत बैलेट में स्टेज-कलाकारों की संख्या बहुत ज्यादा होती है, इसलिए सभी को शामिल कर पाने के लिए ऑडिटोरियम का विस्तार करना पड़ा था। लेकिन, इस मौके पर पाया गया कि बढ़ाया गया ऑडिटोरियम भी पर्याप्त नहीं है। हमेशा की तरह सोवियत बैलेट बहुत अच्छा रहा।

भारत में हो रहे इस सोवियत समारोह में रूसी सर्कस भी शामिल था। मेरे विचार से रूसी वैलेट के मुकाबले सर्कस बेहतर था। सोवियत संघ में मैंने सर्कस का रंगारंग प्रदर्शन देखा था। वे लोग जगह की कमी और अन्य संरचनात्मक असुविधाओं के कारण अपने सर्वश्रेष्ठ प्रदर्शन के साज-सामान भारत नहीं ला पाए थे।

25 नवम्बर को पटियाला राजघराने के कैप्टन अमरिंदर सिंह पाँच अन्य विधायकों के साथ मेरे पास आए। वे स्वयं भी पंजाब विधानसभा के सदस्य थे। पंजाब की स्थिति से निपटने के सरकारी तरीके की उन्होंने निंदा की। उन्होंने भी वही माँगें दुहराईं–जोधपुर के कैदियों की रिहाई, चंडीगढ़ पंजाब को हस्तांतरित करना आदि। वे कांग्रेस छोड़ चुके थे और स्वयं को एक अकाली नेता के रूप में पेश कर रहे थे। अकालियों या पंजाब के लोगों में उनके प्रभाव के बारे में मुझे पक्की जानकारी नहीं थी, इसलिए कोई जवाब दिए बगैर मैंने उनकी बातें सिर्फ सुन लीं।

26 दिसंबर का रक्षामंत्री कृष्णचंद्र पंत ने रक्षा-योजनाओं पर मुझसे घंटे-भर बातचीत की। मैंने उन्हें सुझाव दिया कि जिस प्रमुख लड़ाकू टैंक का नाम मैंने अर्जुन रखा है, उसे गणतंत्र दिवस की परेड में शामिल किया जा सकता है। मैंने सोवियत संघ से संबंध मजबूत करने की जरूरत पर बल दिया, क्योंकि वह रक्षा-सामग्रियों का हमारा प्रमुख आपूर्तिकर्ता था। मैंने यह चेतावनी भी दी कि वायु रक्षा-कार्यक्रमों के लिए उस रूसी प्रस्ताव को न माना जाए, जिसमें उसने अपने विशेषज्ञ भेजने की बात कही है।

संविधान सभा के जीवित सदस्य चाय पर आए। इनमें निजलिंगप्पा, आर. आर. दिवाकर, एन.सी.रंगा, हिम्मतसिंगका और रेणुका राय जैसे लोग शामिल थे। इन लोगों ने माँग की कि संविधान सभा के सदस्यों को सेवा-अवधि का हिसाब लगाए बगैर पेंशन दी जाए, सांसदों की तरह मुफ्त रेल-पास और अन्य सुविधाएँ दी जाएँ। मुझे यह विचार कभी पसंद नहीं आया कि किसी व्यक्ति को पेंशन पाने की नियत आयु–60 वर्ष का होने से पहले ही पेंशन मिले (वह चाहे जो हो)। संयुक्त राष्ट्र में जिन कर्मचारियों ने पाँच साल या उससे ज्यादा सेवा की है, वही पेंशन के हकदार हैं, बशर्ते उनकी आयु पेंशन पाने योग्य हो गई हो। 30 वर्ष के किसी व्यक्ति को पेंशन देना नियम-विरुद्ध है, मुझे यह ठीक नहीं लगता था कि विधायिका की साल-भर की सदस्यता पाकर भी कोई व्यक्ति आजीवन पेंशन पाता रहे।

27 नवबर को नेपाली सांसदों का एक प्रतिनिधिमंडल मुझसे मिलने आया। इन लोगों ने भारत-नेपाल की मैत्री और सहयोग की चर्चा की। ये लोग चाहते थे कि नेपाल की पनबिजली-परियोजना की कुछ वित्तीय मदद भारत करे। इस विषय पर तब से चर्चा चल रही थी, पर इसमें कभी कोई तरक्की नहीं हुई।

असम के मुख्यमंत्री प्रफुल्ल महंत ने मुझे गुवाहटी में शंकर देव-समारोह में शामिल होने का न्यौता दिया। हम लोग जब असम-समझौते पर बातचीत कर रहे थे, तभी से हमारी अच्छी मित्रता थी। जब राजीव गाँधी प्रधानमंत्री बने तो असम-समझौता हुआ और असम राज्य विधानसभा के चुनाव हुए। ऑल असम स्टूडेंट्स यूनियन और असम गण परिषद के सदस्य विधानसभा की ज्यादातर सीटें जीत गए और आसू के अध्यक्ष प्रफुल्ल महंत मुख्यमंत्री बने। एक हिंसक आंदोलनकारी से एक प्रभावशाली प्रशासक बनना आसान बात नहीं है, लेकिन महंत ने साबित कर दिया कि वे जितने अच्छे आंदोलनकारी हैं, उतने ही अच्छे प्रशासक हैं। उनमें सादगी और संतुलन है, बोलने का ऐसा तरीका है जिससे कोई अपमानित महसूस न करे और प्रशासनिक जटिलताओं को जल्दी समझने की शक्ति है। अपनी पार्टी में शोर मचाने वालों से वे जिस तरह निपटते थे और जैसे व्यावहारिक फैसले लेते थे, उससे मैं बहुत प्रभावित हुआ।

उस शाम सोनल मानसिंह ने राष्ट्रपति भवन के थिएटर में नृत्य प्रस्तुत किया। दर्शकों में कैबिनेट मंत्री, पूर्व व मौजूदा मुख्य न्यायाधीशगण और कुछ पूर्व राजनयिक जैसे विशिष्ट लोग थे। इन लोगों का नाम मेरी स्थायी आमंत्रितों की सूची में था। सामान्यतया जो लोग सार्वजनिक प्रस्तुतियों में नहीं जा सकते, वैसे लोग इस प्रकार के सांस्कृतिक कार्यक्रमों का उत्सुकता से इंतजार करते थे।

28 नवंबर को प्रधानमंत्री पाक्षिक मुलाकात के लिए आए। यह अफवाह फैली हुई थी कि मंत्रिमंडल में फेरबदल होगी। लेकिन प्रधामंत्री ने पंजाब, श्रीलंका और दार्जिलिंग की स्थिति में गोरखा लिबरेशन फ्रंट आंदोलन कर रहा था। उन्होंने मंत्रिमंडल के पुनर्गठन का गुद्दा नहीं उठाया और न ही मैंने इसकी चर्चा की।

30 नवंबर को अरुण नेहरू बातचीत करने का आ गए। उनके मन भें दो तरह की बातें थीं। एक तरफ तो वे राजीव से मेल-मिलाप चाहते थे, दूसरी तरफ विद्रोही और जिद्दी लगते थे। उन्होंने कहा कि राजीव के प्रति उनके मन में श्रद्धा है, और वे प्रत्येक परिस्थिति में उनके साथ रहेंगे और मदद करेंगे। साथ ही उन्होनें यह संकेत दिया कि उनके पास कोई ऐसी जानकारी है जो राजीव गाँधी की सरकार के लिए विस्फोटक सिद्ध हो सकती है। राजीव के नए सलाहकारों के प्रति वे कटु थे। मैंने उन्हें सहानुभूतिपूर्वक सुना, पर कोई जवाब नहीं दिया।

राजस्थान सती-निवारण विधेयक (1987) मेरे पास मंजूरी मेरे पास मंजूरी के लिए पड़ा हुआ था। विधेयक में सती होने की कोशिश, सती होने के लिए उकसाने और सती के महिमामंडन के लिए भारी सजा का प्रावधान था। यह आश्चर्यजनक है कि 'सती होने' की इस जघन्य परंपरा का कुछ लोग समर्थ कर रहे थे और उन्होंने इस विधेयक की वैधता को हाईकोर्ट में चुनौती दी थी। राजस्थान हाईकोर्ट ने इन याचिकाओं को खारिज कर दिया और कहा कि जन विधान और नैतिकता के खिलाफ किसी गलत सामाजिक व्यवहार को संविधान के तहत कोई सुरक्षा नहीं मिल सकती। एक दिसंबर को मैंने विधेयक को मंजूरी दे दी।

आंध्र प्रदेश, तमिलनाडु, कर्नाटक और केरल के हिस्सों को मिलाकर मद्रास प्रेसिडेंसी के लिए वयस्क मताधिकार के आधार पर होने वाले पहले आम चुनाव में किसी भी अकेली पार्टी को बहुमत नहीं मिला था। भारत के महाधिवक्ता-पद से रिटायर हुआ राजाजी को सरकार बनाने और राज्य का नेतृत्व करने के लिए कहा गया। उन्होंने यह काम सफलतापूर्वक किया। पर 1953 में आंध्र प्रदेश के बँटवारे के बाद विधानसभा के तमिल सदस्य चाहते थे कि बाकी बचे राज्य के मुख्यमंत्री उनके नेता कामराज बनें। नेहरू जी एकदम राजाजी के पक्ष में थे, क्योंकि उनकी बौद्धिक योग्यता, ईमानदारी और कार्यकुशलता का वे बहुत सम्मान करते थे। इसके बावजूद उन्होंने तय किया कि विधानसभा अपना नेता स्वयं चुने। उस समय मैं संसद-सदस्य था और प्रदेश कांग्रेस कमेटी का सचिव भी। नेहरू चाहते थे कि मैं कामराज को बता दूँ कि अगर राजाजी की जगह किसी और को लाना पड़ा तो कामराज को राज्य के मुख्यमंत्री के रूप में स्वयं जिम्मेदारी लेनी होगी। इसलिए कामराज के पास कोई विकल्प नहीं था और उन्हें मुख्यमंत्री-पद के लिए चुनाव लड़ना पड़ा। नेहरू ने शायद ही कभी अपने उम्मीदवार को मुख्यमंत्री के रूप में थोपा हो। उल्टे वे चुने हुए मुख्यमंत्री को अपना सहयोगी और मित्र मान लेते थे। प्रधानमंत्री सह-कांग्रेस अध्यक्ष द्वारा मुख्यमंत्री के नाम सुझाने का प्रचलन बाद में शुरू हुआ था। इस बदलाव के लिए एक हद तक तो राज्यों के दावेदार भी जिम्मेदार थे। ऐसे लोग निचले स्तर पर पर्याप्त समर्थन न होने पर भी प्रधानमंत्री के आशीर्वाद से अपनी स्थिति मजबूत करना चाहते थे। यह प्रयोग कांग्रेस पार्टी के लिए विध्वंसकारी साबित हुआ, क्योंकि इस पद के लिए जिस किसी का भी चुनाव हुआ, वही पार्टी-समर्थन

के बिना देर तक उक्त पद पर नहीं रह पाया। इस तरह राज्य सरकार की अस्थिरता असामान्य बात नहीं रही, बल्कि बहुत सामान्य हो गई। पार्टी-सदस्यों द्वारा खुद अपने नेता के चुनाव की, लोकतांत्रिक प्रक्रिया और अल्पसंख्यक की लोकतांत्रिक मूल्य-प्रणाली, जिसमें बहुसंख्यक के फैसले पर मौन स्वीकृति दी जाती थी, बेमतलब हो गई और मुख्यमंत्री के खिलाफ प्रायः ही एक विक्षुब्ध गुट बन जाता और राज्य सरकारें कमजोर हो जाती थीं।

दुर्भागय से मुख्यमंत्रियों को यह नहीं मालूम कि प्रधानमंत्री इन मामलों पर राष्ट्रपति से शायद ही कभी चर्चा करते हैं। वे दिन लद गए जब नेहरू जी कैबिनेट मंत्रियों की सूची लेकर राष्ट्रपति भवन जाते थे और राष्ट्रपति राधाकृष्णन की प्रतिक्रिया जानें।

राज्यों से संबंधित कुछ मामलों पर राजीव मुझसे चर्चा करते थे। पर यह जरूरी नहीं था कि वे सभी राज्यों से संबद्ध सभी मामलों पर चर्चा करते थे, लेकिन सभी नामों पर नहीं। वे प्रशासन की उन आधुनिक तकनीकों से पूरी तरह वाकिफ थे, जिनमें कंप्यूटर, ग्राफ, चार्ट वगैरह का प्रयोग होता है। उनका वैज्ञानिक दिमाग इस तथ्य को नहीं मानता था कि मनुष्य का व्यवहार शायद ही कभी ग्राफ या चार्ट के अनुसार होता है। उन्हें पक्का विश्वास था कि स्वतंत्रता के बाद पुरानी पीढ़ी ने देश का दिवाला निकाल दिया है। हालाँकि मैंने उनकी इस धारणा पर बहुत एतराज किया और कहा कि पुरानी पीढ़ी ने ही पिछड़े और मध्यकालीन भारत को बदलकर एक आधुनिक औद्योगिक राष्ट्र बना दिया है। साथ ही वह पीढ़ी इसे विज्ञान और तकनीक के क्षेत्र में विश्व की बराबरी पर ले आई है। पर इसका उन पर कोई प्रभाव नहीं पड़ा। वैसे, उनकी इस बात के लिए तारीफ की जानी चाहिए कि उन्होंने मेरे सुझावों पर हमेशा पूरा ध्यान दिया और उन्हें सम्मान दिया। प्रशासन से संबंधित मामलों पर मैं प्रायः उन्हें नोट और पत्रक भेजा करता था। लेकिन मैंने कभी इस बात की चिंता नहीं की कि उन्हें स्वीकार किया गया है या नहीं। ये 'दागो और भूल जाओ' मिसाइल जैसे थे।

2 दिसंबर को जब भाजपा नेता लालकृष्ण आडवाणी ने राज्यसभा में भारतीय डाकघर संशोधन बिल के बारे में सवाल उठाया तो हंगामा मच गया। यह विधेयक विचाराधीन था। संसदीय व्यवहार के कारण राष्ट्रपति के आचरण पर टिप्पणी

नहीं हो सकी। आडवाणी ने विधेयक पर अपना विरोध जताने के लिए इस मौके का लाभ उठाया और माँग की कि समूचे विधेयक को वापस ले लिया जाए।

3 दिसंबर डॉ. राजेन्द्रप्रसाद का जन्मदिन है और 4 दिसंबर मेरा। हम लोगों के जन्म की तारीख पास होने के कारण शायद मुझे डॉ. राजेंद्रप्रसाद से घनिष्टता का अहसास होता था। उपराष्ट्रपति बने से पहले मैंने कभी अपना जन्मदिन नहीं मनाया था। जब मैं तमिलनाडु में मंत्री था या केंद्रीय मंत्रिमंडल का सदस्य था, तब भी नहीं। मैं लोगों को अपने पास आने या अपना जन्मदिन मनाने से हतोत्साहित करता था। फिर भी प्रधानमंत्री इंदिरा गाँधी की आदत थी कि वे ऐसे मौके याद रखती थीं। 4 दिसम्बर, 1980 को जब उन्होंने मुझे अपना शुभकामना संदेश भेजा तो मैं बहुत प्रभावित हुआ था। जब मैं उपराष्ट्रपति और राज्यसभा का अध्यक्ष हो गया तो मैंने राज्य सभा के सभी सदस्यों को जन्मदिन की शुभकामनाएँ भेजने की परंपरा शुरू की। सदस्यों ने इसका गर्मजोशी से स्वागत किया। पत्रकार खुशवंतसिंह ने कहा कि जनसंपर्क के जितने भी तरीकों से उनका साबका पड़ा है, उनमें यह सर्वश्रेष्ठ है।

मैंने मध्यप्रदेश की चार दिवसीय यात्रा की। राष्ट्रपति जब राज्य की पहली सरकारी यात्रा पर जाते हैं, तो उन्हें गार्ड ऑफ ऑनर देने की परंपरा है। गार्ड ऑफ ऑनर का निरीक्षण करने के बाद मैं राज्यपाल चांडी के साथ राजभवन की ओर चला। राजभवन में कई सरकारी अधिकारियों से परिचय कराया गया। इन लोगों ने राज्य से संबद्ध मामलों के बारे में मुझे जानकारी दी। इनमें भोपाल गैस त्रासदी के शिकार लोगों की स्थिति की जानकारी भी शामिल थी। रात में राज्यपाल ने मेरे लिए एक भोज का आयोजन किया। इसमें मंत्री, जज, चुनिंदा विधायक और आला अफसर शामिल हुए। मुझे यह देखकर खुशी हुई कि राज्यपाल ने मेरे उस परिपत्र का पूरी तरह पालन किया है, जिसे मैंने सभी राज्यपालों को भेजा था। उसमें मैंने कहा था कि मेरे सम्मान में होनेवाला भोज साधारण होना चाहिए और राष्ट्रपति को कोई कीमती उपहार नहीं दिया जाना चाहिए।

11 नवंबर को मैंने महिला-कल्याण समिति का दौरा किया। इसे उपराष्ट्रपति डॉ. शंकरदयाल शर्मा की पत्नी विमला शर्मा चलाती थीं। समिति ने विभिन्न लघु उद्योगों में चार सौ लोगों को रोजगार मुहैया कराया है। यह समिति कोई

व्यवसाय सीखने में विकलांगों की मदद करती है और आर्थिक तौर पर पिछड़ी महिलाओं का पुनर्वास करती है। उपस्थित लोगों के बीच अपने संबोधन में मैंने श्रीमती शर्मा को समाज के कमजोर और पिछड़े वर्ग के लोगों के कल्याणार्थ किए जा रहे मानवीय कार्यों के लिए बधाई दी। मैंने देश की औद्योगिक संरचना में लघु उद्योगों और औद्योगिक इस्टेट की महत्ता भी बताई। मैंने कहा कि निम्न पूँजी-आधार और आनुपातिक दर पर रोजगार की उच्च संभावनाएँ और उत्पादन शुरू होने में लगने वाले कम समय के कारण भारतीय स्थितियों के लिए लघु उद्योग आदर्श और उपयुक्त हैं। इसके बाद मैंने भोपाल गैस-त्रासदी के शिकार लोगों के लिए रेडक्रॉस डिस्पेंसरी का उद्घाटन किया। उपस्थित लोगों से मैंने कहा कि खतरनाक उद्योगों पर नियंत्रण और उनका निरीक्षण बढ़ाया जाना चाहिए और ऐसे रासायनिक प्रदूषण से बचाव के लिए और सावधानियाँ बरती जानी चाहिए। मैंने उम्मीद जताई कि रेडक्रॉस डिस्पेंसरी से न सिर्फ पीड़ितों को राहत मिलेगी, बल्कि यह खतरनाक प्रदूषण के मामले में लोगों को जागरूक भी बनाएगी।

स्थानीय जनता रेडक्रॉस के खिलाफ थी और लोगों का कहना था कि रेडक्रॉस वालों को जो रुपए मिलते हैं, उसका इस्तेमाल भोपाल गैस-त्रासदी के पीड़ितों के लिए नहीं किया जाता, बल्कि इसके कर्णधार इससे अपने निजी खर्चे चलाते हैं। लेकिन मैंने देखा कि अस्पताल आधुनिक सुविधाओं से युक्त है। धन की अगर कहीं और बर्बादी की गई हो तो वह मुझे नहीं दिखा।

शाम को मुख्यमंत्री मोतीलाल वोरा, भोपाल के मेयर और दूसरे प्रमुख नागरिकों ने एक भव्य जनसभा का आयोजन किया था। खुले मैदान में करीब बीस हजार लोगों की भारी भीड थी। स्पष्टत: वे लोग अपने नए राष्ट्रपति की एक झलक देखने आए थे। जनसभा में राज्यपाल श्री चांडी अंग्रेजी में बोले। इसलिए, जब मैंने हिंदी में लिखा अपना भाषण शुरू किया, तो जोरदार तालियों के साथ भारी उत्साहपूर्ण स्वागत हुआ। अगले दिन अखबारों ने लिखा कि मैंने भोपाल और मध्यप्रदेश के लोगों के दिलों में जगह बना ली है। अपने भाषण में मैंने मध्यप्रदेश की तरक्की की प्रशंसा की, पर यह भी कहा कि अभी और द्रुत विकास की गुंजाइश है। मैंने राष्ट्रीय एकता के महत्व और देश के समूचे प्राकृतिक संसाधनों की समान हिस्सेदारी से देश के सभी भागों को होने वाले आर्थिक लाभों पर बल दिया।

शाम को मैं 'भारत भवन' गया, जिसे उत्कृष्ट डिजाइन वाले उसके ऐतिहासिक और सांस्कृतिक शिल्पों के लिए जाना जाता है। यहाँ हमारे मनोरंजन के लिए प्रसिद्ध संगीतज्ञ मल्लिकार्जुन मंसूर के हिंदुस्तानी संगीत का एक संक्षिप्त कार्यक्रम रखा गया था।

जवाहरलाल नेहरू की याद में प्रतिवर्ष 12 नवम्बर को जबलपुर में होने वाली राष्ट्रीय विज्ञान प्रदर्शनी का आयोजन किया गया। प्रदर्शनी का उद्घाटन करते हुए मैंने याद दिलाया कि विज्ञान के प्रति देश के रुख में एक क्रांतिकारी बदलाव लाने में नेहरू जी कितने सफल रहे।

शुरू-शुरू में स्वयं को राष्ट्रवादी कहनेवाले कुछ लोगों ने नेहरू जी द्वारा विज्ञान पर पैसे खर्चने का विरोध किया था। वे इसे बेतुकी विलासिता मानते थे। पंडित जी ने इसका जवाब यह कहकर दिया था कि ग्रामीण समस्याओं में विज्ञान के इस्तेमाल से ग़रीबी दूर करने का काम भी किया जा सकता है।

नेहरू जी ने देश में वैज्ञानिक दृष्टिकोण पैदा करने के लिए परिश्रम किया था। विज्ञान प्रदर्शनी का आयोजन पूरी तरह विद्यार्थियों ने किया था और इसमें प्रदर्शित अनेक चीजें अत्यंत मूल्यवान थीं। केंद्रीय शिक्षा राज्यमंत्री कृष्णा शाही और मध्यप्रदेश के मुख्यमंत्री मोतीलाल वोरा प्रदर्शनी में मेरे साथ थे और इन लोगों ने बच्चों की प्रशंसा कर उनका उत्साह बढ़ाया।

शाम को हम लोग कान्हा राष्ट्रीय उद्यान गए। यह उद्यान बाघों के सबसे बड़े अभयारण्यों में से एक है। फारेस्ट गार्डों को एक बाघ दिखा था और इन लोगों ने सलाह दी कि हम लोग तुरंत जंगल में चले जाएँ, ताकि बाघ की एक झलक पा सकें। इसलिए हम लोग तुरंत हाथी पर सवाह हो गए और घने जंगल में निकल पड़े। हाथी दर्शकों को जंगल में ले जाने के आदी हो गए थे, इसलिए वे बहुत आज्ञाकारी थे। वे पेड़ों की टहनियों और झाड़ियों के बीच से गुजरते थे तथा उन्हें सूँढ़ से पीछे ढकेल देते थे। करीब 15 से 20 मिनट में ही हम लोग एक बाघ के काफी निकट (अधिक से अधिक बीस फीट) पहुँच गए। वह घास पर ठाठ से लेटा हुआ था और उसका सिर ऊपर की ओर था। ऐसा लगा, जैसे वह फोटो खिंचवाने के लिए पोज़ दे रहा हो! बेशक, वह भारत के राष्ट्रपति के प्रति एकदम उदासीन था और उसने ऐसा कुछ नहीं किया,

जिससे पता चलता कि वह वहाँ देश के सर्वोच्च पदाधिकारी की मौजूदगी से वाकिफ है। यहाँ तक कि जब मैंने उसकी कुछ तसवीरें उतारीं, तब भी वह हिला नहीं। जब जंगल के राजा के इतने करीब होने पर मुझमें घबराहट के लक्षण दिखे तो फारेस्ट गार्ड बाघ के गुणों का बखान करने लगे। इन लोगों को भी कोई हानि नहीं पहुँचाते। इन लोगों ने यह भी कहा कि बाघ ज्यादातर आत्म-रक्षा में ही हमला करता है या फिर तब, जब उन्हें छेड़ा जाता है। गार्डों ने कहा कि बाघ 'एकदम भलेमानुस' होते हैं।

मुख्यमंत्री मोतीलाल वोरा ने कहा कि बाघ आदतन विशिष्ट लोगों को निराश करते हैं। वे ऐसे मौकों पर एकांत में चले जाते हैं। उन्होंने कहा कि यह उनकी प्रार्थना का ही फल है कि बाघ ने दर्शन दिए।

हम लोगों ने कई और तरह के जानवरों, जैसे–हिरण, मृग और साँभर आदि को घास चलते देखा। रात में हम लोगों ने बाघों पर एक फिल्म देखी। इसमें दिखाया गया था कि कैसे वे अपना शिकार करते हैं, कैसे खाते हैं और उसे सुरक्षित रखते हैं। प्रत्येक बाघ का एक अपना इलाका होत है और उसमें वह दूसरे बाघ को शिकार नहीं करने देता। फिल्म में बाघ और जान बचाने के लिए भागते साँभर, हिरण की दौड़ देखकर मुझे बहुत रोमांच हुआ, पर यह दौड़ बराबरी की नहीं थी। बाघ करीब दो मीटर लंबा था और जितनी दूरी हिरण चार छलाँग में तय करता था, उतनी वह तीन ही छलांग में पूरी कर लेता था, इस तरह बाघ हिरण को पकड़ लेता है।

3 नवंबर को सवेरे 6.00 बजे हम लोग फिर अभयारण्य में गए और हमारे सौभाग्य से एक और बाघ झाड़ियों में मिल गया। आज हम लोग कल के मुकाबले बाघ के ज्यादा निकट थे। फारेस्ट गार्डों ने भी कहा कि हम लोग भाग्यशाली हैं, इसीलिए अभयारण्य में जाते ही बाघ दिख जाता है। अभयारण्य की यात्रा के बाद मैं कुछ आदिवासियों से मिला और उनके सांस्कृतिक कार्यक्रम का आनंद लिया। मैंने आदिवासियों से पूछा कि वे क्या चाहते हैं। उन लोगों ने अपनी माँगों की एक बहुत छोटी सूची दी, जिसमें स्कूल, एक छोटा बाँध और कुछ अन्य जरूरतें शामिल थीं। मैंने तत्काल मुख्यमंत्री वोरा से कहा कि गाँववाले जिन सुविधाओं की माँग कर रहे हैं, उन्हें वे मुहैया कराई जाएँ। मैंने शिक्षा और जलापूर्ति जैसी आम सुविधाओं की माँग करने के लिए उन्हें बधाई दी। इसके

बाद आदिवासियों ने अपना नृत्य प्रस्तुत किया। इसमें मैं भी शामिल हो गया। इससे मुझे गर्व और खुशी का अहसास हुआ। साथ ही मैं तुरंत स्थानीय लोगों में लोकप्रिय हो गया।

ईरान के विदेशमंत्री डॉ. विलायती औपचारिक मुलाकात के लिए आए। उनका स्वागत करते हुए मैंने ईरान और इराक के बीच चल रहे दुर्भाग्यपूर्ण युद्ध का जिक्र किया और उम्मीद जताई कि इलाके में शांति बहाल होगी। डॉ. विलायती ने यह आरोप दुहराया कि हमला इराक ने किया था और अंतर्राष्ट्रीय समुदाय को इस निरर्थक हमले को माफ नहीं करना चाहिए! हम लोगों ने इस विषय को और नहीं बढ़ाया और पर्सिया तथा भारत के बीच प्राचीन और ऐतिहासिक संबंधों के बारे में बातचीत की।

इथोपिया के विदेशमंत्री इनके बाद आए। उन्होंने हजारों टन अनाज की मदद के लिए भारत सरकार को धन्यवाद दिया। पिछले वर्ष वहाँ पड़े जबरदस्त अकाल के दौरान हम लोगों ने इथोपिया को यह मदद दी थी। इससे इथोपिया न सिर्फ हमारे प्रति कृतज्ञ हुआ, बल्कि इससे हमारी छवि एक अल्प विकसित देश की सहायता करने वाले देश के रूप में भी उभरी।

इसके बाद आने वाले थे–चीन में भारत के राजदूत रंगनाथन। उन्होंने भारत–चीन सीमा की स्थिति पर प्रकाश डाला और कहा कि विवाह को हल करने में जितनी देरी होगी, चीन के दावे और माँग उसी हिसाब से बढ़ते जाएँगे। मैंने उनसे पूछा कि यदि हम अंपनी–अपनी वास्तविक स्थिति पर कायम रहें और अंतिम समझौते के लिए तालमेल जारी रखें, तो इस बार में उनका क्या मानना है! एक चौकस राजनयिक होने के नाते उन्होंने मुझसे पूछा कि मैंने अपना यह विचार प्रधानमंत्री को बताया है या नहीं? मैंने कहा कि प्रधानमंत्री की राय जानने के लिए मैंने उन्हें लिखा था। इस पर प्रधानमंत्री ने बताया था कि दोनों पक्षों की वास्तविक जमीनी स्थिति को लेकर भी विवाद है। राजदूत ने कहा कि यह अच्छी शुरुआत करेगा। मुझे ऐसे प्रस्ताव के परिणामों की पूरी जानकारी थी। भारत की संसदीय प्रतिबद्धता है कि 1962 के युद्ध के दौरान छीनी गई एक–एक इंच जमीन वापस ली जाएगी, ऐसे में सीमाओं को पुख्ता करने का विपक्ष यह कहकर लाभ उठाएगा कि सरकार ने देश की भूमि का परोक्ष समर्पण कर दिया है।

उस दिन आनेवालों में आखिरी थे सोवियत संघ के राजदूत टी.एन. कौल। उन्होंने यह विचार व्यक्त किया कि भारत महोत्सव के समापन समारोह के अवसर पर मुझे सोवियत संघ जाना चाहिए और देश के अन्य हिस्सों का भी दौरा करना चाहिए। प्रधानमंत्री यह संकेत पहले ही दे चुके थे। मैंने श्री कौल से कहा कि नेहरू जन्मशती-समारोह की राष्ट्रीय समिति के अध्यक्ष के नाते हम लोग गोर्बाचेव को आमंत्रित करना चाहते है और उन्हें अंतर्राष्ट्रीय सद्भाव के लिए नेहरू पुरस्कार देने की भी इच्छा है। यह सुनकर वे उछल पड़े और कहा कि वे इस दिशा में काम करेंगे। मैंने उन्हें राजनयिक कार्रवाई शुरू करने से पहले प्रधानमंत्री से बात करने की सलाह दी। कौल ने भारत के प्रति सोवियत संघ की सच्ची और वास्तविक चिंता विस्तार से बताई और कहा कि वे कई क्षेत्रों में आपसी सहयोग को और मजबूत बनाना चाहते हैं। रक्षामंत्री के रूप में सोवियत संघ से मैंने बेहतर संबंध बनाए थे। उन्होंने उसका भी जिक्र किया।

स्वीडन के राजदूत ने 30 नवंबर को अपना परिचय-पत्र पेश किया। परिचय-पत्र देने के बाद होनेवाला सामान्य चाय-पान इस बार थोड़ा कष्टकर था। भारत में बोफोर्स मामला चर्चा में था। यहाँ तक कि संसद में भी उसकी गूँज थी। हममें से कोई नहीं चाहता था कि इस मामले का जिक्र हो। दोनों देशों के रिश्ते मजबूत करने जैसी सामान्य घिसी-पिटी बातें ज्यादा समय तक नहीं चलीं और कई बार एकदम चुप्पी छा गई। इससे उलझन हुई। मुझे लगता है कि जब मुलाकात खत्म हुई तो दोनों पक्षों को राहत महसूस हुई होगी।

नौसेना-प्रमुख एडमिरल ताहिलयानी अपनी विदाई से पहले मिलने आए। देश के रक्षा-नियमों के अनुसार सेना-प्रमुख या तो तीन वर्षीय कार्यकाल के बाद या फिर साठ वर्ष के हो जाने पर, जो भी इनमें से पहले पूरा हो-रिटायर होते हैं। इस नियम में परिवर्तन नहीं हो सकता, फिर चाहे सेना-प्रमुख काम करने योगय हों या नहीं। सोवियत रक्षामंत्री उस्तिनोव ने एक बार मुझसे पूछा था कि भारतीय जनरल इतनी जल्दी-जल्दी क्यों बदल जाते हैं। मैंने एक शब्द में जवाब दिया–'लोकतंत्र'। इस पर वे हँसे थे और उनके यहाँ लोकतंत्र ने होने पर मैं हँसा था।

जत्थेदार अजायब सिंह और छह अन्य ने मुझे एक ज्ञापन सौंपा। इन लोगों ने पुरानी माँगें दुहराईं, जैसे जोधपुर के बंदियों की रिहाई, चंडीगढ़ पंजाब को

देना आदि। मैंने उन लोगों से जानना चाहा कि पंजाब में आतंकवाद पर नियंत्रण के लिए उनके पास कोई सुझाव या उपाय है या नहीं। इन लोगों को कहना था कि अगर माँगें मान ली जाएँ तो आतंकवादी स्वयं हिंसा छोड़ देंगे।

नौसेना-प्रमुख का पद संभालने के बाद एडमिरल नाडकर्णी पहली आधिकारिक भेंट के लिए आए। वे एक सक्षम और भरोसेमंद अफसर हैं और रक्षामंत्री के अपने कार्यकाल में मुझे उनकी योग्यताएँ मालूम हुई थीं। हमने नौसेना को मजबूत करने और सोवियत संघ से आपूर्ति मामलों के निपटान-कार्यक्रमों की चर्चा की। सोवियत संघ से आपूर्ति की बातचीत मैंने पहले की थी।

रक्षा-सेवाएँ राष्ट्रपति भवन को तीन माह के लिए एक बैंड मुहैया कराती हैं। जब यह टोली जाती है तो राष्ट्रपति के साथ इसकी तसवीर खींची जाती है। मैंने सैनिक सचिव से कहा कि टोली के लोगों के साथ सिर्फ एक मिनट रहने की बजाय मैं चाहता हूँ कि मेरे लिए आधे घंटे तक बैंड बजाया जाए और मैंने यह भी चाहता हूँ कि वे मेरे साथ चाय पीएँ। राष्ट्रपति भवन से जानेवाले आर्टिलरी सेंटर ब्रास बैंड के लोगों को नई व्यवस्था में मजा आया और उन्होंने मेरी इस सद्‌भावना के लिए आभार व्यक्त किया।

भूटान-नरेश निजी यात्रा पर भारत आए हुए थे। उन्हे राष्ट्रपति भवन में ठहराने का सामान्य शिष्टाचार निभाया गया। मैंने उन्हें 1980 से जानता हूँ और उसके बाद कई बार मुलाकात हुई है। वे अच्छे जानकार, सुस्पष्ट व्यक्ति हैं और कई तरह के मामलों में उनकी गहरी पैठ है। वे चीन से व्यापारिक संबंध रखने के बहुत इच्छुक नहीं थे। उन्हें आशंका थी कि शिष्टाचारवश इस आदान-प्रदान का चीन द्वारा यह अर्थ लगाया जाएगा कि चीनी अधिराज्य को स्वीकार कर लिया गया है। दूसरी ओर वे भारत के साथ व्यापारिक और दूसरे रिश्ते विकसित करने के बहुत इच्छुक थे। उन्हें विश्वास था कि किसी संकट में सिर्फ भारत ही उनका साथ देगा। उन्होंने पनबिजली-उत्पादन की प्रचुर संभावनाओं की भी जानकारी दी और उम्मीद जताई कि भारत ऐसी परियोजनाओं को हर तरह की सहायता और मदद देगा। मैंने प्रधानमंत्री को तुरंत यह जानकारी देने के लिए एक नोट भेज दिया। ऐसा लगा कि भूटान-नरेश ने प्रधानमंत्री से भी यही सारी बातें कही थीं।

राजस्थान के मुख्यमंत्री हरिदेव जोशी औपचारिक मुलाकात के लिए आए। 1977 से 1980 के गड़बड़ी वाले दिनों में वे इंदिरा गाँधी के विरोधी थे। उन्होंने

शाह आयोग को उनके खिलाफ सबूत भी दिया था शिवचरण माथुर के उत्तराधिकारी स्वरूप उनके चुनाव पर मुझे वाकई आश्चर्य हुआ था। जोशी घबराए हुए थे, क्योंकि उन्हें हटाए जाने की अफवाह थी। उन्होंने बहुत घुमा-फिराकर, और परोक्ष रूप से मेरा समर्थन माँगा।

3 दिसंबर को मैंने लघु औद्योगिक इकाई वाले उद्यमियों को राष्ट्रीय पुरस्कार दिए। इस अवसर पर हुए समारोह में मैंने कहा कि लघु उद्योगों द्वारा इस्तेमाल की जा रही डिजाइन, उपकरण और प्रक्रिया तकनीक को बेहतर बनाने की तत्काल जरूरत है। मैंने लघु उद्योगों के बीमार होने के बढ़ते मामलों पर भी चिंता जताई और वित्तीय संस्थाओं से अपील की कि वे योजनाओं की व्यवहार्यता के आधार पर आर्थिक सहायता दें न कि उद्यमियों की साख के आधार पर।

## प्रशासनिक मामले : दो

मैं अपना जन्मदिन नहीं मनाना चाहता था। फिर भी राष्ट्रपति के रूप में मेरा पहला जन्मदिन–4 दिसंबर, 1987 आनुष्ठानिक ढंग से शुरू हुआ। राष्ट्रपति भवन के कर्मचारियों और उनके परिवारवालों ने मुगल गार्डन के ईस्ट लॉन में मुझे शुभकामनाएँ दीं। उपराष्ट्रपति, प्रधानमंत्री, कैबिनेट मंत्री, तीनों सेनाओं के प्रमुख और सांसद मुझसे अलग-अलग एवं समूहों में मिले और बधाइयाँ दीं। काफी तादाद में मेरे शुभचिंतक येलो ड्राइंग रूप में इकट्ठे हुए और मुझे फूल एवं मालाएँ दीं। निजी तौर पर मुझे यह रीति पसंद नहीं है, पर जब आप किसी वरिष्ठ पद पर हों तो आपकी निजी प्राथमिकताएँ हमेशा औपचारिक और सामाजिक सम्मान पर हावी नहीं हो पातीं। यह सब सुबह से दोपहर तक लगातार चलता रहा। इसके बाद मैं मलाई मंदिर गया। दक्षिणी दिल्ली में एक पहाड़ी पर बना यह एक ऐसा मंदिर है, जो ग्रेनाइट पत्थर से बना चोल वास्तुकला की अद्‌भुत प्रतिकृति है। एक पंजीकृत सोसाइटी के अध्यक्ष के रूप में इसका निर्माण मैंने ही करवाया था।

चार दिसंबर नौसेना दिवस के रूप में भी मनाया जाता है। नौ-सेना ने युद्ध और शांति-दोनों में ही अद्‌भुत रिकॉर्ड बनाया है। सोवियत संघ के शानदार समर्थन की बदौलत नौसेना ने अपनी शक्ति काफी बढ़ा ली है और इसका आधुनिकीकरण भी हो गया है। नौसेना-दिवस पर मैं नौसेना प्रमुख द्वारा आयोजित समारोह का मुख्य अतिथि था। इस समारोह में उपराष्ट्रपति, प्रधानमंत्री, केंद्रीय मंत्री तथा

कार्यमुक्त और कार्यरत नौसेना अधिकारी शामिल हुए। करीब तीन साल पहले रक्षामंत्री रहने के कारण ज्यादातर अफसरों को मैं निजी तौर पर जानता था और उनके बीच आराम से घूमा। फौजी बैंड की जो भी टुकड़ियाँ हैं, उनमें नौसेना के बैंड को सर्वश्रेष्ठ माना जाता और बीटिंग रीट्रिट समारोह के दौरान सर्वश्रेष्ठ प्रदर्शन के लिए इसे हमेशा ही गणतंत्र दिवस-पुरस्कार मिलता है।

इस समय तक राष्ट्रपति के रूप में मेरे कार्यों पर कई टिप्पणियाँ अखबारों में प्रकाशित हो चुकी थीं। एक नमूना पेश है, "राष्ट्रपति भवन में रहते हुए पाँच महीने की अल्प अवधि में राष्ट्रपति वेंकटरमन ने अपनी मौजूदगी का अहसास करा दिया है। जो बदलाव आए हैं, वे अपनी तक मामूली हो सकते हैं, पर नए राष्ट्रपति के सुसंस्कृत व्यक्तित्व के मद्देनजर कर्मचारियों को इस बात में कोई संदेह नहीं है कि अभी और बदलाव होंगे। शुरुआती बदलावों के तहत वेंकटरमन ने महँगी चाय बंद करा दी है। इसके लिए प्रेसिडेंशियल लॉज मशहूर था। पहले वाले राष्ट्रपति यहाँ रोज बननेवाली पेस्ट्री और कुरकुरी स्वादिष्ट चीजें शायद ही कभी खाते हों, पर शेष कर्मचारी जी भरकर खाते थे। अब लगता है, ऐसा नहीं होगा। स्थापित परंपराओं से अलग हटने के एक और मामले में वेंकटरमन ने तय किया है कि राज्यों के दौरों के दौरान वे उपहार स्वीकार नहीं करेंगे। राष्ट्रपति के सचिव ने सभी राज्य सरकारों को चिट्ठी भेजी है, जिसमें उन्हें निर्देश दिया गया है कि महँगे उपहारों की परंपरा खत्म करें। . ..राष्ट्रपति और उनकी पत्नी एक और क्षेत्र में सक्रिय हैं। वह हैं संस्कृति। दोनों पति-पत्नी विभिन्न सामाजिक गतिविधियों में संस्कृति संबंधी कठिनाइयों को दूर करने की कोशिश में व्यस्त हैं। संभव है, राष्ट्रपति भवन के हॉल में शास्त्रीय संगीत, नृत्य आदि के वे स्वर गूँजने लगें जो हाल के वर्षों में बहुत कम हो गए थे।"

7 दिसंबर सशस्त्र सेना का झंडा दिवस है। इस दिन सशस्त्र सेना के कल्याण-कोष के लिए देश-भर में पैसे इकट्ठे किए जाते हैं। वर्ष 1986 के दौराना 1 करोड़ 62 लाख रुपए इकट्ठे हुए थे। 69,95,000 रुपए इकट्ठा करके तमिलनाडु सभी राज्यों से आगे था, जबकि उसका लक्ष्य 3,25,000 रुपए था। दूसरे नंबर पर महाराष्ट्र था, जिसने 4,55,000 के लक्ष्य के मुकाबले 25 लाख रुपया एकत्र किया था।

कुछ समय बाद, विदेश मंत्रालय के अधिकारी मुझसे एक मसले पर चर्चा करने आए। राजीव गाँधी को मैंने श्रीलंका-मामले में यह सलाह दी थी वे इसी विषय पर बात करना चाहते हैं। मैंने कहा था कि मिले हुए उत्तरी-पूर्वी प्रांत के लिए एक अंतरिम सरकार बनाई जानी चाहिए। अगर संभव हो तो इसमें मुक्तिचीतों को शामिल किया जाना चाहिए और यदि आवश्यक हो तो उनके बिना भी अंतरिम सरकार बनाई जानी चाहिए। अधिकारीगण मुझसे इसी विषय पर विस्तृत चर्चा करने आए थे। मैंने उन्हें बताया कि अंतरिम सरकार बनाकर उसे कानून-व्यवस्था की जिम्मेदारी देने में फायदा है। साथ ही भारत-श्रीलंका समझौते को लागू करने के फायदे बताए। मेरा मानना था कि यदि मुक्तिचीते अंतरिम प्रशासन में शामिल नहीं होंगे, तो अलग-थलग पड़ जाएँगे और दूसरी पार्टियाँ साथ ही जाएँगी। हालाँकि अधिकारियों का मानना था कि मुक्तिचीते हिंसा और गड़बड़ी फैलाकर ऐसी स्थिति बना सकते हैं, जिसमें प्रशासन ठीक से नहीं चलाया जा सकेगा। इसके बावजूद उन लोगों ने कहा कि वे सारे मामले की हरेक नजरिए से जाँच करवा लेंगे।

एक दिन शाम को लगभग आठ बजे विदेश राज्यमंत्री नटवरसिंह पाँच अफसरों के साथ आधिकारिक बातचीत के लिए आए। कहा कि मेरे सुझाव की उन्होंने बारीकी से जाँच की है। श्रीलंका के उत्तर-पूर्वी प्रांत में अंतरिम सरकार बनाने के मेरे सुझाव के बारे में उन्होंने यह बताने की कोशिश की कि वहाँ अंतरिम सरकार क्यों नहीं बनाई जा सकती। मैंने उन लोगों को धैर्यपूर्वक सुना, पर मेरी उसमें ज्यादा दिलचस्पी नहीं थी, क्योंकि मेरा मानना था कि यदि श्रीलंका के उत्तर-पूर्वी प्रांत में मुक्तिचीतों के साथ या उनके बिना अंतरिम सरकार बन जाए तो वहाँ की कठिन समस्याओं को हल करने में काफी मदद मिलेगी।

10 दिसंबर को मैंने रामेश्वरी नेहरू पर एक स्मारक टिकट जारी किया। रामेश्वरी का व्यक्तित्व असाधारण था। उनका जन्म एक अच्छे परिवार में हुआ था और नेहरू-परिवार में उनकी शादी हुई थी। गाँधी जी की अपील पर उन्होंने अपना चैन-भरा जीवन छोड़ दिया था और हरिजनों की सेवा में लग गईं थीं।

गाँधी जी भी कितने महान फीमियागर थे! वे न सिर्फ सही लोगों को अपने साथ लेते थे, बल्कि उन्हें ऐसा बना देते थे कि वे मुस्कुराते हुए तकलीफें उठाते और बलिदान देते थे। वे एक सामान्य आदमी को नेता और नेता को सामान्य

आदमी बना देते थे! रामेश्वरी नेहरू को जब संसद की सदस्यता देने की पेशकश की गई तो उन्होंने मना कर दिया था, पर बँटवारे के बाद पुनर्वास-निदेशक का पद स्वीकार कर लिया था। सेवा को स्वयं से आगे रखने की यह एक दुर्लभ मिसाल है। उनके बेटे ब्रजकुमार (आई.सी.एस.) और बलवंतकुमार नेहरू मेरे बहुत अच्छे मित्र हैं। ब्रजकुमार नेहरू भारत के विलक्षण नौकरशाहों में एक थे। 50 के दशक के मध्य से संयुक्तराष्ट्र में भारतीय प्रतिनिधिमंडल के सदस्य के रूप में मैं उनसे जुड़ा हुआ था। उस समय वे वाशिंगटन में भारतीय दूतावास में थे और तब से हम लोगों में काफी निकटता है।

भारतीय शतरंज की विलक्षण प्रतिभा और पहले भारतीय ग्रैंड मास्टर विश्वनाथन आनंद अपने माता-पिता के साथ मेरे पास आए। उन्होंने भारत का गौरव बढ़ाया था और मैंने उन्हें पद्मश्री देने की सिफारिश करने का फैसला किया। इसके बाद शतरंज के 22 ग्रैंड मास्टर मेरे पास आए। इन लोगों ने अंतर्राष्ट्रीय शतरंज-प्रतियोगिताओं में हिस्सा लिया था। मैं स्वयं शतरंज चाव से खेलता हूँ, इसीलिए मैंने उनसे खेल के बारे में बेतकल्लुफी से बातचीत की। इससे अंतर्राष्ट्रीय खिलाड़ियों को आश्चर्य हुआ।

सिक्किम के राज्यपाल राजेश्वर अपनी पत्नी के साथ हम लोगों से मिलने आए। राजेश्वर खुफिया ब्यूरो के निदेशक रह चुके थे और इंदिरा गाँधी के जमाने में उसके सर्वेसर्वा थे। उन्होंने कहा कि सिक्किम के मुख्यमंत्री नरबहादुर भंडारी मनमाने ढंग से काम करते हैं और केंद्र के आदेशों का पालन नहीं करते। वे 40,000 नेपालियों को नागरिकता देने के पक्ष में नहीं हैं। इनके बारे में मुख्यमंत्री का दवा है कि वे सालों पहले सिक्किम में आकर बस गए थे। राज्यपाल का मानना था कि यह चुनाव की दृष्टि से नेपालियों को मुख्यमंत्री के पक्ष के पक्का करने का प्रयास मात्र है। मुख्यमंत्री ने सिक्किम विधानसभा में बहुसंख्यक नेपालियों के लिए सीटों के आरक्षण का दावा किया था। राज्यपाल इसके भी पक्ष में नहीं थे। उन्होंने कहा कि अल्पसंख्यकों के लिए आरक्षण की बात तो समझ में आती है, पर बहुसंख्यकों को स्थायी बनाए रखने की बात राजनीतिक तौर पर जमती नहीं। उन्हें भारत की अखंडता पर भी आँच आने का खतरा था और डर था कि गोरखालैंड आन्दोलन सिक्किम और नेपाल में भी फैल जाएगा। वे इस बात पर दृढ़ थे कि दार्जिलिंग और अन्य पहाड़ी क्षेत्रों में चल

रहे गोरखालैंड आंदोलन को दबाया जाना चाहिए और इसका उपयोग पश्चिम बंगाल की मार्क्सवादी सरकार से राजनीतिक लाभ उठाने के लिए नहीं किया जाना चाहिए।

11 दिसंबर को प्रधानमंत्री सामान्य मुलाकात के लिए आए। वैसे इस बार उन्होंने कई ऐसे मसलों पर चर्चा की, जो प्रशासन या राष्ट्रीय राजनीति से संबंधित नहीं थे।

वी.सी. शुक्ल मेरे पास यह आग्रह करने आए कि उनके परिजनों को राष्ट्रपति भवन के स्वीमिंग पूल का इस्तेमाल करने दिया जाए। वे उस समय नंबर एक विलिंगडन क्रीसेंट में रह रहे थे। यह उन्हें तब आबंटित किया गया था, जब वे मंत्री थे। वे प्रधानमंत्री और पूरी स्थिति के एकदम खिलाफ थे। जब सत्ता से जुड़े लोग मेरे पास आते हैं तो वे प्रायः विपक्ष की निंदा करते हैं और उसे अनजान, असंगत, उद्देश्यहीन और देश विरोधी कहते हैं। इसी तरह अब सत्ता से बाहर रहनेवाले लोग मेरे पास आते हैं तो यही बातें वे सत्तारूढ़ दल के लोगों के लिए कहते हैं।

मुझे बताया गया कि मेरे पूर्ववर्ती ज्ञानी जैलसिंह ने इन्हीं दिनों प्रेस को एक इंटरव्यू दिया है, जिसमें कहा गया है कि जब राजीव गाँधी की बर्खास्तगी की बात चल रही थी, तब चंद्रास्वामी पी.वी. नरसिम्हाराव को प्रधानमंत्री बनवाना चाहते थे। उन्होंने यह भी कहा कि एक समय मैं प्रधानमंत्री बनाए जाने के लिए राजी हो गया था। यह दुखद था कि ज्ञानी जैलसिंह ने इस बाबत इंटरव्यू में कहा, जबकि मैंने साफ-साफ कह दिया था कि राजनीतिक साजिशों से मेरा कोई लेना-देना नहीं रहेगा। लेकिन मैं प्रेस में नहीं गया, क्योंकि इससे यह विवाद अनावश्यक तौर पर लंबा खिंचता।

15 दिसंबर को विज्ञान भवन में एक सुखद समारोह में मैंने दक्ष हस्तशिल्पियों और बुनकरों को राष्ट्रीय पुरस्कार दिए। जब मैं मद्रास राज्य (अब तमिलनाडु) में मंत्री था, तब मैंने स्थानीय हस्तशिल्प और हथकरघा को बढ़ावा देने में काफी दिलचस्पी ली थी। मैंने मूर्तिकला और हस्तशिल्प के कई स्कूल स्थापित किए। इनमें महाबलिपुरम् स्थित मूर्तिकला विद्यालय, स्वाईमलाई में काँसे की मूर्ति बनाने का स्कूल, नाचिरकोयल में पूजाघरों में जलाए जानेवाले परंपरागत दीए बनाने की सोसाइटी, कलमकारी पेंटिंग का स्कूल आदि शामिल हैं। स्वभावतः काल

और हस्तशिल्प के विकास में मेरी गहरी और स्थायी दिलचस्पी है। पिछले 10 वर्षों में हुई तरक्की की मैंने अपने भाषण में बहुत प्रशंसा की।

डॉ. राजेंद्रप्रसाद के निजी सचिव वाल्मीकि चौधरी मुझसे मिलने आए। उन्होंने डॉ. प्रसाद की डायरी और पत्राचार का बंडल दिया। राजेंद्रप्रसाद 10 वर्षों तक राष्ट्रपति थे और उन दिनों के पत्राचार को उन्होंने बहुत बढ़िया रिकॉर्ड रखा है। यह पत्राचार राष्ट्रपति-प्रधानमंत्री और अन्य लोगों के बीच हुआ है। प्रसंगवश, राष्ट्रपति के अपने कार्यकाल के दौरान मैं रोज की घटनाओं को तो नोट करता था, लेकिन राष्ट्रीय महत्त्व के कुछ पत्रों को छोड़कर प्रधानमंत्री से अपने पत्राचार के प्रतियाँ सँभालकर नहीं रखता था।

इस बीच मुझे अलीगढ़ मुसलिम विश्वविद्यालय की विचित्र समस्या के बारे में बताया गया। जाने-माने शिक्षाविद और बिहार के पूर्व राज्यपाल ए.आर. किदवई कुलाधिपति थे। उनका कार्यकाल खत्म हो चुका था और कार्यकारिणी समिति ने इसे बढ़ाने का फैसला किया था। अलबत्ता, ओल्ड ब्वायज एसोसिएशन के विरोधी गुट कार्यकाल बढ़ाने से संबंधित मामले को अदालत में ले गए थे।

विश्वविद्यालय का विजिटर होने के नाते कुलपति ने मुझसे अपील की कि कुलाधिपति का कार्यकाल बढ़ानेवाले प्रस्ताव को निरस्त कर दिया जाना चाहिए, क्योंकि विश्वविद्यालय के संविधान में ऐसे विस्तार का कोई प्रावधान नहीं था। दूसरी तरफ डॉ. किदवई ने मुझे एक प्रतिवदेन दिया, जिसमें कहा गया कि कार्यकारिणी समिति के प्रस्ताव को निरस्त करने से कार्यालय में जगह खाली हो जाएगी।

जवाब में मैंने अपने सचिव प्रेम कुमार से कहा कि इस मामले के विभिन्न पहलुओं की जाँच कर लें और शिक्षा मंत्रालय से भी राय ले लें कि कौन-सी उपयुक्त कार्रवाई की जाए। चूँकि इससे पहले दी गई कानूनी राय के अनुसार राष्ट्रपति मंत्रिपरिषद् की सलाह से काम करते हैं, इसलिए मैंने सोचा कि विजिटर के रूप में काम करते हुए भी मुझे संबंधित मंत्रालय की राय लेनी चाहिए।

तमिलनाडु के मुख्यमंत्री एम.जी. रामचंद्रन मेरे पास आए और श्रीलंका की स्थिति के बारे में अपना मत व्यक्त किया। राजीव-जयवर्द्धने समझौते को शुरू में तो मुक्तिचीतों ने समर्थन दिया था, पर बाद में वे भारतीय शांति सेना से

टकराने लगे थे। तमिलनाडु प्रेस में अफवाह थी कि आनेवाले क्रिसमस पर्व के दौरान रामचंद्रन जाफना में शांति सेना द्वारा युद्ध-विराम चाहते हैं।

रामचंद्रन ने मुझसे कहा कि इस खबर में कोई सच्चाई नहीं है और वे भारत सरकार की नीति से पूरी तरह सहमत हैं। भारत सरकार ने जयवर्द्धने को सुझाव दिया था कि उत्तरी पूर्वी क्षेत्रों को मिलाकर एक प्रांत बनाने की घोषणा की जा सकती है। रामचंद्रन ने उम्मीद जताई कि ऐसे कदम से तमिल गुटों पर अच्छा प्रभाव पड़ेगा और अंतरिम सरकार बनाने का रास्ता साफ होगा।

20 दिसंबर को मैंने त्रिवेंद्रम (अब तिरुअनंतपुरम्) का दौरा किया। सुबह के समय मैंने रेवरेंट फादर चावरा इलियास कुरियाकोस की याद में एक डाक टिकट जारी किया। शिक्षा-प्रसार और अपने मानवीय कार्यों के लिए उनकी काफी ख्याति थी। केरल में 1931 में छापखाना लगाने वाले वे पहले व्यक्ति थे। दोपहर बाद मैंने नेशनल स्टेडियम में राष्ट्रपति खेलों का उद्‌घाटन किया। यह सबसे बड़ा खेल आयोजन था। यह एक रंगारंग प्रदर्शन था, जिसमें सुसज्जित हाथियों और देश-भर से आए तीन हजार से ऊपर खिलाड़ियों ने भाग लिया। उसी शाम मैं दिल्ली लौट आया।

खुर्शीद आलम खान ने मुझसे मुलाकात की और जामिया मिलिया को डीम्ड विश्वविद्यालय की मौजूदा स्थिति से पूर्ण विश्वविद्यालय बनाने की माँग की। वे स्वयं को मंत्रिमंडल में न रखे जाने से नाराज थे। मुझे भी लगता था कि मंत्री के रूप में खुर्शीद अपना काम ठीक-ठाक कर रहे थे। मुझे ताज्जुब हुआ कि अनाड़ी जेड.ए. अंसारी को मंत्रिमंडल में रख लिया गया था। ईश्वर के ही नहीं प्रधानमंत्रियों के कामकाज भी अजीब होते है!

क्रिसमस के कुछ पहले मैंने राष्ट्रपति भवन के अशोक हाल में क्रिसमस केरोल गाने का आयोजन किया। इसमें भाग लेने के लिए मैंने ईसाई कर्मचारियों और अग्रणी ईसाई समाज ने इस सद्‌भावना की बेहद तारीफ़ की। यह कार्यक्रम राष्ट्रपति भवन में मुसलमानों के लिए होनेवाली इफ्तार पार्टी और सिखों के लिए होने वाले भजनों की बराबरी में था।

मुझे पता चला कि तमिलनाडु के मुख्यमंत्री एम.जी. रामचंद्रन ने मद्रास स्थित नेहरू स्टेडियम में मेरे लिए विशाल स्वागत समारोह का आयोजन किया

है। स्पष्टतया वे चाहते थे कि इस वर्ष की यह सबसे बड़ी घटना हो। मद्रास के मित्रों ने मुझे फोन किया और बताया कि शहर के सभी हिस्सों में बड़े-बड़े स्वागत द्वार बनाए गए हैं।

स्वागत-समारोह में पहुँचने के लिए मैंने दिल्ली से सुबह 9 बजे रवाना होने की योजना बनाई थी। तीन बजे तड़के संयुक्त सचिव गोपाल गाँधी ने फोन करके बताया कि एम.जी. रामचंद्रन का निधन हो गया है और मद्रास शहर में भारी उत्तेजना है। तय कार्यक्रम के अनुसार ही मैं दिल्ली से चला, लेकिन स्वागत समारोह के लिए नहीं बल्कि दुखद शवयात्रा में शामिल होने के लिए। मैं सीधे राजाजी हॉल गया, जहाँ शव रखा गया था। मृत्यु के बाद भी उनके चेहरे पर विशेष आभा थी, जिससे मैं बहुत प्रभावित हुआ।

हम दोनों के बीच एक वर्णनातीत लगाव विकसित हो गया था। उनके मन में मेरे प्रति सर्वोच्च सम्मान-भाव था, पर इससे भी बड़ी बात यह थी कि हम लोगों में वास्तविक स्नेह था। इससे पहले जब उन्हें पहली बार दिल का गंभीर दौरा पड़ा था, तो मैं मद्रास से ही था और मैंने चिकित्सा सहायता के लिए इंदिरा गाँधी की मदद से उनकी अमेरिका-यात्रा का तुरंत इंतजाम कर दिया था। तत्काल की गई मेरी इस कार्रवाई के लिए तमिलनाडु में सभी लोग मेरे एहसानमंद थे। कई मौकों पर मैंने उनके लिए केंद्र में बात की थी। इंदिरा गाँधी हमेशा समझती थीं कि मेरा उन पर जबरदस्त प्रभाव है और प्राय: अपनी इच्छाएँ बताने के लिए वे अपने दूत के रूप में मेरा उपयोग करती थीं। उनकी मृत्यु से मुझे लगा कि मैं अपने दुख पर काबू नहीं रख पाऊँगा, इसलिए तुरंत उस दुखद दृश्य से अलग हो गया।

दिल्ली लौटने से पहले मैं अपनी पत्नी के साथ जानकी रामचंद्रन के पास गया और अपनी हार्दिक संवेदनाएँ जताईं।

राज्यपाल एस.एल. खुराना से मैंने पूछा कि सरकार चलाने की तत्काल क्या व्यवस्था की गई है। उन्होंने कहा कि वरिष्ठतम मंत्री नेंदुचेझियन से नए नेता का चुनाव होने तक काम सँभालने के लिए कहा गया है।

इस दुखद घटना के कुछ ही दिनों बाद राष्ट्रपति के रूप में मैं पहली बार बंबई गया। स्वतंत्रता की चालीसवीं वर्षगाँठ के राष्ट्रीय आयोजन के तहत

स्वतंत्रता संग्राम के कई योद्धाओं का सम्मान किया गया। इनमें पंडित गोविंद बल्लभ पंत, श्रीकृष्ण सिन्हा, एस. सत्यमूर्ति के अलावा रामानुजम् और सी.वी. रमन जैसे गणितज्ञ और वैज्ञानिक का सम्मान किया गया। भारतीय विद्या भवन के संस्थापक के.एम. मुंशी की जन्म-शताब्दी भी इसी वर्ष मनाई गई। बंबई में एक बड़ी सभा हुई, जिसमें कुलपति मिश्र को श्रद्धांजलि दी गई। भारतीय विद्याभवन ने मोरारजी देसाई, जे.आर.डी. टाटा और आर.आर. दिवाकर के सम्मानार्थ अपनी प्रतिष्ठापूर्ण सदस्यता दी। मैंने अभिनंदन भाषण दिया और समारोह के बाद दिल्ली के लिए रवाना हो गया।

वर्ष 1987 के अंतिम दिन आंध्र प्रदेश की राज्यपाल कुमुदबेन जोशी मुझसे मिलने आईं। आंध्रप्रदेश के मुख्यमंत्री एन.टी. रामाराव ने राज्यपाल की गतिविधियों के खिलाफ शिकायत की थी। इसमें जिलों का बार-बार दौरा, स्वतंत्रता-सेनानियों की बैठक और उनके खिलाफ कपटपूर्ण प्रचार शामिल था। निश्चय ही दोनों लोगों में लगातार लड़ाई चल रही थी।

संविधान के अनुसार राज्यपालों से यह अपेक्षा की जाती है कि वे राज्य के निष्पक्ष और निर्विवाद प्रमुख के रूप में कार्य करें। संविधान-सभा की बहसों के दौरान इस बात पर जोर दिया जाता था कि राज्यपाल की भूमिका राज्य के गाईड, दार्शनिक और मित्र जैसी हो। तब यह तय हुआ था कि सिर्फ विशिष्ट योग्यता और प्रतिष्ठावाले लोगों को ही राज्यपाल बनाया जाएगा। समय के साथ-साथ यह उच्च आदर्श एकदम भुला दिया गया और राज्यपाल का पद उन राजनीतिज्ञों के लिए आरामदायक नौकरी बन गया, जिनसे छुटकारा पाना होता था या जो असुविधाजनक हो जाते थे।

यहाँ तक कि राजेंद्रप्रसाद नेहरू के जमाने में राष्ट्रपति से सलाह करने की जो परंपरा बनी थी, वह भी धीरे-धीरे खत्म हो गई। सिर्फ यदा-कदा राष्ट्रपति को गृहमंत्रालय का औपचारिक नोट मिलता था, जिसमें प्रस्तावित नामों पर उनकी सहमति माँगी जाती थी। बेशक, राष्ट्रपति प्रधानमंत्री को चर्चा के लिए बुला सकते हैं या पुनर्विचार के लिए फाइल को लौटा सकते हैं, पर अंततः मंत्रिमंडल की राय ही राज्यपाल के लिए अनिवार्य है। इसलिए ऐसे मामलों में राष्ट्रपति शायद ही कभी दखल देते हों।

मेरे कार्यकाल के दौरान सभी प्रधानमंत्रियों–राजीव गाँधी, विश्वनाथ प्रताप सिंह, चंद्रशेखर और पी.वी. नरसिम्हा राव ने राज्यपालों की नियुक्ति के मामले में मुझसे औपचारिक राय ली और मुझे कोई ऐसा मौका यह याद नहीं है, जब प्रस्तावित नामों पर मैंने कोई एतराज़ किया हो।

मैंने कुछ सुझाव दिए थे जो आमतौर पर मंजूर कर लिए गए और अगर नहीं भी हुए तो मैंने प्रधानमंत्री से इस बाबत दुबारा चर्चा नहीं की। राष्ट्रपति के रूप में अपने कार्यकाल के दौरान जितने प्रधानमंत्रियों से मेरा वास्ता पड़ा, उनसे मेरा संबंध केसा रहा, यह उसका एक उदाहरण मात्र है।

## राष्ट्रपति के रूप में मेरा पहला नववर्ष

नया साल सामान्य उल्लास के साथ शुरू हुआ। खूबसूरत फूलों–भरे मुगल गार्डन के लॉन में कर्मचारियों ने अपने परिवारों समेत शुभकामनाएँ दीं। आम लोगों ने पंक्तिबद्ध होकर शुभकामनाएँ व्यक्त कीं, कुछ ने संगीतमय बधाइयाँ भी दीं। विशिष्ट लोग आए और बधाइयों का आदान–प्रदान हुआ। मुझे बताया गया कि अंग्रेजी राज में नए वर्ष का दिन बड़े महत्त्व का होता था।

उस महीने (जनवरी) में मैंने आंध्रप्रदेश और अंडमान निकोबार द्वीप समूह की यात्राएँ कीं। आंध्रप्रदेश में मैंने कृष्णा नदी पर एक पुल का उद्घाटन किया, जो गुंटूर और कृष्णा जिलों को जोड़ता है। विजयवाड़ा में मैंने स्वतंत्रता सेनानियों के एक सम्मेलन में भाषण दिया। इसमें मैंने ज्ञानी जैलसिंह की तारीफ की। गृहमंत्री के रूप में उन्होंने स्वतंत्रता-सेनानियों के लाभार्थ कई कल्याणकारी कार्यक्रम शुरू किए।

स्वतंत्रता की चालीसवीं वर्षगाँठ पर होनेवाले समारोह के तहत स्वतंत्रता–संग्राम में भाग लेनेवाले प्रमुख भारतीयों का जन्मदिन मनाया जाना था। नेताजी सुभाषचंद्र बोस का जन्मदिन 23 जनवरी को पड़ता है। उसके बारे में यह तय हुआ कि उनका जन्मदिन अंडमान निकोबार द्वीप–समूह में मनाना ठीक रहेगा। वहाँ पहुँचकर मैंने एक स्टेडियम का उद्घाटन किया, जिसका नाम नेताजी के नाम पर रखा गया है। वहाँ इस मौके पर अपने भाषण में मैंने इंडियन नेशनल आर्मी बनाने में उनकी भूमिका की प्रशंसा की। मैं कुख्यात सेलुलर जेल देखने भी गया, जहाँ सजा भुगतते हुए 600 स्वतंत्रता–सेनानियों से क्रूर व्यवहार किया गया था। बेशक यह एक भयावह स्थान है!

जनसभा के बाद मैं उसी दिन दिल्ली लौट आया, ताकि गणतंत्र दिवस-समारोहों में भाग ले सकूँ। इन समारोहों में सबसे सुखद होता है वीरता पुरस्कार पानेवाले बच्चों के साथ समय बिताना। कम से कम मुझे यह बहुत अच्छा लगता है।

एकदम अबोध पर गजब के साहसी इन बच्चों का उत्साह सांसर्गिक है और इससे आदमी का कायाकल्प हो जाता है। मैंने बहादुरी के कामों के लिए बच्चों को बधाइयाँ दीं और जीवन में हर तरह की सफलता की कामना की। मैंने एक छोटी बच्ची से पूछा कि दिल्ली में उसे किस चीज का इंतजार है? उसने तपाक से जवाब दिया, "गणतंत्र दिवस परेड में हाथी पर बैठने का।"

श्रीलंका के राष्ट्रपति जयवर्द्धने अपनी पत्नी और एक बड़े प्रतिनिधिमंडल के साथ 25 जनवरी को पहुँचे। प्रतिनिधिमंडल में महत्त्वपूर्ण कैबिनेट मंत्री भी थे। पहली बार हवाई अड्डे की बजाय राष्ट्रपति भवन में उनका आनुष्ठानिक स्वागत हुआ और उन्होंन गार्ड ऑफ ऑनर का निरीक्षण किया। राष्ट्रपति जयवर्द्धने की गाड़ियों का काफिला मुख्य प्रवेश द्वार पर राष्ट्रपति के अंगरक्षकों से मिला और वहाँ से उन्हें उस जगह ले जाया गया, जहाँ गाड़ी से उतरना था। इस वक्त उन्हें 21 तोपों की परंपरागत सलामी दी गई। उतरने पर राष्ट्रपति जयवर्द्धने और उनकी पत्नी का मैंने और मेरी पत्नी ने स्वागत किया और प्रधानमंत्री एवं उनकी पत्नी ने। मेहमान राष्ट्रपति को वहाँ ले जाया गया, जहाँ सलामी दी जाती है। वहाँ दोनों देशों के राष्ट्रगान बजाए गए। इसके बाद मेहमान राष्ट्रपति के अंतर सेवा गार्ड ऑफ ऑनर का निरीक्षण किया। इस मौके पर श्रीलंकाई राष्ट्रपति से उपस्थित मेहमानों का परिचय कराया गया। इसके बाद उन्हें आरामदेह द्वारिका सूट में ले जाया गया।

शाम को राष्ट्रपति जयवर्द्धने मेरे पास आए। श्रीलंका की स्थिति को पूरी दक्षता से सँभालने के लिए उन्होंने राजीव गाँधी की तारीफ की और कहा कि मुक्तिचीतों ने जातीय तमिलों की आकांक्षा पूरी करने का अच्छा मौका खो दिया है। हम लोगों ने अंतर्राष्ट्रीय आतंकवाद और विकासशील देशों में इससे होनेवाली बरबादी के बारे में बातें कीं। जयवर्द्धने ने उम्मीद जताई की प्रधानमंत्री और उनके सहयोगियों से उनकी कई विषयों पर विस्तृत बातचीत होगी, जिसमें मैत्री संधि भी शामिल है। मैंने राष्ट्रपति को आश्वस्त किया कि श्रीलंका के लिए भारत की भावना सबसे अनुकूल है और दोनों देशों के रिश्ते मजबूत करने के

लिए सब कुछ लिया जाएगा। मैंने उनके और उनकी पत्नी के सुखद भारत-प्रवास की कामना की।

25 जनवरी को राष्ट्र के नाम मेरा संदेश प्रसारित हुआ। इसमें मैंने श्रीलंका में चल रहे संघर्ष का जिक्र किया और कहा कि तमिलों के एक वर्ग द्वारा प्रधानमंत्री राजीव गाँधी और राष्ट्रपति जयवर्द्धने के बीच हुए ऐतिहासिक समझौते को लागू करने में सहयोग न करना दुर्भाग्यपूर्ण है। वह भी तब जब समझौते में श्रीलंका की जातीय समस्या का शांतिपूर्ण और लोकतांत्रिक समाधान मौजूद है। श्रीलंका में भारतीय शांति लेना प्रशंसनीय भूमिका पर मैंने कहा, ''शांति स्थापित करना युद्ध के मुकाबले कई गुना मुश्किल है। पर इसका प्रतिफल भी कई गुना ज्यादा होता है।''

गणतंत्र दिवस-समारोह के सम्मानित अतिथि के लिए भोज का आयोजन उसी रात किया गया। सलामती के जाम के जवाब में राष्ट्रपति जयवर्द्धने ने कुछ महत्त्वपूर्ण बयान दिए। उन्होंने कहा कि वे हिंसा के आगे कभी नहीं झुकेंगे और यह कि उन्होंने जातीय संकट से निपटने के लिए भारतीय नेताओं की मदद और सलाह माँगी है। उन्होंने आगे कहा, ''मैं भारत का मित्र हूँ, यहाँ के लोगों से प्यार करता हूँ, इसके सबसे महान व्यक्ति (महात्मा गाँधी) का समर्थक हूँ और तब तक रहूँगा, जब तक मेरा कार्यकाल खत्म नहीं हो जाता।'' जयवर्द्धने ने दुनिया-भर में आतंकवाद फैलने पर दुख जताया और कहा कि उनकी राय में मानवता सिर्फ अहिंसा और मैत्री के बल पर बच सकती है।

हर साल 26 जनवरी को राजधानी नई दिल्ली में भव्य गणतंत्र दिवस परेड का आयोजन होता है। इस समारोह के लिए सरकार आमतौर पर किसी विशिष्ट विदेशी अतिथि को ससम्मान आमंत्रित करती है। सरकारी स्तर पर इस दिन की शुरुआत प्रधानमंत्री द्वारा इंडिया गेट पर शहीदों को श्रद्धांजलि देकर की जाती है। इसके बाद वे परेड स्थल पर पहुँचते हैं, जहाँ राष्ट्रपति और मुख्य अतिथि का औपचारिक स्वागत करते हैं। राष्ट्रपति अंगरक्षकों की सलामी लेने के बाद मुख्य अतिथि के साथ एक जुलूस में आगे बढ़ते हैं। उनके आगे-आगे घुड़सवार सैनिक चलते हैं।

सलामी लेनेवाले स्थान पर राष्ट्रीय झंडा फहराया जाता है और राष्ट्रगान बजाया जाता है। इसके बाद परेड कमांडर राष्ट्रपति को सलामी देता है और

फिर राजपथ पर परेड शुरू हो जाती है। उस साल परेड की विशेष बात बोफर्स होवित्जर तोप और देशी अर्जुन टैंक का परेड में शामिल किया जाना था।

राष्ट्रपति के रूप में मुझे एक घंटे खड़े रहकर सलामी देनी थी, जबकि एक-एक कर मेरे सामने से रेजीमेंट गुजरते जाते। आधे घंटे बाद आदमी के हाथ दर्द करने लगते हैं, इसलिए जब कभी छोटा-मोटा अंतराल हुआ तो मुझे इसे ठीक करना पड़ता है। सैनिक परेड के बाद सांस्कृतिक शोभायात्रा शुरू होती है। शुक्र है कि इस वक्त राष्ट्रपति को बैठने की इजाजत है। राष्ट्रपति का काम थकानेवाला हो सकता है।

रंगारंग गणतंत्र दिवस-समारोह का समापन बीटिंग से होता है और दर्शक इसे बहुत दिनों तक भुला नहीं पाता। बीटिंग रीट्रिट के दौरान रायसिना पहाड़ी जितनी भव्य हो उठती है, उसकी कल्पना लुटियन ने भी नहीं की होगी, जिन्होंने इस जगह का चुनाव किया था और भू-दृश्य की डिजाइन बनाई थी। विशिष्ट अतिथि राष्ट्रपति जयवर्द्धने के साथ मैं शाम को ठीक पाँच बजे विजय चौक पहुँचा। परिचय और राष्ट्रगान के बाद समूचे समारोह के दौरान सैनिक बैंड ने हम लोगों को मुग्ध किया। तीनों सेनाएँ मानो एक-दूसरे को पछाड़ने की होड़ लगाए हुए थीं और दर्शकों के लिए यह खुशी की बात थी। बैंड पर जब 'सारे जहाँ से अच्छा' की धुन बज रही थी, तो सजे हुए ऊँट वापस जाने लगे। फिर आतिशबाजी हुई और इसके बाद समारोह सम्पन्न हो गया। राष्ट्रपति भवन और उसके आसपास के भवनों पर रोशनी की गई थी। इन बत्तियों से बनी आश्चर्यजनक बहिर्रेखाओं ने दर्शकों को मंत्रमुग्ध कर दिया था।

जीवन में खुशी और दुख दोनों आते हैं। गणतंत्र-दिवस के उल्लास के बाद आती है राष्ट्रपिता महात्मा गाँधी की हत्या की सालगिरह। हत्या को 40 वर्ष गुजर चुके हैं, पर उस अपराधजन्य वेदना को कोई दूर नहीं कर पाया।

30 जनवरी को सवेरे ही मैं अपने परिजनों के साथ राष्ट्रपिता के समाधि स्थल-राजघाट पर गया और अपनी श्रद्धांजलि दी। इसके बाद भजन गाए गए और गीता का पाठ हुआ।

इस दिन को देश की आजादी के लिए बलिदान हुए लोगों की याद में शहीद दिवस के रूप में भी मनाया जाता है। इसलिए दिन में करीब 11.00

बजे मैं फिर राजघाट गया और समाधि पर एक माल चढ़ाई। लगभग 11.00 बजे ही गाँधी जी पर गोली चलाई गई थी और इसी समय दो मिनट का मौन रखा जाता है। इस समारोह में तीनों सेनाओं–जल, थल और वायु के प्रमुख और उपराष्ट्रपति, प्रधानमंत्री, कैबिनेट मंत्री एवं अन्य लोग शामिल हुए। पूरी कार्यवाही के दौरान उत्सव-जैसी गरिमा बनी रही।

इस बीच एम.जी. रामचंद्रन के निधन के बाद तमिलनाडु के मुख्यमंत्री की कुर्सी के लिए दौड़ तेज हो गई थी। मुझे बताया गया कि एम.जी. रामचंद्रन-मंत्रिमंडल के एक वरिष्ठ सदस्य आर.एम. वीरप्पन विधायक दल का नेता होने का दावा कर रहे हैं और उनके साथ लगभग 45 सदस्य हैं। लेकिन जब उन्हें यह समझ में आ गया कि उनके पक्ष में पर्याप्त समर्थन नहीं है तो नेतृत्व के लिए उन्होंने एम.जी.आर. की विधवा जानकी रामचंद्रन का नाम प्रस्तावित करने की चाल चली। इस चाल से कुछ और सदस्य उनके पाले में आ गए और उनकी ताकत 90 विधायकों की हो गई। मुझे लगा कि शुरू में जानकी रामचंद्रन नेतृत्व के लिए राजी नहीं होंगी, तो उनकी विरोधी जयललिता पार्टी को अपने हाथ में ले सकती हैं, तो वे राजी हो गईं। अब जब जानकी रामचंद्रन का नाम प्रस्तावित किए जाने की सूचना सार्वजनिक हो गई तो कामचलाऊ मुख्यमंत्री वी.आर. नेंदुचेझियन के घोषणा की कि वे भी उम्मीदवार होंगे। इसमें उनकी कोई चालाकी नहीं थी, क्योंकि कार्यकारी मुख्यमंत्री के नाते वे कह सकते थे कि वे आम राय से फैसला करने में पार्टी को सहयोग देंगे। नेंदुचेझियन के दावा ठोंकते ही पार्टी की प्रचार-सचिव जयललिता ने नेंदुचेझियन को समर्थन देने का एलान कर दिया। नतीजतन पार्टी तुरंत टूट गई। जानकी रामचंद्रन और जयललिता गुटों की तुलनात्मक ताकत क्रमशः 90 और 35 बताई गई थी। दिसंबर 1987 के अंत में ए.आई.ए.डी.एम.के. विधायक दल की एक बैठक का जयललिता-गुट ने बायकाट किया था, जबकि विधानसभा के 97 सदस्य बैठक में शामिल हुए और आम राय से उनकी रामचंद्रन को अपना नेता चुना। इस सदस्यों ने राज्यपाल एस.एल. खुराना से भेंट की और सरकार बनाने का अपना दावा पेश किया। खुराना विधानसभा के सचिव की मदद से हरेक विधायक से अलग-अलग मिले। सचिव ने ही विधायकों को पहचाना।

बाद में खुराना ने मुझसे कहा कि उन्होंने उस समय के गृहमंत्री से संपर्क किया था और उन्होंने हफ्ते-भर के लिए फैसला टालने की सलाह दी थी।

उन्होंने यह भी कहा–उनका तर्क था कि यह संभव नहीं होगा, क्योंकि राज्य विधानसभा के 97 सदस्य पहले ही अपनी पसंद बता चुके हैं। इसके अलावा नेंदुचेझियन–गुट ने न तो अपने सदस्यों की संख्या बताई थी और न ही उन्हें हाजिर किया था।

3 जनवरी को लक्ष्यद्वीप से छुट्टियाँ मनाकर लौटे प्रधानमंत्री राजीव गाँधी और मंत्रिमंडल के वरिष्ठतम सदस्य पी.वी. नरसिम्हाराव मुझसे मिलने आए और तमिलनाडु की स्थिति पर चर्चा की। मैंने राजीव गाँधी को सलाह दी कि केंद्र सरकार को दखल देने की जरूरत नहीं है और स्थानीय पार्टी की अपनी समस्या स्वयं सुलझाने दी जाए। अगर केंद्र सरकार स्थिति का जायजा लेना चाहती है तो वह राज्यपाल, से कह सकती है कि वह अपना फैसला एक–दो दिन के लिए टाल दे। मुझे नहीं मालूम कि नरसिम्हाराव ने कोई कार्रवाई की या नहीं, पर 3 जनवरी को ही जब खुराना ने एलान कर दिया कि उन्होंने मान लिया है कि जानकी रामचंद्रन को विधायकों का सबसे ज्यादा समर्थन प्राप्त है, तो हम सबको आश्चर्य हुआ। उन्होंने यह भी कहा कि वे श्रीमती रामचंद्रन को मुख्यमंत्री–पद की शपथ दिलाएँगे और उन्हें तीन सप्ताह के भीतर, यानी 24 जनवरी 1988 तक सदन में अपना बहुमत सिद्ध करना होगा।

खुराना को बताया गया कि संविधान के अनुसार मंत्रिपरिषद् को उपस्थित लोगों में से ज्यादातर का समर्थन हासिल होना चाहिए और उन्हें एक विश्वास प्रस्ताव पर मत देना चाहिए, न कि कुछ सदस्यता का बहुमत हासिल होना चाहिए। वे इस सवाल के बहुत विस्तार में चले गए। जाने–माने वकीलों से सलाह की और आखिर में अपना फैसला दिया कि मौजूद लोगों को सामान्य बहुमत और उनका वोट देना पर्याप्त है।

जानकी रामचंद्रन को मुख्यमंत्री बनाए जाने के बाद दोनों गुटों के सांसद मुझसे बार–बार मिले। मैंने उन लोगों से कहा कि यह पूरी तरह पार्टी का आपसी विवाद है और न तो मैं और न प्रधानमंत्री इस मामले में दखल देना चाहेंगे। मुख्यमंत्री–पद की शपथ लेने के बाद जानकी रामचंद्रन दिल्ली आईं और उन्होंने प्रधानमंत्री से भेंट की। उन्होंने राजीव गाँधी को आश्वस्त किया कि श्रीलंका और केंद्र–राज्य–संबंधों के मामले में वे एम.जी. रामचंद्रन की नीतियों को जारी रखेंगी और केंद्र के साथ पूरा सहयोग करेंगी। उन्होंने अपने मंत्रिमंडल के लिए

कांग्रेसी सदस्यों (संख्या 64) के समर्थन की माँग की। बाद में जब जानकी रामचंद्रन ने मुझसे मुलाकात की तो उन्होंने कहा कि प्रधानमंत्री ने उन्हें सलाह दी है कि वे पार्टी के मतभेद खत्म करें और यह भी कि वे बाकायदा स्थापित सरकार का समर्थन करेंगे। उन्होंने मुझे जो कुछ बताया, उससे मैंने यही समझा कि प्रधानमंत्री के कथन को वे अपनी सरकार के प्रति कांग्रेस पार्टी का परोक्ष समर्थन मान रही हैं।

समझौता करनेवाले कदम के रूप में उन्होंने कहा कि नेंदुचेझियन को वे उपमुख्यमंत्री बना देंगी और जयललिता को प्रचार-सचिव के रूप में काम करते रहने देंगी, ताकि एकता बनाए रखी जा सके। वैसे उन्होंने जयललिता को ए. आई.ए.डी.एम.के. का महासचिव मानने से इनकार कर दिया। उनका कहना था कि उन्हें पार्टी की आम सभा द्वारा नहीं चुना गया है, जबकि ए.आई.ए.डी.एम. के. के संविधान के तहत ऐसा आवश्यक है। मैंने उनसे पूछा कि ये सुझाव उन्होंने दूसरे पक्ष के सामने रखे हैं या नहीं। उन्होंने कहा कि नेंदुचेझियन के समक्ष उन्होंने कुछ प्रस्ताव रखे हैं, पर उन्हें कोई जवाब नहीं मिला है।

12 जनवरी, यानी जिस दिन जानकी रामचंद्रन ने प्रधानमंत्री से मुलाकात की, उसके अगले ही दिन प्रधानमंत्री मेरे पास आए और बताया कि जानकी से उनकी क्या बातचीत हुई। उन्होंने कहा कि जानकी से बात करना आसान है, क्योंकि वे फर्राटेदार हिंदी बोलती हैं, जबकि एम.जी.आर. से बात करने में दिक्कत होती थी। प्रधानमंत्री ने बताया कि जानकी रामचंद्रन ने विधानसभा में कांग्रेस का समर्थन माँगा है। राजीव गाँधी ने मुझसे कहा कि जवाब में उन्होंने कहा है--"हम लोग ए.आई.ए.डी.एम.के. सरकार को समर्थन करेंगे।" और आँख मारते हुए यह भी जोड़ा, "मैं नहीं समझता कि वे इस मुहावरे का मतलब समझ सकी हैं।"

प्रधानमंत्री ने तमिलनाडु की स्थिति पर मुझसे मेरी राय माँगी। मैंने उनसे कहा कि ए.आई.ए.डी.एम.के. के गुट आपस में लड़कर फैसला कर सकते हैं। कांग्रेस पार्टी के जिम्मेदार विपक्ष के तरह काम करना चाहिए और राज्य की समस्याओं को सुलझाने में मदद करनी चाहिए।

प्रधानमंत्री ने माना कि यही सही तरीका है। हालाँकि मुझे बताया गया कि तमिलनाडु विधानसभा के कुछ कांग्रेसी सदस्य इस उम्मीद में जानकी राचचंद्रन

की सरकार को गिराना चाहते हैं, ताकि सदन में उन्हें प्रमुख विपक्षी पार्टी होने के नाते सरकार बनाने के लिए बुलाया जा सके। मैंने इसे कोई महत्त्व नहीं दिया, क्योंकि प्रधानमंत्री ने दूसरी लाइन को संकेत दिया था।

तमिलनाडु के पूर्व मंत्री के. राजाराम मुझसे मिलने के लिए उतावले थे। उन्होंने मुझे कई बार फोन किया, इसलिए मैं अपने हैदराबाद-प्रवास में उनसे मिलने के लिए तैयार हो गया। वे एक सुझाव लेकर आए। उन्होंने कहा कि ए.आई.ए.डी.एम.के. के दोनों गुटों में समझौता हो सकता है और मुझे इसमें सहयोग करना चाहिए। मैंने उनसे साफ-साफ कहा कि भारत के राष्ट्रपति के रूप में मैं पार्टी के अंदरूनी मामलों में बिल्कुल दखल नहीं दे सकता। यह काम दोनों विरोधी गुटों को अपने-आप करना है, और चूँकि जानकी रामचंद्रन समझौते के लिए कुछ प्रस्ताव रख चुकी है, इसलिए अब पार्टी-सदस्यों को ही हल ढूँढ़ना है। राजाराम यह कहकर चले गए कि वे नेंदुचेझियन और उनके गुट को यह समझाने की कोशिश करेंगे कि वे ए.आई.ए.डी.एम.के. के दोनों गुटों में समझौता कराएँ। अगले कुछ दिनों में क्या घटा, यह मुझे मालूम नहीं हुआ।

24 जनवरी की शाम जयललिता मेरे पास आईं। उन्होंने कहा कि राजाराम जानकी-गुट में चले गए हैं और लोग यह समझते कहते हैं कि ऐसा करने के लिए मैंने उनसे कहा है। मैंने उनसे कहा कि यह खबर एकदम आधारहीन है और जो मैं सदा से कहता रहा था, उसे ही फिर दुहरा दिया—विरोधी गुटों को कोशिश करके अपने मतभेद स्वयं खत्म करने चाहिए। मैंने उनसे यह भी कहा कि मैं जिस पद पर हूँ, यहाँ से स्थानीय राजनीति में दखल नहीं दे सकता।

श्रीलंका के राष्ट्रपति के लिए 25 जनवरी को हुए भोज में प्रधानमंत्री ने मुझे बताया कि रात्रिभोज पर आने से पहले जयललिता ने उनसे मुलाकात की है। वे कुछ और कहने वाले थे, पर जब मेहमानों की भीड़ बढ़ने लगी तो उन्होंने यही कहा कि वे 'इस बारे में' बाद में बात करेंगे। इसके बाद के कुछ दिन गणतंत्र-दिवस-समारोह की व्यस्तता में निकल गए और तमिलनाडु मेरे दिमाग से निकल गया।

27 जनवरी को रात में करीब 10 बजे अनंतस्वामी ने मुझे फोन किया। वे तमिलनाडु के मामलों में राजीव गाँधी की सहायता कर रहे थे। उन्होंने मुझसे कहा कि तमिलनाडु कांग्रेस कमेटी के अध्यक्ष ने कांग्रेस विधायकों से विश्वास-मत

के खिलाफ वोट देने को कहना शुरू कर दिया है। ऐसा लगा जैसे ए.आई. ए.डी.एम.के. और कांग्रेस पार्टी में जोरदार हलचल है। मुझे जो भी सूचना मिली उससे पता चला कि विधायकों में काफी तनाव है।

विधानसभा में क्या हुआ, यह मेरी निजी जानकारी में नहीं था। मुझे पता चला कि 28 जनवरी को दोपहर बाद करीब एक बजे जयललिता-गुट राज्यपाल के पास गया और यह प्रतिवेदन दिया कि उन्होंने एक नए अध्यक्ष का चुनाव किया है और जानकी-मंत्रिमंडल के खिलाफ एक अविश्वास प्रस्ताव पास किया है। अपराह्न 3.00 बजे जानकी-गुट राज्यपाल से मिला और दावा किया कि सदन में उनके पक्ष में विश्वास-पत्र स्वीकार कर लिया गया है।

खुराना ने एक रिपोर्ट भेजी, जिसमें मंत्रिमंडल की बर्खास्तगी, विधानसभा को भंग करने और राष्ट्रपति शासन लागू करने की सिफारिश की गई है। केंद्र सरकार ने इसे मंजूर कर लिया, क्योंकि यही एकमात्र विकल्प था।

जानकी रामचंद्रन ने राजीव गाँधी की तीव्र निंदा की ओर उनपर धोखाधड़ी तथा पीठ में छुरा भोंकने का आरोप लगाया राजीव गाँधी कुछ समय बाद मुझसे मिले और कहा कि जब वे अगरतला में थे, तो बूटासिंह ने उन्हें फोन पर कहा था कि मद्रास में विभिन्न राजनीतिक दलों और गुटों द्वारा गंभीर गड़बड़ियाँ की जा रही हैं। राजीव गाँधी ने यह भी कहा कि उस वक्त तक चूँकि काफी रात हो चुकी थी और ज्यादा सूचना पाने का उनके पास कोई साधन नहीं था, इसलिए उन्होंने बूटासिंह को निर्देश दिया कि वे वैसी कार्रवाई करें, जो पार्टी के सर्वोच्च हित में हो।

तमिलनाडु की इन घृणित घटनाओं पर टिप्पणी करते हुए 'दि हिंदू' ने लिखा कि राष्ट्रपति ने तमिलनाडु की राजनीति में अनावश्यक दिलचस्पी दिखाई है और ऐसे ढंग से काम किया है, जो "उनके उच्च पद के लिए उपयुक्त नहीं है।" मुझे दुख हुआ, क्योंकि मैंने सदा ही दोनों पक्षों को सलाह दी थी कि वे आपस में समझौता कर लें। वैसे भी मुझे लगता था कि यही राज्य के हित में है। इसलिए मैंने टिप्पणियों को निराधार और पक्षपातपूर्ण बताते हुए इसका खंडन किया। कुछ महीने बाद दि हिंदू के एन. राम मेरे पास आए और अखबार के संपादकीय में उस गलत टिप्पणी के लिए खेद प्रकट किया। उन्होंने कहा कि कई स्वार्थी तत्त्वों ने उन्हें गुमराह कर दिया था।

## पंजाब में राष्ट्रपति शासन

14 फरवरी, 1988 को राजीव-मंत्रिमंडल में फेरबदल हुआ। 1971 में मंत्रीपद से अलग हुए दिनेश सिंह को जल संसाधन विभाग का कैबिनेट मंत्री बनाया गया। दो मुख्यमंत्री-बिहार के बिंदेश्वरी दुबे और मध्यप्रदेश के मोतीलाल वोरा केंद्रीय मंत्रिमंडल में शामिल किए गए। कृषिमंत्री जी.एस. ढिल्लो और खान व इस्पात राज्यमंत्री रामदुलारी सिन्हा को मंत्रिमंडल से हटा दिया गया था।

संसद के तीन प्रारंभिक कार्यकालों में पाँच साला संसदीय अवधि के दौरान मंत्रिमंडल में बहुत कम बदलाव हुआ करते थे और आठ मंत्रियोंवाला उनका बहुत छोटा-सा मंत्रिमंडल था। प्रेस ने जब उनसे पूछा कि मंत्रिमंडल में कोई बदलाव होगा या नहीं, तो उन्होंने कहा, ''पाँच वर्षों के बाद।'' मेरा अनुभव है कि बार-बार मंत्रियों के विभाग बदलने से उन्हें उन मामलों की जानकारी नहीं हो पाती है जिनके वे मंत्री होते हैं। तमिलनाडु में मैं कुछ कर पाया, इसका मुख्य कारण यही था कि मैं लगातार 10 वर्षों तक उद्योग मंत्री रहा।

राजीव गाँधी के कार्यकाल में ही उपरोक्त परिवर्तन के पहले 20 बार मंत्रिपरिषद में हेर-फेर हो चुका था। नए मंत्रियों को पर्याप्त समय नहीं दिया गया था और कुछ लोग शपथ-ग्रहण के लिए तय समय सुबह 10.00 बजे नहीं आए। मौजूद लोगों को शपथ दिलाने के बाद चाय शुरू हुई। इस दौरान मुझे पता चला कि बिंदेश्वरी दुबे और श्यामलाल यादव जैसे मंत्री बननेवाले कुछ लोग आ गए है, और वे चाहते हैं कि उन्हें फौरन शपथ दिला दी जाए। मैं ऐसी फूहड़ कार्रवाइयाँ एकदम पसंद नहीं करता था, पर अपनी जिम्मेदारी निभाने के लिए तैयार हो गया, ताकि शपथ-ग्रहण का काम पूरा हो सके।

मैंने प्रधानमंत्री से कहा कि मंत्रियों के शपथ-ग्रहण की व्यवस्था करने के लिए राष्ट्रपति भवन के कर्मचारियों को पर्याप्त समय दिया जाना चाहिए। मैंने यह भी कहा कि ऐसे आयोजन छुट्टीवाले दिन न हों, तो और भी अच्छा रहेगा, क्योंकि इन समारोहों के लिए राष्ट्रपति भवन के जिन कर्मचारियों की जरूरत होती है, वे हमेशा उपलब्ध नहीं होते। पर इधर सभी प्रधानमंत्रियों को लेकर मेरा यह अनुभव रहा है कि नियुक्तियों के मामले में वे खुद तो फैसले लेने में देर करते हैं, पर चाहते हैं कि उनके फैसले को लागू करने की कार्रवाई तुरंत की जाए, भले ही इसमें जुड़े लोगों को कैसी भी असुविधा क्यों न हो।

मंत्रिमंडल का विस्तार करने से कुछ पहले राजीव गाँधी ने मुझसे राज्यपालों की नियुक्ति के बारे में बातचीत की थी। वे एक वरिष्ठ राजनीतिज्ञ को महाराष्ट्र का राज्यपाल बनाना चाहते थे और पी. वेंकटसुब्बैया को कर्नाटक ले जाना चाहते थे। राज्यपालों की अपनी सूची में उन्होंने गोविंद नारायण सिंह या एच.ए. बरारी के शामिल होने का जिक्र नहीं किया। मैंने महाराष्ट्र और बिहार जैसे प्रमुख राज्यों के लिए ब्रह्मानंद रेड्डी और हितेंद्र देसाई का नाम सुझाया। उन्होंने कहा कि वे मेरे पास प्रस्ताव भेज देंगे। उन्होंने भेजा भी और मैंने उसे सहमति दे दी।

उस समय, कुछ क्षेत्रों में कहा जा रहा था कि गैर-कांग्रेस शासित राज्यों में राज्यपाल नियुक्त करने से पहले राज्यों की सलाह नहीं ली गई। संभव है, नियुक्तियों की घोषणा करने की जल्दबाजी में राजीव ने परंपरा को अनदेखा कर दिया हो। फिर भी मैं समझता हूँ कि राज्यपाल की नियुक्ति से पहले राज्यों से सलाह करने की परंपरा एक स्वस्थ परंपरा है और इसका किसी भी कीमत पर पालन किया जाना चाहिए। बाद में मुझे पता चला कि आधिकारिक सूत्रों ने संबंधित राज्य सरकारों की नियुक्तियों के बारे में सूचना देने की बात कही थी। पर स्पष्ट है कि सूचना देना, परामर्श करने जैसा नहीं है।

मध्य मार्च के आसपास प्रधानमंत्री ने दो मामलों पर चर्चा करने के लिए एम.एल. फोतेदार को मेरे पास भेजा। पहला मुद्दा था–जुलाई 1987 से पूर्व राष्ट्रपतियों को बढ़ी हुई पेंशन देना, जबकि दूसरा मामला पंजाब से संबंधित था। मैंने उन्हें दो अशासकीय नोट भेजे। राष्ट्रपति को बढ़ी हुई पेंशन के मामले में मैंने कहा कि अगर ऐसा जुलाई 1987 से किया गया तो पूर्व राष्ट्रपति नीलम संजीव रेड्डी (1982-87) बढ़ी हुई पेंशन से वंचित रह जाएँगे। मैंने यह भी कहा कि एक राष्ट्रपति को पिछली तारीख से ज्यादा पेंशन देने और दूसरे को न देने का कोई मतलब नहीं है। मैंने कहा कि पिछली तारीख से लाभ सामान्यतया तब दिए जाते हैं, जब कोई सुविधा पहले नहीं दी गई हो। मैंने यह भी कहा कि नए लाभ देने की तारीख से ही लागू होते हैं। मैंने उन्हें निम्नलिखित विकल्प सुझाए। पहला तो यह कि किसी राष्ट्रपति को बढ़ी हुई पेंशन उस तारीख से मिलनी चाहिए, जिस तारीख को आदेश जारी हो या पीछे की उस तारीख से, जिस दिन किसी जीवित राष्ट्रपति ने पद त्याग किया हो।

पंजाब-स्थिति को लेकर मैंने राज्यपाल को चेतावनी दी कि वहाँ इमरजेंसी के प्रावधान लागू न किए जाएँ। कुछ क्षेत्रों में ऐसा सुझाव दिया जा रहा था। इसकी बजाय मैंने सलाह दी कि संविधान की धारा 356 में संशोधन कर लिया जाए, ताकि राष्ट्रपति शासन की अवधि एक साल से लेकर अधिकतम तीन साल तक बढ़ाने का अधिकार प्राप्त हो जाए। मेरे हिसाब से यह उपयुक्त तरीका था। राजीव-लोंगोवाल समझौते के बाद पंजाब में चुनाव हुए थे और सुरजीत सिंह बरनाला के नेतृत्व में अकाली सरकार बनी थी। पंजाब में हिंसा और आतंकवाद का जो माहौल था, वह कम नहीं हुआ बल्कि बढ़ गया था और कानून-व्यवस्था की स्थिति पूरी तरह चरमरा गई थी। इसलिए पंजाब में मई 1987 में राष्ट्रपति शासन लागू कर दिया गया, पर विधानसभा को इस उम्मीद में स्थगित रखा गया कि अगर स्थिति सुधरी तो सरकार को पुनर्जीवित किया जा सकेगा।

केंद्र में जनता सरकार के शासन-काल में हुए संविधान-संशोधन के बाद संविधान के तहत राष्ट्रपति शासन की अवधि एक साल से ज्यादा नहीं बढ़ाई जा सकती। इसलिए पंजाब में 10 मई, 1988 से पहले चुनाव कराना जरूरी था। केंद्र सरकार संविधान-संशोधन पर विचार कर रही थी, ताकि वह पंजाब में इमरजेंसी घोषित कर सके और इस तरह राष्ट्रपति शासन जारी रहे। मूलतः अनुच्छेद 352 के तहत युद्ध, बाहरी हमले या आंतरिक गड़बड़ियों के चलते यदि देश की सुरक्षा खतरे में हो तो पूरे भारत या उसके एक हिस्से में इमरजेंसी लगाई जा सकती है। जनता-शासन के दौरान इस धारा में संशोधन किया गया था और आंतरिक गड़बड़ी की जगह 'सशस्त्र बगावत' को इमरजेंसी लगाने का आधार बना दिया गया था। इसलिए सरकार आंतरिक गड़बड़ी को इमरजेंसी लगाने का आधार नहीं बना सकती थी। अब सरकार फिर आंतरिक गड़बड़ी को इमरजेंसी लगाने का आधार बनाने पर विचार कर रही थी। मैंने इसी संदर्भ में राजीव गाँधी को एक अनौपचारिक नोट लिखा था।

संविधान-संशोधन-विधेयक (59वें संशोधन) में पूरे पंजाब या उसके एक हिस्से में इमरजेंसी लगाने के मामले में प्रावधान है कि अगर राष्ट्रपति को विश्वास हो कि पूरे पंजाब या उसके एक हिस्से की आंतरिक गड़बड़ियों के चलते भारत की अखंडता खतरे में है तो पूरे पंजाब या उसके एक भाग में इमरजेंसी

लगाई जा सकती है। इसमें अनुच्छेद 356 के तहत राष्ट्रपति शासन की मियाद भी एक साल से तीन साल तक बढ़ाने का प्रावधान है।

इस बात से इनकार नहीं किया जा सकता कि पंजाब में कानून और व्यवस्था की स्थिति में भारी गिरावट आई थी। बाजारों, बसों और ट्रेनों में निर्दोष पुरुषों और महिलाओं की हत्याएँ रोज-ब-रोज बढ़ती जा रही थीं। पुलिस तथा आतंकवादियों से स्वयं घनघोर रूप से भयभीत थे और जब अपनी या अपने नजदीकी लोगों की जान बचाने की जरुरत होती थी तो दूसरी ओर देखने लगते थे। दूसरे शब्दों में कहूँ तो पुलिस बल का उत्साह एकदम ठण्डा हो चुका था। न्यायपालिका को भी किसी आरोपी आतंकवादी को सजा देने पर दुष्परिणामों की धमकी दी गई थी। गवाहों को अदालतों में गवाही देने की हिम्मत नहीं होती थी, क्योंकि आतंकवादी उन पर भी हमला कर सकते थे। जिन लोगों ने वाकई आतंकवादियों के खिलाफ गवाही देने की हिम्मत की थी, सरकार उनके प्राणों की रक्षा करने में असमर्थ थी। यहाँ तक कि पत्रकारों और मीडियावालों को भी धमकी दी गई थी कि वे आतंकवादियों के खिलाफ बोलने का 'दु:साहस' करेंगे तो उन्हें बुरे परिणाम भुगतने होंगे। संक्षेप में पंजाब में प्रभावशाली नागरिक प्रशासन रह ही नहीं गया था। किसी को विश्वास नहीं था कि सांविधानिक प्रावधानों के अनुसार पंजाब में चुनाव भी हो सकते हैं।

विपक्ष का सारा जोर इस संशोधन के खिलाफ था, जिसके तहत आंतरिक गड़बड़ियों और संविधन की धारा 21 के तहत जीने का अधिकार खत्म हो जाने पर इमरजेन्सी लगाने का प्रावधान था। 1975-77 के आपातकाल की याद अब भी सब के दिमाग में ताजा थी और न सिर्फ विपक्ष, बल्कि प्रमुख विधि शास्त्रियों ने भी संशोधन का कड़ा विरोध किया। सरकार का तर्क था कि संशोधन सिर्फ पंजाब से सम्बन्धित है, पूरे देश से न हीं और पंजाब में कानून-व्यवस्था और सामाजिक शान्ति का अस्तित्व ही खत्म हो गया है। यह भी कहा गया कि संशोधन के तहत सरकार को सिर्फ पंजाब में इमरजेंसी लगाने का अधिकार है, पूरे देश में नहीं। वह भी तब, जबकि परिस्थितियों के चलते ऐसा करना जरूरी हो जाए और घोषणा की कि संसदीय स्वीकृति के रूप में पहले से ही पर्याप्त सांविधानिक सुरक्षा-उपाय मौजूद हैं।

अंतत: विपक्ष के जोरदार विरोध के बावजूद 59 वाँ संविधान-संशोधन-विधेयक संसद के दोनों सदनों में पास कर दिया गया। इसके बाद गेंद मेरे

पाले में आ गई थी। अखबारों की सम्पादकीय टिप्पणियों में मुझे सलाह दी गई कि विधेयक पर अपनी स्वीकृति न दूँ और संविधान के अनुच्छेद 143 के अनुसार विधेयक को सुप्रीम कोर्ट के पास विचारार्थ भेज दूँ। 25 मार्च को विभिन्न राजनीति दलों के नेता मेरे पास आए और एक ज्ञापन दिया। ज्ञापन में निम्नलिखित मुद्दो पर सरकार की निन्दा की गई थी :

(1) संसद के दोनों सदनों में इतना महत्त्वपूर्ण कानून बहुत जल्दीबाजी में पास कराया गया।

(2) इमरजेंसी लगाने के फलस्वरूप लोकतांत्रिक और सांविधनिक अधिकारों में कमी आएगी।

(3) पंजाब से भेद-भाव और यहाँ के लोगों को बुनियादी अधिकार देने से इनकार।

(4) नौकरशाहों और सत्तारूढ़ दल के कृपापात्रों द्वारा कानून का सम्भावित मनमाना इस्तेमाल, जैसा कि इमरजेंसी की पिछली अवधि में हुआ था।

इन लोगों ने मुझसे अनुरोध किया कि मैं विधेयक को या तो पुनर्विचार के लिए संसद को लोटा दूँ या सुप्रीम कोर्ट की राय जानने के लिए भेज दूँ।

अगले दिन राजीव गाँधी विपक्ष की आशंकाओं को कम करने के लिए मेरे पास आए। उन्होंने कहा कि पंजाब में रोज हो रही हिंसा के मद्देनजर वहाँ चुनाव कराने के बारे में सोचा भी नहीं जा सकता। और यह संविधान-संशोधन एक ऐसा सुरक्षित अधिकार है, जिसका इस्तेमाल सरकार बेहद जरुरत पड़ने पर ही करेगी तथा सामान्यतया इसका इस्तेमाल करने का उनका इरादा नहीं है, मैं उनकी मुश्किलों को समझता था, फिर भी मैंने उनका ध्यान उस अनौपचारिक नोट की ओर खींचा, जो मैंने उन्हें भेजा था और जिसमें मैंने संविधान के अनुच्छेद 356 के विकल्प में यह सुझाव दिया था कि राज्य में राष्ट्रपति शासन की अवधि एक साल से बढ़ाकर तीन साल कर दी जाए। राजीव गाँधी ने कहा कि वे यह जोखिम नहीं उठा सकते कि स्थिति और बिगड़ जाए तथा वे इसे ठीक न कर सकें। हालाँकि, उन्होंने इसका स्पष्ट जिक्र नहीं किया, फिर भी ऐसा लगा जैसे वे यह सोचते हैं कि बाद में जब जरुरत पड़ेगी तो दोनों सदनों में आवश्यक समर्थन उपलब्ध नहीं हो सकेगा। केन्द्रीय मन्त्री पी.

वी. नरसिम्हा राव, चिंतामणि पाणिग्रही और कुछ अन्य लोग भी मेरे पास आए और सरकार की स्थिति स्पष्ट की।

इस बीच मुझ पर चारों तरफ से दबाव बढ़ रहा था। मधु दंडवते ने 8 अगस्त, 1978 के मेरे भाषण को उद्धृत किया। उस समय मैं संसद में विपक्षा का सदस्य था। संविधान-संशोधन-विधेयक पर मैंने कहा था, ''राजनीतिज्ञ भावी चुनाव की ओर देखते हैं और राजनेता भावीपीढ़ी की ओर।'' वे चाहते थे कि मैं राजनेता की तरह निर्णय लूँ और विधेयक के भविष्यत् प्रभावों पर नजर डालूँ। कुछ अखबारों ने *स्वराज्य* में प्रकाशित मेरे सम्पादकीय अंश उद्धृत किए, जिसमें मैंने इमरजेंसी की निंदा की थी। इन लोगों ने मुझसे अपील की कि विधेयक पर अपनी स्वीकृति न देकर मैं संगत बना रहूँ। कुछ लोगों ने मुझे मेरी शपथ–''सविधान के परिरक्षण, संरक्षण और समर्थन'' की याद दिलाई और कहा कि विधेयक को मैं अपनी मंजूरी न दूँ। कुछ अन्य ने 25 जुलाई, 1987 को पद-भार सँभालने के बाद दिए गये मेरे भाषण के अंश उद्धृत किए, जिनमें मैंने कहा था, ''मैं न तो अपने पद से जुड़े कार्य और जिम्मेदारियाँ निभाने में असफल होऊँगा और न राष्ट्र-निर्माताओं द्वारा संविधान में प्रदत्त अधिकारों से बाहर जाऊँगा।'' इन लोगों ने उत्सुकता जतायी कि इस मौके पर मैं क्या करूँगा। प्रेस इस उपाय के एकदम खिलाफ था और स्वभावत: मैं इस मसले पर दिन-रात सोच रहा था, चिंतन कर रहा था। 24 मार्च, 1988 को मुझे लोकसभा के सेक्रेट्री जनरल का एक ज्ञापन मिला। इसे मैंने विधायी विभाग के सचिव के जरिए प्राप्त किया, जिसमें लिखा था–संविधान (59 वाँ संशोधन) विधेयक-1988, जैसा कि संसद के दोनों सदनों द्वारा पास किया गया–''भारतीय संविधान के अनुच्छेद 111 के अनुपालन में'' राष्ट्रपति की सहमति के लिए।

जब मैं बार में था और फिर जब संयुक्त राष्ट्र प्रशासनिक पंचाट के अध्यक्ष के रूप में फैसले देता था, तब भी मेरी आदत थी कि जिस किसी कानून का उल्लेख किया जाए, उसका मूल पाठ देख लूँ ताकि कोई गलती या गलत उल्लेख न रहे। इसलिए जब मुझे ज्ञापन मिला तो मैंने अनुच्छेद 111 को फिर देखा। हालाँकि तब तक मुझे यह याद हो गया था। मुझे तुरंत ख्याल आया कि यह धारा नियमित विधि-निर्माण से सम्बन्धित है और संविधान-संशोधन के कुछ विशेष प्रावधन हैं। मुझे हल्का-हल्का याद था कि इमरजेंसी के समय अनुच्छेद 368 में संशोधन किए गए थे और उस समय राष्ट्रपति पर

कुछ पाबंदियाँ लगाई गई थीं। मैंने अनुच्छेद 368 की उपधारा (2) को देखा, जिसमें राष्ट्रपति के पास इस धारा के अनुपालन में पास किए गए संविधान-संशोधन को मंजूरी देने के अलावा कोई विकल्प नहीं था।

इसके अलावा मुझे यह भी लगा कि यह बात राष्ट्रपति की अधिकार-सीमा से बाहर है कि संसद द्वारा बाकायदा पास किए गए संविधान-संशोधन की कानूनी वैधता के मामले में जाया जाए। मुझे लगा कि अगर कोई कमी होगी तो इसकी घोषणा करने का अधिकार अदालतों को है। इसलिए मैंने इन दो मुद्दों पर अटार्नी-जनरल को एक नोट भेजा और उन्हें चर्चा के लिए बुलाया। अटार्नी जनरल के. परासरण की विद्वता और ईमानदारी का मैं कायल हूँ। वे मेरे पास आए और इस बात की पुष्टि की कि दोनों मुद्दों पर मैं सही था।

30 मार्च को मैंने विधेयक को अपनी मंजूरी दे दी और एक प्रेस-नोट भी जारी किया। प्रेस विज्ञप्ति में कहा गया कि सरकार द्वारा भेजे गए संविधान (59वाँ संशोधन) विधेयक में सहमति हालाँकि संविधान के अनुच्छेद 111 के तहत माँगी गई थी, जबकि इन मामलों से सम्बन्धित अनुच्छेद 368 (2) है। यह भी लिखा कि दोनों अनुच्छेदों में काफी फर्क है। अनुच्छेद 111 सामान्यविधेयकों के लिए है, जबकि अनुच्छेद 368 (2) विशेष तौर से किये जाने वाला संविधान-संशोधनों के लिए। प्रेस-नोट में यह भी कहा गया था कि अटार्नी जनरल ने इस बात की पुष्टि की है कि संविधान-संशोधन के मामले अनुच्छेद 368 के दायरे में आते हैं और इसमें ऐसे संशोधनों की प्रक्रिया का प्रावधान है। संविधान के अनुच्छेद 368 की धारा (2) में प्रावधान है कि जब कोई संविधान-संशोधन-विधेयक पर अपनी स्वीकृति देंगे। उनकी राय में संविधान-संशोधन के मामले में यह अनुच्छेद राष्ट्रपति को स्वनिर्णय का कोई अधिकार नहीं देता। प्रेस-नोट में यह भी कहा गया कि इसके मद्देनजर "राष्ट्रपति को उठाए गए अन्य मामलों की तह में जाने की जरुरत नहीं हुई और उन्होंने विधेयक को मंजूरी दे दी।"

शुरू में मेरी मंजूरी पर कोई विपरांत प्रतिक्रिया नहीं हुई। कुछ लोगों ने राष्ट्रपति को ज्ञापन देते वक्त विपक्ष द्वारा अनुच्छेद 368 को नजरअंदाज करने की भी बात कही। कुछ लोगों ने कहा कि राष्ट्रपति ने संविधान के गलत अनुच्छेद के सन्दर्भ के लिए सरकार को झाड़ लगाई है। पर धीरे-धीरे राष्ट्रपति की इस

कार्रवाई की निन्दा होने लगी। निंदकों को लगा कि मैंने मुद्दे से किनारा कर लिया और तकनीकी बातों की आड़ ली।

एक प्रसिद्ध न्यायविद् ने कहा कि मुझे विधेयक पर सहमति देने की बजाय इस्तीफा दे देना चाहिए था। कुछ और लोगों की राय थी कि राष्ट्रपति के रूप में मुझे संविधान की अक्षरशः रक्षा करने की बजाय आत्मा की रक्षा करनी चाहिए थी।

जहाँ तक मेरा सवाल है, मैं समझता हूँ कि पद सँभालने के समय मैंने जो कहा था, उसी पर कायम रहा। मैंने कहा था कि मैं "संविधान-प्रदत्त अधिकारों से आगे न हीं जाऊँगा।" मेरा मानना है कि राष्ट्रपति को संविधान के सुस्पष्ट निर्देशों के अनुसार चलना चाहिए और अपने आत्मनिष्ठ आकलन के सहारे संविधान की आत्मा के समुद्र में नहीं उतरना चाहिए।

## अभिषेक, समारोह और यात्राएँ

यह एक रिवाज है कि होली पर राष्ट्रपति भवन के कर्मचारी और आम लोग राष्ट्रपति को शुभकामनाएँ दें और एक-दूसरे पर रंग डालें। मुझे रंग डालने या लगाने और उससे जुड़ी अन्य उच्छृंखल गतिविधियाँ कभी पसन्द नहीं आईं, इसलिए मैंने इसे चुपचाप गुजर जाने दिया। इससे कर्मचारियों को काफी निराशा हुई। सच तो यह है कि अपने पाँच साल के कार्यकाल में मैंने कभी होली का त्योहार नहीं मनाया। अब जब पिछले दिनों को याद करता हूँ तो मुझे थोड़ा अफसोस भी होता है कि मैंने अपने कर्मचारियों को परंपरागत त्योहारों से वंचित रखा।

19 मार्च को राष्ट्रपति भवन के दरबार हॉल में रंगारंग सम्मान समारोह था। इसमें प्रख्यात स्त्री-पुरुषों को पद्‌भूषण से सम्मानित किया गया और देश का सबसे बड़ा पुरस्कार–'भारत रत्न' दिवंगत एम. जी. रामचंद्रन को दिया गया। वे तमिलनाडु के मुख्यमंत्री थे। पुरस्कार-सम्मान उनकी विधवा जानकी रामचंद्रन ने प्राप्त किया।

इससे पहले 1966 में लालबहादुर शास्त्री को और 1975 में के. कामराज को मरणोपरांत 'भारत रत्न' दिया गया था। रामचंद्रन को देश का यह सर्वोच्च सम्मान राष्ट्रीय एकता के प्रति उनकी प्रतिबद्धता और श्रीलंका समस्या के सम्बन्ध

में मुक्तिचीतों को बातचीत के लिए तैयार करने में उनकी भूमिका के लिए दिया गया था। राजीव गाँधी ने मुझसे कहा था कि भारत-श्रीलंका-समझौते को प्रभाकरण और मुक्तिचीतों से स्वीकार करवाने में रामचंद्रन की महत्त्वपूर्ण भूमिका थी। उन्हें 'भारत रत्न' देने पर कुछ क्षेत्रों में हुई निंदा का कारण यह था कि भारत-श्रीलंका समझौते में उनकी महत्त्वपूर्ण भूमिका से लोग परिचित नहीं थे।

इस अवसर पर जिन लोगों का सम्मान हुआ, उनमें हिन्दी की जानी-मानी कवयित्री महादेवी वर्मा, पंजाब के एक प्रतिभाशाली पुलिस अफसर संदीप सिंह विर्क, फिल्म अभिनेत्री शबाना आजमी, भरत नाट्यम की सुप्रसिद्ध नर्तकी सुधरानी रघुपति, टेस्ट क्रिकेट खिलाड़ी मोहम्मद अज़हरुद्दीन और शतरंज के इकलौते भारतीय ग्रैंडमास्टर विश्वनाथन आनन्द प्रमुख थे। समारोह के बाद चाय-पान हुआ, जिसमें मेहमान और पुरस्कार पानेवाले घुल-मिल गए और परस्पर शुभकामनाओं व बधाइयों का आदान-प्रदान हुआ।

21 फरवरी को मैंने संसद के दोनों सदनों में परम्परागत भाषण किया। हालाँकि संविधान के तहत इस सम्बोधन का उद्देश्य संसदीय सत्र का उद्देश्य बताना है, पर बाद के वर्षों में एक चलन-सा बन गया है कि प्रशासन के सभी पहलुओं का विस्तृत विवरण दिया जाए। यह भाषण मंत्रिमंडल द्वारा तैयार किया जाता है और राष्ट्रपति को सूचना या किसी सुझाव के लिए भेजा जाता है। मैंने भाषण को पढ़ा और सिर्फ यही सुझाव दिया कि 'मेरी सरकार' की जगह 'सरकार' कर दिया जाए। 'मेरी सरकार' कहने की प्रथा अंग्रेजों से ली गई है। इंग्लैंड में 'प्रभुसत्ता सम्पन्न' से लम्बे समय के दौरान सत्ता-हस्तांतरण के बाद लोगों को ताकत हासिल हुई। वहाँ प्रभुसत्ता सम्पन्न सभी अधिकारों का मूलस्रोत है और एक लंबी प्रक्रिया के तहत ये अधिकार लोगों को हासिल हुए हैं। इसलिए क्राउन सरकार को 'मेरी सरकार' कहा जाता है, वह चाहे किसी भी पार्टी की हो और इसे थोड़ी वैधता है।

पर जिस संविधान को जनता ने खुद बनाया है, उसमें राष्ट्रपति, प्रधानमंत्री आदि को लोगों द्वारा ही अधिकार दिए गए हैं। संविधान की प्रस्तावना में कहा गया है, 'हम, भारत के लोग.....एतद् द्वारा इस संविधान को अंगीकृत, अधिनियमित और आत्मसमर्पित करते हैं।'' इसलिए मुझे लगा कि राष्ट्रपति के लिए सरकार को 'मेरी सरकार' कहना असंगत है। चूँकि पूरा भाषण सरकारी

नीतियों और कार्यक्रमों से सम्बन्धित एक बयान होताहै, इसलिए मैंने यह काम सरकार पर छोड़ दिया कि वह जैसे और जिस रूप में चाहे, इसे पेश करे। पर इन सम्बोधनों को तत्कालीन और परवर्ती सरकारों ने भी इतने नीरस ढंग से तैयार कराया था कि मुझे अफसोस हुआ। इन्हें पढ़ने से लगता था कि ये विभिन्न विभागों के कामों का लेखा-जोखा मात्र है। सच तो यह है कि इनमें तथ्यों को ऐसे रख दिया गया था, जैसे विभिन्न मंत्रालयों की ग्रांट माँगने वाले पत्रकों में रखा जाना चाहिए। नेहरू के जमाने में ये भाषण ब्रितानी सम्राट के सम्बोधन-जैसे होते थे। इसमें काफी स्पष्ट और सीधी बात कही जाती थी। यह कुछ ही पृष्ठों का होता है और इसमें सत्र की स्पष्ट कार्यसूची रहती थी। इन सम्बोधनों की और चर्चा मैं नहीं करूँगा, क्योंकि इनमें मेरी भागीदारी न के बराबर होती थी।

कुछ अखबारों में खबर थी कि वामपंथी पार्टियाँ राष्ट्रपति के भाषण का बहिष्कार करना चाहती है। पर मैंने इस पर ध्यान नहीं दिया, क्योंकि यह मेरा भाषण नहीं था, बल्कि सरकारी भाषण था, जिसे राष्ट्रपति के जरिए पेश किया जाना था। संसद में रहते हुए मैं समझता था कि संसद के दोनों सदनों में राष्ट्रपति का अभिभाषण हमारे पुराने शासकों से उत्पन्न काल दोष है। भाषण में कही गई बातों के लिए प्रेस और जनता द्वारा राष्ट्रपति की निंदा भी उतनी ही बेमानी है।

23 फरवरी को मैं विनोबा भावे के पवनार आश्रम में और सेवाग्राम में गाँधी-कुटीर गया। इन यात्राओं का आयोजन मेरे आग्रह पर किया गया था, क्योंकि राष्ट्रपति बनने के बाद मैं स्वतंत्रता-आंदोलन के इन महान संतों को जल्द से जल्द श्रद्धांजलि देना चाहता था। सेवाग्राम में समर्पित गाँधीवादी डॉ. संशीला नायर द्वारा चलाए जा रहे महात्मा गाँधी इंस्टीट्यूट ऑफ़ मेडिकल साइंसेज़ में मैंने कहा कि विकसित देशों में मानव-शक्ति की कमी है। इसलिए वहाँ की सारी शोध-खोज का उद्देश्य आटोमेशन या रोबेट आदि के जरिए लोगों की जरुरत कम करना है। अगर विकासशील देशों में ऐसी तकनालॉजी का इस्तेमाल किया जाएगा तो जबरन बेरोजगारी बढ़ेगी। मैंने बड़े उद्योग बनाम छोटे उद्योग की बहस की निन्दा की और कहा कि ग्रामीण उद्योग एक आदर्शवादी विधिवाद है।

बम्बई में मैं प्रख्यात राष्ट्रीय नेता मोरारजी देसाई से मिलने गया। उस समय वे 90 वर्ष से कुछ ज्यादा के हो चुके थे। मोरारजी भाई की योग्यता और ईमानदारी

के प्रति मेरे मन में बहुत सम्मान है। जब मोरारजी भाई और कामराज के रिश्ते मधुर नहीं थे, तब भी मैंने उनसे मधुर सम्बन्ध बनाए रखा। राष्ट्रपति-पद पर मेरे चुनाव से वे बहुत खुश थे। जब हम लोग उनके घर गए तो उन्होंने मुझे और मेरी पत्नी को आशीर्वाद दिया। वयोवृद्ध होने के बावजूद वे स्वस्थ थे और हमेशा की तरह झक सफेद खादी के कपड़े पहने हुए थे। हम लोग करीब 15 मिनट उनके साथ रहे और उनकी दिनचर्या एवं स्वास्थ्य के बारे में बातें करते रहे।

मैं मणि भवन भी गया। यह स्वतंत्रता-आंदोलन के दौरान महात्मा-गाँधी का ऐतिहासिक मुख्यालय था।यहाँ मैं 45 मिनट रहा और पुस्तकालय, अध्ययन-कक्ष, संग्रहालय के अलावा उस कमरे को भी देखा, जिसमें गाँधीजी रहते थे। गाँधीजी ने 1931 में अपना सविनय संग्रहालय की सचिव उषा मेहता ने अफसोस के साथ कहा कि यहाँ कोई लिफ्ट नहीं है और पूछा कि मैं दूसरी मंजिल तक जा सकूँगा या नहीं। जब उन्होंने देखा कि मैं दूसरों से कई कदम आगे चल रहा हूँ, तो उनका शक दूर हो गया। गाँधीवादी कार्यकर्ता जिस लगन से बापू की परम्पराओं पर चल रहे थे, उसकी मैंने तारीफ की। मुझे बताया गया कि राजेंद्रप्रसाद के बाद मणि भवन जानेवाला मैं दूसरा राष्ट्रपति हूँ। अपने विचार व्यक्त करते हुए मैंने लिखा, ''एक बार मणि भवन आना दुबारा शिक्षा पाने जैसा है। इससे उन दिनों की याद ताजा हो जाती है। जब गाँधी जी जीवित थे तो न सिर्फ भारत, बल्कि मानवजाति की सेवा कर रहे थे....''

आर. के. करंजिया फेलिसिटेशन कमेटी, बम्बई ने रूसी करंजिया के ब्लिट्ज-सम्पादक के रूप में 50 वर्ष पूरे करने पर एक भव्य सम्मान-समारोह का आयोजन किया था। यह उनका 75वाँ जन्मदिन भी था। इस समारोह में भाजपा के अटल बिहारी वाजपेयी, भाकपा के मोहित सेन, महाराष्ट्र के तत्कालीन मुख्यमंत्री शंकर राव चव्हाण और कांग्रेस नेता शरद पवार के शामिल होने से समारोह का महत्त्व बढ़ गया। करंजिया ने सत्ता में बैठे लोगों की गलतियों और गड़बड़ियों पर निडर होकर लिखा था। उन्होंने अपनी पत्रिका का एक खास स्थान बना लिया था।

इस मौके पर मैंने 'स्वतंत्र, सत्यनिष्ठ और निडर' पत्रकारिता के 50 वर्ष पूरे करने पर करंजिया को बधाई दी। मैंने कहा कि भारत में प्रेस अच्छी तरह

स्थापित है और इसकी जितनी ताकत है, उसी से उच्च मानक बनाए रखने की इसकी जिम्मेदारियाँ भी बढ़ जाती हैं सार्वजनिक जीवन को साफ-सुथरा बनाने में तो प्रेस महत्त्वपूर्ण भूमिका निभा सकता है, पर उसे यह भी देखना चाहिए कि अगर कलम लिखे और झाड़ू साफ करे, तो वह स्वंय भी सभी अशुद्धियों से मुक्त रहे। मैंने यह चेतावनी भी दी कि "इस बात का ध्यान रखा जाना चाहिए कि गलत खबर के रूप में और झूठी निंदा विचार के रूप में" न छप जाए। मैंने यह भी कहा कि "पत्रकारों को ईमानदारी को उतना ही महत्त्व देना चाहिए जितना वे प्रेस की स्वतंत्रता को देते हैं।" मैंने स्वतंत्र भारत के दो पायों-समाजवाद और धर्मनिरपेक्षता-का लगातार समर्थन करने और भारत एवं पूर्वी यूरोप तथा सोवियत संघ के बीच सम्बन्ध बनाने के लिए *ब्लिट्ज* कीप्रशंसा की। इस समारोह में बम्बई के गणमान्य लोग मौजूद थे।

26 फरवरी को राज्यसभा-सदस्य पी. उपेंद्र आंधप्रदेश की राज्यपाल के अत्यधिक खर्च का मामला विशेष उल्लेख के माध्यम से उठाना चाहते थे। सभापति डॉ. शंकरदयाल शर्मा ने इसकी इजाजत दे दी। लेकिन, जब उपेंद्र ने अपनी बात कहनी शुरू की, तो केंद्रीय मंत्री एम. एम. जैकब और के. के. तिवारी ने विरोध किया और कहा कि राज्यपाल के आचरण पर सदन में चर्चा नहीं हो सकती। डॉ. शर्मा ने यह समझाने की कोशिश की कि चर्चा का विषय मितव्ययिता से है और उन्होंने विशेष उल्लेख की इजाजत दी है। पर साल्वे और चिदम्बरम् विरोध करते रहे और आखिरकार डॉ. शर्मा कुर्सी छोड़कर चले गए। प्रधानमंत्री पूरे समय सदन में थे, लेकिन पार्टी-सदस्यों को रोकने की उन्होंने कोई कोशिश नहीं की। स्पष्ट है कि उनके विचार से विरोध तर्कसंगत था। इससे पहले जब मैं राज्यसभा का सभापति था, तो मैंने उपेंद्र को राज्यपालों की यात्राओं और पैसा इकट्ठा करनेवाली गतिविधियों को लेकर सामान्य ढंग से विशेष उल्लेख की इजाजत दी थी। हालाँकि इसमें आंध्रप्रदेश की राज्यपाल का अप्रत्यक्ष जिक्र था, लेकिन इस मामले पर किसी का ध्यान नहीं गया।

दुखद यह है कि जिन लोगों ने राज्यसभा में इतना हंगामा किया, उन्हें यह पता नहीं था कि राज्यपाल (पारिश्रमिक, भत्ते और विशेषाधिकार) कानून 1982 में प्रावधान है कि राज्यपालों द्वारा राष्ट्रपति की मंजूरी से अधिक खर्च के मामलों को सदन में उठाया जाना चाहिए और यह कि सदन में पेश किसी भी मामले पर चर्चा की जा सकती है। मैंने अपने 2 मार्च, 1988 के पत्र में डॉ. शर्मा

को यह बात बताई। मैंने इसकी प्रति प्रधानमंत्री को भी भेजी, ताकि वे सत्ता के पक्ष के सदस्यों की राज्यसभा के सभापति से टकराव मोल लेनेवाली अशोभनीय हरकत पर रोक लगा सकें।

राष्ट्रपति भवन में रक्षा-अभिषेक-समारोह एक महत्त्वपूर्ण मौका होता है। रक्षा-सेवाओं के बहादुर और साहसी अफसरों तथा अदम्य साहस दिखानेवाले आम लोगों का इस दिन सम्मान किया जाता है। उस वर्ष श्रीलंका में भारतीय शांति सेना में अपनी पहचान बनानेवाले कई लोगों को पुरस्कार दिए गए। कुछ लोगों को मरणोपरांत, और कुछ लोगों ने स्वंय पुरस्कार लिये। लेफ्टिनेंट जनरल रोड्रिग्स और वाइस एडमिरल रामदास को परम विशिष्ट सेवा मेडल दिया गया।ये लोग बाद में थलसेना और नौसेना के प्रमुख बने। जब अपने-अपने पति की बहादुरी के लिए उनकी विधवा ने पुरस्कार ग्रहण किया, तो हृदय-विदारक दृश्य उपस्थिति हो गया था।

6 अप्रैल को देश ने ऐतिहासिक डांडी मार्च की वर्षगाँठ मनाई। महात्मा गाँधी ने स्वतंत्रता-आंदोलन के तहत डांडी मार्च का आयोजन किया था। डांडी में आयोजित समारोह में मैं शामिल हुआ। यह दक्षिण गुजरात में एक छोटा तटीय गाँव है। इस मौके पर मैंने कहा, "मैं यहाँ भारत के राष्ट्रपति के रूप में नहीं, बल्कि एक तीर्थ यात्री के रूप में आया हूँ। अगर गुजरात में सोमनाथ और द्वारिका-दो उत्कृष्ट धर्मक्षेत्र हैं, तो साबरमती और डांडी दो उत्कृष्ट कर्मक्षेत्र भी हैं। हमारे जमाने के महान पुरुषोत्तम ने हमें सिखाया कि कर्म ही पूजा है।" इस समारोह में गुजरात के राज्यपाल आर. के. त्रिवेदी, मुख्यमंत्री अमर सिंह चौधरी, राजस्थान के मुख्यमंत्री शिवचरण माथुर, पूर्व मुख्यमंत्री जगन्नाथ पहाड़िया और कई स्वतंत्रता सेनानी शामिल हुए। इस ऐतिहासिक स्थल पर इकट्ठा हुए लोगों के उत्साह के स्वतंत्रता-आंदोलन की याद ताजा कर दी।

मैंने दुनिया-भर में जितने वन्य जीव-अभयारण्य देखे हैं, उनमें सांसागिर सबसे अच्छों में एक है। एशियाई शेर अब बहुत कम मिलते हैं, पर यहाँ उन्हें बहुत सावधानी से सँभालकर सुरक्षित रखा गया है। एक बार मैंने वहाँ एक साथ 17 शेर और उनके बच्चे देखे। वे बड़े ठाठ से सड़क पार कर रहे थे। राज्य के कृषिमंत्री मेरे साथ थे। उन्होंने मुझसे कहा कि वे इसी जिले के रहनेवाले हैं और कई बार अभयारण्य में आ चुके हैं, पर उन्होंने इतने शेरों और बच्चों

को एक साथ कभी नहीं देखा। जब हम लोग जंगल के राजा को एकटक देख रहे थे तो महामहिम भी हम लोगों की ओर कृपापूर्ण भद्रता के साथ देख रहे थे। लौटते समय हम लोग थोड़ी देर के लिए धमन गाँव गए। यह 'नीग्रो' लोगों का गाँव है जो वन्य जीव-अभयारण्य के क्षेत्र में बसा हुआ है। कहा जाता है कि तत्कालीन जूनागढ़ रियासत के एक पूर्व शासक इन 'नीग्रो' लोगों को बतौर नौकर यहाँ लाए थे और तब से पीढ़ी-दर-पीढ़ी वे यहाँ रह रहे हैं।

विज्ञान भवन में 21 अप्रैल को हुए आदिशंकराचार्य के जन्मदिवस-समारोह में कई विशेषताएँ थीं। समारोह में राष्ट्रपति, उपराष्ट्रपति और प्रधानमंत्री शामिल हुए। हालाँकि प्रोटोकोल इन लोगों के कहीं एक साथ जाने की मनाही नहीं करता, पर सुरक्षा-कारणों से तीनों लोग शायद ही एक साथ देखे जाते हों। विश्व के सबसे महान दार्शनिकों में से एक का जन्मदिन मनाने के लिए एक समिति बनाई गई थी। प्रधानमंत्री इसके अध्यक्ष थे। समारोह के दौरान आदि शंकराचार्य की जन्म-तिथि को लेकर विवाद हो गया था। कांची कामकोटि पीठ के मौजूदा शंकराचार्य आदि शंकराचार्य के बाद धर्मगुरुओं की श्रृंखला में 68वें हैं। उनके अनुसार आदि शंकराचार्य की जन्म-तिथि ईसा से कई शताब्दी पूर्व होनी चाहिए। दूसरे लोगों का मानना है कि आदि शंकराचार्य के जीवन और काल को ईस्वी सन् आठवीं के आसपास रखा जा सकता है। हम लोगों ने समारोह का नमा 'आदि शंकराचार्य जन्म-समारोह' रखकर विवाद से छुटकारा पाया।

इस मौके पर मैंने कहा कि आदिशंकर हालाँकि एक काल में रहे, पर वे समय के बंधन से मुक्त हैं। उनका जन्म भारतवर्ष में हुआ था, पर उनका दर्शन सार्वभौमिक है और इसमें सब कुछ शामिल है। मैंने सार्वभौम भाईचारे की धारणा की प्रासंगिकता और आवश्यकता पर विचार व्यक्त किये और कहा कि विध्वंसकारी हथियारों से लैस जो देश के एक दूसरे के खिलाफ प्रतिशोध की आग में जल रहे हैं, ज्ञानोदय के लिए उन्हें आदिशंकर से सीख लेनी चाहिए।

25 अप्रैल को मैं मदुरै गया और मदुरै कामराज विश्वविद्यालय के परिसर में कामराज की प्रतिमा का अनावरण किया। मैंने स्वतंत्रता के बाद के महत्त्वपूर्ण वर्षों में तमिलनाडु के विकास में कामराज के योगदान की चर्चा की। शिक्षा, ग्रामीण संचार, बिजलीकरण तथा राज्य के औद्योगीकरण के प्रति उनके उत्साह के फल उनके जीवन-काल में ही सामने आने लगे थे।

जब गाँधी जी अपने समर्पित कार्यकर्ताओं के साथ नमक कानून तोड़ने के लिए डांडी-मार्च पर थे, तो दक्षिण भारत में उनके प्रतिरूप राजाजी तिरुचि से वेदअरण्यम् की यात्रा कर रहे थे। यह तंझावुर जिले का एक तटीय गाँव है। राजाजी को हमेशा दक्षिण का गाँधी कहा जाता था। स्वतंत्रता की 40वीं वर्षगाँठ के उपलक्ष्य में 28 अप्रैल, 1988 को नमक-सत्याग्रह में भाग लेनेवाले जीवित लोगों का वेदअरण्यम् में सम्मान किया गया।

मैंने अपने गृह नगर पढकोटई का भी दौरा किया। वहाँ भी माटी के पूत का सम्मान करने के लिए लोग इकट्ठे हो गए थे। कावेरी-मेतुर नहर के बिल्कुल अंत में अवस्थित इस नगर में सदैव पानी की किल्लत रहती थी। वहाँ इकट्ठे हुए लोगों के बीच मैंने कहा कि पानी का संकट दूर करने का एक उपाय यह है कि आस-पास की नदियों को जोड़कर एक ग्रिड बनाया जाए। मैंने सलाह दी कि गोदावरी को कृष्णा से और फिर पेनार से जोड़ा जा सकता है। मैंने इस मौके पर इस हाईस्कूल के छात्रों को वजीफे दिए, जिसमें मैंने पढ़ाई की थी। मैंने राजमदम गाँव का अपना पैतृक आवास प्राथमिक स्वास्थ्य केंद्र के लिए दान कर दिया।

28 अप्रैल को मैं अन्ना मलाई विश्वविद्यालय गया और उसके चिकित्सा विज्ञान विभाग की बिल्डिंग का उद्घाटन किया। चिकित्सा-व्यवसाय की प्रशंसा करते हुए मैंने कहा कि अगर कोई ऐसा पेशा है, जिसमें स्व से पहले सेवा आती है तो वह डॉक्टरी का पेशा है। इस पेशे से जुड़े लोगों से मैंने अपील की कि महँगी दवाइयों, विटामिन और प्रोटीन के सस्ते विकल्प तलाशें। मैंने डॉक्टरों की हड़ताल पर जाने की आदत पर खेद जताया और कहा कि इससे न सिर्फ उनके नियोजकों को नुकसान होता है, बल्कि गरीब मरीज भी मारे जाते हैं। मैंने लोगों से ग्रामीण क्षेत्रों में जाने और सरकार पर निर्भर हुए बगैर चिकित्सा राहत पहुँचाने की अपील भी की।

अप्रैल 1988 में मैंने प्रधानमंत्री को एक महत्त्वपूर्ण संदेश भेजा और अरूणाचल प्रदेश में राज्यपाल की जनवरी 1988 की एक रपट की ओर उनका ध्यान खींचा। राज्यपाल ने असम-अरुणाचल प्रदेश की सीमाई विवाद के कारण इलाके में व्याप्त और वहाँ के लोगों के गुस्से का जिक्र किया था। अपने संदेश में मैंने कहा था कि उत्तर-पूर्वी राज्यों के सीमा-विवाद का हल जल्दी निकाला जाना

चाहिए। मैंने सुझाव दिया कि विवाद अगर आपसी बातचीत से नहीं सुलझ रहे हैं, तो राज्यों को एक-एक मध्यस्थ नियुक्त करने पर राजी हो जाना चाहिए, और वे दोनों एक अम्पायर चुन लें। दोनों पक्षों को इस बात पर पहले ही राजी हो जाना चाहिए। कि उन्होंने जो मध्यस्थ नियुक्त किए हैं, उनकी सिफारिशों को वे मानेंगे और अगर मध्यस्थों की राय भी अलग-अलग हुई तो अम्पायर का फैसला माना जाएगा। राजीव गाँधी का कहना था कि असम-अरुणाचल-सीमा विवाद को लेकर मेरी चिंता से वे पूरी तरह सहमत हैं और उन्होंने गृहमंत्री से कहा कि वे इस मामले पर अविलम्ब ध्यान दें।

राज्यों द्वारा पारित विधेयकों को राष्ट्रपति की सहमति मिलने में जो असाधारण देरी होती थी, उस ओर सांसद और राज्य सरकारें मेरा ध्यान आकृष्ट कर रही थीं। इस सिलसिले में मैंने संसद में दिया गया एक जवाब देखा, जिसमें 63 ऐसे विधेयकों का विवरण दिया गया था, जिन पर राष्ट्रपति की मुहर लगनी थी। अपनी फाइलों को 24 घंटें में निपटाने को मेरी पुरानी आदत है पर संबंधित मंत्रालय अगर फाइल दें ही नहीं, तो राष्ट्रपति के पास कोई अधिकार नहीं होता। जिन 63 विधेयकों को मंजूरी मिलनी थी, उसमें से 26 को राज्य सरकारों के पास स्पष्टीकरण या पुनर्विचार के लिए वापस भेजा जा चुका था। कुछ पर संबंधित मंत्रालयों की सलाह से अब भी विचार चल रहा था। मैंने प्रधानमंत्री को यह कहते हुए पत्र लिखा कि इससे राज्य-केंद्र संबंधों में उत्तेजना फैलती है और इस मामले की जाँच करनेवाले सरकारिया आयोग में सिफारिश की थी कि ऐसे मामले चार माह के अंदर निपटाने की परंपरा होनी चाहिए। मैंने यह कहकर पत्र समाप्त किया कि केंद्र के पास भेजे गए विधेयकों को तेजी से निपटाने के लिए एक कार्य-प्रणाली विकसित करने की जरूरत है।

प्रधानमंत्री को भेजे गए एक नोट में मैंने उनका ध्यान दया-याचिकाओं के निर्णयों में होने वाली देरी की ओर खींचा। नोट इस प्रकार था-

गृह मंत्रालय ने हाल ही में दो ऐसे व्यक्तियों की दया-याचिकाएँ भेजी थीं, जिन्हें मौत की सजा दी गई है। ये दोनों मामले महाराष्ट्र के हैं। संबंधित व्यक्तियों के खिलाफ आपराधिक मामले न्यायिक प्रक्रिया के सभी चरणों से गुजर चुके हैं। सुप्रीम कोर्ट ने 29.7.82 और 15.12.83 को मृत्युदंड पर पुनर्विचार की अपील खारिज कर दी थी। इसके बाद अपराधियों ने राज्यपाल के पास

दया की अर्जी भेजी थी, जिन्हें खारिज का दिया गया था। अंततः उन्होंने राष्ट्रपति से दया की अपील की। राज्य सरकार ने इन्हें क्रमशः 11.1.84 और 28.2.84 को अग्रसारित किया। गृह मंत्रालय द्वारा ये मामले मेरे पास गृहमंत्री की सिफारिशों सहित मार्च 1988 यानी चार साल बाद भेजे गए। जाँच करने का पता चला है कि मंत्रालय में कुल मिलाकर 36 ऐसे मामले लटके हुए हैं।

ऐसे मामले बहुत नहीं होते, जिनमें अदालतें मौत की सजा देती हैं। दरअसल सुप्रीम कोर्ट ने इस मामले में कुछ दिशा-निर्देश निश्चित कर दिए हैं। और मौत की सजा 'असाधारण में भी सर्वाधिक असाधारण' मामले में दी जाती है। दूसरी ओर अदालतों ने बार-बार यह फैसला दिया है कि यदि मौत की सजा देने की तारीख के बाद काफी समय बीत गया हो तो यह संविधान के अनुच्छेद 21 के तहत सुरक्षा का सही मामला होगा और दी गई सजा को उम्र कैद में बदल दिया जाएगा। इस सिद्धांत को लागू करने के लिए दो से तीन साल की देरी पर्याप्त मानी गई है। मौजूदा मामले में राष्ट्रपति तक फाइल पहुँचने से पहले चार साल गुजर गए हैं। दया-याचिकाओं पर फैसले में देरी से न सिर्फ अपराधियों को मानसिक पीड़ा होती है, बल्कि वैसे मामलों में भी परिवर्तन के लिए मजबूर करती है, जिसमें फाँसी की सजा न्यायसंगत होती है।

35वाँ राष्ट्रीय फिल्म पुरस्कार-समारोह 2 मई को नई दिल्ली के सुरुचिपूर्ण सिरी फोर्ट ऑडिटोरियम में आयोजित हुआ। इसमें फिल्म उद्योग की कई हस्तियों का सम्मान किया गया। सिने जगत के शहंशाह राजकपूर को प्रतिष्ठा वाला सम्मान 'दादा साहब फाल्के पुरस्कार' दिया गया। राजकपूर को यह पुरस्कार दिए जाने से एक खास बात यह जुड़ी हुई थी कि उनके पिता पृथ्वीराज कपूर को पहला फाल्के पुरस्कार मिला था और पिता-पुत्र को सर्वोच्च पुरस्कार दिए जाने का यह अकेला मामला है। राजकपूर का स्वास्थ्य एकदम ठीक नहीं था, फिर भी वे यह पुरस्कार लेने आए। जब समारोह चल रहा था, तभी उन्हें साँस लेने में तकलीफ हुई और जब उनका नाम पुकारा गया तो वे खड़े होने की स्थिति में नहीं थे। वहाँ उनके चारों ओर हल्की भीड़ लग गई थी। मैंने इनका कारण जानना चाहा। जब मुझे उनकी शारीरिक स्थिति का पता चला तो मैंने केंद्रीय मंत्री हरिकिशन लाल भगत से कहा कि मैं उनके पास जाकर उन्हें पुरस्कार दे आता हूँ। जब मैं उनकी सीट की ओर चला और वहाँ जाकर उनके गले में मेडल डाला तो तालियों की आवाज से पूरा हाल गूँज उठा। मैंने देखा कि

उनकी हालत बहुत खराब है। इसलिए मैंने अपनी निजी चिकित्सक को बुलवाया और उनसे कहा कि राजकपूर को राष्ट्रपति के चिकित्सा-वाहन में अस्पताल ले जाया जाए। मेरी इस सद्भावना की राजकपूर-परिवार के सदस्यों और सारे दर्शकों ने बहुत प्रशंसा की।

जिन अन्य कलाकारों को सम्मानित किया गया, उनमें सर्वश्रेष्ठ अभिनेता कमल हसन, सर्वश्रेष्ठ अभिनेत्री अर्चना और सर्वश्रेष्ठ बाल अभिनेता मंजूनाथ हैं। जाने-माने फिल्म निदेशक अदूर गोपाल कृष्णन को सर्वश्रेष्ठ निदेशक का पुरस्कार मिला। इस अवसर पर मैंने कहा कि सिनेमा जैसे माध्यम का कुछ लोगों ने बॉक्स ऑफिस की सफलता के मोह में दुरूपयोग किया है। मैंने इस बात पर दुख जताया और कहा कि थोड़े-से लाभ के लिए भारतीय संस्कृति की बलि नहीं चढ़ाई जानी चाहिए। मैंने यह भी कहा कि बॉक्स ऑफिस की सफलता के लिए सेक्स और हिंसा का सहारा लेने की प्रवृत्ति पर अलग-अलग फिल्म निर्माताओं और फिल्म उद्योग द्वारा भी रोक लगाई जानी चाहिए और उसे स्वयं आगे बढ़कर एक आचार-संहिता स्वीकार करनी चाहिए।

अफगानिस्तान के राष्ट्रपति डॉ. नजीबुल्लाह तीन दिन की यात्रा पर भारत आए। उनकी यात्रा का उद्देश्य दोनों देशों के आपसी संबंधों को मजबूत करना था। 4 मई को आनुष्ठानिक भोज में मैंनें कहा अफगान राष्ट्रपति की अफगानिस्तान में शांति और स्थायित्व बहाल करने वाली कोशिशों में भारत की गहरी दिलचस्पी और नजर रही है। अफगान राष्ट्रपति के इस प्रस्ताव का मैंने खास तौर से ज़िक किया जिसमें उन्होंने कई देशों में फैले अफगान बागियों और शरणार्थियों की साझी सरकार बनाने की बात कही थी। ऐसा कहकर मैंने अफगान सरकार में विक्षुब्धों और विरोधी गुटों को शामिल करके उनका प्रतिनिधित्व बढ़ाने में भारत के समर्थन का संकेत दिया। अफगान राष्ट्रपति ने अपने जवाब में कहा कि वे दुनिया में कहीं भी रह रहे अफगान समूहों के प्रतिनिधियों को राष्ट्रव्यापी शांति संसद में शामिल करने को बुलाने के लिए तैयार है। उन्होंने कहा कि अफगानिस्तान सरकार उसकी भागीदारी के लिए कोई पूर्व शर्त नहीं रखेगी। डॉ. नजीबुल्लाह ने भारत और सोवियत संघ को उनके समर्थन के लिए धन्यवाद दिया।

10 मई को मैंने कलाक्षेत्र परिसर, मद्रास में रुक्मिणी देवी की कांस्य-प्रतिमा का अनावरण किया। वे अँग्रेजी के समय में भी एक हस्ती थी। थियोसोफिकल

सोसाइटी से अपना कैरियर शुरू करके वे ऑल इंडिया फेडरेशन ऑफ थियोसोफिस्ट्स की अध्यक्ष और वर्ल्ड फेडरेशन ऑफ यंग थियोसोफिस्ट्स की अध्यक्ष बनीं। उन्होंने उस भारतीय संस्कृति के मूर्तिमान रूप की तरह सारी दुनिया को प्रभावित किया, जिसका डॉ. एनी बेसेंट ने भी आदर किया और जिसे दूषित न होने देने की कामना की। उन्होंने कालक्षेत्र की शुरूआत की और इसे संस्कृति का मंदिर बना दिया। टैगोर के शांति निकेतन और महात्मा गाँधी के साबरमती की तरह रुक्मिणी देवी का 'कलाक्षेत्र' भी भारतीय संस्कृति और परम्पराओं के एक ठोस के रूप में विकसित हुआ है। समारोह की अध्यक्षता तमिलनाडु के राज्यपाल डॉ. पी. सी. अलेक्जेंडर ने की।

मद्रास के शंकर हायरसेकेंड्री स्कूल के एक समारोह में मैंने स्कूल-कालेजों में दाखिले के लिए कैपिटेशन फीस लेने की निंदा की। मैंने कहा, "अगर मेरे पास एक तानाशाह की ताकत होती तो मैं कैपिटेशन फीस लेने वाले सभी स्कूलों को खत्म कर देता।" मैंने आगे कहा, "अनैतिक व्यवहार की बदौलत फलने-फूलने वाली संस्थाओं की अपेक्षा बेहतर मानकोंवाले स्कूल भले ही कम हों, लेकिन यह ज्यादा अच्छा है।" मैंने यह टिप्पणी भी की, "ज्यादातर स्कूल व्यापारिक संस्थान हो गए हैं, क्योंकि लोग थोड़े पैसे लगाकर शिक्षा-संस्थाएँ स्थापित कर लेते हैं और फिर अभिभावकों से भारी राशि वसूल कर जबरदस्त मुनाफा कमाते हैं।" नैतिकता और संस्कृति की महत्ता पर जोर देते हुए मैंने सुझाव दिया कि प्रत्येक स्कूल को रोज एक घंटा नैतिक शिक्षा का पाठ पढ़ाना चाहिए। हमें, ए से एप्पल, बी से बैट, सी से कैट और डी से डॉग की जगह ए से अल्लाह, बी से बुद्ध, सी से क्राइस्ट और डी से दुर्गा पढ़ाना चाहिए, ताकि बच्चे धार्मिक एकता के परिचित हो सकें।

1953 में न्यूयार्क स्थित प्लेनेटेरियम देखने के बाद से ही मैं चाहता था कि मद्रास में एक प्लेनेटेरियम की स्थापना हो। तमिलनाडु के उद्योगमंत्री के रूप में मैंने दिवंगत जी. डी. बिड़ला को एक प्लेनेटेरियम लगाने के लिए राजी करने की कोशिश की। हालाँकि यह कोशिश सफल नहीं हुई, पर 1988 में बी. एस. बिड़ला के पौत्र चंद्रकांत बिड़ला ने अन्ना टेक्नॉलाजिकल यूनिवर्सिटी के पास एक प्लेनेटेरियम का निर्माण करवाया और मुझसे कहा कि मैं इसे राष्ट्र को समर्पित करूँ।

उस मौके पर मुझे देश के वैज्ञानिक वातावरण बनाने में नेहरू के मूल्यवान सहयोग की याद आई और मैंने उद्योगों व अनुसंधान संस्थाओं के बीच ज्यादा मेल-जोल की वकालत की, ताकि अनावश्यक आयात से बचा जाए और राष्ट्रीय आत्मनिर्भरता की स्थिति बनाई जाए।

25 मई को मैंने कृष्णमूर्ति फाउंडेशन ऑफ इंडिया के तत्त्वाधान में पहला कृष्णमूर्ति स्मृति-व्याख्यान दिया। मैं अपने कालेज के दिनों से ही जे. कृष्णमूर्ति का भारी प्रशंसक रहा हूँ। अंतिम वर्षो के दौरान जब वे कभी भारत आते थे, मैं उनसे व्याख्यान करता था मैंने कहा कि कृष्णाजी हालाँकि खुद को कभी गुरु नहीं मानते थे और गुरु कहलाना पसंद नहीं करते थे। फिर भी वे एक अलग तरह के शिक्षक थे। किसी सवाल का उत्तर वे शायद ही कभी देते थे। उल्टे हमेशा एक दूसरा सवाल दाग देते थे, ताकि पूछने वाले को विचार-प्रक्रिया के लिए उकसाया जा सके और इससे वह उत्तर प्राप्त कर सके।

मुझे याद है, एक बार मैंने कृष्णाजी से पूछा था कि क्या युद्ध, हिंसा, विध्वंस और मनुष्य का मनुष्य द्वारा शोषण जैसी मानवीय कठिनाइयों का कोई समाधान है? अपनी सहज प्रवृत्ति के अनुसार उन्होंने मुझसे उल्टा सवाल पूछा कि मेरी समस्याएँ क्या हैं? उस समय मैं योजना-आयोग से रिटायर ही हुआ था और किसी सरकारी पद पर नहीं था। मैंने उनसे कहा कि मुझे कोई दिक्कत नहीं है। मुझे पद या पैसे का लालच नहीं था और मुझे कोई निराशा भी नहीं हुई थी। इसके बाद कृष्णाजी ने मुझसे पूछा, "दूसरे सभी मनुष्य तुम्हारे जैसे क्यों नहीं हो सकते?" उन्होंने यह भी कहा कि अगर ऐसा होता तो दुनिया में कोई कठिनाई नहीं होती।

कृष्णाजी दार्शनिकों के दार्शनिक, शिक्षकों के शिक्षक और एक कामरेड, मित्र व साथी विचारक भी थे। मानव-व्यवहार और मानसिक प्रतिक्रिया में भीतर एक देख सकने की क्षमता उनमें थी। वे जाति, रंग और धार्मिक मतभेदों के घोर विरोधी थे और चाहते थे कि अपने अनुयायियों व प्रशंसकों को सार्वभौम भाईचारे के प्रति उत्साहित करें।

गुंडी और अंबतुर के औद्योगिक इस्टेट की स्थापना तब हुई थी, जब मैं मद्रास का उद्योगमंत्री था। 13 मई , 1988 को अंबतुर औद्योगिक इस्टेट के रजत जयंती समारोह में मैं शामिल हुआ। मैंने कहा कि युद्ध के बाद अभावग्रस्त

समय में नियंत्रण और नियमन के कुछ उपाय आवश्यक हैं, पर अब जब कमी नहीं रही तो इन उपायों का कोई मतलब नहीं है। मैंने कहा कि 1960 के आस-पास ही कोटा-परमिट-राज खत्म करने का समय आ गया था। मैंने कहा कि देश के सामने एक ही मुश्किल है और वह है विदेशी मुद्रा की कमी। इसलिए जिन उद्योगों को कच्चा माल या दूसरे खर्चों के लिए विदेशी मुद्रा की आवश्यकता नहीं होती, उन्हें कंट्रोल और लाइसेंस के नियमों से मुक्त कर दिया जाना चाहिए। मैंने छोटे पुर्जों के निर्माण के लिए सहायक उद्योगों की जरूरत पर भी जोर दिया, ताकि, बड़े उद्योग अपने संसाधनों का इस्तेमाल अंतिम उत्पाद की उत्पादकता और उत्पादक बढ़ाने के लिए कर सकें। मैंने इंडस्ट्रियल इस्टेट में कम से कम 10 हजार पेड़ लगाए और कहा कि इसे एक औद्योगिक पार्क में बदल दें।

एक बार बातचीत के दौरान राजीव गाँधी ने भूमि-सुधार लागू करने में होने वाली मुश्किलों का जिक्र किया। उन्होंने कहा कि सीलिंग कानून से बचने के लिए कई लोगों के नाम से भूमि गलत ढंग से बाँट दी गई है। मैंने कहा कि यह गलत काम हमारे कानून की कमजोरियों का परिणाम है और अदालतों द्वारा सम्पत्ति के बेनामी स्वामित्व को मान्यता देने से कर-चोरी भी होती है। मैंने सुझाव दिया कि एक कानून बनाकर अदालतों के समक्ष बेनामी स्वामित्व पर रोक लगाई जाए।

कई महीनों बाद बेनामी लेन-देन से संबंधित एक अध्यादेश जारी करने का प्रस्ताव मेरे पास मंजूरी के लिए आया। यह अध्यादेश वैसे आदेशों में एक था, जिसका हर क्षेत्र में स्वागत किया गया था। इसी तरह 26 मई को, राजनीतिक और आपराधिक उद्देश्यों के लिए धार्मिक संस्थाओं का इस्तेमाल रोकने वाला एक अध्यादेश मेरे हस्ताक्षर से जारी किया गया। पंजाब में बढ़ते आतंकवाद और आतंकवादियों तथा असामाजिक तत्त्वों द्वारा हथियार रखने के लिए पूजा-स्थलों के दुरुपयोग के मद्देनजर सरकार ने एक और अध्यादेश जारी कर हथियार रखने, विद्रोही गतिविधियाँ चलाने और विभिन्न धर्मों के बीच कटुता एवं वैमनस्य फैलाने पर पाबंदी लगा दी। अध्यादेश में इन अपराधों के लिए खड़ी सजा का प्रावधान है।

मैंने हमेशा से ऐसी व्यवस्था बना रखी थी कि मेरे नाम आने वाली प्रत्येक चिट्ठी मेरे स्टाफ द्वारा मेरे सामने रखी जाए। सुविधा के लिए, सामान्य चिट्ठियाँ,

खोलकर पेश की जाती थीं, जबकि 'निजी' या 'गोपनीय' चिट्ठियों को बिना खोले दिया जाता है। पर, मैंने हमेश यह ध्यान रखा कि मेरी डाक, जिसे दक्षिण में टप्पल कहते हैं, मेरे पास आए। इसके कई लाभ थे। मुझे उन बातों की भी जानकारी हो जाती थी, जिसे मेरा कार्यालय कम महत्त्वपूर्ण समझ सकता था, एक बार मुझे उर्दू में लिखी एक हृदयविदारक चिट्ठी, मिली, जिसके भेजने वाले ने स्वयं को सिर्फ 'अमृतसर का निवासी' लिखा था। 'पंजाब में खून की होली' शीर्षक से आए उस पत्र में लिखा था, 'लगता है पंजाब में लगातार जारी खून-खराबे की सूचना राष्ट्रपति भवन तक नहीं पहुँचती। यहाँ तक कि बूढ़े और विकलांग अभिभावकों का विलाप भी राष्ट्रपति भवन की दीवारों को नहीं बेध पाता है...20-22 साल की जवान विधवाओं की चीख भी आप तक नहीं पहुँचती....आतंकवादियों ने छात्रों को उनके परिवारों समेत जिंदा जला दिया है, क्योंकि वे अपने बच्चों को आतंकवादियों के साथ जाने देने के लिए तैयार नहीं थे...तरणतारण, अजनाला, पटियाला आदि अनुमंडलों में पंजाब सरकार या भारत सरकार की हुकूमत अब नहीं चलती...उन लोगों ने अमृतसर के दरबार साहिब को एक बेहद सुरक्षित ठिकाने के रूप में बदल दिया है। उन लोगों ने अमृतसर जिले में राजधानी बना ली है। और जिला गुरदासपुर क्षेत्र को अपने कब्जे में कर लिया है। वहाँ अब आतंकवादियों का शासन चलता है... इसलिए माननीय महोदय, इस राज्य के भविष्य के बारे में तुरंत सोचिए।'' इसके नीचे लिखा था कि इस अपील को किसी फाइल की किस्मत के भरोसे नहीं छोड़ा जाना चाहिए। इस पर अति आवश्यक संदेह की तरह कार्रवाई की जानी चाहिए। इस चिट्ठी में आगे निम्नलिखित दो सुझाव थे-

(1) आतंकवादियों के ठिकानों पर पूरी ताकत से हमला किया जाना चाहिए और सीमा सील कर दी जानी चाहिए। अगर भारत सरकार तत्काल कार्रवाई नहीं करेगी तो स्थिति और खराब हो जाएगी।

(2) बेघर हुए लोगों को सरकारी इमारतों में जगह दी जानी चाहिए और उन्हें वित्तीय सहायता मुहैया कराई जानी चाहिए।

मैंने इस भयावह चिट्ठी के अंश उद्धत किए है, क्योंकि पंजाब की स्थिति के बारे में जो रोज अखबारों में छप रहा था, हालत उससे भी बुरी थी। मैंने यह चिट्ठी प्रधानमंत्री को भेज दी, ताकि उन्हें वास्तविक स्थिति से अवगत कराया जा सके।

वायसराय शिमला स्थित वाइस रीगल लॉज में रहा करते थे। खूबसूरत परिवेश में बने इस प्यारे प्रसाद में वे सप्ताहांत गुजारते थे। इस इमारत के इस ओर बर्फ से ढके पहाड़ हैं तो दूसरी ओर घने जंगल। इस जगह को 'द रिट्रीट' कहा जाता है और यह शिमला से 15 मील दूर मशोब्रा गाँव में अवस्थित है। डॉ. राजेंद्रप्रसाद ने वायसराय की परम्परा को कायम रखा था और वे हर साल महीने-भर तक 'द रिट्रीट' में ठहरते थे। उनके बाद के राष्ट्रपति जब-जब 'द रिट्रीट' जाते थे, पर कोई नियमित प्रवास का चलन नहीं बना। नतीजतन 'द रिट्रीट' की हालत काफी खराब हो गई थी। मैंने शिमला-प्रवास की प्रथा को फिर से शुरु करने का फैसला किया।

20 मई को मैं अपने परिजनों के साथ शिमला रवाना हुआ। हम लोगों ने कालका से शिमला की यात्रा रेल से करने का फैसला किया, ताकि पहाड़ की खूबसूरती का पूरा आनंद लिया जा सके। कालका-शिमला रेल बहुत हद तक मेट्टुपलयम-ऊटी रेल जैसी है धीरे-धीरे पहाड़ पर चढ़ती है। कालका और शिमला के बीच एक लम्बी सुरंग है और इसके अंत में एक रेलवे स्टेशन है–'बरोग'। यहाँ हम लोगों को हिमाचली पर्यटन विकास निगम ने बढ़िया हिमाचली खाना खिलाया। हम लोगों को हिमाचली खाना इतना अच्छा लगा कि मैंनें अपने दो रसोइयों को हिमाचली खाना बनाने का प्रशिक्षण दिलवाने का फैसला किया, ताकि उसे राष्ट्रपति भवन के भोज में शामिल किया जा सके। शिमला में राज्यपाल रचैया और मुख्यमंत्री वीरभद्र सिंह ने हमारी अगवानी की। आनुष्ठानिक परेड के बाद हम 'द रिट्रीट' में चले गए।

हम लोग वहाँ के मंत्रमुग्ध कर देनेवाले वातावरण तथा प्यारे बगीचे और लॉन से तुरंत प्रभावित हो गए। एक पुराने माली ने मुझसे कहा कि नेहरू जी इस लॉन में पूर्व की ओर मुँह करके बैठा करते थे और दूर पहाड़ों को निहारते हुए स्वप्नलोक में खो जाते थे। 'द रिट्रीट' मुझे भी सपनों के घर-जैसा लगा। हाल ही में की गई साज-सँवार के बाद वह चमकदार और साफ-सुथरा लगा रहा था।

अपने शिमला-प्रवास के दौरान मैंने अपने कामों को इस ढंग से व्यवस्थित किया था–सवेरे हम लोग ट्रेकिंग करते थे, दर्शनीय जगहों पर जाते थे। दोपहर में मैं उन फाइलों को निपटाता था जो रोज दिल्ली से आती थीं। शाम को

हम लोग फिर घूमने निकल जाते थे या दूसरे काम निपटाते थे। एक दिन हम लोग पहाड़ी क्षेत्र में टमटम पर घूमने निकले। एक और दिन हम लोग सतलज के किनारे बसे एक गाँव तत्तापानी गए और गंधक के झरने देखे। हम लोगों ने उसके प्रभुत्व और उसकी उग्रता की प्रशंसा की, इसी के लिए यह अच्छी तरह जाना जाता है। मुझे बताया गया कि राजेंद्रप्रसाद मुझसे पहले तत्तापानी जानेवाले अकेले राष्ट्रपति थे।

24 मई की शाम को मैं बिना पूर्व कार्यक्रम के शिमला के 'द रिज' पर गया सारी सुरक्षा-व्यवस्था को धता बताकर पर्यटकों और शिमलावासियों ने मुझे घेर लिया, हाथ मिलाए, तस्वीरें लीं और मुझसे बात की। मेरे आस-पास बच्चे भी जमा हो गए। वे चाहते थे कि उनकी तस्वीर खींची जाए। ये सब लोग अपने राष्ट्रपति से मिलकर खुश थे। मैं धर्मशाला भी गया। वहाँ तिब्बती शरणार्थियों को रखा गया है। यहाँ हमने उन सैनिकों को श्रद्धांजलि दी, जिन्होंने 1947, 1948, 1965 और 1971 में पकिस्तान के साथ हुए युद्ध और 1962 में चीन के साथ टकराव में अपने प्राणों की आहुति दी थी। वहाँ एक खूबसूरत स्मारक बना हुआ है। मैंने वहाँ एक माला चढ़ाई और मशाल जलाने का अनुष्ठान पूरा किया। दलाईलामा धर्मशाला में रहते हैं। वे मुझसे मिलने आए और शरणार्थियों एवं उनकी समस्याओं के बारे में सामान्य बातचीत की। वैसे स्थानीय लोग तिब्बती शरणार्थियों से नाखुश थे। उनका मानना था कि शरणार्थी लोग स्थानीय लोगों से घुल-मिल नहीं रहते और एक विशिष्ट समुदाय बने हुए हैं। वे स्थानीय चीजें नहीं खरीदते और अपनी जरूरत के सामान बाहर से मँगाते है।

हिमाचल प्रदेश में एक और खूबसूरत जगह है नारकंडा। यहाँ का सर्किट हाउस एक छोटी पहाड़ी पर स्थित है। वहाँ से घाटी दिखाई देती है। सर्किट हाउस के समाने खड़े होकर हम लोग बर्फ से ढके पहाड़ देख सकते थे। सूरज की रोशनी में ये विशाल हीरे की तरह चमचमा रहे थे। पहाड़ के आसपास टहलने की अच्छी जगहें हैं और अनेक लोग इस क्षेत्र में ट्रेकिंग करते हैं। हम लोगों ने ऊपर-नीचे करते सारा दिन बिता दिया और खूबसूरत दृश्यों का आनंद उठाया।

शिमला से करीब 45 किमी. दूर एक पहाड़ी सैरगाह है—चैल। पटियाला के पूर्व महाराजा ने यह मनोहर जगह बनवाई थी, जिसे हिमाचल पर्यटन विकास

निगम ने एक होटल के रूप में परिवर्तित कर दिया है। यह बहुत उत्कृष्ट ढंग से सजा हुआ है और इसका रख-रखाव एकदम त्रुटिहीन है। महल के आस-पास के बगीचों में कई तरह के रंग-बिरंगे फूल हैं। बगीचे और उसके साथ-साथ होटल में हम कई लोगों से मिले। मुझे जो खास बात दिखी वह यह कि वे खुश और संतुष्ट थे। स्नेह और मित्रता उनके व्यवहार से मानो टपक रही थी। दिवंगत पटियाला महाराज अच्छे क्रिकेट-खिलाड़ी थे और उन्होंने अनेक टेस्ट मैचों में भारत का प्रतिनिधित्व किया था। इन लोगों ने समुद्रतल से 8,000 फीट की ऊँचाई पर बना यह अकेला क्रिकेट मैदान है। महाराजा को मैं व्यक्तिगत तौर पर जानता था और जब वे रोम में भारत के राजदूत थे तो उनके साथ रहा भी था।

मनाली में हम लोग दो दिन रहे। मेरी राय में यह शिमला की तुलना में ज्यादा आकर्षक है। बर्फ से ढँके पहाड़, पहाड़ के नीचे अठखेलियाँ करती व्यास नदी और वशिष्ट में सल्फर-खुले झरने अजीबो-गरीब आनंद देते हैं। नेहरू को यह जगह बहुत पसंद थी और हर साल वे कुछ दिन यहाँ रहते थे। वे चीनी मिट्टी के जिस बर्तन और छुरी-काँटे का इस्तेमाल करते थे, वे सब सरकारी अतिथि-गृह में सँभालकर रखे हैं। आदिवासियों के वस्त्रों में उनकी तस्वीर भी वहाँ सुरक्षित है। हिमाचल पांडवों का घर था और अनेक स्थानों के नाम महाभारत से जुड़े लोगों के नाम पर हैं। व्यास नदी और वशिष्ठ प्रपात इनमें से कुछेक हैं। यहाँ एक 'हिम-अवधाव अध्ययन संस्थान' है और एक प्रयोगशाला भी, जहाँ इस क्षेत्र से जुड़े अनुसंधान-कार्य चलते हैं। विशेषज्ञों ने हमें दिखाया कि हिम स्खलन को रोकने के लिए क्या-क्या कदम उठाए जाते हैं। रोहतांग दर्रा मनुष्य के लिए प्रसन्नता और निराशा-दोनों का कारण है। 13, 500 फीट की ऊँचाई पर अवस्थित यह दर्रा वर्ष में सात महीने बर्फ से बंद रहता है। हिमपात के बाद दर्रा खोलने के लिए सीमा-सड़क-संगठन को हर साल कठिन परिश्रम करना पड़ता है। रोहतांग पास के दूसरी ओर अवस्थित केलाँग गाँव साल में सात महीने शेष दुनिया से कटा रहता है। यह अकेला ऐसा दर्रा है, जिसके जरिए काश्मीर में श्रीनगर तक यातायात का प्रबंध किया जा सकता है। रक्षामंत्री के रूप में मैंने पहाड़ के भीतर एक सुरंग बनाने की योजना शुरू की थी। सामरिक दृष्टि से यह सुरंग लेह और काश्मीर की संवदेनशील सीमा तक प्रत्येक मौसम में चलने योग्य रस्ता खोल देती। जब मैं हेलीकॉप्टर से केलांग पहुँचा

तो बड़ी तादाद में लोग इकट्ठे हो गए और आदिवासी नृत्य तथा यद्ध-कला का प्रदर्शन किया। जब मैंने कहा कि सरकार ने सुरंग बनाने की योजना सिद्धांतत: स्वीकार कर ली है और प्रारम्भिक काम शुरू हो चुका है तो लोगों ने खुशी जाताई।

न तो रोहतांग दर्रे में और न करीब 14,000 फीट की ऊँचाई पर लेह में मुझे साँस लेने में कोई दिक्कत हुई और न ऑक्सीजन की जरूरत पड़ी। कुछ लोगों को यह देखकर वाकई ताज्जुब हुआ कि मैं बिना किसी दिक्कत के दर्रे में चल, चढ़ और घूम सकता हूँ, जबकि जो लोग वहीं रहने के आदी हैं, उन्हें भी चलते समय छड़ी की जरूरत पड़ती थी।

शिमला के मेयर ने मेरा नागरिक अभिनंदन किया। यह रिज पर होनेवाला एक भव्य आयोजन था। इनमें 10,000 लोग शामिल हुए थे। लोगों के बीच अपने विचार रखते हुए मैंने उनके सादे और शांतिपूर्ण जीवन, उनकी अनुशासनप्रियता और व्यवस्था तथा उनकी भलमनसाहत और मित्रता के लिए प्रशंसाा की। सच तो यह है कि हिमाचल में अपराध-दर सबसे कम है और यहाँ कोई धार्मिक वैमन्य भी नहीं है।

अपने शिमला-प्रवास के दौरान मैंने बिशप कॉटन स्कूल, शिमला के छात्रों को भी संबोधित किया इस स्कूल की स्थापना 160 वर्ष पूर्व हुई थी। छात्रों के व्यवहार, उनके अच्छे परीक्षा-परिणाम और खेलों में उनकी रुचि से इस स्कूल की उत्कृष्ट परम्परा पूरी तरह स्पष्ट थी। मैंने उनसे विज्ञान और तकनालॉजी, अंतरिक्ष-अनुसंधान, दूर-संचार आदि क्षेत्रों में भारत द्वारा की गई शानदार तरक्की के बारे में बात की। मैंने कहा कि आर्थिक विकास के साथ-साथ लोगों को स्वयं में राष्ट्रभक्ति, अनुशासन और साथियों की सेवा का भाव भी विकसित करना चाहिए। नई पीढ़ी से मैंने यह अपील की कि वे अपनी उस सभ्यता और संस्कृति का सम्मान करें जो कई सौ साल से चलती हुई हम तक पहुँची है। इसके बाद मैंने इंडियन इंस्टीट्यूट ऑफ एडवांस्ड स्टडीज का दौरा किया। यह पुराने वाइस रीगल लॉज में अवस्थित है। शिमला का वाइस रीगल लॉज एक भव्य इमारत है। इसमें शीशम की लकड़ी की खूबसूरत पैनेलिंग है नृत्य-स्थल, भव्य शयनकक्ष और शाही शौचालय हैं। राष्ट्रपति राधाकृष्णन ने इसे इंडियन इंस्टीट्यूट ऑफ एडवांस्ड स्टडीज को सौप दिया था। संस्थान को मिलनेवाले

अपर्याप्त आर्थिक अनुदान के कारण वह इस महलनुमा इमारत का रख-रखाव करने में अक्षम था और यह भव्य ऐतिहासिक इमारत साल-दर-साल खराब होती गई थी। 1983 में जब मैं रक्षामंत्री के रूप में संस्थान में गया था, तब इमारत की हालत देखकर दंग रह गया था। तब मैंने इंदिरा गाँधी से कहा था कि वाइस रीगल लॉज का इस्तेमाल हिमाचल प्रदेश के राजभवन के रूप में किया जा सकता है, ताकि इस ऐतिहासिक इमारत का उपयुक्त रख-रखाव और संरक्षण किया जा सके। पर हिमाचल सरकार ने इसके बजाय नए राजभवन का निर्माण करने की एक महँगी योजना शुरू की। मई 1988 में जब मैं फिर वाइस रीग लॉज गया तो मैंने पाया कि उसकी हालत खराब हो गई है। इसके अलावा मैं विद्वानों द्वारा किए जा रहे कामों की गुणवत्ता से भी प्रभावित नहीं था। आखिर में मैंने शिमला ब्रिगेड के मुख्यालय फ्लैग स्टाफ हाउस का दौरा किया और अफसरों से मिला। वे वर्दी में थे। मैंने उनके पास जाने का निमंत्रण खुशी-खुशी स्वीकार कर लिया था, इससे वे लोग बेहद खुश थे। उन लोगों ने पश्चिमी कमांड को शिमला से चंडी मंदिर स्थानांतरित करने के बारे में बातचीत की। चंडी मंदिर चंडीगढ़ के पास है और अफसरों न नए मुख्यालय से जुड़ी सुविधाओं के बारे में भी बात की। चंडी मंदिर चंडीगढ़ के पास है और अफसरों ने नए मुख्यालय से जुड़ी सुविधाओं के बारे में भी बात की। अपने शिमला-प्रवास के अंत में मैंने वहाँ के विशिष्ट लोगों के लिए एक समारोह का आयोजन किया। इसमें राज्यपाल, मुख्यमंत्री, मंत्रिमंडल के सदस्य कुलपति, सेना के वरिष्ठ रिटायर अधिकारी और कई अन्य विशिष्ट जन शामिल हुए। इन लोगों ने मुझसे कहा कि मैं हर साल शिमला प्रवास पर आऊँ।

'द रिट्रीट' में एक खूबसूरत फलोद्याान है। इसमें स्वादिष्ट आलूबुखारे, चेरी, लीची और खूबानी जैसे फलों के अनेक पेड़ हैं। लेकिन सेब के पुराने पेड़ों की हालत खराब हो गई थी और कोई नया पौधा नहीं लगाया गया था। मैंने सेब और दूसरे फलदार पौधे लगाने के निर्देश दिए। स्पष्ट था कि यहाँ पैदा होने वाले फलों को कर्मचारी हजम कर जाते थे। इस बार मैंने फलों की पेटियाँ शिमला के मूक-बधिर विद्यालय, हिमाचल प्रदेश के राज्यपाल, उपराष्ट्रपति और प्रधानमंत्री को भिजवाई।

शिमला से मैंने राजीव गाँधी को एक चिट्ठी लिखी, जिसमें उनका ध्यान तेजी से बढ़ती मुद्रास्फीति की ओर खींचा और कहा कि सातवीं योजना के

पहले तीन वर्षों में आवश्यक वस्तुओं का थोक मूल्य सूचकांक 21.4 प्रतिशत बढ़ गया हैं मैंने बताया कि दैनिक उपयोग की कुछ आवश्यक वस्तुओं का मूल्य-सूचकांक काफी ऊपर चला गया है। ये ऐसी चीजें हैं, जिनकी कीमतों का प्रभाव गरीब वर्ग पर पड़ता है। इस प्रकार तीन साल की अवधि में 31 प्रतिशत की वृद्धि हुई थी (दाल 21.2, सब्जी 53.7 और खाने के तेल 50.5) मैंने सुझाव दिया कि सरकार को स्थिति सँभालने के उपाय करने चाहिए। कुछ समय बाद राजीव गाँधी ने जवाब दिया कि अर्थव्यवस्था पर मुद्रस्फीति के बढ़ते प्रभावों को नियंत्रित करने के काम को सरकार ने उच्च प्राथमिकता दी है और वे वित्तमंत्री तथा खाद्य एवं नागरिक आपूर्ति मंत्री से कहनेवाले हैं कि कीमतों पर वे स्वयं नजर रखें।

मेरे शिमला प्रवास के दौरान जाने-माने पत्रकार प्रेम भाटिया ने लिखा :

''शायद ही डॉ. राजेंद्र प्रसाद को छोड़कर भारत का कोई और राष्ट्रपति गर्मियों में महीने-भर शिमला में रहा हो। यह अपने आप में अच्छी चीज है, क्योंकि राष्ट्रपति की यात्रा से शिमला स्थित 'द रिट्रीट' में पेंट की नई परत चढ़ती है और उसके फर्नीचर एवं अन्य साजो-सामान पर लोक-निर्माण विभाग की नजर पड़ती है। इसकी सख्त जरूरत रहती है। पूर्व में अन्य राष्ट्रपति संक्षिप्त यात्रा पर शिमला गए हैं। उनकी यात्रा शायद ही कभी हफ्ते-भर की रही हो। ये यात्राएँ खास उद्देश्यों से की गई थीं, ब्रिटिश वायसराय या पंजाब के राज्यपाल के जमाने की तरह वहाँ रहने के लिए नहीं...''

''शिमला में वे (आर. वेंकटरमन) भीड़-भरे रिज पर गए और अखबारों की रपटों को उद्धृत करने वाले लोगों से आराम से मिले। जब वे पास की चैल सैरगाह में गए तो लोग वहाँ भी आसानी से उनके पास तक पहुँच गए। वे विख्यात पैलेस होटल में मेहमानों से भी आराम से मिले-जुले। इस होटल को राज्य सरकार चलाती है। निश्चय ही यह जनता का राष्ट्रपति बनने-जैसा है। ज्ञानी जैलसिंह ने यह भूमिका और बेफ्रिकी से निभाई थी।''

रामविलास पासवान के नेतृत्व में एक प्रतिनिधिमंडल मुझसे मिला और शिकायत की कि राजस्थान के नाथद्वारा मंदिर में हरिजनों के प्रवेश की मनाही है और पुरी के शंकराचार्य ने इस व्यवस्था को उचित ठहराया है। कांग्रेस के मंदिर-में प्रवेश कार्यक्रम का सबसे मजबूत समर्थक होने के नाते ऐसी व्यवस्था

पर मुझे भारी क्षोभ हुआ। मैंने पासवान को अपने समर्थन का आश्वासन दिया और यह भी कहा कि जरूरत हुई तो मैं स्वयं नाथद्वारा मंदिर में हरिजनों के प्रवेश का नेतृत्व करूँगा। राजस्थान के मुख्यमंत्री ने इस पर ध्यान दिया और स्वयं हरिजनों के प्रवेश का आयोजन किया।

प्रधानमंत्रियों से अपनी मुलाकात के दौरान हम लोग न सिर्फ राष्ट्रीय और अंतर्राष्ट्रीय मामलों से जुड़े मुद्दों की चर्चा करते थे, बल्कि सामान्य जीवन से जुड़े कई मामलों पर भी बात होती थी। ऐसे ही एक मौके पर राजीव गाँधी रोज-रोज की समस्याओं से परेशान थे और उनका मूड एकदम खराब था। मैंने उनसे कहा कि उन्हें तटस्थ भाव से सोचना चाहिए और हर मामले से भावात्मक रूप से नहीं जुड़ना चाहिए। मैंने उन्हें *भज गोविंदम्* की एक प्रति राजाजी की अंग्रेजी टिप्पणी समेत भेजी। राजीव ने मुझे लिखा, "मैं इसे समय मिलते ही पढ़ूँगा।"

2 जुलाई को गृहमंत्री बूटासिंह कानून-व्यवस्था की समस्या पर सामान्य बातचीत के लिए मेरे पास आए। उन्होंने अमृतसर के स्वर्ण मंदिर में हुए 'ऑपरेशन ब्लैक थंडर' का लेखा-जोखा पेश किया और बताया कि आतंकवादियों को कैसे उनके ठिकानों से बाहर निकाला गया। उन्होंने आतंकवाद की समस्या से निपटने के लिए न सिर्फ पंजाब में, बल्कि पास के दिल्ली और हरियाणा में भी उठाए गए कदमों का ब्यौरा दिया। ये पंजाब में धीरे-धीरे कम हो रही आतंकवादी गतिविधियों को लेकर आशावान थे। उन्होंने पश्चिम बंगाल के मुख्यमंत्री ज्योति बसु से गोरखा नेशनल लिबरेशन फ्रंट और उसके प्रमुख सुभाष घीसिंग के आंदोलन के बारे में हुई बातचीत का ब्यौरा भी दिया। वे गोरखालैंड विवाद का हल निकालने के प्रति आशावान थे। इसके लिए पहाड़ी क्षेत्र-परिषद जैसा कुछ बनाने की बात थी, जिसे विशिष्ट मामलों से निपटने का अधिकार दिया जाना था। उन्होंने बताया कि तमिलनाडु में कानून-व्यवस्था की स्थिति काफी सुधर गई है, पर चूँकि 29 जून को राष्ट्रपति शासन की मियाद खत्म हो रही है और चुनाव सम्बन्धी अधिसूचना अभी जारी नहीं हुई है, इसलिए राष्ट्रपति शासन बढ़ाना आवश्यक है।

5 जुलाई को संसद में विपक्षी दलों के नेताओं ने मुझे एक ज्ञापन सौंपा, जिसमें जाने-माने गम्भर दैनिक *दि हिन्दू* में प्रकाशित नए खुलासों के तहत

बोफोर्स-सौदे की नए सिरे के जाँच कराने की माँग की गई थी। इन नेताओं ने कहा कि अखबार में प्रकाशित दस्तावेजों की श्रृंखला बोफोर्स के इस बयान कापूरी तरह खंडन करती है कि सौदे में कोई दलाली नहीं दी गई थी और सिर्फ उसके एक एजेंट को कारोबार समेटनेवाले खर्चे का भुगतान किया गया है। मैंने विनम्रतापूर्वक ज्ञापन स्वीकार कर लिया और कहा कि मैं इसके तथ्यों का अध्ययन करूँगार। वैसे मैंने उन्हें अपने पद की सीमाओं की भी याद दिलाई मैंने यह ज्ञापन प्रधानमंत्री के पास भेज दिया।

28 जुलाई को एक भव्य रंगारंग समारोह हुआ, जिसमें तीसर दुनिया के देशों के कई प्रमुख खिलाड़ी विज्ञान भवन में इकट्ठे हुए। इन्हें दो विषयों पर चर्चा करनी थी–तीसरी दुनिया के देशों में खेल और खेलों में रंगभेद। इस समरोह का आयोजन भारतीय खेल प्राधिकरण और अर्जुन पुरस्कार पाने वालों के संगठन ने मिलकर किया था। सेमिनार का उद्‌घाटन करते हुए मैंने दर्शकों से अपील की कि खेलों का इस्तेमाल विभिन्न देशों के लोगों को एक करने के लिए करें और दुनिया-भर के लोगों में भाई चारे की भावना जगाएँ। मैंने खेलों में, और वैसे भी रंगभेद की निंदा की। जाने-माने क्रिकेट खिलाड़ी और अर्जुन एवार्ड एसोसिएशन के अध्यक्ष बिशनसिंह वेदी ने बताया कि यह सेमिनार महज मेल-मुलाकात ही नहीं है, बल्कि खेलों को प्रोत्साहित करनेवाला एक आंदोलन हैं उन्होंने कहा कि 30 से भी ज्यादा देशों की खेलों से जुड़ी संस्कृति को समृद्ध करेंगी।

## सोवियत संघ की यात्रा

राष्ट्रपति-पद का कार्यभार सँभालने के कुछ ही समय बाद सोवियत संघ में भारत के राजदूत टी. एन. कौल ने इच्छा जताई कि मैं सोवियत संघ की सरकारी यात्रा करूँ और भारत-महोत्सव के समापन समारोह के समय मास्को में रहूँ। उन्होंने कहा कि सोवियत संघ के अधिकारियों की रक्षामंत्री के रूप में की गई मेरी पूर्व यात्रा याद है और यह भी सोवियत नेताओं से मैंने अच्छा सौहार्द बना लिया है। वह यात्रा बहुत ही सफल हुई थीं। यात्रा के दौरान सोवियत संघ ने फिर से इस बात की पुष्टि की कि भारत-सोवियत सम्बन्ध की एक विशेष श्रेणी है और यह अन्य देशों के सामान्य राजनायिक सम्बन्ध से अलग है।

कुछ महीनों के बाद प्रधानमंत्री राजीव गाँधी ने सोवियत संघ द्वारा भारत-महोत्सव के समापन समारोह के लिए जारी विस्तृत तैयारियों का जिक्र किया और यह इच्छा व्यक्त की कि मुझे उसमें जाना चाहिए। राजीव गाँधी का मानना था कि सोवियत संघ में जब भारी बदलाव आ रहे हैं, तो ऐसे में मेरी सोवियत-यात्रा का काफी महत्त्व होगा। इसके बाद सोवियत संघ के सलाह-मशविरा कर यह तय हुआ कि मुझे 6 जुलाई, 1988 से सात दिन की सोवियत संघ और तीन दिन की मंगोलिया की सरकारी यात्रा करनी चाहिए।

2 जुलाई को राजीव गाँधी मेरे पास आए और उन्होंने मेरी सोवियत यात्रा से सम्बन्धित मुद्दों पर घंटे-भर से ज्यादा बातचीत की। उनका मानना था कि हमें पेरेस्त्रोइका की नई नीतियों का स्वागत करना चाहिए, जिसे सोवियत संघ के जनरल सेक्रेट्री गोर्बाचेव ने प्रस्तुत किया है। लेकिन साथ ही हमें इस बात की भी चर्चा करनी चाहिए कि नई नीति का हमारे भावी मुद्रा-व्यापार पर क्या प्रभाव पड़ेगा और रूबल के परिवर्तनीय होने के क्या परिणाम होंगे। राजीव चाहते थे कि गोर्बाचेव से मेरी बातचीत में इन मुद्दों को उठाया गया। हम दोनों लोग सोवियत संघ की नई आर्थिक नीतियों के परिणामस्वरूप रक्षा-सामग्रियों के महँगा होने की सम्भावना से चिंतित थे।

6 जुलाई को सवेरे इंदिरा गांधी अंतर्राष्ट्रीय हवाई अड्डे पर काफी लोगों ने मुझे विदाई दी। इनमें उपराष्ट्रपति, प्रधानमंत्री, कैबिनेट मंत्री, सेनाओं के प्रमुख और कई सांसद शामिल थे। हम लोग कुल मिलाकर पाँच व्यक्ति थे। इनमें मेरी पत्नी और परिवार के तीन अन्य सदस्य थे। इसके अलावा सरकार प्रतिनिधि मंडल में विज्ञान व तकनालॉजी राज्यमंत्री के. आर. नारायणन, राज्यमंत्री एल. पी. शाही, विदेश सचिव के. पी. एस. मेनन और मेरे संयुक्त सचिव गोपाल गाँधी शामिल थे। श्री गाँधी मेरे सचिव प्रेम कुमार की जगह थे। वे किन्हीं कारणों से नहीं जा रहे थे।

स्थानीय समय के दोपहर बाद में दो बजे हम लोग मास्को पहुँचे। राष्ट्रपति ग्रोमोयको ने हम लोगों की अगवानी की और हमारा स्वागत किया। मैं पचास के दशक के शुरू से ग्रोमोयको को जानता था। वे संयुक्तराष्ट्र में सोवियत प्रतिनिधिमंडल के नेता थे और मैं भारतीय प्रतिनिधि, खासकर वे जो जनरल असेंबली की कमेटियों में होते थे, सोवियत प्रतिनिधिमडल मे अपने बराबर वाले

से नजदीकी सम्पर्क बनाये रखते थे। यह कई दशक पुरानी बात है इसलिए ग्रोमोयको ने जब संयुक्तराष्ट्र के दिनों की याद दिलाई तो मुझे बहुत अच्छा लगा।

स्वागत-समारोह भव्य था। हमें पूर्ण राजकीय सम्मान दिया गया। गार्ड ऑफ ऑनर के साथ दोनो देशों के राष्ट्रगान भी बजाए गए। हमारे स्वागत में रूसी बच्चों ने गुलदस्ता भेंट किया और भारतीय एवं रूसी झंडे लहराए। भारतीय दूतावास के अधिकारी और भारतीय समुदाय के लोग उत्साहपूर्वक समारोह में शामिल हुए। मास्को हवाई अड्डे का माहौल खुशनुमा और उल्लासपूर्ण था।

राष्ट्रपति ग्रोमोयको के साथ मैं क्रेमलिन गया। लम्बी सड़क यात्रा के दौरान हम लोगों ने संयुक्तराष्ट्र के दिनों को याद किया और शीतयुद्ध तथा उस समय की कटुता के बारे में बातें कीं। हमें खुशी थी कि वह सब अब काम हो गया था और आपसी डर एवं संदेह की जगह समझदारी-भरी नए उत्साह ने ले ली है। क्रेमलिन में हम लोगों को हमारे शानदार अपार्टमेंट में ले जाया गया। इसमें संगमरमर और महँगे हरे पत्थर लगे हुए थे। कमरों में सुख-साधन की सभी वस्तुएँ थीं और सिल्क एवं मखमल के फर्नीचर थे। ये सुनहरे रंग में रँगे थे और बाथरूम में अत्यंत आधुनिक संसाधन मौजूद थे।

बातचीत का पहला दौर आधे घंटे बाद शुरू होनेवाला था इसलिए मैंने जल्दी-जल्दी हाथ-मुँह धोकर कपड़े बदल लिए और बैठक के लिए चल दिया। यह बैठक राष्ट्रपति ग्रोमोयको के साथ भव्य क्रेमलिन प्रासाद के केथरिन हॉल में होनी थी। उनके साथ अन्य लोगों के अलावा सोवियत संघ के प्रथम उपराष्ट्रपति, कजाकिस्तान के प्रेसिडेंट, उप विदेशमंत्री और संस्कृति मंत्री भी थे। हमारी ओर से हमारे साथ राजदूत श्री कौल और भारतीय प्रतिनिधि मंडल के अन्य सदस्य मौजूद थे। राष्ट्रपति ग्रोमोयको ने सोवियत संघ के हमारे दौरे पर खुशी जाहिर की और सबका भव्य स्वागत किया। उन्होंने यह भी कहा कि हमारी यात्रा से सोवियत संघ और भारत के शानदार रिश्ते और अधिक मजबूत होंगे।

मैंने अपने उत्साहपूर्ण स्वागत और उदार आतिथ्य के लिए सोवियत संघ को धन्यवाद दिया। मैंने रूसी अधिकारियों की उनकी आर्थिक नीतियों के लिए बधाई दी और सफलता की कामना की। मैंने उम्मीद जताई कि पेरेस्त्रोइका से

दोनों देशों के बीच व्यापार तथा आर्थिक सहयोग और बढ़ेगा। अफगानिस्तान का जिक्र करते हुए मैंने इस बात पर अफसोस जताया कि बाहरी देशों द्वारा दखलदांजी न करने के जेनेवा समझौत के बावजूद पाकिस्तान मुजाहीद्दीन बाकियों को सैनिक समर्थन दे रहा है और उस देश में गृहयुद्ध की स्थिति कायम रखे हुए हैं। मैंने पाकिस्तान द्वारा पंजाब और काश्मीर के आतंकवादियों को हथियार और गोला-बारूद की आपूर्ति तथा गुपचुप चलाए जा रहे उसके परमाणु कार्यक्रम का भी जिक्र किया। मैंने आई.एन.एफ. (इंटरमीडिएट रेंज न्यूक्लयर फोर्सेज) समझौते का स्वागत किया और उम्मीद जताई कि अब इसके परमाणु निरस्त्रीकरण की दिशा में और सुदृढ़ कदम उठाए जाएँगे।

इन सभी मुद्दों पर राष्ट्रपति ग्रोमोयको ने उत्साह जताया। द्विपद्वीय सम्बन्धों के मामले में उन्होंने खुशी जताई कि समय की कसौटी पर ये सही साबित हुए हैं और अभी इनका और विस्तार होना है। उन्होंने हाल ही में सम्पन्न सोवियत कम्युनिस्ट पार्टी के सम्मेलन जिक्र किया, जिसमें पार्टी जनरल सेक्रेट्री गोर्बाचोव के मूलभूत सुधारों को जबर्दस्त समर्थन दिया गया था। परमाणु निरस्त्रीकरण के मामले में राष्ट्रपति ने आई. एन. एफ. समझौते पर संतोष जताया, लेकिन इस बार पर निराशा भी जताई कि सामरिक परमाणु अस्त्रों में पचास प्रतिशत कटौती के रूसी प्रस्ताव को नहीं माना गया। राष्ट्रपति ग्रोमोयको ने दोनों देशों के बीच सांस्कृतिक सम्बन्ध मजबूत होने और मास्को एवं ताशकंद में भारतीय सांस्कृति केंद्र खोलने के प्रस्ताव का स्वागत किया। मुलाकात डेढ़ घंटे चली और शाम सवा सात बजे खत्म हुई। राज आठ बजे राजकीय भोज का आयोजन था और हम लोगों के पास इतना समय थे, तभीसे लगातार भागदौड़ जारी थी।

रात्रि-भोज महलनुमा क्रेमलिन हॉल में हुआ। पूर्व और मौजूदा रूसी कलाकारों की पेटिंग्स इस हॉल की शोभा बढ़ाती हैं। मैं इनमें से प्रत्येक से आकर्षित हुआ। इन्हें देखते हुए मैं ठहर जाता था और मेरे मेजबान मुझसे कुछ कदम आगे बढ़कर मेरी प्रतीक्षा करते थे।

सोवियत परम्परा के अनुसार रात का खाना शुरू करने से पहले सलामती का जाम पेश किया जाता है, जबकि पश्चिमी तरीके में सलामती का जाम तब पेश किया जाता है, जब खाने के बाद मिठाई परोसी जा रही होती है। मुझे लगा कि रूसी तरीका सबसे सुविधाजनक और व्यवहारिक भी है। राष्ट्रपति भवन में होने वाले भोज में पश्चिमी तरीके को बदलने का विचार भी मेरे मन

में आया। पर राष्ट्रपति भवन के कर्मचारी 'ईशा निंदा' इतने आतंकित हुए कि मैंने इस विचार को यों ही मर जाने दिया।

सलामती के जाम का प्रस्ताव रखते हुए राष्ट्रपति ग्रोमोयको ने ऐसे मौकों पर विशिष्ट अतिथियों के स्वागत के सामान्य तरीके से अलग हटकर मेरी तारीफ के पुल बाँध दिए। उन्होंने मुझे "एक अनुभवी ट्रेड यूनियन नेता, विधिवेत्ता, संपादक, श्रेष्ठ राजनयिक, अर्थशास्त्री और राजनीतिक हस्ती" कहा। उन्होंने आगे यह भी कहा, "यह सर्वविदित है कि भारत और सोवियत संघ के रिश्ते कितने पुराने और गहरे हैं। इसकी अच्छी जानकारी आपको है। आप जिस भी पद पर रहे हैं, और अभी जिस पद पर हैं, उस पर रहते हुए आपने भारत-सोवियत-सहयोग को मजबूत करने में अपना योगदान किया।" राष्ट्रपति ग्रोमोयको ने विभिन्न क्षेत्रों में भारत-सोवियत सहयोग पर बल दिया और भारत-महोत्सव से बने सांस्कृतिक सम्पर्कों की भूरि-भूरि प्रशंसा की। शाम को हुई विस्तृत बातचीत में जिन मुद्दों पर चर्चा हुई थी, उनमें से कई विषयों पर उन्होंने अपने विचार रखे और परमाणु निरस्त्रीकरण, अफगानिस्तान में बाहरी दखलंदाजी तथा पेरेस्त्रोइका पर ज्यादा जोर दिया।

इसके जवाब में मैंने भारत की 80 करोड़ जनता की ओर से सोवियत संघ की सरकार और वहाँ की जनता को बधाइयाँ तथा शुभकामनाएँ दीं। साथ ही अपने देश और इसके लोगों के बारे में सोवियत राष्ट्रपति की कृपापूर्ण बातों और भावनाओं के लिए सबकी ओर से उनका आभार व्यक्त किया। मैंने कहा, "इस सुंदर शहर और महान देश की यह मेरी पहली यात्रा नहीं है। मैं कई बार यहाँ आ चुका हूँ। जितनी बार मैं यहाँ आया हूँ, हर बार सोवियत संघ की तरक्की और राजनीतिमत्ता से अभिभूत हुआ हूँ।" मैंने 1971 की भारत-सोवियत मैत्री संधि और परमाणु हथियारों से मुक्त अहिंसक विश्व पर ऐतिहासिक दिल्ली घोषणा का जिक्र किया और उम्मीद जताई कि हमें अंतर्राष्ट्रीय शांति और सद्भाव हासिल होगा।

खाने के बाद सोवियत राष्ट्रपति के साथ मैं भारतीय वायलिन-वादक एल. सुब्रह्मण्यम् और उनके सोवियत प्रतिरूप के समवेत गायन में शामिल हुआ।

7 जुलाई की शाम को मैं लेनिन की समाधि पर पुष्पांजलि अर्पण समारोह में शामिल हुआ। ऐसे समारोह में मैं तीसरी बार शामिल हो रहा था। इससे पहले

1966 में मैंने भारतीय राष्ट्रीय कांग्रेस के अध्यक्ष कामराज के साथ की गई यात्रा के दौरान लेनिन के संलेपित शव को देखा था। यह निश्चय ही आश्चर्यजनक है कि इतने वर्ष बीत जाने के बावजूद लेनिन का शव एकदम सही हालत में रखा हुआ है। समारोह पहले जैसा ही था और पिछली बार के मुकाबले जरा-सी भी तब्दीली नहीं थी। रूसी जनता द्वितीय विश्वयुद्ध के अनाम सिपाहियों के स्मारक का भी बहुत सम्मान करती है। यहाँ दोनों देशों के राष्ट्रगान हुए इसके बाद सशस्त्र सेना ने मार्च पास्ट किया। सोवियत संघ ने मास्को में इंदिरा गाँधी की एक प्रतिमा स्थापित की है। यह भारत से दोस्ती और उनके प्रति सद्भावना जताने के लिए हैं। मैंने बिना किसी औपचारिकता के प्रतिमा पर माला चढ़ाई और एक मिनट तक मौन खड़ा रहा।

इसके बाद प्रतिनिधिमंडल के सदस्य क्रेमलिन शस्त्रागार देखने गए। यह पुराने रूसी हथियारों, आभूषणों, कीमती पत्थरों व हीरों की स्थायी प्रदर्शनी है और जारों के जमाने से चली आ रही है। ऐतिहासिक स्मृति चिह्नों, कीमती पत्थरों और रूसी इतिहास के विभिन्न चरणों से जुड़े आभूषणों के अलावा समूचे सोवियत संघ से एकत्र किए गए खनिजों की प्रदर्शनी देखकर मैं बहुत प्रभावित हुआ। न सिर्फ वे आभूषण विस्मित करने वाले थे, बल्कि जिस ढंग से उन्हें प्रदर्शित किया गया था, उसकी भी प्रशंसा करनी होगी। इसी को देखकर मुझे राष्ट्रपति भवन में काल कोठरियों और कबाड़ से निकाली गई पुरानी पेंटिंग्स की प्रदर्शनी लगाने का ख्याल आया।

दोपहर बाद मैं भारतीय अभियंत्रण प्रदर्शनी देखने गया। यहाँ इंजीनियरिंग की अनेक वस्तुओं-मशीनों टूल, निर्माण-उपकरण और एंसीलरी एवं पुर्जों का भव्य प्रदर्शन किया गया था। रूसिया ने इनकी तारीफ की और वे इन्हें खरीदना चाहते थे। चूँकि वहाँ मुद्रा विदेशी मुद्रा नहीं थी, इसीलिए रूसी खरीददार चाहते थे कि बदले में भारत रूसी सामान खरीदे, ताकि उनकी खरीद की भरपाई हो सके। इसलिए भारतीय प्रदर्शक उस देश में ज्यादा व्यापार नहीं कर पाए।

शाम को पंडित रविशंकर और रूसी संगीत समूह द्वारा संगीत का जीवंत कार्यक्रम पेश किया गया। इसमें राष्ट्रपति ग्रोमोयको और मैं शमिल हुआ। पंडित रविशंकर ने इस अवसार के लिए एक विशेष रचना की थी। इसे उन्होंने शांति मंत्र कहा। इसमें शांति के भारतीय उत्साह पर बल दिया गया था।

सोवियत मीडिया ने मेरी यात्रा की प्रशंसा की और कहा कि यह भारत और सोवियत संघ के बीच लगातार बढ़ती दोस्ती में एक और मील-पत्थर है। ज्यादातर अखबारों ने भारत और सोवियत संघ के राष्ट्रपति के बीच हुई बातचीत को पहले पन्ने पर छापकर प्रमुखता दी। इस तरह अतिशयोक्तिपूर्ण प्रमुखता दिए जाने से मुझे लगा कि रूसी यह दिखाना चाहते हैं कि हम लोगों के सम्बन्ध विशेष प्रकार के हैं। इसे वे न सिर्फ अपने देशवासियों को, बल्कि शेष दुनिया को भी दिखाना चाहते थे।

8 जुलाई को सवेरे मास्को विश्वविद्यालय के पास लेनिन हिल्स पर महात्मा गाँधी की प्रतिमा के अनावरण का औपचारिक समारोह था। इस मौके पर राष्ट्रपति ग्रोमोयको ने संक्षिप्त भाषण दिया। इसमें उन्होंने महात्मा गाँधी को शांति और अहिंसा का प्रचारक बताया और कहा कि उनके सिद्धांत आज भी प्रासंगिक हैं। उन्होंने मुझे प्रतिमा का अनावरण करने को आमंत्रित किया। अपने भाषण में मैंने कहा कि यह समारोह दोनों देशों की मित्रता को मजबूत करने के लिए वर्ष भर चले भारत-महोत्सव का उचित समापन है। मैंने कहा कि गाँधीजी अंतर्राष्ट्रीय भाईचारे और दुनियाभर के देशों में शांति व सद्भाव चाहते थे। महात्मा गाँधी ने टॉल्सटॉय के बारे में जो लिखा है, उसका भी मैंने जिक्र किया। उन्होंने लिखा था, "वे प्राय: असंगत लगते थे, पर वे लगातार अपने सिद्धांत से आगे बढ़ रहे थे। उनकी असफलताएँ सार्वजनिक होती थीं, जबकि उनका संघर्ष और विजय निजी।" मैंने कहा कि गाँधी जी पर भी ये बातें इतनी ही लागू होती हैं। अंत में मैंने कहा कि गाँधी जी ने हमें प्रेम और भाईचारे, शांति और बंधुत्व का रास्ता दिखाया, जिसके लिए भारत और सोवियत संघ साथ-साथ चलते रहे हैं। इस समारोह के माहौल में भारतीयता का पुट साफ दिखाई देता था। लोगों ने वहाँ गाँधी जी का प्रिय गीत 'वैष्णव जन तो' और उनकी प्रार्थना 'रघुपति राघव राजा राम' का गायन किया। उनकी कांस्य प्रतिमा में डांडी मार्च का प्रसिद्ध दृश्य था और यह बहुत अच्छा बना था।

इस समारोह से हम लोग सीधे क्रेमलिन गए। वहाँ जनरल सेक्रेटरी गोर्बाचेव से बातचीत होनी थी। इस यात्रा का यह सबसे महत्वपूर्ण पड़ाव था। यह मुलाकात गोर्बाचेव और मेरे बीच आमने-सामने होनी थी, इसलिए इसमें दोनों ओर से कोई सहायक नहीं था। सिर्फ राजदूत टी.एन. कौल मेरे साथ गए। हमलोग

सम्मेलन-कक्ष में दोनों ओर से एक साथ घुसे, कमरे के बीच में मिले और परस्पर अभिवादन किया। संक्षिप्त फोटो-सत्र के बाद हम लोगों ने एक सुखद और मित्रतापूर्ण माहौल में बातचीत शुरू की।

परमाणु निरस्त्रीकरण जैसे अंतर्राष्ट्रीय मुद्दों पर विचारों की एकात्मकता थी। गोर्बाचेव ने संयुक्त राष्ट्र के विशेष निरस्त्रीकरण-सत्र में राजीव गाँधी की पहल की तारीफ की। उन्होंने उम्मीद जताई कि परमाणु हथियार मुक्त और अहिंसक विश्व की स्थापना में दिल्ली घोषणा की गति और स्वीकृति मिलेगी। अफगानिस्तान के मामले में गोर्बाचेव ने जेनेवा समझौते के उल्लंघन और पाकिस्तान द्वारा बागियों को हथियारों की आपूर्ति की निंदा की। नए आर्थिक और संरचनात्मक बदलावों के मामले में गोर्बाचेव ने लोगों का जीवन-स्तर बेहतर बनाने के लिए ज्यादा उपभोक्ता वस्तुओं और समाज में ग्लासनोस्त (खुलेपन) की जरूरत बताई। उन्होंने यह भी कहा कि कुछ लोग चाहते हैं कि परिवर्तन की गति तेज हो, लेकिन पार्टी बिना विचारे तेजी से आगे नहीं बढ़ेगी और न ही रूढ़िवाद एवं लालफीताशाही को इस प्रक्रिया को धीमा करने की छूट दी जाएगी।

अपने भाषण में मैंने पंजाब और कश्मीर के उग्रवादियों को पाकिस्तान द्वारा दी जा रही हथियारों की मदद और गुपचुप तरीके से चलाए जा रहे उसके परमाणु-कार्यक्रम का जिक्र किया। भारत के भीतरी मामलों में पाकिस्तान की दखलंदाजी की गोर्बाचेव ने खुलकर निंदा की। उन्होंने पंजाब के मामले में राजीव के कदमों की तारीफ भी की। उन्होंने कहा कि भारत इतना मजबूत है कि अस्थिर करने के प्रयासों का मुकाबला कर सके। उन्होंने भारत की तरक्की और विकास का स्वागत किया, क्योंकि यह विश्व में भारतीय उपमहाद्वीप और शांति और व स्थायित्व का प्रमुख घटक है। गोर्बाचेव ने आतंकवाद की समस्या का सामना करने में भारत के संयम की तारीफ की और जब मैंने कहा कि, "संयम के मामलों में बहुत कम देशों की क्षमता भारत से बेहतर होगी।' तो गोर्बाचेव ने टिप्पणी की, "अगर हमें पाकिस्तान से सम्पर्क करना जरूरी लगेगा तो हम राजीव गाँधी और भारत से जरूर संपर्क करेंगे। यह हमारी आज, कल और भविष्य की नीति है।" जब मैंने चीन से अपने रिश्ते सामान्य करने की इच्छा जताई तो गोर्बाचेव ने अनुकूल प्रतिक्रिया व्यक्त की और विश्व की बदलती स्थितियों की जरूरतों की चर्चा की। मैंने भारत और सोवियत संघ के बीच

रुपए के व्यापार और नए आर्थिक संरचनात्मक बदलावों तथा रूबल की परिवर्तनीयता के संभावित दुष्परिणामों पर अपनी आशंकाएँ जाहिर कीं। गोर्बाचेव ने कहा कि ये दीर्घकालिक योजनाएँ हैं और पहले उन्हें अपनी अर्थव्यवस्था को प्रतिस्पर्द्धी बनाना होगा। ''इसमें समय लगेगा'' कहते हुए गोर्बाचेव ने कहा, ''भारत से हम लोगों को जैसा सहयोग मिल रहा है उसकी मदद से हम भविष्य में आनेवाली सारी समस्याओं का हल ढूँढ़ सकेंगे, यह आश्वासन मैं आपको दे सकता हूँ।''

यह सत्र डेढ़ घंटे से थोड़ा ज्यादा चला और बैठक खत्म होने पर हम दोनों एक-दूसरे से गले मिले। बातचीत के परिणामों से हम काफी खुश थे।

सोवियत संघ ने भारत-महोत्सव के समापन-समारोह के लिए विस्तृत तैयारियाँ की थीं। विशाल ओलम्पिक इंडोर स्टेडियम को परीलोक में बदल दिया गया था। 500 से ज्यादा भारतीय और इतने ही रूसी कलाकार भव्य प्रदर्शन करने की तैयारी में व्यस्त थे। भारतीय नर्तकियाँ और दूसरे कलाकार अपने रूसी प्रतिद्वंदियों से बेहतर प्रदर्शन करने की कोशिश कर रहे थे। सभी लोग यात्रा के सबसे महत्वपूर्ण रंगारंग कार्यक्रम का इंतजार कर रहे थे।

बाद में, प्रोटोकोल की एक छोटी-सी दिक्कत सामने आई। राष्ट्रपति ग्रोमोयको ने अपने संबोधन से पहले सोवियत समारोह-समिति के अध्यक्ष गोर्बाचेव का एक संदेश पढ़ने का इरादा जताया। इस पर यह सोचा गया कि अगर मैं समारोह के भारतीय सह-अध्यक्ष राजीव गाँधी का संदेश पढ़ दूँ, तो यह एक अच्छी पारस्परिक सदाशयता होगी। निजी तौर पर मुझे इसमें कुछ गलत नहीं लगा क्योंकि दोनों ओर के संदेश समारोह के दो सह-अध्यक्षों के होंगे। पर, हमारे विदेश सचिव के.पी. एस. मेनन की राय थी कि प्रोटोकोल में प्रधानमंत्री से ऊपर होने के कारण राष्ट्रपति को संदेश नहीं पढ़ना चाहिए। मुझे लगा कि सोवियत राष्ट्रपति संदेश पढ़ें और हमारी तरफ से कोई संदेश न हो, तो यह बुरा लगेगा। मैंने इस विचार का भी अनुमोदन नहीं किया कि कोई मंत्री मेरे भाषण के बाद या पहले प्रधानमंत्री का संदेश पढ़े। समझौते के रूप में मैंने सलाह दी कि राजीव गाँधी के संदेश को मैं अपने भाषण के मूल पाठ में शामिल कर लूँगा, ताकि इसे अलग से संदेश के रूप में न पढ़ा जाए। बाद में यही किया गया।

समापन-समारोह रंगारंग था। राष्ट्रीय गान बजाय जाने के बाद राष्ट्रपति ग्रोमोयको ने पहले गोर्बाचेव का संदेश पढ़ा और फिर अपना भाषण दिया। उनके बाद मैंने अपना भाषण पढ़ा, जिसके मूल पाठ के शुरू में राजीव गाँधी का संदेश शामिल कर लिया गया था। इसके बाद दो घंटे तक निरंतर विस्मयकारी कार्यक्रम चलते रहे।

इस समारोह में भारत के इतिहास, स्वतंत्रता-आंदोलन और आर्थिक विकास पर आधारित एक कार्यक्रम विशेष रूप से शामिल था, जिसका शीर्षक था–'शांति पथ'। परम्परागत भरतनाट्यम् के नर्तक के साथ नृत्य और मनभावन पोशाक में सजे आनंद शंकर के कलाकारों ने रूस के बेरिओस्का नर्तकों के साथ नृत्य किया। इसे 'गंगा-वोल्गा मिलन' कहा गया।

यहाँ यह उल्लेखनीय है कि भारत-महोत्सव के उद्‌घाटन के मौके पर राजीव और गोर्बाचेव ने दो पौधे लगाए थे और इन पर गंगा और वोल्गा के पानी का छिड़काव किया था। जब रेमो फर्नांडीज ने 'इंडिया' गाया तो उन पर गैलरी से फूल बरसाए गए। आशा भोंसले के गीत 'आई लव यू ऑल' ने दर्शकों को खुश कर दिया। समारोह के उल्लास भरे समाप्ति के क्षणों में कई दृश्य देखने को मिले।

अपने सम्बोधन में मैंने कहा कि सोवियत संघ में महोत्सव समझदारी और दोस्ती की खोज जैसा है। मैंने यह भी कहा कि इससे रूसी लोगों को भारत के बारे में बहुत कुछ मालूम हुआ होगा। मैंने कहा कि दो महान नदियों–गंगा और वोल्गा का पानी हमारी दो महान सभ्यताओं की स्वतः नवीकृत होने वाली ऊर्जा का प्रतीक है। मैंने 'भगवद् गीता' और कालिदास के 'शांकुतलम्' के रूसी अनुवाद और महात्मा गाँधी पर टॉलस्टॉय के प्रभावों की चर्चा करते हुए बताया कि एक-दूसरे में हमारी दिलचस्पी लगातार बढ़ रही है। कवि रवींद्र नाथ टैगोर ने 1917 की महान् अक्तूबर क्रांति को 'एक नया युग' कहकर उसका स्वागत किया था, जबकि कवि सुब्रह्मण्यम् भारती ने इसे 'नई सभ्यता' कहा था। मैंने कहा कि यदि रूस में भारत-महोत्सव और भारत में सोवियत-महोत्सव दोनों देशों की जनता बुद्धिजीवी, सरकारी और राजनीतिक स्तर पर समझदारी बनाने में सफल है, तो हमारा वह उद्देश्य निश्चय ही पूरा हो गया है जिसे हमने इस पहल की शुरुआत करते हुए तय किया था।

अंत में मैंने ऋग्वेद को उद्धृत किया

**संगच्छध्वं सं वदध्वं सं वो मनांसि जानलाम्।**
**देवाभागं यथापूर्वे संजानाना उपासते।।**
**समानो मंत्रः समितिः समानी समानं मनः सहचित्तमेषाम्।**
**समानं मंत्रर्भाये मंत्रये वः समानेन वो हविषा जुहोमि।।**
**समानी व आकृतिः समाना हृदयानिवः।**

अर्थात्, तुम एकत्र होओ, समान रूप से बोलो, समान मनवाले होओ जैसे देवगण समान मतिवाले होकर यज्ञ में **हविरन्न** ग्रहण करते हैं, वैसे ही तुम भी समान मतिवाले होकर **ध्नादि** ग्रहण करनेवाले होओ।

इस प्रकार मेरी राजकीय यात्रा का पहला चरण पूरा हुआ। रूसी प्रेस ने सब कुछ काफी विस्तार से छापा। प्रवादा, इजवेस्तिया और अन्य अखबारों ने गोर्बाचेव से हुई बातचीत, समापन-समारोह और महात्मा गाँधी की प्रतिमा के अनावरण की खबर को प्रमुखता से छापा। रूसी टी.वी. और प्रसारण-केंद्रों ने समापन-समारोह का सीधा प्रसारण किया और सोवियत नेताओं से बातचीत की विस्तृत रपट दी। अखबारों ने टिप्पणी की कि यात्रा पर आए राष्ट्रपति की 'सादगी और नम्रता' ने सोवियत जनता और नेताओं को बहुत प्रभावित किया है।

विदाई समारोह में राष्ट्रपति ग्रोमोयकों ने मेरी यात्रा के लिए सोवियत सरकार और जनता की ओर से हार्दिक आभार जताया। उन्होंने दोनों देशों के प्रतिनिधिमंडलों के बीच हुई सार्थक बातचीत और एक-दूसरे के प्रति गहरी समझदारी बनने पर संतोष भी व्यक्त किया। मैंने मेजबानों को उनकी उत्साहपूर्ण मेजबानी तथा भारत के प्रति उनके सहयोग और सद्भावना के लिए धन्यवाद दिया। मैंने राष्ट्रपति ग्रोमोयको को सुविधानुसार भारत-यात्रा के लिए निमंत्रित भी किया।

हम लोग एक आरामदेह रूसी विमान से 9 जुलाई को सवेरे लेनिनग्राद पहुँचे। शहर के मेयर एवं अन्य विशिष्ट लोगों ने हमारी अगवानी की। किसरी ने मुझे बताया कि लेनिनग्राद पहुँचनेवाला मैं पहला भारतीय राष्ट्रपति हूँ। इस पर मुझे बहुत अचरज हुआ। हम लोग हवाई अड्डे से सीधे लेनिनग्राद के वीर रक्षकों के स्मारक पर पहुँचे। द्वितीय विश्वयुद्ध के दौरान नाज़ी सेना ने लेनिनग्राद को 900 दिन तक अपने कब्जे में रखा था और इस दौरान करीब दस लाख लोग तोपखाने की आग, अकाल, बीमारी से कालकवलित हो गए थे। फिर

भी लेनिनग्राद के लोग झुके नहीं। नाजी हर रोज तोप के गोलों के साथ प्रचार के गोले भी दागते थे। कहते थे–शहर का पतन हो रहा है। पर ऐसा नहीं हुआ।

इसके बाद हम लोगों ने 'पिस्कारोबस्कोया' स्मारक पर श्रद्धांजलि दी। यह युद्ध में मरनेवाले असंख्य नागरिकों और सैनिकों की सामूहिक कब्र है। इस स्मारक पर एक महिला की ग्रेनाइट से बनी मूर्ति लगी है। यह लेनिनग्राद की मातृमूर्ति है, जिनके हाथ में हड्डियों की माला है। हम लोगों को एक छोटी बच्ची की वह डायरी भी दिखाई गई जिसमें एक-के-बाद एक-हर दिन मरनेवाले लोगों के नाम लिखे थे और जो अचानक खत्म हो गई थी। इसकी वजह शायद यह थी कि लड़की की भी मौत हो गई थी। मुझे यह कहानी 1959 में अपनी पहली सोवियत यात्रा के दौरान सुनने को मिली थी। मैंने पाया कि 30 साल बाद भी यह कहानी उसी भावावेग और हृदय-विदारक ढंग से दुहराई गई। पूरे सोवियत संघ से बच्चे नियमित तौर पर यहाँ लाए जाते हैं, ताकि उनमें कठिन परिस्थितियों राष्ट्रभक्ति, बलिदान और साहस से काम करने के गुण भरे जा सकें। श्रद्धांजलि अर्पित करने के बाद मैंने विजिटर्स बुक में लिखा "लेनिनग्राद के लोगों ने जिस साहस और वीरता से 900 दिनों तक भयानक घेरेबंदी को झेला, वह निस्संदेह प्रभावशाली है। हम सब लोगों को शांति के आदर्शों के प्रति स्वयं को फिर से समर्पित कर देना चाहिए।"

दोपहर बाद हम लोग *हरमितेज* गए। यह कलाकृतियों और आभूषणों का भव्य संग्रहालय है। 18वीं शताब्दी में शहर पर शासन करने वाले पीटर द ग्रेट ने इसका निर्माण करवाया था। दरअसल पहले इस शहर का शाही नाम था–सेंट पीटर्सबर्ग। क्रांति के बाद इसका नाम बदलकर लेनिनग्राद कर दिया गया। सत्तर साल बाद कम्युनिस्ट शासन खत्म होने पर इस शहर का नाम फिर से सेंट पीटर्सबर्ग कर दिया गया है। हरमितेज विश्व के सर्वश्रेष्ठ संग्रहालयों में से एक है। इस संग्रहालय में बहुख्यात पेंटिंग्स, चीनी मिट्टी की कीमती चीजें, सोने और मूल्यवान पत्थरों की प्राचीन और दुर्लभ किस्में तथा दुनिया-भर की श्रेष्ठ कलाकृतियाँ रखी हैं। शाम को हम लोग 'पिट्रोडवेरेट्स' गए। यह जारों का शीतकालीन महल था। वहाँ हमने खूबसूरत झरने और उद्यान देखे। यह परीलोक जैसा था। वहाँ से हम लोग हाइड्रोफोयल से लौटे। यह एक प्रकार की स्पीड बोट है, जो पानी की सतह को छूते हुए निकल जाती है।

मेयर ने शानदार भोज का आयोजन किया। मैंने नई आर्थिक नीतियों से सम्बद्ध सोवियत संघ की प्रयोगशील बहादुरी के लिए उसकी तारीफ की और फिर कहा कि लेनिनग्राद भारत के लिए एक महत्वपूर्ण खिड़की के समान है। लेनिनग्राद में ही भारत-विद्या का अध्ययन शुरू हुआ था। इसके अतिरिक्त लेनिनग्राद निवासियों ने ही रामायण और महाभारत का रूसी अनुवाद किया था और संस्कृत-रूसी शब्दकोश बनाया था।

10 जुलाई को हम लोग विमान से ताशकंद गए। उजबेक नेताओं से अपनी बातचीत में हमने अपने ऐतिहासिक सहयोग, संस्कृति और अपनी परम्पराओं में समानता का जिक्र किया। इसके बाद हम लोगों ने लालबहादुर शास्त्री की मूर्ति पर फूल-मालाएँ चढ़ाईं। पाकिस्तान से शांति समझौता करने के कुछ ही समय बाद ताशकंद में ही उनका निधन हुआ था।

11 जुलाई को हम लोग समरकंद पहुँचे, जिसका अनेक दंत कथाओं में जिक्र है। भारत में मुगल शासन स्थापित करने की शुरुआत बाबर ने यहीं से की थी। समरकंद काफी हद तक किसी भारतीय शहर जैसा दिखा। वहाँ मिट्टी के घर, मस्जिदें और सलवार-कमीज पहननेवाली महिलाएँ दिखीं। स्थानीय मेजबान ने मजाक में कहा कि भारत समरकंद का हिस्सा है। इस पर मैंने कहा कि दिल्ली चूँकि मुगल साम्राज्य की राजधानी है इसलिए समरकंद भारत का हिस्सा है। उन्हें यह परिहास अच्छा लगा और उन्होंने कहा "हम एक-दूसरे के हैं।" समरकंद एक जमाने में विद्या और संस्कृति का केंद्र था। महान कवि उमर खय्याम ने यहीं शिक्षा पाई थी। समरकंद के लोगों ने विज्ञान में जो उत्कृष्टता पाई है, उसका साक्षात् प्रमाण है 'उलुगबेग' वेधशाला। इस वेधशाला में जो लोग खगोलीय क्षेत्र में ग्रहों की गतिविधियों का अध्ययन करते हैं। शानदार बीबी खानुम मस्जिद वास्तुकला का बहुत अच्छा नमूना है। इसका निर्माण एक हजार साल पहले हुआ था। रूसियों ने इसका पुनरुद्धार करवाया और इसे बहुत सँभालकर रखते हैं। इसमें संगमरमर के खूबसूरत टुकड़े लगे हैं। ऐसे ही टुकड़े ताजमहल और भारत के दूसरे मुगल स्मारकों में लगे हैं।

इस मस्जिद के बारे में लोगों ने मुझे एक दिलचस्प कहानी सुनाई। स्थापत्य कला के इस उत्कृष्ट नमूने का निर्माण करने के लिए बीबी खानुम ने दुनियाभर के जाने-माने कलाकारों को काम पर लगाया था। वे हर चीज में स्वयं गहरी

रुचि लेती थीं। जब मस्जिद बनकर तैयार हो गई तो वे इसकी सुंदरता से इतनी प्रभावित हुईं कि उन्होंने वास्तुकार से कुछ भी माँगने को कहा। उसे जो कामखाब और सोना दिया गया था, उसने उसका तिरस्कार कर दिया और उस सुंदर महारानी का चुम्बन लेने की इच्छा जताई। वे उसके काम से इतनी अभिभूत थीं कि उन्होंने अपना गाल वास्तुकार की ओर कर दिया और उसने उनका चुम्बन ले लिया। चुम्बन इतने आवेश और उत्साह से लिया गया था कि महारानी के गाल पर उसका जो निशान पड़ा तो ठीक हुआ। जब राजा लौटकर आए तो उन्होंने महारानी के गाल पर वह निशान देखा और फिर पूरी कहानी सुनी। इसके बाद उन्होंने आदेश दिया कि महारानी समेत सभी महिलाएँ पर्दे में रहेंगी। मुझे बताया गया कि पर्दे की शुरुआत इसी से हुई थी।

समरकंद में हर तरह के फल और सब्जियाँ खूब होती हैं। हम लोगों को दिन के खाने पर आमंत्रित किया गया था और वहाँ मेज पर हर तरह के फल रखे हुए थे। स्थानीय लोगों ने वहाँ नृत्य-प्रदर्शन किया। यह भारत के पहाड़ी आदिवासी नृत्य जैसा था। उसका संगीत भी हिंदुस्तानी लय पर था। एक लड़की ने इतना बढ़िया गाया कि मैंने उसे भारत में होने वाले सोवियत महोत्सव में भेजने की इच्छा व्यक्त की। बाद में जब वह भारत आई तो उसने दर्शकों पर भारी प्रभाव छोड़ा।

समरकंद के स्वागत-समारोह में मैंने कहा, "इस शहर की यात्रा करना इतिहास में टहलने जैसा है।" मैंने मध्यकाल में कला, वास्तुकला, गणित और चिकित्सा विज्ञान के क्षेत्र में मध्य एशिया द्वारा प्राप्त उत्कृष्टता का जिक्र किया। मैंने जब उनकी बागवानी और कृषि-उत्पादों की तारीफ की तो मुझे बताया गया कि मास्को और उसके आगे उत्तर में फलों व सब्जियों की आपूर्ति मुख्य रूप से समरकंद से ही की जाती है। मुझे यह भी बताया गया कि जयपुर के महाराजा सवाई मानसिंह ने दिल्ली के जंतर-मंतर समेत अन्य वेधशालाओं का निर्माण समरकंद की उलुगबेग वेधशाला की तर्ज पर करवाया था। दोपहर देर गये हम लोग ताशकंद लौट आए। उजबेक के राष्ट्रपति ने हमारे रात्रि-भोज का आयोजन किया। इसमें हम लोगों ने औपचारिक भाषण दिए। उजबेक नेताओं के साथ अपनी औपचारिक बातचीत के दौरान मैंने पेरेस्रोइका और उसके साथ आनेवाले बदलावों पर उनकी प्रतिक्रिया जानने की कोशिश की। वे मोटा-मोटी यह समझते थे कि नई प्रणाली के तहत उन्हें चीजें प्रचुर मात्रा में उपलब्ध

होंगी और कई पाबंदियाँ खत्म हो जाएँगी। वे यह समझते थे कि मास्को और अन्य उत्तरी क्षेत्र उजबेकिस्तान व अन्य मध्य एशियाई गणराज्यों के मुकाबले ज्यादा सम्पन्न हैं। साथ ही उन्हें यह भी समझ में आता था कि क्रांति के बाद से उन्होंने भारी तरक्की की है।

12 जुलाई को हम लोग प्रसिद्ध बैकल झील के लिए रवाना हुए। हमें स्वायत्त क्षेत्र साइबेरिया की राजधानी उलनुड होकर वहाँ पहुँचना था। बैकल झील दुनिया मे मीठे पानी की सबसे बड़ी झील है। इसकी गहराई एक मील से ज्यादा, लम्बाई 350 मील और चौड़ाई (जहाँ यह सबसे कम है) 30 मील है। हम लोग नाव पर सवार होकर उसके एक किनारे से दूसरे किनारे तक गए। इसका पानी एकदम साफ और बहुत मीठा है। नाव में बैठकर हम लोग झील के पारदर्शी जल के नीचे रोड़े-पत्थर और संगमरमर भी साफ देख सकते थे। जाड़ों में झील का पानी सतह से लेकर करीब 8 फीट नीचे तक जम जाता है और इस पर गाड़ियाँ चलाते हैं। वैसे नीचे पानी तरल अवस्था में ही रहता है और मछलियाँ एवं अन्य जलचर जीव जीवित बने रहते हैं। बैकल झील से अंग्रे नदी निकलती है और एक लम्बे जलमार्ग का काम करती है।

बैकल झील के किनारे रात बिताने के बाद हम लोग 13 जुलाई को दोपहर बाद 3.00 बजे उलन बेटर के लिए रवाना हुए। मंगोलियाई गणराज्य के राष्ट्रपति बटमुख ने हमारी अगवानी की और आनुष्ठानिक स्वागत किया। परेड बहुत बढ़िया था और समारोह आकर्षक। चाँद से चेहरेवाले बच्चों ने फूल-मालाएँ भेंट कीं और झंडे लहराए। उसी शाम हम लोगों ने मंगोलियाई राष्ट्रीय नेताओं के मकबरों पर माल्यार्पण किया। इसके बाद मंगाले नेताओं से हमारी अधिकारिक बातचीत हुई।

मंगोलिया का भारत से बहुत घनिष्ठ संबंध है। चूँकि मंगोलिया सभी अंतर्राष्ट्रीय मुद्दों पर भारत के रुख से पूरी तरह सहमत रहता है, इसलिए बातचीत बहुत सद्भावनापूर्ण रही और पूरा एक घंटा बधाइयाँ लेने-देने के सत्र में बदल गया।

रात्रि-भोज में राष्ट्रपति बटमुख ने कहा कि मंगोलिया सरकार देश की रक्षा के लिए भारत सरकार के प्रयासों का पूरा समर्थन करती है। उन्होंने यह भी कहा कि भारतीय राष्ट्राध्यक्ष की पहली यात्रा से दोनों देशों के परंपरागत रिश्ते

और बेहतर होंगे। मंगोलियाई राष्ट्रपति ने जेनेवा-समझौते और अफगानिस्तान से सोवियत सैनिकों की वापसी का स्वागत किया।

अपने जवाब में मैंने अंतर्राष्ट्रीय सहयोग की जरूरत पर बल दिया। मैंने यह भी कहा कि जो अंतर्राष्ट्रीय संस्थाएँ भारी दबाव में हैं, उन्हें मजबूत किया जाना चाहिए। मैंने तीसरी दुनिया में उपलब्ध मशीन, तकनालॉजी और सामग्रियों पर सूचना के वृहत्तर आदान-प्रदान की भी अपील की।

हमारे मंगोलिया-प्रवास के दौरान दो समझौतों पर दस्तखत किए गए। एक समझौता विद्वानों, वैज्ञानिकों, अनुसंधानकर्ताओं, शिल्प-वैज्ञानिकों और अन्य की अदला-बदली के लिए था और दूसरा कृषि-क्षेत्र में सहयोग के लिए था। मंगोलिया के लोग मुख्य रूप से भेड़ों और बकरों के प्रजनन पर निर्भर करते हैं और उनकी आय का मुख्य स्रोत पशुपालन ही है। बिखरी हुई आबादी और काफी विस्तृत क्षेत्र उपलब्ध होने के कारण मंगोलिया भारतीय सहायता से कृषि के वैज्ञानिक तरीके विकसित करना चाहता था।

हम लोग जिस समय आधिकारिक बातचीत कर रहे थे उस समय मेरी पत्नी और नतनी रंजनी इंटरनेशनल यूथ पायोनियर कैंप में चली गईं। वे उससे इतनी प्रभावित हुईं कि मेरी नतनी ने मंगोलियाई अफसरों से केंप में शामिल होने की इच्छा जताई। उसने अपने लिए एक बढ़िया मंगोलियाई पोशाक बनवाई और सभी का दिल जीत लिया। बटमुख ने कहा, "हम सबके बीच आपके परिवार में एक मंगोलियाई लड़की है।"

14 जुलाई को हम लोगों ने सोवियत संघ द्वारा स्थापित एक बुनाई फैक्ट्री और थर्मल पॉवर प्लांट का दौरा किया। भारत स्थित ऐसी ही इकाइयों के मुकाबले ये अपरिष्कृत लगे। आधुनिक परिष्कृत उद्योगों की बराबरी में पहुँचने के लिए मंगोलिया को अभी लंबी दूरी तय करनी है। हम लोग गंडांग टेकोलिंग मोनेस्ट्री भी गए। यह मंगोलिया का अकेला ऐसा मठ है, जो अब भी क्रियाशील है। शेष सारे मठ क्रांति के बाद बंद कर दिए गए हैं। हम लोगों को बताया गया कि लामा आध्यात्मिक और लौकिक प्रमुख थे और चूँकि कम्युनिस्ट शासन में लौकिक सत्ता को हटाया जाना था, इसलिए आध्यात्मिक सत्ता भी उसके साथ चली गई। मुझे बताया गया कि मठों को बौद्ध धर्म के प्रति पूर्वाग्रह के कारण बंद नहीं किया गया है। हमें यह भी बताया गया कि मंगोलिया में बौद्ध

धर्म तिब्बत के रास्ते भारत से आया। मठ में रखे सारे धर्म ग्रंथ संस्कृत, तिब्बती और मंगोलियाई भाषा में हैं। वहाँ लामा काम करते थे और नए लामाओं की बहाली भी हो रही थी, पर बहुत कम लोग मठ में आते थे।

दोपहर बाद ट्रेड यूनियनों द्वारा एक स्वागत-समारोह आयोजित था। इसमें चेयरमैन बटमुख और मैंने अपने-अपने विचार रखे। यह सार्वजनिक स्वागत-समारोह जैसा था। इसके बाद सांस्कृति कार्यक्रम हुआ। इसमें जिमनास्टि का रोमांच प्रदर्शन किया गया। बाद में हम लोगों ने कुछ पुराने मठ देखे। इन्हें संग्रहालय बना दिया है। इनमें भारत की तरह कई स्तूप, मर्ध-चक्र आदि रखे हुए हैं। पवित्र ग्रंथ सिल्म में लपेटकर सुरक्षित रखे गए थे। वहाँ बुद्ध की कई मूर्तियाँ भी थीं, जिनमें उनके चेहरे की अलग-अलग भंगिमाएँ थीं।

दोपहर का खाना हम लोगों ने फार्म गेस्ट हाउस में खाया। फिर कुश्ती-प्रतियोगिता देखी। इसकी पृष्ठभूमि में मंगोलियाई संगीत बज रहा था। हम लोगों को मंगोलिया का लोकप्रिय पेय-घोड़ी का दूध पेश किया गया। मैं। इसे पचा नहीं पाया। वहाँ 10 साल से कम उम्र के बच्चों की घुड़दौड़ भी हुई। यह 30 किलोमीटर लम्बी थी। वहाँ 10 साल से कम उम्र के बच्चों की घुड़दौड़ भी हुई। यह 30 किलोमीटर लम्बी थी। असल में मंगोलिया में परिवहन के आधुनिक साधन नहीं हैं, इसलिए सभी लोग आने-जाने के लिए घोड़ों का इस्तेमाल करते हैं और सभी को घुड़सवारी सीखनी पड़ती है।

16 जुलाई को आनुष्ठानिक विदाई हुई और चेयरमैन बटमुंख ने स्नेहपूर्ण विदाई दी। मैंने उन्हें भारत आने का निमंत्रण दिया, जिससे वे काफी खुश हुए। हम लोग ताशकंद होते हुए स्थानीय समय के अनुसार शाम 6 बजे दिल्ली पहुँचे।

दिल्ली पहुँचकर मुझे पता चला कि भारत-महोत्सव के समापन-समारोह में राजीव गाँधी का संदेश अपने भाषण में शामिल कर लिए जाने पर अब भी विवाद चल रहा था। कुछ अखबारों ने लिखा था कि राष्ट्रपति ने प्रधानमंत्री का संदेश पढ़कर प्रोटोकोल का गम्भीर उल्लंघन किया है और वरीयता-क्रम में प्रधानमंत्री का नम्बर तीसरा है। पूर्व राष्ट्रपति संजीव रेड्डी ने मेरी चूक की निंदा की। भाजपा नेता और पूर्व विदेश मंत्री अटलबिहारी वाजपेयी ने मुझे लिखा कि समापन-समारोह में प्रधानमंत्री का संदेश पढ़ना 'दूसरे अर्थ में मेरी सफल यात्रा पर' धब्बा है।

आधिकारिक औपचारिकताएँ और शिष्टाचार ही प्रोटोकोल है। मुझे लगा कि शिष्टाचार और पारस्परिकता के नाते तो सोवियत समारोह समिति के अध्यक्ष गोर्बाचेव के संदेश की बराबरी में भारतीय सह-अध्यक्ष राजीव गाँधी का संदेश होना चाहिए। ऐसा नहीं करना शिष्टाचार के खिलाफ था। इससे पहले श्रीलंका में जब एक सैनिक ने गार्ड ऑफ ऑनर लेने के दौरान उनपर घातक हमला किया था, तो मैंने वहाँ से लौटने पर राजीव गाँधी की अगवानी की थी। बीमार राजकपूर को फाल्के पुरस्कार देने के लिए भी मैं मंच से नीचे उतरकर उन तक गया था। ये ऐसे मौके हैं, जब शिष्टाचार परम्पराओं से ज्यादा महत्त्वपूर्ण होते हैं। मैंने सोचा कि एक विदेशी विशिष्ट अतिथि के संदेश के बदले दिया गया संदेश मात्र पारस्परिक शिष्टाचार है। मैंने अपनी राय बताते हुए वाजपेयी को चिट्ठी भी लिखी। प्रख्यात स्तम्भ लेखक प्रेम भाटिया हमेशा ही तुच्छ राष्ट्रवादिता की निंदा करने का साहस दिखाते हैं, उन्होंने लिखा–

''राष्ट्रपति वेंकटरमन के सम्बन्धित मास्को की एक घटना को पिछले दिनों बेबात का बतगंड़ बनाया गया, जिसे पत्रकारों और विपक्षी नेताओं ने एक स्वर से दौरे पर राष्ट्राध्यक्ष की गलती बताया है। संपादकीय लेखकों, स्तम्भ लेखकों और राजनीतिक नेताओं ने एक साथ इस घटना को ऐसे पेश किया है, जैसे राष्ट्रपति ने कोई अपराध कर दिया हो। यह सब बकवास है। यह शिष्टाचारपूर्ण कदम था न कि चापलूसी-भरा।''

### मानहानि विधेयक

नागालैंड की राजनीतिक स्थिति कुछ वर्षों से अस्थिर हो गई थीं। दल-बदल और विभाजन के कारण मंत्रिमंडल स्थिर नहीं रह पा रहे थे। आदिवासी राजनीति लोकतांत्रिक प्रणाली से खिलवाड़ कर रही थी। राज्य में होकिशे सेमा के नेतृत्ववाली कांग्रेस सरकार थी। 60 सदस्यों वाली विधानसभा में 34 कांग्रेसी सदस्य थे। 30 जुलाई के आसपास कांग्रेस पार्टी के 13 विधायक पार्टी से अलग हो गए और अपना अलग दल बना लिया। इस तरह होकिशे सेमा की ताकत घटकर 21 विधायकों की रह गई। विपक्षी नेता वामुजो ने अलग हुए 13 विधायकों वाले नए दल की मदद से सरकार बनाने का अपना दावा पेश किया। राज्यपाल के. वी. कृष्णराव के पास मणिपुर के राज्यपाल का भी चार्ज था। वे इम्फाल में ठहरे हुए थे। संसद में विपक्षी दलों के नेताओं ने 5 अगस्त

को मुझसे भेंट की और नागालैंड में होकिशे सेमा मंत्रिमंडल को बर्खास्त करने और वामुजो द्वारा सरकार बनाने की माँग की। मैंने उन लोगों से कहा कि मैं सारी स्थिति पर राज्यपाल की रपट का इंतजार कर रहा हूँ। इस बीच कांग्रेस के केंद्रीय नेता कुछ बागियों को वापस अपने पाले में लाने की जोरदार कोशिशें कर रहे थे। आखिरकार राज्यपाल ने अपनी रपट भेजी। उसके अनुसार राज्य में राजनीतिक अस्थिरता के कारण संविधान-सम्पत स्थिर सरकार नहीं चलाई जा सकती थी। इसलिए राष्ट्रपति शासन लगा दिया गया और विधानसभा भंग कर दी गई।

मैंने तय किया कि मेरे गणतंत्र और स्वतंत्रता-दिवस संबोधनों में कुछ महत्त्वपूर्ण मुद्दों पर राष्ट्र के नाम संदेश होना चाहिए, जिसमें उस दिन की घटनाओं का जिक्र हो, जैसा कि रिवाज है। मुझे स्वतंत्र और निष्पक्ष चुनाव का मुद्दा पसंद आया, क्योंकि लोकसभा के चुनाव अगले वर्ष होने वाले थे। स्वतंत्रता-दिवस के अवसर पर मैंने कहा, ''भारतीय मतदाता अपने राजनीतिक अधिकारों के प्रति निश्चय ही जागरूक हो गया है और भले ही वह अशिक्षित हो तथा सामान्य कपड़े ही पहनता हो, फिर भी वह लोकतांत्रिक आत्माभिव्यक्ति के लिए चुनाव-प्रक्रिया का कुशलतापूर्वक उपयोग कर रहा है।'' मैंने स्वतंत्र और निष्पक्ष चुनाव कराने के लिए सभी राजनीतिक दलों के दायित्व पर बल दिया। मैंने सभी राजनीतिक दलों, समूहों और प्रशासकों एवं चुनाव-प्रभारी पुलिस कर्मियों से अपील की कि वे स्वयं को मतदाता की सम्प्रभुता का ट्रस्टी मानें और ईमानदारी व निष्पक्षता के साथ काम करें।

मीडिया की राय में यह संदेश उचित था और समय पर दिया गया था। अत्यंत सम्मानित स्तम्भ-लेखक निखिल चक्रवर्ती ने स्वतंत्र और निष्पक्ष चुनाव को महत्त्व दिए जाने पर सकारात्मक टिप्पणी की। उन्होंने इस पर भी सकारात्मक टिप्पणी की कि मैंने सत्तारूढ़ दल के साथ-साथ विपक्षी पार्टियों से भी लोकतांत्रिक मतदान की सर्वश्रेष्ठ परम्परा को बनाए रखने की अपील की है। समाचार बुलेटिन में मेरे संदेश को चौथे नम्बर पर रखने के लिए उन्होंने दूरदर्शन की निंदा की थी। ऐसा परम्परा को तोड़कर किया गया था। राष्ट्राध्यक्ष के संदेश को पहले नम्बर पर रखने की परम्परा रही है। जहाँ तक मेरा सवाल है, मैंने संदेश को प्राथमिकता देने या न देने को कोई महत्त्व नहीं दिया। हालांकि

सूचना-प्रसारण मंत्री एच. के. एल. भगत मेरे पास आए और दूरदर्शन द्वारा की गई भूल के लिए खेद प्रकट किया।

20 अगस्त, 1988 को राष्ट्रपति जिया-उल-हक की स्मरणीय राजकीय अंत्येष्टि की गई। अंत्येष्टि में जाने वाले भारत के बहुदलीय प्रतिनिधिमंडल का नेतृत्व मैंने किया। इस दल में विदेशमंत्री नरसिम्हा राव, पर्यावरण मंत्री जेड. आर. अंसारी, राज्यमंत्री नटवर सिंह और सांसद अटल बिहारी वाजपेयी, एन. के. पी. साल्वे, प्रो. मधु दंडवते, माधव रेड्डी और दरबारा सिंह शामिल थे। शवयात्रा में दुनिया-भर के 70 नेता शामिल हुए। इनमें तुर्की, बांग्लादेश और जिंबाव्वे के राष्ट्रपति, संयुक्तराष्ट्र के सेकेट्री ऑफ स्टेट और ब्रिटिश विदेश सचिव शामिल हैं। शवयात्रा के रास्ते में लाखों लोग लाइन लगाए खड़े थे और कई तो फूट-फूटकर रो रहे थे।

भारतीय राष्ट्रपति की यह पहली पाकिस्ताना-यात्रा थी। कार्यकारी राष्ट्रपति इसहाक खान, विदेशमंत्री याकूब खान और अन्य अधिकारियों ने हवाई अड्डे पर मेरी अगवानी की। मैंने तत्काल राष्ट्रपति जिया के निधन पर भारत की ओर से शोक जताया और उन्हें सूचित किया कि भारत में तीन दिवसीय शोक की घोषणा की गई है और इस दौरान प्रधानमंत्री राजीव गाँधी ने अपने जन्मदिन पर होने वाला समारोह रद्द कर दिया है। इसहाक खान ने इस सद्भावना और सहानुभूति के लिए भारत का आभार व्यक्त किया।

अंत्येष्टि के बाद इसहाक खान के साथ एक बैठक हुई। कलकत्ता के 'द टेलीग्राफ' के अनुसार, ''विशिष्ट विदेशी अतिथियों के साथ हुई मुलाकातों में यह सबसे लंबी मुलाकात थी।'' मुलाकात के दौरान मैंने कार्यकारी राष्ट्रपति को आश्वस्त किया कि भारत-पाकिस्तान के संग शांति एवं मित्रता से रहने का इच्छुक है और यह भारत के हक में नहीं है कि पाकिस्तान कमजोर और अस्थिर रहे। इसहाक खान ने कहा कि वे दुख की घड़ी में मेरी उपस्थिति और सहानुभूति की गहरी प्रशंसा करते हैं। मैं ब्रिटिश विदेश सचिव जियोफ्री हॉव से भी मिला। उन्हें मैं तब से निकट से जानता हूँ, जब हम लोग अपने-अपने देशों के वित्तमंत्री थे और आई. एम. एफ. बैंक की बैठकों के ड्राफ्टिंग सत्र में एक साथ काम करते थे। हम लोगों ने क्षेत्रीय देशों से भारत के संबंधों और अपने पड़ोसियों से मधुर रिश्ते बनाने की वास्तविक इच्छा पर चर्चा की। मुलाकात

40 मिनट तक चली। यह मुलाकात भारतीय राजदूत एस. के. सिंह के घर पर हुई।

27 अगस्त को मैंने हैदराबाद में एडवांस्ड मिसाइल टेक्नालॉजी सेंटर का औपचारिक उद्‌घाटन किया। रक्षामंत्री के अपने कार्यकाल के दौरान मैंने देश में ही गाइडेड मिसाइल विकसित करने की शुरुआत की थी। मुझे यह जानकर खुशी हुई कि जमीन से हवा में मार करने वाली दो मिसाइलें 'त्रिशूल' और 'पृथ्वी' 1990 से काम करने लगेंगी। रक्षा-सामग्रियों में आत्मनिर्भरता हासिल करने के प्रयासों के लिए मैंने रक्षा-अनुसंधान और विकास-संगठन की प्रशंसा की और उनसे कहा कि अति आधुनिक हथियार बनाने के योग्यता भी प्राप्त करें। मैंने वैज्ञानिक और रक्षा-संस्थाओं में निकट सहयोग की भी अपील की, ताकि दोनों जगह अनावश्यक रूप से एक जैसी सुविधाएँ और कोशिशें न हों।

मद्रास हाईकोर्ट ने अपने अस्तित्व के 125 वर्ष पूरे कर लिए थे। 1862 में स्थापित इस हाईकोर्ट में हर पीढ़ी के यशस्वी जजों और वकीलों का एक विशिष्ट वर्ग रहा है। सर टी. मुथुस्वामी अय्यर से लेकर हाईकोर्ट ही इस पीठ में एस. सुब्रह्मण्य अ"यर, कुमार स्वामी शास्त्री, वेंकट सुब्बा राव, विपा रमेशम्, एस. वरदचेरियार राजामन्नार, टी. एल. वेंकटरामा अय्यर पतंजलि शास्त्री और सुब्बा राव जैसे निष्ठावान लोग रहे हैं। इनमें अंतिम दो तो भारत के मुख्य न्यायाधी:श के शीर्ष बिन्दु तक पहुँच चुके हैं। सम्मेलन का उद्‌घाटन करते हुए मुझे गर्व हुआ। समारोह में भाग लेने वाले अन्य लोगों में भारत के मुख्य न्यायाधीश आर. एस. पाठक, एटार्नी जनरल परासरण, राज्यपाल अलेक्जेंडर, केंद्रीय विधि मंत्री शंकरानंद और मद्रास हाईकोर्ट के कार्यकारी मुख्य न्यायाधीश रत्नावल पांडियन शामिल थे। 30 अगस्त को समारोह का उद्‌घाटन करते हुए मैंने कहा, "अदालतों में बढ़ते मुकदमों से न्यायपालिका की छवि के धूमिल होने और न्यायिक प्रक्रिया में लोगों के विश्वास की समाप्ति का डर है।" मैंने मुकदमों को तेजी से निबटाने की अपील की और बॉर एसोसिएशनों से विधेयकों की जाँच करने और दंड-विधान में सुधार के लिए सकारात्मक निंदा करने को भी कहा। चूँकि समय के साथ-साथ सामाजिक न्याय की समझ बदल रही थी, इसलिए मैंने इस बात की जरूरत पर जो दिया कि न्यायपालिका सामाजिक बदलावों का साथ दे। अंत में मैंने लोगों से अपील की कि वे स्वेच्छापूर्वक कानून का पालन करें, ताकि लोकतांत्रिक स्वभाव को जिंदा रखा जा सके।

अगले दिन मैंने वेलोर में बहादुर स्वतंत्रता सेनानी और आदर्श विधायक दिवंगत एस. सत्यमूर्ति की मूर्ति का अनावरण किया। सत्यमूर्ति अंग्रेजी और तमिल के एक प्रभावशाली वक्ता थे और जब सेंट्रल असेंबली में बोलते थे तो अंग्रेज शासन को बेचैन कर देते थे। वे प्राय: सरकार को प्रश्नकाल के दौरान फाँस लेते थे और या तो उसके अपने पुराने बयान या फिर उसकी प्रशासनिक रपट को सामने ले आते थे। 1934 में जस्टिस पार्टी के दिग्गज ए. रामस्वामी मुअलियार से उनके ऐतिहासिक टकराव के दौरान मुझे सत्यमूर्ति के लिए प्रचार करने का मौका मिला था और मैं उनके अंतिम समय तक उनसे बहुत निकट संपर्क में रहा। सत्यमूर्ति प्रश्नों पर पूरक प्रश्न बहुत सावधानी से बनाते थे। इसके लिए सामग्री वे उन दस्तावेज़ों से ढूँढ़ निकालते थे, जो विधायकों को दिए जाते हैं। इस तरह अपने भाषण में अकाट्य तथ्य और आँकड़े भर देते थे। इस पर एक बार गाँधी जी ने कहा था, "अगर संसद में सत्यमूर्ति जैसे 10 लोग होते तो अंग्रेजी सरकार बिना संघर्ष के जाती।"

इसके बाद मैंने सेंट्रल जेल, वेलौर का दौरा किया। भारत छोड़ो-आंदोलन के दौरान मुझे गिरफ्तार कर यहाँ रखा गया था। दुर्भाग्य से जेल अधिकारी मुझे यहाँ रखने के रिकार्ड नहीं ढूँढ़ पाए। अलबत्ता सांसद जीवरत्नम् ने उस सेल को पहचान लिया, जिसमें मैं रहा था। मेरे साथ उन्होंने भी जेल काटी थी। अपने दौरे की याद में मैंने वहाँ एक पौधा लगाया और एक पट्टिका का अनावरण किया। वहाँ जमा हुए कुछ स्वतंत्रता-सेनानियों के आग्रह पर मैंने गाँधी टोपी और अंगवस्त्रम् धारण कर फोटो खिंचवाने के लिए कुछ पोज दिए। जिन दिनों मैं जेल में था, उस समय मैंने सपने में भी नहीं सोचा था कि मैं देश के राष्ट्रपति के रूप में फिर यहाँ आऊँगा।

आंध्रप्रदेश के रायलसीमा क्षेत्र के 13 कांग्रेस विधायक भूख हड़ताल पर चले गए। वे अपने सूखाग्रस्त क्षेत्र के लिए 370 टी. एम. सी. (एक अरब घन फीट) पानी की माँग कर रहे थे। मुख्यमंत्री एन.टी.रामाराव ने यह कहकर उन लोगों को शांत करने की कोशिश की कि वे लोगों की इच्छाएँ पूरी करने का प्रयास करेंगे। उन्होंने आंदोलनकारी विधायकों से भूख हड़ताल वापस लेने की अपील की। लेकिन विधायक अपने विरोध पर अड़े रहे। मुख्यमंत्री ने चालाकी से मामला केंद्र सरकार की ओर मोड़ दिया। उन्होंने कहा कि आंध्रप्रदेश की 22 अगस्त को बोट क्लब पर बड़ी रैली हुई। पार्टी नेताओं के अनुसार इससे

चार दिन पहले प्रधानमंत्री से समय माँगा गया था, पर कोई जवाब नहीं मिला। इसलिए आंदोलनकारियों ने एक सितंबर को प्रधानमंत्री के घर तक मार्च करने का फैसला किया। जैसे ही वे प्रधानमंत्री के घर के पास पहली रुकावट पर पहुँचे, पुलिस ने उन्हें रोक लिया। आंदोलनकारियों ने जबरन आगे बढ़ने की कोशिश की और भिड़ंत हो गई। इसके बाद पुलिस ने आँसू-गैस के गोले दागे और लाठियाँ भाँजीं। इसमें कई लोग घायल हो गए। आखिरकार उन लोगों को थाने ले जाया गया और हिरासत में रखा गया।

विपक्षी नेताओं ने मुझसे मिलने का समय माँगा और मैंने 1 सितंबर शाम 5.00 बजे का समय दे दिया। आंदोलनकारियों को रिहा कर दिया गया था और तय समय पर वे मेरे पास आ गए। उनके नेता, सांसद उपेंद्र ने प्रतिनिधिमंडल की अगवानी नहीं करने के लिए प्रधानमंत्री की कटु आलोचना की। इस तरह परियोजनाओं को मंजूरी देने का मुख्य मामला दब गया और सबका ध्यान एक अप्रिय घटना की ओर चला गया।

3 सितंबर को हुई अगली पाक्षिक भेंट में प्रधानमंत्री ने मुझे बताया कि वे एक छोटे प्रतिनिधिमंडल से मिलने के लिए तैयार थे। पर उन्हें पक्के तौर पर यह नहीं मालूम था कि आंदोलनकारियों को इसकी सूचना दी गई है या नहीं। स्पष्ट है कि प्रधानमंत्री के कार्यालय से कोई चूक हुई थी, इससे ऐसी अप्रिय स्थिति बनी। कई बार दफ्तरों की मामूली गलतियाँ देश के लिए गम्भीर स्थिति पैदा कर देती हैं।

1 सितंबर, 1988 को सरकार ने जबरदस्त विरोध के बीच लोकसभा में मानहानि विधेयक में प्रतिवादी पर सबूत जुटाने की जिम्मेदारी डालने और किसी व्यक्ति के खिलाफ निराधार आरोप लगाने जैसी आपराधिक कार्रवाई के लिए सजा बढ़ाने का प्रावधान था। यह सही है कि कुछ गैर-जिम्मेदार अखबारों ने बिना जाँच किए लोगों के खिलाफ निराधार आरोप लगाने जैसी आपराधिक कार्रवाई के लिए सजा बढ़ाने का प्रावधान था। यह सही है कि कुछ गैर-जिम्मेदार अखबारों ने बिना जाँच किए लोगों के खिलाफ अनैतिकता, आपराधिक कार्रवाइयों, दुर्व्यवहार आदि के आरोप लगाए थे। इससे सार्वजनिक जीवन के लोगों की छवि खराब हुई। लोगों को आरोप याद रहते हैं, दोष-मुक्ति नहीं। वैसे भी ऐसा बहुत बाद में होता है। इसके अलावा गलत लोगों ने झूठी निंदा का इस्तेमाल

ब्लैकमेल के रूप में भी किया है। बेशक नियंत्रण की जरूरत थी, पर कानून बनाना तो वाकई सबसे अंतिम उपाय था।

3 सितंबर को प्रधानमंत्री ने बूटा सिंह, शिवशंकर, फोतेदार और अटार्नी जनरल से कहा कि मुझे विधेयक का विवरण दें। मैंने सलाह दी कि जो उपाय स्पष्टतः विवादास्पद है, उसे अपनाने से पहले विपक्ष, प्रेस और गणमान्य लोगों से सलाह-मशविरे के रूप में थोड़ी तैयारी की जानी चाहिए। वे लोग तुरंत मेरी बात समझ गए।

इस विधोयक का प्रेस, बॉर के सदस्यों और जनता ने जबरदस्त विरोध किया। प्रेस ने एक दिन ही हड़ताल रखी, सार्वजनिक सभाओं में मंत्रियों से टकराव मोल लिया, समितियों की कार्यवाहियों की खबरें नहीं दीं और सरकार पर हमला बोल दिया। सत्तारूढ़ दल के कुछ सदस्य भी हिचकिचाने लगे और इस विधेयक का समर्थन करने में ढीले पड़ने लगे।

जो मंत्री मुझसे पहले मिलकर गए थे, वे फिर रविवार 4 सितंबर को मेरे पास आए। इसके अगले ही दिन राज्यसभा में इस विधेयक पर चर्चा होनी थी। मैंने सलाह दी कि विधेयक को जबरन पास न कराएँ, बल्कि इस पर प्रेस और दूसरे इच्छुक लोगों से बातचीत शुरू करें। प्रधानमंत्री ने तय किया कि विधेयक को इसी हाल में छोड़ दिया जाए। साथ ही उन्होंने एक मंत्रिमंडलीय समिति बनाने का एलान किया। समिति को प्रेस और जनता के विचार सुनने थे। प्रधानमंत्री ने समिति के काम में इनका सहयोग चाहा। इस समय तक विधेयक का विरोधा काफी उग्र हो चुका था और प्रेस को मंत्रिमंडलीय समिति के बायकाट का फैसला किया था। 'द हिंदू' के एन. राम 6 सितंबर को मेरे पास आए। मैंने उनसे कहा कि सरकार ने जनमत का ख्याल करके विधेयक पर राज्यसभा में चर्चा नहीं करवाई तो प्रेस की भी चाहिए कि वह अपना विचार मंत्रिमंडलीय समिति के समक्ष रखे और लोकतांत्रिक चर्चा का रास्ता खोले। हालाँकि राम ने कहा कि आई. ई. एस. पहले ही मंत्रिमंडलीय समिति के बायकाट का फैसला कर चुकी है।

बाद में, जब मैं दौरे पर था तो मुझे पता चला कि प्रधानमंत्री इस विधेयक पर आगे कार्रवाई नहीं कर रहे हैं और वे प्रेस की स्वतंत्रता के मुकाबले व्यक्ति के अधिकारों पर राष्ट्रव्यापी चर्चा करवाना चाहते हैं। यह एक अप्रिय

प्रसंग था। संसद और उसकी प्रतिक्रियाओं से राजीव गाँधाी का अनुभव सीमित था। उनके नजदीकी सहयोगी भी संसद में नौसिखिया थे। वे जन-भावना का सही आकलन नहीं कर पाए। अगर यह विधेयक लाने से पहले उन्होंने मुझसे सलाह की होती, तो संभव है उन्हें जिस अलोकप्रियता का सामना करना पड़ा, उससे वे बच जाते। यह दुखद है कि प्रेस और अभिव्यक्ति की आजादी के दुश्मन की हो गई। वह भी तब, जब उन्हें प्रेस से मिलने में आनंद आता था। ज्ञान और विवेक की अपेक्षा अनुभव कहीं बड़ा गाइड है, खासकर तब जब आप सामाजिक मुद्दों पर साथ के लोगों से कोई व्यवहार कर रहे हों।

महान दार्शनिक राजनेता डॉ. राधाकृष्णन की शताब्दी के मौके पर 5 सितंबर को संसद के सेंट्रल हॉल में सवेरे 9.30 बजें रंगारंग समारोह आयोजित किया गया था। इस मौके पर राधा कृष्णन के एक चित्र का भी अनावरण किया गया। मैं डॉ. राधाकृष्णन के बहुत नजदीक रहा था। उपराष्ट्रपति के रूप में और बाद में बतौर राष्ट्रपति वे जब कभी मद्रास आते थे, मैं उनके साथ रहता था। 1952-57 के दौरान जब मैं संसद में था तो मैं प्राय: उनसे मिलता था और संयुक्त राष्ट्र के अधिवेशनों तथा वहाँ जो कुछ होता था, उसके बारे में बात करता था। एक बार नेहरू जी अचानक राधाकृष्णन से मिलने आए। वहाँ मैं भी था। उन्होंने मुझसे पूछा, "आप यहाँ क्या कर हरे हैं?" डॉ. राधाकृष्णन ने व्यंग्य से पंडित जी से कहा, "संयुक्त राष्ट्र के सत्रों के बारे में आपसे भी पहले मुझे ये बात देते हैं।"

इस मौके पर मैंने डॉ. राधाकृष्णन को दार्शनिकों में राजनेता और राजनेताओं में दार्शनिक कहा। राज्यसभा के सभापति के रूप में उनके 10 वर्षीय कार्यकाल के दोरान हंगामे और वाकआउट लगभग नहीं होते थे। छूट तो दी जाती थी, पर छिछोरेपन को दबा दिया जाता था। इसी तरह तर्कों का स्वागत किया जाता था, लेकिन गालियाँ देने पर सख्ती की जाती थी। उन्हीं के कार्यकाल में राज्यसभा मान-मर्यादा के सबसे ऊँचे शिखर पर थी। राष्ट्रपति के रूप में गाँधीवादी डॉ. राजेंद्रप्रसाद, उपराष्ट्रपति के रूप में विद्वान डॉ. राधाकृष्णन और प्रधानमंत्री के रूप में लोकतंत्रवादी जवाहरलाल नेहरू के बेजोड़ सम्मिश्रण का भी मैंने जिक्र किया। मैंने कहा कि कैसे डॉ. राधाकृष्णन ने साधारण से शुरुआत की ओर किस प्रकार सभी क्षेत्रीय सीमाओं से आगे बढ़कर अंतर्राष्ट्रीय ख्याति प्राप्त दार्शनिक हो गए। तथा कैसे उनका हर जगह एक मनीषी और राजनेता के रूप में स्वागत

किया जाता था। दोपहर बाद मैंने वार्षिक शिक्षक दिवस समारोह में हिस्सा लिया और कोई 160 लब्ध-प्रतिष्ठित शिक्षकों को राष्ट्रीय पुरस्कार दिए।

दल-बदल की बीमारी नागालैंड से मिजोरम पहुँच गई। मिजोरम विधानसभा के लिए 1987 में हुए आम चुनावों में एक समय बागी रहे ललदेंगा को 40 में से 24 सीटें मिलीं और 16 फरवरी, 1987 को उन्होंने सरकार बना ली। 24 अगस्त, 1988 को पार्टी के नौ सदस्यों ने ललदेंगा की सरकार से समर्थन वापस ले लिया और एक अलग पार्टी बना ली। इस तरह सदन में ललदेंगा अल्पमत में आ गए। इसके बाद यह विवाद भी चला कि दल-बदल कानून के तहत यह 'दल-बदल' है या पार्टी की 'टूट' है। विधानसभा अध्यक्ष ने असंतुष्टों के नाम नोटिस भी जारी कर दिया। कांग्रेस पार्टी के नेताओं ने अलग गुट के विधायकों के समर्थन से सरकार बनाने का दावा किया। असम के पूर्व मुख्यमंत्री और मिजोरम के तत्कालीन राज्यपाल हितेंद्र सैकिया ने यह रिपोर्ट भेजी की मिजोरम के विधायकों की कमजोर आस्था के कारण स्थायी सरकार नहीं बन सकती और तद्नुसार उन्होंने मिजोरम में राष्ट्रपति शासन लागू करने की सिफारिश की।

मुझे विधानसभा भंग करने और राष्ट्रपति शासन लागू करने की राज्यपाल की सिफारिशें मानने में कोई हिचक नहीं हुई। वैसे भी राष्ट्रपति शासन लागू करने का फैसला केंद्रीय मंत्रिमंडल का होता है, और वही संसद के प्रति उत्तरदायी है।

## चार यूरापीय देशों की राजकीय यात्रा

मुझसे सलाह करके विदेश मंत्रालय ने 12 से 23 सितंबर तक मेरी नीदरलैंड, फिनलैंड, साइप्रस और चेकोस्लोवाकिया की यात्रा की व्यवस्था कर दी। 12 सितम्बर को आनुष्ठानिक विदाई के बाद मैं अपनी यात्रा पर रवाना हो गया। उपराष्ट्रपति, प्रधानमंत्री और दिल्ली के सर्वोत्कृष्ट लोगों ने मुझे विदा किया। आधिकारिक दल में केंद्रीय मंत्री रामनिवास मिर्धा, राष्ट्रपति के सचिव प्रेमकुमार, विदेश मंत्रालय के सचिव अल्फेड गोंजाल्विस और अन्य अधिकारी शामिल थे।

दिल्ली से एम्सटर्डम की हवाई यात्रा नौ घंटे की थी, पर समय के अंतर के कारण हम लोग स्थानीय समय में अपराह 3 बजें पहुँचे। जब हम शहर के पास पहुँचे तो डच रायल एयरफोर्स के छह एफ-16 लड़ाकू विमानों ने

गंतव्य तक हमारे विमान का मार्ग--रक्षण किया। शिलफुल हवाई अड्डे पर महारानी की बहन राजकुमारी मार्गरेट और उनके पति ने हमारी अगवानी की। हम लोग हेलीकाप्टर से नौसेना के बेस पर गए। वहाँ महारानी बीट्रिक्स और राजकुमार क्लाँस ने हमारा आनुष्ठानिक स्वागत किया। यह भारत के राष्ट्राध्यक्ष की पहली नीदरलैंड-यात्रा थी और मेरी यात्रा पर महारानी ने बहुत प्रसन्नता व्यक्त की। राजकुमार क्लॉस कई बार भारत आ चुके थे। जब मैं वित्तमंत्री था तो वे मुझसे मिले थे। उस समय के दौरान जब हमारी बातचीत नौकरशाही की लाल फीताशाही पर आई तो मैंने उन्हें एक फाइल पैड दिखाया, जिसमें सफेद फीता लगा था। मैंने कहा था कि इससे सरकार के नए रुख का पता चलता है। राजकुमार क्लॉस इतने प्रभावित हुए कि अपनी बाद की कई यात्राओं में उन्होंने इस स्पष्ट बदलाव का जिक्र किया।

हम लोगों को शाही महल में ठहराया गया। यह शहर के बीच में अवस्थित था। यह एक खूबसूरत महल है, जिसमें शाही हॉल, राजसी खम्भे, परिष्कृत और प्राचीन फर्नीचर तथा आधुनिक फिटिंग्स हैं। यूरोप ने अपने पुराने महलों का जिस ढंग से रख-रखाव किया है, प्रशंसनीय है। अपनी खिड़की से मैं मुख्य शॉपिंग सेंटर और एक छोटा भवन समूह (डैम स्क्वायर) देख सकता था। वहाँ दिल्ली बोट क्लब की तरह जब-तब प्रदर्शन होते रहते हैं। महल के ठीक सामने राष्ट्रीय स्मारक है। इसलिए माल्यार्पण-समारोह में ब्मुश्किल कुछ मिनट लगे।

एम्सटर्डम के मेयर ने हमारे प्रतिनिधिमंडम के लिए एक स्वागत-समारोह आयोजित किया। एक संक्षिप्त भाषण में उन्होंने हमारा स्वागत किया। इसमें उन्होंने कहा कि प्रधानमंत्री नेहरू ने शहर के चिड़ियाघर को एक हाथी उपहार में दिया था और वह मौज से बड़ा हो रहा है। मैंने उत्साहपूर्ण स्वागत-भाषण के लिए मेयर को धन्यवाद दिया और भारत की पुरानी डच आबादी के बारे में कहा। इसके बाद मैंने उन्हें शीशम की लकड़ी का खूबसूरती से तराशा गया एक हाथी दिया, जिस पर एक हौदा भी रखा था। इसमें हाथी दाँत का काम था। मैंने कहा कि संयोगवश मैं नेहरू के कदमों पर चल रहा हूँ! सभी लोगों ने लकड़ी के बने इस हाथी की प्रशंसा की।

इसके बाद एक संक्षिप्त समारोह हुआ, जिसमें मैंने महारानी को और महारानी ने मुझे उपहार दिए। फिर रात में राजकीय भोज था। सलामती का जाम पेश

करते हुए महारानी ने आधुनिक विश्व में भारत और इसकी लोकतांत्रिक संरचना की महत्ता पर विस्तार से प्रकाश डाला। उन्होंने नीदरलैंड की हार्दिक इच्छा भी बताई। कहा कि नीदरलैंड भारत जैसे विकासशील देश की जनता की बेहतरी के प्रयासों में मदद करना चाहता है। सलामती के जाम के जवाब में प्रगतिशील नीतियों के लिए मैंने नीदरलैंड की प्रशंसा की खासतौर से उत्तर-दक्षिण की बातचीत में उसके दिलचस्पी लेने की। यह उम्मीद भी जताई कि हाल में उसे जो झटका लगा है, उसके बावजूद नीदरलैंड फलदायी उत्तर-दक्षिण-बहस के लिए अपने प्रभाव का इस्तेमाल करता रहेगा। मैंने सोवितयत संघ और पश्चिमी देशों के बीच कम हुए तनाव का जिक्र किया और उम्मीद जताई कि परमाणु तथा सामान्य निरस्त्रीकरण की दिशा में सकारात्मक कदम उठाए जाते रहेंगे। अपने यहाँ की नीतियों की चर्चा करते हुए मैंने अपने सभी पड़ोसियों के साथ शांति और सद्भाव से रहने और चीन-भारत-संबंध सामान्य करने की इच्छा व्यक्त की। वैसे, मैंने यह भी कहा कि पंजाब और काश्मीर के उग्रवादियों को पाकिस्तान मदद दे रहा है और गुपचुप परमाणु कार्यक्रम चला रहा है। यह उसके साथ किसी भी संतुलित समझौते की राह में बाधा बना हुआ है। मैंने याद दिलाया कि भारत में दूर संचार, पर्यावरण और संस्कृति के क्षेत्र में डच कंपनियों से दो सौ से भी ज्यादा सहयोगी करार हुए हैं। मैंने उम्मीद जताई की भारत-डच सम्बन्ध भविष्य में और विकसित तथा मजबूत होंगे।

रात्रिकालीन भोज के दौरान महरानी ने मुझसे पूछा की भारत एन.पी.टी. (परमाणु अप्रसार संधि) पर दस्तखत क्यों नहीं कर रहा है। क्या इसकी वजह पाकिस्तान और चीन के परमाणु कार्यक्रम हैं? मैंने महारानी को बताया कि हमारा विरोध संधि की भेद-भावपूर्ण प्रकृति से हैं। यह उन ताकतों को तो बिना किसी रोक के परमाणु हथियारों के विस्तार और विकास की इजाजत देती है, जिनके पास यह ताकत पहले से है, पर जिनके पास यह नहीं है उन्हें नियंत्रित और प्रतिबंधित करना चाहती है। मैंने कहा कि जिन देशों के पास परमाणु हथियार हैं, वे अपने क्षमता बढ़ाते जाएँ और जिनके पास यह नहीं है, उन्हें जबरन रोका जाए, यह ठीक नहीं है। मैंने कहा कि जिन देशों के पास परमाणु हथियार हैं, वे अगर इसकी जाँच पर तत्काल पाबंदी लगा दें और परमाणु हथियारों के खात्मे के लिए कार्यक्रम शुरू करें तो विकासशील देशों में इस संधि की साख बढ़ेगी। मैंने कहा कि भारत के पास परमाणु हथियार बनाने की क्षमता है, पर हमने

जान-बूझकर इसका निर्माण नहीं किया है, क्योंकि हम सदा से परमाणु हथियार-मुक्त अहिंसक विश्व में विश्वास रखते रहे हैं। इस मायने में, भारत उन देशों के मुकाबले परमाणु-अप्रसार का एक बड़ा हिमायती है जो दूसरों को तो परमाणु-अप्रसार सिखाते हैं, पर खुद परमाणु हथियारों का विस्तार और उनका परीक्षण करते रहते हैं। महरानी ने बिना टोका-टाकी किए मुझे पूरा सुना और जब मैंने बोलना खत्म कर दिया, तो भी थोड़ी देर तक चुप रहीं। मुझे लगा जैसे वे सोच रही हैं कि मैंने जो कहा है, उसका क्या जवाब दें।

13 सितम्बर को हम लोग रिज्क्स संग्रहालय गए। वहाँ हमने रेमब्रांड्ट और सत्रहवीं शताब्दी के जाने-माने डच कलाकारों की उत्कृष्ट कलाकृतियाँ देखीं। इन ऐतिहासिक वस्तुओं की साज-सँभाल के लिए जो असाधारण व्यवस्था की गई थी, उससे मैं बहुत प्रभावित हुआ। हम लोगों ने चाँदी और पार्सलीन के सुंदर फर्नीचरों को देखा, जो बहुत ही आकर्षक ढंग से प्रदर्शित किए गए थे। मुझे बताया गया कि हर साल 10 लाख लोग संग्रहालय को देखने आते हैं। हम लोगों ने रॉयल ट्रापिकल इंस्टीट्यूट भी देखा। यह विकासशील देशों में ग्रामीण विकास, उष्णकटिबंधीय स्वास्थ्य विकास और शिक्षा-अध्ययन के काम में लगा है। इसके बाद मैं भारतीय अध्ययन में लगे डच प्रोफेसरों से मिला, और उनके साथ उपयोगी चर्चा की।

डच प्रधानमंत्री रूड लुब्बर्स ने हमारे प्रतिनिधिमंडल के लिए सत्ता के केंद्र द हेग के ऐतिहासिक हॉल ऑफ नाइट्स में अपराह्न भोज का आयोजन किया। महारानी और राजकुमार क्लॉस इसमें शामिल हुए। भारत में प्रधानमंत्री की पार्टियों में राष्ट्रपति शामिल नहीं होते हैं। हमारा प्रोटोकोल डच प्रोटोकोल से 'उत्कृष्ट' है। प्रधानमंत्री का गला बैठा हुआ था, इसलिए उनका स्वागत-भाषण उपप्रधानमंत्री ने पढ़ा। उन्होंने कहा कि यदि दोनों देश व्यावहारिक रूख अपनाएँ और समस्याओं को तेजी से निपटाएँ तो भारत में साझे उद्यम बढ़ाए जा सकते हैं। उन्होंने बताया कि दोहरे कराधान से बचने के लिए हाल ही में हुए भारत-नीदरलैंड-समझौते से डच उद्यमों को भारत में निवेश की अतिरिक्त प्रेरणा मिलेगी। उन्होंने कहा कि नीदरलैंड बिना किसी नियंत्रण के मुक्त व्यापार में दृढ़ विश्वास करता हैं प्रधानमंत्री ने हम लोगों को आश्वस्त किया कि यूरोपिय समुदाय का सिंगल मार्केट (1992) का विचार भारत के लिए व्यापार के अवसर बढ़ाएगा, न कि इसे सीमित करेगा। उन्होंने यह भी कहा कि "भारत भले ही यूरोपीय आर्थिक

समुदाय का सदस्य नहीं है, फिर भी भारतयी निर्यात का बड़ा हिस्सा समुदाय के बाजार में निःशुल्क पहुँचता है।'' उन्होंने कहा कि यूरोपीय समुदाय के संस्थापक सदस्य के नाते आर्थिक क्षेत्र में नीदरलैंड और भारत की अच्छी साझेदारी है।

सम्बोधन के जवाब में मैंने अर्थव्यवस्था के प्रगतिशील उदारीकरण की नीति और भारत में नीदरलैंड द्वारा ज्यादा निवेश की सम्भावनाओं के बारे में बताया। मैंने कहा, ''आधुनिकीकरण के हमारे मौजूदा चरण में आधुनिकीकरण और कार्य-कशुलता पर ज्यादा जोर दिया जा रहा है और इसलिए आर्थिक विनिमयों के विविधीकरण की पर्याप्त सम्भावनाएँ हैं। मैंने भारत में डच इक्विटी निवेश का जिक्र किया और भारतीय उद्यमों में ज्यादा भागीदारी की अपील की। मैंने कहा कि दोनों देशों की बीच व्यापार के मामले में भी 1987 में भारत ने हालैंड को महज 22 करोड़ रुपए का निर्यात किया, जबकि आयात 540 करोड़ रुपए से भी ज्यादा का हुआ। मैंने भारतीय बंदरगाहों, अंतर्देशीय जलमार्गो, जहाजों का निर्माण और मरम्मत के क्षेत्र में आधुनिकीकरण में डच सहयोग के लिए आभार जताते हुए अपना भाषण खत्म किया। दिन के खाने के बाद हम लोगों को शाही महलों में से एक नूरदिंदे ले जाया गया। यह एम्सटर्डम प्रासाद से अधिक आरामदेह था। शाम को नीदरलैंड में हमारे राजदूत ने एक स्वागत-समारोह का आयोजन किया और 150 से ज्यादा भारतीयों को आमंत्रित किया। मैंने उन लोगों को भारत और हालैंड के दोस्ताना रिश्तों और भारत में आधुनिक विकास की प्रचुर सम्भावनाओं के बारे में बताया। मैंने हालैंड में भारतीय मूल के लोगों से अपील की कि वे भारत में अपने उद्यम शुरू करें और देश की तरक्की में भागीदार बनें।

रात में महारानी और उनके परिवार ने हमारे साथ पारिवारिक भोजन किया। हम लोगों ने कई मामलों पर अनौपचारिक बातचीत की। राजकुमार क्लॉस कई बार भारत आ चुके थे। और भारत के बारे में बहुत कुछ जानते थे, इसलिए वे बहुत समझदारी दिखा रहे थे। उन्होंने कहा कि भारत के तथाकथित धार्मिक झगड़ों, सामाजिक भेद आदि के बारे में काफी कुछ पढ़ा है, पर उन्हें भारत में जीवन सामान्य लगा और आर्थिक व सामाजिक गतिविधियाँ बिना किसी बाधा के चलती दिखीं। वे भारत की आर्थिक उन्नति और विकास के मामलों में आशावान थे।

खाने के बाद शिवकुमार शर्मा ने संतूर पर भारतीय संगीत सुनाया और काशीनाथ बोदास ने हिन्दुस्तानी स्वर संगीत। ये दोनों लोग भारतीय सांस्कृतिक सम्बन्ध परिषद के कार्यक्रमों के सिलसिले में एम्सटर्डम में थे। काशीनाथ मेरी बेटी विजया रामचंद्रन के संगीत-शिक्षक भी है। संगीत कार्यक्रम पेश करने में वह भी शामिल हो गई। महारानी ने बार-बार इस कार्यक्रम की प्रशंसा की और कहा कि आनंददायक भारतीय संगीत पेश करके हमने उन्हें चकित कर दिया है।

प्रेस ने मेरी यात्रा की रपटें विस्तार से छापीं। लाख से भी ऊपर प्रसार संख्यावाले द *टेलीग्राफ ने नौसेना* बेस पर महारानी के साथ गार्ड ऑफ ऑनर का निरीक्षण करते हुए मेरी बड़ी तस्वीर छापी और महारानी के इस बयान को शीर्षक बनाया, 'भारत, यूरोप के लिए एक मिसाल।'

14 सितम्बर को आनुष्ठानिक विदाई हुई। इस मौके पर महारानी ने एक बार फिर मेरी यात्रा की प्रशंसा की। मैंने उत्साहपूर्ण स्वागत और अपने प्रतिनिधिमंडल की उदार मेजबानी के लिए धन्यवाद दिया। वहाँ से चलने के पहले हम लोग हेलीकॉप्टर से एक पवन चक्की फार्म देखने गए। यह फार्म एक प्रयोगात्मक केंद्र है और यहाँ के लाइन में चार पवन चक्कियों की छह लाइनें हैं। ये केंद्र न तो कम खर्चीले हैं और न ही इनका उत्पादन ज्यादा है। केंद्र-निदेशक को उम्मीद थी कि और अध्ययन-अनुसंधान से उन्हें कुछ बेहतर हासिल हो सकेगा। मैंने उन्हें भारत में पवन चक्कियों के अपने प्रयोग के बारे में बताया और इससे जुड़ी समस्याओं एवं प्रगति के बारे में सूचनाओं के आदान-प्रदान की इच्छा जताई। इसके बाद हम लोग सुप्रसिद्ध डाइक के ऊपर से उड़े। यह उत्तरी सागर को मीठे पानी की झील से अलग करता है। यह मनुष्य की शानदार उपलब्धि है। 25 साल पूर्व जब मैं यहाँ आया था तो डाइक की पूरी लम्बाई वाहन से तय की थी और कई चित्र खींचे थे। एम्सटर्डम पहुंचने पर राजकुमार क्लॉस ने हम लोगों को स्नेहपूर्ण और भावभीनी विदाई दी। फिर दोपहर 1 बजे हम फिनलैंड के लिए उड़ गए।

हम लोग स्थानीय समय के अनुसार शाम चार बजे के आस-पास हेलसिंकी पहुँचे। यह दुनिया-भर में प्रसिद्ध सबसे उत्तर में अवस्थित राजधानी है। यहाँ का समय एम्सटर्डम में घंटे-भर आगे है। वांता विमानतल पर कोई आनुष्ठानिक

स्वागत-समारोह नहीं हुआ। हम लोग गाड़ियों से राष्ट्रपति के महल में पहुँचे। वहाँ राष्ट्रपति और मैडम कोइविस्तो ने हमारी आगवानी की। फिर गार्ड ऑफ ऑनर देने का एक सामान्य समारोह हुआ और संक्षिप्त परिचय।

वहाँ पहुँचने के कुछ ही देर बाद हमने देश की आजादी के लिए प्राणों की आहुति देने वाले शहीदों और देश के सपूत मार्शल मन्नेरहम की समाधि पर श्रद्धांजलि अर्पित की। यह समारोह बहुत सामान्य और अनौपचारिक था। दूसरे देशों की शाही यात्राओं की सामान्य परेशानियों से अलग फिनलैंड की यात्रा बहुत निश्चिंत और शांत थी। राष्ट्रपति कोइविस्तों ने अपनी अनौपचारिकता से खुद ऐसा माहौल बनाया।

14 सितंबर की रात राजकीय भोज का आयोजन था। सलामती का जाम पेश करते हुए राष्ट्रपति कोईविस्तों ने पूर्व और पश्चिम में तनाव कम होने और सोवियत संघ तथा संयुक्त राष्ट्र के बीच आई.एन.एफ. संधि का स्वागत किया। उन्होंने उम्मीद जताई कि परमाणु शास्त्रीकरण की कटौती में और प्रगति होगी। उन्होंने सोवियत संघ में पेरेस्त्रोइका और अर्थव्यवस्था के उदारीकरण की प्रशंसा की। उन्होंने दृढ़ विश्वास था कि यह प्रक्रिया और तेज होगी। भारत के साथ द्विपक्षीय संबंधी का जिक्र करते हुए राष्ट्रपति कोईविस्तों ने अब तक हुई प्रगति पर संतोष व्यक्त किया और इसकी बेहतरी के लिए दोनों ओर से कोशिश करने की अपील की। उन्होंने भारतीय राजनीति के लोकतांत्रिक और धर्म निरपेक्ष पहलुओं की खास तौर से तारीफ की। उनकी राय में दक्षिण एशिया में शांति और स्थायित्व बनाए रखने में भारत की भी भूमिका को अनदेखा नहीं किया जा सकता। स्वागत-भाषण के जवाब में मैंने मैडम कोईविस्तों सहित फरवरी 1987 में की गई उनकी यात्रा और परस्पर बृहत्तर सहयोग को इससे जो प्रोत्साहन मिला, उसकी चर्चा की। मैंने स्वतंत्रता के बाद से भारत द्वारा विभिन्न क्षेत्रों, खासकर कृषि-उत्पादन में आत्मनिर्भरता, औद्योगिक विकास और कुशल मानव-शक्ति के विस्तार एवं उसके विविध उपभोग में की गई प्रगति का ब्यौरा दिया। मैंने यह भी कहा, ''हिमारा समाज लोकतांत्रिक है और इन समस्याओं का हल लोकतंत्र की सीमा में ही ढूँढ़ना होता है।'' विश्व-मामलों में मैंने ईरान-इराक युद्ध खत्म होने और अफगानिस्तान पर जेनेवा-समझौते का स्वागत किया। मैंने उत्तर-दक्षिण-संवाद को बढ़ाने और उत्तर-पश्चिम के तनाव में कमी लाने में राष्ट्रपति कोईविस्तो के योगदान की तारीफ की। आई.एन.एफ. संधि पर अपने लोगों का संतोष जताते

हुए मैंने प्रधानमंत्री राजीव गाँधी द्वारा प्रस्तुत समयबद्ध कार्यक्रम का जिक्र किया। यह कार्य-योजना उन्होंने संयुक्त राष्ट्र के विशेष सत्र में पेश की थी। सांस्कृतिक इतिहास की चर्चा करते हुए मैंने कहा कि फिनलैंड के विद्वान वैलेनियस ने 1835 में ही हेलसिंकी विश्वविद्यालय में संस्कृत पढ़ाना शुरू कर दिया था और गए साल कौपियों में कालिदास के शाकुंतलम् का मंचन किया गया है। मैंने कहा कि फिनलैंड के राष्ट्री महाकाव्य *कलावेला* का हिन्दी अनुवाद हो चुका है।

भोज के दौरान अनौपचारिक बातचीत में राष्ट्रपति कोईविस्तो ने अंतर्राष्ट्रीय मामलों में राजीव गाँधी की बढ़ती भूमिका और भारत की भीतरी समस्याओं का संतुलित ढंग से सामना करने के लिए उनकी तारीफ की। मैडम कोईविस्तो ने हर तरह की भारतीय चीजों, जैसे–सिल्क, धातु के सामान और स्मारकों की प्रशंसा की। कोईविस्तों दम्पति निष्कपट, मैत्रीपूर्ण और भले लोग है और वे राजनयिक पचड़ों में नहीं पड़ रहे थे।

15 सितंबर को राष्ट्रपति, उनके दल और हमारे प्रतिनिधिमंडल की मैत्रीपूर्ण माहौल में आधिकारिक बातचीत शुरू हुई। यह घंटे-भर से ज्यादा चली। भारत के साथ फिनलैंड के व्यापार-संतुलन की खराब स्थिति की चर्चा करते हुए यह तय किया गया कि व्यापार-असंतुलन को ठीक करने के लिए ठोस कदम उठाए जाएँ। दोनों पक्षों का मानना था कि आर्थिक और तकनीकी सहयोग को बढ़ाने की पर्याप्त गुंजाइश है। फिनलैंड के राष्ट्रपति ने कुछ क्षेत्रों में भारत को 'उच्च तकनीक' हस्तांतरित करने की पेशकश भी की। फेडरेशन ऑफ इंडियन चैंबर्स ऑफ कामर्स एंड इंडस्ट्री के प्रतिनिधिमंडल की यात्रा और इंडियन मर्चेंट्स चैम्बर के प्रतिनिधिमंडल की प्रस्तावित यात्रा को दोनों देशों के बीच आर्थिक सम्बन्ध मजबूत करने की दिशा में स्वागत योग्य कदम माना गया था। फिनलैंड के राष्ट्रपति इस बात के प्रति आशावान थे कि यूरोपीय समुदाय का विस्तृत एकल बाजार विकासशील देशों को सुदाय से अपना व्यापार बढ़ाने के ज्यादा अवसर जुटाएगा। उन्होंने इस मसले पर भारत की आशंकाओं को नकार दिया। हम दोनों ने माना कि विकासशील देश कर्ज के भारी बोझ से दबे हुए हैं और उत्तर-दक्षिण-वार्ता को इस समस्या पर तत्काल ध्यान देना चाहिए। हम लोगों ने परमाणु हथियारों के खात्मे और पूर्ण निरस्त्रीकरण की अपने प्रतिबद्धता दुहराई। जहाँ तक चीन का सवाल था, मैंने कहा कि भारत पड़ोसी से रिश्ते सामान्य

करने की इच्छुक है। मैंने उम्मीद जताई कि इस वर्ष के उत्तरार्द्ध में प्रधानमंत्री राजीव गाँधी की चीन यात्रा से इस प्रक्रिया में मदद मिलेगी।

बातचीत के बाद हम लोग विमान से लैंपलैंड में उत्तरध्रुवीय शहर रोवेनिएमी के लिए चले। हमारे साथ राष्ट्रपति और मैडम कोईविस्तो भी थीं। फिनलैंड के राष्ट्रपति और उनकी पत्नी हम लोगों के साथ आईं, यह निश्चय ही उनकी सद्भावना थी। भारत में राष्ट्रपति अपने विशिष्ट मेहमानों के साथ कहीं नहीं जाते।

लैपलैंड के राज्यपाल द्वारा आयोजित दोपहर के खाने में फिनलैंड के राष्ट्रपति भी शामिल हुए (भारतीय प्रोटोकोल के अनुसार यह ईश-निंदा जैसा है)। इस खूबसूरत देश को देखकर मैं हर्षोन्माद से भर गया। हम लोग रेनडीयर (ठंडे प्रदेश का जानवर) फार्म देखने गए। वहाँ हमने उन प्यारे जानवरों को देखा, जिसका इस्तेमाल स्लेज खींचने के लिए किया जाता है। स्लेज जाड़ों में, जब वहाँ का तापमान शून्य से 90 डिग्री सेल्यिसप नीचे चला जाता है, वहाँ के लोगों के आने-जाने के काम आनेवाला 'वाहन' होता है। आजकल डीजल इंजनवाले स्लेज का अधिकाधिक इस्तेमाल हो रहा है।

रोवेनिएमी लैपलैंड की प्रांतीय राजधानी है, जो दुनिया-भर में एक ऐसी जगह के रूप में विख्यात है, जहाँ कल्पित फादर क्रिसमस ने अपना डाकघर स्थापित किया था। यहाँ सांता क्लॉस के पास दुनिया-भर के बच्चों से 300,000 चिट्ठियाँ आती हैं और वे प्रत्येक का जवाब देते हैं। सांता क्लॉस गाँव की यात्रा करने वाला पहला भारतीय राष्ट्रपति था। विशेष सद्भावना दिखाते हुए सांता कार्यशाला के दरवाजे पर आए और मेरी अगवानी की। उन्होंने हम लोगों को वे चीजें और उपहार दिखाए जो उन्हें स्थानीय लोगों ने दिए है। सांता समूह के साथ प्रसन्नतापूर्वक एक घंटा गुजारने के बाद हमने अनमने भाव से उनसे विदा ली और उसी शाक हेलसिंकी लौट आए।

अपने कार्यक्रम के अनुसार हम लोग फिनलैंड की संसद के स्पीकर और पार्टी-नेताओं से मिले और सदन का चालू सत्र देखा। सदन शांत था और भारतीय संसद के अपराह्न सत्र जैसा था, जिसमें कम लोग थे और बिना सिलसिले का भाषण हुआ। स्पीकर ने मुझे कहा कि सदन में हल्ला-गुल्ला बहुत कम होता है।

फिनलैंड सरकार ने हेलसिंकी में तैनात दूतावासों के प्रमुखों के साथ एक मुलाकात की व्यवस्था की थी। उनसे अलग-अलग मिलने के बाद मैं उनमें घुल-मिल गया और उनसे खुलकर बातचीत की। मुझे उन लोगों में भारत के प्रति वास्तविक दिलचस्पी दिखाई दी। कुछ लोगों के लिए भारत रहस्यमय था। उन लोगों ने गरीबी, धार्मिक झगड़ों, आतंकवादी गतिविधियों के बारे में अखबारों में पढ़ा था। इसके बावजूद उन्होंने पाया कि वहाँ एक व्यवस्थित सरकार काम कर रही है और वह उद्योग, विज्ञान व तकनालॉजी के क्षेत्र मे प्रभावशाली ढंग से आगे बढ़ रही हैं मैंने उन लोगों के साथ एक घंटा रहा और यह अवधि मनोरंजक रही। इस दौरान मैंने उनकी जायज शंकाओं के जवाब दिए और उनको स्पष्टीकरण भी दिया।

हेलासिंकी शहर ने 16 सितंबर को हमारे लिए दोपहर के खाने का आयोजन किया नगर-परिषद के अध्यक्ष ने अपने स्वागत-भाषण में बताया कि उनके देश के लोगों की भारत में, उसकी पुरानी परम्पराओं और संस्कृति में कैसी दोस्ताना दिलचस्पी है। जवाब में मैंने नगर-परिषद के अध्यक्ष को औद्योगिक इकाइयों की संख्या बढ़ने के बावजूद पारिस्थितिकी और पर्यावरण के सरंक्षण के लिए बधाई दी।

दोपहर बाद मैंने पासिकिवी सोसाइटी को सम्बोधित किया। यह बुद्धिजीवियों की एक प्रतिष्ठित संस्था है, जिसकी स्थापना 30 साल पहले हुई थी। इस सोसाइटी में पूर्व राजनयिक, पूर्व कैबिनेट मंत्री, शिक्षाविद् और प्रख्यात समाजविज्ञानी शामिल हैं। इससे पहले सोसाइटी को सम्बोधित करने वालों में विश्व के प्रख्यात राजनेता, जाने-माने लेखक और ग्रंथकार शामिल थे। जब मुझे सोसाइटी को सम्बोधित करने के लिए आमंत्रित किया गया तो मुझे बहुत खुशी हुई।

मेरे भाषण का विषय था, 'भारत की उपलब्धियाँ और चुनौतियाँ।' सोसाइटी में भाषण देते हुए मैंने फिनलैंड के पूर्व राष्ट्रपति जुहोक्रिस्ट पासिकिवी को श्रद्धांजलि दी। वे एक दूरदर्शी राजनेता और महान देशभक्त थे। उन्होंने फिनलैंड की घरेलू और विदेश नीतियों पर लोकतंत्र तथा स्थिरता का गहरा और स्थायी चिन्ह छोड़ा है। विशिष्ट श्रोताओं के समक्ष 40 मिनट के अपने भाषण में मैंने निम्नलिखित मुद्दे उठाए-

"स्वतंत्रता के लिए भारत का संघर्ष अलग तरह का था और इतिहास में ज्ञात सशस्त्र संग्राम से भिन्न था। अहिंसा रणनीति नहीं थी। बल्कि एक सिद्धांत था, जिसे महात्मा गाँधी और राष्ट्र ने मंजूर किया था।

"भारत एक अनेकतावादी समाज़ है, जिसमें विभिन्न भाषाभाषी और कई धार्मिक समाज रहते हैं। यह महान विषमताओं का भी देश हैं हमारे संविधान-निर्माताओं को मालूम था कि देश के इस बहुलतावादी समाज को सिर्फ लोकतांत्रिक आत्म-अभिव्यक्ति, विचार एवं उपासना की स्वतंत्रता से ही एक रखा जा सकता है। भारत एक परिपक्व लोकतंत्र है, जहाँ वयस्क मताधिकार पर आधारित आठ आम चुनाव हो चुके हैं।

"स्वतंत्रता के बाद से कृषि, उद्योग, विज्ञान और तकनालॉजी में भारत की प्रगति प्रभावशाली रही है और यह अपनी ताकत एवं संवेग पर और आगे जाने के लिए तैयार है।"

भाषण के बाद जनसंख्या-नियंत्रण के हमारे उपायों और महिलाओं की स्थिति पर कुछ सवाल पूछे गए। मैनें कहा कि एक लोकतांत्रिक देश होने के नाते भारत में जनसंख्या-नियंत्रण के स्वैच्छिक तरीके ही अपनाए जा सकते हैं। दूसरे मुद्दे पर मैंने कहा कि भारत की एक महिला जानी-मानी प्रधानमंत्री रही हैं। इसके अलावा अनेक महिलाएँ वैज्ञानिक, लेखक और कलाकार हैं। पर यह भी सही है कि उनमें निरक्षरता और सामाजिक अयोग्यताएँ भी काफी हैं।

17 सितम्बर को राष्ट्रपति कोईविस्तों के साथ एक संक्षिप्त बैठक हुई और राष्ट्रपति के भव्य आवास से आनुष्ठानिक विदाई हुई।

फिनलैंड की आश्चर्यजनक आनौपचारिकता और सहज प्रोटाकोल से मैं बहुत प्रभावित हुआ। राष्ट्रपति भवन में घुड़सवारों, वर्दीधारी, कमचारियों, अंगरक्षकों और बेमतलब के ढेरों कर्मचारियों की विभिन्न गतिविधियों के मुकाबले फिनलैंड में भोज, बातचीत और दृश्यावलोकन का समय शांतिपूर्ण, सामान्य और गौरवपूर्ण था।

भूमध्य सागर के साइप्रस द्वीप का लम्बा और पुरा इतिहास हैं यह ईसा से कई शताब्दी पुराना हैं यह रोमन, यूनानी और तुर्की के बाद आखिरकार ब्रितानियों के साम्राज्य का हिस्सा रहा है साईप्रस के लोगों ने स्वतंत्रता के लिए संघर्ष

चलाया था। उनके राष्ट्रीय नेता आर्कबिशप मकेरियोस महात्मा गाँधी के प्रशंसक और अनुयायी थे। आर्कबिशप मकेरियोस 1962 में साइप्रस के राष्ट्रपति के रूप में मद्रास आए थे। तब मैं उन्हें महाबलिपुरम् ले गया था। मैं एक पर्यटक के रूप में साइप्रस की यात्रा कर चुका था। और इसके खूबसूरत दृश्यों और दर्शनीय स्थानों को देख चुका था। दुबारा इस देश की यात्रा करने में मुझे वाकई बहुत खुशी हो रही थी।

हमारा प्रतिनिधिमंडल स्थानीय समय में दोपहर बाद 3 बजे लरनाका अंतर्राष्ट्रीय हवाई-अड्डे पर पहुँचा। साइप्रस के राष्ट्रपति जार्ज वसिलियू ने हवाई अड्डे पर हमारी अगवानी की। एक संक्षिप्त समारोह हुआ, जिसमें राष्ट्रपति वसिलियू ने स्वागत भाषण दिया। स्वागत के लिए मैंने उन्हें धन्यवाद दिया और उम्मीद जताई कि इस यात्रा से हमारे सम्बन्ध और मजबूत होंगे। हवाई अड्डे से राजधानी निकोसिया की सड़क-यात्रा लम्बी थी, इसलिए हम लोगों ने राष्ट्रमंडल और रंगभेद-जैसे मुद्दों को निपटाने में उसके प्रभाव आदि पर बात की। इसके अलावा गुटनिरपेक्ष आंदोलन तथा बदलती दुनिया में तनाव कम करने वाली इसकी भूमिका, साइप्रस की आंतरिक समस्याओं, खासकर कुछ इलाकों पर तुर्की के कब्जे और श्रीलंका में हमारी अपनी दखलंदाजी पर भी बातचीत हुई।

निकोसिया में हम लोग हिल्टन इंटरनेशनल होटल के शानदार सूट में ठहरे। राष्ट्रपति वासिलियू ने मुझसे कहा कि हिल्टन होटल की शुरुआत जनता के भारी आर्थिक सहयोग से निजी उद्यम के रूप में हुई थी। जब इसे घाटा हुआ तो लोगों ने हल्ला मचाया कि उन्हें भ्रमित करके निवेश करवाया गया है। तब सरकार ने सभी शेयर उनके प्रत्यक्ष मूल्य पर खरीद लिए, जबकि बाजार में उनकी कीमत कम थी। अब यह होटल लाभ में चल रहा था और लोग आंदोलन कर रहे थे कि उनके शेयर उन्हें लौटाए जाएँ और होटल का फिर निर्जीकरण किया जाए।

भारतीय उच्चायुक्त मेरे पास आए और साइप्रस की स्थिति के बारे में मुझे जानकारी दी। उन्होंने मुझे बताया कि टापू के पश्चिमी हिस्से और निकोशिया शहर के एक भाग पर तुर्की सेना का कब्जा है। उस समय युद्ध-विराम जारी था और दोनों सेनाओं के बीच वारदातें बहुत कम होती थीं। साइप्रस के पूर्व

राष्ट्रपति कायप्रियान् ने साइप्रस से तुर्की सेना के हटे बगैर कोई भी बात करने से मना कर दिया था। पर नए राष्ट्रपति वासिलियू ने तुर्की कब्जेवाले क्षेत्र को प्रांत का दर्जा देकर साइप्रस के लिए संघीय सरकार बनाने की पेशकश की थी। मेरी यात्रा से हफ्ते-भर पहले ही संयुक्तराष्ट्र के तत्त्वावधान में दोनों पक्षों के बीच बात-चीत शुरू हुई थी। हमारे उच्चायुक्त ने कहा कि गतिरोध खत्म हो गया है और बातचीत की पेशकश स्वयं में स्वागत योग्य कदम है।

उसी शाम हम लोग अधिकारिक बातचीत के लिए राष्ट्रपति-प्रासाद की ओर चले। रास्ते में हमने स्वतंत्र साइप्रस के संस्थापक आर्कबिशप मकेरियोस की मूर्ति पर माल्यार्पण किया।

राष्ट्रपति वासिलियू और उनके दल तथा हमारे प्रतिनिधिमंडल की बातचीत बहुत सद्भावपूर्ण थी। देश की एकता और क्षेत्रीय अखंडता के प्रति साइप्रस भारतीय समर्थन के प्रति आभारी था। राष्ट्रपति वासिलियू का थोड़ा डर था कि उसी साल हुई प्रधानमंत्री राजीव गाँधी की तुर्की-यात्रा के बाद भारत के रुख में बदलाव आएगा। मैंने राष्ट्रपति को आश्वस्त किया कि भारत विखंडन की गतिविधियाँ भड़काने वाले बागी गुटों को हतोत्साहित करता है। मैंने श्रीलंका का उदाहरण दिया, जहाँ भारत ने तमिलों की पृथक् ईलम राज्य की जातीय माँग का समर्थन करने से मना कर दिया था। राष्ट्रपति वासिलियू ने श्रीलंका की राष्ट्रीय एकता और अखंडता की रक्षा के लिए श्रीलंका में शांति सेना भेजने की भारतीय कार्रवाई की प्रशंसा की, जबकि तुर्की की सेना साइप्रस को बाँटने के लिए पहुँच गई थी। राष्ट्रपति वासिलियू ने स्पष्ट किया कि साइप्रस में संयुक्त उद्यम भारत यूरोपियी सामूहिक बाजार में प्रवेश पाने में सफल हो सकेगा। मैंने इस पर सकारात्मक प्रतिक्रिया जताई और कहा कि भारत को कई क्षेत्रों में महारत हासिल है और संयुक्त उद्यम विकसित करना साइप्रस के लिए आकर्षक रहेगा। आई.एन.एफ. संधि, परमाणु हथियारों पर पाबंदी और उत्तर-दक्षिण--वार्ता जैसे मुद्दों पर विचारों की पूर्ण सहमति थी। पूरी बातचीत मित्रतापूर्ण और सहयोगात्मक रही।

शाही भोज का आयोजन हिल्टन होटल में किया गया था, क्योंकि राष्ट्रपति के महल में ज्यादा मेहमानों के लिए व्यवस्था नहीं हो सकती थी। राष्ट्रपति और मैडम वासिलियू 10 मिनट पहले हमारे पास आईं और बातचीत की।

सलामती का जाम पेश करते हुए राष्ट्रपति वासिलियू ने साइप्रस और भारत के बीच दोस्ती के मजबूत अनुबंधों और स्वतंत्रता-संघर्षों का जिक्र किया। उन्होंने आर्कबिशप मकेरियोस को महात्मा गाँधी से मिली प्रेरणाओं और दोनों देशों के सांस्कृति सम्बन्धों का जिक्र किया। उनहोंने दोनों देशों के बीच बृहत्तर आर्थिक सहयोग और ज्यादा से ज्यादा संयुक्त उद्यमों की सम्भावनाओं का विस्तार से जिक्र किया।

जवाब मैं मैंने कहा कि दोनों देशों का इतिहास बहुत पुराना है और यह ईसा से कई शताब्दी पहले का है। मैंने यह भी कहा कि दोनों देशों के लम्बे इतिहास-काल में कई तरह के लोग यहाँ आकर बस गए। मैंने तुर्की-साइप्रस-विवाद में साइप्रस का समर्थन किया और कहा कि साइप्रस अगर संयुक्त, सम्प्रभु और गुटनिपेक्ष रहेगा तो क्षेत्रीय शांति और स्थायित्व में काफी योगदान मिलेगा। इस दौरान वहाँ बहुत सरगर्मी और चहचहाहट रही। इससे पता चला कि दोनों प्रतिनिधि मंडलों के लोगों में कितना उत्साह था।

अगले दिन, 18 सितम्बर को हम लोगों ने दृश्यावलोकन ही किया। विदेशमंत्री और उनकी पत्नी भी हमारे साथ रहीं। हम लोगों ने शहर का संक्षिप्त दौरा किया और शहर के तुर्की अधिकृत क्षेत्र को अलग करने के लिए की गई मोर्चाबंदी देखी। निकोसिया खूबसूरत शहर है। उसे इस तरह बँटा देखकर मुझे दुख हुआ। मैं सत्तर के दशक के शुरू में निकोसिया गया था और शहर में घूमा था। मैंने होटल क्लियोपेट्रा को देखा। पिछली यात्रा के दौरान मैं यही ठहरा था। संयुक्तराष्ट्र के प्रशासनिक पंचाट के अध्यक्ष के रूप में मैं हर साल यूरोप और अमेरिका की यात्रा पर जाया करता था, पर अब वे दिन लद गए थे।

साइप्रस में अनेक ऐतिहासिक स्मारक है। अपने लम्बे और पुरातन इतिहास के दौरान यह देश यूनानी, रोमन, तुर्की और ब्रितानी साम्राज्य के अधीन रहा था। इनमें से कइयों ने अपने शासन के चिन्ह छोड़े थे। उदाहरण के लिए, पुरातत्त्वज्ञों ने खुदाई करके कोऊरियन में एक रोमन थिएटर का पता लगाया था। हम लोग ऐतिहासिक पफोस शहर की ओर चले। यहाँ साइप्रस के प्राचीन सम्राटों के मकबरे बने हैं, जो ईसा पूर्व स्वर्णयुग के हैं। इनमें असाधारण अभियंत्रण-कुशलता और आदर्श परिशुद्धता झलकती है। वहाँ पहुँचने की राह में पच्चीकारी के नमूने बने

हुए हैं, जो आज भी अद्भुत लगते हैं। ये स्मारक ब्रिटिश क्षेत्र मे अवस्थित हैं। साइप्रस से हुए स्वतंत्रता -समझौते के तहत ब्रिटेन ने वायुसेना का एक बेस यहाँ कायम रखा है, जिसे उस क्षेत्र में सम्प्रभुता मिली हुई थी। इस क्षेत्र में आने-जाने पर तो पाबंदी नहीं थी, पर सम्पत्ति की खरीद और बंदोबस्ती की इजाजत नहीं थी। असल में साइप्रस में आज तीन स्वतंत्र क्षेत्र हैं। इनमें एक ब्रितानी क्षेत्र है, दूसरा तुर्की के कब्जेवाला है। और तीसरा क्षेत्र साइप्रस की सरकार के अधीन है।

साइप्रस के सीमा-क्षेत्र में होटल अन्नाबेले में दोपहर का खाना खाने के बाद हम लोग साइप्रस के खूबसूरत समुद्र-तट से होते हुए लौट आए। हम लोग प्यार और सुदरता की ग्रीक देवी के पौराणिक जन्म-स्थान एफ्रोडाइट पर रुके और समुद्र एवं चट्टानों की सुंदरता को निहारा। मैंने साइप्रस के गाइड से कहा कि अगर एफ्रोडाइट का पुनर्जन्म हुआ तो वे इससे बेहतर जगह नहीं चुन पाएँगी।

19 सितम्बर को मैंने महात्मा गाँधी की मूर्ति पर पुष्पांजलि अर्पित की। साइप्रस सरकार ने भारतीय स्वतंत्रता-आंदोलन के महान नेता और अहिंसा-दूत की याद में यह मूर्ति लगवाई है। दिवंगत राष्ट्रपति आर्कबिशप मकेरियोस इस बात पर गर्व महसूस करते थे कि साइप्रस के स्वतंत्रता-संघर्ष में उन्होंने महात्मा गाँधी के पदचिहनों का अनुसरण किया है। इसके बाद हम बाइजंटाइन संग्रहालय और साइप्रस पुरातत्त्व संग्रहालय को देखने गए। इनमें साइप्रस के इतिहास और संस्कृति से सम्बन्धित ढेरों जानकारियाँ थीं। मुझे इस बात का दुख हुआ कि ऐसे गौरवमय इतिहासवाले देश को लड़ाकू ताकतों ने इस बुरी हालत में पहुँचा दिया है।

दोपहर बाद मैंने साइप्रस गणराज्य के हाउस ऑफ रिप्रेजेंटेटिव्य को सम्बोधित किया और निम्नलिखित बातें कहीं–

"साइप्रस और भारत की अनेकतावादी परम्परा और विभिन्न संस्कृतियों को आत्मसात करने के कारण हमें लचीलापन विकसित करने और चुनौतियों का सामना करने की क्षमता विकसित करने में मदद मिली है।

"भारत ने साइप्रस के त्रासद बँटावारे की निंदा की और अपनी स्वतंत्रता, क्षेत्रीय अखंडता और गुटनिरपेक्ष स्थिति को बचाए रखने के उसके प्रयासों का दृढ़ता से समर्थन किया।

"भारत को इस बात का संतोष है कि साइप्रस सरकार और खासकर राष्ट्रपति वासिलियू ने देश की एकता बहाल करने के लिए बातचीत और मेल-मिलाप के रास्ते पर चलना शुरू कर दिया है। इसी तरह हमने भी श्रीलंका-मामले में यही रुख अपनाया है और जातीय तमिलों की विभाजक गतिविधियों के खिलाफ उस देश की क्षेत्रीय अखंडता का समर्थन किया है।"

शेष भाषण में परमाणु निरस्त्रीकरण, आई.एन.एफ. संधि और उत्तर-दक्षिण-वार्ता के सम्बन्ध में भारत की सुपरिचित नीतियों को दुहराया गया। भाषण के अंत में सांसदों ने जोरदार तालियाँ बजाईं, क्योंकि इसमें उनकी इच्छाएँ परिलक्षित होती थीं।

हाउस ऑफ रिप्रेजेंटेटिव्य में मेरे भाषण के बाद सदन के विभिन्न राजनीतिक दलों के नेताओं ने होटल हिल्टन में मुझसे अलग-अलग मुलाकात की।

साइप्रस के पूर्व राष्ट्रपति और डेमोक्रेटिक पार्टी के नेता कायप्रिआन् मुझसे मिलने आए। मैं उन्हें तब से जानता था, जब वे साइप्रस के विदेशमंत्री के रूप मे पहली बार मद्रास आए थे। साठ के दशक में वे राष्ट्रपति आर्कबिशप मकेरियोस के साथ भारत आए थे। इसके बाद मैं उनसे संयुक्त राष्ट्र प्रशासनिक पंचाट के अपने सहयोगी जेनॉन रोसिड्स के साथ न्यूयार्क में कई बार मिला था। आर्कबिशप मकेरियोस के निधन के बाद वे साइप्रस के राष्ट्रपति बन गए। उन्होंने साइप्रस के एक हिस्से पर से कब्जा हटाए बिना तुर्की प्रतिनिधियों से बातचीत से साफ मना कर दिया था। उन्होंने मुझसे कहा कि तुर्की प्रतिनिधियों से बातचीत निरर्थक रहेगी, क्योंकि उससे कोई हल नहीं निकलेगा। हालाँकि तुर्की प्रतिनिधियों से राष्ट्रपति वासिलियू की बातचीत में वे रोड़ा भी नहीं बनना चाहते थे। उन्होंने कहा कि नए राष्ट्रपति को उनके प्रयासों में सफलता की कामना करके ही वे संतुष्ट है। डेमोक्रेटिक पार्टी के अध्यक्ष क्लेराइड्स तुर्की प्रतिनिधियों से बातचीत करने के सबसे बड़े समर्थक थे। तुर्कीवालों के खिलाफ कायप्रिआन् के दृढ़ रुख की उन्होंने निंदा की। उन्होंने जोर देकर यह कहा कि साइप्रस के एक विवादग्रस्त हिस्से में बसे सभी तुर्कियों से बाहर जाने के लिए कहना अनुचित होगा, क्योंकि उन लोगों ने साइप्रस निवासी तुर्कियों से शादी कर ली है ओर उने बच्चे भी है। इसलिए क्लेराइड्स को 'छूट देने वाला' करार दिया गया था। दूसरी पार्टियों के पास बातचीत के लिए कुछ खास नहीं था। उन्होंने इस समस्या की उम्मीद-भर जताई।

शाम को मैंने साइप्रस में रहने वाले भारतीयों के बीच भाषण दिया। हामरे उच्चायुक्त द्वारा आयोजित स्वागत-समारोह में ये लोग इकट्ठे हुए थे। मैंने उन्हें आश्वस्त किया कि विदेशी प्रेस ने भारत में सांप्रदायिक झगड़ों, आतंकवादी हिंसा और सामाजिक उथल-पुथल की जो छवि बनाई है, उसके उलट भारत में जीवन सामान्य ढंग से चल रहा हैं मैंने पंजाब का उदाहरण दिया और कहा कि साम्प्रदायिक एवं आतंकवादी हिंसा के बावजूद वहाँ पिछले साल सबसे ज्यादा अनाज उत्पन्न हुआ है।

भारतीय अखबारों ने मेरी निंदा की और जो रपटें छपीं, उनका शीर्षक था : 'राष्ट्रपति ने भारतीय प्रेस की निंदा की।' जनसम्पर्क के मेरे कर्मचारियों ने मुझे राय दी कि मुलाकात में जो कुछ कहा गया है, उसे स्पष्ट किया जाना चाहिए। लेकिन मैंने विवाद को चलाते रहने से मना कर दिया।

20 सितम्बर को राष्ट्रपति और श्रीमति वासिलियू होटल हिल्टन में हमारे पास आए और लरनाका हवाई अड्डे तक हम सबका साथ दिया। वहाँ आनुष्ठानिक विदाई हुई और परम्परागत गार्ड ऑफ ऑनर तथा तोपों की सलामी दी गई। हम लोग चेकोस्लोवाकिया की राजधानी प्राग के लिए रवाना हुए।

स्थानीय समय से दोपहर 1.45 पर हम लोग प्राग पहुँचे और राष्ट्रपति गुस्ताव हुसाक ने हमारी अगवानी की।

प्राग-प्रसाद में एक और गार्ड ऑफ ऑनर दिया गया। चेकोस्लोवाकिया में यह खास बात है। प्राग-प्रसाद यूरोप की सबसे अच्छी इमारतों में से एक है। आस्ट्रिया-हंगरी के शासन के दिनों में बनी इस इमारत में विशालकाय हॉल, पूरे आकार के आईने, दुर्लभ पेंटिंग और सुनहरे रंग में रँगे फर्नीचर है। वहाँ पहुँचने के थोड़ी ही देर बाद हम लोगों ने ज़िजकोव हिल पर बने राष्ट्रीय स्मारक में अनाम सैनिकों के मकबरे पर पुष्प माला चढ़ाई। इसके बाद राष्ट्रपति से आधिकारिक बातचीत हुई। वे प्राग-प्रसाद के ही दूसरे हिस्से में रहते थे।

बातचीत के दौरान, हुसाक ने एक पखवाड़े पहले की गई अपनी चीन-यात्रा का जिक्र किया और चीन के बारे में अपनी राय व्यक्त की। उनकी राय में चीनी नेता अपने उद्योग के आधुनिकीकरण और अपनी जनता का जीवन-स्तर सुधारने के बहुत इच्छुक है। उन्होंने देख लिया है कि जापान अपने उद्योग के दुरुस्त करके विश्व की एक आर्थिक शक्ति के रूप में विकसित हो गया है।

इसलिए उन्होंने कहा कि वे भी अपने पड़ोसी की बराबरी करने के इच्छुक है। उन्हें यह एहसास हो गया था कि इस लक्ष्य को प्राप्त करने के लिए उन्हें देश के भीतर और पड़ोसियों के साथ शांति बनाये रखनी होगी।

हुसाक ने यह भी कहा कि बाद में जब उसी साल प्रधानमंत्री राजीव गाँधी चीन-यात्रा पर जाएँगे, तब यह उम्मीद की जा सकती है कि भारत-चीन सीमा-विवाद और अन्य द्विपक्षीय मसलों पर चीन का रुख लचीला रहेगा। जिन अन्य मुद्दों पर चर्चा हुई, उनमें अफगानिस्तान में शांति बहाल करना, ईरान और इराक के बीच युद्ध में नरमी, आई, एन. -एफ. संधि और परमाणु निरस्त्रीकरण शामिल है।

द्विपक्षीय मुद्दों, अपनी तकनीकी जानकारी की भारत के साथ साझेदारी करने और भारत तथा तीसरी दुनिया के देशों में संयुक्त उद्यम लगाने की सम्भावनाओं का पता लगाने पर भी दोनों ने सहमति जताई।

बातचीत के बाद मैंने प्राग में तैनात राजनयिकों से भेंट की और उनके साथ विचारों का आदान-प्रदान किया। बातचीत का सबसे आम विषय पेरेस्त्रोइका और परमाणु हथियारों पर नियंत्रण था। सोवियत संघ के प्रति राजनयिकों के रुख में काफी बदलाव आ गया था। बमुश्किल दो साल पहले उसे वे 'अछूत' मानते थे।

प्राग-महल के शानदार हॉल मे शाही भोज का आयोजन किया गया। इसमें पार्टी महासचिव मिलोस जेम्स समेत सौ से ऊपर मेहमान शामिल थे। हुसाक भारत-चेकोस्लोवाकिया सम्बन्धों और भारत के साथ औद्योगिक एवं तकनीकी रिश्तों के बारे में उत्साहपूर्वक बोले। भारत में ऐसी 60 विशेष परियोजनाएँ लगाई गई थीं और ये राँची, तिरुचि, हैदराबाद, बंगलूर और वाराणसी में थीं। उन्होंने सभी अंतर्राष्ट्रीय मामलों में दोनों देशों की समानताओं का भी जिक्र किया।

अपने जवाब में मैंने चेकोस्लोवाकिया की अपनी पिछली यात्राओं का जिक्र किया। इनमें पहली यात्रा 1983 में रक्षामंत्री के रूप में की गई थी। मैंने प्राग के चार्ल्स विश्वविद्यालय में भारत-अध्ययन केंद्र की स्थापना और प्रो. लेंसी जैसे प्रख्यात चेक विद्वान के योगदान की चर्चा की।

अंतर्राष्ट्रीय मसलों पर मैंने कहा कि निरस्त्रीकरण एक नकारात्मक पहलू है और इसका सकारात्मक पक्ष है नई अर्थव्यवस्था की स्थापना। मैंने कहा कि

हथियारों पर जो पैसे खर्च किये जा रहे हैं, उनका इस्तेमाल सैकड़ों विकास-कार्यक्रमों में किया जा सकता है। इससे लाखों लोगों की दिक्कतें कम होंगी।

21 सितम्बर को हम लोग कारलोवी वेरी गए। यह अपने झरनों के लिए प्रसिद्ध है। राष्ट्रपति और मैडम हुसाक भी हमारे साथ आए। कारलोवी वेरी न सिर्फ पर्यटक-केंद्र है, बल्कि स्वास्थ्य और प्राकृतिक चिकित्सा का केंद्र भी है। यहाँ लोग गंधक और अन्य खनिज मिले पानी से नहाते हैं। यहाँ के पानी का स्वाद सोडा वाटर जैसा है पीने में बहुत अच्छा लगता है।

हम लोगों को मोसर ग्लास फैक्ट्री में भी आमंत्रित किया गया था। यहाँ कट ग्लास की कुछ बेहतरीन चीजें बनाई जाती हैं, जो पूरे यूरोप में प्रसिद्ध है। 25 साल पहले मद्रास के उद्योगमंत्री के रूप में एक ग्लास फैक्ट्री चला चुका था। इसलिए मैंने शीशे के एक बल्ब को फुला लिया। इससे मजदूर काफी खुश हुए।

प्रागा लौटते हुए शाम को हम लोगों ने पैलेस ऑफ़ कल्वर थिएटर में 'उलेसेस' का प्रदर्शन देखा। प्रदर्शन के दौरान इसमें कलाकार और उनकी छायाएँ एक-दूसरे से मिल जाती है। पहली बार मैंने इसे 25 साल पहले अपनी पिछली प्राग-यात्रा के दौरान देखा था। तब से इसकी तकनीकी काफी विकसित हो चुकी है।

22 सितम्बर को महासचिव जिलोस मेक्स के साथ मेरी घंटे-भर लम्बी बातचीत हुई। उन्होंने हमें चीन के बारे में दुर्लभ जानकारी दी। वे तीन माह पहले वहाँ गए थे।

माओ जीडांग की नीतियों का मूल्यांकन करने के बाद पाया गया कि वे इनमें 60 प्रतिशत सफल रहे हैं और 40 प्रतिशत असफल। सांस्कृतिक क्रांति हालाँकि एक आवश्यकता है, पर इससे चीन को काफी नुकसान हुआ है और अब चीनी नेतृत्व सजग हो गए है।

चीन अपनी अर्थव्यवस्था बनाने के इच्छुक था और उसे उदार बनानेवाले कदम उठा रहे था। उसे पता चल गया था कि उसने कई गलतियाँ की हैं और अलग-थलग रहना महँगा पड़ा है।

वह सोवियत संघ को दोषी मानता है, क्योंकि उसने इसकी सीमा में घुसपैठ कर ली थी। वे लोग गोर्बाचेव का बहुत योग्य और बुद्धिमान नेता मानते थे,

जिसने समय रहते सही आर्थिक और राजनीतिक कदम उठाया था। चीन को उम्मीद है कि सोवियत संघ से वह मित्रतापूर्ण रिश्ते बना लेगा, पर उतनी नजदीकी नहीं बना पाएगा, जैसी 50 के दशक में थी।

भारत के मामले में, डेंग जियाओपिंग ने कहा कि 1962 में भारत को चीन पर हमले के लिए ख्रुश्चेव ने उकसाया था। उन्होंने कहा कि चीन भारत से सीमा-विवाद निपटाने के लिए तैयार है।

मैं यह जानकर दंग रह गया कि चीन के बारे में ऐसी दुर्लभ अंदरूनी सूचनाएँ कम्युनिस्ट नेताओं ने मुझे दीं। आमतौर पर ये बहुत औपचारिक होते हैं और बहुत सँभालकर बोलते हैं। मैंने यह निष्कर्ष निकाला कि चेक नेता अपने विचार प्रधानमंत्री को बताना चाहते हैं।

मैंने राजीव गाँधी को चिट्ठी भेजकर सामान्य यात्रा-विवरण के अलावा ये जानकारियाँ भी दे दीं। उन्होंने जवाब दिया, "इससे मेरी भावी-चीन यात्रा की तैयारियों में मूल्यवान मदद मिलेगी।"

हम लोग प्राग महल-संग्रहालय में गए। यहाँ आभूषण, कलाकृतियाँ, ऐतिहासिक दस्तावेज़ आदि रखे हुए हैं। यह एक विशाल इमारत है। इसे देखकर राष्ट्रपति भवन में संग्रहालय बनाने की मुझे फिर इच्छा हुई।

प्राग शहर के मेयर ने एक नागरिक अभिनंदन का आयोजन किया। मेयर और कौंसिलरों को धन्यवाद देते हुए मैंने एक व्यापारिक केंद्र के रूप में प्राग की ऐतिहासिक पहल का जिक्र किया, और फिर कला, वास्तुकला, शिक्षा, विज्ञान, संगीत आदि के महान केंद्र के रूप में उसके विकसित होने की चर्चा की। प्राग में तमिल अध्ययन का एक केंद्र के रूप में उसके विकसित होने की चर्चा की। प्राग में तमिल अध्ययन का एक केंद्र था। यह मेरे लिए अतिरिक्त आकर्षण था। मैंने शहर की संस्कृति की प्रशंसा की और कहा कि अपनी पिछली और इस यात्रा में मैंने आनंद उठाया है।

हॉल ऑफ मिरर में हुसाक के साथ एक विदाई भेंट थी। उत्साहपूर्ण स्वागत और शानदार आतिथ्य के लिए राष्ट्रपति का आभार जताने के बाद मैंने चेक नेताओं के साथ हुई सफल बातचीत पर गहरा संतोष जताया। मैंने हुसाक को भारत-यात्रा का दुबारा निमंत्रण दिया।

हुसाक ने मेरी यात्रा और बातचीत के परिणामों पर प्रसन्नता व्यक्त की। उन्होंने उम्मीद जताई कि बातचीत हर स्तर पर जारी रहेगी।

प्राग पहुँचने पर हम लोगों का दो बार स्वागत हुआ था। उसी तरह जाने के समय भी दो बार आनुष्ठानिक विदाई हुई। पहली प्राग महल-परिसर में पूरे सैनिक सम्मान के साथ और दूसरी हवाई अड्डे पर राष्ट्रपति हुसाक द्वारा।

इस तरह चार यूरोपीय देशों की 12 दिन लम्बी मेरी यात्रा खत्म हुई। जिन देशों की यात्रा हुई, उनमें मीडिया कवरेज काफी बढ़िया रहा। बातचीत और भाषण की रपट विस्तार से छापी गई। इससे इन देशों के भारत से लगाव की जानकारी मिलती है। सभी देशों ने भारत में संयुक्त उद्यम लगाने की इच्छा जताई। भारतीय मीडिया ने भी यात्रा के परिणामों और उससे बनी आर्थिक सहयोग की सम्भावनाओं पर सकारात्मक टिप्पणी की।

## नाथद्वारा मंदिर-प्रवेश का विवाद

अक्तूबर में मिखाइल गोर्बचेव सोवियत संघ की सुप्रीम सोवियत के राष्ट्रपति चुने गए। मैंने उन्हें यह संदेश भेजा "भारत में हम लोग आपको मिले इस सम्मान से काफी खुश है। मुझे यकीन है कि राजकीय मामलों में आपके नेतृत्व और दिशा-निर्देशन में हमारे द्विपक्षीय सम्बन्धों को और प्रेरणा मिलेगी।" मैंने उनसे मास्को में हुई पिछली मुलाकात की चर्चा की और कहा कि मैं उनकी भारत-यात्रा के इंतजार में हूँ। मैंने विश्वशांति और निरस्त्रीकरण के लिए सोवियत नेता के निजी योगदान की प्रशंसा की। इससे अंतर्राष्ट्रीय सम्बन्धों में नया माहौल विकसित हुआ था। अंत में मैंने लिखा, "अच्छे स्वास्थ्य और प्रसन्नता के लिए मैं आपको शुभकामनाएँ देता हूँ और कामना करता हूँ कि अपनी नई जिम्मेदारियों को आप अगले कई वर्षों तक सफलतापूर्वक निभाते रहें तथा अपनी जनता के कल्याण एवं सम्पन्नता के साथ-साथ विश्व-शांति एवं सद्भावना बनाये रखने की दिशा में काम करते रहें।"

5 अक्तूबर को मैंने कोझिकोड (कालिकाट) में वी. के. कृष्णमेनन की प्रतिमा का अनावरण किया। मैं उनसे संयुक्तराष्ट्र के प्रतिनिधिमंडलों, कांग्रेस की राजनीति और कई अन्य गतिविधियों में नजदीकी से जुड़ा रहा था। चूँकि मैं उनकी योग्यताओं की प्रशंसा करता था, इसीलिए मैंने पूरे उत्साह से भाषण दिया। स्वतंत्रता-आंदोलन के दौरान लंदन में इंडिया लीग के सचिव और फिर

लंदन में उच्चायुक्त के रूप में उन्होंने स्मरणीय भूमिका निभाई थी। संयुक्तराष्ट्र की जनरल असेम्बली में भारतीय प्रतिनिधिमंडल के नेता के रूप में उन्होंने भारत की अच्छी छवि बनाई। काश्मीर मसले पर सुरक्षा-परिषद में उनका भाषण भारत की ओर से आज तक पेश किए गए स्पष्टीकरण में सबसे श्रेष्ठ माना जाता है।

कई निर्माण-इकाइयों के जरिए रक्षा-क्षेत्र में आत्मनिर्भरता लाने में कृष्ण मेनन के योगदान के लिए भी मैंने उनकी भूरि-भूरि प्रशंसा की। मेरी राय में 1962 की हार के लिए कृष्ण मेनन की निंदा अनुचित है। इसके लिए पुरानी नीतियों को जिम्मेदार माना जा सकता है, जबकि 1965 और 1971 की सफलताओं का श्रेय रक्षा-उपकरण, हथियार और गोला-बारूद में भारत को आत्मनिर्भर बनानेवाली उनके कार्यक्रमों को है।

मेरे कार्यकाल के दौरान राज्यपालों का दूसरा सम्मेलन 10 और 11 अक्तूबर को हुआ। अपने भाषण में मैंने आतंकवादी की निंदा की और कहा कि पंजाब-समस्या का हल संविधान के प्रावधानों के तहत ढूँढा जाना चाहिए। पंजाब और काश्मीर के उग्रवादियों को पाकिस्तान से मिलनेवाली मदद की कटु निंदा की गई। तत्काल ध्यान दिए जानेवाले मुद्दों के रूप में साम्प्रदायिकता, मँहगाई और विदेशी कर्जों की पहचान की गई। राज्यपालों से मैंने मुख्यमंत्रियों के गाइड, दार्शनिक और मित्र की भूमिका निभाने की अपील की और कहा कि सम्भावित गड़बड़ीवाली स्थितियों और ऐसे मामलों में केंद्र से पूरा सम्पर्क बनाकर रखना चाहिए।

3 अक्तूबर को एक घटना ने मुझे काफी विचलित किया। आर्यसमाजी नेता स्वामी अग्निवेश के नेतृत्व में दलितों और हरिजनों के एक दल ने नाथद्वारा मंदिर में घुसने की कोशिश की। आरोप लगाया गया कि उनकी पिटाई की गई। फिर 15 अक्तूबर को स्वामी अग्निवेश, सांसद रामबिलास पासवान और कुछ अन्य लोगों का एक दल मेरे पास आया और नाथद्वारा मंदिर में हरिजनों से किये जानेवाले बर्ताव की कटु निंदा की। वे चाहते थे कि संविधान की अवमानना के लिए राजस्थान सरकार को बर्खास्त कर दिया जाए। मैं स्वयं दुखी था कि स्वतंत्रता के 40 वर्षों बाद भी बराबरी का प्राथमिक अधिकार भी नहीं दिया जा सका है।

अपनी युवावस्था में मैं तमिलनाडु में राजाजी के मंदिर-प्रवेश-कार्यक्रम का उत्साही समर्थक था। मैंने मिलने आये दल से कहा कि मैं हमेशा छुआछुत के विरुद्ध रहा हूँ और इससे घृणा करता हूँ। मैंने कहा कि 1957 में जब मैं तमिलनाडु में मंत्री बना तो मैंने एक हरिजन को अपना निजी सचिव बनाया था और उद्योगों के आला अफसरों को भी मदद के लिए उनके पास जाना पड़ता था। मैंने कहा कि मैं अपने साथ कुछ हरिजनों को लेकर नाथद्वारा मंदिर जाने के लिए तैयार हूँ। यह अखबारों में अलग-अलग शीर्षकों के तहत छपा। मसलन, 'आर. वेंकटरमन के नाथद्वारा मार्च के नेतृत्व की पेशकश की' और 'वेंकटरमन हरिजनों को मंदिर में ले जाएँगे।'

कुछ दिनों बाद जब मुझसे प्रधानमंत्री की मुलाकात हुई तो मैंने उन्हें हरिजनों के साथ होनेवाले भेदभाव के बारें में बताया। कहा कि जब हम लोग रंगभेद के खिलाफ अभियान चला रहे है, ऐसे समय में इससे हमारी अंतर्राष्ट्रीय छवि खराब होगी। राजीव गाँधी को यह विश्वास ही नहीं हो रहा था कि भारत में अब भी ऐसा होता हैं उन्होंने मुझे विश्वास दिलाया कि वे मुख्यमंत्री शिवचरण माथुर से बात करेंगे। कुछ समय बाद मुख्यमंत्री मुझसे मिले और शिकायत की कि पूरे मामले को बिना वजह तूल दे दिया गया था। 13 अक्तूबर को दल के सिर्फ एक व्यक्ति का विरोध हुआ था। वे जूते पहनकर मंदिर जा रहे थे। फिर भी, मैंने उनसे कहा कि यह सुनिश्चित किया जाना चाहिए कि मंदिर में हरिजनों को बिना रोक-टोक जाने दिया जाए।

मुझे लगता है कि राजीव गाँधी ने भी मुख्यमंत्री को स्थिति में सुधार लाने के लिए कहा होगा। माथुर ने एलान किया कि पहली नवम्बर को कांग्रेस कार्यकर्ताओं, विधायकों और सांसदों के साथ हरिजनों को मंदिर में ले जाएँगे। तय तारीख को वे 250 हरिजनों और देश-भर से आए कई कांग्रेसी नेताओं के दल को मंदिर में ले गए। सभी लोगों ने शांतिपूर्वक ईश्वर के दर्शन किए। मुझे पता चला कि देश-भर के कांग्रेस नेताओं को शामिल करने का फैसला राजीव गाँधी ने लिया था, ताकि हरिजन-कल्याण और मंदिर-प्रवेश के गाँधीजी के कार्यक्रम में पार्टी का प्रतिबद्धता दिखाई जा सके।

### भूटान-यात्रा

18 अक्तूबर, 1988 से मैं भूटान की चार दिवसीय राजकीय यात्रा पर था।

वी. वी. गिरि की यात्रा के बाद भारतीय राष्ट्रपति की यह पहली भूटान-यात्रा थी। भूटान नरेश के साथ मेरे बड़े अच्छे निजी सम्बन्ध थे। 1980 के बाद से वे जब कभी भारत आए, उनसे मेरी मुलाकात हुई थी।

भूटान की राजधानी थिम्पू के हैलीपैड पर उतरने के बाद राजा जिग्मे सिंगे वांगचुक ने हम लोगों की अगवानी की। उन्होंने अपने शाही परिवार के सदस्यों, मंत्रियों और विशिष्ट लोगों से हमारा परिचय कराया। राजा की बहनें मंत्रिमंडल की सदस्य भी हैं। हम लोगों को 21 तोपों की परम्परागत सलामी दी गई और राजकीय अतिथिगृह तक के पूरे रास्ते में भूटानी लड़कों और लड़कियों ने अपनी रंग-बिरंगी 'खो' और 'किरा' परिधानों में सजकर हमारा स्वागत किया।

आधिकारिक बातचीत दोपहर बाद शुरू हुई और 75 मिनट तक चली। शुरुआती 30 मिनट तक दोनों पक्षों के सहायक भी मौजूद थे। इसके बाद आमने-सामने सीधी बातचीत हुई। इसके लिए मैं महल में नहीं गया, बल्कि राजा ने असाधारण सदाशयता दिखाई और स्वयं अतिथिगृह में आए। हम लोगों ने मुख्य रूप से आर्थिक विकास, शिक्षा और स्वास्थ्य के क्षेत्र में भारत-भूटान-सहयोग पर बातचीत की। निजी चर्चा के दौरान राजा ने सीमा-सम्बन्धी मामले में चीन से हुई बातचीत का विवरण दिया और कहा कि यह अभी जारी है। उन्होंने कहा कि वे चीन से व्यापारिक सम्बन्ध बनाने के हक में नहीं हैं और भारत से सुदृढ़ व्यापार, उद्योग तथा सांस्कृतिक सहयोग बनाने को प्राथमिकता देंगे। हालाँकि भारत एक बड़ा पड़ोसी है, फिर भी भूटान को विश्वास है कि भारत हर तरह की सहायता छोटे देशों को देगा। राजा ने कहा कि वे भूटान की पुरानी विरासतों, उसकी परम्पराओं और संस्कृति को संरक्षित करना चाहते हैं और इस बात के इच्छुक नहीं हैं कि पर्यटक आएँ और शांत वातावरण को खराब करें। उन्होंने बताया कि भूटान-यात्रा पर आये बांग्लादेश के राष्ट्रपति एरशाद ने कहा था कि मेघना नदी पर भारत जो बाँध बनानेवाला है, नदी का पानी उससे उत्तर की ओर मुड़ जाएगा और यह भूटान के लिए हानिकर होगा। उन्होंने सुझाव दिया था कि नदी-जल बँटवारे के पूरे मामले पर चीन समेत सभी देशों को चर्चा करनी चाहिए। उन्होंने कहा कि एरशाद को उन्होंने बता दिया था कि इस मसले को भारत और बांग्लादेश को आपस में निपटा लेना चाहिए। राजा ने कहा कि वे नदी-जल के मामले का क्षेत्रीयकरण करने के पक्ष में नहीं है। मैंने स्पष्ट किया कि मेघना से सम्बन्धित भारत की कोई योजना नहीं है।

इसके बाद राजा ने नेपाल-नरेश से हुई अपनी बातचीत का जिक्र किया। नेपाल-नरेश चाहते थे कि नेपाल को शांति-क्षेत्र घोषित किया जाय। भूटान-नरेश ने कहा कि वे इस विचार के हक में नहीं हैं, क्योंकि उनकी राय में शांति-क्षेत्र घोषित कर दिए जाने से एक अकेले देश को कुछ हासिल नहीं होगा। मैंने कहा कि भारत पिछले 15 वर्षों से इस विचार का विरोध कर रहा हैं, क्योंकि न तो ऐसा किया जा सकता है और न इसका कोई लाभ है।

भूटान-नरेश ने कहा कि राजा वीरेंद्र ने चीन से हथियार और सैनिक उपकरण प्राप्त करने का आग्रह का भी खुलासा किया था, क्योंकि भारत ने कुछ साल पहले ऐसे आग्रह का नामंजूर कर दिया था। मैंने राजा से कहा कि नेपाल ने कभी ऐसा आग्रह नहीं किया।

मैंने, 1958 में की गई जवाहरलाल नेहरू की भूटान-यात्रा और भूटान-नरेश के पिता महामहिम दोर्जे वांगचुक से उनके अच्छे सम्बन्ध के बनने और लगातार बढ़ते जाने का जिक्र किया। भूटान-नरेश को मैंने अपनी अर्थव्यस्था और लोगों का बेहतर जीवन-स्तर बनाने के लिए भारत की हर सम्भव सहायता का आश्वासन भी दिया।

चीन के मामले में मैंने कहा कि दुनिया तेजी से बदल रही है और वैर-भाव की जगह अब बातचीत एवं चर्चा ले रही है। चीन से सम्बन्ध सामान्य करने की भारत की इच्छा को इसी संदर्भ में देखा जाना चाहिए। यह बातचीत आपसी सहयोग और सद्भावना की इच्छा जताते हुए समाप्त हुई।

भोज के समय राजा ने कहा कि उन्होंने आठ साल पहले मुझे तब आमंत्रित किया था, जब मैं वित्तमंत्री था। उन्होंने यह भी कहा कि इतने दिनों तक वे इतंजार करते रहे। कृषि, उद्योग, विज्ञान तथा तकनालॉजी के क्षेत्र में भारत की तरक्की और भूटान की पंचवर्षीय योजनाओं के लिए भारत द्वारा दी जा रही तकनीकी व आर्थिक सहायता की तारीफ करते हुए उन्होंने कहा कि चुखा पन-बिजली परियोजना दोनों देशों की दोस्ती और सहयोग का उत्कृष्ट उदाहरण हैं। उन्होंने अंतर्राष्ट्रीय मामलों और विश्व-शांति एवं सुरक्षा को बढ़ावा देने के लिए गुटनिरपेक्ष आंदोलन में भारत की भूमिका की भी तारीफ की। उन्होंन कहा, "दोनों देशों के बीच दोस्ती और समझदारी के सम्बन्ध हमारी ऐतिहासिक विरासत से समृद्ध हुए है। सैकड़ों साल तक हमारे लोगों ने धर्म, संस्कृति, व्यापार और

वाणिज्य के क्षेत्रों में नजदीकी पारस्परिक सम्बन्ध बनाए रखा है। दक्षिण एशियाई परिवार के होने के नाते हममें एक दूसरे के लिए गहरा अपनत्व है

सलामती के जाम के जवाब में मैंने शाही स्वागत और मेजबानी के लिए महामहिम को धन्यवाद दिया। मैनें कहा, "हमारे सम्बन्ध बहुआयामी हैं और इसके गहरे ऐतिहासिक, धार्मिक, व सांस्कृतिक आधार है। इन सम्बन्धों को विकसित करने और मजबूत बनाने के मार्ग में कोई बाधा नहीं आ सकती।" मैंने आगामी वर्षों में भूटान की जरूरतें पूरी करने के लिए उनकी सहायता जारी रखने की भारतीय-प्रतिबद्धता दुहराई।

20 अक्तूबर को हम लोग दृश्यावलोकन के लिए गए। हेलीकॉप्टर से पारो पहुँचे। राजा ने हम लोगों की अगवानी की। पारो भूटान की पूर्व राजधानी और सबसे खूबसूरत घाटी है। हम लोगों की गाड़ी उगेनपेलरी महल के गेट तक गई। यहाँ गायकों, नर्तकों, ग्रामीण अधिकारियों और बौद्ध साधुओं ने हमारी आनुष्ठानिक अगवानी की। इसे देखकर मुझे उन स्वागत-समारोहों की याद हो आई जिनका आयोजन 1952 में मेरे चुनाव-प्रचार के दौरान स्थानीय लोग करते थे। इसके बाद हम लोग किचु नामक सुप्रसिद्ध मठ में पहुँचे। इसे आठवीं शताब्दी में बनाया गया था।

महल को लौटते वक्त हम लोगों ने पारो और थिम्पू की टीमों की तीरंदाजी-प्रतियोगिता देखी। इसके साथ-साथ वहाँ लोक-नृत्य और मुखौटा-नृत्य चल रहा था। प्रदर्शन देखते समय राजा ने मेरा ध्यान मंच की ओर खींचा। यहाँ से जवाहरलाल नेहरू ने 1958 में भाषण किया था और इसे अब तक सँभालकर रखा गया है।

21 अक्तूबर को मैंने 244 करोड़ रुपए की लागत से बनी चुखा पन-बिजली परियोजना का उद्‌घाटन किया। इसकी 84 मैगावाट की चार इकाइयों को मिलाकर कुल स्थापित क्षमता 336 मैगावाट की है। यह बिजलीघर जमीन के नीचे अवस्थित है और भारी जोखिम उठाकर पहाड़ी क्षेत्र में इसे पूरा किया गया था। पूरा होने के बाद यह इस इलाके में इंजीनियरिंग का चमत्कार बन गया है। इस दिन परियोजना के महांप्रबंधक नारायण राव वाकई सबसे खुश थे।

परियोजना के निरीक्षण और पट्टिकाओं के अनावरण के बाद हम लोग एक अभिनंदन समारोह में शामिल हुए। राजा ने एम. एस. शुभलक्ष्मी के संगीत

गायन का एक संक्षिप्त आयोजन किया था। उन्होंने शिव-वंदना का एक गीत गया। माना जाता है कि भगवान शिव हिमालय में रहते थे और उसी की गोद में बैठकर यह गाना सुनाया मेरे लिए पारलौकिक आनंद जैसा था। कहते हैं कि गंगा शिव की जटा से निकलती है और पन-बिजली के उद्घाटन-अवसर पर इस गाने की यह भी उपयुक्तता थी। संगीत मोहक थी और जैसे भूटानी श्रोता स्तब्ध हो गए हैं।

इस मौके पर राजा ने कहा, "चुखा हर मायने में एक वास्तविक सहकारी उद्यम है। इसे न सिर्फ संयुक्त रूप से बनाया गया, बल्कि इसके लाभ भी दोनों देशों को बराबर-बराबर मिलेंगे।" उन्होंने माना कि भारत की उदार सहायता के बिना यह परियोजना पूरी नहीं हो सकती थी। राजा ने कहा कि पहले भारत-भूटान सम्बन्ध आपसी मित्रता पर आधारित था, पर इस परियोजना से सम्बन्धों को एक नया आयाम मिला है।

अपने उद्घाटन-भाषण मैं मैंने परियोजना को पूरा करने के लिए इंजीनियरों और कर्मचारियों को बधाई दी। इसके तहत वांगचू नदी के पानी को पहाड़ी सुरंग के जरिए जमीन के नीचे पावर हाउस में ले जाया जाना था। मैंने इसे 'इंजीनियरिंग का कमाल' कहा। मैंने आश्वासन दिया कि भारत भूटानी हिमालय क्षेत्र की परियोजना को सहायता देना जारी रखेगा। विशाल औद्योगिक परियोजनाओं से पारिस्थितिकी को होनेवाले नुकसान पर अफसोस जताते हुए मैंने कहा कि मुझे खुशी है कि चुखा परियोजना में इन बातों का ख्याल रखा गया है।

24 अक्तूबर को मैं वापस नई दिल्ली आया। यहाँ मैंने एक भव्य समारोह में भारतीय सेना के सबसे पुराने और वरिष्ठतम् रेजीमेंट–'राष्ट्रपति का अंगरक्षक' को चाँदी का बिगुल और बैनर दिया। 1733 में वारेन हास्टिंग्स ने इसकी शुरूआत की थी और इसका नाम रखा था, 'द गवर्नर्स ट्रूप्स ऑफ द मुगल्स'। वारेन हास्टिंग्स 1784 में जब गवर्नर-जनरल बने तो इस रेजीमेंट का नाम 'द गवर्नर जनरल्स बॉडीगार्ड' हो गया। जब ईस्ट इंडिया कम्पनी से सम्राट को सत्ता मिली तो रेजीमेंट को अनौपचारिक तौर पर 'द वाइस रॉयज़ बॉडीगार्ड' कहा जाने लगा और जब भारत गणतंत्र बना तो यह 'द प्रेसिडेंट्स बॉडीगार्ड', यानी 'राष्ट्रपति का अंगरक्षक' हो गया।

अपने अस्तित्व के 215 वर्षों में यह रेजीमेंट 1965 और 1971 की लड़ाइयों में शामिल हो चुकी है। इसने श्रीलंका में शांति सेना के कामों में भी हिस्सा लिया है। मैंने रेजीमेंट की प्रशंसा करते हुए संक्षिप्त भाषण दिया और जोरदार तालियों के बीच चाँदी का बिगुल व राष्ट्रपति का बैनर सौंपा।

इंदिरा गाँधी की हत्या के मामले में ट्रायल कोर्ट ने 1986 में सतवंत सिंह, केहर सिंह और बलबीर सिंह को मौत की सज़ा दी। दिल्ली हाईकोर्ट ने दिसम्बर 1986 में सज़ा की पुष्टि की। 3 अगस्त, 1988 को सुप्रीम कोर्ट ने बलबीर सिंह को दोष मुक्त कर दिया और सतवंत सिंह एवं केहर सिंह की पुष्टि की। केहर सिंह की पुनरीक्षण-याचिका भी सुप्रीम कोर्ट ने सितम्बर 1988 में खारिज़ कर दी।

आपूर्ति और निपटान महानिदेशालय के पूर्व कर्मचारी केहरसिंह की ओर से राष्ट्रपति के कार्यालय में 14 अक्तूबर, 1988 को संविधान के 72वें अनुच्छेद के तहत एक दया याचिका दाखिल की गई। याचिका में फाँसी पर रोक लगाने की भी माँग की गई थी। 18 अक्तूबर को सुप्रीम कोर्ट के वरिष्ठ वकील राम जेठमलानी ने मुझे 'पूरी नम्रता से' लिखा कि केहर सिंह को दोषी मानकर सुप्रीम कोर्ट ने 'एकदम गलत' किया है और राष्ट्रपति को न्याय की 'सम्भावित चूक से बचाव' करना चाहिए। 18 अक्तूबर को सुप्रीम कोर्ट ने सतवंत सिंह और केहर सिंह की फाँसी पर 1 नवम्बर, 1988 तक रोक लगा दी।

21 अक्तूबर को एक कैबिनेट मंत्री ने मुझे सरकार की इस राय से परिचित कराया कि केहर सिंह की ओर से दायर याचिका को खारिज कर दिया जाए। सरकार का मानना था कि सुप्रीम कोर्ट से मौत क सजा पाए कैदियों के मामले में दखलंदाजी नहीं होनी चाहिए। सरकार की राय में यह हत्या का सामान्य मामला नहीं था, बल्कि देश की बाकायदा निर्वाचित प्रधानमंत्री की हत्या का मामला था।

इस बीच जेठमलानी ने मुझसे केहर सिंह की आरे से उनकी मौखिक सुनवाई का आग्रह किया। मैंने दया-याचिका के मामले में ऐसी सुनवाई से सम्बन्धित पुराने मामलों को देखा। गवर्नर जनरल के रूप में राजाजी ने दया-याचिका पर ऐसी सुनवाई से मना कर दिया था। गृहमंत्री डॉ, कैलाशनाथ काटजू ने भी एक

फाइल पर ऐसी ही टिप्पणी की थी। मैंने अटार्नी-जनरल से सलाह की। उन्होंने इन विचारों की पुष्टि की। उन्होंने अपनी यह राय भी दी कि संविधान के 72वें अनुच्छेद के तहत दया-याचिका के मामले में भी राष्ट्रपति संविधान के 74वें अनुच्छेद के मुताबिक मंत्रिपरिषद का राय बँधा होता है। अटार्नी जनरल ने शमशेर सिंह के मामले में सुप्रीम कोर्ट के 1974 के फैसले के आधार पर विचार दिया था। तद्नुसार राष्ट्रपति के सचिव प्रेमकुमार ने जेठमलानी को लिखा, ''दया-याचिकाओं पर विचार के मामले में पूर्व स्थातिम व्यवस्थाओं के अनुपालन में दोषी की ओर से सुनवाई का आग्रह स्वीकार करना सम्भव नहीं हो सकता है।''

जेठमलानी उन लोगों में हैं, जो कभी ना नहीं सुनते। उन्होंने फिर एक लम्बा पत्र भेजा। जिसमें लिखा कि उनका प्रतिवेदना दया-वाचिका नहीं था, बल्कि उसमें सुप्रीम कोर्ट के फैसले को ही चुनौती दी गई थी, और ब्रिटिश परम्परा के अनुसार सम्राट न्याय की चूक या विफलता को ठीक करने के लिए किसी नई सूचना पर विचार कर सकता है।

इस बीच, मुझसे पहले मिल चुके कैबिनेट मंत्री फिर मेरे पास आए और दया-याचिका को खारिज करने की सरकारी सिफारिश को मान लेने की अपील की। चूँकि फाँसी देने पर सुप्रीम कोर्ट द्वारा 'स्टे' दिया गया था, इसलिए मैंने दया-याचिका को खारिज करने की वैधता और उपयुक्तता पर अटार्नी-जनरल की सलाह दी। उन्होंन स्पष्ट किया कि अनुच्छेद 72 के तहत कार्यवाही हालाँकि सांविधानिक तौर पर सुप्रीम कोर्ट की कार्यवाही से अलग और स्वतंत्र होती है, फिर भी उपयुक्त यही रहेगा कि मैं अपना फैसला तब तक न दूँ, जब तक फाँसी देने पर लगा 'स्टे' अंतिम तौर पर खत्म न कर दिया जाए। इसलिए मैंने कैबिनेट मंत्री से नम्रता, किंतु दृढ़तापूर्वक कहा कि जब तक मामला सुप्रीम कोर्ट में है, तब तक मेरे लिए कोई फैसला लेना उपयुक्त नहीं है। कुछ दिनों बाद सुप्रीम कोर्ट ने केहर सिंह की आरे से दायर विशेष अनुमति याचिका खारिज कर दी। मुझे अटार्नी जनरल से आदेश की एक प्रति मिल गई। इसके बाद मैंने गृहमंत्री की वह सिफारिश स्वीकार कर ली, जिसमें याचिका को खारिज करने की बात कही गई थी।

मैंने कैबिनेट मंत्री को सलाह दी कि दया-याचिका को मैंने भले ही खारिज कर दिया है, फिर भी बेहतर यही होगा कि 23 नवम्बर, गुरु नानक के जन्मदिन से पहले फैसले पर अमल न किया जाए। इसके अलावा गरु नानक जयंती के उपलक्ष्य में मैंने 21 नवम्बर को राष्ट्रपति भवन में एक प्रार्थना-सभा का आयोजन किया। मैं यह नहीं चाहता था कि उसमें बाधा आए। सरकार ने इस सुझाव को सहर्ष स्वीकार कर लिया।

अक्तूबर में मैंने प्रधानमंत्री को दो पत्र भेजे। पहला केंद्रीय माध्यमिक शिक्षा बोर्ड द्वारा संचालित स्कूलों में संस्कृत को वैकल्पिक भाषा-समूह से हटाने के बारे में था। बदलाव से पहले इन स्कूलों के छात्र अंग्रेजी, हिंदी या संस्कृत नहीं ले सकते थे और उन्होंने कन्नड, उर्दू या पंजाबी जैसी कोई 'आधुनिक' भाषा लेनी पड़ती। मुझे अभिभावकों, शिक्षकों और धर्म प्रमुखों के कई प्रतिवेदन मिले थे। मैंने राजीव गाँधी से कहा कि संस्कृत को तीसरी वैकल्पिक भाषा के रूप में बहाल करने की व्यवहार्यता की जाँच कराई जाए।

राजीव गाँधी ने कहा कि परिवर्तन का उद्देश्य त्रिभाषा मामला को लागू करना है, जिसके तहत छात्रों को वह भाषा पढ़नी होगी, जिसका इन दिनों देश के कुछ हिस्सों में इस्तेमाल हो रहा है। उन्होंने कहा कि यह राष्ट्रीय एकीकरण की दिशा में सकारात्मक कदम है और मानव-संसाधन विकासमंत्री मुझे स्थिति बताएँगे।

दूसरा सुझाव प्रत्यक्ष करों में और सुधार के कुछ प्रस्तावों से सम्बन्धित था। राजीव गाँधी ने लिखा, 'सुझावों की जाँच की गई। आपको सूचित करते हुए मुझे खुशी हो रही है कि वित्त मंत्रालय...के बारे में प्रस्तावों से मोटा-मोटी सहमत है...इन परिवर्तनों को प्रभावी बनाने के लिए उपयुक्त संशोधन किए जा रहे है।'' मैं ये उदाहरण यह बताने के लिए दे रहा हूँ कि राष्ट्रपति और प्रधानमंत्री के बीच विचार-विमर्श, सलाह और दिशा-निर्देश का स्तर केसा था।

मौलाना अब्दुल कलाम आज़ाद का शताब्दी समारोह 11 नवम्बर को विज्ञान भवन में पूरी भव्यता और धूम-धाम के साथ मना। आजाद एक सिद्धांतवादी व्यक्ति थे और हिंदू-मुसलिम एकता तथा धर्मनिरपेक्ष राष्ट्र यकीन करते थे। उन्होंने मोहम्मद अली जिन्ना के द्विराष्ट्र सिद्धांत को खारिज कर दिया था और भारत

के बँटवारे का जोरदार विरोध किया था। वे बँटवारे को हार मानते थे और इसे टालने के लिए स्वतंत्रता को भी कुछ समय तक टालने को पसंद करते थे।

मेरे साथ उपराष्ट्रपति और प्रधानमंत्री ने भी दिवंगत नेता को श्रद्धांजलि दी और लोगों से अपील की कि वे साम्प्रदायिक सद्भावना के लिए मौलाना आज़ाद के आदर्शों का अनुकरण करें।

# भारत के राष्ट्रपति

(खण्ड–3)

कलाम के तीनों साथी कलाम के अपमान से चिढ़ गए थे, परन्तु अध्यापक के सामने कुछ नहीं कह पाए। घर पहुँचते ही सब बच्चों ने अपने-अपने घर जाकर यह घटना सुनाई तो रामेश्वरम् के लोग भड़क उठे। हिन्दू और मुसलमान सभी को यह बात बुरी लगी।

पंडित लक्ष्मण शास्त्री ने जब यह बात अपने बेटे रामानंद शास्त्री के मुंह से सुनी तो उन्हें बड़ा गुस्सा आया। उन्होंने तुरन्त उस शिक्षक को बुलाया और उसे डांटते हुए बोले, "यह आपने क्या कर दिया? क्या आप यहाँ धार्मिक कट्टरता के बीज बोने आए हैं? आप अध्यापक हैं, आपको तो यह सब शोभा नहीं देता। आपकी दृष्टि में हिन्दू मुसलमान का भेद-भाव क्यों? अब एक बात साफ-साफ सुनो, यह रामेश्वरम् है। यहाँ सर्वधर्म समभाव वाला समाज रहता है। साम्प्रदायिकता के लिए यहाँ कोई जगह नहीं है। या तो आप आज और अभी इसी समय अपने आपको बदल लें या विद्यालय छोड़कर चले जायें। साम्प्रदायिकता फैलाने वाले किसी अध्यापक का रामेश्वरम् में कभी स्वागत नहीं होगा।"

युवा शिक्षक को अपनी गलती का एहसास हो गया। उसने अपने व्यवहार के लिए क्षमा मांगी और यह वचन दिया कि वह जीवन में कभी साम्प्रदायिक भावना को महत्त्व नहीं देगा।

इस घटना से कलाम के दिल में पंडित लक्ष्मण शास्त्री के लिए और भी जगह हो गई।

## प्रेरणा के स्रोत बचपन के तीन साथी

अपने तीनों ब्राह्मण मित्रों से भी कलाम ने बहुत प्रेरणा ली। ये तीनों कलाम को बहुत प्यार करते थे। रामानंद शास्त्री, अरविन्दन और शिवप्रकाशन की तिकड़ी [illegible] में भी घनी मित्रता [illegible] और कलाम के प्रति भी उनके दिलों में सच्चा प्यार था। साथियों के इस [illegible] ने कलाम को बहुत प्रेरणा दी।

कलाम पढ़ने में सबसे तेज थे। [illegible] प्रतिभा सम्पन्न थे। वे पढ़ाई में बहुत आगे निकल गए, ये तीनों अधिक नहीं पढ़ पाए। उन्होंने पढ़ाई बीच में ही छोड़ दी।

बाद में रामानंद शास्त्री अपने पिता के स्थान पर रामेश्वरम् मंदिर के पुजारी बन गए। अरविन्दन ने तीर्थ यात्रियों को यहाँ से वहाँ पहुंचाने के लिए टैम्पो चलाने का काम शुरू कर दिया। शिवप्रकाशन दक्षिण रेलवे में खान-पान का ठेकेदार बन गया।

# भारत के राष्ट्रपति

## (खण्ड-3)

डॉ॰ सावित्री वशिष्ठ

प्रशांत पब्लिसिंग हाऊस

दिल्ली-110094

प्रथम संस्करण 2008

ISBN 978-81-906344-5-8

*प्रकाशक*

**प्रशांत पब्लिसिंग हाऊस**

सी-34, 28 फुटा रोड, गली नं॰ 3,
वेस्ट करावल नगर, दिल्ली-110094
फोन नं॰ 22963970, 9810396373

---

प्रशांत पब्लिसिंग हाऊस, सी-34, 28 फुटा रोड, गली नं॰ 3, वेस्ट करावल नगर, दिल्ली-110094 द्वारा प्रकाशित तथा हेमा टाईपोग्राफिक्स, नई दिल्ली-02 द्वारा शब्द संयोजन तथा नवभारत प्रिन्टिग प्रेस, दिल्ली द्वारा मुद्रित।

# भूमिका

भारत सरकार का छोटे से छोटा काम भी राष्ट्रपति के नाम से होता है। चाहे कोई नियुक्ति करनी हो चाहे कोई ठेके का काम होना है, राष्ट्रपति के नाम से ही समाचार पत्रों में छपता है।

भारतीय सेना के सर्वोच्च कंमाडर राष्ट्रपति हैं और भारत सरकार उनकी प्रसन्नता पर बनती है तथा बिगड़ती है। जब किसी राज्य में राजनीतिज्ञों का तालमेल बिगड़ जाता है और सरकार बनाने की स्थिति में कोई राजनीतिक दल न हो तो राष्ट्रपति शासन लागू हो जाता है।

संविधान के हिसाब से भारत का राष्ट्रपति बहुत ही शक्तिशाली व्यक्ति होता है। परन्तु वास्तविकता यह है कि भारत के राष्ट्रपति के हाथ में कोई शक्ति नहीं है। उन्हें हर बात में भारत सरकार के गृह मंत्रालय के अनुसार चलना पड़ता है। इसका अर्थ यह हुआ कि वास्तविक सत्ता प्रधानमंत्री के हाथ में है। एक दो बार भारत के राष्ट्रपति की शक्तियों के बारे में प्रश्न उठाए गए परन्तु उसपर कोई गंभीर मंथन नहीं हुआ और न ही राष्ट्रपति की शक्ति को घटाया या बढ़ाया गया।

भारत की वर्तमान राष्ट्रपति श्रीमति प्रतिभा देवी सिंह पाटिल तेरहवीं राष्ट्रपति हैं। उन्हें मुख्यतया कांग्रेस दल का समर्थन प्राप्त था और दूसरे वाम दलों ने भी उनका समर्थन किया जिससे कि वे राष्ट्रपति बन पाई। कुल मिलाकर भारत के राष्ट्रपति के पद पर काफी गंभीर, योग्य और शालीन व्यक्तियों को स्थापित किया गया। इसीलिए भारतीय राष्ट्रपति सभी देश वासियों के लिए आदर के पात्र रहे हैं। सभी राष्ट्रपतियों ने भारत सरकार और देश का गौरव बढ़ाया है।

भारत के प्रथम राष्ट्रपति डॉ॰ राजेन्द्र प्रसाद महान विधि विद्वान थे और एक महान राष्ट्रवादी गांधीवादी थे। वे दो अवधियों के लिए राष्ट्रपति रहे, 1950 से लेकर 1962 तक।

भारत के दूसरे राष्ट्रपति डॉ॰ सर्वपल्ली राधाकृष्णन थे। वे महान विद्वान थे और अन्तर्राष्ट्रीय स्तर के धर्म के विद्वान थे उन्होंने धर्म और दर्शन पर काफी पुस्तकें लिखी। वे सोवियत रूस में भारत के राजदूत भी रहे।

तीसरे राष्ट्रपति डॉ॰ ज़ाकिर हुसैन महान राष्ट्रवादी मुस्लिम राष्ट्रपति थे और वे गांधी जी की बुनियादी तालीम की रूप रेखा तैयार करवाने वाले विद्वान थे।

डॉ॰ ज़ाकिर हुसैन का निधन उनके कार्यकाल में हो गया था। श्री वी॰वी॰ गिरी राजनैतिक उथल-पुथल के बीच राष्ट्रपति बने थे और उससे पहले उपराष्ट्रपति के पद पर थे।

दूसरे मुस्लिम राष्ट्रपति श्री फखरूदीन अली अहमद थे। वे एक महान मुस्लिम नेता के रूप में उभरे थे तथा उनका भी अकस्मात कार्यकाल में निधन हो गया था।

इसके पश्चात् जनता पार्टी के प्रतिनिधि के रूप में डॉ॰ नीलम संजीव रेड्डी अगले राष्ट्रपति बने। डॉ॰ नीलम संजीव रेड्डी आंध्रा प्रदेश के लम्बे काल तक मुख्यमंत्री रह चुके थे।

कांग्रेस के निकटतम सहयोगी ज्ञानी जैलसिंह भी राष्ट्रपति के पद पर 1982 से 1987 तक आसीन रहे। ज्ञानी जैलसिंह के कार्यकाल में प्रधानमंत्री इंदिरा गांधी की हत्या हो थी। ज्ञानी जैलसिंह के पश्चात् 1987 में स्वामी आर॰ वैंकटरामन राष्ट्रपति पद पर आसीन हुए।

डॉ॰ वैंकटरामन के पश्चात् डॉ॰ शंकर दयाल शर्मा राष्ट्रपति बने। वे महान विद्वान थे और कांग्रेस के अध्यक्ष रह चुके थे। डॉ॰ शंकरदयाल शर्मा की अन्तरराष्ट्रीय स्तर की ख्याति थी।

डॉ॰ शंकरदयाल शर्मा के पश्चात् डॉ॰ के॰आर॰ नारायणन् राष्ट्रपति बने। वे एक महान दलित नेता भी थे।

इसके पश्चात् डा॰ ए॰पी॰जे॰ अब्दुल कलाम तीसरे मुस्लिम राष्ट्रपति बने और एक वैज्ञानिक होने के नाते उन्हें अच्छी ख्याति मिली।

वर्तमान राष्ट्रपति श्रीमति प्रतिभा पाटिल हैं। राष्ट्रपतियों की श्रृंखला में वे पहली महिला हैं। इस प्रकार यह विदित होता है कि भारत गणतंत्र के राष्ट्रपति के पद पर बड़े-बड़े महान योग्य विद्वान और उच्च कोटि के राजनीतिज्ञ आसीन रहे हैं। यह माला राष्ट्रपतियों की जीवनीयों तथा उनके भाषणों पर आधारित है।

*--संपादिका*

# अनुक्रम

**खण्ड 3**

# 9

# डा॰ शंकरदयाल शर्मा

**प्रकाशचन्द सेठी**
मुख्यमंत्री, मध्य प्रदेश

यह मेरे ही नहीं, सारे मध्य प्रदेश के लिए गौरव की बात है, कि अखिल भारतीय कांग्रेस के अध्यक्ष-पद पर आज हमारे प्रदेश के माननीय डॉ॰ शंकरदयाल शर्मा आसीन हैं। इस सम्मानित पद को पाने वाले मध्य प्रदेश के वे प्रथम व्यक्ति हैं। डॉ॰ शर्मा के पूर्व यह गौरव आज तक इस प्रदेश के किसी अन्य व्यक्ति को प्राप्त नहीं हुआ।

किसी भी राष्ट्र या संस्था के लिए संक्रमणकाल ही उसकी कसौटी होता है। बंगलौर अधिवेशन के बाद अखिल भारतीय कांग्रेस भी एक परीक्षा की घड़ी से गुजर रही थी। नेतृत्व कसौटी के कगार पर था। उसे रास्ता चुनना था। प्रधान मंत्री श्रीमती इन्दिरा गांधी के ओजस्वी नेतृत्व ने दिशा-निर्देश तो दिया ही, बिखराव को भी समेटा और कांग्रेस को प्रगतिशील मार्ग की ओर मोड़कर संस्था में एक नई जान फूंक दी। कार्यक्रम के क्रियान्वयन की जवाबदारी अब एक महत्त्वपूर्ण प्रश्न था। संकट की घड़ी में जहाँ एक ओर कांग्रेस के विभाजन से अनेक नई समस्याओं का सामना था, प्रतिगामी शक्तियां चुनौती दे रही थीं, एक ऐसे व्यक्तित्व की आवश्यकता थी जो सृजनशील प्रतिभा से कोटि-कोटि देशवासियों की आशा-आकांक्षा के अनुरूप समाजवादी समाज-रचना की दिशा में सबको लेकर आगे बढ़ सकें।

यह हमारा सौभाग्य है कि डॉ॰ शर्मा के रूप में संस्था को ऐसा उत्सर्गशील समर्पित व्यक्तित्व प्राप्त हुआ। कांग्रेस-विभाजन के बाद संगठन पर भी भारी जवाबदारी थी जिसका निर्वहन आसान कार्य नहीं था। एक ओर प्रधान मंत्री के प्रगतिशील विचारों और दृष्टिकोण के अनुरूप नीति-निर्धारण तथा कार्यान्वयन का

उत्तरदायित्व और दूसरी ओर साम्प्रदायिक तथा अन्य प्रतिगामी शक्तियों की चुनौती का सामना। महामंत्री के रूप में संगठन की जवाबदारियां जिस कौशल और चातुर्य से उन्होंने निभायीं वे अविस्मरणीय है। अध्यक्षीय पद पर डॉ० शर्मा का मनोनयन उनकी मूल्यवान सेवाओं के मूल्यांकन का प्रतीक और प्रधान मंत्री के अक्षय विश्वास का प्रमाण है।

डॉ० शर्मा का व्यक्तित्व अनेक विधाओं से युक्त है। बहु भाषाविद्, प्राध्यापक, शिक्षा-शास्त्री और विधिवेत्ता के रूप में उनकी प्रतिभा के स्पर्श से शायद ही कोई अछूता हो। वे आधुनिक भोपाल के निर्माता माने जाते हैं। उनके मुख्यमंत्रित्व काल में भोपाल ने आशातीत प्रगति की और उसके वर्तमान स्वरूप का बहुत कुछ श्रेय उन्हीं को है। विभिन्न महाविद्यालयों का समायोजन उनकी शैक्षणिक रुचि का ही प्रतिफल है।

प्रारंभिक काल में उन्होंने इस नगरी को इतना संजोया-संवारा कि राज्यों के पुनर्गठन के पश्चात् उनकी विशेष पैरवी पर इसे इस विशाल प्रदेश की राजधानी बनने का सौभाग्य मिल गया।

मैं उनके जन्म-दिवस पर हार्दिक शुभेच्छाओं के साथ उनके दीर्घजीवन की कामना करता हूँ।

## बहुमुखी प्रतिभा

**विद्याचरण शुक्ल**

रक्षा-उत्पादन मन्त्री, नई दिल्ली

ऐसे किसी व्यक्ति के सम्बन्ध में जिसे आप बहुत निकट से जानते हों तथा जिसकी बहुमुखी प्रतिभा सर्वविदित हो, कुछ लिखना मेरे लिए कठिन प्रतीत होता है।

डॉ० शंकरदयाल शर्मा से मेरा पहला सम्पर्क लगभग 20 वर्ष पहले तब हुआ जब वे हमारे महाविद्यालय मारिस कालेज, नागपुर में मुख्य अतिथि के रूप में आमंत्रित किये गये थे। उस समय वे भोपाल राज्य के मुख्य मन्त्री थे। नागपुर के प्रबुद्ध जनों ने जब इन्हें सादे भारतीय लिबास में धाराप्रवाह अंग्रेजी में अपने सुलझे गूढ़ विचार प्रस्तुत करते देखा तो वे सब जगह ठीक करें उनके पांडित्य से बहुत प्रभावित हुए। डॉ० साहब ने अपने भाषण में देश की राजनीति में विशेषकर विद्यार्थियों को

जो भूमिका निभानी चाहिए, के बारे में, जो विचार रखे थे उनका औचित्य अभी भी यथावत् है।

अखिल भारतीय कांग्रेस का इस देश के ही नहीं अपितु विश्व के सबसे महान् गणराज्य के एक शाश्वत दल के रूप में अपना एक विशिष्ट स्थान है और इस दल के अध्यक्ष के नाते डॉ॰ साहब इस देश के बड़े नेताओं में एक हैं। हाल ही में उनकी रूस तथा अन्य देशों में, श्री ब्रैजनिव तथा अन्य नेताओं से हुई वार्ता से उनकी राजनैतिक सूझ-बूझ अन्तर्राष्ट्रीय मामलों पर उनकी पकड़ तथा उनकी बहुमुखी प्रतिभा स्पष्ट गोचर होती है।

डॉ॰ साहब का बचपन तथा छात्र-जीवन एक आदर्शस्वरूप रहा है, और जब उनके द्वारा प्राप्त भारतीय तथा विदेशों की पाठ्य उपाधियों को देखें तो साधारणत: अचम्भा ही होता है कि इतने कम समय में इतना कुछ उन्होंने कैसे प्राप्त कर लिया। अनुशासित तथा निष्ठावान विद्यार्थी-जीवन, कुशाग्र बुद्धि और अथक परिश्रम के वे प्रतीक थे।

देश की स्वतन्त्रता के आन्दोलन में भी डॉ॰ साहब ने महत्त्वपूर्ण भूमिका निभाई और ब्रिटिश शासन तथा भोपाल रियासत की सामंतशाही के विरुद्ध उन्होंने जो आन्दोलन चलाया उससे वे वहाँ के अग्रणी नेता के रूप में निखरे और जब भारत ने स्वतंत्रता पाई तो भोपाल राज्य के मुख्य मन्त्री के लिए डॉ॰ साहब को सभी ने एक मत से चुना। जिन्होंने सामंतशाही युग की भोपाल रियासत को देखा है वे निस्सन्देह यह मानते हैं कि डॉ॰ साहब के मुख्य मन्त्री काल में इस रियासत का रूप बदल गया और उन्होंने युगों-गुगों से प्रताड़ित वहाँ की जनता को विकास के युग में ला नवजीवन प्रदान किया। डॉ॰ साहब की बौद्धिक प्रतिभा, सहनशीलता, निष्ठा, कार्यकुशलता एवं सुसंस्कृति मिलने वाली पर अपनी अमिट छाप डाल देती है।

सन् 1956 में जब रियासतों के पुनर्गठन के फलस्वरूप नये मध्य प्रदेश का गठन हुआ तो डॉ॰ साहब से मेरा और भी निकट का सम्बन्ध हो गया। हम न केवल एक ही राज्य के नागरिक बने बल्कि एक परिवार के हो गये क्योंकि मध्य प्रदेश के प्रथम मुख्य मंत्री मेरे पिता स्व॰ पंडित रविशंकर जी शुक्ल का डॉ॰ साहब पर परिवार के एक सदस्य के ही समान स्नेह रहा। डॉ॰ साहब भी हम सबके ही समान पिता जी को आदर एवं स्नेहपूर्वक 'कक्काजी' पुकारते थे। नये मध्य प्रदेश के प्रथम मंत्रिमडल में डॉ॰ साहब को महत्त्वपूर्ण शिक्षा विभाग का कार्यभार सौंपा गया। नये प्रदेश में 4 विभिन्न प्रदेशों के हिस्से मिले थे। उनके कर्मचारियों का समन्वय तथा शिक्षा जैसे महत्त्वपूर्ण कार्य को एक नई दिशा देना डॉ॰ साहब

के लिए एक चुनौती के समान था। इसे इन्होंने कार्यकुशलता और सूझ-बूझ के साथ निभाया। डॉ॰ साहब के कार्यकाल में मध्य प्रदेश में शिक्षा का जो बहुमुखी विकास हुआ है, सर्वविदित है। मध्य प्रदेश के मंत्रिमंडल में इसके बाद डॉ॰ साहब ने उद्योग आदि अनेक महत्त्वपूर्ण विभागों का कार्य संभाला।

1969 में जब कांग्रेस संगठन का विभाजन हुआ; और प्रगतिशील तत्वों के ऊपर दल के संचालन की जिम्मेवारी आई तो डॉ॰ साहब ने उस समय विवेक एवं राजनैतिक दूरदर्शिता का परिचय दिया। उन्हें इस संगठन का महामन्त्री बनाया गया। बिना आराम के उन्होंने उन कठिन दिनों में शांत एवं अविचलित रहकर कार्य किया। जब भी मैं डॉ॰ साहब से मिलता उन्हें व्यस्त पाता। किन्तु उनका स्वभाव शांत और चेहरे पर हंसी ही रहती थी। कठिन समय पर भी वे अतिशीघ्र चिंतन कर अपना विचार दे देते थे।

कुशाग्र बुद्धि, परिश्रम, लगन तथा राजनैतिक विवेक के कारण वे हमारी नेत्री श्रीमती इंदिरा गांधी के एक विश्वासपात्र सहायक हो गये और जब दल के अध्यक्ष-पद की बात आई तो सर्वसम्मति से डॉ॰ साहब को ही इस पद का अधिकारी माना गया। डॉ॰ साहब की अध्यक्षता के कार्यकाल में हमारा दल संकट की स्थिति से जूझते हुए निकला है। इस बीच उसने जो प्रगति की है वह सर्वविदित है। अध्यक्ष-पद को भारी जिम्मेदारी को निभाते हुए भी डॉ॰ साहब अपने संसद के कार्य को जरा भी शिथिल नहीं पड़ने देते। संसद् की बैठकों में महत्त्वपूर्ण मसलों पर वे अपना निरन्तर योगदान देते हैं।

19 अगस्त को डॉ॰ साहब का जन्म-दिवस है। अनेक देशवासियों के साथ मैं भी यह कामना करता हूँ कि ईश्वर उन्हें दीर्घायु बनाये ताकि आने वाले अनेक वर्षों में वे हमारे देश की इसी प्रकार सेवा कर सकें।

## जिनके साथ एक दिन व्यतीत किया: शिक्षा मंत्री डॉ॰ शंकरदयाल शर्मा

**—बनारसीदास चतुर्वेदी**

हम यह मानते हैं कि किसी भी एक व्यक्ति के हाथ में अत्यधिक सत्ता का केन्द्रित होना अन्ततोगत्वा स्वयं उसके लिए और समाज के लिए भी हारिकारक हो सकता है, चाहे वह व्यक्ति लेनिन या गांधी ही क्यों न हो। हमारा यह भी विश्वास है कि शासकों से एक खास फासले पर रहने में ही कार्यकर्त्ताओं का कल्याण है।

डॉक्टर शर्मा हमारे कार्य-क्षेत्र टीकमगढ़ की यात्रा करने वाले थे और कुण्डेश्वर के बेसिक ट्रेनिंग कॉलेज का उन्हें निरीक्षण करना था। बस, इसी ख्याल से उपर्युक्त विचार रखते हुए भी वहाँ उपस्थित होना हमने अपना कर्त्तव्य समझा।

जब भोपाल में उनके शिक्षा-संबंधी बजट पर बहस होने वाली थी, उसके एक दिन पूर्व अत्यंत व्यस्त होते हुए भी, उन्होंने हमें घंटा-भर देने की कृपा की थी। उस समय उन्होंने बतलाया कि भूतपूर्व मध्य प्रदेश में पांच सौ या उससे ऊपर की आबादी के सैकड़ों ग्राम ऐसे हैं, जिनमें एक प्राइमरी स्कूल भी नहीं है और वे इस अभाव को दूर करने के लिए चिन्तित प्रतीत हुए। निस्सन्देह भोपाल के लिए उन्होंने अपने शासन काल में बहुत कुछ किया था, पर अब तो भोपाल या विन्ध्य प्रदेश, मध्य भारत या मध्य प्रदेश, सब उनके लिए समान हैं और वे समान रूप से इस बृहत् प्रान्त के सभी भागों की प्रगति के लिए प्रयत्नशील होना चाहते हैं।

दिन-भर के प्रोग्राम में हमने शर्माजी को कई बार भाषण देते हुए सुना, लोगों से बातचीत करते हुए और सार्वजनिक प्रश्नों पर वाद-विवाद करते हुए भी देखा। वे शुद्ध हिन्दी में धाराप्रवाह बोल सकते हैं और शब्दों या भावों के लिए उन्हें रुकना नहीं पड़त। नपे-तुले शब्दों में अपनी बात को कह लेने का उन्हें अभ्यास है। वे अत्युक्ति नहीं करते और न ऐसे वायदे करते हैं, जिन्हें वे पूरा न कर सकें।

कुण्डेश्वर में उनका जो भाषण हुआ, उसे दो भागों में विभाजित किया जा सकता है—एक तो पंचायतों के संबंध में और दूसरा बुनियादी शिक्षा के विषय पर। उनका सबसे अधिक महत्त्वपूर्ण भाषण तो टीकमगढ़ की सार्वजनिक सभा में हुआ।

पंचायतों के भविष्य के बारे में उन्होंने जो कुछ कहा, वह बड़ा महत्त्वपूर्ण है। शर्मा जी ने कहा :

> "भावी भारत के निर्माण में पंचायतों का बड़ा हाथ होने जा रहा है। हम लोगों ने यह तय किया है कि समाज-सेवा तथा निर्माण-सम्बन्धी क्षेत्रों में पंचायतों को काम करने का पूरा-पूरा अवसर दिया जाये। प्लानिंग कमीशन ने पांच आदमियों की एक कमेटी बनाई है, जिसका उद्देश्य यह है कि वह इस बात की जांच करे कि हमारे निर्माण-कार्यों में किस प्रकार गति लाई जाये और रुपयों का सदुपयोग भी हो। हम विभिन्न राज्यों में गये थे और अब अपनी रिपोर्ट लिख रहे हैं। अब तक तो शासन आप लोगों से सिर्फ

सलाह-मशविरा ही लिया करता था, पर अब तो यह निश्चित होने जा रहा है कि निर्माण-कार्यों की जिम्मेदारी शासन के बजाय आप लोगों पर ही रहे। भविष्य में जो भी आप लोग तय करेंगे, तदनुसार ही कार्य होगा।''

## बुनियादी शिक्षा

''बुनियादी शिक्षा के विषय में मैं अधिक नहीं जानता, पर इतना तो समझता हूँ कि बुनियादी शिक्षा में जो क्राफ्ट्स हैं, यथा बुनना, सिलाई, खिलौने बनाना, बढ़ईगिरी इत्यादि-उनके मूल में समाज-हित की भावना ही विद्यमान है। शिक्षक लोग यहाँ विद्यार्थियों को बना रहे हैं। उन्हें व्यवहारिक जीवन की शिक्षा दे रहे हैं उनका मूल उद्देश्य यही है कि उनमें एकाग्रता की भावना का विकास हो-चाहे वे सूत कातते हों या कपास ओटते हों या कपड़ा बुनते हों। जो भी काम वे करें, अच्छे से अच्छे ढंग से करें। भारत ग्रामों का देश है और ग्रामों के निर्माण में बुनियादी शिक्षकों का विशेष हाथ होगा। मैंने तो भोपाल राज्य में शिक्षकों को पंचायतों का सेक्रेटरी बना दिया था। ग्रामीण समाज में शिक्षकों को उचित स्थान मिले, यही मेरी भावना रही है। शिक्षक ही ग्रामों का नेता हो सकता है। वही उनका नेचुरल लीडर है और वही उस समाज को आगे बढ़ा सकता है। यहाँ का बेसिक ट्रेनिंग कॉलेज पोस्ट ग्रेजुएट दर्जे तक बना दिया जाये, यह माँग की गई है। मुझे इसमें कोई आपत्ति नहीं हैं केन्द्रीय मंत्री डाक्टर श्रीमाली ग्वालियर पधार रहे हैं। हम लोग उनसे मिलकर इसके लिए अनुरोध कर सकते हैं। एक त्रुटि मुझे यहाँ दीख पड़ी, वह यह कि यहाँ विज्ञान की शिक्षा का अभाव है। उसकी आवश्यकता है और उसकी उपेक्षा हमें नहीं करनी चाहिए। उसके लिए जिन साधनों की आवश्यकता होगी, उनको जुटाने का आश्वासन मैं दे सकता हूँ।''

टेक्निकल कॉलेज, सवाई महेन्द्र इंटर कॉलेज, डिस्ट्रिक्ट कांग्रेस कमेटी के सदस्यों की सभा, सार्वजनिक सभा और बिजली-घर में नई मशीन का उद्घाटन-इन सबकी कार्रवाइयों में डॉक्टर शर्मा के साथ रहने का अवसर हमें मिला। अत्यंत व्यस्त कार्यक्रम होते हुए भी उन्होंने अपने कर्त्तव्य को बड़े धैर्यपूर्वक निभाया।

हमारा विश्वास है कि कोई भी एक व्यक्ति हमारा उद्धार नहीं कर सकता, पारस्परिक सहयोग द्वारा ही स्वयं हम लोग अपने प्रश्न हल कर सकते हैं। प्रत्येक कार्य में शासकों का मुंह ताकते रहने की नीति को हमें तिलांजलि दे देनी

होगी। कार्यों को प्रारंभ करने की और उन्हें अन्त तक ले जाने की शक्ति जनता के ही हाथों में होनी चाहिए, न कि कुछ इने-गिने शासकों के।

शर्माजी स्वयं शिक्षक रह चुके हैं और शिक्षा तथा शिक्षकों के प्रश्नों और उनके महत्त्व से वे भली-भाँति परिचित हैं, और उन्हें अपने विभाग से तथा जनता से भी पूरा-पूरा सहयोग मिलने पर वे इस वृहद् प्रदेश की बहुत कुछ सेवा कर सकेंगे, ऐसा विश्वास है।

('मध्यप्रदेश संदेश' से साभार)

## गौरवास्पद डाक्टर साहब

**—डॉ॰ बलदेवप्रसाद मिश्र**

डाक्टर शंकरदयाल जी शर्मा का स्नेहभाजन हाने की सौभग्य मुझे अनेक वर्षों से प्राप्त होता रहा है। जब भोपाल का विलीनीकरण मध्य प्रदेश में नहीं हुआ था, परन्तु विलीनीकरण की चर्चा चल रही थी, उस समय वे भोपाल के मुख्य मंत्री थे। उनके मुख्यमंत्रित्व काल में मुझे भोपाल जाने का एक अवसर प्राप्त हुआ। उस समय डॉ॰ राजेश्वर गुरु भोपाल के महाविद्यालय में थे। मैं उनका अतिथि होकर पहुँचा। डॉ॰ साहब ने मेरे विषय में गुरु जी से सुना तो तुरन्त ही उन्होंने मुझे सांची घुमाने के लिए मोटर की व्यवस्था कर दी और अपने यहाँ रामायण का एक प्रवचन जमा दिया। सपरिवार बड़ी श्रद्धा के साथ उन्होंने रामायण का प्रवचन सुना और बड़ी आत्मीयता के साथ उन्होंने मुझे श्री गुरु जी के साथ जगत् प्रसिद्ध सांची स्तूप देख आने की पूरी व्यवस्था कर दी। तब से वह स्नेह उत्तरोत्तर बढ़ता ही रहा है।

कुछ ही समय बाद भोपाल का मध्य प्रदेश में विलयन हुआ। विदर्भ और नागपुर की पुरानी इकाई छूटी और भोपाल, मध्य भारत तथा रीवां की नई इकाइयां जुड़ीं। उस समय हिन्दी साहित्य सम्मेलन का भी पुनर्गठन आवश्यक हो गया। विदर्भ हिन्दी साहित्य सम्मेलन अलग बन गया और मध्य प्रदेश की चार इकाइयों, (महाकोशल, मध्यभारत, विंध्यप्रदेश और भोपाल) का पारस्परिक विलीनीकरण होकर नये मध्यप्रदेश हिन्दी साहित्य सम्मेलन की एक इकाई बनी। श्री डॉ॰ शर्मा उस समय भोपाल हिन्दी साहित्य सम्मेलन के अध्यक्ष थे और मैं पुराने मध्य प्रदेश के शेष अंश अर्थात् महाकोशल का प्रतिनिधित्व करता था। हम लोगों की अनेक बैठकें हुईं और उन दिनों कई बार मुझे शर्मा जी से मिलने का अवसर मिला। हम लोगों ने नये सम्मेलन की अध्यक्षता के लिए तत्कालीन

विधानसभा के स्पीकर पं॰ कुंजीलाल जी दुबे को चुना और डॉ॰ शंकरदयाल जी के ऊपर यह दायित्व सौंपा गया कि वे पं॰ जवाहरलाल नेहरू को आमंत्रित करके उनके करकमलों द्वारा प्रथम सम्मेलन का उद्‌घाटन करवायें। मुझे भारत सेवक समाज के सिलसिले में कई बार दिल्ली जाना पड़ा था और मैंने यह सुन रखा था कि डॉ॰ शर्मा के ऊपर पं॰ नेहरू जी का कितना वात्सल्य है। इसलिए मुझे पूरा विश्वास था कि डॉ॰ साहब के आमन्त्रण पर पं॰ नेहरू राज़ी हो जायेंगे। वही हुआ भी, और पहला अधिवेशन श्री शर्मा जी की कृपा से बहुत शानदार हुआ।

भारत सेवक समाज और हिन्दी साहित्य सम्मेलन दोनों क्षेत्रों में मुझे डॉ॰ साहब का बड़ा प्रेमपूर्ण सहयोग मिलता रहा है। उनकी कई मधुर स्मृतियां हम लोगों के हृदयों में संजोई हुई हैं। वे जहाँ मृदु होना चाहिए वहाँ परम मृदु रहे हैं और जहाँ कठोर होना चाहिए वहाँ अडिग दृढ़ निश्चयी भी रहे हैं। उनके मंत्रित्वकाल में भी मेरा उनका कई प्रकार का सम्पर्क आया और मैंने उनकी ये चारित्रिक विशेषताएं नज़दीक से देखी हैं।

उनकी बुद्धिमत्ता और विद्वत्ता न केवल उनकी डिग्रियों और उनके सूझ-बूझ भरे निर्णयों से प्रकट है किन्तु उनके उत्तरोत्तर उत्कर्ष में भी साक्षीरूप से विद्यमान है। मति और कृति, ज्ञान और क्रिया, विचार और आचार, सूझ-बूझ और अथक सेवा-क्षमता में एक साथ पारंगत होना बहुत ही विरले लोगों के जीवन में देखा जाता है। डॉ॰ शर्मा जी ने दिल और दिमाग दोनों की खूबियों से अपना जीवन इतने सुंदर ढंग पर निखारा है कि रियासती जमाने में वे भोपाल के मुख्य मंत्री बने और कांग्रेसी जमाने में न केवल मन्त्रित्व आदि के बड़े-बड़े पद उन्होंने संभाले वरन् आज अखिल भारतीय कांग्रेस के अध्यक्ष का अत्यन्त महत्त्वपूर्ण और दायित्वपूर्ण पद संभाले हुए हैं। मध्यप्रदेश के वे ही प्रथम सज्जन हैं जो इतने ऊंचे पद पर आसीन हुए। और न केवल प्रदेश का गौरव अद्वितीय ढंग पर बढ़ा रहे हैं किन्तु अखिल भारतीय क्षेत्र में अपनी बहुमूल्य सेवाएं देते हुए भी अपने इस प्रान्त का सदैव ध्यान रख रहे हैं। प्रान्त ही नहीं, प्रान्त के प्रत्येक परिचित का ध्यान रख रहे हैं। उनसे न केवल उनका परिवार और न केवल उनका नगर भोपाल ही गौरवान्वित है किन्तु हम सब मध्यप्रान्तीय या यों कहिए कि समग्र भारतवासी ही गौरवान्वित हैं। हमारी मंगल कामना है कि वे शतजीवी हों और उत्तरोत्तर उत्कर्ष के साथ देश एवं राष्ट्र तथा मानव-समाज के कल्याणवर्धन में संलग्न रहें।

## डॉ॰ शकरदयाल शर्मा: एक सफल और कुशल प्रशासक

**—भगवन्तराव मंडलोई**

यह जानकर बड़ी प्रसन्नता होती है कि अखिल भारतीय कांग्रेस के अध्यक्ष डॉ॰ शंकरदयाल शर्मा को उनके 56वें जन्मदिवस पर, उनकी बहुमुखी महती सेवाओं के उपलक्ष्य में, एक अभिनन्दन-ग्रंथ भेंट किया जायेगा।

डॉ॰ शंकरदयाल शर्मा साधारण कानून तथा संविधान-संबंधी कानून के ज्ञाता तो हैं ही साथ ही एक योग्य और कुशल प्रशासक भी हैं। स्वतन्त्रता के बाद भोपाल राज्य का एक 'सी' क्लास स्टेट में निर्माण हुआ और नवम्बर, 1956 में मध्यप्रदेश के निर्माण के पहले डॉ॰ शंकरदयाल शर्मा, पिछले कई वर्षों से भोपाल राज्य के मुख्यमंत्री थे। उन्होंने अपने मुख्यमंत्रित्व काल में भोपाल राज्य की बहुमुखी सेवाएं कीं। खेती की उन्नति के लिए बुधनी ग्राम में एक विशाल ट्रैक्टर स्टेशन स्थापित किया और सीहोर नगर में एक कृषि महाविद्यालय स्वर्गीय रफी अहमद किदवई की स्मृति में स्थापित किया। भोपाल नगर के नज़दीक ही एक विशाल 'हैवी-इलेक्ट्रिकल्स' कारखाना स्थापित करने का भारत सरकार द्वारा निर्णय लिया गया। इस विशाल औद्योगिक संस्थान की स्थापना का श्रेय डॉ॰ शंकरदयाल शर्मा को है। भोपाल राज्य में शिक्षा के विकास एवं प्रसार के लिए उन्होंने प्रशंसनीय कार्य किया।

नये मध्य प्रदेश के निर्माण के पहले ही मुझे, जब मैं पुराने मध्य प्रदेश में राजस्व व शिक्षा मंत्री था, डॉ॰ शर्मा से निकट से मिलने का सौभाग्य प्राप्त हुआ था और भोपाल जाकर उनसे मिलकर भावी विकास और उन्नति का अन्दाज मैं लगा सका था।

नवम्बर, सन् 1956 में मध्य प्रदेश का निर्माण होने पर स्व॰ रविशंकर शुक्ल के मंत्रिमंडल में डॉ॰ शंकरदयाल शर्मा शिक्षा मंत्री रहे। पं॰ रविशंकर शुक्ल की असामयिक मृत्यु के उपरान्त डॉ॰ शर्मा, डॉ॰ काटजू के मंत्रिमंडल में शिक्षा मंत्री रहे। सन् 1962 में भी डॉ॰ शर्मा मेरे मंत्रिमंडल में एक यशस्वी मंत्री के रूप में रहे।

इस अवधि में डॉ॰ शंकरदयाल शर्मा ने समूचे मध्य प्रदेश में शिक्षा के क्षेत्र में बहुत अधिक कार्य किया। प्राथमिक शिक्षा से लेकर उच्च शिक्षा के क्षेत्र में पूरे मध्य प्रदेश ने उन्नति की। जिन जिलों में महाविद्यालय स्थापित

नहीं हो सके उन्होंने उन जिलों में शासकीय महाविद्यालय स्थापित कराये। तकनीकी शिक्षा के क्षेत्र में भारत सरकार की नीति अपनाकर कई नगरों में पालिटेक्निक संस्थाएं स्थापित कराईं। ग्रामीण क्षेत्रों में जगह-जगह बड़ी तादाद में हायर सेकेण्डरी स्कूल स्थापित कराये। अपने नगर में भी कई महाविद्यालय. और एक इंजीनियरिंग कॉलेज स्थापित कराया। इन सब प्रयत्नों के कारण ही भोपाल क्षेत्र में एक विश्वविद्यालय स्थापित हो सका।

डॉ॰ शंकरदयाल शर्मा कांग्रेस के यशस्वी नेता के सिवाय समाजवाद पर उनकी आस्था व दृढ़ विश्वास है। उनकी मान्यता है कि समाजवाद से ही देश की उन्नति हो सकेगी। भारतीय कांग्रेस के महामंत्री भी डॉ॰ शंकरदयाल शर्मा रहे। उनकी महती सेवाओं के कारण ही उन्हें अखिल भारतीय कांग्रेस के अध्यक्ष-पद पर एकमत से आसीन किया गया है।

इस महान् देश का सौभाग्य है कि देश की बागडोर श्रीमती इन्दिरा गांधी के हाथ में है। उनकी उत्कट इच्छा है कि शीघ्र ही यह महान् देश समृद्धिशाली बने। प्रत्येक देशवासी को रहने का मकान तथा जीविका का साधन मिलकर गरीबी मिटे। हमारे प्रधान मंत्री के सुख-स्वप्नों को साकार बनाने में अखिल भारतीय कांग्रेस एवं उसके अध्यक्ष डॉ॰ शंकरदयाल शर्मा अपना योगदान देकर सफल बनाने का प्रयत्न करेंगे ऐसी हमारी आशा और दृढ़ विश्वास है।

अन्त में मैं डॉ॰ शंकरदयाल शर्मा के प्रति अपनी हार्दिक शुभ-कामनाएं प्रकट करता हूँ।

## अडिग आस्था के प्रतीक

**—गोविन्दनारायण सिंह**

डॉक्टर शंकरदयाल शर्मा देशी राज्य में उत्पन्न हुए लेकिन उन्होंने वहाँ के वातावरण से अलग रहकर अपना निर्माण किया। उनका व्यक्तित्व सुनिर्मित है। उनसे साक्षात्कार होते ही उनकी वास्तविकता प्रकट हो जाती है।

डॉ॰ शर्मा को जीवन के उतार-चढ़ाव कम देखने को मिले हैं। क्रमशः विकास ही उनके जीवन का मानचित्र है। सुखसंवर्धित डॉ॰ शर्मा कठिनाइयों से जूझने को सर्वदा तत्पर रहते हैं।

ईश्वरीय आराधना मनुष्य में दृढ़ संकल्प को जन्म देती है। डॉक्टर शंकरदयाल शर्मा आस्तिक हैं; और उनकी आस्था अडिग है। उनकी यह आस्था जीवन के प्रत्येक क्षेत्र में–विद्याध्ययन से लेकर कांग्रेस की अध्यक्षता तक–परिलक्षित होती है।

अध्यापकीय सम्पर्क ने उनके व्यक्तित्व को गुरु-गरिमा-मंडित बना दिया है। प्राय: इसीलिए वे एक निर्विकार उपदेशक की भाँति दिखाई देते हैं। प्रकारान्तर से इसी कारण वे स्नेहिल हो जाते हैं। उनकी सदाशयता चतुर्दिक बिखरी हुई है।

लगन और लक्ष्य की साधना दोनों ही कार्य अन्योन्याश्रित हैं। इनका सामंजस्यपूर्ण समन्वय डॉक्टर शर्मा के व्यक्तित्व और कृतित्व में है। जीवन के विविध अंगों एवं उपांगों में वे अनुकरणीय हैं।

समय को पहचानने की डॉक्टर शर्मा में अद्वितीय क्षमता है। समय और परिस्थिति के अनुकूल अपने को मोड़ लेने की उनकी योग्यता अनुपमेय हैं। उनका गत्यात्मक संतुलन सहज संभाव्य नहीं है।

डॉक्टर शर्मा विद्याव्यसनी हैं। शिक्षा में उनकी विशेष अभिरुचि एवं अनुरक्ति है। शिक्षकों की दयनीय दशा पर प्राय: उनका कारुणिक हृदय द्रवीभूत हुआ है। उनके उत्थान एवं उन्नयन के सतत् प्रयास उन्होंने किये हैं। शिक्षक वर्ग उनका चिर ऋणी रहेगा। मूल प्रवृत्ति अध्यापक की होने के नाते उनका यह व्यवहार मानवीय ही नहीं तोषदायी भी है।

डॉ० शर्मा के प्रति मेरे हृदय में विशेष आदर व सम्मान है। उनका स्नेह मुझे सदैव मिला रहा है और आशा है कि मिलता रहेगा।

नमन!

## डॉक्टर साहब के साथ पांच साल

**—मियाँ सुलतान मोहम्मद खाँ**
भूतपूर्व स्पीकर, भोपाल स्टेट असेम्बली

"सन् 48-50 ई० में भोपाल के उफ़ुक़ पर एक नन्हा-सा सितारा उभरा जो आज भारत के आस्माने सियासत पर माहे क़ामिल होकर चमक रहा है", मुख़्तसर अल्फ़ाज़ में यह हैं डॉ० शंकरदयाल शर्मा!

चार ज़बानों के माहिर, हिन्दी, संस्कृत और अंग्रेजी में एम॰ए॰, उर्दू अहले ज़बान की तरह बोलते, लिखते और पढ़ते हैं। लखनऊ में फ़र्स्ट डिवीजन में एल॰ एल॰ एम॰ किया और अमरीका से कानून में डॉक्टरेट की डिग्री ली और कैम्ब्रिज के बार-एटलॉ हैं।

यह वह ज़माना था जब प्रजा मंडल (स्टेट कांग्रेस) दो ग्रुप्स में तक़सीम हो गई थी, एक ग्रुप चाहता था कि भोपाल एक बहुत ही पिछड़ा हुआ इलाक़ा होने की वजह से कम से कम पन्द्रह साल तक एक अलग यूनिट ही की हैसियत से रहे और दूसरा ग्रुप भोपाल का विलीनीकरण चाहने वाले मध्य भारत के साथ विलीनीकरण चाहते थे या मध्य प्रदेश के साथ। इस झगड़े ने काफ़ी तूल खींचा पर नतीजे के तौर पर भोपाल की बागडोर सेण्टर ने खुद संभाल ली और यहाँ मिस्टर बनर्जी को चीफ़ कमिश्नर मुक़र्रर किया गया। मुझे याद है कि एक दफ़ा श्री भगवान सहाय चीफ़ कमिश्नर भोपाल ने भोपाल असेम्बली का इफ़्तिहाद करते हुए कहा था कि प्लेटो ने छोटी-छोटी स्टेटों की काफ़ी सराहना की है क्योंकि वहाँ डिवलपमेन्ट का काम अच्छी तरह और सहूलियत से हो सकता है। जब असेम्बली का इज़लास खत्म होने के बाद आपस में बातचीत होने लगी तो मिस्टर भगवान सहाय ने कहा कि आप लोगों ने जो भोपाल को अलहदा रखने की जद्दोजहद की उसमें काफ़ी वजन था, मैंने उसी वक्त कहा कि विलीनीकरण आन्दोलन की सबसे बड़ी देन तो डॉ॰ शंकरदयाल शर्मा हैं।

भोपाल के चीफ़ कमिश्नरी राज्य बन जाने के बाद डॉ॰ शंकरदयाल शर्मा भोपाल स्टेट कांग्रेस के प्रेसीडेंट चुने गये लेकिन चीफ़ कमिश्नरी से कोई भी खुश नहीं था और भोपाल के अलावा जो भी पार्ट सी स्टेट्स थीं, वहाँ भी बेचैनी थी। देहली में पार्ट सी स्टेट्स की एक कॉन्फ्रेंस हुई जिसमें भोपाल की तरफ से मैं भी एक नुमाइन्दा था और डॉक्टर साहब, खान शाकिर अली खां, पंडित चतुरनारायण मालवीय, स्व॰ मास्टर लालसिंह और दूसरे मन्दूबीन तो थे ही। इस कॉन्फ्रेंस में डॉक्टर साहब ने पार्ट सी स्टेट्स के काज़ को आमतौर पर और भोपाल के काज़ को खास तौर पर बहुत ही ज़ोरदार और मोअस्सल अल्फ़ाज में सामने रखा था और शाकिर अली खां इसी कॉन्फ्रेंस में बोल पड़े थे कि इससे बेहतर तरीक़े से यह मसला पेश किया ही नहीं जा सकता था। इसके नतीजे में पार्ट सी स्टेट्स ऐक्ट बना, भोपाल को भी जमहूरी हुक़ूक़ अता किये गये और असेम्बली के लिए जो उम्मीदवार कांग्रेस ने खड़े किये उसमें दोनों ग्रुपों की नुमाइन्दगी रखी गई। असेम्बली के चुनाव हुए और कांग्रेस को 30 सीटों

में से 26 सीटें मिलीं, डॉक्टर साहब को मुत्तफ़िक़ा तौर पर चीफ़ मिनिस्टर मुक़र्रर किया गया और डॉक्टर साहब ने अपनी फ़राख़दिली से काम लेकर बाक़ी दो मिनिस्टर, मौलाना तरज़ी मशरिक़ी और बाबू कामताप्रसाद, दूसरे ग्रुप से लिये और स्पीकरशिप के लिए मेरी सिफ़ारिश की। यह डॉक्टर साहब की फ़राख हौसलगी का ही सिला था कि भोपाल में ग्रुप खत्म हो गये और रियासत का काम खुश उसलूबी से चलने लगा।

डॉक्टर साहब की पहली तवज्जोह तालीम पर थी, यह महकमा उन्होंने खुद अपने पास ही रखा और असेम्बली के इब्तिदाई इजलासों में ही एलान कर दिया था कि कोई जमहूरी हुकूमत उस वक्त तक कामयाब नहीं हो सकती जब तक कि उसे अवाम तालीमयाफ्ता न हों, इसलिए भोपाल के हर पटवारी सर्किल में एक प्राइमरी स्कूल, हर गिर्दावर सर्किल में एक मिडिल स्कूल, हर छोटे क़स्बे में एक हाई स्कूल और भोपाल और सीहोर में डिग्री कॉलिज कायम किये जायें। यह सिर्फ़ असेम्बली में कहने ही की बात नहीं थी बल्कि इस पर फ़ौरन अमल भी कराया गया और सीहोर में, जहाँ सिर्फ़ एक हाई स्कूल था, वहाँ लड़कियों का हाई स्कूल, डिग्री कालेज, एग्रिकल्चर कॉलेज और बेसिक ट्रेनिंग कॉलेज कायम हुए। एग्रिकल्चर कॉलेज के सिलसिले में काफी खींचतान हुई थी लेकिन श्री उमरावसिंह जी ने, जो उस वक्त डिप्टी मिनिस्टर थे, और किसी हद तक मैंने भी इस पर ज़ोर दिया कि यह कॉलेज सीहोर में ही होना चाएि जो क़िदवई एग्रिकल्चर इन्स्टीट्यूट के नाम से आज भी सीहोर में कायम है। डॉक्टर साहब का ख्याल था कि इसकी इमारतें वग़ैरा मुक़म्मल हो जाने के बाद इसे एग्रिकल्चर यूनिवर्सिटी में तब्दील कर दिया जाये, जो अफ़सोस है कि पूरा न हो सका। मुझे अच्छी तरह याद है कि भोपाल असेम्बली के आखिरी इजलास में डॉक्टर साहब ने फ़रमाया था कि मध्य प्रदेश बन जाने के बाद इसके हर बड़े शहर में यूनिवर्सिटी होना ज़रूरी है और उन्होंने खास तौर पर रायपुर, रीवां, इन्दौर, जबलपुर वगैरा शहरों के नाम लिये थे और जो उन्होंने अपने आइन्दा एजूकेशन मिनिस्टर होने के जमाने में पूरा कर दिखाया। इस स्पीच के बाद एक प्राइवेट मुलाकात में जब मैंने उनसे कहा कि आपने जिन शहरों में यूनिवर्सिटियां बनेंगी, उनके नाम गिनाते हुए भोपाल का नाम ही लिया यह भोपाल के साथ ज्यादती है तो उनका जवाब निहायत महब्बिराना था कि भोपाल के राजधानी हो जाने से यूनिवर्सिटी तो खुद ही आ जायेगी। आगे चलकर उनकी यह पेशगोई उनके एजुकेशन मिनिस्टर न रहने के बाद पूरी हुई।

यह डॉक्टर साहब ही की सूझ-बूझ का नतीजा था कि वह जब भी किसी नई इमारत का इफ्तेताह कराते तो उनकी सबसे पहली कोशिश यह होती कि वह स्व॰ पंडित जवाहरलाल नेहरू को लेकर आयें अगर यह मुमकिन न होता तो किसी दूसरे सेण्ट्रल मिनिस्टर को जरूर ले आते, चुनांचे उस ज़माने में जिनते सेण्ट्रल मिनिस्टर भोपाल में आये और उनके आने से जितने फायदे हुए वह आइन्दा नहीं हो सके। श्री रफ़ी अहमद क़िदवई मरहूम, स्व॰ लालबहादुर शास्त्री, स्व॰ गोविन्दवल्लभ पन्त, श्री मोरराजी देसाई, स्व॰ कैलाशनाथ काटजू वगैरा उस जमाने में बराबर भोपाल आते रहे और इमारतों का इफ्तेताह करते रहे। एक बार हमीदिया कॉलेज के किसी डिपार्टमेण्ट या लाइब्रेरी का इफ्तेताह करते हुए श्री श्रीप्रकाश ने, जो उस जमाने में मद्रास के गवर्नर थे, कहा था कि डॉक्टर शर्मा मुझे भी वह कुआं बता दें जहाँ से जाकर वह रुपया खींच लाते हैं ताकि मैं मद्रास जाकर वहाँ के मिनिस्टरों को भी बता दूँ कि वह इस कुएं से रुपया खींच लायें और तरक्की के कामों में लगायें।

डॉक्टर साहब की चीफ़ मिनिस्ट्री के जमाने में भोपाल बराबर तरक्की की राह पर गामज़न रहा, नई-नई इमारतें बनीं, नये-नये बांध बांधे गये, नई-नई तरक्की की स्कीमें सामने आईं, पालिटेक्निक और दूसरे मेडिकल कॉलेज, टेक्निकल कॉलेज कायम हुए, और ज़मीन की पैदावार को ज्यादा से ज्यादा बढ़ाने के लिए वह तमाम ज़दीद जरिये इस्तेमाल किये गये जिनकी जरूरत थी। यह डॉक्टर साहब की ही अथक कोशिशों का नतीजा था कि वह सेन्टर से रुपया मंजूर कराकर लाते और बेदरेग़ तरक़्क़ी के कामों में खर्च करते। हत्ता कि स्व॰ पंडित जवाहरलाल नेहरू को भी कहना पड़ा कि भोपाल ने बहुत तरक़्क़ी की है और उसकी तरक़्क़ी का काम 'ए वन' है।

असेम्बली में भी डॉक्टर साहब का रोल निहायत वाविक़ार था। तीस आदमियों की मुख्तसर-सी असेम्बली थी जिसमें से एक स्पीकर को निकाल देने के बाद 29 आदमी हाउस के फ्लोर पर रहते और डॉक्टर साहब की यह कोशिश होती कि इनमें से कोई एक आदमी भी ग़ैरहाज़िर न होने पाये। तमाम मुआमलात पर और आइन्दा स्कीमों पर निहायत खुले दिल से बहस होती और हर माकूल तज़बीज़ को चाहे वह किसी भी क्वार्टर से आई हो, डॉक्टर साहब फ़राख़दिली से मंज़ूर करते थे। उसी ज़माने में मैंने तज़बीज़ किया कि अपनी असेम्बली के बतौरख़ास परम्पराएं कायम करनी चाहिए चुनांचे बजट पेश करने का वक्त शाम को 5 बजे मुतऐयिन किया गया और आम असेम्बली के इजलास गर्मियों

में 7 बजे सुबह और सर्दियों में 8 बजे सुबह से होते थे। असेम्बली के ज़माने में मेरी डॉक्टर साहब से बहुत ज्यादा मुलाकातें होती रहती थीं और उसमें दूसरे रोज़ जो काम होने वाला है उसके अलावा दूसरे मुआमलात पर भी बहस व मुबाहसा होता था। एक दफ़ा सीहोर के वकीलों का एक वफ्द जिसमें काफ़ी सिनरसीदा लोग थे, मेरे पास पहुँचा कि सीहोर में जो मैजिस्ट्रेट वग़ैरा तैनात हैं, उन्होंने हिन्दी अलफ़ाज के इस्तेमाल में बड़ी सख़्ती बरत रखी है और ऐसी तहरीरों को जिनमें उर्दू अलफ़ाज आते हैं, वह कुबूल करने पर तैयार नहीं होते। मैंने उनको डॉक्टर साहब के सामने पेश किया। डॉक्टर साहब ने उनकी बातों को बहुत हमदर्दी के साथ सुना और दूसरे ही दिन असेम्बली में एलान किया कि इतना ही काफी है कि स्क्रिप्ट हिन्दी हो। अब इन बूढ़े-बूढ़े लोगों से यह उम्मीद नहीं की जा सकती कि वह हिन्दी पर उबूर हासिल कर सकें और इस मामले में अदालतों की कोई भी सख़्ती मुनासिब नहीं होगी।

जहां डॉक्टर साहब को एकतरफ़ चौबीस घंटे डेवलपमेण्ट का ख्याल रहता था वहाँ वह असेम्बली के हंगामों से भी ग़फ़िल नहीं रहते थे। एक बार एक लतीफ़ा हुआ। तक़रीबन साढ़े दस बजे रात को जब कि मैं करीब-करीब सो चुका था, मालूम हुआ कि डॉक्टर साहब आये हैं, मैंने पूछा कि भई इतनी रात को पैदल तशरीफ़ लाने का सबब क्या है, और ऐसी क्या ख़ास परेशानी है। कहने लगे मुझे मालूम हुआ है कि कल कुछ शरारतपसन्द लोग असेम्बली में हंगामा करना चाहते हैं तो आप पूरे वक्त सदारत की कुर्सी पर रहेंगे। मैं हैरान रह गया क्योंकि यह बात तो असेम्बली के वक्त से थोड़ी देर पहले भी कही जा सकती थी लेकिन वह डॉक्टर साहब की इन्तहाई सूझ-बूझ का नतीजा था कि उन्होंने सुबह होने तक इन्तिज़ार करना गवारा नहीं किया, न मुझसे टेलीफोन पर बात करना मुनासिब समझा और खुद पैदल चलकर मेरे पास तशरीफ़ लाये और यह ख़बर पहुँचाई।

यों तो असेम्बली में काफी अहम कानूनों के मसविदे और रेजोल्यूशन जेर बहस आते रहे लेकिन जो मसला सबसे अहम था वह गायकुशी के मुताल्लिक था। डॉक्टर साहब की नज़र में हिन्दोस्तान में दूसरी रियासतें भी थीं और खुद उनकी कैबिनेट में यह मसला मतनाजेफ़ीह था, लेकिन जब एक दफ़ा चीफ़ कमिश्नर से बहस वह मुबाहसा होने के बाद यह तय हो गया कि भोपाल में गायकुशी बन्द की जाये तो डॉक्टर साहब ने बड़ी खुश उस्लूबी के साथ इस तजवीज को असेम्बली में पेश किया और सभी मेम्बरान ने ख़न्दापेशानी

के साथ इसे कुबूल कर लिया। यह एक ऐसी तजबीज़ थी जिससे कुछ नाफ़हम मुसलमान बददिल हो सकते थे लेकिन डॉक्टर साहब ने जिस शानदार तरीक़े से हालात को काबू में रखा और जिस दानिशमन्दी से अवाम को समझाया इसकी जितनी भी तारीफ़ की जाये कम है।

ऐसा कुछ नहीं था कि डॉक्टर साहब के ज़माने में हुकूमत की मुख़ालफ़त में जलसे-जुलूस न हुए हों या हिन्दू-मुस्लिम फसाद न हुआ हो, लेकिन इन सबका डॉक्टर साहब ने बड़े मुदबिराना तरीक़े से मुक़ाबला किया और एक बार भी पुलिस लाठी चार्ज की नौबत नहीं आने दी। एक मर्तबा गालिबन सन् 1956 ई॰ में भोपाल में एक मामूली सी बात को लेकर हिन्दू-मुस्लिम फ़साद हो गया, अगरचे वह कोई बहुत बड़ा फ़साद नहीं था लेकिन डॉक्टर साहब की तशवीश का यह आलम था कि वह ख़ुद शहर में गश्त लगा रहे थे। उसी जमाने में स्व॰ पंडित जवाहरलाल नेहरू ने डॉक्टर साहब को एक ख़त लिखा था कि वह ज़ाती तौर पर वाक़िफ़ हैं कि भोपाल के मुसलमान फ़िरक़ापरस्त ज़हनियत से बुलंद हैं, यह ख़त अगरचे कॉन्फ़ीडेन्शल था लेकिन डॉक्टर साहब ने उस ख़त से ऐसे तावीज़ का काम लिया जिसने मर्ज़ को बिलकुल दूर कर दिया।

जब फ़ज़्ले अली कमीशन भोपाल आया उस वक्त डॉक्टर साहब के ख़्यालात में काफी तब्दीली आ चुकी थी और उनकी ख्वाहिश यह थी कि भोपाल की पिछड़ी हुई हालत पर नज़र रखते हुए आईन्दा डेवलपमेण्ट के कामों को देखते हुए रियासत भोपाल को अभी अलहदा ही रखा जाये, इस बारे में मुख़्तलिफ़ वफ़द कमीशन से मिले लेकिन कमीशन ने हमारी बात नहीं मानी तो डॉक्टर साहब को यह फ़िक्र हो गई कि अगर भोपाल अलहदा नहीं रह सकता तो इसे मध्य प्रदेश की राजधानी होना चाहिए। एक तरफ स्व॰ पंडित रविशंकर शुक्ल चीफ़ मिनिस्टर मध्य प्रदेश और सेठ गोविन्ददास प्रेसीडेण्ट स्टेट कांग्रेस जैसी शख़्सीयतें थीं जो जबलपुर को राजधानी बनाने पर मुसिर थे, दूसरी तरफ डॉक्टर शंकरदयाल थे जो इस पर बज़िद थे कि राजधानी भोपाल ही को बनाया जाये। एक ग्रुप वह भी था जो ग्वालियर या इन्दौर को राजधानी बनाना चाहता था लेकिन डॉक्टर साहब की सूझबूझ और मवस्सर इस्तहलाल के सामने कोई नहीं ठहर सका, डॉक्टर साहब ने महाकौशल को हाई कोर्ट और ग्वालियर को रेवेन्यू बोर्ड देना मंजूर कर लिया और भोपाल को राजधानी बना दिया। डॉक्टर साहब को भोपाल और भोपाल के रहने वालों से कुदरतन उनसियत होनी चाहिए

कि वह खुद भोपाली हैं, लेकिन जो वालिहाना मोहब्बत उन्हें भोपाल से है, उसमें उनका नम्बर दूसरा नहीं हो सकता।

उसी ज़माने में सीलोन पार्लियामेण्टरी वफ़्द भोपाल भी आया था, उसके लीडर के यह अलफ़ाज़ आज भी मेरे कानों में गूंजते हैं कि डॉक्टर शंकरदयाल शर्मा को तो किसी बड़ी स्टेट में पैदा होना चाहिए था कि उनकी क़ाबलियतों और सलाहियतों को भोपाल से बड़ा और वसीअ मैदान दरकार है, वहीं डॉक्टर शंकरदयाल शर्मा ने कहा था कि मुझे फख्र है कि मैं भोपाली हूँ।

मैं डॉक्टर साहब के साथ जितने अर्से भी रहा वह शायद मेरी ज़िन्दगी का ज़्रीं दौर है जिसकी याद हमेशा मेरे दिल में रहेगी। डॉक्टर साहब में कुछ ख़ामियां भी हो सकती हैं लेकिन उनकी सोहबत में रहने के बाद यह मुमकिन ही नहीं है कि आदमी उनकी मामूली ख़ामियों पर नज़र कर सके। मुझे हमेशा डॉक्टर साहब की ज़ात से एक वालिहाना मोहब्बत रही और यही एक जज़्बा है जिसने मुझे गोशए तनहाई से निकालकर यह दावत मिलने पर, अपने तास्सुरात के हज़्हार पर आमादा किया है:

इलाही बख़्ते तो बेदार बादा
तुरा दौलत हमेशा यार बादा
गले इकबाले तो दामम शगुफ्ता
बचश्मे दुश्मनात ख़ार बादा।

## डॉ॰ शर्मा : समाजवाद में निष्ठा, अध्यात्म में आस्था

**श्यामसुन्दर नारायण मुश्रान**
वित्त मंत्री, मध्य प्रदेश

डॉ॰ शंकरदयाल शर्मा उन इने-गिने राजनीतिज्ञों में से हैं जिनमें विद्वत्ता, नैतिकता और सज्जनता का अद्‌भुत समन्वय देखने को मिलता है। यों तो डॉ॰ साहब से मेरा परिचय बहुत सालों से है किन्तु में उनके निकट सम्पर्क में उस समय से आया जब 17 वर्ष पूर्व नये मध्य प्रदेश का निर्माण हुआ। 30 अक्तूबर, 1956 को मेरी मुलाकात उनसे एक डिनर पर हुई जिसमें स्वर्गीय श्री रविशंकर शुक्ल सहित नये मध्य प्रदेश मंत्रिमंडल के सभी सदस्य उपस्थित थे। डॉ॰ शर्मा बहुत प्रसन्न नज़र आते थे क्योंकि वे स्वयं उन दूरदर्शी लोगों में से

थे जिन्होंने नये मध्य प्रदेश के रूप में एक विशाल, स्वावलंबी और हरे-भरे खुशहाल राज्य की कल्पना की थी। राजनीति में यह अवसर बड़ा दुर्लभ होता है जब राजनीतिज्ञों के सपने उनके जीवन-काल में ही पूरे हों। डॉ॰ शर्मा के लिए तो यह मौका दुहरी खुशी का था। न केवल नया राज्य ही बन गया था बल्कि उनका प्रिय नगर भोपाल उसकी राजधानी के रूप में गौरवान्वित हुआ था।

इसके बाद मुझे डॉ॰ शर्मा के साथ बराबर काम करने का मौका मिला–मंत्रिमण्डल में सहयोगी के रूप में तथा कांग्रेस पार्टी में साथी के रूप में। वे पूर्व भोपाल राज्य के मुख्य मंत्री रह चुके थे। यह उन इने-गिने राज्यों में से था जहाँ सम्पूर्ण क्षेत्र सामुदायिक विकास योजनाओं के अन्तर्गत आ चुका था, शिक्षा-संस्थाओं का जाल बिछा था तथा अच्छी सड़कों की कमी नहीं थी।

नये मध्य प्रदेश में शर्मा जी ने शिक्षा विभाग का कार्यभार संभाला था। वे स्वयं शिक्षाविद् हैं, एम॰ ए॰ तथा एल-एल॰ एम॰ की परीक्षाएं भी पास कीं। इस तरह कानून के तो वे पंडित हैं, साहित्य के ज्ञाता हैं। कैम्ब्रिज में पढ़ा है और लखनऊ विश्वविद्यालय में पढ़ाया है। उनके कार्यकाल में मध्य प्रदेश में शिक्षा का खूब प्रसार हुआ। उन्होंने शिक्षा के लिए ऐसी नीति निर्धारित करने पर बल दिया जिससे एक ओर शिक्षा सर्वसुलभ हो तथा दूसरी ओर वह विद्यार्थी के सर्वांगीण विकास में सहायक हो।

शर्मा जी बहुत सज्जन व्यक्ति हैं और भरसक किसी को नाराज नहीं करते हैं। संभवत: यही कारण है कि उनके यहाँ मिलने वालों का तांता लगा रहता था और वे भरसक सबकी बात सुनते थे। कभी-कभी तो मुझे यह आश्चर्य होता था कि जनसम्पर्क में इतना व्यस्त रहने के बावजूद वे सरकारी काम-काज निपटाने का समय कहाँ से निकाल लेते थे। उनके यहाँ बराबर भीड़ लगी रहती थी और वे काफी लोगों से एक साथ मिला करते थे। बाद में मैंने भी अनुभव किया कि संभवत: मुलाकात का यही तरीका ठीक था क्योंकि इससे अधिकाधिक लोग संतुष्ट होकर जाते थे। राजनीति में उतार-चढ़ाव तो आते ही रहते हैं। 1962 में जब मैं चुनाव हार गया तो डॉ॰ साहब ने मेरे प्रति बहुत सहानुभूति प्रदर्शित की थी और उनके आत्मीयता-भरे व्यवहार से मैं बहुत प्रभावित हुआ था।

शर्मा जी का कानून का अध्ययन बहुत गहरा है। जब तक वे राज्य मंत्रिमण्डल के सदस्य रहे, उनके पास चाहे कोई भी विभाग रहा हो, कानून की गुत्थियां वे ही सुलझाया करते थे। विधान सभा में उनकी प्रतिभा उच्च्च कोटि की थी। वे उच्च्च कोटि के पार्लियामेण्टेरियन हैं तथा बुनियादी रूप से प्रोफेसर होने के नाते

विषयों और समस्याओं के प्रति सहानुभूति रखकर समझा-समझाकर बोलते हैं। एक बार शिक्षा विभाग ने वर्णमाला के सम्बन्ध में बच्चों के सामने ऐसे प्रतीक रखने की कोशिश की जो दुरूह ने होकर जाने-माने हों। इस सिलसिले में 'ग' के लिए 'गणेश' के स्थान पर 'गधे' का प्रतीक रखा गया। जब विरोधी दलों ने इस पर विरोध प्रकट करके लम्बी चर्चा की तो डॉ॰ शर्मा की मज़ाकिया किन्तु सदाशयतापूर्ण वक्तृता ने न केवल उलझन को सुलझाया बल्कि वातावरण की गर्मी को हंसी के फ़व्वारों से ठंडा कर दिया। वे विरोधियों के प्रति हमेशा सहानुभूति और आदर की भावना रखते हैं और यही कारण है कि उनके विरोधी भी उनकी सदैव इज़्ज़त करते हैं। उनका दृढ़ चरित्र एवं ईमानदारी भी अनुकरणीय हैं। वे बहुत दिनों तक मंत्रिमण्डल में रहे किन्तु कभी भी उनकी ईमानदारी पर आक्षेप या लांछन नहीं लगाया गया।

डॉ॰ शर्मा आधुनिक भोपाल के निर्माता हैं। भोपाल में मेडिकल कॉलेज था जबकि उससे बड़े 'ग' श्रेणी के राज्यों में मेडिकल कॉलेज नहीं था। केन्द्र में उनका जो भी प्रभाव था उसे उन्होंने भोपाल के विकास के लिए इस्तेमाल किया। भोपाल में एच॰ इ॰ एल॰ फैक्टरी लाने का श्रेय उन्हीं को है। हम लोग जो पुराने मध्य प्रदेश में स्वर्गीय शुक्ल जी के साथ काम करते थे, अभी भी यह नहीं भूले हैं कि भिलाई में स्टील का प्लांट लाने में उन्हें कितनी दिक्क़त हुई थी, लेकिन उसकी तुलना में कहीं बहुत आसानी से डॉ॰ साहब भोपाल के लिए एच॰ इ॰ एल॰ फैक्टरी ले आये। यद्यपि डॉ॰ शर्मा आज अखिल भारतीय व्यक्तित्व बन गये हैं किन्तु मैं यह कहने के लिए क्षमा चाहूँगा कि उनके स्वयं के नगर ने उनके योगदान को बहुत कम अनुभव किया है। लेकिन करीब-करीब अधिकांश राजनीतिज्ञों का भाग्य ऐसा ही है। डॉ॰ शर्मा तो फिर भी बहुत खुशकिस्मत हैं। गंगा को भी त्रिवेणी बनने के लिए गोमुख से प्रयागराज तक बहना पड़ा।

जब मैं डॉ॰ शर्मा की सफलताओं पर विचार करता हूँ तो मुझे यकायक श्रीमती विमला शर्मा का ध्यान आ जाता है। विमला जी सही अर्थों में डॉ॰ शर्मा की अर्द्धांगिनी हैं, उनकी 'बैटर हाफ' हैं। सामाजिक जीवन में उनका सक्रिय योगदान है। उन्होंने डॉ॰ साहब को न केवल पारिवारिक झंझटों से ही मुक्त रखा है बल्कि राजनीति में भी वे समान रूप से उनकी साझीदार हैं।

डॉ॰ शर्मा भारतीय संस्कृति के जीते-जागते प्रतीक हैं। एक ओर वे निष्ठावान समाजवादी हैं और दूसरी ओर अस्थावान अध्यात्मवादी। भोपाल में जब तक वे थे, मंगलवार को उनके मंदिर जाने में कभी चूक नहीं होती थी। कांग्रेस-अध्यक्ष

की हैसियत से अपने भाषणों में उन्होंने यह बात सदैव स्पष्ट की है कि यदि देश से गरीबी नहीं हटी तो खूनी क्रांति का संकट गहरा होता जायेगा।

ईश्वर डॉ॰ शर्मा को शतायु करे। देश को उनसे बहुत आशाएं हैं।

## जब मैं पहली बार डॉ॰ शर्मा से मिला

**—अर्जुन सिंह**
शिक्षा मंत्री, मध्य प्रदेश

सन् 1957 में नये मध्य प्रदेश के गठन के बाद जब मैं नये प्रदेश की प्रथम विधान सभा के चुनाव में चुनकर आया तो मुझे पहली बार डॉ॰ शंकरदयाल शर्मा से मिलने का अवसर प्राप्त हुआ। भूतपूर्व मुख्य मंत्री, स्वर्गीय डॉ॰ के॰ एन॰ काटजू के निवास-स्थान पर इत्तिफाक से मेरी मुलाकात हुई। डॉ॰ काटजू ने डॉ॰ शर्मा का परिचय अपने शिक्षा मंत्री के रूप में कराया। मुझे पूरी तरह याद है कि डॉ॰ काटजू ने मेरा परिचय कराने के बाद डॉ॰ शर्मा से कहा कि मैं अपने एक अभिन्न मित्र के लड़के का परिचय आप से करा रहा हूँ। यह मेरे लिए बड़े सौभाग्य और संतोष की बात है कि सन् 1957 में अपना परिचय दिये जाने के बाद से लेकर अब तक किसी न किसी रूप में मैं शिक्षा मंत्री से कुछ न कुछ सीखता चला आ रहा हूँ।

विधान सभा में स्वतन्त्र रूप से चुनकर आये हुए एक सदस्य की हैसियत से मैं विरोधी पक्ष में बैठा करता था। मुझे पूरी तरह याद है अनेक अवसरों पर विधान सभा में जब वाद-विवाद का वातावरण अत्यन्त उग्र अथवा उत्तेजनापूर्ण या गम्भीरतम हो जाता था तो उस अवसर पर डॉ॰ शर्मा के विद्वत्तापूर्ण दृष्टिकोण से मसलों को उनके सही परिप्रेक्ष्य में समझने में बड़ी सहायता मिलती थी। मैं बिना किसी हिचकिचाहट के यह कह सकता हूँ कि मेरी भांति कई अन्य सदस्य जो पहली बार विधान मंडलीय जीवन में प्रविष्ट हुए थे उनको संसदीय सरकार की जटिलताओं को समझने और उन पर डॉ॰ शर्मा की सहायता से काबू पाने का अवसर प्राप्त हुआ।

व्यक्तिगत दृष्टिकोण से दूर हटकर यदि देखा जाये तो नये मध्य प्रदेश में शिक्षा के इतिहास के पन्ने ही यह स्पष्ट कर देंगे कि डॉ॰ शर्मा ने शिक्षा-क्षेत्र में प्रदेश को बढ़ाने में कितना बड़ा योगदान दिया है। शिक्षा जैसे व्यापक क्षेत्र में अनगिनत पारस्परिक विरोधी समस्याओं का सफलतापूर्वक सामना करते हुए

डॉ॰ शर्मा ने अपने दृढ़ संकल्प और विद्वत्ता से मध्य प्रदेश जैसे विस्तृत नये प्रदेश में शिक्षा-प्रसार की योजना की नींव रखकर अपनी कुशाग्र बुद्धि का परिचय दिया। मध्य प्रदेश में शिक्षा का कोई भी ऐसा पहलू नहीं है जिसका विकास करने में डॉ॰ शर्मा का योगदान न रहा हो। इस राज्य में शिक्षा मंत्री के रूप में जो काम मुझे करना है वह डॉ॰ शंकरदयाल शर्मा की दृष्टि और आयोजन की पूर्ति की दिशा में ही सतत प्रयास है।

मुझे पंडित द्वारकाप्रसाद मिश्र के मंत्रिमंडल में डॉ॰ शर्मा के साथ एक साथी के रूप में कार्य करने का अवसर और सौभाग्य प्राप्त हुआ था तब मैंने उनके काम करने के ढंग को नजदीक से देखा। उससे यह पता चलता है कि मामलों की तह तक पहुँचने की उनकी क्षमता और तत्त्वों के आधार पर किसी भी उत्तरदायित्वपूर्ण मसले के पक्ष और विपक्ष को प्रस्तुत करने की उनकी क्षमता कितनी सराहनीय है। राजनीतिक क्षेत्र में कांग्रेस की नीतियों और सिद्धान्तों के प्रति उनकी मूल रूप से समर्पित भावना जिसका विकास भारतीय लोकाचार के बिलकुल अनुरूप है, वस्तुतः सरहानीय है। यही कारण है कि इतनी परख करने के उपरान्त उन्हें स्वातन्त्र्योत्तर काल के ऐतिहासिक महत्त्व के स्मरणीय समय के संगठन को नेतृत्व प्रदान करने के लिए उनका चयन किया गया। यह मुमकिन है कि उनका निकटतम सम्पर्क होने और सौभाग्य से उनके आशीर्वाद प्राप्त करने का अवसर मिलने पर भी मैं उनके व्यक्तित्व के बारे में जितना भी कह सकता हूँ उससे उनके वास्तविक व्यक्तित्व का बोध नहीं करा सकता लेकिन मुझे विश्वास है कि डॉ॰ शर्मा ने देश के इतिहास में सर्वाधिक समर्पित भावना से सेवा करने वालों की श्रेणी में सर्वोच्च स्थान प्राप्त किया है।

## कुशल एवं योग्य नेता

**वसंतराव उयके**

खाद्य-कृषि एवं सहकारिता मंत्री, म॰प्र॰

आज अखिल भारतीय कांग्रेस के अध्यक्ष-पद पर जब मैं डॉक्टर शंकरदयाल शर्मा को देखता हूँ तो मैं स्वयं गौरवान्वित हो उठता हूँ। क्योंकि जब सन् 1960 में मैं उनका उप-मंत्री था तभी मुझे उन्हें पास से देखने का अवसर मिला था कि उनमें जहाँ प्रशासनिक क्षमता अधिक है, वहाँ वे कुशल और योग्य नेता भी हैं।

डॉक्टर शंकरदयाल शर्मा का जीवन जहाँ एक ओर संघर्षमय रहा वहाँ यह उनकी खूबी है कि वे अपनों को भूलते नहीं हैं। उनकी स्मरण-शक्ति इतनी तेज है कि अभी भी वे दस वर्ष पूर्व के आंकड़े बोल सकते हैं। मैंने उनसे यह सीखा कि किसी भी समस्या को हाथ में लेते समय उसकी तह तक जाना चाहिए।

आज मध्य प्रदेश में खाद्य का संकट है, हरित-क्रान्ति को सफल बनाना है, औद्योगीकरण की आवश्यकता है, सिंचाई साधन उपलब्ध करना है तब एकाएक डॉक्टर शंकरदयाल शर्मा का स्मरण हो उठता है कि उन्होंने पार्ट 'सी' स्टेट भोपाल को इस तरह सजाया-संवारा था कि वह इतने बड़े प्रदेश की राजधानी के योग्य हो सका। भोपाल के निर्माणकारी कार्य डॉक्टर शर्मा का नाम सदैव याद दिलाते रहेंगे।

कांग्रेसजनों के लिए आज का समय अत्यन्त संकट का है जबकि गेहूं के थोक व्यापार का राष्ट्रीयकरण किया गया है। प्रधान मंत्री श्रीमती इंदिरा गांधी और कांग्रेसाध्यक्ष डॉ॰ शंकरदयाल शर्मा के मार्गदर्शन में मध्य प्रदेश ऐसा राज्य है जिसने सर्वप्रथम यह कार्य अपने हाथ में लिया। कांग्रेसजनों ने इसमें पूर्ण सहयोग दिया।

डॉक्टर शंकरदयाल शर्मा का 56वां जन्मदिवस है इसलिए मैं उनका हार्दिक अभिनंदन करता हूँ तथा मध्य प्रदेश की युवा पीढ़ी की ओर से उन्हें आश्वस्त करना चाहता हूँ कि देश में समाजवादी व्यवस्था स्थापित करने में जो भी योगदान मांगा जायेगा वह मिलेगा। कांग्रेस को जो नये नारे प्रधान मंत्री श्रीमती इन्दिरा गांधी और डॉक्टर शंकरदयाल शर्मा ने दिये हैं, उन्हें अवश्य ही कार्यरूप में परिणत किया जायेगा।

अन्त में मैं पुनः उनका हार्दिक अभिनंदन करता हूँ।

## डॉ॰ शंकरदयाल शर्मा

**परमानंद भाई पटेल**
उद्योग मंत्री, मध्य प्रदेश

बहुमुखी प्रतिभा के धनी डॉ॰ शंकरदयाल शर्मा मध्य प्रदेश के पहले व्यक्ति हैं, जिन्होंने कांग्रेस-अध्यक्ष के सम्मानित पद को शोभित कर न केवल प्रदेश का गौरव बढ़ाया है, अपितु एक ऐतिहासिक भूमिका का निर्वाह भी कर रहे हैं। कहना न होगा कि डॉ॰ शर्मा ने ऐसे समय में कांग्रेस की बागडोर संभाली है जबकि संस्था एक ऐतिहासिक मोड़ पर खड़ी है। उसने पुरानी नीतियों का परित्याग

कर, नई प्रगतिशील, समाजवादी नीतियों का अनुशीलन कर शोषित एवं पीड़ित वर्गों को प्रगति के समान अवसर प्रदान करने का बीड़ा उठाया है।

कांग्रेस के नेताओं ने जनभावनाओं को सही अर्थों में समझा है। उन्होंने यह अनुभव कर लिया कि यदि संगठन शीघ्र सामाजिक, आर्थिक परिवर्तन लाने में असफल रहा तो जनता दूसरी क्रांति के लिए बाध्य होगी, क्योंकि उसके भी धैर्य की एक सीमा है।

डॉ॰ शर्मा इस बात के लिए कृत-संकल्प हैं कि चुनाव के समय किये गये वायदे पूरे किये जायें। इस दिशा में कदम भी उठाये गये हैं। आर्थिक कार्यक्रमों को आगे बढ़ाने के लिए संविधान में 25वां संशोधन किया गया। भूतपूर्व नरेशों के विशेषाधिकार समाप्त किये गये और उनकी थैलियां बंद की गईं। कृषि-उत्पादन के क्षेत्र में आशातीत प्रगति की गई, हालांकि सूखे के कारण उत्पादन में कुछ कमी हुई है। आम बीमा, कोयला खानों एवं सूती मिलों का राष्ट्रीकरण किया गया। श्रमिकों को 8.33 प्रतिशत बोनस दिलवाया गया। शहरी संपत्ति की सीमा निर्धारित की जा रही है और इस प्रयास में मध्य प्रदेश अग्रणी रहा है। सभी राज्यों में जोत की सीमा घटाने तथा भूमिहीन कृषि-श्रमिकों को जमीन देने की कार्यवाही की जा रही है। मध्य प्रदेश में शासन ने कृषि-श्रमिकों को अविकसित आवास-भूमि-खण्ड 15 जुलाई, 1973 तक वितरित करने का निश्चय किया है।

कांग्रेस ने सामाजिक, आर्थिक परिवर्तन लाने के लिए जो क्रांतिकारी नीतियां एवं महत्त्वकांक्षी कार्यक्रम अपनाये हैं, उनका क्रियान्वयन साधारण कार्य नहीं है। कांग्रेस के विभाजन के पश्चात् भी उसमें ऐसे अवसरवादी एवं न्यस्त स्वार्थों का पोषण करने वाले तत्त्व प्रवेश पा गये हैं, जिनके कारण इन नीतियों एवं कार्यक्रमों के त्वरित क्रियान्वयन में रुकावटें आ सकती हैं। अत: उन्हें संस्था से बाहर कर उसे शुद्ध करना है। डॉ॰ शर्मा ने स्वयं कलकत्ता अधिवेशन में इस बात पर बल दिया है। स्पष्ट है कि इन सब कार्यों के संचालन में संस्था को दूरदर्शी, कुशल एवं निष्ठावान नेतृत्व की आवश्यकता है, जो कि डॉ॰ शर्मा के समान व्यक्ति ही प्रदान कर सकता है।

डॉ॰ शर्मा की प्रतिभा का परिचय उसी समय मिल गया जबकि वे 34 वर्ष की आयु में ही पुराने भोपाल राज्य के मुख्य मंत्री बनाये गये। उन्होंने प्रगतिशील नीतियों का अनुशीलन आरंभ किया और भोपाल में जागीरदारी प्रथा के उन्मूलन में सफलता प्राप्त की। शिक्षा-शास्त्री के रूप में उन्होंने महत्त्वपूर्ण योग प्रदान किया

और हरिजनों, आदिवासियों, अन्य पिछड़ी जातियों एवं बालिकाओं के लिए शिक्षा निःशुल्क कर दी। भोपाल में अपने शासन के अंतिम वर्ष में राज्य में अनिवार्य शिक्षा आरंभ कर दी। डॉ॰ शर्मा को शिक्षा से इतना अनुराग रहा है कि नवाबी शासन काल में भोपाल में जितना आय-व्यय रहता था, डॉ॰ शर्मा के समय उसका तीन चौथाई के बराबर शिक्षा के क्षेत्र में व्यय होता था।

भोपाल को संवारने में भी डॉ॰ शर्मा ने दूरदर्शिता का परिचय दिया। इस नगर का इस ढंग से विकास किया गया कि वह एक बड़े राज्य की राजधानी बन सके। राज्य पुनर्गठन के समय डॉ॰ शर्मा की राजनीतिक सूझ-बूझ के कारण ही, राज्य पुनर्गठन आयोग के प्रतिवेदन के बावजूद भोपाल नये मध्य प्रदेश की राजधानी बना। नये मध्य प्रदेश में शिक्षा मंत्री के रूप में डॉ॰ शर्मा की प्रतिभा में निखार आया। उन्होंने निष्ठापूर्वक शिक्षा के विस्तार का कार्य आरंभ कर दिया। आज राज्य में शिक्षा का जो विशाल फैलाव दिखाई देता है उसकी मजबूत नींव डॉ॰ शर्मा ने ही डाली थी। शिक्षा के व्यापक प्रसार को देखकर यह आम धारणा बन गई कि जिस किसी भी विभाग के कार्य का विस्तार करना हो, वह डॉ॰ शर्मा को सौंप दिया जाये।

मध्य प्रदेश की राजनीति से निकलकर कांग्रेस के महामंत्री के रूप में डॉ॰ शर्मा ने अपनी योग्यता से प्रधान मंत्री तथा अन्य बड़े कांग्रेसी नेताओं को प्रभावित किया। डॉ॰ शर्मा आरंभ से ही प्रगतिशील विचारधारा के रहे हैं। अतः जब कांग्रेस का विभाजन हुआ तो उन्होंने स्वभावतः प्रधान मंत्री श्रीमती गांधी के नेतृत्व में प्रगतिशील धारा के लोगों का साथ दिया। बाबू जगजीवनराम के नेतृत्व में नई कांग्रेस के कार्य-संचालन को डॉ॰ शर्मा ने सुनियोजित किया तथा प्रधान मंत्री द्वारा प्रतिपादित नीतियों को जन-जन तक पहुँचाने के लिए संगठनात्मक व्यवस्था को कारगार बनाया।

सन् 1971 में लोकसभा के चुनाव के समय नई कांग्रेस ने 'ग्रैण्ड अलायन्स' की चुनौती स्वीकार की तथा लोकसभा में भारी बहुमत प्राप्त कर सिद्ध कर दिया कि जनमत उसके साथ है। बंगला देश में युद्ध के समय कांग्रेस के नेतृत्व में सारे देश ने एकजुट हो दुश्मन का सामना किया और बंगला देश को स्वाधीनता मिली। युद्ध के उपरान्त ही देश में आम चुनाव हुए, कांग्रेस की नीतियों को व्यापक समर्थन मिला, जिससे सभी राज्यों में कांग्रेस को भारी बहुमत मिला। कांग्रेस को जो यह सफलता मिली, उसमें कांग्रेस संगठन और उसके पदाधिकारियों में डॉ॰ शर्मा की भूमिका महत्त्वपूर्ण रही।

डॉ॰ शर्मा की योग्यता, कार्य कुशलता एवं नेतृत्व से प्रभावित होकर उन्हें कांग्रेस-अध्यक्ष के पद पर आसीन किया गया। डॉ॰ शर्मा यह चाहते हैं, कांग्रेस एक मजबूत एवं लोकप्रिय संगठन बने। इसके लिए यह आवश्यक है कि कांग्रेस की नीतियों का संदेश घर-घर पहुँचे और उसके कार्यक्रमों में जनता सक्रिय रूप से भाग ले। मुझे पूर्ण विश्वास है कि डॉ॰ शर्मा के नेतृत्व में कांग्रेस के ऐसे निष्ठावान कार्यकर्ता तैयार हो जायेंगे जो संस्था को उत्तरोत्तर लोकप्रिय एवं सशक्त बनायेंगे। डॉ॰ शर्मा ने जिस संकल्प को पूर्ण करने का बीड़ा उठाया है, उसमें उनकी सफलता एवं उनके शतायु होने की मैं कामना करता हूँ।

## कांग्रेस-अध्यक्ष डॉ॰ शंकरदयाल शर्मा

**चन्द्रप्रताप तिवारी**
योजना मंत्री, मध्य प्रदेश

डॉ॰ शंकरदयाल शर्मा के कई स्वरूप 1945 से अब तक मैंने देखे हैं। प्रथम परिचय लेक्चरार लखनऊ विश्वविद्यालय रिसर्च स्कालर के तौर पर जब वे एल-एल॰ बी॰ कक्षाएं पढ़ाने आते थे तब मैं वहाँ पद एक विद्यार्थी की हैसियत से था। कान्स्टीट्यूशनल-ला पर इनके लैक्चर हम लोग सुनते थे। लखनऊ विश्वविद्यालय फैशनेबल लोगों का माना जाता था। विद्यार्थी तथा प्रोफेसर टाई लगाना अपना पहला काम मानते थे। इस वातावरण में डॉ॰ साहब अचकन और पाजामे में क्लास में पढ़ाने जाते थे। डॉक्टर साहब विद्वत्ता का खजाना लेकर कक्षा में जाते थे और हम लोगों को उनके लैक्चर से अधिक रुचिकर उनका पहनावा, उनके चेचक भरा चेहरा और मोटी आवाज होती थी। हम हंसते थे, साथ ही यह भी महसूस करते .थे कि हैं तो वे महान् पंडित अपने विषय के।

नवीन मध्य प्रदेश की रचना के बाद विधायक की हैसियत से भोपाल विधान सभा में जब मैं आया और जब प्रथम बार डॉ॰ साहब का बोलना सुना तब आवाज से मुझे विदित हुआ कि यह वही मोटी आवाज है जो मैं लखनऊ विश्वविद्यालय में सुना करता था। कुछ गौर से देखने पर पहनावा और शक्ल सूरत से भी उन्हीं की याद आई। आखिरकार एक दिन मैं उनसे पूछ ही बैठा और तब मालूम हुआ कि हमारे वही पुराने शिक्षक डॉ॰ शंकरदयाल जी शर्मा आज मंत्री के रूप में हमें मिले।

फिर क्या था पुरानी चर्चा शुरू हुई। स्वर्गीय आचार्य नरेन्द्रदेव का जिक्र आया। डॉ० साहब ने सारा किस्सा बतलाया कि किस प्रकार आचार्य जी की प्रेरणा से वे भोपाल आये और भोपाल विलीनीकरण आन्दोलन में कूदे। मैंने यह शंका व्यक्त की कि आचार्य जी तो सोशलिस्ट पार्टी के जन्मदाता हैं। अतः सोशलिस्ट पार्टी में रहते हुए भी आपको कांग्रेस में जाने की सलाह क्यों दी। डॉ० साहब ने बतलाया कि आचार्य जी ने कहा था: "भोपाल में सोशलिस्ट पार्टी का संगठन करना इतना जल्दी संभव न होगा जबकि भोपाल विलयन का कार्यक्रम तेजी से चलाना है इसलिए तुम प्रजामंडल या कांग्रेस के नाम से इस आन्दोलन को गति दो।"

उद्योग मंत्री, शिक्षा मंत्री एवं विधि मंत्री के रूप में डॉ० साहब का कार्य-कलाप विधान सभा में उत्कृष्ट कोटि का रहता था। कई बार संवैधानिक एवं प्रक्रिया-संबंधी विवाद में सभा विरोधी नेता की हैसियत से सदस्य हम गुरु और शिष्य भिड़ते थे तो सारे सदन को मजा तो आता ही था लेकिन यह रहस्य किसी को नहीं मालूम था कि उसके पश्चात् हम दोनों आपस में बैठकर उस विवाद के सम्बन्ध में कितना आनन्द लेते हैं और एक-दूसरे की कठिनाइयां एवं मर्यादा के बन्धन को खोलकर बताते हैं। डॉ० साहब निष्छल और निष्कपट तथा पूरी बातें करने के आदी हैं। यदि विरोधी पक्ष और शासन पक्ष के बीच में विधान सभा के बाहर इस तरह आपसी चर्चा अहम मुद्दों पर हुआ करे तो चर्चा अधिक जनोपयोगी हो सकती है और उसमें से निरर्थक गरमागरमी का हिस्सा बहुत कम हो सकता है।

मध्य प्रदेश को पहली बार यह अभूतपूर्व गौरव प्राप्त हुआ है कि डॉ० शंकरदयाल शर्मा अखिल भारतीय कांग्रेस के अध्यक्ष होकर देश को नेतृत्व प्रदान कर रहे हैं। सूझ-बूझ एवं विधि-वेत्ता के रूप में उनका सूक्ष्म विश्लेषण बुद्धिजीवियों को चकित कर देता है।

डॉ० साहब की स्मरण-शक्ति बहुत तेज है। एक बार कोई छोटी बात भी उन्हें मालूम हो गई तो वह कभी उन्हीं भूलेगी भी ऐसा सोचना कठिन है। एक बार एक मिडिल स्कूल खोलने के संबंध में मेरा उनसे विधान सभा में खूब झगड़ा हुआ। तब वे शिक्षा मंत्री थे। इतने वर्षों के बाद भी प्रसंग आने पर उस स्कूल का नाम और उन परिस्थितियों तथा विवाद के मुद्दों की याद उन्हें उसी तरह है जैसी 15 वर्ष पूर्व थी, जब वे शिक्षा मंत्री थे।

मध्य प्रदेश के इस सपूत से तथा मेरे इस पूज्य शिक्षक से देश बहुत बड़ी अपेक्षाएं रखता है। सहज ही मेरे लिए यह बहुत बड़े गौरव की बात है।

# डॉ॰ शंकरदयाल शर्मा: भोपाल के निर्माता

**उमराव सिंह**
राज्य मंत्री वन, मध्य प्रदेश

अपने समकालीन व्यक्तियों के विषय में कुछ लिखना बहुत कठिन होता है, खास तौर से उन महापुरुषों के बारे में जिन्हें हमने नजदीक से देखा है तथा जिन्होंने अपने जीवनकाल में ही महानता प्राप्त कर ली है। डॉ॰ शंकरदयाल शर्मा के बारे में लिखते वक्त कुछ ऐसी ही कठिनाइयां मेरे सामने हैं, मेरे और उनके ताल्लुकातों की अवधि रजत जयंती की हदें पार कर चुकी है। सामन्तवाद के खिलाफ कांग्रेस ने जो जंग और तहरीक शुरू की थी उसमें मैं डॉ॰ शर्मा के साथ था, कारागार और कैबिनेट दोनों में मैं उनका साथी रहा तथा ऐसे बहुत से अहम फैसले हम लोगों ने साथ-साथ किये जिनका आगे चलकर भोपाल के विकास पर स्थायी प्रभाव पड़ा। अत: आज जब मैं संस्मरणों की गहरी घाटी में पीछे की तरफ देखता हूँ तो मुझे लगता है–'क्या भूलूं क्या याद रखूं'।

यों तो डॉ॰ शर्मा बहुमुखी प्रतिभा और व्यक्तित्व के धनी हैं और उनके व्यक्तित्व के अनेक पहलुओं पर बहुत कुछ लिखा जा सकता है किन्तु मैंने स्वयं को उनके उस पक्ष तक ही सीमित रखा है जो भोपाल के विकास से ताल्लुक रखता है। वैसे भी इस सम्बन्ध में ज्यादा कुछ कहने की जरूरत नहीं है क्योंकि एक आधुनिक नगर के रूप में भोपाल की जो शक्ल है वह आज सबके सामने है और यह भी सर्वविदित है कि इसके निर्माता डॉ॰ शंकरदयाल शर्मा हैं।

महापुरुषों में जो दूरन्देश नजर, दूरदर्शिता तथा सृजन की रचनात्मक ताकत होनी चाहिए उसका मणिकांचन योग डॉ॰ शर्मा में हुआ है। यह भी एक संयोग था कि उनसे मेरी पहली मुलाकात कोई 25 साल पहले जेल में हुई थी। उन दिनों देशी रियासतों में सामंतवाद, राजाशाही और नवाबशाही के खिलाफ एक जद्दोजहद जारी थी, एक बड़ा आन्दोलन छिड़ा हुआ था और हम दोनों एक ही जुर्म के मुजरिमों के रूप में भोपाल जेल में बन्द थे। उस वक्त मुझे क्या मालूम था कि मैं एक ऐसे व्यक्ति से मिल रहा हूँ जिसमें द्रष्टा और स्रष्टा दोनों के बीज निहित हैं। यद्यपि उस समय तक डॉ॰ शर्मा की महानता भविष्य के गर्भ में ही थी किन्तु उनके सम्पर्क में आने वालों को उनकी महानता का आभास होते देर नहीं लगती थी। विदेशों में शिक्षा प्राप्त, साहित्य

और कानून के पंडित डॉ॰ शंकरदयाल शर्मा लखनऊ यूनिवर्सिटी की अच्छी-खासी प्रोफेसरी छोड़कर अपने गृह नगर भोपाल में उत्तरदायी शासन के आन्दोलन में आ कूदे थे। उनकी योग्यता, विनम्रता, लोकप्रियता और उद्देश्य की ईमानदारी ने सभी कांग्रेस कार्यकर्त्ताओं को समान रूप से प्रभावित किया था तथा मास्टर लाल सिंह जैसे बुजुर्ग नेता भी उनकी विशेषताओं और योग्यताओं के कायल हो चुके थे। अतः जब कांग्रेस पार्टी के नेतृत्व तथा चुनाव के बाद विधान सभाई कांग्रेस दल के नेतृत्व का सवाल आया तो डॉ॰ शर्मा के नाम पर सब लोगों का एकमत होना स्वाभाविक था।

जब डॉ॰ शंकरदयाल मुख्य मंत्री बने तो वे सम्भवतः भारत के सबसे छोटे राज्य के सबसे कम उम्र के मुख्य मंत्री थे लेकिन जैसा कि बाद में स्पष्ट हो गया उनके तौर-तरीकों, काम-काज और रख-रखाव में बड़ी गम्भीरता और संजीदगी थी और सबको साथ लेकर एक टीम की भावना से बड़े काम करने की ललक थी। शुरू से डॉ॰ शर्मा के मन में यह बात थी कि भोपाल को एक बड़े नगर के रूप में विकसित किया जाये। एक अच्छे और आधुनिक नगर की जरूरतें पूरी कर सकने की क्षमता तो भोपाल में पहले से ही थी। प्राकृतिक झीलों, पहाड़ियों, प्राकृतिक दृश्यावली, दूर तक फैले मैदानों आदि ने भोपाल के आकर्षण को बढ़ाया था। डॉ॰ शर्मा के व्यक्तित्व के कारण भोपाल में राजनैतिक स्थिरता थी तथा केन्द्र में भोपाल की साख थी। जवाहरलाल जी, मौलाना आजाद, पंतजी आदि नेताओं से डॉ॰ शर्मा के बहुत अच्छे ताल्लुकात रहे और उन्होंने केन्द्र में अपनी साख और अपने प्रभाव का उपयोग निहायत दूरदर्शिता के साथ भोपाल के सर्वतोमुखी विकास के लिए किया।

जब भारत सरकार द्वारा हेवी इलेक्ट्रिकल्स के कारखाने की स्थापना की बात सामने आयी तो हमारे सामने कुछ पृष्ठभूमि पुराने मध्य प्रदेश की थी जहाँ भिलाई में इस्पात का कारखाना कायम करवाने के लिए तत्कालीन मध्य प्रदेश के वयोवृद्ध नेताओं को जमीन-आसमान के कुलाबे मिलाने पड़ रहे थे लेकिन भोपाल में एच॰इ॰एल॰ की स्थापना करवाने में वैसी कोई दिक्कत हमारे सामने नहीं आयी। औद्योगीकरण के बारे में प्रधान मंत्री नेहरू जी की ओर से जो नोट राज्य मंत्रिमंडलों को सर्कुलेट होते थे उनसे हमें यह आभास लग चुका था कि बड़े पैमाने पर बुनियादी बड़े कारखाने यानी बेसिक इंडस्ट्रीज स्थापित करने का काम शुरू होने वाला है। डॉ॰ शर्मा ने केन्द्र में अपने प्रभाव का उपयोग करके केन्द्रीय नेताओं को भोपाल में हेवी इलेक्ट्रिकल्स का कारखाना

खोलने के लिए राजी करने के प्रयास चालू कर दिये थे। मुझे खूब याद है कि उस समय जो सर्वे-टीम उक्त प्रोजेक्ट का प्रारम्भिक सर्वे करने भोपाल आयी उसने बैरागढ़ क्षेत्र का सर्वे करके उस क्षेत्र को अनुपयुक्त करार दिया लेकिन डॉ० शर्मा ने बाद में न केवल गोन्दिपुरा का वैकल्पिक उपयुक्त क्षेत्र ही बताया बल्कि जवाहरलाल जी के आशीर्वाद से स्वर्गीय पन्त जी द्वारा यह घोषणा भी करवा दी कि एच०इ०एल० का बड़ा कारखाना भोपाल में ही बनेगा। इससे अखिल भारतीय स्तर पर चलने वाले तद्विषयक जोड़-तोड़ खत्म हो गये और भोपाल नगर के औद्योगिकरण का श्रीगणेश हो गया।

हर एक राजनैतिक और प्रशासनिक घटना के साथ डॉ० शर्मा का प्रयत्न यही रहता था कि उससे भोपाल को कुछ मिले और यहाँ की श्री वृद्धि हो। केन्द्रीय नेताओं के भ्रमण भोपाल में अन्य क्षेत्रों की अपेक्षा अधिक होते थे और प्रत्येक भ्रमण का प्रसाद भोपाल को मिल जाता था। मेडिकल कॉलेज की स्थापना के लिए जब डॉ० शर्मा ने प्रयास शुरू किये तो तत्कालीन केन्द्रीय स्वास्थ्य मंत्री राजकुमारी अमृतकौर ने भोपाल में उक्त कॉलेज का शिलान्यास किया। शीघ्र ही कॉलेज बनकर तैयार हुआ और गोविन्दवल्लभ पंत जी ने उसका उद्घाटन किया। सीहोर में आज जो एग्रीकल्चर कॉलेज है उसका शिलान्यास स्वर्गीय रफी साहब ने किया था और यदि मैं भूलता नहीं हूँ तो श्री अजीतप्रसाद जैन ने उसका उद्घाटन किया था। भोपाल में इंजीनियरिंग कॉलेज की स्थापना का श्रेय भी डॉ० शर्मा को है। मौलाना आजाद के नाम के साथ इसका नाम जोड़कर न केवल तालीम के क्षेत्र में स्व० मौलाना साहब की चिरस्मरणीय सेवाओं को आभारपूर्ण मन से मान्यता दी गयी वरन् भोपाल से मौलाना साहब के पुराने सम्बन्धों को भी मद्देनजर रखा गया। भोपाल के भूतपूर्व नवाब स्व० हमीदुल्ला खान के नाम पर स्थापित हमीदिया कॉलेज की पोस्ट ग्रेजुएट कॉलेज बनाने का श्रेय डॉ० शर्मा को ही है। नवाब-परिवार से उनके सदैव मधुर सम्बन्ध रहे और वे महात्मा गांधी के इस उसूल के हामी हैं कि हमारा विरोध व्यवस्था से है व्यक्तियों से नहीं। जवाहरलाल जी ने स्वयं एक बार डॉक्टर साहब से मजाक में पूछा था: "डाक्टर! तुम नवाब से मिलते रहते हो कि नहीं?" और इसके पहले कि डॉ० साहब सकारात्मक जवाब दें खुद नेहरू जी ने ताईद की थी कि "नवाब से मिलते रहा करो। मैं तो जब खुद यहाँ आता हूँ तो चिकलोद में ठहरना पसन्द करता हूँ।" सैद्धान्तिक मतभेदों को डॉ० शर्मा ने कभी व्यक्तिगत सम्बन्धों के बीच नहीं आने दिया और भोपाल के विकास के लिए नवाब साहब का खूब उपयोग किया। व्यवहार में वे इतने विनीत हैं कि अपने पुराने उस्तादों अजीमुल्ला खान साहब

तथा मास्टर नाथूलाल सक्सेना से उनके सम्बन्ध सदैव मधुर रहे यद्यपि मास्टर सक्सेना डॉ॰ शर्मा के शिक्षा-विभाग के कटु आलोचक रहे। इसके मूल में सम्भवत: उनकी मर्यादापूर्ण, विनीत और लोकसेवी पारिवारिक परम्परा भी है; क्योंकि उनके पिता श्री पंडित खुशीलाल वैद्य बहुत सादे और लोकसेवी व्यक्ति हैं तथा आयुर्वेद चिकित्सा के माध्यम से जनसेवा के काम में जुटे हुए हैं।

राज्य पुनर्गठन तो नवम्बर, 1956 में हुआ किन्तु उसके पूर्व ही भोपाल में सभी प्रकार की शिक्षा-संस्थाओं का ऐसा जाल बिछ चुका था और सभी फैकल्टीज की इस प्रकार स्थापना हो चुकी थी कि लोगों को आश्चर्य होता था कि इतनी शिक्षा-संस्थाओं के बावजूद यहाँ विश्वविद्यालय क्यों नहीं है। अत: जब यूनिवर्सिटी की स्थापना का सवाल आया तो यहाँ यूनिवर्सिटी बनने में कोई दिक्कत नहीं आयी।

राज्य पुनर्गठन आयोग ने यद्यपि नये मध्य प्रदेश की राजधानी के लिए जबलपुर की सिफारिश की थी किन्तु डॉ॰ शर्मा ने केन्द्रीय नेताओं के समक्ष भोपाल नगर का केस प्रस्तुत किया। उन्होंने यह काम इतने अच्छे ढंग से किया कि राजनैतिक स्तर पर कहीं कोई कटुता पैदा नहीं होने दी तथा महाकोशल के नेताओं का भी समर्थन और सहयोग उन्होंने प्राप्त किया। स्वर्गीय श्री रविशंकर शुक्ल का सहयोग भी उन्हें मिला और महाकोशल के नेताओं ने बाद में भोपाल के निर्माण में उल्लेखनीय योगदान दिया। अनावश्यक विवादों से बचकर रचनात्मक काम करना डॉ॰ शर्मा की विशेषता है और अपने इसी गुण से वे आज उस उच्च पद पर पहुँच सके हैं जिसे एक समय राजेन्द्र बाबू, नेहरूजी, इन्दिरा जी आदि नेताओं ने सुशोभित किया था।

भोपाल नगर के अतिरिक्त पूरे भोपाल क्षेत्र को ही विकसित करने का श्रेय डॉ॰ शर्मा को है। नया मध्य प्रदेश बनने के बहुत पहले समूचा भोपाल राज्य सामुदायिक विकास योजनाओं के अन्तर्गत आ चुका था, जमींदारों से मधुर सम्बन्ध रखकर यहाँ जमींदारी का उन्मूलन कर दिया गया था तथा सड़कों और लोक कल्याणकारी संस्थाओं का जाल बिछ चुका था।

आज कुछ स्वयंभू नेताओं को देखकर जब मुझे शायर का यह कलाम याद आता है कि "मंजिल उन्हें मिली जो शरीके़-सफ़र न थे" तब मेरे जैसे कार्यकर्ताओं की आदरपूर्ण नजरें डॉ॰ शर्मा के सम्माननीय व्यक्तित्व की ओर सहज ही उठ जाती हैं जो भोपाल में विकास की हर एक मंजिल से व्यक्तिगत रूप से सम्बन्धित हैं और समाजवादी संघर्ष तथा विकास की राह पर कई दशकों से

शरीके़-सफर हैं। ईश्वर डॉ॰ साहब को दीर्घायु करें और बड़े-बड़े काम करने की उनकी ताकत तथा नौजवानों जैसी ताजगी बनाये रखें। आज उनका कार्यक्षेत्र बहुत बढ़ गया है और देश तथा देश की तरुणाई को उनसे बड़ी-बड़ी आशाएं हैं।

## डॉ॰ शंकरदयाल शर्मा: मेरी दृष्टि में

**रामेश्वर शुक्ल 'अंचल'**

डॉ॰ शंकरदयाल शर्मा लखनऊ विश्वविद्यालय के सर्वाधिक यशस्वी छात्रों में से एक हैं, जिस विश्वविद्यालय का मैं चार वर्ष तक नियमित छात्र रहा हूँ। इस नाते मैं सदैव उनके प्रति एक प्रकार की आदरमिश्रित आन्तरिक निकटता का अनुभव करता रहा हूँ। उनसे जब-जब मैं मिला (और ऐसे अवसर अनेक बार आये, जब वे लगभग दस वर्ष मध्य प्रदेश के शिक्षा मंत्री रहे) तब-तब उनकी असाधारण प्रतिभा, प्रखर मेधा, अगाध अध्ययन, प्रोज्ज्वल आदर्शनिष्ठा, ज्वलंत देशभक्ति और राष्ट्रनिर्माण की अदम्य आकांक्षा से मैं न केवल अत्यधिक प्रभावित हुआ वरन् नित्य नयी प्रेरणा पाता रहा। उनका सच्चा सात्विक शिक्षा-प्रेम और शिक्षकों के प्रति अत्यन्त आत्मीय–बिल्कुल अपना स्नेह-आदर भाव मुझे सदैव अभिभूत करता रहा। उनसे मिलते समय मेरे जैसे समस्त अध्यापकों को चाहे वे प्राइमरी स्कूल-शिक्षक हों या स्नातकोत्तर महाविद्यालय के प्राचार्य– विश्वविद्यालय के व्याख्याता हों या कुलपति–कभी क्षण-भर भी ऐसा नहीं अनुभव होता था कि वे इतने बड़े राज्य के इतने विद्वान् शिक्षा मंत्री से मिल रहे हैं जो कैम्ब्रिज विश्वविद्यालय का भी एक विशिष्ट विधि-छात्र रहा है। सरलता, साधुता, चरित्र की उज्ज्वलता, अध्ययनशीलता, गंभीरता और निष्कपट आचरणशीलता में जिसका संस्कारी व्यक्तित्व अपना सानी नहीं रखता।

डॉ॰ शर्मा से मैं पहली बार संभवत: नवम्बर या दिसम्बर 1956 में जबलपुर में मिला जब नवीन मध्य प्रदेश के बनने के बाद वे उसके सर्वप्रथम मुख्य मंत्री पं॰ रविशंकर शुक्ल के साथ शिक्षा मंत्री के रूप में यहाँ आये थे। शासन द्वारा भाषा अनुसंधान संस्था की स्थापना बिल्कुल उसी समय की गयी थी। प्रोफेसर वी॰ एस॰ कृष्णन् (कुलपति, भोपाल विश्वविद्यालय) उसके संचालक थे और मैं हिन्दी के विभागाध्यक्ष के रूप में वहाँ स्थानान्तरित किया जा चुका था। संस्था के स्वरूप और भावी रूपरेखा के सम्बन्ध में एक अनिश्चय का वातावरण था। उसी की चर्चा करने मैं अपने उस शिक्षा मंत्री के पास गया था, जिसके

गाम्भीर्य, बहुमुखी बौद्धिक संपन्नता के संबंध में मैं न जाने कितनी बातें स्वर्गीय नवीन जी और कवि दिनकर जी जैसे साहित्यिक मित्रों से सुन चुका था। एक प्रकार के समझ में न आने वाले संकोच का अनुभव करते हुए जब मैं डॉ॰ शर्मा से मिला तो कुछ ही क्षणों में मेरा सारा संकोच धुल गया। समयाभाव होते हुए भी लगभग आध घंटा उन्होंने मुझसे बातें कीं। उनका तीक्ष्ण साहित्य-बोध और काव्य-प्रवणता देखकर मुझे लगा कि मैं अपनी पुस्तक उन्हें भेंट करने के लिए क्यों न लाया। अगली ही भेंट में अपनी समस्त कृतियां उन्हें अर्पित करने का निश्चय मैंने कर लिया।

तब से आज तक मैं डॉक्टर साहब से बराबर मिलता रहा हूँ। जितना अधिक मैंने उन्हें जाना और समझा है उतना ही उनके प्रति मेरा आदरभाव ऊंचा और गहरा होता गया है। किसी प्रकार की कोई भी कठिनाई लेकर चाहे वह कितनी ही व्यक्तिगत हो जब-जब मैं उनके पास गया हूँ तब-तब नया आत्मबल और नया शक्तिसंचार लेकर मैं उनके पास से लौटा हूँ। मैं समझता हूँ मेरे समान असंख्य लोग होंगे जिन्होंने उनके शक्तिवान व्यक्तित्व से इसी प्रकार प्रेरक प्रबोध पाया होगा।

मैं बहुधा सोचा करता था कि डॉक्टर साहब का 'डाइनैमिक' व्यक्तित्व मध्य प्रदेश की सीमाओं को लांघकर देशव्यापी धरातल पर प्रतिष्ठित होगा। मैं यह भी सोचता था कि यदि वे भारत सरकार के शिक्षा मंत्री होते तो देश में शिक्षा का नक्शा आमूल बदल जाता। मुझे अब यह देखकर संतोष, हर्ष और गर्व का एक साथ अनुभव हो रहा है कि डॉ॰ शर्मा आज उससे ऊंचे और गौरवशाली पद पर आसीन हैं। अपने राष्ट्रसेवी को जो बड़े से बड़ा पद यह महादेश प्रदान कर सकता है वह उन्हें दे चुका है। आज उनके सार्वजनिक अभिनंदन के शुभ अवसर पर मैं अपार आनंद का अनुभव करते हुए उन्हें अपनी आदरांजलि अर्पित करता हूँ। यह एक कवि-लेखक की मात्र औपचारिक सम्मानाभिव्यक्ति नहीं है। यह तो एक ऐसे कृतज्ञ हृदय का निष्काम अर्चना-भाव है जिसने उनके व्यक्तित्व, चरित्र और कृतित्व से नित्य प्रेरणा प्राप्त कर अपने मनोबल को परिपुष्ट किया है। जिसने स्वाधीन भारत और निर्माणोन्मुख राष्ट्र में कवि-लेखक के दायित्व, कर्त्तव्य और लेखन-कर्म की सही दिशा को समझने और पकड़ने में उनसे सहायता, सन्मति और शक्ति पाई है। मुझे विश्वास है वे अभी अनेक दशकों तक इसी प्रकार अविराम गति से राष्ट्रनिर्माण के कार्य में रत रहेंगे और हमारी कल्पना के भारत को साकार और सम्पन्न करने में अपना नेतृत्व-दान देते रहेंगे।

## श्यामला पहाड़ियां, सौम्य झील और इतिहास की दिशा

**गिरिजाकुमार माथुर**

विन्ध्याचल की हरी-भरी पेड़ों-छाई पहाड़ियों की अनवरत पंक्तियां, वनफूलों की भीनी गन्ध से भरी हुई सुनसान घाटियां, शिलाओं और पथरीले ढलानों पर बहती अछूती जल-धाराएं, दुर्धर्ष चट्टानी नदियां। सागवान, आम, पलाश, कंटीले झाड़, करौंदे की झाड़ियां और अनन्त वन-सम्पत्ति से भरे घने जीवन्त जंगल–ऐसे वातावरण के बीच बसा भोपाल (भोजपाल) का प्राचीन नगर–शान्त झील में सदियों का प्रतिबिम्ब देखता हुआ। पग-पग पर जिसके आसपास का क्षेत्र भारतीय संस्कृति की गन्ध से भरा हुआ है, हर चट्टान और शिलाखण्ड पर जहाँ इतिहास की प्रतिध्वनियां अब भी गूंजती हैं।

यह नगर एक प्रवेश-द्वार है। उत्तर में बुंदेलखण्ड की बलिदानी गाथाओं वाले जनपद का, दक्षिण में मालवा की सांवली, काली मिट्टी, रम्य नदियों और उर्वर प्रदेश का। यह वह भूखण्ड है जो सदियों पूर्व भारतीय संस्कृति का केन्द्र रहा था। अवंतिका, दशपुर, विदिशा, माहिष्मती, कुसुमपुर और सांची जैसे अनेक प्राचीनतम स्थानों की वैभव गाथा जिसके आस-पास बिखरी पड़ी है। अशोक महान्, गंधर्वसेन, विक्रमादित्य, अग्निमित्र, यशोवर्मन, कालिदास, भर्तृहरि, भवभूति और भोज जैसे अमर पुरुषों के नाम जिसके अंचल पर अंकित हैं। पास ही वेत्रवती (बेतवा) के किनारे बसी विदिशा है, जो किसी समय दशार्ण देश की राजधानी थी, जिसके सम्बन्ध में कालिदास ने मेघदूत में लिखा है :

> पाण्डुच्छायोपवनवृतयः केतकैः सूचिभिन्नै
> र्नीडारम्भैर्गहबलिभुजामाकुलग्रामचैत्याः।
>
> त्वय्यासन्नै परिणत फलश्यामजम्बूवनान्ताः
> संपत्स्यन्ते कतिपयदिनस्थायि हंसा दशार्णाः।
>
> तेषां दिक्षु प्रथितविदिशालक्षणां राजधानीं
> गत्वा सद्यः फलमविकलं कामुकत्वस्य लब्धा
> तीरोपान्तस्तनितसुभगं पास्यसि स्वादु यस्मात्
> सभ्रूभंगं मुखमिव पयो वेत्रवत्याश्रलोर्मि।।

युग पर युग बीतते चले गये। रानी कमलावती की गाथाओं से तरंगित भोपाल की झील और पास की पहाड़ी उपत्यकाओं के जलप्रवाहों से जन्मी बेतवा बहती

रही। होते-होते बीसवीं सदी आई, उसका प्रथम चरण आया, 1918 आन पहुँचा। यह वह स्मरणीय वर्ष था जब विश्व के इतिहास ने करवट ली, पहला महायुद्ध समाप्त हुआ, नूतन आविष्कार, यंत्र, मशीनगन, तोपें, युद्धपोत, बम, वायरलैस, हवाईजहाज़, ध्वंस और मृत्यु के बारूदी अंधेरे तथा इन्फ्ल्युएन्ज़ा जैसी नई महामारी के हाहाकार से निकलकर दुनिया बाहर आई और उसने आशा की सांस ली। रूसी क्रान्ति की नवीन सामाजिकता के हाथों आततायी ज़ारशाही का अन्त हुआ, भारत में ब्रिटिश साम्राज्यवाद से मुक्ति के लिए मोर्चा कसा जाने लगा–एक ही वर्ष बाद जलियांवाला बाग के खूनी बलिदान से जिसकी अग्नि-शिखा आसमान को छूने लगी। 1918 एक ऐतिहासिक वर्ष था–पुरानी दुनिया का आखिरी सीमान्त और आधुनिक युग-बोध का संधि-स्थल।

1918–सामन्तशाही से जर्ज़र भोपाल का प्रसुप्त नगर, एक ओर नवाबी शान-शौकत में डूबे मुट्ठी-भर ऐयाश महल, दूसरी ओर विपन्न दुनिया, तंग गलियां, धूसर मकान, किरासिन के धुंआरे, डब-डब करते लैम्प पोस्ट, स्टेशन पर इक्के-दुक्के गैस के हंडे। ऐसे वातावरण में रोड़ी-गिट्टी से पटी एक पतली गली थी, नाम गुलियादाई का मोहल्ला या मोहल्ला मिसरान। यह गली भोपाल के मिश्रित समाज का मानो प्रतीक थी। गली के एक छोर पर कामगर मुसलमानों की मस्जिद थी–मस्जिद कमनीगरान और दूसरे छोर पर एक हरिजन बसौर का घर था। गली में ब्राह्मण, बनिए, जैन, मुसलमान, हरिजन एक साथ रहते थे। अधिकतर मकान कच्ची मिट्टी के खपरैलों वाले थे। उन्हीं में एक खपरैलों वाला घर था जिसमें पं॰ खुशीलाल शर्मा किराये पर रहते थे। इसी घर में तथा गली के मिश्रित सामाजिक वातावरण में 19 अगस्त, 1918 के दिन शंकरदयाल जी का जन्म हुआ। पिता प्रसिद्ध वैद्य थे। कठिन और असाध्य रोगियों का इलाज करने में माहिर। ऐसे रोगियों का उपचार करते हुए वे एक आन्तरिक चुनौती महसूस करते थे। कठिन स्थितियों और समस्याओं से जूझने और समाधान निकालने का यह गुण सम्भवतः शंकरदयाल जी को अपने पिता से संस्कार के साथ मिला। माता बड़ी संकल्पवान और शिक्षित थी। घर में रामायण, महाभारत, भागवत, अमरकोश, हितोपदेश आदि ग्रन्थ उपलब्ध थे जिनका ज्ञान बचपन में ही उन्हें बिना पढ़े माता के माध्यम से प्राप्त हुआ। पं॰ खुशीलाल जी अक्सर अमीरों द्वारा गरीबों के शोषण को बताते हुए कविता की ये पंक्तियां दुहराते थे :

घर में हो घुप अंधेरा, मन्दिर में रोशनी हो,
ईश्वर के साथ छल है, इस छल का क्या ठिकाना।

बाल्यावस्था से ही सामाजिकता की यह नई भावना शंकरदयाल जी के मन में घर कर गई। बचपन में अपने पिता के साथ तालाब, पहाड़ियों, नदियों और जंगल में बने मन्दिर आदि पर 'गोट' (पिकनिक) के लिए वह जाया करते थे। प्रकृति का यह सान्निध्य उन्हें तभी से प्राप्त हुआ। जल, पहाड़, जंगल उन्हें बहुत रुचिकर लगते थे। जंगली फूलों और करौंदे की सुगन्ध से उनका मन तृप्त होता था। प्रातःकाल तालाब पर पिता के साथ नहाते हुए उन्होंने बिना किसी प्रयास के तैरना सीख लिया था, जिसमें वे इतने पारंगत हुए कि अपने विद्यार्थी-जीवन में लखनऊ विश्वविद्यालय में पहुँचकर तैराकी के चैम्पियन बने। सुबह उठकर वे अक्सर चमेली के झुरमुटों में जाकर गिरे हुए फूल इकट्ठे किया करते थे। आज विभिन्न प्रदेशों के जातीय-फूलों को वे समन्वित करते हैं। छोटी ही आयु में उन्हें गली के तमाम लोग प्यार से 'पालागन' कहते थे। बड़े और बूढ़े लोगों के मुंह से आदर का यह शब्द सुनकर वे सकुचा जाते थे।

कुछ वर्षों बाद एक निकट के सम्बन्धी पं॰ जमुनाप्रसाद जी वैद्य ने इन्हें गोद ले लिया। उनका बहुत बड़ा हवेलीनुमा मकान था। दो मंज़िला पक्का मकान वहीं उस गली में था। जमुनाप्रसाद जी फारसी और उर्दू के बड़े विद्वान् थे। उन्होंने शंकरदयाल जी को इन दोनों भाषाओं और उनके साहित्य का ज्ञान कराया। इस प्रकार उनके व्यक्तित्व में प्रारम्भ से ही साहित्य, धर्म, दर्शन, नीति, उदारता, संकल्प, आधुनिकता और लौकिक-सेक्युलर आयाम जुड़ते चले गये। यही आगे चलकर एक बड़े विस्तृत रूप में प्रस्फुटित और विकसित हुए। स्कूल में अपनी कक्षा में वे अलग चमकते थे। 1937 में इलाहाबाद से बी॰ ए॰ किया फिर लखनऊ विश्वविद्यालय से 1939 में अंग्रेजी में एम॰ ए॰ किया था। तदुपरान्त हिन्दी-संस्कृत में एम॰ ए॰ किया और एल-एल॰ एम॰ की परीक्षा में वे सर्वप्रथम रहे। मैं भी इसी क्षेत्र का निवासी था और लखनऊ विश्वविद्यालय में 1938-41 के बीच एम॰ ए॰ (अंग्रेजी) और लॉ करते हुए शंकरदयाल जी का क्रमशः अभ्युदय निकट से देखा था। चाहे वह तैराकी हो, चाहे लम्बी दौड़ की प्रतियोगिता, चाहे पढ़ाई, परीक्षा या वक्तृता, सबकी चुनौतियां स्वीकार करके वे सबसे आगे रहते रहे। 1941 में यूनिवर्सिटी के सर्वतोमुखी प्रतिभा सम्पन्न व्यक्तित्व होने के नाते उन्होंने चक्रवर्ती गोल्ड मेडल प्राप्त किया और लखनऊ विश्वविद्यालय में छोटी आयु में ही लेक्चरर बन गये। 1937 से 1941 के वर्ष उनके जीवन का मोड़ थे जब वे पं॰ जवाहरलाल नेहरू के सम्पर्क में आये और अन्तर्राष्ट्रीयता तथा समाजवाद की वैचारिक दीक्षा ग्रहण की। उनमें इतिहास की प्रखर दृष्टि

विकसित हुई। वे न केवल शिक्षक और कानून के विशेषज्ञ हैं, बल्कि इतिहास, साहित्य और दर्शन के भी मर्मज्ञ हैं। वे किस प्रकार 1949-50 में साहित्य और शिक्षण का क्षेत्र छोड़कर राजनीति के केन्द्रीय प्रकाशवृत्त में आये वह एक स्मरणीय घटना है। उसके बाद का इतिहास सर्वविदित है। समृद्ध व्यक्तित्व उसी का होता है जिसके जीवन की रंगावली (स्पैक्ट्रम) एक ओर 'इनफ्रारेड रंग' के साथ यथार्थ धरती को छूती है और दूसरी ओर 'अल्ट्रा वायलेट' की नीलिमा के साथ आकाशीय विस्तारों में प्रवेश कर जाती है। और महान् व्यक्ति वही होता है जिसकी सहजता, सरलता और आंतरिक स्निग्धता को प्रभुता, पद, प्रतिष्ठा, यश और राजनीति प्रभावित नहीं करते, उसे सीमित और खंडित नहीं कर सकते। इन दोनों ही कसौटियों पर डॉ॰ शंकरदयाल शर्मा का व्यक्तित्व अत्यन्त खरा उतरता है।

## शिक्षक, मुख्य मंत्री एवं कांग्रेसाध्यक्ष: डॉ॰ शंकरदयाल शर्मा

**डॉ॰ भगीरथ मिश्र**

मध्य प्रदेश के लिए यह गौरव की बात है कि इस समय उसका एक वरिष्ठ नेता अखिल भारतीय कांग्रेस के अध्यक्ष-पद पर असीन है। यह पद डॉ॰ शंकरदयाल शर्मा को उनकी कर्त्तव्यनिष्ठा, प्रगतिशील दृष्टिकोण निर्भीकता और सूझ-बूझ के परिणामस्वरूप प्राप्त हुआ है। यह एक तथ्य है कि डॉ॰ शर्मा का अपना कोई अनुगमनकारी बड़ा बल या समुदाय नहीं है। उनका नाम प्रायः समुदाय के अलग व्यक्तियों में लिया जाता है। अपनी उच्च शिक्षा और व्यापक दृष्टिकोण के कारण उन्हें अखिल भारतीय नेतृत्व करने को मिला है। स्वभावतः और कर्मतः वे एक लोकप्रिय व्यक्ति और नेता हैं।

मैं डॉ॰ शंकरदयाल शर्मा को सन् 1941 से जानता हूँ। उस समय हम दोनों लखनऊ विश्वविद्यालय के छात्र थे, वे अंग्रेजी विभाग के और मैं हिन्दी विभाग का। हम लोग प्रायः मिलते थे। अंग्रेजी में एम॰ए॰ करने के उपरान्त उन्होंने जब हिन्दी में एम॰ए॰ किया तब हम दोनों विशेष रूप से एक-दूसरे के निकट आये। जिस समय उन्होंने हिन्दी में एम॰ए॰ किया उस समय मैं लखनऊ विश्वविद्यालय में हिन्दी का प्राध्यापक था और प्रायः वे हिन्दी-संबंधी जानकारी के लिए मेरे पास आते थे और तब हम दोनों विशेषरूप से एक-दूसरे के निकट आये। परन्तु उनका जीवन न तो हिन्दी अध्यापक और न अंग्रेजी अध्यापक के रूप में आरम्भ

हो सका, वे विधि-संकाय के अंतर्गत एल॰एल॰एम॰ करने के उपरान्त प्राध्यापक हो गये और विदेश चले गये। वहाँ से लौटने पर कुछ समय तक हम लोगों के सहयोगी के रूप में विधि संकाय में काम करते रहे।

थोड़े ही समय के अनन्तर उनके गृह राज्य भोपाल से उन्हें बुलावा आया और वे भोपाल राज्य के मुख्य मंत्री के रूप में नियुक्त हो गये। हम लोगों को उनकी इस नियुक्ति पर बड़ी प्रसन्नता हुई और उनके सम्मान में विश्वविद्यालय में एक बृहद् आयोजन किया गया। परन्तु, हमें इसे बात का दुःख भी रहा कि उनका सहयोगी अध्यापक के रूप में हमारा साथ छूट गया। यहीं से डॉ॰ शर्मा का प्रवेश राजनीतिक क्षेत्र में हुआ और वे क्रमशः एक के अनन्तर दूसरे महत्त्वपूर्ण पदों पर कार्य करते रहे।

सन् '42 के आन्दोलन के समय लखनऊ विश्वविद्यालय के प्रायः अनेक प्राध्यापकों और विद्यार्थियों ने भाग लिया था। डॉ॰ शर्मा भी उसके सक्रिय कार्यकर्त्ता थे और सन् '47 की स्वराज्य-प्राप्ति के बाद तो वे पूर्णतया इसी क्षेत्र में आ गये। आगे चलकर मध्य प्रदेश का नया रूप बना। जिसमें वे क्रमशः शिक्षा मंत्री, उद्योग मंत्री आदि के रूप में कार्य करते रहे।

शिक्षा मंत्री के रूप में मध्य प्रदेश उनको कभी नहीं भूल सकता। शिक्षा की दृष्टि से पिछड़े हुए इस प्रदेश में शिक्षा-प्रसार और शिक्षा-सेवाओं के विस्तार हेतु डॉ॰ शर्मा ने अभूतपूर्व कार्य किया। मध्य प्रदेश में शिक्षा संबंधी जागरूकता न होने के कारण प्राइवेट शिक्षा-संस्थाओं की बहुत कमी थी। महाराष्ट्र, उत्तर प्रदेश, मैसूर जैसे राज्यों की भांति यहाँ पर प्राइवेट रूप से स्कूल और कॉलेज चलाने वाले संगठन बहुत कम थे और जो थे भी वे अत्यंत दुर्बल और क्षीण। ऐसी दशा में स्थान-स्थान पर शासकीय स्कूलों और महाविद्यालयों की स्थापना करके उन्होंने इस व्यापक और पिछड़े हुए क्षेत्र में शिक्षा की सुदृढ़ नींव डालने का महत्त्वपूर्ण कार्य किया। आज इस प्रदेश में शिक्षा-प्रसार का बहुत बड़ा श्रेय उनके इसी दूरदर्शिता से पूर्ण कार्य को दिया जाता है। इसके साथ-ही-साथ उन्होंने शिक्षकों के वेतनमान और सेवाक्रम को भी उत्तम बनाने का प्रयास किया। अपने इस आधारभूत और दूरदृष्टि-सम्पन्न कार्य के द्वारा वे अपने शिक्षक के ऋण से मुक्त हो गये।

इसी बीच मैं लखनऊ से पूना विश्वविद्यालय चला गया था; परंतु विभिन्न साहित्यिक आयोजनों में मेरा भोपाल आना होता था। डॉ॰ शर्मा से जब भी मेरी भेंट होती तब उनके भीतर से वही पुरानी आत्मीयता एवं अपनत्व का भाव

छलका पड़ता था और यह भी कहा जा सकता है कि पूना से मेरे सागर आने में उनका भी हाथ था। यहाँ आकर जब मैंने उन्हें विभिन्न क्षेत्रों में बिखरे हुए हस्तलिखित ग्रन्थों के एकत्रित करने और उन पर कार्य करने की योजना बतायी तो वे बड़े प्रसन्न हुए और उन्होंने सब संभव सहायता देने का वचन दिया।

शिक्षा मंत्री के पद के बाद उन्होंने कुछ समय उद्योग मंत्री के रूप में भी कार्य किया। उस समय उनकी मेरी भेंट एक बार पंचमढ़ी में हुई। यद्यपि वे उद्योग मंत्री थे, परन्तु उस समय उनके मन में यह एक योजना कार्य कर रही थी कि पंचमढ़ी को गर्मियों में एक साहित्यिक और सांस्कृतिक नगरी के रूप में परिणत कर दिया जाये। इसके लिए उन्होंने साहित्यकारों के पंचमढ़ी-निवास की एक योजना भी बनाई थी, परन्तु खेद की बात है। कि उनके वहाँ से हटते ही वह योजना ठप हो गई। उद्योग मंत्री के रूप में मध्य प्रदेश के औद्योगिक विकास के लिए उनकी बड़ी-बड़ी कल्पनाएं थीं। मुझे स्मरण है कि एक बार जब हम लोग चाय पी रहे थे उसी समय यूरोप की औद्योगिक कंपनियों के कुछ प्रतिनिधि उनसे मिलने आये हुए थे। उन्होंने उनसे मध्य प्रदेश के औद्योगिक विकास के संबंध में विस्तृत चर्चा की थी और उनकी सहायता से औद्योगिक विकास संबंधी योजनाएं बनायी थीं।

तदन्तर राजनीतिक परिवर्तनों के साथ-साथ डॉ॰ शर्मा क्रमशः मध्य प्रदेश की अपेक्षा दिल्ली और समग्र देश से अधिक संबंधित हो गये और उसी के परिणास्वरूप आज वे कांग्रेस के अध्यक्ष-पद पर सुशोभित हैं। अपने सीमित क्षेत्र में घिरे होने के कारण इस बीच मेरा और उनका कुछ विशेष संपर्क नहीं हो पाया, फिर भी मुझे विश्वास है कि उनकी आत्मीयता में किसी प्रकार की कमी नहीं होगी। कांग्रेस-अध्यक्ष के रूप में उन्होंने विभिन्न प्रदेशों के परस्पर एक-दूसरे के विचारों को समझने और उनके अनुसार कार्य करने में महत्त्वपूर्ण कार्य किया है। डॉ॰ शर्मा उग्रवादी या अतिरेकवादी व्यक्ति नहीं हैं वे समन्वयवादी नेता हैं। विभिन्न मतभेद-पूर्ण दृष्टिकोणों के बीच दोनों के लिए मान्य मार्ग ढूंढ़ लेने में वे बड़े कुशल हैं। कांग्रेस के कार्यक्रम की अनेक नीतियों के निर्धारण में उनका महत्त्वपूर्ण योगदान है। परन्तु इसके साथ ही जो एक विशेष बात उनमें है वह यह कि वे नीति और सिद्धांत निश्चित हो जाने पर उनके अनुसार दृढ़ता से कार्य करने वाले व्यक्ति हैं और उनके परिपालन में वे विचलित नहीं होते, वरन् उसका पूरा निर्वाह करते हैं। कांग्रेस-नीतियों के आलोचकों को वे

बराबर मुंहतोड़ जवाब देते रहे हैं। इस प्रकार उनका व्यक्तित्व समन्वयवादी होते हुए भी एक उदात्त दृढ़ता का परिचायक है। दूरदर्शिता, आत्मीयता, सहृदयता और कर्मशीलता उनके व्यक्तित्व के अंग बन गये हैं और वे प्रदेश के विकास और उन्नति से संबंधित महत्त्वपूर्ण कार्य करते रहेंगे।

## समर्पित जीवन

**रतनलाल जोशी**
संपादक, दैनिक 'हिन्दुस्तान'

डॉ॰ शंकरदयाल शर्मा से जब-जब भेंट हुई है मुझे टालस्टाय के बारे में कही गयी गोर्की की यह बात याद हो आयी है कि "सरलता उनका परिवेश नहीं है, उनकी आत्मा भी है। उनके भीतर की कितनी ही गहराई में चले जाइये, सरलता की शुभ्र-श्वेत पंखड़ियां ही खिलती जायेंगी। विद्वत्ता में उनका कोई जोड़ नहीं किन्तु सरलता के उनके इस दर्पण में उन्हें अपने सिवाय हर अन्य व्यक्ति बड़ा ही नजर आता है। उनकी इस विनम्रता को कई लोग निरी अबोधता भी समझ लेते हैं, मगर ऐसी अबोधता अगर मुझे मिल गयी होती तो मैं अपने को ज्यादा सुखी मानता। यह अबोधता की भ्रांति उनकी सबसे बड़ी शक्ति है।"

गोर्की की इस बात का काफी कुछ अंश डॉ॰ शर्मा के व्यक्तित्व में अभिव्यक्त है और दिन-प्रति-दिन अधिकाधिक व्यक्त होता रहेगा, क्योंकि स्वभाव बदलने की वंचना का जादू उन पर चला नहीं है। उनकी विद्वत्ता और राजनीति वर्षों से सहचरियां रही हैं, किन्तु अभी तक दोनों ही सहअस्तित्व के व्रतपालन की हामी रही हैं, और यही कारण है कि इससे दोनों में निखार आया है—परस्पर-पोषण की यह प्रक्रिया राजनीतिक क्षेत्र के जीवनक्रम में प्रायः दुर्लभ ही होती है।

डॉ॰ शंकरदयाल शर्मा के राजनीतिक सिद्धांत जिस परंपरा और वातावरण में विकसित हुए हैं वह गांधी-नेहरू की विचार-परम्परा थी और कांग्रेस-संस्था के मुक्ति-आंदोलन का वह वातावरण था। स्पष्ट है कि इस देशकाल में दर्जनों राजनेताओं के जीवनांकुर प्रौढ़ हुए हैं, किन्तु शंकरदयाल जी की मिसाल इन सबसे भिन्न है। वे भावना की नदी में अपनी नाव खेकर राजनीतिक परिपक्वता के किनारे नहीं लगे, ज्ञान की भट्ठी में पककर गांधी-नेहरू की राजनीतिक

विरासत के एक पात्र बने हैं। भावना का मार्ग तो भक्ति का मार्ग है, समर्पण की साधना है–काफी कठिन भी है, किन्तु व्यापकतः सरल भी है, क्योंकि थोड़ा-सा देकर भी कुछ न कुछ श्रेय लूट ही लिया जा सकता है। मगर ज्ञान का मार्ग तो तलवार की धार है। सस्ते श्रेय के कई मोहांधकारों को पार कर ज्योतिर्मयता के द्वार पर पहुँचा जाता है। लोकमान्य तिलक के अनुसार राजनीति में भावना का स्थान नाव का जरूर है, किंतु नाव में यात्री सुरक्षित तभी तक हैं जब तक नाव लंगर से बंधी है या उसकी पतवार कुशल नाविक के हाथों में है, अन्यथा नाव में बैठना खतरे से खाली नहीं कहा जा सकता। ज्ञान अर्थात् कर्तव्य-कर्म का ज्ञान राजनीति का मेरुदंड है। दिशा-ज्ञान के बिना प्रगति का सारा जीवन उन्मत्त बंदर की उछल-कूद ही तो है। श्रेयस्कर तो यह है कि राजनेता अपनी साधना में ज्ञान को ध्रुवतारा और भावना को जहाज स्वीकार कर दोनों को एक-दूसरे का पूरक बनाता रहे।

डॉ॰ शंकरदयाल शर्मा समाजवाद में आस्था रखते है, किन्तु उनका समाजवाद पुस्तक-कीटों का दीमक कवलित शास्त्रवाद नहीं है, भावना की टांग तोड़ने वाली नारेबाजी का क्षणभंगुर अवसरवाद भी नहीं है और न वह मठाधीशों के दम्भ-पाखंड का घंटानाद ही है। इसके विपरीत, वह ऐसी जीवन-प्रणाली का स्रोत है जिसके तट पर लोकजीवन अपने विविध भावों की प्यास बुझा सकता है। भारतीय संस्कारों की परंपरा में तुलसीदास की इन चौपाइयों में इसकी गहराई और सार्थकता ढूंढी जा सकती है:

संत-हृदय जस निर्मल वारी,
बांधे घाट मनोहर चारी।
जहँ-जहँ पियहिं विविध मृगनीरा
जिमि उदार गृह जाचक भीरा।।

डॉ॰ शर्मा के समाजवाद में देश-काल एवं स्थिति के तकाजों की ऐसी न्यायोचित व्यंजना है कि लोकरंजन के समस्त बुनियादी क्षेत्र उसकी व्यापकता से लाभान्वित हो जाते हैं। उनका बौद्धिक चैतन्य उनके पास विचार-संयम की सबसे मजबूत लगाम है। कभी-कभी वे इस लगाम का प्रयोग इतना अधिक भी करते नजर आते हैं कि लोगों को उनके विवेक के बारे में भ्रम होने लगता है, मगर दायित्व को धारण करने वाली धृति ही यदि विचलित होने लगे तो संस्था अथवा अभियान ज्यादा दिन कैसे चल पायेगा?

डॉ॰ शंकरदयाल जी अपने व्यक्तिगत जीवन की भाँति संस्था में भी अनुशासन के अटल हिमायती हैं। सुबह से शाम तक उनका दैनंदिन जीवन शांत एवं सुनियोजित बहता हुआ अजस्र स्रोत है जिसमें कई प्रकार के तूफानी आवेगों से लेकर अवसादी जड़ताओं तक की परिस्थितियां आती हैं, किन्तु उनकी अनुशासन-प्रेरित चेतना के सान्निध्य में ये सारे अतिवाद स्वाभाविक समत्व को प्राप्त कर लेते हैं। वे तो विचलित होते ही नहीं, उनके संपर्क में आने वाले भी अपनी उद्विग्नता वहीं छोड़ जाते हैं। उनके प्रति विश्वास की लोगों की काफी गहरी थाह है।

कांग्रेस पार्टी का अध्यक्ष रहना, पंडित नेहरू के शब्दों में, किसी अजायबघर का बाशिंदा रहकर स्वयं उसकी रखवाली करना है। क्योंकि शब्दकोश के किसी भी अर्थ में वह राजनीतिक पार्टी की सभी शर्तों का पालन करती नजर नहीं आती है। राजनीति के अलावा उसके साथ और भी कई लक्ष्य नत्थी हैं। क्योंकि भारत की जनता ने अकेले राजनीति को ही अपनी समस्याओं का समाधान नहीं माना है। यहाँ का जनजीवन विरोधों की आपसी खींचतान का प्रतीक नहीं है, अगणित वैषम्यों और विरोधाभासों के समन्वय का मूर्त्त रूप है। शंकरदयाल जी इतिहास के इस तथ्य का अनुमोदन करते हैं और कांग्रेस की अध्यक्षता के दौरान उनका यह प्रयत्न रहता आया है कि इस औचित्य-निर्वाह में स्खलन न आने पाये।

प्रोफेसर हेराल्ड लास्की ने किसी भी राजनीतिक पार्टी की सफलता का दारोमदार ऐसे व्यक्तियों पर रखा है जिनकी पीठ कछुवे की तरह अटूट हो–जिम्मेदारी का चाहे जितना बोझ उन पर लाद दीजिए वे न तो झुकें और न टूटें। यहाँ भर्तृहरि का एक नीति-वचन लास्की की धारणा को और भी अच्छी तरह व्यक्त कर देता है:

> जातः कूर्मः स एकः प्रथु-
> भुवन परायार्पितं येन पृष्ठं
> श्लाघ्यं जन्म ध्रुवस्य भ्रमति
> नियमितं यन्न तेजस्विचक्रम्।

> दुनिया में जन्म तो, वास्तव में, इन दो का ही सार्थक है। एक तो उस कछुवे का जो अपनी पीठ पर पृथ्वी आदि चौदह लोकों का भार वहन किये हुए है और एक उस ध्रुव तारे का जिसके आसपास समस्त नक्षत्रमंडल मंडराता रहता है तथा जो सबको दिशा-दर्शन कराया करता है।

श्लोक को यदि वर्तमान देशकाल की अभिव्यक्ति में ढालें तो कांग्रेसाध्यक्ष डॉ॰ शर्मा कांग्रेस पार्टी के अवतारी कच्छप हैं और श्रीमती गांधी उसकी ध्रुवतारा। भर्तृहरि के नीतिवाक्य की पूरी संगति यहाँ सटीक बैठती है। इस कच्छप की पीठ जितनी मजबूत है, उसका आत्मसंयम भी उतना ही दृढ़ है–गीता के कछुवे की तरह जब शंकरदयाल जी अपने को अंदर समेट लेते हैं तो फिर उन्हें कोई मोहासक्त नहीं कर सकता।

इन श्लाघ्य क्षमताओं के साथ शंकरदयाल जी की सबसे बड़ी विशेषता उनकी अपनी आत्मतुष्टि है। यह उनके अध्यवसाय, अध्ययन एवं सरस्वती की उपासना की देन है जो किसी भी राजनीतिक सिद्धि से कहीं बड़ी निधि है। लोगों का ख्याल है कि इंद्रदेव भी उनकी इस निधि से ईर्ष्या करते होंगे। इस संतोषधन के सामने डॉक्टर शंकरदयाल जी और सारी संपदाओं को धूल के समान समझते रहे हैं। प्रलोभन और मोहकताएं उनके मार्ग में क्या कम आयी होंगी? तपोभंग करने के लिए क्या प्रवंचनाओं के कम आक्रमण हुए होंगे? किंतु उनकी आत्मतुष्टि का पलड़ा सदैव भारी ही रहा–

सुना है मैंने भी जिक्रे-
बहिश्तो - हूरो - तहूर;
खुदा का शुक्र है
नीयत मेरी खराब नहीं!

शर्मा जी अभी तो युवा हैं–राजनीतिक जीवनयात्रा के युवा यात्री! मंजिलों और पर्वतशृङ्गों के कई छोर उनके मार्ग में आयेंगे। यश की जो गठरी बांधकर वे आज चल रहे हैं वह भी भारी होगी। हमारी कामना है कि भगवान् उन्हें भारी-से-भारी यश-गठरी उठाने-ढोने का बल प्रदान करे!

## भोपाल के गौरव: डॉ॰ शंकरदयाल शर्मा

**शफीक अहमद**
उपाध्यक्ष, मध्य प्रदेश कांग्रेस कमेटी

बात सन् 1952 की है। गणतंत्र भारत के पहले आम चुनाव की तैयारी जोरों से चल रही थी। सरदी का मौसम था, भोपाल के अपने निवास-स्थान पर एक सुबह चाय पीकर मैं बाहर आने को ही था कि बेरसिया के वकील स्वर्गीय

सुलेमान साहब मेरे घर तशरीफ लाये। वकील साहब एक अत्यन्त सम्माननीय व्यक्ति थे। मैंने श्रद्धापूर्वक उनका और उनके साथी का स्वागत किया।

उनके साथ आये मेहमान को पहचानने के लिए मैंने अपनी स्मृति को कुरेदना चाहा कि तत्काल वकील साहब ने उनका परिचय मुझे दिया–आप हैं डॉ० शंकरदयाल शर्मा, जो हमारे बेरसिया क्षेत्र के कांग्रेस प्रत्याशी हैं और जिला कांग्रेस के अध्यक्ष भी। यद्यपि मैं डॉक्टर साहब के नाम से परिचित था, लेकिन उसके पूर्व मेरा राजनैतिक जीवन से कोई संबंध न होने के कारण मेरी और उनकी यह पहली मुलाकात थी।

गौर वर्ण, सुडौल शरीर, सौम्य चेहरा और उनकी सादगीपूर्ण वेशभूषा। डॉक्टर साहब से इस पहली मुलाकात की याद आज भी मेरे मन में ताजा है। यह वास्तव में मेरे जीवन का गौरवपूर्ण क्षण था। मैं नहीं जानता कि वह कौन सी अदृश्य शक्ति थी या डॉक्टर साहब के व्यक्तित्व का प्रभाव कि मैंने डॉक्टर साहब में अपने लिए निकटता एवं आत्मीयता महसूस की।

वकील साहब का प्रस्ताव था कि मैं डॉक्टर साहब के साथ रहकर उनके चुनाव-कार्य में सहयोग करूँ। वकील साहब के आदेश और डॉ० साहब के प्रेरणादायक व्यक्तित्व ने मुझे बेरसिया जाने पर मजबूर कर दिया। बेरसिया क्षेत्र भोपाल राज्य के 30 निर्वाचन क्षेत्रों में से एक था। जहाँ तक मुझे स्मरण है उस क्षेत्र में 16 पोलिंग स्टेशन थे। मैं डॉक्टर साहब के साथ एवं अकेले भी प्रत्येक पोलिंग क्षेत्र में घूमा और इस तरह मुझे डॉक्टर साहब के अधिक निकट आने का मौका मिला।

जब शीत ऋतु की कठोरता जनजीवन को त्रस्त कर रही थी तब लखनऊ विश्वविद्यालय का यह भूतपूर्व प्रोफेसर गांव-गांव के ऊबड़-खाबड़ रास्तों में घूम रहा था। जब कई बुद्धिजीवी और अधिकारी हीटर का सहारा लेकर बैठे रहते होंगे, तब डॉक्टर साहब उन गरीबों को जो ठण्ड से सिकुड़ते फिरते थे, सांत्वना देते थे। इस क्षेत्र के ग़रीबों को देखकर डॉक्टर साहब का दिल भर आता था। गरीबों की इस वेदना को मैंने डॉक्टर साहब के चेहरे पर कई बार देखा। जब वह किसानों की दयनीय स्थिति देखते तो चिन्ता में डूब जाते। वे कहते कि हम लोगों को कुछ ऐसा कार्य करना चाहिए कि जिससे इन गरीबों को लम्बी गुलामी के कष्टों से शीघ्र मुक्ति मिल सके।

चुनाव के दिन ज्यों-ज्यों निकट आते जाते, डॉक्टर साहब की स्फूर्ति बढ़ती ही जाती थी। मुझे सदैव आश्चर्य होता रहा कि देश-विदेश में उच्च शिक्षा प्राप्त

एवं कुछ समय पूर्व उच्च पदासीन व्यक्ति इन कष्टों में भी कितना प्रसन्न और हंसमुख नजर आता था। डॉक्टर साहब जैसे कठोर परिश्रमी व्यक्ति विरले ही होंगे। ठीक भी है, उन्होंने अपने जीवन को कठोर संघर्ष और परिश्रम में ही डाला है। सारे दिन अथक परिश्रम के बाद डॉक्टर साहब रात में पढ़ते और दूसरे दिन सुबह उन्हें मैं तरोताजा पाता। सुबह होते ही काम की लगन। इन दिनों में भी वह गरीबों का दुःख-दर्द सुनकर आर्द्र हो उठते, उनका मन कल्पनाओं में डूब जाता। मैंने देखा कि डॉक्टर साहब कभी-कभी यह भूल जाते कि मतदाताओं से बात कर रहे हैं।

इस चुनाव की सबसे बड़ी विशेषता रही कि बेरसिया क्षेत्र की मुस्लिम महिलाओं ने भी घर से बाहर निकल कर भारी संख्या में मतदान में भाग लिया। शायद दूसरे किसी क्षेत्र में मुस्लिम महिलाओं ने इतनी भारी तादाद में मतदान में भाग नहीं लिया होगा। गणतंत्र के इस पहले आम चुनाव में जनता में जो अपूर्व उत्साह था वह अब कम ही देखने को मिलता है। हमने अंतिम क्षण तक प्रत्येक पोलिंग केन्द्र का भ्रमण किया। अंत में हम सबकी मेहनत सफल हुई। डॉक्टर साहब विजयी घोषित किये गये।

भोपाल की जनता और उसके चुने हुए प्रतिनिधियों ने अपनी मिट्टी के इस होनहार सपूत को पहचानने में देर नहीं की। डॉक्टर साहब कांग्रेस विधायक दल के नेता चुने गये और भारत के बीचों-बीच बसे इस छोटे से किन्तु सुंदर भोपाल राज्य के प्रथम मुख्य मंत्री बने।

डॉक्टर साहब ने अपने मुख्य मंत्रित्वकाल में भोपाल में जनहित के जो कार्य किये उन्हें स्वर्ण अक्षरों में लिखा जायेगा। भारत के सभी शीर्ष नेताओं ने डॉक्टर साहब के कार्यों की सराहना की। उन्हें सहयोग और स्नेह प्रदान किया। भोपाल राज्य ने उनके मुख्य मंत्रित्वकाल में आशातीत प्रगति की। सामुदायिक विकास योजनाओं, कृषि कार्यों, सहकारिता, शिक्षा एवं पुनर्वास के कार्यों में भोपाल ने अन्य प्रदेशों को पीछे छोड़ दिया। भोपाल के समीपवर्ती राज्य मध्य भारत, महाकोशल एवं उत्तर प्रदेश के हजारों शिक्षित बेरोजगारों को इस राज्य में रोजगार उपलब्ध कराया गया।

उन दिनों भोपाल कांग्रेस मध्य भारत कांग्रेस से संबद्ध थी। डॉक्टर साहब ने जहाँ भोपाल में संगठन को मजबूत बनाया, वहाँ मध्य भारत के पड़ोसी क्षेत्रों में भी संगठन के हित के लिए कार्य किया।

राज्य पुनर्गठन आयोग की रिपोर्ट आते ही डॉक्टर साहब पर भोपाल को मध्य प्रदेश की राजधानी बनवाने का गुरुतर भार आ पड़ा। इस अवसर पर उन्होंने जिस सूझ-बूझ का परिचय दिया एवं भोपाल के लोगों को जैसा नेतृत्व प्रदान किया वह स्मरणीय है। भोपाल को राजधानी बनवाने के लिए गठित जन-प्रतिनिधियों की एक समिति का मैं सदस्य था। दिल्ली में हम लोगों का प्रतिनिधि-मंडल जब मौलाना आजाद से मिला तब मौलाना ने हम लोगों से कहा कि आपके मुख्य मंत्री डॉ० शर्मा स्वयं सक्षम एवं योग्य व्यक्ति हैं। आप लोगों ने दिल्ली तक आने की तकलीफ क्योंकर की। मैंने तत्काल अपने साथियों से कहा कि मौलाना का यह कथन भोपाल को राजधानी बनाने की हाई कमान की इच्छा का सूचक है। पंडित गोविन्दवल्लभ पंत से भी जब हम लोग मिले तो उन्होंने इस संबंध में डॉक्टर साहब द्वारा किये गये प्रतिनिधित्व की प्रशंसा की।

हेवी इलेक्ट्रिकल्स कारखाना स्थापित कराने का श्रेय भी डॉक्टर साहब को ही है। भोपाल कांग्रेस के संगठन संबंधी मामलों में मैं जब कभी कांग्रेस हाई कमान के सदस्यों से मिला, उन्होंने डॉक्टर साहब के कार्यों की सराहना की। विशेष रूप से पं० नेहरू, मौलाना आजाद एवं शास्त्री जी का डॉक्टर साहब को प्रगाढ़ स्नेह प्राप्त रहा।

मध्य प्रदेश के निर्माण के साथ ही पहले मंत्रिमंडल में डॉक्टर साहब को शिक्षा मंत्री बनाया गया। साथ ही राजधानी की स्थापना के कार्य में डॉक्टर साहब ने अथक परिश्रम किया। शिक्षा मंत्रित्वकाल में मध्य प्रदेश में शिक्षा का जो आशातीत विस्तार हुआ उसकी प्रशंसा डॉक्टर साहब के विरोधी भी करते हैं।

एक बार मंडलोई मंत्रिमंडल में डॉक्टर साहब को शिक्षा-विभाग नहीं मिला। डॉक्टर साहब ने अन्य विभाग प्रसन्नतापूर्वक स्वीकार कर लिया किन्तु मैं अपनी खीज को शान्त न कर सका। मैं दिल्ली गया और पं० नेहरू से चर्चा के पूर्व मैंने आदरणीया इंदिरा जी से इस संबंध में विस्तार से चर्चा कर अपनी अप्रसन्नता ज़ाहिर की। उस समय इंदिरा जी ने डॉक्टर साहब की प्रशंसा की। उस समय भी डॉक्टर साहब पर उनका कितना अनुग्रह था यह मुझे आज भी याद है।

उद्योग-विभाग, लोक निर्माण-विभाग एवं पृथक् राजस्व विभाग में भी अल्पकाल में ही डॉक्टर साहब ने जो कार्य किये उनका इतिहास महत्त्वपूर्ण है।

मिश्र मंत्रिमंडल के पतन के उपरान्त मध्य प्रदेश में संविद शासन की स्थापना हुई। प्रदेश कांग्रेस के दो गुटों की खाई पाटने के लिए एवं दलीय एकता के लिए

डॉक्टर साहब को प्रदेश कांग्रेस का अध्यक्ष सर्व-सम्मति से चुना गया। इस अवसर पर डॉक्टर साहब ने संगठन को मजबूत बनाने में सराहनीय कार्य किया। उनकी संगठनात्मक योग्यता से प्रभावित होकर केन्द्रीय स्तर पर उन्हें दल का महामंत्री बनाया गया। कांग्रेस विभाजन के समय एवं सन् 1971 के आम चुनाव में डॉक्टर साहब ने अपनी कुशलता एवं कुशाग्रबुद्धि का परिचय दिया। समाजवादी कार्यक्रम की पूर्ति के लिए ही आज डॉ॰ साहब सत्तारूढ़ कांग्रेस-दल के अध्यक्ष हैं।

डॉक्टर साहब के पारिवारिक जीवन के संबंध में एक उल्लेख करना मैं अत्यन्त महत्त्वपूर्ण समझता हूँ। उनकी पत्नी श्रीमती विमला शर्मा एक सच्ची भारतीय नारी हैं। इस परिवार से निकट परिचय होने के कारण मैं हमेशा यह मानता रहा हूँ कि डॉक्टर साहब की सफलताओं में उनकी विदुषी पत्नी श्रीमती विमला शर्मा का भी अपूर्व सहयोग रहा है।

इतने अधिक व्यस्त रहते हुए भी डॉक्टर साहब अपने पिता के अनन्य भक्त हैं। भोपाल के प्रसिद्ध वैद्य पं॰ खुशीलाल जी को भी अपने पुत्र को महान् बनाने का बहुत श्रेय है।

डॉक्टर साहब के मित्र उनके परिवार के सदस्य की तरह हैं। अपने साथियों के प्रति उनकी आत्मीयता एवं स्नेह उनके व्यक्तित्व को महान् बनाते हैं।

डॉक्टर साहब का उच्च चरित्र, उनका मार्गदर्शन और उनकी धैर्यवृत्ति असंख्य स्नेहीजनों के लिए संबल सदृश है। उनका जीवन अनुकरणीय है।

## लोकतांत्रिक समाजवाद के प्रतीक: डॉ॰ शंकरदयाल शर्मा

**रामसहाय पाण्डेय**
संसद्-सदस्य

कोई समय था जबकि भारत में कांग्रेस-प्रधान को 'राष्ट्रपति' के नाम से पुकारा जाता था। गुलाम भारत में वह राष्ट्र की भावनाओं का प्रतीक समझा जाता था, और कांग्रेस जनमानस की उमंगों का प्रतिनिधित्व करती थी। स्वतंत्रता के बाद सत्ता कांग्रेस के हाथ में आ गई, तो सारे ढांचे में परिवर्तन हुआ। बड़े-बड़े नेताओं को सरकार चलाने का उत्तरदायित्व सौंपा गया। दल के कार्य को चलाने के लिए किसी निष्ठावान व्यक्ति को कांग्रेस की अध्यक्षता दी जाने लगी। सत्तारूढ़ दल का अध्यक्ष होने के नाते कांग्रेस का अध्यक्ष हमेशा ही सरकारी नीतियों के निर्माण को काफी सीमा तक प्रभावित करता रहा है। इसी प्रकार की स्थिति डॉ॰

शंकरदयाल शर्मा की है, अपने शैशवकाल से ही निष्ठावान, राष्ट्रभक्त और अनथक जनसेवक के रूप में वे सबको प्रभावित करने रहे हैं। धर्मनिरपेक्षता, सहिष्णुता और अंतर्राष्ट्रीय सद्भाव, इन सिद्धांतों में उनका अटूट विश्वास रहा है। उन्होंने हमेशा यह विश्वास व्यक्त किया है कि ईमानदारी से इन सिद्धांतों पर चलकर ही हमारा देश उस महानता को प्राप्त कर सकता है जिसका स्वप्न उन लोगों ने देखा था, जिन लोगों ने देश के लिए अपना यौवन और प्राण भेंट किये थे। वह भी बड़े पदों पर आसीन हो सकते थे, पूंजीपति बन सकते थे और जीवन के सुख-साधन खरीद सकते थे। उन्होंने यह सब कुछ नहीं किया। उन्होंने इस देश को प्यार किया, इस देश के लोगों से प्यार किया, सबको अपना समझा और उन अपनों के लिए अपना सब कुछ बलिदान कर दिया।

उनकी इस अमानत को सुरक्षित रखने का, उनके सपनों को साकार करने का और उस विरासत के गौरव में वृद्धि करने का उत्तरदायित्व आज डॉ० शंकरदयाल शर्मा पर डाला गया है। उस विकट परिस्थिति में जबकि देश की सामन्तवादी, प्रतिक्रियावादी, रूढ़िवादी और साम्प्रदायिक शक्तियां तरह-तरह के रूप धारण करके इस देश का सब कुछ नष्ट कर देना चाहती हैं। कई लोग तो यह बात स्पष्ट कहने में भी संकोच नहीं करते कि वे पश्चिमी शक्तियों के हाथ की कठपुतली बनकर रहना चाहते हैं। मजहब, प्रांतीयता और भाषायी भावनाओं को उभारकर जनता को धोखा देना चाहते हैं। ये लोग नाम तो लोकतंत्र का लेते हैं और विरोध करते हैं उन महान् निर्णयों का जो इस देश के लोकतंत्रीय निर्णय हैं। आखिर लोकतन्त्र का अर्थ क्या है? यही न कि जो बात बहुसंख्या में लोग कहें, उसे मान लो। मगर इस देश में ऐसे लोग हैं, जो नाम तो लोकतंत्र का लेते हैं, परन्तु लोकतंत्र के आधारभूत सिद्धांत को स्वीकार करने को तैयार नहीं। हमारे देश की लोकसभा में सदस्यों की कुल संख्या 520 है, उनमें से 360 से ऊपर ही ऐसे लोग कांग्रेस के प्रतिनिधि हैं। इसके अतिरिक्त 50 के लगभग अन्य लोग हैं, जो कांग्रेस की नीति और कार्यक्रमों का समर्थन करते हैं। शेष 110 के लगभग ऐसे हैं जो कांग्रेस के प्रबल विरोधी हैं। कांग्रेस यदि बैंकों का राष्ट्रीयकरण करे तो ये उसके विरुद्ध, वह राजाओं और नवाबों की निजी थैलियां समाप्त करे तो उसका विरोध, औद्योगिक एकाधिकार का प्रश्न हो तो भी उनकी वही स्थिति है और कृषि-भूमि के स्वामित्व की ऊपरी सीमा निर्धारित करना हो तो भी वे वहीं के वहीं। अनाज का थोक व्यापार हो तब भी और न्यायालय के एक न्यायाधीश के स्थान पर दूसरा मुख्य न्यायाधीश बना दिया जाये तो भी वे एक ही तरह से गरजते हैं।

ये कहते हैं कि यदि देश को हमारी राय के अनुसार नहीं चलाओगे तो हम कुछ भी नहीं चलने देंगे। देश के कुछ बड़े-बड़े पूंजीपति इनके पीछे खड़े हैं, जो नहीं चाहते कि देश में समाजवाद आये, और वह आर्थिक तौर पर भी पूर्णतः स्वतंत्र हो। इन लोगों को न देश की चिन्ता है, न ही जनता के दुःख-दर्दों की कोई अनुभूति है। इन्हें देश की कोई बात अच्छी नहीं लगती, अन्य देशों की हर बात अच्छी लगती है। देश की स्वतंत्रता के प्रत्येक दौर में ऐसे लोग रहे हैं। इनके कड़े विरोध के बावजूद देश सफल हुआ है, और मेरा अटल विश्वास है कि अब भी होगा। उसके लिए जनता को तैयार करना होगा, ताकि वह दृढ़ संकल्प के साथ इन शक्तियों का मुकाबला कर सके। मुझे इस बात का हर्ष है कि डॉ० शंकरदयाल शर्मा देश के व्यापक और उत्तरदायित्वपूर्ण संगठन के अध्यक्ष के नाते, अपने इस कर्त्तव्य के प्रति जागरूक हैं। बड़े साहस और पूरी क्षमता से विरोधियों का सामना करते हैं और जनता को इस बात की प्रेरणा देते रहते हैं कि उस मंजिल को हमेशा ही समक्ष रखना चाहिए, जहाँ पहुँचने का स्वप्न हम वर्षों से देखते रहे हैं। कठिनाइयों का सामना करना ही होगा, और संघर्षपूर्ण दौर से निकलना ही होगा। डॉ० शंकरदयाल शर्मा का एक प्रबल दृष्टिकोण है, और वह एक महान् विचारधारा के प्रतीक हैं। इसलिए मैंने उनके जीवन की व्यक्तिगत घटनाओं में न जाकर केवल उस विचारधारा की ही बात की है।

डॉ० शंकरदयाल शर्मा को उन तमाम अत्याचारों का पता है जो कि गुलामी के काल में इस देश की जनता ने सहन किये हैं। उन्हें पता है कि यह देश शताब्दियों तक लुटता रहा है। फिर कुछ वीर इस दयनीय स्थिति से छुटकारा दिलाने को आगे आये। देश ने एक अंगड़ाई ली, और हम उस सत्ता से टकरा गये जिसके राज्य में सूर्य अस्त नहीं होता था। इसे हमने अपनी स्वतंत्रता का संग्राम कहा। लाखों लोग, युवक और युवतियां इस दृढ़ संकल्प के साथ आगे बढ़े कि या तो आजाद होंगे या मर जायेंगे। सैकड़ों वीर फांसी के तख्ते पर झूल गये और सैकड़ों अत्याचारियों की गोलियों का शिकार हो गये। लाखों लोग जेलों में गये, कठिनाइयां और विपत्तियां सहन कीं। उस समय की स्थिति क्या थी? हमारा मुकाबला केवल विदेशी शासकों से नहीं था, वे तो मुट्ठी-भर थे। उनका साथ दे रहे थे हमारे ही देश के कई लोग--देशी रियासतों के राजे-महाराजे, नवाब और शासक, कुछ बड़े-बड़े जमींदार, जागीरदार, सरकारी अधिकारी और वे लोग जो धर्म, जाति, संप्रदाय और क्षेत्र विशेष के नाम पर

जनसाधारण को गुमराह करने और आपस में लड़ाने का प्रयास कर रहे थे। धन, शासन, सत्ता, प्रभाव सब कुछ उनके पास था। इसके बावजूद हम सफल हुए। देश आजाद हुआ। परन्तु एक ऐसा देश जो बंट गया था। कंगाल हो गया था। पिछड़ गया था। जहाँ उद्योग नाम-मात्र को भी नहीं थे। जहाँ लाखों लोग घर से बेघर हो गये थे। जहाँ 85 प्रतिशत जनसंख्या अनपढ़ थी। जहाँ सांप्रदायिकता ने प्रचंड अग्नि का रूप धारण कर रखा था। जहाँ समस्याएं ही समस्याएं थीं, हल कोई नज़र नहीं आता था।

हमें स्वतंत्रता तो प्राप्त हो गई, यह केवल राजनीतिक स्वतंत्रता थी, मगर आर्थिक स्वतंत्रता से हम अब भी वंचित थे। देश की स्वतंत्रता के बाद हमने सांप्रदायिकता को समाप्त करने का व्रत लिया। हमने धर्म-निरपेक्षता के आदर्श को देश का बुनियादी आदर्श बनाया। रियासतों को समाप्त कर दिया। बड़े-बड़े जागीरदारों और जमींदारों को खत्म कर दिया, ताकि देश में एकता की भावना पैदा हो, सुदृढ़ हो और देश एक महान् राष्ट्र बने। यह भावना आज भी उस सीमा तक सुदृढ़ नहीं हुई जिस सीमा तक हम चाहते थे। परन्तु फिर भी इस दौर में हमें सफलता मिली। विरोधियों के संयुक्त और निरंतर प्रयासों के बावजूद इस देश में धर्मनिरपेक्षता और लोकतंत्र के सिद्धांत करोड़ों लोगों के सिद्धांत बन गये। अब यहाँ राजाओं और नवाबों तथा बड़े-बड़े जमींदारों और जागीरदारों के लिए भी कोई जगह नहीं रही थी। सांप्रदायिकतावादी भी अपने आपको धर्मनिरपेक्षता और भावात्मक एकता का समर्थक कहने लगे थे। इसके बाद हमने खुशी-खुशी देश के निर्माण की ओर पग उठाया।

आवाड़ी में निर्णय हुआ कि हम इस देश में समाजवादी समाज का निर्माण करेंगे। हमने योजनाएं बनाईं और विभिन्न क्षेत्रों में विकास का कार्य आरम्भ किया। जिस देश में एक सुई का भी निर्माण नहीं हो रहा था, वहाँ अब बहुत सी महत्त्वपूर्ण वस्तुओं का उत्पादन देश में होने लगा। फिर समाजवाद का संघर्ष आरम्भ हुआ। सबको समान अवसर देने की घोषणाएं हुईं। इस तरह से समाजवाद का संघर्ष देश की समृद्धि का संघर्ष बना। लोगों को समझाया गया कि देश का अर्थ कुछ–एक बड़े-बड़े पूंजीपति, उद्योगपति, करोड़पति, अरबपति नहीं है, जिन्हें उंगलियों पर गिना जा सकता है। देश का अर्थ वे बड़े-बड़े व्यापारी भी नहीं, वे बड़े-बड़े न्यायाधीश, अधिवक्ता, सरकारी अधिकारी, डॉक्टर और इसी प्रकार के दूसरे लोग भी नहीं, जो लाखों में खेलते हैं और जिनकी संख्या मुश्किल से देश की कुल जनसंख्या का 5 प्रतिशत है। देश का अर्थ इस देश के निर्धन

और मध्यम श्रेणी के व्यक्ति, किसान, मजदूर, छोटे दूकानदार, छोटे सरकारी कर्मचारी और वह श्रमिक वर्ग है, जो कि देश की कुल जनसंख्या का 95 प्रतिशत है। यही वास्तव में देश की संपत्ति को पैदा करते हैं। इसके निर्माण के लिए जिम्मेदार हैं। इन्हें हम देश की औद्योगिक और कृषि-संबंधी प्रगति की रीढ़ की हड्डी कह सकते हैं। उन लोगों की समृद्धि ही देश समृद्धि है।

इसे हम समाजवाद भी कह सकते हैं और सामाजिक न्याय का नाम भी दे सकते हैं। नाम चाहे कुछ भी दीजिए, परन्तु यदि यह समृद्धि न आई तो सारा गुड़ गोबर हो जायेगा। इस दिशा में पग उठाये गये, 14 बड़े बैंकों का राष्ट्रीयकरण किया गया, नरेशों की निजी थैलियां और विशेषाधिकार समाप्त हुए, और औद्योगिक एकाधिकार पर प्रतिबंध लगाने का निर्णय भी हुआ तथा इस प्रकार के अनेक अन्य कदम उठाये गये।

सरकार का यह निर्णय भी कि अनाज का थोक व्यापार अपने हाथ में ले लिया जाये, इस दिशा में उठाये गये पगों की ही एक कड़ी है। इसी तरह अन्तर्राष्ट्रीय मामले में हमने गुट निरपेक्षता और तटस्थता की नीति को अपनाया। मगर निहित स्वार्थों को ये सब बातें गलत मालूम हुईं। वे चिल्लाते हैं कि विदेश नीति बदली जाये, आर्थिक नीति में परिवर्तन किया जाये और औद्योगिक नीति में संशोधन किया जाये। मगर देश की राष्ट्रीय शक्तियां बड़ी मजबूती से कांग्रेस के झण्डे के नीचे खड़ी हैं। डॉक्टर शंकरदयाल शर्मा उसका नेतृत्व कर रहे हैं। उनका कहना है, यदि कांग्रेस अपने समाजवाद की राह पर उत्साहपूर्वक चलती रही और उसने अपनी कथनी तथा करनी में कोई अंतर न रखा, तो न केवल आगामी चुनावों में ही वह सफल होगी, बल्कि आने वाले 10 वर्षों में भी सुविधाजनक ब्रहुमत प्राप्त करती रहेगी। यह बात ऐतिहासिक सत्य है कि कांग्रेस ने जनसाधारण के लिए निरन्तर त्याग किया है। इन त्यागों और बलिदानों की लम्बी परम्परा के साथ आज उसका नेतृत्व श्रीमती इंदिरा गांधी के हाथ में है।

श्रीमती इंदिरा गांधी ने एक बार अखिल भारतीय कांग्रेस की बैठक में कहा था : "यह जरूरी है कि कांग्रेस पार्टी भारत की क्रांति का तथा उसके भावी निर्माण का साधन बनी रहे। आर्थिक नीति की ओर तुरन्त ध्यान देने की जरूरत है। उसका प्रत्येक स्त्री-पुरुष और बच्चे पर प्रभाव पड़ता है। हम इस बात का प्रयास करेंगे कि दल तथा उसके समाजवादी कार्यक्रम में लोगों की आस्था पुनः जाग्रत हो। ऐसा करते समय हम अपनी क्रांति के सर्वांगीण आदर्श को भी ध्यान में रखेंगे और वह आदर्श है--धर्मनिरपेक्षता, सहिष्णुता और

अंतर्राष्ट्रीय सद्‌भाव।" यह परम संतोष की बात है कि इन नीतियों और कार्यक्रमों के लिए जनमत जाग्रत करने का कार्य बड़े ही शानदार ढंग से डॉ॰ शंकरदयाल शर्मा कर रहे हैं। सभी लोग उनका अभिनन्दन कर रहे हैं, मैं भी उनको आदर देता हुआ, उनके और उनकी विचारधारा के आगे नतमस्तक होता हूँ।

## डॉ॰ शंकरदायाल शर्मा

**गार्गीशंकर मिश्र**
संसद्-सदस्य

व्यक्ति का नाम और जन्म का इतिहास महान् नहीं बनता। जीवन में जिन गुणों को प्रस्फुटित कर लेता है–उन गुणों की महक–गुणों के रंगों का इन्द्रधनुष ही मनुष्य की महानता और महत्ता का परिचायक होता है।

डॉ॰ शंकरदयाल शर्मा का नाम लेते ही जो नक्शा मन पर स्वरूपित होता है उसमें सौम्य, प्रसन्न और तेजस्विता के साथ उनके अथाह ज्ञान, असीम विनम्रता, प्रशांत शालीनता और महान् विद्वत्ता की गंगा के भी दर्शन होते हैं।

अनेक वर्ष पहले जब मैं सर्वप्रथम डॉक्टर साहब से मिला, मुझे याद नहीं कब, लेकिन जब भी उनसे मिला ऐसा कभी भास नहीं हुआ कि वे मेरे अपने नहीं हैं।

उनके चरित्र और कर्मठता की ख्याति उनके परिचित और अपरिचित सब जानते हैं। वे एक कुशल प्रशासक और उत्कृष्ट राजनीतिज्ञ हैं।

मध्य प्रदेश के शिक्षा-विकास में उनका योगदान–शिक्षा मंत्री के रूप में उन सीमाओं तक पहुँच चुका, जिन सीमाओं को आने वाले शिक्षाविद् और शिक्षा मंत्री कभी छू भी नहीं सकते।

मध्य प्रदेश का औद्योगीकरण और औद्योगिक विकास उनके उद्योग-मंत्रित्व के काल में जितना हुआ, और औद्योगिक विकास की जिलेवार संभावनाएं, जांच-पड़ताल के उपरान्त प्रकाशित हुईं वे आज भी आने वाले औद्योगिक विकास की मार्ग दर्शिकाएं हैं। भविष्य में भी उनकी उपयोगिता अक्षुण्ण रहेगी, यह संदेह से परे है।

कम से कम समय में समूचे मध्य प्रदेश की औद्योगिक संभावनाओं का सर्वेक्षण, उद्योगों की आवश्यकताओं के कच्चे माल की उपलब्धि और बने हुए माल के विक्रय का बाजार–सबका पूर्ण विवेचन–प्रथम बार मध्य प्रदेश में डॉक्टर

साहब के ही समय में किया गया। दरअसल इस तरह का प्रयास, मध्य प्रदेश में ही सर्व-प्रथम हुआ। जिस नींव पर अब तक अनेक हाथों ने अपने-अपने मन की मंजिलें बनाने के प्रयास किये हैं। लेकिन वे सजीव विचार कहाँ हैं? जो उन्हीं के समय की बनी हुई अनेक प्रौद्योगिकी शिक्षा-संस्थाओं में से निकले हुए नवशिक्षित युवकों को औद्योगिक विकास में साझीदार बना कर, शिक्षित बेरोजगारों को रोजगार और उद्योग के अवसर देकर, उन्हें औद्योगिक विकास में जुटाकर, प्रदेश और पिछड़े हुए समाज की समृद्धि की दिशा में बढ़ाते तथा सारे देश का इस दिशा में मार्गदर्शन करते। आज जो बड़ी समस्या शिक्षित बेकारों की है उसका निराकरण वर्षों पूर्व डॉक्टर साहब ने मध्य प्रदेश में औद्योगीकरण के रूप में कर दिया था।

इसमें संदेह नहीं कि वे आज हमारे नेता हैं सर्वोपरि; मार्ग-दर्शन उनसे मिलता है कांग्रेस संस्था को, उसके संगठन को। मध्य प्रदेश भी एक बड़े दायरे में उनके इस उच्च पद पर पहुँचने पर लाभान्वित अवश्य हुआ है। यह आनन्द, हर्ष, गर्व और गौरव की बात है। उसके लिए मध्य प्रदेश को त्याग करना पड़ा है, यह अखरते हुए भी बड़ी ही प्रसन्नता की बात है।

मध्य प्रदेश उनका कुटुम्ब रहा। उससे ऊपर उठकर समूचे भारत की मानवता को यदि वे अपने कुटुम्ब के रूप में पा गये तो इसमें गौरव का अनुभव होना तो स्वाभाविक है—लेकिन कुटुम्ब का हित और स्वार्थ हम लोगों को एक कसक-भरी याद के रूप में है। कौन नहीं चाहता कि कुटुम्ब का बड़ा, महान् बने—सर्वमान्य बने। गौरव होता है और गर्व भी। लेकिन कौन नहीं चाहता कि कुटुम्ब का श्रेष्ठ व्यक्ति कुटुम्ब में ही रहे। कुटुम्ब की भलाई में योगदान दे। मार्गदर्शन करे। अगुआ बने। विचारों का संघर्ष होता है—मन की लालसा, समय और घटनाओं के संदर्भ में उद्विग्नता का रूप ले लेती है। इच्छाएं-अभिलाषाएं बनती हैं, आकांक्षाएं बलवली होती हैं, फिर भी स्नेह और आदर, सान्निध्य और दूरी के बीच, मानसिक पीड़ा को मधुरता देता है—गौरव का स्वरूप देता है—आदर को मुखरित करता है।

हम मध्य प्रदेश के लोग जहाँ भी हैं, जैसे भी हैं, डॉक्टर साहब के प्रति कृतज्ञ हैं। उनके स्नेह के पात्र हैं। उन्हें सादर शुभकामनाएं अर्पित करते हैं।

उनकी सर्वतोमुखी प्रतिभा के रंग-भरे इन्द्रधनुष को भारत के क्षितिज पर हमेशा-हमेशा के लिए स्थायित्व की प्राप्ति की अभिलाषा और कामना करते हैं।

शतशः अभिवादन करने का सौभाग्य अनुभव करते हैं।

# डॉ० शंकरदयाल शर्मा : एक व्यक्तित्व

**नन्द किशोर भट्ट**
संसद्-सदस्य

संघर्ष वह शक्ति है जिसमें से नई-नई प्रतिभाएं एवं नेतृत्व निखरता है। स्वतंत्रता-प्राप्ति के पश्चात् मध्य प्रदेश की राजनीति के क्षितिज पर डॉ० शंकरदयाल शर्मा का आविर्भाव इसी सत्य की पुष्टि करता है। आज से 25 वर्ष पूर्व एक छोटे से देशी राज्य के अतिरिक्त भोपाल का कोई महत्त्व नहीं था। आज भारतवर्ष के सबसे बड़े राज्य ही राजधानी होने के नाते अथवा देश के आधुनिकतम नगरों में से होने के कारण भोपाल का जो भी स्वरूप है उसका श्रेय यदि किसी को दिया जा सकता है तो उसके एकमात्र अधिकारी डॉ० शंकरदयाल शर्मा हैं। मध्य प्रदेश के निर्माताओं में से एक होने के साथ सभी दृष्टियों से वह नवीन भोपाल के शिल्पी हैं।

विद्या ददाति विनयम्, विनयम् ददाति पात्रताम्। डॉ० शंकरदयाल शर्मा सरस्वती के उन वरद् पुत्रों में से हैं जिनका विद्या पर सहज एवं सरल अधिकार है। वह सादगी और विनम्रता के प्रतीक हैं। डॉ० साहब संस्कृत, हिन्दी और अंग्रेजी में एम०ए० होने के बाद उर्दू और फारसी पर भी समान अधिकार रखते हैं। उनकी यह मान्यता रही है कि अहिंसा पर आधारित संघर्ष में आंदोलनात्मक दृष्टिकोण के साथ-साथ न्याय प्रणाली में भी लोकहित की दृष्टि से आमूल परिवर्तन आवश्यक है। उसी उद्देश्य से उन्होंने कानून की उच्चतम शिक्षा कैम्ब्रिज विश्वविद्यालय से प्राप्त की तथा वहीं से संवैधानिक कानून में डाक्टरेट की उपाधि प्राप्त कर अन्ततः बार० एट-लॉ की उपाधि भी प्राप्त की। हावर्ड विश्वविद्यालय ने उनकी कानून विद्या की योग्यता को स्वीकारते हुए उन्हें ब्रिटिश फेलो के रूप में आमंत्रित किया। किसी भी साधारण व्यक्ति के लिए इतनी योग्यता प्राप्त करने के पश्चात् गर्वित होना अस्वाभाविक नहीं कहा जायेगा परन्तु बढ़ते हुए वटवृक्ष की छाया के समान डॉ० साहब की विनम्रता एवं सौजन्य में बराबर निखार आता रहा। ज्ञान की उपलब्धि के साथ-साथ डॉ० साहब के जीवन में सादगी और विनम्रता उन्हें ओतप्रोत करती चली गई। छोटे से छोटे कार्यकर्ता से लेकर बड़े से बड़े नेता के साथ सहज प्रेमपूर्ण व्यवहार उनके प्रभावशील व्यक्तित्व के भीतर छिपे हुए मानव की विशालता का परिचायक है।

संस्कार से ही डॉ॰ साहब किसी भी प्रकार की तानाशाही के विरोधी रहे हैं। भूतपूर्व भोपाल राज्य के नवाब से उनका तब तक संघर्ष चलता रहा जब तक कि भोपाल का भारत में पूर्णतः विलय नहीं हो गया। राजाओं के विशेषाधिकार तथा प्रिवी पर्स की समाप्ति के लिए तब तक चैन नहीं लिया जब तक संविधान में समुचित संशोधन नहीं हुआ। प्रतिक्रियावादी एवं फूटपरस्त तत्त्वों के खिलाफ वह बराबर चेतावनी देते रहते हैं। देश में भूमि सुधारों को लागू करने, कोयला, तांबा और इस्पात की मिलों जैसे बुनियादी उद्योगों का राष्ट्रीयकरण डॉ॰ साहब के जीवन का लक्ष्य रहा है। इन नीतियों के कार्यान्वित हो जाने से लाख प्रयत्न करने पर भी देश के प्रतिक्रियावादी तत्त्व कांग्रेस को आगे बढ़ने से रोक नहीं सके।

देश में बहुत कम ऐसे भाग्यशाली व्यक्ति हैं जिन्हें राष्ट्रनेता श्रीमती इंदिरा गांधी के अतिरिक्त पं॰ जवाहरलाल नेहरू, सरदार बल्लभभाई पटेल, मौलाना अब्दुल कलाम आजाद तथा श्री जगजीवनराम जी आदि चोटी के सभी नेताओं का स्नेह एवं आशीर्वाद प्राप्त हुआ हो। डॉ॰ साहब ऐसे ही भाग्यशाली नेता हैं। उनके मन पर पं॰ नेहरू के बहुमुखी व्यक्तित्व की गहरी अमिट छाप है। वर्गरहित समाज में लोकतांत्रिक समाजवाद की स्थापना आज उनका एकमात्र लक्ष्य है। भोपाल राज्य के विलयकरण आन्दोलन के सफल नेतृत्व के परिणामस्वरूप डॉ॰ शर्मा को जेल जाना पड़ा। मध्य प्रदेश की राजनीति के 20 वर्ष के सक्रिय जीवन में प्रदेशाध्यक्ष से लेकर भोपाल राज्य के मुख्य मंत्री और बाद में मध्य प्रदेश में शिक्षा, कानून, वित्त, पर्यटन, सार्वजनिक निर्माण विभाग और उद्योग जैसे महत्त्वपूर्ण विभागों के मंत्री रहकर उन्होंने अभूतपूर्व गरिमा के साथ अपना उत्तरदायित्व निभाया। 1968 में अखिल भारतीय कांग्रेस कमेटी के महामंत्री होने के पश्चात् डॉ॰ साहब ने कांग्रेस की 1969 की सैद्धान्तिक क्रान्ति में श्रीमती इंदिरा गांधी के विश्वसनीय सहयोगी के रूप में बड़ी महत्त्वपूर्ण भूमिका निभाई। यह उनकी योग्यता, राष्ट्रीय एवं अंतराष्ट्रीय समस्याओं की सूझ-बूझ तथा कार्यकर्ताओं में लोकप्रियता का ही परिणाम था कि संसार के सबसे बड़े लोकतांत्रिक राजनैतिक दल भारतीय राष्ट्रीय कांग्रेस के अध्यक्ष होने का गौरवमय पद उन्हें प्राप्त हुआ। निश्चय ही यह डॉ॰ साहब का सम्मान था परन्तु इस सम्मान के पीछे मध्य प्रदेश की उस शोषित पीड़ित जनता का सम्मान है जिसका डॉ॰ शंकरदयाल शर्मा प्रतिनिधित्व करते हैं।

पिछले 3 वर्षों में देश के सभी भागों में समाजवाद के लक्ष्य को दृष्टिगत रखते हुए बड़े क्रान्तिकारी परिवर्तन हुए हैं। शहरी संपत्ति पर रोक, भूमि-सुधार कानून, छोटे कृषकों को अधिक सुविधाएं तथा देहाती जनता की न्यूनतम

आवश्यकताओं की पूर्ति के लिए एक निश्चित अवधि का कार्यक्रम आदि डॉ॰ शर्मा के व्यापक प्रभाव का ही परिणाम है। बेकारी, काम की कमी तथा उत्पादकों के लिए विशेषकर कृषि-उद्योग में काम करने वाले लोगों को साधनों की कमी, गरीबी का सबसे बड़ा कारण है। डॉ॰ शर्मा ने बराबर इस बात पर जोर दिया है कि बेरोजगार लोगों को काम देने के लक्ष्य से आरम्भ किये जाने वाले कार्यक्रमों के लिए यह आवश्यक है कि शोषित गरीब जनता को उत्पादनों के साधन उदारतापूर्वक वितरित किये जायें। इससे न केवल उत्पादन में वृद्धि होगी बल्कि उत्पादन-शक्ति में भी वृद्धि होगी।

देश के वर्तमान कठिन आर्थिक संकट के संदर्भ में उन्होंने स्पष्ट कहा है कि किसी भी राष्ट्र के जीवन में अपने लक्ष्य की पूर्ति की यात्रा का कोई अंत नहीं है। आर्थिक व सामाजिक क्षेत्र में आत्मनिर्भरता की यात्रा आगे चलकर भी आसान हो सकती है, परन्तु यह कहा जा सकता है कि यात्रा और भी कठिन हो सकती है। इसी के आधार पर आज राष्ट्रनेता श्रीमती इंदिरा गांधी एवं कांग्रेस-अध्यक्ष डॉ॰ शंकरदयाल शर्मा आने वाली कठिनाइयों का डटकर मुकाबला करने के लिए देश का आह्वान कर रहे हैं। कांग्रेस के नेतृत्व में पिछले 25 वर्षों में ऐसे नवीन समाज की नींव रखी जा चुकी है जो सभी दृष्टियों से लोकतंत्रात्मक होने के साथ-साथ धर्मनिरपेक्षता एवं समाजवादी होने के अतिरिक्त जनता को आर्थिक एवं सामाजिक न्याय दिलाने का साधन बन सके। किसी भी देश की जनता के लिए विशेषकर जबकि वह सदियों से शोषण का शिकार रही हो, यह कोई साधारण उपलब्धि नहीं है। आज डॉ॰ शर्मा के समक्ष सबसे बड़ा प्रश्न यही है कि किस प्रकार देश की जनता को गरीबी-उन्मूलन के अभियान में पूरी शक्ति के साथ लगाया जा सकता है। यदि समय रहते सामाजिक व आर्थिक असमानता को शांतिपूर्ण एवं लोकतांत्रिक तरीके से नहीं हटाया गया तो कोई भी शक्ति देश में हिंसक क्रान्ति को नहीं रोक सकती है।

कांग्रेस प्रेसीडेंट की हैसियत से हाल ही में उनके द्वारा किया गया रूस, हंगरी, आस्ट्रिया, इंग्लैंड आदि देशों का दौरा और परिणामस्वरूप वहाँ की जनता पर उनके वचन एवं आचरण की अमिट छाप से भारतीय नेतृत्व की ज्ञान-गरिमा, सूझ-बूझ एवं हमारी नीति की अमिट छाप पड़ी है। निश्चय ही हमारे लिए बड़े गर्व की बात है।

डॉ॰ शर्मा से राष्ट्र को बड़ी आशाएं हैं। न केवल कांग्रेस बल्कि सभी समाजवादी प्रगतिशील शक्तियां डॉ॰ शर्मा की विद्वत्ता, उनकी महान् निष्ठा एवं

ख्यातिप्राप्त विचारक के रूप में सभी उनका आदर करते हैं। गांधी जी के संकल्प को उन्होंने अपना धर्म माना है। प्रधान मंत्री श्रीमती इंदिरा गांधी की नीतियों का डॉ॰ शर्मा केवल समर्थन ही नहीं करते बल्कि उन्होंने बार-बार कांग्रेसजनों व देशवासियों को यह बतलाया है कि हमारी प्रधान मंत्री के रूप में हमें एक अद्वितीय नेता मिला है जिसमें महान् योग्यता, सामर्थ्य एवं दृढ़संकल्प है। हम सब को संगठन और देश के लिए भरसक प्रयत्न करते रहना है जिससे कि देश के लाखों-करोड़ों लोगों को समृद्ध एवं खुशहाली दिलाने के लिए वर्षों से चली आ रही हमारी कोशिशों में यह एक निश्चित मोड़ साबित हो सके।

मध्य प्रदेश आर्थिक एवं सामाजिक दृष्टि से काफी पिछड़ा प्रदेश है। वहाँ की अपनी समस्याएं हैं, जिनका समाधान राजनैतिक प्रभाव एवं जनता की कर्तव्य-भावना दोनों के उपयोग से ही संभव हो सकता है। डॉ॰ शंकरदयाल शर्मा के चरित्र की यह विशेषता रही है कि राष्ट्र एवं संगठन के कार्यों में अत्यधिक व्यस्त रहने पर भी उनका ध्यान अपने प्रदेश के पिछड़ेपन को दूर करने में भी लगा रहता है। प्रदेश के लोगों से मिलने के लिए वह सदैव उद्यत रहते हैं, यह उनके हृदय की विशालता एवं सौहार्द्र का द्योतक है। उनके अडिग आत्म-विश्वास और देशभक्ति के साथ उनकी प्रशासनिक क्षमता मध्य प्रदेश की जनता की धरोहर है। कांग्रेस देश से आर्थिक एवं सामाजिक असमानता को हमेशा के लिए मिटाने के लिए कृतसंकल्प है। भविष्य ही इस बात का साक्षी हो सकेगा कि इस महत्त्वपूर्ण ऐतिहासिक कार्यक्रम को सफल बनाने में डॉ॰ शर्मा का कितना बड़ा योगदान रहा है। उनका सौजन्य, कर्तव्यनिष्ठा, संगठन शक्ति, अटूट आत्मविश्वास एवं प्रशासनिक क्षमता पर हमें अभिमान है। हमें पूरा विश्वास है कि वह अपनी इन विशिष्टताओं के द्वारा देश को आर्थिक एवं सामाजिक पुनर्निर्माण की ओर ले जाने में सफल होंगे।

## डॉ॰ शंकरदयाल शर्मा–जैसा मैंने देखा

**कन्हैयालाल मेहता**

महामंत्री, मध्य प्रदेश कांग्रेस कमेटी

गत बीस वर्षों के विशाल अंतराल में डूब जाने वाले स्मृति-क्षणों को जब मैं पुनः स्मरण करता हूँ, तब विविध राजनीतिक अवसरों, संघर्ष के इन्द्रधनुषी प्रसंगों

और विभिन्न राजनेताओं के संपर्क-सूत्रों का एक विराट् चित्र कल्पना में उभर आता है। उस चित्र में समन्वित एक रेखाकृति आज भी ज्यों-की-त्यों मन में अंकित और जीवंत है। आज उसकी जीवन्तता तेजस्विता के सर्वोच्च शिखर पर आसीन है। इस तेजस्विता और जीवनशीलता के प्रतीक, आज के कांग्रेस-अध्यक्ष डॉ० शंकरदयाल शर्मा हैं। मध्य प्रदेश बनने के पूर्व मध्य भारत और भोपाल दोनों समानता के विभिन्न छोरों से बंधे हुए थे। यह समानता लोक संस्कृति, राजनीतिक स्थिति तथा आर्थिक प्रश्न, सभी संदर्भों में व्याप्त थी। मध्य भारत और भोपाल का एक ही कांग्रेस संगठन था। उस समय मध्य भारत मेरी कर्मभूमि थी और भोपाल राज्य के मुख्य मंत्री डॉ० शर्मा थे। देश के सभी मुख्य मंत्रियों में सबसे अधिक तरुण डॉक्टर साहब ही थे। मुझे स्मरण है यह तथ्य मेरे मन में उनसे परिचित होने की जिज्ञासा का एक मूल बिन्दु था। इसी बिन्दु से उनके और मेरे परिचय की प्रथम रेखा अंकित हुई। मुझे डॉ० शर्मा के व्यक्तित्व का मानवीय पक्ष सर्वाधिक सचेतन-संवेदनशील तथा आकर्षक लगा। तब से आज तक राजनीति का कितना पानी नर्मदा, चंबल और बेतवा की धाराओं के साथ बह गया है, राजनीतिक क्षितिज के कई नक्षत्र टूट गये हैं और कई उदीयमान तारे आलोकित हैं। प्रदेश के स्वरूप में विशालता तथा वैविध्य का एक नूतन सौन्दर्य मुखर हो उठा है। किन्तु सर्वाधिक उल्लेखनीय एक ऐतिहासिक तथ्य है जो आज समय देवता के भाल पर अंकित हो उठा है। इस अंकन में इस प्रदेश को एक सपूत अखिल भारतीय राजनीति के क्षितिज पर आसीन होकर प्रदेश के लिए गौरव केतु बन गया है।

डॉ० शर्मा के व्यक्तित्व की वह स्पन्दनशील मानवीयता—मेरे लिए विभिन्न अवसरों पर प्रखर से प्रखरतर और निकट से निकटतर होती गई सन् 1957 के आम निर्वाचन के समय मेरा उनका सम्पर्क विभिन्न समस्याओं के प्रसंग में और बढ़ा। समस्याओं के मूल में जाकर उन्हें विविध कोणों से देखकर, सार ग्रहण करने की उनकी सूक्ष्म वृत्ति मुझे बहुत प्रिय लगी। इस वृत्ति को लेकर वकालत के पेशे का राही होने के कारण मेरे मन में कभी-कभी एक भाव उठता था। यदि डॉक्टर साहब वकालत के पेशे के क्षेत्र में गये होते तो निस्संदेह वे एक सफल और यशस्वी एडवोकेट होते। उनके और मेरे बीच धीरे-धीरे संबंध की निकटता बढ़ती गई। 1962 के आम चुनाव से लेकर 1972 के ऐतिहासिक तथा भाग्य-निर्णायक चुनाव तक, उनके बहुमुखी व्यक्तित्व के विविध पक्षों का रूप-औदार्य, शक्ति-स्रोत, तथा संवेदनशील तरलता मैं अनुभव कर चुका था। राजनीति का सबसे रोचक किन्तु प्रेरक तत्त्व उसका उतार-चढ़ाव है। व्यक्ति की कर्मशीलता तथा

शक्ति की सच्ची परख ऐसी ही राजनीति है। ऐसे प्रसंग में निकट से उन्हें देखने का मुझे अवसर मिला है। वे अपनी छात्रावस्था में तैराकी के चैम्पियन थे। भोपाल के विशाल ताल और लखनऊ की गोमती की धारा को हंसकर सजह ही पार कर लेने की उनकी शक्ति ने राजनीति की विकट प्रतिकूल झंझायुक्त धारा को पार करने में कभी उदासीनता नहीं दिखाई। मेरी अनुभूति है कि ऐसी धारा पार करने के लिए संघर्ष-शक्ति और समर्पण-भावना ही मुख्य संबल है। हिन्दी के क्रान्तदर्शी कवि कबीर की ये पंक्तियां मैं कभी नहीं भूल पाता:

कबिरा खड़ा बजार में, लिये लुकाठी हाथ।
जो घर जारै आपनो, चलै हमारे साथ।।

इन पंक्तियों का वास्तविक अर्थ डॉक्टर साहब ने केवल समझा ही नहीं, आमूल ग्रहण किया है।

मध्य प्रदेश कांग्रेस के महामंत्री ने नाते पिछले डेढ़, वर्ष से मैं लगातार उनके सम्पर्क में हूँ। मेरी धारणा है कि सामयिक किन्तु सही निर्णय, संवेदनशील किन्तु विवेकयुक्त मानवीयता, सहिष्णु किन्तु पौरुषयुक्त भावना, दृढ़वती किन्तु सुसंस्कृत सज्जता उनके व्यक्तित्व के चतुष्कोण हैं। इनकी स्थापना, अभिवृद्धि तथा उपलब्धि में मूल प्रेरक सम्भवत: उनकी शिक्षक अनुभूतियां हैं। उनके अन्तर का शिक्षक हर स्थिति, पद तथा अर्थों में जीवित और जाग्रत रहा है। मुझे स्मरण है, एक बार मध्य प्रदेश विधान सभा में विरोधी दल के एक सदस्य ने व्यंग्य किया था "आपको (डॉ॰ शर्मा) मंत्री-पद छोड़ने के बाद फिर शिक्षक ही बनना होगा।" डॉ॰ शर्मा ने सटीक उत्तर दिया था, उत्तर जिसमें उनके व्यक्तित्व का कालजयी प्रतिबिम्ब है। डॉ॰ शर्मा ने कहा था, "जी हां पहले था और भविष्य में अगर अवसर आया तो इसे स्वीकार करूंगा क्योंकि शिक्षक होने का मुझे गर्व है।"

अपनी प्रतिभा तथा वैचारिक गहनता के कारण ही उन्हें समाजवादी नेतृत्व के शिखर, साहित्य, इतिहास एवं संस्कृत के तत्त्ववेत्ता आयार्य नरेन्द्रदेव जैसे महान् व्यक्ति का स्नेह मिला। कार्य के प्रति अपूर्व निष्ठा से उन्हें राष्ट्रनायक पं॰ जवाहलाल नेहरू का विश्वास सुलभ हुआ। देश की युगीन समस्याओं के सूक्ष्म परीक्षण तथा लोकतांत्रिक समाजवाद-स्थापना के प्रति समर्पित भावना ने आज उन्हें प्रधान मंत्री इन्दिरा गांधी का विश्वास-पात्र तथा सहकर्मी बनाया है। आज देश में जबकि राजनीतिक स्वार्थ का धूमिल परिवेश, लोकहित ही सत्ता

का व्यक्ति हित के लिए दुरुपयोग तथा सस्ती लोकप्रियता प्राप्त करने की एक जिवीविषा दिखाई पड़ रही है, लोकहित तथा जन सामान्य के लिए निर्धारित राजनीति का मंगलकारी प्रवाह पूंजीवाद, साम्प्रदायिक तथा निहित स्वार्थ में मटमैलेपन से विकृत जैसा लग रहा है, ऐसे प्रसंग में प्रत्येक प्रबुद्ध राजनीतिज्ञ के मन में 'क्या करें' का एक प्रश्न चिह्न उपस्थित है।

निस्संदेह आदरणीय डॉक्टर शर्मा जैसे राजनीतिज्ञ ही प्रबुद्धता और असंदिग्ध ईमानदारी उसका एकमात्र उत्तर है। मैं उन्हें नमन करता हूँ।

## डॉक्टर शंकरदयाल शर्मा–मेरी दृष्टि में

**वेदराम**

महामंत्री, मध्य प्रदेश कांग्रेस कमेटी

आदरणीय डॉक्टर साहब से मेरा परिचय 1956 में नये मध्यप्रदेश के निर्माण के साथ ही हुआ। नये मध्य प्रदेश के स्व. पं॰ रविशंकर शुक्ल मंत्रिमंडल में शिक्षा मंत्री बने। आपकी रुचि के अनुकूल यह विभाग था और इस विभाग के द्वारा आपने इस प्रदेश में निरक्षरता दूर करने और शिक्षा के प्रचार-प्रसार के लिए एक अभियान सा छेड़ दिया। आपके कार्यकाल में प्राथमिक विद्यालय से लेकर उच्च शिक्षा तक के लिए महाविद्यालय खोले गये। भोपाल और रीवां विश्वविद्यालयों को छोड़कर प्रदेश के सभी नये विश्वविद्यालय आपके ही कार्यकाल में खोले गये। भोपाल और रीवां विश्वविद्यालय भी आपकी ही योजना का अंतिम चरण था जो बाद में कार्यान्वित की गई। आप देश के महान् शिक्षाशास्त्रियों में से हैं विद्या के प्रति आपका इतना अनुराग है कि आपने उसके प्रति समर्पित होकर उस विभाग में कार्य किया। आपकी मान्यता थी कि हम प्रदेश में शिक्षा की बुनियाद डाल रहे हैं। उसके प्रचार, प्रसार के लिए हमें जुट जाना है। आपकी मान्यता थी कि योग्य शिक्षक भारतवर्ष के किसी भी कोने में मिले हमें उसकी सेवा से लाभ उठाना चाहिए ताकि आने वाली पीढ़ी में हम अपने ही प्रदेश में सुयोग्य शिक्षा-शास्त्री तैयार कर सकें जिससे समाज और देश सेवा के हर क्षेत्र में कुशल युवक तैयार हो सकें। उनके बाद यह विभाग कई लोगों के हाथ में आया। शिक्षा विभाग में प्रयोग होते रहे परन्तु डॉक्टर साहब की कमी प्रदेश का हर प्रबुद्ध नागरिक आज भी महसूस करता है।

डॉक्टर साहब को अनेक वर्षों तक उच्च शिक्षा के लिए विदेशों में रहना पड़ा था परन्तु सहन-सहन, खान-पान, व्यवहार में अपनी भारतीयता को और अपनी संस्कृति को वे नहीं भूले। धार्मिकता उनमें कूट-कूटकर भरी है। परन्तु उनकी धार्मिकता संकुचित नहीं है वरन् धार्मिकता के दायरे को लांघकर आध्यात्मिकता की ओर उन्मुख है। हिन्दू, मुस्लिम, सिक्ख, ईसाई सभी धर्मों के प्रति उनकी श्रद्वा है। सभी धर्मावलम्बी उनके घनिष्ठ मित्र हैं और सामाजिक, राजनैतिक और धार्मिक क्षेत्र में उनके निकटतम साथी हैं। वे अर्वाचीन और प्राचीन, पूर्वी और पश्चिमी सभ्यता के समन्वयी हैं। रहन-सहन, खान-पान, वेशभूषा में विशुद्ध भारतीय बल्कि दकियानूसी हैं परन्तु विचारों में प्रगतिशील हैं, अग्रगामी हैं। भारतीय समाज की दशा का वर्णन करते हुए वे अनेक बार शंखनाद कर चुके हैं कि यदि समय की गति नहीं पहचानी गयी और समय रहते समाज के ढांचे को नहीं बदला गया तो देश में खूनी क्रान्ति हो जायेगी। विरोधी नेताओं ने उनके इस कथन पर टिप्पणी भी की। आर्थिक समानता, सामाजिक न्याय तथा प्रजातांत्रिक समाजवाद के आप प्रबल पोषक हैं।

आज आप विश्व की सबसे महान् राजनैतिक संस्था भारतीय राष्ट्रीय कांग्रेस के अध्यक्ष हैं। यह पद आपको कोई विरासत में नहीं मिल गया है। जब कांग्रेस में विघटन की स्थिति आई, कांग्रेस में सिण्डीकेट नेताओं का बाहुल्य था। वे कांग्रेस की समाजवादी नीतियों को अमली रूप देने में बाधा उपस्थित कर रहे थे। देश की जनता कांग्रेस के थोथे आश्वासनों से ऊब चुकी थी। और सन् 1967 के आम चुनाव के नतीजों में कई प्रदेश कांग्रेस के हाथ से निकल चुके थे। कई प्रदेशों में संविद शासनों का निर्माण हो चुका था। इधर सिण्डीकेट के नेतागण कांग्रेस के अन्दर हमारी लोकप्रिय नेता प्रधान मंत्री के खिलाफ षड्यंत्र रच रहे थे। उनको अपदस्थ कर सत्तारूढ़ होना चाहते थे। यह बात तब खुलकर सामने आई जब राष्ट्रपति के चुनाव का समय आया। सिण्डीकेट नेताओं ने कार्यकारिणी में बहुमत की आड़ लेकर नाटकीय ढंग से श्री नीलम संजीव रेड्डी का नाम राष्ट्रपति पद के लिए कांग्रेस उम्मीदवार घोषित कर दिया और तात्कालिक उप-राष्ट्रपति आदरणीय व॰वें॰ गिरी आत्मा की आवाज को लेकर खड़े हुए। इसी समय हमारी लोकप्रिय प्रधान मंत्री इन्दिरा गांधी के खिलाफ अविश्वास का प्रस्ताव कार्यकारिणी में लाकर उनको कांग्रेस से ही अलग करने का बात सामने आई। ऐसी विषम परिस्थिति में हमारी प्रधान मंत्री ने कमर कसकर उद्घोषणा की कि हम देश में प्रजातांत्रिक समाजवाद कायम करके रहेंगे और लोकसभा के कांग्रेसी

सदस्यों का सहयोग लेकर उन्होंने बैंकों का राष्ट्रीयकरण, राजाओं के विशेषाधिकार आदि जनहित के महत्त्वपूर्ण कदम उठाये और भारत की करोड़ों जनता को विश्वास में लेकर लोकसभा को भंग कर मध्यावधि चुनाव पुनः कराने का ऐतिहासिक निर्णय किया। ऐसी संकटकालीन स्थिति में महामंत्री के नाते आपने अदम्य साहस का परिचय दिया। सिण्डीकेटी नेताओं की गलत नीति के कारण संगठन कांग्रेस को तिलांजलि देकर जनता की कांग्रेस का साथ दिया और कार्यकुशतला और संगठन शक्ति के कारण हमारी लोकप्रिय प्रधान मंत्री जी के साथ कदम से कदम मिलाकर दृढ़तापूर्वक आगे बढ़े जिसके फलस्वरूप राष्ट्रपति के चुनाव से लेकर लोकसभा के मध्यावधि चुनाव और फिर विधानसभाओं के आम चुनाव सभी में प्रचण्ड बहुमत से सत्ता कांग्रेस को सफलता मिली। अवाम की भलाई के लिए, देश से गरीबी मिटाने के लिए, बैंकों का राष्ट्रीकरण, राजाओं का प्रिवी पर्स एवं विशेषाधिकार समाप्त करने, भूमि सुधार, कोयला खदानों का राष्ट्रीकरण जैसे महत्त्वपूर्ण कदम एक के बाद एक हमारी प्रधान मंत्री जी ने उठाये जिसमें आपका सहयोग सराहनीय रहा। न केवल राष्ट्रीय हित के प्रश्नों पर ही बल्कि अन्तर्राष्ट्रीय रंगमंच पर भी हमारी प्रधान मंत्री की नीतियों के समर्थन और उन्हें अमली रूप देने में आपका अनुकरणीय सहयोग रहा है। बंगला-देश की आजादी की लड़ाई, उनको आजाद करके एक स्वतंत्र प्रजातांत्रिक राष्ट्र के रूप में भारत को ला खड़ा करता है।

आज राष्ट्र की एकमात्र महान् राष्ट्रीय संस्था के अध्यक्ष के रूप में और विश्व के सबसे महान् देश भारत की प्रधानमंत्री के रूप में हमारी जन-नेता प्रधानमंत्री श्रीमती इन्दिरा गांधी के निकटतम सहयोगी हैं। हमारा अहोभाग्य है कि आप दोनों व्यक्तियों का कुशल नेतृत्व देश को प्राप्त है। आपके सबल कंधों पर देश की स्वतंत्रता का भार है और देश की जनता सुरक्षित है। हम कामना करते हैं कि हमें वर्षों तक आपका नेतृत्व और मार्गदर्शन मिलता रहे।

हरिजनों के प्रति आपका दृष्टिकोण महान् उदार है। आपकी मान्यता है कि जब तक देश में करोड़ों लोग आर्थिक और सामाजिक दासता के बंधन में जकड़े रहेंगे तब तक हमारी आजादी अधूरी है। आपकी योग्यता के आधार पर अपनी प्रगति का सबको समान अवसर प्राप्त हो। देश में जातिविहीन और वर्गविहीन समाज की स्थापना हो। इस संबंध में मुझे एक संस्मरण याद आता है। नवम्बर 1952 की घटना है जबकि नागपुर में अखिल भारतीय हरिजन वर्कर्स और लेजिस्लेचर्स कन्वेन्शन होने जा रहा था। प्रधान मंत्री पण्डित नेहरू, बाबू

जगजीवनराम जी की अध्यक्षता में उस सम्मेलन का उद्घाटन करने वाले थे। आप उक्त सम्मेलन में पधारे थे। आपके समक्ष उस समय के उपमंत्री श्री उमरावसिंह जी भी गये हुए थे। सम्मेलन की स्वागत-समिति के एक मंत्री के नाते आपके सम्पर्क में आने का सौभाग्य मुझे प्राप्त हुआ। एक प्रसंग में आपने परिचय प्राप्त होने पर कहा कि हम तो अल्पसंख्यकों और पिछड़े वर्गों को उठाने को तैयार हैं। भोपाल मंत्रिमंडल में मुख्य मंत्री हूँ और मेरे पास दो उपमंत्री हैं श्री मशरीकी साहब और उमरावसिंह जी। इन दोनों को कैबिनेट स्तर के मंत्री बनाने को मैं तैयार हूँ यदि कोई हाई कमान इसके लिए मुझे स्वीकृति दे। सौभाग्य से यहाँ बाबू जी पधारे हैं उनसे आप कहें, हो सके तो पंडित जी से भी कहें। और थोड़े दिन ही बाद उन्होंने उन दोनों को ही पूर्ण मंत्री के रूप में अपने मंत्रिमडल में पदोन्नत कर दिया। यह इस बात का द्योतक है कि आप पिछड़े वर्ग और अल्पसंख्यकों के प्रति कितने जागरूक हैं।

डॉक्टर साहब आज अन्तर्राष्ट्रीय जगत् में देदीप्यमान नक्षत्र की भाँति काम कर रहे हैं। उनका व्यक्तित्व दिन पर दिन निखरता जा रहा है। आज भारत जैसे महान् प्रजातांत्रिक देश की महान् प्रजातांत्रिक संस्था भारतीय राष्ट्रीय कांग्रेस के अध्यक्ष हैं। और विश्व के सबसे महान् प्रजातांत्रिक देश भारत की श्रेष्ठतम, लोकप्रिय प्रधान मंत्री का सहयोग आपको प्राप्त है। आप दोनों की ओर विश्व के अन्य राष्ट्रों के लोग आशा-भरी दृष्टि से देख रहे हैं। हमारी कामना है कि आप दीर्घायु होकर अनेक वर्षों तक हमारे, हमारे देश के करोड़ों लोगों के और विश्व के मार्गदर्शक बने रहें। समाजवाद, प्रजातंत्र और शान्ति का संदेश दुनिया के लोगों को देते रहें।

## डॉ॰ शंकरदयाल शर्मा: तब और अब

**द्वारकाप्रसाद कटारे**
एम.एल.ए.

मध्य प्रदेश के जिन नेताओं ने प्रदेश के राजनैतिक, आर्थिक, शैक्षणिक, सामाजिक व साहित्यिक विकास में महान् योगदान दिया है उसमें अखिल भारतीय कांग्रेस के अध्यक्ष डॉ॰ शंकरदयाल शर्मा का अत्यन्त महत्त्वपूर्ण स्थान है। भूतपूर्व भोपाल राज्य के मुख्य मंत्री के रूप में एवं मध्य प्रदेश के शिक्षा, विधि, वाणिज्य, लोक-निर्माण तथा पर्यटन मंत्री के रूप में आपने मध्य प्रदेश के

सर्वांगीण विकास में अकथनीय योगदान दिया है। मध्य प्रदेश कांग्रेस के अध्यक्ष तथा अखिल भारतीय कांग्रेस के अध्यक्ष के नाते आपने कांग्रेस संगठन को अपनी विलक्षण प्रतिभा, अविरल परिश्रम, उच्च कोटि की ईमानदारी और महान् व्यक्ति के गुणों से एक नया नेतृत्व दिया है।

डॉ० शर्मा का जन्म 19 अगस्त, 1918 को भोपाल में हुआ था। प्रारंभिक शिक्षा भोपाल में हुई थी। उच्च शिक्षा के लिए आपको आगरा, इलाहाबाद व लखनऊ जाना पड़ा। इसके बाद का शिक्षण अमेरिका व इंग्लैंड में हुआ। आप तीन विषयों–हिन्दी, अंग्रेजी साहित्य व संस्कृत में एम०ए० हैं। पी-एच०डी० (केण्टाव) बार० एट०ला०, डी०पी०ए० (लंदन), हारवर्ड लॉ स्कूल में ब्रण्डीज फैलो (1947-48) आदि की उच्च डिग्रियां आपको प्राप्त हैं। छोटी-सी उम्र में आपने काफी विद्या अध्ययन कर लिया था। पी०एच० डी० (कैम्ब्रिज विश्वविद्यालय) के लिए आपने जो थीसिस लिखी थी वह इतनी उच्च कोटि की थी कि आपको मौखिक परीक्षा नहीं देनी पड़ी थी। इस तरह आपने अपनी बौद्धिक प्रतिभा का पूर्ण दिग्दर्शन किया। आप कैम्ब्रिज विश्वविद्यालय में कानून पढ़ाने के लिए नियुक्त होने वाले प्रथम भारतीय हैं। आपने अन्तर्राष्ट्रीय ख्याति प्राप्त 'लॉ जरनल्स' में लेख लिखे। इसके उपरान्त आप लखनऊ विश्वविद्यालय के विधि संकाय में रीडर के पद पर कार्य करने लगे।

जिस समय डॉक्टर साहब इलाहाबाद में उच्च शिक्षा ग्रहण कर रहे थे उसी समय 1935-63 में पंडित नेहरू ने कार्यकर्त्ता संवर्ग निर्माण करने के लिए प्रशिक्षण देना आरम्भ किया था। डॉ० साहब को इस प्रशिक्षण में सम्मिलित होने का अवसर मिला और यहाँ पर पंडित जी की छत्रछाया में समाजवाद के अध्ययन का भी अवसर मिला। पंडित जी के प्रेरणादायक प्रभाव से उनकी जीवन-धारा ही बदल गई और डॉ० साहब ने राजनीति को अपना कार्यक्षेत्र बनाया और लखनऊ आकर वहाँ विश्वविद्यालय में राजनैतिक गतिविधियों में सक्रिय भाग लिया। वहाँ पर विश्वविद्यालय यूनियन के महत्त्वपूर्ण पदों पर रहे और 'भारत छोड़ो' आन्दोलन में महत्त्वपूर्ण भाग लिया। उस समय लखनऊ विश्वविद्यालय में 'लाइट एंड लर्निंग' नामक पत्रिका का संपादन भी किया। वहाँ पर भारत में समाजवाद के महान् संस्थापक आचार्य नरेन्द्रदेव के संपर्क में आने का उन्हें सुअवसर मिला। आचार्य देव जी से आपको बड़ी प्रेरणा मिली। इसी समय भोपाल में विलीनीकरण आन्दोलन प्रारंभ हो गया। डॉ० साहब लखनऊ विश्वविद्यालय से अध्यापन का कार्य छोड़कर भोपाल आ गये। और भोपाल राज्य के स्वतंत्रता संग्राम का नेतृत्व

करने लगे। इसी आन्दोलन में आपको जेल भी जाना पड़ा। भोपाल एक रियासत थी। जिस समय सारा भारत आजाद हुआ, उसी समय भोपाल रियासत में भी स्वतंत्रता का संग्राम प्रारंभ हो गया। भोपाल को नवाब के शासन से मुक्त कराकर स्वतंत्र भारत में विलय करने के लिए भोपाल में आन्दोलन प्रारंभ हुआ जिसे विलीनीकरण आन्दोलन कहा जाता है।

आन्दोलन सफल हुआ और भोपाल रियासत का भारतवर्ष में विलय हो गया तथा भोपाल को 'सी' दर्जा देकर एक नया राज्य घोषित किया गया। इसके उपरान्त आम चुनाव हुए। डॉ॰ शर्मा स्वयं संसद् में जाना चाहते थे, परन्तु परिस्थितियों ने कुछ ऐसा मोड़ लिया कि उन्हें विधान सभा का चुनाव लड़ना पड़ा। वे बेरसिया क्षेत्र से निर्वाचित हुए, और भोपाल राज्य के प्रथम मंत्रिमंडल के प्रथम मुख्य मंत्री के रूप में उन्होंने अविकसित भोपाल राज्य की बागडोर संभाली।

उस समय का भोपाल सभी दृष्टियों से पिछड़ा हुआ था। स्वयं भोपाल शहर में केवल एक इंटर कॉलेज था। भोपाल राज्य को सभी दृष्टियों से विकसित करने का बड़ा भारी काम डॉ॰ शर्मा ने अपने हाथ में लिया। जगह-जगह पर शिक्षा की व्यवस्था के लिए विद्यालय प्रारम्भ किये गये, अस्पताल खोले गये, सड़कों के निर्माण का कार्य हाथ में लिया गया। विशाल स्तर पर सामुदायिक विकास योजनाएं प्रारम्भ की गईं। राज्य को आर्थिक दृष्टि से संपन्न बनाये जाने की नयी योजनाएं चालू की गईं। 1952 से 31 अक्टूबर, 1956 के चार वर्ष के भीतर भोपाल राज्य का सभी क्षेत्रों में विकास किया गया। प्रथम पंचवर्षीय योजना को चार गुना बढ़ाकर डॉ॰ साहब ने भोपाल के नवनिर्माण का विशाल कार्य किया।

डॉ॰ शंकरदयाल जी ने परिश्रम व लगन से भोपाल को इस तरह से विकसित किया कि केन्द्रीय सरकार भोपाल के विकास के कार्यों से काफी प्रभावित हुई। जब भारत सरकार के गृह मंत्रालय द्वारा सामुदायिक विकास योजनाओं की प्रगति के संबंध में एक विस्तृत रिपोर्ट भारत सरकार को देने के लिए एक समिति श्री बलवन्तराय मेहता की अध्यक्षता में गठित की गई तो डॉ॰ शर्मा को उसका एक सदस्य मनोनीत किया गया। डॉ॰ शर्मा ने इस अवसर पर सारे देश का दौरा किया और देश के विभिन्न क्षेत्रों में हुई प्रगति का निरीक्षण किया और उससे प्राप्त अनुभव का लाभ भोपाल राज्य को दिया। उस समय भोपाल की विकास योजनाओं को देखने के लिए केन्द्र के मंत्रीगण सदैव भोपाल आते रहते थे। स्वयं पं॰ जवाहरलाल नेहरू ने डॉ॰ शंकरदयाल शर्मा के नेतृत्व

में हुई प्रगति की कई बार प्रशंसा की। पंडित जी के सुझाव पर नेपाल के महाराजा महेन्द्र भोपाल के विकास-कार्य को देखने आये थे।

डॉ॰ शंकरदयाल जी शिक्षा का महत्त्वपूर्ण विभाग भी संभाले हुए थे और शिक्षा के क्षेत्र में बड़ी प्रगति की जिससे सभी प्रभावित थे। 1958-59 में यूनेस्को द्वारा कराची में प्राथमिक शिक्षा पर एक सम्मेलन आयोजित किया गया था जिसमें प्राथमिक शिक्षा की विशाल योजना बनाने के संबंध में विभिन्न देशों के प्रतिनिधि शामिल हुए। भारतवर्ष के प्रतिनिधिमंडल का नेतृत्व डॉ॰ शर्मा ने किया जहाँ पर उन्होंने पूरे एशिया के राष्ट्रों के प्राथमिक शिक्षा के विकास की बीस वर्षीय विशाल योजना बनाई थी।

सौ करोड़ रुपये की लागत से बिजली का भारी सामान बनाने के कारखाने को भोपाल में स्थापित कराने का पूरा श्रेय डॉ॰ शर्मा को है। यदि डॉ॰ साहब ने प्रयास ने किया होता तो यह कारखाना संभवतः किसी दूसरे प्रदेश में स्थापित हो गया होता।

भोपाल में मेडिकल कॉलेज की स्थापना, रीजनल इंजीनियरिंग कालेज, रीजनल ट्रेनिंग कॉलेज आदि डॉ॰ शर्मा के अथक प्रयासों का फल है। इस तरह डॉ॰ साहब ने प्रयास कर भोपाल में सभी क्षेत्रों में उच्च्व शिक्षण की संस्थाएं प्रारंभ कीं।

भोपाल राज्य के मुख्य मंत्री के रूप में डॉ॰ साहब की सबसे बड़ी उपलब्धि भोपाल को नये मध्य प्रदेश की राजधानी बनवाना है। राज्य पुनर्गठन आयोग ने नये मध्य प्रदेश के निर्माण का सुझाव दिया, परन्तु भोपाल को राजधानी बनाने के संबंध में अपनी असहमति प्रकट की। किन्तु डॉ॰ साहब ने भोपाल को राजधानी बनाने के लिए रात-दिन एक कर दिया और केन्द्र के समक्ष इस तरह से अपना मामला प्रस्तुत किया कि भोपाल को नये मध्य प्रदेश की राजधानी बनाने के लिए सहमति मिल गई। यह भोपाल के इतिहास में स्वर्ण अक्षरों से लिखा जायेगा।

1 नवम्बर, 1956 को नये मध्य प्रदेश का निर्माण हुआ और डॉ॰ साहब शिक्षा, पर्यटन एवं विधि मंत्री बनाये गये। शिक्षा मंत्री के रूप में डॉ॰ शर्मा ने नये मध्य प्रदेश के रूप में शिक्षा के क्षेत्र में बड़ी प्रगति की और प्राथमिक, माध्यमिक और उच्च्व शिक्षा, विश्वविद्यालयीन शिक्षा तथा तकनीकी शिक्षा के क्षेत्र में उल्लेखनीय कार्य किया जिससे मध्य प्रदेश जो शिक्षा के क्षेत्र में सबसे पिछड़ा तथा उपेक्षित प्रदेश था, भारत का शैक्षणिक दृष्टि से उन्नत प्रदेश बन गया जिसका

संपूर्ण श्रेय डॉ॰ साहब को है। भोपाल में आकाशवाणी का केन्द्र स्थापित करवाने का श्रेय भी डॉ॰ शर्मा को है।

डॉ॰ साहब मध्य प्रदेश में विधि, वाणिज्य, पर्यटन, लोककर्म आदि विभागों को समय-समय पर संभाले रहे जिनका संचालन कुशलता, क्षमता और ईमानदारी से कर अपनी एक अमिट छाप छोड़ी।

इसके बाद के मंत्रिमंडलों में भी डॉ॰ शर्मा रहे और सदैव अपनी कार्य-कुशलता, लगन और निष्ठा से कार्य करते रहे।

शंकरदयाल जी ने शासनतंत्र के गहरे अनुभव के बाद संगठन के क्षेत्र में प्रवेश किया और मध्य प्रदेश कांग्रेस कमेटी के निर्विरोध अध्यक्ष निर्वाचित हुए। उसी समय आपको अखिल भारतीय कांग्रेस कमेटी की कार्यकारिणी का सदस्य मनोनीत किया गया। आपने मध्य प्रदेश कांग्रेस संगठन का कार्य बड़ी कुशलता और दक्षता से संपन्न किया तथा इसके उपरान्त डॉ॰ साहब अखिल भारतीय कांग्रेस कमेटी के महामंत्री के पद पर नियुक्त किये गये। यहाँ अब आपका क्षेत्र सारा देश हो गया और विभिन्न राज्यों के कांग्रेस संगठन का कार्य आपको बारीकी से देखने का अवसर मिला। इसी समय आपने एशिया के पूर्वी देशों जापान, मलयेशिया, सिंगापुर और थाईलैंड का दौरा किया और इन देशों के राजनैतिक नेताओं से संपर्क स्थापित किया।

1969 में कांग्रेस का विभाजन हुआ। इस समय आप कांग्रेस के महामंत्री में पद पर थे। आपने इस समय गंभीरता और राजनैतिक दूरदर्शिता का परिचय दिया, और प्रधान मंत्री श्रीमती इंदिरा गांधी के नेतृत्व में कांग्रेस की समाजवादी नीतियों का समर्थन करके आपने अपनी ऐतिहासिक प्रगतिशील दृष्टि का परिचय दिया क्योंकि भारत का भविष्य इसी दिशा में निहित है। जिस समय कांग्रेस पर संगठन कांग्रेस के सभी धुरंधर नेताओं ने एक साथ मिलकर धावा बोल दिया और यहाँ तक किया कि इंदिरा जी को कांग्रेस से निकाल दिया, उस समय डॉ॰ साहब ने अपने गहरे अनुभव, संगठन शक्ति, विवेक, परिश्रम और नेतृत्व से नई कांग्रेस को संचालित किया, जो डॉ॰ साहब की सूझ-बूझ का प्रत्यक्ष प्रमाण है। इसके उपरान्त नई कांग्रेस की प्रथम बैठक दिल्ली में हुई जिसमें बड़ी भारी सफलता मिली। इसी समय 'कांग्रेस चिह्न' का मामला चुनाव आयोग के समक्ष प्रस्तुत किया गया जहाँ अपनी कुशाग्र बुद्धि से डॉ॰ साहब को पूर्ण सफलता मिली और नई कांग्रेस विजयी हुई।

आप कांग्रेस के महामंत्री-पद का कार्य सुचारु रूप से चलाते रहे। इसी समय कांग्रेस-अध्यक्ष श्री डी. संजीवैया का आकस्मिक निधन हो गया। अब ऐसे व्यक्ति की आवश्यकता थी जो इस कठिन समय में कांग्रेस का नेतृत्व संभाल सके। श्रीमती इंदिरा जी व कांग्रेस के अन्य वरिष्ठ नेता डॉ॰ शर्मा की संगठन शक्ति, ईमानदारी, बुद्धिमत्ता, साहस, कार्यकुशलता आदि से बहुत प्रभावित थे। इसीलिए इस कठिन समय में कांग्रेस के नेतृत्व के लिए डॉ॰ शर्मा को चुना और कांग्रेस के इतिहास में, विश्व के सबसे विशाल राजनैतिक संगठन के अध्यक्ष का पद, जिसको कांग्रेस के महान् नेताओं–पंडित मोतीलाल नेहरू, महात्मा गांधी, पं जवाहरलाल नेहरू, सरदार पटेल, नेताजी सुभाषचन्द्र बोस–ने सुशोभित किया था, प्रथम बार एक साधारण कांग्रेस कार्यकर्ता इस महान् पद पर आसीन हुआ। और यह भी एक अत्यंत सुखद संयोग है कि अंतर्राष्ट्रीय ख्याति प्राप्त विद्वान् संविधान के विशेषज्ञ ने इस पद को सुशोभित किया है। डॉ॰ साहब ने इस पद को बड़े आत्मविश्वास के साथ संभाला और कांग्रेस को प्रेरणा व नई दिशा दी।

डॉ॰ शर्मा की दृष्टि में भारत में सामाजिक-आर्थिक मुक्ति के लिए आमूल परिवर्तन शान्तिमय उपायों से होना अनिवार्य होगा। ऐसा न होने पर हिंसक क्रांति उपस्थित हो जाती है। डॉ॰ शर्मा समाजवाद के प्रबल समर्थकों में अग्रणी हैं, किन्तु वे भारत में 'सहमति से क्रांति' के ही पक्षपाती हैं।

डॉ॰ साहब ने राष्ट्रीय मंच पर तो ख्याति प्राप्त की है, आपने अंतर्राष्ट्रीय मंच पर भी प्रसिद्धि प्राप्त की है।

डॉ॰ शंकरदयाल शर्मा ने जुलाई 1973 में रूस, हंगरी, आस्ट्रेलिया व ब्रिटेन की यात्रा की। इस यात्रा में उन्होंने वहाँ के राजनीतिक दलों को अंतर्राष्ट्रीय क्षेत्र में भारत द्वारा अपनाई नई नीतियों के संबंध में विस्तृत रूप से बताया। उन्होंने भारत की आंतरिक समस्याओं और विदेश नीति के संबंध में भारत का दृष्टिकोण सही तरीके से रखा। डॉ॰ साहब की यह यात्रा बहुत सफल रही। आपने सोवियत नेता लियोनिद ब्रेजनेव से क्रेमलिन में काफी लम्बी चर्चा की तथा रूस व भारत के आपसी संबंध बढ़ाने में महत्त्वपूर्ण योगदान दिया।

19 अगस्त को डॉ॰ शर्मा ने 55 वर्ष समाप्त कर 56 में प्रवेश किया है। वे अपने चरित्र, संगठन शक्ति, योग्यता, चातुर्य, प्रशासनिक क्षमता, सादगी तथा प्रतिभा से आज विश्व के सबसे बड़े राजनैतिक संगठन के सर्वोच्च पद पर

प्रतिष्ठित हैं। ईश्वर से प्रार्थना है कि वह डॉ॰ साहब को स्वास्थ्य तथा दीर्घजीवी बनाये ताकि आने वाले समय में वे कांग्रेस संगठन तथा राष्ट्र का पथ प्रदर्शन करते रहें।

## भोपाल की माटी का लाल

**पद्मनाभ तेलंग**
संपादक 'चेतना', भोपाल

एक सुलझा हुआ व्यक्तित्व, जो आगामी 19 अगस्त, 1973 को अपने जीवन की 55 बरसातें समाप्त कर अपने 56वें शरद् हेमंत और बसंत बहार के स्वागत की तैयारी में आज भी कर्मशील है। अगस्त का यह महीना ही कुछ क्रांतिकारी सौगातें लेकर भारत के इतिहास में अपना विशेष महत्त्व रखता है। अगस्त के इसी माह में बादलों की घनघोर घटाएं घुमड़कर पृथ्वी की तपन को शान्त करती हुई मानव-हृदय में आशाओं के नये अंकुर प्रस्फुटित कर देती हैं। अगस्त के इसी माह ने हमें रक्षाबंधन और कृष्ण-जन्माष्टमी की अमूल्य सौगातें दी हैं, और इसी अगस्त में 'स्वराज्य हमारा जन्म-सिद्ध अधिकार है' के क्रान्तिदूत लोकमान्य तिलक ही इहलीला समाप्त होकर उनकी चिता की बिखरी हुई राख ने भारतवासियों को शुभ संदेश दिया था कि वे अपने देश की स्वाधीनता के लिए उनके चरण-चिह्नों पर चलते हुए हर तरह की कुर्बानी को कटिबद्ध रहें। इसी अगस्त माह की 9 तारीख अपनी आजादी के लिए 'करो या मरो' के रूप में बापू का शंखनाद सुनाती हुई आज भी भारतवासियों की प्रेरणा का स्रोत बनी है। कौन नहीं जानता कि अगस्त के इसी माह ने हमें 15 अगस्त के रूप में स्वाधीनता दिवस की सौगात देकर भारतीय जनता को स्वाधीनता-सूर्य के दर्शन कराये हैं। समुद्र सोखने वाले महामुनि 'अगस्त' सहित 'अगस्त' का महीना भारतीय संस्कृति में पवित्र से पवित्रतम हो गया है।

संयोग की बात है कि अगस्त के इसी गौरवशाली माह ने अपनी 19 तारीख को डॉ॰ शंकरदयाल शर्मा के रूप में भोपाल को वह सौगात दी, जिसने अपनी कर्त्तव्यनिष्ठा, अनवरत साधना और कार्य कुशलता की त्रिवेणी बहाकर न केवल अपनी जन्मभूमि भोपाल को ही धन्य कर दिया, वरन् आज अखिल भारतीय कांग्रेस के अध्यक्ष के रूप में सेवा-क्षेत्र के सर्वोच्च शिखर पर बैठकर अपनी मातृभूमि भारत माता की कोख को भी गौरवान्वित किया है।

इस बात से कौन इनकार कर सकता है कि मध्य प्रदेश की राजधानी भोपाल का यह निखरा हुआ रूप डॉ॰ शंकरदयाल शर्मा की अनवरत साधना, धर्मनिरपेक्षता और उनकी कार्य कुशलता का ही परिणाम है, जिसके फलस्वरूप उन्होंने सन् 1952 में वर्ग 'सी' स्टेट भोपाल राज्य के मुख्य मंत्री के रूप में सत्ता की बागडोर संभालने के बाद सौ वर्षों से अधिक नवाबी दौर के शोषित और अत्यंत पिछड़े हुए भोपाल राज्य को उत्तरोत्तर प्रगति की मंजिल तक पहुँचाने में अपनी ओर से कोई प्रयास बाकी नहीं छोड़ा। वे प्रारंभ से ही ईमानदारी और कर्त्तव्यनिष्ठा की कसौटी पर खरे उतरे; और फलस्वरूप भारत के हृदय-सम्राट् पंडित जवाहरलाल नेहरू और उनकी केन्द्रीय सरकार के विश्वासपात्र बनकर उनके द्वारा भोपाल राज्य की चतुर्दिक प्रगति के लिए, जो भी योजनाएं केन्द्र के सामने प्रस्तुत की गईं, उनमें 'हां' के बदले कभी 'न' का उत्तर नहीं मिला। पॉलीटेक्निक कॉलेज की स्थापना से जो श्रृंखला शुरू हुई, उसमें गांधी मेडिकल कॉलेज, मौलाना आजाद इंजीनियरिंग कालेज, हेवी इलैक्ट्रिकल संस्थान, पी॰जी॰वी॰टी॰ कॉलेज, रीजनल कॉलेज, वेस्टर्न कॉलेज और अंत में राज्य पुनर्गठन के फलस्वरूप नये मध्य प्रदेश में भोपाल राज्य का विलीनीकरण होते-होते इसे विशाल मध्य प्रदेश की राजधानी बनाकर भोपाल राज्य को प्रगति के सर्वोच्च शिखर पर पहुँचा दिया। उसी का फल है कि आज का भोपाल राज्य अर्थात् डॉ॰ शंकरदयाल शर्मा, और डॉ॰ शंकरदयाल शर्मा अर्थात् भोपाल राज्य–दोनों एक दूसरे के पर्यायवाची बन गये हैं। नये मध्य प्रदेश की राजधानी के रूप में भोपाल की केन्द्र से मंजूरी ले लेना कोई सरल काम नहीं था। पुराने मध्य प्रदेश के कर्णधार समझते थे कि एक न एक भाषा के आधार पर हिन्दी और मराठी-भाषी क्षेत्रों का विभाजन होगा और अग्रसोची के रूप में मध्य प्रदेश के निर्माता पंडित रविशंकर शुक्ल और उनके दाहिने हाथ पं॰ द्वारिकाप्रसाद मिश्र ने मध्य प्रदेश की राजधानी नागपुर रहते हुए जबलपुर के विकास में कोई कमी नहीं की थी, ताकि विभाजन के बाद जबलपुर को नये मध्य प्रदेश की राजधानी बना दिया जाये। उधर मध्य भारत के लोग इंदौर को राजधानी बनाने में अपने लट्ठ घुमा रहे थे। मध्य प्रदेश 'क' श्रेणी का राज्य था, और जिसके भाग्यविधाता पंडित रविशंकर शुक्ल थे। स्वाधीनता-संग्राम के महान् योद्धा के रूप में केन्द्र में उनका प्रभाव कुछ कम नहीं था। इधर बाबू तख्तमल के नेतृत्व में मध्य भारत के दिग्गज लोग थे और उनके पीछे ध्वस्त सामंतशाही के अटूट साधन थे। इनकी तुलना में 'ग' श्रेणी के भोपाल राज्य के कर्णधार के रूप में डॉ॰ शंकरदयाल की सीमित शक्ति थी। नये मध्य प्रदेश की राजधानी के निर्णय को, दिल्ली के राज दरबार में वाटरलू

की भयंकर लड़ाई लड़ी गई और यह डॉ॰ शंकरदयाल शर्मा की अनवरत साधना, निर्भीकता और लक्ष्यपूर्ति के लिए अंत तक जुटे रहने की कार्यक्षमता थी, जिससे विजयमाला डॉ॰ शंकरदयाल शर्मा के गले में शोभायमान हुई। भोपाल की उत्सुक जनता ने रेडियो से भोपाल के संबंध में निर्णय सुनकर घर-घर सिन्नियां बांटी। इस निर्णय को लेकर जिस दिन डॉ॰ शंकरदयाल शर्मा दिल्ली से भोपाल स्टेशन पर उतरे हैं, उस दिन स्टेशन पर उनका जो अपूर्व स्वागत हुआ है, वह भोपाल के इतिहास में अपनी समता नहीं रखता। यह उल्लेखनीय है कि इतने बड़े मध्य प्रदेश की राजधानी बनाने के लिए हजारों कर्मचारियों, अधिकारियों और मंत्रियों के आवास, सचिवालय और अन्य कार्यालयों की व्यवस्था कोई सरल काम नहीं था, लेकिन पार्ट 'सी' स्टेट के रूप में भोपाल की जो झांकी सजाई और संवारी गई थी, उसके फलस्वरूप राजधानी के रूप में भोपाल की आतिथ्यसेवी मिट्टी ने अपने नव आगंतुक मेहमानों के आतिथ्य में कोई कमी नहीं की। और आज 20 वर्षों की अवधि के बाद भोपाल को पहले-पहल देखने वाला यहाँ का कोई नागरिक कह नहीं सकता कि यह वही भोपाल है, जहाँ के लोग रोशनपुरा नाका तक की सैर करने में शेर, तेंदुआ और लुटेरों के डर से अपने जीवन की खैर नहीं समझते थे। यहाँ यह अप्रासंगिक नहीं होगा कि भोपाल के नवनिर्माण में तत्कालीन भोपाल राज्य के चीफ कमिश्नर के रूप में डॉ॰ शंकरदयाल को मार्गदर्शन देने में श्री भगवान सहाय का काफी हाथ रहा है।

भोपाल की उपजाऊ मिट्टी ने एक से एक बढ़कर प्रतिभाशाली और स्वनामधन्य सपूतों की टोलियां देश को उपहारस्वरूप दी हैं, लेकिन अपनी जन्मभूमि भोपाल के इस सपूत ने इसी भोपाल को अपनी कर्मभूमि बनाकर उसकी प्रगति में चार चांद जोड़ने में लगातार भगीरथ प्रयत्न किया है और यहाँ चतुर्दिक प्रगति की गंगा बहाकर यहाँ के नगर-निवासियों को आधुनिक भोपाल के दर्शन कराये हैं। यह कहने की बात नहीं कि अगस्त माह की मूसलाधार वृष्टि ने जिसकी जन्मतिथि का अभिषेक किया हो, उसका भविष्य आशाओं की नयी कोपलों से क्योंकर प्रस्फुटित नहीं होता। 'पूत के लच्छन पालने में' की कहावत के अनुसार इनके सार्वजनिक जीवन की तरह इनका विद्यार्थी जीवन भी प्रतिभाशाली रहा है। अपने अथक परिश्रम और अलौकिक प्रतिभा का परिणाम था कि आपने स्वनामधन्य पंडित खुशीलाल वैद्य के गरीब आंगन में पैदा होकर भी शिक्षा के क्षेत्र में उच्च से उच्च उपाधियां प्राप्त कीं। अपने पिता से जन्मजात अनवरत जनवरत साधना और सेवाव्रत धरोहर के रूप में लेकर लखनऊ से एम॰ए॰ पास करने के बाद आपको कैम्ब्रिज विश्वविद्यालय में भर्ती होकर उच्च शिक्षा

प्राप्त करने का अवसर मिला। वहाँ आप कानून के लेक्चरर भी रहे। हिन्दी और संस्कृत में एम॰ए॰ पास करने के बाद आपने लखनऊ विश्वविद्यालय से विशेष योग्यता के साथ एल॰एल॰एम॰ की परीक्षा भी पास की।

आपको कैम्ब्रिज विश्वविद्यालय से कानून में पी-एच॰डी॰ तथा अमेरिकन विश्वविद्यालय से डी॰पी॰ए॰एस॰ तथा एफ॰आर॰ए॰एस॰ लंदन की उपाधियां भी प्राप्त हुईं।

लखनऊ में रहते हुए जहाँ आपका संपर्क राष्ट्रनायक पंडित जवाहरलाल नेहरू, श्रीमती विजयलक्ष्मी पंडित, किदवई, मौलाना आजाद आदि उच्च कोटि के नेताओं से रहा, वहाँ आपने प्रारंभ से ही भोपाल की राजनीति में भाग लिया और यहाँ के विलीनीकरण आंदोलन में भाग लेकर जेल-यात्रा की।

नये मध्य प्रदेश में शिक्षा मंत्री के रूप में शिक्षा के क्षेत्र में जो क्रान्तिकारी परिवर्तन हुए तथा छोटे-छोटे देहातों तक में शिक्षा का जो प्रसार हुआ, उसके लिए डॉ॰ शंकरदयाल शर्मा का नाम चिर-स्मरणीय रहेगा। आपका निश्चय था: "साधनों के अभाव में शिक्षा का प्रसार मत रोको।" इधर जनता ने भी अपनी शिक्षा की भूख मिटाने के लिए आपको हार्दिक सहयोग दिया।

भोपाल के लिए यह गौरव की बात है कि उसकी माटी का लाल आज सेवा के सर्वोच्च शिखर पर बैठा हुआ प्रधान मंत्री श्रीमती इंदिरा गांधी के 'गरीबी हटाओ' के स्वप्न को साकार करने के लिए कांग्रेस-अध्यक्ष के रूप में नये ताने-बाने बुन रहा है। ईश्वर से प्रार्थना है कि वह अपने कर्त्तव्य पालन में ध्रुव की तरह दृढ़ निश्चयी रहें और दीर्घजीवी हों।

## तब प्रोफेसर एस॰डी॰ शर्मा: अब कांग्रेस-अध्यक्ष

**डॉ॰ गंगानारायण त्रिपाठी**

आज से चौबीस वर्ष पूर्व की एक संध्या, लखनऊ विश्वविद्यालय कानून विभाग की सायंकालीन कक्षाएं चल रही थीं। घंटा खत्म होने पर नये छात्रों में चर्चा चली—अब किसकी क्लास है? एक वरिष्ठ छात्र ने अपनी नोट बुक के पन्ने पलटते हुए उत्तर दिया : "शर्मा जी की"—"कौन से शर्मा जी?"

उत्तर मिला : "प्रोफेसर एस॰डी॰ शर्मा को नहीं जानते और विधि विभाग के छात्र हो?"

शायद नये छात्र की उदास मुख-मुद्रा तथा उसकी जिज्ञासा का ध्यान रखकर उसी वरिष्ठ छात्र ने बात साफ की–"वही एस०डी० शर्मा, जो प्रायः सफेद कपड़े पहनते हैं, खुले गले का कोट और पेंट, हमेशा मुसकराता हुआ चेहरा, मुद्रा से शिक्षक की स्नेहशीलता और हमेशा किताबों का ढेर हाथों में लिये हुए।" इतना कहने के बाद भी मानो उस छात्र को संतोष न हुआ तब उसने बात यों समाप्त की–"अपने विभाग के रीडर एस०डी० शर्मा, जो ला आफ टार्टस पढ़ाते हैं, पर छात्रों को कभी टार्चर नहीं करते, जिनके घर जाने पर बिना कुछ खाये-पिये कोई छात्र नहीं लौट पाता।"

काल की लम्बी अवधि में आज पच्चीस वर्ष जाने कहाँ डूब गये हैं और इन वर्षों में देश का स्वरूप-परिवर्तन हो गया है। लखनऊ विश्वविद्यालय की वह नफासत और वह तहजीब आज जाने किस पर्दे में छिप गई है। केवल हमारे प्रोफेसर एस०डी० शर्मा का वह प्रतिभाशाली पांडित्यपूर्ण व्यक्तित्व आज देश की सीमाओं को लांघकर विश्व के प्रमुख देशों की सीमाओं में फैल रहा है। अपनी छात्रावस्था के प्रोफेसर एस०डी० शर्मा को आज कांग्रेस-अध्यक्ष जैसे महान् पद पर देखकर, मेरे मन में एक खिले हुए, शतदल की मधुर कल्पना आती है। ऐसे कमल की लालिमा, शुभ्रता, मृदुलता तथा मोहक सौन्दर्य–इन सबको देखकर क्या दर्शक के मन में, क्षण-भर के लिए भी उन कठिन परिस्थितियों का विचार आता है, जिनमें रहकर कमल खिलता है?

कमल का एक नन्हा-सा बीच, जाने कितनी संभावनाओं, लालसाओं और स्वपनों को लेकर उस विपुल जलराशि में पड़ा रहता है जहाँ अन्य वनस्पतियां पहुँचकर नष्ट हो जाती हैं। दिनों, महीनों, वर्षों की कठोर साधना, अदृश्य कार्यशक्ति तथा अनवरत श्रम के पश्चात् वह बीज एक अंकुर बनता है। अतल, की गहराई, शत-शत लहरों की चोट, अतुल पंकराशि से अकेला लड़ता हुआ वह बीज, अंकुर के रूप में जीवन का जयघोष करता है। पूज्य डॉक्टर साहब के व्यक्तित्व की कहानी इसी कमल की अन्तर्कथा में निहित है। निस्सन्देह राजनीति ने उन्हें यश के सर्वोच्च शिखर पर पहुँचा दिया किन्तु अपने प्रोफेसर की बात जब मैं सोचता हूँ, तब लगता है कि अन्तर्राष्ट्रीय शिक्षा-जगत् में हमारे विश्वविद्यालय, हमारे प्रदेश, हमारे देश का एक प्रतिभापुत्र आते-आते रह गया। इसी के साथ एक बात और याद आती है, अन्तर्राष्ट्रीय कानून के तत्कालीन विख्यात विद्वान् तथा लखनऊ विश्वविद्यालय के विधि विभाग के अध्यक्ष डॉ० राजउग्रह सिंह ने उस समय के छात्रों से इस संदर्भ में चर्चा की थी। डॉ० सिंह निजी चर्चा में कहा करते

थे: "शर्मा जी जैसे अपने छात्र (डॉ० सिंह पूज्य डॉक्टर साहब के गुरु थे) और सहयोगी पर मुझे गर्व है क्योंकि संवैधानिक विधि और लॉ ऑफ टार्टस दोनों में से किसी एक क्षेत्र में वे अन्तर्राष्ट्रीय यश प्राप्त करेंगे।" आज डॉ० सिंह यह देखने के लिए जीवित नहीं हैं कि उनकी चर्चा कानून न सही, किन्तु किसी अन्य प्ररिप्रेक्ष्य में सत्य हो गई है।

उसी समय की एक और स्मृति मन में आ गई है। एक दिन डॉ० सिंह स्वयं मुस्लिम कानून के संबंध में ट्यूटोरियल क्लास ले रहे थे। इस चर्चा में किसी बिन्दु पर उन्हीं को शंका हुई। कुछ दूरी पर एक अन्य प्रोफेसर खड़े थे, उनका नामोल्लेख उचित नहीं होगा। डॉ० सिंह ने उनसे चर्चा की किन्तु सम्पूर्ण अर्थ में समाधान न हो सका। डॉ० सिंह के उस समय के वे स्वर आज भी कानों में गूंज रहे हैं। "एस०डी० शर्मा से पूछ लो–इस विषय के वही अधिकारी हैं।" इस घटना के दर्पण में प्रोफेसर शर्मा का सम्पूर्ण प्रतिबिम्ब आ गया है। इसी प्रकार लखनऊ विश्वविद्यालय के तत्कालीन उपकुलपति राष्ट्र-योद्धा, मनीषी तथा आचार्य नरेन्द्रदेव का एक कथन स्मरण हो आता है:

जिस प्रसंग का उल्लेख है, उस समय इन पंक्तियों का लेखक लखनऊ के हिन्दी दैनिक 'स्वतन्त्र भारत' में कार्य करने लगा था। भोपाल रियासत विलीनीकरण आन्दोलन में डॉ० साहब लखनऊ से भोपाल आकर गिरफ्तार हो गये थे। पत्र-प्रतिनिधि की हैसियत से आचार्य जी से मिलने पर देशी रियासतों के आन्दोलन की चर्चा आई उसी सन्दर्भ में मैंने पूछा: "आचार्य जी विश्वविद्यालय-क्षेत्र में चर्चा है कि डॉ० एस०डी० शर्मा भोपाल में गिरफ्तार हो गये हैं। अवकाश के लिए उनका आवेदन-पत्र भी नहीं आया है। फिर भी आपने कुछ ध्यान नहीं दिया।" आचार्य जी मुस्कराये, उनका उत्तर मेरे स्मृति-पटल पर अंकित होकर शाश्वत हो गया है। आचार्य जी ने धीमे स्वर में कहा: "वह प्रतिभा पुत्र है और अब तो वीर-पुत्र सिद्ध हो गया है, तो क्या हम इतना भी नहीं कर सकते।"

अध्यापन के लिए विषय की सम्पूर्णता, गहन किन्तु स्पष्ट चिन्तन तथा रुचि की विपुलता अपेक्षित है। पूज्य डॉ० साहब के छात्रों की यह मान्यता रही है कि विषय की स्पष्टता, वैचारिक उपलब्धि तथा रुचि विपुलता में उनका अप्रतिम उदाहरण है। जिन छात्रों को उनके निकट सम्पर्क में आने का अवसर मिला वे स्वीकार करते हैं कि उदारता और संवेदनशीलता में वे अनूठे रहे हैं। उस समय उनके जीवन की दो ही प्रधान बिन्दु रेखाएं थीं। एक यूनिवर्सिटी में अध्ययन, दूसरी लाइब्रेरी में पुस्तकों का अध्ययन। इससे समय बचने पर वे सीधे अपने घर

पहुँचते। लखनऊ के चार बाग स्टेशन के समीप ही उनका निवास-स्थान था। उन दिनों किसी भी संध्या को वहाँ पहुँचकर छात्रों के प्रति उनके जीवन्त और सहज स्नेह को देखा जा सकता था। प्रिय छात्र पहुँचते थे, तो चर्चा-परिचर्चा ही नहीं, चाय की चुस्की से भोजन तक की चाह पूरी हो जाती थी। चाय के समय घर में नाश्ता न रहने पर डॉक्टर साहब की वह स्नेहमूर्ति आज भी आंखों में छायी है, जिसके अन्तर्गत पास की विख्यात दूकान से एक हाथ में रबड़ी या ऐसी ही चीज का दोना, दूसरे हाथ में गरम समोसे या दही बड़े का दोना दिखाई पड़ता था। आज उनकी प्रशस्ति, अभिनन्दन यश के सहस्र स्वरों की देशव्यापी गूंज में, मेरे अन्तर में, एक ही सतय जाज्वल्यमान, एक ही अनुभूति साकार तथा एक ही विश्वास चिरजीवित है कि हमारे प्रोफेसर और देश की लोकतांत्रिक समाजवादी धारा के कुशल नाविक पूज्य डॉक्टर साहब सिर्फ एक इन्सान हैं, न इससे कुछ ज्यादा और न इससे कुछ कम। संसार में मानव होना भी कितना दुष्कर है। इस विचार के तारतम्य में महर्षि वेदव्यास का यह कथन स्मरण आता है-"न मानुषात् श्रेष्ठतरं हि किंचित्।" मादवता की इसी ज्योति-पुंज के प्रतीक हैं हमारे प्रोफेसर और देश के कांग्रेसाध्यक्ष।

## मध्य प्रदेश के सौभाग्य-शिल्पी

**श्यामसुन्दर व्यौहार**

सम्पादक दैनिक 'भास्कर', भोपाल

डॉ॰ शंकरदयाल शर्मा के नाम से मेरा प्रथम परिचय उस समय हुआ जब मैंने गाडरवारा में भोपाल के जिन्दा शहीद भाई रतनकुमार जी के सुप्रसिद्ध समाचार-पत्र 'नई राह' में समाचार पढ़ा कि भारी-भरकम स्नातकोत्तर उपाधियां लेकर भोपाल के यह मेधावी छात्र विदेशों में अध्ययन पूर्ण कर स्वदेश लौट आये हैं। विदेश जाने के पूर्व डॉ॰ शर्मा स्वदेश में भी अनेकानेक सम्मानित स्नातकोत्तर उपाधियों से अलंकृत हो चुके थे। ज्ञानार्जन की ऐसी उत्कट प्यास मैंने डॉ॰ शर्मा में ही देखी थी और समाचार पढ़ते ही इस सर्वथा अपरिवर्तित बौद्धिक व्यक्तित्व के प्रति मेरे हृदय में श्रद्धा घर कर गई।

'नई राह' मेरे गृह नगर गाडरवारा में नियमित रूप से पहुँचता था। अब मैंने यह पढ़ा कि डॉ॰ शंकरदयाल शर्मा ने अपनी समस्त सुख-सुविधाओं को तिलांजलि देकर तत्कालीन भोपाल रियासत के कुख्यात नवाबी प्रशासन के विरुद्ध जनता के

संघर्ष में अपने आपको झोंक दिया है, तो इस बौद्धिक व्यक्तित्व की देशभक्तिपूर्ण बलिदानी भावना ने इस युवा प्रतिभा को मेरा हीरो बना दिया।

जब भोपाल रियासत के विलीनीकरण आंदोलन का बौरास के अमर शहीदों ने पतित-पावन नर्मदा के तट पर रक्ताभिषेक किया था, उस समय मेरे पूज्य पिता श्री अयोध्याप्रसाद नर्मदा के उस पार साईंखेड़ा में प्रधानाध्यापक थे तथा साईंखेड़ा में ही बौरास गोली कांड के घायलों एवं अन्य पीड़ितों की देखभाल हेतु जनता द्वारा व्यवस्था की गई थी। मेरे पिता जी इस राहत कार्य के एक प्रमुख कार्यकर्ता थे।

मुझे गाडरवारा में पिता जी का संदेश मिला कि बौरास के चार शहीदों के शव अन्तिम संस्कार हेतु वहाँ लाये जा रहे हैं। समस्त गाडरवारा नगर में यह समाचार विद्युत गति से फैल गया। शहीदों के शव जब वहाँ पहुँचे तो 'आसमां पर अपने खून से इनक़लाब लिखने वाले' इन शहीदों का जो चिर-स्मरणीय स्वागत किया गया, उसकी स्मृति मेरे मन-मस्तिष्क में आज भी हरी है।

जब शहीदों की अंतिम यात्रा का विशाल जुलूस देशभक्तिपूर्ण नारों से दसों दिशाओं को थरथराता हुआ शक्कर नदी के तट की दिशा में, जहाँ शहीदों का अंतिम संस्कार किया गया था, अग्रसर हो रहा था, मेरे मस्तिष्क में एक विचार बिजली की तरह कौंधा और तिरोहित हो गया कि भारत में भोपाल रियायत के विलीनीकरण में कोई देर नहीं रह गई तथा क्या ही उत्तम हो, यदि डॉ० शंकरदयाल शर्मा इस नये राज्य के मुख्य मंत्री बनें। तब से मेरे अवचेतन मस्तिष्क पर अभी तक अपरिचित डॉ० शंकरदयाल शर्मा की छाप और भी गहरी हो गई।

1952 के प्रथम आम चुनाव हुए और ईश्वर-कृपा से डॉ० शंकरदयाल शर्मा ही भोपाल राज्य के मुख्य मंत्री बने। बात आई-गई हो गई।

एक दिन जब में जबलपुर में था तो पता चला कि भोपाल राज्य के मुख्य मंत्री डॉ० शंकरदयाल शर्मा नगर में पधार रहे हैं। अब मैं अपने-आपको नहीं रोक सका और वहाँ पहुँच गया, जहाँ वे भाषण देने वाले थे। डॉ० शर्मा के एक-एक शब्द ने मुझे अभिभूत कर दिया। उस क्षेत्र में उस समय शिक्षित बेरोजगारी सिर उठा चुकी थी। जब डॉ० शर्मा ने चुनौती दी कि मैं प्रत्येक मैट्रिक्युलेट को शिक्षक का पद देने के लिए तैयार हूँ, बशर्ते कि वह गांवों में रहने के लिए तैयार हो। इसी भाषण का परिणाम है कि आज रायसेन, सीहोर और भोपाल जिलों में जबलपुर, नरसिंहपुर, होशंगाबाद, सागर और दमोह जिलों के निवासी हजारो शिक्षक सेवा-रत हैं।

उन दिनों डॉ॰ शंकरदयाल शर्मा पर स्कूल, कालेज, पॉलिटेक्निक एवं अन्य शिक्षण संस्थाएं खुलवाने की धुन सवार थी। जब भी वे दिल्ली से लौटते संवाददाता उन्हें घेर लेते और वे बड़ी उमंग और उत्साह के साथ बताते कि किन-किन नवीन शिक्षण संस्थाओं के लिए उन्हें केन्द्रीय अनुमति और सहायता मिल गई है तथा संवाददाताओं को घर में बने सुस्वादु लड्डू खिलाकर जश्न मनाते।

मध्य प्रदेश के तत्कालीन वित्त मंत्री श्री मिश्रीलाल गंगवाल को सदैव यही चिंता सताती रहती थी कि डॉ॰ शर्मा इतनी अधिक संख्या में शिक्षण संस्थाएं खुलवा रहे हैं कि जब पंचवर्षीय योजना की अवधि समाप्त होने पर इन संस्थाओं के आवर्ती व्यय का भार राज्य सरकार पर आयेगा, तो राजकोष खाली हुए बिना नहीं रहेगा। जब एक बार विधान सभा में किसी सदस्य ने यही आशंका व्यक्त की तो डॉ॰ शर्मा ने यह कहकर उसे निर्मूल कर दिया कि यह लोकतंत्र एवं राज्य की भावी समृद्धि हेतु हमारा विनियोजन है और इससे राजकोष भरेगा ही, खाली कदापि नहीं होगा। उस समय डॉ॰ शर्मा का मुखमंडल आत्म-संतोष और गौरव की अनुभूति-किरणों से प्रदीप्त हो उठा, जब उन्होंने विधान सभा को बताया कि मध्य प्रदेश के इंजीनियरिंग कॉलेज तथा पॉलिटेक्निकों से उतने ही स्नातक तथा पत्रोपाधिधारी निकलते हैं, जितने की संम्पूर्ण पाकिस्तान में। उस समय पाकिस्तान में आज का बांगला देश भी सम्मिलित था।

अपने गृह नगर भोपाल की मिट्टी का ऋण जिस विपुल मात्रा में डॉ॰ शर्मा ने चुकाया है, वैसे अन्य उदाहरण बहुत कम देखने में आये हैं। क्या नहीं किया उन्होंने भोपाल के लिए। एक नवाबी नगर को उन्होंने विश्व के विशालतम गणराज्य के सबसे बड़े राज्य की राजधानी बनाया। जहाँ भोपाल में उच्च शिक्षा-संस्था के नाम पर मात्र एक इंटर कॉलेज था, वहाँ आज उच्च शिक्षा एवं अनुसंधान की ऐसी कोई शाखा नहीं है, जिसमें अध्ययन की सुविधा उपलब्ध न हो। हेवी इलेक्ट्रिकल्स औद्योगिक तीर्थ की भोपाल में प्रतिष्ठा भी उनकी ही साधना का सुफल है।

मध्य प्रदेश मंत्रिमंडल के एक वरिष्ठ सदस्य के रूप में डॉ॰ शंकरदयाल शर्मा की हार्दिक कामना भोपाल में एक केन्द्रिय विश्वविद्यालय की स्थापना कराने की थी। उनकी योजना एक ऐसे विश्वविद्यालय की थी, जो बौद्धिक एवं सांस्कृतिक गति-विधियों का देश के हृदय-स्थल में अवस्थित एक सुसमन्वित तीर्थराज बन सके। अब भोपाल में विश्वविद्यालय की स्थापना हो चुकी है और हमें आशा करनी चाहिए कि वह शीघ्र ही डॉ॰ शर्मा की कल्पना को साकार कर सकेंगे।

मध्य प्रदेश के सर्वांगीण विकास में डॉ० शर्मा का योगदान युगों-युगों तक कृतज्ञतापूर्वक स्मरण किया जाता रहेगा तथा राज्य के सौभाग्य-शिल्पी के रूप में उनका नाम इतिहास में अमर रहेगा।

## सेवा और समर्पण के मनस्वी साधक: डॉक्टर शंकरदयाल शर्मा

**ज्वालाप्रसाद ज्योतिषी**
एम.एल.ए.

हिमालय की तराई में खड़े देवदारु वृक्षों को हमने देखा है। कैसे हैं वे खड्ड कि जिनमें गिरने पर कठोर शिलाखण्ड भी चूर-चूर हो जायें-प्रकाश की किरणों को भी जहाँ पहुँचने के लिए भारी संघर्ष करना पड़ता है। अत्यंत ऊबड़-खाबड़ है वह जमीन जिसे भीषण अंधड़ों और हिमपातों के उत्पात के सिवाय कुछ भी तो प्राप्त नहीं। लेकिन देवदारु उठता है उस ऊबड़-खाबड़, रसविहीन चट्टानी धरती के प्राणों से रस खींचकर संसार की वृक्षवानता की श्रेष्ठतम ऊंचाई को प्राप्त करने को।

मुझे लगता है: अखिल भारतीय कांग्रेस के अध्यक्ष, डॉक्टर शंकरदयाल जी शर्मा का व्यक्तित्व भी कुछ इसी प्रकार का है। मैं नहीं समझता कि उन्हें जीवन की बहुत सुख-सुविधापूर्ण स्थितियों का वरदान मिला। लेकिन अन्तर्जीविनी-शक्ति की चेतना से उन्होंने निरन्तर परिश्रम और अध्यवसाय करते हुए अपना विकास किया।

जीवन के किसी भी क्षेत्र में उतरने के पूर्व उस क्षेत्र के लिए आवश्यक शक्ति की अर्जना को मैं जीवन-साफल्य की पहली शर्त मानता हूँ। आज बहुत-से लोग बगैर पूंजी के रोजगार में लगे हैं। पर मेरा विश्वास है कि सट्टेबाजी और जेबकटी द्वारा स्थायी सुखमयता नहीं पाई जा सकती। जीवन के निरन्तर विकासशील अभ्युत्थान के लिए श्रम के देवता की सतत् आराधना जरूरी है। नकलचुट्टी करके पास हुए स्नातक की डिग्री ज्ञान की कसौटी पर कसे जाने वाले क्षणों में काम न देगी।

आज बहुत से लोग बिना साधना के राजनीति के क्षेत्र में कीर्ति-कलगी अर्जित करने को दीवाने होने लगे हैं। डॉ० शर्मा की आज की सफलताओं को लोग भाग्य का वरदान और ग्रहों की मुसकान का फल समझने की भूल करते हैं। मेरा निश्चित विश्वास है कि विवेकयुक्त सतत् परिश्रम ही मनुष्य के भाग्य का निर्माता

है। आत्म-स्थित चेतना से बड़ा कोई ग्रह नहीं जो जीवन में सफलता दे। डॉ॰ शंकरदयाल शर्मा ने अपने शैशव के प्रभात से ज्ञानार्जन की तपश्चर्या में अपने-आपको लगाया और अवसर आने पर विवेकपूर्वक सोच-विचारकर त्याग के रास्ते पर कदम बढ़ाया।

राजनीति को आज बहुत से लोगों ने पारस्परिक स्वार्थों द्वारा स्थापित गुटबन्दियों का अखाड़ा बना रखा है। लोक-हित के शुभ संकल्पों और निष्ठायुक्त सेवा-भाव का स्थान पारस्परिक स्वार्थों की पूर्ति की तिकड़म लेती जा रही है। मेरा यह निश्चित मत है कि राजनीति राष्ट्र-जीवन को न्याय और सदाचरण के पथ पर अग्रसर रखने वाली कर्म-प्रणाली है। उसका एकमात्र लक्ष्य समष्टि की हित-साधना है। डॉ॰ शंकरदयाल शर्मा ने राजनीति की इस उच्च आदर्शमयता को केवल समझा ही नहीं, वरन् उसे जीवन में आत्मसात् करने की साधना भी की है।

यों डॉ॰ शंकरदयाल जी शर्मा का अभ्युदय भोपाल राज्य के विलीनीकरण आन्दोलन से हुआ, जिसके पश्चात् वे भोपाल राज्य के मुख्य मंत्री के रूप में प्रतिष्ठित हुए, परन्तु मेरा उनका निकटतम सम्पर्क हुआ 1957 में जब उनकी उदयपुरा बेगमगंज कांस्टीटुएन्सी मेरी पॉर्लियामेन्टरी सागर सांस्टीटुएन्सी का अंग बनी। 1957 और 1962 के दो चुनाव मुझे उक्त क्षेत्र से डॉक्टर शंकरदयाल जी शर्मा के साथ-साथ लड़ने का सौभाग्य प्राप्त हुआ और हम दोनों, दोनों की बार प्रचण्ड बहुमत से विजयी हुए। अनेक बार हम दोनों को एक ही मंच से बात करने के अवसर मिले और अनेक बार हम दोनों ने एक ही छप्पर के नीचे आतिथ्य प्राप्त किया।

मैं अपने वैयक्तिक अनुभव के आधार पर कह सकता हूँ कि डॉक्टर शंकरदयाल शर्मा एक उच्च राजनीतिवेत्ता, शिक्षाविद् और उच्च शिक्षा प्राप्त विद्वान हैं जो लोकहित की भावना से अनुप्रेरित हैं। राजनैतिक उथल-पुथल के समय अनेक लोग अपना मानसिक संतुलन खो बैठते हैं, परन्तु डॉक्टर शंकरदयाल शर्मा ने हर तूफानी समुद्र में अपने विवेक की नौका का पाल ठीक रखा है। जो लोग आगे क्षणिक आवेश में आकर उत्तेजना की आंधी के जिम्मे अपनी नाव छोड़ देते हैं, वे तेजी से थोड़ी देर आगे बढ़ते भले दिखाई दें, लेकिन अक्सर उनकी नाव अनजाने समुद्र के अनजाने रेतीले टापुओं से टकराकर चूर-चूर हो जाती है। डॉ॰ शंकरदयाल शर्मा एक सुस्थिर चित्त और स्वस्थ निर्णायक बुद्धि के धनी हैं। उन्होंने अपने विवेक का कम्पास सदैव ठीक रखा है अतः उनकी जीवन-यात्रा सदैव उचित दिशा में रही है और वे अपने अनुयायियों को सही मार्गदर्शन दे सके हैं।

यह सच है कि हम सब मिट्टी से बने हैं। मिट्टी हमें नीचे की ओर खींचती है। लेकिन यह भी सच है कि हम सब में एक दिव्य चेतना की आग है, जो सारी विषमताओं और दुःख-रोष को जला देना चाहती है। मैं समझता हूँ अंतस् की यह आग ही मनुष्य को ऊंचा उठाती है। डॉ॰ शंकरदयाल शर्मा ने स्थूल विश्व के आकर्षणों से अपनी आत्मा को दूर रखा है। एक कर्मनिरत संसारी आदमी की जिंदगी बिताते हुए भी उन्होंने कर्म-फल के प्रति अनासक्त रहने की पूर्ण चेष्टा की है। यही कारण है कि सत्ता की ऊंची-ऊंची गद्दियों पर बैठ कर भी वे निरभिमान और निर्लिप्त रहे।

सत्ता की गद्दियों को अलंकृत करने वाले लोगों की ऐय्याशी और आरामतलबी के किस्से आज लोगों की जुबान पर हैं। राजनीति के महासमुद्र में अनेक कच्छ-मच्छ हुए जो जनहित के जल पर जीकर पुजापा प्राप्त करते रहे। मुझे इस बात का स्मरण कर हर्ष होता है कि डॉक्टर शंकरदयाल शर्मा उन थोड़े से व्यक्तियों में से हैं जिन्हें शक्ति और सत्ता अधिक आसक्त नहीं कर सकी। एक अर्से तक वे भोपाल के मुख्य मंत्री रहे। आधुनिक भोपाल राजधानी उनके सपनों की निर्मिति है जो उनकी राजनैतिक चतुराई के कारण साकार हो सकी। विशाल मध्य प्रदेश बनने पर वे शिक्षा-विभाग के और उद्योग-विभाग के कर्णधार रहे। प्रदेशाध्यक्ष और अखिल भारतीय कांग्रेस के महामंत्रित्व की सीढ़ियां पारकर वे आज अखिल भारतीय कांग्रेस के अध्यक्ष के नाते विश्व की एक सबसे बड़ी संस्था के नेता के रूप में ऊपर आये हैं। निश्चय ही यह हम सबके लिए एक अत्यंत गौरव की बात है। वे आज देश के एक अत्यंत प्रभावशाली नेता तथा राष्ट्र चेतना श्रीमती इंदिरा गांधी के गरीबी हटाओ और विषमता मिटाओ आन्दोलन के अन्यतम सहयोगी हैं। वे समाजवाद की स्थापना के महान् अनुष्ठान के प्रधान पुरोहित हैं।

मुझे यह जानकर अत्यन्त हर्ष हुआ कि डॉ॰ शंकरदयाल शर्मा जी का उनकी स्वर्णजयन्ती के शुभ अवसर पर अभिनन्दन किया जा रहा है। उनका अभिनन्दन मध्य प्रदेश की विवेकशील कर्मठता एवं चरित्रवान् विद्वत्ता का अभिनन्दन है। विन्ध्याचल के इस विशाल देवदारु का अभिनन्दन करते हुए हम यही अपेक्षा करते हैं कि उनके द्वारा देश और प्रदेश में सेवा और समर्पण की भावना का पुनर्जागरण हो। दल में फैल रही विद्वेष-भावना का अंत हो और समाजवाद के सही पुरस्कर्त्ता एकजुट होकर राष्ट्रव्यापी गरीबी, बेकारी और भ्रष्टता के उन्मूलन को कटिबद्ध हों।

## हिन्दू-मुस्लिम सांप्रदायिकता के बीच: डॉ॰ शंकरदयाल शर्मा

**अमरेश मिश्र**

भोपाल राज्य की अतीत कालीन स्मृतियां, जब भी डॉ॰ शंकरदयाल शर्मा का नाम आता है, ताजी हो जाती हैं। आज म॰प्र॰ की राजधानी बनने का सौभाग्य भोपाल को प्राप्त है। इसे सजाने-संवारने की बात होती है–इतना ही नहीं अपितु जिस रूप में भोपाल को खड़ा किया गया है–उस पर सबको गर्व हो सकता है। भोपाल की चर्चा म॰प्र॰ के कोने-कोने में प्रारम्भ हो गई है। देश का हर भाग भोपाल के नाम से परिचित हो गया है, यह सब हो जाने के बाद भी एक बात आज भी मन को कुरेदती है कि आज से 25 साल पहले कोई यह कल्पना भी नहीं कर सकता था कि कभी भोपाल इस गौरवपूर्ण स्थिति में पहुँच सकेगा। ऐसा कौन-सा चमत्कार था जिसके कारण भोपाल को यह स्थान प्राप्त हुआ है। इस अहम प्रश्न पर अभी तक कोई ऊहापोह ही नहीं हो सका।

भोपाल बना, संवरा, बढ़ा। इसमें अनेकों का सहयोग हो सकता है और गर्व के साथ वही यह कह सकते हैं कि "भोपाल को नई नवेली दुल्हन" का स्वरूप मेरे कारण प्राप्त हो सका है–पर शायद ही ऐसा कोई व्यक्तित्व मिल सके जो यह कह सके कि भोपाल को जो स्थान आज प्राप्त है उसमें अंशमात्र हमारा भी योगदान है। इन पंक्तियों के लिखने के पूर्व उस पृष्ठभूमि को जानना आवश्यक है जिसके कारण भोपाल को यह स्थान प्राप्त हुआ। किन्तु उस पूरी पृष्ठभूमि का दिग्दर्शन कराने के पूर्व एक प्रश्न रखना चाहूंगा कि क्या सन् 47 के पूर्व भोपाल पर किसी की निगाहें गई हैं? क्या इस अतीत के राजनैतिक पहलू पर किसी ने कभी विचार किया है? शायद नहीं। अत: आवश्यकता पहले इस बात की है कि सर्व प्रथम इस स्थिति पर विचार किया जाये।

सन् 47 के पूर्व नवाबी राज्य के नाम से भोपाल विख्यात था और इतिहास का वह काल देश के ऐसे राज्यों में किस तरह गुजरा है इसकी कल्पना आज के परिप्रेक्ष्य में कर सकना सम्भव नहीं है। इस पर सोच-विचार एवं लेखन की गहराइयों में वही लोग जा सकते हैं जो उस दौर से गुजरे हैं। अंग्रेजों के दो राष्ट्रवाद की षड्यंत्रकारी योजना का शिकार हिन्दू और मुसलमान दोनों ही उस समय हुए और मुख्य रूप से मुस्लिम राज्य में इसका चित्र जिस रूप में प्रदर्शित हुआ वह वर्णनातीत नहीं हो सकता। पर सूक्ष्मता के साथ यह लिखा जा सकता है कि तमाम ऐसे राज्यों में मुसलमान, मुस्लिम लीग के रूप में तथा हिन्दू, हिन्दू

महासभा और राष्ट्रीय स्वयम् सेवक संघ के रूप में अंग्रेजों के दो राष्ट्रवाद के षड्यंत्र को क्रियान्वित करने में पूर्णतया संलग्न रहे।

मुस्लिम राज्यों में हिन्दुओं को संगठित होने का सबसे बड़ा सुअवसर प्राप्त था। यों तो राजशाही जहाँ भी रही हर जगह बेगार, शोषण एवं राजशाही के नंगे नाच होते रहे हैं पर मुख्यत: नवाबी दौर जहाँ पर कायम थे वहाँ धर्म के नाम पर, नौकरी के नाम पर तथा अन्य राजकीय उपेक्षाओं के नाम पर, हिन्दू व्यापक रूप से संगठनबद्ध हुए। इतना ही नहीं, अपितु व्यापक पैमाने पर हिन्दू महासभा की विचारधारा से अनुप्राणित होकर संघर्ष की तरफ उन्मुख होते रहे। भोपाल राज्य में भी एक तरफ नवाब की छत्रछाया में मुस्लिम लीग राजनैतिक क्षेत्र में रही, दूसरी तरफ हिन्दू महासभा। पूरे भोपाल राज्य में राजनीति का चक्र हिन्दू मुसलमान के घेरे में ही घूमता रहा। सन् 48-49 तक भोपाल राज्य में केवल दो ही राजनैतिक स्वरूप प्रखर रूप में सामने थे। यहाँ तक कि अंतरिम सरकार के गठित होने के वक्त हिन्दू महासभा के प्रतिनिधि को मंत्रिमंडल में सम्मिलित किया गया।

भोपाल की अतीत कालीन राजनीति का एक बहुत लम्बा भाग है जिसमें जाने की आवश्यकता नहीं, क्योंकि उक्त सूक्ष्म संदर्भ से ही आगे की स्थिति पूर्णरूपेण स्पष्ट हो जायेगी। राजनैतिक दृष्टि से सन् 49-50 तक भोपाल की राजनीति केवल दो सांप्रदायिक धुरियों में घूमती रही और इसके परिणाम क्या हो सकते थे, इसकी कल्पना नहीं की जा सकती। पर उस समय निश्चित रूप से भोपाल की आज जो स्थिति है इसकी कल्पना किसी को नहीं थी। इतना ही नहीं देश स्वतंत्र होते के बाद यहाँ कांग्रेस की सरकार गठित होगी यह भी कोई नहीं सोच सकता था। लोगों के सोचने का रुख केवल मात्र इतना था कि भोपाल राज्य में मुस्लिम लीग की सरकार गठित होगी या हिन्दू महासभा की।

कभी-कभी राजनैतिक क्षेत्र में भी ऐसी घटनाएं घट जाती हैं जिन्हें ईश्वरीय देन या कोई चमत्कार ही कहा जायेगा। भोपाल की राजनीति में भी ऐसा ही हुआ। श्री डॉ॰ शंकरदयाल शर्मा उच्च शिक्षा प्राप्त कर विदेश से लौटे। एक सुलझा हुआ मस्तिष्क, बारीकी के साथ भोपाल की इन राजनैतिक गतिविधियों को देखता रहा। समय का लाभ मिला। देश की राजनीति को उस समय पं॰ जवाहरलाल नेहरू अपनी पैनी दृष्टि से संचालित कर रहे थे। उनकी दृष्टि भोपाल पर थी, इतना ही नहीं भोपाल की सांप्रदायिक राजनीति देश के लिए कितनी खतरनाक हो सकती है इस बात से भी वे परिचित थे। डॉ॰ साहब को भोपाल की स्थिति का पूरा भान तो था ही, पं॰ जवाहरलाल नेहरू का वरद हस्त और प्राप्त हो गया। नेहरू

का वरद हस्त प्राप्त करना कोई साधारण बात नहीं थी और देश में केवल डॉ० शंकरदयाल शर्मा को अकेले ही यह अवसर प्राप्त हुआ ऐसा भी नहीं। अनेक हैं जिन्हें पंडित जी का आशीर्वाद प्राप्त हुआ पर उनमें से बहुत कम लोग हैं जिन्होंने उस आशीर्वाद को जनहित में समाहित किया हो। पर डॉ० साहब ही एक ऐसे व्यक्ति थे जो जानते थे कि यह आशीर्वाद व्यक्तिगत महत्त्वाकांक्षा को प्रचारित करने के लिए नहीं वरन् भोपाल राज्य के उन तमाम लोगों को महत्त्वाकांक्षी बनाने हेतु प्राप्त हुआ है जो सदियों से दो संप्रदायों की राजनैतिक चक्की में पिस रहे हैं। और हुआ यह कि डॉ० साहब ने दो संप्रदायों के बीच वर्षों-वर्ष से खड़ी दीवार को तोड़कर एक साथ लाने के लिए अपने-आपको लगा दिया। उस दीवार को तोड़ने में समय लगा पर वह टूट गई और ऐसी टूटी कि जहाँ भोपाल राज्य के हिन्दू और मुसलमान एक-दूसरे से नफरत करते थे, एक-दूसरे से दूर खड़े थे, एक-दूसरे के प्राण लेने की योजनाओं से संबद्ध थे वहाँ आज पूरे म०प्र० का हिन्दू मुसलमान गले मिलता है इसी भोपाल में आकर। हिन्दू और मुस्लिम सांप्रदायिकता के बीच जिस खूबी के साथ डॉ० साहब रह सके और उन दोनों को अपना बनाया इतना ही नहीं बल्कि हिन्दू और मुसलमान दोनों को आपस में एक साथ किया, वह अपने-आप में बेमिसाल है। जब इन पंक्तियों को लिख रहा हूँ तभी कुछ स्मृतियां और ताजी हो जाती हैं। इस सांप्रदायिकता को समाप्त करने के लिए अनेक महापुरुषों को अपने प्राण उत्सर्ग करने पड़े हैं। यदि हम आप भूलें नहीं तो गणेशशंकर विद्यार्थी ने इसी सांप्रदायिकता को समाप्त करने के लिए अपने प्राणों का उत्सर्ग किया था।

## युगद्रष्टा डॉ० शंकरदयाल शर्मा

**ठा. विजयसिंह 'विजय'**

श्री डॉ० शंकरदयाल शर्मा के संपर्क-संस्मरण लिखने में मेरे सामने 'कुर्सी को सलाम' अथवा 'कुर्सी के लिए सलाम' वाली बात नहीं। मैं राजनीतिक भाग-दौड़ में शिथिल हूँ–अधिकार क्षेत्र अभीप्सित ग्राम्य-स्थल है।

श्री डॉ० शर्मा का व्यक्तित्व गरीब ग्राम-जन-सेवा में ही विकसित हुआ। योग्यता के साथ ईमानदारी, शक्ति के साथ अशक्त, उपेशिक्त जन-मानस-विकास की भावना, कुर्सी के साथ कर्त्तव्यपरायणता, सच्चरित्रता और सतत-सन्तत जन-हित चिंतन का समन्वय क्वचित् विरल व्यक्तित्व में ही देखा जाता है।

राजनीतिक दांव-पेंच में डॉ॰ शर्मा का लक्ष्य युग-विकास की गतिविधि के अध्ययन की ओर रहा। तब इनको युग-द्रष्टा कहना अतिशयोक्ति नहीं!

सौभाग्य-संयोग से देश-भक्ति के प्रति हमारे लगाव का क्रियान्वय माननीय डॉ॰ शंकरदयाल शर्मा के प्रारंभिक कार्य-काल में हुआ और हमको कुछ समय उनके निकट संपर्क में रहने का अवसर मिला। इसके लिए हम आज एक हर्षपूर्ण गौरव का अनुभव कर रहे हैं। संपर्ककालीन संस्मरणीय प्रसंग जब याद आते हैं तब हृदय भावानंद से भर जाता है। अहा–हमारे उद्धारक, भोपाल राज्य के मुक्तिदाता, प्रशासक, हमारी जिला कांग्रेस के अध्यक्ष पश्चात् मुख्य मंत्री, तत्पश्चात् शिक्षा मंत्री, उद्भट विद्वान डॉ॰ शंकरदयाल शर्मा आज भारतीय राष्ट्रीय कांग्रेस के अध्यक्ष हैं, देश की विभूति हैं। उनका व्यक्तित्व ऐतिहासिक नेतृत्व अवधारण में मूर्तिमान है।

डॉ॰ शर्मा के प्रकाश को आच्छन्न ही नहीं विलुप्त बनाने के प्रतिद्वन्द्वात्मक एवं दूषित ईर्ष्या-प्लुत प्रतिस्पर्धात्मक संपूर्ण यत्न विफल हुए। देश ने तथा देश के कर्णधारों ने डॉ॰ शर्मा के योग्यतम राष्ट्रीय व्यक्तित्व का सही मूल्यांकन किया। देश के कर्णधार देश में कैसे राष्ट्रीय व्यक्तित्वों को आगे आने की जरूरत है, इस बात को समझते हैं। इस विवेक का प्रमाण डॉ॰ शर्मा जैसे विद्वान् को उचित स्थान-संस्थान पर प्रतिष्ठित किये जाने के संदर्भ में मिलता है।

16 अक्टूबर, 1948 को 3 वर्ष विदेश में उच्च शिक्षा प्राप्त कर डॉ॰ शंकरदयाल शर्मा अपने घर भोपाल आये और दो-ढाई महीने के पश्चात् ही उच्च शिक्षा-सुलभ पदोन्नति एवं उच्च आयुक्त-युक्त अफसरशाही के समस्त आकर्षणों को ठुकराकर पावन जन्मभूमि को क्रूर सामन्तशाही के चंगुल से छुटकारा दिलाने के लिए भोपाल राज्य विलीनीकरण आंदोलन में शरीक हो गये और जेल चले गये। यह उसी समय बुद्धिजीवी वर्ग ने स्वीकार किया था कि डॉ॰ शर्मा के आंदोलन में शरीक होने से युवक-वर्ग पर्याप्त प्रोत्साहित हुआ और ठीक से न समझ पाने वाला तटस्थ व्यक्ति-समुदाय उक्त आंदोलन का प्रबल समर्थक बन गया। आंदोलन का जोर बढ़ गया।

विलीनीकरण आंदोलन सफल हुआ, नवाबशाही समाप्त हो गई। डॉ॰ शर्मा जेल से छूटे और अपने काम पर लखनऊ चले गये।

भोपाल में राजनीतिक दौर शुरू हुआ। भोपाल जिला कांग्रेस (सीहोर-रायसेन) के अध्यक्ष उत्साही युवक कार्यकर्ता–कठपुतली नवाब बहादुर की छत्रछाया में स्थापित जिम्मेवार हुकूमत का छलछद्म वेशी स्वरूप के रहस्य का भेद खोल

देने वाले 'नई राह' परिवार के सदस्य श्री बालकृष्ण गुप्ता, समस्त 'नई राह' के पथिक-परिवार सहित जिला कांग्रेस से इस्तीफा दे चुके थे। और अब पुराने तपस्वी नेता दल में अपने-अपने प्रधानत्व स्थापना की होड़ लग गई थी। जिम्मेवार हुकूमत के पूर्व मुख्य मंत्री चतुरनारायण जी, कामताप्रसाद जी भी मैदान में थे। बूढ़े तपस्वी स्वर्गीय मास्टर लालसिंह के हाथ में उस समय भोपाल कांग्रेस के नेतृत्व की बागडोर थी, अतः स्वाभाविक उनका ग्रुप कांग्रेस में प्रभाव-प्रतिपन्न था, और अपनी पार्टी का कांग्रेस नेता चुनने का हक़दार था।

भोपाल राज्य के दोनों जिलों में कांग्रेस-प्रसार हो चुका था, कांग्रेस कमेटियां स्थापित हो चुकी थीं, जिला कांग्रेस के सदस्य बन चुके थे। वे सब अनुभव कर रहे थे कि ख्यातनामा राजनीतिज्ञ नवाब साहब की राजनीतिक चाल भोपाल को अलग रखने के पक्ष में है और केन्द्रीय शासन के अंतर्गत विधान सभा द्वारा मनोनीत मंत्रिमंडल स्वपक्षीय रखने की चेष्टा में है। अतः सब नवाब की उक्त चाल से जनता को बचाने के प्रयत्न में सचेष्ट थे।

भोपाल राज्य कांग्रेस के दोनों गुट-एक वजीर गुट, दूसरा 'नई राह' परिवार के उत्साही कार्यकर्ताओं को असंतोष पहुँचाने वाला आर भगा देने वाला गुट जनता को अनुपयुक्त लगा। देहाती क्षेत्र के कांग्रेस-जन दूसरे नये नेता की खोज में लग गये। और उनकी स्मृति में डॉ॰ शर्मा विकल्प में प्रत्यक्षीकृत हुए। आग्रह चला, अनुरोध टला, किन्तु सर्वसम्मत प्रेरणा राष्ट्रीय कर्त्तव्य से डॉ॰ शर्मा को विमुख न होने देने के भाव की प्रेरक बनी और डॉ॰ शर्मा भोपाल की दांव-पेंचों भरी राजनीति समझने लखनऊ से भोपाल आ गये।

डॉ॰ शर्मा के भोपाल आते ही भोपाल कांग्रेस के दोनों गुटों में खलबली मच गई। दोनों गुट डॉ॰ शर्मा को 'लाइट' (प्रकाश) में न आने देने के पक्ष में थे। संदर्भ में दोनों पक्ष एक हो गये और अपना सर्वसम्मत उम्मीदवार खोजने लगे।

जिला कांग्रेस के मतदाता देहाती क्षेत्रों में विशेष थे और देहाती क्षेत्र की ओर से डॉ॰ शर्मा का नेतृत्व एकमत से सर्वथा युक्तियुक्त निश्चित किया गया था। तब देहाती क्षेत्रों में फूट डालने की रचना हुई। देहात के जिला कांग्रेस कमेटी के सदस्यों की बड़ी खींच-तान हुई, किसी तरह वे एक जगह एकत्रित कर दिये गये। तदन्तर निर्वाचन की तिथि के पूर्व दिन की अर्धरात्रि को इन पंक्तियों के लेखक की तलाश हुई और आवास-स्थल से मुझे एकत्रित समुदाय के बीच में ला खड़ा किया। मैंने देखा सीहोर जिले के विशेष और रायसेन

जिले के कोई पचास-साठ कांग्रेसी कार्यकर्ता उक्त स्थल पर एकत्र थे। वहाँ वजीर गुट तथा दूसरे रायगुट के भी दो-चार वरिष्ठ सदस्य उपस्थित थे।

आव-भगत के पश्चात् 'लीडर ऑफ द हाउस' के द्वारा मुझे सर्वसम्मत निश्चय-निर्देश प्राप्त हुआ-"सलाह-मशविरे, खोज-तलाश के बाद हम सबने आपको जिला कांग्रेस की अध्यक्षता के लिए अपना उम्मीदवार चुना है। हमको विश्वास है कि आप अपनी स्वीकृति प्रदान करेंगे, और इतने बड़े समुदाय के अनुरोध की अवहेलना नहीं करेंगे।"

यह सुनकर मुझे लगा कि यह एक सुन्दर राजनीतिक रचना है। रचनाकार यह विश्वास करते हैं कि मुझे उम्मीदवार-बनाने से देहाती क्षेत्र के मतदाता उनके पक्ष में आ जायेंगे। डॉ॰ शर्मा भोपाल की राजनीति से हटने को बाध्य होंगे या हार खायेंगे।

मैंने विचार के लिए समय मांगा, साथियों से सलाह-मशविरा हुआ और अन्ततोगत्वा डॉ॰ शर्मा को निर्विरोध चुने जाने की सफलता के लिए मेरे नाम का पर्चा भरा जाना उपयुक्त समझा गया। मैंने अपने नाम का पर्चा पेश कर दिया।

चुनाव-प्रचार का अभियान शुरू हो गया। सीहोर जिले के कुछ अपरिचित मतदाता मुझे समझने के लिए मेरे पास आये। उन्होंने मुझसे प्रश्न किया-"क्या आप डॉ॰ शर्मा के मुकाबले अपने को योग्य मानते हैं?"

मैंने गंभीरतापूर्वक उत्तर दिया: "कुछ समय पहले तो मैं अपने को इस पद के लिए सर्वथा अयोग्य मानता था, लेकिन शहर तथा कस्बों के बड़े-बड़े योग्य महानुभावों ने मुझे योग्य निर्दिष्ट किया तो अब अपने को इसके योग्य मानता हूँ।

राजनीतिक चाल की कलई खुल गई। सामन्तशाही-पीड़ित पददलित, पिछड़ी हुई भोपाल राज्य की जनता कुटिल नीति के गह्वर में गिरते-गिरते बच गई। उक्त बात जान-बूझकर कही गई थी, इसका असर विचारशील व्यक्तियों के व्यक्तित्व पर अनुकूल हुआ। और विचार-मंथन के बाद हमको अपना पर्चा वापस लेने का निर्देश प्राप्त हो गया, भोपाल के गौरव डॉ॰ शंकरदयाल शर्मा भोपाल जिला कांग्रेस के अध्यंक्ष निर्विरोध चुन लिये गये।

सचमुच ही सन् 1951 ई॰ 11 जनवरी, गुरुवार का शुभ दिन भोपाल के भाग्योदय के रूप में प्रमाणित हुआ। डॉ॰ शर्मा इसी दिन सर्वानुमति से अध्यक्ष

चुने गये और भोपाल के नेतृत्व की बागडोर उन्होंने ऐसे शुभ मुहूर्त में संभाली कि आज वे अखिल भारतीय राष्ट्रीय कांग्रेस के अध्यक्ष हैं और देश में राष्ट्रनायक के रूप में समादृत हैं।

पश्चात् तत्पश्चात् डॉ॰ शर्मा के उत्कर्ष पर हमले होते ही रहे। भोपाल की राजनीति के ठेकेदार डॉ॰ शर्मा को पीछे ढकेलने के उपायों की असफल कुचेष्टा करते ही रहे, लेकिन डॉ॰ शर्मा कर्त्तव्य पर अटल-अडिग रहे, जनता की सेवा में आगे बढ़ते ही गये। एकतंत्री चीफ कमिश्नरी शासन का उन्होंने विरोध किया। उन्होंने स्पष्ट कहा कि यदि भोपाल का विलय किसी प्रांत में नहीं करना है तो भोपाल राज्य की अलग से विधान सभा मनोनीत हो और निर्वाचित मंत्रिमंडल के द्वारा भारतीय विधान के अनुसार शासन का संचालन हो।

तत्कालीन चीफ कमिश्नर साहब आखिर अंग्रेजी शासन-काल के ढांचे में ढले हुए गणतंत्र में प्रशासन-अधिकारी के पद पर आसीन थे। तब अपने ही जैसे लोगों से उनकी मुहब्बत होना स्वाभाविक था। ऐसे लोग उनसे लाभ उठाने लग गये। स्थानीय जिला कांग्रेस से उनका कोई संबंध नहीं था, जनता से उनकी कोई जान-पहचान नहीं थी। फलस्वरूप भोपाल के कुछ मौकापरस्त अफसरों तथा वकीलों ने चीफ कमिश्नर साहब को पटाकर सैकड़ों एकड़ ट्रैक्टरों से आबाद जमीनों के पट्टे प्राप्त कर लिये। यह जमीन काश्तकारों की थी। कांस हो जाने के कारण सरकारी सहायता के अभाव से पीड़ित होकर काश्तकारों ने उक्त समतल भूमि को छोड़ दिया था।

जमीन बरेली, उदैपुरा, सिलवानी तहसील की थी। लोगों में हल्ला मच गया। लोग कहने लग गये—क्या यही विलीनीकरण है? एक नवाब का वजन उतारा गया तो दूसरा नवाब लाद दिया गया।

हम कांग्रेस-जन एकत्र हुए और दिनांक 22-23 जून, 1951 को डेपुटेशन के रूप में भोपाल पहुँचे। जिला कांग्रेस-अध्यक्ष डॉ॰ शंकरदयाल शर्मा को नादिरशाही शासन की उक्त एकतरफा हुक्म की सारी कथा सुनाई। डॉक्टर साहब तत्काल डेपुटेशन को साथ लेकर चीफ कमिश्नर के यहाँ पहुँचे। चीफ कमिश्नर ने अफसरी ढंग की बात की। डॉक्टर साहब ने निर्भीकतापूर्वक चीफ कमिश्नर से उनकी इकतरफा कार्यवाही को निन्दनीय बताते हुए सावधानीपूर्वक जनमत को समझते हुए काम करने की सलाह दी। और कहा—आपने वकीलों और अफसरों के भाई-भतीजों को दिये गये पट्टे कैंसल नहीं किये तो आपके खिलाफ आंदोलन करेंगे।

अन्ततोगत्वा केन्द्र तक बात पहुँची। चीफ कमिश्नर को पट्टे कैंसल करने पड़े। उन्हें जनता से माफी मांगनी पड़ी।

भोपाल के कुछ तपे-तपाये, कष्ट पाये नेता डॉ॰ शर्मा के उत्कर्ष से असंतुष्ट रहे, आज भी हैं। यद्यपि वे कहते पाये जाते हैं-''मंजिल उन्हें मिली, जो शरीके़ सफर न थे।''

वस्तुतः गलती उन्हीं की है। भारत के आजाद होने के बाद नवाब की छत्रछाया में उत्तरदायी शासन की मांग की गई। तदनन्तर भोपाल राज्य प्रजामंडल के 'हाई कमाण्ड' ने श्री नवाब साहब से गुप्त समझौता कर लिया। जिसे आम लोगों से ही नहीं, प्रजामंडल के हाई कामण्ड को ताक़त पहुँचाने वाले कार्यकर्ताओं से भी छिपाया गया। फलस्वरूप भोपाल को सामन्ती चंगुल में देश की आजादी के बाद स्थायी रूप में फंसा देने वाले समझौते का ता॰ 21 मई, 1948 को आयोजित विराट् कार्यकर्ता-सम्मेलन में पूरे कार्यकर्ताओं द्वारा एक स्वर से घोर विरोध हुआ। सबने हाई कमाण्ड के सस्ते बिकाव पर भी आश्चर्य प्रकट किया। नवाब ने जनता की छोटी सी आठ लाख की रियासत के संचालन के लिए अपनी छत्रछाया में 9 वजीर मुकर्रर किये थे जिनमें प्रजामंडल के केवल 4 वजीर थे—उपप्रधान मंत्री पं॰ चतुरनारायण मालवीय थे।

हज यात्रा को जाने के पूर्व हिज हाइनेस ने दृढ़ शब्दों में भोपाल को अलग रखने की बात कही। एलान किया, और हमारे नेताओं ने उनको समर्थन दिया। वे ही नेता आज डॉ॰ शर्मा पर नाराज हैं। यह निर्विवाद तथ्य है कि यदि डॉ॰ शर्मा उस समय जनता का साथ न देते तो भोपाल राज्य की दशा इस समय किस दिशा की ओर होती?

मुझे स्मरण है, सन् 1948 ई॰ में जब प्रजामंडल की कठपुतली अल्पमतीय सरकार कायम हुई थी तब अविज्ञापित मूक जनसेवी 'नई राह' के प्रवर्तक श्री रतनकुमार जी के घर डॉक्टर शर्मा ने उत्साही युवक कार्यकर्ता 'नई राह' परिवार के सदस्यों के समक्ष, नवाब साहब के साथ प्रजामंडल द्वारा किये गये समझौते पर दुःख प्रकट किया था और देश के कर्णधार सरदार पटेल प्रभृति नेताओं द्वारा भी उक्त 'पतनोन्मुखी' प्रजामंडल के नेताओं के समझौते पर 'आश्चर्य' प्रकट किये जाने की जानकारी दी थी।

इसके बाद वे (डॉ॰ शर्मा) बराबर भोपाल आते रहे। आयोजित सभाओं में उनके भाषण होते रहे। उन्होंने दृढ़ शब्दों में 'भोपाल का विलीनीकरण सुनिश्चित

है' यह भविष्याणी की थी। 7 नवम्बर, 1948 को विद्यार्थी कांग्रेस सीहोर द्वारा आयोजित विशाल सभा में डॉ॰ शर्मा का ओजस्वी भाषण आज भी कानों में गूंज रहा है। इस भाषण के एक महीने बाद ही विलीनीकरण आंदोलन की आग भड़की और 1 जून, 1949 को सामन्ती शासन की समाप्ति हो गई।

लेकिन फिर भी जनता के सामने रहा। भोपाल के वाइसराय चीफ कमिश्नर साहब का शासन का रूप प्रकारान्तर ही रहा। चीफ कमिश्नर की कूटनीति ने कांग्रेस ने कांग्रेस में फूट पैदा कर दी। क्रांतिकारी और क्रांतिदर्शी बालकृष्ण गुप्ता और 'नई राह' के प्रवर्तक रतनकुमार जी आदि इस्तीफा देने के लिए मजबूर हुए। पश्चात् कुटिल स्वार्थ-सत्ता की राजनीति में आठ लाख जनता की सारी आशाएं धूल-धूसरित करने लगा। चीफ कमिश्नर तानाशाह शासक बन बैठे। देश के कर्णधार तत्कालीन भंयकर समस्याओं को सुलझाने में लगे थे और इधर भोपाल की जनता अलग इकाई में पड़ी अफसरशाही से कुचली जा रही थी।

चीफ कमिश्नर शासन के दो महीने कम दो साल बाद भोपाल-कांग्रेस के नेतृत्व की बागडोर डॉ॰ शंकरदयाल शर्मा ने संभाली। लगभग 6 महीने बाद ही भोपाल की शासन प्रणाली का काया-पलट हो गया। और केन्द्रीय शासन भोपाल राज्य में उत्तरदायी शासन स्थापित करने के लिए राजी हो गया।

फिर राजनीति के दांव-पेंच शुरू हो गये। प्रत्याशित विधान सभा के लिए कांग्रेस प्रत्याशियों का चयन सरलतापूर्वक सविवेक नहीं हो सका। तब चयन-समिति का अलग से चुनाव हुआ। 6 सदस्य चुने गये उनमें एक मैं भी था। वरिष्ठ नेताओं में डॉ॰ शर्मा के अतिरिक्त स्व॰ डॉ॰ लालसिंह जी मास्टर और श्री चतुरनारायण मालवीय जी थे। अन्य 4 सदस्य बाहर की तहसीलों के थे।

प्रत्याशी चयन क्रिया में–'यह तो राजनीति है', 'तुम राजनीति नहीं समझते देवता हो' इस तरह की दाव-पेंच भरी बातों का दौर चलता रहा। विधान सभा के लिए मुख्य मंत्री पद पर जाने के हेतु मास्टर लालसिंह साहब का नाम था, श्री शंकरदयाल शर्मा मेम्बर पार्लियामेन्ट के लिए तय थे। इसी प्रकार इधर, उधर, किधर की समस्या में श्री चतुरनारायण प्रभृति नेतागण थे। ऐसी ही कुछ बहुमत के आधार पर लिस्ट तैयार हुई और व्यक्तिगत मेल-मिलाप के आधार पर उसे 'पास' कराने का प्रयत्न चलने लगा। युगपुरुष नेहरू भोपाल की राजनीति से परिचित थे। इने-गिने व्यक्तित्वों की कला-कौशल भरी राजनीति को वे खूब समझ रहे थे। उन्होंने भोपाल के प्रत्याशियों के नामों की लिस्ट देखी। देखते

ही उनकी भौंहों पर सिकुड़न आ गई, लिस्ट को टेबल पर पटक दिया और वजनदार स्वर में बोले--"यह सब क्या है? जानी-मानी शख्सियतें इसमें एक भी नहीं।" किसी ने दबी जबान से कह दिया–"हमारे सामने जीतने का सवाल है।" तब नेहरू जी कड़ककर बोले–"यह दृष्टिकोण गलत है। जनता वोट देने में भले गलती करे लेकिन हम तो अधिकारी को ही टिकट देंगे। भोपाल का मुख्य मंत्री ऐसा लगनशील व्यक्ति होगा जो नवाबो से पिसी जनता में नई जान फूंके, कुछ तरक्की करे।"

अन्ततोगत्वा मास्टर साहब, लालसिंह जी को मेम्बर पार्लियामेट के लिए टिकट मिला और डॉ॰ शंकरदयाल शर्मा मुख्य मंत्री पद पर जाने के हेतु विधान सभा भोपाल के लिए कांग्रेस प्रत्याशी निर्णीत हुए।

भोपाल के अमर वीर सेनानी आदरणीय डॉ॰ लालसिंह जी दुर्घटनाग्रस्त हुए, और उनकी असामयिक अप्रत्याशित मृत्यु हो गई। उनके स्थान पर पं॰ चतुरनारायण जी को टिकट मिल गया। इस दुर्घटना ने 'अपने मन कुछ और है, हरि के मन कछु और' इस अनुभूत कथन को चरितार्थ कर दिया।

जनवरी 1952 में चुनाव का दौर शुरू हुआ। विरोधियों ने पूरी ताकत डॉ॰ शर्मा को नाकामयाब बनाने में उनके वेरसिया क्षेत्र में लगा दी। डॉक्टर साहब एक नये उम्मीदवार के रूप में जनता के सामने थे तथा उनका चुनाव-कार्य संबंधी अनुभव भी नया था। लेकिन भोपाल राज्य की जनता का भाग्य अच्छा था, डॉ॰ शर्मा विरोधियों की उम्मीद के खिलाफ चुनाव जीत गये।

श्री डॉ॰ शर्मा विधान सभा के लिए कांग्रेस पार्टी के नेता चुने गये। इस ओर 'रुख' किसी एक-दो का हुआ था। लेकिन कुशल गुणग्राही जानकार लोकनायक नेहरू जी ने देश-काल की गति के अनुसार योग्य पात्र डॉ॰ शर्मा को ही नेता-पद के लिए मनोनीत किये जाने में अपनी सम्मति निर्धारित की।

माननीय डॉ॰ शंकरदयाल शर्मा मुख्य मंत्री-पद को संभालते ही कार्य-क्षेत्र से संलग्न हो गये। उनकी 'लगन', शासन पर कंट्रोल की अद्भुत क्षमता, योग्य निरीक्षण, उन्नायक योजनाओं की निर्माण-कार्य-विधि एवं कार्यान्विति में प्रमादरहित कार्य-पटुता द्रष्टव्य रही। एक ही वर्ष में भोपाल राज्य का काया-पलट हो गया। ···और हमारा हाल अनाधिकृत महत्त्वाकांक्षावादी बन गया। नवाबी शासन से पददलित भोपाल राज्य को एक बारगी देश का उन्नत भाग बनाना है, पड़ोसी प्रांतों के समकक्ष बनाना है, स्वर्ण अवसर को नहीं खोना

है—यह बात भूल गये। राष्ट्रीय विकास-विस्तार योजना का शुभ समारंभ देश-नायक स्वर्गीय लालबहादुर शास्त्री द्वारा उद्घाटन-समारोह के साथ छोटे से ग्राम अमरावद, तहसील बरेली, जिला रायसेन के मैदान में सुनिश्चित हुआ। प्रत्येक ग्राम में पाठशाला, प्रत्येक पंचायत में माध्यमिक शाला, प्रत्येक कस्बे में उच्चतर माध्यमिक शाला की स्थापना का निश्चय हुआ। चिकित्सालय खोलने का निश्चय हुआ। और भी विविध सर्वांगीण उन्नति के संकल्प प्रस्तावित हुए। लेकिन हम केवल पद-लिप्सा शांति में अशांत एवं असन्तुष्ट हो उठे। भोपाल के असंतुष्ट राजनीतिज्ञों ने बत्ती दी और हमारा 'स्वाभाव' भड़क उठा और योग्यतम विद्वान् डॉ॰ शंकरदयाल शर्मा को नेता पद से हटाने की सोचने लगे। ग्राम पंचायत के मुख्य पंच के कर्त्तव्य तक को ठीक से न निभाने वाले 'हम' मंत्री बनने की सोचने लगे।

हुड़दंग मच गया। लेकिन डॉ॰ शर्मा अपने संकल्प पर अडिग रहे। काम तेजी के साथ चलता रहा। अमरावद में राष्ट्रीय विस्तार सेवा-योजना का उद्घाटन देशमान्य लालबहादुर शास्त्री के कर-कमलों द्वारा विधिवत् हुआ। भारत प्रसिद्ध विद्वान्, त्यागी, कर्मठ देशभक्त के॰एम॰ मुंशी तक अमरावद में डॉ॰ शर्मा को प्रोत्साहित करने आये—उन्होंने भोपाल का भाग्य-सूर्य उदय होने की बात कही। डॉ॰ शर्मा जैसे विचार मनीषी विद्वान् भोपाल के लिए प्राप्त हैं और वह भोपाल के ही नररत्न हैं, यह भोपाल के लिए गौरव की बात है, श्री मुंशी जी ने श्रद्धापूर्वक अपना यह दृष्टिकोण उपस्थित जन-समुदाय के सामने स्पष्ट किया। श्री डॉ॰ शंकरदयाल शर्मा से प्रभावित होकर बड़े-बड़े राष्ट्रीय व्यक्तित्व भोपाल शहर में ही नहीं छोटे-छोटे गांवों तक में आये। यह क्या पिछड़े हुए छोटे से भोपाल राज्य के लिए कम गौरव की बात थी।

तथापि हम अपनी असामयिक राजनीतिक हठ पर ही कायम रहे। भोपाल राज्य की राजनीति में हम ही हम होते—यह भावना हमारे विधायकों में काम करती रही। हमारा—एक 'बिना कुर्सी वाला समुदाय', सतत् इस प्रयत्न में रहा कि हमारे जिले के विधायकगण भोपाल के विधायक विश्रामगृह से हटकर अपने-अपने घर आ जायें तो उनका भोपाल के असंतुष्ट नेतादल से पिंड छूट जाये। हम देखते थे, सुनते थे। रात-दिन अपनी-अपनी तान लेकर भोपाल की नेतागिरी के ठेकेदार हमारे विधायकों को घेरे रहते थे और इन्हें तरह-तरह के सब्ज बाग दिखाकर प्रलुब्ध किया करते थे। लेकिन हमारे क्षेत्र के विधायक अपने भावावेश के क्षेत्र में ही अपनी गोटियां सजाते रहे, या स्वयं खिलाड़ियों की गोटियां बनकर डिब्बों

में बंद रहे। अक्ल कुर्सी के प्रभाव में रहती है, हम बिना कुर्सी के बेअक्ल थे। हमारी बात किसी ने नहीं मानी। उस समय वास्तव में हमारी दशा बड़ी दयनीय थी।

उस समय श्री कामताप्रसाद जी (इस समय किसान समिति के संयोजक) भोपाल राज्य शासन के वित्त मंत्री थे और द्रोही नेताओं ने इन्हीं को मुख्य मंत्री-पद पर भेजने का निश्चय किया। हमने सुना कि श्री कामताप्रसाद जी कुछ विधायकों के हस्ताक्षरयुक्त ज्ञापन लेकर देहली गये। वहाँ पूज्य नेहरू जी ने उन्हें काफी डांटा, समझाया और भविष्य में ऐसी बेवकूफी का काम न करने की ताक़ीद की।

फिर भी द्रोही शांत नहीं हुए। उन्होंने घोषणा की–"जब विधायकों का बहुमत अपना नेता बदलने का प्रस्ताव करेगा तो इसमें नेहरूजी क्या करेंगे?"

इसी बीच युगपुरुष नेहरू जी प्रधान मंत्री जी और राष्ट्रीय कांग्रेस के अध्यक्ष भोपाल आये। डॉ० शर्मा मुख्य मंत्री भोपाल राज्य के निवास-स्थान पर कांग्रेस कार्यकर्त्ता सम्मेलन हुआ। इस समय पूज्य पंडित जी ने कार्यकर्ताओं को संबोधित करते हुए संदेश दिया कि इस समय राज्य मंत्रिमंडल के परिवर्तन की कोई भी बात भोपाल की जनता के लिए अहितकर होगी। सबको आपसी मतभेद भुलाकर पिछड़े हुए भोपाल को आगे बढ़ाना चाहिए। केन्द्रीय शासन की सहायता का सदुपयोग करने की व्यवस्था करनी चाहिए।

फिर भी द्रोही अपनी स्थिति पर कायम रहे। श्री कामताप्रसाद जी को वित्त मंत्री के पद से त्यागपत्र देना पड़ा और कांग्रेस-कार्यकर्ताओं को पटाकर वे जिला कांग्रेस रायसेन के अध्यक्ष बन गये। मनोविकार की सनक उन्हें इस पद पर कायम न रख सकी। उन्होंने सदल-बल कांग्रेस से त्यागपत्र दे दिया। विरोधी विधायकों सहित कांग्रेसी विद्रोही विधायकों की संख्या मिलाकर बारह-तेरह हो गई। सबने मिलकर भोपाल राज्य के कांग्रेसी मंत्रिमंडल का तख्ता पलटने का कार्यक्रय सुनिश्चित कर लिया।

इस समय सन् 1954 ई० के वर्ष का तीसरा महीना चल रहा था। डॉ० शर्मा के मुख्य मंत्री-काल के दो वर्ष भी पूरे नहीं हुए थे। डॉक्टर साहब को मुख्य मंत्री बने 6 महीने भी नहीं हुए थे कि द्रोही-दल की ओर से उनके मार्ग से रोड़े अटकाये जाने लगे थे। रोड़े जहाँ के तहां पड़े रहे, डॉक्टर साहब उन्हें ठुकराकर या लांघकर अपने-अपने कार्य में तत्पर रहे। अब तक भोपाल राज्य विकास में

बहुत आगे बढ़ चुका था। भोपाल राज्य के नगर कस्बे, बड़े-छोटे गाँव जो पड़ोसी प्रांतों से बीस वर्ष पीछे थे, आगे हो गये। सभी क्षेत्रों में विकास-प्रगति आश्चर्यपूर्ण ढंग से तेजी के साथ हुई थी। नूतन परिवर्तन भोपाल राज्य के कण-कण को सौभाग्य-सूर्य के आभास से प्रदीप्त कर रहा था। श्रमदान में जनता का दान एक आना, दो आना रहता था और पूरा पैसा सरकार खर्च करती थी। मुख्य मंत्री सुलभ सुंदर भवन के सुखप्रद कोचों पर आराम करते नहीं रहते थे। हफ्ते में दो दिन, चार दिन विकास-कार्य निरीक्षण हेतु गांवों में दौरा करते बीतते थे। निरन्तर जन-संपर्क होते रहने के कारण भ्रष्टाचार नाम की प्रवृत्ति कहीं भी सरकारी कर्मचारियों में नहीं पाई जाती थी। अफसरशाही भी योग्यतम नेतृत्व के सामने जनसेवा के परिधान में कर्त्तव्यरत रहती थी।

मैंने स्वयं अपनी आंखों से देखा है कि मैं गांव का होकर भी अपने क्षेत्र के पूरे गांवों को नहीं जानता था। और हमारे मुख्य मंत्री डॉक्टर साहब पूरे गांवों की विकासशील स्थिति को जानते थे, पहचानते थे। वे ऊबड़-खाबड़ सड़कों को पारकर गांवों में पहुँचा करते थे।

ऐसे अभूतपूर्व मुख्य मंत्री के विरोध में कांग्रेस के निशान पर जनता से वोट लेकर जीतने वाले विधायकों का तथाकथित क्रिया-कलाप जनता की समझ में नहीं आया। कथित विधायकों के विरोध में जनता सभाएं करने लगी। जहाँ-तहाँ नारे बुलन्द हुए-हमारे वोटों पर बनने वाले एम॰एल॰ए॰ भोपाल राज्य के विकास-काल में जनता के साथ घोर विश्वासघात कर रहे हैं। वे अपने पदों से इस्तीफा दे दें।

द्रोही विधायकों का जनता में कोई महत्त्व नहीं रहा। सर्वत्र ऐसों की डटकर भर्त्सना हुई। जिला कांग्रेस कमेटी के वरिष्ठ सदस्य एवं जिले के सर्वमान्य वरिष्ठ कांग्रेसजन श्री रतनलाल नाहर (स्वर्गीय), श्री माधोसिंह (स्वर्गीय) वर्तमान विधायक ठा. जसवन्तसिंह के पिता, श्री अनोखेलाल जी, श्री मन्नालाल जी, श्री युद्धवीर सिंह जी आदि की हमारे गांव में हमारे घर बैठक हुई। तहसील के वरिष्ठ जनसेवी पटेल चैनसिंह जी गड़रुवास, गूगलवाड़ा के मंगलसिंह जी आदि सभी समुपस्थित थे। सबने द्रोही विधायकों के द्वारा भोपाल राज्य के भाग्य-निर्माता डॉ॰ शंकरदयाल शर्मा, मुख्य मंत्री को गिराने के प्रयत्न को निष्फल बनाने के लिए जिले-भर में दौरा करने का कार्यक्रम बनाया। और मुख्य मंत्री जी को बरेली-सनखेड़ा, गड़रुवास, गोरा के यज्ञ-समारोह में आमंत्रित करने का निश्चय किया गया। सबने विश्वास प्रकट किया कि द्रोही एम॰एल॰ए॰ भले ही अपना आग्रह

न मानें लेकिन बहके हुए अन्य विधायक अवश्य ही युक्तियुक्त मत में आयेंगे, अवश्य ही हमारी बात मानेंगे।

हमारे आग्रह पर मुख्य मंत्री डॉक्टर शंकरदयाल शर्मा हमारे क्षेत्र में आये। ता॰ 8 अप्रैल, 1954 को बरेली में हमारी अध्यक्षता में एक विराट् सभा हुई। लगभग दस हजार जनता एकत्र थी। वरिष्ठ महानुभावों के भाषण हुए। भोपाल के द्वेषीजनों के बहकावे में विधायकों के आ जाने पर खेद प्रकट किया गया, और बहके विधायकों को पुनः अनुशासन में आने के लिए कहा गया। अन्यथा ऐसों का सभी क्षेत्रों ने बहिष्कार करने का निश्चय प्रकट किया।

इसी दिन रात्रि को 10 बजे हमारे छोटे से गांव सनखेड़ा में सभी कांग्रेस कार्यकर्ता मुख्य मंत्री सहित पधारे। डॉक्टर साहब का आत्मीयतापूर्ण, आडम्बररहित व्यवहार, सहृदय भावयुक्त भोपाल राज्य के स्वर्णिम भविष्य की कल्पना पर विचारों का आदान-प्रदान आज भी हमारी स्मृति में अक्षुण्ण-अविस्मरणीय बना हुआ है।

इन्हीं दिनों हमारे पास के गौरा गांव में पुण्य सलिला नर्मदा-तट पर महा विष्णुयज्ञ ऋषि कामताप्रसाद ब्रह्मचारी के तत्वावधान में होने जा रहा था। तथाकथित कांग्रेस शासन का तख्ता पलटने वालों के दल ने जब मुख्य मंत्री जी के समर्थन में विशाल सभाओं के सफल कार्यक्रमों का समाचार सुना तो उन्होंने गौरा-यज्ञ के अवसर पर ऊधम मचाने की सोची। हमको भी यह खबर मिल गई। हमने इसी समय माननीय मुख्य मंत्री जी की अध्यक्षता में गौरा घाट पर कवि-सम्मेलन करने का निश्चय किया। मुख्य मंत्री जी व्यस्त कार्यक्रम में भी अध्यक्षता के लिए समय देने को राजी हो गये। उसी समय भोपाल राज्य कांग्रेस की ओर से किसान-सम्मेलन का निश्चय हुआ। दिन को किसान-सम्मेलन, रात को कवि-सम्मेलन का कार्यक्रम रखा गया।

माननीय शर्मा के द्रोही दल ने यह खबर पाकर उक्त दिन से एक दिन पहले अपना कैंप यज्ञ-स्थल से दूर अप्रतिबन्धित क्षेत्र में लगा दिया।

श्री गुलाबचन्द तामोट और श्री कामताप्रसाद जी पूर्व वित्त मंत्री के नेतृत्व में सभा का तमाशा हुआ। मुख्य मंत्री के कामों की बुराइयां बखान की गईं। लेकिन केवल 2 साल में डॉ॰ शंकरदयाल शर्मा ने मुख्य मंत्री पद पर रहकर भोपाल के लिए क्या किया यह सब जनता के सामने था। यह सब द्वेष में कुर्सी के लिए दौड़-धूप, लेक्चरबाजी है। यह सब कहते नजर आते थे।

दूसरे दिन 18 अप्रैल, 1954 ई० को मुख्य मंत्री डॉ० शर्मा आये। जनता ने उनका भव्य स्वागत किया। सभा जोरदार हुई। डॉ० शर्मा का भाषण हृदयस्पर्शी, मार्मिक था। उन्होंने विरोधी विधायकों के क्षोभ पर दु:ख प्रकट किया। ऐसे समय जब भोपाल की सर्वांगीण उन्नति होने जा रही है, तब संस्था और जनता के साथ विश्वासघात कर विधायक गलती कर रहे हैं। उन्हें पछताना न पड़े, इसलिए उन्हें मार्ग पर आ जाना चाहिए। बहके हुए विधायक अपनी भूल स्वीकार कर अपना इस्तीफा वापस ले चुके हैं। दो-चार जो भी शेष रहे हैं उन्हें भी त्याग-पत्र वापस ले लेना चाहिए। उनके लिए कांग्रेस का दरवाजा खुला हुआ है। हाई कमाण्ड उन्हें माफ कर देगी।

पश्चात् डॉ० शर्मा ने कवि-सम्मेलन की अध्यक्षता की। देहात में इतना अच्छा कवि-सम्मेलन सफलतापूर्वक संयोजित हुआ, इसके लिए उन्होंने श्री शिवनारायण जौहरी 'विमल', सब-जज बरेली के प्रयत्न की सराहना की।

द्रोह-मोह में दो या तीन विधायक रह गये। सभी ने अपनी भूल पर पश्चात्ताप किया। भोपाल के द्वेषीजनों की करामात असफल हो गई। ऐसे आज भी राजनीतिक क्षेत्र में भटकते नज़र आते हैं।

योग्यतम राष्ट्रीय-भाव प्रतिपन्न मुख्य मंत्री को पाकर प्रशासन अधिकारी कर्त्तव्यपालन में बद्धपरिकर बने काम में जुटे रहे। केवल 2 वर्ष में गांव-गांव में पाठशालाएं इमारतों सहित दृष्टिगत होने लगीं। सड़कें बन गईं, चिकित्सालय खुल गये। जलाशय बन गये। जंगल में मंगल होने लगा। भोपाल की इकाई के लिए केन्द्र से डॉ० शर्मा के आग्रह पर इतनी सहायता मिली कि गांव-गांव में प्रधान मंत्री और मुख्य मंत्री की जयजयकार होने लगी।

भोपाल-बरेली बस सर्विस बरेली से 4 मील दूर तक चालू थी। उदैपुरा तो पक्की सड़क से बहुत दूर था। उदैपुरा तहसील के लोगों की भोपाल-यात्रा दूभर थी। उदैपुरावासियों को भोपाल जाने के लिए गाड़रवारा स्टेशन या बरेली जाना पड़ता था। बरेलीवासी 4 मील बोझा लिए बस स्टैंड पर पहुँचते थे।

और बरेली के बीच का व्यवधान वारना का पुल बनकर तैयार हो गया। द्वेषियों का व्यवच्छेद डॉ० शर्मा के गति-प्रवाह को कहीं से भी नहीं रोक सका। बरेली क्षेत्र के तीनों विधायक यद्यपि डॉ० शर्मा के उत्साह का भेदन करने के लिए शायक लेकर खड़े हो गये थे, लेकिन डॉ० शर्मा ने उनकी इस दुश्चेष्टा को व्यक्तिगत भावावेश का प्रवाह ही माना। उनके सामने–उनके हृदय में—

बरेली की जनता थी। स्मृति में बरेली का विलीनीकरण आंदोलन था। उनके सामने बरेली के साहस की मान्यता थी। हां, बरेली ने ही तो नवाबशाही छत्र गिराने के लिए पहले कदम उठाया था। नवाबी की गोली के सामने सीना ताना था।

माननीय मुख्य मंत्री, भोपाल राज्य बरेली पुल का उद्‌घाटन करते तो कोई अनुपयुक्त नहीं कहता, लेकिन डॉ॰ शर्मा ने स्वर्गीय मान्य देशभक्त श्री लालबहादुर शास्त्री (तत्कालीन रेलवे मंत्री) से इस कार्य के लिए भोपाल आने का हार्दिक अनुरोध किया। निःसंदेह केन्द्र के बड़े-बड़े पूज्य नेता डॉ॰ शर्मा पर स्नेहार्द्र दृष्टि रखते थे और भविष्य में उनके व्यक्तित्व के उत्कर्ष के द्वारा राष्ट्र की भलाई की कामना करते थे, एक भरोसा रखते थे।

सुप्रसिद्ध राष्ट्रीय राजनीति के प्रवर्तक एवं परिपोषक पूज्य लालबहादुर शास्त्री ने डॉ॰ शर्मा का अनुरोध स्वीकार किया, और बरेली तहसील को दूसरी बार माननीय लालबहादुर शास्त्री के दर्शनों का सौभाग्य प्राप्त हुआ। इस मधुर स्मृति को क्या हम कभी भूल सकते हैं?

पुल का उद्‌घाटन हुआ। स्वर्गीय शास्त्री जी की मधुर वाणी सुनने को मिली, अमर उपदेश प्राप्त हुआ। अमर सेनानी नेता शास्त्री जी ने डॉ॰ शर्मा के लगनशील उत्साह की प्रशंसा की। जनता को योग्यतम ईमानदार नेता पाने की बधाई दी। आदरणीय शस्त्री जी ने बाड़ी के वन विभागीय विश्राम भवन में उद्‌घाटन-कार्य करने के पश्चात् विश्राम किया। और मुझे यह जानकर आश्चर्य हुआ कि मुझे भी शास्त्री जी की सेवा में पहुँचना है। संदेशवाहक श्री रतनलाल जी नाहर थे।

मैं हर्षपूर्वक शास्त्री जी की सेवा में पहुँचा। नाहर जी बाहर ही रह गये। तत्कालीन चीफ कमिश्नर श्री भगवान सहाय एवं मुख्य मंत्री भी चाय पीने के बाद दूसरे कमरे में चले गये। मैं चाय पीता बैठा रहा गया। शास्त्री जी और मैं अब अकेले थे। शास्त्री जी ने सहज स्वाभाव-सुलभ स्वर में पूछा—क्या आपका ही नाम विजय सिंह है? मेरे 'जी हां' कहने के पश्चात् शास्त्री जी ने प्रश्न किया—गये समय मैं जब आपके क्षेत्र के गांव अमरावद में राष्ट्रीय विस्तार सेवा-योजना के उद्‌घाटन के संबंध में आया था, उस समय शायद आपने ही इस योजना के प्रति अविश्वास जाहिर किया था। अब मैं जानना चाहता हूँ कि विकास-योजना कहीं विलास-हुलास योजना बनकर तो नहीं रह गई? जो बात हो निर्भयतापूर्वक निःसंकोच बताइए।

अब बात मेरी समझ में आई। मेरा उस समय का कथन शास्त्री जी को आज भी याद है—यह जानकर मैं श्रद्धा विभोर हो उठा। साथ ही योजना-विरोधी से ही योजना की सफलता-असफलता जानना चाहते हैं। इस ग्रहणीय युक्तियुक्त नीति को समझकर शास्त्री जी मुझे महान् संत जैसे प्रतीत हुए। मैं दृढ़ स्वर में बिना किसी प्रकार की हिचक के कहने लगा—वास्तव में, नवाबी युग के अधिकारी ही इस युग के संचालक हैं और नवाबी युग की धांधलेबाजी सुप्रसिद्ध रही है—यह मानकर मैंने संदेह प्रकट किया था। मेरा संदेह गलत प्रमाणित हुआ। ऐसे सारे अफसर भोपाल राज्य के कर्त्तव्यशील ईमानदार मुख्य मंत्री के योग्यतम नेतृत्व में सच्चे 'पत्थर-फोड़' राष्ट्रीय कर्मचारी बन गये। सभी विभागों में आराम हराम की नीति अपनाई गई, और केवल 2 वर्ष में इतनी फुर्ती और चुस्ती से उन्नति का काम हुआ कि देखकर आश्चर्यचकित रह जाना पड़ता है। आपने पहले भी इस क्षेत्र को देखा था, आज भी देख रहे हैं, कितना सुन्दरतम सुनियोजित परिवर्तन है! पहले हम जानवरों जैसे पराधीन किसी तरह पेट पालते थे और आज हम मनुष्य हैं। दो ही वर्षों में हमारे बच्चे 'रामायण' के पन्ने उलटते दीखते हैं।

पूज्य देवता शास्त्री जी ने उक्त शब्द एक कागज पर मुझसे लिखवाए और मुझे विदा दी।

सचमुच विरोध विरोध के लिए हो तो ठीक है लेकिन सत्य का विरोध राष्ट्रीय द्रोह नहीं तो क्या है?

देश में संक्रमण काल चल रहा था। बहुत सारी समस्याएं सरकार के सामने विकराल रूप में खड़ी थीं। फिर भी भोपाल राज्य की ओर सभी नेताओं का ध्यान था। इन 2-3 वर्षों में कई बार बड़े-बड़े नेता भोपाल आये और देहातों तक में पहुँचे। राष्ट्रपति संतस्वरूप स्वर्गीय राजेन्द्रप्रसाद भी भोजपुर, भोपाल आये—यह किसका प्रभाव था? इससे स्पष्ट प्रमाणित होता है कि सभी उच्चतम राष्ट्र-तपस्वी मातृभूमि उद्धारक नेता डॉ॰ शंकरदयाल शर्मा के प्रति हार्दिक स्नेह रखते थे। प्रजातंत्रीय शासन-यंत्र के संचालन-कार्य के लिए कुशल विशेषज्ञ राष्ट्रीय व्यक्तित्वों को आगे बढ़ाने और प्रोत्साहित करने एवं राष्ट्र सेवा-कार्य में अभिरुचि पैदा करने के उद्देश्य में वे सचेष्ट थे। उस समय डॉ॰ शर्मा युवक थे। इस अवस्था में उनकी स्थिर कार्य-संलग्नता, विचार-प्रौढ़ता, सच्चरित्रता पर हमारे बड़े-बूढ़े राष्ट्रनायक नेता मुग्ध थे। इस भावना को हमारे युवक समझें, शिक्षा ग्रहण करें। जो युवक आज यह कहने लगते हैं—नये खून को धक्कामार कर पीछे रखा जाता

है, उनके सामने यह प्रत्यक्ष प्रमाण है। चरित्र हो, विवेक हो, स्थिरता हो, आधिकारिक योग्यता हो–फिर पीछे ढकेले जाने का सवाल ही नहीं उठता।

स्वर्गीय प्रथम राष्ट्रपति देशमान्य सच्चे गांधीवादी संत डॉ॰ राजेन्द्रप्रसाद बड़े अनुभवी, मनुष्योचित गुणों के पारखी थे। उन्होंने भी डॉ॰ शंकरदयाल शर्मा की मानवोचित राष्ट्रीय भावनाओं की प्रंशसा की थी। उन्हें डॉ॰ शर्मा के कामों पर विश्वास था।

डॉक्टर शर्मा का साहित्य-प्रेम भी सराहनीय है। जब भी कोई बृहत् कवि-सम्मेलन हुआ उन्होंने अध्यक्षता स्वीकार की। उन्हें कभी भी समय को शिकायत नहीं रही। सारी रात कवि-गण ऊधम मचाते रहे, वे शांतिपूर्वक सबको सुनते और अच्छी कविताओं की प्रशंसा करते रहे। कवि सम्मेलनों में उनके आने से बड़ी रौनक आ जाती थी। हास्य-विनोद चलता रहता था। मेरा खान-पान में पथ्य चलता है। मुझसे कविता सुनकर उन्होंने कहा–यह कविता तो परहेजी है।

9 जनवरी, 1955 में हमारे प्रथम राष्ट्रपति स्व॰ राजेन्द्रप्रसाद भोपाल आये और भोजपुर में विधिपूर्वक शंकर भगवान की पिंडी की पूजा की। हजारों की संख्या में दर्शक मौजूद थे। आदिवासियों की सभा भी थी। इसमें राष्ट्रपति का भाषण हुआ। उस समय सभी आदिवासियों ने सामन्तशाही से मुक्त होकर डॉ॰ शर्मा के द्वारा उनको हर तरह की सुख-सुविधाएं मिलने की सराहना की।

जिस तरह भगवान राम ने वानरों का परिचय गुरु वशिष्ठ से कराया था उसी प्रकार राष्ट्रपति से हमारा परिचय पृथक्-पृथक् डॉ॰ शर्मा ने सुन्दर ढंग से कराया। देहातों में प्रवेश पर विकासोन्मुखी देश की सेवा के लिए देहातों में डॉ॰ शर्मा के द्वारा कार्यकर्ताओं के निर्माण पर राष्ट्रपति के चेहरे पर 'बधाई' के भाव का आभास था।

मुख्य मंत्रित्व काल में डॉक्टर साहब के बंगले में दस-बीस देहात क्षेत्र के कार्यकर्ता मौजूद रहते थे–प्रतिदिन यही क्रम चलता था। दूर के साधन-हीन लोगों का यहीं भोजन-भजन होता था। आदर-सत्कार में कहीं किसी भी प्रकार की दिक्कत प्रतीति में नहीं आई। डॉक्टर साहब मुस्कराते हुए सभी से आत्मीय व्यवहार करते, प्रसन्नतापूर्वक बात करते और भोजनादि के लिए आग्रह करते।

एक बार संयोगवश प्रश्नरहित अवस्था में मैं मुख्य मंत्री जी के बंगले के ड्राइंग रूप में बैठा अखबारों के पन्ने उलट रहा था। रात हो गई थी। श्रावण महीने

का सोमवार था। डॉक्टर साहब कहीं जाने की पोशाक में ऊपर के कमरे से ड्राइंग रूम में आये। मुझे देखकर–"अच्छा आप अकेले ही बैठे हुए हैं, चलिये आज महादेव की पूजा करने प्रसिद्ध स्थान नौरी (गुफा मंदिर के आगे) के मंदिर चलें।"

गाड़ी लग गई। डॉ॰ साहब सपत्नीक बच्चों सहित गाड़ी पर बैठे। गाड़ी स्टार्ट हुई और सड़क से शहर की ओर मुड़ी। मैंने डॉक्टर साहब ही ओर देखा, उन्होंने कहा–पिता जी के दर्शन करते चलें।

हम पलक मारते डॉ॰ शर्मा के घर पहुँच गये। शर्मा जी के पिता सफल वैद्य, खुशीलाल जी फर्श पर बिछी दरी पर बैठे रोगियों को दवा दे रहे थे। कागज की पुड़िया बन रही थीं। वही पुराना धंधा। डॉ॰ शर्मा की माता जी भी वहीं वैद्य जी की मदद कर रही थीं। डॉ॰ शर्मा ने पिता-माता के पैर छुए और उन्होंने पिता जी से पूजा करने मंदिर चलने के लिए कहा। पिता जी कुछ अस्वस्थ से थे। तब थोड़ी देर ठहरकर शर्मा जी मंदिर के लिए रवाना हो गये।

मैं रास्ते में विचार-तल्लीन रहा। शर्मा जी की आर्थिक स्थिति पहले से भी कम दृष्टिगत हुई। पढ़ाई-लिखाई में काफी पैसा खर्च हुआ होगा। दो-तीन महीने नौकरी की और स्वतंत्रता-संग्राम मे कूद पड़े। मुख्य मंत्री बन गये, लेकिन अवैतनिक जैसी ही उनकी स्थिति प्रतीत हो रही थी। व्यावहारिक व्यय-बाहुल्य हम देख ही रहे थे। और दूसरे लोग राजनीतिक पीड़ित बने जमीन के प्लाट ले रहे थे, मकान बनवा रहे थे और तकाबियां ले रहे थे। राजनीतिक प्रवाह के अन्तर्गत जनता द्वारा समादृत भी हो रहे थे। लेकिन यहाँ तो 'खुद' की चिन्ता कुछ भी नहीं।

रास्ते-भर मैं खामोश रहा। मैंने डॉक्टर साहब से उक्त विचार-संदर्भ में कुछ नहीं कहा। मैं जानता था अर्थ-संबंधी कोई निजी चर्चा करने पर डॉक्टर साहब चिढ़ते हैं। ऐसी कोई बात वह पसन्द नहीं करते।

पहली जून 1954 को प्रधान मंत्री स्वर्गीय नेहरू जी अखिल भारतीय राष्ट्रीय कांग्रेस के अध्यक्ष की हैसियत से जब भोपाल आये थे तब डॉ॰ शर्मा के निवास-स्थान पर कांग्रेस-कार्यकर्ताओं के सामने उन्होंने संबोधन में कहा—"कांग्रेस-कार्यकर्ताओं को सुसंगठित होकर भोपाल राज्य के विकास कार्यों में जुट जाना चाहिए। गलतियों का सुधार देश के निर्माण के कामों में श्रम-सेवा करने से ही होगा। छोटे-छोटे राज्य अब नहीं रहेंगे। शीघ्र इनका एकीकरण होने जा रहा है।"

तदनुसार 1955 ई॰ में ही राज्य पुनर्गठन आयोग की रिपोर्ट प्रकाशित हो गई। और 1956 ई॰ में नवम्बर की पहली तारीख को ही भोपाल राज्य का अन्य राज्यों सहित मध्य प्रदेश में विलय हो गया।

इस बीच डॉ॰ शर्मा ने भोपाल राज्य की उन्नति के लिए जो कुछ किया वह सीहोर, भोपाल, रायसेन की जनता की स्मृति में अमर है। भोपाल को राजधानी बनाने के लिए नेहरू जी को राजी करने का श्रेय डॉ॰ शर्मा को ही है। यद्यपि उस समय विरोधियों ने यह प्रचार किया था कि डॉ॰ शर्मा भोपाल को राजधानी बनाने के विरोध में हैं और अलग मध्य भारत प्रदेश के पक्ष में हैं। यह प्रचार स्वतः अस्वाभाविक सा लगा, क्योंकि अपनी जन्मभूमि को छोड़कर डॉ॰ शर्मा किसी आकर्षण में बाहर खिचेंगे, यह विचारणीय है। हाँ, हमारा डेपुटेशन उस समय डॉ॰ शर्मा से मिला था। उस डेपुटेशन में पूर्व विरोधी सज्जन भी थे। तब डॉ॰ शर्मा ने इतना भर कहा था–आप लोगों को कहीं भटकने की जरूरत नहीं, सब कुछ तय हो चुका है। जो होगा आपके सामने आयेगा। मुझे मालूम है कि भोपाल के कुछ पुराने हितैषी आपके यहाँ पहुँचे थे, वहाँ उन्होंने कुछ भ्रांति फैलाई होगी। मुझसे भोपाल का अहित नहीं होगा। गड़बड़ करने से महाकोशल वाले ऊधम मचायेंगे और राजधानी का प्रश्न एक समस्या बन जायेगा।

इस पर संभवतः विरोधी पक्ष के लोगों ने बेसिर-पैर की बातें उड़ाई होंगी। हम लोग कहीं नहीं गये, घर आ गये।

और भोपाल राजधानी की घोषणा हो गई। पहली तारीख नवम्बर मास 1956 ई॰ को अर्धरात्रि के पश्चात् मध्य प्रदेश के राज्यपाल डॉ॰ पट्टाभि सीतारमैया ने तोपों की गड़गड़ाहट के बीच अपने पद की शपथ ग्रहण की। थोड़ी देर बाद कांग्रेस विधान मंडल के नेता पं॰ रविशंकर शुक्ल ने अपने मंत्रिमंडल की सूची राज्यपाल के समक्ष प्रस्तुत की। हमारे मुख्य मंत्री डॉ॰ शर्मा शिक्षा मंत्री के पद पर नियुक्त हुए। भोपाल राज्य के दूसरे मंत्री मौलाना इनायतुल्ला खां तरजी मशरिकी भी कैबिनेट स्तर के मंत्री हुए। मुस्लिम समाज के व्यक्तिगत को स्थान देने की आवश्यकता के कारण श्री उमरावसिंह जी को मंत्री-पद नहीं मिला। इसका अफसोस सबके साथ शर्मा जी को भी हुआ होगा।

आदरणीय मुख्य मंत्री पं॰ रविशंकर जी शुक्ल के लिए शिक्षा मंत्री डॉ॰ शर्मा नवीन नहीं थे। वह पहले से उन्हें और उनके कामों को जानते थे। वह भोपाल राज्य का डॉ॰ शर्मा के नेतृत्व में स्वल्पकाल में ही सर्वतोमुखी विकास देखकर

आश्चर्यचकित थे और कार्य-तत्परता पर भाव-मुग्ध थे। अपने प्रदेश में कई बार अपने कार्यकर्ताओं के सामने भोपाल राज्य की उन्नति के उदाहरण प्रस्तुत करते हुए उन्होंने डॉ॰ शर्मा की कार्य-तत्परता की प्रशंसा की थी।

नये मध्य-प्रदेश का मुख्य मंत्री होने के पूर्व डॉ॰ शर्मा के उन्नतिशील क्षेत्र का शुक्ल जी निरीक्षण कर चुके थे। डॉ॰ शर्मा अपने यहाँ बड़े-बड़े सर्वमान्य राष्ट्रभक्त तपस्वी नेताओं को आमंत्रित करते रहने के पक्ष में रहे हैं। बरेली (रायसेन) में श्री शिवनारायण जौहरी 'विमल' (सब जज बरेली) द्वारा संस्थापित प्रतिभा परिषद् द्वारा बृहत्साहित्य सम्मेलन एवं अखिल भारतीय कवि-सम्मेलन किया जाना निश्चित हो चुका था तब बरेली के हम सभी लोगों ने डॉ॰ शर्मा से किसी उच्च कोटि के गण्यमान्य विद्वान् द्वारा साहित्य सम्मेलन का उद्घाटन किये जाने में उनकी सहायता चाही तो डॉ॰ शर्मा ने श्री शुक्ल जी को इसके लिए आमंत्रित करने की सलाह दी।

हम लोग पचमढ़ी पहुँचे। डॉक्टर साहब उन दिनों पचमढ़ी में ही थे। राज्य पुनर्गठन आयोग के आधार पर मध्य प्रदेश शासन के सुगठन पर विचार चल रहा था इसीलिए भोपाल का मंत्रिमंडल ग्रीष्मकालीन अस्थायी राजधानी पचमढ़ी में समन्वित था।

डॉक्टर साहब ने आदरणीय शुक्ल जी से बरेली साहित्य सम्मेलन का उद्घाटन उनके द्वारा किये जाने का अत्यधिक अनुरोधा किया। शुक्ल जी राजी हो गये। वे 4 मई को बरेली पहुँचेंगे—यह निश्चय पक्का हो गया।

4 मई, 1956 का दिवस भोपाल राज्य की तहसील बरेली के लिए महान् गौरवास्पद था। बरेली नगर उस समय विद्युत सेवा से वंचित था। बड़े शहरों जैसे अन्य साधन भी अनुपलब्ध थे। लेकिन डॉ॰ शंकरदयाल द्वारा संकेत प्रेरित विकास विभाग का सहयोग वांछनीय रहा। जेनरेटर संभूत विद्युत्-प्रकाश से पूरी सड़कें, पंडाल, प्रदर्शनी, संलग्न मैदान जगमगा उठा और बरेली की अभूतपूर्व शोभा बड़े शहर जैसी लगी। यह बरेली है, लोग पहचान नहीं पा रहे थे।

इतना बड़ा जलसा, इतना बड़ा जुलूस पहली बार देखने का सौभाग्य प्राप्त हुआ। शुक्ल जी जैसे तेजस्वी पुरुष के दर्शन पहली बार हम लोगों को सुलभ हुए यह सब डॉक्टर साहब की कृपा का प्रकाश था।

मुख्य मंत्री डॉ॰ शर्मा की अध्यक्षता में तप-तेजमूर्ति दिव्य महापुरुष मध्य प्रदेश के मुख्यमंत्री द्वारा हिन्दी-साहित्य-सम्मेलन प्रांजल सुन्दर साहित्यिक

वाणी-प्रवाह में तरंगायित होता सा उद्‌घाटित हुआ। मंच पर देवोपम पुरुष शुक्ल जी, शर्मा जी, उमरावसिंह जी तथा साहित्यिक विद्वानों के दर्शन कर दर्शक भाव-विभोर हो गये।

इस प्रकार की कितनी ही सुन्दर स्मृतियां हृदय में संजोई पड़ी हैं। शर्मा जी के कार्यकाल के सारे संस्मरण सिलसिले से लिखे जायें तो एक बड़ा ग्रन्थ बन सकता है। सीहोर, भोपाल, रायसेन जिले का बच्चा-बच्चा डॉक्टर साहब के स्तुत्य-स्तव्य कृतित्व से सुपरिचित है। आज गांव-गांव में मिडिल, मैट्रिक, इन्टर एवं बी॰ए॰ तक पढ़े सुशिक्षित युवक देखने को मिलते हैं।

मुझे ता॰ 12 दिसम्बर, 1955 मार्गशीर्ष कृष्ण अमावस्या का दिन याद रहेगा–जब डॉ॰ शर्मा सूर्य-ग्रहण स्नानार्थ कैतोघान तहसील उदैपुरा पधारे थे। मुझे देखते ही उन्होंने कहा–ठाकुर साहब आपके यहाँ सुना है अभी तक स्कूल की एक भी बिल्डिंग आपकी पंचायत में नहीं बनी और आपकी पंचायत में माध्यमिक शाला भी नहीं है। विकास-अधिकारी और कलेक्टर साहब को आदेश हुआ। इसी साल पंचायत के तीन गांवों में स्कूल की इमारतें बन गईं और विशेहर गांव में नवाब के बंगले में शाला खुल गई, भारकछ बाड़ी कस्बे में उच्चतर माध्यमिक शाला की स्वीकृति इसके पश्चात् मिल गई। इस तरह अमर विद्या दानदाता की कीर्ति पावन यशस्वी बन गई। सर्वत्र राष्ट्रीय विद्वान् जन-पथ-दर्शन का मुख्य हेतु, जन-प्रशिक्षण का कार्य करते नज़र आने लगे।

सन् 1957 में डॉ॰ शर्मा के केन्द्रीय प्रभाव की सतत सन्तत वृद्धि होते देखकर भोपाल के विरोधी ग्रुप ने प्रदेशीय कांग्रेस के राजनीतिक साम्राज्य के स्वप्न देखने वाले कुछ नेताओं से मिल-जुलकर डॉ॰ शंकरदयाल शर्मा को गिराने के प्रयत्न प्रारंभ किये। उनका प्रयत्न विधान सभा, लोक-सभा के टिकट बंटने तक चलता ही रहा लेकिन 'हाई कमाण्ड' वस्तुस्थिति से अवगत था। ईर्ष्या-द्रोह की भावना ही डॉ॰ शर्मा की गति अवरुद्ध-प्रक्रिया में काम कर रही थी। अतएव केन्द्रीय चुनाव समिति में भोपाल-सीहोर, रायसेन के लिए कांग्रेस उम्मीदवारों के चयन-कार्य में डॉ॰ शर्मा की सम्मति को ही महत्त्व दिया गया। उदैपुरा क्षेत्र की जनता के आग्रह के अनुसार डॉ॰ शर्मा को यह चुनाव-क्षेत्र दिया गया।

उदैपुरा क्षेत्र से उदैपुरा के ही राजनीतिक ठेकेदारों के अथक विरोधी प्रयत्नों के बावजूद डॉ॰ शर्मा बहुत ज्यादा मतों से कामयाब हुए। विरोधियों की जमानतें जब्त हो गई जनता ने डॉ॰ शर्मा का हार्दिक समर्थन किया। हम का अहम् हमारी अधिकाररहित महत्त्वाकांक्षा के सीमित दायरे में 'चांस' के स्वप्न देखता रह गया।

मध्य प्रदेश कांग्रेस में फिरक़ापरस्ती जैसी क्षेत्रीय महत्त्व की भावना अपनी-अपनी डफली अपना-अपना राग अलापने लगी। विधान-सभा का सर्वसम्मत नेता 'दुविधा' के द्रोह में अनिर्णीत रहा। तब केन्द्र द्वारा वयोवृद्ध देश में महान् त्यागी-तपस्वी, स्वतंत्रता संग्राम के बहादुर सेनानी पं॰ नेहरू के समकक्ष स्वर्गीय डॉ॰ कैलाशनाथ काटजू का नेता पद के लिए चयन हुआ। माननीय काटजू मुख्य मंत्री बने। उनके मंत्रिमंडल में समन्वित राज्यों के प्रत्येक क्षेत्र को प्रतिनिधित्व दिया गया। डॉ॰ शर्मा पुनः शिक्षा मंत्री के पद पर आसीन किये गये और अब इनका कार्यक्षेत्र विस्तृत हो गया।

डॉ॰ शर्मा की प्रगति और भी गतिशील बन गई। डॉ॰ काटजू, डॉ॰ शर्मा को स्नेहार्द्र दृष्टि से देखते और उनके मशविरे को महत्त्व देते। यह देखकर ईर्ष्यालु जले-भुने से संस्थागत चुनाव में डॉ॰ शर्मा के महत्त्व को गिराने के लिए हर संभव उपाय करने लगे। प्रदेश कांग्रेस में श्री कामताप्रसाद जी द्वारा सीहोर, रायसेन में बोगस सदस्य बनाये जाने की आपत्ति को सही मानते हुए दोनों जिलों की प्रारंभिक सदस्यताएं समाप्त कर दीं और उन दोनों जिलों से प्रांतीय प्रतिनिधि न चुने जा सके। डी॰सी॰सी॰ भी नहीं बन सकी।

पश्चात् डॉ॰ साहब के द्वेषी पश्चात्ताप से संलग्न हो गये। डॉ॰ शर्मा की प्रतिभा का प्रकाश प्रकीर्ण होता चला गया। सन् 1958 ई॰ से पूर्ववत् डॉ॰ शर्मा के प्रगतिपूर्ण काम चले। सफल जनसंपर्की दौरा हुआ। 18 फरवरी को हमारे ग्राम में श्रीमान् आये, शानदार सुस्वागत, जन-सम्मेलन हुआ। वगतबाड़ा में संस्कृत पाठशाला का उद्घाटन किया। राजधानी भोपाल में शिक्षा मंत्री डॉ॰ शंकरदयाल शर्मा के संयोजन में राष्ट्रभाषा प्रचार समिति का सम्मेलन हुआ। इसका उद्घाटन स्व॰ राष्ट्रपति डॉ॰ राजेन्द्रप्रसाद जी द्वारा हुआ। तत्पश्चात् पहली नवम्बर, 1958 को प्रांतीय साहित्य सम्मेलन का अधिवेशन हुआ। इसके उद्घाटन के लिए डॉ॰ शर्मा के आग्रह पर युग पुरुष प्रधान मंत्री नेहरू का शुभागमन राजधानी भोपाल में प्रथम बार हुआ।

भोपाल-नवाब के दरबार की इमारत सदर मंजिल जम्हूरिअत (प्रजातंत्र) के सदर डॉ॰ राजेन्द्रप्रसाद के पश्चात् शासन-प्रधान पं॰ नेहरू के पदार्पण से जैसे कृतकृत्य हो उठी हो। दर्शक एवं उपस्थित गण्यमान्य सज्जन विश्व विभूति पंडित नेहरू के दिव्य तेजोमय दर्शन प्राप्त कर भाव-मुग्ध हो गये। कई तो चित्र लिखे से पं॰ नेहरू की आकृति को एकटक देखते रह गये। यहाँ तक कि तत्कालीन अधिवेशन के अध्यक्ष पं॰ कुंजीलाल दुबे (स्पीकर विधान सभा) भी भाव-विह्वल

हो गये और सर्वस्वर्गोपम विभूति नेहरू शब्द कहने के स्थान पर स्वर्गीय नेहरू कह बैठे। सुनकर पं॰ नेहरू हंस पड़े और कह उठे कि अभी तो मैं धरती पर ही हूँ। हंसी से सारा पंडाल गूंज उठा।

सन् 1959 का वर्ष भी डॉ॰ शर्मा की जन-सेवा प्रकाश-दीप्ति वृद्धिजन्य रहा। किन्तु द्रोही डाह की आग बुझी नहीं। 8 नवम्बर, 1959 को मध्य प्रदेश कांग्रेस के नये चुनाव हुए। जिला रायसेन और सीहोर में जिला कांग्रेस के अध्यक्ष एवं पी॰सी॰सी॰ के सदस्य डॉ॰ शर्मा पर श्रद्धा रखने वाले व्यक्ति ही निर्वाचित हुए और प्रांतीय कांग्रेस के अध्यक्ष श्री मूलचंद देशलहरा चुने गये। इससे पूर्व मंत्रिमंडल सहित डॉ॰ शर्मा, श्री देशलहरा का अध्यक्ष के नाम प्रस्तुतीकरण में थे और हम मतदाताओं से डॉ॰ शर्मा ने श्री देशलहरा को ही मत देने का निर्देश किया था। फिर कुछ मतभेद हो गया। मतदान हुआ। देशलहरा कामयाब हुए। तथापि यह कामयाबी मंत्रिमंडल को नाकामयाबी प्रचार में आई। तब पुनः भोपाल का द्रोही मंडल देशलहरा से मिल-जुलकर अपनी डाह की आग शांत करने में लग गया। ऐसों के सामने जिला रायसेन और सीहोर की जिला कांग्रेस ही थी, क्योंकि इन जिलों से ही डॉ॰ शर्मा के नेतृत्व को बल मिला था। इस समय मैं रायसेन जिले का कांग्रेस-अध्यक्ष मनोनीत हुआ था। तब कांग्रेस विधान का पूरा परिपालन हमारे जिम्मे पड़ा। आवश्यक सुविधाओं के अभाव में हमने अपना कांग्रेस-कार्यालय बरेली में रखा था। इस पर हमारी 'धर-पकड़' जोरों से चली। यहाँ तक कि स्वयं प्रांतीय कांग्रेस के अध्यक्ष बड़े-बड़े मुकामों पर दृष्टि न डालकर हमारी और डॉ॰ शर्मा के क्षेत्र की स्थिति समझने के लिए बरेली-उदैपुरा, बोरास, रायसेन आये। लेकिन जनमत का प्रबल समर्थन ही उन्हें डॉ॰ शर्मा के पक्ष में मिला और उन्होंने डॉ॰ शर्मा के संयोजन में क्रियान्वित नव-निर्माण के काम देखे तो वह स्वयं 'डाह' की चालों को समझ गये और चुपचाप भोपाल लौट गये। उन्होंने मुझसे खुद कहा-झटकेबाज झटका लगाते हैं, तुम्हारा व्यक्तित्व चालों से दूर है।

डॉ॰ शर्मा की दृष्टि आम जनता की ओर रहती आई है। नेताओं अर्थात् कार्यकर्ताओं की मनोवृत्तियां तो वे अप्रौढ़ बचपने जैसी मानते आये हैं। अप्रौढ़ एकदेशीय भाव बड़े कूटनीतिज्ञ शतरंजी लोगों से बहक जाते हैं। इसलिए उन्होंने क्षेत्रीय प्रतिनिधित्व आम जनता की स्थिति के दिग्दर्शन का ही दिया है। इसी कारण देश-प्रदेश के प्रत्येक क्षेत्र की विकास-योजनाओं को उनके द्वारा समर्थन मिलता रहा है।

जिला रायसेन में डिग्री कॉलेज नहीं था। संदर्भ में अन्य तहसीलों से कोई पहल नहीं हुई और बरेली से श्रमदान के लिए अपेक्षित पचहत्तर हजार चंदा एकत्र कर डॉ॰ शर्मा, शिक्षा मंत्री से बरेली में कॉलेज स्थापना की मांग की गई। माननीय शिक्षा मंत्री ने तत्काल स्वीकृति दे दी—लेकिन एक रजिस्टर्ड शिक्षा समिति स्थापित कर उसके द्वारा कॉलेज चलाने की राय दी। कुछ दिन बाद सरकार कॉलेज को शासकीय स्तर पर स्वीकार कर लेगी।

नर्मदा शिक्षा समिति के नाम से शिक्षा समिति गठित हो गई। कॉलेज की पढ़ाई चलने लगी। लेकिन दो-तीन माह बाद ही डॉक्टर शर्मा ने कॉलेज शासकीय स्तर पर शिक्षा-विभाग द्वारा संचालित होने की घोषणा कर दी। 6 फरवरी, 1961 को शिक्षा मंत्री के अनुरोध पर मुख्य मंत्री डॉ॰ काटजू बरेली आये और उन्होंने डॉ॰ शर्मा के प्रस्ताव का अनुमोदन कर दिया। इस समय हाथी, घोड़े, तांगे पर मुख्य मंत्री जी का जो जुलूस निकला वह अविस्मरणीय रहेगा।

सन् 1962 ई॰ में पुनः राजनीतिक शतरंज की बाजी जमी। अन्ततोगत्वा डॉ॰ शर्मा ही विजयी रहे। लेकिन चुनाव अभियान में श्री देशलहरा जी का कार्यक्रम शायद अपने ही ग्रुप को जिताने के प्रयत्न में रहा अतएव कांग्रेस के प्रतिनिधि बहुत से स्थानों से नाकामयाब हुए। यहाँ तक कि डॉ॰ काटजू तक अपने उसी क्षेत्र में नाकामयाब हुए जहाँ से वे पहले जीते थे।

श्रीमान् भगवन्तराव मंडलोई के मुख्य मंत्रित्वकाल में भी डॉ॰ शर्मा शिक्षा मंत्री रहे। 'देशलहरा' जी की कांग्रेस कमेटी भंग कर दी गई। एड हाक कांग्रेस कमेटी बनी। श्री रामेश्वरदयाल जी तोतला संयोजक एवं मध्य प्रदेश कांग्रेस कमेटी के संचालक मनोनीत हुए। लेकिन देशलहरा जी की राजनीति सक्रिय रही। मंडलोई जी के मंत्रिमंडल में श्री तख्तमल जी विकास मंत्री थे। अतएव स्वभावतः गुटबन्दी की सांठगांठ माननीय मंडलोई जी मुख्य मंत्री तक जा पहुँची। मंडलोई जी मुख्य मंत्री यह कहकर बने थे कि डॉ॰ काटजू जब चाहेंगे तक मैं यह पद उनके लिए छोड़ दूंगा। और जब काटजू साहब दूसरे क्षेत्र से जीतकर विधान-सभा में आ गये तो उक्त गुटबंदी की प्रेरणा पाकर श्री मंडली के मालिक मंडलोई जी अपने वचन से मुकर गये। यहाँ तक कि उनके कदमों में इतनी मजबूती आ गई कि 'नेतृत्व' के चुनाव की ओर बढ़ गये। चुनाव में मंडलोई जी कामयाब रहे। लेकिन यह एक विश्वासघात था जो वरिष्ठ कांग्रेस-नेताओं को पसन्द नहीं आया, कांग्रेस में आपसी वैमनस्य बढ़ गया।

हम जैसे जो राजनीति नहीं समझते थे, आपस में बात करते थे, हमारे प्रदेश का पहले से यही दुर्भाग्य रहा है कि किसी व्यक्ति को गुणों के अनुरूप आगे नहीं बढ़ने दिया जाता। इसी कारण मध्य प्रदेश में कोई अखिल भारतीय स्तर का नेतृत्व नहीं पनप सका। अधिकृत, अनधिकृत होड़ लगी रही। भला शंकरदयाल शर्मा ने किसी का क्या बिगाड़ा है? शैक्षणिक और भावनात्मक योग्यता के अनुरूप वे बात करते हैं, काम करते है लेकिन उनके साथ पहले से ही यही व्यवहार चलता रहा--'कही यह हमारे सिर का ताज न बन जाय! अभी-अभी आया है और 'हाई कमांड' इसे हमारा कमाण्डर बनाना चाहता है। पीछे नहीं चलता, आगे बढ़ता है!' यही भावना हमारे प्रदेश के गण्यमान्य बूढ़े हुए नेताओं में काम करती है।

अखिल भारतीय स्तर के सर्व मान्य वृद्ध नेता माननीय काटजू के पक्ष में डॉ॰ शंकरदयाल शर्मा चल रहे थे। इसलिए कि प्रदेश में गुटबंदी के आधार पर सर्वसम्मत नेतृत्व अप्राप्य था और प्रदेश को केन्द्र की सहानुभूति से जोड़ना चाहते थे। इस पर श्री मंडलोई जी नाराज हो गये। निर्गुटी तोतला जी भी मंडलोई जी के साथ हो लिये।

और पं॰ द्वारकाप्रसाद मिश्र मध्य प्रदेश की राजनीति में प्रविष्ट हो गये। डॉ॰ काटजू जैसे विश्वविख्यात मनीषी स्वतन्त्रता-संग्राम के शूरवीर सेनानी के उच्चतम व्यक्तित्व का अपमान मिश्र जी को पसन्द नहीं आया। वह एक खाली विधान-सभा क्षेत्र की सीट से निर्वाचित होकर म॰प्र॰ विधान सभा में आ गये।

मिश्र जी के आते ही मंडलोई जी चौंक पड़े। वह तत्काल विधान-सभा में अपना प्रबलतम बहुमत रखने के प्रयत्न में सांठगांठ, सौदेबाजी पर उतर आये। मंत्रिमंडल में हेरफेर कर उन्होंने डॉ॰ शर्मा को लोक-निर्माण विभाग अपूर्ण अधिकारों के साथ सौंपा तथा मंत्रियों की संख्या बढ़ा डाली। आठ उपमंत्री नियुक्त हुए। इनमें पूर्व भोपाल राज्य से डॉ॰ शर्मा का प्रभाव नष्ट करने तथा साथियों को उनसे अलग करने के उद्देश्य को लेकर दो उपमंत्री एक उमरावसिंह जी दूसरे तरजी मशरिकी लिये गये।

हम उस समय डॉक्टर साहब से मिले थे। डॉ॰ शंकरदयाल शर्मा का स्वभाव-सिद्धान्त पहले से राजनीतिक उथल-पुथल पर अशांत होने का नहीं है। कर्मठ कार्यकर्ताओं से वह तथाकथित राजनीतिक षड्यंत्रों पर बात नहीं करते। वह ऊंचे लोगों द्वारा रचित षड्यंत्र-व्यूह की रचनाओं पर चर्चा करना कार्यशील

प्रवृत्ति के लिए घातक मानते हैं। तब हमने ही उनसे इस संदर्भ में पूछा तो उन्होंने मुस्कराते हुए कहा–"मैं अभी तक शिक्षा क्षेत्र में ही काम करता रहा हूँ और क्षेत्र के बहुत से महत्त्वपूर्ण काम अधूरे पड़े हैं। मैं चाहता हूँ निर्माण-विभाग कुछ समय तक मेरे सुपुर्द रहे तो अधूरी सड़कों का काम पूरा हो जाये। वर्षों से हमारे क्षेत्र के लोग पुल, पुलिया न बनने के कारण आवागमन के संकट की शिकायत करते आये हैं। वह शिकायत दूर हो जायेगी।"

श्री उमरावसिंह जी के संबंध में हमने पूछा तो उन्होंने जवाब दिया–समय पर पता लगेगा कि वह किसका साथ देंगे। मेरी अनुमति से ही उन्होंने उपमंत्री पद स्वीकारा है। सम्मति देने पर भी उनकी पूर्व मुख्य मंत्री उपेक्षा करते आये हैं। अच्छा है किसी प्रकार वे आये तो। अपनी तो भलाई ही होगी।

और सचमुच ही हमारी बात होने के दो-चार दिन बाद ही डॉ॰ शर्मा दौरे पर निकल गये थे। उस समय भी निर्माण-विभाग के उच्च अधिकारियों से बात चल रही थी। हमको मुश्किल से मिलने का समय मिला था। अस्तु! राजनीति के पारदर्शी निर्गुटीय प्रांत के उच्चस्तरीय नेता तोतला जी की दृष्टि हमारे पिछड़े जिले के सुधार की ओर हुई। "जिला रायसेन की कांग्रेस निष्क्रिय है इसका प्रमाण है वहाँ गुटबंदी का न होना! वहाँ विरोधी गुट है, लेकिन डॉ॰ शर्मा ने उसका कचूमर निकाल डाला और वह अर्धमृत अवस्था में कराह रहा है। प्रदेश-कांग्रेस के अध्यक्ष सौभाग्य से दीन-दुखियों के सहायक श्री रामेश्वरदयाल जी 'तोतला' मनोनीत हुए हैं। अतएव उनके द्वारा कुचले हुए कांग्रेस-जनों का उद्धार किया जायेगा। ऐसी आशा सभी लोग उनसे करते हैं।" यह करुण कथा श्री तोतला जी के कर्णगत हुई और वह रायसेन जिले के दौरा-कार्यक्रम से सहमत हो गये।

श्री संयोजक महोदय के दौरे की सूचना यथासमय प्रसारित हुई। विधायक होने के नाते डॉ॰ शंकरदयाल शर्मा लोक-निर्माण मंत्री भी उक्त कार्यक्रम में अवगत कराये गये।

यह बरसात की तारीख 9 जुलाई, 1963 ही कच्ची सड़कों से घिरे क्षेत्र में पहुँचने को रखा जाना ही श्री तोतला जी की निरालस कार्य तत्परता की प्रवृत्ति पर प्रकाश डालता है।

सभा में जिला रायसेन कांग्रेस के प्रारंभिक सदस्य तक आमंत्रित किये गये थे। सभी को सूचनाएं साधन-संपर्क के माध्यम से प्राप्त हुई थीं।

सभी कांग्रेसजन बरसात की परवाह न करते हुए निश्चित दिन ता॰ 9 जुलाई को निश्चित समय पर बरेली आये। कांग्रेस-संयोजक भी यथासमय आ गये। श्री उमरावसिंह जी उपमंत्री भी विशेष सूचना लिखित और मौखिक पाकर आ गये थे।

माननीय डॉ॰ शंकरदयाल शर्मा लोक-निर्माण मंत्री भी आ गये। डाक बंगले में हैं। यह खबर मिलने पर हम उनकी आगवानी के लिए डाक बंगले पहुँचे। देखा डॉक्टर साहब विभागीय अधिकारियों के साथ टेबल पर बिछे नक्शे को देख रहे हैं और मालूम कर रहे हैं कि उनके द्वारा निर्माण-विभाग संभालने के बाद निर्देशानुसार कहाँ-कहाँ कितना काम हुआ, और अब कहां-कहां काम होना है। उन्हें राजनीतिक द्वन्द्वात्मक आक्रमण की कोई चिन्ता ही नहीं थी। इस समय तो उन्हें कार्यकर्ताओं से बातें करनी थीं। लेकिन वे लापरवाह अपने काम में मसरूफ दिखे। हमने उनसे सभा में पहुँचने के लिए निवेदन किया तो लापरवाह ढंग से कहा–ठीक है, आता हूँ।

श्री तोतला जी द्वारा पुनरुज्जीवित कांग्रेसजन जिला कांग्रेस कमेटी भंग किये जाने का प्रस्ताव पेश करने वाले थे। लेकिन वातावरण में उनके प्रण का कण भी प्रवेश नहीं कर पा रहा था। पूरे प्रारंभिक सदस्य मनोनीत जिला कांग्रेस की निष्पक्ष सेवाओं की प्रशंसा कर रहे थे। श्री 'तोतला' जी को शांत एवं गंभीर रहना पड़ा। उन्होंने थोड़ा उपदेश-निर्देश दिया, उप-समितियां गठित कीं और सभा का विसर्जन कर दिया। श्री उमरावसिंह जी तथा डॉक्टर शंकरदयाल शर्मा कुछ देर के लिए कार्यवाही समाप्त होने के बाद ही आये थे। संभवतः कार्यकर्ताओं को अप्रभावित स्वतंत्र विचार प्रकट करने देने का विचार कर विलम्ब से आये थे।

इसके बाद तो मध्य प्रदेश की राजनीति हम जैसे लोगों की समझ से बाहर की चीज़ बनती गई। लेकिन डॉ॰ शंकरदयाल शर्मा की सेवाएं सफलतापूर्वक विकसित होती गईं। जनता से उनका अटूट संपर्क बना रहा। हम मिलते रहे, देखते रहे, सुनते रहे बदलते रंग में, ढंग में, ढोंग में, भाव में, चाव में, सिद्धांत में, पहलुओं में डॉ॰ शर्मा अबदल रहे। परिणाम उठाव के बाद गिराव, पटकाव, मान्यता प्राप्त राजनीतिज्ञो को मिला–मिलता रहा, मिलता जाता है, लेकिन डॉ॰ शर्मा का व्यक्तित्व ऐतिहासिक बनता जाता है। कमांडर का जो हुक्म मिला उन्होंने (डॉ॰ शर्मा ने) शिरोधार्य किया। मंत्रित्व का काम उनके हाथों से लेकर मध्य प्रदेश कांग्रेस-अध्यक्षता का भार उनके सिर पर रखा गया, उन्होंने स्वीकार किया। पश्चात् उन्हें कांग्रेस-महामंत्री का काम करने के लिए कांग्रेस-अध्यक्ष ने तलब किया–वह वहाँ चले गये। पश्चात् उनकी कार्यपटुता, योग्यता, कुशल राष्ट्रीय

सिद्धांतयुक्त राजनीतिज्ञता को समझकर उन्हें कांग्रेस-संचालन की बागडोर थमा दी। उन्होंने बिना किसी हिचकिचाहट या घबराहट के अपने हाथों में उसे मजबूती के साथ पकड़ लिया। सिंहावलोकन कीजिए या पर्यालोचन कीजिए सन् 49 से आपके समक्ष सन् 1973 है। आप निष्पक्ष डॉ॰ शर्मा के कामों को देखिये, परखिये, इतने वर्षों में वह कहीं किसी कांड में कलंकित तो नहीं हैं?

जो नाराज़ हैं, वे कौन हैं, वे क्यों नाराज़ हैं, वे कैसे राज़ी होंगे? मुझे तो जहाँ तक अपने दायरे की बात मालूम है—जिला सिहोर, भोपाल या रायसेन के कुछ कांग्रेस में नये-नये आने वालों ने अपने हाथों अपनी हत्या की है। मैं स्वयं अपने हाथों अपने गले में फांसी लगा रहा था। डॉ॰ शर्मा ने उदारतापूर्वक फांसी काट दी। मुझे मार्ग दिखाया, काम दिया। मुझे अपने स्तर पर ही रहना था। जहाँ बिलकुल अंधेरा है, वहीं प्रकाश पाने के लिए प्रयत्न करना था इसलिए मैं यथास्थान अपने क्षेत्रीय विकास-क्रम में ही संलग्न हूँ। इसलिए मैं इतनी शक्ति, इतना बड़ा पद नहीं पा सका कि किसी 'कांड' के रचयिता का यश संपादन कर सकता।

राष्ट्रीय चेतना के आधार-सूर्य युग पुरुष भारत के प्रथम प्रधान मंत्री पं॰ नेहरू 1964 ई॰ की 27 मई की तारीख में अकस्मात् अचानक अप्रत्याशित अस्ताचल की ओर चल दिये। उन्हीं के द्वारा प्रमाणित व्यक्तित्व हमारे देश में क्रियाशील हैं। उन व्यक्तित्वों में एक व्यक्तित्व डॉ॰ शंकरदयाल शर्मा का है जो अखिल भारतीय कांग्रेस के अध्यक्ष हैं।

हम देखते रहे हैं—स्वतंत्रता-संग्राम में विजय प्राप्त करने वाली, जन-जन में जन-अधिकार-संरक्षण, सद्प्रवहण का शंख फूंकने वाली एकमात्र संस्था कांग्रेस का प्रत्येक कार्यकर्ता थोड़ा आगे बढ़ते ही विधायक बनने की कोशिश करने लगता है। विधायक बनने के पश्चात् वह मंत्री-पद का स्वप्न देखने लगता है और मंत्री बनने के बाद अपनी आर्थिक स्थिति सुधारने के चांस को खो देना नहीं चाहता। तब ऐसे समय में देश में कैसे व्यक्तित्व प्रजातंत्र-तत्त्व में अपेक्षित हैं—इस संदर्भ में पं॰ नेहरू मार्ग-दर्शन कर चुके हैं। तदनुरूप उन्हीं की तेजस्विनी सुपुत्री इंदिरा जी चल रही हैं। फिर हम अपनी डफली अलग से बजाने की कोशिश करें तो कहाँ तक हमारा या देश भला होगा!

पं॰ नेहरू के समय में भी चीन-भारत संग्राम के अवसर पर डॉ॰ शर्मा सीमा चौकियों तक गये--लाखों रुपया, मनों सोना उन्होंने देश-प्रदेश-क्षेत्र में एकत्र किया।

पश्चात् सन् 1965 ई० में पाकिस्तान की दुश्चेष्टा युक्त कार्यवाही के विरोध में भारत ने युद्ध-अपराध की सजा देने के लिए कदम उठाया। उस समय डॉ० शर्मा का अनवरत सुरक्षा श्रम हमारी आपकी सभी की स्मृति में है। हमारे ग्राम में 19. 11.65 को उनका भाषण आज भी हमारे कानों में गूंज रहा है। उनके ओजस्वी भाषण को सुनकर गांव के लोगों द्वारा सोना और रुपया इतना बरसा कि दर्शकों ने उतनी उम्मीद ही नहीं की थी।

केन्द्र-शासन का सूत्र धारण करने वाली वीरांगना इंदिरा देवी प्रधान मंत्री को युग-द्रष्टा डॉ० शर्मा की जरूरत है। और उस जरूरत से देश का संबंध है। तब हम यही सोचकर देश-सेवा-संवाहक एवं कर्णधारों से कामना करते हैं कि देश की आवश्यकता अनुरूप ही उच्चतम व्यक्तित्व-संगठन एवं सहयोग को ही महत्ता और प्रश्रय देंगे।

युगद्रष्टा डॉ० शंकरदयाल शर्मा कांग्रेस-प्रधान के कंधों पर देश की बहुत बड़ी जिम्मेवारी का भार है। फिर भी वे सुदृढ़ कदमों से, बिना किसी थकान के कर्त्तव्य-पथ पर आगे बढ़ते जाते हैं। अपने क्षेत्र की जनता के कुशल समाचार भी लेते रहते हैं। अपने प्रारंभिक साथियों के प्रति उनका आत्मीय व्यवहार देखने-समझने, ग्रहण करने योग्य है।

## अनुकरणीय व्यक्तित्व

**सत्यनारायण अग्रवाल**
अध्यक्ष, जिला कांग्रेस कमेटी, भोपाल

भारत के हृदय-स्थल मध्य प्रदेश की राजधानी भोपाल का यह सौभाग्य है कि इस मिट्टी का एक सपूत भारतीय राष्ट्रीय कांग्रेस के उच्चतम पद पर आसीन है। भोपाल रियासत में विलीनीकरण आंदोलन से एक सैनिक के रूप में अपना राजनैतिक जीवन प्रारम्भ कर, जिला कांग्रेस-अध्यक्ष, भोपाल राज्य के मुख्य मंत्री, मध्य प्रदेश शासन के मंत्री, प्रदेशाध्यक्ष, अखिल भारतीय कांग्रेस के महामंत्री आदि महत्त्वपूर्ण दायित्वों से उभरकर आज कांग्रेसाध्यक्ष के रूप में डॉक्टर शंकरदयाल शर्मा राष्ट्रीय एवं अन्तर्राष्ट्रीय राजनैतिक प्रतिभा के रूप में सामने आये हैं। डॉ० शर्मा की यह खूबी है कि वे किसी भी पद पर रहे हों, अपनी योग्यता एवं वक्तृत्व शक्ति से उस पद की गरिमा एवं श्रेष्ठता को आदर्शपूर्ण तरीके से कायम रखा है।

भोपालरत्न एवं जनहृदय-सम्राट् डॉ॰ शंकरदयाल शर्मा ने अपने-आपको सदैव साधारण भोपाली होने में गर्व महसूस किया है। यही कारण है कि आज उस व्यक्ति का सम्मान हो रहा है जो सादगी से रहता है और अपने-आपको सबसे अधिक गरीब समझता है।

शिक्षा-शास्त्री के रूप में लाखों नौजवानों के मार्गदर्शक, जीवन-निर्माता एवं प्रेरणा स्रोत होने के साथ-साथ उनके दीर्घकालीन राजनैतिक जीवन की अनेक रचनात्मक उपलब्धियां हैं, लेकिन मेरा अपना मत है कि उनके राजनैतिक जीवन की सबसे बड़ी उपलब्धि यदि कोई है तो वह यह कि राजनीतिक लांछनों के इस युग में उनके आलोचक भी उन पर कोई आरोप नहीं लगा सके हैं। बड़े पदों पर आसीन होने के बाद रिश्तेदारों और भाई-भतीजों की आमतौर पर बन आती है लेकिन डॉक्टर साहब का आदर्श चरित्र इससे बहुत ऊपर है। उनकी उन्नति एवं सफलता के इतने वजनदार पहलू हैं जो राजनीतिज्ञों के लिए अनुकरणीय हैं।

श्रेद्धय डॉक्टर साहब मानवीय गुणों की ऐसी मिली-जुली छबि हैं जो मानव-कल्याण के योगदान में अपने जीवन की सार्थकता समझते हैं और वह भी चिन्ता किये बगैर। यही कारण है कि अपने मुख्य मंत्रित्व काल में उन्होंने कोई शिलान्यास नहीं किया। "इंसान की खिदमत से बढ़कर कोई दूसरी इबादत नहीं है" इस सिद्धांत को उन्होंने राजनीति में सदैव अपनाया है।

कांग्रेस दल के माध्यम से भारतीय संस्कृति की परम्परा को कायम रखते हुए देश के लोगों को नया और सुखद जीवन प्रदान करने तथा समाजवादी समाज रचना में भोपाल की यह महान् विभूति प्रधान मंत्री श्रीमती इंदिरा गांधी के नेतृत्व में सफल हो-इन्हीं शुभकामनाओं के साथ-हार्दिक अभिनन्दन।

## डॉ॰ शंकरदयाल शर्मा

**श्रीमती सहोद्राबाई राय**
संसद्-सदस्य

डॉ॰ शंकरदयाल शर्मा मध्य प्रदेश के उन बहुमुखी प्रतिभा वाले नेताओं में से हैं जिन्होंने भोपाल राज्य व मध्य प्रदेश का सर्वांगीण विकास करके उन्हें आगे बढ़ाने का बड़ा भारी कार्य किया है। भोपाल राज्य के मुख्य मंत्री के

रूप में और मध्य प्रदेश के शिक्षा मंत्री व प्रदेश-कांग्रेस के अध्यक्ष के रूप में और अखिल भारतीय कांग्रेस कमेटी के महामंत्री और अध्यक्ष के नाते उन्होंने प्रदेश व देश की जो सेवाएं की हैं वे भुलाई नहीं जा सकती हैं। इस समय डॉ॰ साहब देश के सबसे बड़े राजनैतिक दल कांग्रेस के सर्वोच्च पद पर हैं। वे देश के महान् नेताओं की कोटि में हैं।

डॉ॰ शर्मा जी से मेरा परिचय 1957 में हुआ जब मैं प्रथम बार लोकसभा के लिए सागर क्षेत्र से निर्वाचित हुई। डॉ॰ साहब मध्य प्रदेश के शिक्षा व विधि मंत्री थे। वे शिक्षा के प्रसार के कार्य में लगे थे। मध्य प्रदेश जो शिक्षा के क्षेत्र में सबसे पिछड़ा राज्य था उसे उन्नत प्रदेशों की श्रेणी में लाने का सबसे बड़ा काम डॉ॰ शंकरदयाल जी ने किया। डॉ॰ साहब ने महिलाओं की शिक्षा पर विशेष ध्यान दिया। उन्होंने महिलाओं के प्रशिक्षण के लिए बुनियादी प्रशिक्षण संस्थाएं प्रारंभ कीं। भोपाल में महिला महाविद्यालय की स्थापना की। मध्य प्रदेश के प्रत्येक संभाग के मुख्यालय पर एक-एक महिला महाविद्यालय प्रारंभ किया जिससे महिलाओं की उच्च शिक्षा की व्यवस्था की जा सके।

मैं जब भी भोपाल जाती डॉ॰ शर्मा जी के दर्शन करने अवश्य जाती। वे बहुत ही सरल स्वाभाव के हैं और सादगी उनके जीवन का एक विशेष गुण है। छोटे-बड़े, शिक्षित या अशिक्षित सभी से वे समान रूप से मिलते हैं और सभी की बातें ध्यान से सुनते हैं व सहायता करने का प्रयत्न करते हैं। आपने लाखों प्राथमिक शिक्षकों तथा हजारों व्याख्याताओं की नियुक्तियां करके शिक्षा संस्थाओं की संख्या में कई गुनी वृद्धि की।

डॉ॰ शर्मा जी ने मध्य प्रदेश कांग्रेस कमेटी के अध्यक्ष के रूप में और अखिल भारतीय कांग्रेस कमेटी के महामंत्री व अध्यक्ष के नाते देश के लोकप्रिय प्रधान मंत्री श्रीमती इंदिरा गांधी द्वारा अपनाई गई प्रगतिशील नीतियों तथा देश के गरीबी हटाओ कार्यक्रम को क्रियान्वित करने का बड़ा भारी कार्य किया है। उन्होंने अपने भाषणों और लेखों में स्पष्ट संकेत दिये कि देश में गांधी जी द्वारा बताये गये मार्ग से ही सच्चा समाजवाद स्थापित किया जा सकता है।

श्रीमती विमला शर्मा डॉ॰ साहब की पत्नी बड़ी धार्मिक प्रवृत्ति की महिला हैं। वे एम॰ए॰ पास हैं। वे मध्य प्रदेश समाज-कल्याण बोर्ड की काफी समय से अध्यक्षा हैं। उन्होंने मध्य प्रदेश में महिलाओं और बच्चों के लिए काफी योजनाएं कार्यान्वित करने का बड़ा भारी कार्य किया।

विमला जी का जीवन काफी व्यस्त है। वे स्वयं मेहमानों की देखभाल करती हैं। समाज-कल्याण बोर्ड के कार्यालय में भी काफी समय रहती हैं। वे भी डॉ॰ साहब के साथ अभी-अभी विदेश गई थीं।

ईश्वर से प्रार्थना है कि वह डॉ॰ साहब को दीर्घायु करें जिससे वे देश तथा कांग्रेस संगठन की सेवा करते रहें।

## आधुनिक भोपाल के निर्माता

**सीताराम सू॰ जाजू**
अध्यक्ष, राज्य परिवहन निगम

लगभग 25 वर्ष पूर्व डॉक्टर शंकरदयाल शर्मा से मेरी प्रथम भेंट दिल्ली में हुई थी। उस समय डॉक्टर साहब लखनऊ विश्वविद्यालय में प्राध्यापक थे। उनके हृदय में तत्कालीन भोपाल के राजनैतिक वातावरण के संबंध में एक बेचैनी थी–एक तड़प थी और ऐसा लगता था कि देश-विदेश की विभिन्न उपाधियों से विभूषित इस जन को धन और वैभव अपनी ओर प्रलोभित न कर सका और इसकी अपेक्षा अपने जन्म-स्थल (भोपाल) की सेवा की ओर वे खिंचते चले गये।

स्वतंत्रता-प्राप्ति के पश्चात् भोपाल रियासत कुछ समय तक भारत में विलीनीकरण का विरोध करती रही और इसके लिए तत्कालीन नवाब ने स्थानीय प्रजामंडल के नेताओं तथा अन्य सार्वजनिक कार्यकर्ताओं के सहयोग से भारत सरकार की अवहेलना शुरू करके यहाँ पर एक उत्तरदायी शासन का जो ढांचा बनाया वह जन-मानस की व्यापक राष्ट्रीय भावना को स्वीकार नहीं था। फलस्वरूप भोपाल रियासत को भारत में विलीन करने के लिए जो जन-आन्दोलन उभर पड़ा उसके नेतृत्व में डॉक्टर साहब भी सम्मिलित थे और उसकी सफलता के बाद भोपाल रियासत भी राष्ट्र की एक इकाई ('ग' श्रेणी) का राज्य बन गया। प्रारम्भ में तो इसकी व्यवस्था एक चीफ कमिश्नर के अधीन थी और सन् 1952 के प्रथम व्यापक चुनाव के पश्चात् डॉक्टर शर्मा के नेतृत्व में यहाँ कांग्रेस का मंत्रिमंडल निर्मित हुआ।

डॉक्टर साहब की विद्वत्ता और व्यावहारिक कार्य-कुशलता के साथ ही साथ यहाँ के साधनों की पूरी जानकारी होने से उन्होंने 5 वर्ष से भी कम की

अवधि में इस पिछड़े हुए सामन्तवादी क्षेत्र को पूर्णतः विकसित करने में वह स्तुत्य प्रयास किया जिससे भोपाल राज्य को भी स्वतंत्र भारत के नक्शे में एक विशिष्ट स्थान प्राप्त हो सका। उन्होंने इस छोटे से राज्य में प्राथमिक शिक्षा से उच्चतम शिक्षा की अत्यधिक सुविधाएं सभी-निकाय, तकनीकी शिक्षा से विश्वविद्यालय तक–उपलब्ध कराईं और वर्तमान मध्य प्रदेश के मंत्री बनने पर इस क्षेत्र में काफी प्रगति हुई।

औद्योगिक क्षेत्र में भी डॉक्टर साहब के सुप्रयत्नों से भोपाल में हेवी इलैक्ट्रिकल्स की स्थापना हुई और इससे संबंधित कई अन्य सहायक उद्योग भी कायम होने से भोपाल को वर्तमान युग का एक प्रमुख औद्योगिक केन्द्र कहा जाने लगा।

इसी प्रकार विकास-खण्डों के माध्यम से कृषि एवम् सिंचाई, सहकारिता और अन्य निर्माण–कार्यों में जो प्रगति हुई तथा सामाजिक क्षेत्र में भी जो चेतना आई, वह अन्य राज्यों की अपेक्षा कम नहीं है। तात्पर्य यह कि भोपाल के हर विकासोन्मुख कार्य पर डॉक्टर शर्मा की छाप दिखाई देती है।

सन् 1956 में राज्यों के पुनर्गठन के अवसर पर तत्कालीन भोपाल राज्य के भोपाल नगर को मध्य प्रदेश की राजधानी बनाने का बहुत बड़ा श्रेय डॉक्टर साहब को ही है। और फिर इस नगर की स्वाभाविक रूप से शैक्षणिक, आर्थिक, औद्योगिक एवम् सामाजिक प्रगति हुई वह अपने समूचे राष्ट्र के किसी भी अन्य नगर की तुलना में कम नहीं कही जा सकती, और मध्य प्रदेश की जो सेवाएं डॉक्टर साहब ने प्रदेश के मंत्रिमंडल के अनेक विभागों जैसे विधि एवम् न्याय, शिक्षा, पर्यटन, उद्योग, सार्वजनिक निर्माण कार्य आदि में रहकर की हैं, वे चिर–स्मरणीय रहेंगी।

राजनैतिक क्षेत्र में प्रवेश करते ही मध्यभारत प्रादेशिक कांग्रेस कमेटी (जिसका भोपाल राज्य एक अंग था) में अपने योगदान से एक महत्त्वपूर्ण स्थान प्राप्त किया और फिर समूचे मध्य प्रदेश राज्य में और गत 6 वर्षों से सम्पूर्ण राष्ट्र की राजनीति में अपनी विशेष कार्यकुशलता, सूझबूझ और दक्षता से भारतीय राष्ट्रीय कांग्रेस के जनरल सेक्रेटरी के रूप में जो एक अद्वितीय छाप अंकित की है, उसके फलस्वरूप आज वे अपने राष्ट्र के कर्णधार के रूप में भारतीय राष्ट्रीय कांग्रेस के अध्यक्ष हैं जो एक ओर अपने राष्ट्र के लिए एक विशिष्ट उपलब्धि है तो दूसरी ओर हम मध्य प्रदेश वासियों के लिए एक महान् गौरव

है। यह कहना अतिशयोक्ति न होगी कि डॉक्टर साहब मध्य प्रदेश के सर्वप्रथम ऐसे व्यक्ति हैं जिन्हें यह महान् गौरव एवम् सर्वोच्च स्थान प्राप्त हुआ है।

गत दिनों विदेश-यात्रा के समय विशेषतः रूस-यात्रा के अवसर पर डॉक्टर साहब ने वहाँ की कम्युनिस्ट पार्टी के सेक्रेटरी जनरल श्री लियोनिड ब्रेजनेव से क्रेमलिन में जो राजनैतिक चर्चाएं कीं, वे बड़ी ही महत्त्वपूर्ण एवम् अपने आप में एक कीर्तिमान हैं।

राष्ट्र की नेता प्रधान मंत्री श्रीमती इंदिरा गांधी के विश्वासपात्र होने के नाते इस कठिन समय में डॉक्टर साहब अपने राष्ट्र को जो कुशल नेतृत्व प्रदान कर रहे हैं वह सर्वथा स्तुत्य है और इस सुअवसर पर परमेश्वर से यही प्रार्थना है कि कांग्रेसाध्यक्ष डॉक्टर शंकरदयाल शर्मा को दीर्घायु प्रदान करे ताकि उनके सफल, यशस्वी नेतृत्व एवम् मार्ग-दर्शन से हमारा राष्ट्र अपने समाजवादी जनहित कार्य के लक्ष्य की ओर तीव्र गति से अग्रसर हो सके।

## भोपाल के गौरव पुत्र

**रतनकुमार**

अखिल भारतीय कांग्रेस के अध्यक्ष डॉ॰ शंकरदयाल शर्मा 25 वर्ष पहले, 16 अक्तूबर सन् 1948 के दिन, त्रिवर्षीय विदेश प्रवास के बाद, जब अपनी जन्म-भूमि भोपाल लौटे थे, उस समय "नई राह" साप्ताहिक में मैंने 'भोपाल के प्रतिभाशाली पुत्र डॉ॰ शंकरदयाल शर्मा विदेश से वापिस' शीर्षक से उनका परिचय और उनकी असाधारण उपलब्धियों का उल्लेख करते हुए अंत में लिखा था : 'भोपाल आपका सहर्ष सप्रेम सम्मान स्वागत करता है। भोपाल की जनता को आपसे बहुत आशायें हैं।' अपने राजनैतिक जीवन के पिछले 24 वर्षों की निरन्तर असाधारण सफलताओं द्वारा डॉ॰ शंकरदयाल जी ने निस्सन्देह भोपाल के ही नहीं, समूचे देश के ही 'एक महान् प्रतिभाशाली पुत्र' होना सिद्ध कर दिया है, और आज जबकि कांग्रेस के सर्वोच्च पद का वरण करने के बाद यहाँ आ रहे हैं तो उल्लास और उत्साह में विभोर होकर संपूर्ण मध्यप्रदेश के प्रतिनिधि के रूप में भोपाल डॉ॰ शर्मा को 'सप्रेम ससम्मान स्वागत' कर रहा है।

उस समय मात्र मित्रता के मोहवश ही मैंने डॉ॰ शंकरदयाल जी की प्रशंसा में वैसा सब कुछ नहीं लिख दिया था। उनकी प्रचंड कर्मठता, असाधारण क्षमता,

लगन, हठ और तीव्रता को साथी होने के नाते छात्रजीवन से ही देखता आया था, और जैसी उनके हृदय में भी आकांक्षा उभर आई थी, वैसे ही मेरे मन में भी थी भोपाल की जरूरत के तकाजे से, कि वे यहाँ की जन-मुक्ति और प्रगति के लिए अपना योगदान दें। उनके पिताजी तथा मेरे पूज्य गुरु श्रद्धेय पं॰ खुशीलाल जी शर्मा वैद्यराज का प्रारम्भ से ही मुझ पर बड़ा स्नेह रहा है। इसलिये डॉ॰ शंकरदयाल जी से बचपन से ही घनिष्ठ संबंध रहा। भोपाल में मिडिल तक साथ-साथ पढ़ाई हुई–राम कृष्ण पाठशाला, बिरजीसिया और अलेक्जेण्ड्रा हाई स्कूल में। भोपाल की मैट्रिक शिक्षा उस जमाने में उस्मानियां यूनिवर्सिटी से संबद्ध हो जाने के कारण शंकरदयाल जी और उनके अभिन्न साथी (जो लखनऊ तक उनके साथ लगातार रहे) श्री अब्दुल अलीम खां तो मैट्रिक की पढ़ाई के लिए स्व॰ मा॰ भैरों प्रसाद जी एवं श्री कार्की द्वारा संचालित कोचिंग क्लास में दाखिल हो गये और मैं उज्जैन चला गया था। फिर सन् 1933 में मैट्रिक करने के बाद हम तीनों एक साथ ही इंटर की शिक्षा के लिए सेन्ट जान्स कॉलेज आगरा में पहुँच गये और वहाँ होस्टल में एक ही कमरे में रहते रहे। हम तीनों की समस्त गतिविधियां ही संयुक्त हुआ करती थीं। हमें एक साथ जाते देख कर होस्टल के दूसरे छात्र कहा करते थे–'देखो, यह भोपाल चला।'

इसमें शक नहीं कि भोपाल हम लोगों के मन-प्राण में सदा समाया रहता था। भोपाल हाकी टीम की जीत की खबर ही हमें खुशी से मस्त कर देती थी, और शंकरदयाल जी को तो सबसे ही ज्यादा, क्योंकि जोश और आवेश से वे भरे ही रहते थे। शायद कम आयु इसका कारण रहा हो, उस समय गंभीर राजनीति में और देश के घटनाचक्र में उनकी विशेष रुचि नहीं थी। पर भोपाल की उन्नति, उसकी गौरव-वृद्धि के लिये बड़ी तड़प उन दिनों भी उनमें झलकती थी। साहित्य, विशेषत: कविता से उन्हें उत्कट अनुराग था। उन्हीं दिनों मैंने 'सिपाही' कविता लिखी थी, जिसकी पहली पंक्ति 'ताकत अपनी तोल सिपाही अरमानों से–बलिदानों से' वे अक्सर गुनगुनाते थे और जिसका जिक्र एक प्रेरणापूर्ण कविता के रूप में उन्होंने कई बार जनसमूह में किया है। साहित्य और कला के प्रति उनकी गहरी रुचि बढ़ती ही गई। इस दिशा में उनकी मर्मज्ञता और हार्दिकता का परिचय भोपाल राज्य के उनके मुख्य मंत्रित्व तथा मध्य प्रदेश के शिक्षा मंत्री-काल में पर्याप्त रूप से मिलता रहा है। विभिन्न भाषाओं के विविध साहित्य का उन्होंने विस्तृत अध्ययन किया है। अंग्रेजी तथा हिन्दी व संस्कृत साहित्यों में उन्होंने एम॰ए॰ किया। कानून की परीक्षाओं में भी एल-एल॰ बी॰ और

एल-एल०एम० से ही संतुष्ट नहीं हुए, यद्यपि उस जमाने में देश भर में कुछ गिने-चुने ही एल-एल०एम० हुआ करते थे, भोपाल में तो कोई एक भी नहीं था। शर्मा जी और अलीम साहब ने ही सबसे पहले यह उपाधि प्राप्त की। अमेरिका जाकर हार्वर्ड यूनिवर्सिटी से कानून में डाक्टरेट लेकर ही उनकी संतुष्टि नहीं हुई, इंग्लैड में जाकर बार-एट लॉ भी किया। राजनीति में इन्हें यदि खींच नहीं लिया गया होता, तो मैं सोचता हूँ कि ने जाने कितने विषयों में डॉ० शर्मा ने एम०ए० ही नहीं किया होता बल्कि उनमें डाक्टरेट लेकर ही चैन लेते। आर्थिक कठिनाईयों के बावजूद उनका विदेश प्रवास भी उनके दृढ़ निश्चय तथा आत्म विश्वास का एक बड़ा भारी प्रमाण है।

असल बात यह है कि किसी भी क्षेत्र में पीछे रह जाना, कुछ भी कमी रह जाना, डॉ० शंकरदयाल जी को कभी गवारा नहीं हुआ। मुझे अच्छी तरह से याद है कि इंटर का अपना परीक्षाफ़ल देखते ही उन्होंने क्षोभ और क्रोध में अखबार फाड़कर फेंक दिया था, क्योंकि प्रथम श्रेणी में पास न होकर द्वितीय श्रेणी में पास हुए थे। चाहे शिक्षा का मामला हो, या खेल-कूद का या राजनीति का-यही महत्त्वाकांक्षा की तीव्रता उन्हें आगे बढ़ाती रही। उच्च से उच्च सफलताओं में उनकी कर्मठता और लगन बड़ी सहायक रही। जो ठान लिया, वह करके ही रहे। अड़ और जिद की जो बचपन से ही आदत रही। आगरा में जब थे तो टेनिस, पिंगपांग के पीछे पड़े रहते थे, कि जब तक जीत न जायें, हटते नहीं थे, चाहे कितने ही घंटे बीत जायें। इसी तरह शतरंज और कैरम के खेल में इनका हाल रहता था। आगरा से मेरा साथ छूट गया। ये इंटर के बाद बी०ए० के लिए इलाहाबाद गये। वहाँ से लखनऊ गये, जहाँ एम०ए० और कानून की विभिन्न परीक्षाएं पास की ही, पर खास बात यह भी है कि वहाँ जिले भर की तैराकी और लम्बी दौड़ प्रतियोगिता में चैम्पियनशिप भी प्राप्त की। विश्वविद्यालय-राजनीति में भी सक्रियता से यहाँ भाग लिया, जो बात कि आगरा व इलाहाबाद के इनके छात्र जीवन में नहीं थी। लखनऊ यूनिवर्सिटी यूनियन में कानून विभाग के प्रतिनिधि चुने गये और फिर विश्वविद्यालय पत्रिका के सम्पादक भी। शिक्षा प्राप्ति के बाद कुछ समय वहाँ के कोर्ट में वकालत भी की, फिर यूनिवर्सिटी में कानून के लेक्चरर हो गये थे।

इसे एक असाधारण चमत्कार के सिवा क्या समझा जाय कि जो व्यक्ति कभी आगरे के होस्टल की साप्ताहिक मीटिंग में जब कुछ बोलने के लिए खड़ा किया गया तो एक शब्द को ही तीन बार दोहरा कर बुरी तरह घबरा गया था और

आगे कुछ भी नहीं बोल सका था, वही आज लाखों के जनसमूह में घंटों धाराप्रवाह बोलते हुए विशाल समुदाय को मंत्रमुन्ध कर सकता है। 7 नवम्बर सन् 48 को विलीनीकरण आन्दोलन के पूर्व, जब मैं सीहोर डॉ॰ शंकरदयालजी को अपने साथ ले गया था और उनसे वहाँ की सभा में बोलने के लिए कहा गया, तो बहुत हिचकिचाये थे। वह जन सभा में उनके जीवन का पहला भाषण था, और उसमें उन्होंने अत्यन्त ही ओजस्वी रूप से उद्‌गार व्यक्त किये थे कि भोपाल का विलीनीकरण होकर रहेगा तथा हिन्दी भी यहाँ की राजभाषा बनकर रहेगी। और उसके बाद तो वे भोपाल के जन आन्दोलन में और राजनीति के क्षेत्र में निरंतर आगे बढ़ते रहे।

लगभग उसी समय की बात है कि डॉ॰ शंकरदयालजी ने बहुत आग्रह के साथ मुझसे कहा था कि विलीनीकरण आन्दोलन जब प्रारम्भ करना निश्चित किया जाय, उसके पहले उन्हें लखनऊ से जरूर बुला लूं। मैंने समझाया भी कि प्रोफेसरी की सर्विस का मामला है, और यह खतरों से भरी राह है। पर मुझसे वायदा लेकर ही वे माने। दिसम्बर 48 के अंतिम सप्ताह में जयपुर कांग्रेस अधिवेशन में भोपाल क्षेत्र से हम सब 'नई राह' वालों और विलीनकरण-समर्थकों का भारी दल गया था। डॉक्टर साहब वहाँ लखनऊ से नहीं पहुच सके थे। मुझे उनसे किया हुआ वायदा भी याद था, इसलिए जयपुर से वापिसी के समय रास्ते में भी मैंने सारी स्थिति की सूचना देते हुए जल्दी ही भोपाल पहुँचने को लिख दिया था।

बड़े तूफानी दिन थे वे। समूची भोपाल रियासत में एक-एक तहसील और एक-एक गांव में विलीनीकरण की आग भड़क उठी थी। 6 दिसम्बर को भोपाल राज्य की बारदोली बरेली में विलीनीकरण-कार्यकर्त्ताओं की गिरफ्तारी से एक प्रकार से आन्दोलन का श्री गणेश हो गया था। परन्तु योजनाबद्ध रूप से भोपाल नगर व सम्पूर्ण राज्य में वह शुरू होने को था। डॉ॰ शंकरदयाल जी मेरा पत्र मिलते ही जनवरी के प्रारंभ में भोपाल आ गये। स्व॰ श्री रामचरण राय जी के घर पर स्व॰ श्रेद्धय मा॰ लालसिंह जी सहित हम सब साथियों की आन्दोलन संबंधी विचार विमर्श के लिए उन दिनों बैठकें होती थीं, जिसमें यह महत्त्वपूर्ण निर्णय लिया गया कि 6 जनवरी, 49 को आन्दोलन प्रारंभ कर दिया जाय तथा आगे की सारी योजनायें बनाई गईं। 5 जनवरी की सुबह बैठक में डिस्ट्रिक्ट मजिस्ट्रेट भोपाल को मेरे नाम से भेजने के लिये उस पत्र का प्रारूप डॉ॰ शंकरदयाल जी द्वारा तैयार किया गया, जिसमें साफ-साफ सूचना थी कि 6 जनवरी को

भोपाल के विलीनीकरण के लिए नगर में जनसभा की जायेगी, तथा यह पत्र भेज दिया गया। जैसा कि सुनिश्चित था, 5 जनवरी की रात में मेरी व स्व॰ रामचरण राय जी, श्री बिहारीलाल भट्ट तथा श्री सूरजमल जैन की गिरफ्तारियां हो गईं। श्री बालकृष्ण गुप्ता व श्री अक्षयकुमार जी को आन्दोलन व 'नई-नई' संचालन के लिये पहले ही बाहर भेज दिया गया था। आन्दोलन के उद्देश्य से ही मथुरा बाबू अंडर-ग्राउंड हो गये थे। दूसरे दिन मा॰ लालसिंह जी, श्री प्रेम बाबू और भोपाल के बहुत से कार्यकर्ता व नागरिक गिरफ्तार हो गये थे। उस दिन शाम तक डॉ॰ शंकरदयाल जी के नाम वारंट नहीं था। वह चाहते तो बचे भी रह सकते थे और फिर लखनऊ वापिस चले जाते। लेकिन उस ऐतिहासिक शाम की ऐतिहासिक जनसभा में, जो यूनानी शफाखाने के मैदान में कानून तोड़कर की गई थी, स्वयं डॉ॰ शर्मा आन्दोलन में अपना योगदान अर्पित करने के लिये पहुँच गये। एकत्र जनसमूह को बिखराने के लिए पुलिस लाठियों से काम ले रही थी। कई भाइयों और बहिनों के अंगों से टपकते हुए खून को देखकर डॉक्टर साहब का और भी खून खौल उठा। मंच पर पहुँचकर अपने जोशीले उद्‌गार व्यक्त करने प्रारम्भ ही किये थे कि उनको गिरफ्तार कर लिया गया। मोहिनी बहिन, शांति बहिन आदि ने उनके गौरवगरिमा पूर्ण मस्तक पर रोली, चावल का तिलक लगाया, और उसी रात को ही वे सेन्ट्रल जेल में हम लोगों के बीच आ गये।

किस शान से वह आन्दोलन चला, कैसा भीषण सरकारी दमन-चक्र चला, बोरास के शहीदों ने अपनी प्राणाहुति दी और आखिर जनता की जीत होकर 1 जून 49 को भारत सरकार ने भोपाल रियासत को अपने शासनान्तर्गत ले लिया—यह एक लम्बी कहानी है। 'नई राह' ने 1 जून को अपना शानदार 'विलीनीकरण विशेषांक निकाला था। उसमें मेरे बहुत अनुरोध पर डॉ॰ साहब ने लेख भेजा था, जिसमें लिखा था :–

> "आज मुझे इस बात का गर्व है कि मैं उस भूमि का पुत्र हूँ, जहाँ की जनता इतनी जागृत और निर्भीक है, जहाँ के वीर बोरास का अद्‌भुत दृश्य उपस्थित कर सकते हैं, झण्डा वन्दन की पंक्ति 'शान न इसकी जाने पाये, चाहे जानें भले ही जायें', सच करके दिखा सकते हैं; जहाँ वीरांगनाओं ने बरेली, बोरास, रेहटी और सीहोर के अमर शहीद पैदा किये हैं।

वही भूमि और उसकी जनता अपने महान्, गरिमामय पुत्र का आज कांग्रेसाध्यक्ष के रूप में समारोहपूर्वक स्वागत अभिनन्दन कर रही है—इस आकांक्षा के साथ कि डॉ॰ शर्मा आगे और भी बहुत उसके लिये निश्चयतः करेंगे।

# मेरे श्रद्धेय शंकर

**चिन्तामणि व्यास**
क्यूरेटर, राष्ट्र-निर्माता भवन,
राष्ट्रीय चित्रवीथी, नई दिल्ली

डॉ॰ शंकरदयाल शर्मा के साहित्यिक और सार्वजनिक जीवन के सम्बन्ध में, एक कलाकार होने के नाते, मेरे लिए कुछ लिखना कठिन है परन्तु डॉ॰ साहब अब अपने सार्वजनिक जीवन के लगभग 36 वर्ष पूरे कर चुके हैं। ऐसे अवसर पर उनके सार्वजनिक अभिनन्दन की यह व्यवस्था राष्ट्र-निर्माण के क्षेत्र में उनकी अमूल्य सेवाओं के मूल्यांकन का प्रयास ही नहीं, उनके प्रति श्रद्धा और आदर व्यक्त करने का उपयुक्त उपक्रम हैं।

भोपाल राज्य के मुख्य मंत्री के रूप में तथा अन्य मंत्री पदों पर आसीन डॉ॰ साहब की प्रशासनिक कुशलता, संकल्प की दृढ़ता पग-पग पर सामने आने लगी और अनुभव होने लगा कि वर्षों से प्रतीक्षा कर रहे देश को अब स्थायी, स्वच्छ, उत्कर्षप्रद राजनीतिज्ञ एवं कुशल नेता मिलेगा। अपने जीवन में डॉ॰ साहब सामाजिक संस्कृति के विकास के लिए निरन्तर प्रयत्न करते रहे हैं। और आधुनिक भारत के निर्माण में उनका यह योगदान निश्चय ही महत्त्वपूर्ण है। उन्होंने जन-हित में जो कहा या किया उसका उल्लेख करना कठिन है।

डॉ॰ शंकरदयाल शर्मा ने मध्य प्रदेश में कालिदास-समारोह की एक नई व्यवस्था की जिसमें कालिदास के ग्रंथों को आधार मानकर देश के अनेक कलाकारों ने मुक्त हृदय से अपने-अपने सपनों की संस्कृति को शुद्ध रूप से चित्रित किया। विशेष चित्रों के चयन पर कलाकारों का यथोचित सम्मान भी किया गया। इन्हीं ग्रंथों के आधार पर ही मध्य प्रदेश में बैले तथा ड्रामों का आयोजन डॉ॰ साहब के प्रोत्साहन से ही आरंभ हुआ। इतना ही नहीं तानसेन समारोह, टैगोर शताब्दी आयोजन तथा उस्ताद अलाउद्दीन खां स्वर्ण जयन्ती-समारोह डॉ॰ साहब की ही अध्यक्षता में हुए। तात्पर्य यह कि डॉ॰ साहब केवल समाजवादी विचारक अथवा राजनीतिज्ञ ही नहीं हैं, वरन् कला से भी उनका लगाव रहा है जिसे हम उनका संस्कारगत स्वभाव ही कहें तो उपयुक्त होगा। शर्मा जी ने साहित्यिक आन्दोलन को किसी भी व्यक्ति विशेष की अपेक्षा अधिक महत्त्व दिया इसीलिए वरिष्ठ लेखकों की लेखनी से उनके प्रति श्रद्धा का स्वर सर्वथा स्पष्ट है।

अपने विचारों और कार्यों के माध्यम से डॉ॰ साहब ने राष्ट्रीयता को एक व्यापक अर्थ प्रदान किया है। उनकी राष्ट्र-भावना में ऊष्मा की कमी नहीं।

भारत-भूमि के प्रति उन्होंने जो काव्यमय उद्‌गार व्यक्त किये हैं उनकी तुलना भारत के किसी भी सर्वश्रेष्ठ राजनीतिज्ञ से की जा सकती है। उनकी राष्ट्रीयता, व्यावहारिक तथा प्रगतिशील है। सहनशीलता, निर्भीकता और सबसे अधिक आत्मोसर्ग की भावना उनमें कूट-कूटकर भरी हुई है।

राष्ट्र के प्रति हमारा दृष्टिकोण आज निश्चय ही रचनात्मक है और समसामयिक साहित्य पर भी व्यक्त-अव्यक्त रूप से इसका प्रभाव दृष्टिगोचर होता है। अतीत की गौरव-परम्पराओं के प्रति डॉ॰ शंकरदयाल शर्मा का हृदय काव्यमय भावनाओं से ओत-प्रोत है। परन्तु वे जीते हैं वर्तमान में और उपक्रम करते हैं भविष्य का। उनके व्यक्तित्व में आधुनिक मानव का आदर्श रूप मिलता है।

अपने देश और संपूर्ण विश्व में समाजवादी व्यवस्था कायम करने के लिए डॉ॰ साहब के मन में अबाध उत्साह है जो वस्तुतः उनके आधुनिक दृष्टिकोण का ही प्रमाण है और जिसके लिए भारतीय जन-समाज के मन में उनके प्रति अपार श्रद्धा है। मध्य प्रदेश में उन्होंने शिक्षा के लिए क्या-क्या नहीं किया। अपने व्यस्त राजनैतिक तथा सामाजिक जीवन से अनेक अनमोल वर्ष उन्होंने शिक्षा के लिए समर्पित किये हैं जिसके लिए आज समस्त प्रदेश उनका ऋणी है।

डॉ॰ शंकरदयाल जी से मेरा प्रथम परिचय, जहाँ तक मुझे याद है, लगभग 20 वर्ष पूर्व भोपाल में हुआ और उनके पश्चात् सागर विश्वविद्यालय के एक दीक्षान्त समारोह में जहाँ लौहपुरुष पं॰ द्वारकाप्रसाद मिश्र, मध्य प्रदेश के मुख्य मंत्री डॉ॰ कैलाशनाथ काटजू तथा वहाँ के राज्यपाल श्री हरि विष्णु पाटस्कर भी उपस्थित थे। सन् 1953 से लेकर अब तक डॉ॰ साहब के इतने निकट आने का मुझे जब-जब अवसर मिला, मैं उनकी बहुमुखी प्रतिभा और गरिमा को भी अनुभव करने का मौका पा सका हूँ। देखने में शंकरदयाल जी का स्वभाव कोमल, विनोदी, उदार एवं प्रसन्नचित है। मैंने पाया कि कठिन परिस्थितियों में डॉ॰ साहब केवल संतुलित ही नहीं रहते, वरन् अपनी विनोदप्रियता से दूसरों को भी परिस्थितियों के चक्र से बचा लेते हैं। कठिन से कठिन परीक्षा में उनका साहस अविजित रहा है। उनकी कर्मण्यता विचार के परोक्ष अवकाश से नीचे भौतिक धरातल पर उतरने के लिए सदैव उतावली रही है तथा उन्होंने राजनीति के उतार-चढ़ाव को खूब देखा और समझा है इसीलिए उन्हें आज क्रान्तिद्रष्टा कहा गया है।

❑❑❑

# 10

# डा॰ के॰ आर॰ नारायणन्

## डा॰ के॰ आर॰ नारायणन् जी के राष्ट्रपति बनने पर राष्ट्र के नाम सन्देश

भारत के ग्यारहवें राष्ट्रपति महामहिम डॉ॰ के॰आर॰ नारायणन ने 26 जुलाई 1997 को राष्ट्र के नाम अपने सन्देश में कहा ''साम्प्रदायिकता और जातिवाद बेलगाम बढ़ता जा रहा है, जिससे धर्म निरपेक्षता का दम घुटता जा रहा है। राजनीति और समाज में अपराधीकरण हो रहा है। यह राज्य तथा केन्द्र सरकारों का दायित्व है कि वे हमारे समाज के ताने-बाने को और हमारे द्वारा संजोए गए मूल्यों को खतरा पहुंचाने वाली इन ताकतों का मुकाबला करें।'' राष्ट्रपति ने अपने निकट भविष्य में होने वाले चुनाव के विषय में हिंसा, अपराध, भ्रष्टाचार और साम्प्रदायिक भावनाओं को फैलाने वाली शक्तियों के विरूद्ध जन समर्थन पैदा करने का आह्वान करते हुए कहा कि ''हिंसा और भ्रष्टाचार में लिप्त लोगों का बहिष्कार किया जाना चाहिए।''

राष्ट्रपति जी ने भूमिहीन, गरीब और छोटे किसानों को हरित क्रान्ति में कोई लाभ न होने के विषय में बतलाते हुए कहा कि ''ग्रामीण क्षेत्रों में जो गरीबी, अशान्ति, जाति संघर्ष और हिंसा है उसका मुख्य कारण भूमि के वितरण में घोर अन्याय और एक प्रकार की क्रान्ति का होना हैं। इन्हीं कारणों से, भूमि सुधारों के लाभ नहीं मिले हैं।'' हरित क्रान्ति के अभावों को दूर करने के लिए राष्ट्रपति जी ने 'एक पोषाहार क्रान्ति' के महत्व को बताते हुए कहा, ''यह दुर्भाग्य की बात है कि हरित क्रान्ति के होते हुए भी हमारे ग्रमीण और शहरी क्षेत्र भूख और कूपोषण के शिकार बने हुए हैं। विशेषत: बच्चे और महिलाओं की खाद्य

पोषाहार सम्बन्धी आवश्यकताओं को पूरा करने के उपायों पर ध्यान देना आवश्यक है। हम भूमि सुधार सम्बन्धी उस अधूरे काम को पूरा करें, जिससे हमने वर्षों पहले आरम्भ किया था और भूमिहीन गरीब लोगों और छोटे किसानों को सशक्त बनाएँ, जिन्हें हरित क्रान्ति से कोई लाभ प्राप्त नहीं हुआ।"

राष्ट्रपति जी ने निरक्षरता और अशिक्षा के विषय में कहा कि "दर्शन साहित्य और की अनूठी परम्पराओं के लिए विख्यात हमारे देश में विश्व की तुलना में निरक्षरों की संख्या सबसे अधिक है। यह स्थिति बहुत लज्जाजनक है।" राष्ट्रपति जी ने भारत की गरीबी के विषय में संकेत देते हुए कहा, "लोगों का यह सवाल बेवजह नहीं है कि स्वतंत्रता के पचास वर्षों के बाद भी भारत में विश्व के अन्य देशों की तुलना में गरीबी रेखा के नीचे रहने वाले लोगों की संख्या सबसे अधिक क्यों है? और हमारे समाज के अनेक वर्गों में वस्तुओं की प्रचुरता, समृद्धि और बेकार के प्रदर्शनों के चलते सादगी का विचार तो एक तरफ, यह शब्द ही शब्दकोष से गायब हो गया है। इन विषमताओं को दूर करने के लिए हमें समाज के बारे में खुले तथा सूक्ष्म दृष्टि से विचार करना होगा। हमारा समाज खड़ी तथा समानान्तर विभाजक रेखाओं से विभाजित है, जिसके कारण अनेक खण्डों में बटकर रह गया है। आर्थिक विकास, औद्योगिक परिवर्तनों और समाज सुधार सम्बन्धी आन्दोलनों के फलस्वरूप विभाजन की ये आन्तरिक दीवारें काफी कुछ कम हुई हैं, किन्तु फिर भी ये आन्दोलन उन्हें पूरी तरह गिराने में सफल नहीं हो पाए हैं। इस तरह विकास के लाभ एक भाग से दूसरे भाग तक नहीं पहुंच पा रहे हैं। यही कारण है कि इस विकास का काम असंतुलित है और सम्पन्नता के साथ-साथ विपन्नता तथा सामाजिक असमनताओं को हम कब तक सहते रहेंगे।"

राष्ट्रीय एकता, अखण्डता और स्वतंत्रता को अक्षुण बनाए रखने के लिए राष्ट्रपति जी ने कहा कि "हम आपस में लड़ते-झगड़ते हैं। इन मतभेदों और झगड़ों के बीच हमें राष्ट की एकता, अखण्डता और सुरक्षा को पुष्ट और सशक्त बनाना नहीं भूलना चाहिए।" राष्ट्रपति जी ने राज्यों की जनता के प्रति उनकी भूमिका के विषय में बताते हुए कहा कि "राज्य को जनता के कामों को पूरा करना चाहिए। पंचवर्षीय योजनाओं, आर्थिक सुधारों और आर्थिक विकास में विज्ञान और प्रौद्योगिकी के उपयोग द्वारा भारत ने सभी मोर्चों पर भारी प्रगति की है। हमारी अर्थव्यवस्था का धीरे-धीरे किन्तु निश्चित रूप से कायाकल्प हो रहा है। वास्तविक आय बढ़ रही है। जीवन की दर दुगनी हो गई है और

गरीबी में कमी आई है। पूर्व एशिया के पड़ोसी देशों में अभूतपूर्व वित्तीय और आर्थिक संकट के होते हुए भी भारतीय अर्थव्यवस्था अच्छी तरह से कार्य निष्पादन करती रही है'' आपने विदेश नीति के विषय में आगाह करते हुए अपने सन्देश में कहा कि ''भारत ने विश्व शान्ति के लिए बड़ी ईमानदारी और लगन से कार्य किया और आज हम विश्व के देशों विशेषकर गुट निरपेक्ष और विकासशील देशों के सहयोग में एक न्यायोचित समतावादी और शान्तिपूर्ण विश्व व्यवस्था संयोजित करने के कार्य में लगे हुए हैं। भारत ने अपने पड़ोसी देशों के साथ सहयोग और मित्रता का हाथ बढ़ाया है।''

## राष्ट्रपति का विभिन्न पदों और सद्भावना मण्डलों में सदस्यः

1. अध्यक्ष : भारतीय समिति संस्कृति समिति
2. अध्यक्ष : सार्वजनिक प्रशासन भारतीय संस्थान।
3. अध्यक्ष : रामकृष्ण मिशन सांस्कृतिक संस्थान।
4. संरक्षक : भारतीय युवकों अन्तर्राष्ट्रीय अवॉर्ड।
5. चेयरमैन : अन्तर्राष्ट्रीय जवाहर लाल नेहरू अवार्ड।
6. चेयरमैन : अन्तर्राष्ट्रीय गाँधी अवॉर्ड कोडयो को।
7. चेयरमैन : इन्दिरा गांधी पुरस्कार शान्ति, नि:शस्त्रीकरण और विकास।
8. चेयरमैन : राजीव गांधी सद्भावना अवॉर्ड सलाहकार समिति।
9. जूरी : इन्दिरा गाँधी पर्यावरण पुरस्कार।
10. जूरी : कमजोर वर्ग की उन्नति और सामाजिक समझदारी डॉ० बी०आर० अम्बेडकर अवॉर्ड।
11. जूरी : अन्तर्राष्ट्रीय डॉ० बी०आर० अम्बेडकर अवॉर्ड सामाजिक परिवर्तन अवॉर्ड।
12. जूरी : जी०डी० बिरला अवॉर्ड।
13. जूरी : साम्प्रदायिक सद्भावना अवॉर्ड

## स्वतंत्रता की स्वर्ण जयन्ती पर राष्ट्रपति का सन्देश

स्वतंत्रता की स्वर्ण जयन्ती 15 अगस्त, 1997 के शुभावसर पर संसद के केन्द्रीय कक्ष में आयोजित गरिमामयी सादा समारोह में सदन के दोनों सदनों के सांसदों और राष्ट्रीय तथा अन्तर्राष्ट्रीय ख्याति प्राप्त गणमान्य व्यक्तियों में मंच

पर राष्ट्रपति डॉ॰ के॰ आर॰ नारायणन के एक ओर प्रधान मंत्री श्री इन्द्र कुमार गुजराल तथा दूसरी ओर लोकसभा अध्यक्ष सुश्री बैटी बूथ वर्ड बैठी थीं। दूसरी ओर श्री गुजराल के साथ राज्यसभा की उपसभापति सुश्री डॉ॰ नजमा हेपतुल्ला, मानव संसाधन मंत्री एस॰आर॰ बोमई और गृहमंत्री श्री इन्द्रजीत गुप्त मौजूद थे। इस समय राष्ट्रपति डॉ॰ के॰ आर॰ नारायणन जी ने राष्ट्र को संबोधित करते हुए अपना सन्देश दिया, "भ्रष्टाचार साम्प्रदायिकता, जातिवाद और राजनीति के अपराधीकरण से लड़े बिना अब देश को बचाना कठिन है। नागरिकों को इन बुराइयों से लड़ने के लिए एक होना चाहिए। इस समारोह ने 50 वर्ष के उन क्षणों को ताजा कर दिया जब कि इसी कक्ष में इसी वक्त आज ही के दिन भारत की जनता के प्रतिनिधियों ने संविधान सभा के सदस्यों को ब्रिटिश शासन ने पहली बार नेताजी सुभाष चन्द्र बोस की आवाज गूंजी थी। महात्मा गाँधी, पण्डित जवाहर लाल नेहरू के भाषण के टेपों को सुनाया, जो संविधान सभा द्वारा सत्ता प्राप्त करने के कुछ क्षण पूर्व दिए।" इस अवसर की ऐतिहासिक पृष्ठभूमि पर प्रकाश डॉलते हुए राष्ट्रपति जी ने कहा, "आज चल रही व्यवस्था के शुद्धिकरण के लिए एक बड़ी सामाजिक और व्यापक राष्ट्रव्यापी मुहिम चलाने की आवश्यकता है। मैं बहुत दर्द भरे दिल के साथ यह बात कह रहा हूं कि हमारे मुल्क के मूल्यों में गिरावट आ रही है। यह अफसोस की बात है कि सिद्धान्तों और आदर्शों की जगह अवसरवाद और सत्ता के लिए हो रही मूल्यहीन राजनीति ने ले ली हैं, हिंसा बढ़ रही है, महिलाओं पर अत्याचार हो रहा है और कमजोर वर्ग तथा अनुसूचित जातियों पर अत्याचार बढ़ रहे हैं। आजादी के पचास सालों में हमारी सबसे बड़ी उपलब्धि यह है कि हम राजनीति और सरकार चलाने की एक लोकतान्त्रिक प्रक्रिया से बंधे हुए हैं और उसका पालन कर रहे हैं। लोकतन्त्र पर हमें गर्व हैं।"

## गौर हर्ड फिशर गाँधी शान्ति पुरस्कार से सम्मनित

राष्ट्रपति डॉ॰ के॰ आर॰ नारायणन ने दिनांक 05 जनवरी, 1998 को राष्ट्रपति भवन में आयोजित समारोह में महान् मानवतावादी गौर हर्ड फिशर को वर्ष 1997 के गाँधी शान्ति पुरस्कार से सम्मानित किया। पुरस्कार के रूप में आपको एक करोड़ रुपये की नकद राशि, एक प्रशस्ति पत्र तथा एक स्मृति चिन्ह भेंट किया गया। इस अवसर पर राष्ट्रपति जी ने कहा कि "यदि यह कार्य बड़े पैमाने पर किया जाये तो बोस्निया, सोमालिया, रवांडा, अंगोला तथा जायरे में हुई लाखों मौतें तथा मानवीय यन्त्रणा को कम किया जा सकेगा।"

## गणतन्त्र दिवस की स्वर्ण जयन्ती की पूर्व संध्या पर राष्ट्र के नाम सन्देश

गणतन्त्र दिवस के पचासवें वर्ष की स्वर्ण जयन्ती की पूर्व संध्या 25 जनवरी, 1998 को राष्ट्रपति डॉ॰ के॰ आर॰ नारायणन ने राष्ट्र के नाम जो सन्देश दिया, उसमें आपने लन्दन स्कूल ऑफ इकॉनॉमिक्स के प्रसिद्ध अर्थशास्त्री प्रो॰ हेराल्ड लास्की अर्थात् अपने गुरु की बात को चरितार्थ किया कि "किसी देश में लोकतन्त्र का असली स्वरूप वैसा ही होता है जैसा कि वहाँ के लोग उसे बनाते हैं।" राष्ट्रपति जी ने याद दिलाया कि, "इस राष्ट्र की वास्तविक संप्रभुता उसी में निहित है।" आप निर्णायक निर्णय करने में और इस देश का दृश्य बदल सकने में समर्थ हैं। आपने अपने सन्देश में देश की जनता के समक्ष दो मानदण्ड प्रस्तुत किए प्रथम बात आपके सन्देश में यह थी कि हिंसा और भ्रष्टाचार में लिप्त व्यक्तियों का आगामी चुनाव में मतदाता बहिष्कार करें और द्वितीय बात यह है कि साम्प्रदायिकता और जातिवाद से जुड़ी शक्तियों का वे विरोध करें। स्वार्थ सिद्धी हेतू घुमाफिरा कर उत्तर देने के लिए राष्ट्रपति जी ने यह सटीक उपाय बतलाया। संसदीय लोकतन्त्र राजनैतिक दलों के माध्यम से चलता है। लेकिन ये माध्यम आत्ममुग्ध हो गए हैं। राष्ट्रपति जी ने अपने भाषण में बताया इस परिणति से बचाने का उपाय जनता के पास है। नकेल जनता के हाथ में है। वह इस माध्यम को पथभ्रष्ट होने से रोक सकती है। जो तन्त्र संविधान के नाम पर इस देश की जनता की रक्षा और भलाई के लिए काम करता है, इसके द्वारा लागू की जाने वाली योजनाओं का लाभ गरीब और निर्बल वर्ग के लोगों तक क्यों नहीं पहुंच पाता है। "राष्ट्रपति जी का यह संदेश एक वर्ग के लिए नहीं वास्तव में सम्पूर्ण राष्ट्र के लिए दिया गया संदेश था। लेकिन हमें राजनीतिक, प्रशासनिक और चुनावी प्रक्रिया की ध्वनियों को साफ करने की भी जरूरत है। लोकतंत्र की मज़बूती में आड़े आ रही खामियों को हमें हर हालत में दूर करना होगा। हमें अर्थव्यवस्था, टेक्नॉलोजी और समाज के विकास के क्षेत्र में कई चुनौतियों का सामना करना है। हालांकि पिछले पचास साल में देश ने बहुत उन्नति की है, लेकिन फिर भी हम गरीबी, अशिक्षा और बीमारी से लड़ने में पूरी तरह सफल नहीं हुए हैं। भारत आज दुनिया में अपनी औद्योगिक और तकनीकी शक्ति के कारण पहचाना जाता है। लेकिन इससे संतुष्ट होकर बैठ जाने की जरूरत नहीं है। हमें अपनी सफलताओं पर गर्व करना चाहिए, मगर उतना जितने के हम हकदार

है। हमें अभी बहुत दूरी तय करनी है। हमारी उन्नति की दर बहुत संतोषजनक नही है। हमें अपने समाज के संतुलन के किसी भी पहलू को असन्तुलित किए बिना और तेजी से प्रगति की राह पर चलना होगा।

## नेपाल यात्रा

भारतीय राष्ट्रपति महामहिम डॉ॰ के॰ आर॰ नारायणन दिनांक 30 मई 1998 को नेपाल की राजकीय यात्रा पर गए। राष्ट्रपति जी के नेपाल पहुंचने पर अपार प्रसन्नता के साथ भव्य स्वागत शाही महल में किया गया। राष्ट्रपति जी का पद संभालने के बाद डॉ॰ के॰ आर॰ नारायणन की यह पहली विदेश यात्रा थी। पाकिस्तान के परमाणु प्रयोग पर डॉ॰ के॰ आर॰ नारायणन ने अपने विचार व्यक्त किए इसका प्रभाव नेपाल पर पड़ा क्योंकि भारत नेपाल का पुराना मित्र है। इसलिए नेपाल भारत चीन के साथ मित्रता का वातावरण रख रहा है। यदि नेपाल की एक सड़क भारत ने बनवाई तो दूसरी सड़क चीन द्वारा बनवाई गई थी। इस प्रकार नेपाल अपने पड़ोसी देशों के साथ अपने अच्छे सम्बन्ध बना कर रखे हुए है।

## राष्ट्रपति द्वारा स्वतंत्रता दिवस की पूर्व संध्या पर राष्ट्र के नाम संदेश की नई परम्परा

स्वतंत्रता दिवस की पूर्व संध्या 14 अगस्त, 1998 को राष्ट्रपति द्वारा राष्ट्र के नाम संदेश की नई परम्परा दूरदर्शन द्वारा सीधे संबोधन की व्यवस्था के स्थान पर पत्रकारों के प्रश्नों का उत्तर देना उचित माना, जिसे दूरदर्शन और आकाशवाणी द्वारा प्रसारित करने की व्यवस्था की गई। राष्ट्रपति जी ने स्वतंत्रता दिवस 15 अगस्त, 1998 को पुरानी परम्परा को छोड़कर एक नई परम्परा प्रारम्भ की। इस प्रकार राष्ट्रपति जी ने पत्रकारों के उत्तरों द्वारा राष्ट्र के नाम संदेश दिया।

## राष्ट्रपति जी की जर्मन यात्रा

भारत के राष्ट्रपति डॉ॰ के॰ आर॰ नारायणन जर्मन की यात्रा के लिए अपने कारवां के साथ एयर इण्डिया के हर्षवर्धन वायुयान से दिनांक 7 सितम्बर, 1998 को दिल्ली पालम एयर फोर्ट से 12.10 बजे दोपहर बाद जब उड़े तो अत्यन्त प्रसन्नचित थे। विमान में ही राष्ट्रपति अनौपचारिक तौर पर पत्रकारों से मिले और पूछा, ''आपको कोई दिक्कत तो नहीं है। एक-एक करके वह अपने

दल के सभी मीडिया और अन्य लोगों से मिले। राष्ट्रपति जी के बाद केन्द्रीय ऊर्जा मन्त्री पी॰ आर॰ कुमार मंगलम, पूर्व केन्द्रीय मन्त्री सैफुद्दीन सोज़ आकर सबसे व्यक्तिगत रूप से मिले। विदेशी सचिव के॰ रघुनाथ भी मिले। विमान में ही अनेक विषयों पर चर्चा हुई। विमान जर्मनी समय के अनुसार 13.20 बजे बाडेन हवाई अडडे पर उतरा। वहाँ पर जर्मनी में भारतीय राष्ट्रपति डॉ॰ के॰ आर॰ नारायणन की अगवानी के लिए राजदूत बर्न हार्डवन डेर प्लैटिज प्रोटोकोल प्रमुख के रूप में उपस्थित थे। इनके अतिरिक्त वाडेन सिटी के मेयर डॉ॰ सिंगरून लंग, वर्मा राज्य के प्रोटोकोल प्रमुख वर्नन सेथ, डॉ॰ मोनिका रोथ, जर्मनी की ओर से थे। भारत की ओर से जर्मनी में भारतीय राजदूत सतिंदर कुमार लांबा और उनकी पत्नी नीलिमा लांबा, फ्रैंक फर्टनगर में भारत के कंसुलेट जनरल पार्था एस॰ रे॰ एवं श्रीमती सुजाता रे थे। आपका यहाँ पर भव्य स्वागत हुआ। राष्ट्रपति जी ने इस पन्द्रह दिन के दौर में सात समझौतों पर हस्ताक्षर किए। यह यात्रा जर्मनी, पुर्तगाल, लक्समवर्ग और तुर्की की थी।

राष्ट्रपति जी ने 9 सितंबर को बर्लिन में भारत के साथ चिरकाल से चले आ रहे बौद्धिक, सांस्कृतिक और आर्थिक सम्बन्धों का उल्लेख करते हूए कहा, "हमारे देश के महान् कवि रविन्द्रनाथ टैगारे यहाँ 1920 के दशक में तीन बार आए और इसी शहर में उनकी आईंस्टाइन से बातचीत हुई थी, इन दोनों महापुरूषों में विश्व शान्ति और विकास पर बातचीत हुई, जो आज भी हर जगह लोगों के मन में बसी है। राष्ट्रपति जी की चार दिन की यात्रा के अन्तिम चरण में नागरिक अभिनन्दन हुआ तब कहा "बर्लिन में लगभग प्रत्येक राष्ट्रीयता और धर्म के लोग रहते हैं, जिनमें भारत के लोग भी शामिल हैं। भारतीय स्वतंत्रता की पचासवीं वर्षगांठ के कार्यक्रम सबसे अधिक यहाँ किए गए।"

## भारत और लक्समवर्ग के बीच वार्ता

भारतीय राष्ट्रपति डॉ॰ के॰ आर॰ नारायणन, दिनांक 16 सितम्बर, 1998 को योरोपीय संघ लक्समवर्ग में पहुंचे और अपील की कि वह भारत में लागू आर्थिक सुधार को देखते हुए वहाँ पूंजी निवेश करें। डॉ॰ के॰ आर॰ नारायणन ने लम्समवर्ग के प्रधान मंत्री ज्यां क्लाड जूनकेर द्वारा दिए गए दोपहर के भोज में कहा, "भारत में सन् 1991 के पश्चात् जो आर्थिक सुधार लागू किए गए हैं, गैर सरकारी निवेश की, जिसमें विदेशी निवेश भी शामिल है। अधिक सरल, उदार, पारदर्शी तथा लाभकारी बना दिया है।"

## राष्ट्रपति जी की ग्वालियर यात्रा

महाराजा सिन्धिया पब्लिक स्कूल, ग्वालियर मध्यप्रदेश के किले में दिनांक 23 अक्टूबर, 1998 को आयोजित स्कूल के शताब्दी समारोह में मुख्य अतिथि के रूप में महामहिम राष्ट्रपति डॉ॰ के॰ आर॰ नारायणन अपनी पत्नी उषा नारायणन और दोनों पुत्रियों कु॰ चित्रा एवं कु॰ अमृता को साथ लेकर वायु सेना के विशेष विमान से ग्वालियर हवाई अड्डे पर पहुंचे। हवाई अड्डे पर मध्य प्रदेश के राजयपाल मोहम्मद शफी कुरेशी उनकी पत्नी श्रीमती फातिमा कुरेशी, मुख्य मंत्री दिग्विजय सिंह और उनके साथियों ने राष्ट्रपति जी का बड़े उत्साह और उल्लास के साथ भव्य स्वागत किया। समारोह स्थल पर प्रमुख व्यक्तियों द्वारा राष्ट्रपति जी और उनकी पत्नी का पुष्प हारों से स्वागत हुआ। राष्ट्रपति जी ने विद्यालय के शताब्दी समारोह के प्रति अपार प्रसन्नता प्रदर्शित करते हुए, आपने अपने सन्देश में विद्यालय की ऐतिहासिक पृष्ठभूमि पर प्रकाश डॉलते हुए कहा, "इस विद्यालय को आज सौ वर्ष पूरे होने पर मुझे अपार प्रसन्नता हो रही है। इस विद्यालय ने सौ वर्ष से शिक्षा के प्रचार-प्रसार में महत्वपूर्ण योगदान दिया है। अब भविष्य में इस विद्यालय का मुख्य कर्तव्य सम्पन्न परिवारों के छात्रों के साथ-साथ गरीब और शोषित समाज के छात्रों को भी उचित शिक्षा का अवसर प्रदान कर उनके जीवन को सफल बनाने का भी अवसर प्रदान करना अत्यन्त आवश्यक है। तभी इस ऐतिहासिक कार्यक्रम में मेरे आने की सार्थकता सिद्ध होगी।" राष्ट्रपति जी के सारगर्भित सन्देश का करतल ध्वनि से श्रोताओं ने स्वागत किया।

समारोह स्थल पर सुरक्षा व्यवस्था के नाम पर समुचित व्यवस्था नहीं थी। खुले हुए मैदान के अधिकांश भाग में अन्धेरा छाया हुआ था। जनता का आना जाना हो रहा था, व्यक्तियों की छानबीन और पूछताछ की भी व्यवस्था नहीं थी। व्यक्ति अपना कैमरा, बैग और खाना आदि वस्तुएं लेकर आराम से बेरोकटोक घूम रहे थे। डी॰आई॰जी॰ स्तर के एक अधिकारी ने बतलाया कि जनता से निमन्त्रण पत्र पूछने वाला कोई नहीं था।

समारोह समापन के पश्चात् राष्ट्रपति डॉ॰ के॰ आर॰ नारायणन और अन्य विशिष्ठ व्यक्तियों की सुरक्षा व्यवस्था अत्यन्त सोचनीय थी, उस समय किसी प्रकार की अनहोनी घटना हो सकती थी। राष्ट्रपति जी के लिए की गई सुरक्षा व्यवस्था में बहुत सी कमियां थी, जिसे देखकर खुफिया ब्यूरो (आई॰बी॰) के अधिकारी के होश उड़ गए क्योंकि समारोह पण्डाल से आग बढ़ते हुए सैकड़ों

स्त्री-पुरुष और बच्चे आटोग्राफ और फ़ोटो लेने के लिए बड़ी आतुरता दिखा रहे थे। उस समय राष्ट्रपति और उनके परिवार के सदस्यों को भीड़ ने घेर लिया था। यह दृश्य देखकर खुफिया पुलिस के अधिकारी भी आश्चर्यचकित हो रहे थे। हतप्रभ खुफिया अधिकारियों ने राष्ट्रपति और उनके परिवार के सदस्यों को भीड़ से निकालने का प्रयास किया किन्तु मध्य प्रदेश के पुलिसकर्मी खड़े तमाशा देखते रहे। एक बार तो राष्ट्रपति अपने को चारों ओर से भीड़ में घिरा देखकर घबड़ाए हुए अपनी एम्बेसडर कार की ओर लगभग दौड़े परन्तु उन्हें भीड़ ने कार के समीप नहीं पहुंचने दिया। तब राष्ट्रपति को भीड़ के कई धक्के सहने पड़े। बार-बार राष्ट्रपति जी की ओर आटोग्राफ बुक उछालती हुई भीड़ से पीछा छुड़ाते हुए राष्ट्रपति एकदम असहाय प्रतीत हो रहे थे। उस समय राष्ट्रपति की सुरक्षा के लिए कोई सुरक्षा अधिकारी नहीं आया।

मध्य प्रदेश के राज्यपाल शफी कुरेशी, उनकी पत्नी फातिमा कुरेशी और मुख्यमंत्री दिग्विजय सिंह की तो और भी बुरी स्थिति थी। इनकी सुरक्षा का तो शायद सुरक्षा अधिकारी को ध्यान ही नहीं था।

राष्ट्रपति जी की यह ग्वालियर यात्रा बेहद असुरक्षित एवं अशान्तिमय थी। इस बात को न तो पुलिस अस्वीकार कर सकती और न प्रशासन। इस विषय में तत्कालीन पुलिस महानिदेशक ए॰एन॰ पाठक ने बतलाया कि समारोह स्थल पर भीड़ होने का सही अनुमान नहीं लगा पाने से राष्ट्रपति जी की सुरक्षा व्यवस्था गड़बड़ा गई थी। अतिरिक्त पुलिस महानिदेशक (इन्टेलीजेन्स) ए॰एन॰ सिंह ने भी सुरक्षा व्यवस्था की कमी होने की बात कही। परोक्ष रूप से स्वीकार किया कि राष्ट्रपति जी को संकट में डॉलने के लिए पुलिस के बजाय उक्त समारोह के आयोजक उत्तरदायी हैं, जिस प्रशासनिक भवन में राष्ट्रपति जी के जाने की सूचना पुलिस को देनी थी उसे आयोजक भूल गए थे।

राष्ट्रपति जी की सुरक्षा व्यवस्था में हुई शिथिलता का मुख्य कारण समारोह आयोजक, पुलिस और प्रशासन के मध्य चली आ रही तनातनी की कहानी है। इसकी शुरूआत उसी दिन हो गई थी जब समारोह प्रबन्धकों ने पुलिस अधीक्षक को कहा था कि बहुत अतिविशिष्ट व्यक्ति आयोजन में आने वाले हैं। अतः कई हजार पुलिसकर्मी सुरक्षा व्यवस्था में लगाए जाए। पुलिस अधीक्षक द्वारा उक्त आग्रह नहीं माने जाने पर ऊँची राजनीति खेली गई और जब राष्ट्रपति जी को समारोह में आने में दो दिन शेष रह गए तभी यकायक पुलिस अधीक्षक को पदोन्नति करके भोपाल स्थानांतरित कर दिया गया था, जिस पुलिस अधिकारी

को ग्वालियर का पुलिस अधीक्षक बनाया गया उसने एक तरफा चार्ज ले लिया था परन्तु तत्कालीन पुलिस अधीक्षक ने उसे चार्ज नहीं दिया था। इससे भ्रम की स्थिति रही कि पुलिस अधीक्षक कौन है? और किसके आदेश माने जाये, इस प्रकार प्रशासन और आयोजक के मध्य एक विवाद पैदा हो गया।

सबसे सौभाग्य की बात यह है कि राष्ट्रपति डॉ॰ के॰ आर॰ नारायणन सपरिवार दिल्ली राष्ट्रपति भवन सुरक्षित आ गए। व्यवधान डॉलने वालों ने अपनी ओर से कोई कमी नहीं छोड़ी थी। अव्यवस्था ही अव्यवस्था थी।

दयादृष्टि करतार की, जिस प्राणी पर होय।
अनिष्ट उसका जगत में, कर सके नहीं कोय।।

## सारनाथ में अन्तरराष्ट्रीय बौद्ध महोत्सव का उद्‌घाटन

भगवान बुद्ध के प्रथम सन्देश से आलोकित सारनाथ की ऐतिहासिक भूमि पर चार दिवसीय अन्तरराष्ट्रीय बौद्ध महोत्सव का आयोजन केन्द्रीय पर्यटन मंत्रालय, बिहार सरकार और उत्तर प्रदेश सरकार के सहयोग से किया गया। 'बुद्ध के त्रिरत्नों में विश्व एकता' विषय पर दिनांक 5 और 6 नवम्बर, 1998 को इस अन्तरराष्ट्रीय संगोष्ठी का उद्‌घाटन करने के लिए भारत के डॉ॰ के॰ आर॰ नारायणन अपनी पत्नी श्रीमती ऊषा नारायणन के साथ एक विशेष विमान द्वारा राष्ट्रपति भवन, नई दिल्ली से सारनाथ पहुंचे। बाबतपुर हवाई अड्डे से सर्किट हाउस तक के सड़क मार्ग पर कई स्वागत द्वार बनाए गए थे। इस मार्ग पर सड़क के दोनों ओर सैकड़ों लोगों ने हाथ हिलाकर राष्ट्रपति जी और उनकी पत्नी का भव्य अभिनन्दन किया। मार्ग में कई स्थानों पर स्कूल के बच्चों ने हाथों में शान्ति और अहिंसा की झंडिया लिए राष्ट्रपति जी और उनकी पत्नी जी का स्वागत किया।

मध्य मार्ग से जीवन के दुखों से मुक्ति पाने और अहिंसा पर चलने, विश्व को अशान्ति और तनाव से मुक्त करने के लिए भगवान बुद्ध के सन्देशों पर चलने का आह्वान करते हुए राष्ट्रपति जी ने अपने सन्देश में कहा, " जीवन में मुक्ति पाने के लिए मध्यम मार्ग अपनाने और अहिंसा पर चलने के भगवान बुद्ध के सन्देश आज भी उतने ही प्रासंगिक हैं, जितने प्रासंगिक वे ढ़ाई हजार वर्ष पूर्व थे। यह सही है कि भारत ने बौद्ध धर्म को आधिकारिक तौर पर नहीं अपनाया, लेकिन भगवान बुद्ध के सन्देश भारतीय जीवन में पूरी तरह परिलक्षित होते हैं।

सारनाथ के ऐतिहासिक महत्व की चर्चा करते हुए राष्ट्रपति जी ने कहा कि "भगवान बुद्ध की यह भूमि है, जहाँ से बुद्ध ने आलौकिक ज्ञान का प्रकाश प्राप्त कर विश्व को दिया था। आज विश्व में चारों ओर अशान्ति और हिंसा का वातावरण है। केवल भगवान बुद्ध का सन्देश ही विश्व को नष्ट होने से बचा सकता है। ढाई हजार वर्ष पूर्व यहाँ बौद्ध धर्म का जन्म हुआ और विश्व भर में फैला। बौद्ध धर्म भारतीय संस्कृति से निकला था। मध्यम मार्ग ही जीवन में सफलता का सही रास्ता है। हमारा गुट निरपेक्षता का सिद्धान्त इसी सन्देश की देन है। आज विश्व में शान्ति के लिए सभी देश इसी ओर आकर्षित हो रहे हैं। भारत में लोकतन्त्र केवल मध्यम मार्ग से ही सफल हो सकता है।"

महामहिम राष्ट्रपति ने अपना उद्घाटन भाषण राष्ट्रभाषा हिन्दी में प्रारम्भ किया श्रोताओं और दर्शकों ने आपका स्वागत करतल ध्वनि से किया, लेकिन हिन्दी भाषा के उच्चारण की कठिनाई के कारण कुछ मिनट के पश्चात् सम्पूर्ण वक्तव्य अंग्रेजी में ही दिया। राष्ट्रपति जी ने काशी की संस्कृति और वर्तमान स्वरूप का तुलनात्मक वर्णन किया तो सम्पूर्ण पण्डाल तालियों की गड़गड़ाहट से गूंज उठा। आपने काशी की धार्मिक दशा और वहाँ पर व्याप्त गन्दगी के विषय में वर्णन करने पर लेशमात्र भी संकोच नहीं किया।

इस अन्तरराष्ट्रीय संगोष्ठी में जापान से 180 बौद्ध अनुयायी 3296 बौद्ध भिक्षु, तत्कालीन केन्द्रीय संसदीय कार्य एवं पर्यटन मन्त्री मदनलाल खुराना, केन्द्रीय राज्य पर्यटन मन्त्री, ओमाक आपांग, उत्तर प्रदेश के तत्कालीन मुख्यमन्त्री कल्याण सिंह, तत्कालीन पर्यटन मन्त्री कलराज मिश्र और देश-विदेश के अनेक गणमान्य व्यक्ति उपस्थित थे।

## राष्ट्रपति जी की आस्ट्रिया यात्रा

भारतीय राष्ट्रपति महामहिम डॉ॰ के॰ आर॰ नारायणन भारत से चार दिन की आस्ट्रिया की यात्रा पर 8 नवम्बर, 1999 दिन रविवार रात को गए। आस्ट्रिया के चान्सलर विक्टर कलीमा ने राष्ट्रपति डॉ॰ के॰ आर॰ नारायणन के सम्मान में रात्रि भोज दिया। भोज में राष्ट्रपति जी ने कहा, "पाकिस्तान में पिछले माह हुए सैनिक तख्ता पलट के पश्चात् से भारत वहाँ की हालात पर निगाह रखे हुए है और पाकिस्तान द्वारा कारगिल में कराई सशस्त्र घुसपैठ के कारण नष्ट हुई। आपसी विश्वास की दोबारा बहाली होने के बाद वह (भारत) उसके

(पाकिस्तान) के साथ शान्तिपूर्वक सम्बन्धों के लिए भी तैयार है। हम अपने पड़ोसियों के साथ बातचीत के द्वारा सभी मतभेदों को शान्तिपूर्ण ढंग से तय करने हेतु प्रतिबद्ध हैं। हम उनके साथ भविष्य के लिए परस्पर लाभकारी सम्बन्ध स्थापित करने के लिए इच्छुक हैं।"

बाद में आस्ट्रिया के राष्ट्रपति थामस क्लोस्टिल द्वारा डॉ॰ के॰ आर॰ नारायणन के सम्मान में दिए गए रात्रि भोज में पुनः कहा, "पिछले कुछ वर्षों में भारत में विदेशी प्रत्यक्ष निवेश में धीर-धीरे वृद्धि हुई है। हमें विश्वास है कि आने वाले वर्षों में इससे पूरा लाभ उठाया जा सकेगा। आस्ट्रिया से भारत में बिजली, सड़क निर्माण, हवाई अड्डा, हवाई सेवाओं और पर्यावरण संरक्षण तकनीकी में निवेश करने का आग्रह किया। भारत आस्ट्रिया के लिए एशिया भर में सबसे अच्छा साझीदार साबित हो सकता है।"

## 'नेहरू एण्ड हिज विजन' नामक पुस्तक की रचना

राष्ट्रपति महामहिम डॉ॰ के॰ आर॰ नारायणन ने भारत के प्रथम प्रधान मन्त्री पण्डित जवाहरलाल नेहरू से प्रभावित होकर एक पुस्तक 'नेहरू एण्ड हिज विजन' (नामक पुस्तक की रचना की, जिसका विमोचन 14 नवम्बर, 1999 को हुआ। आपने इस पुस्तक में पण्डित नेहरू जी के विषय में लिखा है कि नेहरू जी अपनी तारीफ में सब कुछ भूल जाते थे। बात करते वक्त वह सामने वाले के मकसद को तलाशते रहते थे।"

## नेपाल महाराजा का 26 जनवरी, 1999 को गणतन्त्र दिवस पर मुख्य अतिथि के रूप में स्वागत

नेपाल के महाराजा वीरेन्द्र विक्रम शाहदेव और महारानी ऐश्वर्य लक्ष्मी देवीशाह दिनाक 25 जनवरी, 1999 को भारतीय गणतन्त्र दिवस पर मुख्य अतिथि के रूप में भाग लेने के लिए भारत आने पर भारत के राष्ट्रपति डॉ॰ के॰ आर॰ नारायणन ने राष्ट्रपति भवन के प्रांगण में भव्य स्वागत किया। उनके स्वागत में 21 तोपों की सलामी दी गई और तीनों सेनाओं ने सलामी गारद पेश की। इससे पूर्व हवाई अड्डे पर उनकी अगवानी विदेश मन्त्री जसवन्त सिंह ने की थी। राष्ट्रपति डॉ॰ के॰ आर॰ नारायणन ने परम्परा से हटकर रविवार रात को ही महाराजा वीरेन्द्र से राष्ट्रपति भवन के अतिथि कक्ष में भेंट की। दोनों राष्ट्राध्यक्षों के मध्य बड़े मधुर माहौल में वार्तालाप हुआ।

गणतन्त्र दिवस की पूर्व संध्या 25 जनवरी, 1999 को राष्ट्र के नाम सन्देश में राष्ट्रपति डॉ॰ के॰ आर॰ नारायणन ने संकेत दिया कि "भारत की एकता और सहनशीलता की नींव सदियों पुरानी बुनियाद पर रखी है न कि किसी एक विचार को सर्वस्व मानने पर। हमारी परम्परा के साथ रहकर हर धर्म में सच्चाई और अच्छाई की तलाश के व्यवहारिक तरीके और दार्शनिक अवधारणा पर आधारित है।"

राष्ट्रपति जी ने महिलाओं और दलितों के उत्थान के विषय में अनेक सुझाव देते हुए कहा "15 अगस्त, 1998 को महिला आरक्षण का विरोध करने वालों को आड़े हाथ लिया था। आपने सरकार तथा राजनैतिक दल, संसद और राज्य विधान सभाओं में महिलाओं को आरक्षण दिलाने के लिए वचनबद्ध होने पर प्रसन्नता व्यक्त की। "स्वतंत्रता के पश्चात् महिलाओं, उपेक्षित वर्ग, श्रमजीवी तथा किसानों को बन्धन मुक्त करने के साथ-साथ सामाजिक एवं आर्थिक अधिकार प्रदान किए गए हैं। इन कानूनों तथा नीतिगत उपायों पर देश गर्व कर सकता है। परन्तु यह उपाय बहुत गहरे तक नहीं जा सके और उनके क्रियान्वयन की प्रक्रिया विफल होती रहीं। इन वर्गों पर लगातार अत्याचार होता रहा है। उन्हें कानून द्वारा प्रदन्त अधिकारो से वंचित रखना, हिंसा, अत्याचार और सामूहिक बलात्कार होते रहे हैं। शासन और समाज को इन अपराधों का सफाया करने के लिए दुगुनी ताकत से जुट जाना चाहिए। समाज में भ्रष्टाचार एवं अपराध का अपवित्र गठजोड़ मिटा देना चाहिए।"

राष्ट्रपति जी ने साक्षरता और परिवार नियोजन के विषय में कहा कि "नई सहस्राब्दी का स्वागत सम्पूर्ण साक्षरता के लिए आन्दोलन के साथ करें। निरक्षरता उन्मूलन के लिए व्यावहारिक कदम उठाए जाएं। नई सहस्त्राब्दि में महिलाएं अधिक अधिकार प्राप्त कर सकेंगी। छोटे-छोटे कामों में शक्ति गंवाने की अपेक्षा परिवार नियोजन के प्रति आन्दोलन के रूप में जनशक्ति जुटाना जरूरी है।"

## तेरहवीं लोकसभा के निर्वाचित होने पर

संसद के दोनों सदनों के संयुक्त अधिवेशन में तेरहवीं लोकसभा के निर्वाचित होने पर राष्ट्रीय जनतांत्रिक गठबन्धन के 70 सदस्य वाले मन्त्रिमण्डल का नेतृत्व माननीय प्रधान मन्त्री श्री अटल बिहारी वाजपेयी ने किया। दिनांक 25 अक्टूबर, 1999 दिन सोमवार को संसद के दोनों सदनों के संयुक्त अधिवेशन को सम्बोधित करते हुए भारत के राष्ट्रपति महामहिम डॉ॰ के॰ आर॰ नारायणन ने राष्ट्रीय जनतान्त्रिक गठबन्धन की सरकार की प्राथमिकता और नीतियों का खुलासा करते

हुए कहा, "सरकार अविश्वास प्रस्ताव की वर्तमान पद्धति के स्थान पर 'अविश्वास प्रस्ताव का विकल्प मत' प्रणाली लागू करने पर विचार करेगी। अनुसूचित जातियों और अनुसूचित जनजातियों के लिए आरक्षण दस वर्ष और बढ़ाया जाएगा तथा कुछ राज्यों में लागू पचास प्रतिशत से अधिक आरक्षण को वैधानिक मान्यता दी जाएगी। नई सरकार प्रधान मन्त्री को भी लोकपाल की जांच के दायरे में लाएगी और केन्द्रीय सतर्कता आयोग को भी संवैधानिक श्रेणी प्रदान करेगी।" राष्ट्रपति जी ने घोषणा की कि भ्रष्टाचार एक गम्भीर नासूर है जो हमारे देश की हर संस्था को खाए जा रहा है। हमारी नई सरकार सार्वजनिक जीवन में ईमानदारी सुनिश्चित करने के लिए वचनबद्ध है। कारगिल में भारत की विजय पर हम सभी को गर्व है, इसके बाद जम्मू-कश्मीर और देश के अन्य भागों में अचानक फैले आतंकवाद और सुरक्षा बलों पर हुए आक्रमणों को देखते हुए सभी मोर्चों पर चौकसी बरतने के लिए कृतसंकल्प हैं। इस युद्ध में हमारी सेनाओं के लिए आधुनिकीकरण की आवश्यकता को भी आवश्यक बना दिया है। पाकिस्तान में सेना द्वारा शासन सत्ता को हथियाये जाने पर राष्ट्रपति जी ने कहा, "हम पाकिस्तान की स्थिति पर सावधानी से निगाह रखे हुए हैं। पाकिस्तान को जम्मू-कश्मीर और भारत के अन्य हिस्सों में सीमा पार से होने वाले आतंकवाद को रोकना है।"

राष्ट्रपति जी ने आर्थिक अवस्था कि विषय में बताते हुए कहा, "अर्थव्यवस्था में छः प्रतिशत से अधिक की वृद्धि होने की सम्भावना है। सरकार हर साल एक करोड़ रोजगार के अवसर जुटाने के लिए वचनबद्ध है। ऐसी बस्तियों में जहाँ प्राथमिक विद्यालय नहीं है, वहाँ विद्यालयों के लिए भवनों की व्यवस्था के लिए कार्यक्रम तैयार किया जाएगा। राष्ट्रीय स्वास्थ्य नीति को शीघ्र ही घोषित किया जाएगा, जिसके अन्तर्गत प्राथमिक स्वास्थ्य सेवाएं उपलबध कराना और जनसंख्या वृद्धि को कम करना होगा। भारतीय चिकित्सा पद्धति के प्रयोग को बढ़ावा दिया जाएगा। सरकार ग्रामीण आधारभूत संरचना के सुधार पर भी जोर देगी। पेयजल आपूर्ति विभाग अगले पाँच वर्ष में सभी ग्रामों में पेय स्वच्छ जल उपलब्ध कराएगा और सभी ग्रामों को सड़कों से जोड़ने के कार्यक्रम को तेजी से कार्यान्वित करेगा।"

संसद के दोनों सदनों के संयुक्त अधिवेशन में दिया गया राष्ट्रपति डॉ० के० आर० नारायणन का अभिभाषण राष्ट्रीय जनतान्त्रिक गठबन्धन सरकार की नीतियों और कार्यक्रमों का ही दस्तावेज होता है। लोकसभा और विधान सभाओं

का कार्यकाल हर हालत में पांच वर्ष होना ही चाहिए। ताकि राजनैतिक अस्थिरता से देश बचा रहे। नई सरकार इस प्रश्न पर विचार करेगी।

## राष्ट्रपति डॉ० के० आर० नारायणन जी का 79वां जन्मदिवस

भारत के राष्ट्रपति डॉ० के० आर० नारायणन जी का अस्सीवां जन्म दिवस 27 अक्टूबर सन् 1999 को राष्ट्रपति भवन में बड़ी धूमधाम से अपने इष्टमित्र और सगे सम्बन्धियों के साथ मनाया गया। आपके सभी शुभचिन्तकों ने आपकी दीर्घायु की शुभकामनाएं दी।

## शहीद अशफाकउल्ला खां की जन्मशताब्दी समारोह राष्ट्रपति भवन में

शहीद अशफाकउल्ला खां जन्मशती पर दिनांक 18 दिसम्बर, 1999 को राष्ट्रपति भवन में एक समारोह आयोजित किया गया, जिसमें राष्ट्रपति डॉ० के० आर० नारायणन, प्रधान मन्त्री अटल बिहारी वाजपेयी, कांग्रेस अध्यक्ष एवं लोकसभा में विपक्ष की नेता श्रीमती सोनिया गाँधी, पूर्व सांसद शशि भूषण आदि अनेक गण्यमान व्यक्ति उपस्थित हुए। इस अवसर पर राष्ट्रपति जी ने अपनी श्रद्धांजलि समर्पित करते हुए कहा कि, "बहादुर शहीदों के प्रति अपने ऋण को चुकाने के लिए केवल शब्द ही काफी नहीं हैं बल्कि हमें स्वतंत्रता और एकता की उनकी भावना का अनुसरण करके अपने समाज और राजनीति से साम्प्रदायिकता के चिन्ह तक को मिटा देना चाहिए। फांसी पर झूल जाने वाले महान् भारतीय की जन्मशती के अवसर पर हमें अपने आप से सवाल करना चाहिए कि हम इन बहादुर नायकों के ऋण को कैसे चुका सकते हैं? हमें अपने युवाओं और आने वाली पीढ़ियों के लिए देशभक्ति, एकता, साम्प्रदायिक सद्भाव और सामाजिक सौहार्द के ऐसे उदाहरण पेश करने हैं, जिनके बल पर वे हमें लेकर गौरव महसूस कर सकें। ठीक उसी तरह से जैसे कि हम अशफाक उल्ला खां और उनके साथियों के बारे में सोचते हैं। इस युवा शहीद की जन्मशती का समारोह हमारे लिए विभिन्न दृष्टिकोणों से महत्वपूर्ण हैं। हम अपने दैनिक जीवन में अपनी गौरवशाली संस्कृति और सभ्यता के प्रति पहले से ही कहीं ज्यादा सजग और जागरूक हो गए हैं, जिसने हमें कुछ ऐसे शाश्वत जीवन मूल्य दिए हैं जो अभी भी प्रासंगिक हैं। लेकिन इसके साथ ही हमारे लिए यह बहुत जरूरी है कि हम अपने हाल के अतीत को याद करें, जिसने हमारे राष्ट्र और समाज को देश भक्ति और एकता एवं सद्भाव के आधारभूत मूल्य

दिए हैं। अशफाकउलला खां की शहादत ने उस समय के क्रान्तिकारी आन्दोलन को एक नया अर्थ दिया। उत्तर प्रदेश में काकोरी में एक रेलगाड़ी से सरकारी खज़ाना लूटे जाने और इससे संबद्ध मामले ने समूचे देश को एक सूत्र में बांध दिया। इन देशभक्तों के खिलाफ चलाए जा रहे मुकदमे ने देश को आजादी की राष्ट्रवादी भावनाओं को भड़काने के लिए आग में घी का काम किया।"

अशफाकउल्ला खां को काकोरी काण्ड की सुनवाई के समय कुछ साम्प्रदायिक तत्वों ने सलाह दी कि वह अपनी जान बचाने के लिए अपने हिन्दू साथियों के खिलाफ गवाही देकर सरकारी गवाह बन जाये। लेकिन उनका उत्तर था कि अपने साथी रामप्रसाद बिस्मिल को वह हिन्दू के रूप में नहीं बल्कि एक हिन्दुस्तानी के रूप में देखते हैं, उनका उद्देश्य हिन्दू की स्वतंत्रता नहीं है बल्कि हिन्दुस्तान की स्वतंत्रता है। यह एक क्रान्तिकारी और धर्मनिरपेक्ष का ब्यान था और इससे पता चलता है कि लोकतन्त्र और धर्मनिरपेक्षता के प्रति उनकी आस्था सम्पूर्ण थी। उनको पूरी ईमानदारी से यह विश्वास था कि धर्म से राष्ट्रवाद का कोई सम्बन्ध नहीं है, उन्होंने फाँसी के फन्दे पर झूलने से पहले कहा था कि देश को धर्म के आधार पर बांटना बहुत गलत है। सभी हिन्दुओं और मुस्लिमों का देश के प्रति यह कर्त्तव्य है कि वे अंग्रेजों को भारत से चले जाने के लिए बाध्य करें।"

इस समारोह में अटल बिहारी वाजपेयी, लोकसभा में विपक्ष की नेता श्रीमती सोनिया गाँधी, मध्य प्रदेश के मुख्यमन्त्री श्री दिग्विजय सिंह, दिल्ली की मुख्यमन्त्री शीला दीक्षित, हरकिशन सुरजीत, ए०बी० वर्धन आदि ने अपनी श्रद्धांजलि शहीद अशफाकउल्ला खां को प्रदान की। शहीद अशफाकउल्ला खां जन्म शताब्दी समारोह समिति के सचिव पूर्व सांसद शशि भूषण ने श्रद्धांजलि अर्पित करने के बाद सभी आगन्तुकों के प्रति आभार व्यक्त किया।

शहीद ऊधम सिंह के बलिदान के प्रति उनकी जन्म शताब्दी वर्ष 26 दिसम्बर, 1999 से 25 दिसम्बर 2000 तक किसी राष्ट्र नेता या राष्ट्रीय स्तर की स्वतंत्रता सेनानियों की संस्थाओं ने शताब्दी वर्ष मनाने की हिम्मत नहीं की। मात्र दो संस्थाओं अमर शहीद ऊधम सिंह जन्म शताब्दी समारोह समिति सम्बद्ध अखिल मानव समाज सेवा संघ (पंजी०) ए2/193 पूर्वी गोकुलपुरी, दिल्ली-110094, ने सम्पूर्ण वर्ष लगभग 25 कार्यक्रम सम्पूर्ण भारत के विभिन्न स्थानों में मनाए और दूसरी संस्था केन्द्रीय आर्य युवक परिषद् ने जन्म शताब्दी

के उपलक्ष्य में दिल्ली के विट्ठलभाई पटेल हाऊस के स्पीकर हाल में समारोह आयोजित किया। इससे बड़ी विडम्बना और क्या हो सकती है? प्रधान मन्त्री अटल बिहारी वाजपेयी ने भी एक बार ऊधम सिंह के जन्म दिवस पर ऊधम सिंह की जीवनी पाठ्य पुस्तकों में लगाने की बात कह कर आज तक नहीं लगा पाये। शहीद ऊधम सिंह का बलिदान अन्य क्रान्तिकारियों के बलिदान से किसी प्रकार भी कम नहीं है। कम है तो मात्र उनका जातिय आधार जो वर्ण व्यवस्था का शिकार बन कर रह गया। इलाहाबाद उच्च न्यायालय के न्यायमूर्ति मार्कण्डेय काटजू तथा न्यायमूर्ति ओंकारेश्वर भट्ट ने अपने एक निर्णय में कहा, "हमारे देश में जाति व्यवस्था एक बड़ी बुराई बन गई है, जिसे जितनी जल्दी हो सके नष्ट किया जाना चाहिए।"

## गणतन्त्र दिवस की पूर्व संध्या पर राष्ट्रपति जी का राष्ट्र के नाम सन्देश

25 जनवरी, 2000 ई॰ को महामहिम राष्ट्रपति डॉ॰ के॰ आर॰ नारायणन ने भारतीय गणतन्त्र दिवस की पूर्व संध्या पर राष्ट्र के नाम दिए सन्देश में कहा कि, "देश के करोड़ों लोगों के साथ सामाजिक, आर्थिक और राजनैतिक न्याय नहीं हो रहा है। न्याय अभी भी अधूरा सपना बना हुआ है। ऐसा प्रतीत होता है कि भारतीय सामाजिक क्षेत्र में एक प्रकार की प्रतिक्रान्ति आ रही है। अगर गरीबों को आर्थिक रूप में समानता का अवसर नहीं दिया गया तो उनके लिए उदारीकरण, निजीकरण और भूमण्डलीकरण का कोई महत्व नहीं है।" राष्ट्रपति जी ने आतंकवाद के विषय में कहा कि, "पाकिस्तान आतंकवादी हस्तक्षेप, घृणा और दुष्प्रचार का रास्ता छोड़कर भारत के साथ अच्छे पड़ोसियों की तरह रहे।" उदारीकरण की ओर इशारा करते हुए आपने कहा, "आर्थिक प्रगति समान नहीं रही है तथा व्यापक स्तर पर क्षेत्रीय और सामाजिक असमानताएँ विद्यमान है। शैक्षणिक संस्थाओं और सार्वजनिक सेवाओं में आरक्षण का संवैधानिक उपयोग हमारे में उपलब्ध है लेकिन नौकरशाही और प्रशासन द्वारा इन्हें प्रयोग न करने अथवा इन विशेष उपबन्धों की संकीर्ण व्याख्या किये जाने के कारण इन्हें पूर्णता प्रदान नहीं की जा सकती है। महिलाओं, दलितों और अन्य कमजोर वर्गों को आरक्षण देना न्याय संगत है। समाज के सबसे नीचे के वर्गों के लोगों की उपेक्षा से उनमें आक्रोश पनप रहा है जो हिंसा के पथ पर ले जा रहा है। दलित और आदिवासी इन सबमें अधिक प्रभावित हुए हैं।"

राष्ट्रपति जी ने अत्यन्त महत्वपूर्ण बात बताते हुए कहा कि, "गणतन्त्र बने हमें पचास वर्ष पूरे हो गये हैं फिर भी करोड़ो लोग ऐसे हैं, जिन तक हमारे आर्थिक विकास के लाभ नहीं पहुँच पाये हैं। विश्व भर मे निरक्षरों की सबसे अधिक संख्या भी हमारे यहाँ ही है। मध्य वर्ग और गरीबी की रेखा से नीचे रहने वालों और कुपोषण से ग्रस्त बच्चों की संख्या भी सबसे अधिक है हमारे देश में। बहुत बड़े-बड़े कारखाने भी बने हैं पर उनके पास दरिद्रता और गन्दगी है। हमारे उपग्रह उन स्थानों से छूटते है जहाँ गरीबों की टूटी-फूटी झोपड़ियाँ भी होती हैं। इस बात में कोई हैरानी नहीं होगी कि अपनी इस दुर्दशा के सम्बन्ध में लोगों में उग्र रोष पैदा हो जाये जो प्राय: देश के विभिन्न भागों में हिंसात्मक रूप में फैल जाए।"

राष्ट्रपति जी ने उदारीकरण, निजीकरण और भूमण्डलीकरण की इस त्रिभागीय यातायात को द्रुतगति पर चलती हुई बताते हुए कहा कि, "इसके साथ-साथ हमें भारत के कमजोर वर्गों के लिए भी सुरक्षित पैदल पार पथ की भी व्यवस्थ करनी होगी ताकि ये गरीब भी समानता की दिशा में आगे बढ़ सकें।" आपने एक पुरानी कहावत का उल्लेख करते हुए कहा कि, "पुरानी कहावत है कि सावधान रहिये धनवान व्यक्ति के कोप से। हमें महिलाओं, दलितों, आदिवासियों और अन्य कमजोर वर्गों की स्थिति पर गम्भीरता से विचार करना होगा तथा स्वर्ण जयन्ती के इस अवसर पर संविधान में इन लोगों के लिए जो उपबन्ध किये गये हैं, उनसे ऊबना नहीं चाहिए। समाज में हिंसा ने अपने पंजे फैला दिये हैं। विज्ञापन प्रवण उपभोक्तावाद हमारे समाज में निराशा और तनाव पैदा कर रहा है। नव धनाढ्य वर्ग का दिखावटी उपभोग और भी आडम्बरपूर्ण हो गया है। इसमें उनकी बेरोक और बेहुदा अंतग्रस्तता ने छोटे वर्गों को निराशा से भर दिया है समाज का एक हिस्सा बोतल पीकर गटकता है तो दूसरा चुल्लूभर पानी से ही गुजारा करता है।"

वर्तमान उन्नति के मार्ग पर बढ़ते हुए अपने कदमों को भी उचित बताते हुए राष्ट्रपति डॉ० के० आर० नारायणन ने कहा कि, "कारखाने, बांध और उपग्रहों की प्रगति होगी परन्तु इनके कारण पारिस्थितिकीय और पर्यावरणीय विनाश नहीं होना चाहिए। विशेषरूप से आदिवासी और गरीब लोगों के आवास नहीं उजड़ने चाहिए। जनसाधारण के जीवन पर आधुनिक प्रोद्यौगिकी के हानिकारक प्रभावों को दूर करने के तरीके और उपाय खोजे जा सकते हैं। पर्यावरण और मानव पर बड़ी-बड़ी परियोजनाओं के परिणाम के लिए सरकार को उत्तरदायी ठहराया जाना चाहिए पर पर्यावरण सुरक्षा के लिए समाज को भी जिम्मेदारी लेनी होगी।"

राष्ट्रपति जी ने पाकिस्तान को सद्‌बुद्धि देने के उद्देश्य से कहा कि "हम अपने पड़ोसियों समेत सभी देशों के साथ शक्तिशाली राजनैतिक, आर्थिक और सांस्कृतिक समबन्ध विकसित करना चाहते हैं और इसी भाईचारे की सद्‌भावना के साथ हम चाहते हैं कि नयी सहस्त्राब्दि में सभी देशों को आर्थिक और प्रौद्योगिकी स्तर पर समान राजनीतिक दर्जा और समान अवसर मिले। संयुक्त राष्ट्र संघ, राष्ट्रमण्डल, गुटनिरपेक्ष आन्दोलन, विश्व व्यापार संगठन, आसियान, दक्षेस और हिन्द महासागर तटवर्ती क्षेत्रीय सहयोग संघ में सभी सदस्य देश एक दूसरे को सहयोग करें, जिससे सभी कल्याणकारी योजनाओं को प्रभावी ढंग से चलाया जा सके।"

## संविधान की स्वर्ण जयन्ती पर राष्ट्रपति का सन्देश

27 जनवरी, 2000 ई॰ को संविधान की स्वर्ण जयन्ती के शुभावसर पर संसद के केन्द्रीय कक्ष से राष्ट्र के नाम दिए सन्देश में भारत के प्रधान मन्त्री अटल बिहारी वाजपेयी द्वारा की जा रही भारतीय संविधान की समीक्षा के रूप में नया संविधान रचने की योजना के कार्यक्रम को उजागर करते हुए भारत के राष्ट्रपति महामहिम डॉ॰ के॰ आर॰ नारायणन ने कहा कि "भारत का एक लोकतंत्रात्मक गणराज्य के रूप में स्थापित होना निश्चय ही भारत और भारत के करोड़ों लोगों की आजादी और खुशहाली के लिए एक महत्वपूर्ण और गौरवपूर्ण घटना थी। इसके साथ यह एक दूरगामी महत्व की विश्वस्तरीय घटना भी थी। लोग विश्व की शासन-पद्धतियों पर लोकतन्त्र की पद्धति के विजयी होने की बात करते हैं। लोकतन्त्र की इस विजय में भारतीय लोकतन्त्र ने एक सार्थक भूमिका निभायी है। भारतीय लोकतन्त्र ने यह भूमिका सैद्धान्तिक शीत-युद्ध में हिस्सा लेने के रूप में नहीं बल्कि विश्व के सामने लोकतन्त्र को एक अभिभूत कर देने वाला उदाहरण उपस्थित करके निभायी है। ब्रिटेन के तत्कालीन प्रधान मन्त्री सर एंथनी इडन ने भारत के गणराज्य बनने के समय जो बात कही थी, वह इस संदर्भ में प्रासंगिक है। सर एंथनी इडन ने कहा था, मैं समझता हूं कि शासन के उन सभी प्रयोगों में से, जो आदिकाल से किए जाते रहे हैं, सर्वाधिक संभावनाओं से परिपूर्ण प्रयोग भारत द्वारा संसदीय प्रणाली का अपनाया जाना है। एक विशाल महाद्वीप अपने करोड़ों लोगों पर एक आजाद लोकतन्त्र की प्रणाली लागू करने का प्रयास कर रहा है, इस प्रकार का प्रयास बहादुरी का काम है। भारत का यह प्रयास हमारी शासन-पद्धति की कोई फीकी सी नकल नहीं, बल्कि यह उसकी एक ऐसी विस्तीर्ण और बहुगुणित प्रतिकृति है,

जिसकी हमने कभी कल्पना भी नहीं की थी। यदि यह सफल हो जाता है तो इसका एशिया पर हमेशा के लिए प्रभाव बना रहेगा। परिणाम कुछ भी हो, हमें ऐसा प्रयत्न करने वालों का सम्मान करना चाहिए।"

अमरीकी संविधान विशेषज्ञ प्रोफेसर ग्रेनविल ऑस्टिन ने जो विचार व्यक्त किये, वे तो और भी महत्वपूर्ण हैं। उन्होंने लिखा है कि, "भारतीय संविधान सभा ने जो कार्य शुरू किया, वह 1787 में फिलाडेल्फिया में पहली बार हुए प्रयास के पश्चात् सम्भवतः सबसे बड़ा राजनैतिक कदम है।" सन् 1931 में महात्मा गाँधी जी ने भारतीय संविधान के विषय में कहा था कि, "मैं एक ऐसे संविधान के लिए प्रयत्न करूँगा जो भारत को सभी प्रकार की दासता और संरक्षणों से छुटकारा दिला दे। मैं एक ऐसे भारत के लिए कार्य करूँगा जिसमें गरीब से गरीब लोग भी यह महसूस करें कि यह देश उनका है और इसके निर्माण में उनकी आवाज बहुत अहमियत रखती है, वह एक ऐसा भारत होगा, जहाँ लोगों की कोई उच्च या निमन श्रेणी नहीं होगी और जहाँ सभी समुदाय पूरी समरसता और सौहार्द के साथ रहेंगे। ऐसे भारत में अस्पृश्यता के अभिशाप के लिए कोई जगह नहीं होगी।

राष्ट्रपति डॉ॰ के॰ आर॰ नारायणन ने कहा हमारे संविधान के मूल में जो सामाजिक न्याय और सामाजिक लोकतन्त्र की बात है। वही गाँधी जी के स्वप्न का सार है। प्रोफेसर ग्रेनविल ऑस्टिन ने भारत के संविधान का वर्णन करते हुए कहा कि, "यह सर्वोपरि एक सामाजिक दस्तावेज है। भारत के अधिकांश संवैधानिक उपबन्ध या तो प्रत्यक्ष रूप से सामाजिक क्रान्ति के उद्देश्य को प्रोत्साहन देने के लिए बनाए गये हैं या फिर इनका उद्देश्य इस लक्ष्य की उपलब्धि के लिए अपेक्षित वातावरण बनाकर इस क्रान्ति को पोषित करता है।"

डा॰ भीमराव अम्बेडकर और पण्डित नेहरू ने संविधान के विषय में बताया हमारे संविधान की जो बात इसे भारत विकासशील विश्व की परिस्थितियों और सामाजिक-आर्थिक आधार है। इसका अनूठापन यह है कि इसने सामाजिक-आर्थिक आधार का पश्चिम के लोकतान्त्रिक देशों द्वारा कल्पित उदार अधिकारों और स्वतंत्रता के साथ सामंजस्य बिठाया है।"

डा॰ अम्बेडकर जी ने संविधान के प्रारूप के विषय में बोलते हुए दावा किया था कि, "यह व्यवहारिक है, यह लचीला है और यह शान्तिकाल में ही नहीं, युद्धकाल में भी देश को एकजुट रखने में पर्याप्त रूप से सक्षम है।

वास्तव में साफ कहूँ तो, यदि संविधान के अधीन स्थिति बिगड़ जाये तो उसका कारण यह नहीं होगा कि हमारा संविधान खराब था। इस स्थिति में हमें यह कहना पड़ेगा कि आदमी ही खराब है।''

आज जबकि संविधान की समीक्षा किए जाने और यहाँ तक कि एक नया संविधान लिखे जाने की बात भी की जा रही है। हमें इस बात पर विचार करना होगा कि क्या हम संविधान की वजह से विफल हुए या कि संविधान को हमने विफल किया। संविधान सभा के अध्यक्ष के रूप में डॉ॰ राजेन्द्र प्रसाद ने कहा था कि, ''यदि निर्वाचित लोग चरित्रवान, निष्ठावान और योग्य व्यक्ति हुए तो वे दोषपूर्ण संविधान का भी बढ़िया इस्तेमाल कर सकेंगे। परन्तु यदि उनमें ये कमियां हुई तो संविधान देश की सहायता नहीं कर सकेगा।'' राष्ट्रपति जी ने कहा मैं समझता हूँ कि ये विवेकपूर्ण बाते हैं, जिन पर हमें ध्यान देना चाहिए।

संविधान और संसदीय प्रणाली का जोरदार समर्थन करते हुए राष्ट्रपति जी ने स्पष्ट कहा कि, ''हमारे संविधान निर्माताओं ने गहन चिंतन और विचार-विमर्श के पश्चात् ही भारत के लिए संसदीय लोकतन्त्र की शासन पद्धति स्वीकार की थी। केन्द्र सरकार की अस्थिरता को लेकर हमारे हाल के अनुभव का अर्थ यह नहीं निकाला जाना चाहिए कि संसदीय प्रणाली के पक्ष को दर किनार कर दिया जाए।''

प्रधान मन्त्री अटल बिहारी वाजपेयी ने कहा कि, ''संविधान ने लोकतन्त्र की परम्परा को शक्तिशाली बनाया है। साथ में यह भी कहा कि, ''कोई दुर्ग कितना ही मजबूत हो उसे भी समय-समय पर मरम्मत और सफाई की जरूरत होती है। संविधान बने पांच दशक बीत चुके हैं तथा अब नयी स्थितियां पैदा हुई हैं। केन्द्र और राज्य सरकारों में स्थिरता की आवश्यकता का अहसास हो रहा है। इसी उद्देश्य से संविधान में थोड़ा बहुत फेरबदल तो हो सकती है लेकिन इसके बुनियादी ढांचे में कोई परिवर्तन नहीं किया जाएगा।'' राष्ट्रपति नारायणन जी ने कहा, ''शासन प्रणाली में बहुत अधिक कठोर प्रणाली में समाज में बड़े विस्फोट का डर बना रहता है। समाज में बड़े विस्फोटों को रोकने के लिए राजनैतिक निकाय में असंतोष और नैराग्य के निकास द्वार अवश्य होने चाहिए। उन शासन प्रणालियों की तुलना में जिनमें उत्तरदायित्व और जवाबदेही के मुकाबले में स्थिरता को अधिक वरीयता दी जाती है। संसदीय प्रणाली कहीं अधिक श्रेष्ठ है क्योंकि यह असंतोष और नैराश्य के लिए बेहतर निकास के द्वार अर्थात् तरीके प्रदान करती है। संविधान निर्माताओं ने संविधान में संशोधन

की प्रक्रिया को जानबूझकर आसान बनाया है, ताकि संसद बिना अधिक कठिनाई के संविधान में व्याप्त त्रुटियों और कमजोरियों को ठीक कर सके।''

डा॰ अम्बेडकर जी ने संसदीय प्रणाली के महत्व को प्रदर्शित करते हुए बतलाया कि, ''प्रारूप समिति ने इस संसदीय प्रणाली को इसलिए चुना क्योंकि उन्होंने स्थिरता की तुलना में दायित्व को अधिक मान्यता दी क्योंकि स्थिरता शक्ति के सत्तावादी प्रयोग के पक्ष में जा सकती है। भारत का असीम होना, देश की जटिल विभिन्नता और विविधता, इसकी अपार जनसंख्या और इसकी सामाजिक तथा विकास सम्बन्धी समस्याओं की जटिलता है।''

संसद के केन्द्रीय कक्ष में आयोजित इस भव्य समारोह में अनेक केन्द्रीय मन्त्रियों, लोकसभा के विपक्ष की नेता श्रीमती सोनिया गाँधी, राज्यसभा में विपक्ष के नेता सरदार डॉ॰ मनमोहन सिंह, विभिन्न राजनैतिक दलों के नेता, सांसद और कई देशों के राजनयिक भी उपस्थित थे। समारोह प्रारम्भ होने से कुछ क्षण पूर्व राष्ट्रपति डॉ॰ के॰ आर॰ नारायणन, उपराष्ट्रपति श्री कृष्णकान्त, प्रधान मन्त्री श्री वाजपेयी और लोकसभा अध्यक्ष श्री बालयोगी आदि उपस्थित थे। प्रधान मन्त्री श्री वाजपेयी ने हिन्दी में हस्तलिखित संविधान की प्रति का, राष्ट्रपति डॉ॰ नारायणन ने जन गण मन एलबम और उपराष्ट्रपति श्री कृष्णकान्त ने एक विशेष स्मृति डॉक टिकट का अनावरण कर, डॉक टिकट जारी किया। केन्द्रीय कक्ष में डॉ॰ राजेन्द्र प्रसाद, पण्डित जवाहरलाल नेहरू, डॉ॰ बी॰आर॰ अम्बेडकर और सरदार बल्लभ भाई पटेल अन्य महत्वपूर्ण व्यक्तियों के महत्वपूर्ण अवसरों पर लिए गए भाषणों के अंश सुनाए।

## सर्वोच्च न्यायालय की स्वर्ण जयन्ती पर राष्ट्रपति जी का राष्ट्र के नाम सन्देश

सर्वोच्च न्यायालय की स्वर्ण जयन्ती 28 जनवरी, 2000 ई॰ के अवसर पर राष्ट्रपति डॉ॰ के॰ आर॰ नारायणन ने देश की वर्तमान न्याय व्यवस्था पर अप्रसन्नता और दुख प्रकट करते हुए अपने सन्देश में कहा कि, ''आम लोगों के लिए इस देश में न्याय पाना उनके बूते के बाहर की बात हो गई है। कानून पैसों वालों के लिए खिलवाड़ व जुआरियों के मजे की चीज़ हो गई है।'' इन पंक्तियों को राष्ट्रपति जी ने महात्मा गाँधी जी की ओर से कहा।

राष्ट्रपति जी ने कहा, ''उच्चतम न्यायालय का हमारी संवैधानिक योजना में एक महत्वपूर्ण स्थान है। हमारे संस्थापकों को उच्चतम न्यायालय से बड़ी आशाएं

रही हैं तथा लोगों ने हमारी स्वतंत्र न्यायपालिका के इस शीर्षस्थ न्यायालय में अपना विश्वास जताया है। 28 जनवरी, 1950 को उच्चतम न्यायालय की हुई पहली बैठक के उद्घाटन के समय तत्कालीन मुख्य न्यायाधीश न्यायमूर्ति कानिया ने कहा था कि उच्चतम न्यायालय दृढ़ प्रतिज्ञ तथा दलगत राजनीति से स्वयं को अलग रखेगा। सरकारों के बदलने से उच्तम न्यायालय को कोई सरोकार नहीं होगा। इसका कार्य तत्कालीन प्रवृत कानूनों को लागू करना होगा। इसकी सबके प्रति सद्भावना और सहानुभूति रहेगी, परन्तु इसका किसी के साथ कोई गठजोड़ नहीं होगा। न्यायालय का यह कर्तव्य है कि वह संविधान की व्याख्या विवेकपूर्ण उदारता के साथ करें। गत 50 वर्षों के समय में न्यायालय ने इस कर्त्तव्य का एक अभिनन्दीय निष्पक्षता के साथ निर्वहन किया है और इसकी वजह से भारत तथा भारत के बाहर नाम कमाया है। उच्चतम न्यायालय ने केवल उदारता के साथ ही नहीं, बल्कि समय की आवश्यकताओं के अनुरूप चलते हुए संविधान की रचनात्मक व्याख्या की है, जिसे न्यायिक सक्रियता कहा जाता है। इस सक्रियता का अर्थ नये कानून का सृजन करना नहीं बल्कि सविधान के गौण आशय को स्पष्ट रूप से व्यक्त करना है। मौलिक अधिकारों का जो विस्तार हुआ है और संविधान के कुछ निदेशक तत्वों का जो दर्जा बढ़ाया है, वह सब इसी भावना से हुआ है। इस प्रकार काम पाने, शिक्षा, स्वास्थ्य और स्वास्थ्य की देखभाल के अधिकारों के महत्व को बढ़ाकर उच्चतम न्यायालय ने उन्हें मौलिक अधिकारों का दर्जा दिया है। इससे भी महत्वपूर्ण बात यह हे कि अवैध रूप से कारावास में रखे गए लोगों तथा न्यायिक हिरासम में मौत का शिकार हुए लोगों के मामले में अब न केवल न्यायिक उद्घोषणा उपलब्ध है, अपितु अब उनके प्रति किये गए मानवीय उल्लंघनों के लिए उन्हें आर्थिक मुआवजा भी प्राप्त हो सकता है।

भारत में न्यायपालिका की इस प्रगतिशील और मानवीय भूमिका के बारे में टिप्पणी करते हुए ब्रिटिश विधिविद लॉर्ड बुल्फ ने अपने विचार व्यक्त करते हुए कहा, "भारत में साधारण कानून की परम्पराओं के प्रति आश्चर्यजनक रूप से गहन भावनाएँ हैं और इसके वर्ष दर वर्ष विकास में भारतीय उच्च न्यायालय के अतियोग्य न्यायाधीश सहायंक रहे हैं। यह कहना अतिशयोक्ति न होगा कि देश में वैसी संस्थाएँ बहुत कम हैं, जिनको उच्चतम न्यायालय जैसा जन-सम्मान और जन-विश्वास प्राप्त हुआ है।"

भारत के प्रथम राष्ट्रपति डॉ० राजेन्द्र प्रसाद की एक घटना का उल्लेख करते हुए राष्ट्रपति डॉ० के० आर० नारायणन ने डॉ० राजेन्द्र प्रसाद के संस्मरणों

का वर्णन किया जब वह अधिवक्ता थे। वह एक अभियोग में मुवक्किल की ओर से एक अधिवक्ता के रूप में न्यायालय में पेश हुए थे। डॉ॰ राजेन्द्र प्रसाद ने न्यायाधीश से कहा, "श्रीमन् (माई लोर्ड) इस मुकदमें में न्याय की यह मांग है कि........इस पर न्यायाधीश ने तुरन्त हस्तक्षेप करते हुए कहा, "न्यायाधीश यहाँ न्याय करने के लिए नहों हैं बल्कि अभिलेख में दिये गये साक्ष्यों के अनुसार मुकदमों का निर्णय करने के लिए हैं। अभी हाल में ही भारत में एक न्यायाधीश की हत्या के लिए एक अभियुक्त को इस आधार पर मुक्त करना पड़ा क्योंकि उसके खिलाफ कोई पक्के सबूत नहीं थे। यद्यपि न्यायाधीश महोदय ने कहा कि स्वयं अच्छी तरह से वे जानते हैं कि उस व्यक्ति ने निश्चय ही वह अपराध किया है, जिसका उस पर इल्जाम था। न्याय के रास्ते बड़े रहस्यमय हैं। इसी कारण न्यायालयों के बारे में कहा गया है कि, "अदालतें इबादतगाह नहीं बल्कि जुआ घर हैं, जहाँ बहुत कुछ गोटी की चाल पर निर्भर करता है।" इस अवसर पर हमें याद रखना है कि न्यायपालिका की सफलता बहुत कुछ विधिज्ञ समुदाय पर निर्भर करती है। भारत को एक अत्यन्त प्रतिभा सम्पन्न विधिज्ञ समुदाय प्राप्त है। परन्तु यहाँ न्याय पाना लोगों के बूते से बाहर की बात है। यही कारण है कि महात्मा गाँधी ने बहुत पहले यह बात कही थी कि कानून अमीरों की अय्याशी और जुआरी की मौज बन गया है। यह दुखद बात है कि मुख्य न्यायाधीशों के सम्मेलन ने न्यायपालिका में आत्म सुधार की दिशा में एक कदम के रूप में न्यायिक जीवन में नैतिक मूल्यों को अपनाने का संकल्प लिया है जो लोगों को त्वरित, कम खर्च वाला और भ्रष्टाचार मुक्त न्याय दिलाने के लिए एक उत्तरदायी न्यायपालिका स्थापित करने का रास्ता प्रशस्त करेगा।"

इस समारोह में तत्कालीन विधि मन्त्री राम जेठमलानी, उच्चतम न्यायालय के तत्कालीन न्यायाधीश ए॰एस॰ आनन्द, अटार्नी जनरल सोली सोराब जी तथा अधिक संख्या में वकील अन्य विधिवेताओं की उपस्थिति में राष्ट्रपति जी ने कहा "भारत जैसे देश में न्यायपालिका जनता की आखिरी आसरा बन चुकी है तथा देश को सही रास्ता तथा त्वरित न्याय नहीं मिलेगा तो जनता कानून का रास्ता अपनाने के बिजाए मजबूरन अपने हाथ में लेने की सोच सकती है।"

राष्ट्रपति जी ने उच्चतम न्यायालय की भूमिका की सराहना करते हुए कहा, "उच्चतम न्यायालय का केवल बदलती हुई परिस्थितियों की चुनौतियों के प्रति उसका रवैया काफी रचनात्मक रहा है जिसे न्यायिक सक्रियता की संज्ञा दी

गई है। इस सक्रियता में न केवल नये कानून बनाने की बात शामिल है बल्कि संविधान के अन्तर्निहित बातों को भी सामने लाया गया है। न्यायपालिका की सफलता काफी हद तक बार (वकीलों के समुदाय) पर निर्भर करती है और भारत में इस क्षेत्र में यशस्वी प्रतिभाएं हैं। लेकिन अफसोस व्यक्त करते हुए कहा कि "न्याय पाना यह हर एक के बूते की बात नहीं रह गई है।"

## राष्ट्रपति डॉ० के० आर० नारायणन जी के पोर्ट्रेट का लन्दन में उद्घाटन

राष्ट्रपति डॉ० के० आर० नारायणन के पोट्रेट का निर्माण लन्दन स्कूल ऑफ इकॉनॉमिक्स में उनके पुराने सम्बन्धों के प्रतीकस्वरूप किया गया है, जिसका अनावरण तत्कालीन केन्द्रीय कानून मन्त्री राम जेठमलानी ने दिनांक 10 मार्च, 2000 को किया। डॉ० के० आर० नारायणन ने 52 वर्ष पूर्व इस संस्थान से प्रथम श्रेणी में सम्मान के साथ डिग्री प्राप्त की थी। लॉर्ड स्वराज पाल, लॉर्ड देसाई व जी०पी० हिन्दूजा की उपस्थिति में श्री जेठमलानी ने भारतीय स्वाधीन न्यायपालिका और लोकतन्त्र पर विचार व्यक्त करते हुए राष्ट्रपति डॉ० के० आर० नारायणन की योग्यता, अनुभव और व्यवहार कुशलता की सराहना की।

## अलवर राजस्थान में राष्ट्रपति डॉ० के० आर० नारायणन द्वारा पुरस्कार वितरण

ग्राम हमीरपुर भावता, जिला अलवर, राजस्थान में जोसफी सी० जौन 'डाउन टू अर्थ' पुरस्कार वितरण समारोह में पर्यावरण प्रबन्धन के क्षेत्र में उत्कृष्ट कार्य करने के लिए गाँव की दो महिलाओं सहित सात व्यक्तियों को सम्मानित करते हुए दिनांक 28 मार्च, 2000 को राष्ट्रपति डॉ० के० आर० नारायणन जी ने अपने ग्रामीण जीवन की क्षणों के विषय में बताते हुए कहा कि, "देश का भविष्य गाँवों में रहने वाले लोगों के हाथ में है। वे ही देश के वास्तविक मालिक हैं और मातृभूमि के जन-गण-मन अधिनायक हैं। सच्चा स्वराज तभी सार्थक हो सकेगा, जब गरीबी और अज्ञानता को दूर करके गाँवों में रहने वाले लोगों को भोजन, शिक्षा और स्वास्थ्य जैसी बुनियादी सुविधाएँ मुहैया करायी जाएगी तथा उनके जीवन में सुधार लाया जाएगा।"

राष्ट्रपति जी ने हमीरपुर भावता ग्राम को एक लाख रूपया और प्रशस्ति पत्र पुरस्कार के रूप में दिया। इस गाँव के लोगों ने मिलकर 'तरुण भारत

संघ' नाभक गैर सरकारी संस्थान के मार्गदर्शन में गाँव को पानी उपलब्ध कराने और भूतल स्तर बढ़ाने का जो काम किया है, उसके द्वारा यह गाँव पूरे देश के लिए एक प्रेरणास्रोत बन गया है। इससे पूरे देश को एक दिशा मिली है।

## राष्ट्रपति जी की फ्रांस यात्रा

भारतीय राष्ट्रपति महामहिम डॉ॰ के॰ आर॰ नारायणन की 17 अप्रैल, 2000 ई॰ को फ्रांस की यात्रा के समय फ्रांस के एक दैनिक समाचार पत्र 'ले फिगारों' पेरिस से प्रकाशित ने अपने मुख पृष्ठ पर 'इतिसी राजमहल' में राष्ट्रपति डॉ॰ के॰ आर॰ नारायणन जी के विषय में 'इलिसी राजमहल में एक अस्पृश्य शीर्षक से समाचार प्रकाशित किया। बाद में 'ले फिगारो' के मुख्य सम्पादक ने इस अपमानजनक उत्तेजक शीर्षक के लिए क्षमा याचना की। फ्रांस यात्रा के समय भारतीय राष्ट्रपति के विषय में ऐसा समचाार क्यों प्रकाशित हुआ? इस प्रश्न का उत्तर फ्रांस की यात्रा से भारत लौटने पर राष्ट्रपति डॉ॰ के॰ आर॰ नारायणन जी ने पत्रकारों से बातचीत करते समय दिया। "विगत तीन वर्षों से मैं भारतीय प्रेस के इसी तरह के व्यवहार को झेलता आ रहा हूं।" पत्रकारों के प्रश्न के इस शीर्षक से उठा विवाद कब समाप्त होगा, के उत्तर में राष्ट्रपति जी ने कहा "आप घोड़े पर कब तक चाबुक बरसाना चाहते हैं?" सन् 1997 में राष्ट्रपति चुने जाने पर भारतीय प्रैस अनवरत रूप से यह लिखता रहा था कि 'एक दलित उन्नत होकर राष्ट्रपति पद पर जा पहुंचा। किन्तु डॉ॰ के॰ आर॰ नारायणन की योग्यता और गुणों का वर्णन शायद ही किसी पत्र ने उल्लेख किया हो। दलितों के साथ यह व्यवहार कितना पीड़ादायक है। बाबा साहेब डॉ॰ अम्बेडकर जी ने इस मानसिकता का वर्णन अपनी पुस्तक 'प्रॉब्लम ऑफ डिसक्रिमिनेशन' में स्पष्ट रूप से किया है। इस फ्रांस यात्रा में राष्ट्रपति के कार्य सर्वोत्तम रहे। राष्ट्रपति जी ने अपनी गरिमा और विवेक का परिचय दिया। हमारे विचार से देश में कोई दूसरा व्यक्ति ऐसा नहीं है जिसे उस सर्वोच्च आसन पर आसीन होने के विषय में राष्ट्रपति डॉ॰ के॰ आर॰ नारायणन जी के समकक्ष माना जा सके। जिस तरह राष्ट्रपति जी ने निर्धन जन की पीड़ा को मुखर किया उससे यह बात स्पष्ट हो जाती है कि वह क्या चाहते हैं? राष्ट्रपति जी ने फ्रांस के प्रधान मन्त्री को कार्ल मार्क्स का उदाहरण देते हुए झकझोर कर रख दिया था। आपने कहा कि "बुर्जुआवाद समस्त भूमण्डल में फैलकर स्वतंत्रता, समानता और भाईचारे के ढांचे को उखाड़कर फेंक देगा।" अन्त में दोनों देशों में शोषण को समाप्त करने के विषय में सहमति हुई। राष्ट्रपति जी

ने कहा कि "भारत प्रत्येक देश के साथ स्वस्थ सम्बन्ध बनाने का इच्छुक है। चाहे वह रूस, फ्रांस या चीन ही क्यों न हो? इसका कारण है कि भारत एक बहुध्रुवीय विश्व में विश्वास करता है क्योंकि हर देश किसी गुट की नीति को मानने के बजाय अपनी अलग रणनीति बनाता है।" महामहिम ने बताया "अछूत बताए जाने सम्बन्धी विवाद सम्भवतः भारतीय दूतावास द्वारा फ्रांसीसी मीडिया की पर्याप्त जानकारी न दिए जाने के कारण हुआ।"

राष्ट्रपति डॉ० के० आर० नारायणन जी फ्रांस की अपनी पांच दिवसीय यात्रा पूरी कर दिनांक 22 अप्रैल, 2000 शनिवार को स्वदेश भारत लौटने पर राजधानी के इन्दिरा गाँधी हवाई अड्डे पर प्रधान मन्त्री अटल बिहारी वाजपेयी और उनके मन्त्रिमण्डल के वरिष्ठ सहयोगियों ने राष्ट्रपति फ्रांस  डॉ० के० आर० नारायणन जी का भव्य स्वागत किया। राष्ट्रपति जी ने प्रधान मन्त्री को फ्रांस से लाया हुआ कमल का फूल भेंट किया। राष्ट्रपति डॉ० के० आर० नारायणन जी फ्रांस की यात्रा पर जाने वाले भारतीय प्रथम राष्ट्रपति थे। आपने फ्रांस की यात्रा को बहुत उपयोगी बताते हुए कहा, "इस यात्रा से दोनों देशों के बीच विभिन्न मुद्दों पर समझ बढ़ी है। फ्रांस ऊर्जा के लिए परमाणु तकनीक देने को उत्सुक है लेकिन उसका कहना है कि भारत का सीटीबीटी पर हस्ताक्षर न करना इसमें रूकावट है और भारत संधि में शामिल हुआ तो परमणु क्षेत्र में सहयोग की असीम संभावनाएं बनेंगी। फ्रांस चाहता है कि भारत सीटीबीटी पर हस्ताक्षर करे क्योंकि ऐसा न करना, परमाणु ऊर्जा क्षेत्र में फ्रान्स भारत सहयोग के रास्ते में एक रूकावट साबित होगा। इस विषय में भारतीय राष्ट्रपति फ्रांस  डॉ० के० आर० नारायणन ने बताया कि भारत सरकार सीटीबीटी के मुद्दे पर सभी राजनीतिक दलों के बीच सर्वानुमति बनाने का प्रयास कर रही है। हमें सर्वानुमति बनानी है, और हम इस कार्य में लगे हैं। फ्रान्सीसी पक्ष इसे समझता है और मानता है कि यदि यह अवरोध दूर हो गया तो फ्रांस परमाणु रिएक्टरों के क्षेत्र में भारत का सहयोग कर सकता है। आपने बताया कि इस यात्रा का सबसे महत्वपूर्ण लाभ यह हुआ कि दोनों देशों के बीच रक्षा सहयोग का बढ़ाना है। दोनों देशों के बीच रक्षा सहयोग की पृष्ठभूमि में ही फ्रांस के सेना प्रमुख अगले कुछ दिनों में भारत के दौरे पर आ रहे हैं और कुछ माह पश्चात् फ्रान्सीसी रक्षा मन्त्री एलेन रिचर्ड भी भारत आएंगे।

राष्ट्रपति जी ने फ्रान्सीसी सरकार के समक्ष आतंकवाद की समस्या पर चर्चा करते हुए यह स्पष्ट किया कि तालिबान का जनक पाकिस्तान है। फ्रान्सीसी

सरकार ने आतंकवाद की समस्या पर चिन्ता प्रदर्शित की और इसके हल के लिए फ्रान्सीसी सरकार ने आतंकवाद के पोषण के खिलाफ एक प्रस्ताव संयुक्त राष्ट्रसंघ में प्रस्तुत किया है। फ्रान्सीसी नेताओं ने भारत के साथ अमरीका की तरह ही आतंकवाद विरोधी संयुक्त कार्यदल गठित किए जाने के उनके सुझाव पर विचार करने की सहमति व्यक्त की है। फ्रान्सीसी सरकार का पाकिस्तानी फौजी सरकार से कोई लगाव नहीं है। फ्रांस पाकिस्तान में लोकतन्त्र सरकार की वापसी का समर्थन करता है। चेतावनी स्वरूप यह भी बताया कि इसका अर्थ यह नहीं कि फ्रांस पाकिस्तान से अपने सम्बन्ध तोड़ लेगा।"

## राष्ट्रपति जी की चीन यात्रा

भारतीय राष्ट्रपति डॉ॰ के॰ आर॰ नारायणन जी 28 मई से 3 जून 2000 ई॰ तक एक सप्ताह की चीन यात्रा पर रविवार को एयर इण्डिया के एक विशेष विमान द्वारा भारतीय समयानुसार दोपहर बाद साढ़े तीन बजे नए पेइचिंग अन्तर्राष्ट्रीय हवाई अड्डे पर पहुंचे। भारत के राष्ट्रपति और उनके सद्भावना मण्डल के चीन पहुंचने पर चीन के उपविदेश मन्त्री यांन बन्छांग और पेइचिंग स्थित भारतीय राजदूत वी॰के॰ नंबियार और अन्य अधिकारियों ने बड़े उत्साह के साथ 29 मई को स्वागत किया। इस यात्रा से नई सहस्त्राब्दि में दोनों देशों के संबंधों में नया आयाम आने के साथ-साथ दोनों एक-दूसरे के प्रति आस्थावान बनेंगे और दोनों मित्रता के दीर्घकालीन सम्बन्धों को और अग्रसर करेंगे। एक सप्ताह की राजकीय यात्रा के समय भारतीय राष्ट्रपति डॉ॰ के॰ आर॰ नारायणन ने चीनी राष्ट्रपति च्याग चेमिन से व्यापक रूप से वार्ताएं कीं और उन्हें पाकिस्तान के बारे में भारत की नीति से अवगत कराया। इसके अतिरिक्त दोनों राष्ट्राध्यक्षों ने सामान्य हित के द्विपक्षीय क्षेत्रीय और अन्तर्राष्ट्रीय विषयों पर भी विचारों का आदान-प्रदान किया। दोनों देशों के पेचीदा सीमा विवाद के समुचित एवं विवेकसम्मत समाधान का समर्थन किया और समग्र द्विपक्षीय सम्बन्धों के समर्थन के लिए जानी-मानी हस्तियों का एक दल गठित करने का फैसला किया गया। चीनी राष्ट्रपति च्यांग चेमिन ने कहा, "सामरिक महत्व की दृष्टि से भी हमें इक्कीसवीं सदी में सहयोग की रचनात्मक साझेदारी के लिए काम करना जारी रखना चाहिए। दोनों नेताओं ने ढाई घण्टे की प्रमुख वार्ताओं के विषय विदेश सचिव को साथ लेकर की। भारत और चीन दोनों देशों की सीमा के मसले का समुचित एवं विवेक सम्मत समाधान दोनों ही देश चाहते हैं। चीनी राष्ट्रपति ने दलाई लामा व इसी साल जनवरी, 2000 में तिब्बत से भागकर 17वें करमापा

की राजनीतिक गतिविधियों का मुद्दा उठाया लेकिन भारतीय राष्ट्रपति डॉ॰ के॰ आर॰ नारायणन ने चीनी राष्ट्रपति च्यांग चेमिन को आश्वस्त करते हुए कहा, "करमापा को राजनैतिक गतिविधियों में लिप्त होने की अनुमति नहीं दी जाएगी।'

चीनी राष्ट्रपति ने आशंका व्यक्त करते हुए कहा दलाई लामा समर्थन मण्डली व चीन विरोधी ताकतें भारत की वर्तमान स्थिति से फायदा उठा सकते है, फिर भी आपने करमापा की समस्या को निबटाने में नई दिल्ली द्वारा अपनाई गई उचित व्यवहारिकता की सराहना की। भारतीय राष्ट्रपति डॉ॰ के॰ आर॰ नारायणन जी ने उन्हें आश्वस्त करते हुए बताया कि, "तिब्बत के विषय में भारत की नीति में कोई परिवर्तन नहीं आया है। भारत शान्तिपूर्ण सह-अस्तित्व के पांचों विषयों पंचशील पर भारत पूर्ववत कायम है।"

पाकिस्तान का नाम लिए बिना चीनी राष्ट्रपति ने कहा कि चीन सभी प्रकार के आतंकवाद का विरोध करता है और राजनीतिक आधार पर इसका कोई औचित्य नहीं है। जानी-मानी हस्तियों का दल गठित किए जाने के भारत के सुझाव पर चीनी पक्ष ने निकट भविष्य में इसकी ब्यौरे वार विस्तार से तैयारी का फैसला किया। किसी भी विषय को हल करने के लिए धैर्य और क्रमिक प्रयासों की जरूरत पड़ती है।"

1 जून, 2000 को भारत के राष्ट्रपति डॉ॰ के॰ आर॰ नारायणन जी की चीन के पूर्वोत्तर तटवर्ती नगर दल्लियान के एक होटल में रहने की व्यवस्था की गई। विश्वविख्यात डॉ॰ कोटनिस, जिन पर भारतीय प्रसिद्ध फिल्म निर्माता व्ही शांताराम ने डॉ॰ कोटनिस की अमर कहानी' फिल्म निर्माण की थी, डॉ॰ कोटनिस की 85 वर्षीय धर्मपत्नी श्रीमती छुइंगलान दल्लियान नगर के एक निजी अस्पताल में काम करती है, वह अपनी पोती के साथ राष्ट्रपति डॉ॰ के॰ आर॰ नारायणन जी से भेंट करने होटल में गई। भेंट करने के बाद श्रीमती छुंइगलान ने बताया कि यह मेरी भारतीय राष्ट्रपति डॉ॰ के॰ आर॰ नारायणन के साथ पांचवीं भेंट है। भारत के राष्ट्रपति के रूप में यह मेरी प्रथम भेंट है। आपने राष्ट्रपति जी को सहृदय व्यक्ति तथा चीन का एक सच्चा मित्र बताया। राष्ट्रपति डॉ॰ के॰ आर॰ नारायणन जी के सम्मान में दिये गये रात्रिभोज में श्रीमती गुओ छुइंगलान आकर्षण का केन्द्र बनी रही। आपने बताया कि उन्होंने कई बार भारत की यात्रा की है। पिछली यात्रा के समय वह मुम्बई, पुणे और बेलगाव गई थी। भारतीय प्रतिनिधि मण्डल के सभी सदस्यों में उद्योग मन्त्री श्री मनोहर जोशी, सांसद सोमनाथ चटर्जी, सांसाद सुशील कुमार सिन्धे, सांसद सुश्मा स्वराज और रामचन्द्रन

पिल्ले आदि ने श्रीमती छुइंगलान का अभिनन्दन किया। अगली बार पुनः वह भारत की यात्रा पर आएंगी।

चीन की सात दिवसीय यात्रा के समापन के समय 2 मई गुरूवार को भारतीय राष्ट्रपति डॉ॰ के॰ आर॰ नारायणन ने अपने वक्तव्य में चीन के नगर फुनसिग में कहा कि, "दोनों देशों के बीच पारस्परिक व्यापार मार्ग (सिल्क रूट) के लिए फिर से लागू करने के प्रयास की प्रक्रिया बढ़ेगी। दोनों देशों के बीच सम्बन्धों में सुधार का विश्वास व्यक्त किया।" डॉ॰ के॰ आर॰ नारायणन ने कूनमिंग में दक्षिण एशिया अध्ययन संस्थान के शोधकर्ताओं के साथ भी बातचीत की। यह बातचीत चीन, भारत, म्यांमार और बंगला देश के बीच क्षेत्रीय सहयोग से लेकर भारत-चीन के बीच सड़क जैसे विषयों पर हुई आपने कहा भारत और चीन के सदियों पुराने सम्बन्धों को अब प्रौद्योगिकी एवं आर्थिक पहलुओं को शामिल करने की जरूरत है। अब दोनों देश एक दूसरे को समझते हैं।

सात दिनों की यात्रा के पश्चात् दिनाक 4 जून, 2000 ई॰ को राष्ट्रपति भवन, नई दिल्ली आने पर राष्ट्रपति भवन की ओर से मालूम हुआ कि चीन सरकार अपने अधिकारियों को नियन्त्रण रेखा निर्धारित करने का काम तेज करने की हिदायत दे चुकी है। भारत ने भी संयुक्त कार्यदल से काम तेज करने का आग्रह किया और उसकी मदद कर रहे विशेषज्ञों के दल ने नक्शों का आदान-प्रदान भी कर लिया है। राष्ट्रपति डॉ॰ के॰ आर॰ नारायणन ने श्री च्यांग के साथ बातचीत करने में सुरक्षा परिषद् में भारत की स्थाई सदस्यता का मुद्दा उठाया था पर चीनी नेतृत्व ने इसके लिए भारत को समर्थन देने का वचन नहीं दिया। राष्ट्रपति डॉ॰ के॰ आर॰ नारायणन की राजकीय यात्रा का उद्देश्य ही द्विपक्षीय सम्बन्धों को विशेषतः आर्थिक एवं व्यापारिक सम्बन्धों को शीघ्र गति प्रदान करना था। दोनों पक्षों में विभिन्न स्तरों पर सम्पर्क स्थापित रख के किया जा सकता है। डॉ॰ के॰ आर॰ नारायणन जी ने स्वयं अपनी यात्रा को अत्यधिक सफल बताया।

## राष्ट्रपति द्वारा एक और महत्वपूर्ण कदम

भारत के राष्ट्रपति महामहिम डॉ॰ के॰ आर॰ नारायणन ने दिनांक 12, 13 जुलाई, 2000 ई॰ मंगल और बुद्धवार को राष्ट्रपति भवन, नई दिल्ली में भारत के राज्यों के राज्यपालों को एक सम्मेलन बुलाया। इस सम्मेलन में राष्ट्रपति जी ने एक महत्वपूर्ण कदम उठाते हुए अनुसूचित जातियों एवं जनजातियों के

कल्याण कार्यक्रमों के क्रियान्वयन में गम्भीर कमियों की शिकायतों पर विचार हेतु राज्यपालों की एक समिति गठित करने की घोषणा की। इस सम्मेलन में कुछ राज्यपालों ने इन कार्यक्रमों के क्रियान्वयन होने में गम्भीर खामियां तथा इस मद के लिए आवंटित राशि के समुचित प्रयोग न होने की शिकायत की, जिसके फलस्वरूप राष्ट्रपति ने इन सभी पहलुओं पर विचार करने के लिए इस समिति के गठन की अत्यन्त आवश्यकता मानकर गठन किया। समिति के स्वरूप की घोषणा बाद में करने की सूचना देते हुए राष्ट्रपति जी ने राज्यपालों को केन्द्र तथा राज्यों के बीच एक शक्तिशाली कड़ी बताते हुए कहा कि, "वे केवल संवैधानिक प्रमुख मात्र ही नहीं होते।" सम्मेलन में प्रधान मन्त्री अटल बिहारी वाजपेयी ने भी इस राज्यपालों के सम्मेलन के विषय में कहा कि, "सम्मेलन में राज्यपालों ने जो विचार व्यक्त किए वे केन्द्र तथा राज्यों के संबंधों को शक्तिशाली बनाने के साथ-साथ नीतियां बनाने में भी सहायक होंगे। राज्यपालों द्वारा निभाए जा रहे महत्वपूर्ण संवैधानिक दायित्वों में वे आम आदमी के कल्याण में महत्वपूर्ण भूमिका निभा सकते है।" इस सम्मेलन में पच्चीस राज्यों के राज्यपालों, तीन केन्द्र शासित प्रदेशों के उपराज्यपालों के साथ-साथ उपराष्ट्रपति, प्रधान मन्त्री, गृह मन्त्री, विदेश मन्त्री, रक्षा मन्त्री तथा वित्त मन्त्री आदि ने भी इस विषय में विभिन्न ज्वलंत समस्याओं पर अपने-अपने विचार प्रस्तुत किए।

## दूसरी सहस्त्राब्दि के प्रथम स्वतंत्रता दिवस की पूर्व संध्या पर राष्ट्रपति का राष्ट्र के नाम सन्देश

भारत के राष्ट्रपति महामहिम डॉ० के० आर० नारायणन जी ने इस सहस्त्राब्दि के पहले और भारत की स्वतंत्रता प्राप्ति के 53वे वर्ष के स्वतंत्रता दिवस की पूर्व संध्या पर दिनांक 14 अगस्त, सन् 2000 ई० को राष्ट्र के नाम अपने सन्देश में राजनेताओं और अपराधियों के मध्य बने गठबन्धन को तोड़ने के लिए समाज में एक व्यापक अभियान प्रारम्भ करने तथा महिलाओं को सुरक्षा प्रदान करने के लिए सरकार से नये कानून बनाने का आह्वान करते हुए कहा कि, "वस्तुतः समाज में अपराधियों, राजनेताओं और महत्वपूर्ण व्यक्तियों के बीच बने सम्बन्ध एक अपवित्र गठबन्धन का रूप ले चुके हैं। संचार माध्यमों द्वारा अपराधियों को महिमामण्डित किया जा रहा है और उन्हें समाज के नये नायको के रूप में प्रस्तुत किया जा रहा है। अब समय आ गया है कि सभ्य समाज और सरकार अपराधों

के विरोध में कार्रवाई करें। भारत में इसके विरोध में आवाज नहीं सुनाई पड़ रही है बल्कि इन चीजों को रोमांटिक रूप देने की प्रवृत्ति दिखाई देती है।''

राष्ट्र के नाम अपने सम्बोधन में राष्ट्रपति जी ने महिलाओं के विरोध में हो रहे चारों ओर अत्याचारों और अनाचारों के अतिरिक्त साक्षरता, सुरक्षा, आर्थिक स्थिति और पड़ोसी देशों के साथ अपने सम्बन्धों के विषय में विस्तार के साथ चर्चा करते हुए कहा कि, ''अनेक कमियों के रहते हुए भी हमने महत्वपूर्ण उपलब्धियां प्राप्त की है, लेकिन अब भी हम गरीबी, अज्ञानता, रोग और अन्धविश्वास के अभिशापों से ग्रस्त हैं। फिर भी भारत के पास हमेशा से एक विश्व दृष्टि रही है और गुट निरपेक्षता तथा शान्तिपूर्ण सहअस्तित्व की उसकी नीतियों ने दुनिया को शीतयुद्ध से मुक्ति दिलाने में ऐतिहासिक भूमिका निभाई है। हम सभी राष्ट्रों और खासकर अपने पड़ोसियों के साथ मैत्रीपूर्ण सम्बन्ध रखना चाहते हैं। हमें अपने देश की एकता और अखण्डता की रक्षा तथा अपने लोगों की सुरक्षा और समृद्धि के लिए भी तैयार रहना होगा। देश में महिलाओं के विरूद्ध अपराधों की संख्या में वृद्धि हो रही है, उनके लिए कोई स्थान सुरक्षित नहीं रह गया है, यहाँ तक कि उनके अपने घर भी नहीं हैं।'' महिलाओं के विरूद्ध हो रहे अत्याचारों का उदाहरण देते हुए राष्ट्रपति जी ने बतलाया कि, ''हाल ही में एक मामलें में एक पांच वर्षीय बालिका के अपहरण, बलात्कार और हत्या के आरोपी को सेशन जज ने यह कहकर बरी कर दिया कि अभियोजन पक्ष आरोपी के अपराध को सिद्ध करने में असफल रहा है। हमारो समाज में बलात्कार और अत्याचार के संबंध में पक्षपातपूर्ण रवैया अपनाया जाता है। ऐसी स्थिति में ऐसे कानून बनाने की जरूरत है, जो इस प्रकार के अपराधों को रोकने में कारगर सिद्ध हो। फिर भी आज हमारी उपलब्धियां कम नहीं हैं। आज हमारी गिनती बाहर प्रमुख औद्योगिक देशों में की जाती है और हमें दुनिया की तीव्रतम विकासशील अर्थव्यवस्था के रूप में माना जाता है।''

## आइसलैण्ड के राष्ट्रपति का राष्ट्रपति भवन में भव्य स्वागत

आइसलैण्ड के राष्ट्रपति ओनाफर रगनार ग्रिमसन एक सप्ताह की भारत यात्रा पर आए। सोमवार की सुबह राष्ट्रपति भवन में राष्ट्रपति डॉ॰ के॰ आर॰ नारायणन ने उनका पारम्परिक रूप में भव्य स्वागत किया। मेहमान राष्ट्रपति श्री ग्रिमसन के इस स्वागत के समारोह में प्रधान मन्त्री अटल बिहारी वाजपेयी घुटनो के आपरेशन के बाद आराम के कारण नहीं आ सके, इनके अतिरिक्त गृहमन्त्री लाल कृष्ण अडवाणी, विदेश मन्त्री जसवंत सिंह आदि उपस्थित हुए। श्री ग्रिमसन के

साथ उनके विदेश मन्त्री एस० ग्रिमसन आए थे। बाद में उपराष्ट्रपति कृष्णकान्त ने राष्ट्रपति ग्रिमसन से भेंट की, आपने भी ग्रिमसन के स्वागत में दिन का भोज दिया। शाम को आइसलैण्ड की फिल्म देखी और विपक्ष की नेता श्रीमती सोनिया गाँधी से भेंट की। आइसलैण्ड के राष्ट्रपति ग्रिमसन की यह पहली शिखर यात्रा रही। शाम को राष्ट्रपति डॉ० के० आर० नारायणन ने राष्ट्रपति ग्रिमसन के सम्मान में राजकीय भोज आयोजित किया।

## महामहिम राष्ट्रपति डॉ० के० आर० नारायणन जी की हत्या करने का जघन्य षड़यन्त्र

भारत के महामहिम राष्ट्रपति डॉ० के० आर० नारायणन अपनी योग्यता, कार्य कुशलता, अनुभव और स्पष्ट वाक पटुता के लिए विख्यात है। राष्ट्रपति पद की गरिमा और उसके उत्तरदायित्व को आप कुशलतापूर्वक निभा रहे हैं। भारतीय संविधान और उसके अनुसार चलने वाली भारतीय प्रजातांत्रिक शासन प्रणाली की सुरक्षा में राष्ट्रपति डॉ० के० आर० नारायणन ने अब तक अपनी अत्यन्त महत्वपूर्ण भूमिका निभाई है। आपने अनुसूचित जाति, जनजाति और अन्य पिछड़ा वर्ग के हितों की उपेक्षा और भारत को हिन्दू राष्ट्र की संज्ञा प्रदान करने के लिए भारतीय संविधान समीक्षा के लिए आयोग गठित करने के भारतीय जनता पार्टी सरकार की योजना का राष्ट्रपति डॉ० के० आर० नारायणन ने स्पष्ट शब्दो में दृढ़ता से विरोध किया था। आपने बाबा साहेब डॉ० भीमराव अम्बेडकर जी के वाक्यों का उल्लेख करते हुए कहा, "संविधान विफल नहीं हुआ बल्कि संविधान का पालन करने में हम लोग विफल हुए हैं।" राष्ट्रपति जी की इस विचारधारा से असन्तुष्ट और अप्रसन्न रहने वालों ने राष्ट्रपति के विरूद्ध सम्पूर्ण देश में एक अभियान चला दिया। भारतीय उच्चतम न्यायालय के न्यायाधीशों की नियुक्ति में दलित न्यायाधीशों की नियुक्ति के प्रश्न पर महामहिम राष्ट्रपति जी की टिप्पणी पर उच्चतम न्यायालय के मुख्य न्यायाधीश चीफ जस्टिस आनन्द सेन और प्रधान मन्त्री श्री अटल बिहारी वाजपेयी की असन्तुष्टों की सीमा नहीं रही। मुख्य न्यायाधीश श्री आनन्द सेन ने तो राष्ट्रपति जी की उपस्थिति में ही उच्च न्यायालयों और उच्चतम न्यायालय में दलित जातियों के न्यायाधीशों की नियुक्ति करना अस्वीकार कर दिया था। रूढ़ीवादी समाचार पत्रों ने भी महामहिम राष्ट्रपति डॉ० के० आर० नारायणन की राय का समर्थन नहीं किया।

राष्ट्रपति जी ने स्वतंत्रता दिवस के अपने राष्ट्रीय प्रसारण में हिंसा की राजनीति और राजनीतिज्ञों तथा अपराधियों के बीच जघन्य सम्बन्धों पर चिन्ता

व्यक्त करते हुए जनता को इसके विरूद्ध आन्दोलन करने की प्रार्थना, ईसाइयों की हिंसा, पिछड़ी जातियों की हत्याएं और महिलों के साथ बलात्कार की घटनाओं पर चिन्ता व्यक्त करने को वर्तमान सरकार और रूढ़िवादियों ने राष्ट्रपति की इस अभिव्यक्ति को सरकार की कार्य शैली में हस्तक्षेप माना।

राष्ट्रपति जी ने विश्वविद्यालयों में अनुसूचित जाति, जनजाति और पिछड़ी जातियों के योग्य शिक्षकों की नियुक्ति के विषय में एक जांच आयोग की स्थापना कर इस विषय में जांच करने के आदेश दे दिए थे। उपरोक्त बातों को ध्यान से परखने पर वर्तमान केन्द्रीय सरकार और रूढ़िवादियों ने राष्ट्रपति डॉ॰ के॰ आर॰ नारायणन को सदा के लिए शान्त करने का षड़यन्त्र आगरा के जे॰पी॰ पैलेस होटल में रचा था शरद ऋतु की शरद पूर्णिमा सितम्बर, 2000 ई॰ को महामहिम राष्ट्रपति डॉ॰ के॰ आर॰ नारायणन जी अपने परिवार के साथ पूर्णमासी के चन्द्रमा की चाँदनी में ताजमहल की अद्वितीय आभा को देखने आगरा गये थे, जहाँ पर आपके ठहरने की व्यवस्था जे॰पी॰ पैलेस होटल में की गई थी। राष्ट्रपति डॉ॰ के॰ आर॰ नारायणन अपने परिवार के साथ ताजमहल देखकर जब होटल लौटे तो आपके कमरे में उस समय अनिल शर्मा और सतीश शर्मा नामक दो गुण्डों ने राष्ट्रपति जी पर हमला कर दिया। हालांकि सुरक्षाकर्मियों ने इन शर्मा हत्यारों को पकड़ लिया था। इस आक्रमण से राष्ट्रपति जी को अपार आघात लगा। ये दोनों गुण्डे राष्ट्रपति जी की हत्या करके उनकी आवाज को सदा के लिए बन्द कर दलितों के विकास को रोकना था। इस घटना के विषय में अनेक प्रश्न उठे फिर भी जानबूझकर सुरक्षा व्यवस्था में ढील बताकर। प्रशासन द्वारा इस प्रकरण को पूरी तरह दबा दिया गया। समाचार पत्रों ने इस घटनो को महत्व नहीं दिया। विधान सभाओं और संसद में भी इस विषय पर कोई चर्चा नहीं हुई। दलित संगठन और संस्थाओं ने भी इस विषय में कोई आन्दोलन नहीं छेड़ा। आज की रूढ़ीवादी वर्ण व्यवस्था की यह असहनीय नीति दलितों के साथ घोर अन्याय है क्योंकि भारत के सर्वोच्च्व पद पर आसीन भारत के प्रथम नागरिक पर हमला हो और मीडिया शान्त रहे। यह एक जघन्य षड़यन्त्र नहीं तो क्या है?

विश्व के विशाल गणतन्त्र भारत के राष्ट्रपति महामहिम डा० के० आर० नारायणन के 80वें जन्मदिवस दिनांक 27 अक्टूबर, 2000 पर दीर्घायु की शुभकामना के रूप में यह कविता सादा आपको समर्पित

मंगलमय हो आपको, अस्सी वां यह साल।
दीर्घायु हो, आपकी युग-युग रहे मिसाल।।
मान-प्रतिष्ठा, गौरव के तुम सच्चे प्रतीक, नारायणन जी तुम सच्चे प्रतीक।
स्वागत करते आज आपका महामानव जी, होकर हम निर्भय-निर्भीक।।

कर्मवीर के कदम चूमती सदा सफलता।
बिना कर्म के भाग्य, कभी नहीं है फलता।।
करके कर्म आपने खींची, पाषाण शिला पर चिरस्थाई लीक।
मान-प्रतिष्ठा, गौरव के तुम सच्चे प्रतीक, नारायणन जी तुम सच्चे प्रतीक।।

जन सेवा के भाव उर में, असीम भरे हैं।
आप कसौटी पर उतरे सम्पूर्ण खरे हैं।।
सांच को आंच नहीं है जग में, यह कर दिखलाया आपने ठीक।
मान-प्रतिष्ठा, गौरव के तुम सच्चे प्रतीक, नारायणन जी तुम सच्चे प्रतीक।।

मधुभाषा, व्यवहार कुशलता आभूषण हैं।
साहस, संकल्प, शौर्य, सफलता आकर्षण हैं।।
रहता है स्वाभिमानी आपसी, जीवन में सदैव अटल अभीक।
मान-प्रतिष्ठा, गौरव के तुम सच्चे प्रतीक, नारायणन जी तुम सच्चे प्रतीक।।

आज आपके जन्म दिवस पर, हमको खुशी अपार।
अभिनन्द सम्मान आपका, यह कविता ही उपहार।।
जन जीवन की जिसको चिन्ता, होता सदैव वही व्यक्ति सटीक।
मान-प्रतिष्ठा, गौरव के तुम सच्चे प्रतीक, नारायणन जी तुम सच्चे प्रतीक।।

लेखक एवं भेंटकर्ता
**डा० राजपाल सिंह 'राज'**
ए-17/18, भगवत गली नं० 1,
ब्रहमपुरी, दिल्ली-110053

फोन नं० 2260942
2173505

## कड़कड़डूमा में आयुर्वेदिक अस्पताल एवं अनुसंधान केन्द्र का राष्ट्रपति द्वारा उद्घाटन

पूर्वी दक्षिणी दिल्ली कड़कड़डूमा क्षेत्र में आयुर्वेदिक अस्पताल एवं अनुसंधान केन्द्र का उद्धाटन राष्ट्रपति डॉ॰ के॰ आर॰ नारायणन के कर कमलों द्वारा दिनांक 29 अक्टूबर, 2000 ई॰ को अपराह्न 12 बजे मावलंकर ऑडिटोरियम में हुआ। शताब्दियों से पुरातन आयुर्वेदिक चिकित्सा प्रणाली को भारत में व्यापक करने के उद्देश्य से यह अस्पताल 2.33 एकड़ भूमि में फैले स्थान पर 68 बिस्तर वाला है। समस्त आधुनिक उपकरणों तथा परम्परागत चिकित्सा सुविधाओं से सुसज्जित है। पंच कर्म उपचार, केरल का विख्यात विशिष्ट उपचार तथा शास्त्रीय आयुर्वेदिक प्रतिपादनों सहित, समस्त पारम्परिक उपचार इस चिकित्सालय में उपलब्ध हैं। यह अस्पताल कड़कड़डूमा इन्स्टिट्यूशनल एरिया, विकास मार्ग, लक्ष्मी नगर, दिल्ली-110092, दूरभाष: 2160160, 2165615 और 2142103 फैक्स 2160160 पर और ई-76 साउथ एक्सटेन्सन, भाग-1 नई दिल्ली-110049 दूरभाष 4621790, 4628006 पर सम्पर्क स्थापित किया जा सकता है।

## पण्डित जवाहर लाल नेहरू की 110वीं जयन्ती 14 नवम्बर, 2000 ई॰ पर श्रद्धांजलि

महामहिम राष्ट्रपति डॉ॰ के॰ आर॰ नारायणन ने पण्डित नेहरू पर लिखी अपनी पुस्तक 'नेहरू एवं उनका दृष्टिकोण' में उनको भविष्य दृष्टा बताया। प्रधान मन्त्री और आधुनिक भारत के निर्माता पण्डित जवाहर लाल नेहरू का लोगों से मिलना उनकी विशेषता भी थी और कमजोरी भी। राष्ट्रपति जी ने अपनी पुस्तक में स्पष्ट उल्लेख किया है कि, "हालांकि ऐसा करते समय वे प्रधान मन्त्री का बहुमूल्य समय जाया करते थे, पर इससे यह पता भी चलता था कि देश की आम जनता क्या सोचती है, देश में जो कुछ भी हो रहा है उसके बारे में लोगों की क्या राय हैं?"

राष्ट्रपति डॉ॰ के॰ आर॰ नारायणन ने अपनी सरकारी सेवा के समय जब वे विदेश मंत्रालय में उपसचिव पद पर कार्य कर रहे थे और बाद में जब वह भारतीय राजदूत के रूप में बर्मा की राजधानी रंगून में सरकारी सेवा कर रहे थे उस समय पण्डित नेहरू का सान्निध्य एवं जो सहयोग राष्ट्रपति डॉ॰ के॰ आर॰ नारायणन को प्राप्त हुआ उसके विषय में राष्ट्रपति ने लिखा है "पण्डित नेहरू जी का लोगों से मिलना और उनसे बातचीत करने की उनकी इच्छा

से पता चलता है कि वे मानवीय मूल्यों को कितना महत्व देते थे जो एक राजनेता के लिए अत्यन्त आवश्यक है।'' राष्ट्रपति जी ने अपनी पुस्तक में बताया कि ''पण्डित नेहरू जी के विषय में आम धारणा यह थी उनकी प्रशंसा कर उन्हें खुश किया जा सकता था। परन्तु यह सच नहीं है। वे गहराई में जाकर सोचते थे और चीजों पर गहन मंत्रणा के पश्चात् ही कोई निष्कर्ष निकालते थे ।'' विदेश नीति के विषय में पण्डित नेहरू के विचारों के विषय में राष्ट्रपति जी ने लिखा हॅं कि ''वह व्यापक अन्तरराष्ट्रीयवाद के पक्षधर है। वे उन अग्रणी राजनेताओं में से थे जिन्होंने विकास के लिए विज्ञान और प्रौद्योगिकी के क्षेत्र में अन्तरराष्ट्रीय सहयोग को आवश्यक माना और उसके अनुरूप कदम उठाने पर बल दिया।''

राष्ट्रपति डॉ० के० आर० नारायणन जी ने पण्डित नेहरू जी के विषय में आगे कहा है कि ''पण्डित नेहरू एक इतिहासकार, समाज सुधारक और उनको भारत के वैज्ञानिक एवं प्रौद्योगिक भविष्य का द्रष्टा बताया है।'' नेहरू ही की सोच थी जिसके फलस्वरूप आज विश्व में औद्योगिक उत्पादन की दृष्टि से बारहवां स्थान है।'' वैज्ञानियों एवं तकनीकविदों के मामले में भारत तीसरे स्थान पर आ सकता है। पण्डित नेहरू की इस दिशा में सोच का ही परिणाम है कि आज देश में विज्ञान एवं तकनीकी संस्थाओं का एक लम्बा चेन स्थापित हो पाया है।''

## नौ सेना दिवस 4 दिसम्बर, 2000 सोमवार के शुभावसर पर

नौ सेना प्रमुख एडमिरल सुशील कुमार के निवास नई दिल्ली पर आयोजित स्वागत समारोह में सशस्त्र सेनाओं के सर्वोच्च कमाण्डर राष्ट्रपति डॉ० के० आर० नारायणन, उपराष्ट्रपति कृष्णकान्त, प्रधान मन्त्री अटल बिहारी वाजपेयी, रक्षा मन्त्री जार्ज फर्नांडीस, गृहमन्त्री लालकृष्ण आडवाणी और सेना के वरिष्ठ अधिकारियों के अतिरिक्त अनेक मन्त्री, सांसद, थल सेनाध्यक्ष एवं पद्नाभम, वायु सेनाध्यक्ष ए०वाई० टिपनीस व विदेशी राजनयिक और अन्य गणमान्य व्यक्ति उपस्थित थे।

नौ सेना दिवस के अवसर पर महामहिम राष्ट्रपति डॉ० के० आर० नारायणन, नौ सेनाध्यक्ष एडमिरल सुशील कुमार के निवास स्थान नेवी हाऊस गए और एडमिरल सुशील कुमार को इस अवसर पर बधाई दी। राष्ट्रपति ने इस अवसर पर नौसेना की गतिविधियों पर दुर्लभ चित्रों से सुसज्जित नौ सेना अधिकारी वाइस एडमिरल राजा मेनन की पुस्तक का भी विमोचन किया।

## विश्व विख्यात भौतिक विज्ञानी स्टीफन हाकिंग की राष्ट्रपति डॉ॰ के॰ आर॰ नारायणन से भेंट

"लीविंग आईस्टीन" नाम से परिचित विश्व विख्यात भौतिक विज्ञानी स्टीफन हाकिंग अपनी भारत यात्रा के समय अपनी पत्नी श्रीमती एलेन के साथ नई दिल्ली राष्ट्रपति भवन में दिनांक 15 जनवरी, 2001 को भारत के राष्ट्रपति महामहिम डा॰ के॰ आर॰ नारायणन से भेंट करने आए। विज्ञान को सामाजिक विकास के लिए उपयोगी बनाने के महत्वपूर्ण विषय के वार्तालाप में इतने निमग्न हो गए कि दोनों की भेंट का निर्धारित समय 30 मिनट की अवधि कब समाप्त हो गई पता ही नहीं चला। दोनों महापुरूष लगभग 45 मिनट तक इस रोचक वार्तालाप में लगे रहे। लकवा से पीड़ित श्री स्टीफन हाकिंग ने बोलने के लिए स्पीच सिंथेसाइजर का प्रयोग करते हुए बड़े मित्रतापूर्ण वातावरण में कहा कि, "भारत के लोग गणित व भौतिकी विज्ञान के अच्छे ज्ञाता हैं ऐसा लगता है कि यह आगे चलकर यहाँ की राष्ट्रीय विशेषता बन जाएगी।" इससे पहले वर्ष 1959 में आप भारत आये थे, उस समय से अब तक के परिवर्तन के विषय में श्री स्टीफन हाकिंग ने पुनः कहा, "तब से लेकर अब तक यहाँ बहुत कुछ बदल गया है लेकिन लोगों की भावनाएं पहले जैसी ही हैं। हम दोनों (वह और उनकी पत्नी) को यहाँ आकर बहुत अच्छा लग रहा है।" उपरोक्त भावनाओं के साथ प्रो॰ स्टीफन हाकिंग ने कहा, "हम लोग भारत आकर बेहद खुश हैं और राष्ट्रपति डॉ॰ के॰ आर॰ नारायणन से मिलकर वह स्वयं सम्मानित महसूस कर रहे हैं।" राष्ट्रपति डॉ॰ के॰ आर॰ नारायणन ने प्रो॰ स्टीफन हाकिंग का स्वागत बड़ी गर्मजोशी के साथ राष्ट्रपति भवन के दक्षिणी अहाते में किया जो आमतौर पर राष्ट्राध्यक्षों के लिए आरक्षित रहता है। राष्ट्रपति डॉ॰ नारायणन के अध्ययन कक्ष में अत्यन्त अनौपचारिक वातावरण में हुई बातचीत के मध्य राष्ट्रपति जी ने, दुनिया भर में लोकप्रिय पुस्तक 'द ब्रीफ हिस्ट्री ऑफ आइम' के लेखक प्रो॰ स्टीफन हाकिंग से कहा, "आप पदार्थ पर आत्मा की विजय के प्रतीक हैं। आप जनता का जीवन स्तर सुधारने के लिए भारत के प्रयासों में एक सतत प्रेरणा स्त्रोत रहे हैं।" प्रो॰ हाकिग ने राष्ट्रपति डॉ॰ नारायणन से पूछा, "भारत के भविष्य को लेकर आपका स्वप्न क्या है?" डॉ॰ नारायणन ने कहा, "वह एक विकसित भारत देखना चाहते हैं, जो अपने लोगों की दशा सुधारने के लिए विज्ञान और प्रौद्योगिकी का सूझबूझ से प्रयोग करेगा।" प्रो॰ हार्किग ने पुनः कहा कि, "वह भारत आकर बहुत खुश हैं और राष्ट्रपति जी से मिलकर स्वयं को सम्मानित महसूस कर रहे हैं।" डॉ॰ नारायणन ने महान् वैज्ञानिक प्रो॰ हार्किग से कहा, "उनके (राष्ट्रपति जी

के) लिए भी प्रो॰ हाकिंग से मिलना एक अविस्मरणीय अनुभव है।' दिनांक 17 जनवरी, 2001 के व्याख्यान में राष्ट्रपति डॉ॰ नारायणन ने एक आम श्रोता के रूप में भाग लिया प्रो॰ हाकिंग ने 17 जनवरी को सीरी फोर्ट सभागार में "अलबर्ट आइन्सटीन व्याख्यान 2001 पर अपना व्याख्यान दिया।

## चुनाव आयोग के स्वर्ण जयन्ती समारोह में राष्ट्रपति जी का सन्देश

दिनांक 17 जनवरी, 2001 को नई दिल्ली में निर्वाचन आयोग के स्वर्ण जयन्ती समारोह को सम्बोधित करते हुए राष्ट्रपति डॉ॰ के॰ आर॰ नारायणन ने कहा कि "आपराधिक पृष्ठभूमि और माफिया से सम्बन्ध रखने वाले लोगों को चुनाव प्रक्रिया से बाहर रखने के लिए कानून बनाया जाना चाहिए। गलत साधनों का प्रयोग, शुरू से ही देश के नीति निर्माताओं की प्रमुख चिन्ता रही है। राजनीतिक दल चाहे तो चुनावों में गलत छवि के लोगों को टिकट ने देकर इस तरह के लोगों के निर्वाचित होने की गति को काफी हद तक कम कर सकते हैं। भारत के चुनावों में गलत संसाधनों के उपयोग का चलन सन् 1920 से ही सामने आने लगा था। गाँधी जी ने इसलिए चुनाव में गलत संसाधनों के उपयोग पर चिन्ता प्रकट की थी और कहा था कि "जब तक सार्वजनिक जीवन स्वच्छ नहीं होता तब तक स्वराज पाने का सपना साकार नहीं हो सकता।"

इस समारोह में प्रधान मन्त्री श्री अटल बिहारी वाजपेयी, कांग्रेस अध्यक्ष सोनिया गाँधी, लोकसभा अध्यक्ष जी॰एम॰सी॰ बालयोगी, पूर्व प्रधान मन्त्री पी॰वी॰ नरसिंहराव, इन्द्रकुमार गुजराल, पूर्व चुनाव आयुक्त जी॰वी॰जी॰ कृष्णमूर्ति, कांगेसी नेता डॉ॰ मनमोहन सिंह, राष्ट्रवादी कांग्रेस के नेता शरद पवार, भाजपा अध्यक्ष बंगारू लक्ष्मण और अधिकांश मुख्यमन्त्री विभिन्न रानीतिक दलों के प्रतिनिधि उपस्थित थे। बड़ी संख्या में सांसद, कानूनविद और अधिकारी शामिल थे।

## पर्यटन एवं संस्कृति विभाग के लोकनृत्य समारोह का उद्घाटन

पर्यटन एवं संस्कृति मन्त्रालय, भारत सरकार के संस्कृति विभाग द्वारा गणतन्त्र दिवस लोकनृत्य समारोह के आयोजन का उद्घाटन भारत के माननीय महामहिम राष्ट्रपति डॉ॰ के॰ आर॰ नारायणन ने दिनांक 24 जनवरी, 2001 को प्रात: 11 बजे तालकटोरा इंडोर स्टेडियम में एक विशाल जन समुदाय, विभिन्न प्रदेशों से आए हुए कलाकारों और माननीय श्री अनंतकुमार, केन्द्रीय मन्त्री पर्यटन एवं संस्कृति मन्त्रालय के समक्ष किया। राष्ट्रपति जी ने सबका स्वागत करते हुए कहा कि "लोकनृत्य हमारे मनोरंजन का साधन मात्र ही नहीं है वरन् भारतीय गणतंत्र की

संस्कृति और कलाओं को जीवित रखने का एक अद्वितीय उपाय है। हमारे राष्ट्र की प्रगति के साथ-साथ इन विभिन्न प्रकार की कलाओं की उन्नति और विकास होना भी आवश्यक है। इन कलाकारों ने अपनी रंग-बिरंगी वेश-भूषाओं में अपने-अपने प्रदेशों के लोक नृत्यों का प्रदर्शन कर सबका मन मोह लिया है।'' उपस्थित दर्शकों ने करतल ध्वनि से इन कलाकारों का स्वागत किया।

## भारतीय गणतन्त्र की 51वीं वर्षगांठ की पूर्व संध्या पर राष्ट्र के नाम राष्ट्रपति का सन्देश

महामहिम राष्ट्रपति डॉ॰ के॰ आर॰ नारायणन ने भारतीय गणतन्त्र दिवस की 51वीं वर्षगांठ की पूर्व संध्या 25 जनवरी, 2001 को राष्ट्र के नाम अपने सन्देश में अप्रत्यक्ष चुनाव प्रणाली लागू किये जाने सम्बन्धी सुझाव का शक्तिशाली ढंग से विरोध करते हुए कहा कि ''हमारे संविधान निर्माताओं ने प्रत्येक वयस्क नागरिक को मताधिकार प्रदान कर साहसिक और क्रान्तिकारी कार्य किया था। उन्होंने बुद्धिमता और दूरदर्शिता दिखाते हुए राजनीतिक प्रणाली में स्थिरता और एकरूपता को आवश्यकता से अधिक महत्व नहीं दिया। डॉ॰ अम्बेडकर जी ने स्पष्ट किया था कि वह स्थिरता की तुलना में उत्तरदायित्व को अधिक महत्व देते हैं। इसलिए जानबूझकर 1937 के भारत शासन अधिनियम में निहित सीमित मताधिकार और अप्रत्यक्ष चुनावो की प्रणाली को अस्वीकार कर दिया। इसी का परिणाम है कि समस्त मतभेदों और विधिताओं के होते हुए भी हममें सर्वसम्मति की भावना बनी हुई है।''

राष्ट्रपति जी के ये विचार इसलिए महत्वपूर्ण हैं क्योंकि संविधान समीक्षा आयोग ने जिला परिषद् से लेकर संसद तक अप्रत्यक्ष चुनाव कराने के गाँधी जी के उदाहरण का जिक्र करते हुए इस मुद्दे पर सार्वजनिक बहस छेड़ी है और सत्तारूढ़ राष्ट्रीय जनतान्त्रिक गठबन्धन भी लोकसभा तथा विधान सभाओं की अवधि पांच साल सुनिश्चित करने का पक्षधर है। राष्ट्रपति डॉ॰ के॰ आर॰ नारायणन ने कहा आज जब हम अप्रत्यक्ष चुनाव प्रणाली के समर्थन में उठती आवाजों को सुन रहे हैं, तब यह जरूरी हो गया है कि हम पीछे मुड़कर भारत में आम लोगो के संविधान में विश्वास की बात पर विचार करें। पाकिस्तान में भी मार्शल अयूब खान ने अप्रत्यक्ष चुनाव प्रणाली लागू करके एक प्रयोग किया था और उसे बुनियादी लोकतन्त्र या निर्देशित लोकतन्त्र का नाम दिया था। आज यदि हम राष्ट्रपिता महात्मा गाँधी के नाम के साथ अयूब खान की राजनीति की छाया मात्र भी जोड़ने का प्रयास करेंगे तो यह इतिहास की एक विडम्बना होगी। प्रधान मन्त्री अटल बिहारी वाजपेयी द्वारा कश्मीर

घोषित एक तरफा युद्धविराम के इस साहसिक और कल्पनाशील कदम के विषय में आशा की जाती है कि सीमा के उस पार भारत के इस कदम का सकारात्मक उत्तर आएगा और अंततः भारत को आतंकवाद के अभिशाप से मुक्ति मिल जाएगी। इस घोषणा ने कश्मीर के उन लोगों के मन में खुशी जगाई है, जो आतंकवादियों की हिंसा का शिकार हो रहे हैं। महिलाओं को विधान मण्डलों और संसद में आरक्षण दिये जाने से, उनको राजनीति में लाने से वह स्वच्छ और शुद्ध छवि बनेगी। विभिन्न क्षेत्रों में हुए विकास का कार्य सराहनीय है फिर भी पर्यावरणीय गिरावट, निरक्षरता और गरीबी मिटाने के कार्यों को पूरा करना है। हमारी पूर्ववर्ती नीतियों और उनके परिणामों के फलस्वरूप अर्थव्यवस्था में उदारीकरण और भूमण्डलीयकरण सम्भव हुआ है निजी निवेश के लिए पूर्व शर्तों के निर्धारण से बचने की आवश्यकता है अतः निजी निवेश द्वारा विकास की गति को सुनिश्चित किया जाना चाहिए। विश्व की तीव्रतम गति से विकास कर रही अर्थ व्यवस्थाओं में शामिल करने के लिए अच्छे प्रयास किये है। देश में हरित क्रान्ति और भूमण्डलीयकरण की प्रक्रिया से सामाजिक और आर्थिक क्षेत्रों में उल्लेखनीय प्रगति की है। हम अपनी स्वतंत्रता के साथ कोई समझौता किये बिना भूमण्डलीयकरण की प्रक्रिया के साथ चल रहे है। सूचना प्रौद्योगिकी और जेंब प्रौद्योगिकी के क्षेत्र में हम विश्व के महत्वपूर्ण राष्ट्र के रूप में उभरे हैं।''

राष्ट्रपति डॉ० के० आर० नारायणन ने गणतन्त्र दिवस की पूर्व संध्या 25 जनवरी, 2001 को अपने मधुर स्वर से पिछले पचास वर्ष से अधिक समय लोगों का मन मोहने वाली कोकिलकंठी लता मंगेशकर और शहनाई के जादूगर उस्ताद बिस्मिला खां को आज देश के सर्वोच्च नागरिक अलंकरण 'भारत रत्न' से सम्मानित करने के साथ-साथ विभिन्न क्षेत्रों में अपनी अद्वितीय भूमिका निभाने वाले एक सौ नौ अन्य विभूतियों को पद्म अलंकरणों से विभूषित करने की घोषणा की गई।

## राष्ट्रपति जी का संविधान की रक्षा हेतु अपने दायित्वों को सक्रियता से पालन करना

राष्ट्रपति डॉ० के० आर० नारायणन जी इस विषय में प्रशंसा के पात्र हैं कि वे अपनी बात निर्भीकता से कहने का एक भी अवसर कभी नहीं चूकते हैं। राष्ट्रपति और प्रधान मन्त्री के मध्य असहमति का सिलसिला भारत के प्रथम राष्ट्रपति डॉ० राजेन्द्र प्रसाद और प्रथम प्रधान मन्त्री पण्डित जवाहर लाल नेहरू के समय से ही प्रारम्भ हो गया था। ऐसा इसलिए हुआ कि तत्कालीन नेता अपने विचारों को छिपाते

नहीं थे, बल्कि उन्हें व्यक्त करना अपने प्रति और अपने देश के प्रति कर्त्तव्य मानते थे। अतः राष्ट्रपति डॉ॰ राजेन्द्र प्रसाद की असहमतियों को कभी इस दृष्टि से नहीं देखा गया कि वे पण्डित जवाहर लाल नेहरू को नीचा दिखाना चाहते थे। बीच में यह विशुद्ध परम्परा शिथिल हो गई और कई ऐसे राष्ट्रपति हुए जो सरकार से इसलिए अप्रसन्न रहे कि सरकार उन्हें राष्ट्रपति के रूप में पुनः अवसर नहीं देना चाहती थी। एक राष्ट्रपति ने तो ऐसा वातावरण बना दिया था कि सरकार को किसी भी क्षण बर्खास्त किया जा सकता था। राष्ट्रपति डॉ॰ के॰ आर॰ नारायणन ने भी भारतीय जनता को और भारतीय सत्तारूढ़ नेताओं को एक बार फिर याद दिलाया है कि कोई उनसे यह आशा न करे कि किसी विषय पर उनकी अन्तरात्मा कचोटेगी, तब वे भी चुप रहेंगे। लोकतन्त्र के प्रहरी को स्वयं भी लोकतन्त्र का रचनात्मक प्रयोग करना आना चाहिए।

इस बार गणतन्त्र दिवस की पूर्व संध्या पर राष्ट्रपति डॉ॰ के॰ आर॰ नारायणन ने देश के नाम अपने सन्देश में जो प्रमुख विषय उठाए। उनसे कोई असहमत दिखलाई नहीं देता था। मात्र भाजपा को थोड़ी-बहुत अड़चन को छोड़कर और किसी को कोई बाधा नहीं थी। राष्ट्रपति भाजपा विरोधी नहीं हैं। जैसे कि मुलायम सिंह यादव और ज्योति बसु हैं। राष्ट्रपति जी को जो भी आपत्तियां हैं, वे सैद्धान्तिक हैं और लोकतन्त्र के हित में स्पष्ट दिखाई देती है। यदि किसी विषय में राष्ट्रपति का अपना मत इतना महत्वपूर्ण है, जिसके लिए वह देश के साथ उसकी साझेदारी करना चाहते हैं तो भाजपा सरकार को परेशान न होकर उस विषय पर तटस्थता के साथ विचार करना चाहिए और इस तथ्य को भुलाना नहीं चाहिए कि कोई भी केन्द्रीय सरकार केवल लोकसभा में बहुमत के बल पर बनती है, जबकि राष्ट्रपति के निर्वाचन में संसद के दोनों सदन और सभी राज्यों की विधान सभाएं भी भाग लेती हैं। इस प्रकार राष्ट्रपति एक बड़े विचार क्षेत्र का प्रतिनिधित्व करते हैं। इसके साथ संविधान की रक्षा का दायित्व उन्हीं का संवैधानिक उत्तरदायित्व भी है और लोकतान्त्रिक उत्तरदायित्व भी है कि अगर उनको ऐसा अहसास होता है कि कोइ सरकार संविधान के प्रतिकूल कुछ करने जा रही है तो वह सरकार ही नहीं अपितु सम्पूर्ण देश को चेतावनी देने में सामर्थ्यवान हैं।

संविधान समीक्षा आयोग का यह प्रस्ताव कि देश में अप्रत्यक्ष चुनाव द्वारा लोकसभा और राज्य सभा के सदस्यों का चुनाव होना चाहिए। राष्ट्रपति जी ने इस प्रस्ताव पर अपना विरोध प्रकट कर उचित ही किया है। अप्रत्यक्ष चुनाव प्रणाली का परिणाम पाकिस्तान के फौजी शासक अयूब खान का सन्दर्भ इस

विषय की असफलता के लिए पर्याप्त है। अप्रत्यक्ष चुनाव प्रणाली के विषय में गाँधी जी का भी हवाला दिया गया है। कांग्रेस ने भी गाँधी जी के नाम का प्रयोग अपने झण्डे के एक टुकड़े के रूप में किया, बाद में गाँधी जी की प्रत्येक बात की अनसुनी कर दी। भाजपा और गाँधी जी के वास्तविक सम्बन्धों की स्थिति छत्तीस का आंकड़ा जैसी है। विचारकों की धारणा यहाँ तक है कि भाजपा गाँधी जी को राष्ट्रपिता कहने का पहले विरोध करती थी। लेकिन अब अवसर का उपयोग कर, लाभ उठाने के लिए गाँधी जी में विशेषता दिखाई दी और गाँधी जी के मत का उल्लेख कर लोकतन्त्र के ढ़ांचे को बदलने का प्रयास कर अप्रत्यक्ष प्रणाली की वकालत की गई है। गाँव को लोकतन्त्र की इकाई पूरी तरह से स्वीकार की जाये और संसद के पास कम से कम अधिकार हों। इस प्रकार की शासन प्रणाली में संसद आज के समान नहीं रहेगी अपितु नाममात्र की संसद रह जाएगीं। यही बात लोकसभा के पांच वर्ष के समय को पूर्ण रूप से निश्चित करने के विषय में हुई। देश में राजनीतिक स्थिरता लाने के लिए प्रस्ताव की पेशकश अटल बिहारी वाजपेयी द्वारा की गई थी। इस प्रस्ताव पर उचित रूप से राष्ट्रीय बहस हो चुकी है किन्तु किसी भी राष्ट्रीय स्तर के महत्वपूर्ण विचारक या बुद्धिजीवी ने इस प्रस्ताव का समर्थन नहीं किया है। इस विचारधारा को समस्त देश ने पूरी तरह से निरस्त कर दिया है। इस विषय में महामहिम राष्ट्रपति डॉ॰ के॰ आर॰ नारायणन ने अपने विचारों को निर्णायक रीति से व्यक्त करना उचित समझा। राजनीतिक स्थिरता और जिम्मेदारी के युगल संघर्ष में जिम्मेदारी का ही चयन किया जाना उचित होगां यदि इस प्रकार राष्ट्रपति की सक्रियता बढ़ती गई तो एक दिन ऐसा आयेगा जब राष्ट्रपति शासन प्रणाली हावी होने का भय बढ़ जाएगा। इस प्रकार लोकतन्त्र का हमारा प्रयोग विफल होता चला गया तो राष्ट्रपति शासन प्रणाली के रूप में तानाशाही का प्रभाव बढ़ जाएगा। किन्तु राष्ट्रपति डॉ॰ के॰ आर॰ नारायणन के स्वभाव और कार्यों से ऐसा आभास नहीं होता है। आप तो पूर्णरूप से संसदीय गणतन्त्र की मर्यादाओ को नियमित रूप से चलाने में ही कार्य कर रहे हैं। इसीलिए राष्ट्रपति जी ने कारगिल संघर्ष के समय वाजपेयी सरकार को राज्यसभा की बैठक बुलाने की सलाह दी थी। जिसे तानाशाही पसन्द है, वह संसद की बैठक बुलाने पर जोर नहीं देगा। इसी प्रकार बिहार में राष्ट्रपति शासन लागू करने के केन्द्रीय मन्त्रिमण्डल के प्रस्ताव से असहमत होने के कारण इस प्रस्ताव को अस्वीकार कर राष्ट्रपति जी ने यह प्रमाणित कर दिया कि संविधान के प्रावधानों के विरूद्ध जाने की राष्ट्रपति की कोई इच्छा नहीं है। उचित तो दोनों के साथ मधुर सम्बन्ध होना राष्ट्रहित में हैं।

## बजट सत्र के लिए राष्ट्रपति के अभिभाषण को कैबिनेट की स्वीकृति

बजट सत्र के प्रारम्भ में दिनांक 19 फरवरी, 2001 को संसद के दोनों सदनों की संयुक्त बैठक के समक्ष राष्ट्रपति डॉ॰ के॰ आर॰ नारायणन द्वारा दिये जाने वाले अभिभाषण को दिनांक 13 फरवरी 2001 को कैबिनेट की स्वीकृति प्राप्त हुई थी। अभिभाषण के प्रस्तावित मसौदे में कश्मीर मसले को लेकर नरम मुलायम शब्दों के प्रयोग को निरस्त करके सख्त लहजे वाले शब्द अभिभाषण में प्रयोग करते हुए कैबिनेट ने पौने चार घण्टे से अधिक चली बैठक के बाद अपनी स्वीकृति की मोहर लगा दी। लगभग साठ पैराग्राफ वाले राष्ट्रपति के प्रस्तावित अभिभाषण में बाबा साहेब डॉ॰ भीमराव अम्बेडकर जी का वर्णन कई स्थानों पर बड़ी प्रमुखता से दिया गया था लेकिन बैठक में यह माना गया कि यह मसला विरोधी दलों का एक नया मुद्दा उपलब्ध करा सकता है। विरोधी दलों का यह प्रचार होगा कि एक ओर सरकार बाबा साहेब डॉ॰ अम्बेडकर द्वारा लिखे संविधान की समीक्षा करा रही है और दूसरी ओर उसकी प्रशंसा में कसीदें भी पढ़वा रही है। इसी आशंका के कारण अभिभाषण में बाबा साहेब डॉ॰ अम्बेडकर जी का नाम केवल सन्दर्भ के तौर पर प्रयोग किया गया है। इसके अलावा किसानों को लाभ देने के लिए कुछ पंक्तियां भी अन्तिम समय में जोड़ी गई हैं। मसौदे की भाषा पर कैबिनेट को काफी आपत्तियां थीं। कश्मीर के मामले में शालीन शब्दों के प्रयोग पर कैबिनेट के कई सदस्यों ने विरोध प्रकट किया। सभी की इच्छा थी कि पाकिस्तान को उसी की भाषा में समझाया जाना चाहिए। पौने चार घण्टे के विचार-विमर्श की बैठक ने पैरा दर पैरा भाषा में बहुत परिवर्तन किया। इस अभिभाषण में एक ओर संघर्ष विराम पर अन्तर्राष्ट्रीय स्तर पर मिले समर्थन का उल्लेख था। दूसरी ओर इस बात पर शिकायत भी है कि पाकिस्तान की ओर से संघर्ष विराम के बाद जो अपेक्षा थी वह कतई पूरी नहीं हुई। इस अवधि के समाप्त होने के पूर्व राष्ट्रपति के अभिभाषण द्वारा पाकिस्तान को खुली चेतावनी दिला दी जाएगी। इस चेतावनी में काफी गूढ़ अर्थ भरा हुआ है।

## संसद की संयुक्त बैठक में राष्ट्रपति का अभिभाषण

संसद के बजट सत्र के पहले दिन 19 फरवरी, 2001 को दोनो सदनों की संयुक्त बैठक के समक्ष राष्ट्रपति डॉ॰ के॰ आर॰ नारायणन ने अपने अभिभाषण में पाकिस्तान को कश्मीर में 'जेहाद' की आड़ में बर्बरतापूर्ण हत्याओं के लिए

उत्तरदायी ठहराते हुए दो टूक शब्दों में पाकिस्तान से कहा कि यदि वह भारत से बातचीत का इच्छुक है तो पहले उसे इसके लिए अनुकूल वातावरण का निर्माण करना होगा तथा सीमा पार से आतंक भड़काने की करतूतों से बाज आना पड़ेगा। पाकिस्तान ने जम्मू-कश्मीर में शान्ति प्रक्रिया की खातिर एक तरफा संघर्ष विराम के रूप में भारत के सद्भाव के अनुरूप प्रतिक्रिया व्यक्त नहीं की। पाक की धरती से सीमा पार से आतंकवाद और भारत के विरूद्ध द्वेषपूर्ण प्रचार समाप्त होना तो दूर उसमें जरा सी भी कमी नहीं आई है। मानवता विरूद्ध कृत्यों से बेकसूर लोग मारे जा रहे हैं। मानवता के विरूद्ध किए जाने वाले ये कृत्य धर्म का उपहास हैं और इसके लिए पाकिस्तान उत्तरदायी है। हम जम्मू-कश्मीर राज्य में हिंसा का रास्ता छोड़ने वाले हर आतंकी संगठन और समूहों से बातचीत करने के लिए तैयार हैं। जम्मू-कश्मीर में आतंकवाद भकड़े के विदेशी गुटों तक ही सीमित रह गया है। इससे राज्य में लोकतान्त्रिक किय्रा-कलाप की गुंजाइश बढ़ गई है। हाल में हुए पंचायत चुनावों में राज्य के लोगों द्वारा खुलकर भाग लेने से यह बात स्पष्ट हो गई है। कश्मीर में शान्ति स्थापित करने के लिए सरकार द्वारा शुरू किए गए प्रयासों की चर्चा करते हुए राष्ट्रपति जी ने कहा कि इस कदम का जम्मू-कश्मीर की जनता ने हृदय से स्वागत किया है। अन्तरराष्ट्रीय समुदाय ने भी पूरा समर्थन दिया क्योंकि पूरी दुनिया इस कश्मीर के मामले में भारत की सच्ची प्रतिबद्धता के एक और प्रयास के रूप में देखती है।

गुजरात में आये भूकम्प में मारे गए और बेघर हुए लोगों के प्रति अपनी संवेदना प्रकट करते हुए राष्ट्रपति जी ने कहा कि ''हम भूकम्प से प्रभावित सभी लोगों को विश्वास दिलाते हैं कि संकट और वेदना के समय ही इस घड़ी में वे अकेले नहीं हैं, पूरा देश उनके साथ है। इस आपदा से निपटने में थल सेना, वायु सेना और नौ सेना के जवानों और अधिकारियों ने राहत कार्य करने वाले अधिकारियों की जिस तरह सहायता की उस उल्लेखनीय भूमिका के लिए मैं हृदय से सराहना करता हूँ। भूकम्प प्रभावित क्षेत्र में विद्युत, दूरसंचार, रेल और हवाई यातायात की उल्लेखनीय गति से बहाली की भी प्रशंसा करता हूँ। प्रधान मन्त्री की अध्यक्षता में गठित राष्ट्रीय आपदा-प्रबन्ध समिति ने गुजरात में आए भूकम्प के बाद राहत कार्यों की अल्पकालिक, मध्यकालिक और दीर्घकालिक मामलों की समीक्षा के अलावा भविष्य में प्राकृतिक आपदाओं से निपटने के लिए एक प्रभावी और दीर्घकालिक नीति के लिए आवश्यक संस्थागत और

विधायी उपायों पर भी विचार करेगी। महिला सशक्तिकरण के इस साल में यदि वह विधेयक पारित होता है तो यह सर्वोत्तम कदम होगा। अन्तरराष्ट्रीय स्तर पर सरकार की कूटनीतिक सफलता की सराहना सभी कर रहे हैं। नेपाल, मालदीव, चीन और दूसरे देशों के साथ भारत के सम्बन्ध अच्छे हुए हैं। प्रधान मन्त्री ने वियतनाम और इंडोनेशिया की यात्रा से उल्लेखनीय कार्य किया है। रूस के राष्ट्रपति पुतिन और अमरीका के तत्कालीन राष्ट्रपति बिल क्लिंटन ने भारत की यात्रा कर हमारा मनोबल बढ़ाया है। इन दोनों देशों के साथ हमारे सम्बन्ध और अधिक प्रगाढ़ हुए हैं। अब हम नये अमरीकी राष्ट्रपति जार्ज डब्लू बुश के प्रशासन के साथ भी द्विपक्षीय सम्बन्धों को शक्तिशाली बनाने के लिए निरन्तर प्रयत्नशील हैं।"

आर्थिक सुधारों के विषय में राष्ट्रपति जी ने कोयला खनन के क्षेत्रों में निजी क्षेत्र को प्रवेश, फार्मा क्षेत्र में सौ फीसदी प्रत्यक्ष विदेशी निवेश की अनुमति, रेलवे के सुधार के लिए विशेषज्ञ समिति की सिफारिशों पर अमल करने और राज्य के बिजली बोर्डों में सुधार सम्बन्धी घोषणाएँ कीं। राष्ट्रपति जी ने देश की प्रति व्यक्ति आय को दोगुनी करने और गरीबी को आधा करने के लिए अगले दस वर्ष में नौ फीसदी की वार्षिक वृद्धि दर का महत्वाकांक्षी लक्ष्य निर्धारित करने की आवश्यकता बताई है। भारत सरकार कोयला क्षेत्र में प्रगति के लिए द्विपक्षीय नीति अपना रही हैं कोयला खनन में हम निजी क्षेत्र की भागीदारी की अनुमति देंगे। रेलवे की वित्त–व्यवस्था शोचनीय दशा में है जिसके कारण वह अधिक समय से लम्बित कई विकास परियोजनाओं को क्रियान्वित नहीं कर पाई है। रेल सुरक्षा में सुधार के अत्यावश्यक कार्यक्रम को पूरा करने में वित्त अभाव के कारण संसाधनों की भारी कमी है। रेलवे सम्बन्धी एक विशेषज्ञ समिति ने हाल ही में प्रचालनों, संगठन, वित्तपोषण, निवेश टैरिफ और अन्य नीतिगत विषयों का व्यापक अध्ययन पूरा किया है। सरकार इस समिति की सिफारिशों की समीक्षा करेगी और शीघ्र ही यथोचित कार्रवाई करेगी। हमने हाल के वर्षों में कुछ क्षेत्रों में महत्वपूर्ण प्रगति की है, लेकिन कई अन्य क्षेत्रों में गम्भीर अड़चनें अब भी बनी हुई हैं। सिंचाई, विद्युत और ग्रामीण आधारभूत ढाँचें में नई पूंजीगत परिसम्पत्तियां बनाने के बजाय इन पुट्स पर सब्सिडी देकर अधिक कृषि उत्पादन पर जोर देने की नीति ने कृषि में सार्वजनिक निवेश को बहुत कम कर दिया है। इससे फसल उत्पादकता तथा किसानों के लाभ अवरूद्ध हुए हैं। इसको बदलने की आवश्यकता है, जिससे किसानों और उपभोक्ताओं को लाभ हो। बिजली की

सुलभ पूर्ति बनाने के लिए सरकार ने सन् 2010 तक एक लाख मेगावाट बिजली की अतिरिक्त क्षमता का लक्ष्य निर्धारित किया है। इसके लिए सरकार को 800, 000 करोड़ रुपये के निवेश की आवश्यकता होगी।

## राष्ट्रपति डॉ० के० आर० नारायणन की मारीशस यात्रा

होली के रंगारंग त्योहार के पश्चात् भारतीय राष्ट्रपति महामहिम डॉ० के० आर० नारायणन जी दिनांक 10 मार्च, 2001 को परिवार सहित मारीशस की राजकीय यात्रा पर गये। दिनांक 11 मार्च, 2001 को राष्ट्रपति जी का मारीशस की राजधानी पोर्टलूई में वहाँ के तत्कालीन राष्ट्रपति कासम उतीम और प्रधान मन्त्री अनरूद्ध जगन्नाथ आदि नेताओं ने अपार राजकीय सज-धज के साथ सम्मान किया। स्वागत समारोह में भारतीय राष्ट्रपति डॉ० के० आर० नारायणन ने कहा कि, "हमें उन ताकतों से हरदम सचेत रहना होगा जो हमें धर्म, भाषा और संस्कृति के नाम पर विभाजित करती हैं।" मारीशस के प्रधान मन्त्री अनरूद्ध जगन्नाथ ने संयुक्त राष्ट्र सुरक्षा परिषद् में भारत की सदस्यता के लिए अपना समर्थन देने के लिए कहा, "भारत विश्व का सबसे बड़ा लोकतन्त्र है। अतः उसे सुरक्षा परिषद में स्थाई सदस्यता न दिये जाने का कोई कारण नहीं है। यदि संयुक्त राष्ट्र घोषणा पत्र में संशोधन करना हो तो इसके लिए वह भी करना चाहिए।"

भारतीय राष्ट्रपति डॉ० के० आर० नारायणन ने मारीशस के राष्ट्रपति कासम उतीम द्वारा दिये गये राजकीय भोज में अपने सन्देश में कहा, "भारत की तरह मारीशस में भी विविधतापूर्ण समाज है जो एकता की अटूट भावना से अनुप्राणित है। दोनों ही देशों ने एक बहुजातीय, बहुधार्मिक और बहुभाषीय समाज के निर्माण का प्रयास किया है। मारीशस की सुरक्षा और संप्रभुता हमारे लिए अत्यन्त महत्वपूर्ण है और हमारा अटल विश्वास है कि हम अपने सभी लोगों की सृजनात्मक प्रतिभा को प्रोत्साहित करके ही अपने राष्ट्रों की एकता को सुरक्षित रख सकते हैं। हम मारीशस के साथ अपने सम्बन्धों को बहुत अधिक महत्व देते हैं। हम अपने पारम्परिक सम्बन्धों एवं निरपेक्षवाद के प्रति अपनी वचनबद्धता, लोकतन्त्र में अपनी आस्था और राष्ट्र निर्माण की अपनी आकांक्षाओं को गुणात्मक रूप से एक नया आयाम दे रहे हैं। प्रधान मन्त्री अनरूद्ध जगन्नाथ की हाल की भारत यात्रा ने नयी तथा आधुनिक प्रौद्योगिकियों में एक सामरिक भागीदारी का शुभारम्भ किया है। यह हमारे आने वाली पीढ़ियों के भविष्य को सुरक्षा प्रदान करेगी। हमें इस बात पर गर्व है कि हम इस द्वीप पर एक साथ मिलकर पहले साइबर शहर का निर्माण करेंगे।"

अपने देश भारत की शासन व्यवस्था में एकदम भूचाल आ जाने के कारण और तहलका डॉटकॉम आरोप काण्ड के फलस्वरूप राष्ट्रपति जी अपने देश में लौट आये। स्थिति का गम्भीरता से अध्ययन कर उचित निर्णय लिया।

## तहलका प्रकरण द्वारा राष्ट्रीय जनतान्त्रिक गठबन्धन में भूकम्प

तहलका डॉटकॉम द्वारा किए गए रहस्योद्‌घाटन के परिणामस्वरूप राष्ट्रीय जनतान्त्रिक गठबन्धन सरकार में एक हड़कम्प मच गया। दिनांक 14 मार्च, 2001 ई॰ को प्रधान मन्त्री अटल बिहारी वाजपेयी ने राष्ट्रपति डॉ॰ के॰ आर॰ नारायणन से भेंट कर सम्पूर्ण राजनीतिक स्थिति से अवगत कराया। राष्ट्रपति डॉ॰ के॰ आर॰ नारायणन अपनी मारीशस यात्रा से अभी लौटकर आये थे। यह भेंट प्रधान मन्त्री अटल बिहारी वाजपेयी की पहल पर हुई। इस वार्तालाप में तहलका से उत्पन्न स्थिति के उपलक्ष्य में चर्चा हुई। प्रधान मन्त्री ने सरकार द्वारा उठाये कदमों के विषय में विचार विमर्श किया। यह वार्ता लगभग 45 मिनट हुई। प्रधान मन्त्री अटल बिहारी वाजपेयी ने रेलमन्त्री ममता बनर्जी, विदेश राज्य मन्त्री अजीत पांजा और रक्षा मन्त्री जार्ज फर्नांडिस तीनों के त्यागपत्रों को स्वीकृति हेतु राष्ट्रपति डॉ॰ के॰ आर॰ नारायणन के पास भेज दिये, इन सब मन्त्रियों के त्यागपत्र राष्ट्रपति ज़ी ने स्वीकार कर लिए।

## दक्षिण अफ्रीका के पूर्व राष्ट्रपति नेल्सन मंडेला को अन्तर्राष्ट्रीय गाँधी शान्ति पुरस्कार राष्ट्रपति डॉ॰ के॰ आर॰ नारायणन द्वारा प्रदान

दिनांक 16 मार्च, 2001 को राष्ट्रपति भवन के अशोका हाल में आयोजित एक गरिमामय भव्य समारोह में प्रतिष्ठित अन्तर्राष्ट्रीय गाँधी शान्ति पुरस्कार 2000 भारतीय राष्ट्रपति डॉ॰ के॰ आर॰ नारायणन ने दक्षिण अफ्रीका के पूर्व राष्ट्रपति डॉ॰ नेल्सन मंडेला और बांग्ला देश के ग्रामीण बैंक के अध्यक्ष डॉ॰ डी॰सी॰ बख्श को एक करोड़ रुपये की पुरस्कार राशि, प्रतीक चिन्ह तथा प्रशस्ति पत्र भेंट किया। पुरस्कार देते समय राष्ट्रपति डॉ॰ के॰ आर॰ नारायणन ने डॉ॰ नेल्सन मंडेला को अपने समय का परमात्मा बताते हुए कहा, "आपने अपने देश में रंगभेद से मुक्ति दिलवाने में महत्वपूर्ण भूमिका अदा की।" बांग्लादेश के ग्रामीण बैंक के योगदान की प्रशंसा करते हुए राष्ट्रपति जी ने कहा, "बैंक द्वारा ग्रामीण महिलाओं को आत्मनिर्भर बनाने में डॉ॰ डी॰सी॰ बख्श के प्रयासों की सराहना की। डॉ॰ नेल्सन मंडेला ने भारत के प्रयासों की सराहना करते हुए कहा,

"भारत मेरे लिए घर से दूर एक घर है। दक्षिण अफ्रीका को नस्ल भेद से मुक्त कराने में और उसे आजादी दिलाने में भारत का महत्वपूर्ण योगदान रहा है।" इस समारोह में राष्ट्रपति और प्रधान मन्त्री के अतिरिक्त उपराष्ट्रपति कृष्णकान्त, पूर्व राष्ट्रपति आर॰ वैकन्टरमन, गृहमन्त्री आडवाणी, कांग्रेस अध्यक्ष सोनिया गाँधी के अलावा अनेक विशिष्ट व्यक्ति उपस्थित थे।

## स्वर साम्राज्ञी सुश्री लता मंगेशकर को 'भारत रत्न' राष्ट्रपति जी द्वारा प्रदान किया गया

भारत के राष्ट्रपति महामहिम डॉ॰ के॰ आर॰ नारायणन ने 21 मार्च, 2001 ई॰ को राष्ट्रपति भवन के मुख्य दरबार हाल में आयोजित एक विशेष समारोह में स्वर साम्राज्ञी सुश्री लता मंगेशकर को भारत के सर्वोच्च असैनिक सम्मान 'भारत रत्न' से सम्मानित किया। इस सम्मान को प्राप्त करने के लिए रेशम की सफेद पीले बार्डर वाली साड़ी पहने हुए लता मंगेशकर राष्ट्रपति जी के समीप पहुंची तो हाल में उपस्थित समस्त व्यक्तियों ने करतल ध्वनि के साथ बड़े हर्षोल्लास से उनका स्वागत किया। इस समारोह में अन्य तिरेपन प्रतिष्ठित व्यक्तियों को उनके द्वारा किये गये अद्वितीय कार्यों के परिणामस्वरूप वर्ष 2000 से 2001 के कार्यकाल के लिए पद्म विभूषण सम्मानों से सम्मानित किया गया। सरोजवादक अमजद अली, उद्योगपति राहुल बजाज, फिल्म अभिनेता प्राण, स्वतंत्रता सेनानी मोहन राणा डे, लोक संगीत के भूपेन हजारिका, पत्रकार अरूण पुरी तथा प्रसिद्ध हृदय रोग विशेषज्ञ डॉ॰ नरेश त्रेहन को भी पद्म सम्मानों से सम्मानित किया गया। उस वर्ष के समस्त 110 विशिष्ट व्यक्तियों को और अन्य पुरस्कारों से सम्मानित करने की घोषणा 26 जनवरी, 2001 ई॰ के गणतन्त्र दिवस पर की गई थी।

राष्ट्रपति भवन के विशाल दरबार हाल में एक भव्य समारोह के आयोजन में सुश्री लता मंगेशकर को 'भारत रत्न' से सम्मानित करने के साथ-साथ चार विशिष्ट व्यक्तियों को पद्म विभूषण, 14 को पद्म भूषण और 28 व्यक्तियों को पद्म श्री, पुरस्कार से पुरस्कृत किया गया। दिनांक 22 मार्च 2001 को प्रशासनिक सेवा अधिकारी डॉ॰ चक्रवर्ती विजय राघवन नरसिंहन् निर्माता निर्देशक हृषीकेश मुकर्जी दर्शनशास्त्र के प्रसिद्ध विद्वान सच्चिदानन्द मूर्ति आदि को पद्म विभूषण से सम्मानित किया गया। सुपर स्टार ऑफ मिलेनीयम अमिताभ बच्चन को पद्म भूषण से विभूषित किया गया।

## राष्ट्रपति और उपराष्ट्रपति की उगादी और चैती चाँद के अवसर पर शुभकामनाएँ

राष्ट्रपति भवन द्वारा दिनांक 25 मार्च 2001 को जारी देशवासियों को उगादी चैत्रशुक्लादि गुडी पाडवा और चैती चाँद के शुभावसर पर हार्दिक बधाई और शुभकामनाएँ देते हुए महामहिम राष्ट्रपति डॉ॰ के॰ आर॰ नारायणन ने कहा कि "मैं कामना करता हूँ कि ये पर्व हमारी विविधतापूर्ण जनता के लिए खुशियां लाए तथा उनमें एकता और सौहार्द की भावना जगाए।"

राष्ट्रपति जी सदैव राष्ट्रीय एकता और सौहार्द की भावना विभिन्न धर्म, जाति और भाषा भाषियों के होते हुए भी सबको एकता की डोॅर में बांधने का सदैव प्रयास करते रहे हैं। यह आपके मन वचन और कर्म से स्पष्ट आलोकित होता है। उपराष्ट्रपति महामहिम कृष्णकान्त ने अपने सन्देश में कहा कि "देश के विभिन्न तरीकों से मनाया जाने वाला यह त्योहार हमारी सम्पन्न व बहुरंगी संस्कति का द्योतक है।

## राष्ट्रपति डॉ॰ के॰ आर॰ नारायणन जी के पथरी का आपरेशन

भारत के राष्ट्रपति डॉ॰ के॰ आर॰ नारायणन जी को दिनांक 28 मार्च 2001 को शाम के समय सर गंगाराम अस्पताल में पथरी का आपरेशन कराने के लिए भरती कराया गया। डॉ॰ प्रदीप चौबे के नेतृत्व में डॉक्टरों की एक टीम द्वारा दिनांक 29 मार्च 2001 को राष्ट्रपति जी का आपरेशन किया गया। आप का आपरेशन अत्यन्त सफल हुआ और दो दिन सर गंगाराम अस्पताल में आराम करके सकुशल दिनांक 31 मार्च 2001 को राष्ट्रपति भवन लौट आए। आपका स्वास्थ्य डॉक्टरों की सूचनानुसार श्रेष्ठ है। डॉ॰ प्रदीप चौबे जी ने बड़ी कुशलता, दक्षता, योग्यता एवं अपार अनुभव के आधार पर शल्य चिकित्सा करके राष्ट्रपति जी को सकुशल राष्ट्रपति भवन को भेज दिया।

## राष्ट्रपति जी की देशवासियों को रामनवमी पर बधाई

राष्ट्रपति डॉ॰ के॰ आर॰ नारायणन जी ने देशवासियों को दिनांक 1 अप्रैल, 2001 को रामनवमी की पूर्व संध्या पर बधाई देते हुए कहा, "मर्यादा पुरूषोत्तम राम के रूप में राम का उच्च आदर्श हमारे आचरण को प्रभावित करेगा तथा हमें मन, वचन और कर्म को उत्कृष्टता की ओर प्रशस्त करेगा।"

## राज्यपालों की समिति के अध्यक्ष डॉ॰ पी॰सी॰ अलेक्जेंडर ने राष्ट्रपति जी को रिपोर्ट सौंपी

राष्ट्रपति डॉ॰ के॰ आर॰ नारायणन द्वारा अनुसूचित जातियों व जनजातियों के कल्याण हेतु महाराष्ट्र के राज्यपाल डॉ॰ पी॰सी॰ अलेक्जेंडर की अध्यक्षता में गठित राज्यपालों की इस समिति में मेघालय के राज्यपाल एम॰एम॰ जेकब, केरल के राज्यपाल जस्टिस एस॰एस॰ कांग, कर्नाटक की राज्यपाल श्रीमती वी॰एस॰ रमादेवी, हिमाचल प्रदेश के राज्यपाल सूरजभान, उड़ीसा के राज्यपाल एम॰एम॰ राजेन्द्रन और हरियाणा के राज्यपाल बाबू परमानन्द शामिल थे। समिति ने चार राज्यों द्वारा उत्तर प्रदेश, उत्तरांचल, उड़ीसा एवं मध्य प्रदेश का दौरा किया। केवल बिहार जहाँ दलितों की बड़ी अधिक संख्या है। समिति की जांच पड़ताल से बचा रहा। इसी प्रकार कई अन्य राज्य उदाहरणार्थ आन्ध्र प्रदेश, तमिलनाडु आदि प्रदेशों के बारे में समिति ने बिना वहाँ गए हुए ही आंकलन जुटाए हैं। इस समिति ने स्वयं मुआयना करने के अतिरिक्त दो सामाजिक संस्थाओं में मुंबई की टाटा इंस्टीट्यूट ऑफ सोशल साइंसेज और कटक की नव कृष्णा इंस्टीट्यूट को यह जांच-पड़ताल का कार्य सौंप दिया है। इन संस्थाओं की रिपोर्टों के आधार पर बंगलौर में बैठ कर राज्यपालों की समिति ने अपनी रिपोर्ट तैयार की। इस रिपोर्ट में समिति ने अनुसूचित जातियों एवं जनजातियों के कल्याण के मामले में महाराष्ट्र की उन्नति के विषय में बड़ी सराहना की गई।

महाराष्ट्र के राज्यपाल पी॰सी॰ अलेक्जेंडर समिति के अध्यक्ष ने राष्ट्रपति डॉ॰ के॰ आर॰ नारायणन जी को अपनी रिपोर्ट सौंपी। इस रिपोर्ट में स्पष्ट कहा गया था कि जिन लोगों के पास खाने के लिए रोटी और पहनने को कपड़ा नहीं है, उनके लिए आरक्षण का कोई अर्थ नहीं है। समिति ने देश के तमाम राज्यों में अनुसूचित जाति व जनजातियों की सरकारी उपेक्षा की सम्पूर्ण जानकारी दी है। इन वर्गों के लिए बनी कल्याणकारी योजनाओं की निगरानी के लिए एक टास्क फोर्स बनाई जानी चाहिए और उन राज्यों के विरोध में कड़ी कार्रवाई होनी चाहिए जो समाज के इस सबसे निचले वर्ग की भलाई का सिर्फ ढोंग रच रही हैं। समित ने अनुसूचित जातियों व जनजातियों की आवश्यक आवश्यकताओं एवं शिक्षा पर सबसे पहले ध्यान देने पर अधिक बल दिया। अनुसूचित जातियों के परिवारों को उनके बच्चों की शिक्षा की जिम्मेदारी से मुक्त रखा जाना चाहिए।

इस समिति ने अनुसूचित जाति व जनजातियों को सरकारी नौकरियों में दिए जाने वाले आरक्षण की वास्तविकता को स्पष्ट कर दिया। इस आरक्षण का वास्तविक

लाभ उन लोगों को प्राप्त नहीं हो रहा हे जिन्हें इसकी वास्तव में आवश्यकता है। समस्त दावों और रिकार्डों के प्रमाणों की वास्तविकता यह है कि अनुसूचित जाति व जनजाति के मात्र 23 प्रतिशत परिवार ही आरक्षण का लाभ ले पाने में सफल हुए हैं। लम्बे अरसे से इन वर्गों के आरक्षित पद लम्बे समय तक खाली रहे हैं। समिति ने इन खाली पदों को विशेष अभियान चलाकर भरे जाने की सन्तुति (सिफारिश) की है। यह समिति अनुसूचित जाति व जनजाति मन्त्रालय के कार्यों से बहुत नाराज हैं। रिपोर्ट में परोक्ष रूप से इसे बन्द करने की सिफारिश की गई है। समिति के सदस्य के कुछ राज्यपालों की राय थी कि निजी क्षेत्र में आरक्षण की सिफारिश की जानी चाहिए। लेकिन इस पर सर्व सहमति नहीं बन सकी।

इस समिति ने सिफारिश की कि ऐसे लोगों के लिए आरक्षण का केाई मतलब नहीं है, जिनके पास खाने को रोटी एवं पहनने को कपड़ा तक न हो। उनको नौकरी के बजाय पहले इन लोगों को भोजन, पानी एवं शिक्षा की ओर सरकार को अपना ध्यान देना चाहिए। समिति ने स्पेशल कंपोनेट प्लान के अधीन राज्यों को केन्द्र से मिलने वाली सहायता में गड़बड़ियाँ की शिकायत की है कि केन्द्र से राज्यों को मिलने वाली यह सहायता इन वर्गों की जनसंख्या के अनुपात के अनुसार नहीं मिलती है और जो मिलती है उसका समुचित उपयोग नहीं किया जाता है। समिति ने सिफारिश की है कि इस योजना के अन्तर्गत राज्यों को दी जाने वाली सहायता की राशि इस वर्ग की जनसंख्या के अनुपात के अनुसार होनी चाहिए। इसके ऊपर निगरानी रखने का अधिकार कार्य बल को सौंपे जाये। दलितों के उत्पीड़न की घटनाएं प्रकाश में आती रहती हैं परन्तु उन पर समुचित कार्रवाई नहीं होती है। समिति ने पाया कि ऐसे समस्त मामलों में पुलिस ने उत्पीड़न के शिकार दलितों की प्राथमिकी रिपोर्ट लिखने में आनाकानी की जाती है। यदि रिपोर्ट लिख भी ली गई हो तो कार्यवाही करने में ढील-ढाल बरती जाती है। ऐसी घटनाएँ सामने आई हैं कि दलितों को ग्राम समाज की भूमि के पट्टे तो दे दिए जाते हैं किन्तु काफी समय तक अधिकार नहीं दिया जाता है। इस बात की समिति ने आलोचना की। इस प्रदेश में दलित छात्रों को मिलने वाली छात्रवृति में होने वाले घोटालों को उजागर किया। अन्याय करने वाले कर्मचारियों और अधिकारियों को पूरे सेवाकाल तक महत्वपूर्ण पदों से वंचित रखने की सिफारिश की। समिति राज्य सरकारों के साथ-साथ केन्द्र सरकार द्वारा जनजातियों के कल्याण के कार्यों की इस मन्त्रालय की कोई भूमिका नहीं मिलती। आखिर में समिति ने इस मन्त्रालय को समाप्त किए जाने की सिफारिश की।

## राष्ट्रपति डॉ० के० आर० नारायणन ने उस्ताद बिस्मिल्ला खां को भारत रत्न से सम्मानित किया

एक भव्य समारोह राष्ट्रपति भवन में दिनांक 4 मई, 2001 ई० को दरबार हाल में आयोजित किया गया, जिसमें उपराष्ट्रपति श्री कृष्णकान्त, प्रधान मन्त्री अटल बिहारी वाजपेयी, गृह मन्त्री लालकृष्ण आडवानी, मन्त्रिमण्डल के सदस्यों के साथ अन्य गण्यमान्य व्यक्तियों की उपस्थिति में अस्सी वर्षीय प्रख्यात शहनाई वादक उस्ताद बिस्मिल्ला खाँ को भारत के राष्ट्रपति डॉ० के० आर० नारायणन द्वारा 'भारत रत्न' सम्मान से सम्मानित किया गया। उस्ताद बिस्मिल्ला खाँ उस दिन पहले ऐसे भारतीय कलाकार हो गए थे जिन्हें देश के सभी चारों नागरिक सम्मान प्राप्त हुए थे। उस्ताद बिस्मिल्ला खाँ का स्वास्थ्य ठीक न होने के कारण टांगों में चलने फिरने में कठिनाई होने के कारण व्हील चेयर पर दरबार हाल में लाया गया और उन्होंने राष्ट्रपति जी से सम्मान पत्र और स्वर्ण पदक प्राप्त किया। दरबार हाल में उपस्थित समस्त जन समुदाय ने करतल ध्वनि से स्वागत किया।

## राष्ट्रपति भवन में राष्ट्रपति जी ने रूसी विदेश मन्त्री इगोर इवानोव का अभिनन्दन स्वीकार किया

रूस के विदेश मन्त्री इगोर इवानोव ने भारत की अपनी तीन दिन की भारत यात्रा के समय तीसरे और अन्तिम दिन दिनांक 5 मई, 2001 को राष्ट्रपति डॉ० के० आर० नारायणन एवं राष्ट्रीय सुरक्षा सलाहकार ब्रिजेश मिश्र से भेंट की। इस समय आपने राष्ट्रपति जी को रूस राष्ट्रपति का सन्देश प्रदान किया और विदेश मन्त्री इगोर इवानोव का अभिनन्दन स्वीकार किया। इस समय राष्ट्रपति डॉ० के० आर० नारायणन के अन्तर्राष्ट्रीय एवं क्षेत्रीय मुद्दों के साथ-साथ द्विपक्षीय सम्बन्धों पर विचार-विमर्श किया।

## अमेरिकी अन्तरिक्ष यात्री यूजीन सेरनान ने राष्ट्रपति जी को एक चित्र भेंट किया।

भारत की यात्रा पर आए शीर्ष अमेरिकी अन्तरिक्ष यात्री यूजीन सेरनान ने भारत के राष्ट्रपति डॉ० के० आर० नारायणन से राष्ट्रपति भवन में दिनांक 28 मई, 2001 को भेंट की और भेंट के समय स्मृति के रूप में अन्तरिक्ष से सम्बन्धित चित्रों का एक एलबम राष्ट्रपति जी को भेंट किया। अन्तरिक्ष में अपने अनुभवों का वर्णन करते हुए श्री सेरनान ने कहा कि, "अमेरिकी अरबपति डेनिस टीटो

को, दो करोड़ अमेरिकी डॉलर दिए जाने पर अन्तरिक्ष को एक ब्राण्ड के रूप में पेशकर अन्तरिक्ष की यात्रा कराना गलत था। डेनिस टीटो की बजाय वहाँ के युवा वैज्ञानिकों और अध्यापकों को भेजा जाना चाहिए था। अन्तरिक्ष प्राप्त अपने अनुभवों को बताते हुए उन्होंने पुनः कहा, "अन्तर्राष्ट्रीय अन्तरिक्ष स्टेशन पर डेनिस टीटों की आठ दिन की यात्रा का उद्देश्य सही नहीं था। यह गलत समय पर उठाया गया गलत कदम था। इसके बजाय यदि किसी निश्चित उद्देश्य और योजना के द्वारा युवाओं और अध्यापकों को भेजा जाता तो वह अधिक तथ्यपरख होता।" अपने अनेक संस्मरण सुनाते हुए पुनः कहा, "चन्द्रमा पर पहुँचने के पश्चात् मैं अपनी पृथ्वी को भूल नहीं पाता हूँ या उसे तुच्छ नहीं समझता हूँ क्योंकि हमारी पृथ्वी बहुत ही सुन्दर है, उसे देखकर ईश्वर के अस्तित्व पर विश्वास करना ही पड़ता है।" राष्ट्रपति डॉ॰ के॰ आर॰ नारायणन ने यूजीन सेरनान का स्वागत किया और उसकी अन्तरिक्ष यात्रा की बड़ी सराहना की। भारतीय अन्तरिक्ष यात्री राकेश शर्मा से भी भेंट की।

## राष्ट्रपति जी का नेपाल नरेश ज्ञानेन्द्र को संवेदना सन्देश

भारतीय राष्ट्रपति डॉ॰ के॰ आर॰ नारायणन ने नेपाल राज परिवार में दिनांक 01 जून, 2001 शुक्रवार को हुए क्रुर नरसंहार में नेपाल के महाराजा वीरेन्द्र वीर विक्रम शाह देव उनकी पत्नी महारानी ऐश्वर्या राज्य लक्ष्मी देवी शाह के साथ राज परिवार के अन्य सदस्यों की मृत्यु के प्रति हार्दिक संवेदना प्रकट करते हुए, संकट की विकट घड़ी में नेपाल को भारत के पूर्ण सहयोग का आश्वासन देते हुए नेपाल के नए नरेश ज्ञानेन्द्र वीर शाह देव और राजमाता रत्ना राजलक्ष्मी देवी शाह को पत्र लिखकर सहानुभूति प्रकट की है। नेपाल नरेश ज्ञानेन्द्र वीर शाह देव को लिखे अपने पत्र में राष्ट्रपति डॉ॰ के॰ आर॰ नारायणन ने कहा है कि "मै बड़े दुख के साथ भारत सरकार और यहाँ की जनता की ओर से नेपाल के राज परिवार में हुए कष्टदायक हादसे के प्रति अपनी हार्दिक संवेदना प्रकट करता हूँ और भगवान पशुपति नाथ से दुआ करता हूँ कि वह आपको इस भयानक व्यक्तिगत क्षति और राष्ट्रीय संकट को सहन करने की शक्ति प्रदान करें। चूँकि इन दुखद स्थितियों में आपने नेपाल राज का नेतृत्व संभाला है। ऐसे समय में मैं आपको भारत के पूर्ण सहयोग का विश्वास दिलाना चाहता हूं। एक मित्र के रूप में भारत, नेपाल की इस राष्ट्रीय दुर्घटना को पीछे रखकर देश को आगे बढ़ाने के आपके प्रयासो में पूरा साथ देगा और नेपाली जनता के साथ सामाजिक और आर्थिक विकास में सहभागी बनेगा। हमारी सरकार दोनों देशों के बीच रिश्तों

को और सुदृढ़ बनाने तथा लाभकारी सहयोग बढ़ाने के आपकी सरकार के प्रयासों में मिलकर काम करना चाहेगी।" नेपाल नरेश वीरेन्द्र वीर विक्रम शाह देव को भारत में अत्यन्त सम्मान की दृष्टि से देखा जाता था और आने वाली पीढ़ियां भी नेपाल के सामाजिक और आर्थिक विकास के लिए किए गए उनके जोरदार प्रयासों के लिए उन्हें हमेशा याद करेगी।"

## राष्ट्रपति जी का प्रधान मन्त्री के दाएँ घुटने के आपरेशन होने पर शुभकामना

प्रधान मन्त्री अटल बिहारी वाजपेयी के दाएँ घुटने का आपरेशन न्यूयार्क में बसे भारतीय मूल के अस्थिशल्य चिकित्सक डॉ॰ चितरंजन राणावत और उनके साथी डॉक्टरों की टीम ने मुम्बई के ब्रीच कैण्डी अस्पताल में 07 जून, 2001 को किया। आपरेशन के तुरन्त बाद राष्ट्रपति जी ने प्रधान मन्त्री की कुशलक्षेम प्राप्त करना चाहा। परन्तु उस समय राष्ट्रपति जी की प्रधान मन्त्री से बात नहीं हो पाई, फिर भी प्रधान मन्त्री के कार्यालय के अधिकारियों ने राष्ट्रपति कार्यालय को प्रधान मन्त्री के आपरेशन के सफल होने के विषय में सम्पूर्ण स्थिति का परिचय कराया।

भारतीय राष्ट्रपति डॉ॰ के॰ आर॰ नारायणन ने महाराष्ट्र के राज्यपाल के एडीसी के हाथों प्रधान मन्त्री को अपनी शुभकामनाओं सहित फूलों का गुलदस्ता भिजवाया। इसके पश्चात् शाम 6.30 बजे राष्ट्रपति जी ने प्रधान मन्त्री को फोन पर हालचाल मालूम किया तो श्री अटल बिहारी वाजपेयी ने प्रसन्नतापूर्वक उत्तर दिया "मैं तो ठीक हूँ आपका क्या हाल है?" दोनों का परस्पर वार्तालाप मधुर वातावरण में हुआ।

## राष्ट्रपति भवन द्वारा स्पष्टीकरण

प्रधान मन्त्री अटल बिहारी वाजपेयी द्वारा पाकिस्तान के सैनिक शासक परवेज मुशर्रफ को बातचीत के लिए आमन्त्रित करने की सूचना भारतीय राष्ट्रपति डॉ॰ के॰ आर॰ नारायणन को समयानुसार प्राप्त हुई अथवा नहीं। इस विषय में मीडिया, द्वारा यह समाचार प्रसारित किया गया था कि राष्ट्रपति जी को परवेज मुशर्रफ को भारत आमन्त्रित करने की औपचारिक जानकारी नहीं उपलब्ध कराई गई थी। राष्ट्रपति भवन की ओर से आधिकारिक प्रवक्ता ने कहा कि राष्ट्रपति यह स्पष्ट करना चाहते हैं कि सरकार ने राष्ट्रपति डॉ॰ के॰ आर॰ नारायणन को पाकिस्तान के सैनिक शासक परवेज मुशर्रफ को वार्तालाप के लिए भारत आमन्त्रित करने की जानकारी उपलब्ध करा दी गई थी।

## मध्य प्रदेश के मुख्य मन्त्री ने राष्ट्रपति को पत्र द्वारा दलितों को और अधिक सुविधाएँ प्रदान करने के लिए आग्रह किया

मध्य प्रदेश के मुख्य मन्त्री दिग्विजय सिंह ने उत्तर प्रदेश के चुनावों को ध्यान में रखते हुए दलित छात्रों को आरक्षण में और अधिक सुविधाएँ प्रदान करने के लिए एक पत्र लिखकर महामहिम राष्ट्रपति डॉ॰ के॰ आर॰ नारायणन से आग्रह किया। राष्ट्रपति जी ने दिग्विजय सिंह के इस सुझाव की सराहना की। श्री दिग्विजय सिंह ने राष्ट्रपति और प्रधान मन्त्री से मांग की थीं कि गरीब और बेहद पिछड़े इलाकों से आने वाले दलित छात्रों के साथ मेडीकल कौंसिल ऑफ इण्डिया जैसी संस्थाओं की दलित छात्रों से सम्बन्धित चयन प्रक्रिया में आरक्षण के प्रावधान अधिक संकुचित हैं। इस विषय में दलित छात्रों के प्रति उदारतापूर्ण प्रक्रिया अपना कर उनको विकास और उन्नति का पूरा अवसर प्रदान करना चाहिए। राष्ट्रपति डॉ॰ के॰ आर॰ नारायणन ने मुख्यमन्त्री दिग्विजय सिंह को उनके इस पत्र के उत्तर में उनकी इस चिन्ता से सहमति जताई और राष्ट्रपति जी ने दिग्विजय सिंह को आश्वासन भी दिया कि इस विषय पर प्रधान मन्त्री से उचित और प्रभावी कदम उठाए जाने के सम्बन्ध में चर्चा करेंगे।

## केन्द्रीय हिन्दी संस्थान सम्मान राष्ट्रपति द्वारा विद्वानों को प्रदान

विश्व स्तरीय केन्द्रीय हिन्दी संस्थान सम्मान हिन्दी के क्षेत्र में उल्लेखनीय कार्यों को पूरा करने वाले विद्वानों को प्रदान करने के लिए समारोह का आयोजन मानव संसाधन विकास मन्त्रालय की ओर से शिक्षा मन्त्री डॉ॰ मुरली मनोहर जोशी ने किया। दिनांक 15 जून, 2001 को राष्ट्रपति भवन में हिन्दी के तेरह विद्वानों को हिन्दी सेवी सम्मान पुरस्कार महामहिम राष्ट्रपति डॉ॰ के॰ आर॰ नारायणन ने प्रदान किए। राष्ट्रपति जी ने विद्वानों को प्रोत्साहन देते हुए कहा, "हिन्दी हमारी राष्ट्र भाषा है राष्ट्र का गौरव है और राष्ट्र भाषा को गौरव प्रदान करने वाले हिन्दी विद्वानों को गौरव प्रदान करते हुए मैं अपार गौरवान्वित हो रहा हूँ।"

## शिक्षा को मौलिक अधिकार बनाने हेतु राष्ट्रपति जी से मांग

बचपन बचाओ आन्दोलन के राष्ट्रीय अध्यक्ष कैलाश चन्द्र सत्यार्थी के नेतृत्व में शिक्षा को मौलिक अधिकार बनाने की मांग को लेकर देश के विभिन्न राज्यों से गुजरती हुई 'शिक्षा यात्रा' के समापन अवसर पर राजधानी नई दिल्ली में 20

जून, 2001 को दस सदस्यीय शिष्टमण्डल ने भारत के राष्ट्रपति महामहिम डॉ॰ के॰ आर॰ नारायणन से भेंट की। श्री सत्यार्थी ने 'शिक्षा यात्रा' के अनुभव राष्ट्रपति जी को सुनाए तथा 83वें बिल में संशोधन विधेयक और सकल राष्ट्रीय उत्पाद का आठ प्रतिशत शिक्षा पर खर्च किए जाने की मांग की, जिसका आधा हिस्सा प्राथमिक शिक्षा पर व्यय किए जाने का अनुरोध किया। बाल बन्धुआ मजदूरी से मुक्त कराये गए तीन बच्चों कौशल 15 साल, सलीम 10 साल और विश्वनाथ 9 साल ने भी इस अवसर पर श्री सत्यार्थी के साथ राष्ट्रपति जी से भेंट की। शिष्टमण्डल में अन्य सदस्य डॉ॰ एस॰डी॰ गोखले और नारंग मोटो प्रमुख थे। शिक्षा की दोहरी नीति को उचित नहीं माना। गरीब और अमीर सभी के बच्चो को भारतीय अखण्डता, राष्ट्रप्रेम और देशभक्ति की शिक्षा मिलनी चाहिए।

## मुख्यमन्त्री श्रीमती शीला दीक्षित ने राष्ट्रपति जी से भेंट की

दिल्ली सरकार की मुख्यमन्त्री श्रीमती शीला दीक्षित ने दिनांक 20 जून, 2001 को राष्ट्रपति डॉ॰ के॰ आर॰ नारायणन जी से भेंट की। शीला दीक्षित ने दिल्ली की बहु प्रशासकीय प्रणाली की बात भी राष्ट्रपति जी को बतलाई, इससे दिल्ली सरकार को आने वाली कठिनाइयां भी बतलाई। राष्ट्रपति जी ने मुख्य मन्त्री के नगर निगम को छोटे निगमों में बांटने की पहल की सराहना की।

## पाकिस्तान के राष्ट्रपति को भारत के राष्ट्रपति की शुभकामनाएं

भारत के राष्ट्रपति डॉ॰ के॰ आर॰ नारायणन ने दिनांक 20 जून, 2001 को पाकिस्तान के सैनिक शासक जनरल परवेज मुशर्रफ को पाकिस्तान के राष्ट्रपति का पद ग्रहण करने पर बधाई दी। भारत सरकार के किसी व्यक्ति द्वारा मुशर्रफ को राष्ट्रपति बनने के पश्चात् भेजी गई यह पहली शुभकामना थी। राष्ट्रपति डॉ॰ के॰ आर॰ नारायणन द्वारा भेजी गई शुभकामनाओं का मूल पाठ इस प्रकार था, "मैं इस्लामी गणराज्य पाकिस्तान के राष्ट्रपति का पद भार संभालने के लिए आपको बधाई देता हूं। भारत हमेशा से ही पाकिस्तान के साथ शान्तिपूर्ण, दोस्ताना और सहयोगपूर्ण संबंध रखने का इच्छुक रहा है। हमें उम्मीद है कि पाकिस्तान के राष्ट्रपति के रूप में अगले माह आपकी भारत यात्रा से भारत और पाकिस्तान के बीच संबंधों को सकारात्मक और रचनात्मक दिशा मिलेगी। महोदय! कृप्या मेरी हार्दिक शुभकामनाएँ स्वीकार करें।"

## गाँधी अध्ययन शोध केन्द्र

गाँधी स्मृति व दर्शन समिति ने लगभग दो एकड़ भूमि में गाँधी अध्ययन व शोध केन्द्र की स्थापना के लिए एक करोड़ 29 लाख रुपये द्वारा निर्माण के लिए केन्द्रीय लोक निर्माण विभाग को ठेका दिया गया। अन्तर्राष्ट्रीय गाँधी अध्ययन व शोध केन्द्र के पहल का अनावरण महामहिम राष्ट्रपति डॉ॰ के॰ आर॰ नारायणन ने किया। आपने कहा, "महात्मा गाँधी अपनी शहादत के बाद सम्पूर्ण दुनिया में एक सशक्त व प्रासंगिक विचारधारा बन कर उभरे हैं। गाँधी और गाँधीवाद की देश-विदेश में दिलचस्पी बढ़ती जा रही है। इस दिलचस्पी व उत्सुकता से प्रभावित होकर केन्द्र सरकार ने सन् 1996 ई॰ में गाँधी स्मृति व दर्शन समिति परिसर में अन्तर्राष्ट्रीय गाँधी अध्ययन व शोध केन्द्र की स्थापना का निर्णय लिया। इस अवसर पर प्रधान मन्त्री अटल बिहारी वाजपेयी भी उपस्थित थे।

## राष्ट्रपति जी ने प्रधानमन्त्री का हालचाल प्राप्त किया

राष्ट्रपति डॉ॰ के॰ आर॰ नारायणन जी प्रधान मन्त्री अटल बिहारी वाजपेयी के निवास पर उनके घुटने के आपरेशन के पश्चात् उनकी कुशलक्षेम पूछने के लिए गए। राष्ट्रपति जी ने लगभग 45 मिनट तक दिनांक 22 जून, 2001 को बड़े मधुर वातावरण में वार्तालाप किया। आपरेशन के पश्चात् युगल की यह पहली भेंट थी।

## राष्ट्रपति जी का सन्देश

मादक पदार्थों के दुरूपयोग एवं अवैध व्यापार के विरूद्ध अन्तर्राष्ट्रीय दिवस 26 जून, 2001 को सामाजिक न्याय और अधिकारिता मन्त्रालय तथा स्वापक नियन्त्रण ब्यूरो, वित्त मन्त्रालय, भारत सरकार द्वारा जनहित में छेड़ी इस मुहिम के शुभ अवसर पर वित्त मन्त्री भारत सरकार श्री यशवंत सिन्हा, सामाजिक न्याय और अधिकारिता राज्य मन्त्री (स्वतन्त्र प्रभार) श्रीमती मेनका गाँधी, वित्त राज्य मन्त्री भारत सरकार श्री जी॰एन॰ रामचन्द्रन, राजस्व सचिव, भारत सरकार डॉ॰ एस॰ नारायण के सन्देशों से पहले भारत के प्रथम नागरिक महामहिम भारत के राष्ट्रपति डॉ॰ के॰ आर॰ नारायणन ने इस उपलक्ष्य में अपना सारगर्भित, महत्वपूर्ण और आपार उपयोगी संदेश इस प्रकार दिया:

राष्ट्रपति
भारत गणतन्त्र

# सन्देश

मुझे यह जानकार प्रसन्नता हुई है कि स्वापक नियन्त्रण ब्यूरों 26 जून, 2001 को नशीले पदार्थों एव उनके अवैध व्यापार के विरूद्ध अन्तर्राष्ट्रीय दिवस मना रहा है। मेरी यह कामना है कि इस वर्ष इस दिवस को खेलकूद बनाम नशीले पदार्थ के मुख्य प्रतिपाद्य विषय के अन्तर्गत मनाया जाना, नशीले पदार्थों के दुरूपयोग से होने वाले खतरों से जागरूकता पैदा करने और विशेष रूप से युवाओं जैसे समाज के अत्यंत संवेदनशील वर्ग के लोगों से, जो इनके नशे के आदी हो गए हैं, यह घातक और दुबर्लता पैदा करने वाली लत छुड़ाने में अत्यन्त सहायक सिद्ध होगा।

मैं इस दिवस हेतु नियोजित कार्यक्रम की सफलता के लिए अपनी शुभकामनाएं प्रेषित करता हूँ।

(के॰ आर॰ नारायणन)

## प्रधानमन्त्री की पाक राष्ट्रपति के विषय में राष्ट्रपति जी से भेंट

पाकिस्तान के राष्ट्रपति परवेज मुशर्रफ की तीन दिवसीय दिनांक 14 जुलाई से 16 जुलाई, 2001 तक भारत में आयोजित 'आगरा शिखर वार्ता' की यात्रा में राष्ट्रपति डॉ॰ के॰ आर॰ नारायणन जी से विचार विमर्श करने के लिए 13 जुलाई को भारत यात्रा से एक दिन पूर्व प्रधान मन्त्री अटल बिहारी वाजपेयी ने राष्ट्रपति जी से भेंट की। इस तीन दिवसीय 'आगरा शिखर वार्ता' के लिए तैयार भारत सरकार की पृष्ठभूमि से राष्ट्रपति को अवगत कराया और भारत-पाक संबंधों में तनाव का कारण बने विषयों पर सरकार के रूख से राष्ट्रपति को परिचय कराया। इस विषय में प्रधान मन्त्री अटल बिहारी वाजपेयी ने पूर्व प्रधान मन्त्रियों, पूर्व नौकरशाहों, सभी दलों के वरिष्ठ नेताओं सहित सरकार के वरिष्ठ मन्त्रियों से 'आगरा शिखर वार्ता' के विषय में हुई रायशुमारी और सरकार द्वारा दोनों देशों के बीच परस्पर विश्वास बहाल करने के लिए सरकार की ओर से किए गये उपायों की जानकारी भी राष्ट्रपति जी को दी गई। प्रधान मन्त्री अटल बिहारी वाजपेयी ने राष्ट्रपति डॉ॰ के॰ आर॰ नारायणन से उनके उस संबोधन पर भी विचार विमर्श किया जिसे राष्ट्रपति जी दिनांक 14 जुलाई, 2001 को राष्ट्रपति भवन में आयोजित रात्रि भोज, के समय देने जा रहे थे।

## राष्ट्रपति भवन में पाक राष्ट्रपति का भव्य स्वागत

तीन दिवसीय भारत-पाक शिखर वार्ता हेतु पाकिस्तान के राष्ट्रपति परवेज मुशर्रफ का राष्ट्रपति भवन, नई दिल्ली में 14 जुलाई, 2001 को बादलों से घिरे आकाश से वर्षा की रिमझिम फुहारों में ही बड़े उत्साह और उल्लास के साथ परम्परागत रूप में भारतीय राष्ट्रपति डॉ० के० आर० नारायणन द्वारा भव्य स्वागत किया गया। इक्कीस तोपों की सलामी दी गई। जनरल परवेज मुशर्रफ भारत की राजकीय यात्रा पर आने वाले पहले पाकिस्तानी राष्ट्रपति हैं। भारतीय राष्ट्रपति भवन में पहली बार पाकिस्तानी राष्ट्र ध्वनि बजाई गई और तिरंगा ध्वज के साथ पाकिस्तान का राष्ट्रीय ध्वज भी फहराया गया। राष्ट्रपति परवेज मुशर्रफ ने गार्ड ऑफ ऑनर के समय सेना के तीनों अंगों की टुकड़ियों का निरीक्षण किया। स्वागत समारोह में सेना की ओर से वायुसेना अध्यक्ष अनिल यशवंत टिपणीस उपस्थित थे। राष्ट्रपति भवन में राष्ट्रपति डॉ० के० आर० नारायणन उनकी पत्नी उषा नारायणन ने जनरल परवेज मुशर्रफ और उनकी पत्नी बेगम साहिबा की अगवानी की। इसके पश्चात् राष्ट्रपति डॉ० के० आर० नारायणन ने प्रधान मन्त्री अटल बिहारी वाजपेयी से राष्ट्रपति परवेज मुशर्रफ का परिचय कराया। इस अवसर पर विदेश और रक्षा मन्त्री जसवन्त सिंह भी उपस्थित थे। राष्ट्रपति भवन के प्रांगण में विशिष्ट अतिथि के स्वागत के लिए बनाए गये पाण्डाल के दोनों और भारतीय और पाकिस्तानी ध्वज लहरा रहे थे। इस मधुर अवसर पर सेना के बैण्डों ने दोनों देशों के राष्ट्रगान भारत का जन गण मन तथा पाक सरजमी की धुनें बजायी गई। पाक राष्ट्रपति इस समय सलामी की मुद्रा में खड़े रहे। इसके पश्चात् राष्ट्रपति डॉ० के० आर० नारायणन ने पाक राष्ट्रपति परवेज मुशर्रफ और उनकी बेगम साहिबा का विशिष्ट अतिथियों से परिचय कराया। जब केन्द्रीय गृह मन्त्री लालकृष्ण आडवाणी से परिचय कराया तो आडवाणी ने अभिवादन में बढ़े उनके हाथों को नजरदांज कर हाथ जोड़कर पारम्परिक रूप से नमस्ते की। राष्ट्रपति परवेज मुशर्रफ के सलामी मंच से उतरने के पश्चात् उनका परिचय अन्य केन्द्रीय मन्त्रियों से कराया। इसके पश्चात् राष्ट्रपति डॉ० के० आर० नारायणन का परिचय पाकिस्तानी प्रतिनिधिमण्डल से कराया गया। ये सभी सदस्य राष्ट्रपति भवन को बड़ी उत्सुका से देख रहे थे। इसके पश्चात् राष्ट्रपति परवेज मुशर्रफ और उनकी बेगम साहिबा ने राष्ट्रपति डॉ० के० आर० नारायणन और उनकी पत्नी श्रीमती उषा नारायणन के साथ मिलकर फोटो खिचवायें।

भारत के राष्ट्रपति डॉ॰ के॰ आर॰ नारायणन ने पाकिस्तान के राष्ट्रपति परवेज मुशर्रफ के सम्मान में दिये रात्रि भोज में कहा, "हम भारत और पाकिस्तान में जी रहे आम आदमी के लिए मिल जुलकर काम करें तो दोनों के बीच के बाकी सभी मुद्दे गौण हो जाएँगे। हमें अपने सम्बन्धों में हिंसा को खारिज करना होगा। पड़ोसी होने के नाते हमें एक-दूसरे से नैतिक, भौतिक और राजनैतिक तौर पर कई चीजों की जरूरत है जिससे दोनों देशों की जनता का सम्मान और स्तर बढ़ेगा। हमें अतीत को दफनाते हुए संकल्प करना चाहिए कि जो कुछ हुआ उस सबके बावजूद हम दोस्त बने रहेंगे। इतिहास ने दोनों देशों के बीच कई मुद्दे और समस्याएं छोड़ दी हैं लेकिन इस उपमहाद्वीप की करोड़ों की जनसंख्या के समाने सबसे बड़ा विषय गरीबी, निरक्षरता और रूग्ण स्वास्थ्य है। इस शिखर वार्ता से दोनों देशों के सम्बन्धों की सभी बाधाओं और गलतफहमियों को दूर करने में सहायता प्राप्त होगी तथा समस्याओं के समाधान और अटूट मित्रता का मार्ग प्रशस्त होगा। पाकिस्तान से अपने मतभेद भुलाकर विभाजन के समय से अनसुलझे विषयों को हल करने के लिए शिमला समझौते तथा लाहौर घोषणा पत्र के आधार पर आगे बढ़ते हुए सम्बन्धों को एक नया अध्याय शुरू करने पर जोर दिया। पाकिस्तान के राष्ट्रपति परवेज मुशर्रफ और प्रधान मन्त्री अटल बिहारी वाजपेयी के मध्य होने वाली बातचीत के दौरान उस कमरे में सुलह-कुल के प्रणेता अकबर की आत्मा मौजूद रहेगी। जिस शहर में आपकी (मुशर्रफ) और हमारे प्रधान मन्त्री की बातचीत होने वाली है वह शहर प्यार और सुलह का शहर है। आगरा से थोड़ी ही दूर सिकन्दरा में अकबर महान् का मकबरा है। वह चाहते हैं कि कल वार्ताकक्ष में अकबर की आत्मा उपस्थित रहे। कल से शुरू हो रही शिखर वार्ता की बैठक में दोनों नेता मैत्री और विकास के रास्ते में आड़े आ रही समस्याओं तथा गलतफहमियों को दूर करने का मार्ग प्रशस्त कर सकेंगे। उन्हें साझा शान्ति, समृद्धि और विकास के लिए मिलकर आगे बढ़ना चाहिए। भारत और उसकी राजधानी दिल्ली लगभग आधी सदी पश्चात् अपने ही एक विशिष्ट सपूत का स्वागत कर रही है, और इससे आशा की एक नयी किरण उभरी है।"

राष्ट्रपति ने शिखर वार्ता को ठोस एवं महत्वपूर्ण कदम की सराहना करते हुए आगे कहा, "मैं मानता हूँ कि भारत और पाकिस्तान के बीच शान्ति और मैत्री का मार्ग प्रशस्त करने के लिए यह शिखर वार्ता एक ठोस कदम साबित होगी, जिसमें हम मिलकर काम कर सकते हैं और अपनी जनता के हितों के लिए रचनात्मक सहयोग कर सकते हैं। दोनों देशों ने आर्थिक विकास एवं औद्योगिकी

के क्षेत्र में महत्वपूर्ण कदम उठाने हैं। दोनों देशों की जनता के बीच सम्पर्क स्थापित होने के रास्ते में आ रही सभी अड़चनों को हमें दूर करना चाहिए। हमें ऐसी व्यवस्था करनी चाहिए कि हमारे कलाकार, लेखक और व्यवसायियों सहित आम लोग स्वतन्त्र रूप से मिल जुलकर रह सकें और आपस में भाईचारा स्थापित हो सके। हमारे बीच हिंसा का कोई स्थान नहीं होना चाहिए। हमें सभी देशों का विशेषतौर पर पड़ोसियों के साथ मित्रता और सहयोगात्मक सम्बन्ध बनाने हैं। मेरा मानना है कि यदि भारत और पाकिस्तान सामान्य द्विपक्षीय संबंध स्थापित कर सकें तो दक्षिण एशियायी क्षेत्रीय सहयोग संगठन (दक्षेस) एक गतिशील क्षेत्रीय आन्दोलन के रूप में उभर सकेगा। सम्राट अशोक का यह सन्देश कई शताब्दी पश्चात् अकबर महान् ने भी दोहराया था कि सभी धर्मों के लोगों का आदर करना चाहिए और यही बात कायदे आजम् मुहम्मद अली जिन्ना ने पाकिस्तान की संविधान सभा में अपनी बैठक में कही थी। कल आगरा में जब आप बैठक कर रहे होंगे तो मैं चाहूँगा कि आपके सामने इस उपमहाद्वीप के सबसे गरीब आदमी की शक्ल हो और आप दोनों का प्रयास उसकी पीड़ा को दूर करना होगा। अगर यह लक्ष्य सामने रहा तो मुझे विश्वास है कि दोनों देशों के बीच शेष सभी विषय गौण हो जाएँगे और सन्तोषजनक हल निकलना आसान हो जाएगा।''

## राष्ट्रपति जी ने फूलन देवी की हत्या पर शोक व्यक्त किया

राष्ट्रपति डॉ॰ के॰ आर॰ नारायणन, प्रधान मन्त्री अटल बिहारी वाजपेयी, पूर्व प्रधान मन्त्री विश्वनाथ प्रताप सिंह , केन्द्रीय मन्त्री राम विलास पासवान, बसपा नेता सुश्री मायावती, माकपा नेता सोमनाथ चटर्जी सहित विभिन्न राजनीतिक दलों के नेताओं ने सपा सांसद फूलन देवी की हत्या पर अपार दुख व्यक्त किया। राष्ट्रपति जी ने अपने शोक सन्देश में कहा कि, ''फूलन देवी की कहानी एक विद्रोही महिला की कहानी है। फूलन देवी शोषण और अत्याचार के विरुद्ध आवाज उठाने वाली महिला थी।''

## अजीत सिंह को केन्द्रीय कृषि मन्त्री पद की शपथ दिलाई

प्रधान मन्त्री अटल बिहारी वाजपेयी ने राष्ट्रीय लोकदल नेता अजीत सिंह को अपने मन्त्रिमण्डल में कृषि मन्त्री के रुप में शामिल किया। दिनांक 22 जुलाई, 2001 को राष्ट्रपति भवन में सम्पन्न एक संक्षिप्त समारोह में राष्ट्रपति डॉ॰ के॰ आर॰ नारायणन ने अजीत सिंह को कृषि मन्त्री पद और गोपनीयता की शपथ दिलाते हुए कृषि मन्त्री पद का प्रभार सौंपा।

## रक्षाबन्धन पर्व पर राष्ट्रपति जी की शुभकामनाएं

राष्ट्रपति डॉ० के० आर०नारायणन, उपराष्ट्रपति कृष्णकान्त और प्रधान मन्त्री अटल बिहारी वाजपेयी ने भाई-बहन के मध्य अटूट प्रेम के पावन पर्व रक्षा बन्धन के शुभावसर पर दिनांक 03 अगस्त, 2001 को देशवासियों के लिए अपनी-अपनी हार्दिक शुभकामनाएँ दीं। राष्ट्रपति जी ने अपने सन्देश में रक्षा बन्धन के शुभावसर पर कहा कि, 'मैं सभी भाई-बहनों को अपनी हार्दिक बधाई और शुभकामनाएं देता हूँ। मेरी कामना है कि यह अनूठा त्योहार हमारे लोगों के बीच सुख और सद्भावना का संचार करे।"

## 55वें स्वतंत्रता दिवस की पूर्व संध्या पर राष्ट्र के नाम सन्देश

भारत की स्वतंत्रता के 55वें दिवस की पूर्व संध्या पर राष्ट्र के नाम अपने सन्देश में महामहिम राष्ट्रपति डॉ० के० आर० नारायणन ने 14 अगस्त, 2001 को महात्मा गाँधी का उल्लेख करते हुए कहा कि, "महात्मा गाँधी जिन लाखों व्यक्तियों को मूक जनता कहते थे जो वर्तमान परिस्थितियों के प्रति अधिक से अधिक मुखर और अधीर हो रहा है, उसकी आकांक्षाओं को पूरा करने के लिए स्वतंत्रता और न्याय के बीच संतुलन रखना अत्यन्त आवश्यक है। इस सन्तुलन ने अब तक हमें वैश्वीकरण की आंधी में गरीबी से पीड़ित लोगों की सेवा करने लायक बनाया। स्वतंत्रता के पश्चात् हमारी सबसे बड़ी उपलब्धि यही रही है कि समस्त जटिल विविधताओं और सारी कठिनाईयों के होते हुए भी हमने धैर्य के साथ लोकतन्त्र और एकता का निर्माण किया हौ इसका आधार हमारे सामाजिक लोकतन्त्र, मानव स्वतंत्रता और सामाजिक न्याय के लिए इस सन्तुलन को स्थाई रखना चाहिए। हमारी व्यवस्था के केन्द्र में स्थित इस आवश्यक और आधारभूत संतुलन ने हमें दुनियाभर में चल रही वैश्वीकरण की आँधी में गरीबी से व्याकुल मानवों की सेवा करते रहने योग्य बनाया है।"

राष्ट्रपति जी ने देश के सम्पन्न व्यक्तियों को सम्बोधित करते हुए कहा कि, "वे (सम्मान लोग) स्वयं से पूछें कि वे दूसरों के लिए और देश के लिए क्या कर सकते हैं? हमारी समस्त कमियों और हाताशाओं के होते हुए भी हमारी स्वतंत्रता के पिछले 54 वर्षो की अवधि हमारे लम्बे इतिहास का ऐसा एकमात्र बड़ा कालखण्ड रहा है जिसमें हमारे विशाल देश में अपेक्षाकृत अधिक शान्ति, प्रगति और एकता की भावना परिलक्षित हुई है और हमारे देश के करोड़ों देशवासियों के मन में भविष्य के प्रति आशाएँ लगी हैं। यह सम्भव है कि स्वतंत्रता के

पश्चात् पचास वर्ष से अधिक वर्षों में सैकड़ों दोष और विफलताओं का असर स्पष्ट नजर आया है, लेकिन यह तथ्य स्वीकार करना होगा कि इस दौरान हमारे प्रगति में तेजी से कदम बढ़ाये हैं क्योंकि ऐसा करके ही हम श्रेष्ठतर और उज्ज्वलतर भारत का निर्माण कर सकते हैं।" देश की आजादी के लिए मर मिटने वाले स्वतंत्रता सेनानियों का स्मरण करते हुए राष्ट्रपति जी ने स्पष्ट कहा कि "स्वतंत्रता सेनानियों के साथ-साथ हम विशेष रूप से महात्मा गाँधी जी को याद करते हैं। जिन्होंने एक शक्तिशाली साम्राज्य के विरूद्ध लाखों मूक व्यक्तियों की शक्ति को संगठित किया और देश को आजादी दिलायी तथा हमें विश्व में सिर ऊँचा रखने योग्य बनाया। आज हमारा राष्ट्र एक है। यह एकता रक्तपात या निरंकुश शाक्ति के प्रयोग से नहीं आयी बल्कि सहिष्णुता और मानवीय दृष्टिकोण के अधिक सौभ्य तथा चिरस्थाई उपायों से आई है। हमारा भविष्य हमारे अपने हाथों में हैं। सेना व अर्ध सैनिक बलों के जवानों, किसानो, दस्तकारों, इंजीनियरों व वैज्ञानिकों की कड़ी मेहनत के चलते ही भारत आज विश्व की प्रथम पंक्ति में खड़ा है।"

**राष्ट्रभाषा हिन्दी के प्रमुख दैनिक समाचार पत्र राष्ट्रीय सहारा के प्रकाशन के एक दशक 2001 में पूर्ण होने पर राष्ट्रपति डॉ० के० आर० नारायणन की राष्ट्रीय सहारा परिवार को हार्दिक बधाई**

## भारत गणतन्त्र

मुझे यह जानकर प्रसन्नता हो रही है कि राष्ट्रीय सहारा हिन्दी दैनिक 15 अगस्त, 2001 को अपने लोकप्रिय प्रकाशन के दस वर्ष पूरे कर रहा है और इस अवसर पर अपना एक विशेषांक प्रकाशित कर रहा है। समाचारों का वस्तुनिष्ठ प्रस्तुतीकरण और सम्यक विश्लेषण तथा रचनात्मक खोजी पत्रकारिता एक अच्छे समाचार पत्र की विशेषताएँ होती हैं। मुझे विश्वास है कि राष्ट्रीय सहारा ने भी इन्हीं लक्ष्यों को सामने रखकर किया है। मैं इस अवसर पर इस प्रकाशन की सफलता के लिए अपनी शुभकानाएं प्रेषित करता हूँ।

के० आर० नारायणन

(के० आर० नारायणन)

## स्वतंत्रता दिवस की संध्या पर राष्ट्रपति द्वारा चाय पार्टी का आयोजन

स्वतंत्रता दिवस की संध्या पर राष्ट्रपति महामहिम डॉ० के० आर० नारायणन ने राष्ट्रपति भवन में चाय पार्टी का आयोजन किया। इस अवसर पर उपराष्ट्रपति कृष्णकान्त, प्रधान मन्त्री अटल बिहारी वाजपेयी, गृह मन्त्री लाल कृष्ण आडवाणी, कांग्रेस अध्यक्ष श्रीमती सोनिया गाँधी, केन्द्रीय मंत्रिमण्डल के कई सदस्य, तीनों सेनाओं के प्रमुख, विदेशी राजनयिक, सांसद, पत्रकार तथा विभिन्न क्षेत्रों में जानी-मानी हस्तियाँ उपस्थित थे। विशिष्ट व्यक्तियों में पूर्व राष्ट्रपति आर० वेंकट रामन, पूर्व प्रधान मन्त्री नरसिंह राव, विश्वनाथ प्रताप सिंह और उच्चतम न्यायालय के न्यायाधीश न्यायमूर्ति ए०एस० आनन्द भी उपस्थित थे।

## राष्ट्रपति जी का वायरल फीवर के कारण कार्यक्रमों में भाग न लेना

राष्ट्रपति डॉ० के० आर० नारायणन जी को वायरल फीवर से दिनांक 25 अगस्त, 2001 से अकस्मात पीड़ित होने के कारण तीन दिन तक सेना के अस्पताल में चिकित्सा के लिए भर्ती कराया गया। वहाँ पर हुई चिकित्सा से आपको अच्छा स्वास्थ्य लाभ हुआ। राष्ट्रपति जी के स्वास्थ्य में सुधार होता रहा लेकिन चिकित्सकों ने उन्हें कुछ और समय तक विश्राम करने की सलाह दी थी, जिसके फलस्वरूप अगले एक पखवाड़े के उनके सभी सार्वजनिक समारोहों को रद्द कर दिया गया था। राष्ट्रपति भवन के प्रवक्ता के० सतीश नम्बूदिरीपाद ने सरकारी बयान में कहा कि राष्ट्रपति जी की तबीयत अब ठीक है। डॉक्टरों ने उनके स्वास्थ्य में हो रही प्रगति पर सन्तोष व्यक्त किया है लेकिन उन्हें अभी कुछ और समय विश्राम की सलाह दी गई है। इसी स्थिति के अनुसार अगले पखवाड़े में होने वाले समस्त सार्वजनिक समारोहों को स्थगित कर उनके लिए नई तारीखें तय की गई। राष्ट्रपति जी को 29 अगस्त तथा 5 सितम्बर को राष्ट्रपति भवन में अर्जुन पुरस्कार और शिक्षक दिवस समारोहों में पुरस्कार प्राप्तकर्ताओं को सम्मानित करना था।

## केन्द्रीय मन्त्रिमण्डल में परिवर्तन में नये मन्त्रियों को राष्ट्रपति द्वारा शपथ दिलाना

प्रधान मन्त्री अटल बिहारी वाजपेयी ने अपने सवा दो साल पुराने मन्त्रिमण्डल का विस्तार दिनांक 01 सितम्बर, 2001 को किया। नये मन्त्रियों को उनके पद और गोपनीयता की शपथ दिलाने के लिए शपथ ग्रहण समारोह का आयोजन

राष्ट्रपति भवन के अशोका हाल में किया गया। महामहिम राष्ट्रपति डॉ॰ के॰ आर॰ नारायणन ने बीस मिनट चले इस शपथ ग्रहण कार्यक्रम में प्रधान मन्त्री की सलाह पर नये कैबिनेट मन्त्रियों के रूप में वेदप्रकाश गोयल, आदिवासी नेता करिया मुंडा, शाहनवाज हुसैन और अरुण शौरी को उनके पद और गोपनीयता की शपथ दिलाई। प्रमोद महाजन को संचार मन्त्रालय का अतिरिक्त प्रभार सौंपा गया। राज्य मन्त्रियों में राजीव प्रताप रूढ़ी, रविशंकर प्रसाद, विजय गोयल, अन्ना पाटिल को भी राष्ट्रपति डॉ॰ के॰ आर॰ नारायणन जी ने उनके पद और गोपनीयता की शपथ दिलाई। खुर्जा, उत्तर प्रदेश के सांसद श्री अशोक प्रधान को, डरबन सम्मेलन में भाग लेने के कारण दिल्ली से बाहर होने पर उनको बाद में शपथ दिलाई गई। रामविलास पासवान और शरद यादव के मन्त्रालयों के फेरबदल होने के कारण ये दोनों मन्त्री शपथ ग्रहण की औपचारिकता निभाकर शीघ्र ही अशोक हाल से चले गए।

इस शपथ ग्रहण समारोह में दूसरी ओर राष्ट्रपति डॉ॰ के॰ आर॰ नारायणन ने प्रधान मन्त्री की सलाह पर केन्द्रीय मन्त्रिमण्डल के पांच मन्त्रियों सुन्दर लाल पटवा, देवेन्द्र प्रधान, चोरबा सिंह, जयसिंह राव, गायकवाड़ पाटिल और श्री राम चौहान के त्याग पत्र स्वीकार कर लिए गए। इस शपथ ग्रहण समारोह में उपराष्ट्रपति कृष्णकान्त, प्रधान मन्त्री अटल बिहारी वाजपेयी, गृहमन्त्री लालकृष्ण आडवाणी, राष्ट्रीय जनतान्त्रिक गठबंनधन के संयोजक जॉर्ज फर्नांडिस के अतिरिक्त कई केन्द्रीय मन्त्री और कई प्रमुख हस्तियां उपस्थित थीं।

## आतंकवाद को समाप्त करना चाहिए

'अन्तरराष्ट्रीय विधि समस्याएं एवं चुनौतियां' विषय पर इण्डियन सोसायटी ऑफ इन्टरनेशनल लॉ द्वारा आयोजित चार दिवसीय अन्तरराष्ट्रीय सम्मेलन का दिनांक 4 अक्टूबर, 2001 को उद्घाटन करते हुए राष्ट्रपति डॉ॰ के॰ आर॰ नारायणन ने संसार के विभिन्न भागों में तेजी से बढ़ रहे आतंकवाद पर गहरी चिन्ता व्यक्त करते हुए कहा कि "निर्वाचित सरकारों और आम जनता के लिए खतरा बन रहे आतंकवादियों को समाप्त किया जाना चाहिए चाहे वे कहीं भी हों। आतंकवाद से निबटने के लिए हमें व्यापक दृष्टिकोण अपनाना होगा क्योंकि इस लड़ाई में संकुचित नजरिया अपनाना पूरी तरह भेदभावपूर्ण होगा। आतंकवाद से लड़ने के लिए तैयार हो रहे अन्तरराष्ट्रीय गठबंधन द्वारा आतंकवाद से निबटने के लिए पक्षपातपूर्ण दृष्टिकोण नहीं अपनाया जाएगा। आज आतंकवाद हमारी सभ्यता के

लिए घृणित प्रवृत्ति के रूप में उभर कर सामने आया है और 11 सितम्बर को न्यूयार्क में वर्ल्ड ट्रेड सेंटर और वाशिंगटन में पेंटागन पर हुए हमलों के बाद पूरा विश्व यह जान गया है कि यह समस्या कितनी जटिल एवं गम्भीर है।''

राष्ट्रपति जी ने भारत में सीमा पार से फैलाए जा रहे आतंकवाद का वर्णन करते हुए कहा कि ''पिछले दो दशक में इन आतंकवादी गतिविधियों में हजारों भारतीय अपनी जान गंवा चुके हैं। आतंकवाद के खिलाफ आवाज उठानें के लिए हम विश्व के हर मंच का प्रयोग करते रहे हैं और याद दिलाते रहे हैं कि इससे पहले कि यह हमें अपनी लपेट में ले, हमें इसे जड़ से मिटा देना चाहिए। भारत विश्व के हर मंच से आतंकवाद के खिलाफ आवाज उठाता रहा है लेकिन तब किसी ने उसकी बात पर ध्यान नहीं दिया। अब इससे मुक्ति पाने के लिए अन्तरराष्ट्रीय गठबन्धन तैयार किया जा रहा है। आतंकवाद का सफाया करने में संकुचित दृष्टिकोण नहीं अपनाया जाएगा। कई क्षेत्रों में अनुचित रूप से यह कहा हे कि अमरीका पर हुआ आतंकवादी हमला सभ्यताओं के तथाकथित टकराव को दर्शाता है। लेकिन अन्तरराष्ट्रीय कानून निर्माताओं को यह पूरी तरह साफ करना चाहिए कि इस तरह का टकराव सभ्यताएं नहीं बल्कि बर्बरता करती हैं और सभ्यताएं तो परस्पर बातचीत तथा विचारों के आदान-प्रदान का रास्ता बनाती हैं।''

राष्ट्रों के बीच राजनीतिकि तथा आर्थिक तथा संघर्ष को समाप्त करने के लिए राष्ट्रपति जी ने कहा कि ''अर्थशास्त्र के इस युग में आशंका है कि कम आर्थिक क्षमता वाले राष्ट्र हाशिए पर चले जाएंगे। इसलिए ऐसे समय में अन्तरराष्ट्रीय विधि व्यवस्था की यह जिम्मेदारी है कि वह ऐसे मसलों का समाधान करें ताकि विकासशील देशों के हितों की रक्षा हो सकें।''

## प्रधान मन्त्री अटल बिहारी वाजपेयी की राष्ट्रपति जी से भेंट

प्रधान मन्त्री अटल बिहारी वाजपेयी ने दिनांक 26 सितम्बर, 2001 को राष्ट्रपति डॉ॰ के॰ आर॰ नारायणन जी से भेंट की प्रधान मन्त्री ने राष्ट्रपति जी को अमरीका में वाशिंगटन के सेना मुख्यालय के कार्यालय पेंटागन और न्यूयार्क में विश्व व्यापार केन्द्र पर हुए आतंकवादी हमलों से उत्पन्न अन्तरराष्ट्रीय परिस्थितियों के साथ-साथ आतंकवाद से निबटने के लिए भारतीय उपायों से राष्ट्रपति डॉ॰ के॰ आर॰ नारायणन को अवगत कराया। अन्तरराष्ट्रीय आतंकवाद के विरूद्ध अधिक से अधिक देशों को अपनी मुहिम में शामिल करने के

लिए भारत के त्रिशवव्यापी प्रयासों के विषय में बताया। प्रधान मन्त्री और राष्ट्रपति के मध्य मुख्य रूप से अमरीका पर हुए आतंकवादी हमलों से बदले घटनाक्रम में विशेषत: दक्षिण एशिया में बनी परिस्थितियों पर परस्पर विचार-विमर्श हुआ। वर्तमान परिस्थितियों में भारत पर पड़ सकने वाले सम्भावित प्रभावों से भी राष्ट्रपति जी को अवगत कराया। इस भेंट के समय विदेश और रक्षा मन्त्री जसवंत सिंह भी प्रधान मन्त्री के साथ उपस्थित थे। राष्ट्रपति डॉ० के० आर० नारायणन हाल ही में गोवा से स्वास्थ्य लाभ के बाद राष्ट्रपति भवन लौटे थे। राष्ट्रपति जी के गत माह में अस्वस्थ रहने के कारण समस्त समारोहों को स्थगित कर दिया गया था।

## वी०एस० नॉयपॉल को राष्ट्रपति जी की बधाई

इस साल का साहित्य क्षेत्र में दिया जाने वाला नोबल पुरस्कार त्रिनिडाड में 17 अगस्त, 1932 को जन्में भारतीय मूल के साहित्यकार विद्याधर सूरज प्रसार नॉयपॉल को उनकी पुस्तक 'द एन्गिना ऑफ अराइवल' पर स्टॉकहोम में दिनांक 11 अक्टूबर, 2001 को इस गौरवमयी नोबल पुरस्कार की घोषणा करते हुए स्वीडिस अकादमी ने कहा, "विद्याधर सूरज प्रसाद नॉयपॉल ऐसे साहित्यकार हैं, जो वक्त की नब्ज को थामें हुए हैं। नॉयपॉल ने साहित्य के मौजूदा फैशन और आदर्श से खुद को अलग रखते हुए एक अलग धारा चुनी। यह वह धारा थी, जिसमें कथा और गैर-कथा में परम्परागत भेद का महत्व बहुत कम हो गया है। उन्नहतर वर्षीय नॉयपॉल को नोबल पुरस्कार के रूप में दस लाख डॉलर (एक करोड़ स्वीडिस क्रोनर) मिलेंगे। नॉयपॉल को यह पुरस्कार 10 दिसम्बर, 2001 को अन्य क्षेत्र के नोबल पुरस्कार विजेताओं के साथ स्टॉकहोम में आयोजित समारोह में स्वीडन के सम्राट कार्ल सोलहवें के हाथों से दिया जाएगा। नॉयपॉल के पूर्वज उत्तर भारतीय हिन्दू परिवार के थे, जो भारत से जाकर त्रिनिडाड में बस गए थे।"

भारतीय राष्ट्रपति महामहिम डॉ० के० आर० नारायणन ने वी० एस० नॉयपॉल को इस महत्वपूर्ण नोबल पुरस्कार की उनके लिए घोषणा होने पर एक पत्र द्वारा उनको बधाई देते हुए कहा, "साहित्य के क्षेत्र में नोबल पुरस्कार के लिए आपका नाम घोषित किए जाने की खबर से मुझको अत्यधिक प्रसन्नता हुई। मैं भारत की जनता और अपनी ओर से आपको इस सम्मान के लिए नामित किए जाने पर बधाई देता हूँ।

## राष्ट्रपति जी की श्री माधव राव सिंधिया को श्रद्धांजलि

कांग्रेस दल के वरिष्ठ नेता माधव राव सिंधिया की 30 सितम्बर, 2001 को कानपुर में कांग्रेस दल की विशाल रैली को सम्बोधित करने के लिए जाते समय रास्ते में भों गाँव के निकट मैंसरौली ग्राम से लगभग एक किलोमीटर दूर खेत में जिला मैनपुरी, उत्तर प्रदेश में एक विमान दुर्घटना में हुई मौत पर हार्दिक शोक प्रस्तुत करने के लिए महामहिम राष्ट्रपति डॉ० के० आर० नारायणन अपराह्न लगभग डेढ़ बजे श्री सिंधिया के निवास 27 सफदरजंग रोड पहुँचे और यहाँ दस मिनट तक रुके। डॉ० नारायणन जी ने दिवंगत नेता के पार्थिव शरीर पर पुष्प चढ़ाये और शोक संतप्त परिवार के प्रति संवेदना व्यक्त करते हुए कहा, श्री सिंधिया भारतीय राजनीति के दैदिप्यमान नक्षत्रों में से एक थे। वह गतिशील तथा युवा सोच वाले व्यक्ति थे, देश को उनसे बहुत आशाएँ थीं।" राष्ट्रपति जी ने शोक पुस्तिका में लिखा है कि, "यह विश्वास करना कठिन है कि श्री सिंधिया अब हमारे बीच नहीं रहे। उन्हें देश के लिए बहुत कुछ करना था।

राष्ट्रपति जी ने श्री माधव राव सिंधिया की पत्नी श्रीमती माधवी राजे को भेजे अपने शोक सन्देश में लिखा है कि, "ग्वालियर घराने से जुड़े श्री माधव राव सिंधिया का राजनैतिक जीवन बहुत शानदार रहा, वह एक जुझारू नेता थे। भारतीय राजनीति का एक चमकता सितारा अब नहीं रहा। भयानक दुर्घटना ने देश से एक होनहार नेता छीन लिया है। सिंधिया का पूरा जीवन लोगों के कल्याण के लिए समर्पित था।

## राष्ट्रपति डॉ० के० आर० नारायणन जी के 81वें जन्मदिवस 27 अक्टूबर, 2001 पर कविता सादर समर्पित

आज आपके जन्मदिवस पर, कविता ही है भेंट हमारी।

अपरमपार खुशी है सबको, चहुदिश चहल-पहल है भारी।
आज आपके जन्मदिवस पर, कविता ही है भेंट हमारी।।

सीधे-साधे, भोले-भाले, हंसमुख नम्र, प्रतिभाशाली।
सदा व्यस्त रहो कार्यों मे, कभी न रहते पलभर खाली।।

सौम्यशील अधिक मधुभाषी, नहीं अन्य तुम सा हितकारी।
आज आपके जन्मदिवस पर, कविता ही है भेंट हमारी।।

आकर्षक व्यक्तित्व आपका, चिर परिचित जन सा लगता है।
मधुर वचन, व्यवहार कुशलता, सबको अति मोहित करता है।।

करने लगी बाध्य लिखने को, तुम पर कविता कलम हमारी।
आज आपके जन्मदिवस पर, कविता ही है भेंट हमारी।।

सहनशील अति उदारता का, परिचय तुमने बहुत दिया है।
दिखला करके कार्यकुशलता, नाम आपने बहुत किया है।।

सुनी प्रशंसा सब ही के मुख, मैं भी उन से अति आभारी।
आज आपके जन्मदिवस पर, कविता ही है भेंट हमारी।।

जीवन हर्षित रहे आपका, आप जन-जन के निकटस्थ रहें।
देश-विदेश में मान प्राप्त हो, जीवन भर आप स्वस्थ रहें।।

देखा सुना नैन-कानों से, आप बड़े हैं परोपकारी।
आज आपके जन्मदिवस पर, कविता ही है भेंट हमारी।।

**डा॰ राजपाल सिंह 'राज'**

## उच्चतम न्यायालय के न्यायाधीशों के पेनल के विषय में टिप्पणी

उच्चतम न्यायालय के तत्कालीन मुख्य न्यायाधीश ए॰एस॰ आनन्द ने उच्चतम न्यायालय के न्यायाधीशों के लिए दस न्यायविद् उच्च न्यायालयों के कानून विशेषज्ञों का एक पेनल बनाकर तत्कालीन राष्ट्रपति महामहिम डॉ॰ के॰ आर॰ नारायणन के पास राष्ट्रपति भवन भेजा। राष्ट्रपति जी ने इस पेनल को बड़े ध्यानपूर्वक अध्ययन किया और इसमें अपनाई गई विसंगतियों का खास उल्लेख करते हुए पेनल पर अपनी महत्वपूर्ण टिप्पणी की कि क्या इस दस व्यक्तियों के पेनल में रखने के लिए उच्च न्यायालयों के अनुसूचित जाति/जनजाति न्यायाधीशों में ऐसा कोई योग्य न्यायाधीश नहीं है जिसका नाम इस पेनल में स्वीकार किया जा सके। इस टिप्पणी के साथ पेनल उच्चतम न्यायालय के मुख्य न्यायाधीश ए॰एस॰ आनन्द के पास लौटा दिया। तत्कालीन प्रधानमंत्री अटल बिहारी वाजपेयी के पास पहुंच कर मुख्य न्यायाधीश ए॰एस॰ आनन्द ने गंभीर वार्तालाप किया। यह चर्चा समाचार पत्रों, आकाशवाणी और दूरदर्शन आदि में गरमागरम बहस का विषय बन गई। राजनैतिक क्षेत्र में इस चर्चा का विशेष महत्व रहा। राष्ट्रपति जी की इस टिप्पणी का किसी ने भी खुलकर विरोध नहीं किया। मुख्य

न्यायाधीश ए॰एस॰ आनन्द मन-मसोस कर रह गये। यह प्रकरण राष्ट्रपति डॉ॰ के॰ आर॰ नारायणन के जीवन का एक अत्यन्त महत्वपूर्ण कार्य रहा है। इस महत्वपूर्ण कार्य का यह परिणाम निकला कि डॉ॰ के॰ आर॰ नारायणन सभी राजनैतिक दलों के समर्थन में पुनः राष्ट्रपति पद के प्रत्याशी के रूप में सर्वसम्मति से चुना जाना चाहते थे। भारतीय जनता पार्टी ने अपना समर्थन नहीं दिया। राष्ट्रीय कांग्रेस पार्टी महामहिम डॉ॰ के॰ आर॰ नारायणन को अपना प्रत्याशी बनाने के लिए तैयार थी किन्तु भारतीय जनता पार्टी महामहिम ए॰पी॰जे॰ अब्दुल को राष्ट्रपति पद के प्रत्याशी के लिए स्वीकार कर चुकी थी। कांग्रेस पार्टी ने भी अपना समर्थन दे दिया था।

## न्यायमूर्ति श्री भरूचा को मुख्य न्यायाधीश पद की शपथ राष्ट्रपति जी ने दिलाई

उच्चतम न्यायालय के न्यायाधीश 64 वर्षीय श्री एस॰पी॰ भरूच को दिनांक 01 नवम्बर, 2001 को केवल 6 माह के लिए राष्ट्रपति डॉ॰ के॰ आर॰ नारायणन जी ने राष्ट्रपति भवन में आयोजित सादा समारोह में प्रधान न्यायाधीश के पद और गोपनीयता की शपथ दिलाई। श्री भरूचा को यह स्थान प्रधान न्यायाधीश श्री ए॰एस॰ आनन्द के दिनांक 6 नवम्बर, 201 को अपने पद से सेवानिवृत्त होने पर उनके उत्तराधिकारी के रूप में प्राप्त हुआ है।

श्री भरूचा उच्चतम न्यायालय के तीसवें प्रधान न्यायाधीश के रूप में कार्य करेंगे। आप जुलाई, 1992 में उच्चतम न्यायालय के न्यायाधीश नियुक्त हुए थे। इस शपथ ग्रहण समारोह में उपराष्ट्रपति कृष्णकान्त, प्रधान मन्त्री अटल बिहारी वाजपेयी और उनके मन्त्रिमण्डल के सदस्यों के अतिरिक्त गणमान्य हस्तियां उपस्थित हुई।

## राजस्थान विधान सभा के नए भवन का राष्ट्रपति द्वारा उद्घाटन

राजस्थान की राजधानी जयपुर में नवनिर्मित विधान सभा भवन का दिनांक 6 नवम्बर, 2001 को मुख्य अतिथि के रूप में महामहिम राष्ट्रपति डॉ॰ के॰ आर॰ नारायणन ने लोकर्पण किया। इस समारोह में राष्ट्रपति जी की पत्नी श्रीमती ऊषा नारायणन भी उपस्थित थीं। इस भव्य समारोह में राजस्थान के मुख्यमन्त्री श्री अशोक गहलोत, उनके मन्त्रिमण्डल के मन्त्री, विधान सभा सदस्य एवं गणमान्य व्यक्तियों को सम्बोधित करते हुए महामहिम राष्ट्रपति डॉ॰ के॰ आर॰

नारायणन ने अपने उद्घाटन भाषण में कहा कि, "विधायिका को लोगों की आर्थिक कठिनाइयों को दूर करने के उपायों के साथ ही उनकी आकांक्षाओं की पूर्ति के प्रयास भी करने होंगे। इसके बाद ही समाज का उत्थान सम्भव है। पंचायत राज प्रणाली ही एकमात्र ऐसी प्रणाली है जिसमें लोकतंत्र का वास्तविक प्रतिबिम्ब छुपा हुआ है। राजस्थान इस मायने में लोकतन्त्र का वास्तविक स्वयं का निर्माता है क्योंकि यही राज्य ऐसा है जिसने देश में सर्वप्रथम बलवन्त राय मेहता समिति की सिफारिशों के आधार पर सन् 1959 में सबसे पहले पंचायत राज प्रणाली लागू की थी। उसके पश्चात् ही शेष राज्यों ने इसे लागू किया था। राजस्थान इस मायने में भी देश का प्रथम राज्य है जिसमें 73वें संविधान संशोधन के बाद पंचायत राज में अ॰जा॰/अ॰ज॰जा॰ और महिलाओं को प्रतिनिधित्व देने की पहल की थी। विधायिकाओं को बाल विवाह और दहेज प्रथा की बुराइयों से लड़ने के लिए लोगों को शिक्षित करने और उनमें चेतना जगाने पर जोर देना होगा। तभी खाद्य एवं कृषि मन्त्री सी॰ सुब्रह्मण्यम एवं कृषि वैज्ञानिक एम॰एस॰ स्वामीनाथन के कारण सफल रही और अन्य नीतियों ने बिपुल जनसंख्या वाले देश भारत में माल्थस के जनसंख्या सिद्धान्त को सच साबित नहीं होने दिया।" राष्ट्रपति डॉ॰ के॰ आर॰ नारायणन जी देश की सम्पूर्ण स्थिति और उसके लिए की जा रही सम्पूर्ण गतिविधियों के प्रति सदैव सचेत रहने वाले सजग संरक्षक हैं।

## भारत–आस्ट्रेलिया परिषद् द्वारा आयोजित समारोह में राष्ट्रपति जी का सन्देश

भारत–आस्ट्रेलिया परिषद् द्वारा दिनांक 5 नवम्बर, 2001 को आयोजित पहले सरजॉन क्रावफोर्ड व्याख्यान समारोह का उद्घाटन आस्ट्रेलिया के प्रसिद्ध वैज्ञानिक डॉ॰ ललोयड इवान ने किया। मुख्य अतिथि के रूप में महामहिम राष्ट्रपति डॉ॰ के॰ आर॰ नारायणन ने समारोह में उपस्थित विद्वानों के समक्ष निजीकरण और भूमण्डलीयकरण की अर्थव्यवस्था के संबंध में सरकार को अपने दायित्व का पालन करने के लिए उचित सलाह देते हुए अपने सन्देश में कहा कि "हम लोग एक विरोधाभासी स्थिति में हैं। हमारे गोदाम अनाज से लबालब भरे हैं और ग्रामीण क्षेत्रों में गरीबी और भुखमरी आज भी बरकरार है। आज हमें अनाज के भण्डारण की समस्या और कुछ क्षेत्रों में गरीबी एवं भुखमरी जैसी समस्या से जूझना पड़ रहा है। इस समस्या का प्रभावी रूप से सामना किया जा सकता है और इसके लिए सरकार को बड़े पैमाने पर जनभागीदारी वाले वैसे

सार्वजनिक कार्यक्रम तैयार करने चाहिए, जिसमें इस अनाज भण्डार का उपयोग हो सके।''

अपने देश को आर्थिक संकट से बचाने के लिए और आर्थिक अवस्था को शक्तिशाली बनाने के लिए राष्ट्रपति जी ने अमरीका को ऐसी स्थिति से निकालने के लिए और अपनी अर्थव्यवस्था को सबल बनाने की एक घटना का उदाहरण प्रस्तुत करते हुए कहा कि, ''संयुक्त राज्य अमरीका ने भी अपनी चौपट होती अर्थव्यवस्था में जान फूंकने के लिए लाखों डॉलर का निवेश किया है। अर्थव्यवस्था को बचाने में सरकार की भूमिका का एक उदाहरण है। हरित क्रान्ति पूर्व जाकर देश में सामाजिक लोकतन्त्र की स्थापना की जा सकेगी।''

राष्ट्रपति ने अपने भाषा के प्रारम्भ में अंग्रेजी बोलने के औचित्य को यह कहते हुए सिद्ध किया कि भारत में जो भी आता है वह यहीं का होकर रह जाता है। इसलिए अंग्रेजी भी अब हमारी भाषा है।

## घने कोहरे से राष्ट्रपति जी भी दुखी

शरद् ऋतु की भीषण ठण्ड और घने कोहरे के कारण दिनांक 28 दिसम्बर, 2001 को सम्पूर्ण राजधानी, नई दिल्ली, दिल्ली और उसके आस--पास के सम्पूर्ण क्षेत्रों को समस्त सड़क, रेल और वायु यातायत को स्थगित कर दिया था। साधारण नागरिक से लेकर प्रथम नागरिक महामहिम राष्ट्रपति डॉ० के० आर० नारायणन जी को भी इस घने कोहरे के कारण अन्तरराष्ट्रीय इन्दिरा गांधी हवाई अड्डे पर अपनी पुत्री सुश्री चित्रा नारायणन, को लिवाने के लिए अधिक समय तक प्रतीक्षा करनी पड़ी। सुश्री चित्रा नारायणन इस समय स्वीडन में भारतीय राजदूत हैं जो नव वर्ष के आगमन पर स्वीडन से भारत आ रही थी। राष्ट्रपति जी सुश्री चित्रा नारायणन को लिवाने के लिए हवाई अड्डे पर आये हुए थे। घने कोहरे के कारण वायुयान को विलम्ब से आने की परिस्थितियों के नवीन उपायें के विषयों में अनौपचारिक रूप में हवाई अड्डे के अधिकारियों से पूछ–ताछ की। इस विषय में उड्डयन विभाग के सूत्रों के अनुसार प्रशिक्षण नहीं मिला था। मौसम विभाग ने बतलाया कि कोहरे की यह स्थिति राजधानी नई दिल्ली में एक दो दिन और रहेगी।

सुश्री चित्रा नारायणन के इन्दिरा गाँधी हवाई अड्डे पर आने पर राष्ट्रपति डॉ० के० आर० नारायणन, श्रीमती ऊषा नारायणन और अन्य साथियों ने भव्य स्वागत किया और अपनी गाड़ी में लेकर राष्ट्रपति भवन आ गए।

## तिरेपनवें गणतन्त्र दिवस की पूर्व संध्या पर राष्ट्रपति का राष्ट्र के नाम सन्देश

तिरेपनवें गणतन्त्र दिवस की पूर्व संध्या 25 जनवरी, 2002 को राष्ट्र के नाम राष्ट्रपति डॉ॰ के॰ आर॰ नारायणन ने अपने संदेश में 13 दिसम्बर, 2001 को भारतीय संसद के प्रांगण में हुए आतंकवादी हमले को भारत की संप्रभुता के प्रतीक को नष्ट करने का प्रयास बताते हुए कहा, कि भारत आर्थिक और रक्षा क्षमता विकसित करके आतंकवाद का लोकतन्त्र के ढंग से उपयुक्त उत्तर देगा। 13 दिसम्बर, 2001 को संसद की सुरक्षा में हुए बलिदान सुरक्षाकर्मियों को अपनी भावभीनी श्रद्धांजलि अर्पित करते हुए राष्ट्रपति जी ने कहा कि अपने सुरक्षाकर्मियों की इस सफलता पर आनन्दित होते हुए हमें याद रखना चाहिए कि हमारी सुरक्षा और हमारा बचाव उन जैसे आम लोगों पर निर्भर है और हमें चाहिए कि हम अपनी प्रभावशाली संसद और सरकारी भवनों से उनके हितों और उनके कल्याण के लिए काम करें। यह संभवतः संयोग की बात नहीं कि हमारी संसद पर यह आक्रमण 13 दिसम्बर को हुआ, जिस दिन 1946 के उसी दिवस की वर्षगांठ पड़ती है, जब जवाहरलाल नेहरू ने संविधान सभा में उन उद्देश्यों का कथन प्रस्तुत किया था, जिसमें भारत की एक स्वतन्त्र संप्रभू गणतन्त्र बनाए जाने का प्रस्ताव रखा गया था और संविधान के उन लोकतान्त्रिक पंथनिरपेक्ष और सामाजिक सिद्धान्तों को रेखांकित किया गया था, जिन्हें हम स्वयं को प्रदान करना चाहते हैं।

राष्ट्रपति डॉ॰ के॰ आर॰ नारायणन ने देश की लोकतांत्रिक और राजनीतिक मोर्चा पर विजय के उपरान्त एक सम्मिलित समाज की अभी तक स्थापना नहीं हो पाने पर अप्रसन्नता व्यक्त करते हुए कहा, महिलाओं, अनुसूचित जातियों और जनजातियों से हो रहा भेदभाव हमारे संविधान के स्थापित लोकतान्त्रिक मूल्यो के विरूद्ध है। सड़क किनारे बिलखते बच्चों का विलाप पूरी दुनिया के सौहार्द को बिगाड़ सकता है। विश्व में सर्वाधिक बच्चे भारत में हैं। देश का भविष्य इसी मानवीय संपदा के विकास पर निर्भर करेगा और यह हमारे बच्चों के स्वास्थ्य और उनके कल्याण पर निर्भर है। बच्चों की शिक्षा समेत उनके सभी कल्याण कार्यक्रमों को लागू करके बच्चों और देश के भविष्य को उज्ज्वल बनाया जा सकता है।

महिलाओं की स्थिति पर गहरी चिंता व्यक्त करते हुए राष्ट्रपति जी ने कहा जितनी महिलाओं की हत्या होती है उनमें से आधी महिलाएं घरेलू हिंसा का

शिकार होती हैं। लेकिन अब समय आ गया है कि देश में महिलाओं को इस असमानता और अपमानजनक स्थिति से मुक्ति दिलाई जाये। उनके विरूद्ध हिंसा और अपराधों में वृद्धि उनके मानसिक आघात पीड़ित अस्तित्व को दर्शाती हैं। महिलाओं के लिए कोई स्थान सुरक्षित नहीं है, यहाँ तक कि उनकी माता की कोख भी उनके लिए सुरक्षित नहीं है। उन्हें उनके जन्म से पहले ही मार दिया जाता है। उन्हें न केवल पंचायतों में बल्कि नगर परिवहन की बसों में, नगर की गलियों में और यहा तक कि उनके अपने घर में भी अपमानित किया जाता है।'' प्रधान मंत्री अटल बिहारी वाजपेयी की कविता की यह पंक्तियां उद्धृत करते हुए महिलाओं पर होने वाले अत्याचारों की ओर ध्यान आकर्षित किया 'हर पंचायत में पांचाली अपमानित हैं।

राष्ट्रपति जी ने सामाजिक भेदभाव और अशिक्षा का वर्णन करते हुए कहा, 'आज अपने देश में परोक्ष रूप से निजी उद्यमों में दलितों और जनजातियों को आरक्षण देने की पैरोकारी करते हुए हाल ही में भोपाल में सम्पन्न दलित, जनजातियों और बुद्धिजीवियों के सम्मेलन के फैसलों का वर्णन करते हुए कहा कि, 'निजी क्षेत्रों को भी अपनी नीतियों में वंचित वर्गों के लिए समानता साबित करनी चाहिए। अमरीका जैसे पूंजीवादी देश में डॉयवर्सिटी बिल के द्वारा जिस तरह के कदम उठाए गए हैं उस तरह का कुछ भारत में किया जा सकता है।

## संसद के संयुक्त अधिवेशन में राष्ट्रपति जी का अभिभाषण

वर्ष 2002 से 2003 तक के बजट सत्र का उद्घाटन करते हुए राष्ट्रपति डॉ॰ के॰ आर॰ नारायणन ने संसद के दोनों सदनों के संयुक्त अधिवेशन में दिनांक 25 फरवरी, 2002 को संबोधित करते हुए अपने अभिभाषण में आतंकवाद का उल्लेख करते हुए कहा, ''भारत से बातचीत की प्रक्रिया शुरू करने के लिए पाकिस्तान को पहले इस बात से सन्तुष्ट करना होगा कि उसने आतंकियों को प्रशिक्षण, हथियार और धन आदि उपलब्ध कराना बन्द कर दिया है। इस आतंक के विरूद्ध अभियान में हमारे सुरक्षा बल पहले ही उल्लेखनीय सफलता प्राप्त कर चुके हैं। पंजाब की तरह जम्मू-कश्मीर में भी आतंकवाद को जड़ से मिटा दिया जाएगा। हम राज्य में उन लोगों से खुलकर बातचीत करने को तैयार हैं जो हिंसा का मार्ग छोड़ना चाहते हैं और जिनकी शिकायत तर्कसंगत है। जम्मू-कश्मीर में आगामी विधान सभा चुनावों में उन तत्वों से सचेत रहने

की आवश्यकता है जो जनआकांक्षाओं की अभिव्यक्ति रोकने के लिए किसी भी हद तक जाने को तत्पर हैं।''

अयोध्या के विषय में महत्वपूर्ण बात बताते हुए राष्ट्रपति जी ने कहा, ''अयोध्या में विवादित स्थान पर यथा स्थिति बनाए रखना केन्द्र सरकार का दायित्व है। वहाँ कानून व्यवस्था की स्थिति बनाए रखने के लिए केन्द्र सरकार सभी आवश्यक उपाय करे। अयोध्या राष्ट्र के समक्ष संवेदनशील विषयों में से एक है और इसका शान्तिपूर्ण और शीघ्र समाधान होना राष्ट्र की एकता और साम्प्रदायिकता सौहार्द के लिए आवश्यक है।

**ऊर्जा क्षेत्र की स्थिति:** देश के विद्युत क्षेत्र में गम्भीर एवं चिन्ताजनक स्थिति का उल्लेख करते हुए राष्ट्रपति जी ने कहा ''बिजली की बड़े पैमाने पर चोरी और घरेलू उपभोक्ताओं और किसानों को अत्यधिक सब्सिडी के कारण ऊर्जा क्षेत्र की स्थिति चिन्ताजनक बन गई है। राज्य बिजली बोर्ड की वार्षिक हानि एक दशक पहले के मुकाबले में 2000-2001 में 20527 करोड़ रुपये तक पहुँच चुकी है। देश का ऊर्जा क्षेत्र आज भी बुरी तरह संकट से घिरा हुआ है। पिछले साल संसद में नया विद्युत विधेयक पेश किया गया था। विधेयक में सभी राज्यों में सुधार की आवश्यकता है। तथा राज्यों को अपने राज्य विद्युत नियामक आयोग स्थापित करना शामिल है। यह विधेयक राज्यों को पूरी तरह स्वतंत्रता देता है। ताकि वे वास्तविक स्थिति को देखते हुए बिजली क्षेत्र में सुधार कर सकें।

**विदेश नीति:** भारत की विदेश नीति सुरक्षा एवं विकास के क्षेत्रों में हमारे महत्वपूर्ण राष्ट्रीय हितों के लिए एक विश्वसनीय संरक्षक की भूमिका निभाने के विषय में राष्ट्रपति जी ने कहा, ''उच्च स्तर पर रक्षा प्रबन्ध के लिए दूरगामी सुधारवादी कदम उठाए जाएँगे जिससे तीनों सेना प्रमुख और नागरिक रक्षा सम्बन्धों में गहनता आएगी। आतंकवाद विरोधी अध्यादेश को दोबारा लाने के लिए सरकार सभी दलों के विचारों को ध्यान में रखेगी और उसमें आवश्यक सुधार लाएगी।''

**आर्थिक नीति:** विश्व अर्थव्यवस्था की मन्दी और इससे प्रभावित भारत की आर्थिक नीति का उल्लेख करते हुए राष्ट्रपति जी ने कहा, ''चालू वर्ष के पुर्वानुमानों के अनुसार 5.4 प्रतिशत की आर्थिक विकास दर न तो पर्याप्त है और न संतोषजनक जिसे आठ प्रतिशत और इससे अधिक करने के लिए तेज सुधार करने होंगे। ऐसा करके ही अगले दस वर्षों से प्रति व्यक्ति आय

दुगनी करने तथा गरीबी रेखा से नीचे जीवनयापन करने वालों की संख्या घटाकर आधी करने के उद्देश्य में सफलता प्राप्त की जा सकती है।

वस्तु अधिनियम में संशोधन किया जाएगा और कृषि उत्पादनों को एक राज्य से दूसरे में लाने ले जाने पर लगे प्रतिबन्ध हटाए जाएंगे ताकि किसानों को उचित मूल्य मिल सके। चीनी उद्योग पर लगे नियन्त्रण को शीघ्र हटाने की घोषणा की।

**मनोरंजन उद्योगः** मनोरंजन उद्योग के विषय में राष्ट्रपति जी ने बताया भारतीय फिल्मों और संगीत की विश्व बाजार में पहुंच बढ़ाने और इनके निर्यात को बढ़ाने के लिए नीतिगत प्रयास किए जा रहे हैं। भारतीय लोकसभा पर 13 दिसम्बर, 2001 को आतंकी हमले में हुए शहीद नौ वीर सिपाहियों को श्रद्धांजलि अर्पित की।

❑❑❑

# 11

# डा॰ ए॰ पी॰ जे॰ अब्दुल कलाम

## भारत का दूसरा सपना

'हमारी पिछली पीढ़ी उन प्रतापी स्वाधीनता सेनानियों की पीढ़ी थी जिन्होंने महात्मा गांधी तथा अन्य नेताओं के ओजस्वी नेतृत्व में आजाद भारत की परिकल्पना की थी, उसका सपना देखा था। भारतीयों द्वारा राष्ट्र के लिए देखा जानेवाला यह पहला सामूहिक सपना था। यह सपना लोगों के दिल-दिमागों में उतरा और उसकी प्रेरक शक्ति ने उनको आजादी के आन्दोलन में सामूहिक रूप से शामिल होने का जोश प्रदान किया। जीवन के हर क्षेत्र से जुड़े इस सपने के प्रति समर्पित लोगों के संयुक्त प्रयास ने देश को आजादी दिलाई।

'अगली पीढ़ी ने भारत को, पूरी ताकत के साथ, आर्थिक, कृषि और प्रौद्योगिकीय विकास के पथ पर अग्रसर किया। लेकिन भारत आज भी एक लम्बे समय से विकासशील देशों की कतार में खड़ा है।

'आइए, अब हम सब मिलकर विकसित भारत का सपना देखें। मुझे पूरा विश्वास है कि भारत में विकसित देशों की कतार में खड़े होने की क्षमता मौजूद है, और उसका यह सपना 15-20 वर्षों में पूरा हो सकता है।'

'सौभाग्य से भारत में अनेक उत्कृष्ट श्रेणी की धातुओं के स्रोत और साधन हैं। हमारे पास लौह, कच्चा मैगनीज आदि भी प्रचुर मात्रा में हैं। चमत्कारिक धातु टाइटेनियम के भंडार के मामले में हम दुनिया में अव्वल नम्बर पर हैं। हमारे पास अनेक दुर्लभ और सामरिक महत्व की मूल्यवान धातुएँ भी हैं। कीमती बेरिल की कच्ची धातु का विपुल भंडार भी है हमारे पास जिससे हमें तीस लाख टन मोनाजाइट, जो अनेक दुर्लभ धातुओं का स्रोत है, प्राप्त हो सकता

है। हम अपनी इन बहुमूल्य धातुओं का उपयोग किस प्रकार कर रहे हैं? हमें इनकी सभी सम्भावनाओं का पूरा दोहन करना चाहिए।'

'जब मैं भारत के पहले उपग्रह 'एस०एल०वी०' को अन्तरिक्ष में भेजने वाले साधन को तैयार करने के प्रयासों में लगा था, गाईडेंस सिस्टम्स के लिए मुझे जायरोस्कोप (बिम्बित करने वाले कैमरे) चाहिए थे। इसके लिए हमें कुछ बेरीलियम उत्पादों की जरूरत थी। इन उत्पादों को बनाने वाली अमेरिकी कम्पनी ने उन्हें हमें देने से इन्कार कर दिया। फिर मालूम पड़ा कि एक जापानी कंपनी उसके कुछ भाग बनाती है। इसलिए उनसे सम्पर्क किया गया। इस कम्पनी ने भी मना कर दिया।

'तब मैंने बेरीलियम के बारे में जानकारी प्राप्त की। मुझे ज्ञात हुआ कि भारत के पास बेरीलियम की कच्ची धातु का सबसे विशाल भंडार है और यह भी कि भारत उसे विकसित देशों को सप्लाई करता है। बेरीलियम विषैली धातु है और उसका प्रयोग करते समय बड़ी सावधानी बरतनी पड़ती है। लेकिन एक बार शुद्ध धातु का रूप धारण करते ही वह अनेक असाधारण गुणों से युक्त आदर्श धातु बन जाता है। इसमें तांबा मिलाने से इलेक्ट्रानिक्स के क्षेत्र में अनेक नायाब कमाल किए गए हैं। अमेरिका आदि के पास ऐसी प्रौद्योगिकियाँ मौजूद हैं जिनके द्वारा वे कच्ची धातु को शुद्ध धातु में बदल सकते हैं और अपनी आवश्यकतानुसार उसका उपयोग कर सकते हैं।

'इस घटना से मैंने एक सबक सीखा। सबक यह कि अगर आपके पास आवश्यक प्रौद्योगिकी नहीं है तो आपके प्राकृतिक साधन और स्रोत बेकार साबित होंगे।

'परन्तु आज स्थिति यह है कि बेरीलियम उत्पादों के लिए हमें दूसरे देशों से भीख नहीं माँगनी पड़ती। डॉ० राजा राजन्ना और डॉ० सी० बी० सुन्दरम् के उद्योग से उसे शुद्ध करके आवश्यक उत्पाद बनाने की विधियाँ विकसित कर ली गई हैं।'

'यह एक जीती-जागती सच्चाई है कि मानव-इतिहास के किसी भी काल में नए आविष्कारों, बीमारियों के इलाजों, कला, साहित्य, विज्ञान इत्यादि की इतनी ज्यादा उपलब्धियाँ आदमी के लिए प्राप्त नहीं थीं जितनी बीसवीं सदी के दूसरे भाग में हुई है। तब जो भी उपलब्धियाँ थीं उनका कुछ खास लोग ही लाभ उठा सकते थे। अनेक आर्थिक विशेषताएँ भी थीं और उत्पादन की

तकनीकें तथा स्तर ऐसे थे कि उनके द्वारा जिस दौलत की कमाई होती थी, वह ज्यादा नहीं होती थी। इसलिए सिर्फ अमीर और प्रभावशाली लोग ही जीवन की अच्छी तथा उपयोगी वस्तुओं का उपयोग कर सकते थे। और जो अतिरिक्त दौलत कमाई भी जाती थी, उसके लिए बहुत से लोगों को बहुत ज्यादा मेहनत करनी पड़ती थी। यह स्थिति भारत ही नहीं, सारी दुनिया में थी।

'बीसवीं सदी में आविष्कारों ने विशाल उत्पादन के युग के द्वार खोले। पेचीदा प्रौद्योगिकियों, निर्माण विधियों और उनमें प्रयोगों के फलस्वरूप नए-नए उत्पाद सामने आने लगे। उस समय की संख्यात्मक प्रणाली की अर्थव्यवस्था का लाभ पाने के लिए विशाल उत्पादन आवश्यक भी था। इसके फलस्वरूप उत्पाद उपभोक्ताओं को उचित मूल्य पर मिलने लगे। रोजगार के अवसर बढ़े, उत्पादन में अपना योगदान करनेवालों के वेतन बढ़े और आम लोगों को ज्यादा वस्तुएँ खरीदने के अवसर मिले। बहुत से गाँववाले साइकिलों से काम पर जाने लगे। ट्रांजिस्टरों की बदौलत लाखों-करोड़ों लोगों को घर बैठे मनोरंजन और समाचार प्राप्त होने लगे। कप और सॉसर खरीदकर हजारों लोगों को देश के कोने-कोने में चाय की दुकानें खोलकर रोजी-रोटी कमाने के नायाब मौके मिले। विशाल उत्पादन तथा सुधरी प्रौद्योगिकियों ने बेशुमार लोगों की फीकी जिन्दगियों को नई-नई खुशियों से भर दिया।

''प्रौद्योगिकी, अर्थव्यवस्था, समाज, पर्यावरण, और राजनीति के अन्तर्बंधन इतने अधिक प्रगाढ़ नहीं थे, जितने कि वे आज हैं। प्रौद्योगिकीय माँगों में भी जबरदस्त परिवर्तन आया है। पहले हर कच्चे माल से एकाध ही वस्तु का उत्पादन किया जाता था, अब उसके अवशेषों से भी, नई प्रौद्योगिकियों की सहायता से, अनेक वस्तुएँ बनाई जाने लगी हैं। जैसे, तब गन्ने से ज्यादा से ज्यादा चीनी बनाने पर ही निर्माताओं का ध्यान रहता था, बचे हुए माल के बारे में वे नहीं सोचते थे। आज खोई के चूरे से या तो कागज बनता है या उसका इस्तेमाल बिजली-उत्पादन के किया जाता है। इसी तरह आक्जेलिक एसिड जैसी बेकार मानी जानेवाली वस्तु से करीब एक दर्जन रसायन तैयार होते हैं।'

'आधुनिक प्रौद्योगिकी का विस्फोटक विकास और उससे उत्पन्न पर्यावरण की गम्भीर समस्याओं के मद्देनजर उन पर बहुत से सवालिया निशान लग गए हैं, जिसने वैज्ञानिक विचारकों को ज्ञान-प्राप्ति की एक ही लीक पर चलते रहने की अपनी आदत को छोड़कर नए-नए मार्गों की खोज करने को विवश कर दिया है। अब उन्होंने उन प्राचीन और भूले-बिसरे आदिवासी समाजों के पारम्परिक ज्ञान

के दरवाजों पर भी दस्तक देना आरम्भ कर दिया है। इस सतत खोज के परिणामस्वरूप प्राचीन पारम्परिक चिकित्सा विधियों, जड़ी-बूटियों के नुस्खों और यहाँ तक कि धातुकारों के कर्म के बारे में बड़ी मात्रा में ऐसी जानकारी प्राप्त हो रही है जो आज के युग के लिए प्रासंगिक हो सकती है। आजकल, नीम, हल्दी, इमली, बासमती चावल जैसे पदार्थों के इर्द-गिर्द आविष्कारों का जो जमाव हो रहा है, वह इसी सरगर्मी का परिणाम है। अन्य देशों की प्राचीन सफलताओं के ज्ञानाधार का भी व्यापकता से उपयोग हो रहा है।

'संस्कृत भाषा का भी बड़ी बारीकी और गहराई से अध्ययन किया जा रहा है, इस भावना की पुष्टि के लिए कि क्या सचमुच उसका उपयोग कम्प्यूटर की आदर्श भाषा के रूप में किया जा सकता है। ऐसे अध्ययनों में सबसे ज्यादा रुचि विकसित देश ले रहे हैं।'

'आन्ध्र प्रदेश के एक अधिकारी ने पाया कि वहाँ के आदिवासियों के पास कुछ ऐसी गौंदें और लकड़ियाँ होती हैं जिन्हें गँदले पानी में डालकर उसे स्वच्छ किया जा सकता है। जाहिर था कि उन पदार्थों में कोई ऐसा रसायन होता था जिसके प्रयोग से पानी देखते ही देखते एकदम साफ हो जाता था। जाँच से पता चला कि इनमें भारी खनिजों तथा नाभिक वस्तुओं तक की गन्दगी को सोख लेने की ताकत है।'

'अधिकारी महोदय इस जाँच को जारी रखना चाहते थे लेकिन, जैसा कि हमारी व्यवस्था में अक्सर होता है, उन्हें अनेक विरोधों और रुकावटों का सामना करना पड़ा। उन्होंने कई प्रयोगशालाओं के सम्मुख अपना प्रस्ताव रखा मगर उनमें से किसी ने भी कोई उत्तर नहीं दिया। एक विदेशी विश्वविद्यालय ने जरूर अपनी रुचि जताई।'

'भारत में चिकित्सकीय महत्व के पेड़-पौधों का हमारा ज्ञान हजारों वर्ष पुराना है। ऋग्वेद के अनेक सूक्तों में पीपल, सेमल, मिथुआन आदि वृक्षों का उल्लेख है और उनका जो वर्णन किया गया है, वह काफी हद तक सही है। अथर्ववेद में इनके बारे में विस्तार से जानकारी दी गई है। इसमें प्रायः दो हजार जातियों, किस्मों और प्रकारों का विस्तृत वर्णन है, उनके प्रयोग की विधियों के साथ। इसके बाद प्रख्यात कार्य चिकित्सकों ने अपनी 'चरक संहिता' और 'सुश्रुत संहिता' में 700 के करीब राजेमर्रा के इस्तेमाल में आनेवाली और विशेष प्रयोजनों के लिए निर्धारित औषधियों का विवरण दिया है।

'लोग इस बात को जानें कि भारत के औषधीय पौधों में असीम सम्भावनाएँ मौजूद हैं। इस सम्बन्ध में कल्पना कीजिए कि यदि देश के हर गाँव या तालुके में इन सम्भावनाओं की सम्पूर्ण जानकारी प्राप्त करने के उद्देश्य से व्यापक सर्वेक्षण किया जाए तो ये सम्भावनाएँ कई गुना और ज्यादा बढ़ जाएँगीं। और इससे भी ज्यादा महत्व की बात यह है कि इस अपार ज्ञान में यदि हमारा यह इरादा भी जुड़ जाए कि हम इन पौधों के व्यापारीकरण की प्रक्रिया भी शुरू करेंगे, तो असीम सम्भावनाओं का एक दूसरा द्वार भी खुल जाएगा।

'क्या हम इस चुनौती को स्वीकार करने का साहस करेंगे? मेरा मानना है कि हमें यह अवश्य करना चाहिए।'

'मुझे याद है कि 'इसरो' के कम्प्यूटर प्राप्त करने के लिए हमें कितनी ज्यादा लिखा-पढ़ी करनी पड़ती थी। हर कम्प्यूटर खरीदने के लिए कितनी मुलाकातें करनी पड़ती थीं, कितने लम्बे-लम्बे नोट तैयार करने पड़ते थे, कितने सवालों के जवाब देने पड़ते थे।'

'तब से आज (1998) तक देश ने एक लम्बी मंजिल तय की है। आठवें दशक के मध्य से, जब भारत का कम्प्यूटर-निर्माण का मोर्चा खुला, तब से लेकर आजतक भारत एक बिलियन डालर मूल्य के साफ्टवेयर का निर्यात कर चुका है। सेवाओं में तो वृद्धि हुई ही है, बहुत से कामकाज अब अधिक कुशलता और दक्षता के साथ होने लगे हैं।'

'हमने पाया है कि हमारे फाइव-स्टार होटलों के निर्माण में काम आनेवाली काफी सामग्री विदेशों से आयात की जाती है—सिर्फ इस वजह से कि उनके योग्य गुणवत्ता वाली सामग्री हमारे देश में निर्मित नहीं होती। अब भारत के बड़े शहरों में शापिंग माल, सुपर मार्केट आदि विशाल बिक्री-केन्द्र खुलते जा रहे हैं। इनके निर्माण के लिए जो उपसाधन, सहायक सामान तथा जो भी अन्य वस्तुएँ आवश्यक हैं, उनका निर्माण भारत में ही क्यों नहीं हो सकता? परमाणु ऊर्जा को वशवर्ती करनेवाला हमारा देश, जिसने बहुत पेचीदा धातुकर्मी उत्पादों का निर्माण कर दिखाया है, इन सरल वस्तुओं का निर्माण भारतीय तकनीकी और डिजायनों के आधार पर क्यों नहीं कर सकता?'

'हमारे पास जो संसाधन मौजूद हैं, उनका अधिक से अधिक लाभ उठाने के लिए लोगों को शिक्षित करना बहुत जरूरी है। मिसाल के तौर पर, हम वाहनों के प्रयोग में ईंधन की बचत करने वाले उपायों की जानकारी देकर बहुत बचत

कर सकते हैं। तब वह बार-बार बेकार एक्सीलरेटर नहीं दबाएगा, अचानक ब्रेक लगाने की जगह वह पहले से ही अपनी रफ्तार कम कर देगा। इसी तरह यदि स्टोव की लौ को इतना ही जलाएँ कि वह बर्तन के नीचे ही रहे, उसके चारों ओर न फैले, तो गैस की खपत काफी कम हो जाएगी। यह बर्बादी देश की अर्थव्यवस्था पर बुरा प्रभाव डालती है। विविध क्षेत्रों में इस प्रकार का आवश्यक प्रशिक्षण अपने आप में खुद एक उद्योग की शक्ल ले सकता है।'

'विकासशील देशों की तालिका में भारत का स्थान बहुत नीचे है–175 देशों में 134वाँ। उससे ऊँचा स्थान मलेशिया, थाइलैंड और श्रीलंका जैसे देशों का है। हमारी आबादी के 75 फीसदी लोगों को साफ-सुथरे और स्वास्थ्यप्रद वातावरण में जीना नसीब नहीं है। 21 प्रतिशत लोगों को पीने का अच्छा पानी भी नहीं मिलता।

'राष्ट्र संघ की मानव संसाधन विकास–1995 की रिपोर्ट में साफ कहा गया है कि हमें मानवीय मूलधन में अत्यधिक धनराशि का निवेश करना है।'

## पाँच मिशन

'सन् 1960 में जर्मन तकनीकी की सहायता से भारत ने राउरकेला में अपना स्टील प्लांट निर्मित किया था। वह लागत और गुणवत्ता दोनों ही दृष्टियों से दुनिया के सर्वोत्तम स्टील प्लांटों में से एक था। इसके बाद क्या हमने उस तकनीकी की कुशलता और सामर्थ्य तथा अपने शिल्पियों की क्षमता को और भी आगे बढ़ाने का कोई गम्भीर प्रयास किया?

'नहीं। उल्टे हमने हालात को और भी बदतर हो जाने दिया। बोकारो स्टील प्लांट के निर्माण के लिए हम पहले अमेरिका और बाद में सोवियत यूनियन के चक्कर लगाते रहे। उसके बन जाने के बाद भी हम सुस्त बने रहे, हमने अपनी कार्यक्षमता को बढ़ाने की फिर भी कोशिश नहीं की। रांची-स्थित स्टील शोध और विकास केन्द्र हमारी स्टील तकनीकी से कभी भी सार्थक रूप में जुड़ नहीं पाया। इसी तरह भारत सरकार द्वारा स्थापित स्टील-विकास निधि भी स्टील उद्योग की स्पर्धात्मक क्षमता को बढ़ाने में कोई महत्वपूर्ण योगदान नहीं कर सकी।

'अमेरिकी उद्योगपति अक्सन कहा करते थे–मेरी फैक्टरियों को भले ही जला दो, मुझे उन्हें चलाने वाले लोग दे दो। मैं उनकी सहायता से नई फैक्टरियाँ शुरू कर दूँगा। हमारे देश में ऐसे काबिल इंजीनियर और शिल्पी मौजूद हैं जो

स्टील अथारिटी ऑफ इंडिया, टाटा आयरन एण्ड स्टील कम्पनी जैसे प्लांट्स की कायापलट कर सकते हैं–बशर्ते उन्हें नए मिशन के अनुसार कार्य करने का अवसर और सुविधा मिल जाए।'

'औद्योगिक उत्पादों के निर्माण के मिश्र धातुओं का बड़ा महत्व होता है। मामूली से अथवा किसी नई धातु के योग से निर्मित नवीन मिश्र धातु पहली धातुओं से अधिक उपयोगी सिद्ध हो सकती है। प्रश्न उठता है कि पिछले दिनों क्या हमने कोई भारतीय मिश्र धातु बनाई है?

'नहीं। हम ऐसी स्टील मिश्र धातु का इस्तेमाल करते हैं। जिसका निर्माण या तो अमेरिका या सोवियत रूस या फ्रांस में किया गया था। इसके बाद जब अल्युमीनियम मिश्र धातु अथवा टाइटेनियम मिश्र धातु की बात आती है तो पता चलता है कि इनका जन्म भी या तो अमेरिका अथवा यूरोप में हुआ था।

'मैं धातुओं के क्षेत्र में कार्य कर रहे भारतीय वैज्ञानिकों से अक्सर यह पूछता हूँ कि इस क्षेत्र में काफी भारतीय शोध होने के बावजूद हम अभी तक एक भी स्वदेशी मिश्र धातु का निर्माण क्यों नहीं कर सके हैं?'

'उत्तर में वे कहते हैं–हमारे देश में अभी तक शोध-विकास, उद्योग और अकादमिकी, इन तीनों का परस्पर सहयोगी त्रिभुज नहीं कर सका है–जिसके बिना इन उन्नत क्षेत्रों में कोई भी महत्वपूर्ण सफलता प्राप्त करना सम्भव नहीं है।'

डॉ॰ कलाम ने निर्माण के इस राष्ट्रीय मिशन के पाँच प्रमुख क्षेत्र अथवा मिशन चुने हैं और इस प्रकार उनके लक्ष्य निर्धारित किए हैं:

***(1) कृषि तथा प्रोसेसिंग से तैयार किए गए खाद्य पदार्थ:*** जीवन के लिए चूँकि भोजन मुख्य है इसलिए भारत को अपने इस मिशन के तहत दो दशकों में 3600 लाख टन प्रतिवर्ष खाद्य का उत्पादन करना है। इस ध्येय को प्राप्त कर लेने के पश्चात् घरेलू खपत पूरी कर लेने के बाद पर्याप्त मात्रा में दूसरे देशों को भी निर्यात किया जा सकेगा जिससे देश को आय भी प्राप्त हो सकेगी। आज भी यह स्थिति उत्पन्न हो गई है, यह हम सब जानते हैं और काफी अनाज बाहर भेजा जाने लगा है। परन्तु इसे और आगे बढ़ाना हमारा लक्ष्य होना चाहिए।

***(2) विद्युत शक्ति का निर्माण:*** विकास और निर्माण के सभी कार्यों के लिए पर्याप्त मात्रा में बिजली का उत्पादन करना सबसे महत्वपूर्ण अंग है। लोगों

को घरेलू सुख-साधन मुहैया कराने के अलावा अन्न के अधिक उत्पादन के लिए बिजली अनिवार्य है और बिजली से ही इंजीनियरिंग, रसायन, धातुओं को परिमार्जित करके मशीनों और उद्योगों में लगाने योग्य बनाना, समग्र परिवहन, संचार और सूचना क्षेत्र के सुचारु परिचालन तथा अन्य सभी आर्थिक विकास और रोजगारों के लिए बिजली की आवश्यकता केन्द्रीय महत्व की है।

आज भारत की विद्युत उत्पादन क्षमता 85,000 मेगावाट है। इसमें से केवल 32,000 मेगावाट की उपभोक्ता तक पहुँच पाती है। यह माँग से 5 प्रतिशत कम है। विभिन्न क्षेत्रों की निरन्तर बढ़ती हुई आवश्यकता को देखते हुए यह माँ निरन्तर कई गुना बढ़ती चली जाएगी। इसलिए कोयला, गैस, जल और आण्विक स्रोतों से बिजली का उत्पादन बढ़ाने की बहुत आवश्यकता है। इसी के साथ उसके कुशल संचरण को भी सुनिश्चित करना आवश्यक है।

***(3) सूचना प्रौद्योगिकी:*** प्रौद्योगिक योजनाओं के दस्तावेजों में सॉफ्टवेयर, इंजीनियरिंग और उससे जुड़ी प्रौद्योगिकी के आधारों के उत्पाद और सेवाएँ महत्वपूर्ण मूल क्षमताओं की श्रेणी में आती हैं। राष्ट्रीय स्तर पर यह निर्णय ले लिया गया है कि एक दशक में भारत को सूचना प्रौद्योगिकी के क्षेत्र में महाशक्ति बना है। साफ्टवेयर के उच्चतर स्तरों पर भारत के पास बेहतर बौद्धिक क्षमता मौजूद है। यह देश के लिए आमदनी का बहुत बड़ा साधन बनने लगा है। इससे इलेक्ट्रानिक्स तथा निर्माण क्षेत्रों में भी काम बढ़ेगा जिससे आय में वृद्धि होगी। दूसरी ओर इसके द्वारा विश्वव्यापी प्रचार की साधन-सामग्री उपलब्ध होगी जिससे अनेक कार्य किए जा सकेंगे। जैसे व्यापार बढ़ाना, जनता को अपने अधिकारों की जानकारी देना, शिक्षा तथा स्वास्थ्य की जानकारियों का प्रसार, इत्यादि।

ये सब बड़े महत्वपूर्ण योगदान हैं और हम जानते हैं कि भारत ने इस दिशा में बड़ी तेजी से प्रगति करना आरम्भ कर दिया है। अमेरिका की सिलिकॉन वैली तक में भारतीयों का बोलबाला है। देश में भी बंगलौर, हैदराबाद इत्यादि इसके बड़े केन्द्र बनते जा रहे हैं। इन्फोसिस, विप्रो जैसी संस्थाएँ दुनिया की सबसे बड़ी कुछ संस्थाओं के गिनी जाने लगी हैं।

***(4) सामरिक महत्व के कार्य:*** विकसित देश की श्रेणी में खड़ा हो सकने के बराबर ही राष्ट्रीय सुरक्षा का विषय भी है। हमें युद्ध के सभी प्रकार के अस्त्र तथा लड़ाकू तोपें, एल०सी०ए० विमान, प्रक्षेपास्त्र इत्यादि न केवल स्वयं

बनाना चाहिए वरन् उन्हें विदेशी बाजारों में बेचना भी चाहिए। एयरोस्पेस, उन्नत इलेक्ट्रानिक्स, उन्नत सैंसर्स, इत्यादि उद्योगों की स्थापना करके हम अपनी सामर्थ्य विकसित कर सकेंगे। भारत को छोटे यात्री जैट विमानों का भी निर्माण करना चाहिए। सुरक्षा मंत्रालय ने दस वर्ष में इन सभी क्षेत्रों में वर्तमान 30 प्रतिशत से 70 प्रतिशत तक वृद्धि करने की योजना बनाई है। सामरिक महत्व के उद्योगों तथा उनसे जुड़ी प्रौद्योगिकियों को खोला जा रहा है।

***(5) शिक्षा और स्वास्थ्य:*** सही और पूर्ण शिक्षा के बिना किसी भी प्रकार की उन्नति सम्भव नहीं है। लोगों में शिक्षित होने की इच्छा है परन्तु साधनों का अभाव है। अवसर उपलब्ध कराने का कार्य उन प्रचलित तरीकों से नहीं हो सकता जो आजकल गाँवों के स्कूलों और शिक्षण संस्थाओं में मौजूद हैं। प्रत्येक नागरिक को शिक्षित कराने के उद्देश्य से गाँवों का अच्छी सड़कों द्वारा शहरों के शिक्षा केन्द्रों से जुड़ा होना आवश्यक है। इससे गाँवों और कस्बों में ही सबको उच्च शिक्षा उपलब्ध हो सकेगी।

शिक्षा के अलावा यहाँ स्वास्थ्य की सब सुविधाएँ भी आधुनिक साधनों की सहायता से उपलब्ध कराई जाएँगीं। इन केन्द्रों में कार्य करने वाले शिक्षक और चिकित्सक जरूरत पड़ने पर भारत ही नहीं, विदेशी विशेषज्ञों से भी परामर्श इत्यादि ले सकेंगे। उपग्रह-संचार व्यवस्था में भारत की उपलब्धियाँ जबरदस्त हैं। तकनीकी निपुणता के अलावा हमारे देश को श्रेष्ठ राजनीतिक और सामान्य प्रबंधन की योग्यता भी विकसित करनी होगी। सन् 2020 तक यह समूचा नेटवर्क तैयार किया जाना चाहिए।

***परिचालन:*** इन सब कार्यों के सफल परिचालन के लिए पुराने ढंग का सरकारी प्रबन्ध सही और पर्याप्त नहीं है। भारत को विकसित देश बनाने के लिए अभियान के दौरान हमें सोचने-विचारने और कार्य करने के बने-बनाए ढंगों में काफी फेरबदल करना होगा। प्रतियोगात्मक पद्धति अपनाकर अधिक उदार और सरल कार्य-पद्धतियाँ विकसित की जा सकेंगी। क्रियान्वयन के कार्यों से जुड़े लोगों को ज्यादा अधिकार देने होंगे। साथ ही निजी क्षेत्र को भी इनसब कार्यों में सम्मिलित होने के लिए आमंत्रित करना होगा।

यह योजना अत्यन्त विशाल है और इसकी सफलता के लिए समाज के प्रत्येक वर्ग का पूरा सहयोग आवश्यक है। डॉ॰ अब्दुल कलाम ने उन सबके कार्य भी निश्चित कर दिए हैं:

***सरकारी मंत्रालय और विभाग:*** प्रत्येक मंत्रालय अथवा विभाग अपने से सम्बन्धित मिशन उठा ले जिससे समग्र योजना को क्रियान्वित किया जा सके। अन्य विभागों, एजेंसियों, गैर-सरकारी संस्थाओं और निजी-क्षेत्र के सहयोग से वे इन मिशनों को पूरा करें, किसी अन्य के द्वारा शुरुआत की प्रतीक्षा न करें।

***केन्द्रीय सार्वजनिक क्षेत्रों के उपक्रम:*** सभी उपक्रम अपनी प्रौद्योगिकीय विशेषताओं के अनुरूप एक-एक योजना स्वीकार करके उस पर कार्य करें। यह उस मिशन के अलावा है जिसे किसी मंत्रालय ने पहले से आरम्भ कर रखा होगा, और जो उनके जिम्मे होगा।

***राज्यों के सार्वजनिक क्षेत्रों के उपक्रम:*** प्रत्येक उपक्रम अपनी इच्छा से कम से कम एक क्षेत्र विकास तथा सेवा के लिए चुने। इसके अतिरिक्त सम्भव हो तो उन्हें एक और योजना की शुरुआत करना चाहिए जो उन योजनाओं के अलावा हो जिन्हें उनकी संचालिका संस्थाओं ने पहले ही शुरू किया हुआ है। इन योजनाओं से उन्हें अपने क्षेत्रों के चारों ओर से ही वित्तीय सहायता मिल जाएगी।

***बड़े उद्योग:*** हर उद्योग एक ऐसी योजना आरम्भ करे जो केन्द्र के सार्वजनिक क्षेत्र की किसी भी योजना के समान न हो। यह उनकी अपनी कारपोरेट योजना से भिन्न होगी और उन माँगों से भी भिन्न होगी जो वे सरकार द्वारा प्रायोजित मिशनों के अन्तर्गत कर रहे हैं। बेहतर प्रौद्योगिकी की सहायता द्वारा उन्हें किसी एक लघु उद्योग की भी सहायता करना है और कृषि क्षेत्र में भी उतरना है। साधन तथा योग्यता सभी दृष्टियों से देश के नवनिर्माण में उनका महत्वपूर्ण स्थान है, इसलिए उन्हें अपना उत्तरदायित्व पूरे मन से निभाना चाहिए। ऐसा होते ही उनका उत्पादन तथा आय दोनों ही बहुत बढ़ जाएँगीं।

***लघु उद्योग:*** भारत की अर्थनीति में लघु उद्योगों का महत्वपूर्ण स्थान है यद्यपि उनकी समस्याएँ भी अनेक हैं। वे उच्च अध्ययन की संस्थाओं और प्रयोगशालाओं से जुड़कर अपनी प्रौद्योगिकी को विकसित करने का प्रयास करें। उनके कार्यों में नवीकरण होते ही उनका उत्पादन तथा आय दोनों ही बहुत बढ़ जाएँगीं।

***बहुर्राष्ट्रीय कम्पनियाँ:*** एक अरब से ज्यादा आबादी वाले इस देश के विकास में योगदान करके ये कम्पनियाँ अपना व्यापार पहले से कहीं ज्यादा बढ़ा सकती हैं। इस दृष्टि से उन्हें चाहिए कि वे भारत में अपनी दिलचस्पी की एक

दो परियोजनाएँ आरम्भ करें। सही समय पर मिल जाने वाली सहायता छोटी होने पर भी बहुत महत्वपूर्ण होती है। इससे पारस्परिक सद्भावना भी बढ़ती है।

***स्वयंसेवी संस्थाएँ:*** पिछले दशकों में स्वयंसेवी संस्थाओं का देश को आगे ले जाने में महत्वपूर्ण योगदान रहा है। उन्हें चाहिए कि वे अपने कार्यों को निरन्तर बढ़ाती रहें और ऐसे प्रयास करें जिनसे द्रुत परिवर्तनों का वातावरण बने और जन-साधारण सभी आवश्यक योजनाओं को उठाने तथा पूरा करने में आगे आए। ग्रामीण क्षेत्रों में उनकी बहुत आवश्यकता है।

***मीडिया:*** मीडिया ज्यादातर उत्तेजना उत्पन्न करने वाली नकारात्मक खबरें ही छापता है। उसे चाहिए कि इसमें कुछ परिवर्तन करके सकारात्मक कार्यों और योजनाओं को भी प्रकाशित और प्रचारित करे जिससे इन कार्यों को करने की दिशा में ठोस वातावरण बने और लोग विकास कार्यों की सार्थकता अनुभव करें। गुमनामी की दुनिया में खोये उन लाखों नर-नारियों को भी प्रकाश में लाना चाहिए जो देश की नियति को बदल रहे हैं या बदलना चाहते हैं।

***शिक्षित जन:*** शिक्षक, डॉक्टर, बैंकर, प्रशासक, इंजीनियर या किसी भी अन्य पेशें से जुड़े व्यक्तियों को चाहिए कि महीने में कुछ दिन अपने चुने हुए किसी भी काम को बेहतर ढंग से ज्यादा तेजी से करने, उच्च गुणवत्ता के साथ करने में लगायें जिससे समाज और व्यक्ति को सुख और बल प्राप्त हो सके।

भारत के प्राकृतिक साधनों और उसकी औद्योगिक-वैज्ञानिक क्षमताओं को देखते हुए हमें निम्नलिखित 13 क्षेत्रों में विशेष ध्यान केन्द्रित करना चाहिए–

1. स्टील
2. टाईटेनियम
3. दुर्लभ मृदाएं
4. एलुमिनियम
5. कम्पोजिट मैटीरियल्स
6. सिरेमिक्स
7. भवन निर्माण के पदार्थ
8. फोटोनिक पदार्थ
9. सुपर कन्डक्टिंग पदार्थ
10. पॉलीमर्स
11. परमाणवीय पदार्थ
12. जैव पदार्थ और उपकरण
13. सरफेस इंजीनियरिंग

अब इन्हें संक्षेप में अलग-अलग लेते हैं:

*1. स्टील:* भरत के पास कच्ची लौह धातुओं का एक लाख बीस हजार टन भंडार तथा स्टील निर्माण के अच्छे साधन हैं। सन् 2000 में उत्पादन 17 मैट्रिक टन था जो लगातार बढ़ रहा है। यदि सन् 2011 तक वह 66 मैट्रिक टन हो सके तो भारत इस क्षेत्र में दुनिया का अग्रणी देशों में गिना जाने लगेगा और निर्यात भी कर सकेगा।

हमारे देश के विभिन्न स्टील प्लांटों में 35 ब्लास्ट फर्नेस हैं जिनकी क्षमता लगभग 1.8 करोड़ टन है। कुछ क्षमता छोटे प्लांटों के पास है। कुछ मिलाकर यह क्षमता 3 करोड़ टन है। इतनी अधिक क्षमता के बावजूद इसका इस्तेमाल बहुत कम है जो बढ़ाया जाना चाहिए। हमारे देश में स्टील उत्पादन की लागत भी कम है जिसका लाभ उठाया जाना चाहिए।

*2. टाईटेनियम:* यह एक ऐसी विलक्षण धातु है जिसका उपयोग अन्तरिक्ष, नौसेना, तेल और गैस, वास्तुकला, आभूषण, सजावट इत्यादि के अलावा, अपनी जैव अनुकूलता के कारण, मनुष्य शरीर में रोपण लगाने में भी किया जा सकता है। यह उच्च तापक्रम में भी अपरिवर्तित रहता है और कुछ अन्य क्षमताओं के कारण विशेक्ष प्रौद्योगिकी में प्रयुक्त किया जा सकता है।

यह इल्मेनाइट वर्ग की धातुओं में आता है जिसका 33 प्रतिशत भारत के पास है। अभी इसका उत्पाद 100 टन प्रतिवर्ष के लगभग है जो, यदि इस क्षेत्र में योजना और लगन के साथ काम किया जाए, तो सन् 2020 तक बढ़कर 5,000 टन प्रतिवर्ष तक बढ़ाया जा सकता है। अभी भारत में यह उद्योग सही ढंग से स्थापित नहीं हो सका है। इसके लिए भारत सरकार कार्य कर रही है।

*3. दुर्लभ मृदाएँ या मिट्टियाँ:* अंग्रेजी में 'रेयन अर्थ्स' कुछ ऐसी विशिष्ट धातुएँ हैं जिनकी सहायता से छोटे टेप रिकार्डर या वॉकमेन, ईयरफोन आदि यन्त्रों का निर्माण किया जा रहा है। यदि भारतीय इंजीनियरिंग इन पर कुछ और भी काम करे तो छोटे आकार की कृषि योग्य मोटरें भी बन सकती हैं और सौर ऊर्जा से चालित पम्पसैट इत्यादि बनाए जा सकते हैं।

इन धातुओं अथवा मिट्टियों का भी भारत में विशाल भंडार है। इनके विकास तथा उपयोग के कार्यों में इंडियन रेयर अर्थ्स लिमिटेड, परमाणु ऊर्जा कांपलैक्स तथा एटामिक मिनरल्स डिवीजन इत्यादि संस्थाएँ लगी हैं।

*4. एलुमिनियम:* अपने हल्केपन के कारण एलुमिनियम का प्रयोग हवाई जहाज से लेकर घरेलू बर्तनों और विद्युत की संचालक लाइनों इत्यादि में बड़े पैमाने पर किया जाता है। परन्तु इसमें बिजली की खपत बहुत ज्यादा होती है जिसके कारण उसकी लागत भी एकदम बहुत ज्यादा बढ़ जाती है। परन्तु हिंडालको नामक हमारी कंपनी ने इसकी लागत कम करने की दिशा में अच्छा काम किया है। इसका खनिज बाक्साइट है जिसके उत्पादन में भारत का पाँचवाँ स्थान है।

भारत आज 20,000 टन प्लेटों और ट्यूबों तथा 10,000 टन पन्नी कागज तैयार करता है। लेकिन इसके विविध उपयोग हैं और उन सभी दिशाओं में बड़े पैमाने पर काम करने की आवश्यकता है। एलुमिनियम के क्षेत्र में हमने अच्छी प्रगति की है। हम धातु-निर्यात की स्थिति से आगे बढ़कर धातु-निर्माण तक आ पहुँचे हैं। अब हमें इसके उत्पादों के क्षेत्र में काम करना है।

*5. कम्पोजिट या मिश्र पदार्थ:* इनका महत्व पिछले दिनों काफी बढ़ा है और आगे भी बढ़ता चला जाएगा। इनमें धातुएँ, प्लास्टिक, कार्बन, पॉलीमर्स, फाइबर इत्यादि का मिश्रण करके ऐसे पदार्थ विकसित कर लिए जाते हैं जिनमें निर्मित उत्पाद उपयोग में सरल, अहानिकार और सस्ते होते हैं। उद्योग, विज्ञान, घरेलू इस्तेमाल की वस्तुओं, यहाँ तक कि विकलांगों के लिए बनाए जाने वाली वस्तुओं में भी इनका बहुत उपयोग हो सकता है। डॉ० कलाम ने स्वयं अपनी प्रक्षेपास्त्र परियोजना के लिए मिश्रों से उत्पाद बनाने का प्रयत्न किया था। इसी प्रयोगशाला से उन्होंने विकलांगों के लिए उपकरण बनाए। रेलवे स्लीपर्स के लिए भी विशेष मिश्र बनाए जा सकते हैं और उनस लकड़ी की इतनी ज्यादा बचत होने लगेगी कि जंगल के जंगल काटे जाने से बचाए जा सकेंगे। आजकल स्लीपर लकड़ी के ही बनाए जाते हैं जो बहुत मजबूत भी होनी चाहिए। वनों की रक्षा करना आज की एक बड़ी आवश्यकता है। कंक्रीट या लोहे के स्लीपर ज्यादा सफल नहीं हो पाए हैं। मिश्रों से बने उत्पाद हल्के भी होंगे और ढोए जाने वाले माल का बोझ कम हो जाएगा। खेलों के सामान अब मिश्रों से बनने लगे हैं और उपयोग के अन्य समान भी इसी प्रकार बनने लगेंगे।

दरअसल विविध प्रकार के मिश्र बनाने की योग्यता औद्योगिक विकास का एक बड़ा सूचक है। इसलिए इस क्षेत्र में बड़ी योजना लेकर कार्य करने की जरूरत है।

*6. सिरेमिक्स:* सिरेमिक्स या चीनी मिट्टी का उपयोग अभी वाश बेसिन, जमीन पर लगनेवाली टाइलों और चाय के कपों में ही मिलता है। लेकिन अब जहाँ एक

ओर उन्नत किस्म के सिरेमिक्स तैयार होने लगे हैं वहाँ कार, हवाई जहाज तथा अन्य इंजीनियरिंग के क्षेत्रों में भी इनका उपयोग बढ़ता जा रहा है। सिरेमिक्स अत्युच्च तापमान पर काम करने के लिए सफल पदार्थ है और वातावरण को भी प्रदूषित नहीं करता। इलेक्ट्रानिक्स में भी अब सिरेमिक्स निर्णायक भूमिका अदा करने लगा है। बहुत ज्यादा छोटे इलेक्ट्रानिक उपकरण अब इन्हीं से बनाए जाने लगे हैं।

लेकिन भारत अभी इस क्षेत्र में पीछे ही है। सन् 2000 में इसका उत्पादन 14,000 करोड़ रुपए का हुआ। इस पर तेजी से काम हो रहा है और शीघ्र ही भारत इसका निर्यात भी करने लगेगा, यह आशा की जा रही है।

*7. भवन निर्माण के पदार्थ:* पहले मिट्टी और चूना पत्थर का सर्वाधिक प्रयोग होता था, फिर सीमेंट का होने लगा और अब फ्लाई ऐश यानी बिजली केन्द्रों में कोयले को जलाने से जो राख बनती है, उसका प्रयोग बहुत सफलतापूर्वक किया जाने लगा है। इसमें सीमेंट का कम मात्रा में उपयोग किया जाता है। सीमेंट की आवश्यकता तो अभी बनी ही रहेगी लेकिन उसके मूल पदार्थ, चूना पत्थर की कमी होती जा रही है। फ्लाई ऐश से बने पुल, सड़कें और मकान खूब मजबूत रहते हैं और काफी किफायती भी होते हैं।

सीमेंट की खपत सन् 2000 में 9.5 करोड़ टन थी जो बढ़ती चली जाएगी। इसकी पर्याप्त उपलब्धि बनाए रखना आवश्यक है।

*8. फोटोनिक पदार्थ:* ये इलेक्ट्रॉनिक्स की दुनिया में क्रान्ति कर रहे दिखाई देते हैं। इनके कारण अब आप सूचना-समाचारों को सरलता से यहाँ से वहाँ भेज सकते हैं, बाहर से आए चित्रों के अच्छे मुद्रण प्राप्त कर सकते हैं और कई अन्य प्रकार के कार्य कर सकते हैं। इसमें लेजर और फायर आप्टिक्स भी आते हैं जो अपने ढंग से जीवन को प्रभावित कर रहे हैं। सूचना प्रौद्योगिकी, फायबर आप्टिक्स पर आधारित दूरसंचार, चिकित्सकीय प्रयुक्तियाँ, प्रदूषण नियन्त्रण, जीव विज्ञान आदि क्षेत्रों में यह दूरगामी प्रभाव डालेगा।

इस क्षेत्र में बहुत कार्य हो रहा है परंतु उसे तीव्र गति से आगे बढ़ाते रहने की आवश्यकता है।

*9. अतिचालक या सुपर कन्डक्टिंग पदार्थ:* ये विद्युत के क्षेत्र में बहुत महत्वपूर्ण होते हैं क्योंकि इनके द्वारा प्रवाहित बिजली के प्रयोग में कभी कोई बाधा नहीं आती। हमारे यहाँ सामान्य तारों का प्रयोग होने के कारण बिजली के उपयोग में तरह-तरह की समस्याएँ खड़ी होती रहती हैं जिनका समाधान कठिन होता है। जीवन के सभी

क्षेत्रों में बिजली की ऊर्जा के रूप में जरूरत बहुत ज्यादा है जो दिनोंदिन बढ़ती ही जा रही है। इस क्षेत्र में भारत अन्य देशों से बहुत ज्यादा पीछे भी है जिसका निराकरण करना आवश्यक है।

दरअसल सुपर कंडक्टरों की उपयोगिता बिजली के क्षेत्र तक ही सीमित नहीं है, उसका उपयोग उद्योग और चिकित्सा क्षेत्रों में भी बहुत है। अतः इस क्षेत्र में हमें बहुत कार्य करने की जरूरत है।

***10. पालिमर्सः*** यह आधुनिक रसायन का एक अजूबा है जिसका विविध प्रकार से उपयोग किया जाता है। भविष्य में इसका उपयोग बढ़ता ही चला जाएगा क्योंकि यह अविषैला और पर्यावरण का मित्र पदार्थ है। इससे बना कृत्रिम रबर भी असली रबर के उद्योग को प्रभावित करेगा। इस क्षेत्र में नए-नए आविष्कार, जैसे कंडक्टिंग पालिमर, बायो-इलेक्ट्रिक प्रणालियाँ और उपाय दरवाजे पर दस्तक दे रहे हैं। भविष्य में हमें पालिमर के अनेक उत्तेजक व आकर्षक उत्पाद बाजार में दिखाई देंगे।

***11. परमाणवीय पदार्थः*** इनका उपयोग केवल बमों और ऊर्जा उत्पादन तक ही सीमित नहीं है, इन्होंने अनेक उन्नत तकनीकियों को भी जन्म दिया है। इस क्षेत्र में बहुत काम किया जा रहा है और करते रहना चाहिए। परमाणवीय विद्युत ऊर्जा अभी हमारे देश में काफी कम बन रही है। न्यूक्लियर पावर कारपोरेशन की योजना है कि 2020 तक सत्रह पावर प्लांट लगा दिए जाएँ। इससे 20 हजार मेगावाट तक उसकी क्षमता पहुँच जाएगी। कुछ और इकाइयाँ भी इस दिशा में कार्य करने लगेंगी।

इस योजना को पूरा करने के लिए परमाणवीय पदार्थों का उत्पादन और शोधन भी बहुत बढ़ाना होगा। जैसे मोनाज़ाइट, जिरकोनियम और यूरेनियम डायआक्साइड का उत्पादन बढ़ाना होगा। रिएक्टर ग्रेड की हाफनियम आक्साइड बनाकर उसे हाफनियम धातु में बदलने का कार्य करना होगा। इन तकनीकियों के कारण जो परिणाम उत्पन्न होंगे वे अनेक उद्योगों का आधार बनेंगे—जैसे जिरकोनियम को यूटीरियम से मिलाकर 'नकली हीरा' बनाया जाता है जिसका बाजार तेजी से बढ़ रहा है।

***12. जैव पदार्थः*** इनसे कई उपयोगी चिकित्सा उपकरणों को तैयार किया जाने लगा है जैसे हार्टवाल्व, ब्लडबैग, कान के लिए ध्वनिवर्धक इत्यादि। इस क्षेत्र में बहुत कार्य करने की जरूरत है और हमारी शोध संस्थाओं को योजना और लगन से आगे बढ़ना चाहिए। इससे नकली हृदय, अग्नाशय, फेफड़ों और गुर्दों के रोपण तैयार किए जा सकेंगे, दुर्घटनाग्रस्त लोगों की हड्डियों, कूल्हों और टिशुओं को आरोपित

किया जा सकेगा। हमारे लिए चुनौती यह है कि हम इन उत्पादों, युक्तियों और प्रणालियों को इस प्रकार रूप और आकार दें कि वे अधिक से अधिक भारतीयों की पहुँच में आने योग्य बन सकें।

***13. सर्फेस या सतह की इंजीनियरिंग:*** यह पिछले वर्षों में एक ऐसी नई कुशलता के रूप में उभरकर आई है कि उससे अनेक नए काम होने सम्भव हो गए हैं। इस तकनीकी में अत्यन्त बारीक सतह वाले किसी पदार्थ या धातु को दूसरे किसी पदार्थ या धातु के साथ ऐसी रासायनिक प्रक्रिया से गुजारा जाता है कि इस नए पदार्थ या धातु में दोनों के गुण आ जाते हैं–जैसे टैफ्लोन की कड़ाही जिसका अब बहुत से घरों में प्रयोग होने लगा है। इसका अधिक परिष्कृत लेप महत्वपूर्ण पुरजों की घिसाई-पिसाई और मशीनों के चालित भागों को सुरक्षित रखने के लिए प्रयुक्त किया जाता है। कुछ वस्तुओं पर हीरे का लेप भी लगाया जाता है।

इस क्षेत्र में भारत की अनेक संस्थाएँ कार्यरत हैं और औद्योगिक संस्थान भी रुचि ले रहे हैं।

## उपलब्धियाँ: एक नजर में

डॉ॰ अब्दुल कलाम अपने कार्यजीवन में अधिकतर रक्षा मन्त्रालय के अनुसंधान विभाग से जुड़े रहे। डिफेंस रिसर्च एण्ड डेवलपमेंट आर्गेनाईजेशन–यानी डी॰आर॰डी॰ओ॰–नामक इस संस्थान में पहले वे एक वैज्ञानिक के रूप में सम्मिलित हुए, बाद में उसके डायरेक्टर और इसके भी बाद डायरेक्टर जनरल बनकर कार्य करते रहे। बीच में कुछ वर्ष अन्तरिक्ष अनुसंधान की प्रख्यात संस्था 'इसरो' में कार्य किया। इसके अधीन अनेक प्रख्यात वैज्ञानिक प्रयोगशालाएँ हैं जो विभिन्न क्षेत्रों में शोध तथा निर्माण के कार्य करती हैं। उनके नेतृत्व में कार्य करके इन सब प्रयोगशालाओं ने विविध क्षेत्रों में अनेक महत्वपूर्ण उपलब्धियाँ अर्जित की जिन्हें एक प्रकार से डॉ॰ कलाम की ही उपलब्धियाँ माना जा सकता है। यहाँ हम इनमें से कुछ महत्वपूर्ण उपलब्धियों की विस्तृत चर्चा कर रहे हैं–यद्यपि इनका उल्लेख अन्य स्थानों पर भी किया जा चुका है।

### होवरक्रैफ्ट

होवरक्रैफ्ट ऐसा विमान होता है जिसे हवा और पानी दोनों में चलाया जा सकता है। डॉ॰ कलाम के जीवन का पहला महत्वपूर्ण उद्योग एक ऐसे होवरक्रैफ्ट

का निर्माण करता था जिसे हवाई पट्टी पर चलाया जा सके। उस समय वे बिल्कुल युवक थे और एयरोनॉटिक्स विकास विभाग की प्रयोगशाला में उन्हें इसका निर्माण करना था। इस परियोजना को 'नन्दी' नाम दिया गया। 40 मिलीमीटर के हवाई कुशन पर 550 कि॰ग्रा॰ वजन का होवरक्रैफ्ट बनाकर उड़ाना था। वे अपने वैज्ञानिक साधनों के साथ उत्साह से इसे क्रियान्वित करने में जुट गए।

यह 20वीं शताब्दी का छठा दशक था और देश में वैज्ञानिक प्रतिभा का विकास हो रहा था। उनकी टीम के ज्यादातर लोग यही मानते थे कि होवरक्रैफ्ट बना पाना सम्भव ही नहीं है और कल का यह छोकरा इसे किसी भी तरह बना नहीं सकेगा। लेकिन डॉ॰ कलाम न केवल स्वयं विमान की रूपरेखा बनाने में लग गए बल्कि अपने साथियों को भी प्रोत्साहित करने लगे। काफी परिश्रम के बाद उन्होंने परीक्षण के लिए होवरक्रैफ्ट बना ही लिया। श्री वी॰ के॰ कृष्ण मेनन उन दिनों रक्षा मन्त्री थे। उन्हें विमान पर बिठाकर तथा स्वयं ही उसे उड़ाकर डॉ॰ कलाम ने इस परियोजना के लिए उनका समर्थन भी प्राप्त कर लिया।

श्री मेनन ने इसे पूरा करने की हरी झंडी दे दी परन्तु दुर्भाग्य से तभी उन्हें मन्त्रीपद छोड़ना पड़ा। इसके बाद यह योजना अधर में लटक गई और पूरी न की जा सकी क्योंकि उनके बाद बने रक्षा मन्त्रियों को उसमें कोई रुचि नहीं थी। डॉ॰ कलाम को इससे बड़ी निराशा हुई परन्तु वे कर भी क्या सकते थे। लेकिन उन्होंने भारत सरकार के वैज्ञानिकों में यह धारणा उत्पन्न करने में सफलता प्राप्त की कि--असम्भव अथवा कठिनतापूर्वक सम्भव कार्यों को भी पूरा किया जा सकता है--और वे ही उनका नेतृत्व कर सकते हैं। देश की वैज्ञानिक मानसिकता के लिए यह उनका महत्वपूर्ण योगदान था।

## रॉकेट की सहायता से जैट को उड़ाने का यन्त्र-राटो

1970 के आसपास सुखोई-16 जैट विमान को हवा में उड़ाने के लिए करीब दो किलोमीटर जमीन की पटरी पर दौड़ना पड़ता था। डॉ॰ साराभाई के मन में आया कि राकेट की सहायता से इसे ज्यादा जल्दी हवा में उठाया जा सकता है। इस परियोजना को 'राटो' यानी "राकेट एसिस्टेड टेक ऑफ" नाम दिया गया और इसे विकसित करने का काम उन्होंने डॉ॰ कलाम को सौंपा। राटो का विकास इसलिए भी जरूरी था क्योंकि अनेक कारणों से अनेक स्थानों पर जमीन की लम्बी पट्टी उपलब्ध नहीं होती और जहाज को कम से कम दूरी तक चलकर ही हवा में उठ जाने की आवश्यकता होती है। उस समय

भारत के पास राकेट भी नहीं थे जिनका रूस से आयात किया गया। डॉ० कलाम ने 1972 के अन्त तक इस यन्त्र का विकास कर लिया और 1 कि०मी० से कुछ ज्यादा दूरी तक जमीन पर विमान चलाकर उसे हवा में उठा देने मे सफलता प्राप्त कर ली। इस यन्त्र की कीमत भी पहले से आधी रह गई।

## मिश्र पदार्थ

दो तीन पदार्थों को मिलाकर बनाए गए मिश्रों को अंग्रेजी में 'कम्पोजिट' कहते हैं।

लकड़ी, लोहा या अन्य धातुओं से बने यन्त्र इत्यादि वजन में तो भारी होते ही हैं, इनकी शक्ति भी कम होती है और कम दबाव पर भी टूट-फूट का अन्देशा बना रहता है। इसके अलावा बहुत कम अथवा बहुत अधिक तापमानों पर भी इनके काम में खराबी आ जाती है। इसलिए कम्पोजिट बनाने के वैज्ञानिक प्रयोग आरम्भ से किए जाते रहे हैं। डॉ० कलाम ने नए उन्नत कम्पोजिट बनाने के महत्व को आरम्भ में ही समझ लिया था और छठे दशक में 'इसरो' में काम करना आरम्भ करते ही उन्होंने उस पर भी कार्य करना शुरू कर दिया था। अन्तरिक्ष विज्ञान में काम करने के कारण सबसे पहले उन्होंने हवाई जहाजों के यन्त्रों और कलपुर्जों के लिए कम्पोजिट विकसित करने पर ध्यान दिया। इसके लिए उन्होंने तिरुवनन्तपुरम में फाइबर रीइनफोर्स्ड प्लास्टिक्स डिवीजन की स्थापना की और प्लास्टिक तथा जूट के रेशों को मिलाकर कम्पोजिट तैयार किए। इनकी सहायता से उन्होंने उच्च तकनीकी दाबयन्त्र बनाए। 1989 में 'इसरो' के लिए उन्होंने पहला यन्त्र बनाया।

उसके बाद सैटेलाईट लांच व्हाईकल के तीसरे और चौथे कक्षों में उपयोग के लिए रॉकेट मोटर के ढकने बनाए जिससे वे न केवल हल्के बल्कि मजबूत भी हो गए। इससे पहले शीशे से बने ढकने इस्तेमाल किए जाते थे। उस समय देश में इस प्रकार के कम्पोजिट बनाने की व्यवस्था नहीं थी इसलिए डॉ० कलाम ने 'रिप्लेस' अर्थात रीएनफोर्स्ड प्लास्टिक सेंटर के नाम से उन्हें बनाने की फैक्ट्री भी स्थापित की। शीघ्र ही यूरोप के सैटेलाईट संस्थानों ने इनका प्रयोग करना आरम्भ कर दिया।

भारत के लिए यह बिल्कुल नया उद्योग था और बहुत शीघ्र इसमें उन्नति होती चली गई। एक से एक बढ़कर उन्नत कम्पोजिट बनाए गए और सामान्य व्यक्ति के उपयोग की अनेक वस्तुओं में भी उनका प्रयोग किया जाने लगा।

डॉ॰ कलाम ने सरकारी तथा उद्योग जगत की अनेक संस्थाओं को संयुक्त रूप से यह कार्य करने की प्रेरणा दी जिसमें उन्हें बहुत सफलता भी प्राप्त हुई। बंगलौर की सुप्रसिद्ध इंडियन इंस्टीट्यूट ऑफ साइंस तथा सीबा गायगी, बेकलाईट हायलम जैसी विख्यात संस्थाओं ने भी अपना योगदान किया। डॉ॰ कलाम की एक बड़ी सफलता यह है कि उन्होंने अपनी उपलब्धियों को सामान्य जन के उपयोग के लिए भी इस्तेमाल किया और उद्योग-व्यापार जगत के धुरंधरों को इससे जोड़कर नए निर्माण कराए।

इसलिए डॉ॰ कलाम को 'भारत में कम्पोजिट्स का जनक' भी कहा जाता है।

## सैटेलाइट लांच व्हाईकिल

डॉ॰ कलाम की पहली बड़ी सफलता सैटैलाईट लांच व्हाईकिल के निर्माण की है। अन्तरिक्ष शोध की भारतीय संस्था 'इसरो' के लिए भी यह पहली महत्वपूर्ण परियोजना थी। वे चाहते थे कि इसके निर्माण में भारत आगे बढ़े और अपनी ही तकनीकी से निर्मित लांच व्हाईकिल बनाकर सैटेलाईट को अन्तरिक्ष में फेंके। डॉ॰ कलाम को इस परियोजना का मुखिया बनाया गया जो सम्मान की बात तो थी ही, एक जबरदस्त चुनौती भी थी। उन्हें न केवल इसकी रूपरेखा तैयार करनी थी बल्कि इसको बनाकर इसके द्वारा सैटेलाईट को अन्तरिक्ष में फेंककर दिखाना भी था। मुख्य कार्य एक ऐसे रॉकेट मोटर का निर्माण करना था जो व्हाईकिल के चारों कक्षों में सफलतापूर्वक काम कर सकता हो। इसके अलावा इस पर नियन्त्रण रखने तथा इच्छानुसार इस चलाने के यन्त्र भी विकसित करने थे। इनके अलावा भी और बहुत से छोटे-मोटे काम थे जो सब जटिल थे। कुछ मिलाकर तीन सौ छोटे-बड़े यन्त्रों का निर्माण किया जाना था जिनको मिलाकर पूरा व्हाईकल तैयार होता। इसमें सभी प्रकार की धातुओं, चीनी मिट्टी तथा कम्पोजिट्स का इस्तेमाल होना था। बारीक श्रेणी की इंजीनियरिंग की जानकारी आवश्यक थी लेकिन डॉ॰ कलाम ने अपने सहयोगियों की सहायता से इसका निर्माण किया। इस उपलब्धि के लिए उन्हें 'पदम्भूषण' के राष्ट्रीय सम्मान से सम्मानित किया गया।

## इन्टीग्रेटेड गाईडेड मिसाइल

श्री आर॰ वेंकटरामन जब भारत के रक्षा मन्त्री हुए, तब उन्हें विचार आया कि गाईडेड मिसाइल्स का एक समग्र एकीकृत कार्यक्रम तैयार किया जाए जिससे विविध

प्रकार के मिसाइल भारत में ही बनाए जा सकें। अमेरिका आदि विकसित देशों ने इन तकनीकियों पर रोक लगानी शुरू कर दी थी और कई दफा वादा करने के बाद भी वे उनका पालन नहीं करते थे। इसका एक कारण यह भी था कि इन तकनीकियों का दुरुपयोग भी किया जा सकता था। रक्षा मन्त्री ने अपने वैज्ञानिक सलाहकार डॉ॰ वी॰एस॰ अरुणाचलम से, जो स्वयं प्रख्यात वैज्ञानिक थे, इस विषय पर बात की। वे तैयार तो हो गए परन्तु यह भार किसे सौंपा जाए, इसका निर्णय करना कठिन था। उन्होंने सोच-विचार कर डॉ॰ अब्दुल कलाम को ही इसका मुखिया बनाया। डॉ॰ कलाम ने उत्साहपूर्वक यह चुनौती स्वीकार की।

इस परियोजना के अन्तर्गत जिन मिसाइलों का निर्माण किया जाना था वे इस प्रकार हैं : त्रिशूल, पृथ्वी, आकाश, नाग, अग्नि।

ये सब अपनी तरह से अलग-अलग मिसाइल हैं और इनके उपयोग भी भिन्न-भिन्न हैं। इनमें से कई का सफलतापूर्वक निर्माण किया जा चुका है और कुछ पर काम चल रहा है। त्रिशूल योजना के पूर्ण होने में कुछ कठिनाई आ रही है। इनके कारण विदेशों में भारत की प्रतिष्ठा बढ़ी है और सुरक्षा की दृष्टि से भारत मजबूत हुआ है। इन मिसाइलों के निर्माण में अनेक प्रयोगशालाएँ संयुक्त रूप से कार्यरत रही हैं और एक दर्जन से अधिक विषयों का इनमें योगदान रहा हैं

## ब्राह्मोस

'ब्राह्मोस' डॉ॰ कलाम के द्वारा आयोजित एक संयुक्त योजना है जिसमें भारत के साथ रूस मिलकर काम कर रहा है। इसे एक कम्पनी ही कहा जाना चाहिए क्योंकि ये दोनों देशों की वैज्ञानिक क्षमताओं को मिलाकर एक नए ढंग की सुपरसोनिक एंटीशिप क्रूज़ मिसाईल का विकास करने तथा उन्हें बनाकर दुनिया में बेचने का कार्य कर रहे हैं। यह नाम दो शब्दों से मिलकर बना है—भारत की ब्रह्मपुत्र नदी और रूस की मोसक्वा नदी। दोनों के आरम्भिक अक्षर लेकर 'ब्राह्मोस' नाम बनाया गया।

दो सरकारों का यह संयुक्त व्यापारिक उद्योग बिल्कुल नए प्रकार का है। इसे स्वीकृति दिलाने में भी अनेक कठिनाईयाँ सामने आई लेकिन डॉ॰ कलाम ने इसे पूरा कर दिखाया। इसमें भारतीय विज्ञान संस्थान डी॰आर॰ डी॰ओ॰ का 50.5 प्रतिशत और रूसी संस्थान एन॰पी॰ओ॰ मार्शीनोस्त्रोएनिया नामक संस्थान का 49.5 प्रतिशत पैसा लगा है। इसकी एक विशेषता यह है कि रूस का पैसा उसे सीधे लगाना नहीं पड़ रहा है बल्कि भारत पर रूसी कर्ज के भुगतान

द्वारा उसे चुकाया जा रहा है। भारत में इसका केन्द्रीय कार्यालय है परन्तु मिसाइलों का निर्माण दोनों देशों में किया जाएगा और दोनों देश अपने तकनीकी ज्ञान का इसमें उपयोग कर रहे हैं।

अब इस प्रयोग के अनुकरण पर वैज्ञानिक और व्यापारिक क्षेत्रों में अन्य योजनाएँ भी बनाई जा रही हैं।

ब्राह्मोस ऐसा सुपरसोनिक क्रूज़ मिसाईल होगा जिसका प्रयोग जमीन, समुद्र, समुद्र के भीतर और हवा कहीं से भी किया जा सकेगा। इसे मुख्यतः पानी के जहाजों पर प्रयोग के लिए बनाया जा रहा है। यह लगभग नौ मीटर लम्बा होगा और इसका वजन 3,000 कि॰ग्रा॰ होगा। इससे 200 कि॰ग्रा॰ का हथियार फेंका जा सकेगा जो 15 कि॰मी॰ की ऊँचाई पर उड़ता हुआ नीचे उतरकर अपने लक्ष्य पर वार करेगा।

## पोखरण परमाणु बम परीक्षण

मई 1998 में श्री अटलबिहारी वाजपेयी के प्रधानमंत्रित्व काल में पोखरण से 5 परमाणु बमों का विस्फोट डॉ॰ कलाम की बहुत बड़ी उपलब्धि है। इससे भारत सरकार तथा देश की प्रतिष्ठा बढ़ी और दुनिया के परमाणु क्लब में उसे स्थान प्राप्त हो गया। इस परीक्षण का नाम 'ऑपरेशन शक्ति-1' था और इसके कारण दुनिया की राजनीति में अनके महत्वपूर्ण परिवर्तन हुए। सम्भवतः इसी सफलता के कारण डॉ॰ कलाम को कुछ वर्ष पश्चात् भारत का राष्ट्रपति बनने का अवसर भी प्राप्त हुआ।

डॉ॰ अब्दुल कलाम के नेतृत्व में डी॰आर॰डी॰ओ॰ की 55 प्रयोगशालाओं ने इलेक्ट्रानिक्स, वैमानिकी, आयुध-निर्माण, जल यांत्रिकी इत्यादि से सम्बन्धित शोध तथा निर्माण के सभी क्षेत्रों में अनेकानेक सफलताएँ अर्जित की हैं परन्तु ये सब विवरण जटिल होने के कारण यहाँ हम उन्हें नहीं बना रहे हैं। हम सामान्य मनुष्य जीवन से सम्बन्धित उनके कुछ योगदानों का वर्णन करके इस चर्चा को समाप्त करेंगे।

## न्यूक्लियर औषधियाँ

इंस्टीट्यूट ऑफ न्यूक्लियर मेडिसिन एण्ड एलाइड साइंसेज़ ने कई महत्वपूर्ण दवाएँ बनाई हैं। थॉयराइड रिसर्च सेंटर ने रेडियो आयोडीन की अल्प औषधि उपचार पद्धति विकसित कर इस क्षेत्र में महत्त्वपूर्ण योगदान किया है। कैंसर

किस स्थान पर हैं और वह कितना प्रबल है, इत्यादि की जानकारी के लिए विशेष यन्त्र बनाया है। मस्तिष्क में फोड़े के मरीजों के लिए संस्थान ने जो उपचार पद्धति विकसित की है, वह सस्ती होने के कारण भारत के लिए बहुत उपयोगी है। हड्डियों के भीतर होने वाले दर्द को कम करने, तथा दांतों की प्लेटें बदलकर नई अच्छी प्लेटें लगाने के काम पूरे कर लिए गए हैं। भारत के ड्रग कंट्रोलर द्वारा इनका परीक्षण कर लिए जाने के बाद इनका दुनिया में उपयोग किया जा सकेगा।

## खाद्य की प्रोसेसिंग

सैनिकों को सब प्रकार के ऊँचे-नीचे स्थानों पर युद्ध करना पड़ता है जहाँ उन्हें समुचित खाद्य उपलब्ध कराना अत्यन्त कठिन हो जाता है। इसलिए रक्षा मन्त्रालय ने फूड रिसर्च लैबोरेटरी की स्थापना की है जो विविध प्रकार के भोजनों की शोध तथा उनका निर्माण करती है। फलों, सब्जियों, फलों के रसों तथा दालों इत्यादि के उपयोग की दिशा में उन्होंने जो प्रयोग किए हैं, वे चमत्कार से कम नहीं हैं।

उन्होंने वह तकनीक विकसित कर ली है जिससे फलों को नौ से ज्यादा महीनों तक ताजा बनाए रखा जा सकता है दालों-सब्जियों को तुरन्त पका लेने की विधियाँ तैयार कर ली गई हैं। अंटार्कटिका के बर्फ महाद्वीप की खोज करने जब भारत से 'तृष्ण' नामक अभियान दल गया तब उनके लिए इस प्रयोगशाला ने कई टन तुरन्त पका दी जाने वाली खाद्य सामग्री उपलब्ध कराई। इसी तरह आंध्र प्रदेश में तूफान के अवसरों पर भी ऐसी बहुत सी खाद्य सामग्री उपलब्ध कराई गयी। नारियल पानी के शौकीन लोगों के लिए प्लास्टिक की थैली में बन्द नारियल पानी शीघ्र ही हम जगह मिलने लगेगा। इसे तीन महीने तक ताजा बनाए रखा जा सकता है।

## नई सब्जियाँ और फल

संकर सब्जियों और फलों के क्षेत्र में भी हिमालय पहाड़ पर तैनात सैनिकों के लिए इन प्रयोगशालाओं ने बहुत काम किया है। इन्हें जल्दी और बहुत बड़े परिमाण में उगाया जा सकता है और इनके लिए खास मिट्टी की जरूरत भी नहीं होती। लद्दाख जैसे अति शीतल प्रदेशों में खेती के आश्चर्यजनक ढंग विकसित किए गए हैं। जड़ी-बूटियों को उगाने की दिशा में अनेक कार्य किए गए हैं।

अब तो राष्ट्रपति बनने के पश्चात् डॉ॰ कलाम ने राष्ट्रपति भवन के विशाल उद्यान में ही जड़ी-बूटियों का एक बगीचा लगवाना आरम्भ कर दिया है।

## स्वच्छ जल की उपलब्धि

राजस्थान के बाड़मेर इलाके के 100 गाँवों में पेयजल की प्राप्ति अत्यन्त कठिन है। जोधपुर की डिफेंस लेबोरेटरी ने एक विशेष योजना के अन्तर्गत इस कार्य को बड़ी सफलतापूर्वक पूरा किया है। खारे पानी को मीठा बनाने के 100 से अधिक यन्त्र अनेक स्थानों पर लगवाकर उन्होंने यह कार्य किया है।

पेयजल से सम्बन्धित और भी अनेक योजनाओं पर काम चल रहा है। इनमें समुद्र के खारी पानी को स्वच्छ करके उसे जनता को उपलब्ध कराने की योजना भी है। राष्ट्रपति बनने के पश्चात् डॉ॰ कलाम ने इस पर जोर देना आरंभ कर दिया है।

## क्या करें, कैसे करें

'हमने कई ईमानदार व्यक्तियों को यह कहते सुना है कि उन्होंने विस्तृत प्रस्ताव सम्बन्धित विभागों या राज्य सरकारों को भेजे थे। प्रस्तावों को अन्तिम स्वीकृति प्राप्त होने में तीन से छह वर्ष तक का समय लग जाता है और अक्सर जब तक स्वीकृति प्राप्त होती है, प्रस्ताव का मुद्दा या विषय पूरी तरह या आंशिक रूप से पुराना या अप्रचलित हो गया होता है।

'यदि हम भारत को विकसित देश के रूप में देखना चाहते हैं तो हमें अक्रियता की इस स्थिति से निपटना होगा। यदि इसके लिए कानूनों और कार्यप्रणाली को भी बदलना पड़े तो उन्हें भी बदल डालना चाहिए।

'मानव विकास के वर्तमान युग में जिस गति से नई प्रौद्योगिकियाँ नए समाधानों को प्रस्तुत करती जा रही हैं, और अवसरों के नए-नए द्वार खुलते जा रहे हैं, वह अपूर्व है। ये अवसर जो हमारे चारों ओर मौजूद हैं, हमारा इन्तजार नहीं करेंगे, दूसरे उन्हें हथियाते चले जाएँगे। हम गँवाए हुए अवसरों और खोए हुए समय की क्षतिपूर्ति भी कर सकते हैं मगर उसके लिए हमें तेजी से नए-नए सबक सीखने होंगे।'

'मैं कुछ मिशनोन्मुखी संस्थानों के अपने अनुभव और उनके उपयोग के बारे में बताता हूँ। सुरक्षा शोध व विकास संस्थान के लेजरों का उपयोग

मोतियाबिन्द या ग्लूकोमा की शल्य चिकित्सा में किया जा सकता हैं। परमाणु ऊर्जा विभाग द्वारा उत्पन्न ऊर्जा का उपयोग मूँगफली के बीजों के विकिरण द्वारा उनकी उत्पादकता में वृद्धि के लिए किया जा सकता है। इसी प्रकार अन्तरिक्ष शोध संस्थान की प्रक्रिया से मानसून की तिथियों की अचूक भविष्यवाणी की जा सकती है। सैटेलाइट रिमोट सेंसिंग द्वारा प्रस्तुत एक माध्यम द्वारा उन क्षेत्रों का मापन किया जा सकता है जहाँ मच्छर अंडे देते हैं और ऐसे क्षेत्र भी, जहाँ से रोग फैल सकते हैं। ऐसे कुछ सैटेलाइटों की डेटा-सामग्री को दुनिया भर के देशों को बेचकर विदेशी मुद्रा का अर्जन भी किया जा सकता है।

"असम की हमारी एक प्रयोगशाला मलेरिया को रोकने और इसका, इलाज करनेकी विधियों पर शोध कर रही है। इसका उद्देश्य हमारे जवानों को स्वस्थ रखना है। इस प्रयोगशाला ने वहाँ के मलेरियावाहक कीटाणुओं की विशेषताओं को समझकर उन्हें नष्ट करने का जो नायाब तरीका खोज निकाला है, वह उनके अपने डाक्टरी ज्ञान और स्थानीय लोगों के निजी अनुभवों पर आधारित है।"

'उत्तम कोटि की और ऐसी बिजली के, जे सबको उपलब्ध हो, बिना कोई देश अपने को न आधुनिक कह सकता है, न विकसित। कोई भी आधुनिक मशीनरी बिना निरन्तर और अबाधित बिजली व्यवस्था की सप्लाई के नहीं चल सकती। बिजली के बिना आई०टी० की सारी जादुई दुनिया अँधेरे में खो जाएगी। न्यूयार्क या लन्दन या टोक्यो के बारे में यह कल्पना भी नहीं की जा सकती जहाँ बिजली एक दिन या एक हफ्ते के लिए गायब हो। यदि कभी यह हुआ तो इन देशों की सरकारें उसी दिन गिर जाएँगी।

'लेकिन जब हम भारत की बिजली-स्थिति के बारे में बात करते हैं, तो 'निराशाजनक' जैसे शब्द मामूली लगते हैं। लाखों मूल्यवान घंटे बिजली ने होने के कारण बेकार चले जाते हैं। इसमें उन लोगों के घंटों का शुमार नहीं है जो बिजली का इस्तेमाल कतई नहीं करते। ऐसे समय में, जब माडलों में आए दिन तब्दीलियाँ हो रही है, हम एक दिन में तीन पारियों तब उनका उपयोग करके उनका लाभ उठाना चाहेंगे-लेकिन यह सम्भव नहीं है। लाभदायक साधनों का कैसा जबरदस्त अपव्यय करवानेवाली व्यवस्था है यह!

'1950 में भारत और चीन दोनों के पास बिजली और उसके उत्पादन की मात्रा लगभग समान थी। लेकिन आज चीन के पास हमसे तीन गुना बिजली

उत्पादन क्षमता है, और वह अपनी इस क्षमता मे पिछले कई वर्षों से 15,000 मेगावाट प्रतिवर्ष की दर से लगातार वृद्धि करता चला आ रहा है। इधर, हम मामले में हमारी विकास गति 3,500 मेगावाट प्रतिवर्ष ही है।

'ऐसा क्यों है? क्या इसकी वजह आवश्यक पूँजी की कमी है? मेरा मानना है कि इसका मूल कारण यह है कि हमारी सोच संकुचित हो गयी है।'

'हम छोटी-छोटी बातों में, ब्यौरों में उलझे रहते हैं, कुछ ठोस काम करने के बजाय नीतियों, वायदों और लच्छेदार बातें करने के राजनीतिक खेल में लिप्त रहते हैं। और यह खेल सिर्फ राजनीतिज्ञ ही नहीं खेल रहे हैं, नौकरशाह, वैज्ञानिक और उद्योगपति भी खेल रहे हैं।'

'जैसे ही हम अपने सोच को विस्तृत आयाम दे देंगे, और बातें करने के बजाय कड़ी मेहनत करना आरम्भ कर देंगे, हमारी समस्याओं का हल होना शुरू हो जाएगा।

'एक कठोर सत्य यह है कि अपनी 83 हजार मेगावाट उत्पादन-क्षमता होने के बावजूद केवल 35 हजार मेगावाट काम में लाने योग्य बिजली उपभोक्ता तक पहुँच पाती है-वह भी अनेक व्यवधानों और निम्न गुणवत्ता के कई रूपों में।

'हमारी दोषपूर्ण कार्यशैली के कारण हमें 22 प्रतिशत बिजली का नुकसान सहना पड़ता है जबकि विकसित देशों में यह 7 से 8 प्रतिशत से ज्यादा नहीं होता।

'हमें तकनीकी और प्रबंधन दोनों स्तरों पद इन समस्याओं से जूझकर उनके हल तलाशने होंगे।'

'एक दिलचस्प बात यह है कि जब भी भारत तकनीकी के किसी क्षेत्र में कोई प्रशंसनीय कार्य करता है, तभी विदेशी राष्ट्र यह दावा करना शुरू कर देते हैं कि भारत की वह उपलब्धि कहीं न कहीं, किसी न किसी रूप में, पश्चिम के किसी कारनामे पर आधारित है। जब हमने जुलाई 1980 में अपने पहले उपग्रह यान का प्रक्षेपण किया, और 'रोहिणी' को कक्षा में स्थापित किया, तब भारत ऐसा कर सकने वाले दुनिया के चार देशों में से एक बना। लेकिन इस घटना के एक सप्ताह के अन्दर ही अमेरिका ने यह ऐलान किया कि अब्दुल कलाम ने 'नासा' में कुछ महीने इस कार्य का प्रशिक्षण प्राप्त किया

था। पश्चिम के अनेक समाचार पत्रों ने इस बात का समर्थन किया। जर्मनी ने भी यह दावा किया कि वायु-परीक्षण की सुविधा उसने प्रदान की थी, इसलिए अप्रत्यक्ष रूप से इस प्रक्षेपण में उसकी भी भागीदारी है।

'पहले चरण की नियन्त्रण प्रणाली में हमने 'लाजिक सॉफ्टवेयर' का प्रयोग करके आनुपातिक नियन्त्रण दुनिया में पहली बार किया था। योजना के क्रियान्वयन के दौरान भी हमने कई नए प्रयोग किए थे जो तब तक किसी भी देश में नहीं किए गए थे।

'अमेरिका के जिस उपग्रह 'स्काउट' की प्रौद्योगिकी चोरी करने का हम पर आरोप लगाया गया था, उसे अपने पाँचवे प्रयास में सफलता प्राप्त हुई थी। इसके विपरीत हमारे दूसरे, तीसरे और चौथे प्रक्षेपण ही सफल रहे थे। हमारी वे सफलताएँ हमारे राष्ट्र की तकनीकी सामर्थ्य की द्योतक थीं।

'ऐसे आरोपों की पुनरावृत्ति तब भी हुई जब हमने 'पृथ्वी' का अपना एक अलग डिजायन बनाया जिसमें एक खास 'जाइरो' प्रणाली का, जिसमें एक नए साफ्टवेयर का प्रयोग दुनिया में पहली बार किया गया था। इस प्रयोग के द्वारा प्रक्षेपास्त्र की उड़ान के दौरान उसके प्रवाह और प्रगति को मानीटर किया जा सकता था। इसमें और भी कई नए प्रयोग किए गए थे। जैसे 'थ्रस्ट टरमिनेशन' का नया प्रकार जिसने मल्टीपिल पे-लोड को एक नया स्वरूप प्रदान किया।

'इसी तरह हमने 1989 में 'अग्नि' का सफल प्रक्षेपण किया। अब तब हम उसका तीन बार प्रक्षेपण कर चुके हैं। इसके भी दो दावेदार पैदा हो गए जो इसका श्रेय लेना चाहते थे। जर्मनी ने कहा कि उनकी नियन्त्रण प्रणाली के आधार पर इसका निर्माण हुआ था। इस प्रणाली का प्रयोग वैज्ञानिक परीक्षणों के लिए भारत में अवश्य किया गया था परन्तु 'अग्नि' के लिए हमने बिल्कुल नई विधियाँ अपनाई थी। 'नासा' ने फिर कहा कि वहाँ रहकर मैंने जो प्रशिक्षण प्राप्त किया, वही 'अग्नि' के निर्माण के लिए मूलतः जिम्मेवार था। अमेरिका के इस सोच पर हँसी आती है कि भारत उन्हीं की तकनीकी का प्रयोग कर सफल हो सकता है।'

'एक मीटिंग में एक बुजुर्ग ने अपनी जापान यात्रा की एक घटना सुनाई। उनके होटल के कमरे में नल का पानी रिस रहा था जिससे उन्हें नींद नहीं आ रही थी। उनकी शिकायत पर दो आदमी आए और आधे घंटे तक नल की मरम्मत करते रहे। फिर उन्होंने पूछा कि क्या वे अब सन्तुष्ट हैं उनके

सन्तोष व्यक्त करने पर उन्होंने असुविधा के लिए खेद व्यक्त किया और कहा कि मैनेजर ने कहा है कि उनसे उस रात का किराया नहीं लिया जाएगा। फिर कहा, "सर, नल के उस हिस्से को देखिए। यह जापानी नहीं है और आयातित है। आगे से हम अपने बनाये हिस्से का ही उपयोग करेंगे।"

'इस घटना से हमें यह सन्देश मिलता है कि जापानी अपने उत्पाद को निरन्तर बेहतर बनाते रहते हैं और उन पर पूरा गर्व भी करते हैं।'

'सरकार को पहला काम यह करना होगा कि वह अपनी उपस्थिति को कम से कम करे और अपनी ही एजेन्सियों को स्वयं कुछ करने का अधिकार दे। वह सार्वजनिक हित के महत्वपूर्ण मुद्दों पर ज्यादा ध्यान दे–जैसे शिक्षा और स्वास्थ्य। वह समाज के कमजोर वर्गों की हालत में दूरगामी सुधार लाने के उद्देश्य से पारदर्शी कार्यवाहियों का अमल करे। लेकिन इन कार्यों को संपन्न करने के लिए उसे आवश्यकता होगी विकास कार्यों को द्रुत गति से शुरू करने और उन्हें अंजाम देने की और उसके लिए भारी मात्रा में विदेशी पूँजी और निजी क्षेत्र के सहयोग, क्षमता और कार्य-कुशलता की। घरेलू पूँजी का भी निवेश सम्भव है मगर निवेशक को साहसी और आवश्यकतानुसार लीक से हटकर अपने लक्ष्य को प्राप्त करने वाला होना चाहिए। इस सम्बन्ध में सरकार को बहुत ज्यादा नैतिकतावादी रुख नहीं अपनाना चाहिए। पिछली भूलों और गलतियों को भुलाकर उसे उद्धारक की भूमिका निभानी हेगी। उसे हमेशा याद रखना होगा कि उसकी सब क्रियाशीलताओं का अन्तिम ध्येय है–भारत को एक विकसित देश की हैसियत दिलाना और एक ऐसे भारत की रचना करना जहाँ सब गरीबी से मुक्त हों।'

'हर सरकारी विभाग को एक ऐसा बड़ा मिशन अपने हाथ में ले लेना चाहिए जिसके साथ अनेक परियोजनाएँ जुड़ी हों। जरूरत पड़ने पर वे अन्य विभागों को भी अपने मिशन के साथ जोड़ सकते हैं। कभी-कभी ऐसा संयोजन ज्यादा प्रभावशाली सिद्ध होता है। हमारा अनुभव है कि यदि प्रशासन-प्रमुख संकल्पवान हो, और यदि चार-पाँच प्रमुख आपस में मिल जाएँ तो वे प्रणाली को काफी लचीला बनाकर तेजी से निर्णय ले सकते हैं।'

## व्यवस्था को बदलना होगा

'सभी भारतीयों को आवश्यक सुविधाएँ, सरकारी तथा अन्य औपचारिकताओं से जल्दी निपटने तथा रोजमर्रा की अनावश्यक परेशानियों से मुक्त होने का

अधिकार है। इसके लिए सबसे महत्त्वपूर्ण बात यह है कि हमें अपनी घिसीपिटी और पुरानी पड़ चुकी प्रशासनात्मक और कानूनी प्रणालियों से स्वतन्त्र होना होगा। तभी हम प्रत्येक स्तर पर आधुनिक प्रणालियों की योजना कर उन्हें साकार कर सकेंगे।'

'बेहतर का अर्थ सिर्फ गड्ढोंरहित सड़कें बनाना ही नहीं है। जब कोई सामान ट्रक से भेजा जाता है तब बहुत से कीमती घंटे जाँच-पड़ताल करने वाले और सामान का वजन करने वाले केन्द्रों में बेकार खर्च हो जाते हैं। इन्कार करने वाले घंटों को 'नकारात्मक सेवा' ही माना जाएगा। अक्सर इस देरी का असर वस्तुओं की गुणवत्ता पर भी पड़ता है और कृषि उत्पाद जैसी वस्तुएँ सड़ भी जाती हैं।

'इन केन्द्रों पर बेकार ज़ाया किया जाने वाला यह वक्त बहुत अधिक मात्रा में बच भी सकता है यदि यहाँ इलेक्ट्रॉनिक वजन मशीन जैसे सहायक यंत्र लगा दिए जाएँ और कम्प्यूटर द्वारा संचालित सिगनल और प्रदर्शकों आदि का उपयोग किया जाए। भारतीयों को ये सब सुविधाएँ प्राप्त करने का अधिकार है।'

'प्राचीन काल में हमारे बन्दरगाह सदा व्यस्त रहा करते थे। अरब, फ्रांस, यूनान, चीन, पुर्तगाल आदि देशों के व्यापारी यहाँ मसाले, रेशम इत्यादि खरीदने के लिए आया करते थे और भारतीय व्यापारी अपना सामान लेकर यहाँ से बड़े-बड़े जलयानों द्वारा विदेशों की यात्रा किया करते थे।

'लेकिन आज हमारे बन्दरगाह विदेशी बन्दरगाहों का मुकाबला नहीं कर पाते। सिंगापुर जैसा छोटा-सा देश अपने बन्दरगाह द्वारा हमसे कहीं ज्यादा कमाई कर लेता है। विदेशी बन्दरगाहों की अधिकांश क्रियाएँ कम्प्यूटर द्वारा स्वचालित हैं जिनके मुकाबले हमारे बन्दरगाहों की क्रियाशीलता बहुत धीमी है। यदि उसे हमने जल्द ही आधुनिक नहीं बनाया तो हम व्यापारिक देश के रूप में अप्रासंगिक हो जाएँगे।'

'इस पुस्तक को लिखते समय कई बार हमारे संस्थान की बिजली बन्द हुई और कम्प्यूटरों ने काम करना बन्द कर दिया। न्यूक्लियर परीक्षणों के बाद हमसे पूछा गया कि दिल्ली में बिजली का बार-बार जाना कब बन्द होगा। यह समस्या देशव्यापी है और यदि हमें विकसित भारत के अपने सपने को असलियत में बदलना है तो इस स्थिति में तत्काल और आमूल परिवर्तन आना जरूरी है।'

'जमीनी ढाँचों को स्थापित करने में हमने 1980-81 में रु० 6,000 करोड़ का निवेश किया था। 2002 के बाद के वर्षों में यह राशि रु० 75,000 करोड़ तक लगाई जाएगी। इन राशियों की विशालता हमें डरा सकती है लेकिन सच यह है कि इसके पीछे हमारे प्रशासकों की अक्षमताएँ तथा देश को महान् देखने के प्रति समर्पित भावना और वचनबद्धता का अभाव भी छिपा है।

'जैसे, इस कार्यक्रम में रेलवे की भागीदारी हमारे जी०डी०पी० का मात्र 0.6 प्रतिशत है और दशकों से यह ऐसा ही चला आ रहा है। इसलिए प्रतिशत को बढ़ाने ही सख्त जरूरत है। पिछले दिनों में रेल दुर्घटनाओं में काफी वृद्धि हुई है क्योंकि न तो रेल लाइनों का विस्तार किया जा रहा है, न नई प्रौद्योगिकियों का प्रयोग किया जा रहा है। अन्य क्षेत्रों के लिए भी यही बात लागू होती है।

'निवेशकों की शिकायत है कि पूँजी लगाने में तरह-तरह की दिक्कतें पेश आती हैं और इसमें उनका वक्त भी काफी जाया होता है। सबसे नीचे के सरकारी स्तर से उच्चतम स्तर तक अधिकारों को नकदी में तब्दील करने के अनेकानेक रास्ते खुले हैं। सरकारी प्रक्रिया को सरल बनाने के साथ-साथ भ्रष्टाचार को दूर करने के लिए एक नया अभियान शुरू किया जाना चाहिए।'

'अनुमानों के अनुसार मौजूदा राजमार्गों के संधार के लिए करीब 1.5 लाख करोड़ रुपए की आवश्यकता होगी। हम यह सवाल उठाना चाहेंगे कि क्या इतनी विशाल राशि की सचमुच जरूरत होगी? क्या सचमुच किसी इकहरे मार्ग को दुहरा बनाने में 50 लाख रु० प्रति किलोमीटर खर्च आएगा? क्या दुहरे को चारमार्गी बनाने में वाकई 250 लाख रु० प्रति किलोमीटर लागत आएगी? क्या नए एक्सप्रेस मार्गों पर 800 लाख रु० प्रति कि०मी० का अनुमान सही है?

'सभी अनुमानों पर पुनर्विचार करने की जरूरत है। कम कीमत वाले मैटीरियल ज्यादा उपयुक्त साबित होते हैं। उन भागों में जहाँ कोई सड़क नहीं है, कामचलाऊ सड़कों का निर्माण किया जा सकता है। लागत को कम करने के लिए नई खोजें भी की जा सकती हैं।'

'भारत विकसित देश बनने में तभी तेजी ला सकेगा जब उसका जमीनी ढाँचा मजबूत हो। एक बार यह ढाँचा सुदृढ़ हुआ, कि प्रगति का मन्त्र अपने आप काम करने लगेगा और उसी के साथ आर्थिक विकास का क्रम भी आरम्भ हो जाएगा जो अगले पाँच-सात वर्षों में देश को मालामाल कर देगा। इस धन को अन्य सुधार-कार्यों में लगाया जाएगा।

'यदि हमारा जमीनी ढाँचा मजबूत हो जाए तो देश के गरीब लोग उसके आधार पर अपनी बेहतर जिन्दगी के लिए कोई नया रास्ता ढूँढ़ ही लेंगे। जब इन लोगों के हाथ में पैसे होंगे तो ये करोड़ों लोग खुद एक बड़ा बाजार बन जाएँगे। इन मध्यम वर्ग के भारतीयों में जहाँ कुछ विदेशी वस्तुएँ खरीदना पसन्द करेंगे वहाँ गरीबी रेखा से नीचे के लोग देसी वस्तुओं से भी सन्तुष्ट हो जाएँगे। एक अरब से ज्यादा लोगों वाला यह नया अति विशाल बाजार विश्व के बाजारों को हमारी ओर आकर्षित करेगा।'

'2015 तक भारत के पास एक ऐसा नेटवर्क हो सकता है जो पूरी तरह डिजिटल हो, जो सारे देश को अपनी सेवाएँ दे सके, जो मोबाइल यानी व्यक्तिगत सन्देश सेवा प्रणाली पर विश्वव्यापी तथा व्यापारिक केन्द्रों में आरम्भ से अन्तिम सिरे तक उच्च बैंडविड्थ की सामर्थ्यवान सेवाओं से युक्त हो। घरों में लगे उपस्करों के विविध प्रकार सारे देश में उपलब्ध होंगे और उनका प्रयोग भी किया जाएगा। हम मल्टीमीडिया टर्मिनल्स के रोजमर्रा इस्तेमाल की आशा भी कर सकते हैं। अपनी फरमाइश पर इम वीडियो-टेलीफोन तथा वीडियो-कान्फ्रेंसिंग भी देख सकेंगे। इनकी अनेक प्रयुक्तियाँ शिक्षा, स्वास्थ्य और मनोरंजन के क्षेत्रों में भी उपलब्ध होंगी। यह सब विस्तार हमारे गाँवों में भी फैलता दिखाई देगा।'

'काफी समय से नई वैज्ञानिक उपलब्धियों के ग्रामीण क्षेत्रों को भी लाभ पहुँचा है। फिर भी शहरों की तुलना में वे पीछे ही रहे हैं। उद्योग-व्यापार तथा राजनीति के केन्द्र होने के कारण शहर गाँवों से ज्यादा खुशहाल हैं।

'इस कारण लोगों ने गाँव छोड़कर शहरों में आना शुरू किया। इसे बुरा नहीं कहा जा सकता परन्तु इस कारण शहरों का जीवन अब न रहने योग्य होता जा रहा है। उसके आधे लोग झुग्गी-झोपड़ियों में रहने के लिए बाध्य हैं। या लोग काम करने की जगहों से इतनी दूर रहते हैं कि आने-जाने में ही उनकी शक्ति खर्च हो जाती है और वे थक जाते हैं। इसका क्या उपाय हो सकता है? सर्वेक्षणों से पता चलता है कि एक जमे-जमाए शहर की बढ़ती आबादी के लिए आवश्यक सुविधाएँ दे पाने से कहीं सस्ता है किसी नए शहर को बनाना। नए शहरों का एकदम नया होना भी जरूरी नहीं है। आज बिजली कहीं भी सप्लाई की जा सकती है, सूचना प्रौद्योगिकी के कारण दुनिया के किसी भी भाग से सम्बन्ध स्थापित किए जा सकते हैं।

'इसलिए गाँवों के ग्रुपों को इस प्रकार सड़कों द्वारा एक दूसरे से जोड़ देना चाहिए कि एक गाँव से दूसरे गाँव आने-जाने में कोई कठिनाई न हो।

इससे कई लाभ होंगे। अनेक कृषि-आधारित उद्योगों, सेवा से जुड़े उद्योगों और वहाँ तक कि हायटैक से जुड़े उद्योगों को गाँवों में ही योजना बनाकर स्थापित किया जा सकेगा। उद्योगों को कुछ रियायतें देनी होंगी और कुछ सरकारी दफ्तरों को भी वहाँ ले जाना होगा।

'परन्तु एक बार यह प्रक्रिया आरम्भ हुई कि आर्थिक क्रियाकलाप अपनी फिक्र आप कर लेंगे। इन ग्राम-ग्रुपों का प्रबन्धन स्थानीय लोगों, पंचायतों, व्यापारियों इत्यादि के आपसी परामर्श से होना चाहिए। ऐसे अनेकानेक ग्रुप देश भर में बनने चाहिए।'

'पता नहीं कब और कैसे हम लोगों में यह आदत पड़ गई है कि असली और जमीनी समस्याओं को हल करने में तत्परता दिखाने के स्थान पर उनके बारे में हम टालमटोल करना शुरू कर देते हैं और उनको महत्वहीन मान लेते हैं। जब योजनाओं ओर नीतियों की घोषणा करने के मौके आते हैं तब उनका जोर-शोर से खूब प्रचार किया जाता है—अखबारों, टीवी, रेडियो के माध्यम से। फिर साल भर बाद किसी को कोई परवाह नहीं रहती यह पूछने और जानने की कि उन योजनाओं का क्या हुआ।

'इसके बावजूद ऐसे भी कुछ लोग मौजूद हैं जो ठोस कार्य करने के लिए इन सब विरोधों के बावजूद, अपनी जद्दोजहद में लगे रहते हैं। ऐसे कर्मठ और संकल्पवान लोगों के कारण ही, हमारे द्वारा अनेक बड़े अवसरों को गँवा देने के बावजूद, हमारे देश में थोड़ी-बहुत प्रगति हो रही है।

'क्या देश के मिजाज को हमारे सपने को वास्तविक रूप देने के लिए तैयार किया जा सकता है? इसके जवाब में हम कहना चाहेंगे कि इस समय हमारी जनता के अधिकांश वे स्त्री-पुरुष हैं जो तरुण हैं और जो परिवर्तन के लिए आतुर हैं। अब लायसेंस-परमिट-कोटा राज भी करीब-करीब खत्म हो चुका है। इस कारण कुछ कर दिखाने के लिए बेकरार युवा शक्ति को आगे आने का मौका मिला है। उदारीकरण से भी उन्हें अनेक अवसर प्राप्त हुए है। हम उन सब परिवर्तनों को देश भर के अधिकांश लोगों के लिए चौमुखी प्रगति करने का सुनहरा अवसर मानते हैं।'

'हमारे देश का सर्वांगीण विकास उद्योग, सरकार और शोध संस्थानों के 'स्वर्ण त्रिकोण' के आधार पर निर्भर है। यह त्रिकोण ही नई तकनीकी पर आधारित उद्योगों रोजगार, व्यापार को बढ़ावा देकर देश को गतिशील बनायेगा।

यह स्वर्ण-त्रिकोण हमारे लिए इसलिए महत्वपूर्ण और निर्णायक है क्योंकि यह हमें दुनिया के बाजारों में प्रतियोगिता करने के अवसर देता है, हमें नई सुविधाएँ प्रदान करता है और देश को और ज्यादा समृद्ध बनाने में भरपूर सहायता देता है।

'आजादी से पहले देश एक मामूली पिन तक का निर्माण नहीं करता था। तब उद्योगों की स्थापना कर श्रेष्ठ उपकरणों, इलेक्ट्रानिक उत्पादों और सुरक्षा साधनों इत्यादि का निर्माण करने की बात एक सपना देखने जैसा लगता था। केन्द्रीय उद्यमों ने भारत को दुनिया के औद्योगिक मानचित्र पर स्थान दिलाने के उद्देश्य से सोवियत रूस, अमेरिका आदि विकसित देशों से तकनीकें खरीदी थीं।

'परन्तु आज अनेक परिष्कृत किस्म के हवाई जहाजों का भारत में निर्माण होता है। हमने अपने हलके लड़ाकू हवाई जहाज का सफल परीक्षण कर लिया है और उद्योग उसका उत्पादन प्रारम्भ कर सकता है। यही बात राडार, विद्युत प्लांटों, पनडुब्बियों, मशीनी पुर्जों इत्यादि के बारे में भी हैं

'लेकिन पिछले दो दशकों में इन कम्पनियों की क्षमता में कमी आई है। हम कुछ ऐसे दुष्चक्र में फँस गए हैं जिससे बाहर निकल पाना मुश्किल लग रहा है। इनके मैनेजिंग डायरेक्टर, चेयरमैन इत्यादि महसूस करते हैं कि मन्त्रालय से उन्हें जरूरत से ज्यादा निर्देश प्राप्त होते हैं, और मन्त्रालय के अधिकारी कहते हैं कि वे ऐसे नियमों के दलदल में फँसे हुए हैं जो जवाबदेही के उद्देश्य से बनाए गए हैं। इधर सत्ताधारी राजनीतिज्ञों की शिकायत है कि कार्यविधि इतनी भारी और अनियंत्रित हो गई है कि वे अपने पाँच वर्ष के कार्यकाल में कोई भी मौलिक परिवर्तन नहीं कर सकते।

'इस दुष्चक्र को समाप्त करने की जरूरत है। हमें अपने उद्योगों को 'रत्नों' में बदलना है। इसके लिए हमें उन्हें काफी अधिकार प्रदान करने होंगे। हमें मौजूदा कार्यविधियों को बदलना होगा। कई कानूनी, प्रशासकीय और वित्तीय कार्यविधियों में भी परिवर्तन करने होंगे।

'प्रबन्धकों और यूनियन-नेताओं को मिल-बैठकर इस बात पर विचार करना होगा कि ऐसे लोगों के साथ क्या किया जाए जो न खुद कुछ करते हैं, न दूसरों को करने देते हैं। यदि एक इकाई के दूसरी इकाई के साथ मिलकर काम करने से दोनों को लाभ पहुँचने की सम्भावना हो तो इस भागीदारी को

चलाना चाहिए। ऐसी भागीदारी एक लघु उद्योग की दूसरे लघु उद्योग से, एक शोध संस्थान की दूसरे शोध संस्थान से और एक बहुर्राष्ट्रीय कम्पनी की दूसरी बहुर्राष्ट्रीय कम्पनी से भी हो सकती हैं।'

'किसी आयातित तकनीकी का इस्तेमाल करते समय हमें इस बात का ध्यान रखना होगा कि हमें उसी से सन्तोष नहीं करना है, उससे आगे भी जाना है। हमें उस तकनीकी में मामूली परिवर्तन करने से भी सन्तोष नहीं करना होगा। हमारा लक्ष्य होना चाहिए विश्वव्यापी व्यापार, इतने बड़े पैमाने पर जिससे ज्यादा से ज्यादा भारतीय लाभ उठा सकें और रोजगार पा सकें। यदि हर विशाल और मध्यम आकार वाली कम्पनी, इस बात की परवाह किए बिना कि दूसरे क्या करते हैं, यह निश्चय कर ले और उस पर अमल करना शुरू कर दे, तो यह भारत की महान् सेवा होगी। यह सेवा मुनाफा दिलाने वाली भी होगी।'

## बच्चों के 'चाचा कलाम'

राष्ट्रपति डॉ॰ अब्दुल कलाम को देश के इस सर्वोच्च पद पर आसीन हुए एक वर्ष ही हुआ था परन्तु इस अवधि में उनके कार्य का सबसे महत्वपूर्ण पक्ष यह रहा है कि उन्होंने एक लाख से अधिक बच्चों से सम्पर्क स्थापित कर उन्हें अपना सन्देश दिया है। दरअसल राष्ट्रपति बनने से पहले ही उन्होंने यह निश्चय कर लिया था और स्थान-स्थान का भ्रमण करके यह कार्य करना शुरू भी कर दिया था। राष्ट्रपति बनने के बाद तो वे जी-जान से इस कार्य में जुट गए हैं। वे बाहर तो जाते ही हैं, राष्ट्रपति भवन में भी उन्हें निमन्त्रित करके उनसे बातचीत करते हैं।

बच्चों से मिलना और उन्हें विज्ञान तथा देश-सेवा की दिशा में प्रेरित करना सम्भवतः वर्तमान समय का सबसे महत्वपूर्ण कार्य है। भारत के प्रथम प्रधान मन्त्री श्री नेहरू ने इसकी शुरुआत की थी और इस दिशा में कई उल्लेखनीय कदम भी रखे थे। इस कारण वे अपने जीवन-काल में ही 'चाचा नेहरू' के नाम से विख्यात हो गए थे। अनेक वर्ष पश्चात् ही सही, उनके काम को फिर से उठाकर राष्ट्रपति कलाम इस कार्य को पूरा कर रहे हैं।

पिछले दो-तीन दशकों से भारत एक प्रकार से दिशाहीन हो गया है। इससे पूर्व युवाशक्ति के सम्मुख कोई उद्देश्य, कोई कार्य योजना, कोई आन्दोलन हुआ करता था, जो उन्हें मार्ग दिखाने के साथ-साथ उनके जीवन को एक पूर्णता भी प्रदान करता था। महात्मा गाँधी तथा उनके पूर्व युग में भारत की आजादी

यह उद्देश्य था, जिसके लिए उन्होंने जीवन बलिदान किए तथा अपने उद्देश्य को भी प्राप्त करके दिखाया। आज की भौतिकवादी 'कन्ज्यूमर' कल्चर में, यद्यपि शिक्षा बड़ी तेजी से देश भर में फैल रही है, जीवन का कोई उद्देश्य न होने के कारण वे खाने-पीने नाचने-गाने में ही व्यस्त हो उठे हैं। उनके सामने कोई 'रोल माडेल' नहीं रह गया है। यह माडेल प्रदान करने का काम डॉ॰ कलाम कर रहे हैं। यह उनका अत्यन्त महत्वपूर्ण योगदान है।

अपनी उड़ीसा यात्राके समय एक बच्ची ने उनसे पूछा, "आप राष्ट्रपति के रूप में देश के लिए क्या करना चाहते हैं?" उन्होंने स्वतन्त्रता दिवस पर प्रधानमंत्री द्वारा दिए गए भाषण का हवाला दिया। उनका कहना है, "मैं हर बच्चे के खुशहाल, समृद्ध, शान्तिपूर्ण देश में रहने के मासूम सपने को पूरा करने के लिए काम कर रहा हूँ।"

स्वयं बच्चे क्या करें, इसके लिए भी उनका सन्देश स्पष्ट है। एक बच्चे से उन्होंने कहा: 1, पढ़ाई में अव्वल रहो, 2, किसी दूसरे को पढ़ाओ, 3, पाँच पेड़ लगाओं।

अगर तीस करोड़ बच्चों में से हर बच्चा पाँच पौधे लगाए तो देश कितना हरा-भरा हो जाएगा।

उन्होंने बच्चों के एक ग्रुप से पूछा कि बड़े होकर वे क्या बनना पसन्द करेंगे। एक बच्चे ने जवाब दिया—फैशन डिजायनर! इस उत्तर से आज के बच्चों की सामान्य मानसिकता व्यक्त होती है। लेकिन एक बच्ची ने कहा कि वह नेता बनना चाहती है ताकि समाज से भ्रष्टाचार दूर कर सके। इस उत्तर से बाल मानसिकता का दूसरा पक्ष भी उजागर होता है, कि वे समाज के केन्द्रीय समस्या से परिचित है।

स्कूलों के लिए भी डॉ॰ कलाम का सन्देश दो टूक और स्पष्ट है। वे कहते हैं: "हमारे स्कूलों को देश की प्रयोगशालाएँ बनना चाहिए। 21वीं सदी ज्ञानवृद्धि तथा उसका उपयोग संगठित ढंग से करने की सदी है।"

## व्यक्तित्व की झलकियाँ

डॉ॰ अब्दुल कलाम हिन्दी नहीं जानते हालांकि राष्ट्रपति बनने के बाद वे सीखने का प्रयत्न किये। जब श्री मुलायम सिंह यादव रक्षा मंत्री थे तब मंत्रालय के वैज्ञानिक सलाहकार के रूप में यह समस्या सामने आई।

पहली ही मीटिंग में श्री यादव ने हिन्दी में कहा, कि मुसलमान होने के कारण कलाम साहब को हिन्दी आती होगी। उन्होंने आदेश दिए कि मीटिंग की कार्यवाही हिन्दी में ही की जाए और नोट्स इत्यादि भी हिन्दी में ही पेश किए जाएँ।

परन्तु ऐसा करना सम्भव न था। वे थोड़ी-बहुत हिन्दी समझ तो जरूर लेते थे पर न इस भाषा में बात कर सकते थे और न इसमें लिख ही सकते थे। उनके लिए एक दुभाषिया नियुक्त किया गया। नोट्स हिन्दी में लिखे जाते थे पर उनपर अपनी टिप्पणी वे अंग्रेजी में लिखते थे। उन्होंने उर्दू सीखने की कोशिश भी की पर समयाभाव के कारण सीख न सके। इसलिए उन्होंने दस्तखत हिन्दी में करना सीख लिया और अंग्रेजी में लिखी टिप्पणियों के अन्त में बड़े-बड़े अक्षरों में उन्होंने अपने दस्तखत करना आरम्भ किया।

श्री मुलायम सिंह यादव के कार्यकाल में ही डॉ॰ कलाम को देश के सर्वोच्च सम्मान 'भारत-रत्न' के लिए प्रस्तावित किया गया।

डी॰आर॰डी॰ओ॰ के अन्तर्गत पचास से अधिक प्रयोगशालाएँ काम करती हैं और अध्यक्ष बनने पर डॉ॰ कलाम ने हर सोमवार को इनकी बैठक बुलाना आरम्भ किया। ये अपने ढंग की अलग बैठकें थीं और कभी-कभी ये छह-सात घंटे तक लगातार चलती थीं। इनको इस प्रकार आयोजित किया जाता था कि प्रत्येक प्रयोगशाला वर्ष में कम से कम दो बार इनमें भाग ले सके।

सरकारी बैठकों में बड़े अफसरों के ही भाग लेने और सोच-समझकर चतुराई से बात करने का रिवाज़ है परन्तु इन बैठकों में छोटे-बड़े सभी वैज्ञानिक भाग लेते थे और जो चाहें कह सकते थे। समय पर भी कोई प्रतिबंध नहीं होता था—यदि लम्बा खींचने पर कोई किसी को टोकता तो डॉ॰ कलाम नाराज होते थे।

उनका किसी विषय पर निर्णय लेने का ढंग भी अपना ही था। वे सबसे राय लेते और सर्वानुमति प्राप्त करने का प्रयत्न करते थे। यदि यह सर्वानुमति उन्हें उचित प्रतीत न होती तो वे, 'मैं इस पर विचार करूँगा', कहकर बैठक स्थगित कर देते थे।

बहुत से लोगों को ये बैठक पसन्द नहीं आती थीं और कुछ समय बाद इनमें बोरियत भी पैदा हो जाती, परन्तु इनका एक बड़ा लाभ यह था कि छोटे-बड़े सभी वैज्ञानिक मन लगाकर अपना कार्य करने लगते और स्वयं को

संस्था का एक अभिन्न अंग मानने लगते। इनमें उनके कामों में सफलता भी जल्दी मिलती जो ढीली-ढाली सरकारी संस्थाओं के लिए एक महत्वपूर्ण उपलब्धि थी।

राष्ट्रपति बनने के बाद भी उनकी कार्यशैली बदली नहीं है। एक वर्ष में उन्होंने प्रायः सम्पूर्ण देश का भ्रमण कर लिया है और जहाँ भी वे गए हैं, शासन के अधिकारियों से लेकर जनता तथा बच्चे सभी को उन्होंने गहराई से प्रभावित तथा प्रेरित किया है। उन्होंने कहा था कि देश भर में घूमने के बाद ही वे किसी अन्य देश की यात्रा करेंगे और इस आदर्श को उन्होंने पूरा भी कर दिखाया है।

वैज्ञानिक अनुसंधान और निर्माण की योजनाओं के लिए अपार धन की आवश्यकता होती है। इनके विशाल बजट को मंत्रालयों से स्वीकृत कराना बड़ी कठिनाई तथा जद्दोजहद का काम होता है। स्वयं उनके अपने वित्त अधिकारी भी बड़े बजट बनाने के लिए कठिनाई से तैयार होते हैं।

परन्तु यदि किसी परियोजना को डॉ॰ कलाम आवश्यक समझते हों तो वे सभी स्तरों पर समझा-बुझाकर अपने बजट पास करा लेते थे। आरम्भ में उन्हें कहिठनाई होती थी परन्तु बाद में उनकी योजनाएँ आँख बन्द करके स्वीकृत की जाने लगीं। लेकिन पैसे का उपयोग करते समय वे फिजूलखर्ची को किसी भी तरह बर्दाश्त नहीं करते थे और ऐसा करने वालों पर जबरदस्त अंकुश लगाते थे। वे विदेशों से तकनीकियाँ खरीदने के भी बहुत विरुद्ध थे जिसका एक कारण यह भी था कि वे बहुत ज्यादा मँहगी पड़ती थीं। उन्हीं को अपने देशमें विकसित कर लेने पर वे न केवल बहुत सस्ती हो जाती थीं बल्कि इन्हें विदेशों में बेचकर पैसे की कमाई भी की जा सकती थी।

पहले से चल रही बहुत सारी परियोजनाएँ असफल भी हो जाती थीं। उन्हें बन्द कर देने से भी उन्होंने कभी गुरेज़ नहीं किया और एक बार उनके वित्त अधिकारी ने बिना उनसे पूछे ऐसी 300 योजनाओं को बन्द कर दिया तो वे बहुत प्रसन्न हुए। वित्त अधिकारी तो डर ही रहा था कि इस पर उसे जबरदस्त झाड़ पड़ेगी परन्तु ऐसा कुछ भी न हुआ। उल्टे, उन्होंने अधिकारी से इन विषयों पर और ज्यादा सलाह-मशविरा करना आरम्भ कर दिया।

योजनाओं को बजट बनाने में उदारता परन्तु खर्च में मितव्ययिता उनके चरित्र का महत्वपूर्ण अंग रहा है।

डॉ॰ अब्दुल कलाम की दैनिक चर्या बहुत सादा और सन्तुलित है। वे काफी सवेरे उठते हैं और खुली हवा में घूमने के लिए निकल जाते हैं। लौटकर वे प्रार्थना और योगाभ्यास करते हैं। फिर सिर में तेल लगाकर स्नान करते हैं। इसके बाद नाश्ता करके काम पर बैठ जाते हैं।

उनका भोजन सादा तथा शुद्ध होता है। शाकाहारी और दक्षिण भारतीय खाना ही उन्हें पसन्द है। उन्हें मिठाई भी पसन्द है–प्रधानमंत्री की तरह। रात को सोने से पहले एक गिलास दुध भी उनकी चर्या का आवश्यक अंग है।

डॉ॰ अब्दुल कलाम पुस्तकों के भी बड़े शौकीन हैं। उनके विशाल पुस्तकालय में हर विषय की नई से नई किताब आपको मिल जाएगी। यही नहीं, वे सब पढ़ी हुई होंगी और उन पर जगह-जगह निशान लगे तथा नोट्स लिखे हुए मिलेंगे।

सभी धर्मों में उनकी रुचि तो विख्यात है। वे दरगाह, मन्दिर, गिरजा सभी में बड़ी श्रद्धा से सिर झुकाते दिखाई देंगे। कुरान-शरीफ, पवित्र बाइबिल तथा श्रीमद्भगवद्गीता तीनों के पठन-पाठन में उनका काफी समय व्यतीत होता है। आश्चर्य नहीं कि उन्हें सन् 1997 में परम श्रद्धेय 'कांची परमाचार्य सम्मान' से अलंकृत किया गया–निश्चय ही यह किसी मुसलमान को दिया जानेवाला भारत का अकेला धार्मिक सम्मान है। इससे डॉ॰ कलाम की प्रतिष्ठा कई गुना बढ़ जाती है।

एक बार अपनी एक विदेश यात्रा में डॉ॰ अब्दुल कलाम एक उच्च परन्तु अधीनस्त अधिकारी के साथ भारतीय राजदूत द्वारा दिए गए रात्रिभोज में भाग ले रहे थे। राजदूत महोदय अपने सम्मान्य अतिथियों के साथ बड़े जोश-खरोश से बात कर रहे थे जिसे हुड़दंग भी कहा जा सकता था।

उन्होंने अपने साथी से पूछा, "ये लोग ऐसा क्या पी रहे हैं जो सामान्य शिष्टाचार भी भूल गए हैं?"

साथी ने कहा, "मेरा ख्याल है ये वोडका में सन्तरे का शर्बत मिलाकर पी रहे हैं जिसे काकटेल के रूप में 'स्क्रू-ड्रायवर' कहा जाता है।"

दो वर्ष बाद इस अधिकारी को एक बड़ी पार्टी में शामिल होने का निमंत्रण मिला। उन्होंने अपने प्रमुख डॉ॰ कलाम से पूछ लेना उचित समझा।

डॉ॰ कलाम ने प्रश्न किया, "क्या इस पार्टी में जाना जरूरी है?"

उत्तर में 'हाँ' सुनने के बाद वे हँसकर बोले, "ठीक है, जरूर जाओ, पर 'स्क्रू-ड्रायवर' तकनीकी में ज्यादा हिस्सा मत लेना।"

## राष्ट्रपति बनने के बाद

देश के सर्वोच्च राष्ट्रपति पद पर आसीन होने के बाद एक वर्ष के भीतर ही डॉ॰ कलाम ने सम्पूर्ण देश का मन जीत लिया है। उनके चुनाव के समय आशंका व्यक्त की गई थी कि इन्हें तो राजनीति का ज्ञान ही नहीं है, ये कैसे सफल होंगे। बड़े-बड़े धुरंधरों ने यह बात कही थी। परन्तु अब यह आशंका न केवल गलत सिद्ध हो चुकी है बल्कि माना जाने लगा है कि वे राष्ट्रपति के कार्य को अनेक नए आयाम देने में भी सफल होंगे।

राष्ट्रपति कलाम देश में जहाँ भी जाते हैं, इतनी भीड़ आकर्षित करते हैं कि आश्चर्य होता है। लोग घंटों सख्त गर्मी में उनकी प्रतीक्षा करते हैं और कारों की लम्बी कतारों के बाद जब वे अपनी कार से उतरकर उनसे हाथ मिलाते और बातचीत करते हैं तब तो उत्साह का मानो तुफान-सा उमड़ पड़ता है। वे सुरक्षाकर्मियों की भी परवाह नहीं करते और हँस-हँसकर सबसे बातचीत करते हैं। कई बार तो भीड़ पर नियंत्रण करना इतना कठिन हो जाता है कि प्रबंधकों को सब नियम तोड़कर स्वयं ही उन्हें गाँव भर में घुमाना पड़ता है। राजनेताओं के लिए भी ऐसी भीड़ नहीं उमड़ती।

डॉ॰ कलाम के तौर-तरीके उनके अपने हैं जिनमें परिवर्तन के लिए वे तैयार नहीं हैं। उन्होंने न अपने लम्बे बाल कटवाए, न अपना दर्जी बदला। आडंबर उन्हें बर्दाश्त नहीं हैं। राष्ट्रपति नेताओं की समाधि पर जाते हुए वे किसी कर्मचारी को अपने जूते नहीं उतारने देते और गाड़ी में ही जूते छोड़कर नंगे पैर चले जाते हैं। कर्नाटक के एक स्कूल में उन्होंने कतारों में बैठे बच्चों के दोपहर के खाने के समय उन्हें दही-भात स्वयं परोसा। 'योर एक्सीलेन्सी' जैसे सम्बोधन उन्हें बिल्कुल पसन्द नहीं हैं। दीक्षांत समारोह में वे छात्रों को सामने की सीटों पर बिठाना पसन्द करते हैं, नहीं तो विशिष्ट अतिथियों को छोड़कर वे सीधे उनसे बात करने पीछे चले जाते हैं।

डॉ॰ कलाम सभी प्रकार के लोगों से मिलते हैं। सामाजिक विषयों पर चर्चा करने के लिए वे पत्रकारों को बुलाते हैं, साथ ही स्कूली बच्चे, अध्यापक, वैज्ञानिक, विकलांग, विकास कार्यकर्ता, डॉक्टर, किसान, इंजीनियर इत्यादि को भी बात करने के लिए बुलाते हैं। राष्ट्रपति भवन की उनकी दिनचर्या भी बड़ी सुयोजित और तेज होती है। वे रोज 18 घंटे काम करते हैं और 8-10 मुलाकातें करते हैं। वे रोज ई-मेल से आए सैकड़ों पत्रों का जवाब देते हैं, अपने ऑटोग्राफ

कार्ड भेजते हैं जिनपर एक छोटी-सी कविता और उनका फोटो होता है। वे हर अवसर के लिए कविता लिखते हैं। वीणा भी बजाते हैं।

राष्ट्रपति भवन को भी वे नए ढंग से संगठित करने में लगे हैं। वे टूटे-फूटे स्थलों की मरम्मत करा रहे हैं, जीर्ण हुई पेंटिंगों को ठीक करा रहे हैं, नई पेटिंग बनवाकर लगा रहे हैं। सुप्रसिद्ध मुगल गार्डेन के एक हिस्सें में औषधि बनाने वाले पौधों को विशेष रूप से लगवा रहे हैं। यहाँ नई औषधियों पर अनुसंधान भी किया जाएगा। वे खुद तो वड़ा-रसम का नाश्ता करते हैं पर अतिथियों के लिए चुन-चुनकर विशेष पकवान बनवाते हैं।

उन्होंने इस साल रमजान के महीने में होनेवाली इफ्तार पाटी रद्द कर दी और पैसा अनाथालयों को दे दिया। सरकारी कार्यों पर भी उनकी पैनी निगाह रहती है और वे अक्सर बिना जाँच किए हस्ताक्षर करने से इनकार कर देते हैं। वे किसी संस्था के निमन्त्रण पर वहाँ जाते हैं तो पहले उनसे कुछ ऐसे वादे करा लेते हैं जो संस्था के लिए लाभकर हों—जैसे जब सामाजिक न्याय मंत्री सत्य नारायण जटिया उन्हें अंबेडकर जयन्ती के लिए निमंत्रित करने आए तो उन्होंने कहा कि वे इस शर्त पर आएँगे कि मंत्री तीन योजनाएँ घोषित करें—अनुसूचित जातियों के छात्रों को पब्लिक स्कूलों में दाखिले के लिए आर्थिक सहायता, छात्रवृत्ति और आवास की सुविधा। मंत्रीजी को उनकी शर्तें माननी पड़ीं।

इन सब बातों के कारण राष्ट्रपति भवन के कर्मचारी भी उनसे बहुत प्रभावित हैं और आगे बढ़कर उनके कामों में सहायता करते हैं। कुछ ने तो कविता लिखना भी शुरू कर दिया है।

राष्ट्रपति के रूप में डॉ॰ कलाम प्रत्येक धर्म के पूजास्थलों में निस्संकोच जाते हैं और विधिपूर्वक प्रार्थना इत्यादि में भाग लेते हैं। धर्मतः मुसलमान होने के कारण यह भी एक महत्वपूर्ण बात है और हिन्दु-मुसलिम टकराव के वर्तमान दुष्काल में इससे राष्ट्रीय एकता को बल मिलता है।

# प्रेरणाएँ

भारत के राष्ट्रपति और महान् विज्ञानविद् डा॰ ए॰पी॰जे॰ अब्दुल कलाम ने अपनी आत्मकथा 'अग्नि की उड़ान' का समापन करते हुए लिखा है–"*मेरी कहानी जैनुलाबदीन के बेटे की कहानी है, जो रामेश्वरम की मस्जिदवाली गली में सौ साल से ज्यादा तक रहे और वहीं अपना शरीर छोड़ा। यह उस किशोर की कहानी है, जिसने अपनी भाई की मदद के लिए अखबार बेचे। यह कहानी शिव सुब्रह्मण्यम अय्यर एवं अयादुरै सोलोमन के शिष्य की कहानी है यह उस छात्र की कहानी है जिसे पनदलाई जैसे शिक्षकों ने पढ़ाया। यह उस इंजीनियर की कहानी है जिसे एम॰जी॰के॰ मेनन ने उठाया और प्रो॰ साराभाई जैसी हस्ती ने तैयार किया। और एक ऐसे कार्यदल नेता की कहानी है जिसे बड़ी संख्या में विलक्षण व समर्पित वैज्ञानिकों का समर्थन मिलता रहा। मेरी यह छोटी सी कहानी मेरे जीवन के साथ ही खत्म हो जाएगी। मेरे पास न धन है, न सम्पत्ति। न मैंने कुछ इकट्ठा किया, न कुछ ऐसा बनाया जो शानदार हो, आलीशान हो, ऐतिहासिक महत्व का हो।*"

कलाम के ये शब्द उनकी सरलता, साधुता, मानवता और राष्ट्र-निष्ठा की कहानी स्वयं कहते हैं। वे स्वयं ही घोषणा करते हैं कि कलाम का जीवन प्रेरणाओं से सिंचित, उपलब्धियों से सज्जित एक सार्थक और उद्देश्यपूर्ण जीवन है। उन्होंने भारत भूमि में जन्म लेकर अपने परिवेश तथा संपर्क में आने वाले व्यक्तियों से प्रेरणाएं लीं और संकल्प बुने। इन संकल्पों को पूरा करने के लिए जब वे रात-दिन जी तोड़ परिश्रम कर रहे थे, तब ये प्रेरणाएं उन्हें अनन्त ऊर्जा प्रदान कर रही थीं। डा॰ कलाम अपने प्रेरणा परिवेश और प्रेरणा जनों के प्रति इतनी आस्था और आभार से भरे हैं कि किसी भी संवेदनशील अवसर पर वे उनके नाम लिए बिना नहीं रहते।

भारतीय मनीषियों की यह विशेषता रही है कि उन्होंने अपनी उपलब्धियों को सदैव नगण्य माना है और अपने द्वारा किए गए कार्यों को सदा कम करके आंका है। वे अपने आपको साधारण से भी साधारण जन की कोटि में रखकर अपने व्यक्तित्व की अहंकारहीन, सरलता का परिचय देते रहे हैं।

डा॰ कलाम ने अपने आपको तथा कार्यों और उपलब्धियों को साधारण बताते हुए अपनी असाधारणता का प्रमाण प्रस्तुत कर दिया है।

इस अर्थ में वे भारतीय मनीषियों एवं विचारकों की परम्परा में आने वाले एक ऐसे वैज्ञानिक राष्ट्र-नेता हैं जिनका जीवन वर्तमान पीढ़ी तथा भावी पीढ़ी के लिए एक आदर्श प्रस्तुत करता है।

उनका जीवन तमिलनाडु के सागर तटीय गांव रामेश्वरम् की मस्जिद वाली गली से आरंभ होता है, जहाँ 15 अक्टूबर, 1931 को उनका जन्म हुआ। उनके परिवार में माता-पिता के अतिरिक्त तीन भाई और एक बहन थी। पिता की पाँच संतानों में कलाम ठीक मध्य में आते हैं। एक भाई मुस्तफा कलाम और बहन जौहरा उनसे बड़ी हैं तथा दो भाई उनसे छोटे।

## प्रेरणा के स्रोत पिता

होश संभालते ही कलाम ने जिस व्यक्ति से सबसे अधिक प्रेरणा ली, वे हैं उनके पिता श्री जैनुलाबदीन। जिस समय कलाम का जन्म हुआ, उनके पिता की आयु 57 वर्ष थी।

उनकी दिनचर्या सात्विक थी। वे प्रातः 4 बजे से पहले उठ जाते थे और चार बजे की नमाज़ पढ़ने के बाद अपने नारियल के बाग में चले जाते थे। वहाँ से नारियल लेकर लौटते थे। बाग रामेश्वरम से चार मील दूर था। इस प्रकार वे प्रतिदिन सवेरे आठ मील पैदल यात्रा कर अपने शरीर को चुस्त और दुरुस्त रखते थे।

कलाम जब थोड़े बड़े हुए और पैरों चलने लगे तो पिता उनकी उंगली पकड़कर उन्हें चलने का अभ्यास कराने लगे। सबसे पहले वे उन्हें उंगली पकड़कर घर के पास ही गली की मस्जिद में ले गए। मस्जिद में उन्होंने नमाज़ अदा की तो कलाम वहीं खड़े रहे। नमाज़ से निबटने के बाद उन्होंने अपने बेटे की उंगली पकड़ ली और अल्लाह से दुआ की कि उनका बेटा सही सलामत रहे और एक दिन बड़ा आदमी बने।

कलाम कुछ और बड़े हुए तो पिता की उंगली पकड़कर मस्जिद आना तथा रामेश्वरम़ मंदिर जाना उनका दैनिक क्रम बन गया।

शाम को उनके पिता जब कलाम की उंगली पकड़े मस्जिद से निकलते तो बड़े-बड़े कटोरों में जल लिए गाँव के लोग बाहर खड़े रहते थे। उनके पिता धीरे-धीरे कुछ कहते हुए कटोरे के जल में अपनी उंगलियाँ डाल देते तो लोग उस जल को लेकर अपने-अपने घरों को चले जाते थे। यह जल पवित्र और रोगनाशक समझा जाता था।

कलाम उस समय चार वर्ष के थे। जब लोग चले जाते, तब वे अपने पिता से तरह-तरह के प्रश्न पूछा करते थे। कलाम के पिता बच्चे के प्रश्नों के उत्तर बड़े सहज ढंग से दिया करते थे।

पिता के साथ कलाम रामेश्वरम मंदिर जाते थे। वहाँ तीर्थ यात्रियों को नावों से आते-जाते देखते, दूर-दूर तक लहराते सागर को देखते और शाम के समय डूबते सूर्य का आनन्द लेते थे। सूर्यास्त के समय पक्षी उनके सिर के ऊपर से आवाजें करते हुए उड़ जाते तो वे अनेक प्रश्न पूछने लगते थे– "ये पक्षी कहाँ जा रहें? ये उड़ते समय क्या बोल रहे हैं? सूरज की सारी किरणें कहाँ चली गईं, यह लाल रंग का गोला-सा क्यों दिखाई पड़ रहा है?" सूर्य जब समुद्र में डूबने लगता तो वे पूछते, "यह तो पानी में डूब रहा है? यह पानी में क्यों डूब रहा है?" जब सूरज पूरा डूब जाता तो पूछते, "यह तो डूब गया, क्या अब कभी नहीं आएगा?"

पिता उनके हर प्रश्न का बिल्कुल सही उत्तर देते। वे बताते कि शाम समय पक्षी अपने-अपने घोंसलों की ओर लौटते हैं। पक्षी पेड़ों पर अपने घर बनाकर रहते हैं जिन्हें घोंसला कहा जाता है। जैसे लोग दिन भर बाहर काम करने के बाद शाम को अपने घर अवश्य लौट आते हैं, उसी प्रकार पक्षी भी हर शाम सूरज डूबने के साथ ही अपने घोंसलों की ओर लौटने लगते हैं। वापस लौटते समय उनके मन में एक खुशी होती है कि वे जल्दी ही अपने बच्चों से मिलेंगे।

सूर्य के बारे में वे बताते कि हर दिन सवेरे सूरज पूर्व दिशा से निकलता है और हर शाम को पश्चिम दिशा में डूब जाता है। रामेश्वरम की पश्चिम दिशा में समुद्र है, इसलिए ऐसा लग रहा है कि सूरज समुद्र में डूब रहा है। सूरज समुद्र में नहीं डूबता। वह पृथ्वी की आड़ में हो जाता है। अगले दिन सवेरे ही फिर निकल आता है।

शाम को वे कलाम को रामेश्वरम मन्दिर में भगवान शिव के दर्शन कराने ले जाते थे। वहाँ वे पिता के कंधों पर बैठकर घंटे बजाते और फिर प्रसाद लेकर घर लौट आते थे।

रात को खुले आसमान के नीचे सोते तो पिता से तारों के बारे में तरह-तरह के प्रश्न पूछा करते थे। पिता उनके हर प्रश्न का उत्तर देते थे।

कलाम के पिता एक विचारवान व्यक्ति थे। वे जब भी लोगों से मिलते उन्हें कुछ न कुछ समझाते रहते थे। लोग अपनी तरह-तरह की समस्याएँ उनके

सामने रखते थे। वे उनकी समस्याएँ सुनते और उन्हें समझाते हुए कहा करते थे, "चिंता मत करो, सब ठीक हो जाएगा। ईश्वर पर भरोसा रखो। अपने आप को कभी कमजोर और असहाय मत समझो। जब ईश्वर सदैव तुम्हारे साथ है तो तुम असहाय कैसे हो सकते हो। मनुष्य को भी अपने आपको असहाय नहीं समझना चाहिए। समस्याएँ तो आती ही रहती हैं, समस्याओं से क्या घबराना। वे तो आनी-जानी हैं। आती हैं, तो जाती भी हैं, वे अपने आप चली जाएंगी। बस तुम धैर्य रखो, तुम्हारा जीवन चिन्ताओं में घुल-घुलकर मरने के लिए नहीं है। ईश्वर ने तुम्हें जो कुछ दिया है उसके लिए उसका शुक्रिया अदा करो और उसे सदा अपने साथ मानो।"

कलाम जब अपने पिता के मुँह से ये बातें सुनते तो संस्कार रूप में वे उनके मन में बैठ जाती थीं। उन्हें प्रतिदिन अपने पिता से जीवन और ईश्वरीय शक्ति के बारे में अनेक बातें सुनने को मिलती थीं। उनके पिता की बातों में बुद्ध, महावीर और गांधी की अहिंसा, विनोबा की सर्वोदय भावना, ईसा उनके मन में बचपन से ही महान् आदर्श एक साथ सुनने को मिलते थे। इससे उनके मन में बचपन से ही अहिंसा, करुणा, दया-ममता, आत्मीयता, सहानुभूति, सहयोग और सहकार के भाव पैदा होने लगे थे।

कलाम जब स्कूल जाने लगे तो पिता की बातें उन्हें और अधिक समझ में आने लगीं। पिता अधिक पढ़े-लिखे नहीं थे। परन्तु इंसानियत, मानव-धर्म और अच्छे गुणों के भंडार थे।

किताबी ज्ञान से बड़ा तो जीवन का ज्ञान है। उनके पिता ने बड़ी-बड़ी डिग्रियां नहीं ली थीं, परन्तु जीवन और जगत् के रहस्य को पूरी तरह समझ लिया था।

कलाम ने प्राईमरी शिक्षा रामेश्वरम में ही प्राप्त की थी। पूरे पाँच वर्षों तक वे पिता के निकट सम्पर्क में रहे और उनके भाव-जगत तथा विचार-जगत की नींव पक्की हो गई।

1945 में जैसे ही विश्व-युद्ध खत्म हुआ, कलाम ने प्राईमरी शिक्षा पूरी कर रामनाथपुरम जाकर आगे की शिक्षा प्राप्त करने की इच्छा व्यक्त की। पिता कलाम को बहुत प्यार करते थे। कलाम उनके जीवन का हिस्सा थे, वे कलाम के बिना नहीं रह सकते थे। फिर भी उन्होंने कलाम को रोका नहीं बोले, "अब्दुल, आगे बढ़ने के लिए तुम्हें बाहर तो जाना ही होगा। तुम्हें अपनी आगे बढ़ने की इच्छा पूरी करने के लिए उस जगह अवश्य जाना चाहिए, जहाँ तुम्हारी

इच्छाएं पूरी हो सकें। हमारा प्यार तुम्हें रोकेगा नहीं, हमारी जरूरतें तुम्हें बांधेंगी नहीं।''

माँ का दिल बहुत कोमल था। जब उन्हें पता लगा कि कलाम को रामनाथपुरम जाने की इजाजत उनके पति ने दे दी है तो वे रोने लगीं। तब अपनी पत्नी को समझाने के लिए उन्होंने 'खलील जिब्रान' के शब्दों का बखान करते हुए कहा, ''तुम्हारे बच्चे तुम्हारे नहीं हैं, वे तो खुदा के लिए जीवन की लालसाओं के बेटे-बेटियां हैं। वे तुम्हारे जरिए आते हैं लेकिन तुमसे नहीं आते। तुम उन्हें अपना प्यार दो, लेकिन अपने विचार नहीं उनके खुद अपने विचार होते हैं।''

कलाम ने जब पिता के मुँह से ये शब्द सुने तो उन्हें लगा जैसे उनके पिता आसमान से उतरे कोई फरिश्ते हैं। धरती पर जन्मे मनुष्य के पास ऐसा हृदय और ऐसा मस्तिष्क कैसे हो सकता है। कलाम का दिल भर आया। उन्होंने निश्चय किया, ''मैं उस पिता की सन्तान हूँ जिनसे विचार महान् पुरुषों और ऋषियों जैसे हैं। मैं इन विचारों को अपने दिल में जगह दूँगा। मेहनत से पढ़ूंगा और अपने पिता का नाम रोशन करूंगा।''

रामनाथपुरम जाने के लिए जब गाड़ी तैयार खड़ी थी, तब उन्होंने कलाम के कान में कहा, ''तुम्हें अब ऐसे घर में रहने जाना है कलाम जहाँ हममें से कोई रामेश्वरम् से वहाँ नहीं पहुँच सकेगा। मेरे बच्चे, ईश्वर तुम्हें खुश रखे।''

कलाम ने जब ये शब्द सुने तो उन्हें लगा जैसे उनके शरीर में बिजली-सी दौड़ रही है। यद्यपि ये शब्द उन्होंने उस समय रामनाथपुरम के उस घर के बारे में व्यक्त किए थे जिसमें कलाम को इतनी छोटी आयु में अकेले रहना था, परन्तु कालान्तर में वे 340 कमरों वाले दिल्ली स्थित राष्ट्रपति भवन के बारे में सच हुए, जब उन्हें 2002 में भारत का राष्ट्रपति चुना गया।

रामनाथपुरम में कलाम को अकेला रहना पड़ा। स्कूल में पढ़ना और माँ तथा पिता से पहली बार अलग होने की पीड़ा को झेलना, यह सब बहुत मुश्किल था। जब उन्हें माँ के हाथ की बनी रोटी नहीं मिल पाती थी। माँ के हाथ की बनी दक्षिण भारतीय मिठाइयां कलाम को बहुत अच्छी लगती थी। जब वे छुट्टियों में रामेश्वरम आते तो माँ उन्हे 'पोली' नामक दक्षिण भारतीय मिठाई बनाकर दिया करती थीं। परन्तु रामेश्वरम् की याद मन से जाती नहीं थी।

जब-जब शाम होती, उन्हें रामेश्वरम् में पिता के कन्धे पर बैठकर डूबते हुए सूरज का दृश्य देखना, रामेश्वरम् मन्दिर की घंटिया बजाना, आरती में शामिल होना आदि याद आ जाता था। पिता की उंगली पकड़कर घूमने की यादें तो उनके मन से निकल ही नहीं पाती थीं। कभी-कभी तो मन इतना भर आता था कि वे अकेले में रो पड़ते थे। परन्तु पिता को मन ही मन दिया वचन उन्हें याद था। यह वचन उनके लिए एक बहुत बड़ी प्रेरणा बन गया। उन्होंनें उसके सहारे सब कुछ झेल लिया। अपनी आत्मकथा 'अग्नि की उड़ान' में उन्होंने इस संदर्भ में लिखा है–

> *"घर की बहुत याद आने के बावजूद में नए माहौल में रहकर पिता के सपने को साकार करने के प्रति कटिबद्ध था। क्योंकि मेरी सफलता से पिताजी की बहुत बड़ी उम्मीदें जुड़ी थी। पिताजी मुझे कलेक्टर बना देखना चाहते थे और मुझे लगता था कि पिताजी के सपने को साकार करना मेरा फर्ज है। हालांकि परिवार, सुरक्षा और रामेश्वरम् की सारी सुख सुविधाएँ मुझसे छूट गई थी।"*

कलाम ने अपने शिक्षाफल में ही नहीं, विज्ञान के अनुसंधान काल में भी पिता को न केवल याद रखा बल्कि उनसे सदा प्रेरणा ली। पिता के आदेशों के बल पर उन्होंने परिस्थितियों की विषमता और कठिनाईयों को सदा जीता। जब वे भारत के तत्कालीन रक्षा मंत्री श्री बी॰के॰ कृष्णमेनन के सहयोग से भारतीय सेना के लिए 'नंदी' नामक हॉवरक्राफ्ट का मॉडल तैयार करने में जुटे थे, तब काम शुरू करते समय वे अपने पिता को सदा याद रखते थे। उन्होंने अपनी आत्मकथा में लिखा है, *"मैं सभी बाहरी मुश्किलों को भूल अपनी प्रयोगशाला में उसी तरह जाया करता था जिस तरह मेरे पिताजी बाहर जूते उतार कर मस्जिद में नमाज़ पढ़ने जाया करते थे।"*

विषम परिस्थितियों में धैर्य रखने की बात उन्होंने अपने पिता से सीखी थी। 1971 में डॉ॰ विक्रम साराभाई की मौत ने कलाम को हिलाकर रख दिया था।

इसी समय उन्हें एस॰एल॰वी॰ परियोजना का प्रबंधक नियुक्त किया गया। वे बहुत परेशान थे। स्थितियां अनुकूल नहीं थीं और मन बहुत डावांडोल था। डॉ॰ ब्रह्मप्रकाश के करने पर उन्होंने निदेशक पद संभाला तो धैर्य रखने की प्रेरणा अपने पिता से ली। उन्होंने इस संदर्भ में लिखा है, *"डॉ॰ ब्रह्मप्रकाश ने जब मुझे कहा कि तुम्हें सहनशीलता एवं धैर्य रखना होता तो मुझे वे शब्द याद आ गए जो मेरे पिताजी सही व गलत में फर्क करने के लिए मुझे 'कुरान'*

*से पढ़कर सुनाया करते थे। हमने तुम्हारे सामने कोई ईश्वर का शिष्य नहीं भेजा है जो खाता नहीं है या बाजार के चौराहे तक नहीं जाता है। हम एक-दूसरे के माध्यम से तुम्हारी परीक्षा लेते हैं। क्या तुम धैर्य नहीं रखोगे?"*

कलाम ने इन शब्दों पर अमल किया। पिता के शब्दों को याद करके अटूट धैर्य का परिचय दिया। इससे उनके अन्दर विलक्षण प्रबन्धन क्षमता का उदय हुआ। यदि कलाम उस समय तनिक भी धैर्य खो देते तो उनकी गिनती आज विश्व के ख्याति प्राप्त वैज्ञानिकों में नहीं होती।

1975 में जब अपने बहनोई जलालुद्दीन की मृत्यु का समाचार सुनकर कलाम रामेश्वरम् पहुँचे तो पूरा घर शोक के श्मशान जैसा लग रहा था। सौ वर्ष से अधिक मृत्यु आयु के उनके पिता रोग शैय्या पर पड़े थे। उन्हें देखकर लगता था कि वे अपने जीवन के अंतिम दिन पूरे कर रहे हैं, ऊपर से इतना बड़ा हादसा। लेकिन बूढ़े और कमजोर होने पर भी पिता के मन में जो आत्मविश्वास था, उसका वर्णन कलाम ने अपनी आत्मकथा में इन शब्दों में किया है, *"अपने बूढ़े और कमजोर हाथों में मेरा हाथ थामने के बाद वे कहने लगे, क्या तुम नहीं देखते, अब्दुल ईश्वर किस प्रकार अंधेरा कर देता है। क्या यही उसकी इच्छा थी? लेकिन उसने रास्ता दिखाने के लिए ही सूरज बनाया है। सही है वह जिसने तुम्हारे लिए रात बनाई और आराम के लिए नींद दी। जलालुद्दीन अब गहरी नींद में सो चुके हैं, एक स्वप्न रहित नींद में, पूरी तरह शांति में जिसमें साधारण रूप से अचेतन है। अल्लाह की नियति के आगे हम कुछ नहीं कर करते। वही हमारा रखवाला है। मेरे बेटे! अल्लाह पर भरोसा रखो।"*

पिता इतने कमज़ोर हो गए थे कि ये शब्द बड़ी मुश्किल से कह पाए और इसके साथ ही उनकी आँखें थककर बंद हो गईं।

अगले वर्ष ही 12 वर्ष की आयु में कलाम के पिता की मृत्यु हो गई। पिता की मृत्यु का समाचार कलाम के लिए एक बहुत बड़ा झटका था। यद्यपि वे अपनी पूरी आयु जी चुके थे, परन्तु पिता और पुत्र का रिश्ता ही ऐसा है कि कोई पुत्र नहीं चाहता उसके सिर से पिता का साया उठे।

पिता की मृत्यु पर वे माँ से लिपट कर खूब रोए। फिर पिता के अंतिम संस्कार की रस्म भी पूरी कर दी।

रात को जब वे अपने परिवार के बीच बैठे थे तो उन्हें लग रहा था, जैसे उनका सब कुछ खो गया है।

उनके शोक मन ने संकल्प दोहराया-'आपने जो स्वप्न देखा था, वह देश की आवश्यकता और परिस्थितियों की मांग के हिसाब से थोड़ा बदल गया है, पर आपसे मेरा वादा है, आपका यह बेटा आपका नाम रोशन करने के लिए किसी संघर्ष से कभी नहीं डरेगा।'' रात को उन्होंने अपनी डायरी में पिता की स्मृति में उन्हें ही समर्पित करते हुए अंग्रेज कवि कीट्स की ये पंक्तियाँ लिखीं–

*''धरा ने पाया अपना अतिथि*
*पिता में मेरे देखो आज*
*काटते जीवन भर की जेल*
*लपेटे रिश्तों की रस्सियां*
*खोलता रहा कैदियों बीच*
*खुदाई की नेहमत के राज''*

## माँ के आंचल में लिपटे रहने की चाह

कलाम के जीवन की सरलता और स्नेहमयता के पीछे उनकी माँ की ममता और प्यार है। जहाँ कलाम के पिता उन्हें बड़ा आदमी बनाने के स्वप्न देखा करते थे, वहीं उनकी माँ उनके सकुशल रहने और एक अच्छा इंसान बनने की दुआएं किया करती थीं।

कलाम की माँ ने उन्हें इतना प्यार दिया था कि वे माँ से अलग होना ही नहीं चाहते थे। वे छोटे थे तो माँ को उनकी चिन्ता सबसे अधिक रहती थी। गोल-मटोल, भोला और संवेदनशील चेहरा, कुछ खोजती हुई सी उत्सुकता और उमंग भरी आँखें, बार-बार बाहर जाने और लौटकर माँ के आंचल से लिपट जाने की आदत--इन सबने माँ के दिल में कलाम के प्रति विशेष प्यार जगा दिया था और विशेष चिन्ता पैदा कर दी थी।

जब कलाम खेलने के लिए बाहर जाते तो माँ को यही लगा रहता-कोई मेरे बच्चे को न मारे, मेरा बच्चा बहुत भोला है, वह लड़ाई-झगड़ा करना जानता ही नहीं। गली के बच्चे बड़े तेज और शरारती हैं, कोई उसे चोट न पहुँचा दे।

स्कूल जाने से पहले कलाम अपना ज्यादा समय माँ के साथ ही बिताते थे। माँ को भी यही अच्छा लगता था। कलाम को अपने से अलग करने की बात तो वे उस समय सोच ही नहीं सकती थीं।

दस वर्ष की आयु में भी कलाम माँ की गोद में सो जाते थे। माँ उनके बालों में धीरे-धीरे उंगलियां फिराती हुई अपनी ममता का इज़हार करती रहती थी। माँ की उंगलियों के स्पर्श से निकली ऊर्जा को ग्रहण करने में कलाम को बहुत आनंद आता था।

दूसरे बच्चे जब कलाम को माँ की गोद में इस तरह सोया देखते तो उनकी भी यही इच्छी होती थी कि वे भी माँ की गोद में सोने का सुख लें। ये कलाम से ईर्ष्या करने लगते थे।

खाना भी कलाम माँ के साथ खाना अधिक पसंद करते थे। रसोई में जमीन पर बैठकर केले के पत्ते पर माँ के साथ खाना खाने में उन्होंने जो सुख पाया वह सुख उन्हें फाइव स्टार होटल और राष्ट्रपति भवन के विविध प्रकार के व्यंजनों में भी नहीं मिला।

जब वे प्राईमरी शिक्षा पूरी करने के बाद आगे की पढ़ाई के लिए रामनाथपुरम जाने लगे तो माँ को यह प्रस्ताव अच्छा नहीं लगा। वे कलाम को अपने से अलग नहीं करना चाहती थीं। उन्हें डर था कि कलाम अकेला रह नहीं पायेगा। छठी क्लास के बच्चे को माँ से अलग कर अकेले रख देना उन्हें न्याय की बात नहीं लगी। कलाम का मन भी माँ के बिना रहने को तैयार नहीं था। परन्तु आगे की पढ़ाई नहीं रोकी जा सकती थी और रामेश्वरम् में इससे आगे स्कूल नहीं था। रामनाथपुरम् जाना अनिवार्य था। अतः कलाम ने अपने आपको माँ के बिना रहने के लिए तैयार किया।

माँ से विदा लेते समय उनकी आंखों में आंसू थे। माँ तो इतनी दुखी हुई थीं कि उन्होंने उस रात खाना भी नहीं खाया। यही याद कर करके उन्हें रोना आ रहा था कि उनका कलाम अकेला कैसे रहेगा।

कलाम के पिता के बार-बार समझाने पर वे सामान्य हुईं। उन्होंने कलाम को चिपटा लिया और बहुत सी हिदायतें दीं। जब कलाम ने उन सब हिदायतों को मानने का वचन दिया, तब उनकी आँखों में आशा की चमक आ गई।

रामनाथपुरम में कलाम को माँ का अभाव बहुत चुभता था। वे शाम को प्रायः उदास हो जाते थे। दिन भर पढ़ाई में मेहनत करते थे, विभिन्न विषयों पर चर्चा करते थे, परन्तु सूरज छुपते ही उनका मन उड़कर रामेश्वरम् जा पहुँचता था। मस्जिदवाली गली में मिट्‌टी की टाइलों और फूंस से पटा मकान, मकान के

बगल में नीम का पेड़। घर के मुख्य दरवाजे पर खड़ी टकटकी लगाए रामनाथपुरम की ओर देखती माँ के मन में दबी-दबी कलाम से बिछुड़ने की पीड़ा, आंखों में छलकते आंसू। कलाम को लगता कि माँ उन्हें बुला रही है, माँ मन-ही-मन उन्हें याद करके दुखी हो रही है।

मां-बेटे का रिश्ता भी कैसा अजीब है। चाहे जितनी दूरियां हो जाएं, माँ का दिल कभी बेटे से अलग नहीं रहता। माँ सदैव अपने बच्चों के बारे में ही सोचती रहती है और ईश्वर से यही दुआ मांगती रहती है कि उसके बच्चों के सामने कभी कोई दुख न आए।

कलाम माँ की पीड़ा को समझते थे। उन्हें मालूम था कि उन्हें घर में न देखकर माँ को सब कुछ सूना-सा लगेगा। और यह उन्हें याद कर आँखों में आंसू अवश्य भी लाएगी। एक ओर अपने अभाव में माँ के दिल की पीड़ा का अहसास, दूसरी ओर माँ के बिना सूना-सूना सा लगता सारा जहान, कलाम की आँखें नम हो जाती थीं। कभी-कभी तो वे रो पड़ते थे।

रामनाथपुरम से हाई स्कूल पास करने के बाद जब वे तिरुचिरापल्ली गए, तब तक परिवार से बिछुड़ने की पीड़ा पर उन्होंने काबू पा लिया था। परन्तु माँ की याद अब भी मन से नहीं जाती थी। माँ के अहसानों और उनकी त्यागमयी भूमिका को याद कर वे भावाकुल हो उठते थे।

तिरुचिरापल्ली के सेंट जोसेफ कालेज से बी०एस०सी० करने के बाद जब कलाम ने मद्रास इंस्टीट्यूट ऑफ टैक्नोलॉजी में दाखिला लिया तब उन्होंने माँ के चरण छूकर आशीर्वाद मांगा-*"माँ मुझे आशीर्वाद दो००० मैं इंजीनियर बनकर अपने देश के लिए बड़े-बड़े काम करूं और आपका नाम रोशन करूं।"*

माँ ने पुत्र के सिर पर हाथ रखकर आशीर्वाद दिया। इस आशीर्वाद की एक बड़ी प्रेरणाशक्ति के रूप में समेटकर कलाम ने इंजीनियरिंग की पढ़ाई की।

पढ़ाई पूरी करने के बाद कलाम दिल्ली चले गए और उन्होंने वहाँ एक सहायक वैज्ञानिक के रूप में 250रु० मासिक वेतन पर भारत सरकार के रक्षा अनुसंधान विभाग में नौकरी कर ली।

## विवाह न करने का संकल्प

हर माँ अपने बेटे को दूल्हा बनते देखने के लिए लालायित रहती है। उसकी आंखों में एक स्वप्न सदा तैरता रहता है कि कब उसका बेटा विवाह योग्य हो

और यह सेहरा बांधकर दुल्हन लेने जाए। कलाम की नौकरी लगने के बाद माँ ने उनसे शादी के लिए कहा, परन्तु कलाम माँ की यह इच्छा पूरी नहीं कर पाए। उन्होंने माँ से कहा– *"माँ मुझे इस बंधन में मत बांधो। जीवन बहुत छोटा है, काम बहुत अधिक, माँ मैं अपने जीवन में कुछ ऐसे काम करना चाहता हूं जिससे मेरे माता-पिता का नाम रोशन हो और देश की तरक्की हो। माँ मैं यह जिम्मेदारी ठीक से निभा नहीं पाऊंगा।"*

माँ ने बेटे की बात सुनी तो दिल के अरमानों को एक झटका लगा। वे कलाम का मुँह देखती रही गई। एक शब्द मुँह से नहीं निकला। उनकी आंखों में कुछ ऐसे भाव उभर आए थे जो या तो जानती थीं या कलाम। वे उठकर चली गईं।

कलाम को पहले ही अनुमान था विवाह के लिए मना करने पर माँ के दिल को ठेस अवश्य पहुँचेगी। परन्तु कलाम विवश थे। वे अपने जीवन में कुछ ऐसे काम करने का फैसला ले चुके थे जिन्हें पूरा करने में विवाहित जीवन आड़े आता। माँ की आंखों में उभरे भावों को पढ़ने के बाद कलाम को इतना दुख हुआ था कि वे वहाँ खड़े न रह सके और घर से बाहर निकल गए।

वे जानते थे कि यह फैसला बहुत कठोर है। परिवार के लोगों की भावनाएं इससे आहत होंगी। परन्तु रचनात्मक कार्यों में जुटने के लिए कम साधन वाले मध्यम वर्गीय युवक के सामने और कोई चारा न था।

कलाम ने मन-ही-मन संकल्प किया, 'माँ तेरा दिल दुखाया है मैंने। मैं तेरा गुनहगार हूं, पर इस दुख को मैं अपने जीवन की प्रेरणा बना लूंगा। इस दुख के कारण तुम्हारी आंखों से निकले आंसुओं की कीमत तो मैं नहीं चुका पाऊंगा, परन्तु अपनी मेहनत और लगन से यह साबित कर दूंगा कि मेरा यह फैसला सार्थक था।'

माँ को दिए गए वचन के अनुरूप कलाम ने जी-तोड़ मेहनत की। रात-दिन एक करते हुए वे अपने काम में जुट गए। जब-जब उन्हें निराशा घेरती या हौंसले में थोड़ी कमी आती, वे अपनी माँ को याद कर लेते थे। रामेश्वरम् में पिता के साथ पूरे परिवार की संरक्षिका बनी मां, कलाम के हर काम में प्रेरणा बन कर मौजूद रहती थीं और सफलता उनके सदा कदम चूमती रही।

## अपना-अपना प्रारब्ध अपनी-अपनी नियति

1976 में जब पिता की मृत्यु का समाचार सुनकर कलाम रामेश्वरम् पहुँचे तो माँ की दशा उनसे देखी न गई। पति की मृत्यु ने उन्हें तोड़ दिया था। माँ की गोद में सिर रखकर कलाम फूट-फूट कर रोए।

पिता के अंतिम संस्कार से निबटने के बाद जब वे थुम्बा के लिए चले तो माँ ने उनकी सफलता के लिए दुआ की। बेटे से अलग रहने की विवशता उनकी आंखों में साफ दिख रही थी। माँ की यह दशा देखकर कलाम का गला भर आया। उनके मन में बार-बार यह विचार आ रहा था कि वे अब माँ को अकेला न छोड़ें। पूरे जीवन माँ आंखों में एक स्वप्न लिए जीती रही थीं कि कलाम घर आए तो उसे जी भर कर देखें, जी भी कर उससे बातें करें और जी भर कर उसके साथ रहें, परन्तु कलाम का जीवन विज्ञान और देश के लिए पूरी तरह समर्पित हो चुका था। अब वे इतने व्यस्त थे कि न माँ के साथ रामेश्वरम् में ठहर सकते थे, न माँ उनके साथ रहने के लिए रामेश्वरम् छोड़कर थुम्बा जा सकती थीं।

इस स्थिति का वर्णन करते हुए कलाम ने अपनी आत्मकथा में लिखा है–"*मैं अपनी माँ के पास बहुत देर तक बैठा रहा, लेकिन कुछ बोल नहीं पाया। जब मैं थुम्बा लौटने के लिए उनसे विदा लेने लगा तो उन्होंने भर्राई हुई आवाज में मेरे लिए दुआ की और आशीर्वाद दिया। उन्हें यह मालूम था कि उन्हें अपने पति का वह घर नहीं छोड़ना था और मैं उनके साथ वहाँ रह नहीं सकता था। हम दोनों को अपनी-अपनी जगह ही रहना था। यही हमारा प्रारब्ध था, यही हमारी नियति थी।*"

पिता की मृत्यु के एक वर्ष बाद 1977 में कलाम पर ममता और प्यार लुटाने वाली मां, कलाम की सफलता के लिए नमाज पढ़ने और दुआ मांगने वाली माँ कलाम को जी भी कर देखने और कलाम के साथ रहने की तमन्ना मन में लिए इस संसार से चली गईं।

तीन वर्ष में कलाम ने तीन मौतें झेली थीं। 1975 में बहनोई जलालुद्दीन की मृत्यु, अगले वर्ष पिता की और फिर अगले वर्ष माँ की मृत्यु। इन तीनों मौतों ने उन्हें बुरी तरह झकझोर दिया था। सारा संसार उन्हें व्यर्थ लगने लगा था और जीवन निस्सार।

जिस समय उन्हें माँ की मृत्यु का समाचार मिला, वे एस०एल०वी०-3 ऐपीजे राकेट के उड़ान परीक्षण के सिलसिले में फ्रांस के लिए रवाना होने वाले थे।

समाचार सुनते ही उनका दिल दहल गया। माँ अपनी नियति के अनुसार रामेश्वरम् में जीती रही और अंततः कलाम की अनुपस्थिति में ही रामेश्वरम् से सीधी परलोक सिधार गई और कलाम माँ से मिलने के लिए रामेश्वरम् जाने का समय नहीं निकाल पाए।

दोनों आंखों से अश्रु-धाराएं बहाते हुए कलाम ने माँ को अंतिम विदाई दी, उनके पार्थिव शरीर को सुपूर्दे खाक किया।

फिर अति भावुक होकर अपनी डायरी में उन्होंने कविता की ये पंक्तियां लिखीं–

**माँ तुझे सलाम**

*"तेरी बांहों में पला मैं*
*मेरी कायनात रही तू।*
*जब छिड़ा विश्वयुद्ध, छोटा-सा मैं*
*जीवन बना था चुनौती, जिन्दगी अमानत*
*मीलों चलते थे हम*
*पहुँचते किरणों से पहले।*
*कभी जाते थे मन्दिर लेने स्वामी से ज्ञान*
*कभी मौलाना के पास लेने अरबी का सबक*
*स्टेशन को जाती रेत भरी सड़क*
*बांटे थे अखबार मैंने*
*चलते-पलते साए में तेरे।*
*दिन में स्कूल*
*शाम को पढ़ाई*
*मेहनत, मशक्कत, दिक्कतें, कठिनाई,*
*तेरी पाक शख्सियत ने बना दी मधुर यादें।*
*जब तू झुकती नमाज में उठाए हाथ*
*अल्लाह का नूर गिरता तेरी झोली में*
*जो बरसता मुझ पर*
*दिया तूने हमेशा दया का दान।*
*याद है अभी जैसे कल ही,*
*दस बरस का था मैं*
*सोया तेरी गोद में,*
*बहन भाइयों की ईर्ष्या का बना पात्र–*
*पूरनमासी की रात*

*भरती जिसमें तेरा प्यार।*
*आधी रात में, अधमुंदी आंखों से तकता तुझे,*
*थामता आंसू पलकों पर*
*घुटनों के बल*
*बांहों में घेरे तुझे खड़ा था मैं।*
*तूने जाना था मेरा दर्द*
*अपने बच्चे की पीड़ा।*
*तेरी उंगलियों ने*
*निधारा था दर्द मेरे बालों से*
*और भरी थी मुझमें*
*अपने विश्वास की शक्ति*
*निर्भय हो जीने की,*
*जीतने की।*
*जिया मैं*
*और जीता मैं।*
*कयामत के दिन*
*मिलेगा फिर तेरा कलाम*
*माँ तुझे सलाम।*

## शमशुद्दीन के साथ अखबार बेचे

ए॰पी॰जे॰ कलाम जब 8 वर्ष के थे तभी से अपने चचेरे भाई शमशुद्दीन की ओर आकर्षित हुए। शमशुद्दीन रामेश्वरम् के रेलवे स्टेशन पर समाचार पत्रों, पत्रिकाओं और किताबों का स्टाल लगाते थे।

कलाम को बाहरी संसार बहुत अच्छा लगता था। जैसे ही वे बड़े हुए और स्कूल जाने लगे, वैसे ही उनकी निगाहें चारों ओर बिखरे पड़े रूपों और आकारों पर पड़ने लगीं। उनका मन होता कि दुनिया को अधिक से अधिक जानें, ज्ञान के खजाने को अधिक से अधिक समेटें।

स्कूल से लौटकर वे रेलवे स्टेशन की ओर भाग जाते और भाई शमशुद्दीन के स्टाल पर जा पहुंचते। शमशुद्दीन कलाम को छोटे भाई का भरपूर प्यार देते थे।

वे कलाम को अपने पास बैठा लेते। कलाम पढ़ना सीख गए थे। वे कोई भी किताब को उलट-पलट कर उसे पढ़ने लगते या कोई पत्रिका निकाल कर तस्वीरें देखने लगते। समाचार पत्र पलटकर उसके शीर्षक पढ़ डालते।

उन दिनों द्वितीय युद्ध शुरू हो चुका था। अखबारों में युद्ध की खबरें छपने लगी थीं। कलाम ने जल्दी ही शमशुद्दीन के ग्राहकों के पास अखबार पहुँचाने का काम पकड़ लिया। युद्ध शुरू हाने के कुछ दिन बाद ही रामेश्वरम् स्टेशन पर गाड़ी रुकनी बन्द हो गई। अखबार के बंडल अब धनुषकोडि और रामेश्वरम् के बीच रामेश्वरम रोड पर चलती गाड़ी से गिराए जाते थे। अब कलाम ने अखबारों के बंडल रामेश्वरम् रोड से उठाकर रेलवे स्टेशन स्थित शमशुद्दीन के स्टॉल तक पहुँचाने की जिम्मेदारी भी संभाल ली।

इसके लिए कलाम प्रातः जल्दी ही रामेश्वरम् रोड पहुँच जाते थे। जैसे ही गाड़ी अखबारों के बंडल गिराती वे उन्हें उठाना शुरू कर देते थे। स्टाल पर अखबारों के बंडल खोले जाते थे। इसके बाद कलाम ग्राहकों तक अखबार पहुँचाने का काम जल्दी-जल्दी पूरा करते और भागकर घर पहुंचते थे। बहुत जल्दी तैयार होकर उन्हें स्कूल जाना होता था। कभी-कभी तो ऐसा होता कि उन्हें तैयार होने का समय ही नहीं मिल पाता था। ऐसी स्थिति में वे भाग कर घर पहुँचते और बस्ता उठाकर सीधे स्कूल भाग जाते थे।

8-9 वर्ष की आयु में कलाम ने जिम्मेदारियां निभाना सीख लिया था। वे उन बच्चों में से नहीं थे जो सबेरे बड़ी मुश्किल से उठाए जाते हैं। उठाए जाने पर झीखते हैं और जैसे-तैसे तैयार करके उन्हें स्कूल पहुँचाया जाता है। वे अत्यधिक फुर्तीले और जिम्मेदार थे।

निम्न मध्यम वर्ग की यह विशेषता है कि वह श्रम के महत्त्व को जानता है। उसके लिए श्रम ही जीवन है, श्रम ही आजीविका है, झीखना या मस्ती करना उसकी जीवन शैली में शामिल नहीं है।

कलाम के अन्दर तो एक महाविचारक और महान् वैज्ञानिक की प्रतिभा उग रही थी। उनका फुर्तीला और जिम्मेदार होना स्वाभाविक था।

विशेष प्रतिभाशाली लोगों में समय से पहले काम कर डालने की क्षमता होती है। नोबल पुरस्कार विजेता सी॰वी॰रमन ने 13 वर्ष की आयु में इंटरमीडियेट विज्ञान की परीक्षा सबसे अच्छे अंक लेकर उत्तीर्ण कर ली थी।

स्कूल से लौटने के बाद वे घर पर अपनी पढ़ाई करते थे। पढ़ाई का काम निबटाकर फिर भाई शमशुद्दीन के स्टाल पर चले जाते थे। शमशुद्दीन से कलाम ने कम आयु में बहुत कुछ सीख लिया था। वे उन्हें अपनी प्रेरणा शक्ति मानते हैं। अपनी आत्मकथा में उन्होंने भाई शमशुद्दीन के बारे में लिखा है–

> *"दूसरे जिस व्यक्ति का मेरे बाल जीवन पर गहरा प्रभाव पड़ा, वह मेरे चचेरे भाई शमशुद्दीन थे। वह रामेश्वरम् में अखबारों के एकमात्र वितरक थे। अखबार रामेश्वरम् रेलवे स्टेशन पर सुबह की ट्रेन से पहुँचते थे। यह ट्रेन पामबन से आती थी। रामेश्वरम् में अखबारों की एक हजार प्रतियां बिकती थीं।००० अखबार में जो कुछ छपा होता, वह मेरी समझ से परे होता, इसलिए शमशुद्दीन द्वारा ग्राहकों को अखबार बांटने से पहले मैं सिर्फ अखबार में छपी तस्वीरों पर नजर डालकर ही संतोष कर लेता था।"*

शमशुद्दीन के दिल में कलाम के लिए बहुत प्यार था। जब रामेश्वरम् में प्राईमरी शिक्षा पूरी करने के बाद आगे की पढ़ाई के लिए कलाम रामनाथपुरम गए तो शमशुद्दीन की आँखें भर आईं। वे कलाम को अपने से अलग नहीं करना चाहते थे। परन्तु कलाम को तो पढ़ाई करनी थी, बहुत आगे जाना था। शमशुद्दीन कलाम पर बहुत गर्व करते थे। चाहते थे कि कलाम बहुत पढ़े और एक दिन रामेश्वरम् का नाम ऊंचा करे।

रामनाथपुरम में कलाम को दाखिला दिलाने तथा उनके रहन-सहन का इन्तजाम करने के लिए शमशुद्दीन उनके साथ रामनाथपुरम गए थे।

कलाम ने मेहनत से शिक्षा प्राप्त की। पढ़ाई पूरी करने के बाद वे देश में एक महान् विज्ञान-विद् के रूप में उभरे। जब-जब उन्हें जीवन में बड़ी सफलता मिली, उन्होंने भाई शमशुद्दीन को अवश्य याद किया। काम करते समय शमशुद्दीन उनके मन में रहते थे और बार-बार कहते रहते थे, 'कलाम तू मेरा छोटा भाई है। इस काम को पूरा करके ही छोड़ना, मैं सदा तेरे साथ हूं।'

## अहमद जलालुद्दीन ने बताया जीवन का रहस्य

अहमद जलालुद्दीन कलाम के तीसरे प्रेरणापुरूष थे। वे कलाम से आयु में 15 वर्ष बड़े थे। जब कलाम केवल छः वर्ष के थे तब उनके पिता ने वहाँ के एक स्थानीय ठेकेदार अहमद जलालुद्दीन के साथ मिलकर नौका बनाने का काम शुरू कर दिया।

जलालुद्दीन बहुत ही प्रियदर्शी युवक थे। कलाम के पिता को वे बहुत पसंद आ गए और और उन्होंने कलाम की बड़ी बहन जोहरा की शादी जलालुद्दीन से कर दी। इस प्रकार जलालुद्दीन कलाम के बहनोई बन गए।

जलालुद्दीन का नौकाओं का काम खूब चला। दोनों परिवारों की अच्छी आमदनी होने लगी। ये नावें तीर्थयात्रियों को रामेश्वरम् से धनुषकोडि तक लाने-ले जाने का काम करती थीं। उन्हें समुद्र पर नाव चलाना बहुत अच्छा लगता थां परन्तु कलाम अभी छोटे थें नाव चलाने की जिम्मेदारी उन्हें नहीं दी जा सकती थी। अहमद जलालुद्दीन कलाम को नाव चलाने की अनुमति नहीं देते थे। वे कहते, "अभी तुम बहुत छोटे हो। मैं जानता हूँ तुम्हारे अंदर नए-नए काम की बड़ी इच्छाएं हैं। परन्तु समुद्र पर नाव चलाने में जोखिम है, ऊपर से यात्रियों की जिंदगियों की जिम्मेदारी। जब तुम बड़े हो जाओ तब यह शौक भी पूरा कर लेना। अभी ऐसी क्या जल्दी है अभी तो केवल दूर से नौकाओं के पानी पर तैरने के दृश्यों का आनंद लो और नौका बिहार का सुख लूटो।"

## सारी नावें डूब गईं

नावों से आमदनी करने का सिलसिला अधिक दिनों तक नहीं चला पाया। एक दिन सुमद्र में भयानक तुफान आया और सारी नौकाओं को बहा ले गया। इस तुफान के बारे में कलाम ने अपनी आत्मकथा में लिखा है, *"नौकाओं को आकार लेते देख मुझे बहुत अच्छा लगता था। मैं बहुत देर तक टकटकी लगाए यह दृश्य देखता रहता था। जलालुद्दीन के साथ पिता का कारोबार बहुत अच्छा लंच रहा था। एक दिन सौ मील प्रतिघंटे की रफ्तार से हवा चली और समुद्र में तूफान आ गया। तूफान में धनुषकोडि के कुछ लोग और हमारी नावें बह गईं। उसी में पामबान पुल भी टूट गया और यात्रियों से भरी ट्रेन दुर्घटनाग्रस्त हो गई अब तक मैंने सिर्फ समुद्र की खूबसूरती को ही देखा था, उसकी अपार अपार एवं अनियंत्रित ऊर्जा ने मुझे हतप्रभ कर दिया।"*

अहमद जलालुद्दीन एक भावुक इन्सान थे। नावें डूबने पर उन्हें गहरा धक्का तो लगा परन्तु उन्होंने बर्दाशत कर लिया। कलाम के पिता की तरह जलालुद्दीन भी आघ्यात्मिक रूझान वाले व्यक्ति थे। उन्हें ईश्वर और उसकी सत्ता में पूरा विश्वास था। कलाम ने इस संदर्भ में लिखा है, "*जब तक नाव की यह कहानी बेवक्त डूबी, उम्र में काफी फर्क होने के बावजूद अहमद*

जलालुद्दीन मेरे अंतरंग मित्र बन गए। वह मुझसे करीब पंद्रह साल बड़े थे। और मुझे 'आजाद कहकर पुकारा करते थे। हम मस्जिद वाली गली से निकलते और समुद्र के रेतीले तट पर चल पड़ते थे। मैं और जलालुद्दीन प्राय: आध्यात्मिक विषयों पर बातें किया करते थे। एक प्रमुख तीर्थ स्थल होने की वजह से रामेश्वरम् का यह वातावरण हमारी आध्यात्मिक चर्चाओं में और भी प्रेरक सिद्ध होता। रास्ते में हमारा पहला पड़ाव शिवमन्दिर हुआ करता था। इस मन्दिर की हम उतनी ही श्रद्धा से परिक्रमा करते थे जितनी श्रद्धा से देश के किसी भी हिस्से से आया कोई तीर्थ यात्री करता था। परिक्रमा के बाद हम अपने शरीर को बहुत ऊर्जावान महसूस करते थे।

जलालुद्दीन ईश्वर के बारे में ऐसी बातें किया करते थे जैसे ईश्वर के साथ उनकी कामकाजी भागीदारी हो। यह ईश्वर के समक्ष अपने सारे संदेह इस प्रकार रखते जैसे वह उनका निराकरण पूरी तरह कर देगा। मैं जलालुद्दीन की ओर एकटक देखता रहता और फिर देखता मंदिर के चारों ओर जमा श्रद्धालुओं, तीर्थयात्रियों की उस भीड़ को भी, जो समुद्र में डुबकियां लगा रही होती और फिर पूरी धार्मिक रीतियों से पूजा-पाठ करती तथा उसी अज्ञात के प्रति अपने आदर भाव से प्रार्थना करती, जिसे हम निराकार सर्वशक्तिमान मानते थे। मुझे इसमें कभी संदेह नहीं रहा कि मन्दिर में की गई प्रार्थना जहाँ जिस तरह पहुँचती है ठीक उसी प्रकार हमारी मस्जिद में पढ़ी गई नमाज भी वहाँ जाकर पहुँचती है। मुझे आश्चर्य तब होता जब जलालुद्दीन ईश्वर से विशेष तरह का जुड़ाव कायम कर लेने की बात कहते। पारिवारिक परिस्थितियों के कारण जलालुद्दीन की स्कूली शिक्षा कोई बहुत ज्यादा नहीं हुई थी। यही एक कारण रहा, जिसकी वजह से जलालुद्दीन मुझे पढ़ाई के प्रति हमेंशा प्रोत्साहित करते रहते थे। और मेरी सफलताओं से प्रसन्न होते थे। पढ़ाई से वंचित रह जाने की हल्की सी भी पीड़ा की झलक मुझे जलालुद्दीन में कभी देखने को नहीं मिली। जिन्दगी में उन्हें जो कुछ भी मिला, वह उसके प्रति सदा कृतज्ञ रहे।

प्रसंगवश मुझे यहाँ भी उल्लेख कर देना चाहिए कि पूरे इलाके में सिर्फ जलालुद्दीन ही थे, जो अंग्रेजी में लिख सकते थे। जिसे भी जरूरत होती, चाहे वह अर्जी हो या कुछ जलालुद्दीन उसे अंग्रेजी में लिख देते। मेरे परिचितों में चाहे मेरे परिवार में हो या आस--पड़ोस में, जलालुद्दीन के बराबर शिक्षा का स्तर किसी का भी नहीं था। और न ही किसी को उनके बराबर बाहरी

*दुनिया के बारे में पता था। जलालुद्दीन मुझे हमेशा शिक्षित व्यक्तियों, वैज्ञानिक खोजों, समकालीन साहित्य और चिकित्सा विज्ञान की उपलब्धियों के बारे में बताते रहते थे। वही थे जिन्होंने मुझे सीमित दायरे से बाहर निकालकर नई दुनिया का बोधा कराया।"*

इससे स्पष्ट है कि अहमद जलालुद्दीन ने कलाम की वैचारिक दुनिया की नींव बहुत मजबूत की थी। पिता ने कलाम के विचारों को आधार दिया था, तो जलालुद्दीन ने इस आधार को विशेष शक्तियों से भरकर कूट-कूटकर सुदृढ़ बनाया था।

कलाम ने जलालुद्दीन से इतनी प्रेरणा प्राप्त की है कि वे उन्हें आज भी भुला नहीं पाते। जलालुद्दीन कलाम के विचारों और विश्वासों में बसे हैं। वे आज भी उन्हें उसी प्रकार प्रेरणा देते रहते हैं जिस प्रकार रामेश्वरम् मे दिया करते थे।

*रामेश्वरम्* छोड़ने के बाद *जिस व्यक्ति के विचारों* ने उन्हें अकेले रहने और अध्ययन करने का बल प्रदान किया वह जलालुद्दीन ही थे।

जब वे रामनाथपुरम में कलमा के रहने और खाने का इंतजाम करने के बाद रामेश्वरम् लौटने लगे तो उन्होंने कहा था, "कलाम न मैं तुमसे अलग हूँ, न तुम मुझसे अलग हो। मेरी इच्छा है कि जो मैं अपने जीवन में प्राप्त न कर सका, वह और उससे भी बहुत अधिक तुम प्राप्त करो। ईश्वर को सदा अपने साथ समझना। तुम यहाँ अकेले नहीं रहोगे, ईश्वर के साथ-साथ मेरी दुआएँ सदा तुम्हारे साथ रहेंगी।"

कलाम ने इन परम प्रेरक शब्दों को गांठ बांध लिया। जब उन्हें अकेलापन सताता, वे जलालुद्दीन की बातें याद करके अपने मन को मजबूत कर लिया करते थे। उनसे जो बल मिला उसके सहारे कलाम आगे, और आगे बढ़ते गए।

*"जलालुद्दीन मुझसे हमेशा सकारात्मक सोच की शक्ति की बात किया करते थे और जब मुझे घर की याद आती या मैं उदास होता तो प्राय: उनकी कही बातों को याद कर लिया करता था। उनके यह अनुसार मैंने अपने मन के विचारों एवं मस्तिष्क को स्थिर रखने तथा लक्ष्य को पाने के लिए कठोर परिश्रम किया। मैं रामेश्वरम् नहीं लौटा बल्कि अपने घर पर से दूर आगे, और आगे बढ़ता चला गया।"*

अपने बहनोई और मार्गदर्शक जलालुद्दीन से प्रेरणा शक्ति प्राप्त करके कलाम बहुत आगे निकल गए। उन्होंने इंजीनियरिंग की डिग्री प्राप्त की और भारतीय रक्षा विभाग में वैज्ञानिक के रूप में अपनी सेवाएं देने लगे।

अंतरिक्ष की उड़ान से संबंधित एस०एल०वी०-3 परियोजना को पूरी संजीदगी के साथ अंजाम की ओर ले जाने में कलाम रात दिन लगे रहते थे। घर जाने के लिए भी समय नहीं निकाल पाते थे।

1975 में जब कलाम अपनी टीम के साथ एस०एल०वी०-3 के पहले चरण की मोटर के परीक्षण की तैयारी में जुटे थे, उसी समय रामेश्वरम् से समाचार मिला अहमद जलालुद्दीन नहीं रहे।

यह खबर सुनते ही कलाम के हाथ-पांव फूल गये। उन्हें लगा जैसे उनके ऊपर यकायक कोई वज्रपात हो गया है। उन्हें लगा जैसे जलालुद्दीन के बिना जीवन निरर्थक हो गया है। जलालुद्दीन तो कलाम का हिस्सा थे। उनके जाने से कलाम के हाथ रुक गये। प्रतिभा लड़खड़ा गई, धैर्य जवाब दे गया।

वे काम जारी न रख सके। परियोजना का काम उन्होंने अपने सहयोगी तथा परियोजना के उपनिदेशक डा० एस० श्रीनिवासन को सौंपा और रामेश्वरम् रवाना हो गए।

जलालुद्दीन के पार्थिव शरीर को देखकर कलाम फूट-फूटकर रोए। उनकी आंखों के आंसू थमते ही न थे। उनके लोगों ने उन्हें धैर्य बंधाया, तब जाकर वे शांत हुए।

कलाम ने अपनी बहन जोहरा और भांजी महबूब को गले से लगा लिया और बहुत देर तक उन्हें सांत्वना देते रहे।

अहमद जलालुद्दीन से उन्हें इतना प्यार था कि उनकी मौत का सदमा वे सह नहीं पाए। अंतिम संस्कार से निबटने के बाद अपने बूढ़े पिता तथा माँ को धैर्य बंधाने के बाद कलाम थुम्बा लौट आए। जलालुद्दीन के बिना सब कुछ इतना सूना-सूना हो गया था कि कलाम घर पर ठहर नहीं सके।

इस अहसास को व्यक्त करते हुए उन्होंने अपनी आत्मकथा में लिखा है–

''मुझे मौत से कभी डर नहीं लगा। आखिरकार एक दिन सभी को जाना हैं। शायद जलालुद्दीन कुछ जल्दी चले गए। बहुत ही जल्दी। मैं खुद ज्यादा

समय तक नहीं रुक सका। मुझे लग रहा था कि मैं एक अजीब-सी अशांति व चिन्ता में डूबता जा रहा हूँ और मेरे व्यक्तिगत जीवन तथा पेशेवर जीवन के बीच अंदरूनी विरोधाभास जन्म लेते जा रहे हैं। थुम्बा लौटने के बाद तक मुझे अपने किए हर काम को लेकर एक ऐसी निरर्थकता का आभास होता रहा, एक वैराग्य जैसा अनुभव जो पहले कभी नहीं हुआ था।''

प्रोफेसर सतीश धवन को जब यह पता लगा कि कलाम अपने बहनोई के दुख से उबर नहीं पा रहे हैं तो वे उनके पास गए और उन्हें सांत्वना देने के बाद उन्हें सलाह दी कि वे परियोजना के काम जुट जाएं। काम में जुट जाने से ही हादसे की धुंध छंटेगी और मन को शांति मिलेगी।

कलाम उनकी सलाह मानकर काम में जुट गए। बड़ी मुश्किल से वे जलालुद्दीन की मौत का गम भुला पाए। उनके मत में प्रेरणा के रूप में जलालुद्दीन आज भी मौजूद हैं। वे मानते हैं कि जलालुद्दीन के विचारों ने उनके जीवन और दर्शन को एक आकार दिया है, वे जलालुद्दीन को कभी नहीं भुला सकते।

## बहन जोहरा ने गहने गिरवी रखे

कलाम की बड़ी बहन जोहरा का विवाह अहमद जलालुद्दीन से हुआ था। जोहरा बहुत भावुक व संवेदनशील थीं। पिता के घर में लाड़-प्यार में पली जोहरा ने जहाँ विवाह के बाद अपने पति के घर में सारे कर्तव्यों का निर्वाह किया, वहीं उन्होंने कलाम के प्रति अपना स्नेह कभी कम नहीं होने दिया।

जोहरा की बड़ी इच्छा थी कि उनका छोटा भाई कलाम बहुत ऊंची शिक्षा पाए और जीवन में कुछ बनकर दिखाए। बचपन से ही कलाम पर स्नेह लुटाने वाली बहन विवाह के बाद और भी अधिक स्नेहमयी हो गई थी।

कलाम जब बाहर पढ़ते थे तो बहन को उनकी बहुत याद आती थी। कलाम जब छुट्टियों में घर आते और अहमद जलालुद्दीन के साथ-साथ बहन जोहरा से भी मिलते तो वह यही चिन्ता व्यक्त करती थीं, ''कलाम तुम अकेले कैसे रहते होगे। काश! मैं तुम्हारे साथ होती, तुम्हारे किसी काम आ पाती।''

कलाम बहन को समझाते हुए कहते थे, ''*मुझे बहुत आगे जाना है, बहुत काम करने है। पढ़ना तो पड़ेगा ही और स्कूल रामेश्वरम् में है नहीं, बाहर तो रहना ही पड़ेगा। तुम्हारी दुआएं मेरे साथ हैं... मैं अकेला कहाँ हूं। फिर*

*तुम तो मेरे लिए बहुत बड़ी प्रेरणा हो। जब भी मन कमजोर पड़ता है, मैं तुम्हें और माँ को याद करके मन को मजबूत कर लेता हूँ।"*

जोहरा अपने भाई पर बहुत गर्व करती थीं। वे सबको कलाम के बारे में बताती रहती थीं। उन्हें विश्वास था कि एक दिन कलाम पूरे परिवार का नाम रोशन करेंगे।

बी०एस०सी० की पढ़ाई पूरी करने के बाद जब कलाम ने मद्रास इंस्टीट्यूट ऑफ इंजीनियरिंग में दाखिला लेने के लिए परीक्षा दी तो उनका चयन कर लिया गया। परन्तु दाखिले की फीस पूरे एक हजार रुपये थी। इतनी बड़ी रकम इकट्ठी करना परिवार के लिए संभव न था।

कलाम जब फीस का इंतजाम करने के लिए रामेश्वरम् आए तो बहन जोहरा को असलियत का पता लगा। माता-पिता फीस नहीं जुटा पाए थे। कलाम ने भी मन बना लिया था कि यदि पैसा नहीं मिलता तो वे दाखिला नहीं लेंगे।

तभी जोहरा महाजन के यहाँ गईं और अपना हार तथा कड़े गिरवी रखकर एक हजार रुपये ले आईं।

कलाम को जब यह पता लगा कि जोहरा ने उनकी फीस का इंतजाम करने के लिए अपने गहने गिरवी रख दिए हैं, तो उन्होंने इसका विरोध किया। वे बहन के गहनों को गिरवी रखवाकर फीस चुकाने को तैयार न थे। परन्तु बहन जोहरा का आग्रह इतना मजबूत था कि कलाम को झुकना पड़ा।

जोहरा से एक हजार रुपया लेकर वे मद्रास पहुंचे और इंजीनियरिंग में दाखिला ले लिया।

उस दिन से जोहरा कलाम के लिए बहुत बड़ी प्रेरणा स्रोत बन गई। इंजीनियरिंग की पढ़ाई पूरी करते समय कलाम के दिल से सदा यह बात मौजूद रही कि बहन जोहरा का ऋण उन्हें चुकाना है। ऋण चुकाने का अर्थ केवल ब्याज सहित एक हजार रुपये वापिस करना नहीं था बल्कि अच्छे से अच्छे अंक प्राप्त कर छात्रवृत्ति लेनी थी। और जीवन में ऐसे काम करने थे जिन पर उनकी बहन वास्तव में गर्व कर सके। कलाम ने बड़ी मेहनत की। इसके बाद कलाम ने कभी पीछे मुड़कर नहीं देखा। एक के बाद एक उपलब्धि प्राप्त करते हुए वे आगे बढ़ते चले गए। भारत को अंतरिक्ष विज्ञान में आत्मनिर्भर कर विभिन्न प्रकार की मिसाईलों का निर्माण करते हुए उन्होंने भारत का परमाणु शक्ति सम्पन्न देश बनाया और अंततः देश का नेतृत्व करने के लिए राष्ट्रपति का दायित्व संभाला।

बहन जोहरा का त्याग वे न कभी भुला पाए हैं न भुला सकते हैं। वैसे तो दुनिया की सभी बहनें अपने भाईयों को बहुत प्यार करती हैं परन्तु जोहरा जैसी बहनें बहुत कम होती हैं, जो भाई के उज्ज्वल भविष्य के लिए आगे बढ़कर बड़े से बड़ा त्याग कर सकें।

यदि जोहरा ने उस समय अपने गहने गिरवी न रखे होते और कलाम का दाखिला इंजीनियरिंग कालेज में नहीं हो पाता तो शायद वे आज इतनी ऊंचाई पर न पहुँच पाए होते और देश को उनकी प्रतिभा से जो लाभ हुआ है, वह नहीं हो पाता।

ऐसी बहन से कौन-सा भाई प्रेरणा नहीं लेगा। बहन जोहरा सचमुच आदरणीय हैं, उनका त्याग भाई-बहन के प्यार में उच्चतम त्याग की परम्परा का प्रतीक है।

## गली की मस्जिद और लोगों की दुआएं

रामेश्वरम् की उसी गली में एक साधारण सी मस्जिद है, जिसमें अब्दुल कलाम का घर है। कलाम के पिता धार्मिक विचारों के व्यक्ति थे। ईश्वर की सत्ता में उन्हें पूरा विश्वास था। वे यह मानते थे कि विभिन्न धार्मिक स्थलों में जिस ईश्वर की पूजा या स्तुति की जाती है, वह एक असीम सत्ता है। मंदिर हो या मस्जिद सर्वव्यापी सर्वशक्तिमान ईश्वर समान रूप से दोनों में मौजूद है। इतना ही नहीं, वह कण-कण में विद्यमान है। ऐसी कोई चीज है ही नहीं, जिसमें ईश्वर मौजूद न हो।

अपने इसी अटूट विश्वास के आधार पर वे ईश्वर की सत्ता का आदर करते थे और नियमित नमाज पढ़ने मस्जिद में जाया करते थे।

कलाम जब पैरों पर चलने लगे तो पिता उन्हें भी मस्जिद में ले जाने लगे। पिता की उंगली पकड़कर मस्जिद में जाने और नमाज पढ़ने की प्रक्रिया को अपनी आंखों से देखने तथा अज़ान को कानों से सुनने का असर यह हुआ कि कलाम का ईश्वरीय सत्ता में विश्वास बचपन से ही बन गया। समय के साथ यह विश्वास मजबूत होता गया।

कलाम के पिता जब कलाम की उंगली पकड़े मस्जिद से बाहर निकलते थे तो लोग उनका बहुत आदर करते थे। वे सब लोग कलाम को देखते थे तो उनके चेहरे खिल जाते थे। वे ईश्वर से दुआ करते थे कि यह बच्चा फले-फूले, आगे चलकर इसे जीवन में बड़ी सफलता मिले।

गली की यह मस्जिद कलाम परिवार के लिए परम श्रद्धा-स्थली और सुरक्षा कवच थी। कलाम के पिता तो किसी काम का आरंभ करने से पहले मस्जिद में जाकर प्रार्थना अवश्य करते थे।

जिस दिन कलाम को रामनाथपुरम के श्वार्ट्ज हाई स्कूल में दाखिला लेने जाना था, उस समय भी वे कलाम और उनके भाइयों को मस्जिद में ले गए। वहाँ उन्होंने पवित्र कुरान से 'अल-फातिहा' पढ़ी और प्रार्थना की।

उच्च शिक्षा के लिए बाहर चले जाने के बाद भी कलाम में मन में गली वाली मस्जिद में प्रति पूरी श्रद्धा बनी रही। रामनाथपुरम में वे स्वप्न में भी गली की मस्जिद और रामेश्वरम् मंदिर को देखा करते थे।

जब-जब उन्होंने जीवन में कठोर संघर्ष किया और सफलताएं प्राप्त कीं, ये दोनों धार्मिक स्थल उन्हें अवश्य याद आए। कलाम बचपन में मस्जिद के सामने वाली गली में धूल में खेला करते थे। मस्जिद के प्रति जो श्रद्धा और विश्वास उनके पिता के मन में था, वह उनके मन में भी सदा बना रहा।

सबसे बड़ी बात तब हुई जब माँ की मृत्यु के अंतिम संस्कार के बाद कलाम मस्जिद में गए। मस्जिद में प्रार्थना करने के बाद उनके कान में एक आवाज गूंजी। इस आवाज ने कलाम के दुखी और मन को शांति दी तथा उन्हें उनके कार्य क्षेत्र व उद्देश्य से सीधा जोड़ दिया। इस घटना से पहले भी यह मस्जिद उनके लिए प्रेरणा-स्थली के रूप में स्थित हो गई।

मस्जिद में घटी इस घटना का वर्णन कलाम ने अपनी आत्म-कथा 'अग्नि की उड़ान' में इस प्रकार किया है, *''मैंने उस मस्जिद में प्रार्थना की, जिसमें मेरे पिता जी मुझे हर शाम एक बार जरूर ले जाया करते थे। मैंने कहा, मेरी माँ अब अपने पति की देखरेख एवं प्यार के बिना इस दुनिया में और ज्यादा नहीं रह पाई और इसलिए अब उन्होंने अपने पति के पास ही चले जाना बेहतर समझा। मैंने ईश्वर से क्षमा मांगी। तब यकायक मेरे कान में एक आवाज गूंजी, जो जिम्मेदारियां मैंने उन्हें दी थीं और जैसा जीवन मैंने उनके लिए तैयार किया था, उसे उन्होंने बड़ी सावधानी, समर्पण और ईमानदारी के साथ पूरा किया और वापस मेरे पास आ गईं। तुम उनका काम पूरा होने के दिन शोक क्यों कर रहे हो? उस काम पर ध्यान केन्द्रित करो जो तुम्हारे बिना पड़ा है। अपने कार्यों से परमानन्द को प्राप्त करो।''*

ये शब्द सुनने के बाद कलाम भौचक्के रह गए। वहाँ उनके अलावा कोई दूसरा नहीं था, फिर ये शब्द किसने कहे थे। एक क्षण उन्होंने मस्जिद के हर कोने में

अपनी आंखें दौड़ाई फिर शांति से मस्जिद से बाहर आ गए। इसके बाद उन्होंने मस्जिद से घर जाना भी जरूरी नहीं समझा। उन्हें ऊपर से आदेश मिल चुका था। और उन्होंने उसे समझ लिया था, अब घर जाने की क्या आवश्यकता थी।

कलाम मस्जिद से निकले और सीधे रेलवे स्टेशन की ओर चल पड़े। ट्रेन में बैठने के बाद भी मस्जिद में सुनाई दिये ये शब्द उनके कानों में गूंज रहे थे। कलाम के मन से सारा बोझ हट चुका था। वे समझ चुके थे कि उनके माता-पिता के जीवन का क्या उद्देश्य था और यह किस प्रकार पूरा हुआ। वे यह भी समझ गए थे कि उनके जीवन का क्या उद्देश्य है और वह किस प्रकार पूरा होगा।

अब उनके दिल से माँ की मृत्यु का शोक अपने आप तिरोहित हो गया था। अब तो उनके मन में एक ही लगन थी, 'आगे और आगे की ओर बढ़ते जाना है, पीछे मुड़कर कभी नहीं देखना है। वे सब अपने-अपने काम पूरे करके चले गए अब मुझे अपना काम पूरा करना है।'

## रामेश्वरम् मंदिर और सागर का सौंदर्य

रामेश्वरम् का शिव मंदिर और समुद्र की सुन्दरता अब्दुल कलाम के लिए सदा प्रेरणा के स्रोत रहे हैं। रामेश्वरम् मंदिर में अपने पिता के साथ जाते थे, सागर की रेती पर अपने बचपन के साथियों के साथ शरारतें करते थे, खेलते थे और बैठकर या खड़े-खड़े बातें किया करते थे, अपने बहनोई अहमद जलालुद्दीन के साथ घंटों-घंटों जीवन के रहस्यों पर चर्चा करते थे। और सागर का सौदर्य निहारते थे।

शाम के समय रामेश्वरम मंदिर की आरती में भाग लेना, मंदिर की घंटियां बजाना और पुजारी से प्रसाद और आशीर्वाद लेना ऐसी क्रियाएं थीं जो अब्दुल कलाम ने इतनी बार कीं कि उनके मानस-पटल पर उनकी गहरी तस्वीरें बन गईं। रामेश्वेरम् से उनके परिवार का कई पीढ़ियों पुराना संबंध था। अपनी पुस्तक 'तेजस्वी मन' में उन्होंने लिखा है कि उनके परदादा को रामेश्वरम् में विशेष सम्मान दिया जाता था। रामेश्वरम् मंदिर को उनके परदादा ने जो सेवाएं दी थीं, उनके बदले रामेश्वरम् ने उन्हें श्रेष्ठ नेता (अबलकरर का सम्मान दिया था।

"मुझे अपने परिवार में घटी एक घटना याद आ रही है। मेरे दादा और परदादा को रामेश्वरम् में अबू-बक्र-श्रेष्ठ नेता-कहकर सम्मान दिया जाता था।

इस द्वीप को इस रूप में ही जाना जाता है कि भगवान् श्रीराम ने यहीं से रावण के विरुद्ध अपना अभियान शुरू किया था। इस द्वीप में, श्रीराम-सीता के साथ विवाह की रस्म को मनाकर इस घटना को याद किया जाता है। पवित्र जल-राशि रामर थीरम पर सजे हुए विग्रहों को तैराने के लिए मेरे परदादा तैराने वाले तख्ते उपलब्ध कराया करते थे। जय जलस्रोत काफी गहरा है। इसके केन्द्र में बने मंडप की परिक्रमा वे विग्रह किया करते हैं जिनमें श्रीराम के स्वर्णाभूषणों समेत भारी सजावट की जाती है। इस मौके पर पूरे रामेश्वरम की जनता यहाँ इकट्ठी होती है।

एक साल मेरे परदादा इस आयोजन को देख रहे थे कि एक दुर्घटना हो गई। विग्रह उलट कर पानी में गिर गया और डूब गया। बिना किसी संकोच के या सोचे वे पानी में कूद पड़े और विग्रह को निकालकर ले आए। वहाँ जमा लोग यह सब देखते रहे। मंदिर के पुजारी ने हमारे परिवार के लिए सम्मान के तौर पर 'मुथलमरियथई' (प्रथम सम्मान) की घोषणा की। विग्रह मिल जाने का शुक्रिया अदा करने तथा हमारे परिवार को सम्मान मिलने के उपलक्ष्य में रामेश्वरम् मस्जिद में खास प्रार्थना आयोजित की गई।"

रामेश्वरम् की उदार परंपराओं के कारण उस क्षेत्र में भाईचारा था। लोग एक दूसरे से खुलकर मिलते थे। मन में कोई दुराव रखना नहीं जानता था। किसी प्रकार का कोई भेदभाव था ही नहीं।

लोगों के पास संसाधनों की कमी अवश्य थी, परन्तु उनके दिल बहुत बड़े थे। दूसरों को खिलाकर खाने का सुख लोग अच्छी तरह जानते थे। रामेश्वरम् में प्रतियोगिता नहीं थी, बल्कि सर्वोदय की भावना थी। एक दूसरे को सुखी देखकर और सुख पहुँचाकर खुश होने की परंपरा थी। सबको साथ लेकर चलने में आनंद का अनुभव होता था। मिलकर काम करना और मिल-बांटकर खाना अच्छा लगता था।

नैतिक मूल्यों और आदर्शों के प्रति लोगों के दिलों में आदर था। अपने-अपने धर्मों पर चलते हुए लोग नैतिकता और मर्यादा का पूरा ध्यान रखते थे। भारतीय संस्कृति की इन परंपराओं के फलने-फूलने के पीछे निश्चय ही रामेश्वरम् मंदिर का प्रभाव था।

सागर का सौंदर्य तो कलाम के लिए कल भी प्रेरणा का केन्द्र था, आज भी प्रेरणा का केन्द्र है और निश्चय ही वह हमेशा रहेगा।

प्रातःकाल उगते सूर्य को देखना और शाम को सागर में डूबते सूर्य के दर्शन करना रामेश्वरम् में पैदा होने के कारण बचपन से ही उनके हिस्से में आया। इस सौंदर्य से संचालित हो वे सागर की ओर खिंचे चले जाते। सागर के किनारे से टकराती लहरों को देर तक देखते रहते और उससे उपजी ध्वनि का अंदर तक अहसास करते। कभी वह ध्वनि कल-कल निनाद से मन के तारों को झकझोरती थी तो कभी अथाह जलराशि की अपार ऊर्जा का परिचय देती सी लगती थी और कभी सागर की महाविनाशक शक्ति का।

कलाम ने सागर के अनेक रूप देखे थे। सागर तलपर तैरती नावों में सवार यात्रियों के जत्थे इतने सुन्दर लगते थे कि मत उनके साथ बैठकर स्वयं तैरने को हो आता। समुद्र की सतह पर उठती गिरती अनंत लहरों का अविरल सौंदर्य मन में भांति-भांति की भावनाओं का संचार करता था।

समुद्र के ऊपर उड़ते पक्षियों से उन्हें आकाश में उड़ने की प्रेरणा मिली और उन्होंने वैमानिकी इंजीनियर बनने का फैसला लिया। इंजीनियरिंग करने के बाद उनके दिल में एक ही तमन्ना थी कि पायलट बनेंगे और विमान में बैठकर सागर के ऊपर निर्बाध उड़ने वाले पक्षियों की तरह आसमान में उड़ा करेंगे।

सागर के अनन्त सौंदर्य और उसके ऊपर उड़ते पक्षियों ने कलाम को जो प्रेरणा दी, उनमें एक संकल्प शक्ति भर दी जो सतत संघर्ष के बावजूद कभी कम नहीं हुई।

बहुत कम आयु में उन्होंने घर छोड़ दिया और बिना सुविधाओं और सहयोग के अकेले रहकर पढ़े। वे जानते थे कि पढ़ाई में सबसे आगे निकले बिना वे अपनी मंजिल तक पहुँचने में सफल नहीं हो पाएंगे। अच्छे अंक लेकर उन्होंने अपने प्रतिभाशाली छात्र होने का प्रमाण दिया और सभी शिक्षकों का मन ओर आकर्षित कर लिया। उनकी मेहनत और लगन की हर शिक्षक प्रशंसा करने लगा और उन्हें छात्रवृत्ति मिलने लगी। छात्रवृत्ति से मिलने वाली धनराशि ने उनकी पढ़ाई का खर्च उठाने में उनकी बहुत मदद की।

यदि कलाम साधारण छात्र रहे होते और किसी तरह पास हो जाने लायक अंक प्राप्त कर परीक्षाएं उत्तीर्ण करते चले जाते तो उन्हें छात्रवृत्ति नहीं मिल पाती। तब अध्यापकों का ध्यान भी वे अपनी ओर आकर्षित नहीं कर पाते। ऐसी स्थिति में उन्हें विशेष ज्ञान देने की इच्छा अध्यापकों के मन में पैदा नहीं होती। अध्यापकों का इतना बड़ा सहयोग उन्हें नहीं मिल पाता कि वे ऊँचाई

छूते रहें। हम कल्पना कर सकते हैं कि तब कलाम उस रूप में उभरकर भारत और संसार के सामने नहीं आ पाते जिस रूप में वे आज खड़े हैं।

प्रेरणा वह शक्ति है जो मनुष्य में सुदृढ़ संकल्प और उसे पूरा करने के लिए अंनत ऊर्जा भर देती है। फिर मनुष्य की नजर सीधी अपने लक्ष्य पर रहती है और वह उसे पा ही लेता है। दुनिया में जितने भी बड़े-बड़े काम हुए हैं, मानव-सभ्यता ने विकास के जो कीर्तिमान स्थापित किए हैं, उनके पीछे कोई ना कोई प्रेरणा अवश्य रही है।

## रामेश्वरम् के प्रमुख पुजारी–पंडित लक्ष्मण शास्त्री

रामेश्वरम् मंदिर कलाम के लिए जितना प्रेरणास्रोत रहा, उससे कहीं अधिक मंदिर के प्रमुख पुजारी पंडित लक्ष्मण शास्त्री का स्नेहमय व्यवहार और कलाम को सफलता की ऊंची-ऊची सीढ़ियां चढ़ते देखने की उनकी चाहत रही। पंडित लक्ष्मण शास्त्री का बेटा रामानंद शास्त्री कलाम का सहपाठी और मित्र था। शास्त्री जी कलाम को भी अपने बेटे की तरह मानते थे। कलाम के पिता श्री जैनुलाबिदीन, शास्त्री जी के प्रिय मित्र थे। एक इस्लाम धर्म का अनुयायी और दूसरा हिन्दू धर्म का सर्वेसर्वा ब्राह्मण। फिर भी दोनों में सच्ची मित्रता और गहरा प्यार था। इसका कारण था दोनों के सीने में धड़कते मानवता और करुणा से लबालब दिल। ईश्वर की सर्वव्यापी सत्ता में दोनों का दृढ़ विश्वास था, दोनों ही यह जानते थे और मानते थे कि वह सत्ता एक ही है। उनकी पूजा मंदिर में आरती गाकर करें या मस्जिद में नमाज पढ़कर और अज़ान लगाकर, इससे कोई फर्क नहीं पड़ता। उनके धार्मिक विश्वास पक्के और सच्चे थे, इसीलिए एक थे। परम सत्ता के प्रति श्रद्धा और प्यार के दो रूप हो ही नहीं सकते।

दोनों इसी सिद्धान्त में विश्वास करते थे कि शरीर हिन्दू का हो या मुसलमान का, उसकी रचना पांच तत्वों से हुई होती है और जीवन की अवधि पूरा करने के बाद वह पंच तत्वों में ही विलीन हो जाता है। हर शरीर का सार-तत्व आत्मा है। यह आत्मा अजर-अमर और अविनाशी है। जब हर धर्म को मानने वाले मनुष्य का सार-तत्व एक ही आत्मा है तो फिर मनुष्य-मनुष्य में धर्म के आधार पर भेद करना अधूरी दृष्टि है, ढोंग और पाखण्ड है।

श्री पक्षी लक्ष्मण शास्त्री उच्च कोटि के विद्वान् और तत्वदर्शी ब्राह्मण थे। उनकी दृष्टि में समस्त चराचर जगत निराकर ब्रह्म का विराट रूप था। वही रामेश्वरम् मंदिर में शिव रूप में विद्यमान था, वही कण-कण में और हर जीवित प्राणी

में मौजूद था। उन्होंने इस सिद्धांत में धार्मिक कट्टरता या किसी सुविधा के कारण कभी फेर-बदल नहीं किया। इसीलिए वे एक सच्चे और सहृदय मनुष्य थे।

कलाम बचपन में अपने पिता के साथ रामेश्वरम् मंदिर जाया करते थे। पंडित लक्ष्मण शास्त्री उनके माथे पर अपने हाथ से चंदन का टीका लगाते थे और बहुत-सा प्रसाद देकर प्रायः ये शब्द कहते थे, "रोज आया करो। भगवान शिव तुम्हें ऐसी शक्ति देंगे कि तुम जीवन में बड़े-बड़े काम करने के अवसर पाओगे। खूब मन लगाकर पढ़ना। तुम्हें एक दिन बड़ा आदमी बनना है। तुम मेरे लिए मेरे बेटे से भी बढ़कर हो, मेरा आशीर्वाद सदा तुम्हारे साथ है।"

कलाम के पिता और शास्त्री जी कभी-कभी बैठकर आध्यात्मिक विषयों पर चर्चा किया करते थे। दोनों एक दूसरे के साथ खुली बहस करते थे और तर्क देकर अपनी बात कहते थे। बाद में जो सार निकलता था, दोनों खुले मन से उसे स्वीकार करते थे।

## कलाम का अपमान करने पर अध्यापक को फटकारा

एक दिन कलाम अपने तीनों साथियों रामानंद शास्त्री, अरविंदन और शिव प्रकाशन के साथ कक्षा में अगली पंक्ति में बैठे थे। कलाम के तीनों मित्रों ने जनेऊ धारण किए हुए थे और कलाम ने सिर पर गोल टोपी लगा रखी थी। कक्षा में नए अध्यापक ने प्रवेश किया।

जैसे ही उसकी दृष्टि ब्राह्मण लड़कों के बीच बैठे एक मुसलमान लड़के पर पड़ी, उसे यह बड़ा अटपटा लगा। उसने तुरन्त कलाम से कहा, "तुम यहाँ से उठो और जाकर पिछली बेंच पर बैठो।"

कलाम को यह आदेश बड़ा अजीब लगा, परन्तु क्योंकि यह अध्यापक का आदेश था, अतः उसे मानना उन्होंने अपना फर्ज समझा। वे चुपचाप उठे और पिछली बेंच पर जाकर बैठ गए।

यह पांचवी कक्षा थी। सब अध्यापक जानते थे कि कलाम स्कूल का सर्वश्रेष्ठ छात्र है, वह एक होनहार बालक है। अतः उसे प्यार से आगे बैठाया करते थे।

नये अध्यापक के इस फैसले ने पूरे रामेश्वरम् में सनसनी फैला दी। रामेश्वरम् में साम्प्रदायिकता की हवा कभी घुसी ही नहीं थी। हिन्दू और मुसलमान बड़े प्यार से रहा करते थे। धर्म के आधार पर कभी कोई भेद-भाव देखने में नहीं आया।

कलाम के तीनों साथी कलाम के अपमान से चिढ़ गए थे, परन्तु अध्यापक के सामने कुछ नहीं कह पाए। घर पहुँचते ही सब बच्चों ने अपने-अपने घर जाकर यह घटना सुनाई तो रामेश्वरम् के लोग भड़क उठे। हिन्दू और मूसलमान सभी को यह बात बुरी लगी।

पंडित लक्ष्मण शास्त्री ने जब यह बात अपने बेटे रामानंद शास्त्री के मुंह से सुनी तो उन्हें बड़ा गुस्सा आया। उन्होंने तुरन्त उस शिक्षक को बुलाया और उसे डांटते हुए बोले, "यह आपने क्या कर दिया? क्या आप यहाँ धार्मिक कट्टरता के बीज बोने आए हैं? आप अध्यापक हैं, आपको तो यह सब शोभा नहीं देता। आपकी दृष्टि में हिन्दू-मुसलमान का भेद-भाव क्यों? अब एक बात साफ-साफ सुनो, यह रामेश्वरम् है, यहाँ सर्वधर्म समभाव वाला समाज रहता है। साम्प्रदायिकता के लिए यहाँ कोई जगह नहीं है। या तो आप आज और अभी इसी समय अपने आपको बदल लें या विद्यालय छोड़कर चले जायें। साम्प्रदायिकता फैलाने वाले किसी अध्यापक का रामेश्वरम् में कभी स्वागत नहीं होगा।"

युवा शिक्षक को अपनी गलती का एहसास हो गया। उसने अपने व्यवहार के लिए क्षमा मांगी और यह वचन दिया कि वह जीवन में कभी साम्प्रदायिक भावना को महत्त्व नहीं देगा।

इस घटना से कलाम के दिन में पंडित लक्ष्मण शास्त्री के लिए और भी जगह हो गई।

## प्रेरणा के स्रोत बचपन के तीन साथी

अपने तीनों ब्राह्मण मित्रों से भी कलाम ने बहुत प्रेरणा ली। ये तीनों कलाम को बहुत प्यार करते थे। रामानंद शास्त्री, अरविन्दन और शिवप्रकाशन की तिकड़ी आपस में भी घनी मित्रता रखती थी और कलाम के प्रति भी उनके दिलों में सच्चा प्यार था। साथियों के इस प्यार ने कलाम को बहुत प्रेरणा दी।

कलाम पढ़ने में सबसे तेज थे। कलाम असाधारण प्रतिभा सम्पन्न थे। वे पढ़ाई में बहुत आगे निकल गए। ये तीनों अधिक नहीं पढ़ पाए। उन्होंने पढ़ाई बीच में ही छोड़ दी।

बाद में रामानंद शास्त्री अपने पिता के स्थान पर रामेश्वरम् मंदिर के पुजारी बन गए। अरविन्दन ने तीर्थ यात्रियों को यहाँ से वहाँ पहुचाने के लिए टैम्पों चलाने का काम शुरू कर दिया। शिवप्रकाशन दक्षिण रेलवे में खान-पान का ठेकेदार बन गया।

कलाम ने रामेश्वरम् छोड़कर दिया और उच्च शिक्षा के लिए बाहर चले गए।

जब-जब उन्होंने जीवन में सफलता प्राप्त की, बचपन के इन साथियों की याद उन्हें अवश्य आई।

## शिव सुब्रह्मण्यम अय्यर और उनकी पत्नी

कलाम जब रामेश्वरम् में पढ़ते थे, उन दिनों उनके विज्ञान-शिक्षक शिव सुब्रह्मण्यम ने कट्टर सनातनी ब्राह्मण होते हुए भी रूढ़िवाद को समाप्त करने का निश्चय कर लिया। परन्तु उनकी पत्नी घोर रूढ़िवादी थीं। उन्होंने अपनी सहायता करने के लिए कलाम को चुना।

उन्होंने कलाम से कहा कि वे उन्हें अपने घर खाने पर आमंत्रित करेंगे। हो सकता है रूढ़िवादी होने के कारण उनकी पत्नी कलाम का अपमान कर दें, पर उन्हें बुरा नहीं मानना है। पत्नी को रूढ़िवाद के आडम्बर से बाहर निकालने में उन्हें अपने गुरू की मदद करनी है। कलाम तैयार हो गए।

अगले दिन उन्होंने कलाम को दोपहर के भोजन के लिए अपने घर पर बुला लिया। पत्नी से उन्होंने पहले ही कह दिया था कि उनके साथ दोपहर का भोजन करने उनका एक छात्र आएगा। उसका नाम कलाम है। वह मुसलमान है।

छात्र को भोजन पर बुलाने में तो उनकी पत्नी को कोई आपत्ति नहीं थी, परन्तु मुसलमान छात्र को घर में बुलाकर रसोई में बैठाकर भोजन कराने में उन्हें घोर आपत्ति थी। पति के आदेश का वे उल्लंघन तो न कर सकीं, परन्तु मन-ही-मन इस बात से बहुत परेशान रहीं कि उस मुस्लिम लड़के के साथ वे कैसा व्यवहार करें। उनके मन के एक कोने से आवाज आई कि वे मुस्लिम लड़के को बाहर बैठाकर खाना खिलाएं और अपने पति को समझा दें कि मुसलमान को ब्राह्मण के घर में खाना खिलाने से पाप लगेगा। अत: वे यह जिद न करें। तीसरे कोने से आवाज आई कि वे दोनों को ही बाहर बैठाकर खाना खिला दें। रसोई की पवित्रता भी बच जाएगी और अतिथि के प्रति कर्तव्य भी पूरा हो जाएगा।

वे रूढ़िवादी जरूर थीं, परन्तु भारतीय संस्कृति तथा परम्पराओं के प्रति उनके दिल में पूरा आदर था। अत: उन्होंने तीसरी आवाज पर अमल किया।

ज्योंहि कलाम के साथ शिव सुब्रह्मण्यम ने घर में प्रवेश किया उनकी पत्नी ने उनसे साफ कह दिया कि वे एक मुसलमान लड़के को अपनी रसोई में बैठाकर खाना नहीं खिला सकतीं।

शिव सुब्रह्मण्यम पत्नी के स्वभाव से परिचित थे। वे समझ गए कि पत्नी सहयोग नहीं करेगी। अतः वे स्वयं ही रसोई में चले गए। और अपने हाथ से ही दो पत्तलों में खाना परोसने लगे।

खाना परोसने के बाद वे पत्तलें लेकर बाहर आ गए और कलाम के साथ आंगन में बैठ गए। उन्होंने कलाम से खाने का आग्रह किया। कलाम ने खाना शुरू कर दिया। सुब्रह्मण्यम भी खाने लगे। रसोई में खड़ी पत्नी उन दोनों को खाना खाते हुए देख रही थी।

दोनों ने खाना खाने के बाद नीचे गिर गए चावल के दानों को उठाकर जूठी पत्तलों में रखा और अपनी-अपनी पत्तलें उठाकर कूड़े की जगह डाल दीं।

यह सब बातें करते समय कलाम ने बीच-बीच में रसोई की ओर देखा। गुरू जी की पत्नी उन्हीं की ओर देख रही थीं। कलाम को इससे बड़ा आश्चर्य हुआ। परन्तु गुरू जी सामान्य थे।

खाना खाकर घर से निकलते समय गुरू जी कलाम से बोले, "लगता है तुम्हें मेरी पत्नी के व्यवहार से आश्चर्य हुआ है, शायद दुख भी हुआ हो, परन्तु मैं चाहता हूँ, कि तुम इस पर ध्यान न दो। रूढ़ियों की जड़ें बहुत गहरी होती हैं। इन्हें उखाड़ फेंकने के लिए बहुत कुछ सहना पड़ता है। तुम थोड़ा-सा साथ और दे दो, मुझे विश्वास है मेरी पत्नी में बदलाव आएगा।"

अगले सप्ताह गुरूजी ने कलाम को रात्रि-भोज पर आमंत्रित कर लिया। लेकिन इस बार कलाम ने उनकी पत्नी में एक परिवर्तन पाया। उन्होंने कलाम को रसोई में बैठाया और माँ की तरह स्नेह दिखाती हुई उन्हें खाना परोसने लगीं।

कलाम का मन भावुक हो उठा। वे सोचने लगे, 'यह तो सचमुच ही बदल गई हैं। गुरूजी के विश्वास की जीत हुई।'

कलाम ने खुशी-खुशी खाना खाया। गुरूजी की पत्नी ने बार-बार आग्रह करके उन्हें और खाने को कहा।

जब कलाम खाना खाकर गुरू जी के साथ बाहर निकले तो वे गद्गद् थे। उन्होंने इस घटना को अपने मन में उतार लिया।

जीवन में जब-जब उनके ऐसी स्थितियां आईं, जब उन्हें विरोधों का सामना करना पड़ा, तो अपने अध्यापक शिव सुब्रह्मण्यम की तरह उन्होंने धैर्य से काम

लिया। उनके मन में एक विश्वास जन्म ले चुका था। कि धैर्य और विश्वास के साथ ही काम में सफलता प्राप्त की जा सकती है।

## रामकृष्ण अय्यर की बेंत

कलाम ने अपने जीवन में आने वाले हर व्यक्ति से कुछ न कुछ सीखा। व्यक्तियों के साथ-साथ कुछ वस्तुएं और स्थान भी ऐसे रहे जिन्होंने उन्हें जीवन में आगे बढ़ने और कुछ खास कर दिखाने की प्रेरणा दी।

ऐसी ही एक वस्तु है उनके गणित अध्यापक श्री रामकृष्ण अय्यर का बेंत। रामकृष्ण अय्यर बड़े सख्त मिजाज के अध्यापक थे। उनके पास हमेशा एक बेंत रहता था। कभी वे उसे अपने हाथ में पकड़े रहते थे, कभी एक ओर टिका देते थे। ज्योंही उन्हें गुस्सा आता था, उनका हाथ बेंत की ओर बढ़ता था। कभी-कभी वे बेंत उटाकर सीधे पिटाई कर देते थे। परन्तु ऐसा प्राय: बहुत कम करते थे।

एक बार वे 'स्कूल के अहाते में पढ़ा रहे थे। कलाम अपनी कक्षा से निकले और अय्यर साहब की कक्षा की ओर घूरते हुए आगे निकल गए।

अय्यर साहब ने जब यह देखा कि एक लड़का उनकी कक्षा को घूरता हुआ अभी-अभी यहाँ से निकला है, उन्हें बहुत बुरा लगा।

उन्होंने आवाज देकर कलाम को बुलाया और उनकी कमर पर कई बेंत जमा दिए। बेंत मारते समय वे शिकायत भी कर रहे थे कि गणित में उनके बहुत कम अंक आते हैं। वक्त के साथ कलाम पिटाई का दर्द तो भूल गए परन्तु उन्हें श्री रामकृष्ण अय्यर के मुंह से निकले शब्द याद रहे, "गणित में नम्बर कम क्यों आते हैं?"

कलाम ने मन-ही-मन फैसला कर लिया कि अब गणित में वे पीछे नहीं रहेंगे। उन्होंने जी तोड़ मेहनत की। गणित का गहन अध्ययन किया। जब अगली परीक्षा का परिणाम आया तो कलाम ने गणित में पूरे अंक प्राप्त किए। जब अय्यर साहब ने कलाम का परीक्षाफल देखा तो चौंक पड़े। उन्होंने कलाम को अपने पास बुलाया और सिर पर हाथ रखते हुए बोले, "तुम बहुत अच्छे लड़के हो। उस दिन मैंने तुम्हारी बेंत से पिटाई की, इसका मुझे अफसोस है।" फिर रुककर बोले, "लेकिन एक बात है, मैं जिसकी बेंत से पिटाई करता हूँ, वह महान् पुरुष बनता है।"

अय्यर साहब तो शब्द कहकर चले गए परन्तु कलाम ने उनके शब्दों को अपने जहन में रख लिया और निश्चय किया कि वे इन शब्दों को सदा याद रखेंगे।

कलाम ने जो ऊंचाई पाई है, उसे देखकर साफ लगता है कि उन्हें अपने अध्यापक के ये शब्द सदा याद रहे।

## निष्ठा और विश्वास पर बल देने वाले अयादुरै सोलोमन

श्वाट्र्ज हाई स्कूल, रामनाथपुरम में कलाम अपने अध्यापक अयादुरै सोलोमन से बहुत प्रभावित हुए। वे छात्रों को बहुत प्यार करते थे। उनके हौंसले बढ़ाने में वे सदा उनके साथ रहते थे। मेहनत करने वाले छात्रों से उन्हें बहुत प्यार था। कलाम की प्रतिभा को पहचानते उन्हें देर न लगी। प्रतिभाशाली छात्रों का मनोबल बढ़ाकर उन्हें ऊंचाई पर खड़े करने का उन्हें बहुत शौक था।

उन्होंने कलाम को बहुत सहयोग दिया। वे उनके साथ पूरी तरह घुल-मिल गए थे। वे निष्ठा और विश्वास पर बहुत बल देते थे। वे कलाम से अक्सर कहा करते थे, "तुम अपने अन्दर झांककर तो देखो। तुम्हारे अन्दर एक बड़ी प्रतिभा छिपी बैठी है। उसे पहचानो, मेहनत और लगन से उसका विकास करो।"

उनके बारे में कलाम में लिखा है- *"अयादुरै सोलोमन एक महान् शिक्षक थे। वे सभी छात्रों को उनके भीतर छिपी शक्ति और योग्यता का अहसास कराते थे। सोलोमन ने मेरे स्वाभिमान को जगाकर उसे एक ऊंचाई दी। मुझे, एक ऐसे माता-पिता के बेटे को, जिसे शिक्षा का अवसर नहीं मिल पाया था, यह आश्वस्त कराया कि मैं भी अपनी उन आकांक्षाओं को पूरा कर सकता हूँ जिनकी मैं इच्छा करता हूँ। वे कहा करते थे- 'निष्ठा और विश्वास नियति बदल देते हैं'।"*

अयादुरै सोलोमन को अब्दुल कलाम अपना प्रेरणा-पुरुष मानते हैं। उन्होंने उनके कहे शब्दों को सदा याद रखा। निष्ठा और विश्वास को उन्होंने सदा अपने मन में पहला स्थान दिया। निष्ठा और विश्वास रचनात्मक शक्तियों के भंडार हैं।

जब किसी मनुष्य की निष्ठा डगमगाती है और विश्वास टूटता है तो उसकी सारी शक्तियां छिन जाती है, वह बर्बाद हो जाता है। निष्ठा और विश्वास वह पूंजी है जो मनुष्य को सदा सकारात्मक सोच से भरपूर रखती है। ऐसा मनुष्य किसी से कोई शिकायत नहीं रखता। वह दानों हाथों से अपना और दूसरों का जीवन संवारता है।

अयादुरै सोलोमन ने कलाम के दिल में निष्ठा और विश्वास का ऐसा दीप जलाया कि उनका अंतर्मन आज भी उसकी रोशनी से जगमगा रहा है।

पृथ्वी और अग्नि मिसाईलों के परीक्षण के बाद 1990 में जब कलाम को पद्मविभूषण से सम्मानित किया गया तो उन्हें अपने माता-पिता तथा शिक्षकों की बहुत याद आई। उस समय उन्होंने महसूस किया कि अयादुरै सोलोमन ने यदि उनकी रचनात्मक शक्तियों को न उभारा होता तो वे इस मुकाम पर नहीं पहुँच पाते।

उसी वर्ष कलाम को मदुरै स्थित कामराज विश्वविद्यालय के दीक्षांत समारोह में भाषण देने के लिए बुलाया गया।

मदुरै पहुँचने पर कलाम को पता लगा कि उनके वृद्ध अध्यापक सोलोमन मदुरै के बाहर एक छोटी सी बस्ती में रहते हैं।

सोलोमन अवकाश प्राप्त करने के बाद अपने परिवार के साथ इस बस्ती में रह रहे थे। अब उनकी अवस्था 80 वर्ष की थी। वे बहुत दिनों से कलाम की प्रशंसा सुनते आ रहे थे। जब-जब उन्हें पता लगता था कि कलाम ने देश को विज्ञान की ऊंचाईयों पर पहुँचा दिया है, वे बड़े गर्व से कहते थे कि कलाम उनके शिष्य रहे हैं।

कलाम के मदुरै पहुँचने का कार्यक्रम पता लगने पर वे अपने प्रिय शिष्य को देखने के लिए मचल उठे, परन्तु साधन के अभाव में वे मदुरै जाने से मजबूर थे।

कलाम ने सोलोमन का पता जानने वाले एक व्यक्ति को खोज निकाला। उन्होंने एक टैक्सी में उस व्यक्ति को अपने साथ लेकर उस बस्ती में जा पहुँचे।

कलाम को 40 वर्षों के बाद यकायक अपने सामने पाकर आयदुरै सोलोमन इतने भावुक हो उठे कि दौड़कर उनसे लिपट गए। उनकी आँखों से आँसू बह रहे थे।

कलाम ने उन्हें अपनी टैक्सी में बैठाया और समारोह स्थल पर ले आए। समारोह की अध्यक्षता तमिलनाडु के राज्यपाल पी०सी० अलैक्जैंडर कर रहे थे। उन्होंने सोलोमन को सम्मान दिया और अपने बराबर में मंच पर बैठाया।

कलाम जब दीक्षांत भाषण देने के लिए खड़े हुए तो उन्होंने छात्रों और अध्यापकों को सम्बोधित करते हुए कहा, ''प्रत्येक विश्वविद्यालय का दीक्षांत समारोह किसी बांध के विशाल द्वारों को खोलने के समान होता है। जिससे निकला प्रवाह संस्थानों, संगठनों एवं उद्योगों द्वारा राष्ट्र-निर्माण की फसलें सींचने हेतु पानी के स्रोतों और दरियाओं में बदलकर दूर-दूर तक फैल जाता है।''

अपने भाषण के बाद उन्होंने अपने गुरू सोलोमन को झुककर प्रणाम किया। कलाम उस समय भावविभोर थे। उन्हें लग रहा था कि 45 वर्ष पहले उनके गुरू सोलोमन उन्हें अक्सर जो बातें कहा करते थे, आज अपने भाषण में उन्होंने वही बातें दुहराई हैं।

कलाम ने सोलोमन से कहा, "महान् स्वप्न दृष्टाओं के सपने कहीं अधिक बड़े और श्रेष्ठ होते हैं।"

सोलोमन मुस्कराए और उन्होंने कहा, "कलाम! तुम केवल मेरे लक्ष्यों तक ही नहीं पहुँचे, बल्कि उनसे भी कहीं आगे निकल गए हो। मुझे तुम पर गर्व है।"

2001 में डा॰ कलाम ने भारत के विभिन्न आंचलों के विद्यालयों और विश्वविद्यालयों में पहुंचकर छात्रों से बातचीत की, तब भी उनकी जुबान पर अध्यापक अयादुरै सोलोमन का नाम आया।

## फादर टी॰एन॰ सेक्युरिया और फादर कलाथिल

डा॰ कलाम ने सेंट जोसेफ कालेज, तिरुचिरापल्ली में चार वर्ष बिताए थे। यहाँ से उन्होंने इंटरमीडिएट और बी॰एस॰सी॰ की परीक्षाएं उत्तीर्ण की थीं।

इस अवधि में वे जिन अध्यापकों से सबसे अधिक प्रेरित हुए उनमें प्रमुख थे फादर टी॰एन॰ सेक्युरिया। वे अंग्रेजी के शिक्षक थे तथा छात्रावास के वार्डन थे। कलाम उन दिनों छात्रावास में रहा करते थे। फादर सेक्युरिया बड़े मिलनसार थे। वे छात्रों के अभिभावक भी थे और मित्र भी।

वे हर रात पवित्र बाइबिल लिए छात्रावास में आते थे। तीन मंजिले छात्रावास में लगभग सौ छात्र रहते थे। फादर सेक्युरिया हर कक्ष मे जाते थे और हर लड़के से मिलकर उसकी कुशल-क्षेम पूछा करते थे। वे छात्रों की हर जरूरत का ख्याल रखते थे। फादर सेक्युरिया का होस्टल के इंचार्ज तथा मेस के सदस्यों को निर्देश था कि वे प्रति वर्ष दीवाली पर हर छात्र के कमरे में जाएं और हर छात्र को पवित्र स्नान करने के लिए तिल का तेल दें।

डा॰ कलाम फादर सेक्युरिया के व्यक्तित्व को कभी नहीं भुला पाए। उन्हें देखने पर लगता था जैसे वे दिव्य लोक की कोई विभूति हों। निर्मल श्वेत वस्त्र, धुली हुई मुस्कान और आत्मविश्वास व आल्हाद से चमचमाता चेहरा।

कालेज के प्रमुख फादर कलाथिल भी प्रेरक व्यक्तित्व के धनी थे। वे इतने बड़े थे कि छात्र उनके सामने जाने में घबराते थे। परन्तु उनका पवित्र अनुशासनमय जीवन सबके लिए भव्य आदर्श था।

कलाम जब बी०एस०सी० प्रथम वर्ष के छात्र थे, तब उन्हें कालेज की शाकाहारी मेस का सचिव बनाया गया। कलाम ने मेस में बनने वाले शाकाहारी व्यंजनों की सूची में भारी बदलाव किया। बहुत दिनों से एक से व्यंजनों के स्वाद से सब लोग तंग आ चुके थे। कलाम ने इस बिन्दु पर ध्यान दिया और नए स्वादों से परिचय कराने के लिए अलग तरह के व्यंजन बनवाने शुरू किए।

रविवार के दिन कलाम ने परंपरा से थोड़ा हटकर एक प्रयोग और कर डाला। उन्होंने फादर कलाथिल को दोपहर के भोजन पर आमंत्रित कर लिया।

जो छात्र फादर के सामने आने से कतराते थे, उनमें कलाम ने आत्मविश्वास भरा। छात्रों ने अपने हाथों से तरह-तरह के शाकाहारी व्यंजन फादर कलाथिल के सामने परोसे और बाद में उनसे खाने का आग्रह किया। फादर कलाथिल ने इन व्यंजनों का स्वाद लिया तो वे बड़े प्रसन्न हुए।

उन्होंने सब छात्रों को अपने पास बिठाया और बहुत देर तक उनसे बातें करते रहे। गंभीरता और गरिमा की प्रतिमूर्ति फादर कलाथिल इतने अनौपचारिक ढंग से छात्रों से बातें कर सकते हैं, किसी को विश्वास नहीं था। परन्तु रविवार का वह भोज एक यादगार बन गया। फादर कलाथिल के गरिमामय व्यक्तित्व में कितनी सरलता और आत्मीयता छिपी थी, इस बात का एहसास जब कलाम को हुआ, तो वे गद्गद् हो गए। उच्च आदर्श, नैतिकता व अनुशासन का पाठ कलाम ने फादर सेक्युरिया और फादर कलाथिल से सीखा।

## एम०आई०टी० के कैम्पस में रखे विमान

कलाम बड़ी मुश्किल से 'मद्रास इंस्टीट्यूट ऑफ टेक्नोलॉजी' में दाखिला ले पाए थे। उनकी बहन ने अपने जेवर गिरवी रखकर उनके दाखिले की फीस जुटाई थी। बहन के इस त्याग की बात उनके मन में उस समय पूरे वेग से घूम रही थी, जब उन्होंने पहली बार इंस्टीट्यूट के परिसर में प्रवेश किया।

मुख्य द्वार पार करते ही उनकी निगाह परिसर में रखे दो बड़े-बड़े विमानों पर गई। इनके पंख दूर तक फैले थे।

कलाम को लगा जैसे दो विशाल पंखों वाले पक्षी अपने पंख फैलाए जमीन पर उतरे हों और फिर से उड़ने को तैयार हों।

इन विमानों ने उड़ते-उड़ते समुद्र के किनारे पर आ उतरते उन पक्षियों की याद ताजा कर दी जो उन्होंने रामेश्वरम् में देखे थे। कलाम का मन इन विमानों में अटक गया। वे खड़े हो गए और बहुत देर तक उन्हें देखते रहे। परन्तु यह समय कक्षा में जाने का था। अतः वे मुड़ मुड़कर विमानों की ओर देखते हुए अपनी कक्षा में चले गए। कक्षाएं समाप्त होने के बाद वे विमानों के पास पहुँचे। अब परिसर लगभग खाली हो चुका था। छात्र परिसर से बाहर जा चुके थे। कलाम विमानों के पास बैठ गए और उन्हें नजदीक से देखते रहे। ये विमान वैमानिक इंजीनियरिंग के छात्रों को व्यावहारिक जानकारी देने के लिए रखे गए थे।

विमानों के अंग-अंग का बारीकी से निरीक्षण करते-करते कलाम के मन में बचपन का खुले आसमान में उड़ने का स्वप्न जाग उठा। कलाम ने संकल्प लिया कि वे बहुत मेहनत से वैमानिक इंजीनियरिंग की पढ़ाई करेंगे और पायलट बनकर आसमान में हवाई जहाज उड़ायेंगे।

विमानों से मिली यह प्रेरणा उनके मन में वैमानिकी के प्रति गहरी रुचि जगाने में बहुत सहयोगी साबित हुई। उन्होंने आगे चलकर विमान तो नहीं उड़ाए परन्तु राकेट और मिसाईलों का प्रक्षेपण कर विश्व को चौंका दिया।

## एम॰आई॰टी॰ के तीन शिक्षक

कलाम इस मामले में बहुत भाग्यशाली रहे कि उन्हें लगभग सभी शिक्षक प्यार करने वाले और सहयोग देने वाले मिले। इससे भी बड़ी बात यह कि वे कलाम के अंदर छिपी असाधारण प्रतिभा को पहचान सके। कलाम का मन सरल और कोमल है। शिक्षकों के प्रति वे सदा ही भावुक और विनम्र रहे हैं। भारतीय संस्कृति में शिक्षक या गुरू का स्थान सबसे ऊपर माना जाता रहा है।

गुरू अपने शिष्य को वह सब कुछ दे डालना चाहता है जो उसने पाया है। वह अपने बेटे-बेटियों से भी अधिक अपने शिष्यों को प्यार करता आया है और उनके हितों को प्राथमिकता देता रहा है। गुरू के हृदय की इसी विशालता ने भारतीय मानस को इतना प्रभावित किया कि उसने परम विश्वसनीय और परम पूज्य मानकर उसके आगे अपना सिर झुका दिया। भारत में यह परम्परा आज भी थोड़े-बहुत अंतर के साथ मौजूद है।

कलाम ने इस परम्परा का निर्वाह किया। अपने हर अध्यापक को उन्होंने पूरा सम्मान दिया। वे शिष्य की कसौटी पर सदा खरे उतरे। इसीलिए उन्हें हर अध्यापक का भरपूर स्नेह और सहयोग मिला।

मद्रास इंस्टीट्यूट ऑफ टैक्नोलॉजी में तीन शिक्षक उनके ऐसे संपर्क में आए कि उन्होंने कलाम की जीवन धारा ही बदल दी। विज्ञान एवं तकनीक में गहरी रुचि जगाने का श्रेय इन्हीं तीन शिक्षकों को है।

## प्रोफेसर स्पांडर

प्रो॰ स्पांडर आस्ट्रेलिया के रहने वाले थे। वे वैमानिकी इंजीनियरिंग में दक्ष थे। द्वितीय विश्व युद्ध के दौरान उन्हें नाजियों ने बंदी बना लिया था। यहाँ से किसी प्रकार निकलने में वे सफल हुए और हिन्दुस्तान आ गए। यह एक संयोग ही था कि मद्रास इंस्टीट्यूट ऑफ टेक्नोलॉजी से जुड़ गए।

अपने विषय की पूरी जानकारी के साथ-साथ उनकी अध्यापन शैली बहुत सरल और रुचिवर्धक थी। वे सदा उत्साहित रहते थे। छात्रों को अधिक से अधिक सिखाते और मित्रों की तरह उनका पूरा सहयोग करने को सदा तैयार रहते थे।

कलाम के अंदर छिपी प्रतिभा को और उनकी वैज्ञानिक क्षमता को उन्होंने जान लिया था। उन्हें विश्वास था कि कलाम विज्ञान की दुनिया में बहुत आगे जाएंगे। उनके हाथों मानवता का बहुत बड़ा हित होना है। कलाम से उन्हें आत्मीयता हो गई थी। उन्हें वैमानिकी इंजीनियरिंग चुनने की सलाह उन्होंने ही दी थी। वे कलाम के अन्दर छिपी वैज्ञानिक प्रतिभा का बहुत आदर करते थे। मुसीबतों से न घबराने, विषम परिस्थिति में भी लक्ष्य से अपना ध्यान न हटने देने की कला उन्होंने प्रो॰ स्पांडर से ली।

वे कलाम से खुलकर चर्चा करते थे। कभी-कभी उनके साथ कुछ कदम चलने का अवसर मिल जाता तो वे ऐसी बातें समझाते थे जो मिशन में कामयाबी पाने के लिए बड़ी महत्वपूर्ण होती हैं।

उनकी प्रशंसा करते हुए कलाम ने अपनी आत्मकथा में लिखा है, *''नाजियों के हाथों कठोर यातनाएं सहने के बावजूद प्रोफेसर स्पांडर ने अपने व्यक्तित्व को बचाए रखा और उच्च व्यावसायिक मानदंड भी कायम रखे। वे हमेशा शांत रहते थे और आजीवन रहे। स्वयं पर उनका पूरा नियंत्रण था। वे नई से नई तकनीक*

*के बारे में पूरी जानकारी रखते थे और अपने विद्यार्थियों से भी यही उम्मीद रखते थे। वैमानिकी इंजीनियरिंग को अपना विषय बनाने से पहले मैंने उनसे विचार विमर्श किया था। उन्होंने मुझसे कहा कि भविष्य को लेकर किसी को कभी चिन्ता नहीं करनी चाहिए। जो भी क्षेत्र पढ़ाई के लिए एक बार चुन लिया जाए उसमें पूरी मेहनत, उत्साह और धैर्य के साथ पढ़ाई करनी चाहिए। उनका कहना था भारतीयों के साथ शैक्षणिक अवसरों की कमी या औद्योगिक बुनियादी ढांचे का संकट नहीं है, संकट तो अनुशासन और अपने चुनाव को युक्तिसंगत बनाने के बीच अंतर को न देख पाने का है। इंजीनियरिंग के सभी छात्रों से मैं तो यही कहना चाहूँगा कि विषय का चुनाव करने से पहले यह अवश्य जान लें कि उस विषय में उनकी भीतर से रूचि और अंतःप्रेरणा भी है कि नहीं।'*

संस्थान में पढ़ाई पूरी करने के बाद विदाई समारोह के दौरान घटी घटना कलाम को आज तक याद है। इस घटना ने कलाम के अंदर अटूट आत्मविश्वास का संचार किया था।

कलाम के साथी सभी छात्र तीन पंक्तियों में खड़े थे। सभी प्रोफेसर आगे वाली पंक्ति में बैठे थे। कलाम तीसरी पंक्ति में पीछे खड़े थे। प्रो॰ स्पांडर की नजर कलाम पर पड़ी तो बोले, "कलाम, यहाँ आओ और मेरे साथ बैठो।" आदेश का पालन करने के लिए, कलाम झिझकते हुए प्रो॰ स्पांडर के पास जाकर बैठ गए। उसके बाद प्रो॰ स्पांडर ने फोटोग्राफर से कहा, "हाँ, अब फोटो खींचो।" कैमरे ने क्लिक किया और फोटो खिंच गया। विदाई देते समय उन्होंने कलाम से कहा, "ईश्वर तुम्हें रास्ता दिखाए। तुम हमारे सबसे प्रिय छात्र हो। हमें विश्वास है कि एक दिन तुम्हारे कारण हम सबके नाम रोशन होंगे।"

प्रोफेसर पनदलाई—प्रोफेसर के॰एं॰बी॰ पनदलाई एक अलग किस्म के इन्सान थे। उन्होंने कलाम को 'एयरो स्ट्रक्चर डिजाइन एंड एनालिसिस' विषय पढ़ाया था। उनकी विशेषता यह थी कि वे मस्त रहते थे। और अपने पढ़ाने के अंदाज में नये-नये बदलाव लाकर विषय को और रूचिकर बनाते रहते थे। छात्रों के साथ उनका व्यवहार पित्रवत् रहा करता था। शिक्षक के रुतबे और रौबदाब को वे बेकार की चीज मानते थे। उनका विश्वास था कि सरलता और आत्मीयता ही अच्छे शिक्षक की पहचान है। जो शिक्षक छात्रों पर अपने व्यक्तिगत का दबाब डालेंगे उनके सामने छात्र पूरी तरह खुल नहीं सकते। ऐसे में उनका सही मानसिक विकास कैसे होगा?

प्रो॰ पनदलाई के बारे में डा॰ कलाम लिखते हैं, *"ये प्रो॰ पनदलाई ही थे जिन्होंने स्ट्रक्चरल इंजीनियरिंग के छिपे हुए तथा गोपनीय पहलुओं को पूरी तरह खोलकर हमारे सामने रखा। आज भी मेरा मानना है कि प्रो॰ पनदलाई एक महान् बुद्धिजीवी और अध्येता थे। लेकिन उनमे घमंड या हेकड़ी नाम की कोई चीज़ नहीं थी। उनके छात्र कक्षा में उनसे तमाम बिन्दुओं पर असहमति व्यक्त करने के लिए स्वतंत्र थे।"*

प्रोफेसर नरसिंह राव: प्रोफेसर नरसिंह राव ने कलाम को वैमानिकी में गहन अध्ययन के लिए प्रेरित किया। वे वैमानिकी गतिकीय में दक्ष थे। कलाम तय नहीं कर पर रहे थे कि वे गणितीय भौतिकी को अपने पाठ्यक्रम में शामिल करें या नहीं। एक दिन वे प्रो॰ नरसिंह राव की कक्षा में जा बैठे। उस समय वे तरल गतिकी पढ़ा रहे थे। उनके पढ़ाने का ढंग इतना सरल था कि कलाम ने गणितीय भौतिकी लेने का फैसला कर लिया। प्रोफेसर नरसिंह राव के बारे में कलाम ने लिखा है, *"प्रोफेसर नरसिंह राव गणित के महान् विद्वान थे। वे हमें सैद्धांतिक वैमानिकी गतिकी पढ़ाया करते थे। तरल गतिकी पढ़ाने का उनका तरीका मुझे अब तक याद है। वे अक्सर कहा करते थे, 'वैमानिकी डिजाइनों की समीक्षा के लिए मेरे नेफे में एक शल्य चिकित्सा औजार रहता है।' यदि प्रोफेसर राव की कृपा नहीं होती और वैमानिकी गतिकी के समीकरणों का हल निकालने के लिए वे मुझे प्रेरित नहीं करते तो मेरे पास यह विलक्षण औजार नहीं होता।"*

एम॰आई॰टी॰ से निकलने के बाद कलाम के अंदर भारी आत्मविश्वास आ गया था। उन्होंने सामने आने वाली हर जिम्मेदारी की चुनौतियों को स्वीकार किया, सहा और सफलता प्राप्त की।

अपने जीवन में विज्ञान एवं तकनीक में मिलने वाली बड़ी-बड़ी सफलताओं के लिए इन तीनों प्राध्यापकों के सहयोग को वे बहुत महत्व देते हैं। उनका मानना है कि यदि वे तीनों उनके जीवन में न आए होते तो निश्चय ही विज्ञान के अनेक रहस्य खोलने की विलक्षण क्षमता उनके अंदर विकसित नहीं हो पाती।

डा॰ कुर्त टैंक जिस समय कलाम ने एम॰आई॰टी॰ में दाखिला लिया, तब डा॰ कुर्त टैंक संस्थान के निदेशक थे। वैमानिकी इंजीनियरिंग के क्षेत्र में उनका बड़ा नाम था। उन्होंने जर्मनी में एक सीट वाले विमान फोक वुल्फ का डिजाइन तैयार किया था। द्वितीय विश्व युद्ध के समय इस विमान ने जर्मन सेना का मनोबल बढ़ाया था।

कलाम डा॰ कुर्त टैंक की प्रतिभा का बहुत आदर करते थे। वैमानिकी में दाखिला लेने के बाद ऐसे अनेक अवसर मिले जब कलाम को डा॰ कुर्त टैंक के संपर्क में आना पड़ा। वे संस्थान के समस्त प्रोफेसरों व वैज्ञानिकों को प्रेरित करने की असाधारण क्षमता रखते थे। आपस में संतुलन बनाए रखने और अधिक से अधिक कार्य क्षमता का परिचय देने वाली शिक्षण परम्परा को डा॰ कुर्त टैंक ने एम॰आई॰टी॰ में कायम किया था।

बाद में वे बैंगलोर के हिन्दुस्तान एरोनॉटिकल लिमिटेड (एच॰ए॰एल॰ में चले गए थे, जहाँ उन्होंने भारत के पहले लड़ाकू विमान एचएफ 24 मारुत का निर्माण किया।

प्रो॰ श्रीनिवासनः एम॰आई॰टी॰ में वैमानिकी इंजीनियरिंग की पढ़ाई पूर्ण होने के बाद अंतिम वर्ष में कलाम को पहली बार विमान का डिजाइन तैयार करने की परियोजना में लगाया गया। उस समय एम॰आई॰टी॰ के निदेशक प्रो॰ श्रीनिवासन थे। वे ही कलाम के डिजाइन शिक्षक थे।

प्रो॰ श्रीनिवासन के अन्दर एक अच्छे अध्यापक के सारे गुण मौजूद थे। वे सिखाने की कला में माहिर थे तो अपने छात्र से काम लेने की कला भी उन्हें आती थी। करीब से हमला करने वाले लड़ाकू विमान की परियोजना को पाँच छात्रों को सौंपा गया। कलाम को वायुगति की डिजाइन तैयार करने तथा उसकी ड्राइंग बनाने की जिम्मेदारी सौंपी गई।

कलाम ने बहुत कोशिश की परन्तु समय पर डिजाइन तैयार नहीं हो पाया। एक दिन प्रोफेसर श्रीनिवासन कलाम के पास आ धमके और काम तैयार न देख बिगड़ गए।

कलाम ने उनसे एक महीने का समय मांगा। परन्तु प्रो॰ श्रीनिवासन उनकी बात मानने को तनिक भी तैयार नहीं थे। उनकी धारणा थी कि कलाम ने लापरवाही की, अन्यथा जो काम उन्हें सौंपा गया था वह अब तक तैयार हो जाना चाहिए था। वे कलाम की प्रतिभा और कार्य क्षमता से परिचित थे। परन्तु जो परिणाम मिले उससे उन्हें बड़ी निराशा हुई। कलाम के बहुत विनय करने पर प्रो॰ श्रीनिवासन गरजते हुए बोले, "तो सुनो, आज शुक्रवार है। मैं तुम्हें केवल तीन दिन का वक्त देता हूँ। अगर सोमवार तक मुझे यह ड्राइंग नहीं मिली तो तुम्हारी छात्रवृत्ति रोक दी जाएगी।"

प्रो॰ श्रीनिवासन धमकी देकर चले गए। अब तो कलाम का सारा चैन खो गया। छात्रवृत्ति तो उनका आधार थी। यदि छात्रवृत्ति रुक गई तो पढ़ाई खत्म। पूरा

भविष्य चौपट हो जायेगा। वे जानते थे कि प्रो० श्रीनिवासन इस मामले में बहुत सख्त हैं। उन्होंने जो कह दिया वह अंतिम लकीर है। कलाम सब कुछ भुलाकर अपने काम में जुट गए। जिस लगन और मेहनत से उन्होंने काम किया उसका वर्णन उन्होंने अपनी आत्मकथा में किया है, *''मेरे सामने कोई दूसरा रास्ता नहीं था, सिवाय इसके कि मैं उनके निर्देश के अनुसार कार्य करूं। उस रात मैंने खाना नहीं खाया। और रात भर ड्राइंग बोर्ड पर काम करता रहा। अगली सुबह मेरा काम पूरा होने के करीब था। तभी अचानक लगा कि मेरे कमरे में कोई है। प्रो० श्रीनिवासन दूर खड़े मेरी ओर देख रहे थे। वे सीधे जिमखाने से आए थे और टेनिस के कपड़ों में थे। मेरा काम देखने के लिए वे सीधे मेरे कमरे में आ गए थे। वे मेरी ओर बढ़े और मुझे गले से लगा लिया। फिर मेरी पीठ थपथपाते हुए बोले, 'मुझे पता था कि तुम्हारे अंदर तनाव पैदा हो रहा है और काम पूरा करने के लिए जो समय मैं दे रहा हूँ, उसमें वह संभव नहीं होगा। सच पूछो तो मुझे भी इतनी उम्मीद नहीं थी कि इतने भारी तनाव में भी तुम नियत समय से पहले अपना काम पूरा कर लोगे'।''*

उस घटना का कलाम के मन पर इतना प्रभाव पड़ा कि वे अपने आंसू न रोक सके। प्रो० श्रीनिवासन के जाने के बाद उन्होंने अश्रु पूरित आंखों से भगवान को धन्यवाद दिया जिसने उन्हें इतना बल दिया कि वे समय से पहले अपना कार्य निबटा पाए। यदि काम समय पर न हो पाता तो छात्रवृत्ति चली जाती। फिर तो सब कुछ बर्बाद हो जाता।

वे बहुत देर तक प्रो० श्रीनिवासन के इस व्यवहार का राज खोजते रहे। अंत में उनकी समझ में आ गया कि प्रो० श्रीनिवासन उनकी एकाग्रता और कार्यक्षमता का इम्तिहान लेना चाहते थे। उन्हें मालूम था कि जब तक अंतिम चेतावनी नहीं दी जाएगी, तब तक पूरी क्षमता उभरकर आने वाली नहीं है। इसीलिए उन्होंने ऐसी कठोर शर्त रखी।

प्रो० श्रीनिवासन को कलाम ने अपने लिए एक ऐसा प्रेरणा-पुरुष माना जिसने उन्हें सिखाया कि असंभव लगने वाले काम भी पूरे किए जा सकते हैं, यदि हम जी जान से उनमें जुट जाएं।

इस घटना के बाद कलाम ने तमिल पत्रिका 'आनंद विकटन' द्वारा आयोजित निबंध प्रतियोगिता के लिए तमिल भाषा में एक निबंध लिखा। इस निबंध का शीर्षक था–'आओ अपना विमान स्वयं बनाएं।'

सरल भाषा में लिखे गए इस लेख को प्रथम पुरस्कार के लिए चुन लिया गया। बाद में यह लेख 'आनंद विकटन' में छपा। जिस किसी ने इस लेख को पढ़ा वही हैरान रह गया। विमान बनाने की तकनीक इतनी सरल भाषा में और इतनी सहज ढंग से लिख दी गई थी कि यकायक विश्वास नहीं हो पाता था। पत्रिका के संपादक देवन ने एक समारोह में कलाम को यह पुरस्कार दिया। कलाम के लिए यह एक स्मरणीय दिन था। इसकी यादगार आज भी उनके मन में बिल्कुल ताजा है।

## ऋषिकेश के महात्मा स्वामी शिवानन्द

1958 में वैमानिकी इंजीनियरिंग की डिग्री प्राप्त करने के बाद कलाम के सामने सबसे पहली जरूरत थी–काम की तलाश करना। यद्यपि वे इंजीनियरिंग के अध्ययन काल में अपनी असाधारण प्रतिभा का परिचय दे चुके थे, परन्तु उन दिनों ऐसी कोई परंपरा नहीं थी कि डिग्री लेते ही योग्य छात्रों को तुरन्त काम कर लगा लिया जाए। आज की तरह तब भी छात्रों को रोजगार की तलाश में भटकना पड़ता था।

अब कलाम की आयु 27 वर्ष हो चुकी थी। उन्होंने भारतीय वायुसेना और रक्षा मंत्रालय के तकनीकी विकास एवं उत्पादन निदेशालय में नौकरियों के लिए प्रार्थना पत्र भेजे थे। एक का कार्यालय देहरादून में था और दूसरे का नई दिल्ली में। कलाम के पास दोनों जगह से इंटरव्यू लैटर आ गये।

पहले दिल्ली में इंटरव्यू था, बाद में देहरादून में। कलाम ने रेल द्वारा पहले दिल्ली और बाद में देहरादून जाने का फैसला किया।

बंगलौर से दिल्ली तक का सफर उन्होंने रेलगाड़ी से पूरा किया और दिल्ली जा पहुँचे। दिल्ली में उन्होंने साधारण सी तैयारी के साथ इंटरव्यू दे दिया। कलाम का रुझान दिल्ली की नौकरी की ओर नहीं था। उनका मन तो देहरादून के इंटरव्यू में किसी तरह चुने जाने का था। बचपन से ही उन्होंने आसमान में उड़ने का सपना देखा था। उन्हें लग रहा था कि भारतीय वायुसेना में वे विमान चालक के पद के लिए चुन लिए जाएंगे और फिर आसमान में विमान उड़ाया करेंगे। इसके लिए उन्होंने जी तोड़ मेहनत की। गणित, सामान्य ज्ञान, बुद्धि परीक्षा आदि सभी पहलुओं का उन्होंने गहरा अध्ययन किया और वे पूरी तरह आश्वस्त थे कि देहरादून वाली नौकरी उन्हें अवश्य मिलेगी।

दिल्ली में इंटरव्यू देने के बाद वे देहरादून चले गए। लिखित परीक्षा के बाद इंटरव्यू हुआ तो उन्हें पता लगा कि केवल आठ प्रत्याशी चुन लिये गए हैं। चयन के लिए प्रत्याशियों की जो सूची तैयार की गई थी उसमें उनका नम्बर नौवां था। उनसे ठीक पहले वाले 8 प्रत्याशी चुन लिए गए और वे रह गए।

कलाम इस असफलता का गम बर्दाश्त न कर सके। वे बुरी तरह टूट गए। बार-बार उनके मन में एक ही बात घूम रही थी। 'मुझसे पहले वाले आठों प्रत्याशी चुन लिए गए और मैं रह गया, जबकि मुझे नौकरी की सबसे अधिक जरूरत थी। बड़ी मुश्किल से घरवालों ने अपना पेट काटकर पढ़ाया, बहन जोहरा के त्याग और छात्रवृत्ति के कारण इंजीनियरिंग की पढ़ाई तो पूरी हो गई, परन्तु अब? अब तो कोई ठिकाना नहीं। खाली हाथ घर लौटूंगा तो....?' अजीब-अजीब से विचार उनके मन में आने लगे।

देहरादून में अब एक क्षण भी ठहरना उन्हें बुरा लगने लगा। आते समय जो घाटियां और पहाड़ियाँ उनका मन मोह रही थीं, अब वे ही बहुत बुरी लगने लगीं।

रोजगार न मिल पाने की पीड़ा कितनी भयानक होती है, आज पहली बार कलाम ने जाना। निम्न मध्यम वर्ग के लड़कों को पहले तो पढ़ाई का खर्च उठाना ही मुश्किल हो जाता है, किसी प्रकार पढ़-लिख जाएं और नौकरी न मिल सके तो परिवार वाले तबाह हो जाते हैं और युवाओं का मन मर जाता है।

कलाम का आसमान में उड़ान भरने का स्वप्न टूटकर बिखर गया था। बड़े अरमान से देहरादून आए थे। उन्हें क्या पता था कि ये खूबसूरत वादियां उनका दिल ही तोड़ देंगी।

सोचते-सोचते कलाम देहरादून से ऋषिकेश आ पहुँचे। वहाँ उन्होंने गंगा के शीतल जल में स्नान किया। कपड़े बदलते-बदलते उनकी निगाह पहाड़ी पर बने एक आश्रम पर पड़ गई। उत्तर भारत के साधुओं के चमत्कारों की बातें वे दक्षिण भारत में बहुत सुन चुके थे। मन में एक उत्सुकता जागी, "क्यों न आश्रम में चलकर संतों के दर्शन किए जाएं। हो सकता है कोई रास्ता निकले। ऋषिकेष भारती की तीर्थ-स्थली है। यहाँ के साधु विलक्षण शक्तियों से युक्त होते हैं।' वे आश्रम की ओर चल दिए।

आश्रम के निकट द्वार पर लिखा था-'शिवानंद आश्रम'। कलाम के मन से आवाज आई-कहीं ऐसा न हो कि मुसलमान होने के कारण यहाँ के साधु उनका

तिरस्कार करें? उसी समय उनके मन में दूसरी आवाज आई–नहीं, भारतीय साधु हिन्दू, मुसलमान या ईसाई आदि का भेद नहीं करते। वे दुनियादारी से ऊपर उठे हुए सच्चे संत होते हैं।

नए उत्साह से कलाम आगे चल पड़े। आश्रम के अन्दर पहुंचकर उन्होंने देखा कि वहाँ अनेक साधु बैठे हैं। उनके बीच में एक दिव्य तेजधारी साधु विराजमान थे।

कलाम ने झुककर सभी साधुओं को प्रणाम किया और अपना परिचय दिया। यह जानकर उनकी आशंका दूर हो गई कि उनका नाम सुनकर किसी के चेहरे पर कोई प्रतिक्रिया नहीं हुई थी।

परिचय के बाद उन्होंने साधुओं से जाना कि बीच में विराजमान दिव्य ललाट वाले स्वामी शिवानन्द थे।

कलाम इतने उदास थे कि बिना पूछे ही स्वामी शिवानन्द जान गए कि वे गहरी चिन्ता में डूबे हैं और भारी तनाव से गुजर रहे हैं। कलाम ने उनसे भेंट का वर्णन करते हुए लिखा है, *"मैं स्वामी शिवानन्द से मिला, बिल्कुल भगवान बुद्ध की तरह दिखने वाले। वे श्वेत धवल धोती और पैरों में खड़ाऊं पहने हुए थे। मैं उनकी अत्यंत सम्मोहक, एकदम बच्चे जैसी मुस्कान और कृपालु भाव देखकर दंग रह गया। मैंने स्वामी जी को अपना परिचय दिया। मेरे मुस्लिम नाम की उनमें जरा-सी भी प्रतिक्रिया नहीं हुई। मैं आगे और कुछ बोल पाता, इससे पहले ही उन्होंने मेरी उदासी का कारण पूछ लिया। उन्होंने कहा, 'यह मत पूछना कि मैंने कैसे जाना कि तुम उदास हो,' और फिर मैंने उनसे यह प्रश्न नहीं पूछा।"*

कलाम ने जब वायुसेना में न चुने जाने वाली घटना उन्हें बताई तो वे मुस्कुराते हुए बोले–

> "इच्छा जो तुम्हारे हृदय और अन्तरात्मा में उत्पन्न होती है, जो शुद्ध हो और मन की गहराई से की गई हो, एक विस्मित कर देनेवाली विद्युत चुम्बकीय ऊर्जा लिए होती है। यही ऊर्जा हर रात को जब मस्तिष्क सुषुप्त अवस्था में होता है, आकाश में चली जाती है। हर सुबह यह ऊर्जा ब्रह्माण्डीय चेतना लिए वापस शरीर में प्रवेश करती है। जिसकी परिकल्पना की गई है, वह निश्चित रूप से प्रकट होता नजर आएगा। नौजवान तुम इस तथ्य पर अनंतकाल तक ठीक उसी तरह भरोसा कर सकते हो, जैसे तुम हमेशा सुर्योदय के अकाट्य सत्य पर भरोसा करते हो।"

इतनी बात कहने के बाद स्वामी जी चुप हो गए। फिर कलाम को आदेश देने की मुद्रा में कहने लगे, "नौजवान, अपनी नियत्ति को स्वीकार करो और जाकर अपना जीवन अच्छा बनाओ। नियति को यह मंजूर नहीं था कि तुम पायलट बनो। नियति तुम्हें जो बनाना चाहती है, उसके बारे में अभी कोई नहीं बता सकता, लेकिन नियति यह पहले ही तय कर चुकी है। अपनी इस असफलता को भूल जाओ। देखो! नियति को तुम्हें यहाँ मेरे पास लाना था, सो ले आई। ठीक ऐसे ही वह तुम्हें तुम्हारी मंजिल की ओर ले जाएगी। असमंजस से निकलकर अपने अस्तित्व के लिए सही उद्देश्य की तलाश करो। अपने को ईश्वर की इच्छा पर छोड़ दो"

स्वामी शिवानंद के अमृत वचन सुनते ही कलाम के मन से निराशा और विषाद की छाया हमेशा-हमेशा के लिए हट गई। प्रसन्नता से उनका चेहरा खिल उठा। स्वामी जी के वचनों को अपने लिए एक आदेश मानकर कलाम दिल्ली चले आए। स्वामी शिवानन्द उनके लिए प्रेरणा से स्रोत बन गए।

## डी॰ नीलकंठन और आर॰ वरदराजन

स्वामी शिवानंद से नियति का संकेत समझने के बाद जब कलाम दिल्ली पहुँचे तो उन्हें यह बात जानने की तीव्र इच्छा थी कि उनका चयन हुआ कि नहीं।

जैसे ही वे रक्षा मंत्रालय के तकनीकी एवं उत्पादन निदेशालय के कार्यालय में पहुँचे, उन्हें नियुक्ति पत्र थमा दिया गया। जिस पद पर उनकी नियुक्ति की गई थी, वह था–वरिष्ठ वैज्ञानिक सहायक का पद और वेतन था 250 रुपये प्रति माह।

संस्थान निदेशक डी॰ नीलकंठन ने कलाम को अपने ऑफिस में बुलाया और परिचय के बाद उन्हें तकनीकी निदेशालय के ऑफिसर इंचार्ज आर॰ वरदराजन से मिलने को कहा।

आर॰ वरदराजन दक्षिण भारतीय वैज्ञानिक थे। उन्होंने कलाम को बताया कि उनकी नियुक्ति उड्डयन के तकनीकी केन्द्र में काम करने के लिए की गई है। कलाम की प्रतिभा से प्रभावित होकर उन्होंने उन्हें पराध्वनिक लक्ष्य भेदी विमान का डिजाइन तैयार करने का काम सौंपा।

कलाम अपने काम में पूरी लगन से जुट गए। वे अपने सहयोगियों तथा मार्ग दर्शकों के साथ मिलकर बहुत मेहनत से काम करते थे। प्रातः घूमने जाते और नाश्ता आदि से निबटकर समय पर कार्यशाला में पहुँच जाते थे। उनके व्यवहार से कनिष्ठ और वरिष्ठ साथी बहुत खुश थे।

एक वर्ष से भी कम अवधि में उन्होंने पराध्वनिक लक्ष्य भेदी विमान का डिजाइन बनाकर अपने विभागीय इंचार्ज आर॰ वरदराजन के सामने पेश कर दिया।

श्री वरदराजन कलाम की प्रतिभा और कार्य-क्षमता से दंग रह गए। उन्होंने कलाम की बहुत प्रशंसा की।

कलाम के आश्चर्यजनक कार्य की रिपोर्ट जब श्री वरदराजन ने संस्थान के निदेशक श्री डी॰ नीलकंठन के सामने रखी तो उन्होंने कलाम से मिलने की इच्छा व्यक्त की।

कलाम उनसे मिलने उनके कार्यालय में पहुँचे। हाथ मिलाकर श्री डी॰ नीलकंठन ने कलाम का अपने ऑफिस में स्वागत किया। और इतने सुन्दर डिजाइन को इतने कम समय में तैयार करने के लिए उन्हें बधाई दी।

अगले ही वर्ष नीलकंठन ने विमानों के रखरखाव का प्रशिक्षण लेने के लिए कलाम को कानपुर भेज दिया। वहाँ उन्हें विमान एवं हथियार प्रशिक्षण इकाई में रखा गया। उस समय संस्थान में एम॰ के॰-1 विमान परीक्षण का काम चल रहा था।

## भटकते लोगों को देखकर आंखें भर आई

कलाम एक वर्ष तक कानपुर में रहे। इस दौरान उन्होंने विमानों के रखरखाव तथा अन्य संबंधित तकनीकी जानकारी हासिल की। वे दिन भर तकनीकी बारीकियों को समझने में व्यस्त रहते थे। और शाम के समय घूमने के लिए गंगा किनारे निकल जाते थे।

कलाम को घूमने का बहुत शौक था। सवेरे के समय भी वे दूर तक सैर करने जाते थे। कानपुर में गंगा के किनारे का दृश्य मनोरम लगता था। शहर में तो दिन में गांवों से आई बेरोजगारों की भीड़ देखने को मिलती थी। रोजगार की तलाश में गांवों के गरीब और बेकार लोग दिन--भर कड़ी धूप में, बरसात और सर्दी में सड़कों पर घूमते देखे जा सकते थे।

इन भटकते लोगों को देखकर कलाम का दिल भर आता था। उनका मन कहता कि इनके लिए कुछ किया जाए। परन्तु वे कुछ भी नहीं कर पाते थे। कानपुर की तरह अन्य नगरों में भी बेराजगारों की भीड़ देखी जा सकती थी। कलाम ने निश्चय किया कि ऐसे लोगों के लिए वे कुछ न कुछ करेंगे जरूर।

इस घटना के 40 वर्ष बाद अपनी वैज्ञानिक उपलब्धियों के चरम पर पहुँचने के बाद कलाम को इनके लिए कुछ करने का मौका मिला। अपने सहयोगी व मित्र वाई०एस० राजन के साथ उन्होंने 'इंडिया 2020' नामक एक पुस्तक लिखी जिसमें गरीबी और बेरोजगारी को पूरी तरह समाप्त कर भारत को 2020 तक एक विकसित देश बनाने की रूप रेखा तैयार की गई है।

एक वर्ष बाद कलाम फिर दिल्ली लौट आए। यहाँ आकर उन्होंने 'डार्ट' लक्ष्य का डिजाइन तैयार करने का काम अपने हाथ में ले लिया।

पहले उन्होंने इस डिजाइन का अध्ययन किया और फिर इसे तैयार करने के काम में जुट गए। इतना ही नहीं उन्होंने ऊर्ध्वाधर उड़ान भरने और विमान उतारने के प्लेटफार्म को भी विकसित किया। साथ ही हॉट कॉक पिट का विकास करने के काम में भी जुटे रहे।

पूरे तीन वर्ष दिल्ली स्थित रक्षा मंत्रालय के तकनीकी विकास एवं उत्पादन निदेशालय में अनेक महत्वपूर्ण कार्यों को अंजाम देने के बाद कलाम फिर बंगलौर लौट आए। बंगलौर में 'वैमानिकी विकास प्राधिकरण' की स्थापना हो चुकी थी। भारत सरकार ने उस संस्थान के काम को विकसित करने के उद्देश्य से कलाम को दिल्ली से हटाकर बंगलौर भेजा था।

## डा० ओ०पी० मेदीरत्ता

जब कलाम बंगलौर पहुँचे, उस समय डा० ओ०पी० मेदीरत्ता वैमानिकी विकास प्राधिकरण बंगलौर के निदेशक थे। डा० मेदीरत्ता के बारे में कलाम को जानकारी थी कि वे बहुत ही प्रतिभाशाली और धैर्यवान वैज्ञानिक हैं।

पहली ही मुलाकात में कलाम पर उन्होंने अपने व्यक्तित्व की छाप छोड़ दी। उन्होंने कलाम से कहा–"आपने दिल्ली में कई महत्त्वपूर्ण काम किए हैं। अब इस संस्थान के अनुसंधान कार्यों को सफल बनाने के लिए अपनी प्रतिभा का इस्तेमाल करो"

कलाम ने डा० मेदीरत्ता के साथ मिलकर संस्थान के कामों की रूपरेखा तैयार की। डा० मेदीरत्ता ने कलाम को स्वदेशी हॉवर क्राफ्ट (मंडराने वाले वाहन) का मॉडल तैयार करने का काम सौंपा। इसे तैयार करने के लिए तीन वर्ष का समय तय किया गया।

इस परियोजना पर काम करने के लिए वैज्ञानिकों का एक छोटा सा दल तैयार किया गया। कलाम को इसके नेतृत्व का दायित्व सौंपा गया।

ए॰पी॰जे॰ अब्दुल कलाम ने डा॰ मेदीरत्ता की उपस्थिति में अपने वैज्ञानिक दल की बैठक की और हॉवर क्राफ्ट का मॉडल तैयार करने की योजना पर सबके विचार जानने चाहे।

बैठक अधिक सफल नहीं रही क्योंकि विमान बनाने की जानकारी तक किसी वैज्ञानिक के पास नहीं थी, फिर यह तो बिना पंखों का मंडराने वाला विमान था।

डा॰ मेदीरत्ता कलाम से अकेले में मिले और बोले–"मुझे मालूम है कि अभी तक हॉवर क्राफ्ट की कोई स्पष्ट रूप रेखा तैयार नहीं की जा सकी है। परन्तु मुझे विश्वास है शीघ्र ही आप उसे तैयार कर लेंगे।"

इतना कहकर डा॰ मेदीरत्ता चले गए। अब कलाम के सामने नई चुनौती आ खड़ी हुई। डा॰ मेदीरत्ता ने जो विश्वास उन पर जताया था, उस पर खरा उतरना अब कलाम के लिए एक चुनौती थी। वे रात-दिन सोते-जागते अपनी योजना पर विचार करने लगे।

डा॰ कलाम के पास समुचित मशीनों और संसाधनों का अभाव था। जो थोड़े से उपकरण और कल-पुर्जे उपलब्ध थे, उन्हीं से प्रयोग शुरू कर दिया गया। संस्थान के कुछ वरिष्ठ वैज्ञानिक इस परियोजना को 'कलाम की सनक' कहने लगे और उनके प्रयासों का उपहास करने लगे।

तब कलाम को याद आया 1896 में राइट बंधुओं द्वारा हवा में उड़ने की मशीन बनाने के प्रयासों का उदाहरण। उस समय लोग उनका भी मजाक बनाया करते थे। उन्हें जॉन, ट्राब्रिज की वह कविता याद आ गई जो उन्होंने राइट बंधुओं पर लिखी थी–

*बांस और सुतली से*
*मोम से, हथौड़े से*
*कुंदों से, पेंचों से*
*जोड़ कर जुगाड़ पर*
*चमगादड़ से प्रेरित, दो भाई दीवाने*
*झोंक रहे कोयला, फूंक रहे धौंकनी*
*बना रहे देखो तो*
*लकड़ी की एक परी।"*

यह कविता याद आते ही कलाम का मन बल्लियों उछलने लगा। उन्हें विश्वास हो गया कि जिस प्रकार राइट बंधु अपने प्रयासों में सफल हुए थे, उसी प्रकार उन्हें भी सफलता अवश्य मिलेगी।

एक साल मेहनत करने के बाद कलाम ने हॉवर क्राफ्ट का मॉडल तैयार कर लिया। जब इसके नामकरण का प्रस्ताव आया तो कलाम का मन उड़कर रामेश्वरम् मंदिर जा पहुँचा। उन्हें याद आए भगवान शिव और उनका वाहन नन्दी। बस उन्होंने अपने हॉवर क्राफ्ट का नाम 'नन्दी' रख दिया।

डा॰ मेदीरत्ता खुशी से उछल पड़े। उन्होंने कलाम को गले से लगा लिया और इस शानदार सफलता के लिए बधाई देते हुए कहा—"यह तो एक शुरूआत है कलाम, मेरा मन कहता है आपके हाथों हिन्दुस्तान में वैमानिकी और उड़ान के क्षेत्र में अनेक महत्त्वपूर्ण कार्य सम्पन्न होंगे।"

## रक्षा मंत्री वी॰के॰ कृष्ण मेनन

1961–62 में वी॰के॰ कृष्णा मेनन भारत के रक्षा मंत्री थे। उन दिनों भारतीय सेना के पास अच्छे हथियारों और विमानों की भारी कमी थी। चीन के साथ सीमा पर विवाद पैदा हो गया था। दोनों देशों के बीच तनाव बढ़ने की संभावना से इंकार नहीं किया जा सकता था।

ऐसे समय में वी॰के॰ कृष्णा मेनन हॉवर क्राफ्ट परियोजना के प्रमुख ए॰पी॰जे॰ अब्दुल कलाम के सम्पर्क में आए। कलाम की योजना में उन्होंने बहुत रुचि ली तथा हॉवर क्राफ्ट तैयार करने में पूरा सहयोग दिया।

1962 में एक दिन रक्षा मंत्री कृष्णा मेनन अपने विमान से बंगलौर पहुँचे और उन्होंने उनके हॉवर क्राफ्ट नन्दी में उड़ान भरने की इच्छा व्यक्त की।

कलाम इसके लिए पहले से ही तैयार थे। श्री कृष्णा मेनन कलाम को अपनी इच्छा पहले ही बता चुके थे।

रक्षा मंत्री के साथ ग्रुप कैप्टन गोले भी बंगलौर आए थे। सुरक्षा अधिकारियों ने रक्षा मंत्री को यह खतरा उठाने से रोकना चाहा। कैप्टन गोले ने सुझाव दिया कि हॉवर क्राफ्ट कलाम न उड़ाएं, स्वयं कैप्टन गोले रक्षा मंत्री के साथ उड़ान भरना चाहते थे।

परन्तु श्री कृष्णा मेनन यह श्रेय कलाम को ही देना चाहते थे। उन्होंने कैप्टन गोले से कहा—"आप चिन्ता मत कीजिए मुझे कलाम पर पूरा भरोसा है। जब

यह हॉवर क्राफ्ट बना सकते हैं तो इनकी उड़ानें की प्रतिभा पर संदेह नहीं किया जाना चाहिए।''

कैप्टन गोले एक ओर हट गए। सुरक्षा अधिकारियों को भी श्री कृष्णा मेनन ने अपने विश्वास में ले लिया।

कलाम रक्षा मंत्री के साथ पायलट की सीट पर बैठे और उन्होंने 'नंदी' की उड़ान भरी। यह उड़ान बहुत नीचाई पर थी परन्तु बहुत महत्त्वपूर्ण थी। रक्षा मंत्री कृष्णा मेनन ने कलाम की प्रशंसा करते हुए कहा–''आज मैं बहुत खुश हूँ कलाम, मुझे तुम पर गर्व है। हॉवर क्राफ्ट के विकास में जो बुनियादी समस्याएं थीं उन्हें तुमने बड़ी सफलतापूर्वक दूर किया है और यह दिखा दिया है कि हमारे वैज्ञानिक अपने देश में सब कुछ बना सकते हैं। आगे इससे भी अधिक क्षमता वाले वाहन तैयार करो और हो सके तो अगली बार भी पहली सवारी के लिए मुझे ही बुलाना।'' उड़ान के बाद डा॰ मेदीरत्ता ने कहा–''कलाम आज पूरे देश को तुम पर गर्व है, मैं कितना खुश हूँ, यह सब व्यक्त करने के लिये मेरे पास शब्द नहीं हैं।''

## प्रोफेसर एम॰जी॰के॰ मेनन

कलाम से अगले विमान में पहली सवारी करने का वचन लेने के बाद श्री कृष्णा मेनन फिर कलाम के सम्पर्क में नहीं आ पाए। 1962 में चीन के साथ भारत का युद्ध हुआ और कुछ कारणों से उन्हें अपने पद से इस्तीफा देना पड़ा।

श्री कृष्णा मेनन के रक्षा मंत्री पद से हटते ही 'नंदी' का महत्व समाप्त हो गया। नए रक्षा मंत्री ने 'नंदी' को स्वदेशी हॉवर क्राफ्ट का दर्जा देकर भारतीय वायु सेना में शामिल करने से इंकार कर लिया।

कलाम को ऐसा लगा जैसे पहाड़ की सबसे ऊंची चोटी पर चढ़ने के बाद उन्हें किसी ने ऊपर से उठाकर यकायक नीचे फेंक दिया हो।

वे बुरी तरह निराश हो गए। उनका सारा उत्साह ठंढा पड़ गया। कलाम गहरे विषाद में डूब गए। कई दिन तक उन्होंने कुछ नहीं खाया। वे निराश और उदास अपने कमरे में पड़े रहे।

एक दिन जब सोचते-सोचते उनकी आंख लग गई तो उन्होंने रामेश्वरम् के प्रमुख पुजारी पक्षी लक्ष्मण शास्त्री को देखा। वे कह रहे थे ''सत्य की तलाश जारी रखो, सत्य ही तुम्हें रास्ता दिखाएगा।''

कलाम उठकर बैठ गए। वे समझ गए कि शास्त्री जी ने उनके दुखी मन की टीस समझ ली है और स्वप्न में आकर मार्गदर्शन किया है। तभी उन्हें स्वामी शिवानन्द के शब्द याद आ गए–"नियति तुम्हें जो बनाना चाहती है, उसके बारे में अभी से कुछ नहीं कहा जा सकता, लेकिन नियति यह पहले ही तय कर चुकी है।" इन शब्दों के स्मरण के साथ ही कलाम का खोया हुआ आत्मविश्वास वापस आ गया। वे परम सत्ता के साथ एकाकार हो गए और ये पंक्तियां गुनगुनाने लगे-

*लो मैं भूल जाता हूँ सब कुछ*
*कोई मलाल नहीं करता*
*कोई शिकवा नहीं करता*
*कुछ भी नहीं चाहता*
*कुछ भी नहीं कहता*
*छोड़ दिया मैंने सब कुछ तुझ पर*
*तू जो राह निकाले*
*वही मेरी राह है।'*

कलाम ये पंक्तियां गुनगुना ही रहे थे कि डा० मेदीरत्ता का बुलावा आ गया। उन्होंने कलाम से कहा–"कल हमारे वर्कशाप में एक विशेष मेहमान आने वाले हैं। आप अपना हॉवर क्राफ्ट ठीक हालत में रखिए। वे उसका निरीक्षण करना चाहते हैं।"

अगले दिन एक लम्बा और खूबसूरत दाढ़ी वाला आकर्षक व्यक्तित्व का व्यक्ति डा० मेदीरत्ता के साथ कलाम की वर्कशाप में आ पहुँचा।

कलाम ने उसे नंदी में सवारी कराई। अपना परिचय दिए बिना ही वह व्यक्ति उड़ान का जायजा लेने के बाद चुपचाप चला गया।

एक सप्ताह बाद उस व्यक्ति ने कलाम के नाम एक पत्र भेजा। यह कॉल लैटर था। कलाम को इंटरव्यू के लिए बम्बई बुलाया गया था। पत्र भेजने वाले का नाम नीचे लिखा था। कलाम ने यह नाम पढ़ा तो वे चौंक पड़े। प्रेषक का नाम था–प्रोफेसर एम०जी०के० मेनन, निदेशक टाटा इंस्टीट्यूट ऑफ फंडामेंटल रिसर्च।

ए॰पी॰जे॰ अब्दुल कलाम इंटरव्यू देने के लिए बम्बई पहुँचे। उनका इंटरव्यू लेने वाली टीम में तीन वैज्ञानिक शामिल थे–डा॰ विक्रम साराभाई, प्रोफेसर एम॰जी॰के॰ मेनन तथा परमाणु ऊर्जा आयोग के उपसचिव श्री सर्राफ।

इंटरव्यू मुख्य रूप से डा॰ साराभाई ने लिया था। उन्होंने कलाम से केवल यह जानना चाहा था कि उनके सपने और इरादे क्या हैं, उनकी क्षमता और ज्ञान के बारे में एक भी प्रश्न नहीं पूछा गया था। इससे जाहिर है कि प्रोफेसर एम॰जी॰के॰ मेनन और प्रो॰ विक्रम साराभाई को कलाम की योग्यता पर कोई शक नहीं था।

इंटरव्यू पूरा होने के बाद प्रो॰ विक्रम साराभाई तथा प्रो॰ एम॰जी॰के॰ मेनन ने कलाम को विदाई दी। अगले दिन शाम को श्री मेनन ने कलाम से टेलीफोन पर कहा–"बधाई हो मि॰ कलाम, अब आप हमारे संस्थान के रॉकेट इंजीनियर हैं। मुझे विश्वास है, आपके मार्ग दर्शन में यह संस्थान रॉकेट की दुनिया में नया इतिहास लिखेगा।"

प्रो॰ एम॰जी॰के॰ मेनन की पारखी नजर बहुत तेज थी। उन्होंने पहली ही मुलाकात में नंदी की सवारी करते समय समझ लिया था कि कलाम में विज्ञान की बहुआयामी प्रतिभा है। वे हॉवर क्राफ्ट बना सकते हैं तो रॉकेट प्रक्षेपण प्रणाली का विकास कर भारत में रॉकेट विज्ञान में क्रांति भी ला सकते हैं।

इसी आधार पर उन्होंने प्रो॰ विक्रम साराभाई को कलाम के बारे में रिपोर्ट दी थी। इस रिपोर्ट को पढ़ते ही प्रो॰ साराभाई समझ गये कि कलाम एक साधारण वैज्ञानिक नहीं है।

कलाम ने रॉकेट इंजीनियर के रूप में 'टाटा इंस्टीट्यूट ऑफ फंडामेंटल रिसर्च' में प्रवेश किया। वे तुरन्त अगली योजना पर काम में जुट गए। प्रो॰ एम॰जी॰के॰ मेनन ने कलाम को पूरा सहयोग दिया। उनके प्रियदर्शी व्यक्तित्व और मित्रवत व्यवहार ने कलाम का दिल जीत लिया।

## 'नासा' के लैंगले रिसर्च सेंटर में बना दो घोड़ों वाला रथ

टाटा इंस्टीट्यूट ने रॉकेट अनुसंधान संबंधी अध्ययन के लिए कलाम को अमेरिका भेज दिया। अमेरिका के 'नासा' अनुसंधान केन्द्र में रॉकेट पर बहुत काम हो चुका था। कलाम 'नासा' चले गए।

'नासा' में उन्होंने अपने काम की शुरूआत लैंगले रिसर्च सेंटर में की। पहले ही दिन जब वे सेंटर पहुँचे तो उनकी निगाह वहाँ बनी एक मूर्ति पर पड़ी। यह मूर्ति एक रथ की थी जिसे दो घोड़े खींच रहे थे। यह रथ राष्ट्र की प्रगति का था जिसे विज्ञान और तकनीक के प्रतीक दो घोड़े खींच रहे थे।

इस मूर्ति को देखकर कलाम के पैर रुक गए। वे बहुत देर तक उसे देखते रहे। इस मूर्ति की व्याख्या पूरी तरह उनकी समझ में आ गई-किसी भी देश की उन्नति तब तक संभव नहीं जब तक विज्ञान और तकनीक के बीच एक सुंदर संतुलन स्थापित न किया जाए। विज्ञान के क्षेत्र में महत्त्वपूर्ण अनुसंधान कर लेना भी काफी नहीं है। इन अनुसंधानों का लाभ उठाने के लिए संबंधित तकनीक का भी समानांतर विकास किया जाना चाहिए, तभी विज्ञान का पूरा लाभ देश व समाज को मिल पाएगा और देश का बहुआयामी विकास होगा।

कलाम ने संकल्प लिया, 'अपने देश के लिए मैं भी ऐसी प्रौद्योगिकियों के विकास पर बल दूँगा जिनसे विज्ञान का व्यावहारिक उपयोग हो सके और देश की उन्नति में विज्ञान को सहयोगी बनाया जा सके।'

## टीपू सुल्तान पर बनी पेंटिंग

नासा के 'लैंगले रिसर्च सेंटर' से कलाम 'गार्डेड स्पेस फ्लाइट' पहुँचे। इस सेंटर से नासा के सभी उपग्रहों का प्रबंधन होता है। कलाम ने इस सेंटर पर कुछ दिन रहकर रॉकेट प्रक्षेपण संबंधी तकनीक की जानकारी प्राप्त की। इसके बाद वे वर्जीनिया के पूर्वी तटीय द्वीप वैलप पर बने 'वैलप फ्लाइट फेसिलिटि' नामक केन्द्र पर चले गए। नासा के इस केन्द्र पर रॉकेट संबंधी सभी कार्यक्रम तैयार किए जाते हैं।

इस सेंटर के स्वागत कक्ष में एक पेंटिंग बनी हुई थी। इस पेंटिंग पर नजर पड़ते ही कलाम के पैर ठिठक गए। इस पेंटिंग की पृष्ठभूमि भारतीय थी। युद्ध का दृश्य दर्शाया गया था। कुछ रॉकेट उड़ते हुए दिखाई पड़ रहे थे, दो अश्वेत सैनिकों को रॉकेट उड़ाते हुए दिखाया गया था।

कई दिन तक कलाम को इस पेंटिंग का रहस्य समझ में नहीं आया। वे प्रतिदिन काम पर आते और पेंटिंग पर नजर डालते। आखिर एक दिन उन्होंने नासा के अधिकारियों से उस पेंटिंग के बारे में पूछ ही लिया। पूछने पर जो रहस्य खुला उसने कलाम को सकते में डाल दिया। इस पेंटिंग में टीपू सुल्तान के सैनिकों को रॉकेट से युद्ध करते हुए दिखाया गया था।

टीपू सुल्तान की इस पेंटिंग को नासा के स्वागत कक्ष में लगाने के पीछे क्या अभिप्राय है? यह प्रश्न पूरे दिन उनके मन को मथता रहा।

शाम को सेंटर से लौटने के बाद जब वे एकांत में एकाग्रचित्त होकर बैठे तो उन्हें यह राज समझ आ गया-अनेकों वर्ष पहले टीपू सुल्तान ने अंग्रेजों के साथ अंतिम युद्ध किया था। उस युद्ध में टीपू सुल्तान मारा गया और मैसूर राज्य पर अंग्रेजों का अधिकार हो गया। उस समय टीपू सुल्तान रॉकेट बनाने और उन्हें छोड़ने की कला में दक्ष था। उसकी सेना में ऐसे अनेक कारीगर थे जिन्हें रॉकेट बनाना आता था। उसके पास रॉकेट प्रक्षेपण की तकनीक जानने वाले इंजीनियर थे। टीपू सुल्तान संसार का पहला शासक था जिसे रॉकेट प्रक्षेपण का ज्ञान था। रॉकेट प्रक्षेपण विज्ञान का पहला आविष्कारक मैसूर में ही जन्मा था। टीपू सुल्तान की मृत्यु के बाद अंग्रेज इस कला को अमेरिका तथा यूरोपियन देशों में ले गए।

1799 में टीपू सुल्तान की मृत्यु हुई थी। अंग्रेजी सेना ने टीपू सुल्तान की सेना से सात सौ से अधिक रॉकेट बरामद किए थे तथा नौ सौ रॉकेटों की उप-प्रणालियाँ पकड़ी थीं। टीपू सुल्तान की सेना में सताईस ब्रिगेड थीं। हर ब्रिगेड में एक रॉकेट कंपनी थी। विलियम कांग्रव इन्हें इंग्लैण्ड ले गया। इस प्रकार टीपू सुल्तान की मौत के साथ ही भारतीय रॉकेट तकनीक भी दफना दी गई। फिर सौ वर्ष तक दुनिया में कहीं भी रॉकेट का नाम लेने वाला कोई नहीं रहा।

1903 में सबसे पहले रूस में रॉकेट बनाने की तकनीक ने जन्म लिया। इसके बाद धीरे-धीरे दुनिया भर में यह तकनीक फैल गई।

छः महीने की अपनी अमेरिकी यात्रा पूरी करने के बाद कलाम जब भारत लौटे तो वे रॉकेट विज्ञान संबंधी नई-नई जानकारियों से अपना पिटारा भर लाए थे। साथ ही लाए थे एक ऐसी प्रेरणा जिसने भारतीय रॉकेट विज्ञान को अपने ही देश में डेढ़ सौ से भी अधिक वर्षों के बाद फिर से पुनर्जीवित किया। टीपू सुल्तान पर बनी पेंटिंग से उपजी इस प्रेरणा ने कलाम में इतनी ऊर्जा और संकल्प शक्ति भर दी थी कि वे तब तक रुके नहीं जब तक उन्होंने भारत के प्रथम प्रधानमंत्री तथा राष्ट्र निर्माता पंडित जवाहर लाल नेहरू के स्वदेशी रॉकेट विज्ञान के स्वप्न तथा प्रो॰ विक्रम साराभाई के रॉकेट निर्माण के संकल्प को पूरा नहीं कर दिया।

## रोहिणी उपग्रह के सहयोगी वैज्ञानिक सुधाकर

अमेरिका से लौटने के बाद कलाम स्वदेशी रॉकेट प्रणाली को विकसित करने में लग गए। उनकी टीम रात-दिन लगकर रोहिणी उपग्रह के प्रक्षेपण की तैयारी में जुटी थी।

सुधाकर के साथ कलाम प्रयोगशाला में जा पहुँचे। उस दिन बड़ी तेज गर्मी थी। कलाम यह पता लगाने गए थे कि पेलोड भरने का काम पूरा हुआ या नहीं। तभी सुधाकर के माथे से पसीने की एक बूंद सोडियम पर टपक गई। जोरदार विस्फोट हुआ। पूरे कमरे में आग फैलने लगी। कलाम की समझ में नहीं आ रहा था कि क्या करें। अगले क्षण आग उन तक पहुँचने वाली थी। शोर सुनकर अनेक लोग प्रयोगशाला के उस कक्ष की ओर दौड़ पड़े। परन्तु आग पर काबू पाने का उपाय किसी के पास नहीं था। सुधाकर झट शीशे की खिड़की के पास पहुँचे और उन्होंने पूरी ताकत से अपने दाहिने हाथ का एक भरपूर घूंसा खिड़की के शीशे में दे मारा। कांच की खिड़की टूट गई। अपने हाथ से बहते खून की परवाह किए बिना सुधाकर ने कलाम को अपनी दोनों बांहों में उठाया और खिड़की से बाहर फेंक दिया, फिर स्वयं भी बाहर कूद गए।

सुधाकर के इस कदम से कलाम और सुधाकर दोनों बच गए। परन्तु सुधाकर का हाथ तो बुरी तरह घायल हो चुका था। खून के फुव्वारे छूट रहे थे। कलाम उन्हें तुरन्त अस्पताल ले गए।

कई सप्ताह के इलाज के बाद सुधाकर ठीक हो पाए।

ऐसा करके सुधाकर ने यह साबित कर दिया कि उन्हें अपनी जान से अधिक कलाम की जिन्दगी की परवाह थी। कलाम इस घटना को कभी नहीं भुला सके। वे कहा करते हैं- *"जिसके पास सुधाकर जैसे वैज्ञानिक हों उसकी कामयाबी को कोई नहीं रोक सकता।"*

## जापानी वैज्ञानिक प्रोफेसर ओदा

प्रोफेसर ओदा भारत के प्रथम रॉकेट रोहिणी के प्रक्षेपण में भारतीय वैज्ञानिकों की मदद के लिए भारत में थे। वे जापान के 'इंस्टीट्यूट ऑफ स्पेस एण्ड एरोनौटिक साइंसेज' के ऐक्स रे पेलोड वैज्ञानिक थे। रॉकेट प्रक्षेपण का उन्हें अच्छा अनुभव था। उनमें बस एक ही कमी थी, अपनी जिद के सामने वे किसी की सुनते नहीं थे।

रोहिणी रॉकेट के अग्रभाग में पेलोड लगाते समय वे कलाम से जिद कर बैठे कि रॉकेट में जापानी टाइमर ही लगाए जाएँ। कलाम ने उन्हें समझाने की बहुत कोशिश की कि जापानी टाइमर हल्के हैं, वे धोखा दे सकते हैं पर प्रोफेसर ओदा नहीं माने। अंतत: जापानी टाइमर ही लगाए गए।

ज्यों ही रॉकेट छोड़ा गया, वह एक निश्चित ऊंचाई तक तो उठा, परन्तु उसके बाद टाइमरों ने ठीक से काम नहीं किया और वह अंतरिक्ष की ओर जाने की बजाय समुद्र में जा गिरा।

प्रोफेसर ओदा की जिद की वजह से इतना बड़ा नुकसान हुआ था, इसे कलाम कभी नहीं भूले। उन्होंने अपने जीवन में जिद को कभी स्थान नहीं दिया।

## व्यावसायिक प्रबंधन की किताब

डा० कलाम का यह सिद्धांत है कि वे प्रेरणा-प्रद विचार जहाँ भी मिले उन्हें लेना पसंद करते हैं। देश के सर्वोच्च आसन पर बैठने के बावजूद उनके इस विश्वास में कोई कमी नहीं आई है कि मनुष्य को जीवन की हर अवस्था में सीखना चाहिए।

प्रोफेसर ओदा की जिद के कारण पहला रॉकेट समुद्र में जरूर जा गिरा था, परन्तु कलाम ने अपने प्रयासों में कोई कमी नहीं आने दी। उन्होंने अपनी टीम का मनोबल बढ़ाया और 20 नवम्बर 1967 को टी०ई०आर०एल०एस० से रोहिणी-75 नामक रॉकेट का प्रक्षेपण किया।

कलाम की इस सफलता से देश-भर में खुशी की लहर दौड़ गई।

उस समय श्रीमती इंदिरा गांधी भारत की प्रधानमंत्री थीं। 1965 के युद्ध में भारत को पाकिस्तान के साथ युद्ध में आधुनिकतम हथियार की कमी खटकी थी। पाकिस्तान अमेरिका से आधुनिक हथियार लेकर भारत के मुकाबले के लिए आ धमका था। यद्यपि भारत के वीर जवानों ने पाकिस्तान के सारे मनसूबों पर पानी फेर दिया और भारतीय सेनाएं पाकिस्तानी सेनाओं को रौंदती हुई लाहौर तक जा पहुँची। फिर युद्ध विराम हुआ और पाकिस्तान के साथ मास्को में हुए समझौते पर हस्ताक्षर करने के बाद भारत के तत्कालीन प्रधानमंत्री श्री लाल बहादुर शास्त्री को हृदय-आघात हो गया और उन्हें बचाया न जा सका।

1966 में प्रधानमंत्री के पद पर बैठते ही इंदिरा जी ने देश की सेनाओं को आधुनिक हथियारों से लैस करने तथा अपने देश में ही आधुनिकतम हथियारों के निर्माण का निश्चय कर लिया।

इसी निश्चय के तहत उन्होंने प्रोफेसर विक्रम साराभाई को अपने पास बुलाकर कहा-"मुझे राकेट प्रक्षेपण से लेकर मिसाइलों के निर्माण तक हर तरह की तकनीक अपने देश में चाहिए। कुछ भी कीजिए इस लक्ष्य को पूरा करना ही है। धन एवं संसाधन सरकार जुटाएगी।"

प्रो॰ विक्रम साराभाई की दृष्टि भी इस मामले में बहुत साफ थी। उनका विचार था-"यदि भारत के लोगों को विश्व समुदाय में अपनी महत्त्वपूर्ण भूमिका निभानी है तो उन्हें नई से नई तकनीक का प्रयोग करना होगा, तभी जीवन में आने वाली समस्याएं हल हो सकेंगी।"

प्रोफेसर विक्रम साराभाई को यह दायित्व भारत के प्रथम प्रधानमंत्री तथा श्रीमती इंदिरा गांधी के पिता पं॰ जवाहर लाल नेहरू बहुत पहले ही सौंप चुके थे।

इंदिरा जी का आदेश पाते ही प्रोफेसर विक्रम साराभाई ने कलाम को बंगलौर से दिल्ली बुलाया। नई दिल्ली स्थित अशोका होटल में मुलाकात की बात तय हुई 'नदी' के आविष्कार और रोहिणी-75 के प्रक्षेपण के बाद कलाम प्रोफसर साराभाई की नजरों में चढ़ गए। प्रोफेसर साराभाई को पक्का विश्वास हो गया कि नेहरू जी के स्वप्नों को और इन्दिरा जी के इरादों को पूरा करने का दमखम केवल कलाम में है।

प्रोफेसर साराभाई के इन्तजार में कलाम अशोका होटल की लाबी में एक सोफे पर बैठ गए। प्रोफेसर साराभाई राम के साढ़े तीन बजे होटल पहुँचने वाले थे। इस समय रात के बारह बजे थे।

कलाम के लिए इतना लम्बा समय काटना बहुत मुश्किल था। वे बेचैनी-सी महसूस करने लगे और इधर-उधर निगाहें दौड़ाने लगे, तभी उनकी नजर दूसरे सोफे पर पड़ी एक किताब पर पड़ गई। पहले तो वे थोड़ा झिझके। सोचा, किसी की किताब है, बिना पूछे मैं पढ़ने लगा तो उसे आपत्ति हो सकती है।

परन्तु जब किताब को लेने कोई आया ही नहीं तो उसे उनसे न रहा गया। उत्सुकता जाग उठी और उन्होंने किताब उठा ली। यह किताब व्यावसायिक प्रबंधन पर थी। कलाम तो वैज्ञानिक थे, व्यवसायिक प्रबन्धन से उन्हें क्या लेना-देना। परन्तु नहीं, कलाम अपने आप को रोक नहीं पाए। किताब में क्या है, यह जानने की इच्छा और बलवती हो उठी।

उन्होंने किताब के पन्ने पलटने शुरू कर दिए। यकायक उनकी निगाह जार्ज बर्नाड शॉ के एक उद्धरण पर पड़ी वे पढ़ने लगे-"सभी बुद्धिमान लोग अपने को दुनिया के अनुरूप ढाल लेते हैं, परन्तु कुछ लोग ऐसे भी होते हैं जो दुनिया को अपने अनुरूप ढालने में लगे रहते हैं। दुनिया ने आज तक जितनी भी तरक्की की है, वह दूसरे प्रकार के लोगों के कारण ही संभव हो सकी है।"

कलाम की उत्सुकता और बढ़ गई। वे आगे पढ़ने लगे। लेखक के उद्योग एवं व्यापार में नए परिवर्तन लाने की प्रक्रिया और अवधारणा के बारे में प्रचलित काल्पनिक बातों का उल्लेख किया था। कलाम ने इस किताब और उसके लेखक के बारे में टिप्पणी की है-"*मैने सामरिक योजनाओं से सम्बन्धित कल्पनाओं के बारे में पढ़ा। सामान्यत: ऐसा माना जाता है कि व्यावहारिक एवं ठोस सामरिक तथा तकनीकी योजना ऐसे परिणामों की संभावना बढ़ाती है, जिन्हें लेकर कोई आश्चर्य नहीं होता और वे अप्रत्याशित भी नहीं लगते। लेखक की राय यह थी कि किसी परियोजना प्रबन्धक को अनिश्चितता एवं अस्पष्टता के साथ जीना आना जरूरी है। गणना करने की क्षमता ही सफलता की कुंजी है, यह एक परिकल्पना मात्र है।*"

थोड़ा-सा और पढ़ने के बाद कलाम के सामने जार्ज पैटन का एक उद्धरण आ गया। इस उद्धरण से कलाम को ऐसी प्रेरणा मिली जिसने उनकी कामयाबी की जमीन तैयार कर दी। उद्धरण का अर्थ है-किसी भी अच्छी योजना को तुरन्त ही असरदार ढंग से लागू कर देना ज्यादा अच्छा है, बजाय इसके कि कोई अच्छी योजना अगले हफ्ते लागू की जाए। बड़ी जीत के लिए आशावादी होना आवश्यक है।'

## कैप्टन वी०एस० नारायणन

कलाम व्यावसायिक प्रबन्धन की किताब पढ़ ही रहे थे कि शानदार व्यक्तित्व वाला व्यक्ति उनके सामने वाले सोफे पर आकर बैठ गया। कलाम ने उस व्यक्ति की ओर देखा तो बस देखते ही रह गए। सुगठित बदन, छोटी-छोटी घनी मूंछें, तेज तर्रार परन्तु आकर्षित करने वाली आँखें।

कलाम के हाथ से किताब सोफे पर फिसल गई और दृष्टि आगंतुक के चेहरे पर थी। कलाम के इस तरह देखने का उस व्यक्ति पर कोई असर नहीं हुआ। वह सामने पर लगी पेंटिंग में खोने का बहाना करते हुए बस बैठा रहा।

उसी समय सूचना मिली कि प्रोफेसर साराभाई आ गए हैं और उन्होंने उन दोनों को एक साथ अपने कक्ष में बुलाया है। दोनों को एक साथ बुलाया हैं इस कथन से कलाम चौंके, परन्तु आकर्षक व्यक्तित्व वाले उस व्यक्ति पर कोई असर नहीं हुआ। कलाम के उठते ही वह भी सोफे से उठ खड़ा हुआ और प्रोफेसर विक्रम साराभाई से मिलने चल दिया।

प्रोफेसर साराभाई ने कलाम से उस व्यक्ति का परिचय कराया तो कलाम को पता लगा कि वे भारतीय सेना में ग्रुप कैप्टन वी॰ एस॰ नारायणन थे।

कलाम का परिचय जानकर कैप्टन नारायणन को बहुत खुशी हुई। उन्होंने कलाम से बड़ी गर्म जोशी से हाथ मिलाते हुए कहा–"आप से मिल कर मुझे बहुत खुशी हुई।

कलाम और कैप्टन नारायणन की यह पहली मुलाकात थी, परन्तु शीघ्र ही यह गहरी आत्मीयता में बदल गई। इसके बाद वे एक दूसरे के मित्र हो गए। कलाम उनकी चुस्ती-फुर्ती और सतर्कता के कायल थे और कैप्टन नारायणन उच्च कोटि की वैज्ञानिक प्रतिभा और अनुसंधान की सूझ-बूझ के कारण कलाम का बहुत आदर करते थे।

मुलाकात के बाद डा॰ विक्रम साराभाई कलाम और कैप्टन नारायणन को तिलपत रेंज ले गए। उन्हें रूसी राटो मोटर दिखाई और वैसी की राटो मोटर अपने देश में बनाने का दायित्व संभालने को कहा।

कलाम ने कैप्टन नारायणन की ओर देखा और नारायणन ने कलाम की ओर। आँखों ही आँखों में क्षमता और संकल्प का आकलन हुआ और दोनों ने राटो मोटर करने का वचन दे दिया। कैप्टन वी॰ एस॰ नारायणन के साथ मिलकर कलाम ने राटो मोटर पर काम करना शुरू कर दिया।

उसके कुछ दिन बाद ही डा॰ विक्रम साराभाई ने दूरसंवेदी उपग्रहों के प्रक्षेपण और स्वदेशी मिसाइल विकास कार्यक्रमों पर आधारित एक रूप-रेखा जारी कर दी।

भारत के अनेक वैज्ञानिक संस्थानों को इन कार्यक्रमों से जोड़ दिया गया।

रक्षा मंत्रालय ने मिसाइल पैनल का गठन कर दिया। कलाम और नारायणन दोनों को इस पैनल का सदस्य बनाया गया।

स्वेदशी मिसाइलों के निर्माण के लिए कैप्टन नारायणन कलाम से भी अधिक उत्साहित थे। कलाम ने उनकी उत्सुकता का जिक्र अपनी आत्मकथा 'अग्नि की उड़ान' में किया है:

> "स्वदेशी मिसाइल कार्यक्रम को लेकर ग्रुप कैप्टन नारायणन में अकथनीय उत्साह था। वे रूस के मिसाइल विकास कार्यक्रम के घोर प्रशंसक थे। वे अकसर मुझे उकसाते हुए कहा करते थे, 'जब यह वहाँ हो सकता है तो यहाँ क्यों नहीं हो सकता, जहाँ मिसाइल टैक्नोलॉजी के लिए अंतरिक्ष शोध की जमीन पहले ही तैयार की जा चुकी है'।"

राटो मोटर पर और मिसाइल पैनल में एक साथ काम करते समय कलाम और कैप्टन नारायणन एक दूसरे के बहुत निकट आ गए थे। वे एक दूसरे के पूरक बन गए थे। नारायणन की भूमिका की प्रशंसा करते हुआ कलाम ने कहा है:

> "राटो मोटर एवं मिसाइल पैनल में साथ-साथ काम करते हुए नारायणन और मैंने जरूरत के अनुसार एक दूसरे के लिए शिष्य एवं गुरु की भूमिका निभाई। रॉकेट विज्ञान के बारे में सीखने के लिए वे बहुत आतुर रहते थे और मैं हवाई हथियारों की प्रणालियों को जानने का इच्छुक रहता था। नारायणन के भीतर जो दृढ़ आत्मविश्वास था और उसे प्रयोग करने की उनमें जो प्रबल शक्ति थी वह प्रेरणादायक थी। डा० साराभाई के साथ तिलपत रेंज के दौरे के समय से ही नारायणन हमेशा राटो मोटर में व्यस्त रहते थे। वे कहने से पहले ही उन वह चीजों का इन्तजाम कर लेते थे, जिनकी जरूरत पड़ती थी। उन्होंने अपने काम को आगे बढ़ाने और किसी भी कीमत पर उसे पूरा करने की वचनबद्धता के साथ 75 लाख रुपए हासिल किए थे। उनका कहना था, 'तुम चीज का नाम बताओ मैं तुम्हें लाकर दूंगा। लेकिन समय के लिए मत पूछो।"

कैप्टन नारायणन की तत्परता और खुले सहयोग के कारण राटो योजना 12वें महीने में पूरी कर ली गई। इस परियोजना में केवल 20 इंजीनियरों को लगाया गया था।

डा० कलाम कैप्टन नारायणन के व्यक्तित्व के आकर्षण, उनकी काम में लगन और प्रेरित करने की क्षमता को आज भी नहीं भूल पाते।

## डा० विक्रम साराभाई

डा० विक्रम साराभाई कलाम के लिए क्या थे? इस प्रश्न का शब्दों में उत्तर देना किसी भी लेखक के लिए बहुत कठिन है। डा० विक्रम साराभाई ही वह प्रेरणा-पुरुष थे जिन्होंने कलाम की प्रतिभा को पूरी तरह पहचाना और उसे विकसित करने के लिए अनुकूल परिस्थितियां पैदा कीं।

1963 में 'नंदी' के अस्वीकार किए जाने के बाद जब कलाम पूरी तरह टूट चुके थे, तब डा० विक्रम साराभाई एक देवदूत बनकर उनके जीवन प्रांगण में उतरे और उन्हें रॉकेट इंजीनियर के रूप में 'टाटा इंस्टीट्यूट ऑफ फंडामेंटल रिसर्च' में शामिल करके उनका कायाकल्प कर दिया।

डा० कलाम नियति में विश्वास करते हैं। उनके पिता जैनुलाबदीन, प्रेरक पुरुष पक्षी लक्ष्मण शास्त्री तथा स्वामी शिवानन्द ने उनकी चिंतन धारा में नियति में महत्त्व को कुछ इस तरह शामिल किया कि जीवन में एक क्षण को उनका यह विश्वास कभी डिगा नहीं।

इसे नियति का संकेत समझें, कलाम का सौभाग्य समझें या इस देश के कोटि-कोटि लोगों के भाग्योदय का शुभारम्भ कि डा० विक्रम साराभाई ने कलाम को बंगलौर के वैमानिकी विकास प्राधिकरण (ए डी ई) से उठाकर टाटा इंस्टीट्यूट ऑफ फंडामेंटल रिसर्च, बम्बई में लाकर खड़ा कर दिया और कलाम की प्रतिभा निराशा और अवसाद के अंधेरों में डुबकर गुम होने से बच गई।

कलाम के लिए यह घटना किसी चमत्कार से कम नहीं है। आज भी जब डा० कलाम इस घटना को याद करते हैं तो उनके दिल की धड़कनें तेज हो जाती हैं।

सहज प्रतिभा के धनी, सरलता और मधुरता के आभार डा० विक्रम साराभाई का सान्निध्य और मार्गदर्शन पाकर कलाम को लगा था कि उनको कोई ऐसा अपना मिल गया है जो उन्हें अंदर तक जानता है, उनकी प्रतिभा और क्षमता में पूरा विश्वास रखता है और उनके हित को अपने हर कर्त्तव्य से पहले रखता हुआ उनके माधयम से देश में वैज्ञानिक एवं प्रौद्योगिक क्रांति लाने का स्वप्न देखता है।

डा० विक्रम साराभाई की वाणी में जादू था। वे देश के एक समर्पित वैज्ञानिक थे। प्रथम प्रधानमंत्री जवाहर लाल नेहरू ने इस युवा वैज्ञानिक के अंदर छिपी

प्रतिभा और प्रबंधन क्षमता को पहचाना था। इसीलिए उन्हें राष्ट्र में विज्ञान-विकास का दायित्व सौंपा।

1962 में डा॰ साराभाई प्रसिद्ध परमाणु वैज्ञानिक भाभा के साथ भूमध्य रेखा के आस-पास अंतरिक्ष अनुसंधान के लिए जगह तलाश रहे थे। केरल का थुम्बा नामक क्षेत्र भूमध्य रेखा के सबसे अधिक निकट था तथा आयन मंडलीय शोध के लिए सबसे अधिक उपयुक्त था।

इस द्वीप में सेंटमेरी मैगडेलीन नामक एक बहुत ही खूबसूरत चर्च थी। डा॰ भाभा ने अनेक प्रयास किए परन्तु यह स्थान अनुसंधान के लिए न मिल सका।

एक शनिवार को डा॰ विक्रम साराभाई चर्च के मुख्य बिशप डा॰ पीटर बर्नाड परेरा से अकेले में मिले। उन्हें पूरी बात समझाने के बाद उन्होंने उनसे प्रार्थना की कि वे अपना चर्च अनुसंधान कार्य के लिए दे दें। अगले दिन रविवार की प्रार्थना सभा में डा॰ परेरा ने बच्चों के सामने यह समस्या रखी कि डा॰ विक्रम साराभाई भारत में वैज्ञानिक अनुसंधान के लिए ईश्वर का यह घर मांग रहे हैं, क्या उन्हें यह घर दे दिया जाए?

बच्चे एक पल चुप रहे फिर सबने एक साथ कहा-"आमीन"। ब्रस डा॰ परेरा ने थुम्बा का चर्च अनुसंधान कार्य के लिए डा॰ विक्रम साराभाई को सौंप दिया।

ऐसे प्रभावशाली व्यक्तित्व के धनी थे डा॰ विक्रम साराभाई।

थुम्बा में रॉकेट प्रक्षेपण केन्द्र की स्थापना के तुरन्त बाद डा॰ साराभाई ने कलाम को रॉकेट प्रक्षेपण का तकनीकी प्रशिक्षण लेने के लिए अमेरिका के 'नेशनल एरोनॉटिक एण्ड स्पेस एडमिनिस्ट्रेशन' (नासा) भेज दिया।

नासा में छः महीने प्रशिक्षण लेकर जब कलाम भारत लौटे तो डा॰ विक्रम साराभाई ने उन्हें गले से लगा लिया। उन्हें कलाम से बड़ी-बड़ी आशाएँ थीं।

जापानी वैज्ञानिक प्रो॰ ओदा की जिद के कारण जब रोहिणी राकेट समुद्र में जा गिरा तो कलाम बहुत दुखी हुए। वे इसके लिए अपने आपको जिम्मेदार मानते रहे थे।

डा॰ विक्रम साराभाई ने कलाम को सांत्वना दी और कहा-"हर असफलता सफलता का द्वार खोलने में सहायक हो सकती है। विषाद मत करो, पछतावे को मन में स्थान न दो, अपने आपको गलत मानने की गलती न करो। उठकर सीधे खड़े हो जाओ और अगले मिशन की ओर बढ़ो। तुम अवश्य सफल होगे।"

डा० विक्रम साराभाई के इन शब्दों ने कलाम का टूटा मनोबल जोड़ दिया। पिछली सब बातें भूलकर वे सीधे मिशन से जुड़ गए और बहुत जल्दी रोहिणी-75 का प्रक्षेपण करने में सफल हुए।

डा० विक्रम साराभाई की टीम बनाकर काम करने की क्षमता बेमिसाल थी। वे व्यक्ति को परखने में कभी भूल नहीं करते थे और जो ठान लेते, वह करके रहते थे। उनमें गजब का आत्मविश्वास था।

इन सब गुणों के अतिरिक्त उनका हृदय इतना विशाल था कि वे सबको सदा प्यार बाँटते रहते थे। उनके चेहरे पर सदा खिली-खिली मुस्कान रहती थी और आँखों में आत्मीयता साफ देखी जा सकती थी। वे अपने साथियों और सहयोगियों के साथ मित्रवत् व्यवहार करते थे। इतने अमीर घराने में जन्मे और इतने प्रतिभा सम्पन्न होते हुए भी डा० विक्रम साराभाई अपने आपसे दूसरों को कभी नीचा नहीं समझते थे।

डा० विक्रम साराभाई के इन गुणों ने कलाम को इतना प्रभावित किया कि वे उनके लिए पूरी तरह से समर्पित हो गए।

एक वैज्ञानिक का जीवन अपने लिए नहीं होता, ईश्वर ने जिसे असाधारण प्रतिभा देकर पृथ्वी पर भेजा हो, उसे अपनी छोटी सी दुनिया बसा कर किसी कोने में बैठ नहीं जाना चाहिए, अपितु बाहर निकलकर इसका लाभ अपने देश और यदि हो सके तो पूरी मनुष्य जाति को देने का प्रयास करना चाहिए। डा० साराभाई की इस धारणा ने ए०पी०जे० अब्दुल कलाम की जीवन धारा ही बदल दी। उन्होंने अपना घर नहीं बसाया। परिवार के लोगों को उनके हाल पर छोड़ वे राष्ट्र तथा मानव जाति की सेवा के उद्देश्य से वैज्ञानिक अनुसंधानों की दुनिया के साथ एकाकार हो गए।

डा० साराभाई का कलाम पर कितना गहरा भरोसा था और उनके दिल में कलाम के लिए कितना प्यार था, इस बात का प्रमाण इस घटना से मिल जाता है जिसका वर्णन डा० कलाम ने अपनी आत्मकथा 'अग्नि की उड़ान' में किया है-"*डा० विक्रम साराभाई न सिर्फ एक महान् वैज्ञानिक थे बल्कि एक महान् नेतृत्व देने वाले महान् इंसान भी थे। मुझे अभी तक याद है, उन्होंने जून 1970 में एस०एल०वी०-3 की डिजाइन परियोजना की द्विमासिक प्रगति की जो समीक्षा की थी उसमें समीक्षा के लिए डिजाइन प्रदर्शित करने के चार चरण तैयार किए गए थे। पहले तीन चरण तो आसानी से पूरे हो*

*गए थे, चौथे चरण का प्रदर्शन मुझे करना था। मैंने उनसे अपनी टीम के पांच सदस्यों का परिचय करवाया जिन्होंने इस डिजाइन को तैयार करने में अपना योगदान दिया था। हरेक को आश्चर्य हुआ। टीम के हर सदस्य ने अपने हिस्से के काम को पूरे अधिकार एवं क्षमता के साथ प्रदर्शन करके बताया। बाद में इस प्रदर्शन पर लम्बी चर्चा हुई और निष्कर्ष आया कि प्रगति संतोषजनक है।*

*अचानक डा० साराभाई के साथ काम कर रहे एक वरिष्ठ वैज्ञानिक ने मुझसे पलट कर पूछा- 'ठीक है, लेकिन इस परियोजना के लिए आपने क्या किया है?'*

*यह सुनते ही प्रोफेसर साराभाई एकदम बिगड़ गए। उन्होंने उस वैज्ञानिक को आड़े हाथों लेते हुए कहा-"आप को मालूम होना चाहिए कि परियोजना का प्रबंधन क्या होता है। हमने यह एक श्रेष्ठतम उदाहरण देखा है। टीम के काम का यह अनूठा प्रदर्शन था। मैंने हमेशा परियोजना को नेतृत्व देने वाले जिस व्यक्ति को देखा है और जिसने शुद्ध रूप से यह काम किया है, वह कलाम ही है। आप कलाम का इस तरह अपमान नहीं कर सकते'।"*

डा० साराभाई को कलाम ने जीवन में पहली बार क्रोधित होते देखा था, वह भी इसलिए कि अपने साथी द्वारा किए गए कलाम के अपमान को वे सह नहीं सके थे।

डा० कलाम की दृष्टि में डा० साराभाई एक महान् व्यक्ति थे। उन्होंने उनमें गांधी जैसी नेतृत्व क्षमता देखी थी।

2001 में डा० कलाम ने भारत के प्रधानमंत्री श्री अटल बिहारी वाजपेयी के सलाहकार पद से मुक्ति ली और देश की नब्ज को समझने के उद्देश्य से बच्चों के बीच गए।

अपनी इस यात्रा से उन्होंने जो निष्कर्ष निकाले उनमें एक था अंतर्दृष्टि। डा० कलाम का मानना है कि यह अंतर्दृष्टि वह शक्ति है जो किसी राष्ट्र के विकास और नव-निर्माण में सबसे महत्त्वपूर्ण भूमिका निभाती है।

उन्होंने युवा पीढ़ी के बीच अपने विचार रखते हुए कहा कि हर युवक को अपने आदर्शों की तलाश करनी चाहिए। आदर्श ऐसा हो जिसमें डा० विक्रम साराभाई जैसी अंतर्दृष्टि हो।

अपनी पुस्तक तेजस्वी मन (Ignited minds) में उन्होंने लिखा है–

*"मैंने डा० विक्रम साराभाई की अंतर्दृष्टि को पिछले तीन दशकों के दौरान निरंतर और समन्वित उपलब्धियों में प्रस्फुटित होते हुए देखा है। ऐसी उपलब्धियों तथा अन्य किसी भी प्रयास में सीमाओं से आगे निकलने की यही इच्छा प्रगति के पीछे कार्यरत होती है। जब हम प्रयास करते हैं और सफल भी होते हैं तो हमारे आदर्श ही मार्गदर्शक की भूमिका निभाते हैं। विक्रम साराभाई की वैचारिक ताकत ही ऐसी थी कि दूसरे लोगों ने उनकी दूरदर्शिता को अपनाया और उनके न रहने पर भी उनकी सोच को कार्यान्वित कर दिखाया।"*

डा० विक्रम साराभाई कलाम के प्रेरक, पथ प्रदर्शक, गुरु और अपार ऊर्जा व अनन्त शक्तियों से लबालब भरे आदर्श थे।

परन्तु कलाम को उनका साथ बहुत दिनों तक मिलता रहे, यह बात शायद नियति को मंजूर नहीं थी।

30 दिसम्बर, 1971 को डा० कलाम ने मिसाइल पैनल की बैठक बुलाई। बैठक में किसी कारण से डा० विक्रम साराभाई नहीं पहुँच पाए। टीम के नेता होने के कारण डा० कलाम ने यह नियम बना रखा था कि परियोजना संबंधी जानकारी की रिपोर्ट वे डा० साराभाई को दिया करते थे।

उस दिन भी उन्होंने बैठक के बाद रिपोर्ट तैयार की और तिरुअनन्तपुरम के लिए चल पड़े।

डा० साराभाई का संदेश मिला--"आप हवाई जहाज से तिरुअनंतपुरम हवाई अड्डे पर ही मेरा इंतजार करना, मुझे बम्बई जाना है। मैं वहीं आपसे मिलूंगा। आपसे आज मुझे बहुत जरूरी बातें करनी हैं।'

कलाम बड़े उत्साह से हवाई जहाज द्वारा तिरुअनन्तपुरम पहुँचे। डॉ० साराभाई के साथ आज खुलकर बातें होंगी, इसकी सुखद कल्पना कर वे रोमांचित थे।

परन्तु जैसे ही तिरुअनंतपुरम में उतरे तो यह देखकर हैरान रह गए कि पूरा हवाई अड्डा उदासी की पर्त से ढका था।

पूछने पर पता लगा–डॉ० विक्रम साराभाई नहीं रहे। दिल का दौरा पड़ने से अचानक उनका निधन हो गया।

यह समाचार सुनते ही कलाम कटे पेड़ की तरह गिर पड़े। उनकी आँखों से लगातार आँसू बह रहे थे। वे फूट-फूटकर रो पड़े। कभी स्वप्न में भी डॉ॰ कलाम को यह ख्याल नहीं आया था कि डॉ॰ विक्रम साराभाई उन्हें यूं अचानक छोड़ कर चले जाएंगे।

डॉ॰ विक्रम साराभाई की मृत्यु ने कलाम को अन्दर तक झकझोर दिया था। उनको लगा था कि संसार बिल्कुल बेकार है, जीवन क्षण-भंगुर है। इतनी अनिश्चितता में जीते हैं हम सब, नियति की डोर से बंधे, विवश।

महीनों तक डॉ॰ कलाम का मन शोक में डूबा रहा। उनके जाने से जो देखे थे, उन्हें पूरा करने की जिम्मेदारी डॉ॰ कलाम की ही थी। वे जानते थे कि डॉ॰ साराभाई ने उन पर कितना भरोसा किया, और उन्हें केन्द्र में रखकर कितनी परियोजनाओं को जन्म दिया।

इसी सत्य से प्रेरणा लेकर डा॰ कलाम फिर उठ खड़े हुए। अबकी बार इस संकल्प के साथ कि अपने प्रिय मित्र, मार्गदर्शक, प्रेरक और आदर्श उस महामानव के सारे सपनों को साकार करके ही चैन की सांस लेंगे।

अगले ही वर्ष 8 अक्टूबर, 1972 को उ॰प्र॰ के बरेली एयरफोर्स स्टेशन पर राटो प्रणाली का पहला सफल प्रक्षेपण कर डा॰ कलाम ने डा॰ विक्रम साराभाई को सच्ची श्रद्धांजलि अर्पित की। यह परीक्षण सुखोई-16 विमान पर किया गया था। इसके साथ ही कलाम ने साबित कर दिया कि उन पर भरोसा करके डा॰ विक्रम साराभाई ने कोई गलती नहीं की थी। वे नहीं रहे तो क्या, उनके सपने सदा जीवित रहेंगे और भारत में विज्ञान-विकास के इतिहास में नए-नए अध्याय जोड़ते रहेंगे।

1972 से 1998 तक अपने पथ प्रदर्शक डा॰ विक्रम साराभाई की स्मृति में उन्होंने विज्ञान-जगत में इतने अनुसंधान किए कि वे भारत में सर्वश्रेष्ठ वैज्ञानिक के रूप में उभर कर आ गए। बच्चा-बच्चा डा॰ कलाम का नाम जान गया।

इतना ही नहीं देश ने उन्हें राष्ट्र के सबसे अधिक प्रतिष्ठित पद पर बैठाने का फैसला कर लिया। भारत के प्रधानमंत्री श्री अटल विहारी वाजपेयी ने सन् 2002 में उनका नाम राष्ट्रपति पद के लिए प्रस्तावित कर दिया। पूरे देश ने उनके नाम का स्वागत किया।

अपने चुनाव प्रचार के दौरान जब वे गुजरात गए तो वहाँ डा॰ विक्रम साराभाई की पत्नी श्रीमती सावित्री साराभाई से मिले। श्रीमती साराभाई ने उन्हें विजयी

होने का आशीर्वाद दिया। श्रीमती साराभाई को यह बात अच्छी नहीं लगी कि डा॰ कलाम जैसे प्रतिभावान और राष्ट्र के लिए समर्पित व्यक्ति को मतदान द्वारा चुनकर राष्ट्रपति भवन भेजा जाए। उन्होंने अपने उद्‌गार व्यक्त करते हुए कहा था कि डा॰ कलाम को सर्वसम्मति से चुना जाना चाहिए था। उन्होंने तो यहाँ तक सुझाव दिया कि चुनाव कराने की स्थिति को समाप्त किया जाए, डॉ.कलाम को सर्वसम्मति से राष्ट्रपति पद दे दिया जाए और उनकी विरोधी प्रत्याशी श्रीमती लक्ष्मी सहगल को उपराष्ट्रपति बना दिया जाए। यह तो उनकी निजी राय थी। चुनाव हुए और डा॰ कलाम 90 प्रतिशत मतों के साथ विजयी घोषित किए गए।

25 जुलाई को राष्ट्रपति पद की शपथ लेने के बाद अगस्त 2002 में डा॰ कलाम सांप्रदायिक दंगों के बाद राज्य की स्थिति का जायजा लेने तथा राज्य से सद्‌भावना बनाए रखने की अपील करने के उद्देश्य से गुजरात गए।

इस बार भी उनके मन में अपने प्रेरणा पुरुष डा॰ विक्रम साराभाई के प्रति आदर का भाव हिलोरें ले रहा था। वे साबरमती आश्रम गए। महात्मा गांधी और डा॰ विक्रम साराभाई की जन्म स्थली गुजरात के लोगों से उन्होंने शांति और सद्‌भाव बनाए रखने की अपील की। वे डा॰ विक्रम साराभाई की समाधि पर भी गए। इस बार उन्होंने राष्ट्र के प्रथम नागरिक की हैसियत से डा॰ साराभाई को श्रद्धांजलि अर्पित की और वह प्रमाण दिया कि उनके सपने साकार हो चुके हैं।

## डा॰ ब्रह्म प्रकाश

डा॰ विक्रम साराभाई की मृत्यु के बाद थुम्बा स्थित सभी अनुसंधान संस्थानों को एक संस्थान में शामिल कर लिया गया और डा॰ विक्रम साराभाई की स्मृति में नए संस्थान को नाम दिया गया-विक्रम साराभाई स्पेस सेंटर (बी॰एस॰एस॰सी॰) सुप्रसिद्ध धातु वैज्ञानिक डा॰ ब्रह्म प्रकाश इसके निदेशक बनाए गए।

डा॰ ब्रह्म प्रकाश ने डा॰ कलाम की प्रबंधन क्षमता को समझ लिया था। इसरो के निदेशक प्रो॰ सतीश धवन डा॰ कलाम की इस क्षमता से पहले से ही परिचित थे। प्रो॰ सतीश धवन के साथ विचार विमर्श करने के बाद डा॰ ब्रह्म प्रकाश ने कलाम को एस॰एल॰वी॰ के प्रबंधन का दायित्व सौंप दिया।

इस दायित्व को संभालते समय डा॰ कलाम के मन में संदेह थे। वे अपने आपको वरिष्ठ वैज्ञानिक नहीं मानते थे। उस समय एस॰एल॰वी॰ में गवरीकर

मुयुनायगम कुरूप, अर्वा मुदन ईश्वरदास और एस॰सी॰ गुप्ता जैसे दिग्गज पुरुष मौजूद थे जिनकी प्रबंधन क्षमता बेमिसाल थी। डा॰ कलाम ने जब यह बात उठाई तो डा॰ ब्रह्म प्रकाश ने कहा–"यह मत देखो कि दूसरों की तुलना में तुम्हारे भीतर कितनी क्षमता है, बल्कि इसकी बजाय अपनी क्षमताओं और योग्यताओं को बढ़ाने का प्रयास करो।"

डा॰ कलाम यह बात सुनकर पहले तो चौंके परन्तु जल्दी ही उनकी समझ में आ गया कि डा॰ ब्रह्म प्रकाश उन पर पूरा भरोसा करते हैं और उनकी क्षमताएं बढ़ाने के पक्षधर हैं। यह तो कलाम के लिए अत्यधिक सौभाग्य की बात थी कि डा॰ ब्रह्म प्रकाश जैसा वरिष्ठ वैज्ञानिक उनकी प्रतिभा को ऊपर उठाने के लिए अपना कंधा लगाए और इतना बड़ा दायित्व उन्हें सौंपे।

यह दायित्व सौंपते समय डा॰ ब्रह्म प्रकाश ने साफ कह दिया था कि अटूट धैर्य और अकूत साहस के बिना यह कार्य संपन्न नहीं हो सकता।

डा॰ कलाम ने मन ही मन फैसला किया कि वे डा॰ विक्रम साराभाई के सपनों को और डा॰ ब्रह्म प्रकाश के विश्वास को कोई ठेस नहीं पहुँचने देंगे। कड़ी मेहनत और भारी सूझबूझ से रात-दिन काम में जुट कर डा॰ विक्रम साराभाई के अंतरिक्ष विज्ञान के स्वप्न को पूरा करके दिखाएंगे।

एस॰एल॰वी॰ परियोजना के पहले चरण को एस॰एल॰वी॰–3 नाम दिया गया था। इसके अंतर्गत एस॰एल॰वी॰–3 प्रणाली का डिजाइन तैयार कर उसे इस प्रकार संचालित करना शामिल था जिससे इसके द्वारा 40 किलोग्राम भार के उपग्रह को चार सौ किलोमीटर की वृत्ताकार कक्षा में स्थापित किया जा सके।

डा॰ कलाम को इस परियोजना के लिए 275 वैज्ञानिकों की जरूरत थी, लेकिन उन्हें केवल 50 वैज्ञानिक ही मिल पाए।

डा॰ ब्रह्म प्रकाश की प्रेरणा और अपने आत्मविश्वास के बल पर डा॰ कलाम ने इतने कम वैज्ञानिकों के साथ काम करने का बीड़ा उठा लिया। डा॰ कलाम सदा अपने सहयोगी वैज्ञानिकों व इंजीनियरों की प्रशंसा किया करते। वे उन्हें पूरी आजादी से काम करने का मौका देते थे और उनके बीच रहकर उनका हौसला बढ़ाते थे। किसी से कोई गलती हो जाती तो बुरा नहीं मानते थे। अपने कुशल नेतृत्व से उन्होंने हर वैज्ञानिक का मन जीत लिया। उनके साथियों ने पूरी ईमानदारी और लगन से काम किया। इस तीन महत्त्वपूर्ण परिणाम निकले–एक, काम समय पर पूरा हुआ, दूसरे, मेहनत और लगन से काम करने से उन

वैज्ञानिकों की प्रतिभा का विकास हो गया, देश को अच्छे वैज्ञानिक व तकनीशियन मिल गए, तीसरे, डा॰ कलाम को काम का पूरा श्रेय मिला।

पूरे छः वर्ष के कठोर परिश्रम के बाद 10 अगस्त, 1979 को एस॰एल॰वी॰-3 का पहला उड़ान परीक्षण हुआ। तेईस मीटर लम्बा, चार चरणों वाला एस॰एल॰वी॰ रॉकेट सवेरे साथ बजकर अट्ठावन मिनट पर श्री हरिकोटा प्रक्षेपण केन्द्र से छोड़ा गया। इसका वजन 17 टन था।

रॉकेट सफलतापूर्वक उड़ा। पहले चरण की प्रणाली ने ठीक काम किया था। जैसे ही दूसरे चरण को सक्रिय होना था, रॉकेट नियंत्रण से बाहर हो गया और 317 सेंकेड के बाद ही उड़ान बंद हो गई। इस रॉकेट का चौथा चरण स्वयं डा॰ कलाम ने तैयार किया था। दूसरे, तीसरे और चौथे चरण सहित रॉकेट श्री हरिकोटा से 560 किलोमीटर दूर समुद्र में जा गिरा।

इस असफलता ने कलाम को पूरी तरह तोड़ दिया। सबकी निगाहें कलाम पर थीं। सब यह जानना चाहते थे कि ऐसा क्यों हुआ, परन्तु कलाम का शरीर पूरी तरह जवाब दे गया। एस॰एल॰वी॰ प्रक्षेपण की तैयारियों में रात-दिन लगे रहने के कारण वे पूरे एक सप्ताह से रात को सो भी नहीं पाए थे, ऊपर से असफलता का धक्का; वे सह नहीं पाए और अपने कमरे में जा कर बिस्तर पर गिर पड़े।

शाम तक डा॰ कलाम को होश नहीं था। वे गहरी नींद में चले गए थे। डा॰ ब्रह्म प्रकाश दो बार उन्हें देखने आए और यह सोचकर कि वे सो रहे हैं, चुपचाप लौट गए।

शाम को वे तीसरी बार कलाम के कमरे में गए और उनके बिस्तर पर बैठ गए। उन्होंने स्नेह से कलाम के सिर पर हाथ फिराया और बोले-"अब उठो, शाम हो चुकी चलो खाना खाएँगे। मैंने भी सवेरे से कुछ नहीं खाया है। अब तुम्हारे साथ खाना चाहता हूँ, बहुत तेज भूख लगी है।"

कलाम ने डा॰ ब्रह्म प्रकाश के चेहरे को देखा। स्नेहिल नेत्र, अहसासों से भरा मन, डा॰ ब्रह्म प्रकाश कलाम को ऐसे जगा रहे थे जैसे एक पिता अपने शोक में डूबे पुत्र को सांत्वना देता है।

कलाम का दिल भर आया। उन्हें तो यह उम्मीद थी कि डा॰ ब्रह्म प्रकाश उनका मुँह देखना भी पसंद नहीं करेंगे या फिर आते ही उन पर बरस पड़ेंगे। उनके भरोसे को इतना बड़ा धक्का लगा था। उन्हें नाराज होने का हक था। परन्तु यह तो बिल्कुल उल्टी बात थी। डा॰ ब्रह्म प्रकाश के व्यवहार में कोई शिकायत

नहीं थी। वे तो कलाम को उस हादसे से उबारने के लिए चिंतित और प्रयत्नशील दिख रहे थे।

वे कलाम को उठाकर ले गए और दोनों के साथ-साथ भोजन किया। भोजन के दौरान उन्होंने एस॰एल॰वी॰-3 के बारे में कोई बात नहीं की।

अगले दिन इस असफलता की समीक्षा के लिए 70 वरिष्ठ वैज्ञानिकों की बैठक हुई। पता चला कि परीक्षण के 8 मिनट पहले टी-8 के पहली कमांड के बाद संदूषण के कारण डाइज़र टैंक का एक वाल्व खुला रह गया और नाइट्रिक एसिड रिस गया। इसलिए पहले चरण के बाद ज्यों ही दूसरा चरण आरम्भ होना था। नियंत्रण बल ठीक से काम नहीं कर पाया और रॉकेट नियंत्रण खोकर समुद्र में जा गिरा।

यह निष्कर्ष इसरो के वरिष्ठ वैज्ञानिकों की बैठक में जब प्रो॰ सतीश धवन के सामने रखा गया तो कलाम वहाँ मौजूद थे। कलाम अपने स्थान पर खड़े हुए और बोले-"सर! यद्यपि इस असफलता के लिए मेरे साथियों ने तकनीकी गड़बड़ी को दोषी ठहराया है, तो भी अंतिम चरण की उल्टी गिनती के दौरान नाइट्रिक एसिड रिसाव को अनदेखा करने की जिम्मेदारी मैं अपने ऊपर लेता हूँ। एक मिशन डॉयरेक्टर के रूप में मुझे प्रक्षेपण रोक देना चाहिए था। उड़ान की सुरक्षा का दायित्व मेरा था। मैं जानता हूँ दूसरे देशों में इस प्रकार की अनदेखी करने पर मिशन डॉयरेक्टर को मिशन से बाहर कर दिया जाता है। मुझे क्या सजा मिलनी चाहिए, आप घोषणा करें।"

इन शब्दों के साथ ही उन्होंने बैठक खत्म कर दी। सब उठ कर चले गए।

डा॰ ब्रह्म प्रकाश ने पूरी एस॰एल॰वी॰ टीम को अपने पास बुलाया और मुझ से बोले-"देखो कलाम! तुम कितने भाग्यशाली हो। तुम्हारे सब साथी आज भी तुम्हारे सामने खड़े हैं। किसी ने तुम्हारा साथ नहीं छोड़ा, कोई तुम्हें दोषी नहीं मानता। चूक किसी से भी हो सकती है। भूल जाओ यह सब! अपने साथियों के साथ नए उत्साह से काम में भिड़ जाओ।"

डा॰ ब्रह्म प्रकाश ने कलाम के एस॰एल॰वी॰-3 की विफलता से उपजी पीड़ा को पूरी तरह दूर कर दिया। कलाम के मन में डा॰ ब्रह्म प्रकाश के प्रति आदर और बढ़ गया। बड़ी से बड़ी असफलता से भी मनुष्य को टूटना नहीं चाहिए। यह सबक उन्होंने डा॰ ब्रह्म प्रकाश से सीखा और नए उत्साह तथा दोगुनी लगन से वे फिर से अपने काम में भिड़ गए।

डा० ब्रह्म प्रकाश प्राय: कलाम से कहा करते थे-"बड़ी परियोजनाएं उन पहाड़ों के समान होती हैं जिन पर बिना इच्छा के भी यथासंभव कोशिशों के साथ चढ़ना चाहिए। यदि तुम अनवरत चलते रहोगे तो गति और बढ़ेगी। अगर तुम तनावग्रस्त होगे तो गति धीमी हो जाएगी। तुम पहाड़ पर उस साम्यावस्था में चढ़ो जिसमें न थकान हो न बेचैनी हो।"

अटूट धैर्य की प्रेरणा देने वाले इस कथन को कलाम ने अपनी जिन्दगी और कार्यशैली का आधार बना लिया। उनकी महान् उपलब्धियों के पीछे यही आधार सदा मौजूद रहा है।

नवम्बर 1979 में डा० ब्रह्म प्रकाश ने बी०एस०एस०सी० से अवकाश ग्रहण कर लिया।

1981 में जब डा० कलाम का नाम पद्यम भूषण पुरस्कार के लिए चुना गया तो उन्होंने सबसे पहले डा० ब्रह्म प्रकाश को इसकी सूचना दी। सूचना देने के बाद ज्यों ही कलाम ने उन्हें जीवन में दिए गए तमाम सहयोगों और सुझावों के लिए धन्यवाद दिया तो ब्रह्म प्रकाश ने कलाम को पिता की तरह डांटते हुए कहा-

> "कलाम! तुम मेरे बेटे हो, यह पुरस्कार मेरे बेटे कलाम को मिला है, और बेटे पिता को धन्यवाद नहीं कहा करते।"

उनकी आवाज में ऐसी भावुकता थी जो कलाम के रोम-रोम में उत्तर गई।

3 जनवरी, 1984 को डा० कलाम लक्ष्यों पर आधारित एक महत्त्वपूर्ण बैठक में व्यस्त थे कि उन्हें समाचार मिला-डा० ब्रह्मप्रकाश नहीं रहे।

डा० कलाम बैठक के बीच से उठकर चले गए। कमरे में घुसते ही उन्होंने कमरा अंदर से बंद कर लिया और एकान्त में सिसक-सिसक कर रोए। उन्हें ऐसा लग रहा था मानों उनके पिता का एक बार फिर निधन हो गया है।

## प्रो० सतीश धवन

इसरो के निदेशक प्रो० सतीश धवन डा० कलाम के जीवन में उस समय आए जब डा० विक्रम साराभाई बेवक्त हाथ छुड़ा कर चले गए थे। प्रो० धवन जानते थे कि कलाम साराभाई को बहुत प्यार करते हैं। यदि उन्हें नहीं संभाला गया तो वे टूट जाएंगे।

प्रो० सतीश धवन ने डा० ब्रह्म प्रकाश से मिलकर कलाम को अनेक महत्त्वपूर्ण कामों में लगाने का फैसला लिया। खास तौर पर उन कामों में, जिन्हें पूरा

करने की विक्रम साराभाई की बड़ी तमन्ना थी। प्रो॰ धवन जानते थे कि डा॰ विक्रम साराभाई के अधूरे कामों को पूरा करने का जितना अधिक मौका कलाम को दिया जाएगा उतनी ही जल्दी वे स्वस्थ हो जाएंगे और इन सब कामों को पूरा करके दिखाएंगे। इससे मिलने वाली खुशी उनकी प्रतिभा के विकास में सहायक होगी और उनकी कार्य क्षमता बढ़ती जाएगी।

इसी रणनीति पर काम करते हुए प्रो॰ धवन डा॰ कलाम की ताकत बन गए। उन्होंने हर ऐसे मौके पर डा॰ कलाम को बल प्रदान किया, जब वे भावनात्मक चोट से विचलित होने को थे।

1971 से 1975 तक कलाम कई महत्त्वपूर्ण कामों को अंजाम दे चुके थे। राटो परियोजना को कामयाबी के मुकाम पर पहुँचाने के बाद उन्होंने अपने आपको एस॰एल॰वी॰ परियोजना के प्रबंधन में पूरी तरह झोंक दिया था। रात-दिन काम में लगे रहते थे। अपने साथियों से काम लेने के मामले में वे एक मिसाल बन गए थे।

1975 में उनके बहनोई जलालुद्दीन की मृत्यु हो गई। जलालुद्दीन डा॰ कलाम के लिए प्रेरणा के स्रोत थे। उनसे उनका बहुत आत्मीय रिश्ता था। बहनोई होने के साथ-साथ वे उनके मित्र, मार्गदर्शक, प्रेरक और आदर्श भी थे। उनकी मृत्यु से वे एकदम टूट गए। उनके दिमाग ने जबाव दे दिया और बहकी-बहकी बातें करने लगे।

प्रोफेसर धवन ने उन्हें सांत्वना दी। अनेक तरह से समझाने बुझाने के बाद वे बोले-"कलाम हादसे सबकी जिन्दगी में होते हैं। अपने प्रियजन की मृत्यु कई बार हमारी प्राण ऊर्जा को नष्ट कर डालती हैं। परन्तु तुम तो जानते हो कि तुम्हारे हाथों में कितनी महत्त्वपूर्ण योजना हैं इस योजना की सफलता पर सभी देशवासियों का भविष्य टिका है। स्वयं प्रधानमंत्री को तुमसे बड़ी-बड़ी आशाएं हैं। अपने दुख पर नियंत्रण करो। काम में लग जाओ, मुझे विश्वास है कि काम में मिलने वाली कामयाबी तुम्हारे इस दुख को निगल जाएगी, तुम्हें शांति मिलेगी।"

प्रो॰ सतीश धवन के शब्दों ने अद्भुत प्रेरणा शक्ति का काम किया। कलाम ने जीवन को सार्थक बनाने का फैसला कर लिया। डा॰ विक्रम साराभाई गए, जलालुद्दीन गए, एक न एक दिन सबको जाना ही है, क्यों न जाने से पहले कुछ ऐसा कर डालें कि जाने के बाद दुनिया वाले याद करें।

पाँच वर्ष तक कलाम ने अपने मिशन को सफल बनाने के लिए रात-दिन एक कर दिया। इस बीच अनेक तूफान आए, अनेक हादसों ने कलाम की अग्नि-परीक्षा ली, असफलताओं ने घुटने टिकाने वाले प्रहार किए। पिता जैनुलाबदीन का निधन और माँ आशियम्मा की मृत्यु ने कलाम को यह अहसास दिला दिया कि उनका इतना कुछ खोया जा चुका है कि अब खोने के लिए कुछ बचा ही नहीं है। प्रो॰ सतीश धवन ने कदम-कदम पर कलाम का साथ दिया। हर हादसे से उन्हें उबारा और राष्ट्रीय महत्त्व के काम से जोड़ा।

फिर वह दिन आ ही गया जिनकी प्रतीक्षा में पूरा दशक निकल गया था। जिसे लाने के लिए उन्होंने अपना सब कुछ दाव पर लगा दिया था-18 जुलाई, 1980 को प्रायः 8 बजकर 3 मिनट पर एस॰एल॰वी॰-3 रॉकेट को डा॰ कलाम ने प्रो॰ सतीश धवन की उपस्थिति में श्री हरिकोटा से छोड़ा। प्रक्षेपण के चौथे मिनट में रॉकेट में भेजा गया रोहिणी उपग्रह पृथ्वी की निचली कक्षा में स्थापित हो गया।

इसरो के अध्यक्ष प्रो॰ सतीश धवन खुशी से उछल पड़े। उन्होंने कलाम को हाथ मिलाकर बधाई दी और फिर गले से लगा लिया। उन्होंने एलान किया-"अब हमने अंतरिक्ष अनुसंधान की योग्यता पा ली है।" प्रधानमंत्री श्रीमती इंदिरा गांधी ने फोन पर कलाम को बधाई दी। प्रोफेसर धवन प्रधानमंत्री से मिलने दिल्ली चले गए। दिल्ली में कलाम की सफलता की धूम थी। प्रोफेसर सतीश धवन ने दिल्ली में अनेक बैठकों और सेमिनारों में भाग लिया।

फिर एक दिन उन्होंने कलाम को फोन पर सूचना दी-"शीघ्र ही प्रधानमंत्री की अध्यक्षता में विज्ञान एवं टैक्नोलॉजी के संसदीय पैनल की बैठक होने वाली है। प्रधानमंत्री तुमसे मिलना चाहती हैं, तुरन्त दिल्ली आ जाओ।"

कलाम ने कहा-"*लेकिन एक समस्या है, मेरे पास अच्छे कपड़े तो हैं ही नहीं, मैं तो पैंट-कमीज और चप्पल पहनता हूँ-आप ही बताओ मैं क्या करूं?*"

सतीश धवन हंसे और बोले-"कलाम! जो कपड़े तुम्हारे पास हैं, वे तो इस देश में किसी के पास नहीं। तुम तो स्वयं अपनी सफलताओं से सजे हो।"

कलाम उन्हीं कपड़ों में दिल्ली चले गए। 25 जनवरी, 1981 को प्रो॰ सतीश धवन ने कलाम को सूचित किया-"बधाई हो कलाम अंतरिक्ष अनुसंधान में तुम्हारी सफलता के लिए सरकार ने तुम्हें पद्म भूषण से सम्मानित करने का फैसला लिया है, मुझे पद्म विभूषण दिया गया है।"

कलाम यह खबर सुनकर खुशी से झूम उठे। उन्होंने अपने गुरू और मार्गदर्शक प्रो० सतीश धवन को बधाई दी।

1982 में डा० कलाम डी०आर०डी०एल० के निदेशक बन गए। यह स्थान मिसाइल परियोजनाओं पर काम करने के लिए बनाया गया था।

प्रो० सतीश धवन ने कलाम को इस संस्थान मे जाने की सलाह भी दी थी और सिफारिश भी की थी। वे जानते थे कि मिसाइल प्रणाली विकसित करने की प्रतिभा कलाम से ज्यादा किसी वैज्ञानिक में नहीं है।

कलाम के लिए उनका व्यक्तित्व प्रेरणा का स्रोत था और आकर्षण का केन्द्र भी। वे कहते हैं-*"मैं कभी भी किसी ऐसे व्यक्ति से नहीं मिला जिसकी मुस्कराहट प्रो० धवन जैसी हो-एक सफेद मुलायम बादल जैसी।"*

इसरो छोड़ने से पहले प्रो० धवन ने कलाम से कहा था कि वे सन् 2000 तक भारत के अंतरिक्ष कार्यक्रम की रूपरेखा पर एक वार्ता प्रस्तुत करें। कलाम राजी हो गए।

इसरो से जुड़े लगभग सभी वैज्ञानिक, इंजीनियर, कर्मचारी और प्रबंधक आदि इस वार्ता को सुनने के लिए उपस्थित हुए। यही समारोह कलाम के विदाई समारोह में परिवर्तित हो गया।

प्रो० सतीश धवन ने सफलता की बुलंदियों पर पहुँचने का आशीर्वाद देकर डा० कलाम को इसरो से विदा किया।

## श्रीमती इंदिरा गांधी

24 जुलाई, 1974 को तत्कालीन प्रधानमंत्री श्रीमती इंदिरा गांधी ने संसद में घोषणा कर डाली-"भारत के पहले उपग्रह प्रक्षेपण यान के विकास तथा निर्माण का कार्य प्रगति पर है। देश के बहुत से उद्योग, उपकरणों और कल-पुर्जों के निर्माण में लगे हैं। यह यान 1978 में पहली उड़ान भरेगा।"

कलाम 1973 से इस काम में जुट गए थे। प्रधानमंत्री ने उन पर इतना भरोसा जताया कि उनसे मिली जानकारी के आधार पर संसद में घोषणा तक कर डाली। यह घोषणा कलाम के लिए एक चुनौती बन गई।

1980 में एस०एल०वी०-3 की सफल उड़ान के बाद जब कलाम प्रधानमंत्री के निमंत्रण पर दिल्ली पहुँचे तो वे श्रीमती गांधी से विशेष रूप से प्रभावित हुए। विज्ञान एवं प्रौद्योगिकी के संसदीय पैनल की बैठक में कलाम चुपचाप बैठे

थे। देश के चुने हुए वैज्ञानिक और राजनेता इस बैठक में मौजूद थे। इंदिरा जी ने कलाम की मेहनत और लगन की प्रशंसा की तथा उन्हें और उनके साथियों को अंतरिक्ष अनुसंधान में मिली सफलता के लिए एक बार फिर बधाई दी।

कलाम की इच्छा कुछ कहने की नहीं थी। वे चाहते थे कि प्रो० सतीश धवन तथा अन्य वरिष्ठ लोग विचार व्यक्त करें और वे केवल सुनें। तभी श्रीमती इंदिरा गांधी ने मुस्करा कर कलाम की ओर देखा और बोलीं-"कलाम हम तुम्हें सुनना चाहते हैं।"

कलाम के लिए प्रधानमंत्री के ये शब्द प्रेरणा से भरे थे। वे उठे और उन्होंने अपने विचार व्यक्त किए। उनके विचार इतने साफ-सुथरे और सरल शब्दों में थे कि इंदिरा जी ने कई बार तालियां बजाकर उनका मान बढ़ाया।

19 जुलाई, 1984 को डा० कलाम के मिसाइल विकास कार्यक्रम का निरीक्षण करने के लिए तथा वैज्ञानिकों का हौसला बढ़ाने के लिए श्रीमती इंदिरा गांधी डी०आर०डी०एल० पहुँची। वहाँ उन्होंने डी०आर०डी०एल० परिवार के दो हजार लोगों को सम्बोधित किया।

वैज्ञानिकों के सामूहिक कार्य की प्रशंसा करने और डा० कलाम की प्रबंधन क्षमता को सराहने के बाद उन्होंने उनसे कहा-"डा० कलाम हम सबको आप पर गर्व है। आपने अपनी मेहनत और लगन से बड़ी कामयाबी ली है, देश का नाम रोशन किया है। आपको कहीं रुकना नहीं है आपको बहुत आगे जाना है। पूरे देश की आंखें आप पर लगी हैं, याद रहे आगे और आगे बढ़ते ही जाना है।"

30 अक्टूबर, 1984 को जब डा० कलाम ने श्रीमती इंदिरा गांधी की हत्या का समाचार सुना तो वे सन्न रह गए। उन्होंने दोनों हाथों में अपना सिर थाम लिया और बोले-*"महान् लोगों का इतना खौफनाक अंत क्यों?"*

इंदिरा जी का पार्थिव शरीर तो पंचतत्व में विलीन हो गया, परन्तु जो शब्द उन्होंने कहे थे, 'कलाम तुम्हें रुकना नहीं है। आगे और आगे बढ़ते जाना है, कलाम के जीवन की प्रेरणा बन गए।'

## जर्मन मिसाइल मेन फॉन ब्रॉन

फॉन ब्रॉन जर्मन के एक महान् वैज्ञानिक थे। उन्होंने जर्मनी के लिए इतनी मिसाइलें बनाई कि वे वहाँ मिसाइल मैन के नाम से प्रसिद्ध हो गए। जर्मनी के

नार्दोसेन के पास एक भूमिगत इकाई में अप्रैल 1944 से अक्टूबर 1944 तक फॉन ब्रॉन ने 10 हजार से अधिक बी-2 मिसाइलों का निर्माण करवाया। इन मिसाइलों से हिटलर ने ब्रिटेन पर हमला किया था और पूरे लंदन नगर को तबाह करके रख दिया था।

युद्ध के अंतिम दौर में मित्र देशों ने फॉन ब्रॉन को गिरफ्तार कर लिया। फॉन ब्रॉन अब अमेरिका के लिए काम करने को मजबूर थे। उन्होंने वहाँ विश्व प्रसिद्ध अपोलो मिशन पर काम किया और 'शनि' रॉकेट का आविष्कार किया। इस रॉकेट ने मनुष्य को चन्द्रमा पर उतार कर अंतरिक्ष विज्ञान के इतिहास में नया अध्याय लिखा। उन्होंने अमेरिका के लिए सबसे पहली इंटरमीडिएट रेंज बैलिस्टिक मिसाइल 'जुपिटर' बनाई। इसकी क्षमता तीन हजार किलोमीटर तक मार करने की थी।

डा० ब्रह्म प्रकाश ने कलाम को सूचना दी कि वे मद्रास हवाई अड्डे पहुँचकर वैज्ञानिक फॉन ब्रॉन का स्वागत करें और उन्हें अपने साथ लेकर हवाई जहाज से त्रिवेंद्रम पहुँचे और फिर थुम्बा ले आएं।

डा० कलाम फॉन ब्रॉन के साथ हवाई जहाज द्वारा मद्रास से त्रिवेंद्रम आए। इस हवाई यात्रा के दौरान उन्होंने फॉन ब्रॉन से अनेक बातें कीं।

फॉन ब्रॉन के साथ बातचीत करते समय डा० कलाम को लगा जैसे वे डा० विक्रम साराभाई से बात कर रहे हों। उन्होंने डा० कलाम को अनेक महत्त्वपूर्ण सुझाव दिए। उन्होंने कहा-"यदि तुम रॉकेट विज्ञान में कुछ करना चाहते हो तो इसे स्वयं करो। रॉकेट विज्ञान कोई खेल नहीं है, इसमे केवल कठोर परिश्रम ही काफी नहीं। जब तक तुम इसे अपना धर्म नहीं मान लेते, अपना मिशन नहीं बना लेते, तब तक तुम्हें कामयाबी की उम्मीद नहीं करनी चाहिए।"

अमेरिकी लोगों के बारे में अपना मत व्यक्त करते हुए उन्होंने कहा-"अमेरिकी लोगों से ज्यादा अपेक्षाएं नहीं रखनी चाहिए। वे हर गैर अमेरिकी चीज को संदेह तथा अपमान की दृष्टि से देखते हैं। वे बहुत गहराई तक 'नॉट इन्वाईटेड हियर' नामक मनोविकार से ग्रस्त हैं तथा विदेशी तकनीक को बहुत तुच्छ समझते हैं।"

फॉन ब्रॉन के साथ हुई बातचीत और उनके सरल व्यक्तित्व से डा० कलाम ने यह निष्कर्ष निकाला कि भारत को अपनी तकनीक का स्वयं विकास करना होगा। दूसरे देशों से कुछ सीमा तक मदद तो ली जा सकती है, विदेशी वैज्ञानिकों से मार्गदर्शन भी प्राप्त किया जा सकता है, परन्तु हमें अपना वैज्ञानिक विकास

अपने आप करना होगा। यदि देश को आत्मनिर्भर बनाना है, अपनी सुरक्षा-व्यवस्था और अर्थव्यवस्था मजबूत बनानी है तो नई प्रौद्योगिकी खोजनी होगी, नए अनुसंधान करने होंगे। दूसरे देशों पर अधिक निर्भरता ठीक नहीं।

**प्रोफेसर राजा रामन्ना:** प्रोफेसर राजा रामन्ना से डा॰ कलाम की मुलाकात 1 जनवरी, 1981 को देहरादून स्थित हाई एल्टीट्यूड लेबोरेटरी में हुई। इस प्रयोगशाला में इंचार्ज डा॰ भागीरथ राव ने डा॰ कलाम को एस॰एल॰वी॰-3 पर व्याख्यान के लिए आमंत्रित किया था। डा॰ रामन्ना इस समारोह के अध्यक्ष थे। डा॰ रामन्ना भारत के प्रसिद्ध परमाणु वैज्ञानिक थे और उस समय रक्षा मंत्री के सलाहकार थे।

प्रोफेसर रामन्ना के बारे में डा॰ कलाम ने बहुत सुन रखा था, परन्तु मुलाकात का अवसर इससे पहले कभी नहीं मिल पाया था। रामन्ना के लिए उनके दिल में उतना ही आदर था जितना डा॰ विक्रम साराभाई के प्रति था।

प्रोफेसर रामन्ना ने डा॰ कलाम को उनकी सफलता पर बधाई देते हुए कहा-"तुम डा॰ विक्रम साराभाई के प्रिय शिष्य हो, तुमसे मिलकर मैं विश्वास के साथ कह सकता हूँ कि डा॰ साराभाई की परख का जवाब नहीं।"

उनके बात करने का ढंग, उनकी आकर्षक मुस्कान, सरलता, अत्मीयता और अनौपचारिकता। डा॰ कलाम को लगा कि प्रोफेसर रामन्ना नहीं, डा॰ विक्रम साराभाई ही उनके सामने खड़े हैं। उनके व्यक्तित्व में ऐसा जादू था कि डा॰ कलाम कुछ न कह सके।

शाम को उन्हें संदेश मिला-प्रोफसर रामन्ना के उन्हें चाय पर बुलाया है। डा॰ कलाम को बहुत अच्छा लगा। डा॰ रामन्ना उन्हें इतना मान दे रहे हैं, यह जान कर ने रोमांचित हो गए।

डा॰ कलाम शाम को प्रो॰ रामन्ना के निवास पहुँचे। प्रोफेसर रामन्ना ने बड़ी गर्मजोशी से उनका स्वागत किया। दोनों वैज्ञानिक आमने-सामने बैठे। दोनों चुप थे। चाय आ गई। दोनों चाय पीने लगे।

उस समय प्रोफेसर रामन्ना रक्षा विभाग के डी॰आर॰डी॰एल॰ में चल रही मिसाइल परियोजना की धीमी गति से बड़े चिन्तित थे। डा॰ कलाम के अन्दर छिपी मिसाइल मेन की प्रतिभा को उन्होंने परख लिया और बोले-"कलाम् एक बात साफ-साफ बताओ। क्या तुम मिसाइल कार्यक्रम की जिम्मेदारी अपने कंधों पर लेना पसंद करोगे?"

कलाम ने चौंक कर प्रोफेसर रामन्ना के चेहरे पर देखा। उन्हें लगा जैसे प्रोफेसर रामन्ना उनसे पूछ रहे, बल्कि आग्रह कर रहे हैं। एक ऐसा आग्रह जो टाला नहीं जा सकता।

डा॰ कलाम ने 'हां' कह दी।

चाय के बाद प्रोफेसर रामन्ना ने डा॰ कलाम के साथ कुछ कदम चलते हुए उन्हें विदा किया और बोले-"डा॰ कलाम, तुम नहीं जानते आज तुमने मेरे दिल का बोझ कितना हल्का कर दिया है" डा॰ कलाम मुस्करा दिए। वे जानते थे कि डा॰ रामन्ना के प्रभावशाली आग्रह और अपने मन में छिपी मिसाइल प्रणाली विकसित करने की लालसा ने उनसे हाँ तो करवा ली है परन्तु इसरो को वे इतना प्यार करते हैं कि उसे छोड़ना आसान न होगा। फिर इसरो के अध्यक्ष प्रोफेसर सतीश धवन के उन पर इतने अहसान हैं और उनका प्यार, उनकी चाहत। क्या यह सब छोड़ा जा सकेगा? क्या प्रोफसर धवन उन्हें 'इसरो' छोड़ने की इजाजत देंगे?

ये प्रश्न उनके मन को मथते रहे। परन्तु जब उन्होंने प्रो॰ सतीश धवन को प्रो॰ रामन्ना के साथ हुई बातचीत सुनाई तो प्रो॰ सतीश धवन ने उन्हें खुशी-खुशी 'इसरो' छोड़ने की अनुमति दे दी।

डा॰ कलाम को 'इसरो' से डी॰आर॰डी॰एल॰ में भेजने की प्रक्रिया पूरी एक वर्ष लम्बी हो गई फरवरी 1982 में यह फैसला लिया जा सका कि डा॰ कलाम को डी॰आर॰डी॰एल॰ भेज दिया गए।

इस बीच प्रोफसर राजा रामन्ना रक्षा मंत्री के सलाहकार पद से रिटायर हो गए। उनके स्थान पर डा॰ अरुणाचलम आ जाए।

अप्रैल 1982 में डा॰ कलाम डी॰आर॰डी॰एल॰ में आ गए। आते ही वे रक्षा मंत्रालय की सभी परियोजनाओं को समझने के काम में जुट गए। 'डेविल' परियोजना को मंत्रालय बंद कर चुका था और उससे जुड़े वैज्ञानिकों में हताशा थी। कलाम वैज्ञानिकों की मनोदशा, परियोजनाओं की स्थिति तथा मंत्रालय की नौकरशाही और वैज्ञानिकों के बीच तालमेल की स्थितियों का बारीकी से अध्ययन करने में जुटे थे। डी॰आर॰डी॰एल॰ में उस समय पांच परियोजनाओं पर काम चल रहा था, सोलह क्षमता-निर्माण परियोजनाएं हाथ में थीं। 30 टन तरल ईंधन वाले दो रॉकेट इंजनों का निर्माण-कार्य जारी था। स्वदेशी मिसाइल तैयार करने की तकनीक विकसित करने के प्रयास किए जा रहे थे।

उसी समय कलाम को अन्ना विश्वविद्यालय, मद्रास ने 'डाक्टर ऑफ साइंस' की मानद उपाधि देने के लिए मद्रास बुलाया। यह वही शहर था जहाँ से (एम॰आई॰टी॰) से 20 वर्ष पहले डा॰ कलाम ने 'एयरोनॉटिकल इंजीनियरिंग' की डिग्री प्राप्त की थी। समारोह की अध्यक्षता प्रोफेसर रामन्ना करेंगे यह जानकर तो कलाम प्रसन्नता से खिल उठे।

विश्वविद्यालय के दीक्षांत समारोह में कलाम ने 'इंजीनियरिंग' के महत्व और 'इंजीनियरों' के राष्ट्र के प्रति दायित्व पर शानदार भाषा दिया। फिर आई वह घड़ी जब प्रोफेसर राजा रामन्ना ने कलाम को 'डॉक्टर ऑफ साइंस' की उपाधि प्रदान की। प्रो॰ रामन्ना ने उन्हें पहली बार 'डा॰ ए॰पी॰जे॰ अब्दुल कलाम' कहकर पुकारा तो भावातिरेक में डा॰ कलाम की आंखे नम हो गई।

समारोह के बाद प्रो॰ राजा रामन्ना ने डा॰ कलाम से कहा–"मैं अब रक्षा मंत्री श्री आर॰वेंकट रमन का सलाहकार नहीं हूँ, परंतु मुझे बड़ी खुशी है कि तुमने मेरे मन की इच्छा पूरी कर दी। बड़ी तमन्ना थी, तुम्हारे साथ काम करने की परन्तु वह पूरी न हो सकी और मैं रिटायर हो गया। परन्तु डा॰ कलाम, मेरी सारी शुभकामनाएं, मेरे सारे आशीर्वाद तुम्हारे साथ हैं। मुझे विश्वास है कि तुम्हारे हाथों डी॰आर॰डी॰एल॰ की सारी योजनाएं पूरी होंगी, भारत को सुरक्षा के मामले में आत्मनिर्भर बनाने का श्रेय तुम्हें अवश्य मिलेगा।"

डा॰ कलाम भाव-विभोर हो गए। प्रोफेसर राजा रामन्ना जैसे वरिष्ठ वैज्ञानिक ने उन पर इतना भरोसा किया है तो जरूर इसके पीछे कोई ठोस आधार होगा। डा॰ कलाम ने मन की मन निश्चय किया कि वे प्रोफेसर राजा रामन्ना के विश्वास पर खरा उतरने के लिए अपनी पूरी शक्ति लगा देंगे।

### डा॰ अरुणाचलम

रक्षा मंत्री के नए सलाहकार डा॰ अरुणचलम अत्यधिक उत्साही और ऊर्जावान वैज्ञानिक थे। उन्होंने धातु निर्माण विज्ञान के इतिहास में एक नया अध्याय जोड़ा था। देश में पहली बार उन्होंने ढलवां अल्युमीनियम तैयार कर धातु निर्माण की नई प्रौद्योगिकी विकसित की थी।

डा॰ अरुणाचलम के बारे में डा॰ कलाम ने लिखा है- *"लम्बे एवं भव्य व्यक्तित्व वाले डॉ॰ अरुणाचलम हमेशा बिजली के डायनमो की तरह गतिमान रहते थे। मैंने उन्हें हमेशा एक असाधारण दोस्त और साथ काम करने वाले विलक्षण साथी के रूप में पाया।"*

1 जून, 1982 को डा॰ अरुणाचलम ने डा॰ कलाम को डी॰आर॰डी॰एल॰ का निदेशक नियुक्त कर दिया।

डा॰ कलाम ने सबसे पहले विभिन्न परियोजनाओं से जुड़े वैज्ञानिकों और इंजीनियरों को यह आश्वासन दिया कि वे उनकी प्रतिभा और मेहनत के साथ कोई अन्याय नहीं होने देंगे। उन्हें न्याय भी मिलेगा और सम्मान भी। 280 वैज्ञानिकों के दल का विश्वास जीतने के बाद उन्होंने डा॰ अरुणाचलम के सामने अपनी योजना रखी। योजना की पहली शर्त यह थी कि किसी भी साथी के साथ कोई अन्याय ने हो। हर एक को काम करने, अपनी प्रतिभा का प्रदर्शन करने की खुली छूट मिले और सबसे बड़ी बात कि वैज्ञानिकों के काम में प्रशासनिक बाधा न आए।

डा॰ अरुणाचलम प्रशासनिक गतिरोधों को तोड़ने और वैज्ञानिकों के कामों को गति देने के पक्षघर थे। वे रक्षामंत्री से सीधी बात करके हर व्यवधान दूर कर देते थे।

डा॰ कलाम की हर रिपोर्ट पर वे पूरा भरोसा करते थे।

डा॰ अरुणाचलम के सहयोग और डा॰ अब्दुल कलाम की संयोजन एवं प्रबंधन क्षमता से डी॰आर॰डी॰एल॰ की परियोजनाओं में तेजी आ गई।

फिर तो विकास की गति इतनी तेज हो गई कि 1990 तक डा॰ कलाम के नेतृत्व में उनके सहयोगी वैज्ञानिक ने रात-दिन मेहनत करके पृथ्वी, अग्नि, त्रिशूल, नाग और आकाश नामक मिसाइलों का विकास कर भारत को सुरक्षा के मामले में आत्मनिर्भर बना दिया और सारे विश्व को चौंका दिया।

1990 में डा॰ अब्दुल कलाम और डा॰ अरुणाचलम, दोनों को भारत सरकार ने पद्म विभूषण से सम्मानित किया।

डा॰ अरुणाचलम का कार्यकाल डा॰ कलाम के लिए वरदान साबित हुआ। अपने वैज्ञानिक जीवन मे पहली बार डा॰ अब्दुल कलाम को अपने और अपने साथियों के काम से पूरी संतुष्टि मिली। इस सफलता का श्रेय वे अपने साथियों और डा॰ अरुणाचलम को देते हैं।

## आर॰ वेंकट रमन

1983 में श्री आर॰ वेंकट रमन भारत के रक्षामंत्री थे। साउथ ब्लाक में सेना के तीनों प्रमुखों, जनरल कृष्णाराव, एयरचीफ मार्शल दिलबाग सिंह तथा एडमिरल

डासन की मौजूदगी में उन्होंने रक्षा मंत्रालय से जुड़े वरिष्ठ वैज्ञानिकों की बैठक बुलाई। रक्षा मंत्री के सलाहकार डा॰ अरुणाचलम और डी॰आर॰डी॰एल॰ के निदेशक की हैसियत से डा॰ कलाम इस बैठक में उपस्थित थे।

डा॰ कलाम ने पहली बार रक्षा मंत्री श्री वेंकट रमन को इतने निकट से देखा था और रक्षा अनुसंधान के मामले में उनकी राय जानी थी।

डा॰ कलाम उस समय हैरान रह गए जब श्री वेंकटरमन ने चरणों में मिसाइल तैयार करने का फैसला उलट दिया और समग्र निर्देशित मिसाइल विकास कार्यक्रम (Integrated Guided Missile Development Programme) शुरू करने का विचार रखा।

डा॰ कलाम रक्षा मंत्री की सूझ-बूझ और दूरदर्शिता पर मुग्ध हो गए। परन्तु अब एक चुनौती उनके सामने थी। रक्षामंत्री की योजना के अनुसार मिसाइल विकास कार्यक्रम के नए ब्लू प्रिंट तैयार करना।

डा॰ कलाम ने रक्षामंत्री का वक्तव्य सुना था। वे समझ गए कि रक्षा मंत्री क्या चाहते हैं। रात भर में डा॰ कलाम ने डा॰ अरुणाचलम के साथ मिलकर नए ब्लू प्रिंट तैयार कर लिए।

अगले दिन फिर मीटिंग हुई। ज्यों ही डा॰ कलाम ने नए ब्लू प्रिंट रक्षामंत्री के सामने रखे, वे हैरान रह गए। इनमें कलाम ने वह सब उतार कर रख दिया था, जो रक्षामंत्री के दिमाग में चल रहा था परन्तु वे शब्दों में कह नहीं पाए थे।

रक्षा मंत्री गद्‌गद्‌ हो गए और बोले-"कलाम मैं तुम्हारे कार्य से बहुत खुश हूँ। तुमने आज मेरा वह विश्वास सार्थक कर दिया जिसके साथ मैं तुम्हें यहाँ लाया था।"

डा॰ कलाम का माथा ठनका। अब उनके दिमाग में पूरी बात साफ हो गई। वे अब तक नहीं समझ पाए थे कि प्रोफेसर राजा रामन्ना ने किसके इशारे पर उनके सामने डी॰आर॰डी॰एल॰ संभालने का सीधा प्रस्ताव रखा था। अब उनकी समझ में आ गया, इसके पीछे स्वयं रक्षामंत्री आर॰वेंकट रमन का हाथ था।

इतने बड़े व्यक्ति की पसंद और विश्वास पात्र बनने के अहसास ने उनके आत्मविश्वास और कुछ कर दिखाने के संकल्प को ऊंचा उछाल दिया।

उन्होंने फैसला लिया कि वे भारत को सुरक्षा के मामले में आत्म-निर्भर बनाने के मिशन में अपना पूरा जीवन लगा देंगे। यह मिशन अब उनके जीवन का एक

मात्र मिशन है। किसी भी कीमत पर, किसी भी हालत में वे इसे पूरा करके ही रहेंगे।

बैठक खत्म होते-होते देर हो गई। अगले दिन ही उनकी भतीजी जमीला की शादी थी। भाई की बेटी की शादी में पहुँचना अनिवार्य था। न पहुँच पाने पर परिवार वाले यह अर्थ लगाते कि माता-पिता की मृत्यु के बाद कलाम ने घर से नाता ही तोड़ दिया।

अतः वे चिन्तित हो उठे। जब वे छोटे से सूटकेस में अपने कपड़े रख रहे थे तो अचानक डा० अरुणाचलम उनके कमरे में आ पहुँचे और बोले-"डा० कलाम, रक्षामंत्री ने तुम्हारे आराम से जाने का इंतजाम कर दिया है। भारतीय वायु सेना का हैलीकॉप्टर तुम्हे मद्रास में मदुरै तक पहुँचाएगा और तुम भतीजी की शादी में समय पर पहुँच जाओगे।"

डा० अरुणाचलम ने कलाम को बताया कि ज्यों ही रक्षामंत्री को उनकी समस्या का पता लगा, उन्होंने तुरन्त व्यवस्था कर दी और बोले-"डा० कलाम को कोई तकलीफ नहीं होनी चाहिए। मैं जानता हूँ वे अपने लिए कभी कुछ नहीं कहेंगे। उनकी हर इच्छा का आदर करना हमारा कर्त्तव्य है।"

डा० अरुणाचलम के मुंह से रक्षामंत्री के यह शब्द सुनकर तो कलाम के मन में उनके प्रति आदर और बढ़ गया। ऐसे दूरदर्शी और सहयोगी नेता जिस देश पर शासन करते हैं, उसका कोई अहित हो ही नहीं सकता।

कलाम हवाई जहाज से मद्रास जा पहुँचे। जैसे ही वे मद्रास हवाई अड्डे पर उतरे, उन्होंने वायु सेना के एक हैलीकॉप्टर को हवाई पट्टी पर उतरते देखा। वायु सेना के कमांडर ने उन्हें हैलीकॉप्टर में बैठाया और रेलगाड़ी छूटने से पहले मदुरै रेलवे स्टेशन पर उतार दिया। ज्यों ही वे मदुरै से रामेश्वरम जाने वाली रेलगाड़ी में सवार हुए, गाड़ी ने सीटी दे दी और चल पड़ी। डा० कलाम को ऐसा लगा मानो रेलगाड़ी उन्हीं का इन्तजार कर रही थी।

श्री आर०वेंकट रमन की प्रेरणा से डा० कलाम ने समग्र मिसाइल विकास कार्यक्रम को सफलता के चरम तक पहुँचा दिया। 1990 में डा० कलाम तथा डा० अरुणाचलम को पद्म विभूषण दिया गया और उनके साथियों जे०सी० भट्टाचार्य व आर०एन० अग्रवाल को पद्म श्री मिला।

1990 में गणतंत्र दिवस पर श्री आर० वेंकट रमन ने ही डा० कलाम को यह पुरस्कार प्रदान किया। उस समय वे भारत के राष्ट्रपति थे।

पहले रक्षा मंत्री और फिर राष्ट्रपति के रूप में श्री आर॰ वेंकट रमन ने डा॰ कलाम के मन पर ऐसी छाप छोड़ी कि वे कभी रुके नहीं। अपनी बड़ी से बड़ी उपलब्धि से भी वे संतुष्ट नहीं हुए। आगे और आगे बढ़ते गए; और 25 जुलाई 2002 को वे स्वयं उसी सर्वोच्च पद पर जा पहुँचे, जिस पर रहते हुए श्री रमन ने उन्हें पुरस्कृत किया था-महामहिम राष्ट्रपति का पद।

## वाई॰ एस॰ राजन

वाई॰ एस॰ राजन आयु में डा॰ कलाम से 12 वर्ष छोटे हैं। 1966 से 1988 तक वे भारतीय अंतरिक्ष अनुसंधान संस्थान (इसरो) तथा अंतरिक्ष विभाग से जुड़े रहे हैं। उन्होंने भारतीय दूर संचार उपग्रह कार्यक्रम तथा दूरसंवेदी कार्यक्रम को सफल बनाने में उल्लेखनीय योगदान दिया है। भारत के सुरक्षा के क्षेत्र में आत्मनिर्भर बनाने तथा परमाणु शक्ति से सम्पन्न बनाने में वाई॰एस॰ राजन की बराबर भागीदारी रही है।

डा॰ कलाम श्री वाई॰ एस॰ राजन को अत्यधिक व्यवहार कुशल और प्रभावशाली व्यक्ति मानते हैं। उनके व्यक्तित्व में जादू है। उनके निर्णय लेने की क्षमता गजब की है। एस॰एल॰वी॰ परियोजना को सफल बनाने में श्री राजन की भूमिका का वर्णन करते हुए डा॰ कलाम कहते हैं-''खरादियों, मिस्त्रियों, बिजली का काम करने वालों एवं ड्राइवरों के साथ उनके काफी दोस्ताना संबंध थे। दूसरी ओर वैज्ञानिकों, इंजीनियरों, ठेकेदारों तथा नौकरशाहों से भी उनकी गहरी दोस्ती थी। आज जब मीडिया मुझे 'वैल्डर ऑफ पीपुल' कहता है, तो मुझे राजन के साथ अपने अनुभव याद आते हैं। एस॰एल॰वी॰ परियोजना के मामले में विभिन्न केन्द्रों में काम करने वाले लोगों से उनके मधुर एवं आत्मीय संबंध बन गए थे।''

डा॰ कलाम ने जहाँ देश को सुरक्षा के मामले में आत्मनिर्भर बनाने के लिए प्रक्षेपास्त्रों, उपग्रहों और परमाणु हथियारों के निर्माण में अपना जीवन लगाया, वहीं उनका ध्यान भारत को एक संपन्न और विकसित देश बनाने की ओर भी गया है। आधी सदी तक वैज्ञानिक अनुसंधानों में लगने के बाद 21वीं सदी आरंभ होते ही कलाम देश को विकसित देश बनाने की मुहिम में सक्रिय हो गए हैं। इस मुहिम को शुरू करने से पहले उन्होंने पूरे देश में सर्वेक्षण करवाया। वे आठ वर्ष तक प्रौद्योगिकी सूचना, पूर्वानुमान तथा आकलन परिषद (टी॰आई॰एफ॰ए॰सी॰) के अध्यक्ष रहे। इस अवधि में उन्होंने पांच सौ विशेषज्ञों के कार्यदलों के कार्य के आधार पर वाई॰एस॰ राजन के साथ मिलकर प्रौद्योगिकी विजन 2020 तैयार किया।

इन कार्यदलों ने विभिन्न क्षेत्रों से जुड़े पांच हजार वैज्ञानिकों और तकनीक-विदों से प्राप्त जानकारी की मदद से सर्वेक्षण का काम पूरा किया। प्रौद्योगिकी विजन दस्तावेज तथा राष्ट्रीय सुरक्षा के पहलुओं को मिलाकर भारत सहस्त्राब्दी मिशन (आई॰एम॰एम॰ 2020) तैयार किया गया।

वाई॰ एस॰ राजन के साथ मिलकर डा॰ कलाम ने भारत को 2020 तक विकसित देश बनाने की परिकल्पना की रूप रेखा तैयार की, उसे पुस्तक रूप में "भारत 2020" (India 2020) नाम से प्रकाशित कराया।

डा॰ कलाम ने इस मिशन में जुटने के बारे में वाई॰एस॰ राजन के रुझान और सहयोग का वर्णन करते हुए 'भारत 2020' की भूमिका में लिखा है-"हम दोनों (राजन और कलाम) का जन्म तब हुआ था जब भारत अपनी स्वाधीनता की लड़ाई लड़ रहा था।

जब जवाहर लाल नेहरू ने स्वाधीन भारत का ध्वज फहराते हुए लालकिले से अपना ऐतिहासिक भाषण दिया था, उस समय एक (कलाम) हाई स्कूल में पढ़ते थे और 4 वर्षीय राजन के केवल कुछ शब्द बोलना ही सीखा था। दोनों के परिवार साधारण थे। स्वाधीनता के बाद भारत को विज्ञान एवं तकनीक से संपन्न बनाने के कार्य में नियति ने हमें लाकर एक मंच पर खड़ा कर दिया।"

विज्ञान और प्रौद्योगिकी के विकास पथ पर साथ-साथ चलते डा॰ कलाम और वाई॰एस॰ राजन इतने करीब आ गए कि अब वे एक दूसरे के अभिन्न अंग हैं।

भारत को विकसित देश बनाने की रूप रेखा तैयार करने और उसे पुस्तक के रूप में 1998 में लोगों के सामने रखने के बाद वे अपने मिशन के अगले चरण में सक्रिय हो गए।

रक्षा मंत्री के सलाहकार और प्रधानमंत्री के वैज्ञानिक सलाहकार रहने की अवधि में डा॰ कलाम के मन में यह उथल-पुथल मची रहती थी कि वे अपने मिशन से सीधे कैसे जुड़ें। वाई॰एस॰ राजन इस अवधि तक उनके इतने निकट आ चुके थे कि उनसे हर बात कहीं जा सकती थी। सच तो यह है कि वैज्ञानिक वाई॰एस॰ राजन डा॰ कलाम की ही तरह अपना जीवन राष्ट्र को विकसित बनाने के मिशन में लगा चुके थे और डा॰ कलाम को पूरा सहयोग दे रहे थे।

2002 में जब डा॰ कलाम को राष्ट्रपति पद के लिए भाजपा ने अपना प्रत्याशी घोषित किया तो वाई॰एस॰ राजन डा॰ कलाम के साथ थे।

नामांकन पत्र भरा गया और चुनाव प्रचार अभियान शुरू हो गया। वाई॰एस॰ राजन डा॰ कलाम के सदा साथ देखे जाते थे। जहाँ-जहाँ डा॰ कलाम अपने विचार व्यक्त करते, वाई॰एस॰ राजन उन्हें पूरा सहयोग देते थे।

इसके बाद हर महत्त्वपूर्ण अवसर पर वाई॰एस॰ राजन डा॰ कलाम के साथ दिखाई देते रहे हैं। राष्ट्रपति पद के लिए चुनाव के दिन, परिणाम घोषित होने के दिन, पत्रकार सम्मेलनों में, शपथ ग्रहण समारोह के समय राष्ट्रपति भवन में पहुँचने के बाद जब डा॰ कलाम अपनी पहली जन संपर्क यात्रा पर गुजरात पहुँचे तब भी वाई॰एस॰ राजन उनके साथ थे।

वाई॰एस॰ राजन डा॰ कलाम के सहयोगी, मित्र, हितैषी, और सलाहकार आदि सब कुछ हैं। राष्ट्र-सेवा में अपना पूरा जीवन लगाने वाले वाई॰एस॰ राजन एक श्रेष्ठ वैज्ञानिक, अच्छे लेखक, ज्ञानवान नागरिक और दूरदर्शी दार्शनिक हैं। वे डा॰ कलाम के सबसे अधिक विश्वसनीय मित्र तथा आत्मीय सहचर हैं। अपने घर-परिवार से अलग रहने वाले राष्ट्रपति अब्दुल कलाम के लिए वाई॰एस॰ राजन एक ऐसे व्यक्ति हैं जिनसे भारत का सर्वश्रेष्ठ नागरिक अपने मन की हर बात कह सकता है।

उन्होंने डा॰ कलाम को हर काम में पूरा सहयोग दिया है और उनका वादा है कि वे अपना पूरा जीवन उसी मिशन में लगा देंगे जिसके लिए डा॰ ए॰पी॰जे॰ अब्दुल कलाम पूरी तरह समर्पित हैं।

## भारतीय युवा और स्कूलों के बच्चे

डा॰ कलाम भारत के राष्ट्रपति, सुप्रसिद्ध मिसाइल मैन, आदर्श विचारक, श्रेष्ठ लेखक, महान् स्वप्नदर्शी और राष्ट्र निर्माण के लिए पूरी तरह समर्पित व्यक्तित्व हैं। ऐसा कोई कारण नहीं कि उन्हें भारतीय युवाओं और बच्चों के लिए एक आदर्श पुरुष नहीं कहा जा सकता।

परन्तु डा॰ कलाम इस रिश्ते को एक तरफा रखने के पक्ष में नहीं हैं। उनका कहना है कि वे भारतीय युवाओं और बच्चों से बड़े-बड़े काम करने की प्रेरणा लेते हैं और अनन्त ऊर्जा प्राप्त करते हैं। इस अर्थ में युवा और बच्चे उनके लिए प्रेरणा के स्रोत हैं। दूसरी और बच्चों और युवाओं का यह मानना है कि डा॰ कलाम उनके लिए महान् आदर्श हैं। उनका पूरा जीवन साफ-सुथरा, श्रम-प्रधान और चुनौती-पूर्ण कार्यों से भरा रहा है, अतः वे उनके लिए आदरणीय ही नहीं अनुकरणीय भी हैं।

इस रिश्ते को दो तरफा मानने में कोई हर्ज भी नहीं है। वह रिश्ता और भी गहरा हो जाता है जिसमें दोनों ओर कशिश होती है।

डा॰ कलाम का कहना है कि उन्होंने युवाओं और बच्चों के बीच जाकर, उनके साथ बातें करके ही इस बात का पता लगाया है कि उनकी समस्याएं क्या हैं, वे क्या चाहते हैं और देश के नेताओं तथा राष्ट्र-निर्माताओं के उनके प्रति क्या कर्त्तव्य हैं।

उनकी तीसरी पुस्तक 'तेजस्वी मन' (Ignited Minds) देश के विभिन्न भागों के स्कूलों में जाकर बच्चों के साथ किए गए सवाल-जवाबों की ही उपज है। युवाओं के बीच जाने के औचित्य और महत्व की व्याख्या करते हुए उन्होंने 'तेजस्वी मन' में लिखा है-"*युवा शक्ति से संपर्क करने के मेरे फैसले का आधार यही रहा है-उनके सपनों को जानना और उन्हें बताना कि अच्छे, भरे-पूरे और सुख-सुविधाओं से पूर्ण जीवन के सपने देखना तथा फिर उस स्वर्ण युग के लिए काम करना सही है। आप जो कुछ भी करें वह आपके हृदय से किया गया हो, अपनी आत्मा को अभिव्यक्ति दें, इस तरह आप अपने आस-पास प्यार और खुशियों का प्रसार कर सकेंगे।*"

डा॰ कलाम चाहते हैं कि नई पीढ़ी अपनी इच्छाओं और आवश्यकताओं को कम न करें। बच्चे बड़ी-बड़ी इच्छाएं रखें, ऊंचे-ऊंचे स्वप्न देखें और अपनी आवश्यकताओं का दायरा जितना बढ़ाना चाहें बढ़ा लें, परन्तु साथ ही इस कटु सत्य को समझें और स्वीकार करें कि हम जितनी अधिक इच्छाएं पालेंगे, जितने बड़े स्वप्न देखेंगे जितनी आवश्यकताएं बढ़ाएंगे, उसी अनुपात में हमें उन्हें पूरा करने के लिए परिश्रम करना पड़ेगा। श्रम संस्कृति के अनुशासन का स्वयं पालन करना सीखना होगा। स्वप्न देखना बुरी बात नहीं है, स्वप्न को साकार करते समय कोई छोटा रास्ता (Short Cut) तलाशना बुरी बात है। आनंद केवल फल पा लेने में नहीं होता, सच्चा आनंद तो कर्म में होता है। जो कौमें कर्म में आनंद लेना सीख लेती हैं उनकी उपलब्धियां बेमिसाल होती हैं।

वे किशोरों और युवाओं को, लड़के और लड़कियों को यह अहसास दिलाना चाहते हैं कि दूसरों का छीन कर अपना घर भरने की कपट नीति पर चलने की जो भूल वर्तमान पीढ़ी ने की है, वह नई पीढ़ी न दोहराए। नई पीढ़ी के सामने तो दो-दो चुनौतियां हैं-एक, कपट नीति से छुटकारा पाना, इसके उपादानों और कारकों को नष्ट करना और दूसरा प्रतियोगिता के युग में राष्ट्र का नव-निर्माण

करने के लिए पूरी ईमानदारी और मेहनत से कंधे से कंधा मिलाकर राष्ट्रीय विकास के कामों में जुट जाना। यही एकमात्र रास्ता है जिससे देश हर क्षेत्र में संपन्न होगा और बहुत जल्दी विकासशील देशों की सूची में से निकलकर विकसित देशों की सूची में दर्ज हो जाएगा।

वे नई पीढ़ी को ऊर्जा देते हैं और उससे ऊर्जा लेते हैं।

बच्चों के बीच जब उन्होंने अपने विचार रखे तब बच्चों ने उनसे अनेक प्रकार के प्रश्न पूछे। डा० कलाम ने बच्चों का हौसला बढ़ाया और उनमें इतना आत्मविश्वास भरा कि देश के बड़े से बड़े व्यक्ति से प्रश्न पूछने में वे झिझकें नहीं। डा० कलाम के थोड़े से प्रयास से ही बच्चों में यह परिवर्तन देखने को मिला।

बच्चों ने उनसे जो प्रश्न पूछे उनमें से कुछ प्रश्नों का जायजा लिया जा सकता है। त्रिपुरा के स्कूल में एक बच्चे ने पूछा-"हम अपना आदर्श कहाँ से चुनें?" एक लड़की ने पूछा-"हर रोज हम अखबारों में आतंकवादियों के बारे में पढ़ते हैं या मां-बाप को इस विषय पर बात करते हुए सुनते हैं, ये कौन होते हैं? क्या ये हमारे ही देश के लोग हैं?"

तमिलनाडु में दिडिंगुल के सेंट मेरी स्कूल में एक बच्चे ने पूछा-"आप हमेशा सपने देखने का संदेश ही देते हैं, ऐसा क्यों?"

असम के एक स्कूल में एक बच्चे ने उनसे पूछा-"ब्रह्मपुत्र के पानी को तमिलनाडु और राजस्थान में क्यों नहीं ले जाया जा सकता? ज्यादा बाढ़ वाले क्षेत्रों का पानी सूखा पड़ने वाले राज्यों में क्यों नहीं ले जाया जा सकता?"

एक बच्चे ने पूछा-"मुझे यह बताएं कि क्या पाकिस्तान के हथियार भारत के हथियारों के मुकाबले ज्यादा मजबूत हैं?"

कस्बे के एक बच्चे ने उनसे पूछा-"सन, किसी भी क्षेत्र के बड़े नेता हमसे बात करने के लिए क्यों नहीं आते? हम अक्सर टी०वी० में प्रधानमंत्री को चेन्नई, लखनऊ तथा अन्य जगहों पर जाते देखते हैं। लेकिन वे कभी यहाँ नहीं आते। हम चाहते हैं कि वे यहाँ आएं, ताकि हम उनसे बात कर सकें।"

कटक यात्रा के दौरान एक बच्चे ने डा० कलाम से पूछा-"सर, हमें यह बताइए, आपकी वे पसंदीदा किताबें कौन सी हैं, जिन्हें पढ़ने से आपकी सोच इतनी विकसित हो गई?"

गुजरात के आणंदालय हाई स्कूल के एक बच्चे ने बड़ा अजीब प्रश्न पूछ डाला। एक तेज तर्रार-सा बच्चा उठा और बोला-"सर, यह बताइए, हमारा दुश्मन कौन हैं?"

यह प्रश्न सुनते ही डा॰ कलाम पहले तो चौंके, लेकिन तुरन्त ही उन्होंने अपने आपको संभाल लिया। उन्हें उत्सुकता हुई क्यों न इस प्रश्न का जवाब बच्चों से ही पूछा जाए। डा॰ कलाम ने बच्चों से प्रश्न दोहरा दिया। अनेक बच्चों ने हाथ उठाए। अनेक उत्तर मिले। उसी समय उनका ध्यान एक लड़की पर गया, वह प्रश्न का उत्तर देना चाहती थी। डा॰ कलाम ने जब उससे उत्तर देने को कहा तो वह बोली-"हमारा दुश्मन है गरीबी।"

डा॰ कलाम इस उत्तर को सुनते ही गंभीर हो गए। उन्होंने लड़की से उसका नाम पूछा और यह भी जानना चाहा कि वह कौन सी कक्षा की छात्रा है। उस लड़की ने अपना नाम 'स्नेहल ठक्कर' बताया। वह बारहवीं कक्षा की छात्रा थी।

इस घटना ने डा॰ कलाम को इतना प्रेरित किया कि उन्होंने अंग्रेजी में एक पुस्तक लिख डाली। उसका नाम रखा 'इग्नाइटेड माइंड्स'। इसका हिन्दी रूपांतर 'तेजस्वी मन' शीर्षक से 2002 में प्रकाशित हुआ। उस समय डा॰ कलाम भारत के राष्ट्रपति बन चुके थे।

डा॰ कलाम को स्नेहल ठक्कर का उत्तर इतना स्टीक लगा कि उन्होंने यह पुस्तक उस बालिका को ही समर्पित कर दी।

वे देश के ऐसे पहले राष्ट्रपति हैं जिन्होंने शपथ ग्रहण के समय देश के कई राज्यों के स्कूली बच्चों को समारोह में शामिल करवाया।

डा॰ कलाम अब भी ऐसा कोई मौका नहीं चूकते, जब वे बच्चों से बात कर सकें। दिल्ली में भी और दिल्ली से बाहर भी। कभी-कभी तो वे एक अध्यापक की तरह बच्चों की 'क्लास' ही ले डालते हैं। वे बच्चों से प्रश्न पूछते हैं और बच्चे उनसे। सरल हृदय डा॰ कलाम बच्चों के बीच बिल्कुल सहज हो जाते हैं। वे बड़ी जल्दी उनसे घुल मिल जाते हैं ताकि बच्चे उनके पद की उच्चता और व्यक्तित्व की गरिमा के कारण कोई दबाव महसूस न करें।

❑❑❑

# उपलब्धियाँ

डा॰ कलाम ने सीखने का काम करने की जीवन शैली अपनाई। उन्होंने बचपन से ही सीखने और करने का सिलसिला शुरू किया। जिन्हें सीखने की लगन होती है, वे हर काम से कुछ न कुछ सीखते हैं कलाम के मामले में यह बात शत-प्रतिशत सही है। उन्होंने अपने छात्र जीवन में तो सीखा ही था, वैज्ञानिक बन जाने के बाद भी वे अपने हर अनुसंधान और प्रयोग से कुछ न कुछ सीखते रहे। अब भी जबकि वे सुप्रसिद्ध वैज्ञानिक और भारत के राष्ट्रपति हैं, उनकी करने और सीखने की प्रक्रिया जारी है।

जहाँ तक उपलब्धियों का प्रश्न है, वे कर्म से सीधी जुड़ी होती हैं। कर्म में आस्था रखने वाले और कर्म में आनंद का अनुभव करने वाले उपलब्धियों का इंतजार नहीं करते। न ही वे उपलब्धियों की गणना करते हैं। वे तो निष्ठापूर्वक कर्म करते हैं। उपलब्धियां तो कर्म के पीछे-पीछे आ ही जाती हैं।

कलाम ने अपने हर काम में पूरा आनंद लिया। अत: उपलब्धियों ने उनके कदम चूमे। उनकी जिन्दगी में ऐसे भी अनेक अवसर आए, जब बाधाओं ने उनके बढ़ते कदम थाम लेने चाहे और ऐसे भी जब लक्ष्य के निकट पहुँचते-पहुँचते असफलताओं ने उन्हें ऐसी पटखनी दी कि वे रो पड़े, परन्तु उद्यम के धनी और धुन के पक्के कलाम ने निराशा और हताशा को अपने मन पर कभी हावी नहीं होने दिया। हानि-लाभ, जीवन मरण, यश-अपयश, विधि हाथ की उक्ति में विश्वास करने वाले कलाम शीघ्र ही हादसे से बाहर निकल आए और समूची इच्छा-शक्ति तथा पूरी लगन से फिर अपने मिशन में जुट गए।

जो लोग उपलब्धियों की गणना करते हैं, और उपलब्धि से इतने आसक्त हो जाते हैं कि यदि उसके स्थान पर कोई बड़ी असफलता मिल जाए, उनके कदम कर्म-पथ पर अधिक देर तक नहीं टिक पाते, वे कभी अपने आप को दोष देते हैं, कभी दूसरों को, कभी भाग्य को कोसते हैं, और कभी भगवान को। वे कर्म और फल के बीच की दूरी को लम्बे समय तक सह नहीं पाते। वे धैर्य खो देते हैं, और कर्म-पथ से हट जाते हैं।

कलाम कर्म-पथ के एक ऐसे पथिक साबित हुए जिन्होंने कर्म में आनन्द लेने का प्रण किया। सुखी होने के लिए फल प्राप्ति की प्रतीक्षा में उन्होंने एक क्षण भी नहीं गंवाया। उन्हें नियति के विधान पर पूरा भरोसा था। वे मानते

थे कि कर्म करते रहो, आगे बढ़ते रहो, मार्ग की बाधाओं को मत गिनो; जब काम पूरा हो जायेगा तो फल अपने आप मिल जाएगा।

अटूट धैर्य, दृढ़ विश्वास और अनवरत प्रयासों से उन्होंने अपने जीवन में जो उपलब्धियां प्राप्त कीं, उनका विवरण इस प्रकार है।

## 'नन्दी' का आविष्कार

1957 में जब कलाम 'मद्रास इंस्टीट्यूट ऑफ टैक्नोलॉजी' के अंतिम वर्ष में थे, तब उन्होंने संस्थान की तमिल पत्रिका के लिए 'आओ अपना खुद का विमान बनाएं' (Let us make our own aircraft) नामक निबंध लिखा था। उसी समय उनके मस्तिष्क में विमान बनाने की रूपरेखा मौजूद थी।

1958 में उन्होंने भारतीय रक्षा मंत्रालय के तकनीकी विकास एवं उत्पादन निदेशालय (डी॰टी॰डी॰ एंड पी॰) नई दिल्ली में सहायक वैज्ञानिक के रूप में नौकरी ली और एक वर्ष के अंदर पराध्वनिक लक्ष्य भेदी विमान का डिजाइन तैयार करके दिया।

ये दोनों क़दम नंदी की पृष्ठभूमि तैयार कर चुके थे। तीन वर्ष तक दिल्ली और कानपुर में अनुसंधान कार्य से जुड़े रहने के बाद जब वे फिर बंगलौर लौटे तो विमानों की मरम्मत, रखरखाव और निर्माण संबंधी अनेक प्रकार के अनुभव उनके ज्ञान-कोश में शामिल हो चुके थे।

1961 में वैमानिकी विकास प्राधिकरण, बंगलौर के निदेशक डा॰ ओ॰पी॰ मेदीरत्ता ने कलाम को स्वदेशी हॉवर-क्राफ्ट (मंडराने वाला विमान) तैयार करने की परियोजना सौंपी। उन्हें इस कार्य में सहयोग के लिए केवल चार वैज्ञानिक दिए गए। दुनिया के किसी भी देश में कभी इस स्तर के आविष्कार के लिए इतना छोटा वैज्ञानिक दल नहीं बनाया गया था।

कलाम की यह पहली अग्नि परीक्षा थी। रक्षा मंत्रालय का दबाव था कि जल्दी से जल्दी मंडराने वाला विमान भारत में ही तैयार किया जाए।

पांच सदस्यीय दल रात-दिन काम में जुट गया। दलका नेतृत्व कलाम कर रहे थे। डा॰ ओ॰पी॰ मेदीरत्ता के साथ वे विचार विमर्श किया करते थे। विमान तैयार करने की पूरी रूपरेखा कलाम के मस्तिष्क में थी।

# 12

# डॉ. प्रतिभा पाटिल

श्रीमति प्रतिभा पाटिल भारत की प्रथम महिला राष्ट्रपति हैं। पूर्व उपराष्ट्रपति भैरों सिंह शेखावत को चुनाव में हराकर प्रतिभा पाटिल राष्ट्रपति बनी हैं। मुख्यतया वे कांग्रेस दल द्वारा समर्थित थीं तथा दूसरे वामदलों ने उनको समर्थन दिया। राष्ट्रपति बनने से पूर्व वे राजस्थान की राज्यपाल थीं। उनका कार्यस्थल अधिकतर महाराष्ट्र में ही रहा है। वे महाराष्ट्र सरकार में कई बार ऊंचे पदों पर काम कर चुकी हैं।

यह सही है कि श्रीमती पाटिल उतनी अधिक योग्यताएं नहीं रखती हैं जो भारत के पूर्व राष्ट्रपति डॉ. राजेन्द्र प्रसाद, डॉ. सर्वपल्ली राधाकृष्णन, डॉ. जाकिर हुसैन, डॉ. शंकरदयाल शर्मा तथा डॉ. अब्दुल कलाम व डॉ. के. आर. नारायणन रखते थे परन्तु उनके परिवार का सम्बन्ध शैक्षिक संस्थानों से ही रहा है। महाराष्ट्र में कई इंजीनियरिंग महाविद्यालयों तथा दूसरे अन्य उच्च संस्थानों से रहा है। श्रीमती पाटिल ने प्राकृतिक आपदाओं से आहत लोगों को राहत देने का बहुत काम किया है। पिछले दिनों आए भूकम्प से पीड़ित लाटूर आदि स्थानों पर उन्होंने लोगों के लिए राहत कार्य बहुत किया है।

इसके अतिरिक्त उनके चरित्र में बड़ा स्थायित्व रहा है। कांग्रेस दल में वे उच्च नेताओं के समीप बहुत रही हैं। इसीलिए जब राष्ट्रपति के नाम के चयन का समय आया तो दूसरे नेताओं का विशेषकर शिवराज पाटिल जी के नाम का वाम दलों ने डटकर विरोध किया। परन्तु जब श्रीमती पाटिल का नाम आया तो वाम दलों ने जो कांग्रेस के सहयोगी दल थे श्रीमती पाटिल के नाम

का समर्थन कर दिया। श्रीमती पाटिल कांग्रेस की सर्वोच्च नेता श्रीमती सोनिया गांधी के बहुत नजदीक समझी जाती रही हैं।

अगले आने वाले आम चुनाव में यदि कांग्रेस की स्थिति अच्छी नहीं रही तो कांग्रेस दल को श्रीमती पाटिल पर बड़ा भरोसा है कि आड़े समय में कांग्रेस की सहायता कर सकती हैं।

यह बात सही है कि आगे आने वाला समय भारत की राजनीति में बहुत ही महत्त्वपूर्ण है तथा राजनैतिक उथल-पुथल के समय में विवेकपूर्ण राष्ट्रपति बड़ी महत्त्वपूर्ण भूमिका निभा सकती हैं।

प्राय: यह आशा की जाती है कि श्रीमती प्रतिभा पाटिल एक निष्पक्ष और भय मुक्त भूमिका निभा पाएंगी।

प्रतिभा पाटिल का जन्म स्थान नाद गांव था। उन्होंने अपने अधिकतर वर्ष जलगांव में बिताए। वह उन्नीस दिसम्बर उन्नीस सौ चौंतीस को नारायण पगलू राव जोकि एक मराठा थे उनके घर में उत्पन्न हुई थीं। प्रतिभा के पिता को लोग नाना साहिब भी कहते थे और वे स्थानीय स्वायत्त शासन के सदस्य थे। उन्होंने अपनी पुत्री को श्रेष्ठ शिक्षा दिलाने का प्रयास किया और उन्हें विश्वास था कि उनकी पुत्री जीवन में अवश्य उन्नति करेंगी। प्रतिभा पाटिल के पिता को ज्योतिष में बड़ा विश्वास था। जब उनके पिता जी ने अपनी पुत्री को जलगांव के आर.आर. स्कूल में भेजने का निश्चय किया तो उनके परिवार में काफी हलचल मची क्योंकि उस समय लड़कियों का काम घर के काम सीखना व विवाहित जीवन व्यतीत करना था। प्रतिभा पाटिल ने यद्यपि उच्च शिक्षा प्राप्त की थी तो भी उन्होंने घर के काम करना जैसे खाना बनाना, मिट्टी के बर्तन बनाना आदि भी सीखा। त्यौहारों के अवसर पर वे विशेष उत्साहित हो जाती थीं। उन्हें मिठाई खाने का बड़ा शौक था। प्रतिभा को स्वदेशी वस्त्र बहुत पसंद थे इसलिए वे महाराष्ट्र साड़ी पहनती थीं। उनके इन्हीं चाव के कारण उन्हें 1962 में महाविद्यालय रानी चुना गया। प्रतिभा पाटिल को पठन-पाठन व अपने मस्तिष्क को विकसित करने की बड़ी लगन थी। जब उन्होंने मूल जी जेठा कॉलिज जलगांव से एम.ए. पास कर लिया तो वे राजकीय लॉ कॉलिज बम्बई से एल.एल.बी. करने चली गई। उस जमाने में एक स्त्री के लिए एल.एल.बी. की उपाधि प्राप्त करना बहुत बड़ी उपलब्धि की बात थी। 28 साल की उम्र

में प्रतिभा एक एम.एल.ए. बन गई थी। प्रतिभा पाटिल की एक घनिष्ठ मित्र उषा भौमिक थीं। उषा भौमिक ने बताया कि प्रतिभा को 'भारतीय ग्रामीण संघ' का अध्यक्ष बनाया गया।

1960 में एक लड़की की शादी की आयु 18 या 19 साल होती थी जो महिलाएं उन्नत और शिक्षित परिवारों से आती थीं उनके लिए आयु. 20 साल से ऊपर होती थी परन्तु 30 वर्ष से ऊपर आयु में शादी करने से मित्रगण व रिश्तेदार अंगुली उठाते थे। इसके अतिरिक्त दहेज देना भी सभी परिवारों में स्वीकृत था। जहाँ तक प्रतिभा के पिता का संबंध था उनके लिए दहेज देना कोई कठिन काम न था पर 1962 में जब उनकी पुत्री प्रतिभा ने पहला चुनाव लड़ने का मन बनाया तब उनके पिता जी ने उन्हें कहा—मैं तुम्हें दहेज नहीं दूंगा लेकिन मैंने कुछ धन तुम्हारे लिए एकत्रित किया है वह मैं आपको दे रहा हूं। प्रतिभा भी इन्हीं विचारों की थीं और उन्होंने कहा, जो व्यक्ति मेरे पिताजी से दहेज मांगेगा, मैं उससे विवाह नहीं करूंगी। सम्भवत: इसी कारण उन्होंने 31 वर्ष तक प्रतीक्षा की और जब उन्हें देवीसिंह रामसिंह शेखावत मिला और उन्होंने 7 जुलाई 1965 को अपना विवाह सम्पन्न कर लिया। उनका दाम्पत्य जीवन अच्छा रहा क्योंकि शेखावत भी पैसे के लिए नहीं वरन एक शिक्षित पत्नी चाहते थे। देवीसिंह भी महाराष्ट्र से हैं वे शिक्षक थे और उनके परिवार ने शेखावटी (राजस्थान) से जलगांव स्थानांतरण कर लिया था। देवीसिंह अमरावती शहर के महापौर थे। अमरावती के बारे में कहा जाता है कि यह इन्द्रदेव का शहर है। इसके अतिरिक्त भगवान कृष्ण और रुक्मिणी देवी भी वहाँ कुछ समय रहे थे। यद्यपि प्रतिभा ने देवीसिंह शेखावत से विवाह कर लिया था फिर भी अपने परिवार का नाम पाटिल अपने नाम के साथ रखा। देवी सिंह ने प्रतिभा पाटिल की उनके राजनीतिक जीवन में सदा सहायता की और उनके लिए शक्ति का स्रोत बने रहे। उन दोनों ने मिलकर विद्या भारती शिक्षण प्रसारक मंडल बनाया जो बहुत से विद्यालय और महाविद्यालय जलगांव व मुम्बई में चला रहे हैं। देवीसिंह को अपनी पत्नी प्रतिभा पाटिल पर बड़ा गर्व है। उन्होंने सदा उनकी राजनीतिक उन्नति में सहायता की। देवीसिंह के अतिरिक्त प्रतिभा पाटिल को उनकी मां की दो बहनों ने बड़ी सहायता की।

राजनीति प्रतिभा के लिए एक परिचित क्षेत्र था और निश्चित तौर पर उन्होंने इस अभिरुचि को अपने पिताजी से प्राप्त किया। पिता और पुत्री में कुछ

सामान्य विशेषताएं और अभिरुचियां थीं। वे एक विधि वक्ता थे। प्रतिभा ने भी जलगांव न्यायालय में अपनी एल.एल.बी. पूरी करने के बाद कार्य किया। नारायण राव पहले ही स्थानीय राजनीति में सक्रिय भाग ले रहे थे। प्रतिभा के इस क्षेत्र में पहले कदम सुयोग की ही बात थी। 1957 में प्रतिभा ने महाराष्ट्र विधानसभा चुनाव के मुहिम में अपने कृपालु मित्र वाई.एस. महाजन की सहायता की। महाजन कांग्रेस के उम्मीदवार थे। इस चुनाव में उन्होंने पर्चे बांटे व कार्यकर्ताओं को संगठित किया और महाजन की भारी बहुमत से विजय हुई। इसी बात से प्रतिभा की राजनीति में अभिरुचि उत्पन्न हुई और उनका आत्मविश्वास बढ़ा और यही एक बड़ी बात थी जिससे वे राजनीति में अवतरित हो गई। 1960 में प्रतिभा ने अखिल भारतीय राजपूत परिषद में एक भारी व्याख्यान दिया जिसके बाद उनके पिता ने उनको राजनीति में सम्मिलित होने के लिए प्रोत्साहित किया। 1962 में वे पहली बार महाराष्ट्र विधानसभा के लिए जलगांव क्षेत्र से चुनी गईं। इसके बाद 1962 से लेकर 1985 तक वे महाराष्ट्र विधानसभा की सदस्य रहीं और किसी भी चुनाव में वे नहीं हारीं। प्रतिभा पाटिल 1977 में भी इंदिरा गांधी कांग्रेस के साथ रहीं जबकि दूसरे नेता इंदिरा गांधी कांग्रेस को छोड़कर चले गए जिनमें शरद पवार भी शामिल थे। उनकी इस निष्ठा से पहले राजीव गांधी और फिर सोनिया गांधी बड़े प्रभावित हुए।

प्रतिभा पाटिल राष्ट्रपति बनने से पहले राजस्थान की राज्यपाल थी। यद्यपि सबसे पहले राष्ट्रपति पद के लिए गृहमंत्री शिवराज पाटिल का नाम सामने आया था। परन्तु वामदलों ने उनका विरोध किया और प्रतिभा पाटिल एक निर्विवाद महिला प्रत्याशी होने के कारण सभी कांग्रेस के सहयोगी दलों ने उसका समर्थन किया और वे राष्ट्रपति पद के लिए चुन ली गईं।

## राष्ट्रपति की सांविधानिक व्यवस्था

भारत एक संप्रभु गणराज्य है। यहाँ की समस्त शक्ति संविधान में निहित है। राष्ट्रपति इस गणतंत्र का प्रथम नागरिक होता है तथा देश का सर्वोच्च होता है। इसका चुनाव पाँच वर्षों के लिए किया जाता है। यह कार्यपालिका का प्रध ान होता है। भारतीय संविधान के भाग-4 में राष्ट्रपति के संबंध में विस्तार से बताया गया है। भारत के राष्ट्रपति, भारत की कार्यपालिका का औपचारिक प्रध ान होता है जबकि वास्तविक कार्यकारी, मंत्रिमंडल होता है। इस प्रकार यह कहा

जा सकता है कि वर्तमान में भारत की कार्यपालिका की प्रधान महामहिम प्रतिभा देवीसिंह पाटिल हैं। वे भारत की तीनों सेनाओं की सुप्रीम कमांडर भी हैं।

भारत के नए राष्ट्रपति के निर्वाचन हेतु जून-जुलाई, 2007 में चुनाव प्रक्रिया शुरू की गई। कई ऐसे शब्द और बातें इस दौरान सामने आईं जो आम व्यक्ति के लिए बिल्कुल अपरिचित ही थीं। इसलिए इस अध्याय में भारत के राष्ट्रपति के संबंध में भारत के संविधान में दिए गए प्रावधानों का जिक्र किया गया है ताकि समझा जा सके कि महामहिम राष्ट्रपति श्रीमती प्रतिभा पाटिल का निर्वाचन किस प्रकार हुआ और उन्हें कौन-कौन से अधिकार मिले हुए हैं

## राष्ट्रपति का चुनाव

राष्ट्रपति का चुनाव एक निर्वाचक-मंडल के सदस्यों द्वारा आनुपातिक प्रतिनिधि प्रणाली के आधार पर एकल संक्रमणीय मत द्वारा किया जाता है। संसद के दोनों सदनों तथा राज्यों के विधानसभाओं के निर्वाचित सदस्य इस निर्वाचक मंडल में होते हैं। संसद के मनोनीत सदस्य, राज्य विधान सभाओं के मनोनीत सदस्य तथा राज्य विधान परिषदों के सदस्य राष्ट्रपति के निर्वाचक मंडल में शामिल नहीं किए जाते। संघ राज्य क्षेत्रों की विधान सभाओं के सदस्यों को 17वें संविधान संशोधन के पूर्व राष्ट्रपति के निर्वाचक मंडल में शामिल नहीं किया जाता था। राष्ट्रपति के निर्वाचक मंडल में पांडिचेरी तथा राष्ट्रीय राजधानी क्षेत्र दिल्ली की विधान सभाओं के सदस्य शामिल किए जाते हैं। राष्ट्रपति के निर्वाचन पद्धति के संबंध के अनुच्छेद 55 में एक प्रावधान किया गया है, जिसके अनुसार राष्ट्रपति के निर्वाचन में दो सिद्धान्तों को अपनाया जाता है।

(क) **समान प्रक्रिया का सिद्धांत**–इस सिद्धांत के अंतर्गत सभी राज्यों की विधानसभाओं के प्रतिनिधित्व का मान निकालने के लिए एक ही प्रक्रिया अपनाई जाती है तथा समस्त राज्यों की विधानसभाओं के सदस्यों के मत मूल्यों का योग संसद के सभी सदस्यों के मत मूल्य के योग के बराबर होता है। राज्यों की विधानसभाओं के सदस्यों के मत मूल्य तथा संसद के सदस्यों के मत मूल्य को निर्धारित करने के लिए निम्नलिखित प्रक्रिया अपनाई जाती है।

(ख) **प्रत्येक राज्य की विधानसभा के सदस्यों के मत मूल का निर्धारण**–प्रत्येक राज्य की विधानसभा के सदस्यों के मतों की संख्या

निकालने के लिए उस राज्य की कुल जनसंख्या को राज्य विधानसभा की कुल निर्वाचित सदस्य संख्या से विभाजित करके भागफल को 1000 से विभाजित किया जाता है। यदि उक्त विभाजन के फलस्वरूप शेष 500 से अधिक आए, तो प्रत्येक सदस्य के मतों की संख्या में एक और जोड़ दिया जाता है। राज्य विधानसभा के सदस्यों का मूल्य निम्न प्रकार निकाला जाता है :

$$\text{राज्य की विधानसभा के एक सदस्य का मत मूल्य} = \frac{\text{राज्य की कुल जनसंख्या}}{\text{राज्य विधानसभा के निर्वाचित सदस्यों की कुल संख्या} + 1000}$$

(ग) **संसद सदस्य के मत मूल्य का निर्धारण**–राज्यों की विधान-सभाओं के सदस्यों के मत मूल्य को जोड़कर उसमें संसद के दोनो सदनों के निर्वाचित सदस्यों के योग का भाग संसद सदस्य का मत मूल्य निर्धारित करने के लिए दिया जाता है। संसद सदस्य का मत मूल्य निम्न प्रकार निकाला जाता है–

$$\text{संसद सदस्य का मत मूल्य} = \frac{\text{कुल राज्य विधान सभाओं के निर्वाचित सदस्यों के मत मूल्यों का योग}}{\text{संसद के दोनों सदनों के निर्वाचित सदस्यों का योग}}$$

अत: राष्ट्रपति के चुनाव में इस बात का ध्यान रखा जाता है कि सभी राज्य विधानसभाओं के निर्वाचित सदस्यों के मतों के मूल्य का योग संसद के निर्वाचित सदस्यों के मतों के मूल्य के योग के बराबर रहे तथा समस्त राज्यों की विधानसभाओं के निर्वाचित सदस्यों के मत मूल्य का निर्धारण करने के लिए एक समान प्रक्रिया अपनाई जाए। इसे आनुपातिक प्रतिनिधित्व का सिद्धांत कहते हैं।

**2. एकल संक्रमणीय पद्धति**–इस सिद्धांत का अर्थ है कि अगर निर्वाचन में एक से अधिक उम्मीदवार हों, तो मतदाताओं द्वारा मतदान वरीयता क्रम से दिया जाए। इसका मतलब यह है कि मतदाता, मतदान पत्र में उम्मीदवारों के नाम या चुनाव चिह्न के समक्ष अपना वरीयता क्रम लिखेगा। अनुच्छेद 55 के अनुसार निर्वाचन में मतदान गुप्त होगा।

**मतगणना**–राष्ट्रपति के चुनाव के उपरांत उसी व्यक्ति को इस पद के लिए निर्वाचित घोषित किया जाता है, जो आधे से अधिक मत प्राप्त करता है। गणना आरंभ होने पर सर्वप्रथम अवैध मतपत्रों को निरस्त करके शेष वैध मत पत्रों का मत मूल्य निकाला जाता है और निकाले गए मत मूल्य में 2 का भाग देकर भागफल में एक जोड़कर निर्वाचित घोषित किए जाने वाले उम्मीदवार का कोटा निकाला जाता है। मतगणना के प्रथम दौर में यदि किसी उम्मीदवार को नियत किए गए कोटा के बराबर मत मूल्य प्राप्त हो जाता है, तो उसे निर्वाचित घोषित किया जाता है। अगर किसी उम्मीदवार को नियत कोटे के बराबर मत मूल्य नहीं प्राप्त होता है, तो मतगणना का दूसरा दौर प्रारंभ होता है। जिस उम्मीदवार को दूसरे दौर की प्रथम वरीयता का सबसे कम मत मिला होता है, उसकी गणना से बाहर करके उसकी द्वितीय वरीयता के मत मूल्य को अन्य उम्मीदवारों को स्थानांतरित कर दिया जाता है। यदि दूसरे दौर की गणना में भी किसी उम्मीदवार को नियत किए गए कोटे के बराबर मत मूल्य नहीं प्राप्त होता, तो तीसरे दौर की गणना होती है। उस उम्मीदवार को तीसरे दौर की गणना में गणना से बाहर कर दिया जाता है, जो दूसरे दौर की गणना में सबसे कम मत मूल्य पाता है और इस उम्मीदवार के तृतीय वरीयता मत मूल्य को शेष उम्मीदवारों के पक्ष में हस्तांतरित कर दिया जाता है। यह प्रक्रिया तब तक अपनाई जाती है, जब तक किसी उम्मीदवार को नियत किए गए कोटे के बराबर मत मूल्य प्राप्त नहीं हो जाता।

## पद के लिए आवश्यक अर्हताएँ

भारत के संविधान के अनुच्छेद-58 के अनुसार कोई भी व्यक्ति राष्ट्रपति पद के लिए योग्य तब होगा, जब

(i) वह भारत का नागरिक हो,

(ii) वह पैंतीस वर्ष की आयु पूरी कर चुका हो,

(iii) वह लोकसभा का सदस्य निर्वाचित होने के लिए योग्य हो, तथा

(iv) वह भारत सरकार या किसी राज्य की सरकार के अधीन या उक्त सरकारों में से किसी के नियंत्रण में किसी स्थानीय या अन्य प्राधिकारों के अधीन कोई लाभ का पद नहीं धारण करता हो।

यदि कोई व्यक्ति राष्ट्रपति या उपराष्ट्रपति के पद या संघ अथवा किसी राज्य के मंत्रिपरिषद का सदस्य हो, तो यह नहीं माना जाएगा कि वह लाभ के पद पर है। राष्ट्रपति, संसद के किसी सदन का या किसी राज्य विधानमंडल के किसी सदन का सदस्य नहीं होगा और यदि संसद के किसी सदन का या किसी राज्य विधान मंडल के किसी सदन का कोई सदस्य राष्ट्रपति निर्वाचित हो जाता है तो वह समझा जाएगा कि उसने उस सदन में अपना स्थान राष्ट्रपति के रूप में अपने पद ग्रहण की तारीख से रिक्त कर दिया है। राष्ट्रपति लाभ का कोई अन्य पद ग्रहण नहीं करेगा।

## कार्यकाल एवं अपदस्थ किए जाने की स्थिति

राष्ट्रपति का चुनाव पाँच वर्ष के लिए किया जाता है। पाँच वर्ष के पूर्व राष्ट्रपति की पदावधि दो प्रकार से समाप्त हो सकती है–

(i) उपराष्ट्रपति को संबोधित अपने हस्ताक्षर सहित लेख द्वारा अपना त्यागपत्र देकर,

(ii) महाभियोग की प्रक्रिया द्वारा संविधान के उल्लंघन के आरोप में हटाए जाने पर।

## महाभियोग

महाभियोग एक न्यायिक प्रक्रिया है जो संसद द्वारा चलाई जाती है। राष्ट्रपति पर संसद का कोई भी सदन संविधान के उल्लंघन का आरोप लगाएगा। दूसरा सदन उन आरोपों की जांच करेगा या करवाएगा।

किंतु ऐसा आरोप तब तक नहीं लगाया जा सकता जब तक कि–

(i) चौदह दिन की लिखित सूचना देकर सदन की कुल सदस्य संख्या के कम-से-कम एक-चौथाई सदस्यों ने हस्ताक्षर करके प्रस्थापना अंतर्विष्ट करने वाला संकल्प प्रस्तावित नहीं किया हो,

(ii) उस सदन की कुल सदस्य संख्या दो-तिहाई-बहुमत द्वारा ऐसा संकल्प पारित नहीं किया गया हो।

राष्ट्रपति को ऐसे अन्वेषण में उपस्थित होने और अपना प्रतिनिधित्व

कराने का अधिकार होगा। यदि ऐसे अन्वेषण के फलस्वरूप राष्ट्रपति के विरुद्ध लगाया गया आरोप साबित हो जाता है तो आरोप का अन्वेषण करने या कराने वाले सदन की कुल सदस्य संख्या के कम-से-कम दो-तिहाई बहुमत द्वारा संकल्प पारित कर दिया जाता है। संकल्प पारित किए जाने की तिथि से ही राष्ट्रपति पदच्युत समझा जाएगा।

राष्ट्रपति को अनुच्छेद 56 और 61 के उपबंधों के अनुसार, महाभियोग के अलावा किसी और ढंग से नहीं हटाया जा सकता।

**शपथ**–राष्ट्रपति अपने पद की शपथ सर्वोच्च न्यायालय के मुख्य न्यायाधीश द्वारा लेता है।

## वेतन एवं भत्ते

राष्ट्रपति को नि:शुल्क शासकीय निवास जिसे राष्ट्रपति भवन कहा जाता है उपलब्ध होता है। राष्ट्रपति उन सभी उपलब्धियों, भतों और विशेषाधिकारों का हकदार होगा जो संसद द्वारा समय-समय पर निश्चित किए जाएंगे। 1990 में राष्ट्रपति का वेतन बढ़ाकर 20,000 रु. प्रतिमास किया गया लेकिन पुन: 4 अगस्त 1998 को इसे बढ़ाकर 50,000 रु. प्रतिमास कर दिया गया जिसे उसे पदावधि की समाप्ति के पश्चात् 3,00,000 वार्षिक पेंशन देने की भी व्यवस्था की गई है। अब एक नए वेतनमान के आधार पर राष्ट्रपति का वेतन बढ़ाकर प्रतिमाह एक लाख रुपया कर दिया गया है। संविधान के अनुच्छेद 59 के अनुसार राष्ट्रपति की उपलब्धियां और भत्ते उसके कार्यकाल में घटाए नहीं जा सकते।

## चुनाव संबंधी विवाद

जिन आधारों पर राष्ट्रपति के चुनाव को चुनौती दी जा सकती है, वे निम्न प्रकार हैं–

(i) अवैध तरीके के मत पत्र रद्द किए जाने का आरोप,

(ii) मतदाताओं पर अनुचित दबाव का आरोप,

(iii) किसी भी उम्मीदवार का नामांकन-पत्र अनुचित ढंग से स्वीकार या रद्द किए जाने का आरोप।

(iv) राष्ट्रपति के चुनाव से संबंधित संवैधानिक नियमों की अवहेलना का आरोप।

राष्ट्रपति-निर्वाचन की वैधता की चुनौती से संबंधित याचिका वही दायर कर सकता है जो उम्मीदवार हो अथवा निर्वाचक।

संविधान के अनुच्छेद 71 में प्रावधान है कि राष्ट्रपति या उपराष्ट्रपति के निर्वाचन से उत्पन्न सभी शंकाओं और विवादों की जांच तथा निपटारा उच्चतम न्यायालय करेगा और उसका निर्णय अंतिम होगा।

मुख्य है कि 1969 में श्री वी.वी. गिरि तथा 1976 मे डॉ. जाहिर हुसैन के चुनावों को उच्चतम न्यायालय ने वैध घोषित किया था। श्री जैलसिंह के चुनाव के संबंध में जो चुनाव याचिकाएं दायर की गई थीं, उच्चतम न्यायालय द्वारा वे सभी रद्द कर दी गईं। 13 दिसंबर 1983 को उच्चतम न्यायालय ने श्री जैलसिंह के चुनाव को वैध घोषित किया।

## राष्ट्रपति की प्रमुख शक्तियां

राष्ट्रपति को संविधान द्वारा जो शक्तियां प्रदान की गई हैं, वे अत्यंत विस्तृत व व्यापक हैं। अनुच्छेद-53 के अनुसार संघीय कार्यपालिका की सभी शक्तियां राष्ट्रपति में निहित हैं, इनका प्रयोग संविधान के अनुसार या तो राष्ट्रपति स्वयं करता है, या उसके नाम से उसके अधीनस्थ पदाधिकारी करते हैं।

निम्नलिखित श्रेणियों में राष्ट्रपति की शक्तियों को रखा जा सकता है :

**कार्यकारी अधिकार**–'कार्यकारी शक्ति' का प्राथमिक अर्थ है विधानमंडल द्वारा अधिनियमित विधियों का कार्यपालन। परंतु आधुनिक राज्य में कार्यपालिका का कार्य उतना सादा नहीं है जितना अरस्तू के युग में था। सर्वोच्च न्यायालय द्वारा कार्यपालिका शक्ति की परिधि के परिप्रेक्ष्य में इस प्रकार व्याख्या की गई है–"कार्यपालिका कृत्य का क्या अर्थ है और उसकी क्या विवक्षा है, इसकी सर्वग्राही परिभाषा कर पाना संभव नहीं है। विधायी और न्यायिक शक्ति को निकाल देने पर शासकीय कृत्यों में जो भी अवशिष्ट रहता है, सामान्यतया वही कार्यपालिका का कृत्य है।

कार्यपालिका के अंतर्गत आते हैं–व्यवस्था बनाए रखना, नीति निर्धारण और उसकी कार्य में परिणति, सामाजिक और आर्थिक कल्याण का प्रोन्नयन, विदेश नीति का मार्गदर्शन, राज्य के साधारण प्रशासन को चलाना या उसका अधीक्षण।''

राष्ट्रपति की कार्यपालिका संबंधी शक्तियों को मुख्यत: तीन भागों में विभाजित किया जा सकता है–

**(i) मंत्रिपरिषद का गठन**–राष्ट्रपति अनुच्छेद 74 के अनुसार संघ की कार्यपालिका शक्ति का संचालन में परामर्श देने के लिए मंत्रिपरिषद का गठन करता है। राष्ट्रपति सामान्यत: ऐसे व्यक्ति को प्रधानमंत्री पद पर नियुक्त करता है, जो लोकसभा में बहुमत प्राप्त दल का नेता हो। राष्ट्रपति प्रधानमंत्री के परामर्श पर मंत्रिपरिषद के अन्य सदस्यों की नियुक्ति करता है। प्राय: यह परंपरा रही है कि प्रधानमंत्री, लोकसभा का सदस्य होता है कारण कि मंत्रिपरिषद लोकसभा के प्रति उत्तरदायी होती है, परंतु राष्ट्रपति को यह अधिकार है कि यदि लोकसभा में बहुमत प्राप्त दल किसी ऐसे व्यक्ति को अपना नेता चुनता है जो संसद की किसी भी सदन का सदस्य नहीं है तो राष्ट्रपति ऐसे व्यक्ति को प्रधानमंत्री नियुक्त करता है परंतु इस तरह नियुक्त किए गए व्यक्ति को 6 माह के अंदर संसद का सदस्य होना पड़ता है। इसी तरह प्रधानमंत्री के परामर्श पर राष्ट्रपति ऐसे व्यक्ति को मंत्रिपरिषद में शामिल कर सकता है, जो संसद सदस्य नहीं है। यदि ऐसा व्यक्ति मंत्रिपरिषद में शामिल किया जाता है, तो उसे छह मास के अंदर संसद के किसी सदन का सदस्य बनना पड़ता है।

**(ii) आयोगों के गठन का अधिकार**–राष्ट्रपति को कार्यपालिका संबंधी शक्तियों के अंतर्गत आयोगों को गठित करने की शक्तियां भी प्रदान की गई हैं। ये आयोग निम्नलिखित हैं, जिन्हें राष्ट्रपति गठित करता है–(क) वित्त आयोग, (ख) जल प्रदाय में हस्तक्षेप का अन्वेषण करने के लिए आयोग, (ग) संघ लोक सेवा आयोग और राज्यों के समूहों के लिए संयुक्त आयोग, (घ) अनुसूचित क्षेत्रों के प्रशासन पर प्रतिवेदन देने के लिए आयोग, (ङ) राजभाषा आयोग, (च) भाषायी अल्पसंख्यक आयोग, (ज) पिछड़े वर्ग की दशाओं का अन्वेषण करने के लिए आयोग।

**(iii) नियुक्ति संबंधी अधिकार**–राष्ट्रपति को उच्च पदाधिकारियों को नियुक्त करने तथा उन्हें हटाने की शक्ति है। कार्यपालिका का अध्यक्ष होने के

नाते राष्ट्रपति, प्रधानमंत्री की नियुक्ति करता है और प्रधानमंत्री के परामर्श से अन्य मंत्रियों को नियुक्त करता है। इनके अतिरिक्त राष्ट्रपति निम्नलिखित उच्च पदाधिकारियों की नियुक्ति करता है–(क) भारत का महान्यायवादी, (ख) भारत का नियंत्रक एवं महालेखा परीक्षक, (ग) उच्चतम न्यायालय के न्यायाधीश, (घ) राज्य के उच्च न्यायालयों के न्यायाधीश, (च) राज्यों के राज्यपाल, (ड) मुख्य निर्वाचन आयुक्त, (ज) संघ लोक सेवा आयोग के अध्यक्ष तथा अन्य सदस्य। राष्ट्रपति अपने द्वारा नियुक्त प्राधिकारियों तथा अधिकारियों को पदमुक्त भी कर सकता है।

**(iv)** ऐसी मन्त्रिपरिषद की सलाह पर लोकसभा का विघटन (अनुच्छेद 85 (2) जिसने लोकसभा में बहुमत का समर्थन गंवा दिया हो या जिसके विरुद्ध अविश्वास का प्रस्ताव पारित कर दिया गया हो।

**(v)** प्रधानमंत्री की अचानक मृत्यु से उत्पन्न स्थिति में, जहां सत्तारूढ़ विधानमंडल पार्टी नेता का चुनाव करने के लिए तत्काल बैठक न कर सकती हो, जहां मंत्रिमंडल के मंत्रियों के बीच कोई निश्चित वरिष्ठता क्रम न हो और जहां मंत्रिमंडल से बाहर के किसी व्यक्ति के नाम सुझाव दिया गया है।

**(vi)** उस स्थिति में मंत्रियों की बर्खास्तगी, जब मंत्रिपरिषद ने लोकसभा का विकास गंवा दिया हो पर वह इस्तीफा देने के लिए तैयार न हो।

ऐसी कुछ स्थितियों में राष्ट्रपति की भूमिका अत्यंत नाजुक तथा निर्णायक हो जाती है।

**विधायी अधिकार**–राष्ट्रपति की शक्तियां विधायी क्षेत्र में भी अत्यंत महत्त्वपूर्ण हैं। इंग्लैण्ड सम्राट के जैसा, भारत का राष्ट्रपति भी संघ की संसद का अभिन्न अंग है। अनुच्छेद 74 (1) के अनुसार, राष्ट्रपति विधायी शक्तियों का प्रयोग मंत्रियों की सलाह पर ही कर सकता है। संविधान द्वारा राष्ट्रपति को जो विधायी शक्तियां प्रदान की गई हैं, वे निम्नलिखित हैं–

**(i) विधेयक पेश करने के पूर्व राष्ट्रपति की पूर्व मंजूरी या सिफारिश आवश्यक**–निम्नलिखित विधेयक राष्ट्रपति की पूर्व मंजूरी या सिफारिश के बिना संसद में पेश नहीं किये जा सकते :

(क) नए राज्यों के निर्माण या वर्तमान राज्यों की सीमाओं में परिवर्तन

संबंधी विधेयक। ऐसे विधान की सिफारिश करने की अनन्य शक्ति राष्ट्रपति को दी गई है जिससे वह ऐसा विधान प्रारंभ करने के पूर्व प्रभावित राज्यों के विचार प्राप्त कर सके। (ख) धन विधेयक (अनुच्छेद 117 (1)। (ग) कोई विधेयक, जो सही अर्थों में धन विधेयक नहीं है लेकिन जिससे भारत की संचित निधि से व्यय करना पड़ेगा, (घ) जिस कराधान से राज्य का हित हो, उस कराधान पर प्रभाव डालने वाले विधेयक। (च) अनुच्छेद 304 के अनुसार व्यापार की स्वतंत्रता पर निर्बंधन अधिरोपित करने वाले राज्य विधेयक।

(ग) **राज्य विधानमंडल द्वारा बनायी जाने वाली विधि के संबंध में राष्ट्रपति की शक्ति**–राज्य विधानमंडल द्वारा बनायी जाने वाली विधि के संबंध में राष्ट्रपति को निम्नलिखित शक्तियां प्राप्त हैं :

(क) अगर राज्य विधानमंडल कोई ऐसा विधेयक पारित करता है जिससे उच्च न्यायालय की अधिकारिता प्रभावित करती है तो राज्यपाल उस विधेयक पर अनुमति नहीं देगा तथा उसे राष्ट्रपति की अनुमति के लिए आरक्षित कर देगा। (ख) राज्य विधानमंडल द्वारा सम्पत्ति प्राप्त करने के लिए पारित विधेयक को राष्ट्रपति की अनुमति के लिए आरक्षित रखा जाएगा। (ग) किसी राज्य के अंदर दूसरे राज्यों के साथ व्यापार आदि पर प्रतिबंध लगाने वाले विधेयकों को विधानसभा में पेश करने के पहले राष्ट्रपति की अनुमति लेनी होगी। (घ) वित्तीय आपात स्थिति के प्रवर्तन की स्थिति में राष्ट्रपति निर्देश दे सकता है कि सभी धन विधेयकों की राज्य विधानसभा में पेश करने से पहले उन पर राष्ट्रपति का अनुमोदन लिया जाये।

**(ii) संसद से संबंधित अधिकार**–राष्ट्रपति, को संसद के सदनों के अधिवेशन बुलाने सत्रावसान करने तथा लोकसभा को भंग करने का अधिकार प्राप्त है। गतिरोध उत्पन्न होने की स्थिति में संसद के दोनों सदनों की संयुक्त बैठक आहूत करने की भी शक्ति उसे प्राप्त है। राष्ट्रपति को लोकसभा के लिए प्रत्येक साधारण निर्वाचन के पश्चात् प्रथम सत्र के आरंभ में और हर वर्ष के प्रथम सत्र के आरंभ में एक साथ समवेत संसद के दोनों सदनों में अभिभाषण करने की शक्ति प्रदान की गई है। आरंभिक भाषण का वही उपयोग होता है जो इंग्लैण्ड में "सिंहासन से भाषण" का होता है। राष्ट्रपति, संसद के किसी एक सदन में या संसद के संयुक्त अधिवेशन में अभिभाषण कर सकता है।

भारत के राष्ट्रपति को अभिभाषण करने के अधिकार के अलावा यह अधिकार है कि वह संसद में उस समय जब विधेयक लम्बित है किसी विधेयक के संबंध में या किसी अन्य विषय के संबंध में किसी भी सदन को संदेश भेज सकता है और उसके संदेश पर यथाशीघ्र विचार करना आवश्यक होता है।

**(iii) अध्यादेश जारी करने का अधिकार**—राष्ट्रपति की सबसे महत्त्वपूर्ण विधायी शक्ति अध्यादेश जारी करने की है। उसे यह शक्ति अनुच्छेद 123 के अंतर्गत प्राप्त है। संविधान के अनुच्छेद 123 (1) के अनुसार जब संसद का सत्र न चल रहा हो, तब राष्ट्रपति अध्यादेश जारी कर सकता है। इस तरह का जारी किया गया अध्यादेश उतना ही प्रभावपूर्ण एवं शक्तिशाली होगा जितना कि संसद द्वारा पारित किया गया कानून, लेकिन ये अध्यादेश संसद का अगला सत्र शुरू होने के छह सप्ताह पश्चात् समाप्त समझे जाएंगे। अगर संसद चाहे तो उसके द्वारा इस अवधि के पूर्व भी इन अध्यादेशों को समाप्त किया जा सकता है। दूसरे शब्दों में, राष्ट्रपति अध्यादेश को तभी जारी कर सकता है जब दोनों में से किसी एक सदन का सत्रावसान हो गया है या सत्र में नहीं है और इसलिए संसद द्वारा विधि अधिनियम करना संभव नहीं है। जब दोनों सदन सत्र में होते हैं तब उसे यह शक्ति उपलब्ध नहीं होती। राष्ट्रपति इस शक्ति का प्रयोग मंत्रिपरिषद् की सलाह पर ही कर सकता है।

**(v) विशेषाधिकार या वीटो की शक्ति**—तब तक संसद द्वारा पारित कोई भी विधेयक अधिनियम बन सकता जब तक कि उसे राष्ट्रपति की स्वीकृति नहीं मिल जाती। जब दोनों सदनों से पारित किये जाने के पश्चात् कोई विधेयक राष्ट्रपति के समक्ष स्वीकृति के लिए प्रस्तुत किया जाता है तो राष्ट्रपति निम्नलिखित तीन बातों में से कोई एक कर सकता है—

(i) यह वह घोषित कर सकता है कि वह विधेयक को अनुमति देता है, (ii) वह यह घोषित कर सकता है कि वह विधयेक को अनुमति देने से इंकार करता है, (iii) यदि वह धन विधेयक नहीं है तो पुनर्विचार के लिए पुनः संसद में भेज सकता है। धन विधेयक को पुनर्विचार के लिए नहीं लौटाया जा सकता। जहां कार्यपालिका और विधानमंडल एक-दूसरे से पृथक और स्वाधीन है, वहाँ कार्यपालिका विधायन के लिए उत्तरदायी नहीं होती है। ऐसी स्थिति में यह उचित होगा कि उसे अवांछनीय विधान रोकने के लिए कुछ नियंत्रण का अधिकार हो।

**भारत के राष्ट्रपति की वीटो शक्ति**–भारत के राष्ट्रपति की वीटो शक्तियों का विश्व के कुछ देशों के राष्ट्राध्यक्षों की वीटो शक्तियां तुलनात्मक विश्लेषण करने पर यह स्पष्ट होता है कि भारत के राष्ट्रपति की वीटो शक्ति आत्यंतिक, निलंबनकारी और जेबी वीटो का संयोजन है। संविधान के अनुसार किये गये कार्यों तथा परम्पराओं के आधार पर यह माना जाता है कि राष्ट्रपति को निम्नलिखित तीन प्रकार की वीटो शक्तियां प्राप्त हैं–

**(i) निलम्बनंकारी वीटो**–राष्ट्रपति जब किसी विधेयक को अनुमति देने से स्पष्ट रूप से इंकार करने के स्थान पर विधेयक या उसके किसी भाग को पुनर्विचार के लिए वापस कर देता है तो यह कहा जा सकता है कि राष्ट्रपति ने निलम्बनकारी वीटो का प्रयोग किया है। यदि पुनर्विचार के लिए वापस किया गया विधेयक पुनः सामान्य बहुमत से पारित कर दिया जाता है, तो उस स्थिति में राष्ट्रपति को अपनी अनुमति देने के लिए मजबूर होना पड़ेगा। भारत में राष्ट्रपति द्वारा लौटाए जाने का प्रभाव निलंबन मात्र होता है।

**(ii) आत्यंतिक वीटो**–राष्ट्रपति जब किसी विधेयक को अनुमति प्रदान नहीं किया जाता है तो वह विधेयक समाप्त हो जाएगा। इस उपबंध को भारत के संविधान में पूर्ण मंत्रिमंडलीय दायित्व होते हुए भी समाविष्ट किया गया है। सामान्यतया राष्ट्रपति इस शक्ति का प्रयोग गैर-सरकारी विधेयकों को अनुमति न प्रदान करके कर सकता है। सरकारी विधेयकों के संदर्भ में ऐसी स्थिति उत्पन्न हो सकती है जिसमें विधेयक के पारित हो जाने के बाद और राष्ट्रपति की अनुमति मिलने के पहले मंत्रिमंडल पदत्याग कर देता है और दूसरा मंत्रिमंडल जिसका संसद में बहुमत है राष्ट्रपति को उस विधेयक के विरुद्ध वीटो के प्रयोग की सलाह देता है। ऐसी परिस्थिति में राष्ट्रपति के वीटों का प्रयोग संवैधानिक होगा।

**(iii) जेबी वीटो**–संविधान के अनुच्छेद-111 के अनुसार अगर राष्ट्रपति किसी विधेयक को वापस करना चाहता है तो वह विधेयक को प्रस्तुत किए जाने क उपरांत यथाशीघ्र वापस कर देगा। इसके लिए संविधान में किसी प्रकार की समय-सीमा निश्चित नहीं की गयी है। समय-सीमा के अभाव में, भारत का राष्ट्रपति जेबी वीटो की शक्ति का प्रयोग करता है। इसे पाकेट वीटो भी कहा जाता है। अनुमति के लिए जब राष्ट्रपति प्रस्तुत विधेयक पर न तो अनुमति देता है, न ही इंकार करता है अथवा न ही उसे पुनर्विचार के लिए वापस भेजता

है। विशेषकर तब जब वह पाता है कि मंत्रिमंडल का पतन शीघ्र होने वाला है, तो यह कहा जा सकता है कि राष्ट्रपति ने जेबी वीटो का प्रयोग किया है। उदाहरणस्वरूप, राष्ट्रपति (ज्ञानी जेल सिंह) ने 1986 में संसद द्वारा पारित भारतीय डाकघर (संशोधन) विधेयक के संदर्भ में किया था। न तो ज्ञानी जेल सिंह ने इसे अनुमति दी, न ही इंकार किया और न ही इसे संसद में पुनर्विचार के लिए वापस भेजा। अभी तक वह राष्ट्रपति की जेब में ही है।

**सैन्य शक्ति**–भारत की तीनों सेनाओं अर्थात् जल, थल और वायु सेनाओं का सर्वोच्च सेनापति राष्ट्रपति होता है। राष्ट्रपति ही इन सेनाओं के प्रमुखों की नियुक्ति करता है।

राष्ट्रपति को युद्ध या शांति की घोषणा करने या रक्षा बलों को अभिनियोजित करने की शक्ति है किंतु संसद इन शक्तियों के प्रयोग को नियंत्रित कर सकती है। भारत के राष्ट्रपति की सैन्य शक्तियां अमेरिकी राष्ट्रपति या इंग्लैण्ड के सम्राट की तुलना में सीमित है। संविधान में यह उपबंध है कि संसद की मंजूरी के अभाव में राष्ट्रपति इन शक्तियों का प्रयोग करने में सक्षम नहीं होगा। उदाहरणार्थ–वे कार्य जिनमें धन व्यय होगा (अनुच्छेद 114 (3)) जैसे सैन्य बलों की भर्ती, प्रशिक्षण और अनुरक्षण।

**राजनयिक शक्तियाँ**–यह एक व्यापक विषय है। इसके अन्तर्गत वे सभी विषय आते हैं जो संघ को किसी विदेशी राज्य के संस्पर्श में लाते हैं। अन्तर्राष्ट्रीय मामलों में राष्ट्रीय देश का प्रतिनिधित्व करता है। वह राजदूतों, व्यापार दूतों और राजनयिक प्रतिनिधित्व की नियुक्ति करता है। संसद के अनुसमर्थन के अधीन रहते। हुए अन्य देशों से सन्धि और करार करने का कार्य राष्ट्रपति, मन्त्रियों की सलाह के आधार पर करता है।

विधान के विषय के रूप में राजनयिक प्रतिनिधित्व संसद का विषय है परन्तु राज्य के प्रधान होने के नाते भारत राष्ट्रपति अन्तर्राष्ट्रीय क्रियाकलापों में भारत का प्रतिनिधित्व करता है। इसके अतिरिक्त अन्य देशों से भारत में आने वाले राजदूत अपने प्रमाण-पत्र राष्ट्रपति को ही प्रस्तुत करते हैं।

**वित्तीय शक्तियाँ**–लोकसभा कोई भी वित्त-विधेयक में राष्ट्रपति की अनुमति के बिना प्रस्तुत नहीं किया जा सकता। उसकी अनुमति के बिना वित्तीय अनुवाद की माँग नहीं की जा सकती। इसका अर्थ यह है कि

वित्त-विधयेक केवल मन्त्री द्वारा ही प्रस्तुत किया जा सकता है। देश का वार्षिक बजट और पूरक बजट तैयार करना और उसे लोकसभा के समक्ष प्रस्तुत कराना का दायित्व है राष्ट्रपति देश की आकस्मिक निधि पर भी नियन्त्रण रहता है। राष्ट्रपति को यह शक्ति प्रदान की गई है कि वह आवश्यकता पड़ने पर संसद की स्वीकृति के बिना भी आकस्मिक निधि से धन निकाल सके।

राष्ट्रपति वित्त आयोग की नियुक्ति करता है। वित्तीय आयोग केन्द्र और राज्यों के वित्तीय सम्बन्धों की जाँच करता है तथा राज्यों को दी जाने वाली राशि का निर्धारण करता है।

**प्रकीर्ण शक्तियाँ**—संविधान ने राष्ट्रपति में कार्यपालिक शक्ति के प्रधान होने के नाते कुछ शक्तियाँ निहित की हैं जिन्हें अवशिष्ट शक्तियाँ कह सकते हैं और जो संविधान के अनेकों उपबन्धों में बिखरी हुई पाई जाती हैं।

## नियम एवं विनिमय सम्बन्धी अधिकार

1. राष्ट्रपति को अनेक विषयों के सम्बन्ध में नियम और विनिमय बनाने संबन्धी भी अनेक सांविधानिक अधिकार प्राप्त है। उदाहरण के लिए भारत के लोक लेखाओं में धन जमा करना और वापस लेना, संघ लोक सेवा आयोग के सदस्यों की संख्या, उनकी पदावधि और सेवा की शर्तें, संघ और संसद के सचिवालय में सेवा करने वाले व्यक्तियों की भर्ती और सेवा की शर्तें संसद और राज्य विधानमण्डलों की सहवर्ती सदस्यता का प्रतिषेध। राज्यपाल को संदेय परिलब्धियों का राज्यों में आबंटन, संसद के सदनों के संयुक्त अधिवेशन से सम्बन्धित प्रक्रिया जो दोनों सदनों के सभापति और अध्यक्ष के परामर्श से बनाई जाएगी, उच्चतम न्यायालय के आदेशों की प्रवर्तित करने की रीति, किसी ऐसी आकस्मिकता में जिसके लिए संविधान में उपबन्ध नहीं है राज्यपाल के कृत्यों का निर्वहन, अनुसूचित जनजातियों का विनिर्दिष्ट किया जाना, उन विषयों का विनिर्दिष्ट किया जाना, जिन पर भारत सरकार को संघ लोक सेवा आयोग से परामर्श करना आवश्यक नहीं होगा।

2. व्यापक महत्व के किसी प्रश्न को उच्चतम न्यायालय को निर्दिष्ट करने की शक्ति उसे है। 1950 से अब तक ऐसे आठ निर्देश हो चुका है।

3. अध्यादेश प्रख्यापित करने के लिए राज्यपाल को अनुदेश देने की शक्ति है यदि वैसे ही उपबन्ध अन्तर्दिष्ट करने वाले विधेयक को संविधान के अधीन राष्ट्रपति की पूर्ण मंजूरी की अपेक्षा होती। अनुच्छेद 213 (1)।

4. उसे संघ राज्यक्षेत्रों के संबंध में या संघ द्वारा सीधे प्रशासित राज्यक्षेत्रों के संबंध में कुछ विशेष शक्ति प्राप्त है, ऐसे राज्यक्षेत्रों का प्रशासन राष्ट्रपति द्वारा या उसी के प्रति उत्तरदायी प्रशासन के माध्यम से किया जाएगा।

5. विनिर्दिष्ट विषयों के बारे में प्रतिवेदन करने के प्रयोजन के लिए उसे कुछ आयोग नियुक्त करने की शक्ति है। उदाहरणार्थ ये आयोग हैं : अंतर्राज्यीय परिषद। अनुसूचित क्षेत्रों के प्रशासन तथा अनुसूचित जातियों और पिछड़े वर्गों के कल्याण पर प्रतिवेदन देने के लिए आयोग, विधि आयोग, राजभाषा आयोग।

## शपथ लेने में कलाम से अलग हैं प्रतिभा

नई दिल्ली, जागरण ब्यूरो : देश की 13वीं राष्ट्रपति प्रतिभा पाटिल 25 जुलाई को अपराह्न ढाई बजे शुभ मुहूर्त में संसद के ऐतिहासिक केंद्रीय कक्ष में शपथ ग्रहण करेंगी। इसके पहले वे राष्ट्रपति भवन के प्रांगण से मौजूदा राष्ट्रपति डॉ. एपीजे अब्दुल कलाम के साथ पूरे काफिले के साथ संसद भवन आएंगी।

शपथ लेते ही पाटिल को परंपरागत रूप से 21 तोपों की सलामी दी जाएगी। समारोह में प्रधानमंत्री मनमोहन सिंह व सुप्रीम कोर्ट के मुख्य न्यायाधीश के. जी. बालाकृष्णन के अलावा अन्य प्रमुख गणमान्य व्यक्ति मौजूद रहेंगे। आमतौर पर राष्ट्रपति का शपथ ग्रहण समारोह पूर्वान्ह में आयोजित होता रहा है। लेकिन इस बार चूंकि शुभ मुहूर्त दोपहर बाद था, इसलिए यह समय तय किया गया है। सूत्रों के अनुसार ज्योतिष में विश्वास रखने वाली प्रतिभा पाटिल ने अपने ज्योतिषी से विचार-विमर्श के बाद यह समय तय किया है। गौतलब है कि मौजूदा राष्ट्रपति डॉ. एपीजे अब्दुल कलाम ने अपनी शपथ के लिए कोई विशेष मुहूर्त तय नहीं किया था।

*'दैनिक जागरण', नई दिल्ली, 24 जुलाई, 2007*

## प्रतिभा ने संभाली राष्ट्र प्रमुख की कमान

### *देश की 13वीं व पहली महिला राष्ट्रपति बनने पर इतिहास में नाम हुआ दर्ज*

नई दिल्ली, जागरण ब्यूरो : ठीक एक महीने ग्यारह दिन पहले बार्डर वाली साड़ी और गोल बिंदी में अचानक राष्ट्रीय राजनीति के केंद्र में आई प्रतिभा देवी सिंह पाटिल ने बुधवार को देश के 13 वें राष्ट्रपति की कमान संभाल ली। इसके साथ ही देश के इस सर्वोच्च पद पर पहुंचने वाली पहली महिला के तौर पर उनका नाम इतिहास में दर्ज हो गया।

संसद के ऐतिहासिक केंद्रीय कक्ष में एक भव्य समारोह में भारत के मुख्य न्यायाधीश के जी बालकृष्णन ने प्रतिभा पाटिल को राष्ट्रपति पद की शपथ दिलाई। पाटिल की इच्छा के अनुरूप मुहुर्त में ठीक दोपहर ढाई बजे उन्हें शपथ दिलाई गई। शपथ ग्रहण के बाद कलाम ने कुर्सी बदलकर औपचारिक रूप से राष्ट्र प्रमुख की कमान अपनी उत्तराधिकारी पाटिल को सौंपी। इस दौरान प्रधानमंत्री मनमोहन सिंह, पूर्व प्रधानमंत्री अटल बिहारी वाजपेयी, इंद्रकुमार गुजराल, कांग्रेस अध्यक्ष सोनिया गांधी, विपक्ष के नेता लालकृष्ण आडवाणी, जसवंत सिंह पूर्व उप राष्ट्रपति भैरोसिंह शेखावत सहित कई राज्यों के मुख्यमंत्री, राज्यपाल और भारत स्थित विदेशी दूतावासों के प्रमुख आदि मौजूद थे। शपथ ग्रहण के साथ ही केंद्रीय कक्ष तालियों की गड़गड़ाहट और राष्ट्रपति भवन का प्रागण तोपों की आवाज से गूंज उठा। प्रतिभा पाटिल को 21 तोपों की सलामी दी गई। इस दौरान रायसीना हिल्स पर बारिश की हल्की बौछारें माहौल को सुहावना बना रही थीं। नई महामहिम ने इस मौके पर बेहद हल्के जोगिया रंग पर मेहंदी रंग के बार्डर वाली सिल्क की साड़ी पहन रखी थी। प्रतिभा पाटिल ने अंग्रेजी में शपथ ली और फिर अपना संबोधन में इसी भाषा में किया। मगर उन्होंने अपने संबोधन का हिंदी रूपांतरण भी खुद ही पढ़ा। शपथ ग्रहण से पहले केंद्रीय गृहसचिव ने कलाम का कार्यकाल पूरा होने और प्रतिभा पाटिल के उत्तराधिकारी चुने जाने के चुनाव आयोग की अधिसूचना पढ़ी। राष्ट्रपति प्रतिभा पाटिल के पति देवी सिंह पाटिल भी इस गौरवशाली क्षण के समय भाजपा अध्यक्ष राजनाथ सिंह के साथ पहली पंक्ति में बैठे थे। जबकि उनके परिवार, रिश्तेदार और पारिवारिक मित्र दर्जनों की संख्या में विशिष्ट दीर्घा में मौजूद थे। उत्तरप्रदेश की मुख्यमंत्री मायावती शपथ ग्रहण के आधे घंटे पहले

पहुंच चुकी थी और सोनिया गांधी सहित तमाम नेताओं से मिल रही थीं। लेकिन बेशक राष्ट्रपति चुनाव में पाटिल के प्रतिद्वंदी रहे शेखावत की उपस्थिति सबसे खास रही। चुनाव अभियान में शेखावत पर वार करने वाली केंद्रीय मंत्री रेणुका चौधरी ने शपथ के बाद उन्हें स्नेहपाश में बांध लिया। लालू प्रसाद सहित कई केंद्रीय मंत्रियों ने शेखावत से गर्मजोशी से हाथ मिलाया। शपथ ग्रहण से पूर्व कारों के काफिले के साथ राष्ट्रपति के अंगरक्षक प्रतिभा पाटिल को लेने साथ एवेन्यू स्थित उनके निवास पर गए। प्रतिभा पाटिल अपने पति के साथ इस काफिले के संरक्षण में राष्ट्रपति भवन पहुंची जहां निवर्तमान राष्ट्रपति कलाम ने उनका स्वागत किया। फिर कलाम और प्रतिभा पाटिल राष्ट्रपति भवन से एक साथ शपथ के लिए संसद भवन आए। इस दौरान निवर्तमान और नई राष्ट्रपति को सलामी दी गई। इसके लिए रास्ते भर सेना के तीनों अंगों के 700 जवान तैनात किए गएं थे।

*'दैनिक जागरण', नई दिल्ली, 11 जुलाई, 2007*

## विदाई और स्वागत

### *राष्ट्रपति भवन में हुए बदलाव से हमारे लोकतंत्र का वैविध्य और संतुलन झलकता है।*

डॉक्टर एपीजे अब्दुल कलाम का चर्चित और लोकप्रिय कार्यकाल खत्म हुआ और भारत की पहली महिला राष्ट्रपति प्रतिभा पाटिल ने पद की शपथ ली। इन दोनों राष्ट्रपतियों में जो विभिन्नता है, वह हमारे लोकतंत्र की व्यापकता और संतुलन को दिखाती है। डॉ. कलाम भारत के पहले गैर-राजनैतिक राष्ट्रपति तो नहीं थे, लेकिन अपनी लोक से हटकर अपरंपरागत शैली से उन्होंने देश का ध्यान खींचा। खास तौर पर नई पीढ़ी और मध्यवर्ग के वे प्रिय राष्ट्रपति बने। अपने आखिरी भाषण को भी उन्होंने भारत के भविष्य और नई पीढ़ी पर ही केंद्रित रखा। उन्होंने उम्मीद जताई कि टेक्नोलॉजी और इतने सारे युवा मस्तिष्कों और हाथों की शक्ति के बूते जल्द ही भारत महाशक्ति बन जाएगा। उनके बरक्स प्रतिभा पाटिल ज्यादा परंपरागत राजनैतिक मिजाज की महिला हैं। वे युवावस्था से ही राजनीति में है और यही उनका कर्मक्षेत्र रहा है, इसलिए शपथ ग्रहण के बाद उन्होंने जो भाषण दिया, उसमें अनुभवी राजनेता का स्वर था। उन्होंने ऐसे विकास की कल्पना की जिसमें समाज के तमाम वर्गों की

जगह हो जिसमें वंचितों, पिछड़ों और महिलाओं को भी भरपूर अवसर मिले। उन्होंने देश की तमाम समस्याओं का जिक्र किया और उम्मीद जताई कि भारत उनसे पार पा लेगा।

## अल्पसंख्यकों पर खास ध्यान देगी सरकार

*विशेष संवाददाता, नई दिल्ली*

बजट सत्र के पहले दिन यूपीए सरकार ने साफ संकेत दिया कि वह आगामी चुनावों के मद्देनजर अल्पसंख्यकों पर खास ध्यान देने जा रही है। राष्ट्रपति प्रतिभा पाटिल ने संसद को संबोधन में कहा कि सरकार अल्पसंख्यकों को कर्ज देने में प्राथमिकता बरतेगी। ज्यादा अल्पसंख्यक आबादी वाले इलाकों में विकास की विशेष कोशिश होंगी। सरकार यह भी कोशिश करेगी कि विकास कार्यक्रमों का लाभ अल्पसंख्यकों को समान रूप से मिल सके। उन्होंने कहा कि सरकार कुल खर्च का 15 पर्सेंट तक अल्पसंख्यकों पर खर्च करेगी।

पाकिस्तान में बनने वाली नई सरकार को भी सकारात्मक संदेश दिया गया। राष्ट्रपति ने कहा कि सरकार पड़ोसी देशों में शांति, स्थिरता और खुशहाली के अपने लक्ष्य पर कायम बनी रहेगी। पाकिस्तान का जिक्र करते हुए उन्होंने कहा कि वहाँ अंदरूनी शांति भारत के भी हित में है। हालात को देखते हुए सरकार पाकिस्तान के साथ फिर डायलॉग शुरू करेगी। राष्ट्रपति ने उम्मीद जाहिर की कि भारत-अमेरिका परमाणु समझौता अपनी मंजिल तक पहुंच जाएगा। उन्होंने विश्वास व्यक्त किया कि कीमतों पर काबू रखते हुए विकास की 9 प्रतिशत वृद्धि दर सुनिश्चित की जाएगी।

यह पहला मौका था जब देश की संसद के दोनों सदनों के संयुक्त अधिवेशन में किसी महिला राष्ट्रपति ने अभिभाषण दिया। इस मौके पर उन्होंने सांसदों से संसद की कार्यवाही उद्‌देश्यपूर्ण, शांतिपूर्ण और फलदायी बनाने की उम्मीद भी की और सांसदों को यह याद रखने की अपील की कि जनता के चुने हुए प्रतिनिधियों के रूप में वे जो करते हैं, वह न केवल उनके अपने मतदाताओं और क्षेत्र, बल्कि विश्व के कोने-कोने में शांति और स्वतंत्रता चाहने वालों में नई आशाएं जगाता है।

*नवभारत टाइम्स, 26 फरवरी, 2008*

## पड़ोसियों से होंगे बेहतर रिश्ते

*विशेष संवाददाता, नई दिल्ली*

राष्ट्रपति प्रतिभा पाटिल ने अभिभाषण में सरकार की विदेश नीति रेखांकित करते हुए पड़ोसी देशों–पाकिस्तान, नेपाल, अफगानिस्तान, म्यांमार, बांग्लादेश के साथ भारत के रिश्तों की चर्चा की। उन्होंने अमेरिका के साथ भारत के संबंधों में सुधार होने की बात कहते हुए उसका फायदा उच्च प्रौद्योगिकी, अंतरिक्ष, कृषि, शिक्षा, व्यापार और अन्य क्षेत्रों में मिलने का उल्लेख भी किया। उन्होंने आशा व्यक्त की कि अमेरिका और अन्य मित्र देशों के साथ असैन्य परमाणु सहयोग संभव हो सकेगा। पड़ोसी देशों के साथ बेहतर संबंधों के लिए उन्होंने सरकार की प्रतिबद्धता दोहराई।

**'लुक ईस्ट पॉलिसी' में प्रगति :** भारत यूरोपीय संघ के सदस्य देशों के साथ अलग-अलग और सामूहिक रूप से अपने संबंधों को महत्त्व दे रखा है। भारत ने 'लुक ईस्ट पॉलिसी' के क्रियान्वयन में भी उल्लेखनीय प्रगति की है। आसियान देशों सहित जापान और चीन के साथ भी भारत के संबंध पहले से अधिक सुदृढ़ हुए हैं। चीन के साथ संबंधों पर उन्होंने कहा कि दोनों देशों की सीमा पर शांति और अमन बना हुआ है। पहला भारत-अफ्रीका फोरम सम्मेलन इस साल अप्रैल में नई दिल्ली में होगा। भारत खाड़ी देशों के साथ संबंधों को और गहरा बनाने पर भी विशेष जोर दे रहा है।

**विकास का लाभ सभी को :** विकास का लाभ सभी वर्गों को समान रूप से देने की सरकार की कोशिशों का भी राष्ट्रपति ने उल्लेख किया। 11वीं योजना में कृषि विकास दर को चार प्रतिशत बढ़ाने की संभावना जताई। राष्ट्रीय ग्रामीण योजना गारंटी योजना को अप्रैल से देश के सभी ग्रामीण जिलों में लागू किया जाएगा।

**महिलाओं को समान अधिकार :** राष्ट्रपति ने कहा कि महिलाओं को मकान और भूमि जैसी परिसंपत्तियों में समान मालिकाना अधिकार प्रदान किए गए हैं।

*26 फरवरी, 2008, नवभारत टाइम्स*

## मैं 'रबर स्टांप नहीं 'राजनीतिक, राष्ट्रपति' हूँ

नई दिल्ली। देश की पहली महिला राष्ट्राध्यक्ष प्रतिभा पाटिल 'रबर स्टांप' बनकर नहीं रहने वाली हैं। उनका कहना है कि वह राजनीतिक राष्ट्रपति हैं। ग्रामीण तबकों और महिलाओं के उत्थान के बारे में प्रतिबद्ध पाटिल का कहना है कि ऐसे कई मसले होते हैं जिनमें एक राष्ट्रपति सरकार को मशविरा दे सकता है। देश के विकास एवं स्थायित्व के लिए वह 'राजनीतिक भूमिका' निभाना जरूरी समझती हैं।

एक पत्रिका को दिए साक्षात्कार में राष्ट्राध्यक्ष ने कहा कि राष्ट्रपति कई कठिन मुद्दों सरकार को सलाह दे सकता है और फिर सरकार गहन विचार-विमर्श के बाद यह सलाह स्वीकार या अस्वीकार कर सकती है। उन्होंने कहा कि मैं 'रबर स्टांप' नहीं बनूंगी, मैं 'राजनीतिक राष्ट्रपति बनना पसंद करूंगी। कलाम के कार्यकाल में राष्ट्रपति भवन की छवि राजनीति से दूर और जनता से जुड़े कार्यालय की बनी थी। 'जनता के राष्ट्रपति' के रूप में जाने वाले कलाम से जुदा राह पर पाटिल ने कहा कि जनता के लिए उपलब्धता में कोई फर्क नहीं आएगा। उन्होंने कहा कि मैं ग्रामीण इलाकों और खासकर पिछड़े वर्ग के उत्थान के लिए काम करना चाहती हूँ। उन्होंने कहा कि ग्रामीण विकास के लिए ग्रामीण अर्थव्यवस्था, महिलाओं और पिछड़े वर्गों का विकास जरूरी है।

राष्ट्रपति चुनाव में अपने ऊपर लगे आरोपों से विचलित होने की बात पर पाटिल ने कहा कि मैं कभी भी विचलित नहीं हुई। अगर इन आरोपों में कुछ सच्चाई होती तो मैं परेशान होती, मगर मुझे पता था कि यह सभी आरोप निराधार हैं। हालांकि उन्होंने कहा कि यह आरोप और इनके विरुद्ध कांग्रेस का अभियान को वह अब खत्म हो चुका अध्याय मानती है। विवाह के बाद भी अपने पति के बजाय अपने पिता का ही उपनाम 'पाटिल' इस्तेमाल करने पर उन्होंने कहा कि जब वह चुनाव लड़ीं और जीती तो उनका नाम प्रतिभा पाटिल था। विवाह के बाद भी लोग उन्हें प्रतिभा पाटिल के नाम से ही जानते थे। इसलिए उन्होंने यही नाम अपनाया, लोगों ने इसे स्वीकार किया और उनके पति ने भी कभी ऐतराज नहीं जताया।

यह पूछे जाने पर कि 2009 के आम चुनावों के बाद कोई गठबंधन सरकार बनने की स्थिति आई तो वह क्या करेंगी, पाटिल ने कहा कि हमारे

संविधान में हर चीज की व्याख्या की गई है। विधायिका, न्यायपालिका और कार्यपालिका तीनों के ही कार्य स्पष्ट है। मैं सिर्फ संविधान के मुताबिक ही काम करूंगी। वह यह कैसे सुनिश्चित करेंगी कि वह स्र्फि रबर स्टांप बनकर न रह जाएं, इस सवाल पर पाटिल ने कहा कि मैं वही करूंगी जो मैंने आज तक के अपने राजनीतिक जीवन में किया है।

*'हिन्दुस्तान', नई दिल्ली, 7 जुलाई, 2007*

## समाज के वंचित तबके तक हर हाल में पहुंचे आर्थिक विकास का लाभ

नई दिल्ली, जागरण ब्यूरो : सामाजिक सरोकारों को लेकर अपने नजरिए को एपीजे अब्दुल कलाम ने जहां तक पहुंचाया, नई राष्ट्रपति प्रतिभा पाटिल ने तकरीबन वहीं से 'रायसीना हिल्स' की अपनी पारी का आगाज किया। बुधवार को राष्ट्रपति पद की शपथ लेने के बाद अपने पहले संबोधन में प्रतिभा पाटिल ने भी देश के तेज आर्थिक विकास का लाभ समाज के सभ तबकों तक पहुंचाने की जरूरत बताई। लोगों की पूरी क्षमता का देश के विकास में इस्तेमाल करने के लिए आधुनिक शिक्षा व स्वास्थ्य सेवाओं में निवेश को अहम बताया। साथ ही बतौर राष्ट्रपति संविधान की गरिमा बनाए रखने का देशवासियों को भरोसा दिलाया।

संविधान की गरिमा के प्रति जताई गई उनकी प्रतिबद्धता में परोक्ष रूप से राजनीतिक संदेश भी छुपा था। इस क्रम में प्रतिभा पाटिल ने अपने कर्त्तव्यों व उत्तरदायित्वों के बारे में गुरु रवींद्रनाथ टैगोर की कविता *'व्हेयर द माइंड इस विदाउट फियर'* का उद्धरण देते हुए कहा है कि भगवान हमारे देश को स्वतंत्रता के उस स्वर्ग में ले चलो जहाँ लोगों का दिमाग भयमुक्त और सिर गर्व से ऊंचा हो और लोग घरेलू झगड़े में बंटे न हों। वस्तुत: यह उल्लेख भी इसी संदेश का हिस्सा था। राष्ट्रपति चुनाव के दौरान जिस तरह उनके खिलाफ प्रचार अभियान चला, उसके मद्देनजर प्रतिभा पाटिल की यह टिप्पणी विशेष रूप से मायने रखती है। शपथ ग्रहण के तत्काल बाद संसद के केंद्रीय कक्ष में नई राष्ट्रपति के पहले संबोधन में भी चुनाव अभियान की खटास कहीं नहीं झलकी। देश के गौरवशाली इतिहास और महान व्यक्तियों की सीख तथा राष्ट्र के सुनहरे भविष्य के इर्द-गिर्द ही अपनी बातें रखीं। इसी संदर्भ में उन्होंने बाबा

साहेब अंबेडकर का जिक्र करते हुए दृढ़ता से संवैधानिक तरीकों का पालन करने की बात कहीं। कला की तरह उन्होंने भी तेज आर्थिक विकास की दौड़ में समाज के सभी वर्गों, विशेषकर कमजोर व उपेक्षित लोगों को बराबरी का लाभ दिलाने पर जोर दिया। नई राष्ट्रपति ने पहले अंग्रेजी और फिर हिंदी में भाषण देकर अपने भाषाई पारंगत होने का परिचय दिया। इस दौरान प्रतिभा पाटिल ने प्रचार अभियान के क्रम में मिले प्यार व सम्मान का जिक्र करते हुए उन्हें राष्ट्रपति चुनने के लिए सांसदों व विधायकों को, धन्यवाद किया। साथ ही विनम्रता दर्शाते हुए खुद की गणतंत्र के पहले सेवक के रूप में भी पेश किया। मेज की थपथपाहटों के बीच प्रतिभा पाटिल ने महान मराठी कवि संत तुकाराम की दो पंक्तियां सुनाते हुए गरीबी, कुपोषण, सामाजिक कुरीतियों, बाल मृत्यु और कन्या भ्रूण हत्या के अपराध को जड़ से मिटाने की जरूरत बताई।

*'दैनिक जागरण', नई दिल्ली, 26 जुलाई, 2007*

## महिला सशक्तीकरण की बताई जरूरत

नई दिल्ली (वि.सं.)। देश की प्रथम महिला राष्ट्रपति प्रतिभा पाटिल के समक्ष राष्ट्रपति के रूप में डॉ. कलाम के कृतित्व और देशवासियों, विशेषरूप से युवा वर्ग में उनकी लोकप्रियता के दायरे से हटकर कुछ नया कर दिखाने की चुनौती होगी। उनके हर महत्त्वपूर्ण कार्य की तुलना भारत को 2020 तक विकसित राष्ट्र बनाने का स्वप्न दिखाने वाले डॉ. कलाम के कार्यों और आचरण से लंबे समय तक होती रहेगी।

श्रीमती पाटिल ने शपथ के बाद प्रथम संबोधन में उन चुनौतियां का जिक्र किया जिनसे जूझना उनकी प्राथमिकता होगी। इनमें महिला सशक्तीकरण और किसानों, मजदूरों तथा उद्यमियों की क्षमताओं का भरपूर इस्तेमाल करने से लेकर संप्रदायवाद, जातिवाद, उग्रवाद और आतंकवाद जैसी विघटनकारी ताकतों के खिलाफ एकजुट होकर लड़ना शामिल है। श्रीमती पाटिल ने कहा कि कोई भी चाहे वह लड़का हो अथवा लड़की आधुनिक शिक्षा से वंचित नहीं हो। उन्होंने महिलाओं के सशक्तीकरण पर विशेष जोर देते हुए कहा कि उनका मानना है कि इससे राष्ट्र को सशक्त बनाने में मदद मिलेगी।

*'हिन्दुस्तान', नई दिल्ली, 26 जुलाई, 2007*

# संदर्भ सूची